Inklusive Arbeitshilfen online

Exklusiv für Buchkäufer!

Ihre Arbeitshilfen online:

- Musterbriefe
  Mieterhöhung für Wohn- und Geschäftsraum
  Widerspruch gegen eine Mietminderung
  Modernisierung und Renovierung
  Ordentliche und fristlose Kündigungen u. a.
- Musterformulare
  Übergabeprotokoll für Wohn- und Geschäftsraum
  Vereinbarung über bauliche Veränderung u. a.
- Musterverträge
  Mietvertrag für Wohnraum
  Mietvertrag für Geschäftsraum u. a.
- Gesetze
  Betriebskostenverordnung
  Heizkostenverordnung u. a.

Und so geht's:

- Einfach unter www.haufe.de/arbeitshilfen den Buchcode eingeben
- oder direkt über Ihr Smartphone bzw. Tablet auf die Website gehen

Buchcode: HPN-EWEN

www.haufe.de/arbeitshilfen

Vermieter-Lexikon

Rudolf Stürzer
Michael Koch

14., aktualisierte Auflage 2015

Haufe Gruppe
Freiburg • München

Bibliographische Information der Deutschen Nationalbibliothek
Die Deutsche Nationalbibliothek verzeichnet diese Publikation in der Deutschen Nationalbibliographie; detaillierte bibliographische Daten sind im Internet über http://www.dnb.de abrufbar.

Print: ISBN: 978-3-648-06572-3 Bestell-Nr.: 06236-0011
EPUB: ISBN: 978-3-648-06573-0 Bestell-Nr.: 06236-0103
EPDF: ISBN: 978-3-648-06574-7 Bestell-Nr.: 06236-0153

Rudolf Stürzer, Michael Koch
Vermieter-Lexikon
14., aktualisierte Auflage 2015

www.haufe.de
info@haufe.de
Produktmanagement: Jasmin Jallad

Lektorat: Lektoratsbüro Cornelia Rüping, 81245 München
Satz: preXtension GbR, 82284 Grafrath
Umschlag: RED GmbH, 82152 Krailling
Druck: CPI BOOKS GmbH, 89075 Ulm

Vorwort

Die vorliegende Neuauflage ist geprägt von wichtigen gesetzlichen Änderungen sowie einer Vielzahl gerichtlicher Entscheidungen, die seit der letzten Auflage ergangen sind. Das neue Stichwort „Mietpreisbremse" informiert Sie über die Einzelheiten dieser Neuregelung, die am 5.3.2015 vom Deutschen Bundestag nach langer und kontroverser Diskussion beschlossen wurde.

Weitere Informationen zu neuen Pflichten des Vermieters über die turnusmäßige Kontrolle des Trinkwassers auf Legionellen sowie die Nachrüstung von Gebäuden mit Rauchwarnmeldern finden Sie unter den neuen Stichwörtern „Trinkwasserverordnung" und „Rauchmelder".

Eingearbeitet wurden ferner mehr als 150 neue Grundsatzurteile des Bundesgerichtshofs, unter anderem zur Zulässigkeit vertraglicher Schönheitsreparaturklauseln, zu Rauchverboten, zum Eigenbedarf sowie zu den Kündigungsmöglichkeiten des Vermieters.

Stand von Gesetzgebung und Rechtsprechung ist der 1.5.2015.

Im Übrigen wurde das bewährte Konzept der Vorauflagen beibehalten, die einzelnen Stichwörter wurden unter Berücksichtigung ihrer praktischen Bedeutung kürzer oder ausführlicher dargestellt. Breiten Raum nehmen danach die Ausführungen zur Mieterhöhung, zur Kündigung und zu den Betriebskosten, denen durch ihr starkes Ansteigen immer größere Bedeutung zukommt, ein.

Wir hoffen, dass das vorliegende Werk allen, die mit dem Mietrecht privat oder beruflich befasst sind, die notwendige Hilfestellung bei der Vermeidung wie auch bei der Lösung anstehender Probleme gibt.

München, im Mai 2015 — Die Autoren

Abkürzungs- und Literaturverzeichnis

a. A.	anderer Ansicht
a. a. O.	am angegebenen Ort
Abs.	Absatz
a. E.	am Ende
a. F.	alte Fassung
AG	Amtsgericht
AGBG	Gesetz zur Regelung des Rechts der Allgemeinen Geschäftsbedingungen
Anm.	Anmerkung
AO	Abgabenordnung
Art.	Artikel
Aufl.	Auflage
Az.	Aktenzeichen
Barthelmess	Zweites Wohnraumkündigungsschutzgesetz/Miethöhengesetz (Kommentar)
BauGB	Baugesetzbuch
BayBO	Bayerische Bauordnung
BayObLG	Bayerisches Oberstes Landesgericht
BayVBl	Bayerische Verwaltungsblätter
BB	Der Betriebsberater (Zeitschrift)
BerlVerfGH	Berliner Verfassungsgerichtshof
BetrKostUV	Betriebskostenumlage-Verordnung (außer Kraft)
BetrKV	Betriebskostenverordnung – Verordnung über die Aufstellung von Betriebskosten
BewG	Bewertungsgesetz
BFH	Bundesfinanzhof
BGB	Bürgerliches Gesetzbuch
BGBl	Bundesgesetzblatt
BGH	Bundesgerichtshof
BGHZ	Entscheidungen des BGH in Zivilsachen
BImSchV	Bundes-Immissionsschutzverordnung
Blank/ Börstinghaus	Miete (Kommentar)
BlnGE	Berliner Grundeigentum (Zeitschrift)
BTDrucks.	Bundestags-Drucksache
Bub/Treier	Handbuch der Geschäfts- und Wohnraummiete
II. BV	Verordnung über wohnungswirtschaftliche Berechnungen (Zweite Berechnungsverordnung)
BVerfG	Bundesverfassungsgericht
BVerfGE	Bundesverfassungsgericht (Entscheidungen)
BVerwG	Bundesverwaltungsgericht
BvR	Registerzeichen des BVerfG für Verfassungsbeschwerden
DB	Der Betrieb (Zeitschrift)
DIN	Deutsche Industrie-Norm

DVBl	Deutsches Verwaltungsblatt
DWW	Deutsche Wohnungswirtschaft (Zeitschrift, herausgegeben von Haus und Grund, Verlag und Service GmbH Berlin)
EGBGB	Einführungsgesetz zum Bürgerlichen Gesetzbuch
Emmerich-Sonnenschein	Mietrecht (Kommentar)
EnEV	Energieeinsparverordnung
ErbbauVO/ ErbbRVO	Verordnung über das Erbbaurecht
ESt	Einkommensteuer
EStG	Einkommensteuergesetz
EStR	Einkommensteuer-Richtlinien
EURO-EG	EURO-Einführungsgesetz
f., ff.	folgende, fortfolgende
GBO	Grundbuchordnung
GE	Das Grundeigentum (Zeitschrift)
GG	Grundgesetz
ggf.	gegebenenfalls
GKG	Gerichtskostengesetz
GmbH	Gesellschaft mit beschränkter Haftung
Gruppe …	Gruppe … der Loseblattsammlung Schönhofer/Reinisch, Haus- und Grundbesitz in Recht und Praxis (HuG)
GuT	Gewerbemiete und Teileigentum, Prewest Verlag, 53193 Bonn
GVBl	Gesetz- und Verordnungsblatt
GVG	Gerichtsverfassungsgesetz
GVGA	Geschäftsanweisung für Gerichtsvollzieher
HGB	Handelsgesetzbuch
h. M.	herrschende Meinung
HmbGE	Hamburger Grundeigentum (Zeitschrift)
HuG	Haus- und Grundbesitz in Recht und Praxis
InsO	Insolvenzordnung
i. V. m.	in Verbindung mit
i. S. v.	im Sinne von
KG	Kammergericht Berlin
KO	Konkursordnung
KostO	Kostenordnung
LG	Landgericht
MDR	Monatsschrift für Deutsches Recht
MHG	Gesetz zur Regelung der Miethöhe (außer Kraft)
ModEnG	Modernisierungs- und Energieeinsparungsgesetz
Mü-Ko	Münchener Kommentar zum Bürgerlichen Gesetzbuch
m. w. N.	mit weiteren Nachweisen
n. F.	neue Fassung
NJOZ	Neue Juristische Online Zeitschrift

NJW	Neue Juristische Wochenschrift
NJWE	NJW-Entscheidungsdienst, Miet- und Wohnungsrecht
NJW-RR	Neue Juristische Wochenschrift, Rechtsprechungsreport
NMV	Verordnung über die Ermittlung der zulässigen Miete für preisgebundene Wohnungen (Neubaumietenverordnung)
NutzEV	Nutzungsentgelt-Verordnung
n. v.	nicht veröffentlicht
NZM	Neue Zeitschrift für Miet- und Wohnungsrecht
o. Ä.	oder Ähnliches
OLG	Oberlandesgericht
OLGZ	Entscheidungen des Oberlandesgerichts in Zivilsachen
OVG	Oberverwaltungsgericht
OwiG	Gesetz über Ordnungswidrigkeiten
Palandt	Bürgerliches Gesetzbuch (Kommentar)
PAngV	Preisangabenverordnung
PrKG	Gesetz über das Verbot der Verwendung von Preisklauseln bei der Bestimmung von Geldschulden (Preisklauselgesetz)
PrKV	Preisklauselverordnung
m^2	Quadratmeter
m^3	Kubikmeter
Rn.	Randnummer
RE	Rechtsentscheid
RG	Reichsgericht
RG RK	Das Bürgerliche Gesetzbuch mit besonderer Berücksichtigung der Rechtsprechung des Reichsgerichts und des Bundesgerichtshofs (Kommentar)
RGZ	Entscheidungen des Reichsgerichts in Zivilsachen
S.	Satz, Seite
s.	siehe
Schmidt-Futterer	Mietrecht (Kommentar)
Sternel	Mietrecht (Kommentar)
StGB	Strafgesetzbuch
u. a.	unter anderem
u. Ä.	und Ähnliches
usw.	und so weiter
u. U.	unter Umständen
v.	von, vom
VerglO	Vergleichsordnung
VersR	Versicherungsrecht (Zeitschrift)
VG	Verwaltungsgericht
VGH	Verwaltungsgerichtshof
vgl.	vergleiche
VO	Verordnung
VVG	Versicherungsvertragsgesetz
VwGO	Verwaltungsgerichtsordnung

VwVfG	Verwaltungsverfahrensgesetz
WährG	Währungsgesetz
Weber/Marx	Rechtsentscheidsammlung zum Wohnraummietrecht, Band, Seite
WEG	Wohnungseigentumsgesetz
WiStG	Wirtschaftsstrafgesetz
WKSchG	Gesetz über den Kündigungsschutz für Mietverhältnisse über Wohnraum (außer Kraft)
2. WKSchG	Zweites Gesetz über den Kündigungsschutz für Mietverhältnisse über Wohnraum (außer Kraft)
WoBauG	Wohnungsbaugesetz
WoBindG	Gesetz zur Sicherung der Zweckbestimmung von Sozialwohnungen (Wohnungsbindungsgesetz)
WoFG	Wohnraumförderungsgesetz
Wolf/Eckert	Handbuch des gewerblichen Miet-, Pacht- und Leasingrechts
WPM	Wertpapiermitteilungen (Zeitschrift)
WuM	Wohnungswirtschaft und Mietrecht (Zeitschrift)
z.B.	zum Beispiel
ZGB	Zivilgesetzbuch der ehemaligen DDR
Ziff.	Ziffer
ZMR	Zeitschrift für Miet- und Raumrecht, Werner Verlag, Düsseldorf
ZPO	Zivilprozessordnung
ZVG	Zwangsversteigerungsgesetz

Stichwort-Übersicht

Abbuchung → „Miete“ 1
Ablösezahlung → „Abstandzahlung“ 1
Abmahnung 1
Abnahmeprotokoll → „Wohnungsabnahmeprotokoll“ 3
Abrechnung der Betriebskosten 3
Abstandszahlung 69
Abstellen von Fahrzeugen 72
Allgemeine Geschäftsbedingungen 72
Allgemeines Gleichbehandlungsgesetz (AGG) 99
Änderung des Mietvertrags 104
Anfechtung des Mietvertrags 107
Angehörige → „Eigenbedarf“ 111
Angemessener Ersatzwohnraum → „Kündigungsschutz“ 111
Anpassungsklausel → „Wertsicherungsklausel“, „Leistungsvorbehalt“ 111
Antenne 112
Anzeigepflicht 124
Aufrechnung gegen die Miete 126
Aufwendungen → „Verwendungen“ 128
Aufzug 128
Außenwerbung 130
Bagatellschäden → „Kleinreparaturen“ 133
Balkon → „Wohnfläche“ 133
Barrierefreiheit → „Bauliche Veränderungen durch den Mieter“ 133
Bauherrenmodell → „Geschäftsräume“, „Herausgabeanspruch gegen Dritte“ 133
Bauliche Veränderungen durch den Mieter 133
Bauliche Veränderungen durch den Vermieter → „Modernisierung“, „Instandhaltung und Instandsetzung der Mieträume“ 144
Beendigung des Mietverhältnisses 144
Befristeter Mietvertrag → „Zeitmietvertrag“ 144
Belästigungen → „Störung des Hausfriedens“ 144
Belegungsbindung → „Sozialwohnung“ 144
Berechtigtes Interesse → „Kündigungsschutz“, Abschnitt 2 „Kündigungsgründe“ 144
Berliner Modell → „Zwangsräumung“ 145
Berufsausübung → „Gewerbliche Nutzung von Wohnräumen“ 145
Beschädigung → „Verschlechterung der Mietsache“ 145
Besuchsempfang 145
Betreten und Besichtigen der Mieträume 145
Betrieblicher Wohnraumbedarf → „Kündigungsschutz“, Abschnitt 2.5.1 „Kündigung im Zweifamilienhaus (§ 573 a BGB)“ 150
Betriebskosten 150
Betriebskostenabrechnung → „Abrechnung der Betriebskosten“ 190
Beweislast → „Verschlechterung der Mietsache“ 190

Beweissicherung 190
Blumen/Pflanzen 194
Boiler → „Betriebskosten“, Abschnitt 2.5.3 „Kosten der Reinigung und Wartung von Warmwassergeräten“ 195
Bote 195
Brand → „Verschlechterung der Mietsache“ 196
Breitbandkabel → „Kabelfernsehen“ 196
Briefkästen 196
Bruttomiete → „Miete“ 198
Bürgschaft 198
Contracting → „Betriebskosten“, Abschnitt 2.5.3 „Kosten der Reinigung und Wartung von Warmwassergeräten“ 204
Darlehen des Mieters → „Mieterdarlehen“ 205
Denkmalschutz 205
Dienstwohnung → „Werkswohnungen“, „Herausgabeanspruch gegen Dritte“ 205
Digitales Fernsehen → „Antenne“ 205
Dingliches Wohnrecht 205
Doppelvermietung 211
Duldungspflicht des Mieters → „Modernisierung“ 212
Durchlauferhitzer → „Betriebskosten“, Abschnitt 2.5.3 „Kosten der Reinigung und Wartung von Warmwassergeräten“ 212
Eheähnliche Gemeinschaft 213
Ehegatten als Mieter 217
Ehescheidung 222
Eichkosten → „Betriebskosten“, Abschnitt 2.4.1.7 „Kosten einer Ausstattung zur Verbrauchserfassung“ 225
Eigenbedarf 225
Eigentümerwechsel 263
Einbauten → „Einrichtungen“ 281
Einbruch → „Instandhaltung und Instandsetzung der Mieträume“ 281
Einliegerwohnung → „Kündigungsschutz“, Abschnitt 2.5 „Ausnahmen vom Kündigungsschutz“, „Mieterhöhung bei Wohnraum“ 281
Einrichtungen 281
Einstellplätze → „Garage“ 284
Einzugsermächtigung → „Miete“ 284
Energieausweis 284
Energieeinsparung → „Modernisierung“ 289
Energieeinsparverordnung 289
Energieversorgungsunterbrechung durch Vermieter → „Betriebskosten“, Abschnitt 1 „Definition und Umlage auf den Mieter“ 295
Erbengemeinschaft → „Personenmehrheit auf Mieterseite“, „Personenmehrheit auf Vermieterseite“ 295
Erhaltungsmaßnahmen → „Instandhaltung und Instandsetzung der Mieträume“ 295
Erhöhungsklauseln → „Wertsicherungsklauseln“, „Leistungsvorbehalt“ 295
Ermächtigung → „Vollmacht“ 295
Ersatz von Aufwendungen → „Einrichtungen“ 295

Ersatzmieter ... 295
Fälligkeit der Miete ... 307
Fahrräder ... 310
Fahrstuhl → „Aufzug“ ... 310
Fehlbelegung → „Sozialwohnung“ ... 310
Fehler der Mietsache → „Mängel“ ... 310
Ferienwohnung ... 310
Fernsehen → „Antenne“ ... 312
Fernwärme → „Betriebskosten“, Abschnitt 2.4.3 „Kosten der eigenständig gewerblichen Lieferung von Wärme“ ... 312
Feuchtigkeit in der Wohnung ... 313
Fogging → „Feuchtigkeit in der Wohnung“ ... 321
Formularverträge → „Allgemeine Geschäftsbedingungen“ ... 321
Fortsetzung des Mietverhältnisses → „Zeitmietvertrag“ ... 321
Fragebogen → „Anfechtung des Mietvertrags“ ... 321
Fristlose Kündigung → „Kündigung“, Abschnitt 2.2.1 und Abschnitt 3.2.1 „Außerordentliche fristlose Kündigung aus wichtigem Grund“ ... 321
Garage ... 323
Gartenbenutzung ... 331
Gebrauchsgewährung ... 335
Gegensprechanlage → „Modernisierung“ ... 335
Gerichtliches Verfahren in Mietsachen ... 335
Geschäftsräume ... 347
Gesellschafterwechsel → „Eigentümerwechsel“ ... 353
Gesundheitsgefährdende Räume ... 353
Gewerbliche Nutzung von Wohnräumen ... 359
Gewerblicher Zwischenmieter → „Geschäftsräume“, „Herausgabeanspruch gegen Dritte“ ... 361
Gleitklauseln → „Wertsicherungsklauseln“ ... 361
Grundbuch ... 361
Grundsteuer → „Betriebskosten“, Abschnitt 2.1 „Die laufenden öffentlichen Lasten des Grundstücks (Nr. 1)“ ... 363
Härteklausel → „Kündigungsschutz“, Abschnitt 3 „Die Sozialklausel (§ 574 BGB)“ ... 365
Haftung des Vermieters → „Schadenersatz“, „Instandhaltung und Instandsetzung der Mieträume“ ... 365
Hausbesitzerverein ... 365
Hausmeister ... 365
Hausordnung ... 366
Hausrecht ... 370
Haustiere → „Tierhaltung“ ... 370
Haustürwiderrufsgesetz → „Mietvertrag“, Abschnitt 2.10 „Widerrufsrecht bei Haustürgeschäften“ ... 370
Hausverwalter ... 371
Hauswart → „Hausmeister“ ... 375
Heizkosten → „Betriebskosten“, Abschnitt 2.4 „Die Kosten der Heizung (Nr. 4)“ ... 375
Heizkostenverordnung ... 375

Heizperiode → „Zentralheizung“ 386
Heizung → „Zentralheizung“ 386
Heizungsanlagenverordnung → „Energieeinsparverordnung“ 386
Heizungsumstellung → „Modernisierung“ 386
Herausgabeanspruch gegen Dritte 386
Index → „Wertsicherungsklauseln“, „Leistungsvorbehalt“ 395
Insolvenz des Mieters – Insolvenz des Vermieters 395
Instandhaltung und Instandsetzung der Mieträume 400
Instandhaltungskostenpauschale 425
Internetanschluss → „Kommunikationseinrichtungen“ 427
Kabelfernsehen 429
Kabelgebühren → „Betriebskosten“, „Die Kosten des Betriebs der Gemeinschaftsantennenanlage (Nr. 15a) oder des Betriebs der mit einem Breitbandkabelnetz verbundenen privaten Verteilanlage (Nr. 15b)“, „Kabelfernsehen“ 436
Kaltmiete → „Miete“ 436
Kappungsgrenze → „Mieterhöhung bei Wohnraum“ 436
Kaution 436
Kenntnis von Mängeln 455
Kleinreparaturen 464
Kommunikationseinrichtungen 468
Konkurrenzschutz → „Wettbewerbsschutz“ 469
Konkurs → „Insolvenz des Mieters – Insolvenz des Vermieters“ 469
Kosten des Mietprozesses → „Prozesskosten“ 469
Kostenmiete 469
Kündigung 480
Kündigungsausschlussvereinbarung → „Zeitmietvertrag“, Abschnitt 1 „Allgemeines, Kündigungsausschlussvereinbarung“, „Kündigung“, Abschnitt 1.12 „Verzicht auf das ordentliche Kündigungsrecht“ 574
Kündigungsfristen 574
Kündigungsschutz 581
Lärm 629
Lasten des Grundstücks 640
Lebenspartnerschaft → „Eheähnliche Gemeinschaft“, „Tod des Mieters“ 640
Legionellen → „Trinkwasserverordnung“ 640
Leistungsvorbehalt 640
Lift → „Aufzug“ 643
Mängel 645
Mehrheit → „Personenmehrheit auf Mieterseite“ 665
Mehrwertsteuer → „Miete“, Abschnitt 4 „Höhe der Miete“ 665
Mietaufhebungsvertrag 666
Miete 667
Mieterdarlehen 671
Mieterhöhung bei Geschäftsräumen 671
Mieterhöhung bei Wohnraum 673
Mietpreisbindung → „Kostenmiete“, „Sozialwohnung“ 726

Mietpreisbremse 726
Mietpreisüberhöhung 731
Mietprozess → „Gerichtliches Verfahren in Mietsachen" 739
Mietrückstände → „Zahlungsverzug des Mieters", „Kündigung" 739
Mietspiegel → „Mieterhöhung bei Wohnraum", Abschnitte 2.5.1 „Mietspiegel" und 2.6 „Zustimmung und Klage" 739
Mietvertrag 739
Mietvorauszahlung 748
Mietvorvertrag 749
Mietwucher 750
Mietzins → „Miete" 753
Minderung der Miete 753
Mischräume 760
Möblierter Wohnraum 762
Modernisierung 764
Musikausübung 773
Nachmieter → „Ersatzmieter" 775
Nachrüstpflicht, Nachbesserung → „Instandhaltung und Instandsetzung der Mieträume" 775
Nebenkosten → „Betriebskosten" 775
Nichteheliche Lebensgemeinschaft → „Eheähnliche Gemeinschaft" 775
Nießbrauch → „Eigentümerwechsel" 775
Nutzungsentschädigung 775
Nutzungsverträge → „Kündigungsschutz", Abschnitt 2.6 „Sonderregelungen auf dem Gebiet der ehemaligen DDR" 776
Obdachlosenunterbringung 777
Obhutspflicht des Mieters 777
Optionsrecht 779
Ortsübliche Vergleichsmiete 781
Pachtvertrag 783
Parabolantenne → „Antenne" 783
Personenmehrheit auf Mieterseite 783
Personenmehrheit auf Vermieterseite 786
Personenwechsel auf Mieterseite 788
Personenwechsel auf Vermieterseite 788
Pfandrecht des Vermieters 789
Plakatieren → „Kündigung", Abschnitt 3.2.1 „Außerordentliche fristlose Kündigung aus wichtigem Grund" 791
Preisgebundener Wohnraum → „Sozialwohnung" 791
Prozesskosten 792
Räumungsfrist 795
Räumungsklage 797
Räumungsschutz → „Vollstreckungsschutz" 798
Räumungsverfügung 799
Räumungsvergleich → „Mietaufhebungsvertrag" 799
Räumungsvollstreckung → „Zwangsräumung" 799

Rauchen → „Schönheitsreparaturen“ 799
Rauchwarnmelder 800
Raumtemperatur → „Zentralheizung“ 801
Rechtsentscheid 801
Rechtsmangel → „Mängel“ 802
Rechtsnachfolger des Mieters → „Ersatzmieter“, „Personenwechsel auf Mieterseite“ 802
Rechtsnachfolger des Vermieters → „Personenwechsel auf Vermieterseite“ 802
Reinigungspflicht des Mieters 802
Reklameschilder → „Außenwerbung“ 803
Renovierung → „Schönheitsreparaturen“ 803
Reparaturen → „Instandhaltung und Instandsetzung der Mieträume“, „Kleinreparaturen“ 803
Revisionsverfahren → „Rechtsentscheid“ 803
Rückgabe der Mietsache 804
Rücktritt vom Mietvertrag 811
Ruhestörung → „Störung des Hausfriedens“ 811
Sammelheizung → „Zentralheizung“ 813
Schadenersatz 813
Schimmel → „Feuchtigkeit in der Wohnung“ 816
Schlüssel 816
Schneeräumen → „Verkehrssicherungspflicht“ 817
Schönheitsreparaturen 817
Schriftform 853
Selbstauskunft des Mieters 864
Selbsthilferecht des Mieters 867
Selbstständiges Beweisverfahren → „Beweissicherung“ 867
Sicherungsanordnung 867
Sozialklausel 869
Sozialwohnung 871
Spannungsklauseln 875
Sperrmüll → „Betriebskosten“, Abschnitt 2.8 „Die Kosten der Straßenreinigung und Müllbeseitigung (Nr. 8)“ 875
Staffelmiete 875
Stillschweigende Verlängerung des Mietverhältnisses 877
Störung des Hausfriedens 879
Straßenreinigung → „Verkehrssicherungspflicht“ 881
Streitwert → „Gerichtliches Verfahren in Mietsachen“ 881
Studentenwohnheim → „Kündigungsschutz“, Abschnitt 2.5.6 „Kündigung von Wohnraum in einem Studenten- oder Jugendwohnheim (§ 549 Abs. 3 BGB)“ 881
Tagesmutter → „Gewerbliche Nutzung von Wohnräumen“ 883
Tankreinigung → „Betriebskosten“, Abschnitt 2.4 „Die Kosten der Heizung (Nr. 4)“ 883
Teilkündigung 883
Telefonanschluss → „Kommunikationseinrichtungen“ 884
Teppichboden 884
Textform → „Mieterhöhung bei Wohnraum“, Abschnitt 9 „Textform“ 885

Thermostatventile → „Modernisierung", „Mieterhöhung bei Wohnraum", „Energieeinsparverordnung" ... 885
Tierhaltung ... 886
Tod des Mieters ... 889
Tod des Vermieters ... 893
Trinkwasserverordnung ... 893
Trittschall → „Instandhaltung und Instandsetzung der Mieträume" ... 894
Überbelegung ... 895
Umlage von Betriebskosten → „Betriebskosten" ... 896
Umwandlung ... 896
Unbefugte Gebrauchsüberlassung → „Vertragswidriger Gebrauch" ... 898
Unpünktliche Mietzahlung → „Kündigung", Abschnitt 3.2.1 „Außerordentliche fristlose Kündigung aus wichtigem Grund" ... 898
Untermiete ... 898
Urkundenprozess → „Mängel", Abschnitt 10 „Zahlungsklage des Vermieters", „Urkundenprozess" ... 909
Veräußerung des Mietgrundstücks ... 911
Verjährung ... 916
Verkehrssicherungspflicht ... 925
Verschlechterung der Mietsache ... 929
Versorgungssperre → „Zahlungsverzug des Mieters" ... 934
Verstopfung ... 934
Vertragsstrafe ... 934
Vertragswidriger Gebrauch ... 935
Verwaltungskosten ... 936
Verwendungen ... 938
Verwirkung ... 940
Verzug ... 945
Vollmacht ... 948
Vollstreckungsschutz ... 950
Vorkaufsrecht des Mieters ... 953
Vormietrecht ... 955
Wartungskosten ... 957
Wäschewaschen in der Mietwohnung ... 958
Weitervermietung → „Herausgabeanspruch gegen Dritte" ... 958
Werkswohnungen ... 958
Wertsicherungsklauseln ... 962
Wettbewerbsschutz ... 967
Widerspruch des Mieters gegen die Kündigung ... 969
Wirtschaftlichkeitsberechnung → „Kostenmiete" ... 971
Wohnfläche ... 971
Wohngemeinschaft ... 976
Wohnrecht → „Dingliches Wohnrecht" ... 978
Wohnungsabnahmeprotokoll ... 978
Wohnungsbeschlagnahme → „Obdachlosenunterbringung" ... 979

Wohnungsbrand → „Verschlechterung der Mietsache“ ... 979
Wuchermiete → „Mietwucher“ ... 979
Zahlungsverzug des Mieters ... 981
Zeitmietvertrag ... 985
Zentralheizung ... 990
Zerstörung des Gebäudes → „Instandhaltung und Instandsetzung der Mieträume“ ... 991
Zurückbehaltungsrecht des Mieters an der Miete → „Mängel“, Abschnitt 8 „Erfüllungsanspruch und Zurückbehaltungsrecht des Mieters“ ... 991
Zuständigkeit → „Gerichtliches Verfahren in Mietsachen“ ... 991
Zwangsräumung ... 991
Zwangsversteigerung ... 995
Zwangsverwaltung ... 995
Zweckentfremdung ... 995
Zwischenablesung → „Heizkostenverordnung“ ... 1001
Zwischenmieter → „Herausgabeanspruch gegen Dritte“ ... 1001
Zwischenumzug → „Kündigungsschutz“, Abschnitt 3 „Die Sozialklausel (§ 574 BGB)“ ... 1001

Abbuchung → „Miete"
Ablösezahlung → „Abstandzahlung"

Abmahnung

Der Sinn und Zweck einer Abmahnung besteht zum einen darin, dem Empfänger unmissverständlich deutlich zu machen, dass ein bestimmt bezeichnetes vertragswidriges Verhalten nicht mehr länger hingenommen wird. Zum anderen soll die Abmahnung dem Mieter Gelegenheit zur Änderung des beanstandeten Verhaltens geben (BGH, Urteil v. 11.1.2006, VIII ZR 364/04, WuM 2006 S. 193). Im Gesetz ist die Abmahnung in den §§ 541 und 543 Abs. 3 BGB als Voraussetzung der Unterlassungsklage bzw. der Kündigung des Mietverhältnisses grundsätzlich vorgeschrieben, wenn der Mieter seine Pflichten aus dem Mietvertrag verletzt (z.B. durch unbefugte Gebrauchsüberlassung an Dritte, Überbelegung einer Wohnung, unerlaubte Haustierhaltung, ruhestörender Lärm, erhebliche Gefährdung der Mietsache). Bei anderen Vertragsverstößen, z.B. ständig unpünktliche Mietzahlung, ist die Abmahnung zwar nicht förmliche Voraussetzung für die Kündigung, jedoch kann im Einzelfall die für die Kündigung notwendige Erheblichkeit leichter angenommen werden, wenn der Mieter das vertragswidrige Verhalten trotz Abmahnung fortsetzt (OLG Oldenburg, RE v. 18.7.1991, 5 UH 2/91, WuM 1991 S. 467 (s. im Einzelnen bei „Kündigung").

Die Einhaltung einer bestimmten Form ist für die Abmahnung zwar nicht vorgeschrieben, jedoch ist aus Beweisgründen unbedingt Schriftform zu empfehlen und die Zustellung mit **Zustellungsnachweis** (z.B. durch Einschreiben mit Rückschein; Boten, s. auch „Bote", Gerichtsvollzieher) vorzunehmen.

Erklärt ein Bevollmächtigter (z.B. Rechtsanwalt, Hausverwalter, Haus- und Grundbesitzerverein) die Abmahnung, ist eine schriftliche Vollmacht im Original beizufügen, da die Abmahnung eine rechtsgeschäftsähnliche Erklärung darstellt, auf die § 174 BGB entsprechend anwendbar ist. Anderenfalls kann die Abmahnung unter Hinweis auf die fehlende Vollmacht zurückgewiesen werden. Besteht die Vermieterseite aus **mehreren** Personen (s. „Personenmehrheit auf Vermieterseite", bedürfen Abmahnungen und Kündigungen entsprechender Erklärungen **sämtlicher** Vermieter (LG Heidelberg, Urteil v. 9.6.2000, 5 S 22/00, NZM 2001 S. 91). Sind mehrere Personen Mieter, ist die Abmahnung auch an alle Mieter zu richten.

Die Abmahnung muss das beanstandete Verhalten **konkret bezeichnen**; allgemeine Formulierungen (z.B. „Sie haben wiederholt die Nachtruhe im Hause gestört") genügen nicht. Vielmehr ist die Vertragswidrigkeit, d.h. der Tatbestand, der die Abmahnung ausgelöst hat, so genau wie möglich darzustellen (z.B. wann, wo und auf welche Art und Weise die Nachtruhe gestört wurde). Bei Maßnahmen, die der Mieter vertragswidrig unterlassen hat (z.B. bei Schönheitsreparaturen), sind die auszuführenden Arbeiten konkret zu benennen.

In einer Abmahnung wegen laufend unpünktlicher Zahlung muss dargelegt werden, welche Miete nicht pünktlich eingegangen ist und wie lange der Zeitraum der Verzögerung war, damit der Mieter die Möglichkeit hat, die Verspätungen abzustellen. Eine lediglich formelhafte Beanstandung, z.B. dass die Miete entgegen den Bestimmungen des Mietvertrags nicht am dritten Werktag eingegangen ist, reicht daher nicht aus (so LG Frankfurt/M., Urteil v. 21.4.1992, 2/11 S 421/91, WuM 1992 S. 370).

In einer vorangegangenen z.B. aus formellen Gründen **unwirksamen** Kündigung wegen ständig unpünktlicher Mietzahlungen kann unter Umständen auch eine Abmahnung gesehen werden (LG Berlin, Urteil v. 3.8.2010, 63 S 607/09, GE 2010 S. 1271).

Auch wenn der Vermieter nach einer ersten Abmahnung, z.B. wegen eines vertragswidrigen Gebrauchs der Mietsache, nicht von seinem Kündigungsrecht Gebrauch macht, bleibt er zu einer erneuten Abmahnung und Kündigung berechtigt, da ein vertragswidriges Verhalten des Mieters nicht dadurch vertragsgemäß wird, dass der Vermieter nach einer ersten Abmahnung über einen längeren Zeitraum nicht von seinem Kündigungsrecht Gebrauch macht. Zwar kann der Vermieter seinen Anspruch auf Räumung und Herausgabe **verwirken**, wenn er diesen längere Zeit nicht geltend macht. Eine Untätigkeit über einen Zeitraum von 5 Monaten reicht für die Annahme einer Verwirkung jedenfalls nicht aus. Auf Vertrauensschutz kann sich der Mieter in diesem Fall nicht berufen (KG Berlin, Beschluss v. 22.11.2010, 8 U 87/10, ZMR 2011 S. 543).

Soll aufgrund eines erneuten Vertragsverstoßes nach Abmahnung eine Kündigung ausgesprochen werden, muss ein zeitlicher Zusammenhang zwischen der Abmahnung und der erneuten Vertragsverletzung bestehen. Liegt daher z.B. nach der Abmahnung wegen laufender **unpünktlicher Zahlung** ein größerer Zeitraum, in dem der Mieter pünktlich gezahlt hat, muss bei wiederum unpünktlicher Zahlung eine erneute Abmahnung ausgesprochen werden.

Setzt der Mieter die unpünktliche Mietzahlung nach der Abmahnung fort, muss der Vermieter zwar nicht sofort kündigen. Allerdings darf er auch nicht zu lange zuwarten, da sonst der Eindruck entsteht, er würde die Zahlungsunpünktlichkeiten nicht als unzumutbar empfinden. Verbindliche Fristen gibt es insofern nicht. Ein Zeitraum von 6 Monaten wird in der Rechtsprechung bereits als Obergrenze angesehen (so LG Berlin, Urteil v. 27.3.2008, 62 S 412/07, ZMR 2009 S. 285, wonach ein Zeitraum von mehr als 8 Monaten zwischen der letzten missachteten Abmahnung und der Kündigung jedenfalls zu lang ist).

Gleiches gilt bei laufenden Lärmstörungen. Insofern kann eine Kündigung nicht auf eine Abmahnung gestützt werden, die länger als ein Jahr zurückliegt (LG Halle, Urteil v. 11.1.2002, 1 S 192/01, NZM 2003 S. 310).

Bei einer Abmahnung darf sich der Vermieter, abhängig von dem beanstandeten Verhalten des Mieters, einer deutlichen, ggf. auch drastischen Sprache bedienen, ohne Schmerzensgeldansprüche des Mieters befürchten zu müssen, da in einer Abmahnung das beanstandete Verhalten des Mieters ohne freundliche Umschreibung deutlich zum Ausdruck gebracht werden muss (AG Berlin-Neukölln, Urteil v. 26.1.2009, 22 C 85/08, GE 2009 S. 329).

Umstritten ist, ob in der Abmahnung zusätzlich eine bestimmte **Rechtsfolge** (Unterlassungsklage, Kündigung) für den Fall weiterer Verstöße angedroht werden muss. Nach richtiger Auffassung (Sternel, Mietrecht, 3. Aufl., IV 394; vgl. auch OLG Hamburg, Beschluss v. 26.9.1985, 4 U 62/85, WuM 1986 S. 12) ist diese Androhung **nicht** notwendig, da der Vermieter häufig erst nach Abmahnung entscheiden kann, ob er auf die Erhebung einer Unterlassungsklage beschränkt ist oder ob er das Mietverhältnis kündigen kann, weil seine Rechte in erheblichem Maße verletzt sind (so auch LG Kleve, Urteil v. 10.5.1995, 6 S 353/94, WuM 1995 S. 537). Eine andere Auffassung vertritt das AG Hamburg (Urteil v. 26.4.2002, 318 C 327/01, NZM 2003 S. 60). Danach muss die Abmahnung die **Ernsthaftigkeit** der Absicht des Vermieters erkennen lassen, bei erneuten Vertragsverstößen, z.B. Lärmstörungen, das Mietverhältnis beenden zu wollen, und dem Mieter daher die entsprechende Rechtsfolge konkret **androhen**. Dementsprechend ist für eine nachfolgende Kündigung nicht ausreichend, wenn dem Mieter in der Abmahnung lediglich „Konsequenzen“ oder eine Klage auf Unterlassung angedroht wird, da der Mieter dann nach Auffassung des AG Hamburg nicht mit einer Kündigung rechnen muss (so bereits LG Hamburg, Urteil v. 29.8.1985, 7 S 69/85, WuM 1986 S. 338).

Eine zusätzliche ausdrückliche Aufforderung, sich in Zukunft vertragstreu zu verhalten, muss die Abmahnung nach der Rechtsprechung des BGH nicht enthalten. Daher kann eine (unwirksame) fristlose Kündigung wegen Zahlungsverzugs als Abmahnung zu verstehen sein, weil sie dem Mieter deutlich vor Augen geführt hat, dass der Vermieter mit einer verspäteten Zahlung der Miete nicht einverstanden ist (BHG, Urteil v. 14.9.2011, VIII ZR 345/10, WuM 2011 S. 676). Dennoch sollte zur Vermeidung von Missverständnissen und Unklarheiten in der Abmahnung deutlich zum Ausdruck kommen, dass weitere Verstöße bzw. das Unterlassen der Beseitigung des vertragswidrigen Zustands die entsprechenden rechtlichen Konsequenzen nach sich ziehen werden.

Eine Abmahnung (nach § 543 Abs. 3 BGB) liegt daher nicht vor, wenn die schriftliche Aufforderung mit der Bitte um Stellungnahme endet (OLG Frankfurt/M., Beschluss v. 8.9.2010, 15 U 53/10, ZMR 2011 S. 121).

Zur Beseitigung eines vertragswidrigen Zustands (z. B. bei unerlaubter Gebrauchsüberlassung) ist eine angemessene **Abhilfefrist** zu setzen, deren Länge sich nach den Umständen des Einzelfalls bestimmt.

Gegen eine Abmahnung des Vermieters (z. B. wegen vertragswidrigem Gebrauch) kann der Mieter im Regelfall **nicht** mit einer **Klage auf Feststellung**, die Abmahnung sei unberechtigt gewesen, vorgehen. Dazu fehlt dem Mieter das Rechtsschutzbedürfnis (AG Münster, Urteil v. 15.3.2006, 49 C 5633/05, WuM 2006 S. 456).

Der Mieter kann weder Beseitigung noch Unterlassung der Abmahnung verlangen. Ein solcher Anspruch ist im Mietvertragsrecht nicht geregelt und lässt sich auch nicht aus anderen gesetzlichen Bestimmungen herleiten, da eine unberechtigte Abmahnung den Mieter noch nicht in seinen Rechten verletzt. Der Vermieter erlangt auch keinen Beweisvorsprung für einen späteren Rechtsstreit. Letztlich besteht im Mietrecht im Gegensatz zum Arbeitsrecht keine vergleichbare Fürsorgepflicht des Vertragspartners (BGH, Urteil v. 20.2.2008, VIII ZR 139/07, WuM 2008 S. 217).

Entbehrlich ist eine Abmahnung nur ausnahmsweise, wenn der Vertragsverstoß so gravierend ist, dass eine sofortige Kündigung aus besonderen Umständen unter Abwägung der beiderseitigen Interessen gerechtfertigt ist (§ 543 Abs. 3 Nr. 2 BGB; z. B. Straftat zum Nachteil des Vermieters, Brandstiftung) oder die Abmahnung offensichtlich keinen Erfolg verspricht (§ 543 Abs. 3 Nr. 1 BGB), weil sie mit Sicherheit nicht zu einer Beseitigung des vertragswidrigen Zustands führen kann, z. B. weil der Mieter die Beseitigung ernsthaft und endgültig verweigert oder vollendete Tatsachen geschaffen hat, sodass die Abmahnung nur eine „leere Förmelei" wäre (vgl. BGH, Urteil v. 19.2.1975, VIII ZR 195/73, MDR 1975 S. 572; LG München, Urteil v. 17.7.1985, 14 S 6598/85, ZMR 1985 S. 384).

Abnahmeprotokoll → „Wohnungsabnahmeprotokoll"

Abrechnung der Betriebskosten

Inhaltsübersicht

Seite

1	**Vereinbarung von Abschlagszahlungen**	4
2	**Änderung der Mietstruktur**	7
2.1	Bei frei finanzierten Wohnungen	7
2.2	Bei preisgebundenen Wohnungen	8
2.3	Schlüssige Änderungen	9
3	**Anpassung von Vorauszahlungen**	12
4	**Der Abrechnungszeitraum**	14
5	**Form der Abrechnung**	15

6	**Inhalt der Abrechnung**	17
6.1	Haushaltsnahe Dienstleistungen	24
6.2	Abrechnung nach Mietminderung	26
7	**Umfang der Rechnungslegungspflicht**	27
7.1	Einsichtsrecht des Mieters	27
8	**Die Umlageschlüssel**	31
8.1	Im frei finanzierten Wohnungsbau	31
8.2	Bei gemischt genutzten Gebäuden	37
8.3	Bei preisgebundenem Wohnraum	40
8.4	Leer stehende Wohnungen	40
8.5	Änderung des Umlageschlüssels und der Abrechnungsart	42
8.6	Bildung von Abrechnungseinheiten	42
9	**Grundsatz der Wirtschaftlichkeit**	44
10	**Abrechnungsfristen**	48
11	**Rechte des Mieters bei nicht fristgerechter Abrechnung**	54
12	**Der Nachforderungsanspruch des Vermieters**	57
13	**Der Rückforderungsanspruch des Mieters**	67
14	**Nachträgliche Korrektur der Abrechnung**	68

1 Vereinbarung von Abschlagszahlungen

Eine Abrechnung in mietrechtlichem Sinne kann nur erfolgen, wenn und soweit der Mieter **Vorauszahlungen** in Form von Abschlagszahlungen geleistet hat. Soweit dagegen eine sog. „Bruttomiete" vereinbart wurde, in der die Betriebskosten enthalten sind, ist der Vermieter weder berechtigt noch verpflichtet, über die in der Miete enthaltenen Betriebskosten abzurechnen bzw. Auskunft oder Rechenschaft zu erteilen. Gleiches gilt bei Vereinbarung einer **Betriebskostenpauschale**, mit der die Betriebskosten ungeachtet ihrer Höhe abgegolten sein sollen.

In diesem Fall hat der Mieter gegen den Vermieter **keinen** Anspruch auf **Auskunft** über die tatsächliche Höhe der von der Pauschale abgedeckten Betriebskosten. Eine **Ausnahme** kommt nach dem Grundsatz von Treu und Glauben (§ 242 BGB) nur dann in Betracht, wenn konkrete Anhaltspunkte für eine nachträgliche Ermäßigung der Betriebskosten bestehen. Dabei sind Ermäßigungen der einzelnen Betriebskosten jedoch nicht relevant, wenn sie durch Erhöhungen bei anderen Positionen ausgeglichen werden. Somit kann ein Auskunftsanspruch nur dann entstehen, wenn konkrete Anhaltspunkte dafür vorliegen, dass sich die von der Pauschale erfassten Betriebskosten **insgesamt** ermäßigt haben. Ferner ist der Vermieter grundsätzlich auch nicht verpflichtet, die anfängliche Kalkulation einer Betriebskostenpauschale offenzulegen. Die Höhe der Pauschale kann von den Parteien im Rahmen der Vertragsautonomie frei vereinbart werden (BGH, Urteil v. 16.11.2011, VIII ZR 106/11, WuM 2011 S. 688).

Im frei finanzierten Wohnungsbau dürfen lediglich die Kosten der **Sammelheizung** und **Warmwasserversorgung** (s. „Betriebskosten", Abschnitt 2.4 „Die Kosten der Heizung (Nr. 4)" und Abschnitt 2.5 „Die Kosten der Warmwasserversorgung (Nr. 5)") nicht in der Miete enthalten oder als Pauschale vereinbart sein (Unzulässigkeit einer „Warmmiete"), da diese nach den Bestimmungen der Heizkostenverordnung (s. „Heizkostenverordnung") getrennt zu erfassen und zu verteilen sind. Bezüglich der **übrigen** Betriebskosten steht es den Parteien frei, eine Bruttomiete, in der diese enthalten sind, oder eine Nettomiete zzgl. einer Vorauszahlung auf die Betriebskosten oder eine Betriebskostenpauschale zu vereinbaren (§ 556 Abs. 2 BGB). Nur im **öffentlich geförderten** sozialen Wohnungsbau und im steuerbegünstigten oder frei finanzierten Wohnungsbau, der mit Wohnungsfürsorgemitteln gefördert worden ist, ist die Vereinbarung einer Nettomiete zzgl. einer Betriebskosten**vorauszahlung** vorgeschrieben (§ 27 Abs. 3 II. BV).

> Die Verpflichtung des Mieters zur Leistung von Vorauszahlungen setzt eine **eindeutige Vereinbarung** voraus. § 556 Abs. 2 S. 2 BGB, wonach für Betriebskosten angemessene Vorauszahlungen vereinbart werden dürfen, gibt selbst keinen Anspruch auf Leistung von Vorauszahlungen. Er geht vielmehr vom Bestehen einer entsprechenden wirksamen vertraglichen Vereinbarung aus.

Zur Wirksamkeit einer solchen Vereinbarung ist erforderlich, dass darin eindeutig **bestimmt** ist, **dass und welche** Betriebskosten vom Mieter zu tragen sind.

Nach der Rechtsprechung des BGH genügt es, dass der Umfang der umzulegenden Betriebskosten durch die Bezugnahme auf die Betriebskostenverordnung (bis 31.12.2003 Anlage 3 zur § 27 II. BV; s. „Betriebskosten") umschrieben und die Höhe der ungefähr zu erwartenden Kosten durch den Gesamtbetrag der geforderten Vorauszahlungen mitgeteilt wird. Eine Aufschlüsselung der Vorauszahlungen auf die einzelnen Betriebskosten ist nicht erforderlich (BGH, Urteil v. 13.1.2010, VIII ZR 137/09, WuM 2010 S. 153; Beschluss v. 23.2.2010, VIII ZR 199/09, WuM 2010 S. 294).

Ist die Vereinbarung mangels Bestimmtheit unwirksam, muss der Mieter den monatlich vereinbarten Beitrag trotzdem zahlen. Dieser ist dann aber nicht als Vorauszahlung auf die Betriebskosten anzusehen, sondern als Teil der Bruttokaltmiete mit der Folge, dass der Beitrag – im Gegensatz zu einem Vorauszahlungsbetrag – für die Zukunft nicht geändert werden kann. Auch als Betriebskostenpauschale kann die unwirksame Vorauszahlung nicht angesehen werden (LG Berlin, Urteil v. 14.12.2006, 67 S 221/06, MM 2007 S. 111).

Ist umgekehrt die Umlage von Betriebskosten wirksam vereinbart, aber kein Vorauszahlungsbetrag angesetzt, ist der Mieter dennoch nach Vorlage einer Abrechnung des Vermieters zur Zahlung der vereinbarten Betriebskostenpositionen verpflichtet (KG Berlin, Urteil v. 27.11.2006, 12 U 182/04, ZMR 2007 S. 364).

Entstehen Betriebskosten erst, nachdem die Vertragsparteien Teilinklusivmiete vereinbart haben, können diese – auch kraft konkludenter Vereinbarung (widerspruchslose Berechnung) – umgelegt oder zum Gegenstand einer Vorauszahlung gemacht werden (BGH, Urteil v. 21.1.2004, VIII ZR 99/03, NZM 2004 S. 253). Somit darf der Vermieter die notwendigen Folgekosten (laufende Betriebskosten), die durch eine nachträgliche **Modernisierung** (z. B. Einbau einer Gaszentralheizung) ausgelöst werden, auch dann auf den Mieter abwälzen und ist daher auch dann zur Geltendmachung von angemessenen Vorauszahlungen berechtigt, wenn an sich eine Bruttomiete (ohne zusätzliche Vorauszahlungen) vereinbart worden war (LG Berlin, Urteil v. 29.7.2004, 62 S 111/04, ZMR 2005 S. 192; s. auch Flatow, DWW 2007 S. 195, wonach **neu entstehende** Betriebskosten, z. B. nach Einbau eines Aufzugs oder Umstellung von Einzelöfen auf Zentralheizung, aufgrund einer **ergänzenden Vertragsauslegung** (§§ 133, 157 BGB) umlagefähig sind, da die Parteien die Umlage auch bei Abschluss des Mietvertrags vereinbart hätten, wenn ihnen die Modernisierung mit den entsprechenden Folgekosten bei Vertragsabschluss bereits bekannt gewesen wäre).

Daher kann der Vermieter auch ohne entsprechende mietvertragliche Vereinbarung solche Betriebskosten auf den Mieter umlegen, die nach Abschluss des Mietvertrags aufgrund einer Modernisierung entstanden sind; so z. B. beim nachträglichen Einbau von **Rauchmeldern** (AG Lübeck, Urteil v. 5.11.2007, 21 C 1668/07, ZMR 2008 S. 302).

Bei **gewerblicher** Vermietung kann i. S. v. § 9 UStG vereinbart werden, dass „Miete und Betriebskostenvorauszahlungen zzgl. Umsatzsteuer in gesetzlicher Höhe zu zahlen sind, soweit der Vermieter die Mieteinkünfte der Umsatzsteuer unterworfen hat". Im Fall einer derartigen Vereinbarung umfasst die Umsatzsteuerpflicht die gesamten Betriebskosten unabhängig davon, ob die einzelne Betriebskostenart bereits mit Vorsteuern belastet ist oder ob keine Vorsteuern anfallen (so z.B. bei öffentlichen Lasten; LG Hamburg, Urteil v. 23.1.1998, 311 S 165/97, DWW 1998 S. 119; s. auch Sternel, Mietrecht, 3. Aufl., Rn. 781).

Hat der Vermieter vor Abschluss eines **gewerblichen** Mietvertrags für die **Mehrwertsteuer** optiert und schuldet der Mieter vertraglich die auf die Miete entfallende Mehrwertsteuer, so gilt dies im Wege ergänzender Vertragsauslegung auch für die Verpflichtung des Mieters zur Zahlung der Mehrwertsteuer auf das sich aus der Schlussabrechnung ergebende Nebenkosten**saldo**, da es dem Zweck der Umlegung der Nebenkosten widersprechen würde, wenn der Vermieter den hierauf entfallenden Steueranteil zu tragen hätte (OLG Schleswig, Urteil v. 17.11.2000, 4 U 146/99, ZMR 2001 S. 619; OLG Düsseldorf, Urteil v. 26.10.1995, 10 U 207/94, WuM 1996 S. 211; Sternel, Mietrecht, 3. Aufl., III 27 m.w.N.).

Befindet sich der Mieter mit der Zahlung der laufenden Betriebskosten **in Verzug**, kann der Vermieter einer Wohnung kein Zurückbehaltungsrecht an der Energieversorgung geltend machen, d.h., er ist **nicht** berechtigt, die Versorgung des Mieters mit Wasser und Heizung zu **unterbrechen** (LG Göttingen, Beschluss v. 7.3.2003, 5 T 282/02, WuM 2003 S. 626).

Im **frei finanzierten** Wohnungsbau kann für **sämtliche** Betriebskosten ein Vorauszahlungsbetrag vereinbart werden. Eine Aufgliederung ist nicht erforderlich. Gleiches gilt für **preisgebundene** Wohnungen (z.B. Sozialwohnungen). Auch hier genügt es, dass der Vermieter den Umfang der umzulegenden Betriebskosten durch Bezugnahme auf die Anlage 3 zu § 27 II. BV umschreibt und die Höhe der ungefähr zu erwartenden Kosten durch den **Gesamtbetrag** der geforderten Vorauszahlungen mitteilt. Der Vermieter ist **nicht** verpflichtet, die voraussichtlichen Kosten für jede Betriebskostenart **gesondert** anzugeben. Eine solche Verpflichtung ergibt sich weder aus dem Wortlaut noch aus dem Sinn und Zweck des § 20 NMV (BGH, Urteil v. 13.1.2010, VIII ZR 137/09). Ferner ist der Vermieter **nicht** verpflichtet, evtl. Kostensteigerungen gegenüber dem Vorjahr zu **erläutern**. Eine solche Verpflichtung ist den §§ 20 Abs. 4, 7 NMV nicht zu entnehmen (BGH, a.a.O.).

Für den Bereich der **preisfreien** Wohnungen hat der BGH bereits mit Urteil vom 28.5.2008 (VIII ZR 261/07, NZM 2008 S. 567) entschieden, dass der Vermieter nicht zur Erläuterung von Kostensteigerungen verpflichtet ist.

In einem **Gewerbe**mietvertrag über ein Haus kann auch wirksam vereinbart werden, dass der Mieter **keine** Betriebskostenvorauszahlungen leistet, sondern die Betriebskosten, die der Mieter nicht direkt mit den Versorgern abrechnet, zunächst vom Vermieter verauslagt und dann dem Mieter einmal im Jahr in Rechnung gestellt werden (LG Potsdam, Urteil v. 13.4.2004, 3 O 101/03, NZM 2005 S. 303).

Ansprüche des Vermieters gegen den Mieter auf Zahlung von Betriebskosten sind – unabhängig davon, ob sie separat gezahlt werden oder in einer Bruttomiete enthalten sind – **unpfändbar**. Dies gilt sowohl für Vorauszahlungen als auch für Nachforderungen aus einer Betriebskostenabrechnung (OLG Celle, Beschluss v. 13.4.1999, 4 W 48/99, ZMR 1999 S. 697).

Teilzahlungen des Mieters ohne ausdrückliche oder schlüssige Tilgungsbestimmung sind gemäß § 366 Abs. 2 BGB vorrangig nicht auf die Grundmiete, sondern auf die Betriebskostenvorauszahlung zu verrechnen. Dieser Vorauszahlungsanspruch stellt für den Vermieter die „lästigere“ Forderung i.S.d. § 366 BGB dar, der weniger gesichert ist als der Anspruch auf die Grundmiete, da der Vermieter ihn nach Abrechnungsreife nicht mehr geltend machen kann (OLG Brandenburg, Urteil v. 3.3.2010, 3 U 108/08, ZMR 2010 S. 753; OLG Köln, Urteil v. 11.6.2010, 1 U 66/09, ZMR 2010 S. 850).

Nach der Rechtsprechung des BGH (Urteile v. 16.6.2010, VIII ZR 258/09 und 18.5.2011, VIII ZR 271/10) steht dem Vermieter jedoch für die Zeit nach Ablauf der gesetzlichen Abrechnungsfrist **kein** Anspruch auf **Vorauszahlungen** mehr zu; er kann Nebenkosten nur noch aufgrund einer Abrechnung in der sich daraus ergebenden Höhe verlangen.

2 Änderung der Mietstruktur

Grundsätzlich besteht kein Rechtsanspruch des Vermieters auf Änderung des Mietvertrags, sodass die Umstellung einer vereinbarten Bruttomiete (Inklusivmiete) bzw. Teilbruttomiete (Teilinklusivmiete) auf eine Nettomiete zzgl. einer Vorauszahlung auf die Betriebskosten (Änderung der Mietstruktur) nur **im Einvernehmen** mit den Mietern möglich ist.

Anders ist die Rechtslage, wenn der Mietvertrag in einer zusätzlichen Vereinbarung die (einseitige) Befugnis des Vermieters enthält, eine (Teil-)Inklusivmiete in eine Nettomiete zzgl. Betriebskostenvorauszahlungen umzuwandeln. Bei einem solchen zulässigen **Änderungsvorbehalt** genügt die Bezugnahme auf die Anlage 3 zu § 27 II. BV bzw. auf den Betriebskostenkatalog der Betriebskostenverordnung, um die vom Mieter jetzt zusätzlich zur Miete zu zahlenden Betriebskosten in ausreichend transparenter Weise zu bestimmen (BGH, Beschluss v. 6.4.2011, VIII ZR 199/10, GE 2011 S. 815).

Wird jedoch ein Mieter, der vertraglich nur zur Zahlung eines **kleinen Teils** der tatsächlich anfallenden Betriebskosten verpflichtet ist (Teilinklusivmiete), allein durch ein Schreiben des Vermieters ohne entsprechende vertragliche Vereinbarung dazu veranlasst, einer Umstellung auf eine Nettomiete zzgl. einer Vorauszahlung auf **sämtliche** Betriebskosten (gemäß Betriebskostenverordnung) zuzustimmen, kann der Mieter diese Zustimmung wegen **arglistiger Täuschung** (§ 123 BGB) anfechten, wenn ihm in dem Schreiben des Vermieters vorgespiegelt wurde, die geänderte Mietstruktur wäre nicht nur „zeitgemäß“, sondern für ihn auch in jedem Fall günstiger und das Schreiben auch keinen Hinweis auf mögliche Risiken der Mietstrukturumstellung (Nachzahlung von Betriebskosten) enthält (AG München, Urteil v. 14.8.2003, 453 C 36238/02; LG München, Beschluss v. 19.3.2004, 15 S 19692/03, NZM 2004 S. 421).

2.1 Bei frei finanzierten Wohnungen

Eine **Ausnahme** von dem Grundsatz, dass eine Änderung der Mietstruktur nur im Einvernehmen mit den Mietern möglich ist, besteht im frei finanzierten Wohnungsbau gemäß § 556a Abs. 2 BGB für Betriebskosten, deren Umfang bzw. Verursachung **erfasst** werden, z. B. durch entsprechende Zähler.

> Insofern hat der Vermieter die Möglichkeit, durch **einseitige** Erklärung (in Textform; s. „Schriftform“) von einer Brutto- bzw. Teilinklusivmiete oder einer Betriebskostenpauschale zu einer **verbrauchsabhängigen** Abrechnung solcher Betriebskosten überzugehen.

Die Erklärung ist jedoch nur vor Beginn eines Abrechnungszeitraums zulässig.

Sind die Kosten bislang in der Miete enthalten, so muss diese entsprechend herabgesetzt werden.

Das Recht des Vermieters gemäß § 556a Abs. 2 BGB, durch einseitige Erklärung von einer vereinbarten Brutto- bzw. Teilinklusivmiete oder Betriebskostenpauschale zu einer verbrauchsabhängigen Abrechnung überzugehen, besteht auch bei Mietverhältnissen, die vor Inkrafttreten des § 556a BGB am **1.9.2001** begründet worden sind (BGH, Urteil v. 21.9.2011, VIII ZR 97/11, WuM 2011 S. 682).

Die Kosten der Müllbeseitigung (s. „Betriebskosten“, Abschnitt 2.8 „Die Kosten der Straßenreinigung und Müllbeseitigung (Nr. 8)“) kann der Vermieter auf eine **verbrauchsabhängige** Müllentsorgung mit Kostenumlage auf die jeweiligen Mieter **umstellen**, in dem er anstelle des vorhandenen Müllcontainers einzelne Restmüllbehälter den Mietparteien bedarfsgerecht zur Verfügung stellt. Dabei kann der Vermieter den vormaligen verbrauchsunabhängigen Umlageschlüssel für die Müllgebühren (z. B. nach Wohnfläche) einseitig ändern, indem er den Umlageschlüssel nach der Müllgebühr für die zur Verfügung gestellte Mülltonne bestimmt (AG Brandenburg, Urteil v. 25.10.2004, 32 C 543/03, WuM 2010 S. 423).

Die Möglichkeit der einseitigen Umstellung durch den Vermieter auf eine **Direktabrechnung** zwischen Mieter und Leistungserbringer besteht **nicht mehr**. Allerdings bleiben ältere Vereinbarungen, z.B. eine im Formularmietvertrag aus dem Jahr 1993 dem Vermieter vorbehaltene Vertragsänderung zur Direktabrechnung und Direktlieferung, wirksam. Daran ändert der Umstand nichts, dass die Option der Direktabrechnung durch das Mietrechtsreformgesetz (vom 1.9.2001) abgeschafft wurde (LG Hamburg, Urteil v. 11.11.2005, 311 S 34/05, WuM 2006 S. 96). Bestimmt der Vermieter gemäß dem (bis 31.8.2001 geltenden) § 4 Abs. 5 Nr. 2 MHG, dass die Kosten der Wasserversorgung und der Entwässerung unmittelbar mit demjenigen abgerechnet werden, der die entsprechenden Leistungen erbringt, kann sich der Leistungserbringer zur Erfüllung der von ihm übernommenen Leistungspflichten auch Dritter bedienen (BGH, Urteil v. 25.11.2009, VIII ZR 235/08). Die Vertragsparteien sind auch jetzt nicht gehindert, diese Möglichkeit vertraglich zu vereinbaren (vgl. Begründung des Gesetzentwurfs, abgedruckt in NZM 2000 S. 438).

Allerdings sind Wasserversorgungsunternehmen auch bei einer Monopolstellung grundsätzlich nicht verpflichtet, Versorgungsverträge mit den Mietern abzuschließen und den Grundstückseigentümer als Vermieter aus seinem Vertragsverhältnis zu entlassen (BGH, Urteil v. 30.4.2003, VIII ZR 279/02, [KG] NZM 2003 S. 551).

Wird das Wasser verbrauchsabhängig abgerechnet und zeigt der Hauptwasserzähler des Hauses einen größeren Verbrauch an als die Wohnungswasserzähler zusammen, erfolgt eine Abrechnung entsprechend dem Hauptwasserzähler, wobei die Wasserkosten anteilig nach dem Verhältnis der Anzeigewerte der Wohnungszähler auf die Mieter verteilt werden (AG Dortmund, Urteil v. 5.2.1992, 120 C 14181/91, DWW 1992 S. 180).

Differenzen zwischen der vom Hauptzähler gemessenen Gesamtwassermenge und den erfassten Einzelmengen sind aufgrund von Messtoleranzen technisch nicht zu vermeiden. Sofern diese alle Mieter gleichermaßen betreffen, sind sie in einem Umfang von ca. 20 % noch hinzunehmen und beeinträchtigen nicht die Ordnungsgemäßheit der Abrechnung (LG Duisburg, Beschluss v. 22.2.206, 13 T 9/06, WuM 2006 S. 199).

Eine **Messdifferenz** von mehr als 20 % schließt jedoch die Umlage der Unterschiedsmenge aus (LG Braunschweig, Urteil v. 22.12.1998, 6 S 163/98, WuM 1999 S. 294).

Dürfen Wasserzähler nicht mehr zur Erfassung des tatsächlichen Verbrauchs verwendet werden, z.B. weil die gesetzlichen Eichfristen abgelaufen sind (5 Jahre für Kaltwasserzähler), gilt der gesetzliche Umlagemaßstab nach m^2, wobei ein Abzug von 15 % anzusetzen ist, der erfahrungsgemäß der Kostendifferenz zwischen verbrauchsabhängiger und verbrauchsunabhängiger Abrechnung entspricht. Eine Abrechnung nach der Personenzahl kommt nur bei einer entsprechenden vorherigen Vereinbarung in Betracht (LG Kleve, Urteil v. 19.4.2007, 6 S 205/06, ZMR 2007 S. 621).

Gleiches gilt, wenn die Ablesung funktionsfähiger Verbrauchszähler unterbleibt und infolgedessen die vertraglich geschuldete verbrauchsabhängige Abrechnung der Wasserkosten nicht möglich ist. Auch in diesem Fall kann nach dem Maßstab der Wohnfläche abgerechnet werden, wobei grundsätzlich eine Kürzung des sich danach ergebenden Abrechnungsbetrags (um 15 % analog § 12 HeizkostenV) unter dem Gesichtspunkt eines Schadenersatzanspruchs infolge einer Vertragsverletzung in Betracht kommt (BGH, Beschluss v. 13.3.2012, VIII ZR 218/11, WuM 2012 S. 316).

2.2 Bei preisgebundenen Wohnungen

Eine weitere Ausnahme von dem Grundsatz, dass die Änderung der Mietstruktur nur im Einvernehmen mit den Mietern möglich ist, besteht bei **preisgebundenem** Wohnraum, da hier Betriebskosten nicht in der Miete enthalten sein dürfen (§ 27 Abs. 3 II. BV) und eine Bruttomiete spätestens bis 31.12.1986 auf eine Nettokaltmiete umgestellt werden musste. Dies ist jedoch keine Ausschlussfrist, sodass die einseitige Umstellung auch noch nach diesem

Zeitpunkt, längstens jedoch bis zum Ablauf der Preisbindung der konkreten Wohnung, vorgenommen werden kann (LG Koblenz, Urteil v. 21.7.1995, 14 S 102/95, WuM 1996 S. 560).

Ferner kann der Vermieter durch einseitige Erklärung (§ 10 Abs. 1 WoBindG) den Katalog der vom Mieter zu tragenden Betriebskosten für zukünftige Abrechnungszeiträume auch auf solche Kostenarten ausdehnen, deren Umlagefähigkeit im Mietvertrag noch nicht vereinbart war. Ausreichend ist, dass der Vermieter dem Mieter Art und Höhe der neu umgelegten Betriebskosten bekannt gibt. Dies gilt auch dann, wenn der Mietvertrag nur die Umlage einzelner Betriebskosten vorsieht (Teilinklusivmiete). Die Umlage kann auch dadurch erfolgen, dass der Vermieter dem Mieter eine formell ordnungsgemäße Betriebskostenabrechnung erteilt, die derartige Betriebskosten umfasst (BGH, Urteil v. 14.4.2010, VIII ZR 120/09). Ausgeschlossen ist dies nur, wenn die Umlage der betreffenden Kosten im Mietvertrag ausdrücklich ausgeschlossen ist oder sich aus den Umständen ergibt (vgl. § 10 Abs. 4 WoBindG). Die einseitige Gestaltungserklärung (§ 10 Abs. 1 S. 2 WoBindG) ist jedoch nur wirksam, wenn in ihr die Umstellung **berechnet und erläutert** ist. Dies erfordert für die Umstellung von Altverträgen eine neue Wirtschaftlichkeitsberechnung und eine Berechnung und Erläuterung der für die Umlage vorgesehenen Betriebskosten. Hierzu ist erforderlich, dass die in die Umlage einzubeziehenden Betriebskosten einzeln und namentlich aufgeführt werden; der bloße Hinweis auf Betriebs- oder Nebenkosten reicht nicht aus (LG Aachen, Urteil v. 28.10.1994, 5 S 177/94, WuM 1995 S. 545). Die Umstellung kann jedoch **nicht rückwirkend**, sondern nur für die Zukunft erfolgen. Dies gilt auch dann, wenn der Mietvertrag eine **Gleitklausel** (s. „Mieterhöhung“) enthält (LG Bonn, Urteil v. 26.7.1995, 6 S 111/95, WuM 1997 S. 229).

Nach Beendigung der Preisbindung kann die Umstellung der Mietstruktur nur noch einvernehmlich erfolgen. Kommt eine Einigung nicht zustande, verbleibt es bei der vereinbarten Bruttomiete.

2.3 Schlüssige Änderungen

Eine vertragliche Vereinbarung, wonach der Mieter zur Zahlung bestimmter Betriebskosten verpflichtet ist, kann nicht nur ausdrücklich, sondern auch **schlüssig**, d.h. durch ein bestimmtes Verhalten der Vertragsparteien, geändert bzw. erweitert werden. Dies ist z.B. der Fall, wenn der Vermieter dem Mieter Betriebskosten in Rechnung stellt, deren Umlage vertraglich nicht vereinbart ist, und der Mieter diese dennoch über einen Zeitraum von mehreren Jahren (hier: 6 Jahre) **vorbehaltlos bezahlt**. Solche schlüssig abgegebenen Willenserklärungen sind aus **Sicht des Erklärungsempfängers** – des Vermieters – auszulegen und können von diesem dahin verstanden werden, dass der Mieter mit der Abwälzung der erhöhten Nebenkostenabrechnungen einverstanden ist (BGH, Beschluss v. 29.5.2000, XII ZR 35/00, NZM 2000 S. 961).

Allerdings kommt eine (stillschweigende) Änderung der mietvertraglichen Umlagevereinbarung nicht schon dadurch zustande, dass der Vermieter Betriebskosten abrechnet, zu deren Umlage er nach dem Mietvertrag nicht berechtigt ist, und der Mieter eine darauf beruhende Nachzahlung begleicht. Denn aus Sicht des Mieters ist der Übersendung einer Betriebskostenabrechnung, die vom Mietvertrag abweicht, nicht ohne Weiteres, sondern nur bei Vorliegen **besonderer Umstände** ein Angebot des Vermieters zu entnehmen, eine Änderung des Mietvertrags herbeiführen zu wollen (BGH, Urteile v. 10.10.2007, VIII ZR 279/06, NJW 2008 S. 283 und v. 13.2.2008, VIII ZR 14/06, NJW 2008 S. 1302). Solche besonderen Umstände können vorliegen, wenn der Vermieter seinem Mieter eine Änderung der Betriebskosten telefonisch oder schriftlich mitteilt und danach eine Abrechnung übersendet, in die auch die mitgeteilten zusätzlichen Betriebskosten eingestellt sind. Darin kann ein Angebot des Vermieters auf Erweiterung der Umlagevereinbarung gesehen werden, das der Mieter durch Begleichung der Nachforderung oder Zahlung der erhöhten Vorauszahlungen annimmt (BGH, Urteil v. 9.7.2014, VIII ZR 36/14, GE 2014 S. 1134).

Fraglich ist insofern, ob solche „besonderen Umstände" auch bei einem **Wechsel** des Vermieters (z.B. nach Verkauf des Mietobjekts) vorliegen können, wenn dieser dann in seiner Betriebskostenabrechnung nicht vereinbarte Betriebskosten umlegt (so z.B. KG Berlin, Urteil v. 31.3.2014, 8 U 135/13, GE 2015 S. 55, wonach eine konkludente Einigung über die Umlage weiterer Betriebskosten auch dadurch zustande kommen kann, dass ein **Gewerberaum**mieter die von dem **neuen** Vermieter in der Betriebskostenabrechnung umgelegten Kosten für Instandhaltung und Verwaltung über 4 Jahre hinweg zahlt, ohne zu rügen, dass es hierfür an einer vertraglichen Grundlage fehlt).

Bezüglich Betriebskosten, die vom Mieter bei Abschluss des Mietvertrags selbst getragen wurden (z.B. Müllentsorgung durch Bereitstellung von Müllgefäßen auf eigene Kosten), die aber inzwischen durch organisatorische Änderungen (Bereitstellung größerer Müllgefäße durch die Wohnungseigentümergemeinschaft) auf den Vermieter übergegangen sind, ist die dadurch entstandene Lücke im Mietvertrag im Wege ergänzender Vertragsauslegung dahin zu schließen, dass der Mieter diese Kosten weiterhin nunmehr in Form von Betriebskosten gegenüber dem Vermieter zu tragen hat (BGH, Urteil v. 9.7.2014, a.a.O.).

Umgekehrt bedeutet es mangels eines entsprechenden Rechtsbindungswillens auch **keinen** schlüssigen **Verzicht** des Vermieters auf bestimmte Betriebskostenpositionen, wenn er jahrelang nur einen Teil der umlegbaren Betriebskosten in die Abrechnung aufgenommen hat (AG Neuss, Urteil v. 3.11.1995, 36 C 234/95, DWW 1996 S. 284). Dieser Umstand allein reicht für die Annahme einer entsprechenden stillschweigenden Änderung des Mietvertrags nicht aus. Voraussetzung für ein schlüssiges Angebot des Vermieters auf Reduzierung der vereinbarten Betriebskostenpositionen wäre ein Verhalten des Vermieters, mit dem dieser einen entsprechenden **Rechtsfolgewillen** zum Ausdruck bringt. In der Umlage nur eines Teils der vereinbarten Betriebskosten kann ein solches Angebot nicht gesehen werden. Die Annahme, ein Vermieter von Geschäftsräumen würde damit schlüssig ohne ersichtlichen Grund auf die Zahlung nicht unerheblicher Beträge verzichten, ist lebensfremd. Ohne das Vorliegen weiterer Anhaltspunkte kann ein Mieter somit nicht annehmen, dass der Vermieter die nicht abgerechneten Betriebskostenpositionen für die gesamte Dauer des Mietverhältnisses nicht mehr geltend machen will (BGH, Urteil v. 27.1.2010, XII ZR 22/07). Dementsprechend bewirkt auch eine nur **teilweise Umlage** von Betriebskosten (z.B. nur Erhöhungsbetrag statt vereinbartem vollen Betrag) **keine** Änderung des Mietvertrags für die Zukunft, da darin aus Sicht des Erklärungsempfängers, d.h. des Mieters, keine auf eine Vertragsänderung abzielende Willenserklärung des Vermieters zu sehen ist (LG Mannheim, Urteil v. 23.11.2005, 4 S 64/05, DWW 2006 S. 68).

Allein das **Untätigbleiben** beider Vertragsparteien führt **nicht** zu einer Änderung des Mietvertrags. Rechnet z.B. der Vermieter entgegen den vertraglichen Vereinbarungen über einen längeren Zeitraum **nicht** über die vom Mieter geleisteten Betriebskostenvorauszahlungen ab und zahlt der Mieter aber trotzdem die Vorauszahlungen vorbehaltlos weiter, führt dies **nicht** zu einer Umstellung des Mietvertrags dahingehend, dass nunmehr anstelle einer abrechenbaren Vorauszahlung eine Betriebskostenpauschale vereinbart wäre.

Für eine Änderung des Mietvertrags ist vielmehr ein Verhalten einer Partei erforderlich, das aus Sicht der anderen Partei einen entsprechenden **Vertragsänderungswillen** erkennen lässt. Bloßes Untätigbleiben ist hierfür nicht ausreichend (BGH, Urteil v. 13.2.2008, VIII ZR 14/06, WuM 2008 S. 225).

Der erforderliche Vertragsänderungswille kann sich z.B. daraus ergeben, dass für Heizung und übrige Betriebskosten **getrennte** Vorauszahlungsbeträge vereinbart wurden und jahrelang (hier: 14 Jahre) zwar stets über die Heizkosten, nicht aber über die übrigen Betriebskosten abgerechnet worden ist. Dies kann aus der maßgeblichen Sicht des Erklärungsempfängers nur dahin verstanden werden, dass man über die übrigen Betriebskosten nicht abrechnen, sondern es bei einem pauschalen

Ausgleich belassen wollte (LG Hamburg, Urteil v. 3.9.2004, 311 S 26/04, NZM 2005 S. 216).

Eine **Verwirkung** kann nicht angenommen werden, wenn der Vermieter seit Beginn des Mietverhältnisses vertraglich umgelegte Betriebskosten nicht geltend gemacht hat (LG Waldshut-Tiengen, Urteil v. 25.1.2001, 1 S 60/00, WuM 2001 S. 245; a.A. AG Gießen, Urteil v. 19.10.2004, 48 MC 484/04, NJW-RR 2005 S. 309, wonach es im Hinblick auf die Rechtsprechung des BGH (Urteil v. 29.5.2000, a.a.O.) der Gleichheitsgrundsatz gebietet, dass umgekehrt auch der Vermieter in späteren Jahren keine Betriebskosten mehr nachfordern kann, wenn er diese trotz Umlagefähigkeit über Jahre hinweg nicht geltend gemacht hat). Deshalb muss der Mieter eine sich aus der Betriebskostenabrechnung ergebende Nachforderung auch bezahlen, wenn der Vermieter entgegen den vertraglichen Vereinbarungen 20 Jahre lang keine Abrechnung vorgelegt hat und auch keine besonderen Umstände ersichtlich sind, die aus Sicht des Mieters die Annahme rechtfertigen, der Vermieter wolle durch das Unterlassen der Abrechnung den Mietvertrag zu seinem Nachteil dahin abändern, dass künftig eine Pauschale ohne Abrechnungsmöglichkeit vereinbart sein soll (BGH, Urteil v. 13.2.2008, VIII ZR 14/06, WuM 2008 S. 225).

Solche besonderen Umstände können sich z.B. aus einer schriftlichen Mitteilung des Vermieters ergeben.

Teilt der Vermieter dem Mieter schriftlich mit, dass er künftig auch andere als die im Mietvertrag vereinbarten Betriebskosten umlegen wird, und zahlt der Mieter daraufhin über mehrere Jahre **vorbehaltlos** auch diese weiteren Betriebskostenpositionen, kommt ein rechtsgeschäftlicher Bindungswille des Mieters hinreichend deutlich zum Ausdruck, sodass von einer entsprechenden Änderung des Mietvertrags auszugehen ist (LG Kassel, Urteil v. 11.7.1996, 1 S 143/96, DWW 1996 S. 312).

Bei Fehlen einer Vorauszahlungsvereinbarung können sich die Parteien zumindest **stillschweigend** auf die Leistung von Vorauszahlungen geeinigt haben, wenn der Mieter die vom Vermieter geforderten Vorauszahlungen über mehr als 9 Jahre vorbehaltlos geleistet hat (OLG Düsseldorf, Urteil v. 29.9.2005, 10 U 86/05, DWW 2006 S. 21).

Ferner liegt eine schlüssige Änderung der Mietstruktur vor, wenn der Mieter trotz einer vertraglichen Bruttomiete einem **Mieterhöhungsverlangen** des Vermieters auf Basis einer Nettomiete ausdrücklich **zugestimmt** und über einen Zeitraum von 2 Jahren die Betriebskosten sowie den sich aus der Betriebskostenabrechnung ergebenden Saldo bezahlt hat (LG Berlin, Urteil v. 6.5.1997, 64 S 564/96, ZMR 1998 S. 165; AG Koblenz, Urteil v. 12.10.1999, 15 C 1198/99, NZM 2000 S. 238).

Gleiches gilt bei einer vereinbarten Teilinklusivmiete. Akzeptiert der Mieter ein davon abweichendes Mieterhöhungsverlangen (Grundmiete zzgl. Betriebskosten- und Heizkostenvorauszahlung) und zahlt in den Folgejahren auch die ursprünglich „inklusiven“ Betriebskosten, so ist konkludent eine Nettokaltmiete wirksam vereinbart (LG Hamburg, Urteil v. 3.9.2009, 307 S51/09, ZMR 2010 S. 118).

Bei **unklaren** vertraglichen Regelungen kann jedenfalls die **jahrelange Handhabung** durch die Parteien einen entscheidenden Anhaltspunkt dafür geben, wie die Parteien die Regelung selbst verstanden haben (OLG Düsseldorf, Urteil v. 14.5.2002, 24 U 142/01, GuT 2002 S. 178).

Hat der Mieter z.B. über mehrere Jahre bestimmte Betriebskosten (z.B. die Kosten des Wassers und der Entwässerung) aufgrund eines **Versorgungsvertrags** unmittelbar an die kommunalen Stadtwerke bezahlt, ist eine Unklarheit im Mietvertrag bezüglich der Umlage dieser Betriebskostenpositionen dahin zu verstehen, dass diese Betriebskosten nicht in der Miete enthalten und vom Mieter somit weiterhin separat zu zahlen sind (LG Stuttgart, Beschluss v. 17.1.1996, 10 T 696/95, WuM 1996 S. 626).

Betriebskosten, die nach Abschluss des Mietvertrags **neu** entstehen, z.B. durch den nachträglichen Einbau eines Aufzugs, kann der Vermieter mittels einer entsprechenden schriftlichen Erklärung nach § 560 Abs. 1 BGB auf den Mieter umlegen (BGH, Urteil v. 7.4.2004, VIII ZR 167/03, WuM 2004 S. 291; s. auch BGH, Urteil v. 21.1.2004, VIII ZR 99/03, NZM 2004 S. 253, wonach solche neu eingeführten Betriebskosten ausnahmsweise die Erhöhung der Miete rechtfertigen, da sie von einer Teilinklusivmiete nicht erfasst sind). Unbeschadet dessen können sich die Parteien auch **schlüssig** über die Umlage neu entstandener Betriebskosten geeinigt haben, wenn diese vom Vermieter in die Betriebskostenabrechnung eingestellt und vom Mieter **jahrelang akzeptiert** worden sind (BGH, Urteil v. 21.1.2004, a. a. O.).

3 Anpassung von Vorauszahlungen

Jede Partei kann durch einseitige Erklärung (Textform, s. „Schriftform") eine **Anpassung** der vereinbarten Vorauszahlungen auf eine angemessene Höhe vornehmen, wenn sich aus der Betriebskostenabrechnung über die vorausgegangene Periode ergibt, dass die geleistete Vorauszahlung infolge stark gestiegener oder gesunkener Betriebskosten nicht mehr den tatsächlich anfallenden Betriebskosten entspricht (§ 560 Abs. 4 BGB). Mit der Anpassung der Vorauszahlungen nach einer Abrechnung soll erreicht werden, dass die vom Mieter zu leistenden Abschläge den tatsächlichen Kosten möglichst nahe kommen, sodass weder der Mieter dem Vermieter – durch zu hohe Vorauszahlungen – ein zinsloses Darlehen gewährt noch der Vermieter – angesichts zu niedriger Vorauszahlungen – die Nebenkosten teilweise vorfinanzieren muss (BGH, Urteil v. 18.5.2011, VIII ZR 271/10, GE 2011 S. 881). Bei **getrennten** Vorauszahlungen für Heizkosten und sonstige Nebenkosten gilt für die jeweiligen Vorauszahlungen ein **gesondertes** Anpassungsrecht (LG Duisburg, Beschluss v. 22.2.2006, 13 T 9/06, WuM 2006 S. 199). Das Anpassungsrecht des Vermieters setzt jedoch nach der neuen Rechtsprechung des BGH voraus, dass eine **inhaltlich korrekte** Abrechnung vorliegt. Eine lediglich formell ordnungsgemäße Abrechnung ist entgegen der früheren Rechtsprechung nicht mehr ausreichend. Dies bedeutet, dass die Abrechnung nicht nur keine grundsätzlichen strukturellen (formellen) Fehler aufweisen darf, z. B. falscher Abrechnungszeitraum, Unverständlichkeit, fehlende Nachvollziehbarkeit. Die Abrechnung darf nach der neueren Rechtsprechung auch keine inhaltlichen (materiellen) Fehler aufweisen, z. B. Rechenfehler, unzulässiger Ansatz oder unzutreffende Höhe einzelner Betriebskostenpositionen, falscher Umlageschlüssel. Eine inhaltlich fehlerhafte Abrechnung berechtigt den Vermieter nicht zu einer Anpassung der Vorauszahlungen (BGH, Urteile v. 15.5.2012, VIII ZR 245/11 und 246/11, WuM 2012 S. 321).

Dagegen steht einer **Erhöhung** der monatlichen Vorauszahlungen für die Zukunft grundsätzlich nicht entgegen, dass der Vermieter über längere Zeit keine Betriebskostenabrechnungen erteilt hat und daher wegen Versäumens der Abrechnungsfrist mit Nachforderungen ausgeschlossen ist.

Eine Anpassung der Vorauszahlungen durch den Vermieter nach § 560 Abs. 4 BGB setzt nämlich nicht voraus, dass die vorangegangene Abrechnung zu einer Nachforderung des Vermieters geführt hat. Bei einer verspäteten Nachforderung sieht das Gesetz über den Nachforderungsausschluss hinaus keine Sanktion für die verspätete Abrechnung vor. Auch eine verspätete Abrechnung liefert einen schlüssigen Anhaltspunkt für die zukünftige Entwicklung der Kosten. Eine Anpassung der Vorauszahlungen ist daher auch nach verspäteter Abrechnung zulässig (BGH, Urteil v. 16.6.2010, VIII ZR 258/09, WuM 2010 S. 490; so bereits LG Berlin, Urteil v. 14.9.2009, 67 S 44/09, ZMR 2010 S. 115).

Ferner lässt sich dem Gesetz keine Einschränkung der Grundlage des Anpassungsrechts auf die letztmögliche Abrechnung entnehmen. Eine Anpassung der Vorauszahlungen auf Grundlage einer Betriebskostenabrechnung ist daher auch dann möglich, wenn bereits die folgende Abrechnungsperiode abgelaufen, aber noch nicht abgerechnet ist (BGH, Urteil v. 18.5.2011, VIII ZR 271/10, GE 2011 S. 881). Dieses Urteil ist zwar zu einem Anpassungsverlangen des Mieters ergangen, gilt aber in gleicher Weise für das Anpassungsverlangen des Vermieters, da § 560 Abs. 4 BGB insoweit keinen Unterschied macht.

Liegen die Voraussetzungen für eine Erhöhung der Vorauszahlung vor, schuldet der Mieter die erhöhte Vorauszahlung erstmals mit dem Beginn des auf die Erklärung des Vermieters folgenden **übernächsten** Monats (§ 560 Abs. 2 BGB analog; AG Köln, Urteil v. 22.7.2004, 222 C 44/04, ZMR 2004 S. 920). Eine Anpassung der Betriebskostenvorauszahlungen ist nur dann angemessen i.S.v. § 560 Abs. 4 BGB, wenn sie auf die voraussichtlich tatsächlich entstehenden Kosten im laufenden Abrechnungsjahr abstellt. Grundlage für den **Umfang** der Anpassung ist daher immer die **letzte** Betriebskostenabrechnung. Dabei kann zwar eine **konkret** zu erwartende Entwicklung der künftigen Betriebskosten berücksichtigt werden. Unzulässig ist dagegen der Ansatz eines **abstrakten**, nicht durch konkret zu erwartende Kostensteigerungen für einzelne Betriebskosten gerechtfertigten Sicherheitszuschlags, z.B. von 10 % (BGH, Urteil v. 28.9.2011, VIII ZR 294/10, WuM 2011 S. 686). Für **preisgebundenen** Wohnraum ist die Erhöhungsmöglichkeit in § 20 Abs. 4 NMV geregelt.

Entsprechendes kann auch bei **gewerblichen** Mietverhältnissen **vereinbart** werden. § 560 Abs. 4 BGB, wonach die Parteien ein gesetzliches Anpassungsrecht haben, gilt nur für Wohnraummietverhältnisse. Bei gewerblichen Mietverhältnissen können die Vertragsparteien – auch formularvertraglich – vereinbaren, dass der Vermieter im Anschluss an die Betriebskostenabrechnungen die Höhe der Vorauszahlungen durch einseitige Erklärung anpassen darf (BGH, Urteil v. 5.2.2014, XII ZR 65/13, GE 2014 S. 455).

Die Ausübung dieses Anpassungsrechts unterliegt auch nicht dem Schriftformerfordernis des § 550 S. 1 BGB, sodass die Erhöhung von Betriebskostenvorauszahlungen durch einseitige Erklärungen des Vermieters auch nicht dazu führen kann, dass ein wirksam auf längere Zeit als ein Jahr geschlossener Mietvertrag ab der Anpassung der Vorauszahlungen wegen eines Verstoßes gegen die Schriftform nur noch für unbestimmte Zeit gilt (BGH, a.a.O.).

Kommt der Mieter mit der Zahlung von Betriebskosten**vorauszahlungen**, die der Vermieter ordnungsgemäß nach § 560 Abs. 4 BGB erhöht hat, in Höhe von zwei Monatsmieten in Verzug, kann der Vermieter das Mietverhältnis fristlos kündigen. Der Mieter kann dagegen nicht einwenden, der Vermieter hätte ihn vor Ausspruch der Kündigung auf Zahlung der erhöhten Betriebskosten verklagen müssen, da eine fristlose Kündigung des Vermieters nicht voraussetzt, dass er den Mieter vor Ausspruch der Kündigung auf Zahlung der erhöhten Betriebskosten verklagt hat. Insofern ist der Mieter dadurch geschützt, dass im Rahmen des Kündigungsprozesses geprüft werden muss, ob der Vermieter zur Erhöhung der Vorauszahlungen auf die verlangte Höhe berechtigt war. Dies ist nach der Rechtsprechung des BGH (Urteile v. 15.5.2012, VIII ZR 245/11 und VIII ZR 246/11) nur dann der Fall, wenn die Erhöhung der Vorauszahlungen auf einer auch inhaltlich korrekten Abrechnung beruht. Dies kann der Mieter durch Einsicht in die Abrechnungsunterlagen nachprüfen. Sollte ihm der Vermieter die Einsicht nicht ermöglichen, kann der Mieter ein Zurückbehaltungsrecht geltend machen mit der Folge, dass eine auf Zahlungsverzug gestützte Kündigung ausgeschlossen ist (BGH, Urteil v. 18.7.2012, VIII ZR 1/11).

Nach Ablauf der gesetzlichen Abrechnungsfrist, d.h. vom Zeitpunkt der Abrechnungsreife an, kann der Vermieter einen Anspruch auf Vorauszahlungen für den betreffenden Abrechnungszeitraum nicht mehr geltend machen, sondern nur noch die Beträge verlangen, die sich aus der Abrechnung ergeben (KG Berlin, Beschluss v. 16.6.2014, 8 U 29/14, GE 2014 S. 1137).

Kommt der Mieter jedoch mit Betriebskostenvorauszahlungen in Verzug, bleiben dem Vermieter die aus dem Schuldnerverzug folgenden Rechte grundsätzlich auch nach dem Eintritt der Abrechnungsreife (Ablauf der Abrechnungsfrist) erhalten. Der Vermieter hat deshalb für die Zeit bis zur Abrechnungsreife auch dann noch Anspruch auf Zahlung von **Verzugszinsen** auf rückständige Vorauszahlungen, wenn die Betriebskostenvorauszahlungen selbst wegen eingetretener Abrechnungsreife nicht mehr verlangt werden können. Irrelevant ist insofern, ob sich aus der Betriebskostenabrechnung für die entsprechende Periode ein Saldo zugunsten des Vermieters ergibt (BGH, Urteil v. 26.9.2012, XII ZR 112/10, NZM 2013 S. 85).

Vorauszahlungen auf die Betriebskosten dürfen nur in angemessener Höhe vereinbart werden (§ 556 Abs. 2 S. 2 BGB). Dies gilt auch für die Gewerbemiete. Daher darf auch ein Gewerberaummieter die Vorauszahlungen für die Betriebskosten von sich aus kürzen, wenn die betreffende Leistung entfällt, z.B. die Heizung der Räume künftig nicht mehr vom Vermieter, sondern vom Mieter auf eigene Kosten und auf eigene Verantwortung betrieben wird (KG Berlin, Urteil v. 22.2.2010, 20 U 80/08).

Nicht nur der Vermieter, sondern auch der **Mieter** ist gemäß § 560 Abs. 4 BGB zur Anpassung der Vorauszahlungen berechtigt. Soweit der Mieter inhaltliche Fehler einer vom Vermieter erteilten Betriebskostenabrechnung konkret beanstandet und das zutreffende Abrechnungsergebnis selbst errechnet, darf er eine Anpassung der Betriebskostenvorauszahlungen auf der Grundlage seines ermittelten Abrechnungsergebnisses vornehmen. Für die Ermäßigung der Betriebskostenvorauszahlungen ist ausreichend, dass sich aus der Betriebskostenabrechnung des Mieters für die abgelaufene Abrechnungsperiode per Saldo eine Ermäßigung der Betriebskosten ergibt und der neue Vorauszahlungsbetrag nach dem bisherigen Umlagemaßstab berechnet wurde (BGH, Urteil v. 6.2.2013, VIII ZR 184/12, GE 2013 S. 480).

4 Der Abrechnungszeitraum

Über die Vorauszahlungen ist **jährlich** abzurechnen (§ 556 Abs. 3 BGB). Darunter ist nicht notwendig das Kalenderjahr oder das Jahr gerechnet vom Beginn des Mietverhältnisses, sondern ein einmal festgelegtes und dann einzuhaltendes Geschäftsjahr zu verstehen. Haben die Parteien den Beginn der Abrechnungsperiode vertraglich nicht festgelegt, fällt dieser nicht automatisch mit dem Beginn des Mietverhältnisses zusammen; vielmehr kann ihn der Vermieter nach praktikablen Gesichtspunkten (z.B. nach der Heizperiode) bestimmen (OLG Düsseldorf, Urteil v. 6.5.2003, 24 U 99/02, ZMR 2003 S. 570). Der Abrechnungszeitraum darf ein Jahr nicht überschreiten. Eine Betriebskostenabrechnung über einen Zeitraum von mehr als ein Jahr ist formell unwirksam (LG Gießen, Urteil v. 21.1.2008, 1 S 288/08, NZM 2009 S. 581; zur Unterscheidung zwischen formeller und materieller Unwirksamkeit und zu den Rechtsfolgen s.u. Abschnitt 12 „Der Nachforderungsanspruch des Vermieters“).

Mangels gegenteiliger Vereinbarungen darf der Vermieter die Abrechnung über verbrauchsabhängige Betriebskosten (z.B. Heizungs- und Warmwasserkosten) in die Gesamtabrechnung der Betriebskosten aufnehmen. Die **Abrechnungszeiträume** müssen in diesem Fall **nicht deckungsgleich** sein.

Beispiel

Der **Heizungskosten**abrechnung darf – entsprechend dem Abrechnungsturnus des mit der Verbrauchserfassung beauftragten Unternehmens – die jährliche **Heizperiode** zugrunde gelegt werden, bei der die Verbrauchsablesung in der heizungsfreien Zeit im Sommer erfolgt (Abrechnungszeitraum vom **1.8. bis zum 31.7.** des Folgejahres). Unbeschadet dessen darf der Gesamtabrechnung, in der auch die Abrechnung über die Heizkosten enthalten ist, das **Kalenderjahr (1.1. bis 31.12.)** zugrunde gelegt werden.

Dies ergibt sich bereits daraus, dass die §§ 556 ff. BGB den Vermieter nicht auf eine Abrechnung nach dem Leistungsprinzip festlegen, sondern ihm auch eine Abrechnung nach dem Abflussprinzip erlaubt, bei dem es nicht auf den Verbrauchszeitraum ankommt (BGH, Urteil v. 20.2.2008, VIII ZR 49/07, NJW 2008 S. 1300). Der Vermieter hat auf die Abrechnungsperioden von Versorgungs- und Verbrauchserfassungsunternehmen in der Regel keinen Einfluss und ist daher nicht verpflichtet, den mietvertraglichen Abrechnungszeitraum dem Abrechnungsturnus von Versorgungsunternehmen anzupassen. Ferner ist der Vermieter nicht verpflichtet, die nach einem vom

Kalenderjahr abweichenden Zeitraum (z.B. Heizperiode) vorgenommene Verbrauchsabrechnung im Wege einer Schätzung oder mithilfe einer zusätzlichen Verbrauchserfassung auf das Kalenderjahr umzurechnen (BGH, Urteil v. 30.4.2008, VIII ZR 240/07, WuM 2008 S. 404).

Eine **unzulässige** Teilabrechnung liegt vor, wenn der Vermieter anstelle einer Gesamtabrechnung für das Abrechnungsjahr lediglich für einen Teil des Abrechnungsjahres über die Vorauszahlungen des Mieters abrechnet. Dies ist jedoch nicht der Fall, wenn die Ermittlung des Kostenanteils des Mieters in zwei einander ergänzende Zeitabschnitte des Abrechnungsjahres aufgegliedert wurde, z.B. 1.1. bis 31.1. und 1.2. bis 31.12. des Abrechnungsjahres (BGH, Urteil v. 23.6.2010, VIII ZR 227/09, NJW 2010 S. 3228).

Bei Vorliegen vernünftiger Gründe ist der Vermieter zur **Änderung** des Abrechnungszeitraums berechtigt (AG Köln, Urteil v. 13.12.1996, 205 C 321/96, WuM 1997 S. 232). Bei einer Änderung des Abrechnungszeitraums, z.B. einer einvernehmlichen Verlängerung der jährlichen Abrechnungsperiode zum Zwecke der Umstellung auf eine kalenderjährliche Abrechnung, darf der Abrechnungszeitraum **ausnahmsweise einmalig** einen längeren Zeitraum als die gesetzlich vorgeschriebenen 12 Monate umfassen. § 556 Abs. 4 BGB, der grundsätzlich die Vereinbarung eines längeren Abrechnungszeitraums als 12 Monate verbietet, steht dem nicht entgegen, da der mit dieser Vorschrift verfolgte Schutzzweck in solchen Fällen ausreichend gewahrt ist. Die mit einer Verlängerung des Abrechnungszeitraums dem Mieter entstehenden möglichen Nachteile werden durch entsprechende Vorteile hinreichend kompensiert (BGH, Urteil v. 27.7.2011, VIII ZR 316/10).

Auch bei einem **Vermieterwechsel** (z.B. infolge Verkaufs der Wohnung) während des Abrechnungszeitraums darf dieser grundsätzlich maximal ein Jahr betragen (AG Dortmund, Urteil v. 21.11.2003, 125 C 9504/03, NJW-RR 2004 S. 523). Auch ein Auszug des Mieters während der laufenden Abrechnungsperiode verkürzt nicht den Abrechnungszeitraum. Wird dem Mieter die Betriebskostenabrechnung z.B. erst 14 Monate nach Beendigung des Mietverhältnisses, aber noch innerhalb von 12 Monaten nach Ende des letzten Abrechnungszeitraums überreicht, ist die Frist für die jährliche Abrechnung (§ 556 Abs. 3 S. 1 BGB) gewahrt (AG Wetzlar, Urteil v. 8.9.2005, 38 C 968/05, NZM 2006 S. 260).

Der **Zwangsverwalter**, der noch nach Beendigung der Zwangsverwaltung hinsichtlich der Klage auf Zahlung rückständiger, in der Zeit der Zwangsverwaltung fällig gewordener Miete prozessführungsbefugt und aktiv legitimiert ist, ist auch zur Abrechnung der Betriebskosten jedenfalls aus den Abrechnungsperioden verpflichtet, die vollständig in die Zeit der Zwangsverwaltung fallen (LG Potsdam, Urteil v. 5.4.2001, 11 S 198/00, WuM 2001 S. 289).

Der **Zwangsverwalter** eines vermieteten Grundstücks muss bei einem Mietverhältnis, das im Zeitpunkt des Wirksamwerdens der Anordnung der Zwangsverwaltung noch läuft, über die vom Mieter geleisteten Betriebskostenvorauszahlungen auch für solche Zeiträume **abrechnen**, die **vor** der Anordnung der Zwangsverwaltung liegen (BGH, Urteil v. 3.5.2006, VIII ZR 168/05, WuM 2006 S. 402).

Ferner ist der Zwangsverwalter bei einer über den Zuschlag hinaus fortgesetzten Verwaltung verpflichtet, die von dem Mieter für die Zeit vor dem Zuschlag vereinnahmten, aber nicht verbrauchten Betriebskostenvorauszahlungen an den Ersteher **auszukehren**, soweit diesem die Abrechnung der Nebenkostenvorauszahlungen und die Rückzahlung des Überschusses obliegt (BGH, Urteil v. 11.10.2007, IX ZR 156/06, WuM 2007 S. 698).

5 Form der Abrechnung

Die Abrechnung hat **schriftlich** und getrennt für jedes Mietverhältnis zu erfolgen und muss jedem Mieter zugehen, sodass z.B. eine Bekanntmachung im Treppenhaus nicht genügt.

Bei einer Personenmehrheit auf der Mieterseite (z.B. Vermietung an ein Ehepaar) sollte die Betriebskostenabrechnung an **beide** Mieter adressiert werden. Eine Abrechnung, die nur an einen von mehreren Mietern gerichtet ist, entfaltet den anderen gegenüber keine Wirksamkeit. Daher kann der Vermieter z.B. nach Ablauf der Abrechnungsfrist (s.u. Abschnitt 11 „Rechte des Mieters bei nicht fristgerechter Abrechnung“) von den anderen Mietern keine Nachzahlungen verlangen, wenn die geleisteten Vorauszahlungen nicht kostendeckend waren. Dies gilt auch dann, wenn die Abrechnung in den gemeinsamen Briefkasten der Eheleute gelangt war und nach dem Mietvertrag beide Eheleute für Erklärungen des Vermieters empfangsbevollmächtigt waren. Der so Bevollmächtigte ist nämlich lediglich Empfangsbote für die an den jeweils anderen adressierten Erklärungen. Daher kann eine solche Klausel die notwendige Adressierung an alle Mieter nicht ersetzen (LG Frankfurt/M., Urteil v. 2.12.2008, 2-17 S 63/08, MDR 2009 S. 137).

Dementsprechend ist der Vermieter nicht gehindert, die Abrechnung, die eine Nachforderung zu seinen Gunsten ausweist, nur einem Mieter gegenüber zu erteilen und lediglich diesen auf Ausgleich des Nachzahlungsbetrags in Anspruch zu nehmen. Mieten mehrere Personen eine Wohnung, haften sie grundsätzlich für die Mietforderungen einschließlich der Nebenkosten als **Gesamtschuldner**. Der Vermieter ist daher berechtigt, nach seinem Belieben jeden Schuldner ganz oder teilweise in Anspruch zu nehmen (§ 421 S. 1 BGB). Die Übermittlung einer formell ordnungsgemäßen Abrechnung an den Mieter dient dazu, die Fälligkeit des sich aus der Abrechnung ergebenden Saldos herbeizuführen. Diese Fälligstellung ist kein Umstand, der einheitlich gegenüber allen Gesamtschuldnern erfolgen muss. Der hiergegen vorgebrachte Einwand, der Vermieter könne in diesem Fall (nach § 421 BGB) auch den Mieter, dem keine Abrechnung erteilt wurde, auf Ausgleich von Nachzahlungen in Anspruch nehmen, ist schon deswegen nicht stichhaltig, weil die Nachforderung diesem Mieter gegenüber gerade nicht fällig gestellt worden ist (BGH, Urteil v. 28.4.2010, VIII ZR 263/09, ZMR 2010 S. 749).

Bei einer **mehrseitigen** Betriebskostenabrechnung setzt die erforderliche **Einheit der Urkunde** voraus, dass die Zusammengehörigkeit der einzelnen Blätter entweder durch eine körperliche Verbindung oder in sonst geeigneter Weise erkennbar gemacht ist, z.B. durch fortlaufende Seitenzahl, fortlaufende Nummerierung der einzelnen Bestimmungen, einheitliche grafische Gestaltung, inhaltlichen Zusammenhang des Textes oder durch vergleichbare Merkmale, sofern sich hieraus die Zusammengehörigkeit der einzelnen Blätter zweifelsfrei ergibt.

Ferner muss die Abrechnung vom Aussteller grundsätzlich **eigenhändig** durch Namensunterschrift **unterzeichnet** werden. Hat der Vermieter die Nebenkostenabrechnung mithilfe einer **automatischen Einrichtung** angefertigt, ist eine **maschinelle Unterschrift** ausreichend. Dies ist gegeben, wenn sich der Vermieter einer Anlage, z.B. einer elektronischen Datenverarbeitungsanlage, mit spezieller Software bedient, welche die zuvor eingegebenen individuellen Daten der Mieter selbstständig mit dem übrigen gespeicherten Text verbindet und die Erklärung versandfertig erstellt, ohne dass es individueller hand- oder maschinenschriftlicher Nachträge bedarf. Eine **maschinelle Unterschrift** des Vermieters unter einer Betriebskostenabrechnung genügt somit bereits dann, wenn die Abrechnung, **soweit wie technisch möglich**, mithilfe einer **automatischen Einrichtung** gefertigt wurde (BGH, Urteil v. 29.9.2004, VIII ZR 341/03, ZMR 2004 S. 901).

Der Vermieter ist nicht verpflichtet, die Abrechnung von Betriebskosten persönlich vorzunehmen. Er kann sich dafür Hilfspersonen oder Dritter bedienen. Aus dem Bezug der Abrechnung zur Wohnung des Mieters ist für den Mieter ersichtlich, dass mit der von einem Dritten erstellten Abrechnung die Abrechnungspflichten des Vermieters erfüllt werden sollen (BGH, Urteil v. 19.3.2014, VIII ZR 203/13, NJW 2014 S. 1802).

Verteilt der Vermieter die Abrechnung der Betriebskosten für ein und dasselbe Kalenderjahr auf mehrere Einzelrechnungen, so sind diese als Einheit zu betrachten (OLG Düsseldorf, Beschluss v. 10.5.2007, I-24 U 204/06, ZMR 2008 S. 45).

6 Inhalt der Abrechnung

Die inhaltlichen Anforderungen an eine ordnungsgemäße Abrechnung ergeben sich aus § 259 BGB (Rechenschaftspflicht) und der Entscheidung des BGH (Urteil v. 23.11.1981, VIII ZR 298/80, ZMR 1982 S. 108) sowie dem Rechtsentscheid des OLG Schleswig v. 4.10.1990 (4 RE-Miet 1/88, DWW 1990 S. 355). Danach muss sie bei Gebäuden mit mehreren Einheiten mangels besonderer vertraglicher Vereinbarungen folgende Mindestangaben enthalten:

- eine geordnete Zusammenstellung der **Gesamt**kosten
- die Angabe und Erläuterung des **Verteilerschlüssels**
- die Berechnung des **Anteils** des Mieters
- den Abzug der **Vorauszahlungen** des Mieters

Die geordnete **Zusammenstellung der Gesamtkosten** erfordert eine übersichtlich aufgegliederte Einnahmen- und Ausgabenaufstellung, aus der auch der betriebswirtschaftlich und juristisch nicht geschulte Mieter die umgelegten Kosten klar ersehen und überprüfen kann.

Ausgangspunkt für die notwendige Aufgliederung der Gesamtkosten in einzelne Abrechnungsposten ist der Mietvertrag, in dem auch geregelt sein muss, welche einzelnen Betriebskosten der Mieter zu tragen hat. Dementsprechend hat sich die geschuldete Zusammenstellung der Gesamtkosten an den im Mietvertrag genannten und auf den Mieter abgewälzten Betriebskostenpositionen zu orientieren, da der Mieter regelmäßig nur unter Einhaltung dieser – im Mietvertrag strukturell vorgegebenen – Aufgliederung selbstständig und in der gebotenen einfachen Weise erkennen kann, ob auch nur solche Kosten in der Abrechnung berücksichtigt wurden, die er nach dem Mietvertrag schuldet, und ob und in welcher Höhe Kosten im Bereich der jeweils auf ihn abgewälzten Kostenarten im Abrechnungszeitraum angefallen sind (KG Berlin, Urteil v. 16.2.2012, 8 U 124/11, ZMR 2012 S. 695).

Die Betriebskostenabrechnung muss jedoch nach der – wohl richtigen – Auffassung des KG Berlin (Beschluss v. 28.5.1998, 8 RE- Miet 4877/97, WuM 1998 S. 474) **nicht** die Angabe der jeweiligen **Rechnungsdaten** enthalten. Ferner dürfen auch Einzelkosten, die demselben Entstehungsgrund (Kostenart) zugehörig sind, zusammengefasst werden (KG Berlin, a. a. O.; so auch Schmid, in ZMR 1996 S. 415; a. A. LG Berlin, Urteil v. 4.5.1995, 67 S 32/95, WuM 1996 S. 154 und v. 11.8.1995, 65 S 94/95, WuM 1995 S. 717, wonach es nicht ausreichend sein soll, wenn lediglich Gesamtbeträge für einzelne Positionen angeführt werden; vielmehr sind diese nach einzelnen Rechnungsdaten aufzuschlüsseln, sodass der Mieter die einzelnen Positionen der Abrechnung anhand der Belege „abhaken" kann und nicht erst Gesamtbeträge auseinanderrechnen muss). Das LG Berlin (Urteil v. 6.5.1997, 64 S 564/96, ZMR 1998 S. 165, 166) verlangt ferner die Angabe der Rechnungsdaten bei den jeweiligen Einzelpositionen. Diese Auffassung dürfte nach dem o. g. Beschluss des KG Berlin jedoch nicht mehr vertretbar sein.

> In Anbetracht der uneinheitlichen Rechtsprechung sollten in der Betriebskostenabrechnung die Ausgaben jedenfalls entsprechend den Positionen der Betriebskostenverordnung dargestellt und ggf. auch die zugehörigen Rechnungsdaten angegeben werden.

Ferner sollte auf die **exakte Bezeichnung** der angesetzten Betriebskostenpositionen geachtet werden. **Nicht** ausreichend ist z. B. die Angabe „Versicherungen", da nur Sach- und Haftpflichtversicherungen, nicht aber z. B. eine Rechtsschutz- oder Mietausfallversicherung angesetzt werden kann und der Mieter aus der Angabe „Versicherungen" nicht erkennen kann, welche Versicherungsprämien in dem angesetzten Betrag enthalten sind (AG Berlin, Urteil v. 31.10.2001, 18 C 259/01, NZM 2002 S. 523).

Gleiches gilt z. B. auch für die Umlage von Müllgebühren, wenn diese in der Position „Grundsteuer/Grundstücksgebühren" enthalten sind. Insofern muss der Vermieter im Fall eines substanziierten Bestreitens des Mieters bereits erstinstanzlich vortragen, welche Gebühren in dieser Position enthalten sind, wobei das Gericht zu einem entsprechenden Hinweis an den Vermieter nicht verpflichtet ist (LG München, Beschluss v. 24.5.2007, 15 S 1462/07, NJW-RR 2008 S. 245).

> Der Vermieter sollte daher in der Betriebskostenabrechnung die einzelnen Betriebskostenarten (gemäß § 2 BetrKV) jeweils **separat** beziffern und ansetzen.

Eine **Zusammenfassung** mehrerer Betriebskostenarten in einer Summe bedarf eines sachlichen Grundes. Sie ist nur **ausnahmsweise** zulässig, z.B. darf der Vermieter die Kosten für Frischwasser (§ 2 Nr. 2 BetrKV) und Schmutzwasser (§ 2 Nr. 3 BetrKV) dann in einer Summe zusammenfassen und einheitlich abrechnen, wenn die Berechnung der Kosten des Abwassers an den Frischwasserverbrauch geknüpft ist, d.h. die Umlage dieser Kosten einheitlich nach dem durch Zähler erfassten Frischwasserverbrauch vorgenommen wird (BGH, Urteil v. 15.7.2009, VIII ZR 340/08, WuM 2009 S. 516). Auch wenn die Kosten für Wasser, Abwasser und Niederschlagswasser einheitlich nach dem Maßstab der Wohnfläche abgerechnet werden, begegnet die Zusammenfassung dieser Kosten keinen rechtlichen Bedenken (BGH, Beschluss v. 13.3.2012, VIII ZR 218/11, WuM 2012 S. 316).

Dagegen ist die Zusammenfassung der Positionen „Wasserversorgung/Strom“, „Straßenreinigung/Müllbeseitigung/Schornsteinreinigung“, „Hausmeister/Gebäudereinigung“ und „Hausmeister/Gebäudereinigung/Gartenpflege“ mangels Vorliegen eines sachlichen Grundes unzulässig. Die daraus folgende Unwirksamkeit der Abrechnung bezieht sich allerdings allein auf die derart zusammenhanglos in einer Position dargestellten Kosten (BGH, Urteil v. 22.9.2010, VIII ZR 285/09, WuM 2010 S. 688).

Notwendig, aber auch ausreichend für die formelle Wirksamkeit einer Betriebskostenabrechnung ist, dass der Mieter die Kosten aus der Abrechnung klar ersehen und prüfen kann und eine Einsichtnahme in dafür vorliegende Belege nur noch zur Kontrolle und zur Behebung von Zweifeln erforderlich ist. Allerdings dürfen die Pflichten zur Spezifizierung der Kosten nicht überspannt werden. Dementsprechend ist es ordnungsgemäß, wenn der Vermieter die Kostenposition (i.S.v. § 2 Nr. 13 BetrKV) „Kosten der Sach- und Haftpflichtversicherung“ als „Versicherung“ in der Betriebskostenabrechnung bezeichnet (BGH, Urteil v. 16.9.2009, VIII ZR 346/08, WuM 2009 S. 669).

Gleiches gilt für die gemeinsame Abrechnung der Kosten für Kaltwasser und Entwässerung mit den sog. warmen Betriebskosten für Heizung und Warmwasser. Dies führt nicht zu einer formellen Unwirksamkeit der Abrechnung. Die (vom Mieter geforderte) Umstellung der Abrechnung der Kosten für Kaltwasser und Entwässerung auf eine gemeinsame Abrechnung mit den sog. kalten Betriebskosten wäre nämlich nur ein Nullsummenspiel, da sich die eine Position exakt um den Betrag erhöhen würde, um den sich die andere Position verringern würde. Eine entsprechende Beanstandung der Abrechnung durch den Mieter stellt daher eine leere und somit unbeachtliche Förmelei dar (BGH, Urteil v. 26.10.2011, VIII ZR 268/10, WuM 2012 S. 25).

Die Betriebskostenabrechnung über eine vermietete **Doppelhaushälfte** kann sich in den formellen Anforderungen von der Abrechnung für eine in einem Mehrfamilienhaus gelegene Wohnung unterscheiden. Separat auf die Doppelhaushälfte in Rechnung gestellte Betriebskosten (z.B. Grundsteuer, Kaminkehrer) oder abgelesener Verbrauch (z.B. Wasser und daraus berechnete Entwässerungskosten des städtischen Versorgers) oder offensichtlich halbiert aufteilbare Kosten (z.B. Sachversicherungen) können **ohne** zusätzliche Angabe des **Gesamtbetrags** für das Gebäude in die Abrechnung eingestellt werden (BGH, Beschluss v. 15.3.2011, VIII ZR 243/10, WuM 2011 S. 281).

Gleiches gilt für die Grundsteuer einer **Eigentumswohnung**, wenn diese von der Kommune direkt für die Eigentumswohnung erhoben wird. In diesem Fall bedarf es keines Umlageschlüssels; vielmehr kann der Vermieter diese

Betriebskostenpositionen in der Abrechnung „direkt“ an den Mieter weitergeben (BGH, Beschluss v. 13.9.2011, VIII ZR 45/11, WuM 2011 S. 684).

Eine Betriebskostenabrechnung muss nicht aus sich heraus eine vollständige Überprüfung auf ihre materielle Richtigkeit erlauben, sondern nur so detailliert sein, dass der Mieter ersehen kann, welche Gesamtbeträge dem Vermieter in Rechnung gestellt worden sind und mit welchen Rechenschritten er daraus den auf den einzelnen Mieter entfallenden Betrag errechnet hat (BGH, Urteil v. 25.11.2009, VIII ZR 322/08).

Dementsprechend reicht bei der Abrechnung von **Brennstoffkosten** die **summenmäßige** Angabe der Verbrauchswerte (z.B. Heizölverbrauch in Litern) und der dafür angefallenen Kosten aus. Die Mitteilung des Anfangs- und Endbestands ist nicht erforderlich. Ob die Werte zutreffend angesetzt sind, ist nicht eine Frage der formellen Ordnungsmäßigkeit, sondern der materiellen Richtigkeit der Abrechnung. Die Überprüfung der materiellen Richtigkeit bleibt dem Mieter durch sein Recht auf Belegeinsicht vorbehalten. Daher ist es nicht erforderlich, dass die Abrechnung aus sich heraus eine vollständige Überprüfung der Angaben ermöglicht (BGH, Urteil v. 25.11.2009, a.a.O.).

Beim **Wärmecontracting** muss die Betriebskostenabrechnung gegenüber dem Mieter, der die Kosten der gewerblichen Wärmelieferung vertragsgemäß zu tragen hat, keine Aufschlüsselung des Preisgefüges zwischen Versorger und Vorlieferant enthalten (BGH, Beschluss v. 8.2.2011, VIII ZR 145/10, WuM 2011 S. 219).

Die Verwendung von **Abkürzungen** (z.B. HeizungsVE, Kosten/UE o.Ä.) führt nicht zur Unverständlichkeit einer Abrechnung. Insofern ist dem Mieter zuzumuten, ggf. gezielte Fragen an den Vermieter zu richten und um Erläuterungen oder Zusendung von Unterlagen zu bitten (LG Dortmund, Urteil v. 8.3.2005, 1 S 152/04, ZMR 2005 S. 865).

Ist die Umlegung der Betriebskosten im Mietvertrag nach Miteigentumsanteilen vereinbart, ist die in einer Betriebskostenabrechnung verwendete Bezeichnung „ME-AnT“ (für Miteigentumsanteil) allgemein und somit auch für einen durchschnittlichen, juristisch und betriebswirtschaftlich nicht vorgebildeten Mieter verständlich (LG Karlsruhe, Urteil v. 8.1.2014, 9 S 294/13, NZM 2013 S. 388).

Im Bereich der Heizkostenverordnung genügt es für eine formell wirksame Abrechnung, wenn ein mit den einschlägigen Rechtsvorschriften vertrauter Mieter anhand der mitgeteilten Informationen die vorgenommene Abrechnung nachprüfen kann. Der Vermieter ist nicht verpflichtet, dem Mieter die einschlägigen Vorschriften mitzuteilen oder zu erläutern. Daher ist es unschädlich, wenn der Vermieter in der Abrechnung die einzelnen vorgeschriebenen Rechenschritte nicht erläutert hat (BGH, Urteil v. 26.10.2011, VIII ZR 268/10).

Gleiches gilt, wenn der Vermieter die auf das abzurechnende Kalenderjahr entfallenden Betriebskosten aus **kalenderübergreifenden** Rechnungen des Versorgers ermittelt. Auch insofern ist die Abrechnung nicht deshalb aus formellen Gründen unwirksam, weil der Vermieter die insoweit erforderlichen Zwischenschritte **nicht** offengelegt hat.

Zwar setzt die Wirksamkeit einer Betriebskostenabrechnung die Angabe der auf die Mieter der Abrechnungseinheit verteilten Gesamtkosten voraus. Dies heißt aber nicht, dass der Vermieter aus formellen Gründen gehalten wäre, nicht nur den Gesamtbetrag der im Kalenderjahr umzulegenden Kosten anzugeben, sondern auch sämtliche zur Ermittlung dieses Betrags erforderlichen **Rechenschritte** offenzulegen. Dies gilt insbesondere dann, wenn der Vermieter aus den jahresübergreifenden Abrechnungen seines Energieversorgers die auf das jeweilige Kalenderjahr entfallenden Kosten errechnet, weil er gegenüber seinen Mietern nach dem Kalenderjahr abzurechnen hat.

Die Nachvollziehbarkeit der Abrechnung wird nicht durch die unterbliebene Offenlegung der Zwischenschritte beeinträchtigt, da dem Mieter der für die Abrechnung maßgebliche Gesamtbetrag der Brennstoffkosten mitgeteilt wird, der im Abrechnungszeitraum für die abgerechnete Wirtschaftseinheit angefallen ist.

Etwaige inhaltliche Fehler bei der Berechnung der für das Kalenderjahr maßgeblichen Gesamtkosten sind der materiellen Ebene zuzuordnen und berühren nicht die formelle Wirksamkeit der Betriebskostenabrechnung. Der Mieter kann daher nicht mit Aussicht auf Erfolg beanstanden, dass die Betriebskostenabrechnung nur den errechneten (bereinigten) Betrag der auf das jeweilige Kalenderjahr entfallenden Betriebskosten enthält (BGH, Urteil v. 2.4.2014, VIII ZR 201/13, WuM 2014 S. 420).

Eine Heizkostenabrechnung bedarf zu ihrer Wirksamkeit auch keiner Angabe über die Kosten des Betriebsstroms oder – über die Angabe der verbrauchten Wärmemenge (Fernwärme) hinaus – über die der Zählerstände (BGH, Beschluss v. 13.9.2011, VIII ZR 45/11, WuM 2011 S. 684). Kann der am Heizkörper abgelesene Messwert aus zwingenden physikalischen Gründen nicht dem tatsächlichen Verbrauchswert entsprechen, obliegt es dem eine Nachzahlung fordernden Vermieter, im Rahmen seiner Darlegungslast den Verbrauch nach § 9a Abs. 1 HeizkostenV zu ermitteln. Anderenfalls ist der Vermieter auf die verbrauchsunabhängige Abrechnung nach § 12 HeizkostenV unter Abzug von 15 % beschränkt. Eine Schätzung des Mindestbetrags durch das Gericht nach § 287 ZPO ist nicht möglich (BGH, Beschluss v. 5.3.2013, VIII ZR 310/12, WuM 2013 S. 305).

Eine Betriebskostenabrechnung nach **Personenzahl** – anteilig von der Gesamtpersonenzahl des Anwesens –, die als Bruchteil in der Abrechnung angegeben ist, ist nachvollziehbar und wirksam, wenn sie aus der Sicht eines durchschnittlich gebildeten, juristisch und betriebswirtschaftlich nicht geschulten Mieters begreifbar ist. Gleiches gilt für eine Betriebskostenabrechnung nach **Wohnfläche** anteilig von der Gesamtwohnfläche des Anwesens (BGH, Beschluss v. 18.1.2011, VIII ZR 89/10, WuM 2011 S. 367).

Auch die Angabe des Verteilerschlüssels in **Prozent**zahlen ist allgemein verständlich und bedarf daher keiner zusätzlichen Erläuterung (BGH, Beschluss v. 13.12.2011, VIII ZR 286/10, WuM 2012 S. 98).

Zur Thematik der Nachvollziehbarkeit von Betriebskostenabrechnungen s.u. Abschnitt 12 „Der Nachforderungsanspruch des Vermieters".

Die Angabe und Erläuterung des zugrunde gelegten **Verteilerschlüssels** erfordert, dass die Betriebskosten des gesamten Anwesens angegeben werden und erläutert wird, wie sich daraus der **Anteil** des Mieters für die von ihm gemietete Wohnung errechnet. Bei einer Verteilung nach Flächen ist sowohl die Gesamtfläche des Anwesens als auch die Fläche der betreffenden Wohnung und bei einer Umlage nach Kopfteilen die Gesamtzahl der Personen zu benennen.

Bestreitet der Mieter die Richtigkeit der m^2-Angaben (z.B. der Gesamtfläche der Wohnanlage), trifft den Vermieter nicht die Darlegungs- und Beweislast für die Richtigkeit dieser Daten. Insofern ist der Vermieter – sofern er einheitlich verfährt – nicht verpflichtet, den Mieter darüber aufzuklären, nach welchen Gesichtspunkten und wie er die m^2-Flächen ermittelt, nach deren Verhältnis zueinander die Betriebskosten verteilt werden (LG Köln, Urteil v. 17.8.1995, 6 S 526/94, DWW 1996 S. 51).

Wird bei einem Gebäude mit einer **verbundenen Anlage** über die **Heiz- und Warmwasserkosten** (s. „Betriebskosten", Abschnitt 2.6 „Die Kosten verbundener Heizungs- und Warmwasserversorgungsanlagen (Nr. 6)") **gemeinsam** abgerechnet, muss die Abrechnung auch Erläuterungen enthalten, wonach sich die in der Abrechnung vorgenommene Aufteilung zwischen Heiz- und Warmwasserkosten richtet. Die Heizkostenabrechnung muss daher die Anwendung der in § 9 Abs. 2 HeizkostenV genannten Formel zur Ermittlung des Brennstoffverbrauchs der zentralen Warmwasserversorgungsanlage erkennen lassen, wobei die Parameter (V, tw, Hu) zu erläutern und die für die jeweiligen Parameter eingesetzten Beträge anzugeben sind, um die Berechnung nachvollziehbar zu machen. Erforderlich ist eine übersichtliche Gliederung und eine klare Abfolge der einzelnen Rechenschritte (AG Hamburg, Urteil v. 16.6.2006, 641 C 464/04, ZMR 2006 S. 784 unter Hinweis auf LG Itzehoe, Urteil v. 29.4.2005, 9(1) S 251/04).

Die Angabe der Gesamtkosten und des Umlageschlüssels ist auch in einer Betriebskostenabrechnung für ein Objekt erforderlich, in dem sich nur zwei Wohnungen befinden, für die die verbrauchsunabhängigen Betriebskosten je hälftig abgerechnet werden sollen. Fehlen diese Angaben, ist die Abrechnung formal nicht ordnungsgemäß (LG Münster, Urteil v. 3.12.2013, 03 S 123/13, WuM 2014 S. 146).

Beim Abzug der **Vorauszahlungen** dürfen grundsätzlich nur die **tatsächlich** vom Mieter geleisteten Vorauszahlungen angesetzt werden; **nicht** die ins **Mietsoll** gestellten, d.h. die vertraglich geschuldeten, aber vom Mieter noch nicht bezahlten Vorauszahlungsbeträge (BGH, Urteil v. 27.11.2002, VIII ZR 108/02, NZM 2003 S. 196; s. auch BerlVerfGH, Beschluss v. 11.10.2001, VerfGH 7/01, NJW-RR 2002 S. 80; Sternel III 365). Eine **Ausnahme** besteht dann, wenn zum Zeitpunkt der Erteilung der Abrechnung der Mieter für den Abrechnungszeitraum noch keinerlei Vorauszahlungen erbracht hat, die offenen Vorauszahlungsansprüche vom Vermieter bereits **eingeklagt** sind und auch noch keine Abrechnungsreife (§ 556 Abs. 3 BGB; § 20 Abs. 3 S. 4 NMV) eingetreten ist und der Vermieter daher noch berechtigt war, die vereinbarten Vorauszahlungen geltend zu machen (BGH, a.a.O.).

Sind die Vorauszahlungen auf die Betriebskosten für den betreffenden Zeitraum zuvor eingeklagt oder tituliert worden, darf die Abrechnung über die Betriebskosten (nur) auf **Soll**basis erfolgen (KG Berlin, Beschluss v. 16.6.2014, 8 U 29/14, DWW 2014 S. 296).

Legt der Vermieter seiner Abrechnung – zu Unrecht – nicht die tatsächlich geleisteten Vorauszahlungen, sondern die Soll-Vorschüsse (vereinbarte Vorauszahlungen) zugrunde, ist die Abrechnung trotzdem formell wirksam, da es sich dabei nur um einen inhaltlichen Fehler handelt (BGH, Beschluss v. 23.9.2009, VIII ZA 2/08, WuM 2009 S. 671; zum Unterschied (lediglich) inhaltlicher/formeller Fehler und den Rechtsfolgen s.u. Abschnitt 12 „Der Nachforderungsanspruch des Vermieters“).

Der Mieter kann nämlich anhand seiner Unterlagen ohne Weiteres nachprüfen, ob der Vermieter die geleisteten Zahlungen korrekt berücksichtigt hat (BGH, Urteil v. 18.5.2011, VIII ZR 240/10, NJW 2011 S. 2786). Gleiches gilt, wenn der Vermieter überhaupt keine Vorauszahlung in Ansatz gebracht hat. Auch in diesem Fall kann der Mieter anhand seiner Unterlagen ohne Weiteres feststellen, ob dies zu Recht nicht geschehen ist. Die Nachvollziehbarkeit der Abrechnung wird dadurch nicht infrage gestellt. In einem solchen Fall wäre es eine sinnlose Förmelei, wenn der Vermieter in der Abrechnung Vorauszahlungen des Mieters ausdrücklich mit Null beziffern müsste (BGH, Urteil v. 15.2.2012, VIII ZR 197/11, MDR 2012 S. 511).

Werden dem Vermieter Betriebskosten für eine bestimmte Wohnung von einem Dritten in Rechnung gestellt, genügt es, wenn der Vermieter diese Rechnung an den Mieter **weiterleitet**. Wird z.B. der Wasserverbrauch in einer Wohnung durch Ablesung der dort installierten Zähler ermittelt, so ist eine Betriebskostenabrechnung auch dann formell ordnungsgemäß, wenn der Vermieter die Wasserrechnung der Stadtwerke und den Gebührenbescheid der Gemeinde über das entsprechende Schmutzwasser nicht formal in die Betriebskostenabrechnung einstellt, sondern die ihm (von Stadtwerken und Gemeinde) erteilten Rechnungen an den Mieter weiterleitet (BGH, Urteil v. 16.4.2008, VIII ZR 75/07, NZM 2008 S. 442). Kostenpositionen (z.B. „Heizung/Warm-/Kalt-/Abwasser“) müssen auch nicht in der Abrechnung selbst erläutert werden, wenn sie aufgrund der Bezugnahme auf die Abrechnung des Versorgers gedanklich und rechnerisch nachvollziehbar sind (BGH, Urteil v. 23.6.2010, VIII ZR 227/09).

Der Anspruch des Mieters auf **Erläuterung** der Abrechnung geht auch nur soweit, wie sie der Abrechnende beeinflussen kann. Muss dieser eine gesetzlich vorgesehene Abrechnungsweise anwenden, sind ihm sich daraus ergebende Verständnisprobleme nicht zuzurechnen. Dies bedeutet, dass der Abrechnende beispielsweise nicht verpflichtet ist, dem Mieter in der Abrechnung die Berechnungsformeln der Heizkostenverordnung zu erläutern (z.B. warum für die Erwärmung von 1 m^3 Wasser von 10 °C auf 60 °C ein Energieverbrauch von 125 kWh angesetzt ist) oder den Umrechnungsfaktor für den Heizwert des Brennstoffs mitzuteilen, wenn z.B. der Gasverbrauch nicht in m^3, sondern in kWh ausgewiesen wird (BGH, Urteil v. 20.7.2005, VIII ZR 371/04, NJW 2005 S. 3135).

Ferner kann der Mieter vom Vermieter grundsätzlich keine Erklärung über einen hohen Heizkostenverbrauch verlangen. Bei einem überdurchschnittlichen Verbrauch ist in der Regel davon auszugehen, dass dieser auf die Heizgewohnheiten des Mieters zurückzuführen ist (LG Berlin, Beschluss v. 21.4.2008, 67 S 43/08).

Bedarf eine Betriebskostenabrechnung einer Erläuterung, damit sie nachvollzogen werden kann und somit den an sie zu stellenden Mindestanforderungen genügt, sind auch Erläuterungen zu berücksichtigen, die der Vermieter dem Mieter außerhalb der Abrechnung – vor Ablauf der Abrechnungsfrist – erteilt hat, z.B. im Mietvertrag, in einer vorausgegangenen Abrechnung oder auf Nachfrage des Mieters (BGH, Urteil v. 11.8.2010, VIII ZR 45/10, WuM 2010 S. 627).

Neue, d.h. **nach** Abschluss des Mietvertrags **entstandene** Betriebskosten (z.B. Prämien einer nachträglich abgeschlossenen Sach- oder Haftpflichtversicherung für das Gebäude) bzw. neu eingeführte öffentliche Abgaben können anteilig auf die Mieter umgelegt werden. Voraussetzung ist eine entsprechende ausdrückliche Vereinbarung, z.B. durch folgende Klausel: „Werden öffentliche Abgaben neu eingeführt oder entstehen Betriebskosten neu, so können diese vom Vermieter im Rahmen der gesetzlichen Vorschriften umgelegt und angemessene Vorauszahlungen festgesetzt werden.“

Eine solche Klausel ist wirksam, da dem Mieter durch den Wortlaut klar und verständlich aufgezeigt wird, dass er mit neu hinzutretenden Betriebskosten rechnen muss. Daher ist es nicht zu beanstanden, dass der Mieter erst durch den Erhalt der Nebenkostenabrechnung von den neu eingeführten Betriebskosten bzw. den neuen öffentlichen Abgaben Kenntnis erlangt. Auch die Bezugnahme der Klausel auf die gesetzlichen Vorschriften ist zulässig, da durch die Bezugnahme gerade verhindert wird, dass grundsätzlich nicht umlagefähige Betriebskosten auf den Mieter umgelegt werden. Die Kosten z.B. für erstmals abgeschlossene Versicherungen sind neue Betriebskosten, wobei es nicht darauf ankommt, dass bei Abschluss des Mietvertrags bereits das (versicherte Schadens-)Risiko vorhanden gewesen ist. Letztlich ist die Umlagefähigkeit auch nicht davon abhängig, dass dem Mieter durch die neu entstandenen Kosten Vorteile entstehen (BGH, Urteil v. 27.9.2006, VIII ZR 80/06, WuM 2006 S. 612).

Leistungs- oder Abflussprinzip?

Die Frage, ob der Vermieter bei der Abrechnung der Betriebskosten nach dem sog. **Leistungsprinzip** abrechnen muss oder ob er auch nach dem sog. **Abflussprinzip** abrechnen darf, war bislang heftig umstritten.

Beim **Abflussprinzip (Ausgabenrechnung)** sind die im Abrechnungszeitraum getätigten Zahlungen anzusetzen, unabhängig davon, ob die zugrunde liegenden Leistungen im Abrechnungszeitraum auch verbraucht bzw. in Anspruch genommen wurden. Beim **Leistungsprinzip** dürfen dagegen nur die Kosten angesetzt werden, die im Abrechnungszeitraum auch tatsächlich verbraucht bzw. in Anspruch genommen wurden.

Beispiel

Eine Versicherungsprämie (z.B. für die Feuerversicherung) für den Zeitraum vom 1.10. bis 30.9. des Folgejahres ist im Voraus jeweils am 1.10. des Jahres zur Zahlung fällig. Am 1.10.2013 (für 1.10.2013 bis 30.9.2014) betrug die Prämie 300 Euro. Ab

1.10.2014 (für 1.10.2014 bis 30.9.2015) hat sich die Prämie auf 350 Euro erhöht.

- Beim **Abflussprinzip** kann in der Abrechnung des Kalenderjahres 2014 die neue erhöhte, am 1.10.2014 fällige Prämie von 350 Euro angesetzt werden, da diese im Jahr 2014 gezahlt wurde.
- Beim **Leistungsprinzip** muss differenziert werden: Für den Zeitraum 1.1.2014 bis 30.9.2014 muss noch die alte Prämie anteilig angesetzt werden. Die neue erhöhte Prämie darf anteilig nur für den Zeitraum 1.10.2014 bis 31.12.2014 angesetzt werden.

Gleiches gilt für sämtliche anderen Betriebskostenpositionen (z. B. Wasser, Abwasser, Kaminkehrer), bei denen sich Abrechnungs- und Verbrauchs-/Leistungszeitraum nicht decken; so z. B. auch für Zahlungen, die der Verwalter noch am Ende eines Kalenderjahres im Voraus für das nachfolgende Kalenderjahr gezahlt hat.

Entgegen der Auffassung der überwiegenden Zahl der Mietgerichte hat der BGH mit Urteil v. 20.2.2008 (VIII ZR 49/07, WuM 2008 S. 223) entschieden, dass der Vermieter gegenüber dem Mieter auch nach dem **Abflussprinzip** abrechnen und die Kosten in Rechnung stellen darf, mit denen er vom Leistungserbringer bzw. vom Verwalter im Abrechnungszeitraum belastet worden ist. Zum Beispiel darf der Vermieter die an einen Wasserversorger geleisteten Zahlungen anteilig auf den Mieter umlegen, auch wenn die Zahlungen zum Teil noch für den Wasserverbrauch des Vorjahres bestimmt waren. Den Vorschriften der §§ 556 ff. BGB ist nämlich nicht zu entnehmen, dass der Gesetzgeber den Vermieter auf eine bestimmte zeitliche Zuordnung der Betriebskosten festlegen wollte.

Der Vermieter muss somit **nicht** den Gesamtverbrauch zum Jahresende ablesen oder schätzen und die Abrechnungen des Wasserversorgers auf die einzelnen Kalenderjahre **aufteilen**. Der damit verbundene zusätzliche Aufwand ist für den Vermieter nicht zumutbar und wird von den schutzwürdigen Interessen des Mieters auch nicht gefordert.

Offengelassen hat der BGH die Frage, ob der Vermieter in besonders gelagerten Ausnahmefällen (z. B. bei einem Mieterwechsel) nach Treu und Glauben (§ 242 BGB) gehindert sein könnte, Betriebskosten nach dem Abflussprinzip abzurechnen (BGH, Urteil v. 20.2.2008, VIII ZR 49/07, WuM 2008 S. 223).

Anders ist die Rechtslage bei der Abrechnung der **Heizungs- und Warmwasserkosten**. Da nach dem Wortlaut des § 7 Abs. 2 HeizkostenV zu den in der Heizkostenabrechnung ansetzbaren Heizkosten nur die Kosten der **verbrauchten** Brennstoffe gehören, dürfen nur die im Abrechnungszeitraum tatsächlich verbrauchten Brennstoffe abgerechnet werden (**„Leistungsprinzip"**); nicht aber die vom Vermieter, z. B. an das Energieversorgungsunternehmen oder den Öllieferanten gezahlten Kosten. Eine Abrechnung nach dem **Abflussprinzip** ist daher im Anwendungsbereich der Heizkostenverordnung **nicht** zulässig (BGH, Urteil v. 1.2.2012, VIII ZR 156/11, WuM 2012 S. 143). Eine Heizkostenabrechnung ist daher inhaltlich fehlerhaft, wenn in ihr nicht die Kosten der im Abrechnungszeitraum **verbrauchten** Brennstoffe umgelegt wurden, sondern die Kosten des am Ende des Abrechnungszeitraums nachgetankten Brennstoffs (BGH, Beschluss v. 14.2.2012, VIII ZR 260/11, GE 2012 S. 823).

Der Saldo aus einer Betriebskostenabrechnung ist mangels ordnungsgemäßer Abrechnung nicht fällig, wenn der Vermieter die **Heizkosten** nach **Auszug** des Mieters während des Abrechnungszeitraums (hier: 31.3.) nur nach der Gradtagstabelle ermittelt hat, anstatt die nach § 9b Abs. 1 HeizkostenV erforderliche **Zwischenablesung** vornehmen zu lassen (AG Offenbach, Urteil v. 24.4.2003, 350 C 424/02, ZMR 2005 S. 960).

Eine nicht nachvollziehbare Abrechnung kann **nicht** durch nachträgliche Erläuterung **geheilt** werden. Vielmehr ist eine neue Abrechnung zu erstellen (LG Berlin, Urteil v. 7.11.1996, 62 S 170/96, DWW 1997 S. 152).

Hat der Vermieter dagegen ordnungsgemäß abgerechnet, ist der Abrechnungsanspruch des Mieters erfüllt, sodass er keine neue Abrechnung mehr verlangen kann. Ob die Abrechnung auch inhaltlich richtig und vertragsgemäß ist, betrifft nicht die Abrechnungspflicht, sondern die materielle Berechtigung einzelner Positionen, über die ggf. im Wege der Klage auf Nachzahlung bzw. Rückerstattung von Betriebskosten zu entscheiden ist (LG Hamburg, Urteil v. 13.2.1997, 307 S 170/96, WuM 1998 S. 727).

Hat der Vermieter auf die **Mehrwertsteuer optiert**, muss die Betriebskostenabrechnung (sowohl bei Gewerbe- als auch bei Wohnraum) die **Steuernummer** und eine fortlaufende **Nummerierung** enthalten.

Strittig ist, ob bei **preisgebundenem** Wohnraum (z.B. Sozialwohnungen) aufgrund der Bestimmungen des § 4 Abs. 7 und 8 NMV eine **Gegenüberstellung** der Kosten des laufenden Abrechnungsjahres mit denjenigen des vergangenen Jahres erforderlich ist (so LG Berlin, Urteil v. 7.5.2002, 64 S 360/01, ZMR 2002 S. 666; a.A. mit wohl zutreffender Begründung LG Berlin, Urteil v. 26.11.1999, 63 S 245/99, GE 2001 S. 209). Bei **frei finanzierten** Wohnungen ist dies unstreitig **nicht** erforderlich.

Ferner ist der Vermieter nicht zu einer Erläuterung verpflichtet, wenn bei einer Betriebskostenabrechnung nach Flächenanteilen die Flächenwerte für aufeinanderfolgende Abrechnungsjahre Unterschiede aufweisen, deren Grund für den Mieter nicht ohne Weiteres erkennbar ist. Gleiches gilt, wenn abgelesene Verbrauchswerte im Vergleich zu anderen Abrechnungszeiträumen auffällige Schwankungen zeigen. Ob die angesetzten Flächen- und Verbrauchswerte zutreffen, berührt allein die materielle, nicht aber die formelle Richtigkeit der Abrechnung (BGH, Urteil v. 28.5.2008, VIII ZR 261/07, WuM 2008 S. 407; zu den unterschiedlichen Rechtsfolgen von formellen bzw. materiellen Fehlern s.u. Abschnitt 12 „Der Nachforderungsanspruch des Vermieters“).

Unter welchen Voraussetzungen mehrere Gebäude, z.B. Wohnblocks, zu einer Abrechnungseinheit zusammengefasst und gemeinsam abgerechnet werden dürfen (sog. **Wirtschafts- und Verwaltungseinheit**), s.u. Abschnitt 8.6 „Bildung von Abrechnungseinheiten“).

Genügt eine Betriebskostenabrechnung nicht den Mindestanforderungen an eine ordnungsgemäße Abrechnung nach § 259 BGB, behält der Mieter seinen Anspruch auf Erteilung einer Betriebskostenabrechnung (AG Wetzlar, Urteil v. 21.2.2008, 38 C 1281/07, ZMR 2008 S. 634).

In Mietverträgen über frei finanzierte Wohnungen kann der Mieter **nicht** verpflichtet werden, auf die jährlichen Betriebs- und Heizkosten laut Jahresabrechnung ein **Umlagenausfallwagnis** von 2 % zu entrichten. Dies ist nur im Bereich des öffentlich geförderten Wohnungsbaus (z.B. bei Sozialwohnungen) zulässig (s. „Kostenmiete“, Abschnitt 1.2.3 „Betriebskosten (§ 27 II. BV, § 1 Abs. 1 BetrKV)“). Bei frei finanzierten Wohnungen ist eine solche Klausel unwirksam (LG Trier, Beschluss v. 15.10.2007, 11 O 258/07, WuM 2007 S. 626).

6.1 Haushaltsnahe Dienstleistungen

Sowohl **Eigentümer**, die ihre Wohnung bzw. ihr Haus selbst nutzen, als auch **Mieter** können für haushaltsnahe Dienstleistungen sowie Handwerkerleistungen (§ 35a Abs. 2, 3 EStG) eine **Steuerermäßigung** beantragen.

Handwerkerleistungen sind z.B. Malerarbeiten (Schönheitsreparaturen) in der Wohnung, Erneuerung von Bodenbelägen oder sanitären Einrichtungen (Wasserhähne etc.), Reparatur und Erneuerung von Fenstern oder der Heizungsanlage, Vornahme von Wärmedämmmaßnahmen, Kaminkehrerarbeiten; aber auch die Reparatur von Haushaltsgeräten (z.B. Kühlschrank, Waschmaschine, Fernseher, Computer), sofern die Geräte in der Wohnung repariert werden. Reparaturen in der Werkstatt werden nicht berücksichtigt.

Der Steuerbonus für **Handwerkerleistungen** (§ 35a Abs. 3 EStG) beträgt 20 % aus maximal 6.000 Euro, somit maximal 1.200 Euro. Steuerlich berücksichtigt wird nur der Aufwand für Arbeit, Fahrt und Maschinenkosten inklusive Mehrwertsteuer, nicht aber für das Material.

Beispiel

Bei einer Malerrechnung in Höhe von 3.500 Euro entfallen 2.800 Euro auf die Arbeitszeit und 700 Euro auf das verwendete Material (Farben, Spachtelmasse etc.). Steuerlich berücksichtigt werden in diesem Fall 2.800 Euro. Der Steuerbonus beträgt somit 560 Euro.

Haushaltsnahe Dienstleistungen sind Leistungen, für die keine speziellen Fachkenntnisse erforderlich sind und die daher von Haushaltsmitgliedern grundsätzlich selbst erledigt werden können, z.B. Gartenpflegearbeiten, Putztätigkeit, Haushaltshilfe, Au-Pair-Mädchen, Babysitter.

Die Steuerermäßigung für **haushaltsnahe Dienstleistungen** (§ 35a Abs. 2 EStG) beträgt 20 % von maximal 20.000 Euro, somit maximal 4.000 Euro. Zusammen mit dem Steuerbonus für Handwerkerleistungen kann die Steuerersparnis somit 5.200 Euro betragen.

Die Gesamtbeträge sind in der Einkommensteuererklärung auf Seite 4 des Mantelbogens (Zeilen 106 ff.) einzutragen. Das Finanzamt zieht den Bonus direkt von der persönlichen Steuerschuld ab.

Die Steuerermäßigung kann auch für geleistete **Betriebskostenzahlungen** beantragt werden; allerdings auch hier nur für den Teil der jeweiligen Betriebskostenposition, der auf den **Arbeitslohn** sowie auf Fahrt- und Maschinenkosten entfällt; **nicht** aber für den **Materialaufwand**. Eine Ermäßigung kann daher für den entsprechenden Anteil geltend gemacht werden, der z.B. in den Hausmeister-, Gartenpflege-, Kaminkehrer-, Reinigungs- oder Wartungskosten (z.B. Lift, Heizung) enthalten ist.

Voraussetzung für die Gewährung der Steuerermäßigung ist, dass der Steuerpflichtige die **Aufwendung** durch Vorlage einer Rechnung und die **Zahlung** auf das Konto des Leistungserbringers durch Beleg des Kreditinstituts **nachweist**. Barzahlungen werden nicht berücksichtigt.

Wohnungseigentümer und Mieter können die Ermäßigung auch dann beantragen, wenn die Rechnung auf den Namen des Hausverwalters oder der Wohnungseigentümergemeinschaft ausgestellt ist.

Für den Vermieter besteht derzeit weder eine gesetzliche noch eine sich aus der Rechtsprechung ergebende Pflicht, die Betriebskostenabrechnung so zu gestalten, dass für den Mieter eine steuerliche Abzugsfähigkeit gewährleistet ist (z.B. durch Trennung von Lohn- und Materialkostenanteil). Daher ist der Vermieter auch nicht verpflichtet, dem Mieter – abweichend von den gesetzlichen Abrechnungsfristen (s.u. Abschnitt 10 „Abrechnungsfristen") – eine Abrechnung bis zur Abgabefrist für die Einkommensteuererklärung (§ 149 Abs. 2 AO: 31.5. des Folgejahres) zu erteilen; a.A. AG Berlin-Charlottenburg, Urteil v. 1.7.2009, 222 C 90/09, WuM 2009 S. 587, wonach der Vermieter auf Verlangen des Mieters zur Auskunft über die in den abgerechneten Betriebskosten enthaltenen Anteile für haushaltsnahe Dienstleistungen verpflichtet ist; hier in Form einer Aufgliederung als Teil der Betriebskostenabrechnung; so auch AG Hamburg (Urteil v. 9.9.2009, 49 C 157/09; danach hat der Mieter gegenüber dem Vermieter einen einklagbaren Anspruch auf Aushändigung einer Aufgliederung, welche die Kosten der steuerlich relevanten haushaltsnahen Dienstleistungen im Rahmen der Betriebskosten ausweist.

Enthält die Betriebskostenabrechnung keinen Ausweis der haushaltsnahen Dienstleistungen, so hat der Mieter einen Anspruch auf eine Bescheinigung gemäß § 35a EStG über die haushaltsnahen Dienstleistungen, wobei der Vermieter die Ausstellung der Bescheinigung von einer Aufwandsentschädigung in Höhe von 25 Euro abhängig machen kann, da es sich bei der Bescheinigung um eine Zusatzleistung des Vermieters handelt, die ihren Grund in den persönlichen Steuerverhältnissen des Mieters hat. Eine höchstrichterliche Entscheidung zu dieser Thematik liegt derzeit jedoch noch nicht vor.

6.2 Abrechnung nach Mietminderung

Bemessungsgrundlage für eine Mietminderung (zu den Voraussetzungen s. „Minderung der Miete") ist die **Brutto**miete einschließlich aller Betriebskosten (BGH, Urteil v. 6.4.2005, XII ZR 225/03, WuM 2005 S. 384). Der Mieter kann daher auch Betriebskostenvorauszahlungen bzw. Pauschalen entsprechend mindern. Unbeschadet dessen kann eine Mietminderung vom Vermieter sowohl ausschließlich auf die Nettomiete angerechnet werden als auch anteilig auf die Nettomiete und die Betriebskostenvorauszahlung (BGH, Urteil v. 13.4.2011, VIII ZR 223/10). Im letztgenannten Fall ist jedoch der Jahresbetrag der geschuldeten Betriebskosten zu reduzieren, d.h., der Vermieter muss diese Minderung in der nachfolgenden **Betriebskostenabrechnung** berücksichtigen und den **Abrechnungsbetrag** (Summe aller Betriebskosten) entsprechend reduzieren, da der Mieter anderenfalls bei reduzierten Vorauszahlungen eine höhere Nachzahlung leisten müsste und damit den finanziellen Vorteil der Minderung wieder verlieren würde. Dementsprechend muss zunächst der endgültige **Abrechnungsbetrag** ohne Minderung ermittelt und dann um die Minderungsquote reduziert werden.

Für das rechnerische Gesamtergebnis spielt es keine Rolle, ob der monatliche Minderungsbetrag ausschließlich auf die Nettomiete angerechnet wird oder eine anteilige Anrechnung der Mietminderung sowohl auf die Nettomiete als auch auf die Betriebskostenvorauszahlung stattfindet. Die Praktikabilität und Übersichtlichkeit sprechen jedoch dafür, dass der Vermieter den Minderungsbetrag ausschließlich bei der Nettomiete verbucht (BGH, Urteil v. 13.4.2011, a.a.O.).

Bestand der Mangel im **gesamten** Abrechnungszeitraum (z.B. 1.1. bis 31.12.), muss der Abrechnungsbetrag um die **gesamte** Minderungsquote gekürzt werden.

Beispiel

Abrechnungsbetrag ohne Minderung = 1.200 Euro, Minderung 10 % = 120 Euro, ansatzfähiger Abrechnungsbetrag somit 1.080 Euro.

Bestand der Mangel nur während eines **Teilzeitraums**, z.B. in den Monaten Februar und März, muss der **anteilige** Abrechnungsbetrag um die Minderungsquote gekürzt werden.

Beispiel

Abrechnungsbetrag ohne Minderung = 1.200 Euro. Damit entfallen auf die Monate Februar und März 200 Euro, Minderung 10 % = 20 Euro, ansatzfähiger Abrechnungsbetrag somit 1.180 Euro.

Davon sind dann zur Ermittlung des Saldos jeweils die geminderten Vorauszahlungen abzuziehen.

Gleiches gilt, wenn sich die Minderungsquote im Abrechnungszeitraum **erhöht** oder **reduziert** hat, z.B. durch Vergrößerung bzw. Auftreten eines neuen Mangels oder teilweiser Beseitigung des bestehenden Mangels.

Strittig ist, ob bei Bemessung der Minderungsquote Betriebskosten nur dann zu berücksichtigen sind, wenn sich die Mängel auf die Höhe der Betriebskosten auswirken (z.B. Heizungsmängel auf die Heizkosten – so OLG Dresden, Urteil v. 31.7.2007, 5 U 284/07, ZMR 2008 S. 531) oder ob die Minderungsquote immer aus dem Gesamtentgelt, d.h. aus der Grundmiete und sämtlichen Betriebskosten zu bestimmen ist, sodass z.B. die Heizkostenabrechnung auch wegen Mängeln gekürzt werden kann, die nichts mit der Heizung zu tun haben (so wohl BGH, Urteil v. 6.4.2005, a.a.O.).

Eine Betriebskostenabrechnung, in der die Minderung nicht berücksichtigt ist, ist lediglich **materiell**, nicht aber formell fehlerhaft (zur Unterscheidung und zu den Rechtsfolgen s.u. Abschnitt 12 „Der Nachforderungsanspruch des Vermieters").

Bei der Überprüfung der Betriebskostenabrechnung durch einen Rechtsanwalt ist Grundlage für die Bemessung der Rechtsanwaltsgebühren (Gegenstandswert) nur der in der Abrechnung geforderte **Nachzahlungsbetrag**. Auch wenn dazu die Überprüfung sämtlicher Betriebskostenpositionen erforderlich ist, ist deren Gesamtbetrag für die Bemessung des Gegenstandswerts nicht relevant, da Streitgegenstand nur die Abwehr der Nachzahlungspflicht unter Berücksichtigung der geleisteten Vorauszahlungen ist (AG Düsseldorf, Urteil v. 11.2.2009, 22 C 14416/08, ZMR 2009 S. 762).

7 Umfang der Rechnungslegungspflicht

Der Umfang der Rechnungslegungspflicht bestimmt sich im Einzelfall nach dem Grundsatz der Zumutbarkeit, d.h. nach einer sinnvollen Relation zwischen dem Arbeits- und Zeitaufwand des Vermieters einerseits und den schutzwürdigen Interessen des Mieters andererseits. Dabei rechtfertigt es die Größe des Mietobjekts allein nicht, den Vermieter teilweise von Abrechnungspflichten freizustellen (OLG Schleswig, a.a.O.). Jedoch verstößt es in verfassungswidriger Weise gegen die Eigentumsgarantie des Art. 14 GG, wenn an die Nebenkostenabrechnung überspannte Anforderungen gestellt und dem Vermieter damit die Verfolgung seiner Ansprüche unzumutbar erschwert wird (BVerfG, Beschluss v. 3.12.1993, 1 BvR 551/93, DWW 1994 S. 246).

Hat der Mieter über einen längeren Zeitraum (hier: 5 Jahre) Abrechnungen des Vermieters nicht moniert, obwohl diese nicht den gesetzlichen Anforderungen an die Übersichtlichkeit und Nachvollziehbarkeit genügen, kann er später keine Einwendungen gegen die Berechnungsweise und Form der Abrechnung mehr geltend machen (LG Münster, Urteil v. 31.7.2003, 8 S 82/03, NJW-RR 2004 S. 443; a.A. LG Essen, Urteil v. 7.9.1990, 1 S 336/90, WuM 1991 S. 121, wonach die Hinnahme fehlerhafter Abrechnungen in der Vergangenheit den Mieter nicht bindet und daher insbesondere nicht zu einem Verzicht des Mieters auf eine nachvollziehbare Abrechnung führt).

Bei Abrechnung von Betriebskosten einer **vermieteten Eigentumswohnung** ist der Vermieter berechtigt, den Mieter auf die Abrechnung des Verwalters zu verweisen, wenn diese den Anforderungen des § 259 BGB genügt (LG Düsseldorf, Urteil v. 30.1.1990, 24 S 280/89, WuM 1990 S. 201 = DWW 1990 S. 207).

7.1 Einsichtsrecht des Mieters

Der Vermieter von preisfreiem Wohnraum ist grundsätzlich **nicht** verpflichtet, der Abrechnung Fotokopien der **Abrechnungsbelege** (z.B. Rechnungen, Gebührenbescheide) beizufügen. Er kann den Mieter auf die **Einsichtnahme** in die Belege verweisen, um zusätzlichen Aufwand durch Anfertigung von Kopien zu vermeiden. Ferner können dem Mieter mögliche Unklarheiten in einem Gespräch sofort erläutert werden. Dieses Interesse des Vermieters würde nicht hinreichend berücksichtigt, wenn er dem Mieter auf dessen Anforderung stets Belegkopien überlassen müsste.

Ein Anspruch des Mieters auf Überlassung von Kopien kommt daher nur **ausnahmsweise** nach dem Grundsatz von Treu und Glauben (§ 242 BGB) in Betracht, wenn ihm die Einsichtnahme in die Unterlagen in den Räumen des Vermieters nicht zugemutet werden kann (BGH, Urteile v. 8.3.2006, VIII ZR 78/05, WuM 2006 S. 200 und v. 13.9.2006, VIII ZR 105/06, WuM 2006 S. 616).

Dies gilt auch dann, wenn der Vermieter dem Mieter in der Vergangenheit Kopien übersandt hat. Eine solche „Gefälligkeit“ begründet keine vertragliche Verpflichtung für die Zukunft (BGH, Urteil v. 13.9.2006, VIII ZR 71/06, WuM 2006 S. 618).

Der Vermieter genügt seiner Pflicht zur Gewährung der Einsichtnahme in die Abrechnungsunterlagen, wenn er dem Mieter einen Aktenordner mit Belegen vorlegt, in dem sich der Mieter, ggf. mit fachkundiger Hilfe, zurechtfinden kann. Auch wenn sich darin Rechnungen über nicht umlegbare Kosten befinden, führt dies nicht zu einer mangelnden Übersichtlichkeit der Belege (LG Berlin, Urteil v. 28.9.2006, 67 S 225706, WuM 2006 S. 617).

Das Einsichtsrecht des Mieters ist nicht auf das bloße Betrachten der Belege beschränkt. Der Mieter darf sich **Notizen** machen und auch Abschriften (handschriftlich oder mithilfe eines Laptops) anfertigen. Ferner ist der Mieter berechtigt, die Belege **abzufotografieren** oder **einzuscannen** (z.B. mittels eines Handscanners), da der Mieter damit nur die fortschreitenden technischen Möglichkeiten nutzt und das Fotografieren bzw. Einscannen nicht anders behandelt werden kann als das unstreitig zulässige Anfertigen von handschriftlichen Notizen oder Abschriften (AG München, Teilurteil v. 21.9.2009, 412 C 34593/08, NJW 2010 S. 78); so auch LG Potsdam (Urteil v. 17.8.2011, 4 S 31/11, WuM 2011 S. 631, wonach einem Kopieren oder Fotografieren von Belegen Belange des Datenschutzes auch nicht bei Einsichtnahme in Verträge, die der Vermieter mit Dienstleistern oder Personal (hier: Hausmeister) abgeschlossen hat, entgegenstehen.

Der Vermieter ist nicht verpflichtet, dem Mieter vor Ort eine Kopiermöglichkeit zur Verfügung zu stellen. Dem Mieter ist es zuzumuten, die Betriebskostenbelege mit einer Digitalkamera abzufotografieren, denn nach dem derzeitigen Stand der Technik ist das Abfotografieren der Belege zur Beweissicherung bereits mit einer einfachen Digitalkamera in ausreichender Qualität möglich (AG Charlottenburg, Beschluss v. 6.8.2010, 216 C 111/10, GE 2010 S. 1205).

Anders ist die Rechtslage, wenn der Vermieter dem Mieter **zugesagt** hat, ihm auf sein Verlangen die Kopie der Abrechnungsbelege zuzusenden. In diesem Fall ist der Vermieter an seine Zusage auch dann gebunden, wenn er diese nur abgegeben hat, um den Mieter hinzuhalten und für sein Zuwarten zu vertrösten (AG Mainz, Urteil v. 21.9.2006, 86 C 149/06, WuM 2006 S. 619).

Ein Anspruch des Mieters auf Überlassung von Kopien kann ausnahmsweise bestehen, wenn Mieter und Vermieter heillos zerstritten sind, der Ort der Belegeinsicht nicht in zumutbarer Weise und in angemessener Zeit mit öffentlichen Verkehrsmitteln zu erreichen ist oder der in einer entfernt liegenden Stadt wohnende Vermieter sich trotz Aufforderung des Mieters weigert, die Belege am Ort des Mietobjekts zur Einsicht bereitzustellen (OLG Düsseldorf, Urteil v. 22.6.2006, 10 U 164/05, DWW 2006 S. 378).

Gleiches gilt, wenn der Mieter **stark gehbehindert** und es ihm daher nicht zuzumuten ist, die nicht barrierefreien Geschäftsräume des Vermieters zur Belegeinsicht aufzusuchen, oder infolge einer stark gestörten Kommunikation zwischen den Parteien nicht zu erwarten ist, dass strittige Abrechnungsfragen zwischen den Mietparteien vor Ort geklärt werden können (LG Berlin, Urteil v. 11.6.2014, 65 S 233/13, NZM 2014 S. 514). In diesem Fall hat der Mieter Anspruch auf Übersendung von Kopien der den jeweiligen Betriebskostenabrechnungen zugrunde liegenden Abrechnungsunterlagen Zug um Zug gegen eine angemessene Kostenerstattung, wobei ein Ansatz von **0,25 Euro pro Kopie** als Auslagenentschädigung nicht zu beanstanden ist.

Beauftragt der Mieter mit der Anforderung der Unterlagen einen Rechtsanwalt, kann er mangels Verzugs des Vermieters keinen Ersatz der hierfür angefallenen Anwaltskosten verlangen (LG Berlin, a. a. O.).

Die Frage, ob der Ausnahmefall einer Unzumutbarkeit vorliegt, der einen Anspruch des Mieters auf Übersendung von Fotokopien der Rechnungsbelege begründet, ist somit in erster Linie von den Umständen des Einzelfalls abhängig. Der Umzug des Mieters in eine andere Stadt und ein studienbedingter Aufenthalt im Ausland können eine solche Unzumutbarkeit begründen (BGH, Beschluss v. 19.1.2010, VIII ZR 83/09, WuM 2010 S. 296).

Ferner hat der Vermieter dem Mieter unter dem Gesichtspunkt von Treu und Glauben Belegkopien (gegen Kostenerstattung) zu übersenden, wenn der Verweis des Vermieters auf eine Einsichtnahme in die Belege im Ergebnis des jeweiligen Einzelfalls zu einer faktischen Vereitelung des Einsichtsrechts des – entfernt vom Aufbewahrungsort der Belege wohnenden – früheren Mieters führen würde. Auch auf eine Einsichtnahme durch hierzu regelmäßig nur gegen Honorarabrede bereite Rechtsanwälte oder durch einen erklärtermaßen hierzu sich nicht in der Lage sehenden Mieterverein braucht sich ein solcher Mieter nicht verweisen zu lassen (BGH, Beschluss v. 13.4.2010, VIII ZR 80/09, NJW 2010 S. 2282).

Zu den vom Vermieter vorzulegenden Abrechnungsunterlagen gehören auch **Verträge** des Vermieters mit Dritten, soweit deren Heranziehung zur sachgerechten Überprüfung der Betriebskostenabrechnung und zur Vorbereitung etwaiger Einwendungen gegen die Abrechnung erforderlich ist (BGH, Beschluss v. 22.11.2011, VIII ZR 38/11, ZMR 2012 S. 542). Dementsprechend hat der Mieter ein Einsichtsrecht in den Wärmelieferungsvertrag, den der Vermieter mit einem Fernwärmelieferanten abgeschlossen hat. Solange ihm dieses Recht nicht gewährt wird, hat der Mieter gegenüber der Nachforderung des Vermieters aus der Betriebskostenabrechnung sowie hinsichtlich der laufenden Betriebskostenvorauszahlungen ein Zurückbehaltungsrecht (BGH, Beschluss v. 22.11.2011, a. a. O.). Ist der Vermieter zugleich Geschäftsführer einer für die Treppenhausreinigung zuständigen GmbH, die ihrerseits als Subunternehmer eine andere GmbH einsetzt, so erstreckt sich die Belegvorlagepflicht auch auf Rechnungen der Subunternehmerin (LG Bremen, Urteil v. 28.3.2012, 1 S 107/11, ZMR 2012 S. 549).

Bei vermieteten **Eigentumswohnungen** gehört zu den Unterlagen, die der Mieter einsehen kann, auch die Jahresabrechnung des Verwalters für die vermietete Wohnung einschließlich der zugehörigen Anlagen; nicht aber die beim Verwalter befindlichen Rechnungen (LG Mannheim, WuM 1996 S. 630). Das Recht auf Einsichtnahme besteht auch dann, wenn die Jahresabrechnung gegenüber der Wohnungseigentümergemeinschaft bestandskräftig ist (LG Frankfurt/M., WuM 1997 S. 52).

Dagegen hat der Mieter einer Eigentumswohnung keinen Anspruch auf Einsichtnahme in die der Betriebskostenabrechnung zugrunde liegenden Beschlüsse der Wohnungseigentümergemeinschaft (BGH, Beschluss v. 13.9.2011, VIII ZR 45/11, WuM 2011 S. 684).

Der Mieter kann grundsätzlich Einsicht in die **Original**belege verlangen. Ausdrucke von **gescannten** Originalbelegen stehen dem Original gleich, wenn eine Verfälschung aufgrund von technischen und administrativen Hürden in den internen Arbeitsabläufen praktisch ausgeschlossen werden kann (LG Hamburg, Urteil v. 5.12.2003, 311 S 123/02, WuM 2004 S. 97; s. auch AG Mainz, Urteil v. 2.6.1998, 72 C 118/98, ZMR 1999 S. 114, wenn der Vermieter den Inhalt der Belege auf Datenträger festgehalten und die Originalbelege vernichtet hat).

Der Wohnungsmieter kann nach Auffassung des AG Coesfeld (Urteil v. 21.8.2009, 6 C 93/09, WuM 2009 S. 586) vom Vermieter die Überlassung einer Kopie der Gesamtaufstellung der erfassten Verbrauchseinheiten aller Heizkörper im Anwesen verlangen und hat bis dahin ein Zurückbehaltungsrecht bezüglich der Zahlung von Heizkostennachforderungen.

Die Einsichtnahme hat grundsätzlich **beim Vermieter** bzw. dessen Beauftragten (Hausverwalter, Rechtsanwalt) zu erfolgen (s. hierzu BGH, Urteil v. 8.3.2006, VIII ZR 79/05, NJW 2006 S. 1419). Nur aus wichtigem Grund kann der Mieter **ausnahmsweise** die Vorlage an einem **anderen Ort** verlangen (vgl. § 811 Abs. 1 S. 2 BGB). Ein wichtiger Grund liegt vor, wenn die Einsichtnahme beim Vermieter dem Mieter **nicht zumutbar** ist, was im Einzelfall zu prüfen ist, und z. B. bei Krankheit des Mieters oder persönlicher Feindschaft der Parteien (so z. B. AG Bergisch Gladbach, Beschluss v. 7.11.2011, 68 C 230/07, ZMR 2012 S. 198, wonach es den Mietern unzumutbar ist, die Belege in der Wohnung des Vermieters einzusehen, wenn zwischen den Parteien, die im selben Haus wohnen, gleichzeitig zwei Rechtsstreitigkeiten geführt werden) gegeben sein kann. Gleiches kann bei großer Entfernung gelten (LG Zwickau, Urteil v. 6.12.2002, 6 S 176/02, WuM 2003 S. 271; LG Hamburg, Urteil v. 8.2.2000, 316 S 168/99, WuM 2000 S. 197). Insofern kann dem Mieter ein gewisser Fahraufwand zugemutet werden, z. B. in die Nachbargemeinde, wenn der Aufwand dem innerhalb einer Großstadt vergleichbar ist. Ist dem Mieter die Belegeinsicht aber wegen zu großer Entfernung des Vermietersitzes zum Mietort unzumutbar, muss der Vermieter die Einsicht am **Mietort** gewährleisten (vgl. auch AG Dortmund, Urteil v. 12.10.2011, 411 C 3364/11, WuM 2011 S. 631), wonach der Mieter auf die Einsichtnahme in die Abrechnungsunterlagen im Büro des Vermieters nicht verwiesen werden kann, wenn er alt und sehbehindert ist, der ihn außergerichtlich vertretende Mieterverein unstreitig dazu nicht in der Lage ist und aus Kostengründen dem Mieter die

Beauftragung eines Rechtsanwalts mit der Wahrnehmung der Einsichtnahme nicht zumutbar ist.

Die konkrete Örtlichkeit kann vom Vermieter frei bestimmt werden. Der Mieter kann grundsätzlich auf die Einsichtnahme in die Originale bestehen und muss sich daher nicht auf die Übersendung von Fotokopien verweisen lassen (LG Freiburg, Urteil v. 24.3.2011, 3 S 348/10, GE 2011 S. 693).

Das Verlangen des Mieters zur Vorlage an einem – ausnahmsweise von ihm zu bestimmenden – Ort kann der Vermieter in entsprechender Anwendung des § 29 Abs. 2 NMV jedoch dadurch erfüllen, dass er dem Mieter **Kopien** übersendet. Die Kopier- und Versandkosten hat der Mieter zu tragen. Der Vermieter ist nicht verpflichtet, dem Mieter vorab die Höhe der Kosten mitzuteilen (AG Itzehoe, Urteil v. 26.4.2012, 91 C 15/12, NZM 2012 S. 860). Der Vermieter kann die Übersendung von Kopien auch von der **vorherigen** Erstattung der Kosten für die Anfertigung der Kopien und deren Übersendung abhängig machen (§ 811 Abs. 2 S. 2 BGB entsprechend; vgl. LG Leipzig, Urteil v. 17.3.2005, 12 S 7349/04, DWW 2005 S. 374; AG Oldenburg, Urteil v. 10.6.1992, 19 C 276/92 III, WuM 1993 S. 412). Als angemessen gilt ein Betrag von 0,25 Euro/Kopie (bisher 0,50 DM; vgl. LG Duisburg, WuM 1999 S. 562) bis 0,50 Euro/Kopie (bisher 1,00 DM; vgl. LG Berlin, Urteil v. 19.7.1990, 62 S 28/90, GE 1991 S. 151).

Nimmt der Mieter das Angebot des Vermieters auf Übersendung der Abrechnungsbelege gegen angemessene Kostenerstattung nicht wahr, ist er so zu behandeln, als habe er Einsicht in die Kostenbelege gehabt (AG Aachen, Urteil v. 10.8.2004, 10 C 464/03, WuM 2004 S. 611).

Das Bestreiten des Kostenansatzes durch den Mieter ist nur dann zu berücksichtigen, wenn er vorher die Berechnungsunterlagen **tatsächlich eingesehen** und hieran anknüpfend seine Bedenken dargestellt hat. Es muss erkennbar sein, dass sich der Mieter nach Belegeinsicht mit den konkreten Zahlen der Abrechnung befasst hat; anderenfalls ist sein Bestreiten als unsubstanziiert und damit als rechtlich unerheblich anzusehen (OLG Düsseldorf, Urteil v. 22.6.2006, 10 U 164/05, DWW 2006 S. 378; AG Oldenburg, Urteil v. 31.3.2004, E 4 C 4132/03, ZMR 2004 S. 828; s. auch OLG Düsseldorf, Urteil v. 27.4.2006, 10 U 169/05, DWW 2006 S. 198, wonach ein pauschales Bestreiten einzelner Positionen ohne vorherige Einsicht in die Kostenbelege unzulässig ist).

Gewährt der Vermieter dem Mieter nicht ausreichend Zeit zur Einsicht in die der Betriebskostenabrechnung zugrunde liegenden Originalbelege (hier: 2,5 Stunden) und fehlen verschiedene Belege bzw. waren Originalbelege nicht einsehbar, gilt die Belegeinsicht als verweigert mit der Folge, dass der Mieter einzelne Abrechnungspositionen auch pauschal bestreiten darf (AG München, Urteil v. 7.7.2006, 453 C 26483/05, NZM 2006 S. 929).

Das Ersuchen auf Einsichtnahme und Fertigen von Fotokopien muss sich auf vorhandene und hinreichend genau bezeichnete Unterlagen beziehen, die ohne nennenswerten Verwaltungsaufwand bereitgehalten und ohne Störungen des Betriebsablaufs der Verwaltung eingesehen und fotokopiert werden können. Die Einsichtnahme darf auch nicht mit einem für alle Beteiligten unverhältnismäßigen Zeit- und Kostenaufwand verbunden sein (OLG Hamm, Beschluss v. 9.2.1998, 15 W 124/97, NZM 1998 S. 724).

Der Mieter hat zur Prüfung der Betriebskostenabrechnung einen Anspruch auf **Einsichtnahme** in die Verbrauchsdaten **aller** Nutzer, wenn er anderenfalls nicht nachvollziehen kann, ob die Verteilung der Kosten auf die einzelnen Parteien des Hauses zutreffend vorgenommen worden ist. Die Überprüfbarkeit allein der mathematischen Richtigkeit des Verhältnisses des Gesamtverbrauchs zu seinem Eigenverbrauch ist nicht in jedem Fall ausreichend (LG Berlin, Urteil v. 17.10.2013, 67 S 164/13, WuM 2014 S. 28).

Die Einsichtnahme kann daher nicht aus **Datenschutzgründen** verweigert werden, da der Mieter auch Daten anderer Mieter des Anwesens einsehen darf, wenn dies erforderlich ist, um die eigene Abrechnung nachvollziehbar überprüfen zu können. Besonders schutzwürdige Daten können vom Vermieter unkenntlich gemacht werden (AG Berlin-Charlottenburg,

Urteil v. 3.5.2005, 220 V 450/04, GE 2005 S. 805; so bereits AG Garmisch-Partenkirchen, Beschluss v. 4.9.1995, 6 C 501/95, WuM 1996 S. 155; AG Dortmund, Urteil v. 15.4.1986, 132 C 532/85, WuM 1986 S. 378). Daher kann der Mieter gegenüber einer Nachforderung des Vermieters aus einer verbrauchsabhängigen Heizkostenabrechnung ein Zurückbehaltungsrecht geltend machen, solange ihm nicht Einsicht in die Verbrauchswerte der anderen Mieter gewährt wird (LG Berlin, Urteil v. 12.7.2013, 65 S 141/12, GE 2013 S. 1143).

Das Einsichtsrecht umfasst auch die Einsicht in vertragliche Unterlagen für die von Dritten erbrachten Leistungen (z.B. einen Wärmelieferungsvertrag), wenn dies zur Überprüfung der vom Vermieter vorgenommenen Heizkostenverteilung erforderlich ist (LG Berlin, Urteil v. 13.1.2009, 63 S 122/09, GE 2010 S. 546). Dementsprechend kann der Mieter zur Prüfung der Betriebskostenabrechnung zwar Einsicht in die Rechnung des Wärmecontractors verlangen, mit dem der Vermieter einen Wärmelieferungsvertrag abgeschlossen hat (s. „Betriebskosten“, Abschnitt 2.4.3 „Kosten der eigenständig gewerblichen Lieferung von Wärme“). Allerdings ist der Vermieter dem Mieter gegenüber nicht auch zur Vorlage der dem Contractor von dessen Vorlieferanten ausgestellten Rechnung verpflichtet (BGH, Urteil v. 3.7.2013, VIII ZR 322/12, WuM 2013 S. 540).

Die **Verweigerung** der Belegeinsicht stellt eine Verletzung einer vertraglichen Nebenpflicht dar und führt dazu, dass ein Saldo aus der Nebenkostenabrechnung gerichtlich nicht durchsetzbar ist (OLG Düsseldorf, Urteil v. 23.3.2000, 10 U 160/97, NZM 2001 S. 48).

Ferner kann der Mieter Klage auf Einsichtnahme erheben.

Das Einsichtsrecht des Mieters umfasst **nicht** den **Zugang zu den Messeinrichtungen**. Der Vermieter ist nicht verpflichtet, dem Mieter zu ermöglichen, selbst die für die Abrechnungen notwendigen Messwerte abzulesen und ihm den Zugang zu den Messeinrichtungen, z.B. zum Wasserzähler, zu ermöglichen. Der Mieter kann daher Mietzahlungen nicht (nach § 273 BGB) zurückhalten, wenn ihm der Zugang zu den Messeinrichtungen vom Vermieter verweigert wird. Der Mieter ist hinreichend dadurch geschützt, dass der Vermieter die Darlegungs- und Beweislast für die Richtigkeit der Messwerte trägt. Verweigert der Vermieter den Zugang zu den Messinstrumenten ohne vernünftigen Grund, wird dies allerdings bei der Beweiswürdigung zu berücksichtigen sein (AG Kehl, Urteil v. 23.9.2011, 3 C 20/10, NZM 2012 S. 833).

Der **Streitwert** einer Klage auf Einsichtnahme in die Nebenkostenbelege bemisst sich auf 1/5 bis 1/10 des geltend gemachten Rückforderungsanspruchs des Mieters (LG Köln, Beschluss v. 10.3.1997, 12 T 20/97, DWW 1998 S. 380).

Einen **Nachweis** über die tatsächliche **Zahlung** der Betriebskosten durch den Vermieter kann der Mieter nicht verlangen (LG Düsseldorf, Urteil v. 22.10.1998, 21 S 191/98, DWW 1999 S. 354).

Bei **preisgebundenem** Wohnraum kann der Mieter grundsätzlich anstelle der Einsicht in die Rechnungsunterlagen Ablichtungen gegen Erstattung der Auslagen verlangen (§ 29 Abs. 2 S. 1 NMV).

8 Die Umlageschlüssel

8.1 Im frei finanzierten Wohnungsbau

Mit Ausnahme der Kosten für Heizung und Warmwasser, die nach den Bestimmungen der Heizkostenverordnung zu verteilen sind (s. „Heizkostenverordnung“), können die Parteien den Umlageschlüssel für die Betriebskosten **frei vereinbaren**, z.B. Abrechnung nach dem Anteil der Wohnflächen oder nach Kopfzahlen.

Abzuraten ist von einer Verteilung nach Kopfzahlen, bei der die Anzahl der Gesamtnutzer des Anwesens, der Nutzer in der abgerechneten Wohnung sowie die Dauer ihrer Nutzung angegeben werden müssen (LG Berlin, Urteil v. 24.2.2009, 63 S 304/08, GE 2009 S. 980). Nicht ausreichend ist die Beifügung einer Belegungsübersicht des Hauses (LG Krefeld, Urteil v. 17.3.2010, 2 S 55/09, WuM 2010 S. 361). Nach der Rechtsprechung des BGH darf die für die Verteilung maßgebliche Personenzahl auch nicht anhand des amtlichen Einwohnermelderegisters ermittelt werden, da dies nur unzureichend die Fluktuation der Mieter in dem Anwesen widerspiegle. Eine Umlage nach Kopfzahlen setzt deshalb voraus, dass der Vermieter – für bestimmte Stichtage – die **tatsächliche** Belegung der einzelnen Wohnungen feststellt. Dies ist für den Vermieter in der Regel mit einem erheblichen Verwaltungsaufwand verbunden und führt erfahrungsgemäß häufig auch zum Vorwurf der „Schnüffelei", wenn der Vermieter – zwangsläufig – nachfragt, wie viele Personen sich in der Wohnung dauernd aufhalten (BGH, Urteil v. 23.1.2008, VII ZR 82/07, WuM 2008 S. 151).

Eine Betriebskostenabrechnung nach der Personenzahl ist aber nicht deshalb unwirksam, weil in der Abrechnung ein nicht verständlicher Umlageschlüssel angegeben wurde, z. B. Angabe der Gesamtpersonenzahl mit einem Bruchteil („20,39 Personen" o. Ä.; BGH, Urteil v. 15.9.2010, VIII ZR 181/09, WuM 2010 S. 683). Der Umlagemaßstab „Personen" ist als Verteilermaßstab nämlich allgemein verständlich. Für einen Mieter ist es auch ohne eine Erläuterung ersichtlich, dass sich bei diesem Umlageschlüssel sein Anteil nach dem Verhältnis der in seiner Wohnung lebenden Personen zu den in der Abrechnungseinheit insgesamt wohnenden Personen bestimmt. Es ist daher nicht erforderlich, dass der Vermieter angibt, wie er eine mit einem Bruchteil angegebene Gesamtpersonenzahl im Einzelnen ermittelt hat (BGH, Urteil v. 15.9.2010, a. a. O.).

Gleiches gilt für den Umlageschlüssel „Personenmonate". Auch insofern ist für den durchschnittlich gebildeten, juristisch und betriebswirtschaftlich nicht geschulten Mieter ohne weitere Erläuterung ersichtlich, dass sich bei diesem Schlüssel (nicht anders als bei der Verwendung des Umlagemaßstabs „Personen") sein Anteil an den Betriebskosten nach dem Verhältnis der in seiner Wohnung lebenden Personen zu dem in dem abgerechneten Gebäude insgesamt wohnenden Personen bestimmt (BGH, Urteil v. 22.10.2014, VIII ZR 97/14, NZM 2014 S. 902).

Bei der Umlage der Betriebskosten nach dem Verhältnis der im Anwesen wohnenden Personen muss der Vermieter für seine Abrechnung zwar die **tatsächliche** Belegung feststellen (so BGH, Urteil v. 23.1.2008, a. a. O.); jedoch muss die Abrechnung keine Angaben darüber enthalten, für welchen Zeitraum wie viele Personen pro Wohnung berücksichtigt worden sind. Die Angabe derartiger Details ist für die formelle Wirksamkeit der Abrechnung nicht erforderlich. Der Mieter könnte die Ermittlung der Gesamtpersonenzahl nur dann im Einzelnen überprüfen, wenn ihm eine Belegungsliste für das Mietobjekt im Abrechnungszeitraum zur Verfügung gestellt würde; damit würde die Betriebskostenabrechnung jedoch überfrachtet (BGH, Urteil v. 22.10.2014, a. a. O.).

Fehlt eine solche Vereinbarung, sind die Betriebskosten nach dem Flächenmaßstab, d. h. nach dem Anteil der **Wohnfläche** umzulegen (§ 556a Abs. 1 S. 1 BGB).

Allerdings steht es den Parteien im Wohnraummietrecht frei, anstelle eines konkreten Umlageschlüssels ein einseitiges Leistungsbestimmungsrecht nach billigem Ermessen des Vermieters zu vereinbaren. § 556a Abs. 1 S. 1 BGB schreibt nämlich nur bei **Fehlen** einer abweichenden Vereinbarung vor, dass nicht verbrauchs- oder verursachungsabhängig erfasste Betriebskosten nach dem Anteil der Wohnfläche umzulegen sind, und ist somit abdingbar. Dem Wortlaut des § 556a Abs. 1 S. 1 BGB sind auch keine Anhaltspunkte dafür zu entnehmen, dass die Vereinbarung eines einseitigen Leistungsbestimmungsrechts durch die Parteien unzulässig sein soll. Auch das Anliegen des Gesetzgebers, durch das Bereitstellen eines konkreten Abrechnungsmaßstabs (Wohnfläche) Streitigkeiten in den Fällen zu verhindern, in denen die Parteien **keinen** Verteilungsmaßstab vereinbart hatten, steht der Vereinbarung eines Bestimmungsrechts des Vermieters nicht entgegen. Die Parteien nehmen das Risiko von Streitigkeiten über dessen

Ausübung „sehenden Auges“ in Kauf, sofern sie dem Vermieter durch eine entsprechende Vereinbarung das Recht vorbehalten, den Abrechnungsmaßstab einseitig nach billigem Ermessen zu bestimmen.

Da der Mieter angesichts des Umstands, dass die einseitige Festlegung durch den Vermieter entsprechend den §§ 315, 316 BGB nach billigem Ermessen zu erfolgen hat, nicht unangemessen benachteiligt wird, ist auch eine entsprechende Formularklausel wirksam (BGH, Urteil v. 5.11.2014, VIII ZR 257/13, WuM 2015 S. 33).

Weicht die im Mietvertrag vereinbarte Wohnfläche von der tatsächlichen Wohnfläche ab, ist der Abrechnung die **vereinbarte** Wohnfläche zugrunde zu legen, sofern die Abweichung nicht mehr als 10 % beträgt (BGH, Urteil v. 31.10.2007, VIII ZR 261/06, WuM 2007 S. 700).

Eine **Erläuterung** des angewandten Umlageschlüssels ist nur dann geboten, wenn dies zum Verständnis der Abrechnung erforderlich ist. Hieran fehlt es in aller Regel bei einer Umlage nach dem Flächenmaßstab, da dieser aus sich selbst heraus verständlich ist. Eine Erläuterung des Umlageschlüssels ist insbesondere dann nicht erforderlich, wenn entsprechende Kenntnisse des Mieters aufgrund früherer Abrechnungen und Erläuterungen vorausgesetzt werden können (OLG Düsseldorf, Urteil v. 4.7.2013, 10 U 52/12, ZMR 2014 S. 441).

Eine **Erläuterung** der angesetzten Flächenwerte ist auch **nicht** allein deswegen erforderlich, weil diese Werte für aufeinanderfolgende Abrechnungsjahre Unterschiede aufweisen, deren Grund für den Mieter nicht ohne Weiteres erkennbar ist. Ob die angesetzten Flächenwerte zutreffen, berührt alleine die materielle, nicht aber die formelle Richtigkeit der Abrechnung (BGH, Urteil v. 28.5.2008, VIII ZR 261/07, WuM 2008 S. 407; zu den unterschiedlichen Rechtsfolgen von formellen bzw. materiellen Fehlern s.u. Abschnitt 12 „Der Nachforderungsanspruch des Vermieters“).

Der Umlageschlüssel kann aber auch **konkludent**, d.h. schlüssig, vereinbart werden (BGH, Beschluss v. 2.11.2005, VIII ZR 52/05, WuM 2005 S. 774). Daher kann eine Vereinbarung (i.S.v. § 556a Abs. 1 S. 1 BGB) angenommen werden, wenn die Parteien jahrzehntelang einverständlich einen bestimmten Umlagemaßstab verwendet haben. In diesem Fall steht auch eine etwaige Schriftformklausel des Mietvertrags (s. „Änderung des Mietvertrags“) der Wirksamkeit nicht entgegen, da es sich nicht um eine Änderung früherer Vereinbarungen handelt, sondern um eine von Anfang an unverändert angewandte Praxis (BGH, a.a.O.; LG Darmstadt, Urteil v. 19.1.2005, 7 S 148/04, DWW 2005 S. 70).

Betriebskosten, die von einem **erfassten** Verbrauch (z.B. durch Wasserzähler) oder einer **erfassten** Verursachung durch die Mieter abhängen (z.B. durch separate Müllgefäße), sind nach einem Maßstab umzulegen, der dem unterschiedlichen Verbrauch oder der unterschiedlichen Verursachung Rechnung trägt (§ 556a Abs. 1 S. 2 BGB).

Der Vermieter ist somit verpflichtet, **verbrauchsabhängig** abzurechnen, falls der Verbrauch erfasst wird und nichts anderes vereinbart ist. Sind z.B. **Wasseruhren** vorhanden, muss auch danach abgerechnet werden. Dies gilt aber nur dann, wenn **alle** Mietwohnungen mit einem Wasserzähler ausgestattet sind. Ist nur eine Wohnung nicht entsprechend ausgestattet, kann der Vermieter die Kosten aller Wohnungen weiterhin nach dem Anteil der Wohnflächen auf die Mieter umlegen (BGH, Urteil v. 12.3.2008, VIII ZR 188/07, WuM 2008 S. 288).

Bei nur **teilweiser** Ausstattung der Wohnungen mit Wasserzählern ist auch ein Vorwegabzug des auf diese Wohnungen entfallenden Wasserverbrauchs und die Abrechnung der restlichen Wohnungen nach dem Verhältnis der Wohnflächen zulässig (LG Berlin, Urteil v. 17.9.2010, 63 S 54/10, GE 2010 S. 1742).

Bei der verbrauchsabhängigen Abrechnung darf der Vermieter grundsätzlich auch **Fixkosten** wie Grundgebühren oder Zählermiete, die unabhängig vom tatsächlich erfassten Verbrauch anfallen, einheitlich nach dem erfassten **Verbrauch** umlegen. § 556a Abs. 1 S. 2 BGB gewährt dem Vermieter nämlich aus Gründen der Praktikabilität einen Spielraum für die Ausgestaltung der Umlage.

Dieser Grundsatz gilt allerdings nicht uneingeschränkt und findet seine Grenze dort, wo die Umlegung wegen erheblicher Wohnungsleerstände im Anwesen zu einer unzumutbaren Mehrbelastung der Mieter führt, weil bei leer stehenden Wohnungen kein Verbrauch entsteht und diese Wohnungen daher nicht mit Fixkosten belastet werden.

Nachdem der Vermieter das Risiko und die Kosten des Wohnungsleerstands tragen muss, ist er bei **erheblichen** Leerständen zu einer **Änderung** des Umlagemaßstabs der Fixkosten verpflichtet. Dementsprechend ist auch eine Formularklausel (teilweise) unwirksam, die ohne Einschränkung eine Umlage auch der Grundgebühr nach dem Verbrauch bestimmt (BGH, Urteil v. 6.10.2010, VIII ZR 183/09, WuM 2010 S. 685).

Wird trotz vorhandener Zähler nicht verbrauchsabhängig abgerechnet, steht dem Mieter in entsprechender Anwendung von § 9b HeizkostenV (s. „Heizkostenverordnung“) das Recht zu, den auf ihn entfallenden Anteil um 15 % zu kürzen (AG Hamburg, Urteil v. 6.12.2005, 48 C 331/05, ZMR 2006 S. 132).

Verbrauchserfassungsgeräte (z. B. Wasserzähler) müssen **geeicht** sein (§ 2 Abs. 1 Eichgesetz). Jedoch dürfen im Rahmen einer Betriebskostenabrechnung auch die Messwerte eines **nicht geeichten** Wasserzählers verwendet werden, wenn der Vermieter nachweisen kann, dass die angezeigten Werte zutreffend sind. Im Rahmen einer Betriebskostenabrechnung kommt es nämlich allein darauf an, den tatsächlichen Verbrauch zutreffend wiederzugeben. Soweit die in die Betriebskostenabrechnung aufgenommenen Verbrauchswerte auf einer Ablesung eines geeichten Messgeräts beruhen, spricht bereits eine tatsächliche Vermutung dafür, dass diese Werte den tatsächlichen Verbrauch wiedergeben. Dem von einem nicht geeichten Messgerät abgelesenen Wert kommt die Vermutung der Richtigkeit dagegen nicht zu. In diesem Fall obliegt es dem Vermieter darzulegen und zu beweisen, dass die abgelesenen Werte trotzdem zutreffend sind. Gelingt dem Vermieter dieser Nachweis, steht § 25 Abs. 1 Nr. 1a EichG einer Verwendung der Messwerte nicht entgegen. Ausreichend für einen entsprechenden Nachweis ist die Vorlage einer Prüfbescheinigung einer staatlich anerkannten Prüfstelle, aus der hervorgeht, dass die Messtoleranzen eingehalten wurden (BGH, Urteil v. 17.11.2010, VIII ZR 122/10, WuM 2011 S. 21).

> Der Mieter hat aber **keinen** zivilrechtlichen Anspruch auf Einbau von Geräten zur Verbrauchserfassung (z. B. Kaltwasseruhren).

Ein solcher Anspruch auf Erfassung und Abrechnung der Kaltwasserkosten nach Verbrauch kann nur ausnahmsweise dann bestehen, wenn der tatsächliche Verbrauch und die Umlage nach Wohnfläche in einem evidenten und erheblichen Missverhältnis stehen (z. B. wenn ein Mitmieter in seiner Wohnung in gewerbeähnlicher Weise das Waschen von Wäsche betreibt und dafür etwa so viel Wasser verbraucht wie alle anderen Mieter des Hauses zusammen). Besteht dieses evidente und erhebliche Missverhältnis zwischen dem tatsächlichen Verbrauch und der Umlage nach Wohnfläche wegen des Sonderverbrauchs von nur **einer** Wohnung, haben die anderen Wohnungsmieter gegen den Vermieter lediglich einen Anspruch auf gesonderte Erfassung und Abrechnung der Kaltwasserkosten bezüglich des Sonderverbrauchs dieser Wohnung. Die Umlegung des (unauffälligen) Differenzbetrags nach Abzug des Sonderverbrauchs auf die anderen Mieter nach Wohnfläche ist nicht zu beanstanden (LG Stuttgart, Urteil v. 24.4.2013, 13 S 26/13, NZM 2014 S. 75).

Sind die Betriebskosten nach dem abgelesenen Verbrauch anzusetzen, ist zur Erstellung einer formell ordnungsgemäßen Abrechnung eine **Erläuterung** der angesetzten Verbrauchswerte **nicht** allein deshalb erforderlich, weil die abgelesenen Verbrauchswerte im Vergleich zu anderen Abrechnungszeiträumen auffällige Schwankungen zeigen. Ob die angesetzten Verbrauchswerte zutreffen, berührt allein die materielle, nicht aber die formelle Richtigkeit der Abrechnung (BGH, Urteil v. 28.5.2008, VIII ZR 261/07, WuM 2008 S. 407; zu den unterschiedlichen Rechtsfolgen von formellen bzw. materiellen Fehlern s.u. Abschnitt 12 „Der Nachforderungsanspruch des Vermieters“).

Ist eine bestimmte Betriebskostenart abgrenzbar und dem einzelnen Mieter zweifelsfrei zuzuordnen, weil sie – wie etwa die **Grundsteuer** – von Dritten (hier: Finanzbehörde) gegenüber dem Vermieter direkt für die einzelne Wohnung erhoben wird, so kann der Vermieter diesen Betrag direkt in die Betriebskostenabrechnung einstellen. Für die Anwendung eines (vertraglich vereinbarten) Umlageschlüssels ist in diesem Fall kein Raum (BGH, Urteil v. 17.4.2013, VIII ZR 252/12, WuM 2013 S. 358). Mit diesem Urteil hat der BGH seine frühere, wenig praxisgerechte Rechtsprechung (Urteil v. 26.5.2004, VIII ZR 169/03, WuM 2004 S. 403) aufgegeben, wonach auch solche Betriebskosten nach dem vertraglich vereinbarten Umlageschlüssel verteilt werden mussten.

Bloße Zweifel des Mieters an der Billigkeit der Wohnfläche als Umlagemaßstab genügen nicht, um eine **Änderung** dieses gesetzlichen Umlageschlüssels zu rechtfertigen. Lediglich für besondere **Ausnahmefälle** geht der Gesetzgeber davon aus, dass ein Anspruch des Mieters auf Änderung des Umlagemaßstabs z.B. auf Kopfzahlen bestehen kann. Das setzt voraus, dass es im Einzelfall zu einer **krassen Unbilligkeit** kommt (BGH, Urteil v. 12.3.2008, VIII ZR 188/07, WuM 2008 S. 288).

Hat der Mieter zwei Abrechnungsperioden lang einen bestimmten Umlagemaßstab unbeanstandet **hingenommen**, kann der Vermieter jedoch von einem Einverständnis des Mieters ausgehen (so LG Düsseldorf, DWW 1990 S. 240).

Eine **Formularklausel**, die den Vermieter zur **einseitigen Änderung** des Verteilungsschlüssels berechtigt, ist wegen Verstoßes gegen § 307 BGB (unangemessene Benachteiligung des Mieters) unwirksam, wenn die Änderungsbefugnis nicht an das Vorliegen sachlicher Gründe für die Änderung gebunden ist (LG Hamburg, ZMR 1998 S. 98).

Dementsprechend ist bei Eigentumswohnungen eine Verteilung nach Miteigentumsanteilen („Tausendstel“) **unzulässig**, wenn im Mietvertrag eine Verteilung der Betriebskosten nach der Nutzfläche **vereinbart** ist. Dies gilt selbst dann, wenn die Hausverwaltung gegenüber den Wohnungseigentümern nach Miteigentumsanteilen abrechnet (LG München I, Urteil v. 17.4.2002, 14 S 17240/01, ZMR 2003 S. 431).

> Bei der Vermietung von Eigentumswohnungen ist daher darauf zu achten, dass mit dem Mieter **derselbe** Verteilerschlüssel vereinbart wird, der für die Verteilung der Betriebskosten zwischen den Wohnungseigentümern maßgeblich ist.

Wird der Verteilerschlüssel durch Beschluss der Eigentümergemeinschaft **geändert**, kann auch der einzelne Wohnungs- bzw. Teileigentümer gegenüber seinem Mieter einen **Anspruch** auf entsprechende **Änderung** des Verteilerschlüssels nach den Grundsätzen von Treu und Glauben (§ 242 BGB) haben, da die Geschäftsgrundlage, die der mietvertraglichen Vereinbarung des Verteilerschlüssels zugrunde lag, entfallen ist. Allerdings ist die Änderung nur **für die Zukunft** möglich, nicht aber für bereits abgelaufene Abrechnungsperioden. Die Änderung des Verteilerschlüssels muss dem Mieter vorweg vor Beginn der Abrechnungsperiode mitgeteilt werden. Eine nachträgliche Mitteilung nur im Rahmen der Nebenkostenabrechnung ist nicht zulässig (OLG Frankfurt/M., Urteil v. 12.3.2003, 7 U 50/02, ZMR 2004 S. 182).

Unwirksam ist eine Formularklausel, wonach bei „vermieteten Eigentumswohnungen der Mieter den Betriebskostenanteil trägt, den die Verwalterabrechnung vorgibt, sowie die weiteren Betriebskosten, die außerhalb dieser Abrechnung unmittelbar auf die Wohnung entfallen, wie z.B. Grundsteuer“. Diese Klausel ist unbestimmt und unklar und verstößt gegen das Transparenzgebot (§ 307 BGB), da sie dem Vermieter die Möglichkeit eröffnet, dem Mieter Kosten in Rechnung zu stellen, die keinerlei Beschränkungen unterliegen, insbesondere nicht auf den Katalog der umlagefähigen Betriebskosten gemäß der Betriebskostenverordnung beschränkt sind (LG Hamburg, Urteil v. 26.6.2008, 307 S 34/08, WuM 2008 S. 727).

Ist mietvertraglich die Geltung des von der Hausverwaltung praktizierten Umlageschlüssels vereinbart, muss dieser außerhalb oder innerhalb der Abrechnung dem Mieter erläutert worden sein (LG Frankfurt/M., Urteil v. 7.1.2011, 2-11 S 277/10, WuM 2011 S. 100; BGH, Urteil v. 11.8.2010, VIII ZR 45/10, WuM 2010 S. 627).

Werden Betriebskosten über einen längeren Zeitraum nach dem Verhältnis der Wohnflächen abgerechnet und dementsprechend bei der Abrechnung eine bestimmte Wohnfläche zugrunde gelegt, kann daraus aber **nicht** die **Vereinbarung** einer bestimmten Wohnfläche gefolgert werden (LG Mannheim, Urteil v. 8.11.2006, 4 S 96/06, DWW 2007 S. 118; s. auch „Wohnfläche").

Der Vermieter kann sich im Wohnungsmietvertrag die mehrfache **Umstellung** des Verteilungsschlüssels verbrauchs**abhängiger** Betriebskosten vorbehalten (AG Wiesbaden, Urteil v. 28.9.2006, 92 C 1040/06-22, WuM 2007 S. 324).

Ferner kommt in Ausnahmefällen die **einseitige** Änderung des vereinbarten Verteilerschlüssels durch den Vermieter nach den Grundsätzen über die **Störung der Geschäftsgrundlage** in Betracht. Zwar trägt der Vermieter grundsätzlich das Risiko des Leerstands von Räumen und der darauf entfallenden Betriebskosten. Führt der Leerstand jedoch zu einer **groben Unbilligkeit**, z.B. weil der Vermieter dauerhaft wesentliche Anteile des von den übrigen Mietern verbrauchten Stroms zu tragen hat, kann der Verteilerschlüssel vom Vermieter ausnahmsweise einseitig geändert werden (OLG Düsseldorf, Beschluss v. 28.10.2010, I24 U 28/10, GE 2011 S. 689).

Ist der Verteilerschlüssel grob unbillig oder infolge geänderter Umstände grob unbillig geworden, kann auch der Mieter eine Änderung weder für die Vergangenheit noch für den laufenden Abrechnungszeitraum, sondern nur für die **Zukunft** verlangen; es sei denn, dem Vermieter lagen bereits vor Beginn der Abrechnungsperiode verlässliche Anhaltspunkte für eine sich ergebende grobe Unbilligkeit vor (LG Düsseldorf, Urteil v. 5.7.1994, 24 S 66/94, WuM 1996 S. 777).

Die Abrechnung nach dem Flächenmaßstab kann – trotz **unterschiedlicher Belegungszahlen** in einzelnen Wohnungen – grundsätzlich **nicht** als unbillig angesehen werden (vgl. z.B. LG Bonn, Urteil v. 27.11.1997, 6 S 274/97, NZM 1998 S. 910); zumal es sich dabei nach § 556a Abs. 1 S. 1 BGB um einen gesetzlichen Umlagemaßstab handelt.

Gleiches gilt, wenn sich in einem Gebäude Wohnungen mit sehr unterschiedlichen Größen befinden (z.B. zwischen 50 und 145 m^2). Auch in diesem Fall haben die Mieter der Großwohnungen keinen Anspruch auf Änderung des Umlagemaßstabs (LG Mannheim, Urteil v. 27.1.1999, 4 S 141/98, NZM 1999 S. 365).

Eine Unbilligkeit wird nur in **Ausnahmefällen** zu bejahen sein, z.B. wenn der alleinstehende Mieter in einer relativ großen Wohnung für die verbrauchsabhängigen Betriebskosten (z.B. Wasser, Abwasser) mehr als das Doppelte als bei Umlage nach Kopfteilen zu zahlen hätte (LG Düsseldorf, Urteil v. 3.12.1993, 21 S 513/92, WuM 1994 S. 30; vgl. auch LG Aachen, Urteil v. 24.5.1991, 5 S 70/91, WuM 1991 S. 503, wonach eine Unbilligkeit erst beim Dreifachen gegeben ist). Dagegen kann sich der Mieter auf eine Unbilligkeit nicht berufen, wenn er für die Betriebskosten Wasser, Abwasser, Müllabfuhr und Aufzug nicht mehr als das Doppelte im Vergleich zur Abrechnung nach Kopfteilen zahlen muss und der Vermieter eine solche Abrechnung nur unter Verwaltungsmehraufwand erstellen könnte (LG Aachen, Urteil v. 4.6.1993, 5 S 58/93, WuM 1993 S. 410).

Bei den verbrauchs**un**abhängigen Betriebskosten (z.B. Grundsteuer, Sach- und Haftpflichtversicherung) wird der Mieter eine Unbilligkeit nur in besonders gelagerten Ausnahmefällen begründen können (vgl. LG Wuppertal, Beschluss v. 12.8.1993, 9 S 118/93, WuM 1993 S. 685, wonach die Abrechnung der verbrauchs**un**abhängigen Betriebskosten nach dem Verhältnis der Wohnflächen grundsätzlich der Billigkeit entspricht, während die Abrechnung dieser Kosten nach Kopfteilen unangemessen sein kann).

Ist aber eine Umlage nach Kopfteilen vereinbart, muss auch eine nicht ständig anwesende Mietpartei ihren vollen Anteil zahlen (AG Karlsruhe, Urteil v. 15.11.1991, 1 C 310/91, DWW 1993 S. 21).

Die **fehlende** Angabe und Erläuterung des der Betriebskostenabrechnung zugrunde liegenden Verteilerschlüssels stellt einen erheblichen **formellen Mangel** dar und führt dazu, dass ein Saldo aus der Betriebskostenabrechnung nicht fällig ist.

Gleiches gilt für einen **unverständlichen** Verteilerschlüssel, da der Mieter in der Lage sein muss, den Anspruch des Vermieters nachzuprüfen, d.h. gedanklich und rechnerisch nachzuvollziehen. Dies ist nicht möglich z.B. bei Angabe eines unverständlichen Verteilerschlüssels (BGH, Urteil v. 9.4.2008, VIII ZR 84/07, WuM 2008 S. 351).

Dagegen hindert die Anwendung eines **unrichtigen** Verteilerschlüssels auf **einzelne** Positionen nicht die Fälligkeit der gesamten Betriebskostenabrechnung (OLG Düsseldorf, Urteil v. 11.3.2003, 24 U 74/02, ZMR 2003 S. 569).

8.2 Bei gemischt genutzten Gebäuden

Grundsätzlich ist es auch nicht unbillig, **Gewerbe- und Wohnräume gemeinsam**, d.h. mit einem einheitlichen Verteilerschlüssel, abzurechnen, da die gewerbliche Mitbenutzung eines Hauses nicht zwangsläufig zur Entstehung höherer Betriebskosten führt; maßgeblich sind Art und Umfang der Benutzung. Daher ist bei der Betriebskostenabrechnung (von preisfreiem Wohnraum) ein **Vorwegabzug** der Kosten, die auf die in einem gemischt genutzten Gebäude befindlichen Gewerbeflächen entfallen, jedenfalls dann **nicht** geboten, wenn sie hinsichtlich aller oder einzelner Betriebskostenarten nicht zu einer ins Gewicht fallenden Mehrbelastung der Wohnraummieter führen. Hierdurch wird auch dem Interesse beider Mietvertragsparteien an einer Vereinfachung der Betriebskostenabrechnung Rechnung getragen (BGH, Urteil v. 8.3.2006, VIII ZR 78/05, WuM 2006 S. 200). Dagegen ist ein Vorwegabzug aus Billigkeitsgründen erforderlich, wenn die Gewerbenutzung bei der Abrechnung nach dem Flächenmaßstab, d.h. pro m^2 Fläche, zu einer erheblichen Mehrbelastung der Wohnungsmieter führt. Darauf, ob zur Abrechnungseinheit nur einzelne gewerbliche Nutzer gehören oder ob der gewerblich genutzte Flächenanteil überwiegt, kommt es nicht an, da die Kosten pro m^2 Fläche maßgeblich sind (BGH, Urteil v. 13.10.2010, VIII ZR 46/10). Eine solche ins Gewicht fallende Mehrbelastung der Wohnungsmieter liegt nach Auffassung des LG Aachen (Urteil v. 11.8.2006, 5 S 68/06, WuM 2006 S. 615) jedoch bereits dann vor, wenn die durch die Gewerbeeinheiten verursachten Mehrkosten 3 % der Gesamtkosten übersteigen.

Ein Vorwegabzug der auf die Gewerberäume entfallenden Betriebskosten kann daher auch veranlasst sein, wenn in den Gewerberäumen ein **weit überhöhter Verbrauch** entsteht. Dies kann z.B. bzgl. der Wasserkosten in einem Friseur- oder Waschsalon oder bzgl. der Müllgebühren bei einem Schnellimbiss der Fall sein, wohl kaum aber in einem Büro (vgl. AG Hamburg, Urteil v. 15.8.2001, 45 C 35/01, WuM 2002 S. 265; a.A. LG Frankfurt/M., NJWE 1997 S. 26, wonach ein Vorwegabzug generell vorzunehmen ist, wenn die Gewerbefläche ca. 3/4 der Gesamtfläche beträgt).

Daher kann auch in einem gemischt genutzten Anwesen (hier: Mietwohnungen, vier Läden, acht Büros) die Nutzung eines gemeinsamen **Müllcontainers** und die Kostenumlage nach der Mietfläche sachgerecht sein. Dies gilt unter Berücksichtigung eines sonst erforderlichen zusätzlichen Platzbedarfs insbesondere dann, wenn der Papiermüll kostenlos entsorgt wird (LG München I, Urteil v. 30.11.2001, 20 S 6719/01, NZM 2002 S. 286).

Auch die Grundsteuer, die auf die gewerblichen Flächen entfällt, muss nicht vorweg in Abzug gebracht werden, wenn der Anteil der gewerblich genutzten Flächen lediglich 15 % der Gesamtfläche des Anwesens beträgt. In diesem Fall fällt die Mehrbelastung der Wohnungsmieter kaum ins Gewicht, sodass dem Vermieter der mit einer Kostentrennung verbundene zusätzliche Aufwand nicht zugemutet werden kann (so bereits AG Hamburg, Urteil v. 15.8.2001, 45 C 35/01, WuM 2002 S. 265; a. A. AG Köln, Urteil v. 23.5.2006, 210 C 43/06, WuM 2006 S. 568, wonach trotz des BGH-Urteils v. 8.3.2006 (a. a. O.) ein **Vorwegabzug** der auf die Gewerberäume entfallenden **Grundsteuern** durchzuführen ist, wenn unterschiedliche Hebesätze für Wohn- und Geschäftsräume zu einer ins Gewicht fallenden Mehrbelastung der Wohnungsmieter führen würde).

Unstreitig ermessensfehlerhaft ist die Umlage der Betriebskosten von **Kfz-Stellplätzen** auch auf Wohnungsmieter, die keinen Stellplatz gemietet haben. Allerdings handelt es sich insofern um einen bloßen inhaltlichen Fehler, der nicht zur Unwirksamkeit der gesamten Betriebskostenabrechnung führt und vom Gericht korrigiert werden kann (BGH, Beschluss v. 13.12.2011, VIII ZR 286/10, WuM 2012 S. 98).

Auch im Verhältnis von **Gewerberaummietern untereinander** kann ein differenzierter Abrechnungsmaßstab geboten sein, wenn einzelne Gewerbe bei bestimmten Abrechnungspositionen einen spezifisch höheren Verbrauch haben oder erheblich höhere Kosten verursachen. In diesem Fall kann ein Vorwegabzug der jeweiligen Kosten dieser Gewerbeeinheiten erforderlich sein (KG Berlin, Urteil v. 12.4.2001, 8 U 2143/99, GE 2001 S. 850 für Grundsteuern).

Rechnet der Vermieter über die Betriebskosten eines gemischt genutzten Anwesens nach dem Flächenmaßstab ab, ohne einen Vorwegabzug der auf die Gewerbeflächen entfallenden Kosten vorzunehmen, trägt der **Mieter** die **Darlegungs- und Beweislast** dafür, dass die in den gewerblich genutzten Räumen anfallenden Betriebskosten zu einer erheblichen **Mehrbelastung** der Wohnraummieter führen und deshalb ein Vorwegabzug der auf die Gewerbeflächen entfallenden Kosten geboten ist. § 556 a Abs. 1 S. 1 BGB fordert nämlich keinen generellen Vorwegabzug der Kosten der Gewerbeflächen. Somit ist es Sache des Mieters, die Tatsachen vorzutragen und ggf. zu beweisen, welche einen Vorwegabzug – aus Gründen der Billigkeit i. S. d. §§ 315, 316 BGB – ausnahmsweise geboten erscheinen lassen. Hinsichtlich der dafür erforderlichen Informationen kann der Mieter **Auskunft** vom Vermieter und **Einsicht** in die der Abrechnung zugrunde liegenden Belege verlangen (BGH, Urteil v. 25.10.2006, VIII ZR 251/05, WuM 2006 S. 684).

Bezüglich der Behauptung, dass durch die gewerbliche Nutzung erhebliche Mehrkosten pro m^2 entstehen, ist hinsichtlich der einzelnen Betriebskosten zu differenzieren und auf die konkreten Gegebenheiten des Gebäudekomplexes einerseits und die Art der gewerblichen Nutzung andererseits abzustellen; die in einem Betriebskostenspiegel ausgewiesenen Durchschnittsposten sind insofern nicht maßgeblich (BGH, Urteil v. 11.8.2010, VIII ZR 45/10, WuM 2010 S. 627).

Von den Grundsätzen der Rechtsprechung des BGH zu der – dem Mieter obliegenden – Darlegungs- und Beweislast für erhebliche Mehrkosten bei gewerblicher Nutzung ist selbst bei einem gewerblichen Nutzungsanteil von 87 % mit starkem Publikumsverkehr auszugehen (BGH, Urteil v. 13.10.2010, VIII ZR 46/10, NZM 2001 S. 118).

Bei Vornahme eines **Vorwegabzugs** genügt es nicht, dem Mieter in der Betriebskostenabrechnung nur die insoweit schon bereinigten Kosten mitzuteilen. Insofern setzt eine formelle ordnungsgemäße Betriebskostenabrechnung voraus, dass dem Mieter auch dann die **Gesamt**kosten von bestimmten Betriebskostenpositionen (z. B. Grundsteuer, Wasser) mitgeteilt werden, wenn einzelne auf Gewerberäume entfallende Kostenteile nicht umlagefähig sind; dem Mieter muss ersichtlich sein, ob und in welcher Höhe nicht umlagefähige Kosten vorab abgesetzt wurden (BGH, Urteil v. 13.10.2010, VIII ZR 46/10, WuM 2010 S. 741). Dies gilt auch bei der Betriebskostenabrechnung für eine **preisgebundene** Wohnung, z. B. eine Sozialwohnung (BGH, Urteil v. 7.12.2011, VIII ZR 118/11, WuM 2012 S. 22). Ebenso gilt dies für Stromkosten, die zum Teil über einen Zwischenzähler für die Beleuchtung der Tiefgarage ermittelt wurden. Auch hier ist die Angabe der Gesamtkosten erforderlich (LG Berlin, Urteil v. 29.7.2008, 63 S 18/08, GE 2009 S. 269).

Diese Grundsätze gelten auch für sog. **gemischte** Kosten, die Kostenteile enthalten, die nicht zu den Betriebskosten gehören. Wird z.B. der Hausmeister auch für Verwaltungsaufgaben entlohnt, ist in der Abrechnung darzustellen, in welchem Umfang die Gesamtkosten des Hausmeisters um den darin enthaltenen und nicht umlagefähigen Verwaltungskostenanteil gekürzt worden sind (BGH, Beschluss v. 11.9.2007, VIII ZR 1/07, WuM 2007 S. 575).

Gleiches gilt für eine **Mehrhaus-Wohnungseigentumsanlage**, wenn der Vermieter aus deren Gesamtkosten die Betriebskosten für die einzelne Wohnung ableitet (LG Hamburg, Urteil v. 22.6.2007, 311 S 133/06, WuM 2007 S. 694).

Auch wenn durch die gewerbliche Nutzung ein erheblicher Mehrverbrauch verursacht wird und deshalb ein Vorwegabzug geboten ist, gehört die Vornahme eines Vorwegabzugs nicht zu den an eine Abrechnung zu stellenden Mindestanforderungen. Ein etwa zu Unrecht unterbliebener Vorwegabzug betrifft (nur) die **materielle** Richtigkeit der Abrechnung und führt deshalb nicht zur Unwirksamkeit der Abrechnung insgesamt, sondern zu einer entsprechenden Korrektur um den erforderlichen Vorwegabzug (BGH, Urteil v. 11.8.2010, VIII ZR 45/10, WuM 2010 S. 627). Zieht sich der Fehler allerdings durchgängig durch die gesamte Abrechnung, d.h., dass er nicht nur für einzelne Ansätze unterblieben ist, liegt ein formeller Mangel der Abrechnung vor, der zu ihrer Unwirksamkeit führt. Soweit ein gebotener Vorwegabzug dagegen nur im Hinblick auf **einzelne** Ansätze unterblieben ist, bleibt die Abrechnung im Übrigen unberührt, wenn die jeweiligen Einzelpositionen unschwer herausgerechnet werden können (BGH, Urteil v. 14.2.2007, VIII ZR 1/06, NZM 2007 S. 244).

Der Mieter muss auch **geringe Verschiebungen** bei der Kostenaufteilung akzeptieren, da der Vermieter keine mathematisch exakte Kostenabgrenzung schuldet (LG Braunschweig, Urteil v. 5.11.2002, 6 S 62/02, ZMR 2003 S. 114). Im Rahmen seines Bestimmungsrechts bei der Umlage von Betriebskosten darf der Vermieter daher auch **vereinfachte Berechnungen** vornehmen. Somit ist nicht zu beanstanden, wenn z.B. bei der Grundsteuer und den Kanalgebühren die auf die **Parkplätze** entfallenden Gebühren anteilig auch den Mietern belastet werden, die keine Stellplätze angemietet haben (AG Mönchengladbach, Urteil v. 21.11.2002, 5 C 98/91, ZMR 2003 S. 198).

Der Vermieter ist **nicht** verpflichtet, verschiedene Nutzergruppen (z.B. Wohnung und Gewerbe) durch jeweils gesonderte **Zähler** zu erfassen. Für den Bereich der Abrechnung von Kosten für Wasser, Abwasser und Niederschlagswasser gibt es nämlich keine der Bestimmung des § 5 Abs. 2 HeizkostenV entsprechende Vorschrift zur Vorerfassung von Nutzergruppen. Darüber hinaus ist eine generelle Verbrauchserfassung für Wasserkosten gesetzlich nicht vorgeschrieben. Der Verbrauch in den Wohneinheiten kann daher in der Weise ermittelt werden, dass der mittels Zwischenzähler gemessene Verbrauch eines gewerblichen Mieters von dem Gesamtverbrauch laut Hauptwasserzähler abgezogen wird. Mit dem Vorwegabzug für gewerbliche Mieter trägt der Vermieter dem unterschiedlichen Verbrauch in einer Gewerbeeinheit einerseits und den Wohneinheiten andererseits ausreichend Rechnung. Etwas anderes gilt nur dann, wenn dies vereinbart ist (BGH, Urteil v. 25.11.2009, V ZR 69/09, WuM 2010 S. 35).

Ein Anspruch der Mieter auf Abrechnung nach Verbrauch innerhalb der Wohneinheiten besteht nicht (BGH, Urteil v. 25.11.2009, VIII ZR 334/08, ZMR 2010 S. 282).

Ferner ist bei der Umlage der Kosten für die Be- und Entwässerung von **Mietergärten** ein Vorwegabzug erforderlich. Fehlt ein entsprechender Zwischenzähler, können die Wasserkosten für die Wohnungsmieter ohne Gartennutzung geschätzt werden (AG Schöneberg, Urteil v. 2.8.1011, 15 C 186/11, GE 2011 S. 1622).

Zur Vorwegerfassung bei **öffentlich geförderten** Wohnungen gemäß §§ 20, 21 NMV vgl. LG Berlin Urteil v. 27.10.2000, 65 S 65/00, ZMR 2001 S. 111 sowie LG Köln, Urteil v. 11.5.2012, 10 S 48/11, ZMR 2012 S. 705, wonach bei Bestehen eines einheitlichen Mietvertrags über eine preisgebundene Wohnung und einen Stellplatz in einer Garage, die auf die Garage entfallenden Betriebskosten entgegen § 20 Abs. 2 S. 2 NMV nicht herausgerechnet werden müssen.

8.3 Bei preisgebundenem Wohnraum

Anders als bei einer frei finanzierten Wohnung kann der Vermieter einer preisgebundenen Wohnung auch über die in der vereinbarten Miete enthaltenen Betriebskosten abrechnen. Die hierfür notwendige Änderung der Mietstruktur (z. B. von einer Brutto- bzw. Teilbruttomiete in eine Nettomiete zzgl. Betriebskostenvorauszahlung) kann durchgeführt werden, solange die Preisbindung noch nicht beendet ist (BGH, Urteil v. 16.3.2011, VIII ZR 121/10, WuM 2011 S. 280).

Bei preisgebundenem Wohnraum sind für bestimmte Betriebskostenarten die Abrechnungsmaßstäbe gesetzlich vorgeschrieben:

Die Kosten des Betriebs der **zentralen Brennstoffversorgungsanlage** dürfen nur nach dem Brennstoffverbrauch umgelegt werden (§ 23 Abs. 2 NMV).

Die laufenden monatlichen Grundgebühren für **Breitbandanschlüsse** dürfen nur zu gleichen Teilen auf die Wohnungen umgelegt werden, die mit Zustimmung des Nutzungsberechtigten angeschlossen wurden (§ 24 a Abs. 2 NMV).

Die Kosten **der Einrichtungen für Wäschepflege** dürfen nur auf die Benutzer der Einrichtungen umgelegt werden (§ 25 Abs. 2 NMV). Die **Kosten der Müllbeseitigung** sind gemäß § 22 a NMV nach einem **Maßstab**, der der unterschiedlichen Müllverursachung durch die Wohnparteien Rechnung trägt, oder nach dem Verhältnis der Wohnflächen umzulegen.

Die **Kosten der Wasserversorgung** (§ 21 NMV) sind **zwingend** nach dem individuellen Verbrauch abzurechnen, wenn **alle** Wohnungen des Gebäudes mit Wasserzählern ausgerüstet sind. Eine Abrechnung nach den Wohnflächen ist nur zulässig, wenn nicht alle Wohnungen mit Wasserzählern ausgerüstet sind. Dies ist insbesondere für Bundesländer von Bedeutung, in denen die Landesbauordnungen den Einbau von Wasserzählern für jede Wohnung vorschreiben (z. B. Hamburg). Eine solche Verpflichtung kann jedoch nicht bundesgesetzlich, sondern nur durch die Länder geregelt werden.

Die **Kosten der Entwässerung** sind mit dem für die Kosten der Wasserversorgung anzuwendenden Maßstab, d. h. nach dem **Frischwassermaßstab**, umzulegen (§ 21 Abs. 3 S. 2 NMV). Dies gilt auch dann, wenn die Wohnungen im Gebäude mit Wasseruhren des Wasserversorgungsunternehmens, dessen Kunden die einzelnen Mieter sind, ausgestattet sind (AG Köln, Urteil v. 1.8.2007, 203 C 175/07, WuM 2008 S. 222).

Im Übrigen besteht bei preisgebundenem Wohnraum eine Verpflichtung zur Umlage der Betriebskosten nach dem Verhältnis der Wohnflächen (§ 20 Abs. 2 NMV).

Die Kosten des Betriebs von **Aufzügen** (§ 24 NMV) und des **Breitbandkabelnetzes**, ausgenommen der Grundgebühren (§ 24 a NMV), dürfen auch nach anderem, einvernehmlich mit allen Mietern einheitlich festgelegten Umlagemaßstab verteilt werden.

Bei den Kosten des **Aufzugs** kann Wohnraum im Erdgeschoss von der Umlage ausgenommen werden (§ 24 Abs. 2 NMV).

Für die Umlegung der **Heizungs- und Warmwasserkosten** findet die Heizkostenverordnung Anwendung (§ 22 Abs. 1 NMV, s. auch „Heizkostenverordnung"). Liegt eine Ausnahme nach § 11 der HeizkostenV vor, ist § 22 Abs. 2 NMV zu beachten.

8.4 Leer stehende Wohnungen

Werden die sog. „kalten" Betriebskosten (Betriebskosten ohne Heizkosten) vereinbarungsgemäß nach dem Anteil der betreffenden Wohnung an der Gesamtwohnfläche des Anwesens umgelegt, hat der Vermieter die auf die leer stehende Wohnung entfallenden Betriebskosten grundsätzlich selbst zu tragen, da er das Vermietungsrisiko und damit das Leerstandsrisiko trägt. Dies gilt nicht nur für verbrauchs**un**abhängige Betriebskosten (z. B. Grundsteuer, Versicherung, Hausmeister; so bereits BGH, Urteil v. 16.7.2003, VIII ZR 30/03, WuM 2003 S. 503), sondern auch für verbrauchs**ab**hängige Betriebskosten (z. B. Wasser, Müll), die wegen fehlender Erfassung des

Verbrauchs der einzelnen Mieter (keine Zwischenzähler, keine einzelnen Müllgefäße) nach der Wohnfläche abgerechnet werden (BGH, Urteil v. 31.5.2006, VIII ZR 159/05, WuM 2006 S. 440).

Unwirksam ist daher eine mietvertragliche Bestimmung, wonach die Betriebskosten im Verhältnis nur der „vermieteten" Flächen zueinander aufgeteilt werden oder nur nach der „bewohnten" Fläche. Zulässig ist dagegen eine Verteilung nach dem Verhältnis der „Wohnflächen", wobei die Betriebskosten dann auf die gesamte Wohnfläche des Hauses aufgeteilt werden müssen, d.h. auf alle Wohnungen, vermietet oder nicht vermietet (KG Berlin, Urteil v. 8.7.2010, 12 U 26/09, DWW 2010 S. 264).

Auch bei Abrechnung der Betriebskosten nach der **Personenzahl** muss ein Wohnungsleerstand berücksichtigt werden, um auf diese Weise eine angemessene Beteiligung des Vermieters an den Kosten des Leerstands zu erreichen. Insofern ist es zulässig, für Kosten, deren Höhe nicht von der Anzahl der im Abrechnungsobjekt wohnenden Personen abhängt (verbrauchs**un**abhängige Kosten, z.B. Grundsteuer, Gemeinschaftsantenne, Versicherung, Hausmeister) auch für die Zeiten des Leerstands eine fiktive Person anzusetzen (BGH, Beschluss v. 8.1.2013, VIII ZR 180/12, NZM 2013 S. 264). Auch bei verbrauchs**abhängigen** Kosten (z.B. Wasser gemäß Wasserzähler) ist eine Aufteilung nach Grundkosten und Verbrauchskosten denkbar, sodass der Vermieter im Hinblick auf den Leerstand nur mit einem Teil der Grundkosten belastet wird, während die übrigen Grundkosten – wie auch die verbrauchsabhängig erfassten Kosten – von den Mietern getragen werden. Bei **geringfügigem** Leerstand kann von einer Berücksichtigung auch ganz abgesehen werden. Letztlich ist die Frage, ob und wieweit die Betriebskostenabrechnung einen Leerstand einzelner Wohnungen im Mietshaus aus Gründen der Billigkeit berücksichtigen muss, nach den Umständen des Einzelfalls zu entscheiden (BGH, Beschluss v. 8.1.2013, a.a.O.)

Bei der Betriebskostenabrechnung muss der Vermieter die auf eine **leer stehende** Wohnung entfallenen Betriebskosten **vorweg** abziehen. Fehlt der Vorwegabzug, kann dieser Fehler nicht durch eine Schätzung behoben werden (LG Berlin, Urteil v. 24.2.2009, 63 S 309/08, GE 2009 S. 782).

Nach den Bestimmungen der Heizkostenverordnung müssen nicht nur die Heizkosten, sondern auch die Kosten des **Warmwassers** mit 50 % bis 70 % nach dem durch die Warmwasserzähler erfassten Verbrauch auf die Nutzer des Anwesens verteilt werden; der Rest (30 % bis 50 %) ist nach dem Verhältnis der Wohn- oder Nutzflächen zu verteilen (§ 8 Abs. 1 HeizkostenV). Diese gesetzlich vorgeschriebene Kostenverteilung kann bei einer hohen **Leerstandsquote** dazu führen, dass die noch im Anwesen wohnenden Nutzer mit hohen Kosten belastet werden, da die für eine hohe Leistung und viele Wohnungen ausgelegte Heizungs- und Warmwasseranlage, gemessen an dem geringen Verbrauch der wenigen Mieter, nicht mehr kostengünstig arbeitet. Jedoch darf es nach der Rechtsprechung des BGH auch bei einer hohen Leerstandsquote grundsätzlich bei der gesetzlich vorgegebenen Verteilung der Kosten bleiben. Nur in besonders gelagerten **Ausnahmefällen**, z.B. wenn es bei einer sehr hohen Leerstandsquote zu derartigen Verwerfungen kommt, dass eine angemessene und als gerecht empfundene Kostenverteilung nicht mehr gegeben ist, kann nach Auffassung des BGH eine Korrektur über den Grundsatz von Treu und Glauben (§ 242 BGB) erfolgen. Bei Heizungs- und Warmwasserkosten in Höhe von jährlich 1.450 Euro für eine knapp 50 m^2 große Wohnung ist dies jedenfalls noch nicht gegeben. Zu berücksichtigen ist, dass bei einer hohen Leerstandsquote auch der Vermieter über den Wohnflächenanteil beträchtliche Kosten zu tragen hat. Daher ist es nicht unangemessen, wenn auch der Mieter einen nicht ganz unerheblichen Teil der leerstandsbedingten Mehrkosten tragen muss **(BGH, Urteil v. 10.12.2014, VIII ZR 9/14)**. Deshalb liegt grundsätzlich auch kein Verstoß gegen den Wirtschaftlichkeitsgrundsatz (§ 556 Abs. 3 S. 1 BGB) vor, sofern die Heizkosten nach den Vorschriften der Heizkostenverordnung verteilt worden sind (LG Halle, Urteil v. 17.3.2005, 2 S 264/04, ZMR 2006 S. 210).

8.5 Änderung des Umlageschlüssels und der Abrechnungsart

Die einseitige **Änderung** des vertraglich vereinbarten **Umlageschlüssels** durch den Vermieter ist gemäß § 556a Abs. 2 BGB nur dann zulässig, wenn der Vermieter bestimmte Betriebskosten künftig nach dem **erfassten** unterschiedlichen Verbrauch bzw. der **erfassten** unterschiedlichen Verursachung umlegen will (z.B. nach Einbau von Kaltwasserzählern in jede Wohnung oder Bereitstellung von separaten Müllgefäßen für jede Wohnung).

In diesem Fall (z.B. nach Einbau von Einzelwasserzählern) kann der Vermieter auch die **Abrechnungsart** umstellen, indem er den Mieter zum Abschluss eines gesonderten Vertrags mit dem Versorger auffordert. Auch wenn der Mieter den Abschluss eines solchen Vertrags verweigert, muss er die vollen Kosten seines Wasserverbrauchs tragen. Die Aufforderung des Vermieters an den Mieter, nunmehr einen direkten Vertrag mit dem Versorger abzuschließen, genügt den Anforderungen des § 556a Abs. 2 BGB für die Umstellung des bisherigen Umlageschlüssels (z.B. nach der Wohnfläche) auf den abgelesenen Einzelverbrauch. Dementsprechend muss der Vermieter die Wasserkosten auch nicht mehr formal in die Betriebskostenabrechnung einstellen, sondern darf die Rechnung des Versorgers an den Mieter schlicht weiterleiten (BGH, Urteil v. 16.4.2008, VIII ZR 75/07, WuM 2008 S. 350).

Liegen diese Voraussetzungen **nicht** vor, bedarf die Änderung des Umlageschlüssels der **Zustimmung** des Mieters, wobei der Vermieter einen Rechtsanspruch auf Abgabe der Zustimmung nur in **Ausnahmefällen** hat. Als mögliche Rechtsgrundlage für einen derartigen Anspruch kommen die Bestimmungen über eine Störung der Geschäftsgrundlage (§ 313 BGB) und der allgemeine Grundsatz von Treu und Glauben (§ 242 BGB) in Betracht (BGH, Urteil v. 31.5.2006, VIII ZR 159/05, WuM 2006 S. 440). Eine unzumutbare Störung der Geschäftsgrundlage kann bei einem **dauerhaften Leerstand** mehrerer Wohnungen in einem Anwesen gegeben sein; **nicht** dagegen bei einem Leerstand geringen Umfangs oder kurzer Dauer. Der Vermieter hat daher keinen Anspruch darauf, dass nicht vermietete Wohnflächen zukünftig – unabhängig von der Größe der Leerstandsfläche und der Dauer des Leerstands – ohne Weiteres aus der Umlegung bestimmter Betriebskosten ausgeklammert bleiben (BGH, a.a.O.).

Allerdings ist eine **Änderung** des mietvertraglich vereinbarten Abrechnungsmaßstabs von „Wohnfläche" auf „Personentage" durch schlüssiges (konkludentes) Handeln der Vertragsparteien in Form einer mehrjährigen unbeanstandeten Abrechnung nach Personentagen möglich. In diesem Fall ist eine Rückkehr zu der im schriftlichen Mietvertrag vorgesehenen Abrechnungsweise nach Wohnfläche nur mit Zustimmung des Vertragspartners möglich (AG Wetzlar, Urteil v. 6.1.2011, 38 C 901/10, ZMR 2011 S. 565).

Auch bei **Geschäftsraum**mietverhältnissen kann der Vermieter eine Änderung des für die Betriebskosten vereinbarten Verteilerschlüssels nach den zur Störung der Geschäftsgrundlage geltenden Grundsätzen beanspruchen. Dabei ist der Vermieter im Fall der Weigerung des Mieters als Kläger nicht gehalten, zunächst auf Zustimmung zu einer Vertragsanpassung zu klagen; vielmehr ist die Klage auf die nach dem veränderten Vertragsinhalt geschuldete Leistung zu richten (OLG Düsseldorf, Urteil v. 28.10.2010, I-24 U28/10, ZMR 2011 S. 795).

Eine Vertragsklausel, nach der der Vermieter berechtigt ist, den Verteilerschlüssel für die Betriebskosten auch im laufenden Jahr einseitig zu ändern, wenn dies sachgerecht ist, ist unwirksam (OLG Rostock, Urteil v. 23.10.2008, 3 U 123/07, GE 2009 S. 324).

8.6 Bildung von Abrechnungseinheiten

Der Vermieter kann grundsätzlich – bei frei finanziertem Wohnraum nach billigem Ermessen (§ 315 BGB), bei preisgebundenem Wohnraum nach § 2 Abs. 2 S. 2, 3 II. BV – mehrere Gebäude zu einer Wirtschafts- und **Abrechnungseinheit** zusammenfassen, soweit im Mietvertrag nichts anderes bestimmt ist. Strittig ist, ob eine derartige Bestimmung bereits in der Angabe von Straße und Hausnummer eines Mietobjekts zu sehen ist. Jedenfalls können mehrere Wohngebäude, die vom Beginn des Mietverhältnisses an durch eine **Gemeinschaftsheizung** versorgt werden, für die Heiz- und Warmwasserkostenabrechnung zu einer Abrechnungseinheit **zusammengefasst** werden, wenn eine Abrechnung für jedes einzelne Haus nicht möglich ist. Dies gilt auch dann, wenn als Mietsache im Mietvertrag nur eines der Gebäude bezeichnet wird, z.B. durch eine Hausnummer (BGH, Urteil v. 20.7.2005, VIII ZR 371/04, WuM 2005 S. 579). Eine entsprechende mietvertragliche Abrechnungsvereinbarung ist nicht erforderlich (BGH, Urteile v. 2.2.2011, VIII ZR 151/10, ZMR 2011 S. 458 und v. 14.7.2010, VIII ZR 290/09, ZMR 2001 S. 24). Der Vermieter von preisfreiem Wohnraum ist bei der Abrechnung der umlagefähigen Betriebskosten regelmäßig berechtigt, mehrere von ihm verwaltete und der Wohnnutzung dienende zusammenhängende Gebäude vergleichbarer Bauweise, Ausstattung und Größe zu einer Abrechnungseinheit zusammenzufassen, sofern vertragliche Abreden dem nicht entgegenstehen. Dies gilt auch dann, wenn nur hinsichtlich einzelner Betriebskosten (hier: Heizkosten) ein unabweisbares technisches Bedürfnis für eine gebäudeübergreifende Abrechnung besteht (BGH, Urteil v. 20.10.2010, VIII ZR 73/10, WuM 2010 S. 742). Dagegen sind Betriebskosten, die objektbezogen erfasst werden können, auch **objektbezogen** abzurechnen, wenn der Wohnungsmietvertrag keinen Hinweis darauf enthält, dass die Wohnung Teil einer aus mehreren Häusern bestehenden Wirtschaftseinheit ist (LG Bonn, Urteil v. 30.6.2005, 6 S 317/04, NJW-RR 2005 S. 1253; s. auch OLG Koblenz, RE v. 27.2.1990, 4 W RE 32/88, DWW 1990 S. 171; OLG Düsseldorf, Urteil v. 28.11.2002, 10 U 154/01, GuT 2003 S. 14 für **gewerbliche** Einheiten sowie LG Bautzen, Urteil v. 19.6.2002, 1 S 117/01, WuM 2002 S. 497 sowie LG Itzehoe, Urteil v. 9.12.2003, 1 S 250/03, ZMR 2004 S. 198).

Bei einer Betriebskostenabrechnung, in der mehrere Gebäude oder Gebäudeteile einer Wohnungseigentumsanlage zu einer – je nach Betriebskostenart unterschiedlichen – Abrechnungseinheit **zusammengefasst** werden, bezieht sich die Frage, ob die der Abrechnung zugrunde gelegten unterschiedlichen Bezugspunkte für die einzelnen Betriebskosten maßgeblich sind und ob die insoweit angesetzten Flächenangaben zutreffen, nicht auf die formelle Wirksamkeit, sondern nur auf die materielle, d.h. inhaltliche Richtigkeit der Abrechnung (BGH, Urteil v. 23.6.2010, VIII ZR 227/09, WuM 2010 S. 493; zu den unterschiedlichen Rechtsfolgen von formellen und materiellen Fehlern s.u. Abschnitt 12 „Der Nachforderungsanspruch des Vermieters“).

Bei zulässigen **Abrechnungseinheiten** dürfen auch solche Kosten auf alle Mieter verteilt werden, die nur in speziellen Häusern angefallen sind (z.B. für die Ungezieferbekämpfung). Dies gilt nur dann nicht, wenn bestimmte Kosten notwendigerweise nur in einem bestimmten Haus anfallen können, z.B. Liftkosten (AG Berlin-Pankow, Urteil v. 21.2.2005, 101 C 313/02, ZMR 2006 S. 48).

Bei Gebäuden, die zulässigerweise zu einer Abrechnungseinheit zusammengefasst wurden, ist in der Betriebskostenabrechnung die **Auflistung** der Einzelgebäude regelmäßig **nicht** erforderlich. Informationen, aus welchen Gebäuden die Abrechnungseinheit besteht, gehören nämlich nicht zu den Mindestanforderungen an eine Betriebskostenabrechnung. Auch ohne diese zusätzlichen Informationen kann der Mieter anhand der aus der Abrechnung ersichtlichen Gesamtkosten, der angesetzten Gesamtfläche sowie der in die Abrechnung eingestellten eigenen Wohnfläche gedanklich und rechnerisch nachvollziehen, wie der ihm in Rechnung gestellte Kostenanteil ermittelt wurde. Ausreichend ist daher eine Zusammenstellung der Gesamtkosten, die Angabe – und falls erforderlich auch die Erläuterung – des Verteilerschlüssels, die Berechnung des Mieteranteils und der Abzug der Vorauszahlungen (BGH, Beschluss v. 14.2.2012, VIII ZR 207/11, GE 2012 S. 954).

Fehlt eine ausdrückliche Vereinbarung über den Verteilungsmaßstab für die Nebenkosten, gilt schlüssig als vereinbart, dass die Nebenkosten **objektbezogen** abzurechnen sind. Davon kann nur abgewichen werden, wenn technische, faktische oder rechtliche Hindernisse entgegenstehen. Nur in diesem Fall muss der Mieter eine solche nicht vertragsmäßige Abrechnung nach Wirtschaftseinheiten nach Treu und Glauben gegen sich gelten lassen. Rechtliche Hindernisse stehen jedenfalls dann nicht entgegen, wenn der Gesetzgeber eine verbrauchsnahe Erfassung und Abrechnung vorgeschrieben hat, z. B. bei den Heizungs- und Warmwasserkosten. Andererseits kann aber ein **rechtsmissbräuchliches** Verhalten des Mieters vorliegen, wenn er eine Rechtsposition ausnutzt, die ihm ersichtlich keinen Vorteil bringt und somit ein Bestehen auf den vertragsgemäßen Umlageschüssel nicht rechtfertigt, so z. B. wenn der Mieter auf einer objektbezogenen Abrechnung besteht, obwohl die Abrechnung nach Wirtschaftseinheiten für ihn nicht nachteilig wäre (LG Itzehoe, Urteil v. 19.5.2006, 9 S 122/05, ZMR 2006 S. 779).

9 Grundsatz der Wirtschaftlichkeit

Mit dem Mietrechtsreformgesetz 2001 wurde auch der von der Rechtsprechung entwickelte **Grundsatz der Wirtschaftlichkeit** in das Gesetz aufgenommen (§ 556 Abs. 3 S. 1 2. HS BGB). Der Vermieter soll im Rahmen eines gewissen Ermessensspielraums möglichst wirtschaftlich, d. h. mit Blick auf ein angemessenes **Kosten-Nutzen-Verhältnis**, vorgehen.

Das Wirtschaftlichkeitsgebot gilt **nicht** für die **Wahl** zwischen verschiedenen Versorgungs- oder Dienstleistungs**arten**, z. B. bei der Frage, ob das Anwesen mit Öl, Gas, Fernwärme oder durch Wärmecontracting (s. „Betriebskosten“, Abschnitt 2.4.3 „Kosten der eigenständig gewerblichen Lieferung von Wärme“) versorgt werden soll. Zum Beispiel kann ein Mieter, der eine bei Abschluss des Mietvertrags mit Wärmecontracting versorgte Wohnung anmietet und sich vertraglich zur anteiligen Tragung der Kosten der Wärmelieferung verpflichtet, dem Vermieter bei der Abrechnung der Betriebskosten nicht entgegenhalten, die Mietwohnung hätte mittels Fernwärme oder durch eine vom Vermieter selbst betriebene Zentralheizung preiswerter versorgt werden können (BGH, Urteil v. 13.6.2007, VIII ZR 78/06, WuM 2007 S. 393).

Gleiches gilt für die Wahl der **Leistungserbringer**, z. B. bei der Durchführung von Reinigungsarbeiten. Der Vermieter ist daher nicht verpflichtet, vor der Vergabe von Leistungen verschiedene Angebote einzuholen und dann den jeweils preiswertesten Anbieter zu wählen. Ferner steht es in seinem Ermessen, ob er mit den Arbeiten eine Privatperson, etwa einen von ihm beschäftigten Hausmeister, oder eine professionelle Firma beauftragt; anderenfalls würde der Vermieter in seiner Bewirtschaftung des Objekts unangemessen stark eingeschränkt (LG Hannover, Urteil v. 31.1.2002, 3 S 1268/01-81, WuM 2003 S. 450).

Dementsprechend ist der Vermieter auch nicht verpflichtet, die Entwicklung der Heizölpreise am Markt zu beobachten und Heizöl immer dann nachzukaufen, wenn die Preise günstig sind (LG München I, 15 S 22670/02). Heizkosten sind daher auch dann uneingeschränkt umlagefähig, wenn der Vermieter das Heizöl nicht zum optimalen Einkaufspreis gekauft hat (LG Berlin, Urteil v. 30.7.2014, 65 S 12/14, GE 2014 S. 1203). Ferner ist der Vermieter nicht verpflichtet, langfristige Verträge mit einem (Monopol-)Unternehmen (hier: Vattenfall) zu beenden, um kostengünstigere Regelungen zu erzielen (LG Berlin, Urteil v. 17.10.2008, 32 O 102/08, GE 2009 S. 52).

Der Vermieter muss auch nicht versuchen, mit dem Wärmelieferanten eine Kulanzregelung über einen niedrigeren Bezugspreis zu treffen (KG Berlin, Beschluss v. 19.4.2010, 20 U 247/08, WuM 2010 S. 295). Anlass zu einer Überprüfung der laufenden Verträge, verbunden mit der Konsequenz, im Wege einer Änderungskündigung günstigere Konditionen zu erhalten, hat der Vermieter erst dann, wenn sich z. B. bei einer Änderung der Tarifstruktur des Wärmeversorgungsunternehmens die Frage stellt, ob und welcher Tarif wirtschaftlich am günstigsten ist, oder wenn eine signifikante Erhöhung der Kosten, die nicht auf Preiserhöhungen oder Witterungsverhältnisse zurückzuführen ist, die Überlegung nahelegt, ob durch eine Modifizierung des Versorgungsvertrags Abhilfe geschaffen werden kann (KG Berlin, a. a. O.).

Innerhalb der gewählten Versorgungs- bzw. Dienstleistungsart muss der Vermieter den Grundsatz der Wirtschaftlichkeit beachten, hat aber einen **Ermessensspielraum**.

Das Wirtschaftlichkeitsgebot gilt auch nur innerhalb bereits **bestehender** Mietverhältnisse. Es gilt daher **nicht** für Maßnahmen des Vermieters (z. B. Umstellung der Zentralheizung auf Wärmecontracting) **vor** Abschluss des konkreten Mietvertrags. Ferner kommt ein Verstoß gegen das Wirtschaftlichkeitsgebot nicht in Betracht, wenn dem Vermieter aufgrund langfristiger Vertragsbindungen ein Wechsel zu einem günstigeren Anbieter nicht möglich war (BGH, Urteil v. 28.11.2007, VIII ZR 243/06, NJW 2008 S. 440).

Macht der Mieter einen Verstoß gegen das Wirtschaftlichkeitsgebot geltend, muss er **konkret** vortragen, z. B. von welchem Anbieter der Vermieter die Leistung preisgünstiger hätte beziehen können (BGH, Urteil v. 13.6.2007, a. a. O.). Greift der Mieter die Wirtschaftlichkeit der Heizungsanlage an, muss er nicht nur vortragen, dass die Heizung im Mietobjekt hohe Wärmeverluste verzeichnet, sondern dass diese tatsächlich vermeidbar sind. Insofern entbindet fehlende eigene Fachkenntnis die Parteien nicht von der Substanziierungspflicht. Es obliegt den Parteien, sich ggf. sachverständiger Hilfe zu bedienen (LG Halle, Urteil v. 20.11.2008, 1 S 48/08, ZMR 2009 S. 916). Erst nach einem entsprechenden konkreten Vortrag des Mieters ist der **Vermieter** beweispflichtig, dass ein vertretbares **Kosten-Nutzen-Verhältnis** vorliegt, d. h., dass er wirtschaftlich und sparsam gehandelt hat und mit der Betriebskostenbelastung des Mieters dem Grundsatz der Wirtschaftlichkeit genügt (AG Leipzig, Urteil v. 17.6.2003, 18 C 2588/03, WuM 2003 S. 452). Weichen die vom Vermieter abgerechneten Betriebskosten erheblich von den Durchschnittskosten ab, muss der Vermieter nach Auffassung des AG Frankfurt/M. (Urteil v. 5.6.2002, 33 C 4255/01-28, WuM 2002 S. 376) die **Richtigkeit** der abgerechneten Kosten **darlegen**, die Abweichung erläutern und damit die Erforderlichkeit **beweisen**.

Der Wirtschaftlichkeitsgrundsatz gilt auch für die Höhe der bei Geschäftsraummietverhältnissen umlegbaren **Verwaltungs**kosten, d. h., der Vermieter darf für die Leistungen kein überhöhtes Entgelt zahlen.

Die **Darlegungs- und Beweislast** für eine Unwirtschaftlichkeit von Nebenkosten trägt der **Mieter**. Den **Vermieter** trifft insofern grundsätzlich keine sekundäre Darlegungslast zu den für die Beurteilung der Wirtschaftlichkeit erheblichen Tatsachen (z. B. Preisvergleich, Aufschlüsselung eines als Pauschale vereinbarten Entgelts für die Verwaltertätigkeit).

Die Anforderungen an die dem Mieter obliegende Darlegung der Umstände, die für einen Verstoß gegen das Wirtschaftlichkeitsgebot sprechen, dürfen allerdings nicht überspannt werden. Der Vortrag des Mieters muss das Gericht nicht bereits von der Richtigkeit der behaupteten Tatsachen überzeugen. Jedoch genügt ein schlichtes Bestreiten der Angemessenheit und Üblichkeit der Kosten ebenso wenig wie die pauschale Behauptung, dass die betreffenden Leistungen zu überhöhten Preisen beschafft worden seien. Vielmehr muss der Mieter konkret, d. h. **objektsbezogen** darlegen, dass gleichwertige Leistungen nach den örtlichen Gegebenheiten auch unter Berücksichtigung des dem Vermieter zustehenden Auswahlermessens zu einem deutlich geringeren Preis zu beschaffen gewesen wären. Ein allgemeiner Vergleich mit von ihm anderenorts angemieteten Flächen genügt nicht, wenn die relative Vergleichbarkeit der Erkenntnisse zu jenen Objekten nicht herausgearbeitet wird (BGH, Urteil v. 17.12.2014, XII ZR 170/13, NZM 2015 S. 132).

Der Vortrag des Mieters, die Umlage der **Versicherungskosten** verstoße gegen das Wirtschaftlichkeitsgebot, ist nur dann zu berücksichtigen, wenn er konkret darlegt, dass von anderen Versicherern im maßgeblichen Zeitraum dieselben Leistungen billiger angeboten wurden (KG Berlin, Urteil v. 29.3.2010, 8 U 20/09, GE 2010 S. 766).

Entsprechend seiner vertraglichen Nebenpflicht, den Mieter nur mit Betriebskosten zu belasten, die erforderlich und angemessen sind, ist der Vermieter gehalten, möglichst günstige

Versicherungsverträge abzuschließen und auf dem Markt Vergleichsangebote einzuholen. Dabei darf er sich nach Auffassung des KG Berlin nicht darauf beschränken, einen Versicherungsmakler zu beauftragen, da es durchaus möglich ist, dass der Versicherungsmakler nicht die günstigste Versicherung anbietet, sondern die Versicherung anbietet, bei der er am meisten verdient (KG Berlin, Beschluss v. 7.2.2011, 8 U 147/10, MDR 2011 S. 652, WuM 2011 S. 367).

Übersteigt z.B. die Prämie für die Gebäudeversicherung vergleichbare Angebote um 70 %, liegt ein Verstoß gegen das Wirtschaftlichkeitsgebot vor, der den Mieter zur Kürzung der Nebenkostenabrechnung berechtigt (AG Aachen, Urteil v. 10.8.2011, 109 C 128/09, GE 2011 S. 1489). Der Vermieter muss dann darlegen, dass keine günstigeren Verträge hätten abgeschlossen werden können (KG Berlin, Beschluss v. 7.2.2011, 8 U 147/10, GE 2011 S. 545).

Ein Verstoß gegen das Gebot der Wirtschaftlichkeit kann nach Auffassung des LG Köln auch vorliegen, wenn der Vermieter eine mögliche Mülltrennung nicht durchführt (LG Köln, Urteil v. 28.3.2013, 1 S 232/11, ZMR 2013 S. 636).

Allein der Hinweis des Mieters auf einen überregionalen **Betriebskostenspiegel** (z.B. den Betriebskostenspiegel für Deutschland des Deutschen Mieterbundes), der niedrigere Betriebskosten ausweist, genügt **nicht** den prozessualen Darlegungsanforderungen an den Mieter, da überregional auf empirischer Basis ermittelte Betriebskostenzusammenstellungen angesichts der je nach Region und Kommune unterschiedlichen Kostenstrukturen im Einzelfall keine Aussagekraft zukommt. Auf die in solchen Betriebskostenspiegeln pauschalierten Betriebskostenwerte unter Außerachtlassung technischer, objektbezogener, jahreszeitlicher sowie regionaler Besonderheiten kann ein Verstoß gegen das Wirtschaftlichkeitsgebot daher nicht gestützt werden (BGH, Urteil v. 6.7.2011, VIII ZR 340/10, WuM 2011 S. 513)

Der Grundsatz der Wirtschaftlichkeit kann den Vermieter auch verpflichten, unberechtigte Forderungen eines Dienstleisters oder Versorgungsunternehmens jedenfalls dann nicht zu begleichen und unberechtigte Zahlungen – soweit rechtlich möglich – zurückzufordern, wenn die Rechtslage hinreichend geklärt ist. Unterlässt der Vermieter dies, kann er Betriebskosten in dieser Höhe nicht auf die Mieter umlegen. Dies gilt auch für Kosten, die ein Energieversorgungsunternehmen vom Vermieter verlangt, nachdem es den Arbeitspreis aufgrund einer unwirksamen Preisanpassungsklausel einseitig erhöht hat und der Vermieter dagegen keinen Widerspruch erhebt, obwohl die Unwirksamkeit der Klausel für den juristisch nicht vorgebildeten Durchschnittsvermieter nahe liegt und das Risiko, in einem möglichen Prozess mit dem Versorger zu unterliegen, minimal ist (AG Pinneberg, Urteil v. 17.10.2013, 83 C 207/12, WuM 2013 S. 731). Dementsprechend muss der Vermieter innerhalb des ihm zustehenden Ermessens auch gegen klar erkennbar überhöhte Gebühren und Steuern mit Rechtsbehelfen vorgehen. Insofern beachtet der Vermieter den Wirtschaftlichkeitsgrundsatz, wenn er in einem Verwaltungsrechtsstreit einen plausiblen Vergleichsvorschlag des Verwaltungsgerichts akzeptiert (OLG Brandenburg, Urteil v. 4.7.2007, 3 U 38/07, WuM 2007 S. 510).

Ferner zwingt das Wirtschaftlichkeitsgebot den Vermieter nicht dazu, eine Heizungsanlage, die zwar nicht dem aktuellen, aber dem im **Zeitpunkt der Errichtung** des Gebäudes maßgeblichen technischen Standard entspricht und **fehlerfrei** arbeitet, nur deshalb zu erneuern, weil sie hohe Energiekosten verursacht. Ein hoher Energieverbrauch ist für die Beurteilung eines Mangels nicht von Bedeutung, sofern die Anlage fehlerfrei arbeitet. Ein Vergleich der Heizkosten der älteren Anlage mit der Wirtschaftlichkeit einer modernen Anlage verbietet sich schon deshalb, weil der Vermieter ansonsten gehalten wäre, die Anlage technisch laufend zu verändern und auf dem neuesten Stand zu halten. Eine solche Modernisierungspflicht ist im Gesetz jedoch nicht vorgesehen. Das gesetzlich verankerte Wirtschaftlichkeitsgebot führt zu keiner anderen Beurteilung (BGH, Urteil v. 18.12.2013, XII ZR 80/12).

Liegen bestimmte Betriebskosten **unter** der ortsüblichen Höhe (z. B. weil die Hausmeister- und Gartenarbeiten von einem Mieter des Hauses durchgeführt werden), kann ein Verstoß gegen das Wirtschaftlichkeitsgebot vorliegen, wenn der Vermieter ohne sachlich gerechtfertigte Gründe den Leistungserbringer wechselt (z. B. ein Serviceunternehmen beauftragt) und dadurch erheblich höhere Kosten entstehen. Dies gilt nach Auffassung des OLG Frankfurt/M. auch dann, wenn die neuen Kosten die ortsübliche Höhe für die entsprechenden Leistungen nicht übersteigen. Bei der Veränderung des bestehenden Zustands ist der Vermieter nach Auffassung des OLG Frankfurt/M. nämlich nicht völlig frei, sondern muss sich im Rahmen der Überprüfung seiner Erwägungen fragen, welche sachlich gerechtfertigten Gründe es verhindern, den bisherigen Zustand fortzuführen (OLG Frankfurt/M., Urteil v. 19.9.2005, 25 U 93/05).

Ein Verstoß gegen das Wirtschaftlichkeitsgebot führt dazu, dass die entsprechenden Betriebskostenpositionen nur mit ihrem **durchschnittlichen Satz** auf die Mieter umgelegt werden können (s. z. B. „Betriebskosten", Abschnitt 2.14 „Die Kosten für den Hauswart (Nr. 14)"), d. h., der Vermieter hat den Mieter von der Umlegung nicht erforderlicher Kosten freizustellen (OLG Düsseldorf, Urteil v. 19.3.2013, 24 U 115/12, DWW 2013 S. 254).

Aus dem Grundsatz der Wirtschaftlichkeit ergibt sich kein Anspruch des Mieters gegen den Vermieter zur Modernisierung einer vorhandenen alten, aber die Wärmeversorgung der Wohnung sicherstellenden Heizungsanlage (BGH, Urteile v. 31.10.2007, VIII ZR 261/06, WuM 2007 S. 700 und v. 12.5.2010, VIII ZR 170/09, WuM 2010 S. 427).

Strittig ist auch, ob dies auch dann gilt, wenn der Vermieter aufgrund zwingender öffentlichrechtlicher Vorschriften zur Stilllegung bzw. Erneuerung der Heizungsanlage verpflichtet ist.

Die **Übertragung der Wärmeversorgung** auf einen gewerblichen Dritten (s. „Betriebskosten", Abschnitt 2.4.3 „Kosten der eigenständig gewerblichen Lieferung von Wärme") verstößt nicht gegen den Grundsatz der Wirtschaftlichkeit (vgl. LG Osnabrück, Urteil v. 14.3.2002, 9 S 1273/01, WuM 2003 S. 325).

Dementsprechend zwingt das Wirtschaftlichkeitsgebot den Vermieter auch **nicht** zur **Änderung** der mietvertraglich vereinbarten indirekten Beheizungsart, selbst wenn sie im Vergleich zur direkten Belieferung weitergehende Kosten verursacht, zumal mit der Wärmeversorgung (z. B. Fern- bzw. Nahwärme aus einem Blockheizwerk) durch spezialisierte Unternehmen (Wärmecontracting) auch erhebliche Vorteile unter Umweltgesichtspunkten verbunden sind. Ferner zwingt das Gebot der Wirtschaftlichkeit den Vermieter auch **nicht** dazu, den **preiswertesten** Anbieter auszuwählen (LG Bochum, Urteil v. 18.6.2004, 5 S 52/04, WuM 2004 S. 477). Fernwärmekosten auf Basis eines weit überdurchschnittlichen Bezugspreises muss der Mieter in der Regel jedoch nicht hinnehmen (LG Potsdam, Urteil v. 5.6.2003, 11 S 233/02, WuM 2004 S. 480).

Der Grundsatz der Wirtschaftlichkeit gilt gemäß § 242 BGB (Grundsatz von Treu und Glauben) auch bei Mietverhältnissen über **gewerbliche** Räume (OLG Düsseldorf, Urteil v. 19.3.2013, I-24 U 115/12, GE 2013 S. 1273). Auch hier betrifft das Gebot der sparsamen Bewirtschaftung nicht nur die Nebenkosten**arten**, sondern auch die **Höhe** der Kosten. Für die Beurteilung, ob ein Verstoß gegen den Grundsatz der Wirtschaftlichkeit vorliegt, ist z. B. bei den Hausmeisterkosten aber nicht nur die Höhe des gezahlten Entgelts (hier: Stundenlohn von brutto 11,30 Euro ist angemessen), sondern auch der erforderliche Umfang der Hausmeistertätigkeit mit einzubeziehen; mithin die Frage, ob z. B. eine Vollzeittätigkeit des Hausmeisters erforderlich war. Bei einer vermieteten Fläche von insgesamt 3.000 m^2, zu der verschiedene Gewerbeeinheiten sowie einige Wohnungen gehören, ist es nicht von vornherein ermessenswidrig, einen Hausmeister in Vollzeitbeschäftigung mit den anfallenden Arbeiten zu betrauen (OLG Düsseldorf, a. a. O.; BGH, Urteil v. 28.11.2007, VIII ZR 243/06, NJW 2008 S. 440).

10 Abrechnungsfristen

Die Frage, **wann** der Vermieter nach Ablauf des Abrechnungszeitraums spätestens abrechnen muss, ist nunmehr auch für den frei finanzierten Wohnungsbau durch § 556 Abs. 3 S. 2 BGB gesetzlich geregelt.

> Danach ist dem Mieter die Abrechnung spätestens bis zum **Ablauf des zwölften Monats** nach Ende des Abrechnungszeitraums mitzuteilen; d.h. sie muss dem Mieter innerhalb dieser Frist **zugehen (Abrechnungsfrist)**.

> **Beispiel**
>
> Ist als Abrechnungszeitraum (s.o. „Der Abrechnungszeitraum") das Kalenderjahr festgelegt, so muss dem Mieter die Abrechnung für das Kalenderjahr 2014 spätestens am 31.12.2015 zugehen.

Diese Frist für die Abrechnung der Vorauszahlungen beginnt auch dann mit Ende des Kalenderjahres, wenn in die Gesamtabrechnung eine Abrechnung über verbrauchsabhängige Betriebskosten eingestellt ist (z.B. Heizkostenabrechnung), der ein **abweichender Abrechnungszeitraum** (beispielsweise die jährliche Heizperiode) zugrunde liegt. Endet die Heizperiode bereits vor Ablauf des Kalenderjahres, hat dies – mangels gegenteiliger Vereinbarungen – **nicht** zur Folge, dass der Vermieter über die Heizkosten getrennt, d.h. **vorab** innerhalb eines Jahres nach Abschluss der Heizperiode, abrechnen muss. Wenn aufgrund einheitlicher Vorauszahlungen auf die Betriebskosten eine Gesamtabrechnung über alle Betriebskosten zu erstellen ist, dann kann für den Nachforderungsausschluss auch nur eine einheitliche Abrechnungsfrist gelten, und zwar die für die Gesamtabrechnung maßgebliche Frist (BGH, Urteil v. 30.4.2008, VIII ZR 240/07, WuM 2008 S. 404; s.o. Abschnitt 4 „Der Abrechnungszeitraum").

Die Betriebskostenabrechnung muss dem Mieter innerhalb der gesetzlichen Abrechnungsfrist **zugegangen** sein. Die lediglich rechtzeitige Absendung der Abrechnung an den Mieter genügt nicht.

Die **Beweislast** für den rechtzeitigen Zugang beim Mieter trägt der **Vermieter**. Dabei begründet die rechtzeitige Aufgabe eines Briefs bei der Post keinen Anscheinsbeweis dafür, dass der Brief dem Mieter auch rechtzeitig, d.h. innerhalb der Abrechnungsfrist, zugegangen ist.

Gleiches gilt für per **Einschreiben** aufgegebene Schriftstücke. Auch für sie gibt es keine tatsächliche Vermutung dafür, dass das per Einschreiben aufgegebene Schriftstück den Adressaten auch tatsächlich erreicht hat (LG Landau, Urteil v. 11.1.2010, 1 S 68/09, ZMR 2010 S. 452).

Nachgewiesen werden kann der Zugang durch die Sendung per **Einschreiben mit Rückschein**, da auf dem Rückschein, den der Absender wiedererhält, das Datum des Zugangs und die Unterschrift des Empfängers (Empfangsbestätigung) vermerkt sind.

Bei Versendung der Abrechnung durch die Post ist diese als **Erfüllungsgehilfe** des Vermieters anzusehen, dessen evtl. Fehlverhalten sich der Vermieter (gemäß § 278 BGB) **zurechnen** lassen muss. Nur wenn die Post an der verzögerten Zustellung oder an dem Verlust der Postsendung kein Verschulden trifft (z.B. bei einem Poststreik), hat auch der Vermieter die verzögerte Zustellung nicht zu vertreten (BGH, Urteil v. 21.1.2009, VIII ZR 107/08, WuM 2009 S. 236).

Eine Betriebskostenabrechnung ist auch dann **verfristet**, wenn der Vermieter die Abrechnung rechtzeitig zur Zustellung durch Einschreiben mit Rückschein veranlasst, der Postbote den Mieter aber nicht antrifft, einen Benachrichtigungsschein in den Briefkasten des Mieters einlegt, der Mieter die Einschreibesendung nicht abholt und der davon benachrichtigte Vermieter eine erneute Zustellung unternimmt, die jedoch erst nach dem Jahreswechsel Erfolg hat (LG Berlin, Urteil v. 27.7.2010, 63 S 681/09, GE 2010 S. 1345).

> Eine Betriebskostenabrechnung, die erst kurz vor Ablauf der gesetzlichen Abrechnungsfrist erstellt werden konnte, sollte dem Mieter daher durch **Boten** zugestellt werden. Im Streitfall ist der Bote Zeuge dafür, wann er die Abrechnung dem Mieter übergeben oder in dessen Briefkasten eingeworfen hat (s. im Einzelnen „Bote").

Rechtzeitig zugegangen ist die Abrechnung, wenn unter normalen Umständen damit gerechnet werden darf, dass diese vom Mieter noch vor Fristablauf zur Kenntnis genommen werden kann. Ein beim anwaltlichen Bevollmächtigten am Silvestertag nach 19 Uhr eingehendes Telefaxschreiben geht deshalb verspätet zu (AG Köln, Urteil v. 21.4.2005, 210 C 31/05, NJW 2005 S. 2930); ebenso ein Schriftstück, das am 31.12. kurz vor 16 Uhr in den Briefkasten eines Bürobetriebs geworfen wird, in dem branchenüblich Silvester nachmittags nicht mehr gearbeitet wird. Dieses geht erst am nächsten Werktag zu, da mit einer Briefkastenleerung am selben Tag – auch wenn dies ein Werktag ist – nicht mehr zu rechnen ist (BGH, Urteil v. 5.12.2007, XII ZR 148/05, NJW 2008 S. 843).

Verspätet ist eine Betriebskostenabrechnung auch, wenn sie am 31.12. nach 18 Uhr in den Briefkasten des Wohnungsmieters eingelegt wird; es sei denn, der 31.12. fällt auf einen Sonn- oder Feiertag. Dann verschiebt sich der Termin für den fristgerechten Zugang auf den nächsten Werktag (§ 193 BGB; AG Ribnitz, Urteil v. 11.12.2006, 1 C 324/06, WuM 2007 S. 18).

Dagegen ist das AG Hamburg (Urteil v. 16.6.2005, 921 C 37/05, WuM 2005 S. 775) der Auffassung, dass die Regeln über empfangsbedürftige Willenserklärungen weder direkt noch analog anzuwenden sind, da die Abrechnung dem Mieter nach dem Wortlaut des Gesetzes nur „mitzuteilen" ist und es sich hier nicht um eine Änderung bestehender rechtlicher Verhältnisse handelt, auf die sich ein Empfänger einstellen müsste und somit schutzwürdig wäre, sondern lediglich um eine Abrechnung für erbrachte Leistungen.

Hat der Vermieter Kenntnis, dass sich der Mieter nicht mehr in der Wohnung aufhält, z.B. weil er diese nicht nur vorübergehend **untervermietet** hat, kann er eine Betriebskostenabrechnung nicht wirksam durch Einwurf in den zur Wohnung gehörenden Briefkasten zustellen (LG München, Urteil v. 28.6.2007, 31 S 14583/06, NZM 2008 S. 166).

Der Mieter kann sich nach Treu und Glauben auf die Versäumung der Ausschlussfrist für die Abrechnung der Betriebskosten dann nicht berufen, wenn er dem Vermieter nach **Auszug** aus der Wohnung seine neue Anschrift nicht (rechtzeitig) mitgeteilt hat (AG Berlin-Neukölln, Urteil v. 22.9.2009, 15 C 206/09, GE 2009 S. 1323; AG Bad Neuenahr-Ahrweiler, Urteil v. 23.5.2007, 3 C 177/07, NJW-RR 2008 S. 244; a.A.: AG Siegburg, Urteil v. 9.9.2005, 109 C 260/05, WuM 2005 S. 775, wonach es nicht ausreicht, dass der Vermieter die Betriebskostenabrechnung vor Ablauf des zwölften Monats nach Ende des Abrechnungszeitraums an die frühere Wohnanschrift des Mieters mit der Post verschickt, da Nachsendeaufträge gewöhnlich nicht länger als 6 Monate bestehen und der Vermieter in diesem Fall nicht davon ausgehen kann, dass die Abrechnung den Mieter noch rechtzeitig erreicht).

Im **Einzelfall** können die Parteien eines Wohnungsmietvertrags **vereinbaren**, den Zugang der Betriebskostenabrechnung nach Ablauf der Jahresabrechnungsfrist nicht als verspätet zu behandeln (LG Koblenz, Urteil v. 28.1.2010, 14 S 318/08, WuM 2011 S. 564).

Zur **Zugangsproblematik** s. auch „Kündigung", Abschnitt 1.9 „Zugang der Kündigung".

Nach Ablauf dieser Frist ist die Geltendmachung einer Nachforderung durch den Vermieter ausgeschlossen, es sei denn, der Vermieter hat die verspätete Geltendmachung nicht zu vertreten, z.B. weil ihm noch keine Belege vorliegen (sog. **Ausschlussfrist**, § 556 Abs. 3 S. 3 BGB).

An das „Vertretenmüssen" stellt die Rechtsprechung hohe Anforderungen. Insofern soll der Vermieter sogar verpflichtet sein, sich darum zu bemühen, die notwendigen Unterlagen rechtzeitig zu erhalten, z.B. durch Reklamation beim Rechnungssteller (AG Berlin-Köpenick, Urteil v. 3.5.2007, 14 C 78/06, WuM 2007 S. 577; Langenberg, Betriebskostenrecht der Wohn- und Gewerberaummiete, 4. Aufl., Teil G, Rn. 83, 84).

Hat der Vermieter die verspätete Geltendmachung nicht zu vertreten, muss er aber grundsätzlich innerhalb von **3 Monaten** die Abrechnung erstellen und eine evtl. Nachforderung geltend machen, nachdem ihm die notwendigen Unterlagen für die Abrechnung vorliegen und das Abrechnungshindernis somit beseitigt ist. Dies gilt auch dann, wenn der Vermieter deshalb bei verschiedenen Abrechnungshindernissen möglicherweise wiederholt Nachforderungen geltend machen muss (BGH, Urteil v. 5.7.2006, VIII ZR 220/05, WuM 2006 S. 516).

Eine große Wohnungsverwaltung, die Betriebskostenabrechnungen computergestützt erstellt, kann einen verspäteten Zugang der Abrechnung beim Mieter nicht damit begründen, dass wenige Wochen vor Fristablauf ein Blitzschlag zum Absturz der Computer geführt hätte und eine gewisse Zeit zur Neuinstallation und Datenrekonstruktion erforderlich gewesen sei, da die Verwaltung zur Absicherung der Daten durch eine entsprechende externe Datenabsicherung verpflichtet gewesen wäre (AG Annaberg, Urteil v. 20.7.2006, 4 C 0604/04, WuM 2007 S. 131). Die Versäumung der Ausschlussfrist hat der Vermieter auch dann zu vertreten, wenn das von ihm beauftragte **Abrechnungsunternehmen**, für dessen Verschulden er nach § 278 BGB (Erfüllungsgehilfe) haftet, die Unschlüssigkeit der ihm mitgeteilten Daten außer Acht lässt und inhaltlich fehlerhafte Abrechnungen herstellt mit der Folge, dass die korrigierten Abrechnungen den Mietern verspätet zugehen. Dies gilt auch, wenn die Unschlüssigkeit auf der Mitteilung seiner fehlerhaften Ablesungen oder Schätzungen des Versorgungsunternehmens beruht (LG Köln, Urteil v. 28.6.2007, 1 S 161/06, WuM 2008 S. 560).

Ein Dritter (z.B. ein selbstständiger Kurier), der sich gegenüber einer Hausverwaltung verpflichtet hat, den Versand der Betriebskostenabrechnungen an die Mieter zu übernehmen, handelt fahrlässig, wenn er den Versand erst einen Tag vor Ablauf der Zugangsfrist durch Einwurf in einen Briefkasten bewirken will, obwohl ihm das Erfordernis der Schnelligkeit der Zustellung bekannt ist. Er hat in diesem Fall einen durch den verspäteten Zugang der Abrechnung verursachten Schaden (z.B. Ausschluss von Betriebskostennachforderungen) zu ersetzen (LG Berlin, Urteil v. 21.1.2008, 52 S 397/06, ZMR 2009 S. 36).

Der Vermieter hat die verspätete Geltendmachung einer Nachforderung aus der Betriebskostenabrechnung nach Auffassung des LG Hannover (Beschluss v. 3.5.2007, 13 S 21/07, WuM 2007 S. 629) auch zu vertreten, wenn er die rechtzeitige Mitteilung der Abrechnung nach vertragsgemäßem **Auszug** des Mieters wegen Unkenntnis der neuen Anschrift nicht wahrt, die Anschrift aber hätte unmittelbar nach Auszug erfragen oder danach beim Einwohnermeldeamt hätte einholen können.

Die Ausschlussfrist des § 556 Abs. 3 S. 3 BGB erstreckt sich auch auf Ansprüche aus ungerechtfertigter Bereicherung. Dies bedeutet, dass der Vermieter vom Mieter nach Fristablauf nicht nur **keine** Nachzahlung, sondern auch keine **Rückzahlung** eines z.B. wegen eines Rechenfehlers versehentlich ausgezahlten Guthabens aus einer Betriebskostenabrechnung verlangen kann (AG Mettmann, Urteil v. 24.5.2004, 22 C 155/04, NZM 2004 S. 784).

Bei vermietetem **Teileigentum** (bzw. Sondereigentum, z.B. Eigentumswohnung) ist strittig, ob der Vermieter erst dann über die Betriebskosten abrechnen kann, wenn der Beschluss der Wohnungseigentümergemeinschaft über die Gesamt- und Einzelabrechnung **bestandskräftig** ist (§ 28 Abs. 5 WEG). So z.B. OLG Düsseldorf (Urteil v. 23.3.2000, 10 U 160/97, ZMR 2000 S. 452, 453) mit der Begründung, dass erst dann die konkrete Betriebskostenbelastung des Eigentümers endgültig feststeht. Dagegen ist das LG Itzehoe (Urteil v. 19.9.2002, 4 S 61/02, ZMR 2003 S. 38) der Auffassung, dass ein wirksamer Beschluss der Eigentümergemeinschaft **keine** rechtliche Voraussetzung für eine Abrechnung gegenüber dem Mieter darstellt, weil gemäß § 27 Abs. 1

II. BV die **tatsächlich** entstandenen Betriebskosten in die Abrechnung einzustellen sind. Tatsächlich entstehen Betriebskosten bei Wohnungseigentum aber bereits mit der **Tätigung** von Ausgaben, d.h. schon bevor mit dem Beschluss nach § 28 Abs. 5 WEG eine Zahlungspflicht der Wohnungseigentümer festgestellt wird (so auch Schmid, in: Handbuch der Mietnebenkosten, Rn. 1040).

Zu **Teil**abrechnungen ist der Vermieter **nicht** verpflichtet, auch wenn ihm einzelne Belege bereits vorliegen (§ 556 Abs. 3 S. 4 BGB).

Einwendungen gegen die Abrechnung muss der **Mieter** dem Vermieter spätestens bis zum Ablauf des zwölften Monats nach Zugang einer **formell ordnungsgemäßen** Abrechnung mitteilen. Dies gilt sowohl für formelle als auch für materielle Einwendungen (AG Bremen, Urteil v. 8.6.2007, 7 C 45/07, WuM 2008 S. 226; zur Unterscheidung s.u. Abschnitt 12 „Der Nachforderungsanspruch des Vermieters"). Dazu gehört auch der Einwand, dass der Vermieter Betriebskosten, die nach dem Mietvertrag durch eine Teilinklusivmiete oder eine Pauschale **abgegolten** sein sollten, abredewidrig konkret abgerechnet habe. Dies stellt lediglich einen inhaltlichen (formellen) Fehler der Abrechnung dar, sodass eine solche Abrechnung nicht bereits aus formellen Gründen unwirksam ist (BGH, Beschluss v. 18.2.2014, VIII ZR 83/13, WuM 2014 S. 336; BGH, Urteile v. 10.10.2007, VIII ZR 279/06, WuM 2007 S. 694 und v. 5.3.2008, VIII ZR 80/07, WuM 2008 S. 283).

Der Mieter muss dem Vermieter deshalb innerhalb von 12 Monaten nach Erhalt einer Betriebskostenabrechnung mitteilen, dass einzelne in der Abrechnung enthaltene Betriebskosten mit der im Mietvertrag vereinbarten Pauschale bzw. durch eine Teilinklusivmiete abgegolten sind und somit in der Abrechnung nicht angesetzt werden dürfen (BGH, Urteil v. 12.1.2011, VIII ZR 148/10).

Dies gilt auch dann, wenn der Mieter die der Sache nach gleiche Einwendung zu Recht (z.B. vertragswidrige Umlegung von bestimmten Betriebskosten) bereits gegenüber einer früheren Betriebskostenabrechnung geltend gemacht hat, da der Mieter gemäß § 556 Abs. 3 S. 5 BGB eine Einwendung, die er gegenüber einer Betriebskostenabrechnung für **ein bestimmtes** Jahr erheben will, dem Vermieter innerhalb von 12 Monaten ab Zugang dieser Abrechnung mitteilen muss. Die Beanstandung einer früheren Betriebskostenabrechnung macht eine solche Mitteilung nicht grundsätzlich entbehrlich (BGH, Urteil v. 12.5.2010, VIII ZR 185/09, WuM 2010 S. 420).

Ausreichend soll sein, dass der Mieter binnen Jahresfrist um **Belegeinsicht** gebeten hat (so LG Hannover, Urteil v. 8.2.2010, 1 S 29/09, ZMR 2010 S. 450). Kündigt der Vermieter auf die Bitte des Mieters um Belegeinsicht an, er werde sich zwecks Terminabsprache bei dem Mieter melden, besteht auch nach Ablauf der Einwendungsfrist ein Zurückbehaltungsrecht des Mieters gegenüber einer Nachforderung des Vermieters. Gleiches gilt, wenn der Mieter um Überlassung von Belegen bittet und der Vermieter hierauf nicht reagiert (LG Hannover a.a.O.).

Der Mieter, der einen zu hohen Wasserverbrauch rügt, muss zunächst **substanziiert** die Gründe darlegen, die gegen die Richtigkeit der Abrechnung sprechen. Die Anforderungen an den Vortrag zur fehlerhaften Verbrauchserfassung sind umso höher, je plausibler die in der Abrechnung enthaltenen Werte sind. Nach ausreichendem Vortrag dazu muss dann allerdings der Vermieter alle Ursachen des unerklärlich hohen oder stark gestiegenen Wasserverbrauchs ausschließen (LG Cottbus, Urteil v. 26.11.2010, 5 S 5/10, GE 2011 S. 409).

Auch die in der Heizkostenabrechnung angesetzten Heizkosten darf der Mieter nicht bloß pauschal wegen ihrer angeblich ungewöhnlichen Höhe bestreiten, ohne sich dabei konkret auf die Unrichtigkeit bestimmter zugrunde liegender Abrechnungsfaktoren zu beziehen (OLG Düsseldorf, Urteil v. 12.4.2011, I-24 U 106/10, GE 2011 S. 1616).

Nach Fristablauf kann der Mieter Einwendungen nicht mehr geltend machen, d.h., er ist trotz einer anderslautenden mietvertraglichen Vereinbarung zur Zahlung der angesetzten Kosten verpflichtet, es sei denn, er hat die verspätete Geltendmachung nicht zu vertreten (§ 556 Abs. 3 S. 6 BGB). Die Beweislast dafür, dass er den verspäteten Zugang seiner Einwendungen beim Vermieter nicht zu vertreten hat, trägt der Mieter. Insofern reicht die rechtzeitige Absendung auf dem Postweg nicht aus, da für diese kein Anscheinsbeweis gilt, dass die Mitteilung dem Vermieter rechtzeitig zugeht. Auch darauf, dass die Post an dem verzögerten Zugang schuld ist, kann sich der Mieter nicht berufen, da er deren Verschulden für einen verspäteten Zugang auch dann zu vertreten hat, wenn auf dem Postweg für ihn unerwartete und nicht vorhersehbare Verzögerungen oder Postverluste auftreten (LG Berlin, Urteil v. 22.7.2011, 63 S 607/10, GE 2011 S. 1229).

Voraussetzung für den Einwendungsausschluss ist aber eine formell ordnungsgemäße Betriebskostenabrechnung; anderenfalls kann auch keine Nachforderung bestehen, die der Vermieter beanspruchen könnte. Bei einer formell unwirksamen Betriebskostenabrechnung kann der Mieter daher auch nach Ablauf der Einwendungsfrist Einwendungen erheben. Mit der Vorlage einer fehlerhaften Betriebskostenabrechnung genügt der Vermieter nicht seinen Pflichten, sodass der Mieter immer eine neue Betriebskostenabrechnung fordern kann. Daraus folgt, dass Voraussetzung für den Beginn der Einwendungsfrist zulasten des Mieters die Vorlage einer zumindest **formell ordnungsgemäßen** Betriebskostenabrechnung durch den Vermieter ist, da anderenfalls der Mieter für erst später überlassene Abrechnungen rechtlos gestellt wäre (BGH, Urteil v. 8.12.2010, VIII ZR 27/10).

Die o.g. Urteile betreffen nicht den Fall, dass laut Mietvertrag gar keine Betriebskosten gesondert umgelegt werden, also eine Bruttomiete oder eine Pauschale für sämtliche Betriebskosten festgelegt ist. Diese Frage hat der BGH ausdrücklich offengelassen. Nicht geklärt ist außerdem, ob der Einwendungsausschluss dann greift, wenn Kosten abgerechnet worden sind, die nicht unter den Begriff der Betriebskosten fallen, z.B. beim Ansatz von Verwaltungs- oder Instandhaltungskosten (so Wall in WuM 2008 S. 327).

Die Ausschlussfrist für Einwendungen des Mieters (§ 556 Abs. 3 S. 5 BGB) wird nicht durch die im streitigen Verfahren aus prozessualen Gründen gesetzten Fristen (z.B. Klageerwiderungsfrist) verlängert, da es sich bei der Einwendungsausschlussfrist um eine gesetzliche Frist handelt, deren Verlängerung nicht im Belieben des Gerichts steht (AG Leipzig, Urteil v. 24.2.2006, 169 C 8835/05, NZM 2008 S. 126).

Vereinbarungen, die zum Nachteil des Mieters von den gesetzlichen Abrechnungs- oder Ausschlussfristen abweichen, sind unwirksam (§ 556 Abs. 4 BGB).

Bei **preisgebundenem** Wohnraum ist dem Mieter die jährliche Abrechnung bis zum Ablauf des zwölften Monats nach Ende des Abrechnungszeitraums zuzuleiten (§ 20 Abs. 3 S. 4 NMV), wobei es sich hier ebenfalls um eine Ausschlussfrist handelt.

Einwendungen gegen die Betriebskostenabrechnung muss der Mieter grundsätzlich substanziiert, d.h. konkret, vortragen. Ein pauschales Bestreiten der Richtigkeit einer Abrechnung bzw. einzelner Positionen durch den Mieter ist unbeachtlich. Bestreitet der Mieter z.B. die in die Heizkostenabrechnung eingestellten Verbrauchswerte, ist hinsichtlich der Anforderungen an sein Bestreiten zu differenzieren: Ein **einfaches** Bestreiten reicht nur dann aus, wenn der Mieter die Werte selber nicht ablesen und daher auch nicht mit den in der Abrechnung enthaltenen Werten abgleichen kann. Die fehlende Möglichkeit einer eigenen Ablesung durch den Mieter kann darin begründet sein, dass die Daten des Abrechnungszeitraums nicht (mehr) vorhanden sind (z.B. weil sie durch die Werte des Folgejahres überschrieben wurden), für den Mieter nicht wahrnehmbar sind (z.B. weil ein elektronisches Wärmeerfassungsgerät nicht über ein Display verfügt) oder weil der Mieter nicht weiß und auch nicht wissen muss, wie der die Werte des Abrechnungszeitraums auf dem Erfassungsgerät abzulesen hat.

Kann der Mieter jedoch die Ablesewerte des Abrechnungszeitraums **selber** kontrollieren, darf er sich nicht auf ein einfaches Bestreiten beschränken, sondern muss **konkret** vortragen, welche Werte seiner Ansicht nach in die Abrechnung hätten eingestellt werden müssen. Insofern gilt nichts anderes als beim Bestreiten kalter Betriebskosten (z.B. Grundsteuer, Wasser, Müll etc.): Vom Mieter wird hier ebenfalls erwartet, dass er die in die Abrechnung eingestellten Beträge zunächst durch Einsichtnahme in die der Abrechnung zugrunde liegenden Belege mit den darin eingetragenen Beträgen abgleicht (LG Berlin, Urteil v. 12.11.2010, 63 S 150/10, NJW-RR 2011 S. 812).

Bei Mietverhältnissen über **Geschäfts**räume ist der Vermieter zur Abrechnung über die Betriebskosten, auf die der Mieter Vorauszahlungen geleistet hat, innerhalb einer **angemessenen** Frist verpflichtet. Diese Frist endet regelmäßig zum Ablauf eines Jahres nach Ende des Abrechnungszeitraums. Allerdings ist diese Frist bei gewerblichen Mietverhältnissen **keine** Ausschlussfrist. § 556 Abs. 3 S. 3 BGB, der für die Wohnraummiete den Ausschluss von Betriebskostennachforderungen anordnet, die der Vermieter später als 12 Monate nach Ablauf des Abrechnungszeitraums verlangt, ist auf die Geschäftsraummiete nicht analog anwendbar (BGH, Urteile v. 27.1.2010, XII ZR 22/07 und v. 17.11.2010, VII ZR 124/09, NZM 2011 S. 121).

Da für Gewerberäume die Abrechnungs- und Ausschlussfristen des Wohnraummietrechts nicht gelten, kann der Vermieter von Gewerberäumen eine fehlerhafte Abrechnung zwar grundsätzlich auch noch nach Ablauf der Abrechnungsfrist korrigieren. Jedoch ist dieses Recht nach Treu und Glauben **verwirkt**, wenn der Vermieter längere Zeit (hier: 2 Jahre) untätig bleibt und er trotz Zahlungsaufforderung des Mieters die Abrechnung nicht überprüft (KG Berlin, Beschluss v. 4.12.2008, 12 U 33/08).

Auch aus einer **vertraglichen** Vereinbarung, wonach die Abrechnung bis zu einem bestimmten Termin zu erstellen ist („Die Abrechnung erfolgt bis spätestens 30.9. des folgenden Jahres“) kann ohne weitere Anhaltspunkte **keine** Ausschlussfrist zur Nachforderung von Betriebskosten hergeleitet werden. Eine solche Klausel enthält ihrem Wortlaut nach zunächst eine bloße terminliche Festlegung. Zur zusätzlichen Herbeiführung der weitreichenden Folgen einer Ausschlussfrist muss der Vertrag entsprechende eindeutige Regelungen enthalten (OLG Köln, a.a.O.; OLG Düsseldorf, a.a.O.; a.A. AG Berlin, Urteil v. 25.1.2007, 2a C 303/06, GE 2007 S. 297, wonach eine formularmäßige **Verkürzung** der Abrechnungsfrist bei Wohnraum nicht nur wirksam ist, sondern auch eine **Ausschlussfrist** darstellt). Auch eine vertragliche Abrede, wonach die Betriebskosten einer gewerblichen Immobilie jährlich abgerechnet werden sollen, stellt lediglich eine Abrede über den Abrechnungszeitraum dar und keine Ausschlussfrist. Eine solche Frist ergibt sich auch nicht aus der Vereinbarung des Ausschlusses einer Zwischenabrechnung (LG Nürnberg-Fürth, Urteil v. 21.12.2007, 7-S 8274/07, ZMR 2008 S. 800). Allerdings kann eine vertragliche Vereinbarung, wonach die Betriebskostenabrechnung bis zu einem bestimmten Zeitpunkt zu erstellen ist, dem Mieter nach Fristablauf ein **Zurückbehaltungsrecht** an weiteren Vorauszahlungen einräumen; ein Ausschluss des Anspruchs des Vermieters auf Nachzahlungen von Betriebskosten tritt jedoch nicht ein (AG Halle, Urteil v. 30.8.2011, 95 C 378/11, ZMR 2011 S. 962).

Bei Beendigung des Mietverhältnisses vor Ablauf des Abrechnungszeitraums hat der Mieter nur einen Anspruch auf Ermittlung der Verbrauchsstände, nicht auf vorzeitige Abrechnung (MüKo, Rn. 192 vor § 535 BGB).

Bei Beendigung eines **Wohnungsverwaltervertrags** muss der Wohnungsverwalter keine Betriebskostenabrechnung erstellen, wenn der Verwaltungsvertrag vor dem vertraglichen Zeitpunkt der Abrechnung geendet hat und im Verwaltungsvertrag nichts anderes geregelt ist (LG Bonn, Urteil v. 23.3.2010, 8 S 286/09, ZMR 2011 S. 207).

Im Fall einer **Zwangsverwaltung** der Mietwohnung muss der vom Vollstreckungsgericht eingesetzte Zwangsverwalter alle Handlungen vornehmen, die erforderlich sind, um die Wohnung in ihrem wirtschaftlichen Bestand zu erhalten und ordnungsgemäß zu benutzen (§ 152 ZVG). Der Zwangsverwalter ist daher gegenüber dem Mieter zur vertragsgemäßen Abrechnung der Betriebskosten verpflichtet. Dies gilt nach Auffassung des BGH auch für Abrechnungszeiträume, die vor seiner Bestellung liegen.

Ferner ist der Zwangsverwalter verpflichtet, dem Mieter ein sich aus der Abrechnung ergebendes Guthaben auszuzahlen, auch wenn er selbst keine Zahlungen erhalten hat, weil der Mieter die Vorauszahlungen in zulässiger Weise noch an den Zwangsverwaltungsschuldner, d.h. den Vermieter, geleistet hat (BGH, Urteil v. 26.3.2002, VII ZR 333/02, NZM 2003 S. 473; vgl. auch OLG Hamburg, RE v. 8.11.1989, 4 U 97/89, WuM 1990 S. 10).

Nach **Aufhebung** der Zwangsverwaltung (z.B. weil der Gläubiger des Vermieters den Antrag auf Zwangsverwaltung zurückgenommen hat) kann auch gegen einen Zwangsverwalter, der rechtskräftig zur **Abrechnung der Betriebskosten** verurteilt worden ist, nicht mehr zwangsvollstreckt werden (z.B. durch ein Zwangsgeld), weil mit dem Aufhebungsbeschluss die Befugnisse des Zwangsverwalters enden (LG Berlin, Urteil v. 5.9.2006, 65 T 77/06, GE 2007 S. 55).

11 Rechte des Mieters bei nicht fristgerechter Abrechnung

Bei nicht fristgerechter Abrechnung kann der Mieter die Zahlung weiterer Vorschüsse auf die Betriebskosten so lange verweigern, bis ihm Abrechnung erteilt ist (**Zurückbehaltungsrecht**, § 273 BGB; s. BGH, Urteil v. 29.2.1984, VIII ZR 310/82, DWW 1984 S. 166). Dieses Zurückbehaltungsrecht besteht jedoch nur bis zur Vorlage einer **formell** ordnungsgemäßen Abrechnung, da der Vermieter seine Abrechnungspflicht mit der Vorlage einer formell ordnungsgemäßen Abrechnung erfüllt hat. Auf **materielle** Einwendungen (z.B. zur Höhe einzelner Positionen, zur Unterscheidung s.u. Abschnitt 12 „Der Nachforderungsanspruch des Vermieters") kann das Zurückbehaltungsrecht **nicht** gestützt werden (LG Hamburg, Urteil v. 15.3.2005, 316 S 162/04, ZMR 2005 S. 622). Solche Einwendungen können nur im Rahmen einer Leistungsklage (bezüglich Guthaben oder Nachforderung) geltend gemacht werden (LG Itzehoe, Beschluss v. 14.1.2003, 1 S 236/02, ZMR 2003 S. 494; s. auch AG Pinneberg, Urteil v. 5.3.2004, 66 C 272/03, NZM 2004 S. 16, unter Bezugnahme auf BGH, NJW 1991 S. 836, wonach ein Zurückbehaltungsrecht nicht bei einfachen Abrechnungsfehlern, sondern nur dann besteht, wenn die Abrechnung derart unzulänglich ist, dass ihr die Fehler geradezu „auf die Stirn geschrieben stehen").

Der Mieter ist auch nicht zur Zurückbehaltung der Grundmiete berechtigt, da zwischen der Grundmiete und dem Anspruch auf Betriebskostenabrechnung weder ein Gegenseitigkeitsverhältnis i.S.v. § 320 BGB noch eine hinreichende Abhängigkeit (Konnexität) i.S.v. § 273 BGB besteht (OLG Koblenz, Urteil v. 20.1.1994, 5 U 494/93, DWW 1995 S. 81 = WuM 1995 S. 154). Er darf nur die **weiterlaufenden** Nebenkostenvorauszahlungen einbehalten; nicht aber die bereits fälligen, in der Vergangenheit nicht entrichteten Nebenkostenvorauszahlungen (OLG Düsseldorf, Urteil v. 28.9.2000, 10 U 179/99, WuM 2000 S. 678; BGH, RE v. 11.4.1984, VIII ARZ 16/83, WuM 1984 S. 185).

Bei der Frage, ob der Mieter im Fall nicht fristgerechter Abrechnung seine bereits geleisteten Vorauszahlungen **zurückfordern** kann, kommt es darauf an, ob das Mietverhältnis noch **besteht** oder bereits **beendet** ist.

Bei einem noch **bestehenden** Mietverhältnis ist der Mieter **nicht** zur Rückforderung berechtigt, da er durch sein Zurückbehaltungsrecht hinsichtlich der künftigen Vorauszahlungen hinreichend geschützt ist (BGH, Urteil v. 29.3.2006, VIII ZR 191/05, ZMR 2006 S. 672). Dies gilt im laufenden Mietverhältnis auch dann, wenn der Vermieter über die Betriebskosten zwar abgerechnet hat, aber für die materielle Richtigkeit der Abrechnung beweisfällig geblieben ist, d.h., die behaupteten Betriebskosten (noch) nicht nachgewiesen hat (BGH, Beschluss v. 22.6.2010, VIII ZR 288/09, WuM 2010 S. 630).

Anders ist die Rechtslage, wenn das Mietverhältnis bereits **beendet** ist, da dem Mieter dann das Druckmittel des Zurückbehaltungsrechts fehlt. In diesem Fall muss der Mieter nicht zuerst auf Erteilung einer Abrechnung klagen, sondern kann die geleisteten Vorauszahlungen sogar **in voller Höhe** zurückverlangen (BGH,

Urteil v. 9.3.2005, VIII ZR 57/04, WuM 2005 S. 337 für Wohnraum).

Gleiches gilt bei **gewerblichen** Mietverhältnissen. Der Anspruch auf Rückzahlung der Nebenkostenvorauszahlungen wird fällig, wenn die Abrechnungsfrist erfolglos abgelaufen ist **und** das Mietverhältnis beendet ist. Die Entstehung und die Durchsetzbarkeit des Zahlungsanspruchs sind nicht davon abhängig, dass noch ein fälliger und durchsetzbarer Anspruch auf Erteilung der Nebenkostenabrechnung besteht (KG Berlin, Urteil v. 22.3.2010, 8 U 142/09, GE 2010 S. 764; OLG Düsseldorf, Beschluss v. 3.3.2011, I 10-W 16/11, GE 2011 S. 751).

Allerdings besteht dieses Rückforderungsrecht des Mieters auch bei beendetem Mietverhältnis nur für Vorauszahlungen, hinsichtlich derer der Mieter während der Dauer des Mietverhältnisses nicht die Möglichkeit hatte, den Abrechnungsanspruch durch Geltendmachung eines Zurückbehaltungsrechts an den laufenden Vorauszahlungen durchzusetzen. Kein Anspruch auf Rückzahlung besteht daher für Vorauszahlungen, für die die Abrechnungsfrist noch während des Mietverhältnisses abgelaufen war. Insoweit ist der Mieter nicht schutzbedürftig, da er während des Mietverhältnisses die Möglichkeit hatte, die laufenden Vorauszahlungen einzubehalten und so auf den Vermieter Druck zur Erteilung der geschuldeten Abrechnung auszuüben (BGH, Urteil v. 26.9.2012, VIII ZR 315/11, ZMR 2013 S. 100).

Damit geht der BGH über die bisherige Rechtsprechung hinaus, wonach ein Rückforderungsanspruch des Mieters nur teilweise entsprechend dem verbrauchten Anteil bestand (so OLG Braunschweig, RE v. 8.7.1999, 1 RE-Miet 1/99, NZM 1999 S. 751). Gleiches gilt, wenn eine Abrechnung nach Vertragsende zwar vorliegt, der Vermieter aber auf Einwände des Mieters nur unvollständig oder gar nicht reagiert. Dem Mieter ist es nicht zumutbar, auf eine vollständige, nachvollziehbare Abrechnungsgrundlage zu warten (LG Marburg, Beschluss v. 19.8.2008, 5 T 21/07, ZMR 2008 S. 42). Ferner kann der Mieter die vollständige Rückzahlung der Vorauszahlungen verlangen, wenn der Vermieter zwar abgerechnet hat, aber die Belegeinsicht verweigert (LG Landau, Urteil v. 11.1.2010, 1 S 68/09, ZMR 2010 S. 451).

Bei einem **Verkauf** der Wohnung bedeutet dies, dass der Mieter bei nicht fristgerechter Abrechnung die vollen Vorauszahlungen zurückverlangen kann, weil mit dem Verkauf ein neuer Vermieter in das Mietverhältnis eingetreten ist (§ 566 BGB) und das Mietverhältnis mit dem Verkäufer daher beendet ist (LG Berlin, Beschluss v. 2.10.2007, 65 S 205/07, NZM 2008 S. 571). Die Verjährungsfrist (3 Jahre) für den Rückzahlungsanspruch des Mieters beginnt erst zum 1.1. desjenigen Jahres (§ 199 Abs. 1 Nr. 2 BGB), das auf die Kenntnis des Mieters über einen Vermieterwechsel folgt, soweit die Unkenntnis nicht auf grober Fahrlässigkeit beruht (LG Berlin, a. a. O.).

Macht der Mieter gegen den Vermieter wegen Überschreitens der gesetzlichen Abrechnungsfrist (§ 556 Abs. 3 S. 2 BGB) seinen Anspruch auf Rückzahlung geleisteter Betriebskostenvorschüsse im Wege der **Aufrechnung** geltend (z. B. gegen vom Vermieter geltend gemachte Ansprüche auf rückständige Mieten oder Nutzungsentschädigungen), so entfällt die Wirkung der Aufrechnung, soweit der Vermieter nachträglich eine wirksame Betriebskostenabrechnung erteilt und der Mieter hiernach Betriebskosten schuldet (BGH, Urteil v. 22.9.2010, VIII ZR 285/09, WuM 2010 S. 688).

Auch wenn der Mieter bereits Klage auf Rückerstattung seiner Vorauszahlung eingereicht hat, hindert die Rechtskraft eines der Klage des Mieters stattgebenden Urteils den Vermieter nicht daran, über Betriebskosten nachträglich abzurechnen und eine etwaige Restforderung einzuklagen (BGH, Urteil v. 9.3.2005, a. a. O.).

Auch einen rechtskräftig entschiedenen Anspruch des Mieters auf Rückzahlung von Betriebskostenvorauszahlungen wegen fehlender Erteilung der fälligen Betriebskostenabrechnung kann der Vermieter mit der Erteilung der Abrechnung nachträglich zu Fall bringen, z. B. durch Einreichung einer Vollstreckungsgegenklage (BGH, Beschluss v. 10.8.2010, VIII ZR 319/09, WuM 2010 S. 631).

Gerät der Vermieter mit der Erstellung der Betriebskostenabrechnung in **Verzug** und wird dem Mieter daher ein Betriebskostenguthaben verspätet ausbezahlt, hat der Mieter von Geschäftsräumen **keinen** Anspruch auf gesetzliche **Verzugszinsen**. Der Anspruch des Mieters auf Rückerstattung zu viel bezahlter Betriebskosten wird nämlich erst mit Erteilung einer formell ordnungsgemäßen Abrechnung fällig. Auf § 288 Abs. 1 BGB, wonach eine Geldschuld während des Verzugs mit 5 % über den Basiszinssatz zu verzinsen ist, kann sich der Mieter nicht berufen, da der Vermieter nur eine fristgerechte Abrechnung schuldet und damit keine Geldschuld i. S. v. § 288 Abs. 1 BGB. Außerdem ist der Mieter vor den Folgen einer verspäteten Abrechnung durch die Möglichkeit, in einem laufenden Mietverhältnis die Zahlung weiterer Betriebskostenvorauszahlungen zu verweigern und bei einem beendeten Mietverhältnis unmittelbar die Rückzahlung der geleisteten Vorauszahlungen verlangen zu können, ausreichend geschützt (BGH, Urteil v. 5.12.2012, XII ZR 44/11). Die Begründung des BGH für die Ablehnung einer Verzinsungspflicht wird auch für die **Wohnraum**miete zu gelten haben. Eine entsprechende Entscheidung des BGH liegt jedoch noch nicht vor.

Verlangt der Vermieter mit der Klage die Zahlung einer sich aus der Betriebskostenabrechnung ergebenden Nachforderung und verlangt der Mieter in einer Widerklage die Rückzahlung sämtlicher Vorauszahlungen, hat bei der Festsetzung des Streitwerts eine Wertaddition von Klage und Widerklage zu erfolgen (OLG Düsseldorf, Beschluss v. 11.11.2008, 10 W 114/08, NZM 2009 S. 863).

Unabhängig davon kann der Mieter seinen **Anspruch auf Abrechnung** der Betriebskosten im Wege einer **Klage** durchsetzen. Zur Problematik einer sog. „Stufenklage" (Klage auf Abrechnung und Auszahlung des Guthabens, § 254 ZPO) vgl. BGH, Urteil v. 5.5.1994, III ZR 98/93, NJW 1994 S. 2895.

Leistet der Mieter sowohl auf die Heizkosten als auch auf die übrigen Betriebskosten Vorauszahlungen, muss der Vermieter nach Beendigung des Mietverhältnisses über **alle** Betriebskosten abrechnen. Rechnet der Vermieter lediglich die Heizkosten ab, wird ein daraus folgender Nachzahlungsanspruch nicht fällig, da dem Mieter hieran ein Zurückbehaltungsrecht wegen des noch nicht erfüllten Abrechnungsanspruchs zusteht (OLG Düsseldorf, Urteil v. 19.6.2007, I-24 U 55/07, ZMR 2008 S. 708).

Der Anspruch des Mieters auf Vornahme der Abrechnung über die geleisteten Betriebskostenvorauszahlungen wird 12 Monate nach Ende der Abrechnungsperiode fällig und unterliegt der **dreijährigen** Verjährung (LG Neubrandenburg, Beschluss v. 9.9.2003, 1 T 45/03, WuM 2007 S. 390).

Beispiel

Für die Abrechnungsperiode 2011 wurde der Anspruch des Mieters auf Abrechnung am 31.12.2012 fällig. Er verjährt daher am 31.12.2015.

Kommt der Vermieter trotz Verurteilung zur Abrechnung der Betriebskosten seiner Verpflichtung nicht nach, kann das Urteil durch **Zwangsgeld**, ersatzweise **Zwangshaft** (§ 888 ZPO) **vollstreckt** werden. Eine Vollstreckung durch Ersatzvornahme (§ 887 ZPO) durch den Gläubiger kommt nicht in Betracht, da eine Betriebskostenabrechnung eine sog. **nicht vertretbare** Handlung darstellt. Grundlage für diese Abrechnung ist nämlich die Rechnungslegung des Schuldners (Vermieters) über die Betriebskosten in den betreffenden Abrechnungsperioden. Diese Rechnungslegung setzt verbindliche Erklärungen des Schuldners (Vermieters) aufgrund seiner besonderen Kenntnisse voraus, die nur von ihm abgegeben werden können (BGH, Beschluss v. 11.5.2006, I ZB 94/05, WuM 2006 S. 401).

Der **Streitwert** für das Erstellen einer Betriebskostenabrechnung bestimmt sich nach der Höhe des Guthabens, das der Mieter als Ergebnis der Abrechnung vermutet; mangels näherer Angaben hierzu nach einem Bruchteil (regelmäßig 1/3) der Höhe der geleisteten Vorauszahlungen (AG Witten, Urteil v. 14.2.2002, 2 C 427/01, NZM 2003 S. 851).

In einem **Wohnungsabnahmeprotokoll**, das bei Beendigung des Mietverhältnisses anlässlich der Rückgabe der Wohnung an den Vermieter erstellt wird, können die Parteien wirksam vereinbaren, dass über die zurückliegenden Perioden keine Betriebskostenabrechnungen mehr erteilt werden müssen (LG Münster, Hinweis v. 27.10.2008, 8 S 150/08, WuM 2008 S. 728).

12 Der Nachforderungsanspruch des Vermieters

Nach Ablauf der Abrechnungsfrist (s.u. Abschnitt 10 „Abrechnungsfristen") ist die Geltendmachung einer Nachforderung durch den Vermieter **ausgeschlossen**; es sei denn, der Vermieter hat die verspätete Geltendmachung nicht zu vertreten (§ 556 Abs. 3 S. 3 BGB).

Strittig ist, ob sich der Vermieter das Verschulden eines externen Dienstleisters, z.B. eines Abrechnungsunternehmens (gemäß § 278 BGB) zurechnen lassen muss (so z.B. AG Essen, Urteil v. 31.8.2007, 131 C 43/07, DWW 2008 S. 65, wonach der Vermieter z.B. keinen Anspruch auf Nachzahlung von Heizkosten hat, wenn dem Mieter die Abrechnung aufgrund eines Verschuldens des Abrechnungsunternehmens verspätet mitgeteilt worden ist; s. hierzu auch Münchener Kommentar, BGB 4. Aufl., § 556 Rn. 57; Sternel, ZMR 2001 S. 937).

Die verspätete Erstellung der Abrechnung durch eine vom Vermieter beauftragte Firma hat der Vermieter gemäß §§ 276, 278 BGB zumindest dann zu vertreten, wenn er sich nicht rechtzeitig und mit der gebotenen Nachhaltigkeit darum bemüht hat, die Firma zur rechtzeitigen Erstellung der Abrechnung anzuhalten (AG Rudolstadt, Urteil v. 16.2.2012, 1 C 529/11, WuM 2012 S. 379).

Nicht zu vertreten hat der Vermieter eine verspätete Abrechnung jedenfalls dann, wenn z.B. die Grundsteuer von der Gemeinde rückwirkend neu festgesetzt worden ist, da dies nicht im Einflussbereich des Vermieters liegt (LG Rostock, Urteil v. 27.2.2009, 1 S 200/08, ZMR 2009 S. 924).

Betriebskosten bis zur Höhe der vereinbarten Vorauszahlungen des Mieters kann der Vermieter jedoch auch noch nach Ablauf der Abrechnungsfrist verlangen, wenn der Mieter diese Vorauszahlungen nicht erbracht hat, da es sich insofern nicht um Nachforderungen (i.S.v. § 556 Abs. 3 S. 3 BGB) handelt (BGH, Urteil v. 31.10.2007, VIII ZR 261/06 WuM 2007 S. 700).

Bei Vorlage einer fristgemäßen, aber **fehlerhaften** Abrechnung ist zu prüfen, ob dadurch die Abrechnungsfrist als gewahrt anzusehen ist oder ob die Abrechnung wie eine nicht gemachte Abrechnung behandelt werden muss. Letzteres hätte zur Folge, dass der Vermieter nach Fristablauf zwar eine korrekte Abrechnung vorlegen kann bzw. auf Verlangen des Mieters sogar vorlegen muss, mit **Nachforderungen** jedoch **ausgeschlossen** ist. Bei Vorlage einer **fehlerhaften** Abrechnung ist daher zu unterscheiden: Erfüllt die Abrechnung die Anforderungen, die von der Rechtsprechung an die **formelle Ordnungsgemäßheit** einer Betriebskostenabrechnung gestellt werden (s.o. Abschnitt 6 „Inhalt der Abrechnung"), kommt es für die Einhaltung der Abrechnungsfrist auf die inhaltliche Richtigkeit nicht an. Inhaltliche (materielle) Fehler haben keinen Einfluss auf die Ordnungsmäßigkeit der Abrechnung (OLG Koblenz, Urteil v. 17.1.2005, 12 U 1424/03, NZM 2005 S. 540). Daher hindern sie auch nicht die Fälligkeit der Abrechnung. Somit bedarf es zur Herbeiführung der Fälligkeit keiner Erteilung einer korrigierten Abrechnung (OLG Düsseldorf, Urteil v. 30.3.2006, 10 U 143/05, DWW 2006 S. 238).

Um solche lediglich inhaltlichen Fehler handelt es sich z.B. bei **Rechenfehlern**, unzutreffender Höhe einzelner Betriebskostenpositionen; unzutreffendem, d.h. nicht vertragsgemäßem Ansatz einzelner Betriebskostenpositionen, weil es für diese an einer Umlagevereinbarung fehlt oder für diese Betriebskosten eine Pauschale vereinbart ist. Dabei handelt es sich lediglich um einen inhaltlichen (materiellen) Fehler, da es keine Frage der Verständlichkeit der Betriebskostenabrechnung ist, ob die in der Abrechnung dargestellten Betriebskosten überhaupt abrechenbar sind. Dies kann jeder Mieter durch Vergleich von Mietvertrag und Betriebskostenabrechnung feststellen, ohne dass dies durch den Vermieter erläutert werden müsste (BGH, Urteile v. 18.5.2011, VIII ZR 240/10, WuM 2011 S. 420 und v. 19.11.2008, VIII ZR 295/07, WuM 2009 S. 42; s. auch OLG Koblenz, Urteil v. 17.1.2005, 12 U 1424/03, NZM 2005 S. 540, wonach Verbrauchsmengen geschätzt werden dürfen). Auch bei **falsch** (zu hoch oder zu niedrig) angesetzten Vorauszahlungen handelt es sich um einen lediglich inhaltlichen Fehler (BGH, Urteil v. 18.5.2011 a.a.O.); ferner auch bei Angabe eines **falschen** Umlageschlüssels (z.B. Wohnfläche statt vertraglich vereinbarte Miteigentumsanteile, BGH, Urteil v. 17.11.2004, VIII ZR 115/04, WuM 2005 S. 61); Ansatz von einzelnen nicht umlagefähigen Positionen (OLG Düsseldorf, Urteil v. 30.3.2006, 10 U 143/05, DWW 2006 S. 238); Beifügen von Belegen über Betriebskosten, die nicht an den Vermieter, sondern an einen Dritten adressiert sind (OLG Düsseldorf, Urteil v. 21.4.2009, 1-24 U 163/08, GE 2009 S. 1489); Nichtberücksichtigung einer Mietminderung (s.o. Abschnitt 6.2 „Abrechnung nach Mietminderung"): Abrechnung auf Basis von Soll-Vorschüssen (vereinbarte Vorauszahlungen) anstatt der tatsächlichen Vorauszahlungen (Ist-Vorschüsse) (BGH, Beschluss v. 23.9.2009, VIII ZA 2/08, MDR 2010 S. 21). Auch die fehlende Erläuterung der Gesamtkosten stellt lediglich einen inhaltlichen und **keinen** formellen Mangel dar, da die Erläuterung nach der Rechtsprechung des BGH keine Wirksamkeitsvoraussetzung ist und der Mieter bei Unklarheiten auf Klarstellungen durch den Vermieter hinwirken kann (LG Dortmund, Urteile v. 19.4.2005, 1 S 81/04, WuM 2005 S. 454 und v. 10.5.2005, 1 S 247/04, NZM 2005 S. 584).

Ferner gehört in einem gemischt genutzten Gebäude die Vornahme eines Vorwegabzugs für die gewerbliche Nutzung (s.o. „Umlageschlüssel", Abschnitt 8.2 „Bei gemischt genutzten Gebäuden") nicht zu den an eine Abrechnung zu stellenden Mindestanforderungen, sondern betrifft (nur) deren materielle Richtigkeit. Die Abrechnung ist daher nicht aus formellen Gründen unwirksam, wenn der Vermieter den gesetzlich vorgeschriebenen Vorwegabzug unterlässt. Dies gilt auch bei der Betriebskostenabrechnung für eine **preisgebundene** Wohnung (z.B. eine Sozialwohnung) in einem gemischt genutzten Gebäudekomplex (BGH, Urteil v. 7.12.2011, VIII ZR 118/11, NJW-RR 2012 S. 215). Wird jedoch ein Vorwegabzug vorgenommen, genügt die Abrechnung auch bei preisgebundenem Wohnraum **nicht** den an sie zu stellenden **formellen** Anforderungen, wenn nur die um einen Vorwegabzug bereinigten Gesamtkosten ausgewiesen werden, da es dann an der erforderlichen Angabe der Gesamtkosten fehlt (BGH, Urteil v. 7.12.2011, a.a.O.).

Für die **formelle** Ordnungsgemäßheit einer Betriebskostenabrechnung ist es dagegen ohne Bedeutung, ob die dort für den jeweiligen Mieter angesetzten – nicht näher erläuterten – Kosten auf abgelesenen Messwerten oder auf einer prozentualen Schätzung aufgrund des Vorjahresverbrauchs den Anforderungen des § 9a HeizkostenV entspricht. Für die formelle Wirksamkeit muss der Vermieter nicht bereits in der Abrechnung darlegen und erläutern, auf welche Weise er, wenn für die anzurechnende Wohnung eine Verbrauchsablesung unterblieben ist, die dann nach § 9a Abs. 1 HeizkostenV als Verbrauchswerte anzusetzenden Werte im Einzelnen ermittelt hat. Insoweit bedarf es weder einer Beifügung der Vorjahresabrechnung, aus der die damals ermittelten Werte ersichtlich sind, noch weiterer Angaben oder Erläuterungen, anhand derer der Mieter die materielle Richtigkeit des für ihn angesetzten Werts im Einzelnen nachvollziehen kann (BGH, Urteil v. 12.11.2014, VIII ZR 112/14, WuM 2015 S. 32).

Mit dieser Entscheidung betont der BGH erneut, dass die **formelle** Wirksamkeit einer Abrechnung nicht von der Erläuterung der angesetzten Werte abhängt, weil mit solchen Erläuterungen eine rechnerisch nachvollziehbare Abrechnung überfrachtet werden würde.

Inhaltliche Fehler kann der Vermieter auch noch **nach** Ablauf der Abrechnungsfrist **korrigieren** und ist mit Nachforderungen **nicht** ausgeschlossen (so auch AG Pinneberg, Urteil v. 2.7.2004, 66 C 10/04, NZM 2005 S. 16, wonach die Abrechnung vom Vermieter ohne Rechtsnachteil noch nach Fristablauf **nachgebessert** werden kann, wenn z.B. in einer formell ordnungsgemäßen Abrechnung lediglich einzelne Erläuterungen, z.B. eines bestimmten Rechenfaktors in einem ansonsten plausiblen Rechenwerk fehlen).

Allerdings muss die **Nachbesserung** (z.B. durch Erläuterungen) innerhalb **angemessener Frist** erfolgen (vgl. LG Itzehoe, Urteil v. 29.4.2005, 9 S 251/04, ZMR 2005 S. 39: **3 Monate** analog § 560 Abs. 2 BGB; a.A. Schmid, ZMR 2005 S. 540, wonach eine analoge Anwendung des § 560 Abs. 2 BGB nur für solche Fälle diskutiert werden kann, in denen der Vermieter den Fehler zunächst nicht zu vertreten hatte).

Anstelle einer Korrektur kann der Vermieter zwar auch eine **neue Abrechnung** erstellen. Diese neue Betriebskostenabrechnung muss jedoch erkennen lassen, dass und aus welchen Gründen sie an die Stelle der ursprünglichen Abrechnung treten soll. Eine Abrechnung, die weder klarstellt, dass sie an die Stelle der früheren Abrechnung tritt, noch erkennen lässt, worin die vorgenommene Korrektur besteht oder z.B. auch nicht vom Mieter beanstandete Positionen korrigiert, ist nicht ausreichend (AG Berlin, Urteil v. 14.6.2011, 3 C 35/11, GE 2011 S. 1025).

Bei Korrektur der Abrechnung **nach Fristablauf** ist der Nachforderungsanspruch des Vermieters **begrenzt** auf den ursprünglich mit der fehlerhaften Abrechnung verlangten Betrag. Dies bedeutet, dass die Nachforderung des Vermieters das Ergebnis der fristgemäß vorgelegten Abrechnung weder in den Einzelpositionen noch insgesamt überschreiten darf. Dies ist nur ausnahmsweise zulässig, wenn der Vermieter die verspätete Geltendmachung nicht zu vertreten hat (§ 556 Abs. 3 S. 3 BGB; BGH, Urteil v. 17.11.2004, VIII ZR 115/04, WuM 2005 S. 61).

Nachforderungen (i.S.d. § 556 Abs. 3 S. 3 BGB) sind somit nicht nur Beträge, welche die vom Mieter geleisteten Vorauszahlungen übersteigen, sondern grundsätzlich alle zum Zeitpunkt des Fristablaufs vom Vermieter nicht geforderten Beträge. Dies bedeutet, dass der Vermieter aufgrund einer korrigierten Abrechnung, die dem Mieter erst nach Fristablauf zugeht, auch keinen Anspruch auf Rückzahlung eines Guthabens hat, das er dem Mieter aufgrund der früheren fristgerechten Abrechnung bereits ausgezahlt hatte (BGH, Urteil v. 12.12.2007, VIII ZR 190/06, WuM 2008 S. 150).

Teilt der Vermieter **fristgerecht** eine formell ordnungsgemäße Abrechnung mit, kann er – jedenfalls innerhalb der Grenzen des von der Erstrechnung ausgewiesenen Abrechnungsbetrags – noch nachträglich **Korrekturen** vornehmen (LG Bochum, Urteil v. 8.4.2005, 10 S 76/04, ZMR 2005 S. 864 unter Bezugnahme auf BGH, Urteil v. 17.11.2004, VIII ZR 115/04, NZM 2005 S. 13).

Formell korrekte Betriebskostenabrechnungen können auch noch in einem Prozess nachgebessert werden und ein Zurückbehaltungsrecht des Mieters ausschließen (LG Itzehoe, Urteil v. 25.7.2008, 9 S 121/07, ZMR 2009 S. 369).

Ist eine Betriebskostenabrechnung formell ordnungsgemäß (i.S.v. § 259 BGB), indem sie eine geordnete Zusammenstellung der Einnahmen und Ausgaben enthält, steht dem Mieter ein umfassendes **Rückforderungsrecht** an den geleisteten Vorauszahlungen **nicht** schon dadurch zu, dass er die materielle Richtigkeit der Betriebskostenabrechnung bestreitet (KG Berlin, Urteil v. 5.2.2009, 12 U 122/07, ZMR 2009 S. 523).

Enthält die Abrechnung dagegen **formelle** Mängel, soll sie wie eine nicht gemachte Abrechnung behandelt werden, da anderenfalls der Vermieter die Ausschlussfolgen bereits durch Übersendung irgendeiner unvollständigen oder unrichtigen Abrechnung umgehen könnte (so z.B. auch Langenberg in WuM 2001 S. 523). **Formelle** Mängel liegen vor, wenn auf Grundlage der Abrechnung das richtige Ergebnis nicht ermittelt werden kann, ohne dass die **Struktur der Abrechnung** geändert wird.

Ein **formeller** Fehler liegt ferner vor, wenn der Vermieter in der Abrechnung die ihm entstandenen **Gesamtkosten** einer Betriebskostenposition bereits um nicht umlagefähige Kostenanteile bereinigt hat (z.B. durch Vorwegabzug der auf Geschäftsräume anfallenden Kosten), ohne dies in der Abrechnung zu erläutern und die tatsächlichen Gesamtkosten des Anwesens auszuweisen. Dem Mieter muss nämlich ersichtlich sein, ob und in welcher Höhe nicht umlagefähige Kosten vorab abgesetzt worden sind. Daher müssen auch dann die Gesamtkosten einer berechneten Kostenart mitgeteilt werden, wenn einzelne Kostenteile nicht umlagefähig sind. Fehlt es an einer solchen Offenlegung, liegt ein formeller Mangel der Abrechnung vor, der zu ihrer **Unwirksamkeit** führt, wenn sich der Fehler durchgängig durch die Abrechnung zieht. Soweit dagegen ein gebotener Vorwegabzug nur im Hinblick auf **einzelne** Ansätze unterblieben ist, bleibt die Abrechnung im Übrigen unberührt, wenn die jeweiligen Einzelpositionen unschwer herausgerechnet werden können (BGH, Urteil v. 14.2.2007, VIII ZR 1/06).

Ein **formeller** Fehler liegt auch vor, wenn sich der Abrechnungszeitraum entgegen der Bestimmung des § 556 Abs. 3 BGB über einen Zeitraum von mehr als einem Jahr erstreckt. Gleiches gilt, wenn die Abrechnung für den Mieter unverständlich ist. Die Abgrenzung zwischen formeller Wirksamkeit einer Betriebskostenabrechnung gemäß § 556 BGB (**formelle** Ordnungsgemäßheit) einerseits und deren inhaltlicher Richtigkeit (**materielle** Ordnungsgemäßheit) andererseits richtet sich danach, ob der durchschnittliche Mieter in der Lage ist, die Art des Verteilerschlüssels der einzelnen Kostenpositionen zu erkennen und den auf ihn entfallenden Anteil an den Gesamtkosten rechnerisch nachzuprüfen. Insofern ist bei einem allgemein verständlichen Umlageschlüssel (z.B. „Miteigentum") keine Erläuterung nötig; anders bei einem unverständlichen Umlageschlüssel (z.B. „HB-KOSTE", womit Kosten der Hausbetreuung gemeint sein sollen, BGH, Urteil v. 19.11.2008, a.a.O.).

Der Mieter muss in der Lage sein, den Anspruch des Vermieters nachzuprüfen, d.h. gedanklich und rechnerisch nachzuvollziehen. Dies ist nicht möglich z.B. bei Angabe eines **unverständlichen** Umlageschlüssels (BGH, Urteil v. 9.4.2008, VIII ZR 84/07, WuM 2008 S. 351). Daher ist es gerechtfertigt, diesen Fall anders zu beurteilen als den Fall, dass der in der Abrechnung verwendete und angegebene Verteilerschlüssel von dem vertraglich vereinbarten lediglich abweicht. Diese Abweichung ist vom Mieter unschwer zu erkennen und stellt daher keinen formellen Mangel, sondern lediglich einen inhaltlichen Fehler der Abrechnung dar (s.o., BGH v. 17.11.2004, VIII ZR 115/04, WuM 2005 S. 61).

Bei Unwirksamkeit der Abrechnung ist eine **erneute** Abrechnung bzw. eine **Nachbesserung** der Abrechnung nur dann fristwahrend und berechtigt den Vermieter zur Geltendmachung von Nachforderungen, wenn er die Mängel der Abrechnung nicht zu vertreten hatte, was z.B. bei Änderung der Rechtsprechung oder unklarer Rechtslage gegeben sein kann (AG Potsdam, a.a.O.; AG Leipzig, Urteil v. 8.9.2003, 19 C 12515/02, WuM 2004 S. 24 und Urteil v. 14.8.2003, 11 C 4919/03, ZMR 2004 S. 120).

Eine etwas abweichende Auffassung vertritt das AG Köln im Urteil v. 19.9.2000 (201 C 289/00, WuM 2001 S. 290), das allerdings zum **preisgebundenen** Wohnraum ergangen ist. Danach ist eine fehlerhafte Abrechnung zwar grundsätzlich wie nicht gemacht zu behandeln; trotzdem soll der Vermieter mit Nachforderungen nicht ausgeschlossen sein, wenn er die vom Mieter gerügten Fehler unverzüglich behebt.

Diese Rechtsprechung führt für Verwalter und sonstige Bevollmächtigte, die Betriebskostenabrechnungen im Auftrag des Eigentümers durchführen, zu einem enormen **Haftungsrisiko**, da selbst kleine formelle Fehler in der Betriebskostenabrechnung den Ausschluss von Nachforderungen und damit Schadenersatzansprüche des Auftraggebers zur Folge haben können.

Es muss daher dringend geraten werden, Betriebskostenabrechnungen äußerst sorgfältig, u.U. nach rechtlicher Beratung und ferner so **rechtzeitig** dem Mieter mitzuteilen, dass evtl. Mängel noch innerhalb der Jahresfrist behoben werden können.

Innerhalb der Jahresfrist ist der Vermieter zur **Berichtigung** der Abrechnung und Geltendmachung weiterer Forderungen berechtigt (z.B. für Betriebskosten, für die bei Abrechnung noch keine Rechnung vorgelegen hat). Dies gilt auch, wenn der Saldo aus der Abrechnung bereits ausgeglichen wurde, da für einen Verzicht des Vermieters auf die Geltendmachung weiterer Forderungen allein die Erteilung der Abrechnung sowie die Vornahme des Ausgleichs durch den Mieter nicht ausreicht. Im Regelfall kann der Mieter nämlich nicht davon ausgehen, dass der Vermieter bislang unbekannte Forderungen nicht mehr abrechnen möchte. Die vom Mieter durchgeführte Nachzahlung stellt keine rechtlich relevante Willenserklärung dar, die sich der Vermieter zurechnen lassen müsste (LG Berlin, Urteil v. 25.11.2005, 63 S 181/05, GE 2006 S. 125; Revision zum BGH ist zugelassen).

Nach Ablauf der Jahresfrist kann der Vermieter eine Betriebskostenabrechnung nicht mehr zum Nachteil des Mieters korrigieren. Dies gilt namentlich auch dann, wenn das Ergebnis der erteilten Abrechnung ein Guthaben des Mieters ist (so bereits BGH, Urteil v. 12.12.2007, VIII ZR 190/06, WuM 2008 S. 150). Die gesetzlichen Abrechnungs- und Ausschlussfristen dienen der Abrechnungssicherheit für den Mieter und sollen Streit vermeiden. Dieser Zweck würde verfehlt, wenn der Vermieter einen Abrechnungsfehler nach Ablauf der Abrechnungsfrist noch zum Nachteil des Mieters korrigieren könnte. Daher ist eine nachträgliche Korrektur der Abrechnung grundsätzlich auch dann ausgeschlossen, wenn der Vermieter zugunsten des Mieters irrtümlich höhere als die tatsächlich erbrachten Vorauszahlungen angesetzt und deshalb zu Unrecht ein Guthaben des Mieters oder eine zu geringe Nachforderung errechnet hat.

Dies gilt auch für einen bereicherungsrechtlichen Rückforderungsanspruch des Vermieters wegen eines versehentlich zu hoch angesetzten Vorauszahlungsbetrags. Der Vermieter kann aufgrund der Präklusionswirkung des § 556 Abs. 3 S. 3 BGB einen irrtümlich errechneten Guthabenbetrag aus einer Betriebskostenabrechnung nicht vom Mieter zurückfordern oder gegen einen Kautionsrückzahlungsanspruch des Mieters aufrechnen (BGH, Beschluss v. 3.5.2011, VIII ZR 139/10, WuM 2011 S. 421).

Allerdings kann es dem Wohnungsmieter nach Treu und Glauben verwehrt sein, den Vermieter nach Ablauf der Abrechnungsfrist an einem für den Mieter offensichtlichen, d.h. auf den ersten Blick erkennbaren Versehen (z.B. bei der Zusammenstellung der geleisteten Betriebskostenvorauszahlungen) festzuhalten, wenn der Vermieter das Versehen kurz nach Ablauf der Abrechnungsfrist korrigiert hat (BGH, Urteil v. 30.3.2011, VIII ZR 133/10, WuM 2011 S. 370).

Da es sich bei der einjährigen Abrechnungsfrist des § 556 Abs. 3 S. 2 BGB um eine **Ausschlussfrist** handelt, beginnt sie **nicht** neu zu laufen, wenn der Mieter trotz einer formell nicht ordnungsgemäßen Abrechnung den Ausgleich der Nachforderung **zugesagt** hat. Die für das Verjährungsrecht geltende Vorschrift des § 212 Abs. 1 Nr. 1 BGB, wonach die Verjährung erneut beginnt, wenn der Schuldner dem Gläubiger gegenüber den Anspruch vor Ablauf der Verjährungsfrist anerkennt, findet auf die Ausschlussfrist für die Betriebskostenabrechnung keine entsprechende Anwendung. Der Zweck der Ausschlussfrist besteht nämlich darin, für Rechtssicherheit und Rechtsklarheit zu sorgen. Dieser Zweck steht ihrer vollständigen Erneuerung entgegen (BGH, Urteil v. 9.4.2008, VIII ZR 84/07, WuM 2008 S. 351).

Die Ausschlussfrist des § 556 Abs. 3 S. 2 BGB ist nur anwendbar, wenn der Mieter nach den vertraglichen Vereinbarungen **Vorauszahlungen** zu leisten hat. Bei einer Vereinbarung, wonach der Mieter die Betriebskosten (erst) nach Vorlage einer (Ab)Rechnung in voller Höhe zahlen muss, ist die gesetzliche Ausschlussfrist aufgrund ihres eindeutigen Wortlauts („Vorauszahlungen", „**Nach**forderungen") weder direkt noch analog anwendbar. Es handelt sich hier nicht um eine „Nach"-Forderung des Vermieters i.S.v. § 556 Abs. 3 S. 3 BGB, sondern um eine Forderung, die der Mieter in voller Höhe auch dann zahlen muss, wenn die (Ab)Rechnung erst nach Ablauf der (nur für Vorauszahlungen geltenden) Jahresfrist erfolgt. In besonderen Ausnahmefällen kann aber eine Verwirkung der Forderung des Vermieters eintreten, wenn der Mieter aufgrund des Zeitablaufs (Zeitmoment) und dem Vorliegen besonderer Umstände (Umstandsmoment) nicht mehr mit einer Forderung des Vermieters rechnen musste (LG München II, Urteil v. 22.3.2011, 12 S 4491/10, NZM 2012 S. 342; so bereits BGH, Urteil v. 9.3.2005, VIII ZR 57/04, WuM 2005 S. 337, 340). Gleiches gilt, wenn der Mieter vereinbarte Betriebskostenvorauszahlungen vertragswidrig nicht geleistet hat. Auch hier kann der Vermieter abgerechnete Betriebskosten bis zur Höhe der geschuldeten Vorschüsse dann nachfordern, wenn er die Abrechnungsfrist versäumt hat. Dies gilt auch, wenn der Mieter die Betriebskostenvorschüsse nicht gezahlt hat, weil er (berechtigterweise) ein Zurückbehaltungsrecht geltend gemacht hat. Nachforderungen sind nur insoweit ausgeschlossen, als diese den sich aus den vertraglich vereinbarten Soll-Vorschüssen ergebenden Betrag übersteigen (LG Berlin, Urteil v. 8.3.2005, 65 S 379/04, GE 2005 S. 741).

Kommt der Mieter mit Betriebskostenvorauszahlungen in Verzug, bleiben dem Vermieter die aus dem Schuldnerverzug folgenden Rechte grundsätzlich auch nach dem Eintritt der Abrechnungsreife (Ablauf der Abrechnungsfrist) erhalten. Der Vermieter hat deshalb für die Zeit bis zur Abrechnungsreife auch dann noch Anspruch auf Zahlung von **Verzugszinsen** auf rückständige Vorauszahlungen, wenn die Betriebskostenvorauszahlungen selbst wegen eingetretener Abrechnungsreife nicht mehr verlangt werden können. Irrelevant ist insofern, ob sich aus der Betriebskostenabrechnung für die entsprechende Periode ein Saldo zugunsten des Vermieters ergibt (BGH, Urteil v. 26.9.2012, XII ZR 112/10, NZM 2013 S. 85).

Der Geltendmachung einer Nachforderung steht grundsätzlich **nicht** entgegen, dass die sich aus der Abrechnung ergebende Nachforderung den Vorauszahlungsbetrag wesentlich übersteigt (BGH, Urteil v. 11.2.2004, VIII ZR 195/03, WuM 2004 S. 201 und Urteil v. 28.4.2004, XII ZR 21/02, ZMR 2004 S. 653; so bereits OLG Stuttgart, RE v. 10.8.1982, 8 RE-Miet 6/81, MDR 1982 S. 1021 sowie OLG Dresden, RE v. 20.12.2002, RE-Miet 2/02, NJW-RR 2004 S. 84). Danach ist der Vermieter **nicht** verpflichtet, Vorauszahlungen auf die umlegbaren Nebenkosten so zu kalkulieren, dass sie in etwa **kostendeckend** sind. Nach den gesetzlichen Vorschriften ist dem Vermieter nämlich lediglich untersagt, unangemessen hohe Vorauszahlungen zu verlangen; nicht aber die umzulegenden Nebenkosten ganz oder zum Teil zu kreditieren. Dementsprechend können die Parteien von Vorauszahlungen sogar gänzlich absehen.

Selbst wenn der Vermieter überhaupt **keine** Vorauszahlungen erhoben hat, steht dieser Umstand der Verpflichtung des Mieters zur Zahlung von Betriebskosten nicht entgegen, wenn im Mietvertrag die Umlage vereinbart ist (KG Berlin, Urteil v. 27.11.2006, 12 U 182/04, ZMR 2007 S. 364). Der Begriff der „Vorauszahlungen" besagt nach allgemeinem Verständnis nur, dass dem Mieter die vorausbezahlten Beträge gutzubringen sind; nicht aber, dass die Summe der Vorauszahlungen den Abrechnungsbetrag auch nur annähernd erreichen wird. Somit darf der Mieter **nicht** darauf **vertrauen**, dass die vereinbarten Vorauszahlungsbeträge die anfallenden Betriebskosten abdecken, und kann die Nachzahlung von Betriebskosten selbst dann nicht verweigern, wenn die tatsächlichen Betriebskosten um mehr als 100 % über den Vorauszahlungen liegen (BGH, v. 11.2.2004, a. a. O.). Insofern ist es Sache des Mieters, sich umfassend zu informieren und zu klärungsbedürftigen Punkten in den Vertragsverhandlungen Fragen zu stellen. Der Vermieter ist nicht verpflichtet, dem Mieter von sich aus seine Einschätzung der tatsächlichen Betriebskostenhöhe mitzuteilen (BGH, v. 28.4.2004, a. a. O.).

Eine Pflichtverletzung des Vermieters bei der Vereinbarung von Vorauszahlungen wäre **ausnahmsweise** nur dann zu bejahen, wenn **besondere Umstände** vorliegen, z. B. der Vermieter bei Vertragsschluss die Angemessenheit der Nebenkosten **ausdrücklich zugesichert** oder diese **bewusst zu niedrig** bemessen hat, um den Mieter über den Umfang der tatsächlichen Mietbelastung zu **täuschen** und ihn auf diese Weise zur Begründung des Mietverhältnisses zu veranlassen. Dies muss allerdings der Mieter beweisen (BGH, v. 11.2.2004, a.a.O.) und setzt ferner voraus, dass der Vermieter erkennt, dass die Höhe der Nebenkosten für den Mieter von wesentlicher Bedeutung ist (OLG Hamm, Urteil v. 6.11.2002, 30 U 44/02, NZM 2003 S. 717; vgl. OLG Düsseldorf, NZM 2000 S. 193; LG Berlin, Urteil v. 23.3.1999, 64 S 331/98, ZMR 1999 S. 637). Eine bewusst unrichtige Angabe kommt auch **nicht** in Betracht, wenn die Höhe der Betriebskostenbelastung maßgeblich von den Verbrauchsgewohnheiten des Mieters bestimmt wird (OLG Düsseldorf, Urteil v. 9.3.2000, 10 U 34/99, ZMR 2000 S. 605).

Ausnahmsweise können sich auch aus dem Gang der Verhandlungen über den Abschluss eines Mietvertrags für den späteren Vermieter Aufklärungspflichten dahingehend ergeben, den Mieter konkret über die zu erwartende Höhe der Betriebskosten aufzuklären. Bedient sich der Vermieter dabei eines Maklers als Erfüllungsgehilfen, kann er sich später nicht auf eine Unkenntnis des Maklers von den tatsächlichen Betriebskosten berufen (KG Berlin, Urteil v. 25.6.2007, 8 U 208/06, ZMR 2007 S. 963).

Nach dieser Rechtsprechung gibt es **keine** Obergrenze für den Anspruch des Vermieters auf Nachzahlung von Betriebskosten, die durch Vorauszahlungen nicht gedeckt sind. Der Vermieter kann vom Mieter die **tatsächlichen** Nebenkosten grundsätzlich auch dann verlangen, wenn diese die Vorauszahlungsbeträge **erheblich übersteigen**. Schließlich sind (so OLG Hamm, OLG Düsseldorf, a.a.O.) die Leistungen dem Mieter im Rahmen des Mietverhältnisses auch zugutegekommen.

Allerdings ist der Mieter in diesem Fall zur **fristlosen Kündigung** berechtigt und kann insoweit den Ersatz nutzloser Aufwendungen verlangen, die ihm infolge der Kündigung entstehen (OLG Düsseldorf, a.a.O.).

Bei **öffentlich geförderten** Wohnungen kann der Vermieter mit Nachforderungen ausgeschlossen sein, wenn er dem Mieter bei Überlassung der Wohnung die Betriebskosten nicht (gemäß § 20 Abs. 1 S. 3 NMV) detailliert nach Art und Höhe bekannt gegeben hat (LG Mannheim, Urteil v. 20.10.1993, 4 S 89/93, WuM 1994 S. 693; vgl. auch OLG Oldenburg, Beschluss v. 14.3.1997, 5 UH 1/97, ZMR 1997 S. 416).

Kostensteigerungen einzelner Betriebskosten gegenüber der Vorjahresabrechnung muss der Vermieter nicht bereits in der Abrechnung erläutern, sofern nicht ein konkreter Vortrag des Mieters dazu Veranlassung gibt. Es ist zunächst Sache des Mieters, sich durch Einsichtnahme in die der Abrechnung zugrunde liegenden Belege über die angefallenen Kosten und den Grund einer etwaigen Kostensteigerung zu informieren. Erst wenn diese Belegeinsicht die Fragen nicht beantworten kann und der Mieter dies nachvollziehbar darlegt, ist der Vermieter ggf. zu einer weitergehenden Erläuterung verpflichtet (OLG Düsseldorf, Urteil v. 4.7.2013, 10 U 52/12, ZMR 2014 S. 441).

Nachforderungen aus der jährlichen Nebenkostenabrechnung sind **nicht** Miete i.S.d. § 543 Abs. 2 Nr. 3 BGB. Kommt der Mieter mit der Begleichung dieser Forderungen in Verzug, kann der Vermieter nicht nach § 543 Abs. 2 Nr. 3 BGB fristlos kündigen (OLG Koblenz, RE v. 26.7.1984, 4 W-RE 386/84, NJW 1984 S. 2369). Allerdings kann einem Mieter, der mit den Nachzahlungen aus zwei Betriebskostenabrechnungen in Verzug ist, von denen eine bereits gerichtlich tituliert wurde und der sich trotzdem beharrlich weigert, die Nachzahlungen sowie die rechtlich einwandfrei geforderten Vorauszahlungen zu leisten, nach Abmahnung aus wichtigem Grund (§ 543 Abs. 1 BGB) außerordentlich gekündigt werden. Kündigungsrelevant ist ein Rückstand dann, wenn die Nachforderungen eine Monatsmiete übersteigen (AG München, Urteil v. 29.1.2009, 412 C 29663/08, ZMR 2009 S. 696).

Gegenüber dem Nachzahlungsanspruch aus der Betriebskostenabrechnung kann der Mieter **kein Zurückbehaltungsrecht** wegen Mängeln an der Mietsache geltend machen (AG Wetter,

Urteil v. 15.2.2010, 8 C 262/09, GE 2010 S. 773).

Zur Begleichung der Nachforderung ist dem Mieter eine angemessene Frist einzuräumen, die ihm auch eine Überprüfung der Abrechnung ermöglicht (vgl. LG Berlin, Urteil v. 1.9.2000, 64 S 477/99, ZMR 2001 S. 33: 2 Wochen; AG Gelsenkirchen, Urteil v. 12.10.1992, 9 C 625/92, WuM 1994 S. 549: ein Monat).

Dennoch kann der Vermieter seine Forderung einschließlich des Verzugsschadens (z. B. Zinsen, Kosten der Rechtsverfolgung) durch **Mahnbescheid** bzw. **Klage** geltend machen. Erhebt er jedoch Klage trotz einer nicht ordnungsgemäßen Abrechnung, wird diese erst schlüssig, wenn die einzelnen Fehler nachgebessert sind bzw. bei einer insgesamt nicht nachvollziehbaren Abrechnung eine neue Abrechnung erteilt worden ist. Erkennt der Mieter im Prozess die Klageforderung nach Vorlage einer ordnungsgemäßen Abrechnung unverzüglich an, trägt der Vermieter die Verfahrenskosten (§ 93 ZPO; LG Essen, Beschluss v. 8.11.1982, 1 T 112/82, WuM 1983 S. 118).

Der Nachforderungsanspruch des Vermieters aus der Betriebskostenabrechnung kann auch im **Urkundenprozess** geltend gemacht werden, wenn die Existenz und der Zugang der Abrechnungen beim Mieter unstreitig sind, der Mieter gegen den Nachzahlungsbetrag keine Einwendungen erhoben hat und sich die Verpflichtung des Mieters zur Zahlung der Betriebskosten aus dem Mietvertrag ergibt (AG Berlin, Urteil v. 9.5.2006, 9 C 737/05, ZMR 2007 S. 43).

Ein pauschales Bestreiten der Richtigkeit der Abrechnung durch den Mieter genügt nicht. Vielmehr muss er Einwände gegen die Angaben in der Betriebskostenabrechnung **in substanziierter** Art und Weise vortragen. Dazu muss der Mieter **konkret** zu den einzelnen Abrechnungsposten Stellung beziehen und seine Bedenken gegen die materielle Berechtigung der Abrechnung plausibel darlegen, z. B. dass die entsprechende Position gemäß den mietvertraglichen Vereinbarungen nicht in die Abrechnung einbezogen werden darf oder nach Einsicht in die Unterlagen festgestellt wurde, dass der angesetzte Betrag unrichtig ist (OLG Düsseldorf, Urteil v. 22.6.2006, 10 U 164/05, DWW 2006 S. 378; LG Düsseldorf, Urteil v. 16.7.1991, 24 S 730/90, DWW 1992 S. 26).

Weiterhin darf der Mieter die Zahlung der Nachforderungen nur insoweit verweigern, als er in substanziierter Art und Weise Fehler vortragen kann. Zu einer vollständigen Verweigerung der Zahlung ist der Mieter nur berechtigt, wenn die Abrechnung insgesamt fehlerhaft oder unschlüssig und nicht nachvollziehbar ist. Ist die Betriebskostenabrechnung dagegen gedanklich und rechnerisch nachvollziehbar, sodass der Mieter in die Lage versetzt ist, den Anspruch des Vermieters nachzuprüfen, ändern auch einzelne Abrechnungsposten, die strittig und möglicherweise ungerechtfertigt sind, jedenfalls dann nichts an der Fälligkeit der Gesamtabrechnung im Übrigen, wenn die strittigen Positionen aus der Abrechnung unschwer herausgerechnet werden können (vgl. BGH, Urteil v. 6.12.1989, VIII ZR 8/89, ZMR 1990 S. 97; OLG Düsseldorf, Urteil v. 8.6.2000, 10 U 94/99, DWW 2000 S. 193).

Ferner ist ein Bestreiten von Abrechnungsposten nur dann zu berücksichtigen, wenn der Mieter die Berechnungsunterlagen vorher **eingesehen** und seine Bedenken vorgetragen hat (s. „Abrechnung der Betriebskosten“, Abschnitt 7.1 „Einsichtsrecht des Mieters“); anderenfalls ist sein Bestreiten unbeachtlich (OLG Düsseldorf, Urteil v. 8.6.2000, 10 U 94/99, DWW 2000 S. 193, 194; AG Oldenburg, Urteil v. 31.3.2004, E4 C 4132/03 (XXVI), ZMR 2004 S. 828).

Jedoch ist der Mieter in einem nachfolgenden Rechtsstreit über die Nachzahlung von Betriebskosten nicht auf die in der vorprozessualen Korrespondenz erhobenen Einwände beschränkt (LG Kiel, Urteil v. 16.1.1992, 1 S 116/90, WuM 1992 S. 696).

Fehler oder Unzulänglichkeiten in der Abrechnung, die eine Überprüfung weder unmöglich noch unzumutbar schwierig machen, können auch keinen Anspruch des Mieters auf Rückzahlung von Betriebskostenvorauszahlungen begründen (LG Hamburg, Urteil v. 16.1.1997, 307 S 126/96, WuM 1997 S. 180).

> Bei substanziiertem Bestreiten trifft im Prozess den Vermieter die **Darlegungs- und Beweislast** für die Richtigkeit der Angaben in der Abrechnung.

Der Vermieter ist berechtigt, mit Nachforderungen aus einer **Betriebs**kostenabrechnung gegen ein Mieterguthaben aus einer **Heiz**kostenabrechnung **aufzurechnen** (LG Berlin, Urteil v. 14.9.1998, 61 S 553/97, NZM 1999 S. 414; AG Berlin, Beschluss v. 18.12.1996, 19 A 1325.96, GE 1997 S. 191; a.A. LG Berlin, Urteil v. 24.4.1995, 62 S 35/95, GE 1995 S. 1085).

Der Vermieter ist jedoch **nicht** berechtigt, die Zufuhr von Energie oder Wasser zur Mietwohnung zu unterbrechen, um Nachforderungen aus einer Betriebskostenabrechnung durchzusetzen. Ein solches eigenmächtiges Vorgehen des Vermieters kann den Erlass einer **einstweiligen Verfügung** durch das zuständige Amtsgericht begründen (AG Greifswald, Beschluss v. 20.3.2003, 43 C 53/03, WuM 2003 S. 265).

Befindet sich der Mieter mit der Zahlung einer Betriebskostennachforderung des Vermieters in **Verzug**, kann der Vermieter als Verzugsschaden auch die ihm **konkret** entstandenen Kosten für ein vorprozessuales **Mahnschreiben** verlangen. **Pauschal**, d.h. ohne Nachweis von konkreten Unkosten, darf der Vermieter allerdings lediglich einen Betrag von 2,50 Euro verlangen (AG Brandenburg, Urteil v. 25.1.2007, 31 C 190/06, WuM 2007 S. 65).

Die Geltendmachung einer **Nachforderung** durch den Vermieter kann **ausgeschlossen** sein, wenn der Vermieter nicht fristgerecht abgerechnet hat (§ 556 Abs. 3 S. 3 BGB, s.o. Abschnitt 10 „Abrechnungsfristen"). Unbeschadet dessen tritt die **Verjährung** des Anspruchs des Vermieters auf Nachzahlung von Betriebskosten nach **3 Jahren** ein (regelmäßige Verjährungsfrist gemäß § 195 BGB in der seit 1.1.2002 geltenden Fassung). Sie beginnt mit dem Schluss des Jahres zu laufen, in welchem der Anspruch entstanden ist (§ 199 Abs. 1 BGB). Entstanden ist der Anspruch nach Zugang einer nachvollziehbaren Abrechnung und Ablauf einer angemessenen Zeit zur Nachprüfung (vgl. BGH, RE v. 19.12.1990, DWW 1991 S. 44). Dementsprechend beginnt die Verjährungsfrist erst mit Vorlage einer **formell ordnungsgemäßen** Abrechnung (OLG Koblenz, Urteil v. 17.1.2005, 12 U 1424/03, NZM 2005 S. 540). Zur Frage, wann eine Abrechnung formell ordnungsgemäß ist, s.u. Abschnitt 12 „Der Nachforderungsanspruch des Vermieters".

Der Vermieter kann sich bei der Betriebskostenabrechnung jedoch die **Nachberechnung** einzelner Positionen **vorbehalten**, soweit er ohne Verschulden an einer rechtzeitigen Abrechnung gehindert ist, z.B. wegen einer zu erwartenden rückwirkenden Neufestsetzung der Grundsteuer durch das Finanzamt. Die Verjährung der sich aus der Neuberechnung ergebenden Forderung beginnt dann nicht vor Kenntnis des Vermieters von den anspruchsbegründenden Umständen (hier: Zugang des Grundsteuerbescheids) zu laufen. Allerdings muss der Vermieter die Nachberechnung alsbald nach Wegfall des Hindernisses, in der Regel innerhalb einer Frist von 3 Monaten (hier: ab Zugang des Grundsteuerbescheids), vornehmen (BGH, Urteil v. 12.12.2012, VIII ZR 264/12, NZM 2013 S. 84).

Die Verjährung ist nur dann zu berücksichtigen, wenn sich der Mieter darauf beruft (vgl. § 214 Abs. 1 BGB).

Vor der Verjährung kann nach der Rechtsprechung des BGH bei Vorliegen von ganz **besonderen Gründen** eine **Verwirkung** des Nachzahlungsanspruchs eintreten; jedoch nicht allein dadurch, dass der Vermieter es längere Zeit unterlassen hat, den Anspruch geltend zu machen. Ohne Hinzutreten besonderer Umstände kann der Mieter nur aufgrund der länger dauernden Untätigkeit des Vermieters grundsätzlich nicht annehmen, der Vermieter verzichte auf die Geltendmachung der Nachforderung, da die Verwirkung auf **Ausnahmefälle** beschränkt ist (BGH, Urteil v. 29.2.1984, VIII ZR 310/82, DWW 1984 S. 166).

Hinsichtlich der zeitlichen Voraussetzungen gilt der allgemeine Grundsatz, dass umso seltener Raum für eine Verwirkung sein wird, je kürzer die Verjährungsfrist ist. Dementsprechend kann bei Forderungen, die einer kurzen Verjährungsfrist unterliegen, z.B. Nachforderungen aus der Betriebskostenabrechnung, eine Verwirkung vor Ablauf der Verjährungsfrist nur aus ganz **besonderen** Gründen angenommen werden; die bloße Untätigkeit des Vermieters reicht insoweit nicht (KG Berlin, Urteil v. 27.11.2006, 12 U 182/04, ZMR 2007 S. 364). Allein die Tatsache, dass der Vermieter die Betriebskostenabrechnung entgegen mietvertraglichen Vereinbarungen mit einer Verzögerung von knapp 5 Jahren vorgenommen hat, bewirkt noch keine Verwirkung der Ansprüche und hindert daher nicht die Geltendmachung der sich hieraus ergebenden Nachforderungen (BGH, Beschluss v. 27.10.2009, VIII ZR 334/07, WuM 2010 S. 36). Die Verwirkung setzt vielmehr voraus, dass zu dem **Zeitmoment** noch ein **Umstandsmoment** hinzutritt, das die Feststellung rechtfertigt, der Mieter habe darauf vertrauen können, dass der Vermieter die Forderung nicht mehr geltend macht. In der Tatsache, dass der Vermieter einen Abrechnungszeitraum „übersprungen" hat, d.h. für einen Abrechnungszeitraum dem Mieter keine Abrechnung zugegangen ist, kann ein solches Umstandsmoment nicht gesehen werden, da der Mieter in diesem Fall davon ausgehen muss, dass die Abrechnung verloren gegangen ist oder der Vermieter diese versehentlich vergessen hat (LG Berlin, Urteil v. 5.12.2006, 65 S 210/06, GE 2007 S. 446). Dagegen kann ein zur Verwirkung erforderliches Umstandsmoment vorliegen, wenn der Vermieter mehrere Jahre lang (hier: in den vorangegangenen 3 Jahren) Nachforderungen aus den Betriebskostenabrechnungen verjähren ließ und nicht gerichtlich geltend gemacht hat. Aus der Tatsache, dass der Vermieter keine Bemühungen unternimmt, seine Forderungen aus den Vorjahren durchzusetzen, d.h. gerichtlich zu verfolgen, kann sich beim Mieter über die Jahre der Eindruck verfestigen, dass seine Beanstandungen Erfolg hatten und der Vermieter zwar Betriebskostenabrechnungen vorlegt, aber die daraus folgenden Forderungen auf sich beruhen lässt und nicht gerichtlich durchsetzen wird (BGH, Beschluss v. 21.2.2012, VIII ZR 146/11, WuM 2012 S. 317). Ferner kann ein Umstandsmoment z.B. in der vorbehaltlosen Rückzahlung der Kaution bei Beendigung des Mietverhältnisses gesehen werden, da die Beendigung des Mietverhältnisses regelmäßig Anlass ist, bestehende Ansprüche geltend zu machen oder sich diese zumindest vorzubehalten; anderenfalls kann der Mieter darauf vertrauen, dass keine Ansprüche mehr erhoben werden (vgl. LG Essen, Urteil v. 8.4.1988, 1 S 617/87, WuM 1989 S. 399; LG Mannheim, Urteil v. 24.1.1990, 4 S 150/89, ZMR 1990 S. 378; BGH, RE v. 11.4.1984, VI ARZ 16/83, DWW 1984 S. 165, sowie LG Berlin, Urteil v. 4.7.2003, 64 S 144/03, NJW-RR 2004 S. 298, wonach der Anspruch aus der Betriebskostenabrechnung dann **verwirkt** ist, wenn ihn der Vermieter erst **4 Jahre** nach Beendigung des Mietverhältnisses durch Klage geltend macht). Gleiches gilt, wenn der Vermieter seine Ansprüche erst nach 2,5 Jahren gerichtlich geltend macht, nachdem der Mieter die Forderung nicht anerkannt und den Vermieter auf den Rechtsweg verwiesen hat (LG Berlin, Urteil v. 16.10.2001, 64 S 158/01, NZM 2002 S. 286).

Ferner kann der Vermieter Nachforderungsansprüche **verwirken**, wenn die Parteien aufgrund von konkreten Einwendungen des Mieters gegen den Nachforderungsanspruch des Vermieters einen intensiven Schriftwechsel führen und sich der Vermieter dann fast **3 Jahre** Zeit lässt, bevor er den Nachforderungsanspruch wieder geltend macht (OLG Düsseldorf, Beschluss v. 24.6.2004, I-24 U 92/04, ZMR 2005 S. 42).

Verzichtet der Vermieter jedoch nur in Anbetracht der finanziellen Verhältnisse des Mieters über Jahre auf Betriebskostennachzahlungen, begründet dies keine Verwirkung des Anspruchs für die Zukunft (AG Hagen, Urteil v. 23.11.2010, 15 C 286/10, DWW 2011 S. 14).

Zur Frage, ob der Mieter Anspruch auf Ersatz der **Kosten eines Rechtsanwalts** hat, den er zur Abwehr einer **unberechtigten** Betriebskostennachforderung eingeschaltet hat, s. OLG Düsseldorf, Urteil v. 7.12.2006, I-10 U

115/06, WuM 2007 S. 65. Danach besteht ein solcher Anspruch jedenfalls dann, wenn der Mieter zunächst selbst erfolglos eine Überprüfung der Abrechnung verlangt hat. In diesem Fall verstößt er auch nicht gegen seine Schadensminderungspflicht (§ 254 Abs. 2 BGB), wenn er sich nicht zunächst an den Mieterverein oder die Verbraucherzentrale gewandt hat. Der Ansatz einer Geschäftsgebühr (Nr. 2300 VV RG) in Höhe von 1,3 durch den Rechtsanwalt ist in diesem Fall angemessen, da die Schwellengebühr von **1,3** die **Regel**gebühr darstellt, deren Ansatz nicht erfordert, dass die Angelegenheit umfangreich gewesen ist oder Schwierigkeiten aufgeworfen hat. Mit einer geringeren Gebühr (z.B. 1,0) muss sich der Anwalt nur bei Angelegenheiten von besonders geringem Umfang und Schwierigkeitsgrad begnügen (OLG Düsseldorf, a.a.O.).

Grundlage für die Höhe der Anwaltsgebühren für die Prüfung der Betriebskostenabrechnung ist nicht der Gesamtbetrag der in die Abrechnung eingestellten Betriebskosten, sondern nur der sich aus der Abrechnung ergebende Nachzahlungsbetrag (AG Düsseldorf, Urteil v. 11.2.2009, 22 C 14416/08, ZMR 2009 S. 762).

13 Der Rückforderungsanspruch des Mieters

Rückforderungsansprüche des Mieters wegen **überzahlter** Betriebskosten **verjähren** bei fortbestehendem Mietverhältnis ebenfalls in der regelmäßigen Verjährungsfrist, die seit 1.1.2002 **3 Jahre** beträgt (§ 195 BGB). **Gleiches** wird für den Anspruch des Mieters auf Rückzahlung von periodisch, d.h. zu festgesetzten Zahlungsterminen geleisteten Betriebskosten**vorauszahlungen** zu gelten haben, wenn für diese Vorauszahlungen von vornherein der Rechtsgrund fehlt, z.B. weil keine rechtswirksame Vereinbarung bestanden hat (vgl. OLG Hamm, Urteil v. 1.3.1995, 30 U 178/94, DWW 1995 S. 189 sowie OLG Koblenz, Beschluss v. 15.4.2002, 5 W 235/02, NJW-RR 2002 S. 800).

Allerdings muss der Mieter **Einwendungen** gegen eine Betriebskostenabrechnung dem Vermieter spätestens bis zum **Ablauf des zwölften Monats** nach Zugang der Abrechnung mitteilen. **Nach** Ablauf dieser Frist kann der Mieter Einwendungen **nicht mehr** geltend machen; es sei denn, der Mieter hat die verspätete Geltendmachung nicht zu vertreten (§ 556 Abs. 3 S. 5 BGB).

Dies gilt auch für Betriebskosten, die nach Auffassung des Mieters in der Betriebskostenabrechnung zu Unrecht angesetzt worden sind, z.B. weil es für diese Betriebskosten an einer Umlagevereinbarung fehlt oder sie wegen einer für diese Betriebskosten vereinbarten Pauschale nicht abgerechnet werden können. In beiden Fällen kann der Mieter anhand des Mietvertrags und ggf. weiteren mietvertraglichen Abreden überprüfen, ob die ihm in Rechnung gestellten Betriebskosten nach den vertraglichen Vereinbarungen abrechenbar sind. Der Ansatz solcher Betriebskosten stellt daher einen lediglich inhaltlichen (materiellen) Fehler dar und führt nicht zur formellen Unwirksamkeit der Betriebskostenabrechnung (BGH, Beschlüsse v. 18.2.2014, VIII ZR 83/13, WuM 2014 S. 336 und v. 31.1.2012, VIII ZR 335/10 GE 2012 S. 543).

Sinn und Zweck der aufeinander abgestimmten Ausschlussfristen für die Abrechnung des Vermieters und die Einwendungen des Mieters ist, dass innerhalb einer absehbaren Zeit nach Ablauf des Abrechnungszeitraums eine Abrechnung erteilt und Klarheit über die wechselseitig geltend gemachten Ansprüche erzielt wird. Die damit beabsichtigte Befriedungsfunktion wäre nicht gewährleistet, wenn nach Ablauf der Frist noch Streitigkeiten darüber möglich wären, ob bestimmte Betriebskosten zu Unrecht angesetzt worden sind (BGH, Urteil v. 12.1.12011, VIII ZR 148/10).

Dagegen soll der gesetzliche Einwendungsausschluss (§ 556 Abs. 3 S. 5 BGB) nach einem Urteil des AG Karlsruhe vom 2.12.2011 (12 C 84/11, ZMR 2012 S. 787) nicht greifen, wenn der Vermieter in der Betriebskostenabrechnung Kosten angesetzt hat, die nicht zu den umlagefähigen Betriebskosten (i.S.v. § 2 BetrKV) zählen und daher **generell** nicht umlagefähig sind (z.B. Bankgebühren, Instandhaltungskosten). Den Ansatz solcher Kosten soll der Mieter auch noch nach Ablauf der Einwendungsfrist beanstanden können, da es ein Wertungswiderspruch sei, wenn das Gesetz einerseits die Umlage bestimmter Kosten auf den Mieter generell nicht gestatte, man es dem Mieter andererseits verwehre, sich nach Ablauf dieser Frist auf dieses Verbot zu berufen (so Langenberg, Betriebs- und Heizkostenrecht, 6. Aufl. 2012, Rn. 269). Die gegenteilige Auffassung vertritt Sternel (Mietrecht aktuell, 4. Auflage, V Rn. 464 ff.), wonach die möglichst zeitnahe Herstellung von Rechtssicherheit entscheidend ist und es daher dem Mieter obliegen muss, innerhalb der gesetzlichen Jahresfrist Einwendungen vorzubringen, die im Rahmen einer zumutbaren Prüfung der Abrechnung erkennbar sind. Dementsprechend soll der Mieter nach Ablauf der Jahresfrist mit dem Einwand, bestimmte Kosten seien nicht umlagefähig, ausgeschlossen sein, da dieser Abrechnungsfehler offenkundig und ohne weiteren Aufwand zu erkennen ist. Eine höchstrichterliche Entscheidung zu dieser Problematik steht noch aus.

Der Lauf dieser Einwendungsfrist setzt jedoch den Zugang einer **formell ordnungsgemäßen** Abrechnung voraus. Dies hat zur Folge, dass in den Fällen, in denen die Abrechnung hinsichtlich **aller** darin aufgeführten Kostenpositionen nicht den formellen Mindestanforderungen genügt, der Einwendungsausschluss **insgesamt** nicht greift. Sind dagegen nur **einzelne** abtrennbare Kostenpositionen formell nicht ordnungsgemäß abgerechnet worden, greift der Einwendungsausschluss nur hinsichtlich **dieser** Positionen nicht, d. h., bezüglich der anderen vom Vermieter formell ordnungsgemäß angesetzten Positionen gilt für Einwendungen des Mieters die gesetzliche Jahresfrist (BGH, Urteil v. 8.12.2010, VIII ZR 27/10, WuM 2011 S. 101).

Ist der Mieter unverschuldet daran gehindert, eine Einwendung gegen die Betriebskosten zu erheben, hat er die Einwendung spätestens innerhalb von 3 Monaten nach Wegfall des Hindernisses nachzuholen. Ansonsten ist er mit der Einwendung ausgeschlossen (LG Krefeld, Urteil v. 17.3.2010, 2 S 55/09, ZMR 2010 S. 693).

Hat der Mieter die Nachforderung des Vermieters trotz Ablauf der gesetzlichen Abrechnungsfrist (s. o. Abschnitt 10 „Abrechnungsfristen“) bezahlt, kann er die Zahlung aus ungerechtfertigter Bereicherung (§ 812 BGB) **zurückfordern**, da er diese dann ohne Rechtsgrund (i. S. d. §§ 812 ff. BGB) geleistet hat und in der Zahlung auch kein deklaratorisches Schuldanerkenntnis des Mieters gesehen werden kann, wenn er in Unkenntnis der Ausschlussfristen gezahlt hat (BGH, Urteil v. 18.1.2006, VIII ZR 94/05, WuM 2006 S. 150).

Der Erstattungsanspruch des Mieters gegen den Vermieter aus der Betriebs- und Heizkostenabrechnung ist **unpfändbar**, wenn der Mieter Arbeitslosengeld II bezieht und die Erstattung deshalb im Folgemonat die Leistungen der Agentur für Arbeit für Unterkunft und Heizung des Hilfeempfängers mindert; anderenfalls würde eine solche Pfändung zulasten der öffentlichen Mittel gehen (BGH, Urteil v. 20.6.2013, IX ZR 310/12).

14 Nachträgliche Korrektur der Abrechnung

Der Vermieter von Wohnraum kann eine unrichtige Abrechnung innerhalb der gesetzlichen Abrechnungsfrist (§ 556 Abs. 3 S. 2, 3 BGB; s. „Abrechnung der Betriebskosten“, s. o. Abschnitt 10 „Abrechnungsfristen“) nachträglich korrigieren und dem Mieter eine neue Abrechnung zustellen, wenn z. B. aus Versehen zu geringe Beträge angesetzt oder Positionen übersehen wurden.

Dies gilt auch dann, wenn die Korrektur zulasten des Mieters geht und der Vermieter das sich aus der ursprünglichen fehlerhaften Abrechnung ergebende Guthaben dem Mieter bereits vorbehaltlos ausgezahlt bzw. dessen Konto gutgeschrieben hat. Die durch das am 1.9.2001 in Kraft getretene Mietrechtsreformgesetz eingeführten Abrechnungs- und Einwendungsfristen des § 556 Abs. 3 BGB gewährleisten nämlich, dass die Mietvertragsparteien nach einer überschaubaren Zeit Klarheit über ihre Verpflichtungen aus einem abgeschlossenen Abrechnungszeitraum erlangen. Angesichts dessen rechtfertigt die bloße Zahlung des sich aus der Abrechnung ergebenden Guthabens noch nicht die Annahme eines Schuldanerkenntnisses, das den in der Abrechnung genannten Endbetrag verbindlich werden lässt (BGH, Urteil v. 12.1.2011, VIII ZR 296/09, WuM 2011 S. 108). Dies gilt nach der Rechtsprechung des BGH auch für Mietverhältnisse über **Geschäfts**räume. Für diese finden zwar die nur für Wohnraummietverhältnisse geltenden Einwendungs- und Ausschlussfristen (§ 556 Abs. 3 S. 3 und 6 BGB) keine Anwendung. Allerdings fehlt es zur Begründung eines Schuldanerkenntnisses an einem wirksamen Vertrag zwischen den Parteien. Ein solcher kann zwar auch konkludent durch schlüssiges Verhalten zustande kommen; jedoch ist eine Betriebskostenabrechnung für sich allein eine reine Wissenserklärung ohne rechtsgeschäftlichen Bindungswillen, sodass der Auszahlung eines errechneten Guthabens kein rechtsgeschäftlicher Erklärungswert zukommt (BGH, Urteil v. 28.5.2014, XII ZR 6/13).

Bei einer nachträglichen **Grundsteuererhöhung** durch das Finanzamt kann der Vermieter die Betriebskostenabrechnung selbst dann noch korrigieren, wenn das Mietverhältnis bereits **beendet** ist und das Saldo vom Mieter **ausgeglichen** wurde (LG Berlin, Urteil v. 21.3.2005, 62 S 321/04, GE 2005 S. 737). Die Nachforderung von **rückwirkend erhöhten** Grundsteuern kann der Vermieter (hier: nach beendetem Mietverhältnis) geltend machen, solange die regelmäßige Verjährungsfrist von 3 Jahren, die mit Ablauf des jeweiligen Jahres der zulässigen Mitteilung der Betriebskostenabrechnung des früheren Abrechnungszeitraums beginnt, noch nicht abgelaufen ist, da der Vermieter die verspätete Geltendmachung in diesem Fall nicht zu vertreten hat (§ 556 Abs. 3 S. 3 BGB; LG Düsseldorf, Urteil v. 22.9.2010, 23 S 430/09, WuM 2010 S. 749).

Auch der Vermieter einer **preisgebundenen** Wohnung (s. „Sozialwohnung“) kann Grundsteuernachforderungen für weiter zurückliegende Zeiträume (hier: 4 Jahre) ungeachtet von bereits erteilten Abrechnungen geltend machen, sofern er aus Gründen, die er nicht zu vertreten hat, diese Belastungen nicht früher geltend machen konnte (§ 20 Abs. 3 S. 4 und § 20 Abs. 4 S. 1 i. V. m. § 4 Abs. 8 NMV; LG Frankfurt/M., Urteil v. 13.11.2001, 2-11 S 192/01, NZM 2002 S. 336). Allerdings muss die Nachforderung spätestens **3 Monate** nach Eingang des Steuerbescheids geltend gemacht werden (AG Bielefeld, Urteil v. 8.3.2002, 41 C 994/01, NJW-RR 2002 S. 1168).

Abstandszahlung

Inhaltsübersicht

Seite

1 Allgemeines 69

2 Freie Vereinbarung 70

3 Bei frei finanziertem Wohnraum 70

4 Bei öffentlich gefördertem Wohnraum 71

1 Allgemeines

Abstandszahlungen sind Geldleistungen, um einen anderen zum Abschluss einer bestimmten Vereinbarung zu bewegen.

Häufig werden Abstandszahlungen geleistet, um den Vertragspartner zur Aufhebung eines langfristigen Mietvertrags zu veranlassen, z. B. den Mieter zum Abschluss eines Mietaufhebungsvertrags (s. „Mietaufhebungsvertrag“) über die unter Kündigungsschutz stehende Wohnung. Umgekehrt können entsprechende Zahlungen auch vom Mieter angeboten werden, um die vorzeitige Entlassung aus einem langfristigen Mietverhältnis zu erreichen.

2 Freie Vereinbarung

Grundsätzlich können Abstandszahlungen frei vereinbart werden. Lediglich bei Sozialwohnungen sind einmalige Leistungen mit Rücksicht auf die Überlassung der Wohnung unzulässig (§ 9 Abs. 1 WoBindG; s.u. Abschnitt 4 „Bei öffentlich gefördertem Wohnraum“). Eine Vereinbarung, durch die sich der Mieter verpflichtet, für den erhöhten Verwaltungs- und Vermietungsaufwand infolge der vorzeitigen Vertragsauflösung eine **Pauschal**abgeltung in Höhe von einer Monatsmiete (netto/kalt) ohne besonderen Nachweis des Vermieters zu zahlen, ist auch formularvertraglich wirksam (OLG Hamburg, RE v. 17.4.1990, 4 U 222/89, DWW 1990 S. 174; Weber/Marx, X/S. 89 = Sammelband Nr. 244).

Nach Auffassung des LG Frankfurt/M. (Urteil v. 23.8.1994, 2/11 S 113/94, WuM 1994 S. 605) gilt dies jedoch nur für eine **gesondert** getroffene Vereinbarung anlässlich der Aufhebung des Mietvertrags, nicht aber für Klauseln in einem Formularmietvertrag. Auch eine Formularklausel, wonach der Mieter als „Kosten des Vertrags“ die Gebühren des vom Vermieter für den Vertragsschluss beauftragten Rechtsanwalts bezahlen soll, ist unzulässig und kann einen Zahlungsanspruch des Vermieters nicht stützen (AG München, Urteil v. 2.12.1992, 431 C 11957/92, WuM 1994 S. 604; a.A. AG Bochum, Beschluss v. 2.12.1997, 66 C 531/97, WuM 1998 S. 595).

Unwirksam ist ferner folgende bereits im Mietvertrag enthaltene Formularklausel: „Sollte das Mietverhältnis auf Wunsch des Mieters vor Ablauf der Vertragszeit bzw. der gesetzlichen Fristen einverständlich beendet werden, zahlt der Mieter als **pauschale Abgeltung** der Kosten der vorzeitigen Beendigung des Mietverhältnisses an den Vermieter den Betrag der zuletzt vereinbarten Kaltmiete für einen Monat“ (OLG Karlsruhe, Beschluss v. 15.2.2000, RE-Miet 1/99, DWW 2000 S. 128).

Bei **Eigentumswohnungen** werden gelegentlich durch Beschluss sog. **Umzugskostenpauschalen** vereinbart. Sie sollen etwaige Schäden, die beim Auszug eines Mieters entstehen können (z.B. Treppenhausbeschädigung), abdecken. Der Umlagefähigkeit dieser Kosten auf Mieter stehen im Einzelfall gesetzliche Vorschriften nicht entgegen, während eine entsprechende formularvertragliche Vereinbarung (auch durch mehrfache inhaltsgleiche Verwendung (s. „Allgemeine Geschäftsbedingungen“) wegen Verstoßes gegen § 309 Nr. 5 bzw. § 307 BGB als pauschalierter Schadenersatzanspruch unwirksam ist.

Auch sog. **„Ablösezahlungen“** werden häufig als Abstandszahlungen bezeichnet, die vom Nachmieter oder dem Vermieter an den Vormieter als Ausgleich für das Zurücklassen von Einbauten oder Einrichtungsgegenständen geleistet werden und nichts anderes als die Zahlung des Kaufpreises für diese Gegenstände darstellen.

3 Bei frei finanziertem Wohnraum

Im frei finanzierten Wohnungsbau sind solche Vereinbarungen über die Zahlung eines Entgelts für zurückgelassene Gegenstände bzw. Einbauten grundsätzlich zulässig. Ein solcher Vertrag, durch den der Wohnungssuchende sich im Zusammenhang mit dem Abschluss eines Mietvertrags über Wohnräume verpflichtet, von dem Vermieter oder dem bisherigen Mieter eine Einrichtung oder ein Inventarstück zu erwerben, ist jedoch im Zweifel unter der aufschiebenden Bedingung geschlossen, dass der Mietvertrag zustande kommt (§ 4a WoVermG). Durch diese Regelung soll der neue Mieter vor dem nicht seltenen Fall geschützt werden, dass er vom Vormieter z.B. bei der Besichtigung der Wohnung Gegenstände oder Einrichtungen erwirbt, anschließend aber der Mietvertrag mit dem Vermieter aus irgendwelchen Gründen nicht zustande kommt. In diesem Fall ist auch der Kaufvertrag hinfällig (§§ 4a Abs. 2 S. 1 WoVermG, 158 Abs. 1 BGB).

Die Vereinbarung über die **Höhe** des Kaufpreises ist unwirksam, soweit dieser in auffälligem Missverhältnis zum Wert der Einrichtung oder des Inventarstücks steht (§ 4a Abs. 2 S. 2 WoVermG). Ein auffälliges Missverhältnis ist dann gegeben, wenn der vereinbarte Kaufpreis den objektiven Wert (Zeitwert) des Inventarstücks oder der Einrichtung (s. „Einrichtungen“) um mehr als 50 % überschreitet (BGH, Urteil v. 23.4.1997, NJWE 1997 S. 169). Dies gilt ebenfalls für Ablösevereinbarungen, die nicht Inventarstücke oder Einrichtungen, sondern **andere Leistungen** des bisherigen Mieters betreffen, insbesondere Renovierungsleistungen oder Einbauten, die wesentliche Bestandteile des Gebäudes geworden sind (z.B. Heizungsanlage). § 4a Abs. 2 WoVermG ist insofern **entsprechend** anwendbar.

Für die Wertermittlung ist nicht auf den Verkehrswert, d.h. den Preis, der nach dem Ausbau erzielt werden kann, abzustellen, sondern auf den **Gebrauchs**wert, d.h. den Wert, den die Einrichtung für die Wohnung hat (OLG Düsseldorf, Urteil v. 7.3.1997, 14 U 117/96, NZM 1998 S. 805).

Dementsprechend ist bei der Wertermittlung für eine **Einbauküche** der objektive Wert der den Räumlichkeiten angepassten Küche einschließlich Arbeitsplatte maßgeblich und nicht der Preis, den die Küche in ausgebautem Zustand auf dem Markt erzielen würde (OLG Köln, Urteil v. 20.10.2000, 19 U 43/00, MDR 2001 S. 446). Der Nachmieter spart sich Transport- und Einbaukosten, sodass es angemessen ist, auf den Gebrauchswert und nicht auf den Verkehrswert (Zeitwert) der Gegenstände in ausgebautem Zustand abzustellen (KG Berlin, Urteil v. 6.5.2004, 8 U 314/03, GE 2004 S. 814).

Da eine Ablösevereinbarung nur unwirksam ist, „soweit" Leistung und Gegenleistung in einem auffälligen Missverhältnis stehen, bleibt sie mit dem rechtlich unbedenklichen Teil wirksam (BGH, a.a.O.).

> Dies bedeutet, dass der Wohnungssuchende nicht den gesamten, sondern nur den Teil des Kaufpreises zurückverlangen kann, der den Zeitwert zzgl. 50 % überschreitet.

Unbeschadet dessen ist die Kaufpreisvereinbarung unwirksam, wenn sie ein **verstecktes Entgelt** für das Überlassen der Wohnung darstellt (vgl. LG Trier, Urteil v. 11.4.1991, 3 S 406/90, WuM 1991 S. 532; AG München, Urteil v. 19.7.1989, 143 C 25616/88, WuM 1990 S. 13; LG Frankfurt/M., Urteil v. 11.3.1986, 2/8 S 83/84, WuM 1989 S. 166; Sternel, Mietrecht, 3. Aufl., III S. 217). In diesem Fall kann die Unwirksamkeit der Ablösevereinbarung nach Ansicht des LG Hamburg (Urteil v. 6.6.1991, 302 S 87/90, DWW 1991 S. 340) auch auf einen Verstoß gegen § 2 Abs. 2 Ziff. 2 WoVermG gestützt werden, wenn der neue Mieter die Wohnung erst von dem weichenden Mieter nachgewiesen bekommen hat. Gemäß dieser Bestimmung steht dem Wohnungsvermittler ein Provisionsanspruch nicht zu, wenn er Eigentümer, Verwalter, Vermieter oder **Mieter** der Wohnung ist, da hier keine echte Maklertätigkeit vorliegt (§ 2 Abs. 2 S. 2 WoVermG).

Unwirksam ist auch eine Vereinbarung, die den Wohnungssuchenden oder für ihn einen Dritten verpflichtet, ein Entgelt dafür zu leisten, dass der bisherige Mieter die gemieteten Wohnräume räumt (§ 4a Abs. 1 WoVermG). Wirksam ist jedoch eine Vereinbarung über die Erstattung von Kosten, die dem bisherigen Mieter nachweislich für den **Umzug** entstehen (§ 4a Abs. 1 S. 2 WoVermG).

4 Bei öffentlich gefördertem Wohnraum

Bei **Sozialwohnungen** sind Leistungen des neuen an den alten Mieter als verbotene Abstandszahlung unzulässig (§ 9 Abs. 1 WoBindG), soweit der Kaufpreis den Wert der Gegenstände zum Zeitpunkt der Übergabe übersteigt (BGH, Urteil v. 22.12.1976, VIII ZR 221/75, MDR 1977 S. 393).

> Der Mieter hat grundsätzlich bei Beendigung des Mietverhältnisses bei Abstands- und bei Ablösezahlungen weder gegen den Vermieter noch gegen den Nachmieter einen Anspruch auf Erstattung dieser Geldleistungen, wenn nicht ausdrücklich etwas anderes vereinbart ist.

Belässt z.B. der Mieter eine von ihm eingebaute Küche in der Wohnung, ohne mit dem Vermieter eine Entschädigung zu vereinbaren, steht ihm keine Forderung auf den Zeitwert zu (LG Berlin, Urteil v. 24.5.1994, 64 S 455/93, GE 1994 S. 1123).

Abstellen von Fahrzeugen

Das Abstellen von Kraftfahrzeugen und Fahrrädern richtet sich grundsätzlich nach den in der **Hausordnung** festgelegten Bestimmungen (s. auch „Hausordnung“) oder nach individuellen Vereinbarungen. **Fehlt** eine entsprechende Regelung, gilt das Folgende.

> **Kraftfahrzeuge** dürfen innerhalb des Mietgrundstücks nur in Garagen oder auf angemieteten Stellplätzen abgestellt werden, nicht jedoch im Hof oder auf den Zugängen bzw. Zufahrten. **Fahrräder** hat der Mieter in seinem Kellerabteil oder einem speziellen Abstellraum unterzubringen.

Das Abstellen im Hausflur, Kellerabgang, Kellervorraum, in den Gemeinschaftsräumen oder auf anderen nicht mitvermieteten Flächen hat der Vermieter ausnahmsweise nur dann zu dulden, wenn anderweitige Abstellmöglichkeiten nicht vorhanden sind und eine Gefährdung anderer Hausbewohner sowie eine Beeinträchtigung deren Mietgebrauchs ausgeschlossen ist.

Der Vermieter kann das **Waschen** und **Reparieren** von Fahrzeugen im Hofraum und auf anderen nicht mitvermieteten Flächen untersagen.

Im Fall des Verstoßes gegen vorbezeichnete Grundsätze kann der Vermieter nach fruchtloser Abmahnung **Unterlassungsklage** erheben (§ 541 BGB). Eine Kündigung kann grundsätzlich erst dann ausgesprochen werden, wenn die Unterlassungsklage nicht zum Ziel führt.

Allgemeine Geschäftsbedingungen

Inhaltsübersicht

		Seite
1	**Definition**	73
2	**Voraussetzung einer Individualvereinbarung**	74
2.1	Anforderungen an das „Aushandeln“	74
2.2	Rechtsfolge	75
2.2.1	Individualvereinbarung	75
2.2.2	Geschäftsbedingung	75
3	**Beispiele unwirksamer Klauseln nach § 307 BGB**	76
4	**Beispiele unwirksamer Klauseln nach § 308 BGB**	90
5	**Beispiele unwirksamer Klauseln nach § 309 BGB**	90
6	**Überraschende oder ungewöhnliche Klauseln**	95
7	**Vorrang individueller Vereinbarungen**	95
8	**Auslegungszweifel**	95
9	**Umgehungsverbot**	96
10	**Rechtsfolgen unwirksamer Formularklauseln**	96
11	**Verbot einer geltungserhaltenden Reduktion**	96
12	**Anwendungsbereich der §§ 305 ff. BGB**	98

Das am 1.4.1977 in Kraft getretene Gesetz zur Regelung des Rechts der Allgemeinen Geschäftsbedingungen **(AGB-Gesetz)** wurde durch das **Gesetz zur Modernisierung des Schuldrechts** vom 26.11.2001 (BGBl I S. 3138 ff.) mit Wirkung ab 1.1.2002 in das Bürgerliche Gesetzbuch (§§ 305-310 BGB) **integriert**.

1 Definition

Allgemeine Geschäftsbedingungen sind gemäß § 305 Abs. 1 BGB alle für eine Vielzahl von Verträgen **vorformulierte** Vertragsbedingungen, die eine Vertragspartei (Verwender) der anderen Vertragspartei bei Abschluss eines Vertrags **stellt**. Gleichgültig ist, ob die Bestimmungen einen äußerlich gesonderten Bestandteil des Vertrags bilden oder in die Vertragsurkunde selbst aufgenommen werden, welchen Umfang sie haben, in welcher Schriftart sie verfasst sind und welche Form der Vertrag hat. Vertragsbedingungen sind vom Vermieter auch dann „gestellt" und unterliegen somit der Inhaltskontrolle nach § 305 ff. BGB, wenn der Vermieter ein Vertragsformular des von ihm mit der Wohnungsvermittlung beauftragten Maklers bei Abschluss des Mietvertrags verwendet hat (BGH, Beschluss v. 14.12.2010, VIII ZR 143/10, WuM 2011 S. 96).

Ein **Stellen** von Vertragsbedingungen liegt dagegen nicht vor, wenn die Einbeziehung der vorformulierten Bedingungen in den Vertrag auf einer freien Entscheidung des Mieters beruht, der vom Vermieter mit dem Verwendungsvorschlag konfrontiert wird. Dazu ist erforderlich, dass der Mieter bei der Auswahl der in Betracht kommenden Vertragstexte frei ist und insbesondere Gelegenheit erhält, alternativ eigene Textvorschläge mit der effektiven Möglichkeit ihrer Durchsetzung in die Verhandlungen einzubringen. In diesem Fall finden die §§ 305 ff. BGB auf die Vertragsbeziehung keine Anwendung (BGH, Urteil v. 17.2.2010, VIII ZR 67/09, NJW 2010 S. 1131; zum Erfordernis des „Stellens" von Geschäftsbedingungen vgl. ferner BGH, Urteil v. 24.5.1995, 64 S 455/93, NJW 1995 S. 2034).

Vorgedruckte Klauseln eines **Formularmietvertrags** stellen grundsätzlich Geschäftsbedingungen im Sinne dieser Vorschrift dar. Gleiches gilt, wenn in einem Vordruck von zwei Alternativen lediglich eine anzukreuzen bzw. durchzustreichen ist, unselbstständige Ergänzungen in ergänzungsbedürftige Formulare eingetragen werden (BGH, Urteil v. 2.3.1994, XII ZR 175/92, DWW 1994 S. 249), Leerräume durch vorgegebene Alternativen auszufüllen sind (BGH, Urteil v. 3.12.1991, XI ZR 77/91, NJW 1992 S. 503) oder ein vorformulierter Vorschlag hinzugefügt ist, der durch die Gestaltung des Formulars im Vordergrund steht und die anderen Wahlmöglichkeiten überlagert (BGH, Urteil v. 7.2.1996, IV ZR 16/95, NJW 1996 S. 1208).

Dagegen handelt es sich **nicht** um Allgemeine Geschäftsbedingungen, wenn das Formular lediglich offene Stellen enthält, die vom Vertragspartner nach seiner freien Entscheidung als selbstständige Ergänzung auszufüllen sind und vom Verwender keine vorformulierten Entscheidungsvorschläge hinzugefügt wurden (BGH, Urteil v. 7.2.1996, a.a.O.). Dementsprechend wird auch die in einem Mietvertrag vorformulierte Verlängerungsklausel zur **Individual**vereinbarung, wenn die Parteien die Verlängerungsdauer in eine Textlücke eintragen (OLG Düsseldorf, Beschluss v. 3.5.2005, 24 U 223/04, DWW 2006 S. 23).

> Bei hand- oder maschinenschriftlichen **Zusätzen** liegen grundsätzlich keine Geschäftsbedingungen, sondern **Individualvereinbarungen** vor (BGH, Urteil v. 2.3.1994, XII ZR 175/92, DWW 1994 S. 249; BGH, NJW 1972 S. 46).

Auch bei einer nachträglichen Änderung, die in einen vorformulierten Text **eingefügt** worden ist, besteht eine Vermutung dafür, dass insoweit eine Individualvereinbarung vorliegt (BGH, Urteil v. 26.2.1992, XII ZR 129/90, NJW 1992 S. 2283).

Solche Zusätze bzw. Einfügungen werden jedoch dann wieder als Geschäftsbedingungen qualifiziert, wenn sie für eine „Vielzahl von Verwendungen" i. S. v. § 305 Abs. 1 S. 1 BGB bestimmt sind, wobei die Rechtsprechung für eine „Vielzahl" bereits **drei bis fünf** Verwendungen ausreichen lässt (BGH, Urteil v. 29.6.1981, VII ZR 259/80, NJW 1981 S. 2344) und die §§ 305 ff. BGB auch schon bei der ersten Verwendung anwendet, wenn der Zusatz erkennbar für weitere Verwendungen vorgesehen ist (Ulmer-Brandner-Hensen, AGB-Gesetz, § 1 Rn. 23 ff.).

Die Beweislast dafür, dass der Zusatz für weitere Verwendungen vorgesehen ist, trägt der Mieter (LG München II, Urteil v. 24.10.2000, 12 S 3755/00, NZM 2001 S. 951).

2 Voraussetzung einer Individualvereinbarung

Voraussetzung einer Individualvereinbarung ist daher, dass die Ergänzung nicht schon vorher (z.B. in einem anderen Vertrag) verwendet wurde und bei Vertragsschluss auch nicht beabsichtigt war, sie häufiger zu verwenden (BGH, Urteil v. 2.3.1994, XII ZR 175/92, DWW 1994 S. 249). Jedoch wird eine für einen bestimmten Vertrag individuell vereinbarte Klausel nicht deshalb nachträglich zu einer Allgemeinen Geschäftsbedingung, weil sie später noch einmal benutzt worden ist (BGH, a.a.O.). Benutzt aber ein Vermieter mehrfach den selbst entworfenen hand- oder maschinenschriftlichen Mietvertrag oder fügt er dem Formularvertrag einen solchen als Zusatzvertrag hinzu, gelten seine Vertragsbedingungen als Allgemeine Geschäftsbedingungen und er selbst als Verwender, wobei es nicht auf die Wort-, sondern lediglich auf die Inhaltsgleichheit der Verwendungen ankommt (BGH, Urteil v. 26.2.1992, XII ZR 129/90, NJW 1992 S. 2283).

Kann der Mieter den Beweis führen, dass die strittige Vereinbarung für eine mehrfache Verwendung vorgesehen war (z.B. durch Vorlage weiterer Verträge mit inhaltsgleicher Vereinbarung), obliegt es dem Vermieter darzulegen und zu beweisen, dass die Vereinbarung im Einzelnen **ausgehandelt** wurde und nach § 305 Abs. 1 S. 3 BGB keine Geschäftsbedingung darstellt.

2.1 Anforderungen an das „Aushandeln"

Die Anforderungen an dieses **„Aushandeln"** werden von der Rechtsprechung jedoch sehr hoch angesetzt, sodass der Nachweis in der Praxis äußerst schwierig ist.

Nach dem Rechtsentscheid des OLG Hamm (v. 27.2.1981, 4 RE-Miet 4/80, DWW 1981 S. 149) wird ein vom Vermieter verwendeter Formularvertrag über Wohnraum nicht dadurch zur Individualabrede, dass der Mieter wenige Tage nach Unterzeichnung des Formularmietvertrags ein ebenfalls formularmäßig erstelltes, ihm vom Vermieter gestelltes Schriftstück unterschreibt, worin er bestätigt, dass er vor Abschluss des Mietvertrags ausreichend Zeit gehabt habe, denselben durchzulesen, die einzelnen Bestimmungen zu prüfen, zur Kenntnis zu nehmen und dass er sich vorbehaltlos mit allen Bestimmungen des Vertrags einverstanden erklärt.

Ein „Aushandeln" setzt vielmehr voraus, dass der Vermieter den in seinen Allgemeinen Geschäftsbedingungen enthaltenen gesetzesfremden Kerngehalt inhaltlich ernsthaft zur Disposition stellt und dem Mieter damit einen Einfluss auf die inhaltliche Ausgestaltung der Vertragsbedingungen tatsächlich einräumt. Dies kann z.B. dadurch erfolgen, dass der Vermieter dem Mieter im Gegenzug für die eingegangene Verpflichtung andere Vorteile gewährt oder ihm bei anderen vertraglichen Vereinbarungen entgegenkommt (BGH, Urteil v. 18.3.2009, XII ZR 200/06, GE 2009 S. 647; s. auch BGH, Urteil v. 30.9.1987, IVa ZR 6/86, NJW 1988 S. 410; v. 27.3.1991, IV ZR 90/90, NJW 1991 S. 1678). „Aushandeln" bedeutet somit mehr als bloßes Verhandeln. Dem Mieter muss Gestaltungsfreiheit zur Wahrung eigener Interessen eingeräumt werden (LG Düsseldorf, Urteil v. 7.3.2002, 21 S 163/01, NZM 2002 S. 779). Kommt es infolge von Einwänden des Mieters gegenüber einer vom Vermieter vorformulierten Mietvertragsbedingung zu einer Textänderung, die sich jedoch im Rahmen einer unselbstständigen Ergänzung hält, d.h., keine Änderung des wesentlichen Inhalts der Klausel bewirkt, ist auch dann der Charakter der Klausel als Allgemeine Geschäftsbedingung nicht infrage gestellt mit der Folge, dass keine die AGB-Kontrolle ausschließende Individualabrede vorliegt. Dies gilt auch gegenüber einem juristisch ausgebildeten Mieter (hier: Richter). Der Klauselverwender muss zunächst den ersten Anschein für das Vorliegen einer Allgemeinen Geschäftsbedingung widerlegen und hat die Darlegungs- und Beweislast dafür, dass der Vertrag oder eine einzelne Vertragsbedingung entgegen dem ersten Anschein individuell ausgehandelt worden ist (BGH, Beschluss v. 5.3.2013, VIII ZR 137/12, NZM 2013 S. 307).

Für ein „Aushandeln" reicht es auch nicht aus, dass der anderen Partei lediglich freigestellt wird, den Vertrag mit oder ohne die streitgegenständliche Vertragsbedingung abzuschließen. Bei umfangreichen bzw. **nicht leicht verständlichen** Klauseln setzt ein Aushandeln zusätzlich voraus, dass der Verwender die andere Vertragspartei über den Inhalt und die Tragweite der Zusatzvereinbarung belehrt hat oder sonst wie erkennbar geworden ist, dass der andere deren Sinn wirklich erfasst hat (BGH, Urteil v. 19.5.2005, III ZR 437/04, NJW 2005 S. 2543).

Bei Vertragsklauseln, die zur Verwendung in einem **einzelnen** Verbrauchervertrag bestimmt sind, trägt der Verbraucher nicht nur die Darlegungs- und Beweislast dafür, dass die Vertragsklauseln **vorformuliert** worden sind, sondern auch, dass er infolge der Vorformulierung **keinen Einfluss** auf ihren Inhalt nehmen konnte (BGH, Urteil v. 15.4.2008, X ZR 126/06, WuM 2008 S. 395).

Zur Darlegung eines „Aushandelns" i. S. v. § 305 Abs. 1 S. 3 BGB kann sich der Verwender einer vorformulierten Klausel nicht ausschließlich auf eine individualrechtliche Vereinbarung berufen, wonach über die Klausel „ernsthaft und ausgiebig verhandelt wurde" (BGH, Urteil v. 20.3.2014, VII ZR 248/13, NJW 2014 S. 1725). Mit dem Schutzzweck der §§ 305 ff. BGB ist auch nicht zu vereinbaren, wenn die Vertragsparteien unabhängig von den Voraussetzungen des § 305 Abs. 1 S. 3 BGB („Aushandeln") die Geltung des Rechts der Allgemeinen Geschäftsbedingungen individualrechtlich ausschließen (BGH, Urteil v. 20.3.2014, a. a. O.).

2.2 Rechtsfolge

2.2.1 Individualvereinbarung

Die Unterscheidung, ob es sich bei einer bestimmten Vertragsklausel um eine „Geschäftsbedingung" oder eine Individualvereinbarung handelt, ist praktisch von entscheidender Bedeutung, wenn eine Partei ihre Ansprüche auf diese Klausel stützt und die andere Partei einwendet, die Klausel sei unwirksam. Verlangt z. B. der Vermieter von seinem Mieter die Durchführung von Schönheitsreparaturen gemäß einer mietvertraglichen Vereinbarung und wendet der Mieter ein, diese Klausel sei unwirksam und er sei deshalb zur Durchführung der Schönheitsreparaturen nicht verpflichtet, ist vorab die Wirksamkeit der entsprechenden Vereinbarung zu prüfen.

Handelt es sich bei dieser Vereinbarung um eine **Individualvereinbarung**, ist diese nur dann unwirksam, wenn sie gegen zwingendes Recht verstößt, was im Gesetz z. B. durch die Formulierung „abweichende Vereinbarungen sind unwirksam" zum Ausdruck gebracht wird; ferner dann, wenn die Vereinbarung gegen Verbotsgesetze i. S. d. § 134 BGB gegen den Grundsatz von Treu und Glauben (§ 242 BGB) verstößt oder sittenwidrig i. S. d. § 138 BGB ist (BGH, Urteil v. 18.3.2009, a. a. O.). Dies wird jedoch nur im Ausnahmefall gegeben sein.

2.2.2 Geschäftsbedingung

Anders verhält es sich, wenn die Vereinbarung als **Geschäftsbedingung** zu qualifizieren ist, da in diesem Fall die Wirksamkeit anhand der §§ 305 ff. BGB zu prüfen ist. Danach ist eine Klausel nicht nur nach den erwähnten allgemeinen Regeln, sondern bereits dann unwirksam, wenn sie den Vertragspartner i. S. v. § 307 BGB „unangemessen benachteiligt". Eine **unangemessene Benachteiligung** wird in der Regel dann angenommen, wenn sich die Klausel zu weit zulasten des Klauselgegners (hier: des Mieters) von der gesetzlichen Regelung entfernt. So bestimmt z. B. der § 535 Abs. 1 S. 2 BGB, dass der Vermieter die Mietsache in gebrauchsfähigem Zustand zu erhalten hat mit der Folge, dass nach dieser gesetzlichen Regelung die Durchführung von **Schönheits-**

reparaturen Sache des Vermieters und nicht des Mieters ist. Bei Prüfung der Wirksamkeit einer Klausel, die dem Mieter die Schönheitsreparaturen überbürdet, stellt sich somit die Frage, ob von dieser gesetzlichen Regelung zu weit zulasten des Mieters abgewichen und dieser somit unangemessen benachteiligt wurde i.S.v. § 307 BGB. Dies kann der Fall sein, wenn z.B. die Fristen für die Durchführung der Arbeiten zu kurz bemessen wurden oder die Klausel den Mieter zur uneingeschränkten Renovierung beim Auszug verpflichtet (zur Wirksamkeit einer Formularklausel, die den Mieter zur Durchführung von Schönheitsreparaturen verpflichtet, vgl. im Einzelnen „Schönheitsreparaturen"). Mit der Neufassung des § 307 BGB wurde ferner das von der Rechtsprechung entwickelte **„Transparenzgebot"** in das Gesetz aufgenommen. Danach kann sich eine unangemessene Benachteiligung des Mieters auch daraus ergeben, dass eine Bestimmung nicht klar und verständlich ist (§ 307 Abs. 1 S. 2 BGB).

Eine zunehmend am Gedanken des Verbraucherschutzes bzw. Mieterschutzes orientierte Auslegung des Gesetzes zur Regelung des Rechts der Allgemeinen Geschäftsbedingungen (seit 1.1.2002: §§ 305 ff. BGB) hat dazu geführt, dass zum Teil jahrzehntelang verwendete Formularklauseln für unwirksam erklärt wurden.

3 Beispiele unwirksamer Klauseln nach § 307 BGB

Die Unwirksamkeit der überwiegenden Zahl der mietvertraglichen Formularklauseln wurde von der neueren Rechtsprechung (vgl. insbesondere OLG München, Urteil v. 12.1.1989, 29 U 2366/88, WuM 1989 S. 128; OLG Celle, Urteil v. 29.12.1989, 2 U 200/88, WuM 1990 S. 103; BGH, Urteil v. 7.6.1989, VIII ZR 91/88, NJW 1989 S. 2247; BGH, Urteil v. 15.5.1991, VIII ZR 38/90, NJW 1991 S. 1750) auf einen Verstoß gegen die **Generalklausel des § 307 BGB** gestützt, sodass dieser Bestimmung die größte praktische Bedeutung zukommt. Dies auch deshalb, weil eine Bestimmung nach § 307 BGB selbst dann unwirksam sein kann, wenn sie keinen Verstoß gegen die Verbotskataloge der §§ 308 und **309 BGB** beinhaltet.

Folgende Klausel zeichnet den Vermieter zwar in einer nach § 309 BGB zulässigen Weise von der Haftung für einfache und konkrete **Fahrlässigkeit** frei, führt jedoch nach dem OLG Celle (a.a.O.) zu einer unangemessenen Benachteiligung des Mieters nach § 307 BGB:

„Die Benutzung des **Fahrstuhls** geschieht auf eigene Gefahr. Für etwaige, durch die Benutzung des Fahrstuhls entstehende Schäden haftet der Vermieter nur, soweit ihn vorsätzliches oder grob fahrlässiges Verschulden trifft."

Das Oberlandesgericht Celle (a.a.O.) führt in den Gründen aus, dass es nicht sachgerecht ist und die Interessen des Mieters in erheblichem Maße verletzt, wenn der Vermieter, der eine Anlage (hier: Fahrstuhl) im Miethaus eröffnet und dem Mieter mit zur Verfügung stellt, für sein eigenes Verschulden oder das seiner Erfüllungsgehilfen nur eingeschränkt haften soll.

Weiterhin wurden von der Rechtsprechung u.a. **folgende Klauseln** wegen Verstoßes gegen **§ 307 BGB** für **unwirksam** erklärt:

Die Kosten für auch ohne Verschulden des Mieters notwendige **Reparaturen** an den ihm überlassenen Zentralheizungs- und Warmwasserversorgungsanlagen, an Öfen, Herden, Spültischen, Türen, Schlössern, Fenstern, Fensterläden, Rollläden, Jalousien, Markisen, WC- und Badeinrichtungen, Gas- und Wasserleitungen, Handwaschbecken, Bodenbelägen, elektrischen Einrichtungen, Gemeinschaftsantennen hat der Mieter bis einschließlich 50 Euro (bisher 100 DM) im Einzelfall auf sich zu nehmen und sich bei größerem Aufwand mit dem genannten Betrag zu beteiligen. Dasselbe gilt im Fall einer Neuanschaffung eines der genannten Gegenstände.

Den darüber hinausgehenden Betrag trägt der Mieter ebenfalls, wenn er den Schaden nicht rechtzeitig vorher angezeigt hat (BGH, Urteil v. 7.6.1989, VIII ZR 91/88, NJW 1989 S. 2247).

„Der Mieter hat auf seine Kosten die mitvermieteten Anlagen und Einrichtungen in den Mieträumen wie Rollläden, Licht- und Klingelanlagen, Schlösser, Wasserhähne, Heizkörperventile, Klosettspüler, Wasch- und Abflussbecken, Öfen, Badeöfen, Thermen, Herde u. Ä. in gebrauchsfähigem Zustand zu halten und alle an diesen Anlagen notwendig werdenden Reparaturen auf seine Kosten durchführen zu lassen" (BGH, Urteil v. 15.5.1991, VIII ZR 38/90, NJW 1991 S. 1750).

„Thermen sind auf Kosten des Mieters wenigstens einmal im Jahr von einem Fachmann zu warten" (BGH, Urteil v. 15.5.1991, VIII ZR 38/90, NJW 1991 S. 1750).

Zur Wirksamkeit von sog. **Kleinreparaturklauseln** s. „Kleinreparaturen". Zur vertraglichen Abwälzung von Reparaturen auf den Mieter bei der Gewerberaummiete s. „Instandhaltung und Instandsetzung der Mieträume".

Zur Wirksamkeit von **Schönheitsreparaturklauseln** s. „Schönheitsreparaturen".

„Der Mieter **tritt** dem Vermieter schon jetzt, für den Fall der Untervermietung, die ihm gegenüber dem Untermieter zustehenden Forderungen nebst Pfandrecht in Höhe der Mietforderung des Vermieters zur Sicherheit **ab**" (BGH, Urteil v. 15.5.1991, VIII ZR 38/90, NJW 1991 S. 1750; OLG Hamburg, Urteil v. 10.12.1997, 4 U 98/97, WuM 1999 S. 278).

„Der Mieter ist verpflichtet, auch nach Abschluss des Mietvertrags die Installation einer **Gemeinschaftsantenne** oder eines **Kabelanschlusses** zu dulden" (BGH, Urteil v. 15.5.1991, VIII ZR 38/90, NJW 1991 S. 1750).

Wirksam ist folgende Klausel:

„Soweit ein Breitbandkabelanschluss in der Wohnung vorhanden ist, der von einem Dritten, der das Haus verkabelt hat, betrieben wird, ist der Vermieter nicht verpflichtet, einen Kabelanschluss herzustellen" (BGH, Urteil v. 20.1.1993, VIII ZR 10/92, DWW 1993 S. 74).

Unter diesen Umständen darf dem Mieter allerdings nicht untersagt werden, eine eigene Antenne anzubringen.

„Die Mieter **bevollmächtigen** sich untereinander in der Weise, dass jeder von ihnen allein berechtigt ist, Willenserklärungen mit Wirkung für alle entgegenzunehmen oder abzugeben" (BGH, Urteil v. 15.5.1991, VIII ZR 38/90, NJW 1991 S. 1750).

Gleiches gilt für die folgende Klausel:

„Rechtshandlungen und Willenserklärungen eines Vermieters sind auch für die anderen Vermieter, eines Mieters auch für die anderen Mieter verbindlich."

Diese Klausel ist unwirksam, da sie jedem Mitmieter die Möglichkeit eröffnet, ohne Rücksicht auf die Belange der anderen Mitmieter den Mietvertrag in seinem Bestand selbst oder in elementaren Bestandteilen zu verändern, z. B. Untermietverträge abzuschließen etc. (OLG Düsseldorf, Urteil v. 17.10.2006, I-24 U 7/06, ZMR 2008 S. 44).

Unwirksam ist ferner eine formularmäßige Klausel in einem Wohnungsmietvertrag, in der der Mieter sein generelles Einverständnis mit zukünftigen **Modernisierungsarbeiten** erklärt (LG Leipzig, Urteil v. 20.2.2009, 8 O 3429/08, GE 2010 S. 847).

Wirksam ist dagegen eine Klausel folgenden Inhalts:

„Erklärungen, deren Wirkung die Mieter berührt, müssen von oder gegenüber allen Mietern abgegeben werden. Die Mieter bevollmächtigen sich jedoch gegenseitig zur Entgegennahme oder Abgabe solcher Erklärungen. Diese Vollmacht gilt auch für die Entgegennahme von Kündigungen, jedoch nicht für den Ausspruch von Kündigungen und für Mietaufhebungsverträge" (BGH, Beschluss v. 10.9.1997, VIII ARZ 1/97, WuM 1997 S. 599 in Abweichung von OLG Celle, Urteil v. 29.12.1989, 2 U 200/88, WuM 1990 S. 103).

„Eine Temperatur von mindestens 20 °C für die Zeit von 7 Uhr bis 22 Uhr in den vom Mieter hauptsächlich benutzten Räumen gilt als vertragsgemäß …" (BGH, Urteil v. 15.5.1991, VIII ZR 38/90, NJW 1991 S. 1750).

„Für eine **gleichmäßige Temperatur** wird eine Gewähr nicht übernommen, insbesondere nicht bei etwaiger Überbelegung des Hauses" (BGH, Urteil v. 15.5.1991, VIII ZR 38/90, NJW 1991 S. 1750).

„Soweit zulässig, ist der Vermieter bei Erhöhung bzw. Neueinführung von Betriebskosten berechtigt, den entsprechenden Mehrbetrag vom Zeitpunkt der Entstehung umzulegen."

Diese Klausel ist **unwirksam**, weil sie keine Beschränkung auf den Katalog der Anlage 3 zu § 27 II. BV enthält und außerdem hinsichtlich des Zeitpunkts der Erhöhung gegen § 560 Abs. 2 BGB (vgl. „Mieterhöhung bei Wohnraum“, Abschnitt 4 „Betriebskostenerhöhung (§ 560 BGB)“) verstößt (BGH, a. a. O.).

Wirksam ist dagegen folgende Klausel:

„Werden öffentliche Abgaben neu eingeführt oder entstehen Betriebskosten neu, können diese vom Vermieter im Rahmen der gesetzlichen Vorschriften umgelegt und angemessene Vorauszahlungen festgesetzt werden.“

Diese Klausel ermöglicht es dem Vermieter, neue, d. h. **nach** Abschluss des Mietvertrags **entstandene** Betriebskosten (z. B. Prämien einer nachträglich abgeschlossenen Sach- oder Haftpflichtversicherung für das Gebäude) auf die Mieter umzulegen. Die Formulierung der Klausel genügt dem sog. Transparenzgebot. Dem Mieter wird durch den Wortlaut klar und verständlich aufgezeigt, dass er mit neu hinzutretenden Betriebskosten rechnen muss. Daher ist es nicht zu beanstanden, dass der Mieter erst durch den Erhalt der Nebenkostenabrechnung von den neu eingeführten Betriebskosten bzw. den neuen öffentlichen Abgaben Kenntnis erlangt. Auch die Bezugnahme der Klausel auf die gesetzlichen Vorschriften ist zulässig, da durch die Bezugnahme gerade verhindert wird, dass grundsätzlich nicht umlagefähige Betriebskosten auf den Mieter umgelegt werden. Die Kosten z. B. für erstmals abgeschlossene Versicherungen sind neue Betriebskosten, wobei es nicht darauf ankommt, dass bei Abschluss des Mietvertrags bereits das (versicherte Schadens-)Risiko vorhanden gewesen ist. Letztlich ist die Umlagefähigkeit auch nicht davon abhängig, dass dem Mieter durch die neu entstandenen Kosten Vorteile entstehen (BGH, Urteil v. 27.9.2006, VIII ZR 80/06, WuM 2006 S. 612).

Wirksam ist ferner folgende Klausel:

„Sollten sich die vom Vermieter zu tragenden Kosten gegenüber dem Stand vom Vertragsschluss in der Zukunft erhöhen, so ist der Vermieter berechtigt, ab dem Zeitpunkt der Erhöhung diese Mehrkosten anteilig auf den Mieter umzulegen.“

Nach dieser Klausel darf der Vermieter auch gegen ihn selbst rückwirkend festgesetzte öffentliche Grundbesitzabgaben (z. B. Grundsteuer) auf den Mieter abwälzen, wenn der Mieter nach dem Mietvertrag solche Betriebskosten grundsätzlich übernommen hat (OLG Düsseldorf, Beschluss v. 29.10.2007, I-24 U 94/07, GuT 2008 S. 34).

Wirksam ist in einem **gewerblichen** Mietvertrag eine Klausel, die dem Vermieter ein Leistungsbestimmungsrecht dahingehend einräumt, bei einer Änderung der ortsüblichen bzw. angemessenen **Miete** den vom Mieter zusätzlich oder weniger zu zahlenden Betrag nach billigem Ermessen (§ 315 BGB) festzusetzen. Das Hinzusetzen einer mit der Ausübung des Mieterhöhungsrechts korrespondierenden Kündigungsmöglichkeit für den Mieter ist unter dieser Voraussetzung nicht erforderlich (BGH, Urteil v. 9.5.2012, XII ZR 79/10, NJW 2012 S. 2187).

Wirksam ist ferner eine Klausel, wonach „zu der im Mietvertrag angegebenen Wohn- bzw. Nutzfläche i. S. des Vertrags die vollen Grundflächen sämtlicher Räume gehören“. Diese Erläuterung des Wohnflächenbegriffs im Mietvertrag stellt keine überraschende oder den Mieter unangemessen benachteiligende Klausel dar (LG Wuppertal, Urteil v. 11.11.2008, 16 S 66/08, NZM 2009 S. 397).

Unwirksam ist eine Formularklausel, wonach der Vermieter (bei fehlender Vereinbarung) einen „geeigneten, auch unterschiedlichen“ Betriebskosten-Umlagemaßstab bestimmen kann.

Unwirksam ist auch eine formularvertragliche Verpflichtung des Mieters zum Abschluss eines Wärmelieferungsvertrags mit einem vom Vermieter zu bestimmenden Wärmelieferanten (AG Winsen, Urteil v. 30.7.2012, 16 C 384/12, WuM 2012 S. 603).

Unwirksam ist ferner eine Formularklausel, die dem Vermieter auch während der Mietzeit das Recht einräumt, „soweit zulässig, den Verteilungsschlüssel (für die Betriebskosten) angemessen neu zu bilden“, weil auch das unterschiedslose Abänderungsrecht einen Verstoß gegen die Heizkostenverordnung darstellt und sich der Vermieter eine Abänderung des Umlageschlüssels auch nur dann vorbehalten darf, wenn sachliche Gründe dafür vorliegen (BGH, a.a.O.).

Bei der **Anmietung** von Verbrauchserfassungsgeräten (s. „Heizkostenverordnung“) ist (gegenüber Verbrauchern) eine in Allgemeinen Geschäftsbedingungen vereinbarte Laufzeit von 10 Jahren unwirksam, da sie den Mieter (i.S.d. § 307 Abs. 1 S. 1 BGB) unangemessen benachteiligt.

Beim **Kauf** von Verbrauchserfassungsgeräten ist (gegenüber Verbrauchern) eine Klausel in Allgemeinen Geschäftsbedingungen (nach § 307 Abs. 2 Nr. 1, Abs. 1 S. 1 BGB) unwirksam, die es dem Verkäufer bei Zahlungsverzug gestattet, unter Eigentumsvorbehalt gelieferte Geräte bis zur Kaufpreiszahlung vorläufig wieder zurückzunehmen. Dies widerspricht dem wesentlichen Grundgedanken des § 449 Abs. 2 BGB, wonach der Verkäufer aufgrund des Eigentumsvorbehalts die verkaufte Sache erst dann herausverlangen kann, wenn er vom Vertrag zurückgetreten ist (BGH, Urteil v. 19.12.2007, XII ZR 61/05, WuM 2008 S. 139).

Bei **Kabelanschlussverträgen** (s. „Kabelfernsehen“) stellt eine Laufzeit von 20 Jahren grundsätzlich eine unangemessene Benachteiligung des Hauseigentümers dar und ist daher unwirksam (BGH, Urteil v. 4.7.1997, V ZR 405/96, NJW 1997 S. 3022). Dagegen wird eine Vertragslaufzeit von 15 Jahren als zulässig angesehen (so z.B. OLG Düsseldorf, Urteil v. 5.9.2002, 10 U 129/01, WuM 2002 S. 666).

Wirksam ist eine formularvertragliche Verpflichtung des Mieters zur Erteilung einer **Einzugsermächtigung** für Mieten und Nebenkosten, da angesichts der erheblichen Rationalisierungsvorteile und der Kostenersparnis auf Seiten des Vermieters sowie der Möglichkeit des Mieters zum Widerruf von Buchungen, den Vorteilen für den Vermieter keine beachtlichen Nachteile des Mieters gegenüberstehen (OLG Brandenburg, Urteil v. 21.4.2004, 7 U 165/03, WuM 2004 S. 597).

Unzulässig ist allerdings ein **Ausschluss** der Widerrufsmöglichkeit. Gleiches gilt für Formulierungen, die beim Mieter den Eindruck erwecken, dass ihm die Möglichkeit des Widerrufs verwehrt ist, z.B. „Der Mieter ist zur Erfüllung der Einzugsermächtigung verpflichtet“ (OLG Brandenburg, a.a.O.; s. auch BGH, Urteil v. 6.6.2000, XI ZR 258/99, ZMR 2001 S. 171; BGH, Urteil v. 10.1.1996, XII ZR 271/94, WuM 1996 S. 205; LG Köln, Urteil v. 16.5.2002, 1 S 205/01, WuM 2002 S. 306).

„Das **Halten** von **Haustieren** ist unzulässig.“ Dieses generelle Verbot ist **unwirksam**, weil es auch Tiere erfasst, deren Anwesenheit naturgemäß auf das Vertragsverhältnis keinen Einfluss haben kann, z.B. Zierfische im Aquarium (BGH, a.a.O.). Unwirksam ist auch ein Verbot, das nur bestimmte Kleintiere (z.B. Ziervögel und Zierfische) von dem Zustimmungsvorbehalt ausnimmt (BGH, Urteil v. 14.11.2007, VIII ZR 340/06, NJW 2008 S. 218). Dagegen ist eine Klausel, die Kleintiere **generell** von dem Zustimmungsvorbehalt ausnimmt, wirksam.

Unwirksam ist eine Formularklausel allerdings, wenn sie die Haltung von **Hunden und Katzen** in der Mietwohnung **generell** untersagt. Eine solche Klausel benachteiligt den Mieter unangemessen, weil sie ihm eine Hunde- und Katzenhaltung ausnahmslos und ohne Rücksicht auf besondere Fallgestaltungen und Interessenlagen verbietet. Zugleich verstößt sie gegen den wesentlichen Grundgedanken der Gebrauchsgewährungspflicht des Vermieters (§ 535 Abs. 1 BGB). Ob eine Tierhaltung zum vertragsgemäßen Gebrauch i.S.d. Vorschrift gehört, erfordert eine umfassende Interessenabwägung im Einzelfall. Eine generelle Verbotsklausel würde – in Widerspruch dazu – eine Tierhaltung auch in den Fällen ausschließen, in denen eine solche Abwägung eindeutig zugunsten des Mieters ausfiele. Allerdings führt die Unwirksamkeit der Klausel nicht dazu, dass der Mieter Hunde und Katzen ohne jegliche Rücksicht auf andere halten kann. Die Unwirksamkeit hat vielmehr zur Folge, dass die (nach § 535 Abs. 1 BGB) gebotene umfassende Abwägung der im Einzelfall konkret betroffenen Belange und Interessen der Mietvertragsparteien, der anderen Hausbewohner und der Nachbarn erfolgen muss (BGH, Urteil v. 20.3.2013, VIII ZR 168/12).

Wirksam ist dagegen eine Klausel mit **Zustimmungsvorbehalt**. Allerdings darf der Vorbehalt die Zustimmung des Vermieters **nicht** ausdrücklich in das **„freie Ermessen“** des Vermieters stellen. Vielmehr muss die Ausübung des Ermessens an legitime berechtigte Vermieterinteressen und damit an nachprüfbare Voraussetzungen gebunden sein (z. B. ungestörtes nachbarschaftliches Gemeinschaftsverhältnis, Hausfrieden u. Ä.). Ein durch ein „freies Ermessen“ schrankenloser Erlaubnisvorbehalt führt zu einer unangemessenen Benachteiligung des Mieters und damit zur Unwirksamkeit der Klausel, da hierfür keine berechtigten Interessen des Vermieters erkennbar sind (BGH, Beschlüsse v. 25.9.2012 und 22.1.2013, VIII ZR 329/11, WuM 2013 S. 220).

Bestimmt der Mietvertrag, dass die Haltung eines Hundes nur mit vorheriger Zustimmung des Vermieters zulässig ist, die nur für den Einzelfall erteilt wird, kann der Vermieter die Abschaffung eines ohne Einwilligung angeschafften Hundes auch dann ohne nähere Begründung verlangen, wenn zuvor anderen Mietern die Haltung von Hunden erlaubt wurde, da der Mieter keinen Anspruch auf Gleichbehandlung aller Mieter des Hauses hat (LG Köln, Urteil v. 4.2.2010, 6 S 269/09, ZMR 2010 S. 533).

Klauseln in einem Formularmietvertrag, die generell ein bestimmtes Verhalten des Mieters regeln sollen – ohne Rücksicht auf eventuelle gewichtige Interessen des Mieters im Einzelfall – werden von der Rechtsprechung in der Regel wegen einer unangemessenen Benachteiligung des Mieters (§ 307 Abs. 1 BGB) für unwirksam erklärt.

Daher ist nach einem Beschluss des LG Münster auch das ausnahmslose Verbot von Kraftfahrzeugen im Rahmen eines autofreien Wohnkonzepts („Gartensiedlung“) unwirksam. Dies gilt selbst dann, wenn es der Vermieter seinerseits in einem städtebaulichen Vertrag übernommen haben sollte, die Umsetzung des Konzepts mit allen ihm zur Verfügung stehenden rechtlichen und tatsächlichen Möglichkeiten zu unterstützen (LG Münster, Beschluss v. 5.5.2014, 3 S 37/14, NZM 2015 S. 131).

„Bei Beendigung des Mietverhältnisses ist der Mieter verpflichtet, **Dübeleinsätze** zu entfernen, Löcher ordnungsgemäß und unkenntlich zu verschließen, etwa durchbohrte Kacheln durch gleichartige zu ersetzen.“

Diese Klausel ist **unwirksam**, weil sie sich auch auf Fälle erstreckt, in denen das Anbringen von Dübeln und Löchern zum vertragsgemäßen Gebrauch unerlässlich war (BGH, a. a. O.).

„Befindet sich der Mieter mit der Zahlung des Mietzinses im Rückstand, so sind eingehende **Zahlungen** zunächst auf die Kosten einschließlich etwaiger Prozesskosten, dann auf die Zinsen und zuletzt auf die Hauptschuld, und zwar zunächst auf die ältere Schuld, **anzurechnen**“ (BGH, Urteil v. 15.5.1991, VIII ZR 38/90, NJW 1991 S. 1750).

„Der Mieter ist ohne ausdrückliche schriftliche Erlaubnis des Vermieters weder zu einer **Untervermietung** der Mieträume noch zu einer sonstigen Gebrauchsüberlassung an Dritte, ausgenommen besuchsweise sich aufhaltender Personen, berechtigt“ (BGH, Urteil v. 15.5.1991, VIII ZR 38/90, NJW 1991 S. 1750).

Dagegen kann in **gewerblichen** Mietverträgen die Untervermietung in wirksamer Weise auch erheblich eingeschränkt werden, z. B. durch folgende Klausel:

„Ohne Zustimmung des Vermieters darf der Mieter die Mietsache weder ganz noch teilweise untervermieten oder ihren Gebrauch Dritten in anderer Weise überlassen. Insbesondere darf die Mietsache nicht zu einem Zweck benutzt werden, der den Interessen des Vermieters entgegensteht“ (OLG Düsseldorf, Urteil v. 17.2.2005, 10 U 144/04, DWW 2005 S. 106).

„**Schäden** in den Mieträumen, am Gebäude, an den zum Gebäude oder Grundstück gehörenden Einrichtungen und Anlagen hat der Mieter auf seine Kosten beseitigen zu lassen, wenn und insoweit ihn, die zu seinem Haushalt gehörenden Personen, seine Untermieter und Besucher, die von ihm beauftragten Handwerker oder sonstige, zu ihm in Beziehung stehende Personen durch Vernachlässigung der Obhutspflicht oder in sonstiger Weise ein Verschulden trifft."

An dieser Klausel wurde beanstandet, dass der Mieter auch für „sonstige, zu ihm in Beziehung stehende Personen" haftet, sowie auch dann haftet, wenn die genannten Personen „in sonstiger Weise ein Verschulden trifft".
Dagegen bleibt die Haftung des Mieters für die zu seinem Haushalt gehörenden Personen (Untermieter, Besucher und von ihm beauftragte Handwerker) wegen Vernachlässigung der Obhutspflicht unbeanstandet.

„**Kosten** und Abgaben, die mit dem Abschluss dieses Vertrags verbunden sind, gehen zulasten des Mieters" (BGH, Urteil v. 15.5.1991, VIII ZR 38/90, NJW 1991 S. 1750).

Demnach ist in einem Formularmietvertrag über Wohnraum eine **Vertragsausfertigungsgebühr** auch dann unwirksam, wenn die Vermietung ohne Einschaltung eines Maklers getätigt wurde und mit der Gebühr lediglich die Inserats- und Verwaltungskosten pauschal abgegolten werden sollten (AG Hamburg, Urteil v. 11.7.2006, 316 C 120/06, WuM 2006 S. 607).

Unwirksam ist auch eine formularvertragliche Vereinbarung über die Zahlung einer „Bearbeitungsgebühr", da damit letztlich die Verwaltungstätigkeit des Vermieters bezahlt werden soll, deren Kosten aber nicht umlagefähig sind (LG Hamburg, Urteil v. 5.3.2009, 307 S 144/08, ZMR 2009 S. 534).

„Für **Beschädigungen** der Mieträume und des Gebäudes sowie der zu den Mieträumen oder zu dem Gebäude gehörenden Anlagen ist der Mieter ersatzpflichtig, soweit sie von ihm oder den zu seinem Haushalt gehörigen Personen oder von Untermietern, Besuchern, Lieferanten, Handwerkern usw. schuldhaft verursacht werden" (OLG München, Urteil v. 12.1.1989, 29 U 2366/88, WuM 1989 S. 128).

„Zum Zweck der Ausübung eines **Pfandrechts** ist der Vermieter oder ein Beauftragter desselben berechtigt, die Mieträume allein oder in Begleitung eines Zeugen zu **betreten**" (OLG München, a. a. O.).

„Falls der Mieter vor Ablauf des Vertrags die Räume verlässt, ist er verpflichtet, die **Schlüssel** an den Vermieter oder an dessen Beauftragten zu übergeben, und zwar auch dann, wenn er noch Gegenstände in den Räumen belassen hat, jedoch aus Anzahl oder Beschaffenheit der zurückgelassenen Gegenstände die Absicht des dauernden Verlassens der Räume zu erkennen ist. In diesen Fällen ist der Vermieter im Interesse des Mietnachfolgers berechtigt, die Mieträume schon vor der beendigten Räumung **instand setzen** zu lassen, ohne dass der Mieter das Recht hat, deshalb die Zahlung der Miete ganz oder teilweise zu verweigern oder die gezahlte Miete ganz oder teilweise zurückzuverlangen" (OLG München, a. a. O.).

Unwirksam ist ferner eine Formularklausel, die dem Vermieter von Wohnraum ein Recht zum Betreten der Mietwohnung ganz allgemein „zur Überprüfung des Wohnungszustands" einräumt. Eine solche Klausel, die dem Vermieter ein **anlassloses** Betreuungsrecht zubilligt, ist wegen unangemessener Benachteiligung des Mieters unwirksam (§ 307 Abs. 1 S. 1 BGB; BGH, Urteil v. 4.6.2014, VIII ZR 289/13).

„Kommt der Mieter seiner Verpflichtung zur Rückgabe sämtlicher Schlüssel bei Beendigung des Mietverhältnisses nicht nach, ist der Vermieter berechtigt, auf Kosten des Mieters Ersatzschlüssel zu beschaffen, oder, soweit dies im Interesse des Nachmieters geboten ist, neue Schlösser mit anderen Schlüsseln einzubauen, soweit er den Mieter vorher unter Fristsetzung zur Leistungserbringung gemahnt hat."

Diese Klausel ist **unwirksam**, da dem Mieter eine **verschuldensunabhängige** Haftung für den Verlust der Schlüssel auferlegt wird, während nach den generellen Grundsätzen des Haftungsrechts Schadenersatz nur im Fall eines Verschuldens verlangt werden kann. Allein der Umstand, dass das Risiko des Verlustes von Schlüsseln regelmäßig der Sphäre des Vermieters entzogen und allein durch den Mieter beherrschbar ist, reicht für eine solche Risikoabwälzung nicht aus (OLG Brandenburg, Urteil v. 21.4.2004, 7 U 165/03, WuM 2004 S. 597).

Unwirksam ist ferner eine Klausel, wonach der Vermieter bei Verletzung der Räumungspflicht durch den Mieter das Mietobjekt selbst öffnen und räumen lassen darf (LG Duisburg, Urteil v. 28.2.2012, 13 S 243/11, ZMR 2012 S. 550).

„**Nachträgliche Änderungen** und Ergänzungen derselben sind nur wirksam, wenn sie **schriftlich** niedergelegt sind“ (OLG München, a.a.O.; s. auch „Änderung des Mietvertrags“).

Wirksam ist dagegen eine Formularklausel, wonach sich die Parteien eines Geschäftsraummietvertrags verpflichten, jederzeit alle Handlungen vorzunehmen und Erklärungen abzugeben, die nötig sind, um dem **Schriftformerfordernis**, insbesondere im Zusammenhang mit dem Abschluss von Nachtrags- und Ergänzungsverfügungen Genüge zu tun, und bis dahin den Mietvertrag nicht unter Berufung auf die Nichteinhaltung der Schriftform vorzeitig zu kündigen (KG Berlin, Urteil v. 13.11.2006, 8 U 51/06, NZM 2007 S. 402).

Unwirksam ist eine Formularklausel, die den Mieter (Pächter) im Fall einer von ihm verschuldeten Kündigung zur Zahlung einer Vertragsstrafe (z.B. in Höhe einer Monatsmiete) verpflichtet (OLG Düsseldorf, Urteil v. 23.11.1995, 10 U 29/95, MDR 1996 S. 465).

Unwirksam ist ferner eine Formularklausel in einem Vertrag über Wohnraum, nach der der Vermieter bei **Verlust eines Schlüssels** berechtigt ist, auf Kosten des Mieters ein Austauschschloss anzubringen und die erforderliche Anzahl von Schlüsseln anzufertigen, da die Klausel eine verschuldensunabhängige Haftung des Mieters eröffnet und daher gegen § 307 Abs. 2 BGB verstößt (LG Hamburg, Urteil v. 14.7.1998, 316 S 55/98, NZM 1999 S. 410).

Unwirksam ist bei Wohnraummietverträgen auch der **formularmäßige** Ausschluss des Kündigungsrechts des Mieters bei Versagung der **Untervermieterlaubnis** nach § 540 Abs. 1 S. 2 BGB (vgl. die Zusammenstellung der gegensätzlichen Standpunkte in BGH, Urteil v. 4.7.1990, VIII ZR 288/89, NJW 1990 S. 3016 sowie LG Hamburg, Urteil v. 19.5.1992, 316 S 320/90, WuM 1992 S. 689). Strittig ist, ob dies auch für Mietverhältnisse über **Geschäftsräume** gilt. Bei **Geschäfts**raummietverhältnissen ist der **formularmäßige** Ausschluss des Sonderkündigungsrechts des Mieters im Fall der Verweigerung der Untervermieterlaubnis jedenfalls dann nach § 307 BGB unwirksam, wenn eine Untervermietung vertraglich zwar nicht ausgeschlossen ist, der Vermieter die erforderliche Erlaubnis nach dem Inhalt des Vertrags aber nicht nur bei Vorliegen konkreter Versagungsgründe (z.B. übermäßiger Abnutzung der Mietsache, Schmälerung vorhandener Sicherheiten aus dem Vermieterpfandrecht), sondern nach Belieben verweigern kann (BGH, Urteil v. 24.5.1995, XII ZR 172/94, NJW 1995 S. 2034; vgl. auch BGH, Urteil v. 4.7.1990, VIII ZR 288/89, BB 1990 S. 1796). Erst recht ist daher bei einem langfristigen Geschäftsraummietvertrag die **Kombination** eines Kündigungsausschlusses mit einem **generellen** Verbot der Untervermietung wegen Verstoßes gegen § 307 Abs. 2 Nr. 1 BGB **formularvertraglich** unwirksam (LG Bonn, Urteil v. 20.2.2002, 2 O 346/01, NJW-RR 2002 S. 1234; LG München, Urteil v. 8.4.1993, 7 O 15862/92, WuM 1994 S. 370).

Formularvertraglich **un**wirksam sind auch Vereinbarungen, wonach die Erteilung der Erlaubnis nur **schriftlich** gültig ist (BGH, Urteil v. 15.5.1991, VIII ZR 38/90, NJW 1991 S. 1750) oder vom Vermieter **frei widerrufen** werden kann (uneingeschränkter Widerrufsvorbehalt; BGH, Urteil v. 11.2.1987, VIII ZR 56/86, NJW 1987 S. 1692). Solche Vereinbarungen sind nur wirksam, wenn sie von den Parteien individuell ausgehandelt wurden.

Unwirksam sind auch Klauseln in Wohnraummietverträgen, die eine **Mietminderung** durch den Mieter (s. „Minderung der Miete“) **ausschließen oder beschränken** (z.B. von einer vorherigen Anzeige abhängig machen). Solche Klauseln sind nicht nur formularvertraglich wegen Verstoßes gegen § 307 BGB, sondern auch bei individueller Vereinbarung gemäß § 536 Abs. 4 BGB unwirksam.

Auch bei der Vermietung von Geschäftsräumen kann ein **formular**vertraglicher Ausschluss des Minderungsrechts des Mieters bei Mängeln der Mietsache unwirksam sein. Nach Auffassung des BGH ist eine vom Vermieter verwendete **formular**mäßige Klausel, wonach der Mieter von **Gewerberaum** gegenüber den Ansprüchen des Vermieters auf Zahlung der Miete kein Minderungsrecht wegen Mängeln der Mietsache geltend machen kann, es sei denn, der Vermieter hat die Mängel vorsätzlich oder grob fahrlässig zu vertreten, im Zweifel dahin auszulegen, dass sie die Minderung insofern vollständig ausschließt und dem Mieter daher nicht die Möglichkeit verbleibt, nachträglich eine zu viel gezahlte Miete aus dem Gesichtspunkt der ungerechtfertigten Bereicherung (§§ 812 ff. BGB) zurückzufordern. Eine solche Klausel benachteiligt den Mieter unangemessen und ist deswegen unwirksam.

Gleiches gilt für eine Klausel, wonach eine Minderung der Miete ausgeschlossen ist, wenn die Nutzung der Räume durch Umstände beeinträchtigt wird, die der Vermieter nicht zu vertreten hat. Auch diese Klausel ist im Zweifel dahin auszulegen, dass sie die Minderung insoweit vollständig ausschließt und dem Mieter nicht die Möglichkeit der Rückforderung der Miete nach §§ 812 ff. BGB belässt (BGH, Urteile v. 12.3.2008, XII ZR 147/05, NJW 2008 S. 2254 und v. 23.4.2008, XII ZR 62/06, NJW 2008 S. 2497).

Wirksam ist dagegen eine Klausel in einem **gewerblichen** Mietvertrag, wonach der Mieter bei der Geltendmachung einer Mietminderung verpflichtet ist, den Betrag auf ein Notaranderkonto oder beim Vermieter zu hinterlegen. Eine solche Klausel ist wirksam und verstößt nicht gegen § 307 BGB, weil dadurch das Minderungsrecht des Mieters nicht völlig ausgeschlossen und der Mieter daher nicht unangemessen benachteiligt wird (KG Berlin, Urteil v. 11.7.2013, 8 U 243/12, MDR 2013 S. 1338).

Ein Vermieter, der unwirksame Allgemeine Geschäftsbedingungen (z.B. das Minderungsrecht des Mieters betreffend) verwendet, kann sich aufgrund dieses eigenen Verstoßes gegen vorvertragliche Pflichten nicht darauf berufen, er habe infolge vorbehaltloser Zahlung der Miete trotz geltend gemachter Mängel über einen langen Zeitraum (hier: über 40 Monate) darauf vertrauen dürfen, dass der Mieter seine Rechte nicht noch – etwa nach Erkenntnis der Klauselunwirksamkeit – geltend mache (BGH, Urteil v. 12.3.2008, XII ZR 147/50, NZM 2008 S. 522).

Unwirksam ist eine Klausel, die den Mieter bei Überlastung des **Stromnetzes** selbst bei Betrieb von haushaltsüblichen Elektrogeräten zur Verstärkung des Netzes auf seine Kosten verpflichtet, z.B. „Der Mieter ist berechtigt, in den Räumen Haushaltsmaschinen (z.B. Wasch- und Geschirrspülmaschinen, Trockenautomaten) aufzustellen, wenn und soweit die Kapazität der vorhandenen Installationen ausreicht und Belästigungen der Hausbewohner und Nachbarn sowie Beeinträchtigungen der Mietsache und des Grundstücks nicht zu erwarten sind. Im Fall des Anschlusses von Elektrogeräten, die zu einer Überlastung des vorhandenen Netzes führen, ist der Mieter verpflichtet, die Kosten der Verstärkung oder sonstigen Änderungen des Netzes zu tragen (einschließlich der Energieumstellungs- und Folgekosten)“. Diese Klausel ist wegen unangemessener Benachteiligung des Mieters gemäß § 307 BGB unwirksam, da der Mieter danach bei einer Überlastung der Elektroanlage die Kosten der Verstärkung des Netzes unbegrenzt tragen müsste und selbst bei einem völlig defekten Elektronetz, an das überhaupt kein Gerät angeschlossen werden kann, keine Gewährleistungsansprüche gegen den Vermieter hätte (BGH, Urteil v. 10.2.2010, VIII ZR 343/08).

Nach Auffassung des OLG Naumburg (Urteil v. 12.8.1999, 2 U 34/98, WuM 2000 S. 241) verstößt eine Formularklausel, wonach dem Mieter **Schadenersatz- und Minderungsansprüche** wegen Mängeln der Mietsache nur bei grober Fahrlässigkeit bzw. Vorsatz des Vermieters zustehen, gegen § 307 Abs. 2 BGB, wenn sich dieser **Haftungsausschluss** auch auf Mängel erstreckt, deren Vermeidung nach dem Vertragszweck unbedingt geboten ist (sog. Kardinalpflichten, z.B. Dichtigkeit des Dachs, Beheizbarkeit der Räume; so auch BGH, RE v. 24.10.2001, VIII ARZ 1/01, NZM 2002 S. 116; s.u. Abschnitt 5 „Beispiele unwirksamer Klauseln nach § 309 BGB“).

Der **Ausschluss des Minderungsrechts** für Störungen der Versorgung mit Wärme, Strom, Gas, Wasser oder der Entwässerung, die **nicht** vom Vermieter **zu vertreten** sind, ist zulässig (BGH, Urteil v. 17.3.1976, VIII ZR 274/74, ZMR 1976 S. 279). Dementsprechend kann das Recht des Mieters, die Miete für **Gewerbe**räume wegen Beeinträchtigungen durch **Bauarbeiten** in der **Nachbarschaft** zu mindern, auch **formularmäßig** ausgeschlossen werden. Dies stellt keine unangemessene Benachteiligung des Mieters dar. Gegebenenfalls kann der Ausschluss des Minderungsrechts durch einen Anspruch des Mieters auf **Abtretung** nachbarschaftlicher Ausgleichsansprüche (§ 906 BGB) ausgeglichen werden (OLG Hamburg, Urteil v. 2.4.2003, 4 U 57/01, ZMR 2004 S. 432).

Dagegen ist eine Klausel wegen unangemessener Benachteiligung des Mieters gemäß § 307 BGB **unwirksam**, wonach äußere Einwirkungen durch Dritte, z.B. Verkehrsumleitungen, Aufgrabungen, Straßensperren, Geräusch-, Geruchs- und Staubbelastung o.Ä., unabhängig von ihrem Ausmaß keinen Fehler des Mietgegenstands begründen, sofern sie nicht vom Vermieter infolge Vorsatzes oder grober Fahrlässigkeit zu vertreten sind (KG Berlin, Urteil v. 12.11.2007, 8 U 194/06, NZM 2008 S. 526).

Auch ein Haftungsausschluss für erforderliche Umbauarbeiten im oder am **eigenen Anwesen** wäre als überraschend und unangemessen zu werten und somit **unwirksam** (OLG Hamburg, a.a.O.).

Eine Klausel in einem Geschäftsraummietvertrag, wonach der Mieter eine nicht ausdrücklich vom Vermieter zugestandene oder rechtskräftig bestätigte Mietminderung nur vornehmen darf, wenn in Höhe des Minderungsbetrags zugleich eine Hinterlegung bei der Justizkasse eines deutschen Gerichts durch ihn erfolgt, ist wirksam und verstößt insbesondere nicht gegen § 307 BGB (KG Berlin, Urteil v. 16.3.2009, 8 U 112/09, GE 2009 S. 1555).

Der Ausschluss des Minderungsrechts gilt nicht nur für die Miete, sondern auch für eine **Nutzungsentschädigung**, die der Mieter infolge Weiterbenutzung der Mietsache nach Beendigung des Mietverhältnisses zu zahlen hat (OLG Hamm, Urteil v. 11.2.1998, 30 U 70/97, NZM 1998 S. 438).

In einem **Geschäftsraum**mietvertrag mit einem Kaufmann, der die Räume zum Betrieb seines Handelsgewerbes angemietet hat, kann die Ausübung des **Zurückbehaltungsrechts** des Mieters nach § 273 BGB von einer fristgerechten Ankündigung (z.B. einen Monat vorher) abhängig gemacht werden (OLG Hamburg, Urteil v. 1.10.1997, 4 U 229/96, NZM 1998 S. 264).

Strittig war bisher, ob eine solche Klausel auch das **Leistungsverweigerungsrecht** des Mieters, d.h. die Einrede des nicht erfüllten Vertrags (§ 320 BGB), einschränkt. Ein Leistungsverweigerungsrecht (§ 320 BGB) hat der Mieter, wenn der Vermieter eine **Haupt**pflicht nicht erfüllt, z.B. wenn die Mietsache mangelhaft ist. Diese Einwendung ist von Amts wegen zu beachten und schließt einen Verzug des Mieters aus. Dagegen hat der Mieter lediglich ein **Zurückbehaltungsrecht** (§ 273 BGB), wenn der Vermieter mit der Erfüllung einer **Neben**pflicht (z.B. Abrechnung der Betriebskosten) in Verzug ist. Diese Einrede ist vom Gericht nur zu beachten, wenn sie vom Mieter geltend gemacht wird. Sie muss ferner vor Fälligkeit der Miete erhoben werden.

Die vertragliche Beschränkung des Zurückbehaltungsrechts erfasst sowohl das Zurückbehaltungsrecht des § 273 BGB als auch die Einrede des nicht erfüllten Vertrags nach § 320 BGB (BGH, Urteil v. 26.3.2003, XII ZR 167/01, DWW 2003 S. 188; OLG Düsseldorf, Urteil v. 3.6.2004, I 10 U 10/04, ZMR 2004 S. 576).

In einem Mietvertrag über gewerbliche Räume ist eine **auflösende Bedingung**, wonach der Vertrag bei Eintritt von bestimmten Umständen, z.B. Nichtzahlung der Kaution, **automatisch** endet, nicht grundsätzlich wegen einer unangemessenen Benachteiligung des Vertragspartners unwirksam, da die Vertragsbeendigung sich gleichermaßen zum Nachteil beider Vertragsparteien auswirken kann und mit einer solchen Regelung keine Risiken verbunden sind, die unternehmerisch handelnde Personen nicht überschauen könnten (KG Berlin, Urteil v. 26.1.2006, 8 U 128/05, NZM 2007

S. 41; so auch BGH, Urteil v. 27.1.1993, XII ZR 141/91, ZMR 1993 S. 320, wonach keine grundsätzlichen Bedenken gegen eine formularvertragliche auflösende Bedingung bestehen). Die auflösende Bedingung führt dazu, dass der Vertrag automatisch endet, Ansprüche beider Parteien für die Zukunft nicht mehr in Betracht kommen und auch kein Schadenersatz wegen Nichtdurchführung des Vertrags geschuldet wird. Eine auflösende Bedingung führt somit zu einer **„ersatzlosen"** Beendigung des Mietvertrags (so bereits KG Berlin, Urteil v. 12.5.2005, 8 U 7/05, NZM 2005 S. 946).

Anders ist die Rechtslage, wenn die Klausel an den Bedingungseintritt einer **Schadenersatzfolge**, z.B. Ersatz von Mietausfall, knüpft. Dann wird die gesetzliche Lage zuungunsten des Mieters verändert, da ein solcher Schadenersatzanspruch des Vermieters nur als Folge einer fristlosen **Kündigung** erhoben werden kann, die ihrerseits für die Setzung einer **Abhilfefrist** (§ 543 Abs. 3 BGB), d.h. z.B. bei einer Nichtzahlung der Kaution, eine Mahnung des Mieters voraussetzt. Auf das Setzen einer solchen Abhilfefrist kann jedenfalls formularvertraglich nicht verzichtet werden. Somit ist eine auflösende Bedingung nur dann zulässig und wirksam, wenn die Klausel als Folge des Bedingungseintritts (z.B. Nichtzahlung der Kaution) lediglich die Beendigung des Mietvertrags, nicht aber Schadenersatzansprüche des Vermieters (z.B. Mietausfall) bestimmt.

Wirksam ist auch eine Vereinbarung, wonach eine bei Vertragsschluss noch gegen gesetzliche Verbote verstoßende Regelung (z.B. über die Miethöhe) wirksam werden soll, wenn dies gesetzlich zulässig wird, z.B. nach Auslaufen der Mietpreisbindung (BGH, Urteil v. 27.6.2007, VIII ZR 150/06, ZMR 2007 S. 850).

Zur Wirksamkeit von formularvertraglichen **Aufrechnungsverboten** s. „Aufrechnung gegen die Miete".

Wirksam ist bei **Geschäftsraum**mietverhältnissen auch eine Formularklausel, wonach der Mieter auf Verlangen des Vermieters neben der Miete **Mehrwertsteuer** zu zahlen hat, falls der Vermieter in Ausnutzung seiner steuerrechtlichen Möglichkeiten gemäß § 9 UStG für die Umsatzsteuer **optiert** (BGH, Urteil v. 25.7.2001, XII ZR 137/99, NZM 2001 S. 953).

Dies gilt auch dann, wenn der Mieter selbst **nicht vorsteuerabzugsberechtigt** ist. Dagegen kann der Mieter **nicht** verpflichtet werden, Mehrwertsteuer auch dann zu zahlen, wenn der Vermieter seinerseits **nicht** zur Steuerpflicht **optiert**, da die Parteien keine Möglichkeit haben, einen nach dem Gesetz steuerbaren, aber steuerfreien Umsatz durch Vereinbarung steuerpflichtig zu machen. Schuldet der Mieter die „jeweils gültige Mehrwertsteuer", ist jedoch der Vermietungsumsatz steuerfrei, existiert insoweit keine „gültige Mehrwertsteuer" (BGH, Urteil v. 28.7.2004, XII ZR 292/02, NJW-RR 2004 S. 1452).

Wirksam ist der Ausschluss der **Fortsetzungsfiktion** des § 545 BGB durch folgende Formulierung:

„Setzt der Mieter den Gebrauch der Mietsache nach Ablauf der Mietzeit fort, so gilt das Mietverhältnis nicht als verlängert. § 545 BGB findet keine Anwendung" (BGH, Urteil v. 15.5.1991, VIII ZR 38/90, NJW 1991 S. 1750).

Dagegen ist der **Ausschluss** der **Fortsetzungsfiktion** durch folgende Klausel unwirksam:

„Wird nach Ablauf der Mietzeit der Gebrauch der Sache vom Mieter fortgesetzt, so findet § 545 BGB keine Anwendung."

Da diese Klausel nur die Nichtanwendbarkeit einer gesetzlichen Bestimmung erklärt, jedoch nicht auf die Rechtsfolge hinweist, wonach dadurch das Mietverhältnis nicht verlängert wird, ist die Klausel für einen rechtlich nicht vorgebildeten Durchschnittsbürger nicht verständlich und wird daher nach § 305 Abs. 2 Nr. 2 BGB nicht wirksam in den Mietvertrag einbezogen (OLG Schleswig, Beschluss v. 27.3.1995, 4 RE-Miet 1/93, NJW 1995 S. 2858 = WuM 1996 S. 85).

Im kaufmännischen Rechtsverkehr kann auch das Recht zur **Aufrechnung** und Zurückbehaltung formularvertraglich ausgeschlossen werden, soweit es nicht rechtskräftig festgestellte oder unstreitige Forderungen betrifft (BGH, Urteil v. 27.1.1993, XII ZR 141/91, DWW 1993 S. 170). Daher ist eine in den Allgemeinen Geschäftsbedingungen eines Mietvertrags über Gewerberäume enthaltene Regelung, wonach der Mieter gegenüber dem Mietzins nur mit unbestrittenen oder rechtskräftig festgestellten Gegenforderungen aufrechnen oder wegen solcher Forderungen ein Zurückbehaltungsrecht geltend machen kann, zulässig. Eine solche Klausel gilt über die Beendigung des Mietvertrags und, soweit gegen Mietzins- und Nutzungsentschädigungsansprüche aufgerechnet werden soll, auch über den Zeitpunkt der Rückgabe der Mietsache hinaus fort (KG Berlin, Urteil v. 26.10.2009, 8 U 45/09, DWW 2013 S. 181).

Bei **Untermiet**verhältnissen über **Gewerbe**räume ist eine Vertragsbestimmung rechtlich unbedenklich, wonach das Untermietverhältnis nach Auflösung des Hauptmietvertrags automatisch endet. Das Schriftformerfordernis des § 550 BGB (s. „Schriftform“) ist insofern bereits dann gewahrt, wenn im Untermietvertrag, z. B. durch einen entsprechenden Verweis, eine zweifelsfreie Bezugnahme auf den Hauptmietvertrag erfolgt, in dem die wesentlichen Bestimmungen enthalten sind. Eine Beifügung des Hauptmietvertrags ist nicht erforderlich (OLG Bremen, Urteil v. 13.9.2006, 1 U 28/06, ZMR 2007 S. 363).

Wirksam ist bei Mietverhältnissen über Geschäftsräume eine Klausel, wonach eine **Aufrechnung** und ein **Zurückbehaltungsrecht** der Miete gegenüber Forderungen des Vermieters auf Miete und Nebenkosten nur mit unbestrittenen und rechtskräftig festgestellten Forderungen des Mieters zulässig sind. Dies gilt auch bei Verwendung der Klausel in einem Mietvertrag mit einem **Freiberufler** (z. B. Arzt, Rechtsanwalt, Steuerberater), da ein Freiberufler als Unternehmer i. S. v. § 14 BGB anzusehen und die Klausel daher allein an § 307 BGB zu messen ist (§ 310 Abs. 1 BGB). Danach ist eine solche Klausel nicht zu beanstanden (OLG Koblenz, Urteil v. 8.12.2005, 2 U 163/05).

Eine Klausel in einem Formularmietvertrag, wonach dem Mieter von **Geschäfts**räumen kein Konkurrenzschutz gewährt wird, d. h., der Vermieter nicht verpflichtet ist, die Vermietung anderer Räume in demselben Gebäude an Wettbewerbsunternehmen zu unterlassen, ist grundsätzlich wirksam. Dies gilt selbst dann, wenn dem Mieter durch Formularmietvertrag zusätzlich eine **Betriebspflicht** auferlegt worden ist (so bereits BGH, Urteil v. 3.3.2010, XII ZR 131/08, MDR 2010 S. 738).

Der Ausschluss ist nur dann mit einem wesentlichen Grundgedanken des § 535 Abs. 1 BGB nicht vereinbar, wenn der Wettbewerber ein völlig gleiches Warensortiment oder gleiche Dienstleistungen anbietet (OLG Düsseldorf, Urteil v. 11.6.1992, 10 U 165/91, DWW 1992 S. 368; vgl. auch BGH, Urteil v. 10.2.1988, VIII ZR 33/87, NJW-RR 1988 S. 717 ff.). Auch Konkurrenzschutz**regelungen**, die den Mieter verpflichten, „keine Waren zu führen, die bereits in einem anderen Geschäftslokal des Hauses (Einkaufszentrum) geführt werden“, sind formularvertraglich wirksam und verstoßen nicht gegen § 307 BGB (s. auch „Wettbewerbsschutz“).

Wird dem Mieter jedoch nicht nur eine Betriebspflicht, sondern darüber hinaus eine **Sortimentsbindung** auferlegt dahingehend, dass Änderungen im Sortiment nur mit Zustimmung des Vermieters zulässig sind, und wird der Mieter auch noch zu einer Preisgestaltung entsprechend dem Preisniveau des Supermarkts verpflichtet, führt diese Vielzahl der dem Mieter auferlegten Beschränkungen in ihrer Gesamtschau zu einer unangemessenen Benachteiligung und damit zu einer Unwirksamkeit des Klauselwerks insgesamt (OLG Brandenburg, Urteil v. 25.11.2014, 6 U 117/13, MDR 2015 S. 18).

Für die Bestimmung des **Streitwerts** (z. B. bei einem Prozess im Rahmen einer Unterlassungsklage über den Bestand der Klausel) ist das Interesse des Mieters, seinen Bereich ohne unzulässige Konkurrenz betreiben zu können, maßgeblich. Orientierungsrahmen ist dementsprechend der Reingewinn, den der Kläger ohne Verstoß gegen die Konkurrenzschutzvereinbarung erzielen konnte. Begrenzt wird die Berechnung durch den Zeitpunkt der nächstmöglichen Kündigung nach dem Klagetermin. Ist das Mietverhältnis befristet, ist dessen Ende maßgebend. Eine generelle Begrenzung des Streitwerts auf den Betrag einer Jahresmiete ist nicht zulässig (BGH, Beschluss v. 9.8.2006, XII ZR 165/05, NZM 2006 S. 777).

Die Grundsätze des Konkurrenzschutzes, die für die Gewerbemiete entwickelt wurden, gelten entsprechend bei der Vermietung von Praxisräumen an Angehörige **freier Berufe**. Die Regelung im Mietvertrag „Dem Mieter wird Konkurrenzschutz gewährt für die Fachrichtungen Arbeits- und Familienrecht" ist dahin auszulegen, dass sie Konkurrenzschutz nur für Neuvermietungen bietet, nicht jedoch für die Erweiterung einer bereits ansässigen Kanzlei um den geschützten Tätigkeitsschwerpunkt (hier: Aufnahme eines Rechtsanwalts mit dem Schwerpunkt Arbeitsrecht in eine Strafrechtskanzlei; s. OLG Köln, Urteil v. 27.5.2005, 1 U 72/04, NZM 2005 S. 866).

Bei der Frage, ob der Mieter einer Gewerbeeinheit in einem Einkaufszentrum formularvertraglich verpflichtet werden kann, einer **Werbegemeinschaft** beizutreten, ist zu unterscheiden: Soll die Werbegemeinschaft in der Rechtsform einer Gesellschaft bürgerlichen Rechts (GbR) geführt werden oder ist dies nach dem Vertrag zumindest nicht ausgeschlossen, ist eine entsprechende Verpflichtung des Mieters unzulässig, da der Mieter als Gesellschafter einer GbR im Vergleich zu anderen Organisationsformen weitgehenden Haftungsrisiken ausgesetzt ist. Dagegen ist die Pflichtmitgliedschaft in einer Werbegemeinschaft, die laut Vertrag nicht als GbR gegründet werden kann, zulässig, da der Mieter durch die Mitgliedschaft dann Mitwirkungs- und Kontrollrechte erhält, die er bei einem reinen Umlageverfahren nicht hätte. Voraussetzung für eine Wirksamkeit der Klausel ist ferner, dass die Höhe der vom Mieter zu leistenden Beträge wegen des **Transparenzgebots** (§ 307 Abs. 1 S. 2 BGB) zumindest bestimmbar sein muss, z.B. durch einen bestimmten Prozentsatz. Zumindest muss jedoch eine **Höchstgrenze** festgeschrieben werden. Wird lediglich ein Umlageschlüssel vereinbart, genügt dies nicht dem gesetzlichen Transparenzgebot und führt zur Unwirksamkeit der Vereinbarung (BGH, Urteil v. 12.7.2006, XII ZR 39/04, EBE/BGH 2006, BGH-Ls 759/06).

Wirksam ist auch die formularmäßige Vereinbarung einer **Betriebspflicht** des Mieters in einem Geschäftsraummietvertrag, da die Rentabilität eines in den gemieteten Räumen betriebenen Unternehmens grundsätzlich allein in die wirtschaftliche Risikosphäre des Mieters fällt (BGH, Urteil v. 29.4.1992, XII ZR 221/90, DWW 1993 S. 69). Dementsprechend ist die dem Mieter eines Gaststättenlokals formularvertraglich auferlegte **„Betreibungspflicht während der gesetzlichen Öffnungszeiten"** nicht nach § 307 BGB unwirksam. Dies gilt auch bei gleichzeitigem Ausschluss von Konkurrenzschutz (OLG Hamburg, Urteil v. 3.4.2002, 4 U 236/01, ZMR 2003 S. 254). Eine vertraglich vereinbarte Betriebspflicht betreffend ein Ladengeschäft in einem Einkaufszentrum kann durch den Erlass einer **einstweiligen Verfügung** durchgesetzt werden (LG Bamberg, Urteil v. 21.11.2003, 1 O 563/03, ZMR 2004 S. 581; allerdings nicht bei **Vermögenslosigkeit** des Mieters, da der Mieter anderenfalls weitere Verbindlichkeiten, z.B. mit Lieferanten, eingehen müsste und somit im Ergebnis gezwungen wäre, diese über seine Zahlungsunfähigkeit zu täuschen, wodurch er sich von vornherein einer möglichen Strafverfolgung aussetzen würde (LG Köln, Urteil v. 28.12.2004, 87 O 109/04, NZM 2005 S. 621).

Wird dem Mieter eines Ladenlokals in einem Einkaufszentrum jedoch unter Versagung jeglichen Konkurrenzschutzes für die gesamte Mietzeit eine **Betreibungspflicht** und gleichzeitig eine **Sortimentsbindung** auferlegt, liegt eine unangemessene Benachteiligung des Mieters vor mit der Folge, dass eine entsprechende Formularklausel unwirksam ist (OLG Schleswig, Beschluss v. 2.8.1999, 4 W 24/99, NZM 2000 S. 1008; a.A.: OLG Naumburg, Urteil v. 15.7.2008, 9 U 18/08, NZM 2008 S. 772, wonach durch die Sortimentsbindung ein wirtschaftlich sinnvoller „Branchenmix" hergestellt und aufrechterhalten wird). Durch den Ausschluss von Konkurrenzschutz werden Streitigkeiten über Überschneidungen in den jeweiligen Sortimenten vermieden. Eine Knebelung des einzelnen Mieters aufgrund eines Summierungseffekts ist damit nicht verbunden. Ferner spielt für die Wirksamkeit einer solchen Klausel die Leerstandsquote keine Rolle. Eine Anpassung des Mietvertrags wegen einer Änderung der Geschäftsgrundlage kommt auch bei einer hohen Leerstandsquote nicht in Betracht, da dies in die Risikosphäre des Mieters fällt (OLG Naumburg, a. a. O.).

Unwirksam ist auch eine Formularklausel, die den Mieter verpflichtet, die Geschäftsräume **ständig geöffnet** zu halten, da der Mieter in diesem Fall gehindert ist, Ruhetage einzulegen, Betriebsferien zu machen oder für die Zeit der Durchführung von Reparaturen zu schließen (OLG Hamburg, a. a. O.).

Der Streitwert des Anspruchs des Vermieters auf Einhaltung der vertraglichen Betriebspflicht durch den Mieter ist in der Regel auf den einer Jahresmiete entsprechenden Betrag festzusetzen (KG Berlin, Beschluss v. 7.3.2006, 8 W 2/06, ZMR 2006 S. 611).

Das uneingeschränkte Risiko für die Erteilung einer **behördlichen Erlaubnis** kann dem Mieter formularvertraglich nicht übertragen werden (BGH, Urteil v. 27.1.1993, XII ZR 141/91, DWW 1993 S. 170). Eine **formularmäßige Freizeichnungsklausel**, wonach der Vermieter keine Gewähr dafür leistet, dass die Geschäftsräume den behördlichen Vorschriften entsprechen und der Mieter daraus resultierende **Auflagen** (hier: Behindertentoilette in Arztpraxis) auf eigene Kosten erfüllen muss, ist wegen Verstoßes gegen § 307 BGB unwirksam, da sie den Vermieter von der Kardinalpflicht des § 535 BGB (Herstellung eines vertragsgemäßen Zustands) befreit und den Mieter mit einem unkalkulierbaren Kostenrisiko belastet (LG Berlin, Urteil v. 28.8.2001, 64 S 107/01, ZMR 2002 S. 271; vgl. auch OLG Düsseldorf, Urteil v. 10.7.1992, 10 U 142/91, ZMR 1992 S. 446; OLG Dresden, Urteil v. 17.6.1996, 2 U 655/95, NJW-RR 1997 S. 395).

Eine Formularklausel, wonach der Mieter die fehlende **Zweckentfremdungsgenehmigung** selbst und auf eigene Kosten einholen muss, ist wegen Aushöhlung der Kardinalpflichten des Vermieters zur Gebrauchsüberlassung der Mieträume unwirksam. Auch als **individuelle** Vereinbarung ist sie restriktiv und gegen den Vermieter auszulegen (KG Berlin, Urteil v. 1.4.2004, 8 U 219/03, KGR Berlin 2004 S. 453 = DWW 2004 S. 162).

Eine Formularklausel, die den Mieter verpflichtet, sämtliche **Genehmigungen** für seinen **Betrieb** auf eigene Kosten und Gefahr selbst einzuholen, ist dahingehend auszulegen, dass der Mieter lediglich das Risiko für solche Genehmigungen trägt, die in seinem Verantwortungsbereich liegen; nicht aber ein Risiko, das mit der Beschaffenheit und Lage der Mietsache in Zusammenhang steht (z. B. das Risiko der Verweigerung einer Gaststättenkonzession wegen fehlender Stellplätze – vgl. OLG München, Urteil v. 19.5.1995, Urteil v. 19.5.1995, 21 U 4948/94, ZMR 1995 S. 401). Gleiches gilt für die Vereinbarung, dass der gewerbliche Mietvertrag unter der aufschiebenden Bedingung der Erteilung der erforderlichen **Zweckentfremdungsgenehmigung** geschlossen wird (vgl. „Zweckentfremdung“).

Keine rechtlichen Bedenken bestehen gegen eine Vereinbarung, wonach die Beschaffung einer notwendigen **Konzession** (z. B. zum Betrieb einer Gaststätte) Sache des Mieters sein und der Mietvertrag erst mit Erteilung der Konzession wirksam werden soll (BGH, Urteil v. 2.3.1994, XII ZR 175/92, ZMR 1994 S. 253).

Wirksam ist auch eine Formularklausel, die eine Umlage der für die Zweckentfremdung zu entrichtenden **Ausgleichsabgabe** auf den Mieter bestimmt (KG Berlin, Urteil v. 15.1.1996, 8 U 6509/94, GE 1996 S. 413).

Das unter gewissen Voraussetzungen bestehende Recht des Mieters zur Stellung von **Ersatzmietern** (s. „Ersatzmieter“) kann durch Formularklauseln nicht generell ausgeschlossen werden (BGH, Urteil v. 29.4.1992, a. a. O.).

Eine Vertragsbestimmung, wonach sämtliche Zahlungen des Mieters zunächst auf Zinsen und Kosten zu verrechnen sind und eine anderweitige **Leistungsbestimmung** durch den Mieter **ausgeschlossen** ist, verstößt gegen § 307 BGB und ferner auch gegen § 569 Abs. 5 S. 2 BGB (LG Berlin, Urteil v. 20.10.2000, 65 S 237/99, ZMR 2001 S. 109).

Die Formularklausel in einem gewerblichen Mietvertrag „Der Vermieter kann Zahlungen nach seiner Wahl zunächst auf die bisherigen Kosten und Zinsen und dann auf die ältesten Rückstände verrechnen. Das gilt auch dann, wenn der Mieter eine anderweitige Bestimmung getroffen hat" ist daher unwirksam (OLG Düsseldorf, Urteil v. 8.5.2008, 1-10 U 11/08, ZMR 2009 S. 275).

Die Regelung in einem Mietvertrag, wonach das Mietverhältnis mit der Übergabe **beginnt**, ist hinreichend bestimmbar und genügt deshalb dem Schriftformerfordernis. Dementsprechend ist ausreichend, dass sich der **Übergabetermin** aus dem Übergabeprotokoll feststellen lässt (BGH, Urteil v. 2.11.2005, XII ZR 212/03, NJW 2006 S. 139).

Wirksam ist auch eine Formularklausel, wonach die Wohnungsübergabe erst nach Zahlung der ersten Monatsmiete und der ersten Kautionsrate erfolgen soll. Die Folge, dass der Mieter damit die erste Miete abweichend von § 556b Abs. 1 BGB nicht erst am dritten, sondern bereits am ersten Werktag zahlen muss, stellt lediglich eine unerhebliche Abweichung von den gesetzlichen Vorschriften und keine unangemessene Benachteiligung des Mieters dar (LG Bonn, Beschluss v. 1.4.2009, 6 T 25/09, ZMR 2009 S. 529).

Wirksam ist eine Klausel, wonach die gesetzliche Bestimmung des § 545 BGB über eine **stillschweigende Verlängerung** des Mietvertrags über den vertraglichen Endzeitpunkt hinaus **ausgeschlossen** wird (s. „Stillschweigende Verlängerung des Mietverhältnisses"). Die Klausel muss den Wortlaut des § 545 BGB nicht wiedergeben; eine Bezugnahme auf diese Vorschrift ist ausreichend (OLG Rostock, Urteil v. 29.5.2006, 3 U 167/05, DWW 2006 S. 283).

Wirksam ist grundsätzlich eine Formularklausel, die dem Vermieter von **Gewerbe**räumen das Recht einräumt, seine vertragliche Stellung als Vermieter jederzeit auf eine andere Person zu übertragen. Eine solche Klausel stellt nicht generell eine unangemessene Benachteiligung des Mieters dar. Ist der Mieter Unternehmer, ist eine **Interessenabwägung** aufgrund aller Umstände des Einzelfalls erforderlich. Dabei ist auf Vermieterseite ein grundsätzliches Interesse eines gewerblichen, als Gesellschaft organisierten Vermieters anzuerkennen, einen wirtschaftlich für sinnvoll erachteten künftigen Wandel der Rechtsform oder der Rechtsinhaberschaft durch die Möglichkeit einer Bestandsübernahme zu erleichtern. Dem steht ein Interesse des Mieters gegenüber, sich über die Zuverlässigkeit und die Solvenz des Vermieters zu vergewissern. Dieses Mieterinteresse wird umso eher Beachtung fordern, je stärker das Vertragsverhältnis von einem besonderen Interesse des Mieters an der Person eines bestimmten Vermieters (mit) geprägt wird (BGH, Urteil v. 9.6.2010, XII ZR 171/08, GE 2010 S. 1333).

Bei Mietverhältnissen über preisgebundene Wohnungen (z.B. Sozialwohnungen), für die die sog. **Kostenmiete** (s. „Kostenmiete") gilt, können **Mietgleitklauseln**, wonach der Vermieter die jeweils preisrechtlich zulässige Miete beanspruchen kann, auch formularvertraglich wirksam vereinbart werden (BGH, Urteil v. 5.11.2003, VIII ZR 10/03, WuM 2004 S. 25).

Unzulässig ist eine solche Klausel jedoch, wenn sie den Vermieter von dem gesetzlich vorgeschriebenen Mieterhöhungsverfahren (insbesondere von der Berechnung und Erläuterung der Mieterhöhung) freistellt. Bei der Klausel „Gilt die Kostenmiete des öffentlich geförderten Wohnungsbaus, so ist der Vermieter befugt, bei Änderung der Kostenmiete diese ab Zulässigkeit vom Mieter auch rückwirkend zu verlangen, ohne dass es des Verfahrens nach § 10 WoBindG bedarf", handelt es sich nicht um eine zulässige Mietgleitklausel, sondern um eine Regelung der einseitigen Erhöhung der Kostenmiete durch den Vermieter. Die Freistellung des Vermieters von dem Verfahren nach § 10 WoBindG ist wegen unangemessener Benachteiligung des Mieters unwirksam, da dieses Verfahren dem Mieter das Nachvollziehen und die Nachprüfung der Berechtigung der einseitigen Mieterhöhung erheblich erleichtert. Gleiches gilt für die Vereinbarung der Zulässigkeit einer zeitlich unbegrenzten Rückwirkung der einseitigen Kostenmieterhöhung (BGH, Urteil v. 8.4.2009, VIII ZR 233/08, WuM 2009 S. 354).

Weiterhin beinhalten die §§ 308 und 309 BGB **Verbotskataloge**. Für die Verbote in **§ 308 BGB** ist kennzeichnend, dass sie unbestimmte Rechtsbegriffe enthalten (z. B. unangemessen, anerkennenswert) und somit zur Feststellung der Unwirksamkeit eine richterliche Wertung im Einzelfall erfordern (Klauselverbote **mit** Wertungsmöglichkeit). Dagegen führt ein Verstoß gegen ein Klauselverbot des **§ 309 BGB** zwingend zur Unwirksamkeit (Klauselverbote **ohne** Wertungsmöglichkeit).

Zu unwirksamen **Renovierungsklauseln** s. „Schönheitsreparaturen".

4 Beispiele unwirksamer Klauseln nach § 308 BGB

Nach **§ 308 BGB** ist u. a. **unwirksam**:

- Die Vereinbarung eines Rechts des Vermieters, die versprochene **Leistung zu ändern** oder von ihr abzuweichen, wenn nicht die Vereinbarung der Änderung oder Abweichung unter Berücksichtigung der Interessen des Vermieters für den Mieter zumutbar ist (§ 308 Nr. 4 BGB), z. B. „Der Vermieter behält sich vor, dem Mieter eine andere als die im Mietvertrag bezeichnete Wohnung zu überlassen".

  Formularmäßige **einseitige Leistungsänderungen** sind grundsätzlich nur wirksam, wenn die Klausel schwerwiegende Änderungsgründe nennt und die Interessen des Vertragspartners angemessen berücksichtigt (BGH, Urteil v. 25.2.1993, III ZR 47/92, NJW 1994 S. 1060). Daher ist eine Klausel in einem Formularmietvertrag für Geschäftsräume, die den Vermieter berechtigt, nach Vertragsschluss die Zahlung der **Mehrwertsteuer** auf die vereinbarte Miete zu verlangen, jedenfalls dann unwirksam, wenn der Mieter nicht zum Vorsteuerabzug berechtigt ist (LG Magdeburg, Urteil v. 19.12.1995, 2 S 509/95, WuM 1996 S. 700).
- Unwirksam ist auch ein formularvertraglicher Änderungsvorbehalt im Mietvertrag, wonach sämtliche Mehrheitsbeschlüsse der Wohnungseigentümergemeinschaft für den Mieter unabhängig von einem Verweis auf den ordnungsgemäßen Gebrauch (§ 15 Abs. 2 WEG) verbindlich sein sollen und eine entsprechende Änderung oder Ergänzung des Mietvertrags bewirken (AG Schorndorf, Urteil v. 5.7.2012, 6 C 1166/11, WuM 2012, 494).
- Eine Bestimmung, die vorsieht, dass eine Erklärung des Vermieters von besonderer Bedeutung dem Mieter **als zugegangen gilt** (§ 308 Nr. 6 BGB; z. B. Kündigung, Mahnung, Frist- und Nachfristsetzungen).
- Eine Bestimmung, nach der der Vermieter für den Fall, dass der Mieter vom Vertrag zurücktritt oder den Vertrag kündigt, eine unangemessen hohe **Vergütung** für die Nutzung der Räume oder einen unangemessen hohen Ersatz von Aufwendungen (z. B. für die Weitervermietung) verlangen kann (§ 308 Nr. 7 BGB).

5 Beispiele unwirksamer Klauseln nach § 309 BGB

Nach § 309 BGB ist u. a. unwirksam:

- Eine Bestimmung, durch die das **Leistungsverweigerungsrecht** des Mieters nach § 320 BGB ausgeschlossen oder eingeschränkt wird oder das **Zurückbehaltungsrecht** des Mieters, soweit es auf demselben Vertragsverhältnis beruht, ausgeschlossen oder eingeschränkt, insbesondere von der Anerkennung von Mängeln durch den Vermieter abhängig gemacht wird (§ 309 Nr. 2 BGB), z. B. „Falls der Mieter vor Ablauf des Vertrags die Räume verlässt, ist der Vermieter im Interesse des Mietnachfolgers berechtigt, die Mieträume schon vor der beendigten Räumung **instand setzen** zu lassen, ohne dass der Mieter das Recht hat, deshalb die Zahlung der Miete ganz oder teilweise zu verweigern oder die gezahlte Miete ganz oder teilweise zurückzuverlangen" (OLG München, a. a. O.).

  Diese Klausel verstößt gegen § 309 Nr. 2 BGB, da sie das Leistungsverweigerungsrecht nach § 320 BGB bei (teilweiser) Nichterfüllung des Vertrags aufhebt bzw. einschränkt (OLG München, a. a. O.).

- Eine Bestimmung, durch die dem Mieter die Befugnis genommen wird, mit einer unbestrittenen oder rechtskräftig festgestellten Forderung **aufzurechnen** (§ 309 Nr. 3 BGB), z.B. „Der Mieter kann gegenüber der Mietforderung mit einer Gegenforderung nur aufrechnen oder ein Zurückbehaltungsrecht ausüben, wenn die Gegenforderung auf dem Mietverhältnis beruht, unbestritten ist oder ein rechtskräftiger Titel vorliegt und er die Ausübung seines Zurückbehaltungsrechts mindestens einen Monat vor Fälligkeit der Miete dem Vermieter schriftlich angekündigt hat."

  Diese Klausel verstößt gegen § 309 Nr. 3 BGB, da sie die Aufrechnung auf Gegenforderungen aus dem Mietverhältnis beschränkt und entscheidungsreife Forderungen, die den unbestrittenen und rechtskräftig festgestellten Forderungen bei der Inhaltskontrolle gleichstehen, nicht ausnimmt (OLG Celle, a.a.O.).

  Gleiches gilt (auch im Unternehmerverkehr) für eine Klausel, wonach die Zulässigkeit der Aufrechnung mit **unbestrittenen** Forderungen von der **Zustimmung** des Verwenders (im Einzelfall) abhängig sein soll (BGH, Urteil v. 27.6.2007, XII ZR 54/05, NZM 2007 S. 684).

- Eine Bestimmung, durch die der Vermieter von der gesetzlichen Obliegenheit freigestellt wird, den Mieter zu **mahnen** oder ihm eine **Frist für die Leistung oder Nacherfüllung** zu setzen (§ 309 Nr. 4 BGB), z.B. „Führt der Mieter die Schönheitsreparaturen nicht vertragsgemäß durch, kann der Vermieter sofort Schadenersatz wegen Nichterfüllung verlangen."

  Diese Bestimmung verstößt gegen § 309 Nr. 4 BGB, da sie den Vermieter von der Pflicht, eine Frist für die Leistung oder Nacherfüllung zu setzen, befreit (s. auch „Schönheitsreparaturen").

  Zur Wirksamkeit einer Klausel über eine **auflösende Bedingung** in einem Mietvertrag über gewerbliche Räume, wonach der Vertrag bei Eintritt von bestimmten Umständen, z.B. Nichtzahlung der Kaution, **automatisch**, d.h. ohne vorherige Mahnung bzw. Abmahnung des Mieters enden soll, s.o. Abschnitt 4 „Beispiele unwirksamer Klauseln nach § 308 BGB".

- Die Vereinbarung eines **pauschalierten** Anspruchs des Vermieters auf **Schadenersatz** oder Ersatz einer Wertminderung, wenn die Pauschale den in den geregelten Fällen nach dem gewöhnlichen Lauf der Dinge zu erwartenden Schaden (z.B. den Mietausfall) oder die gewöhnlich eintretende Wertminderung übersteigt oder dem Mieter **nicht ausdrücklich der Nachweis gestattet** wird, dass ein Schaden oder eine Wertminderung überhaupt nicht entstanden oder wesentlich geringer ist als die Pauschale (§ 309 Nr. 5 BGB), z.B. „Bei verspäteter Zahlung ist der Vermieter berechtigt, mindestens 5 Euro für jede schriftliche Mahnung als **Auslagenersatz** zu erheben" oder „Die Höhe des **Zinssatzes** wird mit 8 % über dem Basiszinssatz vereinbart". Diese Klauseln sind unwirksam, da dem Mieter nach der Art der Formulierung der Nachweis eines geringeren Schadens nicht gestattet ist (OLG Celle, a.a.O.).

- Unwirksam ist ferner folgende bereits **im Mietvertrag enthaltene** Formularklausel: „Sollte das Mietverhältnis auf Wunsch des Mieters vor Ablauf der Vertragszeit bzw. der gesetzlichen Fristen einverständlich beendet werden, zahlt der Mieter als **pauschale Abgeltung** der Kosten der vorzeitigen Beendigung des Mietverhältnisses an den Vermieter den Betrag der zuletzt vereinbarten Kaltmiete für einen Monat" (OLG Karlsruhe, Beschluss v. 15.2.2000, RE-Miet 1/99, DWW 2000 S. 128).

  Wirksam ist dagegen folgende Formularklausel in einem auf Wunsch des Mieters abgeschlossenen **Mietaufhebungsvertrag:** „Für den erhöhten Verwaltungs- und Vermietungsaufwand Ihrer vorzeitigen Vertragsauflösung bezahlen Sie eine **Pauschalabgeltung** in Höhe von einer Monatsmiete – netto/kalt – ohne besonderen Nachweis des Vermieters" (OLG Hamburg, RE v. 17.4.1990, 4 U 222/89, DWW 1990 S. 174).

- Eine Bestimmung, durch die dem Vermieter für den Fall der Nichtabnahme oder verspäteten Abnahme der Leistung, des Zahlungsverzugs oder für den Fall, dass sich der Mieter vom Vertrag löst, die Zahlung einer **Vertragsstrafe** versprochen wird (§ 309 Nr. 6 BGB; vgl. auch § 555 BGB). Daher ist die Vereinbarung einer Zahlung des Mieters selbst dann unwirksam, wenn sie für den Fall erfolgt, dass der Vermieter für die Wohnung auf Wunsch des Mieters Aufwendungen tätigt (hier: Verlegung eines Laminatbodens), der Mieter sich deshalb zu einer bestimmten Mindestmietzeit (hier: 3 Jahre) sowie zur Zahlung eines Geldbetrags (hier: 1/36 der aufgewendeten Kosten pro Monat) verpflichtet, wenn das Mietverhältnis auf seinen Wunsch vorzeitig beendet wird (LG Berlin, Beschluss v. 19.4.2007, 62 S 11/07, GE 2007 S. 1695). Dies gilt bei **Wohnungs**mietverhältnissen unabhängig davon, ob die Vereinbarung individuell oder formularmäßig erfolgt ist, da gemäß § 555 BGB eine Vereinbarung, durch die sich der Vermieter eine Vertragsstrafe vom Mieter versprechen lässt, generell unwirksam ist. Dadurch soll der Mieter von Wohnraum vor zusätzlichen Belastungen geschützt werden, die ihn zur Einhaltung eines bestimmten Verhaltens gegenüber dem Vermieter durch entsprechende Nachteile anhalten sollen (OLG Hamburg, ZMR 1990 S. 270).

  Auch die Klausel in einem Gaststättenpachtvertrag, nach der bei jeder Zuwiderhandlung gegen eine Getränkebezugsverpflichtung eine Vertragsstrafe in Höhe von 2.500 Euro verwirkt sei, ist unwirksam (OLG Düsseldorf, Beschluss v. 8.6.2007, I-24 U 207/06, MDR 2008 S. 136). Dagegen stellt eine zur Beendigung eines Räumungsprozesses vereinbarte **Vergleichsklausel**, in der sich der Mieter verpflichtet, das Mietobjekt zu räumen, sobald er mit der Ratenzahlung für die rückständige Miete in Verzug gerät, keine nach § 555 BGB unwirksame Vertragsstrafe dar. Dies gilt zumindest dann, wenn im Zeitpunkt des Vergleichsabschlusses der Räumungsanspruch des Vermieters bei Zugrundelegung des im Vergleich festgestellten Mietrückstands begründet war (BGH, Urteil v. 14.10.2009, VIII ZR 272/08, MDR 2010 S. 17).

- Ein **Ausschluss oder eine Begrenzung der Haftung** für Schäden aus der **Verletzung des Lebens, des Körpers oder der Gesundheit**, die auf einer **fahrlässigen** Pflichtverletzung des Verwenders (Vermieters) oder einer vorsätzlichen oder fahrlässigen Pflichtverletzung eines gesetzlichen Vertreters oder Erfüllungsgehilfen des Verwenders beruhen (§ 309 Nr. 7a BGB). Ferner ein Ausschluss oder eine Begrenzung der Haftung für **sonstige** Schäden, die auf einer **grob fahrlässigen** Pflichtverletzung des Verwenders oder auf einer vorsätzlichen oder grob fahrlässigen Pflichtverletzung eines gesetzlichen Vertreters oder Erfüllungsgehilfen des Verwenders beruhen (§ 309 Nr. 7b BGB).

> Die Haftung für **Körperschäden** kann somit nach der seit 1.1.2002 geltenden Neufassung dieser Bestimmung auch für den Fall einer nur leichten Fahrlässigkeit des Vermieters **nicht** mehr abbedungen werden.

Gleiches gilt nach dem Rechtsentscheid des BGH vom 24.10.2001 (VIII ARZ 1/01, NZM 2002 S. 116) auch für die Haftung des Vermieters für Schäden am **Vermögen oder an Sachen** des Mieters, die aufgrund von Mängeln der Mietsache entstanden sind (z.B. Schäden am Mobiliar durch eingedrungenes Wasser). Nach Auffassung des BGH schränkt eine Begrenzung der Haftung des Vermieters auf Vorsatz und grobe Fahrlässigkeit die Hauptpflicht des Vermieters, die Mietsache in vertragsgemäßem Zustand zu erhalten, unangemessen zum Nachteil des Mieters ein, sodass eine entsprechende Formularklausel nach § 307 Abs. 2 Nr. 2 BGB unwirksam ist.

Dagegen kann die **verschuldensunabhängige Garantiehaftung** des Vermieters nach § 536a Abs. 1 1. Alt. BGB (s. auch „Mängel“) für anfängliche Sachmängel auch formularvertraglich **ausgeschlossen** werden. Der BGH begründet dies damit, dass es sich bei der verschuldensunabhängigen Garantiehaftung des Vermieters um eine für das gesetzliche Haftungssystem („Verschuldensprinzip") untypische Regelung handelt (BGH, Beschluss v. 4.10.1990, XII ZR 46/90, WuM 1992 S. 316).

Praktische Bedeutung kann ein solcher **Haftungsausschluss** erlangen, wenn die Mietsache mit einem Mangel behaftet ist, den sowohl der Mieter als auch der Vermieter bei Vertragsabschluss weder erkannt hat noch hätte erkennen können. Hat z.B. ein nicht erkennbarer Konstruktionsmangel eines Fensterbeschlags nach mehrjähriger Nutzung dazu geführt, dass das Fenster aus dem Rahmen gefallen ist und dadurch Personen- und/oder Sachschäden verursacht wurden, handelt es sich insofern um einen **anfänglichen** Mangel, für den der Vermieter nach den gesetzlichen Vorschriften **verschuldensunabhängig** haftet (**Garantiehaftung**). Maßgeblich für die Einstufung als anfänglichen Mangel ist nicht, wann durch ihn ein Schaden entstanden ist, sondern ob er bereits bei Vertragsschluss vorhanden war. Entsteht ein Mangel erst später durch Verschleiß, kann er nicht als im Zeitpunkt des Vertragsschlusses als latent vorhanden angesehen werden. Liegt der Mangel jedoch in einem Baufehler begründet, handelt es sich um einen anfänglichen Mangel, auch wenn er den Mietgebrauch erst später konkret beeinträchtigt oder für einen Schaden des Mieters ursächlich wird (BGH, Urteil v. 21.7.2010, XII ZR 189/08; Gleiches gilt z.B. für gesundheitsgefährdende Formaldehydkonzentrationen in den Mieträumen; so bereits LG München I, Urteil v. 26.9.1990, 31 S 20071/89, NJW-RR 1991 S. 975).

In diesem Fall haftet der Vermieter unter den Voraussetzungen des § 536a BGB verschuldensunabhängig auf Schadenersatz, wenn er nicht seine Haftung in wirksamer Weise beschränkt hat.

Ein solcher formularvertraglicher Haftungsausschluss ist aber auch dann **wirksam**, wenn die Parteien bei Vertragsabschluss das Vorliegen von Mängeln, z.B. eine gesundheitsgefährdende **Schadstoffbelastung** der Mieträume für möglich gehalten haben (BGH, Urteil v. 3.7.2002, XII ZR 327/00, NZM 2002 S. 784). Ferner verstößt eine Berufung des Vermieters auf den Haftungsausschluss auch dann **nicht** gegen Treu und Glauben (§ 242 BGB), wenn das Ausmaß der Gesundheitsgefährdung die vertragsgemäße Nutzung der Mieträume völlig ausschließt (BGH, a.a.O.).

Unwirksam, weil für den Mieter überraschend, ist der formularvertragliche Haftungsausschluss jedoch, wenn er sich im Mietvertrag an einer **ungewöhnlichen Stelle** befindet, an der der Mieter nicht mit einem Haftungsausschluss rechnen muss, z.B. unter der Überschrift „Aufrechnung, Zurückbehaltung".

Der (zulässige) Ausschluss der Garantiehaftung im Formularmietvertrag sollte daher klar und deutlich, insbesondere unter einer einschlägigen Überschrift geregelt werden (s. z.B. § 6 des Formularmietvertrags für Wohnräume bzw. § 5 des Formularmietvertrags für Geschäftsräume des Haus- und Grundbesitzervereins München und Umgebung e.V.).

Wirksam sind folgende Klauseln:

- „Der Vermieter haftet nicht für durch Feuer, Rauch, Sott, Schnee, Wasser, Schwamm und allmähliche Einwirkungen von Feuchtigkeit entstandene Schäden an den Sachen des Mieters, es sei denn, dass die Schäden durch Vernachlässigung des Grundstücks entstanden sind und der Vermieter trotz rechtzeitiger Anzeige und Aufforderung durch den Mieter es unterlassen hat, Mängel zu beseitigen" (OLG Hamburg, RE v. 26.4.1991, 4 U 25/91, WuM 1991 S. 328).
- „Der Vermieter übernimmt keinerlei Haftung für Schäden, die an der Einrichtung und dem eingelagerten Gut entstehen können; es sei denn, der Schaden ist durch den Vermieter oder seine Erfüllungsgehilfen vorsätzlich oder grob fahrlässig verursacht worden" (OLG Düsseldorf, Urteil v. 21.1.1999, 10 U 32/98, WuM 1999 S. 279). Dieser Haftungsausschluss kann sich auch auf die verschuldensunabhängige Haftung des Vermieters für bei Vertragsschluss vor-

handene Mängel erstrecken (OLG Düsseldorf, a. a. O.).

Unwirksam ist:

- Eine Bestimmung, die bei einer vom Vermieter zu vertretenden Pflichtverletzung das Recht des Mieters, sich **vom Vertrag zu lösen**, ausschließt oder einschränkt (§ 309 Nr. 8a BGB), z. B. „Der Vermieter haftet nicht für rechtzeitige Freistellung der vermieteten Räume durch den bisherigen Mieter (oder die rechtzeitige Fertigstellung der Räume), es sei denn, der dadurch dem Mieter entstehende Schaden beruht auf einer vorsätzlichen oder grob fahrlässigen Vertragsverletzung des Vermieters oder auf einer vorsätzlichen oder grob fahrlässigen Vertragsverletzung eines gesetzlichen Vertreters oder Erfüllungsgehilfen des Vermieters". Nach Ansicht des OLG München (Urteil v. 12.1.1989, 29 U 2366/88, WuM 1989 S. 128) könnte der juristisch nicht vorgebildete Mieter unter der Formulierung „haftet nicht" nicht nur eine Einschränkung seiner Schadenersatzansprüche, sondern auch eine Einschränkung seines Rücktrittsrechts verstehen („kundenfeindlichste Auslegung"), dessen Einschränkung aber gegen § 309 Nr. 8a BGB verstößt.

  Bei **gewerblichen** Mietverhältnissen können Schadenersatzansprüche des Mieters wegen Verzugs mit der Übergabe der Mieträume auch in einem Formularmietvertrag auf Vorsatz und grobe Fahrlässigkeit des Vermieters beschränkt werden (OLG Düsseldorf, Beschluss v. 24.1.2008, I-24 U 95/07).

  Unzulässig ist auch eine formularmäßige **Freizeichnungsklausel** in einem Gewerbemietvertrag, wonach der Vermieter keine Gewähr dafür leistet, dass die Räume einschlägigen behördlichen und technischen Anforderungen entsprechen und der Mieter entsprechende Auflagen und Ähnliches auf eigene Kosten erfüllen muss (OLG Düsseldorf, Urteil v. 10.7.1992, 10 U 142/91, DWW 1992 S. 366).

- Eine Bestimmung, durch die der Vermieter die **Beweislast** zum Nachteil des Mieters ändert, insbesondere indem er dem Mieter die Beweislast für Umstände auferlegt, die in seinem Verantwortungsbereich liegen (§ 309 Nr. 12a BGB), z. B. „Dem Mieter obliegt der Beweis dafür, dass schuldhaftes Verhalten (bei Beschädigung der Mieträume etc.) nicht vorgelegen hat". Die Klausel verstößt nach Ansicht des OLG München (Urteil v. 12.1.1989, 29 U 2366/88, WuM 1989 S. 128) gegen § 309 Nr. 12a BGB, da der Mieter die Klausel so verstehen könnte, als sei immer er beweispflichtig, obwohl nach der geltenden Beweislastverteilung vorab der Vermieter beweisen muss, dass die Schadensursache im Gefahrenbereich des Mieters, d. h. in einem Bereich, welcher der unmittelbaren Einflussnahme, Herrschaft und Obhut des Mieters unterliegt, gesetzt worden ist. Erst wenn der Vermieter diesen Beweis geführt hat, hat sich der Mieter umfassend hinsichtlich Verursachung und Verschulden zu entlasten (OLG München, a. a. O.).

- Eine Bestimmung, durch die der Vermieter die **Beweislast** zum Nachteil des Mieters ändert, insbesondere indem er dem Mieter bestimmte Tatsachen bestätigen lässt (§ 309 Nr. 15b BGB), z. B. „Die **anliegende Hausordnung** ist Bestandteil des Vertrags" oder „Vorstehender Vertrag sowie die beigefügte Hausordnung wird nach genauer Durchsicht hiermit vorbehaltlos anerkannt".

Solche Klauseln verstoßen gegen § 309 Nr. 12b BGB, da sie dem Mieter die Tatsache bestätigen lassen, dass die Hausordnung dem Mietvertrag beigefügt ist. Diese Bestätigung führt zu einer Veränderung der Beweislast zum Nachteil des Mieters, da es bei der Bezugnahme auf die „anliegende Hausordnung" als Vertragsbestandteil um eine Wissenserklärung geht, die die Einbeziehung der Hausordnung i. S. v. § 305 Abs. 2 BGB herbeiführen soll (OLG Celle, Urteil v. 29.12.1989, 2 U 200/88, WuM 1990 S. 103).

Eine andere Rechtslage besteht in den Fällen, in denen die Hausordnung rückseitig abgedruckt ist und dem Mieter daher bei Vertragsschluss tatsächlich zur Verfügung steht (BGH,

Urteil v. 1.3.1982, VIII ZR 63/81, NJW 1982 S. 1388).

Wirksam ist eine Klausel, wonach **„mündliche Nebenabreden nicht bestehen“**. Diese Klausel enthält zwar eine Tatsachenbestätigung i.S.v. § 309 Nr. 12b BGB. Diese gibt aber lediglich die kraft Gesetz bestehende Beweislastverteilung wieder, da bei einem schriftlichen Vertrag die Vermutung besteht, dass er die Vereinbarungen der Parteien vollständig und richtig wiedergibt. Die Klausel ändert daher nichts an der Rechtslage, dass derjenige, der sich auf mündliche Vereinbarungen beruft, diese beweisen muss (BGH, Urteil v. 14.10.1999, III ZR 203/98, MDR 2000 S. 19).

- Eine Bestimmung, durch die Anzeigen oder Erklärungen, die dem Vermieter oder einem Dritten (z.B. Hausverwalter) gegenüber abzugeben sind, an eine strengere **Form** als die Schriftform oder an besondere **Zugangserfordernisse** gebunden werden (§ 309 Nr. 13 BGB), z.B. „Die Kündigung durch den Mieter bedarf der Zustellung durch Einschreiben mit Rückschein an den Vermieter“.

  Diese Klausel verstößt gegen § 309 Nr. 13 BGB, da die Erklärung des Mieters an ein besonderes Zugangserfordernis gebunden wird.

6 Überraschende oder ungewöhnliche Klauseln

Eine Unvereinbarkeit mit den §§ 305 ff. BGB liegt ferner vor bei **überraschenden** oder **ungewöhnlichen** Klauseln (§ 305c Abs. 1 BGB). Dies ist der Fall, wenn der Mieter nach den Gesamtumständen des Mietvertrags wegen der Ungewöhnlichkeit der Klausel mit einer solchen Regelung nicht zu rechnen brauchte (z.B. der Mietvertrag beinhaltet eine Verpflichtung zum Kauf von Einrichtungsgegenständen oder die **Abtretung von Lohn- oder Gehaltsansprüchen** an den Vermieter).

Eine ihrem Inhalt nach grundsätzlich wirksame Klausel kann aber nach § 305c Abs. 1 BGB unwirksam sein, wenn sie sich an einer Stelle im Vertrag befindet, an der üblicherweise mit einer solchen Regelung nicht zu rechnen ist. Werden z.B. in die **Hausordnung**, die vorrangig das Zusammenleben der Hausbewohner untereinander regeln und vertragliche Verpflichtungen konkretisieren soll, vertragliche Hauptpflichten des Mieters (z.B. Durchführung von Schönheitsreparaturen) aufgenommen, ist eine solche Regelung trotz ihrer grundsätzlichen Zulässigkeit nach § 305c Abs. 1 BGB unwirksam (vgl. „Hausordnung“).

7 Vorrang individueller Vereinbarungen

Nach § 305b BGB haben **individuelle** Vertragsabreden Vorrang vor Allgemeinen Geschäftsbedingungen, sodass die Allgemeinen Geschäftsbedingungen insoweit nicht gelten, als die Individualvereinbarung den gleichen Sachverhalt regelt (zur Schriftformklausel s. „Änderung des Mietvertrags“). Die Klausel „bisherige schriftliche oder mündliche Mietvereinbarungen treten mit dem Wirksamwerden des vorliegenden Vertrags außer Kraft“ widerspricht dem aus § 305b BGB herzuleitenden Grundsatz des Vorrangs der Individualabrede. Wegen dieses Widerspruchs liegt eine unangemessene Benachteiligung i.S.v. § 307 BGB vor (OLG Celle, Urteil v. 29.12.1989, 2 U 200/88, WuM 1990 S. 103).

8 Auslegungszweifel

Nach § 305c Abs. 2 BGB gehen **Zweifel bei der Auslegung** von Allgemeinen Geschäftsbedingungen zulasten des Verwenders. Führt die Auslegung nach objektiven Kriterien dazu, dass sich mindestens zwei rechtlich vertretbare Auslegungsmöglichkeiten ergeben, gilt die für den Mieter günstigere Alternative. Darüber hinaus kann eine Klausel nach § 305c Abs. 2 BGB insgesamt unwirksam sein, wenn sie so unklar formuliert ist, dass zahlreiche Auslegungen möglich sind und eine exakte Bestimmung des Inhalts daher nicht mehr durchführbar ist. Eine Klausel fällt jedoch nicht unter diese Unklarheitenregelung, wenn sie auch bei oberflächlicher Lektüre für jeden durchschnittlich gebildeten Mieter eindeutig ist und unmissverständlich ausgelegt werden kann (vgl. AG Bad Hersfeld, Urteil v. 18.3.1996, C 133/96, WuM 1996 S. 706 unter Bezugnahme auf LG Wiesbaden, Urteil v.

20.3.1995, wonach die in einem Zeitmietvertrag enthaltenen Kündigungsfristen selbstverständlich erst nach Ablauf der Festmietzeit gelten).

9 Umgehungsverbot

Nach § 306a BGB finden die §§ 305 ff. BGB auch dann Anwendung, wenn sie durch anderweitige Gestaltungsmöglichkeiten **umgangen** werden sollen.

10 Rechtsfolgen unwirksamer Formularklauseln

Die **Rechtsfolgen** der Unwirksamkeit von Formularklauseln regelt § 306 BGB:

§ 306 Abs. 1 BGB bestimmt, dass der Vertrag trotz Unwirksamkeit **einzelner** Klauseln grundsätzlich wirksam bleibt, das **Vertragsverhältnis** zwischen den Parteien also **weiter besteht**. Der ganze Vertrag wäre ausnahmsweise nach § 306 Abs. 3 BGB nur dann unwirksam, wenn das Festhalten an ihm eine unzumutbare Härte für einen Vertragspartner darstellen würde. Dies wird jedoch im Mietrecht von der Rechtsprechung im Hinblick auf die Konsequenzen (Räumung der Wohnung) regelmäßig abgelehnt.

Nach § 306 Abs. 2 BGB tritt anstelle der unwirksamen Formularvereinbarung die **gesetzliche Regelung**. Dies erfolgt ohne Zutun der Parteien, sodass ein Durchstreichen der entsprechenden Bestimmungen nicht erforderlich ist.

Wirksam ist daher folgende Klausel: „Wenn und soweit eine der Bestimmungen dieses Vertrags gegen zwingende gesetzliche Vorschriften verstößt, tritt an ihre Stelle die entsprechende gesetzliche Regelung“ (BGH, Urteil v. 15.5.1991).

Wird z. B. eine Formularklausel, die den Mieter abweichend von § 535 Abs. 1 BGB zur Durchführung von **Schönheitsreparaturen** verpflichtet, für unwirksam erklärt (z. B. weil die darin bestimmten Fristen zu kurz sind), tritt an deren Stelle die für den Vermieter ungünstige gesetzliche Regelung des § 535 Abs. 1 BGB, wonach der Vermieter zur Erhaltung der Mietsache in gebrauchsfähigem Zustand verpflichtet ist und der Mieter daher keinerlei Schönheitsreparaturen durchführen muss.

Der **Verwender** einer Formularklausel (in der Regel der Vermieter) kann sich **nicht** zu seinen Gunsten auf die Unwirksamkeit der Klausel berufen, z. B. um die Wirksamkeit einer anderen Formularklausel aufrechtzuerhalten (BGH, Urteil v. 5.4.2006, VIII ZR 109/05, WuM 2006 S. 310; s. auch LG Berlin, Urteil v. 9.12.2005, 63 S 234/05, GE 2006 S. 447).

Beispiel

Der Mietvertrag enthält neben einer – grundsätzlich wirksamen – Klausel über die Verpflichtung des Mieters zur Durchführung der turnusmäßigen Schönheitsreparaturen eine – bereits in sich unwirksame – Klausel über eine Endrenovierungsverpflichtung des Mieters. Diese „zerstört“ nach Auffassung der Rechtsprechung auch die an sich wirksame Klausel über die laufenden Schönheitsreparaturen. Der Vermieter kann sich nun nicht auf die Unwirksamkeit der Endrenovierungsklausel berufen, um die Wirksamkeit der anderen Klausel aufrechtzuerhalten (s. „Schönheitsreparaturen“).

11 Verbot einer geltungserhaltenden Reduktion

Eine Reduzierung des Inhalts einer unwirksamen Klausel auf einen noch zulässigen Inhalt durch sog. **„geltungserhaltende Reduktion“** (z. B. Verlängerung der zu kurzen Renovierungsfristen auf einen zulässigen Zeitraum) ist von der Rechtsprechung bisher abgelehnt worden (BGH, Urteile v. 19.9.1983, VIII ZR 84/82, NJW 1984 S. 48; v. 16.10.1984, X ZR 97/83, NJW 1985 S. 319; v. 7.6.1989, VIII ZR 91/88, NJW 1989 S. 2247).

Das Gericht ist weder berechtigt noch verpflichtet, einer unwirksamen Klausel durch Einschränkungen oder Erweiterungen (z. B. Festlegung eines dem Mieter zumutbaren Gesamtaufwands bei Kleinreparaturen; s. „Kleinreparaturen“) zu einem zulässigen Inhalt zu verhelfen.

Eine Klausel ist daher entweder in ihrem vollen Umfang wirksam oder aber insgesamt unwirksam mit der bereits erwähnten Rechtsfolge.

Eine **Ausnahme** besteht nur dann, wenn nur ein Teil der Klausel unwirksam ist und sich dieser unwirksame Teil inhaltlich und sprachlich von dem wirksamen Teil so trennen lässt, dass nach Wegfall des unzulässigen Klauselteils die restliche Bestimmung eine sprachlich und inhaltlich selbstständige und sinnvolle Fassung behält. In diesem Fall ist die Feststellung der Unwirksamkeit auf den unwirksamen Teil zu beschränken (BGH, Urteil v. 15.5.1991, VIII ZR 38/90, NJW 1991 S. 1750, 1752; OLG Hamburg, RE v. 13.9.1991, 4 U 201/90, WuM 1991 S. 523).

Der BGH hatte folgende Klausel zu prüfen: „Schäden in den Mieträumen, am Gebäude, an den zum Gebäude oder Grundstück gehörenden Einrichtungen und Anlagen hat der Mieter auf seine Kosten beseitigen zu lassen, wenn und soweit ihn, die zu seinem Haushalt gehörenden Personen, seine Untermieter und Besucher, die von ihm beauftragten Handwerker oder sonstige, zu ihm in Beziehung stehenden Personen durch Vernachlässigung der Obhutspflicht oder in sonstiger Weise ein Verschulden trifft."

Als unangemessene Benachteiligung hat der BGH nur die Ausdehnung der Klausel auf **„sonstige zu ihm in Beziehung stehende Personen"** und auf ein Verschulden **„in sonstiger Weise"** gesehen. Nachdem die Klausel auch nach Wegfall dieser Satzteile eine sprachlich und inhaltlich selbstständige und sinnvolle Fassung behält, ist die Klausel insoweit weiterhin wirksam.

Gleiches gilt für eine Formularklausel, die in einem Satz sowohl eine – wirksame – Verpflichtung des Mieters zur Durchführung von **Schönheitsreparaturen** als auch eine – unwirksame – Verpflichtung des Mieters zur Durchführung von **Kleinreparaturen** enthält. Trotz Unwirksamkeit der Kleinreparaturregelung bleibt die Verpflichtung zur Durchführung von Schönheitsreparaturen wirksam (BayObLG, RE v. 12.5.1997, RE-Miet 1/96, WuM 1997 S. 362).

Darüber hinaus hat der BGH die Zulässigkeit der geltungserhaltenden Reduktion durch einschränkende Auslegung einer Klausel insbesondere bei allgemein üblichen Klauseln bejaht, die im Geschäftsverkehr in zulässiger Weise gehandhabt werden (BGHZ 92 S. 396). Darin kommt der Gedanke zum Ausdruck, dass eine allgemein akzeptierte und in ihrem wesentlichen Anwendungsbereich nicht zu beanstandende Klausel nicht schon deshalb insgesamt für unwirksam erachtet werden soll, weil ihre zu weite Fassung in für die praktische Anwendung nicht relevanten Einzelfällen zu einem Verstoß gegen die Grundsätze der §§ 307 bis 309 BGB führen kann (vgl. BayObLG, RE v. 6.5.1993, RE-Miet 1/93, 1Z RE-Miet 1/93, WuM 1993 S. 335 sowie OLG Stuttgart, RE v. 19.8.1993, 8 RE-Miet 2/92, DWW 1993 S. 328).

Wegen des grundsätzlichen Verbots der geltungserhaltenden Reduktion ist auch eine Bestimmung im Mietvertrag, wonach im Fall der Unwirksamkeit nicht die gesetzliche Regelung, sondern eine Regelung maßgebend sein soll, deren wirtschaftlicher Erfolg dem der unwirksamen Klausel soweit wie möglich entspricht (sog. **salvatorische Ersetzungsklausel**), wegen Verstoßes gegen § 306 Abs. 2 BGB unwirksam (LG Dortmund, AGBE I Nr. XI).

Die Unwirksamkeit der salvatorischen **Ersetzungs**klausel hat aber nicht automatisch die Unwirksamkeit einer gleichzeitig vereinbarten salvatorischen **Erhaltungs**klausel zur Folge, da eine Ersetzungsklausel, wonach eine nichtige oder unwirksame Bestimmung durch eine solche zu ersetzen ist, die dem wirtschaftlich Gewollten in zulässiger Weise am Nächsten kommt, ohne Weiteres gestrichen werden kann, ohne dass darunter der Sinn der weiteren Erhaltungsklausel leidet, nach der die Gültigkeit der übrigen Bestimmungen erhalten bleibt, falls einzelne Bestimmungen des Vertrags ganz oder teilweise nichtig oder unwirksam sind. Eine Erhaltungsklausel ist auch in **gewerbe**mietrechtlichen Allgemeinen Geschäftsbedingungen **unbedenklich** und stellt auch für sich allein eine sinnvolle Regelung dar (BGH, Urteil v. 6.4.2005, XII ZR 132/03, ZMR 2005 S. 691).

Dies gilt auch dann, wenn eine sog. **salvatorische Klausel** vorsieht, dass die Arbeiten nur dann durchgeführt werden müssen, „sofern dies die Gesetzeslage bzw. die Rechtsprechung erlaubt". Salvatorische Klauseln mit dem Inhalt „soweit gesetzlich zulässig" können nämlich in Allgemeinen Geschäftsbedingungen jedenfalls dann nicht wirksam vereinbart werden, wenn die Rechtslage nicht ernstlich zweifelhaft ist. Daran ändert auch ein Zusatz des Inhalts nichts, dass die Vertragsbedingung nach derzeitigem Stand von Gesetzgebung und Rechtsprechung nicht erlaubt ist, aber vorgreiflich für den nicht auszuschließenden Fall vereinbart wird, dass sich Gesetz oder Rechtsprechung ändern (BGH, Beschluss v. 5.3.2013, VIII ZR 137/12, NZM 2013 S. 307).

Eine allgemeine salvatorische Klausel (Erhaltungs- und Ersetzungsklausel) in einem auf längere Zeit als ein Jahr geschlossenen Mietvertrag über Gewerberäume verpflichtet die Vertragsparteien nicht zur Nachholung der nicht gewahrten Schriftform (BGH, Urteil v. 25.7.2007, XII ZR 143/05, ZMR 2007 S. 859).

12 Anwendungsbereich der §§ 305 ff. BGB

§ 310 Abs. 1 BGB beschränkt den **persönlichen Anwendungsbereich** der §§ 305 ff. BGB:

Werden Allgemeine Geschäftsbedingungen gegenüber einem **Kaufmann** (Voll- oder Minderkaufmann) verwendet und gehört der Vertrag zum Betrieb seines Handelsgewerbes, finden die §§ 305 Abs. 2 und 3, 308 und 309 BGB keine Anwendung (§ 310 Abs. 1 S. 1 BGB). Bei Verwendung eines Formularvertrags gegenüber einem Kaufmann kann sich die Unwirksamkeit einer Klausel daher nicht aus den Verbotskatalogen der §§ 308 und 309 BGB ergeben. Jedoch kann eine Klausel durchaus nach § 307 BGB für unwirksam angesehen werden, wenn sie zu weit zulasten des Vertragspartners von der gesetzlichen Regelung abweicht, wobei bei der Beurteilung dieses Umstands auf die im Handelsverkehr geltenden Gewohnheiten und Gebräuche angemessen Rücksicht zu nehmen ist (§ 310 Abs. 1 S. 2 BGB).

Dies bedeutet, dass bei der Inhaltskontrolle im unternehmerischen Verkehr die in den Klauselverboten zum Ausdruck kommenden Wertungen berücksichtigt werden sollen, soweit sie übertragbar sind. Den strikten Klauselverboten nach § 309 BGB kommt daher im Rahmen der Inhaltskontrolle nach § 307 BGB Indizwirkung für die Unwirksamkeit der Klausel auch im unternehmerischen Geschäftsverkehr zu. Fällt eine Klausel bei ihrer Verwendung gegenüber Verbrauchern unter eine Verbotsnorm des § 309 BGB, ist dies ein Indiz dafür, dass sie auch im Fall der Verwendung gegenüber Unternehmern zu einer unangemessenen Benachteiligung führt; es sei denn, sie kann wegen der besonderen Interessen und Bedürfnisse des unternehmerischen Geschäftsverkehrs ausnahmsweise als angemessen angesehen werden (BGH, Versäumnisurteil v. 19.9.2007, VIII ZR 141/06, MDR 2008 S. 16).

Behaupten die Vertragsparteien eines teilnichtigen Rechtsgeschäfts mit salvatorischer Klausel, der Rest solle auch ohne den nichtigen Teil gelten, trifft einen Dritten, der entgegen der Erhaltungsklausel den Vertrag als Ganzen für unwirksam hält, die Beweislast (OLG Koblenz, Urteil v. 25.10.2007, 5 U 1148/07, DWW 2007 S. 417).

Die §§ 305 ff. BGB finden **keine** Anwendung zugunsten des Mieters, wenn der Mietvertrag mit einem Formular abgeschlossen wurde, das vom **Mieter** entwickelt worden ist und von diesem regelmäßig verwendet wird (OLG Frankfurt/M., Urteil v. 25.1.1995, 21 U 204/93, GE 1996 S. 47). **Unklarheiten** im Mietvertrag (z.B. über den Fortbestand des Mietverhältnisses aufgrund automatischer Vertragsverlängerung bzw. mehrfach ausübbarer Optionsrechte) gehen zulasten des Mieters, wenn der Mieter, der eine Filialkette betreibt, die Mietvertragsbedingungen stellt (BGH, Urteil v. 14.12.2005, XII ZR 241/03, NZM 2006 S. 137).

Allgemeines Gleichbehandlungsgesetz (AGG)

Inhaltsübersicht

Seite

1 **Anwendungsbereich** 99
2 **Verstöße gegen das AGG** 101
3 **Rechtsfolge von Verstößen gegen das AGG** 102
4 **Beweislastverteilung** 102
5 **Verjährungsfristen** 103
6 **Empfehlungen** 103
7 **Übergangsregelung** 103

Das Gesetz zur Umsetzung europäischer Richtlinien zur Verwirklichung des Grundsatzes der Gleichbehandlung – Allgemeines Gleichbehandlungsgesetz (AGG), das im vorangegangenen Gesetzesentwurf noch als Antidiskriminierungsgesetz bezeichnet wurde, ist am 18.8.2006 nach langen politischen Diskussionen in Kraft getreten (BGBl 2006 I S. 1897 ff.). Ziel des Gesetzes ist, Benachteiligungen aus Gründen der **Rasse** oder wegen der **ethnischen Herkunft**, des **Geschlechts**, der **Religion** oder **Weltanschauung**, einer **Behinderung**, des **Alters** oder der **sexuellen Identität** zu verhindern oder zu beseitigen (§ 1 AGG). Praktische Bedeutung hat das AGG insbesondere im Arbeits- und Mietrecht.

1 Anwendungsbereich

Im Bereich der **Wohnungs**vermietung gilt das AGG **nicht**, wenn der Vermieter oder einer seiner Angehörigen **Wohnraum auf demselben** Grundstück nutzt (§ 19 Abs. 5 S. 2 AGG). Zu den Angehörigen zählen der Ehegatte (auch der getrennt lebende), die Eltern, die Geschwister, alle Verwandten in gerader Linie, d.h. Kinder, Enkel, Urenkel, Stiefkinder, Schwager/Schwägerin, Schwiegereltern, Neffen/Nichten.

Ferner findet das AGG keine Anwendung, wenn ein **besonderes Nähe- oder Vertrauensverhältnis** der Mietvertragsparteien oder ihrer Angehörigen begründet wird (§ 19 Abs. 5 S. 1 AGG). Unter welchen Umständen dies der Fall ist, ist im Gesetz nicht geregelt. Hier wird die dazu ergehende Rechtsprechung abgewartet werden müssen.

> Liegen diese Ausnahmetatbestände nicht vor, vermietet der Vermieter aber insgesamt **nicht mehr als 50 Wohnungen**, kommt das AGG nur **eingeschränkt** zur Anwendung, d.h. der Vermieter muss nur die Diskriminierungstatbestände **„Rasse"** und **„ethnische Herkunft"** beachten (§ 19 Abs. 5 S. 3 AGG).

Nicht eindeutig definiert ist im Gesetz, ob sich der Umfang von 50 Wohnungen nach dem vorhandenen oder nach dem vermieteten Bestand oder nach dem Angebot an vermietbaren Wohnungen bestimmt. Selbstgenutzte Einheiten bleiben jedenfalls außer Betracht. Nachdem das Gesetz nur auf die Wohnungen des **Vermieters** abstellt, gilt das AGG auch dann nur eingeschränkt, wenn der Vermieter die Vermietung an einen Makler oder an eine Hausverwaltung übertragen hat, die mehr als 50 Wohnungen vermietet.

> Das beauftragte Unternehmen sollte jedoch nachfragen, ob der Auftraggeber insgesamt mehr als 50 Wohnungen zur Vermietung anbietet, und sich dies möglichst schriftlich bestätigen lassen.

Relevant sind bei Vermietern mit weniger als 50 Wohnungen also nur Verstöße gegen die Diskriminierungstatbestände **„Rasse“** und **„ethnische Herkunft“**. Da es keine verschiedenen menschlichen Rassen gibt, hat der Gesetzgeber wohl Diskriminierungen aufgrund äußerlicher Merkmale, z.B. der Hautfarbe gemeint. Der Begriff „Ethnie“ bedeutet, dass Personen derselben Sprachgruppe, Kultur oder Religion angehören. Dementsprechend unterliegen dem Diskriminierungsverbot Benachteiligungen wegen dieser Merkmale.

Vermietet der Vermieter mehr als 50 Wohnungen, muss er den **gesamten Katalog** der Diskriminierungstatbestände des § 1 AGG beachten, d.h. neben Rasse und ethnischer Herkunft auch die Merkmale **Geschlecht, Religion, Weltanschauung, Behinderung, Alter, sexuelle Identität**.

In der Tatsache, dass ein Mietinteressent eine leitende Funktion in einer großen Gewerkschaft in Bayern innehat, kann nach einem Urteil des AG München keine „Weltanschauung“ gesehen werden. Daher liegt kein Verstoß gegen § 1 AGG vor; d.h., der Mietinteressent kann nicht aufgrund seiner Weltanschauung benachteiligt worden sein, wenn die Wohnung nicht an ihn vermietet wurde (AG München, Urteil v. 18.10.2012, 423 C 14869/12, ZMR 2014 S. 296).

Der Gesetzgeber geht davon aus, dass es sich in diesem Fall beim Vermieter um ein sog. **Massengeschäft** handelt, das typischerweise ohne Ansehen der Person zustande kommt bzw. das Ansehen der Person nur eine nachrangige Bedeutung hat (§ 19 Abs. 1 Nr. 1 AGG).

Allerdings ist gemäß § 19 Abs. 5 S. 3 AGG ein Massengeschäft nur **„in der Regel“** nicht anzunehmen, wenn der Vermietungsumfang unter 50 Wohnungen liegt. Die Zahl 50 ist somit keine starre Grenze. Dies bedeutet, dass im Einzelfall unter Würdigung der konkreten Umstände ein Massengeschäft auch bei weniger als 50 Wohnungen angenommen werden kann; umgekehrt aber die Vermietung von mehr als 50 Wohnungen nicht zwingend zur Annahme eines Massengeschäfts mit den entsprechenden Konsequenzen führen muss.

Unbeschadet dieses unklaren Abgrenzungskriteriums ist diese Wertung des Gesetzgebers realitätsfremd, da bei jeder Vermietung – egal ob es sich um Wohn- oder Geschäftsraum handelt und ob der Vermieter mehr oder weniger als 50 Wohnungen vermietet – die Person des Mieters immer eine vorrangige Bedeutung hat. Mit der Vermietung geht der Vermieter ein erhebliches finanzielles Risiko ein. Er überlässt dem Mieter eine Wohnung im Wert von meist mehreren Hunderttausend Euro, darf aber gesetzlich eine Kaution in Höhe von lediglich wenigen Tausend Euro verlangen. Aufgrund der strengen Mieterschutzbestimmungen kann das Mietverhältnis nur unter besonderen Voraussetzungen gekündigt werden und bindet den Vermieter damit langfristig an die Person des Mieters mit allen Risiken, insbesondere hinsichtlich Zahlungsausfällen und Schäden in der Wohnung. Selbst nach Vorliegen der Kündigungsvoraussetzungen muss der Vermieter häufig einen aufwendigen und langwierigen Rechtsstreit führen, um die Wohnung wieder freizubekommen.

Die Unterstellung des Gesetzgebers, eine Vermietung wäre ab einer bestimmten Zahl von Wohnungen ein Geschäft, das ohne Ansehen der Person des Mieters zustande kommt, ist daher geradezu absurd. Auch insofern besteht erheblicher Klärungsbedarf durch die Rechtsprechung.

Auf **Geschäftsraum**mietverhältnisse findet das AGG nur dann Anwendung, wenn der Abschluss des Mietvertrags für den Vermieter ein **Massengeschäft** i.S.v. § 19 Abs. 1 AGG ist. § 19 Abs. 2 AGG, wonach bei **allen Wohnungs**mietverhältnissen, d.h. auch wenn es sich um Einzelvermietungen und nicht um ein Massengeschäft handelt, die Diskriminierungstatbestände „Rasse“ und „ethnische Herkunft“ zu beachten sind, gilt **nicht** für Geschäftsraummietverhältnisse.

> Dies bedeutet, dass jedenfalls bei der Vermietung von nur **wenigen** Geschäftsräumen das AGG **keine** Anwendung findet.

Wann eine gewerbliche Vermietung als **Massengeschäft** zu qualifizieren ist, wird die Rechtsprechung klären müssen, da im Bereich der Geschäftsraummiete § 19 Abs. 5 S. 3 AGG nicht gilt, der bei der Wohnungsvermietung ab einem Vermietungsumfang von 50 Wohnungen ein Massengeschäft unterstellt.

Sofern die Vermietung als Massengeschäft zu qualifizieren ist, muss auch im Bereich der Geschäftsraummiete der **gesamte** Diskriminierungskatalog des § 1 AGG beachtet werden.

2 Verstöße gegen das AGG

Verstöße gegen die Bestimmungen des AGG können insbesondere bereits bei der **Auswahl** der Bewerber für eine Wohnung eintreten. Vermieter sollten bereits bei der **Vermietungsanzeige**, z. B. in einer Tageszeitung vermeiden, den Kreis der Bewerber für die angebotene Wohnung zu beschränken.

> **Beispiel**
>
> Aus einem Inserat, mit dem für eine Wohnung eine „ältere, alleinstehende Dame“ gesucht wird, könnte sich der Vorwurf der Diskriminierung sowohl von jüngeren (Merkmal „Alter“) als auch von männlichen Bewerbern (Merkmal „Geschlecht“) herleiten lassen.

Auch bei der **Wohnungsbesichtigung** sollte der Anbieter (Vermieter, Hausverwalter, Makler) keinerlei Äußerungen zu bevorzugten („Wir vermieten nur an Ehepaare“) bzw. für ihn nicht infrage kommenden Zielgruppen („Wir vermieten nicht an Ausländer“) abgeben; anderenfalls könnte ein Bewerber, der nicht zur bevorzugten bzw. zu einer nicht infrage kommenden Zielgruppe gehört, daraus den Vorwurf einer Diskriminierung konstruieren.

Der Anbieter sollte Bewerber keinesfalls im Voraus ablehnen und daher **jedem** Bewerber, d. h. auch solchen, die für ihn als Mieter – aus welchen Gründen auch immer – nicht infrage kommen, ein **Selbstauskunftsformular** übergeben mit der Bitte, dies vollständig ausgefüllt und bis zu einem bestimmten Termin an ihn zurückzuleiten.

Werden die darin enthaltenen zulässigen Fragen nicht, nicht vollständig oder nicht rechtzeitig beantwortet, ist dies für den Anbieter bereits ein sachlicher Grund, den Bewerber ohne Verstoß gegen das AGG abzulehnen.

Sachliche Ablehnungsgründe können sich ferner aus den Angaben des Bewerbers in der Selbstauskunft bzw. aus daraus resultierenden Nachfragen, z. B. beim Vorvermieter ergeben, z. B.

- mangelnde Solvenz, kein zur Zahlung von Miete und Betriebskosten ausreichendes Einkommen, andere Bewerber mit besserer Solvenz
- negative Auskünfte des Vorvermieters, der Bank des Mieters (Bankauskunft), der Schufa oder einer Auskunftei, bei der im Rahmen eines sog. Solvenz-Checks Daten über die Solvenz eines Bewerbers abgefragt werden können
- unerwünschte Haustierhaltung, unerwünschte teilgewerbliche Nutzung der Wohnung
- Uneinigkeit über Mietdauer, Miethöhe, Kaution/Bürgschaft, umlegbare Betriebskosten etc.

Bei der Vermietung von **Wohn**raum ist eine unterschiedliche Behandlung ferner zulässig im Hinblick auf die Schaffung und die Erhaltung sozial stabiler Bewohnerstrukturen und ausgewogener Siedlungsstrukturen sowie ausgeglichener wirtschaftlicher, sozialer und kultureller Verhältnisse (§ 19 Abs. 3 AGG). So wollte der Gesetzgeber einer sog. **Ghettobildung** vorbeugen. Allerdings hat der Gesetzgeber u. a. offengelassen, bei welchem Prozentsatz einer bestimmten Mieterschaft die Strukturen ausgewogen sind, sodass auch insofern die Rechtsprechung abgewartet werden muss.

Ebenso können im **laufenden** Mietverhältnis Benachteiligungen einer Mietpartei zum Vorwurf einer Diskriminierung führen, wenn sie nicht sachlich begründet werden können.

> **Beispiel**
>
> In einem Mietshaus verbietet der Vermieter einem Mieter mit ausländischer Staatsangehörigkeit oder der alleinstehenden Mutter das Abstellen des Kinderwagens im Haus-

flur, während er dies einem deutschen Mieterehepaar mit Kindern erlaubt. Hier wäre das Verbot dann sachlich begründet, wenn der Kinderwagen aufgrund baulicher Gegebenheiten vor der Wohnung des Ausländers bzw. der alleinstehenden Mutter den Durchgang behindert, während vor der Wohnung des Ehepaars genügend Platz ist.

Ein homosexuelles Mieterpaar wird wegen laufend unpünktlicher Zahlung abgemahnt und gekündigt, während der Vermieter dies bei anderen Mietern hinnimmt. Hier würde ein sachlicher Differenzierungsgrund dann bestehen, wenn das homosexuelle Mieterpaar erst vor Kurzem eingezogen ist, während das Mietverhältnis mit den anderen ebenfalls unpünktlich zahlenden Mietern bereits über einen längeren Zeitraum störungsfrei läuft.

Gleiches kann für eine berechtigte Eigenbedarfskündigung gelten, bei der der Vermieter schon nach bisheriger Rechtsprechung eine soziale Auswahl unter den Mietern von gleich geeigneten Wohnungen vornehmen muss. Trifft die Eigenbedarfskündigung z. B. das homosexuelle Paar als Doppelverdiener weniger hart als die Familie mit Kindern, wäre der Vorwurf einer Diskriminierung unbegründet.

Kein Verstoß gegen die Bestimmungen des AGG liegt vor, wenn ein genossenschaftlicher Vermieter nur bei finanziell schwachen Personengruppen eine Mietsicherheit verlangt (AG Kiel, Urteil v. 11.8.2011, 108 C 24/11).

3 Rechtsfolge von Verstößen gegen das AGG

Bei einem Verstoß gegen das Benachteiligungsverbot kann der Benachteiligte die **Beseitigung** der Beeinträchtigung verlangen. Sind weitere Beeinträchtigungen zu besorgen, kann er auf **Unterlassung** klagen (§ 21 Abs. 1 AGG). Ferner kann der Benachteiligte grundsätzlich **Ersatz** des durch die Benachteiligung entstandenen Schadens verlangen (§ 21 Abs. 2 AGG).

Im Gegensatz zu den arbeitsrechtlichen Bestimmungen (vgl. § 611 a Abs. 2 BGB) schließt der Gesetzgeber im Mietrecht einen sog. Kontrahierungszwang, d. h. eine Verpflichtung zum Abschluss eines Vertrags (hier: Mietvertrag), nicht ausdrücklich aus. Daher könnte sich ein solcher Anspruch eines abgelehnten Bewerbers aus allgemeinen schadenersatzrechtlichen Bestimmungen ergeben, sofern die Wohnung noch nicht anderweitig vermietet ist. Wurde die Wohnung bereits vermietet, stellt sich diese Problematik selbstverständlich nicht mehr.

Wird einem Mietbewerber (hier: schwarzafrikanisches Paar) ein Besichtigungstermin verweigert mit der Bemerkung, die Wohnung werde nicht an „Neger ... äh ... Schwarzafrikaner oder Türken“ vermietet, stellt dies eine Verletzung der Menschenwürde und des allgemeinen Persönlichkeitsrechts der Mietbewerber dar.

Für eine entsprechende Äußerung des Hausmeisters, der im Auftrag des Wohnungsverwalters die Besichtigungstermine durchführen soll, haftet auch der Verwalter auf Schadenersatz (z. B. für Fahrtkosten) und u. U. auch auf Schmerzensgeld, wenn die Wahrnehmung von Besichtigungsterminen zu seinem Aufgabenkreis gehört und der Hausmeister dementsprechend als Verrichtungsgehilfe (§ 831 BGB) tätig wird (OLG Köln, Urteil v. 19.1.2010, 24 U 51/09).

4 Beweislastverteilung

Die Verteilung der **Beweislast** ist in § 22 AGG geregelt. Danach muss zuerst der Mieter Indizien vortragen und beweisen, die eine Benachteiligung wegen der Diskriminierungsmerkmale des § 1 AGG vermuten lassen.

Beispiel

Der abgewiesene Bewerber mit ausländischer Staatsangehörigkeit muss vortragen und unter Beweis stellen, dass die Wohnung an einen Mieter mit deutscher Staatsangehörigkeit vermietet wurde und aufgrund von bestimmten Umständen, z. B. diskriminierenden Äußerungen des Vermieters („Ausländer machen häufiger Probleme“), die Vermutung besteht, dass die Ablehnung mit der Ausländereigenschaft des Bewerbers zusammenhängt. Erst wenn der Mieter solche Indizien bewiesen hat, trägt der Vermieter die Beweislast dafür, dass keine Diskriminierung, d.h. ein sachlicher Ablehnungsgrund vorgelegen hat.

Wann solche Indizien vorliegen, die zur Umkehr der Beweislast zulasten des Vermieters führen, wird die Rechtsprechung im Einzelfall entscheiden müssen.

5 Verjährungsfristen

Ansprüche wegen eines Verstoßes gegen die Bestimmungen des AGG müssen innerhalb einer Frist von **2 Monaten** geltend gemacht werden. Nach Ablauf dieser Frist kann der Anspruch nur noch dann gestellt werden, wenn der Benachteiligte ohne Verschulden an der Einhaltung der Frist verhindert war (§ 21 Abs. 5 AGG). Nachdem Ansprüche aus unerlaubter Handlung (§§ 823 ff. BGB) unberührt bleiben (§ 21 Abs. 3 AGG), könnte ein abgelehnter Bewerber bei Vorliegen dieser Voraussetzungen Schadenersatzansprüche auch auf die §§ 823 ff. BGB stützen, für die eine Verjährungsfrist von **3 Jahren** gilt.

6 Empfehlungen

Rein vorsorglich ist dem Vermieter bzw. dem Anbieter der Wohnung zu empfehlen, zu Bewerbungsgesprächen und Wohnungsbesichtigungen eine dritte Person hinzuzuziehen, die nicht Vertragspartner ist und daher im Streitfall als Zeuge aussagen kann. Zeuge kann z.B. auch der angestellte Sachbearbeiter eines professionellen Vermieters sein. Ferner sollte sich der Anbieter nicht in ein persönliches Gespräch verwickeln lassen und sich ausschließlich zu Umständen äußern, welche die Wohnung selbst betreffen.

Letztlich sollte der Vermieter die sich aus der Selbstauskunft ergebenden Ablehnungsgründe auf dem Selbstauskunftsformular des abgelehnten Bewerbers dokumentieren, dieses zu den Akten der angebotenen Wohnung nehmen und jedenfalls über den Zeitraum der Verjährung möglicher Schadenersatzansprüche von 3 Jahren aufbewahren.

7 Übergangsregelung

Keine Anwendung findet das AGG hinsichtlich der Merkmale „Rasse“ und „ethnische Herkunft“, wenn das Mietverhältnis **vor** dem **18.8.2006** begründet worden ist bzw. hinsichtlich der übrigen Diskriminierungstatbestände, wenn das Mietverhältnis vor dem 1.12.2006 begründet worden ist und keine vertraglichen Änderungen nach dem 18.8.2006 bzw. 1.12.2006 erfolgt sind (Übergangsregelung gemäß § 33 Abs. 2, Abs. 3 AGG).

Änderung des Mietvertrags

Inhaltsübersicht

Seite

1 **Einvernehmliche Änderung** 104

2 **Einseitige Änderung** 104

3 **Schlüssige Änderung** 104

1 Einvernehmliche Änderung

Nach dem Grundsatz *pacta sunt servanda* (Verträge müssen eingehalten werden) sind die Parteien eines Vertrags grundsätzlich für die gesamte Laufzeit an dessen Inhalt gebunden und können den Vertrag nur im gegenseitigen Einvernehmen ändern (§§ 145 ff., 535 BGB). Will der Mieter z.B. in den zu Wohnzwecken angemieteten Räumen ein Gewerbe ausüben oder umgekehrt die Geschäftsräume zu Wohnzwecken benutzen, bedarf es hierfür einer **einvernehmlichen** Änderung des Mietvertrags, z.B. in Form eines von beiden Parteien unterzeichneten Nachtrags.

Treffen die Vertragsparteien eine solche Nachtragsvereinbarung zu einem Mietvertrag, bedarf es für die Wahrung der Schriftform einer lückenlosen Bezugnahme auf alle Schriftstücke, aus denen sich die wesentlichen vertraglichen Vereinbarungen der Parteien ergeben. Eine solche Urkunde, die ihrerseits dem Schriftformerfordernis genügt (s. „Schriftform"), heilt auch den Mangel vorher errichteter Urkunden (OLG Rostock, Urteil v. 8.10.2009, 3 U 137/08, ZMR 2010 S. 682).

2 Einseitige Änderung

Einseitig kann der Vertrag von einer Vertragspartei nur abgeändert werden, wenn dies bei Vertragsschluss ausdrücklich vereinbart wurde (z.B. Erhöhungsklausel bei langfristigen Geschäftsraummietverträgen) oder das Gesetz eine einseitige Abänderungsmöglichkeit bestimmt (z.B. für Mieterhöhungen wegen Modernisierung oder wegen Betriebskostenerhöhungen). Auch das Recht des Vermieters von Wohnraum, vom Mieter die Zustimmung zu einer Erhöhung des Mietzinses bis zur ortsüblichen Vergleichsmiete zu verlangen, stellt eine Ausnahme vom Bindungsgrundsatz dar, da der Mieter bei Zulässigkeit und Begründetheit des Erhöhungsverlangens zur Erteilung der Zustimmung verpflichtet ist.

3 Schlüssige Änderung

Der Mietvertrag kann jedoch auch durch **schlüssige Handlung**, also dadurch abgeändert worden sein, dass sich eine Partei mit Wissen der anderen über einen längeren Zeitraum entgegen den Bestimmungen des Mietvertrags verhält. Weiß der Vermieter zum Beispiel, dass der Mieter in den zu Wohnzwecken angemieteten Räumen eine gewerbliche Tätigkeit ausübt und duldet er dies widerspruchslos über einen längeren Zeitraum, kann der Mieter einer entsprechenden Abmahnung bzw. Unterlassungsklage des Vermieters entgegenhalten, der Mietvertrag sei durch schlüssiges Handeln einvernehmlich dahingehend abgeändert worden, dass die Räume nunmehr nicht nur zu Wohnzwecken, sondern auch zu gewerblichen Zwecken benutzt werden dürfen. Entsprechendes kann auch gelten, wenn sich der Mieter entgegen den Bestimmungen des Mietvertrags ohne Zustimmung des Vermieters ein Haustier anschafft und der Vermieter dies über einen längeren Zeitraum widerspruchslos duldet.

Eine schlüssige – **stillschweigende – Zustimmung zur Untervermietung** hat das LG Frankfurt/M. (Urteil v. 22.1.1991, 2/11 S 388/90, DWW 1992 S. 84) auch in einer rügelosen Duldung der Untervermietung über einen Zeitraum von 1,5 Jahren gesehen.

Werden nach dem Tod eines Mieters die von diesem bislang benutzten Bodenverschläge von anderen Mietern des Hauses in Benutzung genommen und duldet der regelmäßig anwesende Vermieter dies in Kenntnis der Umstände über 6 Monate lang, werden diese Verschläge Gemeinschaftseinrichtungen, deren Nutzung der Vermieter ermöglichen muss (KrsG Gotha, DWW 1992 S. 317). Eine **Kenntnis des Hausmeisters** reicht jedoch nicht aus, da dieser nicht Vertreter des Vermieters i. S. v. § 166 BGB ist (AG Westerburg, Urteil v. 23.2.1990, 2 C 1213/89, WuM 1992 S. 600).

Der Einwand einer schlüssigen Vertragsänderung kann daher vermieden werden, wenn das vertragswidrige Verhalten **unverzüglich** nach dessen Erkennung beanstandet wird, wobei dies aus Beweisgründen möglichst **schriftlich** und mit Zustellungsnachweis erfolgen sollte.

Sog. **„Schriftformklauseln"**, die bestimmen, dass Änderungen des Vertrags nur dann wirksam sind, wenn sie schriftlich vereinbart wurden, verstoßen **nicht** generell gegen § 307 Abs. 1, 2 BGB; vielmehr kommt es auf die Ausgestaltung der Klausel im konkreten Fall an. So der BGH in der Entscheidung vom 9.7.1991 (XI ZR 72/90, NJW 1991 S. 2559).

Dementsprechend hat das KG Berlin entschieden, dass eine Klausel, wonach **Änderungen** des Mietvertrags sowie dessen Bestandteile (z. B. der Anlagen) der **schriftlichen** Vereinbarung bedürfen, **wirksam** ist. Anderenfalls – so das KG Berlin – würde der Mietvertrag insgesamt nicht mehr der Schriftform genügen und wäre gemäß § 550 BGB mit den gesetzlichen Fristen kündbar, was nicht dem Interesse der Vertragsparteien entsprechen kann (KG Berlin, Urteil v. 4.5.2000, 8 U 1641/99, MDR 2000 S. 1241). Nach Auffassung des OLG Düsseldorf (Urteil v. 5.4.2001, 10 U 36/00, WuM 2002 S. 49) können sich die Parteien aber trotz der Klausel „Änderung und Ergänzung dieses Vertrags bedürfen der Schriftform" **mündlich** über die **Aufhebung** des Mietvertrags einigen, da sich eine solche Klausel nicht auf den Abschluss eines Mietaufhebungsvertrags bezieht (OLG Düsseldorf, Urteil v. 16.10.2003, I-10 U 46/03, WuM 2003 S. 621).

Ferner gilt eine Schriftformabrede für Änderungen und Ergänzungen eines Wohnraummietvertrags **nicht** für ein **Mieterhöhungsverlangen** nach § 558 a BGB. Das Mieterhöhungsschreiben ist daher auch ohne Unterschrift gültig (BGH, Urteil v. 10.11.2010, VIII ZR 300/09, WuM 2011 S. 32).

Allerdings haben nachträgliche **individuelle** Vereinbarungen **Vorrang** vor einer solchen Schriftformklausel. Dies gilt unabhängig von der Form der Vereinbarung, d. h. auch dann, wenn die Vereinbarung nur **mündlich** getroffen wurde, und sogar, wenn die Schriftformklausel bestimmt, dass mündliche Abreden unwirksam sind, z. B. durch die Formulierung „Nachträgliche Änderungen und Ergänzungen bedürfen der Schriftform". Dabei kommt es nicht darauf an, ob die Parteien eine Änderung der Allgemeinen Geschäftsbedingungen (hier: Schriftformklausel) beabsichtigt haben oder sich der Kollision mit den Allgemeinen Geschäftsbedingungen bewusst geworden sind (BGH, Urteil v. 21.9.2005, XII ZR 312/02, NJW 2006 S. 138).

Entsprechendes gilt für eine in **Allgemeinen Geschäftsbedingungen** enthaltene **qualifizierte** Schriftformklausel, wonach Änderungen der Schriftformklausel der Schriftform bedürfen. Auch insoweit hat die individuelle Vereinbarung Vorrang vor der Allgemeinen Geschäftsbedingung, wobei weder eine besondere Form der individuellen Vereinbarung noch ein Bewusstsein der Parteien, die Allgemeinen Geschäftsbedingungen abzuändern, zu fordern ist.

Anders ist die Rechtslage nur, wenn die qualifizierte Schriftformklausel individuell vereinbart war. Die **individuelle** Vereinbarung einer sog. doppelten (qualifizierten) Schriftformklausel ist zulässig und bewirkt, dass die Schriftform für Änderungen und Ergänzungen des Vertrags nicht durch individuelle mündliche Vereinbarungen ohne eine klare Absprache über die Geltung des mündlich vereinbarten und entgegen dem ursprünglich vereinbarten Formerfordernis abbedungen werden kann (OLG Düsseldorf, Beschluss v. 12.4.2011, I-24 U 195/10, GE 2011 S. 1680). Dies bedeutet, dass die Parteien von der qualifizierten Schriftformklausel nur **bewusst** abweichen können, da insofern der grundsätzliche Vorrang der Individualabrede ausnahmsweise keine Anwendung findet (OLG Düsseldorf, Urteil v. 1.6.2006, I-10 U 1/06, ZMR 2007 S. 35).

Unwirksam ist eine Klausel, wenn sie beim Mieter den falschen Eindruck erweckt, eine mündliche Abrede sei (entgegen § 305b BGB) unwirksam, und deshalb geeignet ist, den Mieter von der Durchsetzung ihm zustehender Rechte abzuhalten (so z.B. bei einer doppelten oder qualifizierten Schriftformklausel, wonach eine Abweichung von einer Schriftformklausel ebenfalls der Schriftform bedürfe – OLG Rostock, Beschluss v. 19.5.2009, 3 U 16/09, MDR 2010 S. 22).

Eine solche qualifizierte Schriftformklausel, wonach bestimmte Abreden nur dann wirksam sein sollen, wenn sie schriftlich vereinbart werden, und auch die Abänderung dieser Schriftformklausel nur wirksam ist, wenn sie schriftlich erfolgt, verstößt nach Auffassung des OLG Brandenburg jedenfalls in der **Wohnraum**miete gegen die §§ 305b, 307 BGB und ist daher als **Formular**klausel unwirksam (OLG Brandenburg, Urteil v. 4.7.2012, 7 U 204/11, GE 2012 S. 1375).

Nach Auffassung des OLG Düsseldorf (Urteil v. 5.4.2001, 10 U 36/00, WuM 2002 S. 49) können sich die Parteien trotz der Klausel „Änderungen und Ergänzungen dieses Vertrags bedürfen der Schriftform" **mündlich** sogar auch über die **Aufhebung** des Mietvertrags einigen, da sich eine solche Klausel nicht auf den Abschluss eines Mietaufhebungsvertrags bezieht (OLG Düsseldorf, Urteil v. 16.10.2003, I-10 U 46/03, WuM 2003 S. 621).

Eine vertraglich vereinbarte Schriftform für Vertragsänderungen kann auch **schlüssig** durch die Korrespondenz über **Telefax** abgeändert werden. Haben die Parteien nach Verhandlungen über eine Änderung der Vertragsbedingungen, z.B. der Miethöhe, sowohl für das Übersenden des Entwurfs der Vereinbarung als auch für das Übermitteln des vom Mieter unterschriebenen Exemplars und für das Übermitteln der Unterschrift des Vermieters auf der Vereinbarung den Weg des Telefax gewählt, haben sie eine vertraglich vereinbarte Schriftform einvernehmlich abgeändert. Insofern kann dahinstehen, ob zur Wahrung der Schriftform jedenfalls eine der Parteien einen unterschriebenen Brief gemäß § 127 Abs. 2 S. 1 BGB übermitteln muss (KG Berlin, Urteil v. 14.12.2009, 12 U 13/09, NZM 2010 S. 583).

Ferner kann eine formularmäßige Vereinbarung, wonach eine **Verlängerung** des Mietverhältnisses (i.S.d. § 545 S. 1 BGB) ausdrücklich schriftlich vereinbart werden muss, formfrei aufgehoben werden (OLG Bremen, Urteil v. 23.8.2006, 1 U 27/06a, MDR 2007 S. 515).

Wirksam ist auch eine Klausel, wonach „mündliche Nebenabreden nicht bestehen". Diese Klausel enthält zwar eine Tatsachenbestätigung i.S.v. § 309 Nr. 12b BGB. Diese gibt aber lediglich die kraft Gesetz bestehende **Beweislastverteilung** wieder, da bei einem schriftlichen Vertrag die Vermutung besteht, dass er die Vereinbarungen der Parteien vollständig und richtig wiedergibt. Die Klausel ändert daher nichts an der Rechtslage, dass derjenige, der sich auf mündliche Vereinbarungen beruft, diese beweisen muss (BGH, Urteil v. 14.10.1999, III ZR 203/98, MDR 2000 S. 19).

An die Beweisführung werden von der Rechtsprechung **strenge Anforderungen** gestellt. Zu beweisen ist, dass sich die Parteien über einen gewissen Punkt nicht nur bei den Vertragsverhandlungen, sondern auch noch im Zeitpunkt der **Unterzeichnung** des Mietvertrags einig waren, wobei die beweispflichtige Partei zusätzlich darlegen muss, warum dieser Punkt dann nicht in den schriftlichen Vertrag aufgenommen worden ist (KG Berlin, Urteil v. 27.5.2002, 8 U 2074/00, GE 2002 S. 930).

Anfechtung des Mietvertrags

Nach den Vorschriften des Bürgerlichen Gesetzbuchs kann ein Vertrag wegen **Irrtums** (§ 119 BGB) oder **arglistiger Täuschung** bzw. widerrechtlicher Drohung (§ 123 BGB) angefochten werden. Der Vertrag ist dann als **von Anfang an nichtig** anzusehen (§ 142 Abs. 1 BGB) und muss daher rückabgewickelt werden. Dies gilt uneingeschränkt nur im Bereich der **Gewerbe**raummiete. Hier ist die Anfechtung eines Mietvertrags wegen arglistiger Täuschung auch noch **nach Übergabe** der Mietsache und nach Beendigung des Mietverhältnisses neben einer Kündigung zulässig. Die Anfechtung ist nicht durch die mietrechtlichen Gewährleistungsvorschriften bzw. das Recht zur fristlosen Kündigung (§ 543 BGB) verdrängt. Aufgrund der **Rückwirkung** der Anfechtung auf den Zeitpunkt des Vertragsschlusses (*ex tunc*) muss eine Rückabwicklung nach Bereicherungsrecht erfolgen. Wurde der Mietvertrag vom Mieter angefochten, kann dieser die gezahlten Mieten zurückfordern, muss aber als Bereicherungsschuldner den objektiven Wert des Erlangten ersetzen (§ 818 Abs. 2 BGB), d.h. die ortsübliche Miete zahlen, die für vergleichbare Räume auf dem örtlichen Markt erzielt wird, ggf. zzgl. Umsatzsteuer (BGH, Urteil v. 6.8.2008, XII ZR 67/06).

Dagegen ist bei **Wohnraum**mietverträgen eine rückwirkende Anfechtung nur **vor** Überlassung der Mietsache möglich.

Nach Überlassung der Mietsache kann der Vertrag nur noch mit Wirkung **für die Zukunft** angefochten werden. Der Vertrag entfällt daher erst mit Zugang der Anfechtungserklärung beim Anfechtungsgegner (AG Hamburg, Urteil v. 18.12.1996, 40 b C 591/96, NJW-RR 1998 S. 809; LG Mannheim, ZMR 1965 S. 239; LG Nürnberg-Fürth, MDR 1966 S. 1004; a.A.: LG Wuppertal, Urteil v. 17.11.1998, 16 S 149/98, WuM 1999 S. 39, wonach bei einem Wohnraummietverhältnis nach Bezug der Wohnung durch den Mieter nur noch eine fristlose Kündigung, s. „Kündigung“, Abschnitt 3.2.1 „Außerordentliche fristlose Kündigung aus wichtigem Grund“, nicht aber eine Anfechtung des Mietvertrags in Betracht kommen soll).

Ein **Anfechtungsgrund**, der Voraussetzung für eine wirksame Anfechtung ist, liegt praktisch jedoch nur in Ausnahmefällen vor, da grundsätzlich die Kündigungs- und Gewährleistungsvorschriften des Mietrechts als Sondervorschriften den allgemeinen Vorschriften über die Anfechtung vorgehen (LG Mannheim, ZMR 1965 S. 239). Eine Anfechtungsmöglichkeit bleibt daher auf Fälle beschränkt, die von den Kündigungsvoraussetzungen nicht hinreichend erfasst werden. Eine arglistige Täuschung durch den Vermieter wird von der Rechtsprechung z.B. bejaht, wenn der Vermieter den Mieter nicht darüber informiert, dass Souterrainräume aufgrund ihres baulichen Zustands für den dauernden Aufenthalt von Menschen bauordnungsrechtlich nicht genehmigt und auch nicht genehmigungsfähig waren und damit nicht vertragsgemäß als vollwertige Büroräume genutzt werden dürfen (BGH, Urteil v. 6.8.2008, a.a.O.).

Auch die Eigenschaften einer Person können einen Anfechtungsgrund darstellen. Dabei ist von der Rechtsprechung bisher nicht abschließend geklärt worden, in welchen Fällen die unrichtige Beantwortung einer vom Vermieter gestellten Frage, z.B. im Wege einer sog. Selbstauskunft (s. hierzu „Selbstauskunft“), den Vermieter zur Anfechtung des Mietvertrags wegen arglistiger Täuschung berechtigt.

> Grundsätzlich stellt die unrichtige Beantwortung nur dann einen Anfechtungsgrund dar, wenn die Frage **zulässig** war und die falsche Beantwortung von wesentlicher Bedeutung für das Mietverhältnis ist.

Zulässig sind Fragen, die Rückschlüsse auf die **Bonität** des Mieters ermöglichen, z.B. nach den Einkommensverhältnissen, der **beruflichen** Stellung und dem **Arbeitgeber** (LG München I, Urteil v. 25.3.2009, 14 S 18532/08, WuM 2009 S. 348). Unrichtige Antworten, z.B. die Angabe des Bruttogehalts bei den abgefragten Nettobezügen, eines Angestelltenverhältnisses statt freier Mitarbeit oder eines Berufs, wenn sich der Bewerber erst in Ausbildung zu diesem Beruf befindet, stellen eine arglistige Täuschung dar und berechtigen den Vermieter zur Anfechtung bzw. fristlosen Kündigung des Mietvertrags. Dies gilt auch dann, wenn sich das Risiko für den Vermieter, das durch die Fragen vermieden werden sollte, noch nicht verwirklicht hat, weil die Mieten bisher vertragsgemäß gezahlt wurden (LG München I, a. a. O.). Ungefragt muss der Mieter allerdings seine Einkommensverhältnisse nicht offenlegen (LG München II, WuM 1987 S. 379).

Auch Fragen nach der Person und Anschrift des **Vorvermieters**, der Dauer des vorangegangenen Mietverhältnisses und nach der Erfüllung der dortigen mietvertraglichen Pflichten sind – ebenso wie Fragen nach den Einkommens- und Vermögensverhältnissen des Mietinteressenten – grundsätzlich geeignet, sich über die Bonität und die Zuverlässigkeit des Mietinteressenten ein Bild zu machen. Solche Fragen des neuen Vermieters sind zulässig, da sie nicht den Bereich der persönlichen oder intimen Lebensführung des Mietinteressenten betreffen, und müssen folglich wahrheitsgemäß beantwortet werden (BGH, Urteil v. 9.4.2014, VIII ZR 107/13, NZM 2014 S. 430).

Zulässig sind ferner Fragen nach dem **Familienstand** (LG Landau, WuM 1986 S. 133) sowie nach einer Kündigung des vorangegangenen Mietverhältnisses (AG Kaufbeuren, Beschluss v. 7.3.2013, 6 C 272/13, NJW-RR 2013 S. 849). Die unrichtige Beantwortung dieser Frage durch den Mietbewerber berechtigt den Vermieter zur Anfechtung des Mietvertrags. Daneben ist der Vermieter zur fristlosen Kündigung des bereits geschlossenen Mietvertrags berechtigt (AG Kaufbeuren, a. a. O.). Etwaige Mitmieter müssen sich die Täuschungshandlung **zurechnen** lassen (AG Hamburg, Urteil v. 6.5.2003, 48 C 636/02, ZMR 2003 S. 744). Gleiches gilt für die wahrheitswidrige Angabe, eine **eidesstattliche Versicherung** wäre nicht abgelegt worden (OLG München, Urteil v. 7.6.1991, 21 U 4248/90, ZMR 1997 S. 458) bzw. in den letzten 5 Jahren sei ein **Insolvenzverfahren** nicht eröffnet worden (AG Hamburg, a. a. O.).

Auch Fragen des Vermieters nach einer (teilweisen) **Pfändung** des Arbeitseinkommens (z. B. Lohnpfändung) sowie sonstigen Zwangsvollstreckungsmaßnahmen sind wegen der zentralen Bedeutung der Zahlungsfähigkeit des Mieters zulässig. Sowohl der Mieter als auch dessen Arbeitgeber müssen solche Fragen wahrheitsgemäß beantworten. Für den sich aus einer Falschauskunft (z. B. durch eine inhaltlich unrichtige Lohnbescheinigung) ergebenden Mietausfallschaden haftet grundsätzlich auch der Arbeitgeber des Mieters. Dies gilt allerdings nicht, wenn der Vermieter den anfechtbaren oder kündbaren Mietvertrag nach Kenntnis des wahren Sachverhalts durch Fortsetzung des Mietverhältnisses bestätigt (OLG Koblenz, Beschluss v. 6.5.2008, 5 U 28/08, WuM 2008 S. 471).

Erklärt der Mieter z. B. beim Abschluss des Vertrags auf ausdrückliche Frage des Vermieters, Designer zu sein und gut zu verdienen, obwohl das tatsächlich nicht zutrifft, kann der Vermieter den Mietvertrag erfolgreich anfechten (AG Saarlouis, v. 12.9.1999, 29 C 739/99, NZM 2000 S. 459).

Gleiches gilt, wenn der Mieter gegenüber dem Vermieter den Umfang seiner selbstständigen Tätigkeiten geschönt und in übertriebener Weise dargestellt hat oder dem Vermieter eine Visitenkarte übergibt, die sein Berufsbild unrichtig vorteilhaft darstellt und beim Betrachter einen völlig falschen Eindruck über den Umfang seiner wirtschaftlichen Tätigkeiten erweckt (AG Leer, Urteil v. 14.10.2008, 070 C 1237/08, DWW 2009 S. 70).

Zulässig ist in der Selbstauskunft auch das Stellen von Fragen, die das **derzeitige** Mietverhältnis des Mietinteressenten betreffen, z. B. ob dieses Mietverhältnis vom Vermieter gekündigt wurde. Eine falsche Antwort auf diese Frage stellt eine arglistige Täuschung dar, die den Vermieter zur Anfechtung bzw. fristlosen Kündigung des Mietverhältnisses berechtigt (AG Kaufbeuren, Urteil v. 7.3.2013, 6 C 272/13).

Zulässig ist ferner die Frage nach noch bestehenden **Mietschulden** aus früheren Mietverhältnissen. Eine unrichtige Antwort des Mieters berechtigt den Vermieter zur Anfechtung des Mietvertrags wegen arglistiger Täuschung; jedenfalls aber zur fristlosen Kündigung des Mietverhältnisses. Insofern ist ein Querstrich im Antwortfeld „Mietschulden" nicht nur als Ablehnung einer Antwort auf die gestellte Frage, sondern als deren Verneinung zu werten (LG Itzehoe, Urteil v. 28.3.2008, 9 S 132/07, WuM 2008 S. 281).

Dem Vermieter ist es auch nicht untersagt, vom Mietbewerber eine separate **Mietschuldenfreiheitsbescheinigung** seines derzeitigen Vermieters zu verlangen. Allerdings sind Vermieter zur Ausstellung einer solchen Bescheinigung, die über die Erteilung einer Quittung über die während der Mietzeit geleisteten Miet- und Betriebskostenzahlungen hinausgeht, **nicht** verpflichtet. Sofern der Mietvertrag keine ausdrückliche Verpflichtung des Vermieters zur Ausstellung einer solchen Bescheinigung enthält, ergibt sich ein Anspruch des Mieters weder aus einer mietvertraglichen Nebenpflicht noch aus einer allgemeinen Verkehrssitte. Dies gilt auch dann, wenn ein ortsansässiger Großvermieter von Mietbewerbern eine solche Bescheinigung verlangt (BGH, Urteil v. 30.9.2009, VIII ZR 238/08, MDR 2010 S. 18).

Legt der Mieter eine gefälschte Bescheinigung eines angeblich früheren Vermieters vor, ist der Vermieter zur fristlosen Kündigung des Mietverhältnisses berechtigt (BGH, Urteil v. 9.4.2014, VIII ZR 107/13).

Zur Anfechtung von Mietverträgen s. auch Emmerich, NZM 1998 S. 692 sowie AG Hamburg, Urteil v. 18.12.1996, 40b C 591/96, NZM 1998 S. 233.

Überwiegend als **unzulässig** werden Fragen zur Familienplanung, zur sexuellen Orientierung, zur Religionszugehörigkeit, zu einer Mitgliedschaft in einem Mieterverein, zum Bestehen einer Schwangerschaft oder zur Anhängigkeit von staatsanwaltschaftlichen Ermittlungsverfahren (AG Hamburg, Urteil v. 7.5.1992, 49 C 88/92, WuM 1992 S. 598) gewertet.

Weiterhin **umstritten** ist in der Rechtsprechung, ob ein Irrtum über die Zahlungsfähigkeit des Mieters einen Irrtum über eine verkehrswesentliche Eigenschaft i.S.d. § 119 Abs. 2 BGB darstellt und zur Anfechtung des Mietvertrags berechtigt.

Während das LG Ravensburg (Urteil v. 8.3.1984, 4 S 264/83, WuM 1984 S. 297) keine Verpflichtung des Mieters sah, von sich aus vor Abschluss des Mietvertrags seine Einkommensverhältnisse offenzulegen, vertrat das AG Hagen (Urteil v. 5.7.1984, 13 C 414/84, WuM 1984 S. 296) die Meinung, dass ein Anfechtungsgrund nach § 119 Abs. 2 BGB vorliegt, wenn der Mieter bei Vertragsschluss nicht offenbart, dass er bereits eine eidesstattliche Versicherung abgegeben hat. Dementsprechend vertritt das LG Gießen (Beschluss v. 23.3.2001, 1 S 590/00, ZMR 2001 S. 894) die Auffassung, dass derjenige, der in Verhandlungen über den Abschluss eines Mietvertrags tritt, dadurch seine Zahlungsfähigkeit vorspiegelt und somit verpflichtet ist, dem Vermieter seine wirtschaftlichen Schwierigkeiten **von sich aus zu offenbaren**, wenn die Gefahr besteht, dass er die Miete nicht zahlen kann.

Verschweigt der Mieter seine desolaten wirtschaftlichen Verhältnisse (z.B. hohe Schulden, Abgabe der eidesstattlichen Versicherung), ist der Vermieter berechtigt, den Mietvertrag wegen arglistiger Täuschung **anzufechten**. Dies gilt auch dann, wenn es dem Mieter gelungen ist, die in seinem derzeitigen Mietverhältnis geschuldete Miete mithilfe von Freunden und Familienangehörigen zu zahlen, da der Vermieter gegen diese Personen nicht vollstrecken kann (LG Gießen, a.a.O.). Ferner ist der Mieter verpflichtet, den Vermieter vor Abschluss des Mietvertrags **ungefragt** aufzuklären, wenn das Vormietverhältnis wegen Nichtzahlung der Miete gekündigt und er deshalb zur Räumung verurteilt ist. Gleiches gilt, wenn über das Vermögen des Mieters bereits ein Insolvenzverfahren eröffnet wurde (LG Bonn, Beschluss v. 16.11.2005, 6 T 312/05, 6 S 226/05, WuM 2006 S. 24).

Eine Anfechtung soll aber trotz unterlassener bzw. falscher Angaben des Mieters über seine Vermögensverhältnisse nach den Grundsätzen von Treu und Glauben **nicht** mehr zulässig sein, wenn der Mieter bereits **mehr als 2 Jahre** lang seinen Zahlungsverpflichtungen beanstandungslos nachgekommen ist und ferner als Beamter über eine gesicherte berufliche Position und ein ausreichendes Einkommen verfügt und die Zahlung der Miete daher sowohl im Zeitpunkt des Mietvertragsabschlusses als auch im Zeitpunkt der Anfechtungserklärung gewährleistet war (LG Wiesbaden, Urteil v. 29.4.2004, 2 S 112/03, WuM 2004 S. 399).

Eine Anfechtung wegen arglistiger Täuschung ist auch **ausgeschlossen**, wenn eine Partei zwar unrichtige Angaben gemacht hat (z.B. bezüglich des Umsatzes in gewerblichen Räumen), aber zugleich zum Ausdruck gebracht hat, für diese Angaben nicht einstehen zu können (OLG Düsseldorf, Urteil v. 17.9.2002, 24 U 1/02, WuM 2003 S. 138).

Ein Mieter ist verpflichtet, den Vermieter vor Abschluss eines Gewerberaummietvertrags ungefragt über **außergewöhnliche** Umstände aufzuklären, mit denen der Vermieter nicht rechnen kann. Zwar muss sich der Vermieter grundsätzlich über die Gefahren und Risiken im Zusammenhang mit dem Abschluss eines Mietvertrags informieren. Er muss sich allerdings nicht nach Umständen erkundigen, für die er keinen Anhaltspunkt hat und die so außergewöhnlich sind, dass er nicht mit ihnen rechnen muss. Daher besteht eine Rechtspflicht zur Aufklärung bei Vertragsverhandlungen auch ohne Nachfrage dann, wenn der Vermieter nach Treu und Glauben unter Berücksichtigung der Verkehrsanschauung redlicherweise die Mitteilung von Tatsachen erwarten darf, die für seine Willensbildung offensichtlich von ausschlaggebender Bedeutung sind. Dies ist z.B. der Fall, wenn eine Gewerberaumeinheit zum Verkauf von „Thor-Steinar"-Produkten genutzt werden soll, die unstreitig in der öffentlichen Meinung ausschließlich der rechtsradikalen Szene zugeordnet werden. Der Verkauf solcher Waren kann zur Folge haben, dass das gesamte Objekt Anziehungsort für rechtsradikale Käuferschichten wird und gewaltsame Auseinandersetzungen mit Demonstranten zu erwarten sind. Der Verkauf von Waren der Marke „Thor Steinar" kann deshalb einem Vermieter erheblichen wirtschaftlichen Schaden zufügen. Daher darf ein Vermieter Aufklärung durch den Mietinteressenten darüber erwarten, wenn er diese Ware verkaufen will. Bei Verletzung der Aufklärungspflicht kann der Vermieter den Mietvertrag wegen arglistiger Täuschung (§§ 123, 124 BGB) anfechten (BGH, Urteil v. 11.8.2010, VII ZR 123/09 und 182/08).

Gleiches gilt, wenn der Mieter den Vermieter zwar darüber informiert, dass er evtl. problematische Produkte anbieten will, nach Äußerung von Bedenken des Vermieters aber den Eindruck erweckt, er werde eine Vielzahl von Marken anbieten, von denen die problematische Marke nur eine ist, obwohl der Mieter sich die Möglichkeit des Verkaufs allein dieser einzigen Textilmarke offenhalten möchte (OLG Dresden, Beschluss v. 27.7.2012, 5 U 68/12, NZM 2012 S. 727).

Wahrheitswidrige Angaben eines **Maklers** werden dessen Auftraggeber zugerechnet, wenn der Makler als Verhandlungsführer des Auftraggebers aufgetreten ist oder wenn er wegen seiner engen Beziehung zu diesem als dessen Vertrauensperson erscheint. Liegen solche Umstände nicht vor, kann der Vertragspartner den Mietvertrag wegen **arglistiger Täuschung** nur anfechten, wenn der Auftraggeber des Maklers die Täuschung durch den Makler kannte oder kennen musste (§ 123 Abs. 2 BGB; KG Berlin, Urteil v. 4.11.2002, 8 U 254/01, GE 2003 S. 185).

Daher begründen falsche Angaben des Vermieters oder eines nicht vom Vermieter beauftragten Dolmetschers bei Vertragsschluss ein Anfechtungsrecht des Mieters wegen arglistiger Täuschung nur dann, wenn der Vermieter die Täuschung kannte oder kennen musste (OLG Düsseldorf, Beschluss v. 30.8.2010, I-24 U 5/10, ZMR 2011 S. 119).

Ein wegen Geistesschwäche **Entmündigter** muss dem Vermieter **nicht** seine Beschränkung in der Geschäftsfähigkeit offenbaren (BVerfG, Beschluss v. 11.6.1991, 1 BvR 239/90, DWW 1991 S. 280).

Zu den Voraussetzungen, unter denen ein Vermieter die von ihm erteilte Zustimmung zu einer zwischen dem bisherigen und einem neuen Mieter vereinbarten **Vertragsübernahme** wegen arglistiger Täuschung anfechten kann, vgl. BGH, Urteil v. 3.12.1997, XII ZR 6/96, WuM 1998 S. 93.

Der Mieter kann den Mietvertrag **anfechten**, wenn eine Wohnung ausdrücklich als **kinderfreundliche** Wohnung verhandelt und vermietet wurde, die Wohnung tatsächlich aber nicht kinderfreundlich ist, z.B. weil sich ein Mitmieter laufend zu Unrecht über angeblichen Kinderlärm beschwert und dem Mieter wegen des Risikos unabsehbarer Auseinandersetzungen mit dem Mitmieter nicht zuzumuten ist, am Vertrag festzuhalten (LG Essen, Urteil v. 20.7.2004, 15 S 56/04, WuM 2005 S. 47).

Der Mieter kann einen Mietvertrag auch wegen Irrtums über eine rechtskräftige Verurteilung des Vermieters anfechten (§ 119 Abs. 2 BGB). Eine rechtskräftige Verurteilung des Vermieters wegen eines Vermögensdelikts mit mietrechtlichem Bezug kann eine solche verkehrswesentliche Eigenschaft darstellen, denn Vertrauenswürdigkeit und Zuverlässigkeit spielen bei Verträgen, die auf eine vertrauensvolle Zusammenarbeit der Parteien angelegt ist, eine große Rolle (Palandt, § 119 BGB, Rn. 26). Insofern können Vorstrafen eine Rolle spielen, wenn es nach dem Vertragsinhalt auf eine Vertrauenswürdigkeit besonders ankommt. Bei einem Mietvertrag als Dauerschuldverhältnis, der mit Geldzahlung, der Anlage einer Kaution mit korrekter Abrechnung von Nebenkosten, Geltendmachung von Ansprüchen wegen Schäden und Mängel etc. verbunden ist, kann daher eine strafrechtliche Verurteilung wegen Vermögensdelikten mit mietrechtlichem Bezug eine verkehrswesentliche Eigenschaft einer Person i.S.v. § 119 Abs. 2 BGB darstellen (AG Donaueschingen, Urteil v. 16.1.2014, 31 C 233/12; LG Konstanz, A 61 S 13/14, WuM 2014 S. 595).

Eine fehlerhafte Wohnflächenangabe im Zeitungsinserat berechtigt den Mieter dagegen nicht zur Anfechtung des Mietvertrags (weder wegen Fehlens einer verkehrswesentlichen Eigenschaft i.S.d. § 119 Abs. 2 BGB noch wegen arglistiger Täuschung), wenn die Wohnfläche weder bei den Vertragsverhandlungen noch bei der Wohnungsbesichtigung thematisiert wurde und auch im Mietvertrag nicht vereinbart worden ist. Die Angabe der Wohnungsgröße in einem Zeitungsinserat stellt nämlich kein Angebot i.S.v. § 145 BGB dar, sondern lediglich die Aufforderung an interessierte Kreise, in Vertragsverhandlungen einzutreten. Die Angabe der Wohnungsgröße kann deshalb allenfalls ursächlich für den Entschluss sein, die Wohnung zu besichtigen und in Verhandlungen einzutreten. Der Entschluss für den Abschluss des Mietvertrags wird dagegen in der Regel bei oder nach Besichtigung der Wohnung gefasst (AG Frankfurt/M., Urteil v. 5.5.2006, 33 C 582/06-50, WuM 2007 S. 315).

Der Mieter von **Geschäfts**räumen kann eine Anfechtung des Mietvertrags nicht darauf stützen, dass bei Vertragsschluss die Betriebskostenvorauszahlungen bewusst zu niedrig vereinbart worden sind. Der Vermieter ist nämlich ohne besonderen Anlass nicht dazu verpflichtet, die Höhe der Vorauszahlungen überschlägig so zu kalkulieren, dass sie jedenfalls in etwa kostendeckend sind. Eine entsprechende Aufklärungspflicht kann sich nur dann ergeben, wenn der Vermieter die Angemessenheit der erhobenen Vorschüsse zusichert oder den Mieter über die tatsächlichen Kosten täuscht, um ihn zum Vertragsabschluss zu bewegen (OLG Rostock, Urteil v. 23.10.2008, 3 U 123/07, ZMR 2009 S. 527; s. auch „Abrechnung der Betriebskosten, Abschnitt 12“).

Angehörige → „Eigenbedarf“
Angemessener Ersatzwohnraum → „Kündigungsschutz“
Anpassungsklausel → „Wertsicherungsklausel“, „Leistungsvorbehalt“

Antenne

Inhaltsübersicht

Seite

1 **Wann ist die Zustimmung des Vermieters erforderlich?** ... 112

2 **Wann muss der Vermieter die Montage gestatten?** ... 113

3 **Besonderheiten bei ausländischen Staatsangehörigen** ... 115

4 **Bestimmung des Montageorts** ... 120

5 **Beseitigungsanspruch des Vermieters** ... 120

6 **Ersatz von Aufwendungen** ... 122

7 **Umstellung auf digitales Fernsehen** ... 122

Eine **gesetzliche** Verpflichtung des Vermieters, dem Mieter den Empfang einer bestimmten Anzahl von Fernseh- und Rundfunkprogrammen zu ermöglichen, besteht **nicht**. Der Vermieter ist lediglich verpflichtet, eine bei Abschluss des Mietvertrags vorhandene Antenne auf seine Kosten in vertragsgemäßem Zustand zu erhalten (§ 535 Abs. 1 S. 2 BGB), wobei dieser vom Umfang und Zustand der Antennenanlage bei Vertragsschluss abhängt und dadurch festgeschrieben wird. Der Mieter hat daher weder Anspruch auf Erweiterung einer Antennenanlage noch Anspruch auf Bereitstellung einer solchen durch den Vermieter, wenn bei Vertragsabschluss keine Antenne vorhanden war.

> Der Mieter ist berechtigt, auf seine Kosten eine Einzelantenne (Hochantenne) auch außerhalb der Mieträume anzubringen, solange keine Gemeinschaftsantenne zum Empfang der **ortsüblichen** Programme vorhanden ist und eine Zimmerantenne keinen ausreichenden Empfang ermöglicht (BayObLG, RE v. 19.1.1981, Allg Reg 103/80, NJW 1981 S. 1275).

Insoweit handelt es sich um eine Maßnahme des Mieters im Rahmen des **vertragsgemäßen** Gebrauchs, die nicht der Zustimmung des Vermieters bedarf.

1 Wann ist die Zustimmung des Vermieters erforderlich?

Das Anbringen von Antennen, die einen darüber hinausgehenden Empfang ermöglichen sollen, ist **nicht mehr** vom vertragsgemäßen Gebrauch gedeckt und daher nur mit Zustimmung des Vermieters zulässig. Dies gilt insbesondere für **CB-Dachfunkantennen** sowie für **Parabolantennen** (Parabolspiegel) zum Direktempfang des Satellitenfernsehens. Solche technischen Neuerungen führen erst dann zur Ausweitung des vertragsgemäßen Gebrauchs, wenn sie für weite Schichten der Bevölkerung selbstverständlich geworden sind und zum allgemeinen Lebensstandard gehören (vgl. BayObLG, a.a.O.). Dies trifft weder für CB-Funkantennen noch für Parabolantennen zu (vgl. LG Mannheim, Beschluss v. 21.8.1991, 4 T 170/91, DWW 1991 S. 310; LG Stuttgart, Urteil v. 31.5.1989, 5 S 248/88, DWW 1991 S. 309; LG Bochum, Urteil v. 29.5.1991, 10 S 21/91, DWW 1991 S. 308, 309; LG Arnsberg, Urteil v. 15.4.1991, 5 S 281/90, DWW 1991 S. 243; LG Koblenz, Urteil v. 12.2.1990, 12 S 280/89, DWW 1990 S. 119; AG Andernach, Urteil v. 12.6.1990, 6 C 272/90, WuM 1990 S. 492; Pfeifer, DWW 1990 S. 353).

Eine vorherige Zustimmung des Vermieters ist ausnahmsweise **nicht** erforderlich, wenn die Antenne auf einem **Ständer** steht und nicht am Mauerwerk oder am Balkongeländer befestigt ist und auch keine optische Beeinträchtigung des Anwesens eintritt, z. B. weil die Antenne hinter der Balkonbrüstung kaum zu erkennen ist (LG München, 31 S 7699/03; so auch LG Berlin, Urteil v. 12.9.2003, 63 S 66/03, GE 2003 S. 1330 für eine **mobile** Parabolantenne mit 60 cm Durchmesser sowie LG Berlin, Urteil v. 27.5.2005, 63 S 487/04, GE 2005 S. 1126 für eine mobile Antenne, die mittels einer Teleskopstange zwischen den Fensterrahmen eingespannt ist und deren Kabel mit einem Adapter unterhalb der Fensterrahmen in die Wohnung geleitet wurde).

Eine entgegenstehende Formularklausel im Mietvertrag, wonach die Zustimmung des Vermieters generell für jegliche Antennen eingeholt werden müsse, wäre wegen eines Verstoßes gegen die §§ 305c, 307b BGB (überraschende Klausel, unangemessene Benachteiligung des Mieters) unwirksam, da hiervon auch Antennen von schnurlosen Telefonen oder sonstigen drahtlosen Einrichtungen in der Wohnung betroffen wären. Trotz einer Klausel, wonach der Mieter außerhalb der Wohnung keine Parabolantenne anbringen darf, kann der Vermieter wegen des durch Art. 5 Abs. 1 GG geschützten Informationsinteresses des Mieters am zusätzlichen Empfang von Satellitenprogrammen nach Treu und Glauben verpflichtet sein, der Aufstellung zuzustimmen, wenn weder eine Substanzverletzung noch eine nennenswerte ästhetische Beeinträchtigung des Eigentums des Vermieters zu erwarten ist, d. h. die Antenne keine oder lediglich geringfügige optische Beeinträchtigungen verursacht, z. B. weil sie auf dem Fußboden im hinteren Bereich eines sichtgeschützten Balkons aufgestellt ist und **keine feste** Verbindung zum Gebäude hat (BGH, Urteil v. 16.5.2007, VIII ZR 207/04, WuM 2007 S. 381).

2 Wann muss der Vermieter die Montage gestatten?

Jedoch unterfallen auch Empfangsanlagen für **nicht ortsübliche** Rundfunk- und Fernsehprogramme dem Grundrecht auf **Informationsfreiheit** (Art. 5 GG), sodass der Vermieter die Zustimmung zur Einrichtung einer Empfangsanlage, die über den vertragsgemäßen Gebrauch der Mietsache hinausgeht, nach den Grundsätzen von Treu und Glauben (§ 242 BGB) nur dann versagen kann, wenn dem Vermieter **sachbezogene Gründe** zur Seite stehen (BVerfG, Beschluss v. 15.10.1991, 1 BvR 976/89, WuM 1991 S. 573; BayObLG, a. a. O.).

Dementsprechend hat das OLG Frankfurt mit Rechtsentscheid vom 22.7.1992 (20 RE-Miet 1/91, NJW 1992 S. 2490) entschieden, dass der Vermieter, der nicht in demselben Haus wohnt, die Montage einer Parabolantenne gestatten muss, wenn folgende Voraussetzungen vorliegen:

- Das Haus hat weder eine Gemeinschaftsparabolantenne noch einen Breitbandkabelanschluss und es ist ungewiss, ob ein solcher Anschluss verlegt werden wird.
- Der Mieter stellt den Vermieter von allen im Zusammenhang mit der Installation der Antenne entstehenden Kosten und Gebühren frei, auch soweit sie aus der Pflicht des Mieters sich ergeben, nach Beendigung des Mietverhältnisses die Antenne zu entfernen, für sämtliche durch die Antenne verursachten Schäden zu haften oder der im Einzelfall möglichen Pflicht, bei späterer Errichtung einer Gemeinschaftssatellitenantenne bzw. dem Anschluss des Hauses an das Kabelfernsehen durch den Vermieter die Einzelantenne zu entfernen.
- Die Antenne wird von einem Fachmann unter Beachtung bestehender Vorschriften angebracht.
- Der Vermieter kann einen **geeigneten** Montageort bestimmen.
- Sofern es sich bei dem vermieteten Wohnraum um eine **Eigentumswohnung** handelt, muss der Vermieter einen Anspruch gegen die übrigen Eigentümer auf Zustimmung zum Anbringen einer Parabolantenne haben (§ 22 WEG).

Als **Ausnahmefälle**, in denen eine solche Verpflichtung des Vermieters trotz Vorliegen dieser Voraussetzungen **ausgeschlossen** sein kann, hat das OLG Frankfurt die Montage einer sehr großen oder auffälligen Parabolantenne an einem frei stehenden Bungalow oder einer Jugendstilvilla genannt und dies mit einer nicht zumutbaren Verunzierung begründet.

Dem Rechtsentscheid des OLG Frankfurt ist zu entnehmen, dass der Vermieter grundsätzlich bereits dann die Montage einer Parabolantenne untersagen kann, wenn das Anwesen mit einer Parabolantenne oder einem Breitbandkabelanschluss ausgestattet oder ein solcher Anschluss zeitlich absehbar ist.

Kann sich der Mieter ohne Weiteres einen Breitbandkabelanschluss in die Wohnung verlegen lassen (z.B. weil im Keller des Hauses bereits ein Übergabepunkt vorhanden ist), ist der Vermieter nicht verpflichtet, dem Mieter die Erlaubnis zur Anbringung einer Parabolantenne zu erteilen (AG Münster, Urteil v. 20.10.2009, 28 C 1474/09, WuM 2012 S. 139).

Eine Ausnahme kann vorliegen, wenn der Mieter aus **beruflichen Gründen** auf eine eigene Satellitenempfangsanlage **angewiesen ist**. In diesem Fall muss der Mieter jedoch darlegen, auf welche Weise eine solche Anlage gegenüber decoder- bzw. internetgestütztem Empfang leistungsfähiger ist (BerlVerfGH, Beschluss v. 29.8.2001, VerfGH 39/01, NJW 2002 S. 2166).

Dagegen ist ein aus **beruflichen Gründen** lediglich **gesteigerter** Informationsbedarf des Mieters **nicht** ausreichend (LG Chemnitz, Urteil v. 30.12.1999, 6 S 5026/99, NZM 2000 S. 960; so auch AG Frankfurt/M., Urteil v. 9.2.2004, 33 C 4463/03 – 31, 33 C 4463/03, ZMR 2005 S. 458), wonach einem **deutschen** Staatsangehörigen kein Anspruch auf Installation einer Parabolantenne zusteht, um sich (z.B. aus beruflichen oder privaten Gründen) über ausländische Medien informieren zu können und eine Gleichbehandlung mit ausländischen Mitbürgern (s. Abschnitt 3), denen auf diese Weise eine Teilnahme am politischen und kulturellen Leben ihrer Heimat ermöglicht werden soll, nicht verlangt werden kann; s. auch AG Frankfurt/M., Urteil v. 3.2.2006, 387 C 2479/05 (98), ZMR 2006 S. 449, wonach berufliche Informationsinteressen bei der Nutzung einer Wohnung im Verhältnis zu den Interessen des Eigentümers an einer einheitlichen Fassadengestaltung nicht ins Gewicht fallen.

Aus dieser Rechtsprechung ergibt sich, dass der Vermieter nach Anschluss des Anwesens an das Breitbandkabel in der Regel die Entfernung einer vom Mieter montierten Parabolantenne verlangen kann. Dies gilt grundsätzlich auch dann, wenn der Mieter die Parabolantenne vor der Verkabelung montiert und eine Genehmigung des Vermieters nicht eingeholt hatte (LG Gera, Urteil v. 14.7.1994, 1 S 117/94, WuM 1994 S. 523).

Diese Ansicht kann zwar zu einer Beschränkung der Informationsfreiheit des Mieters (Art. 5 Abs. 1 S. 1 GG) führen, wenn über die Parabolantenne Satellitenprogramme empfangen werden können, die nicht in das Kabelnetz eingespeist sind. Nachdem aber der Mieter auch über einen Kabelanschluss sein Informationsinteresse weitgehend realisieren kann und sein Recht auf Informationsfreiheit daher nicht wesentlich beeinträchtigt ist, überwiegt im Regelfall das ebenfalls grundgesetzlich geschützte Eigentumsinteresse des Vermieters (Art. 14 Abs. 1 GG), über die äußere Gestaltung seines Anwesens zu bestimmen (so auch VerfGH Berlin, Beschluss v. 29.8.2001, VerfGH 39/01, GE 2002 S. 254 sowie BVerfG, Beschluss v. 10.3.1993, 1 BvR 1192/92, DWW 1993 S. 96 und v. 16.4.1993, 1 BvR 1098/91, WuM 1993 S. 231).

Auch die Möglichkeit, über eine Parabolantenne Fernsehprogramme in HD-Qualität zu empfangen, berechtigt den Mieter nicht, z.B. auf dem Balkon eine Parabolantenne anzubringen. Gewährleistet der Vermieter durch Bereitstellen eines Breitbandkabelanschlusses den Empfang von Programmen in genügender Anzahl und Qualität, ist das Informationsinteresse des Mieters ausreichend berücksichtigt. Ob der Mieter die Programme darüber hinaus in HD-Qualität empfangen kann, ist für die Befriedigung seines Informationsinteresses nicht relevant. Daher bleibt es dabei, dass der Mieter in diesem Fall dazu verpflichtet ist, eine eigenmächtig montierte Parabolantenne zu beseitigen (BGH, Beschluss v. 21.9.2010, VIII ZR 275/09, WuM 2010 S. 737).

3 Besonderheiten bei ausländischen Staatsangehörigen

Anders kann die Interessenabwägung jedoch ausfallen, wenn der Mieter über den Durchschnittsfall hinausgehende berechtigte Interessen vortragen kann, z. B. eine fremdsprachliche Muttersprache spricht oder **ausländischer** Staatsangehöriger ist.

Nach dem Rechtsentscheid des OLG Karlsruhe vom 24.8.1993 (3 RE-Miet 2/93, WuM 1993 S. 525) muss der Vermieter hier trotz des Kabelanschlusses die Montage einer Parabolantenne dulden, wenn folgende Voraussetzungen erfüllt sind:

- Der Breitbandkabelanschluss befriedigt das Bedürfnis des Mieters auf Empfang von Fernsehprogrammen aus dessen Heimatland derzeit und in absehbarer Zukunft nicht, während eine Parabolantenne diesem Mangel abhelfen kann.
- Der Antennenanlage stehen Vorschriften des Baurechts und des Denkmalschutzes ebenso wenig entgegen wie Rechte Dritter.
- Der Mieter folgt bei der Wahl des Aufstellungsorts der Bestimmung des Vermieters, die dieser unter Beachtung der empfangstechnischen Eignung danach trifft, wo ihm die Anlage am wenigsten störend erscheint. Eine auch nach allgemeiner Verkehrsanschauung erhebliche Verunzierung durch die Antennenanlage tritt nicht ein.
- Die Antenne wird zur weitgehenden Sicherung vor denkbaren Schäden fachmännisch angebracht.
- Erhebliche nachteilige Eingriffe in die Bausubstanz sind ausgeschlossen.
- Der Mieter stellt den Vermieter von allen im Zusammenhang mit der Installation entstehenden Kosten und Gebühren frei. Gleiches gilt hinsichtlich der Haftung für durch die Antenne verursachte Schäden und den Aufwand für die Beseitigung der gesamten Antennenanlage nach Mietende.
- Auf Verlangen des Vermieters hat der Mieter das Haftungsrisiko durch Abschluss einer Versicherung und den Beseitigungsaufwand in sonstiger Weise (z. B. **Kaution**) abzusichern. Dies gilt auch, wenn die Antenne nach Auffassung des Mieters leicht zu beseitigen ist. Insofern ist es Sache des Mieters, die voraussichtlichen Kosten der Demontage und Entsorgung durch Einholung eines Kostenvoranschlags zu beziffern und dem Vermieter mitzuteilen (AG Berlin, Urteil v. 9.11.2006, 9a C 130/06, GE 2006 S. 1619).

  Eine solche vom Mieter geleistete Sonderkaution für spezifische Schäden aus der Anbringung einer Satellitenantenne ist **zweckgebunden**. Der Vermieter darf daher gegen diese Sonderkaution nicht mit anderen Ansprüchen aus dem Mietverhältnis aufrechnen (AG Köln, Urteil v. 27.4.2008, 222 C 480/07, WuM 2008 S. 556).
- Im Fall mehrerer berechtigter Einzelbegehren auf Duldung von Parabolantennen folgt die Maßnahme der Bestimmung des Vermieters, der mehrere Mieter im Rahmen der technischen Möglichkeiten auf die Nutzung einer gemeinsam anzubringenden und zu finanzierenden Parabolantennenanlage verweisen darf (so auch LG Nürnberg-Fürth, Urteil v. 1.3.1996, 7 S 10233/95, WuM 1997 S. 486).

Diesem Rechtsentscheid ist zu entnehmen, dass einem ausländischen Staatsangehörigen nicht generell unter Hinweis auf den vorhandenen oder zeitlich absehbaren Kabelanschluss die Montage einer Parabolantenne untersagt werden kann (so auch das OLG Hamm, Beschluss v. 3.9.1993, 30 RE-Miet 6/92, DWW 1993 S. 331). Darin liegt nach der Entscheidung des BVerfG (Beschluss v. 9.2.1994, 1 BvR 1687/92, NJW 1994 S. 1147) keine verfassungswidrige Bevorzugung von Ausländern. In diesem Fall ist bei der Abwägung der Interessen des Vermieters und des Mieters insbesondere zu berücksichtigen, in welchem Umfang der Mieter Programme seines Heimatlands über das Kabelnetz empfangen kann. Bezüglich der Streitfrage, ob der Mieter bereits dann auf den Kabelanschluss verwiesen werden darf, wenn er damit nur einen Heimatsender empfangen kann, hat das BayObLG mit Beschluss v. 25.3.1994 (RE-Miet 6/93, WuM 1994 S. 317) den Erlass eines Rechtsentscheids abgelehnt mit der Begründung, dass dies nur im **Einzelfall** anhand einer konkreten **Interessenabwägung** entschieden werden kann (so auch das BVerfG, Beschluss v. 30.6.1994, 1 BvR 1478/93, GE 1994 S. 1248). Der ausländische Mieter muss sich daher zwar nicht generell mit nur einem über das Kabel zu empfangenden Heimatprogramm begnügen, jedoch hat das Informationsinteresse des Mieters auch keinen absoluten Vorrang gegenüber den Belangen des Vermieters. Es ist daher eine Interessenabwägung zwischen dem Informationsinteresse des Mieters und dem Interesse des Vermieters an der Vermeidung einer optischen Beeinträchtigung durch Montage mehrerer Parabolantennen vorzunehmen, in die trotz eines bestehenden Kabelanschlusses auch die Möglichkeit und Zumutbarkeit der Montage einer Gemeinschaftsparabolantenne einbezogen werden muss, weil ein greifbares Interesse des ausländischen Mieters an der Auswahl zwischen mehreren Heimatprogrammen auch ohne nähere Begründung gegeben ist (BVerfG, Beschluss v. 14.9.1995, 1 BvR 1471/94, DWW 1995 S. 371). Dabei ist auch das Informationsinteresse des nichtehelichen Lebensgefährten des Mieters zu berücksichtigen (LG München, Urteil v. 5.8.2004, 31 S 1039/04, WuM 2004 S. 659). Jedoch obliegt dem Mieter die Darlegung, dass ihm eine zumutbare Informationsmöglichkeit z.B. über in das Internet eingespeiste TV-Programme verschlossen ist (AG Lörrach, Beschluss v. 29.9.2004, 3 C 72/04, WuM 2004 S. 658).

Ein grundsätzlicher Vorrang des Informationsinteresses des Mieters (z.B. mit ausländischer Staatsangehörigkeit oder Herkunft) vor dem Eigentumsinteresse des Vermieters ergibt sich weder aus dem Grundgesetz noch aus dem Recht der Europäischen Gemeinschaften, da sowohl die in Art. 49 EG geregelte Dienstleistungsfreiheit noch die in Art. 10 EMRK gewährleistete Informationsfreiheit nicht schrankenlos gewährleistet ist. Daher ist es für einen Anspruch des Mieters auf Duldung einer Parabolantenne **nicht** ausreichend, dass über diese im Vergleich zu einem bestehenden Kabelanschluss eine **größere** Zahl von Programmen empfangen werden kann. Entscheidend ist, ob über den Kabelanschluss ein **ausreichender** Zugang zu Heimatprogrammen besteht (BGH, Urteil v. 16.11.2005, VIII ZR 5/05, WuM 2006 S. 28). Dies ist der Fall, wenn ein Mieter mit türkischer Staatsangehörigkeit über das Kabel sechs türkische Programme empfangen kann; selbst dann, wenn keines dieser Programme seiner Glaubensrichtung (alevitischer Glaube) gerecht wird (BGH, Urteil v. 10.10.2007, VIII ZR 260/06, WuM 2007 S. 678). Bei der Frage der ausreichenden Medienversorgung des ausländischen Mieters lässt sich nach der Rechtsprechung des BGH eine bestimmte Anzahl von Sendern mit muttersprachlichem Programmangebot nicht allgemein festlegen. Für das gegen das Eigentumsgrundrecht des Vermieters abzuwägende Informationsgrundrecht des Mieters kommt es nämlich nicht auf die Quantität, sondern auf die inhaltliche Ausrichtung der Sender an, die über einen vorhandenen Kabelanschluss empfangen werden können. Die qualitative Bandbreite des muttersprachlichen Informationsangebots hängt somit nicht von der Anzahl der betreffenden Sender ab, sondern kann auch von nur wenigen Sendern gewährleistet sein. Dabei muss auch ein – wenn auch kostenpflichtiges – Angebot von Fernsehsendern im Internet berücksichtig werden (BGH, Beschluss v. 14.5.2013, VIII ZR 268/12, NZM 2013 S. 647). Insofern ist dem Mieter angesichts der inzwischen geringen Anschaffungskosten von internetfähigen Computern zumutbar, sein besonderes Informationsbedürfnis (hier: Programme mit religiösen Inhalten, Sportkanal) über das neben dem Breitbandkabelnetz vorhandene Internet zu befriedigen. Dies gilt jedenfalls dann, wenn im ausländischen (hier: türkischen) Haushalt bereits ein rein beruflichen Zwecken dienender Laptop vorhanden ist (LG Frankfurt/M., Beschluss v. 21.5.2013, 2-13 S 75/12, NJW-RR 2013 S. 1357).

Bei der vorzunehmenden Interessenabwägung muss auch berücksichtigt werden, ob dem Mieter durch Kauf von **Zusatzgeräten**, z.B. eines Digitaldecoders, der Empfang von zusätzlichen Heimatprogrammen möglich ist. Kann der Mieter über die neuen **digitalen** Kabelprogramme **zusätzliche** Heimatsender empfangen, darf der Vermieter nach der neuesten

Rechtsprechung die Montage einer Satellitenantenne untersagen. Zwar muss der Mieter hierfür auf seine Kosten einen Digitaldecoder anschaffen. Diese Kosten sind jedoch in der Regel nicht höher als die Kosten für die fachmännische Installation einer Satellitenantenne. Auch der monatliche Aufpreis von ca. 8 Euro für das zusätzliche digitale Programmpaket führt typischerweise nicht dazu, den Mieter davon abzuhalten, ein Programmpaket in seiner Heimatsprache zu beziehen. Somit kann dem Mieter zugemutet werden, den vorhandenen Kabelanschluss statt einer neu zu installierenden Satellitenantenne zu nutzen. Die Informationsfreiheit gewährt dem Mieter nämlich den Zugang zu Informationsquellen nur im Rahmen der allgemeinen Gesetze, nicht aber dessen Kostenlosigkeit. Daher hat ein in Deutschland lebender Mieter spanischer Herkunft keinen Anspruch auf Erteilung einer Erlaubnis zur Installation einer Parabolantenne, wenn er über das Breitbandkabel mittels eines Decoders sieben spanische Programme empfangen kann, selbst wenn sich diese inhaltlich überschneiden. Dabei ist auch unerheblich, ob sich in der Nachbarschaft Gebäude mit Parabolantennen befinden (BGH, Beschluss v. 17.4.2007, VIII ZR 63/04, WuM 2007 S. 380; BGH, Urteil v. 2.3.2005, VIII ZR 118/04, DWW 2005 S. 104; BVerfG, Beschlüsse v. 24.1.2005, 2 BvR 1953/00, NZM 2005 S. 252; v. 14.2.2005, 1 BvR 1908/01, WuM 2007 S. 379 und v. 17.3.2005, 1 BvR 42/03, BayVBl 2005 S. 691; so bereits LG Lübeck, Urteil v. 29.12.1998, 6 S 206/97, NJW-RR 1999 S. 1532 bei Empfangsmöglichkeit von zwei Heimatprogrammen).

Bei der Frage nach dem Umfang des Empfangs von Programmen aus seinem Heimatland, die der Mieter ohne Parabolantenne empfangen kann, ist ferner das **Internet** zu berücksichtigen, das inzwischen als umfassendes Medium der Vermittlung von Informationen im sozialen und kulturellen Leben anerkannt ist (AG Frankfurt/M., Urteil v. 26.9.2014, 33 C 2232/14 (76), WuM 2014 S. 666). Daher kann dem Mieter in der Regel auch zugemutet werden, Fernsehprogramme ggf. über das **Internet** zu beziehen, wenn der Breitbandkabelanschluss nach Auffassung des Mieters nicht ausreicht. Ein entsprechendes Verbot der Montage von Parabolantennen im Mietvertrag ist daher wirksam (AG Hamburg, Urteil v. 18.8.2009, 409 C 150/09, ZMR 2010 S. 45).

Kann der Mieter ausländische (hier: afghanische) Fernsehsender über das Internet empfangen, besteht auch dann kein Anspruch auf Anbringung einer Parabolantenne, wenn der Mieter keinen Internetanschluss besitzt (AG Wedding, Urteil v. 16.7.2010, 16 C 457/09 GE 2010 S. 1205). Etwas anderes kann gelten, wenn der Zugang zum Internetfernsehen eine Abfolge von PC-Bedienfunktionen voraussetzt, die mit Blick auf den Schaltkomfort einer herkömmlichen Fernbedienung für Fernseher nicht vergleichbar ist. In diesem Fall kann nach Auffassung des AG Hamburg (Urteil v. 9.7.2013, 925 C 9/13, NZM 2014 S. 435) ein nicht im Internetzeitalter aufgewachsener ausländischer Mieter nicht auf diese Empfangstechnik verwiesen werden, selbst wenn er zur Entrichtung der fälligen Gebühren finanziell in der Lage wäre.

Dagegen ist der Vermieter nicht berechtigt, die Entfernung einer Parabolantenne auf dem Balkon eines Mieters mit ausländischer Staatsangehörigkeit (hier: ägyptisch) zu verlangen, wenn der Empfang ägyptischer TV-Sender im Internet nur mit unzureichender Qualität möglich ist (LG Berlin, Urteil v. 25.10.2011, 65 S 38/11, GE 2011 S. 1556).

Keinen Anspruch darauf, dass ihm die Erlaubnis zur Montage einer Parabolantenne erteilt wird, hat der Mieter, wenn die Heimatprogramme mehr der Unterhaltung und weniger dem Informationsbedürfnis des Mieters dienen (so LG Magdeburg, Urteil v. 19.2.2004, 12 S 397/03, ZMR 2004 S. 757). Dementsprechend hat das LG München I im Bereich des **Wohnungseigentumsrechts** entschieden, dass auch der türkische Wohnungseigentümer seine über den Balkon seiner Eigentumswohnung hinausragende Parabolantenne entfernen muss, auch wenn er dann über das Kabel nur noch sechs Fernseh- und Radioprogramme aus seiner Heimat (vorher: 20) empfangen kann, da kein Anspruch darauf besteht, alle existierenden

Programme zu empfangen (LG München, 1 T 17467/04; bestätigt vom OLG München, Beschluss v. 9.1.2006, 34 Wx 101/05, MDR 2006 S. 627, mit der Begründung, dass dem türkischen Wohnungseigentümer in diesem Fall die gebührenpflichtige Nutzung der Kabelanlage des Anwesens und die Anschaffung der dazu notwendigen Set-Top-Box zugemutet werden kann).

Der Mieter hat keinen Anspruch auf die kostengünstigste Möglichkeit, Sender seiner Heimat zu empfangen (AG Frankfurt/M., Urteil v. 20.8.2009, 33 C 663/09-26, ZMR 2010 S. 725). Daher kann es dem (hier: griechischen) Mieter bei Abwägung der im Mietverhältnis typischerweise widerstreitenden Interessen in der Frage der Medienversorgung zumutbar sein, das über die vorhandene Breitbandkabelversorgung hinausgehende Informationsinteresse (hier: Sportsender) über kostenpflichtiges Internetfernsehen abzudecken (LG Wuppertal, Urteil v. 26.1.2012, 9 S 28/11, NZM 2012 S. 725).

Im Einzelfall kann die Interessenabwägung aber auch ergeben, dass sich der ausländische Mieter mit nur **einem** über das Kabel zu empfangenden Heimatprogramm begnügen muss. Dies kann der Fall sein, wenn der Vermieter das historische Bild einer **denkmalgeschützten** Siedlung erhalten will und Vorschriften des Denkmalschutzes oder des Baurechts der Montage einer Parabolantenne entgegenstehen (BVerfG, Beschluss v. 21.6.1994, 1 BvR 641/94, GE 1994 S. 1248; vgl. auch LG Tübingen, Urteil v. 3.3.1994, 1 S 356/92, DWW 1994 S. 358). Unbeschadet dessen genügt es dem Informationsinteresse eines ständig in Deutschland lebenden Ausländers, der dementsprechend den **Schwerpunkt** seiner Lebensverhältnisse in Deutschland hat, wenn er (ggf. mit Zusatzdecoder und zusätzlichen monatlichen Gebühren) **ein** Vollprogramm in seiner Heimatsprache empfangen kann. Dies gilt auch dann, wenn das Heimatprogramm aus einem Drittland gesendet wird und Nachrichten und sonstige Sendungen nur zeitversetzt ausgestrahlt werden (LG Krefeld, Beschluss v. 19.9.2006, 2 S 52/05, WuM 2006 S. 676).

Strittig ist, ob das Informationsinteresse des Mieters dann nicht schützenswert ist, wenn die Programme, die er mit der Parabolantenne empfangen will, von einer verfassungswidrigen Organisation ausgestrahlt werden und/oder gegen das deutsche Strafrecht verstoßende Inhalte verbreiten (vgl. BGH, Beschluss v. 16.9.2009, VIII ZR 67/08, WuM 2010 S. 29, wonach ein ausländischer Mieter grundsätzlich ein Recht zur Installation einer baurechtlich zulässigen Parabolantenne zum Empfang ausländischer Sender an einem vom Vermieter zu bestimmenden Aufstellungsort hat, soweit der Mieter für die Versicherung Sorge trägt, die Rückbaukosten gegenüber dem Vermieter sichergestellt sind und das Informationsrecht des Mieters (Art. 5 GG) gegenüber dem gleichrangigen Eigentumsrecht des Vermieters (Art. 14 Abs. 1 GG) überwiegt, z.B. weil über das Breitbandkabel keine Programme in der Heimatsprache des Mieters empfangen werden können).

Der Mieter darf auch nicht grundsätzlich auf anderweitige Informationsmöglichkeiten, wie Rundfunk, Zeitungen oder Videoaufzeichnungen verwiesen werden (BVerfG, a.a.O.).

Ermöglicht der Kabelanschluss nicht den Empfang von Heimatsendern, die dem Informationsinteresse des Mieters genügen, **und** erklärt sich der Mieter zur Erfüllung der vom OLG Karlsruhe genannten Voraussetzungen bereit (Montage durch einen Fachmann, Freistellung des Vermieters von allen Kosten etc.), wird die Entscheidung daher letztlich von der optischen Beeinträchtigung des Anwesens im Einzelfall abhängen. Ist diese nur geringfügig, muss der Vermieter die Montage der Antenne dulden (vgl. LG Freiburg, Urteil v. 25.8.1993, 9 S 13/93, WuM 1993 S. 669 sowie LG Hagen, Urteil v. 11.9.1995, 10 S 162/95, DWW 1996 S. 52, wonach es nicht gerechtfertigt ist, den türkischen Mieter auf vier über das Kabel zu empfangende Programme zu beschränken, wenn er mit der Parabolantenne acht Heimatprogramme empfangen kann und Störungen des Erscheinungsbilds des Anwesens nicht vorliegen bzw. nicht dargelegt worden sind).

Dagegen wird der Vermieter zur **Verweigerung** der Erlaubnis berechtigt sein, wenn die

Antenne aus technischen oder sonstigen Gründen das Anwesen erheblich **verunzieren** würde, wobei sich der Vermieter auch nicht auf das Risiko eines Prozesses mit der Denkmalschutzbehörde einlassen muss, wenn diese die Entfernung verlangt (vgl. AG Gelsenkirchen, Urteil v. 6.10.1993, 9 C 590/93, DWW 1993 S. 369). Insofern kann das Begehren eines ausländischen Mieters auf Errichtung einer Parabolantenne zwar nicht mit der Begründung abgewiesen werden, dass dann auch sämtlichen anderen Mietern dasselbe Recht eingeräumt werden müsste, jedoch kann der Umstand, dass zahlreiche Mieter eines Wohnkomplexes aufgrund ihrer jeweils besonderen Umstände ein berechtigtes Interesse an einer Parabolantenne haben, durchaus bei der Abwägung mit dem Eigentümerinteresse des Vermieters berücksichtigt werden (BVerfG, a.a.O.). Dabei ist jedoch zu prüfen, ob zur Vermeidung oder Abmilderung einer optischen Beeinträchtigung die Errichtung einer **Gemeinschaftsparabolantenne** in Betracht kommt (BVerfG, Beschluss v. 14.9.1995, a.a.O.). Nach Installation einer solchen Gemeinschaftsantenne kann dem Mieter **untersagt** werden, daneben noch eine – bislang geduldete – Parabolantenne zu betreiben, wenn erhebliche Gründe (z.B. erhebliche optische oder ästhetische Beeinträchtigung des Wohnhauses) vorliegen und der Mieter Heimatprogramme auch über die Gemeinschaftsantenne empfangen kann (LG Kaiserslautern, Urteil v. 11.5.2005, 3 S 28/05, NJW 2005 S. 2865). Gleiches gilt, wenn ein vorhandener **Breitbandkabelanschluss** einen ausreichenden Empfang von Heimatsendern gewährleistet (LG Düsseldorf, Urteil v. 28.9.2005, 23 S 435/04, NZM 2005 S. 861).

Eine erhebliche **optische Beeinträchtigung** des Anwesens ist dann gegeben, wenn die am Balkongeländer montierte Satellitenantenne (Durchmesser 80 cm) in den Luftraum vor dem Geländer hineinragt, sich damit deutlich von der Fassade des Hauses abhebt und vom gegenüberliegenden Gebäude und der Straße aus sichtbar ist (LG Kaiserslautern, a.a.O.). Diese Grundsätze gelten auch für deutsche Staatsangehörige mit ausländischer **Herkunft**, z.B. für Ausländer, die zwischenzeitlich die deutsche Staatsangehörigkeit angenommen haben. Der Wechsel der Staatsangehörigkeit schränkt das Grundrecht auf Informationsfreiheit (Art. 5 Abs. 1 GG) nicht ein. Auch als zwischenzeitlich deutsche Staatsbürger steht Bürgern mit ausländischer Herkunft das Recht zu, sich über Sender in ihrem Heimatstaat zu informieren (BGH, Urteil v. 13.11.2009, V ZR 10/09; vgl. hierzu auch BayObLG, Beschluss v. 28.10.1994, 2 ZBR 77/94, NJW 1995 S. 337, wonach bei der Interessenabwägung das Interesse eines Mieter, der zwar im Ausland geboren wurde, jedoch die deutsche Staatsbürgerschaft angenommen hat, geringer gewichtet werden darf als das Interesse eines auf Dauer in Deutschland lebenden ausländischen Mieters, der seine ausländische Staatsangehörigkeit beibehält).

Gleiches gilt, wenn es dem Mieter, einem aus Kasachstan stammenden Deutschen, in erster Linie darauf ankommt, über die Parabolantenne weitere deutschsprachige Programme empfangen zu können (LG Konstanz, Urteil v. 23.11.2001, 6 S 52/01 H, WuM 2002 S. 210). Auch ein im Inland aufgewachsener deutscher Nutzer einer Genossenschaftswohnung, der zum muslimischen Glauben konvertiert ist, hat keinen Anspruch auf Installation einer Parabolantenne zum Empfang ausländischer Programme auf dem Balkon der Wohnung, da er seinen Glauben in muslimischen Zentren vor Ort ausüben und sich im Übrigen aus allgemein zugänglichen Quellen ungehindert über seinen Glauben unterrichten kann (AG Reutlingen, Urteil v. 14.12.2005, 13 C 1963, WuM 2006 S. 190).

Diese Grundsätze gelten ebenso, wenn der Mieter bei Erwerb der deutschen Staatsangehörigkeit die Staatsangehörigkeit seines Heimatlands weiter behalten hat. Daher muss ein Mieter mit ausländischer (hier: jordanischer) und weiterer deutscher Staatsangehörigkeit eine eigenmächtig am Balkon montierte Parabolantenne entfernen, wenn es sich um ein **denkmalgeschütztes** Anwesen handelt, das über einen Kabelanschluss verfügt und die Antenne von der Straße aus gut sichtbar ist (LG Berlin, Urteil v. 1.12.2005, 15 C 255/05, GE 2006 S. 581).

Ohne nähere Prüfung einer evtl. Verunstaltung des Anwesens ist der Vermieter zur **Verweigerung** der Erlaubnis berechtigt, wenn der Mieter nicht **sämtliche** vom OLG Karlsruhe (a.a.O.) geforderten Bedingungen erfüllt. Leistet der Mieter z.B. auf Verlangen des Vermieters keine **Sicherheit** für die voraussichtlichen Kosten der Wiederentfernung der Antenne, steht dem Mieter kein Anspruch auf Erlaubnis der Montage zu (LG Dortmund, Urteil v. 11.1.2000, 1 S 25/99, NJW-RR 2000 S. 889).

Eine **Klausel** in einem Formularmietvertrag, wonach der Mieter von vornherein auf die Errichtung von Satelliten- und Funkempfangsanlagen verzichtet, ist **unwirksam** (LG Essen, Urteil v. 12.3.1998, 10 S 505/97, WuM 1998 S. 344; Sternel, Mietrecht aktuell, 3. Aufl., Rn. 191).

Der **Streitwert** eines gerichtlichen Verfahrens über die Zustimmung des Vermieters zur Montage der Antenne wurde vom LG Bremen (Urteil v. 30.3.1999, 6 S 34/99, WuM 2000 S. 364) mit 1.000 DM bewertet.

4 Bestimmung des Montageorts

Hat der Mieter nach den vorbezeichneten Grundsätzen einen Anspruch auf Gestattung einer Parabolantenne, bleibt dem **Vermieter** die Auswahl eines geeigneten Montageorts vorbehalten. Der Vermieter kann verlangen, dass die Parabolantenne so auf dem Balkon aufgestellt wird, dass sie von außen **nicht** sichtbar ist. Einer Untersagung der Montage am Balkongeländer kann auch ein der deutschen Sprache nicht mächtiger ausländischer Staatsbürger nicht entgegenhalten, dies verstoße gegen sein Recht auf Information durch Heimatsender (LG Hannover, Beschluss v. 28.4.2009, 4 S 25/09, ZMR 2009 S. 759).

Dementsprechend kann der Vermieter z.B. verlangen, dass eine unerlaubt an der Fassade angebrachte Antenne fachmännisch auf das Dach umgesetzt wird, wobei dieses Verlangen selbst dann nicht von vornherein unbillig ist, wenn dem Mieter dadurch erhebliche Kosten (hier: 3.000 DM) entstehen (LG Wiesbaden, Beschluss v. 28.10.1994, 1 T 47/94, DWW 1995 S. 53). Weigert sich der Vermieter jedoch, dem Mieter einen geeigneten Montageort zu benennen, darf der Mieter die Antenne an ihrem ursprünglichen Platz belassen (BVerfG, Beschluss v. 10.11.1995, 1 BvR 739/94, NJWE 1996 S. 26).

5 Beseitigungsanspruch des Vermieters

Besteht kein Anspruch des Mieters auf Gestattung der Montage, kann der Vermieter seine Zustimmung verweigern bzw. sogar die Entfernung einer eigenmächtig angebrachten Antenne verlangen und den Mieter auf Beseitigung bzw. Unterlassung (§ 541 BGB) verklagen. Den Beseitigungsanspruch kann der Vermieter ausschließlich auf § 541 BGB und nicht auf § 1004 BGB (allgemeiner Beseitigungs- und Unterlassungsanspruch) stützen. Dies bedeutet, dass dem Beseitigungsverlangen des Vermieters zunächst eine Abmahnung des Mieters vorausgehen muss. § 541 BGB hat als Spezialnorm mieterschützenden Charakter. Durch das dort, nicht aber in § 1004 BGB aufgenommene Erfordernis einer vorherigen Abmahnung des Mieters soll ihm eine (letzte) Gelegenheit zu vertragstreuem Verhalten gegeben werden, bevor der Vermieter zu den scharfen Rechtsbehelfen der §§ 541 und 543 BGB greifen darf (BGH, Beschluss v. 17.4.2007, VIII ZB 93/06, NZM 2007 S. 481).

Dies gilt auch dann, wenn der Mieter zwar einen Anspruch auf Gestattung einer Parabolantenne hat, diese aber eigenmächtig ohne vorherige Rücksprache mit dem Vermieter an einem dem Vermieter nicht genehmen Ort angebracht und sich damit über das Bestimmungsrecht des Vermieters hinweggesetzt hat (BVerfG, Beschluss v. 10.11.1995, 1 BvR 2119/95, WuM 1996 S. 82; LG Stuttgart, Urteil v. 30.7.1998, 6 S 553/97, NZM 1998 S. 1004).

Die unberechtigte Montage einer Satellitenantenne durch den Mieter an der Außenfassade des Hauses stellt jedenfalls nicht ohne Weiteres eine so schwerwiegende Vertragsverletzung des Mieters dar, die es dem Vermieter unzumutbar macht, das Mietverhältnis fortzusetzen (LG Berlin, Urteil v. 23.6.2009, 63 S 476/08, GE 2009 S. 1316).

Bei einer vermieteten **Eigentumswohnung** kann die Eigentümergemeinschaft – unabhängig von einem evtl. Anspruch des Mieters gegen seinen Vermieter auf Zustimmung zur Montage der Antenne – die Beseitigung einer nicht genehmigten Antenne verlangen und den Mieter darauf verweisen, einen evtl. bestehenden Anspruch auf Zustimmung gegen seinen Vermieter durchzusetzen (BVerfG, Beschluss v. 11.7.1996, 1 BvR 1912/95, WuM 1996 S. 608). Allerdings muss nach Auffassung des OLG Hamm (Beschluss v. 1.10.2001, 15 W 166/01, NZM 2002 S. 445) eine **Interessenabwägung** im Einzelfall stattfinden. Danach kann das Interesse eines in Deutschland lebenden ausländischen Mieters bzw. seines Lebensgefährten am Empfang muttersprachlicher Fernsehprogramme **Vorrang** vor den Interessen der übrigen Wohnungseigentümer am Erhalt eines einheitlichen Erscheinungsbilds der Wohnungseigentumsanlage haben. Dagegen kann das Interesse der Eigentümergemeinschaft überwiegen, wenn das Informationsbedürfnis des Mieters in absehbarer Zeit durch eine neue Gemeinschaftssatellitenanlage befriedigt werden kann bzw. wenn die Möglichkeit besteht, eine vorhandene Anlage technisch aufzurüsten oder wenn die Einzelparabolantenne an einem Ort angebracht werden kann, an dem sie weniger stört.

Dementsprechend kann der Vermieter die Erlaubnis zur Installation einer Parabolantenne auf dem Balkon **widerrufen** und die Beseitigung der Antenne verlangen, wenn der ausländische Mieter Programme aus seinem Heimatland über eine neu installierte Gemeinschaftssatellitenantenne empfangen kann. Es widerspräche der Billigkeit, wenn der Vermieter sich an einer einmal gegebenen Erlaubnis, zu deren Erteilung er nach Abwägung der widerstreitenden Interessen (Eigentumsbeeinträchtigung gegen Informationsfreiheit) rechtlich verpflichtet war, auch dann noch festhalten lassen müsste, wenn dic Voraussetzungen für die Erteilung der Erlaubnis (z. B. mangelnder Empfang von Heimatprogrammen) entfallen sind (LG Krefeld, Urteil v. 10.3.2010, 2 S 68/09, WuM 2010 S. 293).

Der Vermieter kann seine Genehmigung zur Montage einer Satellitenanlage auf dem Dach auch widerrufen, wenn dies wegen veränderter Umstände **vorbehalten** war. Solche veränderten Umstände liegen z. B. dann vor, wenn die Wohnung an das rückkanalfähige digitale Breitbandnetz angeschlossen wird und der (hier: ukrainische) Mieter Radio- und Fernsehprogramme in seiner Sprache über den – wenn auch kostenpflichtigen – Internetzugang empfangen kann (LG Berlin, Urteil v. 16.7.2012, 67 S 507/11, GE 2012 S. 1169).

Der Vermieter kann auch die Beseitigung der Antenne verlangen, wenn diese **unfachmännisch** montiert wurde (z. B. Durchbohren des Türrahmens zwecks Kabelverlegung) und der Mieter die Schadensbeseitigung und die Übernahme des Haftungsrisikos für die Installation ablehnt (LG Bremen, Urteil v. 20.10.1994, 2 S 376/94, WuM 1995 S. 43).

> In der Aufforderung zur Entfernung der Antenne sollte auch ausführlich dargelegt werden, welche Eigenschaften des Mietobjekts durch die Parabolantenne beeinträchtigt werden und die Abwägung zugunsten des Eigentümerinteresses rechtfertigen (vgl. BVerfG, Beschluss v15.6.1994, 1 BvR 1879/93, WuM 1994 S. 365).

Der Anspruch des Vermieters auf Beseitigung der Parabolantenne **verjährt** in 3 Jahren von dem Zeitpunkt ab, zu dem der Vermieter mit Aussicht auf Erfolg die Beseitigung verlangen kann (AG Hamburg, Urteil v. 20.1.2009, 316 C 275/08, WuM 2009 S. 410).

Der **Streitwert** richtet sich dabei nach den voraussichtlichen **Kosten der Beseitigung** der Antenne (LG München, Beschluss v. 12.10.1993, WuM 1993 S. 745; vgl. aber LG Frankfurt/M., Beschluss v. 15.3.2002, 2-11 T 22/02, ZMR 2002 S. 758, wonach **auch** das Interesse des Vermieters an der Beseitigung der **optischen Beeinträchtigung** zu berücksichtigen ist, das üblicherweise mit weiteren 500 Euro anzusetzen ist). Die sog. **Beschwer**, auf die es für die Zulässigkeit der Berufung gegen ein Urteil des Amtsgerichts ankommt (mindestens 600 Euro nach § 511 Abs. 2 Nr. 1 ZPO), richtet sich bei Unterliegen des **Mieters** ebenfalls nach den **Kosten der Beseitigung**.

Dagegen richtet sich die Beschwer des **Vermieters**, dessen Klage auf Beseitigung der Antenne abgewiesen wurde, nach dem **Wertverlust**, den er durch eine von der Antenne verursachte Beeinträchtigung der Substanz und/oder des optischen Gesamteindrucks seines Hauses erleidet (BGH, Beschluss v. 17.5.2006, VIII ZB 31/05, WuM 2006 S. 396).

Der Mieter kann auch nicht einwenden, beim Kabelanschluss keine Gebührenfreiheit zu genießen, da Kauf und Montage einer Parabolantenne mit erheblichen Kosten verbunden sind.

Nachdem bei wenigen Kabelfernsehanschlüssen die Kabelservicegesellschaft zur Tariferhöhung und evtl. zur Kündigung des Vertrags genötigt sein könnte, ist ein Großvermieter auch im Interesse der anderen Mieter gehalten, die Beseitigung der Parabolantenne zu verlangen, weil nur so über eine hohe Anschlusszahl das günstige Preis-Leistungs-Verhältnis des Kabelservicevertrags gewahrt werden kann (LG Kaiserslautern, a. a. O.).

Haben in einem Mehrfamilienhaus bereits mehrere Mieter Parabolantennen von vergleichbarer Art und Größe gut sichtbar am Haus montiert, verstößt es nicht gegen das Eigentumsgrundrecht des Vermieters (Art. 14 Abs. 1 GG), wenn das Zivilgericht bei der Frage, ob der Vermieter die Zustimmung zur Anbringung einer Parabolantenne verweigern darf, berücksichtigt, ob er den **anderen** Mietern die Anbringung einer Parabolantenne an der Fassade des Hauses untersagt hat. Der Vermieter, der von einem Mieter Beseitigung verlangt, muss daher nachvollziehbar vortragen, auch gegen die übrigen Mieter einen Beseitigungsanspruch zu haben und zu verfolgen (BVerfG, Beschluss v. 27.10.2006, 1 BvR 1320/04, NZM 2007 S. 125).

Daher kann ein (jetzt) deutscher Staatsangehöriger kurdischer Herkunft das vom Vermieter verlangte Entfernen einer Parabolantenne, mit der kurdische Programme empfangen werden können und das allein auf den Wechsel der Staatsangehörigkeit gestützt wird, jedenfalls dann erfolgreich abwehren, wenn der Vermieter einem Mieter vietnamesischer Staatsangehörigkeit, der die darunterliegende Wohnung bewohnt, die Anbringung einer vergleichbaren Antenne gestattet hat (KG Berlin, Urteil v. 11.10.2007, 8 U 210/06, NZM 2008 S. 39).

> Bei **Beendigung** des Mietverhältnisses ist der Mieter berechtigt (§ 539 Abs. 2 BGB), aber auf Verlangen des Vermieters auch verpflichtet, eine von ihm angebrachte Antenne abzubauen und den ursprünglichen Zustand wiederherzustellen.

6 Ersatz von Aufwendungen

Errichtet der Vermieter auf seinem Anwesen eine Gemeinschafts(parabol)antenne oder lässt er das Anwesen an das Breitbandkabel anschließen, über das ausländische Mieter mehrere Heimatprogramme empfangen können, kann der Vermieter grundsätzlich eine frühere Erlaubnis aus wichtigem Grund widerrufen (s. AG Oberhausen, Urteil v. 21.4.1995, 33 C 61/95, DWW 1996 S. 56) und die Demontage der von den Mietern angebrachten Antennen verlangen, wobei die Mieter wegen der Aufwendungen für die Einzelantennen keinen Anspruch gegen den Vermieter haben (s. AG Arnsberg, Urteil v. 5.4.1995, 3 C 168/95, DWW 1995 S. 317). Etwas anderes gilt, wenn dem Mieter die eigene Antenne einen erheblich umfassenderen oder besseren Empfang ermöglicht.

> Die **Kosten** für die erstmalige Errichtung einer Gemeinschaftsantenne sowie die Kosten für die Erweiterung einer vorhandenen Gemeinschaftsantenne können eine Mieterhöhung wegen Modernisierung nach § 559 BGB begründen.

Dagegen zählen **Reparaturkosten,** unabhängig von der Ursache (z. B. Verschleiß, Defekt), zu den nicht umlagefähigen Instandhaltungskosten.

7 Umstellung auf digitales Fernsehen

Nach Umstellung auf digitales Fernsehen ist der Vermieter **nicht** verpflichtet, dem Mieter den erforderlichen Decoder („Set-Top-Box") zur Verfügung zu stellen oder die Kosten für die Anschaffung zu erstatten. Der Mieter hat auch keinen Aufwendungsersatzanspruch (§ 536a

Abs. 2 BGB), da den Vermieter an der technischen Fortentwicklung und der damit einhergehenden Unmöglichkeit des terrestrischen TV-Empfangs kein Verschulden trifft. Ferner besteht auch kein Instandhaltungsanspruch des Mieters (§ 535 Abs. 1 S. 2 BGB), da der Vermieter nicht dazu verpflichtet ist, konkret bestehende Möglichkeiten des Fernsehempfangs zu erhalten. Der Vermieter ist nur verpflichtet, die Fernsehsignale bis zur Anschlussdose in der vermieteten Wohnung zu liefern. Der mit Einführung des digitalen Fernsehens erforderlich gewordene Decoder gehört **nicht** zu der vom Vermieter ggf. vertraglich geschuldeten Antenneninstallation, sondern zur Empfangsanlage, d.h. zum Fernseher bzw. Videorekorder des Mieters. Etwas anderes könnte nur dann gelten, wenn (wie z.B. bei möblierten Wohnungen) auch das Fernseh- bzw. Videogerät mitvermietet worden ist (LG Berlin, Beschluss v. 21.8.2003, 67 T 79/03; Urteil v. 21.3.2004, 67 T 90/03, GE 2003 S. 1613).

Allerdings ist der Vermieter verpflichtet, die vorhandene **Gemeinschaftsantenne** so **instand zu halten**, dass der Mieter über seinen Antennenanschluss und den von ihm angeschafften Decoder störungsfrei die Programme sehen kann, die mit der ordnungsgemäß funktionierenden Gemeinschaftsantenne empfangen werden können (AG Berlin-Charlottenburg, Urteil v. 23.7.2004, 213 C 677/02, Mietermagazin 2004 S. 375).

Der Vermieter ist auch **nicht** berechtigt, die hauseigene terrestrische Dachantenne **abzubauen** und den Mieter auf den Empfang per Stabantenne oder auf den vorhandenen Breitbandkabelanschluss zu verweisen. Auch wenn nur noch einzelne Mieter über die Hochantenne empfangen, ist der Vermieter nicht berechtigt, etwa aus Gründen der Wirtschaftlichkeit im Hinblick auf die entstehenden Instandhaltungs- und Instandsetzungskosten die Hochantenne eigenmächtig zu entfernen oder abzuschalten (AG Berlin-Neukölln, Urteil v. 29.10.2004, 20 C 98/03, NZM 2005 S. 104).

Umgekehrt ist der Vermieter aber auch **nicht** verpflichtet, einen vorhandenen Breitbandkabelanschluss zu kündigen und auf digitales Antennenfernsehen **umzustellen**, auch wenn dafür im Gegensatz zum Breitbandkabel keine laufenden monatlichen Gebühren anfallen. Häufig ist der Vermieter an einer Kündigung des Kabelvertrags bereits infolge fest vereinbarter Vertragslaufzeiten mit dem Kabelbetreiber gehindert.

Diese Grundsätze gelten auch nach **Abschaltung** des **analogen** Satellitenfernsehens am 30.4.2012. Seit 1.5.2012 werden die Programme nur noch digital ausgestrahlt. Nicht betroffen von der Abschaltung sind Haushalte, die über Kabel, Internet oder eine DVB-T-Antenne (digitales Antennenfernsehen) empfangen.

Für die Erneuerung bzw. Nachrüstung der Satellitenantenne (mit einem digitalen Empfangsteil) ist grundsätzlich der Vermieter zuständig, wenn die Antenne mitvermietet war, d.h. der Vermieter dem Mieter die Nutzung der Antenne gewährt hat. Anfallende Kosten kann der Vermieter jedoch im Wege einer Modernisierungsumlage an den Mieter weitergeben (Erhöhung der Jahresmiete um 11 % der aufgewendeten Kosten gemäß § 559 BGB; s. „Mieterhöhung bei Wohnraum“, Abschnitt 3 „Mieterhöhung bei Modernisierung (§ 559 BGB)“). Hat der Mieter die Antenne selbst angebracht, muss er sich um die Nachrüstung auch selbst kümmern. Die Anschaffung eines digitalen Receivers bzw. Fernsehers ist dagegen regelmäßig Sache des Mieters.

Ersetzt der Vermieter die bisher vorhandene Fernseh-Gemeinschaftsantenne durch einen Kabelanschluss, über den der Mieter einen gleichwertigen Fernsehempfang hat, ist der Mieter nicht zu einer Mietminderung berechtigt (LG Berlin, Urteil v. 25.5.2012, 63 S 426/11, GE 2012 S. 956).

Anzeigepflicht

Die Obhutspflicht über die Mietsache verpflichtet den Mieter nach § 536c Abs. 1 BGB, dem Vermieter unverzüglich anzuzeigen, wenn sich im Lauf der Mietzeit ein **Mangel** der Mietsache zeigt, wenn eine Maßnahme zum Schutz der Mietsache gegen eine **nicht vorhergesehene Gefahr** erforderlich wird oder sich ein Dritter ein Recht an der Sache anmaßt.

> Ein **Mangel** im Sinne dieser Vorschrift ist **jeder Fehler** an der Mietsache, unabhängig davon, ob er die Brauchbarkeit und Nutzbarkeit der Mietsache beeinträchtigt.

Ebenso ist bei Drohung durch eine unvorhergesehene Gefahr (z.B. Schaden am Dach, Wasserschäden) nicht Voraussetzung der Anzeigepflicht, dass der Mieter dadurch in seinem Mietgebrauch unmittelbar gestört wird. Bemerkt er einen Fehler oder eine drohende Gefahr für die Mietsache, hat er dies dem Vermieter **unverzüglich**, d.h. ohne schuldhaftes Zögern (§ 121 BGB), schriftlich oder mündlich anzuzeigen. Die Beurteilung, ob die Anzeige unverzüglich erfolgt ist, ist anhand der konkreten Umstände des Einzelfalls zu treffen.

Haben die vom Vermieter veranlassten Mängelbeseitigungsarbeiten nicht zu einem dauerhaften Erfolg geführt, trifft den Mieter regelmäßig eine **erneute Anzeigepflicht;** dies gilt auch dann, wenn sich die nach Anzeige des Schadens versuchte Reparatur (z.B. des Boilers) als undurchführbar erweist (LG Gießen, Urteil v. 21.9.1994, 1 S 249/94, WuM 1996 S. 557).

Eine **erneute** Anzeigepflicht besteht dagegen **nicht,** wenn die fortbestehende Mangelhaftigkeit der Mietsache dem Vermieter oder einem Dritten, dessen Wissen sich der Vermieter zurechnen lassen muss, ohnehin bekannt ist (OLG Düsseldorf, Urteil v. 25.10.1990, 10 U 15/90, DWW 1991 S. 17).

Gleiches gilt, wenn der Vermieter die Beseitigung von Baumängeln, die zu Feuchtigkeits- und Schimmelschäden in der Mietwohnung geführt haben, trotz bereits gerichtlich ausgeurteilter Mietminderung unterlässt und sich diese Schäden dann in der Folgezeit infolge der Unterlassung der Mängelbeseitigung verschlimmern. Auch in diesem Fall ist der Mieter nicht verpflichtet, die Ausweitung des Schadens vor Abzug eines entsprechend erhöhten Minderungsbetrags dem Vermieter erneut anzuzeigen, da es auf der Hand lag, dass infolge der unterbliebenen Mängelbeseitigung eine Ausweitung der Schimmelpilzbildung zu besorgen war (BGH, Beschluss v. 18.3.2014, VIII ZR 317/13, WuM 2014 S. 278).

Soweit der Mieter eine **Minderung** der Miete wegen eines Sachmangels geltend machen will, ist eine vorherige **Anzeige** des Mangels beim Vermieter erforderlich. Bei unterbliebener Mängelrüge ist der Mieter nicht zur Minderung der Miete berechtigt (BGH, Beschluss v. 10.8.2010, VIII ZR 316/09, WuM 2010 S. 679). Gleiches gilt, wenn der Mieter einen Mangel der Mietsache zwar anzeigt, dann aber die **ungekürzte** Miete **vorbehaltlos** weiterzahlt. In diesem Fall ist eine (teilweise) Rückforderung der Miete grundsätzlich ausgeschlossen, da davon auszugehen ist, dass der Mieter sein Minderungsrecht kennt und daher gewusst hat, dass er zur Zahlung der vollen Miete nicht verpflichtet ist (§ 814 BGB; KG Berlin, Beschluss v. 21.2.2012, 8 U 286/11, MDR 2013 S. 396).

Die Anforderungen an die Mängelrüge bzw. die Darlegungslast des Mieters dürfen nicht überspannt werden. Bei Geltendmachung eines Sachmangels genügt der Mieter seiner Darlegungslast schon mit der Darlegung eines konkreten Sachmangels, der die Tauglichkeit der Mietsache zum vertragsgemäßen Gebrauch beeinträchtigt. Das Maß der Gebrauchsbeeinträchtigung (z.B. bei störenden Gerüchen die Schilderung von deren Intensität und Häufigkeit) muss der Mieter dagegen nicht vortragen. Gleiches gilt für die Angabe eines bestimmten Minderungsbetrags. Ferner kann von dem Mieter auch nicht gefordert werden, dass er über eine hinreichend genaue Beschreibung der Mangelsymptome hinaus deren Ursache bezeichnet (BGH, Beschluss v. 25.10.2011, VIII ZR 125/11 GE 2012 S. 60; Urteil v. 29.2.2012,

VIII ZR 155/11). Dementsprechend genügt zur Darlegung von wiederkehrenden Beeinträchtigungen durch Lärm (hier: häufiges Hundegebell) oder Schmutz eine Beschreibung, aus der sich ergibt, um welche Art von Beeinträchtigung es sich handelt, zu welchen Tageszeiten, über welche Zeitdauer und in welcher Frequenz diese Beeinträchtigung ungefähr auftritt. Ein detailliertes „Protokoll" muss nicht vorgelegt werden, da die Gerichte die Anforderungen an den Sachvortrag des Mieters nicht überspannen dürfen. Ist über die Berechtigung des Mieters zur Minderung, die einen zurückliegenden Zeitraum betrifft, bereits gerichtlich entschieden, genügt es, wenn der Mieter erklärt, dass der Mangel weiterhin besteht. Der Mieter muss eine entsprechende Mitteilung nicht ständig wiederholen (BGH, Urteil v. 20.6.2012, VIII ZR 268/11, NZM 2012 S. 760).

Für eine ordnungsgemäße Anzeige eines Mangels soll die schlagwortartige Bezeichnung des Mangels auf dem Überweisungsformular für die Miete genügen, da der Vermieter dadurch in der Lage ist, der Sache nachzugehen (AG Berlin, Urteil v. 14.7.2006, 5 C 306/05, GE 2006 S. 1173).

Die Anzeige des Mangels ist auch Voraussetzung für ein **Zurückbehaltungsrecht** des Mieters an den zu zahlenden Mieten. Daher kann der Mieter ein Zurückbehaltungsrecht erst an den Mieten geltend machen, die fällig werden, nachdem er dem Vermieter den Mangel angezeigt hat. Dies ergibt sich aus dem Sinn und Zweck des Zurückbehaltungsrechts (§ 320 BGB). Es dient dazu, auf den Schuldner (hier: Vermieter) Druck zur Erfüllung der eigenen Verbindlichkeit auszuüben. Solange dem Vermieter ein Mangel nicht bekannt ist, kann das Zurückbehaltungsrecht die ihm zukommende Funktion, den Vermieter zur Mängelbeseitigung zu veranlassen, nicht erfüllen. Ein Zurückbehaltungsrecht des Mieters besteht daher erst an den nach der Anzeige des Mangels fällig werdenden Mieten (BGH, Urteil v. 3.11.2010, VIII ZR 330/09, WuM 2011 S. 12).

Unterlässt der Mieter die Anzeige, obwohl ihm der Mangel bzw. die drohende Gefahr bekannt oder nur aufgrund grober Fahrlässigkeit unbekannt war (BGH, Urteil v. 17.3.1976, VIII ZR 274/74, WuM 1976 S. 152), ist er dem Vermieter zum **Ersatz des** daraus entstehenden **Schadens** verpflichtet (§ 536c Abs. 2 S. 1 BGB). Tritt z.B. ein Wassermehrverbrauch auf, weil es der Mieter unterlassen hat, dem Vermieter die Undichtigkeit des Spülkastens der Toilette anzuzeigen, hat der Mieter dem Vermieter die Kosten dieses Mehrverbrauchs zu erstatten, der anhand der Rechnungen für die Vergleichsmonate ermittelt werden kann (LG Frankfurt/M., Urteil v. 24.7.1990, 2/11 S 42/90, WuM 1990 S. 425).

Für die **Verursachung** spricht der **Beweis des ersten Anscheins**, wenn der Defekt des Spülkastens und der erhöhte Wasserverbrauch zeitlich zusammentreffen (LG Lübeck, Urteil v. 19.3.1991, 14 S 135/90, WuM 1991 S. 482). Will der Mieter diesen erschüttern, muss er darlegen und beweisen, dass in der fraglichen Zeit eine andere Schadensquelle als mögliche Ursache des Mehrverbrauchs entstanden ist (LG Lübeck, a.a.O.).

Von einer Mangelkenntnis des Mieters kann aber nicht ausgegangen werden, wenn der Mangel vom Inneren der Mietwohnung aus nicht sichtbar und von außen nur bei einer besonderen Nachschau feststellbar ist, zu der ein Mieter allerdings nicht verpflichtet ist (BGH, Urteil v. 7.6.2006, XII ZR 34/04, ZMR 2006 S. 678).

Ein Mieter verstößt gegen seine Anzeigepflicht nur und erst dann, wenn er einen Schaden innerhalb des Mietobjekts kennt oder grob fahrlässig nicht zur Kenntnis nimmt und eine Anzeige an den Vermieter unterlässt. Grob fahrlässige Unkenntnis liegt vor, wenn der Mangel so offensichtlich ist, dass seine Wahrnehmung sich dem Mieter praktisch aufdrängen muss (BGH, a.a.O.). Der Mieter muss die Mietsache daher **nicht** auf **verborgene** Mängel untersuchen und dem Vermieter nur offensichtliche Mängel anzeigen. Er darf sich grundsätzlich darauf verlassen, dass die Mietsache funktionstüchtig ist. Daher haftet ein Mieter z.B. nicht für den Einsturz eines Flachdachs, auf dem sich infolge verstopfter Abflüsse und Ableitungen Wasseransammlungen gebildet haben, die zur Überlastung des Dachs und zum Einsturz führten (OLG Düsseldorf, Beschluss v. 2.6.2008, 1-24 U 193/07, MDR 2008 S. 1205).

Eine Formularklausel, wonach der Mieter „für einen durch nicht rechtzeitige Anzeige verursachten weiteren Schaden ersatzpflichtig ist“, ist wirksam (BGH, Urteil v. 20.1.1993, VIII ZR 10/92, DWW 1993 S. 74).

Die **Darlegungs- und Beweislast** für die Verletzung der Anzeigepflicht durch den Mieter trägt der **Vermieter**. Dies ergibt sich nach Auffassung des BGH bereits aus den allgemein anerkannten Grundregeln der Beweislastverteilung. Danach hat zunächst der Anspruchsteller (hier: Vermieter) die rechtsbegründenden Tatsachen und erst dann der Anspruchsgegner (hier: Mieter) die rechtsvernichtenden, -hindernden oder -hemmenden Tatsachen darzulegen und zu beweisen. Allerdings trifft den Mieter nach allgemeinen Grundsätzen eine sog. sekundäre Darlegungslast, um dem Vermieter die Beweisführung nicht unnötig zu erschweren. Dies bedeutet, dass der Vermieter nur solche Mängelanzeigen ausräumen muss, die von dem Mieter in zeitlicher, inhaltlicher und räumlicher Hinsicht spezifiziert worden sind; unsubstanziierte Behauptungen des Mieters zu einer angeblichen Mängelanzeige muss der Vermieter dagegen nicht widerlegen (BGH, Urteil v. 5.12.2012, VIII ZR 74/12, GE 2013 S. 204).

Soweit der Vermieter **infolge** der Unterlassung der Anzeige nicht Abhilfe schaffen konnte, ist der Mieter nicht berechtigt, wegen des Mangels die Miete zu mindern, Schadenersatz wegen Nichterfüllung zu verlangen oder ohne Bestimmung einer angemessenen Abhilfefrist aus wichtigem Grund nach § 543 Abs. 3 S. 1 BGB zu kündigen (§ 536c Abs. 2 S. 2 BGB).

Diese Gewährleistungsrechte verliert der Mieter nur dann, wenn der **Vermieter darlegt und beweist**, dass die Mängelbeseitigung rechtzeitig möglich gewesen wäre und erst infolge der unterlassenen Mängelanzeige durch den Mieter unmöglich geworden ist (OLG Düsseldorf, Urteil v. 16.4.2002, 24 W 20/01, ZMR 2003 S. 21).

Aufrechnung gegen die Miete

Aufrechnung ist die wechselseitige Tilgung zweier sich gegenüberstehender Forderungen durch einseitiges Rechtsgeschäft. Der Mieter kann grundsätzlich gegen die Mietforderung des Vermieters mit einer fälligen Forderung auch dann aufrechnen, wenn diese nicht aus dem Mietverhältnis, sondern aus einem anderen Rechtsverhältnis herrührt. Führt zum Beispiel der Mieter für den Vermieter in dessen Auftrag handwerkliche Arbeiten an dem Anwesen aus und steht die Begleichung der Rechnung durch den Vermieter noch aus, kann der Mieter unter Erklärung der Aufrechnung seine fällige Werklohnforderung von der Miete abziehen und lediglich den verbleibenden Rest überweisen. Dieses Recht zur Aufrechnung kann vertraglich nur in engen Grenzen **ausgeschlossen bzw. eingeschränkt** werden.

Formularvertraglich ist ein Aufrechnungs**ausschluss** generell unzulässig, wenn er auch unbestrittene, rechtskräftig festgestellte oder entscheidungsreife Forderungen des Mieters erfasst (§ 11 Ziff. 3 AGB-Gesetz – seit 1.1.2002: § 309 Nr. 3 BGB; OLG Celle, Urteil v. 29.12.1989, 2 U 200/88, WuM 1990 S. 103). Zulässig ist bei **gewerblichen** Mietverträgen eine Aufrechnungs**beschränkung**, wonach der Mieter gegen Mietforderungen nur dann mit Gegenansprüchen aufrechnen kann, wenn er dies dem Vermieter mindestens einen Monat vor Fälligkeit angezeigt hat (OLG Rostock, Beschluss v. 5.3.1999, 3 U 80/98, NZM 1999 S. 1006).

Praktische Bedeutung hat eine solche Aufrechnungsbeschränkung insbesondere bei der fristlosen Kündigung wegen **Zahlungsverzugs**, die der Mieter unwirksam machen kann, wenn er unverzüglich nach der Kündigung, d.h. spätestens nach etwa 2 Wochen, die Aufrechnung erklärt. Eine Klausel, wonach die Aufrechnung einen Monat vor Fälligkeit der Miete angezeigt werden muss, führt dazu, dass der Mieter die Aufrechnung nicht mehr „unverzüglich" erklären kann.

In einem **gewerblichen** Mietvertrag ist auch eine **Formular**klausel zulässig und wirksam, wonach der Mieter gegen Ansprüche des Vermieters auf Miet- bzw. Pachtzahlung nur mit rechtskräftig festgestellten (titulierten) oder unbestrittenen Forderungen (z.B. Schadenersatzansprüchen) aufrechnen oder wegen solcher Forderungen ein Zurückbehaltungsrecht geltend machen kann. Eine solche Klausel gilt über die Beendigung des Mietvertrags und, soweit gegen Mietzins- und Nutzungsentschädigungsansprüche aufgerechnet werden soll, auch über den Zeitpunkt der Rückgabe der Mietsache hinaus fort (KG Berlin, Urteil v. 26.10.2009, 8 U 45/09, DWW 2013 S. 181; OLG Düsseldorf, Urteil v. 10.3.2005, 10 U 73/04, NZM 2005 S. 667).

Dementsprechend ist in einem **gewerblichen** Mietvertrag auch folgende Formularklausel wirksam: „Der Mieter kann gegen die Miete weder aufrechnen noch ein Zurückbehaltungsrecht ausüben oder die Miete mindern. Hiervon ausgenommen sind Forderungen des Mieters auf Schadenersatz wegen Nichterfüllung oder Aufwendungsersatz infolge eines anfänglichen oder nachträglichen Mangels, den der Vermieter wegen Vorsatz oder grober Fahrlässigkeit nicht zu vertreten hat, und andere Forderungen aus dem Mietverhältnis, soweit sie unbestritten, rechtskräftig festgestellt oder entscheidungsreif sind" (OLG Düsseldorf, Urteil v. 6.5.2010, 10 U 154/09, NZM 2010 S. 582).

Ein solches Aufrechnungsverbot in Gewerberaummietverhältnissen, wonach nur mit „unbestrittenen oder rechtskräftig festgestellten" Forderungen aufgerechnet werden darf, greift auch dann nicht, wenn der zur Aufrechnung gestellte Gegenanspruch **entscheidungsreif** ist, da entscheidungsreife Forderungen nur einen Unterfall der unbestrittenen Forderungen darstellen (KG Berlin, Urteil v. 29.3.2010, 8 U 20/09, GE 2010 S. 766).

Schließt eine Klausel ausdrücklich nur rechtskräftig festgestellte, nicht aber unstreitige Forderungen vom Verbot der Aufrechnung aus, werden diese trotzdem von dem Sinngehalt der Klausel mit umfasst, sodass die Klausel nicht schon deswegen unwirksam ist (BGH, Urteil v. 27.1.1993, XII ZR 141/91, DWW 1993 S. 170; vgl. auch Urteil v. 18.4.1989, X ZR 31/88, BGHZ S. 107, 185, 189). Darüber hinaus besteht bei Mietverhältnissen über **Wohn**raum eine Besonderheit für die Aufrechnungsbefugnis des Mieters mit bestimmten Ansprüchen: Trotz eines vertraglichen Aufrechnungsausschlusses kann der Mieter von Wohnraum nach § 556b Abs. 2 BGB mit **Schadenersatzforderungen** (§ 536a BGB), **Aufwendungsersatzansprüchen** (§ 539 BGB) oder auch Ansprüchen aus **ungerechtfertigter Bereicherung** wegen zu viel gezahlter Miete immer aufrechnen – unabhängig davon, ob diese unbestritten, rechtskräftig festgestellt oder entscheidungsreif sind –, wenn er seine Absicht zur Aufrechnung dem Vermieter mindestens einen Monat vor Fälligkeit der Miete in Textform (s. „Schriftform") angezeigt hat.

Schadenersatzforderungen des Mieters nach § 536a BGB können entstehen, wenn ein Mangel der Mietsache bei Vertragsschluss vorhanden war (§ 536a Abs. 1, 1. Alternative BGB). Es handelt sich hierbei um eine **Garantiehaftung** des Vermieters, die auch dann eingreift, wenn die Auswirkungen des Mangels erst später eintreten. Weiterhin, wenn ein Mangel später infolge eines Umstands eintritt, den der Vermieter **zu vertreten** hat (§ 536a Abs. 1, 2. Alternative BGB, z.B. der Vermieter lässt das undichte Dach trotz Kenntnis des Zustands nicht reparieren, sodass dem Mieter dadurch ein Schaden an seinen Einrichtungsgegenständen entsteht).

Ferner hat der Mieter nach § 536a Abs. 2 BGB einen Anspruch auf Ersatz der zur Beseitigung eines Mangels aufgewendeten Kosten, wenn sich der Vermieter mit der Beseitigung des Mangels **in Verzug** befunden hat, z.B. den angezeigten Mangel trotz einer auf Mängelbeseitigung des Mieters gerichteten Mahnung (§ 286 Abs. 1 BGB) nicht behoben hat.

Zu **Aufwendungsersatzansprüchen** (§ 539 Abs. 1 BGB) s. „Verwendungen".

Ansprüche aus **ungerechtfertigter Bereicherung** wegen zu viel gezahlter Miete können entstehen, wenn der Mieter die Monatsmiete im Voraus (spätestens am dritten Werktag eines Monats, s. „Fälligkeit der Miete") gezahlt hat und dann ein Mangel in der Wohnung auftritt, der zur Minderung der Miete nach § 536 BGB führt.

> Mit den genannten Forderungen kann der Mieter trotz eines vertraglichen Aufrechnungsausschlusses aufrechnen, wenn er diese Absicht dem Vermieter mindestens einen Monat vor Fälligkeit der Miete in **Textform** (s. „Schriftform") **angezeigt** hat.

Fehlt dagegen ein Aufrechnungsausschluss, kann der Mieter mit diesen Forderungen (bei Fälligkeit) ohne vorherige Anzeige aufrechnen.

Ein nach Maßgabe der §§ 305 ff. BGB zulässiges Verbot, gegen Mietforderungen aufzurechnen, wirkt auch **nach Mietende** weiter, solange das Mietobjekt nicht zurückgegeben ist und der Vermieter Ansprüche auf Nutzungsentschädigung hat, da anderenfalls der in Zahlungsverzug befindliche Mieter gegenüber dem vertragstreuen Mieter privilegiert würde (OLG Düsseldorf, Urteil v. 27.10.1994, 10 U 76/93, WuM 1995 S. 392).

Eine **individuell** vereinbarte **Aufrechnungsbeschränkung** in einem **gewerblichen** Mietvertrag wirkt auch nach Beendigung des Mietverhältnisses und Räumung des Mietobjekts weiter. Dies gilt unabhängig davon, dass eine zusätzliche Bestimmung über eine vorherige Ankündigung der Aufrechnung mit Beendigung des Mietverhältnisses und Rückgabe des Mietobjekts ihren Sinn verliert (BGH, Beschluss v. 12.1.2000, XII ZA 21/99, WuM 2000 S. 240). Ferner gilt das vertragliche Aufrechnungsverbot auch für den **Kautionsrückzahlungsanspruch** des Mieters, wenn dieser weder anerkannt, unstreitig oder rechtskräftig festgestellt ist (OLG Düsseldorf, Urteil v. 17.6.2004, I-10 U 145/03, ZMR 2004 S. 905).

Aufwendungen → „Verwendungen"

Aufzug

Soweit keine besonderen Vereinbarungen getroffen wurden (z.B. in der Hausordnung), kann der Mieter den Aufzug zu jeder Tages- und auch zur Nachtzeit benutzen. Der Vermieter ist verpflichtet, den Aufzug auf seine Kosten in betriebsbereitem und betriebssicherem Zustand zu erhalten.

In einem **Hochhaus** muss der Vermieter den Aufzug für einen **Gewerbe**mieter (hier: Gewerberäume im zehnten Stock) rund um die Uhr, d.h. auch an Sonn- und Feiertagen, in Betrieb halten. Diese Verpflichtung kann **nicht** durch eine **formularvertragliche** Klausel abbedungen werden (OLG Frankfurt/M., Beschluss v. 7.6.2004, 2 W 22/04, ZMR 2004 S. 818).

Nach einer Entscheidung des OLG Karlsruhe (ZMR 1960 S. 300) muss der Aufzug mit einer **Alarmanlage** ausgerüstet sein, damit der Benutzer im Bedarfsfall einen zur Hilfeleistung bereiten Dritten verständigen kann. Einzelheiten für die Errichtung und den Betrieb von Aufzugsanlagen sind in entsprechenden **Verordnungen** des Bundes geregelt.

Die **Betriebskosten** des Aufzugs – nicht aber die Instandhaltungskosten – können gemäß einer vertraglichen Vereinbarung vom Mieter neben der Miete verlangt werden (vgl. „Betriebskosten", Abschnitt 7 „Die Kosten des Betriebs des Personen- oder Lastenaufzugs (Nr. 7)").

Besteht über die Verteilung der Kosten auf die einzelnen Mieter des Hauses keine vertragliche Vereinbarung, ist strittig, ob eine Umlage der Betriebskosten auch auf die Erdgeschossmieter erfolgen darf. Im Bereich der **Kostenmiete** gilt die Vorschrift des § 24 Abs. 2 NMV. Danach **kann** Wohnraum im Erdgeschoss von der Umlage ausgenommen werden, sodass es im Ermessen des Vermieters liegt, ob er auch die Erdgeschossmieter mit Betriebskosten für den Aufzug belastet oder nicht. Entsprechendes gilt auch für die Umlage im **frei finanzierten** Wohnungsbau (vgl. LG Hannover, Urteil v. 4.10.1989, 11 S 8/89, WuM 1990 S. 228; AG Frankfurt/M., Urteil v. 1.6.1989, 33 C 493/89 – 26, NJW-RR 1989 S. 1359).

Hat der Aufzug für den Mieter jedoch **überhaupt keinen** Nutzen, weil das Haus nicht über Dachbodenräume zur individuellen oder gemeinschaftlichen Nutzung verfügt und der Aufzug nicht im Keller-, sondern im Erdgeschoss endet, muss der Mieter von der Umlage **ausgenommen** werden (LG Kiel, Urteil v. 3.8.2000, 8 S 310/99, NZM 2001 S. 92).

Daher ist eine Umlage auf die Erdgeschossmieter jedenfalls dann **nicht unangemessen**, wenn der Erdgeschossmieter die Möglichkeit hat, mit dem Aufzug **andere Räumlichkeiten** zu erreichen, die ihm zur Benutzung zur Verfügung stehen, z.B. Speicher, Keller, Garage (AG Hamburg, Urteil v. 6.3.1987, 41 C 1423/86, WuM 1988 S. 170; AG Wiesbaden, Urteil v. 29.6.1987, 98 C 565/87, WuM 1988 S. 66; OLG Düsseldorf, Urteil v. 23.12.1999, 10 U 170/98, DWW 2000 S. 54).

Eine Verpflichtung des Mieters zur Zahlung der Umlage kann sich auch daraus ergeben, dass er die Umlage über einen längeren Zeitraum **vorbehaltlos** bezahlt hat (LG Kiel, a.a.O.; s. auch BGH, Beschluss v. 29.5.2000, XII ZR 35/00, NZM 2000 S. 961).

Eindeutig ist die Rechtslage inzwischen bei Bestehen einer **mietvertraglichen Vereinbarung**, wonach der Mieter anteilig die Betriebskosten des Aufzugs trägt. Eine solche Vereinbarung, z.B. des Inhalts, dass die Aufzugskosten auf die Mieter nach dem Verhältnis der Wohn- und Nutzflächen (s. „Abrechnung der Betriebskosten“) des Gebäudes umgelegt werden, ist auch formularvertraglich wirksam und stellt für die Erdgeschossmieter keine unangemessene Benachteiligung dar (BGH, Urteil v. 20.9.2006, VIII ZR 103/06, WuM 2006 S. 613).

Dies gilt unabhängig von einem konkreten Nutzen des Aufzugs für die Erdgeschossmieter (z.B. Erreichbarkeit von Keller oder Dachboden). Maßgeblich ist, dass die formularmäßige Beteiligung auch des Erdgeschossmieters **nicht** von der gesetzlichen Bestimmung des § 556a Abs. 1 S. 1 BGB abweicht, wonach die Betriebskosten nach dem Anteil der Wohnflächen umzulegen sind. Dagegen wäre eine nach der konkreten Verursachung oder tatsächlichen Nutzung differenzierende Umlage vielfach nicht praktikabel und hätte eine erhebliche Unübersichtlichkeit und möglicherweise auch laufende Veränderungen in der Abrechnung zur Folge. Gründe der Praktikabilität für den Vermieter und der Nachvollziehbarkeit und Überprüfbarkeit der Abrechnung für den Mieter sprechen deshalb für eine Abrechnung nach einem einheitlichen, generalisierenden Maßstab, selbst wenn gewisse Ungenauigkeiten bei der Verteilung der Betriebskosten dann unvermeidlich sind. Eine solche generalisierende Betrachtungsweise entspricht zudem der Intention des Gesetzgebers, der mit der Regelung des § 556a Abs. 1 S. 1 BGB die Umlage von Betriebskosten leichter handhabbar machen wollte (BGH, a.a.O.).

Gleiches gilt für Gewerberaummietverhältnisse. Auch hier benachteiligt die formularvertragliche Beteiligung des Mieters von Erdgeschossräumen an den Aufzugskosten diesen nicht unangemessen. Gegen die Annahme einer unangemessenen Benachteiligung spricht bei Geschäftsraummietverhältnissen schon der Umstand, dass der Mieter eines im Erdgeschoss eines Geschäftshauses gelegenen Ladenlokals regelmäßig von der Größe und dem Kundenaufkommen eines großen Geschäftshauses, in dem Aufzugsanlagen benötigt werden, profitiert (OLG Düsseldorf, Urteil v. 27.3.2012, I-24 U 123/11, MDR 2010 S. 1025).

Anders ist die Rechtslage, wenn sich der Aufzug in einem **anderen** Gebäudeteil (z.B. im Vorderhaus) befindet und der Mieter seine Wohnung (im Seitenflügel) deshalb mit dem Aufzug nicht erreichen kann. Eine Formularklausel, die den Mieter auch in diesem Fall zur anteiligen Kostentragung verpflichtet, benachteiligt den Mieter unangemessen und ist daher unwirksam. In Abgrenzung zu seiner Entscheidung zur Umlagefähigkeit von Aufzugskosten bei Erdgeschossmietern (Urteil v. 20.9.2006, a.a.O.) führt der BGH aus, dass der Sachverhalt hier anders liegt. Schließlich könne ein Erdgeschossmieter seine Wohnung mit dem Aufzug erreichen, auch wenn er ihn wegen der Lage seiner Wohnung faktisch nicht nutze. Die Grenze der Zumutbarkeit für einen anderen Mieter ist aber überschritten, wenn er einen Aufzug nicht nur tatsächlich nicht nutze oder dafür keinen Bedarf hat, sondern seine Wohnung mit dem Aufzug überhaupt nicht erreicht werden kann (BGH, Urteil v. 8.4.2009, VIII ZR 128/08, WuM 2009 S. 351).

Die Installierung einer **Videoüberwachung** im Aufzug eines Mehrfamilienhauses ist grundsätzlich unzulässig. Sie verletzt das allgemeine Persönlichkeitsrecht der Mieter des Anwesens nicht nur durch die Beobachtung mit der Kamera, sondern auch durch die Möglichkeit der Speicherung und der Verwendung der gespeicherten Daten.

Der Umstand, dass die Mieter auf ein Informationsschreiben des Vermieters über die Installierung der Videoüberwachung nicht reagiert haben, stellt keine stillschweigende Einwilligung dar (KG Berlin, Beschluss v. 4.8.2008, 8 U 83/08, NZM 2009 S. 736).

Dies gilt ebenso für eine nicht funktionsfähige **Attrappe** einer Videokamera, da auch diese einen „Überwachungsdruck" bewirkt, der nur bei einem überwiegenden Interesse des Vermieters gerechtfertigt wäre (AG Tempelhof-Kreuzberg, Urteil v. 6.1.2009, 12 C 155/08, GE 2010 S. 416).

Außenwerbung

Vorwiegend im Bereich der **Geschäftsraummiete** tritt die Frage auf, ob und in welchem Umfang der Mieter **Schilder** oder sonstige Werbemaßnahmen am oder im Haus anbringen darf.

Fehlt eine entsprechende vertragliche Regelung, dürfen sowohl Gewerbetreibende als auch Angehörige freier Berufe (z.B. Ärzte, Rechtsanwälte, Steuerberater, Architekten) Namens- oder Firmenschilder an der Außenwand des Hauses, in dem sich ihre Mieträume befinden, anbringen, wobei neben der Namensangabe auch zusätzliche Angaben, z.B. über Sprechzeiten, Geschäftszeiten, zulässig sind.

Die Werbung muss dem Charakter des Hauses angepasst sein. Verunstaltungen braucht der Vermieter nicht zu dulden. Auch bei der Geschäftsraummiete ist die Benutzung der höher gelegenen Außenwandflächen (z.B. durch Anbringung eines Leuchttransparents) durch den Mieter des betreffenden Stockwerks regelmäßig nicht mehr vom Mietgebrauch umfasst (OLG Saarbrücken, Urteil v. 31.3.2005, 8 U 581/04 – 160, MDR 2005 S. 1283).

Die Anbringung von **Warenautomaten** an der Außenfront von Geschäftsräumen wird heute vielfach als verkehrsüblich und vom vertragsgemäßen Gebrauch umfasst angesehen. Danach ist der Vermieter grundsätzlich zur Duldung der Anbringung von Warenautomaten durch den Mieter verpflichtet, wobei dieser jedoch bei Beendigung des Mietverhältnisses zur Entfernung und Herstellung des ursprünglichen Zustands verpflichtet ist.

> Im Hinblick auf die durch die Rechtsprechung erfolgte erhebliche Ausweitung des zulässigen Mietgebrauchs bei gewerblicher Vermietung empfiehlt es sich, in Mietverträgen über Geschäftsräume **konkrete Vereinbarungen**, insbesondere über Art, Ort und Umfang der Außenreklame des Mieters zu treffen.

Unabhängig von der mietvertraglichen Zulässigkeit ist im Einzelfall die Erforderlichkeit einer **öffentlich-rechtlichen Genehmigung** (z.B. Baugenehmigung) zu prüfen, wobei die mietrechtliche Zulässigkeit nichts über die öffentlich-rechtliche Zulässigkeit besagt und letztere nicht automatisch die Zulässigkeit der Anbringung gegenüber dem Vermieter rechtfertigt.

Haben die Parteien eines Mietvertrags über ein **Ladenlokal** vereinbart, dass der Mieter nur eine bauordnungsbehördlich genehmigte Reklametafel anbringen darf, so kann der Vermieter, ist diese Genehmigung vor Montage nicht erteilt, die Beseitigung verlangen (OLG Düsseldorf, Urteil v. 19.12.1991, 10 U 71/91, DWW 1992 S. 116).

Bagatellschäden → „Kleinreparaturen“
Balkon → „Wohnfläche“
Barrierefreiheit → „Bauliche Veränderungen durch den Mieter“
Bauherrenmodell → „Geschäftsräume“, „Herausgabeanspruch gegen Dritte“

Bauliche Veränderungen durch den Mieter

Inhaltsübersicht

		Seite
1	**Zustimmungspflichtigkeit**	133
2	**Rechtsfolgen baulicher Änderungen**	136
2.1	Ansprüche des Vermieters	136
2.2	Ansprüche des Mieters	140
3	**Vereinbarungen über bauliche Änderungen**	143

1 Zustimmungspflichtigkeit

Bauliche Veränderungen der Mietsache (z.B. Einziehen oder Entfernen von Zwischenwänden, Erstellen von Mauerdurchbrüchen, Einbau einer Etagenheizung) darf der Mieter grundsätzlich nur mit Einwilligung des Vermieters durchführen. Ausgenommen sind Veränderungen geringfügiger Art im Rahmen des vertragsgemäßen Gebrauchs. Dies beruht auf dem Grundsatz, dass der Vermieter dem Wohnungsmieter nicht ohne triftige, sachbezogene Gründe Maßnahmen verbieten darf, die dem Mieter die Nutzungsmöglichkeiten der Wohnung als Mittelpunkt seines Lebens verbessern (so BVerfG, Beschluss v. 26.5.1993, 1 BvR 208/93, NJW 1993 S. 2035, 2036). Im Rahmen des **vertragsgemäßen Gebrauchs** liegen daher solche Maßnahmen, die rückgängig gemacht werden können, keinen Eingriff in die bauliche Substanz darstellen, die Einheitlichkeit der Wohnanlage nicht beeinträchtigen und keine nachteiligen Folgewirkungen, z.B. auf die Mitbewohner des Anwesens haben, wie z.B. das Anbringen von zusätzlichen Steckdosen, Erstellen eines Internetzugangs, Aushängen der Zimmertüren, Entfernen von Türzargen und Einbauschränken (vgl. LG Berlin, Urteil v. 22.3.1983, 61 S 345/83, WuM 1986 S. 138), das Anbringen einer Holzverkleidung, sofern die Feuersicherheit des Gebäudes dadurch nicht verschlechtert wird (AG Brandenburg, Urteil v. 1.4.2003, 32 C 181/00, WuM 2003 S. 321), das Setzen von Dübeln in angemessenem Umfang (vgl. LG Aurich, Urteil v. 28.12.1988, 1 S 446/88, DWW 1989 S. 223; LG Göttingen, Urteil v. 12.10.1988, 5 S 106/88, WuM 1990 S. 199), insbesondere dann, wenn z.B. im Bad die zum Gebrauch gehörenden Installationen wie Seifenschalen, Handtuchhalter, Spiegel oder Spiegelschrank fehlen, wobei das Setzen der Dübel jedoch schonend und unter weitgehender Benutzung der Fugen zu erfolgen hat (LG Berlin, Urteil v. 10.1.2002, 61 S 124/2001, NZM 2003 S. 512). 50 bis 60 Dübellöcher in einem Zimmer überschreiten jedenfalls den vertragsgemäßen Gebrauch, sodass vor Geltendmachung eines Schadenersatzanspruchs auf Ersatz der Beseitigungskosten keine Fristsetzung zur Beseitigung erforderlich ist (AG Mönchengladbach, Urteil v. 2.8.2012, 11 C 329/11, ZMR 2013 S. 724).

Ferner soll bei Vermietung einer nicht renovierten Wohnung und mangels anderweitiger Vereinbarungen auch das Behandeln der Wände mittels sog. **Lasurtechnik** noch vom vertragsgemäßen Gebrauch umfasst sein; selbst dann, wenn die Lasur aus Kalk- und Leimbindemitteln besteht und daher erst abgewaschen werden muss, bevor eine Überarbeitung mit Farbe oder Tapete erfolgen kann (LG Mannheim, Urteil v. 27.11.2002, 4 S 216/01, NZM 2003 S. 511). **Nicht** zum vertragsgemäßen Gebrauch zählen das Anbringen von Rauputz (AG Kerpen, Urteil v. 28.6.1989, 3 C 199/89, WuM 1990 S. 198), das Anbringen von Styroporplatten (vgl. LG Bad Kreuznach, Urteil v. 16.5.1989, 1 S 31/89, WuM 1990 S. 292), Montage einer Balkonverkleidung (LG Hamburg, HambGE 1990 S. 185), Austausch der Einbauküche (LG Berlin, Beschluss v. 19.9.1996, 62 S 115/96, NJW-RR 1997 S. 1097), Montage einer Außensteckdose für Elektrizität am Balkon (AG Hamburg, Urteil v. 18.10.2006, 39 AC 118/05, WuM 2007 S. 505), Anbringen einer **Sichtschutzkonstruktion** auf dem Balkon, die fest mit Gebäudeteilen verbunden ist (AG Köln, Urteil v. 15.7.2011, 220 C 27/11, ZMR 2011 S. 886).

Auch wenn der Vermieter die unzulässige bauliche Veränderung (hier: Sichtschutz) 2 Jahre nicht beanstandet hat, rechtfertigt dies weder die Annahme eines stillschweigenden Einverständnisses noch einer Verwirkung des Beseitigungsanspruchs (AG Köln, a. a. O.).

Auch das Anbringen von **Blumenkästen** an der Außenseite des Balkons ist nicht mehr von dem vertragsgemäßen Gebrauch der Mietsache umfasst, da aufgrund des Mietvertrags grundsätzlich nur der Balkon, nicht aber der um den Balkon herum befindliche Raum mietvermietet ist. Der Mieter kann seine Blumenkästen innerhalb des Balkons oder, sofern möglich, an der Brüstung anbringen. Daher stellt auch ein entsprechender formularmäßiger Vorbehalt im Mietvertrag keine unangemessene Benachteiligung (§ 307 BGB) des Mieters dar (LG Berlin, Urteil v. 20.5.2011, 67 S 370/09, GE 2011 S. 1230).

Entsprechendes gilt für die Montage eines **Katzennetzes** an einer Holzkonstruktion auf einem zur Mietwohnung gehörenden Balkon. Ohne Zustimmung des Vermieters stellt dies eine vertragswidrige bauliche Veränderung dar und ist auf Verlangen des Vermieters zu unterlassen (AG Neukölln, Urteil v. 12.4.2012, 10 C 456/11, GE 2012 S. 691).

Auch das Aufstellen eines **Pavillons** auf einer Terrasse im ersten Obergeschoss eines Hauses hält sich nicht im Rahmen des Üblichen, da die Auswirkungen auf die Mietsache wegen der deutlichen Veränderung des Erscheinungsbildes nicht nur unerheblich sind. Dies gilt auch dann, wenn der Pavillon mit der Mietsache nicht fest verbunden ist und nur in den Sommermonaten aufgestellt wird (AG Spandau, Urteil v. 1.10.2012, 6 C 281/12, ZMR 2014 S. 132).

Maßnahmen zur Befriedigung des Sicherheitsbedürfnisses des Mieters können im Rahmen des vertragsgemäßen Gebrauchs liegen, wenn sie weder zu erheblichen Substanzschäden (z. B. durch Witterungseinflüsse) noch zu einer optischen Beeinträchtigung führen (so z. B. LG Hamburg, Urteil v. 2.2.2006, 334 S 39/05, WuM 2007 S. 502 zur Montage von Außenrollläden vor dem Balkonfensterelement einer Erdgeschosswohnung).

Davon zu unterscheiden sind **Einrichtungen** durch den Mieter. Diese sind mit der Mietsache lediglich in wieder trennbarer Weise und nur zu einem vorübergehenden Zweck verbunden und bedürfen keiner Einwilligung des Vermieters (s. „Einrichtungen"), z. B. Aufstellen einer transportablen Duschkabine (LG Berlin, Urteil v. 26.1.1990, 63 S 216/89, WuM 1990 S. 421), einer Einbauküche (LG Konstanz, Urteil v. 14.10.1988, 1 S 216/88, WuM 1989 S. 67), Installierung von Rollläden, Anbringen eines Fußbodenbelags; bei Verkleben nur, wenn keine Substanzbeeinträchtigung erfolgt (LG Essen, Urteil v. 22.4.1987, 10 S 633/86, WuM 1987 S. 257), Erneuerung eines Wasserhahns oder eines Wasch- bzw. WC-Beckens (LG Lüneburg, Urteil v. 22.4.1993, 6 S 2/93, WuM 1995 S. 701).

> Der Mieter hat grundsätzlich keinen Anspruch gegen den Vermieter auf Erteilung der Einwilligung zu einer den vertragsgemäßen Gebrauch überschreitenden baulichen Veränderung.

Daher hat der Mieter – sofern nichts anderes vertraglich vereinbart ist – keinen Anspruch darauf, dass der Vermieter ihm gestattet, selbst und auf eigene Kosten bauliche Veränderungen an der Wohnung mit dem Ziel einer Modernisierung oder Erhöhung des Wohnkomforts vorzunehmen. Die Erteilung einer derartigen Erlaubnis steht vielmehr im **Ermessen** des Vermieters, der dieses Ermessen jedoch nicht rechtsmissbräuchlich ausüben darf (so bereits BGH, Urteil v. 25.3.1964, VIII ZR 211/62, WuM 1964 S. 563). Dies kann der Fall sein, wenn die vom Mieter beabsichtigten Maßnahmen nur mit einem minimalen Eingriff in die Bausubstanz verbunden wären, so z.B. beim Anbringen einer **Markise** auf dem Balkon. Da eine Markise am Gebäude (z.B. mit Dübeln und Schrauben) befestigt werden muss, stellt dies eine bauliche Veränderung dar, die der Genehmigung des Vermieters bedarf. Allerdings hat der Mieter einen Rechtsanspruch auf Erteilung einer solchen Genehmigung, wenn die Beeinträchtigung des Eigentums des Vermieters gering ist, z.B. weil sich der Mieter bereiterklärt hat, die Montage fachgerecht durchführen zu lassen, auf die Gesamtansicht der Fassade Rücksicht zu nehmen und bei seinem Auszug den ursprünglichen Zustand wieder herzustellen. Insofern gebietet es der Grundsatz von Treu und Glauben, dass der Vermieter dem Mieter nicht ohne triftigen, sachbezogenen Grund Einrichtungen verbietet, die dem Mieter das Leben in der Mietwohnung angenehmer gestalten können (so bereits BVerfG, Beschluss v. 26.5.1993, 1 BvR 208/93, NJW 1993 S. 2035). Daher ist der Vermieter in diesem Fall zur Erteilung der Genehmigung verpflichtet, wenn der Mieter anderenfalls in seinem üblichen Wohngebrauch zu stark eingeschränkt wäre, z.B. weil ein Sonnenschirm wegen der Lage des Balkons keinen ausreichenden Sonnenschutz bieten würde (AG München, Urteil v. 7.6.2013, 411 C 4836/13, ZMR 2014 S. 459).

Dagegen muss es bei größeren baulichen Maßnahmen, z.B. dem Einbau einer modernen Heizungsanlage, nach einem neuen Urteil des BGH dem Eigentümer vorbehalten bleiben, den Zeitpunkt einer Investition zu bestimmen und dabei das eigene – legitime – Interesse zu wahren, bei einer späteren Neuvermietung angesichts der zwischenzeitlich gestiegenen Attraktivität der Wohnlage eine deutlich höhere Miete zu erzielen. Daher verstößt es nicht gegen Treu und Glauben, wenn der Vermieter einem vom Mieter beabsichtigten Einbau einer Gasetagenheizung anstelle der in der gemieteten Altbauwohnung vorhandenen Einzelöfen seine Zustimmung verweigert (BGH, Urteil v. 14.9.2011, VIII ZR 10/11, WuM 2011 S. 671).

Eine **Ausnahme** von diesem Grundsatz besteht nach dem neuen § 554a BGB, der durch das Mietrechtsreformgesetz mit Wirkung ab 1.9.2001 in das BGB eingefügt worden ist. Danach kann ein **behinderter Mieter** die Zustimmung zu bestimmten Maßnahmen verlangen, die für eine **behindertengerechte Nutzung** der Wohnung erforderlich sind, z.B. Verbreiterung von Türen, behindertengerechte Nasszelle, Montage besonderer Griffe an der Badewanne (vgl. auch „Treppenlift-Entscheidung" des BVerfG, Entscheidung v. 28.3.2000, 1 BvR 1460/99, WuM 2000 S. 298). Gleiches gilt, wenn Personen, die der Mieter berechtigterweise aufgenommen hat (z.B. Lebensgefährte, Angehörige), behindert sind.

Eine Behinderung im Sinne dieser Vorschrift ist eine **erhebliche und dauerhafte Einschränkung der Bewegungsfähigkeit** unabhängig davon, ob sie bereits bei Mietbeginn vorhanden ist oder erst im Lauf des Mietverhältnisses entsteht, z.B. aufgrund eines Unfalls oder des Alterungsprozesses.

Der Vermieter kann seine Zustimmung **verweigern**, wenn sein Interesse an der unveränderten Erhaltung der Mietsache oder des Gebäudes das Interesse des Mieters an einer behindertengerechten Nutzung der Mietsache überwiegt. Dabei sind **auch** die berechtigten Interessen **anderer** Mieter in dem Gebäude angemessen zu berücksichtigen. In die Abwägung sind **alle relevanten Umstände** einzubeziehen, wie z.B. Art, Dauer, Schwere der Behinderung, Umfang und Erforderlichkeit der Maßnahme, Dauer der Bauzeit, Möglichkeit des Rückbaus, bauordnungsrechtliche Genehmigungsfähigkeit, Beeinträchtigungen der Mitmieter während der Bauzeit, Einschränkungen durch die Maßnahme selbst sowie mögliche Haftungsrisiken des Vermieters etwa aufgrund der ihm obliegenden Verkehrssicherungspflicht. Ferner kann in die Abwägung mit einbezogen werden, ob durch **Auflagen** an den Mieter, z.B. durch Abschluss einer Haftpflichtversicherung, mögliche Nachteile für den Vermieter gemildert werden können (vgl. LG Duisburg, Urteil v. 10.12.1996, 23 S 452/96,

ZMR 2000 S. 463; Begründung der Beschlussempfehlung des Rechtsausschusses, BT-Drucks. 14/5663).

Ein behinderter Mieter hat jedoch keinen Anspruch auf Zustimmung zu baulichen Änderungen, die zur behindertengerechten Nutzung der Wohnung nicht erforderlich sind, sondern „nur“ die Sicherheit im Anwesen bzw. der Wohnung erhöhen (hier: Videokameraanlage im Treppenhaus) oder den Wohnkomfort steigern (hier: Verbindung von Wohnungsklingel und Telefonanlage; KG Berlin, Beschluss v. 15.6.2009, 8 U 245/08, GE 2009 S. 1555).

Bei **Auszug** ist der Mieter verpflichtet, den **ursprünglichen Zustand** wiederherzustellen und etwaige Schäden zu beseitigen. Der Vermieter kann seine Zustimmung daher von der Leistung einer zusätzlichen **Sicherheit** abhängig machen, die der Mieter **neben** der üblichen Mietkaution (drei Monatsnettomieten) **vollständig** vor Beginn der Maßnahme leisten muss. Die Höhe der Sicherheit orientiert sich an den voraussichtlichen **Kosten für den Rückbau**, die z. B. mit einem Kostenvoranschlag belegt werden können. Die Sicherheitsleistung muss der Vermieter **verzinslich** und **getrennt** von seinem Vermögen anlegen.

Vereinbarungen (z. B. im Mietvertrag), die zum **Nachteil** des Mieters von der Bestimmung des § 554 a BGB abweichen, sind unwirksam (§ 554 a Abs. 3 BGB).

2 Rechtsfolgen baulicher Änderungen

2.1 Ansprüche des Vermieters

Nimmt der Mieter **ohne Zustimmung** des Vermieters bauliche Veränderungen vor, verletzt er in der Regel schuldhaft seine Obhutspflicht und ist zur Leistung von Schadenersatz verpflichtet (OLG München, Urteil v. 28.6.1985, 21 U 4448/84, DWW 1986 S. 16). Der Vermieter kann entweder sofort die Herstellung des ursprünglichen Zustands verlangen (BGH, Urteil v. 26.6.1974, VIII ZR 43/73, NJW 1974 S. 1463) oder sich ausdrücklich vorbehalten, dies spätestens bei Beendigung des Mietverhältnisses zu fordern.

Zu einer **Kündigung** des Mietverhältnisses wegen einer eigenmächtig vom Mieter vorgenommenen baulichen Veränderung ist der Vermieter nur berechtigt, wenn es sich um Eingriffe in die Bausubstanz handelt, z. B. Abriss einer Wand (LG Kassel, Urteil v. 5.5.2011, 1 S 432/10, DWW 2011 S. 336), eigenmächtiger Ausbau des Dachbodens (LG Hamburg, Urteil v. 26.4.1991, 311 S 1/91, WuM 1992 S. 190) u. Ä. Dagegen rechtfertigt eine bauliche Veränderung, die nicht zu einer Gefährdung der Mietsache führt (hier: Anbringen von buntem Sichtschutz und Katzennetzen auf dem Balkon), keine fristlose Kündigung, sondern nur eine Klage auf Beseitigung bzw. Unterlassung (AG München, Urteil v. 14.9.2011, 413 C 25938/10, ZMR 2012 S. 365).

Lässt der Vermieter über einen Zeitraum von **mehreren Jahren** die vom Mieter vorgenommenen Änderungen trotz Kenntnis **unbeanstandet**, kann er zwar trotzdem bei Beendigung des Mietverhältnisses den Rückbau verlangen, nicht aber während des laufenden Mietverhältnisses. Ferner ist der Vermieter in diesem Fall auch nicht zur Kündigung des Mietverhältnisses wegen der eigenmächtig vorgenommenen Umbauten berechtigt (LG Lüneburg, Urteil v. 14.11.2012, 6 S 80/12, WuM 2013 S. 223).

Bei Beendigung des Mietverhältnisses hat der Mieter grundsätzlich sämtliche von ihm eingebrachten Einrichtungen und Einbauten zu entfernen. Hierzu gehört z. B. auch die Entfernung von Holzzwischendecken bzw. Übernahme der Kosten für den Abtransport durch den Vermieter (LG Berlin, Urteil v. 24.5.1994, ZMR 1994, XIII).

Hat der Mieter zum Vertragsende den von ihm geschuldeten Zustand nicht wiederhergestellt, ist der Schadenersatzanspruch des Vermieters primär auf die Herstellung des ursprünglichen Zustands und sekundär auf Ersatz des für die Wiederherstellung erforderlichen Geldbetrags gerichtet (OLG Düsseldorf, Beschluss v. 5.10.2009, I-24 U 17/09, ZMR 2010 S. 959).

Auf eine Zumutbarkeit für den Mieter, insbesondere im Hinblick auf die Kosten für die Herstellung des ursprünglichen Zustands, kommt es nicht an. Nach einem Urteil des

BGH (v. 27.4.1966, VIII ZR 148/64, NJW 1966 S. 1409) hat der Mieter eines Wohnhauses, der auf dem Grundstück ohne Zustimmung des Vermieters eine **Garage** errichtet hat, diese auf Verlangen des Vermieters zu entfernen.

Verzichtet der Vermieter bei einem Mieterwechsel auf den Abriss eines vom Mieter errichteten Gebäudes und macht der Mieter auch von seinem Wegnahmerecht keinen Gebrauch, kann eine Eigentumsübertragung auf den Vermieter vorliegen, wenn der Nachmieter an den Absprachen nicht beteiligt wird (OLG Düsseldorf, Beschluss v. 6.5.2008, 24 U 189/07, NZM 2009 S. 242).

Stimmt der Vermieter der vom Mieter beabsichtigten baulichen Veränderung **zu**, ohne sich ausdrücklich vorzubehalten, bei Beendigung des Mietverhältnisses die Herstellung des ursprünglichen Zustands zu verlangen, ist in Rechtsprechung und Literatur umstritten, ob die Zustimmung **auf die Mietdauer** begrenzt ist, mit der Folge, dass der Mieter bei Beendigung des Mietverhältnisses die Veränderungen rückgängig machen muss, oder ob diese vorbehaltlose Zustimmung diesen Anspruch des Vermieters völlig ausschließt und der Mieter daher zur Entfernung nicht verpflichtet ist.

Nach der herrschenden Meinung ist die Zustimmung grundsätzlich auf die Dauer der Mietzeit beschränkt.

Der Mieter ist daher bei Vertragsende zur **Herstellung des ursprünglichen Zustands** (z.B. durch Beseitigung von Einrichtungen und baulichen Änderungen) auch dann verpflichtet, wenn die Veränderungen mit Zustimmung des Vermieters erfolgt sind (OLG Köln, Urteil v. 15.6.1998 S. 19 U 259/97, DWW 1998, 377; BGH, Urteil v. 13.10.1959, VIII ZR 193/58, NJW 1959 S. 2163; LG Berlin, Urteil v. 19.9.1986, 64 S 111/86, MDR 1987 S. 234; LG Düsseldorf, Urteil v. 27.11.1986, 14 O 254/86, NJW-RR 1987 S. 1043).

Dies gilt auch dann, wenn die Zustimmung des Vermieters nicht ausdrücklich, sondern lediglich durch **schlüssiges** Verhalten (z.B. durch unterlassene Beanstandung der Umbauten) erfolgt ist (KG Berlin, Beschluss v. 17.6.2010, 12 U 51/09, ZMR 2010 S. 956).

Der Mieter kann sich auch nicht darauf berufen, dass in einem Übergabeprotokoll lediglich der Einbau einer Einrichtung, aber nicht die Verpflichtung zum Rückbau festgehalten ist. Durch ein Übergabeprotokoll wird nur der Ist-Zustand der Wohnung bei Übergabe festgestellt. Die aus der Feststellung des Ist-Zustands folgenden Verpflichtungen müssen nicht in das Protokoll übernommen werden. Die Verpflichtung des Mieters zur Herstellung des ursprünglichen Zustands ist somit unabhängig von einer entsprechenden Erwähnung im Übergabeprotokoll (LG Potsdam, Urteil v. 26.2.2009, 11 S 127/08, ZMR 2009 S. 761).

Wirksam ist auch eine Vereinbarung, wonach der Vermieter gegen Zahlung eines angemessenen Geldbetrags auf seinen Anspruch auf Beseitigung der baulichen Veränderungen bei Beendigung des Mietverhältnisses verzichtet. Eine solche Vereinbarung verstößt weder gegen die guten Sitten (§ 138 BGB) noch gegen andere gesetzliche Vorschriften und ist im Rahmen der allgemeinen Vertragsfreiheit unbedenklich (OLG Düsseldorf, Beschluss v. 6.2.2010, I-24 U 227/11, MDR 2012 S. 634).

Eine **Ausnahme** von dem Grundsatz, dass der Mieter bei Vertragsende zur Herstellung des ursprünglichen Zustands verpflichtet ist, besteht nur dann, wenn die baulichen Veränderungen zur Mängelbeseitigung (vgl. § 536a Abs. 2 BGB) notwendig waren oder vorgenommen wurden, um die Räume in einen vertragsgemäßen Zustand zu versetzen (LG Bochum, MDR 1967 S. 2015). Ferner muss der Mieter zustandsverändernde Maßnahmen **nicht** beseitigen, wenn er sie im Rahmen seiner (vermeintlichen) **Verpflichtung** zur Vornahme von Schönheitsreparaturen durchgeführt hat. Daher muss der Mieter auch von ihm angebrachte oder vom Vormieter übernommene **Tapeten** nicht beseitigen. Dies gilt auch dann, wenn die entsprechende Renovierungsklausel unwirksam ist, da sich der Vermieter als Verwender der Klausel nicht auf deren Unwirksamkeit berufen kann; anderenfalls würde der Mieter schlechter gestellt als im Fall der Wirksamkeit der Renovierungsklausel, die den Mieter nicht generell, sondern allenfalls dann zu einer Entfernung der Tapeten verpflichtet, wenn ihr Zustand dies erfordert (BGH, Urteil v. 5.4.2006, VIII ZR 109/05, WuM 2006 S. 310).

Der Mieter ist auch nicht zur Beseitigung der von ihm vorgenommenen baulichen Veränderungen auf seine Kosten verpflichtet, wenn der Vermieter den Baumaßnahmen **zugestimmt** hat **und** außerdem Grund zu der Annahme besteht, er habe auf die Entfernung nach Beendigung des Mietverhältnisses **verzichtet** (vgl. Emmerich-Sonnenschein, Mietrecht, 2. Aufl., § 556 a.F. Rn. 16).

Dies wird angenommen, wenn es sich um Maßnahmen handelt, die **auf Dauer** angelegt sind und nur mit erheblichem Kostenaufwand wieder beseitigt werden können oder das Mietobjekt in einen erheblich schlechteren Zustand zurückversetzen würden (so z.B. LG Berlin, Urteil v. 6.7.2010, 65 S 355/09, GE 2010 S. 1269 beim Einbau von Nachtspeicheröfen und bei der Verlegung von Elektroleitungen über vom Mieter abgehängte Decken; s. auch OLG Frankfurt/M., Urteil v. 19.12.1991, 6 U 108/90, WuM 1992 S. 56; OLG Düsseldorf, Urteil v. 8.2.1990, 10 U 127/89, ZMR 1990 S. 218); ferner bei Maßnahmen, die **objektiv** eine Wertverbesserung bewirken (z.B. vollständiges Fliesen eines Bades, Ersatz von Öleinzelöfen durch eine Nachtspeicherheizung). In diesen Fällen kann der Mieter einem Verlangen des Vermieters auf Herstellung des ursprünglichen Zustands entgegenhalten, dass die vorbehaltlose Zustimmung einen **schlüssigen Verzicht** beinhaltet hat (vgl. auch LG Mannheim, MDR 1969 S. 763; LG Hamburg, Urteil v. 17.5.1988, 16 S 230/86, WuM 1988 S. 305).

Eine Rückbaupflicht kann ausnahmsweise auch entfallen bei vom Mieter mit Einverständnis des Vermieters durchgeführten **Instandsetzungsmaßnahmen** (hier: Fußbodenausgleich durch Spannplatten; LG Berlin, Urteil v. 6.7.2010, 65 S. 355/09, GE 2010 S. 1269).

Dagegen kann dies nicht angenommen werden, wenn die Maßnahme auf die subjektiven Wünsche und Vorstellungen des Mieters zugeschnitten oder stark geschmacksgeprägt ist und sich für die Wohnung nicht objektiv werterhöhend auswirkt (z.B. Wanddurchbruch zwischen zwei ausreichend großen Zimmern).

Weiterhin kann ein schlüssiger Verzicht nicht aus der bloßen Tatsache hergeleitet werden, dass der Vermieter den ihm bekannten Veränderungen des Mietobjekts durch den Mieter nicht widersprochen hat (OLG Düsseldorf, Urteil v. 8.2.1990, 10 U 127/89, DWW 1990 S. 119).

Soweit ein Mieter zur Herstellung des ursprünglichen Zustands verpflichtet ist, geht diese Verpflichtung auch ohne ausdrückliche Regelung auf einen **Mietnachfolger** über, der im Einverständnis mit dem Vermieter Einbauten seines Rechtsvorgängers übernimmt (OLG Köln, Urteil v. 15.6.1998, 19 U 259/97, DWW 1998 S. 377; OLG Hamburg, Urteil v. 13.6.1990, 4 U 118/89, DWW 1990 S. 202).

Der Mieter, der bauliche Änderungen übernimmt, ist dem Mieter gleichzustellen, der entsprechende Maßnahmen selbst ausführt. Zwar wird der Vormieter durch Abschluss des Mietvertrags mit dem Nachfolger konkludent aus der Verpflichtung entlassen, den ursprünglichen Zustand wiederherzustellen, jedoch kann der Mieter daraus nicht schließen, dass der Vermieter auch von ihm die Wiederherstellung des ursprünglichen Zustands nicht verlangen werde. Ein derartiger Verzicht bedarf einer ausdrücklichen Regelung (OLG Hamburg, a.a.O.).

Soweit der Mieter verpflichtet ist, Einrichtungen (z.B. Teppichböden) seines Mietvorgängers zu entfernen und den ursprünglichen Zustand wiederherzustellen, muss er auch etwaige damit zusammenhängende Schäden beheben, z.B. Schäden am Unterboden, die durch Verkleben der Teppichböden entstanden sind (LG Mainz, Urteil v. 18.9.1996, 3 S 4/96, WuM 1996 S. 759). Schadenersatz in Geld, d.h. die Kosten für die Herstellung des ursprünglichen Zustands, kann der Vermieter jedoch erst verlangen, nachdem er den Mieter ergebnislos mit Fristsetzung und Ablehnungsandrohung zur Herstellung des ursprünglichen Zustands aufgefordert hat (KG Berlin, Urteil v. 9.2.1998, 8 U 5377/96, NZM 1999 S. 612).

Vor Beendigung des Mietverhältnisses kann der Vermieter die Herstellung des ursprünglichen Zustands nur verlangen, wenn die bauliche Änderung den vertragsgemäßen Gebrauch der Mietsache **überschreitet** oder einen Eingriff in die Substanz des Hauses darstellt, den der Vermieter nicht dulden muss, weil die Maßnahmen nachteilige Folgewirkungen für das Haus im Hinblick auf dessen Statik oder Brandsicherheit bzw. für die Versorgungseinrichtungen hat, eine Beeinträchtigung des äußeren Erscheinungsbilds des Hauses darstellt oder die Maßnahme zu Störungen oder Belästigungen des Vermieters oder anderer Mitbewohner des Hauses führt (vgl. z.B. AG Brandenburg, Urteil v. 1.4.2003, 32 C 181/00, WuM 2003 S. 321, wonach der Mieter eine von ihm angebrachte Holzpaneeldeckenverkleidung vor Beendigung des Mietverhältnisses nicht entfernen muss).

Kommt der Mieter bei Beendigung des Mietverhältnisses seiner Verpflichtung zum Rückbau von baulichen Änderungen von **beträchtlichem** tatsächlichen und kostenmäßigen Umfang nicht nach, kann nach den Umständen des Einzelfalls nicht nur von einer bloßen Schlechterfüllung der Räumungs- und Rückgabeverpflichtung ausgegangen werden. Vielmehr ist dies als eine nur **teilweise** Rückgabe anzusehen, die zur „Vorenthaltung" der Mietsache i.S.d. § 546a Abs. 1 BGB und damit zu Entschädigungsansprüchen des Vermieters führt (KG Berlin, Beschluss v. 19.10.2006, 12 U 178/05, ZMR 2007 S. 194; so auch OLG Düsseldorf, Beschluss v. 14.10.2008, I-24 U 7/08, ZMR 2009 S. 843, wonach der Mieter dem Vermieter das Mietobjekt „vorenthält", wenn er nach seinem Auszug Einbauten oder Einrichtungen trotz entsprechender Verpflichtung nicht beseitigt und sich die Beseitigungspflicht ohne besondere Absprache der Vertragsparteien nicht nur auf vom Mieter eingebrachte Einrichtungen erstreckt, sondern auch auf solche, die der Mieter vom Vormieter übernommen hat).

Wird der Mieter sowohl zur Herausgabe des Grundstücks als auch zur Beseitigung von Bauwerken oder Einrichtungen verurteilt, bestimmt sich der Wert der **Beschwer**, auf die es für die Zulässigkeit einer Berufung ankommt (mindestens 600 Euro) durch Addition der Beschwer der Verurteilung zur Herausgabe und des Werts der Beschwer für die Beseitigung der Bauwerke oder Einrichtungen (BGH, Beschluss v. 16.3.2012, LwZB 3/11, NJW-RR 2012 S. 1103).

Werden die Räume nach Beendigung des Mietverhältnisses vom Vermieter abgerissen oder erheblich **umgestaltet**, so kann der Mieter die Räume trotz einer vertraglich vereinbarten Rückbauverpflichtung **unverändert** zurückgeben, wenn die hierzu erforderlichen Maßnahmen wegen des nachfolgenden Umbaus durch den Vermieter wieder zerstört werden und somit wirtschaftlich sinnlos wären. Der Mieter schuldet in diesen Fällen auch **keinen Ausgleich** in Geld, da die Rückbauverpflichtung – anders als vertraglich vereinbarte Schönheitsreparaturen (s. auch „Schönheitsreparaturen") oder Reparaturverpflichtungen (s. auch „Instandhaltung und Instandsetzung der Mieträume") – **keine** geldwerte Gegenleistung für die Überlassung der Räume darstellt (BGH, Urteil v. 5.6.2002, XII ZR 220/99, NZM 2002 S. 655).

Ob der Mieter oder Pächter eines auf dem Gebiet der **ehemaligen DDR** gelegenen Hausgrundstücks bauliche Veränderungen, die er vor dem Beitritt vorgenommen hat, bei einer Beendigung des Miet- oder Pachtverhältnisses nach dem Beitritt beseitigen muss, richtet sich nach den Regelungen des DDR-ZGB und des DDR-EGZGB. Danach kommt ein Anspruch des Vermieters auf Beseitigung baulicher Veränderungen nur in Betracht, wenn diese ohne seine Zustimmung vorgenommen worden sind (§ 112 Abs. 2 DDR-ZGB). Auch wenn die **Zustimmung des Vermieters** nicht erteilt worden ist, entfällt die Pflicht des Mieters zur Wiederherstellung des ursprünglichen Zustands, wenn die baulichen Veränderungen zu einer Verbesserung geführt haben, „die im gesellschaftlichen Interesse liegt". In diesem Fall war der Vermieter verpflichtet, die Zustimmung zu erteilen, wobei seine Zustimmung auf Antrag des Mieters durch eine Gerichtsentscheidung hätte ersetzt werden können (§ 111 DDR-ZGB). Dies gilt auch, wenn die

Baumaßnahmen vor Inkrafttreten des ZGB im Jahr 1976 durchgeführt worden sind (BGH, Urteil v. 17.3.1999, XII ZR 101/97, NZM 1999 S. 478).

2.2 Ansprüche des Mieters

Entfällt ausnahmsweise die Pflicht des Mieters zur Herstellung des ursprünglichen Zustands, kann er grundsätzlich keinen Ersatz für seine Aufwendungen nach § 539 Abs. 1 BGB verlangen, es sei denn, dass ausnahmsweise aus der Einwilligung oder aus dem ausdrücklichen oder schlüssigen Verzicht des Vermieters auf die Herstellung des ursprünglichen Zustands gefolgert werden kann, dass die baulichen Veränderungen seinem Interesse oder seinem mutmaßlichen Willen entsprochen haben.

Aus einer Vereinbarung, wonach der Mieter an der Mietsache Veränderungen vornehmen darf, die ausschließlich in seinem **eigenen** Interesse liegen, ergibt sich das stillschweigende Einverständnis der Parteien, dass der Mieter hierfür keinen Aufwendungsersatz beanspruchen kann. Insofern kann ohne gegenteilige Anhaltspunkte nicht angenommen werden, dass der Vermieter, der dem Mieter erlaubt, die Mietsache nach dessen individuellen Wünschen und im eigenen Interesse zu verändern, auch noch verpflichtet sein soll, dem Mieter die Aufwendungen hierfür zu ersetzen (BGH, Urteil v. 13.6.2007, VIII ZR 387/04, WuM 2007 S. 443).

Der Mieter hat auch keinen bereicherungsrechtlichen Anspruch nach §§ 812 ff. BGB, wenn die Baumaßnahmen nicht Teil der Gegenleistung für die Raumüberlassung und damit abwohnbar waren, sondern nach Vertragsschluss ihm lediglich gestattet worden sind (KG Berlin, Urteil v. 13.1.1986, 8 U 328/85, Bln GE 1986 S. 497; s. „Abstandszahlungen").

Aufwendungen, die der Mieter zur Herstellung eines vertragsgemäßen Zustands der Mietsache tätigt, kann er nur nach § 536a Abs. 2 BGB bei Verzug des Vermieters mit der Reparatur verlangen, da es sich insofern nicht um notwendige Aufwendungen i. S. d. § 536a Abs. 2 Nr. 2 BGB handelt (BGH, Urteil v. 30.3.1983, VIII ZR 3/82, WM 1983 S. 766).

Ersetzt ein Mieter die aus transportablen Ölöfen bestehende Wohnungsheizung durch eine Etagenheizung, besteht ebenfalls kein Ersatzanspruch des Mieters wegen notwendiger Aufwendungen. Gleiches gilt für Ansprüche aus Geschäftsführung ohne Auftrag, wenn die Absicht des Ersatzverlangens fehlte. Ein Bereicherungsanspruch kann ausscheiden, wenn der Vermieter an der Heizungsanlage kein Interesse hat (LG Mannheim, Urteil v. 20.12.1995, 4 S 145/95, NJW-RR 1996 S. 1357 = NJWE-MietR 1996 S. 266).

Ferner hat der Mieter keine Ansprüche für Investitionen in das Mietobjekt, wenn er bei Abschluss des Mietvertrags den **schlechten Zustand** der Räumlichkeiten kannte und dementsprechend eine erkennbar **geringe** Miete vereinbart wurde. Investitionen sind in einem solchen Fall nicht notwendig, da sie nicht dazu dienen, die Mietsache in einen vertragsgemäßen Zustand zu versetzen oder einen Sachmangel zu beheben. Auch wenn der Vermieter den Investitionen zustimmt oder diese genehmigt, bedeutet dies nicht zwingend, dass sie damit in seinem Interesse liegen und er die Kosten zu übernehmen hat (LG Dortmund, Urteil v. 20.11.2007, 3 O 223/07, ZMR 2008 S. 376).

Dagegen können **notwendige und vom Vermieter zu ersetzende Aufwendungen** des Mieters vorliegen, wenn Gegenstand des Mietvertrags die Überlassung eines Wohnhauses in stark renovierungsbedürftigem Zustand ist, das sich der Mieter nach seinen Bedürfnissen herrichten soll und die Maßnahmen des Mieters **zur Erhaltung oder Wiederherstellung der Mietsache erforderlich** sind, sodass diese auch der Eigentümer selbst hätte tätigen müssen, um das Anwesen zu erhalten (BGH, Urteil v. 20.1.1993, VIII ZR 22/92, WuM 1994 S. 201: Erneuerung des Dachstuhls einschließlich Dacheindeckung, Erneuerung der Elektro- und Sanitärinstallation, Beseitigung von Feuchtigkeitsschäden im Wand- und Fußbodenbereich).

Darüber hinausgehende, lediglich **nützliche** Aufwendungen (z. B. Modernisierungsmaßnahmen) kann der Mieter nach den Grundsätzen der Geschäftsführung ohne Auftrag verlangen, wenn die Maßnahmen dem wirklichen oder wenigstens dem mutmaßlichen Willen des Vermieters entsprachen (§ 539 Abs. 1 i.V.m. § 683 BGB). Dies bedeutet, dass der Wille des Mieters darauf gerichtet sein musste, dass er die Maßnahmen für den Vermieter vornimmt (sog. **Fremdgeschäftsführungswille**). An das Vorliegen eines Fremdgeschäftsführungswillens sind strenge Anforderungen zu stellen. Die bloße **Duldung** von Maßnahmen durch den Vermieter genügt **nicht**. Insbesondere kann der Vermieter nicht unter dem Gesichtspunkt der Geschäftsführung ohne Auftrag zur Kostenbeteiligung herangezogen werden, wenn es an einem **Einverständnis** über den Umfang und die Finanzierung der Kosten der beabsichtigten Maßnahmen fehlt (BGH, Urteil v. 16.9.1998, XII ZR 136/96, NZM 1999 S. 19). Gegen einen mutmaßlichen Willen des Vermieters kann z.B. sprechen, wenn der Umfang der Arbeiten vom Mieter selbst bestimmt wurde und die erforderlichen Kosten nicht absehbar waren (BGH, Urteil v. 20.1.1993, a.a.O.). Dementsprechend fehlt es an dem notwendigen Fremdgeschäftsführungswillen, wenn der Mieter Modernisierungsmaßnahmen (z.B. Erneuerung von Fliesen, sanitären Einrichtungen oder der Küche) vornimmt, um die Mietsache zu verschönern bzw. sie nach seinen Bedürfnissen zu gestalten (LG Düsseldorf, Urteil v. 15.11.2001, 21 S 644/00, WuM 2002 S. 491).

Liegen die Voraussetzungen der Geschäftsführung ohne Auftrag nicht vor, kommt nur ein Anspruch des Mieters aus ungerechtfertigter Bereicherung (§§ 812 ff. BGB) in Betracht. Ein Bereicherungsanspruch (§ 818 Abs. 2 BGB) des Mieters setzt voraus, dass infolge der Verwendungen des Mieters ein **Wertzuwachs** eingetreten ist. Bei der Bemessung des Wertersatzes für die Verwendungen des Mieters kommt es somit auf die Erhöhung des Verkehrswerts des Gebäudes an. Ob dieser unter Heranziehung des Ertragswertverfahrens oder nach anderen Wertermittlungsverfahren zu bestimmen ist, ist eine Frage des Einzelfalls (BGH, Beschluss v. 16.12.2008, VIII ZR 306/06, WuM 2009 S. 113). Dies bedeutet, dass sich die Höhe des Anspruchs des Mieters nicht an seinem finanziellen Aufwand, sondern nur an einer **evtl. Werterhöhung** des Anwesens bemisst. Hierzu muss der Mieter vortragen und beweisen, dass der Vermieter die Wohnung gerade wegen der von ihm durchgeführten Modernisierungsmaßnahmen zu einer **höheren Miete** weitervermieten konnte (LG Düsseldorf, a.a.O.). Dementsprechend kann der Mieter, der mit Duldung des Vermieters auf eigene Kosten Baumaßnahmen zur Sanierung des Mietobjekts (z.B. Praxisräume) durchführt, bei **vorzeitiger Beendigung** des Mietverhältnisses **keinen Ausgleich** für eine Wertsteigerung des Mietobjekts und auch **keinen Ersatz** für aufgewendete Kosten verlangen, wenn die Investition des Mieters durch eine günstigere Miete kompensiert werden sollte, die vorzeitige Beendigung allein aus der Sphäre des Mieters kommt (z.B. Praxisaufgabe) und die Räume mit Duldung des vorzeitig ausscheidenden Mieters zu derselben günstigen Miete weitervermietet werden (OLG Rostock, Beschluss v. 24.2.2005, 3 U 187/04, NZM 2005 S. 666).

Unbeschadet dessen kann der Vermieter einwenden, es handle sich um eine sog. **aufgedrängte** Bereicherung, die allerdings nur dann zu einem vollständigen Ausschluss von Ansprüchen des Mieters führt, wenn der Mieter unbefugt gehandelt hat (vgl. Palandt, § 951, Rn. 18, 21). Dies ist jedoch nicht gegeben, wenn der Vermieter den Änderungen trotz Kenntnis nicht widersprochen hat (vgl. LG Augsburg, Urteil v. 4.11.1998, 7 S 278/98, WuM 1999 S. 38).

Ein **weiterer** Bereicherungsanspruch des Mieters kann entstehen, wenn das Vertragsverhältnis **vorzeitig** endet. In diesem Fall bemisst sich die Bereicherung nicht nach den Kosten der getätigten Verwendung oder der dadurch geschaffenen objektiven Wertsteigerung des Bauwerks, sondern nach den Vorteilen, die der Vermieter aus dem erhöhten objektiven Ertragswert der Mietsache tatsächlich erzielen kann oder hätte erzielen können. Anhaltspunkt dafür ist in erster Linie die Zahlung einer höheren Miete durch einen Nachmieter (BGH, Urteil v. 16.9.1998, a.a.O.).

Verpflichtet sich ein Mieter von Geschäftsräumen vertraglich zur Durchführung bestimmter Maßnahmen, hat er nach Beendigung des Mietverhältnisses hinsichtlich der geschaffenen Einrichtungen weder ein Wegnahmerecht aus § 539 Abs. 2 BGB noch einen Anspruch auf Ersatz von Aufwendungen nach § 539 Abs. 1 BGB, unabhängig davon, ob es sich um notwendige oder nützliche Aufwendungen handelt (BGH, Urteil v. 8.11.1995, XII ZR 202/94, NJWE-MietR 1996 S. 33, m. w. N.).

Wird ein Pachtvertrag aus Gründen, die in der Sphäre des Pächters liegen, vorzeitig beendet, hat der Pächter – mangels konkreter Vereinbarungen – keinen Anspruch auf Ersatz für Renovierungs- und Modernisierungsmaßnahmen, wenn diese Maßnahmen nach Zeitpunkt und Umfang in das Belieben des Pächters gestellt waren, damit er den Betrieb nach seinen Vorstellungen und somit im eigenen Interesse möglichst gewinnbringend führen kann (OLG München, NJWE 1996 S. 10).

Sofern in einem auf längere Zeit fest abgeschlossenen Mietvertrag vorgesehen ist, dass der Mieter **entschädigungslos Investitionen** zu erbringen hat, kann bei **vorzeitiger** Beendigung des Vertragsverhältnisses ein Bereicherungsanspruch des Mieters nur darauf beruhen, dass der Vermieter vorzeitig in den Genuss des erhöhten Ertragswerts des Mietobjekts kommt. Die Höhe dieses Anspruchs bemisst sich daher weder nach den vom Mieter aufgewendeten Kosten noch nach einer Wertsteigerung des Mietobjekts, sondern nach § 818 Abs. 2 BGB ausschließlich danach, inwieweit der Vermieter durch die Investitionen in die Lage versetzt wurde, eine höhere Miete zu erzielen oder die Leistungen des Mieters in sonstiger Weise gewinnbringend zu nutzen, z. B. durch Erlangung eines Baukostenzuschusses von dem Nachmieter (BGH, Urteil v. 25.10.2000, XII ZR 136/98, NZM 2001 S. 425). Insofern liegt eine Bereicherung des Vermieters auch dann vor, wenn eine Weitervermietung zu einer höheren Miete wegen vom Vermieter zu vertretender **Mängel** nicht möglich ist. Bei einem **Vermieterwechsel** ist nicht derjenige Bereicherungsschuldner, der im Zeitpunkt der Vornahme der Investitionen Vermieter war, sondern der neue Vermieter, der die Mietsache vorzeitig zurückerhält. Dies gilt bei einer Grundstücksveräußerung auch dann, wenn der ursprüngliche Vermieter mit Rücksicht auf die wertsteigernden Investitionen des Mieters einen höheren Veräußerungserlös erzielt hat (BGH, Urteil v. 5.10.2005, XII ZR 43/02, ZMR 2006 S. 185). Gleiches gilt bei einem Vermieterwechsel im Wege der **Zwangsversteigerung**. Auch insofern ist nicht derjenige Bereicherungsschuldner, der im Zeitpunkt der Vornahme der Investition Vermieter war, sondern der Ersteigerer, der die Mietsache (aufgrund seiner Kündigung) vorzeitig zurückerhält. Dementsprechend richtet sich der Bereicherungsanspruch gegen den Ersteigerer, da er als neuer Vermieter in den Genuss der Erhöhung des Ertragswerts kommt, weil er das Mietobjekt früher als vereinbart zurückbekommen hat (BGH, Urteil v. 16.9.2009, XII ZR 71/07, NJW-RR 2010 S. 86).

Unbeschadet dessen ist bei Mietverhältnissen über **Geschäftsraum** grundsätzlich auch die Vereinbarung eines **verlorenen Zuschusses** wirksam und zulässig (OLG München, Urteil v. 19.7.1995, 21 U 4337/93, NJWE-MietR 1996 S. 9 zu einem Zuschuss in Höhe von 200.000 DM).

Bei Modernisierungs- und Sanierungsmaßnahmen des Mieters, die der Erhaltung, Wiederherstellung oder Verbesserung des Mietobjekts dienen und somit als **Aufwendungen** zu qualifizieren sind (z. B. Erneuerung der Sanitär- oder Elektroanlagen, Austausch von Türen und Fenstern), hat der Mieter bei Beendigung des Mietverhältnisses **kein** Wegnahmerecht gemäß § 539 Abs. 2 BGB, sondern lediglich einen Aufwendungsersatzanspruch gemäß § 539 Abs. 1 BGB, da dem Vermieter insofern ein dauerndes **Besitzrecht** an den verbesserten Räumen zusteht. Eine Verletzung dieses Besitzrechts durch den Mieter ist gegeben, wenn er gegen den Willen des Vermieters den ursprünglichen Zustand wiederherstellt, z. B. weil sich die Parteien nicht über die Höhe des Aufwendungsersatzanspruchs des Mieters (§ 539 Abs. 1 BGB) einigen können. In diesem Fall kann der Vermieter **Schadenersatzan-**

sprüche geltend machen. Die Höhe seines Schadens richtet sich nach den Kosten der Wiederherstellung des verbesserten Zustands unter Berücksichtigung eines Abzugs „neu für alt". In der Regel mindert sich der Schadenersatzanspruch des Vermieters um den Betrag, den er als Entschädigung für die Aufwendungen an den Mieter hätte zahlen müssen (KG Berlin, Urteil v. 19.1.2006, 8 U 22/05, GuT 2006 S. 315). Sind die Aufwendungen des Mieters dagegen als **„Einrichtungen"** (§ 539 Abs. 2 BGB) zu qualifizieren, z.B. weil bestimmte Gegenstände nur für eine **vorübergehende** Zeit in die Mietsache eingebracht oder eingebaut worden sind, steht dem Mieter ein **Wegnahmerecht** zu.

Wird die Mietsache während der Mietzeit veräußert, kann der Mieter Aufwendungsersatzansprüche nur gegenüber dem Verkäufer geltend machen (KG Berlin, a.a.O.).

Ist der ursprüngliche Vermieter verstorben, darf der Rechtsnachfolger erwarten, dass der Mieter zeitnah zu dessen Kenntnis von der Rechtsnachfolge seine Ansprüche geltend macht. Wer es als Mieter in Kenntnis des Eintritts der Rechtsnachfolge mehr als 4 Jahre unterlässt, gegen den Vermieter seine angeblichen Aufwendungsansprüche geltend zu machen, hat seine Ansprüche verwirkt. In diesem Fall ist nicht nur das Zeitmoment, sondern auch das Umstandsmoment der Verwirkung erfüllt (LG Kiel, Urteil v. 6.6.2008, 8 S 70/07, ZMR 2009 S. 209).

Zur Verpflichtung des Wohnungsmieters, bei Beendigung des Mietverhältnisses bauliche Veränderungen, die er als Bürger der ehemaligen DDR vorgenommen hat, rückgängig zu machen sowie zum Verwendungsersatzanspruch dieses Mieters vgl. LG Potsdam, Urteil v. 7.8.1997, 31 S 492/96, WuM 1997 S. 621.

3 Vereinbarungen über bauliche Änderungen

Ist der Vermieter mit den beabsichtigten Maßnahmen des Mieters einverstanden, ist dringend anzuraten, eine aus Beweisgründen möglichst schriftlich abzufassende und von den Parteien zu unterzeichnende **Vereinbarung** zu schließen.

Sie sollte als **Mindestinhalt** Folgendes enthalten:

- die Bezeichnung und genaue Beschreibung der beabsichtigten Maßnahmen,
- eine Regelung über die Kostentragung sowie über das Risiko
- und die Gefahren der Ausführung, die Verpflichtung zur Einholung anderweitiger Genehmigungen sowie Regelungen für den Fall der Beendigung des Mietverhältnisses.

Hier ist insbesondere zu regeln, ob der Mieter zur Herstellung des ursprünglichen Zustands oder der Vermieter zur Zahlung einer Ablösesumme in Höhe des Zeitwerts verpflichtet sein soll, wobei auch dessen Ermittlung (durch Sachverständigengutachten oder Festlegung bestimmter Abschreibungssätze, z.B. 10 % pro Jahr) festgelegt werden sollte.

Die vom Bundesjustizministerium herausgegebene Mustervereinbarung über Mietermodernisierung kann insofern als Orientierungshilfe dienen, sollte aber entsprechend den Umständen des konkreten Falls ergänzt bzw. abgeändert werden. Dabei sind im Einzelfall, z.B. bei beabsichtigten Eigenleistungen des Mieters, auch Vereinbarungen über die Haftung des Mieters für Schäden und Schadensfolgen sowie über den Abschluss entsprechender Versicherungen durchaus ratsam.

Zur Vermeidung von Schäden ist der Mieter insbesondere verpflichtet, sich die entsprechenden technischen Kenntnisse anzueignen; anderenfalls läuft der Mieter Gefahr, Schadenersatz leisten zu müssen bzw. von einer Versicherung (z.B. der Feuerversicherung) in Regress genommen zu werden (OLG Hamm, Urteil v. 10.3.1992, 7 U 148/91, NJW-RR 1992 S. 906).

Kommt der Mieter bei Beendigung des Mietverhältnisses seiner Verpflichtung zum Rückbau bzw. zur Herstellung des ursprünglichen Zustands nicht oder nur unzureichend nach, ist es empfehlenswert, dem Mieter schriftlich eine **angemessene Frist** zu setzen und ihm genau mitzuteilen, in welchen Räumen welche Arbeiten durchzuführen sind. Ferner sollte der Vermieter den Mieter darüber informieren, dass er nach ergebnislosem Fristablauf statt der Leistung **Schadenersatz** in Höhe der Kosten einfordern wird, die ihm ein Dritter, z.B. ein Handwerksbetrieb, für die Durchführung der vom Mieter geschuldeten Leistungen in Rechnung stellt (vgl. §§ 280, 281 BGB).

Eine Fristsetzung ist **entbehrlich**, wenn der Mieter die Durchführung der Rückbauarbeiten **ernsthaft und endgültig** verweigert. Dies ist z.B. der Fall, wenn der Mieter nach Erhalt einer Aufforderung, einen konkret beschriebenen vertragswidrigen Zustand zu beseitigen, erklärt, er habe seine Rückbauverpflichtung ordnungsgemäß erfüllt und weitere Ansprüche des Vermieters würden nicht bestehen (KG Berlin, Urteil v. 28.12.2006, 12 U 80/06).

Ein Schadenersatzanspruch des Vermieters kann allerdings entfallen, wenn der Vermieter die Herstellung des ursprünglichen Zustands nicht ernsthaft wollte. Hat der Mieter z.B. die vorhandene Küchenzeile ausgebaut, im Keller gelagert und baut der Vermieter bei Beendigung des Mietverhältnisses nach langer Zeit anstelle dieser inzwischen völlig veralteten Küchenzeile eine neue Küche ein, kann es an dem ernsthaften Willen des Vermieters zum Einbau der alten Küche und damit an einem vom Mieter zu ersetzenden Schaden fehlen (LG Hamburg, Urteil v. 21.4.2011, 333 S 28/10 ZMR 2011 S. 878).

Kommt der Mieter bei Vertragsende mit der Wiederherstellung des ursprünglichen Zustands in **Verzug** und können die Räume deshalb nicht anderweitig vermietet werden, hat der Mieter auch für den entstehenden Mietausfall **Schadenersatz** zu leisten (OLG Frankfurt/M., Urteil v. 11.5.1992, 12 U 172/91, DWW 1992 S. 336).

Wirksam ist eine vertragliche Regelung, wonach die Um- bzw. Einbauten entschädigungslos zurückzulassen sind, da nur bezüglich **Einrichtungen** des Mieters (vgl. § 552 Abs. 2 BGB) ein Ausgleich vorgeschrieben ist.

Bauliche Veränderungen durch den Vermieter → „Modernisierung", „Instandhaltung und Instandsetzung der Mieträume"

Beendigung des Mietverhältnisses

Die bedeutsamsten Fälle der Beendigung eines Mietverhältnisses sind die folgenden drei: **Zeitablauf** (§ 575 Abs. 1 BGB), **Kündigung** (§§ 573 ff. BGB; vgl. „Kündigung") und **Mietaufhebungsvertrag** (vgl. „Mietaufhebungsvertrag").

Weiterhin kann ein Mietverhältnis beendet werden durch Eintritt einer auflösenden Bedingung (§ 158 Abs. 2 BGB; nicht aber bei Wohnraum, vgl. § 572 Abs. 2 BGB), Rücktritt (nicht aber bei Wohnraum, vgl. § 572 Abs. 1 BGB), nicht zu vertretende Unmöglichkeit der Gebrauchsgewährung, Anfechtung (§ 142 BGB; vgl. „Anfechtung des Mietvertrags") und durch Verwaltungsakt (§§ 182, 61, 86 BauGB).

Befristeter Mietvertrag → „Zeitmietvertrag"
Belästigungen → „Störung des Hausfriedens"
Belegungsbindung → „Sozialwohnung"
Berechtigtes Interesse → „Kündigungsschutz", Abschnitt 2 „Kündigungsgründe"

Berliner Modell → „Zwangsräumung“
Berufsausübung → „Gewerbliche Nutzung von Wohnräumen“
Beschädigung → „Verschlechterung der Mietsache“

Besuchsempfang

Der Mieter ist berechtigt, Besuche zu jeder Zeit und in beliebiger Anzahl zu empfangen, soweit damit keine Störung des Hausfriedens oder die vertragswidrige Benutzung der Wohnung (z. B. Prostitution in der Wohnung) verbunden ist.

Die Frage, **bis zu welcher Dauer** noch von einem Besuch gesprochen werden kann und ab wann eine Gebrauchsüberlassung vorliegt, ist ausschließlich anhand der konkreten Umstände des **Einzelfalls** zu beantworten (vgl. dazu AG Frankfurt/M., Urteil v. 12.1.1995, Hö 3 C 5170/94, 3 C 5170/94, WuM 1995 S. 396, wonach jedenfalls ein Zeitraum von 3 Monaten die normale Besuchsdauer überschreitet; s. auch „Kündigung“, Abschnitt 2.1 „Kündigungsgründe (§ 573 BGB)“). Behauptet der Mieter, bei der aufgenommenen Person handle es sich um einen Besucher, obliegt der in der Praxis schwer zu führende Beweis des Gegenteils dem Vermieter.

Ein genereller vertraglicher **Ausschluss** des Rechts des Mieters, Besuch zu empfangen, würde formularvertraglich gegen die **§§ 305 ff. BGB** und auch einzelvertraglich gegen § 138 Abs. 1 BGB **verstoßen**, da die Wohnung grundgesetzlich geschützt ist (vgl. Art. 13 GG).

Das Betreten des Hauses kann der Vermieter bestimmten Besuchern nur untersagen, wenn schwerwiegende Gründe vorliegen, z. B. wenn diese laufend Streitigkeiten oder Ruhestörungen verursachen. Dementsprechend ist auch das mietvertragliche Verbot, bestimmte Personen aus der Verwandtschaft des Mieters als Besucher in der Mietwohnung zu empfangen, nur wirksam, wenn solche schwerwiegenden Gründe im Einzelfall vorliegen (LG Hagen, Urteil v. 11.5.1992, 10 S 104/92, WuM 1992 S. 430).

Betreten und Besichtigen der Mieträume

Der Vermieter kann vom Mieter nach § 809 BGB verlangen, dass dieser ihm das Betreten und Besichtigen der Mieträume gestattet, wenn der Vermieter einen Anspruch in Ansehung der Mietsache hat oder sich Gewissheit verschaffen will, ob ihm ein solcher Anspruch zusteht und die Besichtigung der Räume aus diesem Grund von Interesse ist (z. B. Prüfung von Schadenersatzansprüchen bei Beschädigung der Mietsache durch den Mieter).

Im Übrigen bestehen **keine konkreten gesetzlichen Regelungen** über ein Betretungs- und Besichtigungsrecht des Vermieters. Soweit auch keine **vertraglichen** Vereinbarungen getroffen wurden, gesteht die Rechtsprechung dem Vermieter ein Besichtigungs- und Betretungsrecht unter Hinweis auf das dem Mieter in den gemieteten Räumen zustehende Hausrecht **nur in engen Grenzen** zu. Der Vermieter darf die Räume betreten, wenn dies notwendig ist, damit er seiner Verpflichtung zur Erhaltung eines vertragsgemäßen Gebrauchs (§ 535 BGB) nachkommen kann (z. B. Prüfung, Reparatur, Wartung der Mietsache) oder wenn das Betreten der Wohnung für die Wahrung seiner Rechte erforderlich ist, z. B. Aufmaß zum Zweck einer Mieterhöhung, Besichtigung durch Kauf- oder Mietinteressenten nach Kündigung, Ablesen von Messeinrichtungen, Prüfung, ob vertraglich vereinbarte Schönheitsreparaturen ordnungsgemäß durchgeführt wurden (Bub/Treier, Handbuch der Geschäfts- und Wohnraummiete, 3. Aufl., III Rn. 1127), Überprüfen des **vertragsgerechten Mietgebrauchs**, z. B. wenn der begründete Verdacht einer unzulässigen Tierhaltung in der Mietwohnung besteht (AG Rheine, Urteil v. 4.3.2003, 4 C 668/02, WuM 2003 S. 315).

Der Mieter ist auch verpflichtet, das Betreten der Wohnung durch den Vermieter und einen Mitarbeiter der zuständigen Stelle zu dulden, um eine Bauprüfung zur Erteilung der Abgeschlossenheit durchzuführen (LG Hamburg, Urteil v. 11.11.1993, 307 S 349/93, WuM 1994 S. 425).

Zur Prüfung der Erforderlichkeit oder der Durchführung einer anstehenden **Instandhaltungsmaßnahme** darf der Vermieter die Wohnung auch **mit Fachleuten** betreten, soweit und sooft dies erforderlich ist. Entsprechendes gilt im Fall eines **Verkaufs** bzw. der **Weitervermietung** nach einer Kündigung.

Nach einer Mängelanzeige durch den Mieter hat der Vermieter das Recht, sich den angeblichen Mangel persönlich anzusehen, um zu entscheiden, ob und wie eine Mangelbeseitigung erfolgen soll. Verweigert der Mieter unberechtigt die Besichtigung, verliert er sein Minderungsrecht. Nach einer generellen Verweigerung einer Besichtigung durch den Vermieter muss der Mieter zur Erhaltung seines Minderungsrechts klar zu erkennen geben, dass er nunmehr eine persönliche Besichtigung durch den Vermieter ermöglicht (LG Berlin, Urteil v. 15.10.2013, 63 S 626/12, GE 2014 S. 193).

Vor Besichtigung der Mietwohnung durch Handwerker muss der Vermieter dem Mieter **kein** „annahmefähiges Angebot zur Mängelbeseitigung“ unterbreiten, da die erforderlichen Maßnahmen in der Regel erst durch einen Fachmann vor Ort festgestellt werden können. Solange der Mieter die Besichtigung verweigert, ist sein Mängelbeseitigungsanspruch nicht durchsetzbar (AG Pinneberg, Urteil v. 19.10.2006, 72 C 42/06, ZMR 2007 S. 459). Ferner kann der Mieter seinen Anspruch auf Mängelbeseitigung verwirken, wenn er Handwerkern wiederholt den Zutritt zur Wohnung verweigert. Ein Anspruch auf Beseitigung des Mangels steht dem Mieter dann nicht mehr zu (AG Münster, Urteil v. 12.6.2007, 3 C 4552/06, NZM 2008 S. 481).

Dagegen kann es nicht als Verweigerung des Zutritts und Vereitelung von Mängelbeseitigungsmaßnahmen gewertet werden, wenn der Vermieter den Mieter nach Auftreten eines Mangels (z. B. Schimmelpilzbefall) auffordert, eine Untersuchung durch eine Fachfirma zu dulden und der Mieter hierauf lediglich schweigt (LG Hamburg, Urteil v. 31.1.2008, 307 S 144/07, ZMR 2008 S. 456).

Bei Vorliegen von Mängeln muss der Vermieter dem Mieter die Mängelbeseitigung tatsächlich anbieten, d.h., von sich aus Termine benennen. Der Vermieter kann sich nicht darauf berufen, der Mieter habe die Beseitigung der Mängel verhindert, weil er keine Termine genannt hat (LG Berlin, Urteil v. 24.11.2009, 63 S 55/09, GE 2010 S. 127).

Soll die Wohnung verkauft und vor dem Verkauf renoviert werden, ist der Mieter berechtigt, sich von den Personen, die deswegen die Wohnung betreten wollen, den Ausweis vorzeigen zu lassen und deren Namen zu notieren (AG München, Urteil v. 17.6.1993, 461 C 2972/93, WuM 1994 S. 425).

Bei bestehender Verkaufsabsicht des Vermieters ist der Mieter verpflichtet, die Besichtigung seiner Wohnung durch Kaufinteressenten auch dann zu gestatten, wenn einer der Miteigentümer der Wohnung die Veräußerung grundsätzlich ablehnt (AG Steinfurt, Urteil v. 10.4.2014, 21 C 987/13, WuM 2014 S. 405).

Bei Vorstellung von **Kaufinteressenten** muss der Mieter die Wohnung grundsätzlich einmal wöchentlich zur Besichtigung freigeben (LG Kiel, Urteil v. 1.6.1992, 1 S 26/91, WuM 1993 S. 52). Bei den Besichtigungsterminen ist auch auf die **Berufstätigkeit** des Mieters Rücksicht zu nehmen. Insofern sind Besichtigungen werktags zwischen 19 und 20 Uhr, dreimal monatlich nach einer Ankündigungsfrist von 3 Tagen und einer Besichtigungsdauer von jedenfalls 30 bis 45 Minuten zumutbar (LG Frankfurt/M., Urteil v. 24.5.2002, 2/17 S 194/01, NZM 2002 S. 696).

Der Vermieter muss zwar bei der Terminwahl Rücksicht auf die persönlichen Umstände des

Mieters (z.B. Krankheit) nehmen. Bei längerer Erkrankung muss der Mieter jedoch ggf. eine Vertrauensperson bestellen. Er ist nicht berechtigt, dem Vermieter aus diesem Grund die Besichtigung während einer längeren Krankheitsdauer zu verweigern (AG Frankfurt, Urteil v. 11.9.2008, 33 C 1753/08, ZMR 2009 S. 45).

Der Vermieter kann grundsätzlich auch frei entscheiden, wen er mit der Besichtigung beauftragt und kann auch den Ehepartner als **Begleitperson** bestimmen (LG Frankfurt/M., a.a.O.).

Fotografien der Wohnung darf der Vermieter ohne Zustimmung des Mieters nur anfertigen, wenn dies zur Beseitigung von Schäden oder zur Beweissicherung erforderlich ist (Schmidt-Futterer, § 535 Rn. 186). Im Übrigen ist der Vermieter nach Auffassung des AG Frankfurt/M. (Urteil v. 16.1.1998, 33 C 2515/97 – 67, 33 C 2515/97, WuM 1998 S. 343) ohne Erlaubnis des Mieters nicht berechtigt, in der Wohnung **zu fotografieren**, um deren Zustand festzuhalten (so auch AG Düsseldorf, Urteil v. 24.6.1998, 25 C 4068/98, NZM 1998 S. 912, wonach die Fotos einem Beweisverwertungsverbot unterliegen).

Der Vermieter hat auch keinen Anspruch darauf, nach der Kündigung des Mietvertrags die noch bewohnte Wohnung zum Zwecke des **Anfertigens von Fotos** zu betreten und zu besichtigen. Das Anfertigen von Lichtbildern der noch bewohnten Mieträume, die der Vermieter bzw. Makler dann einer unbestimmten Vielzahl unbekannter Dritter zugänglich machen will, stellt einen erheblichen Eingriff in die grundrechtlich geschützte Privatsphäre des Mieters dar, den dieser nicht hinnehmen muss (LG Frankenthal, Urteil v. 30.9.2009, 2 S 218/09, WuM 2012 S. 141).

Daher ist der Mieter auch nicht verpflichtet, die Fertigung von Lichtbildern der Innenräume seiner Wohnung zwecks Verwendung für Kaufangebote im Internet zu dulden (AG Steinfurt, a.a.O.).

Ohne Vorliegen eines konkreten Anlasses kann dem Vermieter nach der Rechtsprechung des BGH – entgegen einer von Teilen der Instanzrechtsprechung vertretenen Auffassung (so z.B. LG Stuttgart, ZMR 1985 S. 273; LG Frankfurt/M., Urteil v. 17.12.2012, 2-11 S. 146/12) – nicht das Recht zugebilligt werden, die Mietsache auch ohne besonderen Anlass in einem regelmäßigen zeitlichen Abstand von 1 bis 2 Jahren zu besichtigen. Dementsprechend ist auch eine Formularklausel, die dem Vermieter ein Betretungs- und Besichtigungsrecht ganz allgemein „zur Überprüfung des Wohnungszustands" und entsprechend ein **anlassloses** Betretungsrecht zubilligt, wegen unangemessener Benachteiligung des Mieters (§ 307 Abs. 1 S. 1 BGB) **unwirksam** (BGH, Urteil v. 4.6.2014, VIII ZR 289/13).

Bei **Altbauten** ist eine Inspektion pro Jahr angemessen, da es auch im Interesse des Mieters ist, wenn der Vermieter die Bausubstanz überprüft, um versteckte Mängel zu entdecken, während sich die Anzeigepflicht des Mieters (s. „Anzeigepflicht") nur auf offensichtliche Schäden bezieht (AG Saarbrücken, Urteil v. 22.12.2004, 4 C 365/04, ZMR 2005 S. 372).

Nach Auffassung des LG München II ist eine mietvertragliche Klausel, nach der es dem Vermieter gestattet ist, die Mietwohnung zur Prüfung ihres Zustands in angemessenen Abständen und nach rechtzeitiger Ankündigung zu näher genannten Uhrzeiten an bestimmten Tagen zu betreten, unwirksam (LG München II, Beschluss v. 21.7.2008, 12 S 1118/08, ZMR 2009 S. 371). Dies kann aber nur bedeuten, dass der Vermieter ohne besonderen Anlass zur Wohnungsbesichtigung nicht bereits aufgrund einer Besichtigungsklausel berechtigt ist. Unabhängig von der Wirksamkeit einer vertraglichen Klausel muss es dem Vermieter entsprechend seiner im Abstand von 2 Jahren bestehenden Prüfungs- und Untersuchungspflicht möglich sein, die Wohnung anlassfrei zu besichtigen; anderenfalls könnte der Vermieter der ihm obliegenden Verkehrssicherungspflicht nicht nachkommen (AG Münster, Urteil v. 18.12.2008, 6 C 4949/08, WuM 2009 S. 288; Palandt, BGB 67. Aufl., § 535 Rn. 82).

Der Vermieter ist auch zur **schonenden Ausübung** seines Besichtigungsrechts verpflichtet. Daher muss er verschiedene ihm bekannte Gründe für eine Besichtigung (z.B. Durchführung mehrerer Instandsetzungsmaßnahmen) nach Möglichkeit von Besichtigungsgründen in kurzer Folge zum Gegenstand immer neuer Besichtigungsbegehren machen (AG Hamburg, Urteil v. 23.2.2006, 49 C 513/05, WuM 2007 S. 211).

Abweichend von diesen allgemeinen Grundsätzen kann ein Besichtigungs- und Betretungsrecht des Vermieters vertraglich, insbesondere hinsichtlich der Voraussetzungen und der Betretungszeiten, geregelt werden. **Formular**vertragliche Regelungen können jedoch von den dargelegten Grundsätzen nur unwesentlich zulasten des Mieters abweichen, da sie ansonsten eine „unangemessene Benachteiligung" des Mieters i.S.v. **§ 307 BGB** darstellen können und danach unwirksam sind (s. „Allgemeine Geschäftsbedingungen"). Unwirksam wäre z.B. die formularmäßige Vereinbarung eines laufenden Besichtigungsrechts ohne konkreten Anlass in kurzen Zeitabständen oder zu unüblichen Zeiten sowie an Sonn- und Feiertagen und zwischen 18 und 10 Uhr. Die Vereinbarung eines jederzeitigen Betretungsrechts des Vermieters wäre auch individualvertraglich wegen Verstoßes gegen Art. 13 Abs. 1 GG (Unverletzlichkeit der Wohnung) unwirksam (vgl. BVerfG, Beschluss v. 26.5.1993, 1 BvR 208/93, WuM 1993 S. 377). Soweit wirksame Regelungen bestehen, richtet sich das Besichtigungs- und Betretungsrecht des Vermieters ausschließlich nach deren Inhalt.

> Soweit nach diesen Ausführungen ein Besichtigungs- und Betretungsrecht des Vermieters besteht, bedarf es zur Durchführung trotzdem grundsätzlich der **Terminabsprache** mit dem Mieter, wobei auf wichtige Belange des Mieters Rücksicht zu nehmen ist (LG Göttingen, WuM 1982 S. 279). Jedoch ist der Mieter nicht berechtigt, den Zutritt des Vermieters zusammen mit anderen Personen (z.B. Kaufinteressenten, Handwerkern) davon abhängig zu machen, dass ihm Name und Anschrift dieser Personen mitgeteilt werden (LG Stuttgart, Urteil v. 24.4.1991, 13 S 130/91, WuM 1991 S. 578; LG Trier, Beschluss v. 19.10.1992, 6 T 77/92, WuM 1993 S. 185).

Eine Besichtigung muss dem Mieter angemessene Zeit vorher **angekündigt** werden. Strittig ist, welcher Zeitraum **angemessen** ist (s. hierzu AG Stuttgart, Urteil v. 26.10.2009, 33 C 3806/09, WuM 2009 S. 732 mit Verweis auf Sternel, Mietrecht aktuell, 4. Aufl. 2009, VII Rn. 187, 193: mindestens 4 Tage bis eine Woche; AG Köln, WuM 1986 S. 86 und AG Aachen, WuM 1986 S. 87: mindestens 24 Stunden). Kürzere Ankündigungsfristen in Mietverträgen sind unwirksam. Nicht zu beanstanden ist nach Auffassung des AG Stuttgart (a.a.O.), wenn der Mieter Besichtigungstermine nur einmal pro Woche mit einer Dauer von 45 Minuten dulden will.

Nach Auffassung des AG Berlin steht dem Vermieter auch ohne vertragliche Vereinbarung ein Besichtigungsrecht an Werktagen zwischen 10 und 13 Uhr oder zwischen 15 und 18 Uhr nach vorheriger schriftlicher Ankündigung (7 Tage vor dem Termin) zu, wenn er sich ein Bild vom Zustand der Wohnung wegen geplanter Modernisierungsmaßnahmen verschaffen will (AG Berlin, Urteil v. 29.3.2010, 16 C 59/09, GE 2010 S. 1425).

Die Mitteilung des Besichtigungstermins an den Mieter sollte mit der Aufforderung verbunden werden, von sich aus einen anderen Termin zu benennen, wenn der vorgeschlagene Termin aus wichtigen Gründen nicht wahrgenommen werden kann.

Die dem Mieter eingeräumte Möglichkeit, ihm genehme Besichtigungstermine zu benennen, verpflichtet den Mieter zu einer Reaktion. Verweigert der Mieter jedwede Besichtigung und erteilt dem Vermieter auch noch Hausverbot, rechtfertigt dies die ordentliche Kündigung des Mietvertrags durch den Vermieter. Dabei kann der Vermieter nicht darauf verwiesen werden, Klage auf Zutritt zu erheben, um einen Duldungstitel zu erstreiten (LG Oldenburg, Urteil v. 3.8.2012, 6 S 75/12, ZMR 2012 S. 956).

Bietet der Mieter einen **Samstag** als Besichtigungstermin an, kann der Vermieter diesen nicht allein deshalb ablehnen, weil er den Hausverwalter zu diesem Termin hinzuziehen möchte, da auch der Samstag weiterhin zu den Werktagen zählt (AG Köln, Urteil v. 27.9.2000, 207 C 213/00, NZM 2001 S. 41).

Gleiches gilt umgekehrt für den Mieter: Ist dem Vermieter im Wohnungsmietvertrag ein Besichtigungsrecht „während der üblichen Tageszeiten werktags bis 19 Uhr“ eingeräumt worden, ist eine Besichtigung – weil der Samstag ein Werktag ist – auch am Samstag zwischen 11 und 12 Uhr gerechtfertigt. Das Interesse der Mieter an einem erlebnisreichen Samstag muss hinter dem Interesse der u. U. weit angereisten Vermieter an einer möglichst geringen Beeinträchtigung ihrer beruflichen Tätigkeit und ihres Privatlebens zurücktreten (OLG Frankfurt/M., Urteil v. 26.6.2009, 24 U 242/08, WuM 2011 S. 95).

Nur im **Ausnahmefall** bedarf es keiner Terminabsprache, wenn zur Abwehr einer konkreten Gefahr die Mieträume zur Feststellung oder Durchführung unaufschiebbarer Maßnahmen betreten werden müssen (z. B. bei einem Wasserrohrbruch).

Zur **Gefahrenabwehr** kann das Betreten einer Wohnung durch die zuständige Ordnungsbehörde angeordnet werden, wenn z. B. aufgrund Vermüllung mit Essensresten und Abfällen der hinreichende Verdacht besteht, dass das Auftreten übertragbarer Krankheiten nicht ausgeschlossen werden kann (§ 16 Infektionsschutzgesetz). Eine Verletzung von Art. 13 GG (Unverletzlichkeit der Wohnung) ist dabei nicht gegeben. Insofern handelt es sich nicht um eine „Durchsuchung“, da nicht unbekannte Dinge, sondern vielmehr das Vorliegen von gesundheitlichen Gefahren erforscht werden sollen (OVG Münster, Beschluss v. 4.11.2008, 13 E 1290/08).

Verletzt der Vermieter das Hausrecht des Mieters, z. B. weil er sich trotz einer berechtigten Aufforderung des Mieters, die Wohnung zu verlassen, nicht aus der Wohnung entfernt, liegt für den Vermieter kein Grund zur fristlosen Kündigung des Mietverhältnisses vor, wenn der Mieter den Vermieter daraufhin mit sanfter Gewalt aus der Wohnung drängt, ihn z. B. mit den Armen umfasst und aus der Wohnung trägt (BGH, Urteil v. 4.6.2014, VIII ZR 289/13).

Der Vermieter hat auch im Fall eines Betretungsrechts keinen Rechtsanspruch auf Aushändigung der **Wohnungsschlüssel** durch den Mieter, jedoch ist der Mieter bei persönlicher Verhinderung verpflichtet, trotzdem den Zugang zur Wohnung zu gewährleisten, indem er z. B. den Schlüssel einer Person seines Vertrauens aushändigt, die dem Vermieter zum vereinbarten Termin Zutritt zur Wohnung ermöglicht.

Verweigert der Mieter grundlos das Betreten der Wohnung, darf der Vermieter die Wohnung weder mit einem Nachschlüssel noch mit Gewalt öffnen, da er sich damit dem Vorwurf der verbotenen Eigenmacht (§ 858 BGB) und des Hausfriedensbruchs (§ 123 StGB) aussetzen könnte. Vielmehr ist der Vermieter darauf angewiesen, **Klage auf Zutritt** vor dem zuständigen Amtsgericht zu erheben, wobei in eilbedürftigen Fällen das Betretungsrecht auf dem Wege einer **einstweiligen Verfügung** durchgesetzt werden kann. Dies setzt allerdings voraus, dass der Vermieter so **dringend** auf die Besichtigung der Wohnung angewiesen ist, dass die Erwirkung des Titels im ordentlichen Verfahren nicht abgewartet werden kann. Mängelrügen und die Behauptung des Mieters, er sei deshalb berechtigt, die Miete zu mindern, können eine solche Dringlichkeit nicht begründen (LG Duisburg, Beschluss v. 11.8.2006, 13 T 81/06, WuM 2006 S. 700). Die Verweigerung des Zutritts berechtigt den Vermieter grundsätzlich **nicht** zur sofortigen Kündigung des Mietverhältnisses (LG Berlin, Urteil v. 31.3.2000, 64 S 534/99, NZM 2001 S. 40; BVerfG, Beschluss v. 16.1.2004, 1 BvR 2285/03, WuM 2004 S. 80). Wurde der Mieter jedoch wegen der unberechtigten Verweigerung des Zutritts bereits abgemahnt und verweigert er daraufhin dennoch den Zutritt an einem weiteren ihm mitgeteilten und zumutbaren Termin, kann der Vermieter zur Kündigung des Mietverhältnisses berechtigt sein (LG Berlin, Urteil v. 18.4.2011, 67 S 502/10).

Verweigert der Mieter dem (gerichtlich bestellten) Sachverständigen mehrfach den Zutritt zu der zu begutachtenden Mietsache, kann das Gericht wegen dieser Beweisvereitelung die vom Vermieter aufgestellte Beweisbehauptung (hier: zur Miethöhe) als zutreffend unterstellen (LG Berlin, Urteil v. 3.8.2012, 63 S 359/10, ZMR 2014 S. 447).

Gleiches gilt, wenn der Mieter z.B. die Richtigkeit der in die Heizkostenabrechnung eingestellten Verbrauchswerte bestreitet, aber dem vom Gericht bestellten Sachverständigen an sämtlichen Terminen keinen Zutritt zur Wohnung gewährt. In diesem Fall ist wegen Beweisvereitelung von der Richtigkeit der Messergebnisse auszugehen (LG Berlin, Urteil v. 5.6.2014, 67 S 449/12, GE 2014 S. 1199).

Die unberechtigte Verweigerung des Zutritts durch den Mieter verpflichtet diesen zum **Ersatz des** dadurch entstandenen **Schadens** (z.B. der Mehrkosten für die nochmalige An- und Abfahrt des Handwerkers; AG München, Urteil v. 17.6.1993, 461 C 2972/93, WuM 1994 S. 425). Der unberechtigten Verweigerung des Zutritts kommt es gleich, wenn der Mieter den Zutritt von unzumutbaren Bedingungen abhängig macht, z.B. verlangt, dass die Schuhe vor dem Betreten der Wohnung ausgezogen werden müssen (AG München, a.a.O.).

Ferner ist der Mieter zum Ersatz des **Mietausfalls** verpflichtet, wenn er nach Kündigung der Wohnung die Besichtigung durch Mietinteressenten verhindert, z.B. dadurch, dass er vor Ende des Mietverhältnisses auszieht und für den Vermieter nicht mehr erreichbar ist (AG Wedding, Urteil v. 20.5.1997, 11 C 211/96, GE 1997 S. 749).

Der Mieter ist auch nicht berechtigt, Kaufinteressenten der Wohnung ungefragt seine Vermutungen zum Zustand des Gebäudes und der Mietsache mitzuteilen und das Kaufobjekt in unsachlicher Weise schlechtzumachen. Dies stellt eine eklatante Vertragsverletzung dar und kann den Vermieter insbesondere beim Hinzutreten weiterer Umstände zur fristlosen Kündigung nach § 543 BGB berechtigen (LG Hannover, Urteil v. 2.6.1995, 9 S 199/94, WuM 1995 S. 538).

Betrieblicher Wohnraumbedarf → „Kündigungsschutz", Abschnitt 2.5.1 „Kündigung im Zweifamilienhaus (§ 573 a BGB)"

Betriebskosten

Inhaltsübersicht

		Seite
1	**Definition und Umlage auf den Mieter**	151
2	**Die Betriebskostenarten nach § 2 BetrKV – Betriebskostenkatalog**	161
2.1	Die laufenden öffentlichen Lasten des Grundstücks (Nr. 1)	161
2.2	Die Kosten der Wasserversorgung (Nr. 2)	162
2.2.1	Die Kosten des Wasserverbrauchs	162
2.2.2	Die Grundgebühren	162
2.2.3	Die Kosten der Anmietung	162
2.2.4	Kosten des Betriebs der hauseigenen Wasserversorgungsanlage	162
2.2.5	Die Kosten einer Aufbereitungsanlage einschließlich der Aufbereitungsstoffe	162
2.3	Die Kosten der Entwässerung (Nr. 3)	163
2.3.1	Die Kosten für die Haus- und Grundstücksentwässerung	163
2.3.2	Die Kosten des Betriebs einer entsprechenden nichtöffentlichen Anlage	163
2.3.3	Die Kosten des Betriebs einer Entwässerungspumpe	163
2.4	Die Kosten der Heizung (Nr. 4)	164
2.4.1	Die Kosten des Betriebs der zentralen Heizungsanlage einschließlich der Abgasanlage	164
2.4.1.1	Die Kosten der verbrauchten Brennstoffe und ihrer Lieferung	164
2.4.1.2	Die Kosten des Betriebsstroms	165

2.4.1.3 Die Kosten der Bedienung, Überwachung und Pflege der Anlage 165
2.4.1.4 Die Kosten der regelmäßigen Prüfung der Betriebsbereitschaft und Betriebssicherheit der Anlage einschließlich der Einstellung durch eine Fachkraft 165
2.4.1.5 Die Kosten der Reinigung der Anlage und des Betriebsraums 166
2.4.1.6 Die Kosten für Messungen nach Bundesimmissionsschutzgesetz 167
2.4.1.7 Die Kosten einer Ausstattung zur Verbrauchserfassung 167
2.4.1.8 Die Kosten der Berechnung und Aufteilung 168
2.4.2 Kosten des Betriebs der zentralen Brennstoffversorgungsanlage 169
2.4.3 Kosten der eigenständig gewerblichen Lieferung von Wärme (auch aus Anlagen i. S. v. Nr. 4a, s. Abschnitt 2.4.1) 169
2.4.4 Die Kosten der Reinigung und Wartung von Etagenheizungen und Gaseinzelfeuerstätten 170
2.5 Die Kosten der Warmwasserversorgung (Nr. 5) 171
2.5.1 Kosten des Betriebs der zentralen Warmwasserversorgungsanlage 171
2.5.2 Kosten der eigenständig gewerblichen Lieferung von Warmwasser 171
2.5.3 Kosten der Reinigung und Wartung von Warmwassergeräten 171
2.6 Die Kosten verbundener Heizungs- und Warmwasserversorgungsanlagen (Nr. 6) 172
2.7 Die Kosten des Betriebs des Personen- oder Lastenaufzugs (Nr. 7) 172
2.8 Die Kosten der Straßenreinigung und Müllbeseitigung (Nr. 8) 173
2.9 Die Kosten der Gebäudereinigung und Ungezieferbekämpfung (Nr. 9) 175
2.10 Die Kosten der Gartenpflege (Nr. 10) 176
2.11 Die Kosten der Beleuchtung (Nr. 11) 179
2.12 Die Kosten der Schornsteinreinigung (Nr. 12) 179
2.13 Die Kosten der Sach- und Haftpflichtversicherung (Nr. 13) 180
2.14 Die Kosten für den Hauswart (Nr. 14) 183
2.15 Die Kosten des Betriebs der Gemeinschaftsantennenanlage (Nr. 15a) oder des Betriebs der mit einem Breitbandnetz verbundenen privaten Verteilanlage (Nr. 15b) 186
2.15.1 Kosten des Betriebs der Gemeinschaftsantennenanlage 186
2.15.2 Kosten des Betriebs der mit einem Breitbandnetz verbundenen privaten Verteilanlage 186
2.16 Die Kosten des Betriebs der Einrichtungen für die Wäschepflege (Nr. 16) 187
2.17 Sonstige Betriebskosten (Nr. 17) 188

1 Definition und Umlage auf den Mieter

Zu den Betriebskosten gehören die Kosten, die **dem Eigentümer** (oder dem Erbbauberechtigten) durch das Eigentum (oder das Erbbaurecht) am Grundstück oder durch den bestimmungsgemäßen Gebrauch des Gebäudes, der Nebengebäude, der Anlagen, der Einrichtungen sowie des Grundstücks **laufend** entstehen (§ 1 Abs. 1 Betriebskostenverordnung (BetrKV) v. 25.11.2003, BGBl I S. 2347)

Nicht zu den Betriebskosten zählen:

- **Verwaltungskosten**, d.h. die Kosten der zur Verwaltung des Gebäudes erforderlichen Arbeitskräfte und Einrichtungen, die Kosten der Aufsicht, der Wert der vom Vermieter persönlich geleisteten Verwaltungsarbeit, die Kosten für die gesetzlichen oder freiwilligen Prüfungen des Jahresabschlusses und die Kosten für die Geschäftsführung (§ 1 Abs. 2 Nr. 1 BetrKV).
- **Instandhaltungs- und Instandsetzungskosten**, d.h. die Kosten, die während der Nutzungsdauer zur Erhaltung des bestimmungsmäßigen Gebrauchs aufgewendet werden müssen, um die durch Abnutzung, Alterung und Witterungseinwirkung entstehenden baulichen oder sonstigen Mängel ordnungsgemäß zu beseitigen (§ 1 Abs. 2 Nr. 1 BetrKV).

Nicht zu den Betriebskosten zählen ferner die Kosten, die **dem Mieter** durch die Benutzung der Wohnung laufend entstehen (z.B. die Kosten des Energieverbrauchs innerhalb der Wohnung, wenn der Mieter selbst Vertragspartner des Energielieferanten ist).

Weiterhin sind vom Begriff der Betriebskosten diejenigen Kosten nicht umfasst, die vom Mieter üblicherweise außerhalb der Miete unmittelbar getragen werden. So besteht z.B. in verschiedenen Gebieten die gewohnheitsmäßige Übung, dass verschiedene Kosten, die grundsätzlich den Eigentümer treffen (z.B. Müllabfuhr, Entwässerung, Straßenreinigung), unmittelbar vom Mieter gezahlt werden. In diesen Fällen sind diese Kosten nicht als Betriebskosten anzusetzen.

Der Begriff der Betriebskosten setzt weiterhin voraus, dass die Kosten dem Eigentümer **laufend** entstehen, jedoch brauchen die Kosten weder in derselben Höhe noch in denselben Zeitabständen, z.B. jährlich, anzufallen. Auch Kosten, die **turnusmäßig**, beispielsweise alle 3 bis 5 Jahre (z.B. Reinigung des Öltanks, Überprüfung des Fahrstuhls durch den TÜV, Baumpflegemaßnahmen) entstehen, zählen zu den Betriebskosten (BGH, Urteil v. 11.11.2009, VIII ZR 221/08). Dagegen fallen **einmalig** oder in nicht voraussehbaren Zeitabständen entstehende Kosten **nicht** unter den Begriff der Betriebskosten (z.B. zählen die Kosten für eine einmalige Sperrmüllabfuhr nicht zu den Kosten der Müllabfuhr).

Die Bestimmungen der Betriebskostenverordnung sind sowohl zur Ermittlung des **Umfangs** der Betriebskosten als auch zur Ermittlung des **Inhalts** der einzelnen Betriebskostenarten heranzuziehen. So ergibt sich z.B. aus § 2 Nr. 2 BetrKV, dass die Kosten der **Wasserversorgung** unter den Begriff der Betriebskosten fallen und weiterhin, dass zu dem Inhalt dieser Betriebskostenart gehören: die Kosten des Wasserverbrauchs, die Grundgebühren, die Kosten der Anmietung oder anderer Arten der Gebrauchsüberlassung von Wasserzählern sowie die Kosten ihrer Verwendung einschließlich der Kosten der Eichung sowie die Kosten der Berechnung und Aufteilung, die Kosten der Wartung von Wassermengenreglern, die Kosten des Betriebs einer hauseigenen Wasserversorgungsanlage und einer Wasseraufbereitungsanlage einschließlich der Aufbereitungsstoffe.

Der Mieter ist zur Zahlung von Betriebskosten bzw. zur Leistung einer Vorauszahlung auf die Betriebskosten nur verpflichtet, wenn und soweit dies **vertraglich ausdrücklich** vereinbart wurde (vgl. § 556 Abs. 1 BGB). Die Vereinbarung einer Umlage von Betriebskosten ist nur dann hinreichend bestimmt geregelt, wenn die Betriebskosten entweder durch Aufzählung einzelner Betriebskostenpositionen **bestimmt** oder durch Verweisung auf die gesetzlichen Vorschriften der Betriebskostenverordnung (bzw. der II. BV) **bestimmbar** sind (BGH, Urteil v. 2.5.2012, XII ZR 88/10).

Dieser Grundsatz gilt auch für gewerbliche Mietverhältnisse. Die Formulierung „Nebenabgaben und Kosten, die mit dem Betrieb des Mietgegenstands zusammenhängen, trägt die Mieterin …“ genügt diesen Anforderungen nicht (OLG Schleswig, Urteil v. 10.2.2012, 4 U 7/11).

Fehlt eine entsprechende vertragliche Vereinbarung, sind die Betriebskosten in der Miete enthalten und können nicht zusätzlich verlangt werden. Ein Rechtsanspruch auf nachträgliche Änderung des Mietvertrags bzw. Abschluss entsprechender Vereinbarungen besteht grundsätzlich nicht. Nur im Ausnahmefall kann sich ein Umlagerecht im Wege der ergänzenden Vertragsauslegung ergeben, wenn z.B. dem Vermieter nach Vertragsabschluss Betriebskosten aufgrund von baulichen Änderungen durch den Mieter entstehen (vgl. OLG Köln, Urteil v. 13.7.1994, 11 U 20/94, ZMR 1995 S. 69).

Neue, d.h. **nach** Abschluss des Mietvertrags **entstandene** Betriebskosten (z.B. Prämien einer nachträglich abgeschlossenen Sach- oder Haftpflichtversicherung für das Gebäude) bzw. neu eingeführte öffentliche Abgaben können anteilig auf die Miete umgelegt werden. Voraussetzung ist eine entsprechende ausdrückliche Vereinbarung, z. B. durch folgende Klausel: „Werden öffentliche Abgaben neu eingeführt oder entstehen Betriebskosten neu, so können diese vom Vermieter im Rahmen der gesetzlichen Vorschriften umgelegt und angemessene Vorauszahlungen festgesetzt werden."

Eine solche Klausel ist wirksam, da dem Mieter durch den Wortlaut klar und verständlich aufgezeigt wird, dass er mit neu hinzutretenden Betriebskosten rechnen muss. Daher ist es nicht zu beanstanden, dass der Mieter erst durch den Erhalt der Nebenkostenabrechnung von den neu eingeführten Betriebskosten bzw. den neuen öffentlichen Abgaben Kenntnis erlangt. Auch die Bezugnahme der Klausel auf die gesetzlichen Vorschriften ist zulässig, da durch die Bezugnahme gerade verhindert wird, dass grundsätzlich nicht umlagefähige Betriebskosten auf den Mieter umgelegt werden. Die Kosten z. B. für erstmals abgeschlossene Versicherungen sind neue Betriebskosten, wobei es nicht darauf ankommt, dass bei Abschluss des Mietvertrags bereits das (versicherte Schadens-)Risiko vorhanden gewesen ist. Letztlich ist die Umlagefähigkeit auch nicht davon abhängig, dass dem Mieter durch die neu entstandenen Kosten Vorteile entstehen (BGH, Urteil v. 27.9.2006, VIII ZR 80/06, WuM 2006 S. 612).

Nach der Umstellung von Ofenheizung auf Zentralheizung hat der Mieter die Heiz- und Warmwasserkosten als Betriebskosten jedenfalls dann zu tragen, wenn er im Mietvertrag die Kosten der Beheizung der Öfen übernommen hat (LG Berlin, Urteil v. 23.2.2010, 65 S 199/08, GE 2010 S. 694).

Hat sich der Mieter zur Zahlung von Betriebskosten verpflichtet, kann er sich nicht darauf berufen, er habe von den konkreten Kostenpositionen keinen Vorteil (LG Düsseldorf, Urteil v. 22.10.1998, 21 S 191/98, DWW 1999 S. 354).

Bei sog. Altverträgen, d. h. Mietverträgen, die vor dem 1.9.2001 abgeschlossen wurden, ist eine einseitige Erhöhung einer (nicht abzurechnenden) Betriebskosten**pauschale** bzw. die Neueinführung von Betriebskosten zulässig (Art. 229 § 3 Abs. 4 EGBGB). Voraussetzung ist, dass im Mietvertrag ein entsprechender Vorbehalt, z. B. in Form einer Mehrbelastungsklausel, enthalten und die Klausel mit den Vorschriften des § 560 Abs. 1 und 2 BGB vereinbar ist. Beispiel: „Tritt durch Erhöhung oder Neueinführung von Betriebskosten eine Mehrbelastung des Vermieters ein, ist der Mieter verpflichtet, den entsprechenden Mehrbetrag vom Zeitpunkt der Entstehung an zu zahlen" (AG München, Urteil v. 27.6.2014, 463 C 4060/14, ZMR 2014 S. 893).

Rückwirkende Erhöhungen der Betriebskosten (z. B. der Grundsteuer) kann der Vermieter von **Geschäfts**räumen auf den Mieter umlegen, wenn der Mietvertrag eine solche Mehrbelastungsklausel enthält. Ein ausdrücklicher Nachforderungsvorbehalt bei den jeweiligen Betriebskostenabrechnungen ist nicht erforderlich (OLG Frankfurt/M., Urteil v. 10.2.1999, 17 U 210/97, NZM 2000 S. 243).

Die Grundsteuer kann vom Vermieter daher erst recht nachgefordert werden, wenn das Finanzamt die Grundsteuer rückwirkend festsetzt und sich der Vermieter in den früheren Betriebskostenabrechnungen eine Nachforderung z. B. durch den Vermerk bei der Position Grundsteuer „zurzeit 0" ausdrücklich **vorbehalten** hat (LG Berlin, Urteil v. 26.5.2004, 32 O 717/03, GE 2004 S. 817).

Bei **Wohn**räumen können rückwirkende Erhöhungen nur nach Maßgabe des § 560 Abs. 2 S. 2 BGB umgelegt werden. Abweichende Vereinbarungen sind unwirksam (s. „Mieterhöhung bei Wohnraum", Abschnitt 4 „Mieterhöhung bis zur ortsüblichen Vergleichsmiete (§ 558 BGB)").

Nach dem Rechtsentscheid des OLG Hamm v. 22.8.1997, 30 RE-Miet 3/97, WuM 1997 S. 542 genügt für die Umlegung sämtlicher in der Anlage 3 zu § 27 II. BV (seit 1.1.2004: Betriebskostenverordnung) enthaltenen Betriebskosten die vertragliche Bestimmung, dass für die „Betriebskosten gemäß § 27 II. BV bzw. Betriebskostenverordnung" neben der Miete ein monatlicher Vorauszahlungsbetrag in Höhe von … Euro zu leisten ist (so bereits BayObLG, RE v. 24.2.1984, RE-Miet 3/84, DWW 1984 S. 73). Dies gilt auch dann, wenn (entgegen einer im Mietvertrag enthaltenen Klausel) eine Betriebskostenaufstellung nicht beigefügt war und dem Mieter auch sonst der Inhalt der Anlage 3 zu § 27 II. BV bzw. Betriebskostenverordnung nicht mitgeteilt oder erläutert wurde (OLG Frankfurt/M., RE v. 10.5.2000, 20 RE-Miet 2/97, NZM 2000 S. 757).

Eine zusätzliche Erläuterung oder **Beifügung** des Betriebskostenkatalogs der Betriebskostenverordnung ist nach dieser Rechtsprechung für eine wirksame Umlage **nicht mehr erforderlich**.

Nach Ansicht des Gerichts handelt es sich bei dem Begriff der Betriebskosten nicht um einen ausfüllungsbedürftigen, unbestimmten, sondern um einen in einer Rechtsvorschrift definierten, bestimmten und **eindeutigen** Rechtsbegriff, der weder eine richterliche Ausfüllung im Einzelfall noch Billigkeitserwägungen zulässt. Etwas anderes gilt nur bei der Umlage von „Sonstigen Betriebskosten" nach § 2 Nr. 17 BetrKV; diese müssen nach überwiegender Meinung genau bezeichnet werden (s. Abschnitt 2.17).

Am **1.1.2004** ist die neue **Betriebskostenverordnung** in Kraft getreten. Sie hat die umlagefähigen Betriebskosten gegenüber dem bisherigen Betriebskostenkatalog der Anlage 3 zu § 27 II. BV (gültig bis 31.12.2003) um einige Positionen **erweitert**. Neu eingeführt wurde die Umlage, z.B. der Eichkosten von Erfassungsgeräten, der Kosten für Müllkompressoren u. Ä., Wäschetrockner u. Ä., der Prämien für eine Elementarschadensversicherung und der Gebühren für die Kabelweitersendung (s.u. Abschnitt 2 „Die Betriebskostenarten nach § 2 BetrKV – Betriebskostenkatalog").

Übergangsregelungen hat der Gesetzgeber **nicht** bestimmt. Wurde daher in einem vor dem 1.1.2004 abgeschlossenen Mietvertrag vereinbart, dass der Mieter „Betriebskosten gemäß Anlage 3 zu § 27 II. BV" trägt, verbleibt es bei dieser Vereinbarung. Die neuen Positionen gemäß der Betriebskostenverordnung können in diesem Fall nicht auf den Mieter umgelegt werden. Gleiches gilt, wenn nach dem 1.1.2004 veraltete Mietvertragsvordrucke verwendet werden, in denen noch die Verweisung auf die Anlage 3 zu § 27 II. BV enthalten ist.

Wurden in dem alten Mietvertrag dagegen lediglich die „Betriebskosten" auf den Mieter umgelegt – ohne Verweisung auf die Anlage 3 zu § 27 II. BV bzw. ohne Abdruck des alten Betriebskostenkatalogs –, kann die Auffassung vertreten werden, dass in diesem Fall für den Umfang der Betriebskosten die jeweils geltende gesetzliche Definition der Betriebskosten und somit die neue Betriebskostenverordnung maßgeblich ist. Gleiches müsste gelten, wenn zusätzlich vereinbart ist, dass der Vermieter berechtigt ist, „neu eingeführte Betriebskosten" auf den Mieter umzulegen. Entscheidungen zu dieser Problematik liegen jedoch derzeit noch nicht vor.

Strittig ist, ob auch eine Bestimmung, wonach der Mieter die **„Nebenkosten"** zu tragen habe, wirksam ist. Nach einem Urteil des OLG München vom 10.1.1997 (21 U 2464/95, ZMR 1997 S. 233) ist jedenfalls bei einem Mietverhältnis über **gewerbliche Räume** der Begriff der „Nebenkosten" dahingehend auszulegen, dass der Mieter sämtliche in der Anlage 3 zu § 27 II. BV (seit 1.1.2004: Betriebskostenverordung) bezeichneten Betriebskosten schuldet.

Dagegen vertritt das OLG Frankfurt/M. (Urteil v. 1.11.1984, 3 U 143/83, WuM 1985 S. 91) die Auffassung, dass eine solche Formulierung mangels hinreichender Bestimmtheit unwirksam ist (so auch LG Limburg, Urteil v. 6.6.2003, 3 S 55/03, WuM 2003 S. 565). Gleiches solle gelten für Formulierungen, wonach der Mieter „sämtliche Nebenkosten, insbesondere …" oder „… etc." oder „alle Nebenkosten" zu tragen hat (OLG Hamburg, HambGE 1990 S. 97; OLG Düsseldorf, Urteil v. 25.7.1991, 10 U 1/91, DWW 1991 S. 283).

Unwirksam ist nach einem Urteil des OLG Düsseldorf (Urteil v. 14.5.2002, 24 U 142/01, ZMR 2003 S. 23) auch eine Klausel in einem Gewerberaummietvertrag, wonach der Mieter (neben einzeln aufgeführten Betriebskosten) „alle hier nicht aufgeführten **Kosten** in Ansehung des Mietobjekts“ tragen soll. Ferner ist eine Umlagevereinbarung wegen Verstoßes gegen das Transparenzgebot unwirksam, die den Mieter von Gewerberaum verpflichtet, anteilige Nebenkosten für „Betrieb, Instandhaltung, Instandsetzung, Pflege, Wartung und Verwaltung“ der Gemeinschaftsanlagen zu tragen, verbunden mit dem Hinweis, dass die „aufgeführten Aufzählungen weder erschöpfenden noch einschränkenden Charakter“ haben sollen (LG Augsburg, Urteil v. 9.3.2007, 2 O 1369/02, ZMR 2007 S. 697).

Dagegen kann die Formulierung in einem Gewerbemietvertrag, wonach der Mieter die „Bewirtschaftungs- und sonstigen Verbrauchsabgaben“ trägt, gemäß §§ 135, 157 BGB dahingehend ausgelegt werden, dass damit dasselbe gemeint ist wie mit „Betriebskosten“ (i. S. d. Anlage 3 zu § 27 II. BV). Dies kann von einem durchschnittlichen Gewerbemieter auch in diesem Sinne verstanden werden (KG Berlin, Beschluss v. 12.2.2007, 12 U 117/06, NZM 2008 S. 128).

Grundsätzlich kommt aber bei Auslegung einer die Nebenkosten betreffenden Bestimmung ein Rückgriff auf § 27 II. BV i. V. m. Anlage 3 (seit 1.1.2004: Betriebskostenverordnung) nur in Betracht, wenn auf diese Vorschrift im Mietvertrag Bezug genommen ist (OLG Düsseldorf, Urteil v. 2.2.1995, 10 U 39/94, WuM 1995 S. 434; OLG Celle, Urteil v. 16.12.1998, 2 U 23/98, WuM 2000 S. 130); anderenfalls ist die Klausel wegen fehlender inhaltlicher **Bestimmtheit** hinsichtlich der von ihr erfassten Kostenarten unwirksam (§ 241 Abs. 1 BGB), so beispielsweise die Klausel: „Sämtliche anfallenden Nebenkosten/Betriebskosten gehen anteilig zulasten des Mieters“ (OLG Düsseldorf, Urteil v. 26.9.2002, 10 U 170/01, ZMR 2003 S. 109).

Enthält der Mietvertrag ohne nähere Bezeichnung der Nebenkosten lediglich die Klausel „Nebenkostenvorauszahlung 50 Euro“, gilt dies als Nebenkostenpauschale, zu deren Zahlung der Mieter zwar verpflichtet, über die jedoch keine Abrechnung möglich ist (AG München, Urteil v. 30.6.1998, 413 C 8965/98, NZM 1999 S. 415).

Bestimmt ein Mietvertrag neben der Miete die Zahlung eines Nebenkostenbetrags, ohne festzulegen, welche Unkosten der Mieter zu zahlen hat, dann liegt eine Bruttoinklusivmiete vor (LG Saarbrücken, Urteil v. 26.3.1999, 13 BS 233/98, NZM 1999 S. 757).

Ist die Wohnung jedoch mit **separaten Erfassungsgeräten** (Wasserzähler, Stromzähler) ausgestattet, muss der Mieter nach einem Urteil des LG Saarbrücken (Urteil v. 19.12.1997, 13 B S 244/97, WuM 1998 S. 722) jedenfalls die **verbrauchsabhängigen** Strom-, Wasser- und Abwasserkosten tragen, wenn nach dem Formularmietvertrag die Betriebskosten nicht in der Miete enthalten sind und eine Zusatzvereinbarung bestimmt, dass „alle Nebenkosten“ vom Mieter getragen werden.

Sind **keine** Erfassungsgeräte vorhanden, muss der Vermieter auch die verbrauchsabhängigen Kosten tragen, wenn die Betriebskosten im Mietvertrag nicht wirksam auf den Mieter übertragen worden sind. Etwas anderes gilt nur dann, wenn der Mieter selbst Anschlussnehmer (z.B. für Gas oder Wasser) ist (LG Berlin, Urteil v. 31.5.2005, 64 S 95/05, ZMR 2005 S. 957).

Strittig ist, ob die Bezeichnung **„Grundbesitzabgaben“** für eine wirksame Umlage der darunter zu verstehenden Betriebskosten (Grundsteuer, Straßenreinigung, Müllabfuhr, Grundstücksentwässerung) ausreichend ist (s. hierzu OLG Düsseldorf, Urteil v. 19.7.2000, 10 U 116/99, DWW 2000 S. 196, wonach dieser Begriff jedenfalls die Grundsteuer erfasst; a. A. AG Köln, Urteil v. 1.4.1998, 213 C 467/97, WuM 1998 S. 419). Eine Vereinbarung, wonach der Mieter die „Gemeindeabgaben“ zu tragen hat, erfasst alle laufenden Abgaben, die in die Ertragshoheit der Gemeinde fallen, also an diese zu leisten sind und somit auch die Grundsteuer (OLG Hamm, Urteil v. 26.4.2005, 7 U 48/04, ZMR 2005 S. 617). Unter die Position **„Anliegerbeiträge“** fallen im Gewerbemietvertrag die Kosten der Straßenreinigung (LG Berlin, Urteil v. 20.7.2006, 62 S 97/06, GE 2006 S. 1480).

Im Mietvertrag sollte daher nur der Begriff der **„Betriebskosten“** (nicht „Nebenkosten“) verwendet werden, wobei eine Verweisung auf den Betriebskostenkatalog der Betriebskostenverordnung auch **formularvertraglich zulässig** ist.

Eine Umlage **anderer** als in der Betriebskostenverordnung aufgezählter Betriebskosten (z.B. Verwaltungskosten) ist **nicht** möglich, da die Vertragsparteien gemäß § 556 Abs. 1 BGB nur die Umlage von Betriebskosten i.S.d. Betriebskostenverordnung vereinbaren können und zum Nachteil des Mieters abweichende Vereinbarungen gemäß § 556 Abs. 4 BGB unwirksam sind.

Die Umlage **anderer** Nebenkosten, wie Verwaltungs-, Instandhaltungs-, Kapitalkosten, Abschreibungen, Erbbauzinsen, kann daher bei der Vermietung von **Wohnraum nicht** wirksam vereinbart werden. Diese Kosten sollte man daher bereits bei der Kalkulation der Grundmiete berücksichtigen und im Mietvertrag nicht separat ausweisen.

Wurden z.B. Verwaltungskosten trotzdem separat ausgewiesen, besteht ein Anspruch auf Bezahlung nur dann, wenn es sich um einen **gleichbleibenden** Festbetrag handelt, der nicht erhöht werden kann und der aufgrund seiner Stellung im Vertrag eindeutig der Grundmiete und nicht etwa den Betriebskosten zuzurechnen ist, z.B. durch die Vereinbarung, dass neben der Miete und den Betriebskosten zusätzlich ein weiterer gleichbleibender Betrag für Verwaltungskosten zu zahlen ist (LG Düsseldorf, Urteil v. 15.12.1995, 21 S 182/95, DWW 1996 S. 123; LG Berlin, Urteil v. 6.10.1998, 63 S 127/98, GE 1998 S. 1396; LG Mannheim, Urteil v. 16.6.1999, 4 S 167/98, NZM 2000 S. 490).

In **Geschäftsraum**mietverträgen können **Verwaltungskosten** sowie **Kontoführungskosten** auf den Mieter umgelegt werden. Voraussetzung ist allerdings eine klare und eindeutige Vereinbarung. Ausreichend ist insofern jedoch die Verwendung des Begriffs „Verwaltungskosten“ in der Aufzählung der Betriebskostenarten. Durch § 1 Abs. 2 Nr. 1 BetrKV und § 26 Abs. 1 II. BV ist der Begriff definiert und damit hinreichend bestimmt. Eine näher gehende Erläuterung des Begriffs im Hinblick auf die einzelnen unter den Begriff „Verwaltungskosten“ fallenden Kostenarten ist nicht erforderlich. Daher verstößt die in einer Formularklausel vereinbarte Umlage von „Verwaltungskosten“ bei der Gewerberaummiete nicht gegen das Transparenzgebot des § 307 Abs. 1 S. 2 BGB (BGH, Urteil v. 24.2.2010, XII ZR 69/08). Dementsprechend ist auch die Einstellung der Kosten der (kaufmännischen und technischen) Hausverwaltung unter „sonstige Betriebskosten“ bei **gewerblichen** Mietverhältnissen weder überraschend (i.S.v. § 305c BGB) noch ein Verstoß gegen das Transparenzgebot (§ 307 Abs. 1 S. 2 BGB), da die Umlage verkehrsüblich ist und der Mieter daher grundsätzlich mit der Umlage dieser Kosten rechnen muss. Dies gilt auch dann, wenn die Umlage durch **Allgemeine Geschäftsbedingungen** erfolgt ist, die in einem vom Vermieter verwendeten **Formularmietvertrag** enthalten sind. Ferner auch dann, wenn die Vorauszahlungen im Einzelfall deutlich niedriger festgelegt wurden als die später abgerechneten Kosten und die Klausel keine Bezifferung oder höhenmäßige Begrenzung der Verwaltungskosten enthält (BGH, Urteile v. 10.9.2014, XII ZR 58/11, MDR 2014 S. 1308 und v. 9.12.2009, XII ZR 109/08).

Die Zulässigkeit der Klausel hängt grundsätzlich nicht von der Höhe der Kosten im Einzelfall und deren Verhältnis zu anderen Positionen ab. Dies ergibt sich schon daraus, dass zum Zeitpunkt des Vertragsschlusses noch nicht feststehen muss, welche Kosten entstehen werden. Vor überhöhten Forderungen ist der Mieter insoweit durch das allgemeine Wirtschaftlichkeitsgebot ausreichend geschützt, das den Vermieter dazu verpflichtet, den Mieter von der Umlegung nicht erforderlicher Kosten freizustellen. Verwaltungskosten in Höhe von 5,5 % der Bruttomiete bewegen sich jedenfalls im üblichen Rahmen. Mit Kosten in dieser Höhe muss ein Mieter auch ohne entsprechende Aufklärung und Bezifferung im Mietvertrag rechnen und kann sich deshalb nicht auf eine Unwirksamkeit der Klausel aufgrund eines behaupteten Überraschungseffekts berufen.

Sind Vorauszahlungen vereinbart, darf ein Mieter auch nicht ohne Weiteres darauf vertrauen, dass sich die Kosten im Rahmen der Vorauszahlungen halten. Allein der Umstand, dass die vom Vermieter verlangten Betriebskostenvorauszahlungen die später entstandenen Kosten deutlich unterschreiten, begründet noch keinen Vertrauenstatbestand, der eine Schadenersatzpflicht des Vermieters auslösen oder den Mieter zu einer Leistungsverweigerung berechtigen könnte. Ein solcher Vertrauenstatbestand kommt im Einzelfall nur in Betracht, wenn ganz besondere Umstände vorliegen (BGH, Urteil v. 4.5.2011, XII ZR 112/09, GE 2011 S. 946).

Dagegen ist die Abwälzung von Kosten für kaufmännische und technische „Objektbetreuung" im Formularmietvertrag zu unbestimmt und deshalb unwirksam (LG Köln, Urteil v. 23.8.2010, 15 O 211/07, ZMR 2010 S. 966).

Das Gleiche gilt für die durch eine Formularklausel vereinbarten Kosten eines **„Center-Managements"**, die dem Mieter eines in einem Einkaufszentrum gelegenen Ladenlokals als Nebenkosten des Einkaufscenters zusätzlich zu den Verwaltungskosten auferlegt werden. Im Gegensatz zu den Verwaltungskosten, die gesetzlich definiert sind, gibt es zu den Kosten des „Center-Managements" keinerlei Definition bzw. Erläuterungen, sodass eine entsprechende Klausel intransparent und damit unwirksam ist (BGH, Urteil vom 10.9.2014, XII ZR 56/11, MDR 2014 S. 1308). Eine wirksame Umlage solcher Kosten setzt eine zusätzliche klarstellende Vereinbarung der Parteien über Inhalt und Umfang der betreffenden Positionen voraus, damit der Mieter darüber informiert ist, welche Kosten er zu tragen hat (BGH, Urteil v. 3.8.2011, XII ZR 205/09, GE 2011 S. 1301).

Auch wenn die Klausel über die Umlage der Kosten eines „Center-Managements" unwirksam ist, bleibt eine daneben ausdrücklich vereinbarte Übertragung der Kosten der „Verwaltung" wirksam (BGH, Urteil v. 26.9.2012, XII ZR 112/10, WuM 2012 S. 662).

Verwaltungskosten sind selbst dann umlagefähig, wenn das Verwaltungsunternehmen dem Vermieter gehört (KG Berlin, Urteil v. 27.2.1995, 8 U 7830/93, GE 1995 S. 563).

Unwirksam ist jedoch die Umlage von **ungewöhnlich hohen** Verwaltungskosten durch **Allgemeine Geschäftsbedingungen** eines Mietvertrags, wenn die Verwaltungskosten im Mietvertrag nicht beziffert sind, aber einen so hohen Betrag ausmachen, dass der Mieter nach dem gesamten Inhalt der Nebenkostenregelung mit einem solchen Betrag vernünftigerweise nicht zu rechnen brauchte (OLG Köln, Urteil v. 4.7.2006, 22 U 40/06, ZMR 2007 S. 39).

Zur Definition des **Umfangs** von vertraglich umgelegten Verwaltungskosten kann auch bei der Geschäftsraummiete § 26 II. BV herangezogen werden, da diese Vorschrift dem Bestimmtheitserfordernis einer Umlegungsvereinbarung genügt (OLG Hamburg, Urteil v. 6.2.2002, 4 U 32/00, NZM 2002 S. 388). Danach sind Verwaltungskosten die Kosten der zur Verwaltung des Gebäudes oder der Wirtschaftseinheit erforderlichen Arbeitskräfte und Einrichtungen, die Kosten der Aufsicht sowie der Wert der vom Vermieter persönlich geleisteten Verwaltungsarbeit; ferner auch die Kosten für die gesetzlichen oder freiwilligen Prüfungen des Jahresabschlusses und der Geschäftsführung.

Die Umlage kann auch **formularvertraglich**, d.h. durch Allgemeine Geschäftsbedingungen erfolgen (OLG Hamburg, a.a.O.).

Dagegen kann der Vermieter auch bei Geschäftsräumen weder die Kosten einer **Mietverlustversicherung** noch einer **Rechtsschutzversicherung** umlegen (OLG Düsseldorf, Urteil v. 29.6.2000, 10 U 116/99, NZM 2001 S. 588 bzw. v. 2.2.1995, 10 U 39/94, WuM 1995 S. 434).

Die Umlage einer bestimmten Betriebskostenposition (z.B. Hausmeister) scheitert nicht daran, dass für diese **kein Umlageschlüssel** (s. „Abrechnung der Betriebskosten", Abschnitt 8 „Die Umlageschlüssel") vereinbart ist. Zwar gehen Unklarheiten in Formularmietverträgen zulasten des Verwenders (in der Regel des Vermieters), jedoch liegen solche nicht vor, wenn der Vermieter laut Mietvertrag berechtigt ist, einen Umlageschlüssel zu bestimmen (AG Frankfurt/M., Urteil v. 26.11.2004, 33 C 844/04-13, NZM 2005 S. 454).

> Werden durch **Sach- oder Arbeitsleistungen des Eigentümers** Betriebskosten **erspart**, dürfen dafür in der Betriebskostenabrechnung Beträge angesetzt werden, die für eine gleichwertige Leistung eines Dritten, insbesondere eines Unternehmens, gezahlt werden müssten, jedoch ausschließlich der Umsatzsteuer des Dritten (§ 1 Abs. 1 S. 2 BetrKV).

Zu den Sachleistungen können z. B. die Stellung des Brennmaterials für Heizung oder der Reinigungsmittel für Haus- oder Straßenreinigung gehören; zu den Arbeitsleistungen die Bedienung und Pflege der Zentralheizung, des Gartens oder Reinigungsarbeiten.

Der Vermieter darf z. B. bei den Betriebskostenpositionen „Gartenpflege" und „Hausmeister" anstelle der Kosten, die durch Einsatz eigenen Personals tatsächlich entstanden sind, auch die **fiktiven** Kosten eines Drittunternehmens ansetzen, d. h. die Kosten, die bei Erbringung der Leistung durch einen Dritten entstanden wären; dies allerdings ohne Mehrwertsteuer. Ausreichend für die Darlegung solcher fiktiven Kosten durch den Vermieter ist die Vorlage eines detaillierten Leistungsverzeichnisses über die anfallenden Arbeiten sowie des darauf beruhenden Angebots eines Unternehmens. Dies gilt sowohl für natürliche als auch für juristische Personen (z. B. GmbH), da der Sinn und Zweck der Regelung des § 1 Abs. 1 S. 2 BetrKV in der Vereinfachung der Abrechnung für den Vermieter besteht (BGH, Urteil v. 14.11.2012, VIII ZR 41/12, WuM 2013 S. 44).

Dagegen ist der Vermieter nicht berechtigt, statt des tatsächlich angefallenen Arbeitslohns für eine Reinigungskraft einen – mehrfach höheren – Stundensatz für angeblich selbst erbrachte Arbeitsleistungen in Rechnung zu stellen (LG Konstanz, Urteil v. 20.12.2012, 61 S 28/12, WuM 2013 S. 418).

Der Vermieter ist in Bezug auf die vom Mieter geleisteten Betriebskostenvorauszahlungen nicht Treuhänder. Er ist zwar verpflichtet, den Grundsatz der Wirtschaftlichkeit zu beachten, muss aber nicht die preisgünstigste Bewirtschaftungsweise, z. B. durch Einstellung eigener Arbeitskräfte, wählen (LG Hamburg, a. a. O.).

Im Rahmen seiner Verpflichtung zur Gewährung des **Mietgebrauchs** (§ 536 BGB) ist der Vermieter auch zur Erbringung der vereinbarten **Nebenleistungen**, z. B. Heizung, Wasser, verpflichtet, wofür der Mieter die vereinbarten Betriebskostenvorauszahlungen zu leisten hat. Daher ist der Vermieter während des **laufenden** Mietverhältnisses nicht berechtigt, zur Durchsetzung seiner Ansprüche, z. B. auf Zahlung der Kaution, seine Leistung aus der Verpflichtung zur Versorgung mit Wärme, Energie und Wasser zurückzuhalten, da es sich insofern um eine nicht nachholbare Leistung handelt (KG Berlin, Urteil v. 23.10.2014, 8 U 178/14, MDR 2015 S. 19).

Nach **Beendigung** des Mietverhältnisses **entfällt** diese Verpflichtung des Vermieters zur Gebrauchsgewährung. Daher kann der Vermieter nach Beendigung des Mietverhältnisses grundsätzlich die Erbringung der Nebenleistungen, z. B. die Versorgung der Mieträume mit Heizung, Strom und Wasser, einstellen (BGH, Urteil v. 6.5.2009, XII ZR 137/07 zum gewerblichen Mietrecht). Die Einstellung der Versorgungsleistungen stellt keine besitzrechtlich verbotene Eigenmacht dar. Der Besitz als rein tatsächliche Sachherrschaft verschafft nämlich keinen Anspruch auf eine bestimmte Nutzung einer Sache, sondern nur Abwehransprüche gegen Eingriffe von außen. Ein solcher Eingriff liegt nicht vor, wenn lediglich Leistungen eingestellt werden. Der Besitz ist nur gegen beeinträchtigende Eingriffe geschützt, verleiht aber kein Recht auf eine fortgesetzte Belieferung mit Versorgungsgütern. Damit ist die Sachlage vergleichbar mit der Einstellung der Leistungen durch Versorgungsunternehmen, wenn der Mieter die Leistungen unmittelbar von diesen bezieht. Die

Versorgungssperre durch den Energieversorger wird zu Recht ebenfalls nicht als Besitzverletzung angesehen. Ein Anspruch des Mieters auf Fortsetzung von Versorgungsleistungen kann sich nur aus dem Mietvertrag oder nach Beendigung des Mietverhältnisses – in Ausnahmefällen – nach Treu und Glauben aus sog. nachvertraglichen Pflichten ergeben. Dabei ist bei der erforderlichen **Interessenabwägung** das Interesse des Mieters an der Aufrechterhaltung der Energieversorgung gegenüber dem Interesse des Vermieters an der Einstellung der Leistung abzuwägen. Im Rahmen dieser Interessenabwägung ist insbesondere auch darauf abzustellen, ob dem Vermieter durch die Aufrechterhaltung der Versorgungsleistung trotz Vertragsbeendigung ein – weiterer – Schaden entsteht. Dies kann verneint werden, wenn keine Mietrückstände mehr bestehen und der Mieter sowohl die laufenden Mieten bzw. die Nutzungsentschädigung als auch die Nebenkosten zahlt (KG Berlin, Urteil v. 23.10.2014, 8 U 178/14, MDR 2015 S. 19). Eine Grenze für die Pflicht des Vermieters zur weiteren Belieferung ist aber jedenfalls dann erreicht, wenn der Vermieter hierfür kein Entgelt erhält und ihm durch die weitere Belieferung ein Schaden droht (BGH, Urteil v. 6.5.2009, a. a. O.).

Beruht die Unterbrechung der Stromversorgung auf Zahlungsrückständen des Mieters beim Stromlieferanten, liegt kein Mangel der Mietsache vor, der den Mieter zu einer Mietminderung berechtigen würde. Die zeitweise Stromunterbrechung ist in diesem Fall einzig der Sphäre des Mieters zuzurechnen, da sie ausschließlich aus dem Stromlieferungsvertrag zwischen dem Mieter und dem Versorger herrührt (BGH, Urteil v. 15.12.2010, VIII ZR 113/10).

Eine Verpflichtung des Vermieters zur Weiterversorgung der Mieträume mit Wärme und Wasser kann nach dem Grundsatz von Treu und Glauben (§ 242 BGB) z. B. dann ausnahmsweise gegeben sein, wenn das Interesse des Mieters an der Aufrechterhaltung der Versorgung das Interesse des Vermieters an der Versorgungseinstellung erheblich übersteigt, z. B. wenn dem Mieter durch die Versorgungssperre ein besonders hoher Schaden droht. Allerdings setzt auch hier die Verpflichtung zur Aufrechterhaltung der Versorgung voraus, dass dies dem Vermieter zugemutet werden kann; insbesondere darf ihm dadurch kein finanzieller Schaden entstehen. Dementsprechend muss der Mieter zur Zahlung der Nutzungsentschädigung bereit und in der Lage sein. Unerheblich ist bei dieser Interessenabwägung das Interesse des Vermieters an einer schnellen Räumung und Herausgabe der Mieträume (KG Berlin, Beschluss v. 16.5.2011, 8 U 2/11, GE 2011 S. 1082).

Ob diese Grundsätze auch bei **Wohnraum**mietverhältnissen innerhalb der Räumungsfrist anzuwenden sind, ist strittig. Hierzu hat das AG Bergheim (Urteil v. 15.12.2003, 27 C 744/03, ZMR 2005 S. 53) entschieden, dass der Vermieter auch gegenüber einem **Wohnungs**mieter ein Zurückbehaltungsrecht hinsichtlich der Versorgung der Mieträume mit **Strom**, **Wasser und Heizung** hat, wenn das Mietverhältnis wegen Zahlungsrückständen wirksam gekündigt ist. Mit der Ausübung seines Zurückbehaltungsrechts begeht der Vermieter keine Besitzstörung gegenüber dem Mieter.

Mit dieser Begründung hat das Gericht den Antrag der Mieter auf Erlass einer **einstweiligen Verfügung** gegen die Versorgungssperre durch den Vermieter **abgelehnt** und ausgeführt, dass das Gericht sehr wohl die Notlage der Mieter und ihrer Kinder sieht, die Folgen dieser Notlage aber nicht vom Vermieter zu tragen sind. Vielmehr müssen sich die Mieter im Fall von Zahlungsproblemen an öffentliche Stellen wenden. Es ist nicht interessengerecht, dass der Vermieter „sehenden Auges" gegenüber seinem Mieter Leistungen erbringen muss, für die er bei Insolvenz des Mieters keine Zahlungen mehr erwarten kann. Nach fristloser Kündigung des Mietverhältnisses wegen Zahlungsverzugs mit drei Monatsmieten ist der Vermieter jedenfalls zur Sperrung des **warmen** Wassers berechtigt. Mit der Zurückbehaltung von nur einer Versorgungsleistung verletzt der Vermieter jedenfalls nicht den Grundsatz der Verhältnismäßigkeit (AG Waldshut-Tiengen, 7 C 131/09). Eine andere Auffassung vertritt das LG München (Beschluss v. 24.11.2005, 15 T

19143/05) für die Unterbrechung der Stromzufuhr. Dies stelle verbotene Eigenmacht des Vermieters dar, da der Mieter hier – im Gegensatz zur Wasserversorgung – einen eigenständigen Vertrag mit den Stadtwerken hat und der Vermieter daher nicht in Vorleistung treten müsse.

Nach Beendigung eines Mietvertrags über eine Eigentumswohnung, z.B. aufgrund fristloser Kündigung wegen Zahlungsverzugs, stellt es **keine** verbotene Eigenmacht des Wohnungseigentümers gegenüber dem gekündigten Mieter dar, wenn er es unterlässt, an das Gasversorgungsunternehmen rückständige Kosten zu bezahlen und das Versorgungsunternehmen daraufhin die Gasversorgung der Wohnung unterbricht (LG Münster, Urteil v. 22.11.2006, 1 S 173/06, WuM 2007 S. 274).

Dagegen ist die **Unterbrechung der Strom- und Wasserversorgung** wegen Verzugs mit den Mietzahlungen durch den Vermieter **nicht** zulässig, wenn das Mietverhältnis noch nicht gekündigt ist (KG Berlin, Beschluss v. 29.8.2005, 8 U 70/05, ZMR 2005 S. 951) oder nicht feststeht, dass die Kündigung wirksam ist, z.B. weil der Mieter die Wirksamkeit der Kündigung bestreitet und der Räumungsrechtsstreit noch nicht rechtskräftig entschieden ist (OLG Celle, Urteil v. 28.4.2005, 11 U 44/05, NZM 2005 S. 741). Auch wenn der Mieter bereits zur Räumung und Herausgabe verurteilt ist, hat er einen Anspruch auf Gewährleistung der ungehinderten Versorgung der Wohnung mit Strom, Wasser, Gas und Heizung, solange die Möglichkeit besteht, dass mit Erfolg ein Räumungsfristverlängerungsantrag bzw. Räumungsschutzantrag gestellt wird, und der Räumungstitel noch nicht rechtskräftig ist (AG Berlin, Urteil v. 26.4.2010, 5 C 49/10, NZM 2011 S. 72).

Der Vermieter ist auch **nicht** berechtigt, die Zufuhr von Energie oder Wasser zur Mietwohnung zu unterbrechen, um **Nachforderungen** aus einer Betriebskostenabrechnung durchzusetzen (AG Greifswald, Beschluss v. 20.3.2003, 43 C 53/03, WuM 2003 S. 265; so im Ergebnis auch OLG Köln, Beschluss v. 26.4.2004, 1 U 67/03, ZMR 2005 S. 124, wonach auch dem Vermieter von Gewerberaum nur unter engen Voraussetzungen das Recht zusteht, weitere Schädigungen durch die Stromentnahme eines nicht zahlenden Mieters zu unterbinden).

Ein ehemaliger Mieter soll nach Auffassung des LG Berlin gegen seinen vormaligen Vermieter einen Anspruch auf Festsetzung eines Ordnungsgeldes haben, wenn dieser trotz Verurteilung zur Unterlassung des Abstellens der Heizung während der Heizperiode sich nicht daran gehalten hat. Unerheblich sei insofern, dass angesichts der Beendigung des Mietverhältnisses und der Rückgabe der Wohnung ein weiterer Verstoß gegen dieses Urteil seitens des Vermieters nicht mehr erfolgen wird. Die Anordnung des Ordnungsgeldes sei auch in einem solchen Fall zulässig. Es soll allein darauf ankommen, dass zum Zeitpunkt der Zuwiderhandlung der vollstreckungsfähige Titel noch vorhanden und nicht gegenstandslos geworden war (LG Berlin, Beschluss v. 5.1.2010, 65 T 162/09, ZMR 2010 S. 601).

Unter Berücksichtigung dieser von der Rechtsprechung entwickelten Grundsätze ist die Unterbrechung der Gas-, Strom- oder Wasserversorgung der Mieträume nur unter sehr engen Voraussetzungen zulässig:

- Das Mietverhältnis muss **unstreitig beendet** sein (KG Berlin, Urteil v. 8.7.2004, 12 W 21/04, ZMR 2004 S. 905). Unzulässig ist die Unterbrechung daher, wenn lediglich Zahlungsrückstände vorliegen, das Mietverhältnis aber noch nicht gekündigt ist (KG Berlin, Beschluss v. 29.8.2005, 8 U 70/05, ZMR 2005 S. 951) oder nicht feststeht, dass die Kündigung wirksam ist, z.B. weil der Mieter die Wirksamkeit der Kündigung bestreitet und der Räumungsrechtsstreit noch nicht rechtskräftig entschieden ist (OLG Celle, Urteil v. 28.4.2005, 11 U 44/05, NZM 2005 S. 741).
- Der Vermieter stellt die Energie bzw. das Wasser als **Vorleistung** zur Verfügung, d.h. der Vermieter ist Vertragspartner des Energielieferanten und muss daher an diesen die Verbrauchskosten bezahlen, unabhängig davon, ob er die Kosten vom Mieter erstattet bekommt. Unzulässig ist die Energiesperre daher, wenn der Mieter einen

eigenständigen Vertrag mit dem Lieferanten (z.B. mit den Stadtwerken über die Stromlieferung) hat (LG München I, Beschluss v. 24.11.2005, 15 T 19143/05).

- Strittig ist, ob bei Vorliegen dieser Voraussetzungen die Unterbrechung der Energiezufuhr nur bei **gewerblichen** Mietverhältnissen (so LG München I, a.a.O.) oder auch bei **Wohnungen** zulässig ist (so z.B. AG Bergheim, Urteil v. 15.12.2003, 27 C 744/03, ZMR 2005 S. 53).

Der Zutritt zu einer Wohnung, um in berechtigter Weise die Gasversorgung zu sperren, stellt **keine** Durchsuchung i.S.v. Art. 13 Abs. 2 GG, §§ 758, 758a ZPO dar. Dem Richtervorbehalt zum Schutz der Unverletzlichkeit der Wohnung (Art. 13 Abs. 1 GG) ist in einem solchen Fall dadurch genügt, dass dem Schuldner in einer von einem Richter erlassenen Entscheidung aufgegeben wurde, dem Gläubiger bzw. einem mit einem Ausweis versehenen Beauftragten des Gläubigers den Zutritt zu seiner Wohnung zu gestatten und die Einstellung der Gasversorgung zu dulden (BGH, Beschluss v. 10.8.2006, I ZB 126/05, WuM 2006 S. 632).

Der **Streitwert** einer **einstweiligen Verfügung**, durch die der Gaskunde das Versorgungsunternehmen daran hindern will, die Energieversorgung seiner Wohnung einzustellen, richtet sich nicht nach dem Wert künftiger Gaslieferungen, sondern nach dem Umfang der Beeinträchtigung, die dem Antragsteller im Fall der Sperre droht. Erfordert sie den Einbau einer anderen Heizungsanlage, kann auf deren Kosten abgestellt werden. Wegen des vorläufigen Charakters einer einstweiligen Verfügung ist ein Abschlag von 2/3 vorzunehmen (OLG Koblenz, Beschluss v. 4.7.2007, 5 W 503/07, WuM 2008 S. 37).

2 Die Betriebskostenarten nach § 2 BetrKV – Betriebskostenkatalog

2.1 Die laufenden öffentlichen Lasten des Grundstücks (Nr. 1)

Dazu gehören sämtliche laufend wiederkehrenden Verbindlichkeiten, deren Erhebung auf öffentlichem Recht beruht, namentlich die **Grundsteuer**. Diese kann in der vollen Höhe angesetzt werden. Im Fall einer Grundsteuervergünstigung darf nur die tatsächlich gezahlte Grundsteuer angesetzt werden.

Ferner zählen auch Grundsteuer**nachforderungen** durch die Stadt bzw. Gemeinde für zurückliegende Jahre zu den umlagefähigen Betriebskosten, obwohl es sich insofern nicht um eine laufende, sondern um eine einmalige Zahlung handelt (OLG Frankfurt/M., Urteil v. 7.4.1983, 1 U 213/82, ZMR 1983 S. 374).

Der Vermieter kann die Nachzahlung von rückwirkend neu festgesetzten Grundsteuern auch nach zwischenzeitlicher Beendigung des Mietverhältnisses vom ehemaligen Mieter verlangen. Eine verspätete Abrechnung der Betriebskostenvorauszahlungen hat der Vermieter nicht zu vertreten, da diese nicht in seinen Einflussbereich fällt (LG Rostock, Urteil v. 27.2.2009, 1 S 200/08, ZMR 2009 S. 924).

Ist neben grundsteuerbegünstigtem Wohnraum noch Geschäftsraum oder nichtbegünstigter Wohnraum vorhanden, darf den begünstigten Wohnungen nur der Teil der Grundsteuer zugerechnet werden, der auf sie entfällt. Dagegen zählen **nicht** zu den öffentlichen Lasten des Grundstücks die Personensteuern des Vermieters (Einkommensteuer, Erbschaft- und Schenkungsteuer) sowie Realsteuern, z.B. die Gewerbesteuer, die auch dann nicht zu den öffentlichen Lasten zählt, wenn das Grundstück zum Betriebsvermögen gehört, da sich die Steuerpflicht auch dann nicht aus dem Eigentum am Grundstück, sondern aus dem Betrieb des Gewerbes ergibt (vgl. Rundschreiben des Bundesministers für Städte-, Bau- und Wohnungswesen vom 20.7.1970). Gleiches gilt für eine Ortskirchensteuer. Auch wenn diese nach dem Grundvermögen erhoben wird, zählt sie nicht zu den Betriebskosten, da sie als von der Konfession des Grundstückseigentümers abhängige Ortssteuer nicht auf dem Grundstück lastet (LG Landau, Urteil v. 3.7.2012, 1 S 30/12, ZMR 2013 S. 43).

Zu den laufenden öffentlichen Lasten des Grundstücks zählen ferner die Kosten des **Feuerstättenbescheids**. Aus der Formulierung des § 2 Nr. 1 BetrKV ergibt sich, dass unter die laufenden öffentlichen Lasten nicht nur die

Grundsteuer fällt. Die Feuerstättenschau, auf die ein Feuerstättenbescheid ergeht, ist als hoheitliche Aufgabe zu qualifizieren, sodass damit der Tatbestand der laufenden öffentlichen Lasten des Grundstücks erfüllt ist (AG Soest, Urteil v. 6.2.2013, 12 C 280/12, DWW 2013 S. 340).

2.2 Die Kosten der Wasserversorgung (Nr. 2)

Hierzu gehören die Kosten des Wasserverbrauchs, die Grundgebühren, die Kosten der Anmietung oder anderer Arten der Gebrauchsüberlassung von Wasserzählern sowie die Kosten ihrer Verwendung einschließlich der Kosten der Eichung sowie die Kosten der Berechnung und Aufteilung, die Kosten der Wartung von Wassermengenreglern, die Kosten des Betriebs einer hauseigenen Wasserversorgungsanlage und einer Wasseraufbereitungsanlage einschließlich der Aufbereitungsstoffe (seit 1.1.2004 geltende Fassung).

2.2.1 Die Kosten des Wasserverbrauchs

Diese Kosten („Wassergeld") zählen zu den Betriebskosten, unabhängig davon, ob sie als öffentlich-rechtliche Gebühr oder privatrechtliches Entgelt erhoben werden. Als Wasserverbrauch ist nur der reguläre (auch der verschwenderische durch einen oder mehrere Mieter) anzusehen, nicht aber ein irregulärer, z. B. durch eine defekte Toilettenspülung oder durch einen Wasserrohrbruch (AG Bergisch Gladbach, Urteil v. 8.3.1983, 26 (23) C 575/80, WuM 1984 S. 230). Insofern darf das Gericht einen Vortrag des Mieters zu Alternativursachen eines im Vergleich zu Vorzeiträumen exorbitanten Wasserverbrauchs nicht übergehen; anderenfalls liegt eine Verletzung des Anspruchs auf rechtliches Gehör vor (BVerfG, Beschluss v. 23.9.1996, 2 BvR 430/96, NJWE-MietR 1996 S. 265).

Differenzen zwischen der vom Hauptzähler gemessenen Gesamtwassermenge und den erfassten Einzelmengen sind aufgrund Messtoleranzen technisch nicht zu vermeiden. Sofern die Messtoleranzen alle Mieter gleichermaßen betreffen, sind sie in einem Umfang von ca. 20 % noch hinzunehmen und beeinträchtigen nicht die Ordnungsgemäßheit der Abrechnung (LG Duisburg, Beschluss v. 22.2.2006, 13 T 9/06, WuM 2006 S. 199).

Nach Ablauf der Eichfrist können Ablesewerte der Wasserzähler weder der Betriebskostenabrechnung zugrunde gelegt noch zur Schätzung des Wasserverbrauchs herangezogen werden (AG Neubrandenburg, Urteil v. 6.11.2009, 5 C 130/09, GE 2010 S. 849).

2.2.2 Die Grundgebühren

2.2.3 Die Kosten der Anmietung

Diese oder andere Arten der Gebrauchsüberlassung von Wasserzählern sowie die Kosten ihrer Verwendung einschließlich der Kosten der Eichung sowie der Kosten der Berechnung und Aufteilung. Die Umlagefähigkeit der Eichkosten für Kalt- und Warmwasserzähler entsprechend dem Eichgesetz bzw. der Eichordnung besteht seit Inkrafttreten der Betriebskostenverordnung am 1.1.2004.

Nicht umlagefähig sind Reparaturkosten. Kosten des Austauschs können dann angesetzt werden, wenn der Austausch als Ersatz für die Eichung erfolgt ist, nicht aber, wenn dies wegen eines Defekts erforderlich war (AG Neuss, Urteil v. 1.6.1988, 30 C 518/87, DWW 1988 S. 284; AG Bremerhaven, Urteil v. 1.10.1986, 53 C 512/86, DWW 1987 S. 19).

2.2.4 Kosten des Betriebs der hauseigenen Wasserversorgungsanlage

Hierzu gehören z. B. die Wartungskosten eines hauseigenen Brunnens, einer Pumpanlage oder eines Wasserwerks sowie die Kosten von vorgeschriebenen Wasseruntersuchungen (AG Altena, Urteil v. 5.6.1981, WuM 1983 S. 2); nicht aber Reparaturkosten der Wasserversorgungsanlage.

2.2.5 Die Kosten einer Aufbereitungsanlage einschließlich der Aufbereitungsstoffe

Aufbereitungsanlagen sind Anlagen zur Verbesserung der Wasserqualität, z. B. Filteranlagen und Entkalkungsgeräte. Ansatzfähig sind die Wartungskosten und die regelmäßig zu erneuernden Aufbereitungsstoffe. Dagegen sind die Kosten von Maßnahmen bzw. Dosiermitteln, die in erster Linie dem Korrosionsschutz der Wasserleitungen dienen, nicht ansatzfähig (AG Lörrach, Urteil v. 31.1.1995, 2 C 343/94, WuM 1995 S. 593).

Wasserkosten, die bei anderen Positionen (z.B. bei der Gartenpflege oder den Einrichtungen für die Wäschepflege) anfallen und dort auch erfassbar sind (z.B. durch Zähler), sind unter diesen Positionen und nicht unter Nr. 2 anzusetzen.

2.3 Die Kosten der Entwässerung (Nr. 3)

Hierzu gehören die Gebühren für die Haus- und Grundstücksentwässerung, die Kosten des Betriebs einer entsprechenden nichtöffentlichen Anlage und die Kosten des Betriebs einer Entwässerungspumpe.

2.3.1 Die Kosten für die Haus- und Grundstücksentwässerung

Zu diesen Kosten gehören sämtliche für die Entwässerung in Rechnung gestellten Gebühren, unabhängig davon, ob sie für Schmutz- oder für Regenwasser erhoben werden (OLG Düsseldorf, Urteil v. 3.2.2000, 10 U 197/98, WuM 2000 S. 591; LG Berlin, Urteil v. 18.3.2003, 64 S 3/03, GE 2003 S. 1159). Missverständlich und daher zu vermeiden ist die Verwendung des Begriffs „Abwasser“. Strittig ist, ob damit auch das ins Kanalsystem abfließende Regenwasser gemeint ist. Ein entsprechender Wille der Parteien kann aber jedenfalls dann unterstellt werden, wenn der Mieter jahrelang sowohl die Kosten des Schmutzwassers als auch des Regenwassers bezahlt hat (LG Mannheim, Urteil v. 10.4.2002, 4 S 202/01, NZM 2003 S. 398; s. auch LG Hannover, Urteil v. 7.1.2004, 12 S 53/03, NZM 2004 S. 343, wonach der Mieter beide Gebühren zu zahlen hat, wenn die „Abwassergebühr“ auf ihn umgelegt ist und die Gemeinde ihre Gebührenstruktur dahingehend verändert, dass anstelle einer Abwassergebühr eine Gebühr für Schmutzwasser und eine Gebühr für Niederschlagswasser zu zahlen ist).

Die Kosten einer **Dachrinnenreinigung** fallen **nicht** unter die Kosten der Entwässerung, sie sind jedoch als sonstige Betriebskosten (s. Abschnitt 2.17) umlagefähig (BGH, Urteil v. 7.4.2004, VIII ZR 146/03, WuM 2004 S. 292).

Der Vermieter ist gemäß dem Wirtschaftlichkeitsgebot bei der Betriebskostenumlage verpflichtet, bei den Wasserwerken die Gewährung eines **Gießwasserabzugs** (d.h. für Wasser, das nicht in die Kanalisation eingeleitet wird) zu beantragen und für die Erfassung Zwischenzähler an allgemein zugänglichen Wasserhähnen außerhalb des Hauses zu installieren (AG Brandenburg, Urteil v. 8.11.2010, 34 C 16/10, GE 2010 S. 1751). Unterlässt der Vermieter die Stellung dieses Antrags, müssen die Entwässerungskosten nach Auffassung des AG Schöneberg (GE 1998 S. 1343) wegen Verstoßes gegen den **Grundsatz der Wirtschaftlichkeit** (s. „Abrechnung der Betriebskosten“, Abschnitt 9 „Grundsatz der Wirtschaftlichkeit“) um den deshalb zu viel bezahlten Betrag gekürzt werden.

2.3.2 Die Kosten des Betriebs einer entsprechenden nichtöffentlichen Anlage

Hierzu zählen z.B. die Kosten der Reinigung einer eigenen Kläranlage oder Sickergrube, wenn das Gebäude nicht an das öffentliche Kanalnetz angeschlossen ist.

2.3.3 Die Kosten des Betriebs einer Entwässerungspumpe

Hierzu zählen insbesondere die Kosten für Strom, Reinigung, Prüfen und Abschmieren. **Nicht** ansatzfähig sind die Kosten, wenn sie vom **Hauswart** ohne zusätzliche Vergütung erledigt werden (s. Abschnitt 2.14). Nicht zu den Kosten der Entwässerung zählen Kosten der Beseitigung einer Rohrverstopfung im Hauptstrang der Abwasserleitung (OLG Hamm, RE v. 19.5.1982, 4 RE-Miet 10/81, WuM 1982 S. 201). Diese Kosten sind als Instandhaltungskosten nicht umlagefähig (s. auch „Verstopfung“).

In einem bestehenden Mietverhältnis ist der Mieter **nicht** verpflichtet, mit einem Dritten einen Vertrag über die zukünftige Lieferung und Abrechnung von Wasser sowie über die Abrechnung der Entwässerungsgebühren (**Contracting** für Wasser und Abwasser) zu vereinbaren (LG Bonn, Urteil v. 2.3.2006, 6 S 258/05, WuM 2006 S. 563).

2.4 Die Kosten der Heizung (Nr. 4)

Darunter fallen folgende Kosten:

- die Kosten des Betriebs der zentralen Heizungsanlage einschließlich der Abgasanlage (Nr. 4a); s. Abschnitt 2.4.1,
- die Kosten des Betriebs der zentralen Brennstoffversorgungsanlage (Nr. 4b); s. Abschnitt 2.4.2,
- die Kosten der eigenständig gewerblichen Lieferung von Wärme, auch aus Anlagen i.S.d. Buchstabens a (Nr. 4c); s. Abschnitt 2.4.3,
- die Kosten der Reinigung und Wartung von Etagenheizungen (Nr. 4d); s. Abschnitt 2.4.4.

2.4.1 Die Kosten des Betriebs der zentralen Heizungsanlage einschließlich der Abgasanlage

Hierzu gehören die Kosten der verbrauchten Brennstoffe und ihrer Lieferung, die Kosten des Betriebsstroms, die Kosten der Bedienung, Überwachung und Pflege der Anlage, der regelmäßigen Prüfung ihrer Betriebsbereitschaft und Betriebssicherheit einschließlich der Einstellung durch eine Fachkraft, der Reinigung der Anlage und des Betriebsraums, die Kosten der Messungen nach dem Bundesimmissionsschutzgesetz, die Kosten der Anmietung oder anderer Arten der Gebrauchsüberlassung einer Ausstattung zur Verbrauchserfassung sowie die Kosten der Verwendung einer Ausstattung zur Verbrauchserfassung einschließlich der Kosten der **Eichung** sowie der Kosten der Berechnung und Aufteilung. **Nicht** zu den Kosten des Betriebs der zentralen Heizungsanlage gemäß § 7 Abs. 2 HeizkostenV gehören **Leasingkosten** für eine Heizungsanlage bzw. deren Teile (z.B. Brenner, Öltank, Verbindungsleitungen), die nicht im Rahmen eines Wärmelieferungsvertrags anfallen. § 7 Abs. 2 HeizkostenV regelt insofern abschließend, welche Kosten umlagefähig sind. Leasingkosten gehören dazu nicht (BGH, Urteil v. 17.12.2008, VIII ZR 92/08).

> Der Begriff der zentralen Heizungsanlage ist gleichbedeutend mit dem Begriff der **Zentralheizung**.

Darunter ist eine Anlage zu verstehen, die alle wesentlichen Räume eines Gebäudes ausreichend mit Wärme versorgt, unabhängig von der Art des Energieträgers. Zentralheizungen müssen grundsätzlich den Anforderungen der Verordnung über energiesparenden Wärmeschutz und energiesparende Anlagentechnik bei Gebäuden entsprechen (**Energieeinsparverordnung** – EnEV). Näheres s. bei „Energieeinsparverordnung".

Zur „Abgasanlage" gehört insbesondere der Schornstein einschließlich der Verbindungsstücke zur Heizanlage (z.B. Rauch- und Abgasrohre); weiterhin Drosselvorrichtungen (Drosselklappen oder Schieber), Zugbegrenzer, Nebenlufteinrichtungen, Absperrvorrichtungen, Abgasventilatoren sowie andere Bestandteile der Verbindung zwischen Heizungsanlage und Schornstein.

Zur Umlagefähigkeit der Kosten der gesetzlich vorgeschriebenen Legionellenprüfung siehe das Stichwort „Trinkwasserverordnung".

2.4.1.1 Die Kosten der verbrauchten Brennstoffe und ihrer Lieferung

Diese Kosten umfassen auch Kosten für Brennstoffzusätze (z.B. Additive zur Reinigung) und Anfeuerungsmaterial. Anzusetzen sind nur die tatsächlich entstandenen Kosten, sodass Mengenrabatte oder Preisnachlässe zugunsten des Mieters zu berücksichtigen sind.

> In jedem Fall ist es Sache des Vermieters zu entscheiden, zu welchem Zeitpunkt und von welchem Anbieter er die Brennstoffe einkauft.

Der Vermieter ist nicht verpflichtet, den jeweils **preisgünstigsten Lieferanten** herauszufinden und zu beauftragen (AG Frankfurt/M., Urteil v. 20.2.1981, 33 C 12707/80, ZMR 1983 S. 199). Jedoch dürfen die üblichen

Kosten nicht um mehr als 20 % überschritten werden (AG Berlin, GE 1998 S. 1465). Bei den Kosten der Anlieferung können neben den Kosten für das Einbringen in den Lagerraum auch **Trinkgelder** angesetzt werden, soweit diese angemessen und üblich sind.

Kosten für das **Trockenheizen eines Neubaus** können nicht als Betriebskosten angesetzt werden, da sie nicht laufend, sondern einmalig entstehen und damit nicht unter den Begriff der Betriebskosten fallen.

2.4.1.2 Die Kosten des Betriebsstroms

Hierzu gehören sämtliche Stromkosten, die für das Betreiben der Heizungsanlage anfallen, z. B. der Strom für Pumpen, Brenner, elektrisch arbeitende Wärmefühler, elektrische Wärmepumpen sowie für Strom, der im Rahmen der Überwachung, Pflege und Reinigung der Anlage verbraucht wird.

Können diese Kosten nicht mit einem separaten Zähler erfasst werden, sind sie zu schätzen (z. B. anhand der Werte über den Stromverbrauch der einzelnen Geräte und deren Betriebsdauer).

2.4.1.3 Die Kosten der Bedienung, Überwachung und Pflege der Anlage

Hierzu gehören die Sach- und Personalkosten einschließlich der Sozialbeiträge, die dem Eigentümer laufend entstehen, insbesondere beim arbeitsintensiven Betrieb von Kokszentralheizungen (Anheizen und Unterhalten der Brennstelle, Beseitigen von Asche und Schlacke). Jedoch können auch bei automatisch arbeitenden Öl- und Gaszentralheizungen Kosten anfallen, insbesondere dann, wenn der Eigentümer nicht im Haus wohnt und daher einen Dritten mit diesen Arbeiten betrauen muss (AG Mannheim, Urteil v. 24.1.1979, DWW 1979 S. 64).

Trotz der Regelung in § 1 Abs. 1 S. 2 BetrKV, wonach für Sach- und Arbeitsleistungen, die der Eigentümer selbst ausführt, entsprechende Kosten angesetzt werden dürfen, wird von der Rechtsprechung ein Ansatz für **ersparte Bedienungskosten** einer Zentralheizung durch den Eigentümer häufig mit der Begründung abgelehnt, dass aufgrund der Geringfügigkeit der Leistungen ein Geldwert kaum bestimmbar ist.

2.4.1.4 Die Kosten der regelmäßigen Prüfung der Betriebsbereitschaft und Betriebssicherheit der Anlage einschließlich der Einstellung durch eine Fachkraft

Diese Kosten werden zusammenfassend meist als **„Wartungskosten"** bezeichnet, deren Umfang u. a. von der Art der Ausführung und dem Alter der Anlage abhängig ist. Heizungs- und Warmwasseranlagen sind gemäß § 10 Abs. 3 Energieeinsparverordnung sachgerecht **zu warten und instand zu halten**. Wartungs- und Instandhaltungsmaßnahmen dürfen grundsätzlich nur von Personen vorgenommen werden, welche die notwendigen Fachkenntnisse und Fertigkeiten besitzen (s. „Energieeinsparverordnung").

Zur Wartung können u. a. folgende Maßnahmen gehören: Überprüfen und Einstellen der Feuerungseinrichtungen, Reinigen und Einstellen des Brenners einschließlich der Kosten kleiner Instandhaltungsarbeiten wie Austausch von verschleißanfälligen Kleinteilen, z. B. Dichtungen, Filter, Düsen (OLG Düsseldorf, Urteil v. 8.6.2000, 10 U 94/99, NZM 2000 S. 762; LG Hamburg, Urteil v. 13.7.1978, 7 S 66/78, WuM 1978 S. 242), Überprüfen der zentralen regeltechnischen Einrichtungen, Probeläufe, Messungen der Abgaswerte und der Abgastemperaturen, Kontrolle und Nachfüllen des Wasserstands, Prüfung der Dichtigkeit der Gasleitungen im Gebäude, die vom Zähler zu den Gasetagenheizungen in den Mieträumen führen (LG Hannover, Urteil v. 7.3.2007, 12 S 97/06, ZMR 2007 S. 865; so auch Langenberg in Schmidt-Futterer, 9. Aufl. 2007, § 556 BGB Rn. 223; AG Bad Wildungen, Urteil v. 20.6.2003, C 66/03, WuM 2004 S. 669; a. A. AG Kassel, Urteil v. 8.4.2005, 454 C 6175/04, WuM 2006 S. 149, wonach es sich bei den Gasrohren, die innerhalb des Hauses zu den einzelnen Gasetagenheizungen führen, nicht um Teile der Heizungsanlage handelt, sondern um Versorgungselemente, deren Prüfungskosten nicht umlagefähig sind). Auch nach Auffassung des AG Trier (Urteil v. 23.11.2007, 7 C 260/07, WuM 2008 S. 598) stellt die Prüfung der Gasleitungen zur Etagenheizung in der Mietwohnung keine Betriebssicherheitsprüfung der Heizung dar. Die Umlage der Prüfungskosten als Betriebskosten bedarf daher der besonderen Vereinbarung im Mietvertrag.

Nach den technischen Regeln für **Gasinstallationen** (DVGW-TRGI 2008) ist für die Dichtigkeitsprüfung von Gasleitungen ein Zwölfjahresrhythmus vorgeschrieben. Allein das hohe Alter eines Gebäudes rechtfertigt keinen kürzeren Turnus. Lässt der Vermieter die Dichtigkeitsprüfung alle 5 Jahre durchführen, verstößt er damit gegen das Gebot der Wirtschaftlichkeit (§ 556 Abs. 3 S. 1 BGB) und kann die entstandenen Kosten nicht auf die Mieter umlegen (AG Köln, Urteil v. 26.10.2010, 221 C 128/09, ZMR 2011 S. 222).

Eine Klausel, die den Mieter zur Zahlung der Kosten der jährlichen **Wartung der Therme** verpflichtet, ohne eine Kostenobergrenze vorzugeben, ist **wirksam**, da sie den Mieter nur zur Übernahme der Kosten solcher Wartungsarbeiten verpflichtet, die ohnehin zu den nach Anlage 3 zu § 27 II. BV (seit 1.1.2004: Betriebskostenverordnung) umlagefähigen Betriebskosten gehören und es auch bei der Umlage dieser Kosten kein Erfordernis gibt, eine Obergrenze zu vereinbaren (BGH, Urteil v. 7.11.2012, VIII ZR 119/12, WuM 2013 S. 31; so bereits AG Siegburg, Urteil v. 30.11.2000, 4 C 746/99, WuM 2001 S. 245; Bub/Treier, 3. Aufl., II 463 und III 1082).

Von den umlagefähigen **Wartungs**kosten streng zu trennen sind die nicht umlagefähigen **Instandhaltungs- und Instandsetzungs**kosten (z. B. Einbau einer neuen Pumpe oder Reparatur des Brenners). Werden diese Reparaturen zusammen mit Wartungsarbeiten durchgeführt, sind die Kosten der Reparatur aus dem Gesamtbetrag der Kosten herauszurechnen.

> Um Streitigkeiten vorzubeugen, ist daher zu empfehlen, den Fachbetrieb anzuweisen, die Beträge für Reparatur und Wartung auf der Rechnung möglichst gesondert auszuweisen.

2.4.1.5 Die Kosten der Reinigung der Anlage und des Betriebsraums

Dazu gehört insbesondere das Reinigen des Heizkessels durch Entfernung von Verbrennungsrückständen und Wasserablagerungen sowie des Brenners (soweit dies nicht bereits im Rahmen der Wartung erfolgt ist, s. Abschnitt 2.4.1.4).

Die **Reinigung des Öltanks** zählt zu den Heizkosten. Ist der Mieter vertraglich zur Zahlung der Heizkosten (i. S. v. § 2 Nr. 4a BetrKV) verpflichtet, kann ihm der Vermieter – neben den Kosten für den Brennstoff, z. B. Öl – auch die Kosten für die Reinigung des Öltanks in Rechnung stellen. Bei den Tankreinigungskosten handelt es sich nicht um – nicht umlagefähige – Instandhaltungskosten. Die von Zeit zu Zeit erforderlich werdende Reinigung des Öltanks dient nicht der Vorbeugung oder der Beseitigung von Mängeln an der Heizungsanlage, sondern vielmehr der Aufrechterhaltung ihrer Funktionsfähigkeit und stellt damit keine Instandhaltungsmaßnahme dar. Ferner handelt es sich auch – wie gemäß § 2 Nr. 4a BetrKV erforderlich – um „laufend entstehende“ Kosten, auch wenn Tankreinigungen nur in Abständen von mehreren Jahren durchgeführt werden. Ein solcher mehrjähriger Turnus reicht nach Auffassung des BGH aus, um die wiederkehrenden Belastungen als laufend entstehende Kosten anzusehen.

Der Vermieter ist auch **nicht** verpflichtet, die jeweils nur im Abstand von mehreren Jahren anfallenden Tankreinigungskosten auf mehrere Abrechnungsperioden **aufzuteilen**. Sie dürfen vielmehr – ebenso wie etwa die im vierjährigen Turnus entstehenden Kosten der Überprüfung einer Elektroanlage (so bereits BGH, Urteil v. 14.2.2007, VIII ZR 123/06, NJW 2007 S. 1356) – grundsätzlich in dem Abrechnungszeitraum umgelegt werden, in dem sie entstehen (BGH, Urteil v. 11.11.2009, VIII ZR 221/08, WuM 2010 S. 33).

> Dagegen sind die Kosten einer **Beschichtung** oder des Anstrichs des Öltanks **keine** Betriebskosten, sondern (**nicht** umlagefähi-

ge) Instandhaltungskosten (LG Frankenthal, Urteil v. 10.4.1985, 2 S 483/84, ZMR 1985 S. 302).

Umlagefähig sind auch die Kosten für die Reinigung des Betriebsraums einschließlich der Aufwendungen für das Reinigungsmaterial (LG Hamburg, Urteil v. 18.4.1958, ZMR 1960 S. 75).

2.4.1.6 Die Kosten für Messungen nach Bundesimmissionsschutzgesetz

Der Betreiber einer Feuerungsanlage (mit Ausnahme von Kleinanlagen) ist verpflichtet, die Erfüllung der in der Verordnung bestehenden Anforderungen vom zuständigen Bezirksschornsteinfegermeister durch wiederkehrende Messungen jährlich überwachen zu lassen (Verordnung zur Durchführung des Bundesimmissionsschutzgesetzes, Verordnung über Feuerungsanlagen). Der Betreiber hat innerhalb von 6 Wochen eine **Wiederholungsmessung** durchführen zu lassen, wenn sich ergibt, dass die Anlage den Anforderungen nicht genügt. Die Kosten der Wiederholungsmessung können nur dann nicht angesetzt werden, wenn der Eigentümer die Wiederholungsmessung zu vertreten hat. Dies kann der Fall sein, wenn er zur Wartung verpflichtet war (z.B. weil er diese vertraglich nicht auf die Mieter übertragen hat), die Wartung aber trotzdem nicht ordnungsgemäß hat ausführen lassen.

2.4.1.7 Die Kosten einer Ausstattung zur Verbrauchserfassung

Unter Ausstattung zur Verbrauchserfassung sind Wärmezähler und Heizkostenverteiler i.S.v. § 5 HeizkostenV zu verstehen, wobei nur solche verwendet werden dürfen, hinsichtlich derer sachverständige Stellen bestätigt haben, dass sie den anerkannten Regeln der Technik entsprechen oder ihre Eignung auf andere Weise nachgewiesen wurde.

Nach dem jetzigen Stand der Technik gehören dazu mechanische oder elektrische **Wärmezähler** nach DIN 4713 Teil 4, **Heizkostenverteiler** nach dem Verdunstungsprinzip und Heizkostenverteiler mit elektronischer Messgrößenerfassung.

Bei **Anmietung** oder **Leasen** der Geräte durch den Vermieter darf dieser die Kosten auf die Mieter im Wege der Heizkostenabrechnung nur dann umlegen, wenn er den Mietern die dadurch entstehenden Kosten mitgeteilt und die Mehrheit der Mieter innerhalb eines Monats nach Zugang der Mitteilung nicht widersprochen hat (§ 4 Abs. 2 HeizkostenV). Widerspricht die Mehrheit der Mieter der Anmietung, kann der Vermieter seine Aufwendungen nur umlegen, indem er die Geräte kauft und den Kaufpreis über eine Mieterhöhung nach § 559 BGB – nicht über die Heizkostenabrechnung – an die Mieter weitergibt (vgl. „Modernisierung"). Entsprechendes gilt für den Austausch vorhandener Geräte gegen Geräte mit höherer Maßgenauigkeit (z.B. Austausch von Geräten nach dem Verdunstungsprinzip gegen elektronische Heizkostenverteiler).

Beim Anmieten der Geräte muss der Vermieter das **Wirtschaftlichkeitsgebot** beachten. Vereinbart er eine wesentlich höhere als die marktübliche Miete, kann er die Kosten daher nur dann auf den Mieter umlegen, wenn er dieses Verhalten sachlich rechtfertigen kann; anderenfalls ist von einem Verstoß gegen das Wirtschaftlichkeitsgebot auszugehen (LG Köln, Urteil v. 4.11.2004, 6 S 36/04, NJW-RR 2005 S. 886).

Bei der **Anmietung** von Verbrauchserfassungsgeräten ist (gegenüber Verbrauchern) eine in Allgemeinen Geschäftsbedingungen vereinbarte Laufzeit von 10 Jahren unwirksam, da sie den Mieter (i.S.d. § 307 Abs. 1 S. 1 BGB) unangemessen benachteiligt.

Beim **Kauf** von Verbrauchserfassungsgeräten ist (gegenüber Verbrauchern) eine Klausel in Allgemeinen Geschäftsbedingungen (nach § 307 Abs. 2 Nr. 1, Abs. 1 S. 1 BGB) unwirksam, die es dem Verkäufer bei Zahlungsverzug gestattet, unter Eigentumsvorbehalt gelieferte Geräte bis zur Kaufpreiszahlung vorläufig wieder zurückzunehmen. Dies widerspricht dem wesentlichen Grundgedanken des § 449 Abs. 2 BGB, wonach der Verkäufer aufgrund des Eigentumsvorbehalts die verkaufte Sache erst dann herausverlangen kann, wenn er vom Vertrag zurückgetreten ist (BGH, Urteil v. 19.12.2007, XII ZR 61/05, WuM 2008 S. 139).

Seit Inkrafttreten der Betriebskostenverordnung am 1.1.2004 ist auch die Umlagefähigkeit der Kosten der **Eichung von Erfassungsgeräten** gesetzlich bestimmt.

Eichpflichtig sind Wärmezähler (bzw. Warmwasserzähler), d.h. Messgeräte, die den Wärmeverbrauch in physikalischen Einheiten (z.B. Megawattstunden, Joule) angeben. Dagegen sind **Heizkostenverteiler**, die nach dem Verdunstungsprinzip funktionieren, keine Messgeräte, da sie nicht die verbrauchte Wärmemenge messen, sondern nur einen Verhältniswert anzeigen. Solche Heizkostenverteiler sind daher nicht eichpflichtig (AG Pankow-Weißensee, Urteil v. 1.7.2014, 9 C 58/14, GE 2014 S. 1143). **Kalt**wasserzähler müssen alle 6 Jahre, **Warm**wasserzähler alle 5 Jahre geeicht werden. Die Kosten des **Austauschs** von Erfassungsgeräten infolge der gesetzlich vorgeschriebenen Eichung können im Rahmen der Heizkostenabrechnung auf den Mieter umgelegt werden, wobei nach § 7 Abs. 2 HeizkostenV auch eine Aufteilung auf mehrere Jahre zulässig ist (AG Koblenz, Urteil v. 28.5.1996, 42 C 970/96, DWW 1996 S. 252; AG Neuss, Urteil v. 1.6.1988, 30 C 518/87, DWW 1988 S. 284; Bub/Treier, III A 94). Gleiches gilt für Wartungskosten von elektronischen Heizkostenverteilern einschließlich des Batterieaustauschs (AG Koblenz, a.a.O.).

Eine Kostenumlage ist jedoch **nicht** möglich, wenn der Austausch infolge eines **Defekts** erforderlich wird, da es sich in diesem Fall um eine nicht umlagefähige Instandhaltungsmaßnahme handelt.

Seit der Neufassung der Heizkostenverordnung mit Wirkung zum 1.1.2009 sind auch die Kosten einer **Verbrauchsanalyse** umlagefähig. Eine solche Verbrauchsanalyse sollte insbesondere die Entwicklung der Kosten für die Heizwärme- und Warmwasserversorgung der vergangenen 3 Jahre wiedergeben (§ 7 Abs. 2 HeizkostenV n.F.) und den Nutzer damit in die Lage versetzen, sein Verbrauchsverhalten zeitnah und energiesparend zu ändern.

Der **Grundsatz der Wirtschaftlichkeit** (s. „Abrechnung der Betriebskosten“, Abschnitt 9 „Grundsatz der Wirtschaftlichkeit“) gilt auch für die Kosten der Messgeräte zur Verbrauchserfassung. Sind die Kosten für die Messgeräte (hier: Heizkostenverteiler mit Funksystem) **wesentlich überhöht**, ist die Heizkostenabrechnung zwar nicht unwirksam, jedoch kann der Mieter verlangen, dass die in der Heizkostenabrechnung angesetzten Kosten auf ein angemessenes Maß **gekürzt** werden (LG Berlin, Urteil v. 10.11.2003, 62 S 220/03, WuM 2004 S. 340).

Überhöht sind die Kosten für Beschaffung bzw. Anmietung, Abrechnung und Ablesung der Erfassungsgeräte jedenfalls dann, wenn sie **mehr als die Hälfte** der gesamten Heiz- und Warmwasserkosten betragen (AG Lichtenberg/LG Berlin, a.a.O.). Siehe auch AG Hamburg (Urteil v. 25.1.1994, 47 C 170/93, WuM 1994 S. 695) sowie AG Münster (Urteil v. 14.9.2001, 3 C 3188/01, WuM 2001 S. 499), wonach die Grenze bereits bei **25 %** zu ziehen ist; ferner Wall (WuM 2004 S. 341) für eine Grenze von nur **15 %** und AG Regensburg (Urteil v. 21.4.2004, 8 C 3280/03, WuM 2010 S. 426, wonach Kosten der Abrechnung und Verbrauchserfassung der Heizung und Warmwasserversorgung, die **15 %** der Brennstoffkosten regelmäßig überschreiten, gegen das Wirtschaftlichkeitsgebot verstoßen und daher aus der Heizkostenabrechnung herauszunehmen sind).

2.4.1.8 Die Kosten der Berechnung und Aufteilung

Dazu gehören die Kosten der Ermittlung der Betriebskosten und deren Aufteilung auf die einzelnen Mieter sowie das Erstellen der Heizkostenabrechnung.

Der Mieter ist verpflichtet, das **Ablesen** der Wärmemesseinrichtungen durch den Vermieter bzw. die beauftragte Ablesefirma zu dulden und die dafür anfallenden **Kosten** an den Vermieter zu bezahlen. Nach den Richtlinien zur Durchführung der verbrauchsabhängigen Heizkostenabrechnung i.d.F. vom 17.11.1989 sind zwei Ablesetermine im Abstand von mindestens 14 Tagen durchzuführen, wobei beim Termin für die **Zweitablesung** der Hinweis aufzunehmen ist, dass bei Nichteinhaltung des Termins und Nichtvereinbarung eines erneuten Ablesetermins der Verbrauch geschätzt wird. Eine Verletzung dieser Duldungspflicht durch den Nutzer kann daher erst vorliegen, wenn der Nutzer rechtzeitig vom Ablesetermin informiert worden ist und schuldhaft zwei Ablesetermine nicht wahrgenommen hat. Das LG München I hält daher die **Durchführung von zwei Ableseterminen** – ohne Kostenpflichtigkeit des zweiten Termins – für **notwendig und angemessen**.

Eine abweichende Klausel in Allgemeinen Geschäftsbedingungen, wonach der Mieter verpflichtet ist, bereits für den zweiten Termin die zusätzlichen Kosten für Fahrt- und Zeitaufwand zu tragen, ist unwirksam (LG München I, Urteil v. 22.2.2001, 12 O 7987/00, WuM 2001 S. 190). Aufwendungen des Vermieters im Zusammenhang mit der Erstellung der Abrechnung (z.B. Zusammenstellung der Kosten für den Wärmemessdienst, Gespräche mit Unternehmen, Porti, Versandkosten der Rechnungen) zählen dagegen zu den nicht umlagefähigen Verwaltungskosten.

2.4.2 Kosten des Betriebs der zentralen Brennstoffversorgungsanlage

Dazu gehören die Kosten der verbrauchten Brennstoffe und ihre Lieferung, die Kosten des Betriebsstroms und die Kosten der Überwachung sowie die Kosten der Reinigung der Anlage und des Betriebsraums.

Diese Kosten sind hier anzusetzen, wenn die einzelnen Räume zwar zentral versorgt werden, jedoch nicht direkt mit Wärme (dann Zentralheizung, Nr. 4a, s. Abschnitt 2.4.1), sondern primär durch eine Pumpe mit Brennstoff aus einem zentralen Vorratsbehälter, der dann zum Betrieb der angeschlossenen Einzelöfen verwendet wird. Für die einzelnen Positionen gelten die Ausführungen in Abschnitt „Die Kosten des Betriebs der zentralen Heizungsanlage einschließlich der Abgasanlage“ entsprechend.

2.4.3 Kosten der eigenständig gewerblichen Lieferung von Wärme (auch aus Anlagen i.S.v. Nr. 4a, s. Abschnitt 2.4.1)

Zu diesen Kosten gehören das Entgelt für die Wärmelieferung und die Kosten des Betriebs der zugehörigen Hausanlagen entsprechend Nr. 4a, s. Abschnitt 2.4.1. Zur eigenständigen gewerblichen Lieferung von Wärme kann neben der aus Fernheizwerken auch diejenige aus zentralen Heizungsanlagen gehören, wenn der Gebäudeeigentümer sie einem Dritten, z.B. einem Versorgungsunternehmen, zur eigenständigen gewerblichen Lieferung übertragen hat.

Eine **eigenständige** Lieferung ist gegeben, wenn der Lieferant die Anlage im eigenen Namen und für eigene Rechnung betreibt und die Wärme ebenso liefert. Eine **gewerbliche** Lieferung von Wärme ist gegeben, wenn der Lieferant einen auf Gewinnerzielung gerichteten, selbstständigen Gewerbebetrieb im Sinne der Gewerbeordnung betreibt.

Zum **Entgelt für die Wärmelieferung** gehören alle Kosten, die der Wärmelieferant seinerseits dem Vermieter in Rechnung stellt; somit auch die darin enthaltenen **Investitions- und Verwaltungskosten** sowie der **Unternehmergewinn** des Lieferanten (BGH, Urteil v. 16.7.2003, VIII ZR 286/02, WuM 2003 S. 501). Dies ergibt sich bereits aus der eindeutigen Formulierung, die nur noch vom „Entgelt“ und nicht mehr vom Grund-, Arbeits- und Verrechnungspreis als Kosten der Wärmelieferung spricht (vgl. § 7 Abs. 2 HeizkostenV, LG Osnabrück, Urteil v. 14.3.2002, 9 S 1273/01, WuM 2003 S. 325).

Die Umlage der Kosten der eigenständigen gewerblichen Lieferung von Wärme (Nahwärme, Wärmecontracting) erfordert in jedem Fall eine entsprechende **vertragliche** Vereinbarung; d.h. auch dann, wenn die Umstellung der Wohngebäudebeheizung (z.B. von der hauseigenen Zentralheizung auf Wärmecontracting) bereits vor Abschluss des Wohnungsmietvertrags erfolgt ist. Nicht ausreichend ist z.B. eine Vereinbarung, wonach der Mieter die Kosten der zentralen Heizungsanlage oder der Versorgung mit Fernwärme zahlen muss

(BGH, Urteil v. 20.6.2007, VIII ZR 244/06, WuM 2007 S. 445).

Ausreichend für die Überwälzung der Kosten des Wärmecontractings (§ 2 Nr. 4c BetrKV) ist eine mietvertragliche Klausel, wonach der Mieter die Kosten der **gewerblichen Wärmelieferung** zu tragen hat. Einer Aufschlüsselung des Preisgefüges zwischen Versorger und Vorlieferant bedarf es nicht (BGH, Beschluss v. 8.2.2011, VIII ZR 145/10, GE 2011 S. 609).

Beinhaltet eine mietvertragliche Vereinbarung über die Zahlung von Betriebskosten u.a. auch die „eigenständige gewerbliche Lieferung von Wärme und Warmwasser", sind auch die Kosten des Wärmecontractings umlagefähig.

Erfolgt bereits bei Abschluss des Mietvertrags die Versorgung der Mietwohnung mit Heizwärme im Rahmen von Wärmecontracting, muss der Mieter bei Bedenken gegen die zu erwartende Höhe der Kosten beim Vermieter entsprechend nachfragen; eine Aufklärungs- oder Informationspflicht des Vermieters besteht insofern nicht (LG Berlin, Urteil v. 2.4.2012, 67 S 231/11, GE 2012 S. 956).

Die wesentlichen Voraussetzungen für eine Umlage von Kosten der gewerblichen Wärmelieferung (Contracting) in einem **bestehenden** Mietverhältnis wurden mit dem Mietrechtsänderungsgesetz vom 11.3.2013 (BGBl I S. 434 ff.) durch den neu eingefügten § 556c BGB gesetzlich geregelt. Ist der Mieter nach den vertraglichen Vereinbarungen verpflichtet, die Betriebskosten für Wärme oder Warmwasser zu tragen, und stellt der Vermieter von der Eigenversorgung (z.B. durch die hauseigene Zentralheizung) auf die eigenständige gewerbliche Lieferung durch einen Wärmelieferanten (Wärmelieferung) um, hat der Mieter die Kosten der Wärmelieferung als Betriebskosten zu tragen, wenn die Wärme mit verbesserter Effizienz aus einer vom Wärmelieferanten errichteten neuen Anlage oder aus einem Wärmenetz geliefert wird und die Kosten der Wärmelieferung die Betriebskosten für die bisherige Eigenversorgung mit Wärme oder Warmwasser nicht übersteigen (§ 556c Abs. 1 BGB). Die Umstellung muss spätestens 3 Monate vorher in Textform angekündigt werden. Die aufgrund des § 556c Abs. 3 BGB erlassene und am 1.7.2013 in Kraft getretene Verordnung über die Umstellung auf gewerbliche Wärmelieferung für Mietwohnraum (Wärmelieferverordnung – WärmeLV, BGBl I 2013 S. 1509 ff.) regelt die gesetzlichen Rahmenbedingungen eines Wärmeliefervertrags und die Voraussetzungen für die Umlage der Kosten auf die Mieter.

2.4.4 Die Kosten der Reinigung und Wartung von Etagenheizungen und Gaseinzelfeuerstätten

Hierzu gehören die Kosten der Beseitigung von Wasserablagerungen und Verbrennungsrückständen in der Anlage, die Kosten der regelmäßigen Prüfung der Betriebsbereitschaft und Betriebssicherheit und der damit zusammenhängenden Einstellung durch eine Fachkraft sowie die Kosten der Messungen nach dem Bundesimmissionsschutzgesetz.

Seit Inkrafttreten der Betriebskostenverordnung am 1.1.2004 ist auch die Umlagefähigkeit der Kosten der Wartung von **Gaseinzelfeuerstätten** ausdrücklich bestimmt.

Die Beseitigung von Wasserablagerungen erfolgt in der Regel durch **Entkalken** bzw. Reinigen der wasserführenden Teile, insbesondere des Kessels, der Leitungen und der Heizkörper.

Zur Beseitigung von Verbrennungsrückständen gehört insbesondere die Reinigung des Brennerraums, des Kessels, des Brenners und der Abgasanlage.

Bezüglich der Kosten der regelmäßigen Prüfung der Betriebsbereitschaft und Betriebssicherheit und der damit zusammenhängenden Einstellung durch einen Fachmann wird auf die Ausführungen in Abschnitt „Die Kosten der regelmäßigen Prüfung der Betriebsbereitschaft und Betriebssicherheit der Anlage einschließlich der Einstellung durch eine Fachkraft" und bezüglich der Kosten der Messungen nach dem Bundesimmissionsschutzgesetz auf den Abschnitt „Die Kosten für Messungen nach Bundesimmissionsschutzgesetz" verwiesen.

2.5 Die Kosten der Warmwasserversorgung (Nr. 5)

Darunter fallen folgende Kosten:

- die Kosten des Betriebs der zentralen Warmwasserversorgungsanlage (Nr. 5a); s. Abschnitt 2.5.1,
- die Kosten der eigenständig gewerblichen Lieferung von Warmwasser, auch aus Anlagen i. S. d. Buchstabens a (Nr. 5b); s. Abschnitt 2.5.2,
- die Kosten der Reinigung und Wartung von Warmwassergeräten (Nr. 5c); s. Abschnitt 2.5.3.

2.5.1 Kosten des Betriebs der zentralen Warmwasserversorgungsanlage

Hierzu gehören die Kosten der Wasserversorgung entsprechend Nr. 2, soweit sie nicht dort berücksichtigt sind, und die Kosten der Wassererwärmung entsprechend Nr. 4a (s. Abschnitt 2.4.1); nicht aber die Kosten der Warmwasserentsorgung (AG Berlin, Urteil v. 27.10.2005, 219 C 97/05, GE 2006 S. 59). Diese zählen zu den Kosten der Entwässerung (Nr. 3, s. Abschnitt 2.3).

Die Umlage der Kosten des **Frisch**wassers kann entweder insgesamt über Nr. 2 (Kosten der Wasserversorgung; s. Abschnitt 2.2) oder separat bezüglich des zu erwärmenden Frischwassers über Nr. 5a erfolgen. Bezüglich des Umfangs der Kosten der Wassererwärmung wird auf die entsprechenden Ausführungen in Abschnitt „Die Kosten des Betriebs der zentralen Heizungsanlage einschließlich der Abgasanlage“ verwiesen.

2.5.2 Kosten der eigenständig gewerblichen Lieferung von Warmwasser

Hierzu gehören auch Kosten aus Anlagen i. S. d. Buchstabens a, das Entgelt für die Lieferung des Warmwassers und die Kosten des Betriebs der zugehörigen Hausanlagen entsprechend Nr. 4a (s. Abschnitt 2.4.1). Bezüglich dieser Kosten wird auf die entsprechenden Ausführungen in Abschnitt „Kosten der eigenständig gewerblichen Lieferung von Wärme“ verwiesen.

2.5.3 Kosten der Reinigung und Wartung von Warmwassergeräten

Hierzu gehören die Kosten der Beseitigung von Wasserablagerungen und Verbrennungsrückständen im Inneren der Geräte sowie die Kosten der regelmäßigen Prüfung der Betriebsbereitschaft und Betriebssicherheit und der damit zusammenhängenden Einstellung durch eine Fachkraft.

Diese Kosten fallen an, wenn die Warmwasserversorgung der Wohnung nicht durch eine zentrale Warmwasserversorgungsanlage im Sinne der Nr. 5a (s. Abschnitt 2.5.1), sondern **dezentral** durch **Einzel**geräte in der Wohnung (z. B. Boiler, Durchlauferhitzer) erfolgt.

Die Beseitigung von Wasserablagerungen erfolgt in der Regel durch Entkalken der Geräte. Im Einzelnen wird auf die Ausführungen in Abschnitt „Die Kosten der Reinigung und Wartung von Etagenheizungen und Gaseinzelfeuerstätten“ verwiesen.

Zu den Wärme- und Warmwasserkosten zählen auch die Kosten für die Wartung der Therme (AG Hannover, Urteil v. 20.2.2009, 578 C 16557/08, ZMR 2009 S. 539).

Eine Formularklausel, die den Mieter zur Zahlung der Kosten der jährlichen Wartung einer Gastherme verpflichtet, muss **keine** für Kleinreparaturen geltende **Ober**grenze enthalten, da es für die Umlage von Betriebskosten keine gesetzliche Obergrenze gibt. Insofern muss der Vermieter lediglich das sog. Wirtschaftlichkeitsgebot (§ 556 Abs. 3 S. 1 BGB; s. „Abrechnung der Betriebskosten“, Abschnitt 9 „Grundsatz der Wirtschaftlichkeit“) beachten (BGH, Urteil v. 7.11.2012, XII ZR 119/12, WuM 2013 S. 31).

Bezüglich der für den Betrieb der Geräte aufzuwendenden **Strom- bzw. Gaskosten** sowie der anfallenden Reinigung und Pflege des Äußeren der Geräte geht die Betriebskostenverordnung davon aus, dass es sich hierbei nicht um Kosten handelt, die primär den Eigentümer treffen und im Rahmen der Betriebskosten umgelegt werden können, sondern diese Kosten überwiegend vom Mieter außerhalb der Miete unmittelbar getragen werden und es sich daher begrifflich nicht um Betriebskosten handelt.

2.6 Die Kosten verbundener Heizungs- und Warmwasserversorgungsanlagen (Nr. 6)

- Bei zentralen Heizungsanlagen entsprechend Nr. 4a und entsprechend Nr. 2, soweit sie nicht dort bereits berücksichtigt sind,

  oder
- bei der eigenständig gewerblichen Lieferung von Wärme entsprechend Nr. 4c und entsprechend Nr. 2, soweit sie nicht dort bereits berücksichtigt sind,

  oder
- bei verbundenen Etagenheizungen und Warmwasserversorgungsanlagen entsprechend Nr. 4d und entsprechend Nr. 2, soweit sie nicht dort bereits berücksichtigt sind.

Der Brennstoffverbrauch der zentralen **Warmwasser**versorgungsanlage bei sog. verbundenen Anlagen, d. h. bei Anlagen, die Heizwasser (z. B. für die Heizkörper) und Warmwasser (Brauchwasser) gleichzeitig bereiten, durfte bis 31.12.2013 pauschal mit 18 % am Gesamtverbrauch angesetzt werden. Seit 1.1.2014 muss die auf die zentrale Warmwasserversorgungsanlage entfallende Wärmemenge mit einem **Wärmezähler** gemessen werden (§ 9 Abs. 2 HeizkostenV in der seit 1.1.2009 geltenden Neufassung).

Der Energiebedarf für das Warmwasser wird damit von der energetischen Qualität der Gebäudehülle und der Anlagentechnik entkoppelt. Eine Befreiungsmöglichkeit besteht lediglich dann, wenn die Wärmemenge nur mit einem unzumutbar hohen Aufwand gemessen werden kann.

2.7 Die Kosten des Betriebs des Personen- oder Lastenaufzugs (Nr. 7)

Hierzu gehören die Kosten des Betriebsstroms, die Kosten der Beaufsichtigung, der Bedienung, Überwachung und Pflege der Anlage, der regelmäßigen Prüfung ihrer Betriebsbereitschaft und Betriebssicherheit einschließlich der Einstellung durch eine Fachkraft sowie die Kosten der Reinigung der Anlage.

Zu den Kosten des Betriebsstroms zählt der gesamte zum Betrieb erforderliche Strom einschließlich der Beleuchtung des Fahrkorbs.

Zu den Kosten der Beaufsichtigung, Bedienung, Überwachung und Pflege gehören die Kosten für einen **Aufzugwärter**, der nach entsprechenden Verordnungen des Bundes unter gewissen Voraussetzungen vorgeschrieben ist, die Kosten des **Aufzugsnotrufs**, nicht aber die Kosten für den erstmaligen Anschluss des Notrufs, da diese nicht laufend entstehen (OLG Düsseldorf, Urteil v. 15.12.2011, I-10 U 96/11, ZMR 2012 S. 184); ferner zählen hierzu die Kosten für **wiederkehrende Wartungsarbeiten** (z. B. Abschmieren und Ölwechsel im Motor oder Getriebe); nicht aber die Kosten für den Austausch des Öls bei Hydraulikaufzügen. Dies fällt unter die Instandhaltungskosten und gehört deshalb nicht mehr zu den Betriebskosten.

> Dagegen können **Reparatur**maßnahmen, z. B. durch Ersatz schadhafter bzw. verschlissener Teile (z. B. Kontrolllampen, Kohlen, Kontakte), **nicht** angesetzt werden. Werden diese Arbeiten im Rahmen eines Wartungsdienstes durchgeführt, sollte der ausführende Betrieb angewiesen werden, die Positionen für Wartung einerseits und Reparatur andererseits auf der Rechnung nach Möglichkeit getrennt auszuweisen.

In gleicher Weise müssen von den Kosten eines abgeschlossenen Wartungsvertrags die in dessen Rahmen ausgeführten **Reparatur**kosten der Anlage bei der Betriebskostenabrechnung in Abzug gebracht werden. Ist eine Aufteilung nicht möglich, sind die anteiligen Reparaturkosten durch Schätzung zu ermitteln. Nach Auffassung des LG Duisburg (LG Duisburg, Urteil v. 2.3.2004, 13 S 265/03, WuM 2004 S. 717) ist der Instandsetzungsanteil mangels gegenteiliger Angaben auf 40 bis 50 % der Gesamtkosten zu schätzen; nach LG Düsseldorf (Urteil v. 22.10.1998, 21 S 191/98, DWW 1999 S. 354) ist lediglich ein

Pauschalabzug von 20 % vorzunehmen (vgl. hierzu auch LG Berlin, Urteil v. 12.6.1987, 64 S 402/86, GE 1987 S. 827; AG München, Urteil v. 1.2.1977, 20 C 38/76, WuM 1978 S. 87; AG Bruchsal, Urteil v. 9.9.1987, 3 C 271/87, WuM 1988 S. 62; LG Aachen, Urteil v. 17.1.1992, 5 S 302/91, DWW 1993 S. 41 f.: 40 %).

Die Kosten für die **Beseitigung einer Betriebsstörung** gehören zwar grundsätzlich zu den nicht umlagefähigen Instandsetzungskosten, können aber dann als **Betriebskosten** angesetzt werden, wenn für die Wiederinbetriebnahme der ausgefallenen Anlage lediglich **Wartungsarbeiten** erforderlich waren, d.h. die Wartungsarbeiten ohne Mehraufwand zugleich den Betrieb der Anlage wiederhergestellt haben; die Instandsetzungskosten also in den Wartungskosten aufgegangen sind. Der Umstand, dass die Wartungsarbeiten durch eine Betriebsstörung veranlasst wurden, möglicherweise vor Ablauf des üblichen Wartungsturnus durchgeführt wurden, wirkt sich im Regelfall nur unmerklich auf die Höhe der Wartungskosten aus und steht daher einer Umlage nicht entgegen. Dagegen kann ein Verstoß gegen das **Wirtschaftlichkeitsgebot** vorliegen, wenn der Wartungsturnus **übermäßig** verkürzt wird oder Betriebsstörungen **wiederholt** durch Wartungsarbeiten behoben werden, da dann zu vermuten ist, dass die Wartungsarbeiten nicht ordnungsgemäß durchgeführt wurden und sich der Vermieter deshalb an die Aufzugsfirma halten muss (LG Duisburg, a.a.O.).

Die Kosten der regelmäßigen Prüfung der Betriebsbereitschaft und Betriebssicherheit der Anlage einschließlich der Einstellung durch eine Fachkraft umfassen die Kosten der Funktions- und Sicherheitsprüfung der Anlage sowie die Kosten für die Prüfung durch eine sachverständige Person (z.B. TÜV, freier Sachverständiger). Zu Einzelfragen u.a. zur angemessen Verteilung der Aufzugskosten auf die Mieter des Anwesens s. „Aufzug“.

2.8 Die Kosten der Straßenreinigung und Müllbeseitigung (Nr. 8)

Zu den Kosten der Straßenreinigung gehören die für die öffentliche Straßenreinigung zu entrichtenden Gebühren und die Kosten entsprechender nichtöffentlicher Maßnahmen.

Kosten für nichtöffentliche Maßnahmen können anfallen, wenn die Gemeinde von ihrer Befugnis Gebrauch gemacht hat, den Anliegern die Reinigungspflicht ganz oder teilweise aufzuerlegen und öffentliche Einrichtungen zur Durchführung nicht vorhanden sind bzw. das Gebiet nicht an die öffentliche Straßenreinigung angeschlossen ist.

Unter den Begriff der **Straßenreinigung** fallen nicht nur die Säuberung der an das Grundstück angrenzenden öffentlichen Fußgängerwege und Straßen, sondern auch die **Beseitigung von Schnee** und das **Streuen** bei Schnee- und Eisglätte (BGH, Urteil v. 27.11.1984, VI ZR 49/83, ZMR 1985 S. 121; Gather, DWW 1985 S. 270).

> Überträgt der Vermieter diese Arbeiten gegen Entgelt an einen Dritten, wobei dies auch ein Mieter des Anwesens sein kann, können die entstehenden Kosten (einschließlich eines üblichen Trinkgelds) auf alle Mieter des Anwesens umgelegt werden.

Führt der Eigentümer die Arbeiten selbst durch, kann er entweder den Betrag (ohne Umsatzsteuer) in Ansatz bringen, den er an einen Dritten (z.B. gewerbliches Unternehmen) für diese Leistungen hätte bezahlen müssen (§ 1 Abs. 1 S. 2 BetrKV) oder die ihm konkret entstandenen Kosten umlegen. Dazu gehören jedenfalls die Kosten für **Reinigungs- und Streumittel** sowie **Wartungs- und Reparaturkosten** von maschinellen Arbeitshilfen, da der Einsatz motorgetriebener Geräte gegenüber den Lohnkosten einer manuellen Reinigung deutlich günstiger ist (Schmidt-Futterer, Mietrecht 7. Aufl. § 546 Rn. 134; AG Lörrach, Urteil v. 2.11.1994, 3 C 336/94, WuM 1996 S. 628; vgl. auch LG Berlin, Urteil v. 13.3.1986, 62 S 94/85, GE 1986 S. 1121). Nach Auffassung des AG Schöneberg (Urteil v. 20.12.2000, 6 C 206/00, NZM 2001 S. 808) gilt dies auch für die **Kosten der Anschaffung bzw. Ersatzbeschaffung** solcher Geräte, z.B. eines **Schneeräumgeräts**, da auch dann die Kosten auf Dauer immer noch niedriger sind als bei einer (ebenfalls zulässigen) Beauftragung eines Fremdunternehmens oder bei einer Umlage der Lohnkosten für eine rein manuelle Ausführung. Gleiches gilt für die Anschaffung eines **Laubsaugers** (LG Berlin, Urteil v. 9.3.2000, 62 S 463/99, GE 2000 S. 539).

Werden die Arbeiten vom **Hauswart** ohne zusätzliche Vergütung im Rahmen seiner Tätigkeit durchgeführt, können Kosten hierfür mit Ausnahme entstehender Materialkosten nicht angesetzt werden. Gleiches gilt, wenn die Mieter diese Arbeiten ohne Vergütung aufgrund einer vertraglichen Vereinbarung durchzuführen haben, da dann keine umlagefähigen Betriebskosten entstehen.

Zu den Kosten der **Müllbeseitigung** gehören namentlich die für die Müllabfuhr zu entrichtenden Gebühren, die Kosten entsprechender nichtöffentlicher Maßnahmen, die Kosten des Betriebs von Müllkompressoren, Müllschluckern, Müllabsauganlagen sowie des Betriebs von Müllmengenerfassungsanlagen einschließlich der Kosten der Berechnung und Aufteilung. Die seit 1.1.2004 geltende Neufassung stellt damit klar, dass auch **maschinelle Müllbeseitigungsanlagen** sowie **Berechnungs- und Aufteilungskosten** umlagefähig sind.

Die Kosten eines Müllschluckers sind umlagefähig, sofern den Mietern die Nutzung aufgrund der vertraglichen Vereinbarung zur Verfügung steht. Unerheblich ist, ob der Mieter die ihm vertraglich zustehende Leistung auch tatsächlich nutzt (KG Berlin, Urteil v. 4.7.2005, 8 U 13/05, WuM 2005 S. 774).

Umlagefähig sind jedoch nur solche Kosten, die zur Beseitigung des Mülls **laufend** entstehen, wobei diese Kosten jedoch weder in derselben Höhe noch in denselben Zeitabständen anzufallen brauchen. Daher zählen zu den Kosten der Müllabfuhr auch Kosten für das Abfahren von **Sperrmüll**, wenn diese laufend dadurch entstehen, dass Mieter unberechtigt Müll auf Gemeinschaftsflächen abstellen. Insofern kann der Mieter nicht einwenden, der Müll wäre von Dritten unberechtigt abgestellt worden, da Aufwendungen zur Beseitigung von Müll von den Gemeinschaftsflächen des Mietobjekts auch dann zu den umlagefähigen Kosten der Müllentsorgung gehören, wenn sie durch rechtswidrige Handlungen Dritter ausgelöst worden sind (BGH, Urteil v. 13.1.2010, VIII 137/09). Kosten der Sperrmüllabfuhr sind daher auch dann umlagefähig, wenn sie nicht jährlich entstehen (LG Berlin, Urteil v. 17.9.2010, 63 S 54/10, GE 2010 S. 1742).

Umlagefähig sind auch Kosten für die Beseitigung von Gartenabfällen oder Verbrennungsrückständen aus koksbetriebenen Zentralheizungen. **Nicht** zu den Kosten der Müllabfuhr zählen dagegen diejenigen Kosten, die nur einmalig oder in nicht vorhersehbaren Zeitabständen entstehen (z.B. die Beseitigung von Bauschutt). Die formularvertragliche Umlage von **gelegentlichen** Sperrmüllabfuhrkosten im Wohnungsmietvertrag ist unwirksam (AG Pankow-Weißensee, Urteil v. 20.11.2008, 6 C 107/08, GE 2009 S. 57).

Kosten für die Miete von Abfall**behältnissen** sind **nicht** als Betriebskosten umlagefähig, da die Parteien bei Vereinbarung der Umlage von Abfallgebühren regelmäßig das Vorhandensein eines Abfallbehältnisses als selbstverständlich voraussetzen (LG Neuruppin, Urteil v. 23.1.2003, 4 S 241/02, WuM 2003 S. 153).

In verschiedenen Gemeinden werden die Gebühren der Müllabfuhr in Form sog. **„Müllmarken"** erhoben, die der Benutzer erwerben muss. In diesem Fall liegen keine Betriebskosten vor, da die Kosten nicht dem Eigentümer entstehen, sondern vom Mieter üblicherweise außerhalb der Miete unmittelbar getragen werden.

Die Kosten für die Beseitigung des **Sperrmülls**, den **unbekannte** Mieter im Lauf der Zeit z.B. im Keller oder auf dem Grundstück des vermieteten Grundstücks hinterlassen haben, kann der Vermieter auf die Gesamtheit der Mieter **umlegen** (AG Köln, Urteil v. 13.6.1997, 205 C 620/96, WuM 1999 S. 551; a.A. LG Siegen, Urteil v. 23.4.1992, 3 S 43/92, WuM 1992 S. 630, wonach Hausmeisterkosten, die durch Beseitigung von Sperrmüll neben dem Müllcontainer entstehen, nicht auf sämtliche Mieter umgelegt werden können).

Dagegen können Kosten für das **Nachsortieren** des Mülls, die dadurch entstehen, dass manche Mieter ihren Abfall nicht getrennt in die hierfür vorgesehenen Behältnisse entsorgen, **nicht** auf sämtliche Mieter im Hause umgelegt werden. In diesem Fall sei es Sache des Vermieters, den bzw. diejenigen Mieter ausfindig zu machen, welche die Mülltrennung missachtet haben (AG Trier, Urteil v. 22.7.1999, 8 C 160/99, WuM 1999 S. 551; AG Münster, Urteil v. 4.1.2006, 59 C 2601/05, WuM 2006 S. 192).

Bietet das Abfallentsorgungsunternehmen bei **Mülltrennung** einen günstigeren Tarif an, muss der Vermieter nach dem Gebot der Wirtschaftlichkeit auch die entsprechenden Mülltonnen aufstellen (AG Frankfurt/M., Urteil v. 18.9.2001, 33 C 1595/01 – 29, 33 C 1595/01, WuM 2001 S. 631).

Kann **Biomüll** im eigenen Garten kompostiert werden, muss der Vermieter notfalls auf Wunsch der Mieter einen entsprechenden Antrag stellen (LG Neubrandenburg, 1 S 116/00).

Strittig ist, ob die Kosten eines sog. **Müllmanagements** zu den Betriebskosten i. S. v. § 2 Nr. 8 BetrKV gehören. Dabei handelt es sich um Dienstleistungen eines Unternehmens, z. B. zur Verringerung des Restmülls durch Aussortieren von Wertstoffen, die in (kostenfreie) Wertstoffbehälter umgeladen werden, sowie um das Aussortieren von Sperrmüll, Verdichtung des Restmüllvolumens, Kleinschneiden von sperrigen Kartons, regelmäßige Kontrolle der Wertstoffbehälter auf fremde Bestandteile, um kostenpflichtige Sonderleerungen zu vermeiden, Reinigung der Müllstandplätze, Entsorgung des neben den Müllbehältern abgestellten Mülls, regelmäßige Beratung der Mieter im Hinblick auf eine korrekte Mülltrennung.

Nach einem Urteil des AG Mainz vom 13.5.2003 (72 C 19/03, WuM 2003 S. 450) handelt es sich bei den Kosten des Müllmanagements um Betriebskosten i. S. v. § 2 Nr. 8 BetrKV. Diese sind vom Mieter daher bereits dann zu bezahlen, wenn der Mietvertrag eine generelle Umlage der Betriebskosten gemäß der Betriebskostenverordnung vorsieht (so auch Langenberg, Betriebskostenrecht, Teil G, Rn. 31). Eine andere Auffassung vertreten das LG Berlin (Urteil v. 7.7.2009, 63 S 443/08, GE 2009 S. 1254) sowie das AG Uelzen (Urteil v. 10.10.2013, 13 C 5183/13, GE 2014 S. 808). Danach können diese Kosten nicht generell unter die Kosten der Müllbeseitigung (§ 2 Nr. 8 BetrKV) subsumiert werden und müssen vom Mieter daher nur dann bezahlt werden, wenn der Mietvertrag eine entsprechende ausdrückliche Vereinbarung enthält, z. B. über die Umlage sonstiger Betriebskosten i. S. v. § 2 Nr. 17 BetrKV. Eine höchstrichterliche Entscheidung zu dieser Frage liegt noch nicht vor.

Zu beachten ist auch hier der **Grundsatz der Wirtschaftlichkeit**. Danach setzt die Umlagefähigkeit der Kosten den Nachweis durch den Vermieter voraus, dass die Einschaltung des Unternehmens zur Kosteneinsparung notwendig gewesen ist, d. h. die erforderlichen Maßnahmen nicht durch eigenes Personal, z. B. den Hausmeister, kostengünstiger hätten durchgeführt werden können (AG Berlin, Urteil v. 10.11.2004, 2 C 109/04, WuM 2005 S. 393).

Zur **Umstellung** auf eine **verbrauchsabhängige** Müllentsorgung s. „Abrechnung der Betriebskosten“, Abschnitt 2.1 „Bei frei finanzierten Wohnungen“.

2.9 Die Kosten der Gebäudereinigung und Ungezieferbekämpfung (Nr. 9)

Zu den Kosten der Gebäudereinigung gehören die Kosten für die Säuberung der von den Bewohnern gemeinsam benutzten Gebäudeteile wie Zugänge, Flure, Treppen, Keller, Bodenräume, Waschküchen, Fahrkorb des Aufzugs.

Die Kosten umfassen jedenfalls **Personal-** und **Sachkosten** (z. B. für Reinigungsmittel). Strittig ist, ob Anschaffungs-, Wartungs- und Reparaturkosten für **Reinigungsgeräte** umlagefähig sind. Zur Argumentation wird insofern die in Abschnitt 2.8 zitierte Rechtsprechung herangezogen werden können. Bei Beauftragung einer Reinigungsfirma können jedenfalls die tatsächlich entstehenden Kosten angesetzt werden, soweit diese im Rahmen des Üblichen liegen.

Reinigungskosten können als Betriebskosten nur umgelegt werden, soweit sie **„laufend“** i. S. v. § 1 Abs. 1 BetrKV entstehen. Deshalb können einmalig oder in nicht vorhersehbaren

Zeitabständen anfallende Reinigungsarbeiten nicht angesetzt werden (z.B. aufgrund von Baumaßnahmen, Wasserschäden, Sachbeschädigungen durch Farbschmierereien, Graffiti etc.); auch dann nicht, wenn die Kosten zur Beseitigung der Folgen eines eindeutig vertragswidrigen Verhaltens einiger Mietparteien aufzuwenden waren (LG Siegen, Urteil v. 23.4.1992, 3 S 43/92, WuM 1992 S. 630). Entsprechende Forderungen können nur an den bzw. die Verursacher gestellt werden, selbst wenn deren Ermittlung in der Praxis oft auf Schwierigkeiten stößt. **Ausnahmsweise** können Kosten für **Sonderreinigungen** (z.B. aufgrund von Verschmierungen durch Graffiti) umlagefähig sein, wenn sie laufend bzw. regelmäßig entstehen und der Verursacher nicht festgestellt werden kann (so AG Berlin, Urteil v. 27.7.2007, 11 C 35/07, GE 2007 S. 1259, wenn regelmäßig entstehende Verunreinigungen durch Graffiti quartalsweise entfernt werden).

Entsprechendes gilt für die Kosten der **Ungezieferbekämpfung**, die nur umlagefähig sind, wenn sie z.B. aufgrund behördlicher Anordnung zur regelmäßigen Ungezieferbekämpfung **laufend** entstehen (LG Köln, Urteil v. 12.2.1997, 10 S 463/96, WuM 1997 S. 230); nicht jedoch, wenn sie z.B. zur Entseuchung einer einzelnen Wohnung notwendig wurden (LG Siegen, a.a.O.).

Die Kosten für die Beseitigung eines **Wespennestes** sind keine umlagefähigen Betriebskosten (AG München, Urteil v. 24.6.2011, 412 C 32370/10, WuM 2011 S. 629).

Kosten für Reinigungsarbeiten können **nicht** umgelegt werden, wenn und soweit der Mieter vertraglich verpflichtet ist, die entsprechenden Arbeiten selbst **durchzuführen** bzw. durchführen zu lassen (AG Magdeburg, Urteil v. 14.8.2002, 12 C 66/02, ZMR 2003 S. 45).

Der Vermieter hat jedoch einen Anspruch auf **Vertragsänderung** gemäß § 242 BGB und darf die Reinigung einer **gewerblichen** Gebäudereinigung **übertragen** und die Kosten auf die Mieter **umlegen**, wenn Unzuträglichkeiten der Reinigungspflichten trotz Ermahnung bestehen bleiben (AG Stuttgart, Urteil v. 14.5.2004, 33 C 6308/03, WuM 2004 S. 475). Bei Bestehen einer Wirtschaftseinheit sind Gebäude, in denen Reinigungspflichten nicht verletzt wurden, von den Vertragsänderungen auszunehmen (AG Stuttgart, a.a.O.).

Auch wenn die Kosten der Treppenhausreinigung in den jeweiligen Mietverträgen eines Anwesens als umlagefähig bezeichnet sind, können sie nur **nach Ankündigung** und ab der neuen Abrechnungsperiode abgerechnet werden, wenn das Treppenhaus des Gebäudes seit über 20 Jahren von den Mietern **selbst** gereinigt worden ist (AG Köln, Urteil v. 24.1.2008, 210 C 334/07, WuM 2008 S. 226).

Die Kosten einer **Dachrinnenreinigung** zählen **nicht** zu den Kosten der Gebäudereinigung, sind jedoch als sonstige Betriebskosten (s. Abschnitt 2.17) umlagefähig (BGH, Urteil v. 7.4.2004, VIII ZR 146/03, WuM 2004 S. 292).

2.10 Die Kosten der Gartenpflege (Nr. 10)

Hierzu gehören die Kosten der Pflege gärtnerisch angelegter Flächen einschließlich der Erneuerung von Pflanzen und Gehölzen, der Pflege von Spielplätzen einschließlich der Sanderneuerung, der Pflege von Plätzen, Zugängen und Zufahrten, die dem nichtöffentlichen Verkehr dienen.

Die Gartenpflege dient der Pflege des **Erscheinungsbilds** des Grundstücks. Die Kosten für die Pflege der **gemeinschaftlichen** Gartenfläche eines Mehrfamilienhauses können daher auch dann umgelegt werden, wenn der Mieter den Garten **nicht** nutzt oder nutzen kann (BGH, Urteil v. 26.5.2004, VIII ZR 135/03, WuM 2004 S. 399). Zur Begründung führt der BGH aus, dass die Vorschrift des § 2 Nr. 10 BetrKV nicht danach differenziert, ob der betreffende Mieter den entsprechenden Gartenanteil selbst nutzen kann oder dieser an ihn mitvermietet ist. Für eine Umlage der Kosten ist daher ausreichend, dass der Gartenanteil den Gesamteindruck des Anwesens und damit auch die **Wohnqualität** für die in dem Anwesen wohnenden Mieter günstig beeinflusst. **Ausgeschlossen** ist eine Umlage nur dann, wenn die Gartenfläche dem Vermieter oder anderen Mietern zur **alleinigen** Nutzung überlassen ist (BGH, a.a.O.).

Zur Pflege gärtnerisch angelegter Flächen (i. S. v. § 2 Nr. 10 BetrKV) gehört insbesondere das **Rasenmähen**, das Düngen, Bewässern und Säubern der Rasenfläche, Unkraut entfernen, erforderlichenfalls auch das Nachsäen bzw. die Neuanlage der Rasenfläche, das Beschneiden der Bepflanzung (Hecken, Büsche und Bäume), das Fällen von kranken oder morschen Bäumen und Sträuchern einschließlich des Abtransports (vgl. LG Frankfurt/M., Urteil v. 2.11.2004, 2/11 S 64/04, NZM 2005 S. 338), das Abfahren von Gartenabfällen, das Entasten eines Baums (AG Köln, Urteil v. 27.9.2000, 207 C 213/00, NZM 2001 S. 41), ferner die **notwendige Stabilisierung eines windbruchgefährdeten** Baums, selbst wenn dies zu einer erheblichen Belastung des Mieters führt, da diese Kosten in vollem Umfang im Jahr der Entstehung umgelegt werden dürfen (LG Landshut, Urteil v. 8.10.2003, 12 S 1677/03, DWW 2004 S. 126).

Die Kosten der **Bewässerung** können wahlweise unter Nr. 2 (s. Abschnitt 2.2) und die Kosten für das Abfahren des Abfalls auch unter Nr. 8, (s. Abschnitt 2.8) angesetzt werden.

Nicht zu den Betriebskosten gehören die **Anschaffungskosten** eines **Rasenmähers** (LG Hamburg, Urteil v. 30.5.1985, 7 S 326/84, WuM 1985 S. 390). Dagegen sind die **Betriebskosten** des Rasenmähers, z. B. für Betriebsstoffe und Wartung, ansatzfähig (LG Hamburg, Urteil v. 13.7.1989, 7 S 185/88, WuM 1989 S. 640). Ebenso **Reparaturkosten**, da es sich hierbei nicht um Reparaturen am Mietobjekt handelt, sondern die Reparatur zur Pflege der gärtnerischen Anlage notwendig ist (AG Bergheim, Urteil v. 4.2.1977, 3 C 528/76, WuM 1985 S. 369; s. auch AG Lichtenberg, Urteil v. 30.1.2003, 10 C 281/02, NZM 2004 S. 96, wonach die Kosten der **Ersatzbeschaffung** für einen Rasenmäher ausnahmsweise als Kosten der Gartenpflege umlagefähig sind, wenn die Ersatzbeschaffung günstiger als die Reparatur ist).

Nach neuerer Auffassung können auch die **Anschaffungskosten** von maschinellen Arbeitshilfen angesetzt werden, da auch dann die Kosten auf Dauer immer noch niedriger sind als bei einer (ebenfalls zulässigen) Beauftragung eines Fremdunternehmers oder bei einer Umlage der Lohnkosten für eine rein manuelle Ausführung (so z. B. LG Berlin, Urteil v. 9.3.2000, 62 S 463/99, GE 2000 S. 539 für **Laubsauger**; AG Schöneberg, Urteil v. 20.12.2000, 6 C 206/00, NZM 2001 S. 808 für **Schneeräumgerät**; strittig für **Häcksler** – vgl. AG Starnberg, Urteil v. 17.9.2002, 1 C 1209/02, NZM 2002 S. 910, wonach die Anschaffungskosten jedenfalls nicht im Anschaffungsjahr in voller Höhe umgelegt werden können).

Da nach dem Wortlaut des § 2 Nr. 10 BetrKV auch die **Erneuerung** von Pflanzen und Gehölzen einbezogen ist, wurde ausdrücklich auch eine Maßnahme der Instandsetzung in den Katalog der Betriebskosten aufgenommen. Damit wurde dem Umstand Rechnung getragen, dass Pflanzen, Sträucher und Bäume durch Alter, Witterungs- und Umwelteinflüsse abgängig werden und eine Erneuerung der Bepflanzung zu den gärtnerischen Pflegemaßnahmen gehört. Daher zählt auch das Fällen und Beseitigen kranker/bruchgefährdeter Pflanzen und Bäume, die durch Alter oder z. B. Pilzbefall morsch oder durch Schädlinge krank geworden sind, zu einer ordnungsgemäßen Gartenpflege. Dabei sind die entstehenden Kosten auch dann umlagefähig, wenn sie nicht in einem festen Turnus anfallen (AG Hamburg, Urteil v. 4.12.2013, 715 C 283/13, ZMR 2014 S. 804; a. A. AG Gelsenkirchen, Urteil v. 27.11.2003, 7 C 109/03, DWW 2005 S. 205, wonach die Kosten für das Fällen von Bäumen nicht umlagefähig sind, wenn die Bäume eine Gefahrenquelle, z. B. wegen Umsturzgefahr oder Eindrücken einer Mauer, darstellen).

Die Kosten der **Erneuerung von Pflanzen** und Gehölzen können daher angesetzt werden, soweit die Erneuerung aus gärtnerischen Gründen angebracht ist. Dabei kommt es nicht darauf an, ob eine Pflanze als Ersatz für eine bestimmte, schon abgestorbene Pflanze angeschafft wird oder ob die Neupflanzung erfolgt, damit diese irgendwann an die Stelle einer anderen Pflanze treten kann. Insofern kann der Vermieter auch selbst entscheiden, welche Maßnahmen er zur Gestaltung des Gartens für erforderlich hält, solange diese nicht mit unverhältnismäßigen Aufwendungen verbunden sind oder sich die vertragliche Beschaffenheit der Mietsache dadurch wesentlich ändert (AG Mönchengladbach, Urteil v. 21.11.2002, 5 C 98/01, DWW 2003 S. 262).

Umlagefähig sind nach überwiegender Meinung auch die Kosten für die Beseitigung von **Sturmschäden** (LG Hamburg, Urteil v. 13.7.1989, 7 S 185/88, WuM 1989 S. 640; so auch Langenberg, Betriebskostenrecht der Wohn- und Gewerberaummiete 4. Aufl. 2006, S. 34; a. A. AG Mönchengladbach, a. a. O.) sowie für das Entfernen von Bäumen, die so groß geworden sind, dass sie die **Licht- und Luftzufuhr** zu dem **vermieteten** Objekt in erheblichem Maße beeinträchtigen (AG Düsseldorf, a. a. O.) oder zu nah am Wohngebäude stehen (AG Sinzig, Urteil v. 18.2.2004, 14 C 879/03, ZMR 2004 S. 829).

Nicht umlagefähig sind dagegen die Kosten, wenn die Entfernung eines Baums erfolgt ist, weil sich Bewohner des **Nachbar**hauses über Sicht- bzw. über Lichtmangel beschwert haben (AG Düsseldorf, a. a. O.; vgl. auch Schmidt-Futterer/Langenberg, Mietrecht 7. Aufl. 1999, § 546 BGB Rn. 131, 132). Ferner sind die Kosten **nicht** umlagefähig, wenn sie infolge jahrelanger Vernachlässigung der Gartenpflege durch den Vermieter entstanden sind, z. B. weil die Bäume jahrzehntelang nicht mehr zurückgeschnitten wurden oder von ihnen eine akute Gefährdung durch Umstürzen oder Zerstörung von Gehwegplatten durch das Wurzelwerk ausgeht. In diesem Fall stellt der Rückschnitt bzw. das Fällen der Bäume eine Instandsetzung i. S. einer Grundüberholung des Gartens dar, die begrifflich nicht unter § 2 Nr. 10 BetrKV fällt (AG Neustadt, Urteil v. 13.2.2009, 5 C 73/08, NZM 2010 S. 41; so auch LG Tübingen, Urteil v. 18.10.2004, 1 S 29/04, WuM 2004 S. 669, wonach die Kosten für den Rückschnitt eines Baums nicht umlagefähig sind, wenn der Rückschnitt erstmals nach langer Zeit – hier: 12 Jahre – erfolgt, da die Maßnahme dann nicht mehr als regelmäßig bzw. periodisch angesehen werden kann).

Zu den Kosten der Pflege von **Spielplätzen** gehört auch das Sauberhalten des Platzes, die Überwachung und Instandhaltung der Spielgeräte, die Erneuerung der Plattenwege zu den Spielplätzen, der Sitzbänke auf den Spielplätzen (LG Hamburg, Urteil v. 13.7.1989, 7 S 185/88, WuM 1989 S. 640) sowie das **Erneuern des Sandes** in den üblichen Abständen.

Wird ein Austausch des Sandes aufgrund außergewöhnlicher Verunreinigungen notwendig (z. B. durch Hunde, Unwetter), sind die Kosten hierfür nicht als Betriebskosten umlagefähig.

Pflegekosten für **Plätze, Zugänge** und **Zufahrten**, worunter auch Mülltonnen-, Teppichklopf- und Wäschetrockenplätze fallen, können umgelegt werden, wenn diese nicht dem öffentlichen Verkehr dienen. Entscheidend ist hierbei die öffentlich-rechtliche Widmung, sodass auch Privatwege, deren Benutzung durch andere Personen vom Eigentümer geduldet wird, zu den Flächen im Sinne der Nr. 10 gehören. Pflegekosten sind die Kosten für Reinigung einschließlich der Beseitigung von Unkraut sowie die Durchführung der Räum- und Streupflicht einschließlich der Streugutkosten.

Führt der Eigentümer die Arbeiten selbst durch, kann er nach § 1 Abs. 1 S. 2 BetrKV den Betrag (ohne Umsatzsteuer) in Ansatz bringen, den er an einen Dritten für diese Leistungen hätte bezahlen müssen.

Wurden die Arbeiten vom **Hauswart** ohne zusätzliche Vergütung im Rahmen seiner Tätigkeit durchgeführt, können Kosten hierfür mit Ausnahme entstehender Materialkosten nicht angesetzt werden. Gleiches gilt, wenn die **Mieter** diese Arbeiten ohne Vergütung aufgrund einer vertraglichen Vereinbarung durchzuführen haben, da dann keine umlagefähigen Betriebskosten entstehen. Der zur Ausführung der Arbeiten vertraglich verpflichtete Mieter hat die erforderlichen Gerätschaften (z. B. Rasenmäher) grundsätzlich selbst zu beschaffen und zu unterhalten, soweit nicht ausdrücklich etwas anderes vereinbart ist. Wurde vom Eigentümer ein Rasenmäher gestellt, kann der Mieter nicht auch noch die Instandsetzung und Betriebskosten verlangen (AG Ebersberg,

Urteil v. 7.12.1979, C 563/79, WuM 1985 S. 258).

Erfüllt der Mieter seine vertraglichen Verpflichtungen nicht, kann der Vermieter Ersatz der Kosten eines beauftragten Gärtners verlangen, wenn er dem Mieter vorher eine angemessene Frist zur Nachholung der Arbeiten gesetzt hat (§§ 280, 281 BGB).

> Bei Verzug mit den Arbeiten sollte der Mieter daher (möglichst schriftlich) aufgefordert werden, die zu bezeichnenden Arbeiten bis zu einem bestimmten Termin durchzuführen, verbunden mit der Ankündigung, dass nach Ablauf der Frist ein Dritter diese Arbeiten auf seine Kosten durchführen wird.

2.11 Die Kosten der Beleuchtung (Nr. 11)

Hierzu gehören die Kosten des Stroms für die Außenbeleuchtung und die Beleuchtung der von den Bewohnern gemeinsam benutzten Gebäudeteile, wie Zugänge, Flure, Treppen, Keller, Bodenräume, Waschküchen. Stromkosten für die Beleuchtung der Zuwege sind ansetzbar, sofern die Leuchten auf Privatgelände und nicht auf öffentlichem Straßengrund stehen (LG Aachen, Urteil v. 17.1.1992, 5 S 302/91, DWW 1993 S. 42).

Nicht zu dieser Betriebskostenposition gehört der **Betriebsstrom** für die zentrale Heizungsanlage. Dieser ist grundsätzlich als Teil der Kosten des Betriebs der zentralen Heizungsanlage (s. o. Abschnitt 2.4) und nicht als „Allgemeinstrom" in der Betriebskostenabrechnung anzusetzen (AG Leipzig, Urteil v. 11.5.2007, 161 C 8191/06, NZM 2008 S. 83). Gleiches gilt für die Stromkosten der Entlüftungsanlage. Diese gehören nicht zu den „Beleuchtungskosten" (AG Frankfurt/M., Urteil v. 13.1.2010, 33 C 3805/09-51, WuM 2010 S. 92).

Kosten für die Beleuchtung der Wohnung werden dagegen üblicherweise vom Mieter außerhalb der Miete unmittelbar getragen und zählen aus diesem Grund begrifflich nicht zu den Betriebskosten.

Zu den Kosten des Stroms gehören neben den Verbrauchskosten die Grundgebühr, die Zählermiete sowie die anfallende Umsatzsteuer.

> Dagegen gehören die Kosten für den **Ersatz von Beleuchtungskörpern sowie deren Teile** (z. B. Glühbirnen, Leuchtstofflampen) nicht zu den Betriebskosten, sondern zu den nicht umlagefähigen Instandhaltungskosten (OLG Düsseldorf, Urteil v. 8.6.2000, 10 U 94/99, NZM 2000 S. 762).

Gleiches gilt für evtl. Kosten der Bedienung der Beleuchtung, da diese Position in Nr. 11 nicht genannt ist.

2.12 Die Kosten der Schornsteinreinigung (Nr. 12)

Hierzu gehören die **Kehrgebühren** nach der maßgebenden Gebührenordnung, soweit sie nicht bereits als Kosten nach Nr. 4a (s. Abschnitt 2.4.1) berücksichtigt sind. Durch Rechtsverordnung der Länder (Kehr- und Überprüfungsordnungen) ist geregelt, welche Schornsteine, Feuerstätten, Lüftungsanlagen etc. in welchen Zeitabständen gereinigt und geprüft werden müssen. Weiterhin ist durch Kehr- und Überprüfungsgebührenordnungen geregelt, welche Gebühren und Auslagen der Bezirksschornsteinfeger zu erheben hat.

Die anteiligen Kosten des Kaminkehrers muss der Mieter auch dann zahlen, wenn seine Wohnung nicht an den Schornstein angeschlossen ist (LG Düsseldorf, Urteil v. 22.10.1998, 21 S 191/98, DWW 1999 S. 354). Kehrgebühren dürfen nach Nr. 12 aber nur angesetzt werden, soweit sie nicht bereits bei den Kosten des Betriebs der Zentralheizungsanlage (Nr. 4a) berücksichtigt wurden. Dazu zählen nach der Neufassung (s. Abschnitt 2.4.1) auch die Kehrgebühren als Kosten der Abgasanlagen. Ebenso bestimmt die Neufassung des § 7 Abs. 2 HeizkostenV, dass diese Kehrgebühren zu den Heizkosten zählen.

Die Kehrgebühren sind somit grundsätzlich bereits unter Nr. 4a anzusetzen, mit der Folge, dass eine Umlage zusammen mit den übrigen Heizkosten mindestens zu 50 % nach dem erfassten Wärmeverbrauch erfolgt und die Kehrgebühren daher nicht mehr in vollem Umfang nach den Wohnflächen umgelegt werden können.

2.13 Die Kosten der Sach- und Haftpflichtversicherung (Nr. 13)

Hierzu gehören namentlich die Kosten der Versicherung des Gebäudes gegen Feuer-, Sturm-, Wasser- sowie sonstige Elementarschäden, der Glasversicherung, der Haftpflichtversicherung für das Gebäude, den Öltank und den Aufzug.

Aus dem Begriff „namentlich" in Nr. 13 geht hervor, dass Nr. 13 keine abschließende Aufzählung enthält. Daher können noch andere als die genannten Versicherungen unter Nr. 13 fallen, soweit sie dem Bereich der Sach- oder Haftpflichtversicherungen zugerechnet werden können und sich auf das **Gebäude** beziehen.

Die Kosten für Elementarschadensversicherungen werden mit Wirkung ab 1.1.2004 neu eingefügt.

Nicht ansatzfähig sind daher die Prämien einer **Rechtsschutzversicherung** (vgl. OLG Düsseldorf, Urteil v. 2.2.1995, 10 U 39/94, WuM 1995 S. 434); ebenso nicht die Kosten einer **privaten Hausratversicherung**.

Unter den Begriff der Sachversicherung fallen auch **spezielle Versicherungen** für elektrische und elektronische Anlagen, z.B. Versicherungen für Schäden an Telefon-, Alarm- und Brandanlagen (vgl. Langenberg, Betriebskostenrecht, Teil A, Rn. 102), für Beschädigungen an Gemeinschaftsantennen und Parabolanlagen, für die Aufzugssprechanlage und Aufzugssignalanlage (vgl. LG Berlin, Urteil v. 10.4.1987, 64 S 420/86); ebenso Kosten der Elektronikversicherung der Brandmeldeanlage (OLG Düsseldorf, Urteil v. 15.12.2011, I-10 U 96/11, ZMR 2012 S. 184); ferner auch eine Hausbock- und Schwammversicherung (AG Hamburg, Urteil v. 2.4.1998, 37b C 651/97, WuM 1998 S. 352).

Für den Ansatz der Versicherungskosten ist es unerheblich, ob es sich um eine Pflichtversicherung oder um eine freiwillige Versicherung handelt. Auch eine durch Formularmietvertrag vorgenommene Übertragung von Versicherungskosten (hier: Glasversicherung) auf den Mieter ist grundsätzlich wirksam (KG Berlin, Beschluss v. 17.4.2014, 8 U 197/13, GE 2014 S. 1584).

Die Kosten einer **Terrorschadenversicherung** sind bei **gewerblichen** Mietverhältnissen grundsätzlich umlagefähig, da sie eine Sach- und Haftpflichtversicherung i.S.v. § 2 Nr. 13 BetrKV darstellt, die dem Schutz des Gebäudes und seiner Bewohner dient. Daher verstößt die Umlage der Kosten grundsätzlich nicht gegen das auch für gewerbliche Mietverhältnisse geltende Wirtschaftlichkeitsgebot, wonach nur Kosten umgelegt werden dürfen, die bei gewissenhafter Abwägung aller Umstände und ordentlicher Geschäftsführung gerechtfertigt sind (§ 20 Abs. 1 S. 2 NMV, § 24 Abs. 2 II. BV). Maßgeblich sind insofern die konkreten Umstände des Einzelfalls. Eine Grundgefährdung des Gebäudes durch Terroranschläge kann z.B. bei einem großen Gebäudekomplex, außergewöhnlicher Architektur, Behörden in Gebäuden oder in der Nachbarschaft oder Nähe zu einem Fußballstadion angenommen werden (BGH, Urteil v. 13.10.2010, XII ZR 129/09). Strittig ist, ob eine Versicherung gegen **Vandalismusschäden** als Sachversicherung umlagefähig ist (so Langenberg, Betriebskostenrecht, Teil A III, Rn. 98; Schmidt-Futterer, Mietrecht, § 556 Rn. 169 ff. sowie LG Braunschweig, Urteil v. 3.1.2006, 6 S 273/05, WuM 2010 S. 423, wonach die Kosten für eine Vandalismusschadenversicherung umlagefähig sind, da die Kosten für die Beseitigung von Vandalismusschäden über die normalen zur Erhaltung des bestimmungsgemäßen Gebrauchs erforderlichen Kosten hinausgehen und die Umstände ferner vergleichbar sind mit Einwirkungen von außen, z.B. Unwetter, die im Rahmen von Sachversicherungen ebenfalls abgedeckt werden können; verneinend Schmid, a.a.O.).

Der Umlagefähigkeit einer Versicherungsprämie steht grundsätzlich nicht entgegen, dass die Versicherung erst **nach** Beginn des Mietverhältnisses **abgeschlossen** wurde. Voraussetzung ist, dass im Mietvertrag die Kosten, z.B. einer Sach- und Haftpflichtversicherung, als umlagefähige Betriebskosten bezeichnet sind

und dem Vermieter das Recht eingeräumt ist, auch neu entstehende Betriebskosten auf die Mieter umzulegen, z.B. durch folgende Klausel: „Werden öffentliche Abgaben neu eingeführt oder entstehen Betriebskosten neu, so können diese vom Vermieter im Rahmen der gesetzlichen Vorschriften umgelegt und angemessene Vorauszahlungen festgesetzt werden" (BGH, Urteil v. 27.9.2006, VIII ZR 80/06, WuM 2006 S. 612).

Die nicht spezifizierte Position **Sach- und Haftpflichtversicherungen** im Mietvertrag ist nach Auffassung des LG Landau (Urteil v. 24.6.2005, 3 S 129/04, WuM 2005 S. 720) hierzu nicht ausreichend.

In der mietvertraglichen Verpflichtung des Mieters, die (anteiligen) Kosten der **Gebäude**feuerversicherung zu zahlen, liegt keine stillschweigende Beschränkung seiner Haftung für die Verursachung von Brand- oder Leitungswasserschäden auf Vorsatz und grobe Fahrlässigkeit (BGH, Urteil v. 3.11.2004, VIII ZR 28/04, WuM 2005 S. 57 unter Aufgabe seiner früheren Rechtsprechung: Urteil v. 13.12.1995, VIII ZR 41/95, WuM 1996 S. 212). Allerdings ergibt eine ergänzende Auslegung des Gebäudeversicherungsvertrags (zwischen Vermieter und Versicherer) einen konkludenten **Regressverzicht** des Versicherers, wenn der Mieter den Schaden durch lediglich **einfache Fahrlässigkeit** verursacht hat. Der Mieter darf in diesem Fall nicht schlechtergestellt werden, als wenn er die Versicherung selbst abgeschlossen hätte. Daher ist der Vermieter verpflichtet, den Gebäudeversicherer und nicht den Mieter auf Schadensausgleich in Anspruch zu nehmen, sofern der Vermieter nicht **ausnahmsweise** ein besonderes Interesse an einem Schadensausgleich durch den Mieter hat (BGH, Urteil v. 3.11.2004, a.a.O.). Dies gilt hinsichtlich des entstehenden Mietausfallschadens nicht nur dann, wenn der Mieter im Versicherungsfall (hier: Zerstörung der Mietsache durch Brand) von seinem ordentlichen Kündigungsrecht Gebrauch macht, sondern auch, wenn die Parteien das Mietverhältnis einvernehmlich beenden. Ab diesem Zeitpunkt entsteht dem Vermieter ein **Mietausfallschaden,** den nach den Grundsätzen der versicherungsrechtlichen Lösung ebenfalls seine Gebäudeversicherung und nicht der Mieter zu ersetzen hat (BGH, Beschluss v. 21.1.2014, VIII ZR 48/13, GE 2014 S. 661; s. auch BGH, Urteil v. 8.11.2000, IV ZR 298/99, ZMR 2001 S. 175, wonach in der **Gebäudefeuerversicherung** ein konkludenter **Regressverzicht** des Versicherers gegeben ist, wenn der Wohnungsmieter einen Brandschaden durch lediglich **einfache Fahrlässigkeit** verursacht hat). Dies gilt auch bei einem auf Dauer angelegten **unentgeltlichen** Nutzungsverhältnis (BGH, Urteil v. 13.9.2006, IV ZR 116/05, WuM 2006 S. 624).

Der Vermieter ist daher immer dann zur Regulierung eines vom Mieter verursachten Schadens verpflichtet, wenn eine für diesen Schaden eintrittspflichtige Gebäudeversicherung besteht, deren Kosten auf die Mieter als Betriebskosten umgelegt worden sind.

Dies gilt auch dann, wenn der Schaden vom Mieter durch **einfache Fahrlässigkeit** selbst verursacht wurde. In diesem Fall kann der Mieter vom Vermieter die **Beseitigung** der Schäden (hier: Brandschäden) verlangen und ist ggf. auch zur **Minderung** der Miete berechtigt. Zwar entfällt die grundsätzliche Verpflichtung des Vermieters, die Mietsache in einem zum vertragsgemäßen Gebrauch geeigneten Zustand zu erhalten (§ 535 Abs. 1 S. 2 BGB), wenn der Mieter den Schaden selbst schuldhaft verursacht hat. Dies gilt jedoch **nicht**, wenn eine für den Schaden eintrittspflichtige Wohngebäudeversicherung besteht, deren Kosten (Versicherungsprämien) auf den Mieter umgelegt worden sind. In diesem Fall ist der Vermieter grundsätzlich gehalten, die Versicherung in Anspruch zu nehmen und den Schaden zu beseitigen, da der Mieter auch bei fahrlässigem Verhalten erwarten kann, dass ihm seine Aufwendungen für die Wohngebäudeversicherung im Schadensfall zugutekommen – entsprechend einem versicherten Eigentümer, dem ein durch lediglich einfache Fahrlässigkeit verursachter Schaden ebenfalls von der Versicherung ersetzt wird. Daher muss der Mieter im Ergebnis so gestellt werden, als hätte er die Versicherung selbst abgeschlossen (BGH, Urteil v. 19.11.2014, VIII ZR 191/13).

Der Regressverzicht des Versicherers entfällt somit nur dann, wenn der Brand vom Mieter vorsätzlich oder grob fahrlässig verursacht wurde. Grobe Fahrlässigkeit liegt vor, wenn der Mieter die verkehrsübliche Sorgfalt in ungewöhnlich hohem Maß verletzt hat. Dabei ist zwischen der **objektiven** und der **subjektiven** Fahrlässigkeit zu unterscheiden. Die Haftung wegen grober Fahrlässigkeit setzt voraus, dass der Mieter **sowohl** objektiv **als auch** subjektiv grob fahrlässig gehandelt hat. Die subjektive Fahrlässigkeit kann entfallen, wenn das Fehlverhalten des Mieters auf einem Augenblicksversagen beruht, z.B. auf einer vorübergehenden Konzentrationsschwäche. Die Beweislast für das Vorliegen der objektiven und der subjektiven groben Fahrlässigkeit trägt der Versicherer (BGH, Urteil v. 10.5.2011, VI ZR 196/10, VersR 2011 S. 916).

Ferner soll dies auch dann gelten, wenn der Vermieter die Versicherung tatsächlich nicht abgeschlossen hat und dem Mieter dies nicht bekannt ist. Ist durch leichte Fahrlässigkeit des Mieters oder seines Erfüllungsgehilfen ein Schaden eingetreten, der mangels Abschluss der (in den umlagefähigen Betriebskosten enthaltenen) Versicherung nicht versichert ist, kann der Vermieter hierfür keinen Ersatz vom Mieter verlangen (LG Berlin, Urteil v. 9.11.2010, 65 S 111/10, NZM 2012 S. 82).

Auch der **Untermieter** des Hauptmieters kann sich auf den Regressverzicht des Gebäudeversicherers (gegenüber dem Mieter für den Fall nur leicht fahrlässiger Herbeiführung des Versicherungsfalls) berufen, wenn er nach einem Brandschaden im Regressprozess vom Versicherer aus unerlaubter Handlung in Anspruch genommen wird (OLG Karlsruhe, Urteil v. 13.3.2007, 8 U 13/06, OLGR Karlsruhe 2007 S. 378).

Das Vorliegen der Voraussetzungen für einen Regress beim Mieter, d.h. dass der Mieter grob fahrlässig oder vorsätzlich gehandelt hat, muss der **Versicherer** darlegen und beweisen (BGH, Urteil v. 14.2.2001, VIII ZR 292/98, NZM 2001 S. 638). Eine vorsätzliche oder grob fahrlässige Herbeiführung des Gebäudeschadens durch einen **Dritten** ist dem Mieter nur zuzurechnen, wenn der Dritte sein Repräsentant war; der Dritte ist insofern nicht Erfüllungsgehilfe des Mieters, sodass eine Haftung des Mieters nach § 278 BGB nicht besteht (BGH, Urteil v. 13.9.2006, IV ZR 378/02, WuM 2006 S. 631).

Dem Versicherer ist der Regress gegen den Mieter auch dann verwehrt, wenn der Mieter eine **Haftpflichtversicherung** unterhält, die Ansprüche wegen Schäden an gemieteten Sachen deckt (BGH, Urteil v. 13.9.2006, IV ZR 116/05, WuM 2006 S. 624). In diesem Fall steht dem Gebäudeversicherer gegen den Haftpflichtversicherer des Mieters entsprechend den Grundsätzen der Doppelversicherung (§ 59 Abs. 2 S. 1 VVG) ein Anspruch auf anteiligen Ausgleich zu; einen vollen Ausgleich im Deckungsumfang der Haftpflichtversicherung kann er aber nicht verlangen (BGH, Urteil v. 13.9.2006, IV ZR 273/05, WuM 2006 S. 627 und v. 20.12.2006, VIII ZR 67/06, WuM 2007 S. 144).

Der Gebäudeversicherer hat grundsätzlich einen hälftigen Ausgleichsanspruch gegen den Haftpflichtversicherer des Mieters. Für diesen Ausgleichsanspruch gelten keine anderen Beweislastgrundsätze als für den Anspruch des Vermieters gegen den Mieter. Danach muss der Vermieter beweisen, dass die Brandursache im Verantwortungsbereich des Mieters liegt. Der Mieter muss sich hinsichtlich Verursachung und Verschulden entlasten. Dieser Entlastungsbeweis ist allerdings nicht erst dann geführt, wenn sämtliche theoretisch denkbaren und möglichen Ursachen ausscheiden. Die Überzeugung des Gerichts setzt somit nicht den Ausschluss letzter Zweifel voraus, sondern nur einen für das praktische Leben brauchbaren Grad von Gewissheit (OLG Köln, Urteil v. 6.9.2011, 9 U 40/11).

Der Regressschutz erfasst neben dem Mieter auch die Personen, gegen die nach der Wertung des § 67 Abs. 2 VVG ein Rückgriff des Versicherers ausgeschlossen ist, weil deren Inanspruchnahme durch den Versicherer mittelbar auch den Mieter wirtschaftlich treffen würde; also insbesondere Mitbewohner und Familienangehörige, aber auch den Partner einer nichtehelichen Lebensgemeinschaft. **Nicht** geschützt werden dagegen Besucher des Mieters,

Lieferanten oder Handwerker (vgl. OLG Hamm, Urteil v. 14.9.2000, 6 U 87/00, ZMR 2001 S. 183).

Gleiches wird gelten für die Verursachung von Haftpflichtschäden durch den Mieter (z.B. Glatteisunfall vor dem Haus wegen Verletzung der Streupflicht), wenn der Mieter vertraglich verpflichtet ist, die (anteiligen) Kosten der **Haftpflicht**versicherung des Eigentümers zu zahlen. In diesem Fall hat der Mieter einen Anspruch gegen den Vermieter, dass dieser den Haftpflichtversicherer in Anspruch nimmt. Vereitelt der Vermieter dies, indem er gegen Obliegenheiten aus dem Versicherungsvertrag verstößt, liegt darin eine Verletzung der ihm gegenüber dem Mieter obliegenden Pflicht, die den Mieter zum Schadenersatz und zur Einrede gegen die Inanspruchnahme durch den Vermieter berechtigt (OLG Oldenburg, Urteil v. 18.12.2007, 9 U 45/07, ZMR 2008 S. 716). Gleiches gilt bei der Verursachung von Frostschäden durch den Mieter oder seinen Erfüllungsgehilfen bei Bestehen einer Leitungswasserversicherung (so OLG Celle, Urteil v. 19.3.1998, 2 U 184/96, NZM 1998 S. 731).

Dagegen kann die Rechtsprechung zum Regressverzicht des Gebäudeversicherers bei leicht fahrlässig verursachten Gebäudeschäden durch den Mieter auf die **Hausrat**versicherung des Vermieters **nicht** übertragen werden (BGH, Urteil v. 13.9.2006, IV ZR 26/04, WuM 2006 S. 631).

Aus dem Grundsatz, dass sich ein stillschweigender Haftungsausschluss nur aus der Verpflichtung des Mieters zur Zahlung der Kosten einer Versicherung herleiten lässt, folgt im Umkehrschluss, dass ohne eine solche Beteiligung des Mieters an den Kosten für einen stillschweigenden Haftungsausschluss keine Grundlage bestehen kann (BGH, Beschluss v. 4.3.2009, XII ZR 198/08, ZMR 2009 S. 518).

Bei **Abschluss** von Versicherungsverträgen muss der Vermieter – wie bei allen Betriebskostenpositionen – den **Grundsatz der Wirtschaftlichkeit** beachten (§ 556 Abs. 3 S. 1 2. HS BGB).

Dies gilt auch bei **Umstellung** des Versicherungstarifs bzw. beim Wechsel des Versicherers (vgl. AG Mönchengladbach, Urteil v. 14.11.2006, 11 C 8/06, WuM 2007 S. 128, wonach der Mieter eine gestiegene Versicherungsprämie nicht bezahlen muss, wenn diese aufgrund des Neuabschlusses eines Versicherungsvertrags entstanden ist, den der Vermieter, ohne Vergleichsangebote einzuholen, bei der Versicherungsagentur seines Neffen abgeschlossen hat und die Prämie um fast die Hälfte teurer ist als bei einem Konkurrenzunternehmen).

2.14 Die Kosten für den Hauswart (Nr. 14)

Hierzu gehören die Vergütung, die Sozialbeiträge und alle geldwerten Leistungen, die der Eigentümer (Erbbauberechtigte) dem Hauswart für seine Arbeit gewährt, soweit diese nicht die Instandhaltung, Instandsetzung, Erneuerung, Schönheitsreparaturen oder die Hausverwaltung betreffen. Soweit Arbeiten vom Hauswart ausgeführt werden, dürfen Kosten für diese Arbeitsleistungen nach den Nr. 2 bis 10 und 16 nicht angesetzt werden.

Der Hauswart, auch **Hausmeister** genannt, ist streng vom **Hausverwalter** zu unterscheiden, dessen Kosten nicht umlagefähig sind.

Während der Hausverwalter aufgrund vertraglicher Verpflichtung die zur Bewirtschaftung des Anwesens notwendigen Verwaltungsleistungen ausführt (z.B. Einziehung der Miete, Abrechnung der Betriebskosten, Geschäftsverkehr mit Mietern und Behörden), erstreckt sich die Tätigkeit des Hauswarts auf Maßnahmen praktisch-technischer Art. Dementsprechend zählen folgende Tätigkeiten zu den **Hausmeisterarbeiten** (vgl. LG München I, Urteil v. 23.2.2000, 15 S 9348/99, WuM 2000 S. 258; AG Berlin, Urteil v. 22.6.2005, 209 C 75/05, GE 2005 S. 997): Maßnahmen zur Verkehrssicherung, u.a. Haus-, Treppen- und Straßenreinigung, Reinigung von Bürgersteigen, technischen Räumen, Lichtschächten, Außenanlagen; Bedienung, Überwachung und Pflege haustechnischer Anlagen, z.B. der Zentralheizung und des Aufzugs, Einweisung von Lieferanten, Wach- und Schließdienst; Schließen der nicht zu den Wohnungen gehörenden Fenster; Auswechseln defekter Glühlampen und Leuchtstoffröhren; Leerung der Mülltonnen und Papierkörbe; Durchführung kleinerer Reparaturen (LG München I, a.a.O. unter Hinweis auf Schmid, Handbuch der Mietnebenkosten, 3. Aufl. 1997, Rn. 4132); bei größeren Wohnanlagen auch Pförtner- und Notdiensttätigkeiten (LG Köln, Urteil v. 12.2.1997, 10 S 463/96, WuM 1997 S. 230); die Weiterleitung von Reparaturmeldungen der Mieter, die Benachrichtigung der zuständigen Stellen bei Störungen, die Annahme von Lieferungen, z.B. von Heizöl (LG Berlin, Urteil v. 24.4.2009, 63 S 286/08, GE 2009 S. 979), die Überprüfung der Heizung, der Beleuchtung, des Wasserfilters, die Kontrolle des Dachs (LG Berlin, Urteil v. 9.3.2010, 63 S 141/09, GE 2010 S. 983), die Durchführung des Winterdienstes sowie das Heraus- und Hereinstellen der Mülltonnen (AG Brandenburg, Urteil v. 7.6.2010, 31 C 210/09, GE 2010 S. 915), Überwachung der Brandschutzvorschriften, Beseitigung von Stolpergefahren (Wall in Eisenschmid/Rips/Wall, Betriebskostenkommentar, Rn. 3720), Frostschutz, Bedienung des Rückstauventils bei Kanalverstopfung (Wall, a.a.O.), Bedienung der Wasserversorgungs- und Entwässerungsanlage, der Heizung, des Aufzugs, die Reinigung von Treppenhaus, Keller, Dachboden, Hof, Zuweg, die Straßenreinigung einschließlich Schneebeseitigung (LG Berlin, Urteil v. 17.10.2000, 64 S 257/00, GE 2001 S. 63), Gartenpflege einschließlich Rasenmähen, Zuschneiden von Gehölzen, Einweisung von beauftragten Fremdfirmen (für Hausreinigung, Gartenpflege, haustechnischen Kundendienst, Lieferanten), Wach- und Schließdienst für Haus- und Kellertüren, periodische Rundgänge zur Abwehr von Kellereinbrüchen (Kinne, GE 2010 S. 879).

Dagegen sind folgende Tätigkeiten verwaltungsbezogen und zählen daher **nicht** zu den Hausmeisterarbeiten: Erstellen von Betriebskostenabrechnungen, Abnahme und Neuvermietung von Wohnungen, Ausführung von Reparaturen, Instandhaltung der Außenanlagen, Pflege des Maschinenparks, Überwachen des Bauzustands, der Wärmemesser, der Schornsteinfeger, der Treppenhäuser und der laufenden Wartungsverträge, Anschaffung einheitlicher Namensschilder (LG München I, a.a.O.; AG Köln, Urteil v. 21.2.2002, 222 C 466/01, WuM 2002 S. 615), Wartung und Überprüfung technischer Einrichtungen sowie Kontrollen zur Feststellung von Mängeln, da es sich hierbei um Instandhaltungsarbeiten handelt (AG Suhl, Urteil v. 27.5.2003, 5 C 1120/02, WuM 2003 S. 452). Führt der Hauswart auch Tätigkeiten der **Hausverwaltung** aus, darf bei den Betriebskosten nur der **Teil** der Entlohnung angesetzt werden, der auf die Tätigkeit als Hauswart entfällt; z.B. wurden vom LG Berlin bei einem größeren Mietobjekt die umlagefähigen Hausmeisterkosten um 20 % gekürzt, da der Hausmeister auch „Verwaltungsaufgaben und Kleinstreparaturen" durchzuführen hatte (LG Berlin, Urteil v. 10.5.2001, 67 S 312/00, GE 2001 S. 923). Nimmt der Vermieter in der Betriebskostenabrechnung bei den Kosten des Hauswarts lediglich einen pauschalen Abzug für nicht umlagefähige Verwaltungs-, Instandhaltungs- und Instandsetzungskosten vor, genügt ein schlichtes Bestreiten des Mieters. Dem Vermieter obliegt es in diesem Fall, die Kosten nachvollziehbar so aufzuschlüsseln, dass die nicht umlagefähigen Kosten herausgerechnet werden können (BGH, Versäumnisurteil v. 20.2.2008, VIII ZR 27/07, WuM 2008 S. 285). Ein schlichtes Bestreiten des Mieters genügt aber nicht, wenn der Vermieter von vornherein nur die Kosten in die Abrechnung eingestellt hat, die in dem von ihm mit dem Hausmeister abgeschlossenen Vertrag als jährliches Entgelt für die im Leistungsverzeichnis konkret bezeichneten (umlagefähigen) Tätigkeiten des Hausmeisters vereinbart sind. In diesem Fall obliegt es dem Mieter, konkrete Einwände gegen die umgelegten Hausmeisterkosten zu erheben (BGH, Urteil v. 13.1.2010, VIII ZR 137/09).

Im Streitfall ist somit der Vermieter für die vom Hausmeister durchzuführenden Arbeiten **darlegungspflichtig**, z.B. durch Vorlage des Hausmeistervertrags bzw. einer Leistungsbeschreibung, aus der die einzelnen Tätigkeiten entnommen werden können (AG Köln, a.a.O.). Dabei ist grundsätzlich der **tatsächliche** Zeitaufwand des Hausmeisters entscheidend; die Leistungsbeschreibung im Hausmeistervertrag ist insofern nur ein Indiz für den Umfang der nicht umlagefähigen Kosten (so BGH, Urteil v. 20.2.2008, a.a.O.). Dies gilt uneingeschränkt jedoch nur dann, wenn der Hausmeister eine Vergütung entsprechend dem tatsächlich angefallenen Zeitaufwand erhält. Soweit z.B. eine **Pauschalvergütung** vereinbart ist, hängen die Hausmeisterkosten von vornherein nicht direkt vom tatsächlich angefallenen Arbeitsaufwand ab. In diesem Fall kommt der Leistungsbeschreibung maßgebende Bedeutung zu, da ausgehend von den Angaben im Leistungsverzeichnis der zeitliche Umfang der (nicht umlagefähigen) Verwaltungs- und Instandsetzungsarbeiten (ggf. auch vom Gericht) geschätzt werden kann (AG München, Urteil v. 24.6.2011, 412 C 32370/10, WuM 2011 S. 629).

Der Mieter kann jedoch nicht verlangen, dass der Hausmeister ein Stundenbuch führt, in dem die umlagefähigen und nicht umlagefähigen Leistungen erfasst werden (LG Karlsruhe, Urteil v. 28.4.1995, 9 S 199/94, WuM 1996 S. 230).

Ferner müssen zur Wirksamkeit der Betriebskostenabrechnung die Kosten des Hausmeisters auch nicht im Einzelnen auf die umlagefähigen Tätigkeiten und ihre Verteilung auf die einzelnen Wohnungen aufgeschlüsselt werden (BGH, Beschluss v. 13.9.2011, VIII ZR 45/11, WuM 2011 S. 684).

Ansatzfähig sind das Arbeitsentgelt, die Sozialbeiträge, die Beiträge zur Unfallversicherung, die Kosten einer Vertretung bei Krankheit oder Urlaub sowie Sachleistungen. Zu den Sachleistungen zählt insbesondere der **Mietwert** einer unentgeltlich überlassenen **Wohnung** bzw. bei einer verbilligten Miete die Differenz zwischen dem Mietwert und der tatsächlich gezahlten Miete. Soweit der Eigentümer Arbeitsleistungen eines Hauswarts – nicht eines Hausverwalters – selbst ausführt, kann er den Betrag als Betriebskosten ansetzen, der für die gleichwertige Leistung eines Dritten angesetzt werden könnte (§ 1 Abs. 1 S. 2 BetrKV), nicht jedoch die Umsatzsteuer des Dritten.

Der Mieter ist berechtigt, die **Lohn- und Gehaltsabrechnungen** des Hausmeisters einzusehen. Insofern müssen die Rechte des Hausmeisters zurückstehen, da dem Hausmeister bei Vertragsunterzeichnung klar sein musste, dass bei einem Streit über die Betriebskosten seine Vertragsbedingungen offengelegt würden (LG Berlin, Urteil v. 12.9.2003, 63 S 416/02, GE 2003 S. 1492).

Bei den Hausmeisterkosten muss der Vermieter – wie bei allen Betriebskostenpositionen – den **Grundsatz der Wirtschaftlichkeit** beachten (§ 556 Abs. 3 S. 1 2. HS BGB). Hausmeisterkosten, die um 58 % über den Kosten liegen, die für das Anwesen wegen dessen besonderer Umstände bereits mit einem über dem ortsüblichen Durchschnitt liegenden Satz festgestellt wurden, können daher nur mit ihrem durchschnittlichen Satz auf die Mieter umgelegt werden (LG München I, Urteil v. 30.11.2001, 20 S 6719/01, NZM 2002 S. 286). Auch ein Stundenlohn von 25 Euro für Treppenhaus- und Hofreinigung, der einem Hausmeister im Zeitraum von 1997 bis 2000 gezahlt wurde, ist unwirtschaftlich hoch und kann nicht in die Betriebskostenabrechnung für die Wohnungen eingestellt werden (AG Köln, Urteil v. 23.5.2006, 210 C 43/06, WuM 2006 S. 568).

Führt die Entlassung des bisherigen Hausmeisters und die anschließende Vergabe der Hausmeisterleistungen an einen externen Dienstleister zur Verdoppelung der Kosten, muss der Vermieter die Wirtschaftlichkeit der Maßnahme nachweisen, um die erhöhten Kosten umlegen zu können (AG Annaberg, Urteil v. 20.7.2006, 4 C 0604/04, WuM 2007 S. 131).

Kann zur Ermittlung der angemessenen Hausmeisterkosten nicht auf Durchschnittswerte in Betriebskostentabellen zurückgegriffen werden (z.B. weil der örtliche Mietspiegel eine solche Tabelle nicht enthält), kann das Gericht eine **Schätzung** (§ 287 ZPO) der marktüblichen Kosten auf Grundlage von nach **Anzahl und Größe** vergleichbaren Objekten vornehmen (LG Halle, Urteil v. 5.10.2005, 2 S 324/03, NZM 2007 S. 40).

Umlagefähig sind auch die Kosten eines Hausmeisters, den der Vermieter während des bestehenden Mietverhältnisses **neu** einstellt, wenn im Mietvertrag Hausmeisterkosten als umlagefähige Betriebskosten bezeichnet sind und dem Vermieter das Recht eingeräumt ist, auch neu entstehende Betriebskosten auf die Mieter umzulegen (AG Neukölln, Urteil v. 19.2.2007, 19 C 459/06, NJW-RR 2007 S. 1662).

Mangelhaft erbrachte Hausmeisterleistungen berechtigen den Mieter **nicht**, in der Betriebskostenabrechnung den auf ihn entfallenden Anteil der Hausmeisterkosten zu kürzen (AG Dresden, Urteil v. 13.6.2006, 140 C 4830/05). Allerdings kann der Vermieter nach dem Grundsatz der Wirtschaftlichkeit verpflichtet sein, zumutbare und gebotene Gegenmaßnahmen einzuleiten (z.B. Abmahnung, Kündigung, Gehalts- bzw. Entgeltkürzung), um den mangelhaften Arbeitsleistungen des Hausmeisters zu begegnen. Ist der Vermieter seinerseits zu einer Kürzung der Hausmeistervergütung berechtigt, kann auch der Mieter die abgerechneten Kosten in der Betriebskostenabrechnung kürzen (Schmid, Handbuch der Mietnebenkosten, 9. Aufl., Rn. 1060). Ob die Fehlleistungen des Hausmeisters schwerwiegend genug sind, um derartige Maßnahmen zu rechtfertigen, ist anhand der konkreten Umstände des Einzelfalls zu beurteilen (so Wall, WuM 2007 S. 8).

2.15 Die Kosten des Betriebs der Gemeinschaftsantennenanlage (Nr. 15a) oder des Betriebs der mit einem Breitbandnetz verbundenen privaten Verteilanlage (Nr. 15b)

2.15.1 Kosten des Betriebs der Gemeinschaftsantennenanlage

Hierzu gehören die Kosten des Betriebsstroms und die Kosten der regelmäßigen Prüfung ihrer Betriebsbereitschaft einschließlich der Einstellung durch eine Fachkraft oder das Nutzungsentgelt für eine nicht zum Gebäude gehörende Antennenanlage sowie (seit 1.1.2004) die Gebühren, die nach dem Urheberrechtsgesetz für die Kabelweitersendung entstehen.

Der Betriebsstrom ist der zum Betrieb des Antennenverstärkers notwendige Strom, der entweder über einen eigenen Zähler oder anhand der technischen Daten des Verstärkers zu ermitteln ist. Die Kosten eines **Antennenwartungsvertrags** können angesetzt werden, soweit in dessen Rahmen die regelmäßige Prüfung der Betriebsbereitschaft und die Einstellung der Anlage erfolgt. **Nicht** ansatzfähig sind **Reparaturen**, unabhängig von der Ursache (Verschleiß, Sturmschäden etc.). Werden im Rahmen der Wartung auch Reparaturen ausgeführt, kann nur der auf die Wartung entfallende Teil angesetzt werden.

Hat der Vermieter die Gemeinschaftsantennenanlage von einem Dritten lediglich **gemietet**, kann die Miete als Betriebskosten angesetzt werden, zzgl. Strom-, Prüfungs- und Einstellungskosten, soweit der Vermieter diese neben der Miete zu bezahlen hat.

Mit Wirkung ab 1.1.2004 wurde eingefügt, dass auch Gebühren, die nach dem Urheberrechtsgesetz (§ 20b UrhG) für die **Kabelweitersendung** entstehen, zu den Betriebskosten zählen.

2.15.2 Kosten des Betriebs der mit einem Breitbandnetz verbundenen privaten Verteilanlage

Hierunter fallen die Kosten entsprechend Abschnitt „Kosten des Betriebs der Gemeinschaftsantennenanlage"; ferner die laufenden monatlichen Grundgebühren für Breitbandanschlüsse. Stromkosten können auch hier durch den Betrieb eines für einen einwandfreien Empfang notwendigen Verstärkers anfallen. Nicht umlagefähig sind nach Ansicht des AG Freiburg (Urteil v. 20.2.1996, 51 C 367/95, WuM 1996 S. 285) die laufenden Kosten für einen Sperrfilter, der verhindert, dass der Mieter, der dem Kabelanschluss nicht zugestimmt hat, unberechtigterweise Programme aus dem Kabelnetz empfangen kann. Allein ein Streit um die Höhe der vom Mieter anteilig zu leistenden Kabelgebühren berechtigt den Vermieter jedoch nicht zur (teilweisen) Herausfilterung des Programmangebots in der Mietwohnung (AG Görlitz, Urteil v. 4.11.2005, 2 C 0253/05, WuM 2006 S. 143).

Von den umlagefähigen **laufenden** monatlichen Grundgebühren sind die nicht als Betriebskosten ansatzfähigen **einmaligen** Anschlussgebühren des Anwesens bzw. der Wohnung an das Breitbandnetz zu unterscheiden. Diese können im Rahmen einer Mieterhöhung wegen Modernisierung nach § 559 BGB (s. „Modernisierung“; „Kabelfernsehen“) angesetzt werden.

Ist die Umlage der Kosten für den **Kabelanschluss** vereinbart und stellt der Vermieter auf eine Gemeinschaftssatellitenantenne um, ergibt die Auslegung dieser mietvertraglichen Vereinbarung, dass der Vermieter künftig anstelle der Kabelkosten die Gemeinschaftsantenne umlegen darf (AG Lörrach, Urteil v. 10.2.2005, 1 C 1918/04, WuM 2005 S. 579).

Der Mieter ist nicht berechtigt, die Zahlung der Kabelgebühren zu verweigern, weil er kein Interesse an einem Kabelanschluss hat. Hierzu bedarf es einer Änderung des Mietvertrags, die nur in beiderseitigem Einvernehmen erfolgen kann. Dies gilt auch im Fall eines Wechsels des Anbieters durch den Vermieter, selbst wenn dies mit Mehrkosten für den Mieter verbunden ist und der Mieter sein mangelndes Interesse an der Weiterversorgung mit Kabelfernsehen dem Vermieter vorher mitgeteilt hat (AG Münster, Urteil v. 27.2.2007, 7 C 4811/06, ZMR 2007 S. 707).

Mit der Novelle des Telekommunikationsgesetzes wurden in § 2 Nr. 15 BetrKV das Wort „Breitband**kabel**netz“ durch „Breitbandnetz“ und das Wort „Breitband**kabel**anschlüsse“ durch „Breitbandanschlüsse“ ersetzt. Damit wurde klargestellt, dass die Kosten aller leitungsgebundenen Breitbandinfrastrukturen für die Grundversorgung mit Fernsehen und Hörfunk unter diese Betriebskostenart fallen.

Nach der **alten** Fassung war nur die Umlage der durch ein Breitband**kabel**netz entstehenden Kosten sowie der Kosten für Breitbandkabelanschlüsse möglich. Bei einem Wechsel, z. B. auf eine TV-Versorgung mittels einer Breitband**telefon**leitung, liefen Vermieter Gefahr, die anfallenden Betriebskosten nicht mehr auf die Mieter umlegen zu können. Mit der Neufassung wird die Umlagefähigkeit der Kosten für den Betrieb, die Wartung und die monatlichen Entgelte für die Grundversorgung mit Fernsehen und Hörfunk **aller** leitungsgebundenen Breitbandinfrastrukturen sichergestellt. Dies ermöglicht dem Vermieter die technologieunabhängige Umlage der Kosten und damit auch einen Anbieterwechsel.

2.16 Die Kosten des Betriebs der Einrichtungen für die Wäschepflege (Nr. 16)

Hierzu gehören die Kosten des Betriebsstroms, die Kosten der Überwachung, Pflege und Reinigung der Einrichtungen, der regelmäßigen Prüfung ihrer Betriebsbereitschaft und Betriebssicherheit sowie die Kosten der Wasserversorgung entsprechend Nr. 2, soweit sie nicht dort bereits berücksichtigt sind (s. Abschnitt 2.2). Zu den maschinellen Wascheinrichtungen zählen Wasch- und Trockenmaschinen, Schleudern, Bügelautomaten u. Ä.

Mit Wirkung ab 1.1.2004 wurde der frühere Begriff der „maschinellen Wascheinrichtung“ ersetzt durch die „Einrichtungen für die Wäschepflege“. Damit wurde klargestellt, dass neben maschinellen Wascheinrichtungen (z. B. Waschmaschinen) auch Trockengeräte, z. B. Wäschetrockner, Wäscheschleudern oder Bügelmaschinen, unter Nr. 16 zu subsumieren sind.

Die Betriebskosten umfassen die Stromkosten einschließlich der Zählermiete, die Wartungs- und Prüfungskosten sowie die Wasserkosten entsprechend Nr. 2. Diese sind grundsätzlich über einen separaten Verbrauchszähler zu ermitteln oder in hinreichender Weise festzustellen. Erfolgte keine Trennung von den übrigen Wasserkosten und sind diese daher bereits in Nr. 2 enthalten, ist ein Ansatz unter Nr. 16 nicht möglich.

Einnahmen aus dem Münzbetrieb dürfen nur die **laufenden** Kosten für Wasser und Strom abdecken. Kosten für Anschaffung, Abschreibung und Kapitalverzinsung dürfen darin grundsätzlich **nicht** enthalten sein. Diese sind mit der Miete abgegolten; es sei denn, dass im Mietvertrag ausdrücklich etwas anderes vereinbart worden ist (AG Hamburg, Urteil v. 20.8.2003, 39 A C 56/03, WuM 2003 S. 565).

Werden die Betriebskosten auf alle Mieter umgelegt, müssen Einnahmen aus dem Münzbetrieb bei der Abrechnung gutgebracht werden (AG Hamburg, Urteil v. 30.6.1993, 40 b C 2437/92, WuM 1993 S. 619). Dabei ist es zulässig, dass die Einnahmen zu 70 % bei den Wasserkosten und zu 30 % bei den Allgemeinstromkosten gutgebracht werden (AG Pinneberg, Urteil v. 25.9.2002, 69 C 59/02, ZMR 2003 S. 121).

2.17 Sonstige Betriebskosten (Nr. 17)

Darunter fallen die in den Nr. 1 bis 16 nicht genannten Betriebskosten, insbesondere die Betriebskosten von Nebengebäuden, Anlagen und Einrichtungen. In Betracht kommen Folgende:

- Kosten für **Müllschlucker** oder maschinelle Müllbeseitigungsanlagen, z. B. Kosten für das Erneuern der Behälter, für die Reinigung und Wartung der Anlage.
- Kosten für **Feuerlöschgeräte**, z. B. Wartungskosten für das Prüfen oder Erneuern des Lösch- oder Druckmittels in regelmäßigen Abständen (LG Berlin, Urteil v. 17.10.2000, 64 S 257/00, NZM 2002 S. 65; vgl. auch AG Köln, ZMR 1996, XII).
- Kosten für die regelmäßige Überwachung und Prüfung von **Blitzableitern**.
- Kosten für das regelmäßige **Reinigen von Dachrinnen**, sofern dies in **regelmäßigen** Abständen durchgeführt werden muss, weil anderenfalls durch das Laub des vorhandenen Baumbestands eine Verstopfung zu erwarten ist (BGH, Urteil v. 7.4.2004, VIII ZR 167/03, WuM 2004 S. 290). **Nicht** umlagefähig sind dagegen die Kosten einer **einmaligen** Maßnahme aus besonderem Anlass, z. B. zur Beseitigung einer eingetretenen Verstopfung oder zum Zweck der Anbringung eines neuen Anstrichs, da es sich insoweit um eine Instandhaltungsmaßnahme handelt.
- Kosten für die **Beseitigung** von Graffiti in **Geschäftsraummietverträgen** (Rips, in Betriebskostenkommentar, Rn. 1610).
- Kosten für **Dachrinnenheizung**, z. B. Strom- und Wartungskosten.
- Kosten für die (turnusmäßige) Wartung von Abflussrohren und Gullys sowie der Elektroanlage, da diese Arbeiten mit keinem Substanzeingriff verbunden und daher mit anderen Arbeiten im Sinne der Anlage 3 zu § 27 II. BV (seit 1.1.2004: Betriebskostenverordnung) vergleichbar sind (AG Berlin, a. a. O.). **Nicht** umlagefähig sind dagegen die Kosten der Beseitigung eines konkreten Schadens, z. B. einer Verstopfung (s. „Verstopfung"); ferner nicht „Fensterwartungskosten", da solche Arbeiten zu den Instandhaltungskosten zu rechnen sind (AG Hamburg, HambGE 1996 S. 255).
- Kosten, die dem Vermieter zur **Prüfung** der Betriebssicherheit einer technischen Anlage, z. B. der Elektroanlage, entstehen (BGH, Urteil v. 14.2.2007, VIII ZR 123/06, WuM 2007 S. 198).

  Der Umlagefähigkeit steht nicht entgegen, dass es sich hierbei um eine vom Vermieter in erster Linie im eigenen Interesse getroffene Vorsorgemaßnahme („vorbeugende Instandhaltung") handelt, die möglicherweise mittelbar zu einer Minderung von nicht umlagefähigen Instandhaltungskosten führt, da Mängel frühzeitig erkannt werden. Ferner steht ihr nicht entgegen, dass der Vermieter mit der Prüfung der ihm obliegenden Verkehrssicherungspflicht nachkommt.

  Bei den Maßnahmen handelt es sich auch dann um Betriebskosten, wenn sie nicht jährlich, sondern in **größeren** Zeitabständen (hier: 4 Jahre) anfallen.
- Kosten der Überprüfung von **Rauchmeldern**. In Abgrenzung zur Instandsetzung und Instandhaltung ist die jährliche **Funktionsprüfung** von Rauchmeldern als Überprüfung der Funktionsfähigkeit elektrischer Anlagen anzusehen, die nicht der Beseitigung von Mängeln dient (AG Lübeck, Urteil v. 5.11.2007, 21 C 1668/07, ZMR 2008 S. 302; s. hierzu Kinne in GE 2011 S. 1281 ff.).

  Sowohl die Wartungs- als auch die Anmietkosten für Rauchwarnmelder stellen umlagefähige „sonstige Betriebskosten" dar, da die Betriebskostenverordnung keine abschließende Regelung über die umlegbaren Anmietkosten enthält (Schmid, Handbuch der Mietnebenkosten, 11. Aufl., Rn. 5457). Nach dem Wortlaut der Betriebskostendefinition können auch Mietkosten unter den

Betriebskostenbegriff des § 556 Abs. 1 BGB fallen, da sie dem Eigentümer laufend und durch den bestimmungsgemäßen Gebrauch des Gebäudes entstehen; das gilt jedenfalls dann, wenn sie einen Bezug zu den einzelnen Betriebskostenpositionen haben (Schmid, WuM 2009 S. 487, LG Magdeburg, Urteil v. 27.9.2011, 1 S 171/11, NJW 2012 S. 544).

Wie bei allen Betriebskosten muss der Vermieter das **Wirtschaftlichkeitsgebot** beachten. Dies ist gegeben, wenn sich der Vermieter an den Unfallverhütungsvorschriften der Berufsgenossenschaften orientiert und die dort vorgesehenen Maßnahmen zur Schadensverhütung ergreift (BGH, a.a.O.).

Insofern stellt auch die Beauftragung eines Dritten mit der Wartung von Rauchmeldern keinen Verstoß gegen das Wirtschaftlichkeitsgebot dar. Der Mieter kann nicht einwenden, die Funktionsprüfung könne auch von ihm vorgenommen werden. Im Hinblick auf die dem Vermieter obliegende Verkehrssicherungspflicht ist es dem Vermieter nicht zuzumuten, darauf zu vertrauen, dass der Mieter die Rauchmelder ordnungsgemäß prüft und wartet (AG Lübeck, Urteil v. 5.11.2007, 21 C 1668/07, ZMR 2008 S. 302).

- Kosten für den Strom und die Wartung einer **Lüftungsanlage einschließlich der Regelanlage** (AG Frankfurt/M., Urteil v. 13.1.2010, 33 C 3805/09-51, WuM 2010 S. 92; AG Köln, a.a.O.; LG Frankenthal, Urteil v. 19.5.1999, 2 S 7/99, NZM 1999 S. 958) sowie von Pumpen (LG Berlin, Urteil v. 17.10.2000, 64 S 257/00, NZM 2002 S. 65).
- Betriebskosten für **Gemeinschaftseinrichtungen**, z.B. Schwimmbad, Sauna, Spielplatz, Hobbyraum, soweit diese allen Mietern zur Verfügung stehen.
- Kosten für die turnusmäßige **Untersuchung des Trinkwassers** nach der am 1.11.2011 in Kraft getretenen Neufassung der Trinkwasserverordnung.
- Kosten für einen **Conciergedienst** bzw. **Pförtnerdienst** in einem Wohngebäude: Die Umlagefähigkeit richtet sich nach den Umständen des Einzelfalls, z.B. wenn dies aufgrund der konkreten Verhältnisse geboten ist, etwa bei Vorliegen einer konkreten Gefährdungslage; nicht dagegen, wenn damit nur dem allgemeinen und abstrakten Sicherheitsbedürfnis z.B. älterer Bewohner oder der allgemeinen Sicherheitslage Rechnung getragen werden soll (BGH, Beschluss v. 5.4.2005, VIII ZR 78/04, WuM 2005 S. 336).
- Kosten des **Wachdienstes bzw. Sicherheitsdienstes** können umgelegt werden, wenn und soweit der Dienst primär dem Schutz der Mieter und nicht vorrangig dem Schutz des Gebäudes dient (LG Köln, Urteil v. 28.1.2004, 10 S 134/03, WuM 2004 S. 400). Entstehen diese Kosten **nachträglich**, bedarf es gleichwohl schon im Mietvertrag einer vorsorglichen Einbeziehung der Kosten (AG Köln, Urteil v. 18.2.2003, 201 C 537/02, ZMR 2003 S. 684; a.A. LG Hamburg, Urteil v. 6.3.1997, 333 S 139/96, ZMR 1997 S. 358 sowie OLG Frankfurt/M., Urteil v. 7.3.2006, 9 U 62/05, NZM 2006 S. 660), wonach die Kosten für einen Sicherheitsdienst auch kraft **mündlicher** Abrede auf den Mieter umgelegt werden können. Zur Umlagefähigkeit von **Bewachungskosten** bei **Geschäfts**räumen s. OLG Celle, Urteil v. 16.12.1998, 2 U 23/98, NZM 1999 S. 501 sowie OLG Düsseldorf (Urteil v. 27.3.2012, I-24 U 123/11, MDR 2012 S. 1025), wonach die Kosten des Wachdienstes als sonstige Betriebskosten i.S.v. Nr. 17 der Anlage 3 zu § 27 II. BV auch in Mietverhältnissen über Geschäftsräume nur dann umlagefähig sind, wenn sie in der Umlagenvereinbarung als solche auch ausdrücklich genannt sind.
- Nur bei **gewerblichen** Mietverhältnissen: Kosten der **Hausverwaltung**. Die Einstellung der Kosten der (kaufmännischen und technischen) Hausverwaltung unter „sonstige Betriebskosten" ist bei **gewerblichen** Mietverhältnissen weder überraschend (i.S.v. § 305c BGB) noch ein Verstoß ge-

gen das Transparenzgesetz (§ 307 Abs. 1 S. 2 BGB), da die Umlage verkehrsüblich ist und der Mieter daher grundsätzlich mit der Umlage dieser Kosten rechnen muss. Dies gilt auch dann, wenn die Umlage durch **Allgemeine Geschäftsbedingungen** erfolgt ist, die in einem vom Vermieter verwendeten **Formularmietvertrag** enthalten sind. Dies gilt auch dann, wenn die Vorauszahlungen im Einzelfall deutlich niedriger festgelegt wurden als die später abgerechneten Kosten und die Klausel keine Bezifferung oder höhenmäßige Begrenzung der Verwaltungskosten enthält (BGH, Urteil v. 9.12.2009, XII ZR 109/08).

Die wirksame Umlage solcher „sonstigen Betriebskosten“ erfordert die **genaue Bezeichnung** des Kostengegenstands im Mietvertrag; **nicht ausreichend** ist die pauschale Anführung von „sonstigen Betriebskosten“ (BGH, Urteile v. 7.4.2004, VIII ZR 146/03, WuM 2004 S. 292 und VIII ZR 167/03, WuM 2004 S. 290). Allerdings kann die Umlage einzelner sonstiger Betriebskosten auch durch **stillschweigende** Vereinbarung aufgrund **jahrelanger Zahlung** erfolgt sein. Ferner kann der Vermieter **neu entstehende** Betriebskosten mittels einer entsprechenden schriftlichen Erklärung nach § 560 Abs. 1 BGB auf den Mieter umlegen (BGH, a.a.O.). Dies gilt jedenfalls dann, wenn der Mietvertrag eine sog. **Öffnungsklausel** (Mehrbelastungsklausel) enthält, die den Vermieter ausdrücklich zur Umlage von neu entstehenden Betriebskosten berechtigt (AG Schönebeck, Urteil v. 4.5.2011, 4 C 148/11, ZMR 2011 S. 646). **Nicht ausreichend** ist auch die Verwendung von Begriffen wie „Center-Manager“, „Raumkosten“, „Allgemeiner Service“ (KG Berlin, Urteil v. 8.10.2001, 8 U 6267/00, GE 2002 S. 327). Auch die Klausel in einem Gewerbemietvertrag, dass der Mieter die Kosten der vom Vermieter ggf. abzuschließenden „Sonderrisikoversicherung“ zu tragen hat, ist wegen des Verstoßes gegen das Transparenzgebot unwirksam, da aus dieser Formulierung nicht klar und verständlich zu entnehmen ist, welche Versicherungskosten auf den Mieter zukommen können (KG Berlin, Beschluss v. 7.2.2011, 8 U 147/10, GE 2011 S. 545). Dagegen ist die Verwendung des Begriffs „Verwaltungskosten“ ausreichend, da dieser gesetzlich definiert ist (OLG Hamburg, Urteil v. 6.2.2002, 4 U 32/00, NZM 2002 S. 388; s. Abschnitt 1, a.A. KG Berlin, a.a.O.).

Betriebskostenabrechnung → „Abrechnung der Betriebskosten“
Beweislast → „Verschlechterung der Mietsache“

Beweissicherung

Beweissicherung ist die vorsorgliche Beweisaufnahme vor Beginn eines möglichen Prozesses und dient der Feststellung tatsächlicher Umstände (z.B. Zustand der Mietsache bei Rückgabe für Ersatzansprüche des Vermieters, Mängel von Handwerkerleistungen). Dagegen bleibt die Klärung der Rechtslage (z.B. ob ein entsprechender Anspruch besteht) dem Hauptverfahren vorbehalten.

Was bei einem Verfahren zur Sicherung des Beweises im Einzelnen zu beachten ist, wurde durch das Rechtspflege-Vereinfachungsgesetz vom 17.12.1990 (BGBl I S. 2849, 2850) mit Wirkung ab 1.4.1991 in den §§ 485 ff. ZPO neu geregelt und als **„Selbstständiges Beweisverfahren“** bezeichnet.

Danach kann während oder außerhalb eines Streitverfahrens auf Antrag einer Partei die Einnahme des Augenscheins, die Vernehmung von Zeugen oder die Begutachtung durch einen Sachverständigen angeordnet werden, wenn der Gegner zustimmt oder zu besorgen ist, dass das Beweismittel verloren geht oder seine Benutzung erschwert wird (§ 485 Abs. 1 ZPO).

Ein **rechtliches Interesse** des Antragstellers an der Beweiserhebung ist daher gegeben, wenn ein Rechtsstreit mit einem Dritten bereits anhängig oder zu erwarten ist und das zu sichernde Beweismittel darin zumindest möglicherweise **„benutzt“** werden kann, i. S. d. § 493 ZPO (LG Chemnitz, Beschluss v. 9.10.2002, 11 T 3719/02, ZMR 2003 S. 116). Der Richter hat somit weder die Beweisbedürftigkeit noch die Erheblichkeit des Beweismittels für den Hauptsacheprozess noch dessen Erfolgsaussichten zu beurteilen. Etwas anderes gilt nur bei offensichtlicher Nutzlosigkeit, z. B. wenn kein Rechtsverhältnis, kein möglicher Prozessgegner oder kein Anspruch ersichtlich ist.

Dementsprechend kann auch zur Frage, ob sich in einer Wohnung im Fliesenbereich die **Bohrlöcher** in den Fugen befinden, zur Frage nach Anzahl, Art und Umfang der Bohrlöcher sowie auch zur Frage, ob die Anbringung dieser Bohrlöcher zur Ausübung des vertragsgemäßen Gebrauchs erforderlich waren, ein selbstständiges Beweisverfahren eingeleitet werden.

Die Voraussetzungen für die Durchführung eines selbstständigen Beweisverfahrens sind dagegen **nicht** gegeben, wenn der Mieter nur wissen will, zu welchem Prozentsatz die bestehenden Mängel eine Mietminderung rechtfertigen. Der **Prozentsatz einer Mietminderung** kann nicht Gegenstand eines selbstständigen Beweisverfahrens sein, da das selbstständige Beweisverfahren nicht als Druckmittel zur Durchsetzung einer rechtlichen Schlussfolgerung, z. B. Anerkennung der Mietminderung durch den Vermieter, sondern der Erhaltung des Beweismittels dient (LG Berlin, Urteil v. 13.12.1990, 61 S 207/90, WuM 1991 S. 163). Vergleiche aber KG Berlin (Beschluss v. 15.2.1999, 25 W 6893/98, NZM 2000 S. 780), wonach im Rahmen eines selbstständigen Beweisverfahrens über den **Sachschaden** an einem Gebäude auch der Antrag auf Einholung eines Sachverständigengutachtens zur Höhe einer Mietminderung als Teil des Sachschadens zulässig ist.

Dagegen können **Mängel** durch ein selbstständiges Beweisverfahren festgestellt und bewertet werden, damit dann in einem anschließenden Rechtsstreit der Umfang der Minderung bestimmt werden kann (KG Berlin, Beschluss v. 15.2.1999, 25 W 6893/98, GE 1999 S. 643). Ist der Vermieter jedoch unstreitig zur Mängelbeseitigung bereit, besteht für den Mieter kein rechtliches Interesse an einer gerichtlichen Beweissicherung. Die bloße Vermutung des Mieters, der Vermieter werde mit unzureichenden Maßnahmen Mängelbeseitigung betreiben, rechtfertigt kein rechtliches Interesse an der Beweissicherung (LG Hamburg, Beschluss v. 29.11.2007, 307 T 72/07, ZMR 2008 S. 210). Zulässig ist eine Beweissicherung auch für die Feststellung der erforderlichen **Maßnahmen** zur Beseitigung der Mängel sowie zu den aufzuwendenden **Kosten** (LG Hamburg, Beschluss v. 8.9.1999, 316 T 74/99, WuM 2001 S. 345).

Ein selbstständiges Beweisverfahren ist daher sinnvoll, wenn streitig ist, ob ein Mangel überhaupt vorliegt bzw. wer ihn zu vertreten hat (z. B. bei Feuchtigkeits- und Schimmelschäden). **Unzulässig** ist ein selbstständiges Beweisverfahren dagegen zur Prüfung der Frage, ob die für eine Wohnung vereinbarte Miete die ortsübliche Miete um mehr als 50 % übersteigt, da sich das Verfahren nicht auf die Feststellung des Werts einer Sache richtet (LG Köln, Beschluss v. 12.5.1995, 1 T 124/95, NJWE-MietR 1996 S. 268).

Nach Beendigung des Mietverhältnisses steht es dem Vermieter frei, die Mietsache auch gegen den Willen des Mieters zu verändern. Zur Sicherung der Begutachtung in einem zeitgleich eingeleiteten selbstständigen Beweisverfahren kann der Mieter den Vermieter im einstweiligen Verfügungsverfahren nur dann auf einstweilige Unterlassung der Mängelbeseitigung bis zur Durchführung der Begutachtung in Anspruch nehmen, wenn die Mietvertragsparteien sich zuvor entsprechend geeinigt hatten. Ohne entsprechende Vereinbarung ist der Vermieter nicht gehindert, die Mietsache zu verändern (LG Berlin, Beschluss v. 26.7.2013, 63 TS 87/13, ZMR 2014 S. 727).

Der **Streitwert** eines selbstständigen Beweisverfahrens, das Sachmängel des Mietobjekts zum Gegenstand hat, bemisst sich nicht nach den Mängelbeseitigungskosten, sondern nach der Minderungsquote. Siehe hierzu OLG Düsseldorf (Beschluss v. 17.11.2000, 24 W 63/00, DWW 2001 S. 341), wonach gemäß § 9 ZPO der 3,5-fache Jahresbetrag der Minderung anzusetzen ist; so auch BGH, Beschluss v. 17.5.2000, XII ZR 314/99, NZM 2000 S. 713 für die Rechtsmittelbeschwerde (a.A. LG Köln, Beschluss v. 10.11.2000, 12 T 289/00, WuM 2001 S. 345: zwölffacher monatlicher Minderungsbetrag analog § 16 GKG).

Bei einem auf die **Feststellung** von Feuchtigkeitserscheinungen in einer Mietwohnung gerichteten selbstständigen Beweisverfahren ist der Gebührenstreit mit dem Hauptsachenstreitwert zu bemessen (so bereits BGH, NJW 2004 S. 3488). Dementsprechend ist zunächst der (gemäß § 41 Abs. 5 S. 1 GKG) mit dem **Jahres**wert einer angemessenen Mietminderung zu bemessende Gebührenstreitwert einer **Mängelbeseitigungsklage** zugrunde zu legen. Hinzu tritt – zumindest sofern ein mangelbedingter Streit der Mietparteien über die Miethöhe nicht aus rechtlichen oder tatsächlichen Gründen ausgeschlossen oder zeitlich beschränkt ist – der mit dem 3,5-fachen Jahresbeitrag einer angemessenen **Minderung** zu bemessende Gebührenstreitwert einer Klage des Mieters auf (negative) Feststellung der mangelbedingt geminderten Miethöhe. Dementsprechend ist der Gebührenstreitwert auch ohne gesonderten Vortrag des Antragstellers grundsätzlich mit dem **4,5-fachen** Jahresbeitrag einer angemessenen Mietminderung zu bemessen (LG Berlin, Beschluss v. 2.4.2012, 63 T 47/12, NJW-RR 2012 S. 844).

Soll das selbstständige Beweisverfahren aber die Grundlage für einen Vorschuss- bzw. **Kostenerstattungsanspruch** des Mieters schaffen, bemisst sich der Streitwert nach den Mängelbeseitigungskosten. Behauptet der Mieter z.B., es sei der Austausch oder die Erneuerung aller Fenster wegen Undichtigkeit erforderlich, weil diese nicht mehr reparaturfähig seien, und ergibt das eingeholte Gutachten, dass die Undichtigkeit mit geringfügigen Einstellmaßnahmen an den Fenstern beseitigt werden kann, bemisst sich der Streitwert nach den Kosten für die Erneuerung sämtlicher Fenster – somit weder nach den Kosten der Einstellmaßnahmen noch nach dem Jahresbetrag einer angemessenen Minderung (LG Bonn, Beschluss v. 18.2.2008, 6 T 396/07, ZMR 2009 S. 38).

Ist ein Rechtsstreit **noch nicht** anhängig, kann eine Partei die schriftliche Begutachtung durch einen Sachverständigen beantragen, wenn sie ein **rechtliches Interesse** daran hat, dass festgestellt wird: der Zustand einer Person oder der Zustand oder Wert einer Sache (z.B. einer Wohnung); die Ursache eines Personenschadens, Sachschadens oder Sachmangels (z.B. von Feuchtigkeit in der Wohnung); der Aufwand für die Beseitigung eines Personen-, Sachschadens oder Sachmangels. Der Begriff des rechtlichen Interesses ist **weit** zu verstehen (LG Saarbrücken, Beschluss v. 29.10.1991, 5 T 693/91, WuM 1992 S. 144). Nach § 485 Abs. 2 ZPO ist ein rechtliches Interesse anzunehmen, wenn die Feststellung der Vermeidung eines Rechtsstreits dienen kann.

Gegen die gerichtliche Anforderung eines Kostenvorschusses ist kein Rechtsmittel gegeben (BGH, Beschluss v. 3.3.2009, VIII ZB 56/08, WuM 2009 S. 317).

Ist ein Rechtsstreit **noch nicht anhängig**, so ist der Antrag bei dem Gericht zu stellen, das nach dem Vortrag des Antragstellers zur Entscheidung in der Hauptsache berufen wäre. In dem nachfolgenden Streitverfahren kann sich der Antragsteller auf die Unzuständigkeit des Gerichts **nicht berufen**.

Ist ein Rechtsstreit **anhängig**, ist der Antrag beim Prozessgericht zu stellen.

In Fällen dringender Gefahr kann der Antrag auch bei dem Amtsgericht gestellt werden, in dessen Bezirk die zu vernehmende oder zu begutachtende Person sich aufhält oder die in Augenschein zu nehmende oder zu begutachtende Sache sich befindet.

Der Antrag kann vor der Geschäftsstelle zu Protokoll erklärt werden.

Der **Antrag** muss gemäß § 487 ZPO enthalten: die Bezeichnung des Gegners (z.B. des Mieters), die Bezeichnung der Tatsachen, über die Beweis erhoben werden soll (z.B. Schäden, Mängel der Mietsache), die Benennung der Zeugen oder die Bezeichnung der übrigen nach § 485 ZPO zulässigen Beweismittel sowie die Glaubhaftmachung der Tatsachen, die die Zulässigkeit des selbstständigen Beweisverfahrens und die Zuständigkeit des Gerichts begründen sollen.

Der Antrag auf Feststellung von Mängeln und deren Beseitigungsaufwand erfordert **nicht** die Angabe konkreter Sanierungsmaßnahmen und der für ihre Durchführung aufzuwendenden Kosten, da nach der neuen Fassung des § 485 Abs. 2 ZPO die Einholung eines Sachverständigengutachtens nicht davon abhängig ist, dass der Antragsteller schon vorbereitend eine detaillierte Feststellung z.B. über ein Privatgutachten oder einen Kostenvoranschlag veranlasst. Der Antrag muss lediglich soweit substanziiert sein, dass der Verfahrensgegenstand zweifelsfrei abgrenzbar ist und der Sachverständige Art und Umfang der übertragenen Tätigkeit einschätzen kann (KG Berlin, Beschluss v. 13.12.1991, 24 W 4409/91, WuM 1992 S. 76).

Die Auswahl des Sachverständigen obliegt dem Gericht (§§ 492, 404 ZPO).

Die Kosten eines selbstständigen Beweisverfahrens gehören grundsätzlich, soweit sie einem bestimmten Rechtsstreit zuzuordnen sind, zu denen des Rechtsstreits (BGH, WuM 1985 S. 1361), sodass die unterliegende Partei die Kosten des selbstständigen Beweisverfahrens zu tragen, insbesondere der obsiegenden Partei die entstehenden Kosten zu erstatten hat (§ 91 ZPO). Dies gilt auch, wenn die Streitgegenstände des Hauptsacheverfahrens und des selbstständigen Beweisverfahrens nur teilweise identisch sind. Selbst wenn die Hauptsacheklage zurückgenommen wurde, gehören die Kosten eines vorausgegangenen selbstständigen Beweisverfahrens weiterhin zu den Kosten des Hauptsacheverfahrens (BGH, Beschluss v. 10.1.2007, XII ZB 231/05, ZMR 2007 S. 266).

Daher können die Kosten eines selbstständigen Beweisverfahrens als Gerichtskosten des nachfolgenden Hauptsacheverfahrens (hier: Feststellungsklage, dass der Beklagte zur Beseitigung der Mängel verpflichtet war) festgesetzt werden, wenn beide Verfahren in der Sache denselben Gegenstand betreffen. Der Rechtsschutzversicherer des Antragstellers kann dieses Verfahren im Prozess für den Antragsteller/Gläubiger durchführen (BGH, Beschluss v. 8.10.2013, VIII ZB 61/12, GE 2013 S. 583).

Gegen die gerichtliche Anforderung eines Kostenvorschusses ist kein Rechtsmittel gegeben (BGH, Beschluss v. 3.3.2009, VIII ZB 56/08, WuM 2009 S. 317).

Ist ein Rechtsstreit **nicht** anhängig, hat das Gericht nach Beendigung der Beweiserhebung auf Antrag ohne mündliche Verhandlung anzuordnen, dass der Antragsteller binnen einer zu bestimmenden Frist Klage zu erheben hat.

Kommt der Antragsteller dieser Anordnung nicht nach, hat das Gericht auf Antrag durch Beschluss auszusprechen, dass er die dem Gegner entstandenen Kosten zu tragen hat. Die Entscheidung unterliegt der sofortigen Beschwerde (§ 494a ZPO).

Hat der Gegner im selbstständigen Beweisverfahren eine ihm mögliche Einwendung unterlassen, kann dies zu einer für ihn ungünstigen Verschiebung der Beweislast führen, da er dann im Hauptprozess beweisen muss, dass das Ergebnis des selbstständigen Beweisverfahrens unzutreffend ist, z.B. wenn er erst nachträglich die vom Sachverständigen im selbstständigen Beweisverfahren getroffene Feststellung der Verschmutzung von sanitären Anlagen bestreitet (OLG Düsseldorf, Urteil v. 14.1.1988, 10 U 98/87, ZMR 1988 S. 174).

Im Rahmen des selbstständigen Beweisverfahrens ist auch eine **Streitverkündung** möglich. Diese ist insbesondere von Bedeutung, wenn z.B. für den Schaden an der Mietsache die Verantwortlichkeit eines Dritten (z.B. eines Untermieters) infrage kommt. Die im Beweisverfahren unterlegene Partei kann dann dem Dritten das Beweisergebnis entgegenhalten, sodass eine weitere Beweisaufnahme über den gleichen Gegenstand ausscheidet (BGH, Urteil v. 5.12.1996, VII ZR 108/95, GE 1997 S. 366).

Mit einem Antrag auf Durchführung eines selbstständigen Beweisverfahrens vor dem zuständigen Gericht kann die **Verjährung** von Ansprüchen (z.B. auf Schadenersatz wegen

Verschlechterung der Mietsache oder nicht durchgeführter Schönheitsreparaturen) unterbrochen bzw. gehemmt werden (§ 204 Abs. 1 Nr. 7 BGB; s. im Einzelnen bei „Verjährung“).

Blumen/Pflanzen

Innerhalb der Mieträume darf der Mieter Blumen in beliebiger Art und Anzahl, auch ohne Einwilligung des Vermieters, halten, solange das Eigentum des Vermieters dadurch nicht beeinträchtigt wird (z.B. Schäden durch extreme Feuchtigkeitsentwicklung, die durch normales Lüften nicht mehr abgeführt werden kann).

Außerhalb der angemieteten Räume (z.B. im Treppenhaus) dürfen Pflanzen lediglich mit Einwilligung des Vermieters aufgestellt werden, wobei ein Anspruch auf Erteilung der Einwilligung nicht gegeben ist. Der vertragsgemäße Gebrauch der Mietsache beinhaltet nämlich keine Befugnis des Mieters, außerhalb der Wohnung im Hausflur oder auf dem Grundstück Gestaltungs- oder Blumenschmuckarrangements zu installieren (AG Münster, Urteil v. 31.7.2008, 38 C 1858/08, WuM 2008 S. 664).

Entsprechendes gilt für das Anbringen von Blumenkästen an der **Außenwand** des Hauses und das Aufstellen solcher Kästen auf dem Fensterbrett vor den Fenstern, da diese Bereiche grundsätzlich **nicht mitvermietet** sind; es sei denn, dass bauseits Vorrichtungen zur Aufnahme von Blumenkästen vorhanden sind (AG Schöneberg, Urteil v. 11.10.2001, 13 C 367/00, GE 2001 S. 1678; so auch AG Lichtenberg, Urteil v. 15.11.2005, 14 C 384/05, GE 2006 S. 455, wonach Außenfensterbänke und der Spritzschutzbereich des Anwesens nicht mitvermietet sind und der Mieter daher in diesen Bereichen ohne Zustimmung des Vermieters keine Tröge für seine Pflanzen aufstellen darf).

Auch das Anbringen von Blumenkästen an der **Außen**seite des Balkons ist grundsätzlich nicht vom allgemeinen Mietgebrauch gedeckt und kann bei Vorliegen eines sachlichen Grunds (z.B. wegen darunter abgestellter Fahrzeuge) untersagt werden, da nur der Balkon, aber nicht der um den Balkon herum befindliche Raum mitvermietet ist. Dagegen ist für das Anbringen von Blumenkästen an der **Innen**seite des Balkons **keine** Genehmigung des Vermieters erforderlich (LG Berlin, Urteile v. 20.5.2011, 67 S 370/09, GE 2011 S. 1230 und v. 3.7.2012, 65 S 40/12, GE 2012 S. 1098).

Dies gilt selbst dann, wenn der Vermieter Blumenkästen **anderer** Mieter jahrelang widerspruchslos geduldet hat (AG Schöneberg, a.a.O.). Duldet der Vermieter dagegen Blumenkästen des **betreffenden** Mieters über einen längeren Zeitraum (hier: 10 Jahre), kann er die Beseitigung nur noch bei konkreten Gefährdungen von Passanten oder des Anwesens verlangen (LG Berlin, Urteil v. 6.7.2001, 65 S 25/01).

Hat der Mieter auf dem Balkon im dritten Stock zahlreiche Topfpflanzen, zum Teil auf gesonderten Blumenregalen, trotz einer Abmahnung ungesichert aufgestellt, sodass ein Blumentopf herabstürzt, ist nach einer erneuten fruchtlosen Abmahnung eine fristlose Kündigung des Mietverhältnisses gerechtfertigt. Denn der Mieter gibt durch ein solches Verhalten zu erkennen, dass er nicht gewillt ist, die Gefährdung anderer auszuschließen, und dem Vermieter daher ein Festhalten am Mietvertrag nicht mehr zuzumuten ist (LG Berlin, Urteil v. 26.11.2009, 67 S 278/09, GE 2010 S. 203).

Der gegenteiligen Auffassung, wonach der Mieter **Blumenkästen auf dem Fensterbrett** vor dem Fenster auch ohne Bewilligung des Vermieters aufstellen darf, kann nicht gefolgt werden, da Flächen außerhalb der Mieträume vom Mietgebrauch grundsätzlich nicht mehr umfasst werden und eine Beeinträchtigung des Eigentums des Vermieters oder anderer Personen naheliegend ist (z.B. Verschmutzung der Fassade durch herabtropfendes Gießwasser oder abgespülte Erde).

Stellt der Mieter ohne Einwilligung des Vermieters Pflanzen außerhalb der Mieträume auf, kann der Vermieter **Beseitigung** innerhalb angemessener Frist fordern.

Auch eine Eigentümergemeinschaft kann vom Mieter die Beseitigung von Einrichtungen auf dem Balkon (hier: Gewächshaus für Kakteen) verlangen, wenn dieser entgegen den Bestimmungen des WEG, der Teilungserklärung oder von Eigentümerbeschlüssen genutzt wird oder das Erscheinungsbild der Fassade nachteilig verändert (LG Düsseldorf, Urteil v. 9.10.2001, 24 S 203/01, NZM 2002 S. 131).

Boiler → „Betriebskosten", Abschnitt 2.5.3 „Kosten der Reinigung und Wartung von Warmwassergeräten"

Bote

Im Mietrecht spielt der Bote, insbesondere bei der **Zustellung** von Schriftstücken, eine wichtige Rolle. Bote kann jede (möglichst volljährige) Person sein, die nicht Vertragspartner ist.

> Wird bestritten, dass ein Schriftstück zugegangen bzw. fristgerecht zugegangen ist, liegt die **Beweislast** für den Zugang bzw. den fristgerechten Zugang bei demjenigen, der sich darauf beruft.

Bestreitet der Mieter z. B., dass ihm die Kündigung des Vermieters noch spätestens am dritten Werktag eines Monats (§ 573c Abs. 1 BGB) zugegangen ist, und behauptet der Mieter einen Zugang zu einem späteren Zeitpunkt, sodass die Kündigungserklärung verfristet wäre, ist der Vermieter für den rechtzeitigen Zugang beweispflichtig.

Weder für **normale Postsendungen noch für Einschreiben** besteht ein Beweis des ersten Anscheins, dass eine zur Post gegebene Sendung den Empfänger auch zu einem bestimmten Zeitpunkt erreicht hat (BGH, Urteil v. 17.2.1964, II ZR 87/61, NJW 1964 S. 1176). Auch ein **Einschreiben mit Rückschein** gilt nicht als zugegangen, wenn es wegen Abwesenheit des Empfängers nicht ausgehändigt und nur ein Benachrichtigungszettel hinterlassen wird (BAG, Urteil v. 15.11.1962, 2 AZR 301/62, NJW 1963 S. 554; OLG Hamm, Urteil v. 16.4.1982, 20 U 365/81, VersR 1982 S. 1070).

Die Zustellung durch Boten ist auch ratsam, wenn der **fristgerechte** Zugang sichergestellt werden soll.

> Bei Zustellung durch einen Boten trägt das Original über der Anschrift des Empfängers den Vermerk **„Zugestellt durch Boten"**. Auf der Durchschrift bestätigt der Bote durch seine Unterschrift, dass er das Original dieses Schriftstücks durchgelesen und am … um … in den Briefkasten der Wohnung … eingeworfen hat.

Der Bote muss den Inhalt des zuzustellenden Schriftstücks kennen und dieses so in den Bereich des Empfängers bringen, dass dieser die Möglichkeit hat, vom Inhalt der Erklärung Kenntnis zu nehmen (BGH, Urteil v. 3.11.1976, VIII ZR 140/75, BGHZ 67, 271, 275 = NJW 1977 S. 194; BAG, Urteil v. 8.12.1983, 2 AZR 337/82, NJW 1984 S. 1651). Zum Bereich des Empfängers gehören hierbei die von diesem zur Entgegennahme von Erklärungen bereitgehaltenen Einrichtungen, wie z. B. der Briefkasten. Wirft der Bote des Vermieters das Schriftstück (z. B. Kündigung oder Mieterhöhungsverlangen), dessen Inhalt ihm bekannt ist, in den Briefkasten des Mieters ein, **gilt** dieses grundsätzlich auch dann als zugegangen (§ 130 Abs. 1 BGB), wenn der Empfänger wegen Abwesenheit nicht in der Lage war, vom Inhalt der Erklärung Kenntnis zu nehmen (vgl. BAG, AP Nr. 7, 8; LAG

Hamm, Beschluss v. 30.7.1981, 8 Ta 87/81, MDR 1981 S. 965; s. hierzu auch „Kündigung“, Abschnitt 1.9 „Zugang der Kündigung“).

Die Zustellung durch einen Boten ist daher insbesondere dann zu empfehlen, wenn damit zu rechnen ist, dass der Empfänger die Annahme des Schriftstücks **verweigern** wird. Gleiches gilt, wenn der Empfänger die Annahme bereits verweigert hat und das Schriftstück daher von der Post zurückgesandt wurde.

> Im Streitfall ist der Bote **Zeuge** dafür, dass und wann ein Schriftstück zugestellt wurde.

Die Zustellung einer fristlosen Kündigung durch einen gesondert hierzu von einer Anwaltskanzlei beauftragten Boten ist dann bewiesen, wenn der (glaubwürdige) Zeuge/Bote den Inhalt des Schreibens und dessen Wichtigkeit kannte und die Zustellung dem Anwalt schriftlich sofort bescheinigte. Dies gilt selbst dann, wenn er nach längerer Zeit keine Erinnerung mehr an die Briefkastenanlage hatte, weil er bis zu 20 Zustellungen täglich durchführte (AG Hamburg, Urteil v. 28.4.2009, 48 C 471/08, ZMR 2009 S. 930).

Brand → „Verschlechterung der Mietsache“
Breitbandkabel → „Kabelfernsehen“

Briefkästen

Verfügt die Wohnung über keinen separaten Briefkasten, ist der Mieter zur Montage eines Briefkastens außerhalb der Wohnungstüre berechtigt, wobei dem Vermieter die Auswahl eines geeigneten Platzes obliegt.

Dies gilt nicht, wenn eine Hausbriefkastenanlage vorhanden ist. In diesem Fall hätte der Mieter auch keinen Anspruch gegenüber der Post auf Zustellung in den Wohnungsbriefkasten (OVG Berlin, ZMR 1972 S. 141). Nach einem Urteil des LG Mannheim (Urteil v. 11.3.1976, 4 S 145/75, WuM 1976 S. 231) ist nicht nur der Mieter zur Montage eines eigenen Briefkastens berechtigt, sondern der Vermieter auch verpflichtet, einen separaten Briefkasten zur Verfügung zu stellen.

Für den Mieter ergibt sich jedenfalls aus dem durch den Mietvertrag begründeten Dauerschuldverhältnis die Obliegenheit, geeignete Vorkehrungen für den Zugang mietvertraglich relevanter Erklärungen zu unterhalten, z.B. einem mit seinem Namen **beschrifteten** Briefkasten bereitzustellen; anderenfalls kann eine **arglistige Zugangsvereitelung** vorliegen mit der Folge, dass sich der Mieter so behandeln lassen muss, als sei die jeweilige Erklärung, z.B. Mieterhöhung, Kündigung, zugegangen (LG Berlin, Urteil v. 10.10.2001, 63 S 87/01, NZM 2003 S. 21).

Der Mieter ist berechtigt, den Briefkasten mit einem Aufkleber „Keine Werbung“ zu versehen (AG München, Urteil v. 11.1.1989, 223 C 40534/88, WuM 1989 S. 231).

> Ausreichend ist, dass der Briefkasten zum vertragsgemäßen Gebrauch geeignet ist. Daher besteht **kein Anspruch auf eine bestimmte Ausführung**, z.B. nach der DIN-Norm, die u.a. Größe, Beschriftung und Verschließbarkeit regelt (AG Münster, Urteil v. 13.10.1986, 41 C 279/86, WuM 1987 S. 53).

Dagegen vertritt das AG Charlottenburg (Beschluss v. 16.5.2001, 27 C 262/00, NZM 2002 S. 163) die Auffassung, dass der Mieter einen Anspruch auf Einbau eines **DIN-gerechten** Briefkastens mit einem Einwurfschlitz von mindestens 325 mm Breite hat, damit auch DIN-A4-Briefumschläge sowie Zeitschriften ohne Knick eingeworfen werden können.

Diese Ansicht verkennt jedoch, dass die **Vertragsgemäßheit** der Mietsache vom Zustand und von der Ausstattung der Mietsache bei

Abschluss des Mietvertrags abhängt und dadurch festgeschrieben wird. Entscheidend für die Frage, ob eine bestimmte Einrichtung vertragsgemäß ist, ist der Ausstattungsstandard zum Zeitpunkt des Vertragsabschlusses (LG Frankfurt/O., Urteil v. 28.5.2010, 6a S 126/09, ZMR 2011 S. 551). Dementsprechend können die Parteien sogar einen mangelhaften Bauzustand als vertragsgemäß vereinbaren (vgl. LG Düsseldorf, Urteil v. 19.3.1998, 21 S 451/97, DWW 2000 S. 26, 27; LG Düsseldorf, Urteil v. 29.1.1991, 24 S 504/90, DWW 1991 S. 284; LG Mannheim, Urteil v. 15.11.1989, 4 S 214/88, ZMR 1990 S. 220). Unabhängig von der Streitfrage, ob ein nicht den DIN-Normen entsprechender Briefkasten überhaupt einen Mangel darstellt, ist der bei Abschluss des Mietvertrags **vorhandene** und für jeden Mitinteressenten sichtbare Briefkasten **vertragsgemäßer** Bestandteil der Mietsache. Ein Anspruch des Mieters auf Erneuerung des Briefkastens scheidet schon aus diesem Grund aus. Gleiches gilt gemäß § 536b S. 1 BGB auch für Ansprüche auf Mietminderung oder Schadenersatz (s. „Kenntnis von Mängeln").

Der Vermieter ist auch nicht verpflichtet, im Hauseingangsbereich eines Mehrfamilienhauses Hausbriefkästen zu installieren, wenn der Postbedienstete durch geeignete Vorrichtungen (z.B. Türeinwurf, Wohnungsbriefkasten) in der Lage ist, die Post für jede Wohnung direkt zuzustellen (AG Flensburg, Urteil v. 8.8.1995, 68 C 773/94, WuM 1996 S. 215).

Solange jedoch eine Briefkastenaußenanlage fehlt, hat der Mieter einen Anspruch gegen den Vermieter auf Überlassung von zusätzlichen Haustürschlüsseln für den Briefzusteller und den Zeitungsboten, da es zum vertragsgemäßen Gebrauch der Mietsache gehört, dass dem Mieter die Post sowie eine Tageszeitung über seinen im Hausflur untergebrachten Briefkasten zugestellt werden kann. Der Vermieter kann die Aushändigung dieser Schlüssel von der Namhaftmachung dieser Personen abhängig machen (AG Mainz, Urteil v. 3.7.2007, 80 C 96/07, NZM 2007 S. 922).

Hat der Vermieter den Mietern im Hausflur des Mietobjekts Briefkästen zur Verfügung gestellt, entsteht nicht deshalb ein vom Vermieter zu behebender Mangel der Mietsache, weil mit der Liberalisierung des Briefmarktes ab dem Jahr 2007 das Postzustellungswesen inhaltliche Veränderungen erfahren hat. Diese Entwicklung verpflichtet nämlich den Vermieter, der seinen Mietern nach bisherigem Rechtsverständnis Briefkästen im Hausflur zur Verfügung gestellt hat, nicht dazu, nunmehr neue Briefkästen im Außenbereich des Mietobjekts anzubringen. Zwar hat die Liberalisierung des Postzustellungswesens zum Eintritt, aber auch zum schnellen Ausscheiden privater Zustellbetriebe mit geänderten Zustellmethoden geführt, sodass Postsendungen zu den unterschiedlichsten Tages- und Abendzeiten innerhalb der Woche von verschiedenen Privatzustellern mit unterschiedlichsten Zustellmethoden das heutige Erscheinungsbild prägen. Hieraus kann aber **nicht** auf eine **Nachrüstungs- oder Modernisierungspflicht** des Vermieters geschlossen werden, da es für die Vertragsgemäßheit einer bestimmten Ausstattung nach wie vor auf den Ausstattungsstandard zum Zeitpunkt des Vertragsabschlusses ankommt (LG Frankfurt/O., Urteil v. 28.5.2010, 6a S 126/09, ZMR 2011 S. 551).

Mit **Beendigung** des Mietverhältnisses entfallen nicht automatisch sämtliche Rechte und Pflichten der Vertragsparteien. Insofern können den Vermieter vertragliche **Nebenpflichten** bezüglich der Obhut und Aufbewahrung von offensichtlich nicht wertlosen Gegenständen des Mieters treffen. Dies gilt auch für Postsendungen, insbesondere dann, wenn es sich dabei nicht um unwichtige Werbung, sondern um erkennbar wichtige Geschäftspost handelt.

Wird nach Ende des Mietverhältnisses für einen gewerblichen Mieter noch Geschäftspost in den Briefkasten der bisherigen Geschäftsräume eingeworfen, trifft den bisherigen Vermieter nach einem Beschluss des LG Darmstadt eine Obhuts- und Aufbewahrungspflicht hinsichtlich dieser Postsendungen. Der Vermieter ist daher nicht berechtigt, die Sendungen ohne Nachfrage bei dem bisherigen Mieter einfach in einen öffentlichen Briefkasten zu werfen.

Der Vermieter muss – ohne dass ihn jedoch eine Bringschuld trifft – den Mieter zeitnah über den fehlerhaften Zugang informieren und ihm Gelegenheit zur Abholung geben (LG Darmstadt, Beschluss v. 30.12.2013, 25 T 138/13, NJW-RR 2014 S. 454).

Bruttomiete → „Miete“

Bürgschaft

Die Bürgschaft ist neben der Kaution (vgl. „Kaution“) die häufigste Form der Sicherheitsleistung des Mieters an den Vermieter. Sie dient der Absicherung der Ansprüche des Vermieters aus dem Mietverhältnis. Die Bürgschaft kann vom Vermieter nicht einseitig durch Verwertung in eine Barkaution verwandelt werden (OLG Düsseldorf, Urteil v. 12.3.1992, 10 U 123/91, DWW 1992 S. 213). Ein grundsätzlicher Nachteil der Bürgschaft gegenüber einer Barkaution besteht darin, dass der Nennbetrag der Bürgschaft während der gesamten Dauer des Mietverhältnisses unverändert bleibt. Dagegen wachsen bei der Barkaution die Zinsen der Kaution zu, führen somit zu einer Erhöhung der Sicherheit (vgl. „Kaution“) und gleichen zumindest einen Teil des Kaufkraftverlusts aus.

Durch den Bürgschaftsvertrag verpflichtet sich der Bürge gegenüber dem Vermieter, für die Erfüllung der Verbindlichkeiten des Mieters einzustehen. Dabei kann die Bürgschaft auch für eine künftige oder eine bedingte Verbindlichkeit übernommen werden (§ 765 BGB).

Eine Mitwirkung des Mieters als Hauptschuldner ist nicht notwendig. Der Bürgschaftsvertrag wird im Hinblick auf die Zahlungsfähigkeit in der Regel **mit einer Bank geschlossen;** jedoch kann die Bürgschaft auch von jedem **Dritten** geleistet werden, z.B. vom Vater für seinen studierenden Sohn.

Die Bürgschaft bedarf gemäß § 766 BGB der **Schriftform**, wobei die neuere Rechtsprechung des BGH besonders strenge Anforderungen an die Einhaltung der Schriftform stellt (BGH, Urteil v. 29.2.1996, IX ZR 153/95, MDR 1996 S. 810). Danach ist die Schriftform nur gewahrt, wenn die Bürgschaftsurkunde außer dem Willen, für eine fremde Schuld einzustehen auch die Bezeichnung des Gläubigers (Vermieter), des Hauptschuldners (Mieter) sowie der verbürgten Forderung (Ansprüche aus dem Mietverhältnis) enthält. Die Übergabe eines Blankoformulars genügt nicht. Der Bürge kann das Bürgschaftsformular zwar blanko unterzeichnen und einen Dritten ermächtigen, die Urkunde in dem erforderlichen Umfang zu ergänzen, jedoch muss dann auch die Vollmacht zur Ergänzung der Urkunde (abweichend von § 167 Abs. 2 BGB) **schriftlich** erteilt werden. Das Gleiche gilt für die Bevollmächtigung eines Dritten zur Abgabe der Bürgschaftserklärung. Diese Grundsätze gelten auch für ältere Bürgschaften (BGH, a. a. O.).

Für die Verpflichtung des Bürgen ist der jeweilige Bestand der Hauptverbindlichkeit maßgebend (§ 767 Abs. 1 BGB). Durch ein Rechtsgeschäft, das der Hauptschuldner nach der Übernahme der Bürgschaft vornimmt, wird die Verpflichtung des Bürgen nicht erweitert (§ 767 Abs. 1 S. 3 BGB). Eine Mietbürgschaft umfasst daher nur die Miete für die Dauer der vereinbarten Mietzeit einschließlich einer bereits bei Bürgschaftsübernahme vorgesehenen Verlängerung und einschließlich einer evtl. Nutzungsentschädigung (§ 546a Abs. 1 BGB) nach Ablauf der Mietzeit, nicht aber die Miete für die Zeit einer stillschweigenden Verlängerung des Mietverhältnisses (§ 545 BGB) oder einer zwischen den Parteien vereinbarten Vertragsfortsetzung (LG Gießen, Urteil v. 19.10.1994, 1 S 376/94, WuM 1994 S. 673).

Auch eine Verlängerung des Mietvertrags über einen vertraglichen Optionszeitraum hinaus stellt eine Erweiterung des Hauptschuldverhältnisses dar, für die der Bürge nicht mehr haftet (§ 767 Abs. 1 S. 3 BGB; OLG Düsseldorf, Urteil v. 19.1.2005, 15 U 35/04, ZMR 2005 S. 784).

Ferner haftet der Bürge **nicht** für Verbindlichkeiten des Mieters, die **nach** Abschluss des Mietvertrags vertraglich begründet worden sind; z.B. haftet der Bürge nicht für Renovierungskosten, die vom Mieter außervertraglich als Gegenleistung für die vorzeitige Entlassung aus dem Mietverhältnis übernommen worden sind. Solche späteren Vereinbarungen, die die Rechtsstellung des Bürgen verschlechtern, indem sie seine Bürgenpflicht erweitern, sind ihm gegenüber unwirksam. Der Bürge haftet weiterhin nur in dem bisherigen Umfang (§ 767 Abs. 1 S. 2 BGB; OLG Frankfurt/M., Urteil v. 12.4.2006, 2 U 34/05, MDR 2006 S. 1164).

Wird das Mietverhältnis mit dem Hauptschuldner (Mieter) wirksam beendet, z.B. durch fristlose Kündigung (gemäß § 543 Abs. 2 BGB) und einigen sich die Parteien anschließend über eine „Rücknahme" der Kündigung, scheidet eine Fortsetzung des früheren Vertragsverhältnisses aus. Der infolge Kündigung beendete Vertrag kann ebenso wie eine hierfür erteilte Bürgschaft **nicht** wieder **aufleben**. Die nachträgliche Einigung der Parteien führt unter diesen Umständen zur Begründung eines **neuen** Mietverhältnisses. Dieses neue Mietverhältnis ist, auch wenn es den gleichen Inhalt wie das gekündigte Mietverhältnis hat, nicht mehr durch die ursprüngliche Bürgschaft gesichert. Auch diese müsste neu begründet werden (OLG Düsseldorf, Beschluss v. 22.3.2011, 10 U 158/10, DWW 2013 S. 374).

Eine Bürgschaft sichert grundsätzlich auch nur Ansprüche des Vermieters gegen den Mieter, **nicht** aber gegen einen evtl. **Rechtsnachfolger** (z.B. Erben) des Mieters, da mangels einer ausdrücklichen Vereinbarung nicht davon ausgegangen werden kann, dass der Bürge auch für ihm unbekannte Personen, die nach dem Tod des Mieters das Mietverhältnis fortsetzen bzw. kündigen, bürgen will. Dies ist nur dann der Fall, wenn der Bürge nach dem Bürgschaftsvertrag solche Verbindlichkeiten (z.B. Mietzinsansprüche, die nach dem Tod des Mieters gegen dessen Erben entstehen) ausdrücklich übernommen hat (LG Münster, Urteil v. 23.4.2008, 14 S 7/07, WuM 2008 S. 481).

Der Bürge kann die dem Mieter zustehenden Einreden geltend machen (§ 768 Abs. 1 BGB). Er kann dem Anspruch des Vermieters die Einrede der Verjährung der Hauptforderung entgegenhalten, da eine entsprechende Anwendung des § 215 BGB auf Bürgschaften von der Rechtsprechung abgelehnt wird (BGH, Urteil v. 28.1.1998, XII ZR 63/96, WuM 1998 S. 224; OLG Hamm, Urteil v. 24.2.1995, 30 U 222/94, ZMR 1995 S. 255). Anders ist die Rechtslage bei der Barkaution. Hier kann der Vermieter gegen den Kautionsrückzahlungsanspruch des Mieters nach § 215 BGB auch mit verjährten Ansprüchen aufrechnen (s. „Verjährung" und „Kaution").

Der Bürge leistet bei mehreren gegen den Hauptschuldner bestehenden Forderungen **im Zweifel** auf die im Zeitpunkt der Zahlung fällige Schuld (OLG Düsseldorf, Urteil v. 12.3.1992, 10 U 123/91, DWW 1992 S. 213).

Der Bürge kann auch die Befriedigung des Vermieters verweigern, solange nicht der Vermieter eine Zwangsvollstreckung gegen den Mieter ohne Erfolg versucht hat (§ 771 BGB; sog. „Einrede der Vorausklage").

> Zu empfehlen ist daher der Abschluss einer **„selbstschuldnerischen Bürgschaft"**. In diesem Fall **verzichtet** der Bürge auf die „Einrede der Vorausklage", sodass der Vermieter **sofort den Bürgen** in Anspruch nehmen kann und nicht erst gegen den Mieter als Hauptschuldner vorgehen muss (vgl. § 773 Abs. 1 Nr. 1 BGB).

Eine selbstschuldnerische Bürgschaft unter Ausschluss der Einrede der Vorausklage kann auch **formularmäßig** vereinbart werden (BGH, Urteil v. 26.4.2001, IX 337/98, NJW 2001 S. 2466).

Wird bei einem Mietvertrag über **Geschäftsräume** die selbstschuldnerische Bürgschaft „für alle Verpflichtungen aus diesem Vertrag" übernommen, gehören dazu auch die Kosten des Räumungsrechtsstreits einschließlich der Kosten der Räumung des Mieters (LG Hamburg, Urteil v. 22.6.2000, 334 O 107/99, ZMR 2000 S. 764).

Darüber hinaus kann individualvertraglich vereinbart werden, dass der Bürge auf sämtliche ihm zustehenden Einreden, insbesondere auch der Anfechtbarkeit und Aufrechenbarkeit (§§ 768, 770 BGB) verzichtet. Eine **formularvertragliche** Vereinbarung, wonach der Bürge einschränkungslos auf die Einrede der **Aufrechenbarkeit** verzichtet, ist dagegen unwirksam (KG Berlin, Beschluss v. 9.1.2006, 8 U 86/05, ZMR 2006 S. 524).

Hat eine **Bank** die Mietkautionsbürgschaft übernommen und vertraglich auf die Einreden der Anfechtbarkeit, der Aufrechenbarkeit und der Vorausklage verzichtet, muss sie bei behaupteten Mietrückständen auf Verlangen des Vermieters die Kautionssumme an ihn auszahlen – Zug um Zug gegen Rückgabe der Bürgschaftsurkunde. Gerät sie damit in Verzug, hat der Vermieter Anspruch auf Ersatz der Kosten eines zur Durchsetzung seiner Ansprüche eingeschalteten Rechtsanwalts. Die Mietkautionsbürgschaft dient nämlich dazu, das Ausfallrisiko des Vermieters zu sichern. Will der Vermieter die Mietsicherheit in Anspruch nehmen, muss nicht er die Berechtigung seiner Ansprüche darlegen, sondern der Mieter, in welchem Umfang die Inanspruchnahme zu Unrecht erfolgt sei. Dazu ist ein bloßes Bestreiten der Mietrückstände durch die Bank nicht ausreichend (AG München, Urteil v. 17.12.2010, 413 C 24070/10, GE 2011 S. 488).

Individualvertraglich kann ferner vereinbart werden, dass der Bürge auf **erstes Anfordern** durch den Vermieter zahlt.

In Mietverträgen über **gewerbliche** Räume kann die Stellung einer Bürgschaft auf erstes Anfordern auch formularvertraglich vereinbart werden. Die Rechtsprechung des BGH zur Unwirksamkeit einer solchen Bürgschaft in Bauverträgen steht mangels vergleichbarer Sachlage nicht entgegen (OLG Karlsruhe, Urteil v. 2.7.2004, 1 U 12/04, MDR 2005 S. 85).

Bei einer Mietbürgschaft handelt es sich **nicht automatisch** um eine Bürgschaft „auf erstes Anfordern"; dies muss ausdrücklich **vereinbart** sein (OLG Köln, Urteil v. 5.6.2002, 13 U 162/02, ZMR 2003 S. 258).

Eine Bürgschaft auf **erstes Anfordern** kann nach Auffassung des LG Hamburg (Urteil v. 12.4.2001, 307 S 8/01, WuM 2003 S. 36) wegen der damit verbundenen hohen Risiken grundsätzlich jedoch nur von Kreditinstituten, Banken, Sparkassen und Versicherungen abgegeben werden (so auch Bub/Treier, in Handbuch der Geschäfts- und Wohnraummiete, 3. Aufl., II Rn. 445a; vgl. BGH, Urteil v. 2.4.1998, IX ZR 79/97, NJW 1998 S. 2280). Dagegen kann eine **Privatperson** eine Bürgschaft auf erstes Anfordern nur **ausnahmsweise** eingehen, wenn sie mit Bürgschaften dieser Art vertraut ist, weil sie in entsprechender Funktion am Wirtschafts- und Geschäftsverkehr teilnimmt oder aber ausreichend über das besondere Risiko dieser Bürgschaftshaftung aufgeklärt worden ist.

Sind diese Voraussetzungen **nicht** gegeben, ist die Bürgschaft, die von einer Privatperson auf erstes Anfordern abgegeben worden ist, als **einfache** Bürgschaft zu behandeln, eine daneben bestehende Vereinbarung, wonach die Bürgschaft auch **„selbstschuldnerisch"** sein soll, bleibt aber **wirksam**. Daher kann der Vermieter zwar **sofort** den Bürgen in Anspruch nehmen und muss nicht erst gegen den Mieter als Hauptschuldner vorgehen. Der **Bürge** ist jedoch nicht verpflichtet, auf „erstes Anfordern" zu zahlen, sondern kann **Einwendungen** gegen die zugrunde liegende Hauptschuld (Ansprüche des Vermieters aus dem Mietverhältnis) erheben (LG Hamburg, a. a. O.).

Stellt sich ein Angehöriger (z.B. Ehefrau) als Bürge zur Verfügung, kann eine solche Angehörigenbürgschaft wegen Verstoßes gegen die guten Sitten (§ 138 BGB) nichtig sein, wenn sie selbstschuldnerisch erfolgt, obwohl der Bürge vermögens- und einkommenslos ist und für Verbindlichkeiten des Mieters aus dem Mietvertrag haften soll, ohne dass ein besonderes Eigeninteresse des Bürgen besteht (AG Schöneberg, Urteil v. 30.3.2009, 18 C 232/08, WuM 2009 S. 361).

Zur Zulässigkeit bzw. Auslegung einer Bürgschaft auf „erstes Anfordern" s. ferner OLG Bamberg (Urteil v. 25.2.2002, 4 U 194/01,

MDR 2002 S. 1110). Zum **Rückforderungsanspruch** des Bürgen bei einer Bürgschaft auf erstes Anfordern s. BGH, Urteil v. 24.10.2002, IX ZR 355/00, NJW 2003 S. 352.

Auch bei einer Bürgschaft auf erstes Anfordern muss der Bürge nicht auf jede formalisierte Zahlungsaufforderung ohne Sachprüfung zahlen. Vielmehr kann und muss der Bürge prüfen, ob die geltend gemachte Mietforderung von der Bürgschaft überhaupt **erfasst** ist. Ist dies nicht der Fall, ist der Bürge verpflichtet, dies im Anforderungsprozess einzuwenden (OLG Düsseldorf, Urteil v. 19.1.2005, 15 UZ 35/04, ZMR 2005 S. 784).

Ferner sollte vereinbart werden, dass die Bürgschaft auch **verjährte Forderungen** des Vermieters sichert (wie es bei der Barkaution der Fall ist) und die Bürgschaft vom Bürgen nicht vor vollständiger Rückgabe der Mietsache bzw. einer bestimmten Zeit danach beendet werden kann. Bei zeitlicher Befristung der Bürgschaft auf einen bestimmten Zeitraum nach Beendigung des Mietverhältnisses muss berücksichtigt werden, dass der Bürge zwar für alle Verbindlichkeiten haftet, die vor Ablauf der Befristung fällig geworden sind (z.B. für rückständige Mieten, für Schadenersatzansprüche wegen unterlassener Schönheitsreparaturen selbst dann, wenn die Nachfrist erst nach Ablauf der Bürgschaft endet – vgl. § 767 Abs. 1 S. 2 BGB); der Bürge jedoch nicht mehr haftet, wenn eine Forderung erst nach Ablauf der Befristung fällig wird, z.B. eine Nachforderung aus einer Betriebskostenabrechnung, die mangels Vorliegen der entsprechenden Daten erst nach Ablauf der Befristung erteilt werden konnte.

Die außerordentliche fristlose **Kündigung** einer Mietbürgschaft wegen Eintretens besonderer Umstände kann allenfalls in Betracht kommen, wenn die Bürgschaft einen **unbefristeten** Mietvertrag betrifft. Bei Bürgschaften, die für befristete Mietverträge abgeschlossen worden sind, scheidet eine fristlose Kündigung der Bürgschaft aus (KG Berlin, Urteil v. 26.4.2007, 12 U 193/05, ZMR 2007 S. 961).

Bei Wohnraummietverhältnissen besteht eine **erhebliche Einschränkung**, da die Bürgschaft eine Sicherheit i.S.v. § 551 BGB darstellt mit der Folge, dass die Begrenzung der gesamten, durch den Mieter zu leistenden Sicherheit auf das **Dreifache** der Monatsmiete auch für die Bürgschaft gilt.

Dies gilt auch dann, wenn im Lauf des Mietverhältnisses eine weitere Person in die Mieträume einzieht, die auf Wunsch des Vermieters eine Bürgschaft in unbegrenzter Höhe übernimmt (AG Hattingen, Urteil v. 13.6.2008, 17 C 43/08, WuM 2008 S. 480).

Eine **unbeschränkte** Bürgschaft ist jedoch nicht insgesamt unwirksam, sondern bleibt bis zur Höhe einer dreifachen Monatsmiete wirksam (OLG Hamburg, Urteil v. 31.1.2001, 4 U 197/00, ZMR 2001 S. 887).

Daher ist die Vereinbarung, **nebeneinander** eine Barkaution und eine Bürgschaft zu stellen, **unzulässig**, wenn und soweit beide Sicherheiten betragsmäßig zusammengenommen die Summe von **drei Monatsmieten** überschreiten.

Der gleichwohl geschlossene Bürgschaftsvertrag ist nach §§ 551, 134 BGB ebenfalls nichtig (OLG Köln, Urteil v. 30.8.1988, 22 U 83/88, WuM 1989 S. 136). Dies ergibt sich aus dem Zweck des § 551 BGB, den Mieter vor zu hohen Belastungen durch Sicherheitsleistungen zugunsten des Vermieters zu schützen, der ohnehin durch sein Pfandrecht nach § 562 BGB eine – vielfach allerdings wohl unzureichende – Sicherheit besitzt. Abgesehen davon würde der Abschluss neuer Mietverträge wesentlich erschwert, wenn der Vermieter berechtigt wäre, neben einer Barkaution bis zur Höhe von drei Monatsmieten eine der Höhe nach unbeschränkte Bürgschaft zu fordern.

Die Abrede über die Stellung einer Bürgschaft stellt auch eine **zum Nachteil des Mieters** abweichende Vereinbarung i.S.d. § 551 Abs. 4 BGB dar, weil dieser die Bürgschaft eines Dritten beibringen soll, die im Haftungsumfang die Begrenzung des § 551 Abs. 1 BGB übersteigt. Das gilt auch dann, wenn der Dritte die Bürgschaft für den Mieter unentgeltlich geleistet hat.

In den Fällen der schenkweise gewährten Bürgschaft hat der Mieter nicht lediglich den Wechsel des Gläubigers nach § 774 BGB zu gewärtigen, vielmehr stellt es bereits einen Nachteil dar, dass der Mieter genötigt ist, den Dritten als Bürgen zu stellen und deshalb dessen Bereitschaft, für ihn unentgeltliche Leistungen zu erbringen, nicht mehr für andere Zwecke nutzen kann (OLG Köln, a. a. O.).

Wenngleich § 551 Abs. 4 BGB unmittelbar nur die Abrede zwischen Vermieter und Mieter betrifft, so ist doch auch der von den Parteien geschlossene **Bürgschaftsvertrag nichtig**. Die genannte Vorschrift ist als Verbotsnorm i. S. d. § 134 BGB anzusehen, die zur Unwirksamkeit auch des Geschäfts führt, durch das die nichtige Sicherungsabrede erfüllt werden soll. Zwar ist ein Rechtsgeschäft, bei dem nur ein Partner gegen ein gesetzliches Verbot verstößt und der andere nicht durch dieses Verbot geschützt werden soll, in der Regel nicht unwirksam, jedoch kann nach Sinn und Zweck der jeweiligen Verbotsnorm auch ein solches nur einseitig verbotswidriges Geschäft der Nichtigkeit nach § 134 BGB anheimfallen. Das gilt auch für einen Bürgschaftsvertrag, durch den eine gegen § 551 BGB verstoßende Sicherheitsabrede erfüllt wird.

Ohne die Nichtigkeitsfolge bestünde die Gefahr, dass der Schutz des § 551 BGB bei Sicherungsleistungen durch Bürgen weitgehend unterlaufen würde. Wäre der Bürgschaftsvertrag nicht unwirksam, wäre der Vermieter nicht gehindert, sich aus dieser Sicherheit zu befriedigen. Das könnte allenfalls dadurch verhindert werden, dass der Mieter die Bürgschaft bei dem Vermieter kondiziert (d. h. im Wege der ungerechtfertigten Bereicherung zurückfordert).

Hierzu wäre er wegen der Unwirksamkeit der zugrunde liegenden Sicherungsabrede rechtlich in der Lage. Ein solches Verhalten ist jedoch bei den rechtlich meist unerfahrenen Mietern regelmäßig nicht zu erwarten. Da er sich deshalb in der Regel trotz der Nichtigkeit der zugrunde liegenden Sicherheitsabrede gemäß § 551 BGB aus der Bürgschaft Befriedigung verschaffen könnte, bestünde für den Vermieter kaum Veranlassung, davon abzusehen, derartige unzulässige Sicherheiten zu verlangen, wenn der Bürgschaftsvertrag nicht unwirksam wäre (OLG Köln, a. a. O.).

Zwar hat der BGH (Urteil v. 20.4.1989, IX ZR 212/88, DWW 1989 S. 255) die Frage der Unwirksamkeit auch des Bürgschaftsvertrags ausdrücklich offengelassen, jedoch betont, dass der Mieter verlangen kann, den Bürgen über den Betrag von **drei Monatsmieten** hinaus nicht in Anspruch zu nehmen, wenn der Vermieter den Abschluss eines Mietvertrags über Wohnraum davon abhängig gemacht hat, dass der Mieter neben einer Barkaution zusätzlich eine Bürgschaft stellt.

Dieses Recht des Mieters kann auch der Bürge einredeweise (§ 768 Abs. 1 BGB) geltend machen (BGH, a. a. O.). Eine Ausnahme besteht nach dem Urteil des BGH, Urteil v. 7.6.1990, IX ZR 16/90, NJW 1990 S. 2380) dann, wenn der Dritte – im vorliegenden Fall der Vater des eine Wohnung suchenden Studenten – **von sich aus** und unaufgefordert dem Vermieter eine Bürgschaft für den Fall des Vertragsschlusses zusagt, nachdem von diesem der Abschluss bereits einmal abgelehnt worden ist.

Hier hatte der Vermieter keine Bürgschaft verlangt, sie wurde ihm vielmehr vom Vater des Mietinteressenten **angeboten**, um Bedenken des Vermieters gegen die Bonität seines Sohnes auszuräumen.

Es widerspricht nicht dem Schutzzweck des § 551 BGB, wenn Eltern für ihre Kinder – anstelle einer Anmietung im eigenen Namen – von sich aus einem Vermieter eine Bürgschaft für den Fall eines Vertragsschlusses zusagen. Dies gilt zumindest dann, wenn mit einer solchen Bürgschaft erkennbar keine besonderen Belastungen für den Mieter verbunden sind (BGH, a. a. O.).

Der BGH hat seine Entscheidung in folgendem Leitsatz zusammengefasst:

„Gibt unaufgefordert ein Dritter dem Vermieter eine Bürgschaft unter der Bedingung, dass ein Wohnraummietvertrag zustande kommt, und wird dadurch der Mieter nicht erkennbar belastet, so ist die Bürgschaft nach Eintritt der Bedingung wirksam. Der Vermieter kann den Bürgen auf Zahlung in Anspruch nehmen, wenn der Mieter seinen vertraglichen Verpflichtungen nicht nachkommt."

Die **Beweislast** dafür, dass die Bürgschaft tatsächlich **freiwillig** angeboten und geleistet worden ist, trägt der Vermieter (LG Mannheim, Urteil v. 26.11.2009, 10 O 28/09, ZMR 2010 S. 367). Insofern kann aber bereits eine Anregung des Vermieters, die zusätzliche Bürgschaft zu leisten, die Freiwilligkeit infrage stellen (AG Charlottenburg, Urteil v. 29.8.2008, 238 C 17/08, GE 2009 S. 523).

Ferner findet die gesetzliche Begrenzung der Sicherheit auf drei Monatsmieten **keine Anwendung** auf eine Sicherheit, z. B. eine Bürgschaft, die dem Vermieter von einem Dritten gewährt wird, um eine dem Mieter drohende Kündigung wegen Zahlungsverzugs abzuwenden (BGH, Urteil v. 10.4.2013, VIII ZR 379/12).

Mit der gesetzlichen Begrenzung auf drei Monatsmieten soll Erschwerungen für den Abschluss eines Mietvertrags entgegengewirkt werden, die in mobilitätshemmender Weise von hohen Kautionsforderungen ausgehen könnten. Diese dem Schutz des Mieters dienende Begrenzung würde jedoch in ihr Gegenteil verkehrt und in erster Linie den Mieter benachteiligen, wenn der Vermieter auch zur Abwendung einer drohenden Kündigung keine wirksame zusätzliche Sicherheit vereinbaren dürfte und sich daher zur fristlosen Kündigung des Mietverhältnisses wegen Zahlungsverzugs veranlasst sähe. Darauf, ob der Bürge eine derartige Sicherheit unaufgefordert beigebracht oder der Vermieter eine zusätzliche Sicherheit verlangt hat, kommt es nicht an (BGH, a. a. O.).

Treten in der Folgezeit (hier: nach 6 Jahren) wiederum Mietrückstände auf, kann der Vermieter den Bürgen selbst dann nochmals in Anspruch nehmen, wenn der Bürge die früheren Mietschulden, derentwegen die Bürgschaft abgegeben wurde, getilgt und der Vermieter darüber hinaus vom Bürgen eine Kaution (hier: 1.500 DM) verlangt und erhalten hat. Der **Schutzzweck** des § 551 BGB, den Mieter vor zu großen Belastungen zu bewahren und Erschwernisse beim Abschluss des Mietvertrags zu vermeiden, wird dadurch **nicht tangiert**, da es in diesem Fall gerade nicht um den Abschluss eines Mietvertrags, sondern um die Räumung der Wohnung aufgrund der Beendigung des Mietvertrags geht und ferner nicht ersichtlich ist, inwieweit die von dem Dritten abgegebene Bürgschaft eine unangemessene Belastung des Mieters darstellen soll (LG Augsburg, Urteil v. 31.7.2002, 7 S 1452/02, ZMR 2003 S. 39).

Tritt während eines bereits laufenden Mietverhältnisses ein Dritter (mit Zustimmung des Vermieters) in den Mietvertrag ein und erklärt, für „alle Verbindlichkeiten aus dem Mietvertrag" haften zu wollen (z. B. um eine Kündigung des Mieters wegen Mietrückständen abzuwenden), ist durch Auslegung der Erklärung zu ermitteln, ob es sich um eine **Bürgschaft** oder einen **Schuldbeitritt** handelt.

Bei einer Bürgschaft **beschränkt** sich die Haftung des Eintretenden auf diejenigen Verbindlichkeiten, die **nach** dem Eintritt entstanden sind. Dagegen haftet der Eintretende bei einem **Schuldbeitritt** neben dem Mieter gesamtschuldnerisch **auch** für alle bereits **bestehenden** Verbindlichkeiten.

Ergibt sich aus der Vereinbarung, dass der Eintretende „gesamtschuldnerisch" haften soll, deutet dies auf einen Schuldbeitritt hin, da bei einer Bürgschaft Bürge und Mieter grundsätzlich nicht Gesamtschuldner sind; wird der Bürge in Anspruch genommen, geht die Forderung des Vermieters auf den Bürgen über (OLG Düsseldorf, Urteil v. 14.6.2007, 1-10 U 19/07, ZMR 2008 S. 123).

Wird ein Schuldbeitritt des Eintretenden angestrebt, sollte daher zur Vermeidung von Unklarheiten in der Vereinbarung deutlich zum Ausdruck kommen, dass der Beitretende **gesamtschuldnerisch** neben dem Mieter für **alle** bestehenden und künftigen Verbindlichkeiten haftet.

Wird anstelle einer Bürgschaft ein Dritter jedoch nur formell als „Mieter“ in den Mietvertrag aufgenommen mit dem alleinigen Zweck, zusätzliche Sicherheit zu erlangen, ohne mit diesem ein Mietverhältnis eingehen zu wollen, kann damit eine Haftung des Dritten nicht begründet werden, da dies dem Schutzgedanken des § 551 BGB widerspricht (LG Leipzig, Urteil v. 26.1.2005, 1 S 5846/04, NJW-RR 2005 S. 1250; LG Lübeck, Urteil v. 25.3.2010, 14 S 146/09).

Die Mietbürgschaft wird mit den gesicherten Mietforderungen fällig; d.h., die **Fälligkeit** der Bürgschaftsforderung tritt jedenfalls bei einer selbstschuldnerischen Bürgschaft mit der Fälligkeit der Hauptschuld ein und ist nicht von einer Leistungsaufforderung des Gläubigers (Vermieters) abhängig (BGH, MDR 2009 S. 40), da das Gesetz eine Leistungsaufforderung des Gläubigers als Entstehungs- oder Fälligkeitsvoraussetzung der Bürgschaftsforderung vorsieht. Der Gesetzgeber ist bei der Neufassung des § 771 BGB durch das Schuldrechtsmodernisierungsgesetz vom 26.11.2001 (BGBl I S. 3138) ausdrücklich davon ausgegangen, dass „der Anspruch des Gläubigers gegen den Bürgen gleichzeitig mit der Hauptforderung“ entsteht. Hierfür sprechen auch der Grundsatz der Akzessorietät, d.h. der Abhängigkeit der Bürgschaftsforderung von der Hauptschuld, und der Schutzzweck der Verjährung (OLG Düsseldorf, Beschluss v. 5.11.2009, 24 U 12/09, DWW 2010 S. 182).

Eine Bürgschaft erlischt nicht, wenn die juristische Person (z.B. GmbH), für die eine Bürgschaft geleistet wurde, im Handelsregister gelöscht wird. Vielmehr bleibt die Bürgschaft als selbstständiger Anspruch bestehen.

Der Umfang der Bürgenhaftung richtet sich nach der Bürgschaftsurkunde. Ist dort vereinbart, dass die Bürgschaft „zur Sicherung der Ansprüche des Vermieters aus dem Mietvertrag“ dient, haftet der Bürge für alle Ansprüche des Vermieters bis zum Vertragsende. Dies gilt auch für Ansprüche, die nach dem Ausscheiden des ursprünglichen Mieters entstehen (OLG Stuttgart, Urteil v. 30.11.2009, 5 U 86/09).

Bei Beendigung des Mietverhältnisses ist der Mieter für eine Klage auf **Herausgabe der Bürgschaftsurkunde** nicht aktiv legitimiert. Dieser Anspruch steht nach Erlöschen der Bürgschaftsverpflichtung allein dem Bürgen zu (§ 371 BGB). Der Mieter kann aus eigenem Recht nur Klage auf Rückgabe der Urkunde an den Bürgen erheben (LG Düsseldorf, Urteil v. 19.3.1998, 21 S 451/97, DWW 2000 S. 26).

Der besondere **Gerichtsstand** des § 29a Abs. 1 ZPO, wonach das Gericht, in dessen Bezirk sich die Räume befinden, ausschließlich zuständig ist, gilt nicht für die Haftung des **Bürgen**. Insofern verbleibt es bei dem **allgemeinen** Gerichtsstand des § 13 ZPO, wonach das Gericht am Wohnsitz des Beklagten (hier: des Bürgen) zuständig ist (BGH, Beschluss v. 16.12.2003, X ARZ 270/03, NJW 2004 S. 1240; BayObLG, Beschluss v. 13.9.1999, 4 Z AR 27/99, WuM 2000 S. 137).

Nach **Beendigung** des Mietverhältnisses wird der Anspruch des Mieters auf Rückgabe der geleisteten Bürgschaft erst nach Ablauf bestimmter **Fristen** fällig. Insofern gelten die Ausführungen zu „Kaution“, Abschnitt 7 „Fälligkeit des Kautionsrückzahlungsanspruchs“ entsprechend.

Auch bei einem Zugriff des Vermieters auf die Bürgschaft hat der Mieter erst **nach Ablauf** dieser Fristen Anspruch auf Erteilung einer endgültigen Abrechnung. Vorzeitige Verrechnungsversuche des Mieters sind daher grundsätzlich bedeutungslos (OLG Düsseldorf, Urteil v. 16.12.1999, 10 U 72/98, ZMR 2000 S. 602).

Contracting → „Betriebskosten“, Abschnitt 2.5.3 „Kosten der Reinigung und Wartung von Warmwassergeräten“

Darlehen des Mieters → „Mieterdarlehen“

Denkmalschutz

Baudenkmäler sind Gebäude oder Teile davon aus vergangener Zeit einschließlich dafür bestimmter historischer Ausstattungsstücke, deren Erhaltung wegen ihrer geschichtlichen, künstlerischen, städtebaulichen, wissenschaftlichen oder volkskundlichen Bedeutung im Interesse der Allgemeinheit liegt (vgl. z.B. Art. 1 Bayerisches Denkmalschutzgesetz).

Wurde ein Anwesen unter Denkmalschutz gestellt, bedarf jede Beseitigung oder Veränderung von geschützten Teilen sowohl im Außen- als auch im Innenbereich der Erlaubnis der zuständigen Behörde.

Dabei kann sich die Erhaltungswürdigkeit eines Baudenkmals auch daraus ergeben, dass ein Haus nach dem Erscheinungsbild die historische städtebauliche Substanz veranschaulicht, wie sie auf Stichen aus früherer Zeit dargestellt ist (BayObLG, Beschluss v. 9.4.1992, NJW 1993 S. 341).

Die Erlaubnispflichtigkeit bzw. Genehmigungsfähigkeit einer beabsichtigten Maßnahme sollte daher vorab mit der Behörde abgeklärt werden (vgl. z.B. Bekanntmachung über den Vollzug des Art. 11 Bayerische Bauordnung und des Denkmalschutzgesetzes; Einbau von Einscheibenfenstern in historische Gebäude vom 23.3.1977, MABl S. 315, KMBl I S. 112).

Dienstwohnung → „Werkswohnungen“, „Herausgabeanspruch gegen Dritte“
Digitales Fernsehen → „Antenne“

Dingliches Wohnrecht

Inhaltsübersicht

		Seite
1	**Begründung**	205
2	**Inhalt und Umfang**	206
3	**Erlöschen des Wohnungsrechts**	208
4	**Vermietung an Dritte**	208
5	**Mitbenutzung gemeinschaftlicher Anlagen und Einrichtungen**	210
6	**Übertragbarkeit**	210

1 Begründung

Wenn dem Benutzer einer Wohnung eine stärkere Rechtsstellung verschafft werden soll, als es beim Abschluss eines Mietvertrags der Fall ist, kommt die Vereinbarung eines Wohnrechts in Betracht. Soll dieses auch gegenüber einem evtl. Käufer des Grundstücks wirken, bedarf es der Eintragung in das Grundbuch (**dingliche** Sicherung; § 1093 BGB).

In der Praxis werden Wohnrechte vor allem dann begründet, wenn ein Grundstück überlassen wird (z.B. an die **Kinder** im Rahmen einer **vorweggenommenen Erbfolge**) und sich der Überlassende ein lebenslanges Gebrauchsrecht an einer Wohnung des Gebäudes sichern will (Altenteil).

Hier bleibt das Wohnrecht auch bei einer **Zwangsversteigerung** bestehen (OLG Hamm, Urteil v. 9.7.1985, 27 U 26/85, Rpfleger 1986 S. 270).

2 Inhalt und Umfang

Nach § 1093 Abs. 1 BGB ist der Benutzer berechtigt, das Gebäude oder einen Teil des Gebäudes (z.B. einzelne Räume) unter Ausschluss des Eigentümers als Wohnung zu benutzen. Der Vorteil für den Benutzer liegt insbesondere darin, dass er vor Kündigung des Eigentümers oder eines Rechtsnachfolgers (z.B. wegen Eigenbedarfs) geschützt wird.

Das dingliche Wohnrecht kann auch auflösend **bedingt** bestellt werden, sodass es bei Eintritt einer festgelegten Bedingung erlischt, z.B. wenn der Wohnberechtigte infolge Umzugs in ein Altenheim das Anwesen nicht nur vorübergehend verlässt (BayObLG, Beschluss v. 7.8.1997, 2Z BR 61/97, WuM 1998 S. 34).

Ist für den Wohnberechtigten ein Betreuer bestellt, muss dessen Bewilligung der Löschung des dem Betreuten zustehenden Wohnrechts vom Vormundschaftsgericht genehmigt werden, da die Aufgabe des Wohnrechts eine endgültige Wohnungsauflösung bewirkt, die der Betreuer nur mit Genehmigung des Vormundschaftsgerichts veranlassen darf (§ 1907 Abs. 1 BGB analog). Hält sich der Wohnberechtigte nicht mehr in der Wohnung, sondern in einem Alters- oder Pflegeheim auf, ist vor Erteilung der Genehmigung eine Interessenabwägung erforderlich: Ist eine Rückkehr des Wohnberechtigten in die Wohnung ausgeschlossen und ist der Wohnberechtigte auch nicht zur Vermietung der Wohnung berechtigt, verliert das Wohnrecht seinen Nutzwert, sodass die Genehmigung erteilt werden kann. Dagegen scheidet eine Genehmigung grundsätzlich aus, wenn eine Rückkehr des Berechtigten in die Wohnung in Betracht kommt (BGH, Beschluss v. 25.1.2012, XII ZR 479/11).

Das Wohnrecht kann **entgeltlich oder unentgeltlich** vereinbart werden; dabei sollte auch eine klare Vereinbarung getroffen werden, ob und welche Betriebskosten der Wohnberechtigte tragen soll und inwieweit er zur Unterhaltung des Gebäudes und der Räume verpflichtet ist.

Soweit eine Vereinbarung fehlt, gilt die **gesetzliche Regelung:** Gesetzlich ist der Berechtigte zu schonender Ausübung (§§ 1090 Abs. 2, 1020 S. 1 BGB) und zur Unterhaltung der Wohnung im Rahmen der §§ 1093 Abs. 1 S. 2, 1041 BGB verpflichtet, d.h., Ausbesserungen und Erneuerungen an den Räumen hat er nur durchzuführen, soweit sie zur **gewöhnlichen** Unterhaltung der Sache gehören. Dies sind Maßnahmen, die bei ordnungsgemäßer Bewirtschaftung **regelmäßig** – und zwar wiederkehrend innerhalb kürzerer Zeitabstände – durchzuführen sind, z.B. laufende Anstricharbeiten, Ersetzen zerbrochener Fensterscheiben, Beseitigung geringer Schäden und sonstige gewöhnliche Reparaturen (Münchner Kommentar, § 1041 Rn. 2). Dagegen ist er zur Vornahme **außergewöhnlicher** Maßnahmen nicht verpflichtet. Hierbei handelt es sich nicht um normale Verschleißreparaturen, sondern um außergewöhnliche Schadensbeseitigungs-, Umbau- oder Kontrollmaßnahmen, für die der Eigentümer aufkommen muss, z.B. Erneuerung von Wasser- und Elektroanschlüssen, Kosten für den Einbau oder Austausch einer Tür, wenn die Maßnahme aus Gründen des Versicherungsschutzes erforderlich ist, Aufwendungen für die Sanierung völlig verwohnter Räume, Kosten für ein Sachverständigengutachten zur Kontrolle des baulichen Zustands der Balkone (BGH, Urteil v. 6.6.2003, V ZR 392/02, GE 2003 S. 1273); ferner umfangreiche Innen- und Außenputzarbeiten, Instandsetzung des gesamten Dachs, Anbringung einer Wärmedämmung, Instandsetzung und Erneuerung der elektrischen Anlage (Münchner Kommentar, a.a.O.).

Verbrauchsabhängige Kosten wie die für Strom, Wasser und Heizung muss der Wohnberechtigte trotz der Unentgeltlichkeit des Wohnungsrechts tragen, weil es sich dabei nicht um Kosten der Wohnung, sondern erst durch die Ausübung des Wohnrechts verursachte Kosten ihrer Nutzung handelt. Gleiches gilt für den auf die Wohnung entfallenden verbrauchsunabhängigen Kostenanteil für Heizung und Warmwasserbereitung. Diesen muss der Wohnberechtigte auch dann tragen, wenn er die Wohnung nicht nutzt (BGH, Urteil v. 21.10.2011, V ZR 57/11, WuM 2012 S. 38).

Eine Verpflichtung des Wohnberechtigten zur Zahlung von weiteren **Betriebskosten** ergibt sich aber weder aus dem dinglichen Wohnungsrecht noch aus dem neben dem dinglichen Wohnungsrecht bestehenden gesetzlichen Schuldverhältnis (vgl. BGH, NJW 1985 S. 2944); sondern kann sich nur aus einem evtl. vorliegenden vertraglichen Schuldverhältnis ergeben (BGH, Urteil v. 25.9.2009, V ZR 36/09, MDR 2010 S. 18).

Ohne entsprechende Vereinbarung kann zwischen einem Eigentümer und einem Wohnberechtigten auch unter dem Gesichtspunkt der Gleichbehandlung mit Mietern im Wohngebäude nichts anderes hergeleitet werden, da auch Mieter nur dann Vorauszahlungen auf die Betriebskosten schulden, wenn dies mit dem Vermieter vereinbart ist (§ 556 Abs. 2 BGB; BGH, Urteil v. 18.6.2010, V ZR 196/09, NZM 2010 S. 666).

Zur Vermeidung von Unklarheiten sollte zwischen Eigentümer und Wohnberechtigtem möglichst bereits im notariellen Vertrag eine eindeutige Vereinbarung getroffen werden, wer welche Betriebskosten trägt.

Haben die Parteien schuldrechtlich vereinbart, dass der Wohnberechtigte (bestimmte) Betriebskosten anteilig zu tragen und Vorauszahlungen zu leisten hat, gelten für die Abrechnung über die Vorauszahlungen die mietrechtlichen Regelungen des § 556 Abs. 3 BGB entsprechend. Dies bedeutet, dass der Eigentümer dem Wohnberechtigten jährlich und spätestens bis zum Ablauf des zwölften Monats nach Ende des Abrechnungszeitraums eine Abrechnung über die vom Wohnberechtigten geleisteten Vorauszahlungen mitteilen muss. Nach Ablauf dieser Frist ist die Geltendmachung einer Nachforderung (z. B. weil die Vorauszahlungen nicht ausreichend waren) durch den Eigentümer ausgeschlossen, es sei denn, er hat die verspätete Geltendmachung nicht zu vertreten (§ 556 Abs. 3 S. 3 BGB; s. im Einzelnen „Abrechnung der Betriebskosten“, Abschnitte 10 bis 12; BGH, Urteil v. 25.9.2009, a. a. O.).

Die Parteien können vertraglich auch anderweitige abweichende Regelungen treffen und z. B. vereinbaren, dass der Eigentümer die Kosten von Nebenleistungen (z. B. Schönheitsreparaturen, Heizungs-, Strom- und Wasserkosten) trägt. Eine solche vertragliche Verpflichtung des Eigentümers ist als Inhalt des Wohnrechts im Grundbuch eintragungsfähig (OLG Schleswig, Beschluss v. 9.6.1994, 2 W 52/94, WuM 1995 S. 44).

Eine **Versorgungssperre**, z. B. von Heizung und Wasser, wegen rückständiger Zahlungen ist nicht nur gegen den Mieter eines zahlungssäumigen Wohnungseigentümers zulässig, sondern gleichermaßen gegen den Nutzer aufgrund eines dinglichen Wohnrechts. Der Wohnberechtigte kann nicht einwenden, es müssten vorab alle Vollstreckungsmöglichkeiten bezüglich der Wohngeldrückstände gegen den Eigentümer ausgeschöpft werden. Ferner kann die Versorgungssperre auch nicht durch Zahlung von Teilbeträgen auf Heizung und Wasser abgewendet werden, sondern nur durch Ausgleich sämtlicher Zahlungsrückstände (KG Berlin, Urteil v. 30.6.2009, 27 U 19/08, GE 2010 S. 483).

Im Übrigen können die Parteien **Inhalt und Umfang** des Wohnrechts **frei** bestimmen. Daher ist auch eine Vereinbarung zulässig, wonach der Eigentümer die Einwilligung zur vorzeitigen Löschung des Wohnrechts verlangen kann, wenn der Wohnberechtigte mit der Zahlung des Nutzungsentgelts oder der Nebenkosten in Verzug kommt. Eine solche Vereinbarung bedarf nicht der notariellen Beurkundung und verstößt auch nicht gegen den Charakter des grundsätzlich lebenslänglichen Wohnrechts (OLG Köln, Beschluss v. 11.8.1997, 19 W 35/97, WuM 1998 S. 165).

Der Berechtigte ist befugt, seine Familie, die zur standesgemäßen Bedienung und zur Pflege erforderlichen Personen sowie seinen Verlobten oder Lebensgefährten in die Wohnung **aufzunehmen** (§ 1093 Abs. 2 BGB; BGH, Urteil v. 7.5.1982, V ZR 58/81, NJW 1982 S. 1868 = WuM 1982 S. 310). Weiterhin bedarf auch die vorübergehende Aufnahme eines Besuchs keiner Gestattung. Dagegen darf sonstigen Dritten die Allein- oder Mitbenutzung nur bei **Gestattung** des Eigentümers überlassen werden (§ 1092 Abs. 1 S. 2 BGB). Eine **Eintragung** dieser Gestattung ins Grundbuch ist **nicht** erforderlich (BGH, Urteil v. 23.5.1962, V ZR 187/60, NJW 1962 S. 1392). Kann der Berechtigte die Ausübung des Wohnrechts einem anderen überlassen und ist die Überlassung gestattet, ist das Wohnrecht auch pfändbar (§§ 857 Abs. 3, 859 ZPO; AG Köln, Beschluss v. 2.5.2003, 289 M 8139/02, WuM 2003 S. 341).

Kann ein Familienangehöriger, der als Gegenleistung für die Übertragung eines Grundstücks die Pflege des Übergebers (Wohnberechtigten) übernommen hat, seine Leistung wegen Umzugs des Wohnberechtigten in ein Pflegeheim nicht mehr erbringen, entspricht es grundsätzlich nicht dem hypothetischen Parteiwillen, dass der aufgrund des Heimaufenthalts des Wohnberechtigten (Übergebers) entstandene Zeitgewinn in Geld ausgeglichen werden sollte (BGH, Urteil v. 29.1.2010, V ZR 132/09, GE 2010 S. 541).

3 Erlöschen des Wohnungsrechts

Das Wohnungsrecht **endet** mit dem **Tod** des Berechtigten (§ 1092 BGB).

Ferner **erlischt** das Wohnungsrecht, wenn seine Ausübung aus tatsächlichen oder rechtlichen Gründen dauernd **unmöglich** wird (BGH, Urteil v. 7.12.1984, V ZR 189/83, NJW 1985 S. 1025). Dies ist z.B. der Fall, wenn das Recht niemandem mehr einen Vorteil bietet (BGH, Urteil v. 11.3.1964, V ZR 78/62, BGHZ 41 S. 209); nicht aber, wenn das Wohnungsrecht nur wegen der Aufnahme des Berechtigten in ein **Pflegeheim** nicht ausgeübt werden kann. In diesem Fall bleibt ihm gemäß § 1090 Abs. 1 S. 2 BGB die Möglichkeit, mit Gestattung des Grundstückseigentümers die Ausübung seines Rechts einem anderen zu überlassen und dadurch für sich einen Mietzahlungsanspruch zu begründen. Ein in der Person des Berechtigten liegendes **Ausübungshindernis** führt somit **nicht** generell zum Erlöschen des Wohnungsrechts, selbst wenn das Hindernis **auf Dauer** besteht (BGH, Urteil v. 19.1.2007, V ZR 163/06, WuM 2007 S. 139). Daher ist das Wohnungsrecht des Berechtigten auch nicht im Fall einer vollstationären Pflege in einem Heim erloschen. Eine vor dem Umzug in das Pflegeheim aufgenommene Tochter darf damit weiterhin in der Wohnung leben (OLG Schleswig, Urteil v. 2.1.2007, 3 U 116/06, ZMR 2007 S. 369).

Soll das Wohnungsrecht als solches bei Auszug des Berechtigten wegfallen, muss das Recht auflösend bedingt auf das (nicht nur vorübergehende) Verlassen des Anwesens anknüpfen. Dies sollte z.B. in einem Übergabevertrag, in dem Wohnungsrechte begründet werden, ausdrücklich geregelt werden (vgl. OLG Saarbrücken, Beschluss v. 5.8.2010, 5 W 175/10).

Die Begründung einer Zahlungspflicht des Verpflichteten (z.B. des Wohnungseigentümers für die Übernahme der Räume) durch eine **Vertragsanpassung** (§ 313 Abs. 1 BGB) kommt nur dann in Betracht, wenn der Heimaufenthalt **auf Dauer** erforderlich ist, d.h. eine Rückkehr des Berechtigten in die Wohnung – ggf. unter Aufnahme von Pflegepersonal (§ 1093 Abs. 2 BGB) – ausgeschlossen ist und die Vertragsschließenden nicht mit dem Eintritt dieses Umstands gerechnet haben (BGH, a.a.O.; s. auch OLG Koblenz, Urteil v. 15.11.2006, 1 U 573/06, MDR 2007 S. 646, wonach dem Inhaber eines dinglichen Wohnrechts kein Anspruch auf Zahlung einer Geldrente unter dem Gesichtspunkt des Wegfalls der Geschäftsgrundlage zusteht, wenn er wegen Pflegebedürftigkeit das Wohnrecht nicht mehr ausüben kann).

4 Vermietung an Dritte

Die Allein- oder Mitbenutzung der Wohnung darf **Dritten**, wenn sie nicht zu den in § 1093 Abs. 2 BGB genannten Personen (z.B. Pflegepersonal) gehören, nur bei **Gestattung** durch den Grundstückseigentümer überlassen werden (§ 1092 Abs. 1 S. 2 BGB). Enthält die schuldrechtliche Vereinbarung über die Bestellung des Wohnungsrechts keine Regelung, wie die Wohnung genutzt werden soll, wenn der Wohnungsberechtigte sein Recht, z.B. wegen Umzugs in ein Pflegeheim, nicht mehr ausüben kann, muss durch eine ergänzende Vertragsauslegung der hypothetische Parteiwille ermittelt werden. Diesem hypothetischen Parteiwillen kann im Zweifel eine **Berechtigung** des Eigentümers zur Vermietung entsprechen, grundsätzlich aber **nicht** eine **Verpflichtung**, die Wohnung zu vermieten oder deren Vermietung durch den Wohnungsberechtigten zu gestatten (BGH, Urteil v. 9.1.2009, V ZR 168/07, WuM 2009 S. 184; s. auch OLG Oldenburg, Urteil v. 11.10.2007, 14 U 86/07, ZMR 2008 S. 52, wonach der Wohnberechtigte nicht verlangen kann, dass der Eigentümer eine Vermietung der Wohnung vornimmt, wenn er in einem Pflegeheim untergebracht werden muss und er ferner auch keinen Anspruch auf Zahlung einer monatlichen Geldrente hat).

Wurde im Überlassungsvertrag keine Regelung für den Fall des dauerhaften Wegzugs des Wohnberechtigten getroffen und besteht deshalb keine vertragliche Bindung zwischen dem Eigentümer und dem Wohnungsberechtigten, der einer außerhäuslichen Pflege bedarf, wird der Eigentümer, der die Wohnung eigenmächtig vermietet, durch die Einnahme der Mietzinsen nicht auf Kosten des Wohnungsberechtigten bereichert. Das Wohnungsrecht umfasst nämlich – anders als der Nießbrauch – nicht das Recht zur Überlassung der Räume an Dritte. Kann deshalb bei Vorliegen eines subjektiven Ausübungshindernisses des Wohnungsberechtigten die Wohnung weder von ihm noch vom Eigentümer genutzt werden, kann dieses wirtschaftlich unbefriedigend erscheinende Ergebnis im Einzelfall vom Betreuungsgericht dadurch überwunden werden, dass die Aufgabe des Wohnungsrechts durch den Betreuer genehmigt wird (BGH, Urteil v. 13.7.2012, V ZR 206/11, NJW 2012 S. 3572).

Während seiner Abwesenheit darf der Berechtigte die Wohnung jedoch einem Familienangehörigen überlassen, wenn die Möglichkeit besteht, dass der Berechtigte (z. B. aus einem Pflegeheim) wieder in die Wohnung zurückkehrt, um sich dort pflegen zu lassen (OLG Oldenburg, Urteil v. 3.5.1994, 12 U 16/94, WuM 1995 S. 591).

Bei einer unerlaubten Vermietung kann der Eigentümer Unterlassung verlangen; die Miete steht aber auch in diesem Fall dem Inhaber des Wohnrechts zu (LG Oldenburg, Urteil v. 11.1.1994, 5 U 117/93, ZMR 1994 S. 507). Hat der Eigentümer die Räume nach Auszug des heimpflege- und sozialhilfebedürftig gewordenen Berechtigten mit dessen Zustimmung vermietet, steht dem **Sozialamt** rechtlich kein Anspruch aus übergeleitetem Recht auf die Mieteinnahmen des Eigentümers zu. Der Eigentümer ist auch nicht verpflichtet, eine Vermietung durch den Wohnberechtigten oder das Sozialamt zu gestatten (§ 1092 Abs. 1 S. 2 BGB; OLG Oldenburg, a. a. O.).

Ausnahmsweise kann der Inhaber des Wohnrechts auch ohne Vorliegen einer Gestattung berechtigt sein, die Räume bei unvorhergesehener persönlicher Verhinderung (z. B. stationäre Pflegebedürftigkeit) einem Dritten zu überlassen. Das Bestehen eines solchen Rechts hängt davon ab, ob nach Lage und Art der Räume eine Nutzung durch andere Personen ohne Beeinträchtigung des Eigentümers möglich ist (vgl. auch OLG Köln, Beschluss v. 17.5.1991, 2 W 76/91, FamRZ 1991 S. 1432, 1433) und ob der Wohnberechtigte sich in einer existenzbedrohenden **Notlage** befindet, sodass er auf die durch Vermietung oder sonstige Nutzung zu erzielenden Erträge dringend angewiesen ist (OLG Köln, Beschluss v. 6.2.1995, 2 W 21/95, DWW 1995 S. 112). Zwar besteht auch in diesem Fall keine Verpflichtung des Eigentümers, die Räume selbst zu benutzen und dafür eine Nutzungsentschädigung zu zahlen oder sich selbst um eine Vermietung zu kümmern. Bei berechtigten Interessen des Eigentümers an einer Selbstnutzung oder der Mieterauswahl ist dies aber vom Wohnberechtigten hinzunehmen (OLG Köln, a. a. O.).

Ein **Widerruf der Gestattung** kann nur bei Vorliegen wichtiger Gründe, z. B. erhebliche Vertragsverletzungen durch Nutzer, erfolgen.

Endet das Wohnrecht durch **Tod des Berechtigten** (§ 1092 BGB), endet auch ein vom Berechtigten abgeschlossenes Mietverhältnis. Dieses geht nicht auf den Eigentümer über, da

§ 1056 BGB i.V.m. § 566 BGB auf das dingliche Wohnrecht nicht anwendbar ist.

Steht das dingliche Wohnrecht **mehreren Personen** (z.B. einem Ehepaar) zu und zieht ein Ehepartner endgültig aus der Wohnung aus, hat er gegen den in der Wohnung verbleibenden Ehepartner keinen Anspruch auf Zahlung einer Nutzungsentschädigung, da der für das Miteigentum geltende § 745 Abs. 2 BGB auf das dingliche Wohnrecht nicht anwendbar ist, wenn einer von mehreren Wohnberechtigten die Wohnung endgültig verlassen hat (BGH, Urteil v. 8.5.1996, XII ZR 254/94, NJW 1996 S. 2153).

5 Mitbenutzung gemeinschaftlicher Anlagen und Einrichtungen

Der Wohnberechtigte darf die zum gemeinschaftlichen Gebrauch der Bewohner bestimmten Anlagen und Einrichtungen mitbenutzen (§ 1093 Abs. 3 BGB). Für den Umfang bei Fehlen von besonderen Vereinbarungen sind die allgemeinen Lebensgewohnheiten maßgebend. Danach dürfen in der Regel Sammelheizung, Wasserleitungen, Keller, Treppenhaus, Hof, Waschküche, Trockenboden, Entsorgungsanlagen mitbenutzt werden; nicht aber der **Garten**, da dieser zum Wohnen nicht erforderlich ist (LG Freiburg, Urteil v. 30.3.2001, 14 O 324/00, WuM 2002 S. 151; s. auch Palandt, Rn. 13 zu § 1093 BGB).

Der Eigentümer darf die vorhandenen Anlagen und Einrichtungen nicht ersatzlos beseitigen, jedoch ersetzen oder umgestalten, sofern dies dem Wohnberechtigten zumutbar ist (BayObLG, Beschluss v. 12.12.1996, 2Z BR 123/96, WuM 1997 S. 116).

Parkflächen und **Garagen** dürfen nur mitbenutzt werden, wenn sie die Kraftfahrzeuge aller Bewohner aufnehmen können; daher nicht einzelne Garagen (Palandt, a.a.O.).

6 Übertragbarkeit

Das dingliche Wohnrecht nach § 1093 BGB ist **nicht übertragbar** und **nicht vererblich.**

Dagegen ist das ebenfalls in das Grundbuch einzutragende **Dauerwohnrecht** nach § 31 WEG vererblich und veräußerlich und berechtigt zur Vermietung und Verpachtung.

Ferner ist ein (typengerecht ausgestaltetes) Wohnrecht grundsätzlich **unpfändbar** (§§ 1092 Abs. 1 S. 2 BGB, 857 Abs. 3, 851 Abs. 2 ZPO). Durch einen **Verzicht** des Wohnrechtsinhabers werden dessen Gläubiger grundsätzlich nicht objektiv benachteiligt (i.S.d. § 1 Abs. 1 Anfechtungsgesetz), sodass eine Anfechtung des Verzichts ausgeschlossen ist (BGH, Beschluss v. 9.11.2006, IX ZR 170/06, WuM 2007 S. 30).

Pfändbar ist das Wohnungsrecht nur dann, wenn dem Berechtigten die Überlassung der Ausübung der Dienstbarkeit (nach § 1092 Abs. 1 S. 2 BGB) gestattet ist (BGH, Urteil v. 29.9.2006, V ZR 25/06, WPM 2006 S. 2226). Vereinbaren die Parteien den **Wegfall** der Ausübungsüberlassungsgestattung, **entfällt** die Pfändbarkeit. Die Anfechtung einer solchen Vereinbarung wegen Gläubigerbenachteiligung bedarf des unwiderlegbaren Beweises für die Kenntnis des beklagten Grundstückseigentümers von dem Gläubigerbenachteiligungsvorsatz des Schuldners (BGH, Beschluss v. 14.6.2007, IX ZR 170/06, WuM 2007 S. 533).

> Erfolgte lediglich die Vereinbarung eines **schuldrechtlichen** Wohnrechts ohne dingliche Sicherung (also ohne Eintragung ins Grundbuch), wirkt die Vereinbarung nur zwischen den Vertragsparteien, nicht aber gegenüber einem Käufer des Anwesens.

Bei einem Rechtsstreit um den Bestand eines dinglichen Wohnrechts bemisst sich der **Streitwert** (§ 41 Abs. 1 GKG) nach der Höhe der einjährigen Nutzungsentschädigung (OLG München, Beschluss v. 11.12.1998, 14 W 257/98, ZMR 1999 S. 173).

Doppelvermietung

Eine Doppelvermietung liegt vor, wenn eine Sache (z.B. eine Wohnung) zweimal vermietet wird.

Dies kann sich z.B. ergeben, wenn der Vermieter in der unrichtigen Annahme, nur ein schriftlicher Mietvertrag sei wirksam, mit einem Interessenten konkrete mündliche Vereinbarungen bezüglich der Vermietung der Wohnung trifft und die Wohnung anschließend an einen weiteren Interessenten mit schriftlichem Mietvertrag nochmals vermietet.

Eine Doppelvermietung kann auch dadurch entstehen, dass der Vermieter die von ihm gekündigte Wohnung an einen neuen Mieter vermietet, sich die ausgesprochene Kündigung aber als rechtsunwirksam erweist und somit zwei Mietverhältnisse vorliegen.

Weiterhin führt auch folgender Sachverhalt zu einer Doppelvermietung: Nachdem der Mieter gekündigt hat, schließt der Vermieter mit einem neuen Mieter einen Mietvertrag ab, der einen Monat nach Beendigung des alten Mietverhältnisses beginnt. Der Mieter zieht trotz seiner Kündigung zum Ablauf der Kündigungsfrist nicht aus, und der Vermieter versäumt es, binnen 2 Wochen seinen einer Fortsetzung des bisherigen Mietverhältnisses entgegenstehenden Willen zum Ausdruck zu bringen. Das Mietverhältnis hat sich daher, trotz der Kündigung des Mieters, nach § 545 BGB auf unbestimmte Zeit verlängert, sodass im Zeitpunkt des Beginns des Mietverhältnisses mit dem neuen Mieter zwei wirksame Mietverträge bestehen.

Diesen Beispielsfällen ist gemeinsam, dass jeweils zwei **voll wirksame** Mietverträge vorliegen (vgl. dazu z.B. BGH, Urteil v. 11.12.1961, VIII ZR 46/61, MDR 1962 S. 398; LG Berlin, WuM 1975 S. 116) und jeder Mieter einen Anspruch auf Erfüllung, d.h. auf Überlassung der Wohnung hat (AG Freiburg, Urteil v. 28.2.1992, 10 C 4439/91, WuM 1993 S. 117), der Vermieter aber nur einen Mietvertrag durch Raumüberlassung erfüllen kann.

Dem Vermieter kann nicht im Wege einer **einstweiligen Verfügung** vorgeschrieben werden, welchem Mieter er die Wohnung überlassen muss (OLG Koblenz, Urteil v. 25.10.2007, 5 U 1148/07, MDR 2008 S. 18; KG Berlin, Beschluss v. 25.1.2007, 8 W 7/07, WuM 2007 S. 207; OLG Hamm, Urteil v. 15.10.2003, 30 U 131/03, NZM 2004 S. 192; OLG Frankfurt/M., Urteil v. 28.8.1996, 17 W 22/96, NJW-RR 1997 S. 77; OLG Brandenburg, Beschluss v. 6.8.1997, 3 U 72/97, MDR 1998 S. 98; OLG Schleswig, Urteil v. 12.7.2000, 4 U 76/00, MDR 2000 S. 1428).

Geschützt ist vielmehr derjenige Mieter, der zuerst den rechtmäßigen Besitz an der Wohnung erlangt hat.

Der Erfüllungsanspruch des anderen scheitert an § 275 Abs. 1 BGB, wenn feststeht, dass der Vermieter die Sache vom besitzenden Mieter nicht mehr zurückerlangen kann. Der nicht besitzende Mieter kann Besitzeinräumung nur verlangen (§ 535 Abs. 1 S. 1 BGB), solange die Behebung des Leistungshindernisses nicht ausgeschlossen ist. Insofern hat der Vermieter als Schuldner den Erfüllungsanspruch darzulegen und zu beweisen, dass die Erfüllung rechtlich oder tatsächlich nicht (mehr) möglich ist (KG Berlin, Beschluss v. 25.9.2008, 8 U 44/08, NZM 2008 S. 889). In diesem Fall verliert der Vertragspartner des anderen Mietvertrags grundsätzlich seinen Erfüllungsanspruch auf Überlassung der Räume und ist auf Schadenersatzansprüche gegen den Vermieter wegen Nichterfüllung des Mietvertrags beschränkt (LG Berlin, WuM 1975 S. 116; LG Mannheim, WuM 1974 S. 240; LG Berlin, Urteil v. 31.10.1986, 64 S 241/86, ZMR 1988 S. 178; differenzierend: LG Köln, Urteil v. 30.11.1989, 1 S 296/89, WuM 1990 S. 65). Dieser Schadenersatzanspruch richtet sich nicht nach den Regeln der Unmöglichkeit, sondern ausschließlich nach §§ 536a Abs. 1, 536 Abs. 3 BGB (BGH, Urteil v. 5.7.1991, V ZR 115/90, WuM 1991 S. 545) und umfasst z.B.

- Ansprüche des Mieters auf Ersatz von Maklerkosten,
- die höhere Miete für eine gleichwertige Ersatzwohnung oder
- Kosten für einen vorübergehenden Hotelaufenthalt.

Im Fall einer Doppelvermietung kann nicht nur der Mieter selbst Schadenersatz (nach § 536 a Abs. 1 BGB) verlangen, sondern bei gegebener Leistungsnähe und für den Vermieter erkennbarem Einbeziehungsinteresse auch der nichteheliche **Lebensgefährte** des Mieters (LG Berlin, Urteil v. 27.9.2013, 63 S 127/13, WuM 2013 S. 665).

Neben **Schadenersatz** (z. B. wegen Kosten der Anmietung einer weiteren Wohnung zusätzlich zu der vom Mieter vor Anmietung der doppelt vermieteten Wohnung bewohnten Mietwohnung) kann der Mieter grundsätzlich auch **Aufwendungs**ersatz für frustrierte Aufwendungen (z. B. Rücktrittkosten für eine gekaufte Einbauküche) verlangen, sofern damit nicht ein identischer Vermögensnachteil kompensiert wird (LG Berlin, a. a. O.).

Bei einer Doppelvermietung von **Gewerbe**raum kommt ein Anspruch des nicht besitzenden (Erst-)Mieters gegen den Vermieter auf Herausgabe der durch die weitere Vermietung erzielten Miete jedenfalls dann nicht in Betracht, wenn der (nicht besitzende) Mieter die Mietsache nicht in der Weise hätte nutzen dürfen wie der Zweitmieter (BGH, Urteil v. 10.5.2006, XII ZR 124/02, NZM 2006 S. 538).

Ein Erfüllungsanspruch des Mieters auf Einräumung des Besitzes steht dem Mieter gegen den Vermieter nur im Ausnahmefall bei Vorliegen eines besonders schutzwürdigen Interesses zu, z. B. wenn der Vermieter die Möglichkeit der Besitzeinräumung hat, weil er sich dies im Mietvertrag mit dem anderen Mieter vorbehalten hat (OLG Köln, Beschluss v. 26.2.1998, 12 U 227/97, WuM 1998 S. 602). Dagegen kann der Mieter die **Wieder**einräumung des Besitzes mittels einer einstweiligen Verfügung verlangen, wenn ihm der Vermieter widerrechtlich den Besitz am Mietobjekt entzogen hat. Dies gilt auch dann, wenn das Mietobjekt inzwischen an Dritte weitervermietet wurde. Insofern handelt es sich nämlich nicht wie bei einer Doppelvermietung um einen (petitorischen) Erfüllungsanspruch, der nicht mit einer einstweiligen Verfügung gesichert werden kann, sondern um einen (possessorischen) **Besitzschutzanspruch**. Ein solcher Besitzschutzanspruch kann nach allgemeiner Auffassung grundsätzlich durch eine einstweilige Verfügung gesichert werden (OLG Celle, Beschluss v. 12.10.2007, 2 U 152/07, ZMR 2008 S. 288).

Duldungspflicht des Mieters → „Modernisierung“

Durchlauferhitzer → „Betriebskosten“, Abschnitt 2.5.3 „Kosten der Reinigung und Wartung von Warmwassergeräten“

Eheähnliche Gemeinschaft

Inhaltsübersicht

Seite

1 Vertragspartner des Vermieters 213

2 Adressat bei Räumungsklagen 213

3 Auszug eines Mieters 214

4 Rechtsbeziehungen zwischen den Mietern 215

5 Tod eines Mieters 216

1 Vertragspartner des Vermieters

Bei Überlassung der Wohnung an ein unverheiratetes Paar kann der Mietvertrag sowohl mit beiden als auch mit einem Partner abgeschlossen werden.

> In Anbetracht der Tatsache, dass auch dann, wenn der Mietvertrag nur mit einer Person abgeschlossen wurde, die Aufnahme einer weiteren Person nur in Ausnahmefällen untersagt werden kann (s. „Untermiete"), ist aus haftungsrechtlichen Gründen grundsätzlich zu empfehlen, den Vertrag mit **beiden** abzuschließen.

Dann **haftet jeder** als Gesamtschuldner für Verbindlichkeiten in **voller** Höhe, während anderenfalls nur der **Vertragspartner** in Anspruch genommen werden kann und ein Zugriff auf den lediglich in die Wohnung aufgenommenen Lebenspartner nicht möglich ist, z.B. wenn nach Auszug Schäden hinterlassen werden, zu deren Behebung die Kaution nicht ausreicht.

Sollen **beide** Personen Vertragspartner werden, müssen im Mietvertrag beide als Mieter aufgeführt und der Mietvertrag von beiden unterzeichnet werden. Werden zwar beide Partner als Mieter aufgeführt, ist der Vertrag aber nur von einer Person unterschrieben oder ist nur einer als Mieter aufgeführt, der Vertrag aber von beiden unterschrieben, ist der Mietvertrag grundsätzlich nur mit der unterzeichnenden Person bzw. nur mit der im Mietvertrag aufgeführten Person zustande gekommen.

Stellvertretung kann bei einem schriftlichen Mietvertrag nur angenommen werden, wenn sich dies aus einem Zusatz zur Unterschrift ergibt, da eine Stellvertretung beim Abschluss von Mietverträgen nicht die Regel, sondern die Ausnahme ist (LG Mannheim, Urteil v. 24.2.1993, 4 S 112/92, NJW-RR 1994 S. 274; v. 14.5.1986, 4 S 148/85, WuM 1987 S. 414; vgl. auch AG Osnabrück, Urteil v. 11.10.1996, 44 C 345/96, WuM 1996 S. 754).

2 Adressat bei Räumungsklagen

Wurde der Mietvertrag mit beiden abgeschlossen, dann sind auch alle **Willenserklärungen**, z.B. Mieterhöhungsverlangen oder Kündigung, **an beide** zu richten. Entsprechendes gilt für die Erhebung einer **Räumungsklage**, wobei diese nach Beendigung eines mit beiden Lebenspartnern begründeten Mietverhältnisses auch gegen denjenigen Lebenspartner gerichtet werden kann, der den Besitz an der Wohnung (z.B. durch Auszug) bereits endgültig aufgegeben hat (BGH, Beschluss v. 22.11.1995, VIII ARZ 4/95, WuM 1996 S. 83).

Wurde der Mietvertrag dagegen nur mit einem Partner abgeschlossen und hat der Mieter in der Mietwohnung einen nichtehelichen Lebensgefährten aufgenommen, ist für die Räumungsvollstreckung ein Vollstreckungstitel auch gegen den nichtehelichen Lebensgefährten erforderlich, d.h., es muss Räumungsklage gegen beide erhoben werden, wenn dieser Mitbesitz an der Wohnung begründet hat. Ein Mitbesitz an der Wohnung muss sich jedoch aus den Umständen klar und eindeutig ergeben (BGH,

Beschluss v. 19.3.2008, I ZB 56/07, NZM 2008 S. 400).

Eines besonderen Vollstreckungstitels gegen den mitbesitzenden Lebenspartner (oder sonstige mitbesitzende Personen) bedarf es aber dann nicht, wenn dieser ohne oder gegen Wissen und Willen des Vermieters den Mitbesitz begründet und wider Treu und Glauben über einen erheblichen Zeitraum gegenüber dem Vermieter verheimlicht hat (OLG Hamburg, Beschluss v. 19.8.1992, 6 W 49/92, DWW 1992 S. 365).

In Anbetracht der häufig unklaren Verhältnisse hat der Vermieter ein berechtigtes Interesse an der Erlangung eines Räumungstitels gegen den mitbesitzenden Lebensgefährten; dieser kann nicht einwenden, der Klage gegen ihn fehle das Rechtsschutzinteresse (vgl. OLG Schleswig, RE v. 17.11.1992, 4 RE-Miet 1/92, WuM 1992 S. 674). Daher ist es grundsätzlich zu empfehlen, auch den mitbesitzenden Lebensgefährten auf Räumung zu verklagen.

Gleiches gilt für einen in der Wohnung **amtlich gemeldeten** Mitbewohner. Dieser hat durch seine Anmeldung beim Einwohnermeldeamt seinen Besitzbegründungswillen dokumentiert und kann daher nicht einwenden, er habe keine tatsächliche Gewalt und damit keinen Besitz an der Wohnung (LG Mannheim, Urteil v. 5.4.2006, 4 S 137/05, DWW 2006 S. 250).

Minderjährige Kinder, die mit ihren Eltern zusammenleben, haben grundsätzlich **keinen** Mitbesitz an der gemeinsam genutzten Wohnung. Die Besitzverhältnisse an der Wohnung ändern sich im Regelfall auch nicht, wenn die Kinder nach Erreichen der Volljährigkeit mit ihren Eltern weiter zusammenleben. Haben Kinder keinen Mitbesitz an der Wohnung erlangt, reicht für eine Räumungsvollstreckung ein Vollstreckungstitel gegen die Eltern aus (BGH, Beschluss v. 19.3.2008, I ZB 56/07, NZM 2008 S. 400).

Die Räumungsvollstreckung darf nicht betrieben werden, wenn ein Dritter (z.B. ein angeblicher Untermieter), der weder im Vollstreckungstitel noch in der diesem beigefügten Vollstreckungsklausel namentlich bezeichnet ist, im Besitz der Mietsache ist. Dies gilt selbst dann, wenn der Verdacht besteht, dem Dritten sei der Besitz nur eingeräumt worden, um die Zwangsräumung zu vereiteln. Derartige Fragen sind nicht im (formalisierten) Zwangsvollstreckungsverfahren, sondern im Erkenntnisverfahren zu klären. Der Gerichtsvollzieher hat nicht das behauptete Recht zum Besitz, sondern allein die tatsächlichen Besitzverhältnisse zu beurteilen, unabhängig davon, wie der Besitz erlangt wurde. Ferner hat er nur noch zu prüfen, ob sich die Räumungsverpflichtung nach dem vom Gläubiger beigebrachten Titel gegen den von ihm festgestellten Besitzer der Mietsache richtet (BGH, Beschluss v. 14.8.2008, 1 ZB 39/08).

3 Auszug eines Mieters

Wurde der Mietvertrag mit beiden abgeschlossen, lässt der **Auszug** eines Lebenspartners das Mietverhältnis unberührt, d.h., er bleibt weiterhin Vertragspartei und haftet auch nach dem Auszug als Gesamtschuldner für alle Verpflichtungen aus dem Mietverhältnis. Dies gilt selbst dann, wenn das Verlassen der Wohnung erkennbar endgültigen Charakter hat und ein Wiedereinzug nicht beabsichtigt ist (LG Köln, Urteil v. 14.3.1996, 1 S 193/95, WuM 1996 S. 266). Ein Ausscheiden aus dem Mietverhältnis ist nur einvernehmlich mit Zustimmung des anderen und des Vermieters möglich, wobei ein Anspruch gegenüber dem Vermieter auf Abgabe der Zustimmung nicht besteht.

Dementsprechend ist der Vermieter auch nicht verpflichtet, das Mietverhältnis mit demjenigen Mieter, der in der Wohnung bleiben will, allein fortzusetzen (LG Konstanz, Urteil v. 15.9.2000, 1 S 95/00 N, WuM 2000 S. 675).

Eine Kündigung des Mietverhältnisses kann nur durch beide Mieter gemeinsam erfolgen. Die Kündigungserklärung nur eines Mieters ist gegenstandslos und entfaltet keine Rechtswirkungen. Nach Scheitern einer nichtehelichen Lebensgemeinschaft können die vormaligen Lebensgefährten regelmäßig wechselseitig die Mitwirkung bei der Kündigung der gemeinsam gemieteten Wohnung verlangen (OLG Düsseldorf, Beschluss v. 2.5.2007, 10 W 29/07, DWW 2007 S. 336). Der aus der Wohnung ausgezogene Mieter kann von dem in der Wohnung verbliebenen Mitmieter die **Zustimmung** zur Kündigung des Mietverhältnisses verlangen und den Mitmieter ggf. auf Abgabe der Zustimmung verklagen (OLG Köln, Beschluss v. 21.6.1999, 16 W 16/99, WuM 1999 S. 521; LG Berlin, Beschluss v. 22.5.2002, 64 T 34/01, ZMR 2002 S. 751; LG Karlsruhe, Urteil v. 27.5.1994, 9 S 37/94, WuM 1996 S. 146; LG Hamburg, Urteil v. 12.11.1992, 332 O 338/92, WuM 1993 S. 343; LG Köln, Urteil v. 16.3.1993, 11 S 233/92, WuM 1993 S. 613; LG München, Urteil v. 25.9.1991, 5 O 1357/91, WuM 1993 S. 611); jedoch nur auf Zustimmung zur Kündigung zum nächstmöglichen Zeitpunkt, selbst wenn der Vermieter einer früheren Beendigung zustimmen würde (LG Gießen, Urteil v. 6.3.1996, 1 S 487/95, WuM 1996 S. 273). Diesem Anspruch können nicht die Mieterschutzvorschriften in analoger Anwendung entgegengehalten werden (OLG Köln, a. a. O.).

Bei einem **befristeten** Mietverhältnis besteht dagegen wegen des Ausschlusses der ordentlichen Kündigung während der Laufzeit auch kein Anspruch auf Zustimmung (LG Gießen, a. a. O.). In diesem Fall muss derjenige, der die Wohnung behalten will, im Innenverhältnis die Miete allein tragen und den ausgezogenen Partner gegenüber dem Vermieter von der Forderung freistellen (OLG Düsseldorf, Urteil v. 24.10.1997, 22 U 43/97, NZM 1998 S. 72).

Der Anspruch auf Zustimmung zur Kündigung ergibt sich aus den Vorschriften über die Kündigung der Gesellschaft (§ 723 BGB) bzw. Aufhebung der Gemeinschaft (§ 749 BGB), da der Mitmieter anderenfalls trotz seines Auszugs aus der Wohnung für alle Ansprüche aus dem Mietverhältnis weiterhaften und auch im Fall der Freistellung durch den anderen dessen Insolvenzrisiko tragen würde (LG Hamburg, a. a. O.). Prozessrechtlich handelt es sich insofern weder um eine familienrechtliche noch um eine mietrechtliche Streitigkeit, sodass ein besonderer Gerichtsstand nicht gegeben ist (LG München II, a. a. O.).

Verklagt der Vermieter zwei ehemalig zusammenwohnende Mieter nach Beendigung des Mietverhältnisses als Gesamtschuldner (z. B. auf Schadenersatz wegen Schäden in der Mietwohnung) und wohnen die Mieter zum Zeitpunkt der Klageerhebung jedoch in verschiedenen Städten, steht es jedem von ihnen frei, sich von einem eigenen Anwalt vertreten zu lassen. Dadurch entstehen zwar doppelte Anwaltskosten, die aber dennoch im Fall des Obsiegens der Mieter vom Vermieter zu erstatten sind. In diesem Fall liegt für die Einschaltung eines eigenen Anwalts ein sachlicher Grund vor, und die Kosten sind daher als notwendig (i. S. v. § 91 Abs. 1 ZPO) anzusehen (BGH, Beschluss v. 3.2.2009, VIII ZB 114/07, ZMR 2009 S. 442).

Nach Kündigung und Auszug nur eines von mehreren Mitmietern aus dem gemeinsam gemieteten Objekt muss der ausgezogene Mieter grundsätzlich auf die in den Räumen verbleibenden anderen Mieter mit allen rechtlichen und tatsächlichen Möglichkeiten einwirken, damit der Rückgabeanspruch des Vermieters erfüllt wird. Er kann sich nicht auf eine Unmöglichkeit der Rückgabe berufen, es sei denn, der Vermieter hat seinerseits mit den anderen im Objekt verbliebenen Mitmietern neue Vereinbarungen getroffen, welche diese erst zu einem Verbleib im Mietobjekt veranlasst haben (OLG Hamburg, Urteil v. 17.12.2008, 4 U 112/06, ZMR 2009 S. 603).

4 Rechtsbeziehungen zwischen den Mietern

Die Rechtsbeziehungen im **Innen**verhältnis zwischen den Partnern richten sich nach den Regeln der BGB-Gesellschaft. Danach muss sich jeder anteilig entsprechend den getroffenen Vereinbarungen solange an den Wohnkosten beteiligen, bis der Vertrag vollständig abgewickelt ist (OLG München, Urteil v. 14.1.1994, 21 U 4806/93, ZMR 1994 S. 216).

Obliegt nach der von den Partnern einer nichtehelichen Lebensgemeinschaft gewählten Aufgabenverteilung einem von ihnen, für die Kosten der gemeinsamen Lebensführung aufzukommen, z. B. für die Miete der gemeinsamen Wohnung, so scheidet im Fall der Trennung ein Ausgleichsanspruch (Gesamtschuldnerausgleich, § 426 Abs. 1 S. 1 BGB) auch dann aus, wenn die vor der Trennung der Parteien fällig gewordenen Mieten erst nach der Trennung gezahlt worden sind (BGH, Urteil v. 3.2.2010, XII ZR 53/08, WuM 2010 S. 140).

Besteht der Mietvertrag nur mit einem Lebenspartner, ist dieser grundsätzlich berechtigt, dem anderen den Zutritt zur Wohnung zu verwehren und die Räumung zu verlangen, wenn die Gemeinschaft aufgelöst ist (AG Gelsenkirchen, Beschluss v. 29.4.1993, 14 C 812/92, WuM 1994 S. 194). Auf ein u.U. bestehendes Recht auf vorübergehende Gewährung einer Minimalunterkunft kann sich der Ausgewiesene nicht berufen, wenn er durch unzumutbares Verhalten den Vertrauenstatbestand zerstört hat (KreisG Magdeburg, Urteil v. 14.5.1992, 12 C 858/92, WuM 1992 S. 310).

Bei einer Wohnung, die von einem nicht verheirateten Paar bewohnt wird, handelt es sich nicht um eine Ehewohnung. Daher ist § 1568a BGB (bis 31.8.2009: §§ 5, 12 Hausratsverordnung) auf eheähnliche Lebensgemeinschaften nicht analog anwendbar (OLG Hamm, Beschluss v. 11.4.2005, 4 WF 86/05, WuM 2005 S. 571; a.A. LG München, Urteil v. 1.6.1990, 28 O 9538/90, NJW-RR 1991 S. 834).

5 Tod eines Mieters

Beim Tod eines Partners ist zu unterscheiden, ob der Mietvertrag mit beiden oder nur mit einem Partner abgeschlossen war.

Sind **beide** Vertragspartner, wird das Mietverhältnis mit dem Überlebenden **fortgesetzt** (§ 563a Abs. 1 BGB). Dieser kann das Mietverhältnis innerhalb eines Monats, nachdem er vom Tod des Partners Kenntnis erlangt hat, außerordentlich mit der gesetzlichen Frist kündigen (§ 563a Abs. 2 BGB; s. „Kündigung“). Ein außerordentliches Kündigungsrecht des **Vermieters** besteht in diesem Fall **nicht**.

War **nur der Verstorbene** Vertragspartner des Vermieters, **tritt** der Überlebende mit dem Tod des Mieters in das Mietverhältnis **ein**, wenn er mit dem Verstorbenen einen **auf Dauer angelegten** gemeinsamen Haushalt geführt hat (§ 563 Abs. 2 BGB). Voraussetzung für den Eintritt des Überlebenden ist ferner, dass neben dem gemeinsamen Lebensmittelpunkt zusätzlich eine Bindung vorliegt, die eine weitere Bindung gleicher Art nicht zulässt (LG München, Urteil v. 11.2.2004, 14 S 18177/03, NZM 2005 S. 336). Der Überlebende kann innerhalb eines Monats, nachdem er vom Tod des Mieters Kenntnis erlangt hat, dem Vermieter mitteilen, dass er das Mietverhältnis nicht fortsetzen will. In diesem Fall gilt der Eintritt als nicht erfolgt (§ 563 Abs. 3 BGB).

Der **Vermieter** kann das Mietverhältnis innerhalb eines Monats, nachdem er von dem endgültigen Eintritt in das Mietverhältnis Kenntnis erlangt hat, **außerordentlich** mit der gesetzlichen Frist **kündigen**, wenn in der Person des Eingetretenen ein **wichtiger Grund** vorliegt (§ 563 Abs. 4 BGB; s. „Kündigung“).

Der Lebensgefährte, der in das Mietverhältnis eingetreten ist bzw. mit dem das Mietverhältnis fortgesetzt wird, **haftet** neben den Erben des Verstorbenen für die bis zu dessen Tod entstandenen Verbindlichkeiten als Gesamtschuldner (§ 563b Abs. 1 BGB). Ferner kann der Vermieter von diesem eine **Sicherheitsleistung** nach Maßgabe des § 551 BGB (Barkaution, Bürgschaft) verlangen, wenn der verstorbene Mieter keine Sicherheit geleistet hatte (§ 563b Abs. 3 BGB).

Zur Rechtslage bei Vorliegen einer eingetragenen Lebenspartnerschaft zwischen zwei Personen gleichen Geschlechts s. „Tod des Mieters“.

Ehegatten als Mieter

Inhaltsübersicht

Seite

1 Vertragspartner des Vermieters 217

2 Kündigung und Mieterhöhung durch den Vermieter 218

3 Räumungsklage gegen beide Ehepartner 219

4 Auszug/Einzug eines Ehegatten 220

5 Haftung des Ehegatten 221

6 Tod eines Ehegatten 222

1 Vertragspartner des Vermieters

Die Überlassung der Räume an ein Ehepaar führt nicht automatisch zu einem Mietverhältnis mit beiden Eheleuten. Wurde der Mietvertrag nur mit einem Ehepartner abgeschlossen, ist der andere nicht Mieter geworden. Eine Ausnahme gilt lediglich bei Mietverhältnissen im Gebiet der **neuen Bundesländer**, da Ehegatten nach § 100 Abs. 3 S. 1 ZGB (Zivilgesetzbuch der ehemaligen DDR) auch dann **beide** Mieter geworden sind, wenn der Mietvertrag nur von einem Ehegatten abgeschlossen worden ist.

Für die Frage, ob beide Eheleute oder nur einer von beiden Vertragspartner ist, kommt es daher grundsätzlich auf den Inhalt des Mietvertrags an.

> Sollen **beide** Eheleute Vertragspartner des Vermieters werden, müssen im Vertrag beide als Mieter angeführt und der Vertrag von beiden unterzeichnet werden.

Schwierigkeiten bei der Beurteilung von bereits abgeschlossenen Mietverträgen ergeben sich, wenn zwar beide Ehegatten als Mieter aufgeführt sind, jedoch nur einer unterschrieben hat, oder wenn umgekehrt nur einer als Mieter bezeichnet ist, der Vertrag aber von beiden unterschrieben wurde.

Im erstgenannten Fall ist der Mietvertrag grundsätzlich nur mit dem Unterzeichner zustande gekommen (LG Osnabrück, Urteil v. 6.6.2001, 1 S 1099/00, 1 S 14/01 (11), WuM 2001 S. 438); es sei denn, dass sich eindeutig (z.B. durch einen Vertretungsvermerk) oder zumindest aus den **Umständen** ergibt, dass die Unterschrift auch im Namen des anderen erfolgt ist (vgl. § 164 Abs. 1 S. 2 BGB). War z.B. der Ehepartner, der den Mietvertrag nicht unterzeichnet hat, an der Wohnungsbesichtigung und den Vertragsverhandlungen beteiligt, kann sich aus diesem Umstand ergeben, dass der Unterzeichnende auch in Vertretung des anderen gehandelt hat. Dagegen besteht kein Anlass zur Annahme, der unterzeichnende Ehepartner habe den anderen vertreten, wenn sich dieser zurzeit der Vertragsunterzeichnung im Ausland befunden hat (LG Berlin, Urteil v. 15.6.2004, 63 S 237/03, GE 2004 S. 1096; a. A. OLG Düsseldorf, Beschluss v. 29.5.1989, 3 W 239/89, WuM 1989 S. 362, wonach im Zweifel anzunehmen ist, dass der andere Ehegatte von dem Unterzeichnenden vertreten worden ist; sowie OLG Oldenburg, Beschluss v. 30.1.1991, 2 W 1/91, MDR 1991 S. 968 und LG Berlin, Urteil v. 8.10.2001, 62 S 210/01, GE 2002 S. 189). Jedenfalls spricht **kein** Anscheinsbeweis dafür, dass ein Ehepartner den anderen (auch) bei der Vertragsunterzeichnung vertreten hat. Nach § 1357 BGB kann zwar jeder Ehegatte mit Wirkung für den anderen Ehegatten Geschäfte abschließen, wenn es sich um Geschäfte des täglichen Lebens handelt. Ein solches liegt bei der Anmietung bzw. Vermietung jedoch nicht vor. Somit ist es eine Frage des konkreten Einzelfalls, ob eine Vertretung vorgelegen hat (LG Hamburg, Beschluss v. 5.8.2010, 333 S 17/10, ZMR 2011 S. 128).

Unbeschadet dessen kann der nicht unterzeichnende Ehepartner **„stillschweigend“** zum Vertragspartner geworden sein. Dies ist insbesondere dann anzunehmen, wenn er im eigenen Namen Willenserklärungen (z. B. Zustimmung zur Mieterhöhung) gegenüber der Hausverwaltung abgibt, den Schriftverkehr im eigenen Namen führt, die Wohnung jahrelang alleine nutzt, Mietzahlungen leistet, Schönheitsreparaturen ausführt, die Kündigung erklärt und eine vom Ehegatten geleistete Mietkaution „zurückfordert“ (BGH, Urteil v. 13.7.2005, VIII ZR 255/04, WuM 2005 S. 570; so bereits LG Berlin, Urteil v. 24.8.2001, 64 S 232/00, WuM 2002 S. 119, wonach es ausreichend ist, wenn der Ehepartner gegenüber dem Vermieter rechtsgeschäftliche Erklärungen abgegeben und damit zum Ausdruck gebracht hat, dass auch er als Mieter gelten wolle).

Im letztgenannten Fall ist der Mietvertrag trotz der von beiden geleisteten Unterschrift grundsätzlich nur mit dem zustande gekommen, der als Mieter bezeichnet ist, da das Angebot des Vermieters zum Abschluss des Vertrags nur der als Mieter bezeichneten Person gegenüber abgegeben wurde und somit auch nur von dieser angenommen werden konnte (vgl. LG Frankfurt/M., Beschluss v. 17.12.1980, 2/11 T 236/80, WuM 1981 S. 183).

Allerdings kann auch in diesem Fall eine schlüssige Einbeziehung des anderen in den Mietvertrag erfolgt sein, wenn der nicht im Vertrag angeführte Partner seine Unterschrift in Gegenwart des Vermieters geleistet hat.

Grundsätzlich anders wird die Rechtslage bei Ehegatten auf der **Vermieter**seite beurteilt, wenn beide im Kopf des Mietvertrags angeführt sind, aber nur einer unterschrieben hat: Hier ist grundsätzlich von einem Vertretungswillen auszugehen. Dies gilt insbesondere dann, wenn beide Ehegatten Eigentümer der Wohnung sind (vgl. LG Heidelberg, Urteil v. 21.10.1994, 5 S 111/94, WuM 1997 S. 547); so auch LG Gießen (Beschluss v. 25.7.2007, 1 S 130/07, WuM 2008 S. 591), wonach beide Eheleute grundsätzlich auch dann als Vermieter anzusehen sind, wenn im Kopf des Mietvertrags die Eheleute mit dem Ehenamen und dem Vornamen und ggf. Titel nur des Ehemanns als Vermieter von dem Ehemann eingetragen werden (hier: „Eheleute Dr. Peter Z.“) und auf der Vermieterseite auch lediglich der Ehemann den Mietvertrag alleine unterschrieben hat. Ferner kann bei einem über mehrere Jahre bestehenden Vertragsverhältnis von einer stillschweigenden Genehmigung der Stellvertretung ausgegangen werden (LG Gießen, a. a. O.).

> Die Abgabe von **Erklärungen**, z. B. Mieterhöhungsverlangen, Kündigungen, sollte daher **im Zweifel** stets gegenüber **beiden** Ehegatten erfolgen.

2 Kündigung und Mieterhöhung durch den Vermieter

Nur bei Vorliegen besonderer Umstände kann es nach Treu und Glauben ausnahmsweise zulässig sein, dass die Auflösung eines mit beiden Ehepartnern geschlossenen Mietvertrags durch Kündigung des Vermieters schon dann wirksam ist, wenn die Kündigung nur dem in der Mietwohnung verbliebenen Ehegatten gegenüber erklärt wurde und diesem zugegangen ist (OLG Frankfurt/M., Beschluss v. 13.12.1990, 20 RE-Miet 2/90, WuM 1991 S. 76).

Die Frage, ob und wann solche besonderen Umstände vorliegen, ist jeweils im Einzelfall zu prüfen. Der Umstand, dass ein Ehepartner die Wohnung seit Jahren endgültig verlassen und aufgegeben hat, ohne dem Vermieter dies anzuzeigen und seine neue Anschrift mitzuteilen, kann im Einzelfall einen solchen besonderen Umstand darstellen, da es überspitzt formalistisch erschiene, auch in diesem Fall an dem Erfordernis der Erklärung und des Zugangs der Kündigung gegenüber beiden Eheleuten festzuhalten (OLG Frankfurt/M., a. a. O.; vgl. auch BGH, Urteil v. 19.12.1963, V ZR 177/62, MDR 1964 S. 308; LG Frankfurt/M., Urteil v. 9.7.1991, 2/11 S 281/90, WuM 1992 S. 129).

Im Einzelnen s. dazu „Personenmehrheit auf Mieterseite“.

Gleiches gilt für die Durchführung einer **Mieterhöhung**. Grundsätzlich ist ein Mieterhöhungsverlangen an **beide** Ehepartner zu richten. Eine Klage auf Zustimmung zu der geforderten Mieterhöhung nur gegen einen Mieter wäre grundsätzlich als unzulässig abzuweisen. Eine **Ausnahme** besteht jedoch, wenn ein Ehepartner aus der gemeinsam angemieteten Wohnung **ausgezogen** ist und mit dem Vermieter seine **Entlassung** aus dem Mietverhältnis vereinbart hat, während der andere Ehepartner die Wohnung seitdem alleine benutzt und die Miete zahlt. In diesem Fall kann offen bleiben, ob die Entlassung aus dem Mietverhältnis mangels Zustimmung des in der Wohnung verbliebenen Ehepartners wirksam war (s. dazu Abschnitt 4); jedenfalls kann sich dieser gegenüber dem Mieterhöhungsverlangen nicht darauf berufen, dass er der Entlassung seines Ehepartners aus dem Mietverhältnis nicht zugestimmt hat und das Mieterhöhungsverlangen daher auch an seinen Ehepartner zu richten gewesen wäre. Dies würde unter Berücksichtigung der Grundsätze von Treu und Glauben (§ 242 BGB) eine **unzulässige Rechtsausübung** darstellen, da beachtliche Interessen des Vermieters verletzt würden, ohne dass ein schutzwürdiges Eigeninteresse des Mieters vorliegt. Soweit der Vermieter ein Zustimmungsverlangen auf Erhöhung der Miete, Kündigungen und andere Gestaltungserklärungen weiterhin auch an den aus seiner Sicht aus dem Mietverhältnis entlassenen Mieter richten müsste, stünde er zum einen insbesondere dann vor erheblichen praktischen Erschwernissen, wenn der Mieter unbekannten Aufenthalts ist; zum anderen wäre der Vermieter, da seine Erklärungen der Aufhebungsvereinbarung zuwiderliefen, zu einem widersprüchlichen Verhalten gezwungen. In diesem Fall ist es daher ausreichend, das Mieterhöhungsverfahren nur gegen den in der Wohnung **verbliebenen** Mieter durchzuführen (BGH, Urteil v. 3.3.2004, VIII ZR 124/03, WuM 2004 S. 280).

3 Räumungsklage gegen beide Ehepartner

Bei Beendigung eines Wohnraummietvertrags mit einem Ehepaar kann eine Zwangsräumung nur durchgeführt werden, wenn der Räumungstitel gegen **beide** Ehepartner gerichtet ist. Dies gilt auch dann, wenn nur ein Ehepartner Vertragspartner ist (z.B. den Mietvertrag alleine unterschrieben hat), da der andere Ehepartner nach heutiger Anschauung ebenfalls selbstständigen Besitz an der Ehewohnung hat, auch wenn er nicht Mieter geworden ist (BGH, Beschluss v. 25.6.2004, IX aZB 29/04, WuM 2004 S. 555). Eine Räumungsklage muss daher auch in diesem Fall gegen **beide** Ehegatten erhoben werden. Die Berufung eines nicht mitverklagten Bewohners auf sein Besitzrecht könnte nur ausnahmsweise treuwidrig sein, wenn der Mieter diesen ohne Wissen des Vermieters in die Wohnung aufgenommen hat (OLG Frankfurt/M., Beschluss v. 23.6.2003, 26 W 24/03, WuM 2003 S. 640).

Einer Klage gegen den Ehegatten, der nicht Vertragspartner ist, fehlt auch nicht das erforderliche Rechtsschutzinteresse (OLG Schleswig, RE v. 17.11.1992, 4 RE-Miet 1/92, WuM 1992 S. 674). Dementsprechend kann nach Beendigung eines mit beiden Ehepartnern begründeten Mietverhältnisses die Räumungsklage auch gegen den Ehepartner gerichtet werden, der den Besitz an der Wohnung (z.B. durch Auszug) bereits endgültig aufgegeben hat (BGH, Beschluss v. 22.11.1995, VIII ARZ 4/95, WuM 1996 S. 83).

Minderjährige Kinder, die zusammen mit ihren Eltern in der Mietwohnung leben, haben grundsätzlich **keinen** Mitbesitz an der gemeinsam genutzten Wohnung. Sie sind nur Besitzdiener (§ 855 BGB), da sie in Bezug auf die Wohnung den Weisungen ihrer Eltern als Vertragspartner Folge leisten müssen. Die Besitzverhältnisse an der Wohnung ändern sich im Regelfall auch dann nicht, wenn die Kinder nach Erreichen der Volljährigkeit mit ihren Eltern weiter zusammenleben (BGH, Beschluss v. 19.3.2008, I ZB 56/07, NZM 2008 S. 400). Eine erwachsene Tochter der Mieter, die als Studentin noch bei ihren Eltern lebt, ist daher nur Besitzdiener. Dies gilt auch dann, wenn sie erst nach Eintritt der Volljährigkeit in die Mietwohnung der Eltern eingezogen ist (AG Ludwigshafen, Beschluss v. 5.8.2009, 3b M 1211/09, WuM 2010 S. 45). Etwas anderes kann nur dann gelten, wenn eine Änderung der Besitzverhältnisse nach außen eindeutig erkennbar ist. Dafür reichen jedoch ein Auszug und ein späterer Rückzug in die Wohnung nebst Ummeldung nicht aus (LG Berlin, Beschluss v. 17.10.2011, 51 T 589/11, GE 2011 S. 1555). Sind Kinder dementsprechend nur Besitzdiener, d.h., sie haben keinen Mitbesitz an der Wohnung, reicht für eine Räumungsvollstreckung ein Vollstreckungstitel gegen die Eltern aus. Aus diesem kann ohne Weiteres auch gegen die in der Wohnung lebenden Kinder vollstreckt werden (BGH, Beschluss v. 19.3.2008, a.a.O.).

4 Auszug/Einzug eines Ehegatten

Der Auszug eines von beiden Vertragspartnern aus der Ehewohnung lässt das Vertragsverhältnis unberührt. Er kann das Mietverhältnis weder ganz noch teilweise kündigen und haftet auch nach dem Auszug als Gesamtschuldner für alle Verpflichtungen aus dem Mietverhältnis.

Dies gilt sogar dann, wenn ein Ehepartner wegen Tätlichkeiten unter Anwendung des Gewaltschutzgesetzes der Wohnung verwiesen und ordnungsbehördlich in eine öffentliche Unterkunft eingewiesen wurde (AG Ludwigsburg, Urteil v. 27.8.2004, 10 C 1517/04, WuM 2004 S. 608).

Eine **Kündigung** des Mietverhältnisses kann auch nach Scheidung der Ehe nur **gemeinsam** durch beide Vertragspartner erfolgen (s. „Personenmehrheit auf Mieterseite“).

Strittig ist, ob der aus der gemeinsam angemieteten Wohnung ausgezogene Ehepartner gegenüber dem anderen einen **Anspruch auf Zustimmung** zur Kündigung des Mietverhältnisses hat mit der Folge, dass auch der in der Wohnung verbliebene Ehepartner die Wohnung nach Ablauf der Kündigungsfrist räumen muss (so z.B. OLG Hamburg, Urteil v. 18.5.2001, 8 U 177/00, NZM 2001 S. 640). Dem Interesse des in der Wohnung verbliebenen Ehegatten am Fortbestand des Mietverhältnisses steht nämlich nunmehr das vorrangige Interesse des anderen an der Auflösung des Mietvertrags interessierten Ehegatten entgegen, da dieser zu Recht daran interessiert ist, nicht mehr möglichen finanziellen Belastungen aus dem Mietverhältnis ausgesetzt zu sein. Nach endgültiger Trennung kann der aus der Wohnung ausgezogene Ehegatte daher von dem in der Wohnung verbliebenen Ehegatten jedenfalls dann die **Zustimmung** zur Kündigung der gemeinsam angemieteten ehemaligen Ehewohnung verlangen, wenn unterhaltsrechtliche Gründe oder auch der Gesichtspunkt nachehelicher Solidarität dem nicht entgegenstehen (OLG Köln, Urteil v. 11.4.2006, 4 UF 169/05, WuM 2006 S. 511: s. hierzu auch LG Düsseldorf, Urteil v. 25.7.1995, 24 S 63/95, WuM 1996 S. 36, wonach jedenfalls der aus der Wohnung ausgezogene **unterhaltspflichtige** Ehepartner nicht die Zustimmung zur Kündigung verlangen kann).

Ein **Ausscheiden** des aus der Wohnung ausgezogenen Ehepartners aus dem (fortbestehenden) Mietvertrag ist nur **einvernehmlich** mit Zustimmung des anderen und des Vermieters möglich (BayObLG, Beschluss v. 21.2.1983, Allg Reg 112/81, DWW 1983 S. 71; Weber/Marx, III/S. 13). Nach dem Gebot gegenseitiger Rücksichtnahme und dem Wesen der Ehe, die finanziellen Lasten des anderen Teils nach Möglichkeit zu verringern, ist der einvernehmlich in der gemeinsam angemieteten Wohnung verbleibende Ehegatte verpflichtet, daran mitzuwirken, dass der aus der Wohnung ausgezogene Ehegatte vom – insoweit kooperationswilligen – Vermieter aus dem Mietvertrag entlassen wird. Dies gilt selbst dann, wenn sich der fortgezogene Ehegatte im Rahmen eines früheren gerichtlichen Vergleichs verpflichtet hat, die Miete im Innenverhältnis alleine zu tragen (OLG Hamburg, Beschluss v. 10.9.2010, 12 WF 51/10, NZM 2011 S. 311).

Ein Anspruch gegenüber dem **Vermieter** auf Abgabe der Zustimmung besteht **nicht**. Allein aus dem Auszug und der jahrelangen Trennung der Eheleute kann ein Einverständnis mit der Entlassung aus den Verpflichtungen des Mietvertrags nicht hergeleitet werden.

Allerdings kann eine **schlüssige** (konkludente) Entlassung aus dem Mietvertrag vorliegen, wenn der Vermieter in Kenntnis der Trennung bzw. Scheidung der Ehegatten das Mietverhältnis mit dem in der Wohnung Verbleibenden fortsetzt und alleine mit ihm über Jahrzehnte abwickelt und sich seine Rechte aus dem Mietvertrag gegenüber dem ausgezogenen

Ehegatten auch nicht vorbehalten hat. In diesem Fall würde sich der Vermieter treuwidrig verhalten, wenn er z.B. Ansprüche auf Zahlung rückständiger Miete gegenüber dem seit langer Zeit ausgezogenen Ehepartner geltend macht (AG Bonn, Urteil v. 4.8.2011, 201 C 34/11, NJW-RR 2012 S. 345).

Umgekehrt besteht auch kein Anspruch des Vermieters auf Eintritt des Ehegatten in das Mietverhältnis, wenn der Mieter nach Abschluss des Mietvertrags geheiratet und den Ehegatten in die Mietwohnung aufgenommen hat (LG Aachen, Urteil v. 16.6.1987, 7 S 52/87, NJW-RR 1987 S. 1373).

Beim Auszug eines Ehegatten aus der gemeinsam angemieteten Wohnung steht dem verbleibenden Partner regelmäßig kein Anspruch gegen den anderen Ehegatten auf (interne) Beteiligung an der Zahlung der Miete (§ 426 Abs. 1 BGB) zu. Eine Ausnahme kann allenfalls gelten, wenn besondere Gründe für eine Beteiligung vorliegen (OLG München, Urteil v. 14.7.1995, 21 U 5880/94, NJWE-MietR 1997 S. 6). Dies bedeutet, dass der aus der Wohnung ausgezogene Ehegatte zwar gegenüber dem Vermieter in voller Höhe weiterhaftet, gegenüber dem in der Wohnung verbleibenden Partner jedoch zu keinerlei Zahlungen verpflichtet ist.

Zieht ein Ehegatte ohne Einverständnis des anderen aus der gemeinsam angemieteten Wohnung aus, ist dem verbleibenden Ehegatten eine **Überlegungsfrist** dahingehend einzuräumen, ob er in der Wohnung bleiben will. Sinn und Zweck dieser Überlegungsfrist (2 bis 3 Monate) ist es, dem verbleibenden Ehegatten ausreichend Zeit zu belassen, in Ruhe über seine weitere Vorgehensweise zu entscheiden. Gibt er innerhalb der Überlegungsfrist die Wohnung auf, ist der ausgezogene Ehegatte gemäß § 426 Abs. 1 S. 1 BGB hälftig zum Ausgleich der Mietkosten – auch hinsichtlich der in der Überlegungsfrist angefallenen Mietkosten – verpflichtet. Entscheidet er sich dagegen für den Verbleib, entfällt nach den genannten Grundsätzen eine Kostenerstattung insgesamt, d.h. auch für die Zeit der Überlegungsfrist (OLG Brandenburg, Beschluss v. 4.1.2007, 9 U 18/06, NJW-RR 2007 S. 887).

Wurde der Mietvertrag nur mit **einem** Ehegatten abgeschlossen (z.B. weil der andere Ehegatte erst nach der Heirat in die bereits gemietete Wohnung eingezogen ist und nicht in den Mietvertrag aufgenommen wurde), und hat der Ehegatte, der **alleiniger** Mieter der Ehewohnung ist, nach Trennung und Auszug aus der Wohnung den Mietvertrag gegenüber dem Vermieter gekündigt, ist diese Kündigung im Verhältnis zum Vermieter rechtswirksam – ungeachtet der Frage, ob aus der gesetzlichen Verpflichtung der Ehegatten zur ehelichen Lebensgemeinschaft (§ 1353 Abs. 1 S. 2 BGB) ein Kündigungsverbot folgt. Der in der Wohnung verbleibende Ehegatte kann auch dann keine Zuweisung der Ehewohnung für die Zeit des Getrenntlebens (§ 1361 b Abs. 1 BGB) erhalten, wenn er beabsichtigt, in der Wohnung zu verbleiben, und im späteren Scheidungsverfahren einen Antrag auf Überlassung der Ehewohnung anlässlich der Scheidung (§ 1568 a BGB) stellt (OLG Frankfurt, Beschluss v. 20.2.2013, 5 UF 14/13, ZMR 2014 S. 279). Schließt der Ehegatte, der die Wohnung gemietet hat, mit dem Vermieter anlässlich seines Auszugs aus der Wohnung eine wirksame Mietaufhebungsvereinbarung, kann der Vermieter gegen den in der Wohnung verbleibenden Ehegatten und das gemeinsame Kind Räumungsklage erheben.

Nutzt ein Ehepartner die Wohnung nach Beendigung des mit dem anderen Ehepartner geschlossenen Mietvertrags unentgeltlich weiter, kann der vermietende Eigentümer Nutzungsentschädigung nach § 988 BGB verlangen (LG Berlin, Urteil v. 2.7.2013, 63 S 467/12, GE 2014 S. 670).

5 Haftung des Ehegatten

Ein Ehegatte haftet gegenüber dem Vermieter grundsätzlich nicht für Schäden an der Mietwohnung, die der andere Ehegatte verursacht und verschuldet hat. Verschafft sich z.B. der der Wohnung verwiesene und mit polizeilichem Platzverweis belegte Ehemann ohne Wissen und Wollen seiner in der Wohnung verbliebenen Ehefrau und Mieterin gewaltsam Zutritt zur Wohnung und verursacht er bei dieser Gelegenheit Beschädigungen am Mietobjekt (hier: Wohnungseingangstür), haftet die mietende Ehefrau dem Vermieter insoweit nicht auf Schadenersatz. Dies gilt auch dann, wenn der Mietvertrag eine Klausel enthält, wonach „Mieter auch für vorsätzliche unerlaubte Handlungen anderer Personen und Mitmieter ohne eigenes Verschulden einzustehen haben“, da die Anwendung dieser Klausel voraussetzt, dass sich der Schädiger mit Wissen und Wollen des Mieters in der Wohnung aufgehalten hat (LG Würzburg, Beschluss v. 25.11.2010, 3 T 2449/10, NZM 2011 S. 582).

6 Tod eines Ehegatten

Beim **Tod** eines Ehegatten ist zu unterscheiden, ob der Mietvertrag mit beiden oder nur mit einem Ehegatten geschlossen war.

Sind **beide** Vertragspartner, wird das Mietverhältnis mit dem überlebenden Ehepartner **fortgesetzt** (§ 563 a Abs. 1 BGB). Dieser kann das Mietverhältnis innerhalb eines Monats, nachdem er vom Tod des Ehepartners Kenntnis erlangt hat, außerordentlich mit der gesetzlichen Frist kündigen (§ 563 a Abs. 2 BGB). Die Kündigung muss schriftlich erfolgen, aber nicht begründet werden. Daher ist auch die irrtümliche Angabe nicht einschlägiger Gesetzesnormen bei der Begründung unschädlich (AG Wetzlar, Urteil v. 27.10.2009, 38 C 1411/09, ZMR 2010 S. 375).

Ein außerordentliches Kündigungsrecht des **Vermieters** besteht in diesem Fall **nicht**.

War **nur der Verstorbene** Vertragspartner des Vermieters, tritt der überlebende Ehegatte mit dem Tod des Mieters in das Mietverhältnis ein, wenn er mit dem Verstorbenen einen **gemeinsamen Haushalt** geführt hat (§ 563 Abs. 1 BGB).

Andere Familienangehörige sowie Personen, die mit dem Verstorbenen einen auf Dauer angelegten gemeinsamen Haushalt geführt haben, treten nur dann in das Mietverhältnis ein, wenn der Ehegatte nicht eintritt (§ 563 Abs. 2 BGB).

Der Ehegatte kann innerhalb eines Monats, nachdem er vom Tod des Partners Kenntnis erlangt hat, dem Vermieter mitteilen, dass er das Mietverhältnis nicht fortsetzen will. In diesem Fall gilt der Eintritt als nicht erfolgt (§ 563 Abs. 3 BGB).

Der **Vermieter** kann das Mietverhältnis innerhalb eines Monats, nachdem er von dem endgültigen Eintritt in das Mietverhältnis Kenntnis erlangt hat, **außerordentlich** mit der gesetzlichen Frist kündigen, wenn in der Person des eingetretenen Ehepartners ein **wichtiger Grund** vorliegt (§ 563 Abs. 4 BGB; s. „Kündigung“).

Der Ehepartner, der in das Mietverhältnis eingetreten ist bzw. mit dem das Mietverhältnis fortgesetzt wird, **haftet** neben den Erben des Verstorbenen für die bis zu dessen Tod entstandenen Verbindlichkeiten als Gesamtschuldner (§ 563 b Abs. 1 BGB). Ferner kann der Vermieter von ihm eine **Sicherheitsleistung** nach Maßgabe des § 551 BGB (Barkaution, Bürgschaft) verlangen, wenn der verstorbene Ehepartner keine Sicherheit geleistet hatte (§ 563 b Abs. 3 BGB).

Ehescheidung

Inhaltsübersicht

Seite

1 Beide Ehegatten sind Vertragspartner 223
2 Nur ein Ehegatte ist Vertragspartner 224
3 Uneinigkeit über die Wohnungsnutzung zwischen den Ehepartnern 224
4 Besonderheiten bei selbst genutzten Eigentumswohnungen bzw. Eigenheimen ... 224
5 Wohnungszuweisung vor der Scheidung 225

Die Frage, wer nach einer Ehescheidung zur Weiternutzung der gemieteten Ehewohnung berechtigt ist, regelt seit 1.9.2009 der neue § 1568a BGB. Die bisherigen Bestimmungen der Hausratsverordnung wurden ersatzlos aufgehoben.

Entscheidend für die rechtliche Beurteilung ist, ob der Mietvertrag über die Ehewohnung mit beiden Ehepartnern (s.u. Abschnitt 1) oder nur mit einem (s.u. Abschnitt 2) abgeschlossen wurde.

1 Beide Ehegatten sind Vertragspartner

Besteht Einigkeit zwischen den Ehegatten sowohl darüber, wer aus der Wohnung auszieht als auch darüber, dass der Mietvertrag mit dem Vermieter unverändert fortbestehen soll, d.h. auch der ausgezogene Partner weiter Vertragspartner bleibt und dementsprechend auch weiterhin für alle Verbindlichkeiten aus dem Mietverhältnis gesamtschuldnerisch weiter haftet, ist eine Mitwirkung des Vermieters nicht erforderlich. Will der **ausziehende** Ehepartner dagegen aus dem Mietvertrag **ausscheiden** und ist der Vermieter damit einverstanden, kann dies durch einen von allen Beteiligten unterzeichneten **Nachtrag** zum Mietvertrag vereinbart werden.

Bei **fehlendem** Einverständnis des Vermieters haben die Mieter nach der Neuregelung einen gesetzlichen **Anspruch** gegen den Vermieter auf entsprechende **Umgestaltung** des Mietvertrags (§ 1568a Abs. 3 BGB). Sind sich die Ehegatten über die künftige alleinige Weiternutzung der Mietwohnung durch einen von ihnen einig, besteht ein Anspruch des einen Ehegatten gegen den anderen auf Mitwirkung an einer Mitteilung nach § 1568a Abs. 3 Nr. 1 BGB an den Vermieter. Allerdings kann die Vornahme der Mitwirkungshandlung nicht schon vor Rechtskraft der Scheidung verlangt werden (OLG Hamm, Beschluss v. 2.9.2014, II-2 WF 170/14, MDR 2015 S. 20). Gemäß § 1568a Abs. 3 BGB müssen die Mieter gegenüber dem Vermieter lediglich erklären, mit wem der Mietvertrag allein fortgesetzt werden soll. Mit Zugang dieser Erklärung beim Vermieter wird der Mietvertrag kraft Gesetzes entsprechend geändert.

Der Vermieter hat in diesem Fall ein Sonderkündigungsrecht analog § 563 Abs. 4 BGB (§ 1568a Abs. 3 S. 2 BGB). Danach kann der Vermieter das geänderte Mietverhältnis in der gesetzlichen Dreimonatsfrist kündigen, wenn hierfür ein wichtiger Grund in der Person des neuen (Allein-)Mieters oder in damit zusammenhängenden Umständen vorliegt. Maßgeblich ist primär, ob die Fortsetzung des Mietverhältnisses dem Vermieter zugemutet werden kann. Ein wichtiger Grund kann insbesondere gegeben sein, wenn Anhaltspunkte dafür bestehen, dass der in der Wohnung verbliebene Ehegatte den Hausfrieden stört oder die Mietsache beschädigt; ferner bei persönlicher Feindschaft im Verhältnis zum Vermieter, bei anstößigem Lebenswandel oder bei Zahlungsunfähigkeit. Insofern sind allerdings öffentliche Hilfen (Wohngeld, Sozialhilfe) zu berücksichtigen. Der Vermieter hat eine einmonatige Überlegungsfrist, die mit Zugang der Erklärung der Mieter oder mit Kenntnis der Rechtskraft der Überlassungsentscheidung des Familiengerichts beginnt (Palandt, 73. Auflage 2014, Rn. 15 zu § 1568a BGB).

Für einen Antrag auf Ehewohnungszuweisung nach § 1568a BGB fehlt dem Antragsteller das Rechtsschutzbedürfnis, wenn die Eheleute dem Vermieter der Wohnung gegenüber mitgeteilt haben, dass der Ehemann in der Wohnung verbleiben soll, da im Zeitpunkt des Zugangs der Mitteilung beim Vermieter dieser automatisch alleiniger Mieter der Wohnung geworden ist (§ 1568a Abs. 3 BGB, AG Berlin, Beschluss v. 13.4.2010, 178 S 7773/10, NJW 2010 S. 2445).

Eine **Mit- bzw. Weiterhaftung** des ausgeschiedenen Ehegatten sieht die Neuregelung selbst für den Fall nicht vor, dass der finanzschwache, u.U. einkommens- und vermögenslose Ehegatte in der Wohnung verbleibt. Begründet wird dies vom Gesetzgeber damit, dass der Vermieter das Mietverhältnis bei Zahlungsverzug außerordentlich und fristlos kündigen kann – eine praxisfremde Einschätzung, die verkennt, dass es de facto häufig länger als ein Jahr dauert, bis ein zahlungsunfähiger bzw. zahlungsunwilliger Mieter gegen seinen Widerstand zwangsgeräumt wird.

2 Nur ein Ehegatte ist Vertragspartner

a) Unproblematisch ist der Fall, dass der Mieter, der den Mietvertrag unterschrieben hat, in der Wohnung bleibt und der andere auszieht.

Soll dagegen der Vertragspartner ausziehen und der andere in der Wohnung bleiben, bedarf es einer ausdrücklichen Vereinbarung über einen **Mieterwechsel**. Dies ist ebenfalls unproblematisch, wenn sowohl der Ehepartner als auch der Vermieter damit **einverstanden** sind. Dann kann entweder ein neuer Mietvertrag mit dem anderen Ehegatten geschlossen oder der Mieterwechsel durch einen Nachtrag zum alten Mietvertrag (**Vertragsübernahme**) vollzogen werden.

Mit der Vertragsübernahme wird der bisherige Mieter aus dem Mietvertrag entlassen. Er haftet nur für Forderungen, die zu diesem Zeitpunkt bereits **fällig** sind (z.B. rückständige Miete, Betriebskosten, Schadenersatzansprüche). Wegen solcher Forderungen kann sich der Vermieter auch nur an den bisherigen Mieter halten, es sei denn, die Parteien haben ausdrücklich eine Haftung des neuen Mieters vereinbart (sog. befreiender Schuldnerwechsel, § 414 BGB). In noch nicht fällige Verbindlichkeiten (z.B. Verpflichtung zur Durchführung von Schönheitsreparaturen nach Ablauf der vertraglichen Renovierungsfristen) tritt der neue Mieter dagegen ein.

b) Ist der Vermieter mit dem Mieterwechsel **nicht** einverstanden, hat der Mieter nach dem neuen § 1568a BGB einen **Rechtsanspruch** gegen den Vermieter auf **Umgestaltung** des Mietvertrags. Danach kann der Mieter gegenüber dem Vermieter erklären, dass das Mietverhältnis mit dem anderen Ehegatten fortgesetzt werden soll. Mit Zugang dieser Erklärung beim Vermieter tritt der Ehegatte in das von dem anderen Ehegatten begründete Mietverhältnis ein.

Eine **Ausnahme** bestimmt das Gesetz lediglich für **Werk**wohnungen, d.h. für Wohnungen, die Ehegatten aufgrund eines Dienst- oder Arbeitsverhältnisses bewohnen, das zwischen einem von ihnen und einem Dritten besteht. Bei solchen Wohnungen kann ein Ehegatte die Begründung eines Mietverhältnisses nur verlangen, wenn der Dritte einverstanden oder dies notwendig ist, um eine schwere Härte zu vermeiden (§ 1568a Abs. 4 BGB).

3 Uneinigkeit über die Wohnungsnutzung zwischen den Ehepartnern

Bei Uneinigkeit der Ehepartner über die künftige Wohnungsnutzung hat gemäß dem neuen § 1568a Abs. 1 BGB derjenige Ehepartner Anspruch auf Überlassung der Wohnung, der auf deren Nutzung in stärkerem Maße angewiesen ist als der andere Ehegatte. Insofern sind Alter, Gesundheitszustand, Einkommens- und Vermögensverhältnisse, aber auch sonstige Umstände, z.B. die Nähe zum Arbeitsplatz, zu berücksichtigen. Daraus folgt, dass dem wirtschaftlich und/oder gesundheitlich besser gestellten Ehepartner die Suche nach einer Ersatzwohnung grundsätzlich eher zuzumuten ist.

Sind **Kinder** vorhanden, kommt es vorrangig auf das Wohl der Kinder an. Würde das **Kindeswohl** durch einen Wohnungswechsel beeinträchtigt, hat in der Regel der Ehepartner Anspruch auf die Wohnung, bei dem die Kinder verbleiben.

4 Besonderheiten bei selbst genutzten Eigentumswohnungen bzw. Eigenheimen

Bewohnen die Ehepartner keine Miet-, sondern eine **Eigentumswohnung bzw. ein Eigenheim**, dessen Eigentümer einer der Ehepartner (allein oder zusammen mit einem Dritten) ist, kann der andere Ehepartner (Nichteigentümer) die Überlassung an sich nur verlangen, wenn dies notwendig ist, um eine unbillige Härte zu vermeiden. Entsprechendes gilt beim Nießbrauch, Erbbaurecht, dinglichem und Dauerwohnrecht (§ 1568a Abs. 2 BGB).

Ist dies ausnahmsweise der Fall, so kann der andere Ehegatte (Nichteigentümer) den Abschluss eines Mietvertrags zu ortsüblichen Bedingungen, insbesondere zur ortsüblichen Vergleichsmiete verlangen (§ 1568a Abs. 5 BGB).

Ferner besteht grundsätzlich ein Anspruch auf Abschluss eines **unbefristeten** Mietverhältnisses, es sei denn, der Eigentümer kann Befristungsgründe des § 575 Abs. 1 BGB (z.B. Eigenbedarf) vorbringen oder die Begründung eines unbefristeten Mietverhältnisses wäre aus anderen Gründen unbillig (§ 1568a Abs. 5 BGB).

5 Wohnungszuweisung vor der Scheidung

Eine richterliche Zuweisung der Ehewohnung vor Einleitung des Scheidungsverfahrens kann nur erfolgen, wenn das weitere Zusammenleben für einen Ehepartner eine **schwere Härte** darstellen würde (§ 1361b BGB). Ferner können nur Anordnungen zur vorläufigen Benutzung der Ehewohnung und keine endgültigen Regelungen erlassen werden. Auch in die Vertragsbeziehungen zum Vermieter darf insofern nicht eingegriffen werden.

Eichkosten → „Betriebskosten", Abschnitt 2.4.1.7 „Kosten einer Ausstattung zur Verbrauchserfassung"

Eigenbedarf

Inhaltsübersicht

		Seite
1	**Definition**	226
2	**Begünstigter Personenkreis**	228
3	**Berechtigte Interessen des Vermieters**	229
3.1	Nutzung für begrenzte Zeit	232
3.2	Nutzung als Zweitwohnung	233
3.3	Nutzung eines Teils der Wohnung	234
4	**Interessenabwägung**	234
5	**Ernsthaftigkeit des Nutzungswunsches**	235
6	**Eigenbedarf trotz Alternativwohnung**	237
7	**Anbietpflicht des Vermieters**	239
8	**Weit überhöhter Wohnbedarf**	242
8.1	Eignung der Wohnung zur Bedarfsdeckung	246
8.2	Öffentlich geförderter Wohnraum	246
8.3	Unzulässig genutzte Räume	246
9	**Vorhersehbarkeit des Eigenbedarfs**	246
10	**Verzicht auf Geltendmachung von Eigenbedarf**	248
11	**Angekaufter Eigenbedarf**	249
12	**Künftiger Eigenbedarf**	249
13	**Auswahlrecht des Vermieters**	250
14	**Inhalt des Kündigungsschreibens**	250
14.1	Schilderung der Gründe bei erneuter Kündigung	252
14.2	Angabe von Bedarfsperson und Sachverhalt	253
14.3	Schilderung der Vorteile des Wohnungswechsels	253
14.4	Wechsel der Bedarfsperson	254

15	**Wegfall des Eigenbedarfs**	255
16	**Vorgetäuschter Eigenbedarf**	256
16.1	Anspruch des Mieters auf Schadenersatz	257
16.2	Rechtslage bei Räumungsvergleich	258
17	**Kündigungssperrfristen**	260
17.1	Erwerb im Wege der Zwangsversteigerung	261
17.2	Erwerb aufgrund Erfüllung eines Vermächtnisses	262
18	**Sonderregelungen in den neuen Bundesländern**	262
18.1	Überlassungsverträge	262
18.2	Kündigungsausschlussfristen	262
18.3	Grundstücksveräußerung	263
18.4	Abtrennbare Grundstücksteile	263

1 Definition

Eigenbedarf gilt als berechtigtes Interesse des Vermieters an der Kündigung eines unter Kündigungsschutz stehenden Mietverhältnisses. Eigenbedarf liegt vor, wenn der Vermieter die Räume als Wohnung **für sich**, seine **Familienangehörigen** oder **Angehörige seines Haushalts** benötigt (§ 573 Abs. 2 Nr. 2 BGB). Bei einer Mehrheit von Vermietern genügt es, wenn der Eigenbedarf für einen von ihnen besteht (LG Berlin, Urteil v. 10.10.2000, 64 S 121/00, NZM 2001 S. 583).

In § 573 Abs. 2 Nr. 2 BGB stellt der Gesetzgeber nicht auf das Erlangungsinteresse des Eigentümers ab, sondern ausschließlich auf den Bedarf des „Vermieters". Der wegen Eigenbedarfs Kündigende muss daher nicht Eigentümer der Wohnung sein, z.B. bei Kündigung durch den Sohn, der die Wohnung mit Zustimmung seiner Eltern (Eigentümer) vermietet (LG Hamburg, Urteil v. 9.6.2011, 307 S 41/11, ZMR 2011 S. 798).

Die vermieteten Räume müssen daher **zu Wohnzwecken** benötigt werden. Ein Benötigen zu anderen, z.B. gewerblichen oder beruflichen Zwecken, stellt keinen Eigenbedarf dar. Einem Eigenbedarf steht jedoch nicht entgegen, wenn der Vermieter in einem gekündigten Einfamilienhaus nur ein Zimmer beruflich nutzen will (LG Hamburg, Urteil v. 19.12.1985, 7 S 195/85, WuM 1986 S. 87).

Benötigt der Vermieter die Räume nur teilweise für Wohnzwecke, **überwiegend** aber für **gewerbliche bzw. freiberufliche** Zwecke (z.B. Architekturbüro), kann der Vermieter die Kündigung zwar nicht auf Eigenbedarf gemäß § 573 Abs. 2 Nr. 2 BGB, aber auf ein allgemeines berechtigtes Interesse i.S.v. § 573 Abs. 1 BGB stützen, da der Wunsch des Vermieters, seine Wohnung überwiegend für eigene berufliche Zwecke zu nutzen, im Hinblick auf die durch Art. 12 GG geschützte Berufsfreiheit grundsätzlich zu beachten ist. Das allgemeine berechtigte Interesse des Vermieters nach § 573 Abs. 1 BGB ist nicht geringer zu bewerten als der in § 573 Abs. 2 Nr. 2 BGB geregelte Eigenbedarf des Vermieters (BGH, Beschluss v. 5.10.2005, VIII ZR 127/05, WuM 2005 S. 779).

Durch die Formulierung „insbesondere" in § 573 Abs. 2 BGB kommt zum Ausdruck, dass die Aufzählung dort nicht abschließend ist und § 573 Abs. 1 BGB (s. „Kündigungsschutz", Abschnitt 2 „Kündigungsgründe (§ 573 BGB)") auch dann als Generalklausel anwendbar bleibt, wenn die besonderen Kündigungstatbestände des § 573 Abs. 2 BGB (z.B. Eigenbedarf) nicht vorliegen (LG Braunschweig, Beschluss v. 16.9.2009, 6 S 301/09).

Daher kann auch dann, wenn der Vermieter die vermietete Wohnung ausschließlich für seine berufliche Tätigkeit oder die eines Familienangehörigen (hier: als Anwaltskanzlei für die Ehefrau) nutzen will, ein berechtigtes Interesse an der Beendigung des Mietverhältnisses gemäß § 573 Abs. 2 Nr. 2 BGB vorliegen. Dieses berechtigte Interesse ist aufgrund der verfassungsrechtlich geschützten Berufsfreiheit nicht geringer zu bewerten als der in § 573 Abs. 2 Nr. 2 BGB gesetzlich geregelte Eigenbedarf des Vermieters zu Wohnzwecken (BGH, Urteil v. 26.9.2012, VIII ZR 330/11, WuM 2013 S. 47).

Zu beachten sind in diesem Fall allerdings örtliche Zweckentfremdungsvorschriften (s. „Zweckentfremdung"), wonach eine Nutzung von Wohnraum zu gewerblichen bzw. freiberuflichen Zwecken nur eingeschränkt bzw. unter bestimmten Voraussetzungen zulässig ist.

Gleiches gilt, wenn eine **öffentlich-rechtliche Körperschaft** (z.B. Stadt oder Gemeinde) eine von ihr vermietete Wohnung zur Umsetzung von Aufgaben benötigt, an deren Erfüllung ein gewichtiges **öffentliches Interesse** besteht. Nicht erforderlich ist, dass die Körperschaft zur Erfüllung dieser Aufgaben rechtlich verpflichtet ist. Daher kann z.B. die beabsichtigte Nutzung der Räume als **Beratungsstelle** für Erziehungs-, Ehe- und Lebensfragen ein berechtigtes Interesse an der Beendigung des Mietverhältnisses (i.S.v. § 573 Abs. 1 BGB) darstellen. Da der generalklauselartige Kündigungstatbestand des § 573 Abs. 1 BGB **gleichgewichtig** ist mit den in § 573 Abs. 2 BGB genannten Kündigungsgründen (z.B. Eigenbedarf), bei denen auch **Drittinteressen** (z.B. von Familien- oder Haushaltsangehörigen) berücksichtigt werden, müssen solche Drittinteressen (z.B. der Öffentlichkeit) bei der Kündigung nach Abs. 1 auch dann Berücksichtigung finden, wenn der Vermieter dazu rechtlich nicht verpflichtet ist. Dies gilt nicht nur für private Vermieter, sondern auch für juristische Personen des öffentlichen Rechts. Bei diesen kann ebenso ein dem Kündigungsgrund des § 573 Abs. 2 Nr. 2 BGB (Eigenbedarf) „artverwandtes" Interesse vorhanden sein (BGH, Urteil v. 9.5.2012, VIII ZR 238/11).

Eine **Gesellschaft bürgerlichen Rechts (GbR)** kann grundsätzlich auch wegen Eigenbedarfs eines Gesellschafters kündigen, da es nicht gerechtfertigt wäre, Gesellschafter einer bürgerlich-rechtlichen Gesellschaft insoweit schlechterzustellen als Mitglieder einer einfachen Vermietermehrheit (z.B. Ehepaar). Sind mehrere natürliche Personen Vermieter, berechtigt der Eigenbedarf eines Vermieters die Gemeinschaft zur Kündigung des Mietvertrags. Dies kann nicht anders zu beurteilen sein, wenn sich diese Personen auf gesellschaftsrechtlicher Grundlage zusammengeschlossen haben. Dies gilt auch dann, wenn der Gesellschafter bei Abschluss des Mietvertrags oder bei Eintritt der Gesellschaft in einen bestehenden Mietvertrag der Gesellschaft noch nicht angehört hat (BGH, Urteil v. 23.11.2011, VIII ZR 74/11, WuM 2012 S. 31).

Dagegen kommt bei einer **Kommanditgesellschaft** (KG) als Vermieterin Eigenbedarf bereits begrifflich nicht in Betracht, da eine KG Wohnräume weder als „Wohnung für sich" noch für „Familien- oder Haushaltsangehörige" benötigen kann. Dies gilt auch für den Geschäftsführer der Komplementärin der KG, der nicht Gesellschafter ist (BGH, Urteil v. 23.5.2007, VIII ZR 122/06, WuM 2007 S. 457). In Betracht kommt insofern jedoch eine Kündigung wegen „Betriebsbedarfs" (BGH, a.a.O.; s. „Kündigungsschutz", Abschnitt 2.4.1 „Betriebsbedarf").

Auch eine **GmbH & Co. KG** kann ein Mietverhältnis nicht wegen Eigenbedarfs ihrer Gesellschafter kündigen. Eine vergleichbare Situation wie bei einer Gesellschaft bürgerlichen Rechts (GbR) besteht nicht. Die Rechtsform einer GbR entsteht oftmals zufällig, daher wäre die unterschiedliche Behandlung der Vermietung durch eine GbR einerseits und eine einfache Vermietermehrheit (z.B. Bruchteils- oder Erbengemeinschaft) andererseits willkürlich. Im Gegensatz zur GbR ist die Bildung einer Handels- oder Kommanditgesellschaft nicht „zufällig", sondern beruht auf einer bewussten Entscheidung aufgrund wirtschaftlicher, steuerlicher oder haftungsrechtlicher Überlegungen. Dies gilt auch dann, wenn es sich bei der Vermieterin um eine „personalistisch gebundene vermögensverwaltende Kommanditgesellschaft" handelt. Auch ein „Betriebsbedarf" ist nicht gegeben, wenn lediglich ein persönlicher Nutzungswunsch der Kommanditisten oder Gesellschafter oder Geschäftsführer der Komplementärin besteht (BGH, Urteil v. 15.12.2010, VIII ZR 210/10, WuM 2011 S. 113).

Gleiches gilt für juristische Personen (z.B. Gesellschaft mit beschränkter Haftung, **GmbH**). Diese haben kein Kündigungsrecht wegen Eigenbedarfs, da die Räumlichkeiten von einer juristischen Person nicht als „Wohnung" benutzt werden können. Es genügt nicht, wenn ein Gesellschafter, ein gesetzlicher Vertreter oder ein Angestellter der juristischen Person die Räume nutzen will. Der Nutzungswillige gehört in diesen Fällen nicht zum privilegierten Personenkreis, da er weder Vermieter noch Angehöriger ist. Für Alleingesellschafter, die über die Mietsache wirtschaftlich verfügen können, gilt nichts anderes (LG Duisburg, Urteil v. 18.11.2009, 11 S 106/09, WuM 2010 S. 94).

Auch ein Nießbrauchsberechtigter, der z.B. das Eigentum an der Immobilie seinen Kindern übertragen, sich aber den Nießbrauch (Mieteinnahmen) vorbehalten hat, kann eine Kündigung wegen Eigenbedarfs erklären; er muss nicht zugleich Eigentümer der Immobilie sein (AG Andernach, Urteil v. 23.8.2007, 6 C 387/07, DWW 2008 S. 63).

2 Begünstigter Personenkreis

Nach der Rechtsprechung zählen zu den **Familienangehörigen** jedenfalls die Kinder (OLG Karlsruhe, RE v. 14.1.1982, 9 RE-Miet 3/81, DWW 1982 S. 271), die Enkel, der Ehegatte (auch der getrennt lebende Ehegatte, solange der Scheidungsantrag noch nicht gestellt ist – vgl. LG Frankfurt/M., Urteil v. 30.5.1995, 2/11 S 388/94, NJW-RR 1996 S. 396; nicht: der geschiedene Ehegatte – vgl. AG Hamburg, Urteil v. 21.7.1995, 43b C 250/95, WuM 1996 S. 39), die Geschwister (BGH, Urteil v. 9.7.2003, III ZR 276/02, DWW 2003 S. 258; BayObLG, RE v. 24.11.1983, RE-Miet 5/82, WuM 1984 S. 14) sowie die Kinder der Geschwister, d.h. Neffen und Nichten (BGH, Urteil v. 27.1.2010, VIII ZR 159/09), die Eltern und Großeltern, ebenso Schwiegerkinder, Schwiegereltern (LG Köln, Urteil v. 19.5.1992, 12 S 395/91, WuM 1994 S. 541), Stiefkinder (LG Hamburg, Urteil v. 12.12.1996, 307 S 206/96, WuM 1997 S. 177), Pflegekinder, Pflegeeltern (OLG Braunschweig, a.a.O.).

Entferntere Verschwägerte und Verwandte (z.B. Schwager) gehören nur dann zu den Familienangehörigen, wenn **besondere Umstände** vorliegen, die eine enge Bindung des Vermieters zu dieser Person ergeben oder ihnen der Vermieter rechtlich oder zumindest moralisch zur Gewährung von Unterhalt oder Fürsorge verpflichtet ist und sich daraus die Verantwortlichkeit des Vermieters für den Wohnbedarf des Angehörigen ergibt (OLG Oldenburg, a.a.O.; vgl. auch OLG Braunschweig, a.a.O. für Cousine; LG Frankfurt/M., Urteil v. 8.5.2002, 2/17 S 196/01, WuM 2004 S. 209 für Cousin; LG Stuttgart, Urteil v. 26.2.1998, 6 S 404/97, WuM 1998 S. 598 für Großcousine; LG Mainz, Urteil v. 26.3.1991, 3 S 305/90, WuM 1991 S. 554 für Schwager; LG München, Beschluss v. 5.8.1987, 14 T 24960/86, WuM 1990 S. 23 für Stiefkinder; AG Frankfurt/M., Urteil v. 8.11.1990, 33 C 2911/90 – 26, WuM 1991 S. 108 für Tante der Ehefrau des Vermieters; BGH, Beschluss v. 3.3.2009, VIII ZR 247/08, WuM 2009 S. 294 für Schwager des Vermieters, wenn ein besonders enger Kontakt besteht).

Gleiches gilt, wenn sie dem Vermieter **persönlich nahe**stehen, z.B. weil familiäre Beziehungen zu diesen Personen unterhalten werden und die Überlassung der Wohnung der Pflege dieser Beziehungen dienen soll (vgl. Bub-Treier, IV, Rn. 67; LG Ravensburg, Urteil v. 17.6.1992, 2 S 85/92, WuM 1993 S. 51: Kündigung für Cousine bei enger verwandtschaftlicher Bindung). Die generelle Beschränkung des Begriffs der „Familienangehörigen" nur auf Verwandte in gerader Linie wäre eine unzulässige Einschränkung des Verfügungsrechts des Vermieters (OLG Braunschweig, RE v. 1.11.1993, 1 W 26/93, WuM 1993 S. 731).

In dem Fall, dass Eigenbedarf für einen entfernteren Verwandten oder Verschwägerten geltend gemacht wird, sollten die genannten Umstände bereits im Kündigungsschreiben vorgetragen werden.

Angehörige seines Haushalts sind Personen, die der Vermieter bereits vor Ausspruch der Kündigung auf Dauer in seiner Wohnung aufgenommen hat. Dazu zählen jedenfalls der Lebenspartner bzw. -gefährte, dessen Kinder und Pflegekinder sowie Hilfspersonen. Nach **§ 18 Wohnraumförderungsgesetz (WoFG)**, das am 1.1.2002 in Kraft getreten ist, sind Haushaltsangehörige der Antragsteller, der Ehegatte, der Lebenspartner und der Partner einer sonstigen auf Dauer angelegten Lebensgemeinschaft sowie deren Verwandte in gerader Linie und zweiten Grades in der Seitenlinie, Verschwägerte in gerader Linie und zweiten Grades in der Seitenlinie, Pflegekinder ohne Rücksicht auf ihr Alter und Pflegeeltern, wenn sie miteinander eine Wohn- und Wirtschaftsgemeinschaft führen. Fraglich ist, ob die Rechtsprechung eine **entsprechende Anwendung** dieser weit gefassten Definition auf das Mietrecht anerkennt. Die entsprechende Anwendung des Begriffs der „Familienangehörigen" in § 8 Abs. 2 II. WoBauG, das am 31.12.2001 außer Kraft getreten ist, wurde von der Rechtsprechung abgelehnt (OLG Oldenburg, RE v. 16.12.1992, 5 UH 1/92, DWW 1993 S. 171).

Handelt es sich bei dem Angehörigen um einen ausländischen Staatsbürger, setzt die Kündigung wegen Eigenbedarfs zusätzlich voraus, dass diese Person ein Aufenthaltsrecht am Ort der Mietwohnung hat (LG Hamburg, Urteil v. 27.5.1993, 334 S 6/93, WuM 1994 S. 210).

3 Berechtigte Interessen des Vermieters

Ein **„Benötigen"** der vermieteten Räume (§ 573 Abs. 2 Nr. 2 BGB) ist gegeben, wenn der Vermieter **vernünftige und nachvollziehbare Gründe** für die Inanspruchnahme der Wohnräume für sich oder eine begünstigte Person hat (BGH, RE v. 20.1.1988, VIII ARZ 4/87, DWW 1988 S. 78).

Ein vernünftiger und nachvollziehbarer Grund ist gegeben, wenn ein volljähriges Kind des Vermieters, das noch bei seinen Eltern wohnt, zwecks **Gründung eines eigenen Hausstands** in die vermietete Wohnung einziehen will (vgl. z. B. LG München I, WuM 1994 S. 538). Insofern steht einer Kündigung wegen Eigenbedarfs auch nicht entgegen, dass das Kind unverheiratet ist und mit einem Partner in nur eheähnlicher Lebensgemeinschaft zusammenlebt (vgl. OLG Karlsruhe, RE v. 14.1.1982, 9 RE-Miet 3/81, DWW 1982 S. 271). Ferner steht einem Eigenbedarf nicht entgegen, dass der Angehörige die Miete nicht aufbringen kann, da es dem Vermieter freisteht, die Wohnung (teilweise) unentgeltlich zu überlassen (LG Köln, Urteil v. 30.6.1993, 10 S 118/93, WuM 1995 S. 110; LG Berlin, Urteil v. 21.9.1999, 64 S 113/99, ZMR 1999 S. 825).

In der Kündigung wegen Eigenbedarfs für ein volljähriges Kind, das (erstmals) einen eigenen Hausstand gründen will, braucht nur dies ausgeführt zu werden. In einem solchen Fall ist es nicht erforderlich, die zur Zeit der Kündigung bestehenden konkreten Wohnverhältnisse des Kindes darzustellen. Ferner müssen Umstände, die dem Mieter bereits zuvor mitgeteilt wurden oder ihm sonst bekannt sind, im Kündigungsschreiben nicht wiederholt werden (BGH, Urteil v. 6.7.2011, VIII ZR 317/10).

Der **bloße Wunsch** des Vermieters, seine Wohnung einem Familienangehörigen zur Verfügung zu stellen oder selbst zu nutzen, rechtfertigt die Eigenbedarfskündigung jedoch **nicht** (BGH, a. a. O., entgegen OLG Hamburg, RE v. 10.12.1985, 4 U 88/85, NJW 1986 S. 852).

Für den Käufer einer vermieteten Eigentumswohnung, der noch zur Miete wohnt und die Wohnung zur Selbstnutzung erworben hat, ist jedoch bereits der Wunsch, „Herr der eigenen vier Wände" zu sein, ein vernünftiger und nachvollziehbarer Grund, der zur Kündigung wegen Eigenbedarfs berechtigt (BVerfG, Beschluss v. 11.11.1993, 1 BvR 696/93, WuM 1993 S. 729).

Eine andere Beurteilung würde den Erwerber in die Rolle des reinen Kapitalanlegers drängen und ihm in verfassungsrechtlich unzulässiger Weise eine nicht gewünschte Lebensgestaltung aufzwingen. Weiter ist nicht erforderlich, dass der Vermieter bislang unzureichend oder zu teuer untergebracht ist (BVerfG, a. a. O.). Deshalb ist der Vermieter, der sich eine Wohnung gekauft hat, um dort seinen **Altersruhesitz** zu haben, mit der Kündigung des Mietverhältnisses über diese Wohnung nicht schon deswegen ausgeschlossen, weil seine eigenen Wohnräume nicht größer sind als die Wohnung, die er bei Erklärung der Kündigung nutzt (vgl. LG Kiel, Urteil v. 31.1.1991, 1 S 267/89, WuM 1991 S. 490, für den Fall, dass ein Altbauer seine Altenteilswohnung nutzen will). Dementsprechend kann ein 65 Jahre alter Vermieter, der seinen Lebensmittelpunkt nach Beendigung seiner beruflichen Laufbahn künftig in seine Heimatstadt verlegen will, auch dann wegen Eigenbedarfs kündigen, wenn er in seinem gegenwärtigen Wohnort in einem eigenen Haus lebt (AG Andernach, Urteil v. 23.8.2007, 6 C 387/07, DWW 2008 S. 63).

Einer eingehenden Begründung der Kündigung bedarf es, wenn der in einem eigenen Einfamilienhaus wohnende Vermieter eine **wesentlich kleinere** Etagenwohnung als Altersruhesitz nutzen will. Insofern ist auch darzulegen, ob die gekündigte Wohnung lediglich als Zweitwohnung genutzt werden soll (LG München I, Urteil v. 25.7.2001, 14 S 2887/01, NZM 2002 S. 340). Ferner sind die Bedarfsgründe sorgfältig zu prüfen, wenn der Kündigung wegen Eigenbedarfs Meinungsverschiedenheiten oder Streitigkeiten, z.B. über eine Mieterhöhung, vorausgegangen sind (LG Köln, Beschluss v. 24.3.2010, 6 S 345/09, WuM 2012 S. 329).

Den Eltern, die dem Mieter ihrer Wohnung kündigen, um diese ihrem Kind zur Nutzung zur Verfügung zu stellen, weil anderenfalls die Gefahr bestünde, dass sich das Kind vom Elternhaus löst, kann nicht entgegengehalten werden, Eigenbedarf liege nicht vor, weil das Kind im Haus der Eltern ausreichend untergebracht ist.

Berechtigt ist das Interesse des Vermieters außerdem dann, wenn er im eigenen Haus wohnen will, um die Heizung zu warten und das Haus verwalten zu können (BGH, a.a.O.).

Ein berechtigtes Interesse liegt auch vor, wenn sich durch Bezug der Wohnung die Entfernung zum **Arbeitsplatz** bzw. der Betriebsstätte des Vermieters erheblich **verkürzt** (BVerfG, Beschluss v. 20.5.1999, 1 BvR 29/99, NZM 1999 S. 659). Der Mieter kann nicht einwenden, dass der Vermieter über Jahre hinweg erhebliche Fahrzeiten in Kauf genommen hat. Der Vermieter darf seine Wohnverhältnisse schon im Hinblick auf sein fortschreitendes Alter einer neuen Beurteilung unterziehen. Dies gilt erst recht, wenn eine Veränderung im persönlichen Umfeld des Vermieters (z.B. Geburt eines Kindes) eingetreten ist (BVerfG, a.a.O.).

Ein berechtigtes Interesse liegt ferner vor, wenn der Vermieter nach einem **Arbeitsplatzwechsel** durch Inanspruchnahme der gekündigten Wohnung die Strecke zum Arbeitsplatz erheblich verkürzen kann (LG Stuttgart, Urteil v. 30.5.1990, 13 S 84/90, WuM 1991 S. 106). Erfolgt die Kündigung wegen eines geplanten, zukünftigen Arbeitsplatzwechsels, muss im Kündigungsschreiben substanziiert und konkret der vorhandene Wunsch eines Arbeitsplatzwechsels vorgetragen werden (LG Bonn, Urteil v. 25.3.1993, 6 S 436/92, WuM 1994 S. 209).

Auch der Wunsch nach einer größeren, günstiger geschnittenen oder gelegenen oder besser ausgestatteten Wohnung kann ein berechtigtes Interesse an der Kündigung darstellen (vgl. LG Landau, Urteil v. 17.3.1992, 1 S 243/91, WuM 1993 S. 678). Gleiches gilt bei einem Eigenbedarf für eine Erdgeschosswohnung, wenn der Vermieter oder ein Angehöriger, für den Eigenbedarf geltend gemacht wird, schwer erkrankt ist und die herausverlangte Wohnung barrierefrei hergerichtet werden soll (LG Hamburg, Urteil v. 14.2.2013, 307 S 456/11, ZMR 2013 S. 635).

Kündigt der Vermieter, der selbst zur Miete wohnt, mit der Begründung, er wolle in die eigene Wohnung einziehen, da seine Mietwohnung erhebliche Mängel aufweist, kann ihm nicht entgegengehalten werden, er könne vom Vermieter Mängelbeseitigung verlangen (BVerfG, Kammerbeschluss v. 4.8.1993, 1 BvR 541/93, ZMR 1993 S. 507).

Ein berechtigtes Interesse des Vermieters liegt auch vor, wenn nur in der vermieteten Wohnung die Möglichkeit zur Schaffung eines notwendigen **Arbeitszimmers** besteht (LG Heidelberg, Urteil v. 15.1.1993, 5 S 208/92, WuM 1994 S. 682). Ebenso, wenn der Vermieter in der vermieteten Wohnung auch längerfristigen Besuch seiner Kinder und Enkelkinder besser und ohne größere Umstände beherbergen kann

(LG Hamburg, Urteil v. 17.6.1994, 311 S 93/93, WuM 1994 S. 683).

Ein berechtigtes Interesse des Vermieters liegt auch vor, wenn er eine bisher nicht in seinem Haushalt lebende Hausgehilfin oder Pflegerin mit eigenem Wohnraum versorgen will. Voraussetzung ist lediglich, dass für die Beschäftigung einer solchen Person ein **Bedürfnis** vorliegt und ihre Unterbringung im Haus oder in der Nähe der Vermieterwohnung aus persönlichen, wirtschaftlichen oder sonstigen Gründen geboten ist (LG Potsdam, Urteil v. 3.11.2005, 11 S 146/05, WuM 2006 S. 44; LG Karlsruhe, Urteil v. 25.8.1994, 5 S 185/94, DWW 1995 S. 144). Der Vermieter kann selbst bestimmen, wie er seine Lebensführung im Alter organisieren will. Er muss sich daher nicht auf eine andere Art der Betreuung verweisen lassen, auch wenn diese finanziell und örtlich möglich wäre (AG Karlsruhe, Urteil v. 26.2.2010, 4 C 381/09, DWW 2010 S. 224).

Gleiches gilt, wenn der Wohnraum für die künftige **Pflegeperson** eines **Angehörigen** des Vermieters benötigt wird, auch wenn die Pflegeperson bislang nicht zum Hausstand des Angehörigen gehört hat (LG Potsdam, a.a.O.). Dementsprechend hat der Vermieter ein berechtigtes Interesse an der Kündigung des Mietverhältnisses, wenn er für eine **Pflegeperson** seiner auch in dem Gebäude wohnenden **Eltern** den vermieteten Wohnraum benötigt. Insofern ist zu beachten, dass ein Kind gegenüber seinen Eltern gemäß § 1601 BGB ggf. unterhaltspflichtig ist. Daher ist es nicht entscheidend, ob der Vermieter das Personal zu seiner eigenen Pflege oder zur Pflege seiner Eltern benötigt. In beiden Fällen ist ein erhebliches Eigeninteresse des Vermieters am Einzug des Pflegepersonals zu bejahen (LG Koblenz, Beschluss v. 24.8.2007, 6 T 102/07, WuM 2007 S. 637).

Ein vernünftiger und nachvollziehbarer Grund für eine Eigenbedarfskündigung liegt auch vor, wenn der Vermieter seine Mutter im eigenen Haus wohnen lassen will, die beabsichtigt, aus einer größeren und teureren Wohnung auszuziehen. Dies gilt auch dann, wenn es sich bei dieser Wohnung um eine Eigentumswohnung in besserer Wohnlage handelt (AG Berlin, Urteil v. 13.1.2011, 8 C 66/10, GE 2011 S. 617).

Ein berechtigtes Interesse ist auch gegeben, wenn der Vermieter eine im Erdgeschoss liegende Wohnung kündigen will, weil er aufgrund seines Gesundheitszustands seine im oberen Geschoss liegende Wohnung nur noch mit Mühe erreichen kann (LG Karlsruhe, a.a.O.).

Ferner kann ein berechtigtes Interesse vorliegen, wenn der Vermieter ernsthaft beabsichtigt, eine räumliche Trennung von seinem Ehegatten herbeizuführen und in Zukunft ohne den Ehegatten in der vermieteten Wohnung zu wohnen. Insoweit ist auch nicht erforderlich, dass die Ehegatten eine Trennung im familienrechtlichen Sinn innerhalb ihrer bisherigen Ehewohnung (§ 1567 Abs. 1 S. 2 BGB) bereits vollzogen haben oder dass sie definitiv die Scheidung beabsichtigen. Vernünftige, nachvollziehbare Gründe für den Umzug eines Ehegatten in eine eigene Wohnung liegen bereits dann vor, wenn die Ehegatten sich ernsthaft entschieden haben, sich zu trennen und ihre häusliche Gemeinschaft zumindest vorläufig aufzuheben. Insofern dürfen an die Begründungspflicht keine zu strengen Anforderungen gestellt werden, da es sich dabei um „innere Tatsachen" handelt, deren Erforschung weder möglich noch erforderlich ist (LG Heidelberg, Urteil v. 14.12.2012, 5 S 42/12, GE 2013 S. 123; LG Köln, Urteil v. 22.8.1996, 1 S 27/96, WuM 1997 S. 48).

Der Eigentümer ist im Rahmen seiner Verfügungsbefugnis nicht nur zum Verkauf, zur Eigennutzung und zur Vermietung berechtigt, sondern auch zur **Umgestaltung** nach seinen Wünschen. Daher hindert auch die Herbeiführung eines Eigenbedarfsgrunds durch einen der Lebensplanung entsprechenden Umbau von Wohnraum die Kündigung auch dann nicht, wenn sich der Eigenbedarf als Folge einer unerwarteten Fehlplanung einstellt. Dem Vermieter kann daher nicht entgegengehalten werden, dass er den jetzigen Eigenbedarf durch seinen vorherigen Umbau selbst verursacht hat (BVerfG, Beschluss v. 17.7.1992, 1 BvR 179/92, WuM 1993 S. 231).

Die Fachgerichte dürfen auch nicht verbindlich ihre Vorstellungen über angemessenes oder zweckmäßiges Wohnen an die Stelle der Lebensplanung des Eigentümers setzen. Kündigt z.B. der Vermieter eine Wohnung, um jedem seiner beiden Kinder ein eigenes, abgeschlossenes Zimmer zur Verfügung zu stellen, ist es den Fachgerichten verwehrt, darüber zu befinden, ob dies pädagogisch und erzieherisch sinnvoll ist (LG Hamburg, Urteil v. 25.10.1990, 307 S 231/90, WuM 1991 S. 38). Entsprechendes gilt, wenn der Vermieter einen Angehörigen, z.B. seinen Bruder, in die Wohnung aufnehmen will, dies aber nur in der größeren, vermieteten Wohnung möglich ist (LG Hamburg, a.a.O.).

Auch den Wunsch des Vermieters nach **Zusammenlegung** zweier Wohnungen – der selbst genutzten und der vermieteten Nachbarwohnung – hat das Gericht grundsätzlich zu akzeptieren, wenn hierfür vernünftige und nachvollziehbare Gründe vorliegen. Es darf den Vermieter nicht auf andere Alternativen verweisen, die nach Ansicht des Gerichts ebenfalls geeignet wären, den Wohnbedarf des Vermieters zu erfüllen (BVerfG, Beschluss v. 23.12.1993, 1 BvR 853/93, DWW 1994 S. 75; zur Zusammenlegung von Wohnungen vgl. auch BVerfG, Urteil v. 14.2.1989, 1 BvR 308/88, WuM 1989 S. 114). Dementsprechend kann auch der Wunsch des Vermieters, eine Wohnung mit der darüberliegenden zusammenzulegen, nicht deswegen als unzureichender Grund für eine Kündigung angesehen werden, weil der hinsichtlich dieser anderen Wohnung anhängige Räumungsrechtsstreit noch nicht zu seinen Gunsten entschieden worden ist und er deshalb seinen Nutzungswunsch „derzeit" nicht verwirklichen kann (BVerfG, Beschluss v. 26.11.1997, 1 BvR 1698/95, WuM 1999 S. 381).

Hat das LG eine Eigenbedarfskündigung als durch vernünftige und nachvollziehbare Gründe gerechtfertigt erachtet, muss eine dagegen gerichtete Verfassungsbeschwerde erfolglos bleiben (BVerfG, Kammerbeschluss v. 20.7.1989, 2 BvR 1205/88, WuM 1989 S. 409).

Auch bei Gefahr eines Selbstmords des Mieters kann der Vermieter nicht auf Dauer von der Nutzung seiner Wohnung ausgeschlossen werden, wenn die Gefahr z.B. durch stationäre Unterbringung des Mieters beherrschbar ist (LG Bonn, Urteil v. 16.8.1999, 6 S 150/98, NZM 2000 S. 331).

Die Rechtskraft eines Urteils, das die Räumungsklage des Vermieters wegen Eigenbedarfs abweist, hindert eine neue Klage des Vermieters nicht, wenn die Klage im Vorprozess nicht als (schlechthin) unbegründet, sondern nur als **derzeit** unbegründet abgewiesen worden ist. Insofern ist es auch unschädlich, wenn dies im Tenor der Entscheidung nicht zum Ausdruck kommt (BGH, Urteil v. 21.1.2009, VIII ZR 62/08, WuM 2009 S. 180).

3.1 Nutzung für begrenzte Zeit

Nach einem Rechtsentscheid des BayObLG (v. 23.3.1993, RE-Miet 6/92, WuM 1993 S. 252) kann ein berechtigtes Interesse des Vermieters an der Beendigung eines Wohnraummietverhältnisses auch dann gegeben sein, wenn der Vermieter die Räume **nur für begrenzte Zeit** nutzen will, z.B. in der Zeit zwischen dem Abbruch des von ihm bewohnten Anwesens und der Fertigstellung des Neubaus. Ob in einem solchen Fall die vom BGH geforderten „vernünftigen und nachvollziehbaren" Gründe vorliegen, kann nur aufgrund einer umfassenden Würdigung der Umstände des Einzelfalls beurteilt werden. Exakte zeitliche Grenzen können nicht gezogen werden, da die Dauer der beabsichtigten Nutzung nur ein Faktor – wenngleich ein bedeutsamer – von mehreren Faktoren ist, die für das Vorliegen vernünftiger und nachvollziehbarer Gründe maßgebend sind.

Beabsichtigt der Vermieter eine **längerfristige** Nutzung, d.h. eine Nutzung über „mehrere Jahre" (BayObLG, a.a.O.), ist es unerheblich, ob das Ende des Eigenbedarfs bei der Kündigung bereits feststeht. In diesem Fall müssen daher lediglich die allgemein für den Eigenbedarf nötigen Voraussetzungen gegeben sein.

Will der Vermieter die Wohnung dagegen **nur für kurze Zeit** („wenige Monate") nutzen, müssen weitere Umstände vorliegen, z.B. ein besonders dringender Wohnbedarf des Vermieters, etwa weil seine bisherige Wohnung nicht mehr zur Verfügung steht, oder der Vermieter ein besonderes Interesse gerade an der Nutzung der vermieteten Wohnung hat, etwa weil sein Arbeitsplatz in unmittelbarer Nähe dieser Wohnung liegt und er auf dessen rasche Erreichbarkeit angewiesen ist oder der Vermieter für eine andere Wohnung deutlich größere Aufwendungen tätigen müsste.

Letztlich kann auch von Bedeutung sein, ob der genaue Zeitpunkt, zu dem der Vermieter die Wohnung wieder freigeben kann, noch nicht feststeht und daher die Möglichkeit gegeben ist, dass er über den vorgesehenen Termin hinaus in der Wohnung bleiben muss (BayObLG, a. a. O.).

Zusammenfassend lässt sich feststellen: Je länger die beabsichtigte Nutzung der Wohnung durch den Vermieter dauern soll, umso eher kann ein berechtigtes Interesse des Vermieters bejaht werden.

> Anders ausgedrückt: Je kürzer der Zeitraum der beabsichtigten Nutzung ist, desto triftigere Gründe wird der Vermieter für den Nachweis eines berechtigten Interesses vorzubringen haben.

Nach einem Urteil des LG München I (v. 21.7.1993, 14 S 11776/92, WuM 1993 S. 677) im Anschluss an den o. g. Rechtsentscheid liegt eine Nutzung über „mehrere Jahre" erst bei einem Zeitraum von mindestens 3 Jahren vor; so auch LG Hamburg, Beschluss v. 14.9.2010, 333 S 34/10, NZM 2011 S. 33, wonach die Berufung auf Eigenbedarf voraussetzt, dass die Wohnung für jedenfalls 3 Jahre von der Bedarfsperson genutzt werden soll. Bei einer kürzeren Nutzung kann ein vernünftiges und nachvollziehbares Erlangungsinteresse des Vermieters nur gesehen werden, wenn der Vermieter einen erheblichen Mehraufwand darlegen kann, der ihm gerade durch eine anderweitige Unterbringung entstehen wird.

3.2 Nutzung als Zweitwohnung

Der Vermieter ist zur Kündigung wegen Eigenbedarfs grundsätzlich auch dann berechtigt, wenn er die vermietete Wohnung lediglich als **Zweitwohnung** nutzen will. Zwar reicht nach der Rechtsprechung des BGH allein der Wille des Vermieters, in den eigenen Räumen zu wohnen oder dort einen Familien- oder Haushaltsangehörigen wohnen zu lassen, für die Annahme von Eigenbedarf noch nicht aus. Es genügen jedoch **vernünftige und nachvollziehbare** Gründe für die Inanspruchnahme des Wohnraums. Dabei ist nach der Rechtsprechung des BGH weder dem Wortlaut noch dem Zweck der Vorschrift des § 573 Abs. 2 Nr. 2 BGB zu entnehmen, dass dem Vermieter ein Kündigungsrecht nur dann zustehen soll, wenn er oder eine begünstigte Person einen Mangel an Wohnraum hat oder der Vermieter sich in einer wohnbedarfstypischen Lage befindet (so bereits BGH, RE v. 20.1.1988, a. a. O.). Eine weitere grundsätzliche Beschränkung der Eigenbedarfskündigung – etwa die Forderung nach der Begründung des **Lebensmittelpunkts** – lässt sich dieser Rechtsprechung ebenfalls nicht entnehmen. Dies gilt vor allem vor dem Hintergrund, dass der BGH selbst davon ausgegangen ist, dass auch ein **zeitlich begrenzter** Bedarf einer Wohnung die Voraussetzungen der Eigenbedarfskündigung erfüllen kann (so BGH, Urteil v. 20.10.2004, VIII ZR 246/03, NZM 2005 S. 143). Diese Rechtsprechung des BGH steht nach einem neuen Beschluss des Bundesverfassungsgerichts im Einklang mit der bisherigen Rechtsprechung des Bundesverfassungsgerichts, die zu den Voraussetzungen der Eigenbedarfskündigung ergangen ist **(BVerfG, Beschluss v. 23.4.2014, 1 BvR 2851/13)**.

Dementsprechend ist der Vermieter zur Kündigung wegen Eigenbedarfs auch dann berechtigt, wenn er eines seiner in einer anderen Stadt lebenden Kinder regelmäßig besuchen und anlässlich dieser Besuche die Wohnung nutzen will, um bei diesen Besuchen nicht auf einen Hotelaufenthalt angewiesen zu sein (LG Berlin, Urteil v. 22.8.2013, 67 S 121/12, WuM 2013 S. 174).

Gleiches gilt für den Eigenbedarf eines auswärts wohnenden Vermieters, wenn er aus beruflichen Gründen an wenigstens acht bis zehn Arbeitstagen im Monat am Ort der Mietwohnung zeitweisen Aufenthalt nimmt und es ihm nicht zuzumuten ist, jeweils ein Hotel aufzusuchen (so bereits LG Hamburg, Urteil v. 1.3.1994, 316 S 168/93, WuM 1994 S. 431). Ebenso, wenn der Vermieter die gekündigte Wohnung nur als **„Stadtwohnung"** nutzen will, d.h., seinen Lebensmittelpunkt nicht in diese Wohnung verlegt und sich vorwiegend in der derzeitigen Wohnung aufhält (LG Hamburg, Urteil v. 1.3.2001, 307 S 114/00, ZMR 2001 S. 620).

Allerdings hängt die Entscheidung, ob der beabsichtigten Nutzung als Zweitwohnung vernünftige und nachvollziehbare Gründe i.S.d. BGH-Rechtsprechung zugrunde liegen, von der dem Tatrichter obliegenden Würdigung der Umstände des Einzelfalls ab. So hat es z.B. das LG Berlin (Urteil v. 4.6.1996, 65 S 48/96, NJW-RR 1997 S. 74) als nicht ausreichend angesehen, wenn eine 4,5-Zimmer-Wohnung nur einmal pro Woche für eine Übernachtung genutzt werden soll. Jedenfalls erfordert das berechtigte Interesse des Vermieters an der Beendigung des Mietverhältnisses wegen der beabsichtigten Eigennutzung als Zweitwohnung eine erhöhte eingehende Substanziierung der Bedarfsgründe. Diese sind besonders sorgfältig zu prüfen, wenn es in der Vergangenheit zu Meinungsverschiedenheiten oder Streitigkeiten zwischen den Vertragsparteien gekommen ist (AG Köln, Urteil v. 16.9.2010, 209 C 299/10, WuM 2012 S. 328).

3.3 Nutzung eines Teils der Wohnung

Hat der Vermieter lediglich Bedarf an einem Teil der vermieteten Wohnung, kann er das Mietverhältnis nicht wegen Eigenbedarfs kündigen, da Eigenbedarf nur vorliegt, wenn der Vermieter die **gesamte** Wohnung benötigt (OLG Karlsruhe, RE v. 3.3.1997, 3 RE-Miet 1/97, WuM 1997 S. 202). Benötigt er nur einen Teil der vermieteten Räume, kommt eine Kündigung dieses Teils der Wohnung nur nach der allgemeinen Vorschrift des § 573 Abs. 1 BGB (s. „Kündigungsschutz", Abschnitt 2.4 „Sonstige berechtigte Interessen") in Betracht. Voraussetzung ist jedoch, dass die Interessen des Mieters dadurch nicht unzumutbar beeinträchtigt werden. Dies kann u.a. der Fall sein, wenn sich der Wohnraumbedarf des Mieters z.B. durch Wegzug früher in der Wohnung lebender Kinder oder anderer Hausgenossen deutlich eingeschränkt hat und der vom Vermieter beanspruchte Teil der überlassenen Mieträume so von dem dem Mieter verbleibenden Teil abgetrennt ist oder abgetrennt werden kann, dass der Mieter dort ohne Einschränkungen weiterhin seinen Lebensmittelpunkt haben kann. Behauptet der Vermieter substanziiert einen solchen Sachverhalt, wird der Mieter deshalb gehalten sein, vernünftige und nachvollziehbare Gründe für den Fortbestand seines bisherigen Wohnraumbedarfs trotz geänderter Verhältnisse vorzutragen, und zwar in ähnlicher Weise, wie es dem Vermieter bei der Darlegung seines Eigenbedarfs obliegt (OLG Karlsruhe, a.a.O.; LG Duisburg, Urteil v. 27.2.1996, 23 (7) S 270/95, NJW-RR 1996 S. 718).

4 Interessenabwägung

> Die berechtigten Interessen des Vermieters sind bei der Entscheidung darüber, ob Eigenbedarf anzunehmen ist, **nicht** gegen die Belange des Mieters **abzuwägen**.

§ 573 BGB stellt ausdrücklich allein auf das Interesse des Vermieters ab. Die besonderen Belange des Mieters im Einzelfall sind nur auf dessen Widerspruch hin (§ 574 BGB) zu beachten. Wären die im Einzelfall vorliegenden besonderen Belange des Mieters bereits bei der Prüfung zu beachten, ob ein berechtigtes Interesse des Vermieters an der Kündigung anzunehmen ist, liefe dies darauf hinaus, dass der Vermieter zur Schlüssigkeit einer Räumungsklage die besondere Interessenlage des Mieters schildern muss, die ihm häufig nicht bekannt ist. Darüber hinaus wäre es nicht i.S.d. sozialen Mietrechts, den Vermieter zu Ermittlungen über die sozialen Verhältnisse des Mieters zu veranlassen (BGH, a.a.O.; s. „Kündigungsschutz", Abschnitt 3 „Die Sozialklausel (§ 574 BGB)").

Aufgrund zahlreicher Verfassungsbeschwerden gegen mietgerichtliche Entscheidungen hatte sich das Bundesverfassungsgericht in den letzten Jahren häufig mit den unterschiedlichen Interessen der Mietparteien gerade im

Fall einer Kündigung zu befassen und eine Interessenabwägung unter Berücksichtigung grundrechtlicher Aspekte vorzunehmen.

Dabei hat das Bundesverfassungsgericht (Beschluss v. 26.5.1993, 1 BvR 208/93, WuM 1993 S. 377) entschieden, dass das Besitzrecht, welches der Mieter aufgrund seines Mietvertrags an der Wohnung hat, ein vermögenswertes Recht entsprechend dem Eigentum des Vermieters (Art. 14 Abs. 1 S. 1 GG) darstellt. Gesetzgebung und Rechtsprechung sind deshalb verpflichtet, die beiden miteinander konkurrierenden Eigentumspositionen in ein ausgewogenes Verhältnis zu bringen.

Der Gesetzgeber hat die notwendige Interessenabwägung zwischen § 573 BGB (Kündigung nur bei Vorliegen eines berechtigten Interesses; s. „Kündigungsschutz", Abschnitt 2.4 „Sonstige berechtigte Interessen" und § 574 BGB (sog. Sozialklausel; vgl. „Kündigungsschutz", Abschnitt 3 „Die Sozialklausel (§ 574 BGB)") vorgenommen. Dazu hat das Bundesverfassungsgericht bereits in einem früheren Urteil betont (Urteil v. 14.2.1989, 1 BvR 308/88, DWW 1989 S. 46; Weber/Marx, VIII/S. 97), dass das Kündigungsrecht des Vermieters ohne Verfassungsverstoß von einem berechtigten Interesse an der Beendigung des Mietverhältnisses abhängig gemacht werden darf. Jedoch haben die Gerichte **unverhältnismäßige Eigentumsbeschränkungen** zu vermeiden. Daher ist auch eine Nachprüfung des Entschlusses des Vermieters, seine Wohnung selbst zu nutzen, nicht unbeschränkt zulässig.

> Die Fachgerichte haben die Befugnis des Eigentümers, sein Leben und den Gebrauch seines Eigentums so einzurichten, wie er dies für richtig hält, zu achten und müssen seinen Entschluss, die vermietete Wohnung nunmehr selbst zu nutzen oder durch den – eng gezogenen – Kreis privilegierter Dritter nutzen zu lassen, grundsätzlich akzeptieren und ihrer Rechtsfindung zugrunde legen (BVerfG, a. a. O.).

Andererseits ist es im Hinblick auf das ebenfalls grundgesetzlich geschützte Besitzrecht des Mieters zulässig, den Erlangungswunsch des Vermieters nur dann zu berücksichtigen, wenn dieser **ernsthaft, vernünftig und nachvollziehbar** ist. Dabei kann der Mieter beanspruchen, dass das Gericht seinen Einwänden nachgeht und insbesondere prüft, ob

- der **Selbstnutzungswunsch ernsthaft** verfolgt wird,
- eine **Alternativwohnung** vorhanden ist,
- der geltend gemachte **Wohnbedarf weit überhöht** ist.

5 Ernsthaftigkeit des Nutzungswunsches

Voraussetzung eines durchsetzungsfähigen Eigennutzungswunsches ist nicht nur, dass er den Anforderungen des Rechtsentscheids des BGH vom 20.1.1988 (a. a. O.) genügt, d. h., dass er vernünftig und nachvollziehbar ist. Voraussetzung ist auch, dass er überhaupt **ernsthaft verfolgt wird**. Zeitweise Verkaufsabsichten des Vermieters sprechen dabei nicht per se gegen die beabsichtigte Selbstnutzung, wenn der Vermieter berechtigte Zweifel haben durfte, ob er die vermietete Wohnung in absehbarer Zeit selbst nutzen kann (LG Lüneburg, Urteil v. 17.5.1990, 4 S 41/90, WuM 1991 S. 490). Hat der Vermieter jedoch seinen Eigennutzungswillen nach dem Ausspruch der Eigenbedarfskündigung aufgegeben und das Mietobjekt zum Verkauf angeboten, kann er die Kündigung nicht weiterverfolgen, wenn er in der Folgezeit von der Verkaufsabsicht wieder Abstand nimmt und erneut beabsichtigt, das Mietobjekt selbst zu nutzen. In diesem Fall muss er eine erneute Kündigung aussprechen (LG Mannheim, Urteil v. 27.4.1994, 4 S 228/93, ZMR 1994 S. 568).

Bei einer Kündigung nach dem misslungenen Versuch einer Mieterhöhung können von den Gerichten dann besonders strenge Anforderungen an den vom Vermieter zu führenden Beweis des Kündigungsgrunds gestellt werden, wenn die Gründe für den Eigenbedarf bereits vor der Mieterhöhung bestanden haben und Verdacht auf vorgeschobenen Eigenbedarf besteht (LG Köln, Urteil v. 2.6.1993, 10 S 204/92, WuM 1995 S. 109; vgl. auch LG Limburg, Urteil v. 5.12.1990, 7 S 153/90, WuM 1991 S. 111). Gleiches gilt, wenn der Eigenbedarfskündigung Meinungsverschiedenheiten über Betriebskostennachzahlungen und Mängelbeseitigungsansprüche des Mieters unmittelbar vorausgegangen sind (AG Köln, Urteil v. 18.2.2010, 209 C 473/09, WuM 2013 S. 52).

Ebenso können sich **Zweifel** an der Ernsthaftigkeit des Nutzungswunsches aus einem früher vorgetäuschten Eigenbedarf ergeben (LG Karlsruhe, Urteil v. 28.7.1989, 9 S 3/89, ZMR 1989 S. 427). Die **Einzugsabsicht** ist einer Beweisaufnahme zugänglich. Es kann gegen Art. 103 Abs. 1 GG (Anspruch auf rechtliches Gehör) verstoßen, wenn das Fachgericht einen vom Mieter angebotenen Beweis für das Fehlen der Einzugsabsicht nicht erhebt (BVerfG, Beschluss v. 25.10.1990, 1 BvR 953/90, NJW 1990 S. 3259).

Ferner muss das zur Entscheidung über die Räumungsklage berufene Gericht die vom Mieter dargelegten Umstände, die gegen die **Ernsthaftigkeit des Nutzungswunsches** des Angehörigen sprechen, in Erwägung ziehen (BVerfG, Beschluss v. 18.1.1991, 1 BvR 1112/90, WuM 1991 S. 146). Wird z.B. der behauptete Selbstnutzungswunsch nach der Räumung **nicht** realisiert, liegt der Verdacht nahe, dass der Eigenbedarf nur vorgeschoben worden ist (vgl. BVerfG, Beschluss v. 30.5.1997, 1 BvR 1797/95, NJW 1997 S. 2377). Gleiches gilt, wenn die Bedarfsperson die Wohnung nicht in einem **angemessenen Zeitraum** nach der Kündigung bezieht. Allerdings steht der Umstand, dass der Vermieter die Wohnung nach dem Auszug des wegen Eigenbedarfs gekündigten Mieters zunächst saniert hat, um sie nach seinen Vorstellungen zu gestalten, einem Eigenbedarf nicht entgegen, auch wenn sich die Sanierung, z.B. aufgrund begrenzter finanzieller Mittel oder wegen der Vornahme von Eigenleistungen, über einen Zeitraum erstreckt, der die dafür normalerweise erforderliche Dauer überschreitet (BGH, Urteil v. 18.5.2005, VIII ZR 368/03, NZM 2005 S. 580). Wird ein zur Renovierung angemessener Zeitraum jedoch **weit** überschritten, darf das Mietgericht dem Vermieter unterstellen, dass im Zeitpunkt der Kündigung **keine** Einzugsabsicht vorgelegen hat (vgl. BVerfG, Beschluss v. 26.9.2001, 1 BvR 1185/01, WuM 2002 S. 21, wonach das Mietgericht einen **vorgetäuschten Eigenbedarf** annehmen und den Vermieter zur Leistung von Schadenersatz an den Mieter verurteilen kann, wenn die Wohnung erst ca. 5 Jahre nach Auszug des Mieters bezogen wird; s.u. Abschnitt 16 „Vorgetäuschter Eigenbedarf“).

Will der Vermieter seiner Tochter und deren Lebensgefährten eine größere Wohnung zur Realisierung des Kinderwunsches überlassen, spricht allein die Tatsache, dass die Tochter unverheiratet ist, **nicht** gegen die Ernsthaftigkeit dieser Nutzungsabsicht (BVerfG, Beschluss v. 20.2.1995, 1 BvR 665/94, WuM 1995 S. 260). Setzt die beabsichtigte Eigennutzung Umbaumaßnahmen voraus, hat das Gericht im Einzelfall der Frage nach der **baurechtlichen Realisierbarkeit** des Eigennutzungswunsches nachzugehen. Für die Wirksamkeit der Kündigung ist jedoch grundsätzlich nicht erforderlich, dass die Baugenehmigung bei Ausspruch der Kündigung bereits vorliegt (OLG Frankfurt/M., RE v. 25.6.1992, 20 RE-Miet 7/91, NJW 1992 S. 2300; Weber/Marx, XII/S. 78). Der Vermieter muss aber bereits im Kündigungsschreiben konkrete Planungen anführen und darlegen, dass das Bauvorhaben zumindest genehmigungsfähig ist und die erforderlichen Zustimmungen, z.B. der Wohnungseigentümergemeinschaft, erteilt werden oder bereits vorliegen (LG Kiel, Urteil v. 2.7.1992, 1 S 167/91, WuM 1992 S. 691).

Eine ins Einzelne gehende Planung des Umbaus muss zum Zeitpunkt der Eigenbedarfskündigung noch nicht vorliegen. Entscheidend ist, ob die Vorstellungen, die der Vermieter hinsichtlich seines Raumbedarfs hat, verwirklicht werden können oder ob sie unrealistisch sind (LG Hamburg, Urteil v. 25.6.2009, 333 S 67/08, ZMR 2010 S. 528; so auch AG Hamburg, Urteil v. 27.11.2013, 319 aC 209/12, ZMR 2014 S. 456, wonach bei geplanten Umbaumaßnahmen (hier: Dachgeschossausbau und Zusammenlegung zweier Wohnungen), mit denen der Eigenbedarf begründet wird, bei Ausspruch der Eigenbedarfskündigung zwar noch keine Baugenehmigung oder ein Vorbescheid vorliegen muss; das Bauvorhaben aber soweit konkret geplant sein muss, dass die Realisierung des Bauvorhabens geprüft werden kann).

In den Entscheidungsgründen muss zwar nicht jedes Vorbringen ausdrücklich beurteilt werden, insbesondere dann nicht, wenn es sich um letztinstanzliche, mit ordentlichen Rechtsmitteln nicht mehr angreifbare Entscheidungen handelt. Jedoch müssen in den Gründen die wesentlichen, der Rechtsverteidigung dienenden Tatsachen- und Rechtsausführungen der Verfahrensbeteiligten verarbeitet werden.

> Die Fachgerichte haben allen vom Mieter vorgetragenen Gesichtspunkten nachzugehen, die Zweifel an der Ernsthaftigkeit des Selbstnutzungswunsches begründen. Sie müssen daher ein substanziiertes Bestreiten des geltend gemachten Eigenbedarfs durch den Mieter im Räumungsprozess umfassend würdigen.

Dies gilt auch, wenn der Eigenbedarf auf mehrere Gründe gestützt wird (BVerfG, Beschluss v. 13.1.1995, 1 BvR 1420/94, WuM 1995 S. 140).

Auch wenn das Gericht nach Zeugenvernehmung den mit der Eigenbedarfskündigung geltend gemachten Nutzungswunsch des Vermieters für erwiesen erachtet, muss es gegenbeweislich vom Mieter benannte Zeugen vernehmen und einen Vortrag, der den Eigenbedarf als nicht realisierbar darlegt (z. B. wegen mangelnder Genehmigungsfähigkeit eines behaupteten geplanten Umbaus der Wohnung), in seinem Kern würdigen; anderenfalls verletzt das Gericht den verfassungsrechtlichen Anspruch des Mieters auf rechtliches Gehör (Art. 103 Abs. 1 GG; BGH, Beschluss v. 16.3.2011, VIII ZR 338/09, WuM 2011 S. 300).

Ebenso liegt ein Verfassungsverstoß vor, wenn das Gericht das gegen den behaupteten Eigenbedarf des Vermieters gerichtete Vorbringen des Mieters als verspätet zurückweist, ohne seine von der höchstrichterlichen Rechtsprechung zu den Präklusionsvorschriften insoweit abweichende Rechtsfindung einfachrechtlich ausreichend darzutun (BVerfG, Beschluss v. 29.11.1990, 2 BvR 801/90, WuM 1991 S. 147).

6 Eigenbedarf trotz Alternativwohnung

Eine weitere Grenze des Erlangungswunsches bildet der **Missbrauch**. Dieser liegt nicht schon dann vor, wenn dem Eigentümer eine oder mehrere andere frei gewordene Wohnungen zur Verfügung stehen. Auch in diesem Fall muss das Gericht bedenken, dass der Nutzungswunsch des Eigentümers grundsätzlich zu beachten ist. Trotz anderweitig frei gewordener oder frei werdender Wohnungen ist es daher nicht missbräuchlich, wenn der Vermieter vernünftige und nachvollziehbare Gründe für diesen Wunsch anführen kann. Dieser Darlegungslast kann sich der Vermieter jedoch nicht allein dadurch entledigen, dass er die frei gewordene oder frei werdende **Alternativwohnung** sofort an einen Dritten vermietet und sodann die Unmöglichkeit ihrer Ingebrauchnahme geltend macht. Dies folgt nicht nur aus dem Gesetzeszweck, sondern auch aus dem allgemeinen Rechtsgedanken, dass sich nicht auf Eintritt oder Fortfall einer Tatsache berufen kann, wer diese treuwidrig herbeigeführt hat (vgl. § 162 BGB).

Wendet der Mieter ein, dem wegen Eigenbedarfs kündigenden Vermieter habe eine geeignete andere Wohnung zur Verfügung gestanden, verstößt es gegen das verfassungsrechtliche Willkürverbot, wenn dieser Einwand allein mit der Begründung zurückgewiesen wird, die Alternativwohnung sei anderweitig vermietet worden (BVerfG, Beschluss v. 13.11.1990, 1 BvR 275/90, NJW 1991 S. 157). Allerdings kann Eigenbedarf auch trotz einer im Hause der gekündigten Wohnung leer stehenden Alternativwohnung bestehen, wenn diese zum Bezug durch einen anderen Miteigentümer **vorgesehen** ist und ein vernünftiger und nachvollziehbarer Grund für das Festhalten des anderen Miteigentümers am Bezug gerade der gekündigten Wohnung gegeben ist (BVerfG, Beschluss v. 7.5.2001, 2 BvR 188/00, NZM 2001 S. 706).

> Dementsprechend hat das Gericht zu prüfen, ob das Festhalten am ursprünglichen Räumungsbegehren vernünftig und nachvollziehbar und nicht rechtsmissbräuchlich ist.

Das Gericht muss sich mit den Belangen des Mieters angemessen auseinandersetzen und das Freiwerden einer Alternativwohnung in einer Weise berücksichtigen, welche auch den Belangen des Mieters Rechnung trägt.

Kommt es bei der **Abwägung** der Mieter- und Vermieterinteressen darauf an, ob die eine oder andere Partei ihre Lebensplanung ändern muss, kommt dem Vermieterinteresse der Vorrang zu (LG Berlin, Urteil v. 10.10.2000, 64 S 121/00, NZM 2001 S. 583).

Eine Rechtsfindung, die eine solche Auseinandersetzung vermissen lässt, ist nicht mehr angemessen und damit willkürlich (BVerfG, Beschluss v. 1.3.1991, 1 BvR 1100/90, DWW 1991 S. 185). Fehlt es aber an konkretisierenden Einwänden des Mieters gegen den Eigennutzungswunsch des Vermieters, muss sich das Gericht nicht von sich aus mit dem Eigenbedarf auseinandersetzen (BVerfG, Beschluss v. 7.5.2001, a. a. O.).

Auf die „generelle Eignung" der frei gewordenen Wohnung darf jedoch nicht abgestellt werden, da dieser Maßstab verfassungsrechtlich unzulässig ist (BVerfG, Beschluss v. 7.11.1990, 1 BvR 416/90, NJW 1991 S. 158).

Vielmehr kommt es darauf an, ob die Räume im konkreten Einzelfall nach Größe, Lage und Zuschnitt geeignet sind, den Wohnbedarf ohne wesentliche Abstriche gegenüber der gekündigten Wohnung zu befriedigen.

Das Gericht darf seine eigenen Vorstellungen nicht an die Stelle derjenigen des Eigentümers setzen. Dementsprechend muss sich der Vermieter **nicht** auf eine Alternativwohnung verweisen lassen, wenn die gekündigte Wohnung **erheblich größer** ist (LG Hamburg, Urteil v. 9.1.2003, 307 S 118/02, ZMR 2003 S. 265).

Beispiel

Ein jung verheiratetes Ehepaar, das in eine 74 m² große 3-Zimmer-Wohnung ziehen will, muss sich nicht auf eine deutlich kleinere 2-Zimmer-Wohnung verweisen lassen (BVerfG, Beschluss v. 7.11.1990, 1 BvR 416/90, NJW 1991 S. 158); ebenso OLG Düsseldorf (Urteil v. 11.6.1992, 10 U 168/91, WuM 1993 S. 49), wonach eine Wohnung mit 59 m² keine geeignete Alternativwohnung gegenüber einer 70 m² großen Wohnung darstellt.

Dementsprechend hat das Gericht auch zu akzeptieren, wenn der Vermieter im Hinblick auf die beabsichtigte Eheschließung und die Verwirklichung des Kinderwunsches eine 150 m² große 5-Zimmer-Wohnung beziehen will und die 100 m² große Alternativwohnung für zu klein hält (BVerfG, Beschluss v. 2.2.1994, 1 BvR 1422/93, NJW 1994 S. 995).

Bei einer **Dachgeschosswohnung**, in der die vorhandene Wohnfläche durch Dachschrägen und Stützpfeiler beeinträchtigt und die Aufstellung der bisher eingelagerten Möbel des Vermieters nur eingeschränkt möglich ist, kommt es auf die vom Gericht zu prüfenden Umstände des Einzelfalls an, ob diese Wohnung als geeignete Alternativwohnung angesehen werden kann. Jedenfalls ist es dem Fachgericht verwehrt, die Eignung als Alternativwohnung ohne Erhebung der angebotenen Beweise, z. B. Inaugenscheinnahme, zu bejahen (BVerfG, Beschluss v. 30.6.1994, 1 BvR 2048/93, NJW 1994 S. 2605).

Sind aber die gekündigte Wohnung und die Alternativwohnung baugleich und im gleichen Gebäude und weiterhin auch die Unterschiede im Stockwerk und der Zeitpunkt des möglichen Bezugs nicht gravierend, scheidet eine Inanspruchnahme der Alternativwohnung nicht von vornherein aus (BVerfG, Beschluss v. 13.11.1990, a. a. O.).

Dagegen kann vom Vermieter nicht die Inanspruchnahme der Alternativwohnung verlangt werden, wenn diese ungünstiger liegt (z. B. zum Arbeitsplatz; vgl. LG Duisburg, Urteil v. 31.7.1990, 7 S 107/90, WuM 1990 S. 512; oder zur Vermieterwohnung bei Benötigung einer Pflegekraft vgl. LG Frankfurt/M., Urteil v. 31.7.1990, 7 S 107/90, WuM 1990 S. 79) oder wenn sich aus der Alternativwohnung wesentlich höhere Mieteinnahmen erzielen lassen (vgl. LG Mannheim, Urteil v. 13.11.1991, 4 S 135/91, DWW 1993 S. 140 bei Mehreinnahmen von 2.097 DM jährlich; LG Düsseldorf, Urteil v. 24.2.1989, 21 S 468/88, WuM 1989 S. 248; LG Hannover, Urteil v. 24.2.1989, 10 S 93/88, WuM 1989 S. 302; a. A. LG Stuttgart, Urteil v. 27.6.1991, 6 S 457/90, WuM 1991 S. 493). Der Vermieter ist nicht verpflichtet, eine wesentliche Vergrößerung ohnehin bestehender Verluste hinzunehmen oder Teile seiner Einkünfte aus seiner Berufstätigkeit zur Abwendung dieser Verluste zu verwenden, um dem Mieter die Wohnung zu erhalten (LG Mannheim, a. a. O.).

Trägt der Vermieter vor, die frei gewordene Wohnung wolle er nicht beziehen, weil sich diese nicht wie die gekündigte Wohnung mit weiteren Räumen des Anwesens **verbinden** lasse und somit seinen gestiegenen Wohnbedarf nicht erfüllen könne, muss sich das Instanzgericht mit diesem Vorbringen auseinandersetzen und prüfen, ob dieser Vortrag im konkreten Fall einen vernünftigen und nachvollziehbaren Grund darstellt. Gleiches gilt für das Vorbringen des Vermieters, der Eigenbedarf sei erst nach Weitervermietung der freien Wohnung entstanden (BVerfG, Beschluss v. 10.7.1992, 1 BvR 1614/91, WuM 1992 S. 513).

Der Vermieter muss sich nicht auf die Alternativwohnung verweisen lassen, wenn diese bereits vor Auftreten des Eigenbedarfs dem allgemeinen Wohnungsmarkt nicht zur Verfügung gestanden hatte, z. B. weil sie zur Vermietung als Ferienwohnung bestimmt war (BVerfG, Beschluss v. 3.10.1989, 1 BvR 558/89, DWW 1990 S. 16; Weber/Marx, IX/S. 94).

Insoweit ist die durch Art. 14 Abs. 1 S. 2 GG geschützte Dispositionsfreiheit des Eigentümers zu respektieren und seine Entscheidung hinzunehmen, wie er die Nutzung seiner sonstigen Eigentumsgegenstände festgelegt hat.

> Hatte sich der Eigentümer daher entschlossen, weitere Immobilien nicht dem allgemeinen Wohnungsmarkt zur Verfügung zu stellen, sondern gewerblich zu nutzen und so die finanzielle Grundlage für seine eigenverantwortliche Lebensgestaltung zu schaffen, und hält er bei Auftreten des Eigenbedarfs an diesem Entschluss fest, muss der Richter das akzeptieren.

Er darf sich nicht in den Entscheidungsprozess, der zu dieser Festlegung geführt hat, hineinbegeben (BVerfG, Beschluss v. 3.10.1989, a. a. O.).

7 Anbietpflicht des Vermieters

Strittig ist, ob der Vermieter verpflichtet ist (§ 242 BGB), dem Mieter die frei gewordene, aber für den Vermieter ungeeignete Alternativwohnung bzw. dessen frei werdende Alternativwohnung zur Anmietung **anzubieten** (so z. B. LG Hamburg, Urteil v. 17.9.1991, 316 S 65/91, WuM 1992 S. 192; vgl. auch LG Münster, Urteil v. 22.5.1991, 1 S 45/91, WuM 1991 S. 691; a. A. LG Frankenthal, Urteil v. 11.10.1989, 2 S 203/89, WuM 1990 S. 79). Eine entsprechende Obliegenheit des Vermieters besteht dann, wenn **im selben** Hausanwesen nach Zugang der Kündigung eine andere Wohnung frei geworden ist und keine Umstände vorliegen, die eine Neubegründung eines Mietverhältnisses mit dem gekündigten Mieter als unzumutbar erscheinen lassen (OLG Karlsruhe, RE v. 27.1.1993, 3 RE-Miet 2/92, DWW 1993 S. 40).

Dementsprechend hat der BGH entschieden, dass sich die Anbietpflicht des Vermieters **räumlich** nur auf leer stehende oder frei werdende Wohnungen im **selben Haus** oder in **derselben Wohnanlage** erstreckt. Eine Anbietpflicht für eine dem Vermieter gehörende, aber mehrere Kilometer entfernte Wohnung hat der BGH ausdrücklich abgelehnt. Wohnungen des Vermieters in demselben Stadt- bzw. Ortsteil kommen daher (entgegen der Auffassung des LG Berlin, Urteil v. 21.9.1999, 64 S 113/99, ZMR 1999 S. 825) als Ersatzwohnung nicht infrage.

Ferner ist die Anbietpflicht auf **vergleichbare** Wohnungen aus dem Bestand des Vermieters beschränkt. Insofern ist aber z. B. eine Vergleichbarkeit einer frei werdenden 2-Zimmer-

Wohnung von ca. 60 m^2 mit der gekündigten 1-Zimmer-Wohnung von ca. 40 m^2 Größe nicht von vornherein ausgeschlossen (BGH, Urteil v. 13.10.2010, VIII ZR 78/10, NJW 2010 S. 3775).

Dagegen kommt es für die Anbietpflicht **nicht** darauf an, ob die Wohnung für den Mieter **objektiv** geeignet ist (z.B. wegen beschwerlicher Treppen). Die Entscheidung, ob der leer stehende Wohnraum für seine Wohnbedürfnisse – ggf. nach Ausstattung mit Einrichtungen (hier: Treppenlift) – geeignet ist, obliegt ausschließlich dem wegen Eigenbedarfs gekündigten Mieter (LG Berlin, Urteil v. 3.2.2009, 65 S 303/08, ZMR 2010 S. 38; so bereits BVerfG, Urteil v. 28.1.1992, NJW 1992 S. 1220; s. auch AG Mainz, Urteil v. 20.10.2006, 87 C 288/05, WuM 2007 S. 74).

Zeitlich ist die Anbietpflicht begrenzt bis zum **Ende des Mietverhältnisses**. Dies bedeutet, dass dem Mieter nur eine bis zu diesem Zeitpunkt frei werdende Wohnung angeboten werden muss. Anderenfalls würde derjenige Mieter privilegiert, der auch nach dem Ende des Mietverhältnisses in der Wohnung bleibt und es auf einen lang andauernden Rechtsstreit ankommen lässt. Der BGH verneint daher ausdrücklich eine Anbietpflicht für Wohnungen, die erst während des Räumungsprozesses frei werden (BGH, Beschlüsse v. 9.7.2003, VIII ZR 311/02 und VIII ZR 276/02, WuM 2003 S. 463, 464). Dies gilt auch dann, wenn die Alternativwohnung bereits kurze Zeit nach Ende des gekündigten Mietverhältnisses frei wird. Hat der Vermieter das Mietverhältnis wegen Eigenbedarfs z.B. zum 28.2.2006 gekündigt und kündigt in demselben Haus ein Mieter eine vergleichbare Wohnung (Alternativwohnung) zum 31.3.2006, muss der Vermieter diese Wohnung dem gekündigten Mieter nicht anbieten (BGH, Urteil v. 4.6.2008, VIII ZR 292/07, NZM 2008 S. 642).

Dagegen muss der Vermieter dem gekündigten Mieter eine Wohnung, die nach Erklärung der Kündigung wegen Eigenbedarfs im Haus frei wird, auch dann anbieten, wenn er die Wohnung sanieren will und für ihn mangels Bauzeitenplan nicht absehbar ist, wann die Wohnung zur Vermietung zur Verfügung steht (LG Köln, Beschluss v. 3.5.2013, 10 S 51/12, ZMR 2013 S. 721).

Die Anbietpflicht beruht darauf, dass der Mieter bei einer Kündigung wegen Eigenbedarfs die Wohnung aufgeben muss, obwohl er sich vertragstreu verhalten hat. Der Vermieter ist daher gehalten, seine Interessen so schonend wie möglich durchzusetzen, damit die unerwünschten Folgen der allein aus der Sphäre des Vermieters herrührenden Kündigung so gering wie möglich bleiben.

Zur ordnungsgemäßen Erfüllung der Anbietpflicht muss der Vermieter den Mieter über die wesentlichen **Bedingungen** der Anmietung wie Größe und Ausstattung der Wohnung sowie der Mietkonditionen informieren. Dies gilt, wie der BGH bereits entschieden hat, aber nur für **vergleichbare** Wohnungen, die im selben Haus oder in derselben Wohnanlage innerhalb der **Kündigungsfrist** frei werden (BGH, Urteil v. 13.10.2010, VIII ZR 78/10, NJW 2010 S. 3775).

Dabei muss das Angebot zum Abschluss eines Mietvertrags über die frei werdende Wohnung zu angemessenen Bedingungen erfolgen. Allerdings wird der Vermieter nach Ausspruch einer Eigenbedarfskündigung seiner Anbietpflicht auch dann gerecht, wenn er dem Mieter eine Alternativwohnung zu einem **über** der **ortsüblichen** Vergleichsmiete liegenden Mietzins anbietet (LG Berlin, Beschluss v. 7.8.2014, 67 S 280/14, MDR 2015 S. 148).

Der Vermieter darf die freistehende oder frei werdende Alternativwohnung ohne sachlichen Grund nicht lediglich mit einem Zeitmietvertrag anbieten und vom Mieter ohne konkrete Anhaltspunkte für Zahlungsschwierigkeiten vor der Besichtigung einen Einkommensnachweis verlangen (LG Berlin, Beschluss v. 10.3.2014, 18 S 349/13, GE 2014 S. 1006).

Erfüllt der Vermieter diese Obliegenheiten nicht, kann der Mieter die Räumung der Wohnung mit dem Einwand des Rechtsmissbrauchs verweigern. Dies gilt auch, wenn der Vermieter die Wohnung nicht anbietet, weil er irrig glaubt, diese sei durch den beauftragten Makler schon vermietet worden (LG Köln, Urteil v. 7.8.2001, 12 S 70/01, NZM 2002 S. 821; zum Angebot einer überteuerten Ersatzwohnung vgl. LG Mannheim, Urteil v. 18.10.1995, 4 S 87/95, ZMR 1996 S. 34).

Eine Anbietpflicht besteht **nicht**, wenn besondere Umstände die Neubegründung eines Mietverhältnisses mit dem gekündigten Mieter als unzumutbar erscheinen lassen, z. B. bei vertragswidrigem Verhalten des Mieters (OLG Karlsruhe, a. a. O.). Nach Auffassung des LG Mannheim (Urteil v. 3.4.1996, 4 S 148/95, WuM 1996 S. 475) muss es sich insofern jedoch um Vertragsverletzungen handeln, die den Tatbestand der außerordentlichen oder ordentlichen Kündigung erfüllen, da „Spannungen" unterhalb der Kündigungsschwelle die Anbietpflicht nicht berühren.

Nach einer neueren Entscheidung des BVerfG besteht eine Anbietpflicht auch dann nicht, wenn der Vermieter die **leer stehende Wohnung** dem allgemeinen Wohnungsmarkt nicht mehr zur Verfügung stellen wollte, da eine solche Anbietpflicht allenfalls für Wohnungen erwogen werden kann, die leer stehen **und** die der Vermieter ohnehin zu vermieten beabsichtigt (BVerfG, Beschluss v. 23.11.1993, 1 BvR 904/93, NJW 1994 S. 435). Dabei entscheidet allein der Vermieter, welche Wohnungen aus seinem Bestand er für eine Vermietung vorsieht. In diese Disposition dürfen die Fachgerichte nicht eingreifen, indem sie eine Anbietpflicht auch für solche Wohnungen entwickeln, die der Vermieter gerade nicht anderweitig vermieten, sondern selbst, z. B. als Übergangswohnung während der Bauzeit, nutzen möchte. Vielmehr müssen sie den Entschluss des Eigentümers, weitere Immobilien nicht dem Wohnungsmarkt zur Verfügung zu stellen, akzeptieren und dürfen ihm nicht eine bestimmte Nutzung seiner Eigentumsgegenstände vorschreiben (so BVerfG, Beschluss v. 3.10.1989, 1 BvR 558/89, DWW 1990 S. 16).

Ferner besteht keine Anbietpflicht, wenn die Alternativräume bisher **nicht** zu **Wohn**zwecken (hier: Arztpraxis) vermietet waren oder Wohnräume bisher **möbliert** vermietet wurden und der Mieter kein Interesse an der möblierten Anmietung dargelegt hat. Bei Abwägung der grundrechtlich geschützten Parteieninteressen ist dem Vermieter regelmäßig nicht zuzumuten, auf die bessere wirtschaftliche Verwertung durch die möblierte Vermietung zu verzichten (OLG Düsseldorf, Urteil v. 2.4.2009, I-10 U 149/08, ZMR 2010 S. 176).

Gleiches gilt, wenn die im Haus frei werdenden Räumlichkeiten nicht als Wohnung, sondern zu **gewerblichen** Zwecken genutzt worden sind. Auch in diesem Fall verletzt der wegen Eigenbedarfs kündigende Vermieter nicht die ihm obliegende Anbietpflicht von Alternativräumen, wenn er diese dem Mieter nicht anbietet (BGH, Urteil v. 21.12.2011, VIII ZR 166/11, NJW-RR 2012 S. 341).

Nach anderen Entscheidungen **entfällt** die Anbietpflicht des Vermieters auch, wenn die frei werdende Wohnung bereits seit längerer Zeit einem Dritten versprochen ist (LG Regensburg, Urteil v. 6.11.1990, S 190/90, WuM 1991 S. 109), der Mieter das Vertrauensverhältnis durch sein Verhalten erschüttert hat (LG Karlsruhe, Urteil v. 9.11.1990, 9 S 293/90, WuM 1991 S. 41) oder Mieter und Vermieter verfeindet sind und die Alternativwohnung im persönlichen Lebens- und Wohnbereich des Vermieters gelegen ist (LG Regensburg, a. a. O.).

Hat der Vermieter dem Mieter geeigneten Ersatzwohnraum angeboten, kann der Mieter gegenüber dem Eigenbedarf des Vermieters auch nicht den **Härtegrund** fehlenden Wohnraums geltend machen (LG Waldshut-Tiengen, Urteil v. 11.3.1993, 1 S 38/92, WuM 1993 S. 349; vgl. „Kündigungsschutz", Abschnitt 3 „Die Sozialklausel (§ 574 BGB)").

Die Entscheidung des Gerichts über die Streitfrage, ob der Vermieter verpflichtet ist, dem Mieter im Fall der Eigenbedarfskündigung eine vergleichbare freie Wohnung zum Bezug anzubieten, unterliegt nicht der Überprüfung durch das Bundesverfassungsgericht (BVerfG, Beschluss v. 28.1.1992, 1 BvR 1054/91, WuM 1992 S. 180). Jedoch kann das Gericht eine solche Pflicht nicht allein mit der Begründung verneinen, die zur Verfügung stehende Wohnung sei für den gekündigten Mieter zu klein. Diese Auffassung verletzt das Recht des Mieters auf freie Entfaltung seiner Persönlichkeit, wozu auch gehört, dass der Mieter seinen Wohnbedarf nach seinen eigenen Vorstellungen bestimmen, also auch einschränken darf.

Allerdings sind die Gerichte nicht gehindert zu prüfen, ob eine dem Vermieter nicht mehr zumutbare **Überbelegung** vorliegt oder der Bezug der Wohnung gegen bau- oder polizeirechtliche Vorschriften verstoßen würde. Liegen solche Umstände vor, kann in der Ablehnung der Anbietpflicht kein Verstoß gegen Mietergrundrechte gesehen werden (BVerfG, a.a.O.).

Zur Frage, unter welchen Voraussetzungen der Vermieter im Fall einer Eigenbedarfskündigung verpflichtet ist, dem Mieter Auskunft über seinen Grundbesitz und über freie, frei gewordene bzw. gekündigte Wohnungen zu geben, vgl. LG München I, Urteil v. 29.3.1995, 14 S 14170/94, WuM 1996 S. 38; LG Berlin, Urteil v. 30.9.1993, 67 S 47/93, WuM 1994 S. 75.

Im **Kündigungsschreiben** muss der Vermieter grundsätzlich **keine** Ausführungen über seinen **Wohnungsbestand** machen (LG München I, Urteil v. 8.5.2002, 14 S 20871/01, NZM 2003 S. 20). Wird dieser in der Kündigungsbegründung aber trotzdem angesprochen, z.B. durch die Darlegung, dass eine oder mehrere bestimmte Wohnungen als geeignete Alternativwohnungen nicht infrage kommen, muss der Grundbesitz **vollständig** offengelegt werden; anderenfalls könnte beim Mieter der unzutreffende Eindruck erweckt werden, dass der Vermieter über weiteren Grundbesitz nicht verfügt (LG München I, a.a.O.; vgl. hierzu auch LG Berlin, Urteil v. 30.9.1993, 67 S 47/93, NJW-RR 1994 S. 850; LG Bielefeld, Urteil v. 7.4.1993, 2 S 65/93, WuM 1993 S. 539).

8 Weit überhöhter Wohnbedarf

Der Vermieter wird durch Art. 14 Abs. 1 S. 1 GG in seiner Freiheit geschützt, die Wohnung bei Eigenbedarf selbst zu nutzen oder durch privilegierte Angehörige nutzen zu lassen. Dabei haben die Mietgerichte den Entschluss des Vermieters, die vermietete Wohnung nunmehr selbst zu nutzen oder durch den – eng gezogenen – Kreis privilegierter Dritter nutzen zu lassen, grundsätzlich zu achten und ihrer Rechtsfindung zugrunde zu legen. Ebenso haben die Mietgerichte grundsätzlich zu respektieren, welchen **Wohnbedarf** der Vermieter für sich oder seine Angehörigen als angemessen ansieht. Die Gerichte sind daher nicht berechtigt, ihre Vorstellungen von angemessenem Wohnen verbindlich an die Stelle der Lebensplanung des Vermieters (oder seiner Angehörigen) zu setzen (BGH, Urteil v. 4.3.2015, VIII ZR 166/14 unter Hinweis auf die ständige Rechtsprechung des Bundesverfassungsgerichts).

Zur Wahrung der berechtigten Belange des Mieters sind dem Erlangenswunsch des Vermieters allerdings Grenzen gesetzt. Die Gerichte dürfen den Eigennutzungswunsch des Vermieters daraufhin überprüfen, ob dieser Wunsch ernsthaft verfolgt wird, ob er von vernünftigen und nachvollziehbaren Gründen getragen ist (BGH, RE v. 20.1.1988, a. a. O.; s. Abschnitt 3 „Berechtigte Interessen des Vermieters“), ob die Wohnung die Nutzungswünsche des Vermieters überhaupt erfüllen kann (s. Abschnitt 5 „Ernsthaftigkeit des Nutzungswunsches“) oder ob der Wohnbedarf in einer anderen (frei gewordenen) Wohnung des Vermieters ohne wesentliche Abstriche befriedigt werden kann (s. Abschnitt 6 „Eigenbedarf trotz Alternativwohnung“). Zusätzlich wird der Mieter über die sog. Sozialklausel des § 574 BGB geschützt, indem er Härtegründe anbringen kann (s. „Kündigungsschutz“, Abschnitt 3a „Sozialklausel“).

Ferner haben die Gerichte zu prüfen, ob mit dem Erlangungswunsch ein **weit überhöhter** und damit rechtsmissbräuchlicher Wohnbedarf geltend gemacht wird. Dabei haben die Gerichte allerdings zu respektieren, welchen Wohnbedarf der Vermieter für sich oder seine Angehörigen als angemessen ansieht. Die Gerichte sind nicht berechtigt, ihre Vorstellungen von angemessenem Wohnen verbindlich an die Stelle der Lebensplanung des Vermieters (oder seiner Angehörigen) zu setzen.

Die Gerichte müssen ihre Wertung unter **Abwägung** der beiderseitigen Interessen anhand objektiver Kriterien und unter konkreter Würdigung der Einzelfallumstände treffen.

Pauschale oder formelhafte Wendungen, wie etwa Wohnungen einer bestimmten Größenordnung seien generell für eine bestimmte Personenzahl „ausreichend“, erfüllen diese Anforderungen nicht. Rechtsfehlerhaft ist daher die in der Instanzrechtsprechung und im Schrifttum teilweise vertretene Auffassung, ein von einer alleinstehenden Person mit geringen Einkünften (z. B. Student oder Auszubildender) beanspruchter Wohnbedarf von etwa 100 m^2 sei unangemessen, sofern nicht besondere Gründe einen erhöhten Bedarf rechtfertigten. Diese Auffassung verkennt, dass dem Vermieter nach der Rechtsprechung des Bundesverfassungsgerichts ein weiter **Ermessensspielraum** bei der Bedarfsbemessung eingeräumt wird.

Der vom Vermieter angemeldete Wohnbedarf darf nicht auf Angemessenheit, sondern nur auf **Rechtsmissbrauch** überprüft werden. Rechtsmissbräuchlich ist aber nicht schon der überhöhte, sondern erst der **weit überhöhte** Wohnbedarf. Allerdings lassen sich keine Richtwerte aufstellen, ab welcher Grenze bei einem Alleinstehenden von einem weit überhöhten Wohnbedarf auszugehen ist. Diese Beurteilung hängt nämlich nicht allein von der in Anspruch genommenen Wohnfläche oder der Anzahl der Räume ab, sondern von einer umfassenden Würdigung der gesamten **Umstände des Einzelfalls**. Hierbei können neben der Wohnfläche und der Anzahl der Zimmer viele weitere Faktoren eine Rolle spielen, etwa der Zuschnitt und die Ausstattung der Wohnung, die Bedürfnisse der Bedarfsperson (z. B. ob diese ein Arbeitszimmer benötigt), ihr Lebensentwurf und ihre Lebensplanungen, die persönlichen und wirtschaftlichen Verhältnisse der Bedarfsperson und des (ggf. unterhaltspflichtigen) Vermieters, die Lage auf dem Wohnungsmarkt, die Höhe der von der Bedarfsperson zu zahlenden oder vom Vermieter erlassenen Miete sowie die Frage, ob die gekündigte Wohnung nur sporadisch genutzt werden soll. Von Bedeutung sein kann schließlich, ob auch der Mieter für seine Eigennutzung einen großzügigen Maßstab angelegt hat (BGH, Urteil v. 4.3.2015, a. a. O. unter Verweis auf BVerfG, NJW 1994 S. 2605). So darf das Gericht z. B. den Eigenbedarf des Vermieters nicht mit dem formelhaften Hinweis verneinen, eine 65 m^2 große 3-Zimmer-Wohnung sei groß genug für einen 2-Personen-Haushalt (BVerfG, Beschluss v. 19.3.1993, 1 BvR 1714/92, WuM 1994 S. 130) oder eine 150 m^2 große 5-Zimmer-Wohnung stelle zwingend einen überhöhten Wohnbedarf für ein unverheiratetes Paar dar (BVerfG, Beschluss v. 2.2.1994, 1 BvR 1422/93, NJW 1994 S. 995; vgl. auch BVerfG, Beschluss v. 30.6.1994, 1 BvR 2048/93, NJW 1994 S. 2605, wonach die Gerichte grundsätzlich auch akzeptieren müssen, dass der Vermieter mit seiner Lebensgefährtin eine 156 m^2 große 5,5-Zimmer-Wohnung beziehen will; so auch LG Gießen, Urteil v. 20.4.1994, 1 S 29/94, ZMR 1994 S. 565: Eine 5-Zimmer-Wohnung kann nicht grundsätzlich als deutlich zu groß für zwei Personen angesehen werden, wobei es auch nicht Aufgabe der Gerichte sein kann, Wohnbedarfsplanung zu betreiben).

Auch die Nutzung einer 130 m^2 großen 4-Zimmer-Wohnung durch eine alleinerziehende Mutter mit Kleinkind ist weder unvernünftig noch überzogen. Die Nutzung von drei Zimmern als Wohn-, Schlaf- und Kinderzimmer nur durch die Vermieterin und ihr Kleinkind entspricht heute üblichen Wohnverhältnissen. Eine Wohnung dieser Größe mit einem zusätzlichen vierten Zimmer ist zwar komfortabel, aber nicht unverhältnismäßig. Es ist weder Aufgabe der Mieterin noch der Gerichte, die vernünftigen Pläne der Eigentümerin zu bewerten oder infrage zu stellen (BerlVerfGH, Beschluss v. 18.6.2014, VerfGH 153/13, GE 2014 S. 997).

Dementsprechend müssen die Mietgerichte akzeptieren, dass der Vermieter seiner Tochter und deren Lebensgefährten eine 150 m^2 große 5-Zimmer-Wohnung zur Realisierung der beabsichtigten Familiengründung und des Kinderwunsches überlässt (BVerfG, Beschluss v. 20.2.1995, 1 BvR 665/94, WuM 1995 S. 260). Auch die Nutzung von 200 m^2 Wohnfläche für eine dreiköpfige Familie stellt keinen überhöhten Wohnraumbedarf dar. Insbesondere dann nicht, wenn der Vermieter nachvollziehbar vorgetragen hat, dass er auch ein Arbeitszimmer benötigt (LG Berlin, Urteil v. 7.5.2014, 18 S 34/13, GE 2015 S. 58).

Bei der Beurteilung des Bedarfs ist nicht nur der Wohnbedarf zu berücksichtigen, sondern auch ein Bedarf für Arbeits-/Bürozwecke, für ein Gästezimmer nebst Bad und WC (vgl. LG Hamburg, WuM 1994 S. 683), für Abstellflächen, falls zur Wohnung keine Nebenräume gehören, und insbesondere Raumbedarf für Kinder bei einer Familie mit konkretem Kinderwunsch. Dieser Bedarf kann auch bereits dann berücksichtigt werden, wenn noch keine Schwangerschaft vorliegt. Dem Vermieter kann nicht zugemutet werden, mit der Eigenbedarfskündigung zu warten, bis eine Schwangerschaft eingetreten ist (AG Hamburg, Urteil v. 4.8.2009, 49 C 100/08, ZMR 2010 S. 453; so auch Sternel, Mietrecht, 4. Aufl., XI Rn. 45). Unter Berücksichtigung einer solchen Bedarfssituation stellen auch 280 m^2 Wohnfläche keinen überhöhten Eigenbedarf dar (AG Hamburg, a. a. O.).

Auch die Kündigung eines Mietobjekts mit **432 m^2 Wohnfläche** ist nicht rechtsmissbräuchlich (§ 242 BGB), wenn der Vermieter im Kündigungsschreiben vernünftige und nachvollziehbare Gründe für den geltend gemachten Eigenbedarf anführt (LG Hamburg, Urteil v. 24.4.2003, 307 S 127/02, ZMR 2004 S. 39 unter ausdrücklichem Hinweis auf die Entscheidung des BVerfG, Beschluss v. 20.2.1995, 1 BvR 665/94, NJW 1995 S. 1480, wonach die Gerichte bei einer derartigen Sachlage nicht berechtigt sind, abweichende Vorstellungen von angemessenem Wohnen verbindlich an die Stelle der Lebensplanung des Eigentümers zu setzen).

Bei der Entscheidung der Frage, ob überhöhter Wohnbedarf vorliegt, müssen die Gerichte zur Vermeidung eines Wertungswiderspruchs auch den derzeitigen Wohnbedarf des gekündigten Mieters berücksichtigen. Will z. B. der Vermieter zusammen mit seiner Lebensgefährtin in eine 5,5-Zimmer-Wohnung einziehen, wird der Einwand eines überhöhten Wohnbedarfs wohl unbegründet sein, wenn die gekündigte Wohnung derzeit auch nur von zwei Personen bewohnt ist (vgl. BVerfG, Beschluss v. 30.6.1994, a. a. O.).

Der Vermieter sollte daher bereits im Kündigungsschreiben sämtliche Umstände vortragen, die für die Inanspruchnahme des Wohnraums und gegen den Vorwurf eines weit überhöhten Wohnbedarfs sprechen.

Für die Begründung, dass die derzeit bewohnte Wohnung zu klein ist, ist die Angabe der Anzahl der bisher zur Verfügung stehenden Zimmer und der Größe der Familie hinreichend aussagekräftig und damit ausreichend. Die konkrete Angabe von Wohnflächen kann nicht verlangt werden. Ferner kann auch eine Konkretisierung des in der Kündigung behaupteten **Kinderwunsches** (durch eine zum Zeitpunkt der Kündigung oder während des längeren Räumungsprozesses eintretende Schwangerschaft) nicht verlangt werden (BVerfG, Beschluss v. 3.2.2003, 1 BvR 619/02, WuM 2003 S. 435). Nur wenn begründete Zweifel an den vorgetragenen Gründen vorliegen, muss das Gericht diesen nachgehen (BVerfG, Kammerbeschluss v. 20.2.1995, 1 BvR 665/94, WuM 1995 S. 260).

Die Inanspruchnahme **überdurchschnittlicher Wohnflächen** wurde vom BVerfG als vernünftig und nachvollziehbar anerkannt, wenn der Vermieter wegen seiner selbstständigen Tätigkeit ein Arbeitszimmer benötigt, für die Betreuung seines Kindes ein Au-pair-Mädchen in seinen Haushalt aufnehmen will oder zusätzliche Flächen für die Unterbringung einer Sammlung benötigt (vgl. BVerfG, Beschluss v. 31.1.1994, 1 BvR 1465/93, NJW 1994 S. 994, wonach die Fachgerichte dem Vermieter nicht vorschreiben dürfen, dass er seine bereits vorhandene Puppensammlung statt in der Wohnung aufzustellen außerhalb derselben in Kisten verpackt lagern muss).

Das Fachgericht darf in die Pläne des Vermieters auch dann nicht korrigierend eingreifen, wenn dieser seine künftige Lebens- und Wohngestaltung dahin ausrichten möchte, **Wohn- und Arbeitsstätte** im selben Haus zu haben und eine repräsentative Wohnung zu besitzen, um dort Geschäftspartner in wohnlicher Atmosphäre bewirten zu können. Dieser Umstand ist auch nicht geeignet, den Wohnzweckcharakter der beanspruchten Räume aufzuheben (BVerfG, Beschluss v. 30.6.1994, a. a. O.).

Ferner liegt kein überhöhter Bedarf vor, wenn dem 36-jährigen berufstätigen Sohn ein 168 m^2

großes Einfamilienhaus zur Verfügung gestellt wird (LG Köln, Urteil v. 30.6.1993, 10 S 118/93, WuM 1995 S. 110). Kein überhöhter Wohnbedarf auch bei Überlassung einer 4-Zimmer-Wohnung an den Sohn und dessen Lebensgefährtin (LG Kassel, Beschluss v. 19.4.1989, 1 S 9/89, WuM 1989 S. 416; LG Hannover, Urteil v. 11.8.1989, 8 S 144/89, WuM 1989 S. 418), einer 3-Zimmer-Wohnung mit 75 m^2 an eine Einzelperson (LG Hamburg, Urteil v. 17.6.1994, 311 S 93/93, WuM 1994 S. 683), einer 107 m^2 großen Wohnung an die studierende Tochter (BVerfG, Kammerbeschluss v. 23.8.1990, 1 BvR 440/90, WuM 1990 S. 479) oder einer 92 m^2 großen Wohnung an den studierenden Sohn, insbesondere dann, wenn damit auch Kostenvorteile verbunden sind, z.B. weil die Miete, die der Sohn derzeit bezahlt, höher ist als die der gekündigten Wohnung oder der Vermieter die Möglichkeit hat, den Sohn zu besuchen und dort zu übernachten und damit Hotelkosten einsparen kann (LG Potsdam, Urteil v. 23.12.2004, 11 S 125/04, GE 2004 S. 187).

Will der Vermieter die Wohnung einem Angehörigen zusammen mit einer weiteren Person bzw. weiteren Personen zur Verfügung stellen und bemisst er auf dieser Grundlage den aus seiner Sicht angemessenen Wohnbedarf, ist diese Entscheidung von den Gerichten zu respektieren und bei der Prüfung, ob ein „weit überhöhter" Wohnbedarf vorliegt, zu berücksichtigen.

Unbeachtlich ist insofern, ob es sich bei dem bzw. den Dritten um Personen handelt, mit denen der Angehörige eine in der Regel auf Dauer geplante **Lebens**gemeinschaft oder lediglich eine regelmäßig zeitlich beschränkte (z. B. studentische) **Wohn**gemeinschaft bilden will. Der Entschluss eines Alleinstehenden, eine kameradschaftliche Wohngemeinschaft zu bilden, ist – so der BGH – in der pluralistisch und liberal geprägten Gesellschaft der Bundesrepublik Deutschland ebenso anerkennenswert wie der Entschluss von Lebensgefährten, gemeinsam eine Wohnung zu beziehen. Dem steht auch nicht entgegen, dass eine solche Wohngemeinschaft regelmäßig **zeitlich begrenzt** ist (z. B. auf die Dauer des Studiums), da auch ein zeitlich begrenzter Bedarf eine Eigenbedarfskündigung rechtfertigen kann (so z. B. BVerfG, Urteil v. 23.4.2014, 1 BvR 2851/13, NJW 2014 S. 2417). Dabei lässt sich keine feste zeitliche Grenze ziehen. Im Hinblick auf die Mobilität der heutigen Gesellschaft dürfen allerdings auch an die Dauer des geltend gemachten Eigenbedarfs keine allzu strengen Anforderungen gestellt werden. Dementsprechend wird häufig sogar einem Eigenbedarfswunsch, der lediglich auf etwa **ein Jahr** ausgerichtet ist, nicht abgesprochen werden können, dass er auf vernünftigen und nachvollziehbaren Gründen beruht. Je nach den Umständen des Einzelfalls kann aber auch ausnahmsweise ein kürzerer Zeitraum eine Eigenbedarfskündigung rechtfertigen oder umgekehrt eine Eigenbedarfskündigung trotz einer in Aussicht genommenen Nutzung von einem Jahr ausgeschlossen sein (BGH, Urteil v. 4.3.2015, a. a. O.)

> Die Entscheidung, ob überhöhter Wohnbedarf geltend gemacht wird, richtet sich nach den **gegenwärtigen** Lebensumständen und nicht nach der langfristigen Lebensplanung für den gegenwärtig nicht gegebenen Fall (BVerfG, Beschluss v. 23.8.1990, 1 BvR 440/90, NJW 1990 S. 3259; LG Kiel, a.a.O.).

Solche gegenwärtigen Lebensumstände sind jedoch bereits gegeben, wenn der Vermieter seiner Tochter und deren Lebensgefährten wegen einer beabsichtigten Familiengründung und der Realisierung des Kinderwunsches eine 150 m^2 große 5-Zimmer-Wohnung überlassen will. Eine Konkretisierung des Kinderwunsches durch eine zum Zeitpunkt der Kündigung vorliegende oder während des Räumungsprozesses eintretende Schwangerschaft kann nicht verlangt werden. Insofern spricht auch die Tatsache, dass die Tochter unverheiratet ist, nicht gegen die Ernsthaftigkeit des Kinderwunsches (BVerfG, Beschluss v. 20.2.1995, 1 BvR 665/94, WuM 1995 S. 260).

8.1 Eignung der Wohnung zur Bedarfsdeckung

Die Gerichte haben des Weiteren zu prüfen, ob die Wohnung die Nutzungswünsche des Vermieters überhaupt erfüllen kann, d.h. geeignet ist, den geltend gemachten Bedarf zu decken (BVerfG, Urteil v. 14.2.1989, 1 BvR 308/88, 1 BvR 336/88, 1 BvR 356/88, 1 BvR 308, 336, 356/88, WuM 1989 S. 114; Kammerbeschluss v. 23.11.1993, 1 BvR 697/93, ZMR 1994 S. 59).

Daran kann es z.B. fehlen, wenn die Wohnung für den Vermieter und seine Familie erheblich zu klein ist. Auch dies darf allerdings nicht dazu führen, dass dem Eigentümer der Eigennutzungswunsch „ausgeredet wird", die Vorstellung des Gerichts also verbindlich an die Stelle der Lebensplanung des Eigentümers tritt (BVerfG, Beschluss v. 14.2.1989, a.a.O.). Ein Eigenbedarf kann daher nicht schon deshalb verneint werden, weil sich der Raumbedarf eines jungen Ehepaares bei ungewissem Familienzuwachs weiter vergrößern könnte und die vermietete Wohnung dann ungeeignet wäre (LG Landau, Urteil v. 17.3.1992, 1 S 243/91, WuM 1993 S. 678).

8.2 Öffentlich geförderter Wohnraum

Eine öffentlich geförderte Wohnung kann der Vermieter wegen Eigenbedarfs nur kündigen, wenn er oder die begünstigte Person **wohnberechtigt** ist (§ 5 WoBindG; LG Siegen, Urteil v. 19.3.1987, 3 S 86/87, WuM 1987 S. 416). Daher ist die Eigenbedarfskündigung zugunsten eines Angehörigen unwirksam, wenn der Vermieter weder im Besitz eines Freistellungsbescheids ist noch die verbindliche Zusage der zuständigen Stelle nachweist, dass er die Wohnung nach der Räumung dem Angehörigen überlassen darf (LG Essen, Urteil v. 5.3.1993, 1 S 587/92, WuM 1993 S. 676). Bei Kündigung einer **öffentlich geförderten** Wohnung muss die erforderliche Genehmigung der zuständigen Stelle im Zeitpunkt der Kündigungserklärung zwar noch nicht erteilt sein, jedoch muss der Vermieter zumindest eine entsprechende **Zusage** der Behörde vorlegen (LG München II, Urteil v. 27.4.2004, 12 S 669/04, NZM 2004 S. 907).

8.3 Unzulässig genutzte Räume

Räume, die bauordnungsrechtlich nicht als Aufenthaltsräume zugelassen, aber trotzdem zu Wohnzwecken vermietet sind (z.B. Kellerräume), können selbstständig nicht aufgrund einer Eigenbedarfskündigung herausverlangt werden, da es dann an einer Eignung zu Wohnzwecken fehlt (LG Hamburg, Urteil v. 12.4.1994, 316 S 135/93, WuM 1994 S. 432).

9 Vorhersehbarkeit des Eigenbedarfs

Nach den Ausführungen des Bundesverfassungsgerichts kann eine Kündigung wegen Eigenbedarfs auch gegen den **Grundsatz von Treu und Glauben** (§ 242 BGB) verstoßen, wenn sie aus Gründen erfolgt, die schon bei Abschluss des Mietvertrags vorlagen.

Der Vermieter setzt sich zu seinem eigenen Verhalten in Widerspruch, wenn er die Wohnung auf unbestimmte Zeit vermietet, obwohl er entweder entschlossen ist oder zumindest erwägt, in absehbarer Zeit die Wohnung oder einen Teil davon selbst in Gebrauch zu nehmen.

Der Vermieter ist daher verpflichtet, den Mieter, der mit einer längeren Dauer des Mietvertrags rechnet, vor Vertragsschluss über die Absicht oder zumindest die Aussicht einer begrenzten Mietdauer aufzuklären. Dabei ist der Mietinteressent nicht gehalten, einen möglichen Eigenbedarf des Vermieters zu erkunden (BGH, Beschluss v. 6.7.2010, VIII ZR 180/09, WuM 2010 S. 512).

Der Vermieter darf dem Mieter, der mit einer längeren Mietdauer rechnet, die mit jedem Umzug verbundenen Belastungen dann nicht zumuten, wenn er ihn über die Absicht oder zumindest die Aussicht begrenzter Mietdauer nicht aufklärt (so bereits BVerfG, Beschluss v. 14.2.1989, a.a.O.).

War der Vermieter bei Mietvertragsabschluss allerdings nicht entschlossen, alsbald Eigenbedarf geltend zu machen, und hat er ein solches

Vorgehen auch nicht erwogen, d.h., nicht ernsthaft in Betracht gezogen, liegt nach der neuen Rechtsprechung des BGH kein Rechtsmissbrauch vor; dies gilt selbst dann, wenn das künftige Entstehen eines Eigenbedarfs für den Vermieter im Rahmen einer – von Teilen der Instanzrechtsprechung erforderlich gehaltenen – „Bedarfsvorschau“ erkennbar gewesen wäre, z.B. weil zur Familie des Vermieters Kinder oder Heranwachsende gehören, von denen der Vermieter nicht weiß, wann sie sich vom elterlichen Haushalt lösen werden. Bei verständiger und objektiver Betrachtung bringt ein Vermieter nämlich dadurch, dass er dem Mieter einen unbefristeten Mietvertrag anbietet und nicht von sich aus Angaben über den Stand und die mögliche Entwicklung seiner familiären und persönlichen Verhältnisse macht (z.B. Heranwachsen von Kindern, drohende Trennung von Familienangehörigen, Erkrankung, berufliche Veränderungen) regelmäßig nicht zum Ausdruck, dass er die Möglichkeit eines alsbaldigen Eigenbedarfs unaufgefordert geprüft hat und nach derzeitigem Erkenntnisstand ausschließen kann. Würde vom Vermieter bei Abschluss eines Mietvertrags eine solche – sich nach Auffassung einiger Gerichte auf bis zu 5 Jahre ersteckende – Lebensplanung verlangt werden, würde dessen verfassungsrechtlich verbürgte Freiheit missachtet, über die Verwendung seines Eigentums innerhalb der gesetzlichen Grenzen frei zu bestimmen.

Für die – in erster Linie dem Tatrichter obliegende – Beurteilung, ob der Vermieter **entschlossen** war, alsbald Eigenbedarf geltend zu machen, oder ein solches Vorgehen **erwogen** hat, darf allerdings nicht allein auf dessen Darstellung abgestellt werden. Vielmehr kommt es auf eine Würdigung der Gesamtumstände an. Dabei kann auch auf objektive (äußere) Umstände zurückgegriffen werden, sofern diese tragfähige Anhaltspunkte für den Kenntnisstand des Vermieters liefern.

Diese neue Rechtsprechung, wonach den Vermieter **keine** Verpflichtung zu einer **„Bedarfsvorschau“** trifft, stellt den Mieter nicht schutzlos. Will er das Risiko künftiger Entwicklungen nicht auf sich nehmen, kann er – so die Empfehlung des BGH – für einen gewissen Zeitraum einen beiderseitigen Ausschluss der ordentlichen Kündigung oder einen einseitigen Ausschluss der Eigenbedarfskündigung vereinbaren (BGH, Urteil vom 4.2.2015, VIII ZR 154/14).

Dementsprechend ist auch eine Kündigung wegen Eigenbedarfs bereits **3 Jahre** nach Vertragsabschluss nicht rechtsmissbräuchlich, wenn der Eigenbedarf (z.B. des Kindes oder Enkels) erst nach Vertragsabschluss aufgrund einer Änderung der beruflichen und familiären Verhältnisse des Begünstigten entstanden und zuvor nicht absehbar gewesen ist. Dies gilt auch dann, wenn dem Mieter bei Vertragsabschluss mündlich mitgeteilt wurde, dass ein Eigenbedarf nicht in Betracht kommt, allenfalls ein Verkauf des Anwesens; der Begünstigte dann aber aufgrund einer Änderung seiner Lebensplanung das Anwesen zusammen mit seiner Partnerin beziehen will (BGH, Urteil v. 20.3.2013, VIII ZR 233/12). Die Anforderungen an eine Bedarfsvorschau sind auch überspannt, wenn von einem Vermieter, der selbst zur Miete wohnt, verlangt wird, er dürfe nur einen befristeten Mietvertrag abschließen, weil er mit einem Eigenbedarf seines Vermieters rechnen müsse (BVerfG, Beschluss v. 19.7.1993, 1 BvR 501/93, ZMR 1993 S. 505; vgl. auch BVerfG, Beschluss v. 28.5.1993, 1 BvR 1515/92, ZMR 1993 S. 363).

Ein Verstoß gegen Treu und Glauben liegt auch nicht vor, wenn der Eigentümer nach dem Wegfall eines gewerblichen Zwischenmieters mit dem Endmieter unter Hinweis auf eine Eigenbedarfslage einen Mietvertrag auf unbestimmte Zeit schließt und kurze Zeit später wegen Eigenbedarfs kündigt (LG Lübeck, Urteil v. 24.6.1993, 14 S 45/93, WuM 1993 S. 613).

Die von der Rechtsprechung zur sog. **Bedarfsvorschau** des Vermieters entwickelten Grundsätze gelten nicht, wenn in einem bereits **bestehenden** Mietverhältnis ein Mietvertrag lediglich verlängert bzw. neu abgeschlossen werden soll (BGH, Urteil v. 21.1.2009, VIII ZR 62/08, WuM 2009 S. 180). Für den Mieter ist ein sich abzeichnender Eigenbedarf des Vermieters vor allem für die Entscheidung von Bedeutung, ob er eine Wohnung überhaupt anmieten und damit das Risiko eines Umzugs nach verhältnismäßig kurzer Mietzeit eingehen will. Eine vergleichbare Interessenlage liegt daher nicht vor, wenn der Mieter in den Mieträumen bereits wohnt. Weist der Vermieter anlässlich der Novation eines langjährigen Mietvertrags nicht auf einen möglichen Eigenbedarf für seine heranwachsende Tochter hin, so steht einer Kündigung des Vermieters, mit der das Mietverhältnis zum Ablauf von rund 4 Jahren nach Erneuerung des Mietvertrags beendet werden soll, nicht der Einwand rechtsmissbräuchlichen Verhaltens entgegen (BGH, Urteil v. 21.1.2009, a. a. O.).

Kündigt der Vermieter dem Mieter, weil er am Ort seines neuen Arbeitsplatzes eine Wohnung benötigt, kann der Mieter dieser Kündigung nicht den Umstand entgegenhalten, dass der Vermieter in der Zeit, in der er noch auf Arbeitsplatzsuche war, eine vergleichbare Wohnung anderweitig vermietet bzw. ein bestehendes Mietverhältnis verlängert hat. Anderenfalls würde nach Auffassung des Bundesverfassungsgerichts (Beschluss v. 28.5.1993, 1 BvR 1515/92, NJW 1993 S. 2166) unzulässig in die Lebensplanung des Vermieters eingegriffen werden, da der Vermieter während seiner Arbeitsplatzsuche nicht wissen konnte, ob ein Arbeitsverhältnis auch tatsächlich zustande kommt.

Dagegen soll die Kündigung eines Mietvertrags treuwidrig sein, wenn der Vermieter die Eigenbedarfssituation hätte erwarten müssen, als er seine frühere Wohnung in der Nähe seines Arbeitsplatzes aufgegeben hat. Will er später die räumliche Nähe seines Arbeitsplatzes durch Kündigung der vermieteten Wohnung wiederherstellen, um die Belastungen der täglichen Fahrten zur Arbeit zu mindern, ohne dass sich sein ursprünglich belasteter Gesundheitszustand weiter verschlechtert hat, hat er nach Auffassung des LG Frankfurt/M. (Urteil v. 5.10.2007, 2-11 S 317/06, ZMR 2008 S. 626) die Eigenbedarfssituation treuwidrig herbeigeführt. Ferner kann es dem Vermieter verwehrt sein, eine Wohnung bzw. ein Haus zu kündigen, wenn er für Eigenbedarf nur einen **Teil** davon benötigt und dies bei der Vermietung bereits vorhersehbar war (BVerfG, Beschluss v. 19.10.1993, 1 BvR 25/93, 1 BvR 1620/92, NJW 1994 S. 308). In diesem Fall obliegt es dem Vermieter, die Räume getrennt durch Abschluss separater Mietverträge zu vermieten, um im Bedarfsfall einzelne Räume kündigen zu können, ohne gegen das Verbot der Teilkündigung zu verstoßen.

10 Verzicht auf Geltendmachung von Eigenbedarf

Ein **Verzicht** des Vermieters auf bestimmte Kündigungsgründe, z. B. auf das Recht, wegen Eigenbedarfs zu kündigen, bedarf gemäß § 550 S. 1 BGB der **Schriftform**, wenn der Verzicht für mehr als ein Jahr gelten soll (BGH, Urteil v. 4.4.2007, VIII ZR 223/06, NJW 2007 S. 1742). Das Schriftformerfordernis erfasst auch eine vertragliche **Auswechselung des Mietgegenstands** und gilt daher auch dann, wenn durch Austausch des Mietobjekts ein neues Mietverhältnis begründet wird und die Parteien lediglich die Fortgeltung der Bestimmungen des vorherigen Mietverhältnisses ohne Einhaltung der Schriftform vereinbaren (BGH, Beschluss v. 24.1.2012, VIII ZR 235/11, GE 2012 S. 686). Anderenfalls würde die Gefahr bestehen, dass die Beschränkung der Vermieterrechte einem Erwerber der Wohnung nicht zur Kenntnis gelangt. Sinn und Zweck des Formzwangs (§ 550 S. 1 BGB) ist, es dem Grundstückserwerber, der in einen bestehenden Mietvertrag kraft Gesetzes eintritt, zu erleichtern, sich über den Umfang der auf ihn übergehenden Bindungen zu unterrichten. Daher muss ein Kündigungsverzicht grundsätzlich von **allen** Vertragsparteien unterschrieben werden. Wird die Vereinbarung über den Ausschluss der Kündigung (z. B. wegen Eigenbedarfs) nur von dem Ehemann der Mieterin ohne Vertretungszusatz unterzeichnet, ist die Schriftform des § 550 BGB nicht gewahrt mit der Folge, dass die Vereinbarung nach der Rechtsprechung des BGH unwirksam ist. Eine Gerichtsentscheidung, die ohne eingehende Begründung und Auseinandersetzung mit Rechtsprechung und Schriftum davon abweicht, ist willkürlich und damit verfassungswidrig (BerlVerfGH, Beschluss v. 29.11.2011, VerfGH 8/10, GE 2012 S. 121).

Nehmen die Vertragsschließenden wesentliche Bestandteile des Mietvertrags – dazu gehört auch der Verzicht auf die Eigenbedarfskündigung – nicht in die Vertragsurkunde selbst auf, sondern lagern diese in andere Schriftstücke aus, sodass sich der Gesamtinhalt der mietvertraglichen Vereinbarungen erst aus dem Zusammenspiel dieser „verstreuten" Bestimmungen ergibt, muss zur Wahrung der Urkundeneinheit die **Zusammengehörigkeit** dieser Schriftstücke in geeigneter Weise zweifelsfrei kenntlich gemacht werden, z. B. durch Verbindung mit dem Mietvertrag oder durch Bezugnahme auf den Mietvertrag (BGH, a. a. O.; s. auch LG Hamburg, Urteil v. 30.11.2000, 307 S 133/00, ZMR 2001 S. 895, wonach allein die **mündliche** Zusage des Vermieters bei Vertragsabschluss, er werde künftig keinen Eigenbedarf geltend machen, einer Eigenbedarfskündigung nicht entgegensteht, da in diesem Fall die Schriftform des § 550 BGB, s. „Schriftform", nicht eingehalten wurde).

Zur Frage, ob ein **Ausschluss bzw. Verzicht** des Vermieters auf die Geltendmachung von Eigenbedarf auch gegenüber dem Rechtsnachfolger des Vermieters, z. B. dem Käufer der Wohnung wirkt, s. „Eigentümerwechsel".

11 Angekaufter Eigenbedarf

> Die Geltendmachung von Eigenbedarf verstößt nicht gegen Treu und Glauben, wenn dieser durch den Kauf einer vermieteten Wohnung erst geschaffen worden ist (sog. **„angekaufter Eigenbedarf"**), es sei denn, treuwidrige Umstände kommen hinzu (BayObLG, RE v. 14.7.1981, Allg Reg 32/81, DWW 1981 S. 234).

Kündigt der Vermieter wegen Eigenbedarfs, weil ihm selbst die von ihm bewohnte Wohnung gekündigt wurde, kommt es weder auf die Gründe dieser Kündigung an, noch darauf, ob der Vermieter durch sein Verhalten Anlass zu dieser Kündigung gegeben hat (Schmidt-Futterer/Blank, Rn. B 621). Dennoch soll sich der Vermieter nach Auffassung des LG München I (Urteil v. 8.2.1995, 14 S 18546/94, WuM 1996 S. 770) im Kündigungsschreiben nicht allgemein auf die ihm gegenüber erklärte Kündigung berufen dürfen, vielmehr muss er die Gründe dieser Kündigung zumindest umrisshaft darlegen.

Dem Käufer einer Eigentumswohnung, der diese eigens zu dem Zweck erworben hat, selbst darin zu wohnen, kann jedoch das Risiko eines Rechtsstreits mit dem Vermieter seiner bisherigen, ihm wirksam gekündigten Mietwohnung zur Vermeidung der Kündigung des Mieters der angekauften Eigentumswohnung in der Regel nicht zugemutet werden (BayObLG, a. a. O.). Unbeschadet dessen ist der Käufer einer vermieteten Eigentumswohnung nach der neueren Rechtsprechung des BVerfG (Beschluss v. 11.11.1993, a. a. O.) grundsätzlich bereits dann zur Kündigung berechtigt, wenn er selbst noch zur Miete wohnt, sodass es nicht darauf ankommt, ob ihm die von ihm bewohnte Mietwohnung gekündigt wurde.

12 Künftiger Eigenbedarf

Den Rechtsentscheiden des BayObLG vom 2.3.1982 (Allg Reg 115/81, NJW 1982 S. 1159; Weber/Marx, II/S. 44 = Sammelband Nr. 72) und des OLG Hamm vom 24.7.1986 (4 RE-Miet 1/86, DWW 1986 S. 242; Weber/Marx, VI/S. 32 = Sammelband Nr. 92) ist zu entnehmen, dass es ausreichend ist, wenn die Gründe für den Eigenbedarf spätestens bei Beendigung des Mietverhältnisses mit einiger Sicherheit vorliegen. Ein Vorliegen bereits im Zeitpunkt des Zugangs der Kündigung kann nicht gefordert werden. Daher kann eine Eigenbedarfskündigung auch schon vor der Geburt eines Kindes mit dem dadurch bedingten erhöhten Wohnbedarf begründet werden (AG Magdeburg, Urteil v. 21.1.1999, 15 C 3979/98, DWW 1999 S. 125).

Nach dem Rechtsentscheid des BayObLG (a. a. O.) hat ein 82-jähriger Vermieter regelmäßig bereits dann ein berechtigtes Interesse an der Beendigung des Mietverhältnisses, wenn aufgrund äußerer Umstände mit einiger Sicherheit damit gerechnet werden kann, dass er die Dienste einer in seinen Hausstand aufzunehmenden Hilfsperson in naher Zukunft für seine Lebensführung (Pflege und Wartung) benötigt. Zumindest bei längerer Kündigungsfrist ist dies auch dann anzuerkennen, wenn die

Personen, deren Dienste in Anspruch genommen werden sollen, bei Vornahme der Kündigung noch nicht feststehen (OLG Hamm, a.a.O.), d.h., dass zumindest in diesem Fall eine konkrete Pflegeperson im Kündigungsschreiben nicht benannt werden muss. Insofern muss der Vermieter daher nicht abwarten, bis der Bedarfsfall eingetreten ist; er kann auch für den Zeitpunkt des voraussichtlichen Eintritts kündigen, wenn der Bedarfsgrund schon konkretisierbar und sein Eintritt absehbar ist.

Dagegen ist eine **„Vorratskündigung“**, mit der nicht ein mit einiger Sicherheit eintretender, sondern nur ein wahrscheinlicher **künftiger** Eigenbedarf geltend gemacht wird, unzulässig (z.B. Kündigung, weil die Vergrößerung der Familie „geplant“ ist).

Dies ist von Verfassung wegen nicht zu beanstanden, da keine unverhältnismäßige, mit Art. 14 GG unvereinbare Zurückstellung der Eigentümerbefugnisse vorliegt, wenn dem Eigentümer der Zugriff auf das vermietete Objekt erst dann gestattet ist, wenn und soweit dieser durch **gegenwärtige** beachtliche Gründe motiviert ist (BVerfG, Beschluss v. 23.8.1990, 1 BvR 440/90, NJW 1990 S. 3259). Solche sind gegeben, wenn der im Zeitpunkt der Kündigung noch nicht pflegebedürftige Vermieter die Wohnung einer Person überlassen will, die ihn bei Eintritt des Pflegefalls versorgt und objektive Anzeichen, wie hohes Alter, vorausgegangene Erkrankungen, Fehlen von im Hause oder in der Nähe wohnenden Angehörigen die Notwendigkeit rechtzeitiger Vorsorge rechtfertigen (LG Saarbrücken, Urteil v. 31.7.1992, 13 B S 95/92, WuM 1992 S. 690).

Gegenwärtige beachtliche Gründe liegen auch vor, wenn der Vermieter erwarten muss, dass sein berufliches Arbeitsverhältnis altersbedingt kurzfristig durch Entlassung beendet werden kann und er Vorsorge für seinen künftigen Wohnsitz dadurch treffen will, dass er eine geeignete, vermietete Wohnung mit der Eigenbedarfskündigung beansprucht (OLG Düsseldorf, Urteil v. 11.6.1992, 10 U 168/91, WuM 1993 S. 49).

Weist das Mietgericht eine Räumungsklage ab, weil es der Ansicht ist, dass die vom Vermieter angeführten Kündigungsgründe **derzeit**, d.h. im Zeitpunkt der letzten Verhandlung, nicht vorliegen, steht die Rechtskraft eines solchen Urteils einem erneuten, auf eine neue Kündigung gestützten Räumungsprozess mit identischem Klageantrag nicht entgegen (BVerfG, Beschluss v. 30.9.2003, 1 BvR 2388/02, ZMR 2004 S. 94).

13 Auswahlrecht des Vermieters

Liegt Eigenbedarf vor, steht es dem Vermieter frei, welchem von mehreren Mietern seines Hauses er kündigt (BayObLG, RE v. 2.3.1982, Allg Reg 115/81, NJW 1982 S. 1159; Weber/Marx, II/S. 44 = Sammelband Nr. 72; vgl. auch LG Stuttgart, WuM 1976 S. 56). Ferner darf der Vermieter auch frei entscheiden, in welchem von zwei ihm gehörenden Häusern er z.B. seinen Alterswohnsitz beziehen will, auch wenn diese weit voneinander entfernt liegen (AG Andernach, Urteil v. 23.8.2007, 6 C 387/07, DWW 2008 S. 63). Soziale Belange braucht der Vermieter bei seiner Entscheidung nicht zu berücksichtigen (BGH, Urteil v. 20.1.1988, a.a.O.). Demgegenüber kann sich der gekündigte Mieter nicht darauf berufen, dass einem anderen Mieter hätte gekündigt werden müssen. Seine Belange sind vielmehr auf seinen Widerspruch hin erst im Rahmen des § 574 BGB zu berücksichtigen (BGH, RE v. 6.7.1994, VIII ARZ 2/94, WuM 1994 S. 452, 454).

> Jedoch wird der Vermieter im eigenen Interesse an einer raschen Durchsetzung der Kündigung demjenigen Mieter kündigen, der sich am wenigsten auf Härtegründe berufen kann.

14 Inhalt des Kündigungsschreibens

> Im **Kündigungsschreiben** sind sämtliche Gründe, die als berechtigtes Interesse des Vermieters für die ausgesprochene Kündigung von Wohnraum berücksichtigt werden sollen, grundsätzlich auch dann nochmals anzugeben, wenn sie dem Mieter bereits zuvor mündlich oder schriftlich mitgeteilt oder in einem Vorprozess geltend gemacht worden waren.

Die Bestimmung des § 573 Abs. 3 BGB, wonach die Wirksamkeit der Kündigung eines Wohnraummietverhältnisses die Darlegung der **Kündigungsgründe** bereits im Kündigungsschreiben erfordert, ist mit der Eigentumsgarantie des Grundgesetzes vereinbar (BVerfG, Beschluss v. 28.1.1992, 1 BvR 1319/91, WuM 1992 S. 178). Dieser Begründungszwang führt zwar dazu, dass der Vermieter im Kündigungsschreiben bestimmte persönliche Verhältnisse offenbaren muss, jedoch ist dies durch das Interesse des Mieters gerechtfertigt, zum frühestmöglichen Zeitpunkt Klarheit über seine Rechtsposition zu bekommen und die Erfolgsaussichten eines Vorgehens gegen die Kündigung abschätzen zu können (BVerfG, Beschluss v. 8.4.1994, 1 BvR 2149/93, ZMR 1994 S. 252). Dementsprechend genügt allein die Wiedergabe des Gesetzestextes nicht den Anforderungen an die Begründungspflicht der Kündigung. Dem Begründungserfordernis ist jedoch im Allgemeinen bereits dann Genüge getan, wenn das Kündigungsschreiben den Kündigungsgrund so bezeichnet, dass er identifiziert und von anderen Gründen unterschieden werden kann. Bei einer Kündigung wegen Eigenbedarf ist daher grundsätzlich die Angabe der Personen, für welche die Wohnung benötigt wird, und die Darlegung des Interesses, das diese Personen an der Erlangung der Wohnung haben, ausreichend (BGH, Urteile v. 17.3.2010, VIII ZR 70/09, v. 6.7.2011, VIII ZR 317/10, WuM 2011 S. 518 und v. 13.10.2010, VIII ZR 78/10). Ferner ist nicht erforderlich, dass bereits das Kündigungsschreiben die gerichtliche Feststellung erlaubt, dass die Kündigung begründet ist. Dies hat aufgrund einer umfassenden Prüfung der **Begründetheit der Räumungsklage** zu erfolgen (BVerfG, Beschluss v. 4.6.1998, 1 BvR 1575/94, NJW 1998 S. 2662). Die Anforderungen an den Inhalt des Kündigungsschreibens dürfen daher **nicht überspannt** werden. Vom Vermieter dürfen keine Angaben verlangt werden, die über das anerkennenswerte **Informationsinteresse** des Mieters hinausgehen, weil sie für seine Entscheidung, der Kündigung zu widersprechen oder diese hinzunehmen, nicht von Bedeutung sind. Ausreichend ist, dass sich für den Mieter das **Vermieterinteresse** an der Kündigung aus dem Kündigungsschreiben ergibt und somit der in einem evtl. Räumungsprozess zu prüfende Sachverhalt festgelegt ist. So muss z. B. das Vorbringen des Vermieters, er erziele mit der Vermietung der Eigentumswohnung weniger als er selbst an Miete zahlen muss, **nicht** bereits im Kündigungsschreiben durch **betragsmäßige** Angaben untermauert werden. Dies gilt auch für Ausführungen im Kündigungsschreiben, wonach der Vermieter z. B. Probleme hat, seine seinerzeit bezogene Wohnung zu finanzieren. Die Mitteilung solcher **Kerntatsachen** ist ausreichend. Demgegenüber können **Hilfstatsachen**, d. h. Tatsachen, die nur der näheren Erläuterung, Ergänzung, Ausfüllung sowie dem Beweis des geltend gemachten Kündigungsgrundes dienen, auf Verlangen des Mieters grundsätzlich auch noch im Prozess **nachgeschoben** werden (LG Itzehoe, Beschluss v. 20.12.2013, 9 S 31/13, ZMR 2014 S. 287; so bereits BayObLG, RE v. 14.7.1981, WuM 1981 S. 200 und RE v. 17.2.1984, RE-Miet 6/84, WuM 1985 S. 50). Durch Mitteilung der Kerntatsachen ist es dem Mieter möglich, zu prüfen und zu beurteilen, ob er dem Kündigungsbegehren Folge leistet oder sich dagegen zur Wehr setzen will. Damit ist seinem Informationsbedürfnis Genüge getan. Hat sich der Mieter dazu entschlossen, sich gegen die Kündigung zu verteidigen, ermöglichen solche im Kündigungsschreiben enthaltenen Informationen, durch ein gezieltes Bestreiten im Räumungsrecht darauf hinzuwirken, dass der Vermieter weitere Einzelheiten zum Kündigungsgrund vorträgt. Damit ist der Zweck des gesetzlichen Begründungserfordernisses des § 573 Abs. 3 S. 1 BGB erreicht (LG Itzehoe, a. a. O.).

Auch die Darlegung eines bestimmten Nutzungswunsches erfordert grundsätzlich keine Substanziierung durch Hilfstatsachen. Das Gericht kann daher nicht einfach annehmen, dass die Aussage des Vermieters, er benötige ein **zweites Arbeitszimmer**, substanzlos ist. Begründet der Vermieter die Eigenbedarfskündigung mit **Familienzuwachs**, kann das Gericht auch nicht verlangen, dass dieser durch eine zum Zeitpunkt der Kündigung oder während eines längeren Räumungsprozesses eintretende Schwangerschaft konkretisiert wird. Auch sachverhaltsrelevante Vorkenntnisse muss der Mieter gelten lassen und kann daher z. B. nicht die fehlende Namensnennung der mit einziehenden Lebensgefährtin des Vermieters beanstanden, wenn ihm deren Person und die Zugehörigkeit zum Vermieter bereits bekannt ist (BVerfG, Beschluss v. 3.2.2003, 1 BvR 619/02, WuM 2003 S. 435).

Vom Vermieter kann jedoch die Mitteilung verlangt werden, in welcher Weise er bei Ausspruch der Kündigung seinen gewöhnlichen und regelmäßigen Wohnbedarf deckt. Dabei muss der Vermieter auch seine anderen **leer stehenden** Wohnungen erwähnen und vortragen, aus welchen Gründen er dort seinen Wohnbedarf nicht decken kann. Sind die Gründe hierfür nachvollziehbar, darf ihm die Kündigung wegen Eigenbedarfs nicht versagt werden. Kommt der Vermieter dieser Begründungspflicht nicht nach, ist die Kündigung trotz objektiven Vorliegens der Eigenbedarfsvoraussetzungen aus formalen Gründen unwirksam. In dem vom Bundesverfassungsgericht entschiedenen Fall wurde in den Gründen ausdrücklich darauf hingewiesen, dass es dem Vermieter nicht zumutbar ist, ein 75 km entferntes Anwesen zu beziehen. Jedoch wurde die Räumungsklage trotzdem abgewiesen, weil die Kündigung aus formalen Gründen mangels **Angaben über das leer stehende Anwesen** unwirksam war. Grundsätzlich bedarf es jedoch nicht der Darlegung des sonstigen (vermieteten) Grundbesitzes des Vermieters und der Gründe, weshalb der Eigenbedarf dort nicht realisiert werden kann (LG München I, Urteil v. 29.3.1995, 14 S 14170/94, WuM 1996 S. 38).

Eine Kündigung, die **formelle** Mängel aufweist, z. B. weil sie nicht oder nicht ausreichend begründet wurde, führt auch dann nicht zu einer Beendigung des Mietverhältnisses, wenn der Kündigungsgrund tatsächlich vorliegt, und verpflichtet den Mieter daher nicht zur Räumung der Mietsache.

Andererseits kann eine aus lediglich **formellen** Gründen unwirksame Kündigung auch **keine** Schadenersatzansprüche des Mieters begründen. Beauftragt der Mieter z. B. zur Abwehr der unwirksamen Kündigung einen Rechtsanwalt, hat er keinen Anspruch gegen den Vermieter auf Erstattung der Anwaltskosten. Es existiert nämlich keine vertragliche Nebenpflicht des Vermieters, eine aus formellen Gründen unwirksame Kündigung zu unterlassen. Die ordnungsgemäße Begründung einer Kündigung liegt in erster Linie im Interesse des Vermieters, da das Mietverhältnis andernfalls nicht beendet wird. Daher ist die Angabe der Kündigungsgründe keine Nebenpflicht des Vermieters, sondern lediglich eine Obliegenheit, die der Vermieter im eigenen Interesse zur Vermeidung von Rechtsnachteilen beachten sollte. Die rechtliche Beurteilung, ob eine vom Vermieter ausgesprochene Kündigung dem gesetzlichen Begründungserfordernis genügt, ist dem Risikobereich des Mieters zuzuordnen.

Anders ist die Rechtslage, wenn der Vermieter **schuldhaft** – insbesondere unter Angabe falscher Tatsachen – eine **materiell** unberechtigte Kündigung ausspricht. In diesem Fall macht sich der Vermieter schadenersatzpflichtig und muss dem Mieter u. a. auch die aufgewendeten Anwaltskosten erstatten (s. u. Abschnitt 15 „Wegfall des Eigenbedarfs"; BGH, Urteil v. 15.12.2010, VIII 9/10).

Unrichtige Angaben des Vermieters im Kündigungsschreiben (z. B. über die derzeitige Wohnsituation) können dazu führen, dass die Kündigung materiell unbegründet ist, soweit nach dem tatsächlichen Sachverhalt der Eigenbedarf nicht besteht oder nur vorgeschoben ist. Im Einzelfall können unrichtige Angaben auch ein Indiz gegen die Ernsthaftigkeit des behaupteten Eigennutzungswunsches des Vermieters sein. Ein etwaiges „Dramatisieren" der Eigenbedarfssituation hat jedoch nicht generell die Unwirksamkeit der Kündigung zur Folge (BGH, Urteil v. 17.3.2010, VIII ZR 70/09, WuM 2010 S. 301).

14.1 Schilderung der Gründe bei erneuter Kündigung

Bei einer **erneuten** Kündigung, die z. B. wegen Zweifel an der Wirksamkeit einer bereits erfolgten Kündigung ausgesprochen wird, ist es jedoch ausreichend, dass sich die erneute Kündigung **ausdrücklich** auf die in dem früheren Kündigungsschreiben genannten Gründe bezieht, wenn seitdem insoweit keine Änderungen eingetreten sind. Höhere Anforderungen an die Begründung der erneuten Kündigung wären unzumutbar streng und mit der Eigentumsgarantie nicht mehr vereinbar, da der Mieter durch eine wörtliche Wiederholung der in der ersten Kündigung angeführten Gründe keine weiteren für seinen Beschluss bedeutsamen Informationen erhielte und dies daher nur eine leere Förmelei darstellen würde (BVerfG, Beschluss v. 10.7.1992, 1 BvR 658/92, NJW 1992 S. 2752).

14.2 Angabe von Bedarfsperson und Sachverhalt

Bei Begründung der Eigenbedarfskündigung muss sich der Vermieter im Kündigungsschreiben auch festlegen, für welche **Person** (Angabe von Name, Alter, Anschrift) er Eigenbedarf geltend macht (LG München I, Urteil v. 27.3.1991, 14 S 20307/90, WuM 1991 S. 490) und einen **konkreten Sachverhalt** (Lebensvorgang) vortragen, auf den das berechtigte Interesse dieser Person an der Erlangung der Wohnung gestützt wird (BayObLG, RE v. 14.7.1981, Allg Reg 32/81, DWW 1981 S. 234; v. 17.12.1984, RE-Miet 6/84, WuM 1985 S. 50; Weber/Marx, I/S. 55 = Sammelband Nr. 58 und IV/S. 65 = Sammelband Nr. 89). Die bloße Angabe des Wortes „Eigenbedarf" ist nicht ausreichend. Ebenso wenig **Formulierungen** wie

- „Die Wohnung wird für die 24-jährige Tochter benötigt" (LG Göttingen, Urteil v. 7.2.1990, 5 S 129/89, NJW-RR 1990 S. 592) oder
- „Die Tochter des Vermieters will mit ihrem Partner die Wohnung beziehen" (LG Gießen, Urteil v. 10.10.1990, 1 S 326/90, WuM 1991 S. 39).

Vielmehr hat der Vermieter die **Gründe** für den Eigenbedarf **näher darzulegen** (z.B. durch Schilderung der derzeitigen Wohnverhältnisse des Berechtigten), damit der Mieter sich darüber im Klaren werden kann, ob **berechtigte** Interessen des Vermieters zu einer Beendigung des Mietverhältnisses führen (BVerfG, Beschluss v. 20.10.1988, 1 BvR 1247/88, WuM 1989 S. 483; BVerfG, Beschluss v. 18.7.1988, 1 BvR 783/88, WuM 1989 S. 483, 484; Weber/Marx, IX/S. 79).

Bei der Eigenbedarfskündigung zugunsten eines volljährig werdenden Kindes, das seinen eigenen Hausstand begründen soll, bedarf es ausnahmsweise nicht einer näheren Darlegung der bisherigen Wohnungsverhältnisse des Kindes, da der Wille zur Gründung eines eigenen Hausstands ohne Weiteres nachvollziehbar ist (BGH, Urteil v. 13.10.2010, VIII ZR 78/10, NJW 2010 S. 3775).

14.3 Schilderung der Vorteile des Wohnungswechsels

Im **Kündigungsschreiben** sollte ferner möglichst ausführlich dargelegt werden, welche **Vorteile** der Bezug der zu kündigenden Wohnung gegenüber der vom Vermieter bzw. von dessen Angehörigen derzeit genutzten Wohnung hat (z.B. Größe, Ausstattung, Lage, Arbeitsplatznähe, wirtschaftliche Belastung, gesundheitliche Gründe u. Ä.).

Auch bei einer Kündigung wegen Eigenbedarfs zugunsten der Tochter bzw. des Sohnes des Vermieters müssen im Kündigungsschreiben die aktuellen Wohnverhältnisse des Kindes dargelegt werden, damit der Mieter das Kündigungsinteresse überprüfen kann. Nicht ausreichend ist, wenn der Vermieter lediglich vorträgt, die eigene Wohnung sei für die Persönlichkeitsentwicklung des Kindes erforderlich (LG Hamburg, Beschluss v. 15.12.2006, 316 S 122/06, WuM 2007 S. 457).

Wird die Kündigung darauf gestützt, dass die vermietete Wohnung wesentlich größer als die derzeit vom Vermieter bewohnte Wohnung ist, muss das Kündigungsschreiben eine Darlegung der **Wohnungsgrößen** (Wohnfläche in m^2, Anzahl der Zimmer) enthalten (LG Mannheim, Urteil v. 18.9.1996, 4 S 52/96, WuM 1996 S. 707).

Kündigt der Vermieter mit der Begründung, er wolle nicht länger zur Miete, sondern im eigenen Haus wohnen, muss er im Kündigungsschreiben nicht auch die derzeitigen Wohnverhältnisse der Familienangehörigen und der sonstigen Personen darlegen, die mit ihm in die gekündigten Räume einziehen werden, da es insoweit unerheblich ist, ob diese Personen im Eigentum oder zur Miete wohnen (BVerfG, Beschluss v. 23.11.1993, 1 BvR 697/93, NJW 1994 S. 310, 311; vgl. dazu auch BVerfG, Beschluss v. 11.11.1993, 1 BvR 696/93, WuM 1993 S. 729). Auch wenn der Vermieter die Eigenbedarfskündigung auf den Wunsch stützt, seinem erwachsenen Sohn und dessen Freundin eine gemeinsame Wohnung zur Verfügung zu stellen, ist es nicht erforderlich, den Lebensgefährten im Kündigungsschreiben namentlich zu benennen (BGH, Urteil v. 30.4.2014, VIII ZR 284/13). Das Begründungserfordernis in § 573 Abs. 3 BGB soll nämlich lediglich gewährleisten, dass der Kündigungsgrund derart konkretisiert ist, dass er von anderen Kündigungsgründen unterschieden werden kann. Da eine Auswechselung des Kündigungsgrunds dem Vermieter verwehrt ist, ermöglicht diese Konkretisierung dem Mieter, der die Kündigung nicht hinnehmen will, seine Verteidigung auf den angegebenen Kündigungsgrund auszurichten. Im Fall der Eigenbedarfskündigung genügt es daher, die Eigenbedarfsperson (hier: Tochter) identifizierbar zu benennen und das Interesse darzulegen, das diese an der Erlangung der Wohnung hat. Insoweit reicht die Angabe, dass die Tochter in die größere Wohnung des Mieters ziehen will, um dort mit ihrem Lebensgefährten einen gemeinsamen Hausstand zu begründen (BGH Urteil v. 30.4.2014, a. a. O.).

Wird das berechtigte Interesse am Bezug der Wohnung nicht von der Zahl der **künftigen Wohnungsnutzer** abhängig gemacht, muss der Vermieter im Kündigungsschreiben auch nicht ausführen, ob er die Wohnung künftig mit einer Lebenspartnerin beziehen will (LG Mannheim, Urteil v. 5.10.1994, 4 S 54/94, DWW 1995 S. 113).

Wird der Eigenbedarf mit einer Belastung des Grundstücks begründet, müssen die **Lasten und Einkünfte des Grundstücks** im Kündigungsschreiben nachvollziehbar dargelegt werden (BVerfG, Beschluss v. 17.7.1992, 1 BvR 179/92, WuM 1993 S. 231).

Verfügt der Vermieter über **keine anderen vergleichbaren** freien, frei werdenden oder gekündigten Wohnungen, in denen der Eigenbedarf in gleicher Weise realisiert werden kann, sollte der Mieter im Kündigungsschreiben auch darüber informiert werden. Dagegen muss der Vermieter nach Auffassung des AG Gelsenkirchen (Urteil v. 24.9.2010, 3b C 329/10, ZMR 2011 S. 478) bei mehreren Mietwohnungen im Bestand bereits im Kündigungsschreiben hinreichend erläutern, wie er sein Auswahlermessen ausgeübt hat, d.h., warum die anderen Wohnungen für die Eigennutzung nicht infrage kommen.

14.4 Wechsel der Bedarfsperson

Ein **Auswechseln von Kündigungsgründen** hinsichtlich der Person, deretwegen Eigenbedarf geltend gemacht wird, ist grundsätzlich unzulässig (LG Düsseldorf, Urteil v. 10.1.1992, 21 S 534/90, WuM 1992 S. 130).

Dies bedeutet, dass z.B. eine Kündigung wegen Eigenbedarfs für den Sohn nicht nachträglich auf einen Eigenbedarf für die Tochter gestützt werden kann, wenn der Eigenbedarf für den Sohn nicht mehr besteht. Vielmehr muss die Kündigung in diesem Fall erneut unter Einhaltung der gesetzlichen Fristen und einer auf die Lebensumstände der Tochter zugeschnittenen Begründung ausgesprochen werden. Dagegen kann auch noch im Berufungsverfahren ein Austausch der Bedarfsperson erfolgen, wenn der Eigenbedarf hinsichtlich der Person, für die er zunächst geltend gemacht war, bestanden hatte und auch für die zweitbenannte Person besteht (LG Limburg, Urteil v. 10.6.1998, 3 S 223/97, NZM 1998 S. 911). Etwas anderes gilt jedoch, wenn der Eigenbedarf für eine **Hilfs- oder Pflegeperson** geltend gemacht wurde, da der Eigenbedarf insofern lediglich an die Person des Vermieters, nicht aber an die Wohnverhältnisse der Pflegeperson gebunden ist und ein Austausch dieser Person daher die Interessenlage nicht verändert (LG Ellwangen, NJWE 1996 S. 124).

Aufgrund **nachträglicher Erkenntnisse** darf die Begründung einer Kündigung auch **modifiziert** werden. Wird z.B. die Kündigung der Wohnung für eine Pflegeperson darauf gestützt, dass der Pflegebedarf aufgrund einer ärztlichen Stellungnahme Tag und Nacht besteht, und stellt sich nachträglich heraus, dass die Pflege im Wesentlichen nur tagsüber erforderlich ist, kann der Vermieter seinen Eigenbedarfswunsch trotzdem aufrechterhalten (BVerfG, Beschluss v. 9.2.2000, 1 BvR 889/99, WuM 2000 S. 232).

Sollen **sämtliche** Wohnungen eines Anwesens von Familienangehörigen bezogen werden, bedarf es im Kündigungsschreiben keiner starren Zuteilung von bestimmten Personen zu einer bestimmten Wohnung, da sich die Begründung der Eigenbedarfskündigung nicht ändert, wenn Verschiebungen zwischen den einzelnen Personen stattfinden (OLG Köln, Urteil v. 10.3.2003, 16 U 72/02, WuM 2003 S. 465).

Die Rechtskraft eines Urteils, mit dem die Räumungsklage des Vermieters nach einer Eigenbedarfskündigung abgewiesen wurde, steht einer Entscheidung über eine neue Klage nach einer neuen Eigenbedarfskündigung nicht entgegen (so bereits Bundesverfassungsgericht, NJW 2003 S. 3759). Dies gilt auch dann, wenn die Kündigung, auf die sich der Vermieter in dem neuen Prozess stützt, vor der letzten mündlichen Verhandlung des Vorprozesses erklärt worden ist (BGH, Beschluss v. 17.1.2012, VIII ZR 171/11, WuM 2012 S. 152).

Kündigt der Vermieter nach einer ordentlichen Kündigung (z.B. wegen Eigenbedarfs oder Hinderung der wirtschaftlichen Verwertbarkeit) den Mietvertrag vorsorglich ein weiteres Mal ordentlich und wird über die erste Kündigung zu seinen Gunsten rechtskräftig entschieden, tritt hinsichtlich des parallel laufenden zweiten Räumungsverfahrens Erledigung der Hauptsache i.S.v. § 91a ZPO ein, wobei der Mieter die Kosten des Rechtsstreits zu tragen hat (LG Berlin, Urteil v. 24.10.2011, 67 S 441/10, ZMR 2012 S. 101).

15 Wegfall des Eigenbedarfs

Fallen die in der Eigenbedarfskündigung geltend gemachten Gründe nachträglich weg (z.B. weil die begünstigte Person inzwischen eine andere Wohnung bezogen hat oder verstorben ist), ist der Vermieter verpflichtet, den Mieter davon zu unterrichten und auf dessen Verlangen das Mietverhältnis fortzusetzen. Allerdings besteht diese **Mitteilungspflicht** nur bis zum **Ablauf der Kündigungsfrist**, d.h. bis zu dem Zeitpunkt, zu dem das Mietverhältnis endet (BGH, Urteil v. 9.11.2005, VIII ZR 339/04, WuM 2005 S. 782; bestätigt durch BVerfG, Beschluss v. 18.4.2006, 1 BvR 31/06, WuM 2006 S. 300). Das Entfallen der Eigenbedarfsgründe nach diesem Zeitpunkt ist daher unerheblich. Ein Hinausschieben dieses Zeitpunkts über das Ende des Mietverhältnisses hinaus, z.B. bis zum Ablauf einer gerichtlichen Räumungsfrist oder bis zur Räumung der Wohnung durch den Mieter, wird vom BGH abgelehnt, weil dadurch der vertragsuntreue Mieter, der es auf einen Prozess ankommen lässt, privilegiert würde gegenüber dem vertragstreuen Mieter, der pünktlich zum Ablauf der Kündigungsfrist ausgezogen ist.

Anders ist die Rechtslage, wenn der Mieter die Wohnung nach Ablauf der Kündigungsfrist **berechtigterweise** weiter bewohnt, z.B. wegen eines zwischenzeitlich geschlossenen Räumungs**vergleichs**. In diesem Fall kann die unterlassene Mitteilung über den Wegfall des Eigenbedarfs Schadenersatzansprüche des Mieters auch dann begründen, wenn der Räumungsvergleich „im Hinblick auf den geltend gemachten Eigenbedarf" geschlossen wurde (AG Gießen, Urteil v. 16.6.2014, 48 C 231/13, WuM 2014 S. 561).

Die Mitteilungspflicht des Vermieters entfällt ferner, wenn der Mieter bereits vor dem Wegfall des Kündigungsgrunds die Wohnung geräumt hat (OLG Karlsruhe, RE v. 7.10.1981, 3 RE-Miet 6/81, NJW 1982 S. 54).

Entfällt während der Dauer der Kündigungsfrist der geltend gemachte Eigenbedarf wegen neuer Planungen des Vermieters (z.B. Nutzung einer nach der Kündigung erworbenen Wohnung), muss der Vermieter dem Mieter einen Vertrag über die **Aufhebung** der Kündigungswirkung anbieten. Unterlässt er dies, entfallen gleichwohl die Wirkungen der ursprünglichen Kündigung. Erweisen sich die Planungen des

Vermieters nachträglich als hinfällig, muss er erneut wegen Eigenbedarfs kündigen, da nachträglich entstandene Kündigungsgründe (i. S. v. § 573 Abs. 3 BGB) nur dann berücksichtigt werden, wenn diese durchgehend während des Laufs der Kündigungsfrist bestanden haben. Sind die in der Kündigung dargestellten ursprünglich bestehenden Gründe während der Kündigungsfrist entfallen und später nachträglich neue Kündigungsgründe entstanden, bedarf es immer einer erneuten Kündigung (AG Hamburg, Urteil v. 19.4.2005, 48 C 558/04, WuM 2006 S. 160).

Fällt der Eigenbedarf vor Ablauf der Kündigungsfrist und Räumung der Wohnung weg, trifft den Vermieter auch eine strafrechtlich relevante **Hinweispflicht** gegenüber dem Mieter, auf die veränderte Lage hinzuweisen.

Bei Verstoß gegen diese Pflicht kann ein **Betrug** durch Unterlassen vorliegen (BayObLG, Urteil v. 5.2.1987, RReg 3 St 174/86, NJW 1987 S. 1654).

Die Hinweis-/(Garanten)pflicht besteht grundsätzlich auch dann, wenn der Mieter im Vertrauen auf das Vorliegen des Eigenbedarfs und noch vor dessen Wegfall mit dem Vermieter einen rechtswirksamen gerichtlichen **Räumungsvergleich** abgeschlossen hat. Insofern ist dem Vermieter zur Aufklärung des Mieters eine angemessene Frist zuzubilligen, die sich nach den Umständen des Einzelfalls bemisst (BayObLG, a. a. O.).

Schließen die Parteien nach einer Eigenbedarfskündigung jedoch unter Aufrechterhaltung ihrer Rechtsstandpunkte zur Beilegung des Streits über die Berechtigung der Kündigung einen **Mietaufhebungsvertrag**, hat ein Wegfall des Eigenbedarfsgrunds **vor** Auszug des Mieters keinen Einfluss auf die Wirksamkeit dieses Aufhebungsvertrags, da in diesem Fall das Fortbestehen des Eigenbedarfs gerade nicht zur Geschäftsgrundlage des Aufhebungsvertrags geworden ist. Vielmehr sollte durch dessen Abschluss ein eigenständiger und unabhängig von der Kündigung wirksamer Beendigungsgrund geschaffen werden (LG Stuttgart, Urteil v. 16.7.2004, 5 S 37/04, DWW 2004 S. 225).

Eine **verspätete Mitteilung** über den Wegfall des Eigenbedarfs kann den Vermieter grundsätzlich zum Schadenersatz verpflichten, es sei denn, der Auszug des Mieters entsprach ohnehin seinen Vorstellungen, und die Verspätung war daher für den Abschluss des Mietvertrags über die neue Wohnung nicht ursächlich. Dann ist es dem Mieter auch zuzumuten, mit dem neuen Vermieter über eine Aufhebung des Mietvertrags zu verhandeln, wenn genügend Mitbewerber vorhanden waren (LG Arnsberg, Urteil v. 5.3.1990, 5 S 328/89, DWW 1990 S. 308).

Wird im Räumungsprozess wegen Wegfalls des Eigenbedarfs die **Erledigung der Hauptsache** erklärt, kann der Mieter nicht einwenden, die Klage sei deshalb unbegründet gewesen, weil der Eigenbedarf zur Zeit der letzten mündlichen Verhandlung nicht mehr bestanden hat, da der Wegfall des Eigenbedarfs gerade Anlass für die Erledigungserklärung war. Die Kostenentscheidung richtet sich daher nach dem voraussichtlichen Verfahrensausgang, wenn der Eigenbedarf nicht weggefallen wäre (LG Lüneburg, Beschluss v. 21.9.1998, 4 T 140/98, DWW 1999 S. 296).

Eine **unberechtigt** ausgesprochene Kündigung wegen Eigenbedarfs stellt eine **Vertragsverletzung** dar, die den Vermieter zum Schadenersatz verpflichtet; insbesondere zum Ersatz der Kosten, die durch die Einschaltung eines Rechtsanwalts mit dem Ziel, die Rechtmäßigkeit der Kündigung zu überprüfen und diese ggf. zurückzuweisen, entstanden sind (LG Duisburg, Urteil v. 18.11.2009, 11 S 106/09, NZM 2010 S. 898).

16 Vorgetäuschter Eigenbedarf

Ein Betrug durch positives Tun kann vorliegen, wenn der Vermieter die Kündigung mit Eigenbedarf begründet, obwohl ihm bekannt ist, dass dieser nicht gegeben ist (**„vorgetäuschter Eigenbedarf“**).

Ferner kann ein vorgetäuschter Eigenbedarf bereits dann gegeben sein, wenn der Vermieter eine Eigenbedarfskündigung androht oder sich darauf beschränkt, Eigenbedarf anzumelden und der Mieter daraufhin freiwillig auszieht, weil er keinen Anlass hatte, den Angaben des Vermieters zu misstrauen. Dagegen besteht **kein** Schadenersatzanspruch des Mieters wegen vorgetäuschten Eigenbedarfs, wenn der Vermieter, ohne eine Eigenbedarfskündigung in Aussicht zu stellen, nur unverbindlich darauf hinweist, eine Wohnung im Haus selbst nutzen zu wollen, und der Mieter daraufhin freiwillig auszieht, weil er sowieso im Rahmen seiner Lebensplanung die Wohnung aufgeben wollte, z.B. wegen Kaufs einer eigenen Immobilie (LG Saarbrücken, Urteil v. 19.12.1997, 13 B S 135/97, DWW 1998 S. 117).

16.1 Anspruch des Mieters auf Schadenersatz

Der Mieter kann **Schadenersatz** wegen positiver Vertragsverletzung sowie aus § 823 Abs. 2 BGB i.V.m. § 263 StGB und § 826 BGB verlangen, zum Beispiel:

- Ersatz aller mit dem Umzug in Zusammenhang stehenden Kosten (vgl. dazu im Einzelnen: LG Saarbrücken, Urteil v. 21.1.1994, 13 B S 281/93, WuM 1995 S. 173; AG Nürnberg, Urteil v. 10.1.1991, 25 C 1000/90, WuM 1995 S. 180; LG Braunschweig, Urteil v. 27.5.1994, 6 S 25/94, WuM 1995 S. 185 sowie LG Karlsruhe, Urteil v. 12.7.1991, 9 S 530/90, DWW 1992 S. 22: Kosten für neue Spüle und Gardinen),
- Ersatz von Makler- und Prozesskosten. Aufwendungen des Mieters für **Detektivkosten** zum Zweck der Überprüfung, ob der wegen Eigenbedarfs kündigende Vermieter tatsächlich die gekündigte Wohnung bezieht und diese bewohnt, sind **nicht** als Rechtsverfolgungskosten anzusetzen (LG München I, Beschluss v. 25.8.2003, 12 T 4445/03, NZM 2004 S. 96). Zur Erstattung von Detektivkosten vgl. auch LG Berlin, Beschluss v. 9.12.1997, 84 T 792/97, WuM 2000 S. 313; OLG Düsseldorf, NJOZ 2002, 307; BAG, Urteil v. 17.9.1998, 8 AZR 5/97, NJW 1999 S. 308,
- Mehrkosten (Mietdifferenz) für die Anmietung einer vergleichbaren Wohnung (LG Hamburg, Urteil v. 6.11.1992, 311 S 180/91, WuM 1995 S. 175; LG Darmstadt, Beschluss v. 8.10.1993, 6 T 20/93, WuM 1995 S. 165); jedoch nur gemäß der Fälligkeit der jeweiligen Mehrbeträge (BGH, MDR 1972 S. 411); begrenzt auf einen Zeitraum von 3 Jahren (LG Saarbrücken, Urteil v. 21.1.1994, 13 B S 281/93, WuM 1995 S. 173; a.A. LG Düsseldorf, Urteil v. 10.1.1995, 24 S 214/94, DWW 1996 S. 280: ein Jahr; LG Wuppertal, Urteil v. 28.10.1997, 16 S 80/97, WuM 1997 S. 681: 5 Jahre),

nicht dagegen Kosten, die dem Mieter im Zusammenhang mit dem nach der Kündigung erfolgten Erwerb (Finanzierung und Herrichtung) einer Eigentumswohnung entstehen (LG Karlsruhe, Urteil v. 12.7.1991, 9 S 530/90, DWW 1992 S. 22).

Ferner kann der Mieter nach der Räumung die erneute Überlassung der Wohnung verlangen. Dieser Anspruch kann mit einer **einstweiligen Verfügung** auf ein Verbot, die Wohnung Dritten zu überlassen oder die Wohnung zu veräußern, vorläufig gesichert werden; allerdings nur solange eine Vermietung an einen Dritten noch nicht erfolgt ist (LG Hamburg, Urteil v. 7.6.2007, 307 S 34/07, WuM 2008 S. 92). Wurde die Wohnung jedoch bereits neu vermietet, kann die Überlassung der leer stehenden Wohnung an den neuen Mieter nicht durch eine einstweilige Verfügung blockiert werden, da § 938 Abs. 1 ZPO keinen Eingriff in die Rechte Dritter (hier: des neuen Mieters) gestattet (LG München I, Beschluss v. 16.5.1991, 14 T 8943/91, WuM 1991 S. 577). Gleiches gilt, wenn die Wohnung **verkauft** wurde und der Mieter schon vor Übergang des Eigentums auf den Erwerber ausgezogen war, da dem Vermieter in diesem Fall die Erbringung der Leistung infolge der Veräußerung der Wohnung unmöglich geworden ist. Die Schutzvorschrift des § 566 BGB (s. „Eigentümerwechsel") ist in diesem Fall nicht anwendbar (BGH, Urteil v. 16.12.2009, VIII ZR 313/08).

Der durch einen Wohnungswechsel entstandene **Schaden eines Mieters** kann auch dann als durch eine unberechtigte Eigenbedarfskündigung des Vermieters **verursacht** angesehen werden, wenn der Mieter die Unwirksamkeit der (nicht formgerecht begründeten) Kündigung erkannt, aufgrund mündlich dargelegter schlüssiger Eigenbedarfsgründe das Mietverhältnis dann aber einvernehmlich, z.B. durch Abschluss eines **Mietaufhebungsvertrags**, mit dem Vermieter beendet hat (BayObLG, RE v. 25.5.1982, RE-Miet 2/82, NJW 1982 S. 2003 im Anschluss an OLG Karlsruhe, RE v. 7.10.1981, 3 RE-Miet 6/81, WuM 1982 S. 11; Weber/Marx, II/S. 39 = Sammelband Nr. 74 und I/S. 67 = Sammelband Nr. 68). Allerdings kann eine Ersatzpflicht des Vermieters für Kündigungsfolgeschäden wegen Mitverschulden des Mieters, der sich nicht gegen die (unwirksame) Kündigung wehrt, im Einzelfall entfallen (s. hierzu BGH, Beschluss v. 13.4.2010, VIII ZR 180/09, WuM 2010 S. 575).

16.2 Rechtslage bei Räumungsvergleich

Gleiches gilt grundsätzlich auch dann, wenn sich der Mieter durch Abschluss eines Vergleichs zur Räumung der Wohnung verpflichtet (LG Düsseldorf, Urteil v. 14.9.1995, XXVI 87/95 – 610 Js 249/94, DWW 1996 S. 55). Anders ist die Rechtslage zu beurteilen, wenn sich der Vermieter zu einer Gegenleistung, z.B. Zahlung eines Abstandsbetrags oder Verzicht auf Schönheitsreparaturen, verpflichtet hat:

> Kündigt der Vermieter den Mietvertrag wegen Eigenbedarfs, bestreitet sodann der Mieter den behaupteten Kündigungsgrund und schließen die Parteien schließlich unter Aufrechterhaltung ihrer wechselseitigen Standpunkte einen außergerichtlichen oder gerichtlichen **Vergleich,** in dem sich der Mieter zur vorzeitigen **Räumung,** der Vermieter zur Erbringung einer nicht unbedeutenden **Gegenleistung** verpflichtet, so steht dem Mieter nach Räumung auch dann kein Schadenersatzanspruch gegen den Vermieter zu, wenn sich nachträglich herausstellt, dass der Eigenbedarf des Vermieters bis zum Abschluss des Vergleichs nicht bestanden hat.

Voraussetzung ist aber, dass durch den Vergleich gerade der Streit darüber beigelegt worden ist, ob der behauptete Eigenbedarf gegeben oder nur vorgetäuscht war (OLG Frankfurt/Main, RE v. 6.9.1994, 20 RE-Miet 1/93, WuM 1994 S. 600). Nur in diesem Fall kann in dem Abschluss des Vergleichs ein **Verzicht** des Mieters auf Schadenersatzansprüche gesehen werden. Sollte durch den Vergleich dagegen nur der Streit hinsichtlich der Schlüssigkeit und Beweisbarkeit des Eigenbedarfstatbestands beigelegt werden, sind Schadenersatzansprüche des Mieters nicht ausgeschlossen. Diese Frage ist anhand der umfassend zu würdigenden Umstände des Einzelfalls zu entscheiden (OLG Frankfurt/M., a.a.O.; LG Köln, Urteil v. 3.5.1990, 1 S 450/89, ZMR 1990 S. 382; LG Tübingen, Urteil v. 22.3.1993, 1 S 428/92, WuM 1993 S. 353).

Einen Verzicht des Mieters auf Schadenersatzansprüche wird man jedenfalls dann annehmen können, wenn die Frage, ob der Eigenbedarf gegeben oder nur vorgetäuscht war, zwischen den Parteien streitig gewesen ist, sie aber trotzdem den Räumungsvergleich abgeschlossen haben (vgl. LG Gießen, Urteil v. 30.11.1994, 1 S 243/94, WuM 1995 S. 183; OLG Celle, Urteil v. 24.11.1993, 2 U 6/93, MDR 1995 S. 252). In diesem Fall sind Schadenersatzansprüche des Mieters auch dann ausgeschlossen, wenn sich der Vermieter in dem Vergleich nicht zu einer Gegenleistung verpflichtet hat. Dies ergibt sich aus den Gründen des RE des OLG Frankfurt (a.a.O.), wonach die Gegenleistung des Vermieters nicht eine Voraussetzung für den Ausschluss der Schadenersatzansprüche, sondern nur ein Abgrenzungskriterium gegenüber anderen Rechtsentscheiden darstellt (LG Gießen, Urteil v. 17.5.1995, 1 S 43/95, WuM 1995 S. 589).

Wurde dagegen die Frage, ob der Eigenbedarf nur vorgetäuscht war, nicht erörtert und schließen die Parteien einen Vergleich, wonach „sämtliche wechselseitigen Ansprüche aus dem Mietverhältnis erledigt seien“, bezieht sich diese Klausel nur auf die beim Vergleichsabschluss bestehenden Ansprüche. Schadenersatzansprüche des Mieters wegen Nichtmitteilung des späteren Wegfalls des Eigenbedarfs vor dem Auszug sind hiervon nicht erfasst (LG Hamburg, Urteil v. 21.6.1994, 316 S 28/94, WuM 1995 S. 168). Verzichtet der Mieter jedoch in einem Vergleich, der eine Abfindung beinhaltet, ohne Differenzierung auf „seine Rechte aus dem Mietverhältnis", ist auch ein Schadenersatzanspruch wegen vorgetäuschten Eigenbedarfs ausgeschlossen (LG Berlin, Urteil v. 17.10.1995, 65 S 90/95, GE 1995 S. 1551). Gleiches gilt, wenn vor Auszug des Mieters eine **Abfindung und Generalquittung** vereinbart werden (LG Hamburg, Urteil v. 31.8.2001, 313 S 85/01, ZMR 2001 S. 978).

Der Vermieter kann einen Räumungsvergleich nicht mit der Begründung **anfechten**, er sei arglistig getäuscht worden, weil der Mieter nicht offenbart habe, dass er eine Ersatzwohnung in Aussicht oder bereits zum Bezug angemietet hat (LG Braunschweig, Urteil v. 4.2.1994, 6 S 140/93, WuM 1995 S. 184).

Zur Frage, ob der Anspruch des Mieters auf Zahlung des im Vergleich vereinbarten Abstandsbetrags bei nicht rechtzeitiger Räumung entfällt, vgl. LG Nürnberg-Fürth, Urteil v. 30.10.1992, 7 S 2866/92, WuM 1995 S. 181.

Ein Schadenersatzanspruch besteht infolge des fehlenden Ursachenzusammenhangs zwischen der Kündigung und dem Auszug des Mieters auch dann nicht, wenn sich aus den Umständen, z.B. dem vorangegangenen Schriftverkehr, ergibt, dass der Mieter **freiwillig** geräumt hat, z.B. weil er aus anderen Gründen das Interesse an der Wohnung verloren hat (LG Osnabrück, Urteil v. 14.3.1990, 6 S 1/90, WuM 1990 S. 435). Gleiches gilt, wenn der Mieter aus anderen Gründen, z.B. aufgrund fristloser Kündigung wegen Zahlungsverzugs, ohnehin zur Räumung verpflichtet war (LG Gießen, Urteil v. 13.7.1994, 1 S 143/94, WuM 1995 S. 163) oder wenn der Schaden des Mieters überwiegend auf eigenem Verschulden beruht, der Mieter z.B. trotz einer für ihn erkennbar unwirksamen Kündigung räumt (LG Kassel, Urteil v. 27.8.1987, 1 S 58/87, WuM 1989 S. 392).

Ein Schadenersatzanspruch des Mieters kann grundsätzlich immer nur dann begründet sein, wenn der Vermieter in **unredlicher** Weise von dem in § 573 BGB normierten Kündigungsrecht Gebrauch gemacht hat, etwa durch wahrheitswidrige Angabe von nicht oder so nicht vorhandenen Kündigungsgründen; nicht aber, wenn die Kündigung nur deshalb unwirksam ist, weil die dem Mieter mitgeteilten Kündigungsgründe nach richterlicher Beurteilung kein berechtigtes Interesse an der Beendigung des Mietverhältnisses ergeben haben (OLG Hamm, RE v. 31.1.1984, 4 RE-Miet 7/83, DWW 1984 S. 133; LG Mannheim, Urteil v. 8.11.1995, 4 S 163/94, WuM 1995 S. 710).

Der Vermieter haftet auch nicht auf Schadenersatz, wenn der Mieter nach Abweisung der Räumungsklage selbst kündigt, ohne dass der Vermieter durch sein weiteres Verhalten hierzu Anlass gegeben hätte (LG Saarbrücken, NJWE 1997 S. 269).

Dagegen stehen einem Mieter, der auf eine Kündigung wegen vorgetäuschten Eigenbedarfs hin auszieht, Schadenersatzansprüche auch dann zu, wenn die Kündigung zwar formell **unwirksam** ist (z.B. wegen nicht ausreichender Begründung), der Vermieter ihm den Eigenbedarf aber schlüssig dargetan hat und der Mieter deshalb keine Veranlassung hatte, die Angaben des Vermieters in Zweifel zu ziehen.

Darf der Mieter das Räumungsverlangen des Vermieters materiell für berechtigt halten, wird sein Schadenersatzanspruch auch nicht dadurch ausgeschlossen, dass er – in der Vorstellung, zur Räumung des Mietobjekts verpflichtet zu sein – sich mit dem Vermieter auf eine einvernehmliche Beendigung des Mietverhältnisses **einigt** (BGH, Urteil v. 8.4.2009, VIII ZR 231/07).

Der Vermieter kann dem nicht entgegenhalten, der Mieter hätte wegen der Unwirksamkeit der Kündigung objektiv keinen Anlass zur Räumung des Mietobjekts gehabt. Entscheidend ist insofern nicht, ob der Mieter zur Räumung verpflichtet ist, sondern allein, ob er das Räumungsverlangen materiell für berechtigt halten durfte (z.B. weil er keinen Anlass hatte, an der Richtigkeit der Angaben des Vermieters zu zweifeln). Daher kommt auch eine Anwendung des Rechtsgedankens des § 254 BGB (Mitverschulden) nicht in Betracht (BGH, a.a.O.).

Ein Schadenersatzanspruch des Mieters setzt auch ein **Verschulden** und somit zumindest Fahrlässigkeit des Vermieters voraus. Dies kann jedoch bereits dann gegeben sein, wenn der Vermieter seine Nutzungsabsicht vor Ausspruch der Kündigung bzw. vor der Erklärung, die Wohnung selbst nutzen zu wollen, nicht ausreichend geprüft und daher eine in Wirklichkeit nicht bestehende Nutzungsabsicht fahrlässig behauptet hat (vgl. LG Mannheim, Urteil v. 5.6.1991, 4 S 30/91, WuM 1991 S. 693).

Ein Schadenersatzanspruch wegen vorgetäuschten Eigenbedarfs ist jedoch **nicht** gegeben, wenn nur ein Auswechseln der Bedarfsperson stattfindet und die andere Person ebenfalls Begünstigte einer Eigenbedarfskündigung gewesen wäre (LG Münster, Urteil v. 31.8.1994, 1 S 99/94, WuM 1995 S. 171). Ebenso wenn ein in der Kündigung angegebener Nutzungswunsch zwar tatsächlich nicht bestanden hat, die Wohnung aber aus Gründen, die zur Kündigung ebenfalls berechtigt hätten, genutzt wird (**sog. rechtmäßiges Eventualverhalten**, vgl. LG Hamburg, Urteil v. 1.3.2001, 307 S 114/00, ZMR 2001 S. 620).

Verlangt der Mieter vom Vermieter Schadenersatz mit der Behauptung, der Eigenbedarf sei vorgetäuscht gewesen, gelten für die **Beweislastverteilung** die allgemeinen Grundsätze. Danach muss der Anspruchsteller – somit der Mieter – die tatsächlichen Voraussetzungen seines Anspruchs (hier: den fehlenden Selbstnutzungswillen des Vermieters) darlegen und beweisen. Der Vermieter darf sich jedoch nicht darauf beschränken, eine entsprechende Behauptung des Mieters schlicht zu bestreiten, da Verdachtsmomente für ein Vorschieben des Eigenbedarfs gegeben sind, wenn der Vermieter den in der Kündigung behaupteten Selbstnutzungswillen nach dem Auszug des Mieters nicht in die Tat umsetzt. Unter diesen Umständen ist es dem Vermieter zuzumuten, **substanziiert und plausibel** darzulegen, aus welchem Grund der mit der Kündigung geltend gemachte Eigenbedarf nachträglich entfallen ist. Ist dieser Vortrag vom Vermieter erbracht, obliegt dem Mieter der Beweis dafür, dass ein Selbstnutzungswille des Vermieters schon vorher nicht bestanden hat (BGH, Urteil v. 18.5.2005, VIII ZR 368/03, NZM 2005 S. 580).

17 Kündigungssperrfristen

Die ordentliche Kündigungsfrist ist abhängig von der Dauer des Mietverhältnisses (§ 573 c Abs. 1 BGB) und beträgt maximal 9 Monate (s. „Kündigungsfristen"). Wurde jedoch an den vermieteten Wohnräumen **nach** Überlassung an den Mieter Wohnungseigentum begründet **(„Umwandlung")** und das Wohnungseigentum veräußert, kann sich der Erwerber auf Eigenbedarf erst nach Ablauf von **3 Jahren** seit der Veräußerung berufen (Kündigungssperrfrist, § 577 a Abs. 1 BGB).

Die Sperrfrist gilt auch zugunsten eines **Angehörigen** des Mieters, der mit diesem zum Zeitpunkt der Umwandlung in der Wohnung gelebt hat und dann mit dem Tod des Mieters **kraft Gesetzes** (§ 563 Abs. 2 BGB) in das Mietverhältnis **eingetreten** ist (BGH, Urteil v. 9.7.2003, VIII ZR 26/03, WuM 2003 S. 569; s. „Eheähnliche Gemeinschaft", Abschnitt 5 „Tod eines Mieters").

Diese Sperrfrist beträgt **bis zu 10 Jahre**, wenn die ausreichende **Versorgung** der Bevölkerung mit Mietwohnungen zu angemessenen Bedingungen in einer Gemeinde oder einem Teil einer Gemeinde **besonders gefährdet** ist und die Landesregierung von ihrer Ermächtigung Gebrauch gemacht hat, diese Gebiete sowie die Frist durch Rechtsverordnung für die Dauer von jeweils höchstens 10 Jahren zu bestimmen (§ 577 a Abs. 2 BGB).

Gemäß der **Übergangsregelung** zum Mietrechtsreformgesetz (Art. 229 § 3 Abs. 6 EGBGB) stand den Bundesländern nach Inkrafttreten der Mietrechtsreform am 1.9.2001 eine **Übergangsfrist** von 3 Jahren, d. h. **bis zum 31.8.2004,** zur Verfügung, um für Gebiete mit gefährdeter Wohnungsversorgung auf der Grundlage des neuen Rechts **neue** Rechtsverordnungen zu erlassen.

Zahlreiche Bundesländer haben von dieser Ermächtigung Gebrauch gemacht; z. B. gilt in

Bayern aufgrund der Wohnungsgebieteverordnung vom 15.5.2012 (GVBl 2012 S. 189) vom 1.7.2012 bis 30.6.2022 in 115 Städten und Gemeinden eine auf 10 Jahre verlängerte Kündigungssperrfrist.

> Vor Abfassung der Kündigung einer umgewandelten Wohnung sollte daher bei der zuständigen Gemeinde bzw. Stadtverwaltung angefragt werden, ob in dem betreffenden Gebiet eine verlängerte Kündigungssperrfrist gilt.

Die Vorschriften über die Kündigungssperrfrist sind auch dann anzuwenden, wenn keine Umwandlung in Wohnungseigentum, sondern eine **Realteilung** erfolgt, so z. B. wenn vermietete Reihenhäuser durch Realteilung des Gesamtgrundstücks in einzelne selbstständige Grundstücke aufgeteilt werden. Die Interessenlage ist nämlich in beiden Fällen der Rechtsänderung im Wesentlichen gleich. Aus Sicht des Mieters macht es keinen Unterschied, ob das von ihm gemietete Reihenhaus in Wohnungseigentum umgewandelt oder durch reale Teilung Bestandteil eines selbstständigen Grundstücks wird. In beiden Fällen steht dem Mieter nach einem Verkauf ein neuer Vermieter gegenüber, der sich – soweit die sonstigen Voraussetzungen gegeben sind – auf Eigenbedarf berufen könnte (BGH, Urteil v. 28.5.2008, VIII ZR 126/07, WuM 2008 S. 415).

Diese Rechtsprechung, wonach Kündigungssperrfristen zulasten des Erwerbers auch dann einzuhalten sind, wenn ein Grundstück, das mit zu Wohnzwecken vermieteten Einfamilienhäusern (Reihenhäusern) bebaut ist, real geteilt wird, ist nicht verfassungswidrig, da diese Rechtsprechung nicht die Grenzen richterlicher Rechtsfortbildung überschreitet und insbesondere mit Art. 3 Abs. 1 und Art. 14 Abs. 1 GG (Gleichheitsgrundsatz und Eigentumsgrundrecht) vereinbar ist (BVerfG, Beschluss v. 4.4.2011, 1 BvR 1803/008, NJW 2011 S. 1723).

Die Sperrfrist des § 577a BGB greift jedoch **nicht** ein, wenn die Vermietung **nach** erstmaliger Eintragung des Wohnungseigentums in das Grundbuch erfolgte. Eine **nachfolgende Realteilung** des Grundstücks mit erneuter Eintragung ist unerheblich und löst keine Sperrfrist aus (AG Berlin, Urteil v. 26.3.2014, 2 C 225/13, GE 2014 S. 876).

Seit Inkrafttreten des Mietrechtsänderungsgesetzes am 1.5.2013 sind die Vorschriften über die Kündigungssperrfrist auch beim Erwerb eines vermieteten Anwesens durch eine **Personenmehrheit** (z. B. Gesellschaft bürgerlichen Rechts) anzuwenden, wenn diese zwar keine Aufteilung in Wohnungseigentum vornimmt, jedoch wegen Eigenbedarfs eines Miteigentümers kündigt. Eine Ausnahme besteht nur dann, wenn die Gesellschafter oder Erwerber derselben Familie oder demselben Haushalt angehören oder vor Überlassung des Wohnraums an den Mieter Wohnungseigentum bereits begründet war (§ 577a Abs. 1a BGB).

Eine zusätzliche Kündigungssperrfrist muss **nicht** eingehalten werden, wenn das Wohnungseigentum bereits **vor** Überlassung an den Mieter begründet war oder wenn nur eine Teilung, aber keine Weiterveräußerung vorgenommen wurde (Beispiel: Der Eigentümer eines Mietshauses wandelt die Wohnungen in Eigentumswohnungen um und kündigt dann einem Mieter wegen Eigenbedarfs für seinen Sohn).

17.1 Erwerb im Wege der Zwangsversteigerung

Der Zuschlag von Wohnungseigentum im Wege der **Zwangsversteigerung** (s. „Zwangsversteigerung“) ist als Veräußerung (§ 577a Abs. 1 BGB) anzusehen. Das bedeutet, dass nicht nur der Käufer, sondern auch der Ersteigerer einer **umgewandelten** Eigentumswohnung „Umwandlung“ die Kündigung wegen Eigenbedarfs erst nach Ablauf der Sperrfrist aussprechen kann.

Dies gilt auch, wenn das Mietverhältnis unter Einhaltung der gesetzlichen Frist von 3 Monaten gekündigt wird (§ 57a ZVG; s. „Kündigung“, Abschnitt 3.2.2.2 „Vorzeitige Kündigung durch den Ersteher bei der Zwangsversteigerung“. Maßgebender Kündigungstermin ist dann der Termin, zu dem das Mietverhältnis erstmals nach dem Ende der Sperrfrist unter Beachtung der gesetzlichen Frist gekündigt werden kann (BayObLG, RE v. 10.6.1992, RE-Miet 2/92, WuM 1992 S. 424).

17.2 Erwerb aufgrund Erfüllung eines Vermächtnisses

Auch die Übertragung von Wohnungseigentum in Erfüllung eines Vermächtnisses (§ 2147 BGB) ist als **Veräußerung** (§ 577a Abs. 1 BGB) anzusehen, da es sich auch insofern – wie bei Kauf, Schenkung oder Tausch – um einen **rechtsgeschäftlichen** Erwerbsvorgang handelt, der auf einer **freiwilligen** Entscheidung (Testierwillen des Erblassers) beruht (BayObLG, RE v. 29.6.2001, RE-Miet 1/01, WuM 2001 S. 390). Bei einer Kündigung des Mietverhältnisses sind somit auch in diesem Fall die Kündigungssperrfristen zu beachten.

Ist in den Fällen des § 577a Abs. 1 BGB die Sperrfrist einzuhalten, **beginnt** sie mit der Eintragung des ersten Erwerbers des (nach Überlassung des Wohnraums an den Mieter begründeten und sodann veräußerten) Wohnungseigentums im Wohnungsgrundbuch. Weitere Erwerber treten in diese Frist ein (§ 566 BGB); für sie beginnt die Frist nicht neu zu laufen (BayObLG, RE v. 24.11.1981, Allg Reg 64/81, NJW 1982 S. 451). Eine Kündigung des Erwerbers wegen Eigenbedarfs kann erst nach Ablauf der Sperrfrist und somit nicht zu deren Ablauf ausgesprochen werden (so bereits OLG Hamm, RE v. 3.12.1980, 4 RE-Miet 3/80, DWW 1981 S. 47). Für die nach Ablauf der Frist ausgesprochene Kündigung gelten die gesetzlichen Fristen (OLG Hamm, a.a.O., s. „Kündigungsfristen“).

Unterliegt die umgewandelte Wohnung der Preisbindung, kann sich der Erwerber nicht auf Eigenbedarf berufen, solange die Wohnung als **öffentlich gefördert** gilt (§ 6 Abs. 7 WoBindG). Dies gilt auch, wenn der Mieter Fehlbeleger ist (LG Tübingen, Urteil v. 11.1.1996, 1 S 311/95, WuM 1996 S. 545).

Die Sperrfrist (§ 577a Abs. 1 BGB) läuft dabei neben der Dauer der Bindung, sodass eine Berufung auf Eigenbedarf nach Ablauf der längeren der beiden Fristen möglich ist.

Die Bestimmung des § 577a BGB über die Einhaltung zusätzlicher Kündigungssperrfristen gilt nur bei der Kündigung wegen Eigenbedarfs (§ 573 Abs. 2 Nr. 2 BGB) oder wegen **Hinderung der wirtschaftlichen Verwertbarkeit** (§ 573 Abs. 2 Nr. 3 BGB). Auf **andere** ordentliche Kündigungen ist § 577a BGB weder direkt noch analog anwendbar. Bei einer Kündigung wegen eines allgemeinen berechtigten Interesses an der Beendigung des Mietverhältnisses gemäß § 573 Abs. 1 BGB (s. „Kündigungsschutz“, Abschnitt 2.4 „Sonstige berechtigte Interessen“) oder wegen schuldhafter Vertragsverletzungen des Mieters gemäß § 573 Abs. 2 Nr. 1 BGB (s. „Kündigungsschutz“, Abschnitt 2.1 „Ordentliche Kündigung durch den Mieter“) muss daher keine zusätzliche Sperrfrist eingehalten werden (BGH, Urteil v. 11.3.2009, VIII ZR 127/08, WuM 2009 S. 294).

18 Sonderregelungen in den neuen Bundesländern

18.1 Überlassungsverträge

Überlassungsverträge, d.h. Verträge, durch die dem Nutzer vor dem 3.10.1990 ein bisher staatlich verwaltetes Grundstück durch den staatlichen Verwalter gegen Leistung eines Geldbetrags und Übernahme der öffentlichen Lasten überlassen wurde (§ 1a EGBGB), werden als auf unbestimmte Zeit geschlossene Mietverträge fortgesetzt (§ 34 SchuldRAnpG).

18.2 Kündigungsausschlussfristen

Eine Kündigung durch den Grundstückseigentümer war bis zum Ablauf des 31.12.1995 ausgeschlossen (§ 38 Abs. 1 SchuldRAnpG). **Bis zum Ablauf des 31.12.2000** konnte der Grundstückseigentümer den Mietvertrag nur kündigen, wenn er das auf dem Grundstück stehende Gebäude zu Wohnzwecken für sich, die zu seinem Hausstand gehörenden Personen oder seine Familienangehörigen **benötigt und** der Ausschluss des Kündigungsrechts dem Grundstückseigentümer angesichts seines Wohnbedarfs und seiner sonstigen berechtigten Interessen auch unter Würdigung der Interessen des Nutzers nicht zugemutet werden kann.

Die genannte Frist verlängerte sich bis zum **31.12.2010**, wenn der Nutzer auf dem Grundstück in nicht unerheblichem Umfang Um- und Ausbauten oder wesentliche bauliche Maßnahmen zur Substanzerhaltung des Gebäudes unternommen hat, die nicht den in § 12 Abs. 2 des Sachenrechtsbereinigungsgesetzes bestimmten Umfang erreichen. Die Fristverlängerung trat jedoch nicht ein, wenn mit den Arbeiten erst nach dem 20.7.1993 begonnen wurde (§§ 38 Abs. 2, 39 SchuldRAnpG).

18.3 Grundstücksveräußerung

Ist das Grundstück **veräußert** worden, kann sich der Erwerber nicht vor Ablauf von 3 Jahren seit der Eintragung der Rechtsänderung in das Grundbuch auf Eigenbedarf zu Wohnzwecken berufen. Dies gilt jedoch nicht, wenn der auf die Veräußerung des Grundstücks gerichtete Vertrag vor dem 13.1.1994 abgeschlossen worden ist (§ 38 Abs. 3 SchuldRAnpG).

18.4 Abtrennbare Grundstücksteile

Der Grundstückseigentümer ist auch berechtigt, eine Kündigung des Mietvertrags für eine **abtrennbare**, nicht überbaute **Teilfläche** des Grundstücks zu erklären (§ 40 SchuldRAnpG). Die Kündigung ist zulässig, wenn das Grundstück größer als 500 m² und die darüber hinausgehende Fläche abtrennbar und selbstständig **baulich** nutzbar ist. Das Recht zur Kündigung steht dem Grundstückseigentümer auch hinsichtlich einer über 1.000 m² hinausgehenden Fläche zu, die abtrennbar und angemessen **wirtschaftlich** nutzbar ist.

Eigentümerwechsel

Inhaltsübersicht

		Seite
1	**Voraussetzungen**	263
2	**Kündigung und Mieterhöhung durch den Käufer**	265
3	**Kündigung und Mieterhöhung durch den Verkäufer**	267
3.1	Kündigung durch den Mieter	268
4	**Bindung des Käufers an bestehende Vereinbarungen**	268
5	**Übergang von Ansprüchen**	271
5.1	Kaution	274
5.2	Betriebskosten	277
5.3	Vorausverfügungen	278
5.4	Nießbrauch	280
5.5	Zwangsversteigerung	280
6	**Gesellschafterwechsel**	280

1 Voraussetzungen

Ein Eigentümerwechsel tritt ein bei Tod des Vermieters sowie bei Veräußerung oder Zwangsversteigerung. Beim Tod des Vermieters tritt an dessen Stelle der Erbe oder eine Erbengemeinschaft, der/die als Gesamtrechtsnachfolger alle Rechte und Pflichten des Erblassers aus dem Mietverhältnis kraft Gesetzes (§ 1922 BGB) übernimmt.

> Die Erben sind an alle vom Erblasser mit den Mietern getroffenen Vereinbarungen gebunden und haben daher keinen Anspruch auf Abschluss eines neuen Mietver-

trags oder auf ändernde oder zusätzliche Vereinbarungen.

Schließt der Mieter mit dem Erben jedoch freiwillig einen neuen Mietvertrag ab, ist dieser in vollem Umfang wirksam. Im Fall der Veräußerung des Grundstücks nach der Überlassung an den Mieter tritt der Erwerber anstelle des Vermieters in die sich aus dem Vertrag ergebenden Rechte und Pflichten ein (Grundsatz: **Kauf bricht nicht Miete**; § 566 BGB). Dies gilt auch, wenn lediglich ein **Miteigentums**anteil veräußert wird. In diesem Fall erlangt der Erwerber mit dem Eigentum die Stellung des **Mit**vermieters, sodass Willenserklärungen (z. B. Mieterhöhung, Kündigung) auch von ihm unterschrieben werden müssen (LG Marburg, Urteil v. 25.7.2001, 5 S 233/00, WuM 2001 S. 439).

Dies gilt selbst dann, wenn im notariellen Vertrag geregelt ist, dass der Veräußerer alleiniger Vermieter bleiben soll, da § 566 BGB durch eine Vereinbarung zwischen Veräußerer und Erwerber nicht abbedungen werden kann (AG Pinneberg, Urteil v. 23.5.2002, 66 C 259/01, ZMR 2002 S. 835).

Als Veräußerungsgeschäft i. S. d. Bestimmung kommen in Betracht Kauf, Tausch, Schenkung, Vermächtnis, Einbringen in eine Gesellschaft. Der Grundstücksveräußerung steht die Veräußerung des Erbbaurechts gleich. Ferner finden die §§ 566, 566a BGB auch im Erwerbsfall im Wege der Zwangsversteigerung (§ 57 ZVG) Anwendung (BGH, Urteil v. 4.4.2007, VIII ZR 219/06, NJW 2007 S. 1818).

Veräußert ist das Grundstück, wenn der Erwerber Eigentümer geworden ist. Eigentumserwerb setzt dingliche **Einigung** über den Übergang des Eigentums (= Auflassung) und **Eintragung** des Erwerbers ins Grundbuch voraus. Nicht genügt für den Eigentumsübergang das obligatorische Verpflichtungsgeschäft, etwa der notarielle Kaufvertrag, durch den sich der Verkäufer verpflichtet, dem Käufer die Sache zu übergeben und das Eigentum daran zu verschaffen.

Weder die in einem Grundstückskaufvertrag aufgenommene Bestimmung, wonach Besitz, Nutzen und Lasten an einem bestimmten Tag auf den Käufer übergehen, noch die Eintragung einer Auflassungsvormerkung führen den Wechsel auf Vermieterseite herbei, sondern erst die Eintragung ins Grundbuch (BGH, Urteil v. 19.10.1988, VIII ZR 22/88, WuM 1989 S. 141).

Wird eine Gesellschaft bürgerlichen Rechts (GbR), die Eigentümerin eines Mehrfamilienhauses und Vermieterin der Wohnungen dieses Anwesens ist, unter Bildung von Wohnungseigentum und Eintragung der einzelnen Gesellschafter als Eigentümer der jeweils zugewiesenen Wohnungen auseinandergesetzt, tritt der neue Eigentümer in die sich während der Dauer seines Eigentums aus dem Mietverhältnis ergebenden Rechte und Pflichten ein (BGH, Urteil v. 23.11.2011, VIII ZR 74/11, WuM 2012 S. 31).

Der in § 566 BGB geregelte Eintritt des Erwerbers in ein bestehendes Mietverhältnis dient dem Schutz des Mieters, dem die Wohnung aufgrund eines wirksamen Mietvertrags überlassen worden ist. Die dem Mieter eingeräumte Rechtsstellung, der berechtigte Besitz, soll ihm auch gegenüber einem späteren Erwerber erhalten bleiben. Die §§ 566, 566a BGB sind daher nur anzuwenden, wenn im Zeitpunkt des Eigentumswechsels ein **wirksames Mietverhältnis** besteht **und** sich der Mieter (noch) im **Besitz** der Wohnung befindet. Ferner, wenn der Mieter im Zeitpunkt des Eigentumswechsels die Wohnung trotz Ablauf des Mietvertrags noch **nicht** geräumt hat; in diesem Fall soll der Erwerber **entsprechend** § 566 BGB in das Abwicklungsverhältnis mit dem Mieter eintreten (BGH, Urteil v. 28.6.1978, VIII ZR 139/77, NJW 1978 S. 2148).

Keine Anwendung finden die §§ 566, 566a BGB dagegen, wenn der Mieter die Wohnung im Zeitpunkt des Eigentumserwerbs bereits **geräumt** hat. In diesem Fall tritt der Erwerber nicht in die Rechte und Pflichten des bisherigen Vormieters aus dem bestehenden Mietverhältnis ein. Der **vor** Eigentumsübergabe ausgezogene Mieter bedarf eines **Schutzes** durch die §§ 566, 566a BGB **nicht**, da seine Rechtsposition durch den Eigentumswechsel nicht mehr berührt wird. Soweit ihm noch Ansprüche aus der Abwicklung des Mietverhältnisses zustehen, kann er diese gegen seinen bisherigen Vermieter geltend machen (BGH, Urteil v. 4.4.2007, VIII ZR 219/06, NJW 2007 S. 1818). Allerdings kann der Mieter Schadenersatzansprüche gegen den Vermieter in Form der **Wiedereinräumung von Besitz- und Mietrechten** an der ehemaligen Wohnung (§§ 280 Abs. 1, 249 Abs. 1 BGB, z.B. weil er aufgrund eines vom Vermieter behaupteten, aber nicht realisierten Eigenbedarfs ausgezogen ist) nicht mehr geltend machen, wenn die Wohnung zwischenzeitlich **verkauft** wurde und der Mieter schon vor Übergang des Eigentums auf den Erwerber ausgezogen war. Dem Vermieter ist in diesem Fall die Erbringung dieser Leistung infolge der Veräußerung der Wohnung unmöglich geworden (BGH, Urteil v. 16.12.2009, VIII ZR 313/08).

Die mieterschützende Vorschrift des § 566 BGB („Kauf bricht nicht Miete") ist nur anwendbar, wenn die Veräußerung durch den **Vermieter** erfolgt, d.h., Veräußerer und Vermieter identisch sind. Nachdem aber aufgrund der Vertragsfreiheit auch die Vermietung einer fremden Sache zulässig und wirksam ist, müssen Veräußerer (Eigentümer) und Vermieter nicht zwingend identisch sein. In diesem Fall ist der Anwendungsbereich des § 566 BGB nicht eröffnet, da dieser einer Veräußerung durch den **Vermieter** voraussetzt.

Eine **analoge** Anwendung des § 566 BGB auf den Fall, dass im Zeitpunkt des Abschlusses des Mietvertrags Vermieter- und Eigentümerstellung auseinanderfallen, ist willkürlich und damit **verfassungswidrig** (BVerfG, Beschluss v. 12.9.2013, 1 BvR 744/13, NJW 2013 S. 3774). Offen bleibt die strittige Frage, ob es ausreicht, wenn der Veräußerer im Verlauf des Mietverhältnisses Eigentümer des Grundstücks wird (OLG Rostock, Urteil v. 15.8.2005, 3 U 196/04, NZM 2006 S. 262). Eine höchstrichterliche Entscheidung hierzu steht noch aus.

Der neue Eigentümer des vermieteten Wohnraums tritt jedenfalls auch dann anstelle des Vermieters in die Rechte und Pflichten aus dem bestehenden Mietverhältnis ein, wenn er das Eigentum nicht durch ein Veräußerungsgeschäft, sondern **kraft Gesetzes** erwirbt (BGH, Urteil v. 9.7.2008, VIII ZR 280/07, WuM 2008 S. 562).

2 Kündigung und Mieterhöhung durch den Käufer

Vor Eintragung im Grundbuch kann der Mietvertrag auf Vermieterseite allein durch „**dreiseitigen** Vertrag" zwischen Verkäufer, Käufer und Mieter übergehen (LG Hamburg, Urteil v. 9.10.1992, 311 S 132/92, WuM 1993 S. 48).

Solange der Eigentumsübergang nicht vollzogen ist, bleibt der Veräußerer Vermieter. Der Käufer kann in diesem Stadium weder ein bestehendes Mietverhältnis kündigen (LG Münster, Beschluss v. 17.12.1990, 3 T 17/90, WuM 1991 S. 105; LG Ellwangen, Urteil v. 15.5.1991, 1 S 119/91, WuM 1991 S. 489; LG Osnabrück, Urteil v. 18.10.1989, 1 S 248/89, WuM 1990 S. 81) noch die Zustimmung zu einer Mieterhöhung verlangen (LG Köln, Urteil v. 8.6.1995, 1 S 280/94, WuM 1996 S. 623; LG Karlsruhe, Urteil v. 9.11.1990, 9 S 333/90, WuM 1991 S. 48) oder eine Mieterhöhungserklärung abgeben (LG Köln, Urteil v. 8.6.1995, 1 S 259/94, WuM 1996 S. 625), wobei es insofern auf die Verhältnisse zum Zeitpunkt der Abgabe (nicht des Zugangs) der Erklärung ankommt (LG Köln, Urteil v. 8.6.1995, 1 S 280/94, WuM 1996 S. 623). Ferner kann der Käufer vor Grundbucheintragung keinen Mietaufhebungsvertrag und keinen Räumungsvergleich ohne Mitwirkung des Verkäufers schließen (LG Ellwangen, a.a.O.). Auch Vereinbarungen des Grundstückserwerbers mit dem Wohnungsmieter über eine Mieterhöhung binden den Mieter grundsätzlich nicht, wenn der Erwerber bei Vereinbarung der Mietvertragsänderung nicht als Eigentümer im Grundbuch eingetragen ist (AG Köln, Urteil v. 12.2.2007, 222 C 499/06, WuM 2007 S. 577).

Strittig ist, ob der Verkäufer diese Rechte an den Käufer **abtreten** kann. Jedenfalls kann der Verkäufer eines Grundstücks den Käufer **ermächtigen** (§ 185 Abs. 1 BGB), einen bestehenden Mietvertrag im eigenen Namen zu **kündigen**, schon bevor der Käufer mit der

Eintragung im Grundbuch in den Mietvertrag eintritt (BGH, Urteil v. 10.12.1997, XII ZR 119/96, WuM 1998 S. 99). Eine solche Ermächtigung kann auch im Kaufvertrag erteilt werden, z.B. durch einen Passus, wonach dem Käufer „Vollmacht zur Ausübung der Vermieterrechte" erteilt wird (KG Berlin, Urteil v. 4.2.2008, 8 U 167/07, WuM 2008 S. 153). Aufgrund einer solchen Ermächtigung kann der Käufer das Mietverhältnis bereits vor seiner Eintragung ins Grundbuch im **eigenen** Namen fristlos (z.B.: wegen Zahlungsverzugs des Mieters) kündigen. Dagegen stellt sich bei der **ordentlichen** Kündigung eines **Wohnraummietverhältnisses**, die das Vorliegen eines Kündigungsgrunds voraussetzt, allerdings das Problem, dass der Verkäufer den Käufer nur zur Geltendmachung eigener – des Verkäufers – Rechte ermächtigen kann, d.h., der Käufer nur Kündigungsgründe geltend machen kann, die auch der Verkäufer hätte geltend machen können (z.B. vertragswidriges Verhalten des Mieters, Zahlungsverzug; nicht dagegen Eigenbedarf, der bei einem Verkauf regelmäßig nur in der Person des Käufers, nicht aber beim Verkäufer vorliegen kann). Eine Vereinbarung zwischen Käufer und Verkäufer, wonach der Käufer mit allen Rechten und Pflichten in einen bestehenden Mietvertrag eintritt, ist insofern nicht ausreichend und kann nicht in eine solche Ermächtigung zum Ausspruch einer Kündigung umgedeutet werden (OLG Celle, Urteil v. 9.6.1999, 2 U 166/98, ZMR 1999 S. 618).

Das Interesse des Käufers einer Mietwohnung, diese selbst zu nutzen, geht dem Interesse des Mieters am Verbleib in der Wohnung jedoch auch dann vor, wenn eine lange Dauer des (unbefristeten) Wohnungsmietvertrags der Intention des Verkäufers der Wohnung und des Mieters entsprochen haben sollte (AG Steinfurt, Urteil v. 15.12.2005, 4 C 514/05, WuM 2006 S. 43).

Wird ein Grundstück veräußert, kann der Erwerber im eigenen Namen erst nach Vollendung des Rechtserwerbs, d.h. nach Eintragung im Grundbuch, kündigen (Wetekamp, in Schmidt, Miete und Mietprozess, 4. Aufl., 14, 8; BGH, Urteil v. 19.10.1988, VIII ZR 22/88, WuM 1989 S. 141). Wurde dem Erwerber daher von dem vermietenden Grundstückseigentümer vor der Eigentumsumschreibung im Grundbuch Kündigungsvollmacht erteilt, kann der Mieter die nach dem Eigentumserwerb unter Beifügung der Vollmacht erklärte Kündigung mit der Folge der Unwirksamkeit unverzüglich zurückweisen (LG Flensburg, Beschluss v. 1.10.2007, 1 T 50/07, WuM 2007 S. 634).

Der Verkäufer eines Grundstücks bzw. einer Wohnung kann den Käufer **ermächtigen,** bereits vor seiner Eintragung im Grundbuch, im **eigenen** Namen Rechtshandlungen wie Mieterhöhungen gegenüber dem Mieter vorzunehmen. Das ist z.B. durch eine Vereinbarung im notariellen Kaufvertrag möglich, wonach der Käufer ab Vertragsschluss mit allen Rechten und Pflichten in den Mietvertrag eintritt und bevollmächtigt ist, sämtliche mietrechtsrelevanten Erklärungen gegenüber dem Mieter abzugeben sowie etwaige Prozesse im eigenen Namen zu führen. Eine Offenlegung der Ermächtigung gegenüber dem Mieter ist nicht erforderlich (BGH, Urteil v. 19.3.2014, VIII ZR 203/13, ZMR 2014 S. 620).

Eine Kündigung (z.B. wegen Eigenbedarfs), die der Käufer **vor** seiner Eintragung ins Grundbuch und damit vor seinem Eintritt in den Mietvertrag erklärt, ist **unwirksam**. Beauftragt der Mieter zur Abwehr einer solchen unwirksamen Kündigung einen Rechtsanwalt, hat er mangels Anspruchsgrundlage grundsätzlich **keinen** Anspruch auf **Erstattung der außergerichtlichen Anwaltskosten**. Ein Anspruch aus pVV (positive Vertragsverletzung des Mietvertrags), der auch den Ersatz von Anwaltskosten umfassen würde, kommt nicht in Betracht, da vor der Grundbucheintragung gerade kein Vertrag zwischen dem Mieter und dem Käufer besteht. Ferner besteht auch kein materiell-rechtlicher Kostenerstattungsanspruch, weder aus Geschäftsführung ohne Auftrag (GoA, §§ 677 ff. BGB) noch aus unerlaubter Handlung (§ 823 BGB), da die unberechtigte Eigenbedarfskündigung keine Besitzstörung und damit keine Verletzung des Besitzes des Mieters darstellt. Die Anwaltskosten sind somit der nicht ausgleichspflichtigen

Sorge in eigenen Rechtsangelegenheiten zuzuordnen (OLG Stuttgart, Urteil v. 6.3.2006, 5 U 197/05, WuM 2007 S. 64; s. auch BGH, Urteil v. 12.12.2006, VI ZR 224/05, WuM 2007 S. 62, wonach bei fehlenden vertraglichen oder vorvertraglichen Beziehungen zwischen den Parteien ein materiell-rechtlicher Kostenerstattungsanspruch hinsichtlich außergerichtlicher Anwaltskosten nur dann in Betracht kommt, wenn eine Forderung nachweislich ohne tatsächliche oder rechtliche Grundlage erhoben wurde und dies als Betrugsversuch und vorsätzliche sittenwidrige Schädigung angesehen werden kann (§ 823 Abs. 2 BGB i. V. m. § 263 StGB; § 826 BGB). Einen generellen Kostenerstattungsanspruch gegen denjenigen, der sich unberechtigt eines Rechts rühmt, kennt – so der BGH – die deutsche Rechtsordnung nicht. Mit unberechtigten Ansprüchen konfrontiert zu werden, gehört zum allgemeinen Lebensrisiko, soweit nicht die Voraussetzungen einer speziellen Haftungsnorm vorliegen).

3 Kündigung und Mieterhöhung durch den Verkäufer

Ein Erhöhungsverlangen, das vom Verkäufer wirksam geltend gemacht worden ist, wirkt zugunsten des danach – während des Laufs der Zustimmungsfrist – in das Mietverhältnis eintretenden Erwerbers fort (LG Kassel, Urteil v. 3.11.1994, 1 S 434/94, WuM 1996 S. 417; LG Hildesheim, Urteil v. 26.7.1984, 1 S 75/84, WuM 1985 S. 364 zur Klagebefugnis des Veräußerers). Auch wenn der Verkäufer im notariellen Kaufvertrag das Recht zur Erhöhung der Miete an den Käufer abgetreten oder ihn dazu ermächtigt hat, ist vor der Eigentumsbeschreibung im Grundbuch ein Mieterhöhungsverlangen der Hausverwaltung „im Namen des Eigentümers" (also des Verkäufers) formell wirksam (LG Berlin, Urteil v. 5.11.2010, 63 S 100/10, GE 2010 S. 1743).

Besteht eine **Zwangsverwaltung** des vermieteten Grundstücks, ist der neue Eigentümer auch nach Grundbucheintragung solange nicht zur Verwaltung des Grundstücks befugt, bis die Zwangsverwaltung aufgehoben wurde (vgl. § 148 Abs. 2 ZVG). Ein trotzdem gestelltes Zustimmungsverlangen zur Mieterhöhung ist daher unwirksam (vgl. AG Dortmund, Urteil v. 17.2.1993, 127 C 470/93, WuM 1993 S. 364). Die Aufhebung der Zwangsverwaltung heilt die fehlerhafte Mieterhöhungserklärung nicht (AG Dortmund, Urteil v. 17.2.1993, 127 C 470/93, WuM 1994 S. 546).

Eine Kündigung des Vermieters wird durch den nachfolgenden Verkauf der Mietsache nicht unwirksam. Der Käufer tritt vielmehr in die durch die Kündigung begründeten Vermieterrechte ein (§ 566 BGB), wird also Inhaber auch des Rückgabeanspruchs nach § 546 Abs. 1 BGB. Ausnahmen von diesem Grundsatz macht die Rechtsprechung bei Kündigungen wegen Eigenbedarfs (s. „Eigenbedarf") und wegen Hinderung der wirtschaftlichen Verwertbarkeit (s. „Kündigungsschutz", Abschnitt 2.3 „Hinderung der wirtschaftlichen Verwertung (§ 573 Abs. 2 Nr. 3 BGB)"), wenn durch den Verkauf der Wohnung das Erlangungsinteresse wegfällt. Daher verbleibt es bei dem Grundsatz, dass die Kündigung des Verkäufers zugunsten des Käufers fortwirkt, falls das Erlangungsinteresse des Verkäufers trotz der Kündigung fortbesteht.

Dies ist z. B. der Fall, wenn der Eigentümer/Verkäufer, der wegen Eigenbedarfs gekündigt hat und die Wohnung nun veräußern will oder muss, sichergestellt hat, dass der Käufer ihm die Nutzung gestattet. Ebenso, wenn der Verkäufer wegen Eigenbedarfs für einen Angehörigen kündigt und die Wohnung anschließend an diesen Angehörigen veräußert oder verschenkt, da der Angehörige dann nicht nur einen eigenen, sondern einen mit dem – fortbestehenden – Verkäuferbedarf praktisch deckungsgleichen Eigenbedarf hat (OLG Hamm, RE v. 21.7.1992, 30 RE-Miet 1/92, WuM 1992 S. 460).

Wie in den Gründen dieses Rechtsentscheids zutreffend ausgeführt wird, dürfen sich für den Mieter aus einem Vermieterwechsel zwar keine Nachteile ergeben (§ 566 BGB), jedoch soll der Vermieterwechsel dem Mieter auch keine Vorteile bringen. Daher wirkt die Kündigung des Vermieters hier auch dann zugunsten des Käufers – des Angehörigen –, wenn dieser bei einer eigenen Kündigung wegen Eigenbedarfs eine Sperrfrist wegen einer vorangegangenen Umwandlung einhalten müsste (OLG Hamm, a.a.O.; zur Sperrfrist s. „Eigenbedarf").

Nicht erforderlich ist, dass die Person des Vermieters nach Ausspruch der Kündigung identisch bleibt (OLG Hamm, a.a.O.). Daher darf der in die Vermieterstellung gemäß § 566 BGB eingetretene Erwerber der Mietwohnung die vom Veräußerer ausgesprochene Eigenbedarfskündigung weiterverfolgen, wenn der bisherige Kündigungsgrund in seiner Person fortbesteht, so beispielsweise wenn der Veräußerer für eine bestimmte Person gekündigt hat (z.B. für sein Kind und dessen Mutter) und die Wohnung anschließend an die Mutter seines Kindes verkauft, die mit dem gemeinsamen Kind die Wohnung nutzen will (LG Itzehoe, Beschluss v. 20.12.2013, 9 S 31/13, ZMR 2014 S. 287).

Strittig ist, ob der Verkäufer noch zur Kündigung des Mietverhältnisses wegen Mietrückständen berechtigt ist, wenn nach den Vereinbarungen im notariellen Kaufvertrag der Käufer ab einem bestimmten Zeitpunkt (z.B. Kaufpreiszahlung) in die Vermieterrechte eintreten soll und die Rückstände nach diesem Zeitpunkt entstanden sind. Dazu hat das LG Berlin (Urteil v. 28.11.2008, 65 S 77/08, GE 2009 S. 657) entschieden, dass eine solche Vereinbarung als Abtretung der Mietzinsansprüche auszulegen ist und eine Kündigung des Verkäufers nach diesem Zeitpunkt nach Treu und Glauben (§ 242 BGB) unwirksam ist, weil sich der Verkäufer widersprüchlich verhält, wenn er nach dem Übergabetag trotz der vertraglichen Vereinbarung selbst Vermieterrechte wahrnimmt (a.A. LG Berlin, 64. Kammer, GE 2006 S. 513, wonach der Verkäufer auch nach Abtretung der Mietforderungen zur Kündigung berechtigt bleibt).

3.1 Kündigung durch den Mieter

Wird der Mieter von dem Verkauf des Mietgrundstücks nicht unterrichtet, ist seine an den Verkäufer gerichtete Kündigung des Mietverhältnisses wirksam. Dies gilt auch im Verhältnis zwischen Verkäufer und Käufer (LG Duisburg, Urteil v. 11.2.1997, 23 S 436/96, NJW-RR 1997 S. 1171 = NJWE-MietR 1997 S. 277).

4 Bindung des Käufers an bestehende Vereinbarungen

Die **Umwandlung** eines Mietshauses in Eigentumswohnungen (s. „Umwandlung") kann dazu führen, dass Teile der Mietsache im Sondereigentum (z.B. die Wohnräume), andere Teile im **Gemeinschafts**eigentum (z.B. Gartenanteil, Trockenraum) stehen. In diesem Fall ist der Erwerber der vermieteten Eigentumswohnung **alleiniger** Vermieter und kann die **Wohnung** einschließlich des Nebenraums auch **alleine kündigen**, wenn der Nebenraum nach der Teilungserklärung lediglich im **Gemeinschafts**eigentum aller Wohnungseigentümer steht (BGH, RE v. 28.4.1999, VIII ARZ 1/98, NZM 1999 S. 553).

Wird dagegen Sondereigentum an einem Nebenraum (z.B. Keller-, Speicherabteil, Garage) begründet und dieser an einen anderen als den Eigentümer der vermieteten Wohnung verkauft, kann die Teilkündigung des Nebenraums nur gemeinschaftlich durch dessen (neuen) Eigentümer und den (neuen) Eigentümer der Wohnung erfolgen, da eine Mehrheit von Vermietern entsteht, wenn Teile der Mietsache, die ursprünglich Gegenstand eines einheitlichen Mietvertrags (z.B. über Wohnung und Speicherabteil) waren, an verschiedene Erwerber veräußert werden (OLG Celle, Urteil v. 11.10.1995, 2 U 124/94, WuM 1996 S. 222; BayObLG, Beschluss v. 12.12.1990, RE-Miet 2/90, WuM 1991 S. 78; s. auch BGH, Urteil v. 28.9.2005, VIII ZR 319/03, ZMR 2006 S. 30 zum Verkauf von Wohnung und Garage als Sondernutzungsrecht; s. auch „Garage").

Vermietet der Hauseigentümer, der durch Teilungserklärung Wohnungseigentum begründet hat, einem Mieter eine Wohnung und einen Kellerraum, der einer anderen Wohnung zugeordnet ist, ist der Mieter gegenüber dem späteren Erwerber der anderen Wohnung zum Besitz am Kellerraum berechtigt (AG Köln, Urteil v. 23.11.2005, 113 C 297/05, WuM 2007 S. 11).

Im Zeitpunkt der Vollendung des Eigentumserwerbs (Eintragung im Grundbuch) tritt der Käufer anstelle des Verkäufers mit allen Rechten und Pflichten in das bestehende Mietverhältnis ein (§ 566 BGB). Der Abschluss eines neuen Mietvertrags zwischen dem Käufer und dem Mieter ist nicht erforderlich und kann auch nur im Einvernehmen, d.h. mit Zustimmung des Mieters, erfolgen, da ein Rechtsanspruch des Käufers auf Abschluss eines neuen Mietvertrags nicht besteht. So kann der Käufer z.B. nicht verlangen, dass der Mieter neben der Miete nunmehr auch die anfallenden Betriebskosten trägt, wenn im Vertrag eine Bruttomiete vereinbart ist, in der alle Betriebskosten enthalten sind.

Vor Erwerb einer vermieteten Wohnung sollte daher auch der bestehende Mietvertrag eingehend geprüft werden, da der Käufer grundsätzlich an alle das Mietverhältnis betreffende Vereinbarungen zwischen dem ehemaligen Eigentümer und dem Mieter gebunden bleibt.

So ist z.B. der Grundstückserwerber auch an die generell erteilte Erlaubnis zur **Untervermietung** eines Teils der Wohnung gebunden (LG Kiel, Beschluss v. 6.5.1991, 1 S 227/89, WuM 1994 S. 610); ebenso ist dem Grundstückserwerber das auf besonderen Umständen beruhende Vertrauen des Mieters, nicht vor Ablauf einer bestimmten Zeit gekündigt zu werden, zuzurechnen (LG Arnsberg, Beschluss v. 4.12.1992, 6 T 508/92, WuM 1994 S. 540).

Der Grundstückserwerber muss sich u.U. auch die **widerspruchslose Hinnahme einer Mietminderung** über längere Zeit durch den Voreigentümer zurechnen lassen und kann nachträglich die Berechtigung zur Minderung nicht mehr bestreiten (AG Dortmund, Urteil v. 19.1.1993, 125 C 13911/92, WuM 1994 S. 535). Dagegen wirkt die Zahlung der Miete unter **Vorbehalt** zwecks Aufrechterhaltung von Minderungsansprüchen **nicht** gegenüber dem Erwerber, da der Vorbehalt keine vertragsergänzende oder ändernde Wirkung hat und daher nicht nach § 566 BGB auf den Erwerber übergeht (LG Köln, Urteil v. 22.8.1996, 1 S 53/96, WuM 1996 S. 615).

Gleiches gilt für bloße **Gestattungen** durch den Voreigentümer, z.B. zum Abstellen von Möbeln in nicht vermieteten Kellerräumen. Dies kann vom Käufer jederzeit widerrufen werden, da es sich insofern grundsätzlich nur um ein **Leih- oder Gefälligkeitsverhältnis** ohne vertragliche Bindung handelt. Eine stillschweigende Erstreckung des Mietgebrauchs infolge Duldung über einen längeren Zeitraum kann nur für Gemeinschaftsanlagen angenommen werden; im Übrigen beruht die Duldung im Zweifel auf einer jederzeit widerruflichen Gestattung (LG Saarbrücken, NJWE 1997 S. 3; Sternel, I 213; II 180).

Auch bei **Nebenräumen** (z.B. Keller- oder Speicherräumen), die mangels Erwähnung im schriftlichen Mietvertrag **nicht** mitvermietet sind, sondern deren Nutzung dem Mieter lediglich **gestattet** wurde, ist eine Kündigung nicht erforderlich, da eine bloße Gestattung grundsätzlich **frei widerruflich** ist. Dementsprechend begründet selbst die Nutzung eines mit der Wohnung nicht mitvermieteten Raums über mehrere Jahre weder ein Recht zum Besitz noch einen Anspruch auf Zurverfügungstellung eines entsprechenden Raums, wenn der fragliche Raum an einen anderen Mieter vermietet ist oder wird (AG Lichtenberg, Urteil v. 29.5.2002, 7 C 570/01, NZM 2003 S. 714).

Auch eine jahrzehntelange, bloße Nutzung der zum Mietwohnhaus gehörenden **Hof- und Gartenfläche** (z.B. zum Abstellen eines Pkw) begründet kein vertragliches Gebrauchsrecht, das den Grundstückserwerber bindet (AG Trier, Urteil v. 27.1.2006, 7 C 402/05, WuM 2006 S. 143).

Die freiwillig überlassenen Räume oder Flächen werden auch bei langjähriger Nutzung durch den Mieter nicht zur Mietsache und sind somit nicht vom Mietgebrauch umfasst. Allerdings kann ein **Widerruf** der Gestattung gegen den **Grundsatz von Treu und Glauben** (§ 242 BGB) verstoßen, wenn dafür kein triftiger Grund vorliegt. Gestattet der Vermieter dem Mieter z.B. die Errichtung und Nutzung einer Terrasse auf dem von der Wohnung aus zugänglichen Garagendach über einen langen

Zeitraum (hier: 36 Jahre) und bringt der Vermieter gegenüber dem Mieter wiederholt sein Einverständnis mit der Nutzung zum Ausdruck, muss für den Widerruf der Gestattung ein **triftiger Grund** vorliegen (AG München, Urteil v. 12.12.2013, 432 C 25060/13). Insofern ist auch die fehlende baurechtliche Genehmigung der Nutzung kein triftiger Grund, wenn bislang keine öffentlich-rechtliche Beanstandung der Nutzung erfolgt und auch kein konkreter Anhaltspunkt dafür gegeben ist, dass mit einer solchen Beanstandung alsbald zu rechnen ist (AG München, a. a. O.).

Nach Auffassung des AG Hamburg kann ein **Abstellraum** für Fahrräder nach jahrelanger Überlassung jedenfalls durch **schlüssiges Verhalten** Gegenstand des Mietvertrags geworden sein, wenn der Vermieter dem Mieter ohne Einschränkung den einzigen Schlüssel zu diesem Raum übergibt. Der Grundstückserwerber kann sich dieser Tatsache der Schüsselaushändigung gegenüber nicht auf Nichtwissen berufen (AG Hamburg, Urteil v. 22.8.2007, 46 C 1/07, WuM 2008 S. 332).

Überlässt der Vermieter dem Mieter **nachträglich** Räume oder Flächen, die nicht im Mietvertrag angeführt sind, sollte durch eine schriftliche Vereinbarung klargestellt werden, dass diese Räume und Flächen nicht zur Mietsache gehören und die Nutzung durch den Vermieter oder seinen Rechtsnachfolger (z. B. Käufer, Erbe) jederzeit frei, d. h. ohne Angabe von Gründen, widerrufen werden kann.

Hat sich der Eigentümer einer Mietwohnung im Zusammenhang mit der Inanspruchnahme öffentlicher Förderungsmittel für Modernisierungs- und Energiesparmaßnahmen zur **Begrenzung von Mieterhöhungen** verpflichtet (§ 14 Abs. 1 ModEnG – aufgehoben zum 31.12.2001), begründet dies lediglich eine vertragliche Bindung gegenüber der Förderstelle und keine gesetzliche Mietpreisbindung. Daher ist ein Erwerber der Wohnung an diese Begrenzung nicht gebunden, wenn der Verkäufer die gegenüber der Förderstelle eingegangene Verpflichtung nicht an ihn weitergegeben hat. § 566 BGB ist insofern nicht anwendbar (BGH, Urteil v. 8.10.1997, VIII ZR 373/96, WuM 1998 S. 100).

Tritt ein Vermieter gemäß § 566 BGB in einen (Gewerbe-)Mietvertrag ein, in dem zusätzlich zur Nettomiete die Mehrwertsteuer ausgewiesen ist und bei dem der ursprüngliche Vermieter für die Mehrwertsteuer optiert hat, ist er ohne ausdrückliche vertragliche Regelung nicht verpflichtet, ebenfalls zur Umsatzsteuer zu optieren. Umsatzsteuerrechtlich ist es nämlich allein Sache des Vermieters, ob er von dieser Optionsmöglichkeit Gebrauch machen will oder nicht (so bereits BGH, ZMR 1981 S. 113). Dies gilt auch dann, wenn der Mieter an dem Vorsteuerabzug ein besonderes Interesse hat. Etwas anderes gilt nur, wenn eine vertragliche Verpflichtung des Vermieters zur Option begründet worden ist. Dabei dient die Angabe des geschuldeten Mehrwertsteuerbetrags nach Inhalt und Zweck der Regelung dazu, dass der Vermieter, wenn er sich für die Umsatzsteuerpflicht entscheidet, den Mehrwertsteuerbetrag auch vom Mieter verlangen kann. Durch eine vertragliche Regelung, wonach der Mieter die jeweils geltende Mehrwertsteuer „auf Verlangen des Vermieters" zu zahlen hat, wird klargestellt, dass der Mieter keinen Anspruch auf Ausübung der Option erhalten soll (OLG München, Beschluss v. 13.3.2012, 32 U 4761/11, ZMR 2012 S. 621).

Eine **Vorauszahlung der Miete** in einem Einmalbetrag ist dem Käufer gegenüber wirksam, wenn die Vorauszahlung im ursprünglichen Mietvertrag vereinbart war und die Höhe der Miete nicht nach wiederkehrenden Zeitabschnitten (z. B. Monaten) bemessen ist (BGH, Urteil v. 5.11.1997, VIII ZR 55/97, WuM 1998 S. 104).

Eine **Schiedsvereinbarung** für Ansprüche aus dem Mietverhältnis bleibt auch im Verhältnis zwischen dem Erwerber und dem Mieter wirksam (BGH, Urteil v. 3.5.2000, XII ZR 42/98, NZM 2000 S. 711).

Dagegen hindert eine sog. mietvertragliche **„Schriftformheilungsklausel"**, wonach sich die Parteien z. B. verpflichtet haben, „alle Handlungen vorzunehmen und Erklärungen abzugeben, die erforderlich sind, um dem gesetzlichen Schriftformerfordernis Genüge zu tun und den Mietvertrag nicht unter Berufung auf die Einhaltung der gesetzlichen Schriftform vorzeitig zu kündigen", den Grundstückserwerber für sich genommen nicht, einen Mietvertrag unter Berufung auf einen Schriftformmangel zu kündigen, ohne zuvor vom Mieter eine Heilung des Mangels verlangt zu haben (BGH, Urteil v. 22.1.2014, XII ZR 68/10, ZMR 2014 S. 868).

Wird ein Mietvertrag (über Wohn- oder Geschäftsräume) für eine längere Zeit als ein Jahr nicht in schriftlicher Form geschlossen, gilt er für unbestimmte Zeit (§ 550 Abs. 1, § 578 Abs. 1 BGB). Dies hat zur Folge, dass der Mietvertrag auch bei einer (z. B. mündlich vereinbarten) Laufzeit von mehreren Jahren bereits nach einem Jahr jederzeit ordentlich, d. h. unter Einhaltung der gesetzlichen Kündigungsfristen, gekündigt werden kann. Sinn und Zweck dieser Vorschrift ist, dass der Erwerber einer Immobilie die Bedingungen, zu denen er in ein Mietverhältnis gemäß § 566 Abs. 1 BGB eintreten muss, im Grundsatz aus der Mietvertragsurkunde ersehen kann. Er soll davor geschützt werden, sich auf einen Mietvertrag einzulassen, dessen wirtschaftliche Bedingungen sich, z. B. infolge einer Mietreduzierung, anders als erwartet und anders als deshalb finanziell einkalkuliert darstellen. Ist dies infolge unwirksamer, z. B. nur mündlicher Abreden gleichwohl der Fall, so hat er die Möglichkeit, sich vorzeitig durch ordentliche Kündigung von dem Mietvertrag zu lösen. Diese Möglichkeit würde ihm genommen, wenn er infolge der Schriftformheilungsklausel verpflichtet wäre, den langfristigen Bestand des Mietverhältnisses sicherzustellen. Der Erwerber verstößt daher auch nicht gegen den Grundsatz von Treu und Glauben (§ 242 BGB), wenn er sich darauf beruft, der Mietvertrag sei mangels Wahrung der Schriftform ordentlich kündbar gewesen. Ferner ist der Grundstückserwerber nicht verpflichtet, zunächst auf die Heilung des Formmangels hinzuwirken, er kann den formunwirksamen Mietvertrag daher nicht erst dann kündigen, wenn entsprechende Bemühungen erfolglos geblieben sind. Denn damit würde sich für den Grundstückserwerber die Situation ergeben, vor der ihn § 550 BGB gerade schützen will (BGH, Urteil v. 22.1.2014, a. a. O.).

Wird eine Wohnung bzw. ein Grundstück nicht vermietet, sondern an den Nutzer **verliehen**, z. B. dadurch, dass eine Erblasserin ihrem Lebensgefährten zu Lebzeiten ein lebenslanges unentgeltliches Wohn- und Nutzungsrecht einräumt, gilt die Schutzbestimmung des § 566 BGB **nicht** zugunsten des Entleihers. Bei einer Veräußerung endet daher das durch die Leihe begründete schuldrechtliche Nutzungsrecht (OLG Köln, Urteil v. 23.4.1999, 19 U 13/96, ZMR 1999 S. 758).

5 Übergang von Ansprüchen

Auch **Aufwendungsersatzansprüche** des Mieters (s. „Verwendungen") gehen grundsätzlich nicht auf den neuen Eigentümer über. Der Anspruch kann daher nur gegenüber demjenigen geltend gemacht werden, der zum Zeitpunkt der Aufwendung Vermieter war. Gegenüber dem ausscheidenden Vermieter beginnt die **Verjährungsfrist** des § 548 Abs. 2 BGB für Ansprüche des Mieters auf Ersatz von Aufwendungen oder auf Gestattung der Wegnahme einer **Einrichtung** (6 Monate) erst mit der **Kenntnis** des Mieters von der Eintragung des Erwerbers im Grundbuch zu laufen. Nicht ausreichend ist die allgemeine Kenntnis des Mieters vom Verkauf. Denn auch dann muss der Mieter nicht mit einer baldigen Eintragung in das Grundbuch rechnen, da sich diese auch verzögern kann. Ferner ist der Mieter nicht verpflichtet, entsprechende Erkundigungen einzuziehen (BGH, Urteil v. 28.5.2008, VIII ZR 133/07, MDR 2008 S. 850). Dies gilt auch für die Bereicherungshaftung des Vermieters (§§ 539 Abs. 1, 684, 812 BGB; Sternel, Mietrecht, 3. Aufl., II 607; AG Potsdam, Urteil v. 25.8.1994, 26 C 320/93, WuM 1994 S. 667).

Ein Übergang auf den neuen Eigentümer findet auch nicht statt, soweit es sich um **höchstpersönliche** Rechte und Pflichten handelt, die nach dem Rechtsübergang auf der Vermieterseite ihren Inhalt und Sinn verlieren.

Haben der ehemalige Eigentümer und der Mieter eine **Beschränkung** der Kündigungsmöglichkeit des Vermieters (z. B. Ausschluss oder

Erschwerung der Kündigung wegen Eigenbedarfs) vereinbart, handelt es sich **nicht** um eine höchstpersönliche, sondern um eine allgemeine Abrede, die nicht an die Person des Vermieters gebunden ist, sodass diese Beschränkung auch zulasten des Käufers wirkt (§ 566 BGB; OLG Karlsruhe, RE v. 21.1.1985, 3 RE-Miet 8/84, ZMR 1985 S. 123; Weber/Marx, V/S. 59 = Sammelband Nr. 122).

Dementsprechend gehen im Fall des Verkaufs einer Genossenschaftswohnung die in dem Nutzungsvertrag vereinbarten Kündigungsbeschränkungen auf den Erwerber über. Sie gelten auch dann fort, wenn über das Vermögen der Genossenschaft in der Folgezeit das Insolvenzverfahren eröffnet wird (BGH, Beschluss v. 21.2.2012, VIII ZR 250/11).

Etwas anderes gilt nur dann, wenn aus der Vereinbarung der generelle Wille der Vertragschließenden zu entnehmen ist, dass sie die Kündigungsbeschränkung zeitlich bis zur Veräußerung der Wohnung begrenzen und damit den Übergang der vereinbarten Mieterschutzrechte zulasten eines Wohnungskäufers ausschließen wollten (OLG Karlsruhe, a.a.O.). Jedoch ist ein **Kündigungsverzicht** des Vermieters, der für mehr als ein Jahr gelten soll, nur wirksam, wenn er **schriftlich** erklärt worden ist (§ 550 S. 1 BGB; BGH, Urteil v. 4.4.2007, VIII ZR 223/06, NJW 2007 S. 1742; s. im Einzelnen „Eigenbedarf").

Der Käufer einer Wohnung tritt auch dann **vollständig** in einen von beiden Eheleuten unterzeichneten Mietvertrag ein, wenn Eigentümer nur ein Ehepartner war und der andere den Vertrag nur mitunterzeichnet hatte (§ 566 BGB analog; vgl. LG Waldshut-Tiengen, Urteil v. 27.8.1992, 1 S 10/92, WuM 1993 S. 56). Dieser kann und muss daher eine Kündigung des Käufers nicht mitunterzeichnen (a.A. LG Berlin, Urteil v. 17.2.1998, 65 S 359/97, NZM 1998 S. 662: keine analoge Anwendung des § 566 BGB).

Der Eintritt des Käufers in ein bestehendes Mietverhältnis (§ 566 BGB) erfolgt auch, wenn die Hausverwaltung den Mietvertrag zwar in eigenem Namen, jedoch mit Zustimmung des ehemaligen Eigentümers geschlossen hatte (LG Berlin, Beschluss v. 22.7.1993, 67 T 50/93, WuM 1994 S. 79).

Der Käufer tritt jedoch nicht in ein bestehendes Mietverhältnis ein, wenn der Mieter die Wohnung von einem Dritten, der weder Eigentümer noch Hauptmieter des Verkäufers war, angemietet hat. Dies hat zur Folge, dass der Mieter gegenüber dem Räumungsverlangen des Käufers kein Recht zum Besitz geltend machen kann (LG Frankfurt/M., Urteil v. 8.9.1998, 2/11 S 135/98, 2-11 S 135/98, WuM 1999 S. 42; vgl. auch Eisenhardt, WuM 1999 S. 20).

Einen Anspruch auf Zahlung der **Miete** hat der Käufer gegenüber dem Mieter nur für Mieten, die nach dem Erwerb (Eintragung im Grundbuch) fällig geworden sind; jedoch unabhängig davon, ob die erst nach Veräußerung fällig werdende Miete zum Teil auf die Zeit vor der Veräußerung entfällt. **Vor** seiner Eintragung als Eigentümer im Grundbuch kann der Käufer vom Mieter Zahlung der Miete nur verlangen, wenn der Kaufvertrag eine **Abtretungsvereinbarung** enthält, z.B. dass die Rechte aus dem Mietvertrag mit Besitzübergabe auf den Käufer übergehen sollen. In diesem Fall ist es unschädlich, dass der Käufer die Vermieterstellung erst mit der Eintragung ins Grundbuch erhält. Dem Mieter entstehen dadurch keine Nachteile, da er sämtliche Gegenrechte auch gegenüber dem neuen Gläubiger (Käufer) geltend machen kann (§ 404 BGB; BGH, Urteil v. 2.7.2003, XII ZR 34/02, ZMR 2003 S. 732). Auch sonstige Rückstände aus der Zeit des Vorbesitzers kann der Käufer nur verlangen, wenn sie ihm abgetreten sind.

Gleiches gilt auch für **Schadenersatzansprüche** gegen den nach Beendigung des Mietverhältnisses ausgezogenen Mieter wegen unterbliebener Endrenovierung und Wiederherstellung des früheren Zustands der Mieträume. Diese stehen dem Vermieter (= Verkäufer) und nicht nach § 566 BGB dem Käufer zu, wenn sie bereits vor dem Eigentumswechsel entstanden und fällig geworden sind (BGH, Urteil v. 19.10.1988, VIII ZR 22/88, WuM 1989 S. 141). Der Käufer sollte sich daher vom Verkäufer evtl. Ersatzansprüche gegen den Mieter **abtreten** lassen.

Der auf Zahlung des Geldbetrags zur Wiederherstellung der beschädigten Mietwohnung gerichtete Schadenersatzanspruch kann vom Vermieter klageweise nicht mehr geltend gemacht werden, wenn im Zeitpunkt der letzten mündlichen Verhandlung ein Dritter bereits Grundstückseigentümer ist. Der ehemalige Eigentümer und Vermieter kann in diesem Fall nur Geldersatz nach § 251 BGB verlangen, muss aber darlegen und beweisen, dass er wegen der Beschädigungen einen Mindererlös erlitten hat (LG Kiel, Urteil v. 29.10.1992, 1 S 75/91, WuM 1994 S. 275; BGH, Urteil v. 5.3.1993, V ZR 87/91, NJW 1993 S. 1793). Er kann seinen Schadenersatzanspruch aber gegen den Kautionsrückzahlungsanspruch des Mieters aufrechnen, wenn er im Zeitpunkt der Aufrechnungslage und Aufrechnungserklärung noch Eigentümer der Wohnung war (LG Kiel, a. a. O.).

Von § 566 BGB werden auch solche Ansprüche des Verkäufers erfasst, die erst **nach** dem Eigentumswechsel **fällig** werden. Der neue Eigentümer kann z. B. die Miete wegen durchgeführter **Modernisierungsmaßnahmen** erhöhen (§ 559 BGB; s. „Mieterhöhung bei Wohnraum", Abschnitt 3 „Mieterhöhung bei Modernisierung (§ 559 BGB)"), wenn die Arbeiten zwar vom Verkäufer veranlasst worden sind und mit ihrer Ausführung noch vor Eigentumswechsel begonnen wurde; diese aber erst nach dem Eintritt des Käufers in das Mietverhältnis abgeschlossen worden sind (KG Berlin, RE v. 8.5.2000, 8 RE-Miet, 2505/00, WuM 2000 S. 300).

Eine am Ende des Mietverhältnisses erteilte **Generalquittung**, wonach der Vermieter gegenüber dem Mieter, gleich aus welchem Rechtsgrund, **keinerlei Ansprüche** mehr geltend machen werde, schließt ggf. nur Ansprüche wegen des Zustands der Mietsache (Schäden, Schönheitsreparaturen) aus, besagt aber nicht zwingend, dass der Käufer des Mietobjekts, an den der Vermieter den Rückgabeanspruch bereits abgetreten hat, nicht trotzdem wegen einer verspäteten Rückgabe die rückständige Miete, Nutzungsentschädigung sowie Schadenersatz wegen des Räumungsverzugs geltend machen kann (BGH, Urteil v. 13.1.1999, XII ZR 208/96, NJW-RR 1999 S. 593).

Liegt in der Mietwohnung ein **Mangel** vor und befindet sich der Verkäufer mit der **Beseitigung** des Mangels **in Verzug** (z. B. weil er den begründeten Mangel trotz Fristsetzung durch den Mieter nicht beseitigt hat), kann der Mieter seine **Schadenersatzansprüche** (z. B. Kosten für die Beseitigung des Mangels) nach Eigentumsübergang gegenüber dem **Käufer** geltend machen. Die Mieterschutzvorschrift des § 566 BGB, wonach der Käufer mit allen Rechten und Pflichten in den Mietvertrag eintritt, erfordert nach Auffassung des BGH, dass der Mieter seine Ansprüche bei Fälligkeit der Person gegenüber geltend machen kann, die zu diesem Zeitpunkt Vermieter ist, da er nur gegen deren laufende Mietforderung ggf. auch aufrechnen kann (BGH, Urteil v. 9.2.2005, VIII ZR 22/04, WuM 2005 S. 201). Daher verliert der Mieter sein **Zurückbehaltungsrecht** an der rückständigen Miete gegenüber dem Verkäufer, auch wenn der Mangel bereits vor der Veräußerung entstanden ist. Vom Zeitpunkt der Veräußerung an ist nämlich der **Käufer** und nicht mehr der Verkäufer zur Beseitigung des Mangels verpflichtet, sodass es für ein Leistungsverweigerungsrecht des Mieters gegenüber dem Mietzahlungsanspruch des Verkäufers an dem notwendigen Gegenanspruch (§§ 273, 320 BGB) fehlt. Der Mieter kann deshalb bis zu der nunmehr vom Käufer geschuldeten Mängelbeseitigung die von diesem zu fordernde Miete zurückhalten (BGH, Urteil v. 19.6.2006, VIII ZR 284/05, WuM 2006 S. 435). Für den Käufer stelle dies keine unbillige Benachteiligung dar, da sich dieser bei Abschluss des Kaufvertrags die notwendigen Informationen beschaffen und ggf. den Verkäufer in Regress nehmen könne (BGH, Urteil v. 9.2.2005, a. a. O.).

Von den Ansprüchen des Käufers gegen den **Mieter** zu unterscheiden sind die Ansprüche des Käufers gegen den **Verkäufer** (z. B. auf Erstattung der vom Mieter gezahlten Mieten). Diese bestimmen sich nicht zwingend nach dem Zeitpunkt des Eigentumsübergangs, sondern vorrangig nach den Vereinbarungen im Kaufvertrag, z. B. über den Übergang von Besitz, Nutzen (= Mieten) und Lasten. Diese Vereinbarung wirkt nur zwischen Verkäufer und Käufer und bedeutet grundsätzlich keine Abtretung der Mietzahlungsansprüche (vgl. OLG Düsseldorf, Urteil v. 29.4.1993, 10 U 155/92, DWW 1993 S. 175 sowie Urteil v. 16.6.1994, 10 U 184/93, MDR 1994 S. 1009), sodass der Mieter bis zur Umschreibung an den Verkäufer zahlen kann und der Käufer lediglich einen Anspruch gegen den Verkäufer auf Erstattung hat (vgl. auch OLG Düsseldorf, Urteil v. 29.10.1992, 10 U 29/92, DWW 1993 S. 76 zur Abtretung von Pachtzahlungsansprüchen).

Der Eintritt des Erwerbers in den Mietvertrag nach § 566 BGB erfolgt jedoch nur dann, wenn die Überlassung an den Mieter **vor** Eigentumsübergang erfolgt ist. Der Tatbestand der Überlassung ist gegeben, wenn die Sache durch Verschaffung des unmittelbaren Besitzes an den Mieter übergeben ist, nach allgemeiner Meinung aber auch dann, wenn dem Mieter der Zugang zur vermieteten Sache in der Weise ermöglicht wird, dass er von ihr Gebrauch machen kann.

Erfolgte die Überlassung an den Mieter **nach** Veräußerung, gilt § 567a BGB.

> Danach tritt der Erwerber mit allen Rechten und Pflichten nach § 566 BGB nur dann in den Mietvertrag ein, wenn er dem Vermieter gegenüber die Erfüllung der sich aus dem Mietverhältnis ergebenden Verpflichtungen übernommen hat (z.B. um den Vermieter vor Schadenersatzansprüchen des Mieters zu schützen).

Hat der Erwerber die Erfüllung der vertraglichen Pflichten nicht übernommen, ist er nicht verpflichtet, dem Mieter den Gebrauch der Mietsache zu überlassen. Zwischen Erwerber und Mieter kommen dann keine Rechtsbeziehungen zustande. Das Mietverhältnis bleibt bestehen, kann vom Vermieter aber nicht erfüllt werden, sodass dem Mieter dann Schadenersatzansprüche zustehen.

Entsprechendes gilt bei **weiterer Veräußerung** des Grundstücks (§ 567b BGB).

5.1 Kaution

Hat der Mieter des veräußerten Wohnraums dem Vermieter für die Erfüllung seiner Pflichten (z.B. Mietzahlung, Ausführung der Schönheitsreparaturen) Sicherheit geleistet, tritt der Erwerber in die dadurch begründeten Rechte und Pflichten ein (§ 566a S. 1 BGB). Dies bedeutet, dass der Mieter bei Mietende die geleistete Sicherheit einschließlich der darauf entfallenden Zinsen in jedem Fall **vom Erwerber** zurückverlangen kann; unabhängig davon, ob der Erwerber die Sicherheit seinerzeit beim Eigentumswechsel tatsächlich erhalten bzw. eine Pflicht zur Rückgewähr übernommen hat.

Gleiches gilt für den Ersteher einer Wohnung in der **Zwangsversteigerung**. Auf ihn geht die Verpflichtung zur Rückzahlung der Mietsicherheit an den Mieter kraft Gesetzes auch dann über, wenn der insolvent gewordene Voreigentümer die vom Mieter erhaltene Mietsicherheit nicht getrennt von seinem sonstigen Vermögen angelegt hatte. Mit dem Zuschlag geht somit die Kautionsrückzahlungspflicht zugunsten des Mieters auf den Ersteher über, unabhängig davon, ob dieser beim Schuldner Rückgriff nehmen kann. Das Risiko der Insolvenz des Voreigentümers trägt nach der gesetzlichen Wertung der Immobilienerwerber (BGH, Urteil v. 7.3.2012, XII 13/10, NJW 2012 S. 1353).

Ist das Mietverhältnis jedoch im Zeitpunkt des Eigentumswechsels bereits beendet und der Mieter aus der Wohnung **ausgezogen**, kann der Mieter die Kaution nur vom Verkäufer, d.h. seinem ehemaligen Vermieter verlangen. Dies gilt auch, wenn der Rückzahlungsanspruch erst nach dem Eigentumswechsel fällig wird (BGH, Urteil v. 4.4.2007, VIII ZR 219/06, NJW 2007 S. 1818).

Diese Neuregelung findet jedoch keine Anwendung, wenn zwar der dingliche Erwerb des Mietobjekts (Eintragung ins Grundbuch) erst nach dem Inkrafttreten der Neuregelung am 1.9.2001 erfolgt ist, das diesem Erwerb zugrunde liegende schuldrechtliche Rechtsgeschäft (notarieller Kaufvertrag) jedoch bereits vor diesem Zeitpunkt abgeschlossen worden ist, da es dem Willen des Gesetzgebers entspricht, das berechtigte Vertrauen eines

Grundstückserwerbers zu schützen, die dem Veräußerer gezahlte Kaution nur unter den in § 572 S. 2 BGB a.F. genannten Voraussetzungen erstatten zu müssen (BGH, Urteil v. 24.6.2009, XII ZR 145/07, NZM 2009 S. 615). In diesem Fall bleibt es bei der Anwendbarkeit des § 572 BGB a.F., wonach eine an den Vorvermieter (Veräußerer) geleistete Mietkaution vom Erwerber nur dann zurückzugewähren ist, wenn der Erwerber die Kaution seinerseits vom Veräußerer **erhalten** hat (BGH, Urteil v. 9.3.2005, VIII ZR 381/03, WuM 2005 S. 404).

Die Darlegungs- und Beweislast dafür, dass die geleistete Mietkaution dem Erwerber auch tatsächlich ausgehändigt worden ist, trägt der Mieter (BGH, Urteil v. 28.9.2005, VIII ZR 372/04, WuM 2005 S. 718).

Diese Grundsätze gelten auch für **Geschäftsräume**, die vor dem 1.9.2001 erworben wurden (BGH, Urteil v. 16.11.2005, XII ZR 124/03, NZM 2006 S. 179).

Erwerber, die vermieteten Wohnraum **nach** Inkrafttreten des § 566a BGB erworben haben, haften nach § 566a BGB auch dann, wenn zuvor – noch unter Geltung des § 572 BGB a.F. – weitere Veräußerungsgeschäfte getätigt worden sind und die Kaution in der Kette der vorangegangenen Vermieter nicht weitergeleitet worden ist. § 566a BGB setzt nämlich keine ununterbrochene Kautionskette in der Weise voraus, dass bei einer Folge von Veräußerungsgeschäften, die teils vor und teils nach der neuen Regelung liegen, auch unter der Geltung der Neuregelung erwerbende Vermieter für die Rückzahlung der an den ursprünglichen Vermieter gezahlten Kaution nur dann haften, wenn sämtliche früheren Vermieter einer entsprechenden Haftung ausgesetzt waren.

Erwerber, die **vor** Inkrafttreten des § 566a BGB Eigentümer geworden sind, haften weiterhin nur unter den Voraussetzungen des § 572 BGB a.F. Erwerber, die erst **danach** Eigentümer geworden sind, haften dagegen nach § 566a BGB (BGH, Urteil v. 1.6.2011, VIII ZR 304/10).

Diesem Haftungsrisiko kann der Vermieter dadurch begegnen, dass er bei Abschluss des Kaufvertrags dafür Sorge trägt, dass ihm entweder die Kaution ausgehändigt oder dies bei der Preisgestaltung berücksichtigt wird.

Kann der Mieter die Sicherheit von dem Erwerber **nicht** zurückerlangen (z.B. weil dieser zwischenzeitlich in Vermögensverfall geraten ist), bestimmt § 566a S. 2 BGB, dass der **Veräußerer** gegenüber dem Mieter weiterhin zur Rückzahlung verpflichtet bleibt (so bereits BGH, Urteil v. 24.3.1999, XII ZR 124/97, NZM 1999 S. 496).

Jedoch ist der Mieter nach Treu und Glauben gehalten, zunächst den Erwerber als den gegenwärtigen Mietvertragspartner in Anspruch zu nehmen, solange dies nicht aussichtslos erscheint (BGH, a.a.O.).

Der Verkäufer sollte dieses mit seiner späteren Inanspruchnahme durch den Mieter verbundene Risiko bereits im Kaufvertrag durch entsprechende Abreden absichern, z.B. durch eine Bankbürgschaft des Käufers.

Eine **Ausnahme** von dem Grundsatz der (nur) subsidiären Haftung des Verkäufers besteht dann, wenn der Verkäufer (früherer Vermieter) die Kaution nicht an den Erwerber weitergegeben hat und der Erwerber sie auch nicht benötigt, weil er keine Ansprüche gegen seinen Mieter hat. In diesem Fall würde es in Widerspruch zu dem durch § 566a BGB bezweckten Mieterschutz stehen, wenn sich der Mieter zunächst an den Erwerber halten müsste. Deshalb kann der Mieter in einem solchen Fall ohne vorherige Inanspruchnahme des Erwerbers von seinem früheren Vermieter direkt die Rückgabe der Kaution verlangen oder gegen dessen Forderungen die Aufrechnung erklären, wenn er von ihm, z.B. wegen offener Mietforderungen, in Anspruch genommen wird (OLG Hamburg, Beschluss v. 4.2.2014, 8 W 7/14, ZMR 2014 S. 784).

Eine **Forthaftung** des Verkäufers ist jedoch **ausgeschlossen**, wenn der Verkäufer die Kaution auf **Verlangen** oder mit **Zustimmung** des Mieters an den Käufer weitergegeben hat (BGH, Urteil v. 24.3.1999, XII ZR 124/97, NZM 1999 S. 496). Gleiches gilt, wenn der Mieter auf **sonstige Weise** zu erkennen gegeben hat, dass er nunmehr allein den Käufer als Rückzahlungsverpflichteten ansieht. Daher kann der Mieter den Verkäufer auch dann nicht mehr in Anspruch nehmen, wenn der Verkäufer die Kaution mit **Billigung** des Mieters an den Käufer weitergegeben hat (OLG Düsseldorf, Urteil v. 11.6.2002, 24 U 212/01, WuM 2002 S. 556).

Hat der Mieter aber im Rahmen der Beendigung einer früher bestehenden Zwangsverwaltung formularmäßig der Übertragung der Kaution an den neuen Eigentümer und der Entlassung des Zwangsverwalters aus der „bürgenähnlichen" Haftung zugestimmt, kann er trotzdem nach Beendigung des Mietverhältnisses die Kaution gemäß § 566a S. 2 BGB vom Veräußerer verlangen, wenn er die dem Erwerber übertragene Barkaution wegen bestehender Kontopfändungen von diesem nicht erlangen kann. Eine solche formularmäßige Erklärung des Mieters führt nämlich ohne ausdrückliche Abbedingung des § 566a S. 2 BGB nicht zur Entlassung des veräußernden Vermieters aus der Haftung (BGH, Urteil v. 23.1.2013, VIII ZR 143/12, WuM 2013 S. 172).

Hat der Mieter eine **Barkaution** geleistet, umfasst die Verpflichtung zur Rückgewähr auch die angefallenen Zinsen.

Der **Erwerber** kann vom **Veräußerer** die **Aushändigung** der Sicherheit verlangen (vgl. OLG Düsseldorf, Urteil v. 29.4.1982, 10 U 188/81, MDR 1983 S. 405). Auch der Erwerber einer Mietwohnung, der diese nach dem **1.9.2001** erworben hat, hat gegen den Veräußerer, der seinerseits das Mietobjekt vor dem 1.9.2001 erworben hat, gemäß § 566a BGB selbst dann Anspruch auf Zahlung des Kautionsbetrags, wenn der Veräußerer seinerseits gegenüber dem Mieter gemäß § 572 S. 2 BGB a.F. nicht zur Auskehrung verpflichtet war, z.B. weil er die Kaution vom damaligen Verkäufer nicht erhalten hat. Dies gilt nur dann nicht, wenn der Erwerber vom Veräußerer z.B. im Kaufvertrag darauf hingewiesen wurde, dass er die Kaution nicht erhalten hat (LG Bonn, Beschluss v. 6.7.2005, 6 S 27/05, NZM 2005 S. 782).

Ferner hat auch der **Mieter** einen Anspruch gegen seinen Vermieter auf Auszahlung des Kautionsbetrags an den Erwerber. Der Vermieter (hier: Veräußerer) darf während des bestehenden Mietverhältnisses nur dann auf die Kaution zugreifen, wenn seine Forderung entweder unstreitig oder rechtskräftig festgestellt ist (AG Neukölln, Urteil v. 5.1.2012, 3 C 149/11, GE 2012 S. 493).

Allerdings kann der Vermieter auch noch nach Eigentumsübergang auf den Käufer wegen einer rechtkräftig festgestellten Forderung auf die noch in seinem Besitz befindliche Barkaution des Mieters zugreifen. § 566a BGB bezweckt den Schutz des Mieters, der durch die Veräußerung des Mietobjekts nicht schlechtergestellt werden soll, als er vor der Veräußerung dastand. Der Mieter soll aber auch nicht zulasten des vormaligen Vermieters ungerechtfertigt bessergestellt werden, indem er die Mietsicherheit von dem Erwerber stets uneingeschränkt zurückfordern kann (OLG Frankfurt/M., Urteil v. 15.4.2011, U 192/10, GE 2011 S. 885).

Wurde bei einem Mietverhältnis über Wohnraum die Kaution vom Vermieter pflichtgemäß auf einem **Sonderkonto** angelegt (s. „Kaution", Abschnitt 4 „Anlage der Kaution"), tritt beim Verkauf der Wohnung ein gesetzlicher Kontoinhaberwechsel ein, sodass ein Anspruch auf Übergabe der Kaution durch Übergabe des für das Kautionssonderkonto existierenden Sparbuchs zu erfüllen ist. Ein Anspruch des Käufers auf Zahlung einer bestimmten Geldsumme besteht nicht (OLG Düsseldorf, Urteil v. 12.3.1997, 9 U 201/96, DWW 1997 S. 150). Der Verkäufer kann die Kaution zurückhalten, soweit er Ansprüche gegen den Mieter hat, für welche die Sicherheit haftet.

Beispiel

Eigentumsübergang tritt am 15.9. eines Jahres ein. Der Mieter schuldet noch die Miete für August des gleichen Jahres. Der Veräußerer kann daher eine an ihn vom Mieter geleistete Sicherheit in Anspruch nehmen.

Die Veräußerung des Grundstücks und der damit verbundene Wechsel in der Vermieterstellung gibt dem Mieter kein Recht, die Sicherheit zurückzufordern.

Umgekehrt hat aber auch der Erwerber grundsätzlich keinen Anspruch gegen den Mieter auf erneute Leistung einer im Mietvertrag vereinbarten Kaution, da der Mieter mit der Leistung der Kaution an den Veräußerer seine vertragliche Verpflichtung bereits erfüllt hat und der Erwerber kraft Gesetzes (§ 566a S. 1 BGB) auch in die Rechte und Pflichten aus der Kaution eintritt.

Etwas anderes gilt nur dann, wenn der neue Vermieter auf die Kaution nur mit Zustimmung des Mieters zugreifen kann (z.B. bei einem an den ehemaligen Vermieter persönlich verpfändeten Kautionskonto) und der Mieter der Übertragung auf den neuen Vermieter nicht zustimmt. In diesem Fall ist der Mieter nach dem Grundsatz von Treu und Glauben (§ 242 BGB) verpflichtet, an der Übertragung auf den neuen Vermieter mitzuwirken. Dadurch entstehen ihm auch keine Nachteile, da er bei einer Zustimmung zur Übertragung auf den neuen Vermieter seinen Anspruch auf subsidiäre Haftung des ehemaligen Vermieters (§ 566a S. 2 BGB; s.o.) auch nicht verliert (BGH, Urteil v. 7.12.2011, VIII ZR 206/10, WuM 2012 S. 21).

Hat der Mieter die Mietsicherheit durch **Verpfändung** eines Sparbuchs geleistet, ist nach Veräußerung des Grundstücks bzw. der Wohnung die **Zustimmung** des Mieters zur Übertragung der Mietsicherheit an den Erwerber erforderlich. Verweigert der Mieter die Zustimmung und erklärt der Voreigentümer deshalb die Freigabe der Kaution, kann der Erwerber vom Mieter Wiederauffüllung der Mietsicherheit verlangen (LG Berlin, Urteil v. 6.7.2010, 63 S 319/09, GE 2010 S. 1272).

Eine beim Eigentumsübergang fällige, aber vom Mieter **noch nicht geleistete** Barkaution steht dem Verkäufer zu, wenn und soweit dieser noch offene Ansprüche gegen den Mieter hat. Der Erwerber kann vom Mieter Auffüllung der Sicherheit auf die vertraglich vereinbarte Höhe verlangen (OLG Hamburg, Urteil v. 9.4.1997, 4 U 136/96, ZMR 1997 S. 415).

Hat der Mieter die vertraglich vereinbarte Kaution noch nicht an den Verkäufer geleistet und hat dieser keine offenen Ansprüche an den Mieter, geht der Anspruch auf Zahlung der Kaution auf den Erwerber über, da dieser gemäß §§ 566 Abs. 1 578 BGB in den vor Eigentumsübergang entstandenen und fälligen Anspruch des Verkäufers auf Leistung der Kaution durch den Mieter eintritt. Die Verpflichtung zur Leistung der vereinbarten, aber noch nicht erbrachten Kaution ist als mietrechtlich zu qualifizieren, da sie der Sicherung von Ansprüchen des Vermieters aus dem Mietverhältnis dient und deshalb untrennbar mit dem Mietverhältnis verbunden ist. Der Erwerber tritt daher anstelle des Veräußerers in den Anspruch auf Leistung der Kaution ein (BGH, Urteil v. 25.7.2012, XII ZR 22/11, MDR 2012 S. 1082).

War der Mieter gegenüber seinem ursprünglichen Vermieter (Verkäufer) mit Mietzahlungen, die die Kautionssumme übersteigen, in Verzug, hat der Mieter gegenüber dem Käufer keinen Anspruch auf insolvenzsichere Anlage einer Barkaution. Ein solcher Anspruch würde eine mit den Grundsätzen von Treu und Glauben (§ 242 BGB) unvereinbare **unzulässige Rechtsausübung** darstellen – unabhängig davon, ob der ursprüngliche Vermieter vor Eigentumsübergang die Aufrechnung erklärt oder die Barkaution anderweitig verwertet hat. § 566a BGB dient nämlich allein dem Ziel, einer Schlechterstellung des Mieters durch den Verkauf des Mietobjekts vorzubeugen; es ist jedoch nicht Sinn und Zweck der Vorschrift, das Mietverhältnis insgesamt zu verändern, aus rein formellen Gründen unnötig kompliziert zu gestalten oder den Mieter durch den Eigentumsübergang sogar besser zu stellen (LG Berlin, Urteil v. 6.3.2014, 67 S 425/13, WuM 2014 S. 282).

5.2 Betriebskosten

Geht das Eigentum an einer Wohnung **während des Abrechnungszeitraums** (z.B. 1.1. bis 31.12.) auf den Käufer über (z.B. am 1.4.2006), ist der **Käufer** zur Abrechnung der Betriebskosten für den **gesamten** Abrechnungszeitraum verpflichtet – nicht nur für den Zeitraum ab dem Eigentumsübergang (hier: 1.4.2006). Dementsprechend stehen ihm auch evtl. Nachzahlungsansprüche gegen den Mieter zu. Allerdings muss er dem Mieter auch ein evtl. Guthaben auszahlen (BGH, Urteil v.

14.9.2000, III ZR 211/99, WuM 2000 S. 609; OLG Düsseldorf, Urteil v. 14.4.1994, 10 U 155/93, NJW-RR 1994 S. 1101; LG Berlin, Beschluss v. 27.7.1998, 62 T 34/98, NZM 1999 S. 616).

Der Verkäufer ist gegenüber dem Mieter weder berechtigt noch verpflichtet, eine **Zwischenabrechnung** für den Zeitraum bis zum Eigentumsübergang (hier: vom 1.1. bis 31.3.2009) zu erstellen.

Der **Verkäufer** muss an der Abrechnung gegenüber dem Mieter **mitwirken**, indem er dem Käufer eine Abrechnung für seine Eigentumszeit (hier: 1.1. bis 31.3.2009) übergibt, welche dieser in die dem Mieter zu erteilende Jahresabrechnung einarbeiten kann.

Dagegen ist der Käufer **nicht** zur Erstellung einer noch ausstehenden Betriebskostenabrechnung für einen **vorangegangenen** Abrechnungszeitraum (hier: 1.1. bis 31.12.2008) verpflichtet, da dieser Abrechnungszeitraum zum Zeitpunkt des Eigentumsübergangs bereits **vollständig verstrichen** war. Über diesen Zeitraum muss der **Verkäufer** abrechnen und einen evtl. Saldo gegenüber dem Mieter ausgleichen. **Unerheblich** ist, dass der Anspruch auf Rück- bzw. Nachzahlung von Betriebskosten erst mit Erteilung der Betriebskostenabrechnung und daher in diesem Fall erst nach Eigentumswechsel **fällig** wird (BGH, Urteil v. 3.12.2003, VIII ZR 168/03, WuM 2004 S. 94). Auch wenn der Mieter vor dem Zeitpunkt des Eigentumsübergangs **ausgezogen** ist, obliegt noch dem Verkäufer die Abrechnung der Nebenkosten aus der im Zeitpunkt des Auszugs des Mieters laufenden Abrechnungsperiode, da auch in diesem Fall ausschließlich über einen Zeitraum abzurechnen ist, in dem der ehemalige Vermieter noch Eigentümer war und die Vorauszahlungen erhalten hat (BGH, Urteil v. 4.4.2007, VIII ZR 219/06, NJW 2007 S. 1818).

Eine (bereits entstandene) Rückzahlungsverpflichtung des Verkäufers wegen überzahlter Betriebskosten geht **nicht** auf den Käufer über, da die Verpflichtung **vor** dem Eigentumswechsel entstanden und § 566a BGB auf Guthaben des Mieters aus überzahlten Betriebskosten nicht entsprechend anwendbar ist (OLG Düsseldorf, Urteil v. 14.4.1994, 10 U 155/93, DWW 1995 S. 83).

Die vom BGH (Urteile v. 14.9.2000, III ZR 211/99, NZM 2001 S. 158 und v. 3.12.2003, VIII ZR 168/03, NJW 2004 S. 851) aufgestellten Grundsätze über die Verpflichtung zur Abrechnung und ggf. Ausgleich eines Saldos gegenüber dem Wohnungsmieter gelten auch bei **gewerblichen** Mietverhältnissen (BGH, Beschluss v. 29.9.2004, XII ZR 148/02, ZMR 2005 S. 37). Ferner gelten diese Grundsätze unabhängig davon, wie der Ausgleich zwischen dem **Käufer und dem Verkäufer** zu erfolgen hat. Insofern sind die Regelungen des **notariellen Kaufvertrags** über den Zeitpunkt des Übergangs von **Besitz, Nutzen und Lasten** einschlägig. Bis zu diesem Zeitpunkt trägt der Verkäufer die Lasten; danach der Käufer.

Fehlt eine entsprechende Regelung, gelten die **gesetzlichen** Bestimmungen, wonach von der **Übergabe** an dem Käufer Nutzungen zustehen, er aber auch die Lasten zu tragen hat. Der Übergabe steht es gleich, wenn der Käufer in Annahmeverzug ist (§ 446 BGB in der seit 1.1.2002 geltenden Fassung).

5.3 Vorausverfügungen

Vorausverfügungen über die Miete durch den Vermieter spielen im Zusammenhang mit Grundstücksveräußerungen eine bedeutsame Rolle. Ohne Sondervorschriften wären sie dem Erwerber gegenüber voll wirksam. Jedoch gibt es **Ausnahmen**:

> Hat der Vermieter vor dem Übergang des Eigentums über die Miete, die auf die Zeit der Berechtigung des Erwerbers entfällt, verfügt, ist die Verfügung insoweit wirksam, als sie sich auf die Miete für den zur Zeit des Übergangs laufenden Monat bezieht; geht das Eigentum nach dem 15. des Monats über, ist die Verfügung auch insoweit wirksam, als sie sich auf die Miete für den folgenden Monat bezieht.

Eine Verfügung über die Miete für eine spätere Zeit muss der Erwerber gegen sich gelten lassen, wenn er sie zur Zeit des Übergangs des

Eigentums kennt (§ 566b BGB). In Betracht kommen in diesem Zusammenhang vor allem die **Abtretung** oder die **Verpfändung** von Mietansprüchen.

Ein Rechtsgeschäft, das zwischen dem Mieter und dem Vermieter in Ansehung der Mietforderung vorgenommen wird, das insbesondere die Entrichtung der Miete betrifft, ist dem Erwerber gegenüber wirksam, soweit es sich nicht auf die Miete für eine spätere Zeit als den Kalendermonat bezieht, in welchem der Mieter von dem Übergang des Eigentums Kenntnis erlangt; bei Kenntniserlangung nach dem 15. eines Monats ist das Rechtsgeschäft auch insoweit wirksam, als es sich auf die Miete für den folgenden Monat bezieht.

Ein Rechtsgeschäft, das nach dem Übergang des Eigentums vorgenommen wird, ist unwirksam, wenn der Mieter bei der Vornahme des Rechtsgeschäfts von dem Übergang des Eigentums Kenntnis hat (§ 566c BGB).

Die §§ 566b, 566c BGB haben in der Vergangenheit im Zuge des Wiederaufbaus kriegszerstörter Häuser und der Mitfinanzierung durch den Mieter eine bedeutsame Rolle gespielt mit der Folge, dass sich zur Behandlung von Mieterleistungen zum Wiederaufbau bei Grundstücksveräußerungen eine umfangreiche Rechtsprechung entwickelt hat. Danach erstrecken sich die §§ 566b, 566c BGB **nicht** auf solche Vorausverfügungen und -leistungen, die in Übereinstimmung mit dem Mietvertrag stehen **(Mietvorauszahlungen)**.

Dies gilt auch für Mietvorauszahlungen, die zum Aufbau des vermieteten Gebäudes oder zur Herstellung der Mieträume verwendet werden (**Baukostenzuschüsse;** BGHZ 6 S. 202; 15 S. 296; 16 S. 31; insbes. 37 S. 346). Hat der Mieter mit dem Vermieter jedoch vereinbart, dass ein geleisteter Baukostenzuschuss mit der Miete verrechnet wird, ist der Käufer nach Veräußerung des Grundstücks, unabhängig von der Regelung der §§ 566b, 566c BGB, an diese Vereinbarung gebunden (OLG Düsseldorf, Urteil v. 16.6.1994, 10 U 184/93, WuM 1995 S. 486).

Mit der fortschreitenden Normalisierung des Grundstücks- und Wohnungswesens verliert die Rechtsprechung zu Mieterdarlehen, Mietvorauszahlungen und Baukostenzuschüssen zunehmend an Bedeutung.

Soweit die Entrichtung der Miete an den Vermieter nach § 566e BGB dem Erwerber gegenüber wirksam ist, kann der Mieter gegen die Mietforderung des Erwerbers eine ihm gegen den Vermieter zustehende Forderung **aufrechnen**.

> Das gilt nicht, wenn der Mieter die Gegenforderung erworben hat, nachdem er vom Übergang des Eigentums Kenntnis erlangt hat oder wenn die Gegenforderung erst nach Kenntniserlangung und später als die Miete fällig geworden ist.

Zeigt der Vermieter dem Mieter an, dass er das Eigentum an dem vermieteten Grundstück auf einen Dritten übertragen habe, so muss er in Ansehung der Mietforderung die angezeigte Übertragung dem Mieter gegenüber gegen sich gelten lassen, auch wenn die Eigentumsübertragung aus irgendwelchen Gründen in Wirklichkeit nicht eingetreten ist. Die Anzeige kann nur mit Zustimmung desjenigen zurückgenommen werden, der als der neue Eigentümer bezeichnet worden ist (§ 566e BGB). Diese Bestimmung bezieht sich nur auf die Anzeige des Eigentumsübergangs durch den bisherigen Vermieter, nicht etwa auf die Mitteilung des Erwerbers. Dessen Anzeige hat somit nicht zur Folge, dass der Mieter mit befreiender Wirkung an ihn zahlen kann.

Bei Grundstücks**belastungen** nach der Überlassung an den Mieter gelten die Regelungen zur Grundstücks**veräußerung entsprechend**, wenn durch die Ausübung des Rechts dem Mieter der vertragsgemäße Gebrauch entzogen wird. Hat die Ausübung des Rechts nur eine Beschränkung des vertragsgemäßen Gebrauchs zur Folge, ist der an der Belastung Berechtigte dem Mieter gegenüber verpflichtet, die Ausübung des Rechts zu unterlassen, soweit sie den vertragsgemäßen Gebrauch beeinträchtigen würde (§ 567 BGB).

Neben dem hierdurch dem Mieter unmittelbar gegen den Dritten gewährten Schutz kann der

Mieter vom Vermieter Beseitigung der Störung verlangen.

> Als Rechte (§ 567 BGB) kommen vor allem in Betracht: das Erbbaurecht, der Nießbrauch oder das dingliche Wohnungsrecht. So tritt z.B. der Erbbauberechtigte in die Rechte und Pflichten des Vermieters ein (Gebrauchsgewährungspflicht, Anspruch auf die Miete).

5.4 Nießbrauch

Hauptanwendungsfall des § 567 BGB ist die **Bestellung** eines Nießbrauchs durch den Eigentümer und Vermieter nach Überlassung des Mietgegenstands an den Mieter. Hier tritt im Augenblick der Nießbrauchsbestellung (bei Grundstücken durch Einigung und Eintragung im Grundbuch) der Nießbraucher anstelle des Eigentümers in den Mietvertrag ein. Von diesem Zeitpunkt an hat der Nießbraucher kraft Gesetzes Anspruch auf die Miete. Veräußert der Eigentümer und Vermieter das Grundstück und behält sich den Nießbrauch vor (z.B. der Eigentümer des vermieteten Grundstücks überträgt das Eigentum auf seine Tochter, behält sich aber den Nießbrauch auf Lebenszeit vor), greifen die §§ 566 ff. BGB überhaupt nicht ein; denn an der Identität des Vermieters ändert sich nichts; bisher war er als Eigentümer Vermieter, nun ist er als Nießbraucher Vermieter (LG Baden-Baden, Urteil v. 30.12.1992, 1 S 52/92, WuM 1993 S. 357). Bei Übertragung eines vermieteten Grundstücks unter Nießbrauchsvorbehalt zur gesamten Hand treten **sämtliche** Nießbraucher als Vermieter in das Mietverhältnis ein (LG Verden, Beschluss v. 20.2.2009, 1 T 176/08, NZM 2010 S. 360).

5.5 Zwangsversteigerung

Außer beim Tod des Vermieters und der rechtsgeschäftlichen Veräußerung des Grundstücks tritt ein Vermieterwechsel bei der Zwangsversteigerung des Grundstücks ein. Der Ersteher wird im Zeitpunkt des Zuschlags im Zwangsversteigerungsverfahren Eigentümer des Grundstücks (§ 90 Abs. 1 ZVG) und tritt mit allen Rechten und Pflichten in das bestehende Mietverhältnis ein (§ 57 ZVG). Ab dem Zeitpunkt der Zustellung des Beschlusses an den Mieter, durch den die Zwangsversteigerung angeordnet wird, kann dieser nicht mehr mit befreiender Wirkung an den Vermieter leisten (§ 57b ZVG).

Hierzu s. auch „Vorkaufsrecht des Mieters“.

Nach Anordnung der Zwangsversteigerung führt eine **Vermietung mit Verlust** auch gegenüber dem Erwerber zur **Unwirksamkeit** des Mietvertrags; aus einem solchen Vertrag kann der Mieter kein Recht zum Besitz gegenüber dem Erwerber herleiten (LG Kiel, Urteil v. 26.2.1998, 1 S 169/97, WuM 1999 S. 570).

Der **Ersteher** eines Grundstücks, das nach vorangegangener Zwangsverwaltung zwangsversteigert worden ist, ist nicht Rechtsnachfolger des früheren Zwangsverwalters. Hat der Zwangsverwalter gegen einen Mieter einen Titel auf Räumung und Herausgabe des Mietobjekts erstritten, kann der Ersteher die Erteilung einer auf ihn lautenden vollstreckbaren Ausfertigung dieses Titels (§ 727 ZPO) jedenfalls nach Beendigung der Zwangsverwaltung nicht verlangen (BGH, Beschluss v. 14.6.2012, 7 ZB 48/10, WuM 2012 S. 457).

Der Erwerber eines unter Zwangsverwaltung stehenden Grundstücks hat auch keinen Anspruch gegen den früheren Zwangsverwalter auf **Herausgabe** von Verwaltungsunterlagen. Dies gilt jedenfalls dann, wenn er erst nach Beendigung der Zwangsverwaltung als neuer Eigentümer ins Grundbuch eingetragen wurde. Der Erwerber kann allenfalls verlangen, dass ihm die betreffenden Unterlagen vorübergehend zur Verfügung gestellt werden (OLG Dresden, Urteil v. 23.11.2011, 13 U 1137/11).

6 Gesellschafterwechsel

Wurde der Mietvertrag von mehreren Personen als Vermieter in Form einer Gesellschaft bürgerlichen Rechts (GbR) **abgeschlossen** und scheidet ein Gesellschafter aus, verliert dieser die Rechte aus dem Mietverhältnis. Er haftet zwar trotzdem dem Mieter gegenüber weiter, hat aber einen Freihalteanspruch gegen die übrigen Mitgesellschafter. Tritt gleichzeitig ein neuer Gesellschafter ein, wachsen diesem nach § 738 BGB die Anteile des Ausscheidenden an mit der Folge, dass er ohne Weiteres in die Vermieterstellung einrückt (Sternel, Mietrecht, 3. Aufl., I 12; III 73). Enthält das Grundbuch den Vermerk, dass mehrere Personen in Form einer GbR gemeinsam Eigentümer sind (§ 47 GBO), ist beim Ausscheiden oder Auswechseln eines Gesellschafters kein besonderer Übertragungsakt erforderlich. Die GbR tritt in ihrer neuen Zusammensetzung in entsprechender Anwendung des § 566 BGB in den bestehenden Mietvertrag ein, ohne dass es einer Grundbucheintragung bedarf (BGH, Urteil v. 18.2.1998, XII ZR 39/96, WuM 1998 S. 341). Der Wechsel der Beteiligungsverhältnisse an der GbR ist lediglich im Wege einer Berichtigung in das Grundbuch einzutragen. Diese Eintragung hat keine konstitutive Wirkung, da die Gesamthand in ihrer neuen Zusammensetzung ohne Weiteres Eigentümerin des Grundstücks wird (BGH, a.a.O.).

Gleiches gilt, wenn eine Gesellschaft bürgerlichen Rechts nicht schon bei Abschluss des Mietvertrags als Vermieterin aufgetreten, sondern erst später anstelle einer Einzelperson in das Mietverhältnis **eingetreten** ist (KG Berlin, Beschluss v. 23.4.1998, 16 RE-Miet 1752/98, WuM 1998 S. 407).

Einbauten → „Einrichtungen"
Einbruch → „Instandhaltung und Instandsetzung der Mieträume"
Einliegerwohnung → „Kündigungsschutz", Abschnitt 2.5 „Ausnahmen vom Kündigungsschutz", „Mieterhöhung bei Wohnraum"

Einrichtungen

Einrichtungen sind bewegliche Sachen, die der Mieter mit der Mietsache körperlich verbunden hat, die aber trotz ihrer Verbindung nach der Verkehrsauffassung als zusätzliche Einrichtungen gewertet werden (Pergande, § 547 BGB a.F. Anm. 2). Sie müssen dem wirtschaftlichen Zweck der Mietsache zu dienen bestimmt sein (BGH, Urteil v. 14.7.1969, VIII ZR 5/68, WM 1969 S. 1114), z.B. um diese besser und bequemer nutzen zu können.

> Als **Beispiele** seien genannt: Waschbecken, Badewannen, Badeeinrichtungen, Boiler, Wandschränke, Beleuchtungseinrichtungen, vom Mieter verlegter Teppichboden (AG Karlsruhe, Urteil v. 15.3.1978, 5 C 494/77, NJW 1978 S. 2602), Rollläden oder auch vom Mieter eingepflanzte Sträucher im Garten.

Dagegen nicht das **Heizöl** im Tank eines Einfamilienhauses (LG Mannheim, ZMR 1975 S. 304).

Im Gegensatz zu baulichen Änderungen (vgl. „Bauliche Veränderungen durch den Mieter") überschreitet der Mieter mit dem Anbringen einer Einrichtung grundsätzlich nicht den vertragsgemäßen Gebrauch der Mietsache, sodass eine vorherige Zustimmung des Vermieters nicht erforderlich ist. Dies gilt auch für die Erneuerung von Einrichtungen durch den Mieter (z.B. Wasserhahn, Waschbecken). Der Mieter ist daher erst bei Beendigung des Mietverhältnisses zur Herstellung des ursprünglichen Zustands verpflichtet und muss während der Dauer des Mietverhältnisses die ausgebaute, dem Vermieter gehörende Einrichtung auch nicht an diesen herausgeben (LG Lüneburg, Urteil v. 22.4.1993, 6 S 2/93, WuM 1995 S. 701).

Das Anbringen der Einrichtung geschieht bei einem Mietverhältnis in der Regel nur zu einem **vorübergehenden Zweck** (OLG Frankfurt/M., Urteil v. 6.5.1986, 8 U 164/85, ZMR 1986 S. 358), sodass die Einrichtungen, unabhängig davon, ob eine feste Verbindung mit dem Gebäude besteht, **nicht** zu den wesentlichen **Bestandteilen** eines Gebäudes (vgl. §§ 93 bis 95 BGB) gehören und daher Eigentum des Mieters bleiben. Die Frage, ob eine durch einen Mieter eingebrachte **Einbauküche** als Zubehör anzusehen und damit bei Auszug in dem Mietobjekt zu belassen ist, richtet sich nach den regional unterschiedlichen Gegebenheiten sowie nach der Zweckbestimmung durch den Mieter. Für die Zweckbestimmung ist maßgeblich, ob lediglich eine vorübergehende Benutzung der Einbauküche für die Wohnung begründet wurde (BGH, Urteil v. 20.11.2008, IX ZR 180/07). Insofern kann eine aus serienmäßig hergestellten Einzelteilen zusammengesetzte Einbauküche grundsätzlich nicht als „Zubehör" (§§ 97, 1120 BGB) angesehen werden (BGH, NJW-RR 1990 S. 586; OLG Düsseldorf, WuM 1995 S. 146). Dagegen ist für den Fall, dass die Küche aus Mitteln des Grundstückseigentümers beschafft und eingebaut wurde, die dauerhafte Zubehöreigenschaft zu bejahen (BGH v. 20.11.2008, a. a. O.).

Für **Pflanzen** kann die grundsätzlich zugunsten des Mieters bestehende Vermutung, dass die Verbindung der von ihm eingebrachten Sachen regelmäßig nur zu einem vorübergehenden Zweck erfolgt, nicht uneingeschränkt angewendet werden. Pflanzen können nach einigen Jahren nicht mehr ohne Schwierigkeiten und Risiken für ihren Bestand entfernt werden. Das Umpflanzen von Gehölzen ist dann nur mit großem Aufwand und durch einen Fachmann durchführbar und birgt auch dann noch das Risiko, dass sie am neuen Standort nicht wieder anwachsen. Daher werden namentlich solche Anpflanzungen seitens des Mieters, die grundstücksbezogen erfolgen (hier: **Sichtschutzhecke**) mit ihrem Einbringen in den Grund und Boden wesentlicher Bestandteil des Grundstücks und gehen damit in das Eigentum des Grundstückseigentümers über. Gleiches gilt für ausgesäten Rasen und Bodendecker (§ 946, § 93, § 94 Abs. 1 S. 2 BGB; OLG Düsseldorf, NJW-RR 1999 S. 160; LG Detmold, Urteil v. 26.3.2014, 10 S 218/12, NJW-RR 2014 S. 712).

Die Frage nach den Eigentumsverhältnissen an der Einrichtung kann bezüglich des **Wegnahmerechts** des Mieters (§ 539 Abs. 2 BGB) regelmäßig dahingestellt bleiben, da sich das Wegnahmerecht des Mieters auch auf wesentliche Bestandteile erstreckt und ohne Rücksicht darauf besteht, ob die Sache in seinem Eigentum, im Eigentum des Vermieters oder eines Dritten steht.

Für das Wegnahmerecht des Mieters ist es daher ohne Belang, ob die Einbauten nur zu einem vorübergehenden Zweck erfolgten und im Eigentum des Mieters verblieben sind oder als bauliche Veränderungen zu wesentlichen Bestandteilen der Mietsache wurden und deswegen in das Eigentum des Vermieters übergingen (OLG Düsseldorf, Beschluss v. 5.10.2009, I-24 U 17/09, ZMR 2010 S. 959).

Dieses Wegnahmerecht des Mieters ist ein Aneignungsrecht und daher nicht auf Einrichtungen beschränkt. Es erfasst auch Veränderungen in der baulichen Substanz, unabhängig von den Eigentumsverhältnissen an den eingebauten Gegenständen. Der Mieter ist daher berechtigt, nach Mietende z. B. Türen, Türfutter und sanitäre Anlagen wieder auszubauen. Dabei ist der Mieter jedoch verpflichtet, den ursprünglichen Zustand wiederherzustellen, d. h., bei der Entfernung von vermieterseits zur Verfügung gestellten Installationen diese wieder anzubringen und auch nach der Entfernung evtl. vorhandene Spuren (z. B. Teppichklebereste, Verschattungen hinter entfernten Einrichtungen, Dübellöcher etc.) wieder zu beseitigen (OLG Düsseldorf, Beschluss v. 4.8.2011, I-24 U 48/11, GE 2012 S. 129).

Weiterhin besteht das Wegnahmerecht unabhängig davon, ob mit der Entfernung eine Beschädigung der Einrichtung oder der Mietsache zwangsläufig verbunden ist. Einen Schaden an der Mietsache hat der Mieter im Rahmen seiner Verpflichtung zur Herstellung des ursprünglichen Zustands zu ersetzen. Wurde die Einrichtung wesentlicher Bestandteil, umfasst das Wegnahmerecht auch ein Aneignungsrecht des Mieters (Emmerich-Sonnenschein, Mietrecht, § 547 a BGB a. F., Rn. 14).

Das Wegnahmerecht **verjährt** in 6 Monaten (§ 548 Abs. 2 BGB). Bei einem **Verkauf** des Grundstücks bzw. der Wohnung geht das Mietverhältnis kraft Gesetz (§ 566 BGB) auf den Käufer über. Das Mietverhältnis mit dem bisherigen Vermieter (Verkäufer) ist daher beendet. In diesem Fall beginnt die Verjährungsfrist für Ansprüche des Mieters auf Ersatz von Verwendungen oder auf Gestattung der Wegnahme einer Einrichtung erst mit der **Kenntnis** des Mieters von der Eintragung des Erwerbers im Grundbuch zu laufen. Nicht ausreichend ist die allgemeine Kenntnis des Mieters vom Verkauf. Denn auch dann muss der Mieter nicht mit einer baldigen **Eintragung** in das Grundbuch rechnen, da sich diese auch verzögern kann. Ferner ist der Mieter nicht verpflichtet, entsprechende Erkundigungen einzuziehen (BGH, Urteil v. 28.5.2008, VIII ZR 133/07, ZMR 2009 S. 263).

Nach Eintritt der Verjährung kann der Vermieter das Recht zum Besitz als dauernde Einrede geltend machen und schuldet dem Mieter keine Nutzungsentschädigung (BGH, Urteil v. 8.7.1981, VIII ZR 326/80, ZMR 1981 S. 367; Urteil v. 13.5.1987, VIII ZR 136/86, ZMR 1987 S. 371).

Der Vermieter kann das Wegnahmerecht des Mieters durch **Zahlung** einer **angemessenen Entschädigung** abwenden, wenn nicht der Mieter ein berechtigtes Interesse an der Wegnahme hat (§ 552 Abs. 1 BGB; z.B. wenn die Einrichtung nicht mehr im Handel erhältlich ist). Für eine „Zahlung“ i.S.v. § 552 Abs. 1 BGB ist eine verbindliche Zahlungszusage (wörtliches Angebot) nicht ausreichend. Erforderlich ist zumindest ein den Annahmeverzug des Mieters (§ 294 BGB) begründendes **tatsächliches Angebot** durch den Vermieter (KG Berlin, Beschluss v. 9.4.2001, 8 W 52/01, MDR 2001 S. 984).

Im Fall der Veräußerung des Grundstücks steht die Abwendungsbefugnis auch dem Erwerber zu. Sie erlischt mit der Abtrennung der Einrichtung. Mit der Erklärung, die Abwendungsbefugnis ausüben zu wollen, muss der Vermieter gleichzeitig die angemessene Entschädigung anbieten. Ihre Höhe bemisst sich nach dem Zeitwert (Anschaffungs- und Einrichtungskosten abzgl. eines Abschlags für die bisherige Abnutzung entsprechend der voraussichtlichen Lebensdauer, vgl. LG Köln, Urteil v. 24.3.1998, 12 S 288/97, WuM 1998 S. 345, sowie vermindert um den Wertverlust für den Ausbau und um die Aufwendungen für die Herstellung des ursprünglichen Zustands; strittig, vgl. hierzu die Ausführungen von Scholl, WuM 1998 S. 327).

> Nachdem nicht nur ein Wegnahme**recht** (§ 539 Abs. 2 BGB), sondern auch eine Wegnahme**pflicht** des Mieters besteht (§ 546 BGB), kann der Vermieter darauf bestehen, dass der Mieter seiner Verpflichtung zur Wegnahme nachkommt und den ursprünglichen Zustand wiederherstellt (§ 258 BGB), falls keine Einigung über eine Ablösesumme zustande kommt.

Lässt der Mieter nach Beendigung des Mietverhältnisses Einbauten oder Einrichtungen in der Wohnung in einem Umfang zurück, dass es für deren Beseitigung eines erheblichen finanziellen Aufwands bedarf, liegt ein „Vorenthalten“ i.S.d. § 546a Abs. 1 BGB vor, mit der Folge, dass der Mieter dem Vermieter eine Nutzungsentschädigung schuldet. Dies gilt auch dann, wenn der Mieter die Einrichtungen vom Vormieter übernommen hatte, ohne seine Rückgabeverpflichtung einzuschränken (OLG Düsseldorf, Beschluss v. 14.10.2008, 1-24 U 7/08, DWW 2009 S. 308).

Der Anspruch des Vermieters auf Herstellung des ursprünglichen Zustands (z.B. Entfernung von Bodenbelägen) kann jedoch entfallen, wenn der Vermieter die Wohnung vorbehaltlos zurücknimmt und die Kaution auszahlt (LG Mosbach, Urteil v. 25.6.1996, S 21/96, WuM 1996 S. 618).

Eine Ausnahme von dem Grundsatz, dass der Mieter mangels einer ausdrücklichen Vereinbarung keine Ablöseansprüche gegen den Vermieter hat, wurde von der Rechtsprechung lediglich für das vom Mieter beschaffte **Heizöl** gemacht. Danach ist der Vermieter nach dem Auszug des Mieters grundsätzlich gehalten, die verbliebene Restölmenge zu übernehmen und die Anschaffungskosten nach dem Tagespreis zu vergüten (vgl. LG Mannheim, ZMR 1975 S. 304; LG Freiburg, Urteil v. 20.4.1982, 9 S 380/81, WuM 1982 S. 206).

Die Vergütungspflicht besteht jedoch nicht, wenn der Vermieter für das Restöl keine Verwendung mehr hat, z.B. wegen der vorgesehenen Umstellung auf Gasheizung (LG Stuttgart, Urteil v. 30.10.1990, 16 S 248/90, WuM 1991 S. 27). **Andererseits** kann der Vermieter hier grundsätzlich auch nicht verlangen, dass der Mieter das Restöl abpumpen lässt (LG Stuttgart, a.a.O.).

Der Vermieter kann die Wegnahme solange untersagen, bis ihm für einen damit verbundenen Schaden ausreichend Sicherheit geleistet ist (§ 258 S. 2 BGB).

Eine vertragliche Vereinbarung, durch die das Wegnahmerecht des Mieters entschädigungslos ausgeschlossen wird, ist nur wirksam, wenn es sich nicht um **Wohn**raum handelt (z.B. bei Geschäftsräumen).

Bei Vermietung von **Wohn**raum ist der **Ausschluss** des Wegnahmerechts nur dann wirksam, wenn ein **angemessener Ausgleich** vorgesehen ist (§ 552 Abs. 2 BGB). Dieser kann, muss jedoch nicht unbedingt in Geld bestehen. Denkbar sind auch andere Ausgleichsleistungen, z.B. eine langfristige Vertragsdauer oder eine Ermäßigung der Miete; allerdings muss sich aus der zugrunde liegenden Vereinbarung ergeben, dass damit die Gegenleistung für den Ausschluss des Wegnahmerechts erbracht ist (s. auch „Verwendungen").

Bei **gewerblichen** Vermietungen kann der Ersatz von Verwendungen vertraglich wirksam ausgeschlossen werden. § 552 Abs. 2 BGB gilt nicht bei der Gewerbemiete, da § 578 Abs. 2 BGB keine entsprechende Anwendung von § 552 Abs. 2 bestimmt (LG Braunschweig, Urteil v. 11.3.2008, 6 O 1105/07 (077), ZMR 2008 S. 453).

Einstellplätze → „Garage"
Einzugsermächtigung → „Miete"

Energieausweis

Inhaltsübersicht

Seite

1 Stand der Verordnung ... 285
2 Ausnahmen ... 285
3 Übergangsfristen ... 285
4 Zwei Varianten des Energieausweises ... 285
5 Gültigkeitsdauer ... 286
6 Unbefristetes Wahlrecht ... 286
7 Befristetes Wahlrecht ... 286
8 Gebäudebezogene Ausstellung ... 286
9 Aussteller ... 286
10 Vor- und Nachteile der Varianten ... 287
11 Anspruch von Kauf- und Mietinteressenten ... 288
12 Umlage der Kosten ... 288
13 Steuerliche Berücksichtigung der Kosten ... 288
14 Bußgeldvorschriften ... 289

1 Stand der Verordnung

Nach jahrelangen Diskussionen um zahlreiche Einzelheiten des Energieausweises für Bestandsgebäude hat das Bundeskabinett am 27.6.2007 den Energieausweis mit den vom Bundesrat beschlossenen Erleichterungen für Hauseigentümer verabschiedet.

Für **Neubauten** ist die Erstellung eines Energieausweises bereits seit Inkrafttreten der EnEV am **1.2.2002** vorgeschrieben.

Für den **Gebäudebestand** ergibt sich eine entsprechende Verpflichtung der Haus- und Wohnungseigentümer nunmehr aus der Neufassung der Energieeinsparverordnung. Danach ist ein Energieausweis bei **Verkauf und Neuvermietung bzw. bei Verpachtung** eines Gebäudes oder einer Wohnung erforderlich. Ist beides nicht der Fall und werden auch keine Mittel aus staatlichen Förderprogrammen für energetische Sanierungen in Anspruch genommen, dann muss auch kein Energieausweis erstellt werden.

2 Ausnahmen

Anwesen, die unter **Denkmalschutz** stehen (Baudenkmäler), sind von der Ausweispflicht ausgenommen; ferner **provisorische Gebäude** mit einer Nutzungsdauer von bis zu 2 Jahren, Wohngebäude, die für eine Nutzungsdauer von weniger als 4 Monaten jährlich bestimmt sind, sowie Gebäude mit bis zu 50 m^2 Nutzfläche (§§ 1 Abs. 2, 16 Abs. 4 EnEV).

3 Übergangsfristen

Für **Wohn**gebäude, die **bis 31.12.1965** fertiggestellt worden sind, ist der Energieausweis seit 1.7.2008, für **neuere Wohn**gebäude seit 1.1.2009, für Nichtwohngebäude, z.B. **Geschäfts**häuser, seit 1.7.2009 erforderlich.

4 Zwei Varianten des Energieausweises

Die Energieeinsparverordnung unterscheidet zwischen dem Verbrauchsausweis und dem Bedarfsausweis.

In dem – relativ einfachen und kostengünstig zu erstellenden – **Verbrauchs**ausweis wird lediglich der tatsächliche Heizenergieverbrauch des Gebäudes in den letzten 3 Jahren dokumentiert. Aus den Heizkostenabrechnungen bzw. den Rechnungen der Energielieferanten wird der – von witterungs- und nutzungsbedingten Schwankungen bereinigte – Heizenergieverbrauch pro m^2 Fläche ermittelt und (in kWh) in den Verbrauchsausweis aufgenommen.

Bei dem – wesentlich aufwendigeren und entsprechend teureren – **Bedarfs**ausweis wird der Energiebedarf des Gebäudes errechnet. Dazu muss der energetische Zustand des Gebäudes festgestellt werden, insbesondere die Wärmedämmwerte der Bauteile (u.a. Außenwände, Fenster, Keller- und Speicherdecken) sowie die energetische Qualität der Heizungsanlage. Aus diesen Faktoren wird dann der theoretische Heizenergiebedarf des Gebäudes errechnet.

Die Ausweise enthalten auf vier Seiten die wesentlichen Gebäudedaten, den „Vergleichsbalken" (**Energielabel**) sowie Vergleichswerte und ggf. Modernisierungsempfehlungen.

Zur Erleichterung der energetischen Bewertung eines Gebäudes durch Miet- bzw. Kaufinteressenten beinhalten **neue** nach den Anforderungen der EnEV 2014 ausgestellte Energieausweise auf der Farb- und Vergleichsskala Effizienzklassen von A+ bis H. Aber selbst daraus wird der Mieter bzw. Käufer die voraussichtlichen Energiekosten nicht abschätzen können, da diese auch und insbesondere von der (unterschiedlich teuren) Beheizungsart des Gebäudes bzw. der Wohnung (z.B. Öl, Gas, Strom) abhängen.

Der Aussteller kann die benötigten Gebäudedaten vor Ort selbst erheben oder sich diese vom Eigentümer übermitteln lassen (§ 17 Abs. 5 EnEV).

> Dem Eigentümer liegen die Verbrauchsdaten jedoch nicht vor, wenn nicht er, sondern der Mieter Vertragspartner des Energielieferanten ist, z.B. bei Gasetagenheizungen in einem Mehrfamilienhaus oder bei einer vom Mieter betriebenen Gas- oder Ölzentralheizung in einem Einfamilienhaus.
>
> In diesem Fall ist der Mieter aber verpflichtet, dem Vermieter die für die Erstellung

eines Verbrauchsausweises benötigten Verbrauchsdaten zur Verfügung zu stellen. Dies stellt eine Nebenpflicht aus dem Mietvertrag dar. Der Mieter kann die Übermittlung der Daten nicht unter Berufung auf das Bundesdatenschutzgesetz verweigern, da durch die Übermittlung keine persönlichen Daten preisgegeben werden und ferner das Interesse des Vermieters an der Erstellung eines Energieausweises mit relativ geringem finanziellen Aufwand das evtl. Interesse des Mieters an einer Auskunftsverweigerung überwiegt (LG Karlsruhe, Beschluss v. 20.2.2009, 9 S 523/08).

5 Gültigkeitsdauer

Beide Varianten des Energieausweises gelten **10 Jahre ab Ausstellungsdatum**. Auch bei Änderungen am Gebäude muss grundsätzlich kein neuer Ausweis ausgestellt werden.

Allerdings sollten Hauseigentümer im eigenen Interesse einen neuen Ausweis ausstellen lassen, wenn bauliche Maßnahmen am Gebäude (z. B. neue Fenster, Montage einer Wärmedämmung) oder Verbesserungen an der Heizungsanlage zu einer Verbesserung des energetischen Zustands führen, der in dem Energieausweis dokumentiert werden kann.

Erfahrungsgemäß fragen immer mehr Kauf- und Mietinteressenten nicht nur nach dem Kaufpreis bzw. der Nettomiete, sondern auch nach dem Energieverbrauch des Objekts. Dieser Trend wird sich künftig angesichts weiter steigender Energiepreise verstärken. Der Energieverbrauch bzw. -bedarf des Gebäudes wird daher zunehmend Einfluss auf die Marktchancen eines Objekts gewinnen.

6 Unbefristetes Wahlrecht

Eigentümer von Gebäuden mit **mehr als vier** Wohnungen haben unabhängig vom Alter des Gebäudes ein zeitlich unbefristetes Wahlrecht zwischen den beiden Varianten des Energieausweises.

Gleiches gilt für Eigentümer von Ein-, Zwei-, Drei- und Vierfamilienhäusern, für die der Bauantrag **nach dem 1.11.1977** gestellt worden ist. Ebenso für ältere Gebäude, wenn sie zwischenzeitlich energetisch saniert worden sind (entsprechend den Anforderungen der ersten Wärmeschutzverordnung).

7 Befristetes Wahlrecht

Für Eigentümer von Gebäuden mit **bis zu vier** Wohnungen, für die der Bauantrag **vor dem 1.11.1977** gestellt worden ist und die noch nicht energetisch saniert wurden, **endete** die Wahlfreiheit am **30.9.2008**. Nach diesem Termin ist für die Eigentümer solcher Gebäude **zwingend** der aufwendige **Bedarfsausweis** vorgeschrieben.

8 Gebäudebezogene Ausstellung

Ein Energieausweis kann nur für das **Gebäude**, **nicht** für einzelne **Wohnungen** ausgestellt werden (§ 17 Abs. 3 S. 1 EnEV).

Eine **Ausnahme** besteht nur für den Fall, dass ein nicht unerheblicher Teil des Gebäudes nicht für Wohnzwecke oder wohnähnliche Zwecke genutzt wird. Insofern sind die Ausweise für den Wohngebäudeteil und für den Nichtwohngebäudeteil zu erstellen.

Bei einer **Wohnungseigentümergemeinschaft** ist die Hausverwaltung verpflichtet, die Ausstellung eines Energieausweises in Auftrag zu geben. Der einzelne Wohnungseigentümer hat gegen die Eigentümergemeinschaft einen Anspruch auf rechtzeitige Bereitstellung des Ausweises. Die Kosten sind von der Eigentümergemeinschaft zu tragen.

9 Aussteller

Energieausweise für Bestandsgebäude dürfen gemäß § 21 EnEV von Personen mit **baufachlicher Qualifikation** ausgestellt werden, u. a. von Architekten, Ingenieuren, Kaminkehrern, Handwerksmeistern mit entsprechender Qualifikation. Listen über ausstellungsberechtigte Personen werden von den jeweiligen Kammern (z. B. Architekten-, Ingenieur-, Handwerks kammer) geführt. Dort können Hauseigentümer nachfragen, ob der Anbieter des Ausweises ausstellungsberechtigt ist.

Der Energieausweis muss von dem Aussteller mit einer **Registrierungsnummer** versehen werden. Die Nummern werden zunächst vom Deutschen Institut für Bautechnik (DIBt) und später von einer noch zu bestimmenden Landesbehörde vergeben.

10 Vor- und Nachteile der Varianten

Der **verbrauchs**orientierte Ausweis hat den Vorteil, dass der zu erwartende Energieverbrauch anhand der Heizkostenabrechnungen der letzten 3 Jahre ermittelt wird und diese Daten dem Eigentümer bzw. der Hausverwaltung oder dem Abrechnungsunternehmen häufig bereits vorliegen. Der Energieausweis kann daher sehr kostengünstig erstellt werden. Nachteil: Der gemessene Verbrauch wird vom Nutzerverhalten beeinflusst. Ferner zeigt der Verbrauchsausweis nicht evtl. energetische Schwachstellen des Gebäudes auf.

Hier liegt der Vorteil der **bedarfs**orientierten Variante. Zur Ermittlung eines realitätsnahen Verbrauchs muss aber die energetische Struktur zahlreicher Bauteile des Gebäudes (insbesondere Außenwände, Fenster, Dach) sowie auch die Heizungs- und Warmwasserbereitungsanlage sorgfältig untersucht werden. Liegen keine Kenntnisse über die verwendeten Baustoffe, die Schichtdicken und die Anlagentechnik vor, kommt es zur Errechnung eines realitätsfernen Energiebedarfs. Kritisch sollten daher Angebote von Ausstellern gesehen werden, die Bedarfsausweise zu günstigen Pauschalpreisen anbieten, dabei allerdings keine Prüfung des Gebäudes vor Ort durchführen, sondern sich die notwendigen Angaben auf umfangreichen Fragebögen vom Hauseigentümer bzw. der Verwaltung übermitteln lassen.

Dies ist nach § 17 Abs. 5 EnEV zwar zulässig und reduziert die Kosten für den Ausweis. Allerdings ist zu befürchten, dass Angaben zu energetisch relevanten Bauteilen eines Hauses durch den Hauseigentümer selbst bzw. durch den Verwalter – in der Regel bautechnische Laien – zu einer hohen Fehlerquote und damit zur Ausstellung von Ausweisen mit unzutreffendem Inhalt führen.

> Die Berechnung eines realitätsnahen Energiebedarfs wird in der Regel die Untersuchung des Gebäudes durch einen Fachmann, d.h. durch den Aussteller oder durch einen qualifizierten Bevollmächtigten, voraussetzen.

Aufgrund des unterschiedlichen Aufwands, der u.a. von der Größe, Bauweise und dem Zustand des Gebäudes abhängt, wird der Aussteller die Kosten für einen Bedarfsausweis wohl auf Stundenbasis abrechnen müssen oder jedenfalls ein Pauschalangebot nur für ein **konkretes** Gebäude unterbreiten können.

> Grundsätzlich gilt: Für Hauseigentümer, die lediglich ihre künftige gesetzliche Verpflichtung beim Verkauf oder der Vermietung des Hauses erfüllen und in absehbarer Zeit keine energetisch relevanten Maßnahmen durchführen wollen, ist die Ausstellung eines preisgünstigen **Verbrauchsausweises**, ggf. auch auf „Vorrat“, durchaus sinnvoll.

Für Eigentümer, die aber wissen wollen, wo die energetischen Schwachstellen ihres Hauses liegen und welche Energiesparmaßnahmen sinnvoll sind, ist die Erstellung eines Verbrauchsausweises nicht ausreichend, da dieser insofern keine Aussage trifft. In diesem Fall empfiehlt sich eine individuelle Energieberatung.

Nach dem Ergebnis einer im Auftrag des **Bundesministeriums für Verkehr, Bau und Stadtentwicklung (BMVBS)** im Jahr 2010 durchgeführten Studie ist die Fehleranfälligkeit bei **Bedarfs**ausweisen deutlich höher als bei Verbrauchsausweisen. Nur 29 % der geprüften Bedarfsausweise konnten den Energiebedarf eines Gebäudes annähernd zutreffend darstellen. Dagegen lagen bei **Verbrauchs**ausweisen mit 66 % mehr als doppelt so viele innerhalb der zulässigen Toleranz. Verbrauchsausweise wichen auch nur maximal 26 % von dem tatsächlichen Energiebedarf ab.

Dagegen wurde bei einzelnen Bedarfsausweisen eine Abweichung von bis zu 108 % festgestellt.

11 Anspruch von Kauf- und Mietinteressenten

Vor Inkrafttreten der EnEV 2014 war ausreichend, dass der Energieausweis dem Interessenten „zugänglich" gemacht wurde, d. h., ihm musste lediglich die Möglichkeit der Kenntnisnahme vom Inhalt des Energieausweises verschafft werden. Seit 1.5.2014 muss der Energieausweis (bzw. eine Kopie) spätestens bei der **Besichtigung** vorgelegt werden. Die **Vorlagepflicht** wird auch durch einen deutlich sichtbaren Aushang oder ein deutlich sichtbares Auslegen während der Besichtigung erfüllt. Nach Abschluss des Kauf- oder Mietvertrags muss dem Käufer bzw. Mieter der Energieausweis (oder eine Kopie) unverzüglich **übergeben** werden (§ 16 Abs. 2 EnEV 2014).

Ein Verstoß gegen diese Verpflichtung kann mit Bußgeld bis zu 50.000 Euro geahndet werden (§ 27 Abs. 2 Nr. 3 EnEV; § 8 Abs. 1 Nr. 2 EnEG).

Wird vor dem Verkauf bzw. vor der Vermietung eine Immobilienanzeige in kommerziellen Medien (z. B. Zeitungen, Zeitschriften, Internet) aufgegeben, hat der Verkäufer bzw. Vermieter sicherzustellen, dass die **Immobilienanzeige** folgende Pflichtangaben enthält (§ 16a EnEV 2014):

- Die **Art** des Energieausweises (Energie**bedarfs**- oder Energie**verbrauchs**ausweis)
- Den im Energieausweis genannten **Wert** des Endenergiebedarfs oder -verbrauchs (Energiekennwert)
- Die im Energieausweis genannten **wesentlichen** Energieträger (z. B. Öl, Gas, Strom) für die Heizung der Wohnung
- Bei **Wohn**gebäuden das im Energieausweis genannte **Baujahr** sowie die genannte Energieeffizienzklasse (Energieeffizienz-Buchstabe)

Dies gilt sowohl für private Vermieter bzw. Verkäufer als auch für Makler. Ausgenommen sind lediglich private kostenfreie Kleinanzeigen (z. B. am schwarzen Brett im Supermarkt). Ein Verstoß kann mit einem Bußgeld bis zu 50.000 Euro geahndet werden (§ 27 Abs. 2 Nr. 6 EnEV; § 8 Abs. 1 Nr. 2 EnEG).

Als Interessenten gelten lediglich solche Personen, die als künftige Mieter bzw. als künftige Käufer tatsächlich infrage kommen. Ein Einsichtsrecht für andere Personen sieht die EnEV nicht vor.

> Bei Abschluss des Mietvertrags sollte sich der Vermieter vom Mieter durch dessen Unterschrift bestätigen lassen, dass diesem der Energieausweis übergeben wurde.

Der Mieter kann aus den im Energieausweis genannten Werten keine Ansprüche z. B. auf Mietminderung (wegen eines Mangels der Mietsache) geltend machen, wenn die tatsächlichen Verbrauchswerte die im Energieausweis ausgewiesenen Werte übersteigen, da der Energieausweis gemäß § 5a S. 3 Energieeinsparungsgesetz (EnEG) lediglich der **Information** dient.

> Der Vermieter sollte den Energieausweis aber keinesfalls zur Anlage oder zum Bestandteil des Mietvertrags machen, da die Angaben in diesem Fall als zugesicherte Eigenschaft gewertet werden könnten, die bei Abweichungen möglicherweise zu Ansprüchen des Mieters führen.

> Bei bereits **bestehenden** Mietverhältnissen kann der Mieter **nicht nachträglich** die Vorlage eines Energieausweises verlangen.

12 Umlage der Kosten

Die für die Erstellung des Energieausweises aufgewendeten Kosten stellen keine Betriebskosten im Sinne der Betriebskostenverordnung dar und können daher **nicht** auf den Mieter umgelegt werden.

13 Steuerliche Berücksichtigung der Kosten

Die Kosten für die Ausstellung des Energieausweises können bei den Einkünften aus Vermietung und Verpachtung steuermindernd als **Werbungskosten** angesetzt werden.

> **Selbstnutzer** können versuchen, die Kosten in der Steuererklärung als „haushaltsnahe Dienstleistung" anzusetzen. Insofern ist derzeit aber noch ungeklärt, ob die Finanzverwaltung bzw. die Finanzgerichte dies anerkennen.

14 Bußgeldvorschriften

Wer den Energieausweis vorsätzlich oder leichtfertig nicht, nicht vollständig oder nicht rechtzeitig zugänglich macht, handelt ordnungswidrig und kann mit Bußgeld bis zu 15.000 Euro belegt werden (§ 27 Abs. 2 Nr. 1 EnEV, § 8 Abs. 1 Nr. 2 EnEG).

Energieeinsparung → „Modernisierung"

Energieeinsparverordnung

Inhaltsübersicht

		Seite
1	**Nachrüstpflichten bei bestehenden Gebäuden**	290
1.1	Heizkessel	290
1.2	Kachelöfen, offene Kamine	290
1.3	Leitungen	290
1.4	Oberste Geschossdecken	291
1.5	Außerbetriebnahme von elektrischen Speicherheizsystemen	291
1.6	Zentralheizungen	291
1.7	Heizungstechnische Anlagen	292
1.8	Miet- und steuerrechtliche Auswirkungen	292
2	**Anforderungen an Neubauten**	293
2.1	Jahres-Primärenergiebedarf, Transmissionswärmeverlust	293
2.2	Dichtigkeit, Mindestluftwechsel	293
2.3	Mindestwärmeschutz, Wärmebrücken	294
3	**Änderung, Erweiterung und Ausbau von Gebäuden (§ 9 EnEV)**	294
4	**Anlagen der Heizungs-, Kühl- und Raumlufttechnik, Warmwasserversorgung**	294
4.1	Inbetriebnahme von Heizkesseln und sonstigen Wärmeerzeugersystemen (§ 13 EnEV)	294
4.2	Verteilungseinrichtungen und Warmwasseranlagen (§ 14 EnEV)	294
4.3	Klimaanlagen und sonstige Anlagen der Raumlufttechnik (§ 15 EnEV)	294
5	**Energieausweis**	295
6	**Baudenkmäler und Befreiungen (§§ 24, 25 EnEV)**	295
7	**Ordnungswidrigkeiten (§ 27 EnEV)**	295

Die Neufassung der Verordnung über energiesparenden Wärmeschutz und energiesparende Anlagentechnik bei Gebäuden (Energieeinsparverordnung – EnEV, BGBl I 2013 S. 3951 ff.) ist am 1.5.2014 in Kraft getreten. Die Energieeinsparverordnung ersetzt die ehemalige

Heizungsanlagenverordnung in der Fassung xder Bekanntmachung vom 4.5.1998 sowie die Wärmeschutzverordnung vom 16.8.1994.

Ziel der neuen Verordnung ist es, durch **verstärkten Wärmeschutz** oder durch eine **anspruchsvollere Anlagentechnik** weitere Energieeinsparungen herbeizuführen.

Dementsprechend werden die energetischen Anforderungen an Neubauten ab 1.1.2016 erneut angehoben. Der zulässige Jahresprimärenergiebedarf muss um ca. 25 %, die zulässigen Wärmedurchgangskoeffizienten (Wärmeverlust) der Gebäudehülle müssen um ca. 20 % reduziert werden.

1 Nachrüstpflichten bei bestehenden Gebäuden

Die Energieeinsparverordnung bestimmt nicht nur Anforderungen an die Wärmedämmung und die Heizungs- und Warmwasserbereitungsanlagen von Neubauten, sondern verpflichtet auch Eigentümer von bestehenden Gebäuden zu umfangreichen Nachrüstungen (§ 10 EnEV).

Für den **Gebäudebestand** bestimmt die EnEV 2014 allerdings keine grundsätzlichen Verschärfungen der energetischen Anforderungen.

1.1 Heizkessel

Heizkessel, die mit flüssigen oder gasförmigen Brennstoffen beschickt werden und vor dem 1.10.1978 eingebaut oder aufgestellt worden sind, durften nur noch bis 31.12.2006 betrieben werden. Sofern bestimmte Abgasverlustgrenzwerte eingehalten werden oder der Brenner nach dem 1.11.1996 erneuert worden ist, verlängerte sich die Frist **bis 31.12.2008**.

Nach der am 1.5.2014 in Kraft getretenen Neufassung der Energieeinsparverordnung (EnEV) dürfen Heizkessel, die vor dem 1.1.1985 eingebaut wurden, seit 1.1.2015 nicht mehr betrieben werden. Heizkessel, die **nach dem 1.1.1985** eingebaut wurden, dürfen **maximal 30 Jahre** betrieben werden (§ 10 Abs. 1 S. 2 und 3 EnEV 2014). Die Einhaltung dieser Verpflichtung wird von den bevollmächtigten Bezirkskaminkehrern im Rahmen der Feuerstättenschau überprüft. Ein Verstoß kann mit einem Bußgeld in Höhe von bis zu 50.000 Euro geahndet werden.

Ausgenommen von dieser Verpflichtung sind Brennwertkessel sowie Niedertemperaturheizkessel, d. h. Kessel mit einer entsprechend der Außentemperatur gleitenden Temperatursteuerung; ferner Anlagen mit einer Nennwärmeleistung von weniger als 4 kW oder mehr als 400 kW.

1.2 Kachelöfen, offene Kamine

Für sogenannte **Einzelraumfeuerstätten**, z. B. Kachelöfen und offene Kamine, die laut Typenschild vor dem 31.12.1974 hergestellt wurden oder bei denen wegen eines fehlenden Typenschilds das Herstellungsdatum nicht mehr feststellbar ist, ist die Schonfrist am 31.12.2014 abgelaufen, wenn der Nachweis über die Einhaltung der Grenzwerte der Bundes-Immissionsschutzverordnung (1. BImSchV vom 26.1.2010, BGBl I S. 38) nicht geführt werden kann (Kohlenmonoxid: 4 g/m^3; Staub: 0,15 g/m^3). Öfen, die diese Grenzwerte nicht einhalten und in der Zeit zwischen 1.1.1975 und 31.12.1984 gebaut wurden, müssen spätestens am 31.12.2017 nachgerüstet oder außer Betrieb genommen werden. Für Geräte von 1985 bis 1994 besteht eine Übergangsfrist bis Ende 2020, für Geräte ab 1995 bis Ende 2024. Ausnahmen bestehen u. a. für nicht gewerblich genutzte Herde und Backöfen mit einer Nennwärmeleistung unter 15 kW, offene Kamine, die nur gelegentlich, z. B. als Deko, und nicht zu laufenden Heizzwecken genutzt werden, sowie für Öfen, die vor 1950 gebaut wurden und somit historischen Wert besitzen (§ 26 BImSchV).

1.3 Leitungen

Leitungen für Wärmeverteilung und Warmwasser, die ungedämmt, aber zugänglich sind, sowie Armaturen, die sich nicht in beheizten Räumen befinden, mussten bereits bis zum **31.12.2006** zur Begrenzung der Wärmeabgabe mit Dämmmaterial in einer vorgeschriebenen Mindestdicke der Dämmschicht gedämmt werden (§ 10 Abs. 2 EnEV).

1.4 Oberste Geschossdecken

Nicht begehbare, aber zugängliche oberste Geschossdecken müssen gedämmt sein. Hierfür galt nach der EnEV 2007 bereits die Nachrüstungsverpflichtung bis zum 31.12.2008. Der Wärmedurchgangskoeffizient von solchen Geschossdecken darf 0,24 Watt (m^2 x K) nicht überschreiten.

Begehbare – bisher ungedämmte – oberste Geschossdecken mussten bereits nach der EnEV 2009 bis zum **31.12.2011** ebenfalls gedämmt werden. Der maximale Wärmedurchgangskoeffizient beträgt auch hier 0,24 Watt (m^2 x K), s. § 10 Abs. 3, 4 EnEV.

Allerdings sind diese Bestimmungen der EnEV nach einer Entscheidung der Fachkommission Bautechnik der Bauministerkonferenz dahingehend auszulegen, dass die oberste Geschossdecke als gedämmt gilt, wenn sie den Mindestwärmeschutz nach DIN 4108-2:2003-07 einhält. Von entsprechenden Werten kann bei massiven Deckenkonstruktionen (z.B. Betondecken), die seit 1969 errichtet wurden, und bei Holzbalkendecken aller Baualtersklassen ausgegangen werden. Solche Deckenkonstruktionen sind daher von der nachträglichen Dämmpflicht ausgenommen.

Bei Wohngebäuden mit nicht mehr als **zwei Wohnungen**, von denen am 1.2.2002 eine der Eigentümer selbst bewohnt, müssen die o.g. Anforderungen nur im Fall eines **Eigentümerwechsels** erfüllt werden. Dies bedeutet aber, dass nicht nur der Käufer des Anwesens, sondern auch der Erbe bzw. der Beschenkte zur Nachrüstung verpflichtet ist. Die Frist beträgt 2 Jahre ab Eigentumsübergang.

Waren im Fall eines Eigentümerwechsels vor dem 1.1.2010 noch keine 2 Jahre verstrichen, genügt es, die obersten Geschossdecken beheizbarer Räume so zu dämmen, dass der Wärmedurchgangskoeffizient der Geschossdecke 0,30 Watt (m^2 x K) nicht überschreitet (§ 10 Abs. 4 EnEV).

Die Nachrüstpflicht für Leitungen und oberste Geschossdecken gilt nicht, soweit die für die Nachrüstung erforderlichen Aufwendungen durch die eintretenden Einsparungen nicht innerhalb angemessener Frist erwirtschaftet werden können (§ 10 Abs. 6 EnEV).

Die Nachrüstpflicht gilt als erfüllt, wenn anstelle der obersten Geschossdecke das darüberliegende **Dach** entsprechend gedämmt ist oder den Anforderungen an den Mindestwärmeschutz nach DIN 4108-2:2013-02 genügt, d.h., der Wärmedurchgangskoeffizient 0,24 Watt ($m^2 \times K$) nicht überschreitet. Verstöße gegen die Nachrüstpflicht waren bisher nicht bußgeldbewehrt. Seit Inkrafttreten der Neufassung der EnEV am 1.5.2014 können **Verstöße** gegen diese Verpflichtung mit **Bußgeldern** bis zu 50.000 Euro geahndet werden.

1.5 Außerbetriebnahme von elektrischen Speicherheizsystemen

Die Verpflichtung zur Außerbetriebnahme von **Nachtspeicherheizungen** wurde bereits kurz vor der Novelle der EnEV 2014 ersatzlos gestrichen. Zuvor mussten elektrische Speicherheizsysteme in Mehrfamilienhäusern mit mehr als fünf Wohneinheiten, in denen die Raumwärme ausschließlich mit diesen Geräten erzeugt wurde, 30 Jahre nach ihrer Installation oder Erneuerung außer Betrieb genommen werden. Dieses Nutzungsverbot wurde ersatzlos gestrichen. Vorhandene Nachtspeicherheizungen dürfen daher auch künftig weiter genutzt werden.

1.6 Zentralheizungen

Zentralheizungen, die noch nicht mit zentralen selbsttätig wirkenden Einrichtungen zur Verringerung und Abschaltung der Wärmezufuhr sowie zur Ein- und Ausschaltung elektrischer Antriebe in Abhängigkeit von der Außentemperatur oder einer anderen geeigneten Führungsgröße (beispielsweise **witterungsgeführte Steuerung durch Außenfühler**) und der Zeit (**Nachtabsenkung**) ausgestattet sind, müssen entsprechend **nachgerüstet** werden (§ 14 Abs. 1 S. 2 EnEV). Bei Wasserheizungen, die ohne Wärmeübertrager an eine Nah- oder Fernwärmeversorgung angeschlossen sind, gilt die Vorschrift hinsichtlich der

Verringerung und Abschaltung der Wärmezufuhr auch ohne entsprechende Einrichtungen in den Haus- und Kundenanlagen als eingehalten, wenn die Vorlauftemperatur des Nah- oder Fernheiznetzes in Abhängigkeit von der Außentemperatur und der Zeit durch entsprechende Einrichtungen in der zentralen Erzeugungsanlage geregelt wird (§ 14 Abs. 1 S. 3 EnEV).

1.7 Heizungstechnische Anlagen

Heizungstechnische Anlagen mit Wasser als Wärmeträger, die noch nicht mit selbsttätig wirkenden Einrichtungen zur raumweisen Regelung der Raumtemperatur (z.B. **durch Thermostatventile**) ausgestattet sind, müssen entsprechend nachgerüstet werden (§ 14 Abs. 2 S. 1 EnEV). **Ausgenommen** sind Einzelheizgeräte, die zum Betrieb mit festen oder flüssigen Brennstoffen eingerichtet sind. Mit Ausnahme von Wohngebäuden ist für Gruppen von Räumen gleicher Art und Nutzung eine Gruppenregelung zulässig. Fußbodenheizungen in Gebäuden, die vor dem 1.2.2002 errichtet worden sind, dürfen davon abweichend mit Einrichtungen zur raumweisen Anpassung der Wärmeleistung an die Heizlast ausgestattet werden (§ 14 Abs. 2 S. 4 EnEV).

Zu **weiteren** als vorstehend genannten Nachrüstungen (z.B. Dach- oder Fassadendämmung, Erneuerung von alten Fenstern etc.) ist der Eigentümer auch nach der EnEV 2009 **nicht** verpflichtet.

1.8 Miet- und steuerrechtliche Auswirkungen

Die Nachrüstpflichten gelten sowohl für **selbst genutzte** als auch für **vermietete** Wohnungen bzw. Anwesen.

Die Maßnahmen bewirken in der Regel eine nachhaltige **Einsparung von Energie** und sind vom Vermieter, da er sie nicht freiwillig, sondern aufgrund der Vorschriften der Energieeinsparverordnung durchführen muss, auch **„nicht zu vertreten“** i.S.v. § 559 Abs. 1 BGB. Danach ist der Vermieter berechtigt, die jährliche **Miete** um 11 % der für die Wohnung aufgewendeten Kosten zu **erhöhen**. Gleiches gilt für bauliche Änderungen aufgrund **bedingter** Anforderungen nach der EnEV, d.h., wenn der Vermieter von der EnEV nicht erzwungene Maßnahmen (z.B. Neuverputzen der Fassade) durchführt und als Folge davon zusätzliche – in diesem Fall erzwungene – Baumaßnahmen nach der EnEV durchführen muss. Beispiel: Der Eigentümer will den schadhaften Außenputz seines Hauses erneuern. Dazu ist er nach der EnEV zwar nicht verpflichtet. Führt der Eigentümer diese Maßnahme aber dennoch aus, verlangt die EnEV eine **vollflächige** Erneuerung des Putzes verbunden mit einer Nachbesserung der Wärmedämmung nach EnEV-Standard. Ausgenommen sind nur Bagatellmaßnahmen, die eine Fläche von weniger als 10 % der Fassade betreffen (§ 9 Abs. 1 und 3 EnEV 2009). Auch solche Maßnahmen beruhen dann insgesamt auf Umständen, die der Vermieter „nicht zu vertreten“ hat (i.S.v. § 559 Abs. 1 BGB). Der Vermieter ist daher berechtigt, die jährliche Miete um 11 % der für die Wohnung aufgewendeten Gesamtkosten zu erhöhen. Bei preisgebundenen Wohnungen (z.B. Sozialwohnungen) ist deshalb auch die Zustimmung der Bewilligungsstelle zu einer Mieterhöhung nicht erforderlich (OVG Berlin-Brandenburg, Urteil v. 6.12.2012, OVG 5 B 1.12, GE 2013 S. 737). Sofern die o.g. Modernisierungsmaßnahmen für mehrere Wohnungen durchgeführt werden, sind die Kosten gemäß § 559 Abs. 2 BGB angemessen, d.h. in der Regel nach dem Verhältnis der Wohnflächen auf die einzelnen Wohnungen **aufzuteilen** (s. „Mieterhöhung bei Wohnraum“).

Ferner kann der Vermieter die aufgewendeten Kosten bei den Einkünften aus Vermietung und Verpachtung steuermindernd als **Werbungskosten** ansetzen.

Eigentümer von **selbst genutzten** Wohnungen und Häusern können für die aufgewendeten Kosten eine **Steuerermäßigung** nach § 35a EStG beantragen (s. „Abrechnung der Betriebskosten“, Abschnitt 6.1 „Haushaltsnahe Dienstleistungen“).

Danach kann der Eigentümer – **unabhängig** davon, ob er zur Durchführung von energetischen Maßnahmen nach der EnEV **ver-**

pflichtet ist – beim Finanzamt einen **Steuerbonus** für die an den Handwerksbetrieb gezahlten Kosten beantragen. Für das Steuerjahr 2008 beträgt der Bonus 20 % aus einem Höchstbetrag von 3.000 Euro. Ab dem Steuerjahr 2009 hat sich der Steuerbonus verdoppelt und beträgt jetzt 20 % aus maximal 6.000 Euro, somit liegt er bei maximal **1.200 Euro.**

Steuerlich berücksichtigt wird nur der Aufwand für Arbeit, Fahrt- und Maschinenkosten inkl. Mehrwertsteuer, nicht aber der für das Material.

Beispiel

Der Eigentümer/Vermieter lässt in seinem selbst genutzten Haus die Fenster erneuern. Die Gesamtkosten betragen 20.000 Euro. Davon entfallen 15.000 Euro auf das Material, 5.000 Euro auf die Arbeitszeit.

In diesem Fall beträgt der Steuerbonus 20 % aus 5.000 Euro = **1.000 Euro.**

Gleiches gilt für **Wohnungseigentümer**, wenn eine Handwerkerleistung nach dem Beschluss der Eigentümerversammlung am Gemeinschaftseigentum durchgeführt wurde und die Wohnungseigentümer mit den anteiligen Kosten belastet wurden. Steuerbegünstigt sind sämtliche **Handwerkerleistungen**, z. B. auch die Erneuerung der Heizung, Wärmedämmmaßnahmen, Maler- und Sanitärarbeiten u. Ä.

Die Gesamtbeträge sind in der **Einkommensteuererklärung** auf Seite 4 des Mantelbogens (**Zeilen 106 ff.**) einzutragen. Das Finanzamt zieht den Bonus dann direkt von der persönlichen Steuerschuld ab.

Beträgt die Einkommensteuerschuld für den Veranlagungszeitraum 2009 z. B. 8.000 Euro, muss der Steuerpflichtige (im Beispielsfall) somit nur noch 7.000 Euro zahlen.

Zu beachten ist, dass der Rechnungsbetrag auf das Konto des Handwerkers **überwiesen** oder von diesem aufgrund einer Einzugsermächtigung eingezogen werden muss, da das Finanzamt eine Barzahlung steuerlich nicht anerkennt. Vor Auftragsvergabe sollte der Handwerker daher zusichern, dass er die Arbeits- und Materialkosten auf seiner Rechnung getrennt ausweist und mit einer Überweisung bzw. einem Einzug des Rechnungsbetrags einverstanden ist.

Die Nachrüstpflichten des Vermieters nach den Bestimmungen der EnEV stellen keine zivilrechtlichen, sondern ausschließlich **öffentlichrechtliche** Verpflichtungen des Vermieters dar. Diese können ohne entsprechende Vereinbarung der Mietvertragsparteien keine unmittelbaren mietvertraglichen Pflichten begründen. Deshalb berechtigt die Nichteinhaltung einer sich aus der EnEV ergebenden Nachrüstpflicht den Mieter nicht zu einer Mietminderung (LG Köln, Beschluss v. 3.6.2014, 10 S 48/14, DWW 2015 S. 20).

2 Anforderungen an Neubauten

Die Anforderungen der §§ 3-7 EnEV n. F. an zu errichtende Gebäude gelten für Bauvorhaben, für die der Bauantrag **nach dem 1.10.2009** gestellt bzw. die Bauanzeige nach diesem Zeitpunkt erstattet wurde. Für nicht genehmigungsbedürftige bzw. anzeige- und verfahrensfreie Vorhaben gilt die Neufassung der EnEV, wenn die Bekanntgabe des Vorhabens an die Gemeinde nach dem 1.10.2009 zu erfolgen hat bzw. mit der Bauausführung nach diesem Zeitpunkt begonnen wird (§ 28 Abs. 2, 3 EnEV).

2.1 Jahres-Primärenergiebedarf, Transmissionswärmeverlust

Sowohl Wohngebäude (§ 3 EnEV) als auch Nichtwohngebäude (§ 4 EnEV) dürfen die in den **Anlagen** zur EnEV festgelegten **Höchstwerte** für den **Jahresprimärenergiebedarf** sowie den sog. **Transmissionswärmeverlust** (der einen Rückschluss auf die Qualität der Wärmeisolierung zulässt) nicht überschreiten.

2.2 Dichtigkeit, Mindestluftwechsel

Gem. § 6 EnEV muss das Gebäude dauerhaft **luftundurchlässig** entsprechend dem Stand der Technik abgedichtet sein, wobei die Fugendurchlässigkeit außenliegender Fenster, Fenstertüren und Dachflächenfenster den in der Anlage 4 zur EnEV festgelegten Werten genügen muss. Allerdings ist auch ein zum Zweck der Gesundheit und Beheizung erforderlicher **Mindestluftwechsel** sicherzustellen. Werden dazu andere Lüftungseinrichtungen als Fenster verwendet (z.B. Lüftungsanlagen), müssen diese den in der Anlage 4 zur EnEV festgelegten Werten entsprechen.

2.3 Mindestwärmeschutz, Wärmebrücken

Gemäß § 7 EnEV sind Bauteile, die gegen die Außenluft, das Erdreich oder Gebäudeteile mit wesentlich niedrigeren Innentemperaturen abgrenzen, so auszuführen, dass die Anforderungen des Mindestwärmeschutzes nach den anerkannten Regeln der Technik eingehalten werden. Ferner muss der Einfluss konstruktiver Wärmebrücken auf den Jahresheizwärmebedarf nach den anerkannten Regeln der Technik und den im jeweiligen Einzelfall wirtschaftlich vertretbaren Maßnahmen so gering wie möglich gehalten werden.

3 Änderung, Erweiterung und Ausbau von Gebäuden (§ 9 EnEV)

Die EnEV legt für Änderungen, Erweiterungen und Ausbauten von Gebäuden Höchstwerte der Wärmedurchgangskoeffizienten der betroffenen Außenbauteile fest. Die Anforderungen gelten jedoch bereits dann als erfüllt, wenn die Anforderungen, die aus dem Referenzgebäudeverfahren für Neubauten bestehen, um nicht mehr als 40 % überschritten werden.

Änderungen von **Außenbauteilen** eines Gebäudes, z.B. von Außenwänden, Fenstern, Türen, Dächern, müssen so ausgeführt werden, dass die in der Anlage 3 zur EnEV festgelegten Wärmedurchgangswerte der betroffenen Außenbauteile nicht überschritten werden.

Betrifft die Fläche der geänderten Bauteile nicht mehr als 10 % der gesamten jeweiligen Bauteilfläche des Gebäudes, müssen die neuen Wärmedurchgangswerte nicht eingehalten werden.

4 Anlagen der Heizungs-, Kühl- und Raumlufttechnik, Warmwasserversorgung

4.1 Inbetriebnahme von Heizkesseln und sonstigen Wärmeerzeugersystemen (§ 13 EnEV)

Die Anforderungen an die Inbetriebnahme von Heizkesseln galten bisher nur für Gas- und Ölheizkessel. Die Neufassung der EnEV dehnt die Anforderungen jetzt auf alle Wärmeerzeuger, z.B. auch auf Heizungen mit Wärmepumpen und Pelletheizkessel, aus. Nach diesen Anforderungen darf das Produkt aus Erzeugeraufwandszahl und Primärenergiefaktor nicht größer sein als 1,30 (Aufwandszahl).

Bei Niedertemperatur- oder Brennwertkesseln gilt diese Anforderung ohne weiteren Nachweis als erfüllt.

Vom Nachweis der Aufwandszahl sind bestehende Gebäude befreit, deren Jahresprimärenergiebedarf den Wert des Jahresprimärenergiebedarfs des Referenzgebäudes um nicht mehr als 40 % überschreitet.

4.2 Verteilungseinrichtungen und Warmwasseranlagen (§ 14 EnEV)

Zentralheizungen müssen mit selbsttätig wirkenden Regelungen sowohl insgesamt als auch raumweise ausgestattet sein. Umwälzpumpen müssen ebenfalls selbstständig regelnd arbeiten.

Heizungs- und Warmwasserverteilungen müssen mit einer Wärmedämmung nach den Anforderungen der EnEV ausgestattet sein, d.h., mit einer bestimmten Mindestdicke einer Dämmschicht versehen werden.

4.3 Klimaanlagen und sonstige Anlagen der Raumlufttechnik (§ 15 EnEV)

Größere Klima- und Lüftungsanlagen, die auch zur Luftbefeuchtung oder Luftentfeuchtung vorgesehen sind, müssen mit elektronischen Steuereinrichtungen ausgestattet sein.

Beim Einbau von Klimaanlagen mit großer Kälteleistung, d.h. einer Nennleistung von mehr als 12 kW, müssen diese mit einer Anlage zur Wärmerückgewinnung ausgestattet werden. Gleiches gilt, wenn das Zentralgerät einer solchen Klimaanlage erneuert wird.

5 Energieausweis

Siehe „Energieausweis“.

6 Baudenkmäler und Befreiungen (§§ 24, 25 EnEV)

Von den Anforderungen der EnEV sind Baudenkmäler nicht grundsätzlich ausgenommen, d.h., auch sie müssen die Anforderungen der EnEV erfüllen. Es gilt allerdings die Einschränkung, dass in bestimmten Fällen von den Anforderungen der EnEV abgewichen werden kann und die nach Landesrecht zuständigen Behörden auf Antrag **Ausnahmen** zulassen können (§ 24 EnEV). Ferner kann auf Antrag von den Anforderungen der EnEV **befreit** werden, soweit die Anforderungen im Einzelfall wegen besonderer Umstände durch einen unangemessenen Aufwand oder in sonstiger Weise zu einer unbilligen Härte führen. Eine solche liegt insbesondere vor, wenn die erforderlichen Aufwendungen innerhalb der üblichen Nutzungsdauer, bei Anforderungen an bestehenden Gebäuden innerhalb angemessener Frist durch die eintretenden Einsparungen nicht erwirtschaftet werden können (§ 25 EnEV).

7 Ordnungswidrigkeiten (§ 27 EnEV)

Bereits mit der EnEV 2009 wurden die Tatbestände für Ordnungswidrigkeiten erweitert. Ordnungswidrig handelt, wer **vorsätzlich** oder **leichtfertig** (neu) ein Gebäude entgegen den Forderungen der EnEV errichtet.

Seit Inkrafttreten der EnEV 2014 können Verstöße gegen die Bestimmungen der EnEV, die bisher nicht bußgeldbewehrt waren (z.B. Verstöße gegen die Erneuerungspflicht von Heizkesseln sowie gegen die Verpflichtung zur Nachdämmung der obersten Geschossdecke), mit einem Bußgeld von bis zu 50.000 Euro geahndet werden. Wird bei einem Verkauf oder bei Vermietung kein Energieausweis übergeben, kann dies mit einem Bußgeld in Höhe von 15.000 Euro geahndet werden (§ 16 Abs. 2 EnEV). Gleiches gilt seit 1.5.2015 bei fehlenden (energetischen) Pflichtangaben in Immobilienanzeigen (§ 16a EnEV).

Energieversorgungsunterbrechung durch Vermieter → „Betriebskosten“, Abschnitt 1 „Definition und Umlage auf den Mieter“
Erbengemeinschaft → „Personenmehrheit auf Mieterseite“, „Personenmehrheit auf Vermieterseite“
Erhaltungsmaßnahmen → „Instandhaltung und Instandsetzung der Mieträume“
Erhöhungsklauseln → „Wertsicherungsklauseln“, „Leistungsvorbehalt“
Ermächtigung → „Vollmacht“
Ersatz von Aufwendungen → „Einrichtungen“

Ersatzmieter

Inhaltsübersicht

		Seite
1	**Mietvertrag mit Nachmieterklausel**	296
2	**Mietvertrag ohne Nachmieterklausel**	296
2.1	Interessenabwägung	297
2.2	Zumutbarkeit des Nachmieters	299
2.3	Benennung des Nachmieters	301
2.4	Auswahl des Nachmieters	301
2.5	Verpflichtung zur Annahme des Nachmieters	302

3 Vorzeitiger Auszug des Mieters 303
4 Vereinbarung über den Eintritt des Nachmieters 305

1 Mietvertrag mit Nachmieterklausel

Ein Ersatzmieter, auch **Nachmieter** genannt, ist ein Mieter, der in ein bestehendes Mietverhältnis als Ersatz für einen ausscheidenden Mieter eintritt und etwaige Pflichten des Vormieters hinsichtlich verbliebener Mietvereinbarungen gegenüber dem Vermieter übernimmt (vgl. KG Berlin, Urteil v. 6.9.2004, 20 U 232/02, WuM 2006 S. 243). Eine **gesetzliche** Definition dieses Begriffs existiert **nicht**. Ebenso wenig gibt es, entgegen einer weit verbreiteten Meinung, ein Recht des Mieters auf vorzeitige Entlassung aus dem Mietvertrag, wenn er dem Vermieter zumutbare Ersatzmieter anbietet (vgl. z. B. OLG Naumburg, Urteil v. 18.6.2002, 9 U 8/02, WuM 2002 S. 537). Ein entsprechendes Recht des Mieters besteht **nur dann**, wenn der Mietvertrag dies **ausdrücklich** vorsieht, z. B. durch eine **Nachmieterklausel**. Dabei ist zwischen einer echten und einer unechten Nachmieterklausel zu unterscheiden (OLG Frankfurt/M., Urteil v. 24.6.1991, 11 U 3/91, WuM 1991 S. 475).

> Eine **unechte** Nachmieterklausel ermöglicht es dem Mieter nur, bei Stellung von geeigneten Ersatzmietern vorzeitig aus dem Mietverhältnis auszuscheiden, gibt ihm jedoch **keinen Anspruch**, dass der Vermieter einen dieser Ersatzmieter in den Mietvertrag für die restliche Mietdauer eintreten lässt. Dieser Anspruch besteht nur bei Vereinbarung einer **echten** Nachmieterklausel.

Welche Klausel vereinbart ist, ist im konkreten Einzelfall anhand objektiv erkennbarer Umstände durch Auslegung des Vertrags zu bestimmen. Für eine **echte** Nachmieterklausel spricht z. B., wenn

- dem Mieter erlaubt wird, **erhebliche Investitionen** zu machen oder
- derartige Investitionen nach dem Vertrag vorausgesetzt sind oder
- der Mieter berechtigt sein soll, den nicht abgewohnten Teil eines Finanzierungsbeitrags sich vom Nachfolger erstatten zu lassen,

da der Mieter in einem derartigen Fall nicht nur ein wirtschaftliches, sondern auch ein rechtliches Interesse daran hat, dass das Mietverhältnis mit einem von ihm vorgeschlagenen Nachfolger fortgesetzt wird (OLG Frankfurt/M., a. a. O.).

2 Mietvertrag ohne Nachmieterklausel

Enthält der Mietvertrag dagegen keine entsprechende Regelung zugunsten des Mieters, besteht für den Vermieter grundsätzlich keine Verpflichtung, den Mieter vorzeitig aus dem Mietverhältnis zu entlassen. Die Stellung von zumutbaren Ersatzmietern durch den Mieter ändert daran nichts. Selbst die vom Vermieter geäußerte Bereitschaft, vorgeschlagene Mietinteressenten als Mietnachfolger in Betracht zu ziehen, hat in der Regel nicht die Bindungswirkung einer vertraglichen Nachmieterklausel (OLG Hamburg, Urteil v. 4.12.1996, 4 U 97/96, WuM 1997 S. 214).

Besteht keine vertragliche Vereinbarung, in der sich der Vermieter bereiterklärt hat, einen vom Mieter vorgeschlagenen Nachmieter zu akzeptieren, ist der Vermieter bei der Suche nach einem neuen Mieter völlig frei. In diesem Fall hat der Mieter auch dann keinen Anspruch auf Abschluss eines Mietvertrags mit dem vorgeschlagenen Nachmieter, wenn ihm dieser für Einrichtungen (z. B. Einbauküche) eine hohe Ablöse (hier: 10.000 Euro) gezahlt hätte, während diese Einrichtungen auf dem freien Markt nicht oder nur zu einem erheblich geringeren Preis verkäuflich sind (AG München, Urteil v. 6.7.2009, 412 C 3825/08).

Im Zivilrecht gilt der allgemeine **Grundsatz**, dass Verträge zu halten sind (*pacta sunt servanda*). Dem trägt für das Mietrecht § 537 Abs. 1 BGB Rechnung. Danach wird der Mieter von der Entrichtung der Miete nicht dadurch befreit, dass er durch einen in seiner Person liegenden Grund an der Ausübung seines Gebrauchsrechts verhindert wird.

Dementsprechend kann ein Arbeitnehmer ein auf bestimmte Zeit abgeschlossenes Mietverhältnis über Wohnraum nicht mit der Begründung vorzeitig kündigen, er müsse an einen anderen Wohnort ziehen, um das Arbeitsverhältnis bei seinem bisherigen Arbeitgeber an einem anderen Dienstort fortzusetzen, nachdem am früheren Dienstort sein Arbeitsplatz weggefallen und ein gleichwertiges Arbeitsverhältnis in der Nähe der gemieteten Wohnung nicht zu finden ist (BayObLG, RE v. 12.3.1985, RE-Miet 1/85, ZMR 1985 S. 198, 199, Weber/Marx V/S. 53 = Sammelband Nr. 118, s. „Kündigung“, Abschnitt 2.2.2.3 „Vorzeitige Kündigung bei Versetzung des Mieters im öffentlichen Dienst“).

Bei Fehlen einer Mietnachfolgeklausel ist der Vermieter nur **ausnahmsweise** nach den von der Rechtsprechung zum Grundsatz von Treu und Glauben entwickelten Grundsätzen verpflichtet, an der vorzeitigen Aufhebung des Mietverhältnisses durch Abschluss eines **Aufhebungsvertrags** mitzuwirken. Danach braucht der Vermieter die vom Mieter gestellten Ersatzmieter, auch wenn diese geeignet und zumutbar sind, nur dann zu akzeptieren, wenn der Mieter für die vorzeitige Vertragsaufhebung derart erhebliche Gründe hat, dass ihm die ordnungsgemäße Beendigung des Mietverhältnisses nicht zugemutet werden kann.

2.1 Interessenabwägung

Nach dem Rechtsentscheid des OLG Karlsruhe (v. 25.3.1981, 3 RE-Miet 2/81, NJW 1981 S. 1741; Weber/Marx, I/S. 37 = Sammelband Nr. 30) ist der Vermieter nur dann verpflichtet, den Mieter, der ihm einen geeigneten Nachmieter stellt, vorzeitig aus dem auf bestimmte Zeit abgeschlossenen Wohnungsmietvertrag zu entlassen, wenn das berechtigte Interesse des Mieters an der Aufhebung dasjenige des Vermieters am Bestand des Vertrags ganz **erheblich überragt**.

Diese Voraussetzungen sind in der Regel nicht gegeben, wenn der Mieter aufgrund einer, auf die Veränderung seiner Wohnungssituation abzielenden freien Entscheidung das Interesse an der bisherigen Wohnung verloren hat.

> Ausdrücklich genannt werden in diesem Rechtsentscheid die folgenden **Gründe:** schwere Krankheit des Mieters, beruflich bedingter Ortswechsel, Aufnahme in ein Altersheim, wesentliche Vergrößerung oder Verkleinerung der Familie.

Eine wesentliche Vergrößerung der Familie im Sinne dieses Rechtsentscheids kann nach einem Urteil des LG Berlin (Urteil v. 20.2.1992, 67 S 328/91, WuM 1992 S. 472) bei einer alleinstehenden Mieterin einer 1-Zimmer-Wohnung bereits durch die Geburt eines Kindes eintreten. Zur vorzeitigen Beendigung eines Zeitmietvertrags bei Familiennachwuchs vgl. auch LG Landshut, Urteil v. 9.11.1994, 13 S 1760/94, WuM 1996 S. 542; LG Oldenburg, Urteil v. 24.3.1995, 13 S 1450/94, WuM 1995 S. 394; LG Bonn, Urteil v. 18.3.1991, 6 S 384/90, WuM 1992 S. 16.

Dagegen reicht nach dieser Rechtsprechung allein der Wunsch des Mieters nach Bezug einer besseren, billigeren oder verkehrsgünstigeren Wohnung nicht aus, da der Mieter in diesem Fall das Interesse an der Wohnung aufgrund seiner freien Entscheidung und nicht aufgrund von nicht zu vertretenden Umständen verloren hat. So wurde vom OLG Hamburg (Urteil v. 17.12.1986, 4 U 215/85, ZMR 1987 S. 93) entschieden, dass ein erhebliches, rechtlich beachtenswertes Interesse des Mieters an einer vorzeitigen Auflösung des noch längere Zeit laufenden Mietvertrags nicht durch Umstände aus dem Verantwortungsbereich des Mieters hergeleitet werden kann, da er allein das Risiko trägt, die Mieträume wirtschaftlich sinnvoll nutzen zu können. Es muss sich daher immer um Gründe handeln, die außerhalb des Einflussbereichs des Mieters liegen.

Diese Rechtsprechung wurde vom OLG Hamm erneut bestätigt (Beschluss v. 22.8.1995, 30 RE-Miet 1/95, WuM 1995 S. 577). Danach kann der Mieter einen Anspruch auf vorzeitige Entlassung aus dem Mietvertrag weder auf eine starke Wohnungsnachfrage noch auf die „Grundsätze des sozialen Mietrechts“ stützen, da Letzteres den Mieter nur gegen Kündigungen und Mieterhöhungen schützt, nicht jedoch die vorzeitige Lösung vom Mietvertrag erleichtern will.

Der Vermieter muss den Mieter daher nur dann vorzeitig aus dem Mietvertrag entlassen, wenn das Interesse des Mieters an der Vertragsauflösung dasjenige des Vermieters am Bestand des Vertrags erheblich überragt **und** der Mieter einen geeigneten **Nachmieter** stellt.

Die Pflicht zur Nachmieterstellung kann nur entfallen, wenn die Wohnung außerordentlich leicht vermietbar ist, z.B. bei Bestehen von Wartelisten für eine Sozialwohnung (LG Duisburg, Urteil v. 2.11.1999, 23 S 361/98, WuM 1999 S. 691).

Bei **Abwägung** der beiderseitigen Interessen ist zu berücksichtigen, dass der Mieter für die Dauer eines befristeten Vertrags das Risiko der Vermietbarkeit übernommen hat und der Grund für den Wunsch nach einer vorzeitigen Beendigung des Mietverhältnisses regelmäßig der **Risikosphäre** des Mieters entstammt (so LG Braunschweig, Beschluss v. 14.7.1998, 6 T 86/98, DWW 2000 S. 56).

Strittig ist, ob diese Grundsätze, die für Wohnraummietverhältnisse entwickelt wurden, auch für Mietverhältnisse über **Geschäftsräume** gelten, u.U. unter noch strengeren Voraussetzungen (vgl. dazu Heile in Bub/Treier, Kap. II, Rn. 820 ff.; OLG Düsseldorf, Urteil v. 14.7.1994, 10 U 174/93, WuM 1994 S. 469). Jedenfalls fällt bei Geschäftsräumen die Rentabilität eines in den gemieteten Räumen betriebenen Unternehmens grundsätzlich in die wirtschaftliche Risikosphäre des Mieters (BGH, Urteil v. 29.4.1992, XII ZR 221/90, DWW 1993 S. 69). Der Mieter trägt das sog. „Verwendungsrisiko“ (§ 537 Abs. 1 BGB), sodass enttäuschte Umsatzerwartungen grundsätzlich kein berechtigtes Interesse an der Vertragsaufhebung darstellen (BGH, Urteil v. 16.2.2000, XII ZR 279/97, MDR 2000 S. 821; vgl. OLG München, Urteil v. 18.11.1994, 21 U 3072/94, ZMR 1995 S. 156). Ein solches kann nur im Ausnahmefall gegeben sein, wenn z.B. durch nachträgliche staatliche Maßnahmen (z.B. U-Bahn-Bau) ein derartiger Umsatzrückgang eintritt, dass das Geschäft nicht mehr lebensfähig ist (Emmerich-Sonnenschein, Rn. 34a; Schmidt-Futterer/Blank B, 107). Die Einrichtung einer Fußgängerzone vor dem Ladengeschäft berechtigt den Ladenmieter jedoch nicht zur Kündigung des Mietverhältnisses (OLG Düsseldorf, Urteil v. 18.11.1997, 24 U 261/96, NJW-RR 1998 S. 1236).

Auch beim Tod eines Mitglieds einer Anwaltskanzlei sind die übrigen Mitglieder **nicht** zur außerordentlichen Kündigung der angemieteten Räume berechtigt (OLG Naumburg, Urteil v. 19.4.2000, 6 U 202/99, NZM 2002 S. 166).

Ein Anspruch des Mieters auf vorzeitige Beendigung des Mietverhältnisses besteht insbesondere dann nicht, wenn der Mieter nach dem Mietvertrag zur **Untervermietung** der Räume berechtigt ist und damit selbst die Möglichkeit hat, den wirtschaftlichen Folgen einer Geschäftsaufgabe entgegenzuwirken (OLG Naumburg, Urteil v. 18.6.2002, 9 U 8/02, WuM 2002 S. 537).

Zur Wirksamkeit von Formularklauseln über die Betriebspflicht des Mieters sowie über den Ausschluss von Nachmietern vgl. „Allgemeine Geschäftsbedingungen“.

In die Interessenabwägung zwischen den Interessen des Mieters an der Aufhebung des Mietvertrags und den Interessen des Vermieters am Bestand des Mietverhältnisses ist auch die **Restlaufzeit** des Mietvertrags mit einzubeziehen. Sofern die restliche Mietzeit nur noch verhältnismäßig kurz ist (z.B. 3 Monate), braucht der Vermieter in der Regel einen Ersatzmieter nicht zu akzeptieren (OLG Oldenburg, RE v. 23.4.1981, 5 UH 1/81, ZMR 1982 S. 285; Weber/Marx, I/S. 39 = Sammelband Nr. 31). Gleiches kann auch bei einer längeren Restlaufzeit (hier: 7 Monate) gelten, wenn anzunehmen ist, dass dem Nachmieter im Räumungsverfahren erhebliche Räumungsfristen gewährt werden (LG Gießen, Urteil v. 30.11.1994, 1 S 413/94, WuM 1997 S. 327). Selbst bei einer Restlaufzeit von **16 Monaten** ist es nicht in jedem Fall unbillig, den Mieter bis zum Mietende am Vertrag festzuhalten (LG Braunschweig, Beschluss v. 14.7.1998, 6 T 86/98, DWW 2000 S. 56).

Dementsprechend muss ein Nachmieter nicht akzeptiert werden, wenn es bei einem **unbefristeten** Mietverhältnis lediglich um die Einhaltung der kurzen gesetzlichen Kündigungsfrist von 3 Monaten geht. Hier ist dem Mieter zumutbar, den ordentlichen Weg der Beendigung des Mietverhältnisses durch Kündigung seinerseits zu beschreiten, sodass er gegen den Vermieter keinen Anspruch auf Vertragsaufhebung zu einem früheren Zeitpunkt hat.

Hat der Mieter hiernach **erhebliche** Gründe **außerhalb** seines Einflussbereichs dargelegt, besteht ein Anspruch auf vorzeitige Entlassung aus dem Mietvertrag, wenn einer der vorgeschlagenen Nachmieter für den Vermieter **zumutbar und geeignet** ist.

2.2 Zumutbarkeit des Nachmieters

> Der Nachmieter muss nach seinen persönlichen und wirtschaftlichen Verhältnissen Gewähr dafür bieten, dass der Vermieter nicht schlechtergestellt wird, als es bei ordnungsgemäßer Vertragserfüllung durch den bisherigen Mieter der Fall wäre.

Ferner muss der Ersatzmieter bereit sein, die bestehenden Vertragsbedingungen **unverändert** zu akzeptieren (OLG Frankfurt/M., Urteil v. 20.1.2000, 1 U 215/98, MDR 2000 S. 825); anderenfalls liegt es im Belieben des Vermieters, den Ersatzmieter abzulehnen oder eigene Interessenten in die Vertragsverhandlungen einzubringen, wobei dadurch eintretende Verzögerungen des Mieterwechsels zulasten des ausscheidenden Mieters gehen (OLG Düsseldorf, NJWE 1996 S. 176).

Der Vermieter ist grundsätzlich auch berechtigt, mit dem Ersatzmieter **neue Vertragsbedingungen** auszuhandeln. Es stellt daher keinen Verstoß gegen Treu und Glauben (§ 242 BGB) dar, wenn der Vermieter vom Ersatzmieter eine höhere Miete verlangt (LG Saarbrücken, Urteil v. 17.2.1995, 13 B S 218/94, WuM 1995 S. 313). Der Vermieter kann somit die vorzeitige Aufhebung des Mietverhältnisses und den Abschluss eines neuen Mietvertrags mit dem Ersatzmieter nicht nur dann von der Vereinbarung neuer Vertragsbedingungen und einer höheren Miete abhängig machen, wenn die bisherigen Bedingungen veraltet und für den Vermieter nicht mehr zumutbar sind (so aber Sternel, Mietrecht, 3. Aufl., IV 351), sondern auch dann, wenn die bisherige Miete unterhalb der ortsüblichen Vergleichsmiete liegt (OLG Hamburg, Urteil v. 18.2.1987, 4 U 22/87, NJW-RR 1987 S. 657 = WuM 198 S. 145). Dementsprechend ist der Vermieter selbst dann nicht gehindert, vom Ersatzmieter eine höhere Miete zu fordern, wenn mit dem ausscheidenden Mieter eine Staffelmiete vereinbart war (LG Saarbrücken, a. a. O.).

Der Vermieter darf jedoch nicht die Aufnahme von Vertragsgesprächen mit dem Ersatzmieter durch unzumutbare Hindernisse erschweren (LG Bielefeld, Urteil v. 13.1.1993, 2 S 347/92, WuM 1993 S. 118).

Entsprechendes gilt, wenn sich der Vermieter vorbehaltlos zu einer vorzeitigen Vertragsaufhebung bereiterklärt hat. Dem Vermieter ist es zwar auch dann nicht verwehrt, marktgerechte Bedingungen mit dem künftigen Mieter auszuhandeln, jedoch müssen sich diese im Vergleich zum Ausgangsmietvertrag in **angemessenem** Rahmen halten. Der Vermieter (bzw. seine Hausverwaltung, § 278 BGB) darf den Vertragsabschluss mit einem potenziellen Nachmieter nicht durch unangemessene Bedingungen vereiteln. Anderenfalls muss sich der Vermieter so behandeln lassen, als wäre das Mietverhältnis einvernehmlich zum Zeitpunkt der möglichen Anmietung durch den Nachmieter beendet worden (§ 162 BGB; OLG München, Urteil v. 18.11.1994, 21 U 3072/94, ZMR 1995 S. 156; OLG Düsseldorf, Urteil v. 20.2.1992, 10 U 93/91, DWW 1992 S. 242 = NJW-RR 1992 S. 657).

Bei der Prüfung der **Zumutbarkeit** des Nachmieters müssen fernliegende Befürchtungen, bloße persönliche Antipathien und eine objektiv nicht begründete, negative Einstellung des Vermieters zu bestimmten Mieterkreisen unbe rücksichtigt bleiben (BGH, Urteil v. 22.1.2003, VIII ZR 244/02, NZM 2003 S. 277). Für die Ablehnung eines vorgeschlagenen Nachmieters muss der Vermieter daher **objektive** Gründe vortragen können.

Der Vermieter kann daher einen alleinstehenden **Nachmieter mit Kind** nicht allein deshalb ablehnen, weil er Beschwerden anderer Mieter über evtl. Kinderlärm befürchtet. Zu den normalen Wohngeräuschen, die von Mietern eines Mehrfamilienhauses hinzunehmen sind, gehören auch Geräusche, die von Kindern der Mieter ausgehen. Die Behauptung, Kinder würden grundsätzlich Lärmbelästigungen verursachen, stellt eine unzulässige Verallgemeinerung und damit keinen objektiven Ablehnungsgrund dar (BGH, Urteil v. 22.1.2003, VIII ZR 244/02, NZM 2003 S. 277).

Nur in besonders gelagerten Ausnahmefällen kann eine Familie mit zwei Kleinkindern als nicht geeignet abgelehnt werden, z.B. wenn in einem Zweifamilienhaus die streitgegenständliche Wohnung über der Wohnung der Vermieterin, einer älteren Dame, gelegen ist und von dem bisherigen Mieter alleine bzw. mit erwachsenem Kind bewohnt war (LG Hildesheim, Urteil v. 3.6.2005, 7 S 41/05, WuM 2005 S. 572).

Ob der Vermieter ein vorgeschlagenes **nicht verheiratetes Paar** als Nachfolger akzeptieren muss, ist im Einzelfall nach den vorliegenden Umständen zu entscheiden (OLG Hamm, RE v. 6.4.1983, 4 RE-Miet 13/82, DWW 1983 S. 148; Weber/Marx, III/S. 49 = Sammelband Nr. 32).

Jedoch ist es dem Vermieter, auch wenn er nicht in demselben Haus und nicht einmal in demselben Ort wohnt, nicht von vornherein verwehrt, nur aus Gründen seiner religiösen Überzeugung ein vorgeschlagenes unverheiratetes Paar zum Nachteil des Mieters als Ersatzmieter abzulehnen. Die genannten und etwaige sonstige Ablehnungsgründe des Vermieters sind vielmehr gegen die Belange des Mieters nach den Gesichtspunkten von Treu und Glauben **abzuwägen** (OLG Hamm, a.a.O.). Die Moralvorstellungen des Vermieters werden danach wohl umso stärker zu berücksichtigen sein, je enger die persönliche Beziehung des Vermieters zu dem Mietverhältnis ist. So ist z.B. bei Vermietung einer Einliegerwohnung oder einer Wohnung in einem vom Vermieter selbst bewohnten Zweifamilienhaus den Vorstellungen des Vermieters erheblich größeres Gewicht beizumessen als bei Vermietung einer Wohnung in einer größeren Wohnanlage.

Der Vermieter kann einen Nachmieter auch nicht allein deshalb ablehnen, weil es sich um einen **ausländischen Staatsangehörigen** handelt (so bereits BGH, Urteil v. 25.11.1969, VIII ZR 259/67, MDR 1970 S. 320; LG Saarbrücken, Urteil v. 17.2.1995, 13 B S 218/94, WuM 1995 S. 313). Ebenso steht der objektiven Eignung eines Nachmietinteressenten dessen **kulturelle Herkunft** grundsätzlich nicht entgegen (AG Wetzlar, Urteil v. 9.5.2006, 38 C 1639/05, WuM 2006 S. 374).

Dagegen kann ein wichtiger Grund vorliegen, wenn es sich bei dem Ersatzmieter um einen Freund des Vermieters handelt (KG Berlin, Urteil v. 11.7.1991, 8 U 2388/91, WuM 1992 S. 8). Ferner ist ein Ablehnungsgrund gegeben, wenn der Ersatzmieter keine vergleichbare **wirtschaftliche Sicherheit** wie der bisherige Mieter bietet. Dies ist z.B. der Fall, wenn anstelle von zwei gesamtschuldnerisch haftenden Mietern ein Ersatzmieter alleine eintreten soll und einer der ausscheidenden Mieter nicht bereit ist, für die gesamte restliche Vertragslaufzeit eine Bürgschaft zu stellen (OLG Düsseldorf, Urteil v. 5.1.1995, WuM 1995 S. 391). Bei der **Vergleichbarkeit** der Solvenz des Nachmieters ist auf die Vermögensverhältnisse des bisherigen Mieters bei **Abschluss des Mietvertrags** und nicht auf den Zeitpunkt der Auflösungsverhandlungen abzustellen (LG Bremen, Urteil v. 1.2.2001, 2 S 405/00, NZM 2002 S. 337). Der Nachmieter muss seine Solvenz auf Verlangen des Vermieters **nachweisen**; anderenfalls kann ihn der Vermieter wegen Unzumutbarkeit ablehnen.

Der Vermieter muss auch keinen Mietinteressenten akzeptieren, der die Wohnung zu wesentlichen Teilen gewerblich nutzen will. Auf die bau- und nachbarrechtliche Zulässigkeit der **gewerblichen Nutzung** kommt es dabei nicht an (LG Gießen, Urteil v. 20.9.1995, 1 S 230/95, WuM 1996 S. 23). Gleiches gilt, wenn der Interessent die teilgewerblich vermietete Wohnung zu reinen Wohnzwecken nutzen will (OLG Frankfurt/M., MDR 2000 S. 825; LG Berlin, Urteil v. 9.2.1995, 67 S 328/94, WuM 1996 S. 145). Ist bei einem gewerblichen Mietverhältnis die Bonität des Ersatzmieters zweifelhaft, kann der Vermieter diesen nicht generell ablehnen oder von vornherein einen Geldbetrag zur Risikoabgeltung fordern; vielmehr müssen die Parteien verschiedene Möglichkeiten zur Absicherung des Mietausfallrisikos in Erwägung ziehen, z.B. Mithaftung des ausscheidenden Mieters, Beibringung einer selbstschuldnerischen Bankbürgschaft oder Hinterlegung einer Kaution in Höhe einer oder mehrerer Jahresmieten (BGH, Urteil v. 12.7.1995, XII ZR 95/93, NJW 1995 S. 3052).

Der Vermieter kann einen vorgeschlagenen Ersatzmieter auch ablehnen, wenn sich der Mieter mit der Zahlung der Miete in **Verzug** befindet. Auf die Mietkaution muss sich der Vermieter nicht verweisen lassen (Einrede des nicht erfüllten Vertrags, § 320 Abs. 1 BGB; vgl. KG Berlin, Urteil v. 11.7.1991, 8 U 2388/91, WuM 1992 S. 8).

2.3 Benennung des Nachmieters

Ein Ersatzmieter, der die genannten Voraussetzungen erfüllt, muss dem Vermieter konkret **benannt und angeboten** werden. Dies gilt selbst dann, wenn der Vermieter von vornherein Verhandlungen über einen Nachmieter abgelehnt oder von unzumutbaren Bedingungen abhängig gemacht hat. Anderenfalls fehlt es an einem wörtlichen Angebot des Mieters (§ 295 BGB) mit der Folge, dass kein Annahmeverzug des Vermieters vorliegt und der Mieter die Fortzahlung der Miete nicht unter Hinweis auf die ablehnende Haltung des Vermieters verweigern kann (LG Köln, Urteil v. 3.9.1992, 1 S 44/92, WuM 1995 S. 105; a.A. LG Landshut, Urteil v. 9.11.1994, 13 S 1760/94, WuM 1996 S. 542).

Unabhängig davon ist der Vermieter in keinem Fall verpflichtet, sich selbst um eine Weitervermietung zu bemühen, wenn der Mieter das Mietverhältnis vorzeitig beenden will (BGH, Urteil v. 24.9.1980, VIII ZR 299/79, WuM 1981 S. 57). Das Verwendungsrisiko der Mietsache trägt allein der Mieter, sodass es ausschließlich ihm obliegt, sich zu bemühen, dem Vermieter einen Nachfolgemieter zu vermitteln.

Der Mieter kann daher nicht die Weiterzahlung der Miete unter Hinweis auf die unterlassenen Bemühungen des Vermieters um eine Weitervermietung verweigern. Auch § 254 BGB (Mitverschulden des Vermieters) ist insofern nicht anwendbar. Etwas anderes kann ausnahmsweise nur dann gelten, wenn der Vermieter die Weitervermietung arglistig unterlassen hat (BGH, a.a.O.). Dies kann der Fall sein, wenn es sich um nachgefragten Wohnraum handelt, für den der Vermieter zudem Wartelisten führt und potenzielle Nachmieter daher bereits „Schlange stehen" (LG Berlin, Urteil v. 3.11.1994, 67 S 162/94, WuM 1995 S. 106). Die Darlegungslast für unterlassene Bemühungen durch den Vermieter trifft jedenfalls den Mieter (OLG Düsseldorf, Urteil v. 7.12.1995, 10 U 26/95, ZMR 1996 S. 324).

2.4 Auswahl des Nachmieters

Der Vermieter hat unter mehreren Bewerbern die freie Auswahl.

Der Mieter kann nicht verlangen, dass der Vermieter eine bestimmte Person als Nachfolger annimmt, z.B. weil ihm diese die höchste Ablösesumme für von ihm zurückgelassene Ein- oder Umbauten bezahlt (BGH, Urteil v. 8.4.1963, VIII ZR 219/61, NJW 1963 S. 1299; LG Düsseldorf, Urteil v. 26.3.1998, 21 S 491/97, DWW 1999 S. 156).

Dem Vermieter steht – auch ohne ausdrückliche Erklärung – eine angemessene **Nachforschungs- und Überlegungsfrist** zu, innerhalb der er durch Einziehung von Erkundigungen prüfen kann, ob der vorgeschlagene Ersatzmieter akzeptabel ist oder ob er die Mieträume anderweitig vermieten will. Die Länge dieser Frist bestimmt sich nach den Umständen des

Einzelfalls und kann bis zu 3 Monate betragen. Vor Ablauf dieser Frist ist eine vorzeitige Beendigung des Mietverhältnisses ausgeschlossen und der Mieter in jedem Fall zur Fortzahlung der Miete verpflichtet (LG Saarbrücken, Urteil v. 17.2.1995, 13 B S 218/94, WuM 1995 S. 313; LG Gießen, Urteil v. 21.8.1996, 1 S 119/96, WuM 1997 S. 264); es sei denn, der Vermieter lehnt vereinbarungswidrig geeignete Nachmieter ohne Prüfung ab (LG Oldenburg, Urteil v. 24.5.1996, 13 S 150/96, WuM 1997 S. 491).

Ist der Vermieter an der Stellung von Ersatzmietern durch den Mieter nicht interessiert und beabsichtigt er, selbst einen neuen Mieter zu suchen, kann er von seinem Mieter zumindest die Einhaltung der gesetzlichen Kündigungsfrist (s. „Kündigungsfristen“) verlangen, da der Mieter diese Frist auch bei Kündigung eines unbefristeten Vertrags einhalten müsste und bei vorzeitigem Ausscheiden aus einem befristeten Vertrag nicht verlangen kann, bessergestellt zu werden.

2.5 Verpflichtung zur Annahme des Nachmieters

Diese Ausführungen zur Pflicht des Vermieters, einen zumutbaren und geeigneten Ersatzmieter zu akzeptieren, gelten nur dann, wenn der Mietvertrag eine entsprechende Klausel enthält oder der Mieter aus Gründen, die er nicht zu vertreten hat und die außerhalb seines Einflussbereichs liegen, aus dem Vertrag ausscheiden muss.

> Will der Mieter aus **anderen** Gründen vorzeitig aus dem Mietverhältnis entlassen werden, besteht darauf selbst dann **kein** Anspruch, wenn die vorgeschlagenen Ersatzmieter für den Vermieter zumutbar und geeignet wären (OLG Düsseldorf, Urteil v. 14.7.1994, 10 U 174/93, MDR 1994 S. 1008).

Dementsprechend ist der Vermieter auch bei einer **Betriebsaufgabe** des gewerblichen Mieters, z.B. wegen Alters oder aus gesundheitlichen Gründen **nicht** verpflichtet, den Betriebsnachfolger als **Nachmieter** zu akzeptieren, da dies den Vermieter in seiner Freiheit, Verträge zu schließen, in unangemessener Weise beschränken würde (OLG München, Urteil v. 18.10.2002, 21 U 2900/02, NZM 2003 S. 23). Unbeschadet dessen kann bei Vorliegen besonderer Umstände ein Anspruch des Mieters auf **vorzeitige Beendigung** des Mietvertrags ergeben (vgl. OLG München, Urteil v. 8.9.1995, 21 U 6375/94, ZMR 1995 S. 579).

Bei einem Betriebsübergang geht der Mietvertrag über die Geschäftsräume des Betriebs ohne Mitwirken des Vermieters nicht auf den Erwerber über. Der Erwerber hat auch keinen Anspruch auf Übernahme des Mietvertrags gemäß den EU-Bestimmungen (Art. 3 Abs. 1 der Richtlinie 2001/23/EG vom 12.3.2001), die durch § 613a BGB in deutsches Recht umgesetzt worden sind. Diese Bestimmungen über die Wahrung von Ansprüchen der Arbeitnehmer beim Übergang von Unternehmen verlangen nicht, dass beim Übergang eines Unternehmens der Mietvertrag über ein Geschäftslokal fortgeführt wird, obwohl die Kündigung dieses Vertrags zur Beendigung der auf den Erwerber übergegangenen Arbeitsverträge führen könnte (EuGH, 4. Kammer, Urteil v. 16.10.2008, C 313/07, NJW 2008 S. 3483).

Auch wenn sich der Vermieter mit einem Nachmieter einverstanden erklärt hat, ist es ihm grundsätzlich nicht verwehrt, sich gegen mögliche Schäden als Folge des Mieterwechsels rechtlich abzusichern. Lehnt der Mieter daher das Verlangen des Vermieters nach einer **Bonitätsprüfung** und Selbstauskunft des von ihm vorgeschlagenen Nachmieters ab mit der Folge, dass ein Nachmietvertrag nicht zustande kommt, rechtfertigt dies keine fristlose Kündigung des Mietverhältnisses durch den Mieter (OLG Düsseldorf, Urteil v. 16.2.2006, 10 U 116/05, DWW 2006 S. 196).

Bei Umwandlung eines Einzelunternehmens in eine neu gegründete GmbH geht der Mietvertrag nicht automatisch auf die den Gewerbebetrieb fortführende GmbH über. Der Mieter haftet daher weiterhin persönlich. Insofern besteht auch kein auf einem Erfahrungssatz aufbauender Anschein, sondern ein erhebliches Interesse des Vermieters, den persönlich haftenden Mieter nicht aus dem Vertrag zu entlassen (KG Berlin, Beschluss v. 19.6.2008, 12 U 204/07, NZM 2009 S. 435).

3 Vorzeitiger Auszug des Mieters

> Zieht der Mieter ohne Rücksicht auf den weiterbestehenden Mietvertrag (z.B. infolge einer unwirksamen Kündigung) endgültig aus und zahlt keine Miete mehr, kann der Vermieter die Räume weitervermieten. Er ist nicht gezwungen, den ursprünglichen Mieter aus dem Vertrag zu entlassen; jedoch sollte er dem Mieter in diesem Fall den Zweck der Weitervermietung (Schadensminderung) mitteilen und den Mieter auf den Fortbestand seiner Haftung hinweisen (vgl. OLG Düsseldorf, Urteil v. 23.10.1997, 10 U 39/97, WuM 1998 S. 483).

Der Nachfolgemieter und der ursprüngliche Mieter sind **nicht** als Gesamtschuldner haftbar, da Grundlage der Haftung unterschiedliche Mietverträge sind. Der ursprüngliche Mieter hat jedoch einen Anspruch darauf, dass der Vermieter Zahlungen, die er von dem Folgemieter erhält, auf die gegen ihn gerichtete Forderung **anrechnet**. Dies gilt aber nur für die vom Nachfolgemieter **tatsächlich** erhaltenen Mietzahlungen. Allein der vertragliche Anspruch des Vermieters auf Mietzahlung gegen den Nachfolger reicht für eine Anrechnung nicht aus (OLG Celle, Urteil v. 29.1.2003, 2 U 150/02, ZMR 2003 S. 343).

Scheitert der Anschlussmietvertrag, kann der Vermieter den Mieter erneut auf Zahlung der Miete in Anspruch nehmen. Bei Vermietung zu einer niedrigeren – jedoch dem erzielbaren Marktpreis entsprechenden – Miete ist der Mieter zur Zahlung der **Mietdifferenz** verpflichtet. Dies gilt unabhängig davon, ob sich der Mieter (im Interesse der Schadensminderung) mit der Weitervermietung einverstanden erklärt hat (OLG Karlsruhe, Urteil v. 28.10.2004, 9 U 110/04, ZMR 2005 S. 191).

Zieht der Mieter ohne Rücksicht auf den weiter bestehenden Mietvertrag endgültig aus und zahlt keine Miete mehr und hat er mit dieser groben Vertragsverletzung den Vermieter veranlasst, die Mietsache zu einer niedrigeren Miete weiterzuvermieten, so handelt er regelmäßig rechtsmissbräuchlich, wenn er die Zahlung der Differenzmiete verweigern will mit der Begründung, der Vermieter sei wegen der Weitervermietung zur Gebrauchsüberlassung an ihn nicht mehr in der Lage gewesen (KG Berlin, Beschluss v. 8.1.2014, 8 U 132/12, ZMR 2014 S. 352; so bereits OLG Brandenburg, Beschluss v. 15.11.2006, 3 U 88/06, WuM 2007 S. 14). Auf § 537 Abs. 2 BGB, wonach der Mietzahlungsanspruch des Vermieters aus diesem Grund entfallen könnte, kann sich der Mieter nicht berufen (BGH, Urteil v. 31.3.1993, XII ZR 198/91, DWW 1993 S. 168). Voraussetzung ist jedoch, dass das Verhalten des Vermieters – die Weitervermietung – redlich war. Das ist z.B. nicht der Fall, wenn der Vermieter im Vertrauen darauf, dass der Mieter die Mietdifferenz zahlen müsse, die Mietsache ohne hinreichenden Grund unter dem erzielbaren Marktpreis weitervermietet oder aus ihm zurechenbaren Gründen überhaupt keine Miete mehr erhalten hat, z.B. weil er die Räume einem Dritten überlassen, infolge Uneinigkeit über die Höhe der Nutzungsentschädigung aber die Entgegennahme von Zahlungen zurückgewiesen hat und der Dritte nunmehr die Zahlung verweigert (vgl. OLG Frankfurt/M., Urteil v. 21.12.1994, 23 U 85/94, WuM 1995 S. 483).

Der Auszug des Mieters kann auch nicht als grobe Vertragsverletzung gewertet werden, wenn der Mieter aus nachvollziehbaren Gründen davon ausgegangen ist, das Mietverhältnis sei beendet; so z.B., wenn das Mietverhältnis gekündigt wurde (vgl. KG Berlin, Beschluss v. 16.9.1996, 8 RE-Miet 2891/96, WuM 1996 S. 696) oder die Parteien Verhandlungen über eine einvernehmliche Beendigung des Mietverhältnisses geführt haben. Dies gilt auch dann, wenn sich später in einem Prozess herausstellen sollte, dass der Mieter irrtümlich von einer Beendigung des Mietverhältnisses ausgegangen war. Liegt danach keine grobe Vertragsverletzung durch den Mieter vor, ist der Mieter nicht zur Zahlung der Mietdifferenz verpflichtet (KG Berlin, a.a.O.; vgl. hierzu auch LG Mainz, Urteil v. 28.3.2000, 6 S 316/98, NZM 2000 S. 714).

Je weniger der Mieter jedoch Anlass zu der Annahme hatte, das Mietverhältnis sei beendet, umso eher handelt er rechtsmissbräuchlich, wenn er sich wegen der Weitervermietung auf mangelnde Erfüllungsbereitschaft des Vermieters beruft (BGH, a.a.O.).

Obwohl der Vermieter grundsätzlich nicht verpflichtet ist, dem Mieter seine Absicht der Weitervermietung vorher mitzuteilen (a.A. OLG Hamm, RE v. 13.3.1986, 4 RE-Miet 3/85, DWW 1986 S. 206, Weber/Marx VI/S. 25 = Sammelband Nr. 33), kann eine solche Mitteilung entscheidende Bedeutung gewinnen, wenn aus Sicht des Vermieters nicht eindeutig feststeht, ob der Mieter endgültig ausgezogen ist oder ob der Mieter mit nachvollziehbaren Gründen annehmen konnte, das Mietverhältnis sei beendet. Reagiert der Mieter nämlich auf eine solche Mitteilung nicht, wird es ihm regelmäßig verwehrt sein, sich z.B. nachträglich darauf zu berufen, er habe die Mietsache nicht endgültig aufgeben wollen, sondern nur vorübergehend nicht genutzt (BGH, a.a.O.).

Strittig ist, ob bereits durch den **Abschluss** eines Mietvertrags mit einem (vom Mieter gestellten) Nachmieter das bisherige Vertragsverhältnis konkludent (schlüssig) aufgehoben wird oder ob dies erst dann der Fall ist, wenn das neue Mietverhältnis auch **vollzogen** wird (so z.B. LG Gießen, WuM 1997 S. 370; BGH, Beschluss v. 21.2.2012, VIII ZR 117/11, NZM 2012 S. 341).

Jedenfalls stellt die Neuvermietung nach einer unwirksamen Kündigung (z.B. weil das Mietverhältnis befristet war) und Auszug des Mieters eine Maßnahme zur **Schadensminderung** und damit ein Handeln im Interesse des Mieters dar, sodass der Vermieter einen Anspruch auf Bezahlung einer evtl. Mietdifferenz hat (§ 677 BGB analog; LG München, Urteil v. 6.11.1996, 14 S 9944/96, WuM 1996 S. 766; a.A. Sternel III 100).

Dementsprechend kann der Vermieter, der für eine Weitervermietung der Wohnung nach deren Räumung durch den Mieter während der Dauer des befristeten Mietverhältnisses **Zeitungsannoncen** schaltet, vom Mieter den Ersatz dieser Kosten verlangen (LG Berlin, Urteil v. 24.10.2000, 64 S 269/00, ZMR 2001 S. 276).

Diese Grundsätze gelten auch dann, wenn sich der Ersatzmieter grundlos weigert, die Mieträume zu **übernehmen** (BGH, Urteil v. 22.12.1999, XII ZR 339/97, MDR 2000 S. 323).

Da es sich bei diesem Anspruch auf Bezahlung der Mietdifferenz um einen Erfüllungsanspruch handelt, ist auch die Anwendung des § 254 BGB ausgeschlossen (vgl. Palandt/Heinrichs, 51. Aufl., Rn. 8 zu § 254). Dies bedeutet, dass der Mieter auch nicht einwenden kann, der Vermieter hätte bei ihm zumutbaren Anstrengungen die Mieträume bereits zu einem früheren Zeitpunkt und zu einer höheren Miete weitervermieten können (OLG Düsseldorf, Urteil v. 26.11.1992, 10 U 212/91, DWW 1993 S. 18).

Vermietet der Vermieter die Mieträume weiter und bezahlt der neue Mieter keine Miete, ist der alte Mieter nach den Grundsätzen der o.g. BGH-Urteile zur Weiterzahlung der Miete verpflichtet. Er kann vom Vermieter lediglich die Abtretung der Ansprüche gegen den neuen Mieter verlangen (OLG Naumburg, Beschluss v. 14.11.1997, 16 Wx 275/97, WuM 1998 S. 238).

Grundsätzlich liegt in der widerspruchslosen Rücknahme der Schlüssel durch den Vermieter nicht zugleich dessen Einverständnis mit der Aufhebung des Mietvertrags vor (KG Berlin, Urteil v. 13.11.2006, 8 U 51/06, ZMR 2007 S. 272).

Vor Beendigung des Mietverhältnisses ist der Vermieter nicht verpflichtet, die Mietsache jederzeit „auf Zuruf" (hier: durch Entgegennahme der Wohnungsschlüssel unmittelbar „an der Haustür") zurückzunehmen. Dabei gerät der Vermieter auch dann nicht in Annahmeverzug, wenn der Mieter die Schlüssel nach dem gescheiterten Übergabeversuch in (seinen eigenen) Briefkasten einwirft (BGH, Urteil v. 12.10.2011, VIII ZR 8/11, NZM 2011 S. 21).

Nimmt der Vermieter jedoch die Räume nach vorzeitigem freiwilligem Auszug des Mieters vorbehaltlos in Besitz und führt darin Umbau- oder Modernisierungsarbeiten aus, entfällt der Mietzahlungsanspruch (LG Köln, Urteil v. 27.11.1986, 6 S 113/86, WuM 1987 S. 84). Eine andere Beurteilung ist möglich, wenn die Räume vom Vermieter nur vorübergehend in Besitz genommen wurden und dem Mieter jederzeit zurückgegeben werden können, wenn dieser den Besitz wieder ausüben will. In diesem Fall entfällt der Anspruch des Vermieters auf Fortzahlung der Miete nicht (OLG Düsseldorf, Urteil v. 14.7.1994, 10 U 174/93, MDR 1994 S. 1008). Gleiches gilt, wenn einem Nachmieter die Schlüssel zu den Räumen nur vorübergehend zum Zweck des Ausmessens – und nicht zum dauernden Gebrauch der Räume – überlassen werden (vgl. hierzu KG Berlin, Beschluss v. 11.6.1998, 8 RE-Miet 8688/96, WuM 1998 S. 472).

Dies gilt auch, wenn nach den Umständen des Einzelfalls die Verweigerung der Zahlung der Miete durch den Mieter treuwidrig wäre. Kommt z. B. der Vermieter dem Ersuchen des Mieters um vorzeitige Entlassung aus dem Mietvertrag nach und sucht einen neuen Mieter, der dann 2 Monate vor dem Mietneubeginn bereits mit Renovierungs- und Umbauarbeiten beginnt, kann der Vermieter vom bisherigen Mieter noch die Miete für diese beiden Monate verlangen, auch wenn er dem Mieter den Gebrauch der Mietsache in diesen beiden Monaten wegen Überlassung an den neuen Mieter nicht gewähren konnte (OLG Koblenz, Urteil v. 20.1.1994, 5 U 494/93, DWW 1995 S. 81; s. auch „Nutzungsentschädigung“).

Besteht das Mietverhältnis mangels Abschluss eines Aufhebungsvertrags unverändert fort, hat der Mieter auch dann die Obliegenheit, alles zu tun, um **Beschädigungen des Mietobjekts** zu vermeiden, wenn er den Gebrauch der Mietsache bereits seit längerem aufgegeben hat (OLG Düsseldorf, Urteil v. 19.5.1994, 10 U 138/93, WuM 1994 S. 461).

Der **Streitwert** für eine Klage auf **Feststellung der Nichtbeendigung** eines Mietverhältnisses bestimmt sich nach dem Betrag der auf die gesamte restliche Mietzeit entfallenden Miete (§ 8 ZPO). Kündigt derjenige, der diese Klage erhoben hat, seinerseits zu einem Zeitpunkt vor Ablauf des Mietverhältnisses, dann reicht die für den Streitwert erhebliche Mietzeit nur bis zu dieser Kündigung (BGH, Beschluss v. 30.9.1998, NZM 1999 S. 21).

4 Vereinbarung über den Eintritt des Nachmieters

Will der Vermieter dem Mieter entgegenkommen und ihn trotz Fehlens eines entsprechenden Rechtsanspruchs gestatten, das Mietverhältnis auf einen Nachmieter zu übertragen, kann dies durch dreiseitigen Vertrag (Vermieter, alter Mieter, neuer Mieter) oder durch zweiseitigen Vertrag der Mieter geschehen, dem der Vermieter seine (nicht formbedürftige) Zustimmung erteilt (OLG Düsseldorf, Urteil v. 8.5.2007, I-24 U 128/06, ZMR 2008 S. 122). Soll das Mietverhältnis **aufgehoben** und mit dem Nachmieter ein neuer Mietvertrag geschlossen werden, kann dies durch Abschluss eines **Mietaufhebungsvertrags** (s. „Mietaufhebungsvertrag“) zwischen dem Vermieter und alten Mieter erfolgen.

Jedoch kommt beim Auszug des Mieters vor Beendigung des Mietverhältnisses weder durch die Zusendung der Wohnungsschlüssel noch infolge deren Annahme durch den Vermieter ein Mietaufhebungsvertrag oder eine vorzeitige Entlassung des Mieters aus dem Mietverhältnis zustande (OLG Köln, Urteil v. 9.7.1997, 27 U 5/97, ZMR 1998 S. 91; LG Düsseldorf, Urteil v. 28.3.1995, 24 S 289/94, DWW 1996 S. 281; v. 16.5.1995, 24 S 661/94, DWW 1996 S. 279). Vielmehr setzt ein Mietaufhebungsvertrag voraus, dass sich die Parteien über den genauen Zeitpunkt der Beendigung des Mietverhältnisses geeinigt haben (LG Gießen, Urteil v. 2.4.1997, 1 S 514/96, WuM 1997 S. 370).

Im Sinne der Rechtsklarheit (z. B. bezüglich der Fristen für die Kündigung und Durchführung von Schönheitsreparaturen) sind der Abschluss eines schriftlichen Mietaufhebungsvertrags mit dem alten Mieter und der Abschluss eines neuen Mietvertrags mit dem Nachfolger einer Eintrittsvereinbarung vorzuziehen. Will der Vermieter nicht das Risiko eines Leerstehens der Räume und des Mietausfalls tragen, ist zu empfehlen, einen Aufhebungsvertrag unter der aufschiebenden Bedingung zu schließen, dass ein neuer Mieter die Räume anmietet. Das Risiko eines erfolgreichen Verlaufs des Folgemietvertrags verbleibt aber beim Vermieter (LG Saarbrücken, Urteil v. 15.11.1996, 13 B S 113/96, WuM 1997 S. 37).

Durch eine Eintrittsvereinbarung, wonach der neue Mieter „mit allen Rechten und Pflichten" in den Vertrag eintritt, übernimmt dieser nicht ohne Weiteres Mietschulden des alten Mieters, sofern dies nicht ausdrücklich vereinbart ist (OLG Frankfurt/M., Urteil v. 9.7.1987, 1 U 166/86, WuM 1988 S. 13).

Soweit der Mieter keinen Anspruch auf vorzeitige Entlassung aus dem Mietverhältnis hat, sollte sich der Vermieter auch die freie Auswahl der Nachfolger ausdrücklich vorbehalten.

Wirksam ist eine Formularklausel in einem auf Wunsch des Mieters abgeschlossenen **Mietaufhebungsvertrag**, die den Mieter verpflichtet, für den erhöhten Verwaltungs- und Vermietungsaufwand infolge der vorzeitigen Vertragsauflösung eine **Pauschalabgeltung** in Höhe von einer Monatsmiete (netto/kalt) ohne besonderen Nachweis des Vermieters zu zahlen (OLG Hamburg, RE v. 17.4.1990, 4 U 222/89, DWW 1990 S. 174; Weber/Marx, X/S. 89 = Sammelband Nr. 244).

Unwirksam ist dagegen folgende bereits **im Mietvertrag** enthaltene Formularklausel, da sie nach Auffassung des OLG Karlsruhe (Beschluss v. 15.2.2000, RE-Miet 1/99, DWW 2000 S. 128) – im Gegensatz zur o.g. Klausel – dem Mieter konkludent den Nachweis abschneidet, dass dem Vermieter infolge der vorzeitigen Beendigung des Mietverhältnisses Kosten überhaupt nicht oder nur in geringerer Höhe entstanden sind: „Sollte das Mietverhältnis auf Wunsch des Mieters vor Ablauf der Vertragszeit bzw. der gesetzlichen Fristen einverständlich beendet werden, zahlt der Mieter als pauschale Abgeltung der Kosten der vorzeitigen Beendigung des Mietverhältnisses an den Vermieter den Betrag der zuletzt vereinbarten Kaltmiete für einen Monat."

Unbeschadet dessen ist eine solche Klausel – wenn nicht besondere Umstände vorliegen – für den Mieter i. S. d. § 3 AGB-Gesetz, ab 1.1.2002 § 305 c Abs. 2 BGB, überraschend und damit nicht Vertragsbestandteil geworden (OLG Karlsruhe, a. a. O.).

Fälligkeit der Miete

Für Mietverhältnisse über **Wohn- und Geschäfts**räume, die **nach** Inkrafttreten der Mietrechtsreform am 1.9.2001 abgeschlossen worden sind, ist nunmehr **gesetzlich** geregelt, dass die Miete zu **Beginn**, spätestens bis zum dritten Werktag der einzelnen Zeitabschnitte zu entrichten ist, nach denen sie bemessen ist (§§ 556b Abs. 1, 579 Abs. 2 BGB).

> Bei der üblichen monatlichen Mietzahlung ist die Miete für Wohn- und Geschäftsräume daher **spätestens am dritten Werktag** des jeweiligen Kalendermonats zu entrichten. Mit Ablauf des dritten Werktags gerät der Mieter bei Nichtzahlung **automatisch**, d. h. ohne Mahnung, in Verzug.

Für Mietverhältnisse, die bei Inkrafttreten der Mietrechtsreform **am 1.9.2001 bereits bestanden** haben, gilt nach der Übergangsvorschrift des Art. 229 § 3 Abs. 1 Ziff. 7 EGBGB hinsichtlich der Fälligkeit der Miete die alte Fassung des § 551 BGB weiter. Danach ist eine monatlich zu entrichtende Miete erst **nach** Ablauf der einzelnen Monate zu bezahlen (z. B. ist die Miete für den Monat August erst am 1.9. zur Zahlung fällig). Die Bedeutung dieser Vorschrift ist jedoch weiterhin gering, da es auch vor Inkrafttreten der Mietrechtsreform allgemein üblich war, den Mieter durch **vertragliche** Regelung zur Vorleistung, d. h. zur Vorauszahlung der Miete zu verpflichten (z. B. durch die vertragliche Vereinbarung, dass die Miete spätestens am dritten Werktag eines jeden Monats im Voraus zu bezahlen ist). Eine solche Vereinbarung gehört zu den wesentlichen Vertragsbedingungen eines Mietvertrags und bedarf daher der Schriftform (BGH, Urteil v. 19.9.2007, XII ZR 198/05, ZMR 2008 S. 105). Mit Rechtsentscheid vom 26.10.1994 (VIII ARZ 3/94, NJW 1995 S. 254) hat der BGH entschieden, dass eine Vorauszahlungsklausel bei **Wohnraum**mietverhältnissen unwirksam ist, wenn dem Mieter durch eine weitere Klausel die Aufrechnung mit evtl. Gegenforderungen wegen zu viel gezahlter Miete untersagt ist (**Aufrechnungsverbot**). Ein solches Aufrechnungsverbot kann somit bei alten Mietverträgen zur Unwirksamkeit der Vorauszahlungsklausel führen mit der Folge, dass der Mieter die Miete erst **nach** Ablauf des jeweiligen Monats zahlen muss. Eine Klausel, die eine Rückforderung von Mietminderungsbeträgen grundsätzlich zulässt, in der Praxis aber nur zu einer **Verschiebung** der Minderungsmöglichkeit des Mieters um 1 oder 2 Monate führt (z. B. weil der Dauerauftrag geändert werden muss), stellt **keine** unangemessene Benachteiligung des Mieters dar.

Dementsprechend stellt eine Formularklausel, die abweichend von § 551 BGB a. F. bestimmt, dass die Miete für den jeweiligen Monat im Voraus zu zahlen ist, auch in Kombination mit einer **Aufrechnungsklausel**, der zufolge die Aufrechnung einen Monat zuvor **anzukündigen** ist, keine unangemessene Benachteiligung des Mieters dar, da eine solche Aufrechnungsklausel lediglich verlangt, dass der Mieter die Absicht der Aufrechnung einen Monat vor der Fälligkeit der Miete anzeigt.

Damit wird der Mieter wegen der geltend gemachten Minderung aber nicht auf den Klageweg verwiesen. Bei einem im laufenden Monat nach Zahlung der Miete erstmals auftretenden Mangel kann er die Minderung für diesen Monat zwar erst bei der Mietzahlung für den übernächsten Monat berücksichtigen, weil er die Aufrechnung mit seinem Bereicherungsanspruch wegen der im Hinblick auf die Minderung überzahlten Miete zunächst mit der vereinbarten Monatsfrist ankündigen muss. Eine bloße Verschiebung des Minderungsrechts um 1 oder 2 Monate stellt aber keine unangemessene Benachteiligung des Mieters dar (BGH, Urteil v. 4.5.2011, VIII ZR 191/10, WuM 2011, 418). Erst wenn die Kombination von Vorauszahlungs- und Aufrechnungsverbotsklausel dazu führt, dass der Mieter gezwungen ist, seinen Minderungsanspruch im Klageweg durchzusetzen, liegt eine unzulässige Beschränkung des Minderungsrechts des Mieters vor (BGH, Urteil v. 14.11.2007, VIII ZR 337/06, WuM 2008 S. 152).

Der neue § 556b Abs. 1 BGB, wonach die Miete monatlich im Voraus fällig ist, gilt nicht für Altverträge, d.h. für Verträge, die vor dem 1.9.2001 abgeschlossen wurden. Daher muss der Mieter bei diesen Verträgen weiterhin erst am Monatsende zahlen, wenn die Vorauszahlungsklausel wegen einer unzulässigen Beschränkung des Mietminderungsrechts unwirksam ist (BGH, Urteil v. 4.2.2009, VIII ZR 66/08, WuM 2009 S. 228).

Eine **Beschränkung** der Aufrechnungsbefugnis des Mieters mit Gegenforderungen aus § 536a BGB (§ 538 BGB a.F., **Schadenersatzforderungen**) ist unschädlich für die Vorauszahlungsklausel, da der BGH in den Gründen dieses Beschlusses ausdrücklich darauf hingewiesen hat, dass es sich bei dem Rückforderungsanspruch des Mieters wegen überzahlter Miete um eine Forderung nach § 812 BGB und nicht um eine solche nach § 536a BGB (§ 538 BGB a.F.) handelt; die Vorauszahlungsklausel aber nur bei Beschränkung der Aufrechnungsbefugnis mit Gegenforderungen aus §§ 812 ff. BGB berührt wird (so auch AG München, Urteil v. 9.5.1995, 412 C 1347/95).

Bei Mietverträgen über **Geschäftsraum** stellt sich die geschilderte Problematik nicht, da das Verbot der Beschränkung des Minderungsrechts nur für Wohnraum gilt und die Argumentation des BGH daher auf Geschäftsraummietverträge nicht übertragbar ist. Bei Mietverhältnissen über Geschäftsraum wird daher ein Aufrechnungsverbot nicht die Unwirksamkeit der Vorauszahlungsklausel herbeiführen können (OLG Köln, Urteil v. 30.10.1997, 12 U 29/97, WuM 1998 S. 23).

Ist die Vorauszahlungsklausel in einem Altmietvertrag allerdings unwirksam, lebt sie auch durch die neuen Bestimmungen der Mietrechtsreform, die eine gesetzliche Vorauszahlungspflicht des Mieters bestimmen, nicht wieder auf. In diesem Fall verbleibt es bei der Vorleistungspflicht des **Vermieters**, solange die Parteien keine individualvertraglich abweichende Vereinbarung treffen (AG Saarbrücken, Urteil v. 21.9.2004, 36 C 428/04, WuM 2004 S. 657).

Allerdings kann auch durch schlüssiges (konkludentes) Verhalten der Parteien eine Vorausfälligkeit der Miete begründet worden sein, z.B. wenn der Mieter auf Wunsch des Vermieters eine Ermächtigung für den Vorausbankeinzug erteilt und der Einzug 23 Monate läuft (LG Berlin, Urteil v. 10.7.2006, 67 S 159/04, ZMR 2006 S. 864).

Ist die Wirksamkeit einer Kündigung (z.B. wegen Zahlungsverzugs oder ständig unpünktlicher Zahlung) von der Wirksamkeit der Vorauszahlungsklausel abhängig und ist diese Frage somit für das Räumungsverfahren von zentraler Bedeutung, muss das Mietgericht bei einem entsprechenden Parteivortrag dazu in den Entscheidungsgründen Stellung nehmen; anderenfalls liegt eine Verletzung des rechtlichen Gehörs i.S.v. Art. 103 Abs. 1 GG vor (BVerfG, Beschluss v. 16.6.1995, 2 BvR 382/95, WuM 1995 S. 474).

Die Bestimmung, wonach die Miete „spätestens am dritten Werktag jeden Monats **im Voraus** zu entrichten“ ist, besagt nicht, dass die Miete erst am dritten Werktag des Mietmonats fällig wird. Nach einer solchen Regelung ist die Miete vielmehr am ersten Werktag des Mietmonats fällig. Mit Ablauf des dritten Werktags gerät der Mieter bei Nichtzahlung automatisch, d.h. ohne Mahnung in Verzug (LG München I, Urteil v. 30.11.1994, 14 S 15468/94, WuM 1995 S. 103).

Bei der Frist zur Zahlung der Miete bis zum dritten Werktag (Karenzzeit) zählt der Samstag nicht als Werktag. Ist z.B. der Erste des Monats ein Freitag, ist der Mieteingang am darauffolgenden Dienstag (Fünfter des Monats) noch rechtzeitig (BGH, Urteil v. 13.7.2010, VIII ZR 129/09, WuM 2010 S. 495). Die Karenzzeit soll sicherstellen, dass die Mietzahlungen den Vermieter auch dann noch rechtzeitig erreichen, wenn die Überweisung am letzten Tag des Monats vorgenommen wird. Nachdem Mietzahlungen größtenteils durch Überweisungen abgewickelt werden und diese eine gewisse Zeit in Anspruch nehmen, sind nur die Bankgeschäftstage als Werktage zu berücksichtigen. Da der Samstag jedoch kein Bankgeschäftstag ist, kann er nicht als Werktag angesehen werden (BGH, a.a.O.; anders bei der Karenzzeit von Kündigungsfristen [„spätestens am dritten Werktag"]: Hier ist der Samstag als Werktag zu werten, da die Post auch am Samstag zustellt; s. hierzu „Kündigungsfristen", Abschnitt 1 „Allgemeines"). Dies gilt auch für Vereinbarungen, die vor Inkrafttreten des § 556b Abs. 1 BGB am 1.9.2001 getroffen wurden (BGH, Urteil v. 13.7.2010, VIII ZR 291/09, WuM 2010 S. 500).

Bei der Miete von **Grundstücken** verbleibt es bei der bisherigen Regelung, wonach die Miete erst **nach** Ablauf der einzelnen Zeitabschnitte (z.B. des Monats) zu entrichten ist, nach denen sie bemessen ist (vgl. § 579 Abs. 1 BGB).

Im Zusammenhang mit der Fälligkeit der Miete stellt sich auch die Frage, ob die Miete bei Fälligkeit bereits beim Vermieter eingegangen sein muss oder ob es genügt, dass der Mieter bis zu diesem Zeitpunkt die ihm obliegende Leistungshandlung, z.B. die Überweisung bei der Bank oder Post, vorgenommen bzw. veranlasst hat.

§ 286 Abs. 2 Nr. 1 und § 270 Abs. 1 BGB sind aufgrund der Zahlungsverzugs-Richtlinie 2000/35/EG vom 29.6.2009 in diesem Sinne auszulegen. Daher trägt nicht nur im Verhältnis zwischen Unternehmern, sondern bei allen Geldschulden der Schuldner (hier: Mieter) die Verzögerungsgefahr. Dies bedeutet, dass der Mieter das Risiko eines Vertippens, Verschreibens sowie der Irrung hinsichtlich der Kontodaten des Vermieters trägt und somit auch die Gefahr des rechtzeitigen Eingangs des Geldes beim Vermieter mit den entsprechenden Verzugsfolgen, z.B. Verzugszinsen, Mahnkosten, Kündigung des Mietverhältnisses (LG Wuppertal, Beschluss v. 20.6.2011, 9 S 149/08, NZM 2011 S. 855).

Gleiches gilt bei einer **Scheckzahlung**. Auch hier ist der den Schuldnerverzug beendigende Zeitpunkt erst dann anzunehmen, wenn der Scheckbetrag beim Gläubiger wertgestellt ist und dieser über ihn verfügen kann. Diese Auslegung der §§ 269, 270 BGB ist aufgrund der o.g. Zahlungsverzugs-Richtlinie geboten (OLG Jena, Urteil v. 11.5.2011, 2 U 1000/10).

> Leistet der Mieter nicht rechtzeitig, kommt er nach § 286 Abs. 2 Nr. 1 BGB in **Verzug,** ohne dass es einer Mahnung durch den Vermieter bedarf.

Der Vermieter kann Verzugszinsen (zur Höhe s. „Verzug") sowie Schadenersatz fordern und bei erheblichen Mietrückständen das Mietverhältnis fristlos kündigen (§ 543 Abs. 2 Nr. 3 BGB; s. „Kündigung", Abschnitt 3.2.1.2 „Fristlose Kündigung wegen Zahlungsverzugs (§ 543 Abs. 2 Nr. 3 BGB)"). Ferner muss der Mieter dem Vermieter als Verzugsschaden auch die Kosten eines Rechtsanwalts erstatten, den der Vermieter mit der Eintreibung der Miete beauftragt hat, nachdem diese nicht am dritten Werktag des Monats eingegangen war, weil der Mieter seiner Bank zwar am zweiten Werktag des Monats den Auftrag zur Überweisung der Miete erteilt hat, diese beim Vermieter aber erst nach Ablauf des dritten Werktags eingegangen ist (AG Kassel, Urteil v. 6.1.2010, 453 C 4954/09, WuM 2010 S. 92).

Eine **Formular**klausel in einem **Wohnungs**mietvertrag, die den Mieter verpflichtet, ein Konto zu eröffnen, eine Bankverbindung zu benennen und **eine Einzugsermächtigung** zu erteilen, benachteiligt den Mieter nicht unangemessen und ist daher grundsätzlich **wirksam**, sofern der Gegenstand der von dem Einzug betroffenen Forderungen im Mietvertrag klar beschrieben ist (LG Köln, Urteil v. 16.5.2002, 1 S 205/01, WuM 2002 S. 306; vgl. auch BGH, Urteil v. 10.1.1996, XII ZR 271/94, WuM 1996 S. 205 sowie AG Mainz, Urteil v. 7.3.1995, 35 C 1029/94, WuM 1997 S. 548).

Der Mieter kann jedoch der Belastung seines Kontos aufgrund der Einzugsermächtigung widersprechen. Die Möglichkeit des **Widerspruchs** ist nach einem Urteil des BGH (Urteil v. 6.6.2000, XI ZR 258/99, ZMR 2001 S. 171) **nicht befristet** und endet erst durch Genehmigung gegenüber der Zahlstelle, wobei in dem Schweigen des Mieters auf einen Tageskontoauszug oder einen Rechnungsabschluss eine solche Genehmigung grundsätzlich nicht gesehen werden kann. Ferner kann der Mieter nach Auffassung des AG Hamburg (Urteil v.

31.3.2005, 49 C 609/04, MieterJournal 2005 S. 35) eine im Mietvertrag vereinbarte Einzugsermächtigung aus wichtigem Grund **widerrufen**, z.B. wenn der Vermieter eine Nebenkostennachzahlung einzieht, obwohl der Mieter vorher in einem Schreiben erklärt hat, dass er mit der Forderung nicht einverstanden ist.

Unzulässig ist **ein Ausschluss der Widerrufsmöglichkeit**. Gleiches gilt für Formulierungen, die beim Mieter den Eindruck erwecken, dass ihm die Möglichkeit des Widerrufs verwehrt ist, z.B. „Der Mieter ist zur Erfüllung der Einzugsermächtigung verpflichtet" (OLG Brandenburg, Urteil v. 21.4.2004, 7 U 165/03, WuM 2004 S. 597).

Der Vermieter kann Klage auf **künftige** Leistung erheben, wenn den Umständen nach die Besorgnis gerechtfertigt ist, dass sich der Schuldner (hier: Mieter) der rechtzeitigen Leistung entziehen werde. Dies ist der Fall, wenn der Mieter einen Rückstand an Miete und Nebenkosten in einer die Bruttomiete mehrfach übersteigenden Höhe auflaufen lässt. Bei einer solchen Sachlage ist die Besorgnis gerechtfertigt, dass der Mieter auch die künftige Miete (bzw. Nutzungsentschädigung nach Kündigung des Mietverhältnisses) nicht rechtzeitig zahlen wird. Damit gibt der Mieter dem Vermieter Anlass zur Klage auf künftige Leistung und muss dementsprechend auch die anfallenden Gerichts- und Anwaltskosten tragen (BGH, Urteil v. 4.5.2011, VIII ZR 146 S. 10).

Fahrräder

Fahrräder darf der Mieter nur in die Wohnung mitnehmen, wenn ein zumutbarer und geeigneter Abstellplatz fehlt. Der Vermieter kann dem Mieter einen entsprechenden Abstellplatz für das Fahrrad zuweisen und sodann die Mitnahme in die Mietwohnung untersagen.

Dies erscheint schon deswegen sachgerecht, weil mit dem Transport des Fahrrads in und aus der Wohnung eine nicht unerhebliche Gefahr der Verschmutzung oder Beschädigung des Treppenhauses oder der Eingangstüren verbunden ist.

> Im Hausflur, auf Zugängen, im Hof und auf anderen, nicht zur alleinigen Benutzung vermieteten Flächen dürfen Fahrräder nur mit Zustimmung des Vermieters abgestellt werden.

Soweit das Abstellen von Fahrrädern in der **Hausordnung** geregelt ist, gehen deren Bestimmungen den geschilderten **allgemeinen** Regelungen vor (s. „Hausordnung").

Fahrstuhl → „Aufzug"
Fehlbelegung → „Sozialwohnung"
Fehler der Mietsache → „Mängel"

Ferienwohnung

Bei Anmietung einer Ferienwohnung von einem Ferienwohnungsvermittler bzw. einem Reiseveranstalter finden nicht die mietrechtlichen, sondern ausschließlich die Vorschriften des Reiserechts (§§ 651a ff. BGB) Anwendung. Dagegen wird bei Anmietung der Ferienwohnung **vom Eigentümer** regelmäßig ein Mietverhältnis über Wohnraum i.S.d. mietrechtlichen Vorschriften begründet, unabhängig davon, ob die Anmietung nur für einen Urlaub oder längerfristig erfolgt (vgl. LG Düsseldorf, Urteil v. 20.10.1989, 22 S 228/89, ZMR 1990 S. 379).

Jedoch liegt bei Anmietung lediglich für einen Urlaub eine Vermietung zu nur **vorübergehendem** Gebrauch vor, sodass gemäß § 549 Abs. 2 BGB weder die Vorschriften über den Mieterschutz bei Beendigung des Mietverhältnisses noch über die Mieterhöhung Anwendung finden.

Dagegen finden bei einer **längerfristigen** Vermietung, z. B. als Zweitwohnung, grundsätzlich sämtliche Schutzvorschriften zugunsten des Mieters Anwendung (OLG Hamburg, Urteil v. 30.9.1992, 4 U 94/92, WuM 1992 S. 634). Eine nur gelegentliche oder jahreszeitlich begrenzte Nutzung durch den Mieter ist darauf ohne Einfluss.

Eine Vermietung zu nur **vorübergehendem** Gebrauch liegt nur dann vor, wenn der Zeitraum der Nutzung nicht nur relativ kurz, sondern auch zeitlich vorab bestimmbar ist (z. B. für die Zeit einer Messe oder der Ausführung eines bestimmten Auftrags). Dagegen handelt es sich bei der Anmietung z. B. für die Dauer eines Studiums oder für die Zeit, bis das eigene Haus bezugsfertig ist, um keine Anmietung zu nur vorübergehendem Gebrauch.

Mangels einer gegenteiligen Vereinbarung stellt die **Nichtabgeschlossenheit** einer Ferienwohnung einen Mangel dar, der den Mieter zur Minderung der Miete berechtigt (hier: 40 %, AG Bad Oeynhausen, Urteil v. 17.6.2004, 18 C 52/04, ZMR 2005 S. 541).

Ein Vertrag zwischen dem Eigentümer und einem Wohnungsverwalter über die Vermietung von Ferienwohnungen an wechselnde Mieter stellt einen entgeltlichen Geschäftsbesorgungsvertrag (§ 675 Abs. 1 BGB) dar, wenn der Verwalter verpflichtet ist, die jeweiligen Mietverträge im Namen des Eigentümers abzuschließen. Insofern ist der Verwalter auf Verlangen des Eigentümers verpflichtet, dem Eigentümer Namen und Anschriften der jeweiligen Mieter mitzuteilen und die Originalmietverträge auszuhändigen (BGH, Urteil v. 8.2.2007, III ZR 148/06, WuM 2007 S. 205).

Durch das Gesetz zur Erleichterung des Wohnungsbaus im Planungs- und Baurecht sowie zur Änderung mietrechtlicher Vorschriften (**Wohnungsbau-Erleichterungsgesetz**, WoBauErlG, BGBl I S. 926) wurde mit Wirkung zum 1.6.1990 § 564b Abs. 7 Nr. 4 BGB a. F. aufgenommen.

Diese Bestimmung ist durch die am 1.9.2001 in Kraft getretene Mietrechtsreform **ersatzlos weggefallen**. Entsprechende Mietverhältnisse, die am 1.9.2001 bereits bestanden haben, konnten nach der Übergangsvorschrift des Art. 229 § 3 Abs. 2 EGBGB noch **bis 31.8.2006** nach den bisherigen Vorschriften gekündigt werden. Danach entfallen die Kündigungsschutzvorschriften nicht nur bei Vermietung zum vorübergehenden Gebrauch, sondern gelten ganz allgemein nicht für Mietverhältnisse über Wohnraum in Ferienhäusern und Ferienwohnungen in Ferienhausgebieten. Voraussetzung ist, dass der Wohnraum **vor dem 1.6.1995** überlassen worden ist und der Vermieter den Mieter bei Vertragsschluss auf die Zweckbestimmung des Wohnraums und die Ausnahme von den Absätzen 1 bis 6 des § 564b BGB a. F. hingewiesen hat.

Erforderlich ist weiter, dass sich das Ferienhaus oder die Ferienwohnung in einem **„Ferienhausgebiet"** befindet. Diese Festlegung kann sich aus einem Bebauungsplan ergeben oder – wenn ein Bebauungsplan fehlt – daraus, dass die Wohnung in einem im Zusammenhang bebauten Ortsteil liegt, dessen Eigenart einem Ferienhausgebiet entspricht (vgl. § 34 Abs. 2 BauGB).

Um eine **Ferienwohnung** handelt es sich dann, wenn die Wohnung aufgrund ihrer Lage, Größe, Ausstattung, Erschließung und Versorgung für den Erholungsaufenthalt geeignet und dazu bestimmt ist, überwiegend und auf Dauer einem wechselnden Personenkreis zur Erholung zu dienen (vgl. § 10 Abs. 4 Baunutzungsverordnung).

Der Ausschluss der Kündigungsschutzvorschriften für diese Art von Wohnraum bewirkt, dass eine Kündigung ohne Vorliegen eines berechtigten Interesses des Vermieters erfolgen kann.

Weiterhin kann der Mieter der Kündigung nicht widersprechen und vom Vermieter auch dann keine Fortsetzung des Mietverhältnisses verlangen, wenn die vertragsgemäße Beendigung des Mietverhältnisses für ihn oder seine Familie eine Härte darstellt (§ 556a Abs. 8 BGB a.F.). Zu beachten ist, dass eine Anwendung der Kündigungsschutzvorschriften nur dann nicht erfolgt, wenn der Vermieter den Mieter bei Vertragsschluss auf die Zweckbestimmung des Wohnraums und die Ausnahme von den **Kündigungsschutzvorschriften** hingewiesen hat. Allerdings ist auch bei der Kündigung einer nur zu vorübergehendem Gebrauch gemieteten Ferienwohnung die Einhaltung der **Schriftform** erforderlich (AG Bad Oeynhausen, Urteil v. 17.6.2004, 18 C 52/04, ZMR 2005 S. 541).

Nach § 1 Preisangabenverordnung (PAngV) müssen die Preise für Waren oder Leistungen einschließlich der Umsatzsteuer und sonstiger Preisbestandteile angegeben werden (Endpreise). Werden bei der Vermietung einer Ferienwohnung neben der Miete z.B. Reinigungskosten berechnet, müssen diese daher mit einem exakten, konkreten Betrag ausgewiesen werden. Diese Verpflichtung zur Angabe des Endpreises entfällt nur dann, wenn der Preis von einem von Fall zu Fall unterschiedlichen Leistungsumfang abhängt. Bei **pauschaler** Berechnung von Reinigungskosten sind diese Voraussetzungen für eine Befreiung von der Verpflichtung zur Angabe des Endpreises nicht gegeben (OLG Schleswig, Urteil v. 22.3.2013, 6 U 27/12).

Hat sich ein Dritter (z.B. ein Ferienhausvermieter) vertraglich verpflichtet, eine Ferienwohnung in eigenem Namen, aber für Rechnung des Eigentümers an laufend wechselnde Feriengäste zu vermieten, ist er nach Beendigung des Vertragsverhältnisses bzw. Ausführung des Auftrags, ungeachtet eines sodann bestehenden Wettbewerbsverhältnisses mit dem Eigentümer, diesem gegenüber verpflichtet, unter Vorlage der Verträge mit den Mietern über die während der Geschäftsbesorgung vorgenommenen Vermietungen Auskunft zu erteilen und Rechenschaft abzulegen. Nur ausnahmsweise kann in Beziehungen mit familiärem oder sonstigem personalen Einschlag ein schützenswertes Vertrauen des Vermittlers vorliegen, sich nicht darauf einrichten zu müssen, detailliert Rede und Antwort stehen und Nachweise führen zu müssen, wenn der Auftraggeber über einen längeren Zeitraum keine Rechnungslegung verlangt hat. Dies gilt jedoch grundsätzlich nicht bei rein geschäftlichen Beziehungen (BGH, Urteil v. 3.11.2011, III ZR 105/11, NJW 2012 S. 58).

> Auskünfte und Beratungen zu **Auslandsimmobilien** können eingeholt werden bei der Deutschen und Schweizerischen Schutzgemeinschaft für Auslandsgrundbesitz e.V., Postfach 201350, 79753 Waldshut-Tiengen.

Zur Kündigung von **Erholungs- und Freizeitgrundstücken** auf dem Gebiet der **ehemaligen DDR vgl. die Ausführungen bei „Kündigungsschutz“, Abschnitt 2.6** „Sonderregelungen auf dem Gebiet der ehemaligen DDR“; zur Erhöhung des **Nutzungsentgelts** s. die Verordnung über eine angemessene Gestaltung von Nutzungsentgelten (Nutzungsentgeltverordnung) v. 22.7.1993 (BGBl I S. 1339) i.V.m. der Verordnung zur Änderung der Nutzungsentgeltverordnung vom 24.7.1997 (BGBl I S. 1920).

Fernsehen → „Antenne“

Fernwärme → „Betriebskosten“, Abschnitt 2.4.3 „Kosten der eigenständig gewerblichen Lieferung von Wärme“

Feuchtigkeit in der Wohnung

Feuchtigkeit in der Wohnung schlägt sich in der Regel an den Wänden, insbesondere in Ecken und hinter Möbelstücken nieder und führt zu **Schimmelbildung** sowie im weiteren Verlauf zu Schäden an Putz und Mauerwerk. Nach dem Rechtsentscheid des Oberlandesgerichts Celle v. 19.7.1984 (2 UH 1/84, ZMR 1985 S. 10; Weber/Marx, IV, 32) begründet das Vorhandensein von **Spakflecken** (Stockflecken-Pilzbefall durch Luftfeuchtigkeit) einen **Mangel** der Mietsache i. S. v. § 536 BGB mit der Folge, dass der Mieter zur **Minderung** der Miete berechtigt ist. Der Umfang des Minderungsrechts hängt von den konkreten Umständen des Einzelfalls ab (s. „Minderung der Miete" und „Mängel").

Ein Mietminderungsrecht kommt jedoch nicht in Betracht, wenn entweder die Tauglichkeit der Wohnung **nur unerheblich** gemindert ist oder wenn die Bildung von Spakflecken auf einem **vertragswidrigen Verhalten** beruht und durch ein Heizen und Lüften vermieden werden kann, das der Art und Intensität der Nutzung der Wohnung entspricht (OLG Celle, a. a. O.).

Dann hat der Mieter auch sämtliche, durch das vertragswidrige Verhalten entstandene Schäden auf seine Kosten zu beseitigen (OLG Celle, a. a. O.; vgl. auch AG Neukölln, Urteil v. 23.7.2002, 6 C 213/01, GE 2002 S. 1201, wonach sich der Mieter nicht auf eine unzureichende Heizungsmöglichkeit berufen kann, wenn er diese dem Vermieter nicht unverzüglich angezeigt hat).

Besteht zwischen den Parteien Uneinigkeit über die Schadensursache, muss diese durch einen Sachverständigen festgestellt werden (z. B. im Rahmen eines selbstständigen Beweisverfahrens, vgl. „Beweissicherung", oder im Rahmen der Zahlungsklage des Vermieters bei einer Mietminderung). Die Kosten des Sachverständigengutachtens hat die unterliegende Partei zu tragen. Stellt der Sachverständige fest, dass die Ursache im Verantwortungsbereich des Vermieters liegt, z. B. bei Vorliegen von Baumängeln, trägt dieser die Kosten des Sachverständigen. Dagegen fallen diese Kosten dem Mieter zur Last, wenn das Gutachten ergibt, dass die Feuchtigkeit lediglich die Folge eines unzureichenden Heizungs- und Lüftungsverhaltens war (LG Aachen, Urteil v. 13.1.1989, 5 S 338/88, WuM 1989 S. 371).

Drei Fallgruppen sind von Bedeutung:

- Der Vermieter verlangt vom Mieter Zahlung des aufgrund einer Mietminderung entstandenen Mietrückstands;
- der Mieter verlangt vom Vermieter Beseitigung der Feuchtigkeitsschäden;
- der Vermieter verlangt vom Mieter Schadenersatz, z. B. Beseitigung der Feuchtigkeitsschäden bzw. Ersatz der notwendigen Kosten.

Für die **Beweislastverteilung** gelten die Grundsätze des Rechtsentscheids des OLG Karlsruhe vom 9.8.1984 (3 RE-Miet 6/84, ZMR 1984 S. 417 sowie BGH, Urteil v. 18.5.1994 (XII ZR 188/92, DWW 1994 S. 250 = NJW 1994 S. 2019; vgl. auch BGH, Urteil v. 27.4.1994, XII ZR 16/93, NJW 1994 S. 1880). Danach muss zunächst der Vermieter beweisen, dass die Schadensursache in dem der unmittelbaren Einflussnahme, Herrschaft und Obhut des Mieters unterliegenden Bereich gesetzt worden ist. Dazu muss er die Möglichkeit einer aus seinem Verantwortungs- und Pflichtenkreis oder demjenigen eines anderen Mieters desselben Hauses herrührende Schadensursache ausräumen. Dies bedeutet, dass dem Vermieter die volle Beweislast dafür obliegt, dass die Feuchtigkeitserscheinungen nicht aufgrund von außen eindringender oder im Mauerwerk aufsteigender Feuchtigkeit verursacht wurden (LG Berlin, Urteil v. 23.1.2001, 64 S 320/99, ZMR 2002 S. 48).

Wurden bereits Maßnahmen gegen Baumängel durchgeführt, muss der Vermieter auch beweisen, dass diese Maßnahmen erfolgreich waren (BGH, Urteil v. 1.3.2000, XII ZR 272/97, NJW 2000 S. 2344).

Die Anforderungen an die Beweislast des Vermieters dürfen allerdings nicht überspannt werden. Dementsprechend ist das Nachgehen jeder noch so entfernt liegenden anderen Ursache der Schimmelbildung und damit auch das Ausräumen letzter Zweifel bezüglich verschiedener bautechnischer Fragen nicht erforderlich (LG Dessau, Urteil v. 1.8.2008, 1 S 199/06, ZMR 2008 S. 39).

Ferner muss der Vermieter – allerdings nur bezogen auf den Stand der Technik zur Bauzeit – darlegen und nachweisen, dass das Gebäude frei von wärmetechnischen Baumängeln ist (AG Hamburg, Urteil v. 6.8.2003, 508 C 130/03, ZMR 2004 S. 274; LG Hamburg, Urteil v. 10.4.2003, 307 S 151/02). Dies gilt insbesondere dann, wenn an dem Gebäude nachträglich Änderungen vorgenommen wurden, z. B. besonders dicht schließende isolierverglaste Fenster eingebaut worden sind (LG Hamburg, Urteil v. 17.6.2003, 307 S 48/02, ZMR 2004 S. 41).

Den ihm obliegenden Nachweis, dass das Gebäude keine bauphysikalischen Schwachstellen aufweist, kann der Vermieter nach Auffassung des LG Freiburg (LG Freiburg, Urteil v. 10.3.2006, 3 S 253/03) nicht führen, wenn zum Zeitpunkt der Planung und Errichtung des Gebäudes zwar die einschlägige, damals geltende DIN 4108 eingehalten wurde, jedoch schon bekannt war, dass die DIN 4108 die Anforderungen zur Vermeidung von Schimmel nur im ungestörten Bereich erfüllt, nicht dagegen im Bereich der Wanddeckenkanten und -ecken.

Zur Ursache der Feuchtigkeitsschäden kann der Sachverständige statt (zeitraubender und kostenintensiver) Messungen über mehrere Monate Feststellungen auch anhand von Vergleichen mit nach Lage und Aufteilung vergleichbaren Wohnungen treffen.

Soweit der Mieter diese Feststellungen angreifen will, hat er hierzu konkrete andere Vergleichswohnungen zu benennen.

Dabei steht dem Mieter gegen den Vermieter weder ein Anspruch auf Herausgabe noch ein Auskunftsanspruch über die Ergebnisse einer vom Vermieter auf seine Kosten wegen eines Schimmelbefalls in der Mietwohnung durchgeführten Klimamessung zu. Dem Mieter steht es frei, entweder selbst eine solche Klimamessung oder ein selbstständiges Beweisverfahren durchzuführen, um die für die Wahrnehmung seiner Rechte erforderlichen Informationen zu erlangen. Dass mit diesen Maßnahmen Kosten für den Mieter verbunden sind, ist unerheblich, da dasselbe auch für den Vermieter gilt (AG Bad Segeberg, Urteil v. 7.6.2012, 17 C 21/12, NJW-RR 2012 S. 1230).

Hat der Vermieter diesen Beweis geführt, obliegt es dem Mieter, sich hinsichtlich Verursachung und Verschulden zu entlasten. Dabei muss er beweisen, dass sein Wohnverhalten und das der weiteren Benutzer dem allgemein zumutbaren Normverhalten entsprach und noch entspricht (LG Bochum, Urteil v. 26.9.1990, 311 S 250/90, DWW 1991 S. 189; Sternel, Mietrecht, 3. Aufl. Rn. IV 615b; vgl. auch LG Hamburg, Urteil v. 1.12.1987, 16 S 122/87, WuM 1988 S. 353; LG Kassel, Urteil v. 4.2.1988, 1 S 229/87, WuM 1988 S. 355; LG Braunschweig, Urteil v. 30.9.1987, 12 S 61/87, WuM 1988 S. 356; LG Augsburg, Urteil v. 17.3.1982, 7 S 4678/81, WuM 1985 S. 25; LG Mannheim, Urteil v. 26.10.1988, 4 S 76/88, ZMR 1989 S. 424; LG Freiburg, Urteil v. 16.6.1988, 3 S 34/88, WuM 1989 S. 559).

Davon abweichend stellt das LG München I (Beschluss v. 16.3.1988, 14 S 17946/86, WuM 1988 S. 352) fest, dass das Auftreten von Schimmel die typische Folge von Kondenswasserbildung ist und daher aufgrund bauphysikalischer Gesetze der erste Anschein dafür spricht, dass ein fehlerhaftes Heizungs- und Lüftungsverhalten ursächlich ist. Daher muss der Mieter andere Gründe als ursächlich für die Schimmelbildung beweisen (so auch LG Konstanz, Urteil v. 10.6.1988, 1 S 1/88, WuM 1988 S. 353).

Ein erster Anschein für die Verantwortlichkeit des Mieters ist ebenfalls gegeben, wenn in einer vormals mangelfreien Wohnung Feuchtigkeitsschäden erstmals auftreten, nachdem der betreffende Mieter die Wohnung bezogen hat (LG Lüneburg, Urteil v. 13.12.1984, 1 S 263/83, ZMR 1985 S. 127). Weiterhin spricht für eine Verursachung durch den Mieter, wenn der Heizenergieverbrauch der Wohnung deutlich unter dem Niveau vergleichbarer Wohnungen liegt (AG München, Urteil v. 20.10.1989,

211 C 3954/89). Dies kann anhand der Ableseprotokolle der Heizkostenverteiler festgestellt werden.

Ist zwischen den Mietparteien die Ursache von Schimmelschäden in der Wohnung streitig, ist ein Rechtsanwalt, der eine Mietpartei vertritt, verpflichtet, die Brauchbarkeit und Verwertbarkeit eines entsprechenden **Sachverständigengutachtens** in einem möglichen Klageverfahren sorgfältig zu prüfen; z.B. ob der Sachverständige die Beweisfrage zutreffend erfasst und ergiebig beantwortet hat, ob er hierbei von zutreffenden und verlässlichen Anknüpfungstatsachen ausgegangen ist, diese methodengerecht untersucht und seine Untersuchungsergebnisse plausibel sowie widerspruchsfrei dargestellt hat. Erkennbaren Bedenken gegen hinreichende Sach- und Fachkunde oder wegen fehlender forensischer Erfahrung hat der Anwalt entsprechend Rechnung zu tragen (OLG Brandenburg, Urteil v. 31.8.2005, 3 U 8/05, NZM 2006 S. 743).

Bei einem auf die **Feststellung** von Feuchtigkeitserscheinungen in einer Mietwohnung gerichteten **selbstständigen Beweisverfahren** ist der Gebührenstreit mit dem Hauptsachenstreitwert zu bemessen (so bereits BGH, NJW 2004 S. 3488). Dementsprechend ist zunächst der (gemäß § 41 Abs. 5 S. 1 GKG) mit dem **Jahres**wert einer angemessenen Mietminderung zu bemessende Gebührenstreitwert einer **Mängelbeseitigungsklage** zugrunde zu legen. **Hinzu** tritt – zumindest sofern hier ein mangelbedingter Streit der Mietparteien über die Miethöhe nicht aus rechtlichen oder tatsächlichen Gründen ausgeschlossen oder zeitlich beschränkt ist – der mit dem **3,5-fachen** Jahresbetrag einer angemessenen **Minderung** zu bemessende Gebührenstreitwert einer Klage des Mieters auf (negative) Feststellung der mangelbedingt geminderten Miethöhe. Dementsprechend ist der Gebührenstreitwert auch ohne gesonderten Vortrag des Antragstellers grundsätzlich mit dem **4,5-fachen** Jahresbetrag einer angemessenen Mietminderung zu bemessen (LG Berlin, Beschluss v. 2.4.2012, 63 T 47/12, NJW-RR 2012 S. 844).

Ein ausreichendes Lüften der Wohnung setzt jedenfalls mindestens **dreimaliges Stoßlüften** täglich voraus, d.h. der Mieter muss die Wohnung zweimal morgens und einmal abends querlüften (OLG Frankfurt/M., Urteil v. 11.2.2000, 19 U 7/99, NZM 2001 S. 39).

Zur Frage der vertragsgemäßen Beheizung und Belüftung der Mietwohnung wurde vom LG München I im Urteil v. 20.5.1987 (20 S 23186/86, ZMR 1987 S. 468) ausgeführt, inwieweit der Mieter verpflichtet ist, sein Heizungs- und Lüftungsverhalten den baulichen Gegebenheiten **anzupassen** und damit Schäden, insbesondere Schimmelbildung, zu vermeiden. Dieser Entscheidung lag der häufige Sachverhalt des **Austauschs alter Fenster** mit einfacher Verglasung durch besonders dicht schließende Fenster mit **Isolierverglasung** zugrunde. Der Einbau solcher Fenster in bestehende Gebäude hat nicht nur die unstreitigen Vorzüge einer verbesserten Wärme- und Geräuschisolierung zur Folge, sondern auch den Wegfall des Luftaustauschs (durch die geringfügige Undichtigkeit der alten Fenster), sodass die im Raum entstehende Feuchtigkeit ohne aktives Tun des Bewohners – durch entsprechendes Heizen und Lüften – nicht abgeführt werden kann.

Feuchtigkeit in den Räumen entsteht nicht nur in Form von **Wasserdampf** beim Waschen, Baden oder Duschen, sondern auch durch **Pflanzen** in der Wohnung sowie durch die **Bewohner** selbst. Untersuchungen haben ergeben, dass jede Person pro Monat ca. 50 Liter Feuchtigkeit in die Raumluft abgibt. Diese Feuchtigkeit schlägt sich nach bauphysikalischen Erkenntnissen über die Bildung von Tauwasserpunkten immer an der kältesten Stelle des Raums nieder. Nach Einbau von isolierverglasten Fenstern ist diese kälteste Stelle nicht mehr das Fenster, sondern eine Mauer, in der Regel eine Außenmauer, die jetzt eine schlechtere Wärmeisolierung als die Fenster aufweist. Dies hat zur Folge, dass sich die im Raum entstehende Feuchtigkeit an dieser Mauer niederschlägt und bei unzureichendem Heizen oder Lüften zu Schimmelbildung führt (s. LG Berlin, Urteil v. 23.1.2001, 64 S 320/99, ZMR 2002 S. 48).

Die Frage nach der Pflicht des Mieters im Anschluss an vom Vermieter durchgeführte

Maßnahmen (z.B. nach Einbau von dicht schließenden Fenstern), sein **Heizungs- und Lüftungsverhalten** zu **ändern** und den jetzt fehlenden natürlichen Luftaustausch durch verstärktes Heizen und Lüften auszugleichen, wird unterschiedlich beantwortet:

Die ältere Rechtsprechung (z.B. LG Nürnberg-Fürth, Urteil v. 22.7.1983, 7 S 1924/83, WuM 1985 S. 20, 21; LG Itzehoe, Urteil v. 22.4.1982, 1 S 24/81, WuM 1982 S. 181) und Literatur (z.B. Sternel, Mietrecht, 3. Aufl. 1988, III 279) verneint dies mit dem Argument, dass es grundsätzlich Sache des Vermieters sei, dafür Sorge zu tragen, Folgeerscheinungen von Maßnahmen, die von ihm selbst durchgeführt wurden, notfalls durch weitere Maßnahmen (z.B. Wärmedämmung der Außenmauer) zu verhindern. Dies erscheint unrichtig und wird von der neuen Rechtsprechung überwiegend abgelehnt.

> Nachdem das Entstehen von Schwitzwasser mit der Folge der Schimmelbildung nach dem Einbau dicht schließender Fenster bauseits in der Regel nur durch Anbringung eines mit hohen Kosten verbundenen Vollwärmeschutzes zu unterbinden ist, der Mieter diese unerwünschte Folge aber bereits durch entsprechendes **Heizen und Lüften** und somit mit geringem Aufwand verhindern kann, ist ihm dies nach dem Einbau von neuen Fenstern durchaus zuzumuten.

Der nachträgliche Einbau von Isolierglasfenstern kann daher selbst dann nicht für Feuchtigkeitsschäden verantwortlich gemacht werden, wenn die Wärmedämmung des Anwesens nicht den Anforderungen der Wärmeschutzverordnung (seit 1.2.2002: Energieeinsparverordnung) entspricht (LG Düsseldorf, Urteil v. 12.5.1992, 24 S 20/91, DWW 1992 S. 368).

Bei älteren Anwesen kann der Mieter nämlich nicht erwarten, dass die Wärmedämmung des Hauses den bei Vertragsschluss geltenden Maßstäben für Neubauten entspricht. Vielmehr gelten die zum Zeitpunkt der Errichtung des Gebäudes geltenden Standards als vereinbarte Beschaffenheit (so BGH, Urteil v. 23.9.2009, VIII ZR 300/08, NJW 2010 S. 1133). Beispielsweise entspricht eine nur 24 cm dicke Außenwand dem Stand der Technik bei in den 1960er Jahren errichteten Gebäuden (AG Nürtingen, Urteil v. 9.6.2010, 42 C 1905/09, ZMR 2010 S. 468). Bei solchen Gebäuden führt auch nicht erst der Einbau von dicht schließenden Fenstern zu einer niedrigeren Temperatur des Mauerwerks im Innenbereich und damit zu Wärmebrücken. Diese waren bereits vorher vorhanden. Es wurden lediglich die noch kälteren Stellen – die alten Fensterscheiben – entfernt, weshalb nunmehr die Wände die kältesten Stellen darstellen. Dies kann jedoch nicht dem Vermieter angelastet werden. Zur Nachrüstung einer Wärmedämmung ist der Vermieter nach der Rechtsprechung des BGH (Urteil v. 23.9.2009, a.a.O.) nicht verpflichtet. Dementsprechend hat der Mieter keinerlei Anspruch gegen den Vermieter auf Durchführung von umfangreichen Wärmedämmmaßnahmen, wenn die Möglichkeit besteht, Schwitzwasserbildung durch verstärktes Heizen und Lüften zu verhindern (so bereits LG München I, Beschluss v. 16.3.1988, 14 S 17946/86, WuM 1988 S. 352, wonach der Mieter keinen Anspruch gegen den Vermieter auf Durchführung umfangreicher Wärmedämmmaßnahmen hat, wenn die Möglichkeit besteht, Schwitzwasserbildung durch verstärktes Heizen und Lüften zu verhindern). Bei einem älteren Gebäude kann der Mieter nämlich nicht erwarten, dass die Wärmedämmung des Hauses den Maßstäben eines modernisierten Altbaus entspricht. Dem Mieter ist es daher zumutbar, durch entsprechendes Heiz- und Lüftungsverhalten das Entstehen von Schimmelbildung zu verhindern (LG Freiburg, Urteil v. 5.1.2010, 3 S 232/09, DWW 2012 S. 55). Gleiches gilt für **Kellerräume** bzw. Abstellräume im Keller eines Altbaus (hier: Baujahr 1923). Bei solchen Altbauten stellt eine leichte Durchfeuchtung in Abstellräumen im Keller keinen Mangel im Rechtssinne dar. Der Mieter ist daher nicht zur Minderung der Miete berechtigt, wenn der Keller nicht völlig trocken und zur Lagerung feuchtigkeitsempfindlicher Gegenstände nicht geeignet ist oder wenn der Keller hinsichtlich der Bausubstanz heutigen Standards nicht genügt, jedoch den damaligen Vorschriften der Landesbauordnung – falls existent – entsprach

(AG Ansbach, Urteil v. 5.2.2013, 2 C 2268/11, ZMR 2013 S. 638).

Eine andere Ansicht vertritt das LG Berlin (Urteil v. 12.3.2013, 63 S 628/12, GE 2013 S. 1205) für den speziellen Fall, dass der Keller – anders als bei dezentralen Kellerräumen in Mehrfamilienhäusern – unmittelbar an die Wohnräume angegliedert ist, z. B. bei einem vermieteten Einfamilienhaus, Doppelhaushälfte, Reihenhaus u. Ä. In diesem Fall stellt die Durchfeuchtung des Kellers auch bei einem älteren Haus (hier: Baujahr 1939) einen Mangel der Mietsache dar. Der Mieter kann nach der allgemeinen Verkehrsanschauung erwarten, dass die von ihm angemieteten Räume einen Standard aufweisen, der dem üblichen Standard vergleichbarer Räume entspricht. Bei der Vermietung einer Doppelhaushälfte entspricht nach Auffassung des LG Berlin nur ein trockener Keller dem üblichen Mindeststandard. Die Nutzung des unmittelbar an die Wohnräume angegliederten Kellers dient nämlich – anders als bei einer Mietwohnung mit einem in der Regel dezentralen Keller – zumindest auch der Lagerung von Lebensmitteln und Kleidungsstücken sowie dem Waschen und Trocknen von Wäsche. Diese – vertragsgemäße – Nutzungsmöglichkeit ist bei einer Durchfeuchtung des Kellers nicht unerheblich beeinträchtigt (LG Berlin, a. a. O.).

Nach Ersatz von alten Fenstern gegen dicht schließende isolierverglaste Fenster muss der Vermieter den Mieter sachgerecht und präzise auf die neuen Anforderungen an dessen Heiz- und Lüftungsverhalten im nunmehr veränderten Raumklima **hinweisen**; anderenfalls können dem Mieter Feuchtigkeitsschäden nicht angelastet werden. Der Mieter ist nicht verpflichtet, selbstständig Überlegungen zu einem notwendig gewordenen veränderten Lüftungsverhalten anzustellen (LG München I, Urteil v. 8.3.2007, 31 S 14459/06, NJW 2007 S. 2500; LG Gießen, Urteil v. 12.4.2000, 1 S 63/00, MDR 2000 S. 761).

Ein Hinweis in allgemeiner Form z. B. anhand einer Broschüre genügt nicht. Nach dem LG Neubrandenburg (Urteil v. 2.4.2002, 1 S 297/01, WuM 2002 S. 309) muss die Information auf die Verhältnisse des **konkreten** Falls zugeschnitten sein und sich insbesondere auch auf die Höhe der in den einzelnen Räumen über eine bestimmte Zeit einzuhaltende Temperatur sowie auf Art und zeitliches Ausmaß der erforderlichen Lüftungsvorgänge beziehen.

Daher bedarf es auch eines deutlichen Hinweises durch den Vermieter, wenn ein Raum nur durch sog. **U-Lüftung**, d. h. über einen dahinter liegenden dritten Raum, ausreichend belüftet werden kann (LG Kleve, Urteil v. 9.1.2003, 6 S 329/01, WuM 2003 S. 142).

Zu den verschiedenen Arten von **Lüftungsvorgängen** (Querlüften, S-, L-, U-Lüftung) und der jeweils erforderlichen **Lüftungsdauer** s. Isenmann, WuM 2003 S. 143.

Gleiches gilt bei der Vermietung einer **Neubauwohnung**. Auch hier muss der Mieter bei Beginn des Mietverhältnisses über **konkrete** Verhaltensweisen informiert werden, wie er der Neubaufeuchte begegnen kann (LG Wuppertal, Urteil v. 11.10.2002, 10 S 22/02, NZM 2002 S. 987).

Die Verpflichtung des Mieters, sein Wohnverhalten baulichen Veränderungen anzupassen, findet allerdings dort ihre Grenze, wo das Maß des Zumutbaren überschritten wird. Lassen sich daher Feuchtigkeitserscheinungen nicht mehr durch normales Lüften, sondern nur durch **übersteigertes** Heizen und Lüften vermeiden, liegt ein Mangel der Wohnung vor (LG Hamburg, Urteil v. 29.8.1997, 311 S 88/96, NZM 1998 S. 571). In diesem Fall soll es den Vermieter auch nicht entlasten, wenn es bei anderen Mietern mit einem anderen Nutzerverhalten nicht zu einer Schimmelbildung gekommen ist (AG Siegburg, Urteil v. 3.11.2004, 4 C 227/03, ZMR 2005 S. 543).

Zumutbar ist für den Mieter, dass er die Wohnung **dreimal täglich** querlüftet (OLG Frankfurt/M., Urteil v. 11.2.2000, 19 U 7/99, NZM 2001 S. 39; BGH, Urteil v. 18.4.2007, VIII ZR 182/06, WuM 2007 S. 319, wonach es dem Mieter bei lebensnaher Betrachtung zumutbar ist, eine ca. 30 m^2 große Wohnung bei Anwesenheit von zwei Personen während des Tags insgesamt **viermal** durch Kippen der Fenster für 3 bis 8 Minuten zu lüften). Dies ist auch für eine **berufstätige** Mietpartei nicht unzumutbar; so kann morgens vor Verlassen der Wohnung ein- bis zweimal gelüftet werden, dann nach Rückkehr von der Arbeit sowie am Abend (LG Frankfurt/M., Urteil v. 7.2.2012, 2-17 S 89/11, WuM 2012 S. 266)

Können damit Feuchtigkeitsschäden, insbesondere Schimmelschäden, verhindert werden, ist der Vermieter nicht zu einer Nachbesserung der Wärmedämmung der Außenwände verpflichtet. Dies gilt auch dann, wenn das Anwesen alters- und bauartbedingt (hier: Baujahr 1954) Kältebrücken aufweist, da dies dem damaligen Stand der Technik entspricht. Der Mieter kann nämlich – mangels anderweitiger konkreter Vereinbarungen – nur erwarten, dass die von ihm angemieteten Räume einen Wohnstandard aufweisen, der bei vergleichbaren Wohnungen üblich ist. Dabei sind insbesondere das Alter, die Ausstattung und die Art des Gebäudes, aber auch die Höhe der Miete und eine evtl. Ortssitte zu berücksichtigen. Gibt es zu bestimmten Anforderungen an den Wohnstandard technische Normen, so ist (jedenfalls) deren Einhaltung vom Vermieter geschuldet. Dabei ist nach der Verkehrsanschauung grundsätzlich nur der bei Errichtung des Gebäudes geltende Maßstab anzulegen (so bereits BGH, NJW 2010 S. 3088).

Entspricht die Bausubstanz den damals geltenden Normen, stellen somit auch evtl. Kältebrücken keinen Mangel der Mietsache dar, zu dessen Behebung der Vermieter verpflichtet wäre (LG Frankfurt/M., a.a.O.; so auch LG Hagen, Beschluss v. 19.7.2012, 1 S 53/12, DWW 2012 S. 263, wonach die vom Vermieter geschuldete Beschaffenheit der Mietwohnung sich ausschließlich nach den im Zeitpunkt der Errichtung des Hauses geltenden Bestimmungen richtet (z.B. über den Wärmeschutz). Ist dieser eingehalten, muss der Mieter zur Vermeidung von Feuchtigkeits- und Schimmelschäden sein Wohnverhalten der bestehenden Bausubstanz anpassen, wobei im konkreten Fall auch ein vier- oder fünfmaliges Lüften täglich zumutbar ist.)

Zur Zumutbarkeit von Lüftungsmaßnahmen s. auch LG Aurich, Beschluss v. 9.2.2005, 2 T 51/05, WuM 2005 S. 573.

Der Mieter ist auch verpflichtet, **Kondenswasser,** das sich insbesondere im Winter bei niedrigen Außentemperaturen an Scheiben von Fenstern und Balkontüren bildet, durch Lüften und Wischen zu beseitigen; ggf. muss der Mieter auch sein Lüftungsverhalten ändern, um die Bildung von Kondenswasser zu reduzieren. Bei einer Verfärbung des Parkettbodens infolge des Kondenswassers ist der Mieter jedenfalls nicht zur Minderung der Miete berechtigt, da es sich dabei nur um eine rein optische Beeinträchtigung handelt, die vom Mieter hingenommen werden muss (AG München, Urteil v. 20.4.2012, 474 C 2793/12).

Sind Feuchtigkeitsschäden in den Mieträumen bereits eingetreten, muss der Mieter einer Verschlechterung des Zustands ggf. durch Ummöblierung entgegenwirken (LG Stade, Urteil v. 21.6.1983, 3 S 22/83, WuM 1985 S. 23). Allerdings müssen die Mieträume in bauphysikalischer Hinsicht so beschaffen sein, dass bei einem Abstand der Möbel von der Zimmerwand von nur wenigen Zentimetern (Scheuerleistenabstand) eine Tauwasserbildung ausgeschlossen ist. Daher darf der Mieter einer Wohnung davon ausgehen, dass das Mietobjekt bauphysikalisch so beschaffen ist, dass auch große Möbel an den Außenwänden aufgestellt werden können, ohne dass Feuchtigkeitsschäden auftreten (AG Hamburg, Urteil v. 19.2.2009, 915 C 515/08, WuM 2009 S. 582).

Eine Hartschaum-Wärmedämmung auf der Innenseite einer Wand, die durch ihre Wirkung als Dampfsperre zu Schimmelbefall in der Mietwohnung führt, ist als bauphysikalischer Mangel anzusehen und daher nicht vom Mieter zu verantworten. Auch in diesem Fall ist dem Mieter nicht zumutbar, Schränke mit 10 cm Abstand von der Wand aufzustellen, da dies die Wohnfläche reduzieren würde (LG Münster, Urteil v. 22.3.2011, 3 S 208/10; so auch LG Mannheim, Urteil v. 14.2.2007, 4 S 62/06, NJW 2007 S. 2499, wonach der Mieter mangels abweichender Vereinbarungen nicht verpflichtet ist, beim Aufstellen von Möbeln einen Wandabstand von 5 cm oder mehr einzuhalten;

s. auch LG Hamburg, Urteil v. 17.6.2003, 307 S 48/02, ZMR 2004 S. 41, wonach ein Abstand von 9 cm zwischen Schrank und Außenwand genügt; es sei denn, dass im Mietvertrag ausdrücklich die Einhaltung eines größeren Abstands vereinbart wurde; so auch AG Osnabrück, Urteil v. 4.7.2005, 14 C 385/04, NZM 2006 S. 224).

Kann der durch einen bauphysikalischen Mangel der Mietwohnung bedingte Schimmelbefall (hier: durch Styropor-Wärmedämmung an den Innenwänden) nur dadurch verhindert werden, dass die Schränke im Wandabstand von mindestens 10 cm aufgestellt werden, muss der Vermieter den Mieter bei Vertragsabschluss auf diesen bauphysikalischen Mangel hinweisen, wenn er sich nicht der Gefahr von Schadenersatzansprüchen des Mieters wegen Schimmelschäden (z.B. an dessen Einrichtungsgegenständen) aussetzen will (LG Münster, Urteil v. 22.3.2011, 3 S 208/10, WuM 2011 S. 359).

Ohne entsprechende Vereinbarung ist der Mieter im Rahmen des vertragsgemäßen Gebrauchs der Mietsache berechtigt, seine Möbel an jedem beliebigen Platz in der Wohnung, d.h. auch dicht an der Wand, aufzustellen (LG Gießen, Urteil v. 2.4.2014, 1 S 199/13, WuM 2014 S. 331). Dementsprechend steht dem Anspruch des Mieters auf Mängelbeseitigung nicht entgegen, dass sein Wohnverhalten (hier: Aufstellen eines großen Kleiderschranks an einer nördlich gelegenen Außenwand) ursächlich für die Schadensentstehung war, wenn es sich im Rahmen des vertragsgemäßen Gebrauchs hält und mangels eines Hinweises des Vermieters bzw. einer entsprechenden Vereinbarung nicht vorwerfbar war (LG Lübeck, Urteil v. 7.3.2014, 1 S 106/13, WuM 2014 S. 329). Schimmelbefall an der Außenwand des Schlafzimmers einer 3-Zimmer-Wohnung kann zu einer Minderung in Höhe von 15 % der Bruttomiete berechtigen (LG Lübeck, a.a.O.).

Die Wahl des Sanierungswegs zur Beseitigung von vorhandenen Feuchtigkeitsschäden obliegt grundsätzlich dem Vermieter. Der Mieter hat nur dann einen Anspruch auf eine bestimmte von ihm favorisierte Sanierungsmaßnahme, wenn lediglich diese eine Maßnahme geeignet ist (LG Hamburg, Urteil v. 25.3.2010, 307 S 152/09, ZMR 2010 S. 610).

Auch die Entscheidung darüber, auf welche Art und Weise bzw. mit welchen Maßnahmen künftig übermäßige Kondenswasserbildung in den Mieträumen verhindert werden kann, obliegt dem Vermieter. Allerdings darf durch Vornahme der Maßnahmen der vertragsgemäße Gebrauch der Mieträume nicht wesentlich beeinträchtigt werden. Eine Innendämmung der Räume zur Feuchtigkeitsbeseitigung scheidet daher regelmäßig aus (LG Mannheim, Urteil v. 14.2.2007, 4 S 62/06, NJW 2007 S. 2499).

Der Mieter ist auch nicht für Feuchtigkeit verantwortlich, die infolge von **Bauschäden von außen**, z.B. durch schadhaftes Mauerwerk oder das Dach, in die Mieträume eindringt. In diesem Fall ist der Mieter bei erheblicher Beeinträchtigung des Wohnwerts zur Minderung der Miete berechtigt und kann vom Vermieter die Beseitigung der Mängel und Schäden verlangen.

Beim Auftreten bauseitig bedingter Feuchtigkeits- und Schimmelpilzerscheinungen in Küche, Wohn- und Schlafzimmer sowie Putzschäden ist eine Mietminderungsquote von 20 % angemessen. Dem Vermieter obliegt der Beweis, dass Schimmel- und Feuchtigkeitsschäden in der Wohnung nicht auf bauseitige Ursachen zurückzuführen sind. Dies gilt auch für die Frage, ob bzw. in welchem Umfang falsches Nutzerverhalten des Mieters (mit)ursächlich für Schäden ist (AG Osnabrück, Urteil v. 10.10.2013, 48 C 31/12 (5), WuM 2014 S. 137).

Gleiches gilt, wenn bauseits vorhandene Installationen zum Abführen von Feuchtigkeit nicht mehr funktionsfähig sind (hier: verstopfter Abluftschacht im Bad). In diesem Fall kann der Mieter nicht für evtl. Feuchtigkeitsschäden verantwortlich gemacht werden, wenn der Vermieter seiner Verpflichtung zur Instandsetzung des defekten Schachts nicht nachkommt (AG München, Urteil v. 14.10.2011, 461 C 2775/10).

Stellt der Vermieter Trocknungsgeräte in der Wohnung auf, um bauseits verursachte Feuchtigkeitsschäden auszutrocknen, hat der Mieter Anspruch auf Ersatz der Kosten für Strom sowie für eine zeitweilige Ausquartierung, wenn ihm ein Verbleiben in der Wohnung (z.B. wegen des von den Trocknungsgeräten verursachten Lärms) nicht zumutbar ist (AG Schöneberg, Urteil v. 10.4.2008, 109 C 256/07, WuM 2008 S. 477).

Bei Beseitigung von Schimmelschäden kann grundsätzlich nur das Behandeln und Malern der **betroffenen** Flächen verlangt werden. Ein Anspruch auf ein einheitliches optisches Gesamtbild der Räume besteht nicht, sodass weder die Renovierung der gesamten Wohnung noch sämtlicher Wände der betroffenen Räume verlangt werden kann (so AG Bergisch Gladbach, Beschluss v. 7.11.2011, 68 C 230/07, ZMR 2012 S. 198 für Schadenersatzansprüche des Vermieters, was umgekehrt auch für entsprechende Ansprüche des Mieters gelten muss, wenn der Schaden aus der Sphäre des Vermieters herrührt).

Ist der Vermieter mit der Beseitigung des Mangels in **Verzug**, kann der Mieter den Mangel selbst beseitigen (lassen) und zu diesem Zweck vom Vermieter einen **Vorschuss** in Höhe der voraussichtlich erforderlichen Beseitigungskosten verlangen (BGH, Urteil v. 28.5.2008, VIII ZR 271/07, NJW 2008 S. 2432).

Auf Antrag des Mieters kann das zuständige Amtsgericht auch im Wege der **einstweiligen Verfügung** dem Vermieter aufgeben, bestimmte Maßnahmen zu treffen, um das Eindringen von Feuchtigkeit zu verhindern. Kommt der Vermieter dieser Verpflichtung nicht nach, ist die Festsetzung eines **Zwangsgelds** gegen den Vermieter **unzulässig**, da eine sog. vertretbare Handlung vorliegt, die nach § 887 ZPO zu vollstrecken ist. Danach kann das Gericht den Mieter ermächtigen, die Handlungen auf Kosten des Vermieters selbst vorzunehmen oder durch einen Dritten vornehmen zu lassen **(Ersatzvornahme)**. Der Mieter kann vom Vermieter dafür einen **Kostenvorschuss** verlangen (OLG Dresden, Beschluss v. 8.10.2001, 3 W 1411/01, WuM 2002 S. 34).

Stellt ein vom Mieter beauftragtes Speziallabor für angewandte Mikrobiologie Schimmel an der Rückseite von Einbaumöbeln des Mieters fest, belegt dies allein noch keinen unmittelbaren Mangel der Mietsache, solange die hierfür möglicherweise ursächliche Feuchtigkeit des Raums als „Ursprungsmangel" nicht hinreichend dargelegt ist (KG Berlin, Beschluss v. 25.9.2006, 12 U 118/05, GE 2007 S. 445).

Schadenersatzansprüche des Mieters (z.B. wegen Beschädigung von Mobiliar durch eingedrungene Feuchtigkeit) können **formularvertraglich nicht** ausgeschlossen oder dahingehend eingeschränkt werden, dass der Vermieter nur für Vorsatz und grobe Fahrlässigkeit haftet (BGH, RE v. 24.10.2001, VIII ARZ 1/01, NZM 2002 S. 116; s. auch „Allgemeine Geschäftsbedingungen"). Der gegenteilige Rechtsentscheid des OLG Stuttgart v. 11.4.1984, 8 RE-Miet 1/84, NJW 1984 S. 2226 ist daher nicht mehr anwendbar.

Unterlässt es der Mieter z.B. während eines zweimonatigen stationären Krankenhausaufenthalts, einen Dritten zu beauftragen, in seiner Wohnung die notwendige tägliche Lüftung durchzuführen und entsteht in dieser Zeit Feuchtigkeit, die Inventargegenstände beschädigt, kann der Mieter Schadenersatz wegen der beschädigten Gegenstände nur verlangen, wenn er nachweist, dass es auch bei rechtzeitiger Anzeige zu demselben Schaden gekommen wäre (LG Köln, Urteil v. 26.3.2008, 10 S 190/07, ZMR 2008 S. 629).

> Die Höhe des Schadenersatzes für beschädigtes Mobiliar ist nicht beschränkt auf den Wiederbeschaffungswert für gebrauchtes Mobiliar, sondern kann vom Gericht auf der Basis des Anschaffungspreises abzüglich eines Abzugs „neu für alt" geschätzt werden (LG Mannheim, Urteil v. 14.2.2007, 4 S 62/06, NJW 2007 S. 2499).

Ein miet**vertraglicher** Ausschluss des **Minderungs**rechts des Mieters ist bei Wohnraum nicht nur formularmäßig, sondern auch einzelvertraglich unzulässig.

Ein völlig ungenügendes und unübliches Lüftungsverhalten des Mieters (z.B. Lüftung hinter geschlossenen Gardinen mittels gekippter Fenster und nur gelegentliches Öffnen der Balkontür) kann ausnahmsweise eine **fristlose**

Kündigung durch den Vermieter begründen, wenn der Mieter sein Lüftungsverhalten auch nach Abmahnung nicht ändert und dadurch eine massive Schimmelpilz- und Feuchtigkeitsbildung in der Wohnung verursacht hat, wodurch die Mietsache in erheblichem Maße gefährdet und beschädigt wird (AG Hannover, Urteil v. 31.8.2005, 565 C 15388/04, WuM 2005 S. 767).

Tritt nach Beseitigung eines Mangels (z.B. Feuchtigkeit, Schimmel) durch den Vermieter derselbe Mangel wieder auf, muss der Mieter den Mangel **erneut** dem Vermieter anzeigen. Zu einer sofortigen außerordentlichen Kündigung des Mietverhältnisses ist der Mieter auch dann nicht berechtigt, wenn er sich nach Beseitigung des Mangels die außerordentliche Kündigung im Fall des nochmaligen Auftretens des Mangels vorbehalten hat. Gleiches gilt für die Geltendmachung von Schadenersatzansprüchen durch den Mieter, z.B. auf Ersatz von Umzugskosten (AG München, Urteil v. 8.11.2011, 431 C 20886/11).

Bei alten Gebäuden müssen Mieter mit bestimmten Mängeln, u.a. auch mit Feuchtigkeit im **Keller**, rechnen und können wegen solcher bauartbedingten Mängel weder die Miete mindern noch eine Nachbesserung der Bodendämmung verlangen (AG München, 461 C 19454/09; s. auch „Kenntnis von Mängeln“).

Schwarzstaubablagerungen (sog. **Fogging**) entsteht, wenn sich in der Raumluft enthaltene Partikel, die u.a. durch Ausdünstung von Weichmachern aus Bodenbelägen oder Einrichtungsgegenständen, aber auch z.B. durch Gebrauch von Kerzen oder durch Tabakrauch entstehen können, aufgrund bauphysikalischer Einflüsse an bestimmten Stellen innerhalb eines Raums ablagern und dort zu Schwärzungen der Oberfläche führen. Betroffen sind meist **Raumkanten und -ecken** im Bereich von Boden- und Wandanschlüssen, an denen Untertemperaturen sog. Fallluftströmungen verursachen, die zur Ablagerung der Partikel an diesen Stellen führen.

Die **Beseitigung** der Schwarzstaubablagerungen kann der Mieter nach der Rechtsprechung des BGH vom Vermieter unabhängig davon verlangen, ob die Mangelursache dem Gefahrenbereich, d.h. der Sphäre des Mieters oder des Vermieters, zuzurechnen ist. Voraussetzung ist allerdings, dass sich der Mieter **vertragsgemäß** verhalten hat, die Wohnung z.B. mit einem **handelsüblichen** Teppichboden ausgestattet oder mit **handelsüblichen** Farben gestrichen hat. Hat der Mieter die Grenzen des vertragsgemäßen Gebrauchs überschritten und damit den Mangel zu vertreten, ist er zur Beseitigung der Schäden auf seine Kosten verpflichtet (BGH, Urteil v. 28.5.2008, VIII ZR 271/07, NJW 2008 S. 2432).

Anders ist die Rechtslage, wenn der Mieter **Schadenersatzansprüche** gegen den Vermieter geltend macht (z.B. wegen Schäden an seinen Einrichtungsgegenständen). In diesem Fall trägt der **Mieter** nach allgemeinen Grundsätzen als Anspruchsteller die Beweislast für die Voraussetzungen seines Anspruchs und somit auch die Beweislast für ein **Verschulden** des Vermieters an dem eingetretenen Schaden. Etwas anderes gilt nur dann, wenn **feststeht**, dass die Schadensursache im Herrschafts- und Einflussbereich des Vermieters gesetzt worden ist; nur in diesem Fall muss sich der Vermieter hinsichtlich des Verschuldens entlasten (BGH, Beschluss v. 25.1.2006, VIII ZR 223/04, WuM 2006 S. 147).

Fogging → „Feuchtigkeit in der Wohnung“

Formularverträge → „Allgemeine Geschäftsbedingungen“

Fortsetzung des Mietverhältnisses → „Zeitmietvertrag“

Fragebogen → „Anfechtung des Mietvertrags“

Fristlose Kündigung → „Kündigung“, Abschnitt 2.2.1 und Abschnitt 3.2.1 „Außerordentliche fristlose Kündigung aus wichtigem Grund“

Garage

Inhaltsübersicht

Seite

1 **Einheitliches Wohnraummietverhältnis** 323

2 **Selbstständiger Garagenmietvertrag** 324

3 **Kein Anspruch auf Garage/Stellplatz** 329

4 **Getrennte Veräußerung der Garage** 329

5 **Lagern von Gegenständen** 330

6 **Sonderregelungen in den neuen Bundesländern** 330

Bei der Vermietung einer Garage bzw. eines Stellplatzes finden die Schutzvorschriften, die für Wohnraum gelten (beispielsweise bezüglich Kündigung oder Mieterhöhung), keine Anwendung.

Wurden keine abweichenden Vereinbarungen getroffen, kann das Mietverhältnis, wenn die Miete nach Monaten oder längeren Zeitabschnitten bemessen ist, spätestens am dritten Werktag eines Kalendermonats zum Ablauf des übernächsten Monats **gekündigt** werden (§ 580a Abs. 1 BGB; s. „Kündigungsfristen"). Die **verlängerte** Kündigungsfrist (§ 580a Abs. 2 BGB, 6 Monate) gilt **nicht** für Garagen, da es sich bei Garagen nicht um Geschäftsräume i. S. dieser Vorschrift handelt (AG Wuppertal, Beschluss v. 26.10.1994, 94 C 401/94, WuM 1996 S. 548). Die Angabe eines Kündigungsgrunds ist **nicht** erforderlich.

Eine Mieterhöhung kann im Wege der **Änderungskündigung** durchgeführt werden. Dabei wird der Vertrag fristgerecht gekündigt, verbunden mit dem Angebot auf Abschluss eines neuen Mietvertrags mit einer höheren Miete. Einer Begründung bedarf es nicht.

Diese Ausführungen an Garagen und Stellplätzen gelten uneingeschränkt jedoch lediglich dann, wenn mit dem betreffenden Objekt nicht auch Wohnraum vermietet ist.

1 Einheitliches Wohnraummietverhältnis

Besteht auch ein Mietverhältnis über Wohnraum, gilt Folgendes: Wurde die Garage **zusammen** mit dem **Wohnraum** vermietet, z. B. dadurch, dass sie im Wohnraummietvertrag unter den vermieteten Räumlichkeiten angeführt ist oder ohne Erwähnung im Mietvertrag überlassen wurde, liegt nach der Rechtsprechung ein **einheitliches** Mietverhältnis über Wohnraum und Garage vor, mit der Folge, dass eine Teilkündigung der Garage unzulässig ist und die Garage nur zusammen mit dem Wohnraum unter Einhaltung der Wohnraumkündigungsschutzvorschriften kündbar ist (vgl. z. B. LG Mannheim, Urteil v. 7.11.1979, 4 S 105/79, WuM 1980 S. 134 sowie LG Köln, Urteil v. 26.2.1992, 10 S 419/91, WuM 1992 S. 264, wonach Eigenbedarf allein für die Garage nicht geltend gemacht werden kann). Auch die gesonderte Ausweisung der Miete für die Garage im Wohnraummietvertrag ändert nichts an der Einheitlichkeit des Mietverhältnisses (LG Baden-Baden, Urteil v. 5.10.1990, 1 S 54/90, WuM 1991 S. 34).

In diesem Fall kann auch die Miete für die Garage nicht separat, d. h. isoliert erhöht werden. Dies gilt auch dann, wenn die Garagenmiete unter der ortsüblichen Miete liegt. Eine Erhöhung ist nur zusammen mit der Wohnungsmiete möglich. Die Begründung der Mieterhöhung muss sich aus diesem Grund auf Wohnung und Garage beziehen, wobei die verlangte Miete die ortsübliche Miete für diese Wohnung mit Garage nicht übersteigen darf (AG Köln, Urteil v. 4.12.2003, 210 C 397/03, WuM 2005 S. 254; s. auch AG Frankfurt/M., NJW-RR 1997 S. 973; Sternel, Mietrecht III, Rn. 605 c).

Ein **einheitliches** Mietverhältnis liegt grundsätzlich auch dann vor, wenn der Vermieter einer Wohnung seinem Mieter nach Jahren auch eine **auf dem Hausgrundstück** gelegene Garage vermietet und eine ausdrückliche Einbeziehung in den bisherigen Mietvertrag nicht erfolgt (OLG Karlsruhe, RE v. 30.3.1983, 3 RE-Miet 1/83, NJW 1983 S. 1499; Weber/Marx, III/S. 53).

Anders ist die Rechtslage zu beurteilen, wenn die **Garage** auf einem **anderen Grundstück** liegt. In diesem Fall ergibt sich bereits aus diesem Umstand, dass der Parteiwille auf den Abschluss eines selbstständigen Mietvertrags über die hinzu gemietete Garage gerichtet war.

2 Selbstständiger Garagenmietvertrag

Bei einem schriftlichen Wohnungsmietvertrag und einem **separat** abgeschlossenen Mietvertrag über eine Garage spricht eine tatsächliche **Vermutung** für die rechtliche **Selbstständigkeit** der beiden Vereinbarungen. Dies gilt auch dann, wenn die Garage zeitgleich mit der Wohnung angemietet und die Anmietung der Garage sogar mündlich zugesagt, im schriftlichen Wohnungsmietvertrag aber nicht erwähnt wurde. Insofern kann auch aus dem Vortrag eines Mieters, ihm sei vom Vermieter der Wohnung zugesagt worden, dass er bei Freiwerden einer Garage diese zur Wohnung hinzumieten könne, nicht der Schluss gezogen werden, dass die Parteien ungeachtet der besonderen Bedingungen über die Vertragslaufzeit und die Kündigung des Garagenmietvertrags einen einheitlichen Mietvertrag über Wohnung und Garage schließen wollten (BGH, Beschluss v. 8.10.2013, VIII ZR 254/13, GE 2013 S. 1650). Für die Widerlegung der Vermutung von selbstständigen Mietverträgen müssen vielmehr besondere Umstände vorliegen, welche die Annahme rechtfertigen, dass die Mietverhältnisse über die Wohnung und die Garage nach dem Willen der Beteiligten eine rechtliche **Einheit** bilden sollen. Dies ist im Regelfall aber nur dann anzunehmen, wenn Wohnung und Garage auf **demselben** Grundstück liegen (BGH, Urteil v. 12.10.2011, VIII ZR 251/10, ZMR 2012 S. 176). Aber auch dann lässt eine Kündigungsfrist im Garagenmietvertrag, die von den Kündigungsfristen für Wohnraum abweicht, auf den Willen der Parteien schließen, dass es sich um zwei rechtlich selbstständige Mietverhältnisse handeln soll. Dies gilt selbst dann, wenn Garage und Wohnung auf demselben Grundstück liegen und bei Mieterhöhungen Wohnraum- und Garagenmiete im selben Verhältnis angehoben wurden (BGH, Beschlüsse v. 9.4.2013, VIII ZR 245/13, WuM 2013 S. 421 und v. 4.6.2013, VIII ZR 422/12, NZM 2013 S. 726).

Ist dies nicht der Fall und liegt die Garage auf demselben Grundstück, handelt es sich aber trotzdem um ein selbstständiges Mietverhältnis, wenn die Überlassung nicht der Erfüllung der öffentlich-rechtlichen Verpflichtung zur Versorgung der Hausbewohner mit Stellplätzen dient, sondern diese vielmehr durch die vom Mieter bereits benutzten Plätze schon erfüllt worden ist. Die Anmietung eines weiteren zusätzlichen Stellplatzes bzw. einer Garage ist insoweit nicht mehr notwendig, um die Nutzung der Wohnung im regelmäßigen Umfang auch hinsichtlich der Unterbringung von Kraftfahrzeugen zu sichern, und steht daher nur im **zufälligen Zusammenhang** mit der Tatsache, dass die Vertragspartei auch am Ort des Stellplatzes bzw. der Garage wohnt (LG Frankfurt/M., Urteil v. 18.9.1990, 2/11 S 211/90, WuM 1991 S. 36). Die tatsächliche Vermutung der rechtlichen Selbstständigkeit von getrennt abgeschlossenen Mietverträgen über Wohnung und Garagenstellplatz (gemäß dem BGH-Urteil v. 12.10.2011, a. a. O.) kann widerlegt werden, wenn Wohnung und Garage nach dinglicher Rechtslage zwar nicht auf demselben Grundstück liegen, die Grundstücke aber direkt benachbart sind, nach dem äußeren Erscheinungsbild eine Einheit bilden, vom Vermieter als „Wohnanlage“ bezeichnet und bei der Abrechnung der Betriebskosten als Abrechnungseinheit behandelt werden (LG Frankfurt/M., Urteil v. 3.7.2011, 2-11 S115/12, WuM 2012 S. 495).

Auch wenn die Garage auf **demselben** Grundstück liegt, kann eine selbstständige Vereinbarung zustande kommen, sofern ein entsprechender **Parteiwille** hinreichend deutlich erkennbar wird (OLG Karlsruhe, a.a.O.), z.B. durch die ausdrückliche Vereinbarung, dass die Vermietung der Garage unabhängig von dem Bestand des Wohnraummietverhältnisses erfolgt (so OLG Düsseldorf, Urteil v. 7.12.2006, I-10 U 115/06, WuM 2007 S. 65, wonach trotz einer **einheitlichen** Vertragsurkunde über Wohnung und Garage ein **selbstständiger** Garagenmietvertrag angenommen werden kann, wenn die Parteien dies vereinbart haben). Auch bei gleichzeitiger Überlassung von Wohnraum und Garage handelt es sich selbst bei räumlichem oder funktionellem Zusammenhang von Wohnraum und Garage um **rechtlich selbstständige** Verträge, wenn die Parteien **getrennte Vertragsformulare** mit jeweilig ausgewiesener Miete, unterschiedlichen Laufzeiten und Kündigungsregelungen verwenden (LG München I, Urteil v. 17.7.1991, 14 S 10344/90, WuM 1992 S. 15; vgl. auch LG Stuttgart, Urteil v. 15.2.2001, 16 S 207/00, DWW 2001 S. 136; LG Berlin, Urteil v. 11.9.1986, 61 S 187/86, MDR 1987 S. 142; LG Köln, Urteil v. 26.2.1992, 10 S 419/91, ZMR 1992 S. 251; LG Wuppertal, Urteil v. 26.10.1995, 9 S 356/94, NJWE-MietR 1996 S. 122; LG Duisburg, Urteil v. 29.4.1986, 7 S 365/85, NJW-RR 1986 S. 1211). Bereits die Vereinbarung von **unterschiedlichen Kündigungsfristen** kann für den Parteiwillen sprechen, einen **selbstständigen** Garagenmietvertrag abzuschließen (BGH, Beschlüsse v. 9.4.2013 und 4.6.2013, a.a.O.; so bereits AG Frankfurt/M., Urteil v. 25.3.2003, 301 C 3558/02, ZMR 2003 S. 743). Insofern kann auch bereits ein vom Wohnraummietvertrag **abweichender Zahlungstermin** für die Garagenmiete (z.B. Mitte oder Ende des Monats anstatt am dritten Werktag) darauf hindeuten, dass ein rechtlich selbstständiger, d.h. eigenständiger Garagenmietvertrag abgeschlossen wurde (LG München I, Urteil v. 20.3.2002, 14 S 20652/01, WuM 2002 S. 268). Dagegen kann von einem einheitlichen Mietverhältnis über Wohnung und Garage ausgegangen werden, wenn dem Mieter bei Anmietung der Wohnung die nächste freie Garage – obwohl auf einem anderen Flurstück gelegen – zugesagt wurde (AG Gelsenkirchen, Urteil v. 11.3.2011, 14 C 12/11, ZMR 2012 S. 450). Eine **Formularklausel**, wonach der Garagenmietvertrag rechtlich und wirtschaftlich selbstständig und unabhängig von dem Abschluss eines anderen Mietvertrags, z.B. über eine Wohnung, sein soll, verstößt weder gegen § 305c BGB – „überraschende Klausel" – noch gegen § 307 BGB – „unangemessene Benachteiligung" – (AG Frankfurt/M, Urteil v. 26.6.1985, 33 C 1768/85-27, WuM 1986 S. 254).

> Ein erkennbarer auf den Abschluss eines eigenständigen Garagenmietvertrags gerichteter Parteiwille liegt auch vor, wenn die Vertragsparteien des Wohnungs- und des Garagenmietvertrags nicht identisch sind (z.B. Wohnungsmietvertrag mit Herrn und Frau X, Garagenmietvertrag nur mit Herrn X als Mieter). Die Annahme eines einheitlichen Vertragsverhältnisses würde einen (unzulässigen) Vertrag zulasten Dritter (hier: Frau X) darstellen (LG Hamburg, Urteil v. 5.4.1991, 311 S 262/90, WuM 1991 S. 672; LG Hamburg, Urteil v. 20.6.1986, 11 S 56/86, WuM 1986 S. 338). Auch eine gemeinsame Betriebskostenabrechnung für Wohnung und Garage ändert hier nichts an der Eigenständigkeit des Garagenmietvertrags.

Auch die Vermietung einer **öffentlich geförderten** Wohnung (z.B. Sozialwohnung) und eines **preisfreien** Stellplatzes in einer Vertragsurkunde führt nicht dazu, dass die Vermietung des Stellplatzes den Regelungen des Wohnungsbindungsgesetzes (Preis- und Belegungsbindung) unterliegt (AG Köln, Urteil v. 26.6.2009, 222 C 6/09, ZMR 2009 S. 932).

Die Eigenständigkeit des Garagenmietvertrags hat zur Folge, dass eine **separate Kündigung** der Garage, wie bei Geschäftsraum, ohne Angabe von Gründen möglich ist. Nur im Ausnahmefall bei Vorliegen ganz besonderer Umstände kann die Kündigung des Vermieters wegen Rechtsmissbräuchlichkeit unwirksam sein, z.B. wenn sie nur erfolgt, weil der Mieter die Beseitigung unstreitig vorhandener Mängel gefordert (LG Hamburg, Urteil v. 3.6.1985, 16 S 217/84) oder der Mieter einer Mieterhöhung für die gemietete Wohnung nicht in vollem Umfang zugestimmt hat (LG Hamburg, Urteil v. 30.3.1982, 16 S 4/82).

Bei Vorliegen rechtlich **selbstständiger** Verträge unterliegt die **Mieterhöhung** nicht den Vorschriften des § 558 BGB und kann im Wege der Änderungskündigung durchgesetzt werden. Entsprechend den Ausführungen zur Kündigung schränkt ein Teil der Rechtsprechung (LG Hamburg, Urteile v. 8.9.1981, 16 S 95/81 und v. 30.3.1982, 16 S 4/82) auch das Recht zur Änderungskündigung für den Fall einer rechtsmissbräuchlichen Ausübung ein, die aber jedenfalls dann nicht vorliegen kann, wenn mit der Änderungskündigung lediglich eine Anhebung der Garagenmiete auf das ortsübliche Niveau erreicht werden soll.

War das Gericht 1. Instanz der Auffassung, dass es sich um einen **einheitlichen** Mietvertrag über Haus und (hier:) Garten handelt, muss nach eingelegter Berufung das Berufungsgericht einen Hinweis erteilen, wenn es zu dieser Rechtsfrage eine andere Ansicht vertritt. Es muss dann dem Beklagten Gelegenheit gegeben werden, Vortrag und Beweisantrag hierzu aus 1. Instanz zu wiederholen (BGH, Beschluss v. 26.4.2012, V ZR 276/11, ZMR 2012 S. 692 zum einheitlichen Mietvertrag über Haus und Garten, wobei dies entsprechend bei Mietverträgen über Haus und Garage gelten wird).

Zur Berechnung der sog. **Rechtsmittelbeschwer**, deren Höhe entscheidend dafür ist, ob gegen ein Urteil Berufung eingelegt werden kann (ab 600 Euro), wenn sich der Mieter eines **getrennt angemieteten** Garagenplatzes gegenüber der Kündigung des Garagenplatzes durch den Vermieter darauf beruft, dass ein **einheitliches** Mietverhältnis über Wohnung und Garage vorliegt und er die Garage daher so lange wie die angemietete Wohnung nutzen darf s. BGH, Beschluss v. 14.4.2004, XII ZB 224/02, NZM 2004 S. 460.

Räumt der Mieter die Garage trotz einer wirksamen Kündigung des Vermieters nicht oder nicht fristgerecht, muss sich der Vermieter staatlicher Hilfe bedienen, um sein Recht auf Räumung und Herausgabe durchzusetzen. Dies geschieht in der Regel durch Erhebung einer Räumungsklage und ggf. Zwangsräumung durch den Gerichtsvollzieher aufgrund eines vollstreckbaren Räumungsurteils. Bei einer **eigenmächtigen**, d.h. nicht durch einen gerichtlichen Titel gedeckten Räumung und Inbesitznahme der Garage durch den Vermieter, gelten die vom BGH in seiner Entscheidung vom 14.7.2010 (VIII ZR 45/09, WuM 2010 S. 578) dargestellten Grundsätze. Dies bedeutet, dass nicht nur die eigenmächtige Inbesitznahme einer Wohnung durch den Vermieter, sondern auch einer Garage eine unerlaubte Selbsthilfe (§ 229 BGB) darstellt, für deren Folgen der Vermieter **verschuldensunabhängig** (§ 231 BGB) für die hierdurch entstandenen Schäden haftet. Ein Vermieter, der eine u.a. mit Reifen, Motor- und Getriebeteilen und Werkzeug vollgestellte Garage in Abwesenheit des Mieters ohne Vorliegen eines gerichtlichen Titels ausräumt, muss sich aufgrund der ihn treffenden Obhutspflicht nicht nur entlasten, soweit ihm die Herausgabe nachweislich vorhandener Gegenstände unmöglich wird oder nachweislich eine Verschlechterung an herauszugebenden Gegenständen eintritt. Aufgrund seiner Obhutspflicht muss er die Interessen des an seiner eigenen Interessenwahrung verhinderten Mieters auch dadurch wahren, dass er bei der Inbesitznahme ein aussagekräftiges **Verzeichnis** der geräumten Gegenstände aufstellt und deren Wert schätzen lässt. Kommt er dem nicht nach, hat er zu beweisen, in welchem Umfang Bestand und Wert der der Schadensberechnung zugrunde gelegten Gegenstände von den Angaben des Mieters abweichen, soweit dessen Angaben plausibel sind (KG Berlin, Urteil v. 14.7.2011, 12 U 149/10, ZMR 2011 S. 859).

Dies gilt auch dann, wenn der Vermieter nach der Kündigung des Mietverhältnisses wegen Zahlungsverzugs ankündigt, er werde die Garage „entrümpeln“ lassen. Mit der eigenmächtigen Räumung setzt sich der Vermieter über das staatliche Gewaltmonopol hinweg und handelt somit widerrechtlich mit der Folge, dass er verschuldensunabhängig für alle Schäden haftet, die er mit der eigenmächtigen Räumung verursacht hat. Insofern sind auch Dritte, die wegen ihrer Beziehung zum Mieter von der Räumung betroffen sind, z.B. weil sie eigene Gegenstände in der Garage gelagert hatten (hier: wertvolle Skulpturen), geschützt (OLG Nürnberg, Urteil v. 23.8.2013, 5 U 160/12, ZMR 2014 S. 534).

Bei Anmietung eines Stellplatzes muss sich der Fahrer eines überdurchschnittlich großen Autos selbst davon überzeugen, ob er dieses Auto auf dem Stellplatz überhaupt abstellen kann. Er kann nicht einwenden, der Stellplatz wäre wegen seiner Größe zur vertragsgemäßen Nutzung nicht geeignet (AG München, Urteil v. 15.4.2008, 423 C 11099/07).

Der Nutzer eines Duplex-Stellplatzes (Doppelparker) in einer Tiefgarage kann auch nicht davon ausgehen, auf dem Stellplatz einen Van abstellen zu können. Ist die untere Parkebene allerdings nur für Fahrzeuge bis zu einer Höhe von 150 cm geeignet, liegt ein Mangel vor (so LG Karlsruhe, Urteil v. 16.2.2007, 3 O 195/06, NZM 2008 S. 216 zum Kaufrecht).

Der Mieter ist, soweit keine besonderen Vereinbarungen getroffen worden sind, nur zu einer üblichen Benutzung des mitvermieteten Stellplatzes berechtigt. Sozial üblich ist bei einem Stellplatz nur dessen Benutzung innerhalb der z.B. vom Vermieter gezogenen Begrenzungen. Der Mieter darf sein Fahrzeug nicht so abstellen, dass der angrenzende Parkplatz (teilweise) blockiert wird (LG Nürnberg-Fürth, Beschluss v. 14.1.2010, 15 S 8642/09, NJW-RR 2010 S. 1165).

Innerhalb dieser Begrenzungen darf der Stellplatz in seiner kompletten Breite ausgenützt werden, d.h., der Nutzer muss sein Fahrzeug nicht zwingend mittig, sondern darf es auch auf der rechten Hälfte parken, selbst wenn dies dem Nutzer der danebenliegenden Parkfläche das Einsteigen erschwert. Diesem steht kein Unterlassungsanspruch zu, da weder eine Beeinträchtigung des Eigentums vorliegt noch das Rücksichtnahmegebot verletzt ist. Ein Unterlassungsanspruch würde auch dann nicht bestehen, wenn auf dem Stellplatz ein breites Fahrzeug geparkt wird, das die Fläche des gesamten Stellplatzes einnimmt (AG München, Urteil v. 11.6.2013, 415 C 3398/13).

Das unberechtigte Abstellen eines Fahrzeugs auf fremdem Grund, z.B. vor oder in einer **privaten** Garagenzufahrt, stellt eine Eigentumsbeeinträchtigung dar, gegen die der Grundstückseigentümer Ansprüche auf Unterlassung und Beseitigung (§ 1004 BGB) geltend machen kann.

Gleiches gilt nach einem neuen Urteil des BGH auch dann, wenn das Fahrzeug nicht auf privatem, sondern auf **öffentlichem** Grund abgestellt ist, dabei aber die Einfahrt eines privaten Grundstücks blockiert. Das Herrschaftsrecht des Grundstückseigentümers erstreckt sich zwar nicht auf das öffentliche Straßengrundstück, von dem aus die Zufahrt auf sein Grundstück blockiert wird; der Grundstückseigentümer kann jedoch Zugangsbehinderungen unabhängig davon abwehren, ob sie im öffentlichen Straßenraum oder auf seinem eigenen Grundstück stattfinden. Das Recht auf die Nutzung der Straße, die sein Grundstück erschließt, gehört zu den in § 903 BGB garantierten Nutzungsbefugnissen eines Grundstückseigentümers.

Es kommt auch nicht darauf an, ob das Blockieren der Grundstückseinfahrt einen Verstoß gegen die Straßenverkehrsordnung darstellt, da die Eigentumsbeeinträchtigung durch die Behinderung des Zugangs und nicht durch den Verstoß gegen das Straßenverkehrsrecht entsteht. Maßgeblich ist, ob es zu einer **tatsächlichen Behinderung** kommt. Dementsprechend liegt keine Eigentumsbeeinträchtigung vor, wenn und soweit die Grundstückszufahrt nicht benutzt wird. Ferner müssen unwesentliche, kurzfristige Beeinträchtigungen der Zufahrt für Be- und Entladegeschäfte geduldet werden. Dies folgt aus der Pflicht zur gesteigerten gegenseitigen Rücksichtnahme unter Nachbarn (BGH, Urteil v. 1.7.2011, V ZR 154/10).

Entsteht an dem in der Garage abgestellten Fahrzeug des Mieters ein **Schaden**, muss grundsätzlich der Mieter als Schadenersatzgläubiger darlegen und beweisen, dass den Vermieter eine Pflichtverletzung trifft und diese für den entstandenen Schaden ursächlich war (so bereits BGH, NJW 1978 S. 2197). Steht allerdings fest, dass als Schadensursache nur eine solche aus dem Obhuts- und Gefahrenbereich des Vermieters in Betracht kommt, muss sich der Vermieter (vgl. § 280 Abs. 1 S. 2 BGB) nicht nur hinsichtlich der subjektiven Seite, sondern auch hinsichtlich der objektiven Pflichtwidrigkeit seines Verhaltens entlasten (z.B. wenn infolge Reparaturarbeiten des Vermieters an seinem Kfz in der Garage mit weiteren vermieteten Stellplätzen ein Feuer ausbricht, durch das andere eingestellte Fahrzeuge zerstört werden; BGH, Urteil v. 22.10.2008, XII ZR 148/06, NJW 2009 S. 142).

Der Mieter eines Pkw-Stellplatzes hat grundsätzlich keinen Anspruch auf **Winterdienst** des Vermieters, wenn ihm aufgrund der örtlichen Verhältnisse zugemutet werden kann, auf winterliche Glätte zu achten und etwaige Gefahren auf einer kurzen Strecke (bis zur geräumten öffentlichen Zuwegung) zu meistern (OLG Düsseldorf, Beschluss v. 19.5.2008, 24 U 161/07, NZM 2008 S. 928).

Auch eine **Garageneinfahrt** muss, selbst wenn sie zugleich als Zugangsweg zur Garage dient, nicht mehrmals am Tag auf Verschmutzungen hin kontrolliert und – wenn sich keine Auffälligkeiten zeigen – nicht täglich gereinigt werden (KG Berlin, Urteil v. 24.10.2006, 9 U 185/05, NZM 2007 S. 125).

Vermieter von Tiefgaragenstellplätzen, deren Garage nicht für den allgemeinen Verkehr geöffnet ist, unterliegen auch nur einer begrenzten Verkehrssicherungspflicht. Nach Auffassung des AG München muss eine solche private Tiefgarage nicht mit den bei öffentlichen Garagen üblichen Sicherheitseinrichtungen, z.B. einer Lichtschranke oder Sensorleiste, ausgestattet sein, die verhindert, dass das Tor bei einem darunter befindlichen Fahrzeug schließt (AG München, Urteil v. 15.4.2013, 454 C 28946/12).

Bei einem automatisch schließenden Tor der Tiefgarage eines Mehrfamilienhauses ist jedoch eine **Lichtschranke** erforderlich, wenn die Gefahr besteht, dass ausfahrende Fahrzeuge im Schwenkbereich des Garagentors anhalten müssen, z.B. wenn der Abstand zwischen Garagentor und Gehweg so gering ist, dass sich ein (größerer) Pkw noch im Schwenkbereich des Tores befindet, wenn er vor dem davor verlaufenden Gehweg wegen passierender Fußgänger anhalten muss. In diesem Fall hat der Eigentümer allein mit dem Einbau eines Drucksensors seine Verkehrssicherungspflicht nicht ausreichend erfüllt, da ein Drucksensor Schäden nur reduzieren, aber nicht mit Sicherheit verhindern kann. Dies gilt auch dann, wenn dem Nutzer der Garage die Funktionsweise des Garagentors bei Abschluss des Mietvertrags erklärt wurde (LG München I, Urteil v. 5.9.2013, 30 S 4764/13).

Die Zahl der **Schlüssel**, die der Vermieter dem Mieter für die Garage bzw. den Stellplatz aushändigen muss, hängt von den **vertraglichen** Vereinbarungen im Mietvertrag ab. Fehlt bei der Vermietung einer Wohnung eine vertragliche Regelung über die Anzahl der zu überlassenden Haus- und Wohnungsschlüssel, bemisst sich die Anzahl der zu überlassenden Haus- und Wohnungsschlüssel grundsätzlich nach der Zahl der Wohnungsnutzer. Der Mieter kann daher so viele Haustürschlüssel verlangen, wie er für seine individuellen Zwecke benötigt. Wie viele Schlüssel der Vermieter dem Mieter bei Fehlen einer konkreten vertraglichen Regelung überlassen muss, ist daher in jedem Einzelfall anhand der individuellen Interessen der Mieter und der berechtigten Belange des Vermieters zu prüfen.

Entsprechendes gilt für die Überlassung von Schlüsseln, die den Zugang zur Tiefgarage und über die Tiefgarage zum Haus ermöglichen (LG Bonn, Urteil v. 1.2.2010, 6 S 90/09, MZR 2012 S. 276). Sind mehrere Personen Mieter, sind sie unabhängig voneinander zur Nutzung des Stellplatzes berechtigt. Daher muss eine der Personen entsprechende Anzahl von Schlüsseln ausgehändigt werden, da es den Nutzungsberechtigten nicht zumutbar ist, sich bei abwechselnder Nutzung des Pkw gegenseitig den Tiefgaragenschlüssel zukommen zu lassen. Ohne konkrete vertragliche Beschränkung auf nur einen Schlüssel stellt die Verweigerung eines weiteren Tiefgaragenschlüssels einen Mangel der Mietsache dar, der sich nicht nur auf die Nutzung der Tiefgarage beschränkt, sondern sich auch auf die Nutzung der Wohnung erstreckt, weil mit der Miete des Stellplatzes auch der Zugang zum Wohnhaus über die Tiefgarage eine vertraglich geschuldete Leistung darstellt (LG Bonn, a. a. O.).

3 Kein Anspruch auf Garage/Stellplatz

Ein Wohnungsmietvertrag begründet keine (Neben-)Pflicht des Vermieters, seinem Mieter zusätzlich zu den angemieteten Wohnräumen einen Garagenstellplatz zur Verfügung zu stellen. Etwas anderes kann nur im Fall einer entsprechenden besonderen Vereinbarung im Wohnungsmietvertrag gelten. Auch eine vom Vermieter verwaltungsintern geführte Liste von Mietern, die sich für einen Garagenstellplatz interessieren, begründet keine Rechte der dort aufgeführten Mieter. Vielmehr ist es allein Sache des Mieters, für einen Stellplatz zu sorgen. Der Vermieter handelt somit nicht willkürlich, wenn er in freiem Ermessen selbst bestimmt, mit wem er einen Mietvertrag über einen Stellplatz abschließt (BGH, Beschluss v. 1.8.2010, VIII ZR 268/09, WuM 2010 S. 678).

In einer Tiefgarage dürfen auch mit Gas betriebene Kraftfahrzeuge abgestellt werden. Das frühere Verbot des Abstellens von gasbetriebenen Kraftfahrzeugen in Tiefgaragen wurde bereits 1988 mit der Mustergaragen-Verordnung aufgehoben und in fast allen Bundesländern in Landesrecht umgesetzt. Einschränkungen gibt es derzeit lediglich in Berlin, Bremen und dem Saarland.

4 Getrennte Veräußerung der Garage

Liegt ein einheitliches Mietverhältnis vor, wird dieses auch dann nicht in mehrere Mietverhältnisse aufgespalten, wenn der vermietende Eigentümer die Garage **veräußert**; vielmehr tritt der Erwerber als Mitvermieter in den einheitlichen Mietvertrag ein (§ 566 BGB; BayObLG, Beschluss v. 12.12.1990, RE-Miet 2/90, WuM 1991 S. 78).

Auch wenn Wohnung und Garage an **verschiedene** Erwerber veräußert werden, wird der einheitliche Mietvertrag nicht in mehrere Mietverhältnisse aufgespalten; vielmehr treten die Erwerber in den einheitlichen Mietvertrag ein, wobei sich ihr Verhältnis dann nach den Regeln der Bruchteilsgemeinschaft bestimmt. Dies bedeutet, dass die Erwerber die Verwaltung von Wohnung und Garage gemeinschaftlich ausüben müssen (§ 745 Abs. 2 BGB). Dazu zählt auch die Einziehung der Miete. Zahlt der Mieter keine Miete mehr, ist der jeweils andere Eigentümer verpflichtet, bei der Einziehung der Miete mitzuwirken (BGH, Urteil v. 28.9.2005, VIII ZR 319/03, ZMR 2006 S. 30).

Eine nachträgliche Aufspaltung des ursprünglich einheitlichen Mietverhältnisses in zwei getrennte Mietverträge kann jedoch dadurch eintreten, dass der Mieter mit dem Erwerber der Garage ohne Beteiligung des ehemaligen Eigentümers gesonderte Vereinbarungen zur Miethöhe trifft (LG Baden-Baden, Urteil v. 9.2.1990, 2 S 106/89, WuM 1991 S. 35). Entsprechendes kann auch gelten, wenn der Mieter die Garagenmiete unabhängig von der Wohnungsmiete an den Erwerber zahlt.

Infolge der Neufassung des § 4 Nr. 12 S. 2 **UStG** durch das Steueränderungsgesetz 1992 ist die Vermietung von Garagen und Stellplätzen nicht mehr von der Umsatzsteuer befreit. Dies bedeutet, dass **Umsatzsteuerfreiheit** nur noch dann gegeben ist, wenn ein **einheitliches** Mietverhältnis über Wohnung und Garage abgeschlossen wird. Liegt dagegen ein **separates** Vertragsverhältnis über die Garage bzw. über den Stellplatz vor, ist diese Vermietung grundsätzlich umsatzsteuerpflichtig. Die Umsatzsteuer wird jedoch nicht erhoben, wenn die Voraussetzungen des § 19 UStG (Kleinunternehmerregelung) vorliegen, d. h., der Umsatz zzgl. der darauf entfallenden Steuer im vorangegangenen Kalenderjahr 17.500 Euro nicht überstiegen hat und im laufenden Kalenderjahr 50.000 Euro voraussichtlich nicht übersteigen wird (s. dazu BMF, Schreiben v. 7.2.1994, BStBl 1994 I S. 189).

In Geschäftsraummietverträgen – dazu gehören auch separat abgeschlossene Garagenmietverträge –, bei denen der Vermieter zur Umsatzsteuerpflicht nach § 9 UStG optiert hat, ist der Vermieter seit 1.1.2004 verpflichtet, im Rubrum des Mietvertrags die **Steuernummer** und eine **fortlaufende Nummerierung** der Verträge anzugeben. Verträge, die vor dem 1.1.2004 abgeschlossen wurden, müssen nicht um eine fortlaufende Nummerierung ergänzt werden. Dabei müssen sämtliche Mietverträge eines Mietobjekts, d.h. auch die Wohnraummietverträge für das entsprechende Anwesen, dann laufend nummeriert werden, wenn der Vermieter für ein Mietverhältnis des Anwesens zur umsatzsteuerpflichtigen Vermietung optiert hat.

5 Lagern von Gegenständen

Das Lagern von Gegenständen in Garagen, die zum Abstellen von Kraftfahrzeugen vermietet wurden, ist nicht nur vertragswidrig, sondern kann auch einen Verstoß gegen – regional unterschiedliche – **Brandschutzvorschriften** bzw. deren Ausführungsbestimmungen darstellen. In Bayern dürfen z.B. in **Klein**garagen (bis 100 m^2 Nutzfläche) nur bis zu 20 Liter Benzin und bis zu 200 Liter Dieselkraftstoff in dicht verschlossenen bruchsicheren Behältern außerhalb von Kraftfahrzeugen gelagert werden. In **Mittel- und Großgaragen** (mit über 100 m^2 Nutzfläche) dürfen brennbare Stoffe außerhalb von Kraftfahrzeugen nur in unerheblichen Mengen aufbewahrt werden (§ 17 Abs. 4 bayerische Garagen- und StellplatzVO [GaStellV]). Unerhebliche Mengen sind insofern brennbare Gegenstände, die zum Auto gehören, z.B. ein Satz Reifen, ein Gepäckträger oder maximal drei Kindersitze. Diese brennbaren Gegenstände dürfen nur am jeweiligen Stellplatz gelagert werden. Nicht brennbare Stoffe dürfen gelagert werden, sofern sie die Nutzbarkeit von notwendigen Stellplätzen nicht einschränken (Garagenverordnung [GaStellV], Feuerungsverordnung [FeuV], Verordnung über die Verhütung von Bränden [VVB]).

Fehlt eine ausdrückliche vertragliche Vereinbarung, z.B., dass die Garage ausschließlich zum Abstellen von Kraftfahrzeugen genutzt werden darf, ist der Umfang des Nutzungsrechts des Mieters durch Auslegung des Mietvertrags zu ermitteln. Dabei ist nach einem Urteil des AG München (v. 21.11.2012, 433 C 7448/12, NZM 2013 S. 541) die Zweckbestimmung der Garagen gemäß der (immer noch geltenden) Reichsgaragenordnung zu berücksichtigen. Gemäß § 1 Abs. 1 ReichsgaragenO sind Einstellplätze unbebaute oder mit Schutzdächern versehene, weder dem ruhenden noch dem fließenden öffentlichen Verkehr dienende Flächen, die zum **Einstellen von Kraftfahrzeugen** bestimmt sind. Vor diesem Hintergrund stellt bereits das Einverständnis des Vermieters mit dem Abstellen von Fahrrädern und Fahrradanhängern ein reines Entgegenkommen dar.

Die Lagerung anderer Gegenstände, z.B. von Möbeln, Kartons u. Ä., ist daher auch bei Fehlen einer ausdrücklichen Zweckbestimmung im Mietvertrag unzulässig (AG München, a.a.O.).

6 Sonderregelungen in den neuen Bundesländern

In den **neuen Bundesländern** galt für **Nutzungs**verträge über Garagengrundstücke der besondere Kündigungsschutz des § 23 SchuldRAnpG (s. hierzu „Kündigungsschutz", Abschnitt 2.6 „Sonderregelungen auf dem Gebiet der ehemaligen DDR") nur bis 31.12.1999 (BVerfG, Beschluss v. 14.7.1999, 1 BvR 995/95, ZMR 2000 S. 145).

Seit 1.1.2000 kann der Eigentümer Grundstücke, die vom Nutzer mit einer **Garage** bebaut worden sind, nach den allgemeinen Vorschriften (dreimonatige Kündigungsfrist) kündigen, ohne dass es einer besonderen Begründung bedarf.

Zur Erhöhung des Nutzungsentgelts für Garagen s. die **NutzungsentgeltVO** in der seit 1.6.2002 geltenden Fassung (BGBl I S. 2563). Danach darf eine Entgelterhöhung nur noch in einzelnen Schritten aufgrund jeweiliger Erklärungen vorgenommen werden, d.h., die Nachholung vorher versäumter Erhöhungen in einem Schritt ist nicht mehr zulässig (AG Görlitz, Urteil v. 29.8.2000, 3 C 1604/97, WuM 2001 S. 26). Der Erhöhungserklärung (in Schriftform) an den Nutzer muss das Gutachten des Gutachterausschusses zur ortsüblichen Höhe des Nutzungsentgelts beigefügt werden (AG Neuruppin, Teilurteil v. 27.10.2005, 42 C 180/05, WuM 2006 S. 41).

Die einseitige Erhöhungserklärung des Vermieters (gemäß § 6 Nutzungsentgeltverordnung) hat **rechtsgestaltende Wirkung**, d.h., die Höhe der Zahlungsverpflichtung ändert sich auch ohne Zustimmung des Nutzers. Bei mehreren Nutzern muss die Erhöhungserklärung allen Nutzern zugehen, wobei auf der Nutzerseite jedoch Stellvertretung möglich ist. Allerdings muss die Erklärung an alle Nutzer gerichtet sein (BGH, Urteil v. 15.6.2005, XII ZR 238/02, WuM 2005 S. 515). Als einseitige rechtsgestaltende Willenserklärung kann die Erhöhungserklärung nach § 6 Nutzungsentgeltverordnung grundsätzlich nicht in ein Angebot zum Abschluss eines Erhöhungsvertrags **umgedeutet** werden, welches vom Nutzer durch Zahlung des geforderten Entgelts stillschweigend angenommen werden könnte (BGH, Urteil v. 21.3.2007, XII ZR 176/04, WuM 2007 S. 271).

Bei der Ermittlung des ortsüblichen Nutzungsentgelts für Garagenflächen gemäß § 5 Abs. 1 NutzungsentgeltVO müssen Einzelfälle außer Betracht bleiben, in denen es einem Nutzungsgeber gelungen ist, ein völlig außerhalb des gängigen Preisspektrums liegendes Nutzungsentgelt zu erzielen. Die Frage, ob ein solcher Extremfall vorliegt, kann aber nicht ohne Berücksichtigung der Besonderheiten des jeweiligen Markts beantwortet werden. Auch wenn Garagenflächen in 80 % bis 90 % aller Fälle von Kommunen oder kommunalen Gesellschaften angeboten werden, kann das ortsübliche Entgelt nicht allein durch die Preisgestaltung dieser Anbieter bestimmt und dabei eine nicht unbeachtliche Anzahl privater Nutzungsverträge mit deutlich höheren Entgelten als „Ausreißer" außer Betracht gelassen werden (BGH, Urteil v. 7.10.2009, XII ZR 175/07, WuM 2010 S. 38).

Gartenbenutzung

Ohne **ausdrückliche** vertragliche Regelung gilt der Garten nur bei einem Einfamilienhaus als mitvermietet (vgl. OLG Köln, Urteil v. 5.11.1993, 19 U 132/93, DWW 1994 S. 50). Bei Mehrfamilienhäusern haben die Mieter ein Recht zur Gartenbenutzung nur, soweit der Mietvertrag dies ausdrücklich bestimmt. Mitvermietet ist der Garten daher nur bei Vorliegen einer ausdrücklichen Vertragsvereinbarung. Gestattet der Vermieter die Gartenbenutzung lediglich aus Gefälligkeit, ohne dass hinreichende Anhaltspunkte für eine entsprechende Ergänzung des Mietvertrags vorliegen, so ist die Gestattung – egal ob diese ausdrücklich oder stillschweigend durch bloße Duldung erteilt worden ist – **frei widerruflich**. In diesem Fall kann auch nicht von einem Leihvertrag (§ 598 BGB) ausgegangen werden, da auch dieser einen vertraglichen Bindungswillen voraussetzt (KG Berlin, Urteil v. 14.12.2006, 8 U 83/06, WuM 2007 S. 68; LG Wuppertal, Urteil v. 15.9.1995, 10 S 23/95, WuM 1996 S. 267). Eine Grenze besteht nur im Schikane- und Willkürverbot, §§ 226, 242 BGB (LG Aachen, Urteil v. 29.6.1990, 5 S 123/90, DWW 1991 S. 22).

Als Indiz für das Vorliegen einer reinen Gefälligkeit ohne den Willen, sich rechtlich zu binden, kann es gewertet werden, wenn die Gestattung ohne Verhandlungen über eine Änderung der Miete erfolgt ist oder der Vermieter deutlich zu erkennen gegeben hat, dass er weiterhin Einfluss auf den Zustand des Gartens nehmen will (vgl. LG Aachen, a.a.O.).

> Dagegen kann ein langjähriges vorbehaltloses und widerspruchsloses Dulden der Gartenbenutzung durch den Mieter durchaus zu einer stillschweigenden Vertragsergänzung führen (vgl. LG Hamburg, WuM 1988 S. 67 für über 20-jährige widerspruchslose Nutzung).

Das Recht zur Gartenbenutzung kann dann weder durch Kündigung des Gartens beendet werden (unzulässige Teilkündigung) noch kann für die Benutzung eine zusätzliche Vergütung verlangt werden. Letztlich entscheidend für die Beurteilung sind immer die konkreten Umstände des Einzelfalls.

Liegen Wohnung und Mietergarten auf **demselben** Grundstück, ist nach den Grundsätzen der Rechtsprechung des BGH zur Garagenvermietung (BGH, Urteil v. 12.10.2011, VIII ZR 251/10; s. „Garage") auch bei Vorliegen von **zwei getrennten** Verträgen über die Nutzung einer Wohnung und eines Mietergartens davon auszugehen, dass beide Verträge eine rechtliche **Einheit** bilden und der Garten daher – weder vom Vermieter noch vom Mieter – separat gekündigt werden kann (AG Wedding, Urteil v. 27.8.2014, 3 C 384/13, GE 2014 S. 1458).

Eine **Teilkündigung** des Gartens ist nur ausnahmsweise zulässig, wenn der Vermieter neuen Wohnraum zum Zweck der Vermietung schaffen oder den neu zu schaffenden und den vorhandenen Wohnraum mit einem Garten ausstatten will und die Kündigung auf den Garten beschränkt (§ 573b BGB). Im Kündigungsschreiben muss nachvollziehbar dargelegt werden, dass eine konkrete Bauabsicht besteht und das beabsichtigte Bauvorhaben zulässig ist oder sein wird (LG Berlin, Urteil v. 14.4.1997, 61 S 319/96, NJW-RR 1998 S. 1543).

Die **Pflege** des Gartens ist grundsätzlich Sache des Vermieters. Die entstehenden Kosten können als Betriebskosten auf die Mieter durch **vertragliche** Vereinbarung umgelegt werden (s. Betriebskosten, Abschnitt 2.10). Steht jedoch einem Mieter das Recht auf ausschließliche Benutzung zu, kann sich aus den Umständen ergeben, dass er damit auch zur Pflege des Gartens verpflichtet ist.

> Zur Klarstellung sind unbedingt ausdrückliche Regelungen im Mietvertrag über Art und Umfang der Benutzung sowie detaillierte Vereinbarungen über die Pflege des Gartens zu empfehlen.

Die vertragliche Vereinbarung, den Garten „ständig zu pflegen" oder „Garten und Wiese zu pflegen", verpflichtet den Mieter nach Auffassung der Rechtsprechung nur zu **einfachen** Pflegearbeiten, wie Rasenmähen, Unkraut und Laub entfernen, Umgraben von Beetflächen; somit nur zu solchen Arbeiten, die weder eine besondere Fachkenntnis noch einen besonderen Zeit- oder Kostenaufwand des Mieters erfordern (LG Braunschweig, Beschluss v. 12.3.2009, 6 S 548/08, WuM 2009 S. 288; LG Hamburg, Beschluss v. 29.9.2002, 316 T 66/02, ZMR 2003 S. 265); **nicht** aber z.B. zum Reinigen der **Terrassenplatten** (vgl. z.B. LG Siegen, Urteil v. 13.9.1990, 3 S 211/90, WuM 1991 S. 85).

Allerdings müssen diese Arbeiten regelmäßig ausgeführt werden. Dies bedeutet: Rasenmähen in der Zeit von April bis Oktober zweimal monatlich, Beschneiden von Hecken, Obstbäumen und Ziersträuchern einmal jährlich, Freihalten der Blumenbeete, Wege und Fugen von gepflasterten Einfahrten von Unkraut (AG Hamburg, Urteil v. 30.1.2009, 812 C 82/08, ZMR 2009 S. 455). Ist dementsprechend nur die laufende und übliche Pflege geschuldet, ist bei Beendigung des Mietverhältnisses auch die Rückgabe in nicht frisch hergerichtetem Zustand vertragsgemäß, z.B. darf eine Hecke leicht ausgewachsen sein, da dieser Zustand noch der jährlichen Schneidepflicht entspricht (AG Hamburg, a.a.O.).

Auch der Vereinbarung einer „gärtnerischen" Unterhaltung des Gartens kann nach Auffassung des LG Wuppertal (Urteil v. 16.9.1997, 16 S 54/97, WuM 2000 S. 353) nicht entnommen werden, dass der Mieter eine Pflege schuldet, die nur von einem Fachmann bzw. mit fachmännischem Wissen durchgeführt werden kann. Wurden keine konkreten Vereinbarungen getroffen, steht dem Vermieter, solange keine Verwahrlosung des Gartens droht, kein Direktionsrecht zu (OLG Düsseldorf, Urteil v. 7.10.2004, I-10 U 70/04, WuM 2004 S. 603). Daher sollte neben der **Art und Weise** der Gartenpflege auch der **Umfang** der Arbeiten möglichst genau vertraglich festgelegt werden.

Ist die Gartenpflege ohne nähere Bestimmung auf den Mieter übertragen, lassen die Gerichte dem Mieter für die Gartengestaltung einen großzügigen Spielraum. So darf der Mieter den Garten zwar nicht verwildern und verkommen, aber wild wachsen lassen (LG Köln, Urteil v. 11.1.1996, 1 S 149/95, NJWE-MietR 1996 S. 243), einen Naturgarten anlegen und die Pflanzen im Wesentlichen frei wachsen lassen (LG Darmstadt, WuM 1983 S. 151), ggf. auch ein kleines Gartenhaus errichten (LG Hamburg, Urteil v. 21.2.1984, 16 S 201/83), einen Teich anlegen (LG Hamburg, Urteil v. 29.9.1987, 16 S 148/86; LG Lübeck, Urteil v. 24.11.1992, 14 S 61/92, WuM 1993 S. 669: auch im Garten eines Reihenhauses, wenn folgenlose Beseitigung bei Vertragsende möglich ist), einen Holzstoß lagern (AG Nürnberg, Urteil v. 11.2.1983, 25 C 8417/82, WuM 1984 S. 109), einen Komposthaufen anlegen (LG Regensburg, Urteil v. 30.9.1983, 7 C 1956/83, WuM 1985 S. 242), den Garten geringfügig verändern, z. B. Verlegen von 10 m^2 Betonplatten auf einem 1.100 m^2 großen Grundstück (AG Dortmund, Urteil v. 11.5.1989, 127 C 68/89, DWW 1991 S. 219), sofern der Baumbestand nicht beeinträchtigt wird.

Mangels entgegenstehender Regelungen ist der Mieter auch ohne ausdrückliche Zustimmung des Vermieters berechtigt, **Spielgeräte** (z. B. Schaukel, Klettergerüst, Sandkasten) im Garten aufzustellen, sofern diese nicht fest mit dem Grund und Boden verbunden sind (AG Kerpen, Urteil v. 15.1.2002, 20 C 443/01, ZMR 2002 S. 924). Bei einem Mehrfamilienhaus gilt dies nur, wenn der Garten groß genug ist, um nicht durch die Spielgeräte ausgefüllt zu werden, und die Rechte der anderen Mieter an der Gartennutzung nicht beeinträchtigt werden. Ein gesteigertes Haftungsrisiko, z. B. für Unfälle, ist für den Vermieter damit nicht verbunden (AG Kerpen, a. a. O.).

Auch das Aufstellen eines Pavillonzelts auf der Terrasse eines Reihenhauses während der Sommermonate entspricht dem normalen Mietgebrauch und bedarf aus diesem Grund keiner Zustimmung des Vermieters (LG Hamburg, Urteil v. 30.8.2007, 311 S 40/07, WuM 2007 S. 681).

Für das Anpflanzen sowie für die Beseitigung von **Bäumen und Sträuchern** ist dagegen die Zustimmung des Vermieters erforderlich.

Bei Beendigung des Mietverhältnisses ist der Mieter auf Verlangen des Vermieters entsprechend den Grundsätzen bei baulichen Veränderungen durch den Mieter (s. „Bauliche Veränderungen durch den Mieter“, „Einrichtungen“) **zur Herstellung des ursprünglichen Zustands verpflichtet**. Andererseits ist der Mieter auch **berechtigt**, Pflanzen **wegzunehmen**, die er während der Mietzeit gesetzt hat (§ 539 Abs. 2 BGB). Für Bäume und Büsche gilt dieses Wegnahmerecht nur, solange diese noch umsetzbar sind (OLG Köln, Urteil v. 8.7.1994, 11 U 242/93, ZMR 1994 S. 509). Der Vermieter kann die Ausübung des Wegnahmerechts nicht durch Zahlung einer Entschädigung abwenden, weil dieses Recht (§ 552 Abs. 1 BGB) nur für solche Einrichtungen gilt, die sich innerhalb der Mieträume befinden (OLG Köln, a. a. O.).

Der Mieter hat aber **keinen** Anspruch auf Zahlung eines finanziellen Ausgleichs, wenn die Pflanzen bei Beendigung des Mietverhältnisses so verwurzelt sind, dass sie ohne Zerstörung nicht mehr entfernt werden können. Insofern kommt ein Anspruch des Mieters auch wegen einer behaupteten Wertsteigerung des Grundstücks nicht in Betracht, weil – so der BGH – nicht jede Begrünung das Grundstück automatisch wertvoller macht, da die von einem Nutzer als schön empfundene und damit als wertvoll angesehene Pflanzung von einem anderen Nutzer als unansehnlich und damit wertlos oder sogar den Wert des Grundstücks mindernd angesehen werden kann (BGH, Urteil v. 13.6.2007, VIII ZR 387/04). **Anders** ist die Rechtslage nur bei Vorliegen einer konkreten **vertraglichen** Vereinbarung über einen Kostenerstattungsanspruch des Mieters.

Sollen die vom Mieter eingepflanzten Gehölze auf unbestimmte Zeit im Grundstück verbleiben, werden sie wesentliche Bestandteile des Grundstücks mit der Folge, dass der Mieter das Eigentum mit dem Einpflanzen verliert (§ 94 BGB). Die Annahme einer Verbindung zu einem nur vorübergehenden Zweck (§ 95 Abs. 2 BGB) ist insbesondere dann ausgeschlossen, wenn im Mietvertrag bestimmt ist, dass der Mieter Einrichtungen bei Auszug zurücklassen muss (OLG Düsseldorf, Urteil v. 3.4.1998, 22 U 161/97, NJW-RR 1999 S. 160).

Sind umfassende Gestaltungsbefugnisse durch den Mieter nicht i. S. d. Vermieters bzw. hat der Vermieter konkrete Vorstellungen über die Art und den Umfang der Nutzung sowie die Pflege des Gartens, empfiehlt es sich, die entsprechenden Modalitäten im Mietvertrag im Einzelnen **verbindlich** festzulegen.

Enthält der Mietvertrag keine festen Termine für die Durchführung der Gartenarbeiten, ist die Verpflichtung des Mieters zur Vornahme einzelner Gartenpflegearbeiten jeweils dann **fällig**, wenn bei weiterem Zuwarten mit der Vornahme dieser Arbeiten entweder die bisherige Gartengestaltung gefährdet wird (weil z. B. Büsche und Bäume zu verwildern oder Termine zum fachgerechten Schnitt von Bäumen und Büschen abzulaufen drohen) oder aus einem Zierrasen eine Wiese wird oder der Garten sonst vom Standpunkt eines neutralen Beobachters unter Berücksichtigung seines Typs (Ziergarten, Nutzgarten etc.) ungepflegt auszusehen beginnt (AG Köln, Urteil v. 18.2.1994, 217 C 483/93, ZMR 1994 S. XIII).

Ist der Wohnungsmieter vertraglich zur Gartenpflege verpflichtet, kann der Vermieter für von ihm selbst durchgeführte Pflegearbeiten grundsätzlich keine Kosten als Betriebskosten umlegen, da die Gartenpflege dann nicht mehr zum Pflichtenkreis des Vermieters gehört (BGH, Beschluss v. 29.9.2008, VIII ZR 124/08, WuM 2009 S. 41).

Ist im Mietvertrag lediglich die Vornahme der Gartenpflege durch den Mieter vereinbart, ist der Vermieter nicht berechtigt, die Gartenpflege anderweitig in Auftrag zu geben, solange der Mieter die Gartenpflege nicht gänzlich unterlässt. Von einer solchen Unterlassung und der damit einhergehenden Verwahrlosung der Gartenanlage kann z. B. nicht ausgegangen werden, wenn der Mieter eine andere Gartengestaltung vornimmt (hier: statt englischem Rasen nunmehr eine Wiese mit Wildkräutern), da dem Vermieter kein Direktionsrecht hinsichtlich der Gartengestaltung zusteht, wenn im Mietvertrag konkrete Tätigkeiten des Mieters nicht vereinbart wurden (LG Köln, Urteil v. 21.10.2010, 1 S 119/09, ZMR 2011 S. 955).

Erst wenn der Mieter seine Pflicht zur Gartenpflege nicht oder nicht ordnungsgemäß erfüllt, kann der Vermieter wegen Verletzung des Mietvertrags als Schadenersatz die Kosten eines beauftragten Gärtners verlangen, wenn er den Mieter erfolglos unter Fristsetzung und Benennung der durchzuführenden Arbeiten zur Vertragserfüllung aufgefordert hat.

Im **gerichtlichen** Verfahren bemisst sich die Beschwer des zu einer jährlich wiederkehrenden Tätigkeit (z. B. zum Zurückschneiden einer Hecke) verurteilten Beklagten nach § 9 ZPO, d. h., die Beschwer beträgt das 3,5-Fache der jährlichen Kosten, die für die bestimmte Tätigkeit aufgewendet werden müssen (BGH, Beschluss v. 6.10.2011, V ZB 72/11, WuM 2011 S. 698).

Hat der Mieter jedoch vertraglich die „Kosten der Gartenpflege" zu tragen, obliegt die **Ausführung** der Gartenpflege dem Vermieter, d. h., der Vermieter muss sich um die Gartenpflege kümmern und kann dem Mieter die angefallenen Kosten in Rechnung stellen (LG Berlin, Urteil v. 15.3.2002, 64 S 258/01, NZM 2003 S. 20 s. „Betriebskosten", Abschnitt 2.10 „Die Kosten der Gartenpflege (Nr. 10)").

Der Mieter eines Einfamilienhauses, dem das Recht zur Gartennutzung zusteht und die Pflicht zur Gartenpflege obliegt, ist mangels abweichender Vereinbarung berechtigt, das im Garten wachsende **Obst** zu ernten (AG Leverkusen, Urteil v. 14.12.1993, 28 C 277/93, WuM 1994 S. 199).

Mieter können vom Grundstücksnachbarn keinen Rückschnitt der an der Grundstücksgrenze gepflanzten Hecke mit der Begründung verlangen, der Nachbar würde hinter der 2 m hohen Hecke stehen, um dort unbeobachtet Gespräche der Mieter mithören zu können (LG Frankfurt/Oder, Beschluss v. 5.4.2011, 19 S 2/09).

Die Fällung von Bäumen durch den Mieter auf dem mitvermieteten Grundstück bedarf der ausdrücklichen Erlaubnis des Vermieters. Eine Fällung von Bäumen ohne Erlaubnis des Vermieters stellt eine Eigentumsverletzung dar und verpflichtet den Mieter ggf. zur Leistung von Schadenersatz (OLG Oldenburg, Urteil v. 25.3.2010, 14 U 77/09).

Gebrauchsgewährung

Die Gewährung des vertragsgemäßen Gebrauchs ist Hauptpflicht des Vermieters (§ 535 BGB). Zunächst hat der Vermieter dem Mieter den Gebrauch der Mietsache zu verschaffen (BGH, MDR 1976 S. 218). Dies geschieht regelmäßig durch Einräumung der tatsächlichen Gewalt über die Sache (§ 854 BGB), z.B. durch Übergabe der Schlüssel. Ab Besitzübergabe treten grundsätzlich die Gewährleistungsregelungen des Mietrechts anstelle der allgemeinen Vorschriften über Leistungsstörungen. Die Gebrauchsgewährung erstreckt sich auf alle wesentlichen Bestandteile des Mietobjekts.

Gewähren des Gebrauchs bedeutet weiter, die Mietsache in einem zum vertragsgemäßen Gebrauch geeigneten Zustand zu überlassen, sie während der Mietzeit in diesem Zustand zu erhalten (vgl. „Instandhaltung und Instandsetzung der Mieträume", „Schönheitsreparaturen", „Kleinreparaturen") und Störungen des vertragsgemäßen Gebrauchs zu unterlassen. Dabei hat der Vermieter den Mieter aber auch gegen Störungen im vertragsgemäßen Gebrauch zu schützen, die von einem **Dritten,** z.B. einem anderen Mieter, ausgehen.

Zwar hat ein durch Störungen beeinträchtigter Mieter ein selbstständiges Recht, gegen den Störer aufgrund seiner Besitzschutzansprüche vorzugehen – nach § 862 BGB kann er Beseitigung verlangen und auf Unterlassung klagen, wenn weitere Störungen zu besorgen sind –, jedoch kann der Mieter auch vom Vermieter Abwendung der Störung verlangen.

Der Vermieter kann den Mieter nicht auf dessen Ansprüche gegen den Störer verweisen, sondern muss selbst tätig werden, um seiner Pflicht zur Gewährung eines vertragsgemäßen Gebrauchs zu genügen. Wird durch eine Störung – unabhängig davon, ob sie vom Vermieter oder einem Dritten verursacht wurde – der vertragsgemäße Gebrauch **erheblich** beeinträchtigt, ist der Mieter zur Minderung der Miete berechtigt.

Bei Störungen, die von einem Dritten ausgehen, trifft den Vermieter zwar in der Regel kein Verschulden, jedoch kann eine Mietminderung nach § 536 BGB unabhängig von einem Verschulden des Vermieters eintreten, sodass die **erhebliche** Beeinträchtigung des Wohnwerts alleinige Voraussetzung für die Berechtigung des Mieters zur Mietminderung ist (Näheres s. „Minderung der Miete").

Der Schaden, der dem Vermieter durch Abzüge seines Mieters entsteht, kann der Vermieter grundsätzlich von dem störenden Dritten ersetzt verlangen (vgl. auch „Lärm").

Gegensprechanlage → „Modernisierung"

Gerichtliches Verfahren in Mietsachen

Das gerichtliche Verfahren in Mietstreitigkeiten ist für Wohnraum- und Geschäftsraummiete unterschiedlich geregelt. Für Streitigkeiten über Ansprüche aus einem Mietverhältnis über **Wohn**raum oder über dessen Bestand (z.B. für Räumungsklagen) ist das **Amts-**

gericht, in dessen Bezirk sich die Räume befinden, sowohl sachlich, d.h. auch bei Streitwerten über 5.000 Euro (vgl. § 23 GVG), als auch örtlich (§ 29a Abs. 1 ZPO) ausschließlich zuständig. Dies gilt auch dann, wenn sich der auf Räumung und Zahlung einer Nutzungsentschädigung verklagte Mieter auf einen (mündlich geschlossenen) Wohnraummietvertrag beruft (OLG Düsseldorf, Beschluss v. 8.11.2007, I-24 U 117/07, WuM 2007 S. 712). Eine abweichende Gerichtsstandsvereinbarung ist daher unzulässig (§ 40 Abs. 2 S. 1 ZPO).

Die Zuordnung eines Mietobjekts als Wohnraum richtet sich nach dem **vereinbarten**, vom Mieter verfolgten Vertragszweck, nicht nach einer möglicherweise hiervon abweichenden tatsächlichen Nutzung. Unter Wohnraum ist jeder zur dauernden privaten Nutzung i.S.d. Führung eines Haushalts bestimmter Raum zu verstehen (OLG Frankfurt/M., Urteil v. 4.4.2008, 2-U 214/07, ZMR 2009 S. 198).

Bei Mietverhältnissen über **Geschäfts**räume sind für Streitigkeiten zwischen den Mietparteien, insbesondere auch über Räumung, Überlassung und Benutzung der Mieträume, die Amtsgerichte sachlich nur dann zuständig, wenn der Streitwert 5.000 Euro nicht übersteigt; anderenfalls sind die Landgerichte zuständig. Örtlich – und zwar ausschließlich – zuständig ist auch bei Mietverhältnissen über Geschäftsräume das Gericht, in dessen Bezirk sich die Räume befinden (§ 29a Abs. 1 ZPO).

Diese Sondervorschrift über den ausschließlichen Gerichtsstand ist nach § 29a Abs. 2 ZPO i.V.m. § 549 Abs. 2 Nr. 1 bis 3 BGB bei den nachfolgend aufgezählten Mietverhältnissen **nicht anzuwenden** mit der Folge, dass sich der Gerichtsstand insofern nach den allgemeinen Vorschriften bestimmt:

- bei Wohnraum, der nur zum **vorübergehenden Gebrauch** vermietet ist,
- bei Wohnraum, der **Teil** der vom Vermieter selbst bewohnten Wohnung ist und den der Vermieter überwiegend mit **Einrichtungsgegenständen** auszustatten hat, sofern der Wohnraum dem Mieter nicht zum dauernden Gebrauch mit seiner Familie oder mit Personen überlassen ist, mit denen er einen auf Dauer angelegten gemeinsamen Haushalt führt,
- bei Wohnraum, den eine juristische Person des öffentlichen Rechts oder ein anerkannter privater Träger der Wohlfahrtspflege angemietet hat, um ihn **Personen mit dringendem Wohnungsbedarf** zu überlassen, wenn sie den Mieter bei Vertragsschluss auf die Zweckbestimmung des Wohnraums und die Ausnahme von den genannten Vorschriften hingewiesen hat.

Unter die ausschließliche Zuständigkeit des Amtsgerichts fallen bei **Wohn**raummietverhältnissen insbesondere folgende Verfahren:

Räumungsklagen, Klagen auf Fortsetzung des Mietverhältnisses, auf Erfüllung des Mietvertrags, auf Zustimmung zur Erhöhung der Miete, auf Zahlung von Mietrückständen und auf Schadenersatz ohne Rücksicht auf die Höhe der Forderung, auf Feststellung des Bestehens oder Nichtbestehens eines Mietverhältnisses oder Untermietverhältnisses, auf Rückzahlung mietpreisrechtlich nicht geschuldeter Leistungen (BGH, RE v. 11.1.1984, VIII ZR 255/82, WuM 1984 S. 119).

Auch für Rechtsstreitigkeiten wegen **Verletzung von Verkehrssicherungspflichten** aus Wohnraummietverhältnissen (z.B. Vernachlässigung von Räum- und Streupflicht) ist ausschließlich das **Amtsgericht** zuständig, in dessen Bezirk der Wohnraum gelegen ist (OLG Düsseldorf, Beschluss v. 4.7.2005, I-24 W 20/05, MDR 2006 S. 327).

Die **Berufung** gegen ein im ersten Rechtszug erlassenes Endurteil ist zulässig, wenn der Wert des Beschwerdegegenstands **600 Euro übersteigt (Berufungssumme)**. Bei einer geringeren Beschwer ist die Berufung nur zulässig, wenn die Rechtssache **grundsätzliche Bedeutung** hat oder die Fortbildung des Rechts oder die Sicherung einer einheitlichen Rechtsprechung eine Entscheidung des Berufungsgerichts erfordert (§ 511 Abs. 2, 4 ZPO).

Die Berufung ist durch Schriftsatz einzulegen; dazu genügt Telefax, nicht aber eine E-Mail, da ein elektronisches Dokument nicht die für bestimmende Schriftsätze vorgeschriebene

Schriftform wahrt (BGH, Beschluss v. 4.12.2008, IX ZB 41/08, GE 2009 S. 116).

Der **Rechtsentscheid** (s. „Rechtsentscheid“) wurde durch das Zivilprozessreformgesetz vom 27.7.2001 (BGBl I S. 1887 ff.) mit Wirkung ab 1.1.2002 **abgeschafft**.

Lässt ein Amtsgericht die Berufung gegen seine Entscheidung nicht zu, obwohl zu der streitigen entscheidungserheblichen Rechtsfrage (hier: ob der Vermieter den verspäteten oder nicht erfolgten Zugang einer rechtzeitig zur Post gegebenen Betriebskostenabrechnung i.S.v. § 556 Abs. 3 S. 3 BGB zu vertreten hat) divergierende veröffentlichte Entscheidungen vorliegen, verletzt es den Anspruch auf den gesetzlichen Richter. Die Divergenzlage muss sich dem Gericht u.a. dann aufdrängen, wenn eine divergierende Entscheidung in einem Standardkommentar zum BGB (z.B. Palandt) nachgewiesen ist (BerlVerfGH, Beschluss v. 1.4.2008, VerfGH 203/06, NZM 2008 S. 882).

Für das gerichtliche Verfahren in Mietsachen ist noch die Frage von Bedeutung, ob im Fall einer Kündigung des Mietverhältnisses schon vor Ablauf der Kündigungsfrist **Räumungsklage** erhoben werden kann. Grundsätzlich kann der Vermieter **vor Ablauf der Kündigungsfrist** auf Räumung klagen, wenn die Geltendmachung des Räumungsanspruchs an den Eintritt eines Kalendertags geknüpft ist (§ 257 ZPO). Bei Klage auf Räumung von **Wohn**raum ist jedoch die Klageerhebung vor Ablauf der Kündigungsfrist oder Mietzeit nur zulässig, wenn den Umständen nach die **Besorgnis** gerechtfertigt ist, dass der Schuldner sich der rechtzeitigen Leistung entziehen, d.h., der Mieter **nicht rechtzeitig** räumen werde (§ 259 ZPO).

Die Besorgnis ist gerechtfertigt, wenn der Mieter unmissverständlich zum Ausdruck gebracht hat, dass er die Wohnung nicht räumen kann oder will, z.B. durch **Erhebung des Kündigungswiderspruchs**, weil er noch keine Ersatzwohnung gefunden hat oder weil er die Kündigung für unwirksam hält (OLG Karlsruhe, RE v. 10.6.1983, 9 RE-Miet 1/83, DWW 1983 S. 173).

Vor Ablauf der Widerspruchsfrist (s. „Kündigungsschutz“, Abschnitt 3 „Die Sozialklausel (§ 574 BGB)“) kann der Vermieter vom Mieter keine Stellungnahme zu der ausgesprochenen Kündigung und keine Erklärung darüber verlangen, ob der Mieter ausziehen werde oder nicht. Eine trotzdem erhobene Räumungsklage wäre kostenpflichtig abzuweisen. Dagegen berechtigt ein Schweigen bzw. eine unzureichende Antwort des Mieters auf eine entsprechende Anfrage des Vermieters **nach** Ablauf der Widerspruchsfrist zur Erhebung der Klage.

Dementsprechend kann auch bei **Gewerbe**räumen Veranlassung zur Erhebung einer Räumungsklage (§ 257 ZPO) bestehen, wenn der Vermieter den Mietvertrag gekündigt hat und der Mieter sich auf eine vor Ablauf der Kündigungsfrist erfolgte Anfrage des Vermieters nicht zu seinen Räumungsabsichten äußert (OLG Stuttgart, Beschluss v. 7.5.1999, 5 W 16/99, WuM 1999 S. 414).

Im Fall der fristlosen Kündigung durch den Vermieter sollte dem Mieter eine **angemessene Frist zur Räumung** gesetzt werden, da sich der Mieter erst nach Ablauf dieser Frist in Verzug befindet und damit Anlass zur Erhebung der Räumungsklage gibt (vgl. LG Baden-Baden, Beschluss v. 22.5.1995, 1 T 32/95, WuM 1996 S. 473: 1 bis 2 Wochen ab Zugang des Kündigungsschreibens). Die sofortige Erhebung der Räumungsklage, welche die fristlose Kündigung enthält, kann nach dieser Rechtsprechung zu Kostennachteilen für den Vermieter führen (vgl. LG Bremen, Urteil v. 24.8.1987, 2 O 872/87, WuM 1989 S. 430).

Grundsätzlich besteht nämlich kein Anlass zur Klage i.S.d. § 93 ZPO, wenn der Mieter weder in Verzug war noch den Anspruch bestritten oder die Leistung verweigert hat (KG Berlin, Beschluss v. 12.12.2007, 12 W 87/07, ZMR 2008 S. 447).

Auch ein Mieter, der erst im Kündigungsschreiben unter Klageandrohung zur sofortigen Räumung aufgefordert wird, gibt nämlich für die **gleichzeitige** Einreichung einer Räumungsklage (noch) keine Veranlassung (vgl. § 93 ZPO). Daher fallen die Kosten der Räumungsklage gemäß § 91 a ZPO dem Vermieter zur Last, der gleichzeitig mit der Erklärung der Kündigung wegen Zahlungsrückstands mit Räumungsaufforderung bereits Klage auf Zahlung und Räumung einreicht und dann den Rechtsstreit wegen der Räumung (in der Hauptsache) für erledigt erklärt, weil am Tag der Klagezustellung die Räumung erfolgte (KG Berlin, Beschluss v. 31.7.2006, 12 W 41/06).

Hat der Mieter jedoch auf eine erste form**un**wirksame Kündigung des Vermieters erklärt, dass er noch lange Zeit zur Nutzung berechtigt sei, kann der Vermieter ohne Kostennachteile die zweite und nunmehr wirksame Kündigung mit der Räumungsklage verbinden (OLG Koblenz, Beschluss v. 22.7.2004, 5 W 475/04, WuM 2004 S. 621).

Die zusätzliche Gewährung einer gerichtlichen **Räumungsfrist** ist für den Vermieter grundsätzlich unzumutbar, wenn die Zahlung der laufenden Miete/Nutzungsentschädigung für die Dauer der Räumungsfrist nicht gewährleistet ist (OLG Stuttgart, Beschluss v. 7.6.2006, 13 U 89/06, WuM 2006 S. 530).

Auch wenn der Mieter durch sein Verhalten Anlass für eine Klageerhebung gegeben hat, kann das Gericht dem Vermieter die Kosten des Räumungsrechtsstreits ganz oder teilweise auferlegen (§ 93 b Abs. 3 ZPO), wenn der Mieter den Anspruch auf Räumung zwar sofort anerkennt, er aber bereits vor Erhebung der Klage beim Vermieter unter Angabe von Gründen die Fortsetzung des Mietverhältnisses oder eine **angemessene** Räumungsfrist vergeblich begehrt hat und das Gericht eine Räumungsfrist bewilligt. Dies gilt auch, wenn der Mieter zwar eine unangemessen lange Räumungsfrist begehrt, der Vermieter jedoch unter Ablehnung jeglicher Räumungsfrist und, ohne das Gespräch mit dem Mieter gesucht zu haben, sogleich die Räumungsklage erhebt (LG Wuppertal, Beschluss v. 13.12.1990, 6 T 975/90, WuM 1993 S. 548).

Das Begehren des Mieters um Einräumung einer angemessenen Räumungsfrist ist auch keine Verletzung des Mietvertrags, die eine anwaltliche Räumungsaufforderung vor Fälligkeit der Räumungsverpflichtung veranlasst und den Mieter zur Tragung der Anwaltskosten verpflichtet (LG Aachen, Urteil v. 29.11.1990, 2 S 278/90, WuM 1993 S. 451). Ist das sofortige **Anerkenntnis** jedoch nicht mit der Angabe eines bestimmten Räumungstermins verbunden, hat der Mieter Anlass zur Klage gegeben (LG Frankenthal, Beschluss v. 7.9.1990, 4 T 14/90, WuM 1990 S. 527).

> Tritt der Mieter vor Beendigung des Mietvertrags mit einem entsprechenden Gesuch an den Vermieter heran und sind die vorgetragenen Gründe für seine Räumungsschwierigkeiten stichhaltig und nachvollziehbar, so ist zur Vermeidung von Kostennachteilen die Gewährung einer den Umständen nach angemessenen Räumungsfrist zu empfehlen.

Verlangt der Mieter eine Räumungsfrist von **2 Monaten** mit Hinweis auf eine entsprechende Anmietung von Ersatzwohnraum, kann der Vermieter die Gewährung grundsätzlich **nicht** von der Vorlage des mit dem künftigen Vermieter abgeschlossenen **Mietvertrags** abhängig machen, sofern keine Anhaltspunkte dafür bestehen, dass er der Erklärung des Mieters nicht vertrauen konnte bzw. durfte (LG Baden-Baden, Beschluss v. 15.11.2006, 5 T 15/06, WuM 2007 S. 75).

Ein vorprozessuales Verlangen des Mieters, das Mietverhältnis aus Gründen der **Sozialklausel** fortzusetzen (§ 574 BGB), stellt jedoch kein solches Begehren um eine angemessene Räumungsfrist (§ 93 b ZPO) dar (LG Stuttgart, Beschluss v. 12.2.1991, 2 T 16/91, WuM 1993 S. 550).

Hat sich der Mieter in einem Vergleich, aus dem die Zwangsvollstreckung stattfindet, zur Räumung der Wohnung verpflichtet und, soweit gesetzlich zulässig, auf Räumungsschutz verzichtet, kann ihm das Amtsgericht, in dessen Bezirk die Wohnung gelegen ist, auf Antrag keine Räumungsfrist bewilligen. Dies gilt auch dann, wenn nach Abschluss des Vergleichs ein Sachverhalt eintritt, den der Mieter bei Abschluss nicht vorhergesehen hat und nicht vorhersehen konnte (LG München I, Beschluss v. 26.3.2008, 14 T 4822/08, NZM 2008 S. 839; s. auch LG Aachen, WuM 2007 S. 398, wonach eine gerichtliche Räumungsfrist nach einem gerichtlichen Räumungsvergleich bejaht wird für den Fall des fehlenden Verschuldens des Mieters am Eintritt unvorhergesehener Umstände; hier: Doppelumzug wegen verzögerter Fertigstellung eines Wohnbaus, Gesundheitsgefährdung eines Familienmitglieds; vgl. Wetekamp a. a. O.).

Stimmt der Vermieter nach einer wirksamen Kündigung des Mietverhältnisses der Bitte des Mieters um eine Räumungsfrist zum Ende des Monats zu, schuldet der Mieter die Nutzungsentschädigung auch dann für den gesamten Monat, wenn er die Mieträume vorzeitig zurückgegeben hat (AG Schöneberg, Urteil v. 9.10.2008, 2 C 213/08, GE 2009 S. 120).

Eine von dem zur Räumung verurteilten Mieter (gemäß § 711 ZPO) zur Abwendung der Zwangsvollstreckung geleistete **Sicherheit** soll nicht nur die Räumung der Wohnung als solche gewährleisten, sondern darüber hinaus mögliche Erfüllungs- und Verzögerungsschäden abdecken. Sie steht dem Vermieter daher sowohl zum Ausgleich der in dem Zeitraum zwischen Erlass des Räumungsurteils und der tatsächlichen Herausgabe der Wohnung nicht gezahlten Nutzungsentschädigung als auch des durch Verletzung der Pflicht zur vollständigen und ordnungsgemäßen Herausgabe der Wohnung entstandenen Schadens zur Verfügung (KG Berlin, Beschluss v. 4.5.2010, 6 U 174/09, NZM 2010 S. 438).

Das **Rechtsschutzbedürfnis** des Vermieters für die Erhebung einer Räumungsklage nach fristloser Kündigung des Mietverhältnisses entfällt nicht bereits deshalb, weil sich der Vermieter im Wege **verbotener Eigenmacht** den Besitz an den Mieträumen verschafft hat, da in der Besitzentziehung durch verbotene Eigenmacht keine Erfüllung des Räumungsanspruchs liegt; es sei denn, der Mieter hätte vor Klagezustellung auf seinen Anspruch auf Wiedereinräumung des Besitzes verzichtet (OLG Düsseldorf, Beschluss v. 26.9.2006, I-10 W 102/06, ZMR 2007 S. 193).

Die Voraussetzungen für den Erlass einer **einstweiligen Verfügung** auf Räumung liegen auch bei behaupteter Uneinbringlichkeit der Mietrückstände und drohender weiterer Rückstände bis zum Abschluss des Hauptverfahrens nicht vor (OLG Düsseldorf, Beschluss v. 26.2.2009, 1-10 W 14/09, ZMR 2009 S. 444). Ferner kommt eine auf Räumung gerichtete Regelungsverfügung nicht bereits dann in Betracht, wenn der Untermieter sich nach beendetem Hauptmietverhältnis weigert, das Mietobjekt an den Hauptvermieter herauszugeben, und es ohne Zahlung eines Nutzungsentgelts an diesen weiterhin benutzt (OLG Düsseldorf, a. a. O.).

Eine rechtskräftige Verpflichtung des Mieters zur Räumung und Herausgabe von Mieträumen kann nicht durch Zwangsgeld bzw. Zwangshaft (§ 888 ZPO), sondern (als sog. vertretbare Handlung) nur durch Zwangsvollstreckung gemäß den §§ 885, 886 ZPO (Zwangsräumung mithilfe des Gerichtsvollziehers) durchgesetzt werden. Eine Vollstreckung nach § 888 ZPO neben der Herausgabevollstreckung (§§ 885, 886 ZPO) käme nur in Betracht, wenn Gegenstand der Zwangsvollstreckung aufgrund des Vollstreckungstitels neben der Herausgabeverpflichtung noch weitergehende Handlungspflichten des Mieters wären, z. B. Rückbau von baulichen Veränderungen (BGH, Beschluss v. 4.12.2006, I ZB 16/06, ZMR 2007 S. 600).

Dies gilt auch für **Tiere**, die sich auf dem Grundstück bzw. in der Wohnung befinden. Auch deren Beseitigung kann nicht durch Anordnung eines Zwangsgeldes durchgesetzt werden. Tiere, die sich auf dem zu räumenden Grundstück bzw. in der Wohnung befinden, sind wie bewegliche Sachen zu behandeln und müssen daher vom Gerichtsvollzieher – sofern sie weder dem Räumungsschuldner noch einem Bevollmächtigten oder Familienangehörigen übergeben werden können – auf Kosten des Schuldners in Verwahrung (z. B. in ein Tierheim) gebracht werden. Dies gilt auch dann, wenn die durch das Räumungsverfahren entstehenden Kosten, z. B. wegen der Art oder Anzahl der Tiere, sehr hoch ausfallen. Für die erforderlichen Kosten einschließlich der Auslagen für die Beförderung und Verwahrung der Tiere muss der Gläubiger (in der Regel der Vermieter) einen entsprechenden Kostenvorschuss leisten. Schlägt der Versuch des Gerichtsvollziehers fehl, die in Verwahrung genommenen Tiere zu verkaufen, muss der Gläubiger für die weitere Verwahrung und Versorgung der Tiere jedoch nicht mehr aufkommen (BGH, Beschluss v. 4.4.2012, I ZB 19/11, GE 2012 S. 1164).

Ferner ist die eigenmächtige Durchsetzung des Räumungsanspruchs, z. B. durch Entfernen der Möbel des Mieters oder Auswechseln des Schlosses, unzulässig, sodass selbst dann ein Anspruch des Mieters auf Wiedereinräumung des Mietbesitzes wegen **verbotener Eigenmacht** des Vermieters bestehen kann, wenn der Vermieter gegen den Mieter bereits ein Urteil auf Räumung und Herausgabe erwirkt hat (OLG Celle, Beschluss v. 10.11.1993, 2 U 115/93, DWW 1994 S. 117).

Räumt der Mieter die Mieträume nicht oder nicht fristgerecht, muss sich der Vermieter staatlicher Hilfe bedienen, um sein Recht auf Räumung und Herausgabe durchzusetzen. Dies geschieht in der Regel durch Erhebung einer Räumungsklage und ggf. Zwangsräumung durch den Gerichtsvollzieher aufgrund eines vollstreckbaren Räumungsurteils. Eine **eigenmächtige** Räumung der Wohnung durch den Vermieter mithilfe von Schlüsseldienst und Spedition stellt eine **unerlaubte Selbsthilfe** (§ 229 BGB) dar. In diesem Fall haftet der Vermieter gemäß § 231 BGB **verschuldensunabhängig** für die hierdurch entstandenen Schäden. Der Vermieter, der eine Wohnung in Abwesenheit des Mieters ohne Vorliegen eines gerichtlichen Titels durch verbotene Eigenmacht in Besitz nimmt, muss sich nach der Rechtsprechung des BGH aufgrund der ihn treffenden Obhutspflicht nicht nur entlasten, soweit ihm die Herausgabe nachweislich vorhandener Gegenstände unmöglich wird oder nachweislich eine Verschlechterung an herauszugebenden Gegenständen eintritt. Aufgrund dieser Obhutspflicht muss er die Interessen des an seiner eigenen Interessenwahrung verhinderten Mieters auch dadurch wahren, dass er bei der Inbesitznahme ein aussagekräftiges **Verzeichnis** der verwahrten Gegenstände aufstellt und deren Wert schätzen lässt. Kommt er dem nicht nach, muss er beweisen, in welchem Umfang Bestand und Wert der der Schadensberechnung zugrunde gelegten Gegenstände von den Angaben des Mieters abweichen, soweit dessen Angaben plausibel sind (BGH, Urteil v. 14.7.2010, VIII ZR 45/09, WuM 2010 S. 578).

Dies gilt für alle Arten von vermieteten Räumen, somit auch für die eigenmächtige Räumung einer vermieteten **Garage**; selbst dann, wenn der Vermieter nach der Kündigung des Garagenmietvertrags wegen Zahlungsverzugs angekündigt hat, er werde die Garage „entrümpeln“ lassen. Mit der eigenmächtigen Räumung setzt sich der Vermieter über das staatliche Gewaltmonopol hinweg und handelt somit widerrechtlich mit der Folge, dass er verschuldensunabhängig für alle Schäden haftet, die er mit der eigenmächtigen Räumung verursacht hat. Insofern sind auch Dritte, die wegen ihrer Beziehung zum Mieter von der Räumung betroffen sind, z. B. weil sie eigene Gegenstände in der Garage gelagert hatten (hier: wertvolle Skulpturen), geschützt (OLG Nürnberg, Urteil v. 23.8.2013, 5 U 160/12, ZMR 2014 S. 534).

Auch wenn der Vermieter dem Mieter Räume oder Flächen (z. B. Gemeinschaftswaschküche, Keller, Speicherräume, Stellplatz im Hof) nicht mitvermietet, sondern nur **leihweise** überlassen hat, ist er nach Kündigung des Leihvertrags nicht zum einseitigen Besitzentzug berechtigt. Auch in diesem Fall muss der Vermieter zur Durchsetzung seines Räumungsanspruchs den Rechtsweg beschreiten (AG Brühl, Urteil v. 10.3.2010, 24 C 572/09, WuM 2012 S. 152).

Der Anspruch des Mieters auf Wiedereinräumung des Mietbesitzes und Verschaffung des Zutritts zu den Mieträumen durch Aushändigen von Schlüsseln oder Wiedereinbau der alten Schlösser, ist nicht nach § 885 ZPO (Zwangsvollstreckung durch den Gerichtsvollzieher), sondern als sog. **un**vertretbare Handlung, die eine Mitwirkung des Schuldners (Vermieter) erfordert, nach § 888 ZPO durch Anordnung von **Zwangsgeld** bzw. **Zwangshaft** zu vollstrecken (KG Berlin, Beschluss v. 14.12.2006, 12 W 73/06, ZMR 2007 S. 614).

Seit Inkrafttreten des Mietrechtsänderungsgesetzes am 1.5.2013 kann das zuständige Gericht auf Antrag des Vermieters dem Mieter eine Frist zur Hinterlegung einer Sicherheit für Mietforderungen setzen, die nach Rechtshängigkeit der Klage fällig geworden sind, wenn der Vermieter eine Räumungsklage mit einer Zahlungsklage (z. B. wegen rückständiger Mieten) verbunden hat (**Sicherungsanordnung**, § 283 a Abs. 1 ZPO).

Leistet der Mieter die Sicherheit nicht, kann das Gericht auf Antrag eine einstweilige Verfügung **(Räumungsverfügung)** gegen den Mieter erlassen (§ 940 a Abs. 3 ZPO). Damit soll das Risiko des Vermieters verringert werden, dass sich infolge einer evtl. langen Dauer des Räumungsprozesses erhebliche Zahlungsausfälle summieren, die sich bei Zahlungsunfähigkeit des Mieters letztlich nicht mehr realisieren lassen.

Die Räumung einer Wohnung darf durch einstweilige Verfügung auch gegen einen **Dritten** angeordnet werden, der im Besitz der Mietsache ist, wenn gegen den Mieter ein vollstreckbarer Räumungstitel vorliegt und der Vermieter vom Besitzerwerb des Dritten erst nach dem Schluss der mündlichen Verhandlung Kenntnis erlangt hat. Damit wird „Tricksereien“ bei der Zwangsräumung entgegengewirkt. Mieter präsentieren beim Räumungstermin durch einen Gerichtsvollzieher nicht selten einen Dritten, einen angeblich Besitzberechtigten, der weder im Vollstreckungstitel noch in der Vollstreckungsklausel genannt ist, und verhindern damit die Räumung der Wohnung (§ 940 a Abs. 2 ZPO).

Zur Beschleunigung von Räumungsverfahren wird im neuen § 272 Abs. 4 ZPO eine vorrangige und beschleunigte Behandlung von Räumungssachen bei den Gerichten angeordnet. Danach sind Räumungsprozesse schneller als andere Zivilprozesse durchzuführen. Sie sind vorrangig zu terminieren; die Fristen zur Stellungnahme der Parteien sind auf das unbedingt Notwendige zu reduzieren (zu den Einzelheiten s. „Räumungsklage“).

Die Räumung der Wohnung per einstweiliger Verfügung kann ausnahmsweise auch dann gerechtfertigt sein, wenn der Mieter durch sein Verhalten Dritte konkret gefährdet (hier: Herabwerfen eines Stuhls vom Balkon) und dadurch weitere Übergriffe abgewendet werden können (AG Hamburg, Urteil v. 16.9.2010, 40 AC 273/10, ZMR 2011 S. 291).

Ferner kann dem Mieter durch eine einstweilige Verfügung die unberechtigte Überlassung der Mieträume an dritte Personen untersagt werden (LG Berlin, Urteil v. 1.11.2012, 12 O 507/12, GE 2013 S. 125).

Bei Durchführung der Zwangsräumung muss sich der Gerichtsvollzieher auch dann, wenn das an der zu räumenden Wohnung befindliche Schild eine andere Person als den im Vollstreckungstitel genannten Räumungsschuldner ausweist, zunächst davon überzeugen, ob diese Person tatsächlich den Besitz an der Wohnung hat. Da der Gerichtsvollzieher diese Feststellung nur in der Wohnung treffen kann, muss er diese öffnen lassen und darf nicht allein deshalb, weil sich an der zu räumenden Wohnung ein Schild mit einem anderen Namen als dem des im Vollstreckungsurteil ausgewiesenen Räumungsschuldners befindet, von der Räumung absehen (LG Berlin, Beschluss v. 19.1.2012, 51 T 733/11, GE 2012 S. 404).

Sofern der Räumungsschuldner nach der Beauftragung des Gerichtsvollziehers durch den Räumungsgläubiger eine Ersatzwohnung findet und dies dem Gerichtsvollzieher mitteilt, hat er dennoch die durch die Tätigkeit des Gerichtsvollziehers entstehenden Kosten und etwaigen Bereitstellungskosten des Spediteurs zu tragen, es sei denn, der Schuldner hätte vor der Beauftragung des Gerichtsvollziehers eine Ersatzwohnung angemietet und dies dem Gläubiger mitgeteilt (LG Mannheim, Beschluss v. 5.5.1993, 4 T 120/93, DWW 1994 S. 85).

Eine Zwangsvollstreckung zur Herausgabe der Räume kann selbst dann, wenn damit eine konkrete **Gefahr für Leben und Gesundheit** des Schuldners oder eines nahen Angehörigen verbunden ist, vom Gericht nicht ohne Weiteres einstweilen eingestellt werden. Erforderlich ist stets die **Abwägung der Interessen** der Betroffenen mit den Vollstreckungsinteressen des Gläubigers. Es ist deshalb auch dann, wenn bei einer Räumungsvollstreckung eine konkrete Suizidgefahr für einen Betroffenen besteht, sorgfältig zu prüfen, ob dieser Gefahr nicht auf andere Weise als durch Einstellung der Zwangsvollstreckung wirksam begegnet werden kann. Auch der Gefährdete selbst ist gehalten, das ihm Zumutbare zu tun, um die Risiken, die für ihn im Fall der Vollstreckung bestehen, zu verringern (BGH, Beschluss v. 4.5.2005, I ZB 10/05, WuM 2005 S. 407).

Die vorläufige Einstellung der Zwangsvollstreckung aufgrund eines Zuschlagsbeschlusses im Zwangsversteigerungsverfahren ist wegen einer konkreten Lebensgefahr für den Schuldner zumindest für einen befristeten Zeitraum von 6 Monaten gerechtfertigt, wenn die dem Schuldner aufgegebene Behandlung frühestens nach einer Behandlungsdauer von einem Jahr erfolgreich sein kann.

Der Gläubiger (hier: Ersteigerer) eines auf vollständige Räumung gerichteten Titels braucht sich grundsätzlich nicht darauf verweisen zu lassen, Pläne zu entwerfen bzw. realisieren zu lassen, wonach ein Verbleiben des Räumungsschuldners im Objekt – in abgetrennten Räumen – möglich ist.

Erfordert die neurotische Störung des Räumungsschuldners einen längeren Behandlungszeitraum, damit überhaupt mit einem stabilen Behandlungserfolg gerechnet werden kann, stellt es keinen Rechtsfehler des Vollstreckungsgerichts dar, wenn es in Abwägung der widerstreitenden Grundrechtspositionen weiteren Vollstreckungsschutz gewährt. Allerdings hat das Vollstreckungsgericht das konkrete Verhalten des Schuldners mit in seine Entscheidungsfindung einzubeziehen, ob und mit welcher Nachhaltigkeit der Schuldner das ihm Zumutbare – auch ärztlich Verordnete – unternimmt, sein der Vollstreckung gegenwärtig entgegenstehendes Krankheitsbild zu verbessern (BGH, Beschluss v. 20.1.2011, I ZB 27/10, NJW-RR 2011 S. 300).

Aus einem Räumungstitel kann grundsätzlich 30 Jahre vollstreckt werden. Daher wird eine Vollstreckung nicht generell nach 2 Jahren unzulässig. Vielmehr ist im Einzelfall anhand der konkreten Umstände zu prüfen, ob eine **Verwirkung** vorliegt. Eine Verwirkung kommt jedenfalls dann in Betracht, wenn der Vermieter die Zahlung der Nutzungsentschädigung nur mit dem ausdrücklichen Hinweis entgegengenommen hat, dass er lediglich aus sozialen Gründen die Zwangsvollstreckung vorläufig nicht betreiben werde. Auch die mehrmalige Rücknahme des Vollstreckungsauftrags führt weder zur Verwirkung des Räumungsanspruchs noch ist die Verwendung des Vollstreckungstitels als „Druckmittel" rechtsmissbräuchlich. Der Gerichtsvollzieher darf daher die Räumungsvollstreckung nicht einstellen (AG Hamburg/LG Hamburg, Urteil v. 4.7.2006, 307 S 50/06, ZMR 2006 S. 783).

Auch Verhandlungen des Wohnungsamts mit dem Vermieter über eine Regulierung der Mietzinspflichten des zahlungssäumigen Räumungsschuldners führen allein **nicht** zu einem Verzicht des Vermieters auf die Durchführung der Zwangsvollstreckung aus dem Räumungsurteil. Unbeschadet dessen muss sich der Vermieter auch nicht auf solche Verhandlungen einlassen (AG Hamburg, Urteil v. 8.7.2008, 48 C 421/07, WuM 2008 S. 609).

Auch einen rechtskräftig ausgeurteilten **Zahlungsanspruch** (z.B. auf die Zahlung von rückständigen Mieten) verwirkt der Vermieter nicht allein dadurch, dass er über einen Zeitraum von 13 Jahren keinen Vollstreckungsversuch unternimmt. Die Verwirkung als Unterfall der unzulässigen Rechtsausübung wegen widersprüchlichen Verhaltens (§ 242 BGB) beruht auf dem Gedanken des Vertrauensschutzes und kommt nur in Ausnahmefällen in Betracht. In keinem Fall ausreichend für eine Verwirkung ist der bloße Zeitablauf. Darüber hinaus müssen **besondere Umstände** vorliegen, die die verspätete Inanspruchnahme des Schuldners als Verstoß gegen den Grundsatz von Treu und Glauben erscheinen lassen.

Ein Recht ist daher erst dann verwirkt, wenn der Berechtigte über einen längeren Zeitraum hinweg untätig geblieben ist, dadurch bei der Gegenpartei den Eindruck erweckt hat, sie brauche mit der Geltendmachung des Rechts nicht mehr zu rechnen, die Gegenpartei sich darauf eingerichtet hat und ihr die verspätete Inanspruchnahme daher nicht mehr zugemutet werden kann. Unabhängig davon, ob bei einer 13-jährigen Untätigkeit des Gläubigers das erforderliche Zeitmoment erfüllt ist, fehlt es an den besonderen Umständen, die das Vertrauen des Mieters rechtfertigen könnten, der Vermieter werde seinen Anspruch nicht mehr geltend machen, wenn der Vermieter seinen Anspruch durch Gerichtsurteil titulieren lässt. Dadurch gibt er nämlich zu erkennen, dass er die Forderung durchsetzen will und sich dazu eines Weges bedient, der ihm dies grundsätzlich für die Dauer von 30 Jahren ermöglicht (BGH, Urteil v. 9.10.2013, XIII ZR 59/129).

Der **Streitwert** für die Berechnung der Gerichts- und Anwaltskosten bei einer **Räumungsklage** bemisst sich grundsätzlich nach der Jahres**netto**miete. Nebenkosten werden nur dann berücksichtigt, wenn sie als Pauschale vereinbart sind und nicht gesondert abgerechnet werden (§ 41 Abs. 2, Abs. 1 S. 2 GKG).

Gleiches gilt für den Streitwert im Verfahren zur Aufhebung einer **einstweiligen Verfügung**, durch die dem Vermieter zur Abwehr verbotener Eigenmacht die eigenmächtige Räumung des Mietobjekts untersagt worden ist (OLG Düsseldorf, Beschluss v. 9.9.2010, I-24 W 63/10, MDR 2011 S. 217).

Wird neben der Herausgabe und Räumung eines Grundstücks ausdrücklich und zusätzlich die **Beseitigung** der auf dem Grundstück befindlichen Baulichkeiten verlangt, erhöht sich der Streitwert der Räumungsklage um die für die Beseitigung erforderlichen Kosten (OLG Rostock, Beschluss v. 2.6.2014, 3 W 65/14, GE 2014 S. 1062).

Bei Ansprüchen auf **Erhöhung der Wohnungsmiete** ist der Jahresbetrag der zusätzlich geforderten Miete maßgebend; bei Ansprüchen des Mieters auf Durchführung von Instandsetzungsmaßnahmen der Jahresbetrag einer angemessenen Mietminderung und bei Ansprüchen des Vermieters auf Duldung einer Durchführung von Modernisierungs- oder Erhaltungsmaßnahmen grundsätzlich der Jahresbetrag einer möglichen Mieterhöhung. Endet das Mietverhältnis vor Ablauf eines Jahres, so ist ein entsprechend niedriger Betrag maßgebend (§ 41 Abs. 5 GKG).

Auch zur Bemessung des Werts der **Beschwer**, auf die es für die Zulässigkeit der Berufung gegen ein Urteil des Amtsgerichts ankommt (mindestens 600 Euro nach § 511 Abs. 2 Nr. 1 ZPO), ist die monatliche Nettokaltmiete zzgl. einer Betriebskostenpauschale und ohne eine abzurechnende Betriebskostenvorauszahlung sowie die Anzahl der streitigen Monate Mietdauer heranzuziehen (BGH, Beschluss v. 8.4.2008, VIII ZR 50/06, WuM 2008 S. 417).

Der **Streitwert** für eine Klage gegen den Mieter auf **Unterlassen des Lagerns und Abstellens** von Gegenständen im Treppenhaus und im Kellergeschoss richtet sich nach dem 3,5-fachen Jahresbetrag des **Mietwerts** der in Anspruch genommenen Fläche (LG Mannheim, Beschluss v. 4.1.1999, 4 T 360/98, WuM 1999 S. 224).

Ebenso ist der **Streitwert** für eine Klage auf Überlassung eines mitvermieteten, vom Vermieter aber nicht übergebenen Kellerraums auf den 3,5-fachen Wert des sich aus der Nichtüberlassung ergebenden **Mietminderungsbetrags** festzusetzen (AG Hamburg, Urteil v. 2.10.2001, 409 C 331/01, NZM 2002 S. 858).

Bei einem Streit um die Berechtigung des Mieters zur (nichtgewerblichen) **Hundehaltung** beträgt der Streitwert 600 DM (LG Berlin, Beschluss v. 31.3.2000, 63 S 17/00, NZM 2001 S. 41); bei Haltung von **zwei Katzen** 800 DM (LG Berlin, Beschluss v. 13.7.2000, 61 S 129/00, NZM 2001 S. 41).

Der **Streitwert** einer Klage, mit der ein Mieter vom Vermieter den Nachweis verlangt, dass die geleistete **Mietkaution** in der Form des § 551 Abs. 3 BGB angelegt ist (s. „Kaution"), ist mit einem Viertel der Kautionssumme zu bewerten (OLG Köln, Beschluss v. 12.8.2009, 16 W 26/09, NZM 2010 S. 472).

Der Streitwert für die **Feststellung**, dass ein Mietverhältnis durch keine von mehreren (hier: vier) fristlosen Kündigungen beendet wurde, bemisst sich gemäß § 41 Abs. 1 GKG nach dem für die Dauer eines Jahres zu zahlenden Entgelt. Der Streitwert erhöht sich nicht dadurch, dass die Feststellungsklage mehrere Kündigungen zum Gegenstand hat (KG Berlin, Beschluss v. 12.1.2012, 8 W 31/11, MDR 2012 S. 455).

Schließen die Parteien im Räumungsrechtstreit einen Vergleich über die vorzeitige Beendigung des Mietverhältnisses gegen Zahlung einer Abfindung, bemisst sich der Gegenstandswert für den Vergleich nach dem Jahreswert der Miete und nicht nach dem Abfindungsbetrag (OLG Hamm, Beschluss v. 17.5.2011, 7 W 13/11, NZM 2012 S. 535).

Der Gebührenstreitwert einer auf die Zustimmung zu einer Mieterhöhung (bis zur ortsüblichen Miete nach § 558 BGB) gerichteten Klage bemisst sich allein nach dem Jahreswert der begehrten Erhöhung. Dies gilt auch dann, wenn das Gericht nicht nur über das vorgerichtliche, sondern auch über weitere – im Rechtsstreit nachgeholte oder nachgebesserte – Erhöhungsverlangen zu befinden hat. Vergleichen sich die Parteien im Rahmen eines auf die Erhöhung der Miete nach § 558 BGB gerichteten Rechtsstreits über innerprozessuale Vorfragen des Zustimmungsanspruchs, die vorprozessual nicht im Streit standen (hier: Vermieterstellung eines von mehreren Klägern), erhöht dies nicht den Vergleichswert (LG Berlin, Beschluss v. 17.7.2012, 63 T 109/12, GE 2012 S. 1171).

Auch der Streitwert für eine **Feststellungsklage** des Mieters, dass eine Mieterhöhungserklärung nach einer Modernisierung unwirksam ist, bemisst sich gemäß § 41 Abs. 5 GKG nach dem Jahresbetrag der Erhöhung. Diese Vorschrift ist nicht nur auf Klagen auf Zustimmung zu einer Mieterhöhung nach § 558 BGB (Mieterhöhung auf die ortsübliche Vergleichsmiete) anwendbar, sondern aus sozialen Gründen nach dem eindeutigen Willen des Gesetzgebers auf **alle** Prozesse um eine Mieterhöhung, um den Wohnraummieter vor einer zu hohen Kostenbelastung zu schützen. Bei der Feststellungsklage ist daher nicht der 42-fache Erhöhungsbetrag gemäß §§ 3, 9 ZPO maßgeblich, sondern nur der 12-fache monatliche Erhöhungsbetrag (KG Berlin, Beschluss v. 16.7.2012, 8 W 36/12, GE 2012 S. 1095).

Der Streitwert für eine auf **Duldung** von Modernisierungs-, Instandsetzungs- und Sanierungsarbeiten in einem Mietobjekt gerichtete Klage richtet sich nach dem Interesse des Vermieters an einer infolge der Durchführung der Arbeiten möglichen Mieterhöhung oder einer durch sie zu vermeidenden Mietminderung; er wird begrenzt durch den Jahresbetrag der erwarteten Erhöhung oder Minderung (KG Berlin, Beschluss v. 28.9.2009, 22 W 47/09, WuM 2010 S. 46).

Bei einem auf die Feststellung von Feuchtigkeitserscheinungen in einer Mietwohnung gerichteten **selbstständigen Beweisverfahren** ist der Gebührenstreit mit dem Hauptsachenstreitwert zu bemessen (so bereits BGH, NJW 2004 S. 3488). Dementsprechend ist zunächst der (gemäß § 41 Abs. 5 S. 1 GKG) mit dem **Jahreswert** einer angemessenen Mietminderung zu bemessende Gebührenstreitwert einer **Mängelbeseitigungsklage** zugrunde zu legen. **Hinzu** tritt – zumindest sofern hier ein mangelbedingter Streit der Mietparteien über die Miethöhe nicht aus rechtlichen oder tatsächlichen Gründen ausgeschlossen oder zeitlich beschränkt ist – der mit dem **3,5-fachen** Jahresbetrag einer angemessenen **Minderung** zu bemessende Gebührenstreitwert einer Klage des Mieters auf (negative) Feststellung der mangelbedingt geminderten Miethöhe. Dementsprechend ist der Gebührenstreitwert auch ohne gesonderten Vortrag des Antragstellers grundsätzlich mit dem **4,5-fachen** Jahresbetrag einer angemessenen Mietminderung zu bemessen (LG Berlin, Beschluss v. 2.4.2012, 63 T 47/12, NJW-RR 2012 S. 844).

Ein Mietverhältnis wird durch eine wirksame Kündigungserklärung beendet. Einen einseitigen **Verzicht** auf den Rückgabe- und Räumungsanspruch sieht das Gesetz nicht vor. Allerdings kann ein schlüssiger **Verzicht** des Vermieters auf Räumung vorliegen, wenn der Vermieter aus einer Kündigung über einen langen Zeitraum (hier: 8 Monate) keine Ansprüche herleitet, z.B. keine Räumungsklage erhebt (LG Berlin, Beschluss v. 20.1.2011, 32 S 5/10, GE 2011 S. 338).

Die sog. **Beschwer**, auf die es für die Zulässigkeit der Berufung gegen ein Urteil des Amtsgerichts ankommt (mindestens 600 Euro nach § 511 Abs. 2 Nr. 1 ZPO) bemisst sich bei **Klagen auf Mieterhöhungen** einer Wohnung gemäß § 9 ZPO nach dem 3,5-Fachen des einjährigen Mieterhöhungsbetrags, sofern das Mietverhältnis auf unbestimmte Zeit abgeschlossen ist. Bei Mietverhältnissen auf bestimmte Zeit ist der Gesamtbetrag der künftigen Erhöhungsbeträge maßgebend, sofern dieser geringer ist (BGH, Beschluss v. 28.11.2006, VIII ZR 9/06, WuM 2007 S. 32). Beläuft sich die Mieterhöhung z.B. auf monatlich 20 Euro, beträgt die Beschwer 840 Euro (20 Euro x 42 Monate). Das Urteil wäre somit berufungsfähig.

Bei einer Verurteilung des Mieters zur **Räumung der Wohnung** bemisst sich der Wert der **Beschwer** nach § 8 ZPO, wobei zur Bestimmung der „streitigen Zeit" auf den Zeitpunkt abzustellen ist, zu dem das Mietverhältnis jedenfalls geendet hätte. Lässt sich ein solcher Zeitpunkt **nicht sicher** feststellen, bemisst sich die Beschwer nach dem **3,5-fachen** Wert des einjährigen Bezugs, d.h. nach dem 42-Fachen der Monatsnettomiete (BGH, Beschluss v. 11.5.2010, VIII ZA 8/10, GE 2010 S. 842, s. auch BGH, Beschluss v. 13.3.2007, VIII ZR 189/06, WuM 2007 S. 283). Dies ist in der Regel bei Wohnungsmietverträgen der Fall, die auf **unbestimmte** Zeit abgeschlossen wurden. Hier lässt sich der Zeitpunkt, zu dem das Mietverhältnis jedenfalls beendet wäre, meist schon deshalb nicht sicher feststellen, weil eine ordentliche Kündigung des Vermieters nur zulässig ist, wenn der Vermieter an der Beendigung des Mietverhältnisses ein berechtigtes Interesse, d.h., einen Kündigungsgrund i.S.v. § 573 Abs. 1 BGB hat (BGH, Beschluss v. 13.3.2007, VIII ZR 2/06, ZMR 2007 S. 441).

Beruft sich der Mieter gegenüber einer Kündigung des Vermieters auf Mieterschutzbestimmungen, die das Kündigungsrecht des Vermieters einschränken und ihm ein Recht zur Fortsetzung des Mietverhältnisses geben, ohne jedoch Angaben zu dem nach seiner Meinung richtigen Mietende zu machen, bemisst sich die (für die Frage der Zulässigkeit einer Berufung maßgebliche) **Rechtsmittelbeschwer** nach dem **3,5-fachen** Jahresbetrag der **Kalt**miete (BverfG, Beschluss v. 9.5.2006, 1 BvR 761/06, NZM 2006 S. 578).

Die Beschwer (eines Beklagten) durch ein Urteil auf **Feststellung** der Nichtbeendigung eines Mietverhältnisses bestimmt sich gemäß § 8 ZPO nach dem Betrag des auf die gesamte streitige Zeit entfallenden Mietzinses, d.h. nach der Miete, die bis zum Ablauf der vereinbarten Mindestlaufzeit zu zahlen ist. Bei der Bewertung eines solchen Feststellungsantrags, der das Bestehen oder die Dauer eines Miet- oder Pachtverhältnisses zum Gegenstand hat, ist kein Abschlag vorzunehmen (BGH, Beschluss v. 29.10.2008, XII ZB 75/08, NJW-RR 2009 S. 156).

Bei einem Anspruch des Mieters gegen den Vermieter auf Wiedereinräumung des Besitzes an einer streitigen Teilfläche eines **mitvermieteten** Gartens bestimmt sich der Wert der Beschwer nach dem 3,5-fachen Jahresbetrag der darauf entfallenden Miete. Nicht maßgeblich ist der Kostenaufwand des Vermieters (eigener Räumungsaufwand) zur Erfüllung dieser Pflicht (BGH, Beschluss v. 22.1.2013, VIII ZR 104/12, NZM 2013 S. 265).

Die Beschwer eines zu einer jährlich wiederkehrenden Tätigkeit (z.B. zum Zurückschneiden einer Hecke) verurteilten Beklagten bemisst sich nach § 9 ZPO, d.h., die Beschwer beträgt das 3,5-Fache der jährlichen Kosten, die für die bestimmte Tätigkeit aufgewendet werden müssen (BGH, Beschluss v. 6.10.2011, V ZB 72/11, WuM 2011 S. 698).

Bei einer Klage auf **Mieterhöhung** bestimmt sich der Wert der Beschwer in einem auf unbestimmte Zeit abgeschlossenen Wohnraummietverhältnis am 3,5-fachen Wert des einjährigen Mieterhöhungsbetrags. Dabei ist der Wert der Verurteilung in 1. Instanz maßgeblich (BGH, Beschluss v. 8.4.2014, VIII ZB 30/13, ZMR 2014 S. 867).

Die Beschwer bei einem **Taubenfütterungsverbot** kann maximal 300 Euro betragen, da ein solches Verbot weder die Wohnung selbst entwertet noch die Wohnungseigentümer besondere Aufwendungen tätigen müssen, um dem Verbot nachzukommen. Daher sind Anhaltspunkte für eine höhere Beschwer nicht erkennbar (BGH, Beschluss v. 29.9.2011, V ZA 14/11, NJW-RR 2012 S. 84).

Bei einem Streit über den Umfang eines **Wegerechts** richtet sich die Beschwer nach der Wertminderung des belasteten Grundstücks, wenn die Unterlassungsklage des Eigentümers des belasteten Grundstücks abgewiesen wurde. Ist nicht das Wegerecht strittig, sondern nur dessen

Umfang, kann nur die zusätzliche Wertminderung berücksichtigt werden (BGH, Beschluss v. 21.6.2012, V ZB 19/12, GE 2012 S. 1163).

Rückständige Mieten kann der Vermieter sowohl bei gewerblicher Vermietung als auch bei der Vermietung von Wohnraum im **Urkundenprozess** geltend machen, da der Schutzzweck des sozialen Mietrechts einer Anwendung des Urkundenverfahrens nicht entgegensteht (LG München I, Urteil v. 8.7.2004, 31 S 16274/03, NZM 2005 S. 63 unter Bezugnahme auf BGH, Beschluss v. 10.3.1999, XII ZR 321/97, NJW 1999 S. 1408).

Dies gilt auch, wenn der Mieter eine **Mietminderung** wegen anfänglicher **Mängel** geltend macht oder die Einrede des nicht erfüllten Vertrags erhebt. Grundsätzlich muss zwar der Vermieter beweisen, dass er die Wohnung in mangelfreiem Zustand übergeben hat. Dies gilt jedoch nicht, wenn der Mieter die Wohnung als Erfüllung angenommen hat, ohne die Mängel vorab zu rügen. Behält sich der Mieter jedoch bei der Annahme der Mietsache seine Rechte wegen eines Mangels vor, ist eine spätere Klage auf Zahlung von rückständiger Miete im Urkundenprozess nur dann statthaft, wenn unstreitig ist oder der Vermieter urkundlich beweisen kann, dass der Mieter trotz des erklärten Vorbehalts die Mietsache als Erfüllung angenommen hat (BGH, Urteil v. 12.6.2013, XII ZR 50/12, GE 2013 S. 1137). Ist dies unstreitig oder kann der Vermieter durch Urkunden (z. B. Übergabeprotokoll, Kontoauszug) beweisen, dass der Mieter die Wohnung rügelos angenommen hat, führt das zu einer Beweislastumkehr zulasten des Mieters (§ 363 BGB) und ermöglicht dem Vermieter weiterhin, seine Ansprüche im Urkundenprozess geltend zu machen (BGH, Urteil v. 8.7.2009, VIII ZR 200/08, ZMR 2010 S. 19).

Daher steht der Statthaftigkeit des Urkundenprozesses nicht entgegen, dass der Mieter Mängel der Mietsache behauptet und der Anspruch auf die Miete daher gemäß § 536 Abs. 1 BGB von Gesetzes wegen ganz oder teilweise erloschen sein könnte. Sind dagegen erhebliche Mängel der Mietsache zwischen den Parteien unstreitig und damit nicht beweisbedürftig, so steht fest, dass die Tauglichkeit der Mietsache zum vertragsgemäßen Gebrauch gemindert ist. Die Höhe der dann nur noch geschuldeten geminderten Miete ergibt sich nicht mehr aus dem Mietvertrag mit der Folge, dass die Miete dann in der Regel nicht mehr im Urkundenprozess eingeklagt werden kann (KG Berlin, Urteil v. 5.4.2012, 12 U 49/11, WuM 2012 S. 333). Dementsprechend ist eine Mietzinsklage im Urkundenprozess wegen einer unberechtigten Mietminderung auch unstatthaft, wenn der Mieter anhand des Wohnungsübergabeprotokolls gelistete Mängel bei Wohnungsübergabe und die Zusage der Mängelbeseitigungen anhand von Schreiben der Hausverwaltung nachweisen kann; der Vermieter dagegen die Mängelbeseitigung nicht durch Urkunden beweisen kann (BGH, Urteil v. 20.10.2010, VIII ZR 111/09, WuM 2010 S. 761). Gleiches gilt, wenn die Mietsache unstreitig mit einem anfänglichen Mangel (hier: Ungezieferbefall) behaftet war und der Vermieter die vom Mieter bestrittene Beseitigung des Mangels nicht urkundlich zu beweisen vermag, weil dann zugleich feststeht, dass der Vermieter auch die Höhe der kraft Gesetzes geminderten Miete (§ 536 Abs. 1 S. 1 BGB) nicht urkundlich beweisen kann (OLG Düsseldorf, Urteil v. 18.3.2008, 24 U 136/07, NJW-RR 2009 S. 157). Ferner können im Urkundenprozess auch Ansprüche des Vermieters auf **Betriebskostennachzahlungen** aus Wohnraummietverträgen geltend gemacht werden. Insofern genügt für ein wirksames Bestreiten der vom Vermieter im Urkundenprozess vorgetragenen Quadratmeterzahlen, dass der Mieter diesen Zahlen das Ergebnis seiner, wenn auch laienhaften, im Rahmen seiner Möglichkeiten liegenden Vermessung der Mietwohnung entgegenhält. Dies gilt insbesondere dann, wenn sich die Mietwohnung im Dachgeschoss befindet und daher wegen Schrägen oder Winkeln eine zutreffende Ermittlung der tatsächlichen Wohnfläche kompliziert sein kann (BGH, Urteil v. 22.10.2014, VIII ZR 41/14, NZM 2015 S. 44). Im zweiten Rechtszug ist allerdings eine Abstandsnahme vom Urkundenprozess nicht mehr möglich (KG Berlin, Urteil v. 28.6.2010, 8 U 167/09, ZMR 2011 S. 116).

Zum **Streitwert** eines **selbstständigen Beweisverfahrens** s. „Beweissicherung", s. auch „Räumungsklage", „Prozesskosten", „Mieterhöhung bei Wohnraum", Abschnitt 2.6 „Zustimmung und Klage".

Geschäftsräume

Inhaltsübersicht

		Seite
1	**Begriff**	347
2	**Zweckbestimmung**	347
3	**Nutzungsänderung**	348
4	**Auflagen und Genehmigungserfordernisse**	348
5	**Wohnungen als Geschäftsräume**	349
6	**Rechtliche Behandlung von Geschäftsräumen**	351
6.1	Kündigung von Geschäftsräumen	352
6.2	Miete bei Geschäftsräumen	353
7	**Geschäftsräume auf dem Gebiet der ehemaligen DDR**	353

1 Begriff

Der Begriff „Geschäftsraum" ist bisher weder im Gesetz noch durch die Rechtsprechung eindeutig definiert worden. Nach der Kommentierung von Staudinger-Sonnenschein (§ 565 a.F., Rn. 28) sind darunter alle Räume zu verstehen, die nicht Wohnräume sind (vgl. auch Bub/Treier, Rn. IV 50).

Dagegen vertritt Palandt/Putzo (54. Auflage, § 565, Rn. 15 sowie vor § 535, Rn. 69) die Auffassung, dass als Geschäftsräume nur solche Räume anzusehen sind, die zu **geschäftlichen**, insbesondere gewerblichen oder freiberuflichen Zwecken angemietet werden (so auch MüKo/Voelskow, § 565 a.F., Rn. 9 und wohl auch BGHZ 94, 11, 15, wonach die Geschäftsraummiete nur eine von mehreren Nutzungsarten ist, wenn ein Wohnraummietverhältnis nicht vorliegt). Danach stellen z.B. Garagen oder separat angemietete Keller- oder Lagerräume, die weder zu Wohn- noch zu gewerblichen Zwecken angemietet werden, keine „Geschäftsräume" dar. Praktische Bedeutung erlangt die Unterscheidung für die Bestimmung der Kündigungsfristen (s. „Kündigungsfristen").

2 Zweckbestimmung

Die Zweckbestimmung als Geschäftsraum ergibt sich häufig bereits aus der baulichen Anlage und deren Ausstattung. Können die Räume danach sowohl zu Wohnzwecken als auch zu beruflichen oder gewerblichen Zwecken genutzt werden, trifft der Vermieter die Zweckbestimmung. Zu beachten sind in diesem Zusammenhang insbesondere bestehende Verordnungen über die **Zweckentfremdung von Wohnraum**, wonach Wohnraum nur mit Genehmigung der Behörde anderen als Wohnzwecken zugeführt werden darf (s. „Zweckentfremdung").

> Zu empfehlen ist eine eindeutige Bestimmung des Vertragszwecks im Mietvertrag.

Eine entgegen dem vereinbarten Vertragszweck ausgeübte Nutzung durch den Mieter ändert hieran nichts, es sei denn, der Vermieter kennt und duldet diese über einen längeren Zeitraum, sodass eine stillschweigende Vertragsänderung zustande gekommen ist (s. „Änderung des Mietvertrags").

3 Nutzungsänderung

Die Änderung des Betriebs bzw. der Branche durch den Mieter ist vertragswidrig, wenn der Vermieter ein erhebliches Interesse an der Beibehaltung des Mietzwecks hat und dem Vermieter eine Änderung unter Berücksichtigung aller Umstände des Einzelfalls nach Treu und Glauben nicht zumutbar ist, z. B. bei Ladenflächen in einem Einkaufszentrum.

Eine Geschäfts**erweiterung** (z. B. durch Verkauf von branchenfremden Artikeln) oder Produktionsumstellung (z. B. auf industrielle Fertigung) ist nur dann vertragswidrig, wenn dies dem Vertragszweck widerspricht (BGH, Urteil v. 26.6.1975, VII ZR 164/73, NJW 1975 S. 1833; OLG Karlsruhe, Urteil v. 14.11.1986, 14 U 149/84, ZMR 1987 S. 419). Die schutzwürdigen Belange des Vermieters sind im Einzelfall gegen die Belange des Mieters, die sich z. B. aus einer Umstrukturierung der Branche oder des Gebiets ergeben können, abzuwägen. Insofern ist zugunsten des Vermieters eine verstärkte Abnutzung der Räume, eine Beeinträchtigung der Mitmieter, Konkurrenzschutzansprüche anderer Mieter, Auswirkungen auf den Wert der Immobilie und verminderte Chancen bei der Neuvermietung zu berücksichtigen. Zugunsten des Mieters sind dessen wirtschaftliche Interessen an der Erweiterung zu berücksichtigen, insbesondere dann, wenn diese existenznotwendig sind (OLG Düsseldorf, Urteil v. 29.6.1995, 10 U 44/95, MDR 1996 S. 467).

Dagegen stellt die **Umwidmung** des Vertragszwecks, z. B. Umnutzung eines Stalls zu gewerblichen Zwecken, regelmäßig einen vertragswidrigen Gebrauch dar (OLG Karlsruhe, Urteil v. 14.11.1986, 14 U 149/84, ZMR 1987 S. 419). Weiterhin ist der Gebrauch regelmäßig dann vertragswidrig, wenn sich das neue oder erweiterte Geschäft grundlegend von dem bei Vertragsschluss bestehenden unterscheidet oder Störungen z. B. der Mitmieter oder Nachbarschaft eintreten.

Strittig ist, ob der Mieter zur Nutzung der Geschäftsräume verpflichtet ist oder ob er diese vorübergehend oder auf Dauer schließen darf. Insofern kommt es entscheidend auf den Inhalt des Mietvertrags an, wobei auch die formularmäßige Vereinbarung einer **Betriebspflicht** zulässig ist (BGH, Urteil v. 29.4.1992, XII ZR 221/90, DWW 1993 S. 69). Fehlt es an einer entsprechenden Regelung, stellt nach Auffassung des LG Hannover (Urteil v. 9.10.1992, 8 S 146/92, ZMR 1993 S. 280) jedenfalls die Schließung der Geschäftsräume auf Dauer eine Vertragsverletzung dar, die den Vermieter zur fristlosen Kündigung berechtigt. Dies gilt erst recht, wenn der Mieter in der Nachbarschaft ein neues Geschäft eröffnet, da sich die Kunden dann dem neuen Geschäft zuwenden und sich gänzlich von den Angeboten der Mitmieter entfernen werden (LG Hannover, a. a. O.).

Wird dem Mieter eines Ladenlokals in einem Einkaufszentrum jedoch unter Versagung jeglichen Konkurrenzschutzes für die gesamte Mietzeit eine **Betreibungspflicht** und gleichzeitig eine **Sortimentsbindung** auferlegt, liegt eine unangemessene Benachteiligung des Mieters vor mit der Folge, dass eine entsprechende Formularklausel unwirksam ist (OLG Schleswig, Beschluss v. 2.8.1999, 4 W 24/99, NZM 2000 S. 1008).

4 Auflagen und Genehmigungserfordernisse

Das **uneingeschränkte** Risiko für die Erteilung einer **behördlichen Erlaubnis** kann dem Mieter formularvertraglich **nicht** übertragen werden (BGH, Urteil v. 27.1.1993, XII ZR 141/91, DWW 1993 S. 170). Dementsprechend ist eine **formularmäßige Freizeichnungsklausel**, wonach der Vermieter keine Gewähr dafür leistet, dass die Geschäftsräume den behördlichen Vorschriften entsprechen und der Mieter daraus resultierende **Auflagen** (hier: Behindertentoilette in Arztpraxis) auf seine Kosten erfüllen muss, wegen Verstoßes gegen § 307 BGB (bis 31.12.2001: § 9 AGB-Gesetz) unwirksam, da sie den Vermieter von der Kardinalpflicht des § 535 BGB (Herstellung eines vertragsgemäßen Zustands) befreit und den Mieter mit einem unkalkulierbaren Kostenrisiko belastet (LG Berlin, Urteil v. 28.8.2001, 64 S 107/01, ZMR 2002 S. 271; vgl. auch OLG Düsseldorf, Urteil v. 10.7.1992, 10 U 142/91, ZMR 1992 S. 446; OLG Dresden,

Urteil v. 17.6.1996, 2 U 655/95, NJW-RR 1997 S. 395).

Eine Vertragsklausel, die den Mieter verpflichtet, sämtliche **Genehmigungen** für seinen **Betrieb** auf eigene Kosten und Gefahr selbst einzuholen, ist dahingehend auszulegen, dass der Mieter lediglich das Risiko für solche Genehmigungen trägt, die in **seinem Verantwortungsbereich** liegen; nicht aber ein Risiko, das mit der Beschaffenheit und Lage der Mietsache in Zusammenhang steht (z. B. das Risiko der Verweigerung einer Gaststättenkonzession wegen fehlender Stellplätze – vgl. OLG München, Urteil v. 19.5.1995, 21 U 4948/94, ZMR 1995 S. 401). Gleiches gilt für die Vereinbarung, dass der gewerbliche Mietvertrag unter der aufschiebenden Bedingung der Erteilung der erforderlichen **Zweckentfremdungsgenehmigung** geschlossen wird (s. „Zweckentfremdung"). Keine rechtlichen Bedenken bestehen gegen eine Vereinbarung, wonach die Beschaffung einer notwendigen **Konzession** (z. B. zum Betrieb einer Gaststätte) Sache des Mieters sein und der Mietvertrag erst mit Erteilung der Konzession wirksam werden soll (BGH, Urteil v. 2.3.1994, XII ZR 175/92, ZMR 1994 S. 253). Wirksam ist auch eine Formularklausel, die eine Umlage der für die Zweckentfremdung zu entrichtenden **Ausgleichsabgabe** auf den Mieter bestimmt (KG Berlin, Urteil v. 15.1.1996, 8 U 6509/94, GE 1996 S. 413).

5 Wohnungen als Geschäftsräume

Trotz Nutzung zu Wohnzwecken durch den Endmieter werden Mietverhältnisse als Geschäftsraummietverhältnisse qualifiziert und unterliegen somit nicht den Wohnraumschutzvorschriften, wenn der Vertragszweck nicht im Wohnen durch den Mieter selbst, sondern in der Weitervermietung – sei es auch zu Wohnzwecken – liegt (vgl. z. B. OLG Düsseldorf, Urteil v. 2.2.1995, 10 U 39/94, WuM 1995 S. 434). Dies ist der Fall,

- wenn ein Unternehmen eine Wohnung vom Eigentümer anmietet, um sie bestimmungsgemäß an betriebsangehörige Personen weiterzuvermieten (BayObLG, RE v. 30.8.1995, RE-Miet 6/94, WuM 1995 S. 645; OLG Karlsruhe, RE v. 4.7.1983, 9 RE-Miet 3/82, DWW 1983 S. 200; BGH, Urteil v. 11.2.1981, VIII ZR 323/79, NJW 1981 S. 1377; BGH, Urteil v. 13.2.1985, VIII ZR 36/84, WuM 1985 S. 288). Gleiches gilt, wenn eine **juristische Person** (z. B. GmbH) ein Reihenhaus anmietet, um es teils als Büroraum für ihren Geschäftsbetrieb zu nutzen und teils ihrem Geschäftsführer als Wohnung zur Verfügung zu stellen. Eine juristische Person kann nämlich Räume schon begrifflich nicht zu (eigenen) Wohnzwecken anmieten. Daher kommt es insofern auch nicht darauf an, ob das Haus vorwiegend als Geschäftsräume oder als Wohnung (für den Geschäftsführer) genutzt werden sollte (BGH, Urteil v. 16.7.2008, VIII ZR 282/07);
- wenn ein karitativ tätiger gemeinnütziger **Verein** eine Wohnung zur Unterbringung von Personen anmietet, die vom Verein betreut und unterstützt werden (BayObLG, RE v. 28.7.1995, RE-Miet 4/94, WuM 1995 S. 638) oder der Verein die Wohnung an einen seiner Mitarbeiter vermietet (BayObLG, RE v. 30.8.1995, RE-Miet 5/94, WuM 1995 S. 642);
- wenn ein gemeinnütziger **Verein** ein Haus zur Förderung der Rehabilitation psychisch Kranker anmietet und einzelne Zimmer zur Verfolgung eines sozialen satzungsgemäßen Zwecks an die Kranken **weitervermietet** werden sollen (OLG Karlsruhe, RE v. 24.10.1983, 3 RE-Miet 4/83, NJW 1984 S. 373; Weber/Marx, III/S. 101; OLG Braunschweig, RE v. 27.6.1984, 1 W 15/84, WuM 1984 S. 237; OLG Stuttgart, RE v. 25.10.1984, 8 RE-Miet 2/84, WuM 1985 S. 80; vgl. auch BVerfG, Beschluss v. 28.9.1985, 1 BvR 1410/84, WuM 1985 S. 335 sowie BayObLG, Beschluss v. 11.12.1984, RE-Miet 10/83, WuM 1985 S. 51). Unerheblich ist, zu welchen Konditionen die Weitervermietung der Räume erfolgt. Ein Geschäftsraummietverhältnis liegt demnach somit auch dann vor, wenn Räume mit Sozialbindung, d. h. unter Zugrundelegung einer Belegungs- und Preisbindung (Kostenmiete), weitervermietet

werden sollen (OLG Düsseldorf, Urteil v. 8.10.2002, 24 U 237/01, WuM 2003 S. 151);

- wenn eine **gemeinnützige** GmbH Wohnungen vom Eigentümer anmietet und diese dann an den Bewohner des von ihr betriebenen **„Betreuten Wohnens"** weitervermietet. Auch in diesem Fall können sich die Bewohner gegenüber einem Räumungsverlangen des Eigentümers nicht auf den Kündigungsschutz des sozialen Mietrechts berufen (KG Berlin, Urteil v. 23.8.2012, 8 U 22/12, ZMR 2013 S. 108);
- wenn ein **Verein** ein Wohnhaus mietet, das von den Mitgliedern – dem ausschließlichen Vereinszweck entsprechend – zu Wohnzwecken **benutzt** wird (OLG Frankfurt/M., RE v. 14.7.1986, 20 RE-Miet 1/86, DWW 1986 S. 241; Weber/Marx, VI/S. 30; a.A. OLG Köln, Urteil v. 18.2.2003, 22 U 138/02, ZMR 2004 S. 31, wonach die Anwendung von Wohnraummietrecht in Betracht kommt, wenn ein gemeinnütziger Verein Räume zur überwiegenden Nutzung als Wohnung durch seine Mitglieder anmietet);
- wenn ein **Studentenwerk** Wohnungen zum Betrieb eines Studentenwohnheims anmietet (BGH, Urteil v. 20.10.1982, VIII ZR 235/81, WuM 1984 S. 57 = ZMR 1983 S. 211);
- wenn eine Eigentumswohnung von einem Vermietungsunternehmen zum Zweck der Untervermietung zu Wohnzwecken angemietet wurde (**„Bauherrenmodell"**) (s. im Einzelnen „Herausgabeanspruch gegen Dritte");
- wenn eine Eigentümergemeinschaft eine Eigentumswohnung anmietet, um den **Hausmeister** unterzubringen (BayObLG, Beschluss v. 11.12.1984, RE-Miet 10/83, WuM 1985 S. 51).

Ein Mietverhältnis über Räume, die der Mieter zu Wohn- **und** zu gewerblichen bzw. freiberuflichen Zwecken nutzen darf **(Mischmietverhältnis)**, kann nicht in ein Wohnungs- und ein gewerbliches Mietverhältnis aufgespalten werden und ist daher zwingend entweder als Wohnraummietverhältnis oder als Mietverhältnis über gewerbliche Räume zu werten.

Wird z.B. ein Haus vermietet, in dem der Mieter im Erdgeschoss eine Praxis betreibt und im Obergeschoss wohnt, ist für die rechtliche Einordnung entscheidend, welche Nutzungsart nach den getroffenen Vereinbarungen **überwiegt**. Entscheidend ist insofern der wahre, das Rechtsverhältnis prägende **Vertragszweck,** d.h. die gemeinsamen und übereinstimmenden Vorstellungen der Parteien darüber, wie das Mietobjekt genutzt werden soll und welche Art der Nutzung im Vordergrund steht. Ein hiervon abweichender, im Vertrag nur vorgetäuschter Vertragszweck ist unbeachtlich (BGH, Urteil v. 9.7.2014, VIII ZR 376/13).

Der Umstand, dass die Vermietung nicht nur zu Wohnzwecken, sondern auch zur Ausübung einer gewerblichen/freiberuflichen Tätigkeit vorgenommen wird, durch die der Mieter seinen **Lebensunterhalt** bestreitet, lässt keine tragfähigen Rückschlüsse auf einen im Bereich der Geschäftsraummiete liegenden Vertragsschwerpunkt zu (BGH, a.a.O. unter Aufgabe von BGH, Urteil v. 16.4.1986, VIII ZR 60/85).

Bei der rechtlichen Einordnung ist maßgebend auf die **Umstände des Einzelfalls** abzustellen, wobei das Gericht bei Fehlen ausdrücklicher Abreden auf **Indizien** zurückgreifen kann, so z.B. auf das verwendete Vertragsformular, das Verhältnis der Gewerbe- zu den Wohnraumflächen, die Verteilung der Gesamtmiete auf Gewerbe und Wohnung sowie auf Formulierungen im Mietvertrag, die auf Wohnraum bzw. Gewerberaum hindeuten. Dabei spricht z.B. ein unbefristeter Mietvertrag ebenso wie eine Vereinbarung, die eine einheitliche Miete ohne Umsatzsteuer ausweist, für ein Wohnraummietverhältnis.

Lässt sich bei der gebotenen Einzelfallprüfung ein Überwiegen der gewerblichen Nutzung nicht feststellen, ist im Hinblick auf das Schutzbedürfnis des Mieters von der Geltung der Vorschriften der Wohnraummiete auszugehen (BGH, Urteile v. 9.7.2014, a.a.O.).

Zur Abgrenzung Wohnraum-/Geschäftsraummietverhältnis vgl. auch die BGH-Entscheidungen v. 15.11.1978 (VIII ZR 14/78, WM

1979 S. 148), 21.4.1982 (VIII ARZ 16/81, WuM 1982 S. 178) und 20.10.1982 (VIII ZR 235/81, WuM 1984 S. 57 = ZMR 1983 S. 211). Zur Frage, ob und in welchen Fällen sich der Endmieter nach Kündigung eines solchen, nicht unter Kündigungsschutz stehenden Geschäftsraummietverhältnisses (Hauptmietverhältnis) gegenüber dem Herausgabeverlangen des Eigentümers auf Kündigungsschutzvorschriften (§§ 573, 574 BGB) berufen kann, vgl. „Herausgabeanspruch gegen Dritte".

Wird bei Anmietung eines Gebäudes, das aus mehreren Wohnungen besteht, eine Wohnung vom Mieter selbst bewohnt und werden die übrigen mit Genehmigung des Vermieters untervermietet, hängt die Bestimmung, ob ein Mietverhältnis über Wohnraum oder Geschäftsraum vorliegt, davon ab, ob nach dem übereinstimmenden Vertragswillen der Parteien der **vorherrschende Vertragszweck** im eigenen Wohnen des Mieters oder im Weitervermieten liegt (OLG Stuttgart, RE v. 7.11.1985, 8 RE-Miet 3/84, NJW 1986 S. 322; Weber/Marx, Sammelband Nr. 271). Dabei ist weder das Verhältnis bewohnter oder weitervermieteter Flächen noch deren Mietwert ausschlaggebend; das kann nur ein Indiz sein. Dementsprechend kann die Vermietung von Gewerberäumen mit angeschlossenen Wohnräumen auch dann als **gewerblicher** Mietvertrag anzusehen sein, wenn der auf die **Wohn**räume entfallende Teil des Bruttonutzungsentgelts überwiegt (OLG Köln, Urteil v. 10.10.2006, 22 U 74/06, ZMR 2007 S. 114).

Auch die Bezeichnung des Vertrags als Wohnraum- oder Geschäftsraummietvertrag ist grundsätzlich nicht entscheidend. Dominierend ist allein der mit Abschluss des Vertrags von den Parteien verfolgte Zweck (OLG Stuttgart, a. a. O.).

Jedoch kann sich aus der von den Parteien gewählten Vertragsgestaltung (Verwendung eines Vertragsformulars über „Wohnraum", dessen Klauseln sich ausschließlich am Wohnraummietrecht orientieren) sowie aus dem späteren Verhalten bei Mieterhöhungen (Durchführung nach den Bestimmungen des Wohnraummietrechts) ergeben, dass ein Mietverhältnis über Wohnraum vereinbart war (OLG Naumburg, Beschluss v. 22.7.1993, 2 RE-Miet 1/92, WuM 1995 S. 142). Gleiches gilt, wenn die Parteien einen Mietvertrag über **Wohn**raum abschließen, obwohl sie sich darüber einig sind, dass der Mieter in den Mieträumen auch gewerblich bzw. freiberuflich tätig werden, z. B. eine psychologische Praxis betreiben kann. An einer einverständlichen falschen Bezeichnung des Mietvertrags, z. B. um eine rechtswidrige Nutzung der Räume zu ermöglichen (Zweckentfremdung, Verstoß gegen die Gemeinschaftsordnung), müssen sich die Parteien festhalten lassen (OLG München, Beschluss v. 24.4.2006, 17 U 2291/06, ZMR 2007 S. 119).

Die Verwendung eines Formulars für Wohnraum kann aber auch dazu führen, dass die Formularklauseln – unbeschadet der grundsätzlichen Einordnung des Vertrags als Geschäftsraummiete – jedenfalls nach den Grundsätzen des Wohnraummietrechts ausgelegt werden (OLG Hamburg, Urteil v. 29.10.1997, 4 U 61/97, DWW 1998 S. 50).

Die Parteien können die Anwendung des Wohnraummietrechts auf ein als gewerblich zu qualifizierendes Mietverhältnis wirksam vereinbaren. Eine Vertragsklausel, wonach die §§ 558 ff. BGB (Vorschriften für Mieterhöhungen bei Wohnraummietverhältnissen) gelten sollen, reicht dafür jedoch nicht aus (LG Berlin, Urteil v. 9.9.2011, 63 S 605/10, GE 2011 S. 1484).

Vergleiche auch „Herausgabeanspruch gegen Dritte".

Zur Abgrenzung, ob Wohn- oder Geschäftsraum vorliegt, vgl. „Mischräume".

Zum Verbot der Zweckentfremdung von Wohnraum s. „Zweckentfremdung".

6 Rechtliche Behandlung von Geschäftsräumen

Die Unterscheidung, ob Wohnraum oder Geschäftsraum vorliegt, ist für die rechtliche Behandlung von wesentlicher Bedeutung. Hervorzuheben ist insbesondere Folgendes.

6.1 Kündigung von Geschäftsräumen

Die **Kündigung** eines Geschäftsraummietverhältnisses bedarf nicht der Schriftform, kann also auch mündlich ausgesprochen werden, wenn nicht ausdrücklich Schriftform vereinbart wurde. Trotzdem sollte aus Beweisgründen eine Kündigung immer schriftlich und mit Zustellungsnachweis erfolgen.

> Geschäftsraummietverhältnisse unterliegen nicht dem Kündigungsschutz, sodass die ordentliche Kündigung eines **unbefristeten** Geschäftsraummietverhältnisses grundsätzlich auch ohne Vorliegen eines berechtigten Interesses und ohne Angabe von Kündigungsgründen möglich ist.

Bei **befristeten** Geschäftsraummietverhältnissen ist die ordentliche Kündigung während der Laufzeit des Vertrags nach allgemeinen Regeln ausgeschlossen.

Der Mieter kann auch bei Vorliegen besonderer **Härtegründe** weder die befristete noch die unbefristete Fortsetzung des Mietverhältnisses verlangen.

Zu den Sonderregelungen auf dem Gebiet der ehemaligen DDR vgl. die Ausführungen in Abschnitt 7 „Geschäftsräume auf dem Gebiet der ehemaligen DDR".

> Eine Gewährung von **Räumungsfristen** durch das Gericht ist nicht möglich. Vollstreckungsschutz kann nur nach § 765a ZPO gewährt werden.

Bei Geschäftsraummietverhältnissen sind vom Gesetz abweichende Vereinbarungen über die Zulässigkeit einer fristlosen Kündigung möglich, da das Verbot des § 569 Abs. 5 S. 2 BGB nicht gilt (z.B. Erleichterung der fristlosen Kündigungsmöglichkeit des Vermieters durch Vereinbarung, dass der Vermieter bereits bei Verzug mit **einer** Monatsmiete zur fristlosen Kündigung berechtigt sein soll).

Die gesetzliche Kündigungsfrist für eine **ordentliche** Kündigung von Geschäftsraummietverhältnissen beträgt 6 Monate (§ 580a Abs. 2 BGB). Diese Frist gilt auch für die **außerordentliche** befristete Kündigung (§ 580a Abs. 4 BGB; s. „Kündigungsfristen").

Eine Verlängerung der Kündigungsfrist mit zunehmender Mietdauer ist bei Geschäftsraummietverhältnissen gesetzlich nicht vorgesehen. Weiterhin sind im Gegensatz zu den Vorschriften über die Wohnraumkündigung die für Geschäftsraummietverhältnisse geltenden gesetzlichen Kündigungsfristen in vollem Umfang abdingbar, d.h., es können sowohl kürzere als auch längere Kündigungsfristen oder auch Kündigungsmöglichkeiten nicht nur zum Ende eines Kalendervierteljahres vereinbart werden.

Strittig ist, ob bei abweichend vereinbarten Kündigungsfristen die **Nachfrist** von 3 Tagen (§ 580a Abs. 2 BGB) als stillschweigend vereinbart gilt, ob also, wenn z.B. eine dreimonatige Kündigungsfrist vereinbart ist, die Kündigung noch am dritten Werktag der Vierteljahresfrist erklärt werden kann (wobei es auf den Zeitpunkt des Zugangs ankommt). In der älteren Rechtsprechung und Literatur wird dies mehrheitlich verneint. Nach der neueren Literatur (Palandt-Putzo, Anm. 1f. zu § 565 BGB a.F.; Staudinger-Kiefersauer, BGB, 11. Aufl., § 565 BGB a.F., Rn. 17) soll die Nachfrist (Kündigung spätestens am dritten Werktag eines Monats) bei vereinbarter längerer Kündigungsfrist entsprechend anzuwenden sein.

> Jedenfalls empfiehlt es sich, bei Abweichung von den gesetzlichen Kündigungsfristen im Mietvertrag genaue Bestimmungen darüber zu treffen, wann eine Kündigung zugegangen sein muss, um auf einen bestimmten Zeitpunkt zu wirken.

Bei einem Mietvertrag über **Geschäfts**räume, der auf bestimmte Zeit geschlossen werden sollte, jedoch mangels Einhaltung der Schriftform als für **un**bestimmte Zeit geschlossen gilt (§ 550 BGB; s. „Schriftform"), sind vertraglich vereinbarte Kündigungsfristen jedenfalls dann nicht maßgebend, wenn diese länger sind als die **gesetzlichen** Kündigungsfristen (BGH, Urteil v. 29.3.2000, XII ZR 316/97, NZM 2000 S. 545).

6.2 Miete bei Geschäftsräumen

> Die Miete kann bis zur Grenze der **Wuchermiete (s.** „Mietwucher“) frei vereinbart werden. Eine Mieterhöhung unterliegt nicht den Bestimmungen der §§ 557 ff. BGB. Das Verbot der **Änderungskündigung** gilt nicht.

Ein **unbefristetes** Mietverhältnis kann unter Einhaltung der vorbezeichneten Kündigungsfristen ohne Vorliegen eines berechtigten Interesses gekündigt werden, sodass es in diesem Fall unproblematisch ist, eine Mieterhöhung durch Änderungskündigung durchzusetzen (Kündigung verbunden mit dem Angebot auf Abschluss eines neuen Vertrags mit höherer Miete).

> **Unbefristete** Geschäftsraummietverhältnisse bedürfen daher grundsätzlich keiner Wertsicherungsvereinbarung („Wertsicherungsklauseln“, „Leistungsvorbehalt“).

Anders verhält es sich bei Abschluss eines **befristeten** Mietvertrags. Nach dem Grundsatz *pacta sunt servanda* („Verträge müssen eingehalten werden“) gilt die vereinbarte Miete für die gesamte Dauer des Mietverhältnisses. Eine Mieterhöhung ist nur möglich, wenn und soweit der Mietvertrag dies ausdrücklich bestimmt, z. B. durch eine Wertsicherungsvereinbarung oder durch eine Staffelmiete (s. „Staffelmiete“).

Soll die Miete nicht für die gesamte Vertragslaufzeit konstant bleiben, muss bei **befristeten** Mietverhältnissen unbedingt eine entsprechende Vereinbarung getroffen werden, da nach herrschender Meinung auch das Sinken der Kaufkraft des Gelds keinen Wegfall der Geschäftsgrundlage bewirkt, dem Vermieter also nicht das Recht gibt, eine Mieterhöhung zu fordern (Palandt-Heinrichs, BGB, Anm. 6 Ca, aa zu § 242 BGB; BGH, Urteil v. 1.10.1975, VIII ZR 108/74, NJW 1976 S. 142). Entsprechendes gilt für Betriebskostenerhöhungen, die nur dann an den Mieter weitergegeben werden können, wenn der Mietvertrag dies ausdrücklich bestimmt.

7 Geschäftsräume auf dem Gebiet der ehemaligen DDR

Auf dem Gebiet der ehemaligen DDR werden **Überlassungs**verträge, d. h. Verträge, durch die dem Nutzer vor dem 3.10.1990 ein bisher staatlich verwaltetes Grundstück durch den staatlichen Verwalter gegen Leistung eines Geldbetrags und Übernahme der öffentlichen Lasten überlassen wurde (§ 1a EGBGB), als unbefristete Miet- oder Pachtverträge fortgesetzt (§ 42 Abs. 1 SchuldRAnpG).

Eine **Kündigung** des Vertrags durch den Grundstückseigentümer war bis zum Ablauf des 31.12.1995 ausgeschlossen (§ 42 Abs. 2 SchuldRAnpG).

Der Grundstückseigentümer kann die Zahlung eines ortsüblichen Entgelts verlangen. Der Anspruch entsteht mit Beginn des dritten auf den Zugang des Zahlungsverlangens folgenden Monats (§ 42 Abs. 3 SchuldRAnpG).

Nach dem Beschluss des BVerfG, Urteil v. 30.5.1995, 1 BvR 1899/94, ZMR 1995 S. 396 ist es von Verfassung wegen nicht zu beanstanden, dass dem Eigentümer eines Grundstücks, das Gegenstand eines Überlassungsvertrags ist, für die Zeit zwischen dem 3.10.1990 und dem Inkrafttreten des Schuldrechtsanpassungsgesetzes am 1.1.1995 keine Ansprüche auf Nutzungsentgelt gewährt werden.

Gesellschafterwechsel → „Eigentümerwechsel“

Gesundheitsgefährdende Räume

Ist eine Wohnung oder ein anderer zum Aufenthalt von Menschen bestimmter Raum so beschaffen, dass seine Benutzung mit einer **erheblichen Gefährdung der Gesundheit** verbunden ist, liegt für den Mieter ein **wichtiger Grund** vor, der ihn zur **außerordentli-**

chen fristlosen Kündigung berechtigt. Dies gilt auch, wenn der Mieter die gefahrbringende Beschaffenheit bei Vertragsschluss gekannt oder darauf verzichtet hat, die ihm wegen dieser Beschaffenheit zustehenden Rechte geltend zu machen (§§ 569 Abs. 1, 578 Abs. 2 S. 2 BGB).

> Ob die Benutzung mit einer erheblichen Gefährdung der Gesundheit verbunden sein kann, ist nach **objektiven Maßstäben** zu beurteilen, nicht nach den subjektiven Einschätzungen oder des Gesundheitszustands des Einzelnen. Dies bedeutet, dass der Mieter nicht zur Kündigung nach § 569 Abs. 1 BGB berechtigt ist, wenn die Gesundheitsgefährdung lediglich auf einer besonderen Empfindlichkeit oder Anfälligkeit des Mieters, z.B. bei einer Allergie gegen bestimmte Stoffe, beruht (LG Berlin, Urteil v. 11.6.1998, 62 S 10/98, ZMR 1999 S. 27; LG Saarbrücken, Urteil v. 13.5.1981, 16 S 118/80, WuM 1982 S. 187; AG München, Urteil v. 17.12.1984, 20 C 5090/83, WuM 1986 S. 247).

Für die Beurteilung einer Gesundheitsgefährdung kommt es nicht auf die Verhältnisse und Anschauungen bei Vertragsschluss, sondern auf die jeweils aktuellsten Erkenntnisse (z.B. Grenzwerte des Bundesgesundheitsamts) an (BVerfG, Beschluss v. 4.8.1998, 1 BvR 1711/94, WuM 1998 S. 657; BayObLG, Beschluss v. 4.8.1999, RE-Miet 6/98, WuM 1999 S. 568).

Daher ist zur Feststellung, dass von dem Stoff, der den Mietgebrauch beeinträchtigt, konkrete Gesundheitsgefahren für alle Benutzer der Räumlichkeiten ausgehen, regelmäßig ein Sachverständigen**gutachten** einzuholen (OLG Brandenburg, Urteil v. 25.2.2014, 3 U 154/11, GE 2014 S. 460).

Infrage kommen z.B. erhebliche **Feuchtigkeitseinwirkungen**, unzureichende **Beheizung**, andauernde üble **Gerüche**, Rauchgase aus einem Schornstein, andauernder starker **Lärm**, gefährliche **Beschaffenheit** von Fußböden, Treppen, Geländer; dauerhafte Funktionslosigkeit der Brandschutzeinrichtungen bei vermieteten Lagerräumen für Möbel (KG Berlin, Urteil v. 22.9.2003, 12 U 15/02, ZMR 2004 S. 259), bauseits bedingter **Schimmelpilzbefall** der Wohnung (LG München I, Urteil v. 26.9.1990, 31 S 20071/89, WuM 1991 S. 584; zur Beweislast s.u. KG Berlin, Urteil v. 26.2.2004, 12 U 1493/00, ZMR 2004 S. 413), bauseits bedingte erhöhte Konzentration der Raumluft mit **Formaldehyd, Lindan oder PCP** – Pentachlorphenol (LG Lübeck, Urteil v. 6.11.1997, 14 S 135/97, NJW-RR 1998 S. 441), ständiger **Ölgeruch und Öldämpfe** aus dem Heizungskeller des Gebäudes, die in der **ganzen** Wohnung wahrzunehmen sind (AG Flensburg, Urteil v. 8.11.2000, 63 C 245/99, WuM 2003 S. 328), **Ungezieferbefall**, der bei einem „objektiven Dritten" erhebliche Ekelgefühle auslöst (verneint für Käferbefall: AG Lörrach, Urteil v. 20.11.2002, 3 C 1757/02; bejaht bei Mäuseplage: AG Brandenburg, Urteil v. 6.8.2001, 32 C 520/00, WuM 2001 S. 605); **Raumtemperaturen** über 26 °C über längere Zeit (hier: 45 Tage in vermieteter Drogerie) in einem durchschnittlichen Sommer (OLG Naumburg, Urteil v. 17.6.2003, 9 U 82/01, NZM 2004 S. 343; s. auch OLG Düsseldorf, Urteil v. 4.6.1998, 24 U 194/96, ZMR 1998 S. 622 für Raumtemperaturen von mehr als 35 °C über mehrere Monate).

Eine andere Auffassung vertritt das OLG Karlsruhe (Urteil v. 17.12.2009, 9 U 42/09, GE 2010 S. 542): Danach sind Gewerberäume, die in einem ca. 1920 errichteten und 1936 erweiterten Gebäude liegen und als Büroräume vermietet worden sind, nicht deshalb mangelhaft, weil die Innentemperatur in den Sommermonaten aufgrund von Sonneneinstrahlung mehrfach und über längere Zeiträume mehr als 26 °C beträgt. Der Mieter kann sich insofern auch nicht auf Arbeitsstättenverordnungen und -richtlinien berufen, da diese keine Aussage darüber enthalten, ab welchen durch Sonneneinstrahlung verursachten Innentemperaturen Gewerberäume einen Mietmangel aufweisen (so auch OLG Brandenburg, Urteil v. 12.9.2012, 3 U 100/09, NJW-RR 2013 S. 76, wonach die Vorschriften der Arbeitsstättenverordnung nur den Arbeitgeber verpflichten und keine Aussage darüber enthalten, welche etwaigen Verpflichtungen den Vermieter aufgrund des Mietverhältnisses treffen). Ferner führt eine Überschreitung der Innentemperatur von 26 °C nach Einschätzung von Arbeitsmedizinern allenfalls zu Beeinträchtigungen des Wohlbefindens bzw. zu vorübergehendem Unbehagen, in der Regel aber nicht zu einer konkreten Gesundheitsgefährdung i. S. d. § 569 Abs. 1 BGB (OLG Brandenburg, a. a. O.).

Das Überschreiten einer Innenraumtemperatur von 26 °C in Büroräumen, die ohne Klimatisierung vermietet wurden, indiziert keinen Sachmangel der Mieträume. Dabei kann allein aus der Nichteinhaltung arbeitsschutzrechtlicher Vorschriften, die für den Mieter in seiner Eigenschaft als Arbeitgeber gelten, nicht grundsätzlich auf einen mietrechtlichen Mangel geschlossen werden. Unbeschadet dessen setzt eine Mietminderung wegen unzumutbarer, auf unzureichendem Wärmeschutz des Gebäudes beruhender Innentemperaturen in tatsächlicher Hinsicht eine taggenaue Darlegung der gemessenen Innen- und Außentemperaturen voraus (KG Berlin, Urteil v. 5.3.2012, 8 U 48/11, MDR 2012 S. 756).

Ferner kann auch eine gefährliche **Beschaffenheit** von Fußböden, Treppen oder Geländern den Mieter zu einer Kündigung berechtigen, z. B. wenn es an einer Galerie in einem zweistöckigen Wohngebäude kein Geländer gibt. Dieses im öffentlichen Interesse liegende Kündigungsrecht ist unverzichtbar und kann auch nicht untergehen. Da es so lange fortbesteht wie der gesundheitsgefährdende Zustand selbst, ist es unschädlich, wenn der Mieter in seiner Kündigungserklärung eine Auslauffrist von knapp 3 Monaten in Anspruch nimmt; insbesondere dann, wenn es aufgrund der Größe des Haushalts eines gewissen Zeitraums bedarf, um ein neues Mietobjekt zu finden (OLG Brandenburg, Urteil v. 2.7.2008, 3 U 156/07, ZMR 2009 S. 190).

Eine fristlose Kündigung nach § 569 Abs. 1 BGB infolge Schadstoffbelastung ist nicht erst bei Vorliegen einer Gesundheitsschädigung, sondern bereits dann gerechtfertigt, wenn eine erhebliche Gefährdung **konkret** droht. Dies ist jedenfalls dann zu bejahen, wenn bestehende Richtwerte für die konkrete Schadstoffbelastung überschritten sind und der Mieter deshalb vernünftigerweise von dem Bestehen einer erheblichen Gefahr ausgehen kann (LG Frankfurt/M., Urteil v. 4.7.2000, 2-11 S 345/99, NZM 2001 S. 522; LG Lübeck, a. a. O.). Unter diesen Voraussetzungen ist die Kündigung selbst dann wirksam, wenn sich später die Unbegründetheit des Verdachts herausstellt (LG Lübeck, Urteil v. 15.1.2002, 6 S 161/00, ZMR 2002 S. 431).

Bei Vorliegen von Schadstoffen, für die es zwar keine gesicherten Grenzwerte gibt, deren Vorhandensein aber nach dem derzeitigen Stand der Wissenschaft prinzipiell schädlich sein kann, z. B. bei **Asbest**, sind die Mieträume bereits dann mangelhaft, wenn die konkrete Besorgnis begründet ist, dass Asbestfasern in nicht unerheblichem Umfang freigesetzt werden (OLG Hamm, Urteil v. 13.2.2002, 30 U 20/01, NZM 2003 S. 395).

Allerdings führt allein die Belastung einer Wohnung mit – auch karzinogenen – Schadstoffen nicht per se zu einer Unbewohnbarkeit und damit zu einer Minderung der Tauglichkeit um 100 %. Die Rechte des Mieters werden in solchen Fällen dadurch gewahrt, dass er bei einer festgestellten Belastung zur außerordentlichen Kündigung des Mietverhältnisses berechtigt ist. Der Mieter ist somit nicht gezwungen, in einer seiner Ansicht nach seine Gesundheit gefährdenden Wohnung zu bleiben. Zudem kann er den Vermieter auf Mängelbeseitigung in Anspruch nehmen (LG München I, Urteil v. 6.12.2012, 14 S 12138/12, NZM 2013 S. 508). Wird das Mietobjekt regelmäßig und ausreichend gelüftet, was im Rahmen der Sorgfalt gegenüber dem Mietobjekt in den Pflichtenkreis des Mieters fällt, und auch genutzt, muss sich eine vorhandene Belastung mit Schadstoffen (hier: des Parkettklebers) nicht auswirken, da der durch das Wohnverhalten bedingte Luftaustausch verhindert, dass sich der Schadstoff an Decken und Wänden ablagert (LG München I, a. a. O.).

Eine Warmluftstromheizung, deren Schächte mit **Glasfaserdämmmatten** ausgekleidet sind, stellt **keinen** grundsätzlichen Mangel dar; insbesondere dann nicht, wenn die Oberfläche der

Dämmstoffe mit Aluminium beschichtet ist und die in der Dämmung enthaltenen Fasern durch eine alterungsbeständige Kunstharzbindung dauerhaft gegen Zersetzung gesichert sind (LG Osnabrück, Urteil v. 24.1.2003, 12 S 286/00, WuM 2003 S. 267).

Der Mieter kann vom Vermieter auch nicht wegen der Besorgnis einer Gesundheitsgefährdung die Einstellung des Betriebs eines **Mobilfunksenders** verlangen, wenn die maßgeblichen Grenzwerte eingehalten sind (LG Freiburg, Urteil v. 3.3.2005, 3 S 19/01).

Soweit eine Gesundheitsgefährdung durch eine auf dem Dach montierte Mobilfunkanlage nicht nachgewiesen werden kann, liegt auch kein wichtiger Grund für eine Kündigung (gemäß § 543 Abs. 1 S. 2 BGB) hinsichtlich der Dachnutzung vor (LG Stuttgart, Urteil v. 30.10.2009, 19 O 181/08, DWW 2010 S. 189).

Die **Darlegungs- und Beweislast** für den konkret drohenden Eintritt einer möglichen Gesundheitsgefährdung trägt der Mieter (LG Frankfurt/M., a.a.O., vgl. auch LG Frankfurt/M., Urteil v. 4.7.2000, 2-11 S 501/99, NZM 2001 S. 523, wonach sich Mieter mit Kindern widersprüchlich verhalten, wenn sie eine erhebliche Belastung der Wohnung mit krebserregenden Stoffen behaupten, dann aber lediglich die Miete mindern, anstatt die Wohnung zu kündigen und zu räumen).

Die bloße **Befürchtung** des Mieters, der **stellenweise** Befall der Wohnungsaußenwände mit **Schimmel** könne Allergien hervorrufen, reicht für eine fristlose Kündigung **nicht** aus (LG Mainz, Beschluss v. 14.11.1997, 3 T 102/97, DWW 1999 S. 295). Vielmehr muss der Mieter beweisen, dass die festgestellten Schimmelpilze tatsächlich **toxinbildend** sind und eine erhebliche Gesundheitsgefahr darstellen. Dazu muss aber bekannt sein, bei welcher **Konzentration** von Sporen (ggf. von welchen Pilzen) und bei welcher Aufenthaltsdauer in den betroffenen Räumen mit einer Gesundheitsbeeinträchtigung, z.B. in Form eines Asthmaleidens, zu rechnen ist. Der notwendige Nachweis setzt daher entsprechende **Laboruntersuchungen** voraus und kann vom Mieter **nicht** allein mit ärztlichen Bescheinigungen geführt werden, die ohne Laboruntersuchungen erstellt wurden (KG Berlin, Urteil v. 26.2.2004, 12 U 1493/00, ZMR 2004 S. 513). Auch mit Lichtbildern, auf denen Schimmelbildung an einer Tapete an zwei Stellen in einer Breite von ca. 1 bis 2 m und einer Höhe von ca. 30 bis 60 cm zu erkennen ist, kann der Mieter keinen Nachweis einer gesundheitsgefährdenden Schimmelbildung führen (BGH, Urteil v. 18.4.2007, VIII ZR 182/06, WuM 2007 S. 319). Unbeschadet dessen muss der Mieter vor der Kündigung dem Vermieter durch Setzen einer angemessenen Abhilfefrist Gelegenheit zur Beseitigung des Schimmels geben (BGH, a.a.O.).

Da der Mieter eine **konkrete** Gesundheitsgefährdung darlegen und beweisen muss, ist für eine fristlose Kündigung auch nicht ausreichend, dass vom Vermieter eingebaute Materialien in der Wohnung (z.B. Balken, Holzvertäfelungen, Böden) chemisch belastet sind (z.B. durch Holzschutzgifte). Eine Kündigung setzt voraus, dass der Mieter eine bedeutsame Konzentration dieser Gifte in der Raumluft nachweist (AG Münster, Urteil v. 20.2.2008, 48 C 61/08). Dementsprechend ist der Mieter auch lediglich zu einer Mietminderung (hier: von 30 %) berechtigt, wenn eine durch mangelhaften Parkettkleber ausgelöste Schadstoffbelastung bei ausreichendem Lüften auf einem Niveau gehalten werden kann, das einem „Normalmaß“ entspricht (BGH, Beschluss v. 15.1.2013, VIII ZR 411/12, ZMR 2014 S. 26).

Auch wenn der Mieter eine Mietminderung darauf stützt, dass eine Schimmelbildung in den Mieträumen seine Familie gesundheitlich gefährdet und zu einer Krebserkrankung geführt habe, muss er konkret zu Art und zur Konzentration der Schimmelsporen vortragen sowie ärztliche Atteste vorlegen, damit ggf. darüber durch Einholen eines Sachverständigengutachtens Beweis erhoben werden kann (KG Berlin, Beschluss v. 3.6.2010, 12 U 164/09, ZMR 2011 S. 114).

Stellt der Mieter die Mietzahlungen wegen einer befürchteten Gesundheitsgefährdung (hier: durch mangelhaften Parkettkleber) weitgehend ein und stellt sich nachträglich heraus, dass die Schadstoffbelastung der Wohnung bei ausreichendem Lüften hätte erheblich verringert werden können mit der Folge, dass eine

Mietminderung von maximal 30 % gerechtfertigt gewesen wäre, ist der Vermieter zur fristlosen Kündigung des Mietverhältnisses wegen Zahlungsverzugs berechtigt (BGH, Beschluss v. 15.1.2013, VIII ZR 411/12, GE 2013 S. 609).

Wegen der Errichtung einer **Mobilfunkanlage** in der Nähe der Wohnung (hier: 8,13 m Abstand) ist der Mieter **nicht** zur fristlosen Kündigung berechtigt, wenn die Grenzwerte der 26. Bundesimmissionsschutzverordnung eingehalten werden; es sei denn, dass der Mieter wissenschaftlich begründete Zweifel an der Richtigkeit der in der 26. Bundesimmissionsschutzverordnung festgelegten Grenzwerte darlegt oder fundierte Verdachtsmomente für eine Gesundheitsgefährdung durch elektromagnetische Felder unterhalb dieser Werte vortragen kann (LG Hamburg, Urteil v. 26.1.2006, 307 S 130/05, ZMR 2007 S. 198 unter Hinweis auf BGH, Urteil v. 13.2.2004, V ZR 217/03, NJW 2004 S. 1317).

Der Mieter kann die fristlose Kündigung auch nicht darauf stützen, dass ihn der Vermieter bei Abschluss des Mietvertrags nicht über die geplante Errichtung der Mobilfunkantenne informiert hat, wenn für den Vermieter nicht erkennbar war, dass dies für den Mieter von besonderer Bedeutung ist (LG Hamburg, a. a. O. unter Hinweis auf BGH, Urteil v. 16.2.2000, XII ZR 279/97, NJW 2000 S. 1714).

Die gesundheitsgefährdende Eigenschaft der Räume muss **dauernd** sein. **Nicht genügend** für eine fristlose Kündigung nach § 569 Abs. 1 BGB sind vorübergehende behebbare Mängel, insbesondere dann nicht, wenn der Vermieter zur Abhilfe bereit ist (LG Saarbrücken, Urteil v. 12.6.1989, 13 B S 123/88, WuM 1991 S. 91). Ein Befall von Ungeziefer in einem Vorratslager, das nur vorübergehend von Menschen aufgesucht wird, berechtigt nicht zur Kündigung (OLG Düsseldorf, ZMR 1987 S. 263). Ebenso nicht die Gefährdung des Personals durch Übergriffe von Personen aus der Nachbarschaft (OLG Koblenz, Urteil v. 19.5.1989, 2 U 86/88, NJW-RR 1989 S. 1247); ferner nicht eine Raumtemperatur unter 20 °C außerhalb der Heizperiode (OLG Düsseldorf, Urteil v. 25.10.2001, 10 U 122/00, ZMR 2002 S. 46).

Ist nur die Benutzung eines **Teils** der vermieteten Räume mit Gesundheitsgefahren verbunden, hängt die Frage, ob dies eine fristlose Kündigung ohne Fristsetzung rechtfertigt, von der Beeinträchtigung der Benutzbarkeit des gesamten Mietgegenstands zu dem im Vertrag vorgesehenen Zweck ab. So kommt es z. B. auch darauf an, ob die betroffenen Räume ständig bewohnt werden und ob Ausweichmöglichkeiten bestehen.

> Für die **Kündigungsbefugnis** des Mieters nach § 569 Abs. 1 BGB ist unerheblich, ob den Vermieter an dem Zustand ein **Verschulden** trifft. Auf ein Verschulden des Vermieters kommt es nur bezüglich **Schadenersatzansprüchen** des Mieters nach § 536a BGB an, wenn der Mangel erst nach Vertragsschluss entstanden ist.

Sind die Voraussetzungen für eine fristlose Kündigung gegeben, kann der Mieter diese selbst dann aussprechen, wenn er die gefahrbringende Beschaffenheit bei Abschluss des Vertrags **gekannt** oder auf die Geltendmachung der ihm wegen dieser Beschaffenheit zustehenden Rechte verzichtet hat, da § 569 Abs. 1 BGB der Gesundheit der Bevölkerung dient und daher von dieser Vorschrift nicht abgewichen werden kann. Das **Kündigungsrecht** ist jedoch **ausgeschlossen**, wenn der Mieter die gefahrbringende Beschaffenheit selbst verschuldet hat, z. B. die Schimmelschäden durch unzureichendes Heizen und Lüften entstanden sind (LG Mannheim, DWW 1978 S. 72). Das Gleiche gilt, wenn der Mieter die Abhilfe schuldhaft vereitelt hat (vgl. Emmerich-Sonnenschein, BGB, § 544 a. F. Rn. 22). Weiterhin kann die Verletzung der Anzeigepflicht das Kündigungsrecht ausschließen.

Die fristlose Kündigung des Mietverhältnisses wegen Gesundheitsgefährdung setzt grundsätzlich eine vorherige **Fristsetzung** zur Mängelbeseitigung voraus. Hat der Mieter nach erfolgloser Fristsetzung zur Mängelbeseitigung (hier: Feuchtigkeitsschäden) ein selbstständiges Beweisverfahren (s. „Beweissicherung“) eingeleitet, ist eine spätere fristlose Kündigung (hier: nach ca. 9 Monaten) nur nach einer erneuten Aufforderung zur Mängelbeseitigung möglich. Der Zeitrahmen zur Kündigungserklärung hängt dabei von den besonderen Umständen des Einzelfalls ab (BGH, Beschluss v. 13.4.2010, VIII ZR 206/09, WuM 2010 S. 352).

Die Kündigung ist daher grundsätzlich erst zulässig, wenn der Mieter dem Vermieter zuvor eine angemessene Abhilfefrist (§ 543 Abs. 3 S. 1 BGB) gesetzt oder eine Abmahnung erteilt hat (BGH, Urteil v. 18.4.2007, VIII ZR 182/06, WuM 2007 S. 319). Auch Schimmelpilzbildung in einer Arztpraxis berechtigt den Mieter grundsätzlich nur zu einer Minderung, deren Höhe sich an der Ausbreitung des Schimmels und dem gesundheitsgefährdenden Ausmaß bemisst. Eine fristlose Kündigung kann der Mieter darauf erst dann stützen, wenn der Vermieter nach Anzeige des Mangels nicht alsbald für Abhilfe sorgt (OLG Düsseldorf, Beschluss v. 19.7.2011, 24 U 31/11, DWW 2012 S. 11). Eine Fristsetzung ist nur dann **nicht** erforderlich, wenn einer der **Ausnahmetatbestände** des § 543 Abs. 3 S. 2 BGB vorliegt, d. h. eine Frist oder Abmahnung offensichtlich keinen Erfolg verspricht oder die sofortige Kündigung aus besonderen Gründen unter Abwägung der beiderseitigen Interessen gerechtfertigt ist. Dies kann der Fall sein, wenn der Vermieter einen zur außerordentlichen Kündigung berechtigenden Mangel (z. B. gesundheitsgefährdender Schimmel in der Mietwohnung) über mehrere Instanzen, in denen über die Beseitigung des Mangels gestritten wurde, grundsätzlich in Abrede gestellt hat. Eine erneute Fristsetzung vor Ausspruch der Kündigung wäre dann „sinnlose Förmelei“ (BGH, Urteil v. 13.6.2007, VIII ZR 281/06, NZM 2007 S. 561).

Eine Abmahnung ist auch entbehrlich, wenn der Mieter oder dessen Angehörige infolge des gesundheitsgefährdenden Zustands der Wohnung bereits lebensgefährlich erkrankt ist (LG Berlin Urteil v. 20.1.2009, 65 S 345/07, GE 2009 S. 845).

Strittig ist, ob in den Fällen, in denen mit der Fristsetzung nicht die Kündigung, sondern eine **andere** Maßnahme (z. B. Ersatzvornahme oder Klage auf **Beseitigung** des Mangels) angedroht wurde, die Kündigung wegen eines darin liegenden widersprüchlichen Verhaltens erst nach erfolglosem Ablauf einer neuen Abhilfefrist erklärt werden kann (so z. B. OLG Hamm, Urteil v. 25.9.1990, 7 U 48/90, NJW-RR 1991 S. 1035).

Das Vorliegen der Voraussetzungen der Ausnahmetatbestände ist vom Mieter darzulegen und zu beweisen (LG Stendal, Urteil v. 24.3.2005, 22 S 140/04, ZMR 2005 S. 624).

Ferner kann der Mieter nach dem Grundsatz von Treu und Glauben (§ 242 BGB) verpflichtet sein, mit der Kündigung abzuwarten, wenn der Mangel (hier: Gasgeruch) schon **seit längerer Zeit** besteht und der Vermieter eine kurzfristige Prüfung und Abhilfe zugesagt hat (KG Berlin, Urteil v. 1.10.2001, 8 U 3861/00, GE 2001 S. 1539).

Die Kündigung des Mieters ist auch nur wirksam, wenn sie eine **Begründung** enthält (§ 569 Abs. 4 BGB; BGH, Urteil v. 22.6.2005, VIII ZR 326/04, WuM 2005 S. 584).

Kündigt der Mieter das Mietverhältnis wegen gesundheitsgefährdender Beschaffenheit der Wohnung fristlos, nachdem der Vermieter pflichtwidrig vertragsgemäße Maßnahmen nicht in Angriff genommen hat, so ist der Vermieter für den aus der Vertragsverletzung erwachsenden Schaden **ersatzpflichtig** (LG Saarbrücken, Urteil v. 12.6.1989, 13 B S 123/88, WuM 1991 S. 91). Dieser Schadenersatzanspruch des Mieters gemäß § 536a Abs. 1 BGB, z. B. auf Ersatz der Umzugskosten, der Mietdifferenz, der Anwaltskosten oder der Kosten für ein privates Sachverständigengutachten, ist nicht von der formellen Wirksamkeit der Kündigung des Mieters abhängig. Ist eine auf sachlichen Gründen beruhende Kündigung wegen eines lediglich formellen Mangels unwirksam (z. B. wegen Fehlens einer Vollmacht), steht dies einem Schadenersatzanspruch des Mieters nicht entgegen (BGH, Urteil v. 3.7.2013, VIII ZR 191/12).

Der Schadenersatzanspruch des Mieters (nicht das Kündigungsrecht) kann aber **ausgeschlossen** sein, wenn der Mieter trotz Kenntnis des Mangels den Mietvertrag über einen längeren Zeitraum vorbehaltlos erfüllt, insbesondere die Miete vorbehaltlos weiterbezahlt.

Ferner kann eine **Haftung** des Vermieters für anfängliche Sachmängel, z.B. für eine bereits bei Vertragsabschluss vorliegende Schadstoffbelastung der Mieträume, vertraglich **ausgeschlossen** werden. Ein solcher Haftungsausschluss ist auch durch **Formularvertrag** möglich.

Auch ein **gewerblicher Zwischenmieter**, der die Wohnung nicht zur Nutzung für sich selbst, sondern ausschließlich zum Zwecke der gewerblichen Weitervermietung gemietet hat, kann das Hauptmietverhältnis – wie jeder andere Mieter auch – gemäß § 569 Abs. 1 BGH kündigen, sofern er den gesundheitsgefährdenden Zustand nicht selbst herbeigeführt hat (BGH, Urteil v. 17.12.2003, XII ZR 308/00, NJW 2004 S. 848).

Leben minderjährige Kinder in einer Wohnung, deren gesundheitsgefährdender Zustand amtlich festgestellt ist (hier: Wassereintritte, verstopfte Abflüsse, Schimmel, Vermüllung etc.) und wird das Kindeswohl dadurch gefährdet, dass die Eltern die gebotene fristlose Kündigung des Mietverhältnisses unterlassen, kann das Familiengericht anstelle der Eltern die fristlose Kündigung nach § 569 Abs. 1 BGB aussprechen und den Eltern die weitere Nutzung der Wohnung verbieten (AG Sigmaringen, Beschluss v. 16.9.2008, 1 F 277/08, WuM 2009 S. 340).

Gewerbliche Nutzung von Wohnräumen

Wohnräume dürfen vom Mieter nur zu Wohnzwecken genutzt werden. Die gewerbliche Nutzung bedarf der **Erlaubnis** des Vermieters. Geschäftliche Aktivitäten des Mieters freiberuflicher oder gewerblicher Art, die **nach außen** hin in Erscheinung treten, muss der Vermieter mangels entsprechender Vereinbarung – auch ohne ausdrücklichen Vorbehalt – nicht in der Wohnung dulden. Der Vermieter kann lediglich im Einzelfall nach Treu und Glauben verpflichtet sein, eine Erlaubnis zu einer teilgewerblichen Nutzung zu erteilen, z.B. wenn es sich nach Art und Umfang um eine Tätigkeit handelt, von der auch bei einem etwaigen Publikumsverkehr keine weitergehenden Einwirkungen auf die Mietsache oder die Mitmieter ausgehen als bei einer üblichen Wohnungsnutzung. Werden jedoch für die geschäftliche Tätigkeit Mitarbeiter des Mieters in der Wohnung beschäftigt, kommt bereits aus diesem Grund ein Anspruch auf Gestattung regelmäßig nicht in Betracht (BGH, Urteil v. 14.7.2009, VIII ZR 165/08, WuM 2009 S. 517). Gleiches gilt bei Erteilung von **Musikunterricht** in der Mietwohnung (hier: Gitarrenunterricht an drei Werktagen für etwa zwölf Schüler) insbesondere dann, wenn es wegen dieser vom vertraglichen Zweck abweichenden Nutzung der Wohnung zu Streitigkeiten mit anderen Mietern kommt, durch die der Hausfrieden unzumutbar beeinträchtigt wird (BGH, Urteil v. 10.4.2013, WuM 2013 S. 349).

Auch wenn die gewerbliche Tätigkeit des Mieters nach außen hin nicht in Erscheinung tritt, d.h., keine konkreten Störungen von dem Betrieb ausgehen, hat der Mieter nur in besonders gelagerten Ausnahmefällen einen Anspruch auf Gestattung. Kein Anspruch auf Gestattung besteht z.B., wenn der Mieter in einem gemieteten Einfamilienhaus ein nach Art und Zuschnitt umfangreiches Gewerbe betreiben will, das u.a. einen Hausmeisterservice, die Montage von Aufzugsanlagen und Schwertransporte zum Gegenstand hat.

Unterlässt der Mieter trotz Abmahnung des Vermieters nicht die gewerblichen Aktivitäten in der Mietwohnung und lässt er gegenüber dem Gewerbeamt weiterhin seine Wohn adresse als Geschäftsadresse bestehen, liegt eine vertragswidrige Nutzung der Mietsache vor, die den Vermieter zur Kündigung des

Mietverhältnisses auch dann berechtigt, wenn weder Mitarbeiter oder Kunden empfangen noch Fahrzeuge auf dem Grundstück abgestellt werden (BGH, Beschluss v. 31.7.2013, VIII ZR 149/13, WuM 2013 S. 554).

Eine erlaubnispflichtige gewerbliche Nutzung liegt insbesondere vor, wenn die Wohnung oder ein Teil davon, z.B. ein Zimmer, **ausschließlich** zu anderen als Wohnzwecken genutzt wird, die Tätigkeit zu einer erhöhten Abnutzung oder einer erhöhten Gefahr der Beschädigung der Räume oder der Zugänge führt, eine Störung der übrigen Hausbewohner zu befürchten ist oder die Wohnung dadurch ihren Charakter als Wohnung verliert.

Dagegen liegt **keine** erlaubnispflichtige gewerbliche Nutzung vor, wenn der Mieter lediglich einen **untergeordneten Teil** der Wohnung zu Buchhaltungs- und Bürotätigkeiten per Computer nutzt (LG Frankfurt/M., Urteil v. 28.7.1995, 2/17 S 42/95, 2-17 S 42/95, WuM 1996 S. 532), sich künstlerisch, schriftstellerisch oder in Heimarbeit betätigt (LG Berlin, WuM 1974 S. 258), ohne einen bestimmten Teil der Wohnung ausschließlich zu diesen Zwecken zu benutzen, d.h., sämtliche Räume weiterhin **auch** zu Wohnzwecken nutzt (LG Stuttgart, Urteil v. 20.2.1992, 16 S 327/91, WuM 1992 S. 250; LG Hamburg, Beschluss v. 13.3.1992, 311 S 203/91, WuM 1992 S. 241).

Zulässig ist ferner die astrologische Beratung mit bis zu zwei Kunden am Tag (LG Hamburg, Urteil v. 12.1.1993, 316 S 179/02, WuM 1993 S. 188); die psychotherapeutische Tätigkeit einer Lehrerin als Nebenberuf bei Nutzung eines Arbeitsraums nachmittags bis 1,5 Stunden Dauer (AG Spandau, Urteil v. 6.3.1997, 2b C 776/96, MM 1997 S. 242); die gelegentliche büromäßige Nutzung der Wohnung, in der auch geschäftliche Besprechungen durchgeführt werden (LG Hamburg, Beschluss v. 13.3.1992, 311 S 203/91, WuM 1992 S. 241); die gewerbliche Erstellung von PC-Programmen in einem Zimmer der Wohnung (AG Münster, Urteil v. 18.1.1988, 48 C 355/87, WuM 1988 S. 420).

Die **Beweislast** für die nicht vertragsgemäße Wohnungsnutzung liegt beim **Vermieter** (OLG Köln, Urteil v. 12.7.1995, 2 U 45/95, NJW-RR 1996 S. 265). Insofern reicht die Vorlage einer gewerberechtlichen Auskunft oder einer Kopie des Eintrags aus dem Telefaxverzeichnis nicht aus, da hieraus nicht zwingend gefolgert werden kann, dass der Mieter das Gewerbe in der Wohnung immer noch ausübt (LG Hamburg, a.a.O.).

Ein vertragswidriger Gebrauch der Wohnung ist gegeben, wenn der Mieter in einem Zimmer der Wohnung ein **Schreibbüro** betreibt (LG Lüneburg, Urteil v. 2.10.1991, 4 S 127/91, WuM 1995 S. 706) oder ein Zimmer hauptberuflich als Ingenieurbüro nutzt und durch ein Schild darauf hinweist (LG Schwerin, Urteil v. 4.8.1995, 6 S 96/94, WuM 1996 S. 214).

Wenn die Tätigkeit mit Parteiverkehr verbunden ist (z.B. **Nachhilfeunterricht** durch einen Lehrer in der Wohnung, Aufnahme von Kindern durch eine sog. **Tagesmutter**), ist es von den konkreten Umständen des Einzelfalls abhängig, ob diese Tätigkeit noch unter den vertragsgemäßen Wohngebrauch fällt oder ob eine erlaubnispflichtige gewerbliche Nutzung vorliegt. Ein wichtiges Abgrenzungskriterium ist insofern die **Außenwirkung der Tätigkeit**, insbesondere der Umfang des Lieferanten- und Publikumsverkehrs. Dabei kann bei einer Besucherzahl von maximal zwei Personen täglich grundsätzlich weder eine Außenwirkung noch eine erhöhte Abnutzung des Mietobjekts angenommen werden (so das LG Hamburg, Urteil v. 12.1.1993, 316 S 179/92, WuM 1993 S. 188). Entscheidungserheblich kann auch die Höhe des mit der Tätigkeit erzielten Gewinns sein (LG Berlin, Urteil v. 6.7.1992, 61 S 56/92, WuM 1993 S. 39, 40).

So hat eine Mieterin z.B. keinen Anspruch auf Erteilung einer Erlaubnis zur Nutzung eines Teils der Wohnung zum Betrieb einer entgeltlichen **Tagespflegestelle** für bis zu fünf Kleinkinder. Eine solche Nutzung stellt eine teilgewerbliche Nutzung der Wohnung dar, die eine vorherige Erlaubnis des Vermieters voraussetzt. Eine Verpflichtung des Vermieters, die Erlaubnis zu erteilen, besteht nicht, da von der beabsichtigten Tätigkeit stärkere Beeinträchtigungen der Mietsache und der Mitmieter ausgehen als bei einer Nutzung nur zu Wohnzwecken. Eine Verpflichtung zur Erteilung der

Erlaubnis ergibt sich auch nicht daraus, dass es in der Gesellschaft eine immer größere Nachfrage nach derartigen Einrichtungen gibt, da etwaige öffentlich-rechtliche Vorschriften in die Rechtsbeziehungen zwischen Vermietern und Mietern nicht eingreifen (LG Berlin, Urteil v. 24.10.2013, 67 S 208/13, GE 2013 S. 1588).

Dagegen kann nach einem älteren Urteil des LG Hamburg (Urteil v. 22.4.1982, 7 S 63/82, NJW 1982 S. 2387) die Aufnahme von drei weiteren Kindern durch eine Mutter mit einem vierjährigen Kind (**„Tagesmutter“**) noch vertragsgemäß sein. Liegt die Tätigkeit als Tagesmutter im Rahmen des vertragsgemäßen Gebrauchs der Mietwohnung, ist davon auch ein bis zu fünfminütiges **Parken** auf dem Mietgrundstück und die damit verbundene Beeinträchtigung Dritter beim Bringen und Abholen der betreuten Kinder gedeckt (AG Wiesbaden, Urteil v. 26.11.2002, 92 C 546/02-34, WuM 2003 S. 88).

Das Betreiben einer bewegungstherapeutischen **Praxis** in der Mietwohnung stellt auch dann eine teilgewerbliche Nutzung dar, wenn Patienten nur in geringem Umfang behandelt werden (LG Stuttgart, Urteil v. 22.9.1994, 6 S 266/94, WuM 1997 S. 215).

Auch wenn der Mieter in der vermieteten Wohnung – vertragswidrig – eine gewerbliche Tätigkeit ausübt, bleibt die Qualifizierung des Mietverhältnisses als Wohnungsmietverhältnis mit den entsprechenden Rechtsfolgen (z.B. Kündigungsschutz) erhalten (OLG Düsseldorf, Beschluss v. 19.4.2007, I-10 W 58/07, ZMR 2008 S. 121).

Soweit sich die Tätigkeit des Mieters im Rahmen des vertragsgemäßen Gebrauchs hält, kann der Vermieter keinen Zuschlag zur Miete fordern. Ist aufgrund der Tätigkeit jedoch die Erlaubnis des Vermieters erforderlich, kann der Vermieter die Erteilung der Erlaubnis von der Zahlung eines sog. **Gewerbezuschlags** abhängig machen, dessen Höhe er nach billigem Ermessen (§§ 315, 316 BGB) bestimmen kann.

In Gebieten, in denen eine Zweckentfremdungsverordnung besteht, kann und darf der Vermieter eine solche Erlaubnis jedoch nur erteilen, wenn die beabsichtigte Tätigkeit des Mieters keinen Verstoß gegen diese Verordnung darstellt. Dies ist anhand der konkreten Umstände des Einzelfalls zu prüfen, insbesondere der konkreten Verordnung sowie deren Ausführungsbestimmungen und Richtlinien.

Nutzt der Mieter die Wohnräume ohne Erlaubnis des Vermieters zu gewerblichen Zwecken, stellt dies einen vertragswidrigen Gebrauch dar, der den Vermieter zur Erhebung einer Unterlassungsklage bzw. fristlosen Kündigung berechtigt (§§ 541, 543 Abs. 2 Nr. 2 BGB), wenn der Mieter diesen nach Abmahnung durch den Vermieter fortsetzt.

Gewerblicher Zwischenmieter → „Geschäftsräume“, „Herausgabeanspruch gegen Dritte“
Gleitklauseln → „Wertsicherungsklauseln“

Grundbuch

Die Grundbücher werden von den Amtsgerichten geführt (Grundbuchämter; § 1 Abs. 1 GBO), heute meist in Form eines computerbearbeiteten Loseblattsystems, in das alle Beurkundungen aufgenommen werden, die Rechtsverhältnisse an Grundstücken betreffen.

Jedes Grundstück erhält im Grundbuch eine besondere Stelle **(Grundbuchblatt)**. Das Grundbuchblatt ist für das Grundstück als das Grundbuch i.S.d. Bürgerlichen Gesetzbuchs anzusehen (§ 3 Abs. 1 GBO).

Über mehrere Grundstücke desselben Eigentümers, deren Grundbücher von demselben Grundbuchamt geführt werden, kann ein gemeinschaftliches Grundbuchblatt geführt werden. Jedes Grundbuchblatt besteht aus einem

Bestandsverzeichnis, das Angaben über das Grundstück enthält und aus **drei Abteilungen**: für Angaben über die Eigentumsverhältnisse, über andere dingliche Belastungen und über Grundpfandrechte.

Die **Einsicht** in das Grundbuch ist jedem gestattet, der ein berechtigtes Interesse darlegt (§ 12 Abs. 1 GBO); z.B. die Ermittlung des Eigentümers, um gegen diesen Schadenersatzansprüche geltend machen zu können.

Ein **berechtigtes Interesse** kann auch der Kauf- oder Mietinteressent haben, z.B. um zu prüfen, ob eine Wohnung noch mit öffentlichen Mitteln gefördert wird, ob die Zwangsversteigerung angeordnet ist oder ob die Wohnung in einem Sanierungsgebiet liegt.

Weiterhin kann auch der Mieter ein berechtigtes Interesse an der Grundbucheinsicht zur Überprüfung eines Mieterhöhungsverlangens haben (OLG Hamm, Beschluss v. 18.12.1985, 15 W 417/85, WuM 1986 S. 348; AG München, WuM 1982 S. 218).

Kein berechtigtes Interesse an der Grundbucheinsicht besteht, wenn der Antragsteller dadurch lediglich Informationen über die **Vermögensverhältnisse** eines Schuldners erlangen will; z.B. in Erfahrung bringen will, ob der Schuldner Eigentümer der von ihm bewohnten Wohnung ist, und falls dies nicht der Fall sein sollte, darum ersucht, dass das Grundbuchamt ihm den Eigentümer der Wohnung bekannt gibt, damit er prüfen kann, ob er evtl. Ansprüche seines Schuldners gegen den Wohnungseigentümer (z.B. auf Rückzahlung einer Mietkaution) pfänden kann. In diesem Fall steht der Antragsteller in keiner rechtlichen oder tatsächlichen Beziehung zum Grundstückseigentümer. Die **Abwägung** der beiderseitigen **Interessen** ergibt daher kein überwiegendes Interesse des Antragstellers gegenüber der grundrechtlich geschützten Rechtsposition des im Grundbuch Eingetragenen (OLG Schleswig, Beschluss v. 12.1.2011, 2 W 234/10).

Gleiches gilt für den Anspruch eines Rechtsanwalts auf Einsicht in das Grundbuch. Ein Einsichtsrecht des Rechtsanwalts aus eigenem Recht besteht nur dann, wenn er auch ein eigenes berechtigtes Interesse (i.S.v. § 12 Abs. 1 GBO) aus seiner anwaltlichen Tätigkeit ableiten kann. Hierzu reicht die Darlegung, dass die Grundbucheinsicht zur Durchsetzung anwaltlicher Honoraransprüche gegenüber einem in diesem Grundbuch nie eingetragenen früheren Mandanten benötigt werde, nicht aus. In diesem Fall muss sein wirtschaftliches Eigeninteresse grundsätzlich gegenüber den Schutzinteressen der im Grundbuch Eingetragenen zurückstehen (OLG Celle, Beschluss v. 3.4.2013, 4 W 31/13, NJW-RR 2013 S. 1104).

Behauptet ein Grundstücksmakler, eine bestimmte Immobilie vermittelt zu haben, und will er daher den Kaufpreis der angeblich von ihm vermittelten Immobilie erfahren, kann er sich auf ein berechtigtes Interesse zur Einsichtnahme in die Grundakten nur dann berufen, wenn eine **beträchtliche Wahrscheinlichkeit** für die behauptete Entstehung des Provisionsanspruchs besteht (OLG Stuttgart, Beschluss v. 28.9.2010, 8 W 412/10, WuM 2011 S. 116).

Das Einsichtsrecht erstreckt sich jedoch grundsätzlich **nicht** auf die Eintragungen in **Abt. III** (Grundpfandrechte), es sei denn, der Mieter kann besondere Umstände darlegen, die auch insoweit ein Einsichtsrecht begründen können, z.B. die Absicht von größeren Schönheitsreparaturen oder Verbesserungen der Mieträume durch den Mieter. Ebenso erstreckt sich das Einsichtsrecht nicht auf weitere Grundstücke, die nur aus Vereinfachungsgründen auf demselben Grundbuchblatt gebucht sind (BayObLG, Beschluss v. 9.12.1992, 2Z BR 98/92, WuM 1993 S. 135).

Der Eigentümer hat keinen Anspruch auf Unterrichtung und **kein Beschwerderecht** gegen die Grundbucheinsicht (BGH, Beschluss v. 6.3.1981, V ZB 18/80, BGHZ 80 S. 126). Jedoch ist es nicht zu beanstanden und sogar sinnvoll, wenn das Grundbuchamt den Eigentümer von dem Einsichtsersuchen unterrichtet (BayObLG, a.a.O.).

Seit 1.10.2014 müssen Grundbuchämter über Einsichten in Grundbücher und Grundakten sowie über die Erteilung entsprechender Abschriften **Protokoll** führen und dem Eigentümer des betroffenen Grundstücks auf Verlangen **Auskunft** aus diesem Protokoll geben. Grundstückseigentümer können damit leicht feststellen, wer in das Grundbuch ihres Grundstücks Einsicht genommen hat.

Eine Ausnahme besteht nur dann, wenn die Bekanntgabe den Erfolg strafrechtlicher Ermittlungen gefährden würde (§ 12 Abs. 4 GBO in der seit 1.10.2014 geltenden Fassung).

Das Erschleichen einer Grundbucheinsicht durch falsche Behauptungen über ein angebliches berechtigtes Interesse wird jetzt schnell aufgedeckt werden, wenn der betroffene Grundstückseigentümer von seinem Auskunftsrecht Gebrauch macht.

Wird dem Mieter einer Wohnung wegen Eigenbedarfs gekündigt, hat er ein berechtigtes Interesse i. S. v. § 12 GBO an der **Grundbucheinsicht**, wenn er prüfen will, ob der Vermieter noch anderen Grundbesitz hat, in dem sich möglicherweise frei stehende oder frei werdende Wohnungen befinden. Das berechtigte Interesse bezieht sich in diesem Fall jedoch nur auf die Einsicht in die **erste Abteilung** des Grundbuchs und das dort in Bezug genommene Bestandsverzeichnis. Eines rechtlichen Gehörs des eingetragenen Grundstückseigentümers bedarf es insofern nicht (LG Mannheim, Beschluss v. 22.1.1992, 6 T 26/91, WuM 1992 S. 130 mit Verweis auf BGH, a. a. O.).

Presseorgane können ein Recht auf Einsichtnahme in bestimmte Grundbuchblätter haben, wenn die Einsichtnahme geeignet ist, einem bedeutsamen **Informationsinteresse der Öffentlichkeit** Rechnung zu tragen und dieses Interesse nicht auf andere, den Persönlichkeitsschutz weniger beeinträchtigende Art und Weise befriedigt werden kann. Gegen ein **Anhörungsrecht** des Grundstückseigentümers spricht das Risiko der Vereitelung der Recherche, sodass das evtl. Interesse des Grundstückseigentümers an der Geheimhaltung der Grundbucheintragungen nicht zu berücksichtigen und der Grundstückseigentümer auch **nicht** anzuhören oder in sonstiger Weise am Verfahren zu beteiligen ist (BVerfG, Beschluss v. 28.8.2000, 1 BvR 1307/91, WuM 2000 S. 667).

Zur Übertragung des Eigentums an einem Grundstück, zur Belastung eines Grundstücks mit einem beschränkten dinglichen Recht sowie zur Übertragung und Belastung eines solchen Rechts ist neben der Einigung der Parteien über den Eintritt der Rechtsänderung die **Eintragung** in das Grundbuch erforderlich, soweit nicht das Gesetz ein anderes vorschreibt (§ 873 Abs. 1 BGB). Das Eigentum an einem Grundstück geht demnach auf den Käufer weder mit Abschluss des notariellen Kaufvertrags noch im Zeitpunkt des vertraglich vereinbarten Übergangs von Besitz, Nutzen und Lasten, sondern erst im Zeitpunkt der Grundbucheintragung über. Erst ab diesem Zeitpunkt hat der Käufer den Status als Eigentümer und Vermieter.

Zur Frage, ob der Käufer nach Abschluss des notariellen Kaufvertrags, aber vor Eintragung in das Grundbuch, das Mietverhältnis kündigen oder die Zustimmung zur Erhöhung der Miete verlangen kann vgl. „Eigentümerwechsel".

Grundsteuer → „Betriebskosten", Abschnitt 2.1 „Die laufenden öffentlichen Lasten des Grundstücks (Nr. 1)"

Härteklausel → „Kündigungsschutz", Abschnitt 3 „Die Sozialklausel (§ 574 BGB)"
Haftung des Vermieters → „Schadenersatz", „Instandhaltung und Instandsetzung der Mieträume"

Hausbesitzerverein

Haus- und Grundbesitzer- bzw. Grundeigentümervereine gibt es in nahezu allen deutschen Städten und Gemeinden. Über diese örtlichen Vereine sind bundesweit **über 700.000** Haus- und Wohnungseigentümer organisiert.

Schwerpunkt der Tätigkeit der meisten Vereine ist die **Rechtsberatung** der Mitglieder durch Vertragsanwälte, die sich auf das Immobilienrecht, insbesondere auf das Miet- und Steuerrecht spezialisiert haben. Mitglieder können sich dort bei allen ihre Immobilie betreffenden Fragen und Problemen kostenfrei beraten und meist auch außergerichtlich vertreten lassen, z. B. gegenüber Mietern, Nachbarn oder Behörden (vgl. § 7 Rechtsdienstleistungsgesetz). Die meisten Vereine bieten den Mitgliedern auch Mustermietverträge sowie Musterschreiben, z. B. für Mieterhöhungen, Betriebskostenabrechnungen und Kündigungen. Ferner verfügen viele Vereine über eine Sammlung von Vergleichsmieten, die sie den Mitgliedern zur Durchführung von Mieterhöhungen zur Verfügung stellen können.

Der **Mitgliedsbeitrag**, dessen Höhe in der Regel von der Mieteinnahme bzw. der Anzahl der Wohnungen bzw. Anwesen des Mitglieds abhängig ist, liegt durchschnittlich bei ca. 50 bis 100 Euro **jährlich**.

Die örtlichen Vereine sind rechtlich und wirtschaftlich selbstständig und über die jeweiligen Landesverbände in der Dachorganisation **„Haus & Grund Deutschland"** zusammengeschlossen. Über diese Organisationsstruktur werden die Interessen der Mitglieder über die Stadtgrenzen hinaus auch landes- und bundesweit gegenüber den politischen Parteien und Gesetzgebungsorganen vertreten.

Auskünfte über Anschrift sowie Telefon- und Faxnummer des örtlich zuständigen Vereins sind erhältlich bei: **Haus & Grund Deutschland**, Mohrenstraße 33, 10117 Berlin, Telefon.: (030)20216-0, Internet: www.haus-und-grund.net.

Hausmeister

Der Hausmeister, auch **Hauswart** genannt, ist als Arbeitnehmer des Verfügungsberechtigten – in der Regel des Eigentümers – diesem für die Einhaltung der Hausordnung durch die Mieter verantwortlich, hat für Ordnung, Sauberkeit und Ruhe zu sorgen und dem Verfügungsberechtigten Verstöße gegen die Hausordnung, Störungen und Mängel des Anwesens unverzüglich mitzuteilen. Weiterhin obliegen dem Hausmeister üblicherweise körperliche Arbeiten im und am Haus, z. B. die Hausreinigung, das Reinigen, Räumen und Streuen der Gehwege vor und auf dem Grundstück sowie der Zugänge und Zufahrten, die Bedienung der Zentralheizung und die Erledigung kleinerer Reparaturen. Zur Vermeidung von Unklarheiten ist empfehlenswert, den Umfang der Arbeiten im möglichst schriftlich abzuschließenden Hausmeistervertrag zu bestimmen. Dieser Dienstvertrag legt auch die dem Hausmeister zustehende Vergütung fest.

> Wird diese durch Überlassung bzw. durch verbilligte Überlassung einer Wohnung abgegolten, sollte der Vertrag aus Gründen der Klarheit auch den Mietwert der Wohnung und die Höhe der Vergütung und nicht nur den sich durch Verrechnung ergebenden, vom Hausmeister noch zu entrichtenden Betrag ausweisen.

Die mit Rücksicht auf das bestehende Dienstverhältnis überlassene Wohnung ist als Werkdienstwohnung zu behandeln (vgl. „Werkswohnungen"). Das **Dienst**verhältnis kann, wenn nichts anderes vereinbart ist, zum Ende eines jeden Monats gekündigt werden. Die Kündigung muss spätestens am 15. des Monats zugegangen sein (§ 621 Nr. 3 BGB). Zur Kündigung des Mietverhältnisses vgl. „Werkswohnungen".

Wie jeder andere Arbeitnehmer hat auch der Hausmeister Anspruch auf bezahlten Erholungsurlaub. Er beträgt, wenn nicht ein längerer Urlaub vereinbart ist, 24 Werktage. Als Werktage gelten alle Kalendertage, die nicht Sonn- oder gesetzliche Feiertage sind. Der volle Urlaubsanspruch wird erstmals nach sechsmonatigem Bestehen des Arbeitsverhältnisses erworben. Arbeitet der Hausmeister in einem Kalenderjahr weniger als 6 Monate, so hat er Anspruch auf ein Zwölftel des Jahresurlaubs für jeden vollen Monat des Arbeitsverhältnisses. Im Krankheitsfall kann der Hausmeister Entgeltfortzahlung nach den Bestimmungen des Entgeltfortzahlungsgesetzes in der Regel für die Dauer von 6 Wochen beanspruchen. Der Hausmeister ist grundsätzlich sozialversicherungspflichtig und bei der Verwaltungsberufsgenossenschaft zur gesetzlichen Unfallversicherung anzumelden.

Die Kosten für den Hausmeister können durch **vertragliche** Vereinbarung als Betriebskosten auf den Mieter umgelegt werden (vgl. „Betriebskosten", Abschnitt 2.14 „Die Kosten für den Hauswart (Nr. 14)").

Der Hausmeister ist vom **Hausverwalter** zu unterscheiden. Während dieser die zur Bewirtschaftung des Anwesens notwendigen Verwaltungsleistungen ausführt (z. B. Einziehung der Miete, Abrechnung der Betriebskosten, Geschäftsverkehr mit Mietern und Behörden), beschränkt sich die Tätigkeit des Hauswarts auf die dargestellten Tätigkeiten von praktisch-technischer Art.

Der Hausmeister ist insbesondere nicht Bevollmächtigter des Vermieters und daher ohne ausdrückliche Regelung nicht befugt, rechtsgeschäftliche Erklärungen für den Vermieter abzugeben oder entgegenzunehmen. Das gilt vor allem für Kündigungen, aber auch für die Entgegennahme von Zahlungen oder für Zahlungsvereinbarungen.

Dementsprechend gehört es auch **nicht** zum gewöhnlichen Aufgabenbereich eines Hausmeisters, mit dem ausziehenden Mieter **Absprachen** über die Art und Weise der Schlüsselrückgabe zu treffen (LG Hannover, Beschluss v. 11.11.2004, 11 T 195/04, NZM 2005 S. 421).

Hausordnung

Eine Hausordnung konkretisiert die allgemeine Obhutspflicht der Mieter über die Mietsache.

Um zusätzliche Pflichten zu begründen, muss die Hausordnung von den Parteien **zum Bestandteil** des Mietvertrags erklärt worden sein und es sich lediglich um **Neben**pflichten (z. B. Treppenreinigung) handeln. Andere vertragliche Pflichten (z. B. Durchführung von Schönheitsreparaturen) oder erhebliche Beschränkungen im Gebrauch können nicht aufgenommen werden, da der Mieter an dieser Stelle damit nicht zu rechnen braucht. Solche Bestimmungen werden als „überraschende Klausel" i. S. v. § 305 c BGB nicht Vertragsbestandteil (s. „Allgemeine Geschäftsbedingungen").

Strittig ist, ob die Übertragung der Räum-, Streu- und Reinigungspflicht auf den Mieter durch **formularmäßige Regelung in der Hausordnung** erfolgen kann (bejahend: OLG Frankfurt/M., Urteil v. 22.9.1988, 16 U 123/87, NJW 1989 S. 41; ablehnend: Sternel, Mietrecht aktuell, Rn. 167 mit Hinweis auf den sog. „Überraschungseffekt" i. S. v. § 305 c BGB (bis 31.12.2001: § 3 AGBG); vgl. auch OLG Dresden, Beschluss v. 20.6.1996, 7 U 905/96, WuM 1996 S. 553). Jedenfalls wird der Mieter von einer entsprechenden Verpflichtung wegen Alters oder Gebrechlichkeit auch dann nicht befreit, wenn diese formularvertraglich übernommen wurde, da es sich nicht um eine höchstpersönliche Verpflichtung handelt (LG Kassel, Urteil v. 1.3.1990, 1 S 885/89, WuM 1991 S. 580). Bei Verhinderung hat der Mieter anderweitig für die Ausführung zu sorgen (vgl. LG Flensburg, Urteil v. 20.11.1986, 1 S 231/86, WuM 1987 S. 52; LG Wuppertal, Urteil v. 20.5.1987, 8 S 223/86, WuM 1987 S. 381; LG Düsseldorf, Urteil v. 9.9.1988, 21 S 42/88, WuM 1988 S. 400; a. A. Sternel, Mietrecht, 3. Aufl., II 97).

Für die **deliktische** Verantwortlichkeit des Vermieters kommt es **nicht** darauf an, ob der Winterdienst wirksam durch Hausordnung auf die Mieter übertragen wurde. Entscheidend ist, ob die Mieter den Winterdienst tatsächlich übernommen haben (BGH, Urteil v. 3.10.1989, VI ZR 310/88, WuM 1989 S. 623). Auch für ein Verschulden des Mieters haftet der Vermieter **nicht** aus Deliktsrecht (§§ 823 ff. BGB), sodass dem geschädigten Mieter gegen den Vermieter kein Anspruch auf Schmerzensgeld zusteht (OLG Dresden, a. a. O.).

Eine Hausordnung wird erst durch Vereinbarung der Parteien, nicht durch ihr bloßes Vorhandensein oder ihren Aushang (z. B. im Treppenhaus) Vertragsbestandteil.

Wurde eine Hausordnung **nicht Vertragsbestandteil** oder ist eine Hausordnung **nicht vorhanden,** ist der Vermieter nach herrschender Meinung berechtigt, eine solche einseitig zu erlassen. Der Inhalt ist auf Anordnungen beschränkt, die für die Erhaltung der Ordnung im Hause erforderlich sind oder die ordnungsgemäße Handhabung der Mietsache beschreiben. Dagegen sind die Auferlegung von Beschränkungen (z. B. des Musizierens) sowie die Begründung von Pflichten (z. B. Treppenreinigung) **einseitig nicht** möglich.

Zur einseitigen Abänderung einer bestehenden Hausordnung ist der Vermieter nur dann berechtigt, wenn dies zur ordnungsgemäßen Verwaltung und Bewirtschaftung notwendig ist und nicht willkürlich geschieht. Einer Zustimmung der Mehrheit der Mieter bedarf es nicht (AG Hamburg, Urteil v. 7.8.1979, 46 C 8/79, WuM 1981 S. 183).

Die Hausordnung ist auch bei der Bestimmung dessen, was ortsüblich ist (z. B. bezüglich des Musizierens) von Bedeutung. Dementsprechend können auch Mieter von ihren Mitmietern die Einhaltung der Hausordnung verlangen (§§ 328, 862, 906 BGB; OLG München, Urteil v. 21.1.1992, 13 U 2289/91, DWW 1992 S. 339).

In eine Hausordnung, die **zum Vertragsbestandteil** erklärt werden soll, erscheint die Aufnahme folgender Regelungen als sinnvoll und zulässig:

- Regelungen über die Reinigung der Treppen und Zugänge zu den Wohnungen, wobei eine in der Hausordnung bestimmte Zeitspanne für die regelmäßige Reinigung für den Mieter ohne Rücksicht auf sein subjektives Sauberkeitsempfinden verbindlich ist (AG Münster, Urteil v. 6.4.1994, 28 a C 59/94, WuM 1994 S. 428; so auch AG München, Urteil v. 30.9.1999, 412 C 13623/99, NZM 2000 S. 35; aber keine Reinigungspflicht für die Außenseite von Außenrollos).

Kommt ein Mieter der turnusmäßig geschuldeten Treppenhausreinigung zum betreffenden Monatsanfang nicht nach, ist der Vermieter ohne vorhergehende **Fristsetzung** zur entsprechenden **Ersatzvornahme** auf Kosten des Mieters berechtigt. Unerheblich ist insofern, ob eine solche Ersatzvornahme in der Hausordnung angekündigt ist (AG Bremen, Urteil v. 15.11.2012, 9 C 346/12, WuM 2012 S. 669).

- Regelungen über die Erhaltung der Ordnung im Haus, z. B. über die Benutzungsmodalitäten und -zeiten der gemeinschaftlichen Räume (z. B. Wasch- und Trockenräume), über das Abstellen von Gegenständen, Krafträdern, Kinderwägen auf dem Hof, den Zugängen und Zufahrten, im Speicher, Keller; über die Mitnahme dieser Gegenstände in die Mietwohnung; über die Beseitigung von Abfällen und über das Teppichklopfen.

Zu beachten ist, dass Mieter (sowohl von Wohn- als auch von Geschäftsräumen) grundsätzlich auch zur Mitbenutzung der **Gemeinschaftsflächen** berechtigt sind. Bestehen **keine** besonderen Vereinbarungen, umfasst dieses Recht sämtliche mit dem Wohnen bzw. mit der Benutzung von Geschäftsräumen typischerweise verbundenen Umstände.

Ein Mieter ist daher berechtigt, einen **Kinderwagen** oder **Rollstuhl** im Hausflur an geeigneter Stelle abzustellen, wenn er hierauf angewiesen ist und die Größe des Hausflurs das Abstellen zulässt, d.h. insbesondere weder der Fluchtweg noch der Zugang zu Briefkästen verstellt oder erschwert wird. Auf das Abstellen in der Garage kann der Mieter nicht verwiesen werden (AG Aachen, Urteil v. 30.11.2007, 84 C 512/07). Ob das Transportieren in die Wohnung nach jedem Gebrauch zumutbar ist, hängt von den Umständen des Einzelfalls ab (u.a. Größe des Kinderwagens, vorhandener Lift, Gesundheitszustand des Mieters etc.). Jedenfalls ist der Mieter nicht berechtigt, den Kinderwagen im Treppenhaus anzuketten (LG Berlin, Urteil v. 15.9.2009, 63 S 487/08, GE 2009 S. 1495).

Gleiches gilt für Rollatoren von gehbehinderten Mietern, wenn der Mieter auf diese Hilfe angewiesen ist. Einen anderen, weiter von der Treppe entfernten Platz (hier: in einem 20 m entfernten Schuppen) muss der Mieter nicht akzeptieren, wenn er diesen Weg ohne Gehilfe nicht bewältigen kann. Insofern ist dem Mieter auch nicht zuzumuten, jedes Mal eine Hilfsperson um das Herbeischaffen der Gehhilfe zu bitten (AG Recklinghausen, Urteil v. 27.1.2014, 56 C 98/13).

Hinsichtlich der Nutzungsrechte an Gemeinschaftsflächen kann ein Mieter von seinem Vermieter nicht verlangen, dass dieser anderen Mietern im Haus die Nutzung von Gemeinschaftsflächen nur in dem Umfang einräumt bzw. nur solche Nutzungen duldet, die er ihnen zwingend zugestehen muss. Vielmehr kann der Vermieter in Ausübung seines Eigentumsrechts großzügig verfahren und anderen Mietern auch weitergehende Nutzungsmöglichkeiten, z.B. des Hausflurs (hier: Abstellen des Kinderwagens), erlauben. Insofern hat der Mieter gegen den Vermieter keinen Anspruch darauf, dass der Vermieter das Abstellen z.B. von Fahrrädern oder Kinderwägen im Hausflur verbietet (LG Berlin, Urteil v. 31.7.2012, 63 S 576/11, GE 2012 S. 1377).

Gleiches gilt für **Besucher und Lieferanten** des Mieters. Das Recht der Mieter zur Mitbenutzung erstreckt sich auch darauf, Sendungen, die nicht in den Briefkasten passen (hier: Branchenbücher), dadurch entgegenzunehmen, dass diese im Hausflur abgelegt werden. Dies gilt auch dann, wenn die Sendungen nicht individuell adressiert und für mehrere oder alle Mieter eines Anwesens bestimmt sind, solange von der Ablage keine Belästigungen (z.B. eine Vermüllung) und keine Gefährdungen ausgehen (BGH, Urteil v. 10.11.2006, V ZR 46/06, NZM 2007 S. 37).

Bestimmungen, z.B. in einer Hausordnung, die diese Rechte einschränken (z.B. eine Bestimmung, wonach das Abstellen von Kinderwagen im Treppenhausflur unzulässig oder nur vorübergehend zulässig ist) gelten daher nur dann, wenn für den Mieter eine zumutbare anderweitige Abstellmöglichkeit besteht oder der Vermieter oder andere Hausbewohner erheblich beeinträchtigt werden. Das nach Ansicht des Vermieters beeinträchtigte Erscheinungsbild des Hausflurs reicht dazu nicht aus (LG Bielefeld, Urteil v. 16.9.1992, 2 S 274/92, WuM 1993 S. 37). Auch ein Fahrradanhänger, den der Mieter zum Transport von zwei Kleinkindern benutzt, darf nach Auffassung des AG Berlin-Schöneberg (Urteil v. 12.12.2005, 6 C 430/05, MM 2006 S. 39) im Hof des Anwesens abgestellt werden, wenn andere zumutbare Abstellmöglichkeiten vor Ort fehlen und dem Mieter nicht zumutbar ist, den Fahrradanhänger nach jeder Benutzung in den Keller zu bringen.

Gleiches gilt für das Abstellen von Gehhilfen (z.B. Rollatoren) von älteren Mietern, sofern Durchgänge und Rettungswege nicht übermäßig eingeschränkt werden. Allerdings muss der Mieter den Rollator zusammenklappen und an einer geeigneten Stelle möglichst platzsparend abstellen (LG Hannover, Urteil v. 17.10.2005, 20 S 39/05, NZM 2007 S. 245). Zulässig ist jedoch ein **Verbot, Fußmatten** vor der Wohnungseingangstür auszulegen (AG Neukölln, Urteil v. 24.4.2003, 7 C 21/03, GE 2003 S. 1161) oder ein **Schuhregal** im Flur aufzustellen (AG Köln, WuM 1982 S. 86); ferner ein **Verbot des Abstellens von Fahrzeugen** auf dem Hof vor den angemieteten Garagen (LG Essen, a. a. O.).

Zulässig ist ferner ein **Verbot des Grillens** auf dem Balkon eines Mehrfamilienhauses, unabhängig davon, ob dies mittels eines Holzkohle- oder Elektrogrills erfolgt. Ein solches Verbot ist sachlich gerechtfertigt, da die auftretenden Immissionen in Form von Rauch und Geruch grundsätzlich dazu geeignet sind, Mitmieter zu belästigen und der Vermieter ein legitimes Interesse daran haben darf, die zu erwartenden Streitigkeiten von vornherein zu unterbinden (LG Essen, Urteil v. 7.2.2002, 10 S 438/01, WuM 2002 S. 337).

- Regelungen zur **Vermeidung von Ruhestörungen** (z. B. durch Festlegung von Ruhezeiten, der Höchstdauer der Musikausübung, der Pflicht zur Einhaltung von Zimmerlautstärke bei Betrieb von Radio etc.); Hinweis auf gemeindliche Lärmschutzverordnungen (s. auch „Lärm"). Eine Bestimmung in der Gemeinschaftsordnung (Hausordnung), die Ruhezeiten festlegt, in denen jedes unnötige und störende Geräusch zu vermeiden und die Ruhe beeinträchtigende Tätigkeiten zu unterlassen sind, genügt mangels Objektivierbarkeit unnötiger und störender Geräusche nicht dem Bestimmtheitserfordernis und ist deshalb unwirksam (OLG Düsseldorf, Beschluss v. 19.8.2009, 3 Wx 233/08, ZMR 2010 S. 52 zum WEG-Recht).
- Regelungen zur **pfleglichen Behandlung der Mietsache**, z. B. Beschränkung des Betriebs von Wasch- und Trockengeräten in der Mietwohnung auf funktionssichere, fach- und standortgerecht angeschlossene Geräte. Strittig ist, ob eine Beschränkung des Waschens und Trocknens in der Wohnung auf Kleinwäsche zulässig ist, wenn das Anwesen über entsprechende Gemeinschaftsräume verfügt (s. hierzu LG Aachen, Urteil v. 10.3.2004, 7 S 46/03, NZM 2004 S. 459, wonach der Mieter, wenn er drei kleine Kinder mit entsprechendem Wäschebedarf hat, berechtigt ist, in der Wohnung eine **eigene** Waschmaschine aufzustellen, statt die vermieterseits im Keller zur Verfügung gestellten Maschinen zu nutzen, und entgegenstehende Mietvertragsklauseln unwirksam sind). Unwirksam ist auch ein Verbot, Wäsche in der Wohnung zu trocknen, wenn ein Trockenraum zur Verfügung steht. Der Mieter darf in der Wohnung einen Wäschetrockner aufstellen und Wäsche grundsätzlich auch auf dem Balkon aufhängen (LG Düsseldorf, Beschluss v. 18.4.2008, 21 T 38/08). Das Aufstellen eines Wäschetrockners oder einer Waschmaschine im Badezimmer gehört nämlich zum normalen vertragsgemäßen Gebrauch der Mietwohnung. Voraussetzung ist jedoch, dass die Geräte gegen Auslaufen von Wasser gesichert sind (AG Tettnang, Urteil v. 19.3.2010, 4 C 1304/09). Ferner kann eine Hausordnung besondere Hinweise zur Vermeidung von Rohrverstopfungen enthalten; die Verpflichtung, Abflüsse bis zum Fallrohr durchgängig zu halten; Hinweise zur sachgemäßen Pflege von Fußbodenbelägen; zu Maßnahmen bei Frost, Regen, Unwetter (z. B. Schließen von Fenstern, Rollläden).
- Regelungen über die **Anbringung von Namensschildern**, Markisen und anderen Gegenständen außerhalb der Mieträume.
- Regelungen im **Interesse der öffentlichen und häuslichen Sicherheit und Ordnung,** z. B. über die Lagerung von Brennstoffen, Verpflichtung über das Schließen bzw. Absperren bestimmter Türen und Fenster (z. B. von Keller, Speicher, Waschraum, Garten, Vorgarten; Hauseingangstür: Insofern ist auch zulässig, nur die Mieter der Erdgeschosswohnungen zu verpflichten, wobei jedoch eine Haftung dieser Mieter wegen Einbrüchen oder Diebstählen aufgrund nicht verschlossener Eingangstüren nicht in Betracht kommt, da den Mietern nicht

zugemutet werden kann, regelmäßig innerhalb kurzer Zeitabstände zu prüfen, ob die Eingangstüren weiterhin verschlossen sind, LG Köln, Urteil v. 25.7.2013, 1 S 201/12); Anzeigepflicht bei Verlust von Schlüsseln; Lagerung von Gegenständen in den Speicherräumen; Einhaltung von Schrittgeschwindigkeit beim Ein- und Ausfahren in die bzw. aus den Garagen und Abstellplätzen; Benutzung der Aufzugsanlage.

Sind in einem Mehrparteienhaus mit den einzelnen Mietern jeweils Hausordnungen **unterschiedlichen Inhalts** vereinbart (z.B. unterschiedliche Zeiten für das Musizieren), kann der Mieter einer Kündigung, die auf einen Verstoß gegen die Hausordnung gestützt wird, den Einwand widersprüchlichen Verhaltens entgegensetzen, wenn sich sein beanstandetes Verhalten noch im Rahmen der mit anderen Mietern vereinbarten Hausordnung gehalten hat (LG Freiburg, Urteil v. 19.12.1991, 3 S 295/91, WuM 1993 S. 120).

Erhebliche Verstöße gegen die Hausordnung können eine **fristlose Kündigung** des Mietverhältnisses durch den Vermieter rechtfertigen (s. „Kündigung“, Abschnitt 3.2.1„Außerordentliche fristlose Kündigung aus wichtigem Grund“), Verstöße **geringeren** Gewichts nur dann, wenn sich diese trotz **Abmahnung** wiederholen und geeignet sind, den Hausfrieden nachhaltig zu stören (s. hierzu LG Essen, a.a.O., wonach laufende Verstöße gegen das Verbot des Grillens auf dem Balkon oder des Abstellens von Fahrzeugen vor der angemieteten Garage eine fristlose Kündigung begründen können).

Hausrecht

Das Hausrecht des Eigentümers ergibt sich aus § 903 BGB, wonach der Eigentümer einer Sache, z.B. eines Hauses, andere von jeder Einwirkung ausschließen kann, soweit nicht das Gesetz oder Rechte Dritter entgegenstehen. Der Eigentümer kann daher grundsätzlich jedem, der weder im Haus wohnt noch Besucher eines Bewohners ist, das Betreten des Anwesens auch ohne Angabe von Gründen verbieten und zum Verlassen des Hauses auffordern. Dem Mieter gegenüber, der aufgrund des Mietvertrags ein Recht zum Besitz an der Wohnung hat, steht dem Eigentümer dieses Recht nicht zu. Vielmehr hat der Mieter das Hausrecht an den gemieteten Räumlichkeiten und kann ein Betreten durch den Vermieter auf dessen Besichtigungsrecht beschränken (s. „Betreten und Besichtigen der Mieträume“). Auch gegenüber Besuchern des Mieters steht dem Vermieter die Ausübung des Hausrechts nur in engen Grenzen zu (s. „Besuchsempfang“).

Wer in die Wohnung, in die Geschäftsräume oder in das befriedete Besitztum eines anderen widerrechtlich eindringt oder wer, wenn er ohne Befugnis darin verweilt, auf Aufforderung des Berechtigten sich nicht entfernt, kann auf Antrag strafrechtlich wegen Hausfriedensbruchs nach § 123 StGB verfolgt werden. Die Tat kann daher auch vom Vermieter zum Nachteil eines Mieters begangen werden, wenn er sich z.B. gegen den Willen des Mieters eigenmächtig Zutritt zu der vermieteten Wohnung verschafft.

„Hausbesetzungen“ leer stehender oder abbruchreifer Häuser erfüllen grundsätzlich den Tatbestand des § 123 StGB, da es nicht darauf ankommt, ob das Anwesen noch zum Wohnen bestimmt ist und das Merkmal der Widerrechtlichkeit auch bei einem Leerstand gegeben ist.

Haustiere → „Tierhaltung“

Haustürwiderrufsgesetz → „Mietvertrag“, Abschnitt 2.10 „Widerrufsrecht bei Haustürgeschäften“

Hausverwalter

Zu unterscheiden ist zwischen dem Verwalter, der im Auftrag eines Eigentümers **dessen** Anwesen (beispielsweise ein Mietshaus) oder **dessen** Eigentumswohnung verwaltet, und dem Verwalter, der von den Eigentümern einer Eigentumswohnanlage zur Verwaltung des **gemeinschaftlichen** Eigentums bestellt wird (§ 26 WEG).

Während es dem Alleineigentümer eines Anwesens freisteht, ob und in welchem Umfang er eine Hausverwaltung mit der Verwaltung seines Anwesens beauftragt, ist bei einer Wohnungseigentumsanlage die Bestellung eines Verwalters für das **gemeinschaftliche** Eigentum zwingend vorgeschrieben (§ 20 Abs. 2 WEG).

Weiterhin bestehen für die Aufgaben und Befugnisse des Verwalters des **gemeinschaftlichen** Eigentums gesetzliche Vorschriften (vgl. § 27 WEG), während sich die Rechte und Pflichten des Verwalters des **Sonder**eigentums (z.B. eines Mietshauses, einer Eigentumswohnung) ausschließlich nach dem Inhalt des mit dem Eigentümer abgeschlossenen Hausverwaltervertrags bestimmt, der rechtlich als Dienstvertrag zu qualifizieren ist.

In jedem Fall ist aber zu empfehlen, Inhalt und Umfang der Tätigkeit möglichst genau schriftlich festzulegen.

Soweit abweichende vertragliche Regelungen nicht bestehen, ist der Verwalter des **Sonder**eigentums **bevollmächtigt**, für und gegen den Eigentümer mit verbindlicher Wirkung Rechtsgeschäfte abzuschließen, die im Rahmen des üblichen Geschäftsablaufs liegen (z.B. Vermietung der Wohnung; Einzug der Miete; Abrechnung der Betriebskosten; Ausspruch von Kündigungen; Briefverkehr mit Mietern und Behörden; Veranlassung, Durchführung und Überwachung der Instandhaltung; Prüfung und Durchsetzung von Mieterhohungen).

Dabei liegt kein Verstoß gegen das Rechtsdienstleistungsgesetz i.V.m. § 1 UWG vor, wenn der Hausverwalter den Vermieter im Rahmen der übertragenen Hausverwaltung, insbesondere auch bei dem Verlangen auf Mieterhöhung, rechtlich berät und vertritt. Solche Tätigkeiten gehören zum anerkannten, herkömmlichen Berufsbild des Hausverwalters und sind erforderlich, um die Hausverwaltertätigkeit sachgemäß auszuüben (OLG Frankfurt/M., Beschluss v. 29.9.1992, 6 W 102/92, WuM 1992 S. 700). Daher gehört es zu den Pflichten des Verwalters, dem Vermieter gesetzlich zulässige und mögliche **Mieterhöhungen** vorzuschlagen und diese ggf. für ihn durchzusetzen. Bei einem Verstoß macht sich der Verwalter schadenersatzpflichtig. Im Einzelfall kann der Schadenersatzanspruch über die entgangene Miete hinaus auch die Kosten umfassen, die dem Vermieter dadurch entstanden sind, dass ein Prozessbevollmächtigter Mieterhöhungsverlangen gegenüber Mietern verfolgt. Etwas anderes gilt nur dann, wenn die Durchführung von Mieterhöhungen nach dem Verwaltervertrag ausdrücklich nicht zum Leistungsumfang des Verwalters gehört (OLG Saarbrücken, Beschluss v. 8.3.2006, 5 U 178/05, NZM 2006 S. 878); anders beim Mietverwalter, der als Geschäftsführer ohne Auftrag tätig geworden ist (BGH, Urteil v. 6.3.2008, III ZR 219/07, NZM 2008 S. 319). Der Hausverwalter, der vertraglich verpflichtet ist, die im Gebäude befindlichen Wohnungen im Namen des Eigentümers zu vermieten, macht sich gegenüber dem Eigentümer **schadenersatzpflichtig** (§ 280 BGB), wenn er eine Wohnung vermietet, ohne dem Mieter die Renovierungslast aufzuerlegen, z.B. weil er nur einen mündlichen Mietvertrag geschlossen oder ein Formular ohne Renovierungsklausel verwendet hat (KG Berlin, Urteil v. 13.10.2006, 3 U 3/06, WuM 2008 S. 81).

Gleiches gilt, wenn der Verwalter einen Mietvertrag mit einer nach der Rechtsprechung des BGH **unwirksamen** Schönheitsreparaturklausel (z.B. wegen starrer Renovierungsfristen) verwendet hat mit der Folge, dass der Mieter nicht zur Durchführung von Schönheitsreparaturen verpflichtet ist. Insofern kann den Vermieter jedoch ein Mitverschulden treffen, wenn er in der Lage war, den Mietvertragsentwurf vor Unterzeichnung zu prüfen und Klauseln auf ihre Wirksamkeit zu hinterfragen, dies aber unterlassen hat (LG Berlin, Urteil v. 29.2.2008, 53 S 145/07, WuM 2008 S. 280).

Anders ist die Rechtslage, wenn die Klausel im Zeitpunkt des Vertragsabschlusses noch wirksam war und erst später von der Rechtsprechung für unwirksam erklärt worden ist. In diesem Fall fehlt es an einem für einen Schadenersatzanspruch des Vermieters erforderlichen Verschulden des Hausverwalters.

Allerdings entfällt die Verpflichtung des Verwalters zur Leistung auf Schadenersatz, wenn der Eigentümer die Forderung beim Mieter infolge dessen Insolvenz nicht hätte realisieren können. Ist eine Forderung ohnehin uneinbringlich, so liegt im Verhältnis zum Regresspflichtigen kein Schaden vor (so bereits BGH, NJW 1986 S. 246). Die theoretische Möglichkeit, dass der Mieter irgendwann vielleicht doch wieder zu Vermögen gelangt, ist keine Rechtfertigung für einen ersatzweisen aktuellen Geldfluss, den der Vermieter ohne die Pflichtverletzung noch nicht aktuell gehabt hätte (LG Hamburg, Urteil v. 6.2.2009, 317 S 106/07, ZMR 2009 S. 758).

Einer Hausverwaltung muss auch die obergerichtliche Rechtsprechung zur Unwirksamkeit von bestimmten vertraglichen Renovierungsklauseln (z. B. wegen starrer Renovierungsfristen) bekannt sein. Fordert diese vom Vermieter eingesetzte Hausverwaltung den Mieter bei Mietende trotz einer unwirksamen Klausel zur Vornahme von Schönheitsreparaturen auf und beauftragt der Mieter daraufhin einen Rechtsanwalt mit der Abwehr der Ansprüche, ist der Vermieter dem Mieter zur Erstattung der Rechtsanwaltskosten verpflichtet, da ihm die Pflichtverletzung der von ihm beauftragten Hausverwaltung (§ 278 BGB, Erfüllungshilfe) zuzurechnen ist (KG Berlin, Urteil v. 18.5.2009, 8 U 190/08, NZM 2009 S. 616).

Ist der Mietverwalter vertraglich auch zum Abschluss von neuen Mietverträgen und zur Auswahl von geeigneten Interessenten verpflichtet, muss er vor Abschluss eines Mietvertrags die **Bonität** des konkreten Mietinteressenten prüfen. Allein die Einholung einer Selbstauskunft reicht dazu nicht aus. Kommt die Vorlage einer Lohnabrechnung nicht in Betracht (z. B. bei Selbstständigen und freiberuflich Tätigen), müssen eine Schufa-Auskunft sowie ein Einkommensnachweis eingeholt werden. Unterlässt der Verwalter eine sorgfältige Prüfung des Mietinteressenten, haftet er dem Vermieter bei Scheitern des Mietvertrags auf Schadenersatz (z. B. für uneinbringliche Mietrückstände).

Eine Haftung des Verwalters ist allerdings ausgeschlossen, wenn der Vermieter dem Abschluss des Mietvertrags trotz fehlender Unterlagen nicht widerspricht und sein Ja zur angefragten Vermietung erteilt (OLG Düsseldorf, Urteil v. 14.3.2013, 1-12 U 55/12, GE 2013 S. 1274).

Das Leistungsangebot einer Hausverwaltung darf auch das **„Mahn- und Klagewesen“** umfassen. Dies stellt nach einem Beschluss des KG Berlin keinen Verstoß gegen die Vorschriften des Rechtsberatungsgesetzes (seit 1.7.2008: Rechtsdienstleistungsgesetz) dar, sofern ein unmittelbarer und sachgerechter **Zusammenhang** zwischen der Verwaltungstätigkeit und der außergerichtlichen bzw. gerichtlichen Geltendmachung von mietrechtlichen Forderungen besteht und diese rechtsbesorgende Tätigkeit nicht im Vordergrund steht, sondern gegenüber der eigentlichen Tätigkeit der Hausverwaltung – der buchhalterischen und technischen Betreuung der Objekte – nur eine Hilfs- oder Nebentätigkeit ist (KG Berlin, Beschluss v. 10.10.2002, 5 W 387/02, NJW-RR 2003 S. 156).

Der WEG-Hausverwalter ist auch zur Kündigung des Mietvertrags **im Namen des Vermieters** berechtigt sowie aufgrund einer erteilten Hausverwaltervollmacht prozessführungsbefugt (LG Bremen, Urteil v. 2.9.1993, 6 S 114/93, WuM 1993 S. 605). Der Verwalter eines Miethauses dagegen (Verwalter von Sondereigentum) kann wegen Verstoßes gegen das Rechtsberatungsgesetz (Rechtsdienstleistungsgesetz) auch dann keine Räumungsklage vor Gericht vertreten, wenn er zu dieser Rechtsbesorgung durch die Vermieter vertraglich ermächtigt wurde (OLG Koblenz, Urteil v. 1.12.1999, 4 U 1338/99, NJW-RR 2000

S. 534). Ferner kann der Hausverwalter Ansprüche des Vermieters im **eigenen** Namen auch dann **nicht** durchsetzen, wenn er hierzu ausdrücklich ermächtigt ist, da er kein eigenes schutzwürdiges rechtliches Interesse hat und somit nicht zur Prozessführung gegen den Mieter im eigenen Namen (gewillkürte Prozessstandschaft) befugt ist (LG Saarbrücken, Urteil v. 15.5.1998, 13 B S 272/97, WuM 1998 S. 421).

Dementsprechend ist der Hausverwalter, der vom Vermieter bevollmächtigt wurde, „Ansprüche gerichtlich und außergerichtlich geltend zu machen", mangels eines eigenen rechtlich schützenswerten Interesses nicht befugt, Ansprüche wegen Mietrückständen im eigenen Namen einzuklagen (AG Köln, Teilurteil v. 25.6.2008, 220 C 55/08, NZM 2009 S. 737).

Eine **generelle Ermächtigung** des Verwalters, Ansprüche im Wege der Prozessstandschaft geltend zu machen, verstößt daher gegen das Rechtsberatungsgesetz (seit 1.7.2008: Rechtsdienstleistungsgesetz) und ist nach § 134 BGB nichtig (LG Krefeld, Beschluss v. 7.10.1998, 2 S 169/98, NZM 1999 S. 172). Die **Prozessführungsbefugnis** des Hausverwalters zur **Einziehung von Mieten** aufgrund einer Ermächtigung des Vermieters (gewillkürte Prozessstandschaft) erfordert vielmehr ein **eigenes** rechtsschutzwürdiges Interesse des Verwalters. Dieses liegt nur vor, wenn die Entscheidung des Prozesses die eigene Rechtslage des Verwalters beeinflusst. Dies ist aber nicht schon deshalb der Fall, weil der Vermieter den Verwalter bevollmächtigt hat, ihn gegenüber den Mietern zu vertreten bzw. der Verwalter dem Vermieter Rechenschaft über die Verwaltung schuldet (KG Berlin, Beschluss v. 10.7.2006, 12 U 217/05, ZMR 2007 S. 111).

Ein **Rechtsanwalt** darf als Geschäftsführer einer Wohnungseigentumsverwaltungsgesellschaft diese auch in Verfahren gegen Wohnungseigentümer vertreten. Ein Verstoß gegen das Gebot, nicht in derselben Sache als Rechtsanwalt sowie in einem anderen Beruf tätig zu werden, liegt nicht vor, da die Haus-, insbesondere die Wohnungseigentumsverwaltung sehr stark juristisch geprägt ist. Daher ist bereits zweifelhaft, ob tatsächlich ein Zweitberuf vorliegt (Anwaltsgericht Freiburg, Beschluss v. 7.11.2005, BR 145/04, NZM 2006 S. 194).

> Ein einseitiges Rechtsgeschäft (z.B. eine Kündigung) oder eine rechtsgeschäftsähnliche Handlung (z.B. Mahnung, Abmahnung, Fristsetzung, Zustimmungsverlangen zur Mieterhöhung), die der Hausverwalter z.B. dem Mieter gegenüber vornimmt, ist grundsätzlich unwirksam, wenn der Hausverwalter eine Vollmachtsurkunde nicht vorlegt und der Mieter das Rechtsgeschäft aus diesem Grund unverzüglich zurückweist (§ 174 S. 1 BGB).

Die Vollmacht muss **im Original** vorgelegt werden, die Vorlage einer beglaubigten Abschrift oder einer Fotokopie genügt nicht. Nicht ausreichend ist auch das Angebot, die Urkunde bei dem Bevollmächtigten einzusehen. Eine Zurückweisung durch den Mieter ist nicht möglich, wenn der Vermieter den Mieter von der erteilten Bevollmächtigung in Kenntnis gesetzt hat (§ 174 S. 2 BGB; LG Mannheim, Urteil v. 13.12.1973, 12 S 57/73, WuM 1974 S. 149 = MDR 1974 S. 584) oder sich die Bevollmächtigung aus den Umständen ergibt (§ 164 Abs. 1 S. 2 BGB), z.B. aus früherem Verhalten oder der erkennbaren Interessenlage (LG Bremen, a.a.O., BGHZ 62 S. 220).

Über die Bestellung und Abberufung des Verwalters des **gemeinschaftlichen** Eigentums (z.B. einer Wohnanlage) beschließen die Wohnungseigentümer mit Stimmenmehrheit. Die Bestellung darf auf höchstens 5 Jahre vorgenommen werden, im Fall der ersten Bestellung nach der Begründung von Wohnungseigentum auf höchstens 3 Jahre. Die wiederholte Bestellung ist zulässig, sie bedarf eines erneuten Beschlusses der Wohnungseigentümer, der frühestens ein Jahr vor dem Ablauf der Bestellungszeit gefasst werden kann (§ 26 Abs. 1 und 2 WEG).

Der Verwalter ist **berechtigt und verpflichtet**, Beschlüsse der Wohnungseigentümer durchzuführen und für die Durchführung der Hausordnung zu sorgen; die für die ordnungsgemäße Instandhaltung und Instandsetzung des gemeinschaftlichen Eigentums erforderlichen Maßnahmen zu treffen; in dringenden Fällen sonstige zur Erhaltung des gemeinschaftlichen Eigentums erforderliche Maßnahmen zu treffen; eingenommene Gelder zu verwalten.

Der Verwalter ist **berechtigt**:

- im Namen aller Wohnungseigentümer und mit Wirkung für und gegen sie Lasten und Kosten, Beiträge, Tilgungsbeträge und Hypothekenzinsen anzufordern, in Empfang zu nehmen und abzuführen, soweit es sich um gemeinschaftliche Angelegenheiten der Wohnungseigentümer handelt;
- Zahlungen und Leistungen zu bewirken und entgegenzunehmen, die mit der laufenden Verwaltung des gemeinschaftlichen Eigentums zusammenhängen;
- Willenserklärungen und Zustellungen entgegenzunehmen, soweit sie an alle Wohnungseigentümer in dieser Eigenschaft gerichtet sind;
- Maßnahmen zu treffen, die zur Wahrung einer Frist oder zur Abwendung eines sonstigen Rechtsnachteils erforderlich sind;
- Ansprüche gerichtlich und außergerichtlich geltend zu machen, sofern er hierzu durch Vereinbarung oder Beschluss mit Stimmenmehrheit der Wohnungseigentümer ermächtigt ist;
- Erklärungen abzugeben, die zur Vornahme der in § 21 Abs. 5 Nr. 6 WEG bezeichneten Maßnahmen (z.B. Telefon- und Energieversorgungsanschluss) erforderlich sind (§ 27 Abs. 1 und 2 WEG).

> Die dem Verwalter nach § 27 Abs. 1 bis 3 WEG zustehenden Aufgaben und Befugnisse können durch Vereinbarung der Wohnungseigentümer nicht eingeschränkt oder ausgeschlossen werden (§ 27 Abs. 4 WEG).

Der Verwalter ist **verpflichtet**, Gelder der Wohnungseigentümer von seinem Vermögen gesondert zu halten. Die Verfügung über solche Gelder kann von der Zustimmung eines Wohnungseigentümers oder eines Dritten abhängig gemacht werden (§ 27 Abs. 5 WEG).

Der Verwalter kann von den Wohnungseigentümern die Ausstellung einer Vollmachtsurkunde verlangen, aus der der Umfang seiner Vertretungsmacht ersichtlich ist (§ 27 Abs. 6 WEG). Der Verwalter hat jeweils für ein Kalenderjahr einen Wirtschaftsplan und nach Ablauf des Kalenderjahres eine Abrechnung aufzustellen (§ 28 Abs. 1 und 3 WEG). Die Eigentümer können durch einen Mehrheitsbeschluss jederzeit von dem Verwalter Rechnungslegung verlangen (§ 28 Abs. 4 WEG). Weiterhin hat der Verwalter die Versammlung der Wohnungseigentümer mindestens einmal im Jahr einzuberufen (§ 24 Abs. 1 WEG) sowie eine Beschluss-Sammlung zu führen (§ 24 Abs. 8 WEG).

Zur Frage, ob der Verwalter einer Wohnungseigentumsanlage, der kraft rechtsgeschäftlicher Vollmacht die Wohnungseigentümer bei Abschluss der Mietverträge mit Dritten wirksam vertreten hat, zur späteren Vertragsänderung befugt ist, vgl. OLG Düsseldorf, Urteil v. 12.1.1995, 10 U 60/94, WuM 1995 S. 390.

Für die **Vergütung** des Verwalters gibt es weder eine Gebührenordnung noch sonstige gesetzliche Vorschriften.

> Sie unterliegt der **freien Vereinbarung** und beträgt üblicherweise bei Verwaltung des **gemeinschaftlichen** Eigentums ca. 15 bis 25 Euro pro Wohneinheit und Monat, ca. 3 bis 5 Euro pro Garage/Stellplatz und Monat; bei Verwaltung des **Sonder**eigentums ca. 5 % der Miete.

Die Kosten der Verwaltung gehören nicht zu den Betriebskosten i. S. v. § 1 BetrKV und können deshalb nicht auf den Mieter umgelegt werden.

Kommt infolge der Vermittlung oder infolge des Nachweises durch den Verwalter ein Mietvertrag zustande, hat der Verwalter des **Sondereigentums** keinen Anspruch gegen den Mieter auf Zahlung einer **Maklerprovision** (§ 2 Abs. 2 Nr. 2 WoVermG). Einem entsprechenden Anspruch des **WEG-**Verwalters, der ausschließlich das **gemeinschaftliche** Eigentum verwaltet, steht diese Vorschrift nicht entgegen, da er nicht Verwalter von Wohnräumen

i. S. d. Wohnungsvermittlungsgesetzes ist (BGH, Urteil v. 13.3.2003, III ZR 299/02, WuM 2003 S. 338).

Provisionsunschädlich sind insofern übliche Service- bzw. Nebenleistungen des Wohnungseigentumsverwalters, z. B. Renovierungsarbeiten kleineren Umfangs (hier: Auswahl des Teppichbodens in Absprache mit dem Mieter, Auswahl und Beauftragung der Handwerker für Rechnung des Vermieters, Austausch von Badarmaturen), die der Verwalter für die zur Vermietung anstehende Eigentumswohnung organisiert, da solche Leistungen keine für die Annahme einer Verwaltungstätigkeit notwendige echte Repräsentation des Vermieters gegenüber dem Mieter darstellt (LG Düsseldorf, Urteil v. 18.3.2005, 20 S 167/04, NJW-RR 2006 S. 235).

Auch eine Provisionszusage des Mieters an den Wohnungsvermittler ist nicht schon deshalb unwirksam, weil der Wohnungsvermittler gegenüber dem Eigentümer oder Vermieter eine **Mietgarantie** übernommen hat (BGH, Urteil v. 9.3.2006, III ZR 151/05, WuM 2006 S. 212). Dagegen hat der Wohnungsvermittler keinen Anspruch auf Provision, wenn für ihn als Mitarbeiter oder Gehilfe der **bisherige** Mieter der Wohnung tätig wird, der einen Nachmieter sucht (BGH, Urteil v. 9.3.2006, III ZR 235/05, WuM 2006 S. 213).

Ferner entfällt ein Provisionsanspruch, wenn aufgrund von bestimmten Umständen die vom Gesetz beabsichtigte Trennung zwischen Vermittlung und Verwaltung nicht gegeben ist (z. B. gemeinsames Büro, gemeinsamer Telefon- und E-Mail-Anschluss, gemeinsame Mitarbeiter), und daher eine, wenn auch nur abstrakte Gefahr eines Interessenkonflikts besteht. Durch den Vermittler dürfen keine Verwaltungsaufgaben und umgekehrt durch die Verwaltung keine Wohnungsvermittlung wahrgenommen werden (LG Berlin, Urteil v. 9.1.2007, 51 S 242/06, MM 2007 S. 146).

Ist ein Makler **Gehilfe** des Verwalters der Wohnung (z. B. als freier Mitarbeiter), schuldet ihm der Wohnungssuchende keine Maklerprovision. Insofern kommt es für die Frage, ob der Makler Mitarbeiter des Verwalters ist, entscheidend auf die Sicht des Wohnungssuchenden an und dessen Zuordnung des Maklers zum Lager des Verwalters bzw. Vermieters (LG Hamburg, Urteil v. 27.2.2009, 320 S 89/08, WuM 2009 S. 243).

Zur Verpflichtung des Verwalters zur Erteilung von **Auskunft und Rechnungslegung** nach Beendigung des Verwaltervertrags s. OLG Saarbrücken, Urteil v. 25.8.1999, 1 U 1004/98-181, NZM 1999 S. 1008.

Mieter können zur Geltendmachung ihrer Rechte (z. B. Rückforderung der geleisteten Kaution nach Beendigung des Mietverhältnisses) vom Haus- bzw. Wohnungsverwalter die Herausgabe der vollständigen Adresse ihres Vermieters verlangen, wenn diese im Mietvertrag nicht aufgeführt ist (AG Hamburg, Urteil v. 13.1.2006, 15 a C 271/05; AG Aachen, Urteil v. 3.9.2009, 112 C 51/09, WuM 2009 S. 650).

Hauswart → „Hausmeister“

Heizkosten → „Betriebskosten“, Abschnitt 2.4 „Die Kosten der Heizung (Nr. 4)“

Heizkostenverordnung

Die Verordnung über die verbrauchsabhängige Abrechnung der Heiz- und Warmwasserkosten (HeizkostenV) vom 20.1.1989 (BGBl 1989 I S. 116) in der ab 1.1.2009 geltenden Fassung (BGBl 2008 I S. 2375 ff.) **gilt** für die Verteilung der Kosten des Betriebs zentraler Heizungs- und Warmwasserversorgungsanlagen sowie der eigenständig gewerblichen Lieferung von Wärme und Warmwasser auch aus zentralen Heizungs- und zentralen Warmwasserversorgungsanlagen durch den Gebäudeeigentümer auf die Nutzer der mit Wärme oder Warmwasser versorgten Räume (§ 1 Abs. 1 HeizkostenV).

Die Verordnung gilt also grundsätzlich überall dort, wo bei der Wärme- und Warmwasserversorgung ein echter Verteilvorgang stattfindet.

Für Abrechnungszeiträume bis 31.12.2008 gilt die Verordnung in ihrer bisherigen Fassung. Für Abrechnungszeiträume ab 1.1.2009 gelten die Bestimmungen der mit Wirkung 1.1.2009 in Kraft getretenen Neufassung.

Sie ist daher **unanwendbar** bei Versorgung mit Einzelöfen, Etagenheizungen oder sonstigen dezentralen Heizungen sowie wenn die Anlage nur eine Wohneinheit versorgt (z.B. Zentralheizung eines Einfamilienhauses).

> Ist die Verordnung anwendbar, dann gehen ihre Bestimmungen grundsätzlich **rechtsgeschäftlichen** Vereinbarungen (z.B. im Mietvertrag oder der Teilungserklärung bei Wohnungseigentum) vor.

Nach dem Wortlaut des § 2 HeizkostenV hängt die Geltung der Vorschrift der HeizkostenV **nicht** davon ab, dass der Gebäudeeigentümer oder der Nutzer eine verbrauchsabhängige Kostenverteilung **verlangt**. Vielmehr wird dadurch, dass die Vorschriften der HeizkostenV abweichenden Vereinbarungen ohne Weiteres „vorgehen", die rechtsgeschäftliche **Gestaltungsfreiheit** der Parteien kraft Gesetzes **eingeschränkt**. Daher ist die in einem Mietvertrag enthaltene Vereinbarung einer Brutto**warm**miete gemäß § 2 HeizkostenV unwirksam, weil sie den Bestimmungen der Verordnung widerspricht (BGH, Urteil v. 19.7.2006, VIII ZR 212/05, NJW-RR 2006 S. 1305).

Gleiches gilt, wenn die Parteien entgegen § 2 HeizkostenV eine Betriebskosten**pauschale** vereinbaren, die auch die Heizkosten erfasst. Auch dann geht die HeizkostenV dieser Vereinbarung von Anfang an vor und steht deshalb, wenn der Vermieter über die Heizkosten abrechnet, evtl. Nachforderungen nicht entgegen. Insofern ist der nach § 2 HeizkostenV unbeachtliche Teil der vereinbarten Pauschale im Wege der **ergänzenden Vertragsauslegung** lediglich als Vorauszahlung auf die Heizkosten zu behandeln. Für die Höhe dieser Vorauszahlung ist das Verhältnis der beiden Kostenarten (Heizkosten/übrige Betriebskosten) zueinander bei Beginn des Mietverhältnisses nach abstrakter wirtschaftlicher Betrachtungsweise zugrunde zu legen (LG Heidelberg, Urteil v. 25.2.2011, 5 S 77/10, ZMR 2011 S. 638).

Unwirksam ist auch eine entgegen den Bestimmungen der HeizkostenV vereinbarte Abrechnung der Heizkosten nach der **Nutzfläche** des Anwesens (so bereits LG Chemnitz, Urteil v. 4.4.2003, 6 S 2691/02, ZMR 2003 S. 573).

Die Bestimmungen der HeizkostenV sind **auch** auf Mietverträge anzuwenden, die bereits **vor** ihrem Inkrafttreten am 1.3.1981 abgeschlossen wurden, da es Sinn und Zweck der Verordnung ist, durch eine verbrauchsabhängige Abrechnung das Nutzerverhalten bei der Raumheizung und beim Warmwasserverbrauch mit dem Ziel einer Energieeinsparung zu beeinflussen (BGH, a.a.O.).

Aufgrund der Regelung in § 2 HeizkostenV kann der Vermieter auch jederzeit **einseitig** den Heiz- und Warmwasserkostenanteil aus der Warmmiete herausnehmen und die darauf entfallende Miete als Betriebskostenvorschuss auf die entsprechenden Kosten verrechnen (so bereits OLG Schleswig, Beschluss v. 15.1.1986, 6 RE-Miet 1/85, WuM 1986 S. 330; OLG Hamm, Beschluss v. 2.7.1986, 4 RE-Miet 4/85, WuM 1986 S. 267; BayObLG, RE v. 23.6.1988, RE-Miet 3/88, WuM 1988 S. 257). Die vereinbarte Warmmiete ist allerdings so lange verbindlich, bis eine entsprechende **Umstellung** erfolgt ist (LG Berlin, Urteil v. 20.4.1999, 64 S 451/98, ZMR 1999 S. 556). Dementsprechend hat bei einem **Mieterhöhungsverfahren** die Unwirksamkeit einer vereinbarten Bruttowarmmiete **nicht** zur Folge, dass auch das Mieterhöhungsverlangen unwirksam und damit die Zustimmungsklage unzulässig ist (BGH, a.a.O.; s. im Einzelnen „Mieterhöhung bei Wohnraum", Abschnitt 2 „Mieterhöhung bis zur ortsüblichen Vergleichsmiete (§ 558 BGB)").

Lediglich in den nachfolgend bezeichneten **Ausnahmefällen** – aus Gründen der Wirtschaftlichkeit und Praktikabilität – können die Beteiligten wirksame abweichende Vereinbarungen treffen:

a) bei Gebäuden mit nicht mehr als zwei Wohnungen, wobei eine der Vermieter selbst bewohnt (§ 2);
b) bei Gemeinschaftsräumen, die einer Verbrauchserfassungspflicht unterliegen (§ 4 Abs. 3 S. 2, z.B. Schwimmbad, Sauna), richtet sich die Verteilung der Kostenanteile nach den Parteivereinbarungen (§ 6 Abs. 3 S. 2);
c) bei der Kostenaufteilung gemäß § 9b Absätze 1 bis 3 auf Vor- und Nachmieter bei Nutzerwechsel;
d) bei Vereinbarungen über einen höheren verbrauchsabhängigen Kostenanteil als 70 % (§§ 7 Abs. 1, 8 Abs. 1).

Die HeizkostenV stellt umfassend auf die „eigenständig gewerbliche Lieferung von Wärme und Warmwasser" ab. Damit ist jede Lieferungsart einbezogen, ohne Rücksicht darauf, ob sie in Lieferverträgen als Direkt-, Nah- oder Fernwärmelieferung bezeichnet wurde. Durch Abs. 3 in § 1 HeizkostenV sind Fälle, bei denen der Lieferer die Kosten der Lieferung **unmittelbar** auf die einzelnen Nutzer verteilt, erstmals der Verordnung unterworfen. Diese Regelung gilt jedoch nur dann, wenn der Abrechnung die Anteile der Nutzer am Gesamtverbrauch zugrunde gelegt werden. Dies ist dann der Fall, wenn die gelieferten Mengen am Hausanschluss oder an einer verbrauchsnah gelegenen Stelle für das Gebäude bzw. für die Abrechnungseinheit gemessen und die Verbrauchsanteile der Nutzer am Gesamtverbrauch, z.B. mit Heizkostenverteilern, erfasst werden. Ausgenommen bleiben damit auch künftig diejenigen Fälle, in denen die Direktabrechnung nach dem für den einzelnen Nutzer „**gemessenen** Verbrauch" (also ausschließl. die Verbrauchsmessung beim einzelnen Nutzer mit eichpflichtigen Erfassungsgeräten) erfolgt.

Aus dem einschränkenden „Soweit"-Halbsatz in § 1 Abs. 3 HeizkostenV ergibt sich insbesondere, dass die Vorschrift nur auf diejenigen Kosten anzuwenden ist, die tatsächlich aufgrund des Liefervertrags mit den Nutzern abgerechnet werden. Der Lieferer ist also beispielsweise nicht gezwungen, Kosten der zugehörigen Hausanlagen, die bisher nicht im Entgelt der Lieferung enthalten waren, künftig in seine Abrechnung mit einzubeziehen. Soweit derartige Kosten vom Gebäudeeigentümer verteilt werden, kann es auch künftig dabei verbleiben.

> Nach § 4 HeizkostenV hat der Gebäudeeigentümer den anteiligen Verbrauch der Nutzer an Wärme und Warmwasser zu **erfassen** und die Räume mit **Ausstattungen** zur Verbrauchserfassung zu versehen.

Bei **Anmietung oder Leasen** der Geräte durch den Vermieter darf dieser die Kosten auf die Miete nur dann umlegen, wenn er den Mietern die dadurch entstehenden Kosten mitgeteilt und die Mehrheit der Mieter innerhalb eines Monats nach Zugang der Mitteilung nicht widersprochen hat (§ 4 Abs. 2 HeizkostenV). Für eine solche Mitteilung reicht es jedoch nicht aus, dass lediglich ein entsprechendes Schreiben im Hausflur ausgehängt wird. Die Mitteilung muss den Mietern **zugehen**. Dies gilt auch dann, wenn eine vorhandene angemietete Ausstattung durch eine technisch neuartige, kostenaufwendigere Ausstattung ersetzt werden soll (AG Rüdesheim, Urteil v. 26.9.2006, 3 C 447/05, WuM 2007 S. 265). Widerspricht die Mehrheit der Mieter der Anmietung, kann der Vermieter seine Aufwendungen nur umlegen, indem er die Geräte kauft und den Kaufpreis nach § 559 BGB auf die Miete umlegt.

Bei der **Anmietung** von Verbrauchserfassungsgeräten ist (gegenüber Verbrauchern) eine in Allgemeinen Geschäftsbedingungen vereinbarte Laufzeit von 10 Jahren unwirksam, da sie den Mieter (i.S.d. § 307 Abs. 1 S. 1 BGB) unangemessen benachteiligt. Beim **Kauf** von Verbrauchserfassungsgeräten ist (gegenüber Verbrauchern) eine Klausel in Allgemeinen Geschäftsbedingungen (nach § 307 Abs. 2 Nr. 1, Abs. 1 S. 1 BGB) unwirksam, die es dem Verkäufer bei Zahlungsverzug gestattet, unter Eigentumsvorbehalt gelieferte Geräte bis zur Kaufpreiszahlung vorläufig wieder zurückzunehmen. Dies widerspricht dem wesentlichen Grundgedanken des § 449 Abs. 2 BGB, wonach der Verkäufer aufgrund des Eigentumsvorbehalts die verkaufte Sache erst dann herausverlangen kann, wenn er vom Vertrag zurückgetreten ist (BGH, Urteil v. 19.12.2007, XII ZR 61/05, WuM 2008 S. 139).

Der Wohnungsnutzer ist zur Duldung aller für die Verbrauchserfassung erforderlichen Maßnahmen verpflichtet. Dies gilt auch für die Installation eines zusätzlichen Messgeräts zur Schließung einer vorhandenen Lücke bei der Erfassung des Wärmeverbrauchs in der Wohnung (hier: zusätzlicher Heizkostenverteiler zur Messung der vom Fallrohr des Heizungsstrangs abgegebenen Wärme sowie Umprogrammierung von bereits vorhandenen Heizkostenverteilern (BGH, Urteil v. 12.5.2010, VIII ZR 170/09, WuM 2010 S. 427).

Diese Duldungspflicht des Mieters besteht nicht nur bei der Erstausstattung der Mieträume mit Heizkostenverteilern und beim Austausch defekter Geräte, sondern bezieht sich auch auf den Austausch noch **funktionsfähiger** Geräte gegen moderne Systeme. Dementsprechend ist der Mieter verpflichtet, auch den Austausch von funktionsfähigen Geräten (z. B. von Verdunstungsgeräten) gegen **funkbasierte** Ablesegeräte zu dulden (BGH, Urteil v. 28.9.2011, VIII ZR 326/10, NZM 2011 S. 804; so bereits LG Heidelberg, Urteil v. 19.11.2010, 5 S 34/10, GE 2011 S. 269, wonach auch der Hinweis des Mieters auf eine erhöhte Strahlenbelastung in den Räumen kein ausreichender Grund dafür ist, den Einbau solcher Geräte nicht zu dulden).

Gleiches gilt für den Einbau von funkbasierten **Kaltwasserzählern**. Dieser ist vom Mieter gemäß § 554 Abs. 2 BGB zu dulden. Bei dieser Maßnahme handelt es sich um eine Wohnwertverbesserung, da die Wohnung zukünftig für Ablesungen nicht mehr betreten werden muss (BGH, Urteil v. 28.9.2011, a. a. O.).

Die **Umstellung** der Heizkostenabrechnung vom Flächenmaßstab auf die verbrauchsabhängige Heizkostenabrechnung nach der Ausstattung mit Verbrauchserfassungsgeräten bedarf vor Beginn der Abrechnungsperiode einer entsprechenden Erklärung des Vermieters, dass der Umlageschlüssel verändert wird. Eine Umstellung in der laufenden Abrechnungsperiode ist auch zeitanteilig nicht möglich (LG Berlin, Urteil v. 8.7.2008, 65 S 14/08, WuM 2010 S. 428).

Ausgenommen von der Verbrauchserfassungspflicht sind gemeinschaftlich genutzte Räume (z. B. Treppenhäuser, Flure, Abstellräume), soweit sie nicht einen nutzungsbedingt hohen Wärme- oder Warmwasserverbrauch haben (wie z. B. Schwimmbad, Sauna).

> Die Verbräuche von Gemeinschaftsräumen mit „nutzungsbedingt hohem Wärme- oder Warmwasserverbrauch wie Schwimmbäder oder Saunen“ sind zu erfassen, d. h. mit Ausstattungen zur Verbrauchserfassung zu versehen und die Verbrauchsanzeigen abzulesen.

Soweit der Verbrauch der Gemeinschaftsräume nicht erfasst wird, sind die insgesamt zu verteilenden Kosten im Verhältnis des erfassten Verbrauchs dieser Räume zum erfassten Gesamtverbrauch (des Gebäudes/der Abrechnungseinheit) aufzuteilen. Der so ermittelte Kostenanteil der Gemeinschaftsräume wird sodann auf die einzelnen Nutzer nach „rechtsgeschäftlichen Bestimmungen“ verteilt (z. B. Mietvertrag, Vereinbarungen der Wohnungseigentümer, Benutzungsordnung).

Zur Erfassung des anteiligen Wärmeverbrauchs sind Wärmezähler oder Heizkostenverteiler, zur Erfassung des anteiligen Warmwasserverbrauchs Wärmezähler oder andere geeignete Ausstattungen zu verwenden. Soweit nicht eichrechtliche Bestimmungen zur Anwendung kommen, dürfen nur solche Ausstattungen zur Verbrauchserfassung verwendet werden, hinsichtlich derer sachverständige Stellen bestätigt haben, dass sie den anerkannten Regeln der Technik entsprechen oder dass ihre Eignung auf andere Weise nachgewiesen wurde. Als sachverständige Stellen gelten nur solche Stellen, deren Eignung die nach Landesrecht zuständige Behörde im Benehmen mit der Physikalisch-Technischen Bundesanstalt bestätigt hat. Die Ausstattungen müssen für das jeweilige Heizsystem geeignet sein und so angebracht werden, dass ihre technisch einwandfreie Funktion gewährleistet ist (§ 5 Abs. 1 HeizkostenV).

Vorerfassung (i. S. v. § 5 Abs. 2 S. 1 HeizkostenV) erfordert, dass der Anteil **jeder** Nutzergruppe am Gesamtverbrauch durch einen gesonderten Zähler erfasst, d.h. gemessen und nicht nur errechnet wird. Dies gilt auch dann, wenn nur zwei Nutzergruppen (z.B. Geschäftsräume und Wohnungen) vorhanden sind. In diesem Fall genügt es nicht, dass nur der Anteil einer Nutzergruppe (z.B. der Geschäftsräume) am Gesamtverbrauch gemessen wird und der Anteil der anderen Nutzergruppe (z.B. Wohnungen) am Gesamtverbrauch in der Weise errechnet wird, dass vom Gesamtverbrauch der gemessene Anteil der einen Nutzergruppe abgezogen wird. Vielmehr muss in diesem Fall auch der Wärmeanteil der Wohnungen mit einem eigenen Zähler gemessen werden. Erst dann können die Wärmeanteile mit den Heizkostenverteilern, die sich in den Wohnungen befinden, auf die einzelnen Mieter verteilt werden (BGH, Urteil v. 16.7.2008, VIII ZR 57/07, WuM 2008 S. 556).

Im Fall einer Vorerfassung muss die Aufteilung in der Heizkostenabrechnung nachvollziehbar dargelegt werden. Daher ist eine Heizkostenabrechnung nur dann formell ordnungsgemäß, wenn sich aus der Abrechnung selbst nachvollziehbar ergibt, wie die Nutzergruppen gebildet worden sind (KG Berlin, Beschluss v. 16.7.2009, 8 U 36/09, ZMR 2010 S. 35).

Der Vermieter ist nicht verpflichtet, die technisch optimale Lösung zu wählen und statt Verdunsterröhrchen elektrische Heizkostenverteiler einzubauen. Bei Heizkostenverteilern nach dem Verdunstungsprinzip kann davon ausgegangen werden, dass sie den anerkannten Regeln der Technik entsprechen (LG Hamburg, Urteil v. 18.2.1992, 316 S 188/91, WuM 1992 S. 245). Ersetzt der Vermieter jedoch die nach dem Verdunsterprinzip arbeitenden Geräte durch **funkfähige elektronische** Erfassungsgeräte, handelt es sich um eine vom Mieter zu duldende, den Wohnkomfort verbessernde **Modernisierungsmaßnahme** (§ 554 Abs. 2 BGB), da es dann nicht mehr erforderlich ist, zu einem bestimmten Termin bzw. während einer gewissen Zeitspanne an einem bestimmten Tag in der Wohnung zur Ablesung der Geräte anwesend zu sein, einer dritten, unbekannten Person Zutritt zu gewähren und ggf. Heizkörper zugänglich zu machen (AG Frankfurt/M., Urteil v. 11.11.2005, 33 C 2742/05-50, ZMR 2006 S. 292).

Das **Ergebnis** der Ablesung soll dem Nutzer in der Regel innerhalb eines Monats **mitgeteilt** werden, wenn das Ableseergebnis nicht über einen längeren Zeitraum in den Räumen des Nutzers gespeichert ist und von diesem selbst abgerufen werden kann (z.B. bei Heizkostenverteilern mit nur einer Verdunsterampulle oder bei elektronischen Geräten ohne Speicherung). Bei Speicherung des Ableseergebnisses (z.B. durch eine Vorjahresampulle, die im Gerät verbleibt) ist keine Mitteilung erforderlich. **Warmwasserzähler** sind von der Mitteilungspflicht generell ausgenommen (§ 6 Abs. 1 HeizkostenV in der für Abrechnungszeiträume ab 1.1.2009 geltenden Fassung).

> Der Gebäudeeigentümer hat die Kosten der Versorgung mit Wärme und Warmwasser auf der Grundlage der Verbrauchserfassung nach Maßgabe der §§ 7 bis 9 auf die einzelnen Nutzer zu **verteilen** (§ 6 Abs. 1 HeizkostenV).

Nach § 7 HeizkostenV sind von den Kosten des Betriebs der zentralen **Heizungs**anlage mindestens 50 %, höchstens 70 % nach dem **erfassten** Wärmeverbrauch der Nutzer zu verteilen. In diesem Bereich (50-70 %) kann der Gebäudeeigentümer den Abrechnungsmaßstab grundsätzlich frei bestimmen mit einer **Ausnahme** (für Abrechnungszeiträume ab 2009): In Gebäuden, die das Anforderungsniveau der Wärmeschutzverordnung vom 16.8.1994 (BGBl 1994 I S. 2121) nicht erfüllen, die mit einer Öl- oder Gasheizung versorgt werden und in denen die freiliegenden (d.h. nicht in der Wand verlegten) Leitungen der Wärmeverteilung überwiegend gedämmt sind, hat der Gebäudeeigentümer kein Wahlrecht. Hier sind zwingend 70 % der Kosten nach dem erfassten Wärmeverbrauch der Nutzer zu verteilen. Sind die Leitungen dagegen ungedämmt, kann der Verbrauchskostenanteil individuell nach den anerkannten Regeln der Technik bestimmt werden, da in diesen Fällen der Wärmeverlust über die Leitungen so groß ist, dass ein sparsames Nutzerverhalten keinen Effekt bringt.

Im Zweifel sind diese technischen Voraussetzungen durch eine Fachkraft abzuklären.

Die **verbleibenden** Kosten (30 bis 50 %) sind nach der Wohn- oder Nutzfläche oder dem umbauten Raum zu verteilen; es kann auch die Wohn- oder Nutzfläche (Gesamtfläche) oder der umbaute Raum nur der **beheizten** Räume zugrunde gelegt werden (vgl. LG München II, 11 S 597/88, WuM 1988 S. 310 zum Verteilungsmaßstab „Beheizbarer Raum" sowie AG Köln, Urteil v. 28.11.2000, 205 C 146/00, WuM 2001 S. 449, wonach bei Verteilung nach der Wohnfläche die Fläche eines Kellerraums, in dem sich ein nicht betriebener Heizkörper befindet, nicht zur Wohnfläche bei anteiliger Heizkostenabrechnung gezählt werden muss). In einem Anwesen, dessen Wohnungen nur zum Teil mit **Balkonen** ausgestattet sind oder in dem die Flächen der Balkone stark voneinander **abweichen**, ist der Vermieter verpflichtet, bei der Heizkostenabrechnung den Grundkostenanteil nach der tatsächlich **beheizbaren** Fläche zu verteilen. Eine Ausnahme besteht nur dann, wenn sich die Einbeziehung von Freiflächen (z.B. Balkone, Dachgärten, Terrassen, Loggien) nicht auswirkt, weil diese bei allen Wohnungen gleich groß sind (KG Berlin, Urteil v. 28.11.2005, 8 U 125/05, NZM 2006 S. 296).

Weicht die im Mietvertrag vereinbarte Wohnfläche von der tatsächlichen Wohnfläche ab, ist der Abrechnung die **vereinbarte** Wohnfläche zugrunde zu legen, sofern die Abweichung nicht mehr als 10 % beträgt (BGH, Urteil v. 31.10.2007, VIII ZR 261/06, WuM 2007 S. 700). Daraus folgt, dass der Heizkostenabrechnung die tatsächliche Fläche zugrunde zu legen ist, wenn diese die im Mietvertrag vereinbarte Heizfläche um mehr als 10 % übersteigt (AG Spandau, Urteil v. 24.4.2009, 8 C 27/09, GE 2009 S. 723).

Der Gebäudeeigentümer kann den Abrechnungsmaßstab durch einseitige Erklärung gegenüber den Nutzern **ändern**

- bei Vorliegen von **sachgerechten** Gründen: Seit Neufassung der HeizkostenV mit Wirkung ab 1.1.2009 kann der Gebäudeeigentümer den Abrechnungsmaßstab (sowohl für Heiz- als auch Warmwasserkosten) vor jedem Abrechnungszeitraum neu festlegen, wenn ein sachgerechter Grund vorliegt. Dies ist der Fall, wenn der bisherige Abrechnungsmaßstab zu unbilligen Ergebnissen führt, z.B. wenn die Kostenverteilung bei objektiver Betrachtung die unterschiedlichen Interessen der Betroffenen nicht in einen angemessenen Ausgleich bringt, weil einzelne Nutzer übervorteilt oder ohne sachlichen Grund benachteiligt werden. Eine bloße Kostenungerechtigkeit reicht jedoch nicht aus,
- bei der Einführung einer Vorerfassung nach Nutzergruppen,
- nach Durchführung von baulichen Maßnahmen, die nachhaltig die Einsparungen von Heizenergie bewirken (§ 6 Abs. 4 S. 2 HeizkostenV).

Die Änderung des Abrechnungsmaßstabs muss den Nutzern vor Beginn des neuen Abrechnungszeitraums mitgeteilt werden.

Die Festlegung und die Änderung der Abrechnungsmaßstäbe sind nur mit Wirkung zu Beginn eines Abrechnungszeitraums zulässig (§ 6 Abs. 4 S. 3 HeizkostenV). Hat der Vermieter z.B. während dreier Abrechnungszeiträume bei den Grundkosten die **Gesamtwohnfläche** zugrunde gelegt, kann er nicht mehr (z.B. bei einem eintretenden Leerstand von Mietwohnungen in einem Mehrfamilienhaus) auf die Fläche nur mehr der **beheizten** Räume übergehen (BGH, Urteil v. 21.1.2004, VIII ZR 137/03, WuM 2004 S. 150). Werden die Grundkosten nach der Gesamtwohnfläche verteilt, muss der Vermieter den auf die **leer stehenden** Wohnungen entfallenden Anteil der verbrauchs**un**abhängigen Betriebskosten selbst tragen (BGH, Urteil v. 16.7.2003, VIII ZR 30/03, WuM 2003 S. 503).

Nach § 8 HeizkostenV sind von den Kosten des Betriebs der zentralen **Warmwasser**versorgungsanlage mindestens 50 %, höchstens 70 % nach dem **erfassten** Warmwasserverbrauch, die **übrigen** Kosten nach der Wohn- oder Nutzfläche zu verteilen.

Diese gesetzlich vorgeschriebene Kostenverteilung kann bei einer hohen **Leerstandsquote** dazu führen, dass die noch im Anwesen wohnenden Nutzer mit hohen Kosten belastet werden, da die für eine hohe Leistung und viele Wohnungen ausgelegte Heizungs- und Warmwasseranlage, gemessen an dem geringen Verbrauch der wenigen Mieter, nicht mehr kostengünstig arbeitet. Jedoch darf es nach der Rechtsprechung des BGH auch bei einer hohen Leerstandsquote grundsätzlich bei der gesetzlich vorgegebenen Verteilung der Kosten bleiben.

Nur in besonders gelagerten **Ausnahmefällen**, z.B. wenn es bei einer sehr hohen Leerstandsquote zu derartigen Verwerfungen kommt, dass eine angemessene und als gerecht empfundene Kostenverteilung nicht mehr gegeben ist, kann nach Auffassung des BGH eine Korrektur über den Grundsatz von Treu und Glauben (§ 242 BGB) erfolgen. Bei Heizungs- und Warmwasserkosten von jährlich 1.450 Euro für eine knapp 50 m² große Wohnung ist dies jedenfalls noch nicht gegeben. Zu berücksichtigen ist, dass bei einer hohen Leerstandsquote auch der Vermieter über den Wohnflächenanteil beträchtliche Kosten zu tragen hat. Daher ist es nicht unangemessen, wenn auch der Mieter einen nicht ganz unerheblichen Teil der durch den Leerstand bedingten Mehrkosten tragen muss **(BGH, Urteil v. 10.12.2014, VIII ZR 9/14)**.

Wirksam sind nach § 10 HeizkostenV rechtsgeschäftliche Vereinbarungen, die einen **höheren** verbrauchsabhängigen Kostenanteil als 70 % vorsehen. Eine Vereinbarung, wonach die Abrechnung „nach Heizkostenverteilern" erfolgt, ist dahingehend auszulegen, dass die Heizkosten zu **100 %** nach Verbrauch zu verteilen sind. Eine solche Vereinbarung ist **wirksam** (OLG Düsseldorf, Urteil v. 11.3.2003, 24 U 74/02, WuM 2003 S. 387).

Werden die Heizkosten nicht nach dem vertraglich vereinbarten Umlageschlüssel abgerechnet, ist die Abrechnung zwar fehlerhaft, der Vermieter muss jedoch nicht nochmals abrechnen; vielmehr sind die vom Mieter zu zahlenden Heizkosten unter Verwendung des vertraglich vereinbarten Verteilerschlüssels zu bestimmen (OLG Düsseldorf, a.a.O.).

Zum Umfang der Kosten des Betriebs der zentralen **Heizungs**anlage s. „Betriebskosten", Abschnitt 2.4 „Die Kosten der Heizung (Nr. 4)".

Zum Umfang der Kosten des Betriebs der zentralen **Warmwasser**versorgungsanlage s. „Betriebskosten", Abschnitt 2.5 „Die Kosten der Warmwasserversorgung (Nr. 5)".

Die Verteilung der Kosten der Versorgung mit Wärme und Warmwasser bei **verbundenen** Anlagen regelt § 9 HeizkostenV (s. „Betriebskosten").

§ 9a HeizkostenV regelt die Verteilung der Heiz- und Warmwasserkosten, wenn der tatsächliche Verbrauch wegen **Geräteausfalls** oder aus **anderen zwingenden Gründen** in einem Abrechnungszeitraum nicht erfasst werden konnte. „Andere zwingende Gründe" im Sinne dieser Bestimmung liegen vor z.B. bei **Unzugänglichkeit** der Wohnung an drei aufeinander folgenden Terminen (AG Brandenburg, Urteil v. 4.10.2004, 32 C 110/04, NZM 2005 S. 257) oder einem **Ablesefehler**, der nicht mehr korrigiert werden kann (z.B. weil die erhobenen Daten überschrieben wurden). Dies stellt einen Umstand dar, der einem Geräteausfall gleichzusetzen ist. Auf die Frage, wer den Umstand **verschuldet** bzw. zu vertreten hat, kommt es nicht an (BGH, Urteil v. 16.11.2005, VIII ZR 373/04, WuM 2005 S. 776). Eine Verbrauchsschätzung nach § 9a HeizkostenV ist nur zulässig, wenn trotz vorhandener Zähler keine zuverlässigen Werte ermittelt werden können; nicht dagegen, wenn der Vermieter seiner Pflicht zur Verbrauchserfassung nicht (rechtzeitig) nachgekommen ist (LG Berlin, Urteil v. 6.10.2009, 63 S 555/08, GE 2010 S. 126). Ein Fall des § 9 HeizkostenV ist ferner nicht gegeben, wenn **Heizkörperverkleidungen** zu einer unrichtigen Verbrauchserfassung und damit zur Unverwertbarkeit der Ableseergebnisse führen (LG Magdeburg, Urteil v. 11.11.2005, 1 S 266/05, ZMR 2006 S. 289).

Kann der Verbrauch aus diesen Gründen nicht ordnungsgemäß erfasst werden, ist er vom Gebäudeeigentümer auf der Grundlage des Verbrauchs der betroffenen Räume in vergleichbaren Zeiträumen **oder** des Verbrauchs vergleichbarer anderer Räume im jeweiligen Abrechnungszeitraum oder auch des Durchschnittsverbrauchs des Gebäudes oder der Nutzergruppe zu **ermitteln** (§ 9a HeizkostenV in der seit 1.1.2009 geltenden Fassung).

Gleiches gilt, wenn der am Heizkörper abgelesene (exorbitante) Messwert aus zwingenden physikalischen Gründen nicht dem tatsächlichen Verbrauchswert entsprechen kann. Dann obliegt es dem eine Nachzahlung fordernden Vermieter, im Rahmen seiner Darlegungslast den Verbrauch nach § 9a Abs. 1 HeizkostenV zu ermitteln. Anderenfalls ist der Vermieter auf die verbrauchsunabhängige Abrechnung nach § 12 HeizkostenV unter Abzug von 15 % beschränkt. Eine Schätzung des Mindestbetrags durch das Gericht nach § 287 ZPO ist nicht möglich (BGH, Beschluss v. 5.3.2013, VIII ZR 310/12, WuM 2013 S. 305).

Beide Berechnungsvarianten sind nach dem Gesetz gleichwertig. Die Wahl obliegt dem Vermieter/Eigentümer nach billigem Ermessen (§ 315 BGB), d.h. sie muss sich daran orientieren, welches Berechnungsverfahren dem tatsächlich angefallenen Verbrauch am nächsten kommt (AG Brandenburg, a.a.O.). Dementsprechend ist im Einzelfall abzuwägen, nach welchen der beiden Kriterien der Verbrauch am zutreffendsten zu ermitteln ist. So sollte auf den früheren Verbrauch der Räume zurückgegriffen werden, wenn sich weder bei den Nutzern, noch bei der Heizung Änderungen gegenüber früheren Zeiträumen ergeben haben. Dieser anteilige Verbrauch ist bei der Kostenverteilung anstelle des erfassten Verbrauchs zugrunde zu legen (§ 9a Abs. 1 HeizkostenV). Ist eine Vergleichsberechnung unmöglich, weil die hierfür erforderlichen Daten nicht zur Verfügung stehen, kann der anteilige Verbrauch ausnahmsweise nach der **Gradtagszahlmethode** ermittelt werden (BGH, Urteil v. 16.11.2005, a.a.O.).

Überschreitet die von der Verbrauchsermittlung nach Abs. 1 betroffene Wohn- oder Nutzfläche oder der umbaute Raum 25 % der für die Kostenverteilung maßgeblichen gesamten Wohn- oder Nutzfläche oder des maßgeblichen gesamten umbauten Raums, sind die Kosten ausschließlich nach festen Maßstäben (Fläche oder Raumvolumen) zu verteilen.

Zur Kürzung der Heizkosten nach § 12 HeizkostenV ist der Mieter im Fall einer Schätzung der Heizkosten nach § 9a HeizkostenV **nicht** berechtigt, da eine solche Schätzung keine nicht verbrauchsabhängige Abrechnung i.S.v. § 12 HeizkostenV darstellt (BGH, a.a.O.; s. auch OLG Düsseldorf, Urteil v. 11.3.2003, 24 U 74/02, ZMR 2003 S. 569).

Bei einem **Mieterwechsel** innerhalb eines Abrechnungszeitraums regelt § 9b HeizkostenV die Verteilung der Kosten auf den Vor- und Nachmieter. Danach bleiben **rechtsgeschäftliche** Bestimmungen unberührt, sodass für die Kostenverteilung in erster Linie diese Vereinbarungen (z.B. im Mietvertrag) gelten und die Regelungen des § 9b Abs. 1 bis 3 HeizkostenV nur eingreifen, soweit solche nicht bestehen.

Nach § 9b Abs. 1 HeizkostenV hat bei einem Nutzerwechsel innerhalb eines Abrechnungszeitraums der **Gebäudeeigentümer** eine Ablesung der Ausstattung zur Verbrauchserfassung der vom Wechsel betroffenen Räume **(Zwischenablesung)** vorzunehmen. Bezüglich des verbrauchs**abhängigen** Anteils erfolgt die Verteilung sowohl bei den Heiz- als auch den Warmwasserkosten auf der Grundlage der Zwischenablesung. Bezüglich des verbrauchsunabhängigen Anteils („übrige Kosten") erfolgt die Verteilung bei den Heizkosten entweder nach Gradtagszahlen oder zeitanteilig und bei den Warmwasserkosten ausschließlich zeitanteilig (§ 9b Abs. 2 HeizkostenV), da der Warmwasserverbrauch nicht von der Jahreszeit abhängig ist.

Auch die **Zwischenabrechnung** ist vom Gebäudeeigentümer vorzunehmen. Die anfallenden Kosten, z.B. die vom Abrechnungsunternehmen in Rechnung gestellte **„Nutzerwechselgebühr"**, können nicht als Betriebskosten auf den Mieter umgelegt werden. Insofern handelt es sich begrifflich nicht um Betriebskosten, da diese nicht „laufend" (i.S.v. § 556 Abs. 1 S. 2 BGB) entstehen, sondern lediglich einmal, nämlich im Zusammenhang mit dem Auszug des Mieters. Somit stellen die Kosten nicht umlagefähige Kosten der Verwaltung dar. Eine **anderweitige** vertragliche Vereinbarung ist aber zulässig (BGH, Urteil v. 14.11.2007, VIII ZR 19/07, NJW 2008 S. 575).

Auch eine **formularvertragliche** Klausel, die den Mieter verpflichtet, die Kosten der Zwischenablesung zu tragen, die er durch eine vorzeitige Vertragsbeendigung veranlasst hat, ist zulässig (AG Wetzlar, Urteil v. 26.2.2003, 39 C 2295/01 (39), WuM 2003 S. 456). Weiter kann die Verpflichtung zur Vornahme der Zwischenablesung abweichend von § 9b Abs. 1 HeizkostenV vereinbart werden (§ 9b Abs. 4 HeizkostenV).

Anders im Bereich des öffentlich geförderten **preisgebundenen** Wohnraums (z.B. bei Sozialwohnungen): Hier ist eine Vereinbarung über die Tragung einer Nutzerwechselgebühr durch den Mieter **unwirksam**, da die Kosten zu den Verwaltungskosten zählen und daher zwingend in der Verwaltungskostenpauschale der Wirtschaftlichkeitsberechnung enthalten sind (AG Kirchhain, Urteil v. 31.8.2009, 7 C 110/09, WuM 2009 S. 586).

Ist eine Zwischenablesung nicht möglich oder lässt sie wegen des Zeitpunkts des Nutzerwechsels aus technischen Gründen keine hinreichend genaue Ermittlung der Verbrauchsanteile zu, sind die **gesamten** Kosten nach den für die übrigen Kosten geltenden Maßstäben (nach Gradtagszahlen oder zeitanteilig) aufzuteilen. Eine „hinreichend genaue Ermittlung" durch die Zwischenablesung ist oft bei Verwendung von Verdunsterröhrchen nicht möglich, wenn die Ablesung unmittelbar vor oder nach deren Auswechseln erfolgen soll.

§ 11 HeizkostenV sieht **Ausnahmen und Befreiungsmöglichkeiten** vor, wenn die Anwendung der Verordnung aus technischen, wirtschaftlichen oder Praktikabilitätsgründen nicht vertretbar, problematisch oder uneffektiv wäre:

Daher sind die §§ 3 bis 7 HeizkostenV, soweit sie sich auf die Versorgung mit **Wärme** beziehen, nicht anzuwenden:

1. (nur für nach dem 1.1.2009 beginnende Abrechnungszeiträume) in Gebäuden, die einen Heizwärmebedarf von weniger als 15 kWh/m^2 im Jahr aufweisen. Diese besonders energieeffizienten Gebäude (**Passiv- oder Niedrigenergiehäuser**) werden von der Verbrauchserfassungspflicht ausgenommen, da die Kosten für eine Verbrauchserfassung und eine verbrauchsabhängige Abrechnung in der Regel höher sind als die nur noch sehr geringen Einsparmöglichkeiten durch das Nutzerverhalten. Diese Befreiung gilt jedoch **nicht** für die Pflicht zur Abrechnung der Warmwasserkosten.
2. für **Räume**, bei denen das Anbringen der Ausstattung zur Verbrauchserfassung, die Erfassung des Wärmeverbrauchs oder die Verteilung der Kosten des Wärmeverbrauchs **nicht** oder nur mit **unverhältnismäßig hohen Kosten** möglich ist, z.B. bei Warmluftheizungen oder Heizkörpern, die technisch nicht mit für sie geeigneten Messgeräten ausgestattet werden können (z.B. nicht regulierbare Zentralheizkörper; BGH, Urteil v. 8.10.2003, VIII ZR 67/03, WuM 2003 S. 699). Unverhältnismäßig hohe Kosten liegen vor, wenn diese nicht durch die Einsparung, die in der Regel innerhalb von 10 Jahren erzielt werden können, erwirtschaftet werden können (§ 11 Abs. 1 Nr. 1b HeizkostenV in der seit 1.1.2009 geltenden Fassung). Die **Unverhältnismäßigkeit** des Kostenaufwands ist dabei aufgrund eines Vergleichs der Kosten für die Installierung der Messgeräte zzgl. des Mess- und Abrechnungsaufwands mit der möglichen Einsparung von Energiekosten festzustellen (BGH, Urteil v. 30.1.1991, VIII ZR 361/89, ZMR 1991 S. 170). Sind die zu erwartenden Einsparungen beim Warmwasserverbrauch (vgl. LG Hamburg, Urteil v. 5.6.1992, 311 S 272/90, WuM 1992 S. 490: ca. 10 %) geringer als der Aufwand für Anbringung und laufenden Unterhalt der Zähler, liegt eine **Unverhältnismäßigkeit** vor (BayObLG, Beschluss v. 13.4.1989, BReg 2 Z 69/88, WuM 1989 S. 451). Für die Feststellung der Unverhältnismäßigkeit der Kosten ist ein Vergleichszeitraum von **10 Jahren** maßgeblich (LG Berlin, Urteil v. 29.4.2003, 64 S 46/03, ZMR 2003 S. 679).

Heizkörperverkleidungen stellen keinen technischen Hinderungsgrund dar, der einer

Montage von Erfassungsgeräten entgegenstehen würde (LG Hamburg, Urteil v. 15.1.1991, 16 S 402/88, WuM 1992 S. 259).

Eine sog. **Einrohrheizung** schließt die verbrauchsabhängige Abrechnung der Heizkosten nicht aus, da die Wärmeabgabe durch die Einrohrringleitung der Grundversorgung der Wohnung zugutekommt und die HeizkostenV nicht vorschreibt, dass nur solche verbrauchsabhängigen Kosten in die Heizkostenabrechnung eingestellt werden dürfen, die auch vom Mieter beeinflussbar, d.h. regulierbar sind (AG Neukölln, Urteil v. 15.2.2001, 3 C 351/00, WuM 2003 S. 325; AG Halle, Urteil v. 24.6.2005, 105 C 2907/04, ZMR 2006 S. 536).

3. **für Räume,** die vor dem 1.7.1981 bezugsfertig geworden sind und in denen der Nutzer den Wärmeverbrauch nicht beeinflussen kann, z.B. bei bestimmten Einrohrsystemen und ausschließlich zentral gesteuerten Fußbodenheizungen.
4. **für Alters-, Pflege-, Studenten- und Lehrlingswohnheime** sowie vergleichbare Gebäude, bei denen wegen der besonderen Nutzung regelmäßig keine üblichen Mietverträge abgeschlossen werden
5. **für die Kosten des Betriebs der zugehörigen Hausanlagen**, soweit sie im Fall der Lieferer-Nutzer-Direktabrechnung (§ 1 Abs. 3 HeizkostenV) vom Gebäudeeigentümer gesondert abgerechnet werden.
6. **für Räume** in Gebäuden, die überwiegend versorgt werden mit Wärme aus Anlagen zur Rückgewinnung von Wärme oder aus Wärmepumpen- oder Solaranlagen oder mit Wärme aus Anlagen der Kraft-Wärme-Kopplung oder aus Anlagen zur Verwertung von Abwärme, sofern der Wärmeverbrauch des Gebäudes nicht erfasst wird.
7. **in sonstigen Fällen**, in denen die nach Landesrecht zuständige Stelle wegen besonderer Umstände von den Anforderungen dieser Verordnung befreit hat, um einen unangemessenen Aufwand oder sonstige unbillige Härten zu vermeiden.

In den Fällen 1 bis 4 kann der Gebäudeeigentümer selbst feststellen, ob die Voraussetzungen einer Ausnahme vorliegen, und dies seinem Mieter mitteilen, wobei im Streitfall eine gerichtliche Überprüfung stattfinden kann. In den Fällen 5 und 6 ist die Entscheidung der nach Landesrecht zuständigen Stelle und damit ein Antrag des Betroffenen erforderlich.

Die vorgenannten Ausnahmemöglichkeiten für die Versorgung mit **Wärme** gelten grundsätzlich auch für die Versorgung mit **Warmwasser** (§ 11 Abs. 2 HeizkostenV).

Soweit die Kosten der Versorgung mit Wärme und Warmwasser entgegen den Vorschriften dieser Verordnung nicht verbrauchsabhängig abgerechnet werden, erlaubt die Verordnung zwar keine staatlichen Zwangs- und Überwachungsmaßnahmen, gibt jedoch den einzelnen Nutzern eigenständige **zivilrechtliche** Durchsetzungsansprüche:

Gemäß § 4 Abs. 4 HeizkostenV kann der Nutzer vom Gebäudeeigentümer die Erfüllung der Verpflichtung zur Ausstattung und Erfassung **verlangen.**

Bei nicht verbrauchsabhängiger Abrechnung entgegen den Vorschriften der Verordnung hat der Mieter das Recht, den auf ihn entfallenden Anteil um 15 % zu **kürzen** (§ 12 Abs. 1).

Ist eine verbrauchsabhängige Abrechnung der Kosten für Heizung und Warmwasser objektiv nicht oder nicht mehr möglich (z.B. mangels Ausstattung der Wohnung mit Erfassungsgeräten oder mangels Ablesung), können die Kosten zwar allein nach der Wohnfläche abgerechnet werden – allerdings unter Abzug von 15 % des auf den Mieter entfallenden Kostenanteils (BGH, Urteil v. 31.10.2007, VIII ZR 261/06, WuM 2007 S. 700).

Wenn nur ein Bruchteil der verbrauchten Wärme an den Heizkörpern des Gebäudes erfasst wird, ist mangels ordnungsgemäßer Verbrauchserfassung insgesamt nach Fläche abzurechnen und der auf den Wohnungsmieter entfallende Anteil um 15 % zu kürzen (LG

Neubrandenburg, Urteil v. 17.11.2010, 12 S 9/10, WuM 2011 S. 107).

Dies soll nach Ansicht des LG Berlin sogar dann gelten, wenn der tatsächliche Verbrauch nur in **einem** Zimmer der Wohnung **nicht** erfasst wird (LG Berlin, Urteil v. 29.4.2003, 64 S 46/03, ZNR 2003 S. 679). Ein Kürzungsrecht besteht ferner, wenn die an den Heizkörpern angebrachten Heizkostenverteiler aufgrund nicht isolierter Rohrleitungen und hoher Vorlauftemperaturen nur einen geringen Anteil der tatsächlich in der Wohnung abgegebenen Wärmemenge erfassen, da die Heizkosten in diesem Fall nicht verbrauchsabhängig, sondern nach einem verbrauchs**un**abhängigen Maßstab (z.B. nach dem Verhältnis der Wohnflächen) abgerechnet werden müssen (LG Meiningen, Urteil v. 23.9.2002, 6 S 169/00, WuM 2003 S. 453).

Das Kürzungsrecht des Mieters besteht auch dann, wenn die Eichfrist für die Erfassungsgeräte für Heizung und Warmwasser (s. „Betriebskosten“, Abschnitt 2.4.1.7 „Kosten einer Ausstattung zur Verbrauchserfassung“) abgelaufen ist (LG Berlin, Urteil v. 14.9.2005, 64 S 77/05, GE 2005 S. 1489).

Gleiches soll gelten, wenn der Vermieter bei einem **Mieterwechsel** die erforderliche **Zwischenablesung** des Heiz- und Warmwasserverbrauchs in der Wohnung unterlässt (AG Charlottenburg, Urteil v. 1.12.2005, 218 C 382/05, WuM 2006 S. 36).

Allerdings können die Parteien einvernehmlich auf eine Zwischenablesung **verzichten** (§ 9b Abs. 4 HeizkostenV). In diesem Fall sind die Kosten auf der Grundlage der Gradtagszahlentabelle aufzuteilen (AG Hamburg, Urteil v. 6.12.2005, 48 C 331/05, ZMR 2006 S. 132).

Ein Kürzungsrecht besteht dagegen **nicht**, wenn die Erfassungsgeräte lediglich nicht richtig funktioniert haben und der Verbrauch aus diesem Grunde geschätzt werden musste (OLG Düsseldorf, Urteil v. 11.3.2003, 24 U 74/02, ZMR 2003 S. 569).

Ein Kürzungsrecht ist auch **ausgeschlossen**, wenn der Mieter vor Mietabschluss bei Besichtigung der Wohnung klar erkennen konnte, dass die Räume noch nicht mit Geräten zur Heizkostenerfassung ausgestattet waren (AG Staufen, Urteil v. 30.3.1998, 2 C 393/97, DWW 1998 S. 346).

Ferner kann der Mieter das Kürzungsrecht nicht mehr geltend machen, wenn er nach Abrechnung der Heizkosten das Saldo ungekürzt ausgeglichen hat (LG Hamburg, Urteil v. 1.10.1998, 307 S 91/98, WuM 2000 S. 311).

Fehlen lediglich Erfassungsgeräte für den **Warmwasser**verbrauch, **beschränkt** sich das Kürzungsrecht des Nutzers auf die nicht verbrauchsabhängig abgerechneten Kosten für die Versorgung mit Warmwasser. Wird der **Wärme**verbrauch ordnungsgemäß erfasst und abgerechnet, hat der Nutzer insofern kein Kürzungsrecht (BGH, Urteil v. 14.9.2005, VIII ZR 195/04, WuM 2005 S. 657).

Stehen der Erstellung einer Verbrauchsabrechnung objektive (fehlende Verbrauchserfassung) oder subjektive (unzureichende Erläuterungen des Lieferanten) **Hindernisse** entgegen, kann der Vermieter den Verbrauch und die dadurch entstandenen Kosten durch ein mit Gründen versehenes **Sachverständigengutachten** abrechnungsreif darlegen. Dies kann dem allgemeinen Grundgedanken des § 558a Abs. 2 Nr. 3 BGB (Begründung einer Mieterhöhung durch Sachverständigengutachten) entnommen werden (OLG Hamburg, Urteil v. 20.5.2004, 4 U 199/03, ZMR 2005 S. 452).

Das Kürzungsrecht des Mieters nach § 12 HeizkostenV ist **zwingendes** Recht und kann nicht durch eine vertragliche Vereinbarung ausgeschlossen werden, z.B. dass sich die Parteien mit einer vom individuellen Verbrauch unabhängigen Abrechnung der Heizkosten allein nach dem Anteil der Wohnflächen einverstanden erklären (LG Hamburg, Urteil v. 28.4.2005, 307 S 4/05, WuM 2005 S. 721).

Gemäß § 12 Abs. 2 HeizkostenV gelten die Anforderungen des § 5 Abs. 1 S. 2 noch bis zum **31.12.2013** als erfüllt

- für die am 1.1.1987 für die Erfassung des anteiligen **Warmwasserverbrauchs** vor handenen Warmwasserkostenverteiler und
- für die am 1.7.1981 bereits vorhandenen **sonstigen** Ausstattungen zur Verbrauchserfassung.

Dies bedeutet, dass alte **Heizkostenverteiler**, die vor dem 1.7.1981 eingebaut wurden, sowie alte Warmwasserkostenzähler, die vor dem 1.1.1987 eingebaut wurden, ihre Rechtsgültigkeit verlieren. Sie müssen spätestens bis zum **31.12.2013** durch neue Geräte ersetzt werden.

Heizperiode → „Zentralheizung"
Heizung → „Zentralheizung"
Heizungsanlagenverordnung → „Energieeinsparverordnung"
Heizungsumstellung → „Modernisierung"

Herausgabeanspruch gegen Dritte

Hat der Mieter den Gebrauch der Mietsache einem Dritten (z.B. einem Untermieter) überlassen, kann der Vermieter die Sache nach Beendigung des Mietverhältnisses unmittelbar von dem Dritten zurückfordern (§ 546 Abs. 2 BGB). Es handelt sich insoweit um ein gesetzliches Schuldverhältnis.

Dieser Räumungs- und Herausgabeanspruch gegen den Dritten aus § 546 Abs. 2 BGB setzt nicht voraus, dass der Dritte noch im Besitz des Mietgegenstands ist. Für die Begründung des Anspruchs genügt es, wenn der mit dem Vermieter schuldrechtlich verbundene Mieter dem Untermieter einmal den Gebrauch überlassen hat. Etwas anderes kommt nur dann in Betracht, wenn ein Untermieter, unter Beendigung des Untermietverhältnisses, den Gebrauch an der Mietsache wieder dem Hauptmieter (rück-)überlassen hat (OLG München, Beschluss v. 6.3.2012, 32 U 4456/11, MDR 2012 S. 703).

Der Untermieter (Endmieter) kann von seinem Vermieter (Zwischenmieter = Hauptmieter), der wegen des Kündigungsschutzes den Wohnungsmietvertrag nicht kündigen könnte, **Schadenersatz** wegen Nichterfüllung verlangen, wenn das Hauptmietverhältnis vor dem Untermietverhältnis endet und der Eigentümer von ihm Räumung und Herausgabe der Wohnung verlangt (LG Hamburg, Urteil v. 15.4.1993, 307 S 180/92, WuM 1995 S. 160). Dem Untermieter (Endmieter) wird dadurch der vertragsgemäße Gebrauch entzogen, sodass Ansprüche aus § 536 BGB entstehen. Dies ist auch der Fall, wenn der Untermieter nach Beendigung des Hauptmietverhältnisses, aber vor Beendigung des Untermietverhältnisses, vom Hauptvermieter (Eigentümer) zur Mietzahlung an sich selbst aufgefordert wird, verbunden mit der Drohung, er werde anderenfalls Räumung und Herausgabe der Wohnung verlangen (OLG Hamm, RE v. 26.8.1987, 30 RE-Miet 1/87, WuM 1987 S. 346).

Der zu ersetzende **Schaden** umfasst die Miete für die noch vor Räumung anzumietende Ersatzwohnung, die Kosten des (nicht aussichtslosen) Räumungsrechtsstreits mit dem Eigentümer einschließlich der Kosten eines Räumungsvergleichs, u. U. die Kosten der Beseitigung von Veränderungen/Verschlechterungen der zu räumenden Mietsache, die Kosten des Rechtsstreits um die Höhe einer zu leistenden Nutzungsentschädigung wegen verspäteter Rückgabe der Mietsache an den Eigentümer sowie die vergleichsweise vereinbarte Abfindung eines weitergehenden Verspätungsschadens, die Umzugskosten einschließlich der Kosten der Montage von Einrichtungsgegenständen in der Ersatzwohnung und die Mietdifferenz zwischen Ersatzwohnung und herauszugebender Wohnung.

Ein Mitverschulden des Endmieters an der Entstehung des Schadens besteht nicht darin, dass er sich auf ein Mietverhältnis als Endmieter des Zwischenmieters eingelassen hat (LG Hamburg, a. a. O.).

Hauptmieter (Zwischenmieter) und Untermieter (Endmieter) sind bezüglich der Rückgabepflicht Gesamtschuldner. Für diesen Anspruch gilt § 428 BGB, sodass der Dritte (Endmieter) durch die Leistung an einen von beiden befreit wird.

Das Entstehen von Schadenersatzansprüchen kann der Mieter vermeiden, indem er in den Untermietvertrag eine Klausel aufnimmt, wonach das Untermietverhältnis nach Auflösung des Hauptmietvertrags **automatisch**, d.h. ohne Kündigung und Einhaltung einer Kündigungsfrist, endet. Eine solche Klausel ist bei Untermietverhältnissen über **Gewerbe**räume rechtlich unbedenklich. Das Schriftformerfordernis (§ 550 BGB) ist insofern bereits dann gewahrt, wenn im Untermietvertrag z.B. durch einen entsprechenden Verweis eine zweifelsfreie Bezugnahme auf den Hauptmietvertrag erfolgt, in dem die wesentlichen Bestimmungen enthalten sind. Eine Beifügung des Hauptmietvertrags ist in diesem Fall nicht erforderlich (OLG Bremen, Urteil v. 13.9.2006, 1 U 28/06, ZMR 2007 S. 363).

Weder der Hauptmieter noch der Dritte haben ein **Zurückbehaltungsrecht** an der Mietsache (§ 570 BGB, z.B. wegen Verwendungen). Der Vermieter kann den Herausgabeanspruch gegen den Dritten klageweise geltend machen. Der Titel gegen den Hauptmieter wirkt jedoch nicht gegen den Dritten (Ausnahme: § 325 ZPO). Daher ist die Klage gegen beide zu richten.

Gibt der Hauptmieter die gemietete Sache nach Beendigung des Mietverhältnisses nicht zurück, hat der Vermieter für die Dauer der Vorenthaltung einen Anspruch auf Nutzungsentschädigung gemäß § 547a BGB in Höhe der ortsüblichen Miete. Darüber hinaus hat der Vermieter keinen Anspruch auf die durch den Untermieter weitergezahlten Mieten, da der Hauptmieter nicht verpflichtet ist, den durch die Untervermietung gezogenen Gewinn herauszugeben, sofern der Vermieter wegen der Gebrauchsüberlassung an den Untermieter keinen Schaden erlitten hat (OLG Düsseldorf, Urteil v. 20.1.1994, 10 U 109/93, DWW 1994 S. 150; BGH, Urteil v. 20.5.1964, VIII ZR 235/63, NJW 1964 S. 1853).

Räumt der Untermieter nach Beendigung des Hauptmietverhältnisses nicht fristgerecht, kann der Eigentümer von einem auf Herausgabe verklagten Untermieter, der lediglich einen **Teil** der dem Hauptmieter überlassenen Wohnung im Besitz hatte, nur den auf diesen Teil entfallenden (objektiven) Mietwert der genutzten Räume verlangen (BGH, Urteil v. 14.3.2014, V ZR 218/13). Der Besitzer muss dem Eigentümer die Nutzungen herausgeben, die er nach dem Eintritt der Rechtshängigkeit, d.h. nach Zustellung der Räumungsklage, bezieht (§ 987 Abs. 1 BGB). Gibt der Mieter die Mietsache nach Beendigung des Mietverhältnisses nicht zurück, kann der Vermieter für die Dauer der Vorenthaltung als Entschädigung die vereinbarte Miete oder die Miete verlangen, die für vergleichbare Objekte ortsüblich ist (§ 546a Abs. 1 BGB). Allerdings sind die von dem Untermieter herauszugebenden Nutzungen auf die von ihm **genutzten** Räume **beschränkt,** da es im Rahmen des Eigentümer-Besitzer-Verhältnisses um die Nutzungen geht, die vom Besitzer gezogen wurden, und an Räumlichkeiten, an denen kein Besitz besteht, keine Nutzungen gezogen werden können.

Ferner kann der Eigentümer von seinem **Mieter** die Herausgabe des von dem Untermieter erlangten Mietzinses (bzw. der Nutzungsentschädigung bei verspäteter Rückgabe, § 546a Abs. 1 BGB) verlangen. Insofern liegt zwischen dem Mieter und dem Untermieter zwar keine Gesamtschuld vor; dennoch kann der Eigentümer gleichzeitig seinen Mieter und den Untermieter in Anspruch nehmen, wobei die Vorschriften der Gesamtschuld (§§ 421 ff. BGB) analog heranzuziehen sind (BGH, Urteil v. 14.3.2014, a.a.O.).

Dem Hauptmieter steht nach Beendigung des Untermietverhältnisses kein Anspruch auf Nutzungsentschädigung gegen den Untermieter zu, wenn auch das Hauptmietverhältnis bereits beendet ist (BGH, Urteil v. 4.10.1995, XII ZR 215/94, ZMR 1996 S. 15).

Dem Räumungsanspruch kann der **Einwand des Rechtsmissbrauchs** nach § 242 BGB entgegengehalten werden, wenn der Hauptmietvertrag einvernehmlich aufgehoben wird, um den Kündigungsschutz des Untermieters zu umgehen; ebenso, wenn der Eigentümer die Wohnung einem gewerblichen Zwischenmieter zum Zweck der Weitervermietung überlassen hat, diesem dann kündigt und vom Endmieter (Wohnungsnutzer) die Herausgabe der Wohnung nach § 546 BGB verlangt. Die frühere Rechtsprechung des BGH ließ den Einwand des Rechtsmissbrauchs nur zu, wenn der Endmieter nicht gewusst hat, dass sein Vermieter – der gewerbliche Zwischenmieter – nicht Eigentümer der Wohnung ist (BGH, RE v. 21.4.1982, VIII ARZ 16/81, DWW 1982 S. 211).

Dagegen stellt die neue Rechtsprechung in einem neueren Beschluss nicht auf die Kenntnis der Eigentümerstellung, sondern auf die Kenntnis des fehlenden Mieterschutzes ab und lässt den Einwand des Rechtsmissbrauchs auch dann zu, wenn der Endmieter zwar gewusst hat, dass sein Vermieter – der **gewerbliche Zwischenmieter** – nicht Eigentümer ist, ihm jedoch unbekannt war, dass dies zu einem Wegfall des Kündigungsschutzes führt (BGH, RE v. 20.3.1991, VIII ARZ 6/90, DWW 1991 S. 211).

Noch weiter geht das BVerfG (BVerfG, Beschluss v. 11.6.1991, 1 BvR 538/90, DWW 1991 S. 279) und gesteht dem Mieter, der von einem gewerblichen Zwischenmieter anmietet, den gleichen Kündigungsschutz zu wie demjenigen, der direkt vom Eigentümer mietet.

Zur Begründung hat das BVerfG ausgeführt, dass der Gesetzgeber bei Schaffung der Kündigungsschutzvorschriften und der Sozialklausel die Fälle der gewerblichen Zwischenvermietung nicht vorausgesehen und sich dadurch eine Lücke im Mieterschutz ergeben hat. Dies hat zur Folge, dass der Schutz des Endmieters bei einer gewerblichen Zwischenvermietung sogar hinter dem Schutz zurückbleibt, den der typische Untermieter genießt, der einen Teil der vom Hauptmieter genutzten Wohnung angemietet hat. Während der Untermieter in diesen Fällen mittelbar dadurch geschützt ist, dass der Eigentümer das Vertragsverhältnis zum Hauptmieter nur unter Einhaltung der Kündigungsvorschriften beenden und der Hauptmieter sich ggf. auf die Sozialklausel berufen kann, unterliegt das Vertragsverhältnis zwischen dem Eigentümer und dem gewerblichen Zwischenmieter nicht den Kündigungsschutzvorschriften für Wohnraum.

> Anders als bei diesem typischen Untermietverhältnis, bei dem die Untervermietung in der Regel im Interesse des Hauptmieters liegt, ist die gewerbliche Zwischenvermietung eine Vertragsgestaltung, die vom Eigentümer meist **im eigenen** Interesse gewählt wird.

Dieser hat in der Regel die Wohnung errichtet oder erworben, um sie auf dem Wohnungsmarkt zu nutzen. Er weiß, dass der Zwischenvermieter sie an einen Mieter zur Nutzung als Wohnung vermieten soll und diesem gegenüber an die gesetzlichen Vorschriften über den Mieterschutz gebunden ist. Diese Nutzung entspricht seinem Willen und regelmäßig auch seinem Interesse. Aus der Aufgabe des Gesetzgebers, im Mietrecht die schutzwürdigen Interessen aller Beteiligten in einen gerechten Ausgleich und ein ausgewogenes Verhältnis zu bringen, kann daher ein sachlicher Grund für eine Besserstellung des Eigentümers, der die Wohnung einem gewerblichen Zwischenmieter vermietet hat, nicht hergeleitet werden (BVerfG, a. a. O.). Die Kenntnis des Mieters über den fehlenden Kündigungsschutz lässt das Bundesverfassungsgericht für ein Entfallen desselben nicht ausreichen mit dem Argument, dass der Gesetzgeber den Kündigungsschutz für Wohnraum nicht davon abhängig gemacht hat, ob der Mieter eine Beendigungsmöglichkeit absehen konnte oder nicht; vielmehr hat er sogar die einverständliche Abbedingung des Mieterschutzes ausgeschlossen.

In den wenigen Fällen, in denen das Gesetz auf die Kenntnis des Mieters abstellt (vgl. § 549 Abs. 2 Nr. 3 BGB), liegen **besondere sachliche Gründe** für eine Einschränkung des Mieterschutzes vor. Daher verstößt es gegen Art. 3 Abs. 1 Grundgesetz (Gleichheitsgrundsatz), einem Mieter, der – in Kenntnis der Eigentumsverhältnisse – Wohnraum von einem gewerblichen Zwischenmieter und nicht unmittelbar vom Eigentümer gemietet hat, den Kündigungsschutz des sozialen Mietrechts zu versagen (BVerfG, a. a. O.).

Diese Grundsätze gelten auch dann, wenn die Wohnung dem Endmieter vom Zwischenmieter zu einer geringeren als der ortsüblichen Miete überlassen worden war (BVerfG, Beschluss v. 21.4.1992, 1 BvR 541/92, WuM 1994 S. 125).

Hat der Zwischenmieter die Räume jedoch vertragswidrig als Wohnung anstatt zur gewerblichen Nutzung weitervermietet, genießt der Endmieter keinen Kündigungsschutz; es sei denn, die Räume unterliegen einem Zweckentfremdungsverbot und hätten als gewerbliche Räume gar nicht vermietet werden dürfen (BVerfG, Beschluss v. 6.8.1993, 1 BvR 596/93, WuM 1994 S. 123).

Nach **Beendigung des gewerblichen Zwischenmietvertrags** tritt der Vermieter in die Rechte und Pflichten aus dem Mietverhältnis zwischen dem gewerblichen Zwischenmieter und dem Endmieter ein (§ 565 Abs. 1 S. 1 BGB). Dies bedeutet, dass der Vermieter sowohl an die Vorschriften über die Mieterhöhung als auch an die Kündigungsschutzvorschriften gebunden ist. Die Kündigung des Mietverhältnisses erfordert daher das Vorliegen eines berechtigten Interesses (Kündigungsgrund); ebenso die Kündigung durch den Zwischenmieter, wobei allein die Beendigung des Hauptmietvertrags kein berechtigtes Interesse des Zwischenmieters darstellt (OLG Stuttgart, Beschluss v. 7.5.1993, 8 REMiet 2/93, WuM 1993 S. 386). Macht jedoch der Eigentümer (= Hauptvermieter) berechtigten Eigenbedarf gegenüber dem Zwischenmieter geltend und wurde dies dem Endmieter in der Kündigungserklärung des Zwischenmieters ordnungsgemäß dargelegt, so kann sich der Endmieter dem Zwischenmieter gegenüber nicht auf den ihm formal zustehenden sozialen Mieterschutz berufen (OLG Stuttgart, a.a.O.). Begründet wird diese Auffassung damit, dass sich der Endmieter gegenüber dem Eigentümer wegen dessen Eigenbedarfs auch nicht auf den Kündigungsschutz berufen könnte und durch die Aufspaltung des Rechtsverhältnisses in Haupt- und Untermietverhältnis zwar keine Schlechterstellung, aber auch keine Besserstellung des Endmieters eintreten soll.

Bei Vorliegen eines berechtigten Interesses (z.B. Eigenbedarf) kann der Eigentümer gegenüber dem Endmieter das Räumungs- und Herausgabeverlangen für einen späteren Termin bereits vor der Beendigung des Hauptmietvertrags mit dem gewerblichen Zwischenmieter geltend machen und braucht nicht das Ende des Zwischenmietvertrags abzuwarten (LG Hamburg, Beschluss v. 31.7.1992, 311 T 26/92, WuM 1993 S. 44).

Schließt der Vermieter nach Beendigung des gewerblichen Zwischenmietverhältnisses erneut einen Mietvertrag zum Zwecke der gewerblichen Weitervermietung ab, so tritt der neue gewerbliche Zwischenmieter anstelle des ausgeschiedenen in die Rechte und Pflichten aus dem Mietverhältnis mit dem Endmieter ein (§ 565 Abs. 1 S. 2 BGB).

Die Entscheidung des BVerfG vom 11.6.1991 gilt jedoch nur für den typischen Fall der **gewerblichen** Zwischenmiete, bei der der Zwischenmieter auch tatsächlich gewerblich, d.h. mit Gewinnerzielungsabsicht, tätig wird, die Untervermietung auch alleiniger Zweck des Hauptmietverhältnisses zwischen Eigentümer und Zwischenmieter ist (wie z.B. beim Bauherrenmodell) und diese ausschließlich im **Interesse des Eigentümers** erfolgt (z.B. wegen Steuerersparnis, Entlastung von Verwaltungsaufgaben).

Anders ist die Rechtslage daher, wenn die Untervermietung nicht nur dem Interesse des Eigentümers, sondern auch oder sogar vorrangig dem **Interesse des Zwischenmieters** oder der in der Wohnung unterzubringenden Person dient. Dies ist z.B. der Fall, wenn der Eigentümer eine Wohnung an einen karitativ tätigen gemeinnützigen Verein zur Unterbringung von Personen vermietet, deren Auswahl dem Verein obliegt und der Verein die Wohnung dementsprechend untervermietet. In diesem Fall kann sich der Untermieter bei Kündigung des Hauptmietverhältnisses **nicht** auf den für Wohnraum geltenden Kündigungsschutz (§§ 573, 574 BGB) berufen und muss die Mietsache ungeachtet eigener Vertragstreue an den Eigentümer herausgeben (BGH, Urteil v. 3.7.1996, VIII ZR 278/95, WuM 1996 S. 537; vgl. auch BGH, Urteil v. 13.12.1995, XII ZR

194/93, WuM 1996 S. 216; BayObLG, RE v. 28.7.1995, Re-Miet 4/94, WuM 1995 S. 638; vgl. auch OLG Hamburg, RE v. 16.4.1993, 4 U 243/92, WuM 1993 S. 249 sowie BVerfG, Beschluss v. 3.2.1994, 1 BvR 2195/93, 1 BvR 2218/93, 1 BvR 2219/93, WuM 1994 S. 182 = NJW 1994 S. 848; und v. 6.8.1993, 1 BvR 596/93, NJW 1993 S. 2601). Die Entscheidung des BVerfG vom 11.6.1991 steht nicht entgegen, da sich diese Entscheidung nur auf den Fall der **gewerblichen** Zwischenvermietung bezieht und die grundsätzliche Anwendbarkeit des § 546 Abs. 2 BGB (Herausgabeanspruch des Eigentümers gegen den Endmieter) auf gestufte Wohnraummietverhältnisse vom BVerfG nicht infrage gestellt wurde (OLG Hamburg, a. a. O., BayObLG, a. a. O.).

Dagegen unterscheidet sich ein Zwischenmietverhältnis der vorgenannten Art wesentlich von den Fällen der gewerblichen Zwischenmiete und ist vielmehr einem Untermietverhältnis klassischer Art gleichzustellen, in dem der Untermieter ebenfalls keinen Kündigungsschutz genießt (vgl. BVerfG, Beschluss v. 3.2.1994, a. a. O.).

Bei solchen Zwischenmietverhältnissen tritt der Eigentümer nach Kündigung des Zwischenmietvertrags auch **nicht** in das Mietverhältnis mit dem Endmieter ein, da **§ 565 Abs. 1 S. 1 BGB** in diesen Fällen **weder unmittelbar noch entsprechend** anwendbar ist (BGH a. a. O.; BayObLG, RE v. 28.7.1995, Re-Miet 4/94, a. a. O.; a. A.: AG Frankfurt/M., Urteil v. 28.1.1994, 33 C 4059/93-50, WuM 1994 S. 276; Blank, WuM 1993 S. 573).

Eine unmittelbare Anwendung des § 565 BGB scheidet aus, da diese Vorschrift verlangt, dass der Zwischenmieter bei Abschluss des Endmietvertrags **gewerblich** handelt, d. h. mit Gewinnerzielungsabsicht. Diese Voraussetzung ist bei den vorgenannten Zwischenmietverhältnissen regelmäßig nicht erfüllt. Auch eine entsprechende (analoge) Anwendung des § 565 BGB kommt nicht in Betracht, da es insofern an der für eine analoge Anwendung erforderlichen Rechtsähnlichkeit der zu regelnden Tatbestände fehlt. Bei der gewerblichen Zwischenvermietung handelt der Zwischenmieter regelmäßig mit Gewinnerzielungsabsicht und wird daher den Mietvertrag mit dem Endmieter zu Konditionen abschließen, die für ihn meist günstiger, jedenfalls aber nicht schlechter sind als die mit dem Eigentümer im Hauptmietvertrag vereinbarten Konditionen. Dagegen wird der **nicht gewerblich** tätige Zwischenmieter, der mit der Zwischenvermietung besondere, über die bloße Vermietung hinausgehende Interessen verfolgt, mit dem Endmieter häufig andere Konditionen vereinbaren als sie auf dem freien Wohnungsmarkt üblich sind, z. B. weil der Endmieter eine marktgerechte Miete aus seinem Einkommen oder Vermögen nicht zahlen kann und ihm der Verein daher, gestützt auf Spendenaufkommen oder öffentliche Zuschüsse, nur eine niedrigere Miete berechnet.

Aber auch dann, wenn mit der Weitervermietung ein **Gewinn** erzielt wird, liegt nicht zwingend eine gewerbliche Zwischenvermietung vor, z. B. wenn ein karitativer Verein als Hauptmieter in Erfüllung seiner satzungsgemäßen Aufgaben – und somit nicht gewerblich – Räume anmietet und diese an seine Mitglieder weitervermietet. In diesem Fall liegt auch dann keine gewerbliche Zwischenvermietung vor, wenn das von den Mitgliedern gezahlte Entgelt insgesamt höher ist als die vom Verein an den Hauptvermieter (Eigentümer) gezahlte Miete (KG Berlin, Urteil v. 6.1.2014, 8 U 83/13).

Ein vergleichbarer Sachverhalt kann bei der Anmietung von Wohnungen durch Arbeitgeber vorliegen, die oftmals nur dann Arbeitnehmer finden, wenn sie diesen eine Wohnung zu besonders günstigen Konditionen anbieten können. Bei Vermietung einer Wohnung an einen **Arbeitgeber**, der diese bestimmungsgemäß an **betriebsangehörige** Personen weitervermietet, handelt es sich **nicht** um ein Mietverhältnis über **Wohn**raum i. S. der Kündigungsschutzvorschriften, da der Zweck, den der Mieter mit der Anmietung verfolgt, nicht im Bewohnen durch den Mieter, sondern in der Weitervermietung der Wohnung liegt. Ein Mietverhältnis über Wohnraum liegt selbst dann nicht vor, wenn sich der Eigentümer ein Mitspracherecht bei der Auswahl des Endmieters vorbehalten hat und der Arbeitgeber bei der Weitervermietung keinen Gewinn erzielen will (BayObLG, RE v. 30.8.1995, RE-Miet 6/94, WuM 1995

S. 645). Das Mietverhältnis zwischen Eigentümer und Arbeitgeber (Zwischenmieter) kann daher vom Eigentümer ohne Einhaltung der Kündigungsschutzvorschriften beendet werden. Auch der Arbeitnehmer (Endmieter) kann sich gegenüber dem Herausgabeverlangen des Eigentümers grundsätzlich **nicht** auf den für Wohnraum geltenden **Kündigungsschutz** berufen (BayObLG, RE v. 30.8.1995, RE-Miet 5/94, WuM 1995 S. 642; vgl. auch OLG Karlsruhe, RE v. 4.7.1983, 9 RE-Miet 3/82, DWW 1983 S. 200; BGH, Urteil v. 11.2.1981, VIII ZR 323/79, NJW 1981 S. 1377). Gleiches gilt bei Anmietung durch eine juristische Person, z.B. eine GmbH. Dabei ist es auch unerheblich, wenn in der Vergangenheit Mieterhöhungsverlangen nach den Vorschriften für Wohnraum gestellt wurden (LG Hamburg, Urteil v. 13.3.1992, 311 S 72/91, WuM 1992 S. 479). Anders ist die Rechtslage jedoch, wenn der Eigentümer nach den Vertragsbedingungen erheblichen Einfluss auf die Ausgestaltung des Mietverhältnisses sowie auf die Auswahl des Endmieters nehmen und der Arbeitgeber somit bei der Weitervermietung keine in wesentlichen Punkten von den Interessen seines Vermieters abweichenden Interessen verfolgen kann. Dieser Sonderfall ist mit der gewerblichen Zwischenvermietung vergleichbar mit der Folge, dass sich der Mieter gegenüber dem Herausgabeverlangen des Eigentümers auf die Kündigungsschutzvorschriften (§§ 573, 574 BGB) berufen kann (BayObLG, RE v. 30.8.1995, RE-Miet 6/94, a.a.O.).

Grundsätzlich ist jedoch eine Zwischenvermietung an einen Verein oder einen Arbeitgeber, die vorrangig im **Interesse des Zwischenmieters** bzw. der unterzubringenden Person erfolgt, **nicht** mit der gewerblichen, im Interesse des Eigentümers liegenden Zwischenvermietung **vergleichbar**. Eine **entsprechende** (analoge) Anwendung des § 565 BGB auf solche Zwischenmietverhältnisse ist somit **nicht** zulässig. Dies gilt auch, wenn eine GmbH als Mieterin das Mietobjekt hauptsächlich selbst nutzt und sie ihrem Geschäftsführer lediglich gestattet, das Objekt als Untermieter auch zu Wohnzwecken zu nutzen. In diesem Fall ist der Geschäftsführer nicht Endmieter einer gewerblichen Zwischenvermietung und genießt somit nur eingeschränkten Kündigungsschutz (OLG Düsseldorf, Beschluss v. 3.5.2011, I-24 U 150/10, MDR 2012 S. 20). Eine analoge Anwendung des § 565 BGB auf solche nicht gewerbliche Zwischenmietverhältnisse würde ferner dazu führen, dass auch in anderen Fällen der Beendigung des Hauptmietverhältnisses, etwa weil der Verein als Zwischenmieter kündigt, die bestehenden, zu **besonderen Konditionen** abgeschlossenen Endmietverträge auf den Hauptvermieter (Eigentümer) übergeleitet würden. Es dürften sich dann kaum mehr Vermieter finden, die bereit wären, Mietverträge mit karitativ tätigen Vereinigungen zur Weitervermietung an betreuungsbedürftige Personen abzuschließen. Eine analoge Anwendung des § 565 BGB würde daher letztlich auch den Interessen der Personen nicht entsprechen, denen der Verein durch Anmietung und Überlassung von Wohnraum Hilfe gewährt (BayObLG, RE v. 28.7.1995, a.a.O.).

Daher kommt es nach einem neuen Urteil des BGH in solchen Fällen auch darauf an, ob der Zwischenmieter (z.B. der eingetragene Verein) die Wohnung vertraglich einem **besonderen** Personenkreis (z.B. sozial schwachen Personen) zu **besonderen** Konditionen (z.B. einer günstigen Miete) oder lediglich dem allgemeinen Wohnungsmarkt zur Verfügung stellen soll.

Soll die Wohnung einem **besonderen Personenkreis** zur Verfügung gestellt werden, **entfällt** der Kündigungsschutz dieser Personen, da sich der Vermieter anderenfalls bei Beendigung des Zwischenmietvertrags mit Personen auseinandersetzen müsste, an die er die Wohnung direkt nicht vermietet hätte. Die Ungleichbehandlung dieser Personengruppe ist daher durch ein überwiegendes Interesse des Vermieters gerechtfertigt (so bereits BVerfG, Beschluss v. 3.2.1994, 1 BvR 2195/93, 1 BvR 2218/93, 1 BvR 2219/93, 1 BvR 2240/93, 1 BvR 2241/93, WuM 1994 S. 182; BGH, Urteil v. 3.7.1996, VIII ZR 278/95, WuM 1996 S. 537 sowie BayObLG, RE v. 28.7.1995, RE-Miet 4/94, 1Z RE-Miet 4/94, WuM 1995 S. 638 zur Vermietung an „betreute schwierige Personen").

Anders ist die Rechtslage, wenn der Zwischenmieter die Wohnung nach den vertraglichen Vereinbarungen dem **allgemeinen Wohnungsmarkt** zugänglich machen muss und daher davon auszugehen ist, dass der Vermieter die Wohnung zu **vergleichbaren** Bedingungen auch unmittelbar an die vom Zwischenmieter ausgewählten Personen vermietet hätte. In diesem Fall ergibt die vorzunehmende Interessenabwägung ein überwiegendes Interesse des Endmieters am Fortbestand des Mietverhältnisses, sodass sich dieser gegenüber dem Herausgabeanspruch des Vermieters auf den **Kündigungsschutz** des Wohnraummietrechts berufen kann (BGH, Urteil v. 30.4.2003, VIII ZR 234/02, NZM 2003 S. 759).

Bei Beendigung des gewerblichen Zwischenmietverhältnisses und Eintritt des Vermieters (Eigentümer) in das Mietverhältnis des Zwischenvermieters mit dem Wohnraummieter (Endmieter) ist der Vermieter zur **Rückzahlung** einer von dem Endmieter an den Zwischenmieter geleisteten **Kaution** aus Billigkeitsgründen selbst dann verpflichtet, wenn der Vermieter die Kaution vom gewerblichen Zwischenmieter nicht erhalten hat (§§ 565 Abs. 2, 566a BGB; LG Darmstadt, Beschluss v. 8.11.2001, 7 T 36/01, WuM 2003 S. 31; so bereits LG München I, NZM 1998 S. 329). Dies gilt aber nicht, wenn der Eintritt des Vermieters (Eigentümer) vor Inkrafttreten der Mietrechtsreform am 1.9.2001 erfolgt ist. In diesem Fall ist der Vermieter zur Rückgewähr der Mietkaution an den Endmieter nur nach Maßgabe des § 572 S. 2 BGB a.F. verpflichtet, d.h. nur dann, wenn er die Kaution von dem gewerblichen Zwischenvermieter tatsächlich erhalten hat (LG Freiburg, Urteil v. 6.4.2006, 3 S 220/05, WuM 2006 S. 252; s. im Einzelnen „Eigentümerwechsel", Abschnitt 5.1 „Kaution").

Bei Beendigung des gewerblichen Zwischenmietverhältnisses hat der Eigentümer zwar einen Anspruch auf Übergabe der Kaution; jedoch kann der gewerbliche Zwischenmieter die Kaution mit eigenen Forderungen gegen den Endmieter verrechnen, es sei denn, der Eigentümer hat mit dem gewerblichen Zwischenmieter vereinbart, dass dieser für eigene Forderungen die Kaution des Endmieters nicht in Anspruch nehmen darf. Anderenfalls kann der Eigentümer vom Endmieter lediglich die Wiederauffüllung der Kaution verlangen (AG Mannheim, Urteil v. 4.11.2008, 2 C 235/08).

Der Hauptmieter hat nach Beendigung des Untermietverhältnisses keinen Anspruch auf Nutzungsentschädigung gegen den Untermieter, wenn auch das Hauptmietverhältnis mit dem Eigentümer beendet ist, da der Hauptmieter dann keine eigene Nutzungsberechtigung mehr hat (OLG Saarbrücken, Urteil v. 2.6.2005, 8 U 180/04, NZM 2006 S. 180).

Das Hausrecht eines Untermieters endet erst, wenn der Vermieter aufgrund eines gegen ihn erwirkten Räumungstitels wieder den unmittelbaren Besitz an der Mietsache erlangt hat. Ein wegen Hausfriedensbruch gestellter Strafantrag eines Vermieters gegen den Untermieter und dessen Sympathisanten, die sich gegen eine Zwangsräumung zur Wehr setzen, ist daher unwirksam, wenn der Vermieter keine gerichtliche Klärung herbeigeführt hat, dass (auch) der Untermieter zur Räumung verpflichtet ist (KG Berlin, Urteil v. 15.12.2008, (4) 1 Ss 316/08 (173/08), NJW-RR 2010 S. 22).

Die Voraussetzungen für den Erlass einer auf **Räumung** gerichteten **einstweiligen Verfügung** (§§ 935, 940 ZPO) liegen nicht bereits dann vor, wenn der Untermieter sich nach beendetem Hauptmietverhältnis weigert, das Mietobjekt an den Hauptvermieter herauszugeben und es ohne Zahlung eines Nutzungsentgelts an diesen weiter benutzt (OLG Düsseldorf, Beschluss v. 26.2.2009, 1-10 W 14/09, ZMR 2009 S. 444).

Mängel der Wohnung sind generell auch bei der gewerblichen Zwischenmiete von Wohnungen als Mängel des Zwischenmietverhältnisses (Hauptvermieter/Zwischenmieter) anzusehen. Ob diese Mängel dort als erheblich oder unerheblich zu bewerten sind und eine **Mietminderung** rechtfertigen können, hängt insbesondere von der Größenordnung des gewerblichen Zwischenmietverhältnisses ab. Auch **optische Beeinträchtigungen**, z.B. durch eine nach 17 Jahre Nutzungszeit abgenutzte und wirtschaftlich verbrauchte Küche, können sich negativ auf die Weitervermietbarkeit der Wohnung auswirken und somit einen erheblichen Mangel darstellen. Ein **un**erheblicher, d. h. **nicht** zur Minderung berechtigender Mangel ist insbesondere dann gegeben, wenn er leicht erkennbar ist und schnell und mit geringen Kosten beseitigt werden kann. In diesem Fall würde die Geltendmachung einer Minderung gegen den Grundsatz von Treu und Glauben verstoßen (BGH, Urteil v. 30.6.2004, XII ZR 251/02, WuM 2004 S. 531).

Zieht der (vorläufige) **Insolvenzverwalter**, der für das Insolvenzverfahren über das Vermögen eines (in der Regel gewerblichen) Zwischenmieters bestellt worden ist, die Miete von dem Endmieter (in der Regel Bewohner) ein, so ist er verpflichtet, die vereinnahmte Miete in der geschuldeten Höhe an den Hauptvermieter (in der Regel Eigentümer) **weiterzuleiten**. Erklärt er dennoch, er werde die Miete nicht weiterleiten, ist der Hauptvermieter zur fristlosen Kündigung des Zwischenmietverhältnisses berechtigt, auch wenn ein Zahlungsrückstand i. S. d. § 543 Abs. 2 Nr. 3 BGB (Verzug mit zwei Monatsmieten) noch nicht entstanden ist (BGH, Urteil v. 9.3.2005, VIII ZR 394/03, WuM 2005 S. 401).

Index → „Wertsicherungsklauseln“, „Leistungsvorbehalt“

Insolvenz des Mieters – Insolvenz des Vermieters

Inhaltsübersicht

		Seite
1	**Insolvenz des Mieters**	395
1.1	Vor Überlassung der Mieträume	395
1.2	Nach Überlassung der Mieträume	395
2	**Insolvenz des Vermieters**	399

Am 1.1.1999 ist die Insolvenzordnung (InsO) in Kraft getreten. Sie ersetzt die Konkursordnung (KO) sowie die Gesamtvollstreckungs- und Vergleichsordnung. Bezüglich der Auswirkungen eines Insolvenzverfahrens auf ein bestehendes Mietverhältnis unterscheidet die Insolvenzordnung einerseits zwischen dem Insolvenzverfahren über das Vermögen des Mieters bzw. des Vermieters, andererseits danach, ob dem Mieter die Mieträume bei Eröffnung des Insolvenzverfahrens bereits überlassen waren oder ob lediglich der Mietvertrag abgeschlossen war, aber noch keine Überlassung erfolgt ist.

1 Insolvenz des Mieters

1.1 Vor Überlassung der Mieträume

Waren zur Zeit der Eröffnung des Insolvenzverfahrens zwar der Mietvertrag abgeschlossen, jedoch die Mieträume dem Mieter noch **nicht** überlassen, können sowohl der Vermieter als auch der Insolvenzverwalter vom Mietvertrag **zurücktreten**. Jeder Teil muss dem anderen auf dessen Verlangen binnen 2 Wochen erklären, ob er vom Vertrag zurücktreten will; unterlässt er dies, verliert er das Rücktrittsrecht (§ 109 Abs. 2 InsO).

Entsteht dem Vermieter wegen der vorzeitigen Beendigung des Mietverhältnisses infolge des Rücktritts durch den Verwalter ein Schaden (z.B. Mietausfall), kann er als Insolvenzgläubiger Schadenersatz verlangen.

1.2 Nach Überlassung der Mieträume

Waren die Mieträume dem Mieter zur Zeit der Eröffnung des Insolvenzverfahrens bereits **überlassen**, bestehen **keine** Rücktrittsrechte.

Der **Insolvenzverwalter** kann das Mietverhältnis **außerordentlich**, d.h. ohne Rücksicht auf die vereinbarte Vertragsdauer oder einen vereinbarten Kündigungsausschluss (s. „Kündigung“, Abschnitt 1.12 „Verzicht auf das ordentliche Kündigungsrecht“) unter Einhaltung einer Kündigungsfrist von 3 Monaten zum Monatsende kündigen, sofern nicht eine kürzere Frist maßgeblich ist. Ist Gegenstand des Mietverhältnisses die **Wohnung des Schuldners**, tritt an die Stelle der Kündigung das Recht des Insolvenzverwalters zu erklären, dass Ansprüche, die nach Ablauf der Kündigungsfrist fällig werden, nicht im Insolvenzverfahren geltend gemacht werden können. Kündigt der Insolvenzverwalter bzw. gibt er die o.g. Erklärung ab und entsteht dem Vermieter dadurch ein Schaden (z.B. Mietausfall), kann er als Insolvenzgläubiger Schadenersatz verlangen (§ 109 Abs. 1 InsO). Dies gilt **nicht** bei einer **ordentlichen** Kündigung des Mietverhältnisses durch den Insolvenzverwalter gemäß § 109 InsO. Wird diese ordentliche Kündigung des Insolvenzverwalters jedoch durch eine **fristlose** Kündigung des **Vermieters** wegen Mietrückständen (gemäß § 543 Abs. 2 Nr. 3a BGB) „überholt“, hat der Vermieter grundsätzlich einen Anspruch auf Ersatz des ihm entstandenen Kündigungsfolgeschadens, z.B. Mietausfall (KG Berlin, Urteil v. 15.3.2007, 8 U 165/06, ZMR 2007 S. 615).

Wird bei einem gewerblichen Mietverhältnis über das Vermögen eines Mieters das Insolvenzverfahren eröffnet, beendet das vom Insolvenzverwalter ausgeübte Sonderkündigungsrecht nach § 109 Abs. 1 InsO das Mietverhältnis auch mit Wirkung für die Mitmieter, d.h. auch im Verhältnis zwischen Vermieter und nicht solventem Mitmieter des Schuldners. Dies folgt aus dem Grundsatz der Einheitlichkeit des Mietverhältnisses sowie der unteilbaren Verpflichtung des Vermieters zur Gebrauchsüberlassung (BGH, Urteil v. 13.3.2013, XII ZR 34/12, GE 2013 S. 675).

Der **Vermieter** hat – im Gegensatz zur früheren Rechtslage nach der ehemaligen Konkursordnung (§ 19 Abs. 1 S. 1 KO) – **kein** außerordentliches Kündigungsrecht. Dies wird damit begründet, dass dringend erforderliche Betriebsmittel zur Erhöhung der Sanierungschancen wenigstens vorläufig im Massebesitz verbleiben sollen (vgl. Begründung zu § 122 des Regierungsentwurfs, BT-Drucks. 12/2443 S. 146 ff.). Der Vermieter kann das Mietverhältnis daher nur nach den **allgemeinen** mietrechtlichen Vorschriften, z.B. bei Zahlungsverzug des Mieters mit der Miete, kündigen. Allerdings kann der Vermieter nach Stellung des Antrags auf Eröffnung des Insolvenzverfahrens eine fristlose Kündigung nicht auf einen Zahlungsverzug stützen, der bereits in der Zeit vor dem Eröffnungsantrag eingetreten ist (sog. **Kündigungssperre**, § 112 Nr. 1 InsO).

Diese Kündigungssperre wirkt auch, wenn die schriftliche Kündigung vor Stellung des Antrags auf Eröffnung des Insolvenzverfahrens abgesandt worden ist, dem Gekündigten aber erst nach dem Eingang des Antrags bei Gericht zugeht (OLG Düsseldorf, Beschluss v. 17.11.2008, I-24 U 51/08, ZMR 2009 S. 601 zum Leasingvertrag).

Gleiches gilt für eine Kündigung wegen einer Verschlechterung der Vermögensverhältnisse des Mieters. Wird dagegen die **nach** dem Eröffnungsantrag fällig werdende Miete bzw. Pacht nicht vertragsgemäß gezahlt, steht § 112 InsO einer Kündigung nach den allgemeinen Regeln **nicht** entgegen (BGH, Urteil v. 18.7.2002, IX ZR 195/01, NJW 2002 S. 3326).

Eine **Betriebskostennachforderung** stellt eine Insolvenzforderung dar, auch wenn die Abrechnung im Zeitpunkt der Insolvenzeröffnung noch nicht erstellt ist. Auch eine vor Erstellung der Betriebskostenabrechnung abgegebene Erklärung des Insolvenzverwalters gemäß § 109 Abs. 1 S. 2 Insolvenzordnung, dass Ansprüche aus dem Mietverhältnis nicht im Insolvenzverfahren geltend gemacht werden können, ändert hieran zumindest dann nichts, wenn der Abrechnungszeitraum vor der Insolvenzeröffnung abgeschlossen ist. Eine derartige Erklärung bewirkt nämlich nicht, dass eine Betriebskostennachforderung für einen vor der Insolvenzeröffnung abgeschlossenen Abrechnungszeitraum nicht als Insolvenzforderung gilt. Während des laufenden Verfahrens kann die Nachforderung daher zwar nicht gegen den Mieter persönlich geltend gemacht werden, jedoch zur Insolvenztabelle angemeldet werden. Nach Aufhebung des Insolvenzverfahrens kann der Vermieter die Forderung jedoch wieder gegen den Mieter persönlich erheben (BGH, Urteil v. 13.4.2011, VIII ZR 295/10, WuM 2011 S. 282).

Umgekehrt kann der Vermieter gegen den Anspruch des Insolvenzverwalters auf **Auszahlung des Guthabens** aus einer Betriebskostenabrechnung mit rückständigen Mieten aus der Zeit **vor** Eröffnung des Insolvenzverfahrens auch dann aufrechnen, wenn er erst nach Verfahrenseröffnung über die Betriebskosten abrechnet. § 95 Abs. 1 S. 1 InsO will die Aufrechnung erleichtern und geht daher der Regelung des § 96 Abs. 1 Nr. 1 InsO vor (BGH, Urteil v. 11.11.2004, IX ZR 237/03, NZM 2005 S. 342).

Mit dem Wirksamwerden der Enthaftungserklärung des Insolvenzverwalters oder Treuhänders hinsichtlich der Wohnung des Schuldners erlangt der Mieter die Verwaltungs- und Verfügungsbefugnis über das Mietverhältnis zurück. Dem Insolvenzverwalter oder Treuhänder fehlt dann die Prozessführungsbefugnis, gegen den Vermieter Ansprüche auf Auszahlung von Guthaben aus Betriebskostenabrechnungen an die Masse für einen Zeitraum nach Wirksamwerden der Enthaftungserklärung geltend zu machen (BGH, Urteil v. 22.5.2014, IX ZR 136/13, WuM 2014 S. 411).

Im Fall der Insolvenz des Mieters ist der Grundstückseigentümer (Vermieter) nicht verpflichtet, die rückständigen Kosten für die Wasserversorgung der Mieträume zu übernehmen, wenn ein Vertrag zwischen dem Nutzer (Mieter) und dem Versorgungsunternehmen besteht, d.h. das Versorgungsunternehmen die Leistungen aufgrund eines mit diesem bestehenden Vertrags erbracht hat. In diesem Fall kann mit dem Grundstückseigentümer kein konkludenter Vertragsschluss durch Annahme der im Leistungsangebot des Versorgungsunternehmens liegenden Realofferte zustande gekommen sein. Ohne Bedeutung ist es dabei, ob der mit dem Mieter bestehende Vertrag ausdrücklich oder konkludent geschlossen worden ist (BGH, Urteil v. 10.12.2008, VIII ZR 293/07).

Ist über das Vermögen des Mieters ein Insolvenzverfahren eröffnet und ein Treuhänder bestellt, muss eine **Kündigung** des Mietverhältnisses durch den Vermieter nicht gegenüber dem Mieter (Schuldner), sondern gegenüber dem **Treuhänder**, der die Aufgabe des Insolvenzverwalters wahrnimmt, erklärt werden. Der Vermieter kann gegenüber dem Mieter erst nach Wirksamwerden der Freigabeerklärung gemäß § 109 Abs. 1 S. 2 InsO kündigen. Denn durch die Enthaftungserklärung des Insolvenzverwalters erhält der Mieter die Verfügungs- und Verwaltungsbefugnis über das Mietverhältnis zurück (BGH, Urteil v. 9.4.2014, VIII ZR 107/13). Dies gilt jedoch nicht für eine vor Kündigungsausspruch abgegebene Enthaftungserklärung des Treuhänders, wenn die Enthaftungswirkung mit Blick auf die Dreimonatsfrist (§ 109 Abs. 1 S. 1 InsO) im Kündigungszeitpunkt noch nicht eingetreten ist (BGH, Urteil v. 9.5.2012, VIII ZR 327/11, NJW 2012 S. 2270). Ferner ist der **Räumungs- und Herausgabeanspruch** gegen den Insolvenzverwalter zu richten, da dieser Anspruch im Insolvenzverfahren einen Aussonderungsanspruch begründet, der gemäß § 47 InsO gegen den Insolvenzverwalter geltend zu machen ist (OLG Celle, Beschluss v. 6.10.2003, 2 W 107/03, ZMR 2004 S. 505).

Bei **gewerblichen** Mietverhältnissen können die Parteien grundsätzlich zwar auch andere als die im Gesetz genannten Kündigungsgründe **mietvertraglich** vereinbaren, jedoch bleibt abzuwarten, ob die Rechtsprechung solche Klauseln als wirksam ansieht, die dem Vermieter in Abweichung von den Vorschriften der Insolvenzordnung außerordentliche Kündigungsrechte einräumen.

Nach der amtlichen Begründung (vgl. BT-Drucks. 12/7302 S. 170) sollen solche **vertraglichen Vereinbarungen** über die Auflösung eines gegenseitigen Vertrags nicht in ihrer Wirksamkeit eingeschränkt werden. Dagegen ist das OLG Hamm (Urteil v. 7.3.2001, 30 U 192/00, NZM 2002 S. 343) der Auffassung, dass mietvertragliche Regelungen, die für den Fall eines Insolvenzverfahrens ein **Kündigungsrecht** des Vermieters aus wichtigem Grund vorsehen, gemäß § 119 InsO **unwirksam** sind, da sie mit den gesetzlichen Regelungen (§§ 108 Abs. 1, 109 Abs. 1 InsO) unvereinbar sind. Danach bestehen Mietverhältnisse mit dem Insolvenzschuldner als Mieter auch nach Eröffnung des Insolvenzverfahrens fort und können nur vom Insolvenzverwalter gekündigt werden. Gleiches soll nach Auffassung des OLG Düsseldorf (Urteil v. 17.8.2006, I-10 U 62/06, ZMR 2006 S. 856) für Regelungen gelten, wonach der Vermieter zur fristlosen Kündigung berechtigt ist, wenn über das Vermögen des Mieters das Konkurs- oder Vergleichsverfahren eröffnet oder die Eröffnung mangels Masse abgelehnt worden ist.

Hat der Vermieter vor Eröffnung des Insolvenzverfahrens mit dem Mieter vereinbart, dass die Miete für die Dauer seiner finanziellen Schwierigkeiten gestundet ist, kann sich hierauf auch der Insolvenzverwalter gegen die nach der Eröffnung des Insolvenzverfahrens entstehenden Mietansprüche berufen (OLG Düsseldorf, Beschluss v. 28.6.2011, I-10 U 60/11, ZMR 2012 S. 14).

Unabhängig davon, ob ein mit dem Schuldner (Mieter) begründetes Wohnraummietverhältnis vor oder nach Eröffnung des Insolvenzverfahrens beendet wurde, kann der Vermieter den Insolvenzverwalter nur dann auf Herausgabe der Wohnung in Anspruch nehmen, wenn dieser sie in **Besitz** genommen hat oder daran für die Masse ein Recht beansprucht (BGH, Urteil v. 19.6.2008, IX ZR 84/07, ZMR 2008 S. 875). Der Insolvenzverwalter ist auch **nicht** zur Herstellung des vertragsgemäßen Zustands verpflichtet. Dies bedeutet, dass er weder zur **Beseitigung von Mietschäden** noch zur **Entfernung von Einbauten** bzw. eingebrachten Sachen des Mieters oder zur Herstellung des ursprünglichen Zustands verpflichtet ist. Solche Ansprüche (auf Erfüllung oder Schadenersatz) kann der Vermieter nur zum Vermögensverzeichnis (§ 153 InsO) anmelden (BGH, Urteil v. 5.7.2001, IX ZR 327/99, NJW 2001 S. 2966). Endet das Mietverhältnis infolge fristloser Kündigung des Vermieters **nach** Eröffnung des Insolvenzverfahrens über das Vermögen des Mieters, stellt die Pflicht zur Beseitigung der durch den Mieter bereits **vor** Insolvenzeröffnung durchgeführten Einbauten als Teil der Räumungsverpflichtung keine Masseverbindlichkeit gemäß § 55 InsO dar (OLG Celle, Urteil v. 20.7.2007, 2 U 85/07, ZMR 2007 S. 956).

Die Erklärung des Insolvenzverwalters/Treuhänders, für Ansprüche aus dem Wohnraummietverhältnis des Schuldners nach Ablauf der dreimonatigen gesetzlichen Kündigungsfrist nicht mehr mit der Insolvenzmasse aufzukommen, wirkt auch gegenüber dem **Erwerber**, auf den das Mietverhältnis infolge einer Veräußerung des Grundstücks übergegangen ist, wenn sie in Unkenntnis des Eigentumsübergangs dem alten Vermieter gegenüber abgegeben worden ist (BGH, Urteil v. 23.2.2012, IX ZR 29/11, ZMR 2012 S. 539).

Zieht der (vorläufige) **Insolvenzverwalter**, der für das Insolvenzverfahren über das Vermögen eines (in der Regel gewerblichen) **Zwischenmieters** bestellt worden ist, die Miete von dem Endmieter (in der Regel Bewohner) ein, so ist er verpflichtet, die vereinnahmte Miete in der geschuldeten Höhe an den Hauptvermieter (in der Regel Eigentümer) **weiterzuleiten**. Erklärt er dennoch, er werde die Miete nicht weiterleiten, ist der Hauptvermieter zur fristlosen Kündigung des Zwischenmietverhältnisses berechtigt, auch wenn ein Zahlungsrückstand i. S. d. § 534 Abs. 2 Nr. 3 BGB (Verzug mit zwei Monatsmieten) noch nicht entstanden ist (BGH, Urteil v. 9.3.2005, VIII ZR 394/03, WuM 2005 S. 401).

Überschreitet der den Mietvertrag fortsetzende Insolvenzverwalter die dem Schuldner insofern zustehenden Rechte, kann dies zu seiner **Eigenhaftung** führen. Vermietet z. B. der Insolvenzverwalter – unter Verletzung der mietvertraglichen Pflicht, vor einer Untervermietung die Zustimmung des Vermieters einzuholen – eine vom Schuldner angemietete Immobilie an einen unzuverlässigen Untermieter und gefährdet er dadurch den Rückgabeanspruch des (aussonderungsberechtigten) Vermieters, kann dies seine persönliche Haftung begründen (BGH, Urteil v. 25.1.2007, IX ZR 216/05, NJW 2007 S. 1596).

Ein Insolvenzverwalter muss die Interessen der Gläubiger wahren und ist deshalb zur Anfechtung von Vermögensverfügungen befugt, die zu einer Verringerung der Insolvenzmasse geführt haben (§§ 129 ff. InsO). Bei der **gewerblichen Zwischenvermietung** ist dies der Fall, wenn der zahlungsunfähige Zwischenmieter seinen Endmieter anweist, die Miete nunmehr direkt an den Hauptvermieter (in der Regel Eigentümer) zu zahlen. Dies stellt eine objektive Benachteiligung der Gläubiger des Zwischenmieters dar mit der Folge, dass der Insolvenzverwalter die Leistungen an den Hauptvermieter anfechten kann. Die Forderungen aus dem Mietvertrag zwischen dem Zwischenmieter (hier: GmbH) und dem Endmieter stehen nämlich ausschließlich dem Zwischenmieter zu. Mit der Anweisung der Direktzahlung an den Hauptvermieter verschafft der Zwischenmieter dem Hauptvermieter die volle Deckung seines Mietzahlungsanspruchs zulasten der anderen Gläubiger. Der Einwand des Hauptvermieters, ohne die Direktzahlung hätte er das Mietverhältnis mit dem Insolvenzschuldner (Zwischenmieter) gekündigt und so dessen Vermögensverhältnisse noch weiter verschlechtert, ist unerheblich. Maßgeblich ist allein die objektive Gläubigerbenachteiligung (BGH, Urteil v. 20.1.2011, IX ZR 58/10, GE 2011 S. 406).

Verlangt der Vermieter des insolventen Mieters **Auskunft** über die seinem **Vermieter-**

pfandrecht unterliegenden Sachen, kann der Insolvenzverwalter dazu auch dann verpflichtet sein, wenn die Sachen unter der Verantwortung seines Amtsvorgängers von dem vermieteten Grundstück entfernt wurden (BGH, Urteil v. 4.12.2003, IX ZR 222/02, WuM 2004 S. 222).

Der **Ersteher** eines Grundstücks, das nach vorangegangener Zwangsverwaltung zwangsversteigert wurde, ist nicht Rechtsnachfolger des früheren Zwangsverwalters. Hat der Zwangsverwalter gegen einen Mieter einen Titel auf Räumung und Herausgabe des Mietobjekts erstritten, kann der Ersteher die Erteilung einer auf ihn lautenden vollstreckbaren Ausfertigung dieses Titels (§ 727 ZPO) jedenfalls nach Beendigung der Zwangsverwaltung nicht verlangen (BGH, Beschluss v. 14.6.2012, VII ZB 48/10, WuM 2012 S. 457).

Der Erwerber eines unter Zwangsverwaltung stehenden Grundstücks hat auch keinen Anspruch gegen den früheren Zwangsverwalter auf **Herausgabe** von Verwaltungsunterlagen. Dies gilt jedenfalls dann, wenn er erst nach Beendigung der Zwangsverwaltung als neuer Eigentümer ins Grundbuch eingetragen wurde. Der Erwerber kann allenfalls verlangen, dass ihm die betreffenden Unterlagen vorübergehend zur Verfügung gestellt werden (OLG Dresden, Urteil v. 23.11.2011, 13 U 1137/11).

2 Insolvenz des Vermieters

Im Fall eines Insolvenzverfahrens über das Vermögen des Vermieters besteht das Mietverhältnis nur dann mit Wirkung für die Insolvenzmasse fort, wenn die Mietsache im Zeitpunkt der Eröffnung des Insolvenzverfahrens dem Mieter bereits überlassen worden ist (BGH, Urteil v. 5.7.2007, IX ZR 185/06, NZM 2007 S. 883). Der Mieter hat bei Insolvenz des Vermieters **kein** Sonderkündigungsrecht (BGH, Urteil v. 23.1.2002, XII ZR 5/00, NZM 2002 S. 524). Auch der Insolvenzverwalter kann den Mietvertrag nicht nach § 109 Abs. 1 S. 1 InsO kündigen, da diese Vorschrift nur die Insolvenz des Mieters bzw. Pächters betrifft, nicht jedoch die Insolvenz des Vermieters (LG Dortmund, Urteil v. 12.5.2005, 11 S 34/05, WuM 2006 S. 92).

Der Insolvenzverwalter muss die vertragsgemäße Leistung erbringen. Dazu gehört u. a. auch die Versorgung der Wohnung mit Wärme, Energie und Wasser. Der Insolvenzverwalter kann sich dieser Verpflichtung nicht dadurch entziehen, dass er die Wohnung „freigibt“. Dies ist nur mit Zustimmung des bzw. der Mieter möglich (LG Dortmund, a. a. O.). Im Gegenzug hat der Mieter die laufende Miete an den Insolvenzverwalter zu zahlen.

Der Anspruch des Mieters auf Herstellung eines zum **vertragsgemäßen Gebrauch** geeigneten Zustands der Mietsache begründet unabhängig davon, ob der mangelhafte Zustand vor oder nach Eröffnung des Verfahrens entstanden ist, bei fortdauerndem Mietverhältnis eine sog. **Masseschuld** und nicht nur eine Insolvenzforderung, da dem Mieter nicht zugemutet werden kann, dass er seine Leistung (Mietzahlung) für die Insolvenzmasse voll erbringen, dann aber als Insolvenzgläubiger auf die ihm zustehende Gegenleistung zumindest teilweise verzichten muss (BGH, Urteil v. 3.4.2003, IX ZR 163/02, ZMR 2003 S. 418).

Werden trotz Eintritt der Insolvenzreife neue Verträge abgeschlossen, die dann nicht mehr erfüllt werden können, kann dem Vertragspartner (hier: Vermieter) als „Neugläubiger“ ein Schadenersatzanspruch gegen den Geschäftsführer des Schuldners (hier: Mieter) zustehen. Dies gilt jedoch **nicht,** wenn der Vermieter dem Mieter die Räume bereits **vor** Insolvenzreife überlassen hat. In diesem Fall ist der Vermieter regelmäßig Altgläubiger und erleidet keinen Neugläubigerschaden infolge der Insolvenzverschleppung, da er sich bei Insolvenzreife nicht vom Mietvertrag hätte lösen können. Dies gilt auch dann, wenn der Mietvertrag dem Vermieter für den Fall der Insolvenz des Mieters ein außerordentliches Kündigungsrecht einräumt, da eine im Mietvertrag vereinbarte insolvenzabhängige Kündigung wegen Verstoßes gegen §§ 108 ff. InsO (Fortbestand des Mietverhältnisses trotz Insolvenz) unwirksam ist (BGH, Urteil v. 22.10.2013, II ZR 394/12, GE 2014 S. 53).

Nach Eröffnung des Insolvenzverfahrens über das Vermögen des Vermieters kann der Mieter gegenüber Ansprüchen des Insolvenzverwalters auf Zahlung rückständiger Mieten kein **Zurückbehaltungsrecht** geltend machen mit der Begründung, der Vermieter habe die von ihm geleistete **Kaution** nicht getrennt von seinem Vermögen, d.h. insolvenzfest, angelegt. Der Anspruch auf ordnungsgemäße Anlage der Kaution steht nämlich nicht in einem Gegenseitigkeitsverhältnis zum Anspruch auf Zahlung rückständiger Mieten.

Vor Eintritt der Insolvenz hätte der Mieter seinen Anspruch auf ordnungsgemäße Anlage der Kaution durchsetzen können, indem er z.B. weitere Teilzahlungen auf die Kaution zurückbehält, bis der Vermieter die Anlage auf einem Sonderkonto nachgewiesen hat (so bereits BGH, NJW 2008 S. 1152). Dadurch ist der Mieter ausreichend geschützt. **Nach** der Insolvenz des Vermieters kann der Mieter seine Ansprüche nur als einfache Insolvenzforderung geltend machen (BGH, Urteil v. 13.12.2012, IX ZR 9/12, GE 2013 S. 115).

Bei einem mehrere Jahre vor der Insolvenz des Vermieters geschlossenen Mietvertrag begründen weder die Gebrauchsgewährung gegen eine deutlich unter der ortsüblichen Vergleichsmiete liegende Kaltmiete noch die in der Vergangenheit unterbliebene, rechtlich zulässige Mieterhöhung als solche eine (nach §§ 129, 134 InsO) anfechtbare (teilweise) unentgeltliche Leistung. Voraussetzung hierfür wäre, dass bereits bei Abschluss des Mietvertrags eine Vergunstmiete vereinbart wurde (OLG München, Beschluss v. 21.6.2013, 14 U 579/13, NZM 2013 S. 855).

Hatte der Vermieter vor Eröffnung des Insolvenzverfahrens über Mietforderungen für die spätere Zeit verfügt, insbesondere durch Einziehung der Miete, ist diese Verfügung nur wirksam, soweit sie sich auf die Miete für den zur Zeit der Eröffnung des Verfahrens laufenden Kalendermonat bezieht. Ist die Eröffnung nach dem 15. Tag des Monats erfolgt, ist die Verfügung auch für den folgenden Kalendermonat wirksam (§ 110 Abs. 1 InsO).

Veräußert der Insolvenzverwalter eine vom Vermieter (Schuldner) vermietete Wohnung und tritt der Erwerber anstelle des Schuldners in das Mietverhältnis ein, kann der Erwerber das Mietverhältnis unter Einhaltung der gesetzlichen Frist (3 Monate) außerordentlich kündigen (**Sonderkündigungsrecht**). Die Kündigung kann jedoch nur für den ersten Termin erfolgen, für den sie zulässig ist (§ 111 InsO) (s. „Kündigung", Abschnitt 3.2.2.2 „Vorzeitige Kündigung durch den Ersteher bei der Zwangsversteigerung").

Auch nach der Eröffnung des Insolvenzverfahrens über das Vermögen des Vermieters kann der Zwangsverwalter eines vermieteten Grundstücks eine Räumungsklage nicht auf die insolvenzrechtliche Anfechtbarkeit des Mietvertrags, z.B. wegen Gläubigerbenachteiligung, stützen (BGH, Urteil v. 16.10.2014, IX ZR 282/13, NJW 2015 S. 164).

Instandhaltung und Instandsetzung der Mieträume

Nach der gesetzlichen Regelung des § 535 BGB hat der Vermieter die vermietete Sache dem Mieter in einem zum vertragsgemäßen Gebrauch geeigneten Zustand zu überlassen und sie während der Mietzeit in diesem Zustand zu erhalten. Bei dieser Hauptleistungspflicht des Vermieters handelt es sich um eine in die Zukunft gerichtete Dauerverpflichtung, die sich nicht in der Überlassung der Mietsache erschöpft, sondern auch darin besteht, die Mietsache während der gesamten Mietzeit in einem gebrauchstauglichen Zustand zu erhalten. Eine solche vertragliche Dauerverpflichtung kann nach der Rechtsprechung des BGH während des Bestehens des Mietverhältnisses schon begrifflich nicht verjähren, da sie während dieses Zeitraums gleichsam ständig neu entsteht.

Der Vermieter kann daher gegen Ansprüche des Mieters auf Beseitigung von Mängeln, die während der Mietzeit eingetreten sind, z.B. Reparatur von undicht gewordenen Fenstern, nicht einwenden, der Zustand bestünde schon längere Zeit und die Ansprüche des Mieters wären deshalb verjährt (BGH, Urteil v. 17.2.2010 VIII ZR 104/09).

Anders ist die Rechtslage, wenn der Mangel schon bei Abschluss des Mietvertrags vorhanden war und der Mieter den Mangel erkannt oder ihn lediglich infolge grober Fahrlässigkeit nicht erkannt hat. Dann stehen dem Mieter Rechte auf Mietminderung und Schadenersatz nicht zu (§ 536b Abs. 1 BGB; s. „Kenntnis von Mängeln").

Keine Instandhaltungspflicht des Vermieters besteht für Gegenstände und Ausstattungen, die vom Mieter selbst in die Mieträume eingebracht wurden. Die Beweislast dafür, dass die Mieträume vom Vermieter mit einer bestimmten Ausstattung versehen wurden (z.B. Gasöfen), für die der Vermieter instandhaltungspflichtig ist, trägt der Mieter, d.h., im Zweifel muss der Mieter die Instandhaltungspflicht des Vermieters für bestimmte Gegenstände in den Mieträumen beweisen (BGH, Beschluss v. 17.8.2011, VIII ZR 96/11, WuM 2011 S. 618). Bei Übergabe der Mieträume sollte daher auch die Ausstattung der Mieträume in einem Übergabeprotokoll dokumentiert werden.

Gleiches gilt für Gegenstände und Einbauten (z.B. Einbauküchen, Sanitärausstattung, Böden), die der Mieter von seinem Mietvorgänger **erworben** hat bzw. die ihm von diesem unentgeltlich überlassen wurden. Hat der Mietvorgänger die Gegenstände bzw. Einbauten dagegen nach seinem Auszug in den Mieträumen lediglich zurückgelassen, ist das Eigentum nicht auf den Nachmieter, sondern auf den Vermieter übergegangen. Dies hat zur Folge, dass diese Gegenstände und Einbauten – mangels einer anderweitigen Vereinbarung – als vermieterseits gestellt und damit als mitvermietet gelten (LG Berlin, Urteil v. 16.12.2011, 63 S 170/11, GE 2012 S. 405). Damit erstreckt sich die gesetzliche Instandhaltungspflicht des Vermieters auch auf die vom Vormieter zurückgelassenen Gegenstände und Einbauten.

Ferner hat der Mieter keinen Anspruch auf Beseitigung von Mängeln, deren Entstehung in seinem Verantwortungsbereich liegt (z.B. bei selbst verursachten Schimmelschäden; s. „Feuchtigkeit in der Wohnung"). Verlangt der Mieter vom Vermieter trotzdem Mängelbeseitigung oder droht er dem Vermieter eine Mietminderung an, obwohl er erkennt oder nur infolge Fahrlässigkeit nicht erkennt, dass der angebliche Mangel in seinem eigenen Verantwortungsbereich liegt, kann er dem Vermieter zum Schadenersatz (z.B. auf Ersatz der zur Abwehr der Ansprüche aufgewendeten Anwaltskosten) verpflichtet sein (so BGH, Urteil v. 23.1.2008, VIII ZR 246/06 zum Kaufrecht). Der Schadenersatzanspruch des Vermieters setzt allerdings ein **Verschulden** des Mieters voraus. An dieses Verschulden sind strenge Anforderungen zu stellen. Insofern darf der Mieter Gewährleistungsansprüche jedenfalls auch dann geltend machen, wenn der Mangel oder dessen Ursache nicht zweifelsfrei feststeht; anderenfalls würde die Durchsetzung von Mängelbeseitigungsansprüchen des Mieters in nicht hinnehmbarer Weise erschwert (BGH, Urteil v. 22.9.2010, VIII ZR 285/09).

Eine **Ausnahme** von dem Grundsatz, dass der Vermieter nicht zur Beseitigung von Schäden verpflichtet ist, die der Mieter selbst schuldhaft verursacht hat, besteht dann, wenn eine für den Schaden eintrittspflichtige Versicherung (z.B. Gebäudeversicherung für Brandschäden) besteht, deren Kosten auf den Mieter im Rahmen der Betriebskosten umgelegt wurden. In diesem Fall ist der Vermieter grundsätzlich gehalten, die Versicherung in Anspruch zu nehmen und den Schaden zu beseitigen, da der Mieter auch bei fahrlässigem Verhalten erwarten kann, dass ihm seine Aufwendungen für die Versicherung im Schadensfall zugutekommen (BGH, Urteil v. 19.11.2014, VIII ZR 191/13).

Bei einer vermieteten **Eigentumswohnung** steht dem Verlangen einer Mängelbeseitigung durch den Mieter nicht entgegen, dass der Vermieter der Eigentumswohnung die Zustimmung der anderen Wohnungseigentümer herbeiführen muss (BGH, Urteil v. 20.7.2005, VIII ZR 342/03, NZM 2005 S. 820). Dies gilt auch dann, wenn die zur Mängelbeseitigung erforderlichen Maßnahmen Eingriffe in das gemeinschaftliche Eigentum der Wohnungseigentümergemeinschaft notwendig machen und – soweit erforderlich – ein zustimmender Beschluss der Wohnungseigentümerversammlung noch nicht vorliegt (KG Berlin, RE v. 25.6.1990, 8 RE-Miet 2634/90, ZMR 1990 S. 336). Dementsprechend kann sich auch der **gewerbliche Zwischenmieter** einer Eigentumswohnung nicht darauf berufen, die Mängelbeseitigung mache Eingriffe in das Gemeinschaftseigentum notwendig und sei ihm daher unmöglich. Weil der gewerbliche Zwischenmieter seinerseits einen Anspruch auf Mängelbeseitigung gegen seinen Vermieter, den Eigentümer der Wohnung hat, besteht kein dauerndes Unvermögen, sondern lediglich ein vorübergehendes Leistungshindernis. Der Zwischenmieter wird daher nicht von seiner Verpflichtung zur Instandsetzung frei, sondern muss nach Auftreten des Mangels unverzüglich alles ihm Zumutbare tun, um seinen Vermieter zur Beseitigung zu veranlassen (OLG Zweibrücken, RE v. 14.12.1994, 3 W-RE-195/94, WuM 1995 S. 144).

Diese **Instandhaltungspflicht** erstreckt sich nicht nur auf die Mieträume unmittelbar, sie umfasst auch den Zugang zu den Mieträumen und das Zubehör. So hat der Vermieter z.B. für die gefahrlose Benutzbarkeit des Treppenhauses sowie für die ausreichende Beleuchtung und Instandhaltung der Stufen und Geländer zu sorgen, wie auch die vom Mieter benutzten Hausteile (z.B. Lift, Waschküche, Speicher, Hofraum) in ordnungsgemäßem und betriebssicherem Zustand zu erhalten. Die Mietsache ist zwar schon dann mangelhaft, wenn der Mieter sie nur in Befürchtung einer Gefahrenverwirklichung gebrauchen kann. Dies setzt aber voraus, dass der Mieter von der Gefahr (hier: drohendes Herabstürzen der Decke wegen zu geringer Tragkraft) Kenntnis hat. Allein die Tatsache, dass die Benutzung der Mietsache bei Kenntnis aller Umstände hätte unterbleiben müssen, begründet noch keinen Mangel und damit kein Minderungsrecht des Mieters (LG Heidelberg, Urteil v. 25.4.2012, 5 O 21/12, GE 2012 S. 899). Rein optische Mängel z.B. durch schadhaften Putz oder verschmutzte Anstriche können jedoch nur dann zu einer Renovierungspflicht des Vermieters führen, wenn diese so erheblich sind, dass es dem Mieter nicht mehr zumutbar ist, die Wohnung durch solche Zugänge zu betreten (LG München I, Urteil v. 21.10.1992, 15 S 9753/92, WuM 1993 S. 736).

Die Instandhaltungspflicht des Vermieters endet mit Beendigung des Mietverhältnisses. Daher kann der Mieter nach eigener fristloser Kündigung des Mietverhältnisses und Einstellung der Mietzahlungen nach Treu und Glauben (§ 242 BGB) keine Instandsetzungsmaßnahmen mehr beanspruchen, da dies ein widersprüchliches Verhalten *(venire contra factum proprium)* darstellen würde. Auf die Wirksamkeit seiner Kündigung kommt es insofern nicht an (KG Berlin, Urteil v. 29.7.2013, 8 U 257/12, MDR 2013 S. 1156).

Die **Instandhaltungspflicht** des Vermieters ist grundsätzlich unabhängig von der **Höhe** der notwendigen Aufwendungen. Eine Berufung des Vermieters auf die sog. **„Opfergrenze"** ist nur in Ausnahmefällen möglich, z.B. wenn das Mängelbeseitigungsverlangen des Mieters treuwidrig ist, weil ein **krasses Missverhältnis** zwischen Reparaturaufwand einerseits und dem Nutzen der Reparatur für den Mieter sowie der Höhe der Miete andererseits besteht und die Mangelhaftigkeit nicht vom Vermieter verschuldet worden ist (OLG Hamburg, Urteil v. 8.11.2000, 4 U 205/99, WuM 2001 S. 542). An die Annahme eines krassen Missverhältnisses stellt die Rechtsprechung jedoch hohe Anforderungen und lässt z.B. Kosten in Höhe von zwei Jahresmieten für die Instandsetzung eines mitvermieteten Balkons nicht genügen (vgl. LG Hamburg, Urteil v. 29.11.1996, 311 S 119/96, WuM 1997 S. 432 m.w.N.; LG Osnabrück, Urteil v. 17.9.1991, 12 S 45/91, WuM 1992 S. 119; OLG Karlsruhe, Urteil v. 30.12.1994, 19 U 113/94, ZMR 1995 S. 201; LG Berlin, Urteil v. 22.6.1995, 62 S 58/95, GE 1995 S. 1013).

Unzumutbar ist der Renovierungsaufwand für den Vermieter in der Regel erst dann, wenn er nicht innerhalb eines Zeitraums von ca. 10 Jahren durch eine erzielbare Rendite aus dem Mietobjekt ausgeglichen werden kann (vgl. OLG Hamburg, Urteil v. 6.9.2002, 4 U 15/00, GE 2001 S. 1266) oder der Reparaturaufwand mehr als das Dreifache des Verkehrswerts des Mietobjekts betragen würde (BGH, Urteil v. 21.4.2010, VIII ZR 131/09).

Ferner ist die „Opfergrenze“ überschritten, wenn z.B. zur Verhinderung des Eindringens von Wasser in den Durchgangsbereich vom Haus zum Keller und zur Tiefgarage die Erneuerung der Betonwanne unter dem Haus und damit der Abriss und der Neuaufbau des Hauses erforderlich wäre (BGH, Urteil v. 20.7.2005, VIII ZR 342/03, NZM 2005 S. 820).

Grundsätzlich führt es auch bei Überschreiten der Opfergrenze nicht zum Verlust des Leistungsverweigerungsrechts des Vermieters (Einrede aus § 275 Abs. 2 BGB), wenn der Vermieter den zum Mangel der Mietsache führenden Umstand **vorsätzlich** herbeigeführt hat. In einem solchen Fall obliegt es der wertenden Gesamtbetrachtung des Tatrichters, ob er angesichts der von ihm zu berücksichtigenden Gesamtumstände des Einzelfalls die Einrede für begründet erachtet (BGH, Beschluss v. 22.1.2014, VIII ZR 135/13, GE 2014 S. 313; so z.B. für den Fall, dass der Vermieter auf dem ebenfalls in seinem Eigentum stehenden Nachbargrundstück ein Haus errichtet hat, dessen Außenwand unmittelbar vor dem Küchenfenster und dem Badezimmerfenster der Mietwohnung angebaut ist. Dies stellt zwar einen Mietmangel dar. Allerdings kann dem Anspruch des Mieters auf Wiederherstellung des vertragsgemäßen Gebrauchs die Opfergrenze entgegenstehen, weil sich die Mängelbeseitigungskosten wegen des unweigerlichen Teilabrisses des mehrstöckigen Nachbargebäudes auf einen hohen sechsstelligen Betrag belaufen würden (LG Berlin, Urteil v. 7.5.2013, 63 S 387/12, GE 2013 S. 1203).

Bei **völliger Zerstörung** der Mietsache erlischt das Mietverhältnis ohne Kündigung automatisch. Der Vermieter wird von seiner Pflicht zur Gebrauchsüberlassung frei (§ 275 Abs. 1 BGB). Eine Wiederherstellungspflicht des Vermieters besteht nicht (LG Karlsruhe, Urteil v. 7.4.2004, 10 O 683/03, NZM 2005 S. 221). Gleiches gilt, wenn die Pachtsache durch einen Brand **im Wesentlichen** zerstört wird. Eine Pflicht des Verpächters zum Wiederaufbau besteht in diesem Fall nicht. Auf Fragen der Zumutbarkeit i.S.v. § 275 Abs. 2 BGB kommt es insofern nicht an. Eine Zerstörung, die zur Unmöglichkeit führt, liegt auch nicht erst dann vor, wenn kein Stein mehr auf dem anderen steht. Maßgebend ist eine funktionelle Betrachtung, bei der es darauf ankommt, ob der erhalten gebliebene Teil eigenständig wirtschaftlich sinnvoll nutzbar ist und die Identität des Pachtgegenstands gewahrt bleibt. Dies ist nicht der Fall, wenn das Herzstück der Pachtsache ein historischer Teil (hier: alte Mühle) und dieser weitgehend abgebrannt ist, später angebaute Gebäudeteile jedoch zu wesentlichen Teilen erhalten geblieben sind (OLG Stuttgart, Urteil v. 11.1.2010, 5 U 119/09). Entsprechendes gilt bei **erheblichen Beschädigungen** der Mietsache, wenn der Wiederaufbau dem Vermieter aus finanziellen Gründen nicht zumutbar ist (BGH, Urteil v. 14.4.1976, VIII ZR 291/74, WuM 1977 S. 5; BGH, Urteil v. 26.9.1990, VIII ZR 205/89, WuM 1990 S. 546). Dementsprechend steht einem Wohnungsmieter auch nach der „Jahrhundertflut“ in den östlichen Bundesländern auch bei einem nicht völlig zerstörten Mietobjekt kein Besitzverschaffungsanspruch gegen den Vermieter zu, wenn die dem Vermieter obliegende zumutbare Opfergrenze überschritten ist (LG Dresden, Urteil v. 14.6.2007, 4 S 640/06, NZM 2008 S. 165).

Vereinbaren die Parteien, dass der Mieter eine **geringere Miete** bezahlt, im Gegenzug aber den Ausbau und die **Instandhaltung** der Mieträume für einen bestimmten Zeitraum (hier: 20 Jahre) übernimmt, lebt nach Ablauf des Zeitraums die gesetzliche Instandhaltungspflicht des Vermieters wieder auf. Der Vermieter kann die Durchführung von erforderlichen Instandhaltungsmaßnahmen dann nicht mit der Begründung verweigern, der Mieter würde immer noch eine geringe Miete zahlen. Der Vermieter kann lediglich die Miete nach allgemeinen Vorschriften erhöhen (LG Lüneburg, Urteil v. 13.9.2006, 6 S 43/06, Miet-RB 2007 S. 85).

> Der Vermieter muss die Mietsache in einem **vertragsgemäßen** Zustand erhalten, der vom **Zustand bei Beginn des Mietverhältnisses** abhängt und dadurch festgeschrieben wird.

Waren z.B. die sanitären Einrichtungen bei Beginn des Mietverhältnisses bereits 20 Jahre alt, ist dieser Zustand vertragsgemäß. Treten keine wesentlichen Verschlechterungen ein, kann der Mieter auch mehrere Jahre später nicht generell verlangen, dass die sanitären Anlagen erneuert werden. Eine entsprechende Verpflichtung des Vermieters entsteht erst dann, wenn die **sanitären Anlagen** trotz der üblichen Pflegemaßnahmen infolge weiteren Verschleißes nicht mehr **gebrauchsfähig** sind. Ist z.B. die Oberfläche einer Badewanne im Sitzbereich ohne Verschulden des Mieters (z.B. wegen unsachgemäßer Nutzung oder Pflege) so rau geworden, dass ein Frotteehandtuch beim Reinigen Fusseln verliert, kann der Mieter eine ordnungsgemäße Reparatur (z.B. durch Beschichten), aber nicht grundsätzlich den Austausch der Wanne verlangen (AG Hannover, Urteil v. 16.4.2009, 414 C 16262/08, WuM 2009 S. 585).

Erneuert der Mieter auf eigene Kosten z.B. eine 30 Jahre alte Badewanne, ohne dass diese Voraussetzungen eingetreten sind, kann er vom Vermieter keine Kostenerstattung verlangen (AG Coesfeld, Urteil v. 11.2.2003, 4 C 525/02, WuM 2003 S. 206).

Diese Grundsätze gelten auch für andere mitvermietete Anlagen und Einrichtungen wie **Türen, Fenster und Bodenbeläge**. Hat z.B. der Vermieter bei Abschluss des Mietvertrags darauf hingewiesen, dass der in der Wohnung befindliche Teppichboden bereits 18 Jahre alt ist, ist die Ausstattung mit einem erneuerungsbedürftigen Bodenbelag Vertragsbestandteil. Auch eine im Lauf des Mietverhältnisses noch fortschreitende Abnutzung führt daher nicht zu einer Erneuerungspflicht des Vermieters (LG Köln, Beschluss v. 6.7.2004, 1 S 122/04, WuM 2005 S. 240); s. hierzu auch LG Wiesbaden, Urteil v. 25.2.1991, 1 S 395/90, WuM 1991 S. 540, wonach ein **Parkett**fußboden erfahrungsgemäß alle 15 bis 20 Jahre abzuschleifen und zu versiegeln ist und die Abnutzung eines **PVC**-Fußbodens jährlich 10 bis 12 % beträgt, sowie AG Steinfurt, Urteil v. 30.11.2006, 4 C 168/05, wonach die Lebensdauer eines **Laminatbodens** ca. 10 Jahre beträgt.

Dementsprechend können die Parteien auch einen vorliegenden, schlechten Bauzustand des Anwesens als vertragsgemäß vereinbaren (LG Düsseldorf, Urteil v. 29.1.1991, 24 S 504/90, DWW 1991 S. 284; LG Mannheim, Urteil v. 15.11.1989, 4 S 214/88, ZMR 1990 S. 220; vgl. auch LG Berlin, Urteil v. 5.1.1989, 61 S 489/87, ZMR 1989 S. 259).

Ist der schadhafte Zustand der Wohnräume bei Beginn des Mietverhältnisses als vertragsgemäß vereinbart (hier: Putz- und Stuckschäden an den Decken), ist der Mieter zur Duldung von sich darauf beziehenden Erhaltungsmaßnahmen nicht verpflichtet. Insofern trägt der Vermieter die Darlegungs- und Beweislast für die Duldungspflicht des Mieters und damit auch für den Inhalt einer Vereinbarung über den vertragsgemäßen Zustand (LG Berlin, Urteil v. 30.4.2010, 63 S 493/09, GE 2010 S. 911).

Mietvertragliche **Abreden** zur Beschaffenheit der Mietsache können von den Parteien auch **konkludent**, d.h. durch schlüssiges Verhalten getroffen werden, z.B. dadurch, dass der Mieter dem Vermieter bestimmte Anforderungen an die Mietsache zur Kenntnis bringt und dieser zustimmt. Eine **einseitig** gebliebene Vorstellung des Mieters genügt dafür jedoch **nicht**. Dies gilt auch dann, wenn sie dem Vermieter bekannt ist (z.B. Mieter rechnet nicht mit Nutzungsänderung von Nebenflächen der Mietsache – hier: Innenhof – während der Mietdauer). Erforderlich ist vielmehr, dass der Vermieter darauf in irgendeiner Form zustimmend reagiert. Daher kann ein Mieter nicht ohne Weiteres erwarten, dass der Vermieter Veränderungen am Gebäude, die durch die Nutzungsbedürfnisse anderer Mieter erforderlich werden (hier: Einbau einer Lüftungsanlage im Innenhof), unterlässt. Dies gilt selbst dann, wenn die Veränderung zwar zu einer Steigerung der Geräuschimmissionen führt, die Belastung aber weiterhin noch den technischen Normen genügt, deren Einhaltung der Vermieter schuldet, d.h., die Grenzwerte der TA Lärm nicht überschritten werden. Insofern kann der Mieter nicht davon ausgehen, dass der Vermieter für die Erhaltung einer unter den gesetzlichen Grenzwerten liegenden Belastung über die gesamte Mietdauer einstehen wollte (BGH, Urteil v. 23.9.2009, VIII ZR 300/08, MDR 2010 S. 20). Werden die Grenzwerte der TA Lärm eingehalten, kann ein Mangel der Mietsache nur ausnahmsweise dann vorliegen, wenn Lärmbelästigungen – etwa wegen der Eigenart der Geräusche – dennoch objektiv zu einer Gebrauchswertbeeinträchtigung führen. Insofern stellen Geräusche, die nach Art und Intensität gebietstypisch sind, keinen Mangel dar. Ferner kann auch nicht jede nachteilige Veränderung des Wohnumfeldes und der Geräuschsituation als Mangel der Mietsache gesehen werden. Maßgeblich ist, ob der Mieter bestimmte Eigenschaften seines Wohnumfeldes als unveränderlich voraussetzen durfte oder ob er mit bestimmten nachteiligen Veränderungen rechnen musste (LG Heidelberg, Urteil v. 26.2.2010, 5 S 95/09, WuM 2010 S. 148).

Dementsprechend stellt eine nur **vorübergehende** Erhöhung des Lärmpegels (z.B. infolge einer wegen Bauarbeiten geänderten Verkehrsführung) grundsätzlich keinen Mangel dar, wenn sie sich in den für den Stadtteil üblichen Grenzen hält. Anders wäre dies zu beurteilen, wenn eine Beschaffungs**vereinbarung** über ein niedriges Lärmniveau getroffen worden wäre. Von einer solchen stillschweigend abgeschlossenen Vereinbarung kann allerdings nicht schon dann ausgegangen werden, wenn der Mieter die verhältnismäßig geringe Belastung durch Verkehrslärm als vorteilhaft wahrgenommen und dies womöglich Einfluss auf seine Entscheidung zum Vertragsschluss hatte. Erforderlich ist vielmehr, dass der Vermieter erkannt hat oder hätte erkennen müssen, dass der Mieter die geringe Lärmbelästigung als maßgebliches Kriterium für den vertragsgemäßen Zustand der Wohnung betrachtet hat (BGH, Urteil v. 19.12.2012, VIII ZR 152/12).

Vertragliche **Vereinbarungen** über eine bestimmte **Beschaffenheit** bzw. über einen bestimmten **Zustand** der Mietsache sind zulässig und **wirksam**. Dies gilt auch dann, wenn sich die Vereinbarung auf bestimmte vorliegende **Mängel** der Mietsache (z.B. undichte Fenster) bezieht. In diesem Fall ist der Mieter wegen dieser Mängel nicht zur Minderung der Miete berechtigt.

Daher ist auch eine Vereinbarung über den **Ausschluss** bzw. die **Begrenzung** einer Mietminderung im konkreten Einzelfall bzw. aus einem bestimmten Anlass zulässig, z.B. wegen anstehender oder bereits laufender Bauarbeiten in der Wohnung oder im Gebäude. Eine solche Vereinbarung verstößt nicht gegen § 536 Abs. 4 BGB, wonach das gesetzliche Minderungsrecht des Wohnungsmieters unabdingbar ist, d.h., durch vertragliche Vereinbarungen nicht ausgeschlossen oder eingeschränkt werden kann. § 536 BGB Abs. 4 betrifft nämlich nur die **generelle** Abdingbarkeit, nicht aber die Abdingbarkeit im Einzelfall (so bereits BGH, Urteil v. 14.10.2009, VIII ZR 159/08, WuM 2009 S. 744). Mit der Vereinbarung über eine konkrete Mietminderung aus bestimmtem Anlass treffen die Parteien lediglich eine betragsmäßige Bestimmung darüber, welche Miete sie für welche Zeiträume übereinstimmend als angemessen herabgesetzte Miete (i.S.d. § 536 Abs. 1 S. 2 BGB) betrachten (LG München I, Urteil v. 9.12.2011, 14 S 9823/11, ZMR 2012 S. 192).

Dementsprechend ist auch die in der zwischen HAUS + GRUND MÜNCHEN und dem Münchner Mieterverein geschlossenen Münchner Modernisierungsvereinbarung enthaltene Bestimmung über den Ausschluss bzw. die Begrenzung einer Mietminderung während der Bauarbeiten zulässig und wirksam.

Der Vermieter kann seiner Instandsetzungsverpflichtung auch durch Ersatz von **Teilen** der Mietsache genügen. Sind z.B. nach einem vom Mieter nicht zu vertretenden Wasserrohrbruch im Bad einzelne Fliesen zu ersetzen, die farblich identisch nicht mehr erhältlich sind, kann sich der Vermieter darauf beschränken, nur die betroffene Wand neu zu verfliesen (AG Köln, Urteil v. 8.9.1994, 215 C 256/93, WuM 1997 S. 41; s. auch LG München, Beschluss v. 14.2.2005, 1 T 14345/04, NZM 2005 S. 912 zum Ersatz nur der beschädigten Fliesen statt eines Gesamtaustauschs). Bei der Mängelbeseitigung ist der Vermieter grundsätzlich verpflichtet, den ursprünglich bei der Anmietung vorhandenen Zustand wiederherzustellen.

Der Mieter muss jedoch eine **optische Anpassung** an den Zeitgeschmack akzeptieren, sofern die Veränderung nicht einem (kurzfristigen) Modetrend unterliegt und die optische Einheit mit dem Bestand dadurch nicht unstimmig wird (LG Berlin, Urteil v. 21.12.2010, 65 S 318/09). So ist der Vermieter z. B. berechtigt, anstatt des verschlissenen ursprünglich braunen Bodens einen grauen Boden zu verlegen (AG Stuttgart, Urteil v. 8.11.2011, 32 C 2842/11, ZMR 2012 S. 367). Gleiches gilt bei der Erneuerung von defekten (z. B. undichten) **Fenstern und Türen**. Hier ist dem Vermieter ebenfalls ein **Entscheidungsspielraum** sowohl hinsichtlich des Materials als auch der Farbe der neuen Fenster und Türen zuzubilligen. Dementsprechend ist der Vermieter ohne Weiteres berechtigt, anstelle von bestehenden braunen Holzfenstern weiße Kunststofffenster einzubauen. Dies gilt selbst dann, wenn die Fensterrahmen in der Wohnung nach einer nur teilweisen Erneuerung gemischt farbig sind, da es sich dabei nur um eine minimale optische Beeinträchtigung handelt, die der Mieter auch dann akzeptieren muss, wenn dies nicht seinem persönlichen Geschmack entspricht. Der Mieter ist daher nicht zu einer Mietminderung berechtigt (AG München, Urteil v. 11.12.2012, 473 C 25342/12, ZMR 2013 S. 974). Führt eine Modernisierung (hier: Ersetzung der Holzdoppelkastenfenster durch Isolierglasfenster) jedoch zu einer Verringerung des Lichteinfalls (hier: um 28,85 % pro Fenster), entsteht ein zur Minderung berechtigender Mangel der Mietsache. Die Minderung errechnet sich nach einer Quote von 3 % pro Fenster (LG Berlin, Urteil v. 6.11.2013, 67 S 502/11, GE 2013 S. 1589).

Der Mieter kann verlangen, dass die defekte Sache durch eine im Wesentlichen gleichwertige und gleichartige Sache ersetzt wird. Dementsprechend ist der Mieter verpflichtet, als Instandsetzung den Austausch eines vorhandenen **Gas**herdes durch einen Ceran-Vierplatten-**elektro**herd zu akzeptieren (LG Berlin, Urteil v. 21.12.2010, 65 S 318/09, GE 2011 S. 338; s. auch LG Berlin, Urteil v. 28.5.1998, 62 S 401/97, WuM 1998 S. 481; Ersetzen der Gasheizung und des Gasherds durch elektrische Geräte). Eine Änderung der Heizungsart (z. B. von Nachtspeicher- auf Gasheizung) muss der Mieter nur dulden, wenn die Voraussetzungen einer Modernisierung nach § 554 Abs. 2 BGB (s. „Modernisierung“) vorliegen (LG Hamburg, Beschluss v. 20.2.1998, 307 T 20/98, WuM 1998 S. 279). Gleiches gilt für die Verstärkung der Elektrosteigleitungen, die Schaffung eines modernen Bades sowie den Austausch der vorhandenen Holzkastendoppelfenster durch Holzisolierglasfenster (LG Berlin, Urteil v. 21.12.2010, a. a. O.).

Gleiches gilt ferner beim Ersatz eines mangelhaften **Teppichbodens** durch einen **Laminatboden**. Dies stellt nicht nur eine Instandsetzung, sondern eine darüber hinausgehende Modernisierungsmaßnahme dar, die der Mieter ablehnen kann, es sei denn, der Vermieter kündigt die Maßnahme ordnungsgemäß als Modernisierungsmaßnahme an (s. „Modernisierung“) oder der Vermieter stellt ausdrücklich klar, dass mit der Maßnahme keinerlei Mieterhöhung verbunden ist (AG Dresden, Urteil v. 2.10.2008, 145 C 5372/08, GE 2009 S. 913).

Durch die Instandsetzung darf grundsätzlich aber auch keine Minderung des Wohnwerts für den Mieter eintreten. Z. B. darf der Vermieter nicht ohne Weiteres einen Parkettboden gegen einen einfachen Boden ersetzen, auch wenn im Mietvertrag nicht ausdrücklich ein Parkettboden genannt ist. Gleiches gilt für Stuckdecken, besondere Fenster und dgl.; **nicht** aber beim **Ersatz von Balkonfliesen** durch einen gestrichenen Estrich, da die Nutzung des Balkons dadurch nicht beeinträchtigt wird (LG Berlin, Urteil v. 21.9.2000, 62 S 133/00, NJW-RR 2001 S. 1162; zum Ersatz eines PVC-Bodens durch Fliesen s. AG Gelsenkirchen, Urteil v. 16.4.1999, 3b C 600/98, NZM 1999 S. 801).

Instandsetzungsmaßnahmen des Vermieters müssen **dauerhaft** sein. Kommt es z. B. über Jahre immer wieder zu einem Feuchtigkeitseintritt in die Mieträume infolge von Dachundichtigkeiten, darf sich der Vermieter nicht damit begnügen, nur die jeweils konkrete Undichtigkeit beseitigen zu lassen. Vielmehr muss er das Dach in der Weise sanieren, dass es – in den zeitlichen Grenzen einer gebotenen Erneuerung und von nicht vorhersehbaren Natureinwirkungen abgesehen – dauerhaft dicht ist (OLG Düsseldorf, Urteil v. 20.9.2007, 10 U 46/07, NZM 2009 S. 281).

Der vertragsgemäße Zustand wird vom Zustand bei Abschluss des Mietvertrags bzw. Beginn des Mietverhältnisses festgeschrieben. **Verändert** sich der Zustand zwischen der Besichtigung der Mieträume durch den Mieter und dem Vertragsabschluss (z. B. bei Besichtigung vorhandene Küche fehlt bei Vertragsabschluss) und wird der Mieter hierauf nicht hingewiesen, ist für die Vertragsgemäßheit der Zustand bei **Besichtigung** entscheidend. Der Vermieter ist dann zur Herstellung des bei Besichtigung bestehenden Zustands verpflichtet (LG Berlin, Urteil v. 5.4.2005, 65 S 366/04, GE 2005 S. 739). Ein Mieter, der auf eine eingehende Besichtigung der Mietsache vor Vertragsabschluss verzichtet, handelt grob fahrlässig i. S. d. § 536 b BGB. Dies bedeutet, dass der Mieter z. B. wegen undichter Fenster (Zugluft, Regenwasser) keine Mietminderung geltend machen kann, wenn ihm diese Mängel bei Übergabe der Wohnung bekannt waren oder wegen grober Fahrlässigkeit aufgrund der unterlassenen oder nachlässigen Besichtigung der Mietsache unbekannt geblieben sind (LG Berlin, Urteil v. 1.4.2011, 63 S 338/10, GE 2011 S. 887).

Eine chemische **Aufbereitung des Leitungswassers** zur Verhinderung einer durch alte Leitungsrohre bedingten Braunfärbung des Wassers muss der Mieter dulden, wenn das aufbereitete Wasser lebensmittelrechtlich unbedenklich ist, da der Mieter keinen Anspruch darauf hat, dass Qualität und Zusammensetzung des Trinkwassers während der Dauer des Mietverhältnisses nicht verändert werden (LG Braunschweig, Urteil v. 5.5.2000, 6 S 972/99, ZMR 2000 S. 462).

Gleiches gilt für eine **Innenbeschichtung** der Wasserrohre, z. B. mit Epoxidharz. Insofern genügt es, wenn der Vermieter eine Beschichtung wählt, die auf der Positivliste der Epoxidharzrichtlinie steht. Der Mieter haftet dem Vermieter allerdings nicht für dessen Rechtsanwaltskosten zur Durchsetzung der Duldungspflicht, wenn er die Weigerung der Duldung einer Sanierung für begründet halten durfte. Die Beseitigung einer Rohrinnenbeschichtung kann der Mieter nur bei Vorliegen einer **konkreten** Gesundheitsgefahr verlangen (AG Köln, Urteil v. 1.3.2013, 208 C 99/09, ZMR 2013 S. 970).

Wenn der Mieter das Leitungswasser 10 bis 15 Minuten ablaufen lassen muss, um die nach der Trinkwasserverordnung zulässigen Bleiwerte zu erreichen, so liegt ein Mangel der Mietwohnung vor (AG Hamburg, Urteil v. 28.2.2011, 910 C 117/10, ZMR 2011 S. 559).

Bei **mitvermieteten** Anlagen und Einrichtungen, die nicht ausschließlich einem bestimmten Mieter zugeordnet sind (z. B. Kinderspielplatz, Trockenböden, Gemeinschaftswaschräume), ist der Vermieter bei Reparaturen und bei Erneuerungen nur zur Aufrechterhaltung eines Grundbestands verpflichtet. Daher kann der Mieter z. B. bei einem Kinderspielplatz nicht die Wiederaufstellung bestimmter Spielgeräte verlangen, die bei Beginn des Mietverhältnisses vorhanden waren (LG Berlin, Urteil v. 28.2.1997, 64 S 503/96, NZM 1998 S. 860).

Den Vermieter trifft grundsätzlich keine Pflicht zur Modernisierung, um ein Anwesen mit veralteter Ausstattung dem gegenwärtigen Stand der Technik anzupassen. Für die Beurteilung der Frage, ob eine Mietwohnung Mängel aufweist, sind mangels gegenteiliger Vereinbarungen grundsätzlich nicht die aktuellen technischen Normen, sondern die Normen maßgeblich, die bei **Errichtung des Gebäudes** gegolten haben (BGH, Urteil v. 6.10.2004, VIII ZR 355/03, WuM 2004 S. 715). Daher besteht z. B. keine Verpflichtung des Vermieters, die Heizungsanlage ständig auf dem neuesten Stand zu halten (KG Berlin, Urteil v. 28.4.2008, 12 U 6/07, ZMR 2008 S. 892). Dies gilt auch bei außergewöhnlich hohen Heizkosten. Eine Heizungsanlage, die zwar nicht dem aktuellen, aber dem im **Zeitpunkt der Errichtung** des Gebäudes maßgeblichen technischen Standard entspricht und **fehlerfrei** arbeitet, ist nicht schon allein deshalb mangelhaft, weil sie hohe Energiekosten verursacht. Ein hoher Energieverbrauch ist für die Beurteilung eines Mangels nicht von Bedeutung, sofern die Anlage fehlerfrei arbeitet. Ein Vergleich der Heizkosten der älteren Anlage mit der Wirtschaftlichkeit einer modernen Anlage verbietet sich schon deshalb, weil der Vermieter ansonsten gehalten wäre, die Anlage technisch laufend zu verändern und auf dem neuesten Stand zu halten. Eine solche Modernisierungspflicht ist im Gesetz jedoch nicht vorgesehen. Das gesetzlich verankerte Wirtschaftlichkeitsgebot (s. „Abrechnung der Betriebskosten“, Abschnitt 9 „Grundsatz der Wirtschaftlichkeit“), wonach der Vermieter möglichst wirtschaftlich handeln soll, d.h. mit Blick auf ein angemessenes Kosten-Nutzen-Verhältnis, führt zu keiner anderen Beurteilung. Dies gilt sowohl für Wohnraum- als auch für Geschäftsraummietverhältnisse (BGH, Urteil v. 18.12.2013, XII ZR 80/12).

Dementsprechend besteht auch keine Verpflichtung des Vermieters, die Wärmedämmung, die dem technischen Stand zur Zeit der Gebäudeerrichtung entspricht, zu verbessern (KG Berlin, a.a.O.). Ferner besteht auch keine Verpflichtung des Vermieters zur Nachisolierung (LG München I, Urteil v. 20.5.1987, 20 S 23186/86, ZMR 1987 S. 468), zum Einbau anderer Fenster (LG Köln, Urteil v. 19.4.1990, 1 S 8/90, WuM 1990 S. 424), zur Verstärkung der elektrischen Leitungen (AG Osnabrück, Urteil v. 2.6.1989, 31 C 158/89, ZMR 1989 S. 339), zum Ersatz eines funktionsfähigen, jedoch überalteten Heizkessels (LG Darmstadt, Urteil v. 23.4.1986, 21 S 123/85, NJW-RR 1987 S. 787; LG Hannover, Urteil v. 19.4.1991, 8 S 53/90, WuM 1991 S. 540; so auch AG Wetzlar, Urteil v. 10.3.2009, 38 C 736/08, ZMR 2009 S. 543, wenn über den Austausch keine gesonderte Vereinbarung mit dem Vermieter getroffen wurde). Auch aus dem gesetzlich festgeschriebenen Grundsatz der Wirtschaftlichkeit (§ 556 Abs. 3 S. 1 2. HS BGB) kann der Mieter keinen Anspruch gegen den Vermieter auf Modernisierung einer vorhandenen alten, die Wärmeversorgung der Wohnung jedoch sicherstellenden Heizungsanlage herleiten (BGH, Urteil v. 31.10.2007, VIII ZR 261/06, WuM 2007 S. 700).

Obwohl der Vermieter grundsätzlich nicht zu baulichen Änderungen verpflichtet ist, um die Wohnung einem modernen Standard anzupassen, hat der Mieter **keinen Rechtsanspruch** darauf, dass ihm der Vermieter gestattet, selbst und auf eigene Kosten bauliche Veränderungen an der Wohnung mit dem Ziel einer Modernisierung oder Erhöhung des Wohnkomforts vorzunehmen. Die Erteilung einer derartigen Erlaubnis steht vielmehr im **Ermessen** des Vermieters, der dieses Ermessen jedoch nicht rechtsmissbräuchlich ausüben darf (so bereits BGH, Urteil v. 25.3.1964, VIII ZR 211/62, WuM 1964 S. 563). Dies kann der Fall sein, wenn die vom Mieter beabsichtigten Maßnahmen nur mit einem minimalen Eingriff in die Bausubstanz verbunden wären. Dagegen muss es bei größeren baulichen Maßnahmen, z.B. dem Einbau einer modernen Heizungsanlage, dem Eigentümer vorbehalten bleiben, den Zeitpunkt einer Investition selbst zu bestimmen und dabei das eigene – legitime – Interesse zu wahren, bei einer späteren Neuvermietung angesichts der zwischenzeitlich gestiegenen Attraktivität der Wohnlage eine deutlich höhere Miete zu erzielen. Daher verstößt es nicht gegen Treu und Glauben, wenn der Vermieter einem vom Mieter beabsichtigten Einbau einer Gasetagenheizung anstelle der in der gemieteten Altbauwohnung vorhandenen Einzelöfen seine Zustimmung verweigert (BGH, Urteil v. 14.9.2011, VIII ZR 10/11, WuM 2011 S. 671).

Eine Nachrüstpflicht besteht nur für Maßnahmen, deren Vornahme gesetzlich vorgeschrieben ist (z.B. Nachrüstpflicht für Thermostatventile oder Verpflichtung zur Erneuerung von Feuerstätten; s. „Energieeinsparverordnung“).

Darüber hinaus kann eine Nachrüstpflicht bestehen, wenn nachgewiesen wird, dass die Beschaffenheit der Wohnung zu Gesundheitsschäden führt, z.B. durch überhöhte Formaldehyd-, Asbest- oder Bleibelastung (vgl. LG Frankfurt, Urteil v. 4.10.1988, 2/11 S 18/88, ZMR 1990 S. 17; LG Berlin, Urteil v.

20.6.1986, 62 S 49/86, DWW 1987 S. 130; s. auch „Gesundheitsgefährdende Räume"). Jedoch muss der Mieter beweisen, dass die für die Wohnung verwendeten Baumaterialien (z.B. Holzschutzmittel) eine **konkrete** Gesundheitsgefährdung bewirken. Allein das Überschreiten von Umweltschutznormen bzw. einschlägiger Richtwerte ist für einen Beseitigungs- und Instandsetzungsanspruch des Mieters nicht ausreichend (LG Tübingen, Urteil v. 28.11.1996, 1 S 86/96, WuM 1997 S. 41). Ferner muss die Instandsetzung für den Vermieter zumutbar sein, d.h. es darf kein krasses Missverhältnis zwischen dem erforderlichen Aufwand und dem Wert des Mietobjekts sowie den daraus zu ziehenden Einnahmen entstehen (LG Tübingen, a.a.O.).

Zu einer Nachrüstung der Wohnung mit **Rauchmeldern** ist der Vermieter grundsätzlich nur verpflichtet, wenn die jeweilige Landesbauordnung dies vorschreibt. In diesem Fall hat der Mieter die Nachrüstung der Wohnung auch dann zu dulden und somit der vom Vermieter beauftragten Fachfirma Zutritt zur Wohnung zu gewähren, wenn er selbst die Wohnung bereits mit entsprechenden Meldern ausgestattet hat; darin liegt keine für den Mieter unbillige Härte (LG Halle, Urteil v. 30.6.2014, 3 S 11/14, ZMR 2014 S. 986; AG Hamburg, Urteil v. 13.6.2008, 716 C 89/08, NJW-RR 2009 S. 1237). Der Mieter muss die Dispositionsbefugnis des Vermieters akzeptieren und kann nicht durch vorauseilenden Gehorsam und Einbau eigener Geräte letztlich in die Verwaltungspraxis des Vermieters eingreifen. Der Vermieter entscheidet auch über den Umfang der Ausstattung; er ist nicht verpflichtet, nur eine Mindestausstattung nach der jeweils geltenden Bauordnung des Bundeslandes vorzunehmen.

Zur **Montage** der Rauchmelder muss der Mieter es ermöglichen, dass Mitarbeiter eines vom Vermieter beauftragten Unternehmens (maximal zwei Personen gleichzeitig, die sich auf Wunsch des Mieters ausweisen müssen) nach vorheriger Ankündigung mit einer Frist von mindestens einer Woche in der Zeit zwischen 9 und 13 Uhr sowie 15 und 18 Uhr den Zutritt zur Mietwohnung erhalten (AG Hamburg, Urteil v. 16.2.2011, 531 C 341/10, ZMR 2011 S. 395).

Gleiches gilt für die turnusmäßige **Funktionsprüfung** der Rauchmelder. Auch dazu muss der Mieter dem Vermieter bzw. dessen Beauftragten Zutritt zur Wohnung gewähren. Bei vermieterseits installierten Rauchmeldern kann der Mieter nicht auf einer eigenen Funktionsprüfung bestehen und muss das einheitliche Vorgehen des Vermieters durch einen von ihm beauftragten Dienstleister dulden (AG Hamburg, Beschluss v. 26.6.2013, 531 C 125/13, ZMR 2013 S. 965).

Die fehlende fristgerechte Wartung von Rauchmeldern kann den uneingeschränkten Versicherungsschutz im Rahmen der Gebäudeversicherung gefährden. Ein voller Versicherungsschutz setzt die Einhaltung der gesetzlichen und behördlichen Vorschriften (z.B. nach der Landesbauordnung) über Einbau und Wartung von Rauchmeldern voraus (AG Hamburg, a.a.O.).

Eine Verpflichtung des Vermieters zur Durchführung von Modernisierungsmaßnahmen in einer Altbauwohnung kann bestehen, wenn deren Ausstattung ein **zeitgemäßes Wohnen** nicht ermöglicht. Insofern ist der Vermieter verpflichtet, einen **Mindeststandard** zu schaffen, der eine Haushaltsführung auch unter Einsatz von gewöhnlichen technischen Hilfsmitteln erlaubt. Daher kann der Mieter einen **Stromanschluss** verlangen, der den Betrieb eines Großverbrauchers, z.B. einer Wasch- oder Geschirrspülmaschine bei gleichzeitigem Betrieb eines Elektrogeräts, z.B. eines Staubsaugers, ermöglicht. Ferner verlangt eine zeitgemäße Wohnungsnutzung, dass das Badezimmer neben elektrischem Licht auch über eine Steckdose zum Betrieb kleinerer elektrischer Geräte verfügt (BGH, Urteil v. 26.7.2004, VIII ZR 281/03, WuM 2004 S. 527).

Dagegen kann der Mieter (auch bei einer erst im Jahr 2002 gemieteten Wohnung mit drei Stromkreisen) nicht verlangen, dass gleichzeitig eine Waschmaschine und ein besonders leistungsstarker Staubsauger (mit mehr als 1.250 Watt) betrieben werden können. Auch eine Nutzungseinschränkung, dass der gleichzeitige Betrieb aller vier Kochplatten des Herdes einschließlich des Backofens auf höchster Leistungsstufe nicht möglich ist, stellt keinen Mietmangel dar. Dies gilt insbesondere, wenn Probleme erst dann aufgetreten waren, nachdem der Mieter selbst einen leistungsstärkeren Herd angeschafft hatte (LG Berlin, Urteil v. 19.7.21013, 63 S 362/11, GE 2014 S. 123).

Ein unter dem Mindeststandard liegender Zustand ist nur dann vertragsgemäß und berechtigt den Mieter nur dann nicht zur Minderung der Miete, wenn er eindeutig vereinbart, d.h., der erforderliche Sanierungsbedarf genau beschrieben ist (BGH, Urteil v. 10.2.2010, VIII ZR 343/08).

Zum Mindeststandard einer Wohnung, der eine zeitgemäße Wohnungsnutzung gewährleistet, gehört auch die zeitliche uneingeschränkte **Warmwasserversorgung** der Wohnung. Daher darf der Vermieter die Warmwasserversorgung z.B. in den Nachtstunden nicht abschalten. Ferner muss eine Mindesttemperatur des Brauchwassers von 40 bis 50 °C gewährleistet sein (so z.B. AG München, Urteil v. 26.10.2011, 463 C 4744/11, WuM 2012 S. 668: 41 °C). Spätestens 10 Sekunden nach Aufdrehen des Warmwasserhahns oder maximal 5 Liter muss eine Warmwassertemperatur von 45 °C zur Verfügung stehen. Muss der Mieter 5 Minuten warten, bis das Wasser 40 °C warm ist, kann er die Miete um 10 % kürzen (AG Schöneberg, Urteil v. 29.4.1996, 102 C 55/94). Dauert es 42 Minuten, um ein Vollbad mit 45 °C nehmen zu können, kann der Mieter Abhilfe z.B. durch Einbau einer ausreichend dimensionierten Warmwasserzubereitung verlangen (AG München, a.a.O.).

Eine Formularklausel, die den Mieter verpflichtet, bei unzureichender Dimensionierung des Stromnetzes die Kosten der Verstärkung selbst zu tragen mit der Folge, dass der Mieter selbst bei einem völlig defekten Elektronetz, an das überhaupt kein Gerät angeschlossen werden kann, keine Gewährleistungsansprüche gegen den Vermieter hat, ist unwirksam (BGH, Urteil v. 10.2.2010, VIII ZR 343/08). Der Mieter einer Altbauwohnung kann jedoch nicht grundsätzlich verlangen, dass neben anderen Großverbrauchern gleichzeitig der Betrieb eines Elektroherds möglich ist, wenn er eine Überlastung des Leitungsnetzes dadurch vermeiden kann, dass er anstelle des Elektroherds über den vorhandenen Gasanschluss einen Gasherd betreibt (AG Köln, Urteil v. 17.10.2005, 222 C 210/05, WuM 2006 S. 94). Dementsprechend bedeutet allein das Fehlen eines zweiten Stromkreises keinen Mangel der Mietsache, wenn die Parteien einen bestimmten Standard der Stromversorgung vertraglich nicht vereinbart haben (KG Berlin, Beschluss v. 8.9.2010, 12 U 194/09, MDR 2011 S. 152).

Die **Erweiterung** des Stromnetzes in der Wohnung stellt eine **Modernisierungsmaßnahme** dar, deren Kosten der Vermieter im Gegenzug im Wege einer **Mieterhöhung** vom Mieter verlangen kann (so z.B. LG Berlin, Urteil v. 5.11.2002, 64 S 170/02, GE 2003 S. 122; s. im Einzelnen „Mieterhöhung bei Wohnraum“, Abschnitt 3 „Mieterhöhung bei Modernisierung (§ 559 BGB)“).

Eine darüber hinausgehende Nachrüstung der elektrischen Anlage, insbesondere eine Ausstattung entsprechend dem **heutigen Stand** der Technik, kann der Mieter **nicht** verlangen (BGH, a.a.O.).

Dementsprechend stellt auch eine aus heutiger Sicht **unzureichende Wärmedämmung** keinen Mangel dar, da der Vermieter auch insofern **nicht** verpflichtet ist, die Wohnung an den jeweils gültigen Normen für die Wärmedämmung **anzupassen**. Ein Mieter, der z.B. eine Wohnung in einem 1956 errichteten Haus bezieht, muss sich darüber im Klaren sein, dass ein wesentlich erhöhter Beheizungsaufwand erforderlich ist, um ein schadenfreies Wohnen (Vermeidung von Schimmel) zu ermöglichen (LG Waldshut-Tiengen, Urteil v. 9.6.2004, 2 S 139/03, Miet-RB 2004 S. 281).

Gleiches gilt für die **Verglasungen** des Mietobjekts. Auch insofern kommt es auf das im Zeitpunkt der Errichtung des Gebäudes maßgebliche technische Regelwerk an und nicht darauf, was damals üblich war. War z.B. eine Einfachverglasung bereits im Zeitpunkt der Errichtung des Gebäudes (hier: 1981) zwar nicht mehr üblich, aber nach der damals geltenden Fassung der Wärmeschutzverordnung noch zulässig, liegt – mangels abweichender vertraglicher Vereinbarungen – selbst dann kein Mangel der Mietsache vor, wenn die Beheizung des Mietobjekts infolge der energetisch schlechten Verglasung hohe Kosten verursacht (OLG Saarbrücken, Urteil v. 8.5.2013, 2 U 3/13, ZMR 2014 S. 280).

Bei Fehlen von technischen Vorgaben kann der Mieter einer Wohnung (ohne eine ausdrückliche anderweitige Zusicherung) nur erwarten, dass die von ihm angemieteten Räume einen Standard aufweisen, der der **üblichen** Ausstattung vergleichbarer Wohnungen entspricht, wobei u.a. auch das Alter des Gebäudes zu berücksichtigen ist. Insofern hat der Mieter gewisse Unzulänglichkeiten einer **Altbau**wohnung, die allgemein verbreitet sind, z.B. Zuglufterscheinungen, hinzunehmen. Gleiches gilt für die Vereisung einzelner Kastenfenster im Winter. Dies ist bei solchen Fenstern bauartbedingt üblich und vom Mieter hinzunehmen (BGH, Beschluss v. 10.8.2010, VIII ZR 316/09, WuM 2010 S. 679).

Auch mit Feuchtigkeit und Nässe in Kellern von Altbauten muss der Mieter rechnen und kann daher grundsätzlich nicht die Miete mindern, wenn er dort keine Gegenstände lagern kann (LG Berlin, Urteil v. 7.2.2011, 67 S 61/10, GE 2011 S. 408).

Der Mieter kann auch nur ein Wärmeschutzniveau verlangen, das zur Zeit der Errichtung des Gebäudes üblich war (LG Karlsruhe, Urteil v. 23.9.2005, 9 S 157/05, DWW 2005 S. 426). Nicht alles, was bei Neubauten und im modernen Wohnungsbau zwischenzeitlich üblich geworden ist, kann bei Altbauten als üblich angesehen oder zum Maßstab gemacht werden. Nach der Verkehrsanschauung ist grundsätzlich der bei Errichtung des Gebäudes geltende Maßstab anzulegen (BGH v. 6.10.2004, a.a.O.). Dies gilt grundsätzlich sowohl für **Wohn-** als auch für **Geschäfts**räume (BGH, Urteil v. 3.5.2006, VIII ZR 168/05, MDR 2006 S. 1371; OLG Dresden, Urteil v. 10.2.2009, 5 U 1336/08, MDR 2009 S. 741). Sind dem Mieter daher bei Vertragsabschluss das Alter und die Ausstattung der Wohnung bekannt, können im Hinblick auf den im Zeitpunkt der Errichtung der Wohnung geltenden Baustandard bestimmte Mängel als vertragsgemäße Beschaffenheit angesehen werden. Dies gilt auch für **Feuchtigkeit im Keller** bei älteren Gebäuden. Wegen solcher bauartbedingter Mängel kann der Mieter weder die Miete mindern noch eine Nachbesserung der Bodendämmung verlangen (AG München, Urteil v. 11.6.2010, 461 C 19454/09). Eine andere Ansicht vertritt das LG Berlin (Urteil v. 12.3.2013, 63 S 628/12, GE 2013 S. 1205) für den speziellen Fall, dass der Keller – anders als bei dezentralen Kellerräumen in Mehrfamilienhäusern – unmittelbar an die Wohnräume angegliedert ist, z.B. bei einem vermieteten Einfamilienhaus, Doppelhaushälfte, Reihenhaus u. Ä. In diesem Fall stellt die Durchfeuchtung des Kellers auch bei einem älteren Haus (hier: Baujahr 1939) einen Mangel der Mietsache dar. Der Mieter kann nach der allgemeinen Verkehrsanschauung erwarten, dass die von ihm angemieteten Räume einen Standard aufweisen, der dem üblichen Standard vergleichbarer Räume entspricht. Bei der Vermietung einer Doppelhaushälfte entspricht nach Auffassung des LG Berlin nur ein trockener Keller dem üblichen Mindeststandard. Die Nutzung des unmittelbar an die Wohnräume angegliederten Kellers dient nämlich – anders als bei einer Mietwohnung mit einem in der Regel dezentralen Keller – zumindest auch der Lagerung von Lebensmitteln und Kleidungsstücken sowie dem Waschen und Trocknen von Wäsche. Diese – vertragsgemäße – Nutzungsmöglichkeit ist bei einer Durchfeuchtung des Kellers nicht unerheblich beeinträchtigt (LG Berlin, a.a.O.).

Der Mieter hat grundsätzlich auch **keinen** Anspruch auf **Nachbesserung**, z.B. der **Trittschalldämmung**, wenn diese zwar nicht den aktuellen DIN-Normen, jedoch den Normen zum Zeitpunkt der Errichtung des Anwesens entspricht. Dies gilt selbst dann, wenn sich die Schalldämmung durch Maßnahmen anderer Mieter, z.B. infolge der Verlegung von Bodenfliesen in der darüberliegenden Wohnung, gegenüber dem Zeitpunkt der Anmietung verschlechtert hat (BGH, Urteil v. 17.6.2009, VIII ZR 131/08, WuM 2009 S. 457). Auch der Umstand, dass in der vermieteten Wohnung ein vorhandener Bodenbelag durch einen anderen ersetzt wird, rechtfertigt nicht die Heranziehung der zur Zeit der Durchführung der Maßnahme geltenden DIN-Normen. Ferner gibt es keinen allgemeinen Anspruch auf Beibehaltung eines vorhandenen, die Mindestanforderungen überschreitenden Trittschallschutzes (BGH, Urteil v. 1.6.2012, V ZR 195/11, MDR 2012 S. 898).

Etwas anderes kann bei **abweichenden** vertraglichen Vereinbarungen oder Zusicherungen gelten; z.B. kann der Mieter bei Anmietung einer Wohnung in einem 50 Jahre alten Mehrparteienhaus, dessen Zustand im Mietvertrag als „kernsaniert" bezeichnet wird, von einer Trittschalldämmung nach aktueller DIN 4109 ausgehen. Liegt diese Soll-Beschaffenheit nicht vor, ist zwar ein Mangel an der Mietwohnung gegeben, jedoch kann einem Mängelbeseitigungsanspruch des Mieters gleichwohl wegen der extrem hohen Aufwendungen zur Beseitigung des Mangels ein Überschreiten der sog. Opfergrenze entgegenstehen (AG Bochum, Urteil v. 18.3.2011, 42 C 425/09, WuM 2011 S. 622).

Der Mieter eines Mehrfamilienhauses muss Beeinträchtigungen hinnehmen, die durch die vertragsgemäße Nutzung anderer Mieter entstehen (LG Berlin, Urteil v. 18.6.1999, 64 S 63/99, ZMR 2000 S. 532). Der Mieter kann nicht verlangen, dass keine Geräusche aus der Nachbarwohnung zu hören sind. Dies gilt selbst für laute Schnarchgeräusche, die den Mieter weder zur Mietminderung noch zur fristlosen Kündigung des Mietverhältnisses berechtigen (AG Bonn, Urteil v. 25.3.2010, 6 C 598/08, NZM 2010 S. 619). Nach ständiger Rechtsprechung ist der Vermieter **nicht** zur andauernden Modernisierung der Wohnung und zur ständigen Anpassung an neue Normen und steigende Bedürfnisse verpflichtet. Daher kann der Mieter keine Schallschutzmaßnahmen verlangen, die es zur Zeit der Errichtung des Gebäudes (hier: 1924) noch gar nicht gab. Ein älteres Anwesen muss somit nicht die heute geltenden Werte für Trittschall erfüllen (DIN 4109/1989: 53 dB für Wohnungstrenndecken). Dementsprechend hat der Mieter in einem 1961 errichteten Haus keinen Anspruch auf Trittschallschutz gemäß DIN 4109/62, da deren Anforderungen im Jahr 1961 noch nicht allgemein üblicher Standard waren (LG Frankfurt/M., Urteil v. 14.12.2010, 2-11 S 285/09, ZMR 2011 S. 468).

Der Vermieter schuldet lediglich eine Beschaffenheit, die der Mieter nach Art der Mietsache erwarten kann. Dementsprechend müssen die Räume einen Wohnstandard aufweisen, der bei vergleichbaren Wohnungen (Alter, Ausstattung, Art des Gebäudes, Höhe der Miete, ggf. Ortssitte) üblich ist. Soweit es zu bestimmten Anforderungen technische Normen, z.B. DIN-Normen, gibt, ist deren Einhaltung vom Vermieter geschuldet, obwohl die DIN-Normen keine Rechtsnormen sind, sondern nur privattechnische Regelungen mit Empfehlungscharakter. Daher hat der Mieter regelmäßig keinen Anspruch auf einen besseren Schallschutz, als es die Grenzwerte der bei Errichtung des Gebäudes geltenden DIN-Normen vorgesehen haben (BGH, Urteil v. 7.7.2010, VIII ZR 85/09, WuM 2010 S. 482). Waren zur Zeit der Errichtung des Gebäudes noch keine DIN-Normen vorhanden, ist es nach Auffassung des LG Hamburg (Urteil v. 15.12.2009, 316 S 14/09, ZMR 2010 S. 605) angemessen, die auf die Errichtung des Gebäudes zunächst folgende technische Norm zur Grundlage der Bemessung des zu gewährenden Schallschutzes heranzuziehen. Diese Grundsätze gelten auch dann, wenn die Grenzwerte erst überschritten wurden, nachdem in der darüberliegenden Wohnung die Teppichböden durch Laminatböden ersetzt worden sind. Zu berücksichtigen ist nämlich auch der damals übliche Ausstattungsstandard. Bei Anmietung einer Wohnung in einem im Jahr 1924 errichteten Gebäude muss der Mieter davon ausgehen, dass die Wohnungen nicht mit Teppichböden, sondern mit damals üblichen Dielenfußböden ausgestattet sind, bei denen die Trittschallwerte höher liegen als bei den jetzt verlegten Laminatböden (LG Berlin, Urteil v. 3.7.2003, 65 S 486/01, GE 2003 S. 1612).

Dabei unterfällt das Betreten von den Lärm nicht dämpfenden Fußbodenbelägen (z.B. Fliesen, Laminat) in Schuhen mit harten Absätzen in einem Mehrfamilienhaus, insbesondere in einem akustisch anfälligen Altbau, nicht mehr unter den vertragsgemäßen Gebrauch der Wohnung. Den Nutzern ist es daher zumutbar, derartige Schuhe an der Wohnungseingangstür auszuziehen (LG Hamburg, Urteil v. 15.12.2009, 316 S 14/09, WuM 2010 S. 147).

Anders als die Rechtslage, wenn der Vermieter an dem Anwesen größere **bauliche Veränderungen** vornimmt, die von der Intensität des Eingriffs in die Gebäudesubstanz mit einem Neubau oder einer grundlegenden Veränderung des Gebäudes vergleichbar sind und z. B. Lärmimmissionen zur Folge haben (BGH, Urteil v. 5.6.2013, VIII ZR 287/12, MDR 2013 S. 834). Lässt der Vermieter z. B. das als Abstellraum genutzte **Dachgeschoss** eines Mehrfamilienhauses zu einer neuen Wohnung **ausbauen**, kann der Mieter verlangen, dass die im **Zeitpunkt des Ausbaus** geltenden **Grenzwerte** für Trittschall (53 dB für normalen Schallschutz) eingehalten werden. Anspruch auf erhöhten Schallschutz mit einem Grenzwert von 46 dB hat der Mieter dagegen nicht schon deswegen, weil die Mietwohnung durch Aufstockung in der „Endetage" gelegen und deshalb keinerlei Trittschallbelästigung von oben ausgesetzt war.

Bei **Überschreiten** des Grenzwerts kann der Mieter nicht nur die Miete mindern (hier: 20 %), sondern auch die Herstellung eines zeitgemäßen Trittschallschutzes, z. B. durch nachträglichen Einbau einer Dämmung, gerichtlich einfordern. Dies gilt allerdings nicht, wenn die Überschreitung nur einen Teilbereich des Schallschutzes, z. B. den Luftschallschutz (und nicht auch den Trittschallschutz) betrifft und die Überschreitung darüber hinaus nur geringfügig (hier: ein Dezibel) ist. Eine so geringfügige Überschreitung des Schallschutzgrenzwerts stellt noch keine rechtlich beachtliche erhebliche Beeinträchtigung des Mietgebrauchs dar. Dabei kommt einer solchen geringfügigen Überschreitung eines Schallschutzgrenzwerts um ein Dezibel im Regelfall schon deshalb keine entscheidende Bedeutung zu, weil nach allgemeinen Erkenntnissen der Akustik eine Änderung des Schallpegels in dieser Größenordnung für das menschliche Ohr kaum wahrnehmbar ist (BGH, Urteil v. 5.6.2013, a. a. O.). Nachdem sowohl der planende Architekt als auch die ausführenden Bauunternehmen gegenüber dem Eigentümer verpflichtet sind, den Stand der Technik bei Ausführung ihrer Arbeiten zu beachten, liegt bei Überschreitung der Grenzwerte ein **Baumangel** vor, dessen Beseitigung der Eigentümer verlangen kann. Ferner steht dem Eigentümer ein Anspruch auf Schadenersatz in Höhe der berechtigten Mietminderung zu (BGH, Urteil v. 6.10.2004, VIII ZR 355/03, WuM 2004 S. 715).

Dementsprechend muss der Vermieter – sofern nichts anderes vereinbart ist – die **aktuellen**, d. h. die zur Zeit der Durchführung der baulichen Änderung geltenden technischen Normen (z. B. für den Schallschutz), einhalten, wenn er in der Wohnung **Modernisierungsmaßnahmen** vornimmt (z. B. Einbau von Isolierglasfenstern anstelle vorhandener straßenseitiger Kastendoppelfenster). Hat die Abweichung von den aktuellen technischen Normen negative Auswirkungen, hat der Mieter einen Mängelbeseitigungsanspruch. Dies gilt auch dann, wenn z. B. die neuen Fenster zwar einen besseren Schallschutz bieten als die bisherigen, aber nicht den aktuellen technischen Normen entsprechen. Dieser Anspruch des Mieters ist praktisch der Gegenwert für die Umlage der Modernisierungskosten auf die Miete (LG Berlin, Urteil v. 11.2.2008, 67 S 64/07, WuM 2008 S. 482).

Ein nach diesen Grundsätzen unzureichender Schallschutz kann ohne Weiteres einen Mangel der Mietsache begründen, sodass der Mieter zur Substanziierung dieses Mangels keine weitere Protokollierung von Lärmbelästigungen durchführen muss, damit er von seinem Minderungsrecht Gebrauch machen kann. Vielmehr ist von einer kontinuierlich gleichbleibenden Minderung unabhängig von konkreten Störungen auszugehen. Etwas anderes kann ausnahmsweise dann gelten, wenn aufgrund besonderer Umstände eine Lärmbelästigung ausgeschlossen ist (LG Wiesbaden, Urteil v. 17.2.2012, 3 S 54/11, NZM 2012 S. 456).

Ein Mietmangel liegt jedoch grundsätzlich nicht bereits dann vor, wenn ein Bauteil des Hauses (hier: Heizungsanlage) nach Feststellung des Sachverständigen eine DIN-Norm nicht erfüllt. Aus dem Verstoß gegen die DIN-Normen kann nicht zwingend auf eine mangelnde Beheizbarkeit der Mieträume geschlossen werden, da die tatsächlich im Raum zu erreichende Temperatur von einer Vielzahl von Faktoren abhängt, wie beispielsweise der Wärmedämmung, der Dichtung und Dämmung der Fenster, der Temperatur der umgebenden Wohnungen etc. Voraussetzung für einen Mietmangel ist daher eine Beeinträchtigung der Gebrauchstauglichkeit, z. B. dadurch, dass im Wohnraum tagsüber statt einer Raumtemperatur von 20 °C regelmäßig nur 19 °C erreicht werden (LG Berlin, Urteil v. 8.6.2012, 63 S 423/11, GE 2012 S. 1039).

Zur Beseitigung von Geräuschen aus der Heizungsanlage ist der Vermieter nur dann verpflichtet, wenn die Grenzwerte nach der DIN 4109 oder der TA Lärm überschritten sind. Bei Wohnräumen beträgt der Grenzwert auch nachts 30 db (A). Beeinträchtigungen durch angeblich tieffrequente Geräusche nach der TA Lärm sind von dem Mieter substanziiert vorzutragen (LG Berlin, Urteil v. 13.12.2010, 67 S 601/09, GE 2011 S. 549).

Der Vermieter ist grundsätzlich berechtigt, an nicht vermieteten Teilen und Flächen des Anwesens bauliche Veränderungen durchzuführen, z. B. Montage einer Photovoltaikanlage auf der Dachfläche des Anwesens. Haben die Parteien jedoch eine in der Baubeschreibung dokumentierte Ausgestaltung der Mietsache, z. B. Eindecken der Dachfläche mit roten Dachziegeln, vereinbart und wird diese Baubeschreibung Bestandteil des Mietvertrags, haben sich die Eigentümer ihres Rechts (nach § 903 BGB) begeben, die Dachfläche nach ihren Vorstellungen anders auszugestalten, z. B. dort nachträglich eine Photovoltaikanlage zu montieren (OLG Bamberg, Beschluss v. 30.7.2009, 3 U 23/09, NJW-RR 2010 S. 87).

Der Vermieter ist grundsätzlich **nicht** verpflichtet, den Sicherheitsstandard des Mietobjekts veränderten Sicherungserkenntnissen anzupassen, z. B. wegen einer Einbruchserie in ein Bürogebäude bessere Türelemente bzw. Schlösser einzubauen (OLG Düsseldorf, Urteil v. 6.6.2002, 10 U 12/01, NZM 2002 S. 737).

Ferner ist der Vermieter auch bei Beschuss der Loggia mittels eines Luftgewehrs durch eine unbekannte Person nicht verpflichtet, die Loggia durch eine kugelsichere Verglasung abzusichern (AG München, Urteil v. 4.7.2008, 412 C 32850/08, DWW 2010 S. 222).

Aus einer Vereinbarung, wonach die Wohnanlage künftig durch Videoüberwachung gesichert wird, kann der Mieter keine darüber hinausgehenden Sicherheitsmaßnahmen, wie etwa Sicherheitsbeschläge an der Balkontüre, erwarten, wenn dies nicht ausdrücklich vereinbart ist (KG Berlin, Urteil v. 7.7.2008, 8 U 33/08, WuM 2009 S. 658).

Nach Inkrafttreten eines **Nichtraucherschutzgesetzes**, wonach das Rauchen in bestimmten Räumen untersagt ist, ist der Vermieter bzw. Verpächter (z. B. einer Gaststätte) nicht verpflichtet, auf Verlangen des Pächters durch bauliche Maßnahmen die Voraussetzungen zu schaffen, dass dieser einen gesetzlich zulässigen Raucherbereich einrichten kann. Eine solche Verpflichtung würde einen Mangel der Mietsache voraussetzen, der aber gerade nicht vorliegt, da die mit einem gesetzlichen Rauchverbot zusammenhängende Gebrauchsbeschränkung der Mietsache nicht auf deren konkreter Beschaffenheit beruht, sondern sich auf die Art und Weise der Betriebsführung des Mieters bzw. des Pächters bezieht. Dementsprechend fallen die Folgen eines gesetzlichen Rauchverbots allein in das wirtschaftliche Risiko des Mieters bzw. Pächters (BGH, Urteil v. 13.7.2011, XII ZR 189/09).

Der Mieter einer Wohnung in einem Mehrparteienwohnhaus kann im Allgemeinen einen **Erhaltungszustand** des Anwesens (z. B. des Treppenhauses) verlangen, der dem Preissegment der Wohnung im Verhältnis zur aktuellen ortsüblichen Miete entspricht (AG München, Urteil v. 26.8.2009, 424 C 778/09, WuM 2009 S. 657). Bei Anmietung einer Wohnung mit einem nicht sichtgeschützten Balkon hat der Mieter weder Anspruch auf Montage eines Sichtschutzes durch den Vermieter noch Anspruch darauf, dass ihm der Vermieter die Montage auf eigene Kosten gestattet (AG Köln, Urteil v. 15.7.2011, 220 C 27/11, ZMR 2011 S. 886). Dementsprechend hat der Mieter

Anspruch auf **Beseitigung von Graffiti** (z.B. an der Hausfassade oder am Eingangsbereich) nur dann, wenn insbesondere nach Lage und Preis der Mieträume sowie nach dem Zustand bei Anmietung die besonderen Umstände des Einzelfalls (z.B. bei einem besonders gepflegten Anwesen) den Anspruch begründen (AG Hamburg, Urteil v. 22.4.2004, 44 C 209/03, WuM 2006 S. 244; s. auch LG Berlin, Urteil v. 5.10.2010, 63 S 619/09, GE 2010 S. 1541, wonach Farbschmierereien im Treppenhaus nur dann einen Mangel darstellen, dessen Beseitigung der Mieter verlangen kann, wenn eine besondere Beschaffenheit des Treppenhauses ausdrücklich oder schlüssig vereinbart wurde, z.B. weil die Mieträume zu repräsentativen Zwecken angemietet worden sind). Ferner kann ein Beseitigungsanspruch des Mieters bestehen, wenn nahezu die gesamte Fläche der Außenwand im Bereich des Erdgeschosses großflächig mit Graffiti verschmiert ist und das Haus dadurch einen verunstalteten und verwahrlosten Eindruck macht (AG Berlin, Urteil v. 22.6.2006, 233 C 47/06, NJW-RR 2007 S. 1024).

Gleiches gilt bei großflächigem Graffiti am Hauseingang, am Klingeltableau und an der Hauseingangstür. In diesem Fall ist der Vermieter nach Auffassung des AG Berlin (Urteil v. 10.10.2007, 5 C 313/07, NZM 2008 S. 481) auch dann zur Beseitigung der Graffitis verpflichtet, wenn eine relativ günstige Miete vereinbart worden ist, das Mietshaus in Großstadtlage bei Anmietung aber graffitifrei war.

Dagegen hat der Mieter bei **Putzschäden** an der Fassade des Wohngebäudes grundsätzlich keinen Instandsetzungsanspruch allein wegen des optischen Zustands der Fassade, sondern erst bei einer bevorstehenden Beeinträchtigung durch Feuchtigkeitsniederschlag an den Wänden der Wohnung.

Weist der **Außenputz** des Hauses jedoch bereits umfangreiche Schäden auf (hier: Ablösung von Teilflächen), ergibt sich ein Instandsetzungsanspruch des Mieters nicht allein aus dem optischen Zustand der Fassade, da in diesem Fall bei Schlagregen oder ähnlichen Wetterereignissen die Schutzfunktion des Außenputzes nicht mehr gewährleistet ist. Der Mieter muss in dieser Situation nicht zuwarten, bis tatsächlich ein Schaden in der Wohnung (z.B. Durchfeuchtung der Wand, Verminderung der Wärmedämmung) eintritt. Insofern liegt nicht nur eine Ungewissheit vor, ob ein Schaden jemals entsteht; vielmehr ist es in diesem Fall nur eine Frage der Zeit, bis eine Beeinträchtigung der Wohnung durch die ungeschützte Fassade eintritt (LG Berlin, Urteil v. 5.1.2009, 67 S 270/07, GE 2009 S. 782).

Der Vermieter ist nicht verpflichtet, die mit einem Glasausschnitt versehenen **Zimmertüren** der Wohnung, die insoweit den baulichen Vorschriften entsprechen, bei einer Vermietung an eine Familie mit Kleinkindern mit Sicherheitsglas nachzurüsten. Dementsprechend liegt in der unterlassenen Nachrüstung auch kein Verstoß gegen etwaige Verkehrssicherungspflichten vor (BGH, Urteil v. 16.5.2006, VI ZR 189/05, WuM 2006 S. 388).

Gleiches gilt für **Eingangstüren** von Geschäftsräumen (hier: Bankfiliale), wenn diese zwar nicht den aktuellen Vorschriften entsprechen (hier: fehlender Einklemmschutz), jedoch den Bestimmungen zum Zeitpunkt des Einbaus genügen. Dies gilt jedenfalls dann, soweit es sich um Gefahren handelt, die nicht besonders schwerwiegend und für die Allgemeinheit erkennbar und beherrschbar sind (BGH, Urteil v. 2.3.2010, VI ZR 223/09, GE 2010 S. 905).

Der Mieter hat auch keinen Anspruch auf eine **Sicherung** vor Diebstahl und Einbruch, die über das bei Vertragsschluss vereinbarte Maß hinausgeht. Dies gilt auch dann, wenn sich das Sicherheitsbedürfnis des Mieters im Lauf der Mietzeit aufgrund gehäufter Einbrüche in der Nachbarschaft erhöht (AG Berlin, Urteil v. 6.9.2012, 27 C 30/12, GE 2012 S. 1325).

Der Mieter einer mit Linoleum ausgelegten Wohnung hat auch keinen Anspruch gegen den Vermieter auf Kürzung der Türblätter, um eine Auslegung der Räume mit Teppichboden zu ermöglichen (AG Lichtenberg, Urteil v. 9.6.2011, 111 C 319/09, GE 2011 S. 1027).

Der Vermieter muss auch nicht nachträglich eine sog. **blaue Tonne** für die Entsorgung von Altpapier zur Verfügung stellen. Das Fehlen einer blauen Tonne belastet den Mieter nur insoweit, als er seinen Papiermüll entweder zur nächstgelegenen öffentlichen Sammeltonne bringen oder über den Hausmüll entsorgen muss. Auch wenn dies seinen umweltpolitischen Überzeugungen bezüglich der Abfalltrennung widerspricht, besteht keine Nachrüstpflicht des Vermieters, solange die Entsorgung von Altpapier über den Hausmüll nicht gesetzlich untersagt ist (AG Hamburg, Urteil v. 19.2.2010, 518 C 399/09; AG Köln, Urteil v. 28.12.2010, 211 C 185/10, ZMR 2011 S. 559).

Zum Anspruch des Mieters, dass asbesthaltige **Nachtspeicheröfen**, die nachweisbar Asbest absondern, aus der Wohnung entfernt und gegen asbestfreie Öfen ausgetauscht werden, s. LG Berlin, Urteil v. 6.7.1998, 67 S 131/97, WuM 1999 S. 35 sowie LG München, Urteil v. 29.10.1997, 31 S 19711/96, WuM 1998 S. 18.

Asbestfasern in Trennwänden einer Mietwohnung stellen einen Mietmangel dar, der den Vermieter zur Instandsetzung verpflichtet. Allerdings ist die Gebrauchsbeeinträchtigung der Wohnung für den Mieter so unerheblich, dass eine Mietminderung ausscheidet (LG Berlin, Urteil v. 3.12.2010, 63 S 42/10, GE 2011 S. 205).

Zur Frage, wer für Gebrauchsbeeinträchtigungen der Mieträume durch **Tauben** verantwortlich und damit für entsprechende Abwehrmaßnahmen zuständig ist, s. den Beschluss des BayObLG v. 26.6.1998, RE-Miet 2/98, WuM 1998 S. 552, wonach es u.a. auf die bauliche Gestaltung der Außenfassade ankommen kann.

Bei **Ungezieferbefall** mit einem Vorratsschädling müssen die Mieter nachweisen, dass sie den Befall nicht zu vertreten haben, wenn bereits der erste Anschein gegen eine bauseitige Ursache spricht (LG Hamburg, Urteil v. 4.7.2000, 307 S 17/00, ZMR 2000 S. 764).

Üble Gerüche in einem Mehrfamilienhaus, die von der Nutzung einer Wohnung ausgehen, sind Mietern der anderen Wohnungen nicht über ein gewisses Maß hinaus aus Rücksicht auf Alter und/oder Krankheit des Verursachers zumutbar. Insofern ist der Vermieter verpflichtet, den Mangel zu beseitigen. Beseitigt der Vermieter in Verkennung seiner Pflicht den Mangel nicht, kann der Mieter einen Gutachter mit der Feststellung der Gerüche beauftragen und die Kosten des Gutachtens vom Vermieter ersetzt verlangen (LG Berlin, Beschluss v. 28.1.2011, 65 S 296/10, WuM 2011 S. 155). Wegen der Kosten der Mängelbeseitigung kann der Vermieter Regress beim Verursacher nehmen.

Im Gebiet der ehemaligen DDR muss der Mieter Mängel aufgrund der dürftigen, aber zur Zeit der Herstellung des Gebäudes in der ehemaligen DDR üblichen Bauqualität als vertragsgemäß hinnehmen und kann daraus keine Rechte gegen den Vermieter herleiten. Insbesondere kann der Mieter an die Instandhaltungspflicht des Vermieters nicht die Anforderungen stellen, die nach westlicher Verkehrsanschauung an die Qualität des Bauwerks und einzelner Bauteile (z.B. der Fenster und der Isolierung gegen Feuchtigkeit) gestellt werden können (KrsG Erfurt, Urteil v. 5.1.1993, 1 C 352/92, WuM 1993 S. 112).

Der Vermieter ist **nicht** verpflichtet, die Elektroleitungen und die Elektrogeräte in den von ihm vermieteten Wohnungen ohne konkreten Anlass oder Hinweis auf Mängel einer **regelmäßigen** Überprüfung durch einen Elektrofachmann zu unterziehen. Zwar trifft den Vermieter die vertragliche Nebenpflicht, die Mietsache in einem verkehrssicheren Zustand zu erhalten. Diese Pflicht erstreckt sich grundsätzlich auf alle Teile des Hauses. Mängel, die dem Vermieter bekannt geworden sind und von denen eine Gefahr für die Mietwohnungen ausgehen kann, muss er deshalb unverzüglich beheben. Zu einer regelmäßigen Generalinspektion, beispielsweise in Form eines turnusmäßigen **Elektro-Checks**, ist der Vermieter jedoch **nicht** verpflichtet.

Nur im Einzelfall aufgrund besonderer Umstände, beispielsweise ungewöhnliche oder wiederholte Störungen (z.B. Auslösen von Sicherungen ohne ersichtlichen Grund), muss der Vermieter eine umfassende Inspektion der gesamten Elektroinstallation durchführen (BGH, Urteil v. 15.10.2008, VIII ZR 321/07, WuM 2008 S. 719).

Nach den technischen Regeln für **Gasinstallationen** (DVGW-TRGI 2008) ist für die Dichtigkeitsprüfung von Gasleitungen ein Zwölfjahresrhythmus vorgeschrieben. Dabei rechtfertigt allein das hohe Alter eines Gebäudes keinen kürzeren Turnus. Lässt der Vermieter die Dichtigkeitsprüfung im fünfjährigen Turnus durchführen, verstößt er damit gegen das Gebot der Wirtschaftlichkeit (§ 556 Abs. 3 S. 1 BGB) und kann die entstandenen Kosten nicht auf die Mieter umlegen (AG Köln, Urteil v. 26.10.2010, 221 C 128/09, ZMR 2011, 222).

Zur Pflicht des Vermieters zur Überwachung und Überprüfung der Mietsache s. „Verkehrssicherungspflicht“. Zur Verpflichtung des Vermieters, eine vermietete Souterrainwohnung durch geeignete Schutzvorrichtungen gegen Schäden infolge Hochwassers zu schützen, s. LG Köln, Urteil v. 3.1.1996, 10 S 314/95, WuM 1996 S. 334. Die Überprüfungspflichten des Vermieters hinsichtlich des Zustands von mitvermieteten technischen Einrichtungen dürfen jedoch nicht überspannt werden (BGH, Urteil v. 20.10.1965, VIII ZR 154/63, VersR 1966 S. 81). Daher ist der Vermieter grundsätzlich nicht verpflichtet, die sich in den Mieträumen befindlichen Geräte laufenden Kontrollen zu unterziehen, wenn sich an ihnen keine Unregelmäßigkeiten zeigen (BGH, a.a.O.; BGH, WPM 1969 S. 1011; LG Hamburg, Urteil v. 22.1.1991, 11 O 166/89, DWW 1992 S. 83 zur Überprüfung eines Gasherds). Im Rahmen seiner Instandhaltungs- und Verkehrssicherungspflichten ist der Vermieter auch nicht gehalten, ordnungsgemäß installierte **Öfen** in der Wohnung des Mieters ohne besonderen Anlass einer regelmäßigen Kontrolle, z.B. im Hinblick auf die Funktionstüchtigkeit und Dichtigkeit der Wandanschlüsse, zu unterziehen (BGH, Beschluss v. 1.6.2011, VIII ZR 310/10, WuM 2011 S. 465). Dementsprechend ist der Vermieter auch **nicht** verpflichtet, **Feuerstätten für feste Brennstoffe** regelmäßig überprüfen zu lassen; insofern besteht nur eine Kehrpflicht. Etwas anderes kann nur dann gelten, wenn Anhaltspunkte für konkrete Mängel der (Dauerbrand-)Öfen vorliegen (LG Berlin, Urteil v. 9.11.2010, 65 S 435/09, GE 2011 S. 133). Ferner ist der Vermieter auch **nicht** verpflichtet, im Interesse anderer Mietparteien **sanitäre Einrichtungen** ohne konkreten Anlass auf die Gefahr drohender Mängel hin zu überprüfen (OLG Frankfurt/M. Urteil v. 7.3.2003, 24 U 125/02, ZMR 2003 S. 674). Auch **Wasserrohre** müssen ohne konkreten Anlass **nicht** regelmäßig kontrolliert werden. Nicht vorhersehbare Wasserschäden in der Mietwohnung aufgrund undicht gewordener Rohre zählen zum allgemeinen Lebensrisiko. Auch bei Unbewohnbarkeit der Wohnung hat der Mieter keinen Anspruch auf Schadenersatz gegen den Vermieter, z.B. für Fahrtkosten zur Ersatzwohnung (LG Duisburg, 13 S 58/10; LG Berlin, Urteil v. 15.3.2011, 63 S 470/10, GE 2011 S. 1020).

Der Vermieter ist ohne konkreten Anlass ebenso nicht verpflichtet, mittels Rohrfräse oder Videokamera Prüfungen vorzunehmen, ob in **Abwasserleitungen** Wurzeln eingedrungen sind, die möglicherweise zum Wassereintritt in den vermieteten Kellerräumen führen können. Insofern stellt es keinen Mangel der Mietsache dar, dass aufgrund von Bäumen auf dem Grundstück Wurzeln in Rohrleitungen eindringen können. Realisiert sich 4 Jahre nach dem Vertragsabschluss eine solche Gefahr, ist auch nicht von einem bei Vertragsabschluss bereits vorhandenem Mangel der Mietsache auszugehen (LG Hamburg, Urteil v. 28.11.2006, 311 O 411/05, ZMR 2007 S. 120).

Die ordnungsgemäße **Entwässerung** des Dachs eines Hauses gehört auch ohne ausdrückliche Vereinbarung zu der vom Vermieter geschuldeten „Soll-Beschaffenheit“ der Mietsache (grundlegend zur Beschaffenheit: BGH, NZM 2006 S. 582). Deshalb bedarf das **Flachdach** eines Mehrparteienhauses der regelmäßigen, jahreszeitangepassten Überwachung auf mangelfreie Funktion und Beschaffenheit, um Gefahren für die Mieter und ihre Sachen abzuwenden. Hierzu gehört auch die Reinigung der Regenwasserabläufe von Schmutz und Laub, um Wassereinbrüche in die Wohnungen des Hauses infolge nicht abgeführter Wassermengen auf dem Flachdach zu verhindern (AG Dortmund, Urteil v. 23.12.2008, 425 C 5300/07, WuM 2009 S. 36). Dagegen trifft den Vermieter keine generelle Pflicht, Dachrinnen und Regenabflüsse regelmäßig zu kontrollieren und zu reinigen, sofern keine konkreten Anzeichen für eine drohende Verstopfung vorliegen und auch aufgrund der Örtlichkeiten nicht mit Laubverstopfungen zu rechnen ist. Insofern spricht auch kein Anscheinsbeweis dafür, dass Rückstaubildungen stets auf eine Verletzung von Reinigungspflichten zurückzuführen sind (OLG Düsseldorf, Beschluss v. 30.3.2012, I-24 U 256/11, GE 2012 S. 1228).

Kontrollpflichten des Vermieters bestehen nur, soweit dadurch **vermietete** Sachen in einem gebrauchsfähigen mängelfreien Zustand erhalten werden sollen. Liegen z.B. Installationsfehler im Verantwortungsbereich von anderen Mietern, dürfen die Kontrollpflichten des Vermieters nicht so verdichtet werden, dass sie zu einer Gefährdungshaftung führen würden. Dementsprechend haftet der Vermieter nicht für Schäden, die darauf beruhen, dass andere Mieter in den gemieteten Räumen eine Schadensursache setzen (hier: mangelhafte Sicherung eines Wasserschlauchs zum Betrieb eines Aquariums). Der andere Mieter ist insofern auch nicht Erfüllungsgehilfe des Vermieters, für den der Vermieter im Verhältnis zu anderen Mietern haften würde (OLG Köln, Urteil v. 23.3.2004, 22 U 139/03, ZMR 2004 S. 819).

Gehört zur Mietsache auch ein **Balkon**, ist der Mieter verpflichtet, die entsprechenden Wasserabläufe frei zu halten und dafür Sorge zu tragen, dass Wasser vom Balkon über die Abläufe ungehindert abfließen kann. Kommt der Mieter dieser Verpflichtung nicht nach und führt dies wegen eines vereisten Abflusses zu Wasserschäden in der darunterliegenden Wohnung, haftet der Mieter auf Schadenersatz. Dieser umfasst neben den Beseitigungskosten (einschließlich der Renovierung und der Stromkosten für Trocknungsgeräte) auch eine (angemessene) Mietminderung durch den betroffenen Mieter (AG Neukölln, Urteil v. 5.10.2011, 13 C 197/11, GE 2011 S. 1557).

Dagegen ist der Mieter nicht zur Entfernung von Unkraut, Gehölzen u. Ä. verpflichtet, welches außerhalb der Balkonbrüstung zwischen Plattenbelag und Unterkonstruktion seines Balkons wächst. Eine evtl. Reinigungspflicht des Mieters erstreckt sich jedenfalls nicht auf diesen Bereich, da dieser außerhalb der gemieteten Räume und Flächen liegt. Solche Maßnahmen unterliegen der Instandhaltungsverpflichtung des Vermieters (AG Bergheim, Urteil v. 26.8.2011, 23 C 60/11, WuM 2012 S. 495).

Kontrollpflichten des Vermieters bestehen zwar auch hinsichtlich solcher Gegenstände und Gefahrenquellen, die sich **außerhalb** der Mieträume, aber im selben Gebäude befinden (so bereits BGH, Urteil v. 27.3.1972, VIII ZR 177/70, NJW 1972 S. 944); nicht jedoch hinsichtlich solcher Einrichtungen, die dem Einfluss des Vermieters entzogen sind, z.B. elektrische Anlagen und Einrichtungen, die im Eigentum des Versorgungsunternehmens stehen (hier: verplombte Zähleranlage des E-Werks, BGH, Urteil v. 10.5.2006, XII ZR 23/04, NZM 2006 S. 582).

Auch eine **Garageneinfahrt** muss, selbst wenn sie zugleich als Zugangsweg zur Garage dient, nicht mehrmals am Tag auf Verschmutzungen hin kontrolliert und – wenn sich keine Auffälligkeiten zeigen – nicht täglich gereinigt werden (KG Berlin, Urteil v. 24.10.2006, 9 U 185/05, NZM 2007 S. 125).

Zur Pflicht des Mieters zur Mängelanzeige s. „Anzeigepflicht“.

Zur Verkehrssicherungspflicht des Eigentümers einer Tiefgarage s. „Garage“.

Zur Haftung des Hauseigentümers für **„Stolperfallen“** (hier: Metallrost) im Eingangsbereich und zur Übertragung der Verkehrssicherungspflicht auf den Hausmeister s. OLG Celle (Urteil v. 12.8.2010, 8 U 15/10).

Entsteht dem Mieter infolge von Mängeln der Mietsache ein **Schaden**, kommt eine Haftung des Vermieters nur in Betracht, wenn der Mieter den Mangel **angezeigt** (s. „Anzeigepflicht“) hat; so z.B., wenn der Mieter über Risse schadhafter Bodenplatten in den angemieteten Flächen stolpert und sich dabei verletzt (OLG Düsseldorf, Beschluss v. 12.8.2008, I-24 U 44/08, MDR 2008 S. 1330). Die Beweislast dafür, dass ein Mangel der Mietsache dem Vermieter angezeigt wurde, trägt der Mieter. Dazu gehört auch, dass der Adressat der Mangelanzeige des Mieters Vertreter oder Empfangsbote des Vermieters war oder dass die

Anzeige dem Vermieter auf andere Weise zugegangen ist. Klagt ein Sozialversicherungsträger aus übergegangenem Recht (§ 116 SGB X), trifft ihn die Beweislast (OLG Koblenz, Beschluss v.17.1.2013, 5 U 983/12, NJW-RR 2013 S. 1041).

Trotz Vorliegen eines Mangels kann der Geschädigte bzw. dessen gesetzlicher Krankenversicherer, auf den etwaige Schadenersatzansprüche des Geschädigten übergegangen sind (hier: vierjähriges Kind, das wegen eines nicht schließenden Fensterriegels aus dem Fenster der Mietwohnung gestürzt ist), wegen der Behandlungskosten nicht beim Vermieter Rückgriff nehmen, wenn der Geschädigte bzw. dessen gesetzlicher Vertreter (hier: die Kindesmutter) den Unfall durch grobe Fahrlässigkeit herbeigeführt hat (OLG Koblenz, a. a. O.).

Kommt der Vermieter mit der Behebung eines Mangels, zu dessen Beseitigung er verpflichtet ist, **in Verzug**, z.B. weil er den angezeigten Mangel trotz entsprechender Mahnung des Mieters nicht behoben hat, darf der Mieter die notwendigen Maßnahmen selbst ausführen bzw. ausführen lassen und kann dann vom Vermieter Ersatz der aufgewendeten Kosten für eine fachgerechte Instandsetzung verlangen (§ 536a Abs. 2 BGB; LG Köln, Urteil v. 22.4.1993, 1 S 413/92, WuM 1994 S. 73). Zur Beseitigung des Mangels kann der Mieter vom Vermieter auch die Zahlung eines **Vorschusses** in Höhe der voraussichtlich erforderlichen Beseitigungskosten verlangen (BGH, Urteil v. 28.5.2008, VIII ZR 271/07, GE 2008 S. 982). Der zeitliche Rahmen, in dem der Mieter dann die Beseitigung des Mangels zu veranlassen hat, für den er einen Vorschuss erhalten hat, lässt sich jedoch nicht abstrakt festlegen, sondern hängt von den jeweiligen Umständen des Einzelfalls ab (BGH, Beschluss v. 17.1.2012, VIII ZR 63/11, GE 2012 S. 1489). Ferner darf der Mieter nach Auffassung des LG Saarbrücken (Urteil v. 26.3.1999, 13 B S 233/98, NZM 1999 S. 757) die Miete in Höhe des dreifachen Betrags der Mängelbeseitigungskosten zurückbehalten.

Dagegen hat der Mieter weder einen Anspruch auf Ersatz seiner Aufwendungen noch einen Schadenersatzanspruch, wenn er **eigenmächtig** einen Mangel der Mietsache beseitigt. Dies gilt jedenfalls dann, wenn der Vermieter weder mit der Mängelbeseitigung in Verzug ist (§ 536a Abs. 2 Nr. 1 BGB) noch die umgehende Beseitigung des Mangels zur Erhaltung oder Wiederherstellung der Mietsache notwendig ist (§ 536a Abs. 2 Nr. 2 BGB). Nach der gesetzlichen Wertung steht nämlich dem Vermieter grundsätzlich der Vorrang bei der Beseitigung von Mängeln zu. Er darf nicht vor vollendete Tatsachen gestellt werden und muss selbst die Möglichkeit haben, eine Mietsache darauf zu überprüfen, ob ein Mangel besteht (BGH, Urteil v. 16.1.2008, VIII ZR 222/06, WuM 2008 S. 147).

Zur Durchsetzung von Mängelbeseitigungsansprüchen steht dem Mieter weder die Einrede des nicht erfüllten Vertrags (§ 320 BGB) noch ein Zurückbehaltungsrecht (§ 273 BGB), z.B. an der Kaution oder einer fälligen Betriebskostennachzahlung, zu. Bei Mängeln der Mietsache ist der Mieter durch die Minderung der Miete (§ 536 BGB) sowie durch seinen gerichtlich durchsetzbaren Instandhaltungsanspruch (§ 535 Abs. 1 S. 2 BGB) ausreichend geschützt (AG Wetter, Urteil v. 15.2.2010, 8 C 262/09, DWW 2010 S. 106).

Verklagt der Mieter den Vermieter wegen Mängeln der Mietsache, bemisst sich der **Streitwert** der Klage des Mieters auf Instandsetzung bzw. Mängelbeseitigung nicht nach den Kosten der Mängelbeseitigung, sondern lediglich nach dem 3,5-fachen Jahresbetrag einer Mietminderung, d.h. dem 42-Fachen einer monatlichen Mietminderung, die wegen des zu behebenden Mangels möglich wäre.

Gleiches gilt für den Wert der **Beschwer**, der für die Frage entscheidend ist, ob gegen das Urteil des Amtsgerichts Berufung eingelegt werden kann (mindestens 600 Euro nach § 511 ZPO; BGH, Beschluss v. 18.2.2004, VII ZB 84/03, WuM 2004 S. 220; BGH, Beschluss v. 13.2.2007, VIII ZR 342/03, WuM 2007 S. 207; BGH, Beschluss v. 27.11.2002, VIII ZR 33/02, WuM 2003 S. 341; §§ 2, 3, 9 ZPO; BGH, Beschluss v. 17.5.2000, XII ZR 314/99, NZM 2000 S. 713).

Bei einer Personenmehrheit auf der Mieterseite (z.B. bei Ehegatten) kann jeder Mitmieter im eigenen Namen vom Vermieter die Instandsetzung der Mietwohnung verlangen und den Anspruch auch klageweise geltend machen, jedoch nur mit dem Antrag auf Leistung an alle (§ 432 Abs. 1 BGB; LG Kassel, Beschluss v. 1.2.1993, 1 T 3/93, WuM 1994 S. 534).

Die Instandsetzungsverpflichtung des Vermieters stellt nach Mehrheit der Rechtsprechung eine vertretbare Handlung i. S. d. § 887 ZPO dar, sodass das zuständige Gericht auf Antrag den Mieter zur Instandsetzung auf Kosten des Vermieters ermächtigen und den Vermieter zur Vorauszahlung der voraussichtlich entstehenden Kosten verurteilen kann (LG Berlin, Beschluss v. 6.8.1992, 67 T 54/92, WuM 1994 S. 552; a. A. OLG Düsseldorf, Beschluss v. 19.6.1987, 9 W 43/87, NJW-RR 1988 S. 63 ff.). Jedoch führen unterlassene Instandsetzungen durch den Vermieter nicht zu einem Bereicherungsanspruch des Mieters im Hinblick auf die gezahlte Miete oder auf mögliche Ersparnisse des Vermieters (LG Köln, Urteil v. 19.9.1996, 1 S 17/96, NJWE-MietR 1997 S. 26).

Das Recht des Mieters, vom Vermieter die Herstellung eines vertragsgemäßen Zustands zu verlangen, entfällt, wenn der Mangel vom Mieter oder von Personen, für die der Mieter haftet, herbeigeführt wurde.

> Zu diesen Personen gehören grundsätzlich Haushaltsangehörige, Untermieter und Besucher sowie die vom Mieter beauftragten Lieferanten und Handwerker.

Zur Klärung der Frage, wer den Mangel herbeigeführt hat und daher für dessen Beseitigung zuständig ist, muss zunächst der Vermieter darlegen und beweisen, dass die **Ursache** des Mangels nicht aus seinem Pflichten- und Verantwortungsbereich stammt (z. B. aufgrund Mängel der Bausubstanz), sondern aus dem Herrschafts- und Obhutsbereich des Mieters (z. B. unsachgemäße Behandlung der Mietsache). Hat er diesen Beweis geführt, muss der Mieter nachweisen, dass er den Mangel nicht zu vertreten hat (sog. **Beweislastverteilung nach Verantwortungsbereichen**).

Sieht sich der Mieter wegen eines Verstoßes des Vermieters gegen seine Instandhaltungspflichten zur **Kündigung** des Mietverhältnisses veranlasst, ist der Vermieter nur dann zum Ersatz des dem Mieter durch die Kündigung entstehenden Schadens, z. B. der Umzugskosten, verpflichtet, wenn das schuldhafte Verhalten des Vermieters derart gravierend ist, dass es den Mieter nach den gesetzlichen Vorschriften zu einer **fristlosen** Kündigung des Mietverhältnisses berechtigt (LG Berlin, Urteil v. 21.2.2012, 63 S 251/11, GE 2012 S. 550).

Ist z. B. ein Fußbodenbelag (hier: 20 Jahre alter PVC-Boden in Arztpraxis) vollständig abgenutzt, muss der Vermieter, der gegen den Mieter Schadenersatzansprüche wegen der behaupteten Beschädigung des Bodens geltend macht, beweisen, dass die Ursache der Schäden nicht aufgrund von Alterung eingetreten sind, sondern im Verantwortungsbereich des Mieters gelegen haben, z. B. durch unsachgemäße Reinigung verursacht wurden (OLG Düsseldorf, Beschluss v. 8.2.2011, I-24 U 170/10, GE 2012 S. 267).

Behauptet der Mieter, die Mietsache sei nach **Reparaturversuchen** des Vermieters immer noch mangelhaft, trägt der Vermieter die Beweislast für den Erfolg seiner Mängelbeseitigungsmaßnahmen (BGH, Urteil v. 1.3.2000, XII ZR 272/97, NZM 2000 S. 549).

Tritt in der Mietwohnung ein Schaden (z. B. durch Brand) auf und ist der Schadenshergang ungeklärt, trägt der Mieter die Beweislast dafür, dass er den Schaden weder verursacht noch verschuldet hat (LG Mannheim, Urteil v. 8.3.1995, 4 S 170/94, DWW 1995 S. 286). Zur Haftung des Vermieters für einen Wohnungsbrand, wenn die Ursache aus dem Gefahrenbereich des Vermieters stammt, vgl. OLG Celle, Urteil v. 29.11.1995, 2 U 210/94, NJW-RR 1996 S. 521. Zur Beweislastverteilung s. auch „Verschlechterung der Mietsache" und „Feuchtigkeit in der Wohnung".

Der Mieter hat jedoch eingetretene Mängel der gemieteten Sache nicht zu vertreten, wenn diese lediglich auf normalem Verschleiß bzw. Alterung beruhen (§ 538 BGB). Liegt ein Verschulden des Mieters in diesem Sinne nicht vor, ist es für die Instandhaltungsverpflichtung des Vermieters ohne Bedeutung, welche Ursache der Mangel hat. So entfällt die Instandhaltungs- bzw. Instandsetzungsverpflichtung des Vermieters auch dann nicht, wenn der Mangel oder der Schaden an der Mietsache durch **höhere Gewalt** (z.B. durch Hochwasser) verursacht wurde. Gleiches gilt, wenn ein vom Mieter nicht verschuldeter technischer Defekt (z.B. die Implosion seines Fernsehgeräts) zu dem Schaden geführt hat (LG Stendal, Urteil v. 27.5.1993, 22 S 4/93, WuM 1993 S. 597). Hier wäre der Mieter zur Beseitigung der Schäden an den Mieträumen nur dann verpflichtet, wenn sein Fernsehgerät durch unsachgemäße Bedienung defekt geworden ist, wobei dem Benutzer eines Fernsehgeräts jedoch nicht zugemutet werden kann, das Gerät, unabhängig davon, ob es eingeschaltet ist oder nicht, ständig zu beobachten (OLG Köln, Urteil v. 22.6.1988, 13 U 24/88, WuM 1988 S. 278).

Die Beseitigung von Schäden trifft den Vermieter auch dann, wenn diese durch Personen verursacht werden, für die der Mieter nicht haftet.

> Wurde beispielsweise bei einem **Einbruch** die Wohnungseingangstür beschädigt, hat der Vermieter lediglich gegen den – oftmals unbekannten – Täter einen Anspruch auf Schadenersatz, während er dem Mieter gegenüber verschuldensunabhängig zur Wiederherstellung eines vertragsgemäßen Zustands verpflichtet ist.

Umgekehrt kann der Mieter vom Vermieter in diesen Fällen jedoch keinen **Schadenersatz** für seine abhandengekommenen oder beschädigten Gegenstände verlangen, da es hierfür regelmäßig an dem insoweit notwendigen **Verschulden** des Vermieters fehlt. Jede Partei muss somit den ihr entstandenen Schaden selbst tragen, wenn nicht eine Versicherung, z.B. eine Gebäudeversicherung für den Vermieter oder eine Hausratversicherung für den Mieter, den Schaden abdeckt.

Der Eigentümer und Vermieter hat jedoch einen Anspruch aus enteignendem Eingriff gegen den Staat, wenn im Zusammenhang mit rechtmäßigen **Strafverfolgungsmaßnahmen** gegen den Mieter Wohnungstüren aufgebrochen und beschädigt werden. Der Staat ist zur Entschädigung von Nachteilen verpflichtet, die Dritten (hier: Wohnungseigentümern) durch gegen andere gerichtete rechtmäßige Strafverfolgungsmaßnahmen entstehen, wenn diese Eingriffe die Schwelle des enteignungsrechtlich Zumutbaren überschreiten und der dem betroffenen Eigentümer daraus entstehende Nachteil sich daher als entschädigungspflichtiges Sonderopfer für die Allgemeinheit darstellt (OLG Celle, Urteil v. 8.5.2007, 16 U 276/06, GE 2012 S. 1638; s. auch BGHZ 100 S. 335). Dementsprechend steht dem Vermieter einer Wohnung für Schäden, die durch eine richterlich angeordnete **Durchsuchung der Wohnung** im Rahmen eines strafrechtlichen Ermittlungsverfahrens gegen den Mieter verursacht wurden, grundsätzlich ein Anspruch aus enteignendem Eingriff zu. Ein solcher Anspruch des Vermieters könnte allerdings dann zu verneinen sein, wenn der Vermieter weiß bzw. davon erfährt oder es sich ihm aufdrängen muss, dass die Wohnung für die Begehung von Straftaten, die Lagerung von Diebesgut oder von Drogen benutzt wird oder werden soll, und der Vermieter gleichwohl den Mietvertrag abschließt oder von einem Kündigungsrecht keinen Gebrauch macht (BGH, Urteil v. 14.3.2013, III ZR 253/12, WuM 2013 S. 285).

Die Instandhaltungspflicht ist grundsätzlich unabhängig vom Ausmaß des Schadens. Bei **teilweiser** Zerstörung des Gebäudes entfällt die Instandhaltungspflicht nur dann, wenn der zerstörte Teil des Gebäudes den noch verbliebenen wirtschaftlich überwiegt und die Wiederherstellung nicht zumutbar ist (Überschreiten der Opfergrenze; BGH, Beschluss v. 13.10.1959, VIII ZR 139/59, NJW 1959 S. 2300). Eine Wiederaufbaupflicht des Verpächters entfällt aber dann, wenn der Pächter die Zerstörung eines Pachtgebäudes zu vertreten hat (BGH, Urteil v. 13.12.1991, LwZR 5/91, WuM 1992 S. 133).

> Bei **vollständiger** Zerstörung des Gebäudes erlischt das Mietverhältnis ohne Kündigung automatisch (LG Karlsruhe, Urteil v.

7.4.2004, 10 O 683/03, NZM 2005 S. 221), sodass der Vermieter von seiner Gebrauchsgewähr- und Instandhaltungspflicht frei wird, wenn er den Untergang nicht zu vertreten hat. In diesem Fall ist der Vermieter auch nicht zur Wiederherstellung der Mietsache verpflichtet (BGH, Urteil v. 14.4.1976, VIII ZR 291/74, WuM 1977 S. 1506).

Gleiches gilt, wenn der Vermieter ein durch Brand nur teilweise zerstörtes Gebäude gänzlich abgerissen hat (OLG Karlsruhe, Urteil v. 30.12.1994, 19 U 113/94, WuM 1995 S. 307).

Maßnahmen zur Erhaltung der Mietsache hat der Mieter zu dulden (§ 554 Abs. 1 BGB). Die Duldungspflicht des Mieters ist hinsichtlich der notwendigen Maßnahmen uneingeschränkt (anders bei Modernisierungsarbeiten nach § 554 Abs. 2 BGB; s. „Modernisierung"), da auch der Vermieter zur Erhaltung der Mietsache uneingeschränkt verpflichtet ist. Der Mieter hat dem Vermieter zur Planung und Ausführung der Arbeiten Zugang zu den Mieträumen zu gewähren, wenn der Vermieter dies angemessene Zeit vorher angekündigt hat. Die Einhaltung der Dreimonatsfrist des § 554 Abs. 3 BGB für Maßnahmen der Modernisierung ist für die Durchführung von reinen Erhaltungsmaßnahmen nicht erforderlich.

Kündigt der Vermieter dem Mieter eine Modernisierungsmaßnahme nicht ordnungsgemäß gemäß § 554 Abs. 3 BGB an (Mitteilung von Art, Umfang, Beginn, voraussichtlicher Dauer und zu erwartender Mieterhöhung mindestens 3 Monate vor Beginn der Maßnahme), kann der Mieter dem Vermieter durch eine **einstweilige Verfügung** wegen Besitzstörung die Durchführung der Maßnahme untersagen lassen. Dies gilt auch bei Maßnahmen **außerhalb** der gemieteten Räume (z.B. Wärmedämmung der Fassade). Auch insofern besteht ein Recht des Vermieters zur Vornahme der Maßnahme zumindest solange nicht, bis die Maßnahme dem Mieter gegenüber ordnungsgemäß angekündigt ist. Dies gilt nur dann nicht, wenn die Ankündigung ausnahmsweise entbehrlich ist, weil die Maßnahme entweder nur mit einer unerheblichen Einwirkung auf die Mietsache verbunden ist oder es sich um eine reine Instandhaltungsmaßnahme handelt, die nur der Erhaltung der Mietsache dient (LG Berlin, Beschluss v. 12.3.2012, 63 T 29/12, GE 2012 S. 1097).

Die Duldungspflicht des Mieters umfasst das Unterlassen jeder Behinderung. Eine **aktive** Mitwirkungspflicht zur Schaffung der evtl. notwendigen Baufreiheit trifft den Mieter dagegen **nicht**. Muss z.B. der Bodenbelag erneuert werden, obliegt dem Vermieter der erforderliche Ab- und Wiederaufbau bzw. das Verrücken der Möbel des Mieters (LG Berlin, Urteil v. 23.12.2008, 65 S 62/08, GE 2009 S. 781; a.A.: LG Berlin, ZK 63, GE 2005 S. 621). Die Mitwirkungspflicht des Mieters beschränkt sich darauf, dass er innerhalb der Mieträume durch Wegräumen oder Entfernen seiner persönlichen Sachen den notwendigen Platz schafft und die Mieträume insoweit freimacht (Palandt, Anm. 2b zu § 541 a BGB a.F.; strittig ; s. auch AG Erfurt, Urteil v. 5.9.2008, 2 C 1306/07, WuM 2009 S. 342, wonach die dem Vermieter obliegenden Arbeiten grundsätzlich auch die erforderlichen Nebenleistungen, wie ggf. Ausräumen der betroffenen Zimmer und ggf. vorübergehende Unterbringung der Einrichtungsgegenstände und Sachen des Mieters, ggf. einschließlich Montage und Transport, umfassen, wenn z.B. der in der Wohnung verlegte und mitvermietete Teppichboden verschlissen ist und im Rahmen der Instandsetzungspflicht des Vermieters erneuert werden muss).

Nach Beendigung der Arbeiten ist der Vermieter verpflichtet, den vertragsgemäßen Zustand wiederherzustellen (z.B. Beseitigung von Verschmutzungen und von Schäden an Tapeten, Anstrichen etc.). Bei **erheblicher** Beeinträchtigung der Mietsache durch die Erhaltungsmaßnahmen kann der Mieter für die Dauer der Beeinträchtigung die Miete mindern (s. „Minderung der Miete"). Dagegen hat der Mieter geringfügige Störungen (z.B. Geräusche von geringer Intensität und Dauer) und unerhebliche Beeinträchtigungen des Mietgebrauchs entschädigungslos hinzunehmen.

Ist der Vermieter mit der Beseitigung eines Mangels, zu dessen Behebung er verpflichtet ist, in **Verzug**, kann der Mieter den Mangel selbst beseitigen (lassen) und zu diesem Zweck vom Vermieter einen **Vorschuss** in Höhe der voraussichtlich erforderlichen Beseitigungskosten verlangen (BGH, Urteil v. 28.5.2008, VIII ZR 271/07, NJW 2008 S. 2432).

Der Mieter hat jedoch **keinen** Anspruch auf Kostenvorschuss für Maßnahmen, die zur nachhaltigen Mängelbeseitigung **ungeeignet** sind. Ein solcher Fall liegt vor, wenn nach den am Mietobjekt aufgetretenen Rissbildungen an den Innen- und Außenwänden des Hauses die angestrebten Reparaturen zwecklos sind, solange nicht die Ursachen der Rissbildung erforscht und beseitigt wurden. Denn ohne vorherige Klärung der Frage, ob die Rissbildung noch fortschreitet und worauf diese ggf. beruht, sind die dann vorgesehenen Maßnahmen zur nachhaltigen Mängelbeseitigung ungeeignet, weil mit ihnen der zweite Schritt vor dem ersten getan würde (BGH, Urteil v. 21.4.2010, VIII ZR 131/09, ZMR 2010 S. 672).

Die Pflicht des Vermieters zur Instandhaltung und Instandsetzung der Mietsache ist häufig durch vertragliche Vereinbarungen abbedungen, insbesondere hinsichtlich der sog. Schönheitsreparaturen und Kleinreparaturen. Jedoch sind solche von der gesetzlichen Vorschrift des § 535 BGB abweichenden Vereinbarungen nach den von der Rechtsprechung aufgestellten Kriterien nur in beschränktem Umfang möglich (s. „Allgemeine Geschäftsbedingungen", „Kleinreparaturen", „Schönheitsreparaturen").

Im Bereich der **Gewerberaummiete** lässt die Rechtsprechung grundsätzlich eine weitergehende Abwälzung von Reparaturen auf den Mieter zu als bei der Wohnraummiete.

Einem **gewerblichen** Mieter kann die Pflicht zur Erhaltung der Mietsache auch durch **Allgemeine Geschäftsbedingungen** überbürdet werden, solange damit nicht ein vollständiger Übergang der Sachgefahr verbunden ist und dies nicht zu einem unkalkulierbaren Kostenrisiko des Mieters führt (OLG Naumburg, Urteil v. 12.8.1999, 2 U 34/98, WuM 2000 S. 241).

So ist etwa die Klausel, nach der „die laufende Instandhaltung und Instandsetzung im Inneren der Räume" dem Mieter auferlegt worden ist, bei Gewerberäumen für zulässig angesehen worden unter der Prämisse, dass die Klausel nur durch den Mietgebrauch veranlasste Instandsetzungen betrifft (BGH, Urteil v. 25.2.1987, VIII ZR 88/86, ZMR 1987 S. 257). Der Mieter/Pächter darf daher nicht mit Schäden und Abnutzungen belastet werden, die schon bei Vertragsschluss vorhanden waren. Dementsprechend ist auch die Klausel „Die Instandhaltung und Instandsetzung des gesamten Pachtobjekts obliegt dem Pächter" einschränkend dahin auszulegen, dass der einwandfreie Zustand der Mietsache bei Vertragsbeginn vorausgesetzt wird und der Pächter nur die durch den Gebrauch verursachten Abnutzungen nach Bedarf und Erforderlichkeit beheben muss (vgl. OLG Köln, Urteil v. 17.12.1993, 19 U 189/93, DWW 1994 S. 119). Beinhaltet eine Klausel nur den Begriff der „Instandhaltung" und nicht auch die „Instandsetzung", werden nur vorbeugende Maßnahmen erfasst, nicht aber die Behebung von Schäden an der Mietsache (OLG Köln, a. a. O.; vgl. auch OLG Saarbrücken, Urteil v. 3.4.1996, 1 U 581/95, 1 U 581/95 – 93, NJW-RR 1997 S. 248, wonach die Überbürdung der Erhaltungslast auf den Geschäftsraummieter zulässig ist).

Unwirksam ist auch im Bereich der **Gewerberaummiete** eine **Formular**klausel, wonach der Mieter ohne sachliche oder kostenmäßige Begrenzung die gesamte Pflicht unabhängig davon übernimmt, ob die Verschlechterung durch den Mietgebrauch, höhere Gewalt oder rechtswidriges Eingreifen Dritter entstanden ist (OLG Dresden, Urteil v. 17.6.1996, 2 U 655/95, GE 1996 S. 1237). Dementsprechend ist auch die formularmäßige Auferlegung der Instandhaltung und Instandsetzung **gemeinschaftlich** genutzter Flächen und Anlagen auf den Mieter ohne Beschränkung der Höhe unwirksam, da dem Mieter damit auch Kosten auferlegt würden, die nicht durch seinen Mietgebrauch veranlasst sind und somit nicht in seinen Risikobereich fallen (BGH, Urteile v. 10.9.2014, XII ZR 56/11, MDR 2014 S. 1308 und v. 6.4.2005, XII ZR 158/01, NJW-RR 2006 S. 84). Daher ist die formularmäßige Überbürdung der **Instandhaltungsrücklage** auf den Mieter unwirksam, wenn diese ohne Begrenzung nicht nur Kosten der Mietsache, sondern auch Kosten der Gemeinschaftsanlage erfasst (KG Berlin, Urteil v. 23.5.2002, 20 U 233/01, NZM 2003 S. 395). Der Mieter kann auch nicht zur Tragung von Kosten verpflichtet werden, die nicht durch den konkreten Mietgebrauch veranlasst sind und deshalb nicht unter das Risiko des betreffenden Mieters fallen (LG Augsburg, Urteil v. 9.3.2007, 2 O 1369/02, ZMR 2007 S. 697).

Dagegen kann der Mieter durch eine **Individual**vereinbarung **weitgehend** zu Reparaturen und Instandsetzungsarbeiten verpflichtet werden, auch wenn dies im Ergebnis zu einer verschuldensunabhängigen Haftung des Mieters führt (BGH, Urteil v. 5.6.2002, XII ZR 220/99, ZMR 2002 S. 735). Bei einer ausgehandelten Individualvereinbarung kann nämlich davon ausgegangen werden, dass beide Vertragsparteien bei den Vertragsverhandlungen in der Lage waren, ihre Interessen ausreichend zu wahren (so bereits BGH, Urteil v. 11.5.1988, IVa ZR 305/86, NJW-RR 1988 S. 1196). Eine **Individual**vereinbarung kann daher allenfalls unter den Voraussetzungen des § 138 BGB (Sittenwidrigkeit) als unwirksam angesehen werden.

Gegen eine **Individual**vereinbarung, die den Mieter umfassend zu Reparaturen und Instandsetzungsarbeiten verpflichtet, bestehen vor allem keine Bedenken, wenn die Übernahme der Erhaltungspflicht in die **Kalkulation der Miete** eingeflossen ist. Dementsprechend ist auch eine **Individual**vereinbarung zulässig, wonach der Vermieter mit keinen Investitionen zum Erhalt bzw. zur Wiederherstellung der Mietsache belastet werden soll (OLG Saarbrücken, Urteil v. 21.2.2003, 8 U 463/02-109, NZM 2003 S. 438).

Will der Vermieter die Räume nach Beendigung des Mietverhältnisses **abreißen oder erheblich umgestalten** und wären die geschuldeten Reparaturmaßnahmen des Mieters daher wirtschaftlich sinnlos, hat der Vermieter in diesem Fall sogar Anspruch auf **Ersatz** der Reparaturkosten, die sich der Mieter deswegen erspart (BGH v. 5.6.2002, a.a.O.). Es gelten somit die gleichen Grundsätze wie bei vertraglich vereinbarten Schönheitsreparaturen (s. „Schönheitsreparaturen").

Unbeschadet dessen kann die Notwendigkeit einer einschränkenden Auslegung der Klausel zu prüfen und dabei auch zu berücksichtigen sein, dass sich verschiedene Risiken durch Abschluss von Versicherungen kalkulierbarer gestalten lassen (BGH v. 5.6.2002, a.a.O.).

Schäden an **„Dach und Fach"** erfassen nach allgemeinem mietrechtlichen Sprachgebrauch Dachsubstanz und tragende Gebäudeteile einschließlich tragender Wände mit Außenfassade (OLG Brandenburg, Urteil v. 18.3.2009, 3 U 37/08, ZMR 2009 S. 841). Durch eine **Individual**vereinbarung kann dem Mieter auch die Instandhaltung an Dach und Fach übertragen werden (OLG Rostock, Urteil v. 10.9.2009, 3 U 287/08, NZM 2010 S. 42).

Zum Begriff „Dach und Fach" s. auch OLG Hamm, Urteil v. 27.4.1988, 30 U 16/88, ZMR 1988 S. 260 ff. sowie OLG Brandenburg, Urteil v. 13.11.2002, 3 U 166/98, ZMR 2003 S. 909, wonach die Instandsetzung von Gebäudeteilen, die infolge von Alterung oder umwelteinflussbedingtem Verschleiß nicht mehr reparabel oder reparaturwürdig sind (insbesondere auch eine notwendige Komplettsanierung des Dachs), Sache des Vermieters bleibt, selbst wenn der Mieter individualvertraglich die Instandhaltung von „Dach und Fach" übernommen hat.

Eine **individualvertraglich** vereinbarte Verpflichtung zur Durchführung von bereits bei Beginn des Mietverhältnisses erforderlichen Erhaltungsmaßnahmen ist bei **Gewerberaum**mietverträgen wirksam (BGH, Urteil v. 8.1.2014, XII ZR 12/13, WuM 2014 S. 140). Ansprüche des Vermieters auf Erfüllung dieser vom Gewerberaummieter übernommenen Instandsetzungs- und Instandhaltungspflichten sowie auf Schadenersatz wegen Nichterfüllung dieser Pflichten unterliegen der kurzen Verjährungsfrist des § 548 Abs. 1 BGB von **6 Monaten**. Diese Verjährungsfrist beginnt mit der **Rückgabe** der Mietsache zu laufen, ohne dass es darauf ankommt, ob der Anspruch zu diesem Zeitpunkt bereits entstanden ist. Die Verjährung eines (noch) nicht entstandenen Anspruchs kann durch Klageerhebung **gehemmt** werden. Für eine Verjährungshemmung (§ 204 Abs. 1 Nr. 1 BGB) ist lediglich eine wirksam erhobene Leistungsklage erforderlich, da für den Schuldner bereits daraus der Rechtsverfolgungswille des Gläubigers deutlich wird. Dies ist auch dann der Fall, wenn zum Zeitpunkt der Klageerhebung noch nicht alle Anspruchsvoraussetzungen vorliegen, z. B. wenn die für einen Schadenersatzanspruch nach § 281 Abs. 1 S. 1 BGB erforderliche Fristsetzung noch fehlt (BGH, Urteil v. 8.1.2014, a. a. O.).

Der Begriff „Renovierung" beschränkt sich nicht nur auf die Durchführung von Schönheitsreparaturen, sondern erfasst nach dem allgemeinen Sprachverständnis auch Maßnahmen zur Instandsetzung von Bauwerken. Hierunter versteht man die Beseitigung von Schäden aufgrund von Abnutzung, die auch durch den gewöhnlichen Gebrauch entstanden sein können, sowie Maßnahmen, die zur Wiederherstellung des ursprünglichen Zustands oder einem besseren, dem aktuellen Stand der Technik entsprechenden Zustand führen können (OLG Koblenz, Beschluss v. 22.5.2014, 3 U 182/14, MDR 2014 S. 1136).

Instandhaltungskostenpauschale

Bei Berechnung der Kostenmiete von **öffentlich geförderten Wohnungen** kann in der Wirtschaftlichkeitsberechnung eine Pauschale für die Instandhaltung des Anwesens ohne Berücksichtigung der tatsächlichen Aufwendungen angesetzt werden.

Nach § 28 Abs. 1 II. BV sind **Instandhaltungskosten** Kosten, die während der Nutzungsdauer zur Erhaltung des bestimmungsgemäßen Gebrauchs aufgewendet werden müssen, um die durch Abnutzung, Alterung und Witterungseinwirkung entstehenden baulichen oder sonstigen Mängel ordnungsgemäß zu beseitigen. Der Ansatz der Instandhaltungskosten dient auch zur Deckung der Kosten von Instandsetzungen, nicht jedoch der Kosten von Baumaßnahmen, soweit durch sie eine Modernisierung vorgenommen wird oder Wohnraum oder anderer auf die Dauer benutzbarer Raum neu geschaffen wird. Der Ansatz dient nicht zur Deckung der Kosten einer Erneuerung von Anlagen und Einrichtungen, für die eine besondere Abschreibung nach § 25 Abs. 3 II. BV zulässig ist. Die Pauschalen sind gemäß dem mit Wirkung ab 1.1.2002 in das Gesetz eingefügten und mit Wirkung ab 1.1.2001 neu gefassten § 26 Abs. 44 II. BV indexiert, d. h., an den Lebenshaltungskostenindex gekoppelt. Danach verändern sie sich am 1.1. eines jeden darauffolgenden dritten Jahres um den Prozentsatz, um den sich der vom Statistischen Bundesamt festgestellte **Verbraucherpreisindex für Deutschland** für den der Veränderung vorausgehenden Monat Oktober **erhöht oder verringert** hat.

Dementsprechend dürfen mit Wirkung ab 1.1.2014 als Instandhaltungskosten je m^2 Wohnfläche im Jahr angesetzt werden:

- für Wohnungen, deren Bezugsfertigkeit am Ende des Kalenderjahres **weniger als 22 Jahre** zurückliegt, höchstens **8,62 Euro,**
- für Wohnungen, deren Bezugsfertigkeit am Ende des Kalenderjahres **mindestens 22 Jahre** zurückliegt, höchstens **10,92 Euro,**
- für Wohnungen, deren Bezugsfertigkeit am Ende des Kalenderjahres **mindestens 32 Jahre** zurückliegt, höchstens **13,96 Euro.**

Diese Sätze **verringern** sich bei eigenständig gewerblicher Leistung von Wärme i. S. d. § 1 Abs. 2 Nr. 2 HeizkostenV (z. B. bei Fernheizung) um 0,24 Euro.

Diese Sätze **erhöhen** sich für Wohnungen, für die ein maschinell betriebener Aufzug vorhanden ist, um 1,22 Euro.

Trägt der **Mieter** die Kosten für kleine Instandhaltungen in der Wohnung, so **verringern** sich die o. g. Sätze um 1,28 Euro. Die kleinen Instandhaltungen umfassen nur das Beheben kleiner Schäden an den Installationsgegenständen für Elektrizität, Wasser und Gas, den Heiz-

und Kocheinrichtungen, den Fenster- und Türverschlüssen sowie den Verschlussvorrichtungen von Fensterläden (§ 28 Abs. 3 II. BV). Dieser Abzugsbetrag von 1,28 Euro entfällt jedoch häufig trotz einer entsprechenden Klausel im Mietvertrag, da aufgrund der Rechtsprechung des BGH solche Klauseln in den meisten alten Vordrucken unwirksam sind und der Mieter daher weder zur Durchführung von Kleinreparaturen noch zur Tragung der Kosten verpflichtet ist (BGH, Urteil v. 7.6.1989, VIII ZR 91/88, NJW 1989 S. 2247 und v. 6.5.1992, VIII ZR 129/91, DWW 1992 S. 207). Der Abzugsbetrag ist somit nur in den Fällen anzusetzen, in denen der Mietvertrag eine Klausel enthält, die den Anforderungen der Rechtsprechung genügt und den Mieter in wirksamer Weise zur Tragung der Kosten verpflichtet (vgl. LG Hamburg, Urteil v. 5.9.1989 16 S 420/88, WuM 1992 S. 593; LG Freiburg, Urteil v. 29.11.1991, 3 S 167/91, WuM 1992 S. 594). Nicht nachvollziehbar ist insofern die Entscheidung des LG Braunschweig (Urteil v. 22.5.1992, 6 S 355/91, WuM 1992 S. 593), wonach in einem Mietvertrag über eine **preisgebundene** Neubauwohnung eine Kleinreparaturklausel entgegen der BGH-Rechtsprechung auch dann wirksam sein soll, wenn sie keine betragsmäßigen Obergrenzen enthält.

Die Kosten der Schönheitsreparaturen in Wohnungen (Tapezieren, Anstreichen oder Kalken der Wände und Decken, Streichen der Fußböden, Heizkörper einschließlich Heizrohre, der Innentüren sowie der Fenster und Außentüren von innen, § 28 Abs. 4 II. BV) sind in den Sätzen nach § 28 Abs. 2 II. BV nicht enthalten. Trägt der **Vermieter** die Kosten der Schönheitsreparaturen, dürfen sie höchstens mit 10,31 Euro je m² Wohnfläche im Jahr angesetzt werden. Dies gilt auch, wenn der Vermieter wegen einer nach der neuen Rechtsprechung des BGH unwirksamen vertraglichen Schönheitsreparaturklausel zur Durchführung von Schönheitsreparaturen verpflichtet ist. Anders als bei frei finanzierten Wohnungen ist der Vermieter von öffentlich gefördertem preisgebundenem Wohnraum (z.B. Sozialwohnungen) berechtigt, bei einer unwirksamen Schönheitsreparaturklausel für die von ihm nunmehr zu tragenden Schönheitsreparaturen in einer neu aufgestellten Wirtschaftlichkeitsberechnung eine zusätzliche Kostenpauschale nach § 28 Abs. 4 II. BV anzusetzen, da dieser gesetzliche Zuschlag für die Kosten der Schönheitsreparaturen nur dann entfällt, wenn diese wirksam auf den Mieter übertragen wurden, nicht aber, wenn diese Übertragung gescheitert ist (BGH, Urteil v. 24.3.2010, VIII ZR 177/09).

Insofern liegt auch kein Verstoß gegen das Verbot der geltungserhaltenden Reduktion einer Vertragsklausel darin, dass dem Vermieter bei der Kostenmiete infolge einer unwirksamen Schönheitsreparaturklausel ein Zuschlag (nach § 28 Abs. 4 II. BV) zusteht. Die entsprechende Mieterhöhungserklärung ist auch nicht treuwidrig, wenn der Vermieter dem Mieter zuvor vergeblich die Aufrechterhaltung der Schönheitsreparaturklausel unter Streichung des zu beanstandenden Klauselteils angeboten hat. Dazu ist der Vermieter aber auch nur in besonders gelagerten **Einzelfällen** ausnahmsweise verpflichtet (BGH, Beschluss v. 31.8.2010, VIII ZR 28/10, WuM 2010 S. 750).

Nach **Beendigung** der Mietpreisbindung einer öffentlich geförderten Wohnung ist der Vermieter, der dann weiterhin zur Durchführung der Schönheitsreparaturen verpflichtet bleibt, allerdings **nicht** berechtigt, die nunmehr vom Mieter nach dem Mietspiegel geschuldete ortsübliche Miete um einen **Zuschlag** für Schönheitsreparaturen zu erhöhen. Die Verpflichtung zur Durchführung von Schönheitsreparaturen ist nach Auffassung des BGH nicht als wertbildender Faktor im Rahmen der Vergleichsmietenbildung zu berücksichtigen, da dies nicht zu den in § 558 Abs. 2 S. 1 BGB aufgezählten wohnwertbildenden Merkmalen (Art, Größe, Ausstattung, Beschaffenheit, Lage) zählt (BGH, Urteil v. 9.11.2011, VIII ZR 87/11).

Für **Garagen oder ähnliche Einstellplätze** dürfen als Instandhaltungskosten einschließlich Kosten für Schönheitsreparaturen höchstens 82,59 Euro jährlich je Garagen- oder Einstellplatz angesetzt werden (§ 28 Abs. 5 II. BV).

Für die nächste Veränderung zum **1.1.2017** ist die Erhöhung oder Verringerung des Verbraucherpreisindexes für Deutschland maßgeblich, die im Oktober 2016 gegenüber dem Oktober 2013 eingetreten ist.

Hat der Vermieter die vom Mieter mit der Kostenmiete gezahlte Instandhaltungskostenpauschale während der Mietdauer nicht für Instandhaltungsmaßnahmen verwendet, hat der Mieter trotzdem keinen Rückzahlungsanspruch (LG Regensburg, Urteil v. 16.1.1996, 2 S 317/95, WuM 1997 S. 115).

Internetanschluss → „Kommunikationseinrichtungen“

Kabelfernsehen

Der Anschluss an das Breitbandkabel der Deutschen Telekom AG ermöglicht dem Nutzer den Fernseh- und Rundfunkempfang der in die örtlichen Netze eingespeisten Programme. Die Bezeichnung als „Kabelfernsehen" ist insoweit missverständlich, da das Breitbandkabel auch den Empfang von UKW-Rundfunksendern ermöglicht.

Im Allgemeinen können die über eine normale TV/UKW-Dachantenne erreichbaren Sender sowie zusätzlich eine Vielzahl von Programmen gesehen und gehört werden, die nicht im Empfangsbereich der herkömmlichen Antennen ausgestrahlt werden. Daneben sind Störungen (z. B. durch Witterungseinflüsse, Abschattung, Hochspannungsanlagen) praktisch ausgeschlossen und ein Stereoempfang auch von weit entfernten Radiostationen möglich.

Das Medium „Kabelfernsehen" hat zunehmend an Bedeutung gewonnen. In weitem Umfang hat die Deutsche Telekom AG durch Kabelverlegung bis zu einem Übergabepunkt auf dem einzelnen Grundstück die Voraussetzung für einen Anschluss an das Breitbandkabelnetz geschaffen. Von dem Übergabepunkt aus, der meist an der Innenseite der Kelleraußenwand des Gebäudes installiert wird, kann der Anschluss zu den Wohnungen des Hauses hergestellt werden.

Während der Übergabepunkt grundsätzlich kostenlos erstellt wird, fallen für den Anschluss der Wohnung sowohl **Anschlussgebühren** an die Deutsche Telekom AG als auch **Handwerkerkosten** für die Kabelverlegung im Anwesen an.

Im Zusammenhang mit dem Anschluss des Anwesens an das Breitbandkabel sind insbesondere folgende Fragen von praktischer Bedeutung:

1. Ist der Mieter verpflichtet, den Anschluss seiner Wohnung an das Breitbandkabelnetz zu **dulden** bzw. kann der Vermieter den Anschluss der Wohnung gegen den Willen des Mieters durchführen?
2. Hat der Mieter die **einmaligen** Kosten (Verkabelung innerhalb des Anwesens, einmalige Anschlussgebühren) sowie die **laufenden** monatlichen Gebühren zu zahlen?
3. Besteht ein Rechtsanspruch **des Mieters** auf Anschluss der Wohnung durch den Vermieter?
4. Muss der Vermieter einem Anschluss der Wohnung durch den Mieter **zustimmen?**

Zu 1. Duldungspflicht des Mieters

Die Frage der Duldungspflicht ist nach § 554 Abs. 2 BGB zu beurteilen. Danach hat der Mieter den Anschluss zu dulden, wenn er zu einer **Verbesserung** der gemieteten Räume führt, für den Mieter **keine Härte** darstellt (z. B. wegen der vorzunehmenden Arbeiten oder der zu erwartenden Erhöhung der Miete bzw. der erhöhten monatlichen Betriebskosten) und der Vermieter die Maßnahme sowie die Mieterhöhung form- und fristgerecht **angekündigt** hat.

Die Frage, ob der Anschluss an das Breitbandkabelnetz eine **Verbesserung** der gemieteten Räume darstellt, wird von der obergerichtlichen Rechtsprechung nach wie vor bejaht.

Nach dem Rechtsentscheid des KG Berlin vom 27.6.1985 (8 RE-Miet 874/85, DWW 1985 S. 204, Weber/Marx, V/S. 38) stellt der Anschluss auch dann eine Verbesserung der gemieteten Räume dar, wenn in der Mietwohnung bereits durch den Anschluss an die vertraglich zur Verfügung gestellte Gemeinschaftsantenne fünf Fernsehprogramme und sämtliche am Ort empfangbaren UKW-Hörfunkprogramme empfangen werden können. Im Anschluss an diesen Rechtsentscheid wurde vom LG Karlsruhe mit Urteil v. 9.7.1987 (5 S 110/87, DWW 1988 S. 380) festgestellt, dass der Anschluss einer Mietwohnung nicht nur im Land Berlin, sondern auch **im übrigen Bundesgebiet** eine Modernisierung i. S. d. § 554 Abs. 2 BGB darstellt.

Eine Wohnwertverbesserung wurde weiterhin bejaht vom LG Oldenburg (Urteil v. 12.2.1985, 1 S 1140/84, DWW 1985 S. 233) und vom LG München I (DWW 1987 S. 163), das weiterhin herausstellt, dass die Frage, ob eine Maßnahme zur Verbesserung der gemieteten Räume vorliegt, nach **objektiven Gesichtspunkten** zu bestimmen ist. Das bedeutet, dass es nicht auf die Wertung des jeweiligen Mieters, sondern allein auf die Verkehrsanschauung ankommt. Entscheidend sei, so führt das Landgericht weiter aus, ob allgemein in dem für das Mietobjekt in Betracht kommenden Mieterkreis der Maßnahme eine Wohnwertverbesserung zugemessen wird, sodass der Vermieter damit rechnen kann, dass die Wohnung nach Durchführung der Maßnahme von künftigen Mietinteressenten bei im Übrigen gleichen Konditionen eher angemietet würde als eine vergleichbare Wohnung, bei der diese Maßnahme nicht durchgeführt worden ist (so auch schon LG Berlin, Urteil v. 19.9.1983 S. 62 S 544/82, DWW 1983 S. 251). Für preisgebundene Mietwohnungen hat der BayVGH (Urteil v. 25.2.1992, 7 B 90.1013, DWW 1992 S. 119) ausdrücklich bestätigt, dass der Anschluss an das Breitbandkabelnetz eine gebrauchswerterhöhende Modernisierungsmaßnahme (§ 11 Abs. 6 II. BV) darstellt.

Mit Einführung des **digitalen** terrestrischen (Antennen)Fernsehens hat das Kabelfernsehen einen seiner bisherigen Vorteile – die Programmvielfalt – eingebüßt, da nunmehr auch über Antenne oder Satellit ein erheblich erweitertes Fernseh- und Hörfunkprogramm empfangen werden kann. Trotzdem kann der Anschluss an das Breitbandkabel eine Verbesserung der gemieteten Räume darstellen. In einem neuen Urteil stellt der BGH nicht nur auf die Zahl der Programme, sondern auch auf die **zusätzlichen Vorteile** ab, die mit dem Kabelfernsehen verbunden sind, insbesondere auf die Möglichkeit des Empfangs von **ausländischen Programmen** sowie die Möglichkeit **interaktiver Mediennutzung** (z.B. Zugang ins Internet, sicherer und durch Highspeed-Technik schneller als mit ISDN; interaktives Fernsehen) durch ein sog. **rückkanalfähiges** Kabelnetz. Ferner ist zu berücksichtigen, dass ein Kabelanschluss gegenüber einer Antenne geringere Wartungskosten verursacht und optische Beeinträchtigungen durch „Antennenwälder" vermieden werden.

Der Mieter muss daher den Anschluss der Mietwohnung an das Breitbandkabel auch dann dulden, wenn er bereits **digitales** Fernsehen über Antenne oder Satellit empfangen kann. Er kann nicht einwenden, das terrestrische Digitalfernsehen käme ihm bei gleicher Qualität billiger, da hierfür keine monatlichen Gebühren anfallen. Nach § 554 Abs. 2 S. 1 BGB hat der Mieter Maßnahmen zur Verbesserung der Mietsache zu dulden. Ob dies der Fall ist, ist **objektiv**, d.h. nicht nach der Wertung des derzeitigen Mieters zu bestimmen; entscheidend ist, ob der Maßnahme nach der Verkehrsanschauung eine **Wohnwertverbesserung** zugewiesen wird, sodass der Vermieter damit rechnen kann, dass die Wohnung von **künftigen** Mietinteressenten eher angemietet werden wird als eine vergleichbare Wohnung, bei der die Maßnahme nicht durchgeführt worden ist. Dies ist insbesondere dann anzunehmen, wenn über das Kabel eine höhere Zahl von **ausländischen** Programmen empfangen werden kann und in der betreffenden Stadt der Ausländeranteil und damit die Nachfrage nach ausländischen Fernsehprogrammen relativ hoch ist.

Ferner ist zu berücksichtigen, dass das sog. rückkanalfähige Kabelnetz künftig auch die Möglichkeit **interaktiver Mediennutzung** und damit vielfältigere Möglichkeiten als Antenne und Satellit bietet.

Der Mieter kann dagegen auch nicht einwenden, dass solche Nutzungsmöglichkeiten wenig gefragt seien. Der Vermieter, der eine Modernisierung beabsichtigt, ist nicht darauf beschränkt, die Wohnung nur auf einen durchschnittlichen Standard des gegenwärtigen Wohnungsmarkts anzuheben. Er darf die Attraktivität seiner Wohnungen auch durch eine überdurchschnittliche Ausstattung erhöhen, selbst wenn die Nachfrage danach derzeit noch verhältnismäßig gering ist. Eine nicht gegen den Willen des Mieters durchsetzbare **„Luxusmodernisierung"** liegt bei einem Kabelanschluss jedenfalls **nicht** vor.

Es kommt auch nicht darauf an, ob der Mieter die Angebote im konkreten Fall auch tatsächlich nutzen will. Entscheidend ist die objektive **Möglichkeit** der Nutzung. Da der Kabelanschluss nach dem gegenwärtigen Stand der Entwicklung als Maßnahme zur **Verbesserung der Mietsache** anzusehen ist, erstreckt sich die grundsätzlich bestehende Duldungspflicht des Mieters nicht nur auf Arbeiten in der gemieteten Wohnung selbst, sondern ebenso auf die Verlegung der Kabel durch seine Wohnung in eine **darüberliegende** Wohnung, um deren Anschluss an das Kabel zu ermöglichen (BGH, Urteil v. 20.7.2005, VIII ZR 253/04, WuM 2005 S. 576).

Die Kabelverlegung innerhalb der Wohnung erfolgt regelmäßig ohne größere Beeinträchtigung des Mieters, sodass ein **Härteeinwand** wegen der vorzunehmenden Maßnahmen nicht infrage steht.

Die **Erhöhung der Miete** infolge des Anschlusses der Mietwohnung (vgl. unten zu 2.) bewegt sich erfahrungsgemäß meist im Rahmen der Bagatellklausel des § 554 Abs. 3 S. 3 BGB (ca. 5 %) und kann daher einen Härteeinwand nicht begründen (vgl. LG Oldenburg, Urteil v. 12.2.1985, 1 S 1140/84, DWW 1985 S. 233).

Ebenso stellt eine **Erhöhung der Betriebskosten** von 4 DM (ehemalige Antennengebühr) auf 12,60 DM (monatliche Kabelgebühr) für den Mieter keine Härte dar (LG München I, Urteil v. 10.4.1987, 20 S 18250/86, DWW 1987 S. 163).

Den vom BGH aufgestellten Grundsätzen entsprechend muss der Mieter auch Maßnahmen dulden, die darauf gerichtet sind, durch Neuverlegung von Kabeln und durch Tausch der vorhandenen Teilnehmeranschlussdose gegen eine moderne Multimediadose einen rückkanalfähigen Kabelanschluss herzustellen (AG Berlin, Urteil v. 20.12.2006, 4 C 427/06, GE 2007 S. 1055).

An die Frage, ob der Mieter den Anschluss der Wohnung an das Breitbandkabel dulden muss, schließt sich die Frage an, ob der Mieter auch die Beseitigung der bisherigen Gemeinschaftsantenne zu dulden hat. Dies kann nur infrage stehen, soweit dem Mieter durch den Abbau der Gemeinschaftsantenne Nachteile im Empfang entstehen. Bezüglich des Fernsehempfangs stellt sich dieses Problem meist nicht, da regelmäßig alle über die Antenne empfangbaren Programme auch im Kabel eingespeist sind. Bei Hörfunkempfang ist jedoch nur der UKW-, nicht jedoch der LMK-Bereich über das Kabel zu empfangen, sodass gegen die Beseitigung der Antenne des Öfteren vorgetragen wird, dies würde den Empfang in diesen Bereichen beeinträchtigen.

Dementsprechend hat auch das KG Berlin (a.a.O.) entschieden, dass der Mieter eine „Umrüstung“ auf den Rundfunkempfang durch Kabel, d.h. die gleichzeitige Beseitigung des Anschlusses der Mietwohnung an die vertraglich zur Verfügung gestellte Gemeinschaftsantenne nicht dulden muss, wenn und solange die Gemeinschaftsantenne ihm den Empfang von Rundfunkprogrammen ermöglicht, deren inhaltlich unveränderte, vollständige und zeitgleiche Einspeisung in das Breitbandkabelnetz nicht gesetzlich gewährleistet ist.

Jedoch kann der Mieter ohne substanziierte Darlegungen nicht damit gehört werden, ihm werde durch den Kabelanschluss der Hörfunkempfang auf den Lang-, Mittel- und Kurzwellen abgeschnitten, da Radiogeräte für Lang- und Mittelwellen ohnehin über eingebaute Ferrit-Antennen verfügen und die herkömmlichen Gemeinschaftsantennen wegen der zu hohen Eingangsspannungen für normale Radiogeräte mit Kurzwellenteil keine Empfangsverbesserung bringen (vgl. auch AG Karlsruhe-Durlach, Urteil v. 19.2.1987, 2 C 672/86, DWW 1987 S. 165).

Zutreffend hat daher auch das AG Gelsenkirchen mit Urteil v. 29.4.1987 (9 C 240/87, DWW 1987 S. 262) entschieden, dass die Hörfunkantenne für den durchschnittlichen Mieter nur untergeordnete Bedeutung hat und der Vermieter daher nicht verpflichtet ist, die bisherige Gemeinschaftsantenne bestehen zu lassen. Ebenso hat das LG Oldenburg (Urteil v. 12.2.1985, 1 S 1140/84, DWW 1985 S. 233) festgestellt, dass der Mieter kein schutzwertes Interesse am Weiterbetrieb der Gemeinschaftsantenne hat. Nach dem Urteil des LG Karlsruhe (v. 9.7.1987, 5 S 110/87, DWW 1988

S. 380) schließt der Umstand, dass infolge des Kabelanschlusses einzelne vom Mieter bevorzugte Rundfunkstationen nicht mehr empfangbar sind, das Vorliegen einer „Modernisierung“ i. S. v. § 554 Abs. 2 BGB nicht aus.

Nach § 554 Abs. 3 BGB hat der Vermieter dem Mieter 3 Monate vor Beginn der Maßnahme deren Art und Umfang, Beginn und voraussichtliche Dauer sowie die zu erwartende Erhöhung der Miete (gemäß § 559 BGB) schriftlich mitzuteilen. Diese Ankündigungspflicht **entfällt**, wenn die Maßnahme nur mit einer unerheblichen Einwirkung auf die vermieteten Räume verbunden ist und nur zu einer unerheblichen Erhöhung der Miete (bis ca. 5 %) führt (§ 554 Abs. 3 S. 3 BGB).

Zwar liegen diese Voraussetzungen bei einem Anschluss der Wohnung an das Breitbandkabel grundsätzlich vor, jedoch ist dem Vermieter trotzdem zu empfehlen, die Ankündigung form- und fristgerecht durchzuführen, um im Streitfall nicht von einer nachträglichen Bewertung durch das Gericht abhängig zu sein, ob die Einwirkung auf die Räume bzw. die Mieterhöhung nun „unerheblich“ war oder nicht.

Zu 2. Kostentragungspflicht des Mieters

Wie unter 1. ausgeführt, stellt der Anschluss der Wohnung an das Breitbandkabelnetz eine Maßnahme zur Verbesserung der gemieteten Räume dar. Diese Verbesserung der Räume führt regelmäßig zu einer **Erhöhung** des Gebrauchswerts der Mietsache, der in Anbetracht insbesondere der Programmvielfalt und der Empfangsqualität auch **„nachhaltig“** i. S. v. § 559 BGB ist.

Daher ist der Vermieter nach § 559 BGB berechtigt, die jährliche Miete (nicht die Betriebskosten!) um 11 % der für die Wohnung aufgewendeten **einmaligen** Kosten (Installierungskosten innerhalb des Anwesens, einmalige Anschlussgebühren) zu erhöhen (vgl. AG Münster, Urteil v. 7.2.1989, 4 C 471/88, WuM 1989 S. 190; AG Karlsruhe-Durlach, Urteil v. 19.2.1987, 2 C 672/86, DWW 1987 S. 165; LG Berlin, Urteil v. 19.9.1983, 62 S 544/82, DWW 1983 S. 251; LG Oldenburg, Urteil v. 12.2.1985, 1 S 1140/84, DWW 1985 S. 233).

Abzulehnen ist die Auffassung, für die Mieterhöhung nach § 559 BGB seien nur die Handwerkerkosten für die Herstellung des hausinternen Verteilungsnetzes, nicht aber die einmalige Anschlussgebühr anzusetzen.

Nach dem Sinn und Zweck des § 559 BGB, den Vermieter im Hinblick auf die zu erwartenden Kosten nicht von einer Verbesserung der Mieträume abzuhalten, fehlt für eine unterschiedliche Behandlung der beiden Kostenpositionen jeglicher sachliche Unterscheidungsgrund. Zutreffend ist daher die überwiegende Meinung, dass bei der Mieterhöhung nach § 559 BGB alle dem Vermieter im Zusammenhang mit der Verkabelung entstehenden Kosten (mit Ausnahme evtl. Finanzierungskosten) anzusetzen sind (vgl. Fischer-Dieskau/Pergande/Schwender, Wohnungsbaurecht, 80. Lfg., Anm. 5 zu § 541 b BGB a.F.; Bub/Treier, Handbuch der Geschäfts- und Wohnraummiete, 1989, Anm. III, Rn. 568, 578, 1092). Für **preisgebundene** Wohnungen hat der BayVGH (Urteil v. 25.2.1992, 7 B 90.1013, DWW 1992 S. 119) diese Auffassung ausdrücklich bestätigt und weiter ausgeführt, dass sich auch solche Mieter an allen **einmaligen** Kosten zu beteiligen haben, die von dem Kabelanschluss **keinen Gebrauch** machen wollen.

Dagegen soll der Mieter einer preisgebundenen Wohnung nach Auffassung des AG Hannover (Urteil v. 23.10.2006, 461 C 7752/06, WuM 2008 S. 29) zur Zahlung der **Betriebskosten** (z. B. der **laufenden** monatlichen Grundgebühren) nur dann verpflichtet sein, wenn er dem Anschluss der Wohnung zugestimmt hat.

Beim Anschluss **mehrerer** Wohnungen sind die Gesamtkosten angemessen zu **verteilen**, z. B. ist der Mehraufwand für zusätzliche Steckdosen nur der jeweiligen Wohnung zuzurechnen.

Zu den Einzelheiten einer Mieterhöhung nach § 559 BGB s. „Mieterhöhung bei Wohnraum“,

Abschnitt 3 „Mieterhöhung bei Modernisierung (§ 559 BGB)".

> Die **laufenden** monatlichen Gebühren hat der Mieter als **Betriebskosten** (vgl. „Betriebskosten", Abschnitt 2.15.2 „Die Kosten des Betriebs der Gemeinschaftsantennenanlage (Nr. 15a) oder des Betriebs der mit einem Breitbandkabelnetz verbundenen privaten Verteilanlage (Nr. 15b)") auch dann zu bezahlen, wenn er von dem Kabelanschluss **keinen Gebrauch** machen will (AG Karlsruhe-Durlach, a.a.O.; AG Münster, a.a.O.).

Dementsprechend ist der Mieter nicht berechtigt, die Zahlung der Kabelgebühren zu verweigern, weil er kein Interesse an einem Kabelanschluss hat. Hierzu bedarf es einer Änderung des Mietvertrags, die nur in beiderseitigem Einvernehmen erfolgen kann. Dies gilt auch im Fall eines Wechsels des Anbieters durch den Vermieter, selbst wenn dies mit Mehrkosten für den Mieter verbunden ist und der Mieter sein mangelndes Interesse an der Weiterversorgung mit Kabelfernsehen dem Vermieter vorher mitgeteilt hat (AG Münster, Urteil v. 27.2.2007, 7 C 4811/06, ZMR 2007 S. 707).

Ist im Mietvertrag die **Kostenumlage** für die **Gemeinschaftsantenne** vereinbart, treten an deren Stelle die laufenden Gebühren des Kabelanschlusses. Eine Steigerung auf die nunmehr zu entrichtende monatliche Kabelgebühr stellt eine **Betriebskostenerhöhung** i.S.v. § 560 BGB dar (AG Münster v. 7.2.1989, a.a.O.), wobei eine Erhöhung z.B. von 4 DM auf 12,60 DM pro Monat eine Härte nicht begründen kann (LG München I v. 10.4.1987, a.a.O.).

Umlagefähig sind jedoch nur die tatsächlich gezahlten Gebühren, sodass Rabatte an Mieter weiterzugeben sind.

Zu 3. Rechtsanspruch des Mieters auf Anschluss

§ 554 Abs. 2 BGB berechtigt lediglich den Vermieter unter gewissen Voraussetzungen und in einem bestimmten Umfang, den Vertragsgegenstand einseitig zu ändern. Dagegen gibt es **keine** entsprechende **gesetzliche** Vorschrift, die dem Mieter einen Rechtsanspruch auf Änderung des Mietvertrags gibt, sodass der Vermieter zwar berechtigt, jedoch nicht verpflichtet ist, den Vertragsgegenstand zu ändern bzw. zu erweitern und die Mietwohnung an das Breitbandkabel anzuschließen (s. auch „Änderung des Mietvertrags").

Hat sich der Vermieter jedoch **vertraglich** verpflichtet, dem Mieter eine Breitbandverkabelung zur Verfügung zu stellen, ist er nicht berechtigt, einen bestehenden Kabelservicevertrag aufzulösen und den Mieter auf den Abschluss eines eigenen Vertrags zu verweisen (AG Hohenschönhausen, Urteil v. 16.11.2002, 11 C 282/02, GE 2003 S. 1630).

Besteht eine solche vertragliche Verpflichtung nicht und hat der Vermieter selbst kein Interesse daran, das Anwesen an das Breitbandkabel anzuschließen (z.B. weil die Antenne erst mit großem Kostenaufwand überholt wurde oder absehbar ist, dass bei mehreren Mietern die Duldung gerichtlich erzwungen werden müsste), besteht für den Vermieter keine Veranlassung, dem Verlangen der anschlusswilligen Mieter nachzukommen.

Hier schließt sich die Frage an, ob der Mieter dann in eigener Regie und auf eigene Kosten seine Mietwohnung an das Kabel anschließen darf bzw. ob der Vermieter die Herstellung eines Anschlusses durch den Mieter dulden und dem Mieter die erforderliche Erlaubnis erteilen muss.

Zu 4. Zustimmungspflicht des Vermieters

Soweit nicht ausdrückliche vertragliche Vereinbarungen bestehen, kann der Mieter ein entsprechendes Verlangen nur auf den Grundsatz von Treu und Glauben (§ 242 BGB) stützen. § 242 BGB gebietet es dem Vermieter, dem Mieter nicht ohne triftigen Grund Einrichtungen zu versagen, die diesem das Leben in der Mietwohnung angenehmer gestalten können und durch die er als Vermieter nur unerheblich beeinträchtigt und die Mietsache nicht verschlechtert wird (LG Kassel, Urteil v. 28.9.1989, 1 S 131/89, WuM 1989 S. 557).

Eine **erhebliche Beeinträchtigung der Rechte des Vermieters** mit der Folge, dass dieser seine Zustimmung verweigern darf, ist z. B. gegeben, wenn bei einem Einfamilienhaus für den Kabelanschluss ein Graben von der Grundstücksgrenze bis zum Haus erforderlich wäre (LG Kassel, a. a. O.). Gleiches gilt, wenn Eingriffe in die bauliche Substanz erforderlich sind, die das Mietobjekt in nur schwer behebbarer Weise verändern (AG Berlin-Schöneberg, Urteil v. 22.3.1988, 9 C 23/88, WuM 1988 S. 251).

Sind keine oder nur unerhebliche Eingriffe in das Mietobjekt erforderlich (z. B. weil die Kabel durch Kabelschächte eingezogen werden können), kann eine erhebliche Beeinträchtigung der Rechte des Vermieters in der langen Laufzeit der Verträge mit der Kabelgesellschaft liegen.

Im **Ergebnis** kann unter Berücksichtigung der – sehr uneinheitlichen – Rechtsprechung zu dieser Problematik festgehalten werden, dass ein **Anspruch des Mieters auf Zustimmung** des Vermieters zu einem Kabelanschluss nur dann besteht, wenn

a) Eingriffe in die bauliche Substanz des Mietobjekts nicht oder nur in unerheblichem Umfang erforderlich sind (LG Kassel, a. a. O.; LG Berlin, Urteil v. 13.10.1989, 63 S 552/88, DWW 1990 S. 206);

b) der Mieter alle **Kosten** übernimmt und den Vermieter von allen finanziellen Risiken **freistellt** (LG Siegen, Urteil v. 9.2.1989, 95 C 344/88, NJW-RR 1989 S. 251; LG Heidelberg, Urteil v. 3.10.1986, 5 S 104/86, WuM 1987 S. 17; AG Göttingen, Urteil v. 17.5.1989, 21 C 46/89, DWW 1989 S. 231) und

c) der Mieter sich zudem verpflichtet, bei Beendigung des Mietverhältnisses die Anlage auf Verlangen des Vermieters zu beseitigen und den ursprünglichen Zustand wiederherzustellen (LG Siegen, a. a. O.; AG Hamburg, Urteil v. 18.12.1984, 46 C 646/84, DWW 1985 S. 131; AG Wuppertal, Urteil v. 15.11.1985, 91 C 491/85, MDR 1986 S. 412).

Der Mieter hat die Erfüllung dieser Verpflichtungen durch entsprechende vertragliche Vereinbarungen mit dem Anschlussgeber (z. B. durch Vereinbarung eines außerordentlichen Kündigungsrechts bei Auszug) sicherzustellen, wobei sich auch der Vermieter eine Kündigungsmöglichkeit seines Vertrags mit dem Anschlussgeber (bezüglich der Duldung) vorbehalten sollte.

Probleme beim Anschluss des Mieters können sich weiterhin dadurch ergeben, dass pro Anwesen grundsätzlich **nur ein Übergabepunkt** (Durchschaltepunkt) vorhanden ist, der im Verantwortungsbereich des Hauseigentümers bzw. der Wohnungseigentümergemeinschaft oder auch der einzelnen Mieter bzw. sonstigen Nutzer liegt. Daher müssen sich ab dem Übergabepunkt alle Anschlussnehmer einigen, wie die Verteilung der Kabelsignale technisch und kostenmäßig gesichert wird. Hauseigentümer bzw. Mieter müssen sich untereinander über die Installierung der Verstärker, Verteilereinrichtungen und insbesondere auch der Kosten für diese Ausrüstungen einigen.

Das **gebührenrechtliche** Problem, das früher darin bestanden hatte, dass sich sämtliche nachfolgenden Anschlussnehmer bei dem Ersteilnehmer anschließen mussten und dieser als Gebührenschuldner für sämtliche Teilnehmer gehaftet hat, ist durch die Umstellung der entsprechenden Regelungen der Telekommunikationsordnung auf AGB ab 1.7.1991 beseitigt. Jeder Kunde hat nunmehr die Möglichkeit, gebührenrechtlich einen **Einzelnutzervertrag** mit der Deutschen Telekom AG zu schließen. Diese Neuregelung entspricht weitgehend den Forderungen des VG Neustadt, das mit Urteil v. 22.2.1988 (8 K 186/87, DWW 1988 S. 259) entschieden hatte, dass es gegen § 14 Postverwaltungsgesetz und gegen Art. 5 GG (Informationsfreiheit) verstößt, wenn der erste Teilnehmer zum einen verpflichtet wird, entweder nachfolgenden Teilnehmern im selben Haus die entgeltliche Nutzung dieses Anschlusses einzuräumen oder mit diesen eine Teilnehmergemeinschaft zu bilden und wenn er zum anderen dementsprechend gegenüber der Deutschen Telekom AG für die gesamten Gebühren der hinzugekommenen Wohnungsinhaber haftet. Dies ist nach der **Neuregelung** nicht mehr der Fall.

> Der Einzelanschlussnehmer haftet nicht mehr für mögliche Gebührenausfälle anderer Nutzer im Haus.

Der Hauseigentümer kann somit beispielsweise für die Nutzung in seiner eigenen Wohnung im Haus den Kabelanschluss beantragen; er braucht aber für die Mieter im Haus nicht mehr das Gebühreninkasso durchzuführen. Er ist zwar nach wie vor verpflichtet, andere Anschlussnehmer im Haus an der Nutzung des Übergabepunkts teilnehmen zu lassen, ist jedoch **von jeder Haftung** für zahlungsunfähige bzw. zahlungsunwillige Dritte **befreit**. Diese Regelung (Einzelnutzerverhältnis) kann auf Antrag auch hinsichtlich bereits bestehender Teilnehmerverhältnisse eingeführt werden.

Zu beachten ist aber, dass sich diese Neuregelung nur auf das Gebührenschuldverhältnis, nicht jedoch auf die technische Handhabung bezieht, sodass diese Probleme nach wie vor bestehen bleiben.

Unbeschadet dieser Neuregelung besteht weiterhin die Möglichkeit des **Einzelanschlusses durch eine Kabelservicegesellschaft**. Dabei erhält diese Gesellschaft in der Regel bedingungsgemäß das Monopol für alle weiteren Anschlüsse im Anwesen, sodass der Anschluss anderer Wohnungen durch die Deutsche Telekom AG nicht mehr möglich ist. Weiterhin sehen die Vertragsbedingungen der Gesellschaften meist eine **Laufzeit von 10 bis 15 Jahren** vor, wodurch der Vermieter für lange Zeit an eine Gesellschaft gebunden ist und deren Anlage in seinem Anwesen dulden muss.

Während der Laufzeit des Vertrags darf der Hauseigentümer keinem anderen Unternehmen die Errichtung anderer zentraler Empfangsanlagen (z.B. einer Gemeinschaftsparabolantenne) gestatten, da der **Konkurrenzschutz** auch ohne ausdrückliche Vereinbarung immanenter Bestandteil des Vertrags über den Breitbandkabelanschluss ist (OLG Köln, Urteil v. 26.2.1996, 16 U 43/95, WuM 1996 S. 465). Eine Vertragslaufzeit von **15 Jahren** wird von der Rechtsprechung als zulässig angesehen (vgl. OLG Düsseldorf, Urteil v. 5.9.2002, 10 U 129/01, WuM 2002 S. 666), während die Vereinbarung einer Laufzeit von **20 Jahren** (s. hierzu BGH, Urteil v. 4.7.1997, V ZR 405/96, NJW 1997 S. 3022) und darüber (vgl. KG Berlin, Urteil v. 2.7.2002, 14 U 29/01, ZMR 2002 S. 914 zur Laufzeit von **25 Jahren**) grundsätzlich eine **unangemessene** Benachteiligung des Hauseigentümers darstellt und daher **unwirksam** ist. Enthält der Vertrag keine oder eine (wegen Verstoßes gegen § 307 BGB) unwirksame Regelung, soll nach Auffassung des OLG Köln (a.a.O.) die übliche Vertragsdauer von **12 Jahren** gelten.

Der **Käufer** eines Anwesens tritt **nicht** kraft Gesetz in einen Kabelanschlussvertrag ein, wonach einem Unternehmen das ausschließliche Recht gewährt wird, auf dem Grundstück eine Breitbandkabelanlage zu errichten, zu unterhalten und mit den Wohnungsmietern Einzelanschlussverträge abzuschließen (BGH, Urteil v. 17.7.2002, XII ZR 86/01, NJW 2002 S. 3322). Zur Begründung führt der BGH aus, dass bei einem solchen Vertrag die **Hauptpflicht** des Grundstückseigentümers nur in der **Gestattung** der ausschließlichen Versorgung der Mieter mit Kommunikationsdiensten besteht. Demgegenüber sind die **mietvertraglichen** Elemente, die im Wesentlichen in der Zurverfügungstellung der für die Anlage erforderlichen Fläche und der Gestattung von Wartung und Instandhaltung liegen, nur von **untergeordneter** Bedeutung. Daher ist ein solcher Gestattungsvertrag über die Errichtung und den Betrieb von Hausverteilanlagen **nicht** als Mietvertrag zu bewerten und geht somit **nicht** gemäß § 566 BGB auf den Käufer über. Der Käufer des Anwesens ist daher nur dann an den Gestattungsvertrag gebunden, wenn er mit dem Betreiber der Kommunikationsanlage eine entsprechende Vereinbarung trifft.

Die in den Allgemeinen Geschäftsbedingungen eines Betreibers von Breitbandkabelverteileranlagen enthaltene Klausel, die Kabelanschlusskunden müssten für den Einzug des monatlichen Nutzungsentgelts eine **Einzugsermächtigung** erteilen, ist wirksam, da sie den Kunden nicht unangemessen benachteiligt (BGH, Urteil v. 10.1.1996, XII ZR 271/94, WuM 1996 S. 205).

Zur Rechtslage beim Verkauf des Anwesens s. „Eigentümerwechsel“.

Kabelgebühren → „Betriebskosten“, „Die Kosten des Betriebs der Gemeinschaftsantennenanlage (Nr. 15a) oder des Betriebs der mit einem Breitbandkabelnetz verbundenen privaten Verteilanlage (Nr. 15b)“, „Kabelfernsehen“
Kaltmiete → „Miete“
Kappungsgrenze → „Mieterhöhung bei Wohnraum“

Kaution

Inhaltsübersicht

		Seite
1	**Erforderlichkeit einer Vereinbarung**	437
2	**Inhalt der Kautionsvereinbarung**	438
3	**Folge der Nichtzahlung**	440
4	**Anlage der Kaution**	442
5	**Erträge der Kaution**	445
5.1	Abgeltungsteuer	446
5.2	Ausnahmen von der Verzinsungspflicht	446
6	**Abrechnung der Kaution**	447
7	**Fälligkeit des Kautionsrückzahlungsanspruchs**	449
8	**Folgen der Kautionsrückzahlung**	452
9	**Kautionen bei Geschäftsräumen**	454

Die Leistung einer **Barkaution** durch Bereitstellung einer bestimmten Geldsumme ist die praktisch häufigste Form der Sicherheitsleistung des Mieters an den Vermieter (vgl. § 232 BGB). Im frei finanzierten Wohnungsbau dient die Kaution der Sicherung aller künftigen Ansprüche des Vermieters aus dem Mietverhältnis (OLG Celle, Urteil v. 14.12.1984, 2 U 7/84, NJW 1985 S. 1715; einschließlich evtl. Kosten der Rechtsverfolgung – LG Duisburg, Urteil v. 10.3.1998, 23 S 455/97, NZM 1998 S. 808). Dagegen ist die Vereinbarung einer Sicherheitsleistung des Mieters bei **preisgebundenem** Wohnraum nur zulässig, soweit sie dazu bestimmt ist, Ansprüche des Vermieters aus Schäden oder unterlassenen Schönheitsreparaturen zu sichern (§ 9 Abs. 5 WoBindG; vgl. LG Hannover, Urteil v. 30.12.1997, 16 S 7/97, WuM 1998 S. 347). Zur Abdeckung von Mietrückständen darf die Kaution bei preisgebundenem Wohnraum nicht verwendet werden, da der Vermieter bei Ermittlung der Kostenmiete ein Nutzungsausfallwagnis in der Berechnung ansetzen kann. Gleiches gilt für Ansprüche des Vermieters auf Zahlung von Betriebskosten bzw. Betriebskostennachforderungen. Eine Mietvertragsklausel, wonach die Sicherheit auch solche Forderungen umfasst, verstößt gegen den gesetzlichen Sicherungszweck der Kaution bei **preisgebundenem** Wohnraum und ist daher insgesamt unwirksam. Sie kann vom Gericht nicht auf einen zulässigen Inhalt reduziert werden. Dies hat zur Folge, dass der Mieter die gesamte Kaution unter dem Gesichtspunkt der ungerechtfertigten Bereicherung zurückverlangen kann (LG Berlin, Urteil v. 13.3.2012, 65 S 254/11; LG Aachen, Urteil v. 23.9.2005, 5 S 92/05, WuM 2006 S. 101).

Sowohl bei frei finanziertem als auch bei preisgebundenem Wohnraum dient die Kaution ausschließlich der Sicherung von Forderungen des Vermieters aus dem **konkreten** Mietverhältnis. Dieser **Zweckbindung** sowie dem Treuhandcharakter der Mietkaution ist – mangels anderweitiger ausdrücklicher Vereinbarungen – ein stillschweigendes Aufrechnungsverbot im Hinblick auf Forderungen zu entnehmen, die nicht aus dem konkreten Mietverhältnis stammen. Daher kann der Vermieter gegen den Anspruch des Mieters auf Kautionsrückzahlung z.B. **nicht** mit Forderungen gegen den Mieter aus einem **anderen** Mietverhältnis aufrechnen. Dies gilt auch dann, wenn die Kaution am Ende des Mietverhältnisses nicht für Forderungen des Vermieters aus dem konkreten Mietverhältnis benötigt wird (BGH, Urteil v. 11.7.2012, VIII ZR 36/12).

1 Erforderlichkeit einer Vereinbarung

Eine Kaution kann vom Mieter nur aufgrund einer **vertraglichen Vereinbarung** verlangt werden, da gesetzliche Vorschriften über eine Verpflichtung des Mieters zur Leistung einer Kaution nicht existieren. Die Bestimmungen über die Kaution, z.B. § 551 BGB, setzen das Bestehen einer entsprechenden Vereinbarung voraus und stellen lediglich Beschränkungen der Vertragsfreiheit zum Schutz des Mieters dar.

> Wurden keine vertraglichen Vereinbarungen über die Leistung einer Sicherheit durch den Mieter getroffen (z.B. im Mietvertrag), besteht daher kein Rechtsanspruch des Vermieters auf Abschluss einer ergänzenden Vereinbarung über die Zahlung einer Kaution durch den Mieter. Entsprechend besteht auch kein Rechtsanspruch auf Erhöhung einer vom Mieter vertragsgemäß geleisteten Kaution.

Eine **Ausnahme** von diesem Grundsatz besteht, wenn nach dem **Tod** des Mieters dessen Ehegatte in das Mietverhältnis eintritt (§ 563 BGB) oder das Mietverhältnis mit den überlebenden Mietern fortgesetzt wird (§ 563a BGB). In diesen Fällen kann der Vermieter von diesen Personen eine Sicherheitsleistung nach Maßgabe des § 551 BGB verlangen, wenn der verstorbene Mieter keine Sicherheit geleistet hatte (§ 563b Abs. 3 BGB).

Wurde die Zahlung einer Kaution vereinbart, kann der Vermieter diese so lange verlangen, wie ihm noch Ansprüche aus dem Mietverhältnis zustehen. Der Anspruch des Vermieters erlischt nicht durch Kündigung des Mietverhältnisses (z.B. wegen Zahlungsverzugs), da die Mietkaution auch noch nicht fällige Ansprüche sichert, die sich noch aus dem Mietverhältnis ergeben können (KG Berlin, Beschluss v. 21.1.2008, 12 W 90/07, ZMR 2008 S. 617). Deshalb entfällt grundsätzlich erst nach Ablauf der (in der Regel sechsmonatigen) Abrechnungs- und Prüfungspflicht der Anspruch auf die Mietsicherheit (LG Berlin, Beschluss v. 14.5.2009, 67 S 450/08, GE 2009 S. 980).

Ein Verpächter kann bei fortbestehendem Sicherungsinteresse auch noch **nach Beendigung** der Pacht die vereinbarte Barkaution verlangen. Dasselbe gilt für den Kautionsanspruch des **Wohnungs**vermieters, da kein Rechtsgrund dafür ersichtlich ist, den Vermieter von Wohnraum hinsichtlich der Kaution nur deswegen, weil der Vertrag beendet ist, auf den in seinen tatsächlichen und rechtlichen Voraussetzungen häufig umstrittenen Anspruch selbst zu verweisen (BGH, Beschluss v. 22.11.2011, VIII ZR 65/11, WuM 2012 S. 97). Dementsprechend kann der Vermieter die Kaution auch noch nach Beendigung des Mietverhältnisses durch Zwangsvollstreckung beitreiben (BGH, Urteil v. 12.1.1981, VIII ZR 332/79, NJW 1981 S. 976; OLG Düsseldorf, Urteil v. 30.5.1996, 10 U 158/95, ZMR 1996 S. 493; a.A. LG Nürnberg-Fürth, Urteil v. 8.7.1992, 7 O 1609/92, WuM 1994 S. 708). Der Vermieter hat somit nach Beendigung des Mietverhältnisses grundsätzlich die Wahl, ob er die Kaution **oder** die Zahlungsansprüche einklagt.

Dies gilt auch bei Beendigung des Mietverhältnisses durch fristlose Kündigung oder Abschluss eines Mietaufhebungsvertrags. Dabei ist der Kautionsklage des Vermieters bereits dann stattzugeben, wenn er zur Begründung seiner Forderung schlüssig vorträgt, dass noch Zahlungsansprüche bestehen. Auch bei Bestreiten des Mieters bedarf es insofern keiner Beweisaufnahme (OLG Düsseldorf, Urteil v. 9.3.2006, I-10 U 130/05, ZMR 2006 S. 686). Jedoch kann der Vermieter nicht beide Forderungen geltend machen (LG Saarbrücken, Urteil v. 19.4.1996, 13 B S 227/95, WuM 1996 S. 616; s. auch LG Potsdam, Urteil v. 13.4.2004, 3 O 101/03, NZM 2005 S. 303, wonach der Mieter auch nach der fristlosen Kündigung des Mietverhältnisses zur Zahlung der vereinbarten Kaution verpflichtet ist, solange das Mietobjekt noch nicht herausgegeben worden ist). Ergibt sich der Kautionszahlungsanspruch aus dem Mietvertrag, kann der Vermieter im **Urkundenprozess** klagen. Dies hat für den Vermieter den Vorteil, dass der Mieter nicht behaupten kann, die Ansprüche würden nicht bestehen.

Die Kaution unterliegt einer **treuhänderischen** Zweckbindung. Deshalb kann der Vermieter den Kautionszahlungsanspruch nicht an einen Dritten abtreten (OLG Düsseldorf, Urteil v. 20.1.2000, 10 U 182/98, GE 2000 S. 342).

Der Anspruch des Vermieters auf Stellung einer Kaution **verjährt** in der regelmäßigen **dreijährigen** Verjährungsfrist (§ 195 BGB; LG Darmstadt, Urteil v. 7.3.2007, 4 O 529/06, NZM 2007 S. 801; LG Duisburg, Urteil v. 28.3.2006, 13 S 334/05, WuM 2006 S. 250).

Die Verjährung beginnt mit der **Fälligkeit** des Anspruchs (§ 199 Abs. 1 Nr. 1 BGB); der Verjährungsbeginn ist nicht bis zum Ende der Mietzeit hinausgeschoben (KG Berlin, Beschluss v. 3.3.2008, 22 W 2/08, ZMR 2008 S. 624; s. auch „Verjährung“).

2 Inhalt der Kautionsvereinbarung

Bei Mietverhältnissen über **Wohnraum** regelt § 551 BGB zwingend bestimmte Einzelheiten:

Danach darf die Sicherheitsleistung des Mieters höchstens das **Dreifache** der auf einen Monat entfallenden Miete ohne die als Pauschale oder als Vorauszahlung ausgewiesenen Betriebskosten betragen. Darüber hinausgehende Beträge kann der Mieter trotz Bestehens einer entsprechenden Vereinbarung zurückfordern, da er sie „rechtsgrundlos“ i. S. d. §§ 812 ff. BGB geleistet hat.

Die **Verjährungsfrist** für diesen Rückforderungsanspruch des Mieters beginnt mit der **Zahlung** der überhöhten Kaution, d. h., unabhängig von der Beendigung des Mietverhältnisses und der Rückgabe der Mietsache verjährt der Bereicherungsanspruch des Mieters nach 3 Jahren seit Ablauf des Jahres, in dem der Mieter den überschießenden Betrag gezahlt hat. Der Verjährungsbeginn setzt auch nicht voraus, dass dem Mieter die Regelung des § 551 Abs. 1 und 4 BGB (Begrenzung auf maximal drei Monatsmieten) bekannt ist (BGH, Urteil v. 1.6.2011, VIII ZR 91/10, WuM 2011 S. 469).

Maßgeblich ist die **vereinbarte** Miete. Vorübergehende **Mietminderungen** wegen **behebbarer** Mängel bleiben außer Betracht. Die geminderte Miete ist nur dann Bemessungsgrundlage, wenn der Mangel nicht behebbar und die Minderung daher dauerhaft ist, z. B. bei Flächenabweichungen von mehr als 10 % (BGH, Urteil v. 20.7.2005, VIII ZR 347/04, WuM 2005 S. 573). Tritt ein nicht behebbarer Mangel erst **nach** Vertragsabschluss auf, besteht dagegen kein Anspruch des Mieters auf Reduzierung der Kaution.

Zur zusätzlichen Stellung einer **Bürgschaft** neben der Kaution s. „Bürgschaft“.

Zur zusätzlichen Leistung einer Kaution als Sicherheit für die Kosten der Entfernung einer vom Mieter montierten Parabolantenne s. „Antenne“, Abschnitt 3 „Besonderheiten bei ausländischen Staatsangehörigen“.

Kann der Vermieter die **Haltung von Tieren** in der Mietwohnung nach den vertraglichen Vereinbarungen nur aus wichtigem Grund verweigern (s. „Tierhaltung“), ist der Vermieter nicht berechtigt, die Genehmigung z. B. der Hundehaltung von der Stellung einer zusätzlichen Kaution abhängig zu machen (AG Aachen, Urteil v. 4.11.2005, 85 C 85/05, WuM

2006 S. 304; a. A. LG Hamburg, Urteil v. 9.1.2003, 333 S 51/01, AIM 2004 S. 55 ff., wonach bei einer evtl. Gestattung der Tierhaltung der Mieter sicherstellen müsse, dass die Wohnung zum Ende des Mietverhältnisses frei von Spuren der Tierhaltung sei).

> Der Mieter ist berechtigt, die Geldsumme in drei gleichen monatlichen **Teilleistungen** zu erbringen, wobei die erste Teilleistung zu Beginn des Mietverhältnisses fällig ist (§ 551 Abs. 2 S. 1 und 2 BGB).

Gegen diese Bestimmung verstößt eine mietvertragliche Klausel, deren Inhalt geeignet ist, den Mieter über seine Berechtigung zur Erbringung von Teilleistungen zu täuschen, z. B. „Der Mieter leistet bei Abschluss des Mietvertrags eine Mietsicherheit in Höhe von … Euro, höchstens jedoch in Höhe der dreifachen Monatsmiete" (LG Hamburg, Urteil v. 29.6.1990, 324 O 75/90, WuM 1990 S. 416). Nach Ansicht des LG Hamburg könnte der Mieter die Klausel dahin verstehen, dass er zur Zahlung der vollen Kaution bei Abschluss des Mietvertrags verpflichtet ist. Der Vermieter muss den Mieter jedoch **nicht** über sein Recht zur Teilzahlung **aufklären**, da grundsätzlich jeder für die Kenntnis der ihn schützenden Gesetze selbst verantwortlich ist (LG Dortmund, Urteil v. 13.5.2003, 1 S 365/02, WuM 2003 S. 498).

Daher muss die Klausel den Mieter **nicht** ausdrücklich, d. h. nicht wörtlich auf sein Teilzahlungsrecht hinweisen. Auch eine Klausel, die **keine** Regelung hinsichtlich der **Fälligkeit** beinhaltet, ist wirksam. Durch die Klausel „Der Mieter hinterlegt eine Kaution in Höhe von …" wird das Recht des Mieters zu Teilleistungen weder ausgeschlossen noch eingeschränkt. Die Fälligkeit der Kautionsleistung beurteilt sich mithin nach der gesetzlichen Regelung (BGH, Urteil v. 30.6.2004, VIII ZR 243/03, WuM 2004 S. 473). Unter Bezugnahme auf die entsprechende gesetzliche Regelung (§ 551 BGB bzw. § 550 b BGB a. F.) ist auch eine Klausel **wirksam**, wonach der Mieter die Kaution „bei Beginn des Mietverhältnisses **nach Maßgabe des § 551 BGB**" leisten soll. Insofern macht auch die Formulierung „bei Beginn des Mietverhältnisses" die Klausel nicht unwirksam, da auch dadurch das Teilzahlungsrecht des Mieters nicht ausgeschlossen wird (LG Köln, Beschluss v. 27.3.2001, 10 T 52/01, WuM 2003 S. 30; so bereits LG Gießen, Urteil v. 28.6.1995, 1 S 70/95, WuM 1996 S. 144 zu einer Klausel, wonach der Mieter an den Vermieter eine „Kaution gemäß § 551 BGB in Höhe von …" zahlen soll).

Selbst wenn die Klausel den Mieter – in unzulässiger Weise – nach ihrem Wortlaut zur vollständigen Zahlung der Kaution bei Beginn des Mietverhältnisses verpflichtet, ist sie nur hinsichtlich dieser **Fälligkeitsregelung** unwirksam. Hinsichtlich der **grundsätzlichen** Verpflichtung des Mieters zur Leistung der Kaution (in drei Raten) bleibt die Klausel **wirksam**, sodass der Mieter auch in diesem Fall nicht berechtigt ist, eine bereits gezahlte Kaution vom Vermieter zurückzufordern (BGH, Urteil v. 25.6.2003, VII ZR 344/02, WuM 2003 S. 495). Gleiches gilt auch dann, wenn der Vermieter die **Übergabe der Wohnungsschlüssel** – unzulässigerweise – von der vollständigen Zahlung der Kaution abhängig gemacht und der Mieter diese auch tatsächlich geleistet hat (BGH, Urteil v. 30.6.2004, VIII ZR 243/03, WuM 2004 S. 473). Ferner bleibt eine Kautionsvereinbarung grundsätzlich selbst dann wirksam, wenn zusätzlich ein Verstoß gegen die **Dreimonatsmietengrenze** vorliegt (BGH, Urteil v. 3.12.2003, VIII ZR 86/03, WuM 2004 S. 147) oder der Vermieter – unzulässigerweise – **weitere Sicherheiten**, z. B. eine Bürgschaft, verlangt (BGH, Urteil v. 30.6.2004, a. a. O.).

Die Rechtsfolge des § 551 Abs. 4 BGB (Unwirksamkeit der Vereinbarung einer Kaution von mehr als drei Monatsmieten) kann nicht dadurch umgangen werden, dass der Mieter an den Vermieter Forderungen gegen einen Dritten in unbeschränkter Höhe abtritt. Eine solche Abtretung ist nur bis zur Höhe von drei Monatsmieten wirksam; im Übrigen ist sie unwirksam (OLG Celle, Urteil v. 17.9.2010, 7 U 62/10).

> Um sicherzustellen, dass zumindest die erste Kautionsrate termingemäß gezahlt wird, kann der Vermieter die Überlassung

der Wohnung bei Beginn des Mietverhältnisses davon abhängig machen, dass die erste Rate Zug um Zug gegen Überlassung (z. B. Aushändigung der Schlüssel) gezahlt wird.

Die Auswirkungen dieses Rechts des Mieters auf Ratenzahlung der Kaution sind in der Praxis jedoch gering, da es dem Vermieter weiterhin unbenommen bleibt, bereits den Abschluss des Mietvertrags von dem Nachweis der vollständigen Zahlung der Kaution abhängig zu machen.

Falls der Mieter die Kaution vollständig zahlt, um den Vermieter zum Abschluss des Mietvertrags zu veranlassen, kann er die Kaution nicht anschließend wieder zurückfordern, um die gesetzlich vorgeschriebene Ratenzahlung zu erzwingen. Eine Rückforderung seiner Zahlung ist gemäß § 813 Abs. 2 BGB ausgeschlossen, wenn – wie bei der Leistung der vollen Kaution – eine Verbindlichkeit, die zwar entstanden, aber noch nicht vollständig fällig ist, **vorzeitig** vom Schuldner erfüllt worden ist (Schmidt-Futterer, Mietrecht, 10. Aufl. 2011, § 551 Rn. 62).

Bei Vermietung von **Geschäfts**räumen ist auch eine Vereinbarung wirksam, wonach die Kaution bereits **vor Übergabe** der Mietsache **fällig** ist. Dies gilt selbst dann, wenn die Vereinbarung formularmäßig getroffen wurde (KG Berlin, Beschluss v. 21.1.2008, 12 W 90/07, ZMR 2008 S. 617).

Wirksam ist insofern auch eine mietvertragliche Formularklausel, wonach die Wohnungsübergabe erst nach Zahlung der ersten Monatsmiete und der ersten Kautionsrate erfolgen soll. Die Folge, dass der Mieter damit die erste Miete abweichend von § 556b Abs. 1 BGB nicht erst am dritten, sondern bereits am ersten Werktag zahlen muss, stellt lediglich eine unerhebliche Abweichung von den gesetzlichen Vorschriften und keine unangemessene Benachteiligung des Mieters dar (LG Bonn, Beschluss v. 1.4.2009, 6 T 25/09, ZMR 2009 S. 529).

Eine Mietkaution kann auch durch Hinterlegung von **Wertpapieren** geleistet werden, sofern nichts anderes (z. B. eine Barkaution) vereinbart ist. Jedoch ist der Mieter darlegungspflichtig, dass es sich um sog. mündelsichere Wertpapiere (§§ 1807, 234 BGB) handelt (LG Berlin, Urteil v. 14.2.1997, 64 S 454/96, NJW-RR 1998 S. 10).

Der Mieter kann dem Vermieter aufgrund einer individualvertraglichen Vereinbarung als Sicherheit auch das Eigentum an seinen, z.B. vom Vormieter übernommenen, Einbauten übertragen. Dies stellt weder eine Umgehung der Vorschriften über die Rückzahlungs- und Verzinsungspflicht der Kaution (§ 551 Abs. 3, 4 BGB) noch einen Verstoß gegen die Grundsätze von Treu und Glauben (§ 242 BGB) dar, wenn der Mieter nach Mietvertragsende wahlweise die Möglichkeit der Weiterveräußerung an einen Nachmieter oder ein Wegnahmerecht hat (LG Düsseldorf, Urteil v. 25.1.2007, 21 S 214/06, ZMR 2007 S. 536).

Zahlt der Wohnungsmieter die Mietkaution auf ein **eigenes Sparkonto** ein und übergibt dann das Sparbuch dem Vermieter, ist mangels anderweitiger Vereinbarungen nicht nur von einer Verpfändung des Sparbuchs, sondern von einer **Abtretung** des Auszahlungsanspruchs gegen die Bank auszugehen (LG Dortmund, Urteil v. 5.12.2006, 1 S 23/06, WuM 2007 S. 73; s. auch BGH, NJW 1965 S. 897; NJW 1963 S. 1631).

3 Folge der Nichtzahlung

Erfüllt der Mieter die Leistung der Sicherheit nicht, kann der Vermieter auf Erfüllung klagen bzw. den Anspruch durch gerichtlichen Mahnbescheid geltend machen.

Strittig war bisher, ob der Vermieter von **Wohn**räumen bei **Nichtzahlung** der vertraglich vereinbarten **Kaution** zur fristlosen Kündigung des Mietverhältnisses berechtigt ist. Dies ist jetzt durch das Mietrechtsänderungsgesetz vom 11.3.2013 (BGBl I S. 434 ff.) geregelt. Danach liegt ein wichtiger Grund für die außerordentliche fristlose Kündigung des Vermieters auch dann vor, wenn der Mieter mit der Zahlung der vereinbarten Kaution mit einem Betrag in Verzug ist, der der **zweifachen Monatsmiete** entspricht (ohne Vorauszahlungen bzw. Pauschalen für Betriebskosten). Der Mieter muss also die zweite und dritte Kautionsrate spätestens mit der zweiten und dritten monatlichen Mietzahlung leisten (§ 551 Abs. 2 S. 3 BGB n. F.). Vor der Kündigung muss der Vermieter weder eine Frist für Abhilfe setzen noch eine Abmahnung aussprechen (§ 569 Abs. 2a BGB n. F.).

Entsprechend der Heilungsmöglichkeiten einer fristlosen Kündigung wegen Zahlungsverzugs mit der Miete (s. „Kündigung", Abschnitt 3.2.1.2 „Fristlose Kündigung wegen Zahlungsverzugs (§ 543 Abs. 2 Nr. 3 BGB)") kann der Mieter auch eine fristlose Kündigung wegen Verzugs mit der Kautionszahlung unwirksam machen, wenn der Mieter spätestens bis zum Ablauf von 2 Monaten nach Eintritt der Rechtshängigkeit des Räumungsanspruchs (Zustellung der Räumungsklage) den Rückstand vollständig ausgleicht oder eine öffentliche Stelle (z. B. das Sozialamt) sich dazu verbindlich verpflichtet.

Das neue Kündigungsrecht wegen Zahlungsverzugs mit der Kaution besteht nur bei Mietverhältnissen, die nach Inkrafttreten des Mietrechtsänderungsgesetzes am 1.5.2013 abgeschlossen worden sind.

Bei **gewerblichen** Mietverhältnissen wurde ein Kündigungsrecht des Vermieters bereits von der Rechtsprechung des BGH (Urteil v. 21.3.2007, XII ZR 36/05, NZM 2007 S. 400) bejaht.

Auch **vor** Überlassung der Pachtsache kann der Verpächter das Pachtverhältnis fristlos kündigen, wenn der Pächter die vereinbarte Kaution nicht bezahlt, da dies Rückschlüsse auf die mangelnde Vertragstreue des Pächters oder auf dessen unzureichende finanzielle Leistungsfähigkeit zulässt, was die Annahme einer **erheblichen Gefährdung** der Vertragsdurchführung und damit die fristlose Kündigung rechtfertigt (OLG Celle, Urteil v. 20.2.2002, 2 U 183/01, NZM 2003 S. 64).

Eine fristlose Kündigung wegen Nichtzahlung der vereinbarten Kaution kann aber nur innerhalb einer **angemessenen** Frist ausgesprochen werden (§ 314 Abs. 3 BGB). Ist seit Kenntnis des Vermieters von dem Vertragsverstoß (hier: Nichtzahlung der Kaution) ein längerer Zeitraum vergangen (hier: 10 Monate), kann eine fristlose Kündigung nicht mehr auf diesen Umstand gestützt werden, da sie dann nicht mehr innerhalb angemessener Frist erfolgt (OLG Koblenz, Beschluss v. 3.6.2011, 2 U 793/10, MDR 2011 S. 1162).

Auch wenn der Verpächter **seiner** vertraglichen Verpflichtung, die Pachtsache in einen bestimmten, z. B. „konzessionsfähigen" Zustand zu versetzen, **nicht** bis zu einem bestimmten Termin (hier: Übergabe) nachgekommen ist, befreit dies den Pächter mangels anderweitiger Abreden nicht davon, die erste Rate der Sicherheitsleistung (Kaution, Bürgschaft) fristgemäß zu leisten (OLG Celle, a. a. O.), da der Mieter von Geschäftsräumen in der Regel kein Zurückbehaltungsrecht an der Kaution hat (BGH, Urteil v. 21.3.2007, XII ZR 255/04, NZM 2007 S. 401; KG Berlin, Beschluss v. 21.1.2008, 12 W 90/07, ZMR 2008 S. 617). Allerdings berechtigt die Nichtzahlung der Kaution den Vermieter nicht, das Mietverhältnis bereits vor Übergabe fristlos zu kündigen, wenn er sich selbst nicht vertragstreu verhalten, z. B. die vertraglich geschuldete Versetzung des Mietobjekts in einen bestimmten Zustand verweigert hat (BGH, a. a. O.).

In einem Mietvertrag über **gewerbliche** Räume ist eine **auflösende Bedingung**, wonach der Vertrag bei Eintritt von bestimmten Umständen, z. B. wegen Nichtzahlung der Kaution, **automatisch** endet, **nicht** grundsätzlich aufgrund einer unangemessenen Benachteiligung des Vertragspartners unwirksam, da die Vertragsbeendigung sich gleichermaßen zum Nachteil beider Vertragsparteien auswirken kann und mit einer solchen Regelung keine Risiken verbunden sind, die unternehmerisch handelnde Personen nicht überschauen könnten (KG Berlin, Urteil v. 26.1.2006, 8 U 128/05, NZM 2007 S. 41; so auch BGH, Urteil v. 27.1.1993, XII ZR 141/91, ZMR 1993 S. 320, wonach keine grundsätzlichen Bedenken gegen eine formularvertraglich auflösende Bedingung bestehen).

Die auflösende Bedingung führt dazu, dass der Vertrag automatisch endet, Ansprüche **beider** Parteien für die Zukunft **nicht** mehr in Betracht kommen und auch kein Schadenersatz wegen Nichtdurchführung des Vertrags geschuldet wird. Eine auflösende Bedingung führt somit zu einer **„ersatzlosen"** Beendigung des Mietvertrags (so bereits KG Berlin, Urteil v. 12.5.2005, 8 U 7/05, NZM 2005 S. 946). Anders ist die Rechtslage, wenn die Klausel an den Bedingungseintritt eine **Schadenersatzfolge**, z.B. Ersatz von Mietausfall, knüpft. Dann wird die gesetzliche Lage zuungunsten des Mieters verändert, da ein solcher Schadenersatzanspruch des Vermieters nur als Folge einer fristlosen **Kündigung** erhoben werden kann, die ihrerseits eine **Abhilfefrist** (§ 543 Abs. 3 BGB), das bedeutet z.B. bei einer Nichtzahlung der Kaution eine Mahnung des Mieters, voraussetzt. Auf das Setzen einer solchen Abhilfefrist kann aber formularvertraglich nicht verzichtet werden. Somit ist eine auflösende Bedingung nur dann zulässig und wirksam, wenn die Klausel als Folge des Bedingungseintritts (z.B. Nichtzahlung der Kaution) lediglich die Beendigung des Mietvertrags, nicht aber Schadenersatzansprüche des Vermieters (z.B. Mietausfall) bestimmt.

Wegen Mängeln der Mietsache steht dem Mieter kein **Zurückbehaltungsrecht** zu, da er durch die §§ 536, 536a BGB ausreichend geschützt ist (OLG Düsseldorf, Beschluss v. 24.11.1997, 24 W 89/96, ZMR 1998 S. 159; LG Nürnberg-Fürth, Urteil v. 2.8.1991, 7 S 2303/91, NJW-RR 1992 S. 335; LG Köln, Urteil v. 3.3.1993, 10 S 334/92, WuM 1993 S. 605); auch die **Aufrechnung** mit Schadenersatzansprüchen ist ausgeschlossen (LG Hamburg, Beschluss v. 18.10.1990, 311 O 92/90, WuM 1991 S. 586).

Die fehlende Zahlung der Kaution berechtigt den Vermieter, geschuldete **Vorleistungen** wie den vertraglich vereinbarten Ausbau des Mietobjekts (gemäß § 273 BGB) **zurückzuhalten** (OLG Düsseldorf, Beschluss v. 14.11.2005, 24 U 74/05, DWW 2006 S. 425; BGH, Beschluss v. 8.7.1998, XII ZR 32/97, NZM 1998 S. 766).

4 Anlage der Kaution

Eine Geldsumme ist vom Vermieter **getrennt** von seinem Vermögen bei einem Kreditinstitut zu dem für Spareinlagen mit dreimonatiger Kündigungsfrist üblichen Zinssatz anzulegen (§ 551 Abs. 3 S. 1 und 3 BGB).

Für Mietverhältnisse, die **vor** dem Inkrafttreten des § 550b BGB a.F. (1.1.1983) vereinbart wurden, gilt die Anlagepflicht nicht. Hier ist der Vermieter nicht verpflichtet, die geleistete Kaution nachträglich getrennt von seinem Vermögen anzulegen (LG Hamburg, Urteil v. 23.6.1987, 16 S 59/87, WuM 1987 S. 316).

Die Anlage auf einem Sonderkonto bewirkt, dass dem Mieter bei Insolvenz des Vermieters ein **Aussonderungsrecht** zusteht und er im Fall der Zwangsvollstreckung gegen den Vermieter die **Drittwiderspruchsklage** erheben kann (§ 771 ZPO; vgl. BayObLG, RE v. 8.4.1988, RE-Miet 1/88, WuM 1988 S. 205).

Hat der Vermieter eine solche Vermögenstrennung unterlassen, stellt der Rückzahlungsanspruch des Mieters nach Eröffnung des Insolvenzverfahrens über das Vermögen des Vermieters nur eine einfache Insolvenzforderung dar, die zuvor zur Tabelle hätte angemeldet werden müssen (LG Berlin, Urteil v. 19.6.2006, 62 S 33/06, GE 2006 S. 1481; OLG Hamburg, RE v. 29.11.1989, 4 U 141/89, DWW 1990 S. 20). Der Mieter kann die Mietkaution in der Insolvenz des Vermieters nur dann ungeschmälert herausverlangen (**aussondern**), wenn der Vermieter die Kaution von seinem sonstigen Vermögen getrennt angelegt hat (BGH, Urteil v. 20.12.2007, IX ZR 132/06, NJW 2008 S. 1152).

Nach einem Urteil des BGH kann der Mieter von Wohnraum die Zahlung der Mietkaution davon abhängig machen, dass ihm der Vermieter ein **insolvenzfestes** Konto nennt. Sinn und Zweck der Regelung des § 551 Abs. 3 BGB ist, die Kaution vom Vermögen des Vermieters zu trennen und so vor einem Zugriff von dessen Gläubigern zu schützen. Dieser Schutz muss von Anfang an bestehen. Müsste der Mieter die Kaution zunächst in bar übergeben oder auf ein nicht insolvenzfestes Vermieterkonto überweisen, würde eine vom Gesetz nicht gewollte Schutzlücke entstehen.

Verweigert der Mieter die Kautionszahlung mangels eines insolvenzfesten Vermieterkontos, liegt kein Zahlungsverzug vor (BGH, Urteil v. 13.10.2010, VIII ZR 98/10, NJW 2011 S. 59).

Die Ausführungen des BGH sind allerdings schwer mit dem Gesetzestext des § 551 BGB vereinbar, wonach der Vermieter die ihm vom Mieter „überlassene Geldsumme“ insolvenzfest anlegen muss. Der Wortlaut des Gesetzes geht daher gerade nicht davon aus, dass der Mieter das Geld nur auf ein insolvenzfestes Konto überweisen muss. Offensichtlich räumt der BGH aber der Intention des Gesetzes Vorrang vor dessen Wortlaut ein. Diese besteht darin, dass dem Vermieter kein Bargeld ausgehändigt werden soll, das er vor der gesetzlich vorgeschriebenen Anlage auf einem Sonderkonto verbrauchen könnte oder auf das seine Gläubiger zurückgreifen könnten. Für die Praxis wird dieses Urteil daher zur Folge haben, dass der Vermieter dem Mieter nicht nur Bankverbindung und Kontonummer mitteilen, sondern auch eine nachprüfbare Information darüber geben muss, dass es sich dabei um ein **insolvenzfestes** Konto handelt. Dies wird in der Regel die Überlassung einer entsprechenden **Bankbestätigung** erfordern (s. Schmid, ZMR 2011 S. 195).

Der Vermieter muss nicht für jeden Mieter ein separates Kautionskonto führen. Die Anlage auf ein als Sonderkonto bezeichnetes Konto zusammen mit Kautionen aus anderen Mietverhältnissen genügt.

Inhaber des Kautionskontos sollte der **Vermieter** sein. Insofern ist der Vermieter auch unstreitig dazu berechtigt, eine Mietkaution auf seinen **eigenen Namen** anzulegen, wenn er angibt, dass er nicht auf eigene Rechnung, sondern auf Rechnung des Mieters anlegt (LG Ulm, Beschluss v. 19.12.2007, 1 S 164/07, DWW 2008 S. 96).

Abzuraten ist von einer Anlage des Kautionsbetrags auf einem Konto, das vom Mieter geführt und dem Vermieter lediglich **verpfändet** wird.

In diesem Fall haben Vermieter bei Unstimmigkeiten mit dem Mieter bei Beendigung des Mietverhältnisses (z. B. wegen Schäden in der Wohnung) oftmals Schwierigkeiten, auf die Kaution zuzugreifen, wenn der Mieter der Auszahlung des Kautionsbetrags widerspricht. Häufig räumen Banken dann den Interessen „ihres“ Kunden, d. h. denen des Mieters, den Vorrang ein und verweigern die Auszahlung der Kaution.

Strittig ist insofern auch, ob der Vermieter bei Beendigung des Mietverhältnisses auf die Kaution nur dann zugreifen darf, wenn seine Ansprüche unstreitig sind bzw. ob der Mieter bei strittigen Ansprüchen den Zugriff des Vermieters durch eine einstweilige Verfügung verhindern kann.

Nach einem Beschluss des OLG Karlsruhe setzt der Zugriff des Vermieters auf die Kaution **nicht** voraus, dass die Ansprüche unstreitig sind. Nach Beendigung des Mietverhältnisses hat die Kaution nämlich nicht nur Sicherungs-, sondern auch Verwertungsfunktion, d. h., Zweck der Kaution ist auch, dem Vermieter nach Beendigung des Mietverhältnisses die Möglichkeit zu geben, sich wegen noch bestehender Ansprüche auf einfache Weise befriedigen zu können. Dieser Zweck würde vereitelt, wenn der Vermieter zunächst die Klärung streitiger Ansprüche in einem Rechtsstreit herbeiführen müsste.

Ausreichend ist daher, dass der Vermieter eine Abrechnung über die von ihm geltend gemachten Ansprüche aufstellt und diese mit der Mietsicherheit verrechnet. Falls der Vermieter zu Unrecht, d. h. wegen nicht gerechtfertigter Forderungen auf die Mietsicherheit zugreift, ist der Mieter auf seinen Rückforderungsanspruch angewiesen (OLG Karlsruhe, Beschluss v. 18.8.2008, 8 W 34/08, ZMR 2009 S. 120).

Der Mieter kann die Befriedigung des Vermieters aus dem verpfändeten Sparbuch auch **nicht** im Wege einer **einstweiligen Verfügung** verhindern. Dem steht der Sinn und Zweck der der Verpfändung zugrunde liegenden Sicherungsabrede entgegen, da die Sicherheitsleistung in Gestalt des verpfändeten Sparkontos gerade der Sicherung der Ansprüche des Vermieters dient. Dieser soll sich wegen des Bestehens der mietvertraglichen Ansprüche während und nach Beendigung des Mietverhältnisses auf einfache Weise und ohne Verschaffung eines gerichtlichen Vollstreckungstitels befriedigen können (so z.B. LG Potsdam, Urteil v. 21.6.2007, 11 S 192/06, GE 2007 S. 1253). Könnte der Mieter die Befriedigung aus dem verpfändeten Sparbuch im Wege der einstweiligen Verfügung verhindern, müsste der Vermieter sein Recht, die Kaution in Anspruch nehmen zu können, im Klagewege durchsetzen. Er würde mithin in die Rolle des Klägers gedrängt – mit der Folge, für alle ihm günstigen Tatsachen die Beweislast zu tragen; dies ist mit dem Zweck der Kaution, dem Vermieter die Möglichkeit einzuräumen, sich einfach und ohne ein gerichtliches Verfahren aus der dazu überlassenen Kaution befriedigen zu können, unvereinbar (AG Berlin, Beschluss v. 12.1.2011, 203 C 1001/11, ZMR 2011 S. 477).

Nach anderer Auffassung muss der Vermieter bei einem verpfändeten Kautionskonto nicht nur sein Pfandrecht, sondern auch die **Pfandreife** beweisen (§§ 1282, 1228 Abs. 2 BGB). Dies bedeutet, dass der Vermieter zur Einziehung der Forderung nur berechtigt ist, wenn und soweit die Forderung **fällig** ist, d.h. zwischen den Parteien **feststeht**, dass der Vermieter gegen den Mieter Ansprüche (z.B. auf Schadenersatz) hat. Bestreitet der Mieter das, muss dies auf dem Rechtsweg geklärt werden, da eine Sicherheit nur berechtigte Ansprüche des Vermieters **sichert**, diesem aber **nicht** die Möglichkeit geben soll, sich vor Austragung des Streits über bestehende Ansprüche zu **befriedigen**.

Selbst wenn der Vermieter nach dem Inhalt der Verpfändungsvereinbarung der Bank gegenüber allein verfügungsbefugt ist und die Bank nach Ablauf einer bestimmten Frist die Kaution auch ohne den Nachweis der Fälligkeit an den Vermieter auszahlen muss, kann der Mieter durch eine einstweilige Verfügung zwar nicht die Klärung der Rechtslage herbeiführen, jedoch damit den strittigen Zugriff des Vermieters auf die Sicherheit abwenden (LG Darmstadt, Beschluss v. 11.9.2007, 25 S 135/07, WuM 2008 S. 726; AG Bremen, Beschluss v. 18.4.2007, 4 C 0166/07, WuM 2007 S. 399).

Nachteile drohen dem Vermieter bei einem verpfändeten Sparbuch auch, wenn über das Vermögen der Bank das **Insolvenzverfahren** eröffnet wird. In einem solchen Fall kann dem Mieter zwar ein Entschädigungsanspruch nach den §§ 3, 4 des Einlagensicherungs- und Anlegerentschädigungsgesetzes (EAEG) in Höhe von 90 % seiner Einlage zustehen (maximal 20.000 Euro, §§ 3, 4 EAEG). Da es sich bei diesem gesetzlichen Entschädigungsanspruch um einen eigenständigen Anspruch handelt, setzt sich das an der ursprünglichen Sparforderung bestehende Pfandrecht des Vermieters nicht am Entschädigungsanspruch des Mieters fort (BGH, Urteil v. 18.3.2008, XI ZR 454/06, NZM 2008 S. 456).

Der Vermieter muss den Mieter in diesem Fall somit auf Wiederauffüllung der Kaution in Anspruch nehmen.

Ferner kann der Vermieter gegen den Anspruch des Mieters auf Freigabe eines verpfändeten Sparkontos nicht mit einem Zahlungsanspruch aufrechnen, weil es insoweit an der für die Aufrechnung erforderlichen Gleichartigkeit beider Ansprüche fehlt. Der Anspruch auf Freigabe eines Sparbuchs ist nämlich auf Abgabe einer **Willenserklärung** durch den Mieter gerichtet. Eine Gleichartigkeit mit dem **Zahlungs**anspruch des Vermieters liegt daher nicht vor (KG Berlin, Beschluss v. 9.5.2011, 8 U 172/10, MDR 2011 S. 842). Dies ist für den Vermieter insbesondere bei **verjährten** Forderungen nachteilig, mit denen er z.B. gegen einen Anspruch des Mieters auf Rückzahlung einer Barkaution aufrechnen könnte.

Der Mieter kann vom Vermieter den **Nachweis** der gesetzeskonformen Anlage der geleisteten Kaution verlangen. Dieser Anspruch umfasst auch die Angabe der betreffenden Kontonummer, der vereinbarten Kündigungsfrist sowie die Höhe der tatsächlich gezogenen Zinsen (AG Frankfurt/M., Urteil v. 17.11.2000, 33 C 3350/00 – 76, NZM 2001 S. 808; LG Düsseldorf, Urteil v. 6.10.1992, 24 S 162/92, WuM 1993 S. 400). Verweigert der Vermieter den Nachweis, kann der Mieter diesen Anspruch mit einer **Leistungsklage** geltend machen bzw. den Vermieter klageweise auf konforme Anlage seiner Kaution in Anspruch nehmen.

Ferner ist der Mieter grundsätzlich befugt, die geschuldete Mietzahlung bis zur Höhe des Kautionsbetrags so lange zurückzuhalten, bis der Vermieter die gesetzeskonforme Anlage auf einem Treuhandkonto nachgewiesen hat (BGH, Urteil v. 20.12.2007, a.a.O.).

Seit Inkrafttreten des Mietrechtsreformgesetzes (1.9.2001) können die Parteien auch eine **andere Anlageform** vereinbaren (§ 551 Abs. 3 S. 2 BGB), z.B. um höhere Erträge (Zinsen oder Dividenden) zu erwirtschaften. Das Risiko trägt dabei jede Partei selbst, sodass bei einer Minderung oder eines Verlusts des eingesetzten Kapitals weder der Vermieter vom Mieter eine Auffüllung der Sicherheit noch der Mieter vom Vermieter Schadenersatz oder eine Mindestverzinsung verlangen kann (s. Begründung des Gesetzentwurfs, abgedruckt in NZM 2000 S. 436).

Ein Verstoß gegen die Anlagepflicht kann nicht nur zivilrechtliche Ansprüche des Mieters begründen, sondern auch den Straftatbestand der **Untreue** (§ 266 StGB) erfüllen.

Die Einzahlung der vom Mieter geleisteten Kaution auf ein **Giro**konto, das dem Zugriff evtl. Gläubiger des Vermieters ausgesetzt ist, bewirkt jedoch nicht ohne Weiteres eine (vollendete) Untreue. Eine Strafbarkeit setzt vielmehr voraus, dass dem Mieter dadurch ein Vermögensnachteil i.S.d. § 266 StGB entstanden ist. Dementsprechend kommt es darauf an, inwieweit nach den Vermögensverhältnissen des Vermieters die naheliegende Gefahr besteht, dass von Dritten auf dieses Konto zugegriffen wird. Nur soweit aufgrund der Gesamtumstände eine solche Gefahr besteht, liegt eine zu einer Minderbewertung führende Vermögensgefährdung vor. Der Tatbestand der Untreue setzt somit voraus, dass bereits zu diesem Zeitpunkt eine drohende Überschuldung des Vermieters bzw. der vermietenden Gesellschaft bestand, die einen Zugriff der Gläubiger erwarten ließ.

Bei **gewerblichen** Mietverhältnissen ist eine getrennte Anlage gesetzlich nicht vorgeschrieben. Haben die Parteien daher eine besondere Sicherung nicht ausdrücklich vereinbart, kann von einer sog. **Vermögensbetreuungspflicht** des Vermieters, die Voraussetzung für die Verwirklichung des Tatbestands der Untreue ist, nicht ausgegangen werden (BGH, Beschluss v. 2.4.2008, 5 StR 354/07, NJW 2008 S. 1827).

Auch der **Mieter** kann sich wegen Untreue strafbar machen, wenn er nach außen hin allein über den auf einem Sparbuch angelegten Kautionsbetrag verfügen kann und die Überweisung auf sein Privatkonto veranlasst (BayObLG, Urteil v. 18.12.1997, 5St RR 67/97, NZM 1998 S. 228 = WuM 1998 S. 226).

Den **Zwangsverwalter** einer Mietwohnung trifft auch die Pflicht des Vermieters zur Anlage einer vom Mieter als Sicherheit geleisteten Geldsumme bei einem Kreditinstitut. Dies gilt auch dann, wenn der Vermieter die Kaution nicht an den Zwangsverwalter ausgezahlt hat (BGH, Urteil v. 11.3.2009, VIII ZR 184/08, WuM 2009 S. 289). Dementsprechend ist der Zwangsverwalter dem Mieter gegenüber nach Beendigung des Mietverhältnisses nicht nur zur Rückzahlung der Mietsicherheit verpflichtet, sondern auch der Zinsen, die bei ordnungsgemäßer Anlage der Sicherheit angefallen wären (§ 152 Abs. 2 ZVG; AG Wetzlar, Urteil v. 15.3.2011, 38 C 987/10, WuM 2012 S. 376).

Dem Mieter steht gegenüber dem an die Stelle des Vermieters getretenen Zwangsverwalter ein Zurückbehaltungsrecht an der laufenden Miete bis zur Höhe der geleisteten Kaution nebst Zinsen zu, bis der Zwangsverwalter die ordnungsgemäße Anlage der Mietsicherheit nachgewiesen hat. Dies gilt auch, wenn der Zwangsverwalter unstreitig den vom Mieter geleisteten Kautionsbetrag vom Vermieter nicht ausgehändigt bekommen hat, da der Zwangsverwalter gemäß § 152 ZVG vollständig in sämtliche Rechte und Pflichten des Vermieters eintritt (BGH, Urteil v. 23.9.2009, VIII ZR 336/08, NJW 2009 S. 3505).

5 Erträge der Kaution

Die **gesamten** Erträge aus der Geldanlage, z.B. Zinsen oder Dividenden, stehen in vollem Umfang dem Mieter zu. Der **Mieter** hat diese Erträge als Einkünfte aus Kapitalvermögen zu **versteuern**. **Provisionen** oder sonstige Vorteile, die der Vermieter vom Kreditinstitut für die Anlage der Kaution erhält, muss er **nicht** an den Mieter weitergeben (Sternel, III 244).

5.1 Abgeltungsteuer

Ist der **Mieter** Kontoinhaber (Sparbuch auf den Namen des Mieters mit Verpfändungserklärung), kann er durch die Erteilung eines Freistellungsauftrags verhindern, dass von den anfallenden Zinsen die Abgeltungsteuer (bis 31.12.2008: Zinsabschlagsteuer) abgezogen wird.

Ist der **Vermieter** Kontoinhaber, kann weder der Vermieter noch der Mieter einen solchen Freistellungsauftrag erteilen. Hier gilt nach den Schreiben des Bundesfinanzministers vom 18.12.2009 (IV C 1 – S 2401/08/10001) und vom 27.4.2009 (IV C 1 – S 2252/08/10003) Folgendes:

- Hat der Vermieter ein für das Kreditinstitut als **Treuhandkonto** erkennbares Sparkonto eröffnet und weiß das Kreditinstitut, wer der Treugeber (= Mieter) ist, hat es die Steuerbescheinigung auf den Namen des Mieters auszustellen. Der Vermieter hat dem Mieter die Steuerbescheinigung zur Verfügung zu stellen (§ 34 Abs. 1 und 3 AO), damit er die Zinsen versteuern und den einbehaltenen Zinsabschlag auf seine Einkommensteuer anrechnen lassen kann.
- Hat das Kreditinstitut von dem Treuhandverhältnis Kenntnis, ohne zu wissen, ob der Kontoinhaber Anspruch auf die Zinsen hat, ist die Steuerbescheinigung auf den Namen des Kontoinhabers (= Vermieter) auszustellen und mit dem Vermerk „Treuhandkonto" zu versehen. Auch hier hat der Vermieter dem Mieter die Steuerbescheinigung zur Verfügung zu stellen.
- Werden die Mietkautionen mehrerer Mieter auf demselben Konto angelegt, ist der Vermieter als Vermögensverwalter (i. S. d. § 34 AO) verpflichtet, gegenüber dem für ihn zuständigen Finanzamt eine Erklärung zur einheitlichen und gesonderten Feststellung der Einkünfte aus Kapitalvermögen der Mieter (§ 180 AO) abzugeben. Sieht das Finanzamt von einer einheitlichen und gesonderten Feststellung der Einkünfte ab (§ 180 Abs. 3 S. 1 Nr. 2 AO), kann es dies gegenüber dem Vermieter durch negativen Feststellungsbescheid feststellen. In diesem Fall hat der Vermieter dem Mieter eine Ablichtung des Bescheids und der Steuerbescheinigung des Kreditinstituts zur Verfügung zu stellen sowie den anteiligen Kapitalertrag und den anteiligen Zinsabschlag mitzuteilen. Diese Unterlagen hat der Mieter seiner Einkommensteuererklärung beizufügen.

Die Erträge, z. B. die Kautionszinsen, dienen der Erhöhung der Sicherheit (§ 551 Abs. 3 S. 4 BGB), sodass der Mieter **keinen Anspruch auf Auszahlung** der Erträge hat. Dies gilt auch für die über den mietvertraglich vereinbarten Zinsfuß hinaus gezogenen Zinsen (LG Düsseldorf, Urteil v. 6.10.1992, 24 S 162/92, WuM 1993 S. 400).

5.2 Ausnahmen von der Verzinsungspflicht

Bei Wohnraum in einem **Studenten- oder Jugendwohnheim** besteht für den Vermieter keine Verpflichtung, die Sicherheitsleistung zu verzinsen (§ 551 Abs. 3 S. 5 BGB). Alle anderen Vorschriften über die Kaution gelten aber auch für diese Art von Wohnraum.

Für Mietverhältnisse, die **nach** dem 1.1.1983 abgeschlossen wurden, ist die Verzinsungspflicht **unabdingbar,** d. h. ein vereinbarter Verzinsungsausschluss wäre wegen Verstoßes gegen § 551 Abs. 4 BGB unwirksam.

Für Mietverhältnisse, die **vor** dem 1.1.1983 abgeschlossen wurden, besteht eine Verzinsungspflicht nur, wenn dies entweder ausdrücklich vereinbart oder eine Regelung über die Verzinsung nicht getroffen wurde (BayObLG, RE v. 9.2.1981, Allg Reg 126/80, BayObLGZ 1981 S. 15; Weber/Marx, I/S. 78; BGH, RE v. 8.7.1982, VIII ARZ 3/82, DWW 1982 S. 270).

Wurde die Verzinsung **vor dem 1.1.1983** durch **Vertrag** ausdrücklich ausgeschlossen, muss die Kaution nicht verzinst werden – auch nicht für die Zeit nach dem 1.1.1983 (Art. 229 § 3 Abs. 8 EGBGB).

Nach der Begründung der Beschlussempfehlung des Rechtsausschusses (BT-Drucks. 14/5663) zu Art. 229 § 3 Abs. 10 EGBGB (s. „Kündigungsfristen") setzt ein **„Vertrag"** eine

echte Vereinbarung voraus, sodass weiterhin strittig bleibt, ob ein formularvertraglicher Ausschluss (z.B. in vorgedruckter Form) ausreichend ist, bzw. ob dieser wegen Verstoßes gegen die §§ 305 ff. BGB unwirksam ist.

Während das LG Frankfurt/M. (Urteil v. 22.12.1987, 2/11 S 314/87, WuM 1988 S. 307) sowie das AG Ludwigshafen (Urteil v. 8.6.1983, 2c C 209/83, WuM 1986 S. 335) keinen Verstoß gegen das AGB-Gesetz sehen, vertrat eine andere Kammer des LG Frankfurt/M. (Urteil v. 20.8.1986, 2/17 S 41/86, WuM 1986 S. 336) die Meinung, dass der formularmäßige Verzinsungsausschluss unwirksam sei. In gleicher Weise wurde auch vom LG Nürnberg-Fürth (Urteil v. 14.2.1986, 7 S 4145/85, WuM 1988 S. 158) und vom LG München I (Urteil v. 21.2.1989, 32 S 19636/88, WuM 1989 S. 236; Urteil v. 27.11.1991, 31 S 730/91, WuM 1992 S. 617; Urteil v. 21.7.1999, 31 S 844/99, WuM 1999 S. 515) entschieden, wobei das LG München den Verstoß gegen das AGB-Gesetz im erstgenannten Urteil damit begründete, dass der formularmäßige Verzinsungsausschluss dem Wesen und Leitbild der Kaution widerspricht, da er zu einer dem Wesen der Kaution nicht entsprechenden Bereicherung des Vermieters führt (im Ergebnis ebenso LG Lübeck, Urteil v. 22.7.2010, 14 S 59/10, ZMR 2011 S. 43, wonach es auch nicht darauf ankommt, ob die Kaution auf einem Sparbuch tatsächlich angelegt wurde und sich der Vermieter auch nicht auf Verjährung berufen kann, da die Zinsen erst zusammen mit der Kaution fällig werden und die Verjährung daher erst mit der Fälligkeit des Anspruchs auf Rückzahlung der Kaution zu laufen beginnt).

Eine Unwirksamkeit des Verzinsungsausschlusses wirkt nach Ansicht des Gerichts (Urteil v. 27.11.1991, 31 S 730/91, WuM 1992 S. 617) auf den Zeitpunkt des Vertragsschlusses zurück mit der Folge, dass die Kaution grundsätzlich ab dem Zeitpunkt der Leistung zu verzinsen ist. Dabei ist aber zu beachten, dass der Mieter für den Fall, dass die Vereinbarung im Mietvertrag ausdrücklich – jedoch in unwirksamer Weise – ausgeschlossen wurde, nicht bessergestellt werden darf als ein Mieter, dessen Mietvertrag keine Regelung über die Verzinsung beinhaltet. Daher muss eine Verzinsung nicht für einen zurückliegenden Zeitraum erfolgen, in welchem der Mieter nicht mit einer Verzinsung rechnen durfte. Zumindest ab dem Jahr 1970 ist nach Ansicht des Gerichts eine derartige Erwartung allerdings berechtigt.

In Anbetracht dieser widersprüchlichen Rechtsprechung zur Wirksamkeit eines **formular**mäßigen Verzinsungsausschlusses bleibt festzustellen, dass ein Anspruch des Mieters auf Zahlung von Zinsen der von ihm geleisteten Kaution jedenfalls dann nicht besteht, wenn der Verzinsungsausschluss bei **vor** dem 1.1.1983 vereinbarten Mietverhältnissen in **einzelvertraglicher** Form (z.B. als hand- oder maschinenschriftlicher Zusatz) erfolgte (vgl. z.B. LG München I, Urteil v. 8.10.1996, 20 S 13386/96; AG München, Urteil v. 19.6.1996, 451 C 421/96).

Zur Unterscheidung zwischen einzelvertraglicher und formularmäßiger Vereinbarung s. „Allgemeine Geschäftsbedingungen".

6 Abrechnung der Kaution

Während eines noch **laufenden** Mietverhältnisses darf der Vermieter wegen einer vom Mieter **bestrittenen** Forderung nicht auf die Kaution zugreifen. Mit der Bestimmung des § 551 Abs. 3 BGB, wonach der Vermieter die Kaution **getrennt** von seinem Vermögen anlegen muss, wollte der Gesetzgeber sicherstellen, dass der Mieter die Kaution nach Beendigung des Mietverhältnisses – auch bei Insolvenz des Vermieters – ungeschmälert zurückerhält, soweit dem Vermieter keine gesicherten Ansprüche zustehen. Diese Zielsetzung würde unterlaufen, wenn der Vermieter die Mietkaution bereits während des laufenden Mietverhältnisses auch wegen streitiger Forderungen in Anspruch nehmen könnte (BGH, Urteil v. 7.5.2014, VIII ZR 234/13, ZMR 2014 S. 619). Daher weicht eine vertragliche **Vereinbarung,** die dem Vermieter auch in diesem Fall den Zugriff auf die Kaution gestattet, zum Nachteil des Mieters von der gesetzlichen Regelung ab und ist daher gemäß § 551 Abs. 4 BGB **unwirksam** (BGH, Urteil v. 7.5.2014, a.a.O.).

Dagegen ist in **gewerblichen** Mietverträgen eine Vereinbarung wirksam, wonach der Vermieter ohne Vorliegen dieser Voraussetzungen die Kaution schon während der Mietzeit in Anspruch nehmen und anschließend die Wiedererfüllung der Kaution verlangen kann (OLG Karlsruhe, Urteil v. 2.7.2004, 1 U 12/04, MDR 2005 S. 85). Hat der Vermieter die Kaution zulässigerweise aufgebraucht, kann er zwar **Auffüllung** der Kaution verlangen (BGH, WPM 1972 S. 335), jedoch ist dem Vermieter grundsätzlich nicht zu empfehlen, die Kaution während eines noch laufenden Mietverhältnisses aufzubrauchen. Vielmehr sollte der Vermieter seine Forderungen sofort und ggf. gerichtlich geltend machen, damit der Kautionsbetrag erhalten bleibt und bei Beendigung des Mietverhältnisses zur Abdeckung von Ansprüchen, beispielsweise wegen Schäden oder unterlassener Schönheitsreparaturen, verwendet werden kann.

Unbeschadet dessen steht dem Vermieter der **Wiederauffüllungsanspruch** auch noch **nach Beendigung** des Mietverhältnisses zu (OLG Düsseldorf, Urteil v. 19.5.2005, I-10 U 196/04, ZMR 2006 S. 923).

Bei **Verpfändung eines Sparbuchs** durch den Mieter darf der Vermieter das Sparkonto nur im Fall der **Pfandreife**, d.h. nur dann auflösen, wenn ihm gegen den Mieter ein fälliger Anspruch zusteht (LG Wuppertal, Urteil v. 27.11.2003, 9 S 194/03, NZM 2004 S. 298). Ist die Forderung des Vermieters nicht unstreitig, setzt dies einen entsprechenden Titel zugunsten des Vermieters voraus, da die Mietkaution nur dazu dient, berechtigte Ansprüche zu sichern, nicht aber vor Austragung eines Streits über bestehende Ansprüche eine Befriedigung zu erreichen (LG Darmstadt, Beschluss v. 13.12.2004, 11 T 11/04, ZMR 2005 S. 193).

Hat der Vermieter die Kaution während des noch laufenden Mietverhältnisses **zu Unrecht** in Anspruch genommen, kann der Mieter Wiederauffüllung verlangen, da der Mieter im Fall der Insolvenz des Vermieters sein Aussonderungsrecht verliert, soweit die Kaution in das Vermögen des Vermieters übergegangen ist (BGH, Urteil v. 7.5.2014 a.a.O.).

Der Vermieter ist andererseits aber auch nicht dazu verpflichtet, sich aus der Kaution zu befriedigen.

> Der Mieter ist daher auch nicht berechtigt, die Bezahlung der Miete zu verweigern und den Vermieter vor Beendigung des Mietverhältnisses auf die Verrechnung der letzten Mieten mit der Kaution zu verweisen (LG Berlin, Beschluss v. 30.12.2010, 65 S 139/10, GE 2011 S. 268; LG München I, Urteil v. 17.7.1996, 14 S 5138/96, WuM 1996 S. 541). Der Vermieter kann trotz bestehender Kaution die vollständige Miete durch Klage bzw. Mahnbescheid geltend machen und unter gewissen Voraussetzungen das Mietverhältnis kündigen; anderenfalls würde der Sicherungszweck der Kaution leerlaufen, da die Kaution den Mieter nicht von Mietzahlungen freistellen, sondern evtl. Ansprüche des Vermieters gegen den Mieter absichern soll (LG Berlin, a.a.O.; s. „Kündigung", Abschnitt 3.2.1.2 „Fristlose Kündigung wegen Zahlungsverzugs (§ 543 Abs. 2 Nr. 3 BGB)").

Zur **Abrechnung** der Kaution und Auszahlung des verbleibenden Teils ist der Vermieter erst nach Beendigung des Mietverhältnisses und Rückgabe der Mietsache verpflichtet. Neben sonstigen Gegenforderungen (z.B. Schadenersatzansprüche wegen Schäden an der Mietsache oder unterlassener Schönheitsreparaturen, s. „Schönheitsreparaturen") kann der Vermieter gegen den Kautionsrückzahlungsanspruch des Mieters auch mit Kosten aufrechnen, die ihm von der Bank für die Auflösung des Mietkautionskontos in Rechnung gestellt werden, da es sich insofern um Kosten handelt, die durch die Verwaltung des Treuhandvermögens verursacht werden und daher zu dessen Lasten gehen (§ 1210 Abs. 2 BGB entsprechend; AG Büdingen, Urteil v. 28.6.1995, 2 C 489/95, WuM 1995 S. 483).

Rechnet der Vermieter nach dem vorzeitigen Auszug des Mieters mit laufenden Mietzahlungsansprüchen aus dem befristeten Mietverhältnis gegen den von dem Mieter klageweise geltend gemachten Kautionsrückzahlungsanspruch auf, muss der **Mieter** darlegen und beweisen, dass er zur Entrichtung der Miete nicht mehr verpflichtet war, z. B. weil der Vermieter die Wohnung an einen Dritten **zum Gebrauch** überlassen hat und der Vermieter daher außerstande (gewesen) ist, dem Mieter den Gebrauch der Mietsache zu gewähren (KG Berlin, Beschluss v. 11.6.1998, RE-Miet 8688/96, WuM 1998 S. 472).

Der Anspruch des Mieters auf Abrechnung der Kaution **verjährt** 3 Jahre nach Entstehen des Rückzahlungsanspruchs, d.h. 3 Jahre, nachdem es dem Vermieter möglich gewesen wäre, über noch offene Ansprüche, zu deren Sicherheit die Kaution dient, abzurechnen (OLG Düsseldorf, Beschluss v. 22.4.2005, I-24 W 16/05, MDR 2005 S. 981).

Gleiches gilt für den Anspruch des Mieters auf Freigabe einer durch Verpfändung eines Bankkontos geleisteten Kaution. Auch dieser Anspruch verjährt in der Regelverjährung von 3 Jahren. Dagegen ist der Feststellungsanspruch, dass das Pfandrecht auf dem Konto erloschen ist, unverjährbar (LG Berlin, Urteil v. 3.7.2012, 63 S 13/12, GE 2012 S. 1169).

Zur Verpflichtung des **Käufers** einer Wohnung zur Abrechnung und Rückzahlung einer an den **Verkäufer** geleisteten Kaution s. „Eigentümerwechsel".

7 Fälligkeit des Kautionsrückzahlungsanspruchs

Fällig ist der Anspruch des Mieters auf Rückzahlung erst angemessene Zeit nach der Räumung, wenn dem Vermieter das Vorliegen und der Umfang seiner Gegenforderungen klar sind.

> Wie viel Zeit dem Vermieter zuzubilligen ist, hängt von den Umständen des Einzelfalls ab. Üblicherweise ist eine Überlegungs- und Prüfungsfrist von **3 Monaten** nach Beendigung des Mietverhältnisses anzusetzen (LG Berlin, Urteil v. 21.6.1994, ZMR 1994, XIV; s. auch OLG Köln, Beschluss v. 5.12.1997, 19 W 45/97, WuM 1998 S. 154: 2,5 Monate, wenn Ansprüche feststehen). Im Einzelfall kann auch eine Frist von 6 Monaten noch angemessen sein (OLG Celle, Urteil v. 14.12.1984, 2 U 7/84, NJW 1985 S. 1715).

Vor Ablauf dieser Frist ist der Rückzahlungsanspruch des Mieters grundsätzlich nicht fällig. Der Mieter ist somit nicht berechtigt, die Rückgabe der Schlüssel von der sofortigen Auszahlung der Kaution abhängig zu machen.

> Nach dem Urteil des OLG Hamburg vom 6.1.1988 (4 U 36/87, DWW 1988 S. 41) ist der Kautionsrückzahlungsanspruch jedenfalls so lange nicht fällig, wie die Nebenkostenabrechnung ohne Verschulden des Vermieters nicht erstellt werden kann.

Daher darf der Vermieter wegen einer kalkulierbaren **Betriebskostennachforderung** einen angemessenen Teil der Mietkaution bis zum Ablauf der ihm zustehenden Abrechnungsfrist für die Betriebskosten einbehalten (BGH, Urteil v. 18.1.2006, VIII ZR 71/05, WuM 2006 S. 197). Die Angemessenheit eines Einbehalts richtet sich nach den im Zeitpunkt der Vertragsbeendigung ersichtlichen Umständen. Fehlt es an hinreichenden Anhaltspunkten aus früheren Abrechnungen für eine Schätzung eines aus der ausstehenden Abrechnung zu erwartenden Nachzahlungsbetrags, ist es angemessen, einen Betrag etwa der **dreifachen** monatlichen Vorauszahlung zugrunde zu legen (Sternel, Mietrecht, 4. Auflage, Rn. III 396). Dies folgt daraus, dass der Anspruch auf Rückgewähr der Kaution nur insoweit besteht, als feststeht, dass dem Vermieter keine Ansprüche mehr zustehen und mangels anderer Anhaltspunkte nach der Lebenserfahrung Nachzahlungen in einem Umfang von 25 % der Vorauszahlungen grundsätzlich als möglich angesehen werden müssen (KG Berlin, Beschluss v. 19.4.2012, 8 W 24/12, MDR 2013 S. 510; AG Köln, Urteil v. 9.8.2002, 201 C 169/02, WuM 2004 S. 609: maximal eine Monatsnebenkostenvorauszahlung; AG Langen, Urteil v. 7.9.1995, 2 C 159/95, WuM 1996 S. 31; LG Kassel, Urteil v. 2.2.1989, 1 S 707/88, WuM 1989 S. 511).

Der Vermieter kann dementsprechend auch berechtigt sein, die Kaution länger als 6 Monate zurückzubehalten.

In diesem Sinne hat sich auch der BGH (Beschluss v. 1.7.1987, VIII ARZ 2/87, NJW 1987 S. 2372) geäußert. Danach erfordert es der Zweck der Kautionsgewährung nicht, die Versäumung der Abrechnungsfrist mit der Versagung weiterer Zurückhaltung der Kaution und der Annahme der Verwirkung der Aufrechnungsbefugnis mit Vermieteransprüchen zu sanktionieren. Für den Mieter sei es nicht unzumutbar, dass dem Vermieter die Möglichkeit zur Befriedigung seiner Ansprüche aus der Kaution nicht schon deswegen abgeschnitten werde, weil er die Aufrechnung der Kaution unangemessen lange hinausgezögert hatte. Bloße Säumnis mit rechtzeitiger Abrechnung reiche nicht aus, und zwar auch dann nicht, wenn eine Abrechnung innerhalb von 6 Monaten zu erwarten gewesen wäre und der Vermieter gleichwohl noch nicht abgerechnet habe. Der Vermieter von Wohnraum ist daher nicht schon deshalb gehindert, mit verjährten Schadenersatzforderungen wegen Veränderung oder Verschlechterung der vermieteten Sache (§ 548 BGB) gegen den Anspruch auf Rückzahlung der Kaution aufzurechnen, weil er die vom Mieter gestellte Kaution nicht innerhalb von 6 Monaten seit Beendigung des Mietverhältnisses abgerechnet hat (BGH, a.a.O.). Die Aufrechnungsbefugnis des Vermieters erlischt nicht schon deshalb, weil seine Ansprüche zur Zeit der Aufrechnungserklärung verjährt waren (§ 215 BGB – bis 31.12.2001: § 390 S. 2 BGB; BGH, a.a.O.; s. auch BVerfG, Beschluss v. 12.12.1994, 1 BvR 1287/94, NJW 1995 S. 581). Entsprechendes gilt für das Zurückbehaltungsrecht (BGH, Urteil v. 16.6.1967, V ZR 122/64, BGHZ 48 S. 116).

Eine (unberechtigte) Kautionsverwertung des Vermieters nach Mietvertragsende kann der Mieter nicht durch eine einstweilige Verfügung verhindern, da es insofern an einem Verfügungsgrund fehlt. Seinen Rückzahlungsanspruch muss der Mieter daher im ordentlichen Rechtsweg durchsetzen (LG Berlin, Beschluss v. 21.3.2013, 18 T 45/13, GE 2013 S. 878).

Gegen den Kautionsrückzahlungsanspruch des Mieters kann der Vermieter auch mit bereits **verjährten** Forderungen aufrechnen (§ 215 BGB). Der Vermieter kann z.B. mit einem Schadenersatzanspruch, der nach der kurzen mietrechtlichen Verjährungsfrist von 6 Monaten (s. „Verjährung“) bereits verjährt ist, gegen den Kautionsrückzahlungsanspruch des Mieters aufrechnen. Dies gilt nicht nur bei einer Barkaution, sondern auch dann, wenn der Mieter die Sicherheit durch **Verpfändung eines Sparbuchs** geleistet hat, da die Verpfändung des Sparbuchs einer Barkaution gleichzusetzen ist und somit eine Gleichartigkeit der Forderungen (i.S.v. § 387 BGB) vorliegt (KG Berlin, Beschluss v. 8.2.2010, 20 U 167/08, GE 2010 S. 693).

Hat der Mieter bei Beendigung des Mietverhältnisses zu Unrecht die Rückzahlung der Kaution gefordert (z.B. weil der Vermieter mit berechtigten Schadenersatzansprüchen aufgerechnet hat) und beauftragt der Vermieter daraufhin einen Rechtsanwalt mit der Abwehr der unberechtigten Ansprüche des Mieters, kann er Ersatz der vorgerichtlich aufgewendeten Anwaltskosten (Geschäftsgebühr) verlangen. Aus einem beendeten Mietverhältnis resultiert nämlich die Nebenpflicht, den Vertragspartner nicht mit unberechtigten Forderungen zu überziehen (AG Tempelhof, Urteil v. 18.8.2010, 17 C 16/10, GE 2010 S. 1547).

Bei **Personenmehrheit** auf der Vermieterseite, z.B. in Form einer Gesellschaft bürgerlichen Rechts (GbR), kann der Kautionsrückzahlungsanspruch auch gegen **nur einen** Gesellschafter geltend gemacht werden. Dieser kann zwar nicht mit einem der Gesellschaft gesamthänderisch zustehenden Anspruch, z.B. auf Schadenersatz, gegen die Kaution aufrechnen, aber ein Zurückbehaltungsrecht in der entsprechenden Höhe geltend machen (LG Berlin, Beschluss v. 1.2.2002, 64 S 128/01, ZMR 2002 S. 425).

Bei einer Personenmehrheit auf der **Mieter**seite kann die Rückgabe der Sicherheit nur **von allen** gemeinsam gefordert werden. Dies gilt auch dann, wenn die Sicherheit nur von einem Mieter geleistet worden ist. Eine solche Zahlung stellt nämlich eine Leistung **aller** Mieter zur Erfüllung der Sicherheitsabrede dar (KG Berlin, Beschluss v. 2.2.2012, 8 U 193/11, MDR 2012 S. 515). Dementsprechend sind bei Ehegatten als Mieter beide Ehepartner hinsichtlich des Rückforderungsanspruchs **Mitgläubiger** (§ 432 BGB), sodass jeder Gläubiger die ganze Leistung nicht an sich allein, sondern nur an alle gemeinsam oder nur alle Berechtigten gemeinsam den Anspruch einfordern können. Eine Gesamtgläubigerschaft zwischen geschiedenen Eheleuten kommt **nicht** in Betracht.

Bei einer gescheiterten Ehe kann nicht davon ausgegangen werden, dass es im selbstverständlichen Interesse des Ehegatten liegt, wenn der Vermieter eine während der Ehe geleistete Kaution nach seinem Belieben an den anderen früheren Ehepartner mit befreiender Wirkung leistet. Klagt daher nur ein Ehegatte nach einer geschiedenen Ehe gegen den Vermieter auf Rückzahlung der Kaution, fehlt ihm hierfür die Prozessführungsbefugnis (LG Flensburg, Beschluss v. 9.10.2008, 1 S 56/08, ZMR 2009 S. 449). Bei zerstrittenen Eheleuten besteht in der Regel weder ein gemeinsames Konto noch eine sonstige Möglichkeit für den Vermieter, mit befreiender Wirkung zu leisten. Sinnvoll kann daher eine **Hinterlegung** des Kautionsbetrags sein, die ein einzelner Mitgläubiger verlangen kann. Im Streitfall müssen alle Mieter gemeinsam klagen oder die nicht Klagenden den Kläger ermächtigen, ihr Recht im eigenen Namen wahrzunehmen. Eine möglicherweise nach Gesellschaftsrecht unwirksame Abtretung des Rückzahlungsanspruchs kann in eine solche Ermächtigung umgedeutet werden (vgl. BVerfG v. 30.9.2001, 2 BvR 1439/01, GE 2001 S. 1535).

Scheidet ein Mitmieter einvernehmlich aus dem Mietverhältnis aus und begründet der Vermieter anschließend ein neues Mietverhältnis mit dem verbleibenden Mieter unter Einbeziehung der früher gezahlten Kaution (hier: durch Vermerk „Kaution bereits hinterlegt"), ist bei Beendigung des Mietvertrags nur der verbleibende Mieter allein berechtigt, die Rückzahlung der Kaution zu verlangen (LG Berlin, Urteil v. 20.7.2010, 63 S 632/09, GE 2011 S. 266).

Wird eine Kaution nach Beendigung des Mietverhältnisses mit beiden Mietern auf ein neues Mietverhältnis nur mit einem von ihnen übertragen, hat bei Beendigung des zweiten Mietverhältnisses allein dieser Mieter einen (alleinigen) Kautionsrückzahlungsanspruch (AG München, Urteil v. 3.12.2013, 433 C 23094/13, ZMR 2014 S. 374).

Beim Tod eines Mitmieters geht auch der (bedingte) Anspruch auf Kautionsrückzahlung auf den allein verbleibenden Mieter über – unabhängig davon, ob dieser auch Erbe des verstorbenen Mieters ist. Verstirbt auch der überlebende Mieter, treten dessen Erben in die Mieterstellung ein (AG Düsseldorf, Urteil v. 18.8.2011, 50 C 3305/11, ZMR 2012 S. 629).

Der **Zwangsverwalter** einer Mietwohnung muss dem Mieter eine von diesen an den Vermieter geleistete Kaution nur dann herausgeben, wenn eine derartige Verpflichtung auch den Zwangsvollstreckungsschuldner selbst, der das vermietete Grundstück erworben hat, getroffen hätte (BGH, Urteil v. 9.3.2005, VIII ZR 381/03, WuM 2005 S. 404). Dann ist der Zwangsverwalter zur Herausgabe verpflichtet, wenn der Vermieter dem Zwangsverwalter die Kaution **nicht ausgehändigt** hat und dadurch die Haftungsmasse, die den anderen Gläubigern zur Verfügung steht, geschmälert wird.

Dies gilt auch dann, wenn für die Verpflichtungen des Zwangsverwalters die Vorschriften des neuen Mietrechts noch nicht anwendbar sind (BGH, Urteil v. 16.7.2003, VIII ZR 11/03, NZM 2003 S. 849 sowie BGH, Urteil v. 9.3.2005, VIII ZR 330/03, WuM 2005 S. 460; s. auch LG Aachen, Urteil v. 28.11.2002, 2 S 216/02, NZM 2003 S. 234).

Dementsprechend ist der Zwangsverwalter berechtigt, von dem Schuldner (Grundstückseigentümer) die **Überlassung** einer vor der Beschlagnahme von einem Mieter des Objekts geleistete **Mietkaution** zu verlangen. Der Beschluss über die Anordnung der Zwangsverwaltung stellt zusammen mit der Ermächtigung des Zwangsverwalters durch Besitzergreifung einen Vollstreckungstitel dar, aufgrund dessen wegen dieses Anspruchs vollstreckt werden kann (BGH, Beschluss v. 14.4.2005, V ZB 6/05, WuM 2005 S. 405).

Zur **Führung eines Prozesses** über die Rückgabe einer Mietsicherheit ist der Zwangsverwalter jedenfalls dann nicht mehr befugt, wenn die Zwangsverwaltung vor Rechtshängigkeit der Streitsache aufgehoben worden ist (BGH, Urteil v. 25.5.2005, VIII ZR 301/03, WuM 2005 S. 463).

Der **Vermieter** ist **neben** dem Zwangsverwalter gegenüber dem Mieter **nicht** zur Herausgabe der Kaution verpflichtet, da er als Schuldner für die Zeit der Beschlagnahme von der Ausübung seiner Vermieterstellung ausgeschlossen ist und die Pflichten aus dem Mietvertrag somit vom Zwangsverwalter zu erfüllen sind (LG Potsdam, Urteil v. 11.3.2004, 11 S 168/03, NZM 2004 S. 582).

Der **Zwangsverwalter** einer Mietwohnung ist **nicht** zur Auszahlung einer vom Mieter an den Vermieter geleisteten und von diesem nicht an den Zwangsverwalter weitergegebenen Kaution verpflichtet, wenn das Mietverhältnis bereits **beendet** und die Wohnung geräumt ist, bevor die Anordnung der Beschlagnahme wirksam wird, da sich § 152 Abs. 2 ZVG nur auf zum Zeitpunkt des Wirksamwerdens der Beschlagnahme bestehende Mietverhältnisse bezieht.

Dies gilt auch dann, wenn das Mietverhältnis dadurch erlischt, dass der Mieter die Wohnung selbst durch Zuschlag in der Zwangsversteigerung **erwirbt**. Der Zwangsverwalter ist gegenüber dem Mieter nicht verpflichtet, eine Mietkaution herauszugeben, die dieser vom Vermieter erhalten hat. Ab dem Zeitpunkt des Zuschlags richtet sich ein etwaiger – durch die Beendigung des Mietverhältnisses bedingter – Rückzahlungsanspruch gegen den Mieter selbst als Eigentümer. Da sich mit dem Zuschlag die Parteien des Mietverhältnisses in der Person des Mieters vereinigen, erlischt das Mietverhältnis hierdurch insgesamt durch Konfusion. Damit erlischt auch ein etwaiger Anspruch des Mieters gegen sich selbst auf Rückzahlung der Kaution. Ein etwaiger Anspruch gegen den ehemaligen Vermieter, der die Kaution tatsächlich erhalten hat, wird durch die Konfusion dagegen nicht berührt (BGH, Urteil v. 9.6.2010, VIII ZR, WuM 2010 S. 518).

Bei der Zwangsvollstreckung trifft den Vermieter keine sog. Präzisierungslast. Hat der Vermieter (Schuldner) gegen den Zwangsverwalter, der die Zwangsvollstreckung zur Erwirkung der Herausgabe der vom Mieter geleisteten Kaution betreibt, eidesstattlich versichert, er habe als Vermieter die Kaution mit rückständigen Mietzahlungen verrechnet, ist er im Verfahren der Herausgabevollstreckung regelmäßig nicht zu weitergehenden Auskünften darüber verpflichtet, mit welchen Forderungen genau er die Kaution verrechnet hat (BGH, Beschluss v. 21.2.2008, I ZB 66/07, NJW 2008 S. 1598).

8 Folgen der Kautionsrückzahlung

Hat der Vermieter das Mietobjekt besichtigt, **vorbehaltlos** abgenommen und die Auszahlung der Kaution **zugesagt**, kann er nach Ansicht des LG Mannheim (WuM 1975 S. 118) die Zusage nicht deshalb widerrufen, weil er sich über die Ordnungsmäßigkeit der Räume geirrt hat. Ferner kann durch die Abrechnung der Kaution und die **vorbehaltlose Auszahlung** des Restbetrags an den Mieter stillschweigend ein Erlassvertrag (§ 397 BGB) zustande kommen, durch den alle noch offenen Ansprüche (z.B. ausstehende Mietzahlungen) erlöschen (OLG Düsseldorf, Urteil v. 26.4.2001, 24 U 133/00, WuM 2001 S. 439). Dies gilt **nicht**, wenn die Kaution für solche Ansprüche nicht verwendet werden darf (z.B. für Mietrückstände bei Sozialwohnungen; LG Berlin, Urteil v. 19.4.2002, 64 S 296/01, ZMR 2002 S. 666; s. auch LG Stuttgart, Urteil v. 20.2.1976, 5 S 212/75, WuM 1977 S. 29, wonach in der **vorbehaltlosen** Rückzahlung der Kaution die schlüssige Erklärung zu sehen sein kann, dass keine weiteren Forderungen aus dem Mietverhältnis bestehen. Dementsprechend verliert der Vermieter möglicherweise noch bestehende Ansprüche, wenn diese bereits vor Auszahlung **erkennbar** waren. Aus Sicht des Vertragspartners gibt der Vermieter nämlich schlüssig zu erkennen, dass er den

Zustand der Mietsache als vertragsgemäß anerkannt und deshalb auf die Geltendmachung von Ansprüchen verzichtet, wenn er trotz erkannter oder zumindest leicht erkennbarer **Mängel** die Kaution ohne Vorbehalt zurückzahlt (OLG München, Urteil v. 14.7.1989, 21 U 2279/89, NJW-RR 1990 S. 20; AG Berlin, Urteil v. 24.6.1999, 18 C 49/99, GE 1999 S. 987). Gleiches gilt, wenn dem Vermieter ein **Nachzahlungsanspruch** aus seiner Betriebskostenabrechnung zusteht und er dennoch die Kaution zugunsten des Mieters freigibt, ohne gegen dieses Guthaben aufzurechnen (AG Berlin, Urteil v. 19.1.2006, 5 C 194/05, MM 2007 S. 183).

Bereits die Bestätigung eines ordnungsgemäßen Zustands der Mietsache im **Abnahmeprotokoll** kann zum Rechtsverlust führen. Eine solche Bestätigung kann ein **negatives Schuldanerkenntnis** darstellen, das nicht nur einen Anspruch des Vermieters auf Durchführung der vertraglichen Schönheitsreparaturen, sondern auch einen Zahlungsanspruch aus einer Kostenquotenklausel (s. hierzu „Schönheitsreparaturen“, Abschnitt 4 „Qualität der Schönheitsreparaturen“) ausschließt (AG Lörrach, Urteil v. 28.5.2003, 4 C 382/03, WuM 2003 S. 438).

Ein gerichtlicher **Vergleich**, der eine Ausgleichsklausel hinsichtlich **aller** Ansprüche aus dem Mietverhältnis enthält, erfasst grundsätzlich auch den Anspruch des Mieters auf Rückzahlung der von ihm geleisteten Kaution. Geht der Mieter unzutreffend davon aus, sein Kautionsrückzahlungsanspruch würde trotzdem fortbestehen, handelt es sich um einen unbeachtlichen Motivirrtum, der den Mieter nicht zur Anfechtung des Vergleichs wegen Irrtums berechtigt (OLG Düsseldorf, Urteil v. 25.4.1996, 10 U 99/95, DWW 1997 S. 25; s. auch BGH, Urteil v. 30.6.1995, V ZR 184/94, NJW 1995 S. 2637).

Der Anspruch des Mieters auf **Rückzahlung** der Kaution unterliegt der regelmäßigen **Verjährungsfrist** von 3 Jahren (§§ 195, 199 Abs. 1 BGB). Diese beginnt mit der Fälligkeit des Rückforderungsanspruchs des Mieters zu laufen. Der Lauf der Verjährungsfrist kann gemäß § 204 Abs. 1 BGB z. B. durch einen Mahnbescheid oder die Erhebung einer Zahlungsklage **gehemmt** werden. Nicht ausreichend für eine Hemmung der Verjährung ist nach einem neuen Urteil des BGH die Erhebung einer Klage auf **Feststellung** durch den Vermieter, dass der Anspruch des Mieters nicht besteht (negative Feststellungsklage). Dies gilt auch dann, wenn sich der Gläubiger (hier: Mieter) gegen eine solche Klage des Vermieters verteidigt. Zur Hemmung der Verjährung ist nämlich erforderlich, dass der Mieter die Feststellung oder Durchsetzung seines Anspruchs **aktiv** betreibt. Die bloße Verteidigung des Mieters gegen eine negative Feststellungsklage des Vermieters kann dem nicht gleichgestellt werden, weil sich der Mieter dann auf die Abwehr der gegen ihn gerichteten Klage beschränkt und gerade nicht versucht, seinen Anspruch durchzusetzen (BGH, Urteil v. 15.8.2012, XII ZR 86/11).

Zur Verjährung des Kautionsrückzahlungsanspruchs s. auch „Verjährung“.

Der Anspruch auf Rückzahlung der Kaution kann vom Mieter auch **verwirkt** werden. Dies ist der Fall, wenn der Vermieter aufgrund der vorliegenden Umstände davon ausgehen darf, dass der Mieter etwaige Ansprüche nicht mehr geltend machen wird, z. B. wenn nach Auszug des Mieters aus der Wohnung 3 Jahre vergangen sind und die Parteien die ehemals bestehenden Auseinandersetzungen über die Renovierungspflichten des Mieters und die Rückzahlung der Kaution durch den Vermieter völlig eingestellt haben (AG Wiesbaden, Urteil v. 22.4.2004, 92 C 5423/03, NJW-RR 2005 S. 161).

Zum Kautionsrückzahlungsanspruch des Mieters beim Wechsel des Vermieters s. „Eigentümerwechsel“.

Zum Kautionsrückzahlungsanspruch des Endmieters bei der gewerblichen Zwischenvermietung s. „Herausgabeanspruch gegen Dritte“.

Bei Sicherheitsleistung durch Übergabe eines **Sparbuchs** (auf den Namen des Mieters mit Verpfändungserklärung) hat der Mieter bei Beendigung des Mietvertrags nur einen Anspruch auf Herausgabe des Sparbuchs, d. h. auf **Freigabe des Pfands**, nicht jedoch auf Auszahlung der Kautionssumme (LG Berlin, Beschluss v. 1.2.2002, 64 S 316/01, ZMR 2002 S. 349).

Allerdings hat der Mieter einen Anspruch auf die Pfandfreigabeerklärung gegenüber der Bank, wenn der Vermieter nach Beendigung des Mietverhältnisses dem Mieter das Mietkautionssparbuch übergibt, da in dieser Übergabe eine formfreie Aufgabe des Pfandrechts des Vermieters zu sehen ist (LG Augsburg, Urteil v. 23.2.2010, 4 S 3445/09, WuM 2011 S. 366).

Der Anspruch des Mieters auf Freigabe eines vom Mieter **verpfändeten Kautionskontos** unterliegt ebenfalls der regelmäßigen Verjährungsfrist von 3 Jahren (§§ 195, 199 Abs. 1 BGB), beginnend mit der üblichen Abrechnungsfrist für den Vermieter von 6 Monaten nach Beendigung des Mietverhältnisses (LG Oldenburg, Beschluss v. 11.2.2013, 4 T 93/13, GE 2013 S. 623).

Daher kann ein als Pfand dem Vermieter übergebenes Sparbuch vom Mieter nach Eintritt der Verjährung nicht mehr herausverlangt werden. Der Mieter kann jedoch **Feststellungsklage** dahingehend erheben, dass das Pfandrecht des Vermieters am Kautionskonto erloschen ist, wenn diesem aus dem Mietverhältnis keine Ansprüche mehr zustehen (LG Berlin, Urteil v. 3.7.2012, 63 S 13/12, WuM 2013 S. 106).

Ist streitig, ob der Mieter die im Mietvertrag vereinbarte Kaution überhaupt an den Vermieter gezahlt hatte, trifft die **Beweislast** für die Zahlung den Mieter. Hat der Mieter dem Vermieter gegen Quittung einen Scheck über den Kautionsbetrag ausgehändigt, muss er (z.B. anhand von Bankbelegen) die Einlösung des Schecks nachweisen (LG Hamburg, Urteil v. 17.9.1996, 316 S 227/95, WuM 1996 S. 766). Gelingt dem Mieter dieser Nachweis nicht, wird er einen Rückzahlungsanspruch nicht mit Aussicht auf Erfolg geltend machen können.

Hat der Mieter den Beweis für die Zahlung geführt, trifft die Beweislast für die Kautions**rückzahlung** den **Vermieter** (LG Hamburg, Urteil v. 8.11.2007, 307 S 164/06, ZMR 2008 S. 454).

9 Kautionen bei Geschäftsräumen

Bei Mietverhältnissen über Geschäftsräume ist die Schutzvorschrift § 551 BGB nicht anwendbar. Die Parteien können die Höhe der Kaution **frei** vereinbaren. Eine Nichtigkeit wegen Wucher (§ 138 Abs. 2 BGB) oder wegen eines wucherähnlichen Geschäfts scheidet von vornherein aus. Die Vereinbarung kann nur dann unwirksam sein, wenn sie schikanös außerhalb eines nachvollziehbaren Sicherungsinteresses des Vermieters festgesetzt ist. Insofern ist jedoch eine Kautionsvereinbarung in Höhe der **siebenfachen** Monatsmiete bei einem längeren Gewerbemietverhältnis regelmäßig nicht schikanös und liegt nicht außerhalb eines nachvollziehbaren Sicherungsinteresses des Vermieters. Auch in den Allgemeinen Geschäftsbedingungen des Vermieters in einem Gewerbemietvertrag mit einem mietenden Unternehmen ist eine Klausel, wonach der Kautionsbetrag drei Monatsmieten übersteigt, nicht unwirksam (OLG Brandenburg, Beschluss v. 4.9.2006, 3 U 78/06, ZMR 2006 S. 853; s. auch OLG Düsseldorf, Beschluss v. 28.5.2009, 1-10 U 2/09, GE 2009 S. 1043, wonach eine formularmäßige Kautionsvereinbarung in Höhe von fünf Monatsmieten in einem Geschäftsraummietvertrag grundsätzlich unbedenklich ist).

> Mangels anderweitiger Vereinbarungen hat der Mieter **kein** Recht auf **Ratenzahlung** der Kaution.

Strittig ist, ob der Vermieter verpflichtet ist, die Kaution **getrennt** von seinem Vermögen **anzulegen**. Während die frühere Rechtsprechung dies regelmäßig verneint hat (so z.B. LG Stuttgart, Urteil v. 26.3.1997, 5 S 229/96, ZMR 1997 S. 472, wonach der Vermieter die Kaution sogar für eigene Zwecke einsetzen darf), bejaht die neuere Rechtsprechung eine Anlagepflicht auch bei Geschäftsräumen mit der Begründung, aus dem treuhänderischen Charakter der Sicherheitsleistung folge, dass die Kaution in einer Art und Weise zu verwahren sei, damit sie dem Zugriff etwaiger Gläubiger des Vermieters entzogen ist (KG Berlin, Urteil v. 4.12.2003, 8 U 121/03, DWW 2004 S. 85; KG Berlin, Beschluss v. 1.10.1998, 20

W 6592/98, GE 1998 S. 1337, wonach der Vermieter mangels einer abweichenden Vereinbarung verpflichtet ist, die Kaution getrennt von seinem Vermögen anzulegen). Nach den Grundsätzen **ergänzender Vertragsauslegung** und insbesondere unter Berücksichtigung des Kautionszwecks ist im Gewerberaummietrecht eine treuhänderische Anlage der Barkaution für den Vermieter zum Schutz der Kaution gegen eine Vermieterinsolvenz ebenfalls verpflichtend (LG Aurich, Urteil v. 21.12.2012, 2 O 493/12, MDR 2013 S. 511).

Dementsprechend ist der Geschäftsraumvermieter ebenso wie der Wohnungsvermieter verpflichtet, die vom Mieter geleistete Barkaution von seinem Vermögen getrennt und insolvenzsicher anzulegen. Diese Verpflichtung endet nicht, bevor über die Kaution abgerechnet ist (KG Berlin, Urteil v. 9.9.2013, 8 U 254/12, GE 2013 S. 1586).

Nach Auffassung des OLG Nürnberg (Urteil v. 23.2.2006, 13 U 2489/05, MDR 2006 S. 1100) kann der Mieter an einer noch zu bezahlenden Restkaution auch ein Zurückbehaltungsrecht geltend machen, wenn der Vermieter seiner Verpflichtung zur getrennten Anlage der Kaution nicht nachkommt

Die Pflicht zur **Verzinsung** kann vertraglich **ausgeschlossen** werden. Fehlt jedoch ein ausdrücklicher Verzinsungsausschluss, muss der Vermieter die Kaution vom Empfang an zu dem für Spareinlagen mit dreimonatiger Kündigungsfrist üblichen Zinssatz verzinsen. Er ist nicht verpflichtet, die Kaution so anzulegen, dass ein möglichst hoher Zinsertrag erwirtschaftet wird (BGH, Urteil v. 21.9.1994, XII ZR 77/93, NJW 1994 S. 3287).

Im Übrigen gelten die für Wohnraum dargelegten Grundsätze entsprechend.

Kenntnis von Mängeln

Inhaltsübersicht

Seite

1 Kenntnis bei Vertragsabschluss 455
2 Mangel während der Mietdauer 459
3 Verzicht und Verwirkung des Minderungsrechts 461

Mängel der Mietsache können den Mieter zur **Minderung** der Miete berechtigen (§ 536 BGB, s. auch „Minderung der Miete") und den Vermieter zur Zahlung von **Schadenersatz** verpflichten (§ 536a BGB; s. auch „Schadenersatz").

1 Kenntnis bei Vertragsabschluss

Kennt der Mieter jedoch **bei Abschluss des Vertrags** den Mangel der gemieteten Sache (Rechts- oder Sachmangel), stehen ihm die in den §§ 536, 536a BGB bestimmten Rechte auf Mietminderung bzw. Schadenersatz nicht zu (§ 536b S. 1 BGB). Kenntnis bedeutet in diesem Fall positive Kenntnis, nicht nur fahrlässige Unkenntnis. Wegen Mängel, deren Vorhandensein dem Mieter **positiv bekannt** ist, kann der Mieter weder eine Mietminderung noch Schadenersatz geltend machen. Dies betrifft insbesondere Mängel, die bereits im **Übergabeprotokoll** vermerkt sind (AG München, Urteil v. 21.8.2003, 452 C 11234/03, WuM 2004 S. 90). Kenntnis des Mieters schadet aber nicht, wenn der Vermieter zugesagt hat, den Mangel zu beheben (BGH, WuM 1973 S. 20; AG München, a. a. O.).

Jedoch kann eine **Verwirkung** der vorbezeichneten Ansprüche des Mieters eintreten, wenn er sich über eine längere Zeit nicht auf sie beruft und der Vermieter davon ausgehen konnte, der Mieter habe sich mit der Gebrauchsbeeinträchtigung abgefunden (LG Lübeck, Urteil v. 19.3.1979, 13 S 15/79, WuM 1979 S. 189).

Bei positiver Kenntnis des Mieters von einem Mangel sind Ansprüche auf Mietminderung und Schadenersatz selbst dann ausgeschlossen, wenn der Vermieter den Mangel arglistig verschwiegen hat (BGH, Urteil v. 1.12.1971, VIII ZR 88/70, NJW 1972 S. 249).

Die positive Kenntnis muss sich auf einen **konkreten** Mangel beziehen, nicht nur auf allgemeine Umstände, die eine Beeinträchtigung verursachen können. Nicht ausreichend ist daher die bloße Kenntnis davon, dass sich im Haus ein Gewerbebetrieb befindet, die Wohnung in einem hochwassergefährdeten Gebiet liegt (LG Köln, Urteil v. 3.1.1996, 10 S 314/95, WuM 1996 S. 334) oder in den Räumen früher Tätigkeiten durchgeführt wurden, die zu einer Schadstoffrestbelastung führen können (LG Mannheim, Urteil v. 20.3.1996, 4 S 213/95, WuM 1996 S. 338). Ausreichend ist dagegen, dass der Mieter die die Gebrauchseinschränkung begründenden **Tatsachen** kennt (OLG Düsseldorf, Urteil v. 7.3.2006, I-24 U 112/05, ZMR 2006 S. 518). Daher kann der Mieter keine Rechte geltend machen, wenn er aufgrund von Umständen, die bereits bei Vertragsschluss erkennbar waren, mit dem Eintritt einer konkreten Störung rechnen musste.

Beispiel

Wenn das Mietobjekt in einem **Gebiet** mit älteren Anwesen liegt, muss im Hinblick auf die **ältere Bausubstanz** jederzeit mit baulichen Veränderungen und Reparaturen gerechnet werden (KG Berlin, Urteil v. 3.6.2002, 8 U 74/01, NZM 2003 S. 718). Insofern muss der Mieter nicht nur mit einem Abriss und Neubau rechnen, sondern auch mit einer Sanierung und Entkernung, die sich über einen Zeitraum von 2 Jahren erstreckt und ferner mit erheblicher Staub- und Geräuschbelästigung sowie mit Arbeiten auch am Samstag verbunden ist (LG Berlin, Urteil v. 28.8.2006, 62 S 73/06, WuM 2007 S. 386).

Auch wenn bei Vertragsabschluss noch keine konkrete Bautätigkeit in der Nachbarschaft absehbar war, muss ein Mieter, der Räume im dicht bebauten Innenstadtbereich anmietet, immer damit rechnen, dass früher oder später Gebäude in der Nachbarschaft entfernt oder abgerissen oder Fassaden erneuert werden und dies zu einer erheblichen Beeinträchtigung führen kann (LG Berlin, Urteil v. 22.3.2007, 12 O 47/06, GE 2009 S. 719).

Dementsprechend ist auch die Minderung der Miete wegen Bauarbeiten (z.B. Fensteraustausch, Balkonsanierung) gegenüber denjenigen Mietern deutlich reduziert, die bereits bei Anmietung der Wohnung aufgrund des Alters des Gebäudes und der Nachbargebäude (hier: mit zahlreichen Wohnblöcken älteren Baujahres dicht bebautes Gebiet) damit rechnen mussten, dass in absehbarer Zeit an den einzelnen Gebäuden Sanierungsarbeiten stattfinden werden (AG München, Urteil v. 17.5.2007, 453 C 37357/06, NZM 2008 S. 320).

Eine Mietminderung wegen der Beeinträchtigung durch Bauarbeiten kann der Mieter deshalb nur in **Ausnahmefällen** geltend machen; z.B. bei Einrichtung einer **Großbaustelle** (hier: Hochhaussanierung) in uneingeschränkter Sichtweite von nur ca. 100 m, von der an allen Werktagen, (auch Samstag) von 7 bis 19 bzw. 20 Uhr intensiver Pressluft- und Bohrhammerlärm ausgeht. In diesem Fall kann der Mieter, auch wenn die Mietwohnung infolge ihrer zentralen Stadtlage – anders als eine solche in einem Wohngebiet – ohnehin erheblichem Lärm ausgesetzt ist, einen zur Minderung berechtigenden Mietmangel (hier: in Höhe von 10 %) geltend machen (AG Frankfurt/M., Urteil v. 2.11.2011, 33 C 2424/11, NJW-RR 2012 S. 591). Ferner muss der Mieter ohne konkrete äußere Anhaltspunkte nicht damit rechnen, dass in einem Nachbargebäude Entkernungsarbeiten stattfinden, die zu einer das übliche Maß übersteigenden Zunahme der Lärm- und Schmutzimmissionen führen (LG Berlin, Urteil v. 26.9.2013, 67 S 251/13, GE 2013 S. 1515). Dagegen ist eine Mietminderung wegen Baulärms üblichen Ausmaßes nicht berechtigt, wenn das Wohnhaus im innerstädtischen Bereich liegt, in dem zu erwarten ist, dass Baulücken geschlossen werden (LG Berlin, Urteil v. 18.10.2013, 63 S 446/12, GE 2014 S. 55).

Letztlich entzieht sich jedoch die Frage, ob die Parteien eines Mietvertrags das Risiko einer zukünftigen Bautätigkeit erkannt und dieses beim Abschluss des Vertrags zur Bestimmung des Soll-Zustands in ihren Willen aufgenommen haben, einer grundsätzlichen Betrachtung. Diese Frage ist vielmehr vom Tatrichter unter Berücksichtigung sämtlicher Umstände des Einzelfalls zu prüfen und zu entscheiden (BGH, Urteil v. 21.2.2012, VIII ZR 22/11, NZM 2012 S. 456).

Jedenfalls kann es einem Mieter, der sich auf einen Mietmangel wegen Baustellenlärm vom Nachbargrundstück beruft (hier: infolge des Einsatzes von Pumpen auf der Baustelle), zumutbar sein, namentlich in den Herbst- und Wintermonaten durch das Schließen der Fenster dazu beizutragen, dass es zu keiner Richtwertüberschreitung (mehr) kommt (BGH, Urteil v. 21.2.2012, a.a.O.).

Erst recht kann ein Mieter, der Räume neben einem völlig **verwahrlosten** Anwesen anmietet, keine Mietminderung geltend machen, wenn im Lauf der Mietzeit Störungen durch den Abriss und den Neubau des Nachbargebäudes auftreten, da diese Störungen für den Mieter bereits bei Vertragsschluss vorhersehbar waren (OLG München, Urteil v. 26.3.1993, 21 U 6002/92, WuM 1993 S. 607; so auch AG Lichtenberg, Urteil v. 11.1.2006, 3 C 466/05, GE 2006 S. 261: Entscheidend ist, ob der Mieter hätte erkennen können, dass mit Bauarbeiten auf dem Nachbargrundstück früher oder später zu rechnen ist. Aus dem Rechtsgedanken des § 536b BGB ergibt sich nämlich, dass eine Minderung wegen Mängeln, die bereits bei Abschluss des Mietvertrags bekannt waren, nicht zulässig ist). Daher scheidet eine Mietminderung wegen Baulärms auch aus, wenn eine Baulücke im innerstädtischen Bereich geschlossen wird (LG Berlin, Urteil v. 17.3.2009, 63 S 397/08, GE 2009 S. 847; a.A. OLG Braunschweig, Urteil v. 18.10.2011, 1 U 68/10, wonach Baulärm von einem Nachbargrundstück grundsätzlich überhaupt keine Minderung der Miete rechtfertigt, da eine Mietminderung nur möglich ist, wenn das Mietobjekt **selbst** mangelhaft ist, d.h., Verhältnisse im Umfeld, wie z.B. eine Baustelle, können nur dann als Mangel anerkannt werden, wenn sie die Tauglichkeit des Mietobjekts unmittelbar beeinträchtigen).

Die Vorhersehbarkeit kann auch durch Presseberichte begründet worden sein (so LG Lübeck, Urteil v. 6.10.1995, 6 S 381/94, WuM 1998 S. 690 bei einem stadtbekannten Großbauvorhaben). Rechte kann der Mieter dann nur aus Beeinträchtigungen herleiten, die im konkreten Fall nicht absehbar waren, z.B. dass auf der Baustelle auch nachts gearbeitet wird (vgl. LG Mannheim, Urteil v. 8.10.1999, 4 S 93/99, WuM 2000 S. 185).

Der Mieter kann gegen den Ausschluss seiner Ansprüche auch nicht einwenden, er habe die Tragweite und den Grund des konkreten Mangels nicht richtig eingeschätzt bzw. die Möglichkeiten einer Abhilfe überschätzt (LG Düsseldorf, Urteil v. 16.7.1991, 24 S 823/90, WuM 1992 S. 368; OLG Nürnberg, ZMR 1960 S. 300).

Der Mieter muss mit Bautätigkeiten in der weiteren räumlichen Umgebung des Mietobjekts rechnen, insbesondere in ausgewiesenen Sanierungsgebieten, bei baufälligen Gebäuden, erneuerungsbedürftigen Fassaden oder Baulücken in der Nachbarschaft. Insofern ist für den Ausschluss der Mietminderung entscheidend, ob der Mieter bei Vertragsschluss mit einer Bautätigkeit rechnen musste; **nicht** erforderlich ist ein enger **zeitlicher** Zusammenhang zwischen Mietvertragsabschluss und Aufnahme der Bautätigkeit (hier: 12 Jahre; LG Berlin, Beschluss v. 5.4.2012, 63 S 592/11, GE 2012 S. 833).

Bei Aufstockung des Nachbargebäudes kann eine dadurch verursachte Verbauung der Aussicht den Mieter nur dann zur Minderung berechtigen, wenn eine entsprechende Parteiabrede zur Beschaffenheit der Mietsache (mit Fernsicht) vorliegt. Dies ist vom Mieter darzulegen und zu beweisen (LG Berlin, Urteil v. 13.3.2013, 65 S 321/11, GE 2013 S. 552).

Ein Mieter, der eine Wohnung im Bereich einer bereits vorhandenen Bahntrasse gemietet hat, kann nicht deshalb eine Mietminderung geltend machen, weil diese nach Abschluss des Mietvertrags zur ICE-Strecke mit erhöhter Lärmbelästigung ausgebaut worden ist (LG Berlin, Beschluss v. 14.3.2008, 63 S 398/07, GE 2009 S. 53). Gleiches gilt, wenn der Mieter bei Vertragsschluss mit Lärmbeeinträchtigungen durch eine benachbarte Rockdiskothek und Gewerbebetriebe rechnen musste (AG Spandau, Urteil v. 26.11.2008, 4 C 207/08, GE 2009 S. 54).

Bei Anmietung einer Wohnung neben einem Universitätsklinikum muss der Mieter mit der Errichtung und Verlegung eines Hubschrauberlandeplatzes rechnen. Lärm und Licht durch Hubschraubereinsätze berechtigen den Mieter dann nicht zur Mietminderung (LG Frankfurt/M., Urteil v. 16.10.2009, 2-11 S 9/09, ZMR 2010 S. 362).

Gleiches gilt bei der Anmietung einer Wohnung in der Nähe eines großen Flughafens. Auch hier muss der Mieter damit rechnen, dass die Belastung der Wohnungen mit Fluglärm – etwa infolge der Änderung von Flugrouten oder des Ausbaus des Flughafens – zunimmt. Eine Minderung der Miete wegen gestiegenen Fluglärms ist daher in diesem Fall ausgeschlossen (AG Frankfurt/M., Urteil v. 27.11.2012, 33 C 3517/12 (29), WuM 2013 S. 352; LG Berlin, Urteil v. 18.2.2013, 67 S 275/12, ZMR 2014 S. 123).

Wird ein **Spielplatz** in unmittelbarer Nähe der Mietwohnung nicht nur durch spielende Kinder, sondern bestimmungswidrig auch in den Abend- und Nachtstunden durch zum Teil betrunkene und lärmende Erwachsene benutzt, kann dies nicht dem Vermieter angelastet werden.

Nach Auffassung des AG Frankfurt/M. ist allgemein bekannt, dass Kinderspielplätze dazu einladen, als Treffpunkt für Jugendliche und Erwachsene zu dienen, um dort auch außerhalb von Ruhezeiten lärmverursachenden Aktivitäten nachzugehen. Nachdem Kinderspielplätze grundsätzlich als sozial adäquat angesehen werden müssen, ist der Mieter zu einer **Mietminderung** jedenfalls dann **nicht** berechtigt, wenn der Kinderspielplatz bereits bei Vertragsabschluss vorhanden war (AG Frankfurt/M., Urteil v. 13.3.2009, 33 C 2368/08, WuM 2009 S. 226).

Bei Vermietung von Räumen in einem in der Fertigstellung befindlichen Neubau, der noch offensichtliche tatsächliche oder rechtliche Unfertigkeiten aufweist, besteht jedoch mangels einer besonderen Vereinbarung eine stillschweigende Übereinstimmung, dass die Unfertigkeiten alsbald beseitigt werden. Ist daher bei Abschluss eines Mietvertrags ein Genehmigungsverfahren noch anhängig und wird später die behördliche Nutzungsgenehmigung versagt, sind Ansprüche des Mieters nicht schon dann ausgeschlossen, wenn er die fehlende Genehmigung gekannt hat oder hätte kennen müssen, sondern erst dann, wenn dies auch bezüglich der Genehmigungs**fähigkeit** der Fall war (OLG Hamburg, Urteil v. 26.4.1995, 4 U 137/94, ZMR 1995 S. 533 = WuM 1995 S. 653).

Sind dem Mieter bei Vertragsabschluss das Alter und die Ausstattung der Wohnung bekannt, können im Hinblick auf den im Zeitpunkt der Errichtung der Wohnung geltenden **Baustandard** bestimmte Mängel (z.B. leichte Undichtigkeit von Fenstern oder Türen) als vertragsgemäße Beschaffenheit angesehen werden (LG Düsseldorf, Urteil v. 19.3.1998, 21 S 451/97, DWW 2000 S. 26, 27).

Auch mit Feuchtigkeit und Nässe in **Kellern** von **Altbauten** muss der Mieter rechnen und kann daher grundsätzlich nicht die Miete mindern, wenn er dort keine Gegenstände lagern kann (LG Berlin, Urteil v. 7.2.2011, 67 S 61/10, GE 2011 S. 408).

Beanstandet der Mieter die Isoliereigenschaft von Fenstern der Mietwohnung erstmals nach Umstellung auf eine verbrauchsabhängige Heizkostenabrechnung, weil ihm die verbrauchsabhängig ermittelten Heizkosten zu hoch erscheinen, kann er daraus keine Rechte mehr herleiten. Allein der Kostenaspekt kann einen Sachmangel nicht begründen (KG Berlin, Urteil v. 4.7.2005, 8 U 13/05, WuM 2005 S. 774).

Ist dem Mieter der Mangel infolge **grober Fahrlässigkeit** unbekannt geblieben, stehen ihm die Rechte auf Minderung und Schadenersatz nur zu, wenn der Vermieter den Mangel **arglistig verschwiegen** hat (§ 536b S. 2 BGB).

> Grundsätzlich besteht für den Mieter jedoch nur bei Vorliegen eines besonderen Anlasses, z.B. bei einem sehr alten Anwesen (BGH, ZMR 1962 S. 82), eine Nachforschungs- und Prüfungspflicht bezüglich der Mietsache.

Grobe Fahrlässigkeit ist daher erst gegeben, wenn der Mieter dasjenige unbeachtet lässt, was im gegebenen Fall „jedem hätte einleuchten müssen" (BGH, Urteil v. 28.11.1979, VIII ZR 302/78, NJW 1980 S. 777). Der Mieter eines Grundstücks handelt grob fahrlässig, wenn er infolge Unkenntnis der gesetzlichen Vorschriften übersieht, dass das Grundstück nur bedingt für den beabsichtigten Gewerbebetrieb geeignet ist (BGH, WM 1982 S. 335).

Ein Mieter, der Geschäftsräume in Kenntnis einer dadurch entstehenden **Wettbewerbssituation** mietet, kann in der Regel keinen Konkurrenzschutz beanspruchen und dementsprechend auch nicht wegen einer behaupteten Verletzung die Miete mindern (KG Berlin, Beschluss v. 6.5.2010, 12 U 150/09, ZMR 2011 S. 30). Unbeschadet dessen reicht nicht bereits jede Überschneidung der Angebote im Nebensortiment für eine Konkurrenzschutzverletzung aus. Bezieht sich der vertraglich vereinbarte Konkurrenzschutz ausschließlich auf die Vermietung an einen „Lebensmitteldiscounter", ist ein Laden mit dem Charakter eines russischen Kaufhauses davon auch dann nicht erfasst, wenn dort – zum großen Teil russische – Lebensmittel angeboten werden (KG Berlin, a.a.O.).

Nimmt der Mieter eine mangelhafte Mietsache an, obwohl er den Mangel **kennt**, kann er die Rechte auf Minderung und Schadenersatz nur geltend machen, wenn er sich diese bei der Annahme **vorbehält** (§ 536b S. 3 BGB). Dies gilt selbst dann, wenn der Vermieter den Fehler arglistig verschwiegen hat (BGH, WPM 1972 S. 136). Mit der vorbehaltlosen Annahme gibt der Mieter zu erkennen, dass der durch den Mangel beeinträchtigte Gebrauch der vertragsgemäße ist. Für den Verlust der Rechte des Mieters ist hier jedoch wiederum positive Kenntnis notwendig; grob fahrlässige Unkenntnis genügt in diesem Fall nicht.

Wendet der Mieter ein, die Parteien hätten die Rechtsfolgen des § 536b BGB (Ausschluss von Ansprüchen des Mieters) abbedungen, z.B. dadurch, dass der Vermieter die Beseitigung der Mängel zugesichert habe, trägt der Mieter hierfür die Beweislast (OLG Düsseldorf, Beschluss v. 23.10.2008, I-24 U 25/08, GE 2009 S. 843).

> Der Mieter kann seine Rechte wahren, wenn er die mangelhafte Mietsache nur unter Vorbehalt annimmt. Der **Vorbehalt** muss den Mangel jedoch so eindeutig bezeichnen, dass der Vermieter aufgrund des Vorbehalts in die Lage versetzt wird, Abhilfe zu schaffen (Emmerich-Sonnenschein, § 539 BGB a.F., Rn. 21).

Daher reichen formelhafte Wendungen ohne Bezugnahme auf einen konkreten Mangel, z.B. „unter Vorbehalt der Gewährleistungsansprüche", nicht aus. Dies gilt erst recht, wenn der Mieter die Miete vorbehaltlos bezahlt (BGH, ZMR 1961 S. 359; WPM 1967 S. 850). Ein Vorbehalt ist nur in Höhe der zu erwartenden Gegenforderung des Mieters zulässig. Bei einem unberechtigten Vorbehalt kann der Vermieter auf Wegfall des Vorbehalts klagen (LG Hannover, MDR 1966 S. 511).

Kenntnis des Mieters vom Mangel der Mietsache führt gemäß § 536b BGB nur dann zum Ausschluss seiner Rechte, wenn er den Mangel **beim Abschluss des Mietvertrags** kennt.

2 Mangel während der Mietdauer

Entsteht ein Mangel erst **während der Dauer** des Mietverhältnisses oder erkennt der Mieter einen bereits bei Abschluss des Mietvertrags bestehenden Mangel erst später, muss er dem Vermieter den Mangel unverzüglich **anzeigen**. Unterlässt er diese Anzeige und zahlt ferner die Miete **ungekürzt und vorbehaltlos** weiter, hatte er nach der bis **1.9.2001** geltenden Rechtslage seine Rechte auf **Mietminderung und Schadenersatz** bereits nach einem Zeitraum von **6 Monaten** verloren. So hatte der BGH zum alten Mietrecht unter analoger, d.h. sinngemäßer Anwendung des § 539 BGB a.F. entschieden (BGH, Urteil v. 18.6.1997, XII ZR 63/95, NJW 1997 S. 2674).

Diese Rechtsprechung war dem Gesetzgeber der Mietrechtsreform ein Dorn im Auge. Daher wurde in der Begründung des Gesetzentwurfs zum Mietrechtsreformgesetz (NZM 2000 S. 812) ausgeführt, dass nach der Neufassung des Gesetzes eine **analoge** Anwendung auf nachträgliche Mängel **nicht** mehr infrage kommt. Es sei – so die Begründung – wenig interessengerecht, den vorsichtigen Mieter, der mit der Geltendmachung seiner Rechte abwartet, um das Mietverhältnis nicht unnötig zu belasten, über die Regelung in § 536c BGB hinaus auch noch für die Zukunft mit einem Gewährleistungsausschluss „zu bestrafen". In diesem Fall kommt daher grundsätzlich nur eine Anwendung des neuen § 536c BGB in Betracht. Danach muss der Mieter dem Vermieter nachträglich auftretende Mängel unverzüglich **anzeigen** (s. „Anzeigepflicht") und kann Gewährleistungsrechte grundsätzlich nur so lange **nicht** geltend machen, **bis** die Mängelanzeige erfolgt ist. Will der Mieter eine Minderung der Miete wegen eines Sachmangels geltend machen, ist daher eine vorherige Anzeige des Mangels beim Vermieter erforderlich. Bei unterbliebener Mängelrüge ist der Mieter nicht zur Minderung der Miete berechtigt (BGH, Beschluss v. 10.8.2010, VIII ZR 316/09, WuM 2010 S. 679). **Nach** der Mängelanzeige soll der Mieter seine Rechte (entgegen der BGH-Rechtsprechung) wieder geltend machen dürfen. Diese Rechtsfolge sieht der Gesetzgeber als sinnvoll und auch ausreichend an.

Nur in **Ausnahmefällen** könne sich aus § 814 BGB (Leistung in Kenntnis der Nichtschuld) oder aus dem Gesichtspunkt der Verwirkung (§ 242 BGB) ergeben, dass der Mieter auch nach der Mängelanzeige Gewährleistungsrechte nicht mehr geltend machen kann, so z.B. wenn der Mieter trotz Vorliegen eines Mangels vorbehaltlos über einen **sehr langen** Zeitraum hinweg die volle Miete gezahlt hat (BGH, Urteil v. 11.12.1991, XII ZR 63/90, NJW-RR 1992 S. 267). Zeigt der Mieter einen Mangel der Mietsache zwar an, zahlt aber dann die ungekürzte Miete vorbehaltlos weiter, ist eine (teilweise) Rückforderung der Miete grundsätzlich ausgeschlossen, da davon auszugehen ist, dass der Mieter sein Minderungsrecht kennt und daher gewusst hat, dass er zur Zahlung der vollen Miete nicht verpflichtet ist (§ 814 BGB; KG Berlin, Beschluss v. 21.12.2012, 8 U 286/11, MDR 2013 S. 396).

Unter Berücksichtigung dieser Gesetzesbegründung hat der für das Wohnungsmietrecht zuständige 8. Zivilsenat des BGH mit Urteil v. 16.7.2003 (VIII ZR 274/02, WuM 2003 S. 440) seine bisherige Rechtsprechung aufgegeben und entschieden, dass der Mieter das Recht zur Mietminderung jedenfalls **nicht** bereits nach 6 Monaten verliert.

Der für das gewerbliche Mietrecht zuständige 12. Zivilsenat hat sich – entgegen seiner bisherigen Rechtsprechung (Urteil v. 26.2.2003, XII ZR 66/01, NZM 2003 S. 355) – dieser Auffassung angeschlossen (BGH, Urteil v. 18.10.2006, XII ZR 33/04, NZM 2006 S. 929; BGH, Beschluss v. 16.2.2005, XII ZR 24/02, NZM 2005 S. 303). Die o.g. Grundsätze gelten somit auch für **Geschäftsraum**mietverhältnisse. Für Mieten von Geschäftsräumen, die nach dem Inkrafttreten des Mietrechtsreformgesetzes (1.9.2001) fällig geworden sind, beurteilt sich die Frage, ob und in welchem Umfang ein Mieter wegen eines Mangels die Miete mindern kann, ausschließlich nach § 536c BGB (s.o.). Eine analoge Anwendung des § 536b BGB, der an die Stelle des § 539 BGB a.F. getreten ist, scheidet aus. Dies gilt auch für Mietverträge, die vor dem 1.9.2001 abgeschlossen worden sind (OLG Koblenz, Urteil v. 15.12.2006, 10 U 1013/05, NZM 2008 S. 405).

Die Rechte des Mieters auf Mietminderung und Schadenersatz sind nur dann ausgeschlossen, wenn der Mieter einen Mangel der Mietsache bei **Abschluss** des Mietvertrages kennt; **nicht** aber, wenn der Mieter in Kenntnis eines Mangels eine **Verlängerungsoption** vorbehaltlos ausübt, d.h., von seinem (häufig bei

Geschäftsraummietverhältnissen) vereinbarten Recht auf einseitige Verlängerung der Mietzeit (z.B. um zweimal 5 Jahre) Gebrauch macht (BGH, Urteil v. 5.11.2014, XII ZR 15/12, NJW 2015 S. 402). Eine vorbehaltlose Optionsausübung während des laufenden Mietverhältnisses unterscheidet sich nämlich grundsätzlich von der Situation des Neuabschlusses eines Mietvertrags. Bei der Optionsausübung ist die Grundentscheidung für das Mietverhältnis und den konkreten Zustand der Mietsache bereits gefallen, die mietvertraglichen Rechte und Pflichten sind festgelegt und das Dauerschuldverhältnis von Mieter und Vermieter besteht (oft seit längerer Zeit). Der Mieter setzt sich daher nicht dem Vorwurf des widersprüchlichen Verhaltens aus dergestalt, dass er eine mangelhafte Sache von vornherein als vertragsgerecht akzeptiert und dann zu einem späteren Zeitpunkt Rechte auf Mietminderung und Schadenersatz geltend machen will.

Auch nachträgliche Änderungen der Miethöhe (hier: einvernehmliche Erhöhung der Betriebskostenvorauszahlung) können für sich genommen die entsprechende Anwendung des § 536b BGB, d.h. den Ausschluss von Mietminderung und Schadenersatz, nicht rechtfertigen. Nur in besonders gelagerten Einzelfällen kann sich aus § 242 BGB (Grundsatz von Treu und Glauben) ergeben, dass der Mieter mit Gewährleistungsrechten ganz oder teilweise ausgeschlossen ist. Dies wird insbesondere dann anzunehmen sein, wenn der Vermieter aus dem Verhalten des Mieters den Schluss ziehen darf, dass dieser von seinen Gewährleistungsrechten keinen Gebrauch mehr machen wird. Die vorbehaltlose Ausübung einer Verlängerungsoption reicht dagegen für sich allein für die Anwendung des § 242 BGB ebenso wenig aus wie eine Vereinbarung über die Höhe der Miete oder der Betriebskosten (BGH, Urteil v. 5.11.2014, a.a.O.).

3 Verzicht und Verwirkung des Minderungsrechts

Die naheliegende Frage, wie lange der Mieter nunmehr Zeit hat, eine Mietminderung geltend zu machen, hat allerdings nicht nur der Gesetzgeber, sondern auch der BGH offengelassen und die Entscheidung an die Instanzgerichte verwiesen. Insofern hat der BGH in dieser Entscheidung, in der es um Minderungsansprüche wegen laufenden Lärms aus der Nachbarwohnung ging, lediglich darauf hingewiesen, dass sich der Mieter nicht unbegrenzt lange Zeit lassen kann, da er seine Rechte auch durch stillschweigenden **Verzicht** oder durch **Verwirkung** verlieren kann. Zur Klärung der Frage, wann dies der Fall ist, werden daher die instanzgerichtlichen Entscheidungen abgewartet werden müssen. Nach einem Urteil des LG Berlin v. 9.3.2004 (64 S 148/03, NJOZ 2004 S. 2873) hat der Mieter Minderungsansprüche auch dann noch **nicht** verwirkt, wenn er den Mangel stillschweigend über einen Zeitraum von **8,5 Monaten** hingenommen hat.

Nach Auffassung des OLG Düsseldorf (Urteil v. 6.5.2003, 24 U 99/02, GE 2003 S. 878) verzichtet der Mieter jedenfalls dann auf seine Rechte sowohl für die Vergangenheit als auch für die Zukunft, wenn er die infolge der Mietminderung aufgelaufenen Mietrückstände **nachzahlt**.

Die neue Rechtslage gilt **auch** für Mietverträge, die **vor** dem 1.9.2001 **abgeschlossen** worden sind. Nur hinsichtlich der bis zum 1.9.2001 **fällig gewordenen** Mieten verbleibt es beim Rechtsverlust, d.h. Minderungsrechte des Mieters, die aufgrund der alten Rechtsprechung bereits am 1.9.2001 verwirkt waren, leben durch das neue Urteil nicht wieder auf (BGH, a.a.O.).

Hat der Mieter seine Rechte aus o.g. Gründen verloren, ist strittig, ob eine **Mieterhöhung** zum **Wiederaufleben** des Minderungsrechts führt. Nach einem Urteil des LG München I vom 26.9.2002 (31 S 2680/02, NZM 2002 S. 986) lebt das Minderungsrecht des Mieters **nicht** wieder auf. Dies käme nur dann in Betracht, wenn durch die Mieterhöhung eine wesentliche Verschiebung des **Äquivalenzverhältnisses** zwischen der Leistung des Vermieters und der Leistung des Mieters (Mietzahlung) eintreten würde (so BGH, Urteil v. 21.12.1960, VIII ZR 214/59, MDR 1961 S. 683). Durch eine Mieterhöhung nach § 558 BGB (vor 1.9.2001: § 2 MHG) tritt eine solche Äquivalenzverschiebung jedoch nicht ein, da eine Mieterhöhung bis zur ortsüblichen Vergleichsmiete nur den Zweck verfolgt, eine Angleichung der Miete an das veränderte Marktniveau herbeizuführen, nicht aber dazu dient, das Äquivalenzverhältnis zu verschieben (so bereits LG München I, Urteil v. 20.1.1999, 31 S 10557/98, NJW-RR 2000 S. 675; vgl. auch KG Berlin, Urteil v. 2.4.2001, 8 U 5710/99, NZM 2002 S. 69; v. 21.2.2002, 8 U 6/01, NZM 2002 S. 562). Dagegen soll das Minderungsrecht nach anderen Urteilen (begrenzt auf den Umfang der Erhöhung) **wieder aufleben**, wenn der Vorbehalt unverzüglich nach dem Wirksamwerden der Erhöhung erklärt wird (LG Berlin, Urteil v. 25.2.1997, 64 S 297/96, NJWE-MietR 1997 S. 243; OLG Düsseldorf, Urteil v. 7.10.1993, 10 U 3/93, WuM 1994 S. 324). Dies gilt auch bei einer Mieterhöhung aufgrund einer Indexklausel, ferner dann, wenn sich der Mangel erheblich verstärkt (LG Düsseldorf, Urteil v. 27.5.1997, 24 S 585/96, WuM 1998 S. 20).

Für die Annahme eines **Vorbehalts** kann es ausreichend sein, wenn der Mieter wegen des Mangels eine Mietminderung mehrmals und deutlich androht (OLG Hamburg, Urteil v. 9.12.1998, 4 U 32/97, WuM 1999 S. 281). Dagegen stellen die Mängelanzeige allein oder wiederholt vorgetragene Beanstandungen grundsätzlich keinen wirksamen Vorbehalt dar (LG Berlin, a. a. O.; OLG Düsseldorf, Urteil v. 18.12.1986, 10 U 112/86, ZMR 1987 S. 329).

Etwas anderes kann jedoch gelten, wenn der Mieter aufgrund von **Verhandlungen** mit dem Vermieter sowie dessen Erklärungen mit einer baldigen Beseitigung des Mangels rechnen durfte und die Zahlungen in dieser dem Vermieter bekannten Erwartung leistete (OLG Düsseldorf, Urteil v. 6.4.1995, 10 U 137/94, WuM 1995 S. 435; vgl. auch BGH, WPM 1973 S. 146). Jedoch kann auch im Fall der Reparaturzusage durch den Vermieter die vorbehaltlose Weiterzahlung über einen längeren Zeitraum als Verzicht des Mieters gewertet werden.

Eine **vorbehaltlose** Mietzahlung liegt auch vor, wenn der Mieter von seinem Recht zum Widerruf der Einzugsermächtigung keinen Gebrauch macht und den Bankeinzug duldet (LG Frankfurt/M., Urteil v. 20.10.2000, 2/17 S 290/99, NZM 2001 S. 130).

Zahlt der Mieter „unter Vorbehalt" bzw. leistet der Mieter wegen Mängel der Wohnung nur eine geminderte Miete, kann ein Gericht im Streitfall jedoch auch eine höhere Minderungsquote zusprechen (LG Hannover, Urteil v. 15.4.1994, 9 S 211/93, WuM 1994 S. 463).

Zahlt der Mieter trotz Kenntnis eines während der Mietzeit aufgetretenen Mangels die Miete über einen gewissen Zeitraum **vorbehaltlos** weiter, kann er analog § 539 BGB a.F. auch sein Recht zur **fristlosen** Kündigung nach § 543 Abs. 2 Nr. 1 BGB verlieren (wegen Nichtgewähren oder Entziehen des vertragsgemäßen Gebrauchs – § 542 BGB a.F. – so BGH, Urteil v. 31.5.2000, XII ZR 41/98, NJW 2000 S. 2663 = WuM 2000 S. 416; OLG Düsseldorf, Urteil v. 6.5.2003, 24 U 99/02, GE 2003 S. 878).

Der **Mängelbeseitigungsanspruch** des Mieters (§ 535 S. 2 BGB) kann – im Gegensatz zu den Rechten auf Minderung und Schadenersatz (§§ 536, 536a BGB) – grundsätzlich **nicht** verwirkt werden (LG Berlin, Urteil v. 6.7.1998, 67 S 131/97, WuM 1999 S. 35; OLG Köln, Urteil v. 28.10.1991, 2 U 185/90, WuM 1995 S. 35).

Daher kann der Mieter gegen den Mietzahlungsanspruch des Vermieters selbst dann noch die **Einrede** des nicht erfüllten Vertrags (§ 320 BGB: Zurückbehalten der Miete bis zum Herstellen eines vertragsgemäßen Zustands) erheben, wenn die durch den Mangel verursachte Mietminderung wegen Verwirkung nicht mehr geltend gemacht werden kann (BayObLG, Beschluss v. 10.5.1999, RE-Miet 1/99, WuM 1999 S. 392). Der Erfüllungsanspruch des Mieters (auf Überlassung der Mietsache in einem vertragsgemäßen Zustand) besteht **neben** der Minderung und somit auch dann, wenn eine Minderung nach § 536b BGB (wegen Kenntnis des Mangels) ausgeschlossen ist. Er kann dem Vermieter gemäß § 320 BGB entgegengehalten werden mit der Folge, dass der Mieter wegen der zurückbehaltenen Miete nicht in Verzug gerät und eine außerordentliche Kündigung des Vermieters aus diesem Grund nicht zulässig ist.

Erfüllungsansprüche des Mieters sind nur dann **ausgeschlossen**, wenn die Parteien einen **bestimmten**, bei Überlassung vorhandenen (schlechten) Zustand der Mietsache **konkret** als vertragsgemäß **vereinbart** hatten, d.h. der Mieter den Mietvertrag in **positiver Kenntnis** eines bestimmten Mangels abschließt. Eine solche Vereinbarung ist aber zumindest durch die Klausel „Der Mieter hat das Objekt besichtigt und übernimmt es im derzeit vorhandenen Zustand" nicht getroffen. Diese in Mietverträgen übliche Klausel deutet nicht auf die Vereinbarung eines bestimmten (schlechten) Zustands bzw. auf einen konkreten Mangel hin (BGH, Urteil v. 18.4.2007, XII ZR 139/05, NZM 2007 S. 484: Kenntnis des „Absandens" der Wände in einem unverputzten Kellergewölbe).

Ein Ausschluss von Ansprüchen des Mieters wegen **grob fahrlässiger** Unkenntnis eines vorhandenen Mangels kommt nur ausnahmsweise infrage, da den Mieter grundsätzlich **keine** Erkundungs- und Untersuchungspflicht im Hinblick auf die Mietsache trifft. Grob fahrlässig handelt ein Mieter nur dann, wenn er die erforderliche Sorgfalt bei Vertragsschluss in ungewöhnlich hohem Maße verletzt und dasjenige unbeachtet lässt, was im gegebenen Fall jedem hätte einleuchten müssen. Dies ist der Fall (i.S.d. § 536b S. 2 BGB), wenn die Umstände, die auf bestimmte Unzulänglichkeiten hindeuten, den Verdacht eines dadurch begründeten Mangels besonders nahelegen, der Mieter aber gleichwohl weitere zumutbare Nachforschungen unterlassen hat (BGH, a.a.O.).

Ferner kann der Mängelbeseitigungsanspruch und somit das **Zurückbehaltungsrecht** wegen **Verwirkung ausgeschlossen** sein, z.B. bei verhältnismäßiger Geringfügigkeit des Mangels (BayObLG, a.a.O.) oder infolge **jahrelanger Hinnahme** des Mangels ohne Geltendmachung einer Minderung oder eines Zahlungsvorbehalts (LG München I, Urteil v. 20.10.1999, 14 S 13503/98, WuM 1999 S. 688).

Bei Mängeln, die ihrer Art nach bereits jahrelang vorgelegen haben müssen, bringt der Mieter durch die **vorbehaltlose Nutzung** in Kenntnis des Bauzustands zum Ausdruck, dass er den mangelhaften Zustand als „vertragsgemäß" akzeptiert (OLG Hamm, Beschluss v. 23.11.1999, 30 W 24/99, ZMR 2000 S. 93). In diesem Fall besteht auch keine Verpflichtung des Vermieters zur Leistung von Schadenersatz, wenn dem Mieter aufgrund des baulichen Zustands ein Schaden entsteht (vgl. OLG Düsseldorf, Urteil v. 7.6.2001, 10 U 64/00, WuM 2001 S. 446, wonach keine Schadenersatzverpflichtung des Vermieters wegen Vernachlässigung der **Verkehrssicherungspflicht** besteht, wenn der Mieter auf einer bauordnungswidrigen Treppe zu Fall kommt, die er seit annähernd 2 Jahren mehrmals täglich benutzt, ohne irgendwelche Beanstandungen zu erheben).

Ferner setzt das **Zurückbehaltungsrecht** eigene Vertragstreue des Mieters voraus (LG München I, Urteil v. 24.3.1999, 14 S 17277/98, NZM 2000 S. 87) und kann vom Mieter nur dann mit Aussicht auf Erfolg geltend gemacht werden, wenn er dessen Höhe (z.B. durch einen Kostenvoranschlag) **beziffert** hat (LG Saarbrücken, Urteil v. 26.3.1999, 13 BS 233/98, NZM 1999 S. 757). Die Höhe ist mit dem Dreifachen des Betrags der Mängelbeseitigungskosten anzusetzen (LG Saarbrücken, a.a.O.; a.A. LG München I, a.a.O.: nach den objektiven Umständen des Einzelfalls).

Nach Beendigung des Mietverhältnisses ist der Mieter nicht mehr zur Zurückbehaltung der Miete berechtigt (LG Düsseldorf, Urteil v. 19.3.1998, 21 S 451/97, DWW 2000 S. 26).

Die Mietminderung und die Einrede des nicht erfüllten Vertrags haben zwar gemeinsam, dass der Mieter nur eine reduzierte Miete bezahlt. Im Gegensatz zur Mietminderung muss der Mieter bei der Einrede des nicht erfüllten Vertrags jedoch den zurückbehaltenen Teil der Miete nach Beseitigung des Mangels in voller Höhe nachzahlen.

Behält der Mieter zunächst nur die Miete ein, ohne eine Zurückbehaltung deutlich zu machen, und beruft er sich erst **später** auf ein Zurückbehaltungsrecht, muss er vortragen und ggf. beweisen, dass er die nicht gezahlte Miete tatsächlich **zurückgelegt** hat und nicht nur zahlungsunfähig bzw. -unwillig war (LG Braunschweig, Urteil v. 14.9.1999, 6 S 427/99, ZMR 1999 S. 827).

Kleinreparaturen

Inhaltsübersicht

		Seite
1	**Die gesetzliche Regelung**	464
2	**Vertragliche Regelungen**	464
2.1	Formularmäßige Vereinbarungen	464
2.2	Individuelle Vereinbarungen	467

1 Die gesetzliche Regelung

Der Begriff der Kleinreparaturen, auch Bagatellreparaturen genannt, ist im Gesetz allgemein verbindlich nicht definiert. Es gibt **keine gesetzliche** Bestimmung, die den Mieter zur Ausführung von Reparaturen bis zu einem bestimmten Umfang verpflichtet.

Vielmehr hat der Mieter nach den Vorschriften des Bürgerlichen Gesetzbuchs Reparaturen an der Mietsache unabhängig von Art und Umfang nur dann im Wege des Schadenersatzes auf seine Kosten vorzunehmen, wenn der Defekt auf einem ihm zurechenbaren **Verschulden** beruht, er die Mietsache z.B. durch Gewalteinwirkung oder unsachgemäße Handhabung beschädigt hat. Wird eine Reparatur dagegen infolge altersgemäßen Verschleißes notwendig, trifft die Pflicht zur Instandsetzung und zur Tragung der entsprechenden Kosten nach § 535 BGB in vollem Umfang den Vermieter.

2 Vertragliche Regelungen

2.1 Formularmäßige Vereinbarungen

Die in den meisten Formularmietverträgen enthaltenen „Kleinreparaturklauseln" verpflichten den Mieter – **abweichend** von dieser gesetzlichen Regelung – zur Durchführung von kleineren Verschleißreparaturen. Sinn und Zweck einer solchen Regelung ist vorwiegend, den Mieter zu einem sorgsamen und damit auch verschleißmindernden Umgang mit der Mietsache anzuhalten und weiterhin Streitigkeiten der Parteien darüber zu vermeiden, ob der eingetretene Defekt auf außergewöhnlichem, vom Mieter verschuldeten Verschleiß oder auf normaler Abnutzung beruht. Umstritten war in der Rechtsprechung bisher, wie weit eine solche Klausel von der gesetzlichen Regelung des § 535 BGB zulasten des Mieters abweichen darf. Mit Urteil v. 7.6.1989 (VIII ZR 91/88, NJW 1989 S. 2247) hat der BGH im Rahmen der Überprüfung einer solchen Klausel ausführlich dazu Stellung genommen, in welchem Umfang dem Mieter durch **Formular**vertrag Reparaturkosten aufgebürdet werden dürfen bzw. welche Voraussetzungen an die Wirksamkeit einer sog. Kleinreparaturklausel zu stellen sind. Ausgangspunkt der Betrachtungen des Bundesgerichtshofs war der § 9 AGB-Gesetz (seit 1.1.2002: § 307 BGB), wonach jede formularvertragliche Vereinbarung dann unwirksam ist, wenn sie zu weit zulasten des Klauselgegners – hier des Mieters – von der gesetzlichen Regelung – hier des § 535 BGB – abweicht (s. auch „Allgemeine Geschäftsbedingungen").

> Eine nach den §§ 305 ff. BGB noch zulässige Abweichung liegt nach Auffassung des BGH nur dann vor, wenn die Klausel sowohl eine **gegenständliche** als auch eine **betragsmäßige** Begrenzung enthält.

Gegenständliche Begrenzung bedeutet, dass die Verpflichtung des Mieters zur Zahlung von Reparaturkosten auf Teile der Mietsache beschränkt ist, die seinem häufigen und unmittelbaren Zugriff unterliegen, da der Mieter nur bezüglich dieser Gegenstände die Möglichkeit hat, Verschleiß- und Alterungserscheinungen durch schonenden Umgang mit der Mietsache herabzusetzen. Die Klausel darf sich daher z.B. auf Installationsgegenstände (Wasserhähne, Steckdosen, Lichtschalter etc.) beziehen, nicht aber auf die Installationen selbst, also nicht z.B. auf die im Mauerwerk verlegten

Leitungen; ebenso nicht auf die **Verglasung**. Die entsprechende Formularklausel, wonach der Mieter „zerbrochene Innen- und Außenscheiben in den Mieträumen zu erneuern hat", ist unwirksam (LG Hamburg, Urteil v. 15.2.1991, 311 S 122/90, WuM 1991 S. 681).

> Für ausdrücklich zulässig hat der BGH die Aufnahme der in § 28 II. BV aufgezählten Gegenstände erklärt, worunter die **Installationsgegenstände** für Elektrizität, Wasser und Gas, Heiz- und Kocheinrichtungen, Fenster- und Türverschlüsse sowie die Verschlussvorrichtungen von Fensterläden fallen.

Zu den **Installationsgegenständen für Elektrizität** gehören die Steckdosen, Schalter, Klingeln und Raumstrahler; zu den Installationsgegenständen **für Gas** die Gasabsperrhähne; zu den Installationsgegenständen **für Wasser** die Wasserhähne, Ventile, Mischbatterien, Brausen, Badeöfen und andere Warmwasserbereiter, die Druckspüler, Spülkästen und Spülrohre, soweit sie offen verlegt sind, die Wasch-, Spül- und Toilettenbecken, die Brausetassen und Badewannen sowie Duschköpfe und Brauseschläuche; nicht dagegen Duschstangen und Durchabtrennungen, da diese weder zur Durchleitung oder Aufnahme von Wasser noch zur Regulierung des Wasserflusses bestimmt sind und somit im Zweifel (gemäß § 305c Abs. 2 BGB) zulasten des Klauselverwenders nicht zu den Installationsgegenständen für Wasser zu zählen sind (AG Hamburg, Urteil v. 25.8.2010, 822 C 55/10, ZMR 2011 S. 480). Ferner sind die Strom-, Gas-, Heizungs- und Wasserleitungen sowie die den Verbrauch zählenden Uhren selbst keine Installationsgegenstände, da diese nicht dem häufigen Zugriff des Mieters ausgesetzt sind. Dementsprechend handelt es sich bei der Beseitigung einer Störung in einer Heiztherme begrifflich nicht um eine Kleinreparatur, wenn kein Defekt an einem Installationsgegenstand (z.B. an einem Regler) der Therme vorliegt (AG Hannover, Urteil v. 28.6.2007, 528 C 3281/07, WuM 2007 S. 504).

Zu den **Heiz- und Kocheinrichtungen** können gehören: Öfen, auch Kachelöfen, oder Heizkessel in der Wohnung für Kohle, Heizöl, Gas oder Elektrizität; Heizkörper für Warmwasser, Dampf oder Elektrizität; Kochplatten, Kochherde für Kohle, Gas oder Elektrizität, elektrische Grillgeräte.

Nicht dazu gehören: Dunstabzugshauben und Abzugsventilatoren.

Zu den **Fenster- und Türverschlüssen** können gehören: Fensterverschlussgriffe und -riegel, auch an Schiebe- und Schwingflügelfenstern, Umstellvorrichtungen zum Kippen oder zum Öffnen (Dreh-Kippbeschläge); Türgriffe und Türschlösser an Türen jeder Art, auch Sicherheitsschlösser an Außentüren, Hebetürvorrichtungen und -schlösser, Oberlichtverschlüsse und -öffner, elektrische Türöffner, hydraulische Türschließer.

Nicht dazu gehören: Fenster und Türangeln und Befestigungsbänder, Zugabdichtungen, das Ersetzen zerbrochener Fenster- oder Türscheiben.

Zu den **Verschlussvorrichtungen** für Fensterläden können gehören: Riegel und Sicherungsstangen für Klappläden, Rollladengurte und Gurtwickler, Rollladensicherungen gegen Einbruch, elektrische Rollladenöffner und -schließer. Reparaturen an Klapp- oder Rollläden sowie an Rollladenkästen gehören nicht dazu (Fischer-Dieskau/Pergande, Wohnungsbaurecht, § 28 II. BV, Anm. 6).

Neben dieser gegenständlichen Begrenzung auf bestimmte Teile der Mietsache fordert der BGH eine **betragsmäßige** Begrenzung, d.h. die Festsetzung einer Höchstgrenze sowohl für die **einzelne** Reparatur als auch für die **Gesamtbelastung** des Mieters durch Kleinreparaturen in einem bestimmten Zeitraum. Für die **einzelne** Reparatur hat der BGH in der Entscheidung vom 7.6.1989 einen Betrag von 100 DM (ca. 50 Euro; im Urteil v. 6.5.1992 150 DM = ca. 75 Euro) genannt. Unter Berücksichtigung der Preisentwicklung wird derzeit ein Höchstbetrag von **125 Euro** vertretbar sein (s. hierzu AG Braunschweig, Urteil v. 17.3.2005, 116 C 196/05, ZMR 2005 S. 717: 100 Euro zzgl. der gesetzlichen Mehrwertsteuer, da dies ungefähr 1,5 Arbeitsstunden zzgl. Anfahrtspauschale und Materialkosten entspricht).

Allerdings lässt der BGH eine Begrenzung für die einzelne Reparatur nicht genügen mit dem Argument, dass insbesondere auf den Mieter einer älteren Wohnung zahlreiche Reparaturen in relativ kurzen Zeitabständen zukommen können.

> Vielmehr muss für den Mieter bereits bei Vertragsschluss ersichtlich sein, bis zu welcher maximalen Summe er in einem bestimmten Zeitraum, z.B. einem Jahr, mit Kosten für Kleinreparaturen belastet werden kann.

Ausdrücklich offengelassen wurde, in welcher Form eine Kleinreparaturklausel die Begrenzung des Gesamtaufwands festlegen muss. Der BGH verweist insoweit auf die im Schrifttum genannten Beträge, die sich – jeweils für den Zeitraum eines Jahres – im Rahmen eines Festbetrags von 300 DM (150 Euro) bis zu 8 % der Jahresmiete bewegen, und betont dabei, dass durch die Verwendung eines bestimmten Prozentsatzes der Jahresmiete dem Schutzbedürfnis einkommensschwächerer Mieter besser Rechnung getragen wird, da diese in der Regel auch eine geringere Miete bezahlen.

Ausdrücklich **abgelehnt** hat der BGH in dem vorliegenden Urteil die Möglichkeit, den Mieter mit einem bestimmten Betrag an anfallenden Reparaturen oder Neuanschaffungen zu **beteiligen**, mit der Folge, dass eine Kleinreparaturklausel dem Mieter zwar unter den genannten Voraussetzungen die Übernahme von Kosten solcher Reparaturen aufbürden kann, jedoch Reparaturen, die den festgesetzten Betrag übersteigen, in **vollem** Umfang vom Vermieter zu tragen sind.

Eine Klausel, wonach Kleinreparaturen bis zum Betrag von 100 Euro vom Mieter zu tragen sind und darüber hinausgehende Beträge vom Vermieter, ist wegen Verstoßes gegen das Transparenzgebot unwirksam, da der Klausel nicht eindeutig zu entnehmen ist, ob sie nur auf Reparaturen unter 100 Euro anwendbar ist oder die Klausel eine – unwirksame – Kostenbeteiligung des Mieters bestimmt (LG Potsdam, Urteil v. 19.6.2008, 11 S 151/07, ZMR 2009 S. 618).

Eine **betragsmäßige** Begrenzung ist **nicht** erforderlich bei Formularklauseln, die den Mieter nur zur Erstattung von **Betriebskosten** verpflichten, z.B. zur Zahlung der Kosten der jährlichen Wartung einer Gastherme (Kosten der Heizungs- und Warmwasserversorgung i.S.v. § 2 Nr. 4 und 5 BetrKV). Für die Umlage von Betriebskosten gibt es nämlich keine gesetzlichen Höchstgrenzen. Insofern hat der Vermieter lediglich das sog. Wirtschaftlichkeitsgebot (§ 556 Abs. 3 S. 1 BGB; s. „Abrechnung der Betriebskosten“, Abschnitt 9 „Grundsatz der Wirtschaftlichkeit“) zu beachten (BGH, Urteil v. 7.11.2012, VIII ZR 119/12, WuM 2013 S. 31).

Wirksam ist daher folgende Formularklausel: „Die in diesen Mieträumen befindliche Gasheizung ist Eigentum des Vermieters. Die jährliche Wartung wird vom Vermieter durch Sammelauftrag bei der Firma XY durchgeführt. Der Mieter hat diese anteiligen Kosten nach erfolgter Arbeit und Rechnungslegung dem Vermieter zu erstatten.“ oder „Die Betriebskosten für eine vom Mieter selbst und auf eigene Kosten betriebene Heizungs- und Warmwasserbereitungsanlage trägt der Mieter“ (§ 4 Abs. 7 des Formularmietvertrags für Wohnraum bzw. § 3 Abs. 7 des Formularmietvertrags für Geschäftsräume des Haus- und Grundbesitzervereins München und Umgebung e.V.).

Trotz einer gegenständlichen sowie einer betragsmäßigen Begrenzung ist eine formularmäßige Kleinreparaturklausel nach einem Urteil des BGH vom 6.5.1992 (VIII ZR 129/91, DWW 1992 S. 207) auch dann unwirksam, wenn sie den Mieter zur **Vornahme** von Reparaturen und nicht nur zur Tragung der Kosten verpflichtet. Der Mieter könne – so der BGH – keine Minderung wegen eines Mangels mehr geltend machen, wenn er selbst vertraglich zu dessen Behebung verpflichtet ist. Dies führe zu einem unzulässigen Ausschluss des Minderungsrechts des Mieters. Darüber hinaus stelle eine solche Vornahmeverpflichtung eine unangemessene Benachteiligung des Mieters

i. S. v. § 9 AGB-Gesetz (seit 1.1.2002: § 307 BGB) dar, weil der Mieter dann Auftraggeber des Handwerkers ist und bei nicht ordnungsgemäß ausgeführter Reparatur Gewährleistungsansprüche gegenüber dem Handwerker selbst geltend machen müsste und auch für Schäden zu haften hätte, die der Handwerker an den Sachen des Vermieters oder eines Dritten anrichtet. Letztlich sei es dem Mieter nicht zumutbar, seinen Erstattungsanspruch gegenüber dem Vermieter durchzusetzen, wenn sich herausstellt, dass die Reparatur außerhalb des Bereichs der gegenständlichen oder betragsmäßigen Begrenzung gelegen hat.

Formularvertraglich **zulässig** ist daher lediglich eine Kleinreparaturklausel, die den Mieter zur Tragung der **Kosten** in einem sowohl **gegenständlichen** als auch **betragsmäßig** klar abgegrenzten Rahmen verpflichtet.

In dem Urteil vom 7.6.1989 weist der BGH ausdrücklich darauf hin, dass eine fehlende Höchstgrenze nicht durch entsprechende Auslegung der Klausel ermittelt werden kann. Dies hat zur Folge, dass Kleinreparaturklauseln, welche die gestellten Anforderungen nicht erfüllen, unwirksam sind und gemäß § 306 Abs. 2 BGB durch die gesetzliche Regelung ersetzt werden (vgl. auch „Allgemeine Geschäftsbedingungen").

Nach der gesetzlichen Regelung des § 535 BGB hat der Vermieter die Mietsache auf seine Kosten, unabhängig von der Art und dem Umfang der Reparaturen instand zu halten und instand zu setzen (s. auch „Instandhaltung und Instandsetzung der Mieträume"), sodass der Mieter im Fall der Unwirksamkeit der Klausel zur Durchführung von Reparaturen nur verpflichtet ist, wenn der Defekt auf einem ihm zurechenbaren **Verschulden** beruht.

Veranlasst eine unwirksame Wartungs- und Kleinreparaturklausel im Mietvertrag den Mieter zur Durchführung von Wartungsarbeiten an der Gastherme, kann er die gezahlten Kosten vom Vermieter zurückfordern (AG Köln, Urteil v. 21.1.2004, 214 C 527/03, WuM 2006 S. 261).

Umgekehrt soll der Vermieter keinen „Kleinreparaturansatz gemäß Mietspiegel" (als „isolierte" Mieterhöhung) verlangen können, wenn zwar der örtliche Mietspiegel von einem Überbürden der Kleinreparaturen auf den Mieter ausgeht, der Mietvertrag jedoch keine Regelung über die Kleinreparaturen enthält, mit der Folge, dass diese vom Vermieter durchzuführen sind (LG Dortmund, Urteil v. 30.5.2006, 1 S 10/05, NZM 2007 S. 245).

Auch bei **öffentlich geförderten** Wohnungen kann im Formularmietvertrag während der Preisbindung eine Kleinreparaturklausel für die Zeit **nach** Ablauf der Preisbindung vereinbart werden (entsprechend der BGH-Rechtsprechung im Urteil v. 3.12.2003, VIII ZR 157/03, NZM 2004 S. 135, zur Zulässigkeit einer Staffelmiete für die Zeit nach dem Ablauf der Preisbindung; AG Ahrensburg, Urteil v. 21.10.2005, 42 C 1039/05, ZMR 2006 S. 128).

2.2 Individuelle Vereinbarungen

Unberührt von dieser Rechtsprechung bleiben **individuelle**, d. h. zwischen den Parteien ausgehandelte Vereinbarungen.

Diese unterliegen nicht der Kontrolle durch die Bestimmungen der §§ 305 ff. BGB und können grundsätzlich frei ausgehandelt werden, soweit sie nicht einen Verstoß gegen zwingende, d. h. vertraglich nicht abänderbare Vorschriften enthalten, wie z. B. den Ausschluss des Minderungsrechts des Mieters von Wohnraum. In Anbetracht der Begründung des BGH-Urteils vom 6.5.1992 (a. a. O.), wonach eine **Vornahme**klausel gegen diese zwingende Rechtsvorschrift verstößt, wird man bei Mietverhältnissen über **Wohn**raum eine Verpflichtung des Mieters zur Vornahme von Reparaturen auch individuell **nicht** vereinbaren können.

Dagegen kann durch eine **Individual**vereinbarung die Verpflichtung des Mieters zur Tragung der **Kosten** bis zur Grenze der Sittenwidrigkeit (§ 138 BGB) bzw. des Verstoßes gegen Treu und Glauben (§ 242 BGB) frei ausgehandelt werden, ohne dass die Parteien an die vorbezeichneten gegenständlichen oder betragsmäßigen Beschränkungen gebunden sind.

> Zu beachten ist jedoch, dass die Rechtsprechung an das Vorliegen einer Individualvereinbarung hohe Anforderungen stellt.

Eine Vereinbarung, wonach der Mieter die „Instandhaltungskosten“ (z.B. der Heizungsanlage) trägt, verpflichtet den Mieter nur zur Zahlung der **Reparaturkosten** (z.B. des Heizkessels). Die Kosten der **Erneuerung** muss der Mieter nur dann tragen, wenn dies im Mietvertrag eindeutig geregelt ist (KG Berlin, Urteil v. 1.3.1999, 8 U 1119/98, NZM 2000 S. 1228).

Kommunikationseinrichtungen

Die Installierung von Kommunikationseinrichtungen (z.B. Telefon, Telefax, PC- und Internetanschlüsse) fällt unter den vertragsgemäßen Gebrauch der Mietwohnung, sodass der Mieter auch ohne Einwilligung des Vermieters solche Anschlüsse einrichten und unterhalten darf.

Der Vermieter ist grundsätzlich verpflichtet, eine evtl. erforderliche Einwilligungserklärung abzugeben.

Ein mietvertraglicher Ausschluss dieses Rechts wäre sowohl einzelvertraglich als auch formularmäßig unwirksam, da er sittenwidrig und schikanös ist (so bereits LG Hannover, Urteil v. 22.2.1984, 11 S 396/83, DWW 1984 S. 170).

Ist der Mieter zur Untervermietung berechtigt, kann er auch verlangen, dass der Vermieter entsprechende Erklärungen für Anschlüsse des Untermieters abgibt (LG Hannover, a.a.O.).

Über die Telefonleitung kann mittels eines sog. Routers, d.h. eines Netzwerkgeräts zur Internetanbindung eine **drahtlose** Verbindung ins Internet hergestellt werden, z.B. mit einem Laptop, iPhone oder iPad. Der Inhaber eines solchen WLAN-Anschlusses („Wireless Local Area Network“, d.h. drahtloses lokales Netzwerk/Funknetz) ist nach der Rechtsprechung des BGH verantwortlich für Rechtsverletzungen (z.B. unerlaubtes Herunterladen von Musik, Videos, pornografischen Seiten), die von seinem Anschluss aus begangen werden (BGH, Urteil v. 12.5.2010, I ZR 121/08, NJW 2010 S. 2061).

Allerdings kann der Anschlussinhaber diese tatsächliche Vermutung seiner persönlichen Verantwortlichkeit für die begangenen Rechtsverstöße widerlegen, z.B. auch durch entsprechende vertragliche Vereinbarungen.

Nach einem Urteil des AG München haftet ein Vermieter, der einem oder mehreren Mietern die Nutzung seines Internetzugangs gewährt, nicht als Störer für die über seinen WLAN-Anschluss von seinem Mieter begangenen Urheberrechtsverletzungen, wenn er sich **vertraglich** vom Mieter zusichern lässt, dass dieser das Internet nicht zu illegalen Zwecken nutzt. Eine solche vertragliche Vereinbarung ist wirksam und ermöglicht dem Vermieter den Entlastungsbeweis hinsichtlich der vermuteten persönlichen Verantwortlichkeit. In der Vereinbarung sollte der Mieter zusichern, dass er für die über das WLAN übermittelten Daten, die darüber in Anspruch genommenen Dienstleistungen und Rechtsgeschäfte selbst verantwortlich ist und sich verpflichtet, das WLAN weder zum Abruf noch zur Verbreitung von sitten- oder rechtswidrigen Inhalten zu nutzen; insbesondere keine urheberrechtlich geschützten Güter widerrechtlich vervielfältigt, verbreitet oder zugänglich macht. Ferner muss der Nutzer den Anschlussinhaber von sämtlichen Schäden und Ansprüchen Dritter freistellen, die auf einer rechtswidrigen Verwendung des WLAN-Zugangs beruhen, einschließlich der Kosten (z.B. Anwaltskosten) für die Inanspruchnahme bzw. die Abwehr von Ansprüchen Dritter.

Zur Vermeidung solcher Beweisprobleme sollten Mieter daher auf die Erstellung eines eigenen Internetanschlusses verwiesen werden. Jedenfalls sollte ohne Abschluss einer konkreten schriftlichen Vereinbarung der eigene WLAN-

Anschluss Dritten keinesfalls zur Verfügung gestellt werden.

Zur Verhinderung einer **unfreiwilligen** Überlassung des Zugangs infolge „Anzapfens" des Anschlusses durch Dritte (z. B. Bewohner oder Besucher der Nachbarwohnung) muss jeder Anschlussinhaber – unabhängig davon, ob er Eigentümer oder Mieter ist – seinen Zugang bestmöglich verschlüsseln und die Verschlüsselung im Streitfall auch nachweisen. Im Zweifel sollte daher eine Fachfirma mit der Installierung beauftragt werden. Nach der Rechtsprechung des BGH haftet der Inhaber eines WLAN-Anschlusses, der es unterlässt, die im Kaufzeitpunkt des WLAN-Routers marktüblichen Sicherungen ihrem Zweck entsprechend anzuwenden, als Störer auf Unterlassung, wenn (oftmals unbekannte) Dritte diesen Anschluss missbräuchlich nutzen, um z. B. urheberrechtlich geschützte Musiktitel in Internettauschbörsen einzustellen (BGH, Urteil v. 12.5.2010, I ZR 121/08, NJW 2010 S. 2061; AG München, Urteil v. 15.2.2012, 142 C 10921/11, NZM 2012 S. 861).

Konkurrenzschutz → „Wettbewerbsschutz"
Konkurs → „Insolvenz des Mieters – Insolvenz des Vermieters"
Kosten des Mietprozesses → „Prozesskosten"

Kostenmiete

Inhaltsübersicht

		Seite
1	**Begriff – Rechtsgrundlagen**	469
1.1	Kapitalkosten	469
1.2	Bewirtschaftungskosten	470
1.2.1	Abschreibung (§ 25 II. BV)	470
1.2.2	Verwaltungskosten (§ 26 II. BV, § 1 Abs. 2 Nr. 1 BetrKV)	471
1.2.3	Betriebskosten (§ 27 II. BV, § 1 Abs. 1 BetrKV)	471
1.2.4	Instandhaltungskosten (§ 28 II. BV, § 1 Abs. 2 Nr. 2 BetrKV)	472
1.2.5	Mietausfallwagnis (§ 29 II. BV)	472
2	**Mieterhöhung**	473

1 Begriff – Rechtsgrundlagen

Bei **Sozialwohnungen** darf nur die Miete verlangt werden, die zur Deckung der **laufenden** Aufwendungen erforderlich ist (Kostenmiete). Die Erträge aus dem Anwesen dürfen also die laufenden Aufwendungen nicht übersteigen.

Die Kostenmiete ist aufgrund einer Wirtschaftlichkeitsberechnung zu ermitteln. Zu beachten sind insbesondere die Vorschriften des **Wohnungsbindungsgesetzes** (WoBindG), der **Neubaumietenverordnung** (NMV) sowie der **II. BV**.

Die laufenden Aufwendungen setzen sich zusammen aus den **Kapitalkosten** (§§ 19 bis 23a II. BV) und den **Bewirtschaftungskosten** (§§ 24 bis 30 II. BV).

1.1 Kapitalkosten

Kapitalkosten sind die Kosten, die sich aus der Inanspruchnahme von Finanzierungsmitteln ergeben, namentlich die Zinsen, nicht aber die Tilgungsleistungen. Diese dürfen nur unter den Voraussetzungen des § 22 II. BV als Zinsersatz angesetzt werden, wenn für ein Darlehen besondere Belastungen durch hohe Tilgungen zu tragen, aber nur geringe Zinsen zu zahlen sind. Im öffentlich geförderten sozialen Wohnungsbau sind Ansätze für Zinsersatz nur insoweit zulässig, als die Bewilligungsstelle zustimmt, wobei auf Mietvorauszahlungen und auf Mieterdarlehen die Vorschriften über den Zinssatz nicht anzuwenden sind (§ 22 Abs. 3 und 4 II. BV).

Zu den Kapitalkosten gehören die **Eigenkapitalkosten** und die **Fremdkapitalkosten** (§ 19 Abs. 1 II. BV).

Für verlorene Baukostenzuschüsse ist der Ansatz von Kapitalkosten unzulässig (§ 19 Abs. 3 II. BV), da diese nach § 14 II. BV u. U. zu einer Ersparnis von Kapitalkosten eingesetzt werden und eine Rückerstattung nicht erfolgt.

Eigenkapitalkosten sind die Zinsen für Eigenleistungen (§ 20 Abs. 1 II. BV).

Für Eigenleistungen des Bauherrn bis 15 % der Gesamtkosten darf nur eine Verzinsung von 4 % angesetzt werden; für den darüber hinausgehenden Teil ist zu unterscheiden, wann die öffentlichen Mittel bewilligt worden sind: Sofern die öffentlichen Mittel vor dem 1.1.1974 bewilligt worden sind, darf eine Verzinsung in Höhe des marktüblichen Zinssatzes für erste Hypotheken, in den übrigen Fällen eine Verzinsung in Höhe von 6,5 % angesetzt werden (§ 20 II. BV).

Fremdkapitalkosten sind die Kapitalkosten, die sich aus der Inanspruchnahme der Fremdmittel ergeben, namentlich Zinsen für Fremdmittel, laufende Kosten, die aus Bürgschaften für Fremdmittel entstehen, und sonstige wiederkehrende Leistungen aus Fremdmitteln, namentlich aus Rentenschulden. Als Fremdkapitalkosten gelten außerdem die Erbbauzinsen. Laufende Nebenleistungen, namentlich Verwaltungskostenbeiträge, sind wie Zinsen zu behandeln (§ 21 Abs. 1 II. BV).

Sind Finanzierungsmittel durch andere Mittel **ersetzt** worden, sind die neuen Mittel anstelle der bisherigen Finanzierungsmittel auszuweisen. Sind die Kapitalkosten der neuen Mittel zusammen mit den Kapitalkosten der Mittel, die der Deckung der einmaligen Kosten der Ersetzung dienen, höher als die Kapitalkosten der bisherigen Finanzierungsmittel, sind die neuen Mittel nur auszuweisen, wenn die Ersetzung auf Umständen beruht, die der Bauherr nicht zu vertreten hat (§ 12 Abs. 4 S. 1 und 2 II. BV).

Entsprechendes gilt, wenn zwar die Fremdmittel gleich geblieben sind, die Kapitalkosten sich aber aufgrund von Umständen erhöht haben, die der Vermieter nicht zu vertreten hat (§ 23 Abs. 1 und 2 II. BV; OLG Hamburg, Urteil v. 20.12.1974, 1 U 56/74, MDR 1975 S. 493).

Erhöht der Darlehensgeber den für ein Tilgungsdarlehen vereinbarten Zinssatz in der Weise, dass ohne Rücksicht auf teilweise Tilgung für den höheren Zins der ursprüngliche Betrag des Darlehens maßgebend ist, darf der Vermieter diese Annuitätserhöhung zum Nachteil des Mieters voll in die veränderte Wirtschaftlichkeitsberechnung nach der II. BV einsetzen (OLG Frankfurt/M., RE v. 28.12.1982, 20 RE-Miet 3/82, DWW 1983 S. 48). Bei Senkung des Zinssatzes dürfen nur die gesunkenen Kapitalkosten ausgewiesen werden (§ 23 Abs. 1 II. BV).

1.2 Bewirtschaftungskosten

Bewirtschaftungskosten sind die Kosten, die zur Bewirtschaftung des Gebäudes oder der Wirtschaftseinheit laufend erforderlich sind. Bewirtschaftungskosten sind die **Abschreibung**, die **Verwaltungskosten**, die **Betriebskosten**, die **Instandhaltungskosten** sowie das **Mietausfallwagnis**.

1.2.1 Abschreibung (§ 25 II. BV)

Abschreibung ist der auf jedes Jahr der Nutzung fallende Anteil der verbrauchsbedingten Wertminderung der Gebäude, Anlagen und Einrichtungen. Die Abschreibung ist nach der mutmaßlichen Nutzungsdauer zu errechnen. Sie beträgt bei Gebäuden und Erbbaurechten 1 % der Baukosten bzw. der Gesamtkosten. Ein höherer Ansatz ist nur ausnahmsweise gerechtfertigt, wenn besondere Umstände dies begründen können, z. B. die Lebensdauer kürzer anzusetzen ist.

Bei Anlagen und Einrichtungen kann entsprechend der mutmaßlichen Lebensdauer zusätzlich eine **besondere** Abschreibung angesetzt werden. Sie beträgt gemäß § 25 Abs. 3 II. BV für Öfen, Herde, Einbaumöbel und für die Sammelheizung einschließlich einer damit verbundenen Anlage zur Versorgung mit Warmwasser 3 %; für Anlagen und Geräte zur Versorgung mit Warmwasser, sofern sie nicht mit einer Sammelheizung verbunden sind, 4 %; für die Hausanlage bei eigenständig gewerblicher Lieferung von Wärme 0,5 % und einer damit verbundenen Anlage zur Versorgung mit Warmwasser 4 %; für Aufzug 2 % und für die Gemeinschaftsantenne sowie maschinelle Wascheinrichtungen 9 %.

1.2.2 Verwaltungskosten (§ 26 II. BV, § 1 Abs. 2 Nr. 1 BetrKV)

Verwaltungskosten sind die Kosten der zur Verwaltung des Gebäudes oder der Wirtschaftseinheit erforderlichen Arbeitskräfte und Einrichtungen, die Kosten der Aufsicht sowie der Wert der vom Vermieter persönlich geleisteten Verwaltungsarbeit. Zu den Verwaltungskosten gehören darüber hinaus die Kosten für die gesetzlichen oder freiwilligen Prüfungen des Jahresabschlusses und der Geschäftsführung.

Die **Pauschalen** sind gemäß dem mit Wirkung ab 1.1.2002 in das Gesetz eingefügten und mit Wirkung ab 1.1.2004 neu gefassten § 26 Abs. 4 II. BV **indexiert**, d.h. an den Lebenshaltungskostenindex gekoppelt. Danach verändern sie sich am 1.1.2005 und am 1.1. eines jeden darauf folgenden dritten Jahres um den Prozentsatz, um den sich der vom Statistischen Bundesamt festgestellte Verbraucherpreisindex für Deutschland für den der Veränderung vorausgehenden Monat Oktober gegenüber dem **Verbraucherpreisindex für Deutschland** für den der letzten Veränderung vorausgehenden Monat Oktober **erhöht oder verringert** hat.

1.2.3 Betriebskosten (§ 27 II. BV, § 1 Abs. 1 BetrKV)

Betriebskosten sind die Kosten, die dem Eigentümer (Erbbauberechtigten) durch das Eigentum (Erbbaurecht) am Grundstück oder durch den bestimmungsmäßigen Gebrauch des Gebäudes, der Nebengebäude, Anlagen, Einrichtungen und des Grundstücks **laufend** entstehen. Für die Ermittlung der Betriebskosten ist die Betriebskostenverordnung maßgeblich (vgl. „Betriebskosten“).

> Sach- und Arbeitsleistungen des Eigentümers (Erbbauberechtigten), durch die Betriebskosten erspart werden, dürfen mit dem Betrag angesetzt werden, der für eine gleichwertige Leistung eines Dritten, insbesondere eines Unternehmers, angesetzt werden könnte.

Die **Umsatzsteuer** des Dritten darf nicht angesetzt werden (§ 1 Abs. 1 S. 2 BetrKV). Im öffentlich geförderten sozialen Wohnungsbau und im steuerbegünstigten oder frei finanzierten Wohnungsbau, der mit Wohnungsfürsorgemitteln gefördert worden ist, dürfen die Betriebskosten nicht in der Wirtschaftlichkeitsberechnung angesetzt werden (§ 27 Abs. 3 II. BV). Danach sind die Betriebskosten zwar weiterhin als laufende Aufwendungen zu berücksichtigen, aber nicht mehr als Bestandteil der Miete, sondern müssen außerhalb der Miete angesetzt werden.

Nach der Übergangsregelung des § 25b NMV (seit 1.1.2004 außer Kraft) musste spätestens für Abrechnungszeiträume, die 1986 endeten, die Umstellung der Kostenmiete auf eine gesonderte Ausweisung erfolgen. Der Gesetzgeber wollte dadurch jedoch nicht dem Vermieter das Recht nehmen, im Fall des Versäumens der gesetzlichen Übergangsfrist auch später noch die Abrechnung nach den neuen Vorschriften umstellen zu können. Es ist daher nicht zu beanstanden, wenn der Vermieter die nach § 25b NMV vorzunehmende Umstellung der Kostenmiete auf eine gesonderte Ausweisung der Betriebskosten nach diesem Zeitpunkt vornimmt (LG Dortmund, Urteil v. 13.3.1991, 21 S 134/90, DWW 1991 S. 242).

Zusätzlich ansatzfähig ist nach Maßgabe des § 25a NMV ein sog. **„Umlageausfallwagnis“** in Höhe von maximal 2 % zur Abdeckung des Risikos uneinbringlicher Rückstände von Betriebskosten oder nicht umlegbarer Betriebskosten infolge Leerstands von Raum, der zur Vermietung bestimmt ist, einschließlich der Uneinbringlichkeit der Kosten einer Rechtsverfolgung.

1.2.4 Instandhaltungskosten (§ 28 II. BV, § 1 Abs. 2 Nr. 2 BetrKV)

Instandhaltungskosten sind die Kosten, die während der Nutzungsdauer zur Erhaltung des bestimmungsmäßigen Gebrauchs aufgewendet werden müssen, um die durch Abnutzung, Alterung und Witterungseinwirkung entstehenden baulichen oder sonstigen Mängel ordnungsgemäß zu beseitigen. Der Ansatz der Instandhaltungskosten dient auch zur Deckung der Kosten von Instandsetzungen, nicht jedoch Kosten von Baumaßnahmen, soweit durch sie eine Modernisierung vorgenommen wird oder Wohnraum oder anderer auf die Dauer benutzbarer Raum neu geschaffen wird. Der Ansatz dient nicht zur Deckung der Kosten einer Erneuerung von Anlagen und Einrichtungen, für die eine **besondere** Abschreibung nach § 25 Abs. 3 II. BV (s. Abschnitt 1.2.1) zulässig ist.

1.2.5 Mietausfallwagnis (§ 29 II. BV)

Mietausfallwagnis ist das Wagnis einer Ertragsminderung, die durch uneinbringliche Rückstände von Mieten, Pachten, Vergütungen und Zuschlägen oder durch Leerstehen von Raum, der zur Vermietung bestimmt ist, entsteht. Es umfasst auch die uneinbringlichen Kosten einer Rechtsverfolgung auf Zahlung oder Räumung.

> Das **Mietausfallwagnis** darf höchstens mit 2 % der Erträge angesetzt werden (§ 31 Abs. 1 S. 1 II. BV).

Nachdem sich die Erträge gemäß dem Wesen der Kostenmiete mit den laufenden Aufwendungen decken müssen, betragen die laufenden Aufwendungen ohne das Mietausfallwagnis 98 % des Gesamtaufwands, der den Erträgen gegenüberzustellen ist. Rechnerisch ist daher zu den laufenden Aufwendungen ein Mietausfallwagnis von 2,04 % zu addieren.

Der Gesamtbetrag der laufenden Aufwendungen geteilt durch die Wohnfläche des Hauses ergibt die sog. **Durchschnittsmiete**. Daraus hat der Vermieter durch Zu- bzw. Abschläge die Einzelmiete für die konkrete Wohnung zu ermitteln (§ 8a Abs. 1, 2, 5 WoBindG). Abschläge sind z. B. möglich für Erdgeschoss- oder Dachgeschosswohnungen (Zuschläge für gleichwertig ausgestattete Kleinwohnungen wegen des erhöhten Bauaufwands). Die Summe der Einzelmieten darf aber wiederum keinen höheren Betrag als die laufenden Aufwendungen ergeben.

Neben der Einzelmiete sind folgende **Zuschläge** zulässig (§ 26 NMV):

- Zuschlag für die Benutzung von Wohnraum zu anderen als Wohnzwecken, z. B. zu gewerblichen oder beruflichen Zwecken (vgl. im Einzelnen § 26 Abs. 2 NMV).
- Zuschlag für die Untervermietung von Wohnraum in Höhe von 2,50 Euro monatlich, wenn der untervermietete Wohnungsteil von einer Person benutzt wird; in Höhe von 5 Euro monatlich, wenn der untervermietete Wohnungsteil von zwei und mehr Personen benutzt wird (§ 26 Abs. 3 NMV).
- Zuschlag wegen Ausgleichszahlungen nach § 7 WoBindG (§ 26 Abs. 4 NMV).
- Zuschlag zur Deckung erhöhter laufender Aufwendungen, die nur für einen Teil der Wohnungen des Gebäudes oder der Wirtschaftseinheit entstehen (§ 26 Abs. 5 NMV).
- Zuschlag für Nebenleistungen des Vermieters, die nicht allgemein üblich sind und nur einzelnen Mietern zugutekommen (§ 26 Abs. 6 NMV).
- Zuschlag für Wohnungen, die durch Ausbau von Zubehörräumen neu geschaffen wurden (§ 26 Abs. 7 NMV).

Der Vermieter kann neben der Einzelmiete für die Überlassung einer **Garage**, eines Stellplatzes oder eines Hausgartens eine angemessene Vergütung verlangen (§ 27 NMV). Das Gleiche gilt für die Mitvermietung von Einrichtungs- und Ausstattungsgegenständen und für laufende Leistungen zur persönlichen Betreuung und Versorgung, wenn die zuständige Stelle dies genehmigt hat.

Die Erhebung eines **Möblierungszuschlags** zur Kostenmiete setzt jedoch eine gesonderte mietvertragliche Vereinbarung **sowie** eine öffentlich-rechtliche Genehmigung voraus (LG Hamburg, Urteil v. 21.5.1992, 307 S 415/91, WuM 1992 S. 591).

Einnahmen aus der Vermietung von Dachflächen zur Nutzung durch **Mobilfunkbetreiber** müssen in der Wirtschaftlichkeitsberechnung nicht als Erträge angesetzt werden (BGH, Urteil v. 2.11.2005, VIII ZR 310/04, WuM 2006 S. 26).

Nach **Wegfall der Wohnungsgemeinnützigkeit** hat der Vermieter zwar keinen Anspruch nach den Grundsätzen des Wegfalls der Geschäftsgrundlage auf Aufhebung der Beschränkung auf die Kostenmiete, jedoch ergibt eine ergänzende Vertragsauslegung der Kostenmietklausel, dass diese mit der Aufhebung der Wohnungsgemeinnützigkeit keine Bedeutung mehr hat (BGH, Urteil v. 14.6.2006, VIII ZR 128/05, WuM 2006 S. 520).

Bei Umstellung auf **Wärmecontracting** muss die Kostenmiete aufgrund einer Wirtschaftlichkeitsberechnung neu berechnet und ggf. herabgesetzt werden (AG Spandau, Urteil v. 3.2.2006, 8 C 138/05, WuM 2006 S. 566).

2 Mieterhöhung

Im Gegensatz zum Mieterhöhungsverfahren bei nicht preisgebundenem Wohnraum ist die vom Vermieter abzugebende schriftliche Erklärung nicht auf Zustimmung des Mieters zur angestrebten Mieterhöhung gerichtet; vielmehr hat der Vermieter bei preisgebundenem Wohnraum ein Gestaltungsrecht dahin, dass seine Erklärung unmittelbar eine Vertragsänderung bewirkt.

Erhöht sich nach der erstmaligen Ermittlung der Kostenmiete der Gesamtbetrag der laufenden Aufwendungen aufgrund von Umständen, die der Vermieter nicht zu vertreten hat, oder wird durch Gesetz oder Rechtsverordnung ein höherer Ansatz für laufende Aufwendungen in der Wirtschaftlichkeitsberechnung zugelassen (z. B. durch Erhöhung der Verwaltungskosten- oder Instandhaltungskostenpauschalen), so kann der Vermieter eine neue Wirtschaftlichkeitsberechnung aufstellen (§ 4 Abs. 1 NMV).

Die Durchführung einer zulässigen Mieterhöhung gegenüber dem Mieter sowie der Zeitpunkt, von dem an sie wirksam wird, bestimmen sich nach § 10 des Wohnungsbindungsgesetzes. Danach kann der Vermieter dem Mieter gegenüber schriftlich erklären, dass das Entgelt um einen bestimmten Betrag, bei Umlagen um einen bestimmbaren Betrag, bis zur Höhe des zulässigen Entgelts erhöht werden soll. Die Erklärung ist nur wirksam, wenn in ihr die Erhöhung berechnet und erläutert ist. Gegen diese Berechnungs- und Erläuterungspflicht bestehen keine verfassungsrechtlichen Bedenken (BVerfG, Beschluss v. 26.2.1997, 1 BvR 983/96, WuM 1998 S. 463). Der **Berechnung** der Kostenmiete ist eine Wirtschaftlichkeitsberechnung oder ein Auszug daraus, der die Höhe der laufenden Aufwendungen erkennen lässt, beizufügen. Die Beifügung von Unterlagen ersetzt jedoch nicht die vorgeschriebene Berechnung und Erläuterung. Daher ist für eine Mieterhöhung bei preisgebundenen Wohnungen die Beifügung einer neuen Wirtschaftlichkeitsberechnung allein **nicht** ausreichend. Aus der Mieterhöhung muss sich aus sich heraus verständlich ergeben, inwieweit sich Zins- und Tilgungsleistungen sowie Pauschalen für Verwaltungs- und Instandsetzungskosten erhöht haben (AG Zossen, Urteil v. 18.9.2008, 3 C 110/08, GE 2009 S. 119). Insofern sind die bisherigen und die derzeitigen laufenden Aufwendungen einander gegenüberzustellen (AG Potsdam, Urteil v. 4.9.2008, 23 C 148/08, GE 2009 S. 119).

Die Berechnung ist nur dann ausreichend, wenn ein durchschnittlicher Mieter in der Lage ist, den Erhöhungsbetrag rechnerisch und gedanklich nachzuvollziehen (AG Winsen/Luhe, Urteil v. 27.1.1994, 4 d C 1429/93, WuM 1994 S. 434). Daher müssen die **gesetzlichen Grundlagen** der Mieterhöhung angegeben und bei Ansatz eines prozentualen Mietausfallwagnisses auch die **Bezugsgröße** mitgeteilt werden (LG Itzehoe, Beschluss v. 14.1.2003, 1 S 236/02, ZMR 2003 S. 494).

Bei der **Erläuterung** der Mieterhöhung sind die Gründe anzugeben, aus denen sich die einzelnen laufenden Aufwendungen erhöht haben und die auf die einzelnen laufenden Aufwendungen fallenden Beträge (§ 4 Abs. 7 S. 2 NMV; LG Köln, Urteil v. 20.2.1992, 6 S 138/91, WuM 1992 S. 254). Die Mieterhöhungserklärung ist aber nicht deswegen unwirksam, weil sie sehr umfangreich ist und auch schwierige Berechnungen zum Gegenstand hat, da der Mieter vertiefende Informationen mit seinem Auskunftsrecht erlangen kann (§ 8 Abs. 4 WoBindG; LG Dortmund, Urteil v. 6.10.1993, 21 S 53/89, WuM 1994 S. 81). Auch Berechnungsfehler, die sich richtigstellen lassen, führen nicht zur Unwirksamkeit der Erklärung; anders bei nicht hinreichend klaren Erläuterungen und Berechnungen der Mietveränderung (LG Dortmund, a. a. O.). Die dem Schreiben der Mieterhöhungserklärung als Anlage beigefügte Berechnung der Mieterhöhung bedarf keiner weiteren Unterschrift des Vermieters (LG Essen, Urteil v. 10.4.1992, 1 S 596/91, WuM 1992 S. 592).

Anstelle einer Wirtschaftlichkeitsberechnung kann auch eine **Zusatzberechnung** zu der letzten Wirtschaftlichkeitsberechnung oder, wenn das zulässige Entgelt von der Bewilligungsstelle aufgrund einer Wirtschaftlichkeitsberechnung genehmigt worden ist, eine **Abschrift** der Genehmigung beigefügt werden.

Es ist nicht erforderlich, einer Mieterhöhungserklärung (§ 10 Abs. 1 S. 1 WoBindG) **Unterlagen** in einem Umfang beizufügen, die dem Mieter – auch wenn es sich um einen Zweit- oder Folgemieter handelt – die Möglichkeit verschafft, die Entwicklung der Kostenmiete bis auf die von der Bewilligungsstelle genehmigte Durchschnittsmiete zurückzuverfolgen. Zur Wirksamkeit einer solchen Mieterhöhung genügt neben der Berechnung und Erläuterung derselben vielmehr die Beifügung einer Wirtschaftlichkeitsberechnung, eines Auszugs daraus oder – falls der Mieter bereits im Besitz der letzten Wirtschaftlichkeitsberechnung oder eines Auszugs daraus ist – eine Zusatzberechnung zu diesen oder, wenn das zulässige Entgelt von der Bewilligungsstelle aufgrund einer Wirtschaftlichkeitsberechnung genehmigt ist, eine Abschrift dieser Genehmigung (BGH, RE v. 11.1.1984, VIII ARZ 10/83, NJW 1984 S. 1032 = DWW 1984 S. 98).

Die gegenteilige Auffassung des KG Berlin (RE v. 3.3.1982, 8 W RE-Miet 2291/81, NJW 1982 S. 1468) ist damit überholt.

Der der Mieterhöhungserklärung beizufügende oder in diese aufzunehmende Auszug aus der Wirtschaftlichkeitsberechnung kann so beschaffen sein, dass darin die einzelnen nach den §§ 39, 18, 24 der II. BV zu berücksichtigenden Positionen lediglich mit ihrem Endbetrag ausgewiesen und die Kosten aufgeschlüsselt sind, die sich erhöht haben (OLG Hamm, RE v. 4.4.1984, 4 RE-Miet 5/83, WuM 1984 S. 148).

In einer Mieterhöhungserklärung muss gemäß § 10 Abs. 1 S. 2 WoBindG nur die Erhöhung selbst erläutert werden, nicht dagegen die Bildung der erhöhten Einzelmiete insgesamt (BGH, Urteil v. 4.12.2013, VIII ZR 32/13, NJW 2014 S. 457). Ist eine solche Mieterhöhungserklärung lediglich mit „Ihr Serviceteam Mietmanagement" unterschrieben, sodass weder die natürliche Person noch die juristische Person, die hinter der Erklärung steht, unmittelbar erkennbar ist, stellt es gleichwohl eine „leere Förmelei" dar, wenn verlangt wird, dass die im Übrigen aus dem Briefkopf des Mieterhöhungsverlangens ersichtliche juristische Person (z. B. GmbH) oder deren Vertreter zusätzlich in der maschinellen Unterschrift bezeichnet sein muss. Dies gilt jedenfalls dann, wenn die juristische Person und die die Erklärung abgebenden natürlichen Personen unter einer dem Schreiben anliegenden tabellarischen Gegenüberstellung, auf die das Mieterhöhungsschreiben Bezug nimmt, angegeben sind (BGH, Urteil v. 4.12.2013, a. a. O.).

Eine Mieterhöhung wegen Durchführung von **Modernisierungsmaßnahmen** setzt voraus, dass der Mieter den Maßnahmen **zugestimmt** hat, zu ihrer **Duldung verpflichtet** war oder sie **tatsächlich geduldet** hat. Soweit es für die Mieterhöhung auf die Duldungspflicht des Mieters ankommt, setzt auch die Erhöhung der Kostenmiete die Einhaltung der Vorschrift des § 554 Abs. 3 BGB (Verpflichtung des Vermieters zur ordnungsgemäßen Ankündigung der Modernisierungsmaßnahmen) voraus (BayObLG, RE v. 24.10.1996, RE-Miet 3/95, WuM 1996 S. 749). Darauf kommt es jedoch nicht an, wenn der Mieter die Modernisierungsmaßnahmen tatsächlich geduldet, d. h. sich in Kenntnis der Maßnahmen passiv verhalten hat (vgl. KG Berlin, RE v. 16.7.1992, 8 RE-Miet 3166/92, WuM 1992 S. 514 sowie „Modernisierung"). In diesem Fall ist die Mieterhöhung auch dann zulässig, wenn die Vorschrift des § 554 Abs. 3 BGB nicht eingehalten worden ist.

Der Vermieter ist berechtigt, die Kosten für den von ihm beauftragten Anschluss des vermieteten Anwesens an die öffentliche **Kanalisation** im Wege der Mieterhöhungserklärung gemäß §§ 6 Abs. 1 NMV, 11 Abs. 4, 5 II. BV an die Wohnungsmieter weiterzugeben, da der Anschluss an die Kanalisation eine **nachträgliche bauliche Änderung** i. S. d. oben genannten Vorschriften darstellt (LG Berlin, Urteil v. 15.6.1999, 64 S 510/98, ZMR 2000 S. 532).

Wird vom Eigentümer und Vermieter an den durch Aufwendungszuschüsse oder Aufwendungsdarlehen geförderten Wohnungen eines im steuerbegünstigten Wohnungsbau errichteten Mietwohnhauses **durch Teilung** Wohnungseigentum begründet, bleibt für die vermieteten Eigentumswohnungen die im Zeitpunkt der Anlegung der Wohnungsgrundbücher vom Vermieter in preisrechtlich zulässiger Weise jeweils geforderte Kostenmiete (bisherige Kostenmiete) bis zur Genehmigung der neuen Kostenmiete weiterhin verbindlich. Nach der neueren Rechtsprechung des Bundesverwaltungsgerichts hat allerdings allein die nachträgliche Begründung von Wohnungseigentum nicht zur Folge, dass die sich aus den vorgelegten Wirtschaftlichkeitsberechnungen ergebende Durchschnittsmiete behördlich genehmigt werden muss, da die Bestimmung des § 5 a Abs. 3 S. 1 (i. V. m. Abs. 1 S. 2) NMV, die eine solche Genehmigung vorschreibt, rechtsunwirksam ist (BVerwG, Urteil v. 17.6.1998, 8 C 14/96, WuM 1998 S. 671).

Eine **vor** der Anlegung der Wohnungsgrundbücher eintretende Erhöhung der laufenden Aufwendungen führt zu einer Erhöhung der bisherigen Kostenmiete (entsprechend § 4 NMV), die vom Hauseigentümer und Vermieter aufgrund einer **einheitlichen** (für das Gebäude oder die Wirtschaftseinheit aufzustellenden) Wirtschaftlichkeitsberechnung zu ermitteln ist.

Hingegen berechtigt eine Erhöhung der laufenden Aufwendungen, die **nach** Anlegung der Wohnungsgrundbücher eingetreten ist, nicht mehr zu einer Erhöhung der bisherigen Kostenmiete aufgrund einer einheitlichen Wirtschaftlichkeitsberechnung. Sie kann vielmehr nur zu einer Erhöhung der neuen Kostenmiete führen, und zwar regelmäßig erst, nachdem diese vom Wohnungseigentümer und Vermieter durch eine für jede einzelne Eigentumswohnung **gesondert** aufzustellende Wirtschaftlichkeitsberechnung ermittelt und von der Bewilligungsstelle genehmigt worden ist (§ 17 Abs. 5 i. V. m. § 5 a Abs. 1 S. 2 NMV; KG Berlin, RE v. 20.9.1984, 8 RE-Miet 3390/84, DWW 1985 S. 26).

Die Ansätze der **nach Umwandlung** öffentlich geförderten Wohnraums in Wohnungseigentum aufgestellten Wirtschaftlichkeitsberechnung (§ 5 a Abs. 1 S. 2 NMV) darf das Zivilgericht bei einem Streit über die Höhe der Kostenmiete unabhängig von den Bewertungen der Bewilligungsstelle im Genehmigungsbescheid oder in früheren Genehmigungen auf ihre materielle Berechtigung überprüfen (§ 8 a Abs. 3 WoBindG; OLG Hamburg, RE v. 18.1.1991, 4 U 41/89, DWW 1991 S. 47).

Hat eine Umwandlung in Wohnungseigentum **nicht** stattgefunden, ist das Zivilgericht grundsätzlich **nicht** befugt, die von der Bewilligungsstelle im Rahmen der **Bewilligung** der öffentlichen Mittel behördlich für das Bauvorhaben genehmigte Durchschnittsmiete, auf deren Grundlage die verschiedenen Einzelmieten nach Maßgabe der §§ 8 a, 8b WoBindG errechnet und vereinbart worden sind, auf die Richtigkeit ihrer Ermittlung nachzuprüfen.

Das gilt auch dann, wenn der behördliche Mietgenehmigungsbescheid von anderen als den am Zivilprozess beteiligten Mietern noch angefochten werden kann oder wenn er zwar bereits angefochten ist, die Anfechtung aber noch nicht zu einer rechtskräftigen Aufhebung oder Abänderung des Bescheids geführt hat (OLG Hamm, RE v. 10.9.1984, 4 RE-Miet 1/84, DWW 1984 S. 287).

Anders als bei dieser (erstmaligen) **Bewilligungs**genehmigung kann das ordentliche Gericht jedoch im Rechtsstreit über die Höhe der Kostenmiete von einer **Erhöhungs**genehmigung (§ 8a Abs. 4 WoBindG) zugunsten des Mieters abweichen, da diese keine Bindungswirkung entfaltet (OLG Hamm, RE v. 20.8.1993, 30 RE-Miet 1/93, WuM 1993 S. 591).

Der Bewilligungsbescheid kann auch für ein wesentlich geändertes Förderungsobjekt Gültigkeit behalten und Grundlage für spätere Erhöhungen der Kostenmiete sein, die auf einer der geänderten Herstellung des Förderobjekts entsprechenden Wirtschaftlichkeitsberechnung aufbaut (LG Dortmund, Urteil v. 6.10.1993, 21 S 53/89, WuM 1994 S. 81).

Die Erklärung des Vermieters hat die **Wirkung**, dass von dem 1. des auf die Erklärung folgenden Monats an das erhöhte Entgelt an die Stelle des bisher zu entrichtenden Entgelts tritt; wird die Erklärung erst nach dem 15. eines Monats abgegeben, tritt diese Wirkung von dem 1. des übernächsten Monats an ein. Geht z. B. die Erklärung am 10.2. dem Mieter zu, erhöht sich die Miete ab 1.3., bei Zugang am 18.2. erhöht sich die Miete erst ab 1.4.

Wird die Erklärung bereits vor dem Zeitpunkt abgegeben, von dem an das erhöhte Entgelt nach den dafür maßgeblichen Vorschriften zulässig ist, wird sie frühestens von diesem Zeitpunkt an wirksam. Soweit die Erklärung darauf beruht, dass sich die Betriebskosten **rückwirkend** erhöht haben, wirkt sie ab dem Zeitpunkt der Erhöhung der Betriebskosten, höchstens jedoch auf den Beginn des der Erklärung vorangehenden Kalenderjahres zurück, sofern der Vermieter die Erklärung innerhalb von 3 Monaten nach Kenntnis von der Erhöhung abgibt.

> Ist der Erklärung ein Auszug aus der Wirtschaftlichkeitsberechnung oder die Genehmigung der Bewilligungsstelle beigefügt, hat der Vermieter dem Mieter auf Verlangen **Einsicht** in die Wirtschaftlichkeitsberechnung zu gewähren (§ 10 Abs. 3 WoBindG).

Dem Vermieter steht das Recht zur einseitigen Mieterhöhung **nicht** zu, soweit und solange eine Mieterhöhung durch ausdrückliche Vereinbarung mit dem Mieter oder einem Dritten ausgeschlossen ist oder der Ausschluss sich aus den Umständen ergibt (§ 10 Abs. 4 WoBindG). Wann sich der Ausschluss einer Mieterhöhung aus den Umständen ergibt, kann nur im Einzelfall beurteilt werden. Die Gewährung eines Mieterdarlehens oder einer Mietvorauszahlung ist für sich allein kein die Mieterhöhung ausschließender Umstand (BGH, Urteil v. 4.2.1958, VIII ZR 13/57, NJW 1958 S. 586).

> Es kommt vielmehr auf die Würdigung des gesamten Sachverhalts an, namentlich auf die Höhe der Mieterleistung, die Dauer der Tilgungszeit und die wirtschaftlichen Gesichtspunkte (BGH, MDR 1960 S. 45).

Vermietet der Vermieter die Wohnung bewusst unterhalb der zulässigen Kostenmiete (z. B. um die Vermietbarkeit zu erreichen), kann darin ein teilweiser **Mieterhöhungsausschluss** gesehen werden, sodass dem Mieter der Mietvorteil mangels abweichender Vereinbarungen auf Dauer erhalten bleibt (LG Hannover, Urteil v. 28.8.1995, 20 S 83/95, WuM 1996 S. 556). Spätere Mieterhöhungen sind dann nur in dem Umfang des Erhöhungsbetrags der Kostenmiete einseitig durchsetzbar (AG Hannover, Urteil v. 21.10.1993, 533 C 10435/93, WuM 1994 S. 434).

Die Mieterhöhung kann auch durch Vereinbarung mit einem Dritten ausgeschlossen werden, z. B. mit dem Arbeitgeber des Mieters, der dem Vermieter ein Baudarlehen gewährt (BGH, ZMR 1964 S. 28).

Eine Mieterhöhungserklärung in der vorgeschriebenen Form ist auch dann erforderlich, wenn im Mietvertrag eine **Gleitklausel** vereinbart ist, wonach der Vermieter die jeweils preisrechtlich zulässige Miete beanspruchen kann (§ 4 Abs. 8 NMV; Fischer-Dieskau/Pergande/Schwender, § 10 WoBindG, Anm. 1; LG Münster, Urteil v. 16.12.1987, 1 S 356/87, WuM 1988 S. 214). Allerdings ist die Erhöhungserklärung in diesem Fall lediglich **Fälligkeits**voraussetzung, nicht aber Wirksamkeitsvoraussetzung. Dies bedeutet, dass der Vermieter eine nach § 10 WoBindG unwirksame Mieterhöhung (z.B. weil keine Wirtschaftlichkeitsberechnung beigefügt ist) jederzeit formgerecht wiederholen und damit die Mieterhöhung bewirken kann (LG Dortmund, Urteil v. 13.6.2002, 11 S 45/02, NZM 2003 S. 511). Zu den Voraussetzungen eines Mieterhöhungsverlangens i.S.v. § 10 WoBindG s. BGH, RE v. 11.1.1984, VIII ARZ 10/83, NJW 1984 S. 1032. Eine solche Gleitklausel kann auch **formularvertraglich** wirksam vereinbart werden (BGH, Urteil v. 5.11.2003, VIII ZR 10/03, WuM 2004 S. 25). Gleiches gilt für eine Formulierung, die lediglich Miet**erhöhungen** gleitend anpasst und damit allein den Vermieter begünstigt, da das Gesetz (§ 5 Abs. 1 S. 2 NMVO) zugunsten des Mieters eine entsprechende Anpassungsregelung enthält (BGH, Urteil v. 3.3.2004, VIII ZR 153/03, NZM 2004 S. 379). Eine darauf gestützte **rückwirkende** Mieterhöhung kann auch der Grundstückserwerber für den vor dem Eigentumserwerb liegenden Zeitraum geltend machen (LG Hamburg, Urteil v. 5.9.1989, 16 S 420/88, WuM 1992 S. 593).

Unwirksam ist allerdings eine Klausel, wonach der Vermieter befugt ist, bei Änderung der Kostenmiete diese ab Zulässigkeit vom Mieter auch rückwirkend zu verlangen, **ohne** dass es des **Verfahrens** nach § 10 WoBindG bedarf. Die Freistellung des Vermieters von diesem Verfahren (insbesondere Berechnung und Erläuterung der Mieterhöhung) ist wegen unangemessener Benachteiligung des Mieters unwirksam, da dieses Verfahren dem Mieter das Nachvollziehen und die Nachprüfung der Berechtigung dieser einseitigen Mieterhöhung erheblich erleichtert. Gleiches gilt für die Vereinbarung der Zulässigkeit einer zeitlich unbegrenzten Rückwirkung der einseitigen Kostenmieterhöhung (BGH, Urteil v. 8.4.2009, VIII ZR 233/08, WuM 2009 S. 354).

Auch eine **Staffelmietvereinbarung** ist grundsätzlich zulässig. Für den Zeitraum der **Mietpreisbindung** darf aber die höchste Staffel die bei Vertragsschluss maßgebliche Kostenmiete nicht übersteigen (OLG Hamm, Beschluss v. 29.1.1993, 30 RE-Miet 2/92, DWW 1993 S. 78).

Für den Zeitraum **nach** Ablauf der Preisbindung können die Parteien jedoch schon während des Bestehens der Preisbindung, z.B. bereits bei Abschluss des Mietvertrags, die Höhe der Staffelungen frei vereinbaren. Der Vermieter erhält dadurch Planungssicherheit bezüglich der künftig zu erzielenden Miete, der Mieter Klarheit über die auf ihn zukommenden Belastungen (BGH, Urteil v. 3.12.2003, VIII ZR 157/03, WuM 2004 S. 28).

> Der Mieter ist, falls ihm eine Mieterhöhungserklärung des Vermieters zugeht, berechtigt, das Mietverhältnis spätestens am dritten Werktag des Kalendermonats, von dem an die Miete erhöht werden soll, für den Ablauf des nächsten Kalendermonats zu **kündigen** (§ 11 WoBindG).

Eine juristische Person (z.B. eine GmbH) ist kein Wohnberechtigter, der sich kraft Gesetzes auf das Sonderkündigungsrecht berufen kann. In diesem Fall gilt das Kündigungsrecht nur, wenn die Parteien die Geltung der Vorschriften über die Kostenmiete (§§ 8 bis 11 WoBindG) ihrem Mietvertrag zugrunde gelegt haben, wonach die juristische Person z.B. zur Weitervermietung der Räume berechtigt ist (KG Berlin, Beschluss v. 12.4.2007, 12 U 65/06, ZMR 2007 S. 862).

Das **Sonderkündigungsrecht** des Mieters besteht ohne Rücksicht darauf, ob der Mietvertrag auf bestimmte oder unbestimmte Zeit geschlossen ist. Kündigt der Mieter, tritt die Mieterhöhung nicht ein.

Soweit das vereinbarte Entgelt die Kostenmiete übersteigt, ist die Vereinbarung unwirksam (§ 8 Abs. 2 S. 1 WoBindG). Soweit die Vereinbarung unwirksam ist, ist die Leistung **zurückzuerstatten** und vom Empfang an zu verzinsen (§ 8 Abs. 2 S. 2 WoBindG). Dieser Rückzahlungsanspruch steht auch dem nicht nach den §§ 4, 5 WoBindG wohnberechtigten Mieter einer mit öffentlichen Mitteln geförderten Wohnung zu, da die Geltendmachung nicht generell, sondern nur bei **Hinzutreten** besonderer Umstände (z.B. Erschleichen der Wohnung durch den Mieter) gegen den Grundsatz von Treu und Glauben (§ 242 BGB) verstößt (OLG Hamm, RE v. 4.5.1988, 30 RE-Miet 2/87, NJW-RR 1988 S. 1037). Nicht ausreichend für ein Entfallen des Rückforderungsanspruchs ist jedenfalls der Umstand, dass Mieter und Vermieter die Nichtberechtigung des Mieters bei Abschluss des Mietvertrags kannten, da § 817 S. 2 BGB wegen der Sonderregelung des § 8 Abs. 2 S. 2 WoBindG keine Anwendung finden kann (OLG Hamm, a.a.O.).

Ferner wird eine preisrechtswidrig vereinbarte Miete auch nicht im Fall der Beendigung der Wohnungsbindung vollständig wirksam (LG Wuppertal, Urteil v. 30.8.1996, 10 S 142/96, WuM 1998 S. 292). Der Vermieter kann insofern auch nicht einwenden, der Mieter sei nicht wohnberechtigt gewesen (LG Wuppertal, a.a.O.). Der Anspruch auf Rückerstattung **verjährt** nach Ablauf von 4 Jahren nach der jeweiligen Leistung, jedoch spätestens nach Ablauf eines Jahres von der Beendigung des Mietverhältnisses an (§ 8 Abs. 2 S. 3 WoBindG). Diese **Verjährungsfrist** gilt nicht für einen Anspruch auf Rückerstattung bezahlter Miete, die aufgrund einer einseitigen Mieterhöhung gemäß § 10 WoBindG verlangt wurde (OLG Hamm, RE v. 28.8.1997, 30 RE-Miet 4/97, WuM 1997 S. 543; so bereits BayObLG, RE v. 23.5.1985, Re-Miet 2/85, MDR 1985 S. 767).

Hat der Vermieter in Unkenntnis der Tatsache, dass die Wohnungsbindung bereits weggefallen ist, eine Mieterhöhung nach § 10 WoBindG durchgeführt und verlangt der Mieter die daher rechtsgrundlos gezahlten Erhöhungsbeträge zurück, kann der Vermieter den Wegfall der Bereicherung einwenden und die Rückzahlung verweigern mit der Begründung, dass er bei Kenntnis des wahren Sachverhalts zulässige Mieterhöhungen in diesem Umfang nach § 558 BGB durchgesetzt hätte (LG Essen, Urteil v. 14.9.1999, 15 S 356/98, WuM 2000 S. 254).

Bei einer von einer juristischen Person (z.B. GmbH) nach § 10 Abs. 1 S. 5 WoBindG abgegebenen (Mieterhöhungs-)Erklärung „mithilfe automatischer Einrichtungen“ genügt die Angabe des Namens der juristischen Person; der Nennung der natürlichen Person, die die Erklärung abgefasst oder veranlasst hat, bedarf es nicht. Daher ist weder erforderlich, dass der Mieter den Unterzeichner identifizieren kann, noch muss die Erklärung einen Hinweis auf die Vertretungsbefugnis des Unterzeichners enthalten (BGH, Urteil v. 7.7.2010, VIII ZR 321/09).

Endet die Preisbindung (z.B. zum 31.12.2013), kann der Vermieter schon vor Ablauf vom Mieter verlangen, dass er einer Mieterhöhung zustimmt, die unmittelbar nach dem Ablauf der Bindung (z.B. zum 1.1.2014) wirksam wird (OLG Hamm, RE v. 9.10.1980, 4 Re-Miet 2/80, NJW 1981 S. 234; LG Berlin, Urteil v. 18.1.1996, 61 S 217/95, WuM 1996 S. 417). Zu beachten ist aber, dass auch in diesem Fall grundsätzlich die sog. **„Kappungsgrenze“** (§ 558 Abs. 3 BGB) gilt (BayObLG, RE v. 23.1.1984, RE-Miet 14/83, DWW 1984 S. 47; BVerfG, Beschluss v. 4.12.1985, 1 BvL 23/84, 1 BvL 1/85, 1 BvR 439/84, 1 BvR 652/84, DWW 1986 S. 95 = NJW 1986 S. 1669). Zur Berechnung der Kappungsgrenze ist von der Miete auszugehen, die 3 Jahre vor dem Wirksamwerden des Mieterhöhungsverlangens geschuldet war (OLG Hamburg, RE v. 19.3.1996, 4 U 205/95 RE-Miet, WuM 1996 S. 322; OLG Stuttgart, Beschluss v. 7.9.1989, 8 RE-Miet 2/89, WuM 1989 S. 552).

Zwischenzeitliche Erhöhungen der Kostenmiete wegen **baulicher Änderungen** (entsprechend § 559 BGB) bleiben außer Betracht (LG Wuppertal, Urteil v. 6.3.1997, 9 S 248/96, WuM 1999 S. 44). Dagegen ist eine Mieterhöhung wegen gestiegener Kapitalkosten (§§ 8, 8a, 10 WoBindG) in die Berechnung der Kappungsgrenze einzubeziehen, d.h. sie ist auf die Kappungsgrenze von 20 % anzurechnen (BGH, Urteil v. 28.4.2004, VIII ZR 178/03, WuM 2004 S. 345; zur Rechtslage vor dem 1.9.2001 s. OLG Hamm, RE v. 27.6.1990, 30 RE-Miet 1/90, DWW 1990 S. 233).

Keine Kappungsgrenze gilt, wenn und soweit der Mieter bis zum Wegfall der Preisbindung zur Zahlung einer Fehlbelegungsabgabe verpflichtet war (§ 558 Abs. 4 BGB). Der Vermieter ist dann berechtigt, die Miete nach dem

Wegfall der Preisbindung ohne Berücksichtigung einer Kappungsgrenze bis zu der Höhe anzuheben, die der Mieter bisher einschließlich der Fehlbelegungsabgabe gezahlt hat. Der Mieter hat dem Vermieter auf dessen Verlangen, das frühestens 4 Monate vor dem Wegfall der öffentlichen Bindung gestellt werden kann, innerhalb eines Monats darüber Auskunft zu erteilen, ob und in welcher Höhe eine Fehlbelegungsabgabe gezahlt werden muss. Erteilt der Mieter diese Auskunft nicht, ist der Vermieter berechtigt, die **höchstzulässige** Fehlbelegungsabgabe anzusetzen, wenn er in dem Auskunftsbegehren darauf **hingewiesen** hat, dass er bei Nichterteilung der Auskunft unterstellen wird, dass der Mieter zur Zahlung der höchstzulässigen Fehlbelegungsabgabe verpflichtet ist (LG Köln, Beschluss v. 12.8.1998, 10 S 169/98, WuM 2000 S. 255).

Im genossenschaftlichen Dauernutzungsvertrag nach dem Formular des Gesamtverbands der Wohnungswirtschaft kann die Kostenmietklausel auf die Geltungsdauer der Mietpreisbindung aufgrund öffentlicher Förderung beschränkt sein, sodass mit dem Wegfall der Preisbindung die ortsübliche Vergleichsmiete maßgeblich werden kann (BGH, Beschluss v. 12.1.2010, VIII ZR 21/09, WuM 2010 S. 430).

Die Zustimmung zur Mieterhöhung kann grundsätzlich erst dann verlangt werden, wenn die letzte Erhöhung der Kostenmiete mindestens ein Jahr zurückliegt, da die **Wartefrist** des § 558 Abs. 1 BGB auch beim Übergang von der Kostenmiete zur Vergleichsmiete gilt (OLG Hamm, RE v. 15.3.1995, 30 RE-Miet 3/94, WuM 1995 S. 263; vgl. auch OLG Hamm, Beschluss v. 10.8.1994, 30 RE-Miet 1/94, WuM 1994 S. 455; a. A. LG München I, Urteil v. 19.7.1989, 14 S 6338/89, WuM 1989 S. 634). Außer Betracht bleiben aber vorangegangene Kostenmieterhöhungen, die auf den gleichen Gründen beruhen wie Mieterhöhungen (nach den §§ 3 bis 5 MHG a. F. bzw. §§ 4, 6 NMV). Die Wartefrist gilt daher **nicht**, wenn die vorangegangene Kostenmieterhöhung wegen baulichen Änderungen, gestiegenen Betriebskosten oder gestiegenen Kapitalkosten erfolgt ist. Dagegen ist nach einer vorangegangenen Erhöhung, die andere als die in den §§ 3 bis 5 MHG a. F. beschriebene Gründe hatte, z. B. Erhöhung der Verwaltungs- und Instandhaltungskostensätze, die einjährige Wartefrist einzuhalten (OLG Hamm, a. a. O.).

Nach Wegfall der Preisbindung muss der Mieter einen **Kostenmietzuschlag**, z. B. weil er nicht dem ursprünglichen Kreis der durch die Wohnungsbauförderung Begünstigten zuzurechnen ist, weiter bezahlen. Der Zuschlag verfolgt den Zweck, die ursprünglich nicht privilegierten Personen wegen der Belegung der kostengünstigen Wohnung und nicht den Vermieter zu belasten. Daher kann der Zuschlag nicht mit Beendigung der Bindung entfallen. Anderenfalls würde ab diesem Zeitpunkt der Vermieter in dieser Höhe belastet, wofür kein Anlass besteht (BGH, Urteil v. 16.6.2010, VIII ZR 258/09).

In einem Mietvertrag über eine Wohnung, die **nicht** die gesetzlichen Voraussetzungen für **preisgebundenen** Wohnraum erfüllt, ist die Vereinbarung der Wohnungspreisbindung mit der Berechtigung des Vermieters zur **einseitigen** Erhöhung der Kostenmiete nach §§ 557 Abs. 4, 558 Abs. 6 BGB **un**wirksam. Eine solche Vereinbarung ist nur dann wirksam, wenn die Einhaltung der Kostenmiete lediglich eine **weitere** Voraussetzung für die Zulässigkeit einer Mieterhöhung gemäß § 558 BGB (Erhöhung bis zur Vergleichsmiete) sein soll (BGH, Urteil v. 7.2.2007, VIII ZR 122/05, WuM 2007 S. 133).

Zur Anpassung eines Wohnraummietvertrags wegen Fehlens der Geschäftsgrundlage, wenn sich die vom Vermieter einseitig nach den §§ 10, 8a WoBindG vorgenommenen Mieterhöhungen nach langjähriger Mietdauer als unwirksam erweisen, weil die Wohnung – entgegen der übereinstimmenden Vorstellung der Parteien – bei Vertragsschluss nicht der Preisbindung unterliegt (s. BGH, Urteil v. 24.3.2010, VIII ZR 160/09, WuM 2010 S. 299). Insofern kann der Vermieter im Bereicherungsausgleichsverhältnis dem Rückforderungsanspruch des Mieters wegen unwirksamer Kostenmieterhöhungen eine die Ausgangsmiete übersteigende Vertragsanpassung entgegenhalten, die sich an der ortsüblichen Vergleichsmiete orientiert (BGH, a. a. O.).

Kündigung

Inhaltsübersicht

		Seite
1	**Form und Inhalt der Kündigung**	481
1.1	Schriftform der Kündigung	481
1.2	Kündigung durch einen Bevollmächtigten	482
1.3	Eindeutigkeit der Erklärung	484
1.4	Kündigung bei Personenmehrheit	485
1.5	Angabe des Beendigungstermins	488
1.6	Widerspruch gegen stillschweigende Vertragsfortsetzung	489
1.7	Angabe der Kündigungsgründe	489
1.8	Hinweis des Mieters auf die Möglichkeit des Widerspruchs	491
1.9	Zugang der Kündigung	491
1.10	Widerruf und Rücknahme der Kündigung	496
1.11	Unzulässigkeit von Teilkündigungen	496
1.12	Verzicht auf das ordentliche Kündigungsrecht	497
1.13	Abwehr von unberechtigten Kündigungen	500
1.14	Verbotene Eigenmacht	501
2	**Kündigung durch den Mieter**	502
2.1	Ordentliche Kündigung durch den Mieter	502
2.2	Außerordentliche Kündigung durch den Mieter	503
2.2.1	Außerordentliche fristlose Kündigung aus wichtigem Grund	503
2.2.1.1	Fristlose Kündigung wegen Nichtgewährens oder Entziehens des vertragsgemäßen Gebrauchs (§ 543 Abs. 2 Nr. 1 BGB)	507
2.2.1.2	Fristlose Kündigung wegen Gesundheitsgefährdung	515
2.2.1.3	Fristlose Kündigung wegen Störung des Hausfriedens durch den Vermieter	515
2.2.2	Außerordentliche befristete Kündigung durch den Mieter	515
2.2.2.1	Vorzeitige Kündigung wegen Verweigerung der Untervermieterlaubnis (§ 540 BGB)	515
2.2.2.2	Vorzeitige Kündigung beim Tod des Mieters (§§ 563, 563a, 564 BGB)	518
2.2.2.3	Vorzeitige Kündigung bei Versetzung des Mieters im öffentlichen Dienst	519
2.2.2.4	Vorzeitige Kündigung des Mieters nach einer Mieterhöhung (§ 561 BGB)	520
2.2.2.5	Vorzeitige Kündigung bei Staffelmiete (§ 557a Abs. 3 BGB)	521
2.2.2.6	Vorzeitige Kündigung bei baulichen Maßnahmen des Vermieters (§ 554 Abs. 3 S. 2 BGB)	522
2.2.2.7	Vorzeitige Kündigung bei Eröffnung des Insolvenzverfahrens über das Vermögen des Mieters	522
2.2.2.8	Vorzeitige Kündigung eines Vertrags über mehr als 30 Jahre (§ 544 BGB)	523
3	**Kündigung durch den Vermieter**	523
3.1	Ordentliche Kündigung durch den Vermieter	523
3.2	Außerordentliche Kündigung durch den Vermieter	524
3.2.1	Außerordentliche fristlose Kündigung aus wichtigem Grund, u.a. wegen laufend unpünktlicher Mietzahlungen	526
3.2.1.1	Fristlose Kündigung wegen vertragswidrigen Gebrauchs (Verletzung der Rechte des Vermieters; § 543 Abs. 2 Nr. 2 BGB)	539
3.2.1.2	Fristlose Kündigung wegen Zahlungsverzugs (§ 543 Abs. 2 Nr. 3 BGB)	548

3.2.1.3 Fristlose Kündigung wegen Störung des Hausfriedens (§ 569 Abs. 2 BGB) ... 567
3.2.2 Außerordentliche befristete Kündigung durch den Vermieter ... 568
3.2.2.1 Vorzeitige Kündigung beim Tod des Mieters ... 568
3.2.2.2 Vorzeitige Kündigung durch den Ersteher bei der Zwangsversteigerung ... 570
3.2.2.3 Vorzeitige Kündigung bei Veräußerung durch den Insolvenzverwalter ... 572
3.2.2.4 Vorzeitige Kündigung bei Insolvenz des Mieters ... 572
3.2.2.5 Vorzeitige Kündigung des Erwerbers eines Dauerwohnrechts in der Zwangsversteigerung ... 572
3.2.2.6 Vorzeitige Kündigung des Eigentümers bei Erlöschen des Nießbrauchs ... 573
3.2.2.7 Vorzeitige Kündigung durch den Nacherben (§ 2135 BGB) ... 573
3.2.2.8 Vorzeitige Kündigung durch den Eigentümer bei Erlöschen des Erbbaurechts . 574
3.2.2.9 Vorzeitige Kündigung eines Vertrags über mehr als 30 Jahre ... 574

Die Kündigung ist der häufigste Umstand, der zur Beendigung eines Mietverhältnisses führt (s. auch „Beendigung des Mietverhältnisses“).

Grundsätzlich zu unterscheiden ist zwischen der **ordentlichen** (s.u. Abschnitte 2.1 „Ordentliche Kündigung durch den Mieter“, 3.1 „Ordentliche Kündigung durch den Vermieter“) und der **außerordentlichen** Kündigung (s.u. Abschnitte 2.2 „Außerordentliche Kündigung durch den Mieter“, 3.2 „Außerordentliche Kündigung durch den Vermieter“).

Bei der **ordentlichen** Kündigung sind die jeweiligen gesetzlichen Fristen einzuhalten, soweit nicht vertraglich andere Fristen **wirksam** vereinbart wurden (s. „Kündigungsfristen“).

Dagegen kann die **außerordentliche Kündigung fristlos** oder unter Einhaltung der kurzen gesetzlichen **Mindestfrist** von 3 Monaten (§ 575a Abs. 3 BGB) erfolgen. Durch außerordentliche Kündigung kann auch ein Mietverhältnis auf bestimmte Zeit (z.B. Mietvertrag auf Dauer von 3 Jahren; vgl. „Zeitmietvertrag“) vorzeitig beendigt werden, während die ordentliche Kündigung in diesem Fall ausgeschlossen ist.

1 Form und Inhalt der Kündigung

1.1 Schriftform der Kündigung

Bei einem Mietverhältnis über **Wohnraum** bedarf sowohl die ordentliche als auch die außerordentliche Kündigung der **schriftlichen** Form (§ 568 Abs. 1 BGB). Das gilt unabhängig davon, ob sie durch den Mieter oder den Vermieter erfolgt. Abweichende vertragliche Vereinbarungen über die gesetzliche Schriftform sind unwirksam.

Die schriftliche Form kann durch die **elektronische** Form ersetzt werden, wenn sich nicht aus dem Gesetz etwas anderes ergibt (§ 126 Abs. 1, Abs. 3 BGB). Da in den mietrechtlichen Bestimmungen keine Vorschrift existiert, wonach die schriftliche Form nicht durch die elektronische Form ersetzt werden darf, ist eine Kündigung in elektronischer Form grundsätzlich möglich. § 126a BGB regelt, wie eine entsprechende Erklärung in elektronischer Form auszusehen hat. Danach muss der Aussteller der Erklärung dieser seinen Namen hinzufügen und das elektronische Dokument mit einer **qualifizierten elektronischen Signatur** nach dem Signaturgesetz versehen. „Qualifizierte elektronische Signaturen“ sind elektronische Signaturen, die auf einem zum Zeitpunkt ihrer Erzeugung gültigen qualifizierten Zertifikat beruhen und mit einer sicheren Signaturerstellungseinheit erzeugt werden (§ 2 Nr. 3 Signaturgesetz). Der Kündigende muss somit ein derart gestaltetes Zertifikat mit einer sicheren eindeutig zuordenbaren Signaturerstellungseinheit besitzen.

Eine Kündigung per E-Mail stellt grundsätzlich keine qualifizierte elektronische Form i.S.d. § 126a BGB i.V.m. dem Signaturgesetz dar.

Formularmäßig ist auch die Vereinbarung einer **strengeren Form** oder von besonderen **Zugangserfordernissen** (§ 309 Nr. 13 BGB) unwirksam, z.B. „Die Kündigung durch den Mieter bedarf der Zustellung durch Einschreiben mit Rückschein an den Vermieter“ (OLG

Celle, Urteil v. 29.12.1989, 2 U 200/88, WuM 1990 S. 103). Auch eine individuelle Vereinbarung einer bestimmten Übermittlungsform (z.B. Einschreiben mit Rückschein) dient nach ständiger Rechtsprechung nur Beweiszwecken, sodass allein die Nichteinhaltung der Form nicht zur Unwirksamkeit der Kündigung führen kann (OLG Hamm, Urteil v. 4.11.1994, 30 U 185/94, ZMR 1995 S. 248).

Die Kündigung eines Mietverhältnisses über Räume, die **nicht** zu Wohnzwecken (z.B. Geschäftsräume) vermietet wurden, ist grundsätzlich **formlos**, z.B. auch mündlich, möglich, wenn nicht vertraglich eine andere Form, z.B. Schriftform, vereinbart wurde.

Wird die Kündigung eines Wohnraummietvertrags im Lauf eines zwischen Vermieter und Mieter anhängigen Rechtsstreits durch einen **prozessualen Schriftsatz** erklärt, ist der Schriftform Genüge getan, wenn dem Mieter eine vom Prozessbevollmächtigten des Vermieters selbst beglaubigte Abschrift des die Kündigung aussprechenden Schriftsatzes zugeht. Eine Unterschrift des Prozessbevollmächtigten unter der Abschrift ist neben oder statt der Unterschrift unter dem Beglaubigungsvermerk nicht erforderlich (OLG Hamm, RE v. 23.11.1981, 4 RE-Miet 8/81, DWW 1982 S. 23; vgl. auch OLG Zweibrücken, RE v. 17.2.1981, ZMR 1982 S. 118 = NJW 1982 S. 452; BayObLG, RE v. 14.7.1981, Allg Reg 32/81, DWW 1981 S. 234). An die Erkennbarkeit des Kündigungswillens (z.B. wenn im Schriftsatz der Begriff „Kündigung" nicht erwähnt wird) legt der BGH einen äußerst großzügigen Maßstab an (vgl. BGH, Urteil v. 6.11.1996, XII ZR 60/95, ZMR 1997 S. 280).

Dementsprechend lässt das LG Wuppertal als Kündigung auch gelten, wenn der Mieter nach Räumung der Wohnung die **Schlüssel** an den Vermieter **zurückgibt**, weil dadurch für den Vermieter klar und deutlich erkennbar ist, dass der Mieter das Mietverhältnis endgültig beenden will. Nach Treu und Glauben (§ 242 BGB) sei der Mieter in diesem Fall daher so zu stellen, als hätte er im Zeitpunkt der Schlüsselrückgabe eine schriftliche ordentliche Kündigung erklärt. Somit beginnt die Kündigungsfrist mit der Schlüsselübergabe zu laufen (LG Wuppertal, Urteil v. 8.7.2005, 10 S 16/05, WuM 2005 S. 585).

1.2 Kündigung durch einen Bevollmächtigten

Bei der Kündigung durch einen Bevollmächtigten (z.B. Hausverwalter, Rechtsanwalt, Haus- und Grundbesitzerverein) muss das Kündigungsschreiben einen klaren Hinweis auf das Vertretungsverhältnis enthalten, z.B. durch die Formulierung: „Namens und in Vollmacht des Vermieters Herrn X kündige ich das Mietverhältnis über die Räume ...." Der bloße Gebrauch des Plurals „wir" genügt nicht (LG Düsseldorf, Urteil v. 17.11.1992, 24 S 299/92, DWW 1993 S. 20). Da die Kündigung eine einseitige empfangsbedürftige Willenserklärung darstellt, ist insbesondere auch **§ 174 BGB** zu beachten. Danach ist ein einseitiges Rechtsgeschäft, das ein Bevollmächtigter einem anderen gegenüber vornimmt, unwirksam, wenn der Bevollmächtigte eine Vollmachtsurkunde nicht vorlegt und der andere das Rechtsgeschäft aus diesem Grund unverzüglich zurückweist.

Dies bedeutet, dass eine Kündigung **ohne** Vorlage einer Vollmachtsurkunde zwar **nicht unwirksam** ist, der Kündigungsempfänger jedoch die Möglichkeit der **Zurückweisung** der Kündigung hat und die Kündigung daher unwirksam **wird**, wenn der Kündigungsempfänger die Kündigung **aus diesem Grund unverzüglich** zurückweist.

Die Zurückweisung der Kündigung ist jedoch ausgeschlossen, wenn der Vollmachtgeber den anderen von der Bevollmächtigung in Kenntnis gesetzt hat (§ 174 S. 2 BGB). Insofern ergibt sich aber z.B. aus der Stellung einer Person als Mitarbeiter einer Grundstücksgesellschaft im Bereich der Verwaltung von Mieträumen und von Verhandlungen mit Mietern grundsätzlich für den Mieter nicht die Kenntnis i.S.v. § 174 S. 2 BGB, dass diese Person auch zur Erklärung einer Kündigung bevollmächtigt ist, da es einen qualitativen Unterschied darstellt, ob Verhandlungen im Rahmen eines laufenden Mietverhältnisses geführt werden oder ob der

Mietvertrag als Grundverhältnis beendet werden soll. Ferner muss der Mieter nicht davon ausgehen, dass die Kündigung eines Mietvertrags in anderer Form unterzeichnet wird als dessen Abschluss (KG Berlin, Beschluss v. 3.8.2009, 12 U 96/09, ZMR 2010 S. 181).

§ 174 BGB ist **nicht** anwendbar, d.h., eine Vollmacht muss nicht vorgelegt werden, wenn sich die Vertretungsmacht aus dem **Gesetz** oder aus einem **öffentlichen Register** ergibt, z.B. bei Kündigung durch den Geschäftsführer einer GmbH (§ 35 GmbHG), den Vorstand eines Vereins (§ 26 BGB), den Gesellschafter einer OHG (§ 125 HGB), den Vorstand einer AG (§ 78 AktG) oder den Vorstand einer Genossenschaft (§ 24 GenG; BGH, Urteil v. 9.11.2001, LwZR 4/01, NZM 2002 S. 163).

Dagegen ergibt sich bei einer Gesellschaft bürgerlichen Rechts (**GbR**, z.B. einer Eigentümer-Erbengemeinschaft) die Vertretungsmacht weder aus dem Gesetz noch aus einem öffentlichen Register, sodass der Vertretungsberechtigte seine Vertretungsmacht **nachweisen** muss, z.B. durch das Beifügen einer von den anderen Gesellschaftern unterschriebenen Vollmacht oder Erklärung bzw. Vorlage des Gesellschaftsvertrags, wenn sich daraus die Alleinvertretungsbefugnis ergibt (BGH, Urteil v. 9.11.2001, LwZR 4/01, NZM 2002 S. 163).

§ 174 BGB betrifft den Fall, dass die Kündigung von einem Bevollmächtigten, d.h. von einer zur Kündigung **berechtigten** Person, ausgesprochen wurde, diese aber lediglich keine Originalvollmacht vorgelegt hat.

Stammt die Unterschrift unter der Kündigung dagegen von einer **nicht zeichnungsberechtigten** Person, ist die Kündigung wegen fehlender Vertretungsvollmacht grundsätzlich **unwirksam** (§ 180 S. 1 BGB). Allerdings kann die Kündigung vom Berechtigten nachträglich **genehmigt** und damit wirksam gemacht werden, wenn der Erklärungsempfänger (hier: Mieter) die von dem Vertreter durch die Unterzeichnung der Kündigung konkludent behauptete Vertretungsmacht **nicht beanstandet** (§§ 180 S. 2, 177 BGB). Macht der Mieter von seinem Recht, die Gegenseite zur Erklärung über die Genehmigung aufzufordern (§ 177 Abs. 2 BGB analog), keinen Gebrauch, kann er sich nach Erteilung der Genehmigung im Nachhinein nicht mehr auf die fehlende Vertretungsvollmacht des Ausführenden berufen. Dies gilt jedenfalls dann, wenn der Vermieter keine natürliche Person, sondern z.B. als Versicherungsverein auf Gegenseitigkeit organisiert ist, da der Mieter dann damit rechnen muss, dass einseitige Vertragserklärungen (z.B. Kündigungen) auch von solchen Personen abgegeben werden können, die nicht zu den gesetzlichen Vertretern gehören. Nimmt der Mieter die ihm zustehenden gesetzlichen Möglichkeiten der Prüfung (§§ 174, 177 Abs. 2 BGB) und der Zurückweisung der Kündigung nicht wahr, bedarf er keines Schutzes durch Versagung der Möglichkeit, dass die Kündigung nachträglich und rückwirkend genehmigt wird (OLG Düsseldorf, Urteil v. 7.9.2006, I-10 U 30/06, ZMR 2006 S. 927).

Strittig ist, ob eine **Prozess**vollmacht auch zur Kündigung bevollmächtigt, sodass zu empfehlen ist, bei einer Kündigung im Prozess auch eine Vollmacht zur Kündigung vorzulegen.

Die Vollmacht muss von der Partei selbst (nicht z.B. vom Verwalter) erteilt sein und **im Original** vorgelegt werden. Die Vorlage einer beglaubigten Abschrift genügt nicht (BGH, Urteil v. 4.2.1981, VIII ZR 313/79, NJW 1981 S. 1210), ebenso wenig die Vorlage einer Fotokopie (vgl. z.B. LG München II, Urteil v. 20.6.1995, 12 S 5539/94, WuM 1995 S. 478), das Übermitteln der Vollmacht durch Telefax (LG Berlin, Urteil v. 22.12.1995, 65 S 259/95, NJWE-MietR 1996 S. 220) oder das Angebot, die Vollmachtsurkunde beim Bevollmächtigten einzusehen. Jedoch kann die Kündigung eines Hausverwalters, der den von ihm namens des Vermieters abgeschlossenen Mietvertrag kündigt, nicht wegen fehlenden Vollmachtsnachweises zurückgewiesen werden, wenn dem Kündigungsschreiben eine Kopie der Hausverwaltervollmacht beigefügt ist, aus der sich die Bevollmächtigung zur Kündigung ergibt (OLG Frankfurt/M., Urteil v. 17.3.1995, 10 U 98/94, NJW-RR 1996 S. 10).

Strittig ist, ob es ausreicht, dass die Vollmachtsurkunde dem Dritten **einmal** vorgelegt wurde und sie daher nicht bei jedem Vertretergeschäft erneut vorgelegt werden muss, sofern sie auch die weiteren Geschäfte (z.B. den Ausspruch weiterer Kündigungen) abdeckt (bejahend: LG Freiburg, Beschluss v. 6.3.1991, 3 T 32/90, WuM 1991 S. 689; Soergel-Leptien, § 172 Rn. 4; Müko-Thiele, § 172 Rn. 8; a.A. Sternel, Mietrecht, 3. Aufl., Rn. IV 15).

Der **Umfang** der Vollmacht sollte genau definiert sein. Eine Vollmacht zur **außer**ordentlichen fristlosen Kündigung wegen Zahlungsverzugs bevollmächtigt z.B. **nicht** zur hilfsweise erklärten ordentlichen Kündigung des Mietverhältnisses (LG Berlin, Urteil v. 8.10.2001, 61 S 608/00, GE 2002 S. 331).

Die Zurückweisung durch den Kündigungsempfänger muss **unverzüglich**, d.h. ohne schuldhaftes Zögern (§ 121 BGB), erfolgen, wobei eine angemessene Frist zur Einholung rechtlicher Beratung zugestanden werden muss (LG München II, Urteil v. 20.6.1995, 12 S 5539/94, WuM 1995 S. 478).

Bei der Beurteilung der Frage, was noch als unverzüglich anzusehen ist, ist auf den Einzelfall abzustellen. Dabei fällt ein Zeitraum von 2 Wochen bereits in einen kritischen Bereich, in dem es besonders eingehender Prüfung bedarf, ob der Widersprechende seine Erklärung gegenüber dem Vertragspartner ohne schuldhaftes Zögern abgegeben hat. So kann z.B. die Zurückweisung einer Kündigung durch den Betreiber einer Gaststätte innerhalb von 8 bis 10 Tagen nach Erhalt noch als unverzüglich anzusehen sein, wenn dies noch innerhalb der nach den Umständen des Einzelfalls zu bemessenden Prüfungs- und Überlegungsfrist liegt (KG Berlin, Beschluss v. 3.8.2009, 12 U 96/09, ZMR 2010 S. 181). Der Hinweis auf die Notwendigkeit einer Terminabsprache mit dem eigenen Rechtsanwalt schließt eine Verspätung nicht aus (LG Hagen, Beschluss v. 7.9.1990, 13 T 500/90, WuM 1991 S. 79). Die Zurückweisung ist nicht unverzüglich, wenn sie über die Geschäftsstelle des Gerichts geleitet wird und deshalb dem anderen erst nach Ablauf eines Monats zugeht (LG Hagen, a.a.O.). Andererseits kann die Zurückweisung noch unverzüglich sein, wenn sie wegen Urlaub des Kündigungsempfängers erst 26 Tage nach Zugang der Kündigung erfolgt ist (OLG München, Urteil v. 4.8.1995, 21 U 5934/94, ZMR 1997 S. 285, 286).

Das Zurückweisungsrecht besteht auch dann, wenn die Kündigung durch Vermittlung des Gerichtsvollziehers zugestellt wird (BGH, a.a.O.).

Dagegen ist die Kündigung ohne Vollmachtsvorlage auch dann wirksam, wenn die Zurückweisung nicht unverzüglich oder nicht ausdrücklich wegen fehlender Vollmacht erfolgt.

Die Zurückweisung wegen Fehlens einer beizufügenden Vollmachtsurkunde kann auch nach Treu und Glauben ausgeschlossen sein, wenn der Mieter den Anwalt des Vermieters während des Mietverhältnisses bereits als Vertreter des Vermieters anerkannt hatte, z.B. durch Führung von Korrespondenz (vgl. LG Düsseldorf, Urteil v. 5.3.1991, 24 S 482/90, WuM 1991 S. 588) oder der Anwalt den Kündigenden in mehreren Mietstreitigkeiten vertritt (OLG München, Urteil v. 12.7.1996, 21 U 4334/95, NJWE-MietR 1996 S. 226).

Die Zurückweisung ist auch ausgeschlossen, wenn der Vollmachtgeber den Kündigungsempfänger von der Bevollmächtigung in Kenntnis gesetzt hatte (§ 174 S. 2 BGB). Dies setzt eine entsprechende Mitteilung durch den Vollmachtgeber voraus; nicht ausreichend ist, dass der Empfänger von der Bevollmächtigung in anderer Weise Kenntnis erlangt hat.

Ist für den Mieter ein **Betreuer** bestellt, muss dieser zur Kündigung eines Mietverhältnisses über **Wohn**raum die **Genehmigung des Vormundschaftsgerichts** einholen (§ 1907 BGB). Die Genehmigung darf nur erteilt werden, wenn u.a. endgültig feststeht, dass eine Rückkehr des Mieters in die Wohnung auf Dauer ausgeschlossen ist (OLG Oldenburg, Beschluss v. 5.7.2002, 5 W 113/02, NZM 2003 S. 232).

1.3 Eindeutigkeit der Erklärung

Aus der Kündigungserklärung muss sich eindeutig und unzweifelhaft der Wille erkennen lassen, das Mietverhältnis beenden zu wollen. Das Wort „Kündigung" muss zwar nicht verwendet werden, ist zum Ausschluss von Zweifeln aber unbedingt zu empfehlen.

> Die Kündigung kann grundsätzlich nicht unter einer **Bedingung** erklärt werden (z.B. für den Fall, dass die Schönheitsreparaturen nicht durchgeführt werden), da dies dem Bestimmtheitsgrundsatz widerspricht.

Eine Kündigung von **Geschäfts**räumen kann durch den Mieter jedoch **ausnahmsweise** unter einer **Bedingung** erfolgen, wenn der Vermieter (Erklärungsgegner) den Eintritt der Bedingung allein in der Hand hat. Tritt z.B. in den Mieträumen ein Schaden ein, der diese unbenutzbar macht (z.B. durch Brand), kann die Kündigung des Mieters unter der Bedingung erfolgen, dass die Räume nicht innerhalb einer angemessenen Frist wieder nutzbar sind (OLG Hamburg, Urteil v. 21.7.2000, 4 U 238/99, ZMR 2001 S. 25, 26; BGH, Urteil v. 4.4.1973, VIII ZR 47/72, ZMR 1973 S. 378 = WM 1973 S. 694).

Die Kündigung kann auch in einem **Schriftsatz**, z.B. in der Klageschrift, erklärt werden, jedoch muss darin eindeutig zum Ausdruck kommen, dass neben der Klageschrift (Prozesshandlung) eine materiell-rechtliche Willenserklärung abgegeben wird (BayObLG, a.a.O.).

Grundsätzlich muss dem Kündigungsempfänger ein eigenhändig unterschriebenes Doppel des Schriftsatzes zugestellt werden, wobei jedoch eine selbst beglaubigte Abschrift ausreichend ist (RE des BayObLG, OLG Hamm, OLG Zweibrücken, a.a.O.). Jedoch liegt in der Erhebung der Räumungsklage regelmäßig die Wiederholung einer verfrühten und deshalb unwirksamen Kündigungserklärung (OLG Düsseldorf, Beschluss v. 8.1.2009, I-24 U 97/08, GE 2009 S. 841).

Die **Umdeutung** einer unwirksamen fristlosen Kündigung in eine ordentliche Kündigung ist grundsätzlich zulässig, wenn für den Empfänger zweifelsfrei erkennbar ist, dass der Kündigende das Mietverhältnis auf jeden Fall beenden will (vgl. OLG Düsseldorf, Urteil v. 12.7.1990, 10 U 212/89, DWW 1990 S. 304).

Strittig ist, ob eine unwirksame fristlose Kündigung des Vermieters in ein Angebot zum Abschluss eines Mietaufhebungsvertrags umgedeutet werden kann, das der Mieter durch Auszug schlüssig annimmt (vgl. LG Freiburg, Urteil v. 10.5.1988, 7 S 224/87, WuM 1989 S. 7; BGH, Urteil v. 11.1.1984, VIII ZR 255/82, ZMR 1984 S. 163; s. auch „Mietaufhebungsvertrag“).

1.4 Kündigung bei Personenmehrheit

Soweit die Vertragspartner aus Personenmehrheiten bestehen (z.B. Erbengemeinschaft auf der Vermieterseite, Ehegatten auf der Mieterseite), ist die Kündigung grundsätzlich **von allen an alle** zu richten, d.h., die Kündigungserklärung hat sowohl als Adressat als auch als Absender sämtliche Vertragspartner zu enthalten und ist von allen Absendern zu unterzeichnen. **Bruchteilseigentümer** können ein Mietverhältnis über das gemeinschaftliche Grundstück wirksam mit Stimmenmehrheit kündigen, wenn sich die Kündigung als Maßnahme einer ordnungsgemäßen Verwaltung gemäß § 745 Abs. 1 S. 1 BGB darstellt (BGH, Urteil v. 20.10.2010, XII ZR 25/09, MDR 2010 S. 1442). Dementsprechend können bei einer **Erbengemeinschaft** die Erben ein Mietverhältnis über eine zum Nachlass gehörende Sache wirksam mit **Stimmenmehrheit** (§§ 2038 Abs. 2 S. 1 i.V.m. 745 Abs. 1 BGB) kündigen, wenn sich die Kündigung als Maßnahme ordnungsgemäßer Nachlassverwaltung darstellt (BGH, Urteil v. 11.11.2009, XII ZR 210/05, GE 2010 S. 57; vgl. auch LG Mannheim, Urteil v. 20.6.1995, 9 O 81/95, DWW 1995 S. 317, wonach bei einer Erbengemeinschaft die Kündigung eines Geschäftsraummieters zum Zweck der Erzielung einer ortsüblichen Miete eine Maßnahme der ordnungsgemäßen Verwaltung ist und daher mit Stimmenmehrheit nach § 2038 Abs. 2 i.V.m. § 745 Abs. 1 BGB beschlossen und ausgesprochen werden kann; so auch LG Gießen, Urteil v. 24.1.1996, 1 S 434/95, WuM 1997 S. 560).

Auch eine mit Stimmenmehrheit beschlossene Kündigung, die im **Außen**verhältnis zu den Mietern unwirksam ist, kann zumindest dann eine Maßnahme ordnungsgemäßer Verwaltung sein, wenn die Rechtslage bei der Beschlussfassung auch nach Einholung anwaltlichen Rates nicht zuverlässig einzuschätzen war. Einer verbindlichen Klärung der Rechtslage vor Beschlussfassung bedarf es zumindest dann nicht, wenn für die Kündigungsmöglichkeit nur ein kurzes Zeitfenster besteht (BGH, Beschluss v. 26.4.2010, II ZR 159/09).

Weigert sich ein Mitvermieter an der Kündigung **mitzuwirken**, kann er vom anderen verklagt und vom Gericht zur Mitwirkung verurteilt werden, da mehrere Eigentümer im Innenverhältnis eine Gemeinschaft i. S. d. § 741 BGB bilden und jeder Teilhaber die Aufhebung dieser Gemeinschaft verlangen kann (§ 749 Abs. 1 BGB; OLG Hamburg, Urteil v. 1.6.2001, 11 U 47/01, NZM 2002 S. 521).

Eine Kündigung ist auch bei getrennten Schreiben an die einzelnen Mitmieter wirksam, wenn ein enger zeitlicher Zusammenhang besteht. In diesem Fall ist für den Kündigungszeitpunkt der Zugang des letzten Kündigungsschreibens maßgeblich (LG München I, Urteil v. 24.2.1999, 14 S 18218/98, WuM 1999 S. 218).

Fraglich kann im Einzelfall, insbesondere bei unklarer Vertragsgestaltung, sein, wer überhaupt Vertragspartner geworden ist, z. B. wenn im Mietvertrag zwei Personen als Mieter angeführt sind, jedoch nur einer unterzeichnet hat, oder umgekehrt, wenn einer angeführt ist, aber zwei Personen unterzeichnet haben. Zu dieser Problematik vgl. Ausführungen bei „Personenmehrheit auf Mieterseite“ und „Eheähnliche Gemeinschaft“.

Das Erfordernis, die Kündigung von allen an alle zu richten, gilt auch dann, wenn der Mietvertrag nur mündlich geschlossen wurde (LG Düsseldorf, Urteil v. 15.5.1990, 24 S 12/90, DWW 1991 S. 24).

Wurde der Mietvertrag mit **zwei Mietern** (z. B. Eheleute, Lebenspartner) abgeschlossen und wird die Wohnung im Zeitpunkt der Kündigung nur noch von einem Mieter genutzt, kann die nur an den in der Wohnung **verbliebenen** Mieter gerichtete Kündigung wirksam sein, wenn der Vermieter mit dem Ausscheiden des anderen Mieters **einverstanden** war.

Der in der Wohnung verbliebene Mieter kann grundsätzlich nicht einwenden, die Kündigung wäre unwirksam, weil sie nicht auch an seinen bereits ausgezogenen Mitmieter adressiert ist. Er ist nämlich sowohl gegenüber dem ausgezogenen Mieter als auch gegenüber dem Vermieter verpflichtet, einer der tatsächlichen Nutzung der Wohnung entsprechenden Vertragsänderung zuzustimmen, um seinem früheren Partner das Ausscheiden aus dem Mietverhältnis zu ermöglichen. Der Mieter verhält sich **widersprüchlich** (*venire contra factum proprium*) und verstößt gegen den **Grundsatz von Treu und Glauben**, wenn er einerseits das Mietverhältnis nicht mit dem ausziehenden Mieter zusammen kündigt, sondern die Wohnung weiter nutzt und andererseits seine Zustimmung zur Entlassung des Mitmieters verweigert, ohne dass dies durch schutzwürdige Interessen gerechtfertigt wäre.

Der in dieser Weise widersprüchlich handelnde Mieter muss sich gegenüber seinen Vertragspartnern, somit auch gegenüber seinem Vermieter, so behandeln lassen, als habe er seine Zustimmung zur Entlassung des Mitmieters und zur Fortsetzung des Mietverhältnisses mit ihm allein erteilt. Daher kann eine Kündigung wirksam auch allein gegenüber dem in der Wohnung verbliebenen Mieter ausgesprochen werden (BGH, Urteil v. 16.3.2005, VIII ZR 14/04, NZM 2005 S. 452 im Anschluss an Urteil v. 3.3.2004, VIII ZR 124/03, NZM 2004 S. 419; vgl. auch LG Stuttgart, Urteil v. 24.5.1995, 5 S 503/94, WuM 1996 S. 94; OLG Frankfurt/M., Beschluss v. 13.12.1990, 20 RE-Miet 2/90, WuM 1991 S. 76, wonach die Kündigung ausnahmsweise nach Treu und Glauben wirksam ist, wenn der Aufenthalt des anderen bereits vor mehreren Jahren ausgezogenen Mitmieters nicht bekannt ist).

Ist ein Mitmieter daher bereits vor längerer Zeit (hier: ca. 10 Jahre) aus der Mietwohnung ausgezogen, kann der Einwand des gekündigten Mieters, die Kündigung sei aus formellen Gründen unwirksam, weil sie auch gegenüber dem ausgezogenen Mitmieter hätte ausgesprochen werden müssen, einen Verstoß gegen den Grundsatz von Treu und Glauben (§ 242 BGB) darstellen, da sich der Mieter damit **rechtsmissbräuchlich** auf eine nur noch auf dem Papier bestehende, seit langer Zeit nicht mehr gelebte, formale Rechtsposition beruft (BGH, Beschluss v. 14.9.2010, VIII ZR 83/10, WuM 2010 S. 680). Der BGH begründet diese Rechtsprechung allein mit dem Grundsatz von Treu und Glauben, sodass ähnlich gelagerte Fälle von den Mietgerichten durchaus auch anders entschieden werden können (so z. B. LG Frankfurt/M., Urteil v. 3.3.2009, 17 S 92/08, DWW 2009 S. 263, wonach der Grundsatz, dass eine Vermieterkündigung auch gegenüber einem ausgezogenen Mitmieter ausgesprochen werden muss, auch dann gilt, wenn der Auszug des Mitmieters lange Zeit zurückliegt und sich der in der Wohnung verbliebene Mieter zwischenzeitlich rügelos auf eine Mieterhöhungsklage eingelassen hatte, die nur gegen ihn und nicht auch gegen den ausgezogenen Mitmieter gerichtet war).

> Wenn ein Mieter endgültig aus der gemeinsamen Wohnung auszieht, ist der Vermieter grundsätzlich nicht zur Entlassung dieses Mieters aus dem Mietverhältnis verpflichtet (s. „Eheähnliche Gemeinschaft", Abschnitt 3 „Auszug eines Mieters" und „Ehegatten als Mieter", Abschnitt 4 „Auszug eines Mieters"). Sofern der Vermieter mit der Entlassung aber einverstanden ist, sollte eine klare schriftliche Vereinbarung insbesondere über den Zeitpunkt und die Modalitäten des Ausscheidens des Mieters (z. B. über Kaution, Einbauten etc.) getroffen werden. Sofern der Vermieter mit dem Ausscheiden des Mieters nicht einverstanden ist oder eine Vereinbarung aus anderen Gründen nicht zustande kommt, sollte der Vermieter auch in Zukunft sämtliche Willenserklärungen, z. B. Kündigungen oder Mieterhöhungen, an **beide** Vertragspartner richten.

Ist ein Mieter unbekannt verzogen, helfen entsprechende **Empfangsvollmachten**, wonach sich die Mieter gegenseitig zur Entgegennahme von Willenserklärungen bevollmächtigen. Diese sind auch in Formularmietverträgen wirksam (s. z. B. § 14 Abs. 2 des Formularmietvertrags für Wohnraum des Haus- und Grundbesitzervereins München und Umgebung e. V.).

> Kündigt ein Berechtigter zugleich **im Namen** der anderen, muss dies unter Angabe des Vertretungsverhältnisses und Vorlage einer Originalvollmacht erfolgen (vgl. Abschnitt 1.2 „Kündigung durch einen Bevollmächtigten").

Kündigt dagegen z. B. nur ein Mitglied der Erbengemeinschaft oder nur einer der beiden Ehegatten und wurden die anderen nicht ordnungsgemäß vertreten, ist die Kündigung unwirksam und entfaltet keine Rechtswirkungen.

Auch bei einer **Aktiengesellschaft** (AG) muss die Kündigung von allen Vorstandsmitgliedern unterzeichnet werden oder eine Unterschrift den Hinweis enthalten, dass der Unterzeichner auch die Vorstandsmitglieder vertritt, die nicht unterzeichnet haben (so BGH, Urteil v. 4.11.2009, XII ZR 86/07, GE 2010 S. 53 zum Vertragsabschluss durch eine AG).

Eine Kündigung ist aber nicht schon deshalb unwirksam, weil sie auch namens einer weiteren Person, die nicht Vertragspartner ist (z. B. des Ehegatten), ausgesprochen wurde. Dies nimmt der Kündigungserklärung des Vertragspartners, auf die es allein ankommt, nicht die Wirkung (LG Düsseldorf, Urteil v. 26.1.1993, 24 S 430/92, DWW 1993 S. 103).

Wird durch **Umwandlung** eines Mietwohnhauses in eine Wohnungseigentumsanlage **Sonder**eigentum an einem **Nebenraum** (z. B. am mitvermieteten Speicherabteil, Kellerraum) begründet und der Nebenraum an einen anderen als den Eigentümer der vermieteten Wohnung verkauft, kann die **Teilkündigung des Nebenraums** nur **gemeinschaftlich** durch dessen (neuen) Eigentümer und den (neuen) Eigentümer der Wohnung erfolgen, da eine **Mehrheit von Vermietern** entsteht, wenn Teile der Mietsache, die ursprünglich Gegenstand eines einheitlichen Mietvertrags (z. B. über Wohnung und Speicherabteil) waren, an verschiedene Erwerber veräußert werden (OLG Celle, Urteil v. 11.10.1995, 2 U 124/94, WuM 1996 S. 222; LG Hamburg, Urteil v. 15.7.1999, 333 S 30/99, ZMR 1999 S. 765; vgl. auch BayObLG, Beschluss v. 12.12.1990, RE-Miet 2/90, WuM 1991 S. 78; a. A. Greiner in ZMR 1999 S. 766). Dagegen ist der Erwerber der vermieteten Eigentumswohnung **alleiniger** Vermieter und er kann die **Wohnung** einschließlich des Nebenraums auch **alleine** kündigen, wenn dieser nach der Teilungserklärung lediglich im **Gemeinschafts**eigentum aller Wohnungseigentümer steht (BGH, RE v. 28.4.1999, VIII ARZ 1/98, NZM 1999 S. 553).

Die gegenteilige Auffassung des KG Berlin (Beschluss v. 14.4.1993, 24 W 1092/93, WuM 199 S. 423) sowie des OLG Hamburg (Beschluss v. 18.7.1996, 2 Wx 20/96, WuM 1996 S. 637), wonach es der Mitwirkung aller Wohnungseigentümer bedarf, wenn eine Wohnung zusammen mit einem im **gemeinschaftlichen** Eigentum stehenden Nebenraum gekündigt werden soll, ist daher überholt.

Formularvertragliche Klauseln über eine gegenseitige Bevollmächtigung können die Wirksamkeit einer Kündigung nicht herbeiführen, da eine solche Klausel, wonach sich die Mieter gegenseitig zur **Abgabe** von Kündigungserklärungen bevollmächtigen, wegen Verstoßes gegen § 307 BGB (vgl. auch „Allgemeine Geschäftsbedingungen") unwirksam ist.

Nach der obergerichtlichen Rechtsprechung (vgl. z.B. OLG Celle v. 29.12.1989, 2 U 200/88, WuM 1990 S. 103) ermöglicht eine derart weitgehende Vollmacht einem Mitmieter, das Mietverhältnis ohne Wissen und Wollen des anderen zu beenden und eröffnet damit Missbrauchsmöglichkeiten, die den Belangen des Mieters widersprechen und diesen daher unangemessen benachteiligen i.S.v. § 307 BGB (bis 31.12.2001: § 9 AGB-Gesetz).

Weiterhin sind auch sog. **Erklärungsfiktionen**, wonach z.B. die nur an einen Mieter gerichtete Kündigung auch dem anderen gegenüber als erklärt gelten soll, unwirksam. Gleiches gilt für sog. **Zugangsfiktionen**, die bestimmen, dass Erklärungen des Vermieters als zugegangen gelten (§ 308 Nr. 6 BGB).

Wirksam dagegen sind sog. **„Empfangsvollmachten"**. Damit bevollmächtigten sich die Mieter zur Entgegennahme von Kündigungen. Diese Klausel erspart dem Vermieter zwar die Zustellung der Kündigung an jeden einzelnen Mieter, nicht jedoch, diese an alle Mieter zu adressieren.

Die **formular**mäßige Wirksamkeit einer solchen Regelung setzt jedoch den ausdrücklichen Hinweis auf die Möglichkeit des Widerrufs der Vollmacht (§ 168 BGB) voraus, da anderenfalls bei einem rechtsunkundigen Mieter der unzutreffende Eindruck entstehen könnte, er sei an die Vollmachtserteilung unwiderruflich gebunden (OLG Celle, a.a.O.).

Nachdem eine an alle Mieter gerichtete Kündigungserklärung bereits dann als zugegangen gilt, wenn sie in den Empfangsbereich der Mieter gelangt ist, ohne dass es auf die tatsächliche Kenntnisnahme ankommt (vgl. Abschnitt 1.8), entfaltet eine Klausel über die Empfangsvollmacht ihre praktische Bedeutung erst dann, wenn einer der Mieter ausgezogen ist, wobei es dem Mieter jedoch freisteht, von dem ihm nicht zu versagenden Recht des Widerrufs Gebrauch zu machen.

1.5 Angabe des Beendigungstermins

Die unrichtige oder fehlende Angabe des Beendigungstermins stellt zwar für sich keinen Unwirksamkeitsgrund dar, jedoch sollte aus Gründen der Klarheit in jedem Fall der Beendigungstermin unter Einhaltung der jeweiligen Kündigungsfristen (s. „Kündigungsfristen") im Kündigungsschreiben genannt sein. Verzögert sich z.B. der Zugang der Kündigung unvorhergesehen über den dritten Werktag eines Monats hinaus, berührt dies die Wirksamkeit der Kündigung nicht; vielmehr wirkt diese dann zum nächstzulässigen Termin.

Unzutreffend und in Widerspruch zur herrschenden Meinung steht das LG Göttingen mit seinem Urteil v. 23.1.1991 (5 S 109/90, WuM 1991 S. 266), wonach eine Kündigung unwirksam sein soll, wenn der Beendigungstermin fehlerhaft angegeben wurde. Vielmehr ist eine solche Kündigung in eine Kündigung zum nächstzulässigen Beendigungstermin umzudeuten, wenn keine Gründe dagegen sprechen, dass der Kündigende den Vertrag jedenfalls zu diesem Zeitpunkt beenden wollte (OLG Hamm, Urteil v. 28.9.1993, 7 U 41/93,

MDR 1994 S. 56; Emmerich/Sonnenschein, Miete, 5. Aufl., § 564 Rn. 12; Schmidt-Futterer/Blank, Wohnraumschutzgesetze, 6. Aufl., B 32; Köhler, Wohnraummiete, 3. Aufl., § 94 Rn. 8a; LG Mannheim, Entscheidung v. 12.11.1969, 5 S 59/69, NJW 1970 S. 328). Die Auffassung des LG Göttingen würde in der Praxis wohl dazu führen, dass der kündigende Vermieter keinen Beendigungstermin mehr benennen wird, um nicht Gefahr zu laufen, den Termin unrichtig anzugeben. Dies wäre sogar nach Auffassung des LG Göttingen zulässig, würde jedoch sicherlich nicht der Rechtssicherheit und Rechtsklarheit dienlich sein. Ein Mieter, der unter Berufung auf diese – falsche – Mindermeinung die Räumung verweigert, gibt dem Vermieter Anlass zur Räumungsklage und ist zur Tragung der anfallenden Kosten verpflichtet (LG Köln, Beschluss v. 24.10.1992, 12 T 7/92, WuM 1993 S. 541).

1.6 Widerspruch gegen stillschweigende Vertragsfortsetzung

Nach § 545 S. 1 BGB tritt trotz Kündigung des Mietverhältnisses zu einem bestimmten Zeitpunkt eine Verlängerung des Mietverhältnisses auf unbestimmte Zeit ein, wenn der Mieter den Gebrauch der Mietsache nach Ablauf der Mietzeit fortsetzt und keine der Parteien ihren entgegenstehenden Willen binnen 2 Wochen dem anderen Teil erklärt. Für den Vermieter beginnt die Frist mit dem Zeitpunkt, in dem er von der Fortsetzung der Nutzung der Mietsache Kenntnis erlangt.

Der **Ausschluss** dieser Fortsetzungsfiktion des § 545 BGB ist zulässig und kann schon im **Formularmietvertrag** enthalten sein (so bereits BGH, Urteil v. 15.5.1991, NJW 1991 S. 1750; s. § 2 Abs. 3 des Mietvertrags des Haus- und Grundbesitzervereins München und Umgebung e. V.).

Ferner ist auch ein bereits in der **Kündigung** erklärter Widerspruch gegen eine stillschweigende Vertragsfortsetzung wirksam. Eines zeitlichen Zusammenhangs mit der Vertragsbeendigung bedarf es nicht, da es im Rahmen des § 545 BGB entscheidend darauf ankommt, ob nach den Gesamtumständen für den Mieter aus früheren Erklärungen des Vermieters dessen eindeutiger Wille gegen eine Vertragsfortsetzung erkennbar wird. Dies ist bei einem im Kündigungsschreiben ausdrücklich enthaltenen Widerspruch gegen die Fortführung des Mietvertrags regelmäßig der Fall (BGH, Urteil v. 21.4.2010, VIII ZR 184/09, WuM 2010 S. 418).

1.7 Angabe der Kündigungsgründe

Bei der ordentlichen Kündigung von Wohnraum muss der Vermieter nach § 573 Abs. 3 BGB **im Kündigungsschreiben** die Kündigungsgründe (berechtigtes Interesse) angeben. Andere Gründe werden nur berücksichtigt, soweit sie nachträglich entstanden sind. Sind daher im Kündigungsschreiben keine Gründe angegeben und sind solche auch nicht nachträglich entstanden, stehen für die Prüfung der berechtigten Interessen des Vermieters an der Beendigung des Mietverhältnisses auch keine Gründe zur Verfügung, die das Gericht berücksichtigen kann, sodass die Kündigung nicht die Beendigung des Mietverhältnisses bewirken kann und daher im Ergebnis unwirksam ist (BayObLG, RE v. 14.7.1981, Allg Reg 32/81, DWW 1981 S. 234; v. 17.12.1984, Re-Miet 6/84, WuM 1985 S. 50).

Eine Kündigung, die wegen unzureichender Begründung **unwirksam** ist, kann nicht durch Nachschieben von Gründen geheilt, sondern muss – unter erneuter Einhaltung der Kündigungsfrist – nochmals durchgeführt werden (ständige Rechtsprechung, vgl. z. B. LG Düsseldorf, Urteil v. 17.8.1990, 21 S 534/89, WuM 1990 S. 505; LG Köln, Urteil v. 8.2.1990, 1 S 406/89, WuM 1990 S. 155). Dagegen ist ein Nachschieben von Gründen für „nachträglich entstandene Gründe“ möglich (§ 573 Abs. 3 BGB), sodass eine ausreichend begründete und damit **wirksame** Kündigung auch dann wirksam bleibt, wenn die angegebenen Gründe zwar nach Ausspruch der Kündigung entfallen sind, jedoch neue Gründe die Kündigung stützen können.

In dem Kündigungsschreiben sind **sämtliche Gründe**, die als berechtigtes Interesse des Vermieters für die ausgesprochene Kündigung von Wohnraum berücksichtigt werden sollen, grundsätzlich auch dann nochmals anzugeben, wenn sie dem Mieter bereits zuvor mündlich oder schriftlich mitgeteilt oder in einem Vorprozess geltend gemacht worden waren (BayObLG, a.a.O.).

Ein nach § 573 Abs. 3 BGB zu berücksichtigender Kündigungsgrund braucht nach den Ausführungen dieses Rechtsentscheids im Kündigungsschreiben zwar nur so ausführlich bezeichnet zu sein, dass er identifiziert und von anderen Gründen (Sachverhalte, Lebensvorgänge) unterschieden werden kann, jedoch ist zur Darlegung und Erläuterung des berechtigten Interesses an der Beendigung des Mietverhältnisses dringend zu empfehlen, sämtliche für eine Beendigung des Mietverhältnisses sprechenden Umstände möglichst ausführlich, verständlich und substanziiert bereits im Kündigungsschreiben darzustellen.

Aufgrund **nachträglicher Erkenntnisse** darf die Begründung einer Kündigung jedoch **modifiziert** werden. Wird z.B. die Kündigung der Wohnung für eine Pflegeperson darauf gestützt, dass der Pflegebedarf aufgrund einer ärztlichen Stellungnahme Tag und Nacht besteht, und stellt sich nachträglich heraus, dass die Pflege im Wesentlichen lediglich tagsüber erforderlich ist, kann der Vermieter seinen Eigenbedarfswunsch trotzdem aufrechterhalten (BVerfG, Beschluss v. 9.2.2000, 1 BvR 889/99, WuM 2000 S. 232).

Wiederholt jedoch der Vermieter lediglich eine bereits ausgesprochene Kündigung, z.B. weil er sich nicht sicher ist, ob diese wirksam war, genügt die eindeutige Bezugnahme auf den im vorangegangenen Schreiben – ausreichend – dargelegten Kündigungsgrund. Strengere Anforderungen an den Begründungszwang, die aber zu keiner weiteren bedeutsamen Information des Mieters führen würden, sondern eine bloße Erschwernis der Kündigung durch Formerfordernisse bewirken, würden auf eine „leere Förmelei" hinauslaufen und sind mit dem Eigentumsgrundrecht nicht zu vereinbaren (BVerfG, Beschluss v. 31.3.1992, 1 BvR 1492/91, WuM 1993 S. 233 und v. 10.7.1992, 1 BvR 658/92, WuM 1993 S. 234).

Die vorstehenden Ausführungen gelten auch für die **außerordentliche, befristete** Kündigung von Wohnraum durch den Vermieter, da auch für diese Art der Kündigung – mit Ausnahme der Kündigung gegenüber Erben des Mieters (§ 564 BGB) – die §§ 573 **und 573a BGB entsprechend** gelten (§ 573d Abs. 1 BGB). Die Kündigungsgründe sind daher wie bei der ordentlichen Kündigung bereits **im Kündigungsschreiben** anzuführen.

Ferner ist gemäß § 569 Abs. 4 BGB **auch bei der fristlosen** Kündigung der zur Kündigung führende wichtige Grund i.S.d. § 543 Abs. 1 BGB anzugeben.

An diese Begründung dürfen jedoch keine zu hohen und übertrieben formalistischen Anforderungen gestellt werden. Es soll dadurch lediglich sichergestellt sein, dass der Mieter erkennen kann, welcher Umstand zur fristlosen Kündigung geführt hat (vgl. Begründung der Beschlussempfehlung des Rechtsausschusses, BT-Drucks. 14/5663). Dies bedeutet, dass der Mieter aufgrund der Angaben im Kündigungsschreiben Klarheit über seine Rechtsposition und die Möglichkeit einer Rechtsverteidigung erhalten muss (LG Stuttgart, Beschluss v. 7.2.2006, 19 T 33/06, WuM 2006 S. 523 unter Hinweis auf BVerfG, Beschluss v. 18.7.1988, 1 BvR 783/88, WuM 1989 S. 483 und v. 8.4.1994, 1 BvR 2149/93, WuM 1995 S. 142). Wird z.B. wegen häufigen Lärmstörungen gekündigt, genügt es nicht, wenn die Kündigung lediglich mit „ständig ruhestörendem Lärm" begründet wird. Vielmehr müssen die Störungen im Kündigungsschreiben nach **Art, Zeitpunkt und Dauer** konkretisiert werden. Dies gilt auch dann, wenn die Kündigungsgründe dem Mieter schon vor Ausspruch der Kündigung anderweitig bekannt waren, z.B. weil sie ihm mündlich oder schriftlich mitgeteilt wurden. Bei einer auf eine **Vielzahl** einzelner Vertragsverletzungen gestützten Kündigung müssen die einzelnen Vertragsverletzungen ebenfalls substanziiert dargelegt werden. Ferner ist die vorausgegangene Abmahnung in die Kündigung aufzunehmen (LG Stuttgart, a.a.O.).

Die vorstehenden Ausführungen gelten **nicht** für Mietverhältnisse über **Geschäfts**räume. Im Kündigungsschreiben brauchen daher Gründe selbst dann nicht genannt zu werden, wenn solche tatsächlich vorliegen müssen (z. B. bei der außerordentlichen Kündigung).

1.8 Hinweis des Mieters auf die Möglichkeit des Widerspruchs

Der Vermieter von **Wohn**raum soll den Mieter auf die Möglichkeit, die Form und die Frist des **Widerspruchs** nach den §§ 574 bis 574b BGB rechtzeitig hinweisen (§ 568 Abs. 2 BGB).

Der Hinweis ist formfrei und kann bereits im Kündigungsschreiben erteilt werden. Rechtzeitig erteilt ist der Hinweis, wenn er noch vor Ablauf der Zweimonatsfrist des § 574b Abs. 2 S. 1 BGB und so lange vorher erteilt wird, dass der Mieter noch angemessene Zeit überlegen, einen Widerspruch abfassen und fristgerecht zuleiten kann (§ 130 Abs. 1 BGB; Palandt Anm. 5d zu § 556a BGB a. F.).

> Wird nicht, falsch oder verspätet hingewiesen, berührt dies zwar nicht die Wirksamkeit der Kündigung, jedoch kann der Widerspruch bis zum Schluss des ersten Termins (§ 220 ZPO) im Räumungsrechtsstreit erklärt werden (§ 574b Abs. 2 S. 2 BGB).

Diese Vorschrift gilt nur für Mietverhältnisse über **Wohn**raum mit Ausnahme von Wohnraum der in § 549 Abs. 2 BGB genannten Art, d. h. nicht für

- Wohnraum, der nur zum **vorübergehenden Gebrauch** vermietet ist,
- Wohnraum, der **Teil** der vom Vermieter selbst bewohnten Wohnung ist und den der Vermieter überwiegend mit **Einrichtungsgegenständen** auszustatten hat, sofern der Wohnraum dem Mieter nicht zum dauernden Gebrauch mit seiner Familie oder mit Personen überlassen ist, mit denen er einen auf Dauer angelegten gemeinsamen Haushalt führt,
- Wohnraum, den eine juristische Person des öffentlichen Rechts oder ein anerkannter privater Träger der Wohlfahrtspflege angemietet hat, um ihn **Personen mit dringendem Wohnungsbedarf** zu überlassen, wenn sie den Mieter bei Vertragsschluss auf die Zweckbestimmung des Wohnraums und die Ausnahme von den genannten Vorschriften hingewiesen hat.

1.9 Zugang der Kündigung

Die Kündigung stellt eine einseitige, empfangsbedürftige Willenserklärung dar und wird daher erst in dem Zeitpunkt wirksam, in welchem sie dem Kündigungsempfänger zugeht (§ 130 Abs. 1 BGB).

Einer Annahme der Kündigung durch den Kündigungsempfänger bedarf es nicht. Daher ist auch ein Schweigen auf eine Kündigung bedeutungslos und bewirkt insbesondere kein Einverständnis des Empfängers mit der Kündigung. Durch Erhebung des schriftlichen Kündigungswiderspruchs, spätestens 2 Monate vor Beendigung des Mietverhältnisses, kann der Mieter vom Vermieter die Fortsetzung des **wirksam** gekündigten Mietverhältnisses verlangen, während eine unwirksame Kündigung das Mietverhältnis nicht beendet, unabhängig davon, ob Widerspruch erhoben wurde oder nicht (vgl. „Kündigungsschutz").

Zugegangen ist die Kündigung, wenn sie so in den Bereich des Empfängers gelangt ist, dass dieser unter **normalen** Umständen die **Möglichkeit** hat, vom Inhalt der Erklärung Kenntnis zu nehmen (BGH, Urteil v. 13.2.1980, VIII ZR 5/79, NJW 1980 S. 990).

> Zum Bereich des Empfängers gehören auch die von ihm zur Entgegennahme von Erklärungen bereitgehaltenen Einrichtungen, z. B. der Briefkasten.

Ist ein Briefkasten nicht vorhanden, kann die Zustellung auch durch Anheften des Schreibens an die Eingangstüre oder mittels Durchschieben unter der Tür bewerkstelligt werden. Insofern kann der Zugangsbeweis sogar mit der Zeugenaussage eines siebenjährigen Kindes erbracht werden (AG Bergisch-Gladbach, Urteil v. 11.8.1993, 61 C 705/92, WuM 1994 S. 193; vgl. auch AG Friedberg, Urteil v. 23.1.1992, C 249/91, WuM 1992 S. 596).

Die Beendigung des Mietverhältnisses setzt auch dann den Zugang einer Kündigung voraus, wenn eine Gesellschaft, z. B. eine GmbH, ihre Geschäftstätigkeit auf dem von ihr angemieteten Grundstück einstellt und sich ihr derzeitiger Geschäftssitz nicht ermitteln lässt. Allein daraus kann nicht der Schluss gezogen werden, dass das Mietverhältnis aufgrund einer stillschweigend zustande gekommenen Vereinbarung beendet worden ist oder die GmbH auf den Zugang der Kündigungserklärung verzichtet hat. Dem Vermieter steht es in einem solchen Fall frei, eine etwaige fristlose Kündigung des Mietverhältnisses öffentlich gemäß § 132 Abs. 2 BGB zustellen zu lassen (KG Berlin, Urteil v. 12.4.2010, 8 U 175/09, GE 2010 S. 1337).

Bei einer **GmbH**, die ihren Sitz ins **Ausland** verlegt hat, kann eine Kündigung auch durch Einlegen des Kündigungsschreibens in das private Postfach des Geschäftsführers wirksam zugestellt werden (§§ 130 Abs. 1 S. 1, 164 BGB; BGH, Beschluss v. 31.7.2003, III ZR 353/02, NJW 2003 S. 3270).

Für die Kündigung eines mit einer **Gesellschaft bürgerlichen Rechts** (Außen-GbR) abgeschlossenen Mietvertrags genügt es, wenn sich aus der Kündigungserklärung entnehmen lässt, dass das Mietverhältnis mit der Gesellschaft gekündigt werden soll und die Kündigung einem vertretungsberechtigten Gesellschafter zugeht. Dies gilt auch dann, wenn den Gesellschaftern die Vertretungsbefugnis gemeinschaftlich zusteht (BGH, Urteil v. 23.11.2011, XII ZR 210/09, ZMR 2012 S. 261).

Nimmt ein **Dritter** für den Empfänger ein Schreiben entgegen, hängt ein wirksamer Zugang davon ab, ob der Dritte nach der Verkehrsanschauung als **Empfangsbote** angesehen werden kann. Leben Ehegatten in einer gemeinsamen Wohnung, sind sie nach der Verkehrsanschauung grundsätzlich füreinander als Empfangsboten anzusehen. Daher gelangt eine an einen Ehegatten gerichtete Willenserklärung (z.B. Kündigung) grundsätzlich auch dann in dessen Macht- und Zugriffsbereich, wenn sie dem anderen Ehegatten außerhalb der Wohnung übermittelt wird (BAG, Urteil v. 9.6.2011, 6 AZR 687/09, NJW 2011 S. 2604). Auch nahe Angehörige können grundsätzlich als Empfangsbote angesehen werden, da nach der Lebenserfahrung davon ausgegangen werden kann, dass diese Personen ein für den Empfänger angenommenes Schriftstück alsbald an diesen weiterleiten (so BGH, Urteil v. 17.3.1994, X ZR 80/92, NJW 1994 S. 2613 ff.). Daher geht dem Mieter ein Einschreiben mit der Kündigungserklärung des Vermieters auch dann zu, wenn der Postzusteller die Sendung der Schwägerin des Mieters aushändigt, die zwar im selben Mehrfamilienhaus, aber in einer anderen Wohnung wohnt (OLG Köln, Beschluss v. 18.1.2006, 22 U 164/05, MDR 2006 S. 866). Ein Untermieter kann grundsätzlich nicht als Empfangsbote angesehen werden. Hat der Vermieter daher Kenntnis von der Untervermietung der Wohnung, kann er eine Willenserklärung (z. B. Betriebskostenabrechnung, Kündigung) nicht wirksam durch Einwurf in den zur Wohnung gehörenden Briefkasten zustellen (LG München I, Urteil v. 28.6.2007, 31 S 14583/06, NZM 2008 S. 166).

Die **Kenntnisnahme muss möglich** und nach der Verkehrsanschauung **zu erwarten** sein. Daher geht z.B. die nachts – wenn auch noch vor 24 Uhr – in den Briefkasten geworfene Kündigung erst am nächsten Morgen zu, da erst in diesem Zeitpunkt mit einer Leerung des Briefkastens durch den Empfänger zu rechnen ist (BAG, Urteil v. 12.8.1983, 2 AZR 337/82, NJW 1984 S. 1651).

Nach Auffassung des LG Berlin (Urteil v. 13.11.2001, 65 S 132/01, GE 2002 S. 193) geht sogar ein **nach 16 Uhr** in den Briefkasten eingeworfenes Schreiben erst am **nächsten** Tag zu, da die Rechtsprechung, wonach ein Zugang innerhalb der gewöhnlichen Geschäftszeiten zu erwarten sei, nur für Geschäftsbriefkästen gilt und eine Privatperson nicht damit rechnen muss, dass nach 16 Uhr Post in ihren Briefkasten eingeworfen wird (s. hierzu auch BGH, Urteil v. 21.1.2004, XII ZR 214/00, WuM 2004 S. 269, wonach es darauf ankommt, wann die Post in dem betreffenden Gebiet üblicherweise zugestellt wird).

Etwas anderes kann nur ausnahmsweise gelten, wenn der Empfänger aufgrund einer besonderen Situation auch noch am Abend mit dem Zugang einer rechtsgeschäftlichen Erklärung rechnen muss (vgl. LG München II, Urteil v. 14.11.1991, 8 S 983/91, WuM 1993 S. 331; BayVerfGH, Entscheidung v. 15.10.1992, Vf.117-VI-91, WuM 1993 S. 331 für den Einwurf in den Briefkasten um 18.05 Uhr). Ein Schriftstück, das am 31.12. kurz vor 16 Uhr in den Briefkasten eines Bürobetriebs geworfen wird, in dem branchenüblich Silvester nachmittags nicht mehr gearbeitet wird, geht erst am nächsten Werktag zu, da mit einer Briefkastenleerung am selben Tag – auch wenn dies ein Werktag ist – nicht mehr zu rechnen ist (BGH, Urteil v. 5.12.2007, XII ZR 148/05, NJW 2008 S. 843).

Unerheblich ist, ob und wann der Empfänger **tatsächlich** Kenntnis genommen hat, da es ausschließlich auf die Möglichkeit der Kenntnisnahme ankommt.

Grundsätzlich steht einem Zugang der Erklärung nicht entgegen, dass der Empfänger wegen **Urlaub, Krankheit** oder sonstiger Ortsabwesenheit nicht in der Lage ist, vom Inhalt der Erklärung Kenntnis zu nehmen, da er Zugangshindernissen aus seinem Bereich durch geeignete Vorkehrungen begegnen muss, z. B. bei längerer Abwesenheit einen Bevollmächtigten bestellen oder die Nachsendung der Post veranlassen muss (BGH, a. a. O.; vgl. auch Urteil v. 3.11.1976, VIII ZR 140/75, BGHZ 67 S. 271, 278 = NJW 1977 S. 194).

Befindet sich der Mieter jedoch in **Strafhaft**, verlieren die gemieteten Räume die Eigenschaft als „Wohnung" i. S. d. Zustellungsvorschriften (KG Berlin, Urteil v. 15.8.2005, 13 U 121/04, NZM 2006 S. 376 für 4 Monate Freiheitsstrafe; so auch BGH, Urteil v. 24.11.1977, III ZR 1/76, MDR 1978 S. 558 bereits bei knapp zweimonatiger Freiheitsstrafe). In diesem Fall sollten Willenserklärungen (z. B. eine Kündigung) dem Mieter in die Justizvollzugsanstalt zugestellt werden. Ein Großvermieter muss jedoch geeignete Empfangsvorkehrungen treffen; anderenfalls gilt die Erklärung als rechtzeitig zugegangen (LG Göttingen, Urteil v. 19.2.1986, 5 S 122/85, WuM 1989 S. 183). Als zugegangen gilt die Erklärung auch, wenn der Empfänger die Annahme **unberechtigt** verweigert (BGH, Urteil v. 27.10.1982, V ZR 24/82, NJW 1983 S. 929, 930; OLG Düsseldorf, Urteil v. 19.4.1994, 24 U 160/93, WuM 1995 S. 585). Berechtigt wäre die Annahmeverweigerung z. B. bei unzureichender oder fehlender Frankierung oder Adressierung.

Als zugegangen gilt eine Erklärung ferner, wenn der Empfänger den Zugang **arglistig vereitelt**. Dies kann z. B. der Fall sein, wenn der Mieter keinen mit seinem Namen **beschrifteten Briefkasten** bereithält, da der Mieter aufgrund des Mietvertrags die Obliegenheit hat, Vorkehrungen für den Zugang mietvertraglich relevanter Erklärungen zu treffen; anderenfalls muss er sich so behandeln lassen, als sei die Erklärung zugegangen (LG Berlin, Urteil v. 10.10.2001, 63 S 87/01, NZM 2003 S. 21).

Kann ein **Einschreibebrief** wegen Abwesenheit des Empfängers nicht zugestellt werden und hinterlässt der Postbote einen Benachrichtigungszettel mit der Aufforderung, das Einschreiben bei der Post abzuholen, bewirkt dies nach ständiger Rechtsprechung **nicht** den Zugang des Einschreibens (BGH, Urteil v. 26.11.1997, VIII ZR 22/97, NJW 1998 S. 976; v. 18.12.1970, IV ZR 52/69, VersR 1971 S. 262).

Der Zugang des Benachrichtigungsscheins ersetzt nämlich nicht den Zugang des Einschreibebriefs. Das Einschreiben geht erst dann zu, wenn es bei der Post abgeholt wird. Der Empfänger einer Benachrichtigung über die Niederlegung einer Zustellung ist jedoch nicht ohne Weiteres gehalten, das für ihn niedergelegte Schriftstück abzuholen (KG Berlin, Beschluss v. 10.6.2010, 8 U 11/10, ZMR 2010 S. 954). Etwas anderes gilt nur dann, d. h., das Einschreiben gilt nach dem Grundsatz von Treu und Glauben (§ 242 BGB) als fristgerecht zugegangen, wenn der Empfänger mit dem Zugang von rechtserheblichen Erklärungen rechnen musste **und** auch der Erklärende alles

Erforderliche und ihm Zumutbare getan hat, damit seine Erklärung den Adressaten erreichen kann.

Dazu gehört in der Regel, dass er nach Kenntnis von dem nicht erfolgten Zugang unverzüglich einen **erneuten** Versuch unternimmt, seine Erklärung in den Machtbereich des Empfängers zu bringen; anderenfalls kann der erfolglose Versuch dem Empfänger nicht angelastet werden (LG Hamburg, Urteil v. 15.6.2000, 333 S 24/00, NJW-RR 2001 S. 586). Dies ist nur dann **entbehrlich**, wenn der Empfänger die Annahme grundlos **verweigert** oder **arglistig vereitelt** (BGH, a.a.O.; BGH, Urteil v. 3.11.1976, VIII ZR 140/75, BGHZ 67 S. 271, 277 = MDR 1977 S. 388; LG Hamburg, a.a.O.; LG Aachen, Urteil v. 22.3.1989, 7 S 602/88, WuM, 1989 S. 250); z.B. durch Abmontieren des Briefkastens (vgl. LG Berlin, Urteil v. 10.10.2001, 63 S 87/01, GE 2002 S. 263).

Das Bestehen eines Mietvertrags bedingt zwar allein noch nicht, dass mit rechtsgeschäftlichen Erklärungen zu rechnen ist, jedoch kann sich aus einer bestimmten Sachlage, z.B. einer vorangegangenen Kündigung oder Mieterhöhung ergeben, dass eine Reaktion bzw. eine rechtsgeschäftliche Erklärung des Vertragspartners, z.B. Zustimmung, Ablehnung, Widerspruch o.Ä. zu erwarten ist (vgl. LG Osnabrück, Urteil v. 16.6.2000, 12 S 1325/99 (495), WuM 2001 S. 196; LG Saarbrücken, Urteil v. 30.4.1993, 13 B S 27/93, WuM 1993 S. 339). In diesem Fall obliegt es dem Empfänger, durch geeignete Vorkehrungen sicherzustellen, dass die zu erwartenden Erklärungen ihn auch erreichen bzw. niedergelegte Einschreibebriefe abgeholt werden; anderenfalls muss er sich nach Treu und Glauben so behandeln lassen, als sei ihm die Erklärung zugegangen (LG Osnabrück, a.a.O., BGH, Urteil v. 3.11.1976, VIII ZR 140/75, BGHZ 67 S. 271 ff. = NJW 1977 S. 194), und zwar zu dem Zeitpunkt, zu dem die Abholung bei der Poststelle regelmäßig **möglich und zumutbar** erscheint, d.h. am **nächstfolgenden**, spätestens aber am übernächsten Werktag, nachdem der Benachrichtigungszettel in den Briefkasten eingeworfen worden ist (LG Freiburg, Urteil v. 1.7.2004, 3 S 317/03, WuM 2004 S. 490).

Bei vorübergehender Abwesenheit muss der Empfänger für eine Zugangsmöglichkeit an seinem gewöhnlichen Wohn- und Geschäftssitz sorgen; auf die durch Nachsendung verursachte Zugangsverspätung kann er sich nicht berufen (vgl. Münchener Kommentar, Förschler, BGB, 2. Aufl., § 130 Rn. 13).

Wird der Zugang oder der Zeitpunkt des Zugangs **bestritten**, trifft die Beweislast für den (rechtzeitigen) Zugang den Erklärenden, wobei weder für normale Postsendungen noch für Einschreiben ein Beweis des ersten Anscheins besteht, dass eine zur Post gegebene Sendung den Empfänger auch erreicht hat.

> Nachgewiesen werden kann der Zugang durch Sendung per **Einschreiben mit Rückschein**, da auf dem Rückschein, den der Absender wieder erhält, das Datum des Zugangs und die Unterschrift des Empfängers (Empfangsbestätigung) vermerkt sind.

Jedoch kann diese Form der Zustellung zu erheblichen Zeitverzögerungen bei der Zustellung führen (z.B. bei Abwesenheit des Empfängers), sodass insbesondere dann eine Zustellung durch Boten (s. „Bote“) oder Gerichtsvollzieher (§ 132 Abs. 1 BGB; vgl. dazu BGH, Urteil v. 3.11.1976, VIII ZR 140/75, MDR 1977 S. 388; Beschluss v. 4.7.1986, V ZR 41/86, WuM 1987 S. 209) ratsam ist, wenn sich die Wirksamkeit der Kündigung bei einem verzögerten Zugang wesentlich, z.B. nicht nur um einen Monat, sondern infolge einer Verlängerungsklausel um einen größeren Zeitraum verschieben würde (z.B. „Das Mietverhältnis verlängert sich jeweils um ein Jahr, wenn es nicht fristgerecht gekündigt wird“).

Seit 1.9.1997 kann eine Briefsendung auch durch das sog. **Einwurfeinschreiben** zugestellt werden. Im Gegensatz zum Einschreiben mit Rückschein erhält der Absender keine Empfangsbestätigung des Empfängers, sondern kann beim sog. Callcenter der Post abfragen, wann der Brief durch den Postboten eingeworfen wurde, und erhält gegen Gebühr einen schriftlichen Datenauszug, auf dem das Einwurfdatum angegeben ist. Höchstrichterlich ist derzeit noch nicht entschieden, ob der Absender damit im Streitfall den Zugang des Schriftstücks (z.B. einer Kündigung oder Mieterhöhung) nachweisen kann, wenn der Empfänger dies bestreitet.

Das AG Paderborn (Urteil v. 3.8.2000, 51 C 76/00, NJW 2000 S. 3722) sowie das LG Berlin (Beschluss v. 19.4.2001, 61 T 117/00, GE 2001 S. 770) bejahen für den Zugang den sog. **Anscheinsbeweis**, wenn der Briefkasteneinwurf ordnungsgemäß **dokumentiert** worden ist (s. auch Reichert, NJW 2001 S. 2523; LG Potsdam, Urteil v. 27.7.2000, 11 S 233/99, NJW 2000 S. 3722; Palandt, 65. Aufl. 2006, § 130 Rn. 21 sowie Bauer/Diller in NJW 1998 S. 2795; Düppers, NJW 1997 S. 2503). Dagegen ist das AG Kempen (Urteil v. 22.8.2006, 11 C 432/05, NJW 2007 S. 1215) der Auffassung, dass Einlieferungs- und Auslieferungsbeleg keine ausreichende Basis für einen Anscheinsbeweis bezüglich eines Zugangs beim Empfänger liefern, da ein Verlust von Postsendungen während des Zustellvorgangs nach der Lebenserfahrung ebenso wenig auszuschließen ist wie das Einstecken von Postsendungen in den falschen Briefkasten durch den Zusteller; so auch AG Köln, Urteil v. 16.7.2008, 220 C 435/07, WuM 2008 S. 483, wonach die Regeln des Anscheinsbeweises auch dann keine Anwendung finden, wenn der Vermieter das Schreiben (z.B. Kündigung, Betriebskostenabrechnung) als Einwurfeinschreiben versandt hat.

Diese neue Art der Zustellung kann daher nicht empfohlen werden, solange die Rechtsprechung nicht eindeutig bestätigt hat, dass auch mit einem Einwurfeinschreiben der Zugang eines bestimmten Schriftstücks nachgewiesen werden kann. Empfehlenswert sind und bleiben bis dahin die bisherigen Zustellungsmöglichkeiten durch Boten bzw. Gerichtsvollzieher oder durch das herkömmliche Einschreiben/Rückschein.

Bei einer Vereinbarung, wonach die Kündigung nur durch einen **eingeschriebenen Brief** erfolgen kann, setzt die Wirksamkeit der Kündigung die Einhaltung der **Schriftform** voraus. Das Attribut „eingeschrieben“ hat mangels gegenteiliger Anhaltspunkte lediglich Beweisfunktion und stellt somit kein Wirksamkeitserfordernis dar (BGH, Urteil v. 21.1.2004, XII ZR 214/00, WuM 2004 S. 269; so bereits OLG Frankfurt/M., Urteil v. 21.1.1999, 4 U 61/98, NZM 1999 S. 419). Der Zugang kann daher auch in anderer Weise als durch Einschreibebrief wirksam erfolgen.

Bei **Wohnraum**mietverhältnissen ist eine **Formularklausel**, die für die Kündigung bestimmte **Zugangserfordernisse** vorschreibt (z.B. durch eingeschriebenen Brief), wegen Verstoßes gegen § 309 Nr. 13 BGB unwirksam. Ist diese Bestimmung nicht anwendbar, z.B. bei gewerblichen Mietverhältnissen, wenn die Klausel gegenüber einem Kaufmann verwendet wurde und der Vertrag zum Betrieb seines Handelsgewerbes gehört (vgl. § 310 Abs. 1 BGB), kann sich die Unwirksamkeit aus § 307 BGB ergeben, wenn sie innerhalb der Allgemeinen Geschäftsbedingungen an einer unvermuteten Stelle enthalten ist (OLG Naumburg, Urteil v. 15.4.1999, 7 U 94/98, WuM 2000 S. 117).

Bei **Gewerbe**räumen genügt eine Kündigung per **Telefax**, da hier gesetzlich keine Schriftform vorgeschrieben und eine im Mietvertrag (üblicherweise) **vereinbarte** Schriftform durch eine Erklärung per Telefax gewahrt ist. Diese geht dem Empfänger zu, wenn die gesendeten Signale vom Faxgerät vollständig empfangen (gespeichert) worden sind. Auf den Zeitpunkt des Ausdrucks kommt es nicht an (BGH, Beschluss v. 25.4.2006, IV ZB 20/05, NJW 2006 S. 2263). Ferner kommt es nicht darauf an, ob der Empfänger von der Erklärung tatsächlich Kenntnis nimmt. Die Erklärung geht daher auch dann zu, wenn die Speicherung bzw. der Ausdruck zu einem Zeitpunkt erfolgt, zu dem sich der Empfänger in Urlaub befindet. Sofern das Original des Kündigungsschreibens später mit der Post übersandt wird, ist für den Zugang nicht der Eingang des Originals, sondern der Eingang des Telefaxes entscheidend (BGH, Urteil v. 21.1.2004, XII ZR 214/00, WuM 2004 S. 269; v. 22.4.1996, II ZR 65/95, NJW-RR 1996 S. 866).

Wird allerdings der Zugang des Faxes vom Gegner bestritten, kann allein durch Vorlage des **Sendeprotokolls** ein wirksamer Zugang **nicht** bewiesen werden, da dieses lediglich das Zustandekommen der Verbindung belegt; nicht aber, welches Schriftstück genau gefaxt worden ist (LG Berlin, Beschluss v. 22.5.2002, 64 T 34/01, ZMR 2002 S. 751; vgl. auch BGH, Beschluss v. 4.5.1994, XII ZB 21/94, NJW 1994 S. 2097).

Im Fall der **Geschäftsunfähigkeit** des Kündigungsgegners muss die Kündigung gegenüber dem gesetzlichen Vertreter erklärt werden (§ 131 BGB). Insofern kann der Vermieter die Bestellung eines Betreuers anregen und ist gegen die ablehnende Entscheidung des Vormundschaftsgerichts beschwerdeberechtigt (BayObLG, Beschluss v. 27.2.1996, 3Z BR 337/95, WuM 1996 S. 275). Ist für den Mieter ein **Betreuer** (§ 1896 BGB) bestellt, muss die Kündigung an den Betreuer gerichtet werden; dessen bloße Kenntnisnahme vom Inhalt eines Kündigungsschreibens reicht für eine wirksame Kündigung nicht aus (LG Dresden, Urteil v. 29.3.1994, 9 S 0311/93, 9 S 311/93, WuM 1994 S. 377). Ausreichend ist aber die Erklärung gegenüber einem bestellten Prozesspfleger (§ 57 ZPO; LG Hamburg, Urteil v. 11.8.1995, 311 S 63/95, WuM 1996 S. 271). Die Kündigung eines Mietverhältnisses über Wohnraum durch den Betreuer des Mieters bedarf der **Zustimmung des Vormundschaftsgerichts**; anderenfalls ist die Kündigung nichtig (LG Berlin, Urteil v. 13.10.2000, 65 S 563/99, NZM 2001 S. 807).

Eine Prozessvollmacht, die einem Rechtsanwalt zur Abwehr einer Räumungsklage erteilt worden ist, schließt regelmäßig die Befugnis zum **Empfang** einer im Zusammenhang mit dem Rechtsstreit erklärten Kündigung ein. Eine im Innenverhältnis beschränkte Vollmacht wirkt im Außenverhältnis mangels Offenlegung unbeschränkt (BGH, Beschluss v. 23.2.2000, XII ZR 77/98, NZM 2000 S. 382).

1.10 Widerruf und Rücknahme der Kündigung

Die Kündigung als einseitige, empfangsbedürftige Willenserklärung wird im Zeitpunkt des Zugangs wirksam (§ 130 Abs. 1 S. 1 BGB), es sei denn, dem Empfänger geht vorher oder gleichzeitig ein Widerruf zu (§ 130 Abs. 1 S. 2 BGB).

Ein Widerruf oder eine Rücknahme **nach Zugang** ist nicht möglich. Eine solche Erklärung kann daher unter Berücksichtigung aller Umstände des Einzelfalls lediglich als Angebot zur Fortsetzung des Mietvertrags oder zur Neubegründung eines Mietverhältnisses zu den ursprünglichen Bedingungen gewertet werden, das jedoch einer zumindest schlüssigen Annahme durch den anderen bedarf.

1.11 Unzulässigkeit von Teilkündigungen

Die Kündigung sowohl durch den Vermieter als auch durch den Mieter muss sich immer auf das **gesamte** Mietverhältnis erstrecken. Grundsätzlich unzulässig ist die Teilkündigung eines einheitlichen Mietverhältnisses.

Beispiel

Die Kündigung von zwei Zimmern einer 4-Zimmer-Wohnung; die Kündigung einer **Garage**, wenn ein einheitliches Mietverhältnis über Wohnraum und Garage vorliegt (s. „Garage"); die Kündigung des **Gartens** bei einem Einfamilienhaus; die Kündigung von Neben- oder Zubehörräumen (Speicher-, Kellerabteil, Waschküche u. Ä.).

Unzulässig ist unter bestimmten Voraussetzungen auch die Kündigung des gesamten Mietverhältnisses, wenn nur ein Teil der Wohnung z. B. für die Eigennutzung benötigt wird (BVerfG, Beschluss v. 19.10.1993, 1 BvR 25/93, 1 BvR 1620/92, NJW 1994 S. 308; s. „Eigenbedarf").

Eine teilweise Beendigung des Mietverhältnisses kann nur einvernehmlich durch Abschluss eines **Mietaufhebungsvertrags** (s. „Mietaufhebungsvertrag") erfolgen.

Eine **Ausnahme** von dem Grundsatz der Unzulässigkeit der Teilkündigung beinhaltet § 573 b BGB.

Dementsprechend kann der Vermieter nicht zum Wohnen bestimmte **Nebenräume** (beispielsweise Speicher-, Kellerräume) oder

Teile eines Grundstücks (z.B. den Garten) **ohne** ein berechtigtes Interesse i.S.d. § 573 BGB kündigen, wenn er die Kündigung auf diese Räume oder Grundstücksteile beschränkt und sie dazu verwenden will, Wohnraum zum Zweck der Vermietung zu schaffen oder den neu zu schaffenden und den vorhandenen Wohnraum mit Nebenräumen oder Grundstücksteilen auszustatten (s. auch „Kündigungsschutz", Abschnitt 2.5.2 „Teilkündigung von Nebenräumen (§ 573b BGB)").

Einer Kündigung bedarf es jedoch nicht, wenn der Nebenraum (z.B. Kellerraum) dem Mieter mangels Erwähnung im schriftlichen Mietvertrag nicht mitvermietet, sondern dessen **Nutzung** dem Mieter lediglich **gestattet** wurde. Eine solche Gestattung ist grundsätzlich **widerruflich**, sodass der Vermieter die Herausgabe solcher nicht vermieteter Räume verlangen kann; es sei denn, das Herausgabeverlangen würde aufgrund besonderer Umstände gegen Treu und Glauben verstoßen.

Gleiches gilt für den Fall einer leihweisen Überlassung der Räume (LG Saarbrücken, Urteil v. 7.6.1996, 13 B S 13/96, WuM 1996 S. 468; vgl. auch Sternel, I 213, II 180). Dementsprechend begründet selbst die Nutzung eines mit der Wohnung nicht mitvermieteten Raums über **mehrere Jahre** weder ein Recht zum Besitz noch einen Anspruch auf Zurverfügungstellung eines entsprechenden Raums, wenn der fragliche Raum an einen anderen Mieter vermietet ist oder wird (AG Lichtenberg, Urteil v. 29.5.2002, 7 C 570/01, NZM 2003 S. 714). Gleiches gilt für eine jahrzehntelange bloße Nutzung der zum Mietwohnhaus gehörenden **Hof- und Gartenfläche** (z.B. zum Abstellen eines Pkw). Auch dies begründet **kein** mietvertragliches Gebrauchsrecht des Mieters (AG Trier, Urteil v. 27.1.2006, 7 C 402/05, WuM 2006 S. 143). Gestattet der Vermieter z.B. das Abstellen von Fahrrädern im Hof, stellt dies eine **reine Gefälligkeit** dar. Mit einer solchen Erlaubnis ist grundsätzlich keine Erweiterung des Mietvertrags verbunden. Vielmehr handelt es sich um einen **Leihvertrag**, der jederzeit gekündigt werden kann (LG Berlin, Urteil v. 26.5.2011, 67 S 70/11).

1.12 Verzicht auf das ordentliche Kündigungsrecht

Mieter, Vermieter oder auch beide Parteien können für einen bestimmten Zeitraum auf ihr ordentliches Kündigungsrecht **verzichten**. Ein Verzicht durch den Mieter hat für den Vermieter den Vorteil, dass ein nochmaliger kurzfristiger Mieterwechsel vermieden wird. Ein Verzicht des Vermieters stellt für den Mieter sicher, dass er für eine bestimmte Zeit in der Wohnung bleiben kann, ohne eine ordentliche Kündigung des Vermieters, z.B. wegen Eigenbedarfs, befürchten zu müssen.

Ein **individuell** vereinbarter Kündigungsverzicht ist uneingeschränkt **wirksam**, d.h. auch ohne zeitliche Beschränkung (BGH, Urteil v. 22.12.2003, VIII ZR 81/03, WuM 2004 S. 157; so auch BGH, Urteil v. 13.10.2010, VIII ZR 98/10, wonach ein **individual**vertraglich vereinbarter Ausschluss des ordentlichen Kündigungsrechts für die Dauer von **10 Jahren** grundsätzlich zulässig ist). Individualvertraglich kann auch ein **einseitiger** Kündigungsverzicht durch den Mieter wirksam vereinbart werden (BGH, Urteil v. 22.12.2003, a.a.O.). Dagegen ist ein einseitiger **formularmäßiger** Kündigungsverzicht des Mieters **unwirksam** (BGH, Urteil v. 19.11.2008, VIII ZR 30/08, WuM 2009 S. 47); es sei denn, der Kündigungsausschluss wurde zusammen mit einer (nach § 557a BGB zulässigen) **Staffelmiete** vereinbart, und seine Dauer beträgt nicht mehr als 4 Jahre seit Abschluss der Staffelmietvereinbarung (nicht Mietbeginn! BGH, Urteil v. 12.11.2008, VIII ZR 270/07, WuM 2009 S. 45).

Formularmäßig kann nur ein **beiderseitiger** Kündigungsverzicht für einen Zeitraum von maximal **4 Jahren** vereinbart werden (BGH, Urteil v. 6.4.2005, VIII ZR 27/04, WuM 2005 S. 346).

Dabei ist der Zeitraum zwischen **Vertragsabschluss** (nicht der Mietbeginn, der in der Regel etwas später liegt) und dem Zeitpunkt entscheidend, **zu dem** der Mieter den Mietvertrag erstmals beenden kann (BGH, Urteil v. 8.12.2010, VIII ZR 86/10, WuM 2011 S. 35).

Unwirksam ist daher eine Formulierung, wonach der Mieter erst nach Ablauf von 4 Jahren kündigen darf, d.h., der Mieter an den Mietvertrag 4 Jahre **zzgl.** seiner gesetzlichen Kündigungsfrist von 3 Monaten gebunden bleibt.

Beispiel

Abschluss des Mietvertrags: 10.3.2011

Mietbeginn: 1.4.2011

- Kündigungsverzicht **unwirksam**, wenn Kündigung erst **am** 1.4.2015 erklärt werden kann, da die Vertragsbindung dann 4 Jahre **zzgl.** 3 Monate (gesetzliche Kündigungsfrist) beträgt.
- Kündigungsverzicht auch unwirksam, wenn Kündigung **zum** 1.4.2015 erklärt werden kann. Auch hier beträgt die Vertragsbindung mehr als 4 Jahre, da diese vom Zeitpunkt des Vertragsabschlusses (10.3.2011) gerechnet werden muss.
- Kündigungsverzicht **wirksam**, wenn Kündigung erstmals zum 28.2.2015 erfolgen kann (4 Jahre zwischen Vertragsabschluss und Beendigung des Mietverhältnisses werden nicht überschritten).

Eine **Ausnahme** bezüglich der maximalen Dauer eines Kündigungsverzichts von 4 Jahren besteht bei Vermietung von **Studentenzimmern**, die in einem für Studenten konzipierten Haus am Studienort gelegen sind. Hier kann bereits ein – auch beiderseitiger – formularmäßiger Kündigungsausschluss für 2 Jahre unwirksam sein, da einem Studenten ein besonderes Maß an Mobilität und Flexibilität zuzubilligen ist und er auf Unwägbarkeiten des Studienverlaufs angemessen reagieren können muss (BGH, Urteil v. 15.7.2009, VIII ZR 307/08, NJW 2009 S. 3506). Gleiches gilt bei einem Wohnraummietvertrag, den Eltern für ihr Kind in der Ausbildung schließen. Hier soll ein formularmäßiger Kündigungsausschluss für 3 Jahre unwirksam sein (LG Kiel, Beschluss v. 22.12.2010, 1 S 210/10, WuM 2011 S. 427).

Formularmäßigkeit liegt bereits dann vor, wenn der Vermieter beabsichtigt, eine bestimmte vertragliche Regelung, z.B. einen Kündigungsverzicht, **mehrfach** zu verwenden. In diesem Fall sieht die Rechtsprechung bereits die **erste** Verwendung nicht mehr als individuell, sondern als **formularvertraglich** an – unabhängig davon, ob sie in vorgedruckter Form (z.B. im Formularmietvertrag) oder in sonstiger Weise (hand- oder maschinenschriftlich, per Computer) abgefasst ist. Gleiches gilt, wenn die fragliche Klausel lediglich eine **Leerstelle** für die Eintragung einer Zahl vorsieht, der Vermieter diese Zahl (Dauer des Verzichts) selbst einträgt und dem Mieter nur Gelegenheit zur Lektüre und Prüfung gibt. Dies stellt nach Auffassung des BGH kein „Aushandeln" dar, das Voraussetzung für eine individuelle Vereinbarung ist.

Eine sog. geltungserhaltende Reduktion einer unwirksamen Vereinbarung wird von der Rechtsprechung abgelehnt. Dies bedeutet, dass z.B. ein formularmäßig für 5 Jahre vereinbarter Verzicht nicht auf die zulässigen 4 Jahre beschränkt wird. Der Verzicht ist in diesem Fall **insgesamt** unwirksam mit der Folge, dass der Mieter immer innerhalb der gesetzlichen Kündigungsfrist von 3 Monaten kündigen kann (s. hierzu im Einzelnen „Allgemeine Geschäftsbedingungen").

Ein Kündigungsverzicht sollte daher immer nur einen Zeitraum von höchstens **4 Jahren** umfassen, da der Vermieter den ihm obliegenden Beweis des **Aushandelns** eines längeren Zeitraums in aller Regel nicht erbringen kann.

Bei **Überschreitung** des Zeitraums von 4 Jahren, z.B. weil eine Kündigung des Mieters erst „nach Ablauf von 4 Jahren" möglich sein soll, ist der Kündigungsverzicht **insgesamt** unwirksam; der Kündigungsverzicht bleibt also nicht mit der höchstzulässigen Laufzeit von 4 Jahren erhalten mit der Folge, dass der Mieter mit der gesetzlichen Kündigungsfrist von 3 Monaten kündigen kann (BGH, Urteil v. 2.3.2011, VIII ZR 163/10).

Dies gilt auch, wenn der Kündigungsverzicht in den **Allgemeinen Geschäftsbedingungen** eines **Staffelmietvertrags** enthalten, d.h., **formularvertraglich** vereinbart worden ist. Übersteigt die Dauer des Verzichts den in § 557a Abs. 3 BGB genannten Zeitraum von 4 Jahren, ist die Klausel **insgesamt** unwirksam. Die zu der Vorgängerbestimmung (§ 10 Abs. 2 S. 6 MHG) entwickelte Rechtsprechung, nach der ein solcher Kündigungsverzicht nur insoweit unwirksam ist, als er den Zeitraum von 4 Jahren übersteigt, lässt sich auf § 577a BGB nicht übertragen (BGH, Urteil v. 25.1.2006, VIII ZR 3/05, WuM 2006 S. 152).

Wurde der Verzicht dagegen **individualvertraglich** vereinbart, ist er nur insoweit unwirksam, als seine Dauer den zulässigen Zeitraum von 4 Jahren überschreitet (BGH, Urteil v. 14.6.2006, VIII ZR 257/04, WuM 2006 S. 445).

Schließen die Parteien die ordentliche Kündigung **über 1 Jahr** hinaus aus, ist der Ausschluss auch bei Mietverträgen von **unbestimmter** Dauer nur wirksam, wenn er **schriftlich** abgeschlossen wurde (BGH, Beschluss v. 9.7.2008, XII ZR 117/06, ZMR 2008 S. 883). Gemäß § 550 BGB muss zwar nur ein Mietvertrag von längerer Dauer als ein Jahr schriftlich abgeschlossen werden (anderenfalls gilt er als Mietvertrag von unbestimmter Dauer), jedoch findet § 550 BGB entsprechende Anwendung, wenn die Parteien zwar keine bestimmte Laufzeit vereinbart, die ordentliche Kündigung aber über ein Jahr hinaus ausgeschlossen haben (BGH, a.a.O.).

Daher muss ein Kündigungsverzicht grundsätzlich von **allen** Vertragsparteien unterschrieben werden. Wird die Vereinbarung über den Ausschluss der Kündigung (z.B. wegen Eigenbedarfs) nur von dem Ehemann der Mieterin ohne Vertretungszusatz unterzeichnet, ist die Schriftform des § 550 BGB nicht gewahrt mit der Folge, dass die Vereinbarung nach der Rechtsprechung des BGH unwirksam ist. Eine Gerichtsentscheidung, die ohne eingehende Begründung und Auseinandersetzung mit Rechtsprechung und Schrifttum davon abweicht, ist willkürlich und damit verfassungswidrig (BerlVerfGH, Beschluss v. 29.11.2011, VerfGH 8/10, GE 2012 S. 121).

Die gesetzliche Höchstfrist zum Ausschluss des Kündigungsrechts des Mieters von 4 Jahren seit **Abschluss** des Staffelmietvertrags ist auch dann maßgeblich, wenn ihr Ende auf einen Kalendertag vor dem Ende eines Monats fällt (hier: **Vertragsabschluss** am 6.9.2003, Mietbeginn am 1.10.2003, Kündigungsschluss bis 30.9.2007; BGH, Urteil v. 3.5.2006, VIII ZR 243/05, WuM 2006 S. 385).

Zulässig ist ein Kündigungsausschluss ebenfalls dann, wenn er zusammen mit einer nach § 557a BGB zulässigen Staffelmiete vereinbart wird und seine Dauer nicht mehr als 4 Jahre seit Abschluss der Staffelmietvereinbarung (nicht Mietbeginn!) beträgt (BGH, Urteil v. 23.11.2005, VIII ZR 154/04, WuM 2006 S. 67 und v. 12.11.2008, VIII ZR 270/07, WuM 2009 S. 45).

Dementsprechend ist ein Staffelmietvertrag auf **unbestimmte** Zeit mit formularvertraglichem Ausschluss des Kündigungsrechts des Mieters für 4 Jahre seit Abschluss der Staffelmietvereinbarung zulässig (LG Waldshut-Tiengen, Urteil v. 15.3.2007, 2 S 58/06, WuM 2007 S. 449).

Die Formulierung des Kündigungsverzichts darf nicht missverständlich sein und insbesondere **keine** Auslegung dahingehend zulassen, dass der Verzicht auch für eine **außerordentliche fristlose** Kündigung gilt. In diesem Fall wäre der gesamte Kündigungsverzicht unwirksam. Eine Vertragsklausel, wonach die Mietvertragsparteien für eine definierte Zeit bis zur Obergrenze von 4 Jahren wechselseitig auf ihr „Recht zur Kündigung" verzichten, versteht auch der verständige, juristisch nicht vorgebildete Mieter nicht (auch) dahingehend, dass zugleich mit dem Recht zur ordentlichen Kündigung auch das Recht zur außerordentlichen Kündigung des Mietvertrags ausgeschlossen sein soll. Trotz des Verzichts auf das „Kündigungsrecht" ist damit unzweifelhaft **nur die ordentliche** Kündigung gemeint. Eine Vereinbarung dieses Inhalts ist nicht mehrdeutig und daher wirksam (BGH, Urteil v. 23.11.2011, VIII ZR 120/11, NJW 2012 S. 521).

Die Vereinbarung im Wohnraummietvertrag „Die Parteien verzichten bis zum … (Datum) auf eine ordentliche Kündigung des Mietverhältnisses“ bedeutet nach verständiger Auslegung, dass frühestens mit Wirkung **zu dem** oben genannten Datum gekündigt werden kann (AG Wiesbaden, Urteil v. 19.12.2007, 91 C 2406/07-18, WuM 2010 S. 366).

Bei einem Verzicht auf das Kündigungsrecht für eine bestimmte Dauer (z. B. 12 Monate) kann eine Kündigung erstmals zum Ende dieses Zeitraums (hier: 12 Monate) erfolgen (AG Dortmund, Urteil v. 15.6.2010, 425 C 142/10, WuM 2010 S. 431).

Eine **unwirksame** zeitliche Befristung eines Wohnungsmietvertrags, z. B. weil kein gesetzlicher Befristungsgrund (wie Eigenbedarf nach Mietende; s. „Zeitmietvertrag“) vorliegt, kann in einen befristeten Kündigungsausschluss **umgedeutet** werden. Bei einer unwirksamen zeitlichen Befristung gilt der Mietvertrag gemäß § 575 Abs. 1 S. 2 BGB als auf unbestimmte Zeit geschlossen. Die dadurch im Vertrag entstandene Lücke ist durch eine **ergänzende Vertragsauslegung** zu schließen. Dabei ist zu berücksichtigen, was die Parteien redlicherweise vereinbart hätten, wenn ihnen die Unwirksamkeit der Befristung bekannt gewesen wäre. Nachdem das von beiden Parteien verfolgte Ziel einer langfristigen Bindung an den Mietvertrag durch einen beiderseitigen Kündigungsverzicht erreicht werden kann, ist ein solcher Ausschluss der ordentlichen Kündigung für die Dauer der Befristung anzunehmen (BGH, Urteil v. 10.7.2013, VIII ZR 388/12, WuM 2013 S. 617). Dies bedeutet, dass im Wege der ergänzenden Vertragsauslegung an die Stelle der unwirksamen Befristung ein beiderseitiger Kündigungsverzicht tritt, der eine ordentliche Kündigung frühestens zum Ablauf der (unwirksam) vereinbarten Mietzeit ermöglicht (BGH, Urteil v. 11.12.2013, VIII ZR 235/12, WuM 2014 S. 148).

Ein Kündigungsausschluss kann auch in der Vereinbarung einer **auflösenden Bedingung** (z. B. behördliche Nutzungsuntersagung) liegen. Da aber grundsätzlich ein unter einer auflösenden Bedingung geschlossener Vertrag als unbefristeter Vertrag ordentlich kündbar ist, kann ein solcher Kündigungsausschluss nur angenommen werden, wenn die Parteien mit der auflösenden Bedingung die Beendigung des Vertragsverhältnisses **abschließend** regeln und nicht nur einen Zeitpunkt festlegen wollten, zu dem das Nutzungsverhältnis in jedem Fall enden sollte. Ob der Vereinbarung einer auflösenden Bedingung eine solche weitergehende, das ordentliche Kündigungsrecht ausschließende Bedeutung zukommt, muss im Streitfall diejenige Vertragspartei darlegen und beweisen, die sich auf diese Bedeutung beruft (BGH, Urteil v. 1.4.2009, XII ZR 95/07, MDR 2009 S. 795).

Ist die ordentliche Kündigung durch einen wirksamen Kündigungsverzicht ausgeschlossen, hat der Vermieter ein **Feststellungsinteresse** hinsichtlich der Unwirksamkeit einer Mieterkündigung, da er selbst bei Weitervermietung nicht sicher sein kann, für den Rest der festen Mietzeit die volle Miete in bisher geschuldeter Höhe zu erhalten. Auf eine Leistungsklage muss sich der Vermieter nicht verweisen lassen, da er seine Ansprüche noch nicht beziffern kann (LG Braunschweig, Urteil v. 30.9.2008, 6 S 232/08, ZMR 2009 S. 124).

1.13 Abwehr von unberechtigten Kündigungen

Bei einer, z. B. wegen Fehlen des Kündigungsgrunds, **unberechtigten** Kündigung tritt die Gestaltungswirkung der Kündigung (Beendigung des Mietverhältnisses) nicht ein. Die unberechtigte Kündigung des Mietverhältnisses stellt – unabhängig davon, ob sie vom Mieter oder Vermieter ausgesprochen wird – eine **positive Vertragsverletzung** des Mietvertrags dar und verpflichtet den Kündigenden zum **Schadenersatz**, wenn er schuldhaft gehandelt hat und dem Gekündigten ein Schaden entstanden ist, z. B. in Form von **Anwaltskosten** zur Abwehr der unberechtigten Kündigung. Insofern ist grundsätzlich auch nicht zu beanstanden, wenn sich der Gekündigte anwaltlicher Hilfe bedient und nicht abwartet, ob der Kündigende die Kündigung auch durchsetzt (LG Landau, Urteil v. 30.6.2000, 1 S 269/99, WuM 2004 S. 492).

Gleiches gilt, wenn der Mieter der unberechtigten Kündigung Folge geleistet und die Mieträume daraufhin geräumt hat. Auch in diesem Fall ist der Vermieter dem Mieter zum Ersatz des **Kündigungsfolgeschadens** verpflichtet, wenn er das Mietverhältnis schuldhaft ohne Grund gekündigt hat. Dies gilt sowohl bei der Wohn- als auch bei der Gewerberaummiete und unabhängig davon, ob es sich um eine ordentliche (fristgemäße) oder außerordentliche Kündigung handelt. Auf einen schuldausschließenden Rechtsirrtum kann sich der Vermieter grundsätzlich nur in besonderen Ausnahmefällen berufen; jedenfalls aber dann nicht, wenn es sich beim Vermieter um eine Immobiliengesellschaft mit eigener Rechtsabteilung handelt. Insofern kann der Vermieter dem Mieter auch nicht entgegenhalten, er habe seinem Räumungsverlangen ohne gerichtliche Klärung Folge geleistet, sodass sein Umzug deshalb auf seinem eigenen Willensentschluss beruht habe und somit freiwillig erfolgt sei.

Gemäß § 249 BGB ist der Mieter (nach der Differenzhypothese) so zu stellen, wie er gestanden hätte, wenn das in der rechtswidrigen Kündigung liegende schädigende Ereignis nicht eingetreten wäre. Insofern wären z. B. die mit dem Umzug und der Einrichtung der neuen (Geschäfts)räume verbundenen Kosten ohne das schädigende Ereignis nicht entstanden und sind daher vom Vermieter uneingeschränkt zu ersetzen. Schadenersatzansprüche des Mieters wegen einer unberechtigten fristlosen Kündigung des Vermieters unterliegen nicht der kurzen sechsmonatigen Verjährung nach § 548 Abs. 2 BGB (OLG Düsseldorf, Urteil v. 11.4.2013, 1-10 U 68/12, ZMR 2013 S. 956).

Dies gilt unabhängig davon, ob die Kündigung wegen Fehlens eines Kündigungsgrunds oder Vorliegens von Formfehlern unwirksam ist. Der Wohnungsmieter verletzt auch nicht seine Schadensminderungspflicht, wenn er zur Abwehr etwaiger Räumungsansprüche anwaltlichen Rat einholt, da die Beibehaltung der Wohnung von zentral wichtiger Bedeutung ist (AG Freiburg, Urteil v. 26.7.2004, 1 C 4284/03, WuM 2004 S. 674; Urteil v. 6.8.2004, 10 C 617/04, WuM 2004 S. 673). **Schmerzensgeldansprüche** des Mieters wegen der erlittenen Sorge um den Bestand des Mietvertrags infolge einer unzulässigen Kündigung bestehen jedoch grundsätzlich nicht (AG Leipzig, Urteil v. 26.6.2007, 165 C 8909/06, WuM 2007 S. 517).

1.14 Verbotene Eigenmacht

Räumt der Mieter die Mieträume trotz einer wirksamen Kündigung des Vermieters (z. B. wegen Zahlungsverzugs) nicht oder nicht fristgerecht, muss sich der Vermieter staatlicher Hilfe bedienen, um sein Recht auf Räumung und Herausgabe der Mieträume durchzusetzen. Das geschieht in der Regel durch Erhebung einer Räumungsklage und ggf. Zwangsräumung durch den Gerichtsvollzieher aufgrund eines vollstreckbaren Räumungsurteils (s. im Einzelnen „Gerichtliches Verfahren in Mietsachen"). Eine eigenmächtige Räumung der Wohnung durch den Vermieter mithilfe von Schlüsseldienst und Spedition stellt eine unerlaubte Selbsthilfe (§ 229 BGB) dar. Dies gilt auch dann, wenn der gegenwärtige Aufenthaltsort des Mieters unbekannt ist und dieser sein vertragliches Besitzrecht aufgrund einer rechtmäßigen Kündigung verloren hat. Auch in diesem Fall ist der Vermieter verpflichtet, sich einen Räumungstitel zu verschaffen. Gegebenenfalls muss die Räumungsklage öffentlich zugestellt werden. Bei einer Räumung ohne gerichtlichen Titel haftet der Vermieter gemäß § 231 BGB verschuldensunabhängig für die hierdurch entstandenen Schäden.

Eine Klausel in einem Formularmietvertrag, wonach der Vermieter berechtigt ist, die Mieträume bei Verletzung der Räumungspflicht durch den Mieter öffnen und räumen zu lassen, ist wegen unangemessener Benachteiligung des Mieters unwirksam (LG Duisburg, Urteil v. 28.2.2012, 13 S 243/11, GE 2012 S. 1497).

Der Vermieter, der eine Wohnung in Abwesenheit des Mieters ohne Vorliegen eines gerichtlichen Titels durch verbotene Eigenmacht in Besitz nimmt, hat sich aufgrund der ihn treffenden **Obhutspflicht** nicht nur zu entlasten, soweit ihm die Herausgabe nachweislich vorhandener Gegenstände unmöglich wird oder nachweislich eine Verschlechterung von herauszugebenden Gegenständen eintritt. Aufgrund dieser Obhutspflicht muss er die Interessen des an einer eigenen Interessenwahrung verhinderten Mieters auch dadurch wahren, dass er bei der Inbesitznahme ein aussagekräftiges Verzeichnis der verwahrten Gegenstände aufstellt und dessen Wert schätzen lässt. Kommt er dem nicht nach, muss er beweisen, in welchem Umfang Bestand und Wert der der Schadensberechnung zugrunde gelegten Gegenstände von den Angaben des Mieters abweichen, soweit diese plausibel sind (BGH, Urteil v. 14.7.2010, VIII ZR 45/09, WuM 2010 S. 578). Eine solche verbotene „Selbsthilfe“ kann ferner zu **Schmerzensgeldansprüchen** des Mieters führen. Dies gilt auch, wenn der Vermieter dies für den Fall der Abwesenheit des Mieters beim Übergabetermin bereits angekündigt hat. Ein Schmerzensgeldanspruch des Mieters kommt insbesondere dann in Betracht, wenn der Vermieter durch eine umgehende Weitervermietung der Wohnung verhindert hat, dass der Mieter eine Wiedereinräumung des Besitzes durch eine einstweilige Verfügung bewirken kann (AG Reinbek, Urteil v. 20.5.2008, 5 C 624/06, NZM 2008 S. 719).

Ist der Mieter jedoch rechtskräftig zur Räumung und Herausgabe der Mietsache verurteilt worden, kann er sich nicht auf Besitzschutzansprüche berufen, wenn der Vermieter eigenmächtig, d.h. ohne Zuhilfenahme der staatlichen Organe (Gerichtsvollzieher), die Räumung der Mietsache durchgeführt hat, obwohl dem Mieter damit die Mietsache widerrechtlich entzogen worden ist. Einem Anspruch des Mieters auf Wiedereinräumung des Besitzes steht die Rechtskraft des Räumungsurteils entgegen. Eine Durchbrechung der Rechtskraft kommt nur in Ausnahmefällen in Betracht (OLG München, Beschluss v. 30.10.2008, 20 U 3860/08).

Ein Mietverhältnis wird durch eine wirksame Kündigungserklärung beendet. Einen einseitigen Verzicht auf den Rückgabe- und Räumungsanspruch sieht das Gesetz nicht vor. Allerdings kann ein schlüssiger **Verzicht** des Vermieters auf Räumung vorliegen, wenn der Vermieter aus einer Kündigung über einen langen Zeitraum (hier: 8 Monate) keine Ansprüche herleitet, z.B. keine Räumungsklage erhebt (LG Berlin, Beschluss v. 20.1.2011, 32 S 5/10, GE 2011 S. 338).

2 Kündigung durch den Mieter

Der Vermieter von Wohnraum bedarf zur ordentlichen Kündigung eines berechtigten Interesses an der Beendigung des Mietverhältnisses i.S.v. § 573 Abs. 1 BGB (s. „Kündigungsschutz“, Abschnitt 2 „Kündigungsgründe (§ 573 BGB)“), während der Mieter für die ordentliche Kündigung keinen Grund zu haben braucht.

Die Zulässigkeit dieser unterschiedlichen Behandlung von Mieter und Vermieter hat das Bundesverfassungsgericht mit Beschluss v. 8.1.1985 (1 BvR 792/83, 1 BvR 501/83, DWW 1985 S. 97) bestätigt und entschieden, dass es mit der Eigentumsgarantie des Art. 14 Abs. 1 S. 1 GG vereinbar ist, wenn der Gesetzgeber das Kündigungsrecht des Vermieters von Wohnraum von einem berechtigten Interesse an der Beendigung des Mietverhältnisses abhängig gemacht hat. Neben der eingangs erwähnten grundsätzlichen Unterscheidung zwischen der ordentlichen und der außerordentlichen Kündigung werden in Anbetracht der unterschiedlichen Rechtslage die Kündigungsmöglichkeiten von Mieter und Vermieter getrennt dargestellt.

2.1 Ordentliche Kündigung durch den Mieter

Die ordentliche Kündigung durch den Mieter kann unter Einhaltung der Formalien (s. Abschnitt 1) und der Kündigungsfristen (s. „Kündigungsfristen“) erfolgen, ohne dass ein Grund für die Kündigung vorliegen oder angegeben werden muss.

Dieses Kündigungsrecht besteht jedoch **nicht**, wenn der Mietvertrag auf **bestimmte** Zeit abgeschlossen ist (§ 542 Abs. 2 BGB; s. „Zeitmietvertrag“; s. auch „Ersatzmieter“), der Mieter für einen bestimmten Zeitraum auf sein ordentliches Kündigungsrecht **verzichtet** hat (s.o. Abschnitt 1.12 „Verzicht auf das ordentliche Kündigungsrecht“) oder wenn bei einem Mietvertrag für längere Zeit als ein Jahr das

Schriftformerfordernis der §§ 550, 578 BGB nicht beachtet wurde und der Mietvertrag daher nach den §§ 550, 578 BGB zwar für unbestimmte Zeit geschlossen gilt, jedoch frühestens zum Ablauf eines Jahres nach Überlassung der Mietsache gekündigt werden kann.

2.2 Außerordentliche Kündigung durch den Mieter

Außerordentlich bedeutet, dass durch die Kündigung auch ein Mietverhältnis von **bestimmter** Dauer **vorzeitig** beendet werden kann.

Zu unterscheiden ist zwischen der außerordentlichen **fristlosen** Kündigung, die ohne Einhaltung einer Kündigungsfrist erfolgen kann und mit Zugang beim Vermieter wirksam wird (s. Abschnitt 2.2.1), und der außerordentlichen **befristeten** Kündigung unter Einhaltung der gesetzlichen Kündigungsfrist. Diese beträgt bei Wohnraum 3 Monate (§§ 573d Abs. 2, 575a Abs. 3 BGB) und bei Geschäftsräumen 6 Monate zum Quartalsende (§ 580a Abs. 2, 4 BGB; s. u. Abschnitt 2.2.2 „Außerordentliche befristete Kündigung durch den Mieter“ sowie „Kündigungsfristen“).

Unwirksam ist eine außerordentliche Kündigung durch den Mieter, wenn diese weder fristlos noch unter Einhaltung der gesetzlichen Kündigungsfrist erfolgt, sondern zu einem noch **unbestimmten Zeitpunkt** wirken soll, z. B. zu dem der Mieter neue Räume beziehen kann (BGH, Urteil v. 22.10.2003, XII ZR 112/02, NZM 2004 S. 66).

Dagegen kann eine fristlose Kündigung im Einzelfall gemäß § 140 BGB in eine ordentliche Kündigung **umgedeutet** werden. Dies ist wegen der unterschiedlichen Rechtsfolgen einer fristlosen und einer ordentlichen Kündigung zwar nicht generell und in jedem Fall möglich, wenn die Voraussetzungen für eine fristlose Kündigung nicht vorliegen (so bereits BGH, Urteil v. 15.1.2003, XII ZR 300/99). Eine Umdeutung ist aber dann zulässig und angebracht, wenn – für den Kündigungsgegner erkennbar – nach dem Willen des Kündigenden das Vertragsverhältnis in jedem Fall zum nächstmöglichen Termin beendet werden soll (BGH, Urteil v. 24.7.2013, XII ZR 104/12, ZMR 2014 S. 22).

2.2.1 Außerordentliche fristlose Kündigung aus wichtigem Grund

Der Mieter kann das Mietverhältnis gemäß § 543 Abs. 1 BGB aus **wichtigem Grund** fristlos kündigen. Ein wichtiger Grund liegt vor, wenn dem Mieter unter Berücksichtigung aller Umstände des Einzelfalls insbesondere eines Verschuldens des Vermieters und unter Abwägung der beiderseitigen Interessen die Fortsetzung des Mietverhältnisses bis zum Ablauf der Kündigungsfrist oder bis zur sonstigen Beendigung des Mietverhältnisses **nicht zugemutet** werden kann oder wenn der Vermieter den **Hausfrieden** nachhaltig stört (§ 569 Abs. 2 BGB).

Eine fristlose Kündigung des Mieters (nach § 543 Abs. 2 S. 1 Nr. 1 BGB) erfordert nicht, dass der Mieter im Kündigungsschreiben darlegt, warum ihm die Fortsetzung des Mietverhältnisses nicht zumutbar ist. Für die Wirksamkeit seiner Kündigung genügt es vielmehr grundsätzlich, wenn einer der im Gesetz aufgeführten Tatbestände (z. B. Nichtgewähren oder Entziehen des vertragsgemäßen Gebrauchs) vorliegt (BGH, Urteil v. 29.4.2009, VIII ZR 142/08, ZMR 2009 S. 681).

Mit dieser Neuregelung, die durch das Mietrechtsreformgesetz 2001 eingefügt worden ist, soll klargestellt werden, dass ein Mietverhältnis nicht nur bei schuldhaften Vertragsverletzungen des Vertragspartners (entsprechend § 554a BGB a. F.), sondern auch bei **nicht schuldhaftem** Verhalten gekündigt werden kann (entsprechend der bisherigen Rechtsprechung zu den §§ 242, 626 BGB).

Voraussetzung für die Kündigung ist somit nicht in erster Linie ein schuldhaftes Verhalten, sondern vielmehr die **Unzumutbarkeit** für den Vertragspartner, sodass eine fristlose Kündigung im Einzelfall auch bei nicht schuldhaftem Verhalten des Vertragspartners erfolgen kann.

Das Verschulden ist nur insoweit von Relevanz, als die Anforderungen an die Unzumutbarkeit bei nicht schuldhaftem Verhalten des Vertragspartners höher sein werden als bei schuldhaftem Verhalten, d.h., das Maß des Verschuldens muss bei der Interessenabwägung berücksichtigt werden (vgl. Beschlussempfehlung des Rechtsausschusses, BT-Drucks. 14/5663).

Da die neue Regelung im Wesentlichen der bisherigen Rechtslage entsprechen soll (vgl. Begründung des Gesetzentwurfs, NZM 2000 S. 433), kann zur Bestimmung des Anwendungsbereichs die Rechtsprechung herangezogen werden, die zur fristlosen Kündigung bei fehlendem Verschulden ergangen ist und bisher auf die §§ 242, 626 Abs. 1 BGB gestützt war. Danach kann für den Mieter ein **wichtiger Grund** (Kündigungsgrund) vorliegen, wenn das gegenseitige Vertrauensverhältnis so **nachhaltig zerrüttet** ist, dass ein gedeihliches Zusammenwirken der Vertragspartner nicht mehr zu erwarten und dem Mieter die Fortsetzung des Vertrags auch bei Anlegung eines strengen Maßstabs nicht mehr zuzumuten ist (OLG Düsseldorf, Urteil v. 16.2.2006, I-10 U 116/05, DWW 2006 S. 196; BGH, Urteil v. 21.12.1977, VIII ZR 119/76, ZMR 1978 S. 207; OLG Düsseldorf, Urteil v. 9.11.1989, 10 U 37/89, ZMR 1990 S. 57). Dies ist bei Montage einer Videokamera-Attrappe im Treppenhaus jedenfalls dann nicht der Fall, wenn der gewerbliche Mieter (hier: Rechtsanwalt) im Zeitpunkt der Kündigung bereits ausgezogen ist und keine ernsthafte Nutzungsabsicht der angemieteten Räume mehr besteht (OLG Düsseldorf, Urteil v. 16.2.2006, I-10 U 116/05, ZMR 2006 S. 844).

Dagegen kann ein Mieter zur fristlosen Kündigung des Mietverhältnisses berechtigt sein, wenn er durch einen anderen (hier: offenbar psychisch auffälligen) Mieter derart permanent belästigt wird (u.a. durch unberechtigte Vorwürfe, Strafanzeigen, Klopfen, Schreien, Drohbriefe, Klingeln an der Tür u. Ä.), dass die Fortführung des Mietvertrags nicht mehr als zumutbar angesehen werden konnte, da der beeinträchtigte Mieter sogar zeitweise außer Haus wohnen musste. Entscheidend sind aber die jeweiligen Umstände des Einzelfalls (LG Berlin, Urteil v. 8.6.2006, 67 S 465/05, MM 2007 S. 333).

Umstände aus der **Sphäre des Mieters**, z.B. weil die Wohnung zu klein oder zu teuer geworden ist, stellen dabei **keinen** wichtigen Grund dar. Gleiches gilt für Umstände, die der Mieter selbst herbeigeführt hat.

Auch eine **schwere Erkrankung** des Mieters fällt in dessen Risikobereich und rechtfertigt daher **keine** außerordentliche Kündigung (OLG Düsseldorf, Beschluss v. 25.7.2008, 1-24 W 53/08, ZMR 2009 S. 25).

Etwas anderes kann nur in besonders gelagerten **Ausnahmefällen** gelten, z.B. wenn die Wohnung aufgrund der Geburt von mehreren Kindern erheblich zu klein geworden ist und für mehrere Kinder zusammen nur ein kleines Zimmer zur Verfügung steht (vgl. LG Oldenburg, Urteil v. 24.3.1995, 13 S 1450/94, WuM 1995 S. 394).

Der Mieter eines **Geschäftslokals** ist zur außerordentlichen Kündigung **nicht** berechtigt, wenn sich die Ertragslage verschlechtert hat (OLG Düsseldorf, Urteil v. 13.12.1990, 10 U 84/90, DWW 1991 S. 50). Gleiches gilt sogar im Fall der Existenzgefährdung des Mieters (OLG Düsseldorf, Urteil v. 6.11.1997, 10 U 155/96, ZMR 1998 S. 218).

Auch Bauarbeiten an der Straße bzw. dem Gehweg, die den Zugang zu den gemieteten Geschäftsräumen beeinträchtigen, stellen keinen zur fristlosen Kündigung berechtigenden Mangel dar, wenn sie nur gelegentliche Behinderungen im Zugang und das Erfordernis einer erhöhten Flexibilität mit sich bringen, nicht aber zu einer länger andauernden oder vollständigen Sperrung des Zugangs führen. Das Risiko, dass Kunden aufgrund welcher Umstände auch immer fernbleiben (z.B. aufgrund von Verkehrsmaßnahmen), trägt allein der Mieter. Ferner fehlt derartigen Erschwernissen regelmäßig auch die Erheblichkeit, da es jeder Anlieger hinnehmen muss, dass eine Straße, von der er Nutzen zieht, entsprechend den öffentlichen Bedürfnissen erneuert und umgestaltet wird (OLG Düsseldorf, Beschluss v. 1.12.2011, I-24 U 147/11, GE 2012 S. 688).

Dementsprechend stellt die Zugangsbehinderung zu einem Ladenlokal infolge einer Großbaustelle (hier: U-Bahn-Bau) bei einem gewerblich genutzten Objekt keinen Mangel dar, selbst wenn die Gehwegbreite vor dem Ladenlokal vermindert ist und sich die Bauarbeiten auf die Qualität des Aufenthalts im Bereich des Ladenlokals auswirken. Da der Bau einer U-Bahn-Linie ein Ergebnis öffentlich-rechtlicher Beschlussfassungen ist, auf die der Vermieter keinen prägenden Einfluss ausüben kann und deren Ergebnissen er in gleicher Weise wie andere ausgesetzt ist, muss der Vermieter für solche Auswirkungen auf die Mietsache nicht einstehen. Eine Mietminderung kommt daher allenfalls bei völliger Versperrung des Zugangs zum Ladenlokal in Betracht, da dies der Risikosphäre des Vermieters zuzuordnen sein könnte (LG Düsseldorf, Urteil v. 13.3.2012, 9 O 193/11, ZMR 2012 S. 775).

Insofern gehört auch das spätere Hinzukommen von weiteren einschlägigen Einkaufsmöglichkeiten im Umfeld des Mietobjekts ebenso zur Risikosphäre des Mieters wie ein sich zeitlich bereits vor dem Abschluss eines langfristigen Mietvertrags in einem neuen, nicht voll vermieteten Einkaufszentrum abzeichnender **Bevölkerungsschwund** (BGH, Urteil v. 3.3.2010, XII ZR 131/08, NZM 2010 S. 361). Gleiches gilt für eine vom Vermieter als Reaktion auf die Marktverhältnisse bewirkte Veränderung der **Mieterstruktur** im Umfeld des Mietobjekts. Auch dies fällt unter das typischerweise vom gewerblichen Mieter zu tragende Verwendungsrisiko. Soll diese typische Risikoverteilung abweichend geregelt werden, bedarf es einer hinreichend klaren Vereinbarung; eine lediglich übereinstimmende Vorstellung der Parteien über die Mieterstruktur im Umfeld des Mietobjekts (hier: Büroetagen) genügt ebenso wenig wie die Bezeichnung jener Etagen in einer dem streitigen Mietvertrag beigefügten Gesamtflächenzusammenstellung als „Büro" (BGH, Urteil v. 17.3.2010, XII ZR 108/08, NZM 2010 S. 364).

Beim Tod eines Mitglieds einer Anwaltskanzlei sind die übrigen Mitglieder **nicht** zur außerordentlichen Kündigung der angemieteten Räume berechtigt (OLG Naumburg, Urteil v. 19.4.2000, 6 U 202/9, NZM 2002 S. 1669).

Ein Anspruch des Mieters auf vorzeitige Beendigung des Mietverhältnisses besteht insbesondere dann nicht, wenn der Mieter nach dem Mietvertrag zur **Untervermietung** der Räume berechtigt ist und damit für ihn selbst die Möglichkeit besteht, den wirtschaftlichen Folgen einer Geschäftsaufgabe entgegenzuwirken (OLG Naumburg, Urteil v. 18.6.2002, 9 U 8/02, WuM 2002 S. 537). Dagegen kann der Mieter von Geschäftsräumen zur außerordentlichen Kündigung aus wichtigem Grund berechtigt sein, wenn das **Vertrauensverhältnis** der Vertragsparteien durch ungerechtfertigte und kategorisch verlangte Mieterhöhungen so belastet ist, dass dem Mieter eine Fortsetzung des Mietverhältnisses **unzumutbar** ist (OLG Düsseldorf, DWW 1969 S. 205).

Gleiches kann gelten, wenn der Vermieter jahrelang seiner Verpflichtung zur Abrechnung der Nebenkosten und trotz einer entsprechenden Verurteilung nicht nachkommt (OLG Düsseldorf, Urteil v. 20.12.1990, 10 U 137/90, DWW 1991 S. 78). Dagegen können allein zwölf Gerichtsverfahren, die zwischen den Parteien eines gewerblichen Mietverhältnisses innerhalb von 4 Jahren geführt wurden, eine Unzumutbarkeit noch nicht begründen (OLG Hamm, Urteil v. 5.6.1992, 30 U 305/91, NJW-RR 1993 S. 16). Auch die Äußerung des Vermieters, ein Mahnschreiben des Mieters mit Fristsetzung zur Mängelbeseitigung wirke wie eine Nötigung, stellt noch keinen Grund zur außerordentlichen Kündigung des Mietverhältnisses durch den Mieter dar (OLG Düsseldorf, Beschluss v. 19.7.2011, 24 U 31/11, DWW 2012 S. 11).

Dagegen kann der Mieter zur außerordentlichen fristlosen Kündigung eines gewerblichen Mietverhältnisses nach § 543 Abs. 1 BGB berechtigt sein, wenn der Vermieter gegenüber Dritten Behauptungen aufstellt, die geeignet sind, den Gewerbebetrieb des Mieters nachhaltig zu beeinträchtigen, oder versucht, durch missfällige Äußerungen und Verdächtigungen den Geschäftsbetrieb des Mieters zu diffamieren, z.B. durch nicht belegte Behauptungen, der Mieter betreibe in den für einen Wellnessbetrieb angemieteten Räumen eine Sekte oder einen „verdeckten Puff“ (BGH, Urteil v. 15.9.2010, XII ZR 188/08).

Der Mieter kann wegen einer **Störung der Geschäftsgrundlage** (§ 313 BGB) zur Kündigung einer gemieteten Eigentumswohnung berechtigt sein, wenn die Wohnung aufgrund von seit mehr als 2 Jahren andauernden Instandsetzungsarbeiten nicht nutzbar und ein Ende der Arbeiten nicht absehbar ist. Insofern kann sich der Vermieter wegen der ihm obliegenden Verpflichtung zur Gebrauchsgewährung auch nicht auf eine fehlende Mitwirkung der Wohnungseigentümergemeinschaft bei Durchführung der Instandsetzung berufen (LG Berlin, Urteil v. 4.4.2006, 63 S 334/05, WuM 2006 S. 375).

Zur fristlosen Kündigung des Mieters wegen **Sprengstoffanschlägen**, die gegen den im Mietobjekt untergebrachten Mietverwalter gerichtet waren, s. BGH, Beschluss v. 7.11.2001, XII ZR 187/99; OLG Dresden, Urteil v. 11.6.1999, 22 U 2401/98, NZM 2002 S. 165.

Zum Kündigungsrecht des Mieters wegen **Kinderlärm** s. „Lärm“.

Zum Kündigungsrecht des gewerblichen Mieters wegen Belästigungen aus einer nahe gelegenen Drogenberatungsstelle s. OLG Hamburg, Urteil v. 6.2.2002, 4 U 43/01, WuM 2003 S. 90.

> An der Unzumutbarkeit **fehlt** es, wenn das Mietverhältnis ordentlich gekündigt werden kann und ein Abwarten bis zum Ablauf der Kündigungsfrist bzw. bis zum Ende des Mietverhältnisses (beim befristeten Mietvertrag) zumutbar erscheint.

Eine **unberechtigte** fristlose Kündigung durch den Vermieter stellt eine ernsthafte Erfüllungsverweigerung und damit eine Vertragsverletzung dar, die den Mieter nicht nur zur Geltendmachung von Schadenersatzansprüchen (u. a. Ersatz von Rechtsanwaltskosten des Mieters), sondern auch zur fristlosen Kündigung des Mietverhältnisses berechtigen kann (OLG Düsseldorf, Urteil v. 8.2.2001, 10 U 202/99, NZM 2002 S. 292; v. 26.6.1997, 10 U 95/96, WuM 1997 S. 556 m. w. N.).

Dagegen soll der Mieter nicht zur fristlosen Kündigung berechtigt sein, wenn der Vermieter eigenmächtig die Schlösser zu den vermieteten Geschäftsräumen auswechselt, nach Belehrung durch die Polizei aber sofort die ursprünglichen Schlösser wieder einbaut (KG Berlin, Beschluss v. 4.2.2009, 12 U 118/08, NZM 2009 S. 820).

Nach einer unwirksamen Kündigung des Vermieters kann in einem späteren Schreiben des Mieters, in dem die Rückgabe der Mietsache avisiert wird, eine **konkludente** Kündigungserklärung des Mieters gesehen werden (LG Hamburg, Urteil v. 10.4.2003, 307 S 134/02, ZMR 2004 S. 37; s. auch Urteil v. 6.6.2002, 307 S 11/02, ZMR 2002 S. 669). Jedenfalls steht dem Vermieter trotz des ggf. fortbestehenden Mietverhältnisses keine Miete mehr zu, wenn er den Mieter durch eine unwirksame Kündigung zur vorzeitigen Rückgabe der Mietsache veranlasst hat.

Das Verlangen auf Weiterzahlung der Miete wäre nach dem Grundsatz „venire contra factum proprium“ (widersprüchliches Verhalten § 242 BGB) rechtsmissbräuchlich (OLG Düsseldorf, Urteil v. 7.10.2004, I-10 U 70/04, WuM 2004 S. 603).

Zur Ersatzfähigkeit der Kosten eines Rechtsanwalts, den der Mieter zur Abwehr einer unberechtigten Kündigung des Mietverhältnisses durch den Wohnungs-/Grundstücks**käufer** eingeschaltet hat, s. „Eigentümerwechsel“, Abschnitt 2 „Kündigung und Mieterhöhung durch den Käufer“.

Ein Vermögensverfall des Vermieters führt grundsätzlich erst dann zu einem außerordentlichen Kündigungsrecht des Mieters, wenn sich abzeichnet, dass der Vermieter seine Verpflichtungen aus dem Mietvertrag nicht mehr erfüllen kann (§ 242 BGB). Allein die Löschung des Vermieters (z. B. einer GmbH) im Handelsregister wegen Vermögenslosigkeit berechtigt den Mieter nicht zur außerordentlichen Kündigung des Mietverhältnisses (BGH, Urteil v. 10.4.2002, XII ZR 37/00, NJW-RR 2002 S. 947, s. auch „Insolvenz des Mieter – Insolvenz des Vermieters“).

Der Mieter kann sein Recht zur außerordentlichen fristlosen Kündigung aus wichtigem Grund **verwirken**. Dies ist der Fall, wenn er nahezu ein Jahr zuwartet, bis er seine Kündigung auf ein vertragswidriges Verhalten des Vermieters stützt (OLG Düsseldorf, Urteil v. 16.2.2006, I-10 U 116/05, DWW 2006 S. 196).

2.2.1.1 Fristlose Kündigung wegen Nichtgewährens oder Entziehens des vertragsgemäßen Gebrauchs (§ 543 Abs. 2 Nr. 1 BGB)

Ein **wichtiger Grund** i.S.d. § 543 Abs. 1 BGB, der den Mieter zur fristlosen Kündigung berechtigt, liegt vor, wenn ihm der **vertragsgemäße Gebrauch** der vermieteten Sache ganz oder zum Teil **nicht rechtzeitig gewährt** oder **wieder entzogen** wird. Die Kündigung ist aber grundsätzlich erst nach erfolglosem Ablauf einer angemessenen Frist zur Abhilfe oder nach erfolgloser Abmahnung zulässig (zu den Ausnahmen s. u.).

Auf ein **Verschulden** des Vermieters kommt es nicht an (BGH, Urteil v. 18.9.1974, VIII ZR 63/73, NJW 1974 S. 2233).

Das Kündigungsrecht steht dem Mieter unabhängig von dem Zeitpunkt der Überlassung ab dem vertragsgemäßen Beginn des Mietverhältnisses zu. In dem Zeitraum vom Vertragsschluss (in der Regel Unterzeichnung des Mietvertrags) bis zum Beginn des Mietverhältnisses besteht dieses Kündigungsrecht nur ausnahmsweise, wenn bereits feststeht, dass der Kündigungsgrund bei Beginn des Mietverhältnisses gegeben sein wird (LG Freiburg, Urteil v. 30.5.1985, 3 S 1/85, WuM 1986 S. 246). Dagegen reicht eine bloße Befürchtung des Mieters, der Vermieter könne den vertragsgemäßen Gebrauch bei Beginn des Mietverhältnisses nicht gewähren, nicht aus (LG Hamburg, Urteil v. 30.11.1973, 11 O 162/72, MDR 1974 S. 583).

Räumt eine Mietvertragspartei die angemieteten Räume nicht zum vertraglich vereinbarten Zeitpunkt, kann der neue Mieter das Mietverhältnis wegen Nichtgewähren des Gebrauchs auch ohne Verschulden des Vermieters fristlos kündigen. Dem Vermieter stehen dann gegen den alten Mieter Ansprüche auf Ersatz des Mietausfalls zu (BGH, Urteil v. 23.4.2008, XII ZR 136/05, ZMR 2008 S. 867).

Das **Nichtgewähren oder das Entziehen** des vertragsgemäßen Gebrauchs kann sich u.a. ergeben aus dem Vorliegen eines erheblichen Sach- oder Rechtsmangels, z.B. wenn ein anderer Wohnungseigentümer den Mieter unter Androhung gerichtlicher Schritte auffordert, die mietvertraglich vereinbarte Nutzung der Wohnung zu bestimmten Zwecken wegen Verstoßes gegen die Teilungserklärung zu **unterlassen** (OLG Düsseldorf, Urteil v. 8.7.1998, 10 U 159/97, ZMR 1999 S. 24; BGH, Beschluss v. 24.1.2001, XII ZR 213/98, ZMR 2001 S. 344); ferner aus der Erfüllungsverweigerung durch den Vermieter, z.B. vereinbarte Umbauarbeiten vorzunehmen (OLG Köln, Urteil v. 18.12.1996, 27 U 17/96, ZMR 1997 S. 230), oder die vertraglich vereinbarte Untervermietung zu gestatten (OLG Düsseldorf, Urteil v. 19.4.1994, 24 U 160/93, WuM 1995 S. 585); einer behördlichen Anordnung, z.B. baurechtlich unzulässige Benutzung der Mietsache (s. LG Mannheim, Urteil v. 9.12.1998, 4 S 36/98, NZM 1999 S. 406, wonach ein **erheblicher** Mangel vorliegt, wenn ein im Souterrain gelegener und zu Wohnzwecken vermieteter Raum nicht die Anforderungen der Landesbauordnung an einen Aufenthaltsraum erfüllt und seine Fläche ca. 16 % der Gesamtfläche der Wohnung beträgt; s. hierzu auch LG Frankfurt/M., Urteil v. 14.12.1976, 2/11 S 377/76, NJW 1977 S. 1885), jedoch berechtigt allein die formelle Baurechtswidrigkeit – ohne Einschreiten der Behörde – den Mieter nicht zur fristlosen Kündigung (LG Frankfurt/M., Urteil v. 29.12.1999, 2/17 S 99/99, NZM 2000 S. 1053; so auch BGH, Urteil v. 16.9.2009, VIII ZR 275/08, NJW 2009 S. 3421, wonach öffentlich-rechtliche Nutzungsbeschränkungen vermieteter Wohnräume – z.B. im Keller oder Dachgeschoss – die nicht als Wohnraum genutzt werden dürfen, den Mieter nicht zur Mietminderung berechtigen, wenn deren Nutzbarkeit mangels Einschreiten der zuständigen Behörden nicht eingeschränkt ist). Gleiches muss für das Recht des Mieters zur fristlosen Kündigung gelten.

Auch ein **Nichtraucherschutzgesetz**, wonach das Rauchen in bestimmten Räumen untersagt ist, stellt keinen Mangel der Miet- bzw. Pachtsache infolge einer behördlichen Beschränkung dar. Die mit einem gesetzlichen Rauchverbot zusammenhängende Gebrauchsbeschränkung der Mietsache (z.B. einer Gaststätte) beruht nämlich nicht auf der konkreten Beschaffenheit der Pachtsache, sondern bezieht sich auf die Art und Weise der Betriebsführung des Mieters bzw. des Pächters. Dementsprechend fallen die Folgen eines gesetzlichen Rauchverbots in Gaststätten allein in das wirtschaftliche Risiko des Pächters (BGH, Urteil v. 13.7.2011, XII ZR 189/09).

Anders bei fehlender Genehmigung zur Zweckentfremdung (KG Berlin, Urteil v. 1.4.2004, 8 U 219/03, KGR Berlin 2004 S. 453 = DWW 2004 S. 162); auch wenn teilgewerbliche Nutzung der Wohnung vereinbart war (KG Berlin, Urteil v. 7.12.1998, 8 U 2746/97, NZM 1999 S. 708, s. „Zweckentfremdung" und „Allgemeine Geschäftsbedingungen"); dauernder Behinderung der Ein- und Ausfahrt bei einem Kfz-Einstellplatz (LG Köln, Urteil v. 19.12.1974, 1 S 211/74, WuM 1976 S. 29); eigenmächtiger Inbesitznahme und Renovierung einer vom Mieter nicht mehr benutzten Wohnung durch den Vermieter (AG Braunschweig, Urteil v. 26.6.2002, 117 C 4321/01, ZMR 2003 S. 499); unangenehmen Gerüchen z.B. Nikotingeruch oder Zigarettenrauch, nur bei erheblicher Belastung, da sich in Mehrfamilienhäusern Immissionen aus anderen Wohnungen nie vollständig ausschließen lassen und diese den vertraglichen Gebrauch nicht zwingend beeinträchtigen (AG München, Urteil v. 6.7.2005, 423 C 24115/04); Fluglärm bei Ferienwohnung; **nicht**: Lärmbelästigung infolge Renovierungsarbeiten des Vermieters, auch wenn der Lärm erheblich, aber nur vorübergehend ist (AG München, Urteil v. 12.7.2006, 172 C 41295/04); Prostitution im Wohnhaus (AG Köln, Urteil v. 25.3.2002, 22 C 324/01, WuM 2003 S. 145); Möglichkeit der heimlichen Beobachtung des Mieters durch den Vermieter mittels eines in der Außenwand der Wohnung angebrachten durchsichtigen sog. venezianischen Spiegels (AG München, Urteil v. 19.10.2006, 473 C 18682/06).

Auch eine **verspätete Übergabe** der angemieteten Wohnung durch den Vermieter kann den Mieter wegen Nichtgewährens des vertragsgemäßen Gebrauchs zur fristlosen Kündigung des Mietverhältnisses berechtigen. Dies gilt nach Auffassung des LG Berlin selbst dann, wenn der Mietbeginn auf einen Sonntag fällt. Auch in diesem Fall muss dem Mieter die Wohnung an diesem Tag übergeben werden, da Wohnungsmietverträge in der Regel am Ende eines Monats auslaufen und der Mieter daher ein berechtigtes Interesse daran hat, dass ihm die neue Wohnung am darauffolgenden Monatsersten zur Verfügung steht. Eine Verzögerung um mehrere Tage muss der Mieter nicht hinnehmen (LG Berlin, Urteil v. 8.6.2012, 65 S 219/10). Gleiches gilt, wenn der Vermieter von Gewerberäumen den vertraglich vereinbarten **Konkurrenzschutz** z.B. dadurch verletzt, dass er im gleichen Objekt Räume an einen Dritten vermietet, der gleiche Dienstleistungen (hier: Kampfkunstschule/Unterrichtung in Kampfkünsten) anbietet (OLG Düsseldorf, Urteil v. 19.2.2013, 24 U 157/12, MDR 2013 S. 1027).

Eine erhebliche **Abweichung** der tatsächlichen von der vertraglich vereinbarten **Wohnfläche** kann den Mieter zur fristlosen Kündigung des Mietvertrags berechtigen. Eine Unterschreitung von **mehr als 10 %** ist jedenfalls als erheblich anzusehen, da in diesem Fall ein Mangel der Mietsache gegeben ist, der zur Folge hat, dass dem Mieter der vertragsgemäße Gebrauch der Mietsache (i.S.v. § 543 Abs. 2 S. 1 Nr. 1 BGB) nicht gewährt wird (BGH, Urteil v. 29.4.2009, VIII ZR 142/08, NJW 2009 S. 2297).

Allerdings kann der Mieter das Recht zur fristlosen Kündigung des Mietvertrags **verwirken**, z.B. wenn er bei Mietbeginn oder danach erkennt, dass die tatsächliche Wohnfläche die im Mietvertrag angegebene um mehr als 10 % unterschreitet, ohne dies zeitnah zum Anlass für eine fristlose Kündigung zu nehmen (BGH. Urteil v. 29.4.2009, a.a.O.).

Der Mieter kann den Mietvertrag auch ohne vorausgehende Abmahnung nach § 543 Abs. 2

Nr. 1 BGB kündigen, wenn ihm der Vermieter den Gebrauch zwar nur **teilweise**, aber dauerhaft entzieht und diesen Mangel hartnäckig bestreitet (hier: anderweitige Vermietung von Park- und Zufahrtsflächen vor einer Lagerhalle; OLG Düsseldorf, Urteil v. 30.6.2009, 24 U 179/08, NZM 2011 S. 154). Insofern ist eine Fortsetzung des Mietverhältnisses durch schlüssiges Verhalten der Vertragspartner nach Ende der Mietzeit nicht anzunehmen, wenn der Vermieter den geltend gemachten Gebrauchsentzug nicht abstellt, der Mieter auf die Beseitigung des Mangels nicht verzichtet und auch die Miete nicht zahlt (OLG Düsseldorf, a.a.O.).

Auch das Fehlen einer erforderlichen behördlichen Genehmigung zur vertragsgemäßen Nutzung der Mieträume (z.B. zum Betrieb einer Gaststätte) stellt einen Mangel (i.S.v. § 536 BGB) dar, der den Mieter zur fristlosen Kündigung berechtigt, wenn ihm durch eine mit einer Zwangsmittelandrohung verbundenen Ordnungsverfügung die vertragsgemäße Nutzung untersagt wird und für ihn zumindest Ungewissheit über deren Zulässigkeit besteht (BGH, Urteil v. 24.10.2007, XII ZR 24/06, ZMR 2008 S. 274).

So sind z.B. zum Betrieb einer Gaststätte vermietete Räume mangelhaft, wenn die Erteilung einer Gaststättenerlaubnis wegen der Nichteinhaltung der **Schallschutzbestimmungen** versagt wird (KG Berlin, Urteil v. 7.10.2002, 8 U 139/01, MDR 2003 S. 662).

Grundsätzlich ist der Vermieter verpflichtet, eine unzulässige Nutzung durch Einreichung eines Antrags auf Genehmigung der Nutzungsänderung zu legalisieren (OLG Köln, Beschluss v. 10.11.1997, 19 W 48/97, WuM 1998 S. 152). Entsprechendes gilt, wenn der Vermieter vertraglich „den Gebrauch der Mietsache in einem für den vorgesehenen Zweck geeigneten Zustand“ schuldet (OLG Düsseldorf, Beschluss v. 14.11.2005, 24 U 74/05, DWW 2006 S. 425). Hat sich der Mieter jedoch vertraglich zur Beibringung der Genehmigung verpflichtet, kann er sich nicht auf eine Mangelhaftigkeit der Mietsache wegen fehlender Erlaubnis berufen, wenn er nicht einmal den Versuch unternommen hat, diese zu erlangen (OLG Düsseldorf, Urteil v. 7.1.1993, 10 U 58/92, DWW 1993 S. 99).

Gleiches gilt, wenn der Mieter, der die Genehmigungen einzuholen hat, untätig bleibt, obwohl nichts gegen die Genehmigungsfähigkeit spricht (OLG Düsseldorf, Beschluss v. 14.11.2005, 24 U 74/05, DWW 2006 S. 425). Ferner kann sich der Mieter nicht auf eine Nichtgewährung oder Entziehung des vertragsgemäßen Gebrauchs berufen, solange die zuständige Behörde eine unzulässige Nutzung der Mietsache duldet (OLG Düsseldorf, Urteil v. 7.3.2006, 24 U 91/05, DWW 2006 S. 286; OLG München, Urteil v. 28.6.1996, 21 U 6071/95, ZMR 1996 S. 496; OLG Nürnberg, Urteil v. 16.7.1998, 8 U 197/98, NZM 1999 S. 419).

Zur Kündigung ist der Mieter erst dann berechtigt, wenn ihm von der zuständigen Behörde die vertragsgemäße Nutzung unter Androhung von Zwangsmitteln untersagt wird und für den Mieter zumindest Ungewissheit über die Zulässigkeit der Nutzung besteht (BGH, Urteil v. 24.10.2007, a.a.O; OLG Köln, Beschluss v. 10.11.1997, 19 W 48/97, WuM 1998 S. 152) oder wenn ein behördliches Einschreiten insoweit ernstlich zu erwarten ist (OLG Düsseldorf, Urteile v. 12.5.2005, 10 U 190/04, DWW 2005 S. 235 und v. 30.3.2006, 10 U 166/05, DWW 2006 S. 240).

Gleiches gilt, wenn eine Behörde dem Mieter lediglich mitteilt, dass die beantragte Nutzungsänderung, die der gewerbliche Mieter zur (vertragsgemäßen) Untervermietung der Räume benötigt, nicht genehmigungsfähig ist. Eine solche behördliche Mitteilung („Anhörung gemäß § 28 Verwaltungsverfahrensgesetz“) begründet noch **keinen** Mangel des Mietobjekts, der den Mieter zur fristlosten Kündigung des Mietverhältnisses berechtigen würde. Dem Mieter ist in diesem Fall zumutbar, den entsprechenden (rechtsmittelfähigen) Bescheid (hier: Nutzungsänderungsbescheid) der Behörde abzuwarten (BGH, Urteil v. 20.11.2013, XII ZR 77/12).

Eine Gebrauchsbeeinträchtigung (§ 536 Abs. 1 BGB) liegt nicht vor, wenn die Parteien in Kenntnis einer fehlenden behördlichen Genehmigung einen Mietvertrag abschließen und diesen „in Gang setzen“. Insofern kommt eine Mangelhaftigkeit der Mietsache erst mit der Versagung der Genehmigung in Betracht (KG Berlin, Urteil v. 15.2.2007, 8 U 138/06, DWW 2007 S. 249).

Die Haftung für das Vorliegen der erforderlichen Genehmigungen kann der Vermieter jedenfalls formularvertraglich **nicht** für Gründe **ausschließen**, die ausschließlich auf der Beschaffenheit oder der Lage des Mietobjekts beruhen. Schließt eine solche Klausel im Fall der Verweigerung der Genehmigung nicht nur Gewährleistungsrechte des Mieters aus, sondern auch dessen Befugnis zur fristlosen Kündigung, benachteiligt ein solcher Haftungsausschluss den Mieter entgegen den Geboten von Treu und Glauben unangemessen und ist deshalb (nach § 307 BGB) unwirksam (BGH, Urteil v. 24.10.2007, a.a.O.). Dementsprechend ist eine Klausel, wonach das **generelle** Risiko für die Erteilung der für den Betrieb erforderlichen Konzession vom Mieter zu tragen ist, **unwirksam**, weil durch die generelle Abwälzung des Risikos auch der Fall erfasst wird, dass die Genehmigung aus Gründen untersagt wird, die ausschließlich in der Beschaffenheit des Mietobjekts selbst liegen. Ein derart weitgehender Haftungsausschluss benachteiligt den Mieter unangemessen und ist daher unwirksam **(KG Berlin, Urteil v. 14.7.2014, 8 U 140/13)**.

Ein Rechtsmangel liegt auch nicht vor, wenn nur ein **Recht eines Dritten** auf die vermietete Sache besteht, das zu einer Beeinträchtigung des vertragsgemäßen Gebrauchs des Mieters führen könnte. Ein Rechtsmangel entsteht erst dann, wenn der Dritte sein Recht in einer Weise geltend macht, die tatsächlich zu einer Beeinträchtigung des Mietgebrauchs führt (KG Berlin, Urteil v. 31.10.2005, 8 U 95/05, ZMR 2006 S. 283).

Dementsprechend ist für die Annahme eines Mangels eine **konkrete** Beeinträchtigung der Tauglichkeit bzw. eine unmittelbare Einwirkung auf die Gebrauchstauglichkeit der Mietsache erforderlich. Allein aus der Vermietung weiterer Räume in dem Mietobjekt an einen Gewerbebetrieb, von dem nur die **abstrakte** Gefahr ausgeht, dass andere Mieter im Gebrauch der Mietsache beeinträchtigt werden (z.B. durch einen bordellartigen Betrieb), kann ein Mangel der Mietsache nicht hergeleitet werden. Erst wenn bei einem Mieter eine konkrete und mehr als nur unerhebliche Beeinträchtigung des vertragsgemäßen Gebrauchs eintritt, liegt ein (zur Minderung berechtigender) Mangel der Mietsache vor. Insofern hat der Mieter von Gewerberäumen ohne eine entsprechende vertragliche Vereinbarung in der Regel keinen Anspruch gegen den Vermieter, bei Vermietung weiterer Räume in dem Mietobjekt einen bestimmten „Mietermix“ oder ein bestimmtes „Milieuniveau“ zu wahren (BGH, Urteil v. 26.9.2012, XII ZR 122/11, GE 2012 S. 1553).

Wird dem Mieter (hier: einer Arztpraxis) jedoch die **Sperrung der Energieversorgung** aus nicht zu verantwortenden Gründen wiederholt angedroht und einmal auch vollzogen, ist der Mieter zur fristlosen Kündigung des Mietverhältnisses berechtigt (OLG Düsseldorf, Urteil v. 21.3.2006, 24 U 132/05, DWW 2006 S. 331).

Gleiches gilt, wenn der Vermieter umfassende Modernisierungsmaßnahmen ankündigt (hier: Grundsanierung mit Aufstockung des Gebäudes), zu dessen Duldung der Mieter von gewerblichen Räumen (hier: Praxis für Neurologie und Psychiatrie) nicht verpflichtet ist, weil infolge der angekündigten umfangreichen Sanierungs-, Um- und Ausbaumaßnahmen während 9 Monaten der Verlust des Patientenstamms zu erwarten ist. Steht angesichts der Ankündigung des Vermieters und dessen Verhaltens während der Verhandlungen über den Abschluss eines Mietaufhebungsvertrags gegen Ausgleichszahlung bereits vor Beginn der Bauarbeiten fest, dass der Vermieter die angekündigten Maßnahmen ohne Berücksichtigung der Belange des Mieters umsetzen wird, kann der Mieter bereits zu diesem Zeitpunkt außerordentlich kündigen und muss nicht zuwarten, bis der Gebrauchsentzug durch Beginn der Bauarbeiten eingetreten ist (BGH, Urteil v. 31.10.2012, XII ZR 126/11, NJW 2013 S. 223).

Einem Mieter, der Räume von einem **nicht verfügungsberechtigten** Vermieter gemietet hat, wird der vertragsgemäße Gebrauch bereits dadurch entzogen, dass der wahre Berechtigte nicht bereit ist, den Mieter die Mietsache zu den mit dem (nichtberechtigten) Vermieter vereinbarten Konditionen nutzen zu lassen. Nicht erforderlich ist, dass der (berechtigte) Eigentümer seine Rechte tatsächlich durchsetzt oder gerichtlich geltend macht. Schon die mündliche Ankündigung kann für den Mieter als Anlass ausreichend sein, den Gebrauch zu unterlassen oder aufzugeben (BGH, Urteil v. 10.7.2008, IX ZR 128/07, ZMR 2008 S. 883).

Liegen Mängel zwar vor, hat der Mieter aber schon vor dem Bemerken der Mängel aus anderen in seiner Person liegenden Gründen die Nutzung der Mieträume aufgegeben und beabsichtigt er auch keine weitere Nutzung der Räumlichkeiten, verstößt eine auf die angeblichen Mängel gestützte fristlose Kündigung des Mieters gegen den Grundsatz von Treu und Glauben (§ 242 BGB) und ist daher unwirksam (LG Münster, Urteil v. 16.2.2009, 15 O 461/08, ZMR 2009 S. 761).

Bei einem **Untermietverhältnis** steht dem Untermieter im Fall der Kündigung des Hauptmietverhältnisses (Eigentümer/Hauptmieter) wegen Zahlungsverzugs ein außerordentliches Kündigungsrecht gegen seinen Vermieter (Hauptmieter) auch dann zu, wenn er (noch) tatsächlichen Besitz am Mietobjekt hat, da er sich angesichts der entfallenden Besitzberechtigung seines Vermieters nicht am Untermietverhältnis festhalten lassen muss (OLG München, Urteil v. 6.4.2005, 7 U 1573/05, NZM 2006 S. 378).

Wegen einer **unerheblichen** Behinderung oder Vorenthaltung des Gebrauchs war die Kündigung nach § 542 BGB a.F. nur bei einem besonderen Interesse des Mieters gerechtfertigt. Diese Einschränkung findet sich in § 543 Abs. 2 Nr. 1 BGB nicht mehr, obwohl nach der Begründung der Bundesregierung (BT-Drucks. 14/4553) keine Änderung der Rechtslage eintreten sollte. Offenbar meint der Gesetzgeber, dass insoweit die Generalklausel des § 543 Abs. 1 BGB ergänzend heranzuziehen ist, wonach eine fristlose Kündigung in **Bagatellfällen** jedenfalls dem Grundsatz dieser Generalklausel widersprechen würde (so Kraemer, WuM 2001 S. 168). Das Kündigungsrecht ist daher **ausgeschlossen**, wenn nur ein **unwesentlicher** Mangel vorliegt (OLG Hamburg, Beschluss v. 12.4.2005, 4 U 162/04, ZMR 2005 S. 855).

Ob die Beeinträchtigung **erheblich** ist, bestimmt sich nach den Vereinbarungen der Parteien über die individuelle Beschaffenheit des Mietobjekts. Insofern können zur Abgrenzung zu unerheblichen Beeinträchtigungen die für die **Mietminderung** geltenden Grundsätze (s. „Minderung der Miete“) herangezogen werden (BGH, Urteil v. 4.5.2005, XII ZR 254/01, NZM 2005 S. 500). Eine Mietfläche, die um mehr als 10 % unter der im Mietvertrag vereinbarten Fläche liegt, stellt auch bei Geschäftsräumen einen **erheblichen** Mangel dar (so bereits BGH, Urteil v. 24.3.2004, VIII ZR 295/03, NZM 2004 S. 453 für Wohnraum). Dieser Mangel berechtigt den Mieter sowohl zur Mietminderung als auch zur fristlosen Kündigung des Mietverhältnisses nach § 543 Abs. 2 Nr. 1 BGB, jedenfalls solange er die Mieträume **noch nicht übernommen** hat.

Die Frage, ob ein Mieter, der die Räume ohne Beanstandung übernommen und benutzt hat und später Kenntnis von der geringeren Mietfläche erlangt, wegen dieser wesentlichen Gebrauchsbeeinträchtigung kündigen kann oder auf eine Mietminderung beschränkt ist, hat der BGH ausdrücklich offengelassen.

Eine Kündigung des Mieters ist auch **ausgeschlossen**, wenn der Mieter den Mangel überwiegend **selbst zu vertreten** hat (vgl. BGH, Urteil v. 14.4.1976, VIII ZR 288/74, BGHZ 66 S. 349 = WuM 1978 S. 90), z.B. infolge eines Brandes. In diesem Fall trifft den Vermieter auch keine Wiederherstellungspflicht (BGH, Urteil v. 26.11.1997, XII ZR 28/96, WuM 1998 S. 96).

Ist die Ursache des Schadens (z.B. Brand- oder Wasserschaden) zwischen den Parteien streitig, muss **zunächst** der **Vermieter** sämtliche Ursachen ausräumen, die aus seinem Gefahrenbereich herrühren können, z.B. fehlerhafte Installationen. Gelingt dem Vermieter dieser Beweis, so trägt der Mieter die Beweislast dafür, dass die Schäden nicht aus seinem Verantwortungsbereich stammen (BGH, Urteil v.

10.11.2004, XII ZR 71/01, WuM 2005 S. 54; zur Beweislast s. auch „Verschlechterung der Mietsache“).

Gleiches gilt, wenn der Mieter durch sein Verhalten maßgeblich die Fertigstellung des Mietobjekts verzögert hat (OLG Düsseldorf, Urteil v. 8.7.1993, 10 U 219/92, WuM 1993 S. 667).

Ein Kündigungsrecht des Mieters wegen Nichtgewährung des vertragsgemäßen Gebrauchs besteht **nicht**, wenn der Mieter die Mietsache gar nicht gebrauchen will. Hat der Mieter z. B. den Vermieter erst nach seinem Entschluss, aus den Mieträumen auszuziehen, zur Herstellung eines vertragsgemäßen Zustands aufgefordert, um sich sodann unter Hinweis auf eine nicht erfolgte Mängelbeseitigung aus dem Vertrag zu lösen, verstößt ein solches Verhalten des Mieters gegen das aus § 242 BGB (Grundsatz von Treu und Glauben) abzuleitende Verbot widersprüchlichen Verhaltens (OLG Hamm, Beschluss v. 13.12.2010, I-7 W 33/10, MDR 2011 S. 535).

Der Mieter eines Geschäftslokals kann grundsätzlich nicht wegen Beeinträchtigungen durch **Straßenbaumaßnahmen** kündigen. Darin liegt kein Mangel i. S. d. §§ 536, 543 BGB, da allein der Mieter das Risiko trägt, dass die Straße, von der er Nutzen ziehen kann, aufgrund öffentlicher Bedürfnisse erneuert und umgestaltet wird und dadurch eine eingeschränkte Zugänglichkeit der Mieträume eintritt. Anlieger, d. h. auch Mieter, müssen mit gelegentlichen Straßenbaumaßnahmen von begrenzter Dauer von vornherein rechnen, ohne dass ihnen insoweit das generelle Recht zusteht, sich deswegen aus bestehenden Verträgen lösen zu können. Auch der Wegfall von Bushaltestelle und öffentlichen Parkplätzen während der Bauarbeiten führt nicht zu einer unmittelbaren Einwirkung auf die Gebrauchstauglichkeit eines angemieteten Ladenlokals (OLG Düsseldorf, Beschluss v. 18.12.2004, 10 U 150/04, DWW 2008 S. 60).

Gleiches gilt im Fall der Einrichtung einer Fußgängerzone vor dem Ladengeschäft (OLG Düsseldorf, Urteil v. 18.11.1997, 24 U 261/96, NJW-RR 1998 S. 1236 = DWW 1998 S. 20) oder bei Verschlechterung der Anbindung der Geschäftsräume an das öffentliche Personennahverkehrskonzept (sog. Umweltfehler, LG Düsseldorf, Urteil v. 10.6.2003, 24 S 49/03, NZM 2003 S. 899).

Ausgeschlossen ist das Kündigungsrecht auch bei Kenntnis oder grob fahrlässiger Unkenntnis der konkreten Umstände durch den Mieter (§§ 543 Abs. 4, 536b BGB). Ferner kann der Mieter wegen Mängel, die im **Übergabeprotokoll** vermerkt sind, kein Kündigungsrecht in Anspruch nehmen, wenn er das Mietobjekt vorbehaltlos entgegengenommen hat (OLG Hamburg, Beschluss v. 12.4.2005, 4 U 162/04, ZMR 2005 S. 855).

Ferner kann der Mieter sein Kündigungsrecht **verwirken**. Nach § 314 Abs. 3 BGB, der auch auf die fristlose Kündigung des Mieters nach § 543 BGB (Vorenthalten des vertragsgemäßen Gebrauchs) anzuwenden ist (so BGH, NZM 2007 S. 400), kann der Mieter nur innerhalb einer **angemessenen** Frist kündigen, nachdem er vom Kündigungsgrund Kenntnis erlangt hat. Die Regelung bezweckt zum einen eine beschleunigte Herbeiführung klarer Verhältnisse, zum anderen liegt ihr die Erwägung zugrunde, dass nach längerem Zuwarten die Fortsetzung des Vertragsverhältnisses nicht unzumutbar ist. Eine Kündigung nach Ablauf von mehr als 6 Monaten nach dem Auftreten des Mangels erfolgt jedenfalls nicht mehr innerhalb einer angemessenen Frist i. S. d. § 314 Abs. 3 BGB (OLG Hamm, Beschluss v. 13.12.2010, 7 W 33/10, NZM 2011 S. 277).

Hat ein Mieter dem Vermieter bereits seinen Entschluss zum **Auszug** aus den Mieträumen mitgeteilt, verhält er sich widersprüchlich, wenn er später Mangelabhilfe verlangt und bei deren Ausbleiben den Mietvertrag fristlos kündigt (OLG Hamm, a. a. O.).

Darüber hinaus ist das Kündigungsrecht ausgeschlossen, wenn der Mieter zur Duldung von Maßnahmen verpflichtet ist (§ 554 BGB); die Gebrauchsunmöglichkeit auf Verschulden des Mieters beruht; dieser Abhilfemaßnahmen vereitelt, eine ihm zumutbare Mitwirkung versagt hat oder der Mangel vom Mieter selbst verursacht wurde. Daher kann eine Kündigung des Mieters wegen Ungezieferbefall (hier: Ratten und Mäuse) in den gemieteten Räumen (hier: Apotheke) unwirksam sein, wenn der

Ungezieferbefall auf Veränderungen beruht, die der Mieter selbst vorgenommen oder die der Vermieter nur auf Wunsch des Mieters vorgenommen hat (hier: Einbau einer elektrischen Schiebetür, deren Anschlüsse auch im geschlossenen Zustand nicht ausreichend dicht sind). Dies gilt selbst dann, wenn den Vermieter die Verantwortung für einen in den Mieträumen außerdem auftretenden Befall durch Schaben trifft (OLG Düsseldorf, Urteil v. 6.11.2008, I-24 U 149/07; BGH, Beschluss v. 4.11.2009, XII ZR 200/08, ZMR 2011 S. 629).

Eine Kündigung wegen Nichtgewähren oder Entziehen des vertragsgemäßen Gebrauchs ist erst zulässig, wenn der Vermieter eine ihm von dem Mieter bestimmte **angemessene Frist** hat verstreichen lassen, ohne Abhilfe zu schaffen (§ 543 Abs. 3 BGB). In dem Abhilfeverlangen müssen die einzelnen Mängel **konkret** bezeichnet sein, sodass der Vermieter erkennen kann, welche Arbeiten er ausführen muss (OLG Naumburg, Urteil v. 30.6.1999, 6 U 92/98, WuM 2000 S. 246). Allein die Mängelanzeige (§ 536c BGB) stellt kein Abhilfeverlangen dar.

Die **Länge** der Frist bestimmt sich nach den Umständen des Einzelfalls, wobei dem Vermieter ausreichend Zeit zur Prüfung der Mängel sowie zur Behebung im üblichen Zeitraum zustehen muss (vgl. hierzu aber OLG Düsseldorf, Urteil v. 28.7.1998, 24 U 173/97, ZMR 1999 S. 26, wonach die Frist im Fall einer akuten Gefährdung des Eigentums des Mieters auch relativ kurz – z.B. zur Notreparatur des undichten Dachs – bemessen sein darf). Eine zu kurze Frist bewirkt nicht die Unwirksamkeit des Abhilfeverlangens, sondern wandelt sich automatisch in eine angemessene Frist um (LG Frankfurt/M., Urteil v. 18.11.1986, 2/11 S 219/86, WuM 1987 S. 55).

Wurde ein Mangel (z.B. Defekt an der Heizung) **vorübergehend** erfolgreich repariert und tritt dieser Mangel später erneut auf, ist der Mieter gehalten, vor einer Kündigung **erneut** Mängelbeseitigung zu verlangen. Bei einem Heizungsausfall gilt dies jedenfalls dann, wenn der Ausfall außerhalb der üblichen Heizperiode eingetreten ist (LG Hamburg, Urteil v. 13.9.2005, 307 O 127/05, ZMR 2006 S. 695).

Der Bestimmung einer Frist bedarf es **nicht**, wenn die sofortige Kündigung aus **besonderen Gründen** unter Abwägung der beiderseitigen Interessen gerechtfertigt ist (§ 543 Abs. 3 S. 2 Nr. 2 BGB), z.B. mehrfache, fehlgeschlagene Reparaturversuche an der Heizung während der kalten Jahreszeit oder mehrfacher Heizungsausfall in der Wohnungseigentumsanlage aufgrund einer Stromabschaltung durch das Elektrizitätswerk nach offenen Rechnungen, wenn Wiederholungen zu befürchten sind (LG Saarbrücken, Urteil v. 17.6.1994, 13 B S 58/94, WuM 1995 S. 159).

Weiterhin dann, wenn eine Frist offensichtlich **keinen Erfolg** verspricht (§ 543 Abs. 3 S. 2 Nr. 1 BGB), z.B. weil der Vermieter die Abhilfe **ernsthaft und endgültig verweigert** (BGH, Urteil v. 22.10.1975, VIII ZR 160/74, NJW 1976 S. 796), wobei an diesen Umstand strenge Anforderungen zu stellen sind. Allein das Bestreiten der Mängel durch den Vermieter reicht dafür keinesfalls aus, da nicht auszuschließen ist, dass sich der Vermieter von dem Vorliegen der Mängel noch überzeugen lässt und ein bloßes Bestreiten daher regelmäßig keine endgültige Verweigerung darstellt.

Eine Fristsetzung ist auch entbehrlich, wenn die **Abhilfe** (z.B. die Herstellung des vertragsgemäßen Zustands durch Aufhebung eines behördlichen Verbots) **nicht** oder nicht in angemessener Frist **möglich** (vgl. OLG Düsseldorf, Urteil v. 14.1.1993, 10 U 88/92, DWW 1993 S. 99; BGH, WPM 1967 S. 516) oder mit unzumutbaren Belastungen für den Mieter verbunden ist.

Der Mieter ist zur Kündigung auch dann berechtigt, wenn der Vermieter **nach** Ablauf der angemessenen Frist, aber noch vor Ausspruch der Kündigung Abhilfe geschaffen hat (OLG Düsseldorf, Urteil v. 5.5.1988, 10 U 224/87, MDR 1988 S. 866; vgl. auch LG Saarbrücken, Urteil v. 17.6.1994, 13 B S 58/94, WuM 1995 S. 159). Gleiches gilt, wenn der Vermieter die vom Mieter gesetzten Fristen wiederholt ungenutzt verstreichen lässt und erst am Tag des Ablaufs einer ihm neuerlich gesetzten Frist mit den Instandsetzungsarbeiten beginnt (OLG

Düsseldorf, Urteil v. 9.2.1995, 10 U 87/94, WuM 1995 S. 393).

Ebenso berührt eine Abhilfe des Vermieters **nach** Ablauf der Frist und **nach** Kündigung durch den Mieter die Wirksamkeit der Kündigung nicht mehr, jedoch kann im Einzelfall ein Rechtsmissbrauch vorliegen, wenn der Mieter die Fortsetzung des Mietverhältnisses ablehnt, obwohl z.B. die Frist nur geringfügig überschritten war und die Beanstandungen vollständig behoben wurden (vgl. Erman-Schopp, BGB, § 542 a.F. Rn. 8).

Ferner kann die fristlose Kündigung des Mietverhältnisses durch den Mieter wegen eines nachträglichen Mangels der Mietsache gegen den Grundsatz von Treu und Glauben verstoßen, wenn die Kündigung zu einem Zeitpunkt erfolgt, zu dem ein vom Mieter angestrengtes selbstständiges Beweisverfahren noch läuft. Der Vermieter ist nämlich für die Dauer des selbstständigen Beweisverfahrens an einer Veränderung der Mietsache zur Behebung des Mangels gehindert. Eine neue Frist zur Abhilfe kann vom Mieter erst nach Beendigung des Beweisverfahrens wirksam gesetzt werden (AG Hamburg, Urteil v. 21.4.2011, 817 C 71/10, ZMR 2012 S. 359).

Droht der Mieter mit der Fristsetzung zur Mängelbeseitigung eine andere Maßnahme als die Kündigung an, z.B. eine Mietminderung, kann eine Kündigung wegen des darin liegenden widersprüchlichen Verhaltens (§ 242 BGB) nicht bereits nach erfolglosem Fristablauf erklärt werden (AG Hamburg, a.a.O.).

Im Gegensatz zu § 542 BGB a.F. lässt § 543 Abs. 3 BGB neben dem fruchtlosen Fristablauf auch eine „erfolglose Abmahnung" genügen, was Unklarheit schafft und wohl dahin zu verstehen ist, dass die Erfolglosigkeit der Abmahnung ebenfalls erst nach einer „angemessenen", den beiderseitigen Belangen rechnungtragenden Frist feststeht (so Kraemer, WuM 2001 S. 168).

Tritt nach Beseitigung eines Mangels (z.B. Feuchtigkeit, Schimmel) durch den Vermieter derselbe Mangel wieder auf, muss der Mieter den Mangel **erneut** dem Vermieter anzeigen. Zu einer außerordentlichen Kündigung des Mietverhältnisses ist der Mieter auch dann nicht berechtigt, wenn er sich nach Beseitigung des Mangels die außerordentliche Kündigung im Fall des nochmaligen Auftretens des Mangels vorbehalten hat. Gleiches gilt für die Geltendmachung von Schadenersatzansprüchen durch den Mieter, z.B. auf Ersatz von Umzugskosten (AG München, Urteil v. 8.11.2011, 431 C 20886/11).

Dagegen muss der Mieter nach einem **erfolglosen** Versuch des Vermieters, den Mangel zu beseitigen, bzw. einer **fehlgeschlagenen** Beseitigung den weiterhin bestehenden Mangel dem Vermieter nicht nochmals anzeigen bzw. ihm nicht nochmals eine Frist zur Abhilfe setzen, da das Gesetz in § 543 Abs. 3 S. 1 BGB für die Kündigung nur **ein** Abhilfeverlangen mit Fristsetzung verlangt und es daher in der Regel auch nicht darauf ankommt, ob der Vermieter sich gar nicht oder nur unzureichend um Abhilfe bemüht hat (OLG Düsseldorf, Beschluss v. 4.4.2006, I-24 U 145/05, MDR 2006 S. 1276).

Etwas anderes gilt nur dann, wenn die sofortige Kündigung des Mieters nach einem misslungenen Mängelbeseitigungsversuch des Vermieters **treuwidrig** wäre und daher eine erneute Anzeigepflicht besteht (so z.B. OLG Düsseldorf, Urteil v. 18.12.1986, 10 U 139/86, ZMR 1987 S. 376 für den Fall einer vom Mieter im Auftrag des Vermieters übernommenen Reparatur; OLG Düsseldorf, Urteil v. 27.3.2012, I-24 U 83/11, MDR 2012 S. 1086).

Bestreitet der Vermieter die Zulässigkeit der erfolgten Kündigung, weil er den Gebrauch der Sache rechtzeitig gewährt oder vor dem Ablauf der Frist die Abhilfe bewirkt habe, trifft ihn die Beweislast (§ 543 Abs. 4 S. 2 BGB).

Ferner muss der Vermieter ggf. die Kenntnis bzw. grob fahrlässige Unkenntnis des Mieters, z.B. vom Mangel, beweisen.

Dagegen hat der Mieter das Vorliegen der Mängel, das Setzen einer angemessenen Abhilfefrist bzw. eine erfolglose Abmahnung sowie im Fall der Kündigung ohne Fristsetzung die entsprechenden Voraussetzungen zu beweisen.

Bei Vorliegen der Voraussetzungen des § 543 Abs. 2 Nr. 1 BGB ist der Mieter jedoch nicht zur Kündigung verpflichtet, da das Recht zur fristlosen Kündigung und der Schadenersatzanspruch wegen Nichterfüllung (§ 536a Abs. 1 BGB) nicht alternativ, sondern nebeneinander bestehen. Daher kann der Mieter statt der fristlosen Kündigung auch Schadenersatz grundsätzlich für die gesamte fest vereinbarte Mietdauer, ggf. bis zu dem Zeitpunkt verlangen, zu dem der Vermieter den Mietvertrag kündigen kann (BGH, Urteil v. 18.1.1995, XII ZR 30/93, DWW 1995 S. 279).

> Bei **Wohn**raummietverhältnissen ist eine Vereinbarung, durch die das Kündigungsrecht ausgeschlossen oder eingeschränkt wird, unwirksam (§ 569 Abs. 5 BGB).

2.2.1.2 Fristlose Kündigung wegen Gesundheitsgefährdung

Ist eine Wohnung oder ein anderer zum Aufenthalt von Menschen bestimmter Raum so beschaffen, dass seine Benutzung mit einer erheblichen Gesundheitsgefährdung verbunden ist, liegt für den Mieter ein **wichtiger Grund** vor, der ihn zur **außerordentlichen fristlosen** Kündigung berechtigt. Dies gilt auch, wenn der Mieter die gefahrbringende Beschaffenheit bei Vertragsschluss gekannt oder darauf verzichtet hat, die ihm wegen dieser Beschaffenheit zustehenden Rechte geltend zu machen (§ 569 Abs. 1 BGB; s. „Gesundheitsgefährdende Räume").

2.2.1.3 Fristlose Kündigung wegen Störung des Hausfriedens durch den Vermieter

Kann dem Mieter infolge einer **nachhaltigen** Störung des Hausfriedens durch den Vermieter die Fortsetzung des Mietverhältnisses **nicht zugemutet** werden, liegt ein wichtiger Grund i.S.v. § 543 Abs. 1 BGB vor, der den Mieter zur fristlosen Kündigung des Mietverhältnisses berechtigt (§§ 569 Abs. 2, 543 Abs. 1 BGB).

Insofern kommen Sachverhalte infrage, die von der Rechtsprechung zum § 554a BGB a.F. entschieden wurden, z.B. standhafte Weigerung des Vermieters, gegen in erheblichem Maße störende Mitbewohner vorzugehen (vgl. LG Frankfurt/M., ZMR 1970 S. 201); beharrliche Weigerung, Mängel zu beseitigen (LG Heidelberg, Urteil v. 9.6.1976, 3 S 2/75, WuM 1977 S. 200); unerlaubtes Eindringen des Vermieters in die Mieträume (AG Heidelberg, Urteil v. 6.11.1975, 23 C 144/75, WuM 1978 S. 69; LG Berlin, Urteil v. 9.2.1999, 64 S 305/98, WuM 1999 S. 332); nicht aber, wenn der Mieter vor Beendigung eines befristeten Mietvertrags die Wohnung verlassen und praktisch leer geräumt hat und der Vermieter diese zusammen mit Kauf- oder Mietinteressenten betritt (LG Lüneburg, Beschluss v. 9.5.2005, 6 S 51/05, WuM 2005 S. 586); Unredlichkeiten des Vermieters bei der Abrechnung von Nebenkosten, z.B. durch den Versuch, nicht entstandene Kosten abzurechnen (LG Gießen, Urteil v. 12.6.1996, 1 S 571/95, WuM 1996 S. 767). **Nicht:** berechtigte Abmahnungen durch den Vermieter (LG Darmstadt, Beschluss v. 7.6.1993, 6 T 13/93, WuM 1993 S. 610).

2.2.2 Außerordentliche befristete Kündigung durch den Mieter

In den nachfolgend angeführten Fällen kann der Mieter ein Mietverhältnis unter Einhaltung der gesetzlichen Frist **vorzeitig**, d.h. vor Ablauf der Vertragszeit, kündigen. Diese beträgt bei Wohnraum 3 Monate (§§ 573d Abs. 2, 575a Abs. 3 BGB); bei Geschäftsräumen 6 Monate zum Quartalsende (§ 580a Abs. 2, 4 BGB).

2.2.2.1 Vorzeitige Kündigung wegen Verweigerung der Untervermieterlaubnis (§ 540 BGB)

Der Mieter kann das Mietverhältnis unter Einhaltung der gesetzlichen Frist kündigen, wenn der Vermieter die Erlaubnis zur Untervermietung oder zur sonstigen Gebrauchsüberlassung, z.B. zur Weitervermietung an einen Dritten, verweigert, sofern nicht in der Person des Untermieters oder des Dritten ein wichtiger Grund vorliegt (§ 540 Abs. 1 S. 2 BGB). Dies gilt sowohl für Wohnraum- als auch für Geschäftsraummietverhältnisse.

Dieses außerordentliche Kündigungsrecht soll den Mieter, dem die Erlaubnis zur Untervermietung vom Vermieter aus nicht in der Person des Untermieters liegenden Gründen verweigert wurde, aus der Zwangslage befreien, die sich für ihn aus dem weiteren Festhalten an dem Mietvertrag ergeben würde. Gegen den Sinn und Zweck des außerordentlichen Kündigungsrechts verstößt es aber, wenn der vom Mieter vorgeschlagene Untermieter gar nicht beabsichtigt, in die Wohnung einzuziehen bzw. die Geschäftsräume zu übernehmen. Die Ausübung des Kündigungsrechts durch den Mieter ist daher **rechtsmissbräuchlich** (§ 242 BGB), wenn der (angebliche) Untermieter vom Mieter nur in der Erwartung präsentiert wurde, dass der Vermieter die Untervermietung generell ablehnen wird und damit das außerordentliche Kündigungsrecht des Mieters auslöst (BGH, Urteil v. 11.11.2009, VIII ZR 294/08, WuM 2010 S. 30). Das Sonderkündigungsrecht des Mieters wegen verweigerter Untermieterlaubnis entfällt daher, wenn der benannte Untermieter keinen ernstzunehmenden Anmietungswillen hat (OLG Naumburg, Urteil v. 15.11.2012, 9 U 98/12).

Unabhängig davon kann der Mieter von **Wohn**raum einen Rechtsanspruch auf Erteilung der Erlaubnis haben (s. § 553 BGB sowie „Untermiete“).

Einer Verweigerung der Erlaubnis steht die Erteilung unter Bedingungen, Auflagen oder sonstigen Einschränkungen gleich, soweit der Vermieter hierzu nicht berechtigt ist. Auch das Unterlassen einer Antwort auf die vom Mieter unter Fristsetzung erbetene Erlaubnis zur Untervermietung kann eine Verweigerung der Erlaubnis darstellen (OLG Köln, Urteil v. 1.9.2000, 19 U 53/00, WuM 2000 S. 597; LG Nürnberg-Fürth, Urteil v. 16.6.1995, 7 S 1697/95, WuM 1995 S. 587). Dies gilt nicht, wenn die gesetzte Frist zu kurz ist (z.B. eine Woche; vgl. LG Berlin, Urteil v. 8.5.1998, 64 S 31/98, ZMR 1998 S. 558) oder der Vermieter zusagt, er werde die Angelegenheit prüfen (LG Mannheim, Urteil v. 29.4.1998, 4 S 195/97, ZMR 1998 S. 565).

Verweigert der Vermieter zu Unrecht eine vom Mieter verlangte Erlaubnis zur teilweisen Untervermietung der Wohnung, z.B. weil der Mieter wegen einer längeren berufsbedingten Abwesenheit ein berechtigtes Interesse daran hat, von seinen Wohnkosten durch eine teilweise Untervermietung entlastet zu werden, kann der Mieter für die entgangenen Untermieten vom Vermieter **Schadenersatz** verlangen (BGH, Urteil v. 11.6.2014, VIII ZR 349/13).

Der Mieter hat keinen Anspruch auf Erteilung einer generellen, nicht personenbezogenen Untervermieterlaubnis (KG Berlin, RE v. 11.6.1992, 8 RE-Miet 1946/92, DWW 1992 S. 240 = WuM 1992 S. 350). Dies gilt auch, wenn der Vermieter die Erlaubnis von vornherein abgelehnt hatte (BGH, Beschluss v. 21.2.2012, VIII ZR 290/11, GE 2012 S. 825).

Um dem Vermieter die Prüfung zu ermöglichen, ob in der Person des Dritten ein wichtiger Grund für die Verweigerung der Erlaubnis vorliegt, hat der Mieter den Dritten **namentlich** zu benennen und dem Vermieter vorzustellen (LG Mönchengladbach, Urteil v. 25.6.1999, 2 S 154/98, NJW-RR 2000 S. 8). Ferner muss der Mieter die für evtl. erforderliche Nachforschungen notwendigen Angaben machen (vgl. z.B. LG Berlin, Urteil v. 20.8.1996, 64 S 259/96, WuM 1996 S. 763; v. 30.5.1991, 62 S 17/91, WuM 1991 S. 483). Daher muss sich aus der Anfrage des Mieters zumindest auch ergeben, dass der Untermieter nur im Rahmen der vertraglich vereinbarten Nutzung der Mieträume gesucht wird (OLG Celle, Beschluss v. 5.3.2003, 2 W 16/03, NZM 2003 S. 396).

Dementsprechend ist es Sache des Mieters, durch ein eindeutiges Zustimmungsverlangen den Vermieter zur Gestattung der Untervermietung zu veranlassen. Etwaigen Vermietererklärungen gegenüber einem vom Mieter beauftragten Makler (z.B. dieser möge seine Bemühungen einstellen), kommt keine Bedeutung zu, wenn nicht gesichert ist, dass der Makler Übermittlungs- und Empfangsbote oder Vertreter einer Vertragspartei war.

Die **Beweislast** für die Behauptung, der Vermieter habe seine Zustimmung zur Untervermietung verweigert, liegt beim **Mieter** (OLG Koblenz, Beschluss v. 27.12.2011, 5 U 839/11, ZMR 2013 S. 35).

Bei einer Anfrage zur Untervermietung von **Gewerbe**räumen muss der Mieter auf Anfrage

weitgehende Angaben machen, insbesondere über die **Person** des Untermieters (Name, Adresse, Geburtsdatum, Beruf), damit der Vermieter in der Lage ist, Auskünfte, z.B. von Kreditinstituten, einzuholen (OLG Dresden, Urteil v. 29.4.2004, 16 U 237/04, DWW 2004 S. 150).

Ferner hat der Hauptvermieter (in der Regel Eigentümer) bei der gewerblichen Miete ein elementares Interesse daran, die **wesentlichen Bedingungen** der geplanten Untervermietung, insbesondere **Miethöhe,** Vertragsdauer und Kündigungsmöglichkeiten zu erfahren (OLG Naumburg, Urteil v. 15.11.2012, 9 U 98/12). Ferner, ob der Untermieter zu den geplanten Bedingungen das beabsichtigte Geschäft wirtschaftlich betreiben kann oder ein Scheitern zu befürchten ist. Insbesondere ist für den Vermieter von Wichtigkeit, dass der Untermietvertrag keine längere Laufzeit als der Hauptmietvertrag aufweist oder durch Option ermöglicht, aber auch, dass nicht durch eine zu kurze Laufzeit alsbald eine neue Untervermietung nötig wird.

Hat der Hauptmieter eine **Betriebspflicht** übernommen, muss sich der Hauptvermieter auch ein Bild von der **wirtschaftlichen Situation** des beabsichtigten Untermieters machen können. Allein der Umstand, dass der Hauptmieter dem Hauptvermieter für die Erfüllung der vertraglichen Verpflichtungen aus dem Hauptmietverhältnis einzustehen hat, reicht in diesem Fall – schon weil es zu Räumungsproblemen bzw. zu für Einkaufszentren abträglichen Leerstandszeiten kommen kann – nicht aus, um ohne derartige Angaben die Erteilung der Zustimmung zur Untervermietung verlangen zu können.

> Dem Mieter ist daher zu empfehlen, den Untermieter rechtzeitig darauf hinzuweisen, dass die Untervermietung nur mit Zustimmung des Hauptvermieters möglich ist und diese nach Abschluss der Vertragsverhandlungen noch eingeholt werden muss (BGH, Urteil v. 15.11.2006, XII ZR 92/04, NJW 2007 S. 288).

Fehlen in der Anfrage des Mieters die erforderlichen Informationen des Vermieters oder verlangt der Mieter die Erlaubnis zur **generellen** Untervermietung, stellt die Tatsache, dass sich der Vermieter nicht innerhalb einer ihm vom Mieter gesetzten angemessenen Frist äußert, **keine Verweigerung** der Erlaubnis und damit **keinen Kündigungsgrund** für den Mieter dar (OLG Koblenz, RE v. 30.4.2001, 4 W-RE 525/00, WuM 2001 S. 272; LG Gießen, Urteil v. 28.4.1999, 1 S 53/99, ZMR 1999 S. 559).

Verweigert der Vermieter allerdings generell und von vornherein die Erlaubnis zur Untervermietung, besteht **ausnahmsweise** ein Recht des Mieters zur außerordentlichen Kündigung ohne Benennung eines konkreten Untermieters (BGH, Urteil v. 15.11.2006, XII ZR 92/04, NJW 2007 S. 288; LG Köln, Urteil v. 30.6.1994, 6 S 18/94, WuM 1994 S. 468; vgl. auch KG Berlin, Beschluss v. 16.9.1996, 8 RE-Miet 2891/96, WuM 1996 S. 696). Gleiches gilt, wenn der Mieter den Vermieter zunächst nur unzureichend über die Person des Untermieters unterrichtet, dieser Fehler sich aber auf die Versagungsentscheidung des Vermieters nicht auswirkt (OLG Nürnberg, Urteil v. 3.11.2006, 5 U 754/06, MDR 2007 S. 395).

Strittig ist, ob eine Verweigerung angenommen werden kann, wenn der Vermieter eine Anfrage des Mieters nicht innerhalb einer angemessenen Frist beantwortet. Dies ist jedenfalls dann der Fall, wenn der Mieter den Zugang des Fristsetzungsschreibens mit Einschreiben/Rückschein sichergestellt hat, in dem Schreiben einen konkreten Untermieter mit Namen und Anschrift benannt und mit der – angemessenen – Fristsetzung die **Ankündigung** verbunden hat, dass er ein **Schweigen** des Vermieters innerhalb der gesetzten Frist als **Verweigerung** der Zustimmung bewerten werde. Jedenfalls unter dieser Voraussetzung kommt dem Schweigen des Vermieters ein Erklärungswert zu (so bereits OLG Köln, Urteil v. 1.9.2000, 19 U 53/00, WuM 2000 S. 597). Eine andere Bewertung kann sich ergeben, wenn das Schreiben des Mieters eine solche Ankündigung nicht enthält und nach den Umständen des Einzelfalls das Schweigen des Vermieters nicht als Verweigerung der Zustimmung gewertet werden kann, z.B. weil der Vermieter signalisiert hat, dass er einer Untervermietung aufgeschlossen gegenübersteht, oder bereits früher einer Untervermietung der Räume zugestimmt hatte (KG Berlin, Urteil v. 11.10.2007, 8 U 34/07, ZMR 2008 S. 128).

Die Entscheidung, ob ein wichtiger Grund vorliegt, bemisst sich nach **objektiven** Kriterien. Ein wichtiger Grund liegt insbesondere vor, wenn der vorgeschlagene Untermieter einen **Mietgebrauch** beabsichtigt, der dem Mieter selbst nicht gestattet ist (BGH, Urteil v. 27.5.1982, III ZR 157/80, NJW 1984 S. 1039; OLG Düsseldorf, Urteil v. 2.8.2007, 1-10 U 148/06, ZMR 2008 S. 783; OLG Köln, Urteil v. 12.4.1996, 20 U 166/95, WuM 1997 S. 620 = DWW 1997 S. 121). Dies ist der Fall bei einer **Änderung des Gebrauchszwecks** der Mieträume (z.B. Tierarztpraxis statt Zahnarztpraxis – vgl. OLG Köln, a.a.O.) oder wenn die Änderung des Gebrauchszwecks der Mieträume zu einer verstärkten Lärmbelastung der Mitbewohner durch Kfz-Verkehr führt, z.B. wenn statt einer Pizzeria ein „Pizza-Taxi-Betrieb" geführt werden soll (OLG Düsseldorf, Beschluss v. 29.5.2006, 24 U 179/05, DWW 2007 S. 117); ebenso bei einer **Sortimentsänderung** in einem Ladengeschäft (vgl. OLG Hamburg, Urteil v. 6.2.2002, 4 U 145/99, WuM 2003 S. 268); ferner, wenn die Räume einer **Mehrzahl von Untermietern** überlassen werden sollen (Erman-Schopp, BGB, § 549 a.F. Rn. 15), eine **übermäßige Abnutzung** der Räume oder eine erhebliche **Schmälerung** vorhandener Sicherheiten aus dem Vermieterpfandrecht zu erwarten ist (BGH, Urteil v. 24.5.1995, XII ZR 172/94, NJW 1995 S. 2034) oder **Störungen** des Hausfriedens konkret zu besorgen sind, weil es sich bei dem Dritten um einen Alkoholiker oder einschlägigen Straftäter handelt.

> Dagegen ist die bloße Ausländereigenschaft oder die Tatsache, dass eine nichteheliche Lebensgemeinschaft gebildet werden soll, grundsätzlich kein wichtiger Grund.

Der Vermieter kann aber die Untermieterlaubnis versagen, wenn er anderen Mietern Schutz vor Konkurrenz schuldet (s. „Wettbewerbsschutz") und das Schutzgebot durch die vom Untermieter beabsichtigte Nutzung verletzt würde (OLG Nürnberg, Urteil v. 3.11.2006, 5 U 754/06, MDR 2007 S. 395).

Die mangelnde Solvenz des Dritten kann nur ausnahmsweise (z.B. bei Geschäftsräumen – s. hierzu oben Urteil des OLG Dresden v. 29.4.2004, 16 U 237/04, DWW 2004 S. 150) einen wichtigen Grund darstellen, da der Mieter als Vertragspartner in vollem Umfang für alle Verpflichtungen aus dem Mietverhältnis, v. a. für die Mietzahlungen, weiter haftet und ein Verschulden des Dritten vertreten muss (§ 540 Abs. 2 BGB; vgl. LG Berlin, Urteil v. 15.1.2002, 65 S 559/00, NZM 2002 S. 947, wonach die unzureichende **Kreditwürdigkeit** des Untermieters **keinen** wichtigen Grund darstellt). Macht der Vermieter die erbetene Zustimmung zur Untervermietung von einer **Bonitätsprüfung** des Untermieters abhängig und ist der Mieter damit einverstanden, ist dem Vermieter nach Erhalt der Auskunft eine angemessene Prüfungsfrist einzuräumen (OLG Düsseldorf, Urteil v. 2.8.2007, I-10 U 148/06, ZMR 2008 S. 783).

Der Mieter kann das Sonderkündigungsrecht (§ 540 Abs. 1 S. 2 BGB) **verwirken**, wenn er es nicht nach angemessener Überlegungsfrist nach Verweigerung der Erlaubnis durch den Vermieter ausübt (vgl. BGH, MDR 1972 S. 862).

Ist in einem Mietvertrag über **gewerbliche** Räume die Untervermietung vertraglich **wirksam** ausgeschlossen, kann der Mieter das Mietverhältnis wegen Verweigerung der Untervermieterlaubnis nicht vorzeitig **kündigen** (OLG Düsseldorf, Urteil v. 17.2.2005, 10 U 144/04, NZM 2005 S. 421; v. 17.2.2005, 10 U 144/04, I-10 U 144/04, DWW 2005 S. 106).

2.2.2.2 Vorzeitige Kündigung beim Tod des Mieters (§§ 563, 563a, 564 BGB)

Beim Tod des Mieters ist zu **unterscheiden**, ob der Mietvertrag nur mit dem Verstorbenen oder mit mehreren Personen abgeschlossen war.

War ein **Wohnungs**mietvertrag **nur mit dem Verstorbenen** abgeschlossen, tritt der **Ehegatte**, der mit dem Mieter einen gemeinsamen Haushalt führt, in das Mietverhältnis ein.

Ist dies nicht der Fall bzw. ist ein Ehegatte nicht vorhanden, treten **andere Familienangehörige**, die mit dem Mieter einen gemeinsamen Haushalt führen (z. B. Kinder) bzw. Personen, die mit dem Mieter einen auf Dauer angelegten gemeinsamen Haushalt führen (z. B. Lebensgefährte), in das Mietverhältnis ein (§ 563 Abs. 1, 2 BGB).

Diese Personen können **innerhalb eines Monats**, nachdem sie vom Tod des Mieters Kenntnis erlangt haben, dem Vermieter **erklären**, dass sie das Mietverhältnis nicht fortsetzen wollen. In diesem Fall gilt der Eintritt als nicht erfolgt. Sind mehrere Personen in das Mietverhältnis eingetreten, kann jeder die Erklärung für sich abgeben (§ 563 Abs. 3 BGB).

War der **Wohnungs**mietvertrag mit **mehreren Personen** abgeschlossen (z. B. wenn der Mietvertrag vom Ehe- bzw. Lebenspartner oder Lebensgefährten mitunterzeichnet ist), wird das Mietverhältnis mit den Überlebenden **fortgesetzt**. Diese können das Mietverhältnis **innerhalb eines Monats**, nachdem sie vom Tod des Mieters Kenntnis erlangt haben, außerordentlich mit der gesetzlichen Frist (**3 Monate**, § 575a Abs. 3 BGB) **kündigen** (§ 563a Abs. 2 BGB).

Treten beim Tod des Mieters **keine** der o. g. Personen in das Mietverhältnis ein und wird es auch nicht mit den überlebenden Mietern fortgesetzt, so wird das Mietverhältnis kraft Gesetz (§ 564 S. 1 BGB) mit dem bzw. den **Erben** fortgesetzt.

Dieser kann das Mietverhältnis **innerhalb eines Monats** außerordentlich mit der gesetzlichen Frist (s. o.) **kündigen**, nachdem er vom Tod des Mieters und davon Kenntnis erlangt hat, dass ein Eintritt in das Mietverhältnis oder dessen Fortsetzung nicht erfolgt sind (§ 564 S. 2 BGB).

Bei einer Erbengemeinschaft kann eine wirksame Kündigung nur durch alle Miterben gemeinsam erfolgen.

Nach einer fristgemäßen Beendigung des Mietverhältnisses durch Kündigung des bzw. der Erben gemäß § 564 S. 2 BGB haften diese für Mietschulden des Erblassers nicht mehr in vollem Umfang mit ihrem gesamten, sondern nur noch mit dem **geerbten** Vermögen, da es sich dann um eine reine Nachlassverbindlichkeit handelt, für welche die Haftung der Erben auf den Nachlass beschränkt ist (BGH, Urteil v. 23.1.2013, VIII ZR 68/12).

2.2.2.3 Vorzeitige Kündigung bei Versetzung des Mieters im öffentlichen Dienst

Militärpersonen, Beamte, Geistliche und Lehrer an öffentlichen Unterrichtsanstalten können im Fall der **Versetzung** nach einem anderen Ort das Mietverhältnis in Ansehung der Räume, welche sie für sich oder ihre Familie an dem bisherigen Garnisons- oder Wohnort gemietet haben, unter Einhaltung der gesetzlichen Frist (3 Monate) außerordentlich kündigen (§ 570 S. 1 BGB a. F.).

§ 570 BGB a. F. ist durch die am 1.9.2001 in Kraft getretene Mietrechtsreform **ersatzlos weggefallen**. Für Zeitmietverträge, die **vor** der Mietrechtsreform abgeschlossen worden sind, gilt § 570 BGB jedoch aus Gründen des Vertrauensschutzes weiter (Art. 229 § 3 Abs. 3 EGBGB).

Eine „Versetzung“ i. S. v. § 570 BGB a. F., d. h. eine Anordnung der Änderung des Dienstortes durch den Dienstherrn, liegt nicht vor, wenn es der freien Entscheidung des Mieters unterliegt, einen neuen Arbeitsvertrag an einem anderen Ort abzuschließen (vgl. LG Kiel, Urteil v. 4.2.1993, 1 S 262/91, WuM 1993 S. 357 für den Fall des befristet angestellten Lehrers).

Dem hauptberuflichen **Notar** steht dieses außerordentliche Kündigungsrecht nicht zu, da er nicht zu dem genannten Personenkreis gehört (BGH, Urteil v. 27.11.1991, XII ZR 252/90, WuM 1992 S. 73).

Diese Bestimmung gilt auch für Geschäftsräume, nicht aber für die Pacht (§ 596 Abs. 3 BGB a. F.).

Militärpersonen sind alle Soldaten i. S. d. Soldatengesetze, **Beamte** alle Beamte i. S. d. Beamtengesetze sowie Richter und Angehörige des Bundesgrenzschutzes.

Strittig ist, ob das Sonderkündigungsrecht auch **öffentlichen Angestellten** und Arbeitern zusteht (so z.B. Palandt, Anm. 2 zu § 570 BGB a.F., Emmerich-Sonnenschein, BGB, Rn. VII b; a.A. Münchner Kommentar, Rn. VI).

> Dagegen kann ein Arbeitnehmer, der **nicht** in einem öffentlich-rechtlichen Dienstverhältnis steht, ein auf **bestimmte** Zeit abgeschlossenes Mietverhältnis über Wohnraum nicht deshalb vorzeitig kündigen, weil er an einen anderen Wohnort zieht, um das Arbeitsverhältnis bei seinem bisherigen Arbeitgeber an einem anderen Dienstort fortzusetzen, nachdem am früheren Dienstort sein Arbeitsplatz weggefallen ist und er ein gleichwertiges Arbeitsverhältnis in der Nähe der gemieteten Wohnung nicht finden kann (BayObLG, RE v. 12.3.1985, REMiet 1/85, WuM 1985 S. 140).

Ebenfalls ausgeschlossen ist eine vorzeitige Kündigung nach § 570 BGB a.F., wenn der Mieter in ein **erstmalig** zu begründendes Beamtenverhältnis außerhalb seines Wohnorts berufen wird. § 570 BGB a.F. findet auf den Fall, dass der längerfristig gebundene Mieter **erstmalig** in ein Beamtenverhältnis berufen wird und wegen eines dadurch angezeigten Wohnsitzwechsels eine vorzeitige Entlassung aus dem Mietvertrag durch Kündigung anstrebt, keine Anwendung (OLG Hamm, RE v. 22.4.1985, 4 RE-Miet 7/84, ZMR 1985 S. 267).

Geistliche sind Personen, die hauptberuflich in den Diensten einer Religionsgemeinschaft stehen. Unter **Lehrer** an öffentlichen Schulen sind auch Hochschullehrer und Privatdozenten zu verstehen, nicht jedoch Lehrer an Privatschulen.

Versetzung bedeutet Änderung des Dienstorts, nicht jedoch Übertritt in den Ruhestand, vorübergehende Abordnung oder Übertritt in den Dienst eines ausländischen Staats (Palandt, Anm. 3 zu § 570 BGB a.F.). Die Versetzung muss im Zeitpunkt der Kündigung bereits angeordnet und dem Mieter mitgeteilt sein.

Die Kündigung kann nur für den ersten Termin erfolgen, für den sie zulässig ist (§ 570 S. 2 BGB a.F.), und muss daher zum erstmöglichen Termin nach Eröffnung des Versetzungsbeschlusses ausgeübt werden.

2.2.2.4 Vorzeitige Kündigung des Mieters nach einer Mieterhöhung (§ 561 BGB)

Macht der Vermieter eine Mieterhöhung nach § 558 BGB bis zur ortsüblichen Vergleichsmiete oder nach § 559 BGB wegen einer Modernisierung geltend, so kann der Mieter bis zum Ablauf des zweiten Monats nach dem Zugang der Erklärung des Vermieters das Mietverhältnis **außerordentlich** zum Ablauf des übernächsten Monats kündigen (§ 561 S. 1 BGB). Damit ist der Ablauf des zweiten Monats ab Ende der Frist, bis zu der die Kündigung spätestens erklärt werden kann, gemeint; also nicht ab Kündigungserklärung (s. Begründung des Gesetzentwurfs, abgedruckt in NZM 2000 S. 443). Das außerordentliche Kündigungsrecht besteht daher immer erst für den Ablauf des vierten Monats, der dem Mieterhöhungsverlangen folgt (so bereits LG Bonn, Urteil v. 26.5.1997, 6 S 98/97, NJWE-MietR 1997 S. 221).

Unerheblich ist, ob das Erhöhungsverlangen rechtswirksam war (s. Begründung des Gesetzentwurfs, abgedruckt in NZM 2000 S. 443; so bereits LG Braunschweig, Urteil v. 29.1.1985, 6 S 224/84, WuM 1986 S. 323). Der Vermieter kann sich daher nicht auf die Unwirksamkeit seiner Mieterhöhung berufen, wenn der Mieter im Vertrauen auf dessen Wirksamkeit das Sonderkündigungsrecht ausgeübt hat (AG Andernach, Urteil v. 22.6.1994, 6 C 83/94, WuM 1994 S. 547).

> **Beispiel**
> Bei Zugang des Mieterhöhungsverlangens am 17.3. kann der Mieter bis 30.5. zum 31.7. kündigen.

Kündigt der Mieter, so tritt die Mieterhöhung nicht ein (§ 561 S. 2 BGB).

Der Mieter muss in der Kündigungserklärung **nicht** den Grund für die Kündigung angeben, d.h. eine Bezugnahme auf die vorausgegangene Mieterhöhung ist nicht erforderlich. Ein Begründungserfordernis ergibt sich weder aus § 561 Abs. 1 BGB noch aus §§ 569 Abs. 4 oder 573d BGB (AG Berlin, Urteil v. 1.6.2006, 13 C 50/06, WuM 2006 S. 452).

Begehrt der Vermieter eine Mieterhöhung erst zu einem **späteren** als dem in § 558b BGB genannten Zeitpunkt (z.B. erst zum 1.8. anstatt zum 1.4. bei Zugang des Erhöhungsverlangens im Januar), ist § 561 BGB nach seinem Sinn und Zweck dahingehend auszulegen, dass dem Mieter bis unmittelbar vor dem Zeitpunkt des Eintritts der Mieterhöhung (hier: 31.7.) die Möglichkeit offenbleibt, sich von dem Mietverhältnis durch außerordentliche Kündigung zum Ende des übernächsten Monats (hier: 30.9.) zu lösen mit der anschließenden Rechtsfolge, dass dem Mieter noch für weitere 2 Monate (hier: für August und September) die Nutzungsmöglichkeit der Wohnung gegen Zahlung der nicht erhöhten Miete verbleibt (§ 561 Abs. 1 S. 2 BGB). Der Mieter bzw. dessen Sonderkündigungsrecht wird durch ein verfrühtes Mieterhöhungsverlangen somit nicht benachteiligt (BGH, Urteil v. 25.9.2013, VIII ZR 280/12).

Erfolgt die Erhöhung wegen gestiegener Betriebskosten nach § 560 BGB, besteht **kein** Recht des Mieters zur außerordentlichen Kündigung.

Bei Mietverhältnissen über **preisgebundenen** Wohnraum besteht ein außerordentliches Kündigungsrecht nach § 11 WoBindG. Danach kann der Mieter das Mietverhältnis spätestens am dritten Werktag des Kalendermonats, von dem an die Miete erhöht werden soll, für den Ablauf des nächsten Kalendermonats kündigen.

> **Beispiel**
>
> Wenn sich die Kostenmiete ab 1.10. erhöhen würde, kann der Mieter spätestens am dritten Werktag des Oktober zum 30.11. kündigen.

Kündigt der Mieter, tritt die Mieterhöhung nicht ein (§ 11 Abs. 2 WoBindG).

Das Sonderkündigungsrecht nach § 11 WoBindG gilt auch für **steuerbegünstigten** und **frei finanzierten** Wohnraum, der mit Wohnungsfürsorgemitteln (§ 87a Abs. 1 II. WoBauG) und für steuerbegünstigten Wohnraum, der mit Aufwendungszuschüssen oder Aufwendungsdarlehen gefördert worden ist (§§ 88, 88b Abs. 3 II. WoBauG; vgl. im Einzelnen „Kostenmiete", Abschnitt 2 „Mieterhöhung").

Anders als § 561 BGB schließt § 11 WoBindG das Kündigungsrecht nicht aus, wenn die Mieterhöhung infolge gestiegener Betriebskosten erfolgt ist. Das außerordentliche Kündigungsrecht besteht auch dann, wenn bei **Vorauszahlungen** des Mieters auf die Betriebskosten die Vorauszahlungsbeträge erhöht werden (LG Bonn, Beschluss v. 2.10.1981, 6 S 449/81, WuM 1981 S. 282).

2.2.2.5 Vorzeitige Kündigung bei Staffelmiete (§ 557a Abs. 3 BGB)

Bei Vorliegen einer Staffelmietvereinbarung kann der Mieter auch ein auf bestimmte Zeit abgeschlossenes Mietverhältnis vorzeitig kündigen, frühestens jedoch **zum** Ablauf von **4 Jahren** seit Abschluss der Staffelmietvereinbarung (§ 557a Abs. 3 S. 2 BGB; so bereits OLG Hamm, RE v. 11.8.1989, 30 RE-Miet 3/88, WuM 1989 S. 485). Der Vierjahreszeitraum beginnt – wie sich aus dem klaren Wortlaut der gesetzlichen Regelung ergibt – bereits mit **Abschluss der Staffelmietvereinbarung** (in der Regel Zeitpunkt des Mietvertragsabschlusses) zu laufen und nicht erst mit dem Bezug der Wohnung (BGH, Urteil v. 29.6.2005, VIII ZR 344/04, WuM 2005 S. 519).

Auch bei einer nachträglichen bzw. **rückwirkend** abgeschlossenen Staffelmietvereinbarung beginnt der Vierjahreszeitraum erst im Zeitpunkt des Abschlusses der Vereinbarung und nicht schon mit dem (davorliegenden) Wirksamkeitszeitpunkt (LG Berlin, Urteil v. 28.1.2003, 64 S 232/02, ZMR 2003 S. 572).

Vertragliche Beschränkungen des Kündigungsrechts des Mieters, die sich auf einen

Zeitraum von **mehr als 4 Jahren** erstrecken, sind **unwirksam** (BGH, Urteil v. 2.6.2004, VIII ZR 316/03, WuM 2004 S. 483). In diesem Fall ist die Beschränkung nicht nur teilweise, sondern **insgesamt** unwirksam. Die zu der Vorgängerbestimmung (§ 10 Abs. 2 S. 6 MHG bis 1.9.2001) entwickelte Rechtsprechung, nach der eine solche Beschränkung nur insoweit unwirksam ist, als sie den Zeitraum von 4 Jahren übersteigt, lässt sich auf § 557a BGB nicht übertragen (BGH, Urteil v. 25.1.2006, VIII ZR 3/05, WuM 2006 S. 152).

Dagegen ist ein Staffelmietvertrag auf **unbestimmte** Zeit mit formularvertraglichem Ausschluss des Kündigungsrechts des Mieters für 4 Jahre seit Abschluss der Staffelmietvereinbarung wirksam. Insofern ist die Vereinbarung einer unbestimmten Vertragslaufzeit mit gleichzeitiger Staffelmietvereinbarung und einseitigem Ausschluss des Kündigungsrechts des Mieters nicht widersprüchlich (LG Waldshut-Tiengen, Urteil v. 15.3.2007, 2 S 58/06, WuM 2007 S. 449; s. auch „Kündigung“, Abschnitt 1.12 „Verzicht auf das ordentliche Kündigungsrecht“).

Das Kündigungsrecht des Mieters ist jedoch nicht auf den Zeitpunkt des Ablaufs der Vierjahresfrist beschränkt. Der Mieter kann auch noch nach Ablauf der Vierjahresfrist selbst dann kündigen, wenn er weitere Mieterhöhungen aufgrund der Staffelmietvereinbarung akzeptiert hat (Sternel, Mietrecht, III 437). Ferner steht dieses Sonderkündigungsrecht dem Mieter nach Auffassung des LG Gießen (Urteil v. 2.9.1998, 1 S 592/97, WuM 2000 S. 423) grundsätzlich auch dann zu, wenn der Vermieter eine Mieterhöhung in Form eines neuen Mietvertrags mit höherer Miete verlangt.

Macht der Mieter von seinem Sonderkündigungsrecht Gebrauch und erlangt der Vermieter deshalb einen Titel, der aus dem befristeten Staffelmietvertrag zugesprochen wird, so ist der Mieter mit nachträglichen Einwendungen ausgeschlossen, die er aus einer potenziell vorzeitigen Beendigung des Mietverhältnisses nach Ausübung des Sonderkündigungsrechts hergeleitet wissen will (BGH, Urteil v. 16.11.2005, VIII ZR 218/04, WuM 2005 S. 786).

2.2.2.6 Vorzeitige Kündigung bei baulichen Maßnahmen des Vermieters (§ 554 Abs. 3 S. 2 BGB)

Hat der Vermieter den Mieter zur Duldung von Modernisierungsmaßnahmen (s. „Modernisierung“) aufgefordert, ist der Mieter berechtigt, bis zum Ablauf des Monats, der auf den Zugang der Mitteilung folgt, zum Ablauf des nächsten Monats zu kündigen.

Beispiel

Geht die Mitteilung am 13.5. dem Mieter zu, kann er bis spätestens 30.6. zum 31.7. kündigen.

Das Kündigungsrecht besteht **nicht** bei sog. **Bagatellmaßnahmen**, die nur mit einer unerheblichen Einwirkung auf die vermieteten Räume verbunden sind und nur zu einer unerheblichen Mieterhöhung führen. Dies ist bei Außenarbeiten (Dach, Fassade) und einer Mieterhöhung nicht über **5 %** der Fall (LG Köln, Urteil v. 5.10.2004, 5 O 200/04, NZM 2005 S. 741). Dagegen liegt keine Bagatellmaßnahme mehr vor, wenn die angekündigte Mieterhöhung aufgrund der Außenarbeiten, die zum Zweck der Energieeinsparung durchgeführt werden, 16,88 % beträgt (LG Köln, Urteil v. 28.10.2004, 2 O 113/04, NZM 2005 S. 742).

2.2.2.7 Vorzeitige Kündigung bei Eröffnung des Insolvenzverfahrens über das Vermögen des Mieters

Der Insolvenzverwalter kann das Mietverhältnis ohne Rücksicht auf die vereinbarte Vertragsdauer unter Einhaltung der gesetzlichen Frist **kündigen**. In diesem Fall kann der Vermieter wegen der vorzeitigen Beendigung des Mietverhältnisses als Insolvenzgläubiger Schadenersatz verlangen (§ 109 Abs. 1 InsO).

Waren dem Mieter die Räume zur Zeit der Eröffnung des Verfahrens **noch nicht überlassen**, kann der Verwalter vom Vertrag **zurücktreten**. In diesem Fall kann der Vermieter ebenfalls wegen der vorzeitigen Beendigung des Mietverhältnisses als Insolvenzgläubiger Schadenersatz verlangen. Der Verwalter muss dem Vermieter auf dessen Verlangen binnen 2 Wochen erklären, ob er vom Vertrag zurücktreten will; unterlässt er dies, verliert er das Rücktrittsrecht (§ 109 Abs. 2 InsO).

2.2.2.8 Vorzeitige Kündigung eines Vertrags über mehr als 30 Jahre (§ 544 BGB)

Wird ein Mietvertrag für eine längere Zeit als 30 Jahre geschlossen, kann nach Ablauf von 30 Jahren nach Überlassung der Mietsache jede Partei das Mietverhältnis unter Einhaltung der gesetzlichen Frist kündigen.

Das Kündigungsrecht gilt nur bei Verträgen von **bestimmter** Dauer über 30 Jahre, nicht aber für Mietverhältnisse von unbestimmter Dauer, die bereits über 30 Jahre laufen.

Die Neubegründung eines Mietverhältnisses zwischen dem Käufer eines Mietobjekts und dem Mieter kraft Gesetzes („Kauf bricht nicht Miete", § 566 BGB) beeinflusst nicht den Lauf der Frist nach § 544 S. 1 BGB. Daher kann das Mietverhältnis nach Ablauf von 30 Jahren seit der Überlassung der Mietsache außerordentlich mit der gesetzlichen Frist gekündigt werden (OLG Karlsruhe, Urteil v. 21.12.2007, 1 U 119/07, MDR 2008 S. 620).

Von § 544 BGB kann vertraglich nicht abgewichen werden, weil Erbmiete und Erbpacht ausgeschlossen werden sollen. § 544 BGB gilt daher auch für Mietverhältnisse, die nur bei Eintritt eines bestimmten Ereignisses enden sollen und das Ereignis (z. B. auch der Verkauf des Grundstücks) später als 30 Jahre nach Vertragsschluss eintreten kann (Palandt, Rn. 4 zu § 567 BGB a. F.; OLG Hamburg, Urteil v. 29.5.1996, 4 U 47/96, GE 1997 S. 550).

Die Kündigung ist **unzulässig**, wenn der Vertrag für die **Lebenszeit** des Vermieters oder des Mieters geschlossen ist (§ 544 S. 2 BGB). Dies gilt nur für natürliche, nicht für juristische Personen (Palandt Rn. 3 zu § 567 BGB a. F.) und bedarf der Schriftform (§ 550 BGB). Die Bestimmung im Testament des Vermieters, dem Mieter solle das Wohnrecht bis zum Lebensende erhalten bleiben, genügt nicht der erforderlichen Schriftform und schließt damit auch nicht das Kündigungsrecht auf Dauer aus (LG Berlin, Urteil v. 8.3.1991, 64 S 394/90, WuM 1991 S. 498).

3 Kündigung durch den Vermieter

3.1 Ordentliche Kündigung durch den Vermieter

Die ordentliche Kündigung von Wohnraum durch den Vermieter setzt – abgesehen von wenigen Ausnahmen – ein **berechtigtes Interesse** des Vermieters an der Beendigung des Mietverhältnisses voraus (§ 573 Abs. 1 BGB; vgl. im Einzelnen „Kündigungsschutz", Abschnitt 2 „Kündigungsgründe (§ 573 BGB)"). Abweichende vertragliche Vereinbarungen zum Nachteil des Mieters sind unwirksam (§ 573 Abs. 4 BGB).

Das **freie Kündigungsrecht** des Vermieters, wie es z. B. bei Geschäftsräumen besteht, ist damit bei Mietverhältnissen über **Wohn**raum weitgehend ausgeschlossen und gilt nur noch in folgenden Fällen:

- Bei einem Mietverhältnis über eine Wohnung in einem vom Vermieter selbst bewohnten **Zweifamilienhaus** sowie bei Wohnraum **innerhalb** der vom Vermieter selbst bewohnten Wohnung (§ 573 a BGB).
- Bei **Nebenräumen** oder **Teilen eines Grundstücks** (z. B. Garten), wenn der Vermieter die Kündigung auf diese Räume bzw. Grundstücksteile beschränkt und sie dazu verwenden will, Wohnraum zum Zweck der Vermietung zu schaffen oder den neu zu schaffenden und den vorhandenen Wohnraum mit Nebenräumen oder Grundstücksteilen auszustatten (§ 573 b BGB; s. „Kündigungsschutz", Abschnitt 2.5.2 „Teilkündigung von Nebenräumen (§ 573 b BGB)").
- Bei Mietverhältnissen über Wohnraum, der nur zum **vorübergehenden** Gebrauch vermietet ist (§ 549 Abs. 2 Nr. 1 BGB).
- Bei Mietverhältnissen über Wohnraum, der **Teil** der vom Vermieter selbst bewohnten Wohnung ist und den dieser überwiegend mit **Einrichtungsgegenständen** auszustatten hat, sofern der Wohnraum dem Mieter nicht zum dauernden Gebrauch mit seiner Familie oder mit Personen überlassen ist,

mit denen er einen auf Dauer angelegten Haushalt führt (§ 549 Abs. 2 Nr. 2 BGB).

- Bei Mietverhältnissen über Wohnraum in einem Studenten- oder Jugendwohnheim (§ 549 Abs. 3 BGB).
- Bei Mietverhältnissen über Wohnraum, den eine juristische Person des öffentlichen Rechts oder ein anerkannter privater Träger der Wohlfahrtspflege angemietet hat, um ihn Personen mit **dringendem Wohnungsbedarf** zu überlassen, wenn sie den Mieter bei Vertragsschluss auf die Zweckbestimmung des Wohnraums und die Ausnahme von den genannten Vorschriften hingewiesen hat (§ 549 Abs. 2 Nr. 3 BGB).

Zur Kündigung eines Mietverhältnisses über Wohnraum, das nicht unter eine dieser Ausnahmevorschriften fällt, ist ein **berechtigtes Interesse** des Vermieters an der Beendigung des Mietverhältnisses erforderlich. § 573 Abs. 2 BGB beinhaltet eine beispielhafte und nicht abschließende Aufzählung (s. „Kündigungsschutz", Abschnitt 2 „Kündigungsgründe (§ 573 BGB)") von Umständen, die als berechtigtes Interesse anzusehen sind.

Danach liegt ein **berechtigtes Interesse** des Vermieters insbesondere vor, wenn

- der Mieter seine vertraglichen Verpflichtungen schuldhaft nicht unerheblich verletzt hat (s. „Kündigungsschutz", Abschnitt 2.1 „Schuldhafte Vertragsverletzungen durch den Mieter (§ 573 Abs. 2 Nr. 1 BGB)");
- der Vermieter die Räume als Wohnung für sich, seine Familienangehörigen oder Angehörige seines Haushalts benötigt;
- der Vermieter durch die Fortsetzung des Mietverhältnisses an einer angemessenen wirtschaftlichen Verwertung des Grundstücks gehindert ist und dadurch erhebliche Nachteile erleiden würde (s. „Kündigungsschutz", Abschnitt 2.3 „Hinderung der wirtschaftlichen Verwertung (§ 573 Abs. 2 Nr. 3 BGB)").

Die Kündigungsschutzvorschrift des § 573 BGB gilt **nicht** für Mietverhältnisse über Räume, die zu **anderen** als Wohnzwecken vermietet sind (z. B. Geschäftsräume). Diese können ohne Vorliegen eines berechtigten Interesses gekündigt werden. Hier kann dem gewerblichen Vermieter vertraglich sogar ein **jederzeitiges** ordentliches Kündigungsrecht eingeräumt werden. In diesem Fall ist die Ausübung dieses Kündigungsrechts ohne weitergehende Anhaltspunkte selbst dann nicht rechtsmissbräuchlich, wenn der Vermieter mit der Kündigung zugleich bezweckt, einem (berechtigten) Mängelbeseitigungsverlangen seines Mieters nicht mehr nachkommen zu müssen (OLG Düsseldorf, Beschluss v. 16.8.2010, I-10 W 114/10, ZMR 2011 S. 381).

Gleiches gilt, wenn durch **einheitlichen** Vertrag sowohl Wohnraum als auch gewerblich genutzte Räume vermietet sind **(Mischmietverhältnis)** und die gewerbliche Nutzungsart überwiegt (OLG Schleswig, RE v. 18.6.1982, 6 RE-Miet 3/81, DWW 1982 S. 302).

Der gewerbliche Teil in einem Mischmietverhältnis überwiegt jedenfalls dann, wenn die Fläche der vermieteten Gewerberäume und die auf sie entfallende Miete ein Vielfaches der entsprechenden Größen der Wohnräume darstellen und sich eine hiervon abweichende rechtliche Einordnung des Vertrags aus vertraglichen Erklärungen der Parteien nicht ergibt. Der Umstand allein, dass die Wohnung den Lebensmittelpunkt des Mieters bildet, führt nicht dazu, dass auf den Wohnraumteil die Bestimmung des § 573 Abs. 1 BGB anzuwenden ist. Die nur wirtschaftliche Teilbarkeit des Mietobjekts in Gewerberäume und Wohnräume erlaubt es jedenfalls dann nicht, auf den Wohnraumteil die Bestimmung des § 573 Abs. 1 BGB anzuwenden, wenn aufgrund des Parteiwillens von einer rechtlichen Einheit des Mietverhältnisses auszugehen ist (OLG Schleswig, a. a. O.).

3.2 Außerordentliche Kündigung durch den Vermieter

Durch außerordentliche Kündigung kann auch ein Mietverhältnis von bestimmter Dauer (vgl. „Zeitmietvertrag") **vorzeitig** beendet werden.

Die außerordentliche Kündigung ist nur bei Vorliegen der im Gesetz genannten Voraussetzungen zulässig.

Ferner ist bei der außerordentlichen **befristeten** Kündigung durch den Vermieter ein **berechtigtes Interesse** i. S. v. § 573 Abs. 1 BGB – wie auch bei der ordentlichen Kündigung – notwendig (§ 573d Abs. 1 BGB). Lediglich bei der Kündigung gegenüber den **Erben** des Mieters ist seit Inkrafttreten der Mietrechtsreform ein berechtigtes Interesse (Kündigungsgrund) **nicht** erforderlich; (s. „Kündigungsschutz“, Abschnitt 2 „Kündigungsgründe (§ 573 BGB)“ und „Kündigung“, Abschnitt 3.2.2.1 „Vorzeitige Kündigung beim Tod des Mieters (§§ 563, 563a, 564 BGB)“).

Bei der außerordentlichen **fristlosen** Kündigung ist ein berechtigtes Interesse i. S. v. § 573 BGB **nicht** erforderlich (OLG Celle, Beschluss v. 4.2.1985, 2 UH 3/84, DWW 1985 S. 231). Insofern genügt die Erfüllung der gesetzlich normierten Tatbestandsvoraussetzungen durch den Mieter (wichtiger Grund i. S. v. § 543 Abs. 1 BGB). Dieser ist im Kündigungsschreiben anzugeben (§ 569 Abs. 4 BGB).

Eine Vereinbarung, nach welcher der Vermieter von **Wohnraum** zur Kündigung ohne Einhaltung einer Kündigungsfrist aus anderen als den im Gesetz genannten Gründen berechtigt sein soll, ist unwirksam (§ 569 Abs. 5 BGB).

Dagegen können bei einem Mietverhältnis über **andere** Räume weitere Kündigungsgründe vereinbart werden. Kündigungsgründe in einem **Formular**mietvertrag stellen jedoch nur dann keine unangemessene Benachteiligung des Mieters i. S. v. § 307 BGB dar, wenn sie sich in ihrem Gewicht an den gesetzlichen Kündigungsgründen orientieren (Emmerich-Sonnenschein, BGB, § 564 a.F. Rn. 34; Wolf, Horn, Lindacher, AGB-Gesetz, § 9 M 47).

Der Vermieter kann gleichzeitig mit der fristlosen Kündigung eines Wohnraummietverhältnisses durch eine zusätzliche Willenskundgebung seinen der Fortsetzung des Gebrauchs der Mietsache entgegenstehenden Willen nach § 545 BGB erklären. Gewährt der Vermieter gleichzeitig mit der fristlosen Kündigung eine Räumungsfrist, bringt er damit objektiv einen der Fortsetzung des Gebrauchs der Mietsache entgegenstehenden Willen nach § 545 BGB zum Ausdruck (OLG Schleswig, RE v. 23.11.1981, 6 RE-Miet 2/81, NJW 1982 S. 449; OLG Hamburg, RE v. 27.7.1981, 4 U 27/81, NJW 1981 S. 2258).

Zu den Voraussetzungen, eine **unwirksame** fristlose Kündigung des Vermieters in ein Angebot zum Abschluss eines **Mietaufhebungsvertrags** umzudeuten, s. OLG Köln, Urteil v. 2.8.2001, 8 U 24/01, ZMR 2001 S. 967; BGH, Urteil v. 24.9.1980, VIII ZR 299/79, NJW 1981 S. 44; v. 11.1.1984, VIII ZR 255/82, NJW 1984 S. 1028; BVerfG, Beschluss v. 19.8.1996, 2 BvR 2488/94, ZMR 1997 S. 19 sowie „Mietaufhebungsvertrag“.

In Anbetracht der unterschiedlichen Voraussetzungen und Rechtswirkungen wird nachfolgend unterschieden zwischen der außerordentlichen **fristlosen** Kündigung, die ohne Einhaltung einer Kündigungsfrist erfolgen kann und mit Zugang beim Mieter wirksam wird, und der außerordentlichen **befristeten** Kündigung unter Einhaltung der gesetzlichen Frist (s. Abschnitt 3.2.2).

Hat der Vermieter keinen gesetzlichen Grund zur fristlosen Kündigung des Mietverhältnisses (z. B. wegen Zahlungsrückständen), stellt die gleichwohl erfolgte Androhung einer fristlosen Kündigung mit nachfolgender Zwangsräumung eine Nebenpflichtverletzung des Vermieters dar, die den Mieter zur Einschaltung eines Rechtsanwalts auf Kosten des Vermieters berechtigt. Damit verstößt der Mieter jedenfalls dann nicht gegen seine Schadensminderungspflicht, wenn die Forderung des Vermieters verhältnismäßig hoch und die dem Mieter gesetzte Frist relativ kurz ist. In diesem Fall muss sich der Mieter damit nicht ohne anwaltliche Hilfe auseinandersetzen, selbst wenn das Vermieterschreiben noch ein Gesprächsangebot enthält (AG Schöneberg, Urteil v. 15.5.2013, 12 C 1/12, GE 2013 S. 816).

3.2.1 Außerordentliche fristlose Kündigung aus wichtigem Grund, u.a. wegen laufend unpünktlicher Mietzahlungen

Der Vermieter kann das Mietverhältnis gemäß **§ 543 Abs. 1 BGB** aus **wichtigem Grund** fristlos kündigen. Ein wichtiger Grund liegt vor, wenn dem Vermieter unter Berücksichtigung aller Umstände des Einzelfalls, insbesondere eines Verschuldens des Mieters, und unter Abwägung der beiderseitigen Interessen die Fortsetzung des Mietverhältnisses bis zum Ablauf der Kündigungsfrist oder bis zur sonstigen Beendigung des Mietverhältnisses **nicht zugemutet** werden kann. Ein wichtiger Grund liegt auch dann vor, wenn der Mieter den **Hausfrieden** nachhaltig stört (§ 569 Abs. 2 BGB, s. Abschnitt 3.2.1.3).

Mit dieser Neuregelung, die durch das Mietrechtsreformgesetz 2001 eingefügt worden ist, soll klargestellt werden, dass ein Mietverhältnis nicht nur bei schuldhaften Vertragsverletzungen des Vertragspartners (entsprechend § 554a BGB a.F.), sondern auch bei **nicht schuldhaftem** Verhalten gekündigt werden kann (entsprechend der bisherigen Rechtsprechung zu den §§ 242, 626 BGB).

Voraussetzung für die Kündigung ist somit nicht in erster Linie ein schuldhaftes Verhalten, sondern die **Unzumutbarkeit** für den Vertragspartner, sodass eine fristlose Kündigung im Einzelfall auch bei nicht schuldhaftem Verhalten des Vertragspartners erfolgen kann.

Das Verschulden ist nur insoweit von Relevanz, als die Anforderungen an die Unzumutbarkeit bei nicht schuldhaftem Verhalten des Vertragspartners höher sein werden als bei schuldhaftem Verhalten, d.h. das Maß des Verschuldens muss bei der **Interessenabwägung** berücksichtigt werden.

Die neue Regelung soll im Wesentlichen der bisherigen Rechtslage entsprechen (s. Begründung der Beschlussempfehlung des Rechtsausschusses, BT-Drucks. 14/5663 sowie Begründung des Gesetzentwurfs in NZM 2000 S. 433). Zur Bestimmung des Anwendungsbereichs der neuen Regelung kann daher die zu den §§ 242, 626 BGB sowie zu § 554a BGB a.F. ergangene Rechtsprechung herangezogen werden (vgl. Kraemer, WuM 2001 S. 171).

Danach gilt Folgendes:

Die Vertragsverletzung durch den Mieter muss **so gravierend** sein, dass dem Vermieter die Fortsetzung des Mietverhältnisses bis zum Ablauf der Kündigungsfrist oder bis zur sonstigen Beendigung des Mietverhältnisses **nicht mehr** zugemutet werden kann. Diese Beurteilung ist nach objektiven Kriterien anhand der konkreten Umstände des Einzelfalls zu treffen und unterliegt im Prozess der tatrichterlichen Würdigung, sodass eine pauschale Aussage darüber, wann eine Unzumutbarkeit vorliegt, nicht erfolgen kann. Dementsprechend wurde vom BayObLG (Beschluss v. 25.2.1983, RE-Miet 1/82, WuM 1983 S. 129) der Erlass eines Rechtsentscheids über die Frage, ob das Anbringen eines Transparents mit gesellschaftspolitischer Aufschrift durch den Mieter eine Kündigung durch den Vermieter rechtfertigt, abgelehnt (vgl. auch BayObLG, Beschluss v. 4.11.1983, RE-Miet 13/83, WuM 1984 S. 12).

Unbeschadet des Umstands, dass es wohl kaum identische Sachverhalte gibt, muss im Streitfall immer damit gerechnet werden, dass von den Instanzgerichten auch vergleichbare Sachverhalte infolge des sehr „flexiblen" Begriffs der Unzumutbarkeit in § 543 Abs. 1 BGB durchaus unterschiedlich bewertet werden. Im Folgenden können daher nur bestimmte Fallgruppen anhand einzelner Beispielsfälle dargestellt werden, wobei aber die Würdigung der **konkreten Umstände des Einzelfalls** das entscheidende Kriterium ist und bleibt.

Hauptanwendungsfall des § 543 Abs. 1 BGB wird (wie bei § 554a BGB a.F.) die **laufende unpünktliche Mietzahlung** durch den Mieter sein. Da es sich insofern um die Verletzung einer Pflicht aus dem Mietvertrag handelt, ist die Kündigung grundsätzlich erst nach einer erfolglosen **Abmahnung** zulässig (§ 543 Abs. 3 BGB).

Die andauernde und trotz wiederholter Abmahnung des Vermieters fortgesetzte verspätete Entrichtung der Mietzahlung durch den Mieter stellt eine so gravierende Pflichtverletzung dar, dass die Fortsetzung des Mietverhältnisses für den Vermieter unzumutbar ist und eine Kündigung aus wichtigem Grund (§ 543 Abs. 1 und 3 BGB) rechtfertigt. Dies gilt auch dann, wenn dem Mieter (nur) Fahrlässigkeit zur Last fällt, weil er aufgrund eines vermeidbaren Irrtums davon ausgeht, dass er die Miete erst zu einem späteren Zeitpunkt (z. B. zur Monatsmitte oder zum Monatsende) zahlen müsse (BGH, Urteil v. 1.6.2011, VIII ZR 91/10).

Jedoch gibt es keine verbindliche Regelung darüber, wie oft der Mieter zur Erfüllung des Tatbestands des § 543 Abs. 1 BGB unpünktlich gezahlt haben muss. Im konkreten Fall hat der BGH eine Berechtigung zur fristlosen Kündigung bei siebenmaliger Verspätung anerkannt (BGH, Urteil v. 23.9.1987, VIII ZR 265/86, ZMR 1988 S. 16), während das OLG Hamm (Urteil v. 3.12.1991, 7 U 145/91, NJW-RR 1993 S. 1163) die Kündigung bereits bei viermaliger unpünktlicher Zahlung als zulässig angesehen und darauf hingewiesen hat, dass der Vermieter in diesem Fall die Räumung auch dann verlangen kann, wenn der Mieter im Räumungszeitpunkt mit seinen Zahlungen auf dem Laufenden war. Nach der Rechtsprechung des LG München I (zuletzt Urteil v. 27.6.2008, 14 S 15785/07, ZMR 2010 S. 968) sind für eine fristlose Kündigung grundsätzlich sechs Fälle erheblich (d. h. mehr als eine Woche) verspäteter Mietzahlungen erforderlich, wobei aber auch bereits fünf Fälle ausreichen können, wenn die Miete auch für die anderen Monate unpünktlich gezahlt worden ist (LG München I, Urteil v. 29.11.1995, 14 S 9158/95).

> Hat der Vermieter den Mieter wegen laufend unpünktlicher Mietzahlungen bereits **angemahnt**, kann für eine fristlose Kündigung jedoch schon **eine** weitere unpünktliche Mietzahlung nach Abmahnung ausreichend sein, da der Mieter mit der Fortsetzung seiner unpünktlichen Zahlungsweise nach Abmahnung zu erkennen gibt, dass er nicht bereit ist, seine zögerliche Zahlungsweise ernsthaft und auf Dauer abzustellen und das Vertrauen des Vermieters in eine pünktliche Zahlungsweise wiederherzustellen (BGH, Urteil v. 11.1.2006, VIII ZR 364/04, WuM 2006 S. 193).

Dementsprechend ist der Vermieter zur fristlosen Kündigung des Mietverhältnisses berechtigt, wenn der Mieter nach einer Abmahnung wegen mehrfacher unpünktlicher Mietzahlungen auch die Miete des Folgemonats ohne besonderen Entschuldigungsgrund um 17 Tage verspätet zahlt (LG Berlin, Urteil v. 10.7.2006, 67 S 159/04, ZMR 2006 S. 864).

Einer Kündigung wegen nur einer nach Abmahnung unpünktlich gezahlten Miete steht grundsätzlich nicht entgegen, dass der Vermieter bis zur Abmahnung unpünktliche Mietzahlungen über einen längeren Zeitraum nicht beanstandet hatte. Die Hinnahme unpünktlicher Zahlungen ist nämlich nicht geeignet, einen entsprechenden Vertrauenstatbestand für den Mieter zu begründen (BGH, Urteil v. 14.9.2011, VIII ZR 301/10, NZM 2012 S. 22).

Nur in ganz besonders gelagerten Fällen kann für die fristlose Kündigung eine unpünktliche Zahlung nach Abmahnung **ausnahmsweise** nicht ausreichend sein, z. B. wenn es der Vermieter über einen sehr langen Zeitraum (hier: 24 Jahre) widerspruchlos hingenommen hat, dass der Mieter die Miete unpünktlich, z. B. statt am dritten Werktag immer erst zur Monatsmitte, zahlt und er den Mieter daraufhin erstmals abgemahnt hat (BGH, Urteil v. 4.5.2011, VIII ZR 191/10, NJW 2011 S. 2201).

Eine Kündigung wegen erneut verspäteter Zahlung nach bereits erfolgter Abmahnung wegen unpünktlicher Mietzahlungen kann auch dann unwirksam sein, wenn es sich dabei um einen **geringfügigen** Verstoß handelt (LG Berlin, Urteil v. 8.11.2013, 63 S 134/13, GE 2014 S. 195). Wird die Mietzahlung z. B. insgesamt dreimal verspätet geleistet, wovon zwei Zahlungen nur um einen Tag und eine dritte um drei Werktage verspätet waren, rechtfertigt dies weder eine fristlose noch eine fristgemäße Kündigung des Mietverhältnisses (LG Berlin, Urteil v. 9.10.2013, 65 S 140/13, WuM 2014 S. 93).

Setzt der Mieter die unpünktliche Mietzahlung nach der Abmahnung fort, muss der Vermieter zwar nicht sofort kündigen. Allerdings darf er auch nicht zu lange zuwarten, da sonst der Eindruck entsteht, er würde die Zahlungsunpünktlichkeiten nicht als unzumutbar empfinden. Verbindliche Fristen gibt es insofern nicht. Ein Zeitraum von 6 Monaten wird in der

Rechtsprechung bereits als Obergrenze angesehen (so LG Berlin, Urteil v. 27.3.2008, 62 S 412/07, ZMR 2009 S. 285, wonach ein Zeitraum von mehr als 8 Monaten zwischen der letzten missachteten Abmahnung und der Kündigung jedenfalls zu lang ist).

Der Sinn und Zweck einer Abmahnung besteht zum einen darin, dem Empfänger unmissverständlich deutlich zu machen, dass ein bestimmt bezeichnetes vertragswidriges Verhalten nicht mehr länger hingenommen wird. Zum anderen soll die Abmahnung dem Mieter Gelegenheit zur Änderung des beanstandeten Verhaltens geben (BGH, Urteil v. 11.1.2006, VIII ZR 364/04, WuM 2006 S. 193).

Eine zusätzliche ausdrückliche Aufforderung, sich in Zukunft vertragstreu zu verhalten, muss die Abmahnung nach der Rechtsprechung des BGH nicht enthalten. Daher kann eine (unwirksame) fristlose Kündigung wegen Zahlungsverzugs als Abmahnung zu verstehen sein, weil sie dem Mieter deutlich vor Augen geführt hat, dass der Vermieter mit einer verspäteten Zahlung der Miete nicht einverstanden ist (BGH, Urteil v. 14.9.2011, VIII ZR 345/10, WuM 2011 S. 676).

Im Einzelfall sind jedoch die gesamten Umstände des konkreten Mietverhältnisses zu würdigen, sodass sich eine „Unzumutbarkeit" i.S.d. § 543 Abs. 1 BGB nicht allein aus einer bestimmten Anzahl von Verspätungen ergibt; u.a. kann es auch darauf ankommen, ob und wie lange das Mietverhältnis schon störungsfrei besteht.

Aus einer evtl. Kenntnis des Vermieters von den schlechten finanziellen Verhältnissen des Mieters bei Vertragsschluss kann jedenfalls kein Verzicht des Vermieters auf vertragsgemäße Erfüllung hergeleitet werden. Ferner verliert der Vermieter auch durch Duldung von verspäteten Zahlungen über einen längeren Zeitraum nicht sein Recht zur fristlosen Kündigung (OLG Düsseldorf, Urteil v. 8.7.2008, I-24 U 177/07, MDR 2008 S. 1386).

Da die Umstände des Einzelfalls zu würdigen sind, hat der BGH in einem neuen Urteil entschieden, dass bei Mietern, die staatliche Sozialleistungen beziehen, nicht isoliert auf die unpünktlichen Zahlungen abgestellt werden darf. Beruhen Zahlungsverzögerungen von jeweils nur wenigen Tagen darauf, dass das Jobcenter nicht zu einer früheren Zahlungsanweisung bereit ist, steht dem Vermieter kein Recht zur fristlosen Kündigung des Mietverhältnisses zu.

Insofern müssen sich Mieter im Rahmen der Interessenabwägung (nach § 543 Abs. 1 BGB) auch nicht ein etwaiges Verschulden des Jobcenters zurechnen lassen. Dieses handelt bei der Übernahme der Mietzahlungen **nicht** als **Erfüllungsgehilfe** (§ 278 BGB) des Mieters, sondern nimmt die ihm obliegenden hoheitlichen Aufgaben der Daseinsvorsorge wahr. Der Mieter schaltet die Behörde nicht als Hilfsperson zur Erfüllung seiner Zahlungsverpflichtung aus dem Mietverhältnis ein; vielmehr wendet er sich an die staatliche Stelle, um den eigenen Lebensunterhalt sicherzustellen. Dabei macht es keinen Unterschied, ob das Jobcenter anschließend die Kosten der Unterkunft an den Hilfebedürftigen selbst zahlt oder direkt an den Vermieter überweist (BGH, Urteil v. 21.10.2009, VIII ZR 64/09, WuM 2009 S. 736). Dies gilt aber nur, soweit das Jobcenter allein für die eingetretenen Rückstände verantwortlich war. In diesem Zusammenhang hat der Mieter eine Mitwirkungspflicht und muss das Jobcenter durch Einreichung von angeforderten Mietunterlagen in die Lage versetzen, die Mietansprüche zu prüfen (LG Berlin, Urteil v. 15.10.2013, 63 S 216/12, GE 2013 S. 1516).

Jedoch ist ein Mieter, der neben Arbeitslosengeld (§ 117 SGB III) lediglich **Krankengeld** bezieht und in engen finanziellen Verhältnissen lebt, gehalten, sich spätestens dann mit der Betriebskrankenkasse in Verbindung zu setzen, wenn diese das Krankengeld erstmals erst im Nachhinein bezahlt hat. Dies gilt erst recht, wenn er vom Vermieter wegen der unpünktlichen Zahlung bereits angemahnt wurde. Dann muss sich der Mieter wegen eines Dispenses von der pünktlichen Mietzahlung an seinen Vermieter wenden und sich zudem mit der Betriebskrankenkasse in Verbindung setzen, um auf eine Beschleunigung der Bearbeitung und Auszahlung des Krankengeldes hinzuwirken. Verhält sich der Mieter nicht entsprechend und kommt es in der Folge zu weiteren unpünktlichen Mietzahlungen, kann der Vermieter das Mietverhältnis fristlos kündigen, da die unpünktlichen Mietzahlungen dann vom Mieter verschuldet sind (LG Frankfurt/M., Urteil v. 15.7.2010, 11 S 342/09, NZM 2011 S. 152).

Zahlt der Mieter trotz wiederholter Aufforderung des Vermieters, die Miete pünktlich am dritten Werktag des Monats zu zahlen, weiterhin verspätet, handelt der Vermieter nicht rechtsmissbräuchlich, wenn er am achten Tag des Monats Klage auf Zahlung der Miete einreicht, ohne den Mieter vorher nochmals zu mahnen. Der Mieter hat daher die Kosten des Rechtsstreits (u.a. Anwalts- und Gerichtskosten) zu tragen (BGH, Urteil v. 25.10.2006, VIII ZR 251/05, WuM 2006 S. 684).

Bei unpünktlichen Zahlungen einer **schuldunfähigen** Partei wird gemäß § 278 BGB auf das **Verschulden ihres Betreuers**, gegenüber dem auch die Abmahnung und ggf. die Kündigung zu erfolgen hat, als Abwägungsfaktor abzustellen sein.

Ein **nachträgliches vertragsgemäßes** Verhalten des Mieters, z.B. pünktliche Zahlung nach Ausspruch der Kündigung, kann an der Gestaltungswirkung der Kündigung (Beendigung des Mietverhältnisses mit Zugang) nichts mehr verändern, sodass der Vermieter auf Räumung bestehen kann. Ein nachträgliches – vertragstreues – Verhalten ist nur im Rahmen des Verschuldens bei einer **ordentlichen** Kündigung wegen Zahlungsverzugs (s. „Kündigungsschutz“, Abschnitt 2.1 „Schuldhafte Vertragsverletzungen durch den Mieter (§ 573 Abs. 2 Nr. 1 BGB)“) zu beachten; **nicht** aber bei der **fristlosen** Kündigung wegen unpünktlicher Mietzahlung, bei der regelmäßig ein einmaliger Vertragsverstoß nach erfolgter Abmahnung genügt (LG Berlin, Beschluss v. 11.6.2013, 63 S 35/13, GE 2013 S. 1342; so bereits BGH, Urteil v. 23.9.1987, VIII ZR 265/86, ZMR 1988 S. 16). Gleiches gilt, wenn ein Mietverhältnis wegen ruhestörenden Lärms gekündigt worden ist. Auch hier entfällt der Räumungsanspruch des Vermieters nicht deshalb, weil der Mieter z.B. durch eine medikamentöse Behandlung von weiteren Ruhestörungen abgehalten werden könnte (LG Hamburg, Urteil v. 20.12.2005, 316 S 127/05, ZMR 2006 S. 448). Ein nachträgliches Wohlverhalten gibt dem Gericht jedoch die Möglichkeit einer Verlängerung der Räumungsfrist gemäß § 721 Abs. 1 ZPO (LG Hamburg, a.a.O.).

Der Vermieter kann von seinem Kündigungsrecht wegen laufender unpünktlicher Zahlung auch dann noch Gebrauch machen, wenn er über längere Zeit unpünktliche Zahlungen seines Mieters stillschweigend hingenommen hat. Jedoch muss er den Mieter vorher durch eine Abmahnung darauf hinweisen, dass er künftig pünktliche Zahlungen erwartet (OLG Hamm, Urteil v. 9.9.1994, 30 U 73/94, ZMR 1994 S. 560).

Strittig war bisher, ob der Vermieter von **Wohn**räumen bei **Nichtzahlung** der vertraglich vereinbarten **Kaution** zur fristlosen Kündigung des Mietverhältnisses berechtigt ist. Dies ist jetzt durch das Mietrechtsänderungsgesetz vom 11.3.2013 (BGBl I S. 434 ff.) geregelt. Danach liegt ein wichtiger Grund für die außerordentliche fristlose Kündigung des Vermieters auch dann vor, wenn der Mieter mit der Zahlung der vereinbarten Kaution mit einem Betrag in Verzug ist, der der **zweifachen Monatsmiete** entspricht (ohne Vorauszahlungen bzw. Pauschalen für Betriebskosten). Der Mieter muss also die zweite und dritte Kautionsrate spätestens mit der zweiten und dritten monatlichen Mietzahlung leisten (§ 551 Abs. 2 S. 3 BGB n.F.). Vor der Kündigung muss der Vermieter weder eine Frist für Abhilfe setzen noch eine Abmahnung aussprechen (§ 569 Abs. 2a BGB n.F.).

Entsprechend der Heilungsmöglichkeit einer fristlosen Kündigung wegen Zahlungsverzugs mit der Miete (s. „Kündigung“, Abschnitt 3.2.1.2 „Fristlose Kündigung wegen Zahlungsverzugs (§ 543 Abs. 2 Nr. 3 BGB)“) kann der Mieter auch eine fristlose Kündigung wegen Verzugs mit der Kautionszahlung unwirksam machen, wenn der Mieter spätestens bis zum Ablauf von 2 Monaten nach Eintritt der Rechtshängigkeit des Räumungsanspruchs (Zustellung der Räumungsklage) den Rückstand vollständig ausgleicht oder eine öffentliche Stelle (z.B. das Sozialamt) sich dazu verbindlich verpflichtet.

Bei **gewerblichen** Mietverhältnissen wurde ein Kündigungsrecht des Vermieters bereits von der Rechtsprechung des BGH (Urteil v. 21.3.2007, XII ZR 36/05, NZM 2007 S. 400) bejaht.

Eine fristlose Kündigung wegen Nichtzahlung der vereinbarten Kaution kann aber nur innerhalb einer **angemessenen** Frist ausgesprochen werden (§ 314 Abs. 3 BGB). Ist seit Kenntnis des Vermieters von dem Vertragsverstoß (hier: Nichtzahlung der Kaution) ein längerer Zeitraum vergangen (hier: 10 Monate), kann eine fristlose Kündigung nicht mehr auf diesen Umstand gestützt werden, da sie dann nicht mehr innerhalb angemessener Frist erfolgt (OLG Koblenz, Beschluss v. 3.6.2011, 2 U 793/10, MDR 2011 S. 1162).

Ferner kann ein Kündigungsgrund nach § 543 Abs. 1 BGB in folgenden Fällen gegeben sein:

bei nachhaltigen **Störungen des Hausfriedens** (vgl. § 569 Abs. 2 BGB), z.B. durch laufende Verletzung der Hausordnung (s. „Hausordnung") oder erhebliche Ruhestörungen, z.B. wiederholte nächtliche Ruhestörungen durch laute Musik trotz Abmahnung, auch wenn nach der Kündigung keine Störungen mehr auftreten (LG Coburg, Beschluss v. 15.4.2008, 32 S 1/08).

Gleiches gilt, wenn es infolge von Auseinandersetzungen zwischen Familienangehörigen zu erheblichen nächtlichen Ruhestörungen kommt, die trotz mehrfacher Abmahnungen immer wieder zu Beschwerden der Mitmieter führen. In diesem Fall kann eine außerordentliche fristlose Kündigung selbst dann gerechtfertigt sein, wenn der Mieter erkrankt ist und das Mietverhältnis außerdem bereits seit 35 Jahren ungestört verlaufen ist (LG Berlin, Urteil v. 11.2.2010, 67 S 382/09, GE 2010 S. 488). Insofern kann auch unter Berücksichtigung einer Krankheit des Mieters und einer langen Dauer des Mietverhältnisses ein Festhalten am Mietvertrag für den Vermieter unzumutbar sein, wenn erhebliche nächtliche Ruhestörungen trotz Abmahnungen immer wieder zu Beschwerden der Mitmieter führen (LG Berlin, a. a. O).

Ein Kündigungsgrund kann auch vorliegen bei Straftaten (schwere Beleidigung des Vermieters oder des Hausverwalters, vgl. LG Köln, Urteil v. 21.1.1993, 1 S 365/92, WuM 1993 S. 349: „Götz-Zitat" zweimal hintereinander; „Vermieter habe ein Hauswartsystem nach Stasi- oder Gestapoart eingeführt", LG Ansbach, Urteil v. 19.12.2013, 1 S 1252/12, ZMR 2014 S. 446; LG Berlin, Urteil v. 13.5.1986, 63 S 24/85, WuM 1987 S. 56; LG Köln, Urteil v. 7.4.1988, 1 S 463/87, DWW 1988 S. 325; AG München, Urteil v. 21.10.2008, 415 C 20663/08: „Vermieter ist dusselig und soll sein Spatzenhirn anstrengen"); üblen Beschimpfungen von Mitarbeitern des Vermieters durch Kinder des Mieters (AG Tempelhof, Urteil v. 23.2.2010, 13 C 142/09, GE 2010 S. 697); tätliche Angriffe auf Mitbewohner oder den Vermieter – nicht jedoch, wenn der Vermieter das Hausrecht des Mieters verletzt hat, z.B. weil er sich trotz einer berechtigten Aufforderung des Mieters, die Wohnung zu verlassen, nicht aus der Wohnung entfernt und der Mieter den Vermieter daraufhin mit sanfter Gewalt aus der Wohnung drängt, ihn z.B. mit den Armen umfasst und aus der Wohnung trägt (BGH, Urteil v. 4.6.2014, VIII ZR 289/13); Beschimpfen und Bedrohen von Mitarbeitern des Vermieters (OLG Düsseldorf, Beschluss v. 8.3.2005, 10 U 52/05, DWW 2006 S. 116); Hindern von Mitarbeitern oder Beauftragten des Vermieters gegen ihren Willen am Verlassen der Mietwohnung (LG Berlin, Beschluss v. 16.7.2013, 67 S 232/13, ZMR 2014 S. 638); derben und diskriminierenden Beleidigungen von Mitmietern („russische Schlampe", vgl. AG Coburg, Urteil v. 25.9.2008, 11 C 1036/08, ZMR 2009 S. 373); Verleumdung; übler Nachrede zum Nachteil des Vermieters; „Bombardement" mit **Mängelrügeschreiben** aller Art (174 Schreiben in ca. 14 Wochen; vgl. LG Bielefeld, Beschluss v. 26.7.2001, 22 S 240/01, WuM 2001 S. 553); unsachlichen Äußerungen über den Zustand der Wohnung gegenüber Kaufinteressenten (LG Hannover, Urteil v. 2.6.1995, 9 S 199/94, WuM 1995 S. 538; s. auch „Betreten und Besichtigen der Mieträume"); versuchter Täuschung des Vermieters, z.B. durch die Behauptung des Mieters, die unsachgemäße Montage von Teilen der Mietsache (hier: Heizkörper) habe zur Verletzung des Mieters oder eines Dritten geführt, obwohl der Mieter weiß, dass dies nicht zutreffend ist und der Schaden durch den Mieter oder durch den Dritten selbst verursacht wurde (OLG Düsseldorf, Beschluss v. 21.3.2011, I-24 U 102/10, GE 2012 S. 204); Brandstiftung (vgl. DWW 1976 S. 33); vorsätzlicher Sachbeschädigung durch Eintreten der Wohnungstür des Mitmieters (LG Berlin, Urteil v. 21.10.1983, 64/63a S 147/83, GE 1984 S. 83); Diebstahl, auch sog. **Stromdiebstahl**, d.h., Entnahme von Strom aus der Leitung eines Mietshauses für die eigene Wohnung rechtfertigt die fristlose Kündigung des Mietverhältnisses (LG Köln, Urteil v. 17.3.1994, 1 S 251/93, NJW-RR 1994 S. 909; AG Potsdam, Urteil v. 6.10.1994, 26 C 205/94, WuM 1995 S. 40; nicht aber Stromdiebstahl durch den **Untermieter**, wenn der Hauptmieter diesem sofort kündigt (LG Berlin, Urteil v. 6.5.2002, 34 O 554/01, GE 2002 S. 996); nach KG Berlin (Urteil v. 18.11.2004, 8 U 125/04, WuM 2004 S. 721) erfordert Kündigung vorherige Abmahnung, wenn der entzogene Strom geringfügig und somit kaum messbar ist; auch bei Handlungen unterhalb der Strafbarkeitsschwelle, z.B. **„Anprangern"** des Vermieters durch Aushängen eines Transparents (vgl. LG München I, Urteil v. 20.7.1983, 14 S 18033/81, WuM 1983 S. 263; LG Mannheim, Urteil v. 22.4.1981, 4 S 123/80, WuM 1985 S. 264); **üble Nachrede**, z.B. wenn der Mieter trotz Abmahnung wegen früherer unangemessener Äußerungen den Vermieter durch ein Schreiben an dessen Baufinanzierer in Misskredit bringen will (LG Potsdam, Urteil v. 17.8.2011, 4 S 193/10, GE 2012 S. 64); Veranlassung von mehreren **Polizeieinsätzen** innerhalb kurzer Zeit durch den Mieter oder durch eine in die Wohnung aufgenommene Person (vgl. LG Mannheim, Urteil v. 20.10.1993, 4 S 113/93, DWW 1994 S. 50: zwei Einsätze in 2 Monaten; so auch LG Hamburg, Urteil v. 3.11.2005, 307 S 124/05, WuM 2005 S. 768 bei wiederholten nächtlichen Polizeieinsätzen gegen gewaltbereiten Mieter); massiven **Vorwürfen** eines Mieters gegenüber anderen Hausbewohnern, wenn diese objektiv falsch und einen vorsätzlichen rechtswidrigen Angriff gegen die Ehre der Mitbewohner darstellen (LG Kaiserslautern, Urteil v. 22.3.1983, 2 S 104/82, WuM 1983 S. 263); unzumutbaren Beeinträchtigungen der Mitbewohner, wenn bei geöffneter Wohnungstür von der Wohnung des Mieters unzumutbare **Geruchsbelästigungen** ausgehen, die Tür täglich mehrfach geöffnet wird und der Geruch auch nach dem Schließen der Tür noch geraume Zeit im Hausflur verbleibt (LG Braunschweig, Urteil v. 10.4.2007, 6 S 313/06, ZMR 2007 S. 536; so auch AG Münster, Urteil v. 8.3.2011, 3 C 4334/10, WuM 2012 S. 372 und AG Wetzlar, Urteil v. 8.1.2013, 38 C 1389/12, GE 2013 S. 1007, wonach ein wichtiger Grund [i.S.d. § 543 Abs. 1 und § 569 Abs. 2 BGB] gegeben ist, der den Vermieter zur außerordentlichen fristlosen Kündigung berechtigt, wenn ein Mieter seine Wohnung in einen derart unhygienischen Zustand versetzt, dass unzumutbarer Gestank in das Treppenhaus und andere Wohnungen dringt und so die Mitmieter beeinträchtigt). Dies gilt auch, wenn dies eine Folge des Alters und der krankheitsbedingten Hilfsbedürftigkeit des Mieters ist (LG Hamburg, Urteil v. 26.5.1987, 16 S 307/85, WuM 1988 S. 18; AG Münster, Urteil v. 19.5.1987, 28 C 9/87, WuM 1988 S. 19; vgl. auch AG Hamburg, Urteil v. 7.5.1987, 39b C 2083/86, WuM 1988 S. 20); Benutzen des Gartens vor dem Mehrfamilienhaus als Toilette trotz Abmahnung (AG Köln, Urteil v. 21.10.2010, 210 C 398/09, WuM 2012 S. 272).

Ein Kündigungsgrund kann auch sein: **Verwahrlosung** der Wohnung, wenn dadurch die Substanz der Mietsache gefährdet wird oder Mitbewohner des Anwesens z.B. durch unerträgliche Gerüche unzumutbar belästigt werden (s. LG Gießen, Urteil v. 10.1.2006, 1 S 117/05, WuM 2006 S. 158; AG Rheine, Urteil v. 26.2.2008, 4 C 731/07, ZMR 2008 S. 803); **Vermüllung** der Wohnung mit Kakerlakenbefall (AG Schöneberg, Urteil v. 16.6.2009, 11 C 507/08, GE 2009 S. 1501); wiederholte Verursachung einer **Brandgefahr**, z.B. durch Anbrennenlassen von Essen (LG Duisburg, Urteil v. 18.6.1991, 7 S 629/90, DWW 1991 S. 342, s. auch AG Charlottenburg, Urteil v. 15.10.2003, 212 C 150/03, NJW-RR 2004 S. 731, wonach der Vermieter zur fristlosen Kündigung berechtigt ist, wenn der Mieter innerhalb von 2 Monaten trotz vorheriger Abmahnung zweimal eine Brandgefahr verursacht); wiederholte Verursachung erheblicher **Wasserschäden** (AG Görlitz, Urteil v. 28.3.1994, 4 C 0676/93, 4 C 676/93, WuM 1994 S. 668); trotz Abmahnung wiederholtes Herabstürzen von vom Mieter auf dem Balkon aufgestellten Blumentöpfen aufgrund mangelhafter Sicherung (LG Berlin, Urteil v. 26.11.2009, 67 S. 278/09, GE 2010 S. 203); Anbau von **Cannabispflanzen** auf dem Balkon der Mietwohnung, aus denen sich nicht nur geringe THC-Mengen i. S. d. Betäubungsmittelgesetzes gewinnen lassen (hier: 14 Pflanzen mit einer THC-Menge von 15,6 g entsprechend 1.041 Konsumeinheiten; vgl. LG Ravensburg, Urteil v. 6.9.2001, 4 S 127/01, WuM 2001 S. 608); **Handeln mit Heroin** in der Wohnanlage (AG Pinneberg, Urteil v. 29.8.2002, 68 C 23/02, NZM 2003 S. 553: keine vorherige Abmahnung erforderlich); Haltung und Zucht von 80 Kleinvögeln in einer ca. 50 m^2 großen Wohnung, da dies eine Zweckentfremdung darstellt (AG Menden, Urteil v. 5.2.2014, 4 C 286/13, DWW 2014 S. 340; **eigenmächtige** Durchführung von größeren **baulichen Änderungen** durch den Mieter, z. B. Beseitigung des Kachelofens mit Durchbruch von Wänden und Verlegung von Wasserleitungen (AG Berlin-Neukölln, Urteil v. 10.6.2004, 8 C 71/04, MM 2004 S. 411), nicht genehmigte Entfernung einer Wand (hier: zwischen Bad und Gäste-WC; LG Berlin, Urteil v. 3.9.2012, 67 S 514/11, WuM 2012 S. 624), Einbau einer größeren Wohnungstür durch Vergrößerung des Türausschnitts mittels Betonsägearbeiten, die sich auf die Statik auswirken könnten (AG Berlin, Urteil v. 26.9.2013, 6 C 68/13, GE 2014 S. 257), Ausbau des Dachbodens zu Wohnzwecken (LG Hamburg, Urteil v. 26.4.1991, 311 S 1/91, WuM 1992 S. 190), wobei die fristlose Kündigung unabhängig davon begründet ist, ob die Änderungen baugenehmigungsfähig sind; ferner muss der Vermieter den Mieter nicht erst auffordern, den ursprünglichen Zustand der Wohnung wiederherzustellen; Einbau einer „Katzenklappe" (13 x 16 cm großes Loch in der Eingangstüre) und Verweigerung des Rückbaus (LG Berlin, Urteil v. 24.9.2004, 63 S 199/04, GE 2004 S. 1394); jedoch Verwirkung des Kündigungsrechts, wenn der Vermieter die Änderungen trotz Kenntnis über einen Zeitraum von mehreren Jahren unbeanstandet lässt (LG Lüneburg, Urteil v. 14.11.2012, 6 S 80/12, WuM 2013 S. 223); **unrichtige Selbstauskunft** (vgl. AG München, WuM 1986 S. 245; s. auch „Anfechtung des Mietvertrags"); Vorlage einer **gefälschten** Mietschuldenfreiheitsbescheinigung eines angeblich früheren Vermieters (BGH, Urteil v. 9.4.2014, VIII ZR 107/13); bei Geschäftsraum der nachhaltige Verstoß gegen die **vertragliche Betriebspflicht**, z. B. durch erhebliche Reduzierung der vertraglich vereinbarten **Öffnungszeiten** (OLG Köln, Urteil v. 28.7.2000, 19 U 184/99, NZM 2002 S. 345; OLG Düsseldorf, Beschluss v. 21.1.1997, 10 W 153/96, WuM 1997 S. 266) oder durch Ausverkauf und Einstellung des Geschäftsbetriebs (LG Hamburg v. 31.1.1983, 16 T 3/83); bei vereinbarter **Umsatzpacht** die Angabe fehlerhafter Umsatzzahlen, wobei Fahrlässigkeit seitens des Pächters genügt und es unerheblich ist, ob der Verpächter den Fehler leicht hätte erkennen können (OLG Düsseldorf, Urteil v. 30.10.2000, 24 U 34/00, NZM 2001 S. 1033); Weitervermietung der Wohnung ohne Einverständnis des Vermieters als **Ferienwohnung** und Fortsetzung der Vermietungsaktivitäten trotz Abmahnung durch den Vermieter (AG München, Urteil v. 17.4.2012, 473 C 2781/12, WuM 2012 S. 614; bestätigt durch LG München I, Urteil v. 18.10.2012, 14 S 8559/12).

Eine fristlose Kündigung des Mietverhältnisses **ohne vorherige Abmahnung** ist zulässig, wenn es dem Vermieter weder zuzumuten ist, sich zunächst mit einer Abmahnung zu begnügen, noch das Mietverhältnis bis zum Ablauf der Kündigungsfrist fortzusetzen. Dies kann der Fall sein, wenn der Mieter in der Wohnung **Rauschgift** produziert, z. B. Cannabispflanzen in erheblichem Umfang anbaut (AG Köln, Urteil v. 25.3.2008, 219 C 554/07, WuM 2008 S. 595 sowie LG Ravensburg, Urteil v. 6.9.2001, 4 S 127/07, WuM 2001 S. 609, für 14 Cannabispflanzen in der Wohnung). Dagegen soll der Anbau einer geringen Menge für den Eigenverbrauch des Mieters nicht zur Kündigung berechtigen (so AG Köln, Urteil v. 28.3.2003, 208 C 141/02, WuM 2006 S. 220). Eine fristlose Kündigung ohne vorherige Abmahnung kann ferner zulässig sein, wenn eine schwerwiegende Vertragsverletzung des Mieters einen Straftatbestand (z.B. Sachbeschädigung) erfüllt (LG München I, Beschluss v. 20.12.2005, 14 S 22556/05, WuM 2006 S. 524). Ferner kann eine fristlose Kündigung ohne vorherige Abmahnung gerechtfertigt sein (vgl. § 543 Abs. 3 Nr. 2 BGB), wenn der Mieter den Vermieter ohne sachlichen Grund einer Straftat oder einer Ordnungswidrigkeit, z.B. der Zweckentfremdung von Wohnraum beschuldigt, um ein amtliches Verfahren gegen den Vermieter zu veranlassen (LG Frankfurt/M., Urteil v. 10.8.1993, 2/11 S 142/93, WuM 1994 S. 15; BVerfG, Beschluss v. 20.10.1993, 1 BvR 1671/93, WuM 1994 S. 16; vgl. auch AG Friedberg, Urteil v. 15.5.1986, C 2033/84, WuM 1986 S. 338; AG Sinzing, Urteil v. 24.1.1989, 4 C 451/88, DWW 1990 S. 120). Gleiches gilt für vorsätzliche oder leichtfertige inhaltlich **unrichtige** Strafanzeigen gegen den Vermieter (LG Wiesbaden, Urteil v. 2.5.1995, 8 S 411/94, WuM 1995 S. 707). Aber auch wenn der angezeigte Sachverhalt in objektiver Hinsicht zutreffend sein sollte, kann eine fristlose Kündigung gerechtfertigt sein, falls der Mieter dem Vermieter **leichtfertig** Betrugsabsicht unterstellt, ohne dass Anhaltspunkte für ein vorsätzliches Verhalten des Vermieters bestehen (z.B. bei Berechnung der Miete; vgl. BVerfG, Beschluss v. 2.10.2001, 1 BvR 1372/01, WuM 2002 S. 22). Dabei muss der Angezeigte lediglich beweisen, dass der Gekündigte Anzeige erstattet hat. Der Angezeigte (Kündigende) muss dagegen nicht beweisen, dass die Anschuldigung falsch ist. Vielmehr liegt die Beweislast dafür, dass die Anschuldigungen zutreffend sind, beim Anzeigenerstatter. Er muss darlegen und beweisen, dass und aus welchen Gründen er die Tatsachen für wahr erachtet. Ein nicht aufgeklärter Sachverhalt geht somit zulasten des Anzeigenerstatters (LG Karlsruhe, Urteil v. 17.6.2014, 9 S 483/13, DWW 2014 S. 337).

Eine **Abmahnung** vor einer Kündigung wegen einer unrichtigen Strafanzeige ist grundsätzlich entbehrlich, da es insofern auf eine Wiederholungsgefahr nicht ankommt (LG Karlsruhe, a.a.O.).

Eine andere Bewertung kann sich ergeben, wenn der Mieter mit der Anzeige objektiv ein eigenes Interesse, z.B. die Aufklärung eines ihn belastenden Sachverhalts, verfolgt (LG Mannheim, Urteil v. 23.2.2000, 4 S 125/99, NJW-RR 2000 S. 675). Eine Strafanzeige stellt insbesondere dann einen Kündigungsgrund dar, wenn dadurch der Grundsatz der Verhältnismäßigkeit der Mittel verletzt wird. Insofern ist neben dem Verhalten des Angezeigten zu prüfen, ob die Anzeige im Rahmen der Wahrnehmung staatsbürgerlicher Rechte bzw. in Erfüllung staatsbürgerlicher Pflichten erfolgt ist oder zur Wahrung eigener Interessen. An einer Verhältnismäßigkeit der Mittel fehlt es insbesondere dann, wenn der Anzeigenerstatter nicht zur Wahrung eigener Interessen handelt, sondern um dem Angezeigten einen Schaden zuzufügen (OLG Brandenburg, Urteil v. 19.4.2006, 3 U 157/05, GuT 2007 S. 202). Bei der Frage, ob eine Strafanzeige des Mieters gegen den Vermieter eine (außerordentliche oder ordentliche) Kündigung des Mietverhältnisses rechtfertigt, kommt es darauf an, ob in der Anzeige des Mieters zugleich ein Verstoß gegen mietvertragliche Treuepflichten liegt. Dies ist jedenfalls nicht der Fall, wenn der Mieter mit der Strafanzeige vornehmlich eigene Interessen vertritt, weil er sich selbst als Opfer einer Straftat ansieht, und nicht primär das Ziel verfolgt, den Vermieter zu schädigen (LG Frankfurt/Oder, Urteil v. 15.4.2013, 16 S 230/12, WuM 2013 S. 355).

Ferner kann eine Hausfriedensstörung, die mit einem **tätlichen Angriff** auf eine andere Mietpartei verbunden ist, die fristlose Kündigung des Mietverhältnisses auch **ohne** Abmahnung rechtfertigen. Ohne vorher darauf hingewiesen worden zu sein, muss einer Mietpartei bewusst sein, dass ein tätlicher Angriff auf eine andere Mietpartei für den Vermieter die Unzumutbarkeit der Fortsetzung des Mietverhältnisses bereits bei einer einmaligen solchen Verfehlung begründet und eine Abmahnung daher gemäß § 543 Abs. 3 S. 2 Nr. 2 BGB entbehrlich ist (LG Münster, Beschluss v. 8.12.2006, 8 S

157/06, WuM 2007 S. 19). Gleiches gilt bei Gewalttätigkeiten des Ehemanns der Mieterin gegen Mitbewohner im Mehrfamilienhaus. Diese muss sich die Mieterin ohne eine Abmahnung zurechnen lassen (AG Brühl, Urteil v. 21.12.2007, 22 C 433/07, WuM 2008 S. 596). Gleiches gilt bei einem gefährlichen Angriff auf Leib und Leben des Hausmeisters oder einen Mitarbeiter des Vermieters durch den Ehepartner des Mieters. Dies rechtfertigt eine fristlose Kündigung ohne vorherige Abmahnung, wobei ein nachträgliches Wohlverhalten des Mieters die Wirksamkeit der Kündigung nicht berührt (LG Karlsruhe, Urteil v. 30.7.2013, 9 S 57/13, ZMR 2014 S. 43).

Auch Handlungen des Mieters, die von Mitmietern als Einschüchterung und Bedrohung empfunden werden können (hier: Anbringen einer Tüte mit vermeintlich blutverschmiertem Inhalt an der Wohnungstür des Mitmieters, der vom Vermieter als Zeuge für Vertragsverletzungen des Mieters benannt wurde), stellen als nachhaltige Störung des Hausfriedens eine schwere Vertragsverletzung dar, die eine Fortsetzung des Mietverhältnisses für den Vermieter unzumutbar macht und den Vermieter zur fristlosen Kündigung **ohne** vorherige Abmahnung berechtigt. Insofern kann bereits ein einmaliger Vorfall den Hausfrieden so schwer stören, dass die Fortsetzung des Mietverhältnisses für den Vermieter auch unter Berücksichtigung der Tatsache, dass das Mietverhältnis nahezu 40 Jahre besteht, unzumutbar ist (LG München I, Urteil v. 10.10.2012, 14 S 9204/12, NJW-RR 2013 S. 14). Gleiches gilt bei einer bedrohlichen Geste (hier: angedeuteter Stockschlag in Richtung des Kopfes) gegenüber einem Mitmieter. Auch dies kann eine fristlose Kündigung des Mietverhältnisses ohne vorherige Abmahnung rechtfertigen (AG München, Urteil v. 9.10.2013, 472 C 7153/13, ZMR 2015 S. 41).

Auch die **Ankündigung** von Gewalttätigkeiten bzw. Straftaten (hier: Inbrandsetzung des Wohnhauses) kann den Vermieter bereits zur außerordentlichen fristlosen Kündigung des Mietverhältnisses ohne vorherige Abmahnung berechtigen. Eine dafür evtl. ursächliche psychische Erkrankung des Mieters steht einer Kündigung ebenso wenig entgegen wie der Umstand, dass der Mieter unter Betreuung steht, da der Vermieter eine nicht ganz unwahrscheinliche Gefährdung von Mitmietern oder Mitarbeitern nicht hinnehmen muss (AG Lichtenberg, Urteil v. 4.8.2011, 4 C 93/11, GE 2011 S. 1239). Allerdings ist die Kündigung eines Mieters, der infolge seiner psychischen Erkrankung in erheblichem Maß den Hausfrieden stört und/oder auf die Mitmieter bedrohlich wirkt, nur dann wirksam, wenn die erforderliche **Interessenabwägung** die Unzumutbarkeit der Fortsetzung des Mietverhältnisses ergibt (LG Heidelberg, Urteil v. 15.4.2011, 5 S 119/10, NZM 2011 S. 693).

In die Würdigung, ob der Vermieter angesichts einer Pflichtverletzung des Mieters ein berechtigtes Interesse an der Beendigung des Mietvertrags hat oder die Fortsetzung des Mietverhältnisses für ihn **unzumutbar** ist (§ 543 Abs. 1 BGB), ist ein vorangegangenes vertragswidriges Verhalten des Vermieters (z.B. unberechtigtes Betreten der Mieträume) einzubeziehen; insbesondere dann, wenn es das nachfolgende vertragswidrige Verhalten des Mieters provoziert hat (BGH, Urteil v. 4.6.2014, VIII ZR 289/13).

Das durch die fristlose Kündigung beendete Mietverhältnis lebt nicht dadurch wieder auf, dass der Kündigungsgrund nach Ende des Mietverhältnisses wegfällt oder im Rahmen einer Abwägung nunmehr anders zu gewichten ist, z.B. weil eine günstige Prognose hinsichtlich des zukünftigen Verhaltens des Mieters gestellt werden kann (LG Heidelberg, a.a.O.).

Bei Vertragsverletzungen durch einen **Dritten**, die dem Mieter zugerechnet werden (z.B. Beleidigung anderer Hausbewohner durch einen Besucher des Mieters), muss der fristlosen Kündigung auch bei schwerwiegenden Vertragsverletzungen eine vorherige **Abmahnung** des Mieters vorausgehen; insbesondere dann, wenn der Mieter keine Möglichkeit hatte, die Vertragsverletzung zu verhindern (AG München, Urteil v. 9.8.2002, 473 C 18703/02, WuM 2004 S. 204).

Zur fristlosen Kündigung berechtigt auch das **Nichtbefolgen eines rechtskräftigen Urteils** durch den Mieter, z.B. zur Unterlassung oder

Beseitigung (vgl. BVerfG, Beschluss v. 18.1.1996, 1 BvR 2116/94, WuM 1996 S. 263). Ist der Mieter z. B. nicht in der Lage oder nicht bereit, einer amtsgerichtlichen Verurteilung nachzukommen, Teile der Wohnung nicht mehr als Lagerraum zu nutzen und in diesen Räumen Schönheitsreparaturen auszuführen, ist der Vermieter zur **fristlosen** Kündigung des Mietverhältnisses berechtigt, da ihm in diesem Fall die Fortsetzung des Mietverhältnisses bis zum Ablauf der ordentlichen Kündigungsfrist, d. h. das Abwarten der Kündigungsfrist, nicht zugemutet werden kann (AG Münster, Urteil v. 2.6.2004, 7 C 6467/03, WuM 2007 S. 70).

Gleiches gilt, wenn der Mieter z. B. anlässlich einer vom Vermieter beabsichtigten Veräußerung eine Besichtigung der Wohnung verweigert, obwohl er hierzu bereits vom Mietgericht rechtskräftig verurteilt wurde. Auch in diesem Fall ist der Vermieter nicht verpflichtet, vor dem Ausspruch der Kündigung zunächst die Vollstreckung des Duldungstitels zu versuchen (BGH, Beschluss v. 5.10.2010, VIII ZR 221/09).

Weigert sich der Mieter, notwendige Instandsetzungsarbeiten an der Mietsache (hier: Beseitigung des Hausschwamms) zu dulden und dem Vermieter bzw. den von ihm beauftragten Handwerkern hierzu Zutritt zu gewähren, kommt eine Kündigung des Mietverhältnisses wegen der Verletzung der Duldungspflichten nicht erst dann in Betracht, wenn der Mieter ein vom Vermieter erstrittenes Duldungsurteil missachtet oder das Verhalten des Mieters „querulatorische Züge“ aufweist.

Der Vermieter muss somit nicht generell vor Ausspruch einer Kündigung auf Duldung der Maßnahmen klagen. Dabei ist zu berücksichtigen, dass Modernisierungs- und Instandsetzungsmaßnahmen für die Erhaltung des Mietobjekts und seines wirtschaftlichen Werts von wesentlicher Bedeutung sein können, sodass ein erhebliches wirtschaftliches Interesse des Vermieters an der alsbaldigen Durchführung derartiger Maßnahmen bestehen kann.

Entscheidend für die Frage, ob der Vermieter unter Berücksichtigung aller Umstände des Einzelfalls zur (sofortigen) fristlosen Kündigung berechtigt ist, weil ihm die Fortsetzung des Mietverhältnisses nicht mehr zumutbar ist (§ 543 Abs. 1 BGB), ist daher, um welche Arbeiten es sich im Einzelnen handelt, wie umfangreich und dringend sie sind, welche Beeinträchtigungen sich hieraus für den Mieter ergeben, welche Bedeutung die alsbaldige Durchführung der Arbeiten aus wirtschaftlicher Sicht für den Vermieter hat sowie welche Schäden und Unannehmlichkeiten dem Vermieter dadurch entstehen, wenn der Mieter den zwecks Durchführung der Arbeiten begehrten Zutritt nicht oder erst geraume Zeit später unter dem Eindruck einer einstweiligen Verfügung gewährt (BGH, Urteil v. 15.4.2015, VIII ZR 281/13).

Auch eine unredliche Prozessführung des Mieters durch bewusst wahrheitswidrigen Parteivortrag kann einen Grund für die Kündigung des Mietverhältnisses darstellen. Nicht nur der Arbeitnehmer im Kündigungsschutzprozess, sondern auch der Mieter im Räumungsprozess verletzt die dem Vertragspartner geschuldete Rücksichtnahme auf dessen Interessen (§ 241 Abs. 2 BGB), wenn er im Rechtsstreit um eine Kündigung bewusst wahrheitswidrig vorträgt, weil er befürchtet, mit wahrheitsgemäßen Angaben den Prozess nicht gewinnen zu können.

Leugnet z. B. der Mieter im Räumungsprozess wahrheitswidrig den vom Vermieter behaupteten Kündigungssachverhalt, kann dieses unredliche Prozessverhalten des Mieters den Ausspruch einer gesonderten Kündigung rechtfertigen. Dies gilt grundsätzlich aber nur dann, wenn die Räumungsklage des Vermieters schlüssig war und das wahrheitswidrig in Abrede gestellte Gegen(Vorbringen) des Vermieters für die Schlüssigkeit der Räumungsklage unerlässlich ist (LG Berlin, Beschluss v. 15.4.2014, 67 S 81/14, NZM 2014 S. 668).

Das **Nichtbefolgen einer Abmahnung** durch den Mieter kann den Vermieter zur ordentlichen Kündigung des Mietverhältnisses berechtigen, z. B. wenn die Tierhaltung (hier: Hundehaltung) nach dem Mietvertrag nicht erlaubt ist und der Mieter diese trotz Abmahnung durch den Vermieter fortsetzt (LG Hildesheim, Beschluss v. 28.2.2006, 7 S 4/06, WuM 2006 S. 525; s. auch LG Gießen, ZMR 1976 S. 147).

Das **Ignorieren** eines Verbots der Hundehaltung durch den Mieter, das wegen wiederholter Verunreinigungen des Gemeinschaftsgartens durch Hundekot ausgesprochen wurde, kann den Vermieter zur fristlosen Kündigung des Mietverhältnisses ohne Abmahnung berechtigen (AG Steinfurt, Urteil v. 10.3.2009, 4 C 171/08, WuM 2009 S. 548).

Eine **unberechtigte** fristlose Kündigung durch den Mieter kann den Vermieter seinerseits zur fristlosen Kündigung berechtigen, da dies eine ernsthafte Erfüllungsverweigerung und damit eine Vertragsverletzung durch den Mieter darstellt (OLG Düsseldorf, Urteil v. 8.2.2001, 10 U 202/99, NZM 2002 S. 292; v. 26.6.1997, 10 U 95/96, WuM 1997 S. 556 n. w. N.).

Unbegründet wurde die Kündigung angesehen z.B. bei **einmaliger Beleidigung** des Vermieters (LG Köln, Urteil v. 19.12.1974, 1 S 300/73, WuM 1977 S. 56; LG Offenburg, Urteil v. 1.10.1985, 1 S 347/84, WuM 1986 S. 250; LG Münster, Urteil v. 2.5.1991, 8 S 556/90, WuM 1991 S. 688: bei vorangegangenem Wortwechsel); Beleidigung von anderen Hausbewohnern, die sich auch unkorrekt verhalten haben (LG Mannheim, Urteil v. 13.6.1979, 4 S 13/79, WuM 1981 S. 17); **Beschimpfungen** eines Bewohners des Nachbarhauses (LG Lüneburg, Urteil v. 2.10.1991, 4 S 127/91, WuM 1995 S. 706); Gewährung des Zutritts trotz **Hausverbot**, wenn die Voraussetzungen hierfür (wiederholte Störung des Hausfriedens oder Beschädigung/Verunreinigung von gemeinschaftlichen Räumen) nicht vorgelegen haben (AG Köln, Urteil v. 22.9.2004, 209 C 108/04, WuM 2004 S. 673); unzuträglichem **Geruch** in der Mietwohnung durch Ansammlung von Gegenständen, sofern dadurch kein Ungeziefer angelockt wird und auch Mieter des Anwesens (z.B. durch Gerüche im Treppenhaus) nicht belästigt werden (AG München, Urteil v. 12.12.2002, 453 C 29264/02, NZM 2003 S. 475 sowie v. 18.10.2006, 424 C 1362/06, WuM 2006 S. 621, wonach Gerüche aus der Wohnung eines mehrmals täglich pflegebedürftigen, betreuten Mieters sowie nächtliche Ruhestörungen nicht ohne Weiteres die außerordentliche Kündigung begründen können und bei der Frage der Zumutbarkeit der Vertragsfortsetzung alle Umstände des Einzelfalls zu berücksichtigen sind, insbesondere auch das Verschulden von Pflegepersonen); **Aushängen von Plakaten** zur politischen Meinungsäußerung (LG Darmstadt, Urteil v. 1.10.1982, 7 S 161/82, ZMR 1983 S. 13); Aufhängen von Hitler-Bildern durch den Mieter im Treppenhaus des ausschließlich vom Mieter genutzten Zweifamilienhauses, selbst dann, wenn dies während der Verkaufsbemühungen des Vermieters und Besichtigung durch Kaufinteressenten erfolgt (AG München, Urteil v. 19.1.2009, 424 C 18547/08, ZMR 2009 S. 378, s. auch BGH, Beschluss v. 19.8.2010, 3 StR 301/10, ZMR 2011 S. 274, wonach kein strafbares öffentliches Verwenden von Kennzeichen verfassungswidriger Organisationen vorliegt, wenn der Mieter aus Verärgerung über eine Kündigung mit dem Gummiendstück seines Krückstocks im Hausflur ein Hakenkreuz an die Wand malt, das nur Mitbewohner wahrnehmen können); Lagern von Waffen in der Wohnung, da die bloß abstrakte Gefahr, die mit der Lagerung von Waffen in der Wohnung verbunden ist, diese Lagerung nicht zu einer vertragswidrigen Nutzung der Wohnung macht (LG Hannover, Beschluss v. 28.10.2010, 1 S 30/10, ZMR 2011 S. 211); **Information der Öffentlichkeit** über ein unlauteres Verhalten des Vermieters unter Angabe des Namens (OLG Frankfurt/M., Urteil v. 9.12.1982, 16 U 211/82, WuM 1983 S. 84). Ein Verhalten des Mieters, das unterhalb der Schwelle der Schmähkritik angesiedelt und vom Grundrecht auf **freie Meinungsäußerung** gedeckt ist, kann eine fristlose Kündigung nicht rechtfertigen, wie z.B. das Abwerfen bzw. Auslegen von Zetteln mit Aufschriften „Mieter wehren sich erfolgreich", mit denen der Mieter Wohnungskaufinteressenten über einen schwelenden Streit zwischen den Mietern und der Eigentümerseite informieren will (BerlVerfGH, Beschluss v. 22.1.2008, VerfGH 70/06, NJW 2008 S. 2244). Eine Kündigung wurde auch unwirksam angesehen bei Veranlassung der Darstellung des Mietverhältnisses in der **Presse**, wobei dem Mieter die Darstellungsweise des Journalisten nicht als Pflichtverletzung zugerechnet werden kann (AG Hamburg-Wandsbek, Urteil v.

23.9.2005, 716B C 46/05, WuM 2006 S. 526); nackt Sonnen auf dem Balkon oder im Garten – dies stellt selbst dann keine zur Kündigung des Mietverhältnisses berechtigende Störung des Hausfriedens dar, wenn Nachbarn hieran Anstoß nehmen und das Nacktsonnen in der Dorfgemeinschaft für Gesprächsstoff sorgt (AG Merzig, Urteil v. 5.8.2005, 23 C 1282/04, ZMR 2013 S. 898); **unerlaubte Hundehaltung** durch den Mieter (LG Gießen, ZMR 1976 S. 147); Weigerung des Mieters, die zum Verkauf stehende Wohnung **besichtigen** zu lassen (AG Erkelenz, Urteil v. 4.1.1985, 8 C 461/84, WuM 1986 S. 251; s. auch „Betreten und Besichtigen der Mieträume"); Hinweis durch den Mieter an den potenziellen Käufer, er werde nicht freiwillig räumen (AG Gummersbach, Urteil v. 11.3.1982, 1 C 1203/81, WuM 1982 S. 209); **wahrheitswidrige Behauptung** des Mieters, er habe die rückständige Miete für einen bestimmten Monat bereits überwiesen (OLG Hamburg, Urteil v. 3.7.1996, 4 U 109/96, WuM 1997 S. 216); **Vermögensverfall** des Mieters (nur bei gewerblichen Mietverhältnissen mit entsprechender vertraglicher Vereinbarung, OLG München, Urteil v. 7.6.1991, 21 U 4248/90, ZMR 1997 S. 458; s. auch LG Berlin, Urteil v. 15.6.2005, 29 O 769/04, ZMR 2005 S. 789, wonach die bloße Befürchtung des Vermieters, der Mieter könne nach Abgabe einer **eidesstattlichen Versicherung** nicht mehr zuverlässig und regelmäßig die Miete aufbringen, für sich genommen keine Kündigung rechtfertigt); Verstoß des Gewerbemieters gegen gewerberechtliche oder bauplanungsrechtliche Vorschriften, solange dadurch der Hausfrieden nicht tatsächlich gestört wird (KG Berlin, Urteil v. 1.9.2003, 12 U 20/03, ZMR 2004 S. 262); bloße „Zerrüttung" des Mietverhältnisses aufgrund zahlreicher Mängelrügen, überzogenen Mietminderungen und Verzögerungen der Mängelbeseitigung durch den Mieter mit entsprechend vielen Gerichtsverfahren (LG Hamburg, Urteil v. 23.6.2005, 307 S 32/05, ZMR 2005 S. 867).

Bei erheblichen **Streitigkeiten** unter den Mietern kann der Vermieter demjenigen Mieter kündigen, nach dessen Auszug er sich am ehesten wieder Ruhe im Hause versprechen kann (LG Duisburg, WuM 1975 S. 209).

Bei **Personenmehrheiten** auf der Mieterseite ist die Vertragsverletzung durch einen Mieter für die Kündigung des Mietverhältnisses ausreichend (OLG Düsseldorf, Urteil v. 2.7.1987, 10 U 23/87, ZMR 1987 S. 423). Die Kündigung nur des störenden Mieters ist nicht möglich. Dem Vermieter steht es aber frei, mit den vertragstreuen Mietern einen neuen Mietvertrag abzuschließen; ein Rechtsanspruch der Mieter besteht jedoch nicht.

Die Kündigung nach § 543 Abs. 1 BGB setzt weiter voraus, dass die Vertragsverletzung zu einer **Unzumutbarkeit** der Fortsetzung des Mietverhältnisses geführt hat.

Diese liegt bei der laufenden unpünktlichen Zahlung in der Verletzung des schutzwürdigen Dispositionsinteresses des Vermieters und kann sich bei Störungen des Hausfriedens auch aus besonderer Rücksichtslosigkeit und Gleichgültigkeit gegenüber den Belangen der Mitbewohner, aus der Beharrlichkeit des vertragswidrigen Verhaltens sowie aus einer Wiederholungsgefahr ergeben.

Die Kündigung nach § 543 BGB muss in **engem zeitlichen Zusammenhang** mit dem Vertragsverstoß erfolgen.

Gegen die Unzumutbarkeit der Fortsetzung des Mietverhältnisses spricht, wenn die Kündigung erst längere Zeit nach der Vertragsverletzung ausgesprochen wird, da dies als Indiz dafür gewertet werden kann, dass das Verhalten nicht als besonders schwerwiegend empfunden wurde und die Fortsetzung des Mietverhältnisses daher nicht unzumutbar ist (vgl. BGH, Urteil v. 3.10.1984, VIII ZR 118/83, NJW 1985 S. 1894 ff.; v. 27.1.1982, VIII ZR 295/80, NJW 1982 S. 2432 ff.; OLG Düsseldorf, Urteil v. 20.12.1990, 10 U 137/90, DWW 1991 S. 78).

Das Kündigungsrecht kann daher auch **verwirkt** werden, wenn es nicht angemessene Zeit nach der Vertragsverletzung ausgeübt wird (vgl. § 314 Abs. 3 BGB in der seit 1.1.2002 geltenden Fassung, wonach der Berechtigte nur innerhalb einer **angemessenen Frist** kündigen kann, nachdem er vom Kündigungsgrund Kenntnis erlangt hat). Insofern hat der Gesetzgeber aber auch bei der Neuregelung von der Festsetzung einer einheitlichen Ausschlussfrist abgesehen, da dies bei der Vielgestaltigkeit der Mietverhältnisse nicht möglich sei (vgl. Begründung des Gesetzentwurfs, abgedruckt in NZM 2000 S. 433). Dementsprechend reichen die Entscheidungen zur Frage, wie lang die „angemessene Frist" i. S. d. § 314 Abs. 3 BGB ist, von „14 Tagen" (arbeitsrechtliche Frist des § 626 Abs. 2 BGB als Anhaltspunkt; vgl. OLG Frankfurt/M., Urteil v. 24.6.1991, 11 U 3/91, WuM 1991 S. 475) bis zur Dauer von „4 bis 5 Monaten" (LG Itzehoe, Beschluss v. 12.10.2009, 9 T 42/09, ZMR 2010 S. 363 für die Kündigung des Mieters, wonach die angemessene Frist mit der Kenntniserlangung von der Vollendung des Kündigungsgrunds zu laufen beginnt). Eine Kündigung 6 Monate nach dem Vorfall ist jedenfalls verspätet (OLG München, Urteil v. 28.2.2001, 3 U 5169/00, MDR 2001 S. 745; ebenso nach 4 Monaten: LG Berlin, Urteil v. 7.5.1999, 64 S 524/98, ZMR 2000 S. 529). Anderslautende **Formularklauseln**, wonach keine Verwirkung des Kündigungsrechts eintreten kann, sind wegen des Verstoßes gegen § 307 BGB (bis 31.12.2001: § 9 AGB-Gesetz) unwirksam (OLG München, a. a. O.).

Weist das Gericht eine auf eine außerordentliche Kündigung gestützte Räumungsklage ab (z. B. weil der Vertragsverstoß noch nicht nachhaltig genug war), ist der Vermieter nicht gehindert, eine **erneute Kündigung** und Räumungsklage darauf zu stützen, dass der Mieter das beanstandete Verhalten nach der letzten mündlichen Verhandlung des Vorprozesses fortgesetzt hat. Die Rechtskraft des Urteils steht einer erneuten, auf dieselben Gründe gestützten Kündigung nicht entgegen (BGH, Urteil v. 10.9.1997, XII ZR 222/95, WuM 1998 S. 97). Dies bedeutet, dass die erneute Kündigung des Vermieters Erfolg hat, wenn durch die Fortsetzung des beanstandeten Verhaltens die für eine Kündigung erforderliche Nachhaltigkeit des Vertragsverstoßes bzw. die Unzumutbarkeit der Fortsetzung des Mietverhältnisses erst erreicht wird. Ferner kann der Vermieter die erneute Kündigung auch auf solche Gründe stützen, die im Zeitpunkt der letzten mündlichen Verhandlung zwar schon objektiv vorlagen, ihm aber erst nach diesem Zeitpunkt bekannt geworden sind (BGH, a. a. O.).

Eine fristlose Kündigung, die vom Gericht mangels Schwere des Vertragsverstoßes als unbegründet angesehen wurde, kann in eine ordentliche Kündigung nach § 573 Abs. 2 Nr. 1 BGB (s. „Kündigungsschutz", Abschnitt 2.1 „Schuldhafte Vertragsverletzungen durch den Mieter (§ 573 Abs. 2 Nr. 1 BGB)") **umgedeutet** werden. Dabei können auch zurückliegende Vorfälle, die für sich genommen eine Kündigung nach § 543 BGB nicht rechtfertigen, berücksichtigt werden (LG Berlin, Urteil v. 7.5.1999, 64 S 524/98, ZMR 2000 S. 529).

Die Neuregelung des § 543 Abs. 1 BGB, der durch das Mietrechtsreformgesetz eingefügt worden ist, ersetzt auch das bislang aus allgemeinen Rechtssätzen hergeleitete **fristlose Kündigungsrecht aus wichtigem Grund**, das Bedeutung hatte, wenn Störungen **nicht schuldhaft** erfolgt sind. Da die neue Regelung im Wesentlichen der bisherigen Rechtslage entsprechen soll (vgl. Begründung des Gesetzentwurfs, abgedruckt in NZM 2000 S. 433), kann zur Bestimmung des Anwendungsbereichs die Rechtsprechung herangezogen werden, die zur fristlosen Kündigung bei fehlendem Verschulden ergangen ist und bisher auf die §§ 242, 626 Abs. 1 BGB gestützt war (vgl. z. B. OLG Hamburg, Urteil v. 4.11.1991, 4 U 24/91, WuM 1991 S. 683: „Hafenstraße-Urteil").

Danach kann ein **wichtiger Grund** (Kündigungsgrund) vorliegen, wenn das gegenseitige Vertrauensverhältnis so **nachhaltig zerrüttet** ist, dass ein gedeihliches Zusammenwirken der Vertragspartner nicht mehr zu erwarten ist (BGH, Urteil v. 21.12.1977, VIII ZR 119/76, ZMR 1978 S. 207; OLG Düsseldorf, Urteil v. 9.11.1989, 10 U 37/89, ZMR 1990 S. 57).

Umstände, die in der **Risikosphäre des Vermieters** liegen, stellen dabei keinen wichtigen Grund dar, z. B. wenn dem Vermieter von der Behörde aufgetragen wurde, das Gebäude abzureißen (LG München, DWW 1977 S. 73).

Dementsprechend kann der Vermieter auch nicht ein auf 10 Jahre befristetes Mietverhältnis über Gewerberäume vorzeitig mit der Begründung kündigen, er plane den **Abriss** des Gebäudes, damit dort ein unter städtebaulichen Gesichtspunkten erwünschtes Einkaufszentrum entstehen kann. Dies gilt auch dann, wenn es sich um den letzten im Haus verbliebenen Mieter handelt und die übrigen Räume des Gebäudes nach dem Auszug der anderen Mieter bereits leer stehen (OLG Dresden, Urteil v. 3.12.2002, 5 U 1270/02, NZM 2003 S. 356).

> Der Vermieter kann jedoch keinen Kündigungsgrund aus einem Umstand herleiten, den er selbst verursacht hat (BGH, Urteil v. 4.12.1985, VIII ZR 33/85, WuM 1986 S. 60).

Daher ist der Vermieter auch nicht zur Kündigung aus wichtigem Grund berechtigt, wenn er in einer Wohnungseigentumsanlage Räume zu Zwecken (z. B. zum Betrieb eines Cafés) vermietet, die nach der Gemeinschaftsordnung bzw. Teilungserklärung nicht erlaubt sind und er daraufhin von einem anderen Eigentümer auf Unterlassung in Anspruch genommen wird (BGH, Urteil v. 29.11.1995, XII ZR 230/94, NJW 1996 S. 714).

Einem **geschäftsunfähigen** Mieter kann wegen Nichtzahlung der Miete gekündigt werden, obwohl wegen seiner Geschäftsunfähigkeit kein Verschulden und damit kein Verzug vorliegt (LG Hamburg, Urteil v. 11.8.1995, 311 S 63/95, WuM 1996 S. 271).

Darüber hinaus können erhebliche und unzumutbare Belästigungen durch **schuldunfähige Personen** (z. B. nachhaltige Störung des Hausfriedens) die Kündigung begründen (BGH, Urteil v. 8.12.2004, VIII ZR 218/03, WuM 2005 S. 125; vgl. auch LG Berlin, Urteil v. 11.6.2001, 62 S 570/00, NZM 2002 S. 733, wenn ein Mieter aufgrund einer Psychose wiederholt nächtliche Polizeieinsätze veranlasst; LG Kaiserslautern, Urteil v. 22.3.1983, 2 S 104/82, WuM 1983 S. 263; sowie AG Köln, Urteil v. 24.7.1991, 219 C 242/90, WuM 1991 S. 549, wonach ein psychisch kranker, schuldunfähiger Mieter ohne Abmahnung fristlos analog § 553 BGB a. F. gekündigt werden kann, wenn die Prognose zukünftigen Verhaltens nicht erwarten lässt, dass die bisherigen Vertragsverstöße vereinzelt bleiben werden). Ferner ist die fristlose Kündigung eines schuldunfähigen Mieters gerechtfertigt, wenn eine von ihm ausgehende nachhaltige Störung des Hausfriedens zu einem unzumutbaren Verlust an Lebensqualität der anderen Mieter führt (AG Wedding, Urteil v. 25.6.2013, 7 C 148/12, ZMR 2014 S. 378).

Bei solchen Störungen kommt es nicht in erster Linie auf das Verschulden des Mieters an, sondern allein darauf, ob die Fortsetzung des Mietverhältnisses für den Vermieter noch **zumutbar** ist. Das Verschulden ist hier aber insoweit von Relevanz, als die Anforderungen an die Unzumutbarkeit bei nicht schuldhaftem Verhalten des Mieters höher sein werden als bei einer schuldhaften Störung des Hausfriedens. Somit ist das **Verschulden** des Mieters zwar nicht Voraussetzung für die fristlose Kündigung, muss aber bei **Beurteilung der Unzumutbarkeit** in die Abwägung mit einbezogen werden. Insofern sind die Belange des Mieters sowie des Vermieters abzuwägen und die Wertentscheidungen des Grundgesetzes zu berücksichtigen. Danach kann eine Interessenabwägung trotz schwerwiegender Störungen des Hausfriedens dazu führen, dass nicht auf Räumung erkannt werden kann, wenn aufgrund eines psychiatrischen Gutachtens feststeht, dass mit Erlass eines Räumungsurteils – also nicht erst bei seiner Vollstreckung – beim Mieter die ernsthafte Gefahr eines Suizids droht (BGH, Urteil v. 8.12.2004, a. a. O.).

3.2.1.1 Fristlose Kündigung wegen vertragswidrigen Gebrauchs (Verletzung der Rechte des Vermieters; § 543 Abs. 2 Nr. 2 BGB)

Ein **wichtiger Grund**, der den Vermieter zur fristlosen Kündigung des Mietverhältnisses berechtigt, liegt vor, wenn der Mieter die **Rechte** des Vermieters dadurch in erheblichem Maße **verletzt**, dass er die Mietsache durch **Vernachlässigung** der ihm obliegenden Sorgfalt **erheblich gefährdet** oder sie unbefugt einem Dritten **überlässt** (§ 543 Abs. 2 Nr. 2 BGB).

Diese Bestimmung zeigt deutlich eine der Widersprüchlichkeiten des Mietrechtsreformgesetzes auf. Nach der amtlichen Begründung des Gesetzentwurfs (abgedruckt in NZM 2000 S. 433) sollte die neue Bestimmung die Regelung des § 553 BGB a.F. über die Kündigung wegen vertragswidrigen Gebrauchs lediglich **„sprachlich gekürzt"** übernehmen, d.h., die **Rechtslage** sollte **unverändert** bleiben. Dagegen spricht aber, dass durch die Änderung des Wortlauts der Vorschrift wohl doch sachliche Änderungen eingetreten sind (vgl. Blank, NZM 2001 S. 9).

Während § 553 BGB a.F. **jeden** vertragswidrigen, die Rechte des Vermieters in erheblichem Maße verletzenden Gebrauch der Mietsache erfasste und dafür die unbefugte Gebrauchsüberlassung an einen Dritten sowie die Gefährdung der Mietsache durch Vernachlässigung der dem Mieter obliegenden Sorgfalt **nur beispielhaft** aufführte, beschränkt sich die Neufassung auf die beiden beispielhaft aufgeführten Tatbestände und setzt nach seinem Wortlaut **zusätzlich** voraus, dass „dadurch" **die Rechte des Vermieters in erheblichem Maße verletzt** werden. Die sich daraus ergebende Frage, ob ein **vertragswidriger Gebrauch**, der **nicht** zu einer erheblichen Gefährdung der Mietsache führt, den Vermieter nicht mehr zur Kündigung nach § 543 Abs. 2 Nr. 2 BGB berechtigen soll, werden die Mietgerichte in nächster Zeit zu klären haben. Bis dahin wird man unter Berücksichtigung der amtlichen Begründung des Gesetzentwurfs (a.a.O.), wonach eine Änderung der Rechtslage nicht eintreten soll, davon ausgehen müssen, dass ein vertragswidriger Gebrauch, der den Vermieter zur Kündigung nach § 553 BGB a.F. berechtigt hat, einen Kündigungsgrund auch nach § 543 Abs. 2 Nr. 2 BGB darstellt oder die Kündigung wegen solcher Sachverhalte jedenfalls auf die **Generalklausel** des § 543 Abs. 1 BGB (s.o. Abschnitt 3.2.1 „Außerordentliche fristlose Kündigung aus wichtigem Grund") gestützt werden kann, sofern die **Unzumutbarkeitsvoraussetzungen** vorliegen (so Kraemer in WuM 2001 S. 169).

Ein **vertragswidriger Gebrauch** liegt vor, wenn die Räume entgegen den vertraglichen Vereinbarungen genutzt werden.

Nutzt der Mieter die ausschließlich zu Wohnzwecken angemieteten Räume ohne Zustimmung des Vermieters zu anderen Zwecken, stellt dies zwar einen vertragswidrigen Gebrauch der Mietsache dar. Zur fristlosen Kündigung nach Abmahnung (§ 543 Abs. 2 Nr. 2, Abs. 3 BGB) ist der Vermieter aber nur berechtigt, wenn seine Rechte dadurch in **erheblichem** Maße verletzt werden. Dies ist der Fall, wenn die geschäftlichen (freiberuflichen oder gewerblichen) Aktivitäten des Mieters **nach außen** hin in Erscheinung treten und der Mieter keinen Anspruch auf Gestattung durch den Vermieter hat. Im Einzelfall kann der Vermieter nach Treu und Glauben verpflichtet sein, eine Erlaubnis zu einer teilgewerblichen Nutzung zu erteilen, z.B. wenn es sich nach Art und Umfang um eine Tätigkeit handelt, von der auch bei einem etwaigen Publikumsverkehr keine weitergehenden Einwirkungen auf die Mietsache oder die Mitmieter ausgehen als bei einer üblichen Wohnungsnutzung. Werden jedoch für die geschäftliche Tätigkeit **Mitarbeiter** des Mieters in der Wohnung beschäftigt, kommt bereits aus diesem Grund ein Anspruch auf Gestattung regelmäßig nicht in Betracht (BGH, Urteil v. 14.7.2009, VIII ZR 165/08, NJW 2009 S. 3157). Führt der vertragswidrige Gebrauch **nicht** zu einer **erheblichen** Verletzung der Rechte des Vermieters, ist der Vermieter auf die Erhebung einer Unterlassungsklage (§ 541 BGB) beschränkt.

Der Mieter ist nicht verpflichtet, in den zu Wohnzwecken angemieteten Räumen auch zu wohnen (so bereits BGH, Urteil v. 4.4.1979, VIII ZR 118/78, NJW 1979 S. 2351). Ein vertragswidriger Gebrauch liegt daher nicht vor, wenn der Mieter seinen Lebensmittelpunkt in eine andere Wohnung verlegt und in der angemieteten Wohnung nur noch große Teile seines

Hausrats belässt. Auch der stückweise Verkauf von Gegenständen des in der Wohnung belassenen Hausrats ist insofern unschädlich (BGH, Urteil v. 8.12.2010, VIII ZR 93/10, WuM 2011 S. 98).

Zur außerordentlichen fristlosen Kündigung **ohne Abmahnung** ist der Vermieter jedoch berechtigt, wenn der Mieter die Wohnung geschäftsmäßig als **Ferienwohnung** weitervermietet. Die Weitervermietung stellt eine erhebliche Pflichtverletzung dar, sodass der Mieter auch zur Erstattung von Kosten einer Detektei verpflichtet ist, die zur Beweissicherung nach einem konkreten Verdacht (hier: Internetanzeige) eingeschaltet wurde (LG Berlin, Beschluss v. 20.11.2009, 63 S 435/09, GE 2010 S. 204).

Eine Untervermietung der Wohnung an **Touristen** ist selbst dann unzulässig, wenn dem Mieter die Untervermietung grundsätzlich erlaubt ist. Die Überlassung der Wohnung an Touristen unterscheidet sich nämlich von einer gewöhnlichen, auf eine gewisse Dauer angelegten Untervermietung, sodass die Untervermietung an Touristen grundsätzlich nicht von einer gewöhnlichen Erlaubnis zur Untervermietung gedeckt ist (BGH, Urteil v. 8.1.2014, VIII ZR 210/13, WuM 2014 S. 142).

Dies gilt erst recht, wenn die Wohnung nicht nur zum Teil, sondern **vollständig** überlassen wird. Eine solche (hier: insgesamt 12 Tage dauernde) gewerbliche Überlassung der Mietsache an Dritte stellt einen derart schwerwiegenden Pflichtverstoß dar, dass dem Vermieter eine Fortsetzung des Mietverhältnisses bis zum Ablauf der Kündigungsfrist nicht zuzumuten ist und der Vermieter daher zur fristlosen Kündigung des Mietverhältnisses berechtigt ist (LG Berlin, Beschluss v. 18.11.2014, 67 S316/14, WuM 2015 S. 31).

Allerdings genügt der Vermieter bei einer Kündigung wegen ungenehmigter gewerblicher Nutzung nicht seiner Darlegungs- und Beweislast, wenn er sich zum Beweis der vom Mieter bestrittenen gewerblichen Nutzung lediglich auf das Ergebnis einer Google-Suchanfrage bezieht (LG Stuttgart, Urteil v. 20.8.2014, 4 S2/14, WuM 2015 S. 37).

Darf das Mietobjekt nach den mietvertraglichen Vereinbarungen „zu Wohnzwecken **und** zu **gewerblichen Zwecken**" vermietet werden, liegt nach Auffassung des AG Aachen (Urteil v. 26.9.2006, 10 C 181/06, ZMR 2007 S. 41) auch beim Betrieb einer **bordellartigen** Einrichtung kein Vertragsverstoß vor, wenn weder Belästigungen der Mitbewohner eintreten noch ein Verstoß gegen die Vorschriften des öffentlichen Rechts vorliegen.

Umgekehrt kann auch die Benutzung von **gewerblichen Räumen** zum ständigen Wohnen einen Grund zur fristlosen Kündigung darstellen (OLG Düsseldorf, Urteil v. 18.3.1987, 15 U 183/86, ZMR 1987 S. 423). Insofern bedarf es jedoch eingehender Darlegungen durch den Vermieter, weshalb seine Interessen dadurch verletzt werden, dass die Räume (auch) zu Wohnzwecken genutzt werden (OLG Köln, Urteil v. 12.7.1995, 2 U 45/95, WuM 1996 S. 270; z.B. weil sich die Nutzung zu Wohnzwecken bei einem reinen Bürogebäude nicht in den Charakter des Hauses einfügt). Werden Räume in einem Mehrfamilienhaus als Büro an eine GmbH vermietet, ist eine erhebliche Verletzung der Interessen des Vermieters regelmäßig nicht anzunehmen, wenn die Räume von dem Geschäftsführer (auch) zu Wohnzwecken genutzt werden (OLG Köln, a.a.O.).

Durch die **Änderung der Branche** kann eine Verletzung der Rechte des Vermieters eintreten, wenn der Vermieter ein erhebliches Interesse an der vertraglich vereinbarten Nutzung hat. Sind dem Mieter gewerbliche Räume z.B. zur Weitervermietung für ein „Technologiezentrum" überlassen, so umfasst dieser Vertragszweck nicht den Betrieb eines Callcenters (OLG Düsseldorf, Urteil v. 5.9.2002, 24 U 207/01, WuM 2003 S. 136). Gleiches gilt, wenn die Räume zum Betrieb eines „Tele-Cafés mit Internetangeboten" vermietet wurden, der Mieter die Räume dann jedoch zum Betrieb eines sog. Spätkaufs nutzt. Der Schwerpunkt eines Tele-Cafés mit Internetangeboten liegt in der Zurverfügungstellung von privaten Telefonzellen wie eines Internetzugangs, der gegen Entgelt zum Surfen im World Wide Web genutzt werden kann. Häufig werden auch Getränke und Snacks zum Verkauf angeboten. Das Angebot von Getränken und Snacks dient aber – wie bei einem Café üblich – in erster Linie der Verpflegung der Gäste vor Ort (so bereits KG Berlin, Beschluss v. 2.4.2014, 12 U 164/13).

Bei einem sog. **Spätkauf** handelt es sich dagegen nicht um ein Café, sondern um eine Verkaufsstelle, die auch außerhalb der üblichen Ladenöffnungszeiten geöffnet ist. Die Fluktuation des Publikums eines Spätkaufs ist eine andere als die eines „Tele-Cafés mit Internetangeboten", das die Kunden zum Verweilen animiert. Davon abgesehen lockt ein Spätkauf ein anderes Publikum an als ein Tele-Café, sodass eine vertragswidrige Nutzung durch den Mieter vorliegt, die den Vermieter zur fristlosen Kündigung des Mietvertrags berechtigt (KG Berlin, Beschluss v. 9.10.2014, 8 U 131/14, MDR 2015 S. 148).

Dagegen liegt nach Auffassung des OLG Köln kein vertragswidriger Gebrauch vor, wenn in den zum Betrieb einer „Praxis für Psychiatrie und Psychotherapie" angemieteten Räumen Drogenersatztherapien in erheblichem Umfang durchgeführt werden. Das Berufsbild des Facharztes für Psychiatrie und Psychotherapie schließe auch die Substitutionsbehandlung von Drogenabhängigen mit ein. Dies gelte selbst dann, wenn ein erheblicher Teil der täglich zu behandelnden Patienten (hier: 100 zu 150 anderweitig Erkrankte) wegen Drogensucht behandelt wird. Auf ein entsprechendes Tätigwerden des Facharztes in den von ihm angemieteten Räumen braucht auch anlässlich der Vertragsverhandlungen nicht hingewiesen zu werden (OLG Köln, Urteil v. 12.11.2010, 1 U 26/10, NZM 2011 S. 76).

Ist bei einem Mietvertrag über gewerbliche Räume als Mietzweck der „Betrieb eines Spielwaren- und Babyartikel-Fachmarkts sowie Kinderkleidung" vereinbart, so stellt die Lagerung und/oder der Verkauf von Silvesterfeuerwerksprodukten einen vertragswidrigen Gebrauch der Mietsache dar, wenn es sich bei diesen Feuerwerksprodukten aufgrund ihrer Gefährlichkeit nicht mehr um Spielwaren im weiteren Sinn handelt (KG Berlin, Urteil v. 6.6.2011, 8 U 9/11, GE 2011 S. 1083).

Gleiches gilt, wenn Räume zum Betrieb einer orthopädischen Praxis vermietet sind. Betreibt der Mieter darin ohne Zustimmung des Vermieters zusätzlich eine allgemeinmedizinische Praxis, stellt dies einen vertragswidrigen Gebrauch dar, der den Vermieter nach Abmahnung zur fristlosen Kündigung des Mietverhältnisses berechtigt (KG Berlin, Beschluss v. 22.11.2010, 8 U 87/10, ZMR 2011 S. 543).

Ein vertragswidriger Gebrauch kann auch in der **Überbelegung** der Wohnung liegen, was selbst dann gilt, wenn die Überbelegung durch die Geburt von Kindern oder die Aufnahme von Familienangehörigen oder des Ehegatten eingetreten ist (BGH, Beschluss v. 14.7.1993, VIII ARZ 1/93, NJW 1993 S. 2529; BayObLG, RE v. 14.9.1983, RE-Miet 8/82, WuM 1983 S. 309).

Wann eine Überbelegung der Wohnung vorliegt, richtet sich nach den jeweiligen **Umständen des Einzelfalls** (vgl. OLG Hamm, RE v. 6.10.1982, 4 RE-Miet 13/81, DWW 1982 S. 335). Verbindliche Vorschriften zur Bestimmung der Überbelegung (z.B. ab wie viel Personen eine 60 m^2 große Wohnung überbelegt ist) gibt es nicht. Dementsprechend uneinheitlich ist auch die Rechtsprechung.

Beispiele

- So hat das LG Oldenburg (Urteil v. 2.7.1993, 13 S 285/93) eine Überbelegung angenommen, wenn eine 70 m^2 große 4-Zimmer-Wohnung während des Nachmittags und abends von vier Erwachsenen und drei Kindern genutzt wird (bestätigt vom BVerfG, Beschluss v. 18.10.1993, 1 BvR 1335/93, WuM 1994 S. 119).
- Überbelegung auch bei fünfköpfiger Familie in einer 23 m^2 Wohnung (LG Düsseldorf, Urteil v. 1.2.1983, 24 S 311/82, WuM 1983 S. 141).
- Dagegen keine Überbelegung, wenn eine 20 m^2 Wohnung von einem Ehepaar mit einem Kind bewohnt wird (LG Köln, Urteil v. 26.11.1981, 1 S 234/80, WuM 1983 S. 327).

Eine fristlose Kündigung nach § 543 Abs. 2 Nr. 2 BGB wegen **Überbelegung** der Wohnung setzt neben der Abmahnung (§ 543 Abs. 3 BGB) eine **erhebliche**, durch die Überbelegung verursachte **Verletzung der Vermieterrechte** voraus.

Diese ergibt sich jedoch **nicht** zwingend allein aus der Überbelegung (BGH, Beschluss v. 14.7.1993, VIII ARZ 1/93, a.a.O.). Obwohl die Gefahr einer übermäßigen Abnutzung oder Beschädigung der Wohnung mit dem Ausmaß der Überbelegung zunehmen wird, ist es nach Auffassung des Bundesgerichtshofs nicht möglich, einen bestimmten Grad der Überbelegung zu definieren, von dem ab die Annahme zwingend ist, die Abnutzung führe ohne Weiteres zu einer erheblichen Beeinträchtigung der Vermieterinteressen und erfordere die sofortige Auflösung des Mietverhältnisses. Insoweit können Ausstattung und Zuschnitt der Räume, vertragliche Regelungen über die Durchführung von Schönheitsreparaturen, Alter und Lebensgewohnheiten der Bewohner ebenso von Bedeutung sein wie die Zusammensetzung der übrigen Hausbewohnerschaft. Daher ist grundsätzlich anhand der konkreten Umstände des Einzelfalls durch eine **Interessenabwägung** zu prüfen, ob die Rechte des Vermieters durch die Überbelegung **erheblich verletzt** sind (BGH, a.a.O.). Insofern ist aber auch zu berücksichtigen, ob anderen Hausbewohnern infolge der Überbelegung Nachteile entstehen, z.B. in Form von Lärmbelästigungen oder Störungen des Hausfriedens (BVerfG, Beschluss v. 18.10.1993, a.a.O.).

In einer Kündigung wegen Überbelegung sollten daher nicht nur die Umstände vorgetragen werden, aus denen sich die Überbelegung ergibt, sondern auch die Auswirkungen der Überbelegung auf die Vermieterrechte.

Auch bei **unerlaubten baulichen Veränderungen** durch den Mieter kann ein vertragswidriger Gebrauch vorliegen, wobei eine erhebliche Verletzung der Vermieterrechte insbesondere dann gegeben ist, wenn der Mieter einer entsprechenden Abmahnung nicht nachkommt und der Vermieter nunmehr von dritter Seite, z.B. von einer Behörde, auf Beseitigung in Anspruch genommen wird (LG Gießen, Urteil v. 1.6.1994, 1 S 507/93, WuM 1994 S. 681).

Eine **unbefugte Gebrauchsüberlassung** liegt vor, wenn der Mieter die Sachherrschaft über die Räume aufgibt und nicht mehr in der Lage ist, unmittelbar die **Obhut** über die Wohnung auszuüben, z.B. wenn der Mieter unter Mitnahme seines Hausrats in eine andere Wohnung zieht und die angemietete Wohnung einer dritten Person überlässt, sich auf Dauer ins Ausland begibt (LG Frankfurt/M., Urteil v. 2.2.1988, 2/11 S 382/87, WuM 1989 S. 237) oder seinen Lebensmittelpunkt in eine andere Wohnung verlegt (LG Hannover, Urteil v. 29.4.1993, 16 S 270/92, ZMR 1993 S. 473). Dementsprechend ist auch die Überlassung der Mietwohnung an die **erwachsenen Kinder** vertragswidrig (LG Frankfurt/M., Urteil v. 25.1.2000, 2/11 S 211/99, WuM 2002 S. 92).

Gleiches gilt, wenn der Mieter Angehörige, z.B. seinen Sohn und dessen Familie, in die Wohnung aufnimmt, selbst aber auszieht und nur noch ein Arbeitszimmer in der Wohnung behält (LG Cottbus, Urteil v. 30.8.1994, 4 S 99/94, ZMR 1995 S. 30 = WuM 1995 S. 38).

Eine unerlaubte Gebrauchsüberlassung liegt auch vor, wenn der Mieter die Wohnung dem **nichtehelichen Lebenspartner**, der nicht Mietvertragspartner ist, nach Beendigung der Lebensgemeinschaft überlässt. Insofern hebt bereits ein überwiegend auswärtiger Aufenthalt des Mieters die Lebensgemeinschaft auf, unabhängig davon, ob der Mieter noch eigene Möbel in der Wohnung hat (LG Berlin, Urteil v. 22.2.1993, 66 S 126/92, WuM 1995 S. 38).

Anders ist die Rechtslage bei Überlassung an den Ehegatten. Da Ehegatten aufgrund ihrer Verpflichtung zur ehelichen Lebensgemeinschaft (§ 1353 Abs. 1 BGB) zur Gebrauchsüberlassung der Wohnung nicht nur berechtigt, sondern sogar verpflichtet sind, kommt auch bei überwiegender Abwesenheit des Mieters ein vertragswidriger Gebrauch nicht in Betracht (LG Berlin, a.a.O.). Dies gilt auch im

Fall des Getrenntlebens der Ehegatten, da der Charakter einer Ehewohnung nach Auffassung des BGH nicht schon dann verloren geht, wenn der (mietende) Ehegatte dem anderen die Wohnung – ggf. auch für einen längeren Zeitraum – überlassen hat bzw. diese nur noch sporadisch nutzt. Anderenfalls würde das Instrument der Wohnungszuweisung (§§ 1361b, 1568a BGB) unterlaufen werden. Erst mit der **endgültigen** Nutzungsüberlassung verliert die Wohnung ihre Eigenschaft als Ehewohnung mit der Folge, dass der (nicht mietende) Ehepartner „Dritter" i.S.d. §§ 540, 553 BGB wird, und somit eine unbefugte Gebrauchsüberlassung an einen Dritten vorliegt, die den Vermieter zur Kündigung des Mietverhältnisses berechtigt (BGH, Urteil v. 12.6.2013, XII ZR 143/11, MDR 2013 S. 899).

Nicht ausreichend ist ferner, wenn der Mieter einer dritten Person lediglich den **Mitbesitz** an der Wohnung einräumt, diese z.B. in die Wohnung aufnimmt, ohne selbst die Wohnung zu verlassen. Ebenso, wenn der Mieter zwar eine andere Wohnung anmietet und die Mietwohnung seinen volljährigen Kindern überlässt, jedoch einen gemeinsamen Haushalt in der Mietwohnung aufrechterhält (AG Köln, Urteil v. 16.3.1973, 152 C 1179/72, MDR 1973 S. 764; vgl. auch LG Berlin, HmbGE 1990 S. 99) oder nur vorübergehend ins Altersheim geht (LG Kiel, Urteil v. 21.12.1987, 1 S 4/87, WuM 1988 S. 125).

Auch ohne zwingenden Grund (z.B. Pflegebedürftigkeit der Eltern) stellt die Aufnahme des eigenen, wenn auch schon volljährigen Kindes in die Mietwohnung keine schuldhafte Verletzung von Vertragspflichten dar, die zu einer Kündigung berechtigten würden, da die Aufnahme eigener leiblicher Kinder in die Mietwohnung zum vertragsgemäßen Gebrauch der Wohnung gehört. Dies soll auch dann gelten, wenn das volljährige Kind bereits einen eigenen Hausstand begründet hat und wirtschaftlich selbstständig ist (LG Potsdam, Urteil v. 4.9.2012, 4 S 96/12, GE 2012 S. 1535 S. 1565).

Dagegen liegt bei Aufgabe des gemeinsamen Haushalts ein vertragswidriger Gebrauch vor. Gleiches gilt, wenn die Mieter ihren volljährigen Kindern ein **selbstständiges** Gebrauchsrecht an der Wohnung einräumen, sodass diese die Wohnung frei von Weisungen nutzen und die Eltern vom Gebrauch ausschließen könnten (LG Lüneburg, Urteil v. 9.12.1993, 4 S 153/93, WuM 1995 S. 704). Gleiches gilt, wenn die Wohnung von den Eltern nur noch zweimal wöchentlich zu einem begrenzten Aufenthalt aufgesucht wird (AG Neuss, Urteil v. 11.3.1998, 36 C 515/97, NZM 1999 S. 309).

Kann der Vermieter im Räumungsprozess seine Behauptung, der Mieter sei aus der Wohnung ausgezogen und habe diese vollständig einem Dritten zum alleinigen Gebrauch überlassen, durch hinreichende Anhaltspunkte erhärten (z.B. durch Darlegung eigener Nachforschungen zum neuen Wohnsitz), kann sich der Mieter nicht auf einfaches Bestreiten beschränken, sondern er muss einen **konkreten** Vortrag zu seinem eigenen Wohnverhalten entgegenstellen (LG München I, Urteil v. 15.5.2002, 14 S 21649/01, WuM 2002 S. 379).

Ohne Erlaubnis des Vermieters darf der Mieter (neben Haushaltsangestellten und Pflegepersonen) auch nur die nächsten Familienangehörigen in die Wohnung **aufnehmen**. Dazu zählen der Ehegatte, die gemeinschaftlichen Kinder und Stiefkinder, der eingetragene (gleichgeschlechtliche) Lebenspartner (gemäß § 11 LebenspartnerschaftsG v. 16.2.2001), u.U. die Enkel (LG Wuppertal, MDR 1971 S. 49); nicht aber die Geschwister des Mieters (BayObLG, RE v. 29.11.1983, RE-Miet 9/82, WuM 1984 S. 13). Bei den Eltern des Mieters kommt es auf die Umstände des Einzelfalls an, insbesondere auf die Art und Größe der Wohnung, deren Belegung und Eignung für die Aufnahme weiterer Personen sowie auf die Gründe und Motive für die Aufnahme der Eltern (vgl. BayObLG, Beschluss v. 6.10.1997, RE-Miet 2/96, 1Z RE-Miet 2/96, WuM 1997 S. 603).

Zu beachten ist aber, dass der Mieter unter bestimmten Voraussetzungen einen Anspruch auf Erteilung der Erlaubnis haben kann („Untermiete").

Hat der Mieter von Wohnraum vor der Gebrauchsüberlassung an einen Dritten die

Erlaubnis des Vermieters nicht eingeholt, kann die vom Vermieter wegen der unerlaubten Gebrauchsüberlassung erklärte Kündigung unwirksam sein, wenn der Mieter im Zeitpunkt der Kündigung einen Anspruch auf Erteilung der Erlaubnis des Vermieters hatte (§ 553 Abs. 1 BGB; BayObLG, RE v. 26.10.1990, RE-Miet 1/90, WuM 1991 S. 18 im Anschluss an OLG Hamburg, RE v. 17.12.1981, 4 U 130/81, WuM 1982 S. 41).

Nach Auffassung des BayObLG ersetzt der Anspruch auf Erteilung der Erlaubnis zwar nicht die Erlaubnis selbst, sodass trotzdem eine unbefugte Gebrauchsüberlassung vorliegt, jedoch kann der Mieter gegen die fristlose Kündigung das sich aus Treu und Glauben ergebende Verbot der unzulässigen Rechtsausübung einwenden. Nach der Neufassung der Vorschrift, wonach ein Kündigungsgrund nur dann besteht, wenn durch die unbefugte Gebrauchsüberlassung die Rechte des Vermieters in erheblichem Maße verletzt werden, wird es in solchen Fällen häufig schon an einem Kündigungsgrund gemäß § 543 Abs. 2 Nr. 2 BGB fehlen, wenn der Erlaubnis keine sachlichen Gründe i.S.v. § 553 Abs. 1 S. 2 BGB entgegenstehen (so Kraemer in WuM 2001 S. 169; vgl. aber AG Hamburg, Urteil v. 23.7.2002, 41 aC 121/02, ZMR 2003 S. 42, wonach der Gesetzgeber auch im Rahmen der Mietrechtsreform nicht bestimmt hat, dass durch einen Anspruch des Mieters auf Erteilung der Erlaubnis das außerordentliche Kündigungsrecht ausgeschlossen sein soll).

Eine **ordentliche** Kündigung nach § 573 Abs. 1, Abs. 2 Nr. 1 BGB wegen unerlaubter Gebrauchsüberlassung wird durch einen Anspruch des Mieters auf Erteilung der Erlaubnis jedenfalls **nicht** ausgeschlossen, da ein Mieter, der eine Untervermietung vornimmt, ohne vorher die erforderliche Erlaubnis seines Vermieters einzuholen, seine vertraglichen Pflichten auch dann verletzt, wenn er einen gesetzlichen Anspruch auf Erteilung der Erlaubnis hat (BGH, Urteil v. 2.2.2011, VIII ZR 74/10, WuM 2011 S. 169).

Ob ein derartiger Vertragsverstoß des Mieters ein die **ordentliche Kündigung** des Mietverhältnisses rechtfertigendes Gewicht hat, ist unter Würdigung der konkreten Umstände des Einzelfalls zu beurteilen. Hierbei kommt es auch auf die Gründe an, die den Mieter dazu veranlassen, einem Dritten ohne die Genehmigung des Vermieters den Gebrauch der Mietsache zu überlassen; insbesondere eine **bewusste** Missachtung der Belange oder der Person des Vermieters kann die Vertragsverletzung als gravierend erscheinen lassen (BGH, Urteil v. 2.2.2011, VIII ZR 74/10, WuM 2011 S. 169).

Hat der Mieter eine Erlaubnis zur Untervermietung vom Vermieter **rechtzeitig** erbeten und war der Vermieter zur Erteilung der Erlaubnis verpflichtet, ist eine auf die fehlende Erlaubnis gestützte Kündigung des Vermieters rechtsmissbräuchlich, wenn der Vermieter auf die Anfrage des Mieters nicht reagiert hat und ihm somit selbst eine Vertragsverletzung zur Last fällt (BGH, Urteil v. 2.2.2011, a.a.O.).

Verweigert der Vermieter zu Unrecht eine vom Mieter verlangte Erlaubnis zur teilweisen Untervermietung der Wohnung, z.B. weil der Mieter wegen einer berufsbedingten Abwesenheit ein berechtigtes Interesse daran hat, von seinen Wohnkosten durch eine teilweise Untervermietung entlastet zu werden, kann der Mieter für die entgangenen Untermieten vom Vermieter **Schadenersatz** verlangen (BGH, Urteil v. 11.6.2014, VIII ZR 349/13).

Wenn der Vermieter die Erlaubnis zur Gebrauchsüberlassung berechtigterweise nur **befristet** erteilt hat (z.B. weil sich der Mieter 6 Monate im Ausland aufhielt), wird die Gebrauchsüberlassung nach Fristablauf nicht automatisch unbefugt und somit vertragswidrig i.S.d. § 543 Abs. 2 Nr. 2 BGB; allerdings kann die Fortdauer der Gebrauchsüberlassung eine schuldhafte Vertragsverletzung darstellen und zur Kündigung nach § 573 Abs. 2 Nr. 1 BGB (vgl. „Kündigungsschutz", Abschnitt 2.1 „Schuldhafte Vertragsverletzungen durch den Mieter (§ 573 Abs. 2 Nr. 1 BGB)") berechtigen (LG Stuttgart, Urteil v. 21.11.1991, 6 S 208/91, WuM 1992 S. 122).

Gleiches gilt, wenn der Vermieter seinem Mieter gegenüber die vertragliche (jederzeit widerrufliche) Untervermietungserlaubnis widerruft, der Untermieter die Wohnung aber nicht sofort räumt. Obwohl der Mieter nach dem Widerruf der Untervermietungserlaubnis verpflichtet gewesen ist, für den Auszug seines Untermieters zu sorgen, verletzt er jedenfalls dann keine Pflicht aus dem Mietvertrag, wenn er alle rechtlich zulässigen und erforderlichen Maßnahmen unternommen hat, um eine Beendigung des Untermietverhältnisses und einen Auszug des Untermieters herbeizuführen, z. B. gegen seinen Untermieter nach erfolgter Kündigung bereits einen Räumungsprozess führt. Insofern stellt auch ein Räumungsvergleich, mit dem der Untermieter weitere 4 Monate in der Wohnung verbleiben kann, keine Pflichtverletzung dar, da eine etwaige Fortsetzung des Räumungsverfahrens erfahrungsgemäß nicht zu einer deutlich früheren Räumung der Wohnung durch den Untermieter führen würde (BGH, Urteil v. 4.12.2013, VIII ZR 5/13, NZM 2014 S. 128).

Duldet der Vermieter einmal die vertragswidrige Untervermietung durch den Mieter, so folgt daraus nicht dessen Recht, erneut ein Untermietverhältnis außerhalb des Vertragszwecks zu begründen (OLG Düsseldorf, Urteil v. 5.9.2002, 24 U 207/01, WuM 2003 S. 136). Nach Auszug des Untermieters leben die Rechte und Pflichten beider Mietvertragsparteien wieder in vollem Umfang auf (AG Hamburg, Urteil v. 12.11.2003, 40 BC 149/03, ZMR 2005 S. 297).

Bei **gewerblichen** Räumen stellt es eine unzulässige Gebrauchsüberlassung dar, wenn der Mieter einen Geschäftspartner in den Betrieb aufnimmt und mit ihm eine Gesellschaft gründet, der die Räume überlassen werden, oder er den Dritten in das von ihm betriebene Unternehmen aufnimmt und ihm den Mitgebrauch überlässt (BGH, ZMR 1959 S. 8). Auch der Eintritt einer Gesellschaft in ein Einzelhandelsunternehmen führt nicht dazu, dass die Gesellschaft Partei des zuvor von dem Einzelkaufmann abgeschlossenen Mietvertrags wird, da eine Mieterauswechslung grundsätzlich nur durch eine Vereinbarung zwischen den Mietparteien erfolgen kann (KG Berlin, Urteil v. 13.4.2006, 8 U 160/05, NJW-RR 2007 S. 590).

Ausnahmsweise soll keine vertragswidrige Gebrauchsüberlassung vorliegen, wenn die an eine BGB-Gesellschaft oder eine OHG vermieteten Räume von der Gesellschaft an eine ausschließlich von den Gesellschaftern gegründete und unter ihrer alleinigen Geschäftsführung stehende GmbH überlassen werden. Dann kann der Vermieter auf die gleiche Vermögensmasse zurückgreifen. Sein wirtschaftliches Interesse wird daher nicht beeinträchtigt (BGH, Urteil v. 22.1.1955, VI ZR 70/53, NJW 1955 S. 1066).

Gleiches gilt, wenn gewerbliche Räume an eine Gesellschaft (z.B. GmbH, OHG, KG, AG) verpachtet sind und die Gesellschaft ihr Vermögen durch **Verschmelzung** (gemäß den Vorschriften des Umwandlungsgesetzes) auf eine andere Gesellschaft überträgt. Dies stellt **keine** unzulässige Gebrauchsüberlassung an Dritte dar und berechtigt den Verpächter daher nicht zur Kündigung des Pachtverhältnisses; es sei denn, die Verschmelzung ist **vertraglich** untersagt (BGH, Urteil v. 26.4.2002, LwZR 20/01, NZM 2002 S. 660). Macht der Verpächter glaubhaft, dass durch die Verschmelzung die Erfüllung des Pachtvertrags gefährdet ist, kann er gemäß § 22 UmwG eine **Sicherheitsleistung** verlangen.

Auch die identitätswahrende Umwandlung einer Gesellschaft bürgerlichen Rechts (BGB-Gesellschaft) zunächst in eine offene Handelsgesellschaft (oHG) und danach – formwechselnd – in eine Gesellschaft mit beschränkter Haftung (GmbH) gemäß §§ 190 ff. UmwG, die nunmehr als Pächterin auftritt, bedeutet **keine** unzulässige Überlassung der Pachtsache an einen Dritten (BGH, Urteil v. 27.11.2009, LwZR 15/09, MDR 2010 S. 377).

Anders ist die Rechtslage jedoch zu beurteilen, wenn die Räume an eine juristische Person, z. B. GmbH, überlassen werden, deren Inhaber oder Geschäftsführer als gesetzlicher Vertreter nicht mit dem Mieter identisch ist. Hier ist die Ausnahme der wirtschaftlichen Identität nicht mehr gegeben, sodass eine unzulässige Gebrauchsüberlassung vorliegt (RGRK – Gelhar, BGB, § 549 Rn. 3 a. F.).

Im Mietvertrag mit einer OHG oder KG stellt eine Änderung des Gesellschafterbestands keine unzulässige Gebrauchsüberlassung dar, da dies die Identität der Mietpartei nicht berührt.

Eine **nicht genehmigte Untervermietung** berechtigt den Vermieter **nicht** zur fristlosen Kündigung, wenn er nach den vertraglichen Vereinbarungen seine Zustimmung nur aus wichtigem Grund hätte versagen können und ein solcher nicht vorgetragen ist (OLG Düsseldorf, Urteil v. 5.9.2002, 10 U 105/01, DWW 2003 S. 155).

Die Kündigung ist grundsätzlich auch erst dann zulässig, wenn der Mieter trotz Abmahnung (s. § 543 Abs. 3 BGB sowie „Abmahnung") und Setzung einer angemessenen Frist zur Beseitigung des vertragswidrigen Zustands nicht den vertragsgemäßen Zustand wiederherstellt. Die Länge dieser Frist bestimmt sich nach den Umständen des Einzelfalls. Jedenfalls muss dem Mieter ausreichend Zeit bleiben, der Abmahnung Rechnung zu tragen. Daher kann es bei der unbefugten Gebrauchsüberlassung an einen Dritten erforderlich sein, die Abmahnfrist so zu bemessen, dass auch der Mieter die gesetzlich vorgeschriebenen Kündigungsfristen gegenüber seinem Untermieter einhalten kann (LG Mannheim, Beschluss v. 12.8.1981, 4 S 111/80, WuM 1985 S. 262; LG Hamburg, Urteil v. 8.1.1993, 311 S 225/92, WuM 1994 S. 536).

Auf die Abmahnung kann nur in Ausnahmefällen verzichtet werden (vgl. § 543 Abs. 3 S. 2 BGB; LG München I, Urteil v. 17.7.1985, 14 S 6598/85, ZMR 1985 S. 384).

Eine vertragswidrige Untervermietung kann dem Mieter im Wege einer **einstweiligen Verfügung** untersagt werden (OLG Brandenburg, Beschluss v. 20.6.2013, 6 U 19/13, GE 2014 S. 251).

Die **Vernachlässigung** der dem Mieter obliegenden Sorgfalt, die zu einer erheblichen Gefährdung der Mietsache führt, bedingt regelmäßig auch eine **erhebliche Verletzung der Vermieterrechte** und berechtigt den Vermieter daher zur fristlosen Kündigung (vgl. Kraemer in WuM 2001 S. 169).

Die Mietsache kann **erheblich gefährdet** werden, z. B. durch Verletzung der Anzeigepflicht (s. „Anzeigepflicht"), durch wiederholte Wasserschäden größeren Umfangs (vgl. AG Aachen, DWW 1974 S. 237), durch unzureichende Vorbeugemaßnahmen gegen Schädigungen durch Frost oder Schimmel (s. „Feuchtigkeit in der Wohnung").

Voraussetzung einer fristlosen Kündigung nach § 543 Abs. 2 Nr. 2 BGB ist grundsätzlich eine **Abmahnung**, durch die der Mieter aufgefordert wird, das vertragswidrige Verhalten in Zukunft zu unterlassen bzw. den vertragswidrigen Zustand zu beseitigen (s. „Abmahnung"). Eine Abmahnung ist **nicht** erforderlich, wenn diese offensichtlich keinen Erfolg verspricht oder die sofortige Kündigung aus besonderen Gründen unter Abwägung der beiderseitigen Interessen gerechtfertigt ist (§ 543 Abs. 3 S. 2 BGB).

Sowohl die Abmahnung als auch die fristlose Kündigung sind möglichst **umgehend** auszusprechen, nachdem der Vermieter von der Vertragsverletzung bzw. der Nichtabhilfe nach Abmahnung Kenntnis erlangt hat, da das Kündigungsrecht auch **verwirkt** werden kann, wenn es nicht angemessene Zeit nach der Vertragsverletzung ausgeübt wird. Insofern hat der Gesetzgeber aber auch bei der Neuregelung von der Festsetzung einer einheitlichen Ausschlussfrist abgesehen mit der Begründung, dass dies bei der Vielgestaltigkeit der Mietverhältnisse nicht möglich sei (vgl. Begründung des Gesetzentwurfs, abgedruckt in NZM 2000 S. 433). Anhaltspunkte für die **Rechtzeitigkeit** der fristlosen Kündigung kann z. B. die (arbeitsrechtliche) Frist des § 626 Abs. 2 BGB (14 Tage) geben (vgl. OLG Frankfurt/M., Urteil v. 24.6.1991, 11 U 3/91, WuM 1991 S. 475; s. auch BGH, Urteil v. 3.10.1984, VIII ZR 118/83, NJW 1985 S. 1894 ff.; v. 27.1.1982, VIII ZR 295/80, NJW 1982 S. 2432 ff.; OLG Düsseldorf, Urteil v. 20.12.1990, 10 U 137/90, DWW 1991 S. 78). Der Vermieter kann sein Recht zur fristlosen Kündigung **verwirken**, wenn er damit über einen längeren Zeitraum (hier: 4 Jahre) trotz vorhandener Kenntnis von einem möglicherweise schwerwiegenden Vertragsverstoß (hier: Verwahrlosung der Wohnung) zuwartet, da dieses Zuwarten ein Indiz gegen die Unzumutbarkeit der Vertragsfortsetzung begründet (LG Siegen, Urteil v. 10.1.2006, 1 S 117/05, WuM 2006 S. 158).

3.2.1.2 Fristlose Kündigung wegen Zahlungsverzugs (§ 543 Abs. 2 Nr. 3 BGB)

Der Vermieter kann das Mietverhältnis ohne Einhaltung einer Kündigungsfrist kündigen, wenn der Mieter für **zwei aufeinanderfolgende** Termine mit der Entrichtung der Miete oder eines nicht unerheblichen Teils in Verzug ist (§ 543 Abs. 2 S. 1 Nr. 3a BGB) oder in einem Zeitraum, der sich **über mehr als zwei Termine erstreckt**, mit der Entrichtung der Miete in Höhe eines Betrags in Verzug gekommen ist, der die Miete für 2 Monate erreicht (§ 543 Abs. 2 S. 1 Nr. 3b BGB). Dies gilt sowohl für Wohn- als auch für Geschäftsräume und ist unabhängig davon, ob die Miete monatlich oder in längeren Zeitabschnitten (z.B. jährlich) zu entrichten ist (BGH, Urteil v. 17.9.2008, XII ZR 61/07, GE 2008 S. 1488).

Gleiches gilt nach der Neufassung des § 569 Abs. 2a BGB (durch das Mietrechtsänderungsgesetz vom 11.3.2013, BGBl I S. 434 ff.), wenn der Mieter mit der Zahlung der vertraglich vereinbarten **Kaution** mit einem Betrag in Verzug ist, der der zweifachen Monatsmiete (ohne Vorauszahlungen bzw. Pauschalen für Betriebskosten) entspricht (s. im Einzelnen „Kaution", Abschnitt 3 „Folge der Nichtzahlung").

Das neue Kündigungsrecht wegen Zahlungsverzugs mit der Kaution besteht nur bei Mietverhältnissen, die nach Inkrafttreten des Mietrechtsänderungsgesetzes am 1.5.2013 abgeschlossen worden sind. Ferner berechtigt die Weigerung des Mieters, eine (neue) Mietsicherheit zu leisten, **nicht** zur Kündigung des Mietverhältnisses, wenn der Anspruch des Vermieters auf Zahlung der Kaution **verjährt** ist (3 Jahre nach Fälligkeit, § 195 BGB; s. „Kaution"). Dies ist z.B. der Fall, wenn der Vermieter den Anspruch erst 11 Jahre nach Ablauf einer früheren Kautionsbürgschaft geltend macht (LG Wiesbaden, Urteil v. 22.8.2013, 3 S 71/13, WuM 2013 S. 668).

Bei Vorliegen von Mietrückständen kann der Vermieter das Mietverhältnis statt fristlos auch **ordentlich**, d.h. unter Einhaltung der gesetzlichen Kündigungsfrist (3 bis 9 Monate abhängig von der Mietdauer) kündigen. Für eine solche ordentliche Kündigung (gemäß § 573 Abs. 2 Nr. 1 BGB) ist bereits ausreichend, dass der Mietrückstand **eine** Monatsmiete übersteigt und die Verzugsdauer mindestens einen Monat beträgt (BGH, Urteil v. 10.10.2012, VIII ZR 107/12, WuM 2013 S. 46; s. „Kündigungsschutz", Abschnitt 2.1 „Schuldhafte Vertragsverletzungen durch den Mieter (§ 573 Abs. 2 Nr. 1 BGB)").

Bei der fristlosen Kündigung ist zu **unterscheiden** ist, ob sich der Verzug auf zwei aufeinanderfolgende Termine (Nr. 3a) oder auf einen Zeitraum von mehr als zwei Terminen (Nr. 3b) bezieht. Im Fall der Nr. 3a ist die Kündigung zulässig, wenn sich der Mieter mit der Entrichtung der **gesamten Miete** für die beiden Termine oder eines **nicht unerheblichen Teils** in Verzug befindet. Die Beurteilung, ob der Mieter mit einem nicht unerheblichen Teil der Miete in Verzug ist, richtet sich nicht nach der für den einzelnen Termin rückständigen Miete, sondern nach dem **gesamten** Mietrückstand.

Bei vereinbarter monatlicher Mietzahlung in einem Mietverhältnis über **Geschäftsräume** ist der Rückstand jedenfalls dann nicht unerheblich, wenn er den Betrag von **einer Monatsmiete** übersteigt (BGH, Urteil v. 23.7.2008, XII ZR 134/06, WuM 2008 S. 595).

Bei **Wohnraum**mietverhältnissen (ausgenommen, wenn der Wohnraum nur zum vorübergehenden Gebrauch vermietet ist) ist die Erheblichkeitsgrenze **gesetzlich** definiert (§ 569 Abs. 3 Nr. 1 BGB). Auch danach ist der rückständige Teil der Miete nur dann nicht als unerheblich anzusehen, wenn er mindestens 50 % der monatlichen Miete beträgt und der Gesamtrückstand die Miete für einen Monat **übersteigt**.

Ein solcher Rückstand reicht für eine außerordentliche fristlose Kündigung gemäß **Nr. 3a** nur dann aus, wenn er aus **zwei aufeinander-**

folgenden Zahlungszeiträumen (hier: Monaten) resultiert.

Ist dies nicht der Fall und rührt der Rückstand (auch) aus **anderen** Zahlungszeiträumen her (z.B. weil der Mieter die Miete längere Zeit zu Unrecht um kleinere Beträge gemindert hat), ist eine Kündigung nur möglich, wenn der Rückstand die Höhe von **zwei Monatsmieten erreicht** hat (§ 543 Abs. 2 S. 1 Nr. 3b BGB, BGH v. 23.7.2008, a.a.O.).

Unter Miete sind die **periodisch wiederkehrenden** Zahlungen des Mieters und somit auch die monatlichen Betriebskostenpauschalen und -vorauszahlungen zu verstehen (LG Leipzig, Urteil v. 31.3.2006, 01 HK O 4441/05, ZMR 2006 S. 618); **nicht** jedoch Nachforderungen aus der Betriebskostenabrechnung (OLG Koblenz, RE v. 26.7.1984, 4 W-RE 386/84, WuM 1984 S. 269).

Auch Verzugszinsen und Kosten sind keine laufenden Leistungen des Mieters und daher nicht Miete i.S.v. § 543 Abs. 2 S. 1 Nr. 3 BGB (OLG Düsseldorf, Urteil v. 8.5.2008, 1-10 U 11/08, ZMR 2009 S. 275).

Ein Verzug mit der Begleichung einer Betriebskosten**nachforderung** kann daher unabhängig von der Höhe der Forderung eine fristlose Kündigung nicht begründen; ebenso nicht ein Verzug mit anderen **einmaligen** Leistungen des Mieters, z.B. Schadenersatz oder Kaution (vgl. hierzu aber „Kaution").

Dagegen kann der Vermieter das Mietverhältnis fristlos kündigen, wenn der Mieter mit Betriebskosten**vorauszahlungen** in Höhe von zwei Monatsmieten in Verzug kommt, die der Vermieter einseitig gemäß § 560 Abs. 4 BGB erhöhen durfte (s. „Abrechnung der Betriebskosten", Abschnitt 3 „Anpassung von Vorauszahlungen"). Der Mieter kann gegen die fristlose Kündigung nicht einwenden, der Vermieter hätte ihn vor Ausspruch der Kündigung auf Zahlung der erhöhten Betriebskostenvorauszahlungen verklagen müssen, da eine fristlose Kündigung des Vermieters nicht voraussetzt, dass er den Mieter vor Ausspruch der Kündigung auf Zahlung der erhöhten Betriebskosten verklagt hat. Insofern ist der Mieter dadurch geschützt, dass im Rahmen des Kündigungsprozesses geprüft werden muss, ob der Vermieter zur Erhöhung der Vorauszahlungen auf die verlangte Höhe berechtigt war. Dies ist nach Rechtsprechung des BGH (Urteile v. 15.5.2012, VIII ZR 245/11 und VIII ZR 246/11) nur dann der Fall, wenn die Erhöhung der Vorauszahlungen auf einer auch inhaltlich korrekten Abrechnung beruht. Dies kann der Mieter durch Einsicht in die Abrechnungsunterlagen nachprüfen. Sollte ihm der Vermieter die Einsicht nicht ermöglichen, kann der Mieter ein Zurückbehaltungsrecht geltend machen mit der Folge, dass eine auf Zahlungsverzug gestützte Kündigung ausgeschlossen ist (BGH, Urteil v. 18.7.2012, VIII ZR 1/11).

Der Eintritt des Verzugs bestimmt sich nach § 286 BGB. Für die Zahlungspflicht des Mieters ist in der Regel ein fester Termin bestimmt (vgl. § 556b Abs. 1 BGB), sodass der Mieter **ohne Mahnung** in Verzug kommt (§ 286 Abs. 2 Nr. 1 BGB). Mangels abweichender Vereinbarungen tritt der Verzug ein, wenn die Leistungs**handlung** nicht rechtzeitig vorgenommen wurde. Jedoch kann auch vereinbart werden, dass es für die Rechtzeitigkeit der Zahlung nicht auf die Leistungshandlung, sondern auf den Zeitpunkt des **Eingangs** des Geldes beim Vermieter ankommt (vgl. „Fälligkeit der Miete").

> Bestimmt der Mietvertrag, dass die Miete spätestens am dritten Werktag eines Kalendermonats beim Vermieter **eingegangen** sein muss, ist ein Mieter, der z.B. die Septembermiete nicht bezahlt hat, bereits mit Ablauf des dritten Werktags im Oktober mit der Mietzahlung für zwei aufeinanderfolgende Termine in Verzug und kann gemäß § 543 Abs. 2 Nr. 3 BGB fristlos gekündigt werden, ohne dass es einer Mahnung oder Abmahnung bedarf (§ 543 Abs. 3 S. 2 Nr. 3 BGB).

Eine **vorherige Mahnung** kann ausnahmsweise erforderlich sein, wenn der Vermieter über einen längeren Zeitraum unpünktliche Mietzahlungen des Mieters rügelos hingenommen hat (LG Hamburg, Urteil v. 9.1.1996, 316 S 174/95, ZMR 1996 S. 327) oder sich dem

Vermieter der Schluss aufdrängen muss, dass die Nichtzahlung der Miete nicht auf Zahlungsunfähigkeit oder -unwilligkeit des Mieters, sondern z.B. auf einem bloßen **Versehen** bzw. auf sonstigen, von ihm nicht zu vertretenden Umständen beruht (OLG Düsseldorf, Urteil v. 25.3.2004, I-10 U 109/03, ZMR 2004 S. 570; OLG Hamm, Urteil v. 24.4.1998, 33 U 97/97, WuM 1998 S. 485) oder **besondere Umstände** vorliegen, wonach die sofortige Kündigung gegen den Grundsatz von Treu und Glauben verstoßen würde, z.B. wenn in einem seit 25 Jahren bestehenden Mietverhältnis nach dem Tod des Mieters erstmals ein Zahlungsverzug eingetreten ist (OLG Düsseldorf, Urteil v. 28.3.2002, 10 U 17/01, ZMR 2002 S. 818).

Anders ist die Rechtslage, wenn der Vermieter dem Mieter die zur fristlosen Kündigung berechtigenden Mietrückstände lediglich **gestundet** hat. Hält der Mieter dann die zugleich getroffene Vereinbarung einer geminderten, pünktlich und vollständig zu zahlenden Miete nicht ein, lebt das Recht des Vermieters zur fristlosen Kündigung ohne weitere Abmahnung wieder auf (OLG Düsseldorf, Beschluss v. 7.12.2010, I-24 U 141/10, GE 2011 S. 1158).

Der Vermieter kann das Kündigungsrecht – wie jedes andere Recht – grundsätzlich auch **verwirken**. Allerdings sind an die Annahme einer Verwirkung **strenge Anforderungen** zu stellen. Zu dem Zeitmoment (längeres Zuwarten mit der Kündigung trotz Zahlungsverzugs) muss ein **Umstands**moment hinzutreten, das die Feststellung rechtfertigt, der Mieter habe darauf vertrauen können, dass der Vermieter von seinem Kündigungsrecht keinen Gebrauch mehr macht. Dementsprechend ist die Verwirkung auf **Ausnahmefälle** beschränkt und tritt jedenfalls nicht ein, wenn der Vermieter die Klärung einer Rechtsfrage abwartet (hier: umsatzsteuerrechtliche Zulässigkeit einer Option des Vermieters zur Mehrwertsteuer) und deshalb über Jahre hinweg von seinem Kündigungsrecht keinen Gebrauch macht. Ein Vermieter muss nämlich nicht laufend eine Kündigung androhen, um diese nicht zu verwirken (BGH, Urteil v. 15.6.2005, XII ZR 291/01, NZM 2005 S. 703).

Eine Kündigung des Vermieters wegen Zahlungsverzugs kann auch **nicht** als illoyal **verspätet** angesehen werden, wenn der Vermieter bis zum Ausspruch der Kündigung noch einige Monate zuwartet, statt diese gleich zum ersten zur Kündigung berechtigenden Termin auszusprechen. In diesem Fall kann der Mieter auch nicht darauf vertrauen, der Vermieter werde den Mietrückstand hinnehmen und auch bei einem weiteren Anstieg des Rückstands von seinem Kündigungsrecht keinen Gebrauch machen (BGH, Urteil v. 11.3.2009, VIII ZR 115/08, NZM 2009 S. 314).

Der Vermieter hat seinen **Anspruch auf Mietzahlung auch nicht** bereits deshalb **verwirkt**, weil er Mietminderungen des Mieters über einen längeren Zeitraum widerspruchslos hingenommen hat. Ob der Vermieter mit solchen Nachforderungen ausgeschlossen ist, beurteilt sich nach den allgemeinen Voraussetzungen der Verwirkung. Danach ist ein Anspruch nicht bereits nach Ablauf eines längeren Zeitraums, sondern erst dann verwirkt, wenn der Schuldner sich nach dem **gesamten** Verhalten des Berechtigten darauf einrichten durfte, dass dieser das Recht auch in Zukunft nicht geltend machen werde (BGH, Urteil v. 19.10.2005, XII ZR 224/03, NZM 2006 S. 58).

In dem **Kündigungsschreiben** muss der zur Kündigung führende **wichtige Grund** angegeben werden (§§ 568, 569 Abs. 4 BGB). Sinn und Zweck dieser Bestimmung ist, dass der Mieter erkennen kann, welcher Umstand zur fristlosen Kündigung geführt hat. Es genügt daher, dass der geltend gemachte Sachverhalt ausreichend von vergleichbaren anderen Sachverhalten abgegrenzt wird (so die Begründung des Rechtsausschusses zum Mietrechtsreformgesetz, BT-Drucks. 14/5663 S. 82, abgedruckt in NZM 2001 S. 798).

Die Gerichte dürfen an den Inhalt des Kündigungsschreibens keine übertriebenen formalistischen Anforderungen stellen. Daher genügt jedenfalls bei **klarer und einfacher** Sachlage, wenn der Vermieter im Kündigungsschreiben den **Zahlungsverzug** als Kündigungsgrund benennt und den **Gesamtbetrag** der rückständigen Miete beziffert. Die Angabe weiterer Einzelheiten, wie Datum des Verzugseintritts oder

Aufgliederung des Mietrückstands für einzelne Monate, ist entbehrlich (BGH, Beschluss v. 22.12.2003, VIII ZB 94/03, WuM 2004 S. 97). In diesem Fall ist es auch unschädlich, wenn zusätzliche Angaben im Kündigungsschreiben **fehlerhaft** sind, der Mieter aber trotzdem erkennen kann, dass die Kündigung auf einen Mietrückstand von zwei Monatsmieten gestützt ist (BGH, Beschluss v. 30.6.2004, VIII ZB 31/04, WuM 2004 S. 489). Gleiches gilt für eine **Klage** des Vermieters auf **Zahlung** von Mietrückständen. Auch hier muss der Vermieter einen aus mehreren Jahren stammenden Zahlungsrückstand nicht im Einzelnen monatlich aufschlüsseln. Werden für einen bestimmten Zeitraum unter Angabe einer bestimmten monatlichen Miete und unstreitiger Zahlungen des Mieters restliche Mietrückstände in Höhe eines bestimmten Betrags geltend gemacht, ist es nicht zusätzlich notwendig, den für jeden einzelnen Monat verlangten Rückstand aufzuschlüsseln (BGH, Urteil v. 9.1.2013, VIII ZR 94/12, MDR 2013 S. 262).

Auch an die Darstellung des Zahlungsrückstands in einer **Anlage** zum Kündigungsschreiben (z.B. **„Mieterkontoauszug"**) dürfen keine übertriebenen Anforderungen gestellt werden, da dem Mieter in der Regel die vom Vermieter beanspruchte Sollmiete und das eigene Zahlungsverhalten bekannt sind (LG Berlin, Beschluss v. 22.9.2005, 67 T 131/05, ZMR 2006 S. 209).

Dies gilt auch, wenn die Kündigung auch auf **frühere** Rückstände (z.B. infolge fortlaufender Mietminderungen) gestützt wird. Auch insofern genügt es zur formellen Wirksamkeit der Kündigung, dass der Mieter anhand der Begründung des Kündigungsschreibens (z.B. Auflistung der Rückstände) erkennen kann, von welchem Mietrückstand der Vermieter ausgeht, um mithilfe dieser Angaben die Kündigung eigenständig auf ihre Stichhaltigkeit überprüfen zu können.

Darüber hinausgehende Angaben, z.B. welche Teilzahlungen der Mieter bzw. ein Dritter geleistet hat, wie diese Zahlungen auf die jeweiligen Monate verrechnet worden sind, ob in dem Rückstand weitere Forderungen enthalten sind sowie ob und ggf. wie etwaige Einwendungen des Mieters gegen seine Zahlungspflicht berücksichtigt worden sind, sind auch dann nicht erforderlich, wenn es sich nicht um eine klare und einfache Sachlage handelt (BGH, Urteil v. 12.5.2010, VIII ZR 96/09, WuM 2010 S. 484 im Anschluss an Beschluss v. 22.12.2003, VIII ZB 94/09, NJW 2004 S. 850).

Ergibt sich der rückständige Gesamtbetrag nur aus einer Anlage zum Kündigungsschreiben, z.B. aus einem **Kontoauszug**, muss auf diese Anlage im Kündigungsschreiben **verwiesen** oder diese fest mit der Kündigung **verbunden** werden; anderenfalls ist die Kündigung unwirksam (LG Mannheim, Beschluss v. 23.2.2004, 4 T 289/03, WuM 2004 S. 204).

Unwirksam ist die Kündigung ferner, wenn die Angaben auf dem Kontoauszug für den Mieter nicht nachvollziehbar und nur nach Erläuterungen durch den Vermieter verständlich sind (LG Dortmund, Beschluss v. 5.1.2004, 1 T 53/03, NZM 2004 S. 189).

> Zur Vermeidung von Auseinandersetzungen über die formelle Wirksamkeit der Kündigung sowie zur Information des Mieters über die vorliegenden Rückstände ist es empfehlenswert, die jeweiligen Rückstände im Kündigungsschreiben detailliert anzugeben.

Für die Wirksamkeit einer auf Zahlungsverzug gestützten fristlosen Kündigung ist maßgeblich, ob im Zeitpunkt des **Zugangs** der Kündigung diese Voraussetzungen (noch) vorgelegen haben (LG Lüneburg, Urteil v. 13.10.1994, 4 S 71/94, WuM 1995 S. 705). Auf einen Verzug bei der Abfassung oder Absendung des Kündigungsschreibens kommt es nicht an. Daher ist es auch unschädlich, wenn das Kündigungsschreiben bereits vor Eintritt des Verzugs (z.B. am zweiten Werktag im Oktober) abgefasst und abgesandt wurde, der Verzug mit zwei Monatsmieten jedoch erst im Zeitpunkt des Zugangs (z.B. am vierten Werktag im Oktober) vorgelegen hat (LG Köln, Urteil v. 18.10.1990, 1 S 215/90, WuM 1991 S. 263; vgl. auch Emmerich-Sonnenschein, § 564a a.F., Rn. 9; a.A. Sternel, Mietrecht, 3. Aufl.,

IV 23; LG Köln, Urteil v. 16.10.1991, 10 S 207/91, WuM 1992 S. 123). Hat dagegen der Verzug zwar bei Absendung des Kündigungsschreibens, aber infolge zwischenzeitlicher Zahlung nicht mehr bei Zugang der Kündigung bestanden, ist die Kündigung unbegründet (LG Lüneburg, a. a. O.).

Dagegen ist das LG Duisburg (Beschluss v. 24.3.2006, 13 T 28/06 S, ZMR 2006 S. 532) der Auffassung, dass es auf den Mietrückstand bei **Abgabe** der Kündigungserklärung (nicht bei Zugang) ankommt (so auch LG Köln, Urteil v. 18.1.2001, 6 S 221/00, ZMR 2002 S. 123), weil die fristlose Kündigung wegen Zahlungsverzugs seit der Mietrechtsreform eine Begründung enthalten muss (§ 569 Abs. 4 BGB). Eine höchstrichterliche Entscheidung zu dieser Problematik steht noch aus.

Die **Beweislast** für die rechtzeitige und vollständige Mietzahlung trägt im Streitfall der **Mieter**. Im Rechtsstreit kann der Mieter die Erfüllung seiner Zahlungspflicht nicht durch den Antrag beweisen, dem Vermieter aufzugeben, Kontoauszüge des Mietkontos vorzulegen (OLG Koblenz, Beschluss v. 5.11.2012, 5 U 1059/12, DWW 2013 S. 294). Ebenso reichen für den Nachweis der Mietzahlung die Buchungsanweisung sowie die Aussage, dass der überwiesene Betrag innerhalb von 2 Monaten nicht zurückgelangt ist, nicht aus (LG Berlin, Urteil v. 23.8.2013, 65 S 538/12, GE 2013 S. 1341).

Macht der Vermieter jedoch von einer ihm eingeräumten **Einzugsermächtigung** keinen Gebrauch, ist ein Zahlungsverzug des Mieters nicht gegeben (AG Bonn, Urteil v. 4.6.1993, 6 C 60/93, WuM 1995 S. 484).

Das für den Eintritt des Verzugs notwendige **Verschulden** wird vermutet (§ 286 Abs. 4 BGB).

Die **Beweislast** für das Nichtvertretenmüssen trifft damit den Mieter.

Der zur Kündigung berechtigende Verzug tritt auch dann ein, wenn ein sozialhilfeberechtigter Mieter die Leistungen bei der zuständigen Stelle (z. B. Sozialamt) zwar rechtzeitig beantragt hat, diese aber zunächst nicht bewilligt wurden und der Mieter daher zur Mietzahlung nicht in der Lage war. Dieser Umstand steht dem Eintritt des Verzugs nicht entgegen.

Zwar kommt ein Schuldner nur in Verzug, wenn er die Nichtleistung zu vertreten hat. Bei Geldschulden befreien jedoch wirtschaftliche Schwierigkeiten den Schuldner auch dann nicht von den Folgen einer verspäteten Zahlung, wenn sie auf einer unverschuldeten Ursache beruhen. Nach dem Prinzip der einer Geldschuld zugrunde liegenden unbeschränkten Vermögenshaftung („Geld hat man zu haben“) muss ein Schuldner ohne Rücksicht auf ein Verschulden für seine finanzielle Leistungsfähigkeit einstehen. Dieses Prinzip gilt nach der Rechtsprechung des BGH auch für Mietschulden.

Wenn die Tatbestandsvoraussetzungen des § 543 Abs. 2 Nr. 3 BGB für eine fristlose Kündigung wegen Zahlungsverzugs erfüllt sind (Zahlungsverzug mit zwei Monatsmieten), so liegt bereits darin ein wichtiger Grund für eine fristlose Kündigung. Auf die Frage, ob dem Vermieter nach Abwägung der beiderseitigen Interessen (gemäß § 543 Abs. 1 BGB) die Fortsetzung des Mietverhältnisses trotzdem zumutbar ist, kommt es daher nicht an.

Der Schutz des (nicht rechtzeitig zahlenden) Mieters vor dem Verlust der Wohnung wird ausschließlich durch die einmalig innerhalb von 2 Jahren gewährte Schonfristregelung sichergestellt, wonach der Mieter eine fristlose Kündigung wegen Zahlungsverzugs unwirksam machen kann, wenn er die Rückstände vollständig bis spätestens 2 Monate nach Eintritt der Rechtshängigkeit (Zustellung der Räumungsklage) nachzahlt oder sich eine öffentliche Stelle zur Nachzahlung verpflichtet (§ 569 Abs. 3 Nr. 2 S. 1 BGB; BGH, Urteil v. 4.2.2015, VIII 175/14). Anders ist die Rechtslage, wenn eine öffentliche Stelle (z. B. Sozialamt) die Zahlungspflicht des Mieters bereits **übernommen** hatte. In diesem Fall wird dem Mieter ein Verschulden des Sozialamts an der nicht rechtzeitigen oder nicht vollständigen Zahlung der Miete nicht zugerechnet, da das Sozialamt bei der Übernahme der Mietzahlungen nicht als Erfüllungsgehilfe des Mieters handelt, sondern die ihm obliegenden hoheitlichen Aufgaben der Daseinsvorsorge wahrnimmt (BGH, Urteil v. 21.10.2009, VIII ZR 64/09, WuM 2009 S. 736).

Werden die Mietzahlungen aufgrund eines behördlichen Bescheids von einem Jobcenter **direkt** an den Vermieter gezahlt, darf sich der Mieter grundsätzlich darauf verlassen, dass die Mietzahlungen beim Vermieter pünktlich und vollständig eingehen.

Solange der Mieter keine Kenntnis von einem allein vom Jobcenter zu verantwortenden Ausfall der Mietzahlungen hat, befindet er sich in einem den Zahlungsverzug ausschließenden **unvermeidbaren Tatsachenirrtum** (§ 286 Abs. 4 BGB). Dieser entfällt erst nach Ablauf einer nach den Umständen des Einzelfalls zu bemessenden Frist zur Überprüfung der tatsächlichen Grundlage der Mietschuld; im Regelfall beträgt die zur Nachfrage und Informationsgewinnung gegenüber dem Jobcenter erforderliche Mindestfrist für den Mieter einen Monat (LG Berlin, Urteil v. 24.7.2014, 67 S 94/14, MDR 2014 S. 953).

Ferner liegt kein Verschulden des Mieters vor, wenn die Nichtbezahlung der Mieten ausschließlich auf einem Versehen und damit auf dem alleinigen Verschulden der Bank beruht, die der Mieter durch Dauerauftrag mit der Überweisung beauftragt hat und er dieses Versehen auch nicht erkennen konnte, z.B. weil die Miete von seinem Konto zwar abgebucht, aber auf ein falsches Konto überwiesen wurde (LG München I, Urteil v. 21.9.1994, 14 S 24586/93, WuM 1994 S. 608).

Zur Problematik, wenn die Bank des Mieters die Überweisung der Miete nach Gutschrift auf dem Konto des Vermieters mangels Deckung des Mieterkontos widerruft, vgl. LG Köln, Urteil v. 9.12.1993, 1 S 409/92, WuM 1994 S. 606.

Ein Mieter, der seinem Vermieter eine **Einzugsermächtigung** erteilt hat und bei dem eine **Kontodeckung** vorliegt, kann sich auf die Erledigung der Mietzahlung durch die Vermieterseite verlassen. Er kann nach Auffassung des LG Berlin hiervon auch dann weiter ausgehen, wenn das Konto bereits eine die Kündigung rechtfertigende Unterdeckung aufweist. Bis zur Benachrichtigung über die Einstellung des Einzugs der Miete durch den Vermieter kann der Mieter weiter vom Mieteinzug ausgehen (LG Berlin, Urteil v. 11.1.2008, 63 S 225/07, ZMR 2008 S. 971).

Dagegen ist der Mieter für eine Verzögerung verantwortlich, wenn sie in mangelnder Leistungsfähigkeit oder in Fehlern bei den geschäftlichen Dispositionen ihren Grund hat.

Ein Verschulden und damit ein Verzug mit den Mietzahlungen liegt nicht vor, wenn diese unterbleiben, weil der Mieter nach dem **Tod des Vermieters** keine Gewissheit darüber erlangt hat, wer nunmehr Gläubiger der Mietforderungen geworden ist. Nach Auffassung des BGH verschafft dem Mieter erst der explizite Hinweis auf Datum und Eintritt der Erbfolge unter Nennung sämtlicher Erben ausreichend Kenntnis von seinen neuen Gläubigern, sodass erst ab diesem Zeitpunkt die Nichtzahlung der Miete vom Mieter zu vertreten ist (BGH, Urteil v. 7.9.2005, VIII ZR 24/04, WuM 2005 S. 769).

Gleiches gilt nach einem **Eigentümerwechsel**. Gemäß § 566e BGB ist es Aufgabe des Verkäufers, d.h. des alten Vermieters, dem Mieter den Eigentümerwechsel mitzuteilen. Erfährt der Mieter auf anderem Weg von der Eigentumsübertragung, sind die Voraussetzungen des § 566e BGB nicht erfüllt. Insofern ist der Mieter so lange geschützt, bis der Erwerber einen beglaubigten Grundbuchauszug vorlegt (Beck'scher Online-Kommentar BGB, § 566e Rn. 3). Der Mieter einer Wohnung kommt daher nicht in Verzug, wenn er die Mietzahlung wegen berechtigter Zweifel an der Eigentümereigenschaft des Vermieters nicht entrichtet (AG Gelsenkirchen, Urteil v. 7.11.2011, 3 aC 299/11, WuM 2012 S. 204).

Ferner fehlt es an einem Verschulden des Mieters, wenn die Miete verspätet eingeht, weil das Kreditinstitut des Vermieters die Gutschrift der Miete nicht entsprechend den Fristen des § 676g Abs. 1 S. 1 BGB vorgenommen hat (AG Hamburg, Urteil v. 6.7.2004, 815 C 550/03, WuM 2005 S. 769).

Ist der Einzug der Miete im **Lastschriftverfahren** vereinbart, kommt der Mieter nicht in

Verzug, wenn der Vermieter von der Ermächtigung keinen Gebrauch mehr macht, ohne dies vorher anzukündigen. Insofern trifft den Vermieter eine Mitwirkungspflicht bezüglich des Einzugs der Miete. Erfüllt er diese nicht, kann er dem Mieter den mangelnden Zahlungseingang auch dann nicht vorwerfen, wenn das Konto des Mieters nicht gedeckt war und es in der Folge zu einer Rückbelastung gekommen ist. Etwas anderes gilt nur dann, wenn dem Mieter konkrete Anhaltspunkte für eine mangelnde Deckung nachgewiesen werden können, die eine Berufung des Mieters auf das Lastschriftverfahren als treuwidrig erscheinen ließen (OLG Stuttgart, Urteil v. 2.6.2008, 5 U 20/08, ZMR 2008 S. 967).

Aus dem Mietvertrag ergibt sich auch keine vertragliche Nebenpflicht des Vermieters, die finanzielle Leistungsfähigkeit des Mieters zu unterstützen. Der Vermieter ist daher mietvertraglich nicht verpflichtet, dem Mieter Bescheinigungen auszustellen, die er der Unterhaltssicherungsbehörde zur Erlangung einer Mietbeihilfe vorzulegen hätte (AG Wetzlar, Urteil v. 19.2.2009, 38 C 1681/08, WuM 2009 S. 289). Der Mieter kann auch nicht einwenden, ein Verzugsverschulden sei ausgeschlossen, weil der Vermieter seine Mitwirkung bei der Gewährung von Sozialhilfeleistungen an den Mieter (z. B. durch eine sog. **„Mietübernahmeerklärung"**) unterlassen hat (LG Köln, Beschluss v. 20.4.1994, 1 S 39/94, WuM 1995 S. 104; LG Köln, Urteil v. 22.9.1994, 1 S 39/94, WuM 1997 S. 491). Allerdings kann eine Kündigung des Vermieters wegen Verstoßes gegen den Grundsatz von Treu und Glauben (§ 242 BGB) unwirksam sein, wenn der Vermieter in Kenntnis der Übernahme der Miete durch das Sozialamt Mietrückstände auflaufen lässt und dann kündigt, ohne sich zuvor mit dem Sozialamt zu besprechen (LG Saarbrücken, Beschluss v. 30.6.2005, 13B T 17/05, ZMR 2006 S. 46).

Der Vermieter ist auch **nicht** zur Ausstellung einer sog. **Mietschuldenfreiheitsbescheinigung** verpflichtet, in der der Vermieter dem Mieter – in der Regel zur Vorlage bei einem potenziellen neuen Vermieter – bestätigt, dass keine Mietrückstände vorliegen (BGH, Urteil v. 30.9.2009, VIII ZR 238/08, MDR 2010 S. 18). Bestätigt die Hausverwaltung des Vermieters gegenüber dem Mieter aber trotzdem und in unzutreffender Weise, dass aus dem Mietverhältnis keinerlei Mietrückstände mehr bestehen, stellt dies mangels eines der Erklärung zu entnehmenden Verzichtswillens des Vermieters **keinen** Erlass noch offener Restmieten dar (AG Berlin, Urteil v. 15.4.2011, 15 C 8/11, NZM 2011 S. 883).

Legt der Mieter eine **gefälschte** Bescheinigung eines angeblich früheren Vermieters vor, ist der Vermieter zur fristlosen Kündigung des Mietverhältnisses berechtigt (BGH, Urteil v. 9.4.2014, VIII ZR 107/13).

An einem Verschulden kann es fehlen, wenn sich der Mieter in einem **entschuldbaren Irrtum** über seine Berechtigung zur (teilweisen) Zahlungsverweigerung befunden, z. B. sich **entschuldbar** über die richtige Bemessung der Minderungsquote geirrt hat (LG Mannheim, Urteil v. 8.10.1986, 4 S 9/86, WuM 1987 S. 317; LG Hannover, Urteil v. 15.4.1994, 9 S 211/93, WuM 1994 S. 463). Dies kann der Fall sein, wenn ein Sachverständigengutachten dem Mieter bestätigt, dass die Schimmelbildung in einem Raum der Wohnung auf bauliche Mängel zurückzuführen ist und der Mieter daher irrtümlich davon ausgeht, dass auch der Schimmel in anderen Räumen nicht durch falsches Heizungs- und Lüftungsverhalten verursacht worden ist (LG Frankfurt/M., Urteil v. 14.11.2003, 2-11 S 326/02, NZM 2004 S. 297).

Fällt der Entschuldigungsgrund weg (z. B. durch Kenntnis der tatsächlichen Umstände), tritt Verzug ein, ohne dass es einer erneuten Mahnung bedarf (LG Frankfurt/M., a. a. O.).

Der Mieter ist auch **nicht** grundsätzlich entschuldigt, wenn er die **Auskunft eines Rechtsanwalts** eingeholt hat und von diesem unzutreffend beraten wurde (OLG München, Urteil v. 15.3.1996, 21 U 5382/95, ZMR 1996 S. 371; a. A. LG Wiesbaden, Urteil v. 27.6.1989, 8 S 444/88, WuM 1989 S. 512). Vielmehr muss sich der Mieter das Verschulden seines Rechtsberaters zurechnen lassen und befindet sich daher in verschuldetem Zahlungsverzug (OLG Köln, Urteil v. 30.10.1997, 12 U 29/97, WuM

1998 S. 23; LG München I, Urteil v. 10.7.1996, 14 S 2176/96 für Mieterverein; LG Berlin, Urteil v. 6.2.1998, 64 S 412/97, NZM 1998 S. 573 für städtische Rechtsberatungsstelle).

Dementsprechend ist der Vermieter zur (ordentlichen) Kündigung des Mietverhältnisses berechtigt, wenn der Mieter unberechtigt Betriebskostenvorauszahlungen in Höhe von insgesamt mehr als zwei Monatsmieten einbehalten hat und dies auf dem Verschulden eines Mieterschutzvereins beruht, der den Mieter insoweit fahrlässig falsch beraten hat (BGH, Urteil v. 25.10.2006, VIII ZR 102/06, WuM 2007 S. 24).

Das Verschulden des Mieters kann auch nicht entfallen, wenn er den Anwalt unzutreffend über den Sachverhalt informiert hat (vgl. LG Aachen, Urteil v. 13.1.1989, 5 S 338/88, WuM 1989 S. 371). Jedenfalls darf der Mieter bei einer Mietminderung nur dann auf den Rat eines Rechtsanwalts oder Sachverständigen vertrauen, wenn dieser sich die behaupteten Mängel auch selbst angesehen hat (LG Braunschweig, Urteil v. 18.1.2000, 6 S 578/99, ZMR 2000 S. 222). Insofern muss ein Rechtsanwalt seinen Mandanten auch über die mit der Abwehr einer Kündigung des Vermieters und der Rechtsverteidigung gegen eine Räumungsklage verbundenen Risiken aufklären, wenn der Mandant die Mietzahlung, z.B. unter Berufung auf nicht gesicherte aufrechenbare Schadenersatzansprüche, einstellen will (OLG Düsseldorf, Beschluss v. 14.12.2010, I-24 U 126/10, GE 2011 S. 336).

Ein Entschuldigungsgrund kann erst recht nicht angenommen werden, wenn der Mieter nach einem Urteil erkennen muss, dass seine rechtliche Bewertung (hier: Mietminderung wegen angeblicher Hellhörigkeit des Gebäudes) auf unsicherer Grundlage beruht. Erweist sich seine Bewertung in der zweiten Instanz als nicht haltbar, fällt dies in seine Risikosphäre. Wegen der nach dem Urteil in ersten Instanz (Verurteilung zur Nachzahlung der Minderungsbeträge) auflaufenden bzw. fortbestehenden Rückstände kann der Vermieter das Mietverhältnis fristlos kündigen (AG Hamburg, Urteil v. 8.1.2008, 318 C 67/07, ZMR 2008 S. 297).

Ein **entschuldbarer Irrtum** kann nur angenommen werden, wenn sich der Mieter sorgfältig um die Klärung der zweifelhaften Fragen bemüht hat (BGH, Urteil v. 28.9.1992, II ZR 224/91, NJW 1992 S. 3296). Dies gilt insbesondere im Fall einer **Mietminderung**. Muss der Mieter davon ausgehen, dass die tatsächlichen oder rechtlichen Voraussetzungen für eine Minderung nicht gegeben sind (z.B. weil die Gründe nicht erheblich oder nicht nachweisbar sind), kann er sich nicht auf einen unverschuldeten Rechtsirrtum berufen. Insofern muss sich der Mieter auch eine unzutreffende Rechtsberatung durch den von ihm eingeschalteten Mieterverein zurechnen lassen (§ 278 BGB; LG Berlin, Urteil v. 6.9.2005, 63 S 111/05, GE 2005 S. 1353). Dies gilt auch, wenn sich der Mieterverein leichtfertig der Erkenntnis verschlossen hat, dass eine Aufrechnung gegen die laufende Miete mit vom Vermieter bestrittenen Gegenforderungen unzulässig ist (OLG Düsseldorf, Urteil v. 29.9.2005, 10 U 86/05, DWW 2006 S. 21 zur außerordentlichen Kündigung aus wichtigem Grund gemäß § 543 BGB).

An das Vorliegen eines unverschuldeten **Rechts**irrtums werden von der Rechtsprechung des BGH strenge Anforderungen gestellt. Der Mieter muss die Rechtslage sorgfältig prüfen, soweit erforderlich Rechtsrat einholen und die höchstrichterliche Rechtsprechung sorgfältig beachten. Entschuldigt ist ein Rechtsirrtum nur dann, wenn der Irrende bei Anwendung der im Verkehr erforderlichen Sorgfalt mit einer anderen Beurteilung durch die Gerichte nicht zu rechnen brauchte (BGH, Urteile v. 30.4.2014, VIII ZR 103/13, GE 2014 S. 929 und v. 11.4.2012, XII 48/10, WuM 2012 S. 323). Bei einer zweifelhaften Rechtsfrage handelt bereits fahrlässig, wer sich erkennbar in einem Grenzbereich des rechtlich Zulässigen bewegt und daher eine von der eigenen Einschätzung abweichende Beurteilung der rechtlichen Zulässigkeit seines Verhaltens in Betracht ziehen muss. Der Schuldner (hier: Mieter) darf das Risiko einer zweifelhaften Rechtslage nicht dem Gläubiger (hier: Vermieter) zuschieben. Wer seine Interessen trotz zweifelhafter Rechtslage auf Kosten fremder

Rechte wahrnimmt, trägt grundsätzlich das Risiko der eigenen unzutreffenden rechtlichen Beurteilung und handelt, wenn seine Beurteilung nicht zutrifft, im Zweifel schuldhaft. Dementsprechend hat der Mieter die Nichtzahlung der Miete zu vertreten, wenn ihm Vorsatz oder Fahrlässigkeit zur Last fällt. Dies folgt aus dem allgemeinen Sorgfaltsmaßstab des § 276 Abs. 1 S. 1 BGB.

Für eine Privilegierung des Mieters besteht auch im Fall eines **Tatsachen**irrtums kein Anlass, wenn der Mieter z.B. die Ursache eines Mangels (hier: Feuchtigkeit und Schimmelbildung in der Wohnung) fehlerhaft einschätzt. Bei unklarer Sach- oder Rechtslage obliegt es dem Mieter, zur Vermeidung des Risikos einer Kündigung wegen unberechtigter Mietminderung die Mieten z.B. (teilweise) nur unter Vorbehalt zu zahlen. Damit hat der Mieter die Möglichkeit, eine gerichtliche Klärung herbeizuführen, ohne dem Risiko einer fristlosen Kündigung ausgesetzt zu sein. Kürzt der Mieter die Miete trotz unklarer Rechts- oder Sachlage, kommt er schuldhaft in Zahlungsverzug (BGH, Urteil v. 11.7.2012, VIII ZR 128/11).

Stellt der Mieter die Mietzahlungen wegen einer befürchteten Gesundheitsgefährdung (hier: durch mangelhaften Parkettkleber) weitgehend ein und stellt sich nachträglich heraus, dass die Schadstoffbelastung bei ausreichendem Lüften hätte erheblich verringert werden können mit der Folge, dass eine Mietminderung von maximal 30 % gerechtfertigt gewesen wäre, ist der Vermieter zur fristlosen Kündigung des Mietverhältnisses wegen Zahlungsverzugs berechtigt (BGH, Beschluss v. 15.1.2013, VIII ZR 411/12, GE 2013 S. 609).

Gleiches gilt, wenn der Mieter mit dem Vermieter eine Vereinbarung über den Ausschluss bzw. die Begrenzung einer Mietminderung wegen Bauarbeiten geschlossen hat und der Mieter der Auffassung ist, an diese Vereinbarung aufgrund von veränderten Umständen nicht mehr gebunden zu sein. Auch hier muss der Mieter bei Anwendung der erforderlichen Sorgfalt mit einer anderen Beurteilung durch das Gericht rechnen (LG München I, Urteil v. 9.12.2011, 14 S 9823/11, ZMR 2012 S. 192).

Kürzt der Mieter die Miete wegen eines vermeintlichen Minderungsrechts und gleicht den Rückstand unter **Vorbehalt** aus, sobald eine Kündigung des Vermieters erfolgt, bringt der Vorbehalt zum Ausdruck, dass der Mieter seine vermeintliche Rechtsposition weiter verfolgen will. Stellt sich heraus, dass er jedenfalls nicht in der geltend gemachten Höhe zur Minderung berechtigt ist, kann die Pflichtverletzung des Mieters gerade wegen des Vorbehalts nicht als unerheblich angesehen werden (LG Köln, Urteil v. 3.6.2009, 10 S 241/08, ZMR 2009 S. 921).

Auseinandersetzungen über die Berechtigung des Mieters zur Mietminderung muss der Vermieter nicht in einem dem Räumungsprozess vorgehenden Forderungsprozess austragen. § 543 Abs. 2 S. 1 Nr. 3 BGB knüpft die außerordentliche Kündigungsbefugnis des Vermieters allein daran, dass der Mieter mit der Zahlung der Miete **in Verzug** geraten ist. Des Weiteren hängt die Wirksamkeit der Kündigung davon ab, ob der Zahlungsverzug bis zu bestimmten Zeitpunkten (§§ 543 Abs. 2 S. 2, 569 Abs. 3 Nr. 2 BGB) noch andauert. Dass darüber hinaus ein rechtskräftiger **Titel** über die rückständige Miete vorliegen muss, wird nirgends angeordnet. Es verstößt daher gegen das verfassungsrechtliche Willkürverbot, dem kündigenden Vermieter den Räumungsanspruch mit der Begründung zu versagen, er müsse die rückständige Miete zuvor in einem gesonderten gerichtlichen Verfahren gegen den Mieter geltend machen (BVerfG, Urteil v. 15.3.1989, 1 BvR 1428/88, WuM 1989 S. 278).

Soweit tatsächlich eine Berechtigung zur **Mietminderung** oder ein Zurückbehaltungsrecht bestand, liegt ein Verzug bereits tatbestandlich nicht vor. Ein Verzug besteht ebenfalls nicht, wenn der Mieter zur Wahrung seiner Ansprüche wegen Mängel der Mietsache die Zahlung nur unter **Vorbehalt** leistet (LG Hannover, MDR 1966 S. 511). Die Zahlung unter Vorbehalt schließt nur die Wirkung des § 814 BGB aus (LG München I, Urteil v. 26.2.1986, 14 S 19812/85, WuM 1987 S. 223).

Weigert sich der Mieter jedoch beharrlich, an der Mängelbeseitigung in der Wohnung in angemessener Weise mitzuwirken, ist ihm die

Wahrnehmung des Minderungsrechts verwehrt mit der Folge, dass in Höhe der geminderten Miete Zahlungsverzug gegeben ist, der eine fristlose Kündigung begründen kann (AG Stuttgart, Urteil v. 1.7.2008, 2 C 876/06, WuM 2008 S. 594).

Wird in einem Vorprozess **der Ausschluss des Minderungsrechts** des Mieters rechtskräftig festgestellt, erstreckt sich die Rechtskraft dieser Entscheidung aber nicht auf Mieten, die später fällig werden. Insofern ist der Mieter nicht gehindert, sich bei Vorliegen der Voraussetzungen auf eine (von Gesetzes wegen) automatisch eintretenden Minderung zu berufen (KG Berlin, Urteil v. 1.12.2005, 8 U 249/04, WuM 2006 S. 32).

Wird in einem Rechtsstreit die Verpflichtung des Mieters zur Mietzahlung (z.B. für bestimmte Monate) rechtskräftig festgestellt, besteht insoweit Bindungswirkung für einen nachfolgenden Rechtsstreit über die Wirksamkeit einer Kündigung des Vermieters wegen Nichtzahlung der Miete (OLG Koblenz, Beschluss v. 2.11.2004, 12 U 1530/03, NZM 2005 S. 784).

Ist der Mieter rechtskräftig zur (Zustimmung zur) Zahlung einer **erhöhten** Miete nach den §§ 558 bis 560 BGB verurteilt worden, kann der Vermieter das Mietverhältnis wegen Zahlungsverzugs des Mieters nicht vor Ablauf von 2 Monaten nach rechtskräftiger Verurteilung kündigen, wenn nicht die Voraussetzungen der außerordentlichen fristlosen Kündigung schon wegen der bisher geschuldeten Miete erfüllt sind (§ 569 Abs. 3 Nr. 3 BGB). Der Mieter soll damit ausreichend Zeit haben, die aufgelaufenen Erhöhungsbeträge zu zahlen, um eine außerordentliche Kündigung vermeiden zu können. Diese zweimonatige **Kündigungssperre** gilt auch dann, wenn der Mieter rechtskräftig verurteilt worden ist, einer **rückwirkenden** Mieterhöhung zuzustimmen. Die Verpflichtung des Mieters zur Zahlung der erhöhten Miete (ab Beginn desdritten Kalendermonats nach dem Zugang des Erhöhungsverlangens) wird erst mit **Rechtskraft** des Zustimmungsurteils fällig. Verzug mit den Erhöhungsbeträgen kann daher nicht rückwirkend eintreten, sondern erst nach Rechtskraft des Zustimmungsurteils.

Dementsprechend können **Verzugszinsen** gemäß § 288 BGB (5 % über Basiszinssatz) aus den monatlichen Erhöhungsbeträgen erst ab diesem Zeitpunkt geltend gemacht werden. Ein darüber hinausgehender Zinsschaden (z.B. Zinsen vor diesem Zeitpunkt) muss konkret dargelegt werden. Insofern kann nicht auf § 288 BGB zurückgegriffen werden. Dies ist Folge der gesetzgeberischen Entscheidung, nach der dem Vermieter ein Anspruch auf die erhöhte Miete nicht kraft Gesetz zusteht, sondern eine entsprechende Änderung des Mietvertrags voraussetzt, sodass der Vermieter den Mieter zunächst auf Zustimmung zu dieser Änderung in Anspruch nehmen muss und nicht sogleich die Zahlung verlangen kann (BGH, Urteile v. 4.5.2005, VIII ZR 5/04, WuM 2005 S. 458 und VIII ZR 94/04, NZM 2005 S. 496).

Ferner ist nach Auffassung des AG Dortmund (Urteil v. 30.4.2002, 125 C 532/02, NZM 2002 S. 949) trotz Rechtskraft des Zustimmungsurteils eine **Mahnung** des Mieters erforderlich, da anderenfalls kein Verzug eintreten soll.

§ 569 Abs. 3 Nr. 3 BGB ist **nicht** entsprechend anwendbar, wenn sich der Mieter durch Prozess**vergleich** zur Zahlung verpflichtet hat (OLG Hamm, RE v. 27.12.1991, 30 RE-Miet 5/91, DWW 1992 S. 51). Diese Bestimmung soll aber nach Auffassung des LG Köln (Urteil v. 26.5.1994, 6 S 381/93, WuM 1995 S. 593) auf **Sozial**wohnungen entsprechend anwendbar sein, sodass das Recht zur Kündigung wegen Zahlungsverzugs nach einer Mieterhöhungserklärung bis zur rechtskräftigen Entscheidung über die Berechtigung der Mieterhöhung ausgeschlossen ist.

Die Kündigung ist ausgeschlossen, wenn der Vermieter **vor Zugang** der Kündigung (§ 130 BGB) **vollständig** befriedigt wird (§ 543 Abs. 2 S. 2 BGB). Insofern soll es nach Auffassung des LG Oldenburg (Beschluss v. 6.7.1995, 2 T 660/95, WuM 1996 S. 471) grundsätzlich auf den Zeitpunkt der Erfüllungshandlung (z.B. Erteilung des Überweisungsauftrags) und nicht auf den Zeitpunkt des Eingangs der Zahlung auf dem Konto des Vermieters ankommen; es sei denn, der Mietvertrag enthält eine Klausel, wonach für die Rechtzeitigkeit nicht die Zahlung, sondern der Eingang des Geldes maßgeblich ist (s. „Fälligkeit der Miete“).

> Eine Teilzahlung des Mieters hindert das Wirksamwerden der Kündigung nicht (BGH, WM 1970 S. 1141; LG Berlin, Urteil v. 23.7.1991, 65 S 5/91, WuM 1992 S. 607; LG Bonn, Urteil v. 9.3.1992, 6 S 449/91, WuM 1992 S. 607). Das Kündigungsrecht kann erst dann nicht mehr ausgeübt werden, wenn der Vermieter vor der Kündigung vollständig befriedigt wurde (LG Köln, Urteil v. 20.2.2002, 10 S 325/01, ZMR 2002 S. 428).

Ein noch offener, aber zu vernachlässigender Restbetrag ist jedenfalls nicht mehr gegeben, wenn dieser Betrag ca. 5 % der Monatsnettomiete entspricht (LG Bonn, a. a. O.). Nicht erforderlich ist daher, dass bei Ausspruch der Kündigung der Verzug noch in vollem Umfang vorgelegen hat (BGH, BB 1987 S. 2123). Dem Mieter obliegt im Streitfall die Beweislast dafür, dass er vollständig bezahlt hat (vgl. BGH, Urteil v. 28.6.1960, VIII ZR 25/60, MDR 1960 S. 1006). Die Befriedigung des Vermieters kann auch durch Aufrechnung erfolgen, soweit dies nicht vertraglich wirksam ausgeschlossen wurde (s. „Aufrechnung gegen die Miete“).

Nach Zugang der Kündigung wird diese unwirksam, wenn sich der Mieter von seiner Schuld durch **Aufrechnung** befreien konnte und unverzüglich, d. h. ohne schuldhaftes Zögern (§ 121 BGB), nach der Kündigung die Aufrechnung erklärt (§ 543 Abs. 2 S. 3 BGB). Dies gilt nur dann, wenn die Aufrechnung vertraglich zulässig war (s. „Aufrechnung gegen die Miete“) und den **gesamten** Rückstand abdeckt (LG Frankfurt/M., WuM 1974 S. 28). Eine 2 Monate nach Ausspruch der fristlosen Kündigung wegen Zahlungsverzugs erklärte Aufrechnung mit Werklohnforderungen aus den Vorjahren kann bei einem gewerblichen Mietverhältnis die Räumungsverpflichtung des Mieters nicht beseitigen (LG Hamburg, Urteil v. 20.8.2010, 311 O 156/10, ZMR 2011 S. 129).

Ferner führt eine Aufrechnungserklärung des Mieters nur dann zur Unwirksamkeit der fristlosen Kündigung, wenn die Gegenforderung des Mieters **so bestimmt** ist, dass sie für den Vermieter prüffähig ist. Anderenfalls wäre im Nachhinein nicht mehr feststellbar, ob eine Forderung durch Aufrechnung erloschen ist oder nicht. Ein allgemeiner Hinweis des Mieters auf seine Aufrechnungsbefugnis genügt daher nicht (OLG Celle, Beschluss v. 16.2.2007, 2 U 9/07, GE 2007 S. 1252).

Darüber hinaus hat der Mieter von **Wohn**raum noch eine weitere Möglichkeit, die mit ihrem Zugang bereits wirksam gewordene Kündigung **nachträglich** unwirksam zu machen: Die Kündigung wird auch dann unwirksam, wenn der Vermieter spätestens bis zum Ablauf von **2 Monaten** nach Eintritt der Rechtshängigkeit des Räumungsanspruchs hinsichtlich der fälligen Miete und der fälligen Entschädigung nach § 546a Abs. 1 BGB befriedigt wird oder eine öffentliche Stelle sich zur Befriedigung verpflichtet (§ 569 Abs. 3 Nr. 2 S. 1 BGB). Danach muss die Befriedigung des Vermieters spätestens bis zum Ablauf von 2 Monaten nach Zustellung der Räumungsklage (§ 261 ZPO) **vollständig** erfolgt sein, d. h., der Mieter muss bis zu diesem Zeitpunkt (Ablauf der **„Schonfrist“**) nicht nur sämtliche Mietrückstände gezahlt haben – unabhängig davon, ob sie im Kündigungsschreiben erwähnt wurden (LG München I, Urteil v. 4.2.1987, 14 S 17962/86, WuM 1987 S. 153; Scholz, WuM 1987 S. 135) –, sondern auch die laufende Nutzungsentschädigung, die ab dem Zugang der Kündigung anstelle der Miete zu entrichten ist. Die fristlose Kündigung wegen Zahlungsverzugs wird daher nur dann unwirksam, wenn der Mieter innerhalb der Schonfrist auch die rückständige Nutzungsentschädigung vollständig entrichtet (LG Berlin, Urteil v. 16.8.2011, 65 S 42/10, GE 2011 S. 1310; s. auch „Nutzungsentschädigung“).

> Nur eine **vollständige** Begleichung der Rückstände kann zur Unwirksamkeit der Kündigung führen (so z. B. LG Köln, Urteil v. 20.2.2002, 10 S 325/01, ZMR 2002 S. 428). Unschädlich ist lediglich das Feh-

len von wenigen Pfennigen/Cents, nicht aber ein offenbleibender Restbetrag von 5 %, wobei der Mieter auch das Risiko einer fehlerhaften Kalkulation trägt (LG Hamburg, Urteil v. 16.11.2000, 334 S 53/00, WuM 2001 S. 80; a. A. AG Dortmund, Beschluss v. 31.3.2003, 125 C 11799/02, WuM 2003 S. 273, wonach auch ein **geringfügiger** Restbetrag (hier: 1,08 Euro) bewirkt, dass die Kündigung bestehen bleibt).

Strittig ist, ob diese Heilungswirkung bereits mit Vornahme der Leistungshandlung (z. B. Überweisung der rückständigen Miete) oder erst mit Erfüllungseintritt (z. B. Gutschrift auf dem Konto des Vermieters) eintritt. Nach dem Wortlaut des § 569 Abs. 3 Nr. 2 BGB, wonach die Kündigung nur dann unwirksam wird, wenn der Vermieter hinsichtlich der fälligen Miete innerhalb von 2 Monaten nach Rechtshängigkeit „befriedigt“ wird, erschiene es naheliegend, auf den Zeitpunkt der Erfüllungswirkung abzustellen (s. auch Münchner Kommentar/Voelskow, 2. Aufl., 1988, § 554 BGB a. F., Rn. 16 ff.). Unter Verweisung auf die allgemeinen Grundsätze über die Heilung von Verzugsfolgen stellt jedoch die wohl überwiegende Meinung auf den **Zeitpunkt der Leistungshandlung** ab (Palandt/Putzo, Rn. 9 zu § 554 BGB a. F.; Sternel, Mietrecht, 3. Aufl., IV 419; Erman-Schopp, 8. Aufl., § 554 BGB a. F. Rn. 1; LG Arnsberg, Urteil v. 25.6.1990, 5 S 56/90, DWW 1991 S. 113; LG Heidelberg, Urteil v. 16.6.1995, 5 S 68/95, WuM 1995 S. 485). Bei einer Zahlung durch Überweisung soll deshalb nicht der Zeitpunkt der Gutschrift auf dem Konto des Vermieters, sondern der Zeitpunkt der Erteilung des Überweisungsauftrags entscheidend sein. Eine anderslautende Formularklausel, wonach es für die Rechtzeitigkeit der Leistung auf den Eingang der Zahlung ankommt, bezieht sich nach Auffassung des LG Hamburg (Urteil v. 26.10.1990, 311 S 55/90, WuM 1992 S. 124) lediglich auf die laufenden Mietzahlungen, nicht aber auf die Möglichkeit der Nachzahlung.

Teilzahlungen des Mieters ohne ausdrückliche oder schlüssige Tilgungsbestimmung sind gemäß § 366 Abs. 2 BGB vorrangig nicht auf die Grundmiete, sondern auf die Betriebskostenvorauszahlungen zu verrechnen. Dieser Vorauszahlungsanspruch stellt für den Vermieter die „lästigere“ Forderung i. S. d. § 366 BGB dar, der weniger gesichert ist als der Anspruch auf die Grundmiete, da der Vermieter ihn nach Abrechnungsreife nicht mehr geltend machen kann (OLG Brandenburg, Urteil v. 3.3.2010, 3 U 108/08, ZMR 2010 S. 753; OLG Köln, Urteil v. 11.6.2010, 1 U 66/09, ZMR 2010 S. 850).

Nach Begleichung der Mietrückstände innerhalb der Schonfrist kann der Mieter nicht einwenden, er habe damit nur die Rückstände ausgleichen wollen, aber weder gewusst noch gewollt, dass sich dadurch das Mietverhältnis fortsetzt. Nach Sinn und Zweck des § 569 Abs. 3 Nr. 2 BGB tritt diese Folge grundsätzlich unabhängig von einem entsprechenden Wissen des Mieters ein, sodass der Mieter nicht mit Erfolg vortragen kann, er akzeptiere die fristlose Kündigung des Vermieters und die Beendigung des Mietverhältnisses (LG Berlin, Urteil v. 10.12.2013, 63 S 184/13, GE 2014 S. 589).

Der Befriedigung des Vermieters steht gleich, wenn sich eine öffentliche Stelle, z. B. Wohnungsamt, Sozialamt, durch verbindliche Erklärung zur Befriedigung des Vermieters verpflichtet. Die **Verpflichtungserklärung** muss jedoch ebenfalls bis zum Ablauf von 2 Monaten nach Eintritt der Rechtshängigkeit (Zustellung der Räumungsklage) dem Vermieter oder dessen Prozessvertreter (LG Hamburg, Urteil v. 6.7.1995, 307 S 51/95, ZMR 1996 S. 331) **zugegangen** sein. Es genügt nicht, dass die Erklärung innerhalb der Frist abgegeben wird oder dass sie dem Mieter oder dem mit dem Räumungsrechtsstreit befassten Gericht zugeht (BayObLG, RE v. 7.9.1994, RE-Miet 1/94, 1Z RE-Miet 1/94, ZMR 1994 S. 557). Dem Vermieter muss dadurch ein eigener, von keiner Bedingung abhängiger Anspruch auf vollständige Tilgung des Rückstands an Miete und Nutzungsentschädigung erwachsen. Die Erklärung führt daher nicht zur Unwirksamkeit der fristlosen Kündigung, wenn die Befriedigung des Vermieters von **Bedingungen** abhängig ist und eine Zahlung auf das unmittelbare Zahlungsverlangen des Vermieters nicht erfolgen soll (LG Bielefeld, Urteil v. 9.2.1994, 2 S 629/93, WuM 1994 S. 206, 208). Dementsprechend führt eine Verpflichtungserklärung, die von der öffentlichen Stelle unter der Bedingung abgegeben wird, dass „der Mieter in der Wohnung verbleiben kann“, nicht zur Unwirksamkeit der Kündigung, da eine solche bedingte Erklärung dem Vermieter auch einen Verzicht auf sonstige Kündigungsgründe, z. B. wegen Vertragsverletzungen, abverlangen würde, der vom Gesetz nicht vorgesehen ist (LG München I, Urteil v. 16.4.2003, 14 S 20598/02, NZM 2004 S. 66). Die Veranlassung der zuständigen Behörde zur Abgabe der Verpflichtungserklärung ist ausschließlich Obliegenheit des Mieters. Bei der von einer Arbeitsgemeinschaft für Grundsicherung für Arbeitssuchende (ARGE) an einen Vermieter gerichteten Erklärung, die Kosten der Unterkunft und der Heizung für einen bedürftigen Mieter zu übernehmen, handelt es sich regelmäßig um eine reine Tatsachenmitteilung, wenn nicht besondere Umstände die Annahme einer öffentlich-rechtlichen oder sogar privatrechtlichen Willenserklärung rechtfertigen, aus denen sich ein Rechtsbindungswille der Behörde unzweideutig ergibt. Eine Haftung der ARGE aufgrund der gegenüber dem Vermieter abgegebenen Erklärung besteht daher grundsätzlich nicht (OLG Düsseldorf, Urteil v. 27.10.2010, I-24 U 230/09, WuM 2010 S. 696).

Zur zivilrechtlichen Natur der Verpflichtungserklärung eines Sozialhilfeträgers vgl. BVerwG, Beschluss v. 18.10.1993, 5 B 26/93, NJW 1994 S. 1169.

Da es sich bei der Schonfrist des § 569 Abs. 3 Nr. 2 S. 1 BGB um eine materiell-rechtliche Frist handelt, ist gegen ihre Versäumung eine **Wiedereinsetzung** unstatthaft (d. h., sie kann nicht rückwirkend verlängert werden; LG München I, Beschluss v. 8.2.1983, 14 T 1779/83, WuM 1983 S. 141).

Bereits **vor** Ablauf der zweimonatigen Schonfrist kann gegen den Mieter im schriftlichen Vorverfahren ein **Versäumnisurteil** auf Räumung erlassen werden, wenn er die Frist für die Verteidigungsanzeige ohne Reaktion verstreichen lässt (LG Köln, Beschluss v. 1.10.2003, 12 T 199/03, NZM 2004 S. 66; LG Hamburg, Beschluss v. 5.3.2003, 311 T 16/03, WuM 2003 S. 275; vgl. auch LG Kiel, Beschluss v. 9.1.2002, 13 T 263/01, WuM 2002 S. 149; LG Stuttgart, Beschluss v. 18.10.2002, 5 T 26/02, DWW 2002 S. 340). Die gegenteilige vom OLG Hamburg in einer älteren Entscheidung vertretene Auffassung (Beschluss v. 23.2.1988, 7 W 6/88, ZMR 1988 S. 225) dürfte im Hinblick auf die seit 1.9.2001 geänderte Rechtslage (Verlängerung der Schonfrist von 1 auf 2 Monate) überholt sein (LG Hamburg, a. a. O.).

Eine fristlose Kündigung des Vermieters wegen Zahlungsverzugs kann **nicht mehr unwirksam gemacht** werden, wenn der Kündigung vor nicht länger als 2 Jahren bereits eine Kündigung vorausgegangen war, die der Mieter durch **vollständige Nachzahlung** der Miete unwirksam gemacht hat (§ 569 Abs. 3 Nr. 2 S. 2 BGB). Dabei ist auf den Zeitpunkt des Zugangs der früheren Kündigung zurückzurechnen. Dies bedeutet, dass der Mieter nur alle 2 Jahre einmal diese Heilungsmöglichkeit hat.

Dies gilt allerdings nur dann, wenn die frühere fristlose Kündigung **wirksam** war. War die erste fristlose Kündigung mangels Vorliegen eines gesetzlichen Kündigungsgrundes (z. B. mangels Verzugs des Mieters) unwirksam, kann der Mieter eine erneute Kündigung auch innerhalb der Zweijahresfrist durch Nachzahlung unwirksam machen (LG Wiesbaden, Urteil v. 22.6.2012, 3 S 114/11, WuM 2012 S. 623).

§ 569 Abs. 3 Nr. 2 S. 2 BGB setzt aber **nicht** voraus, dass der Vermieter nach der ersten fristlosen Kündigung wegen Zahlungsverzugs eine **Räumungsklage** eingereicht hat. Der sog. **Schonfristverbrauch** tritt daher auch ohne Erhebung einer Räumungsklage ein (LG Detmold, Beschluss v. 2.5.2005, 2 T 16/05, WuM 2006 S. 527).

War oder wurde die frühere Kündigung jedoch nicht infolge Nachzahlung der Miete, sondern aus **anderen** Gründen unwirksam, z. B. wegen Aufrechnung durch den Mieter (§ 543 Abs. 2

S. 3 BGB) oder infolge freiwilligen Verzichts des Vermieters auf die Erhebung einer Räumungsklage (z.B. weil mit dem Mieter die ratenweise Tilgung der Rückstände vereinbart wurde), kann der Mieter eine erneute Kündigung auch innerhalb der Zweijahresfrist durch Nachzahlung unwirksam machen, d.h., es tritt **kein Schonfristverbrauch** ein (LG Bremen, Urteil v. 24.8.1995, 2 S 283/95, WuM 1997 S. 265). Ebenso, wenn nach der ersten fristlosen Kündigung das Mietverhältnis einvernehmlich fortgesetzt bzw. neu begründet wurde, wobei dies auch durch schlüssiges Verhalten erfolgt sein kann (LG Berlin, Urteil v. 23.7.1991, 65 S 5/91, WuM 1992 S. 607; LG Frankfurt/M., Urteil v. 5.6.1990, 2/11 S 41/90, WuM 1991 S. 34).

Schonfristverbrauch tritt dagegen ein, wenn der Mieter die Mietrückstände nicht vollständig ausgeglichen hat, der Vermieter aber trotzdem das Mietkonto auf „Null" gestellt, d.h. auf den Restbetrag verzichtet hat (LG Hamburg, Beschluss v. 12.1.2004, 307 T 4/04, ZMR 2004 S. 271).

Eine wegen Zahlungsverzugs ausgesprochene Kündigung von **Wohn**raum wird auch dann unwirksam (§ 569 Abs. 3 Nr. 2 S. 1 BGB), wenn die nachträgliche Befriedigung des Vermieters (oder die Verpflichtung einer öffentlichen Stelle zur Befriedigung) hinsichtlich der fälligen Miete und der Nutzungsentschädigung zu einem Zeitpunkt erfolgt, in dem der **Räumungsanspruch (noch) nicht rechtshängig** gemacht worden ist. Eine derart unwirksam gewordene Kündigung muss sich der Mieter auch im Rahmen der Ausnahmeregelung (§ 569 Abs. 3 Nr. 2 S. 2 BGB) entgegenhalten lassen, sodass eine auf **erneuten** Zahlungsverzug des Mieters gestützte Kündigung, die während 2 Jahren nach der früheren unwirksam gewordenen Kündigung ausgesprochen wird, nicht wieder unter den Voraussetzungen des § 569 Abs. 3 Nr. 2 S. 1 BGB unwirksam werden kann (KG Berlin, RE v. 5.3.1984, 8 W RE-Miet 97/84, DWW 1984 S. 191).

Die Schonfristregelung gilt auch dann, wenn sich der Mieter mit einer (z.B. durch Mahnbescheid) bereits **titulierten** Forderung auf Zahlung der Miete in Verzug befindet (LG Hamburg, Urteil v. 19.8.2004, 334 S 32/04, ZMR 2005 S. 52; a.A. LG Wiesbaden, Urteil v. 14.2.2003, 3 S 94/02, NJW-RR 2003 S. 1096).

> Will der Vermieter das Mietverhältnis wegen des Zahlungsverzugs des Mieters unbedingt beenden, sollte er neben der fristlosen Kündigung zusätzlich und **hilfsweise** die **ordentliche** Kündigung des Mietverhältnisses gemäß § 573 Abs. 2 Nr. 1 BGB aussprechen, da der Mieter die ordentliche Kündigung **nicht** durch Nachzahlung der Miete unwirksam machen kann (s. „Kündigungsschutz", Abschnitt 2.1 „Schuldhafte Vertragsverletzungen durch den Mieter (§ 573 Abs. 2 Nr. 1 BGB)"). Bei Kündigung durch einen **Bevollmächtigten** muss die Vollmacht dann aber auch die ordentliche Kündigung umfassen (s.o. Abschnitt 1.2 „Bewirtschaftungskosten").

Auch wenn der Mieter die Miete innerhalb der Schonfrist nachgezahlt und die fristlose Kündigung wegen Zahlungsverzugs dadurch unwirksam gemacht hat, kann für seine Klage auf **Feststellung der Unwirksamkeit** der Kündigung ein **Rechtsschutzbedürfnis** gegeben sein. Die Frage, ob die Kündigung des Vermieters bereits unwirksam war (z.B. weil wegen einer berechtigten Minderung kein Mietrückstand gegeben war) oder die Kündigung erst durch nachträgliche Zahlung des Mieters unwirksam geworden ist, ist nämlich für den Erfolg einer späteren Mietnachzahlung durch den Mieter innerhalb der Schonfrist bei **erneutem** Mietrückstand von Bedeutung (LG Hamburg, Beschluss v. 30.5.2005, 311 T 44/05, WuM 2006 S. 527).

Bei Mietverhältnissen über **Wohn**raum sind **alle zum Nachteil des Mieters** abweichenden Vereinbarungen unwirksam (§ 569 Abs. 5 BGB). Dagegen können bei allen **anderen** Mietverhältnissen, z.B. über Geschäftsraum, abweichende Vereinbarungen getroffen werden, z.B. dass der Vermieter bereits bei Zahlungsverzug mit **einer** Monatsmiete zur fristlosen Kündigung berechtigt sein soll. Eine entsprechende **formularmäßige** Bestimmung soll jedoch wegen Verstoßes gegen § 9 AGB-Gesetz (seit 1.1.2002: § 307 BGB) unwirksam sein (BGH, Urteil v. 25.3.1987, VIII ZR 71/86, ZMR 1987 S. 292; OLG Düsseldorf, Urteil v. 22.2.1996, 10 U 142/93, WuM 1996 S. 411).

Der Mieter von **Geschäfts**räumen ist nach der fristlosen Kündigung wegen Zahlungsverzugs zur **sofortigen** Räumung verpflichtet. Ihm steht keine Zeit zur Einstellung des Geschäftsbetriebs zur Verfügung, da dem Vermieter angesichts der Zahlungsrückstände jede Verzögerung unzumutbar ist und dem Geschäftsraummieter – im Gegensatz zum Wohnraummieter – keine Räumungsfrist gemäß § 721 ZPO zu gewähren ist. Diese Verpflichtung zur sofortigen Räumung ist bei der Prüfung, ob ein sofortiges Anerkenntnis i. S. v. § 93 ZPO vorliegt, zu würdigen (OLG München, Beschluss v. 23.11.2000, 3 W 2228/00, ZMR 2001 S. 616).

Die **Kosten** des Verfahrens trägt grundsätzlich der Mieter, wenn die ursprünglich aufgrund der wirksamen Kündigung begründete Räumungsklage durch nachträgliche Zahlung bzw. Schuldübernahme unbegründet wird und der Vermieter daraufhin die Erledigung des Rechtsstreits erklärt (LG Hamburg, Beschluss v. 10.6.1997, 316 S 24/97, WuM 1998 S. 422; vgl. auch LG Kassel, Beschluss v. 10.3.1987, 1 T 38/87, NJW-RR 1987 S. 788). Erfolgt die Erledigungserklärung nach Schluss der mündlichen Verhandlung, ist die mündliche Verhandlung wieder zu eröffnen, um dem geänderten Antrag Rechnung zu tragen (LG Hamburg, a. a. O.). Die Kosten des Rechtsstreits hat der Mieter auch dann zu tragen, wenn die Nachzahlung der Mietrückstände bzw. die Schuldübernahme nach Einreichung der Klage bei Gericht, aber noch vor Zustellung beim Mieter erfolgt ist (Zustellung zwischen Anhängigkeit und Rechtshängigkeit; s. BGH, Beschluss v. 26.7.2004, VIII ZB 44/03, WuM 2004 S. 547). Dies kann im Einzelfall sogar dann gelten, wenn die Zahlung des Mieters so kurze Zeit vor Einreichung der (Zahlungs)Klage (Anhängigkeit) erfolgte, dass der Vermieter bzw. dessen Anwalt dies ohne sein Verschulden nicht wissen konnte. Insofern ist der Vermieter nicht verpflichtet, sich täglich bei seiner Bank nach etwaigen Zahlungseingängen zu erkundigen, um ggf. Überschneidungen zwischen Zahlungseingang und Tätigkeit seines Anwalts zu vermeiden (LG Berlin, Beschluss v. 31.7.2009, 29 O 320/09, GE 2009 S. 1193).

Ferner hat der Mieter dem Vermieter alle Nachteile zu ersetzen, die dem Vermieter aufgrund der vom Mieter veranlassten fristlosen Kündigung entstehen. Dieser Schadenersatzanspruch des Vermieters umfasst insbesondere den **Mietausfall**, d. h. die ihm entgehende Miete für die vereinbarte feste Vertragsdauer (BGH, Urteil v. 16.2.2005, XII ZR 162/01, NZM 2005 S. 340) oder (z. B. bei einem unbefristeten Mietverhältnis) bis zu dem Zeitpunkt, zu dem sich der Mieter nach Vertrag oder Gesetz erstmals nach der Kündigung seinerseits vom Vertrag hätte lösen können (BerlVerfGH, Beschluss v. 1.9.2006, VerfGH 14/06, NZM 2007 S. 480; OLG Schleswig, Beschluss v. 27.10.1999, 4 W 13/99, WuM 2000 S. 355) – maximal jedoch bis zu einer vorzeitigen Neuvermietung, wobei der Mieter im Fall einer Neuvermietung zu einer reduzierten Miete auch die **Mietdifferenz** zu ersetzen hat (OLG Frankfurt/M., Urteil v. 18.7.1996, 15 U 151/95, WuM 1998 S. 24; BGH, Urteil v. 4.4.1984, VIII ZR 313/82, NJW 1984 S. 2687 ff.; Urteil v. 10.10.1990, VIII ZR 296/89, NJW 1991 S. 221 ff.; Urteil v. 3.6.1992, VIII ZR 138/91, WuM 1992 S. 429). Dabei ist es grundsätzlich nicht zu beanstanden, wenn der Vermieter mit seiner Klage für die Zeit bis zur Neuvermietung die **Brutto**miete geltend macht, auf die darin enthaltenen Nebenkostenvorauszahlungen die nach seiner Abrechnung geschuldeten Nebenkosten anrechnet und den zugunsten des Mieters verbleibenden Saldo mit der geschuldeten Nettomiete verrechnet, da der Mieter dadurch im Ergebnis wirtschaftlich nicht schlechter gestellt wird als bei einer isolierten Nebenkostenabrechnung (BGH, Urteil v. 22.1.2003, VIII ZR 244/02, ZMR 2003 S. 413). Die Verpflichtung des Mieters zum Ersatz von kündigungsbedingten **Mietausfällen** gilt auch nach Inkrafttreten der Schuldrechtsreform zum 1.1.2002 (s. Fellner in WuM 2002 S. 493 im Anschluss an OLG München,

Urteil v. 25.7.2002, 19 U 1819/02, WuM 2002 S. 492).

Dagegen muss es sich der Vermieter **nicht** als Vorteil anrechnen lassen, wenn er die Räume zu einer **höheren** Miete wieder vermietet hat, da der Mietausfall jeweils mit der Fälligkeit der früher geschuldeten Miete entsteht und spätere Ereignisse (z.B. Weitervermietung zu einer höheren Miete) einen bereits entstandenen Schadenersatzanspruch unberührt lassen (KG Berlin, Urteil v. 23.5.2002, 8 U 60/01, GE 2002 S. 929; s. auch OLG Düsseldorf, Urteil v. 14.5.1998, 10 U 123/97, NZM 1998 S. 916). Etwas anderes kann nur gelten, wenn mit der vorzeitigen Möglichkeit der Weitervermietung typischerweise die Erzielung einer höheren Miete verbunden ist, z.B. bei stark ansteigenden Marktmieten für vergleichbare Objekte (KG Berlin, a.a.O.).

Die Mietausfallentschädigung für Leerstandszeiten nach Rückgabe der Mieträume aufgrund fristloser Kündigung des Vermieters unterliegt als Schadenersatzleistung **nicht** der **Umsatzsteuer** (OLG Köln, Urteil v. 24.11.1998, 13 W 38/98, WuM 1999 S. 288).

Bei dem Anspruch des Vermieters auf Ersatz des durch die Kündigung verursachten Schadens handelt es sich um einen Ersatzanspruch eigener Art, der seiner Natur nach nicht von der weiteren Voraussetzung abhängig ist, dass der Vermieter dem Mieter eine Frist setzt und die Ablehnung der Leistung für den Fall des fruchtlosen Fristablaufs androht (OLG Düsseldorf, Urteil v. 19.7.2011, I-24 U 200/10, GE 2011 S. 1681).

Wird das Mietverhältnis aufgrund von Mietrückständen anstatt durch fristlose Kündigung des Vermieters durch eine einvernehmliche **Vertragsaufhebung** beendet, sind Schadenersatzansprüche des Vermieters nicht deshalb ausgeschlossen (OLG Brandenburg, Beschluss v. 15.11.2006, 3 U 88/06, WuM 2007 S. 14).

Die Ansprüche des Vermieters enden nicht durch den Verkauf des Hauses und dessen Übergabe an den Erwerber (LG Kassel, Urteil v. 16.7.1998, 1 S 11/98, NZM 1999 S. 1094).

Nach Kündigung des Mietverhältnisses wegen Zahlungsverzugs kann der Vermieter den Mieter auf Räumung der Wohnung und zugleich auf **zukünftige** monatliche Zahlung einer **Nutzungsentschädigung** bis zur erfolgten Räumung und Herausgabe der Wohnung in Anspruch nehmen. Ein solcher auf zukünftige Leistung gerichteter Zahlungsantrag des Vermieters ist zulässig, da angesichts von bereits entstandenen Mietrückständen die Besorgnis besteht, dass der Mieter die berechtigten Forderungen nicht mehr erfüllen wird. Nicht erforderlich ist, dass der Mieter die Forderungen des Vermieters ernsthaft bestreitet oder die Zahlungsunfähigkeit des Mieters feststeht (BGH, Urteil v. 4.5.2011, VIII ZR 146/10).

Ein solches Vorgehen entspricht ferner dem Bedürfnis nach einer wirtschaftlichen Prozessführung und der Vermeidung von Folgeprozessen (so bereits BGH, Beschluss v. 20.11.2002, VIII ZB 66/02, WuM 2003 S. 280).

Zu ersetzen sind auch Betriebskostenvorauszahlungen nicht nur auf die verbrauchsunabhängigen, sondern auch auf die verbrauchsabhängigen Kosten (AG Braunschweig, Urteil v. 4.9.1996, 117 C 1087/96 (1), DWW 1996 S. 373).

Ferner hat der Mieter dem Vermieter auch **Anwaltskosten** als Kosten der Rechtsverfolgung, z.B. für die Abfassung des Kündigungsschreibens, zu ersetzen (OLG Frankfurt/M., a.a.O.; BGH, Urteil v. 30.4.1986, VIII ZR 112/85, NJW 1986 S. 2243 ff.; OLG Köln, Urteil v. 10.12.1986, 11 U 164/84, NJW-RR 1987 S. 593; Palandt, § 286 Rn. 47). Dies gilt insbesondere bei **privaten** Vermietern, die weder rechtskundiges Personal beschäftigen noch selbst über besondere Rechtskunde im einschlägigen Bereich verfügen. Angesichts der formalen Anforderungen, die das Gesetz (Formerfordernisse nach §§ 568 Abs. 1, 569 Abs. 4 BGB; evtl. Vertretung bei mehreren Vermietern, § 174 BGB; Sicherstellung eines Zugangsnachweises etc.) fordert, verstößt ein Vermieter, der sich rechtlicher Hilfe bedient, nicht gegen die ihm obliegende Schadensminderungspflicht und kann die Kosten insoweit unter Verzugsgesichtspunkten vom Mieter ersetzt verlangen (AG Ansbach, Urteil v. 16.8.2010, 2 C 1204/10, ZMR 2011 S. 642; AG Heidelberg, Urteil v. 29.2.2008, 5 S 79/07, NZM 2008 S. 839).

Dagegen bedürfen **gewerbliche Großvermieter** nach Auffassung des BGH in tatsächlich und rechtlich einfach gelagerten Fällen keiner anwaltlichen Hilfe bei der Abfassung einer fristlosen Kündigung eines Mietverhältnisses wegen Zahlungsverzugs mit zwei Monatsmieten. Dies gilt auch dann, wenn der Großvermieter nicht über eine eigene Rechtsabteilung verfügt. Sofern er trotzdem einen Rechtsanwalt mit der Kündigung des Mietverhältnisses beauftragt, müssen die hierdurch entstehenden Kosten nicht vom Mieter als Verzugsschaden erstattet werden (BGH, Urteil v. 6.10.2010, VIII ZR 271/09).

Dies gilt auch dann, wenn die Vermieterin eine im Ausland ansässige Gesellschaft mit inländischem Wohnungsbestand ist. Unbeachtlich ist insofern auch das Motiv, durch Einschaltung eines Rechtsanwalts einen höheren Druck beim Schuldner erzeugen zu wollen (BGH, Beschluss v. 31.1.2012, VIII ZR 277/11, NZM 2012 S. 607).

Anders ist die Rechtslage, wenn der Mieter eine ihm gesetzte Zahlungsfrist verstreichen lässt und auch auf vom Vermieter oder dessen Beauftragten (z.B. der Hausverwaltung) ausgesprochene Mahnungen nicht reagiert. In diesem Fall sind die Kosten eines vorgerichtlichen Tätigwerdens eines Rechtsanwalts auch für einen gewerblichen Großvermieter, und zwar auch im Routinefall, ersatzfähig, weil auch der rechtlich bewanderte Gläubiger in einer solchen Situation berechtigt ist anzunehmen, dass nur noch die Einschaltung eines Rechtsanwalts zu einer Verbesserung der Zahlungsmoral führen wird (AG Berlin, Urteil v. 21.6.2012, 106 C 61/12, NZM 2012 S. 807).

Es bestehen auch keine durchgreifenden Bedenken dagegen, dass vom Anwalt im Rahmen des § 14 RVG 1,3 Geschäftsgebühren angesetzt werden. Aus der Anmerkung zu Nr. 2300 des Vergütungsverzeichnisses zum RVG ergibt sich im Umkehrschluss, dass die Forderung einer Gebühr von bis zu 1,3 weder eine umfangreiche noch eine schwierige Tätigkeit zwingend voraussetzt (LG Heidelberg, a.a.O.). Nach abweichender Meinung ist die Abfassung einer **Kündigung wegen Zahlungsverzugs** mit zwei aufeinanderfolgenden Monatsmieten rechtlich und tatsächlich von einfacher Natur und daher mit dem **untersten Satz** des Gebührenrahmens von 0,5 ausreichend vergütet.

Jedenfalls kann eine Erhöhung der Geschäftsgebühr über die Regelgebühr von 1,3 hinaus – auch vom Mieter, der die Anwaltskosten als Verzugsschaden zu ersetzen hat – nur gefordert werden, wenn die Tätigkeit des Rechtsanwalts umfangreich oder schwierig war, da die Schwellengebühr von 1,3 die Regelgebühr für durchschnittliche Fälle darstellt. Der Ansatz einer höheren Gebühr (hier: 1,5) ist daher auch nicht unter dem Gesichtspunkt der sog. Toleranzrechtsprechung des BGH bis zu einer Überschreitung von 20 % der gerichtlichen Überprüfung entzogen. Anderenfalls könnte der Rechtsanwalt für durchschnittliche Sachen, die nur die Regelgebühr von 1,3 rechtfertigen, ohne Weiteres eine 1,5-fache Gebühr verlangen. Dies würde gegen den Wortlaut und auch gegen den Sinn und Zweck des gesetzlichen Gebührentatbestands im RVG Nr. 2300 verstoßen, der eine Erhöhung der Geschäftsgebühr über die Regelgebühr hinaus nicht in das Ermessen des Rechtsanwalts stellt, sondern bestimmt, dass eine Gebühr von mehr als 1,3 nur dann gefordert werden kann, wenn die Tätigkeit umfangreich oder schwierig und damit überdurchschnittlich war (BGH, Urteil v. 11.7.2012, VIII ZR 323/11, WuM 2012 S. 513).

Der **Gegenstandswert** für die Berechnung der Geschäftsgebühr des Anwalts bemisst sich nach der **Jahresnettomiete** (§§ 23 Abs. 1 S. 3 RVG, 41 Abs. 2 GKG; BGH, Urteil v. 14.3.2007, VIII ZR 184/06, WuM 2007 S. 330). Sie ist im Rahmen der Anlage 1 Teil 3 Vorbemerkung 3 Abs. 4 VV RVG auf die **Verfahrens**gebühr eines nachfolgenden Räumungsrechtsstreits anzurechnen. Kündigung und nachfolgende Räumungsklage betreffen nämlich **denselben** Gegenstand i.S.d. Gebührenvorschriften, da das Begehren eines Vermieters, der einen Rechtsanwalt wegen aufgelaufener Mietrückstände mit der außergerichtlichen Wahrnehmung seiner Interessen (insbesondere der Beratung über eine Kündigung und deren Ausspruch) beauftragt, bei lebensnaher Betrachtung darauf gerichtet ist, dass der Mieter die Wohnung räumt und zurückgibt. Die Beendigung des Mietverhältnisses durch den Ausspruch einer Kündigung ist insoweit lediglich das Mittel zur Verwirklichung des von dem Mandanten des Rechtsanwalts verfolgten Rechtsschutzziels (BGH, a.a.O.; s. auch BGH, Urteil v. 7.3.2007, VIII ZR 86/06, WuM 2007 S. 329).

Soweit außergerichtliche Anwaltskosten für die fristlose Kündigung wegen Zahlungsverzugs nicht auf die Verfahrensgebühr der nachfolgenden Räumungsklage angerechnet werden, hat der Vermieter einen Anspruch auf Zahlung der nicht angerechneten Geschäftsgebühr als **Verzugsschaden** (BGH, Versäumnisurteil v. 11.7.2007, VIII ZR 310/06, WuM 2007 S. 633).

Dagegen sind unter dem Gesichtspunkt des Verzugsschadens Anwaltskosten für die **Einholung der Deckungszusage** einer Rechtsschutzversicherung des Vermieters nicht zu erstatten, wenn die Inanspruchnahme anwaltlicher Hilfe zur Einholung einer Deckungszusage nicht erforderlich war. Dies gilt unabhängig von der Frage, ob es sich hierbei um eine besondere Angelegenheit i.S.d. § 18 RVG handelt (BGH, Urteil v. 9.3.2011, VIII ZR 132/10, ZMR 2011 S. 536).

Nach einem Beschluss des LG Frankfurt/M. vom 12.3.2009 (2-29 T 27/09, ZMR 2009 S. 614) kann ein Mieter nach Kündigung seines Mietverhältnisses durch den Vermieter einen Rechtsanwalt mit der Wahrnehmung seiner Interessen beauftragen und im Fall des Obsiegens die hierfür notwendigen Kosten vom Vermieter ersetzt verlangen. Dies gilt nach Auffassung des LG Frankfurt/M. auch dann, wenn der Mieter im Mieterverein Mitglied ist und damit vorprozessual doppelt vertreten wurde. Eine Partei ist aus Kostengründen nicht verpflichtet, sich nur an Interessenverbände zu wenden, um Informationen zu erlangen und vorprozessual Schriftwechsel führen zu lassen, sondern kann bei einer sich abzeichnenden Auseinandersetzung auch den Rat eines freiberuflichen Rechtsanwalts für ein Klageverfahren einholen. Gleiches muss auch für Vermieter gelten, die vorprozessual von einem Haus- und Grundeigentümerverein und anschließend durch einen freiberuflichen Rechtsanwalt vertreten wurden.

Ferner hat der Mieter auch **Insertions- und Maklerkosten** zu ersetzen, die zur Neuvermietung des Mietobjekts aufgewendet wurden (KG Berlin, Urteil v. 20.8.2001, 20 U 1221/00, GE 2001 S. 1402).

Kosten für ein vorprozessuales **Mahnschreiben** kann der Vermieter pauschal, d.h. ohne eine konkrete Aufschlüsselung, mit höchstens 2,50 Euro als Verzugsschaden geltend machen. Insofern ist ein durchschnittlicher Bruttolohn einer Schreibkraft von 10 bis 18 Euro brutto/Stunde und eine Bearbeitungszeit im automatisierten Verfahren mittels Computer von ca. 2 bis 4 Minuten zugrunde zu legen, zzgl. Kosten für Papier und Briefumschlag sowie die Postgebühr für einen Brief von damals 0,55 Euro (AG Brandenburg, Urteil v. 25.1.2007, 31 C 190/06, NJW 2007 S. 2268).

Aufgrund seiner Verpflichtung zur **Schadensminderung** (§ 254 Abs. 2 BGB) muss sich der Vermieter in zumutbarer Weise um die anderweitige Vermietung des Mietobjekts bemühen. Nicht ausreichend ist insofern, wenn der Vermieter lediglich Bekannte oder Nachbarn nach potenziellen Nachmietern fragt (LG Wiesbaden, Urteil v. 17.11.2010, 10 S 21/10, ZMR 2011 S. 476). Andererseits ist der Vermieter jedoch zur Geringhaltung des Kündigungsfolgeschadens **nicht** verpflichtet, **sofort** einen Makler einzuschalten. Vorab genügen die Schaltung von Zeitungsanzeigen in Lokalblättern und das Aufstellen eines Werbeschildes. Mit der Beauftragung eines Maklers und/oder der Schaltung weiterer Anzeigen in anderen Zeitungen kann der Vermieter erst einmal für eine gewisse Zeit warten (LG Hamburg, Urteil v. 13.5.2003, 307 O 175/02, ZMR 2003 S. 841).

Der Vermieter verstößt nicht gegen seine Schadensminderungspflicht, wenn er die Räume nicht zu der nach dem gekündigten Mietvertrag geschuldeten Miete, sondern zu einer marktgerechten höheren Miete anbietet (KG Berlin, Urteil v. 4.5.2009, 8 U 183/08, DWW 2009 S. 260). Ferner ist der Vermieter nicht gehalten, jeden vorgeschlagenen Interessenten als Mietnachfolger zu akzeptieren. Der gekündigte

Mieter, der dem Vermieter die Verletzung seiner Schadensminderungspflicht vorwirft, weil dieser nicht an einen bestimmen Interessenten vermietet habe, muss deshalb darlegen und beweisen, dass es sich um einen ernstzunehmenden Interessenten handelte, der die Mietzahlung ausreichend sicher gewährleistet hätte (KG Berlin, a.a.O.; OLG Düsseldorf, Beschluss v. 25.10.2001, 10 W 104/01, WuM 2001 S. 608).

Ist ungewiss, wann der Mieter die Mietsache zurückgibt, ist dem Vermieter der Abschluss eines Nachfolgemietvertrags mit kalendermäßig bestimmtem Mietbeginn nicht zuzumuten, da der Vermieter sich nicht der Gefahr aussetzen muss, sich dem Nachfolgemieter wegen ggf. nicht rechtzeitiger Übergabe der Mieträume schadenersatzpflichtig zu machen (OLG Düsseldorf, Urteil v. 8.5.2012, I-24 U 195/11, GE 2012 S. 1229).

Im Streitfall muss der Vermieter konkret vortragen, welche Schritte er zur Gewinnung eines Mietinteressenten unternommen hat. Die pauschale Behauptung, er habe sich um eine Vermietung bemüht, genügt nicht (OLG Düsseldorf, Urteil v. 7.12.1995, 10 U 26/95, MDR 1996 S. 1006).

Hat der Vermieter seine Bemühungen um eine alsbaldige Neuvermietung hinreichend dargetan, z.B. durch Vorlage der Zeitungsannoncen bzw. Anzeigenaufträge (KG Berlin, a.a.O.), trifft die **Darlegungs- und Beweislast** für die Behauptung, der Vermieter habe trotzdem seine **Schadensminderungspflicht** verletzt, den **Mieter** (LG Wiesbaden, Urteil v. 17.11.2010, 10 S 21/10, ZMR 2011 S. 476). Er muss darlegen, weshalb die Bemühungen des Vermieters zur Weitervermietung unzureichend waren. Ferner muss der Mieter darlegen und beweisen, dass für Mietobjekte der fraglichen Art eine ausreichende Nachfrage besteht (so BGH, Urteil v. 16.2.2005, XII ZR 162/01, NZM 2005 S. 340, in dem der BGH einen Leerstand von 8,5 Monaten nicht beanstandet hat). Insofern genügt es nicht, dass der Mieter die dargelegten Vermietungsbemühungen des Vermieters mit Nichtwissen oder pauschal bestreitet (OLG Düsseldorf, a.a.O.; vgl. auch LG Kassel, Urteil v. 16.7.1998, 1 S 11/98, NZM 1999 S. 1094). Hierzu muss der Mieter durch Hinweise auf die allgemeine Marktsituation und auf Vergleichsfälle darlegen, dass bei adäquaten Bemühungen des Vermieters frühzeitig ein akzeptabler Nachmieter gefunden worden wäre. Auch in Anbetracht der Möglichkeit, die vom Vermieter namhaft gemachten Mietinteressenten zu befragen, ist es Sache des ehemaligen Mieters, das Vermietervorbringen zu widerlegen (OLG Koblenz, Beschluss v. 17.4.2008, 5 U 315/08, MDR 2008 S. 1206).

Bei fristloser Kündigung eines mehrjährigen Mietvertrags muss der Vermieter auch einen neuen Mieter akzeptieren, der zwar einen Mietvertrag zu den Bedingungen des Vormietvertrags, jedoch nicht über dessen restliche Laufzeit, sondern zunächst nur für eine kürzere Zeit mit in Aussicht gestellter Verlängerung abschließen will; anderenfalls läuft der Vermieter Gefahr, für diesen Zeitraum seinen Schadenersatzanspruch zu verlieren (OLG Düsseldorf, Urteil v. 19.4.1994, 24 U 160/93, WuM 1995 S. 585).

Der Vermieter ist jedoch nicht verpflichtet, die Mietsache sofort zu einer reduzierten Miete anzubieten, um möglichst schnell einen neuen Mieter zu finden. Dem Vermieter steht eine **Überlegungszeit** zu. Er kann zunächst den Versuch unternehmen, die mit dem gekündigten Mieter vereinbarte Miete zu erzielen (BGH, Urteil v. 16.2.2005, a.a.O.; OLG Frankfurt, a.a.O.). Bei gewerblichen Räumen steht es dem Vermieter u.U. sogar frei, auch eine erhöhte Miete zu verlangen, da es für gewerbliche Räume keine gesetzlichen Beschränkungen gibt (OLG Frankfurt/M., WuM 1992 S. 436; OLG Düsseldorf, Urteil v. 23.5.1991, 10 U 119/90, NJW-RR 1991 S. 1353; KG Berlin, Urteil v. 20.8.2001, 20 U 1221/00, GE 2001 S. 1402). Dabei kann der Mieter nicht verlangen, dass eine Neuvermietung innerhalb einer „Karenzzeit“ von 2 bis 3 Monaten erfolgt. Ist die Vermietungssituation auf dem örtlichen Immobilienmarkt schwierig, kann auch ein Zeitraum von 14 Monaten bis zur Neuvermietung noch keinen Verstoß des Vermieters gegen seine Schadensminderungspflicht begründen (OLG Düsseldorf, Urteil v. 25.10.2012, I-10 U 20/12, ZMR 2013 S. 704).

Bei **Zahlungsunfähigkeit des Nachfolgemieters** muss der wegen Zahlungsverzugs gekündigte Mieter dem Vermieter als **Kündigungsfolgeschaden** auch den Mietausfall ersetzen, der ihm aufgrund der Zahlungsunfähigkeit des Nachfolgemieters entsteht (OLG Düsseldorf, Urteil v. 18.1.2001, 10 U 152/99, ZMR 2001 S. 529; KG Berlin, Urteil v. 10.9.1998, 8 U 8910/97, NZM 1999 S. 462).

Die Zahlungsunfähigkeit des Nachfolgemieters muss allerdings **feststehen**. Dies setzt in der Regel die vorherige gerichtliche Geltendmachung und den Versuch der **Zwangsvollstreckung** voraus und ist nur bei klarer Sachlage hinsichtlich der Vermögenssituation des Nachmieters verzichtbar (KG Berlin, Urteil v. 22.11.2001, 20 U 3584/00, MDR 2002 S. 692).

Ein Schadenersatzanspruch des Vermieters ist ferner gegeben, wenn der Vermieter die Sache vorab einem Dritten überlassen hat und ein Vertragsschluss z. B. an der fehlenden Eignung des Nachmieters scheitert (OLG Düsseldorf, Beschluss v. 25.10.2001, 10 W 104/00, WuM 2001 S. 608).

Der Anspruch auf Ersatz eines Kündigungsfolgeschadens **entfällt** allerdings, wenn auch der andere Teil zur fristlosen Kündigung berechtigt ist (KG Berlin, Urteil v. 29.10.2001, 20 U 1885/00, GE 2002 S. 258). Hat der Mieter beispielsweise wegen Nichtgewährung des vertragsgemäßen Gebrauchs gekündigt (s. Abschnitt 2.2.1.1), kann er keinen Kündigungsfolgeschaden geltend machen, wenn auch der Vermieter z. B. wegen laufend unpünktlicher Mietzahlung zur fristlosen Kündigung **berechtigt** gewesen ist. **Nicht** erforderlich ist, dass der Vermieter die fristlose Kündigung auch tatsächlich ausgesprochen hat, da es nicht „zu einem Wettlauf der Kündigungen kommen" darf (KG Berlin, a. a. O.).

Wird ein auf längere Zeit als ein Jahr geschlossener Mietvertrag über ein Grundstück vorzeitig fristlos gekündigt (z. B. wegen Zahlungsverzugs des Mieters) und einigen sich die Vertragsparteien aber später auf eine Fortsetzung des Mietverhältnisses, dann liegt darin der Abschluss eines **neuen** Mietvertrags. Soll dieser für längere Zeit als ein Jahr gelten, unterliegt er dem Schriftformerfordernis des § 550 BGB (BGH, Urteil v. 24.6.1998, XII ZR 195/96, DWW 1998 S. 276).

Nach dem Antrag auf Eröffnung eines **Insolvenzverfahrens** über das Vermögen des Mieters (s. „Insolvenz des Mieters – Insolvenz des Vermieters") kann eine fristlose Kündigung nicht auf einen Zahlungsverzug gestützt werden, der in der Zeit **vor** dem Eröffnungsantrag eingetreten ist (Kündigungssperre, § 112 Nr. 1 InsO).

Die Verpflichtung des Mieters zur Mietzahlung endet erst mit Beendigung des Mietverhältnisses (z. B. bei ordentlicher Kündigung des Vermieters mit Ablauf der Kündigungsfrist). Dies gilt grundsätzlich auch dann, wenn der Mieter die Mietsache vor Ablauf der Kündigungsfrist zurückgibt, z. B. weil er Ersatzräume gefunden hat. In diesem Fall ist der Mieter auch dann zur Zahlung der Miete verpflichtet, wenn der Vermieter während des Laufs der Kündigungsfrist Umbaumaßnahmen durchführt, die über die üblichen Ausbesserungsarbeiten hinausgehen. Die Berufung des Mieters auf eine fehlende Erfüllungsbereitschaft des Vermieters wäre rechtsmissbräuchlich (LG Mannheim, Urteil v. 3.6.2009, 4 S 5/09, WuM 2009 S. 398).

3.2.1.3 Fristlose Kündigung wegen Störung des Hausfriedens (§ 569 Abs. 2 BGB)

Der Vermieter ist zur fristlosen Kündigung berechtigt, wenn der Mieter den Hausfrieden so **nachhaltig** stört, dass dem Vermieter unter Berücksichtigung aller Umstände des Einzelfalls, insbesondere eines Verschuldens des Mieters, und unter **Abwägung der beiderseitigen Interessen** die Fortsetzung des Mietverhältnisses bis zum Ablauf der ordentlichen Kündigungsfrist oder bis zur sonstigen Beendigung des Mietverhältnisses **nicht zugemutet** werden kann; z. B. häufiger **ruhestörender Lärm** zur Nachtzeit (vgl. LG Gießen, Beschluss v. 29.9.1980, 7 T 270/80, WuM 1981 S 232; LG Köln, Urteil v. 24.5.1976, 1 S 250/75, ZMR 1977 S. 332). Bei solchen Störungen kommt es **nicht** in erster Linie auf das **Verschulden** des Störers an, sondern allein darauf, ob die Fortsetzung des Mietverhältnisses für den Vermieter, auch unter Berücksichtigung der Interessen der Mitmieter im Haus, noch zumutbar ist. Ein Verschulden ist nur insoweit von Relevanz, als die Anforderungen an die Unzumutbarkeit bei nicht schuldhaftem Verhalten des Störers höher sein werden als bei einer schuldhaften Störung des Hausfriedens. Somit ist das Verschulden des Störers zwar nicht Voraussetzung für die fristlose Kündigung, muss aber bei der **Beurteilung der Unzumutbarkeit** in die Abwägung mit einbezogen werden.

Die Vorschrift gilt auch für **Geschäftsräume** (§ 578 Abs. 2 S. 1 BGB).

3.2.2 Außerordentliche befristete Kündigung durch den Vermieter

In den nachfolgend angeführten Fällen kann der Vermieter auch ein Mietverhältnis von bestimmter Dauer unter Einhaltung der sog. gesetzlichen Frist **vorzeitig** kündigen. Diese beträgt bei **Wohn**raum 3 Monate (§§ 573d Abs. 2, 575a Abs. 3 BGB); bei **Geschäfts**räumen 6 Monate zum Quartalsende (§ 580a Abs. 2, 4 BGB; s. „Kündigungsfristen").

Die Kündigung von **Wohn**raum setzt jedoch auch in diesen Fällen (mit Ausnahme der Kündigung des Erben beim Tod des Mieters; s. u. Abschnitt 3.2.2.1 „Vorzeitige Kündigung beim Tod des Mieters") das Vorliegen eines berechtigten Interesses des Vermieters an der Beendigung des Mietverhältnisses voraus (**Kündigungsgrund** i. S. v. § 573 Abs. 1 BGB; s. §§ 573d Abs. 1, 575a Abs. 1 BGB).

3.2.2.1 Vorzeitige Kündigung beim Tod des Mieters

Beim Tod des Mieters ist zu **unterscheiden**, ob der Mietvertrag nur mit dem Verstorbenen oder mit mehreren Personen abgeschlossen war.

War ein **Wohnungs**mietvertrag mit **mehreren** Personen abgeschlossen (z. B. wenn der Mietvertrag vom Ehegatten oder Lebensgefährten mitunterzeichnet war), wird das Mietverhältnis mit dem Überlebenden **fortgesetzt** (§ 563a Abs. 1 BGB).

Ein außerordentliches Kündigungsrecht des Vermieters besteht in diesem Fall **nicht**.

War der Mietvertrag dagegen **nur mit dem Verstorbenen abgeschlossen**, **treten** entweder der Ehegatte, der Lebenspartner, andere Familien- oder Haushaltsangehörige oder die Erben in das Mietverhältnis **ein** (s. „Ehegatten als Mieter", „Eheähnliche Gemeinschaft", „Tod des Mieters").

Voraussetzung eines solchen Eintritts ist, dass der bzw. die Eintretenden beweisen können, dass sie zum privilegierten Personenkreis gehören und einen **gemeinsamen Haushalt** mit dem Erblasser geführt haben (§ 563 Abs. 1 S. 2 BGB; vgl. BGH, ZMR 1993 S. 261). Pauschale Behauptungen reichen hierzu nicht, es müssen vielmehr hinreichende Indizien vorgetragen werden (AG Düsseldorf, Urteil v. 17.4.2013, 23 C 10824/12, ZMR 2014 S. 294). Ein lediglich gemeinsamer **Aufenthalt** in der Wohnung ist hierfür **nicht** ausreichend. Aufgrund der Vielgestaltigkeit der Lebensverhältnisse können die notwendigen Voraussetzungen nicht schematisch festgelegt werden. Daher muss sich aus dem Gesamtbild ergeben, dass jeder der Bewohner etwas zur Haushaltsführung beigetragen hat und so die Lasten des Haushalts arbeits- und zeitanteilig auf die Bewohner verteilt waren, z. B. durch Erledigung von Einkäufen oder einer Tätigkeit im Haushalt oder Garten. Ist dies gegeben, kann bereits ein Zeitraum von 5 Monaten gemeinsamer Haushaltsführung für den Eintritt (hier: des Enkels) in das Mietverhältnis (hier: seiner Großmutter) ausreichend sein (LG Heidelberg, Urteil v. 25.11.2013, 5 S 33/13, GE 2014 S. 1339).

Anders ist die Rechtslage bei **Kindern** des Mieters, die im Haushalt des Verstorbenen leben. Hier kommt es für die Frage, ob der Eintritt eines Erben in das Mietverhältnis (nach § 563 Abs. 2 S. 1 BGB) erfolgt ist, nicht darauf an, ob das Kind wie ein übriger Angehöriger den Haushalt zusammen mit dem verstorbenen Mieter geführt hat; sondern es reicht aus, dass das Kind in dessen Haushalt **gelebt** hat (BGH, Urteil v. 10.12.2014, VIII ZR 25/14, GE 2015 S. 113).

Beim Eintritt des **Ehegatten**, **Lebenspartners** oder von **Familien- oder Haushaltsangehörigen** kann der Vermieter das Mietverhältnis innerhalb eines Monats, nachdem er von dem endgültigen Eintritt in das Mietverhältnis Kenntnis erlangt hat, außerordentlich mit der **gesetzlichen Frist** (**3 Monate**, § 575a Abs. 3 BGB) kündigen, wenn in der Person des Eingetretenen ein **wichtiger Grund** vorliegt (§ 563 Abs. 4 BGB).

Der **wichtige Grund** muss in den persönlichen Verhältnissen des Eintretenden begründet sein und eine Fortsetzung des Mietverhältnisses für den Vermieter **unzumutbar** machen.

Bei der Abwägung, ob der Vermieter das Mietverhältnis aus wichtigem Grund kündigen kann, kann dem Umstand, dass der in dieses Mietverhältnis eintretende Sohn der verstorbenen Mieterin mehrere Jahre in der streitigen Wohnung gelebt hat und sich in die dortige Gemeinschaft beanstandungsfrei eingefügt hat, größeres Gewicht zukommen als seine Verurteilung zur Strafhaft sowie seine bestehende Drogenabhängigkeit (BGH, Beschluss v. 20.4.2010, VIII ZR 254/09, GE 2010 S. 1050).

Eine Zahlungsunfähigkeit des Eintretenden ist zumindest dann nicht ausreichend, wenn eine öffentliche Stelle, z.B. das Wohnungs- oder Sozialamt, die Zahlung der Miete garantiert.

Beim Eintritt mehrerer Mieter genügt es, wenn der wichtige Grund in der Person eines Mieters vorliegt (Palandt, § 563 BGB Rn. 23).

Neben einem wichtigen Grund bedarf es zur Kündigung ferner eines **berechtigten Interesses** des Vermieters an der Beendigung des Mietverhältnisses (**Kündigungsgrund**, §§ 573d Abs. 1, 575a Abs. 1, 573 BGB, z.B. Eigenbedarf). **Fehlt** es an einem berechtigten Interesse, kann das Mietverhältnis **nicht** gekündigt werden.

In diesem Fall kann der Vermieter von den Personen, die in das Mietverhältnis eintreten bzw. das Mietverhältnis fortsetzen, eine Sicherheitsleistung nach Maßgabe des § 551 BGB (s. „Kaution“) verlangen, wenn der verstorbene Mieter keine Sicherheit geleistet hatte (§ 563b Abs. 3 BGB).

Liegt ein berechtigtes Interesse vor, fehlt es aber an dem wichtigen Grund, kann das Mietverhältnis nur ordentlich unter Einhaltung der **gesetzlichen** (u.U. verlängerten) Fristen (s. „Kündigungsfristen“), nicht jedoch außerordentlich (mit dreimonatiger Frist) gekündigt werden.

Treten beim Tod des Mieters weder der Ehegatte bzw. Lebenspartner noch Familien- oder Haushaltsangehörige in das Mietverhältnis ein bzw. wird es nicht mit ihnen fortgesetzt, wird das Mietverhältnis kraft Gesetz mit den **Erben** fortgesetzt (§ 564 S. 1 BGB). In diesem Fall ist der Vermieter berechtigt, das Mietverhältnis innerhalb eines Monats **außerordentlich** mit der **gesetzlichen Frist** (**3 Monate**, § 575a Abs. 3 BGB) zu kündigen, nachdem er vom Tod des Mieters und davon Kenntnis erlangt hat, dass ein Eintritt bzw. eine Fortsetzung des Mietverhältnisses durch andere Personen (Ehegatte, Familien- oder Haushaltsangehörige) nicht erfolgt ist (§ 564 S. 2 BGB).

Wird das Mietverhältnis nach dem Tod des Mieters gemäß § 564 S. 1 BGB mit dem bzw. den Erben fortgesetzt, sind die nach dem Erbfall fällig werdenden Forderungen aus dem Mietverhältnis jedenfalls dann reine Nachlassverbindlichkeiten, wenn das Mietverhältnis innerhalb der in § 564 S. 2 BGB bestimmten Frist beendet wird. Dies hat zur Folge, dass der Erbe die Haftung auf den Nachlass beschränken kann und daneben nicht mit seinem Eigenvermögen haftet. § 564 S. 1 BGB begründet nämlich keine persönliche Haftung des Erben. Weder aus dem Wortlaut noch aus der systematischen Stellung der Vorschrift lässt sich entnehmen, dass dem Erben im Hinblick auf das Wohnraummietverhältnis des Erblassers eine mit einer persönlichen Haftung verbundene Sonderstellung zugewiesen werden soll (BGH, Urteil v. 23.1.2013, VIII ZR 68/12).

> Seit Inkrafttreten der Mietrechtsreform ist für die außerordentliche **Kündigung des bzw. der Erben** durch den Vermieter weder ein wichtiger Grund noch ein berechtigtes Interesse erforderlich (§§ 573d Abs. 1, 575a Abs. 1 BGB).

Teilen die Erben des verstorbenen Mieters dem Vermieter mit, dass sie das Mietverhältnis (nach § 563 Abs. 2 BGB) fortsetzen wollen, und bitten sie den Vermieter, sich im weiteren Schriftverkehr nur an einen der Erben zu wenden, liegt darin eine Bevollmächtigung des den Schriftverkehr führenden Erben zur Entgegennahme von Willenserklärungen des Vermieters, die das Mietverhältnis betreffen, z.B. einer Kündigung (BGH, Urteil v. 10.12.2014, VIII 25/14, GE 2015 S. 113).

Bei **Geschäfts**räumen ist der Vermieter im Fall des Todes des Mieters ohne Weiteres berechtigt, das Mietverhältnis innerhalb eines Monats, nachdem er vom Tod des Mieters Kenntnis erlangt hat, außerordentlich mit der gesetzlichen Frist zu kündigen (§ 580 BGB).

Für die unbekannten Erben eines verstorbenen Mieters, dessen nächste Angehörige die Erbschaft ausgeschlagen haben, ist auf Antrag des Vermieters bei Mietschulden des Erblassers und durchzuführender Räumung der Wohnung ein Nachlasspfleger – ohne Vorschussanforderung beim Vermieter – zu bestellen (LG Köln, Beschluss v. 3.7.2008, 11 T 160/08, ZMR 2009 S. 41).

Ist der Mieter verstorben und der Erbe unbekannt oder ist ungewiss, ob der Erbe die Erbschaft annimmt, muss das Nachlassgericht auf Antrag des Vermieters einen **Nachlasspfleger** zur Entgegennahme der Kündigung des Mietverhältnisses, zu der Räumung und Herausgabe der Mietsache und der Abwicklung der sonstigen Vertragsbeziehungen bestellen, da dann ein Bedürfnis (i.S.d. §§ 1960 ff. BGB) für die Sicherung des Nachlasses besteht.

Gleiches gilt, wenn die Bestellung eines Nachlasspflegers zur gerichtlichen Geltendmachung eines Anspruchs, der sich gegen den Nachlass richtet, von dem Berechtigten beantragt wird (§ 1961 BGB). Allerdings setzt die Bestellung eines Nachlasspflegers gemäß § 1961 BGB nicht voraus, dass der Vermieter seine Ansprüche gegen den Nachlass sogleich gerichtlich geltend machen wird. Vielmehr genügt es, wenn dieser Schritt lediglich für den Fall erwogen wird, dass die Verhandlungen mit den Erben über eine Aufhebung des Mietvertrags scheitern (OLG Köln, Beschluss v. 10.12.2010, 2 Wx 198/10, WuM 2011 S. 226; OLG München, Beschluss v. 20.3.2012, 31 Wx 81/12).

Kündigt der **Betreuer** mit Genehmigung des Vormundschaftsgerichts das allein mit der Betroffenen bestehende Mietverhältnis, ist der ebenfalls in der Wohnung lebende Sohn der Betroffenen zur Beschwerde gegen die Genehmigung nicht befugt. Daran ändert auch seine Erbenstellung nach einem zwischenzeitlichen Tod der Betroffenen nichts (KG Berlin, Beschluss v. 13.10.2009, 1 W 168/08).

3.2.2.2 Vorzeitige Kündigung durch den Ersteher bei der Zwangsversteigerung

Der Ersteher des Grundstücks tritt in das bestehende Mietverhältnis ein (§ 57 ZVG) und ist berechtigt, dieses unter Einhaltung der gesetzlichen Frist zu kündigen (§ 57 a ZVG). Ist strittig, ob überhaupt ein **Mietverhältnis** besteht, trägt der Mieter hierfür die Beweislast (OLG Dresden, Urteil v. 28.2.2003, 14 U 1399/02, ZMR 2003 S. 670).

Zur Annahme eines fingierten Mietvertrags (**Scheinmietvertrag** i.S.d. § 117 BGB), der nur zu dem Zweck geschlossen wurde, die Zwangsvollstreckung durch den Ersteher (§ 93 ZVG) zu verhindern (s. OLG Düsseldorf, Beschluss v. 11.12.2007, 1-10 W 160/07, ZMR 2008 S. 787).

Diese Möglichkeit der vorzeitigen Beendigung besteht **nicht**,

- wenn die Zwangsversteigerung zwecks der **Aufhebung einer Gemeinschaft**, z.B. einer Erbengemeinschaft, erfolgt ist (§§ 180, 183 ZVG);
- wenn das Kündigungsrecht durch die allgemeinen **Versteigerungsbedingungen** ausgeschlossen ist (vgl. OLG Düsseldorf, Beschluss v. 27.1.1995, 3 W 676/94, WuM 1995 S. 492).

Zu beachten ist, dass zur Kündigung eines Mietverhältnisses über **Wohnraum auch in diesem Fall ein berechtigtes Interesse** an der Beendigung des Mietverhältnisses (§ 573 Abs. 1 BGB) vorliegen muss, z.B. Eigenbedarf des Ersteigerers oder Hinderung einer angemessenen wirtschaftlichen Verwertung (i.S.v. § 573 Abs. 2 Nr. 3 BGB). Eine Bank, die eine zu Wohnzwecken vermietete Immobilie in der

Zwangsversteigerung erworben hat, hat ein solches berechtigtes Interesse an der Kündigung des Mietverhältnisses, wenn der Mieter die Rechtsposition durch ein von ihr wegen Gläubigerbenachteiligung anfechtbares Rechtsgeschäft erlangt hat (z. B. durch einen fingierten Mietvertrag), bei Fortsetzung des Mietverhältnisses eine Verwertung des Grundstücks zu zumutbaren wirtschaftlichen Bedingungen nicht möglich ist und die Bank dadurch erhebliche Nachteile erleiden würde (BGH, Urteil v. 16.1.2008, VIII ZR 254/06, WuM 2008 S. 233; s. auch OLG Hamm, Beschluss v. 22.8.1994, 30 RE-Miet 2/94, WuM 1994 S. 520 m. w. N.; „Kündigungsschutz", Abschnitt 2 „Kündigungsgründe (§ 573 BGB)"). Beruft sich daher der Nutzer der ersteigerten Wohnung auf ein Mietrecht, ist die Vollstreckungsklausel für den Zuschlagsbeschluss zu versagen, da die Klärung der Frage, ob ein Mietverhältnis besteht, dem Erkenntnisverfahren vorbehalten bleibt (OLG Hamburg, Urteil v. 24.5.1995, 4 U 60/95, WuM 1996 S. 41).

Darüber hinaus kann sich der Mieter auf die Sozialklausel des § 574 BGB (s. „Kündigungsschutz", Abschnitt 3 „Die Sozialklausel (§ 574 BGB)") berufen (LG Nürnberg, WuM 1973 S. 212; LG Hamburg, NJW 1975 S. 1873; BVerfG, Beschluss v. 8.8.1989, 1 BvR 705/89, ZMR 1989 S. 410).

Hat ein Wohnungseigentümer seine Eigentumswohnung an ein Vermietungsunternehmen zur Untervermietung zu Wohnzwecken vermietet (**„Bauherrenmodell"**), kann dem Ersteher des Wohnungseigentums, der den Vertrag mit der Vermietungsgesellschaft kündigt (§ 57a ZVG) und vom Endmieter (Wohnungsnutzer) die Räumung verlangt, vom Endmieter der Einwand des Rechtsmissbrauchs entgegengesetzt werden, soweit diesem Schutzrechte aus den §§ 573, 574 BGB zustehen (s. „Herausgabeanspruch gegen Dritte").

Wird nur ein **Teil** eines einheitlich vermieteten Grundstücks oder nur eine von mehreren gemieteten Eigentumswohnungen versteigert, entsteht eine Vermietergemeinschaft, die ein Kündigungsrecht grundsätzlich nur gemeinschaftlich ausüben kann, d. h., eine Kündigung müsste von allen Eigentümern erklärt werden. Diesem Grundsatz geht jedoch die Sonderbestimmung des § 57a ZVG über das Sonderkündigungsrecht nach einer Zwangsversteigerung vor. Danach kann bei einer Versteigerung nur eines Teils der vermieteten Räumlichkeiten eine **isolierte** Kündigung erklärt werden. Dem Ersteher einer Wohnungseigentumseinheit steht das Sonderkündigungsrecht des § 57a ZVG gegenüber dem Mieter somit auch dann zu, wenn das versteigerte Wohnungseigentum Teil eines aus mehreren Wohnungseinheiten bestehenden und insgesamt für einen einheitlichen Zweck (hier: betreutes Wohnen) vermieteten Objekts ist.

Die Interessen des Mieters werden dadurch gewahrt, dass er als Verfahrensbeteiligter (§ 9 Nr. 2 ZVG) seine Rechte nach § 59 Abs. 1 S. 1 ZVG anmelden und abändernde Versteigerungsbedingungen durchsetzen kann.

Unbeschadet dessen kann der Ersteher von einem (gewerblichen) Mieter, der die Eigentumswohnung im Rahmen einer gewerblichen Weitervermietung an einen Endmieter zu Wohnzwecken vermietet hat, trotz Wirksamkeit der auf § 57a ZVG beruhenden Kündigung nicht Räumung und Herausgabe verlangen, weil der Endmieter (Nutzer) unbeschadet dieser Kündigung zu Besitz und Nutzung berechtigt bleibt. Nach der Kündigung des Hauptmietverhältnisses tritt nämlich der (neue) Eigentümer gemäß § 565 BGB an die Stelle des gewerblichen Zwischenmieters und ist damit gegenüber dem Endmieter Vermieter geworden. Unerheblich ist dabei, wenn dem Endmieter die gewerbliche Zwischenvermietung bekannt war. Eine anderweitige frühere Rechtsauffassung ist durch das 4. Mietrechtsänderungsgesetz überholt (BGH, Urteil v. 30.10.2013, XII ZR 113/12, WuM 2013 S. 752).

Auch beim Erwerb einer **Teil**fläche (z. B. Hoffläche, Garage) eines einheitlich vermieteten Objekts (z. B. Wohnung mit Garage) gewährt § 57a ZVG dem Ersteher ein auf diese Fläche bezogenes **eigenständiges** Teilkündigungsrecht. Dies gilt auch dann, wenn sämtliche Flächen des Mietobjekts in zeitlichem Zusammenhang von mehreren Einzelerstehern erworben werden. Es bedarf somit keiner einheitlichen Ausübung des Sonderkündigungsrechts nach § 57a ZVG durch sämtliche Ersteher, d.h., eine Kündigung der erworbenen Teilfläche muss nicht auch von den anderen Erstehern unterzeichnet werden (KG Berlin, Beschluss v. 8.11.2010, 8 U 43/10, NZM 2012 S. 304).

Die außerordentliche Kündigung (§ 57a Abs. 1 ZVG) kann nur für den ersten Termin erfolgen, für den sie zulässig ist (§ 57a Abs. 1 S. 2 ZVG).

Beispiel

Wird der Zuschlag am 20.7. erteilt, ist der erste Termin, für den die Kündigung zulässig ist, bei Wohnraum der 31.10., bei Geschäftsraum der 31.3. (s. „Kündigungsfristen").

Dem Ersteher ist eine angemessene Zeit zur **Überlegung** wie zur **Prüfung** der Sach- und Rechtslage einzuräumen, wobei ihn jedoch eine Erkundigungspflicht, u.U. schon vor der Versteigerung, trifft (Zeller-Stöber, ZVG, § 57a Rn. 5). Nach Auffassung des OLG Oldenburg (Urteil v. 17.12.2001, 11 U 63/01, GuT 2002 S. 48) beträgt diese Frist in der Regel **eine Woche**, wobei Schwierigkeiten bei der Beurteilung der Sach- und Rechtslage oder bei der Beschaffung von wichtigen Unterlagen auch eine längere Frist rechtfertigen können (vgl. hierzu OLG Düsseldorf, Urteil v. 5.9.2002, 10 U 66/02, WuM 2002 S. 674). Später ist die Kündigung nur ausnahmsweise rechtzeitig, wenn der Ersteher darlegen und beweisen kann, dass sie trotz Beobachtung der erforderlichen Sorgfalt nicht früher erfolgen konnte (vgl. OLG Düsseldorf, Urteil v. 26.6.1986, 10 U 21/86, DWW 1987 S. 330). Allerdings sind organisatorische Schwierigkeiten, z.B. im Betrieb eines Wohnungsunternehmers, unerheblich, da ein Ersteher in der Zwangsversteigerung durch organisatorische Vorkehrungen sicherstellen muss, dass dem Mieter die Kündigung innerhalb der Frist des § 57a ZVG zugeht (OLG Oldenburg, a.a.O.).

3.2.2.3 Vorzeitige Kündigung bei Veräußerung durch den Insolvenzverwalter

Veräußert der Insolvenzverwalter eine vom Schuldner vermietete Wohnung und tritt der Erwerber anstelle des Schuldners in das Mietverhältnis ein, kann der **Erwerber** das Mietverhältnis unter Einhaltung der gesetzlichen Frist (s. Abschnitt 3.2.2 „Außerordentliche befristete Kündigung durch den Vermieter") **kündigen**. Die Kündigung kann nur für den ersten Termin erfolgen, für den sie zulässig ist (s. auch Abschnitt 3.2.2.2 „Vorzeitige Kündigung durch den Ersteher bei der Zwangsversteigerung" und „Insolvenz des Mieters – Insolvenz des Vermieters").

3.2.2.4 Vorzeitige Kündigung bei Insolvenz des Mieters

Siehe hierzu „Insolvenz des Mieters – Insolvenz des Vermieters".

3.2.2.5 Vorzeitige Kündigung des Erwerbers eines Dauerwohnrechts in der Zwangsversteigerung

Wird das Dauerwohnrecht **im Wege der Zwangsvollstreckung** veräußert, so steht dem Erwerber ein Kündigungsrecht in entsprechender Anwendung des § 57a ZVG zu (§ 37 Abs. 3 S. 2 WEG; vgl. Abschnitt 3.2.2.2).

Hat der Dauerwohnberechtigte die dem Dauerwohnrecht unterliegenden Gebäude- oder Grundstücksteile vermietet oder verpachtet, erlischt das Mietverhältnis, wenn das Dauerwohnrecht erlischt (§ 37 Abs. 1 WEG).

Macht der Eigentümer von seinem Heimfallanspruch (§ 36 WEG) Gebrauch, tritt er oder derjenige, auf den das Dauerwohnrecht zu übertragen ist, in das Miet- oder Pachtverhältnis ein; die Vorschriften der §§ 566 bis 566e BGB gelten entsprechend (§ 37 Abs. 2 WEG).

Das Gleiche gilt für die Veräußerung des Dauerwohnrechts (§ 37 Abs. 3 S. 1 WEG).

3.2.2.6 Vorzeitige Kündigung des Eigentümers bei Erlöschen des Nießbrauchs

Nach dem Grundsatz, dass schuldrechtliche Verpflichtungen nur zwischen den Vertragsparteien wirken, würde der vom Nießbraucher mit dem Mieter geschlossene Mietvertrag nach Beendigung des Nießbrauchs nicht gegenüber dem Eigentümer wirken und den Mieter nicht mehr zum Besitz berechtigen.

§ 1056 Abs. 1 BGB bestimmt daher, dass das Mietverhältnis nach Beendigung des Nießbrauchs nach Maßgabe des § 566 BGB auf den Eigentümer **übergeht**. Der Eigentümer ist jedoch berechtigt, das Mietverhältnis unter Einhaltung der gesetzlichen Frist **vorzeitig zu kündigen** (§ 1056 Abs. 2 S. 1 BGB).

Ferner sind die Eigentümer eines mit einem Nießbrauch belasteten Grundstücks nach dem Tod des Nießbrauchers auch dann gemäß § 1056 Abs. 2 S. 1 BGB zur vorzeitigen Kündigung eines von dem Nießbraucher abgeschlossenen Mietvertrags berechtigt, wenn sie neben weiteren Personen **Miterben** des Nießbrauchers sind (BGH, Urteil v. 20.10.2010, XII ZR 25/09, NJW 2011 S. 61).

Verzichtet der Nießbraucher auf den Nießbrauch, ist die Kündigung erst von der Zeit an zulässig, zu welcher der Nießbrauch ohne den Verzicht erlöschen würde (§ 1056 Abs. 2 S. 2 BGB). Das Kündigungsrecht nach § 1056 Abs. 2 BGB ist dem Eigentümer jedoch nach dem Grundsatz von Treu und Glauben **verwehrt**, wenn er unabhängig von dem gesetzlichen Übergang des Mietverhältnisses auf den Eigentümer (gemäß § 1056 Abs. 1 BGB) **persönlich** an den Mietvertrag gebunden ist, beispielsweise wenn er ihn vor der Bewilligung des Nießbrauchs noch als Eigentümer selbst abgeschlossen hatte, da er in diesem Fall bei Erlöschen des Nießbrauchs nur das frühere, von ihm selbst begründete Mietverhältnis fortsetzt (so bereits BGH, Urteil v. 20.10.1989, V ZR 341/87, NJW 1990 S. 443). Gleiches gilt, wenn der Eigentümer dem Mietvertrag beigetreten oder wenn er Alleinerbe des Vermieters (Nießbrauchers) geworden ist mit der Folge, dass er auch an Sondervereinbarungen des verstorbenen Vermieters gebunden ist. Darin liegt auch kein unzulässiger Vertrag zulasten Dritter, da es dem Erben freisteht, die Erbschaft anzunehmen oder auszuschlagen. Schlägt der die Erbschaft nicht aus, ist er auch an die schuldrechtlichen Verpflichtungen des Erblassers gebunden. Somit muss sich der Eigentümer in diesen Fällen an einer vereinbarten bestimmten Laufzeit des Mietvertrags oder einer sonstigen Erschwerung der ordentlichen Kündigung festhalten lassen; anderenfalls würde die den Schutz des Mieters bezweckende Vorschrift des § 1056 BGB in ihr Gegenteil verkehrt (BGH, Urteil v. 12.10.2011, VIII ZR 50/11, WuM 2011 S. 690).

Die Kündigung muss **nicht** zum erstzulässigen Termin erfolgen (wie z. B. bei § 57 a ZVG).

> Der Mieter ist berechtigt, den Eigentümer unter Bestimmung einer angemessenen Frist zur Erklärung darüber aufzufordern, ob er von dem Kündigungsrecht Gebrauch macht.

Die Kündigung kann dann nur bis zum Ablauf der Frist erfolgen (§ 1056 Abs. 3 BGB). § 1056 BGB wird **entsprechend** angewendet, wenn der Nießbrauch in der Zwangsversteigerung erlischt und der Ersteher kündigen will.

Wie in allen anderen Fällen des außerordentlichen befristeten Kündigungsrechts des Vermieters sind auch bei der Kündigung nach § 1056 Abs. 2 BGB die Wohnraumkündigungsschutzgesetze anwendbar, sodass bei Mietverhältnissen über **Wohn**raum grundsätzlich ein berechtigtes Interesse des Vermieters an der Beendigung des Mietverhältnisses i. S. v. § 573 Abs. 1 BGB vorliegen muss (vgl. „Kündigungsschutz“, Abschnitt 2 „Kündigungsgründe (§ 573 BGB)“).

3.2.2.7 Vorzeitige Kündigung durch den Nacherben (§ 2135 BGB)

§ 1056 BGB findet entsprechende Anwendung, wenn der Vorerbe ein zur Erbschaft gehörendes Grundstück vermietet hat und das Mietverhältnis bei Eintritt der Nacherbfolge noch besteht (§ 2135 BGB; s. Abschnitt 3.2.2.6).

3.2.2.8 Vorzeitige Kündigung durch den Eigentümer bei Erlöschen des Erbbaurechts

Beim Erlöschen des Erbbaurechts geht das Mietverhältnis entsprechend § 566 BGB auf den Eigentümer über (§ 30 Abs. 1 ErbbRVO). Erlischt das Erbbaurecht durch Zeitablauf (§§ 27 bis 29 ErbbRVO), ist der Grundstückseigentümer berechtigt, das Mietverhältnis unter Einhaltung der gesetzlichen Frist zu kündigen (§ 30 Abs. 2 S. 1 ErbbRVO). Die Kündigung kann nur für einen der beiden ersten Termine erfolgen, für den sie zulässig ist (§ 30 Abs. 2 S. 2 ErbbRVO). Der erste Termin richtet sich nach dem Erlöschen des Erbbaurechts. Erlischt dieses z.B. zum 31.1., ist bei Geschäftsraum der erstzulässige Termin der 30.9. und der zweite zulässige Termin der 30.12.; bei Wohnraum der 30.4. bzw. 31.5.

Unabhängig davon kann der Mieter den Grundstückseigentümer unter Bestimmung einer angemessenen Frist zur Erklärung darüber auffordern, ob er von dem Kündigungsrecht Gebrauch macht. Die Kündigung kann dann nur bis zum Ablauf der angemessenen Frist erfolgen (§ 30 Abs. 3 ErbbRVO). Erlischt das Erbbaurecht vorzeitig, kann der Grundstückseigentümer das Kündigungsrecht erst ausüben, wenn das Erbbaurecht auch durch Zeitablauf erlöschen würde (§ 30 Abs. 2 S. 3 ErbbRVO).

Die Kündigung eines Mietverhältnisses über **Wohn**raum ist nur wirksam, wenn ein berechtigtes Interesse an der Beendigung des Mietverhältnisses vorliegt (s. „Kündigungsschutz“, Abschnitt 2 „Kündigungsgründe (§ 573 BGB)“).

3.2.2.9 Vorzeitige Kündigung eines Vertrags über mehr als 30 Jahre

Wird ein Mietvertrag für eine längere Zeit als 30 Jahre geschlossen, kann nach Ablauf von 30 Jahren nach Überlassung der Mietsache sowohl der Mieter (vgl. Abschnitt 2.2.2.8 „Vorzeitige Kündigung eines Vertrags über mehr als 30 Jahre (§ 544 BGB)“) als auch der Vermieter das Mietverhältnis unter Einhaltung der gesetzlichen Frist kündigen. Die Kündigung ist **unzulässig**, wenn der Vertrag für die **Lebenszeit** des Vermieters oder des Mieters geschlossen ist (§ 544 BGB).

Zu beachten ist, dass auch bei der außerordentlichen Kündigung nach § 544 BGB ein **berechtigtes Interesse** des Vermieters an der Beendigung des Mietverhältnisses i. S. v. § 573 Abs. 1 BGB vorliegen muss (s. „Kündigungsschutz“, Abschnitt 2 „Kündigungsgründe (§ 573 BGB)“).

Im Übrigen gelten die Ausführungen in Abschnitt 2.2.2.8 „Vorzeitige Kündigung eines Vertrags über mehr als 30 Jahre (§ 544 BGB)“ entsprechend.

Kündigungsausschlussvereinbarung → „Zeitmietvertrag“, Abschnitt 1 „Allgemeines, Kündigungsausschlussvereinbarung“, „Kündigung“, Abschnitt 1.12 „Verzicht auf das ordentliche Kündigungsrecht“

Kündigungsfristen

Inhaltsübersicht

		Seite
1	**Allgemeines**	575
1.1	Kündigungsfrist bei Wohnraum	577
1.2	Kündigungsfrist bei Geschäftsräumen	580
1.3	Kündigungsfrist bei sonstigen Räumen	581

1 Allgemeines

Kündigungsfrist ist die Frist zwischen dem Zugang der Kündigung und dem Ende des Mietverhältnisses. **Kündigungstermin ist** der Tag, an dem das Mietverhältnis enden soll. Die Kündigungsfrist bezweckt, dem Mieter einen bestimmten Zeitraum für die Suche nach Ersatzwohnraum und dem Vermieter für die Neuvermietung zu gewährleisten.

Kündigungsfristen sind grundsätzlich nur bei **unbefristeten**, d.h. auf unbestimmte Zeit abgeschlossenen Mietverhältnissen relevant. Dagegen können Mietverhältnisse, die auf bestimmte Zeit abgeschlossen worden sind (s. „Zeitmietvertrag"), während der Vertragslaufzeit nur **außer**ordentlich (unter bestimmten Voraussetzungen, s. hierzu „Kündigung", Abschnitt 2.2 „Außerordentliche Kündigung durch den Mieter" und Abschnitt 3.2 „Außerordentliche Kündigung durch den Vermieter"), nicht aber ordentlich, d.h. auch nicht unter Einhaltung der gesetzlichen Kündigungsfristen, gekündigt werden. Sind in einem Zeitmietvertrag trotzdem bestimmte Kündigungsfristen enthalten, kann zweifelhaft sein, ob diese erst nach Ablauf der Festmietzeit gelten sollen oder ob der Mietvertrag auch während der Laufzeit gekündigt werden kann.

Unklarheiten gehen gemäß § 305 c Abs. 2 BGB (bis 31.12.2001: § 5 AGBG) jedoch zulasten des Verwenders, sodass der Mieter den Mietvertrag auch während der Laufzeit unter Einhaltung der genannten Fristen kündigen kann (LG Frankfurt/M., Urteil v. 27.11.1998, 2/17 S 63/98, 2-17 S 63/98, WuM 1999 S. 114; LG Gießen, Urteil v. 17.4.1996, 1 S 529/95, WuM 1999 S. 115; LG Kassel, Urteil v. 14.10.1999, 1 S 163/99, NZM 2000 S. 378; LG Hanau, Urteil v. 12.11.1999, 2 S 387/99, WuM 2000 S. 250, wonach in diesem Fall nach § 550 BGB von einem unbefristeten Mietverhältnis ausgegangen werden muss; a.A. LG Wiesbaden, Urteil v. 20.3.1995, 1 S 263/94, WuM 1999 S. 117, LG Düsseldorf, Urteil v. 24.8.1999, 24 S 91/99, ZMR 1999 S. 829; LG Kassel, Urteil v. 21.10.1999, 1 S 267/99, WuM 1999 S. 692; AG Bad Hersfeld, Urteil v. 18.3.1996, C 133/96, WuM 1996 S. 706, wonach sich im Wege der Vertragsauslegung ergibt, dass die Kündigungsfristen erst nach Ablauf der Festmietzeit gelten sollen).

Ferner können solche Unklarheiten dazu führen, dass die Schriftform des § 550 BGB (s. „Schriftform") nicht mehr gewahrt ist (OLG Rostock, Urteil v. 21.8.2000, 3 U 135/99, NZM 2001 S. 426).

> Werden in einem Formularmietvertrag, der sowohl den Abschluss von befristeten als auch von unbefristeten Mietverhältnissen vorsieht, Kündigungsfristen aufgenommen, sollte durch eine unmissverständliche Formulierung klargestellt werden, dass die genannten Fristen nur für **un**befristet abgeschlossene Mietverhältnisse gelten.

Geht der Vermieter irrtümlich von einer wirksamen Zeitmietvertragsklausel aus und bestätigt dem Mieter nach dessen Kündigung einen falschen – zu späten – Kündigungstermin, so verletzt der Vermieter dadurch seine nachvertraglichen Auskunfts- und Abwicklungspflichten und macht sich dem Mieter gegenüber schadenersatzpflichtig. Hat die Hausverwaltung dem Mieter den falschen Termin genannt, muss sich der Vermieter das fahrlässige Verhalten der Hausverwaltung gemäß § 278 BGB zurechnen lassen (LG Berlin, Urteil v. 15.11.2010, 67 S 115/10, ZMR 2012 S. 274).

Die Kündigungsfrist beginnt mit dem **Zugang** der Kündigung zu laufen (§§ 130 bis 132 BGB (vgl. „Kündigung", Abschnitt 1.9 „Zugang der Kündigung").

Die Kündigungsfrist kann (bei zeitlichem Auseinanderfallen von Vertragsabschluss und Mietbeginn) schon vor Mietbeginn durch Kündigung in Gang gesetzt werden, wenn sich durch Vertragsauslegung nichts anderes ergibt (BGH, Urteil v. 21.2.1979, VIII ZR 88/78, NJW 1979 S. 1288; so auch LG Krefeld, Urteil v. 26.2.2003, 2 S 98/02, ZMR 2003 S. 574, wonach die Kündigungsfrist grundsätzlich mit dem Zugang des Kündigungsschreibens zu laufen beginnt, wenn das Mietverhältnis schon vor Mietbeginn gekündigt wird).

Die **Berechnung** der Fristen richtet sich nach den §§ 186 bis 193 BGB:

Ist an einem bestimmten Tag oder innerhalb einer Frist eine Willenserklärung (z. B. Kündigung) abzugeben oder eine Leistung zu bewirken (z.B. Räumung) und fällt der bestimmte Tag oder der letzte Tag der Frist auf einen Sonntag, einen am Erklärungs- oder Leistungsort staatlich anerkannten allgemeinen Feiertag oder einen Samstag, so tritt an dessen Stelle der nächste Werktag (§ 193 BGB).

§ 193 BGB gilt **nicht** für **gesetzliche Kündigungsfristen**, da für sie kein bestimmter Tag vorgesehen ist und sie dem Gekündigten zu seinem Schutz unverkürzt zur Verfügung stehen müssen (BGH, Urteil v. 17.2.2005, III ZR 172/04, WuM 2005 S. 247; Palandt, § 193 BGB Rn. 3). Soll z.B. mit einer Frist von 6 Monaten zum 30.9. gekündigt werden, muss die Kündigung dem Empfänger spätestens am 31.3. zugehen, auch wenn dieser Tag ein Samstag, Sonn- oder Feiertag ist. Eine **Verlängerung** über den 31.3. hinaus bis zum nächsten Werktag findet entgegen § 193 BGB nicht statt. Entsprechendes gilt, wenn das **Ende** des Mietverhältnisses auf einen Sonn- oder Feiertag fällt. Das Mietverhältnis verlängert sich in diesem Fall nicht bis zum nächsten Werktag; jedoch wird die Räumungsverpflichtung erst am nächsten Werktag fällig, mit der Folge, dass der Mieter für diese Zeit keine Nutzungsentschädigung zu zahlen hat (s. „Nutzungsentschädigung").

Dagegen ist § 193 BGB anwendbar, wenn sich ein Vertrag verlängern soll, falls die Verlängerung nicht bis zu einem bestimmten Zeitpunkt abgelehnt wird, da die „Kündigung" in diesem Fall keine wirkliche Kündigung, sondern eine Willenserklärung ist, durch die das Angebot zur Vertragsverlängerung abgelehnt wird (BGH, Urteil v. 16.10.1974, VIII ZR 74/73, NJW 1975 S. 40).

Ebenfalls anwendbar ist § 193 BGB, wenn eine Karenzzeit kraft Gesetz (§ 580a Abs. 1 Nr. 3 und § 573c Abs. 1 BGB – „spätestens am dritten Werktag eines Kalendermonats") oder Vereinbarung gilt und der dritte Tag auf einen Samstag, Sonn- oder Feiertag fällt. Ist z.B. eine Kündigung dem Vertragspartner „bis zum dritten Werktag" zuzustellen und fällt der **letzte** Tag dieser Karenzzeit auf einen **Samstag**, ist der Zugang der Kündigung am nächsten Werktag, d.h. am Montag, noch fristgerecht. Gleiches gilt, wenn der letzte Tag der Frist auf einen Sonn- oder Feiertag fällt (§ 193 BGB).

Fällt dagegen der **erste** oder **zweite** Tag der Karenzzeit auf einen Samstag, ist dieser als normaler Werktag anzusehen und mitzuzählen, da der Samstag dann nicht „der letzte Tag der Frist" i.S.v. § 193 BGB ist (BGH, Urteil v. 27.4.2005, VIII ZR 206/04, WuM 2005 S. 465).

Beispiel

Fällt der erste Tag eines Monats auf den Samstag, gilt dieser als erster Werktag, der darauffolgende Montag als zweiter Werktag und der Dienstag (Fristablauf) als dritter Werktag.

Der Grundsatz, wonach der Samstag als Werktag anzusehen ist, ergibt sich ferner aus der arbeitsrechtlichen Bestimmung des Bundesurlaubsgesetzes (§ 3 Abs. 2 BUrlG; LG Aachen, Beschluss v. 22.10.2003, 6 T 67/03, WuM 2004 S. 32; LG München I, Urteil v. 30.11.1994, 14 S 15468/94, WuM 1995 S. 103); anders bei der Fälligkeit der Miete: Hier zählt der Samstag nicht als Werktag, da Mietzahlungen meist durch Banküberweisung getätigt werden und der Samstag kein Bankgeschäftstag mehr ist (BGH, Urteile v. 13.7.2010, VIII ZR 129/09 und VIII ZR 291/09).

Kündigt der Mieter das Mietverhältnis zu einem bestimmten Zeitpunkt und fordert er darin den Vermieter auf, dieser solle binnen benannter Frist sein „Einverständnis" mit der Beendigung des Mietverhältnisses zu einem bestimmten Termin (hier: dem nach der unstreitigen Kündigungsfrist richtig berechneten Kalendertag) erklären, hat der Mieter angesichts der Aufhebungswirkung seiner Kündigung keinen Anspruch auf Abgabe der verlangten Erklärung durch den Vermieter. Eine entsprechende Feststellungsklage des Mieters ist daher unzulässig (BGH, Urteil v. 13.1.2010, VIII ZR 351/08, NZM 2010 S. 237).

Bis zum Ablauf der Kündigungsfrist muss der Mieter die vereinbarte Miete zahlen. Der Vermieter muss dem Mieter bis dahin den vertragsgemäßen Gebrauch der Mieträume gewähren. Dies gilt auch dann, wenn der Mieter die Mieträume bereits zu einem früheren Zeitpunkt geräumt hat. Renoviert der Vermieter nach dem Auszug des Mieters, aber vor Beendigung des Mietverhältnisses die Mieträume, sodass eine Benutzung der Räume während der Zeit der Renovierung ausgeschlossen ist, ist die Miete trotz des Auszugs des Mieters während der Dauer der Renovierung auf null reduziert, da während dieser Zeit die Tauglichkeit der Mietsache zum vertragsgemäßen Gebrauch aufgehoben ist. Unerheblich ist, dass der Mieter zu diesem Zeitpunkt bereits ausgezogen war, da es auf eine subjektive Beeinträchtigung des Mieters nicht ankommt (KG Berlin, Urteil v. 10.3.2011, 8 U 187/10, MDR 2011 S. 591).

1.1 Kündigungsfrist bei Wohnraum

Bei einem Mietverhältnis über **Wohn**raum gelten folgende **Kündigungsfristen**:

Sind seit Überlassung des Wohnraums noch keine **5 Jahre** vergangen, ist die ordentliche Kündigung spätestens am dritten Werktag eines Kalendermonats zum Ablauf des übernächsten Monats zulässig (z.B. spätestens am dritten Werktag im Februar zum 30.4.), d.h., die Kündigungsfrist beträgt für **beide** Parteien **3 Monate** (§ 573c Abs. 1 S. 1 BGB).

> Mit dem Mietrechtsreformgesetz wurden sog. **asymmetrische**, d.h. **ungleiche** Kündigungsfristen für Vermieter und Mieter eingeführt. Danach verlängert sich die Frist **nur für den Vermieter** nach 5 und 8 Jahren seit der Überlassung des Wohnraums um jeweils 3 Monate (§ 573c Abs. 1 S. 2 BGB).

Dies bedeutet, dass die Kündigungsfrist für den **Vermieter** ab einer Mietdauer von 5 Jahren **6 Monate** und ab 8 Jahren **9 Monate** beträgt, während es für den Mieter auch in diesen Fällen bei einer Kündigungsfrist von 3 Monaten verbleibt.

Diese Fristen **verlängern** sich für den **Vermieter** um weitere 3 Monate, wenn er von seinem **Sonderkündigungsrecht** im Zweifamilienhaus Gebrauch macht (vgl. § 573a Abs. 1 S. 2; s. „Kündigungsschutz“, Abschnitt 2.5.1 „Kündigung im Zweifamilienhaus (§ 573a BGB)“).

Die Verlängerung der Kündigungsfristen gilt **nicht**, wenn das Mietverhältnis unter Einhaltung der gesetzlichen Frist vorzeitig **(außerordentlich)** gekündigt werden kann (§§ 573d Abs. 2, 575a Abs. 3 BGB; Abschnitte 2.2.2 und 3.2.2).

Eine **vorzeitige Beendigung** des Mietverhältnisses kann grundsätzlich **nur im Einvernehmen** der Parteien erfolgen. Insbesondere ist der Vermieter nicht verpflichtet, mit einem vom Mieter angebotenen **Nachmieter** den Eintritt in das Mietverhältnis zu vereinbaren bzw. mit diesem einen neuen Mietvertrag abzuschließen, wenn es sich nicht um die vorzeitige Beendigung eines langfristigen Mietverhältnisses, sondern lediglich um die Verkürzung der Kündigungsfrist des Mieters handelt (s. „Ersatzmieter“).

Dies gilt auch dann, wenn der Kündigung des Mieters eine Eigenbedarfskündigung des Vermieters vorausgegangen ist und der Mieter früher ausgezogen ist. Zwar kann in dem Auszug ein konkludentes Angebot zum Abschluss eines Mietaufhebungsvertrags gesehen werden. Nimmt der Vermieter dieses Angebot jedoch nicht an, ist eine Verpflichtung zu einem Mietaufhebungsvertrag nicht daraus herzuleiten, dass eine Eigenbedarfskündigung vorausgegangen war, wenn diese erst zu einem wesentlich späteren Zeitpunkt ausgesprochen wurde. Der Vermieter hat dann kein ersichtliches Interesse an einer Rückgabe der Mietwohnung zu einem früheren Termin (LG Mannheim, Urteil v. 3.6.2009, 4 S 5/09, ZMR 2010 S. 194).

Teilt der Vermieter dem Mieter im Kündigungsschreiben jedoch mit, es sei für ihn „kein Problem“, wenn der Mieter vor Ablauf der Kündigungsfrist ausziehen wolle, kann dies nach dem objektiven Empfängerhorizont nur als Angebot zur vorzeitigen Entlassung aus dem Mietvertrag unter Erlass der Verpflichtung zur Mietzinszahlung verstanden werden

(AG Zweibrücken, Urteil v. 26.6.2013, 2 C 71/13, WuM 2013 S. 537).

Teilt der Vermieter dem Mieter dagegen mit, ihn kurzfristig, d.h. ohne Einhaltung der Kündigungsfrist, aus dem Mietverhältnis zu entlassen, wenn er in ein betreutes Wohnen umziehen will, gilt diese Zusage nicht, wenn sich der Mieter anders entscheidet und lediglich in eine andere Wohnung umzieht. Der Umzug in betreutes Wohnen ist nicht mit einem normalen Umzug vergleichbar, da betreute Wohnplätze regelmäßig nur sehr kurzfristig vergeben werden. Bei der Wohnungssuche auf dem freien Wohnungsmarkt kann der Umzug dagegen deutlich besser geplant werden. Der Vermieter kann sich daher mit Recht darauf berufen, dass seine Zusage nur für einen Umzug in ein betreutes Wohnen gilt. Zieht der Mieter trotzdem vorzeitig aus, muss er die Mieten bis zum Ablauf der regulären Kündigungsfrist weiterzahlen (LG München I, 14 S 10364/14).

Für Wohnraum, der **Teil** der vom Vermieter selbst bewohnten Wohnung ist und den der Vermieter überwiegend mit **Einrichtungsgegenständen** auszustatten hat, gilt die **Sonderregelung** des § 573c Abs. 3 BGB, wenn der Wohnraum dem Mieter nicht zum dauernden Gebrauch mit seiner Familie oder mit Personen überlassen ist, mit denen er einen auf Dauer angelegten gemeinsamen Haushalt führt. Danach ist die Kündigung spätestens am 15. eines Monats zum Ablauf dieses Monats zulässig (**14-tägige** Kündigungsfrist).

> Bei einem Mietverhältnis über **Wohn**raum sind sämtliche zum Nachteil des Mieters abweichenden Vereinbarungen **un**wirksam (§ 573c Abs. 4 BGB), z.B. die Vereinbarung von kürzeren Fristen für den Vermieter oder von längeren Fristen für den Mieter.

Dementsprechend ist bei **möbliertem** Wohnraum, der Teil der vom Vermieter bewohnten Wohnung ist, ein – auch beiderseitiger – befristeter **Kündigungsausschluss** (z.B. über einen Zeitraum von 4 Jahren) **unwirksam**, wenn er **formularmäßig** vereinbart, d.h. in den Allgemeinen Geschäftsbedingungen des Mietvertrags enthalten ist. Im Hinblick auf das Mobilitätsinteresse der Personengruppen, die solche Mietverträge in der Regel eingehen (z.B. Studenten), stellt ein solcher genereller, d.h. nicht individuell vereinbarter Kündigungsausschluss eine unangemessene Benachteiligung dar. In diesem Fall verbleibt es somit bei der kurzen 14-tägigen Kündigungsfrist zum Monatsende (AG Hamburg, Urteil v. 1.9.2006, 46 C 95/06).

Eine **kürzere** Kündigungsfrist kann nur dann vereinbart werden, wenn der Wohnraum nur zu **vorübergehendem** Gebrauch vermietet worden ist (§ 573c Abs. 2 BGB, s. „Kündigungsschutz“, Abschnitt 2.5.3 „Kündigung von Wohnraum, der nur zum vorübergehenden Gebrauch vermietet ist (§ 549 Abs. 2 Nr. 1 BGB)“).

Längere Kündigungsfristen, die in sog. **Altmietverträgen**, d.h. in Verträgen, die vor Inkrafttreten der Mietrechtsreform am 1.9.2001 geschlossen wurden, enthalten sind, galten nach der Übergangsvorschrift des Art. 229 § 3 Abs. 10 EGBGB aus Vertrauensschutzgründen weiter, wenn die Fristen zwischen den Parteien seinerzeit „durch Vertrag“ vereinbart worden sind. Hierzu hat der BGH entschieden, dass in diesem Fall auch der Mieter an die **längeren Fristen** gebunden bleibt – unabhängig davon, ob diese **individuell** vereinbart, d.h. ausgehandelt wurden, oder lediglich in einer vorgedruckten Klausel des Formularmietvertrags enthalten sind, die letztlich nur die früher geltenden gesetzlichen Kündigungsfristen wörtlich oder sinngemäß wiedergibt (BGH, Urteil v. 18.6.2003, VIII ZR 324/02, WuM 2003 S. 462).

Diese Rechtsprechung wurde nunmehr durch den Gesetzgeber mit dem Gesetz zur Änderung des EGBGB v. 26.5.2005 (BGBl I S. 1425) unterlaufen. Danach gelten bei Kündigungen durch den **Mieter**, die dem Vermieter nach dem 1.6.2005 zugegangen sind, die längeren Kündigungsfristen des § 565 Abs. 2 BGB a.F. (6 bis 12 Monate) nur noch dann, wenn sie seinerzeit **individuell** vereinbart, d.h. ausgehandelt wurden. Sind die längeren Fristen dagegen lediglich in einer vorgedruckten Klausel eines **Formularmietvertrags** enthalten, liegt **keine** wirksame Vereinbarung vor. In diesem Fall muss der Mieter auch bei der Kündigung eines Altmietvertrags – unabhängig von der Mietdauer – immer nur die neue gesetzliche Kündigungsfrist von 3 Monaten einhalten (zur Unterscheidung von individueller Vereinbarung und Formularklausel s. „Allgemeine Geschäftsbedingungen“).

Für die Praxis wird diese neue gesetzliche Regelung zur Folge haben, dass grundsätzlich nur noch die neue gesetzliche Kündigungsfrist von 3 Monaten zur Anwendung kommen wird, da der Vermieter den ihm obliegenden Beweis des „Aushandelns“ der längeren Kündigungsfrist in aller Regel nicht erbringen kann.

Für die **Vermieter**kündigung sollen dagegen vertragliche **Verlängerungen** der Kündigungsfristen immer weiter gelten (z.B. bei der Eigenbedarfskündigung 12 statt 9 Monate), unabhängig davon, ob der Vertrag vor oder nach dem 1.9.2001 abgeschlossen wurde und ob es sich um einen Formular- oder einen Individualvertrag handelt (so Börstinghaus in NJW 2005 S. 1900; a.A. Wiek, WuM 2007 S. 53, wonach jedenfalls für Kündigungen **ab dem 1.6.2005** auch bei einer solchen Altvereinbarung nach einer Überlassungsdauer von 10 Jahren die **neue** Kündigungsfrist von **9 Monaten** nach § 573c Abs. 1 S. 2 BGB gilt).

Ferner liegt keine wirksame Vereinbarung über **abweichende**, z.B. zum Zeitpunkt des Vertragsschlusses geltende gesetzliche Kündigungsfristen vor, wenn eine Formularklausel in einem vor dem 1.9.2001 abgeschlossenen Wohnungsmietvertrag auf die „gesetzlichen Kündigungsfristen“ und auf eine formularmäßige Fußnote verweist, in der den dort aufgeführten Kündigungsfristen der Zusatz **„zurzeit (zzt.)“** vorangestellt ist (BGH, Urteil v. 15.3.2006, VIII ZR 134/05, NJW 2006 S. 1867).

Unbeschadet der kurzen gesetzlichen Kündigungsfrist von 3 Monaten, die seit Inkrafttreten der Mietrechtsreform (1.9.2001) grundsätzlich für die Kündigung eines Wohnungsmietverhältnisses durch den Mieter gilt, sind vertragliche **Verlängerungsklauseln** in Mietverträgen, die **vor** Inkrafttreten der Mietrechtsreform abgeschlossen wurden, weiterhin wirksam. Ein am 1.9.2001 bereits bestehendes Wohnungsmietverhältnis, das auf **bestimmte** Zeit abgeschlossen und bei dem vereinbart wurde, dass es sich mangels Kündigung (mit gesetzlicher Frist) jeweils um einen bestimmten Zeitraum (z.B. um jeweils ein Jahr) verlängert, kann auch jetzt nur zu dem im Vertrag vereinbarten Ablauftermin gekündigt werden (BGH, Urteil v. 20.6.2007, VIII ZR 257/06, WuM 2007 S. 463; Urteil v. 12.3.2008, VIII ZR 71/07, ZMR 2008 S. 608).

Beispiel

Bei einem Mietverhältnis, das am 1.8.1991 begonnen hat, auf die Dauer von 7 Jahren abgeschlossen worden ist und bei dem vereinbart wurde, dass es sich jeweils um ein Jahr verlängert, falls es nicht mit der gesetzlichen Frist gekündigt wird, kann eine Kündigung (unter Einhaltung der gesetzlichen Kündigungsfrist von **3 Monaten**) nur jeweils zum 31.7. eines Jahres erfolgen.

Insofern liegt auch kein Verstoß gegen § 565 Abs. 2 S. 4 BGB a.F. vor, wenn eine Kündigungsmöglichkeit ausschließlich zum Ende eines bestimmten Kalendermonats besteht (BGH, Urteil v. 11.7.2007, VIII ZR 230/06, ZMR 2007 S. 856).

Gleiches gilt sogar dann, wenn sich das Mietverhältnis nach der vertraglichen Verlängerungsklausel mangels Kündigung um **jeweils 5 Jahre** verlängert (BGH, Urteil v. 23.6.2010, VIII ZR 230/09, WuM 2010 S. 508). Eine solche Klausel widerspricht insbesondere nicht § 565 Abs. 2 BGB a.F., der eine Kündigungsfrist von höchstens 12 Monate vorsah und abweichende Vereinbarungen für unwirksam erklärte, da die Vorschrift auf befristete Mietverhältnisse mit Verlängerungsklauseln nicht anwendbar ist. Ferner liegt auch keine unangemessene Benachteiligung des Mieters (gemäß § 307 Abs. 2 Nr. 2 BGB) vor, da ein mit der wiederkehrenden Befristung des Mietverhältnisses verbundener, vorübergehender, beiderseitiger Kündigungsausschluss keine grundlegenden Rechte des Mieters einschränkt. Schließlich benachteiligt eine solche Vertragsklausel den Mieter auch nicht unangemessen entgegen Treu und Glauben (§ 307 Abs. 1 S. 1 BGB). Dem Mieter wird durch die Vertragsklausel die Möglichkeit eingeräumt, jeweils für eine Zeitspanne von 5 Jahren eine ordentliche Kündigung des Vermieters auszuschließen und somit zu vermeiden, dass er ungewollt aus seinem gewohnten Umfeld herausgerissen wird. Dem Mobilitätsinteresse kommt nach dem früheren Recht keine vergleichbare Bedeutung zu, wie es das heutige Recht vorsieht (BGH, Urteil v. 23.6.2010, a. a. O.).

Für die Berechnung der Dauer des Mietverhältnisses ist der Zeitpunkt des Zugangs der Kündigung und nicht der Kündigungstermin entscheidend. Dabei ist auch diejenige Zeit, in der der jetzige Mieter aufgrund eines Mietvertrags seines früheren Ehegatten die Wohnung berechtigt bewohnt hat, mit zu berücksichtigen (OLG Stuttgart, RE v. 30.12.1983, 8 RE-Miet 3/83, DWW 1984 S. 106).

Ein Vermieterwechsel, z. B. infolge eines Verkaufs, hat keinen Einfluss auf die Berechnung der Kündigungsfristen, da der neue Vermieter mit allen Rechten und Pflichten in das bestehende Mietverhältnis eintritt. Auch beim Abschluss eines neuen Mietvertrags über **dieselbe** Wohnung bemisst sich die Kündigungsfrist nicht nach der Laufzeit des Mietvertrags, sondern nach der gesamten Überlassungsdauer (LG Zwickau, Urteil v. 12.12.1997, 6 S 202/97, WuM 1998 S. 158 m. w. N.). Bei einem **Wohnungswechsel** des Mieters innerhalb des Anwesens wird regelmäßig ein neues Mietverhältnis über ein neues Mietobjekt begründet, sodass die Berücksichtigung der **bisherigen Mietzeit** bei der Berechnung der Kündigungsfrist nur ausnahmsweise berechtigt erscheint, wenn der Wechsel einvernehmlich und auf Wunsch des Vermieters erfolgt ist (vgl. AG Offenbach, Urteil v. 16.4.1985, 37 C 6343/84, WuM 1987 S. 322) oder vom Vermieter zumindest mitveranlasst wurde (AG Kerpen, Urteil v. 10.6.1992, 23 C 83/92, WuM 1994 S. 77; Sternel, Mietrecht, 3. Aufl., IV 55). Davon abweichend wird auch die Meinung vertreten, dass die bisherige Mietzeit unabhängig davon zu berücksichtigen ist, auf wessen Wunsch der Wechsel erfolgt ist (AG Bochum, Urteil v. 25.11.1986, 63 C 172/86, WuM 1987 S. 56).

Verlängerte Kündigungsfristen eines alten Mietvertrags bleiben aber auch nach der Mietrechtsreform bestehen, wenn die Parteien die Mitnahme der Mietdauer des alten Mietvertrags und damit die Fortgeltung der alten Kündigungsfristen **handschriftlich vereinbart** hatten (BGH, Urteil v. 22.6.2005, VIII ZR 326/04, WuM 2005 S. 584).

Ein dem Hauptmietverhältnis vorausgegangenes Untermietverhältnis wird nicht berücksichtigt (vgl. LG Düsseldorf, MDR 1969 S. 763).

> Wird die Kündigungsfrist nicht eingehalten, ist die Kündigung zu diesem Termin zwar unwirksam, sie kann jedoch in eine Kündigung zum nächsten zulässigen Termin umgedeutet werden (§ 140 BGB; vgl. Palandt, § 573 c BGB Rn. 7).

Wird in dem Kündigungsschreiben ein konkreter Kündigungszeitpunkt nicht genannt, ist dies so zu verstehen, dass dann regelmäßig zum nächstmöglichen Zeitpunkt gekündigt werden soll (LG Berlin, Urteil v. 15.11.2010, 67 S 115/10, ZMR 2012 S. 274).

1.2 Kündigungsfrist bei Geschäftsräumen

Bei einem Mietverhältnis über **Geschäftsräume** (s. „Geschäftsräume") ist die **ordentliche** Kündigung spätestens am dritten Werktag eines Kalendervierteljahres zum Ablauf des nächsten Kalendervierteljahres zulässig, z. B. spätestens am dritten Werktag im Juli zum 31.12., d. h. die Kündigungsfrist beträgt für **beide** Parteien **6 Monate** zum Quartalsende (§ 580 a Abs. 2 BGB).

Diese Kündigungsfrist gilt auch bei der **außerordentlichen befristeten** Kündigung von Geschäftsräumen (§ 580 a Abs. 4 BGB; s. „Kündigung", Abschnitt 2.2 „Außerordentliche Kündigung durch den Mieter" und Abschnitt 3.2 „Außerordentliche Kündigung durch den Vermieter").

Die Kündigungsfrist des § 580 a BGB ist **abdingbar**, d. h. es kann eine kürzere, längere oder auch für die Parteien unterschiedliche Frist vereinbart werden. Die Karenzzeit des § 580 a BGB („spätestens am dritten Werktag") ist für eine vereinbarte längere Frist entsprechend anwendbar (Palandt, § 580a BGB Rn. 7).

Bei einem Mietvertrag über Geschäftsräume, der auf bestimmte Zeit abgeschlossen werden sollte, jedoch mangels Einhaltung der Schriftform als für unbestimmte Zeit geschlossen gilt (§ 550 BGB; s. „Schriftform"), sind vertraglich vereinbarte Kündigungsfristen jedenfalls dann nicht maßgebend, wenn diese länger sind als die gesetzlichen Kündigungsfristen (BGH, Urteil v. 29.3.2000, XII ZR 316/97, NZM 2000 S. 545).

1.3 Kündigungsfrist bei sonstigen Räumen

Bei einem Mietverhältnis über **Grundstücke und Räume**, die **keine Geschäfts**räume sind (z.B. Garage), ist die Kündigung gemäß § 580a Abs. 1 BGB zulässig, wenn

- die Miete nach **Tagen** bemessen ist, an jedem Tag zum Ablauf des folgenden Tages;
- die Miete nach **Wochen** bemessen ist, spätestens am ersten Werktag einer Woche zum Ablauf des folgenden Sonnabends;
- die Miete nach **Monaten** oder längeren Zeitabschnitten bemessen ist, spätestens am dritten Werktag eines Kalendermonats zum Ablauf des übernächsten Monats (z.B. am dritten Werktag im Februar zum 30.4.), bei einem Mietverhältnis über **gewerblich genutzte** unbebaute Grundstücke jedoch nur zum Ablauf eines Kalendervierteljahres, d.h. nur für den Ablauf des 31.3., 30.6., 30.9. oder 31.12. jeweils durch Kündigungszugang spätestens am dritten Werktag des Januar zum 31.3., des April zum 30.6., des Juli zum 30.9., des Oktober zum 31.12.

Kündigungsschutz

Inhaltsübersicht

		Seite
1	**Allgemeines**	582
2	**Kündigungsgründe (§ 573 BGB)**	583
2.1	Schuldhafte Vertragsverletzungen durch den Mieter (§ 573 Abs. 2 Nr. 1 BGB)	583
2.2	Eigenbedarf (§ 573 Abs. 2 Nr. 2 BGB)	590
2.3	Hinderung der wirtschaftlichen Verwertung (§ 573 Abs. 2 Nr. 3 BGB)	590
2.4	Sonstige berechtigte Interessen	602
2.4.1	Betriebsbedarf	603
2.4.2	Öffentlicher Bedarf	604
2.4.3	Überbelegung	606
2.4.4	Unzumutbarkeit	606
2.4.5	Wirtschaftliche Interessen	606
2.4.6	Zweckbindung	606
2.4.7	Modernisierung	607
2.4.8	Fehlende Nutzungsgenehmigung	607
2.5	Ausnahmen vom Kündigungsschutz	607
2.5.1	Kündigung im Zweifamilienhaus (§ 573a BGB)	607
2.5.2	Teilkündigung von Nebenräumen (§ 573b BGB)	613
2.5.3	Kündigung von Wohnraum, der nur zum vorübergehenden Gebrauch vermietet ist (§ 549 Abs. 2 Nr. 1 BGB)	615
2.5.4	Kündigung von Wohnraum innerhalb der Vermieterwohnung (§ 549 Abs. 2 Nr. 2 BGB)	616

2.5.5 Kündigung von Wohnraum zur Überlassung an Personen mit dringendem Wohnungsbedarf (§ 549 Abs. 2 Nr. 3 BGB) 617
2.5.6 Kündigung von Wohnraum in einem Studenten- oder Jugendwohnheim (§ 549 Abs. 3 BGB) 617
2.6 Sonderregelungen auf dem Gebiet der ehemaligen DDR 617

3 Die Sozialklausel (§ 574 BGB) 619

1 Allgemeines

Mietverträge können grundsätzlich von jeder Vertragspartei unter Einhaltung bestimmter Fristen frei gekündigt werden. Eine bedeutsame Ausnahme von diesem allgemeinen Grundsatz besteht für die Kündigungsbefugnis des Vermieters von **Wohn**raum:

Der Vermieter von Wohnraum kann – von wenigen Ausnahmen abgesehen – das Mietverhältnis nur dann kündigen, wenn er ein **berechtigtes Interesse** an der Beendigung des Mietverhältnisses hat (§ 573 BGB). Zur Verhinderung einer Umgehung dieses Bestandsschutzes durch Abschluss von zeitlich begrenzten Mietverträgen können Zeitmietverträge nur unter bestimmten Voraussetzungen abgeschlossen werden (§ 575 BGB; s. „Zeitmietvertrag“).

Diese Bestimmungen sind vertraglich nicht abänderbar und gelten daher selbst dann, wenn der Mietvertrag ausdrücklich erleichterte Kündigungsvoraussetzungen für den Vermieter vorsieht.

> Die Klausel „Das Mietverhältnis kann unter Einhaltung einer Frist von … Monaten gekündigt werden“ bestimmt lediglich die einzuhaltende Frist und kann keine Befreiung vom Kündigungsschutz darstellen, sodass das Mietverhältnis – soweit die Vereinbarung der Frist überhaupt wirksam war (s. „Kündigungsfristen“) – mit dieser Frist nur bei Vorliegen eines berechtigten Interesses gekündigt werden kann.

Zur Verhinderung der Umgehung der Kündigungsschutzvorschriften kann sich der Vermieter auch auf eine Vereinbarung, nach der er berechtigt sein soll, nach Überlassung der Wohnung an den Mieter vom Vertrag **zurückzutreten**, nicht berufen. Ferner kann der Vermieter sich nicht auf eine Vereinbarung berufen, nach der das Mietverhältnis zum Nachteil des Mieters **auflösend bedingt** ist (§ 572 BGB).

Trotz Vorliegens eines berechtigten Interesses und einer darauf gestützten wirksamen Kündigung kann der Vermieter nicht sichergehen, dass ihm die Räume nach Ablauf der Kündigungsfrist auch zur Verfügung stehen, da der Mieter berechtigt ist, der Kündigung zu widersprechen und die Fortsetzung des Mietverhältnisses zu verlangen, wenn die vertragsgemäße Beendigung des Mietverhältnisses für ihn, seine Familie oder einen anderen Angehörigen seines Haushalts eine **Härte** bedeuten würde, die auch unter Würdigung der berechtigten Interessen des Vermieters nicht zu rechtfertigen ist (§ 574 Abs. 1 BGB; s. Abschnitt 3).

Der Umstand, dass die Beendigung eines Mietverhältnisses über Wohnraum zum einen ein berechtigtes Interesse des Vermieters voraussetzt und zum anderen der Mieter aber trotzdem bei Vorliegen einer Härte widersprechen und die Fortsetzung verlangen kann, wird zutreffend als „doppelter Kündigungsschutz“ bezeichnet.

> Die Schutzvorschriften zugunsten des Mieters gelten **nicht** bei Vermietung von **anderen** Räumen (z. B. **Geschäftsräumen**). Insoweit verbleibt es bei dem allgemeinen Grundsatz der freien Kündbarkeit (s. „Geschäftsräume“).

Allerdings bleibt ein Wohnraummietverhältnis auch dann ein solches und wird nicht automatisch zu einem Geschäftsraummietverhältnis, wenn der Mieter in der vermieteten Wohnung – vertragswidrig – eine gewerbliche Tätigkeit ausübt (OLG Düsseldorf, Beschluss v. 19.4.2007, 10 U 69/03, NZM 2007 S. 799).

2 Kündigungsgründe (§ 573 BGB)

Nach § 573 Abs. 1 BGB kann der Vermieter von **Wohn**raum ein Mietverhältnis nur kündigen, wenn er ein **berechtigtes Interesse** an der Beendigung hat. Eine Ausnahme besteht nach §§ 549 Abs. 2, 573a, 573b BGB nur für bestimmte Arten von Mietverhältnissen (s.u. Abschnitt 2.5 „Ausnahmen vom Kündigungsschutz"). Die Formulierung „insbesondere" in Abs. 2 bedeutet aber, dass die in Nr. 1 bis 3 genannten Gründe nicht abschließend sind und andere – gleichwertige – Gründe ein berechtigtes Interesse darstellen können (s.u. Abschnitt 2.4 „Sonstige berechtigte Interessen").

2.1 Schuldhafte Vertragsverletzungen durch den Mieter (§ 573 Abs. 2 Nr. 1 BGB)

Ein berechtigtes Interesse des Vermieters an der Beendigung des Mietverhältnisses liegt vor, wenn der Mieter seine vertraglichen Verpflichtungen **schuldhaft** nicht unerheblich verletzt hat.

> Diese Kündigung ist daher auch bei einer schuldhaften Vertragsverletzung **geringeren Gewichts** möglich, die für sich genommen noch nicht zur fristlosen Kündigung berechtigen würde (LG Berlin, Urteil v. 17.11.2000, 64 S 291/00, NZM 2002 S. 338).

Praktisch relevant ist dies insbesondere bei Vorliegen von **Mietrückständen**. Während der Vermieter zur **außerordentlichen fristlosen** Kündigung (gemäß § 543 Abs. 2 Nr. 3 BGB) erst dann berechtigt ist, wenn der Mieter mit **zwei** Monatsmieten in Verzug ist, liegt für den Vermieter ein Grund zur **ordentlichen** Kündigung des Mietverhältnisses bereits dann vor, wenn der Rückstand **eine** Monatsmiete übersteigt und die Verzugsdauer mindestens einen Monat beträgt. Ein solcher Rückstand stellt nach der Rechtsprechung des BGH eine nicht unerhebliche Verletzung der Zahlungspflicht durch den Mieter dar, die den Vermieter zur ordentlichen Kündigung des Mietverhältnisses berechtigt (BGH, Urteil v. 10.10.2012, VIII ZR 107/12). Aber auch ein Mietrückstand von nur knapp einer Monatsmiete kann im Zusammenhang mit deutlichen **Verspätungen** in den Vormonaten bereits eine erhebliche Pflichtverletzung darstellen, die die Interessen des Vermieters an einem möglichst reibungslosen Ablauf des Mietverhältnisses deutlich schädigt und den Vermieter daher zur ordentlichen Kündigung des Mietverhältnisses berechtigt (LG Aachen, Urteil v. 14.2.2013, 2 S 348/12, ZMR 2013 S. 797). Soweit durch den Zahlungsrückstand die Voraussetzungen des § 543 Abs. 2 Nr. 3 BGB erfüllt sind (s. „Kündigung", Abschnitt 3.2.1.2 „Fristlose Kündigung wegen Zahlungsverzugs (§ 543 Abs. 2 Nr. 3 BGB)"), kann der Vermieter unstreitig statt fristlos auch ordentlich nach § 573 Abs. 1 BGB kündigen. Gleiches gilt, wenn durch laufende unpünktliche Zahlung der Tatbestand des § 543 Abs. 1 BGB gegeben ist (s. „Kündigung", Abschnitt 3.2.1. „Außerordentliche fristlose Kündigung aus wichtigem Grund"), wobei an das Erheblichkeitskriterium des § 573 Abs. 2 Nr. 1 BGB geringere Anforderungen zu stellen sind als an die Unzumutbarkeitsvoraussetzungen in § 543 Abs. 1 BGB.

Ein Kündigungsgrund ist auch gegeben, wenn der Mieter eine (durch Urteil bzw. Vollstreckungsbescheid) **titulierte** Monatsmiete nicht zahlt, da dies einen elementaren Pflichtverstoß darstellt, der bereits für sich gesehen die Vertrauensgrundlage zwischen den Mietvertragsparteien nachhaltig stört und das Festhalten des Vermieters an dem Mietverhältnis unzumutbar macht (LG Wiesbaden, Urteil v. 14.2.2003, 3 S 94/02, NJW-RR 2003 S. 1096).

Bei Berechnung der Zahlungsrückstände sind auch z.B. **Nachforderungen** aus Betriebskostenabrechnungen mit einzubeziehen, da § 573 BGB im Gegensatz zu § 543 Abs. 2 Nr. 3 BGB keine Beschränkung auf periodisch wiederkehrende Leistungen enthält (s. „Kündigung", Abschnitt 3.2.1.2 „Fristlose Kündigung wegen Zahlungsverzugs (§ 543 Abs. 2 Nr. 3 BGB)").

Dagegen stellt es keinen Kündigungsgrund dar, wenn der Mieter Prozesskosten aus einem früheren Räumungsprozess nicht bezahlt. Zwar stellt die unterlassene Zahlung der Prozesskosten eine Verletzung der vertraglichen Pflichten des Mieters dar; jedoch erreichen diese noch nicht die erforderliche Erheblichkeitsschwelle. Bei der Beurteilung der Erheblichkeit darf die Wertung des § 569 Abs. 3 Nr. 2 BGB nicht außer Betracht bleiben. Hiernach wird eine auf Zahlungsverzug gestützte Kündigung aus wichtigem Grund unwirksam, wenn der Mieter bis zum Ablauf von 2 Monaten nach Eintritt der Rechtshängigkeit des Räumungsanspruchs die fälligen Mietzahlungen begleicht. Das Ziel der Regelung ist, die Obdachlosigkeit des Mieters zu vermeiden. Wenn dem Vermieter nun nach Zahlung der ausstehenden Rückstände weiterhin die Möglichkeit verbliebe, dem Mieter zu kündigen, weil dieser wirtschaftlich nicht in der Lage ist, die Prozesskosten des erledigten Räumungsrechtsstreits zu begleichen, widerspricht dies den Intentionen des § 569 Abs. 3 Nr. 2 BGB (BGH, Urteil v. 14.7.2010, VIII ZR 267/09).

Die ordentliche Kündigung wegen Zahlungsverzugs nach § 573 Abs. 2 Nr. 1 BGB kann **nicht** durch nachträgliche Zahlung unwirksam gemacht werden, da die für die fristlose Kündigung geltende Vorschrift des § 569 Abs. 3 Nr. 2 BGB (**„Schonfrist"**) (s. „Kündigung", Abschnitt 3.2.1.2 „Fristlose Kündigung wegen Zahlungsverzugs (§ 543 Abs. 2 Nr. 3 BGB)") nicht analog auf die ordentliche Kündigung anwendbar ist (BGH, Urteil v. 16.2.2005, VIII ZR 6/04, NZM 2005 S. 334; so bereits OLG Stuttgart, RE v. 28.8.1991, 8 RE-Miet 2/91, WuM 1991 S. 526; OLG Karlsruhe, RE v. 19.8.1992, 3 RE-Miet 1/92, WuM 1992 S. 517). Diese setzt bereits eine **schuldhafte** Vertragsverletzung des Mieters von erheblichem Gewicht voraus, sodass hier kein Bedürfnis besteht, dem Mieter auch noch eine Schonfrist einzuräumen. Allerdings kann sich der Mieter gegenüber der **ordentlichen** Kündigung – anders als bei der fristlosen Kündigung – auf eine **unverschuldete** Zahlungsunfähigkeit infolge unvorhergesehener wirtschaftlicher Engpässe berufen. Eine vorübergehende wirtschaftliche Notlage muss der Mieter detailliert darlegen (LG Hamburg, Urteil v. 9.6.2009, 316 S 106/08, ZMR 2010 S. 117). Die Nachzahlung der Miete kann ein etwaiges Fehlverhalten des Mieters und das Maß seines Verschuldens abmildern (BGH, a.a.O.). Insofern sind die **Höhe des Rückstands** sowie auch das gesamte **Mieterverhalten** zu berücksichtigen. Befanden sich die Mieter z.B. in einer Phase der beruflichen Neuorientierung, die zu den Mietrückständen geführt hat, und haben sie vor der Kündigung ferner eine Akontozahlung auf den Rückstand geleistet, den Saldo anerkannt und für den ausstehenden Rest eine Ratenzahlung angeboten, ist die Durchsetzung des Räumungsanspruchs mit dem Grundsatz von Treu und Glauben (§ 242 BGB) nicht vereinbar (LG Hamburg, Urteil v. 12.10.2006, 307 S 99/06, WuM 2007 S. 74).

Dementsprechend kann sowohl die fristlose als auch die ordentliche Kündigung unbegründet sein, wenn der Mieter innerhalb der Schonfrist den Mietrückstand vollständig ausgleicht und er davor nicht vorwerfbar schuldhaft zahlungsunfähig geworden ist (z.B. bei erkrankungsbedingter schwerer Depression; so LG Hamburg, Urteil v. 12.7.2007, 334 S 97/06, WuM 2007 S. 709). Jedenfalls muss der Rückstand binnen **kurzer Zeit** ausgeglichen werden. Eine Mietzahlung, die deutlich außerhalb der Schonfrist (§ 569 Abs. 3 Nr. 2 BGB) erfolgt (hier: 9 Monate nach Ausspruch der Kündigung), lässt eine Pflichtverletzung des Mieters, die den Vermieter zur ordentlichen Kündigung des Mietverhältnisses berechtigt hat, nicht in einem für den Mieter milderen Licht erscheinen (BGH, Urteil v. 10.10.2012, VIII ZR 107/12, NZM 2013 S. 20). Ein knappes halbes Jahr zwischen Zugang der Kündigung und der Zahlung ist zu lang (KG Berlin, Urteil v. 24.7.2008, 8 U 26/08, DWW 2009 S. 26).

Spricht der Vermieter eine wirksame außerordentliche (fristlose) und hilfsweise eine ordentliche (fristgemäße) Kündigung wegen Zahlungsverzugs aus, führt ein innerhalb der Schonfrist des § 569 Abs. 3 Nr. 2 BGB vorgenommener Ausgleich sämtlicher Rückstände durch den Mieter ausschließlich zur Unwirksamkeit der außerordentlichen Kündigung. Ein Festhalten des Vermieters an der ordentlichen Kündigung trotz Zahlungsausgleichs ist nur in seltenen, besonders gelagerten Ausnahmefällen treuwidrig. Die Unverzüglichkeit des Zahlungsausgleichs durch den Mieter nach Zugang der Kündigung allein macht das Festhalten des

Vermieters an der ordentlichen Kündigung nicht treuwidrig (LG Berlin, Beschluss v. 16.9.2014, 67 S 290/14, MDR 2014 S. 1250).

Das Festhalten des Vermieters an der fristgemäßen Kündigung ist auch nach Bezahlung aller offenstehenden Mieten jedenfalls dann nicht treuwidrig (§ 242 BGB), wenn der Mieter schon früher mit der Mietzahlung in einer Weise in Verzug geraten war, die zur Kündigung berechtigte (LG Berlin, Urteil v. 17.1.2014, 65 S 366/13, GE 2014 S. 394).

Ferner ist die Berufung auf eine fristgemäße Kündigung wegen nicht gezahlter Mieten und Betriebskostennachforderungen nicht rechtsmissbräuchlich, wenn der Mieter trotz Mahnung über einen längeren Zeitraum mit den Betriebskostennachforderungen in Verzug war (LG Berlin, Urteil v. 5.3.2014, 65 S 406/13, GE 2014 S. 589).

Die **Beweislast** für das fehlende Verschulden an den Zahlungsschwierigkeiten trägt der **Mieter**. Der Vortrag des Mieters, er sei arbeitslos und lebe von Arbeitslosengeld II, genügt insofern nicht (KG Berlin, a.a.O.).

Die ordentliche Kündigung wegen schuldhafter, nicht unerheblicher Vertragsverletzung des Mieters (§ 573 Abs. 2 Nr. 1 BGB, z.B. wegen Mietrückständen oder laufend unpünktlicher Mietzahlung) setzt **nicht** eine **Abmahnung** des Mieters durch den Vermieter voraus (BGH, Urteil v. 28.11.2007, VIII ZR 145/07, WuM 2008 S. 31). Die Abmahnung ist lediglich ein Gesichtspunkt bei der Prüfung, ob eine schuldhafte nicht unerhebliche Pflichtverletzung des Mieters vorliegt. Dementsprechend kann der Abmahnung aber ausnahmsweise Bedeutung zukommen, als erst ihre Missachtung durch den Mieter der Vertragsverletzung das für die Kündigung erforderliche Gewicht verleiht, z.B. bei leichteren Verstößen (geringe Verspätung, geringer Rückstand) oder weil nur ein schlichtes Versehen des Mieters vorgelegen hat oder eine Duldung des Vermieters zu vermuten war (BGH, Urteil v. 28.11.2007, a.a.O.). Dementsprechend setzt die Kündigung eine Abmahnung voraus, wenn der Vermieter die unpünktlichen Zahlungen bislang während des gesamten, schon jahrelang bestehenden Mietverhältnisses geduldet hat (AG Pinneberg, Urteil v. 12.9.2008, 67 C 91/08, NZM 2009 S. 432).

Der Zahlungsrückstand mit **kleineren** – für sich betrachtet nicht erheblichen – Beträgen kann deshalb gleichfalls eine erhebliche Vertragsverletzung darstellen, wenn er **wiederholt** vorliegt und der Mieter trotz einer entsprechenden Abmahnung (s. „Abmahnung“) weiterhin ständig unpünktlich zahlt (vgl. BGH, Urteile v. 23.9.1987, VIII ZR 265/86, ZMR 1988 S. 16; LG Berlin, Urteil v. 17.9.1984, 61 S 542/83, MDR 1985 S. 586; LG Stuttgart, Urteil v. 13.8.1986, 13 S 134/86, WuM 1988 S. 18).

Da es keine verbindliche Regelung darüber gibt, wie lange bzw. wie oft der Mieter zur Erfüllung des Tatbestands des § 573 BGB unpünktlich vor und nach der Abmahnung gezahlt haben muss, kommt es in erster Linie auf die konkreten **Umstände des Einzelfalls** an, u.a. auch darauf, ob und wie lange das Mietverhältnis schon störungsfrei besteht, wie hoch die jeweiligen Rückstände sind und waren und ob Entschuldigungsgründe für die verspätete Zahlung vorliegen (vgl. z.B. LG Braunschweig, Urteil v. 5.10.1984, 6 S 144/84, WuM 1987 S. 201). Eine ordentliche Kündigung des Vermieters wegen schuldhaft nicht unerheblicher Verletzung von Zahlungspflichten nach § 573 Abs. 2 Nr. 1 BGB ist z.B. dann berechtigt, wenn der Mieter trotz Abmahnung mehrere Monate hintereinander die Miete unpünktlich zahlt, die Erhöhung von Betriebskostenvorschüssen schlicht ignoriert und die Erhöhungsbeträge 15 Monate lang nicht bezahlt (LG Berlin, Beschluss v. 5.6.2013, 18 S 104/13, GE 2013 S. 1522). An einem Verschulden kann es fehlen, wenn sich der Mieter in einem **entschuldbaren Irrtum** über seine Berechtigung zur (teilweisen) Zahlungsverweigerung befunden hat (vgl. z.B. LG Mannheim, Urteil v. 8.10.1986, 4 S 9/86, WuM 1987 S. 317; LG Osnabrück, Urteil v. 30.4.1985, 1 S 39/85, WuM 1986 S. 93). Soweit tatsächlich eine Berechtigung zur Minderung oder ein Zurückbehaltungsrecht bestand, liegt schon eine Vertragsverletzung nicht vor.

Eine Verletzung von vertraglichen Verpflichtungen kann auch erfolgen durch Belästigungen und Störungen des Hausfriedens, vertragswidrigen Gebrauch der Mietsache, z. B. durch Vernachlässigung oder unberechtigte Gebrauchsüberlassung; insofern kann auch die Fortdauer der Gebrauchsüberlassung nach Ablauf der vom Vermieter eingeräumten Überlassungsdauer eine schuldhafte Vertragsverletzung darstellen (LG Stuttgart, Urteil v. 21.11.1991, 6 S. 208/91, WuM 1992 S. 122).

Ein **vertragswidriger Gebrauch**, z. B. durch unbefugte Gebrauchsüberlassung oder Vernachlässigung der Mietsache, stellt unstreitig einen Kündigungsgrund nach § 573 BGB dar, wenn die Voraussetzungen des § 543 Abs. 2 S. 1 Nr. 2 BGB für eine fristlose Kündigung erfüllt sind (s. „Kündigung", Abschnitt 3.2.1.1 „Fristlose Kündigung wegen vertragswidrigen Gebrauchs (Verletzung der Rechte des Vermieters; § 543 Abs. 2 Nr. 2 BGB)").

Jedoch können auch Vertragsverletzungen geringeren Ausmaßes – sofern sie nicht unerheblich sind – einen Kündigungsgrund nach § 573 BGB darstellen; selbst dann, wenn eine Beeinträchtigung der Rechte des Vermieters (z. B. Beschädigung der Mietsache) nicht eingetreten ist, da § 573 BGB im Gegensatz zu § 543 Abs. 2 Nr. 2 BGB nicht auf die Auswirkungen der Vertragsverletzung (erhebliche Verletzung der Rechte des Vermieters), sondern lediglich auf die Vertragswidrigkeit der Handlung bzw. Unterlassung selbst abstellt.

> Dagegen kann gegen Vertragsverletzungen geringeren Umfangs nur mit der Unterlassungsklage vorgegangen werden.

Bei der **unerlaubten Gebrauchsüberlassung** der Wohnung bzw. eines Teils an einen Dritten schließt ein bestehender Rechtsanspruch des Mieters auf Erteilung der Erlaubnis (s. „Untermiete") zwar die fristlose Kündigung nach § 543 Abs. 2 Nr. 2 BGB (s. „Kündigung", Abschnitt 3.2.1.1 „Fristlose Kündigung wegen vertragswidrigen Gebrauchs (Verletzung der Rechte des Vermieters; § 543 Abs. 2 Nr. 2 BGB)"), nicht aber die ordentliche Kündigung nach § 573 Abs. 2 Nr. 1 BGB aus (BayObLG, Beschluss v. 26.4.1995, RE-Miet 3/94, BayObLGZ 1995 S. 162 = WuM 1995 S. 378). Diese ist begründet, wenn die unerlaubte Gebrauchsüberlassung eine **schuldhafte** und **nicht unerhebliche** Pflichtverletzung darstellt. Ein Mieter, der es unterlässt, vor der Überlassung der Mietsache an einen Dritten die Erlaubnis des Vermieters einzuholen, nimmt dem Vermieter die Möglichkeit, seine eigenen Belange in dem von § 553 Abs. 1 S. 2 BGB gesteckten Rahmen zur Geltung zu bringen und seine Rechte zu wahren (s. BGH, RE v. 3.10.1984, VIII ARZ 2/84, BGHZ 92 S. 213, 220 = NJW 1985 S. 130; LG München I, Urteil v. 8.10.1986, 14 S 10002/86, ZMR 1988 S. 266). Dadurch verstößt der Mieter gegen seine vertraglichen Pflichten. Ob es sich dabei um eine schuldhafte und nicht unerhebliche Pflichtverletzung gehandelt hat, ist anhand der konkreten Umstände des Einzelfalls zu entscheiden. Dies gilt **auch** dann, wenn der Mieter einen **Anspruch** auf Erteilung der Erlaubnis zur Untervermietung hat.

Ob ein derartiger Vertragsverstoß des Mieters ein die **ordentliche Kündigung** des Mietverhältnisses rechtfertigendes Gewicht hat, ist unter Würdigung der konkreten Umstände des Einzelfalls zu beurteilen. Hierbei kommt es auch auf die Gründe an, die den Mieter dazu veranlassen, einem Dritten ohne die Genehmigung des Vermieters den Gebrauch der Mietsache zu überlassen; insbesondere eine **bewusste** Missachtung der Belange oder der Person des Vermieters kann die Vertragsverletzung als gravierend erscheinen lassen (BGH, Urteil v. 2.2.2011, VIII ZR 74/10, WuM 2011 S. 169).

Hat der Mieter eine Erlaubnis zur Untervermietung vom Vermieter **rechtzeitig** erbeten und war der Vermieter zur Erteilung der Erlaubnis verpflichtet, ist eine auf die fehlende Erlaubnis gestützte Kündigung des Vermieters rechtsmissbräuchlich, wenn der Vermieter auf die Anfrage des Mieters nicht reagiert hat und ihm somit selbst eine Vertragsverletzung zur Last fällt (BGH, Urteil v. 2.2.2011, a. a. O.).

Eine erhebliche Pflichtverletzung ist jedenfalls dann gegeben, wenn sich der Mieter bewusst über die Verfahrensregelungen des § 553

Abs. 1 BGB hinwegsetzt, die der Gesetzgeber für den Ausgleich der widerstreitenden Interessen der Vertragsparteien getroffen hat (BayObLG, a. a. O.).

Eine Kündigung wegen unerlaubter Gebrauchsüberlassung ist auch begründet, wenn der Mieter die Wohnung zwar nur für einen begrenzten, jedoch die normale Besuchsdauer überschreitenden Zeitraum Dritten überlässt. Insofern überschreitet jedenfalls ein Zeitraum von 3 Monaten bereits die normale Besuchsdauer, wobei es unerheblich ist, ob die Wohnung an Verwandte oder Fremde überlassen wurde (AG Frankfurt/M., Urteil v. 12.1.1995, Hö 3 C 5170/94, 3 C 5170/94, WuM 1995 S. 396). Ferner kommt es auch nicht darauf an, ob eine Untervermietung oder nur eine Gebrauchsüberlassung vorliegt, da der Vermieter ein berechtigtes Interesse daran hat, dass die Wohnung nicht von ihm unbekannten Personen benutzt wird (AG Frankfurt/M., a. a. O.).

Belästigungen des Vermieters und Störungen des Hausfriedens, z. B. laufende Ruhestörungen durch Lärm (s. „Lärm“), Gerüche, Verletzungen der Hausordnung (s. „Hausordnung“), stellen ebenfalls Vertragsverletzungen i. S. d. § 573 Abs. 2 Nr. 1 BGB dar; ebenso Straftaten, z. B. Nötigung des Vermieters oder seines Beauftragten. Insofern ist z. B. eine fristgerechte Kündigung wegen erheblicher Pflichtverletzung begründet, wenn der Mieter eine Beauftragte des Vermieters, die ihn in seiner Wohnung zur Klärung von Streitigkeiten aufgesucht hatte, gewaltsam am Verlassen der Wohnung hindert, z. B. durch Versperrung des Weges. Dies gilt selbst dann, wenn der Mieter auf die Polizei warten wollte, die Geschädigte auch nicht berührt und auch nicht mit einer Waffe bedroht hat. Ein Hindern am Verlassen der Wohnung stellt einen schweren und nachhaltigen Eingriff in die Freiheit dar, der die Fortführung des Mietverhältnisses für den Vermieter unzumutbar macht (LG Berlin, Beschluss v. 16.7.2013, 67 S 232/13, GE 2013 S. 1521).

Auch Verstöße gegen mietvertragliche **Vereinbarungen**, z. B. gegen ein vertraglich vereinbartes Rauchverbot, können eine schuldhafte Vertragsverletzung darstellen. Rauchen in der Mietwohnung gehört zwar nach überwiegender Meinung grundsätzlich zum vertragsgemäßen Gebrauch der Mietsache; durch individuelle Vereinbarung kann jedoch ein **Rauchverbot** vereinbart werden. Verstößt der Mieter trotz Abmahnung weiter gegen diese Vereinbarung, stellt dies einen Grund zur ordentlichen Kündigung des Mietverhältnisses dar (AG Rastatt, Urteil v. 26.4.2005, 3 C 341/04, DWW 2005 S. 331).

Im Gegensatz zur Kündigung nach § 543 Abs. 1 BGB ist für eine Kündigung nach § 573 Abs. 1 BGB jedoch nicht erforderlich, dass das Ausmaß der Vertragsverletzung eine Unzumutbarkeit der Fortsetzung des Mietverhältnisses für den Vermieter zur Folge hat. Andererseits ist die Kündigung nach § 573 Abs. 1 BGB nur begründet, wenn die Vertragsverletzung mehr als unerheblich war. Eine **erhebliche** Vertragsverletzung liegt jedenfalls dann vor, wenn der Mieter die ihm bezüglich der Wohnung obliegenden Obhutspflichten in grob fahrlässiger Weise verletzt hat, z. B. die Mieträume bei längerer Abwesenheit nicht gegen vorhersehbare Schäden (z. B. Frostschäden) ausreichend gesichert hat (s. LG Görlitz, Urteil v. 25.3.1994, 2 S 79/93, WuM 1994 S. 669).

Gleiches gilt, wenn der Mieter die Räume in der kalten Jahreszeit über längere Zeiträume, in denen er sich nicht in der Wohnung aufhält, nicht ausreichend beheizt. Der Mieter hat die Pflicht alles zu unterlassen, was Schäden an der Mietsache verursachen kann. Daher ist er auch verpflichtet, die Räume jedenfalls mäßig zu beheizen, um Schäden durch Frost, Feuchtigkeit oder Schimmelbildung zu verhindern. Auch wenn solche Schäden noch nicht eingetreten sind, stellt das Nichtbeheizen der Wohnung über einen längeren Zeitraum eine nicht unerhebliche Pflichtverletzung dar. Diese berechtigt den Vermieter nach **Abmahnung** zwar nicht zur außerordentlichen fristlosen, aber zur ordentlichen Kündigung des Mietverhältnisses (LG Hagen, Urteil v. 19.12.2007, 10 S 163/07, ZMR 2008 S. 972).

Dagegen kann eine Erheblichkeit grundsätzlich nicht angenommen werden, wenn es sich um eine einmalige, lediglich auf leichter Fahrlässigkeit beruhende Pflichtverletzung ohne Wiederholungsgefahr handelt und weiter auch nicht bewiesen werden kann, dass der Mieter im Allgemeinen recht sorglos und nachlässig mit der Mietsache umgeht (vgl. LG Aachen, Urteil v. 1.3.1991, 5 S 468/90, DWW 1991 S. 116 sowie LG Wuppertal, Urteil v. 29.10.1991, 16 S 189/91, WuM 1992 S. 370 zur Verursachung eines **Wohnungsbrandes** durch den Mieter). Eine Wiederholungsgefahr besteht regelmäßig nicht, wenn es sich um einen einzelnen „Ausrutscher" eines ansonsten vertragstreuen Mieters handelt; insbesondere dann nicht, wenn der Vorfall aufgrund besonderer Umstände, z. B. einer Provokation, eingetreten ist (vgl. LG Münster, Urteil v. 2.5.1991, 8 S 556/90, WuM 1991 S. 688: kein Kündigungsgrund bei einmaliger **Beleidigung** des Vermieters nach einem vorangegangenen Wortwechsel). Dagegen kann eine ordentliche Kündigung durch den Vermieter in Betracht kommen, wenn der Mieter in einem offenen Brief an den Vermieter die Grenzen einer scharfen, aber noch sachlichen Kritik überschreitet – unabhängig davon, ob diese Kritik strafrechtliche Tatbestände (z. B. Beleidigung, üble Nachrede) erfüllt (hier: „Mitarbeiter des Vermieters kämen wohl aus dem Rotlichtmilieu"). Dabei kann es einen Großvermieter bei einem über 10 Jahre andauernden Mietverhältnis zumutbar sein, den Mieter noch bis zum Ablauf der ordentlichen Kündigungsfrist als Nutzer zu behalten (LG Halle, Urteil v. 8.6.2011, 2 S 277/10, ZMR 2012 S. 19).

Die Erheblichkeit ist nach objektiven Kriterien unter Würdigung des **gesamten** Vertragsverhältnisses zu bewerten, sodass auch **laufende kleinere** Vertragsverletzungen, von denen jede für sich betrachtet unerheblich ist, in ihrer Gesamtheit eine erhebliche Vertragsverletzung darstellen können (vgl. LG Mannheim, Urteil v. 14.1.1987, 4 S 134/86, WuM 1987 S. 320).

Die Erheblichkeit ergibt sich bei **geringfügigen** Verstößen jedoch regelmäßig erst aus der Fortsetzung des vertragswidrigen Verhaltens nach einer entsprechenden **Abmahnung** (s. „Abmahnung"), sodass in diesem Fall eine Abmahnung erforderlich ist, obwohl sie von § 573 BGB tatbestandlich nicht vorausgesetzt wird. Setzt der Mieter trotz Abmahnung ein vertragswidriges Verhalten, z. B. die nach dem Mietvertrag unerlaubte Tierhaltung, fort, so rechtfertigt dies eine Kündigung nach § 573 Abs. 2 Nr. 1 BGB. Der Vermieter ist nicht gehalten, vor einer Kündigung des Mietvertrags eine Unterlassungsklage zu erheben (LG Berlin, Urteil v. 13.7.1998, 62 S 91/98, ZMR 1999 S. 28).

Eine **erhebliche** Vertragsverletzung kann jedoch bereits dann vorliegen, wenn der Mieter **Schäden** in einem Umfang verursacht (z. B. durch Haustiere oder infolge unterlassener Pflege der Mietsache), zu deren Behebung die Kaution nicht ausreichen wird (LG Oldenburg, Urteil v. 30.6.1995, 2 S 415/95, NJWE-MietR 1996 S. 31). Auch eine Überbelegung der Wohnung infolge von Geburten und Heranwachsen mehrerer Kinder der Mieter (hier: zwei Erwachsene und sechs Kinder auf 64 m^2) kann im Einzelfall die ordentliche Kündigung des Mietverhältnisses begründen, wenn Abnutzungs- und Substanzschäden der Wohnung oder erhebliche Störungen der übrigen Hausmitbewohner, z. B. durch übermäßige Inanspruchnahme von Gemeinschaftsflächen, nicht ausgeschlossen werden können (AG Stuttgart, Urteil v. 24.5.2011, 37 C 5827/10, WuM 2012 S. 150).

Auch größere **bauliche** Veränderungen an der Mietsache, die der Mieter ohne Einverständnis des Vermieters oder sogar gegen dessen Willen durchführt (hier: Abriss einer Wand), können den Vermieter zur ordentlichen Kündigung des Mietverhältnisses berechtigen (LG Kassel, Urteil v. 5.5.2011, 1 S 432/10 DWW 2011 S. 336). Gleiches gilt, wenn der Mieter ohne Zustimmung des Vermieters gefährliche Haustiere, z. B. **Kampfhunde**, hält und dadurch eine **Beeinträchtigung der Nachbarschaft** durch bedrohliches Verhalten der Tiere oder infolge nachlässiger Beaufsichtigung eintritt (LG Offenburg, Urteil v. 14.10.1997, 1 S 36/97, WuM 1998 S. 285). Auch bei Haltung üblicher Haustiere (hier: **Hundehaltung**) durch den Mieter kann eine Kündigung begründet sein, wenn die Tierhaltung nach dem Mietvertrag nicht erlaubt ist und der Mieter diese trotz Abmahnung durch den Vermieter fortsetzt (LG Berlin, Urteil v. 18.5.2012, 63 S 421/11, GE 2012 S. 899; LG Hildesheim, Beschluss v. 28.2.2006, 7 S 4/06, WuM 2006 S. 525; s. auch LG Gießen, ZMR 1976 S. 147). Eine erhebliche Vertragsverletzung liegt ebenfalls vor, wenn der Mieter **trotz Verurteilung** (z.B. zur Unterlassung bestimmter Handlungen, Einhaltung der Hausordnung) dem Urteilsspruch nicht nachkommt (vgl. AG Hamburg, Urteil v. 18.12.1996, 508 C 345/96, WuM 1998 S. 286, sowie LG Wiesbaden, Urteil v. 14.2.2003, 3 S 94/02, NJW-RR 2003 S. 1096, wonach ein Kündigungsgrund gegeben ist, wenn der Mieter eine Monatsmiete trotz Vorliegen eines **Vollstreckungstitels** nicht zahlt).

Ferner kann die **Verhinderung von Modernisierungsarbeiten**, zu deren Duldung der Mieter verpflichtet ist, eine Vertragsverletzung darstellen. Hierzu ist jedoch erforderlich, dass der Vermieter darlegt, welche Maßnahmen hätten konkret geduldet werden müssen. Pauschale Angaben sind insofern nicht ausreichend. Vielmehr ist das vertragswidrige Verhalten ausreichend zu beschreiben und grundsätzlich nach Zeitpunkt, Anlass und Umständen zu bezeichnen (LG Berlin, Urteil v. 26.2.2010, 63 S 236/09, ZMR 2011 S. 550).

Die Unerheblichkeit einer Vertragsverletzung wird von den Instanzgerichten häufig angenommen, wenn die Kündigung erst längere Zeit danach erfolgt, wobei jedoch dann bei einem erneuten Vertragsverstoß **auch weiter zurückliegende** Vorgänge in die Gesamtbewertung mit einbezogen werden können (LG Berlin, Urteil v. 7.5.1999, 64 S 524/98, ZMR 2000 S. 529).

Eine ordentliche Kündigung kann auch wegen **vertragswidrigen Gebrauchs** der Mieträume begründet sein, wenn der Mieter die Wohnung ohne Zustimmung des Vermieters **gewerblich** nutzt, z.B. in der Wohnung die gesamte Bürotätigkeit seines Betriebs führt und sowohl vor Aufnahme dieser Tätigkeit als auch nach entsprechender Abmahnung durch den Vermieter keine Auskunft über den Umfang der Tätigkeit erteilt (LG München, Urteil v. 25.7.2006, 12 S 2128/06, ZMR 2007 S. 278).

Die nicht unerhebliche Verletzung der vertraglichen Pflichten durch den Mieter muss **schuldhaft**, d.h. vorsätzlich oder fahrlässig (§ 276 Abs. 1 S. 1 BGB), erfolgt sein.

§ 573 Abs. 2 Nr. 1 BGB erfordert grundsätzlich ein **eigenes** Verschulden des Mieters. Das Verschulden von Erfüllungsgehilfen, z.B. Familienangehörigen, Hausangestellten, Handwerkern, kann dem Mieter daher nicht zugerechnet werden (KG Berlin, RE v. 15.6.2000, 16 RE-Miet 10611/99, NZM 2000 S. 905). Allerdings kann ein **eigenes** Verschulden des Mieters vorliegen, wenn er **wiederholtes** und damit für ihn erkennbares künftiges Fehlverhalten seiner Erfüllungsgehilfen nicht unterbindet. Ferner kommt bei einem besonders **gravierenden** Fehlverhalten eines Erfüllungsgehilfen des Mieters ein Kündigungsgrund für den Vermieter nach der allgemeinen Vorschrift des § 573 Abs. 1 BGB (s.u. Abschnitt 2.4 „Sonstige berechtigte Interessen“) in Betracht (KG Berlin, a.a.O.).

Das Verschulden eines Dritten, dem der Mieter den Gebrauch der Mietsache überlassen hat, z.B. des Untermieters, hat der Mieter selbst dann zu vertreten, wenn der Vermieter die Erlaubnis zur Überlassung erteilt hat (§ 540 Abs. 2 BGB).

Der Auszug des störenden Mieters bzw. Familienangehörigen nach Ausspruch der Kündigung kann nichts mehr an der Gestaltungswirkung der Kündigung (Beendigung des Mietverhältnisses) ändern (vgl. BGH, Urteil v. 23.9.1987, VIII ZR 265/86, ZMR 1988 S. 16). Das Aufrechterhalten des Räumungsverlangens ist in diesem Fall grundsätzlich auch nicht rechtsmissbräuchlich (LG Düsseldorf, Urteil v. 18.7.1989, 24 S 597/88, DWW 1989 S. 393; a.A.: LG Frankfurt/M., Urteil v. 5.8.1986, 2/11 S 158/86, WuM 1987 S. 21).

Bei einer Kündigung wegen Vertragsverletzungen (§ 573 Abs. 2 Nr. 1 BGB) muss bereits **im Kündigungsschreiben** das beanstandete Verhalten des Mieters zeitlich, örtlich und sachlich konkret angegeben werden. Ist der Kündigung eine Abmahnung (s. „Abmahnung“) vorausgegangen, muss sich aus dem Kündigungsschreiben ergeben, welche Vertragsverletzungen der Mieter nach dem Zugang der Abmahnung begangen hat.

Eine Kündigung, die lediglich auf das Abmahnschreiben Bezug nimmt, ist unwirksam, weil Kündigungsgrund eben die erst **nach** der Abmahnung liegende Vertragsverletzung ist (LG Bonn, Urteil v. 2.9.1991, 6 S 167/91, WuM 1992 S. 18).

Nachdem Räumungsklagen, die auf eine Kündigung wegen laufender Vertragsverletzungen gestützt werden, häufig wegen eines unsubstanziierten Vorbringens des Vermieters abgewiesen werden, ist zu empfehlen, bei Vertragsverletzungen des Mieters Ort, Datum, Uhrzeit, Art und Umfang der Vertragsverletzung sowie die Beweismittel (z.B. Zeugen) schriftlich zu fixieren und im Kündigungsschreiben vollständig anzuführen.

2.2 Eigenbedarf (§ 573 Abs. 2 Nr. 2 BGB)

Ein **berechtigtes Interesse** des Vermieters an der Beendigung des Mietverhältnisses liegt vor, wenn der Vermieter die Räume als Wohnung für sich, seine Familienangehörigen oder Angehörige seines Haushalts benötigt.

2.3 Hinderung der wirtschaftlichen Verwertung (§ 573 Abs. 2 Nr. 3 BGB)

Ein **berechtigtes Interesse** des Vermieters an der Beendigung des Mietverhältnisses liegt vor, wenn der Vermieter durch die Fortsetzung des Mietverhältnisses an einer angemessenen wirtschaftlichen Verwertung des Grundstücks gehindert **und** dadurch erhebliche Nachteile erleiden würde.

Die Möglichkeit, durch eine anderweitige Vermietung als Wohnraum eine **höhere Miete** zu erzielen, wird vom Gesetz (§ 573 Abs. 2 Nr. 3 2. HS BGB) ausdrücklich nicht als angemessene wirtschaftliche Verwertung angesehen; ebenso **nicht** die **Veräußerung** im Zusammenhang mit einer bereits erfolgten oder beabsichtigten Begründung von Wohnungseigentum (§ 573 Abs. 2 Nr. 3 3. HS BGB). Als **wirtschaftliche** Verwertung ist die **Änderung der Nutzung** des Wohnraums (z.B. als Geschäftsraum) anzusehen, sofern diese Änderung zulässig ist (vgl. „Zweckentfremdung“); zudem die umfassende und grundlegende **Renovierung**, um eine bessere Vermietung sicherzustellen; ebenso der **Abbruch und der Wiederaufbau** des Gebäudes und insbesondere der **Verkauf** (BVerfG, Urteil v. 14.2.1989, 1 BvR 1131/87, WuM 1989 S. 118).

Die wirtschaftliche Verwertung kann eine Kündigung jedoch nur rechtfertigen, wenn sie **„angemessen“** ist.

Eine Angemessenheit ist jedenfalls dann zu bejahen, wenn die Verwertung nach wirtschaftlichen Gesichtspunkten **vernünftig und sinnvoll** und nicht lediglich spekulativ ist, z.B. die Geldmittel aus dem Verkauf für die Unterhaltung, Altersversorgung, Herstellung von neuem Wohnraum oder Investitionen verwendet oder das Grundstück nach Beseitigung abbruchreifer Gebäude neu bebaut werden soll (Palandt, § 573 BGB Rn. 35).

Dementsprechend stellt nach der Rechtsprechung des BGH bei einem **stark sanierungsbedürftigen** Gebäude die Absicht des Vermieters, das Gebäude abzureißen und ein größeres Gebäude mit Eigentumswohnungen zu errichten und diese zu verkaufen, eine **angemessene wirtschaftliche Verwertung** dar, wenn eine Sanierung Investitionen mit hohem Kostenaufwand erfordern würde, ohne dass sich dadurch die verhältnismäßig geringe Restnutzungsdauer des Gebäudes verlängern ließe.

Dem Vermieter entstehen auch die für eine Kündigung erforderlichen **erheblichen Nachteile**, wenn er bei einer Fortsetzung der Mietverhältnisse nur eine „Minimalsanierung“ durchführen könnte, obwohl der Zustand des Gebäudes entweder einen Abbruch mit anschließendem Neubau gebietet oder zumindest eine umfassende Sanierung durch Entkernung, die aber ebenfalls nur bei Auszug der Mieter möglich wäre.

Angesichts der bei einer solchen Minimalsanierung bestehenden wirtschaftlichen Risiken kann dem Eigentümer nicht das Interesse abgesprochen werden, eine dauerhafte Erneuerung alsbald und nicht erst bei vollständigem Verbrauch der Bausubstanz durchzuführen.

Letztlich widerspricht auch eine Kündigung zum Zweck des Abbruchs und anschließenden Wiederaufbaus nicht der Vorstellung des Gesetzgebers, da in den Gesetzesmaterialien diese Möglichkeit als Beispielsfall für eine Verwertungskündigung angeführt wird (BGH, Urteile v. 28.1.2009, VIII ZR 7/08, 8/08, 9/08, WuM 2009 S. 182).

Die geplante wirtschaftliche Verwertung eines Grundstücks beruht auf vernünftigen und nachvollziehbaren Erwägungen, wenn sich das vorhandene Gebäude (hier: Wohneinheit aus den 1930er Jahren in einfacher Bauweise) in einem schlechten Bauzustand befindet, nicht mehr heutigen Wohnvorstellungen entspricht und dies auch nicht durch eine Sanierung erreicht werden kann. In diesem Fall ist die Bewirtschaftung des vorhandenen Gebäudes dem Vermieter nicht mehr zuzumuten. Eine Kündigung wegen Hinderung der wirtschaftlichen Verwertbarkeit ist daher zulässig, wenn der Vermieter den Altbau durch einen modernen, bedarfsgerechten Neubau ersetzen will (BGH, Urteil v. 9.2.2011, VIII ZR 155/10, ZMR 2011 S. 458).

Soll ein Gebäude wegen Bauschäden und entsprechender Sanierungskosten abgerissen und anstelle dessen ein Neubau errichtet werden, genügt es dem Begründungserfordernis des § 573 Abs. 3 BGB, wenn dem Mieter im Kündigungsschreiben mitgeteilt wird, aus welchen Gründen der Vermieter die vorhandene Bausubstanz nicht für erhaltenswert hält und welche baulichen Maßnahmen er stattdessen plant (BGH, Urteil v. 9.2.2011, a. a. O.).

Eine angemessene wirtschaftliche Verwertung liegt auch vor, wenn die umfassende **Sanierung** eines Altbaus beabsichtigt ist und das Mietverhältnis nicht mehr weiterbestehen kann, weil die betreffende Wohnung durch den **Umbau** (z.B. Einbau eines Bades) wegfällt (BayObLG, RE v. 17.11.1983, RE-Miet 1/83, NJW 1984 S. 372) oder eine Großwohnung in Kleinwohnungen umgebaut werden soll (LG Hamburg, Urteil v. 30.6.1989, 11 S 450/88, WuM 1989 S. 393).

Die Absicht des Vermieters, eine Wohnung seines Altbaus mit einem Bad auszustatten und durch Zusammenlegung mit einer anderen Wohnung zu vergrößern, um sie besser vermieten zu können, kann ein berechtigtes Interesse des Vermieters an der Beendigung des Mietverhältnisses über die Wohnung darstellen, die durch den Umbau wegfallen soll. Da eine Wohnung ohne Bad erfahrungsgemäß nur zu einer wesentlich geringeren Miete vermietet werden kann als eine Wohnung mit Bad, wäre der Vermieter bei Fortsetzung des Mietverhältnisses an einer angemessenen wirtschaftlichen Verwertung seines Eigentums gehindert (LG Hannover, Beschlüsse v. 29.1.2014 und 11.3.2014, 4 S 98/13, GE 2014 S. 590). In diesem Fall ist die Kündigung auch ohne Vorlage einer Wirtschaftlichkeitsberechnung wirksam. Zwar wird bei einem Abriss und Neubau zur Darlegung des erheblichen Nachteils als Voraussetzung der Verwertungskündigung erforderlich gehalten, dass der Eigentümer anhand von Wirtschaftlichkeitsberechnungen die Einnahmen und die Ausgaben vor und nach der angestrebten Verwertung gegenüberstellt. Beim Einbau eines Bades für eine andere Wohnung ist dies aber unter Berücksichtigung der Umstände des Einzelfalls und der konkreten Situation des Vermieters entbehrlich (LG Hannover, a. a. O.).

Jedoch stellt allein die **Modernisierung** oder Sanierung grundsätzlich keinen Kündigungsgrund dar (LG Frankfurt/M., Urteil v. 14.2.1995, 2/11 S 365/94, 2-11 S 365/94, WuM 1995 S. 441; LG Frankenthal, Urteil v. 11.10.1989, 2 S 183/89, WuM 1991 S. 171; LG Köln, Urteil v. 12.1.1989, 1 S 415/88, WuM 1989 S. 255); vielmehr hat der Mieter entsprechende Maßnahmen unter den Voraussetzungen des § 554 BGB lediglich zu dulden (vgl. „Modernisierung“).

Bei der Beurteilung, ob dem Eigentümer durch den Fortbestand eines Mietvertrags erhebliche Nachteile entstehen und er deshalb zur Kündigung des Mietverhältnisses wegen Hinderung der wirtschaftlichen Verwertbarkeit gemäß § 573 Abs. 2 Nr. 3 BGB berechtigt ist, muss auch das grundsätzliche Interesse des Mieters, in der bisherigen Wohnung als seinen Lebensmittelpunkt zu verbleiben, berücksichtigt und eine **Abwägung** sämtlicher Umstände des Einzelfalls vorgenommen werden (BGH, Urteil v. 8.6.2011, VIII ZR 226/09).

Dementsprechend wird eine Kündigung von der Rechtsprechung nur unter **strengen Voraussetzungen** zugelassen. Diese können z.B. vorliegen, wenn die Sanierung zur Erhaltung oder Wiederherstellung der Gebäudesubstanz unumgänglich ist und eine längere Räumung durch die Mieter erfordert, wobei das AG München (Urteil v. 24.7.1985, 25 C 144/85, WuM 1986 S. 334) einen Zeitraum von 4 Wochen noch nicht als ausreichend erachtet hat. Machen umfangreiche Baumaßnahmen im Haus jedoch ein **Weiterwohnen** für Monate **unmöglich** und ist auch eine mehrmonatige Hotelunterbringung der Mieter nicht wirtschaftlich, kann ein berechtigtes Interesse des Vermieters an der Beendigung des Mietverhältnisses gegeben sein (LG Stuttgart, Beschluss v. 28.9.1989, 16 S 134/89, WuM 1991 S. 178).

Ein Kündigungsgrund kann auch gegeben sein, wenn die für die wünschenswerte Erhaltung eines heruntergekommenen Altbaus erforderliche Sanierung Investitionen in einer Höhe erfordert, deren Umlegung im Rahmen der bestehenden Mietverhältnisse dem Vermieter nicht zugemutet werden kann, z.B. weil die Umlage im Hinblick auf die wirtschaftliche Belastung des Vermieters unzureichend oder die bestehende Mieterschicht weder willens noch in der Lage ist, Zuschläge in der sich ergebenden Höhe zu bezahlen (vgl. LG Freiburg, Urteil v. 21.12.1978, 3 S 126/78, WuM 1979 S. 148). Bei Kündigung wegen einer geplanten **Sanierung** werden von der Rechtsprechung grundsätzlich **strenge Anforderungen** an das Vorliegen von „erheblichen Nachteilen" des Vermieters gestellt. Dabei ist ein solcher erheblicher Nachteil jedoch nicht erst dann zu bejahen, wenn keine rentierliche Bewirtschaftung der Wohnung erzielt werden kann, da es infolge des erheblichen Kostenaufwands bei einer Altbausanierung regelmäßig gar nicht möglich ist, durch Mieteinnahmen kurzfristig zu einer angemessenen Verzinsung des eingesetzten Eigenkapitals (i.S.d. Vorschriften der II. BV) zu gelangen. Vielmehr muss dem Vermieter grundsätzlich die Möglichkeit gegeben werden, Altbauten so zu sanieren, dass ihm – auch ohne sofortige Erzielung einer Rendite – sein Eigentum auch in Zukunft erhalten bleibt, da anderenfalls die Gefahr einer mittelfristigen Unbewohnbarkeit und damit Unvermietbarkeit der Räume besteht (LG Düsseldorf, Urteil v. 30.4.1991, 24 S 788/90, DWW 1991 S. 338).

Im **Kündigungsschreiben** sind Art und Umfang der beabsichtigten Umbaumaßnahme sowie die Gründe anzugeben, warum nach Ansicht des Vermieters nur durch den Umbau eine angemessene wirtschaftliche Verwertung zu erreichen ist (LG Düsseldorf, a.a.O.).

Einer näheren **Beschreibung des Gebäudezustands** bedarf es dann, wenn dieser dem Mieter nicht bekannt ist, denn der Mieter muss anhand der Angaben im Kündigungsschreiben seine Rechtsposition überschlägig beurteilen können. Daher ist es überspannt, wenn man vom Vermieter bereits im Kündigungsschreiben eine **detaillierte Kalkulation** hinsichtlich der Ertragslage vor und nach der Sanierung verlangt (LG Düsseldorf, a.a.O.; so aber LG Karlsruhe, Urteil v. 26.10.1990, 9 S 163/90, WuM 1991 S. 168, sowie LG Wiesbaden, Urteil v. 22.7.1997, 8 S 352/96, WuM 1997 S. 496, wonach das Kündigungsschreiben zumindest eine überschlägige Kalkulation enthalten muss).

Weiter ist darzulegen, dass die Räumung des gesamten Anwesens erforderlich ist. Dies gilt auch, wenn eine Auflage zur Sanierung baupolizeilich erlassen worden ist (LG Freiburg, Urteil v. 16.11.1989, 3 S 209/89, WuM 1991 S. 175).

Kann die Unrentabilität auf andere Weise als durch Kündigung, Sanierung und Neuvermietung, z.B. durch Modernisierung während der laufenden Mietverhältnisse und Umlage der Kosten (s. „Modernisierung") beseitigt werden, besteht kein Kündigungsgrund nach § 573 Abs. 2 Nr. 3 BGB (s. LG Freiburg,

a. a. O.; AG Aachen, Urteil v. 5.10.1984, 15 C 468/84, WuM 1986 S. 335). Daher begründet allein die Verzögerung und Verteuerung von privaten Sanierungsmaßnahmen im Wohnhaus bei fortbestehendem Mietverhältnis kein berechtigtes Interesse des Vermieters an der Beendigung des Mietverhältnisses (LG Nürnberg-Fürth, Urteil v. 28.9.1990, 7 S 4362/90, WuM 1991 S. 176).

Bei Prüfung der **Angemessenheit** muss dem Eigentümer im Hinblick auf die Eigentumsgarantie des Art. 14 GG ein weiter Entscheidungsspielraum zugestanden werden, und zwar insbesondere dann, wenn die Verwertung in Form des **Verkaufs** erfolgen soll, da die Ausübung der Verfügungsbefugnis durch Verkauf als Kern des Eigentumsrechts auch von den Gerichten zu beachten ist und deshalb eine Auslegung der Kündigungsvorschrift, welche dieses elementare Recht des Eigentümers ausschließt, verfassungswidrig ist (BVerfG, Urteil v. 14.2.1989, a. a. O.). Weiterhin dürfen die Fachgerichte bei ihrer Handhabung die Eigentumsbeschränkungen nicht in einer Weise verstärken, die auch dem Gesetzgeber bei der inhaltlichen Ausgestaltung des Eigentums im Rahmen von Art. 14 Abs. 1 S. 2 GG („Inhalt und Schranken werden durch die Gesetze bestimmt“) untersagt wäre (BVerfG, a. a. O.). Der Verkauf eines Grundstücks bzw. einer Wohnung stellt daher nur dann keine angemessene wirtschaftliche Verwertung mehr dar, wenn er aus rein **spekulativen** Gründen erfolgt (LG Karlsruhe, Urteil v. 9.7.1987, 5 S 14/87, ZMR 1987 S. 469). Dies kann jedoch nicht allein daraus gefolgert werden, dass die Wohnung im vermieteten Zustand erworben wurde. Bei der Auslegung und Anwendung des § 573 Abs. 2 Nr. 3 BGB macht es von Verfassungs wegen keinen Unterschied, ob der Eigentümer das zu veräußernde Grundstück – wie in dem der Entscheidung des Bundesverfassungsgerichts zugrunde liegenden Ausgangsverfahrens des LG München II (2 S 484/87) – zuvor selbst bebaut und dann vermietet oder es erst später in bereits vermietetem Zustand erworben hatte. Es wäre ein unverhältnismäßiger Eingriff in die Eigentumsgarantie, wenn das Kündigungsrecht des Eigentümers – unabhängig von drohenden erheblichen Nachteilen im Fall des Verkaufs – allein davon abhinge, ob das Grundstück bei dem früheren Eigentumserwerb vermietet oder unvermietet war. Ebenso ist für die aus Art. 14 Abs. 1 S. 1 GG folgende Gewährleistung ohne Belang, ob der Eigentümer das schon vorher vermietete Grundstück entgeltlich oder unentgeltlich (z. B. Erbfolge, Vermächtnis, Schenkung) erlangt hat.

Eine Auslegung, die ein Kündigungsrecht des Eigentümers nach § 573 Abs. 2 Nr. 3 BGB allein schon deshalb ausschließen wollte, weil er das Mietobjekt zu einem früheren Zeitpunkt in **vermietetem** Zustand erworben hat, wäre daher mit Art. 14 Abs. 1 S. 1 GG nicht vereinbar (OLG Koblenz, RE v. 1.3.1989, 4 W-RE 695/88, WuM 1989 S. 164). Einer wirksamen Kündigung wegen Hinderung der wirtschaftlichen Verwertung steht auch nicht entgegen, dass der Vermieter das Mietshaus in Kenntnis der von ihm dargestellten ungünstigen wirtschaftlichen Situation gekauft hat (s. LG Berlin, Urteil v. 29.7.2002, 61 S 451/00, GE 2003 S. 49). Andererseits kann jedoch ein **reiner Spekulationszweck** und damit keine „angemessene“ Verwertung mehr vorliegen, wenn ein Objekt in vermietetem Zustand (entsprechend preiswerter) allein deshalb gekauft wird, um es später in unvermietetem Zustand (entsprechend teurer) zu verkaufen (s. LG Hamburg, Urteil v. 8.2.1990, 7 S 196/89, WuM 1991 S. 185). Soll ein in vermietetem Zustand erworbenes Objekt wegen eines bevorstehenden Verkaufs gekündigt werden, bedarf es daher einer besonders ausführlichen **Darlegung der Verkaufsgründe** im Kündigungsschreiben, um dem Vorwurf der Spekulationsabsicht vorzubeugen.

Dabei rechtfertigt das Interesse einer **Erbengemeinschaft**, sich aus pragmatischen Gründen auseinanderzusetzen und deshalb die ererbte Eigentumswohnung zu veräußern (z. B. wegen Unrentabilität aufgrund einer Vielzahl und zum Teil im Ausland lebender Erben) für sich allein keine Kündigung (OLG Stuttgart, Urteil v. 26.9.2005, 5 U 73/05, WuM 2005 S. 658).

Voraussetzung für eine Kündigung ist, dass das bestehende Mietverhältnis eine angemessene

wirtschaftliche Verwertung hindert. Dies ist der Fall, wenn diese wegen des Mietverhältnisses nicht erfolgt, z.B. die Wohnung bzw. das Grundstück in vermietetem Zustand nicht oder nur zu einem erheblich geringeren Kaufpreis verkauft werden kann.

Die Beweislast für die **Ursächlichkeit** der Fortsetzung des Mietverhältnisses für eine Hinderung der angestrebten Verwertung, die unabdingbare Voraussetzung für die Annahme eines „berechtigten Interesses" ist, trägt der kündigende Vermieter (LG Darmstadt, Urteil v. 23.5.1986, 17 S 412/85, WuM 1987 S. 320; LG München II, Urteil v. 12.5.1987, 2 S 2005/86, ZMR 1987 S. 309).

Dieser Beweis kann allein durch die Behauptung, die Wohnung wäre wegen des Mietverhältnisses unverkäuflich, nicht geführt werden, da auch andere Gründe dafür verantwortlich sein könnten, dass die Wohnung zu dem angebotenen Preis nicht verkauft wurde. Daher kann die Kündigung des Mietvertrags wegen Hinderung der wirtschaftlichen Verwertbarkeit nicht allein mit dem Erfahrungssatz begründet werden, dass unbewohnte Wohnungen einfacher als vermietete zu verkaufen sind (LG Aachen, Beschluss v. 13.10.2009, 5 T 180/09, WuM 2010 S. 37).

Zum **Beweis der Ursächlichkeit** ist daher grundsätzlich notwendig, dass der Vermieter namentlich bestimmte Kaufinteressenten benennt, die als Zeugen im Streitfall bestätigen können, dass sie vom Kauf der Wohnung lediglich deshalb Abstand genommen haben, weil diese vermietet war.

Im Hinblick auf § 573 Abs. 3 BGB, wonach grundsätzlich nur solche Gründe berücksichtigt werden, die in dem Kündigungsschreiben angegeben sind, ist dieser Vortrag bereits im Kündigungsschreiben (s. „Kündigung", Abschnitt 1.7 „Angabe der Kündigungsgründe") auszuführen, sodass eine Kündigung grundsätzlich erst erfolgen kann, nachdem Verkaufsversuche gescheitert sind. Ein einmaliger Misserfolg der Verkaufsbemühungen in Form eines Zeitungsinserats lässt jedenfalls nicht den Schluss auf eine Unverkäuflichkeit des vermieteten Anwesens zu (LG Frankfurt/M., Urteil v. 27.2.1990, 2/11 S 439/89, WuM 1991 S. 182; a. A. LG Wiesbaden, Urteil v. 22.2.2007, 2 S 80/06, WuM 2007 S. 201 unter Bezugnahme auf BVerfG, Beschluss v. 4.6.1998, 1 BvR 1575/94, WuM 1998 S. 463, wonach es weder erforderlich ist, dass der Vermieter bereits im Kündigungsschreiben seine Verkaufsbemühungen konkret darlegt, noch dass überhaupt solche Bemühungen unternommen worden sind und es dem Vermieter vorbehalten ist, im Rahmen des Rechtsstreits nachzuweisen, auf welche Weise er die gesetzlichen Voraussetzungen darlegt).

Entsprechendes gilt für die Behauptung, das Grundstück könne nur zu einem erheblich geringeren Preis verkauft werden. Insoweit ist im Kündigungsschreiben anhand konkreter Zahlen anzuführen und im Streitfall darzulegen und zu beweisen, welche Kaufpreiseinbuße infolge der Vermietung eintreten würde. Erforderlich sind daher Angaben über die Höhe des erzielbaren Kaufpreises für das Objekt im vermieteten und im nicht vermieteten Zustand (LG Stuttgart, Beschluss v. 27.12.1994, 10 T 593/94, DWW 1995 S. 143). Ferner muss der Vermieter ernsthafte Verkaufsbemühungen in vermietetem Zustand (s. LG München I, Urteil v. 1.4.1992, 14 S 18927/91, WuM 1992 S. 374) und insbesondere Kaufangebote von Interessenten nachweisen, die über das Grundstück in weiterhin vermietetem und unvermietetem Zustand abgegeben worden sind (LG Hannover, Urteil v. 11.10.1990, 16 S 118/90, WuM 1991 S. 189), sodass der Mindererlös infolge der Vermietung deutlich wird (LG Bielefeld, Urteil v. 26.6.1996, 2 S 564/95, WuM 1997 S. 267). Weiterhin ist zu beweisen (z.B. durch die beauftragten Makler oder Kaufinteressenten als Zeugen), dass der behauptete Mindererlös ausschließlich auf den vermieteten Zustand zurückzuführen ist. Dies gilt auch dann, wenn sich bei einer durch Ehescheidung des Vermieters notwendig gewordenen Veräußerung bereits ein Käufer gefunden hat, der auf Übergabe des Hauses in geräumtem Zustand besteht (LG Kiel, Urteil v. 18.2.1991, 1 S 229/89, WuM 1991 S. 190).

Abweichend davon hat das LG Karlsruhe (Urteil v. 9.7.1987, 5 S 14/87, ZMR 1987 S. 469) entschieden, dass ein Kündigungsgrund auch dann vorliegt, wenn das Grundstück bereits verkauft ist, sich aus dem Kaufvertrag aber ergibt, dass der Kaufpreis erst mit Auszug der Mieter zur Zahlung fällig wird. Der Umstand, dass der Vermieter diese Nachteile aufgrund der Vertragsgestaltung mit dem Käufer selbst herbeigeführt hat, führt nicht dazu, dass der Kündigungsgrund in Wegfall kommt (LG Karlsruhe, a. a. O.).

Trägt der Vermieter im Kündigungsschreiben verschiedene Gründe zum Nachweis der Unmöglichkeit eines Verkaufs der vermieteten Wohnung vor, muss sich das Mietgericht im Räumungsrechtsstreit damit auseinandersetzen und prüfen, ob darin insgesamt eine hinreichende Substanziierung der Kündigungsvoraussetzungen liegt. Ferner muss das Mietgericht auch die Behauptung des Vermieters, weitere Verkaufsversuche hätten sich preisschädigend ausgewirkt, prüfen und berücksichtigen. Misst das Mietgericht entsprechenden Darlegungen des Vermieters von vornherein keine Bedeutung bei, z. B. weil es der unzutreffenden Auffassung ist, dass Verkaufsbemühungen des Vermieters **vor** Ausspruch der Kündigung unbeachtlich sind, verstößt das Urteil gegen das Eigentumsgrundrecht des Art. 14 Abs. 1 GG (BVerfG, Beschluss v. 4.6.1998, 1 BvR 74/98, DWW 1998 S. 242). Vom Vermieter darf auch nicht verlangt werden, bereits im Kündigungsschreiben darzulegen, dass die angegebenen Gründe für den Verkauf der Wohnung (z. B. Überschuldung) erst nach Abschluss des Mietvertrags eingetreten sind. Daher muss das Kündigungsschreiben auch keine Aufstellung enthalten, aus der sich ergibt, wie sich die finanzielle Lage des Vermieters seit Abschluss des Mietvertrags entwickelt hat.

Verfassungsrechtlich zu beanstanden ist auch die verbreitete Auffassung der Mietgerichte, der Vermieter könne **nur** durch (vergebliche) Bemühungen zum Verkauf der Wohnung zu einem angemessenen Preis darlegen, dass dies wegen der Vermietung nicht möglich sei (BVerfG, Beschluss v. 4.6.1998, 1 BvR 1575/94, NJW 1998 S. 2662).

> In dieser Entscheidung hat das Bundesverfassungsgericht nochmals ausdrücklich betont, dass die **Anforderungen** an den Inhalt des Kündigungsschreibens **nicht überspannt** werden dürfen und der Inhalt eines Kündigungsschreibens nur dann als unzureichend angesehen werden darf, wenn er nicht dem **berechtigten Informationsbedürfnis** des Mieters genügt, d. h., dem Mieter keine ausreichende Grundlage für seine Entscheidung bietet, der Kündigung zu widersprechen oder diese zu akzeptieren.

Das Kündigungsschreiben muss daher keinesfalls bereits die – weitergehenden – Anforderungen an eine substanziierte Darlegung der Kündigungsvoraussetzungen im Prozess erfüllen. Daher ist die Feststellung des Mietgerichts, ob die Kündigung gerechtfertigt ist, nicht auf der Grundlage des Kündigungsschreibens, sondern einer umfassenden gerichtlichen Prüfung der Begründetheit der Räumungsklage zu treffen (BVerfG, a. a. O.). Daher ist es weder erforderlich, dass der Vermieter im Kündigungsschreiben seine Verkaufsbemühungen konkret darlegt, noch dass überhaupt solche Bemühungen unternommen worden sind. Dem Vermieter ist es vorbehalten, im Rahmen des Rechtsstreits nachzuweisen, auf welche Weise er die gesetzlichen Voraussetzungen darlegt (LG Wiesbaden, Urteil v. 22.2.2007, 2 S 80/06, WuM 2007 S. 201).

Nachdem die Kündigung wegen Hinderung der wirtschaftlichen Verwertung nur dann begründet ist, wenn die dem Vermieter daraus entstehenden Nachteile, z. B. infolge des Mindererlöses, **erheblich** sind, stellt sich regelmäßig die Frage, wann der Nachteil als erheblich zu qualifizieren ist. Den zitierten Entscheidungen des Bundesverfassungsgerichts und des OLG Koblenz lagen insoweit gravierende Differenzen zugrunde (500.000/250.000 DM bzw. 325.000/140.000 DM), sodass diesen Entscheidungen für die Frage der Erheblichkeit des Nachteils eine verbindliche Aussage nicht entnommen werden kann. Vielmehr hat das Bundesverfassungsgericht diese Frage ausdrücklich offengelassen und in den Gründen ausgeführt, dass „der vorliegende Fall nicht dazu nötigt, im Vorgriff auf die ausstehende fachgerichtliche Klärung abstrakt die Grenze zu bestimmen, bis zu welcher der Eigentümer dabei wirtschaftliche Nachteile zu tragen hat".

Jedoch wurde ausdrücklich betont, dass ein erheblicher Nachteil nicht erst dann vorliegt, wenn der Eigentümer in Existenznot gerät. Der Anwendungsbereich der Vorschrift des § 573 Abs. 2 Nr. 3 BGB darf nicht auf Fälle drohenden Existenzverlustes beschränkt werden. Da private, insbesondere unternehmerische Investition stets die Gefahr in sich birgt, dass sie sich als unrentabel erweist, muss dem Eigentümer der Zugriff auf sein gesamtes Vermögen auch zu dem Zweck garantiert sein, derartige Verluste durch Rückgriff auf andere Vermögensteile ausgleichen zu können. Dem Eigentümer kann nicht angesonnen werden, das Mietverhältnis bis an die Grenze des wirtschaftlichen Zusammenbruchs fortzusetzen. Auch Vermögenseinbußen, welche die wirtschaftliche Existenz des Eigentümers noch nicht ernsthaft infrage stellen, sind bei der Anwendung des Kündigungstatbestands von Verfassungs wegen zu beachten (BVerfG, a. a. O.). Eine angemessene wirtschaftliche Verwertung des Objekts durch Verkauf kann auch schon dann gegeben sein, wenn der Verkauf noch nicht „zwingend erforderlich" ist (LG Stuttgart, Beschluss v. 27.12.1994, 10 T 593/94, DWW 1995 S. 143).

Das Instanzgericht darf daher für die Annahme von erheblichen Nachteilen **nicht** den Vortrag von Umständen fordern, die den Verkauf als zwingend erscheinen lassen (BVerfG, Beschluss v. 20.9.1991, 1 BvR 539/91, WuM 1992 S. 46). Das Gericht ist verpflichtet, sich mit einem substanziierten Vortrag des Eigentümers über den konkreten Mindererlös auseinanderzusetzen und muss prüfen, ob der Verkauf unter diesen Umständen für den Eigentümer möglicherweise wirtschaftlich sinnlos ist (z. B. weil der in vermietetem Zustand erzielbare Erlös wesentlich unter den vom Vermieter für die Wohnung erbrachten Aufwendungen liegt) und sich der Kündigungsschutz damit als faktisches Verkaufshindernis darstellt.

Weist ein vom Vermieter vorgelegtes Privatgutachten eine **erhebliche Differenz** der Verkehrswerte in vermietetem und unvermietetem Zustand aus (hier: 180.000/260.000 DM), muss sich das Mietgericht in einer eingehenden Würdigung mit den grundrechtlich geschützten Interessen des Eigentümers auseinandersetzen und dies auch in den **Entscheidungsgründen** niederlegen (BVerfG, Beschluss v. 12.11.2003, 1 BvR 1424/02, ZMR 2004 S. 95). Anderenfalls verkennt das Gericht Bedeutung und Tragweite der Eigentumsgarantie des Art. 14 GG (BVerfG, Beschlüsse v. 12.11.2003, 20.9.1991, 14.2.1989, a. a. O.).

Im Hinblick auf die sehr **uneinheitliche Rechtsprechung** können für die Frage der Erheblichkeit des Nachteils bestimmte Beträge bzw. **Prozentsätze lediglich beispielhaft** genannt werden:

So hat das LG Mainz (Urteil v. 2.4.1985, 3 S 280/84, ZMR 1986 S. 14) bereits eine Minderung des Kaufpreises von knapp **6 %** – die allerdings einem Betrag von 50.000 DM entsprochen hatte – als ausreichend erachtet (s. auch LG Traunstein, Urteil v. 6.7.1989, 7 S 3340/88, WuM 1989 S. 421 für einen Mindererlös in Höhe von 50.000 DM). Das LG Hamburg hat dagegen entschieden, dass eine Erheblichkeit allenfalls erst ab einer Einbuße von ca. **15 bis 20 %** in Betracht kommt (Urteil v. 8.2.1990, 7 S 196/89, WuM 1991 S. 185). Ein Mindererlös von **20 %** muss nach einem Urteil des LG Stuttgart vom Vermieter insbesondere dann nicht hingenommen werden, wenn der Verkaufserlös der Abdeckung von Verbindlichkeiten dient, die der Vermieter nach Berufsaufgabe aus Krankheitsgründen durch Erwerbstätigkeit nicht mehr abdecken kann (Urteil v. 21.2.1990, 13 S 426/89, WuM 1991 S. 201) oder der Vermieter den Erlös zur Finanzierung eines Hausbaus verwenden will (LG Düsseldorf, Urteil v. 20.11.1990, 24 S 490/90, WuM 1991 S. 593). Nach einem Urteil des LG Detmold (Urteil v. 16.5.2001, 2 S 122/00, NZM 2002 S. 339) kann bereits eine voraussichtliche Kaufpreiseinbuße in Höhe von **ca. 10 %** einen erheblichen Nachteil begründen, wenn der Vermieter das vermietete

Haus aufgrund einer **wirtschaftlichen Notlage** verkaufen muss.

Jedoch kann im Einzelfall trotz einer hohen Kaufpreiseinbuße infolge der Vermietung das Vorliegen eines „erheblichen Nachteils“ verneint werden, wenn bei Verkauf in vermietetem Zustand immer noch ein höherer Preis erzielbar ist als beim Erwerb der Wohnung bezahlt wurde bzw. die Wohnung im Zeitpunkt des Erwerbs wert war (bei Schenkung; BVerfG, Beschluss v. 9.10.1991, 1 BvR 227/91, WuM 1991 S. 663).

Gleiches kann gelten, wenn der Vermieter ein vermietetes Objekt in Kenntnis eingeschränkter Mieterhöhungsmöglichkeiten erwirbt und bezogen auf das eingesetzte Kapital trotzdem eine jährliche Rendite von deutlich über 7 % erzielt (BVerfG, Beschluss v. 12.11.2003, 1 BvR 1424/02, ZMR 2004 S. 95).

Wurde die Wohnung in vermietetem Zustand erworben, ist bei Bestimmung des **„Nachteils“** (i. S. v. § 573 Abs. 2 Nr. 3 BGB) auf die Differenz zwischen Einkaufspreis und demjenigen Preis abzustellen, der beim Verkauf in vermietetem Zustand zu erzielen ist, wobei aber auch der Kaufkraftverlust des Geldes sowie eine übliche Rendite zu berücksichtigen sind (vgl. LG Mannheim, Urteil v. 27.4.1994, 4 S 228/93, ZMR 1994 S. 568; LG Gießen, Urteil v. 27.7.1994, 1 S 233/94, WuM 1994 S. 688; vgl. auch LG Berlin, Urteil v. 7.11.1994, 67 S 278/94, WuM 1995 S. 111 sowie LG Hamburg, Urteil v. 20.7.2000, 334 S 37/00, WuM 2001 S. 196, wonach ein Anspruch auf Realisierung des ursprünglichen Kaufpreises zzgl. eines Wertsteigerungsbetrags gemäß dem Lebenshaltungskostenindex nicht besteht und ein darunterliegender Verkaufspreis für den Vermieter nicht zwingend einen „erheblichen Nachteil“ darstellt).

Allerdings kann ein erheblicher Nachteil nicht schon dann verneint werden, wenn ein Vermieter das Grundstück als Erbe bereits im vermieteten und unrentablen Zustand erworben hat und seit dem tatsächlichen Eintritt des derzeitigen Vermieters in das Mietverhältnis keine wesentliche Verschlechterung eingetreten ist. Dies liefe darauf hinaus, die Eigentümer solcher (z. B. ehemals staatlich verwalteter) Wohnungen an den früheren (z. B. den bei Aufhebung der Verwaltung gegebenen) Zuständen auch nach deren Beendigung festzuhalten und ihnen zuzumuten, dauerhaft Verluste ohne eine Verwertungsmöglichkeit hinzunehmen; dies ist mit dem Eigentumsrecht (Art. 14 Abs. 1 GG) unvereinbar (BGH, Urteil v. 8.6.2011, VIII ZR 226/09).

Im Fall des Erwerbs durch Erbfall sind zur Bestimmung des wirtschaftlichen Nachteils aber auch Kosten von Investitionen in die Wohnung (LG Köln, Urteil v. 16.2.1995, 1 S 283/94, WuM 1996 S. 39) sowie etwaige Aufwendungen für die Auszahlung von Miterben oder Ablösung von Wohnrechten zu berücksichtigen (LG Kiel, Urteil v. 20.1.1994, 1 S 103/93, WuM 1994 S. 283) und somit dem Wert der Wohnung im Zeitpunkt des Erbfalls hinzuzurechnen.

Bei der Ermittlung des erheblichen Nachteils muss das Gericht jedoch auch den Vortrag des Vermieters über **weitere** finanzielle Nachteile (z. B. höhere Zinszahlungen) berücksichtigen, die ihm entstehen, wenn er den Mehrerlös, den er im Fall des Verkaufs seiner Wohnung ohne ein bestehendes Mietverhältnisses erzielen könnte, nicht erhalte (BVerfG, Beschluss v. 15.4.1992, 1 BvR 1549/91, NJW 1992 S. 2752).

Nachdem somit für die Bestimmung der Erheblichkeit des Nachteils nicht auf einen starren Prozentsatz abgestellt werden kann, sondern die Erheblichkeit vielmehr von den konkreten Umständen des Einzelfalls abhängt, müssen bereits im Kündigungsschreiben ausführlichst und detailliert sämtliche Umstände vorgetragen werden, die eine Erheblichkeit des entstehenden Nachteils begründen können. Die Nachteile müssen so dargelegt werden, dass der Mieter diese gegenüber seinem Interesse am Fortbestand des Mietverhältnisses abwägen kann (LG Braunschweig, Urteil v. 1.3.1991, 6 S 332/90, WuM 1991 S. 694). Neben der Darlegung eines bestimmten bezifferten Mindererlöses im konkreten Fall ist daher im Kündigungsschreiben weiter auszuführen, wie und in welcher Weise sich dieser Mindererlös nachteilig für den Vermieter auswirkt, sodass insoweit auch die persönlichen wirtschaftlichen Verhältnisse des Vermieters darzustellen sind (vgl. LG München I, Urteil v. 24.1.1990, 14 S 17728/89, WuM 1991 S. 193; LG Mosbach, Urteil v. 30.10.1990, S 107/90, WuM 1991 S. 191).

Dies kann z.B. durch den Vortrag geschehen, dass die laufenden **Belastungen** durch die Wohnung die laufenden Einnahmen deutlich überschreiten und durch den Verkauf wegfallen würden (vgl. LG Freiburg, Urteil v. 17.5.1990, 3 S 378/89, WuM 1991 S. 183); der Erlös aus dem Verkauf zur **Finanzierung** einer anderen Wohnung erforderlich ist (vgl. LG München I, a.a.O.; LG Frankfurt, Urteil v. 2.2.1988, 2/11 S 442/87, DWW 1988 S. 324); der Erlös zur **Abdeckung von Verbindlichkeiten** dient, die der Vermieter mit seinem Einkommen (z.B. nach Berufsaufgabe wegen Krankheit) nicht mehr tilgen kann (LG Stuttgart, a.a.O.); der Vermieter den Erlös aus dem Verkauf des vermieteten Einfamilienhauses zur eigenen Existenzsicherung benötigt, z.B. weil er anderenfalls sein Gewerbe infolge Verweigerung von weiteren Bankkrediten nicht mehr betreiben kann (LG Detmold, Urteil v. 16.5.2001, 2 S 122/00, NZM 2002 S. 339). Dem Vermieter kann die Kündigung eines vermieteten Einfamilienhauses auch nicht versagt werden, wenn er arbeitslos geworden und auf einen verlustarmen Verkauf des Grundstücks angewiesen ist (LG Krefeld, Urteil v. 10.3.2010, 2 S 66/09, WuM 2010 S. 302). Nachdem Erwerber eines Einfamilienhauses dieses in der Regel selbst nutzen wollen, bestimmt sich die voraussichtliche Kaufpreiseinbuße insofern nach den Finanzierungskosten bis zum Ende des Mietverhältnisses (abzüglich 50 % der vereinnahmten Mieten – restliche 50 % sind als Risikoausgleich für Mietausfälle und evtl. Schäden an der Mietsache anzusetzen) zzgl. der Kosten eines möglichen Räumungsprozesses einschließlich Zwangsräumung zzgl. der Einbuße, die aufgrund der verminderten Nachfrage eintritt, da ein großer Teil der Kaufinteressenten erfahrungsgemäß nur an einem freien Objekt interessiert ist (LG Detmold, a.a.O.).

In jedem Fall sollte der Vermieter im **Kündigungsschreiben** auch stichhaltig darlegen, wie er den Mehrerlös bei Verkauf in unvermietetem Zustand zur Vermeidung erheblicher Nachteile verwenden will (LG Kiel, Urteil v. 7.9.1992, 1 S 315/91, WuM 1993 S. 52).

Erfahrungsgemäß wird die weit überwiegende Zahl der Räumungsklagen aufgrund Kündigung wegen Hinderung der wirtschaftlichen Verwertbarkeit nicht wegen Fehlens der tatsächlichen Voraussetzungen, sondern ausschließlich wegen Nichterfüllung der von der Rechtsprechung aufgestellten formalen Anforderungen an eine wirksame Kündigung bzw. an einen substanziierten Prozessvortrag abgewiesen.

Zusammenfassend kann zur Verdeutlichung dieser extrem hohen Anforderungen ein Urteil des LG Hamburg v. 22.2.1991 (311 S 224/90, DWW 1991 S. 241) angeführt werden. Danach bedarf es für die in jedem Einzelfall zu ermittelnde Grenze, bis zu welcher der Eigentümer wirtschaftliche Nachteile zu tragen hat, **u.a. folgender Darlegungen:**

Darlegung der Erlöse bei Verkauf im vermieteten bzw. unvermieteten Zustand; Berechnung der bei bestehendem Mietverhältnis erwirtschafteten Rendite; der Darlegung, ob eine ungünstige Rendite durch niedrige Mieteinnahmen bedingt ist und ob der Mietzins ggf. nach Mängelbeseitigung angehoben werden kann; der Würdigung, inwieweit der Kaufpreis für das Gebäude vollständig fremdfinanziert wurde und inwieweit der (mögliche) Verkaufserlös zur Tilgung verwendet werden muss; der Einbeziehung der Frage, ob das Mietobjekt seinerzeit vermietet erworben wurde und ob sich dies seinerzeit als Vorteil bezüglich des Kaufpreises niedergeschlagen hat; der Angabe von Hinweisen auf die Verkaufsbemühungen des Vermieters einschließlich der Kaufinteressenten und der Kaufpreisvorstellungen (bei vermietetem und auch unvermietetem Zustand); Angabe der Gründe für das Scheitern des Verkaufs, wobei diese bei Prüfung der Begründetheit nur berücksichtigt werden, wenn das Scheitern **ausschließlich** auf die Vermietung und nicht auch auf andere Gründe (z. B. hoher Kaufpreis) zurückzuführen ist (vgl. auch LG Darmstadt, Urteil v. 23.5.1986, 17 S 412/85, WuM 1987 S. 320).

Der Formulierung, dass es „u. a." der vorgenannten Darlegungen bedarf, ist zu entnehmen, dass im Einzelfall durchaus **weitere Darlegungen** und Ausführungen für die Wirksamkeit der Kündigung erforderlich sein können.

Jedoch erscheint es in Anbetracht der Rechtsprechung des Bundesverfassungsgerichts (Beschluss v. 8.10.1991, 1 BvR 1324/90, DWW 1991 S. 363 = NJW 1992 S. 105; vgl. auch Beschluss v. 20.9.1991, NJW 1991 S. 3270) äußerst fraglich, ob es noch mit der Verfassung, insbesondere mit den Grundrechten des Art. 2 Abs. 1 und Art. 14 GG (Eigentumsgarantie) vereinbar ist, derart hohe formale Anforderungen an die Wirksamkeit einer Kündigung zu stellen.

Zwar ist es nach der Rechtsprechung des Bundesverfassungsgerichts nicht zu beanstanden, die Durchsetzbarkeit des materiellen Anspruchs von formellen Voraussetzungen abhängig zu machen, damit dem Mieter zum frühestmöglichen Zeitpunkt Klarheit über seine Rechtsposition verschafft wird. Jedoch ist es dem Richter verwehrt, durch übermäßig strenge Handhabung verfahrensrechtlicher Schranken den Anspruch auf gerichtliche Durchsetzung des materiellen Rechts unzumutbar zu verkürzen (BVerfG, Beschluss v. 8.10.1991, a. a. O.). Dies ist auch der Fall, wenn das Gericht inhaltsgleiche Angaben über die Einschätzung des wirtschaftlichen Nachteils, der dem Vermieter durch die Fortsetzung des Mietverhältnisses entstehen soll, in den Gründen des Kündigungsschreibens und der Begründung des Räumungsanspruchs verlangt (BVerfG, Beschluss v. 15.6.1992, 1 BvR 1725/91, WuM 1992 S. 417). In der entschiedenen Sache hatte das Landgericht den Vortrag des Vermieters über die Kaufpreisminderung wegen der Vermietung unberücksichtigt gelassen und die Kündigung aus formellen Gründen für unwirksam erklärt, weil die Kaufpreisminderung im Kündigungsschreiben mit 40 % und in der Begründung der Räumungsklage nur noch mit 30 % beziffert war.

Dieser Rechtsauffassung wurde vom Bundesverfassungsgericht mit der Begründung widersprochen, dass es sich hierbei nicht um ein anderes Vorbringen des Vermieters im Sinne eines Aliuds, sondern lediglich um ein teilweises Abrücken von seinem ursprünglichen Vortrag in der Kündigung handelt. Aufgrund der Angaben im Kündigungsschreiben konnte sich der Mieter Klarheit über seine Rechtsposition verschaffen. Er konnte erkennen, dass die Kündigung mit einer wesentlichen Einbuße beim erzielbaren Kaufpreis begründet wird. Daran hat sich auch durch das Vorbringen in der Räumungsklage nichts geändert. Eine andere Beurteilung durch das Instanzgericht überspitzt die Anforderungen an den Inhalt des Kündigungsschreibens in verfassungswidriger Weise und verletzt den Vermieter in seinem Eigentumsgrundrecht.

Weiterhin dürfen sich nach dieser Rechtsprechung die Gerichte nicht darauf beschränken, das Vorbringen des Eigentümers nur unter dem Gesichtspunkt der Hinderung einer angemessenen wirtschaftlichen Verwertbarkeit zu prüfen; vielmehr ist dieses Vorbringen unter **jedem** einschlägigen rechtlichen Aspekt zu würdigen. Kann das Vorbringen z. B. die Kündigung wegen Hinderung einer angemessenen wirtschaftlichen Verwertbarkeit (§ 573 Abs. 2 Nr. 3 BGB) nicht stützen, darf das Gericht nicht allein deshalb die Klage abweisen, sondern muss weiter prüfen, ob das Vorbringen ein **allgemeines** berechtigtes Interesse an der Beendigung des Mietverhältnisses i. S. d. Generalklausel des **§ 573 Abs. 1 BGB** darstellt. Gleiches gilt, wenn die Kündigung sowohl unter dem Gesichtspunkt des Eigenbedarfs als auch der angemessenen wirtschaftlichen Verwertbarkeit zu sehen ist. Auch in diesem Fall hat sich die Subsumtion nicht lediglich auf § 573 Abs. 2 Nr. 2 und 3 BGB zu beschränken, sondern muss sich auch auf den Kündigungstatbestand des § 573 Abs. 1 BGB erstrecken (BVerfG, Beschluss v. 8.10.1991, a. a. O.).

Das LG München II (Urteil v. 12.5.1987, 2 S 2005/86, DWW 1988 S. 45) hat bereits entschieden, dass die Anforderungen an die prozessuale Darlegungspflicht insbesondere dann nicht überspannt werden dürfen, wenn mit dem

Verkauf der Wohnung ein vom Gesetz ausdrücklich gebilligter Zweck (z. B. Eigenbedarf) verfolgt wird. Wäre eine Kündigung wegen Eigenbedarfs begründet, will der Vermieter aber eine größere Wohnung zum Zweck des Selbstbezugs anschaffen und die kleinere vermietete Wohnung zur Finanzierung der größeren verkaufen („indirekter Eigenbedarf"), stellt dies in gleicher Weise ein berechtigtes Interesse an der Beendigung des Mietverhältnisses dar, wie wenn der Vermieter die kleinere Wohnung selbst beziehen würde (LG München II, a. a. O.). Zu beachten ist jedoch, dass es sich in diesem Fall um eine Wohnung der gehobenen Klasse gehandelt hat, die sich als Altersruhesitz oder Zweitwohnung anbietet und über den Vortrag, dass der Verkauf im geräumten Zustand zu einem höheren Kaufpreis führt, kein Beweis erhoben werden musste, da dies nach den Gründen dieses Urteils gerichtsbekannt war.

Geringere Anforderungen an den Inhalt der Kündigung stellen auch das LG Karlsruhe (Urteil v. 9.7.1987, 5 S 14/87, ZMR 1987 S. 469), LG Berlin (Urteil v. 31.7.1990, 64 S 136/90, MDR 1990 S. 1121), LG Köln (Urteil v. 12.1.1989, 1 S 415/88, WuM 1989 S. 255) sowie das LG Osnabrück (Urteil v. 2.2.1994, 1 S 179/93, WuM 1994 S. 214), wonach die Darstellung der maßgeblichen Tatsachen im Überblick ausreichend ist und das Kündigungsschreiben nicht die Darstellung eines betriebswirtschaftlichen und steuerrechtlichen Anforderungen genügenden Vermögensstatus des Vermieters enthalten muss.

> Nachdem jedoch die Beurteilung, ob der Inhalt der Kündigung bzw. des Prozessvortrags ausreichend ist, allein bei dem zuständigen Gericht liegt, sollten die Ausführungen zu sämtlichen Tatbestandsmerkmalen des § 573 Abs. 2 Nr. 3 BGB **so ausführlich und detailliert wie möglich** sein. Weiterhin sollte in Anbetracht der hohen formalen Anforderungen an eine Kündigung wegen Hinderung der wirtschaftlichen Verwertbarkeit diese grundsätzlich erst nach eingehender juristischer Beratung erfolgen.

Nicht nur bei der Verwertung des Grundstücks durch Verkauf, sondern auch bei jeder **anderen Art der Verwertung,** z. B. durch **Abbruch** des Gebäudes und anschließendem Wiederaufbau, sind dem Mieter bereits **im Kündigungsschreiben** in substanziierter und nachvollziehbarer Art und Weise sowohl die Art der Verwertung als auch die **Nachteile** darzulegen, welche aufgrund der Fortsetzung des Mietverhältnisses entstehen. Dazu ist es erforderlich, dass der Vermieter anhand von **Wirtschaftlichkeitsberechnungen** die Einnahmen und die Ausgaben **vor und nach** der angestrebten Verwertung durch Abriss und Neubau gegenüberstellt (LG Berlin, Urteil v. 27.5.2003, 64 S 8/03, ZMR 2003 S. 837; so auch LG München I, Urteil v. 25.6.1980, 14 S 430/80, WuM 1981 S. 234, wonach die unterschiedliche Rendite und damit der konkrete Nachteil, z. B. in Form einer vergleichenden Wirtschaftlichkeitsberechnung, dargelegt werden muss). Dabei sind auch die im Fall des Fortbestands des gekündigten Mietverhältnisses erzielbaren Mieten einschließlich etwaiger Mieterhöhungen nach § 559 BGB (wegen Modernisierungsmaßnahmen) den bei Vermietung des Neubaus erzielbaren Mieten gegenüberzustellen (LG Berlin, Urteil v. 16.8.1996, 64 S 343/95, WuM 1996 S. 770; vgl. auch LG Göttingen, Urteil v. 21.2.1983, 5 S 129/82, WuM 1984 S. 133; a. A. LG Kempten, Urteil v. 9.12.1992, S 2008/92, WuM 1994 S. 687, das unter Änderung der bisherigen Rechtsprechung nicht mehr verlangt, dass der erhebliche Nachteil durch eine vergleichende Berechnung oder eine Kalkulation im Kündigungsschreiben nachgewiesen werden muss. Der erhebliche Nachteil muss lediglich derart benannt sein, dass eine Unterscheidung von anderen Nachteilen möglich und ein Auswechseln eines dahingehenden Sachverhalts ausgeschlossen ist). Nicht ausreichend ist z. B. allein die Mitteilung, dass das Gebäude abgerissen werden soll, weil das Grundstück für betriebliche Zwecke benötigt wird (LG Mannheim, Urteil v. 4.9.1991, 4 S 51/91, WuM 1991 S. 695; a. A. LG Osnabrück, Urteil v. 2.2.1994, 1 S 179/93, WuM 1994 S. 214, wonach die Mitteilung im Kündigungsschreiben ausreichend ist, dass das Wohnhaus abgerissen und an gleicher Stelle ein Neubau für gewerbliche Zwecke errichtet werden soll, da der Mieter bereits dadurch abschätzen kann, ob die Errichtung des Neubaus für den Vermieter erhebliche Vorteile bietet).

Nach Auffassung des LG Mannheim (Urteil v. 16.1.2004, 4 S 100/03, WuM 2004 S. 99) kann der Vermieter ein Mietverhältnis wegen Hinderung einer angemessenen wirtschaftlichen Verwertung kündigen, wenn er ein sanierungsbedürftiges Zweifamilienhaus abreißen und auf dem Grundstück ein Sechsfamilienhaus errichten will, weil er die bereits bestehenden Hypotheken in Höhe von 153.388 Euro sowie die zusätzliche Hypothek für die Sanierung des Anwesens über 205.000 Euro mit seinem Einkommen als Realschullehrer bei derzeitigen monatlichen Mieteinnahmen von 971 Euro nicht bedienen könnte.

§ 573 BGB stellt allein auf das berechtigte Interesse des Vermieters an der Beendigung des Mietverhältnisses ab. Daher dürfen die Interessen des Mieters an dem Fortbestand des Mietverhältnisses bei Überprüfung der Wirksamkeit der Kündigung nicht herangezogen werden. Die besonderen **Belange des Mieters** sind **nur** auf dessen **Widerspruch** nach § 574 BGB zu beachten; erst dann hat eine umfassende Abwägung der im Einzelfall gegebenen beiderseitigen Interessen stattzufinden, da anderenfalls der Vermieter zur Wirksamkeit seiner Kündigungserklärung Umstände aus der Sphäre des Mieters berücksichtigen müsste, die ihm oftmals gar nicht bekannt sind (OLG Koblenz, a. a. O.).

Die Kündigung wegen Hinderung der wirtschaftlichen Verwertbarkeit wirkt grundsätzlich nicht über den Zeitpunkt der Grundbuchumschreibung auf einen **Erwerber** fort (LG Münster, Urteil v. 20.2.1991, 1 S 463/90, WuM 1991 S. 194). Nach Eigentumsübergang an den Grundstückserwerber ist die Kündigung des früheren Vermieters unwirksam. Der neue Eigentümer kann sich nur auf die in seiner Person bestehenden Erlangungsinteressen berufen (LG Siegen, Beschluss v. 30.4.1990, 3 T 17/90, WuM 1991 S. 197; vgl. auch LG Duisburg, Beschluss v. 11.6.1991, 7 S 423/90, WuM 1991 S. 497).

Liegt die Wohnung im Gebiet einer Gemeinde, in der die **Zweckentfremdung** von Wohnraum (z. B. durch Abbruch oder Umnutzung in Geschäftsraum) der behördlichen Genehmigung bedarf (s. „Zweckentfremdung"), setzt die Wirksamkeit der Kündigung nach § 573 Abs. 2 Nr. 3 BGB voraus, dass die Genehmigung zur Zweckentfremdung im Zeitpunkt der Kündigung **bereits vorliegt** und das Vorliegen der Genehmigung im Kündigungsschreiben **erwähnt** wird, wenn die vom Vermieter angestrebte, zur Grundlage der Kündigungserklärung gemachte Verwertung des Mietobjekts genehmigungspflichtig ist (OLG Hamburg, RE v. 25.3.1981, 4 U 201/80, NJW 1981 S. 2308; LG München II, Urteil v. 29.9.1994, 8 S 2264/94, WuM 1997 S. 115).

Dagegen setzt die Wirksamkeit der Kündigung **nicht** voraus, dass im Zeitpunkt ihres Zugangs die baurechtliche **Abbruch**genehmigung bereits vorliegt. Deshalb kann eine Kündigung auch nicht unwirksam sein, weil im Kündigungsschreiben eine bereits vorliegende Abbruchgenehmigung nicht erwähnt wurde (BayObLG, RE v. 31.8.1993, RE-Miet 2/93, WuM 1993 S. 660).

Ferner muss auch die **Baugenehmigung** zur Errichtung des Neubaus weder im Zeitpunkt der Abgabe der Kündigungserklärung noch des Ablaufs der Kündigungsfrist vorliegen, wenn der Vermieter das Gebäude abreißen und das Grundstück ne#u bebauen will (LG Berlin, Urteil v. 29.8.2011, 67 S 15/09, ZMR 2012 S. 15). Es genügt, wenn im Zeitpunkt des Zugangs der Kündigung mit einiger Sicherheit festgestellt werden kann, dass die für die Durchführung des Vorhabens erforderlichen baurechtlichen Genehmigungen zu dem Zeitpunkt vorliegen werden, zu dem sie bei planmäßiger Durchführung benötigt werden und der Vermieter die beabsichtigte Verwertung im Zeitpunkt der Beendigung des Mietverhältnisses alsbald verwirklichen kann und verwirklichen will. Ob eine solche Erwartung gerechtfertigt ist, ist Tatfrage und kann nur anhand der konkreten Umstände des Einzelfalls entschieden werden (BayObLG, a. a. O.).

Da nach diesen Urteilen für eine Kündigung das Vorliegen einer **Abbruch-** bzw. **Baugenehmigung** nicht erforderlich ist, ist in der neueren Rechtsprechung umstritten, ob das Vorliegen einer **Zweckentfremdung**sgenehmigung weiterhin verlangt werden kann. Dazu vertritt das LG Mannheim die Auffassung, dass die Kündigungsschutzvorschrift des § 573 BGB – eine Vorschrift mit eindeutig mieterschützendem Charakter – ein solches Erfordernis nicht aufstellt und eine Zweckentfremdungsgenehmigung daher nicht erforderlich ist (LG Mannheim, Urteil v. 16.1.2014, 4 S 100/03, WuM 2004 S. 99). Dagegen hat sich das AG München in einem neuen Urteil der älteren Rechtsprechung angeschlossen mit der Begründung, dass die Urteile zu Bau- und Abrissgenehmigungen auf Zweckentfremdungsgenehmigungen nicht übertragbar seien. Anders als die öffentlich-rechtlichen Vorschriften für die Erteilung von Baugenehmigungen hat die **Zweckentfremdungsverordnung** nach ihrer Zielsetzung **mieterschützenden** Charakter, die Baugenehmigung stellt hingegen lediglich sicher, dass das Bauvorhaben den öffentlich-rechtlichen Baunormen entspricht. Während auf die Baugenehmigung ein Rechtsanspruch besteht, wenn das Vorhaben öffentlich-rechtlichen Vorschriften nicht widerspricht (Art. 74 Abs. 1 BayBO), liegt die Entscheidung über die Zweckentfremdungsgenehmigung im pflichtgemäßen **Ermessen** der zuständigen Verwaltungsbehörde. Diese wird in der Regel nur unter Auflagen erteilt, sodass der Vermieter erst nach Bekanntgabe der Auflagen letztlich entscheiden kann, ob die Durchführung des Bauvorhabens wirtschaftlich noch sinnvoll ist. Daher erscheint es unter Berücksichtigung des **Verbots einer Vorratskündigung** unangemessen, dem Mieter den persönlichen und finanziellen Aufwand der Wohnungssuche und des Umzugs aufzuerlegen – ohne die Gewissheit, dass das geplante Bauvorhaben durchgeführt werden kann. Für die **Wirksamkeit** der Kündigung ist daher erforderlich, dass die **Zweckentfremdungsgenehmigung** im Zeitpunkt des Zugangs der Kündigungserklärung vorliegt (AG München, Urteil v. 18.11.2013, 483 C 9569/13, ZMR 2014 S. 583).

Ist für den Abbruch eine **Zweckentfremdungsgenehmigung** erforderlich, reicht eine Abbruchgenehmigung nicht aus (vgl. LG Itzehoe, WuM 1983 S. 145; AG Regensburg, Urteil v. 9.8.1990, 8 C 1156/90, WuM 1991 S. 177).

Eine Zweckentfremdung von Wohnraum liegt jedoch nicht vor, wenn innerhalb eines Hauses lediglich zwei Wohnungen zusammengelegt werden (BVerfG, Beschluss v. 7.4.1992, 1 BvR 1772/91, WuM 1992 S. 416).

Zur Kündigung nach § 573 Abs. 2 Nr. 3 BGB vgl. auch LG Darmstadt, Beschluss v. 19.12.1984, 17 T 75/84, WuM 1986 S. 339; LG München I, Urteil v. 23.5.1984, 14 S 4512/84, WuM 1984 S. 247; AG Münster, WuM 1982 S. 27; AG Düren, WuM 1982 S. 279; LG Berlin, Beschluss v. 16.9.1980, 65 T 64/80, WuM 1981 S. 105 u. a.

Ist an den vermieteten Wohnräumen nach Überlassung an den Mieter **Wohnungseigentum begründet** und das Wohnungseigentum veräußert worden, ist das Bestehen einer Kündigungs**sperrfrist** zu prüfen. Insofern gelten die einschlägigen Ausführungen unter „Eigenbedarf" entsprechend mit der Maßgabe, dass die neue Sperrfrist des § 577a BGB **nicht** anzuwenden ist, wenn die Veräußerung **vor dem 1.9.2001** erfolgt ist und sich die veräußerte Wohnung nicht in einem durch Rechtsverordnung bestimmten Gebiet befindet (Art. 229 § 3 Abs. 6 EGBGB).

Art. 232 § 2 Abs. 2 EGBGB, wonach bei Mietverhältnissen über Wohnraum auf dem **Gebiet der ehemaligen DDR** eine Kündigung wegen Hinderung der wirtschaftlichen Verwertbarkeit (§ 573 Abs. 2 Nr. 3 BGB) nicht zulässig war, wurde durch Gesetz vom 31.3.2004 (BGBl I S. 478) **aufgehoben**.

Die Ausführungen über die Kündigung wegen Hinderung der wirtschaftlichen Verwertbarkeit gelten damit uneingeschränkt auch in den neuen Bundesländern.

2.4 Sonstige berechtigte Interessen

Der Formulierung „insbesondere" in § 573 Abs. 2 BGB ist zu entnehmen, dass der Katalog der Nr. 1 bis 3 des § 573 Abs. 2 keine abschließende, sondern **nur eine beispielhafte** Aufzählung von berechtigten Interessen des Vermieters darstellt und auch andere Sachverhalte ein berechtigtes Interesse begründen können. Die aufgezählten Gründe bilden jedoch den Maßstab dafür, welches Gewicht andere Gründe haben müssen, um als berechtigte Interessen anerkannt zu werden. Von praktischer Bedeutung sind insbesondere folgende Fallgruppen.

2.4.1 Betriebsbedarf

Betriebsbedarf liegt insbesondere vor bei Verwendung als **Werkmiet- oder Werkdienstwohnung** für einen Arbeitnehmer anstelle eines anderen, dessen Arbeitsverhältnis beendet ist.

In der Kündigung des Dienst(arbeits)verhältnisses liegt nicht zugleich die Kündigung des Mietverhältnisses gemäß § 576 BGB. Diese muss nach Beendigung des Dienst(arbeits)verhältnisses zugehen. Im Kündigungsschreiben kann sich der Vermieter nicht allein darauf berufen, dass die Wohnung für einen anderen aktiven Bediensteten benötigt wird; anzugeben ist der aktuelle Betriebsbedarf, z. B. für wen die Wohnung benötigt wird. Der – konkrete – Betriebsbedarf einer Werkmietwohnung kann auch nicht im Voraus geregelt werden, z. B. in einem Hausmeisterdienstvertrag, wonach dessen Beendigung auch die Beendigung des Mietverhältnisses zur Folge hat. Vielmehr ist die Kündigung mit einem Bedarf an der Wohnung für einen neuen Hausmeister zu begründen (AG Berlin, Urteil v. 9.7.2008, 103 C 425/07, NJW-RR 2010 S. 88).

Ein Betriebsbedarf kann auch dann vorliegen, wenn eine an einen Betriebs**fremden** vermietete Wohnung erst durch Kündigung in eine Werkswohnung **umgewidmet** werden soll. Jedoch ist insoweit allein der konkrete Wohnbedarf eines bestimmten Arbeitnehmers für die Kündigung nicht ausreichend. Hinzukommen müssen noch weitere Gründe, die gerade den Bezug dieser speziellen Wohnung durch den Arbeitnehmer für die Führung des Betriebs des Vermieters als notwendig erscheinen lassen (OLG Stuttgart, RE v. 24.4.1991, 8 RE-Miet 1/90, WuM 1991 S. 330).

Daher kann ein berechtigtes Interesse einer **Kommanditgesellschaft (KG)** an der Beendigung eines mit einem Betriebsfremden abgeschlossenen Mietverhältnisses nur dann bestehen, wenn das Wohnen des Mitarbeiters gerade in dieser Wohnung nach seiner betrieblichen Funktion und Aufgabe für den Betriebsablauf von nennenswertem Vorteil ist. Dies gilt auch für den Geschäftsführer der Komplementärin der KG (BGH, Urteil v. 23.5.2007, VIII ZR 122/06, WuM 2007 S. 457).

Der **qualifizierte** Betriebsbedarf muss im Kündigungsschreiben substanziiert dargelegt werden (LG Hamburg, Urteil v. 12.11.1993, 311 S 124/93, WuM 1994 S. 208). Dies gilt unabhängig davon, ob der Mieter bei Vertragsabschluss darauf hingewiesen wurde, dass die Wohnung zu einem späteren Zeitpunkt u. U. wieder als Werkswohnung genutzt werden soll (OLG Stuttgart, Beschluss v. 21.4.1993, 8 RE-Miet 1/92, WuM 1993 S. 338).

Ein Kündigungsgrund liegt nicht vor, wenn der Vermieter die Wohnung neu anzuwerbenden Fachkräften zur Verfügung stellen und damit seine Chancen auf dem Arbeitsmarkt verbessern will, da das allgemeine Interesse des Mieters an der Beibehaltung der Wohnung dem Wunsch des Vermieters vorgeht, mit der Zurverfügungstellung einer Wohnung schneller oder leichter einen für seinen Betrieb benötigten Arbeitnehmer zu finden (OLG Stuttgart, a. a. O.). Ebenso kann eine Kündigung nicht auf Betriebsbedarf gestützt werden, wenn der Bezug der Wohnung durch den Arbeitnehmer lediglich den Betriebsablauf erleichtert, für die ordnungsgemäße Führung des Betriebs jedoch nicht erforderlich ist (LG Stuttgart, Urteil v. 22.6.1994, 13 S 75/94, WuM 1994 S. 470). Ferner liegt kein Betriebsbedarf vor, wenn dem Mitarbeiter durch Bezug der Wohnung lediglich zu einem kurzen Heimweg nach langer Arbeitszeit verholfen werden soll (BGH, Urteil v. 23.5.2007, VII ZR 122/06, WuM 2007 S. 457).

Entsprechendes gilt, wenn eine Wohnung wegen der Einstellung eines **Hausmeisters** gekündigt werden soll. Erforderlich ist daher, dass die Einstellung eines Hausmeisters nach **objektiven** Maßstäben vernünftig und zur ordnungsgemäßen Pflege und Erhaltung des Anwesens **notwendig** ist, z.B. wegen des Umfangs der auszuführenden Arbeiten oder weil der Vermieter infolge seines Alters das Anwesen nicht mehr instand halten kann (AG Osnabrück, WuM 1975 S. 55) und die Arbeit die ständige Anwesenheit des Hausmeisters im Anwesen erfordert (LG Freiburg, Beschluss v. 15.4.1992, 6 T 56/91, WuM 1992 S. 437; LG Heidelberg, Urteil v. 24.9.1993, 5 S 73/93, WuM 1993 S. 678; LG Regensburg, Urteil v. 30.9.1997, 2 S 117/97, WuM 1998 S. 160), damit der Vermieter seinen Verpflichtungen, z.B. zur Behebung von Funktionsstörungen im Gebäude oder zum Räumen und Streuen bei Glatteis, umgehend – und nicht erst nach einer Anfahrtszeit – nachkommen kann (LG Regensburg, a.a.O.). Gleiches gilt, wenn der Vermieter beabsichtigt, die bisher von einem Dritten durchgeführte Betreuung des Anwesens zukünftig einem im Haus wohnenden Hauswart zu übertragen (LG Berlin, Urteil v. 16.10.1995, 61 S 141/95, NJWE-MietR 1996 S. 53). Liegen diese Voraussetzungen vor, ist der Vermieter bei der Auswahl des Hausmeisters berechtigt, sich ausschließlich von betrieblichen Gesichtspunkten leiten zu lassen. Er ist keineswegs verpflichtet, sich im Hinblick auf eine andere, kleinere Wohnung im Haus für eine Einzelperson statt eines Hausmeisterehepaars zu entscheiden (LG Aachen, Urteil v. 2.2.1990, 5 S 433/89, DWW 1990 S. 305).

Nach dem RE des OLG Stuttgart vom 22.11.1985 (8 RE-Miet 1/85, WuM 1986 S. 132), wonach der bloße Hinweis im Kündigungsschreiben, dass die Wohnung dringend für die Unterbringung eines aktiven Bediensteten benötigt wird, nicht genügt, muss der Betriebsbedarf für eine **bestimmte** identifizierbare Person vorhanden sein und im Kündigungsschreiben in nachvollziehbarer Weise dargelegt werden (so auch LG Köln, Urteil v. 27.11.1997, 1 S 126/97, WuM 2000 S. 358; a.A. LG Berlin, Beschluss v. 4.11.2010, 67 S 33/10, GE 2010 S. 1748, wonach der Name des künftigen Hausmeisters **nicht** angegeben werden muss und die Kündigung bereits dann formell wirksam ist, wenn nach dem Inhalt des Kündigungsschreibens der Wohnraum für einen anderen – in unmittelbarer Nähe zur Arbeitsstätte wohnhaften – Hausmeister benötigt wird).

2.4.2 Öffentlicher Bedarf

Ist eine **Sozialwohnung** an einen Nichtberechtigten i.S.d. WoBindG vermietet worden, ohne dass ein konkreter Anhalt für die Annahme besteht, der Vermieter habe bei Vertragsschluss die fehlende Berechtigung des Mieters gekannt, besteht ein berechtigtes Interesse des Vermieters an der Kündigung dieses Mietverhältnisses, wenn später die zuständige Behörde die Kündigung verlangt und dem Vermieter anderenfalls erhebliche (wirtschaftliche) Nachteile wegen Verstoßes gegen das Wohnungsbindungsgesetz androht, z.B. Widerruf der Mittel, besondere Geldleistungen nach § 25 WoBindG (OLG Hamm, RE v. 14.7.1982, 4 RE-Miet 4/82, DWW 1982 S. 243; LG Köln, Urteil v. 5.9.1991, 1 S 195/91, WuM 1992 S. 487).

Dieses Kündigungsrecht steht dem Vermieter auch dann zu, wenn die Behörde die Kündigung wegen Bedarfs der Wohnung verlangt, **ohne** hierbei dem Vermieter anzudrohen, ihm wirtschaftliche Nachteile zuzufügen, falls er die Kündigung unterlässt (BayObLG, RE v. 23.7.1985, RE-Miet 3/85, WuM 1985 S. 283).

Dagegen besteht **kein** berechtigtes Interesse des Vermieters, wenn die Voraussetzungen für die Nutzung der Sozialwohnung **nachträglich** wegfallen, z.B. durch Überschreiten der Einkommensgrenze (s. auch „Sozialwohnung“).

Für eine **gemeinnützige Baugenossenschaft** stellt es kein berechtigtes Interesse an der Beendigung des Mietverhältnisses gegenüber einem nach dem Tod des Mieters in das Mietverhältnis eingetretenen Familienangehörigen dar, wenn sie das Haus zur Vermietung an wohnungssuchende kinderreiche Familien benötigt (OLG Karlsruhe, RE v. 23.12.1983, 9 RE-Miet 4/83, NJW 1984 S. 2584).

Ein berechtigtes Interesse i.S.v. § 573 Abs. 1 BGB an der Beendigung des Mietverhältnisses kann eine **gemeinnützige Wohnungsbaugenossenschaft** jedoch haben, wenn sie eine **erheblich unterbelegte** Genossenschaftswohnung in der Absicht kündigt, sie an eine größere Familie mit entsprechendem Wohnbedarf zu vermieten (OLG Stuttgart, RE v. 11.6.1991, 8 RE-Miet 1/91, WuM 1991 S. 379).

Das OLG Stuttgart sah sich an den RE des OLG Karlsruhe nicht gebunden, da sich dieser auf die Rechtslage bei einem nach § 563 BGB einrückenden Mieter beschränkt. Auch der RE des OLG Frankfurt/M. vom 6.3.1981 (20 RE-Miet 1/80, MDR 1981 S. 673) steht nicht entgegen, da die Baugenossenschaft mit der Kündigung nicht nur ein Drittinteresse oder ein allgemeines öffentliches Interesse der Bevölkerung, sondern ein Eigeninteresse in Erfüllung ihrer satzungsgemäßen Aufgabe verfolgt (OLG Stuttgart, a. a. O.).

Der RE des OLG Stuttgart ist jedoch auf den Fall beschränkt, dass Vermieter eine gemeinnützige Wohnungsbaugenossenschaft ist. Er hat daher keine allgemeine Gültigkeit für andere Mietverhältnisse. Insofern verbleibt es bei der Rechtslage, wonach zwar die **Überbelegung** einer Wohnung einen Kündigungsgrund darstellen kann (s. „Kündigung“, Abschnitt 3.2.1.1 „Fristlose Kündigung wegen vertragswidrigen Gebrauchs (Verletzung der Rechte des Vermieters; § 543 Abs. 2 Nr. 2 BGB)“), nicht aber deren **Unterbelegung**. Entsprechendes gilt, wenn der Mieter einer gemeinnützigen Wohnungsbaugesellschaft die Wohnung nur als **Zweitwohnung** (Stadtwohnung) nutzt (LG München I, Urteil v. 3.7.1991, 14 S 142/91, WuM 1992 S. 16). Da eine gemeinnützige Wohnungsbaugesellschaft, die im Eigentum der öffentlichen Hand steht, verpflichtet ist, möglichst viel preiswerten, familiengerechten Wohnraum dem Wohnungsmarkt zur Linderung der Wohnungsnot und zur Preisdämmung des Mietniveaus zur Verfügung zu stellen, hat sie ein berechtigtes Interesse an der Beendigung des Mietverhältnisses nach § 573 Abs. 1 BGB, wenn der Mieter diese Wohnung nur als Zweitwohnung nutzt (LG München I, a. a. O.). Ferner hat eine **Wohnungsgenossenschaft** ein berechtigtes Interesse an der Beendigung des Mietverhältnisses, wenn ein Mitglied, das von der Genossenschaft durch einen Dauernutzungsvertrag eine Wohnung gemietet hat, wegen genossenschaftswidrigen Verhaltens aus der Genossenschaft ausgeschlossen und die von ihm genutzte Wohnung für ein anderes Mitglied benötigt wird (BGH, Urteil v. 10.9.2003, VIII ZR 22/03, ZMR 2003 S. 904).

Eine **Gemeinde**, die ein Mietverhältnis über Wohnraum kündigt, kann sich zur Begründung ihres berechtigten Interesses i. S. v. § 573 Abs. 1 und 2 BGB darauf berufen, dass sie den Wohnraum zur **Erfüllung öffentlich-rechtlicher Aufgaben** benötigt. Zu den öffentlich-rechtlichen Aufgaben, die ein berechtigtes Interesse an der Beendigung eines Mietverhältnisses begründen können, zählt in Bayern auch die Bereitstellung von Räumen für den theoretischen Unterricht der Feuerwehr sowie für kulturelle oder soziale Zwecke, z. B. Turnraum, Versammlungs- und Übungsraum für einen örtlichen Gesangsverein und Raum für eine Webeschule (BayObLG, Beschluss v. 21.11.1980, Allg Reg 83/80, NJW 1981 S. 580).

Ferner kann ein berechtigtes Interesse vorliegen, wenn im Rahmen der **gemeindlichen Daseinsvorsorge** durch Umgestaltung und Modernisierung eines Altbaus neuer **seniorengerechter Wohnraum** geschaffen werden soll (LG Flensburg, Urteil v. 2.2.2001, 7 S 89/00, ZMR 2001 S. 711). Kündigungen aufgrund besonderen öffentlichen Interesses sind von der Rechtsprechung auch anerkannt worden zur Schaffung von **Obdachlosenunterkünften** (AG Göppingen, Urteil v. 15.8.1978, 1 C 598/78, WuM 1979 S. 122), Unterbringung von **Aussiedlern und Asylbewerbern** (LG Kiel, Urteil v. 7.10.1991, 1 S 240/90, WuM 1992 S. 129) oder Schaffung eines **öffentlichen Kindergartens** (AG Neustadt, Urteil v. 27.3.1995, 27 C 2380/94, NJW-RR 1996 S. 397).

Dagegen liegt kein berechtigtes Interesse an der Kündigung eines Wohnraummietverhältnisses vor, wenn eine Gemeinde sozial schwachen Familien preisgünstigen Wohnraum zur Verfügung stellen will (LG Gießen, Urteil v. 14.8.2002, 1 S 196/02, ZMR 2003 S. 34).

Ferner begründet das **allgemeine** öffentliche Interesse an einem Bauvorhaben, das die Errichtung eines Mehrzweckgebäudes mit Parkplätzen, Geschäftsräumen und Wohnungen zum Gegenstand hat, kein berechtigtes Interesse des Vermieters an der Beendigung des Mietverhältnisses (OLG Frankfurt/M., RE v. 6.3.1981, 20 RE-Miet 1/80, MDR 1981 S. 673). Anders kann dies zu beurteilen sein, wenn für die Errichtung ein **dringendes öffentliches** Bedürfnis besteht (vgl. LG Köln, Urteil v. 28.2.1974, 1 S 285/73, WuM 1976 S. 164). Auch ein öffentliches **städtebauliches** Interesse am Abriss eines Wohngebäudes (z. B. Beseitigung eines städtebaulich unerwünschten „Schandflecks“) stellt **kein** berechtigtes Interesse des Vermieters an der Beendigung eines beim Grundstückskauf bestehenden Mietverhältnisses dar (LG Görlitz, Beschluss v. 28.1.2005, 2 S 99/04, WuM 2006 S. 160).

2.4.3 Überbelegung

Der Vermieter kann nach § 573 Abs. 1 BGB berechtigt sein, das Mietverhältnis über eine 56,94 m^2 große Wohnung zu kündigen, wenn die Familie der Mieter bei Beginn des Mietverhältnisses aus zwei Erwachsenen und drei Kindern bestand und die Mieter inzwischen drei weitere Kinder bekommen haben. Im Einzelnen richtet sich das Recht des Vermieters zur Kündigung jedoch nach den jeweils umfassend zu würdigenden Umständen des Einzelfalls (OLG Hamm, RE v. 6.10.1982, 4 RE-Miet 13/81, DWW 1982 S. 335).

Das **Verschulden** des Mieters liegt darin, dass er nicht rechtzeitig auf eine größere Wohnung ausgewichen ist.

2.4.4 Unzumutbarkeit

Vertragsverstöße des Mieters können eine Kündigung nach § 573 Abs. 2 Nr. 1 BGB (s. Abschnitt 2.1) nur begründen, wenn diese **schuldhaft** erfolgt sind. Liegt ein Verschulden **nicht** vor, z. B. bei Handlungen durch schuldunfähige Personen, kann eine Kündigung nach **§ 573 Abs. 1 BGB** erfolgen, da diese Vorschrift ein Verschulden (im Gegensatz zu § 573 Abs. 2 Nr. 1 BGB) nicht voraussetzt. Zum Ausgleich ist jedoch ein **verstärktes** Maß an Unzumutbarkeit notwendig, sodass die Kündigung nur erfolgen kann, wenn z. B. das Vertragsverhältnis oder die Hausgemeinschaft infolge der Vertragsverstöße ganz erheblich beeinträchtigt wird. Störungen des Hausfriedens durch den schuldunfähigen Mieter, die zu einer außerordentlichen Kündigung nach § 543 Abs. 1 BGB berechtigen, begründen jedoch stets die ordentliche Kündigung nach § 573 Abs. 1 BGB (LG Dresden, Urteil v. 29.3.1994, 9 S 0311/93, 9 S 311/93, WuM 1994 S. 377).

Kann bei massiven Streitigkeiten der Mieter untereinander mit der Folge erheblicher Störungen des Hausfriedens der Verursacher nicht ermittelt werden, hat das LG Duisburg (WuM 1975 S. 209) in diesem Fall die Kündigung desjenigen Mieters als berechtigt angesehen, nach dessen Auszug am ehesten die Wiederherstellung des Hausfriedens zu erwarten ist.

2.4.5 Wirtschaftliche Interessen

Wirtschaftliche Interessen des Vermieters können eine Kündigung grundsätzlich nur im Rahmen des § 573 Abs. 2 Nr. 3 BGB (s. o. „Kündigungsschutz“, Abschnitt 2.3 „Hinderung der wirtschaftlichen Verwertung (§ 573 Abs. 2 Nr. 3 BGB)“) begründen. Nach dem RE des BayObLG vom 17.10.1983 (RE-Miet 6/83, DWW 1984 S. 22) stellt der drohende nachträgliche **Wegfall einer Grunderwerbsteuerbefreiung** durch eine unterlassene Eigennutzung einer vom Vermieter erworbenen Eigentumswohnung ein die ordentliche Kündigung nach § 573 Abs. 1 BGB rechtfertigendes berechtigtes Interesse an der Beendigung des Mietverhältnisses dar, sofern die dem Vermieter dadurch erwachsenden wirtschaftlichen Nachteile unter Würdigung aller Umstände des Einzelfalls erheblich sind.

2.4.6 Zweckbindung

Bei sog. Heimverträgen kann ein berechtigtes Interesse des Heimträgers an der Beendigung des Vertragsverhältnisses (wichtiger Grund) vorliegen, wenn die Voraussetzungen der Unterbringung nicht mehr gegeben sind (z. B. der Gesundheitszustand der Bewohner sich so verändert hat, dass seine fachgerechte Betreuung in dem Heim nicht mehr möglich ist) oder der Betrieb des Heims eingestellt wird, wesentliche Einschränkungen erfährt oder in seiner Art verändert wird und die Fortsetzung des Heimvertrags für den Träger eine unzumutbare Härte bedeuten würde.

2.4.7 Modernisierung

Die beabsichtigte Modernisierung bzw. Sanierung (s. „Modernisierung") stellt grundsätzlich keinen Kündigungsgrund dar; selbst dann nicht, wenn die Wohnung kurzfristig unbewohnbar wird (AG München, Urteil v. 24.7.1985, 25 C 144/85, WuM 1986 S. 334). Ein Kündigungsgrund kann sich insofern nur bei Vorliegen der Voraussetzungen des § 573 Abs. 2 Nr. 3 BGB (s.o., Abschnitt 2.3 „Hinderung der wirtschaftlichen Verwertung (§ 573 Abs. 2 Nr. 3 BGB)") ergeben.

2.4.8 Fehlende Nutzungsgenehmigung

Überlässt der Vermieter dem Mieter baurechtlich nicht für Wohnzwecke genehmigte Räume, kann er ein berechtigtes Interesse an der Beendigung des Mietverhältnisses nach § 573 Abs. 1 BGB grundsätzlich nicht auf die fehlende Genehmigung stützen (LG Stuttgart, Urteil v. 16.1.1992, 6 S 380/91, WuM 1992 S. 487). Eine Kündigung kann in diesem Fall nach § 573 Abs. 2 Nr. 3 BGB (vgl. Abschnitt 2.3 „Hinderung der wirtschaftlichen Verwertung (§ 573 Abs. 2 Nr. 3 BGB)") begründet sein, wenn die zur Erreichung der Genehmigungsfähigkeit erforderlichen Maßnahmen die Grenzen des Zumutbaren überschreiten.

Beispiel

Nach einem Urteil des AG Hamburg vom 20.4.2007 (509 C 325/06, ZMR 2007 S. 789) hat der Vermieter ein berechtigtes Interesse an der Beendigung des Mietverhältnisses, wenn die Behörde (berechtigterweise) die Beendigung der Wohnungsnutzung **verlangt**, weil die vermieteten Räume die bauordnungsrechtlich vorgeschriebene lichte Höhe unterschreiten, da dies für den Vermieter die einzige Möglichkeit ist, einen rechtmäßigen Zustand wiederherzustellen. Solange dies nicht der Fall ist, d.h. solange die Behörde nicht zu erkennen gibt, dass sie gegen die Wohnnutzung tatsächlich einschreiten will, besteht kein Kündigungsrecht (AG Hamburg, a.a.O.).

2.5 Ausnahmen vom Kündigungsschutz

In den nachfolgend angeführten Fällen besteht **kein** Kündigungsschutz des Mieters.

2.5.1 Kündigung im Zweifamilienhaus (§ 573 a BGB)

Ein Mietverhältnis über eine Wohnung in einem vom Vermieter selbst bewohnten Wohngebäude mit nicht mehr als zwei Wohnungen kann der Vermieter auch ohne Vorliegen eines berechtigten Interesses kündigen (§ 573 a Abs. 1 BGB).

Gegen diese erleichterte Kündigungsmöglichkeit bestehen keine verfassungsrechtlichen Bedenken, da sich aus der Verfassung keine generelle Verpflichtung des Gesetzgebers entnehmen lässt, die ordentliche Kündigung einer Wohnung nur bei Vorliegen eines berechtigten Interesses zuzulassen (BVerfG, Beschluss v. 13.1.1994, 1 BvR 2047/93, WuM 1994 S. 520). Sinn und Zweck dieser Sonderregelung ist es, im Hinblick auf das enge Zusammenwohnen und das zwangsläufig häufige Zusammentreffen der Parteien eine Lösung des Vertragsverhältnisses auch ohne Vorliegen der strengen Voraussetzungen des § 573 BGB zu ermöglichen, insbesondere weil in diesem Fall auch persönliche Spannungen zwischen den Parteien, die kein berechtigtes Interesse an der Beendigung des Mietverhältnisses begründen, zu einer Unzumutbarkeit der Fortsetzung des Mietverhältnisses führen können.

Voraussetzung ist, dass der Vermieter **selbst** im Anwesen wohnt. Besteht die Vermieterseite aus einer Personenmehrheit (z.B. einer Erbengemeinschaft), ist ausreichend, dass eine Person darin wohnt.

§ 573 a BGB stellt ausschließlich auf den **Vermieter** ab, sodass Vermieter und Eigentümer nicht identisch sein müssen. Hat z. B. der Nießbraucher als Vermieter den Mietvertrag abgeschlossen, ist es unerheblich, ob auch der Eigentümer in dem Anwesen wohnt.

Ein **„Bewohnen“** i. S. d. § 573a BGB setzt zwar nicht voraus, dass sich der Vermieter überwiegend in dem Anwesen aufhält (vgl. LG Hamburg, Urteil v. 23.7.1982, 11 S 76/82, WuM 1983 S. 23), jedoch muss er dort das Zentrum seiner privaten Lebensführung haben (LG Wuppertal, Urteil v. 10.11.1989, 10 S 395/89, WuM 1990 S. 156). Ein nur gelegentliches Benutzen der Wohnung oder eine Nutzung als „Möbellager“ reicht mit Rücksicht auf den vorerwähnten Sinn und Zweck der Regelung nicht aus (vgl. LG Berlin, Urteil v. 5.11.1979, 61 S 153/79, WuM 1980 S. 134 sowie OLG Hamburg, Urteil v. 30.9.1992, 4 U 94/92, WuM 1992 S. 634 zum „Lebensmittelpunkt“).

> Der Vermieter muss nicht bereits bei Abschluss des Mietvertrags in dem Anwesen gewohnt haben; ausreichend ist, wenn dies im Zeitpunkt des **Zugangs der Kündigung** der Fall ist (OLG Koblenz, RE v. 25.5.1981, 4 W-RE 277/81, ZMR 1981 S. 371; BayObLG, Beschluss v. 31.1.1991, RE-Miet 3/90, WuM 1991 S. 249).

Allerdings muss der Vermieter nach Auffassung des OLG Karlsruhe (Urteil v. 22.4.1993, 11 U 60/92, WuM 1993 S. 405) auch noch bis zum Abschluss eines evtl. Räumungsrechtsstreits im Anwesen wohnen. Dies bedeutet, dass beim Wegfall dieser die Kündigung stützenden Voraussetzung, z. B. beim Tod des im Anwesen wohnenden Vermieters zwischen Zugang der Kündigung und Abschluss des Rechtsstreits, die Erben als Rechtsnachfolger des Vermieters verpflichtet sind, den Mieter auf die Veränderung der Sachlage hinzuweisen und ihm eine Fortsetzung des Mietverhältnisses anzubieten.

Der Grundsatz, dass das Kündigungsinteresse über den Ablauf der Kündigungsfrist hinaus bestehen muss, gilt auch bei der Kündigung nach § 573a BGB. Deshalb ist die Kündigung **unwirksam**, wenn der Vermieter in der Absicht kündigt, nach dem Auszug des Mieters auch die eigene Wohnung aufzugeben, um das Haus dann vollständig geräumt **besser verkaufen** zu können. Dieser Sachverhalt rechtfertigt nicht die Privilegierung des § 573a Abs. 1 BGB, da das besondere Näheverhältnis zwischen den Bewohnern eines Zweifamilienhauses, das die Privilegierung rechtfertigt, bis zum Auszug des Mieters nur noch formal vorliegt und durch den anschließenden Auszug des Vermieters ohnehin aufgelöst werden würde (LG Stuttgart, Urteil v. 25.1.2006, 13 S 357/05, WuM 2007 S. 75).

Fasst der Vermieter diesen Entschluss erst nach Ausspruch der Kündigung, ist er verpflichtet, den Mieter über die beabsichtigte Wohnungsaufgabe zu informieren und ihm einen Vertrag über die Aufhebung der Kündigungswirkungen anzubieten. Diese Pflicht endet erst mit dem Auszug des Mieters (LG Duisburg, Urteil v. 18.1.2005, 13 S 333/04, NZM 2005 S. 216). Gegebenenfalls muss der Vermieter von der bereits ausgesprochenen Kündigung nach § 573a Abs. 1 BGB auf die Verwertungskündigung nach § 573 Abs. 2 Nr. 3 BGB umschwenken und diese nachschieben, was ihm wegen der Verlängerung der Kündigungsfrist nach § 573a Abs. 1 S. 2 BGB innerhalb der ersten 3 Monate ohne zeitliche Verzögerung möglich ist (LG Stuttgart, a. a. O.).

Dagegen bleibt eine Kündigung nach § 573a BGB zugunsten des **Käufers** wirksam, wenn das Gebäude nach Ausspruch der Kündigung, d. h. im Verlauf der Kündigungsfrist verkauft wird und der Käufer die Wohnung nach Räumung durch den Verkäufer bezieht (AG Aschaffenburg, Urteil v. 22.3.2007, 15 C 2582/06, WuM 2007 S. 460).

Hat der Verkäufer dem Mieter jedoch zugesichert, das Mietverhältnis nur bei Vorliegen eines berechtigten Interesses zu kündigen, d. h., sich nicht auf das Sonderkündigungsrecht zu berufen, gilt diese mietvertragliche Kündigungsbeschränkung auch für den Erwerber des Anwesens, da dieser anstelle des ursprünglichen Vermieters in dessen Rechte und Pflichten eintritt (BGH, Urteil v. 16.10.2013, VIII ZR 57/13).

Die Voraussetzungen des § 573a Abs. 1 BGB sind nur erfüllt, wenn das Gebäude **nicht mehr als zwei** Wohnungen hat. Für die Beurteilung, ob in einem Gebäude (nicht) mehr als zwei Wohnungen vorhanden sind, ist die Verkehrsanschauung maßgebend. Danach ist eine Wohnung ein selbstständiger, räumlich und wirtschaftlich abgegrenzter Bereich, der eine **eigenständige Haushaltsführung** ermöglicht. Dies ist z.B. auch der Fall bei einer Einliegerwohnung, die neben einem Wohn- bzw. Schlafzimmer auch über eine Küchenzeile und ein Bad mit Toilette verfügt (BGH, Urteil v. 17.11.2010, VIII ZR 90/10, WuM 2011 S. 34). Existieren neben den zwei Wohnungen zusätzliche Räume, ist somit entscheidend, ob darin die zur Führung eines selbstständigen Haushalts erforderlichen Versorgungsanschlüsse für eine Küche oder Kochgelegenheit wie Wasser- und Energieanschluss sowie ein Abfluss vorhanden sind. **Nicht** erforderlich ist, dass die Küche mit Möbeln und Geräten, z. B. mit einer Küchenzeile, ausgestattet ist (BGH, Urteil v. 18.2.2015, VIII ZR 127/14). Besteht nur eine Mitbenutzungsmöglichkeit in einer anderen Wohnung, ist der Begriff „Wohnung" nicht erfüllt. Dagegen kann von einer selbstständigen Wohneinheit ausgegangen werden, wenn sich die Toilette im Treppenhausflur befindet (LG Köln, Urteil v. 1.12.1998, 12 S 188/98, ZMR 1999 S. 560). Gleiches gilt, wenn im Haus zwar nur zwei abgeschlossene Wohnungen vorhanden sind, aber zusätzlich auch viele weitere einzelne Wohnräume (hier: mindestens sechs zzgl. vier Dusch- bzw. Toilettenräume), sodass es auf die Abgeschlossenheit einer dritten Wohnung nicht ankommen kann (AG Hamburg, Urteil v. 10.1.2012, 409 C 146/10, ZMR 2012 S. 451).

Einzelne Wohnräume (z.B. im Dach- oder Kellergeschoss) außerhalb der zwei getrennten Wohnungen stehen dem erleichterten Kündigungsrecht nicht entgegen (Palandt, Anm. 3a zu § 564b BGB a.F.). Siehe auch § 75 Abs. 6 S. 2 i.V.m. Abs. 5 S. 1 BewG und KG Berlin (Urteil v. 12.11.1984, 8 U 6370/83, ZMR 1986 S. 162 = GE 1985 S. 93), wonach bei der Qualifikation als „2-Familien-Haus" Wohnungen des **Hauspersonals** (wie Pförtner, Heizer, Gärtner, Wächter usw.) **nicht** mitzurechnen sind.

Das erleichterte Kündigungsrecht wird auch nicht dadurch ausgeschlossen, dass der Mieter in einem Haus mit drei Wohnungen im Lauf des Mietverhältnisses die dritte Wohnung zum Zweck der einheitlichen Nutzung mit der zunächst angemieteten Wohnung hinzugemietet und die beiden Wohnungen nach außen miteinander verbunden hat, auch wenn diese Umbauarbeiten mit vertretbarem Aufwand jederzeit wieder rückgängig gemacht werden können (OLG Karlsruhe, RE v. 10.6.1983, 9 RE-Miet 1/83, DWW 1983 S. 173).

Die Anwendung von § 573a BGB erfordert auch **nicht**, dass der Vermieter und der Mieter im Zusammenhang mit der Benutzung ihrer Wohnungen in dem Wohngebäude eine **Gelegenheit zum Zusammentreffen** haben; insbesondere ist nicht erforderlich, dass ein gemeinsames Treppenhaus, ein gemeinsamer Hauseingang oder sonstige gemeinschaftlich zu nutzende Räume oder Flächen vorhanden sind (OLG Saarbrücken, RE v. 2.7.1992, 5 RE-Miet 1/92, DWW 1992 S. 310).

Fraglich kann im Einzelfall aufgrund der baulichen Gegebenheiten jedoch sein, ob überhaupt lediglich **ein** Wohngebäude (i.S.d. § 573a BGB) vorliegt oder ob es sich um **zwei** Wohngebäude handelt mit der Folge, dass eine Anwendung dieser Vorschrift ausscheidet. Maßgeblich ist insofern vor allem die Frage, ob es aufgrund der **baulichen Situation** insbesondere im Eingangsbereich zwangsläufig zu **Kontakten** zwischen den Bewohnern der beiden Komplexe kommt. Unerheblich ist daher, ob die Komplexe „in sich verschachtelt" sind, z.B. durch eine Dachgeschosswohnung, die sich über beide Komplexe erstreckt oder durch eine gemeinsame Wasser- und Stromversorgung (LG Köln, Urteil v. 4.12.2002, 9 S 150/02, WuM 2003 S. 278).

Dementsprechend kann als **ein** Wohngebäude auch ein Haus angesehen werden, dessen Wohnungen getrennte Eingänge haben. Eine andere Bewertung (zwei Wohngebäude) setzt eine weitergehende bauliche – wenn auch äußerlich nicht erkennbare – Trennung und somit eine bauliche Situation voraus, wie sie bei zwei voneinander getrennten Wohngebäuden vorliegt. Dies kann der Fall sein bei je einer Wohnung in einer Doppelhaushälfte, bei Wohnungen in nebeneinanderliegenden, aber miteinander verbundenen Reihenhäusern und bei völlig voneinander getrennten Terrassenwohnungen (OLG Saarbrücken, a.a.O.). **Reihenhäuser und Doppelhaushälften** gelten nach herrschender Meinung als **selbstständige** Gebäude. Dies ist nach Auffassung des LG Berlin auch dann der Fall, wenn beide Haushälften bzw. Reihenhäuser im Eigentum des Vermieters stehen, der eines davon selbst bewohnt. Ein Sonderkündigungsrecht soll dem Vermieter in diesem Fall daher nicht zustehen (LG Berlin, Beschluss v. 8.12.2009, 65 T 153/09, GE 2011 S. 823; a.A. Münchener Kommentar, 5. Aufl., Rn. 9 zu § 573a).

Das erleichterte Kündigungsrecht besteht auch dann, wenn zwar **weitere** Räume vorhanden sind, die sich für eine Nutzung als (dritte) Wohnung eignen und früher auch als Wohnung genutzt wurden, diese weiteren Räume aber schon bei Abschluss des Mietvertrags als gewerbliche Räume genutzt worden sind (BGH, Urteile v. 18.2.2015, VIII ZR 127/14 und v. 25.6.2008, VIII ZR 307/07, NZM 2008 S. 682).

Kein erleichtertes Kündigungsrecht besteht, wenn eine von drei **Wohnungen** eines Wohngebäudes **leer steht** (LG Köln, Urteil v. 25.6.1981, 1 S 71/81, WuM 1985 S. 63) oder **entgegen den baurechtlichen Vorschriften** errichtet wurde, da es insofern nur auf die Möglichkeit der tatsächlichen Nutzung zur selbstständigen Haushaltsführung und nicht auf die Verbotsnormen des öffentlichen Rechts ankommt (LG Aachen, Urteil v. 29.7.1993, 6 S 106/93, WuM 1993 S. 616; LG Bochum, Urteil v. 7.1.1983, 5 S 333/82, WuM 1984 S. 133).

Entscheidender **Zeitpunkt** für das Vorliegen der Voraussetzung, dass sich in dem Gebäude nicht mehr als zwei Wohnungen befinden, ist nach dem Rechtsentscheid des OLG Hamburg vom 7.4.1982 (4 U 167/81, NJW 1983 S. 182) in der Regel derjenige der **Begründung des Mietverhältnisses** und nicht der des Ausspruchs der Kündigung, da anderenfalls der Bestandsschutz durch nachträgliche Umbauten ausgehöhlt werden könnte (Schmid in DWW 1984 S. 203).

Diese Auffassung widerspricht dem Grundsatz, dass es für die Wirksamkeit einer Kündigung auf die Verhältnisse im Zeitpunkt ihres Zugangs ankommt, und auch den Rechtsentscheiden des OLG Koblenz und des BayObLG, wonach es bei dem weiteren Merkmal des § 573a BGB (Bewohnen durch den Vermieter) gerade nicht auf den Zeitpunkt des Vertragsschlusses ankommt.

Das Sonderkündigungsrecht des Vermieters soll nach seinem Sinn und Zweck **ausgeschlossen** sein, wenn der Vermieter dem Mieter kündigt, um das Haus nach anschließendem eigenen Auszug unvermietet verkaufen zu können. Dabei genügt für den Wegfall der Voraussetzungen des Sonderkündigungsrechts bereits der ernsthafte Versuch, die Immobilie vor Ablauf der Kündigungsfrist zu veräußern, da in diesem Fall das besondere hinter dem Sonderkündigungsrecht des § 573a BGB stehende Schutzbedürfnis des Vermieters, sich beim Zusammenleben mit dem Mieter auf engem Raum auf einfache Weise wieder von diesem lösen zu können, gerade nicht mehr besteht. Nach der Rechtsprechung des BGH zum Wegfall eines Eigenbedarfs nach wirksamer Kündigung, aber noch vor Ablauf der Kündigungsfrist muss der Vermieter den Mieter darüber unterrichten und ihm die Fortsetzung des Mietverhältnisses anbieten (BGH, Urteil v. 9.11.2005, VIII ZR 339/04, NJW 2006 S. 220). Diese Grundsätze müssen auch für das Sonderkündigungsrecht nach § 573a BGB Anwendung finden (AG Bergheim, Urteil v. 3.1.2012, 22 C 205/10, WuM 2015 S. 39).

Befinden sich in dem Gebäude drei Wohnungen und integriert der Vermieter eine Wohnung (z.B. die Einliegerwohnung des Anwesens) in seinen Wohnbereich, kann er sich deshalb nicht auf das erleichterte Kündigungsrecht berufen, da das Anwesen auch dann noch drei Wohnungen hat (BGH, Urteil v. 17.11.2010, VIII ZR 90/10, WuM 2011 S. 34).

Das erleichterte Kündigungsrecht galt nach dem Wohnungsbau-Erleichterungsgesetz (BGBl I S. 926) auch für Mietverhältnisse in einem vom Vermieter selbst bewohnten Wohngebäude mit **drei** Wohnungen, wenn mindestens eine der Wohnungen durch Ausbau oder Erweiterung nach dem 31.5.1990 und **vor dem 1.6.1999** fertiggestellt worden ist und der Vermieter den Mieter bei Vertragsabschluss auf diese Kündigungsmöglichkeit hingewiesen hat (§ 564b Abs. 4 S. 1 Nr. 2 BGB a.F.).

Damit sollte verhindert werden, dass der Vermieter bei Schaffung einer dritten Wohnung sein Sonderkündigungsrecht einbüßt und damit von der **Errichtung von zusätzlichem Wohnraum** abgehalten wird.

Diese Kündigungsmöglichkeit ist durch die am **1.9.2001** in Kraft getretene Mietrechtsreform **ersatzlos weggefallen**. Entsprechende Mietverhältnisse in Wohngebäuden mit drei Wohnungen, die am 1.9.2001 bereits bestanden haben, konnten jedoch nach der **Übergangsvorschrift** des Art. 229 § 3 Abs. 2 EGBGB noch **bis 31.8.2006** nach den bisherigen Vorschriften gekündigt werden.

Ein erleichtertes Kündigungsrecht besteht auch für Mietverhältnisse über Wohnraum **innerhalb** der vom Vermieter selbst bewohnten Wohnung (§ 573a Abs. 2 BGB).

Mietverhältnisse über Wohnraum **innerhalb** der **vom Vermieter selbst bewohnten Wohnung** sind vom Kündigungsschutz bereits nach § 549 Abs. 2 Nr. 2 BGB (s. Abschnitt 2.5.4) ausgenommen, wenn der Wohnraum überwiegend **möbliert** und dem Mieter nicht zum dauernden Gebrauch mit seiner Familie oder mit Personen überlassen ist, mit denen er einen auf Dauer angelegten gemeinsamen Haushalt führt.

Der Regelungsbereich des § 573a Abs. 2 BGB beschränkt sich daher auf Wohnraum **innerhalb** der **Wohnung des Vermieters**, der **leer** oder nicht überwiegend möbliert ist oder dem Mieter zum dauernden Gebrauch mit seiner **Familie** oder mit o.g. Personen überlassen ist.

> Es kommt nicht darauf an, wie viele Wohnungen das Wohngebäude hat, sodass das Sonderkündigungsrecht auch in einem Mehrfamilienhaus gilt (KG Berlin, RE v. 21.4.1981, 8 W RE-Miet 1397/81, NJW 1981 S. 2470).

Getrennt zugängliche Räume im selben Haus, insbesondere Dachgeschoss- und Kellerzimmer, sog. Hobbyräume, liegen **nicht innerhalb** der Wohnung, wenn es sich um ein **Mehr**familienhaus handelt, bei dem mehrere Wohnungen abgeschlossen und getrennt sind, insbesondere keine Mitbenutzung von Anlagen wie Küche, Bad, Toilette erfolgt.

> Dagegen liegen im **Ein**familienhaus auch getrennt zugängliche Räume innerhalb der Wohnung des Vermieters, da der Mieter regelmäßig in den Lebensbereich des Vermieters einbezogen ist (vgl. AG Hamburg, Urteil v. 17.3.1995, 43b C 2025/94, WuM 1996 S. 547; Palandt Rn. 16 zu § 564b BGB a.F.).

Im Übrigen gelten die Ausführungen zu § 573a Abs. 1 BGB entsprechend.

> Im **Kündigungsschreiben** muss angegeben werden, dass die Kündigung auf die Voraussetzungen des § 573a Abs. 1 oder Abs. 2 gestützt wird (§ 573a Abs. 3 BGB).

Bei Ausübung des erleichterten Kündigungsrechts **verlängert** sich die jeweils geltende Kündigungsfrist (s. „Kündigungsfristen") um 3 Monate (§ 573a Abs. 1 S. 2 BGB).

Liegen die Voraussetzungen des § 573a BGB und **zusätzlich** ein **berechtigtes Interesse** (i.S.v. § 573 Abs. 1 und 2 BGB) vor, hat der Vermieter ein **Wahlrecht,** ob er unter Berufung auf berechtigte Interessen (mit normaler Kündigungsfrist) kündigt oder von seinem erleichterten Kündigungsrecht (mit verlängerter Frist) Gebrauch macht.

> Die Kündigung kann auch in erster Linie auf § 573a BGB und **hilfsweise** auf berechtigte Interessen nach § 573 Abs. 1 und 2 BGB, z.B. Eigenbedarf, gestützt werden (OLG Hamburg, RE v. 7.4.1982, 4 U 167/81, NJW 1983 S. 182).

Nicht zulässig ist es dagegen, die Kündigungsgründe nebeneinander so geltend zu machen, dass nicht erkennbar wird, ob und wie der

Vermieter sein Wahlrecht ausgeübt hat (LG Köln, Beschluss v. 11.9.1995, 12 T 233/95, WuM, 1997 S. 221). Eine zusätzlich auf berechtigte Interessen (z.B. Eigenbedarf) gestützte Kündigung muss daher ausdrücklich **hilfsweise** erklärt werden.

Der Vermieter darf auch noch innerhalb der laufenden Kündigungsfrist von seinem erleichterten Kündigungsrecht Gebrauch machen, nachdem der Mieter einer auf berechtigte Interessen gestützten Kündigung widersprochen hat. Voraussetzung ist jedoch, dass in dem Kündigungsschreiben zweifelsfrei zum Ausdruck gebracht wird, dass die Kündigung nicht mehr auf berechtigte Interessen nach § 573 Abs. 1 BGB, sondern auf die Voraussetzungen des § 573a Abs. 1 oder Abs. 2 gestützt wird (vgl. OLG Karlsruhe, RE v. 27.10.1981, 3 REMiet 10/81, DWW 1982 S. 54).

Auch bei einer Kündigung nach § 573a BGB verbleibt es bei der **Obliegenheit des Vermieters**, den Mieter auf die Möglichkeit des **Widerspruchs** nach § 574 BGB sowie auf die Form und die Frist des Widerspruchs hinzuweisen (§ 568 Abs. 2 BGB) und bei dem **Recht des Mieters**, der Kündigung nach § 574 BGB zu widersprechen, wenn die vertragsgemäße Beendigung des Mietverhältnisses für den Mieter, seine Familie oder einen anderen Angehörigen seines Haushalts eine Härte bedeuten würde (s. Abschnitt 3).

Dementsprechend findet nach dem RE des OLG Hamm v. 16.3.1992 (30 RE-Miet 6/91, DWW 1992 S. 208) die Vorschrift des § 574 Abs. 3 BGB auf die Kündigung des Vermieters nach § 573a Abs. 1 BGB Anwendung. Dies bedeutet, dass im Rahmen der Interessenabwägung, die nach dem Widerspruch des Mieters zu erfolgen hat, nur die Interessen des Vermieters Berücksichtigung finden, die im Kündigungsschreiben benannt wurden.

Als Folge des bereits angesprochenen „doppelten Kündigungsschutzes" sollte der Vermieter daher selbst bei der erleichterten Kündigungsmöglichkeit im Zweifamilienhaus ein Interesse an der Beendigung des Mietverhältnisses vorbringen, obwohl dies für die Kündigung selbst nicht erforderlich ist. Nach Meinung des OLG Hamm ist dies dem Vermieter zumutbar, da dem Mieter durch diese Angaben des Vermieters „alsbald Gewissheit über die Erfolgsaussichten seines Widerspruchs verschafft werden muss".

Eine Erleichterung der Kündigungsmöglichkeit im Zweifamilienhaus besteht jedoch weiterhin aufgrund der Tatsache, dass nicht nur berechtigte Interessen (i.S.d. § 573 Abs. 2 BGB), sondern auch sonstige Interessen des Vermieters gegenüber dem Härteeinwand des Mieters zu berücksichtigen sind, d.h. bei der Interessenabwägung auch schon solche Gründe von ausschlaggebender Bedeutung sein können, die nicht das Gewicht der in § 573 Abs. 2 BGB angeführten Interessen haben (OLG Hamm, a.a.O.). Dementsprechend sind die Anforderungen an die Darlegung der berechtigten Interessen des Vermieters geringer als die Darlegungslast bei den berechtigten Interessen i.S.v. § 573 Abs. 2 BGB (LG Kempten, Urteil v. 27.10.1993, S 544/93, WuM 1994 S. 254).

> Neben dem Hinweis, dass die Kündigung auf die Voraussetzungen des erleichterten Kündigungsrechts (§ 573a Abs. 1 oder Abs. 2 BGB) gestützt wird, sollten im Kündigungsschreiben daher die vorliegenden berechtigten Interessen unter Bezugnahme auf die Vorschrift des § 574 BGB für den Fall des Widerspruchs des Mieters vorgetragen werden.

Bei einer auf das Sonderkündigungsrecht des § 573a BGB gestützten Kündigung gilt **nicht** die **Kündigungssperrfrist** des § 577a BGB (s. „Eigenbedarf", Abschnitt 17 „Kündigungssperrfristen"). Eine analoge Anwendung der für die Eigenbedarfskündigung geltenden Kündigungssperrfrist auf eine auf § 573a BGB gestützte Kündigung kommt mangels Bestehen einer planwidrigen Regelungslücke nicht in Betracht, auch wenn vor der Kündigung eine Realteilung des zu Wohnzwecken vermieteten Zweifamilienhauses stattgefunden hat (BGH, Urteil v. 23.6.2010, VIII ZR 325/09, WuM 2010 S. 513).

2.5.2 Teilkündigung von Nebenräumen (§ 573 b BGB)

Der Vermieter kann nicht zum Wohnen bestimmte **Nebenräume** (z.B. Keller-, Speicherabteile, Waschküchen, Trockenraum) oder **Teile eines Grundstücks** (z.B. den Garten) ohne ein berechtigtes Interesse i.S.v. § 573 BGB kündigen, wenn er die Kündigung auf diese Räume oder Grundstücksteile beschränkt und sie dazu verwenden will, Wohnraum zum Zweck der Vermietung zu schaffen oder den neu zu schaffenden und den bereits vorhandenen Wohnraum mit Nebenräumen oder mit Grundstücksteilen auszustatten (§ 573 b Abs. 1 BGB).

Damit soll insbesondere der nachträgliche Ausbau von Souterrain- und Dachgeschossräumen zu Wohnräumen gefördert werden. Infolge des grundsätzlichen Verbots einer **Teilkündigung** (vgl. „Kündigung", Abschnitt 1.11 „Unzulässigkeit von Teilkündigungen") wäre es dem Vermieter ansonsten verwehrt, über diese **Neben**räume wieder zu verfügen, wenn sie zum Bestandteil des Mietverhältnisses geworden sind.

Nach dem Wortlaut des Gesetzes besteht das berechtigte Interesse jedoch nur dann, wenn die Nebenräume zum Zweck des **Wohnens und** der **Vermietung** ausgebaut werden sollen. Daher verbleibt es grundsätzlich bei dem Verbot der Teilkündigung, wenn der Ausbau zu anderen als Wohnzwecken (z.B. gewerblichen, beruflichen Zwecken) oder zur Selbstnutzung erfolgen soll.

Will der Vermieter die Wohnung zwar nicht zum Zweck der Vermietung, sondern zur **Selbstnutzung** ausbauen, führt er aber seine derzeit bewohnte Wohnung dem Wohnungsmarkt zur Vermietung zu, kann die Kündigung von Nebenräumen auf eine **analoge** Anwendung des § 573 b BGB gestützt werden, die im Hinblick auf das wohnungspolitische Anliegen des Gesetzgebers, weiteren Wohnraum zu schaffen, zulässig ist (BVerfG, Beschluss v. 11.3.1992, 1 BvR 303/92, WuM 1992 S. 228).

Die Kündigung bisher von allen Mietern gemeinschaftlich genutzter **Gartenflächen** ist nicht zulässig, wenn diese im Zuge der Schaffung neuen Wohnraums künftig nur den Mietern des neu zu schaffenden Wohnraums angeboten werden sollen. Nach dem Gesetzeswortlaut („… den neu zu schaffenden **und** den vorhandenen Wohnraum mit … auszustatten") dürfen die bisherigen Mieter bei der Verteilung der Flächen nicht unberücksichtigt gelassen werden (BerlVerfGH, Beschluss v. 22.9.2009, VerfGH 170/07, NZM 2010 S. 356).

Die Teilkündigung eines **Nebenraums** ist nicht zulässig, wenn er nicht zu neuem Wohnraum ausgebaut werden soll, sondern seine Fläche ohne zwingenden Grund (z.B. durch behördliche Auflage) einem Aufzugsschacht weichen soll, der mit dem Ausbau einer Dachwohnung errichtet werden könnte (AG München, Urteil v. 27.9.1994, 412 C 4966/94, WuM 1995 S. 112).

Die Kündigung ist spätestens am dritten Werktag eines Kalendermonats zum Ablauf des übernächsten Monats zulässig (§ 573 b Abs. 2 BGB). Die **Kündigungsfrist** beträgt somit unabhängig von der Dauer des Mietverhältnisses **3 Monate**.

Die **Sozialklausel** (§§ 574 bis 574c BGB; s. Abschnitt 3) findet Anwendung.

Bei **befristeten** Mietverhältnissen besteht **kein** Kündigungsrecht, was durch die systematische Stellung des § 573 b BGB im Unterabschnitt „Mietverhältnisse auf **un**bestimmte Zeit" zum Ausdruck kommt (vgl. hierzu die Begründung des Gesetzentwurfs, abgedruckt in NZM 2000 S. 448).

Das **Kündigungsschreiben** muss eine ausreichende **Begründung** enthalten, z.B. durch die Mitteilung der konkreten Ausbaupläne und der Zulässigkeit der geplanten Maßnahme. Die schlichte Wiedergabe des Gesetzeswortlauts genügt nicht (AG Hamburg, Urteil v. 9.3.1994, 40B C 2079/93, WuM 1994 S. 433).

Der Mieter kann als Ausgleich eine angemessene **Senkung der Miete** verlangen (§ 573 b Abs. 4 BGB). Dieser Formulierung ist zu entnehmen, dass die Kündigungserklärung ein entsprechendes Angebot nicht zu enthalten braucht und sich die Miete auch nicht automatisch reduziert, sondern erst nachdem der

Mieter ein entsprechendes Verlangen gestellt hat (vgl. dazu Johann, NJW 1991 S. 1100).

Die Senkung der Miete ist im Einzelfall entsprechend den für die Mietminderung geltenden Grundsätzen nach dem Nutzungswertanteil der gekündigten Flächen zu bestimmen. Der Wert eines Abstellraums im Speicher kann dabei mit ca. einem Drittel des Mietwerts der Wohnräume angesetzt werden (AG Hamburg, Urteil v. 24.2.1993, 37A C 2333/92, WuM 1993 S. 616). Eine Senkung kann in entsprechender Anwendung des § 536 Abs. 1 S. 2 BGB ausgeschlossen sein, wenn sich der Wegfall der Flächen auf das Mietverhältnis nicht oder nur unerheblich auswirkt, z. B. weil eine Nutzung auch bisher wegen der Größe, des Zuschnitts oder der Zugangsmöglichkeiten kaum möglich war.

Verzögert sich der Beginn der Bauarbeiten, kann der Mieter eine Verlängerung des Mietverhältnisses um einen entsprechenden Zeitraum verlangen (§ 573 b Abs. 3 BGB).

Wird durch **Umwandlung** eines Mietwohnhauses in eine Wohnungseigentumsanlage **Sonder**eigentum an einem Nebenraum (z. B. am Speicherabteil) begründet und dieser an einen anderen als den Eigentümer der vermieteten Wohnung verkauft, kann die Teilkündigung des Nebenraums nur **gemeinschaftlich** durch dessen (neuen) Eigentümer und den (neuen) Eigentümer der Wohnung erfolgen, da eine **Mehrheit von Vermietern** entsteht, wenn Teile der Mietsache, die ursprünglich Gegenstand eines einheitlichen Mietvertrags (z. B. über Wohnung und Speicherabteil) waren, an verschiedene Erwerber veräußert werden (OLG Celle, Urteil v. 11.10.1995, 2 U 124/94, WuM 1996 S. 222; vgl. auch BayObLG, Beschluss v. 12.12.1990, RE-Miet 2/90, WuM 1991 S. 78).

Vermietet der Hauseigentümer, der durch Teilungserklärung Wohnungseigentum begründet hat, einem Mieter eine Wohnung und einen Kellerraum, der einer anderen Wohnung zugeordnet ist, so ist der Mieter gegenüber dem späteren Erwerber der anderen Wohnung zum Besitz am Kellerraum berechtigt (AG Köln, Urteil v. 23.11.2005, 113 C 297/05, WuM 2007 S. 11).

Die **Beschwer** bei der Teilkündigung eines Nebenraums richtet sich nach dem 36-fachen des monatlichen Nutzungswerts des herausverlangten Nebenraums und nicht nach dem wirtschaftlichen Interesse an der Erlangung des Raums. Die Gebührenprivilegierung des § 16 GKG kommt nicht zur Anwendung, da es um die Bemessung des Rechtsmittelstreitwerts geht und § 16 GKG den Gebührenstreitwert regelt (LG Hamburg, Beschluss v. 3.4.1991, 311 S 22/91, WuM 1992 S. 145). Dagegen bemisst sich der **Streitwert** der Klage auf Räumung eines Nebenraums nach der anteiligen Jahresbruttomiete (AG Hamburg, Urteil v. 9.3.1994, 40B C 2079/93, WuM 1994 S. 433).

Davon zu unterscheiden sind Fälle, in denen der Nebenraum (z. B. Kellerraum) **nicht mitvermietet**, sondern dem Mieter die Nutzung lediglich **gestattet** wurde. Dies kann gegeben sein, wenn der Nebenraum im schriftlichen Mietvertrag nicht erwähnt ist. Eine Kündigung ist in diesem Fall nicht erforderlich, da eine bloße Gestattung grundsätzlich **frei widerruflich** ist (LG Saarbrücken, Urteil v. 7.6.1996, 13 B S 13/96, NJWE-MietR 1997 S. 5 = WuM 1996 S. 468; Sternel I 213; II 118). Wird ein im Mietvertrag nicht erwähnter Kellerraum vom Mieter unentgeltlich genutzt, gehört dieser im Zweifel nicht zur Mietsache, da ein schriftlicher Mietvertrag die Vermutung der Vollständigkeit hat. Insofern handelt es sich vielmehr um eine Leihe oder um ein Gefälligkeitsverhältnis ohne vertragliche Bindung, sodass die Gestattung der Nutzung jederzeit frei widerruflich ist und der Raum vom Vermieter zurückgefordert werden kann. Dies gilt auch bei Kenntnis der Nutzung und der langjährigen Duldung durch den Vermieter (LG Frankfurt/M., Urteil v. 8.5.2014, 2-11 S 86/14, GE 2014 S. 1587). Dementsprechend begründet selbst die Nutzung eines mit der Wohnung nicht mitvermieteten Raums über mehrere Jahre weder ein Recht zum Besitz noch einen Anspruch auf Zurverfügungstellung eines entsprechenden Raums, wenn der fragliche Raum an einen anderen Mieter vermietet ist oder wird (AG Lichtenberg, Urteil v. 29.5.2002, 7 C 570/01, NZM 2003 S. 714). Auch bei einer Erlaubnis des Vermieters zum Abstellen von

Fahrrädern auf dem **Hof** handelt es sich um eine jederzeit widerrufbare Gefälligkeit (LG Berlin, Urteil v. 26.5.2011, 67 S 70/11, GE 2011 S. 1087). Gleiches gilt für einen Widerruf der Stellplatznutzung auf dem Hof für Autos (LG Berlin, Urteil v. 16.9.2004, 67 S 57/04, GE 2005 S. 617). Eine solche – wenn auch jahrzehntelange – bloße Nutzung der zum Mietwohnhaus gehörenden **Hof- und Gartenfläche** (z. B. zum Abstellen eines Pkw) begründet kein mietvertragliches Gebrauchsrecht, das den Grundstückserwerber bindet (AG Trier, Urteil v. 27.1.2006, 7 C 402/05, WuM 2006 S. 143). Gleiches gilt für die Gestattung der Nutzung einer **Dachterrasse** durch den Mieter. Ist dies im schriftlichen Wohnungsmietvertrag nicht vereinbart, ist die Gestattung – unabhängig davon, ob diese ausdrücklich oder stillschweigend durch bloße Duldung erteilt worden ist – **frei widerruflich** (KG Berlin, Urteil v. 1.12.2008, 8 U 121/08, WuM 2009 S. 654). Die freiwillig überlassenen Räume oder Flächen werden auch bei langjähriger Nutzung durch den Mieter nicht zur Mietsache und sind somit nicht vom Mietgebrauch umfasst.
Allerdings kann ein **Widerruf** der Gestattung gegen den **Grundsatz von Treu und Glauben** (§ 242 BGB) verstoßen, wenn dafür kein triftiger Grund vorliegt. Gestattet der Vermieter dem Mieter z. B. die Errichtung und Nutzung einer Terrasse auf dem von der Wohnung aus zugänglichen Garagendach über einen langen Zeitraum (hier: 36 Jahre) und bringt der Vermieter gegenüber dem Mieter wiederholt sein Einverständnis mit der Nutzung zum Ausdruck, muss für den Widerruf der Gestattung ein **triftiger Grund** vorliegen (AG München, Urteil v. 12.12.2013, 432 C 25060/13). Insofern ist auch die fehlende baurechtliche Genehmigung der Nutzung kein triftiger Grund, wenn bislang keine öffentlich-rechtliche Beanstandung der Nutzung erfolgt und auch kein konkreter Anhaltspunkt dafür gegeben ist, dass mit einer solchen Beanstandung alsbald zu rechnen ist (AG München, a. a. O.).

Nach Auffassung des AG Hamburg kann ein **Abstellraum** für Fahrräder nach jahrelanger Überlassung jedenfalls durch **schlüssiges Verhalten** Gegenstand des Mietvertrags geworden sein, wenn der Vermieter dem Mieter ohne Einschränkung den einzigen Schlüssel zu diesem Raum übergibt. Der Grundstückserwerber kann sich dieser Tatsache der Schlüsselaushändigung gegenüber nicht auf Nichtwissen berufen (AG Hamburg, Urteil v. 22.8.2007, 46 C 1/07, WuM 2008 S. 332).

Der Vermieter kann daher grundsätzlich die **Herausgabe** solcher nicht vermieteten Räume und Flächen verlangen, es sei denn, das Herausgabeverlangen verstieße aufgrund der Umstände des Einzelfalls gegen Treu und Glauben. Entsprechendes gilt für den Fall einer **leihweisen** Überlassung der Räume (LG Saarbrücken, Urteil v. 7.6.1996, 13 B S 13/96, NJWE-MietR 1997 S. 5 = WuM 1996 S. 468; vgl. Sternel I 213, II 180).

> Überlässt der Vermieter dem Mieter **nachträglich** Räume oder Flächen, die nicht im Mietvertrag angeführt sind, sollte durch eine schriftliche Vereinbarung klargestellt werden, dass diese Räume und Flächen nicht zur Mietsache gehören und die Nutzung durch den Vermieter oder seinen Rechtsnachfolger (z. B. Käufer, Erben) jederzeit frei widerrufen werden kann, d. h. ohne Angabe von Gründen.

2.5.3 Kündigung von Wohnraum, der nur zum vorübergehenden Gebrauch vermietet ist (§ 549 Abs. 2 Nr. 1 BGB)

Ein „vorübergehender Gebrauch" im Sinne dieser Vorschrift liegt nicht schon bei einer vertraglichen Befristung der Gebrauchsüberlassung vor. Vielmehr muss nach dem Gebrauchszweck das Ende des Mietverhältnisses entweder zeitlich genau fixierbar oder von einer Bedingung abhängig sein, deren Eintritt in naher Zukunft gewiss ist.

Daher ist Wohnraum nur dann vorübergehend vermietet, wenn ein vorübergehender **Sonderbedarf** gedeckt werden soll. In einem solchen Fall muss nicht nur die kurzfristige Vertragsdauer, sondern auch der Vertragszweck, der sachlich die Kurzfristigkeit begründet, genannt sein. Allein die Tatsache, dass Wohnraum möbliert vermietet wird, genügt für die Annahme eines vorübergehenden Gebrauchs nicht

(AG Berlin, Urteil v. 17.4.2012, 15 C 384/11, GE 2012 S. 757).

Zu den typischen Fällen von vorübergehender Vermietung gehören somit die Vermietung von Hotelzimmern, Ferienwohnungen, Unterkünfte für die Dauer einer Messe, Unterbringung eines auswärtigen Monteurs oder eines ausländischen Wissenschaftlers bis zur Erledigung des Arbeitsziels u. Ä. (Schmidt-Futterer/Blank, § 549 BGB Rn. 5).

Dagegen stellt bereits die Anmietung für die Dauer der Ausbildung schon keine vorübergehende Vermietung mehr dar, sodass dieser Tatbestand auch bei einer satzungsgemäßen Beschränkung der Überlassung auf in Ausbildung stehende Personen nicht zu erfüllen wäre (OLG Bremen, RE v. 7.11.1980, 1 UH 1/80 (a), ZMR 1982 S. 239; OLG Hamm, RE v. 31.10.1980, 4 ReMiet 1/80, MDR 1981 S. 232).

2.5.4 Kündigung von Wohnraum innerhalb der Vermieterwohnung (§ 549 Abs. 2 Nr. 2 BGB)

Die Kündigungsschutzvorschrift des § 573 BGB gilt ebenfalls nicht für Wohnraum, der **Teil der vom Vermieter selbst bewohnten Wohnung** ist und den der Vermieter überwiegend mit **Einrichtungsgegenständen** auszustatten hat, sofern der Wohnraum dem Mieter nicht zum dauernden Gebrauch mit seiner Familie oder Personen überlassen ist, mit denen er einen auf Dauer angelegten gemeinsamen Haushalt führt.

Die Wohnung ist **Teil** der vom Vermieter selbst bewohnten Wohnung, wenn ein **räumlicher oder funktionaler Zusammenhang** besteht, z.B. durch einen gemeinsamen Eingang oder die Mitbenutzung von gemeinsamen Anlagen wie Küche, Bad oder Toilette.

Getrennt zugängliche Räume im selben Haus, insbesondere Dachgeschoss- und Kellerzimmer, sog. Hobbyräume, liegen **nicht innerhalb** der Wohnung, wenn es sich um ein **Mehr**familienhaus handelt, bei dem mehrere Wohnungen abgeschlossen und getrennt sind, insbesondere keine Mitbenutzung von gemeinsamen Anlagen erfolgt.

Dagegen liegen im **Ein**familienhaus auch getrennt zugängliche Räume innerhalb der Wohnung des Vermieters (Palandt, Anm. 3b zu § 564b BGB a.F.), da der Mieter hier regelmäßig in den Lebensbereich des Vermieters einbezogen ist.

Das Entfallen des Kündigungsschutzes setzt weiter voraus, dass der Vermieter vertraglich verpflichtet ist, den Wohnraum überwiegend mit **Einrichtungsgegenständen** auszustatten. Insofern kommt es nicht auf das wertmäßige, sondern auf das funktionelle Übergewicht der zur Verfügung gestellten Einrichtungsgegenstände an. Entscheidend ist weiterhin, in welchem Umfang der Vermieter zur Stellung von Einrichtungsgegenständen verpflichtet war. Eine nachträgliche Beseitigung der Einrichtungsgegenstände des Vermieters durch den Mieter bzw. der Ersatz durch eigene Möbelstücke ändert nichts an der Rechtsnatur des Mietverhältnisses, es sei denn, die Parteien wollten einvernehmlich das Vertragsverhältnis ändern.

Neben dem Umstand, dass sich die zumindest überwiegend möblierten Räume innerhalb der Wohnung des Vermieters befinden, setzt ein Entfallen des Kündigungsschutzes weiter voraus, dass die Räume dem Mieter nicht zum dauernden Gebrauch mit seiner Familie oder mit Personen überlassen sind, mit denen er einen auf Dauer angelegten gemeinsamen Haushalt führt. Entscheidend sind auch hier die Umstände, die von den Parteien zum Inhalt des Vertrags gemacht wurden. Daher kann die **einseitige** Änderung der Verhältnisse durch den Mieter keine Änderung der Rechtsnatur des Mietverhältnisses herbeiführen. Vielmehr ist zu einer Änderung des Rechtsverhältnisses das Einverständnis des Vermieters erforderlich (Barthelmess, § 564b a.F., Rn. 45).

Bei möbliertem Wohnraum, der Teil der vom Vermieter bewohnten Wohnung ist, ist ein – auch beiderseitiger – befristeter **Kündigungsausschluss** (z.B. über einen Zeitraum von 4 Jahren) **unwirksam**, wenn er **formularmäßig** vereinbart, d.h. in den Allgemeinen

Geschäftsbedingungen des Mietvertrags enthalten ist. Im Hinblick auf das Mobilitätsinteresse der Personengruppen, die solche Mietverträge in der Regel eingehen (z.B. Studenten), stellt ein solcher genereller, d.h. nicht individuell vereinbarter Kündigungsausschluss eine unangemessene Benachteiligung dar. In diesem Fall verbleibt es somit bei der kurzen 14-tägigen Kündigungsfrist zum Monatsende (AG Hamburg, Urteil v. 1.9.2006, 46 C 95/06).

2.5.5 Kündigung von Wohnraum zur Überlassung an Personen mit dringendem Wohnungsbedarf (§ 549 Abs. 2 Nr. 3 BGB)

Wohnraum, den eine **juristische Person** des öffentlichen Rechts oder ein anerkannter privater **Träger der Wohlfahrtspflege** angemietet hat, um ihn Personen mit dringendem Wohnungsbedarf zu überlassen, steht nicht unter Kündigungsschutz, wenn sie den Mieter bei Vertragsschluss auf die Zweckbestimmung des Wohnraums und die Ausnahme von den genannten Vorschriften hingewiesen hat. Diese Vorschrift ist insbesondere von Bedeutung, wenn Gemeinden Wohnungen anmieten, um sie z.B. an Aus- oder Übersiedler weiterzuvermieten.

2.5.6 Kündigung von Wohnraum in einem Studenten- oder Jugendwohnheim (§ 549 Abs. 3 BGB)

Ein „**Studenten**wohnheim“ liegt nur vor, wenn das Gebäude vom Eigentümer dem studentischen Wohnen gewidmet und nach baulicher Anlage und Ausstattung auch geeignet ist, Studenten mit preisgünstigem Wohnraum zu versorgen. Dies setzt voraus, dass die Mietverträge mit den Studenten zeitlich begrenzt sind, um eine möglichst große Zahl von Bewerbern in den Genuss eines günstigen Wohnheimplatzes zu bringen **(Rotationsprinzip)**. Die zeitliche Begrenzung des Mietverhältnisses darf nicht den Zufälligkeiten der studentischen Lebensplanung oder dem eigenen freien Belieben des Vermieters überlassen bleiben, sondern muss eine den studentischen Gepflogenheiten folgende Fluktuation ermöglichen. Dies muss sich mit hinreichender Deutlichkeit in einem **Belegungskonzept** niederschlagen, das durch Satzung, durch entsprechende Selbstbindung oder zumindest durch konstante tatsächliche Übung festgelegt ist; somit an studentischen Belangen ausgerichtet ist und eine Rotation nach abstrakt-generellen Kriterien ermöglicht. Weder niedrige Mieten noch eine an den Semestern orientierte Befristung der Mietverhältnisse sind für sich allein ausreichende Kriterien für eine Qualifizierung als Studentenwohnheim (BGH, Urteil v. 13.6.2012, VIII ZR 92/11). Nicht erforderlich ist, dass das Gebäude mit Gemeinschaftseinrichtungen ausgestattet ist, dass eine Heimverfassung und eine Heimleitung vorhanden sind und dass das Gebäude ausschließlich von Studenten genutzt wird, sofern die widmungsgemäße Nutzung durch Studenten klar überwiegt (LG Konstanz, Urteil v. 8.7.1994, 1 S 26/94, WuM 1995 S. 539; vgl. auch AG München, Urteil v. 11.10.1991, 233 C 17396/91, WuM 1992 S. 133).

> Die Qualifizierung als **Jugend**wohnheim setzt voraus, dass es sich bei den Bewohnern um Jugendliche i.S.d. gesetzlichen Bestimmungen handelt, also um Personen zwischen dem 14. und 18. Lebensjahr (§ 1 Abs. 2 JGG).

Nachdem ein berechtigtes Interesse zwar nicht Wirksamkeitsvoraussetzung der Kündigung, die **Sozialklausel** des § 574 BGB (vgl. Abschnitt 3) aber gleichwohl **anwendbar** ist, ist in Anbetracht der Vorschrift des § 574 Abs. 3 BGB, wonach bei der Würdigung der berechtigten Interessen des Vermieters grundsätzlich nur die in dem Kündigungsschreiben angegebenen Gründe berücksichtigt werden, zu empfehlen, vorliegende berechtigte Interessen unter Bezugnahme auf die Vorschrift des § 574 BGB im Kündigungsschreiben vorzutragen.

2.6 Sonderregelungen auf dem Gebiet der ehemaligen DDR

Für **Nutzungs**verträge über Grundstücke, die zum Zweck der **kleingärtnerischen Nutzung, Erholung oder Freizeitgestaltung** (sog. „Datschen“) oder zur Errichtung von **Garagen** oder von anderen persönlichen, jedoch nicht Wohnzwecken dienenden Bauwerken überlassen worden sind, gelten die **Kündigungsschutzfristen** des § 23 Schuldrechtsanpassungsgesetz vom 21.9.1994 (SchuldRAnpG, BGBl I S. 2538). Danach war die ordentliche Kündigung durch den Grundstückseigentümer **bis 31.12.1999 ausgeschlossen** (§ 23 Abs. 1 SchuldRAnpG).

Seit 1.1.2000 kann der Grundstückseigentümer den Vertrag nur unter der Voraussetzung **kündigen**, dass er das Grundstück

- zur **Errichtung eines Ein- oder Zweifamilienhauses** als Wohnung für sich, die zu seinem Hausstand gehörenden Personen oder seine Familienangehörigen benötigt **und** der **Ausschluss** des Kündigungsrechts dem Eigentümer angesichts seines Wohnbedarfs und seiner sonstigen berechtigten Interessen auch unter Würdigung der Interessen des Nutzers **nicht zugemutet** werden kann oder
- alsbald der im **Bebauungsplan** festgesetzten anderen Nutzung zuführen oder alsbald für diese Nutzung vorbereiten will (§ 23 Abs. 2 SchuldRAnpG). Fehlt es an einem Bebauungsplan, dessen Aufstellung noch nicht einmal beschlossen ist, kann eine Kündigung nach dieser Vorschrift nicht erfolgen (LG Berlin, Urteil v. 18.7.2003, 64 S 164/03, ZMR 2003 S. 839).

Seit 1.1.2005 kann der Eigentümer den Vertrag auch dann **kündigen**, wenn er das Grundstück

- zur **Errichtung eines Ein- oder Zweifamilienhauses** als Wohnung für sich, die zu seinem Hausstand gehörenden Personen oder seine Familienangehörigen benötigt oder
- selbst zu kleingärtnerischen Zwecken, zur Erholung oder Freizeitgestaltung benötigt und der Ausschluss des Kündigungsrechts dem Grundstückseigentümer angesichts seines Erholungsbedarfs und seiner sonstigen berechtigten Interessen auch unter Berücksichtigung der Interessen des Nutzers nicht zugemutet werden kann (§ 23 Abs. 3 SchuldRAnpG).

Vom 4.10.2015 an kann der Grundstückseigentümer den Vertrag nach Maßgabe der allgemeinen Bestimmungen **kündigen** (§ 23 Abs. 4 SchuldRAnpG).

Hatte der Nutzer am 3.10.1990 das 60. Lebensjahr vollendet, ist eine Kündigung durch den Grundstückseigentümer zu Lebzeiten dieses Nutzers nicht zulässig (§ 23 Abs. 5 SchuldRAnpG).

Nach dem Beschluss des BVerfG v.14.7.1999 (1 BvR 995/95, ZMR 2000 S. 145) verstößt § 23 SchuldRAnpG jedoch gegen Art. 14 Abs. 1 GG, da er dem Eigentümer für besonders große Erholungs- und Freizeitgrundstücke nicht die **Möglichkeit einer Teilkündigung** eröffnet.

Zur Herstellung einer verfassungskonformen Regelung wurde durch das Gesetz zur Änderung des Schuldrechtsanpassungsgesetzes vom 17.5.2002 (BGBl I S. 1580) mit Wirkung ab 1.6.2002 § 23 a SchuldRAnpG eingefügt. Danach kann der Grundstückseigentümer den Vertrag abweichend von § 23 hinsichtlich einer **Teilfläche** kündigen, wenn sich das Nutzungsrecht an einem **Erholungs- und Freizeitgrundstück** nach dem Vertrag auf eine Fläche von mindestens 1.000 m² erstreckt, dem Nutzer mindestens eine Gesamtfläche von 400 m² verbleibt und er die bisherige Nutzung ohne unzumutbare Einbußen fortsetzen kann.

Gemäß § 23 a Abs. 4 SchuldRAnpG kann der **Nutzer** den Grundstückseigentümer **auffordern**, innerhalb einer Frist von 6 Monaten ab Zugang der Aufforderung von seinem Recht zur Teilkündigung Gebrauch zu machen. Unterlässt der Grundstückseigentümer dies, kann der Nutzer nach Fristablauf selbst innerhalb von 3 Monaten **kündigen**, wenn sich das Nutzungsrecht nach dem Vertrag auf eine Fläche von mindestens 1.000 m² erstreckt, die gekündigte Teilfläche mindestens 400 m² beträgt, sie durch den Grundstückseigentümer zumutbar und angemessen nutzbar ist und die Fortsetzung des Vertragsverhältnisses ohne die Teilkündigung für den Nutzer zu einer unzumutbaren Härte führen würde. Eine **angemessene Nutzung** durch den Grundstückseigentümer liegt insbesondere vor, wenn die in einem bebaubaren Gebiet gelegene Teilfläche selbstständig baulich nutzbar oder wenn sie in nicht bebaubaren Gebieten sonst angemessen wirtschaftlich nutzbar ist.

Der jeweils Kündigende hat dem anderen Teil die **Aufwendungen** zu ersetzen, die infolge der Einschränkung der räumlichen Erstreckung des Nutzungsrechts notwendig sind.

Bei Kündigung durch den Grundstückseigentümer hat der Nutzer die Maßnahmen zu **dulden**, die zur Gewährleistung der zulässigen Nutzung der gekündigten Teilfläche erforderlich sind (§ 23 a Abs. 3 SchuldRAnpG).

Für Verträge über Grundstücke, die der Nutzer nicht bis zum Ablauf des 16.6.1994 bebaut hatte, galt der besondere Kündigungsschutz nach § 23 Abs. 1 und 2 SchuldRAnpG **nur bis zum 31.12.2002.** § 23 Abs. 5 SchuldRAnpG ist nicht anzuwenden, d. h., der besondere Kündigungsschutz endet insofern generell am 31.12.2002. Das gilt auch, wenn der Nutzer am 3.10.1990 bereits das 60. Lebensjahr vollendet hatte.

Danach gelten nur noch die allgemeinen Kündigungsvorschriften des Bürgerlichen Gesetzbuchs. Ferner kann der Grundstückseigentümer auch dann kündigen, wenn er das Grundstück einem besonderen Investitionszweck (Schaffung und Erhaltung von Arbeitsplätzen und Wohnraum) zuführen will (§ 23 Abs. 6 SchuldRAnpG).

Unbeschadet dessen sind Nutzungsverhältnisse über **Datschengrundstücke** sowie unbebaute Grundstücke vom Eigentümer **sofort** kündbar, wenn eine **dauerhafte Nutzungsaufgabe** vorliegt, da der Nutzer dann keine schutzwürdige Rechtsposition mehr hat, die den Vorrang vor dem Rückerlangungsinteresse des Eigentümers verdient (BVerfG, a. a. O.). Von einer dauerhaften Nutzungsaufgabe wird auszugehen sein, wenn die Nutzung für **mindestens ein Jahr** aufgegeben wurde (vgl. § 29 Abs. 1 SachenRBerG).

§ 24 SchuldRAnpG enthält Sonderregelungen für den Fall, dass der Nutzer ein zum **dauernden Wohnen** geeignetes Wochenendhaus zu Wohnzwecken benutzt.

§ 25 SchuldRAnpG enthält ein **besonderes Kündigungsrecht** des Grundstückseigentümers für den Fall, dass der Nutzungsvertrag im Zusammenhang mit der Bestellung eines **dinglichen** Nutzungsrechts zur Errichtung eines Eigenheims abgeschlossen wurde und die genutzten Flächen die für den Eigenheimbau vorgesehene Regelgröße von **500 m^2 übersteigt**.

Wird der Vertrag hinsichtlich einer Teilfläche gekündigt, so wird er über die Restfläche fortgesetzt, wobei der Nutzer eine Anpassung des Nutzungsentgelts verlangen kann. Das angepasste Entgelt wird vom Beginn des Kalendermonats an geschuldet, in dem die Kündigung wirksam wird. Die Kündigung ist spätestens am dritten Werktag eines Kalendermonats für den Ablauf des auf die Kündigung folgenden fünften Monats zulässig, wenn sich nicht aus § 584 Abs. 1 BGB eine längere Frist ergibt. Der Nutzer kann der Kündigung widersprechen, wenn die Beendigung des Vertrags für ihn zu einer unzumutbaren Härte i. S. d. § 26 Abs. 3 des Sachenrechtsbereinigungsgesetzes führen würde. Der Grundstückseigentümer kann in diesem Fall vom Nutzer den Ankauf des Grundstücks zum ungeteilten Bodenwert nach Maßgabe der Bestimmungen des Sachenrechtsbereinigungsgesetzes verlangen.

Zu den Sonderregelungen auf dem Gebiet der ehemaligen DDR vgl. auch die Ausführungen unter Abschnitt 2.3 „Hinderung der wirtschaftlichen Verwertung (§ 573 Abs. 2 Nr. 3 BGB)“ sowie bei „Eigenbedarf“ und „Garage“.

3 Die Sozialklausel (§ 574 BGB)

Der Mieter von **Wohn**raum ist bei einer Kündigung durch den Vermieter – abgesehen von wenigen Ausnahmefällen – in **doppelter** Hinsicht geschützt. Zum einen dadurch, dass der Vermieter grundsätzlich nur bei Vorliegen eines berechtigten Interesses an der Beendigung des Mietverhältnisses kündigen kann (§ 573 BGB; vgl. Abschnitt 2) und zum anderen durch die Sozialklausel des § 574 BGB, wonach der Mieter selbst dann, wenn der Vermieter ein berechtigtes Interesse an der Beendigung des Mietverhältnisses dargelegt und bewiesen hat, unter bestimmten Voraussetzungen die Fortsetzung des Mietverhältnisses verlangen kann.

Nach § 574 Abs. 1 BGB kann der Mieter der Kündigung eines Mietverhältnisses über Wohnraum durch den Vermieter widersprechen und von ihm die Fortsetzung des Mietverhältnisses verlangen, wenn die Beendigung des Mietverhältnisses für den Mieter, seine Familie oder einen Angehörigen seines Haushalts eine **Härte** bedeuten würde, die auch unter Würdigung der berechtigten Interessen des Vermieters nicht zu rechtfertigen ist. Eine Härte liegt auch vor, wenn angemessener Ersatzwohnraum zu zumutbaren Bedingungen nicht beschafft werden kann (§ 574 Abs. 2 BGB).

Eine Abwägung der beiderseitigen Interessen hat gemäß dieser Regelung erst nach dem Widerspruch des Mieters stattzufinden und nicht bereits bei der Prüfung des berechtigten Interesses des Vermieters an der Beendigung des Mietverhältnisses, da § 573 BGB ausdrücklich auf die Interessen allein des Vermieters abstellt.

Wären die im Einzelfall vorliegenden besonderen Belange des Mieters bereits bei der Prüfung zu beachten, ob ein berechtigtes Interesse des Vermieters an der Kündigung anzunehmen ist, liefe dies darauf hinaus, dass der Vermieter zur Schlüssigkeit einer Räumungsklage die besondere Interessenslage des Mieters schildern muss, die ihm nicht bekannt ist (BGH, RE v. 20.1.1988, VIII ARZ 4/87, DWW 1988 S. 78).

Diese doppelte Absicherung des Wohnraummieters führt in der Praxis erfahrungsgemäß dazu, dass die Instanzgerichte bestrebt sind, durch verstärkte Anwendung der Sozialklausel einen Ausgleich zu schaffen, wenn die Obergerichte die Anforderungen an das Vorliegen eines berechtigten Interesses des Vermieters reduzieren (vgl. dazu auch Henschel, NJW 1989 S. 937).

Die Sozialklausel gilt auch bei der **außerordentlichen** Kündigung mit **gesetzlicher** Frist (vgl. „Kündigung“, Abschnitt 3.2.2 „Außerordentliche befristete Kündigung durch den Vermieter“).

Dagegen ist die Sozialklausel nicht anwendbar, wenn ein Grund vorliegt, der den Vermieter zur außerordentlichen **fristlosen** Kündigung (vgl. „Kündigung“, Abschnitt 3.2.1 „Außerordentliche fristlose Kündigung aus wichtigem Grund“) berechtigt (§ 574 Abs. 1 S. 2 BGB).

Ebenso dann nicht, wenn die Kündigung des Mietverhältnisses durch den **Mieter** erfolgt ist (vgl. Begründung des Gesetzentwurfs, abgedruckt in NZM 2000 S. 450).

Ausgenommen vom Anwendungsbereich der Sozialklausel sind gemäß § 549 Abs. 2 Nr. 2 BGB auch folgende Mietverhältnisse:

- Wohnraum, der nur zu **vorübergehendem Gebrauch** vermietet ist. Die Vermietung eines Zimmers oder Appartements in einem Studentenwohnheim für länger als ein Semester stellt keine Vermietung zu „vorübergehendem Gebrauch“ dar, unabhängig davon, ob das Zimmer bzw. Appartement möbliert ist (vgl. OLG Hamm, Beschlüsse v. 27.3.1986, 7 W 5/86, NJW-RR 1986 S. 810 und v. 4.4.1986, 7 W 13/86, MDR 1986 S. 676). Studentenwohnheimplätze sind zwar vom Kündigungsschutz des § 573 BGB ausgenommen, die Härteklausel des § 574 BGB bleibt aber bestehen (zum Begriff des „vorübergehenden Gebrauchs“ vgl. Abschnitt 2.5.3);
- Wohnraum, der Teil der **vom Vermieter selbst bewohnten Wohnung** ist und den der Vermieter überwiegend mit Einrichtungsgegenständen auszustatten hat, sofern der Wohnraum dem Mieter nicht zum dauernden Gebrauch mit seiner Familie oder mit Personen überlassen ist, mit denen er einen auf Dauer angelegten gemeinsamen Haushalt führt (vgl. Abschnitt 2.5.4);
- Wohnraum, den eine **juristische Person** des öffentlichen Rechts oder ein anerkannter privater **Träger der Wohlfahrtspflege** angemietet hat, um ihn Personen mit dringendem Wohnungsbedarf zu überlassen, wenn sie den Mieter bei Vertragsschluss auf die Zweckbestimmung des Wohnraums und die Ausnahme von den genannten Vor-

schriften hingewiesen hat (vgl. hierzu Abschnitt 2.5.5).

Voraussetzung für den Widerspruch des Mieters ist, dass die Beendigung des Mietverhältnisses für ihn, seine Familie oder einen anderen Angehörigen seines Haushalts eine **Härte** bedeuten würde.

Bei einer **Personenmehrheit** auf der Mieterseite ist ausreichend, dass der Härtegrund bei **einer** Person vorliegt.

Zur Familie des Mieters gehören der Ehegatte (oder Lebenspartner) sowie haushaltszugehörige Verwandte und Verschwägerte. Angehörige des Haushalts des Mieters können z. B. der Lebensgefährte, dessen Kinder oder Pflegekinder sein (vgl. Begründung des Gesetzentwurfs, abgedruckt in NZM 2000 S. 450).

Im Gesetz ist nur ein Härtegrund ausdrücklich genannt. Danach liegt eine Härte vor, wenn **angemessener Ersatzwohnraum** zu zumutbaren Bedingungen nicht beschafft werden kann. Ist dagegen dieser, wenn auch unter schwierigen Bedingungen, zu erlangen, ist das Mietverhältnis nicht aus Härtegründen fortzusetzen, sondern vom Gericht lediglich eine angemessene Räumungsfrist (§ 721 ZPO) zu gewähren (LG Hamburg, Urteil v. 25.10.1990, 307 S 231/90, WuM 1991 S. 38). Der Ersatzwohnraum ist auch dann angemessen, wenn er mit dem Gekündigten nicht gleichwertig ist; jedoch muss der Mieter keine wesentliche Verschlechterung akzeptieren, wenn dadurch sein sozialer Status betroffen wird (LG Hamburg, Urteil v. 12.12.1989, 16 S 98/89, WuM 1990 S. 118). Die Beurteilung hängt im Wesentlichen von den konkreten Umständen des Einzelfalls ab. So kann der Mieter zwar nicht grundsätzlich verlangen, dass die Ersatzwohnung in dem bisherigen Wohngebiet liegt (vgl. LG München I, Urteil v. 12.4.1989, 14 S 20986/88, WuM 1989 S. 296), jedoch kann eine solche Anforderung im Einzelfall trotzdem gestellt werden, wenn dies z. B. zur Pflege von alten oder kranken Menschen durch Personen in der Nachbarschaft erforderlich ist. Sie hat in Bezug auf Lage, Größe und Ausstattung bestimmten Anforderungen zu genügen, wobei auch den bisherigen Lebensgewohnheiten des Mieters (wie Trennung von Schlaf- und Wohnraum) und ggf. dem Bedürfnis zur Aufnahme einer Pflegeperson Rechnung zu tragen ist.

Der Mieter ist grundsätzlich nicht verpflichtet, sich auf die Unterbringung in einem Alters- oder Pflegeheim verweisen zu lassen (OLG Karlsruhe, RE v. 3.7.1970, 1 RE-Miet 1/70, DWW 1970 S. 307).

Eine **Ausnahme** kann bestehen, wenn der Wille des Mieters, in der Wohnung zu verbleiben, unrealistisch ist, z. B. wegen einer fortgeschrittenen Gebrechlichkeit und Pflegebedürftigkeit (BVerfG, Beschluss v. 27.1.1994, 1 BvR 2067/93, WuM 1994 S. 255).

Die Beurteilung, welche Bedingungen dem Mieter zumutbar sind, hängt insbesondere von der **wirtschaftlichen Leistungsfähigkeit des Mieters** im Einzelfall ab, wobei die Möglichkeit des Bezugs von Wohngeld oder Sozialhilfe durch den Mieter zu berücksichtigen ist.

Der Mieter muss im Streitfall darlegen und beweisen, dass er ab Zugang der Kündigung alle erforderlichen und zumutbaren Schritte zur Erlangung einer Ersatzwohnung unternommen hat (LG Bonn, Urteil v. 17.6.1991, 6 S 27/91, WuM 1992 S. 16). Der Mieter muss dabei auch gewisse **Verschlechterungen** in Kauf nehmen und darf die Ersatzwohnraumsuche grundsätzlich **nicht** auf das **bisherige Wohngebiet** beschränken (LG Itzehoe, Beschluss v. 20.12.2013, 9 S 31/13, ZMR 2014 S. 287; LG Hamburg, Urteil v. 9.1.2003, 307 S 118/02, ZMR 2003 S. 265). Dementsprechend kann der Mieter nicht darauf bestehen, dass ein bestimmter Status quo erhalten bleibt. Der Mieter kann daher Ersatzwohnraum nicht schon deshalb ablehnen, weil sich dieser in einem anderen Stadtteil befindet und er deshalb längere Fahrstrecken zu Arbeitsstätte, Schule oder Kinderbetreuungseinrichtungen zurücklegen muss. Grundsätzlich ist dem Mieter ein Umzug innerhalb des gesamten Stadtgebiets zumutbar **(LG München I, Beschluss v. 27.10.2014, 14 T**

20195/14). Der **Mieter** muss vielmehr substanziiert **vortragen**, welche Stadtteile in die Suche einbezogen worden sind, wann die Anmietbemühungen aufgenommen wurden und warum die Anmietung der aufgeführten Wohnungen nicht möglich bzw. nicht zumutbar war (LG Hamburg, a. a. O.).

Ferner sind vom Mieter ggf. die tragbare Miete und ein evtl. Wohngeldanspruch darzulegen (OLG Köln, Urteil v. 10.3.2003, 16 U 72/02, WuM 2003 S. 465).

Diese Verpflichtung hat der Mieter z.B. nicht erfüllt, wenn er innerhalb eines Zeitraums von 6 Monaten nur auf drei Chiffre-Anzeigen in der Tageszeitung schriftlich geantwortet hat (LG Mannheim, Beschluss v. 3.12.1991, 4 T 302/91, DWW 1992 S. 87). Keinesfalls ausreichend ist es, wenn sich der Mieter nur auf die angespannte Situation auf dem Wohnungsmarkt beruft (LG Mannheim, Urteil v. 13.11.1991, 4 S 135/91, DWW 1993 S. 140). Zur Erlangung einer Ersatzwohnung ist dem Mieter auch der Einsatz von Geldmitteln in einem bei der Suche nach einer Wohnung üblichen Umfang zumutbar, z.B. für Inserate oder Makler.

Der Mieter verletzt seine Ersatzraumbeschaffungspflicht, wenn er eine ihm vom Vermieter angebotene Ersatzwohnung lediglich deshalb ablehnt, weil zwischen den Parteien Spannungen bestehen und er deshalb mit dem Vermieter kein neues Mietverhältnis eingehen will. Bietet der Vermieter dem Mieter geeigneten Ersatzwohnraum an, kann der Mieter gegenüber dem Eigenbedarf des Vermieters den Härtegrund fehlenden Ersatzwohnraums nicht geltend machen (LG Waldshut-Tiengen, Urteil v. 11.3.1993, 1 S 38/92, WuM 1993 S. 349). Etwas anderes kann gelten, wenn der Mieter die Ersatzwohnung ablehnt, weil diese nicht den von ihm berechtigterweise gestellten Anforderungen genügt (OLG Karlsruhe, a. a. O.).

Neben dem vom Gesetz genannten Härtegrund kann eine **Härte auch aus persönlichen, wirtschaftlichen oder sozialen Gründen** vorliegen. Dabei reichen allein die Unannehmlichkeiten und Aufwendungen, die jeder **Umzug** mit sich bringt, grundsätzlich nicht aus. Eine andere Beurteilung kann sich ergeben, wenn es sich lediglich um einen **Zwischenumzug** handelt. Dessen Zumutbarkeit hängt davon ab, ob dem Mieter Ersatzwohnraum zu einem bestimmten Termin in einem überschaubaren Zeitraum (z.B. beim beabsichtigten Neubau eines Eigenheims) zur Verfügung steht (LG Wiesbaden, Urteil v. 21.6.1988, 8 S 32/88, WuM 1988 S. 269).

Zumutbar wird ein Zwischenumzug jedenfalls dann sein, wenn der Ersatzwohnraum erst später als 1 bis 2 Jahre nach Beendigung des Mietverhältnisses bezogen werden kann (s. AG Tübingen, Urteil v. 22.4.1985, 8 C 203/85, ZMR 1986 S. 60).

Eine andere Beurteilung kann sich ergeben, wenn der Mieter wegen seines hohen Alters (hier: 88 Jahre) beabsichtigt, in ein Seniorenwohnheim umzuziehen, ein gewünschtes Appartement aber trotz eines bereits abgeschlossenen Anwartschaftsvertrags in absehbarer Zeit nicht zur Verfügung gestellt werden kann (LG Köln, Urteil v. 18.7.1996, 6 S 474/95, WuM 1997 S. 46). Jedenfalls kann ein Zwischenumzug für einen Zeitraum von nur einem Dreivierteljahr bis zur Fertigstellung der eigenen Wohnung eine nicht zu rechtfertigende Härte (i. S. v. § 574 Abs. 1 BGB) bedeuten (LG Stuttgart, Urteil v. 22.8.1990, 5 S 441/89, WuM 1991 S. 589).

Eine Härte kann nicht allein auf Schwierigkeiten bei der Ersatzwohnraumbeschaffung infolge der allgemein angespannten Wohnungslage gestützt werden (LG Karlsruhe, Urteil v. 18.4.1991, 5 S 47/91, DWW 1992 S. 22). Insofern müssen zusätzliche Erschwernisse vorliegen, z.B. eine besondere berufliche oder familiäre Situation.

Eine Härte kann sich insbesondere auch aus einem **hohen Alter** oder einer **langen Mietdauer** ergeben (OLG Karlsruhe, a. a. O.). Insofern stellen allerdings weder ein hohes Alter noch eine lange Dauer des Mietverhältnisses, weder für sich genommen noch in Kumulation eine unzumutbare Härte i. S. d. § 574 Abs. 1 S. 1 BGB dar (LG Itzehoe, Beschluss v. 20.12.2013, 9 S 31/13, ZMR 2014 S. 287). Hinzu kommen müssen weitere Gründe z.B. Gebrechlichkeit, Krankheit oder die besondere Verwurzelung des alten Menschen mit seiner Umgebung, die einen Umzug als unzumutbar erscheinen lassen.

Andererseits können auch die Interessen eines betagten, multipel schwer erkrankten und seit 40 Jahren in der für den Eigenbedarf beanspruchten Wohnung lebenden Mieters im Einzelfall durch ein vorrangiges Vermieterinteresse überlagert sein, z.B. wenn sich der gewünschte Umzug der Kinder des Vermieters in die eigene, größere Wohnung für die weitere Entwicklung der beiden Kinder des Vermieters als äußerst vorteilhaft darstellt. Dies gilt insbesondere dann, wenn der Mieter trotz seines Alters und seiner Krankheit noch ausreichend mobil und orientiert ist und ein Umzug nicht zu einer drastischen dauerhaften Verschlechterung seiner Lebenssituation bzw. einer akuten Gefährdung seiner Gesundheit führen wird (LG Frankfurt/M., Urteil v. 23.8.2011, 2-11 S 110/11, NZM 2011 S. 774).

Behauptet der Mieter, dass mit dem Umzug erhebliche gesundheitliche Risiken verbunden sind, muss er diese substanziiert vortragen und im Bestreitensfall auch beweisen (BVerfG, Beschluss v. 12.2.1993, 2 BvR 2077/02, WuM 1993 S. 172). Daher ist es zunächst Sache des Mieters, Härtegründe substantiiert darzulegen und zu beweisen. Die bloße Glaubhaftigkeit des Mietervortrags, ein Umzug sei gesundheitlich nicht zu verkraften (z.B. wegen hohen Alters und Verwurzelung in der Umgebung nach langer Wohndauer), reicht nicht aus, um das Erlangungsinteresse des Eigentümers zurücktreten zu lassen. Aus einem hohen Alter und den damit verbundenen altersgemäßen Einschränkungen der Gesundheit und Fähigkeiten allein lässt sich die Unzumutbarkeit eines Umzugs nicht ableiten. Ferner genügt es nicht, sich mit der Glaubhaftigkeit der Behauptung des Mieters zu begnügen, sein zwischen den Parteien streitiger Allgemeinzustand habe sich durch den Räumungsprozess bereits verschlechtert, ohne Art und Gewicht der angeblichen Beeinträchtigung (durch eine Beweiserhebung) näher aufzuklären.

Ebenso wie das Mietgericht sämtlichen vom Mieter dargelegten Zweifeln an der Ernsthaftigkeit des Selbstnutzungswunsches des Eigentümers nachzugehen hat, gebieten es die Interessen des Eigentümers, dessen Argumente gegen die vom Mieter vorgebrachten Umstände (z.B. Gesundheitsprobleme) zu berücksichtigen und im Wege der Beweisaufnahme Feststellungen darüber zu treffen, welche konkreten Nachteile dem Mieter durch den Eigenbedarf des Vermieters tatsächlich erwachsen würden. Geht das Mietgericht den Einwänden des Vermieters gegen die vom Mieter zur Begründung einer nicht zu rechtfertigenden Härte i.S.d. § 564 BGB vorgetragenen Umstände nicht ausreichend nach, verkennt es die Bedeutung und die Tragweite der grundgesetzlichen Eigentumsgarantie (BerlinVerfGH, Beschluss v. 18.6.2014, VerfGH 153/13, GE 2014 S. 997). Von einem Mieter, der sein Krankheitsrisiko als Härte geltend macht, kann verlangt werden, dass er sich in zumutbarer Weise um die Verringerung seines Krankheitsrisikos bemüht (BVerfG, Beschluss v. 12.2.1993, a.a.O.). Die Feststellung, welche Handlungen ihm konkret zumutbar sind, ist Aufgabe des Vollstreckungsgerichts. Zu den rechtlichen Möglichkeiten zählt die Erteilung von Auflagen zur Wohnungssuche und zur ärztlichen Behandlung, z.B. Begleitung des Räumungsschuldners durch Angehörige/Betreuer während der Eingewöhnungsphase in der neuen Wohnung bzw. Umgebung und vorbereitender bzw. nachsorgender stationärer Behandlung (BVerfG, Beschluss v. 27.6.2005, 1 BvR 224/05, NZM 2005 S. 657).

Die Prüfung, ob die Räumungsvollstreckung bei einem hochbetagten Mieter wegen schwerwiegender gesundheitlicher Risiken eine mit den guten Sitten unvereinbare Härte darstellt (i.S.d. Räumungsschutzvorschrift § 765a ZPO), ist nicht auf eine akute Lebensgefahr während des Räumungsvorgangs selbst zu beschränken. In die Beurteilung einzubeziehen sind auch schwerwiegende gesundheitliche Risiken, die aus einem Wechsel der gewohnten

Umgebung resultieren (BGH, Beschluss v. 13.8.2009, I ZB 11/09, GE 2009 S. 1423).

Die Vollstreckungsgerichte müssen in ihrer Verfahrensgestaltung die erforderlichen Vorkehrungen treffen, damit Verfassungsverletzungen durch Zwangsvollstreckungsmaßnahmen ausgeschlossen werden und dadurch der – sich aus dem Recht auf Leben und körperliche Unversehrtheit ergebenden – Schutzpflicht staatlicher Organe Genüge getan wird. Dementsprechend sind bei der Prüfung der Voraussetzungen des Vollstreckungsschutzes auch die Wertentscheidungen des Grundgesetzes und die dem Schuldner in der Zwangsvollstreckung gewährleisteten Grundrechte zu berücksichtigen. Eine unter Beachtung dieser Grundsätze vorgenommene Würdigung aller Umstände kann in besonders gelagerten Einzelfällen (hier: 98-jährige Mieterin mit 72-jährigem Sohn) dazu führen, dass die Vollstreckung für einen **längeren** Zeitraum **einzustellen** ist (BVerfG, Beschlüsse v. 19.2.2014, 2 BvR 2455/12, NZM 2014 S. 346 und v. 25.2.2014, 2 BvR 2457/13, NZM 2014 S. 347).

Bei einer langen Verfahrensdauer, die beim Gläubiger und seiner Familie – z. B. durch die Doppelbelastung mit Darlehensverbindlichkeiten für den Erwerb des Räumungsobjekts und mit der Miete für den aktuellen Wohnraum – erkennbar auch wirtschaftlich erhebliche Spuren hinterlassen hat, kann es dem Rechtsmittelgericht jedoch geboten erscheinen lassen, statt die Sache zurückzuverweisen selbst die notwendigen Aufklärungsmaßnahmen umfassend einzuleiten, durchzuführen und insgesamt größtmögliche Beschleunigung obwalten zu lassen (BVerfG, Beschluss v. 25.2.2014, a. a. O.).

Eine **Suizidgefahr** schließt eine Räumungsvollstreckung nicht dauerhaft aus. Die Zwangsräumung ist auch dann, wenn bei einer Räumungsvollstreckung eine konkrete Lebensgefahr für einen Betroffenen besteht, nur in besonders gelagerten Einzelfällen für einen längeren Zeitraum und in absoluten Ausnahmefällen auf unbestimmte Zeit einzustellen (BGH, Beschluss v. 22.11.2007, I ZB 104/06, WuM 2008 S. 36). Jedoch müssen in jedem Einzelfall die grundgesetzlich geschützten Parteiinteressen abgewogen werden. Insbesondere muss geklärt werden, ob nicht durch andere Maßnahmen als die Vollstreckungseinstellung, z. B. durch Therapieauflagen, die Suizidgefahr vermindert werden kann. Fehlt es dem Schuldner jedoch krankheitsbedingt an der Einsichtsfähigkeit der Therapienotwendigkeit, muss auch die Unterbringung des Schuldners in Erwägung gezogen werden (BGH, Beschluss v. 24.11.2005, V ZB 24/05, NZM 2006 S. 158).

Daher kann der Räumungsschuldner mit der Begründung der **Suizidgefährdung** auch die Einstellung der Zwangsvollstreckung für die Dauer des Verfahrens seiner Nichtzulassungsbeschwerde zur Revision nicht erreichen, wenn die Selbsttötung durch eine stationäre Behandlung ausgeschlossen werden kann (BGH, Beschluss v. 19.10.2005, VIII ZR 208/05, WuM 2005 S. 735).

Will das Gericht der Einschätzung des von ihm beigezogenen Sachverständigen, wonach der vom Räumungsschuldner geltend gemachten räumungsbedingten Gesundheits- oder Lebensgefahr allein durch die Anwesenheit eines Arztes bei der Räumungsvollziehung nicht effektiv begegnet werden kann, nicht folgen, bedarf es hierzu einer ausführlichen und abwägenden Begründung. Hinter eine – gegenüber der Sachverständigeneinschätzung im Ergebnis inhaltsleere – Formel darf sich der Richter in dieser Situation nicht zurückziehen (BVerfG, Beschluss v. 19.2.2014, a. a. O.).

Macht der Räumungsschuldner (hier: Arzt) in der mündlichen Beschwerdeverhandlung über sein Räumungsschutzbegehren geltend, ihm drohe zwar keine Suizidgefahr mehr, aber es bestehe die Gefahr sonstiger räumungsbedingter Gesundheitsbeeinträchtigungen (Herzinfarkt, Kreislaufzusammenbruch, Bluthochdruck u. ä. Erkrankungen), weshalb er darum bitte, eine Gelegenheit zu einem weiteren Vortrag unter Vorlage von Attesten in angemessener Frist zu erhalten, verletzt das Beschwerdegericht seinen Anspruch auf rechtliches Gehör, wenn es dieses Vorbringen bei seiner Entscheidung mangels hinreichender Substanziierung unberücksichtigt lässt in der Annahme, die Behauptungen des Schuldners seien erkennbar

„ins Blaue" hinein erfolgt (BGH, Beschluss v. 13.3.2008, I ZB 59/07, NZM 2008 S. 401).

Der Räumungsschuldner ist nicht verpflichtet, das Gericht von der Ernsthaftigkeit der Suizidgefahr zu überzeugen. Es genügt, wenn er Tatsachen vorträgt, aus denen sich die Suizidgefahr ergibt. Die Beibringung von Attesten ist nicht erforderlich (BGH, Beschlüsse v. 2.12.2010, V ZB 124/10 und 16.12.2010, V ZB 215/09, NZM 2011 S. 166). Besteht die Gefahr, dass der Räumungsschuldner auf die Zwangsräumung mit einem Suizid reagiert, kommt eine Einstellung (nach § 765a ZPO) auch dann in Betracht, wenn der Entschluss des Schuldners nicht auf einer Krankheit beruht, sondern der Schuldner aus anderen Gründen nicht in der Lage ist, die Konfliktsituation aus eigener Kraft situationsangemessen zu bewältigen (BGH, Beschlüsse v. 2.12.2010 und 16.12.2010, a. a. O.).

Besonders gelagerte berufliche Verhältnisse (z. B. Prüfungsvorbereitungen) oder Ausbildungserschwernisse für die Kinder (z. B. umzugsbedingter Schulwechsel oder Erschwerungen beim Schulbesuch) können im Einzelfall ebenso einen Härtegrund darstellen wie auch eine Schwangerschaft (LG Dortmund, WuM 1966 S. 40) oder besonderer Kinderreichtum in Bezug auf die Schwierigkeiten bei der Ersatzwohnraumbeschaffung (LG Wuppertal, WuM 1968 S. 109).

Hat der Mieter mit dem ausdrücklichen oder stillschweigenden Einverständnis des Vermieters **wirtschaftliche Aufwendungen** für die Erhaltung und Verbesserung der Mietsache gemacht, zu denen er vertraglich nicht verpflichtet war, kann die vertragsmäßige Beendigung des Mietverhältnisses eine Härte bedeuten, wenn der Mieter besonderer Umstände wegen mit einer frühen Kündigung des Mietverhältnisses nicht zu rechnen hatte, die Aufwendungen erheblich sind, für einen erheblichen Teil davon beim Auszug kein Ersatz verlangt werden kann und die Aufwendungen durch die Mietzeit auch noch nicht abgewohnt sind, sodass es im Ergebnis zu einem wesentlichen Verlust des Mieters kommen würde (OLG Karlsruhe, RE v. 31.3.1971, 1 RE-Miet 2/70, DWW 1971 S. 264).

Dabei kommt es grundsätzlich nicht darauf an, ob die Aufwendungen notwendig, nützlich oder überflüssig waren. Entscheidend ist der Vertrauenstatbestand, den der Vermieter durch sein Verhalten für den Mieter geschaffen hat (OLG Frankfurt/M., RE v. 23.6.1971, WuM 1971 S. 168; s. auch LG Kiel, Beschluss v. 18.10.1990, 1 S 146/90, WuM 1992 S. 690).

> Dagegen kann der Verlust besonderer Vorteile, die der Mieter aus der Nutzung der Wohnung gezogen hatte (z. B. Einkünfte aus Untervermietung), eine Härte grundsätzlich nicht begründen (BayObLG, RE v. 21.7.1970, DWW 1970 S. 309); ebenso nicht der Umstand, dass der Mieter mit Einverständnis des Vermieters ein Hobby in der Wohnung ungestört ausüben konnte, das er in den meisten anderen Wohnungen nicht betreiben kann (OLG Karlsruhe, RE v. 31.3.1971, a. a. O.).

Nicht als Härte wurde es angesehen, wenn der **Mietvertrag auf unbestimmte Zeit** geschlossen wurde, der Vermieter jedoch eine lange Mietzeit in Aussicht gestellt, dann aber seine Absicht, ohne dass der Mieter Anlass gegeben hätte, geändert und das Mietverhältnis gekündigt hat (OLG Karlsruhe, a. a. O.).

Die Möglichkeit, eine Räumungsfrist zu beanspruchen (§ 721 ZPO), bleibt bei der Frage, ob die Beendigung des Mietverhältnisses eine Härte bedeutet, unberücksichtigt (OLG Stuttgart, Entscheidung v. 11.11.1968, 8 W 71/68, NJW 1969 S. 240; OLG Oldenburg, WuM 1970 S. 182).

Liegen Härtegründe vor, findet eine Abwägung der Interessen des Mieters am Bestand des Mietverhältnisses mit den Interessen des Vermieters an der Beendigung des Mietverhältnisses statt. Dabei ist es z. B. nicht zu beanstanden, wenn den existenziellen Belangen der vierköpfigen Familie des Vermieters mit zwei kleinen Kindern Vorrang vor den Interessen auch eines erheblich erkrankten Mieters eingeräumt wird (BVerfG, Beschluss v. 12.2.1993, 2 BvR 2077/92, WuM 1993 S. 172).

Jedoch werden bei Würdigung der berechtigten Interessen des Vermieters nur die **im Kündi-**

gungsschreiben angegebenen Gründe berücksichtigt, außer wenn die Gründe nachträglich entstanden sind (§ 574 Abs. 3 BGB). Nachträglich entstanden sind nur solche Gründe, die vor Abgabe der Kündigung nicht vorgetragen werden konnten, weil sie erst danach entstanden sind. Die Gewichtung der Gründe hängt ausschließlich von den konkreten Umständen des Einzelfalls ab. Bei **Gleichwertigkeit** der Interessen muss die Abwägung zugunsten des Eigentümers ausfallen, da der verfassungsgemäß garantierte Schutz des Eigentums ausgehöhlt werden würde, wollte man der Sozialpflichtigkeit eine größere Bedeutung als dem Eigentumsrecht einräumen (LG Hannover, Urteil v. 5.9.1991, 16 S 180/91, WuM 1992 S. 609). Einer Abwägung bedarf es nicht, wenn zugleich ein Grund vorliegt, der den Vermieter zur außerordentlichen fristlosen Kündigung berechtigt (§ 574 Abs. 1 S. 2 BGB).

Das **Revisionsgericht** muss den tatrichterlichen Beurteilungsspielraum des Mietgerichts bei der Abwägung der Härtegründe respektieren und kann die Abwägung nur auf **Rechtsfehler** überprüfen, z.B. ob Rechtsbegriffe verkannt wurden oder Verfahrensverstöße vorliegen, z.B. wesentliche Tatumstände übersehen oder nicht vollständig gewürdigt oder Erfahrungssätze verletzt wurden (BGH, Urteil v. 20.10.2004, VIII ZR 246/03, WuM 2005 S. 136).

Erfordert die Kündigung eines Mietverhältnisses über Wohnraum ausnahmsweise kein berechtigtes Interesse des Vermieters, ist aber trotzdem die Sozialklausel des § 574 BGB anwendbar (z.B. bei der Kündigung im Zweifamilienhaus oder bei der Teilkündigung, §§ 573a, b BGB), müssen die berechtigten Interessen des Vermieters i.S.v. § 574 BGB nicht das Gewicht der Kündigungsgründe i.S.d. § 573 Abs. 1 und 2 haben (Schmidt-Futterer/Blank, Rn. B 328).

Die Erklärung des Mieters, mit der er der Kündigung **widerspricht** und die Fortsetzung des Mietverhältnisses verlangt, bedarf der **schriftlichen** Form (§ 574b Abs. 1 BGB). Die Erklärung muss von dem oder den Mietern oder einem bevollmächtigten Vertreter unterzeichnet sein.

Die Worte „Widerspruch" und „Fortsetzung" braucht die Erklärung nicht zu enthalten, jedoch muss der auf Fortsetzung des Mietverhältnisses gerichtete Wille des Mieters aus seiner Erklärung erkennbar hervorgehen.

Eine Begründung des Widerspruchs ist nicht zwingend vorgeschrieben, jedoch soll der Mieter auf Verlangen des Vermieters über die Gründe des Widerspruchs unverzüglich Auskunft erteilen.

> Unterlässt dies der Mieter, können ihm im Räumungsprozess, falls die Klage des Vermieters wegen des Widerspruchs abgewiesen oder der Vermieter zur Fortsetzung des Mietverhältnisses verurteilt wird, die Prozesskosten ganz oder teilweise auferlegt werden (§ 93b ZPO).

Der Vermieter kann die Fortsetzung des Mietverhältnisses ohne Rücksicht auf die sachliche Begründetheit des Widerspruchs ablehnen, wenn der Mieter den Widerspruch nicht spätestens 2 Monate vor der Beendigung des Mietverhältnisses dem Vermieter gegenüber erklärt hat (§ 574b Abs. 2 BGB). Dies gilt jedoch nur, wenn der Vermieter den Mieter auf die Form und Frist des Widerspruchs rechtzeitig hingewiesen hat. Der Hinweis des Vermieters ist rechtzeitig erteilt, wenn er dem Mieter zu einem Zeitpunkt zugeht, der ihn in die Lage versetzt, nach einer angemessenen Überlegungszeit den Widerspruch rechtzeitig abzufassen und dem Vermieter zuzuleiten (Palandt-Putzo, Anm. 5g bb zu § 556a BGB a.F.).

Bei nicht rechtzeitigem Hinweis des Vermieters kann der Mieter den Widerspruch noch im ersten Termin des Räumungsrechtsstreits erklären.

Mit dem Widerspruch will der Mieter die **Fortsetzung** des Mietverhältnisses erreichen. Kommt hierüber eine Einigung mit dem Vermieter nicht zustande, muss das Gericht durch Urteil darüber entscheiden, ob das Mietverhältnis fortgesetzt wird. Wird auf Fortsetzung des Mietverhältnisses erkannt, trifft das Gericht sowohl über die Dauer der Fortsetzung des Mietverhältnisses als auch über die Bedingungen, nach denen es fortgesetzt wird, eine Entscheidung.

Das Gericht hat dabei den voraussichtlichen Zeitraum, in dem ein Härtegrund bestehen wird, abzuschätzen und seiner Entscheidung zugrunde zu legen (OLG Stuttgart, NJW 1969 S. 1078). Schwierigkeiten bei der Schätzung können eine Fortsetzung auf unbestimmte Zeit nicht begründen. Nur wenn ungewiss ist, wann voraussichtlich die Umstände wegfallen, aufgrund derer die Beendigung des Mietverhältnisses eine Härte bedeutet, kann bestimmt werden, dass das Mietverhältnis auf unbestimmte Zeit fortgesetzt wird (§ 574a Abs. 2 S. 2 BGB). Mit Recht steht die herrschende Meinung auf dem Standpunkt, dass die Fortsetzung des Mietverhältnisses auf **bestimmte** Zeit – sofern die Voraussetzungen überhaupt vorliegen – die **Regel** die Fortsetzung auf **unbestimmte** Zeit die **Ausnahme** bildet (Palandt, Rn. 20 zu § 556a BGB a. F.; Schmidt-Futterer/Blank, Rn. 223).

Auf unbestimmte Zeit darf das Mietverhältnis nur verlängert werden, wenn sich aus der Art des Härtegrunds ergibt, dass er nicht nur vorübergehend ist, z. B. Gebrechlichkeit, schwere Erkrankung (LG Hamburg, Urteil v. 13.12.1988, 16 S 81/88, WuM 1989 S. 238), und ein Umzug in absehbarer Zeit ausgeschlossen ist oder nicht festgestellt werden kann, ob und wann die maßgeblichen Härtegründe wegfallen werden (LG Freiburg, Urteil v. 30.9.1991, 3 S 88/91, WuM 1992 S. 436).

Der Schutz des Mieters darf nicht enteignenden Charakter zulasten des Vermieters annehmen. Eine Verlängerung des Mietverhältnisses auf Lebenszeit des Mieters ist unzulässig (OLG Stuttgart, ZMR 1969 S. 242). Während der befristeten Dauer der Fortsetzung des Mietverhältnisses ist die Kündigung des Vermieters ausgeschlossen. Eine außerordentliche Kündigung ist indessen immer möglich (a. A. Schmidt-Futterer/Blank, Rn. B 227, wonach nur die fristlose Kündigung während der Fortsetzungsdauer zulässig sein soll).

Ist dem Vermieter nicht zuzumuten, das Mietverhältnis nach den bisher geltenden **Vertragsbedingungen** fortzusetzen, kann Fortsetzung nur unter einer **angemessenen Änderung** der Vertragsbedingungen verlangt werden (§ 574a Abs. 1 S. 2 BGB). Einigen sich die Parteien nicht, ist auch hierüber durch Urteil zu entscheiden.

Eine Anpassung ist angebracht, wenn eine umfassende Abwägung der Parteiinteressen ergibt, dass die tatsächlichen und rechtlichen Nachteile einer Fortsetzung des Vertrags zu unveränderten Bedingungen den Vermieter unzumutbar belasten würden. Häufig wird sich der Vermieter darauf berufen, dass die bisherige Miete nicht mehr angemessen sei. Trifft das zu, kann das Gericht eine andere Miete festsetzen, ohne dass es der Formalien nach § 558 BGB (vgl. „Mieterhöhung bei Wohnraum“) bedarf. Insoweit geht § 574a Abs. 1 BGB als Spezialvorschrift vor (LG Mannheim, WuM 1975 S. 213; Palandt-Putzo, Anm. 6c zu § 556a BGB a. F.), sodass auch die sog. Kappungsgrenze nicht eingreift (Emmerich-Sonnenschein, § 556a BGB a. F., Rn. 53). Eine Anhebung ist nur bis zur Höhe der ortsüblichen Miete möglich, kann vom Gericht jedoch rückwirkend auf den Zeitpunkt der Kündigung ausgesprochen werden (LG Heidelberg, Urteil v. 15.1.1993, 5 S 208/92, WuM 1994 S. 682).

Strittig ist, ob im Zuge der Änderung der Vertragsbedingungen auch eine Änderung des Mietgegenstands durch Gerichtsentscheid zulässig ist (z. B. Herausgabe bestimmter Räume). Überwiegend wird dies bejaht (vgl. LG Hamburg, WuM 1987 S. 233; Pergande, Wohnraum-Mietrecht § 556a BGB a. F., Anm. 126; Palandt-Putzo, Rn. 21 zu § 556a BGB a. F.; Schmidt-Futterer/Blank, Rn. B 230). Zulässig sind jedenfalls Änderungen, die den Kern des Mietverhältnisses nicht berühren, z. B. Übernahme von Nebenpflichten, geringfügige Beschränkungen des Gebrauchs zur Vermeidung weiterer Spannungen; Duldung von Modernisierungsarbeiten durch den Mieter (vgl. LG Hamburg, a. a. O.). Im Einzelfall kann es daher bei Erhebung einer Räumungsklage empfehlenswert sein, für den Fall der Fortsetzung des Mietverhältnisses hilfsweise die Änderung der Vertragsbedingungen (Miete, Mietgegenstand) zu beantragen.

Bei Fortsetzung des Mietverhältnisses auf **bestimmte** Zeit kann der Mieter eine **weitere** Fortsetzung aufgrund der Härteklausel nur verlangen, wenn dies durch eine wesentliche Änderung der Umstände gerechtfertigt ist oder wenn Umstände nicht eingetreten sind, deren vorgesehener Eintritt für die Zeitdauer der Fortsetzung bestimmend gewesen war (§ 574c Abs. 1 BGB).

Bei der ersten Alternative müssen neue, nicht vorhergesehene Tatsachen vorliegen, wenn sie zu einer neuerlichen Abwägung der beiderseitigen Interessen führen sollen. Hierbei muss es sich um eine wesentliche Veränderung der Umstände handeln. Die zweite Alternative ist gegeben, wenn der Härtetatbestand entgegen den Erwartungen über den Verlängerungszeitraum hinaus fortbesteht (z.B. Ersatzwohnung ist ohne Verschulden des Mieters nicht termingerecht bezugsfertig geworden).

Eine weitere Verlängerung des Mietverhältnisses kommt nicht in Betracht, wenn der Mieter den Fortbestand der Härtegründe selbst zu vertreten hat (z.B. wenn er sich nicht ernsthaft um Ersatzwohnraum bemüht hat; vgl. Schmidt-Futterer/Blank, Rn. B 246).

Für **Form und Frist** des erneuten **Fortsetzungsverlangens** gelten ebenfalls die Regelungen über den Widerspruch (§ 574b BGB).

Der Mieter muss somit seinen Anspruch auf erneute Fortsetzung des Mietverhältnisses spätestens 2 Monate vor der Beendigung des fortgesetzten Mietverhältnisses schriftlich gegenüber dem Vermieter geltend machen.

Eine weitere Fortsetzung des Mietverhältnisses durch ein Fortsetzungsverlangen (§ 564c Abs. 1 BGB), das keiner Begründung bedarf (vgl. „Zeitmietvertrag"), kann der Mieter nicht verlangen (LG Lübeck, Urteil v. 30.4.1996, 6 S 3/96, WuM 1996 S. 705; LG München I, Urteil v. 31.5.1995, 14 S 21837/94, WuM 1996 S. 94).

Durch die **unbefristete** Verlängerung eines Mietverhältnisses aufgrund des Widerspruchs bzw. des Fortsetzungsverlangens des Mieters ist das Recht des Vermieters zur ordentlichen Kündigung nicht schlechthin ausgeschlossen. Sie führt jedoch nur zum Ziel, wenn sich die Umstände, die für die Fortsetzung durch Gerichtsurteil bestimmend gewesen waren, verändert haben, wobei unerhebliche Veränderungen außer Betracht bleiben. Widerspricht der Mieter der Kündigung, was formlos ohne Einhaltung einer Frist und ohne Begründung zulässig ist, muss der Vermieter beweisen, dass sich die auf der Mieterseite liegenden Umstände, die zur Verlängerung des Mietverhältnisses auf unbestimmte Zeit geführt haben, verändert haben. Kann dieser Beweis geführt werden, findet eine erneute Interessenabwägung statt (vgl. § 574c Abs. 2 BGB).

Durch die Neukonzeption des Zeitmietvertrags (§ 575 BGB) gilt die Sozialklausel nur noch für Mietverhältnisse auf **un**bestimmte Zeit. Der bisherige § 556b BGB ist daher entfallen. Lediglich für die außerordentliche Kündigung mit gesetzlicher Frist eines noch laufenden Zeitmietvertrags ist die Sozialklausel mit der Maßgabe anwendbar, dass die Fortsetzung des Mietverhältnisses höchstens bis zum vertraglich bestimmten Zeitpunkt der Beendigung verlangt werden kann (§ 575a Abs. 2 BGB; vgl. Begründung des Gesetzentwurfs, abgedruckt in NZM 2000 S. 450).

Eine Vereinbarung, die zum **Nachteil** des Mieters von seinem Recht zum Widerspruch gegen eine Kündigung des Vermieters abweicht, ist **unwirksam** (§§ 574 Abs. 4, 574a Abs. 3, 574b Abs. 3, 574c Abs. 3 BGB).

Lärm

Belästigungen durch Lärm führen häufig zu Auseinandersetzungen zwischen den Vertragsparteien oder einem Dritten, z. B. dem Betreiber einer Gaststätte, aber auch zwischen den Mietern selbst.

Grundsätzlich zählt es zum vertragsgemäßen Gebrauch der Wohnung durch den Mieter, Geräte wie Fernseher, Radio, Kassettenrekorder oder Staubsauger, elektrische Küchengeräte u. Ä. zu betreiben, auch wenn damit eine Geräuschentwicklung verbunden ist. Ebenso ist der Mieter ohne Weiteres berechtigt, Besuch zu empfangen und in der Wohnung zu feiern.

Diese Rechte finden jedoch ihre Grenze in dem Recht der anderen Hausbewohner auf ungestörten Gebrauch ihrer Wohnung.

Bei der Frage, wann eine **unzumutbare** Belästigung anderer und damit ein vertragswidriges Verhalten des Lärmerzeugers vorliegt, ist vorab zu prüfen, ob die Erzeugung des Lärms aus objektiver Sicht **vermeidbar** ist, wobei dies weitgehend von der Regulierbarkeit des erzeugten Lärms abhängt.

Gerade die Möglichkeit der **Regulierbarkeit** bildet den wesentlichen Unterschied zwischen der Lärmerzeugung durch Geräte mit Elektro- bzw. Verbrennungsmotor, wie z. B. Staubsauger, Bohrmaschinen, Rasenmäher, Haushaltsgeräte, und der Lärmerzeugung durch Tonwiedergabegeräte, wie beispielsweise Fernseher, Radio, Kassettenrekorder.

Während der Betreiber erstgenannter Geräte in der Regel keine oder nur eine geringe Möglichkeit hat, die Lärmerzeugung dieser Geräte zu drosseln, kann die Lautstärke jedes Tonwiedergabegeräts reguliert werden.

Unabhängig vom Bestehen bestimmter Ruhezeiten ist es dem Betreiber von Tonwiedergabegeräten daher zuzumuten, diese stets – auch außerhalb der Ruhezeiten – in **Zimmerlautstärke** zu betreiben (LG Berlin, Urteil v. 19.10.1987, 13 O 2/87, DWW 1988 S. 83; LG Kleve, Urteil v. 1.10.1991, 6 S 70/90, DWW 1992 S. 26).

Dies gilt umso mehr, als bei der überwiegenden Zahl der handelsüblichen Geräte ein Betrieb über Kopfhörer und Abschalten der Lautsprecher möglich ist. Der Begriff der „Zimmerlautstärke" ist zwar entgegen seinem Wortlaut nicht so eng zu verstehen, dass das Geräusch, z. B. die Musik, nur in der Wohnung des Verursachers wahrzunehmen sein darf, jedoch dürfen Geräusche in den angrenzenden Wohnungen nicht mehr als nur noch geringfügig zu hören sein (LG Kleve, Urteil v. 1.10.1991, 6 S 70/90, DWW 1992 S. 26; LG Berlin, Urteil v. 19.10.1987, 13 O 2/87, DWW 1988 S. 83). Geringfügigkeit liegt dann vor, wenn es sich um Geräusche handelt, die der Durchschnittsmensch kaum noch empfindet (BGH, Urteil v. 30.10.1981, V ZR 191/80, NJW 1982 S. 441).

Lautstärken, die einen Wert von 40 db tagsüber bzw. 30 db nachts überschreiten, stellen grundsätzlich eine Überschreitung der Zimmerlautstärke dar. Dies kann jedoch auch für Geräusche unterhalb dieses Pegels gelten, wenn sie nach dem Empfinden eines Durchschnittsmenschen wegen ihrer physiologischen oder psychologischen Wirkung als störend empfunden werden (LG Kleve, a. a. O.).

Ein Überschreiten der Zimmerlautstärke kann nur in Ausnahmefällen als zulässig angesehen werden, z. B. bei Feiern anlässlich traditioneller Anlässe wie Silvester, Hochzeit oder Geburtstag (weitergehend LG Frankfurt/M., Urteil v. 6.3.1989, 2/21 O 424/88, WM 1989 S. 575, wonach es den Nachbarn zumutbar sein soll, Haus- und Gartenfeste im üblichen Umfang – etwa viermal in einem Sommer – bis 22 Uhr hinzunehmen).

Jedoch ist im Einzelfall auch dann dem Ruhebedürfnis bestimmter Mitbewohner, z. B. von alten oder kranken Menschen, durch Einhaltung bestimmter Zeiten Rechnung zu tragen und die Geräuschentwicklung auf ein Maß zu beschränken, das zwangsläufig mit dem Aufenthalt mehrerer Menschen in einer Wohnung verbunden ist. Entgegen einer oft zu vernehmenden Meinung gibt es keinen Rechtsanspruch des Mieters, turnusmäßig (z. B. einmal im Monat) Feste zu feiern und einen über die Zimmerlautstärke hinausgehenden Lärm zu erzeugen.

In einem vom Oberlandesgericht Düsseldorf entschiedenen Fall (Beschluss v. 15.1.1990, 5 Ss (OWi) 475/89 – (OWi) 197/89 I, DWW 1990 S. 118) ging es um den Betrieb eines Kassettenrekorders bei geöffneter Balkontür und das Singen und Tanzen von 16 Gästen. Die Nachbarn konnten trotz geschlossener Fenster nicht einschlafen und wurden aus dem Schlaf geweckt. Der Verantwortliche konnte nicht mit Erfolg die Auffassung vertreten, er dürfe einmal im Monat auch nach 22 Uhr lautstark feiern und damit die Nachtruhe stören. Zwar garantiert das Grundgesetz die allgemeine Handlungsfreiheit, jedoch steht diese allgemeine Persönlichkeitsentfaltung unter dem Vorbehalt der verfassungsmäßigen Ordnung. Dies bedeutet, dass jeder sein Verhalten an den bestehenden Gesetzen auszurichten und auch Vorschriften des Landesimmissionsschutzgesetzes zu beachten hat. Der Verantwortliche war daher gehalten, wegen der vorrangigen schutzwürdigen Belange seiner Nachbarn den von den feiernden Gästen und von dem von ihm selbst abgespielten Kassettenrekorder ausgehenden Lärm durch geeignete Maßnahmen zu verhindern (OLG Düsseldorf, a.a.O.).

Entsprechendes gilt auch für Geräusche durch Herumtrampeln der Bewohner. Der Mieter muss sein Wohnverhalten der Hellhörigkeit des Gebäudes jedenfalls dann anpassen und kann keine Verbesserung der akustischen Verhältnisse verlangen, wenn das Gebäude dem Standard seiner Baualtersklasse entspricht (vgl. auch „Instandhaltung und Instandsetzung der Mieträume“). In einem hellhörigen Altbau ist es den Mietern und ihren Besuchern zumutbar, zur Reduzierung des Trittschalls in der Wohnung Hausschuhe zu tragen; die bloße Aufforderung an die Gäste, sich ruhig zu verhalten, reicht nicht aus (LG München I, Urteil v. 8.11.1990, 25 O 7514/89, DWW 1991 S. 111).

Eine Störung der „Nachtruhe“ i.S.d. jeweiligen Immissionsschutzvorschriften (in der Regel ab 22 Uhr) ist auch nicht ausnahmsweise zu gelegentlichen persönlichen, beruflichen oder familiären **Feiern** zulässig (OLG Düsseldorf, Beschluss v. 26.5.1995, 5 Ss (OWi) 149/95 – (OWi) 79/95 I, DWW 1995 S. 255). Der Veranstalter einer solchen Feier ist für die Störung der Nachtruhe verantwortlich, auch wenn der Lärm nicht von ihm persönlich, sondern von seinen Gästen verursacht wird. Die Lärmbelästigung kann mit jedem zulässigen Beweismittel, insbesondere auch durch Vernehmung der betroffenen Anwohner bewiesen werden; eine Bezifferung der Intensität des Lärms (z.B. durch Angabe der dB) ist nicht erforderlich (OLG Düsseldorf, a.a.O.).

Im Gegensatz zu Tonwiedergabegeräten kann bei **Musikinstrumenten** die Lautstärke nur beschränkt reguliert werden. Vielmehr verhindert meist die erhebliche Resonanz des Klangkörpers das Einhalten von Zimmerlautstärke. Ein generelles Verbot der Überschreitung der Zimmerlautstärke käme daher insoweit einem Verbot der Musikausübung gleich und ist unzulässig (LG Wiesbaden, ZMR 1957 S. 53).

Ruhezeiten

Musizieren gehört zu den Gebrauchsrechten des Mieters und zählt zur Ausübung des Persönlichkeitsrechts (so z.B. OLG Hamm, Beschluss v. 10.11.1980, 15 W 122/80, MDR 1981 S. 320). Daher ist es zwingend auch das Recht des Mieters, die dafür erforderlichen Musikinstrumente in die Wohnung zu verbringen. Dementsprechend ist der Mieter auch berechtigt, sein **Klavier (Flügel)** in die gemietete Wohnung zu verbringen, sofern diese statisch geeignet ist (LG Frankfurt/M., Beschluss v. 3.6.2005, 2/11 T 36/05, WuM 2006 S. 142).

> Die überwiegende Rechtsprechung beschränkt lediglich die Ausübung des Musizierens auf bestimmte Zeiten (z.B. nur außerhalb der Ruhezeiten) und auf eine bestimmte Dauer.

Nach einem Beschluss des OLG Hamm (OLG Hamm, Beschluss v. 7.11.1985, 15 W 181/85, MDR 1986 S. 501) ist eine vertragliche Regelung, die das Musizieren auf 1 bis 2 Stunden in der Zeit von 8 bis 12 Uhr und 15 bis 19 Uhr, sonntags von 8 bis 12 Uhr beschränkt, rechtlich noch hinzunehmen.

Weiterhin kann der Mieter zur Durchführung von zumutbaren Maßnahmen zur Verminderung der Geräuschimmissionen verpflichtet werden, z. B. zum Anbringen eines schalldämpfenden Filzbelags (LG Berlin, WuM 1963 S. 153).

Nach dem Urteil des OLG Frankfurt/M. (v. 1.6.1987, 20 W 23/87, OLGZ 1988 S. 61) ist **Klavierspielen** auch nach dem Einbau schalldämmender Maßnahmen nur 1,5 Stunden täglich zulässig (so auch AG Frankfurt/M., Urteil v. 22.5.1996, 33 C 1437/96, WuM 1997 S. 430). Zum Klavierspielen vgl. auch LG Duisburg, Urteil v. 11.9.1987, 4 S 79/87; AG Siegburg, Urteil v. 29.6.1989, 7 C 734/88, DWW 1990 S. 180 sowie LG Düsseldorf, Urteil v. 22.12.1989, 22 S 574/89, DWW 1990 S. 87, wonach Klavierspielen nur bis 20 Uhr zulässig ist.

Auch **Schlagzeugspielen** kann dem Mieter nach einem neuen Urteil des LG München I nicht gänzlich untersagt werden, da Musizieren nach der neueren Rechtsprechung zur Ausübung des verfassungsrechtlich garantierten Persönlichkeitsrechts zählt und daher auch über Zimmerlautstärke hinaus als sozial übliches Verhalten grundsätzlich zulässig ist, sofern es außerhalb der üblichen Ruhezeiten stattfindet. Nachdem aber auch der Wunsch anderer Mieter nach Ruhe und Entspannung grundgesetzlich geschützt ist, muss bei einem Schlagzeug, bei dem die Zimmerlautstärke ganz erheblich überschritten wird, ein enger zeitlicher Rahmen gesteckt werden: Danach ist Schlagzeugspielen nur außerhalb der üblichen Ruhezeiten von Montag bis Samstag zwischen 16.00 Uhr und 19.00 Uhr und maximal 30 Minuten täglich zulässig (LG München I, Urteil v. 13.11.2014, 15 S 7629/13).

Auch bei ruhestörenden **Haus- und Gartenarbeiten** kann der anfallende Lärm, z. B. durch Klopfen von Teppichen, Staubsaugen, Hämmern, Sägen, Bohren, den Betrieb von Bohrmaschinen, Rasenmähern oder Heckenscheren, meist nicht reguliert werden. Diese Arbeiten dürfen daher einerseits zu bestimmten Zeiten („Ruhezeiten“) überhaupt nicht, aber andererseits in den erlaubten Zeiträumen selbst dann ausgeführt werden, wenn dadurch die Zimmerlautstärke überschritten wird bzw. andere unvermeidbar gestört werden.

Die Festlegung der **Ruhezeiten** erfolgt häufig durch **gemeindliche Verordnungen**, die aufgrund von Ermächtigungsnormen in den Landesimmissionsschutzgesetzen erlassen werden können (z. B. „Haus- und Musiklärm-Verordnung der Landeshauptstadt München“, erlassen aufgrund des Art. 14 des Bayerischen Immissionsschutzgesetzes).

Soweit für das Gebiet einer Gemeinde keine entsprechende Verordnung besteht, bestimmen sich die Ruhezeiten nach den landes- bzw. bundesrechtlichen Vorschriften. In der **Geräte- und Maschinenlärmschutzverordnung** (32. BImSchV) vom 29.8.2002 (BGBl 2002 I S. 3481 ff.) sind 57 Geräte und Maschinen aufgeführt, die nur zu bestimmten Zeiten betrieben werden dürfen. An Sonn- und Feiertagen sowie an Werktagen zwischen 20 und 7 Uhr dürfen u. a. folgende Geräte nicht betrieben werden: Rasenmäher (auch sog. lärmarme) mit Elektro- oder Verbrennungsmotor, Mehrzweckgeräte mit einer Motorstärke von mehr als 20 kW, Vertikutierer mit Elektro- und Verbrennungsmotor, Rasentrimmer und Rasenkantenschneider mit Elektromotor, Heckenscheren mit Elektro- oder Verbrennungsmotor, tragbare Kettensägen mit Elektro- oder Verbrennungsmotor, Schredder und Zerkleinerer mit Elektro- oder Verbrennungsmotor, Wasserpumpen (ausgenommen Tauchpumpen), Schneefräsen.

Besonders **lärmintensive** Geräte dürfen darüber hinaus auch werktags von 7 bis 9 Uhr, 13 bis 15 Uhr sowie von 17 bis 20 Uhr nicht betrieben werden (so z. B. Laubbläser und Laubsammler mit Elektro- oder Verbrennungsmotor sowie Freischneider und Grastrimmer mit Verbrennungsmotor); es sei denn, dass die Geräte mit einem Umweltzeichen der EU gekennzeichnet sind (stilisierte Blume mit einem Kreis aus zwölf Sternen als Blütenblätter und dem Eurozeichen in der Mitte) – dann gelten nur die normalen Ruhezeiten.

Eine **Ausnahme** besteht, wenn der Einsatz der Geräte zur Abwendung einer Gefahr bei Unwetter oder Schneefall oder zur Abwendung einer sonstigen Gefahr für Menschen, Umwelt oder Sachgüter erforderlich ist. **Verstöße** gegen die Lärmschutzverordnung können mit einer Geldbuße bis zu 50.000 Euro geahndet werden.

Ortsüblichkeit von Lärm

Bei Prüfung der Zumutbarkeit von Lärmimmissionen sind neben der Frage der **Vermeidbarkeit** auch die **örtlichen Verhältnisse** zu berücksichtigen, da ortsübliche Beeinträchtigungen hingenommen werden müssen und keinen Grund zur Beanstandung darstellen.

Die **Ortsüblichkeit** ist insbesondere nach der Lage (reines Wohngebiet, allgemeines Wohngebiet, Mischgebiet etc.) und der Größe des Anwesens (Einfamilienhaus, Mehrparteienhaus, größere Wohnanlage) zu beurteilen.

Bei einem Mehrparteienhaus wird daher **Kindergeschrei** im üblichen Umfang als ortsüblich anzusehen sein; auch dann, wenn der Lärm von einem Spielplatz ausgeht (LG München I, Urteil v. 27.11.1985, 20 S 8842/85, WuM 1987 S. 121; zu „Bolzplatz" vgl. OVG Münster, Urteil v. 8.7.1986, 11 A 1288/85, WuM 1987 S. 269; zum Lärm durch spielende Kinder in einer sog. Spielstraße vgl. OLG Düsseldorf, Urteil v. 11.10.1995, 9 U 51/95, DWW 1996 S. 20). Mangels entgegenstehender konkreter Regelungen (z.B. in der Hausordnung) dürfen Kinder der Hausbewohner zusammen mit ihren Freunden auch auf gemeinschaftlichen Grundstücksflächen (z.B. Grünfläche, Garagenbereich) spielen, sodass dadurch entstehender Lärm im ortsüblichen Umfang nicht unterbunden werden kann (LG Heidelberg, Urteil v. 23.10.1996, 8 S 2/96, WuM 1997 S. 38).

Daher begründet der üblicherweise von Kindern erzeugte Spiellärm auch dann keine Kündigung des Wohnungsmietvertrags, wenn Kinder statt auf dem vorgesehenen Spielplatz der Wohnanlage, trotz eines Verbotsschilds, auf dem daneben liegenden Garagenhof lärmen (LG Wuppertal, Urteil v. 29.7.2008, 16 S 25/08, WuM 2008 S. 563).

Generell ist in der Rechtsprechung bei Streitigkeiten um Kinderlärm eine Tendenz zu mehr Großzügigkeit zugunsten der Kinder bzw. deren Eltern feststellbar. Dementsprechend hat das OVG Lüneburg bei einer Auseinandersetzung um die Zumutbarkeit von Lärm durch einen angrenzenden Spielplatz entschieden, dass auch ein großzügig bemessener und mit einer überdurchschnittlichen Spielgeräteausstattung versehener Spielplatz mit dem Ruhebedürfnis der Bewohner eines unmittelbar angrenzenden Wohngebiets vereinbar ist (OVG Lüneburg, Beschluss v. 29.6.2006, 9 LA 113/04, NJW 2006 S. 3371).

Nachdem Kinderspielplätze und von diesen ausgehende Geräusche in Wohnsiedlungen als sozialadäquat angesehen werden, mindern sie auch dann nicht die Miete, wenn die Spielplätze als Treffpunkt von Personen genutzt werden, die dem Kindesalter bereits entwachsen sind und außerhalb von Ruhezeiten zu Lärm verursachenden Aktivitäten genutzt werden (AG Frankfurt/M., Urteil v. 13.3.2009, 33 C 2368/08, WuM 2009 S. 226).

Nicht geduldet werden muss dagegen z.B. das Fahren mit Rollerskates in der Wohnung, da der dadurch erzeugte Lärm über das übliche Maß hinausgeht. Ferner kann von älteren Kindern erwartet werden, dass sie beim Spielen in der Wohnung Rücksicht gegenüber den Nachbarn zeigen (AG Celle, 11 C 1768/01 (5)).

Eine **Unterlassungsklage** oder eine **Kündigung** des Mietverhältnisses wird daher nur in **besonders gelagerten** Fällen Aussicht auf Erfolg haben. Bei einer fristlosen Kündigung, die mit störendem Kinderlärm begründet wird, ist jedenfalls eine vorherige **Abmahnung** erforderlich, wobei auch ein enger **zeitlicher Zusammenhang** zwischen der Abmahnung und dem zur Kündigung führenden Verstoß bestehen muss. Auf eine Abmahnung, die länger als ein Jahr zurückliegt, kann eine Kündigung nicht gestützt werden, da der Mieter nach der Abmahnung davon ausgehen durfte, die Geräuschentwicklung durch das Kind auf ein erträgliches Maß begrenzt zu haben (LG Halle, Urteil v. 11.1.2002, 1 S 192/01, NZM 2003 S. 309).

Das **gelegentliche** Bellen eines **Hundes** kann nicht als Mangel bewertet werden und berechtigt den Mieter nicht zur Minderung der Miete

– ebenso wenig wie andere mit der Wohnnutzung zwangsläufig verbundene nachbarliche Lautäußerungen wie Schritte, das Rauschen von Duschen oder Toilettenspülungen. All dies gehört – ebenso wie die Lebenszeichen eines Hundes – zu dem Geräuschspektrum, das jeden Mieter eines Mehrfamilienhauses erwartet und das er dementsprechend vertragsgemäß hinzunehmen hat. Anders ist es jedoch zu beurteilen, wenn der Hund regelmäßig und lang anhaltend bellt, z.B. bei jedem Fahrstuhlgeräusch und bei jedem Betreten des Treppenhauses durch Dritte anschlägt (AG Hamburg, 49 C 165/05).

Entsprechendes gilt grundsätzlich auch für das **Duschen und Baden nach 22 Uhr.** In Anbetracht der veränderten Lebens- und Arbeitsbedingungen handelt es sich hierbei nach neuerer Auffassung in Rechtsprechung und Literatur um normale Wohngeräusche, die aus einer lediglich zweckentsprechenden Nutzung des Badezimmers resultieren. Der Mieter darf das Bad daher grundsätzlich zu jeder Tages- und Nachtzeit benutzen. Entgegenstehende Klauseln in Mietverträgen oder Hausordnungen sind unwirksam (LG Köln, Urteil v. 17.4.1997, 1 S 304/96, WuM 1997 S. 323; vgl. auch Sternel, II 108, 151). Dies gilt selbst dann, wenn andere Hausbewohner dadurch in ihrer Nachtruhe gestört werden; allerdings darf das nächtliche Baden bzw. Duschen einschließlich des Ein- und Auslaufens des Wassers nicht länger als 30 Minuten andauern (OLG Düsseldorf, Beschluss v. 25.1.1991, 5 Ss (OWi) 411/90 – (OWi) 181/90 I, WuM 1991 S. 288).

Gleiches gilt für das Bedienen von **Rollläden** nach 22 Uhr. Rollläden dürfen auch dann nach 22 Uhr benutzt werden, wenn sich ein Nachbar durch die lauten Geräusche gestört fühlt und behauptet, sein Kind würde hierdurch allabendlich aus dem Schlaf gerissen. Die allgemeine Nachtruhe zwischen 22 Uhr abends und 6 Uhr morgens steht dem nicht entgegen, da das Betätigen von Rollläden zum normalen Gebrauch einer Wohnung gehört und dem Bewohner nicht vorgeschrieben werden kann, bis wann er seine Räume spätestens verdunkelt haben muss (AG Düsseldorf, Urteil v. 29.11.2010, 55 C 7723/10).

Auch Geräusche von Haushaltsmaschinen wie Waschmaschine oder Trockner, die ein Mieter unter Berücksichtigung der gebotenen Rücksichtnahme – ggf. konkretisiert durch Ruhezeiten in der Hausordnung – benutzt, sind von den Mitmietern als sozial adäquate Lärmbeeinträchtigung hinzunehmen. Da der Gebrauch solcher Haushaltsmaschinen heutzutage ohne Weiteres zum vertragsgemäßen Gebrauch einer Wohnung gehört, ist ein generelles Verbot des Betriebs solcher Geräte in der Wohnung durch die Hausordnung unwirksam. Allerdings kann die Einhaltung bestimmter Ruhezeiten festgelegt werden (LG Freiburg, Urteil v. 10.12.2013, 9 S 60/13, NZM 2014 S. 305).

Bei solchen **normalen Wohngeräuschen** hat der Mieter gegen einen anderen Mieter auch keinen Anspruch auf lärmdämmende Maßnahmen (z.B. Verlegung von Teppichböden), wenn er sich wegen der Hellhörigkeit des Hauses durch dessen – normale – Wohngeräusche gestört fühlt (OLG Düsseldorf, Urteil v. 29.1.1997, 9 U 218/96, WuM 1997 S. 221).

Als nicht ortsüblich wurde das von einem künstlich angelegten Teich ausgehende **Froschgequake** in einem Wohngebiet angesehen, das auch nachts einen Schallpegel von 64 db (gegenüber einem Richtwert von 35 db) erzeugt (BGH, Urteil v. 20.11.1992, V ZR 82/91, NJW 1993 S. 925). Auch solche Geräusche dürfen über eine Lärmpegelmessung nach den Richtwerten der VDI-Richtlinie 2058 Bl. 1 (o.ä. Richtlinien wie TA Lärm, LAE-Hinweise) beurteilt werden.

Antrag auf Ausnahmegenehmigung

Berücksichtigt der Tatrichter sowohl den Richtliniencharakter als auch die Besonderheiten des zu beurteilenden Lärms, ist nicht zu beanstanden, dass er bei deutlicher Überschreitung der Richtlinienwerte eine wesentliche Lärmbeeinträchtigung annimmt. Auch wenn alle erfolgversprechenden Maßnahmen zur Lärmverminderung durch quakende Frösche grundsätzlich nach dem Naturschutzrecht verboten sind, müssen die Zivilgerichte prüfen, ob eine **Ausnahmegenehmigung** (§ 67 Bundesnaturschutzgesetz) in Betracht kommt. Kann sie erteilt werden, ist eine Verurteilung des

Nachbarn zur Lärmabwehr unter dem Vorbehalt einer behördlichen Ausnahmegenehmigung möglich. Daneben kommt eine Verurteilung des Nachbarn zur Stellung eines Befreiungsantrags in Betracht.

Ist eine Ausnahmegenehmigung dagegen nicht möglich, hat der Abwehranspruch keinen Erfolg. Der Nachbar hat dann wegen des Froschlärms auch keinen nachbarrechtlichen Ausgleichsanspruch (§ 906 Abs. 2 S. 2 BGB analog). Ähnlich wie die nachbarrechtlichen Sondervorschriften grenzen die naturschutzrechtlichen Bestimmungen den rechtmäßigen vom rechtswidrigen Gebrauch eines Grundstücks ab. Solange erfolgversprechende Maßnahmen zur Verhinderung von Einwirkungen naturschutzrechtlich verboten sind, ist die Einwirkung auch nicht rechtswidrig (BGH, a. a. O.).

Die Zumutbarkeitsgrenze kann auch durch übermäßiges **Hundegebell** überschritten werden (VG Stade, Urteil v. 3.8.1989, 1 A 188/88, DWW 1990 S. 249).

Soweit ein Hund oft und ohne erkennbaren Anlass bellt (hier: bis zu 60-mal am Tag), kann dem Hundehalter aufgegeben werden, den Hund von 19 bis 8 Uhr morgens und zwischen 12 und 15 Uhr nicht im Garten herumlaufen zu lassen. Unerheblich ist, ob der durch Hundegebell belästigte Nachbar sein Haus erst später als der Hundehalter bezogen hat, weil niemand bei Einzug in ein Wohnhaus mit übermäßigem, nach der vorhandenen Rechtsordnung nicht zulässigem Lärm rechnen oder diesen gar dulden muss. Die Wesentlichkeit einer Lärmstörung durch Hundegebell entfällt nicht deshalb, weil sich nur ein Nachbar bei der Behörde über die Lärmstörungen beklagt und der Tierhalter eine Unterschriftenliste weiterer Anlieger vorlegt, die sich nicht belästigt fühlen. Zum Beweis der Lärmstörungen durch Hundegebell sind Aufzeichnungen des belästigten Nachbarn ein zulässiges Beweismittel (VG Stade, Urteil v. 3.8.1989, 1 A 188/88, DWW 1990 S. 249).

Nach einem neuen Urteil des OLG Brandenburg (Urteil v. 11.1.2007, 5 U 152/05) hat der Halter eines Hundes (hier: Schäferhund) auch in **Misch**gebieten (Gebiet mit Wohn- und Gewerbebauten) dafür Sorge zu tragen, dass der Hund während der allgemein geschützten **Nachtruhe**, d. h. in der Regel in der Zeit zwischen 23 und 7 Uhr nicht bellt, da in dieser Zeit die werktäglichen Hintergrundgeräusche, die das Hundegebell überlagern, fehlen. Dagegen muss Hundegebell tagsüber geduldet werden, wobei sich der Umfang nach Auffassung des Gerichts im Einzelfall auch an dem Maß der Hintergrundgeräusche in dem entsprechenden Gebiet bestimmt.

Auch ein Hund, der zur Bewachung von Gebäuden eingesetzt ist, muss so gehalten werden, dass durch sein Bellen die Anwohner nicht mehr als geringfügig gestört werden (OLG Düsseldorf, Beschluss v. 6.6.1990, 5 Ss (OWi) 170/90 – (OWi) 87/90 I, DWW 1990 S. 270). Eine mehr als geringfügige Störung der Anwohner eines Wohngebiets liegt jedenfalls dann vor, wenn der Hund an verschiedenen Tagen mehrere Stunden ununterbrochen bzw. in 10- bis 15-minütigen Abständen mehrere Minuten bellt (OLG Düsseldorf, a. a. O.).

Bei der Abwägung der gegenläufigen Nachbarinteressen ist dem Recht auf Haustierhaltung der Anspruch auf Ruhe in den Abend- und Morgenstunden sowie der üblichen Mittagszeit gegenüberzustellen.

Daher muss ein Hundehalter auch in ländlicher Gegend sicherstellen, dass vor 7 Uhr, zwischen 13 und 15 Uhr und nach 22 Uhr keine Geräuschimmissionen durch **Hunde**gebell auf das Nachbargrundstück dringen (LG Mainz, Urteil v. 22.6.1994, 6 S 87/94, DWW 1996 S. 50). Entsprechendes gilt auch für Geräusche, die von einem Rosenköpfchen**papagei** verursacht werden (vgl. LG Nürnberg-Fürth, Urteil v. 13.6.1995, 13 S 9530/94, DWW 1996 S. 50: Geräusche sind vom Nachbarn lediglich in der Zeit von 9 bis 12 und von 13 bis 16 Uhr zu dulden).

Die Anforderungen an die Mängelrüge bzw. die Darlegungslast des Mieters dürfen nicht überspannt werden. Bei Geltendmachung eines Sachmangels genügt der Mieter seiner Darlegungslast schon mit der Darlegung eines konkreten Sachmangels, der die Tauglichkeit der Mietsache zum vertragsgemäßen Gebrauch beeinträchtigt. Das Maß der Gebrauchsbeeinträchtigung (wie z. B. bei störenden Gerüchen die Schilderung der Intensität und Häufigkeit) muss der Mieter dagegen nicht vortragen. Gleiches gilt für die Angabe eines bestimmten Minderungsbetrags. Ferner kann von dem Mieter auch nicht gefordert werden, dass er über eine hinreichend genaue Beschreibung der Mangelsymptome hinaus deren Ursache bezeichnet (BGH, Beschluss v. 25.10.2011, VIII ZR 125/11, GE 2012 S. 60 und Urteil v. 29.2.2012, VIII ZR 155/11). Dementsprechend genügt zur Darlegung von wiederkehrenden Beeinträchtigungen durch Lärm (hier: häufiges Hundegebell) oder auch Schmutz eine Beschreibung, aus der sich ergibt, um welche Art von Beeinträchtigung es sich handelt, zu welchen Tageszeiten, über welche Zeitdauer und in welcher Frequenz diese Beeinträchtigung ungefähr auftritt. Der Vorlage eines detaillierten „Protokolls“ bedarf es nicht, da die Gerichte die Anforderungen an den Sachvortrag des Mieters nicht überspannen dürfen. Ist über die Berechtigung des Mieters zur Minderung, die einen zurückliegenden Zeitraum betrifft, bereits gerichtlich entschieden, ist es ausreichend, wenn der Mieter erklärt, dass der Mangel weiterhin besteht. Der Mieter muss eine entsprechende Mitteilung nicht ständig wiederholen (BGH, Urteil v. 20.6.2012, VIII ZR 268/11, ZMR 2013 S. 24).

Lärm-Richtwerte

Einen groben Anhaltspunkt für das Maß des zulässigen ortsüblichen Lärms können die Richtwerte der technischen Anleitung zum Schutz gegen Lärm bieten. Diese betragen für

- Industriegebiete 70 dB (A),
- Gewerbegebiete 65 dB (A), nachts 50 dB (A),
- Mischgebiete, Kerngebiete und Dorfgebiete 60 dB (A), nachts 45 dB (A),
- Allgemeine Wohngebiete 55 dB (A), nachts 40 dB (A),
- Reine Wohngebiete 50 dB (A), nachts 35 dB (A),
- Kurgebiete, Krankenhäuser und Pflegegebiete 45 dB (A), nachts 35 dB (A).

Diese Werte sind jedoch auf den von einem Werksgelände ausgehenden **Gewerbelärm** abgestimmt und können daher **nicht** auf alle Arten von Lärm **generell** angewandt werden.

Entsprechendes gilt für die **VDI-Richtlinie 2058** (vgl. auch LG Aachen, Urteil v. 23.7.1986, 4 O 664/83, DWW 1987 S. 162), zu der das BayObLG im Beschluss vom 2.5.1985 (BReg 2 Z 44/84, WuM 1985 S. 234) ausführt, dass sie keineswegs starr und ohne Beachtung der Einzelfallbesonderheiten analog herangezogen werden kann. Eine technische Norm kann auch nicht als antizipiertes Sachverständigengutachten verwertet werden, wenn sie Anlass zu Zweifeln gibt, substanziierte Einwendungen vorgetragen werden oder die Norm durch neuere gesicherte Erkenntnisse überholt ist (OVG Koblenz v. 14.10.1986, 7 B 48/86, NVwZ 1987 S. 149).

Entsprechend stellt das OLG Hamburg (DWW 1988 S. 19) fest, dass die von der TA Lärm und der VDI-Richtlinie 2058 genannten Richtwerte **nicht schematisch** herangezogen werden dürfen, sondern nur einen ersten Anhalt bieten. Weiter wird in dieser Entscheidung ausgeführt, dass **Sportanlagen** aus keinem Rechtsgrund Vorrang vor dem Ruhebedürfnis der Anlieger haben, wobei der Abwehranspruch auch schon dann besteht, wenn der Sportlärm noch nicht den Grad einer schweren unerträglichen Störung erreicht hat; eine beträchtliche Lästigkeit für den Durchschnittsmenschen reicht aus. Die Störwirkung informations- und impulshaltiger Geräusche kann nicht durch rechnerischen Vergleich mit dem sog. Beurteilungspegel erfasst werden.

Auch in dieser Entscheidung kommt zutreffend zum Ausdruck, dass bei Geräuschen mit **hohem Informationsgehalt** eine erhebliche Störung auch dann vorliegen kann, wenn die technischen Pegelwerte noch nicht überschritten sind, da solche Geräusche laufend die Aufmerksamkeit des Hörers auf sich ziehen und dadurch umso störender wirken. Andererseits werden informations**lose** Geräusche (z. B. Prasseln des Regens, Meeresrauschen) regelmäßig erst bei Überschreiten erheblich höherer Pegelwerte als störend empfunden.

Bei der Beurteilung von Lärmimmissionen kommt es nicht nur auf das messbare Ausmaß des Lärms, sondern auch auf dessen Art und die Umstände des Einzelfalls an. Dementsprechend wurde vom OLG Koblenz (Urteil v. 12.6.1992, 10 U 1591/87, DWW 1992 S. 314) entschieden, dass bei Ermittlung der Störwirkung eines **Tennisgeräuschs** neben den physikalisch bezifferten Messwerten auch der persönliche Eindruck des Gerichts maßgeblich ist. Daher kann die Sportanlagen-Lärmschutzverordnung (18. BImSchV, BGBl 1991 I S. 1588), die bestimmte Grenzwerte festlegt, keinesfalls zu einer Verkürzung zivilrechtlicher Abwehransprüche führen. Diese Verordnung entfaltet keine zivilrechtlichen Wirkungen, sondern legt lediglich fest, was Anlagenbetreiber ihren Nachbarn zumuten dürfen (OLG Koblenz, a. a. O.; a. A. OLG Zweibrücken, Urteil v. 4.2.1992, 8 U 103/91, DWW 1993 S. 173, wonach bei der Beurteilung von den Richtwerten der Verordnung auszugehen ist).

Eine Störung i. S. v. § 906 BGB, die der Nachbar nicht dulden muss, liegt in einem allgemeinen Wohngebiet jedenfalls dann vor, wenn ein Wert von 55 dB (A) überschritten wird (OVG Koblenz, a. a. O.).

Zum Schutz der Anlieger vor **Verkehrslärm** kann die zuständige Straßenverkehrsbehörde die Benutzung bestimmter Straßen einschränken (vgl. § 45 Abs. 1 S. 2 Nr. 3 StVO), wobei dem Ruhebedürfnis der Anwohner bei der Entscheidung ausreichend Rechnung zu tragen ist (OVG Münster, Urteil v. 21.8.1980, 12 A 1859/78, NJW 1981 S. 701).

Der Betrieb einer handelsüblichen und mit öffentlich-rechtlichen Zulassungen versehenen **Standheizung** ist in einem reinen Wohngebiet nicht ohne Weiteres zulässig. Im Einzelfall kann sich ein räumlich begrenzter Abwehranspruch eines Anliegers (hier: Wohnungseigentümer mit Schlafzimmer zur Straße) ergeben, wenn das Interesse an einem warmen Auto und eisfreien Scheiben demjenigen an einer ungestörten Nachtruhe weichen muss. Dies kann bereits dann der Fall sein, wenn in ausreichendem Abstand zur beeinträchtigten Wohnung öffentlicher Parkraum zur Verfügung steht (AG München, Urteil v. 7.1.2005, 123 C 3000/03, NJW 2005 S. 760).

Zum Schutz der Nachbarn von Gaststätten können dem Inhaber einer Gastwirtschaft nach Erteilung der Erlaubnis Auflagen gemacht werden (§ 5 Abs. 1 Nr. 3 Gaststättengesetz). Bei Vorliegen eines öffentlichen Bedürfnisses oder besonderer örtlicher Verhältnisse **kann** für einzelne Betriebe der Beginn der Sperrstunde bis 19 Uhr vorverlegt werden (§ 21 Gaststättenverordnung i. V. m. § 18 Gaststättengesetz). Das Ruhebedürfnis der Nachbarn hat dabei Vorrang vor den wirtschaftlichen Interessen des Gastwirts (VGH Baden-Württemberg, Beschluss v. 9.4.1984, 14 S 789/84, DWW 1986 S. 297), sodass der Betreiber einer lärmverursachenden Gaststätte auch erhebliche Verluste (hier: in einem Monat 45.000 DM Einbuße) hinnehmen muss, da das Betreiben einer Gaststätte in seinen Risikobereich fällt (OVG Münster, Beschluss v. 25.1.1994, 4 B 2746/93, DWW 1994 S. 158).

Auch insofern lässt sich die Belastung durch Lärm nur unvollkommen in einem Messwert erfassen. Dies gilt namentlich für Geräusche, welche Gaststättenbesucher beim Verlassen des Lokals verursachen (Parkplatzsuche, An- und Abfahren, Rangieren, Türenschlagen, Unterhaltungen der Besucher). Da solcher Gaststättenlärm kurzfristig und unerwartet auftritt, ist – wenn überhaupt Messwerte berücksichtigt werden – wesentlich auf den **Spitzenlärmpegel** abzustellen. Dem allgemeinen Geräuschpegel kommt daher weniger Bedeutung zu. Einer Gaststätte ist solcher Lärm auch zuzurechnen, wenn er auf öffentlichen Flächen im Zusammenhang mit dem Gaststättenbetrieb entsteht.

In einem Gebiet, wo dem Wohnen besonderer Vorrang eingeräumt wird, dürfen lärmverursachende Anlagen (hier: Gaststätten) an den Grenzen ihres Grundstücks maximal einen äquivalenten Dauerschallpegel von 40 dB (A) erzeugen. Wird dieser Wert trotz Verteilens von Handzetteln und an die Gäste gerichteter Durchsagen mit der Bitte um ruhiges Verhalten ständig überschritten, so muss die Gaststätte um 21.30 Uhr geschlossen werden, da nur so der Schutz der Nachtruhe ab 22 Uhr gewährleistet ist (OVG Münster, a. a. O.).

Der Anwohner eines sog. Kommunikationszentrums braucht keine über 22 Uhr hinausgehenden Lärmstörungen hinzunehmen, die durch Diskothekenveranstaltungen und Rockkonzerte verursacht werden (OVG Münster, Beschluss v. 18.12.1990, 4 B 2068/90, DWW 1991 S. 118).

Nach einem Beschluss des OLG Düsseldorf (OLG Düsseldorf, Beschluss v. 6.5.1991, 5 Ss (OWi) 56/91 – (OWi) 28/91 I, WuM 1991 S. 438) darf der Besitzer einer Garage diese zur Nachtzeit von 22 bis 6 Uhr nicht benutzen, wenn das **Garagentor** nur unter Verursachung von erheblichen, die Nachtruhe störenden Geräuschen zu schließen ist. Die Ursache für die Geräuschentwicklung ist unerheblich; insbesondere stellt ein etwaiger Defekt des Tors keinen Rechtfertigungs- oder Entschuldigungsgrund dar.

Bestimmung und Beweis der Lärmstörung

Unabhängig von der Art der Lärmstörung erfordert ein erfolgreiches Vorgehen gegen die Störung insbesondere einen **substanziierten** Vortrag sowie dessen Beweisbarkeit. Soll z.B. gegen einen Mieter wegen laufender Lärmstörungen vorgegangen werden, ist weder für eine Abmahnung noch für eine Kündigung (s. „Kündigung“) oder eine Unterlassungsklage ausreichend, wenn lediglich von „laufenden Ruhestörungen“ gesprochen wird.

Bei Lärmstörungen sollte daher ein sog. **Lärmprotokoll** geführt werden, in dem **Ort, Zeitpunkt und die Art** der Störung sowie die entsprechenden Beweismittel, z.B. Zeugen, angeführt sind. Dies erfordert nach Auffassung des **AG Hamburg** eine genaue Darlegung, was welcher Zeuge zu welchem Vorfall genau bekunden kann. Nicht ausreichend ist es z.B., wenn der Vermieter zum Beweis für sämtliche Ruhestörungen pauschal mehrere Zeugen benennt (AG Hamburg, Urteil v. 26.4.2002, 318 C 327/01, NZM 2003 S. 60).

Daher ist zu empfehlen, zumindest Ort, Datum und Uhrzeit sowie die Art der Störung schriftlich zu fixieren und für jede Störung die entsprechenden Beweise zu sammeln (z.B. durch sofortige schriftliche Bestätigung der Hausbewohner; vgl. auch LG Berlin, Urteil v. 19.10.1987, 13 O 2/87, DWW 1988 S. 83).

Werden die Störungen nicht vom Mieter selbst verursacht, muss ferner bewiesen werden, dass die Störungen dem Mieter zuzurechnen sind. So kann dem Betreiber einer **Gaststätte oder Diskothek** zwar auch dann gekündigt werden, wenn nicht er (z.B. durch die Musikanlage), sondern seine Gäste übermäßigen Lärm verursachen, jedoch ist der Vermieter beweispflichtig dafür, dass es sich bei den Lärmverursachern um Gäste des Mieters und nicht um andere Personen handelt (OLG München, Urteil v. 9.2.1996, 21 U 4494/94, ZMR 1996 S. 487).

Praktische Schwierigkeiten bereitet häufig auch die Substanziierung des Vortrags über die **Intensität** des Lärms. Auch insoweit ist z.B. eine pauschale Behauptung, es wäre „sehr laut“ gewesen, regelmäßig nicht ausreichend (vgl. BayVGH, Urteil v. 16.7.1985, 22 CE 84 A.1894, DWW 1986 S. 22).

Zur Bestimmung der Lautstärke ohne aufwendige Sachverständigengutachten empfiehlt Pfeifer in „Lärmstörungen – Gutachten und Lärmlexikon“ (Haus und Grund Deutschland) einen Vergleich mit anderen in ihrer Lautstärke bestimmbaren Geräuschen:

„Man kann z.B. sagen, der Partylärm aus dem Nachbargarten sei so laut gewesen, dass er beispielsweise das Geräusch in der eigenen Küche einlaufenden Wassers übertönt habe. Da man dieses Geräusch rekonstruieren kann, ergeben sich somit Anhalte, wie laut es war. Oder: Um abzugrenzen, wie laut die Musik aus der links neben dem Schlafzimmer gelegenen Nachbarwohnung herüberkommt, stellt man – falls die Baulichkeiten danach sind – in seinem rechts neben dem Schlafzimmer gelegenen Wohnzimmer sein eigenes Radio so laut, dass im mittleren Zimmer – dem Schlafzimmer – eigene und nachbarliche Musik **gleich laut** zu hören sind. Auch hier hat man einen Anhalt. Man kann nämlich sagen, dass die Lautstärke des eigenen Radios, ablesbar am Einstellknopf für die Lautstärke, der Lautstärke in der Nachbarwohnung vergleichbar war. Solche Vergleiche sind natürlich nur ein Behelf, stellen aber gleichwohl einen objektivierbaren Ansatz dar.“

Abmahnung und Unterlassungsklage

Können die Lärmstörungen hinreichend substanziiert vorgetragen und bewiesen werden, ist der störende Mieter im Wege der Abmahnung zur Unterlassung weiterer Störungen aufzufordern, wobei dem Mieter Lärmstörungen durch seine Erfüllungsgehilfen (z.B. Haushaltsangehörige, Untermieter, Besucher, Lieferanten, Handwerker) zuzurechnen sind (vgl. z.B. OLG München, Beschluss v. 19.3.1986, 21 W 698/86, DWW 1986 S. 118).

Bei weiteren Störungen nach Abmahnung ist der Vermieter zur Erhebung der Unterlassungsklage (§ 541 BGB) und im Fall einer erheblichen Verletzung der Rechte des Vermieters zur Kündigung berechtigt (§ 543 BGB).

Der Streitwert der Unterlassungsklage bei Störung des Wohnbesitzes richtet sich nach dem wirtschaftlichen Interesse des Klägers an der Beseitigung der Störung. Dieses Interesse bewertet sich nach der Höhe des Jahresbetrags einer berechtigten Mietminderung (OLG Frankfurt/M., Beschluss v. 26.9.1985, 8 W 25/85, WuM 1986 S. 19).

Gegen Störungen durch **Dritte** (z.B. durch eine Gaststätte; vgl. OLG Frankfurt/M., Urteil v. 30.4.1985, 8 U 63/83, DWW 1985 S. 208) kann der Vermieter nach den §§ 903, 862, 869 BGB vorgehen. Die erforderlichen Maßnahmen zur Beseitigung der Störung hat der Dritte auf seine Kosten zu veranlassen. Von dem Beschwerdeführer können grundsätzlich keine Maßnahmen zur Beseitigung der Beeinträchtigung verlangt werden, z.B. laufend die Fenster und Türen geschlossen zu halten oder das Schlafzimmer in einen anderen Raum der Wohnung zu verlegen. In diesem Sinne wurde auch vom BGH (Urteil v. 30.1.1986, III ZR 34/85, NJW 1986 S. 2423) entschieden, dass für Flugzeuglärm die Messwerte bei offenen und nicht bei geschlossenen Fenstern maßgeblich sind. Dies hat auch für alle anderen Arten von Lärm zu gelten.

Unabhängig davon, ob eine Lärmstörung von einem Hausbewohner oder einem Dritten verursacht wird, kann der Mieter zwar aus eigenem Recht (§§ 858 ff. BGB) gegen den Störer vorgehen und daneben auch die zuständige Verwaltungsbehörde durch Anzeige zu einem Einschreiten veranlassen; der Mieter kann jedoch auch vom Vermieter verlangen, dass dieser seiner Verpflichtung zur Gewährung eines vertragsgemäßen Gebrauchs der Wohnung nachkommt und für die Beseitigung der Lärmstörung sorgt. Insofern kann der Vermieter sogar verpflichtet sein, das Mietverhältnis mit einer störenden Mietpartei zu kündigen, wenn anderweitige Maßnahmen (Abmahnung, Unterlassungsklage) nicht zum Erfolg geführt haben (LG Berlin, Urteil v. 11.1.1999, 62 S 290/98, WuM 1999 S. 329).

Dieses Recht des Mieters besteht unabhängig von einem Verschulden des Vermieters an der Störung. Wird der Mieter aus dem Nebenhaus durch Klavierspiel gestört, kann den Vermieter die Pflicht treffen, hiergegen einzuschreiten (LG Offenburg, Beschluss v. 5.3.1990, 4 T 4/90, DWW 1990 S. 273; vgl. auch LG Köln, Urteil v. 20.12.1989, 10 S 201/89, WuM 1990 S. 385; LG Hamburg, Urteil v. 21.10.1986, 16 S 32/86, WuM 1987 S. 218).

Der Klageantrag, mit dem der Mieter ein solches Tätigwerden des Vermieters erstrebt, muss die beanstandeten Immissionen genau bezeichnen sowie genau angeben, was vom Vermieter verlangt wird. Die Formulierung „… Lärm insoweit zu unterlassen bzw. zu unterbinden …“ reicht nicht aus (LG Offenburg, a.a.O.).

Daneben kann der Mieter – ebenfalls unabhängig von einem Verschulden des Vermieters – die Miete mindern, wenn die Lärmstörung zu einer erheblichen Beeinträchtigung des Wohnwerts führt.

Grundsätzlich kann der Vermieter den Schaden, der ihm durch die Minderung der Miete entsteht, vom Störer ersetzt verlangen (z.B. vom störenden Mieter aus positiver Vertragsverletzung). Dementsprechend macht sich ein häufig und insbesondere zur Nachtzeit lärmender Mitmieter dem Vermieter gegenüber in Höhe der berechtigten Mietminderungen anderer Mieter schadenersatzpflichtig (hier: 20 % der Miete). Dabei kommt es für die Frage des Vorliegens eines zur Minderung berechtigenden Mietmangels nicht darauf an, dass die

Lärmbeeinträchtigungen nicht durchgängig, sondern eher periodisch auftraten, es also auch ruhige Tage und Nächte gab; sich aber aus der Gesamtsituation ergibt, dass die Mitmieter auch schon deshalb in ihrer Schlafruhe gestört waren, weil sie instinktiv auf den nächsten Lärmeintritt „warteten" (**Lärmnachwirkung**; AG Bremen, Urteil v. 9.3.2011, 17 C 105/10, NZM 2012 S. 383).

Der Anspruch des Vermieters gegen den Störer ist jedoch nicht Voraussetzung des Minderungsrechts des Mieters. Nach dem Rechtsentscheid des BayObLG (BayObLG, RE v. 4.2.1987, RE-Miet 2/86, ZMR 1987 S. 174; Weber/Marx, VII/S. 33) wird der Anspruch des Mieters von Wohnraum, wegen eines vom Nachbargrundstück ausgehenden **Bau**lärms die Miete zu mindern, nicht dadurch ausgeschlossen, dass der Vermieter als Eigentümer die Lärmbeeinträchtigung ohne Anspruch auf Ausgleichszahlung dulden muss. Jedoch besteht ein Minderungsrecht des Mieters nur bei **erheblichen** Beeinträchtigungen des Wohnwerts. So hat z.B. das AG Augsburg (AG Augsburg, Urteil v. 7.3.1988, 2 C 6359/87, ZMR 1988 S. 341) ein Minderungsrecht bei einem 18 m von der Wohnung entfernten Bauplatz zur Errichtung von zwölf Reihenhäusern verneint (vgl. LG Göttingen, Urteil v. 15.1.1986, 5 S 60/85, WuM 1986 S. 114; LG Bonn, Urteil v. 25.3.1985, 6 S 2/85, WuM 1986 S. 115).

Der Vermieter kann von dem Bauherrn **Ersatz** des Mietausfalls nur insoweit verlangen, als die dadurch verursachte Ertragseinbuße das **zumutbare Maß** i.S.v. § 906 Abs. 2 S. 2 BGB überschreitet. Dies ist der Fall, soweit die Minderung die durchschnittliche Nettorendite bei der Vermietung von Wohnraum in der jeweiligen Stadt übersteigt (vgl. LG Hamburg, Urteil v. 3.12.1998, 327 S 97/98, MDR 1999 S. 154, wonach der Vermieter gegenüber dem Bauherrn einen **nachbarrechtlichen Ausgleichsanspruch** nach § 906 Abs. 2 S. 2 BGB in Höhe von 14 % hat, wenn die berechtigte Mietminderung 20 % und die Nettorendite nur 6 % beträgt). Kann das Mietgrundstück somit aufgrund der berechtigten Mietminderung nicht mehr ertragreich betrieben werden, d.h., sinkt die Nettorendite aufgrund der Mietminderung unter die durchschnittliche Nettorendite in der jeweiligen Stadt/Gemeinde, ist die Zumutbarkeitsgrenze für den Grundstückseigentümer überschritten und somit ein nachbarrechtlicher Ausgleichsanspruch gegeben (LG Berlin, Urteil v. 31.3.2011, 51 S 245/10, GE 2011 S. 695).

Welcher **Schallschutz** für die Errichtung von **Doppelhäusern** geschuldet ist, ist durch Auslegung des Vertrags zu ermitteln. Wird ein üblicher Qualitäts- und Komfortstandard geschuldet, muss sich das einzuhaltende Schalldämmmaß an dieser Vereinbarung orientieren. Die Schalldämmmaße der **DIN 4109** können schon deshalb nicht herangezogen werden, weil sie lediglich **Mindest**anforderungen zur Vermeidung unzumutbarer Belästigungen regeln. Anhaltspunkte können aus den Regelwerken die Schallschutzstufen II und III der VDI-Richtlinie 4100 aus dem Jahr 1994 und das Beiblatt 2 zu DIN 4109 liefern.

Vertraglichen Erklärungen des Unternehmers, die Mindestanforderungen an den Schallschutz würden überschritten oder es werde optimaler Schallschutz erreicht, kann eine vertragliche Wirkung nicht deshalb aberkannt werden, weil aus ihnen das Maß des geschuldeten Schallschutzes nicht bestimmbar sei. Das Gericht muss unter Berücksichtigung der gesamten Vertragsumstände das jeweils geschuldete Maß ermitteln.

Können durch die **vereinbarte** Bauweise bei einwandfreier, den anerkannten Regeln der Technik entsprechender Bauausführung höhere Schallschutzwerte erreicht werden, als sie sich aus den Anforderungen der DIN 4109 ergeben, sind diese Werte unabhängig davon geschuldet, welche Bedeutung den Schalldämmmaßnahmen der DIN 4109 sonst zukommt.

Bei **gleichwertigen**, nach anerkannten Regeln der Technik möglichen Bauweisen darf der Besteller angesichts der hohen Bedeutung des Schallschutzes im modernen Haus- und Wohnungsbau erwarten, dass der Unternehmer jedenfalls dann diejenige Bauweise wählt, die den besseren Schallschutz erbringt, wenn sie ohne nennenswerten Mehraufwand möglich ist (BGH, Urteil v. 14.6.2007, VII ZR 45/06, WuM 2007 S. 640).

Lasten des Grundstücks

Der Vermieter hat die auf der vermieteten Sache ruhenden öffentlichen und privaten Lasten zu tragen.

Öffentliche Lasten sind Leistungen, die kraft öffentlichen Rechts auf dem Grundstück ruhen oder aus dem Grundstück zu entrichten sind. Unerheblich ist, ob sie im Grundbuch eingetragen sind oder nicht, z.B. Grundsteuer, Gebäudesteuer, kommunale Abgaben, Erschließungskosten (BGH, Urteil v. 29.1.1982, V ZR 73/81, NJW 1982 S. 1278), Straßenanliegerbeiträge und -baukosten, Kirchen- und Schulbaulast. **Nicht** unter den Begriff der öffentlichen Lasten fallen z.B. die Grunderwerbsteuer, Müllabfuhrgebühren, Räum- und Streupflicht und Baubeschränkungen.

Der Verkäufer eines Grundstücks haftet nicht für die Freiheit des Grundstücks von öffentlichen Abgaben und von anderen öffentlichen Lasten, die zur Eintragung in das Grundbuch (s. „Grundbuch") nicht geeignet sind. Jedoch ist der Verkäufer eines Grundstücks, soweit nicht anders vereinbart, verpflichtet, **Erschließungsbeiträge** und sonstige **Anliegerbeiträge** für die Maßnahmen zu tragen, die bis zum Tag des Vertragsschlusses bautechnisch begonnen sind, unabhängig vom Zeitpunkt des Entstehens der Beitragsschuld (§ 436 BGB n.F.).

Zu den **privaten** Lasten eines Grundstücks gehören insbesondere die Zinsen aus Grundpfandrechten.

Die Umlage von Lasten auf den Mieter kann nur erfolgen, soweit sie auch unter den Begriff der Betriebskosten i.S.v. § 2 BetrKV fallen, z.B. Grundsteuer, Kehrgebühren.

Lebenspartnerschaft → „Eheähnliche Gemeinschaft", „Tod des Mieters"
Legionellen → „Trinkwasserverordnung"

Leistungsvorbehalt

Wie schon der Begriff „Leistungsvorbehalt" sagt, handelt es sich um einen Vorbehalt, der sich allerdings, was aus der Wortfassung nicht hervorgeht, auf **künftige** Leistung bezieht. Das wesentliche Kriterium des Leistungsvorbehalts besteht im Unterschied zur Wertsicherungsklausel darin, dass die künftige Leistung sich nicht automatisch an einer Bezugsgröße orientiert, also nicht entsprechend dem Preis eines anderen Wirtschaftsguts oder einer Indexzahl geleitet, sondern vielmehr die Änderung der Bezugs- oder Vergleichsgröße, etwa die Veränderung des Lebenshaltungsindexes, lediglich Voraussetzung für die Änderung der Leistung, hier der Miete, ist, die dann aber nach einem anderen Maßstab zu bestimmen ist.

Leistungsvorbehalte können nur in **gewerblichen** Mietverträgen, **nicht** aber bei Mietverhältnissen über **Wohn**raum vereinbart werden. Hier kommt nur die Vereinbarung einer Indexmiete in Betracht.

Auch beim Leistungsvorbehalt kann festgelegt werden, dass sich die Miete ändert, sobald sich der Lebenshaltungskostenindex um eine bestimmte Punktezahl verändert hat. Die Indexänderung ist Voraussetzung für die Änderung der Miete. Die dann zu zahlende Miete darf sich jedoch nicht in gleicher Weise wie der genannte Index ändern, sondern muss auf **andere** Weise gefunden werden.

Für Leistungsvorbehalte in Mietverträgen bieten sich dazu zwei Wege an: Die Bestimmung der neuen Miete erfolgt durch einen **Dritten** als Schiedsgutachter, durch einen öffentlich bestellten und vereidigten Sachverständigen für Grundstücks- und Mietwerte oder nach **billigem Ermessen**.

Bei dieser Alternative hat die Bestimmung der neuen Miete, wenn nichts anderes vereinbart ist, der Vermieter zu treffen, weil er die Gegenleistung für die Überlassung des Mietgegenstands zu fordern hat (§ 315 BGB).

Ist darüber, wie die künftige Miete zu bemessen ist, nichts vereinbart, muss sie billigem Ermessen entsprechen (§ 315 Abs. 1 BGB).

Dieses Ermessen ist im Hinblick auf die Entwicklung der ortsüblichen Mietpreise zu konkretisieren, sodass die Mietanpassung der Höhe nach durch die Veränderung der ortsüblichen Miete beschränkt ist. Dies bedeutet, dass eine Mieterhöhung trotz einer Erhöhung des Indexes ausgeschlossen ist, wenn die **ortsübliche Miete** gleich geblieben oder sogar gesunken ist (OLG Hamm, Urteil v. 17.4.1996, 33 U 87/95, NJWE-MietR 1996 S. 226).

Die vom Vermieter getroffene Bestimmung der neuen Miete ist für den Mieter nur verbindlich, wenn sie der **Billigkeit** entspricht (§ 315 Abs. 3 S. 1 BGB). Entspricht sie nicht der Billigkeit, wird die Bestimmung durch Urteil getroffen (§ 315 Abs. 3 S. 2 BGB). Dem Vermieter ist es in diesem Fall grundsätzlich verwehrt, seine Bestimmung zu widerrufen und das Bestimmungsrecht ein zweites Mal auszuüben. Etwas anderes würde nur dann gelten, wenn sich im Wege der Vertragsauslegung (§§ 133, 157 BGB) ein anderer Wille der Parteien ermitteln ließe (OLG Düsseldorf, Urteil v. 2.12.1993, 10 U 23/93, DWW 1994 S. 150).

Klage auf Bestimmung der Leistung kann sowohl der Vermieter als auch der Mieter erheben. Auch kann der Vermieter auf Zahlung der von ihm bestimmten Miete klagen.

Bei Bestimmung der Leistung durch einen **Dritten** kann im Vertrag festgehalten werden, nach welchen Gesichtspunkten die Bestimmung zu treffen ist. Soll nach dem Mietvertrag für den Fall, dass sich die Parteien nicht auf eine neue Miete einigen können, ein Sachverständiger als Schiedsgutachter gemäß § 317 BGB nach **billigem Ermessen** darüber entscheiden, ob und in welcher Höhe eine Änderung der Miete eintritt, so ist der Schiedsgutachter verpflichtet, die im konkreten Fall geschuldete, d.h. **vertraglich angemessene** Miete zu bestimmen; **nicht** hingegen soll er die **ortsübliche** Miete ermitteln (BGH, Urteil v. 29.1.2003, XII ZR 6/00, NZM 2003 S. 358).

Enthält der Mietvertrag **keine** Bestimmung über die Ermittlung der neuen Miete, hat die Bestimmung durch den Dritten (Schiedsgutachter) gleichfalls **billigem Ermessen** gemäß § 317 Abs. 1 BGB zu entsprechen. Ist vereinbart, dass mehrere Dritte (z.B. ein vom Vermieter und ein vom Mieter benannter Gutachter) die künftige Leistung zu bestimmen haben, ist bei verschiedenen Ergebnissen der Durchschnittsbetrag maßgebend, sofern nichts anderes vereinbart ist (§ 317 Abs. 2 BGB).

Die durch den Dritten getroffene Bestimmung ist für die Vertragspartner nur dann nicht verbindlich, wenn sie offenbar unbillig ist (§ 319 Abs. 1 BGB). Darin liegt ein wesentlicher Unterschied zu dem Fall der Bestimmung der Mieterleistung durch den Vermieter. Die **Unbilligkeit** bei der Leistungsbestimmung durch einen Dritten muss nämlich **„offenbar"** sein. Das ist der Fall, wenn sich die Unbilligkeit jedem oder doch jedenfalls dem sachkundigen und unbefangenen Beobachter sofort aufdrängt (BGH, DB 1970 S. 827). Es genügt nicht, dass die getroffene Bestimmung nicht mehr im Rahmen des billigen Ermessens liegt, vielmehr müssen Treu und Glauben in grober Weise verletzt sein. Der Dritte (Gutachter) muss fachwidrig und offenbar gegen das Interesse eines Vertragspartners verstoßen haben oder auf offenbar ungenügender Grundlage vorgegangen sein. Dabei ist ein verbindliches Schiedsgutachten zur Miethöhe noch nicht deswegen offenbar unrichtig, weil das Gutachten den Zustand der Mietsache ohne Berücksichtigung werterhöhender Einrichtungen des Mieters zugrunde legt, wenn dem Sachverständigen die Zuordnung der Einrichtungen zum Mieter nicht mitgeteilt wurde (OLG Frankfurt/M., Urteil v. 10.6.1992, 19 U 194/91, WuM 1992 S. 429; Palandt-Heinrichs, BGB, 51. Aufl., § 319 Rn. 5). Ebenso ist ein Schiedsgutachten über die Höhe der Vergleichsmiete nicht deswegen offenbar unrichtig, weil es neben den individuellen Beschaffenheitsmerkmalen und Mietpreisen nur die Straßennamen, nicht aber die genaue Anschrift der Vergleichsobjekte enthält. Durch Mitteilung der **Straßennamen** wird jedenfalls die Lage der Vergleichsobjekte hinreichend gekennzeichnet, sodass eine weitergehende Bezeichnung der einzelnen Objekte nicht erforderlich ist (OLG Hamburg, Urteil v.

22.6.1994, 4 U 89/93, WuM 1995 S. 650; BGH, Beschluss v. 21.6.1995, XII ZR 167/94, WuM 1995 S. 650; vgl. dazu auch BVerfG, Beschlüsse v. 11.10.1994, 1 BvR 1398/93, NJW 1995 S. 40; v. 16.10.1996, 1 BvR 1544/96, NJW 1997 S. 311; v. 7.4.1997, 1 BvR 587/95, NJW 1997 S. 1909).

Grundsätzlich muss ein auf die Bewertung von Vergleichsobjekten gerichtetes Schiedsgutachten die Vergleichsobjekte, ihre Wertmerkmale und die Vergleichspreise enthalten. Jedoch liegt keine offenbare Unrichtigkeit vor, wenn sich der Schiedsgutachter bei Ermittlung der Steigerungsrate an anderen Quellen (z.B. dem RDM-Mietpreisspiegel) orientiert und bei der Festlegung des konkreten Werts seine allgemeinen Marktbeobachtungen und sein Erfahrungswissen maßgeblich mit einbringt. In diesem Fall muss er seine eigene Datensammlung nicht in der vorgeschriebenen Weise mitteilen (BGH, Urteil v. 1.10.1997, XII ZR 269/95, NZM 1998 S. 196).

Bei offenbarer Unbilligkeit kann die Leistung durch **Urteil** bestimmt werden. Das gilt, wenn der Dritte die Bestimmung nicht treffen kann oder will oder wenn er sie verzögert (§ 319 Abs. 1 BGB). Weil nur schwerwiegende Fehler bei der Leistungsbestimmung durch den Dritten einen Grund zur Beanstandung bieten, wird, wenn die Bestimmung getroffen ist, noch dazu durch einen Sachverständigen, eine Klage auf Bestimmung durch Urteil nur selten Erfolg haben.

Zu beachten ist ferner, dass das nach § 317 BGB zur Klärung der Miethöhe eingeholte Sachverständigengutachten zwischen den Vertragsparteien selbst dann eine **einstweilige** Bindungswirkung entfaltet, wenn es offenbar unbillig i.S.d. § 319 Abs. 1 BGB ist. Diese einstweilige vertragsgestaltende Bindungswirkung besteht grundsätzlich so lange, als das Schiedsgutachten des Sachverständigen nicht durch ein gerichtliches Bestimmungsurteil (§ 319 Abs. 1 S. 2 BGB) ersetzt ist (OLG Frankfurt/M., Urteil v. 3.12.1998, 3 U 257/97, WuM 1999 S. 31). Die Bindungswirkung könnte allenfalls dann zu verneinen sein, wenn der Gutachter die im Mietvertrag eingeräumte Entscheidungskompetenz eindeutig überschritten hat, z.B. weil er anstatt der vertraglich vereinbarten Anpassung der Miete eine Neufestsetzung der Miete vorgenommen hat (OLG Frankfurt/M., a.a.O.).

Im Gegensatz zu einer **Wertsicherungsklausel** kann ein Leistungsvorbehalt auch bei Verträgen mit einer Laufzeit unter 10 Jahren vereinbart werden.

Der Nachteil gegenüber der Wertsicherungsklausel liegt darin, dass bei der Letzteren nur die amtliche Statistik herangezogen zu werden braucht und daraus die neue Miete ohne Weiteres und leicht erfassbar errechnet werden kann.

Wie die Praxis zeigt, führt der Leistungsvorbehalt immer wieder zu Unstimmigkeiten zwischen den Vertragsparteien. Trifft der Vermieter die Bestimmung, begegnet sie beim Mieter oftmals Zweifeln. Trifft die Bestimmung ein Dritter, ist meist ein Vertragsteil mit dem Ergebnis nicht zufrieden, kann jedoch trotzdem nur ausnahmsweise mit der Aussicht auf Erfolg dagegen vorgehen.

Die Vereinbarung eines Leistungsvorbehalts kann deshalb nur bei Verträgen von weniger als zehnjähriger Dauer empfohlen werden. Ab zehnjähriger Vertragsdauer ist der Wertsicherungsklausel der Vorzug zu geben.

Beispiel

„Sollte sich der vom Statistischen Bundesamt amtlich festgestellte Verbraucherpreisindex für Deutschland (Basis 2005 = 100) im Verhältnis zum Zeitpunkt des Vertragsschlusses um mehr als 5 % verändern, tritt eine Änderung der Miete ein. Diese ist alsdann nach billigem Ermessen (durch einen von der zuständigen Industrie- und Handelskammer zu benennenden Schiedsgutachter) zu bestimmen und ab Beginn des auf die Überschreitung der Fünfprozentgrenze folgenden Kalendermonats an zu bezahlen. Sofern aufgrund des vorstehenden Leistungsvorbehalts eine Änderung der Miete eingetreten ist, wird die Klausel gemäß den Bestimmungen des vorangehenden Satzes erneut anwendbar, sobald sich der für die Neufestsetzung laut Satz 1 maßgeb-

> liche Lebenshaltungskostenindex gegenüber seinem Stand im Zeitpunkt der vorangegangenen Anpassung erneut um mehr als 5 % verändert hat."

Haben die Vertragsparteien die Anpassung der Miete an eine bestimmte Veränderung des (früheren) „Index für die Lebenshaltung eines 4-Personen-Arbeitnehmer-Haushalts" vereinbart und fällt dieser Index später weg, kann im Wege **ergänzender Vertragsauslegung** auf den (aktuellen) Verbraucherpreisindex (VPI) abgestellt werden (BGH, Urteil v. 4.3.2009, XII ZR 141/07, NZM 2009 S. 398). Im Wege der ergänzenden Vertragsauslegung ist nämlich davon auszugehen, dass die Parteien – wenn sie vom Wegfall des Lebenshaltungskostenindexes ab 1.1.2003 gewusst hätten – eine durchgängige Geltung des zum 1.1.2000 eingeführten Verbraucherpreisindexes vereinbart hätten. Dem Interesse der Vertragsparteien, für die automatische Anpassung der Miethöhe auf den allgemeinen Verbraucherpreisindex bereits ab dem Basisjahr 2000 abzustellen, entspricht es jedenfalls dann, wenn der der Anpassung zugrunde liegende Zeitraum ab dem 1.1.2000 beginnt. Eine auf den Verbraucherpreisindex Basis 2000 gestützte Mieterhöhung kann der Mieter daher nicht mit der Begründung zurückweisen, dass für eine Mietanpassung bis Ende 2002 noch der alte Lebenshaltungskostenindex maßgeblich sei (BGH, Urteil v. 7.11.2012, XII ZR 41/11, GE 2013 S. 49).

Eine Vereinbarung, wonach die Höhe des Pachtzinses gemäß § 317 Abs. 1 BGB von einem vereidigten Sachverständigen für das Hotel- und Gaststättengewerbe bestimmt wird, falls sich die Parteien über dessen Höhe nicht einigen, bedeutet, dass die steigenden Lebenshaltungskosten und damit einhergehend steigende Betriebskosten ebenso in die Bewertung einfließen sollen wie spezifische Besonderheiten des gastronomischen Gewerbes. Bei der Prüfung der Pachtzinsanpassung aufgrund der Indexklausel müssen werterhöhende Investitionen des Pächters außer Acht bleiben, wenn sie bei der Festlegung der anfänglichen Pacht und der Dauer des Pachtverhältnisses berücksichtigt worden sind (OLG Düsseldorf, Urteil v. 19.6.2007, 24 U 210/06, DWW 2008 S. 25).

Sieht eine Vertragsklausel im Fall der Veränderung eines bestimmten Kostenindexes Verhandlungen über eine **„Neufestsetzung"** der Miete vor, handelt es sich im Zweifel nicht um eine Mietanpassungsklausel, sondern um eine Mietneufestsetzungsklausel. Im Fall einer Mietneufestsetzungsklausel ist der Schiedsgutachter befugt, auch eine niedrigere als die ursprünglich vereinbarte Miete festzusetzen, da bei einer Neufestsetzung so zu verfahren ist, als ob die Vertragsparteien erstmals in Verhandlungen über die Miethöhe treten, während bei einer Anpassung nur die sog. Äquivalenzstörung (infolge einer Veränderung des Indexes) auszugleichen ist (OLG Frankfurt/M., a. a. O.; BGH, Urteil v. 13.5.1974, VIII ZR 38/73, BGHZ 62 S. 314 ff.). Die Neufestsetzung der Miete durch den Sachverständigen kann im Rahmen des § 319 BGB gerichtlich überprüft werden.

Zur Abgrenzung von Neufestsetzung/Anpassung der Miete durch Schiedsgutachten aufgrund einer von „Neufestsetzung" sprechenden Wertsicherungsklausel, vgl. auch OLG Schleswig, Urteil v. 9.6.1999, 4 U 103/95, NZM 2000 S. 338.

Lift → „Aufzug"

Mängel

Inhaltsübersicht

		Seite
1	**Fehlerbegriff**	645
2	**Fehlen einer zugesicherten Eigenschaft**	655
3	**Erheblichkeit, Höhe der Minderung**	655
4	**Schadenersatz**	657
5	**Selbstbeseitigungsrecht des Mieters und Aufwendungsersatz**	658
6	**Ausnahmen**	659
6.1	Kenntnis des Mieters	659
6.2	Unkenntnis des Mieters	659
6.3	Haftungsausschluss des Vermieters	660
7	**Während der Mietzeit auftretende Mängel; Mängelanzeige durch den Mieter**	660
8	**Erfüllungsanspruch und Zurückbehaltungsrecht des Mieters**	662
9	**Außerordentliche Kündigung**	664
10	**Zahlungsklage des Vermieters, Urkundenprozess**	664

Der Vermieter ist verpflichtet, die Mieträume in einem zum vertragsgemäßen Gebrauch geeigneten Zustand zu überlassen und sie während der Mietzeit darin zu erhalten. Sind die Räume mit Mängeln behaftet, kann der Mieter mindern, ggf. Schadenersatz beanspruchen und Verwendungsersatz bei Selbsthilfe verlangen.

Die mietrechtlichen Gewährleistungsregeln wegen eines Sachmangels sind grundsätzlich erst anwendbar, wenn die Mieträume übergeben worden sind. Dies gilt auch in Fällen anfänglicher objektiver Unmöglichkeit (BGH, Urteil v. 18.6.1997, 12 ZR 192/95, WuM 1997 S. 617). Kommt es nicht zur Übergabe, sondern scheitern die Vertragsverhandlungen, können Ansprüche des Mieters aus Verschulden bei Vertragsschluss gegeben sein (s. „Mietvertrag“, Abschnitt 1.3 „Schadenersatzansprüche“). Diese Schadenersatzansprüche des Mieters, die auf den Ersatz des Vertrauensschadens gehen, bestehen auch nach Übergabe neben den Gewährleistungsregelungen, wenn der Vermieter arglistig unrichtige Angaben über die Beschaffenheit der Mietsache macht (BGH, a. a. O.).

1 Fehlerbegriff

Mängelhaftung des Vermieters tritt ein, wenn die Mietsache zur Zeit der Überlassung an den Mieter mit einem **Fehler** behaftet ist, der ihre **Tauglichkeit zu dem vertragsmäßigen Gebrauch** aufhebt oder mindert, oder wenn im Lauf der Mietzeit ein solcher Fehler entsteht. Abgestellt wird somit auf die Tauglichkeit zum vertraglich vereinbarten Mietgebrauch. Maßstab ist der Zustand der Sache, der erforderlich ist, um dem Mieter uneingeschränkt den ihm zustehenden vertragsgemäßen Gebrauch zu ermöglichen (OLG Celle, RE v. 19.7.1984, 2 UH 1/84, WuM 1985 S. 9). Danach bildet jede negative Abweichung des tatsächlichen Zustands der Sache von der durch die Erfordernisse des vertragsgemäßen Gebrauchs definierten Sollbeschaffenheit, also jede Untauglichkeit der Sache zum Vertragszweck, bereits einen Fehler (sog. subjektiver Fehlerbegriff). Es spielt keine Rolle, ob der Tauglichkeitsmangel auf den Zustand der Sache oder auf andere Umstände tatsächlicher oder rechtlicher Art zurückzuführen ist.

Entscheidend sind also die Vereinbarungen der Mietvertragsparteien. Fehlen solche Vereinbarungen über die Beschaffenheit der Mieträume, wird der zum vertragsgemäßen Gebrauch geeignete Zustand durch den vereinbarten Nutzungszweck bestimmt. Der Mieter einer Wohnung kann nach der allgemeinen Verkehrsanschauung erwarten, dass die von ihm angemieteten Räume einen Wohnstandard aufweisen, der bei vergleichbaren Wohnungen üblich ist. Dabei sind insbesondere das Alter, die Ausstattung und die Art des Gebäudes, aber auch die Höhe der Miete und eine evtl. Ortssitte zu berücksichtigen (BGH, Urteil v. 26.7.2004, VIII ZR 281/03, WuM 2004 S. 527). Gibt es zu bestimmten Anforderungen technische Normen, ist jedenfalls deren Einhaltung geschuldet. Dabei ist grundsätzlich der bei Errichtung des Gebäudes geltende Maßstab anzulegen (BGH, a.a.O.).

So kann ein Mieter nicht ohne Weiteres erwarten, dass der Vermieter Veränderungen an Gebäuden, die durch Nutzungsbedürfnisse anderer Mieter erforderlich werden, unterlässt, wenn dies zwar zu einer Steigerung der Geräuschemissionen führt, die Belastung aber auch nach der Veränderung noch den technischen Normen genügt, deren Einhaltung der Vermieter schuldet (BGH, Urteil v. 23.9.2009, VIII ZR 300/08, WuM 2009 S. 659).

Wirkt sich ein Mangel nur periodisch erheblich auf die Gebrauchstauglichkeit der Mieträume aus, ist die Miete auch nur in diesem Zeitraum kraft Gesetzes herabgesetzt. Dies ist z.B. der Fall dann, wenn ein Mangel darin besteht, dass die Räume im Sommer wegen zu hoher Temperaturen nur eingeschränkt nutzbar sind, wie der BGH zu einem Gewerberaummietvertrag entschieden hat (BGH, Urteil v. 15.12.2010, XII ZR 132/09, NZM 2011 S. 153).

In gewissem Umfang werden auch Immissionen von außen oder Gefahrenquellen in der Umgebung, die den Mieter im vertragsmäßigen Gebrauch beeinträchtigen, als Mangel angesehen, sog. **Umweltfehler**, z.B. Drogenberatungsstelle im Nachbarhaus (OLG Hamm, Urteil v. 24.10.1995, 7 U 171/94, NJWE-MietR 1996 S. 80). Das Gericht hat aufgrund der Begleiterscheinungen der Drogenszene eine Minderung von 50 % angenommen (vgl. auch OLG Stuttgart, Urteil v. 21.12.2006, 13 U 51/06, NZM 2007 S. 163: Besucherverkehr durch Sucht- und Schuldnerberatungsstelle). Ein solcher Umweltmangel ist auch dann gegeben, wenn entgegen der vereinbarten attraktiven Geschäftslage im innerstädtischen Zentrum an einem bedeutenden Platz die vertragliche Gebrauchstauglichkeit des Geschäfts dadurch beeinträchtigt wird, dass der Platz über Jahre hinweg als Baugrube brach liegt (OLG Dresden, Urteil v. 18.12.1998, 5 U 1774/98, WuM 1999 S. 158). Das Gericht führt aus, dass nur unmittelbare Beeinträchtigungen als Umweltmangel anzusehen sind, da anderenfalls die Garantiehaftung des Vermieters für die Gebrauchstüchtigkeit der Mietsache überdehnt wird. Ob eine solche unmittelbare Beeinträchtigung vorliegt, bestimmt sich in erster Linie nach dem zum Vertragsinhalt erhobenen Verwendungszweck. Vorliegend war ein Laden für hochwertige Herrenmoden vermietet (vgl. auch KG Berlin, Urteil v. 12.11.2007, 8 U 194/06, GuT 2007 S. 436: Zugangsbehinderung durch U-Bahnbau als Mangel). Umstände, die die Eignung der Mietsache zum vertragsgemäßen Gebrauch nur mittelbar berühren, sind nicht als Mängel zu qualifizieren, z.B. Bestand von Parkplätzen in ausreichender Anzahl in der Nähe eines Einkaufszentrums, in dem ein Wäscheladen vermietet war (BGH, Urteil v. 16.2.2000, XII ZR 279/97, WuM 2000 S. 593).

Die Haftung des Vermieters wegen Umweltmängel (hier: Lärmbelästigungen durch einen neuen Bolzplatz) wird vom BGH allerdings eingeschränkt: Soweit die Parteien keine Vereinbarungen getroffen haben, besteht ein Minderungsrecht dann nicht, wenn der Vermieter die Geräusche selbst entschädigungslos zu dulden hätte (vgl. „Mängel“; BGH, Urteil v. 29.4.2015, VIII ZR 197/14).

Das OLG Hamm hat in einer Entscheidung, in der der Erlass eines Rechtsentscheids abgelehnt wurde (Beschluss v. 25.3.1987, 30 RE-Miet 1/86, WuM 1987 S. 248), ausgeführt, dass dieser **weite Fehlerbegriff** die Gefahr der Ausuferung birgt. Allerdings ist nach Ansicht des Gerichts eine Mietsache mit Beziehung zu einer Gefahrenquelle nicht erst dann mangelhaft, wenn der Mieter wirklich Schaden erleidet, sondern schon dann und deshalb, wenn und weil er sie nur in der Befürchtung der Gefahrenverwirklichung benutzen kann. Es muss sich um eine begründete Gefahrbesorgnis handeln. Eine Rolle kann z. B. die Dauer der Mietzeit spielen, ebenso können die Möglichkeit von Gegenmaßnahmen und ihre Dauer von Bedeutung sein sowie die Personen des Mieters und seiner Familie (z. B. kleine Kinder).

Bei **Umweltgiften** ist die Rechtsprechung der Instanzgerichte nicht einheitlich. Nicht ausreichend ist die Behauptung der Mieter, die Mieträume seien irgendwann einmal mit giftigen Substanzen behandelt worden. Entscheidend ist vielmehr, ob die Schadstoffauswirkungen zu einer konkreten Gesundheitsgefährdung führen. Dies ist nicht schon der Fall, wenn anerkannte Grenz- oder Richtwerte überschritten werden (strittig, so aber zu Recht LG Tübingen, Urteil v. 28.11.1996, 1 S 86/96, WuM 1997 S. 41).

Bei Belastung der Räume mit **Formaldehyd** wird jedoch bereits bei Überschreitung des Grenzwerts des Bundesgesundheitsamts ein Mangel der Mietsache angenommen, sodass eine konkrete Gesundheitsgefährdung anzunehmen ist (LG München I, Urteil v. 26.9.1990, 31 S 20071/89, WuM 1991 S. 584; AG Königstein, Urteil v. 6.7.2000, 21 C 1807/99 (15), 21 C 1807/99, NZM 2000 S. 822; AG Bad Säckingen, Urteil v. 21.8.1992, 1 C 191/91, WuM 1996 S. 140). Ob unterhalb dieses Werts ein Mangel angenommen werden kann, z. B. bei Überschreitung der geringen Werte der Weltgesundheitsorganisation, ist strittig (vgl. AG Königstein, a. a. O.).

Asbest darf heute nicht mehr verwendet werden. In der Rechtsprechung ist umstritten, ob der Betrieb älterer Nachtspeicheröfen aus der Zeit vor 1977 wegen der Gefahr des Freisetzens von Asbestfasern bereits einen Mangel der Mietsache darstellt. So soll es für einen Mangel schon ausreichend sein, wenn diese alten Geräte sich in einem technisch schlechten Zustand befinden und häufig betrieben werden, sodass zumindest die Gefahr der Freisetzung von Asbestfasern besteht (LG Dortmund, Urteil v. 16.2.1994, 11 S 197/93, WuM 1996 S. 141). Eine konkrete Gesundheitsgefahr muss im Fall der Freisetzung von Asbestfasern nicht nachgewiesen werden (LG Mannheim, Urteil v. 20.3.1996, 4 S 213/95, WuM 1996 S. 338). So sind die Mieträume nach Auffassung des OLG Hamm bereits dann mangelhaft, wenn die konkrete Besorgnis begründet ist, dass Asbestfasern in nicht unerheblichem Umfang freigesetzt werden (OLG Hamm, Urteil v. 13.2.2002, 30 U 20/01, NZM 2003 S. 395).

Dies darf aber nicht so weit führen, dass das allgemeine Lebensrisiko vom Mieter auf den Vermieter abgewälzt wird. Der Mieter kann daher nur dann die Entfernung des Nachtstromspeicherofens wegen der Asbestgefahr verlangen, wenn eine konkrete Gefahrenlage besteht. Insoweit muss der Mieter darlegen, dass die Asbestbelastung durch die Nachtstromspeicheröfen über der sonstigen Hintergrundbelastung mit Asbest liegt (zu Recht LG Berlin, Urteil v. 19.7.1996, 64 S 211/96, WuM 1996 S. 761).

Dies gilt auch für den Fall, dass in der Wohnung baulich verarbeitete Materialien **Holzschutzmittel** enthalten. Hier muss der Mieter ebenso eine konkrete Gesundheitsgefährdung nachweisen (LG Tübingen, a. a. O.). Die Überschreitung von Umweltschutznormen oder Richtwerten, die vor Gesundheitsgefahren schützen sollen, ist allein nicht ausreichend. Die Rechtsprechung ist allerdings nicht einheitlich. Das LG Kiel (Urteil v. 22.6.1995, 10 S 24/95, WuM 1997 S. 674) lässt eine Mietminderung bei Raumbelastung mit PCP zu, ohne dass ein konkreter Grenzwert vorliegen muss. Das LG Lübeck (Urteil v. 6.11.1997, 14 S 135/97, NZM 1998 S. 190) bejaht einen Mangel durch Schadstoffbelastung erst, wenn die Fehlerhaftigkeit für den Vermieter vorhersehbar wird, also die Gesundheitsschädlichkeit des betreffenden Schadstoffs fachlich anerkannt und allgemein bekannt wird. Fraglich ist, auf welchen Zeitpunkt bei der Beurteilung, ob eine bestimmte Schadstoffbelastung ein Mangel ist, abzustellen ist. Die Frage spielt dann eine Rolle, wenn sich die wissenschaftlich-technischen Standards für die Beurteilung von Gesundheitsschäden ändern, d.h. nachträglich verschärft werden. Zum einen könnte man daran denken, die bei Abschluss des Mietvertrags geltenden Bestimmungen zugrunde zu legen, da der Vermieter die weitere Entwicklung nicht voraussehen kann. In der juristischen Literatur wird überwiegend die Gegenmeinung vertreten, nämlich dass es auf die im Zeitpunkt der gerichtlichen Entscheidung maßgeblichen Grenzwerte ankommt.

Mit Rechtsentscheid v. 4.8.1999 (RE-Miet 6/98, WuM 1999 S. 568) hat das BayObLG zu dieser Rechtsfrage Stellung genommen. Nach Ansicht des Gerichts sind grundsätzlich diejenigen Standards maßgeblich, die in dem Zeitpunkt gegolten haben oder gelten, der für die jeweilige Rechtsfolge maßgeblich ist. Das Gericht weist darauf hin, dass Ausgangspunkt für die Bewertung der gesundheitlichen Unbedenklichkeit der Wohnung nur die bei Vertragsschluss geltenden Standards sein können, da der vom Vermieter geschuldete Leistungsstandard für ihn bestimmbar sein muss. Führen allerdings im Lauf des Mietverhältnisses neue Einsichten in die gesundheitsgefährdende Wirkung bestimmter Baustoffe zu verschärften wissenschaftlich-technischen Standards, bringen diese eine Änderung der vertraglichen Sollbeschaffenheit der Mietsache mit sich, sodass **der Vermieter** dann jeweils **die Beschaffenheit der Mietsache herbeizuführen hat, die als Vorsorge gegen Gefahren für die Gesundheit der Bewohner nach dem aktuellen Standard erforderlich ist**. Fehlerhaftigkeit tritt erst ein, wenn der Vermieter nach Bekanntwerden der entsprechenden verschärften Standards gleichwohl nicht die Ursache der Gefährdung beseitigt. Dies bedeutet im konkreten Fall: Will der Mieter z.B. wegen Gesundheitsgefährdung fristlos kündigen, dann kommt es auf die Standards zum Zeitpunkt des Zugangs der Kündigung an. Will er die Miete – auch rückwirkend – mindern, kommt es auf die Standards an, die für den geminderten Zeitraum gegolten haben. Das Gericht weist ferner darauf hin, dass nicht jede Schadstoffemission zu einem Gesundheitsschaden oder einer manifesten Gesundheitsgefährdung führt, andererseits schließt die Einhaltung der einschlägigen Grenz- bzw. Vorsorgerichtwerte diese Folge auch nicht aus. Dies wird immer im konkreten Einzelfall zu beurteilen sein.

Im Zuge der Klimaerwärmung wird diskutiert, ob die sommerliche Aufheizung von Geschäftsräumen einen Mangel darstellt. Strittig ist in der Rechtsprechung insbesondere, ob die Bestimmungen der Arbeitsstättenverordnung herangezogen werden können. Danach sollen Temperaturen von 26 °C nicht überschritten werden. Hierauf beruft sich das KG Berlin (Urteil v. 2.9.2002, 8 U 146/01, GE 2003 S. 48), übersieht hierbei allerdings, dass nach dieser Verordnung die Arbeitnehmer vor unerträglichen Temperaturverhältnissen infolge wärmeabgebender Betriebseinrichtungen geschützt werden sollen (so zu Recht Herrlein, NZM 2007 S. 719; vgl. auch OLG Frankfurt/M., Urteil v. 19.1.2007, 2 U 106/06, NZM 2007 S. 330). Ein Mangel besteht nur, wenn die Vorgaben des baulichen Wärmeschutzes der DIN 4108-2 Abschnitt 2 nicht eingehalten werden (so Herrlein, a.a.O.). Hohe Raumtemperaturen bei atypischen Hitzeperioden stellen noch keinen Mangel der Mieträume dar. Allerdings ist auch das OLG Naumburg der Ansicht, dass wenigstens mittelbar auf die Arbeitsstättenverordnung zur Bestimmung der noch akzeptablen Grenzen dessen, was den Parteien aufgrund der vertraglichen Verpflichtungen zugemutet werden kann, zurückgegriffen werden kann (OLG Naumburg, Urteil v. 13.10.2009, 9 U 45/09, NZM 2011 S. 35).

Anderer Ansicht ist das OLG Brandenburg. Danach verpflichten die Vorschriften der Arbeitsstättenverordnung lediglich den Arbeitgeber und enthalten keine Aussagen darüber, welche etwaigen Verpflichtungen den Vermieter aufgrund des Mietverhältnisses treffen. Eine Überschreitung der Innentemperatur von 26 °C führt allenfalls zur Beeinträchtigungen des Wohlbefindens, in der Regel aber zu keiner konkreten Gesundheitsgefährdung im Sinn des

§ 569 Abs. 1 BGB (OLG Brandenburg, Urteil v. 12.9.2012, III U 100/09, NJW-RR 2013 S. 76).

Für den **Schall- und Wärmeschutz** gilt Folgendes: Grundsätzlich ist hier davon auszugehen, dass ein Mangel nicht vorliegt, wenn die öffentlich-rechtlichen Bestimmungen hinsichtlich der Schall- und Wärmeisolierung zum **Zeitpunkt der Errichtung** des Gebäudes eingehalten sind (BGH, Urteil v. 6.10.2004, VIII ZR 355/03, NZM 2005 S. 60; bestätigt mit Urteil v. 7.7.2010, VIII ZR 85/09, NZM 2010 S. 618). Der BGH stellt grundsätzlich darauf ab, dass für die Beurteilung der Frage, ob eine Mietwohnung Mängel aufweist, in erster Linie die von den Mietvertragsparteien vereinbarte Beschaffenheit der Wohnung, nicht die Einhaltung bestimmter technischer Normen maßgebend ist. In der Regel werden die Parteien keine solchen Vereinbarungen getroffen haben. Fehlt es an einer Beschaffenheitsvereinbarung, ist grundsätzlich der bei Errichtung des Gebäudes geltende Maßstab anzulegen. Nimmt der Vermieter allerdings später bauliche Veränderungen vor, die zu einer Lärmimmission führen können, kann der Mieter erwarten, dass Lärmschutzmaßnahmen getroffen werden, die den Anforderungen der zur Zeit des Umbaus geltenden DIN-Normen genügen (BGH, a. a. O.). Wird also ein älteres Wohnhaus nachträglich um ein weiteres Wohngeschoss aufgestockt, so entsteht an der Mietwohnung, die vor Aufstockung im obersten Wohngeschoss gelegen war, ein Mangel, wenn die Trittschalldämmung der darüber errichteten Wohnung nicht den Anforderungen der im Zeitpunkt der Aufstockung geltenden DIN-Norm an normalen Trittschallschutz genügt (BGH, a. a. O.).

Wird aber das Dachgeschoss nicht ausgebaut, sondern nur der Fußbodenbelag in der Oberwohnung, sei es durch den Vermieter selbst, sei es durch einen anderen Sondereigentümer (in einer Wohnungseigentumsanlage), kann der Mieter nicht erwarten, dass die Maßnahme so durchgeführt wird, dass der Trittschallschutz anschließend den höheren Anforderungen der zur Zeit des Austauschs geltenden DIN-Normen genügt. Die Eingriffe in die Gebäudesubstanz sind anders als bei einem erstmaligen Ausbau des Dachgeschosses zur Wohnnutzung mit einem Neubau oder einer grundlegenden Veränderung des Gebäudes nicht vergleichbar. Der Mieter kann deshalb nicht verlangen, dass bei ihrer Durchführung höhere Lärmschutzwerte eingehalten werden, als sie bis dahin für das Gebäude galten (BGH, Urteil v. 17.6.2009, VIII ZR 131/08, WuM 2009 S. 457; bestätigt mit Urteil v. 5.6.2013, VIII ZR 287/12, WuM 2013 S. 481).

Führt der Vermieter Modernisierungsmaßnahmen durch (hier: Austausch von Doppelfenstern gegen Isolierglasfenster), muss der Vermieter die zur Zeit der Durchführung der Maßnahme geltenden technischen Normen für Schallschutz einhalten. Erfüllen die neu eingebauten Fenster die aktuellen technischen Normen nicht und hat die Abweichung negative Auswirkungen, liegt ein Mangel vor, auch wenn die neuen Fenster einen besseren Schallschutz bieten als die bisherigen (LG Berlin, Urteil v. 11.2.2008, 67 S 64/07, WuM 2008 S. 482).

Daher besteht auch keine grundsätzliche Verpflichtung des Vermieters zur Nachisolierung, zum Einbau anderer Fenster oder zur Verstärkung von elektrischen Leitungen. Anders ist die Rechtslage nur bezüglich Maßnahmen, deren Vornahme gesetzlich (z. B. nach den Bestimmungen der Energieeinsparverordnung) vorgeschrieben ist.

Gleiches gilt auch für die Modernisierung einer alten Heizungsanlage. Auch hier gilt der Grundsatz, dass nicht die aktuellen technischen Normen, sondern die Normen maßgeblich sind, die bei Errichtung des Gebäudes gegolten haben. Es besteht daher keine Verpflichtung des Vermieters, die Heizungsanlage ständig auf dem neuesten Stand zu halten oder eine Wärmedämmung, die dem technischen Stand zur Zeit der Gebäudeerrichtung entspricht, zu verbessern (KG Berlin, Urteil v. 28.4.2008, 12 U 6/07, ZMR 2008 S. 892). Auch aus dem Grundsatz der Wirtschaftlichkeit gemäß § 556 Abs. 3 S. 1 2. HS BGB ergibt sich kein Anspruch des Mieters gegen den Vermieter auf Modernisierung einer vorhandenen alten, die Wärmeversorgung der Wohnung jedoch sicherstellenden Heizungsanlage. Offengelassen hat der BGH allerdings die Frage, ob dies auch dann gilt, wenn der Vermieter aufgrund zwingender öffentlich-rechtlicher Vorschriften zur Stilllegung bzw. Erneuerung der Heizungsanlage verpflichtet ist (BGH, Urteil v. 31.10.2007, VIII ZR 261/06, WuM 2007 S. 700).

Den Vermieter trifft also grundsätzlich keine **Nachrüstpflicht**, um ein Anwesen mit veralteter Ausstattung dem gegenwärtigen Stand der Technik anzupassen. Der Vermieter ist daher auch nicht verpflichtet, die mit einem Glasausschnitt versehenen Zimmertüren der Wohnung, die insoweit den baulichen Vorschriften entsprechen, bei einer Vermietung an eine Familie mit Kleinkindern mit Sicherheitsglas nachzurüsten (BGH, Urteil v. 16.5.2006, VI ZR 189/05, WuM 2006 S. 388). Etwas anderes gilt nur für Maßnahmen, deren Vornahme gesetzlich vorgeschrieben ist (z. B. Nachrüstpflicht für Thermostatventile), oder wenn nachgewiesen wird, dass die Beschaffenheit der Wohnung zu Gesundheitsschäden führt. Der Mieter einer nicht modernisierten Altbauwohnung kann jedoch mangels abweichender vertraglicher Vereinbarung jedenfalls einen **Mindeststandard** erwarten, der ein zeitgemäßes Wohnen ermöglicht und den Einsatz der für die Haushaltsführung allgemein üblichen **elektrischen Geräte** erlaubt (BGH, Urteil v. 26.7.2004, VIII ZR 281/03, WuM 2004 S. 527). Daher kann der Mieter einen Stromanschluss verlangen, der den Betrieb eines Großverbrauchers, z. B. einer Wasch- oder Geschirrspülmaschine, bei gleichzeitigem Betrieb eines Elektrogeräts, z. B. eines Staubsaugers, ermöglicht. Ferner verlangt eine zeitgemäße Wohnungsnutzung, dass das Badezimmer neben elektrischem Licht auch über eine Steckdose zum Betrieb kleinerer elektrischer Geräte verfügt (BGH, a. a. O., bestätigt vom BGH mit Urteil v. 10.2.2010, VIII ZR 343/08).

Diese Grundsätze gelten auch bei der **Gewerberaummiete**. Dass eine dem vertragsgemäßen Zustand der Mietsache entsprechende Heizungs- und Belüftungsanlage hohe Energiekosten verursacht, ist bei der Beurteilung, ob ein Mangel der Mietsache vorliegt, nicht von Bedeutung, wenn die Anlage dem bei der Errichtung des Gebäudes maßgeblichen technischen Standard entspricht und fehlerfrei arbeitet. Bei einem gewerblichen Mietverhältnis lässt sich aus dem Wirtschaftlichkeitsgebot ebenfalls ein Anspruch des Mieters auf Modernisierung einer vorhandenen und den vertraglichen Vereinbarungen entsprechenden Heizungsanlage nicht ableiten (BGH, Urteil v. 18.12.2013, VII ZR 80/12, NZM 2014 S. 163).

Dies gilt auch dann, wenn die Ausstattung nicht mehr den aktuellen Vorschriften entspricht, soweit es sich um Gefahren handelt, die nicht besonders schwerwiegend und für die Allgemeinheit erkennbar und beherrschbar sind (Eingangstüren von Geschäftsräumen ohne Einklemmschutz). Da zum Zeitpunkt des Einbaus die Türen den Vorschriften entsprachen, liegt kein Mangel vor (BGH, Urteil v. 2.3.2010, VI ZR 223/09, GE 2010 S. 905).

Auch Abweichungen in der **Wohnfläche** nach unten können einen Mangel begründen. Weist eine gemietete Wohnung eine Wohnfläche auf, die mehr als 10 % unter der im Mietvertrag angegebenen Fläche liegt, stellt dieser Umstand grundsätzlich einen Mangel der Mietsache dar, der den Mieter zur Minderung der Miete berechtigt. Einer zusätzlichen Darlegung des Mieters, dass infolge der Flächendifferenz die Tauglichkeit der Wohnung zum vertragsgemäßen Gebrauch gemindert sei, bedarf es in diesem Fall nicht (BGH, Urteil v. 24.3.2004, VIII ZR 295/03, NJW 2004 S. 1947).

Hingegen rechtfertigt eine Flächenabweichung unter 10 % nur dann die Annahme eines Mangels, wenn hierdurch eine vom Mieter darzulegende erhebliche Beeinträchtigung des vertragsgemäßen Gebrauchs verursacht worden ist (KG Berlin, Beschluss v. 15.8.2005, VIII U 81/05, WuM 2005 S. 713).

Diese Rechtsprechung des BGH gilt auch bei Flächenabweichungen im gewerblichen Mietrecht. Auch bei der Miete von Geschäftsräumen stellt eine Mietfläche, die um mehr als 10 % unter der im Mietvertrag vereinbarten Fläche liegt, einen nicht unerheblichen Mangel dar (BGH, Urteil v. 4.5.2005, XII ZR 254/01, NZM 2005 S. 500). Diese Grundsätze für die Erheblichkeit der Beeinträchtigung des vertragsgemäßen Gebrauchs können auch für die fristlose Kündigung gemäß § 543 BGB herangezogen werden (BGH, a. a. O.). In einem Sonderfall gilt dies allerdings nicht: Lässt sich die Unterschreitung der vertraglich vereinbarten Fläche eindeutig Nebenräumen (hier: Kellerräumen) zuordnen, so darf die Minderung nicht pauschal nach dem prozentualen Anteil der fehlenden Fläche an der vertraglich vereinbarten Gesamtfläche berechnet werden. Vielmehr ist hierbei der geringere Gebrauchswert dieser Räume in Rechnung zu stellen (BGH, Urteil v. 18.7.2012, XII ZR 97/09, WuM 2012 S. 550). Siehe hierzu auch „Wohnfläche").

Die Errichtung von **Mobilfunkantennen** auf dem Dach eines Mietshauses stellt nach bisher überwiegender Rechtsprechung keinen Mangel dar, jedenfalls insofern die Grenzwerte der 26. Bundesimmissionsschutzverordnung eingehalten werden (LG Frankfurt/M., Urteil v. 21.8.1997, 3/10 O 54/97, NZM 1998 S. 371; AG Traunstein, Urteil v. 3.3.1999, 310 C 2158/98, ZMR 2000 S. 389 sowie LG Berlin, Urteil v. 29.10.2002, 63 S 24/02, NJW-RR 2003 S. 300). Alleine die Ängste eines Mieters reichen zur Begründung eines Mangels nicht aus (AG Gießen, Urteil v. 9.7.2001, 48 M C 903/00, WuM 2001 S. 546).

Auch für **Elektrosmog** (elektrische oder elektromagnetische Felder und Strahlungen) hat der Gesetzgeber Grenzwerte in der 26. Verordnung zur Durchführung des Bundesimmissionsschutzgesetzes (Verordnung über elektromagnetische Felder – 26. BImSchV) festgelegt. Kosten, die der Mieter zur Abwehr von Wellen innerhalb der Grenzwerte aufwendet, kann er vom Vermieter nicht ersetzt verlangen (LG Frankfurt/M., Urteil v. 21.8.1997, 3/10 O 54/97, NZM 1998 S. 371). Ein Mangel der Mietsache ist erst bei Überschreitung dieser Grenzwerte anzunehmen.

Es stellt keinen Fehler dar, wenn sich bei einer Innenstadtwohnung das **Wohnumfeld** ändert, z.B. bei zunehmender Belästigung durch die Drogen- und Prostitutionsszene (AG Schöneberg, Urteil v. 13.11.1996, 12 C 374/96, NJWE-MietR 1997 S. 75). Ein Fehler liegt nämlich nur vor, wenn eine **unmittelbare** Beeinträchtigung der Tauglichkeit der Mieträume durch die tatsächlichen Umstände und die rechtlichen Verhältnisse erfolgt (BGH, Urteil v. 1.7.1981, VIII ZR 192/80, NJW 1981 S. 2405). So berechtigt die Einrichtung eines verkehrsberuhigten Innenstadtbereichs den Mieter einer Gaststätte nicht zu einer Minderung der Miete. Ein Fehler würde nur dann vorliegen, wenn die Möglichkeit, die Gaststätte beschwerdefrei, gefahrlos und bequem betreten zu können, nachhaltig beeinträchtigt wird (OLG Celle, Urteil v. 13.3.1996, 2 U 53/95, NJW-RR 1996 S. 1099). Allerdings wird dem Mieter wegen auf Dauer veränderter Umstände ein außerordentliches Kündigungsrecht einzuräumen sein (OLG Celle, a. a. O.).

Zugangsbehinderungen infolge einer Großbaustelle (hier: U-Bahn-Bau) stellen bei einem gewerblich genutzten Objekt keinen Mangel dar, auch wenn die Gehwegbreite vor dem Ladenlokal vermindert ist. Eine Mietminderung kommt allenfalls bei völliger Versperrung des Zugangs in Betracht, da dies der Risikosphäre des Vermieters zuzuordnen sein könnte (OLG Düsseldorf, Urteil v. 13.3.2012, 9 O 193/11, ZMR 2012 S. 775).

Der Mieter von Gewerberäumen hat ohne eine entsprechende vertragliche Vereinbarung in der Regel keinen Anspruch gegen den Vermieter, bei Vermietung weiterer Räume in dem Mietobjekt einen bestimmten „Mietermix" oder ein bestimmtes „Milieuniveau" zu wahren. Ein Mangel setzt eine konkrete Beeinträchtigung der Tauglichkeit bzw. eine unmittelbare Einwirkung auf die Gebrauchstauglichkeit der Mieträume voraus. Erst wenn bei einem Mieter eine konkrete und mehr als nur unerhebliche Beeinträchtigung des vertragsgemäßen Gebrauchs eintritt, liegt ein Recht zur Minderung vor (BGH, Urteil v. 26.9.2012, VII ZR 122/11, WuM 2012 S. 671).

Auch **Baulärm von einem Nachbargrundstück** kann zur Minderung führen. Das BayObLG hat in einem Rechtsentscheid entschieden, dass der Anspruch des Mieters von Wohnraum, wegen eines vom Nachbargrundstück ausgehenden Baulärms den Mietzins zu mindern, nicht dadurch ausgeschlossen wird, dass der Vermieter als Eigentümer die Lärmbeeinträchtigung ohne Anspruch auf Ausgleichszahlung dulden muss (RE v. 4.2.1987, RE-Miet 2/86, WuM 1987 S. 112). Das Gericht hat selbst die Gefahr gesehen, dass der Vermieter ebenso in dem Minderungsprozess gegen den Mieter unterliegen kann wie in dem Verfahren gegen den Lärmverursacher. Dem kann der Vermieter dadurch begegnen, dass er im Verfahren gegen den Mieter durch **Streitverkündung** gegen den Störer (hier: den Nachbarn, § 72 ZPO) die Nebeninterventionswirkung (§§ 68, 74 Abs. 1 ZPO) herbeiführt. Die Nebenintervention bewirkt, dass Feststellungen in diesem Urteil für den Fall der Rechtskraft dann auch gegen den Störer wirken. Nicht in jedem Fall besteht jedoch ein Anspruch gegen den Lärmverursacher. Die tatbestandlichen Voraussetzungen für den nachbarrechtlichen Ausgleichsanspruch nach § 906 Abs. 2 S. 2 BGB setzen nämlich eine wesentliche Beeinträchtigung des Grundstücks voraus. Das LG Hamburg (Urteil v. 3.12.1998, 327 S 97/98, MDR 1999 S. 154) hat entschieden, dass das zumutbare Maß der Ertragsverluste für den Grundstückseigentümer bei einer Mietminderung von etwa 6 % überschritten ist. Der durch Bauarbeiten entstandene Ertragsverlust kann also vom Veranlasser der Bauarbeiten als Ersatz verlangt werden, soweit die gerechtfertigte Minderung über 6 % hinausgeht.

Dieser insbesondere bei den Instanzgerichten weit verbreiteten Rechtsprechung ist der BGH entgegengetreten: In der Regel treffen die Parteien im Mietvertrag keine Vereinbarung über den Zustand der Mietsache im Hinblick auf nachteilige Einwirkungen, z. B. Zunahme von Lärm. Fehlt eine solche Vereinbarung, hat der Vermieter grundsätzlich nicht dafür einzustehen, dass sich ein bei Vertragsschluss hingenommenes Maß an Geräuschen vom Nachbargrundstück nicht nachträglich vergrößert, wenn der Vermieter diese Geräusche selbst gegenüber dem Nachbarn gemäß § 906 Abs. 1 BGB entschädigungslos zu dulden hätte. Denn Unmögliches hätte der Mieter, wenn die Vertragsparteien das Ansteigen der Geräuschkulisse bei Vertragsschluss bedacht hätten, vom Vermieter redlicherweise nicht beanspruchen können. Vielmehr hätte der Mieter nur verlangen können, dass der Vermieter einen vom Vermieter selbst nicht mehr zu duldenden Geräuschanstieg gegenüber dem Dritten abwehrt oder dem Mieter eine Minderung dann zubilligt, wenn der Vermieter selbst von dem Dritten für eine wesentliche, aber ortsüblich zu duldende Störung einen Ausgleich gemäß § 906 Abs. 2 BGB verlangen kann. Dies hat zur Folge, dass z. B. bei Kinderlärm, der vom Vermieter gemäß § 22 Abs. 1a BImSchG zu dulden ist, ein Minderungsrecht des Mieters nicht besteht (BGH, Urteil v. 29.4.2015, VIII ZR 197/14).

Bei **vorhersehbarer Lärmbeeinträchtigung** hat der Mieter allerdings kein Minderungsrecht. Nach einem Urteil des LG Berlin muss ein Mieter, der Räume im dicht bebauten Innenstadtbereich anmietet, immer damit rechnen, dass früher oder später Gebäude in der Nachbarschaft entfernt oder abgerissen werden und dies zu einer erheblichen Beeinträchtigung führen kann. Dies gilt auch dann, wenn bei Vertragsschluss noch keine konkrete Bautätigkeit in der Nachbarschaft absehbar war (LG Berlin, Urteil v. 22.3.2007, 12 O 47/06, GE 2009 S. 719; vgl. hierzu auch ausführlich „Kenntnis von Mängeln“, Abschnitt 1 „Kenntnis bei Vertragsabschluss“).

Eine vorübergehende erhöhte Verkehrslärmbelastung aufgrund von Straßenbauarbeiten stellt unabhängig von ihrer zeitlichen Dauer jedenfalls dann, wenn sie sich innerhalb der in Innenstadtlagen üblichen Grenzen hält, keinen zur Minderung berechtigenden Mangel der vermieteten Wohnung dar (BGH, Urteil v. 19.12.2012, VIII ZR 152/12, WuM 2013 S. 154).

Zu den **Fehlern** i. S. d. Gesetzes gehören nicht nur bauliche Mängel aller Art, sondern auch öffentlich-rechtliche Benutzungsbeschränkungen (z. B. Versagung der Zweckentfremdungsgenehmigung bei gewerblicher Vermietung eines Wohnraums) oder Hindernisse, wenn sie auf der konkreten Beschaffenheit, dem Zustand oder der Lage der Mietsache beruhen (BGH, Urteil v. 11.12.1991, XII ZR 63/90, WuM 1992 S. 313). Der Vermieter ist auch grundsätzlich verpflichtet, fehlende **behördliche Genehmigungen** beizubringen, die zur Aufnahme eines vertraglich vorgesehenen Gewerbebetriebs erforderlich sind (OLG Hamm, Urteil v. 23.6.1981, 7 U 23/81, ZMR 1982 S. 207).

Das Fehlen dieser erforderlichen behördlichen Genehmigung ist ein Fehler i. S. v. § 536 Abs. 1 BGB. Der Mieter ist aber dann nicht zur Minderung der Miete berechtigt, solange die zuständige Behörde die unzulässige Nutzung duldet. Etwas anderes gilt, wenn dem Mieter durch eine mit einer Zwangsmittelandrohung verbundene Ordnungsverfügung die vertragsgemäße Nutzung untersagt wird und für ihn zumindest Ungewissheit über deren Zulassung besteht. In diesem Fall kann der Mieter auch gemäß § 542 BGB fristlos kündigen (OLG Köln, Beschluss v. 10.11.1997, 19 W 48/97, WuM 1998 S. 152). Der BGH folgt hier einer strengen Linie. Allein die anlässlich einer Anhörung gemäß § 28 VwVfG erfolgte Mitteilung der Behörde an den Mieter, dass die beantragte Nutzungsänderung nicht genehmigungsfähig sei, begründet keinen Mangel der Mieträume. Der Mieter hat in diesem Fall noch kein Recht zur fristlosen Kündigung. Es ist ihm grundsätzlich zuzumuten, eine Bescheidung des von ihm selbst gestellten Nutzungsänderungsantrags abzuwarten. Liegt allerdings ein unanfechtbares Nutzungsverbot vor, besteht ein Mietmangel (BGH, Urteil v. 20.1.2013, VII ZR 77/12, NZM 2014 S. 165).

Allerdings darf der Fehlerbegriff nicht so weit ausgeweitet werden, dass dem Mieter das gesamte Verwendungsrisiko abgenommen wird. Ein Mangel kann daher nur angenommen werden, wenn die öffentlich-rechtliche Beschränkung ihre Ursache gerade in der Beschaffenheit der konkreten, vermieteten Sache und nicht in sonstigen, allgemein vorliegenden Umständen hat (so zu Recht Emmerich/Sonnenschein, Miete, § 537 Rn. 9). Auftretende **öffentlich-rechtliche Beschränkungen** sind daher nicht sämtlich als Mängel (§ 536 Abs. 1 BGB) anzusehen, etwa wenn sich die Versagung einer Genehmigung eher als betriebsbezogene – und nicht objektbezogene – Gebrauchs- oder Nutzungsbeschränkung ausgewirkt hat (BGH, Urteil v. 11.12.1991, XII ZR 63/90, WuM 1992 S. 313, 315). Im Allgemeinen ist nur ein rechtswirksames behördliches Verbot – z. B. ein als Baugrundstück vermietetes Grundstück zu bebauen – als Fehler anzusehen, sofern die behördliche Gebrauchsbeschränkung auf der Lage oder Beschaffenheit des Grundstücks beruht. Allerdings kann in einer auf Jahre hin zu erwartenden Ungewissheit über die vertragsgemäße Nutzbarkeit der Mietsache im Einzelfall ein Sachmangel gesehen werden (BGH, Urteil v. 20.1.1971, VIII ZR 167/69, WM 1971 S. 531 f.). Ein Rückgriff auf die Grundsätze über den Wegfall der Geschäftsgrundlage nach Treu und Glauben (§ 242 BGB) kommt daneben grundsätzlich nicht in Betracht (BGH, Urteil v. 11.12.1991, XII ZR 63/90, WuM 1992 S. 313).

Auch **Störungen durch andere Mieter**, die über das zumutbare Maß hinausgehen (nächtliche Ruhestörungen etc.), können Mängel sein (LG Göttingen, Entscheidung v. 11.2.1954, 1 S 611/52, NJW 1954 S. 1205; LG Köln, ZMR 1971 S. 241).

Ist die **Mietsache** vollständig **zerstört**, führt dies zwar nicht ohne Weiteres zur Beendigung des Vertrags. Hat dies jedoch der Vermieter nicht zu vertreten, wird er von der Pflicht der Gebrauchsüberlassung frei (Ausschluss der Leistungspflicht, § 275 Abs. 1 BGB). Damit entfällt auch seine Verpflichtung zum Wiederaufbau (BGH, Entscheidung v. 14.4.1976, VIII ZR 291/74, NJW 1976 S. 1506). Ein Fehler liegt hier nicht vor, da der Vermieter zur Schadensbeseitigung nicht mehr verpflichtet ist (BGH, Urteil v. 26.9.1990, VIII ZR 205/89, WuM 1990 S. 546). Dies gilt auch bei einer teilweisen Zerstörung des Mietobjekts, wenn der Herstellungsaufwand die Opfergrenze übersteigt (BGH, a. a. O.). Dies ist dann der Fall, wenn die Reparaturkosten den Zeitwert des Mietobjekts erheblich übersteigen (OLG Karlsruhe, Urteil v. 30.12.1994, 19 U 113/94, WuM 1995 S. 307).

Die Regeln der Unmöglichkeit finden jedoch keine Anwendung, wenn der Vermieter wegen eines **Rechtsmangels** (§ 536 Abs. 3 BGB) nicht in der Lage ist, dem Mieter den Gebrauch zu gewähren (BGH, Urteil v. 5.7.1991, V ZR 115/90, ZMR 1991 S. 418).

Ein Rechtsmangel liegt dann vor, wenn Rechte Dritter auf die Mieträume in einer Weise geltend gemacht werden, dass der Mieter im vertragsgemäßen Gebrauch gestört wird. Unter

Rechte Dritter sind dingliche Rechte zu verstehen, die zum Besitz berechtigen, wie z. B.: Ein Mieter schließt einen Untermietvertrag. Der Eigentümer verlangt Herausgabe. Hier wird durch das Recht eines Dritten (des Eigentümers) dem Mieter (hier: Untermieter) sein Recht entzogen, sodass er gegenüber seinem Vermieter, dem Hauptmieter, die Ansprüche gemäß § 536 Abs. 3 BGB geltend machen kann. Eine Entziehung liegt erst dann vor, wenn der Mieter in seinem Mietgebrauch gestört wird, z. B. wenn der Eigentümer dem Hauptmieter kündigt und dem Untermieter die Räumung androht.

§ 536 Abs. 3 BGB greift auch ein, wenn ein Wohnungs- oder Teileigentümer Räume zu einer Nutzung vermietet, die nach der Teilungserklärung nicht zulässig ist, und die anderen Eigentümer vom Mieter die Unterlassung dieser Nutzung verlangen (BGH, Urteil v. 29.11.1995, XII ZR 230/94, ZMR 1996 S. 147). Ferner greift § 536 Abs. 3 BGB ein im Fall der Doppelvermietung. In diesem Fall kann der Vermieter nur einem Mieter gegenüber seine vertraglichen Verpflichtungen erfüllen, der oder die anderen Mieter haben Ansprüche gemäß § 536 Abs. 3 BGB. Bei Haftung für einen Rechtsmangel gelten die Rechtsfolgen wie bei einem Sachmangel. Der Mieter kann also mindern, ggf. Schadenersatz wegen Nichterfüllung oder Aufwendungsersatz verlangen oder kündigen.

Kein Rechtsmangel liegt vor, wenn die Mieträume vom Vormieter trotz Beendigung des Mietverhältnisses nicht geräumt werden und der Nachmieter deshalb nicht rechtzeitig einziehen kann. Der Vermieter ist nur aus tatsächlichen, nicht aus rechtlichen Gründen an der Gebrauchsüberlassung gehindert. Die Leistung ist ihm subjektiv unmöglich. Die Rechtsprechung nimmt hier eine Garantiehaftung des Vermieters für anfängliches Unvermögen an (BGH, Urteil v. 10.11.1982, VIII ZR 252/81, NJW 1983 S. 446). Er haftet daher ohne Rücksicht auf Verschulden dem Nachmieter auf Schadenersatz wegen Nichterfüllung. Anderer Ansicht sind das OLG München (Urteil v. 10.5.1996, 21 U 4875/95, ZMR 1996 S. 605) und das OLG Frankfurt/M. (Urteil v. 23.4.1999, 24 U 138/97, NZM 1999 S. 966). Danach haftet der Vermieter nur bei Verschulden. Er darf im Allgemeinen davon ausgehen, dass der Vormieter rechtzeitig räumt. Ferner entfällt sein Anspruch auf Zahlung des Mietzinses für die Dauer der Vorenthaltung gemäß § 323 BGB. Daneben kann der Mieter gemäß § 543 Abs. 2 Ziff. 1 BGB fristlos kündigen.

Auch bei einer Vermietung unter Verstoß gegen das **Zweckentfremdungsverbot** kommt es darauf an, inwieweit die konkrete Nutzung der Räumlichkeiten beeinträchtigt ist. Ist die Gefahr, dass für die Zukunft aufgrund des Einschreitens der zuständigen Behörde mit Beeinträchtigungen in Form einer Nutzungsuntersagung zu rechnen ist, bereits konkret, liegt ein Mangel vor (OLG Hamburg, Urteil v. 27.3.1996, 4 U 169/95, NJW-RR 1996 S. 1356; s. auch „Zweckentfremdung", Abschnitt 6 „Ordnungswidrigkeit"). Solange die Behörde eine unzulässige Nutzung der Mietsache duldet, kann sich der Mieter allerdings nicht auf den Mangel berufen (OLG Köln, Beschluss v. 10.11.1997, 19 W 48/97, ZMR 1998 S. 227).

Oft streiten die Parteien darüber, wer einen Mangel in den Mieträumen verursacht hat. Hat z. B. der Mieter den Mangel selbst verursacht, kann er daraus keine Rechte wie Mietminderung oder Schadenersatz herleiten und ist zur Beseitigung auf eigene Kosten verpflichtet. Entscheidend ist oft, wer in einem gerichtlichen Verfahren die Beweislast trägt. Zwar hat grundsätzlich der Mieter, der sich auf einen Mangel beruft, die Darlegungs- und **Beweislast** für den Mangel und das Verschulden des Vermieters. Der Mieter muss nur die Tatsachen vortragen und beweisen, aus denen sich der Mangel ergibt. Die Höhe der Minderung tritt kraft Gesetzes ein, und zwar in dem Umfang der Gebrauchsbeeinträchtigung. Diese ist vom Gericht, ggf. unter Hinzuziehung eines Sachverständigen, zu ermitteln (BGH, Urteil v. 27.2.1991, XII ZR 47/90, WuM 1991 S. 544; Beschluss v. 11.6.1997, XII ZR 254/95, WuM 1997 S. 488). Das Maß der Gebrauchsbeeinträchtigung fällt nicht in die Darlegungslast des Mieters. Ausreichend ist es, wenn der Mieter z. B. auf die Funktionsuntüchtigkeit einer mitvermieteten Einrichtung hinweist. Die Rechtsprechung hat dabei die Beweislast nach den beiderseitigen Verantwortungsbereichen verteilt. Der Vermieter muss darlegen und beweisen, dass die Ursache des Mangels nicht aus seinem Pflichten- und Verantwortungsbereich stammt (z.B. aufgrund Mängel der Bausubstanz), sondern aus dem Herrschafts- und Obhutsbereich des Mieters (z.B. unsachgemäße Behandlung der Mietsache, falsches Heizungs- und Lüftungsverhalten), so grundlegend BGH, Urteil v. 18.5.1994, XII ZR 188/92, BGHZ 126 S. 124, 128 = NJW 1994 S. 2019. Hat der Vermieter diesen Beweis geführt, muss seinerseits der Mieter nachweisen, dass er den Mangel nicht zu vertreten hat. Behauptet der Mieter, die Mieträume seien nach Reparaturversuchen des Vermieters immer noch mangelhaft, so trägt der Vermieter auch die Beweislast für den Erfolg seiner Mängelbeseitigungsmaßnahmen (BGH, Urteil v. 1.3.2000, XII ZR 272/97, NZM 2000 S. 549). Trägt der Vermieter vor, der Mangel sei nur unerheblich, hat er hierfür die Beweislast (OLG Celle, Beschluss v. 19.7.1984, 2 UH 1/84, WuM 1985 S. 9).

Auch wenn ein Mangel der Sphäre des Mieters zuzurechnen ist, der Mieter den Mangel aber nicht zu vertreten hat, weil er die Grenzen des vertragsgemäßen Gebrauchs nicht überschritten hat, hat gleichwohl der Vermieter den Mangel auf seine Kosten zu beseitigen. In einer Wohnung traten Schwarzstaubablagerungen auf **(Fogging)**. Ursache war die Wandfarbe und der Teppich in der Wohnung zusammen mit der Fensterreinigung. Der Mieter hatte die Wohnung gestrichen und den Teppich selbst verlegt. Gleichwohl war der Mieter für den Mangel nicht verantwortlich, weil er die Mieträume nicht verändert hat. Die Teilrenovierung stellt eine solche Veränderung nicht dar (BGH, Urteil v. 28.5.2008, VIII ZR 271/07, WuM 2008 S. 476).

Auch bei **Modernisierung** hat der Vermieter die zur Zeit der Ausführung geltenden technischen Normen einzuhalten. Wirkt sich eine Abweichung hiervon in der Wohnung aus, hat der Mieter einen Mängelbeseitigungsanspruch. Im entschiedenen Fall hat der Vermieter Schallschutzfenster neu eingebaut, die die DIN 4109 nicht erfüllten. Unerheblich ist in diesem Zusammenhang, ob die alten Fenster die Anforderung an den Schallschutz erfüllt haben (LG Berlin, Urteil v. 11.2.2008, 67 S 64/07, WuM 2008 S. 482).

2 Fehlen einer zugesicherten Eigenschaft

Der Mieter kann auch mindern, wenn eine **zugesicherte Eigenschaft** fehlt oder später wegfällt (§ 536 Abs. 2 BGB). Zusicherung ist mehr als die Beschreibung des normalen Zustands einer Wohnung (vgl. „Wohnfläche“). Eine Zusicherung kann vorliegen, wenn die Räume vor deren Errichtung oder ohne vorherige Besichtigung angemietet worden sind. Bei einem Mietvertrag über eine noch zu erbauende Lagerhalle wurde die Fläche mit „ca. 1.000 m^2“ angegeben, hatte aber nur 870 m^2. Das OLG Hamm (Urteil v. 1.10.1997, 33 U 37/97, WuM 1998 S. 151) hat festgestellt, dass bei dieser Sachlage Angaben zu Lage, Größe etc. nicht nur der Beschreibung, sondern Festlegung dessen, was vom Vermieter vertraglich geschuldet wird, dienen. Die Angabe der Nutzfläche ist daher eine Eigenschaftszusicherung, wobei die Circa-Angabe lediglich einen gewissen Spielraum für geringfügige Abweichungen eröffnet, der jedenfalls bei einer Abweichung von 13 % deutlich überschritten ist. Nach der Rechtsprechung des BGH zum Werkvertragsrecht (BGH, Urteil v. 11.7.1997, V ZR 246/96, WuM 1997 S. 625) liegt eine erhebliche Abweichung bei einer Differenz von mehr als 10 % vor.

Die Zusicherung muss in vertragsgemäß bindender Weise (s. „Schriftform“) abgegeben worden sein. Ihr Inhalt muss hinreichend genau bezeichnet sein.

Beispiel

Die Zusicherung, dass eine Gaststätte nicht Bier einer bestimmten Brauerei abnehmen muss, sondern frei ist (RG, Urteil v. 21.3.1919, III 388/18, RGZ 95 S. 175).

3 Erheblichkeit, Höhe der Minderung

Nach der Neufassung des § 536 Abs. 1 BGB ist der Mieter für die Zeit, in der die Tauglichkeit der Mieträume zum vertragsmäßigen Gebrauch aufgehoben ist, von der Entrichtung der Miete befreit. Für die Zeit, während der die Tauglichkeit gemindert ist, hat er nur eine angemessen herabgesetzte Miete zu entrichten. Eine unerhebliche Minderung der Tauglichkeit bleibt außer Betracht. Dies ist der Fall, wenn der Fehler leicht erkennbar ist und schnell und mit geringen Kosten beseitigt werden kann, sodass die Geltendmachung einer Minderung gegen Treu und Glauben verstieße (BGH, Urteil v. 30.6.2004, XII ZR 251/02, NZM 2004 S. 776, so z.B. defekte Glühbirne im Hausgang; AG Pinneberg, Urteil v. 15.3.1979, 45 C 521/78, WuM 1980 S. 63). Die Beweislast dafür, dass nur eine unerhebliche Beeinträchtigung vorliegt, hat der Vermieter.

Das LG Hamburg (Urteil v. 5.2.1991, 16 S 33/88, WuM 1991 S. 161) hat hierzu entschieden, dass eine gesundheitsgefährdende **Bleikonzentration im Trinkwasser** aufgrund der Wasserleitung einen Mangel darstellen kann. Liegt der Mangel in einem Gefährdungstatbestand, kann die Beeinträchtigung des Mietgebrauchs nur in denjenigen Umständen gesehen werden, die sich daraus ergeben, dass sich der Mieter einschränken oder gewisse Vorsorgemaßnahmen treffen muss, damit sich die befürchtete Gefahr nicht aktualisiert oder er sich ihr entzieht. Soweit derartige Maßnahmen zumutbar sind (hier Laufenlassen des Wassers 1 bis 2 Sekunden vor Gebrauch), wird nach Auffassung des Gerichts die Erheblichkeitsschwelle nicht überschritten.

Das Recht zur Mietminderung tritt **ohne Rücksicht auf Verschulden** des Vermieters ein.

Beispiel

Ausfall der Zentralheizung wegen eines vom Vermieter nicht verschuldeten technischen Defekts.

Das Recht auf Mietminderung ist kein „Anspruch", sondern eine kraft Gesetzes eintretende Änderung der Vertragspflicht. Sie besteht für die Dauer des Mangels. Die Minderung tritt also automatisch kraft Gesetzes ein. Trotzdem muss der Mieter den Mangel **anzeigen** (§ 536c BGB; s. „Anzeigepflicht"). Unterlässt der Mieter die Anzeige und konnte der Vermieter infolgedessen keine Abhilfe schaffen, ist der Mieter nicht zur Minderung berechtigt (§ 536c Abs. 2 BGB; s.u. Abschnitt 7 „Während der Mietzeit auftretende Mängel; Mängelanzeige durch den Mieter"). Unternimmt der Vermieter einen Reparaturversuch und behauptet der Mieter, dass der Mangel noch besteht, hat der Vermieter die Beweislast für den Erfolg der Reparatur. Der Mieter ist verpflichtet, das Weiterbestehen des Mangels nochmals anzuzeigen (BGH, Urteil v. 1.3.2000, XII ZR 272/97, NZM 2000 S. 549).

Schwierigkeiten ergeben sich stets, wenn es darum geht, ob ein Mangel so erheblich ist, dass er zur Mietminderung berechtigt und **wie hoch** diese ggf. sein darf. Allgemein gültige Regeln lassen sich nicht aufstellen. Das gerechtfertigte Ausmaß der Mietminderung kann nur von Fall zu Fall beurteilt werden. Jedenfalls darf die Mietminderung nicht größer sein, als es dem Grad der Einschränkung der Nutzung des Mietobjekts entspricht. Wie schwierig es ist, das Ausmaß der Gebrauchsminderung etwa in einem Hundertsatz der Miete zu beziffern, veranschaulicht das Beispiel des Ausfalls der Zentralheizung. In den Übergangsmonaten mag die Tauglichkeit des Mietobjekts zum vertragsmäßigen Gebrauch lediglich begrenzt, ja vielleicht sogar nur unerheblich gemindert sein. Bei strengem Frost verschiebt sich das Bild. Die Tauglichkeit kann sich von Tag zu Tag vermindern. Auch der Verwendungszweck der Mieträume kann in diesem Zusammenhang eine Rolle spielen.

Der Versuch, Tauglichkeitsmängel kasuistisch (fallweise) in quotenmäßig ausgerichteten **Minderungstabellen** zu erfassen, hilft wenig, weil die Einzelfälle so unterschiedlich sind, dass eine Bezugnahme auf Tabellen der jeweiligen konkreten Sachlage nicht gerecht würde. Um wenigstens eine Grobeinschätzung zu ermöglichen, wurden unter dem Stichwort „Minderung der Miete" einige häufige Fälle alphabetisch aufgeführt.

Für die Frage, ob die Mieträume mangelhaft sind, ist die Höhe der Miete grundsätzlich nicht beachtlich (LG Essen, Urteil v. 25.8.1982, 1 S 324/82, WuM 1983 S. 139). So beinhaltet auch der Einzug in ein älteres Haus mit geringer Miete keinen Verzicht des Mieters auf Mängelbeseitigung (LG Nürnberg-Fürth, Urteil v. 22.7.1983, 7 S 1924/83, WuM 1985 S. 20). Ausgehend vom subjektiven Fehlerbegriff spielt es aber durchaus eine Rolle, ob das Mietobjekt eine Altbauwohnung ist oder eine Neubauwohnung. Der vertragsgemäße Gebrauch einer Altbauwohnung beinhaltet, dass z.B. bezüglich nicht ganz dicht schließender Fenster, knarrender Dielen und nicht neuzeitlicher Wärmeisolierung kein Mangel vorliegt, solange der bei Altbauten übliche Standard nicht unterschritten wird (so zu Recht Kraemer/Ehlert in Bub/Treier, 4. Aufl., III Rn. 3174 f.).

Dies ist auch bezüglich des Bauzustands in den **neuen Bundesländern** zu beachten. Nach einem Urteil des KreisG Döbeln vom 21.8.1992 (C 136/92, WuM 1992 S. 535) schließt zwar die allgemein dürftige **Bauqualität** der in der DDR errichteten Wohngebäude das erstmalige Geltendmachen eines Wohnungsmangels nach Erhöhung der Grundmiete nicht aus. Auf die Höhe der Mietminderung ist eine verhältnismäßig geringe Grundmiete jedoch nicht ohne Einfluss, der Instandhaltungsanspruch richtet sich nicht nach westlichen Verkehrsanschauungen an die Bauqualität. Nach Treu und Glauben (§ 242 BGB) ist nämlich der Vermieter zur Gewährleistung des vertragsmäßigen Gebrauchs nur in dem Umfang verpflichtet, wie Treu und Glauben mit Rücksicht auf die Verkehrssitte dies erfordern, und nur in diesem Umfang können die Mieter die Instandhaltung der Mietsache fordern. Dieser Rechtsauffassung folgt auch das KreisG Erfurt (Urteil v. 5.1.1993, 1 C 352/92, WuM 1993 S. 112), wonach der Mieter aufgrund eines Mietvertrags von 1984 in einem Gebäude dürftiger Bauqualität, die allgemein der Herstellung in der ehemaligen DDR entspricht, an die Instandhaltungspflicht des Vermieters nicht die Anforderungen stellen kann, die nach westlichen Verkehrsanschauungen an die Qualität eines Bauwerks und einzelner Bauelemente gestellt werden können. Vielmehr ist die Höhe einer nach Mieterhöhung vom Oktober 1991 erstmaligen Mietminderung danach zu bemessen, dass die Systemschäden des Bauwerks als vertragsgemäß vom Mieter hinzunehmen sind. Diesem Rechtsgedanken folgt auch das OLG Naumburg in den Gründen eines negativen Rechtsentscheids vom 28.7.1993 (2 RE-Miet 1/93, WuM 1995 S. 145), der allerdings keine Bindungswirkung hat.

4 Schadenersatz

Neben dem Recht auf Mietminderung kann der Mieter unter gewissen Voraussetzungen Schadenersatz geltend machen (§ 536a Abs. 1 BGB). Das ist der Fall,

- wenn ein zur Minderung berechtigender Mangel schon **beim Vertragsschluss** vorhanden war,
- wenn er später infolge eines Umstands entsteht, den der **Vermieter zu vertreten** hat (z.B. Vermieter lässt undichtes Dach trotz Kenntnis des Zustands nicht reparieren; dadurch entstehen Schäden an den dem Mieter gehörenden Gegenständen),
- wenn der Vermieter mit der Beseitigung eines Mangels in **Verzug** gerät. Verzug setzt eine auf Mängelbeseitigung gerichtete Mahnung sowie Verschulden des Vermieters voraus. Verzug liegt z.B. nicht vor, wenn die Mängelbeseitigung zwar angemahnt ist, die Handwerker aber den Vermieter trotz Bemühen im Stich lassen.

Die Haftung des Vermieters für Mängel der Mietsache, die schon bei Vertragsschluss vorhanden sind, ist unabhängig vom Verschulden des Vermieters. Es handelt sich insoweit um eine **Garantiehaftung**, die auch dann eingreift, wenn die Auswirkungen des Mangels erst später eintreten. Wird ein Mietvertrag über eine erst herzustellende Sache (z.B. Mietvertrag über eine erst herzustellende Eigentumswohnung) abgeschlossen, bezieht sich die Garantie in analoger Anwendung des § 538 BGB auf den Zeitpunkt der Fertigstellung und der Übergabe.

Der Schadenersatzanspruch des Mieters (Nichterfüllungsschaden) umfasst **Körper- und Sachschäden** wie beispielsweise entgangenen Gewinn, aber nur für die Zeit, in der der Vermieter zur Leistung verpflichtet ist und am Vertrag auch gegen seinen Willen festgehalten werden kann. Auch **Folgeschäden** sind zu ersetzen. Dies gilt ebenso für Schäden von Personen, die in den Schutzbereich des Mietvertrags mit einbezogen sind (z.B. Familienangehörige, Haushaltshilfen). Darüber hinaus sind, wenn die Voraussetzungen des § 536a Abs. 1 BGB vorliegen, bei Unbenutzbarkeit der Räume die Kosten von Ersatzwohnraum vom Vermieter zu übernehmen.

Ein **mitwirkendes Verschulden** des Mieters wirkt sich schadensmindernd aus (§ 254 BGB).

So kann es zu den Pflichten eines Mieters einer durch Hochwasser schimmelpilzverseuchten Wohnung gehören, sich um eine andere Wohnung zu bemühen, um gesundheitlichen Schaden von sich abzuwenden (BGH, Beschluss v. 22.11.2005, VI ZR 330/04, WuM 2006 S. 25).

5 Selbstbeseitigungsrecht des Mieters und Aufwendungsersatz

Im Fall des **Verzugs des Vermieters** kann der Mieter den Mangel selbst beseitigen und Ersatz der erforderlichen Aufwendungen verlangen (§ 536a Abs. 2 Nr. 1 BGB). Der Mieter hat hier ein **Wahlrecht** zwischen Schadenersatz und Aufwendungsersatz. Verzug setzt eine auf Mängelbeseitigung gerichtete **Mahnung** voraus, Anzeige allein genügt nicht (§ 284 BGB). Mahnung ist die Aufforderung, die geschuldete Leistung zu erbringen. Sie muss bestimmt und eindeutig sein; eine **Fristsetzung** ist grundsätzlich nicht nötig (Palandt, § 284 Anm. 3a), empfiehlt sich aber zur Klarstellung. Vor Durchführung der Arbeiten kann der Mieter vom Vermieter einen angemessenen **Vorschuss** in Höhe der Beseitigungskosten verlangen (BGH, Entscheidung v. 7.5.1971, V ZR 94/70, NJW 1971 S. 1450 sowie KG Berlin, RE v. 29.2.1988, 8 RE-Miet 6717/87, NJW-RR 1988 S. 1039).

Aufgrund der Neuregelung des Mietrechts kann der Mieter nicht nur bei Verzug des Vermieters Ersatz der erforderlichen Aufwendungen verlangen, sondern auch dann, wenn die umgehende Beseitigung des Mangels zur Erhaltung oder Wiederherstellung des Bestands der Mietsache notwendig ist (§ 536a Abs. 2 Nr. 2 BGB). Nach der bisherigen Rechtsprechung war dies nur der Fall, wenn für die Mietsache Gefahr in Verzug bestand und der Vermieter nicht oder nicht rechtzeitig erreichbar war. Auch bei der Neuregelung, die die bisherige Regelung des § 547 Abs. 1 S. 1 BGB a.F. enthält, geht es um bestimmte Notmaßnahmen des Mieters, die keinen Aufschub dulden und auch ohne vorherige Mahnung einen Aufwendungsersatzanspruch auslösen sollen. Der Ersatz von sonstigen, nicht notwendigen Aufwendungen des Mieters ist nunmehr in § 539 Abs. 1 BGB geregelt (s. „Verwendungen"). Beseitigt der Mieter Mängel selbst, ohne dass dies notwendig ist, da z.B. der Vermieter erreichbar war oder die Arbeiten nicht ganz dringend und unaufschiebbar waren, ist der Vermieter jedenfalls nach § 536a Abs. 2 Nr. 2 BGB nicht zum Aufwendungsersatz verpflichtet. Ein Anspruch gemäß § 539 Abs. 1 BGB auf Ersatz sonstiger Verwendungen dürfte in der Regel nicht vorliegen, da es insoweit am Fremdgeschäftsführungswillen des Mieters fehlen wird.

Dies hat der BGH jetzt bestätigt. Beseitigt der Wohnraummieter einen von ihm behaupteten Mangel der Mietsache selbst, ohne den Vermieter zuvor in Verzug gesetzt zu haben und liegt auch keine Notmaßnahme vor, ist ein Rückgriff auf § 539 Abs. 1 BGB i.V.m. den Vorschriften über die Geschäftsführung ohne Auftrag nicht gestattet. Dies ergibt sich daraus, dass nach der gesetzlichen Wertung in § 536a Abs. 2 Nr. 1 BGB dem Vermieter der Vorrang bei der Beseitigung eines Mangels zukommen soll. Nur hierdurch hat der Vermieter die Möglichkeit, die Mietsache darauf zu überprüfen, ob der behauptete Mangel überhaupt besteht, auf welcher Ursache er beruht sowie ob und auf welche Weise er beseitigt werden kann sowie hierzu ggf. Beweise zu sichern (BGH Urteil v. 16.1.2008, VIII ZR 222/06, NZM 2008 S. 279).

Zu beachten ist allerdings, dass der Mieter keinen Anspruch auf Kostenvorschuss für Maßnahmen hat, die zur nachhaltigen Mängelbeseitigung ungeeignet sind. Auch kann sich ein Ausschluss der Mängelbeseitigung des Mieters wegen Überschreitung der „Opfergrenze" für den Vermieter ergeben. Wann dies der Fall ist, ist unter Berücksichtigung der beiderseitigen Parteiinteressen im Einzelfall wertend zu ermitteln (BGH, Urteil v. 21.4.2010, VIII ZR 131/09, NZM 2010 S. 507, vgl. hierzu auch Abschnitt 8 „Erfüllungsanspruch und Zurückbehaltungsrecht des Mieters“).

6 Ausnahmen

Die **Rechte des Mieters** auf Minderung, Schadenersatz oder Aufwendungsersatz können durch Gesetz oder Vertrag ausgeschlossen sein. Hat der Mieter den Mangel zu vertreten, kann er nicht mindern. Zahlt der Mieter seine Stromrechnung nicht und baut der Stromversorger den Stromzähler aus, berechtigt dies den Mieter nicht zur Minderung. Dieser Mangel ist der Sphäre des Mieters zuzurechnen (BGH, Urteil v. 15.12.2010, VIII ZR 113/10, NZM 2011 S. 198).

Durch das Mietrechtsänderungsgesetz neu eingeführt wurde § 536 Abs. 1a BGB. Danach bleibt für die Dauer von 3 Monaten eine Minderung der Tauglichkeit außer Betracht, soweit diese aufgrund einer Maßnahme eintritt, die einer energetischen Modernisierung nach § 555b Nr. 1 BGB dient. Hierdurch sollen energetische Modernisierungen erleichtert werden. Zu beachten ist, dass hiervon nur die Fälle erfasst werden, in denen die Tauglichkeit gemindert ist. Wird die Tauglichkeit zum vertragsgemäßen Gebrauch völlig aufgehoben, bleibt das Minderungsrecht erhalten, z.B. wenn die Wohnung unbewohnbar ist. Der Minderungsausschluss tritt auch dann ein, wenn zusammen mit der energetischen Modernisierung Erhaltungsmaßnahmen, z.B. Wärmedämmung der Fassade mit gleichzeitiger Erneuerung des Außenputzes, erfolgen. Problematisch ist, wenn energetische Modernisierungsmaßnahmen mit anderen Erhaltungs- oder Modernisierungsmaßnahmen vorgenommen werden. Gemäß der Begründung zum Mietrechtsänderungsgesetz (S. 25) kommt es dann darauf an, welche Beeinträchtigungen auf welche Maßnahme entfallen. Das Gericht soll die Anteile dann nach § 287 ZPO schätzen. Hierfür müssen aber ausreichende Anhaltspunkte vorliegen. Beruft sich der Vermieter auf den Minderungsausschluss, hat er die Beweislast dafür, dass die Beeinträchtigungen nicht auf einer anderen Maßnahme als einer energetischen Modernisierung beruhen. Vielfach wird hier ein Sachverständigengutachten erforderlich sein (so Hinz, ZMR 2012 S. 153, 158).

6.1 Kenntnis des Mieters

Kennt der Mieter beim Abschluss des Vertrags den Sach- oder Rechtsmangel, stehen ihm die Gewährleistungsrechte nicht zu (§ 536b S. 1 BGB). Diese Kenntnis muss sich auf einen bestimmten Mangel und dessen Art, Umfang und Auswirkungen beziehen und nicht nur auf allgemeine Umstände, die eine Beeinträchtigung verursachen können. **Nicht** ausreichend ist daher die bloße Kenntnis davon, dass sich im Haus ein Gewerbebetrieb befindet, die Wohnung in einem hochwassergefährdeten Gebiet liegt (LG Köln, Urteil v. 3.1.1996, 10 S 314/95, WuM 1996 S. 334) oder in den Räumen früher Tätigkeiten durchgeführt wurden, die zu einer Schadstoffbelastung führen können (LG Mannheim, Urteil v. 20.3.1996, 4 S 213/95, WuM 1996 S. 338). Vergleiche hierzu ausführlich „Kenntnis von Mängeln“.

Einem Vertragsabschluss gleichgestellt werden die Vereinbarungen einer Vertragsverlängerung und die Ausübung einer Option.

6.2 Unkenntnis des Mieters

Ist dem Mieter ein Mangel bei Beginn des Mietverhältnisses **infolge grober Fahrlässigkeit** unbekannt geblieben (außer bei Zusicherung oder Arglist des Vermieters) oder nimmt er die Mieträume vorbehaltlos an, obwohl er den Mangel kennt, kann er sich ebenfalls nicht auf die Gewährleistungsrechte berufen (§ 536b Sätze 2 und 3 BGB). Im **Vorbehalt** müssen die Mängel genau bezeichnet werden. Bei einer Zusage des Vermieters, die Mängel zu beseitigen, liegt jedoch keine vorbehaltlose Annahme vor.

Die Rechte des Mieters können wieder aufleben, wenn durch eine Mieterhöhung das bisherige Leistungsgleichgewicht verändert wird (BGH, Urteil v. 28.4.1965, VIII ZR 132/63, MDR 1965 S. 654).

6.3 Haftungsausschluss des Vermieters

Der vertragliche Ausschluss der Haftung ist nur eingeschränkt möglich (s. „Allgemeine Geschäftsbedingungen"). Auf eine Vereinbarung, durch die die Rechte des Mieters wegen eines Mangels der Mietsache ausgeschlossen oder beschränkt werden, kann sich der Vermieter nicht berufen, wenn er den Mangel arglistig verschwiegen hat (§ 536d BGB). Mit dieser Neuregelung soll zum Ausdruck kommen, dass die Unwirksamkeit der Ausschlussvereinbarung im Interesse des Mieters keinesfalls zur Unwirksamkeit des gesamten Mietvertrags führt, § 139 BGB also nicht anzuwenden ist. Dadurch sollen schwierige Auslegungsfragen zu den Auswirkungen der unwirksamen Ausschlussvereinbarung auf den übrigen Vertrag vermieden werden. Die Vorschrift gilt für Sach- und Rechtsmängel. Die Regelung ist ihrer Natur nach zwingend.

Die in **Formularmietverträgen** gelegentlich anzutreffende Klausel, wonach die Geltendmachung von Schadenersatzansprüchen durch den Mieter wegen Mängeln der Mietsache oder wegen Verzugs des Vermieters mit der Beseitigung eines Mangels ausgeschlossen ist, verstößt gegen § 11 Nr. 7 AGB-Gesetz und ist unwirksam, sofern der Ausschluss grobe Fahrlässigkeit des Vermieters oder Vorsatz des Vermieters und seiner Erfüllungsgehilfen umfasst (BayObLG, RE v. 17.12.1984, RE-Miet 8/83, WuM 1985 S. 49).

Zulässig ist es hingegen, in einem Formularmietvertrag die verschuldensunabhängige Haftung für schon bei Vertragsabschluss vorhandene Mängel (Garantiehaftung) auszuschließen (BGH, Beschluss v. 4.10.1990, XII ZR 46/90, NJW-RR 1991 S. 74). Der Vermieter kann die Haftung für einfache Fahrlässigkeit nicht formularmäßig ausschließen. Der BGH hatte über folgende Klausel zu entscheiden: „Führt ein Mangel des Mietobjekts zu Sach- oder Vermögensschäden, so haftet der Vermieter gegenüber dem Mieter … für diese Schäden – auch aus unerlaubter Handlung – nur bei Vorsatz oder grober Fahrlässigkeit." Der BGH hat dazu entschieden, dass der vertragliche Ausschluss von Schadenersatzansprüchen wegen Verstoßes gegen § 9 AGBG (nunmehr § 307 BGB) unwirksam ist (BGH, Beschluss v. 24.10.2001, VIII ARZ 1/01, WuM 2002 S. 141). Das Recht zur Minderung gemäß § 536 Abs. 1 BGB kann bei einem Mietverhältnis über Wohnraum nicht ausgeschlossen werden (§ 536 Abs. 4 BGB).

7 Während der Mietzeit auftretende Mängel; Mängelanzeige durch den Mieter

Die Rechtsprechung ging bis zum Inkrafttreten des Mietrechtsreformgesetzes (1.9.2001) davon aus, dass ein Mieter, der einen Mangel erst nach Vertragsschluss erkennt und trotz Kenntnis des Mangels die Miete über einen längeren Zeitraum (ca. 6 Monate) hinweg vorbehaltlos in voller Höhe weiterzahlt, in entsprechender Anwendung der Regelung über anfängliche Mängel sein Recht zur Minderung verliert. Auf diese durchaus streitvermeidende Rechtsprechung kann sich der Vermieter nicht mehr berufen. Gemäß § 536c Abs. 1 BGB hat der Mieter dem Vermieter unverzüglich anzuzeigen, wenn sich im Lauf der Mietzeit ein Mangel der Mietsache zeigt oder eine Maßnahme zum Schutz der Mietsache gegen eine nicht vorhergesehene Gefahr erforderlich wird. Das Gleiche gilt, wenn ein Dritter sich ein Recht an der Sache anmaßt. Gemäß § 536c Abs. 2 BGB ist der Mieter dem Vermieter zum Schadenersatz verpflichtet, wenn er eine solche Anzeige unterlässt. Der Schadenersatzanspruch des Vermieters setzt bei der Verletzung der Anzeigepflicht ein Verschulden des Mieters voraus. In § 536c Abs. 2 S. 2 BGB ist als weitere Rechtsfolge Folgendes bestimmt: Soweit der Vermieter infolge der Unterlassung der Anzeige nicht Abhilfe schaffen konnte, ist der Mieter nicht berechtigt,

1. die in § 536 bestimmten Rechte geltend zu machen (Mietminderung bei Sach- und Rechtsmängeln)
2. nach § 536a Abs. 1 BGB Schadenersatz wegen Nichterfüllung zu verlangen oder
3. ohne Bestimmung einer angemessenen Frist zur Abhilfe nach § 543 Abs. 3 S. 1 BGB zu kündigen.

Entgegen der früheren Rechtsprechung entfallen also die Gewährleistungsrechte und Ansprüche des Mieters nur so lange, als er seiner Anzeigepflicht nicht nachkommt.

Der Gewährleistungsausschluss setzt aber voraus, dass der Vermieter gerade wegen der unterlassenen Anzeige keine Abhilfe schaffen konnte. Hätte der Vermieter den Mangel aus anderen (z. B. technischen) Gründen nicht beheben können, kann der Mieter trotz der unterlassenen Anzeige seine Rechte ausüben. Der Vermieter hat die Beweislast dafür, dass die Mängelbeseitigung rechtzeitig möglich gewesen wäre und erst infolge der unterlassenen Mängelanzeige durch den Mieter unmöglich geworden ist. Kann der Vermieter diesen Beweis nicht führen, bleiben dem Mieter trotz der unterlassenen Schadensanzeige seine Gewährleistungsrechte erhalten (OLG Düsseldorf, Urteil v. 16.4.2002, 24 U 20/01, ZMR 2003 S. 21).

Der Anspruch des Mieters auf Mängelbeseitigung ist während der Mietzeit unverjährbar. Bei der Hauptleistungspflicht des Vermieters aus § 535 Abs. 1 S. 2 BGB handelt es sich um eine in die Zukunft gerichtete Dauerverpflichtung, die während des Bestehens des Mietverhältnisses schon begrifflich nicht verjähren kann, denn sie entsteht während des Zeitraums gleichsam ständig neu (BGH, Urteil v. 17.2.2010, VIII ZR 104/09). Nur in ganz besonders gelagerten Fällen, in denen z. B. über einen sehr langen Zeitraum hinweg die volle Miete gezahlt worden war, kann der Vermieter dem Mieter die Einwendung der Verwirkung(s. „Verwirkung“) entgegenhalten. Die amtliche Begründung verweist z. B. auf einen vom BGH (Urteil v. 11.12.1991, XII ZR 63/90, NJW-RR 1992 S. 267) entschiedenen Fall und verweist ferner auf die allgemeine Vorschrift des § 814 BGB (Leistung in Kenntnis der Nichtschuld), die eine zusätzliche Handhabe bieten soll, um das Problem rechtlich befriedigend zu lösen. Eine solche Leistung kann nach dieser Bestimmung nicht zurückgefordert werden.

Dem folgt die höchstgerichtliche Rechtsprechung sowohl bei Wohnraum- als auch bei Geschäftsraummietverhältnissen.

Hat ein Wohnungsmieter, dessen Mietvertrag vor dem Inkrafttreten des Mietrechtsreformgesetzes am 1.9.2001 geschlossen worden ist, in entsprechender Anwendung des § 539 BGB a. F. sein Recht zur Minderung der Miete verloren, weil er den Mangel längere Zeit nicht gerügt und die Miete ungekürzt und vorbehaltlos weitergezahlt hat, so verbleibt es hinsichtlich der bis zum 1.9.2001 fällig gewordenen Mieten bei diesem Rechtsverlust. Für die nach dem 1.9.2001 fällig gewordenen Mieten scheidet nach Ansicht des BGH die analoge Anwendung des § 536b BGB aus. Die Frage, ob und in welchem Umfang ein Mieter wegen eines Mangels der Wohnung die Miete mindern kann, beurteilt sich ausschließlich nach § 536c BGB. Dies gilt auch für nach dem 1.9.2001 abgeschlossene Mietverträge. Zu prüfen bleibt nach Ansicht des BGH weiterhin, soweit das Minderungsrecht nicht erloschen ist, ob der Mieter dieses Recht unter den strengeren Voraussetzungen der Verwirkung (§ 242 BGB) oder des stillschweigenden Verzichts verloren hat (BGH, Urteil v. 16.7.2003, VIII ZR 274/02, WuM 2003 S. 440).

Der für gewerbliche Mietverhältnisse zuständige XII. Senat des BGH hat sich dieser Rechtsprechung angeschlossen und verneint ebenfalls eine analoge Anwendung des ab 1.9.2001 geltenden § 536b BGB (BGH, Beschluss v. 16.2.2005, XII ZR 24/02, NZM 2005 S. 303; vgl. hierzu ausführlich „Kenntnis von Mängeln“ sowie „Verwirkung“).

Die Anzeige des Mieters kann formlos, also auch mündlich erfolgen. Ob formularvertraglich Schriftform vereinbart werden kann, ist umstritten. Für Geschäftsraummietverhältnisse dürfte dies zu bejahen sein. Sie muss unverzüglich (§ 121 Abs. 1 S. 1 BGB) gegenüber dem Vermieter oder dessen Vertreter erfolgen, also z. B. nicht gegenüber einem Handwerker, der im Haus Arbeiten durchführt. Der Mangel ist wenigstens so weit zu beschreiben, dass für den Vermieter ein Abhilfe- oder Prüfungsbedarf erkennbar wird

Davon zu trennen sind die Anforderungen an den Sachvortrag des Mieters im Prozess, wenn also z. B. der Vermieter die seiner Ansicht nach zu Unrecht geminderte Miete bei Gericht einklagt. Hier dürfen nach ständiger Rechtsprechung des BGH die Anforderungen an die Darlegungslast des Mieters nicht überspannt werden. Ein detailliertes Protokoll muss nicht vorgelegt werden. Vielmehr genügt grundsätzlich eine Beschreibung, aus der sich ergibt, um welche Art von Beeinträchtigungen es geht und (z. B. bei Lärm) zu welchen Tageszeiten, über welche Zeitdauer und in welcher Frequenz diese ungefähr auftreten (BGH, Urteil v. 20.6.2012, VIII ZR 268/11, NZM 2012 S. 760).

8 Erfüllungsanspruch und Zurückbehaltungsrecht des Mieters

Unabhängig von den Minderungsansprüchen und von deren Ausschluss nicht betroffen hat der Mieter einen Erfüllungsanspruch (§ 535 Abs. 1 S. 2 BGB). Der Mieter kann verlangen, dass der Vermieter die Mieträume in vertragsgemäßem Zustand hält, also auch Mängel beseitigt. Dieser Mängelbeseitigungsanspruch des Mieters verjährt während der Laufzeit des Mietvertrags nicht. Vielmehr ist der Vermieter verpflichtet, die Mietsache während der gesamten Mietzeit in einem gebrauchstauglichen Zustand zu erhalten (BGH, Urteil v. 17.2.2010, VIII ZR 104/09).

Dies gilt ebenso für den Mieter einer Eigentumswohnung, der die Beseitigung von Mängeln am Gemeinschaftseigentum, soweit die Mietwohnung davon betroffen ist, vom Vermieter auch verlangen kann, wenn ein zustimmender Beschluss der Wohnungseigentümerversammlung noch nicht vorliegt (KG Berlin, RE v. 25.6.1990, 8 RE-Miet 2634/90, ZMR 1990 S. 336), oder wenn der Vermieter seinerseits gewerblicher Zwischenmieter ist (OLG Zweibrücken, RE v. 14.12.1994, 3 W-RE-195/94, WuM 1995 S. 144).

Grundsätzlich steht also dem Verlangen des Mieters auf Mängelbeseitigung nicht entgegen, dass der Vermieter der Eigentumswohnung die Zustimmung der anderen Wohnungseigentümer herbeiführen muss. Der Mieter kann aus dem Titel die Zwangsvollstreckung gemäß § 888 ZPO (Anordnung von Zwangsgeld) betreiben. Dieser Antrag hat keinen Erfolg, wenn der Vermieter zur Durchführung der titulierten Maßnahme nicht in der Lage ist. Das ist er dann nicht, wenn er die Eigentümergemeinschaft erfolglos auf Zustimmung in Anspruch genommen hat; im Weigerungsfall hat der Vermieter zur Vermeidung von Zwangsmitteln nach § 888 ZPO die Eigentümergemeinschaft zeitnah gerichtlich auf Zustimmung in Anspruch zu nehmen (LG Berlin, Beschluss v. 14.9.2012, 63 T 169/12, WuM 2012 S. 640). Nur in eng begrenzten Ausnahmefällen wird der Vermieter frei. Die Verpflichtung des Vermieters zur Wiederherstellung der Mietsache endet dort, wo der dazu erforderliche Aufwand die **„Opfergrenze“** übersteigt (BGH, Urteil v. 26.9.1990, VIII ZR 205/89, WuM 1990 S. 546 unter II 2 a). Diese materielle Einwendung des Vermieters ist im Verfahren nach § 888 ZPO grundsätzlich unbeachtlich. Sie kann, sofern nicht gemäß § 767 Abs. 2 ZPO bereits ausgeschlossen, allenfalls im Rahmen einer Vollstreckungsgegenklage zugunsten des Vermieters Berücksichtigung finden (LG Berlin a. a. O.).Wann diese **Zumutbarkeitsgrenze** überschritten ist, ist im Einzelfall unter Berücksichtigung der beiderseitigen Parteiinteressen wertend zu ermitteln. Es darf jedoch kein krasses Missverhältnis entstehen zwischen dem Reparaturaufwand einerseits und dem Nutzen der Reparatur für den Mieter sowie dem Wert des Mietobjekts und den aus ihm zu ziehenden Einnahmen andererseits. Ein solcher Fall kann z. B. vorliegen, wenn der Mieter vom Vermieter verlangt, die Feuchtigkeit im Durchgang zum Keller sowie zur Tiefgarage fachgerecht zu beseitigen und der Vermieter einwendet, hierbei würden Kosten von ca. 100.000 Euro entstehen (BGH, Urteil v. 20.7.2005, VIII ZR 342/03, WuM 2005 S. 713; vgl. auch BGH, Urteil v. 21.4.2010, VIII ZR 131/09 NZM 2010 S. 507). In diesen Fällen kann sich der Vermieter auf die Einrede aus § 275 Abs. 2 BGB gegenüber dem Mängelbeseitigungsanspruch des Mieters berufen. Danach kann der Schuldner, hier also der Vermieter, die Leistung verweigern, soweit diese einen Aufwand erfordert, der unter Beachtung des Inhalts des Schuldverhältnisses und der Gebote von Treu und Glauben in einem groben Missverhältnis zum Leistungsinteresse des Gläubigers steht. Die Tatsache, dass der Vermieter den zum Mangel der Mietsache führenden Umstand selbst vorsätzlich herbeigeführt hat, schließt die Berufung auf diese Einrede nicht von vornherein aus (BGH, Hinweisbeschluss v. 22.1.2014, VIII ZR 135/13, WuM 2014 S. 277).

Zur Durchsetzung dieses Anspruchs kann der Mieter ein **Zurückbehaltungsrecht** (§ 320 BGB) an künftigen Mietzahlungen geltend machen (vgl. BGH, Urteil v. 7.5.1982, V ZR 90/81, NJW 1982 S. 2242). Die Höhe ist auf das Drei- bis Fünffache des Minderungsbetrags beschränkt (Schmidt-Futterer, Mietrecht, 11. Aufl., § 536 Rn. 424 m.w.N.). Teilweise wird auch auf die Höhe der Mängelbeseitigungskosten abgestellt (bis zum doppelten Betrag). Der zurückbehaltene Betrag ist – im Gegensatz zur Minderung – nach Mängelbeseitigung nachzuzahlen. Nach Mängelbeseitigung kommt der Mieter erst nach einer Mahnung des Vermieters in Verzug (LG Berlin, Urteil v. 21.3.1995, 64 S 290/94, GE 1995 S. 821). Allerdings kann der Mieter ein Zurückbehaltungsrecht an den Mieten erst dann geltend machen, wenn er den Mangel dem Vermieter angezeigt hat. Eine rückwirkende Geltendmachung ist ausgeschlossen (BGH, Urteil v. 3.11.2010, VIII ZR 330/09, WuM 2011 S. 12).

Der Ausschluss der Gewährleistungsrechte (§§ 536 ff. BGB) findet auf den Erfüllungsanspruch des Mieters keine Anwendung (LG Hamburg, Urteil v. 5.2.1991, 16 S 33/88, WuM 1991 S. 161, 163; OLG Köln, Urteil v. 28.10.1991, 2 U 185/90, WuM 1995 S. 35 m.w.N.; BGH, Urteil v. 18.4.2007, XII ZR 139/05, NZM 2007 S. 484). Dies hat findige Mieter dazu bewogen, sich gegenüber einer fristlosen Kündigung des Vermieters wegen Zahlungsverzugs auf dieses Zurückbehaltungsrecht wegen angeblicher Mängel zu berufen. Das BayObLG, dem die Rechtsfrage vorgelegt wurde, ob der Mieter trotz Verlusts seines Minderungsrechts dem Zahlungsanspruch des Vermieters im Hinblick auf den Mängelbeseitigungsanspruch gemäß § 535 Abs. 1 BGB die Einrede des nicht erfüllten Vertrags (§ 320 BGB) entgegenhalten kann, hat den Erlass eines Rechtsentscheids abgelehnt (Beschluss v. 10.5.1999, RE-Miet 1/99, WuM 1999 S. 392). Das Gericht hat darauf hingewiesen, dass diese Rechtsfrage keinen speziellen wohnraummietrechtlichen Bezug hat. In den Gründen hat es hierzu ausgeführt, dass in Ausnahmefällen der Erfüllungsanspruch des Mieters auf Herstellung eines zum vertragsmäßigen Gebrauch geeigneten Zustands ausgeschlossen sei (BGH, Urteil v. 18.6.1997, XII ZR 63/95, NJW 1997 S. 2674 f.) oder die gemäß § 320 Abs. 2 BGB nach den Grundsätzen von Treu und Glauben vorzunehmende Abwägung unter Heranziehung des Rechtsgedankens des § 536b BGB zu einem Ausschluss der Einrede führen kann (BGH, Urteil v. 5.7.1989, VIII ZR 334/88, NJW 1989 S. 3222, 3224). Ob diese Ausnahmen eingreifen, ist jedoch anhand der Umstände des Einzelfalls zu entscheiden und entzieht sich einer allgemeinen Beurteilung.

Im Anschluss daran hat das LG München I entschieden, dass die Hinnahme eines Mangels auf die Dauer von 11 Jahren ohne Minderung und ohne Zahlungsvorbehalt einen solchen Ausnahmefall darstellt (LG München I, Urteil v. 20.10.1999, 14 S 13503/98, WuM 1999 S. 688; vgl. zur Verwirkung durch jahrelange vorbehaltlose Nutzung auch OLG Hamm, Beschluss v. 23.11.1999, 30 W 24/99, ZMR 2000 S. 93).

Wenn die Vertragsparteien jedoch in Kenntnis eines Mangels einen Mietvertrag abschließen, kann dies je nach den näheren Umständen so ausgelegt werden, dass der Mieter diesen Zustand der Mieträume als vertragsgemäßen angenommen hat, sodass ihm die Rechte aus den §§ 535 Abs. 1, 320 BGB (Erfüllung oder Zurückbehaltung) nicht zustehen (so Kraemer in Bub/Treier, III Rn. 1283, 1401). Anderer Ansicht ist das OLG Köln (a.a.O.), das dem Mieter auch bei einer Vertragsklausel, wonach die Räume in einem zu dem vertragsgemäßen Gebrauch geeigneten Zustand sind, einen auf Mängelbeseitigung gerichteten Erfüllungsanspruch (§ 535 Abs. 1 BGB) zuspricht.

Der Klausel „Der Mieter hat das Objekt besichtigt und übernimmt es im derzeit vorhandenen Zustand“ kommt eine Indizwirkung, wonach irgendein Mangel vorgelegen haben müsse, auf den verzichtet werde, nicht zu. Die Formulierung findet sich in vielen Mietverträgen und dient lediglich der Beschreibung des Mietobjekts. Ein Hinweis auf verborgene Mängel oder gar darauf, dass dem Mieter solche bekannt gewesen seien, kann ihr nicht entnommen werden (BGH, Urteil v. 18.4.2007, XII ZR 139/05, NZM 2007 S. 484). Vielmehr sind Erfüllungsansprüche nur dann ausgeschlossen, wenn die Mietvertragsparteien einen bestimmten, bei Überlassung vorhandenen (schlechten) Zustand der Mietsache konkret als vertragsgemäß vereinbart haben. Dieser Schluss wird allerdings häufig gerechtfertigt sein, wenn der Mieter den Mietvertrag in positiver Kenntnis eines bestimmten Mangels abschließt, d.h., die Mietsache so, wie sie ist, akzeptiert (BGH, a.a.O.).

Wie das OLG Frankfurt/M. entschieden hat, wird die Ausübung des Zurückbehaltungsrechts diesem Zweck nur so lange gerecht, wie es eine Verwirklichung des Erfüllungsanspruchs fördern kann. Ist dies durch Zeitablauf unmöglich geworden, kann das Zurückbehaltungsrecht nicht mehr durchgreifen, da es sonst seinen Rechtscharakter ändern würde. Dies hat zur Folge, dass sich das Zurückbehaltungsrecht nur für den jeweiligen Zahlungsmonat auswirkt. Über diesen Monat hinaus darf der Mieter die Miete nicht zurückbehalten (OLG Frankfurt/M., Urteil v. 23.4.1999, 24 U 110/97, ZMR 1999 S. 628).

Der **Erfüllungsanspruch** des Mieters besteht unabhängig davon, ob der Mangel erheblich oder unerheblich ist, allerdings nur bis zur „Opfergrenze“ des Vermieters (s.o.).

Ferner setzt das Zurückbehaltungsrecht eigene Vertragstreue des Mieters voraus (LG München I, Urteil v. 24.3.1999, 14 S 17277/98, NZM 2000 S. 87). Behält der Mieter daher zunächst nur die Miete ein, ohne eine Zurückbehaltung deutlich zu machen und beruft er sich erst später (z.B. nach der Kündigung) auf ein Zurückbehaltungsrecht, muss er vortragen und ggf. beweisen, dass er die nicht gezahlte Miete tatsächlich zurückgelegt hat und nicht nur zahlungsunfähig bzw. zahlungsunwillig war (LG Braunschweig, Urteil v. 14.9.1999, 6 S 427/99 (100), ZMR 1999 S. 827).

Das Zurückbehaltungsrecht des Mieters an der Miete wird auch nicht dadurch ausgeschlossen, dass der Mieter den Mangel nicht angezeigt hat, sodass das Bestehen dieser Einrede den Verzug mit der Mietzahlung ausschließt (LG Bremen, Urteil v. 2.9.1993, 6 S 114/93, WuM 1993 S. 605). Die Berufung auf das Einrederecht aus § 320 BGB setzt eigene Vertragstreue des Einredenden voraus. Daran fehlt es z.B., wenn der Mieter zwar Mängel meldet, aber eine Besichtigung nicht gestattet (LG Bremen, a.a.O.).

Mängel der Wohnung berechtigen den Mieter aber nicht zur Zurückbehaltung der **Mietkaution** (LG Köln, Urteil v. 3.3.1993, 10 S 334/92, WuM 1993 S. 605). Bei vollständiger Zerstörung der Mietsache hat der Mieter allerdings keinen Erfüllungsanspruch mehr (vgl. hierzu „Instandhaltung und Instandsetzung der Mieträume“).

9 Außerordentliche Kündigung

Neben den Rechten aus den §§ 536 ff. BGB hat der Mieter in zwei Fällen ein außerordentliches Kündigungsrecht ohne Einhaltung einer Frist, nämlich bei **Nichtgewährung des Gebrauchs** und bei **Gesundheitsgefährdung** (s. „Kündigung“).

10 Zahlungsklage des Vermieters, Urkundenprozess

Es kommt vor, dass Mieter, die zur Zahlung der Miete nicht in der Lage sind, Mängel vorschieben und sich dann auf ihr Minderungs- und Zurückbehaltungsrecht berufen (s.o. Abschnitt 8, „Erfüllungsanspruch und Zurückbehaltungsrecht des Mieters“. Zwar kann der Vermieter in solchen Fällen Räumungsklage erheben, wenn ein entsprechender Mietrückstand besteht. In einem solchen Verfahren ist aber oft eine langwierige Beweisaufnahme über die Berechtigung des Mieters zur Minderung erforderlich.

Mindert der Mieter nach Meinung des Vermieters zu Unrecht, sollte nicht allzu lange mit der Klage gewartet werden. Die Instanzgerichte neigen teilweise immer noch dazu, den Zahlungsanspruch des Vermieters bei längerem Abwarten als verwirkt anzusehen (vgl. hierzu „Verwirkung“, Abschnitt 6 „Zahlungsanspruch des Vermieters“).

Ist dem Vermieter an einem schnellen Vollstreckungstitel gelegen, kann er die rückständigen Mieten im Urkundenprozess geltend machen. Die anspruchsbegründenden Tatsachen müssen dabei durch Urkunden bewiesen werden, hier also durch Vorlage des Mietvertrags. Der Mieter wird, insbesondere wenn die Mängel nur vorgeschoben sind, seine Einwendungen nicht mit den im Urkundenverfahren zulässigen Beweismitteln (§ 595 Abs. 2 ZPO) nachweisen können, sodass die Einwendungen im Urkundenverfahren zurückgewiesen werden (§ 598 ZPO). Allerdings ist dem Beklagten, welcher dem geltend gemachten Anspruch widersprochen hat, in allen Fällen, in denen er verurteilt wird, die Ausführung seiner Rechte vorzubehalten, es ergeht also nur ein Vorbehaltsurteil. Aus diesem Vorbehaltsurteil kann der Vermieter gemäß § 708 Nr. 4 ZPO ohne Sicherheitsleistung vollstrecken. Der Mieter hat gemäß § 711 ZPO die Möglichkeit, die Vollstreckung abzuwenden, wenn er Sicherheit leistet oder hinterlegt, falls nicht der Gläubiger vor der Vollstreckung seinerseits Sicherheit leistet.

Bei der Vollstreckung aus dem Vorbehaltsurteil ist Folgendes zu beachten: Wird dem Beklagten die Ausführung seiner Rechte vorbehalten, da er dem Anspruch widersprochen hat, bleibt der Rechtsstreit im ordentlichen Verfahren anhängig (§ 600 Abs. 1 ZPO). Stellt sich im Nachverfahren heraus, dass die Minderung – wenigstens zum Teil – berechtigt war, haftet der Vermieter gemäß §§ 600 Abs. 2, 302 Abs. 4 S. 3 ZPO dem Mieter auf Schadenersatz. Eine Vollstreckung ist in solchen Fällen also nicht ohne Risiko.

Die Zulässigkeit dieser Verfahrensart bei Geschäftsraummietverhältnissen ist seit längerem anerkannt (BGH, Beschluss v. 10.3.1999, XII ZR 321/97, WuM 1999 S. 345). Auch für die Wohnraummiete hat der BGH (Urteil v. 1.6.2005, VIII ZR 216/04, WuM 2005 S. 526) entschieden, dass Mietrückstände im Urkundenprozess geltend gemacht werden können.

Der Urkundenprozess ist zulässig, wenn sich der Mieter auf eine Mietminderung beruft, aber auch dann, wenn der Mieter die Wohnung in vertragsgemäßem Zustand erhalten hat und die Einrede des nicht erfüllten Vertrags darauf stützt, ein Mangel sei nachträglich eingetreten (BGH, Urteil v. 20.12.2006, VIII ZR 112/06, WuM 2007 S. 82). Dies gilt auch dann, wenn der Mieter wegen behaupteter anfänglicher Mängel der Mietsache Minderung geltend macht oder die Einrede des nicht erfüllten Vertrags erhebt, aber gleichwohl die Wohnung übernommen und die später behaupteten Mängel nicht gerügt hat, sofern dies unstreitig ist oder vom Vermieter durch Urkunden bewiesen werden kann (BGH, Urteil v. 8.7.2009, VIII ZR 200/08, WuM 2009 S. 591). Der BGH weist darauf hin, dass der Vermieter im Urkundenprozess die mangelfreie Übergabe der Mietsache als anspruchsbegründende Tatsache nicht durch Urkunden beweisen muss. Die Annahme der Mietsache als Erfüllung kann der Vermieter durch Vorlage eines Übergabeprotokolls beweisen oder auch durch Kontoauszüge, aus denen sich ergibt, dass der Mieter zunächst die ungeminderte Miete gezahlt hat.

Eine Mietzinsklage im Urkundenprozess wegen unberechtigter Mietminderung ist jedoch unstatthaft, wenn der Mieter anhand des Wohnungsübergabeprotokolls gelistete Mängel bei Wohnungsübergabe und die Zusage der Mängelbeseitigung anhand Schreiben der Hausverwaltung, dagegen der Vermieter die Mängelbeseitigung nicht durch Urkunden nachweisen kann (BGH, Urteil v. 20.10.2010, VIII ZR 111/09, WuM 2010 S. 761; siehe hierzu auch „Gerichtliches Verfahren in Mietsachen“).

Mehrheit → „Personenmehrheit auf Mieterseite“

Mehrwertsteuer → „Miete“, Abschnitt 4 „Höhe der Miete“

Mietaufhebungsvertrag

Mietverträge können nicht nur einseitig durch Kündigung, sondern auch **einvernehmlich** durch einen Vertrag beendet werden. Dies geschieht durch einen sog. Aufhebungsvertrag. Der Vertrag bedarf nicht der schriftlichen Form (herrschende Meinung).

Dies gilt auch, wenn die Parteien Schriftform im Mietvertrag vereinbart haben oder Schriftform von Gesetzes wegen vorgeschrieben ist, da der Vertrag für länger als ein Jahr abgeschlossen ist. Der Aufhebungsvertrag bedarf nicht der Form des Begründungsvertrags (Mietvertrags) (LG Aachen, Beschluss v. 2.12.1992, 7 S 388/92, WuM 1993 S. 734: Schriftform grundsätzlich nicht erforderlich, sowie OLG Düsseldorf, Urteil v. 16.10.2003, I-10 U 46/03, WuM 2003 S. 621: Die Klausel „Änderungen und Ergänzungen des Mietvertrags bedürfen der Schriftform“ bezieht sich nicht auf den Abschluss eines Mietaufhebungsvertrags). Hierfür genügen ihre auf Aufhebung des Vertrags gerichteten Erklärungen, sofern festgestellt werden kann, dass diese ernsthaft gewollt sind (OLG Düsseldorf, Urteil v. 5.4.2001, 10 U 36/00, DWW 2001 S. 248).

> Aus Beweisgründen sollte die Schriftform aber eingehalten werden.

Vertragsinhalt ist, dass die Parteien zu einem bestimmten Zeitpunkt das Mietverhältnis beenden wollen. Es empfehlen sich eindeutige Formulierungen, wie z.B.:

> „Die Parteien sind sich darüber einig, dass das Mietverhältnis über … zum … endet. Der Mieter verpflichtet sich zur Räumung und Herausgabe der Wohnung/Geschäftsräume zu diesem Zeitpunkt. Eine – auch stillschweigende – Verlängerung darüber hinaus ist ausgeschlossen.“

Ein Aufhebungsvertrag kann stillschweigend (auch durch schlüssiges Verhalten) abgeschlossen werden. Hier sind aber hohe Anforderungen zu stellen (vgl. LG Freiburg, Urteil v. 10.5.1988, 7 S 224/87, WuM 1989 S. 7). Nicht in jedem Verhalten der Parteien sind übereinstimmende Willenserklärungen auf Vertragsbeendigung zu sehen. Insbesondere eine unwirksame Kündigung kann in der Regel nicht in das Angebot zum Abschluss eines Aufhebungsvertrags umgedeutet werden (BGH, Urteil v. 24.9.1980, VIII ZR 299/79, WuM 1981 S. 57), selbst wenn der Mieter daraufhin auszieht.

Auch für Mietaufhebungsverträge gilt das Widerrufsrecht bei Haustürgeschäften (§ 312 BGB; LG Heidelberg, Urteil v. 23.4.1993, 5 S 231/92, WuM 1993 S. 397) (s. hierzu ausführlich „Mietvertrag“. Nach Ansicht des LG Heidelberg (a. a. O.) handelt ein Vermieter dann geschäftsmäßig mit der Folge, dass § 312 BGB anwendbar ist, wenn er gleichartige Mietaufhebungsverträge über Wohnungen in einem Mehrparteienhaus vereinbart, um eine Gesamtsanierung des Anwesens vorzubereiten.

Weiter ist das LG Heidelberg (a. a. O.) der Auffassung, dass ein Mietaufhebungsvertrag dann sittenwidrig ist, wenn die – nur – im Interesse des Vermieters getroffene Vereinbarung ein Berufen des Mieters auf **Räumungs- und Vollstreckungsschutz** ausschließt. Dies dürfte überzogen sein. Ein Verzicht des Mieters auf Vollstreckungsschutz (§ 765a ZPO) ist von vornherein unwirksam, ein Verzicht auf Räumungsschutz (§§ 721, 794a ZPO) nach allgemeiner Ansicht zulässig.

Einigen sich die Parteien nur auf den Zeitpunkt der Aufhebung des Mietverhältnisses, verbleibt es im Übrigen (Schönheitsreparaturen, Einbauten, Kaution etc.) bei den Bestimmungen des Mietvertrags bzw. der gesetzlichen Regelung. Auch Schadenersatzansprüche des Mieters sind nicht ausgeschlossen, wenn ein Aufhebungsvertrag nach Ausspruch einer unwirksamen Kündigung des Vermieters geschlossen wurde und der Mieter den Aufhebungsvertrag aufgrund unzutreffender Angaben des Vermieters über die Kündigungsgründe abschließt (OLG Karlsruhe, RE v. 7.10.1981, 3 RE-Miet 6/81, WuM 1982 S. 11).

Etwas anderes gilt allerdings, wenn der Mieter die Kündigungsgründe bestreitet, z. B. den geltend gemachten Eigenbedarf, und die Parteien gleichwohl unter Aufrechterhaltung ihrer Rechtsstandpunkte einen Aufhebungsvertrag schließen, sei es außergerichtlich oder vor Gericht, in der Regel gegen nicht unerhebliche Zahlungen des Vermieters. Entscheidend hierbei ist, ob die Vereinbarung über die Mietaufhebung nur den Streit hinsichtlich der Schlüssigkeit und der Beweisbarkeit des Eigenbedarfstatbestands beilegen sollte oder ob die Parteien zugleich auch den Streit darüber beilegen wollten, ob die vom Vermieter behauptete Bedarfslage besteht oder ob sie nur vorgetäuscht war (OLG Frankfurt/M., RE v. 6.9.1994, ZO RE-Miet 1/93, WuM 1994 S. 600). In letzterem Fall kann im Aufhebungsvertrag auch ein Verzicht des Mieters auf Schadenersatzansprüche gesehen werden. In einem solchen Fall hat auch der nach Abschluss der Vereinbarung eingetretene Wegfall des Eigenbedarfsgrunds auf Seiten des Vermieters keinen Einfluss auf die Wirksamkeit des zwischen den Parteien geschlossenen Aufhebungsvertrags (LG Stuttgart, Urteil v. 16.7.2004, 5 S37/04, DWW 2004 S. 225).

> Vonseiten des Vermieters sollte bei einem solchen Aufhebungsvertrag, insbesondere wenn er Zahlungen leistet, dafür gesorgt werden, dass im Vertragstext aufgenommen wird, dass das Mietverhältnis unabhängig vom geltend gemachten Kündigungsgrund beendet sein soll.

Die in Räumungsvergleichen häufige Formulierung, wonach sämtliche Ansprüche der Parteien durch den Vergleich abgegolten sein sollen, kann nur diejenigen Ansprüche umfassen, die beim Vergleichsabschluss schon bestanden oder jedenfalls absehbar waren. Schadenersatzansprüche wegen vorgetäuschtem Eigenbedarf fallen nicht hierunter (LG Hamburg, Urteil v. 21.6.1994, 316 S 28/94, WuM 1995 S. 168).

Kein Mietaufhebungsvertrag liegt vor, wenn der Vermieter nach einer unwirksamen Kündigung durch den Mieter die Wohnung neu vermietet (LG München I, Urteil v. 6.11.1996, 14 S 9944/96, NJWE-MietR 1997 S. 25).

Eine unwirksame Kündigung kann grundsätzlich nicht in ein Angebot auf Vertragsaufhebung umgedeutet werden. Nimmt hingegen der Vermieter die Kündigung ausdrücklich an, so liegt hierin das Angebot zum Abschluss eines Aufhebungsvertrags, das wiederum vom Mieter durch stillschweigende Hinnahme angenommen werden kann (OLG Düsseldorf, Urteil v. 16.10.2003, I-10 U 46/03, WuM 2003 S. 621).

Setzt der Mieter nach dem vereinbarten Endtermin den Gebrauch der Mieträume fort, ist strittig, ob es aufgrund von § 545 BGB zu einer Fortsetzung des Mietverhältnisses auf unbestimmte Zeit kommt.

> Zur Vermeidung von Problemen empfiehlt sich daher im Vertrag ein ausdrücklicher Ausschluss von § 545 BGB.

Der Mieter kann u. U. einen Anspruch auf die Entlassung aus dem Mietvertrag haben, also auf Abschluss eines Mietaufhebungsvertrags (siehe hierzu ausführlich „Ersatzmieter“).

Miete

Inhaltsübersicht

Seite

1 Allgemeines 668

2 Miete als Schickschuld 668

3 Fälligkeit der Miete 669

4 Höhe der Miete 669
5 Verzug 670
6 Verpflichtung zur Mietzahlung 670

1 Allgemeines

Die Miete ist die Gegenleistung des Mieters für die Überlassung der Mietsache. Sie umfasst das gesamte Entgelt für die Leistung des Vermieters. Zur Miete gehören auch die **Betriebskosten** (s. „Betriebskosten"), falls sie im Mietvertrag gesondert ausgewiesen sind (§ 556 Abs. 1 BGB). Anderenfalls sind sie in der vereinbarten Miete enthalten. Nachforderungen aus der jährlichen Nebenkostenabrechnung sind nicht Miete i. S. d. § 543 Abs. 2 Nr. 3 BGB. Kommt der Mieter mit der Begleichung dieser Forderung in Verzug, kann der Vermieter nicht fristlos kündigen (OLG Koblenz, RE v. 26.7.1984, 4 W-RE 386/84, WuM 1984 S. 269). Teil der Miete sind dagegen **Mietvorauszahlungen** (s. „Mietvorauszahlung"), nicht aber Mieterdarlehen (s. „Mieterdarlehen"). Auch **verlorene Baukostenzuschüsse** werden überwiegend als Miete angesehen. Umstritten ist hingegen die Rechtsnatur sog. Abstandszahlungen (s. „Abstandszahlungen"), die dem Zweck dienen, den Vermieter zum Abschluss des Mietvertrags geneigt zu machen, etwa um dem Leistenden den Vorzug vor einem anderen Mietinteressenten zu geben. Leistungen dieser Art sind nach überwiegender Meinung nicht dem Begriff „Miete" zuzuordnen.

2 Miete als Schickschuld

Die Miete ist eine sog. **Schickschuld**. Der Mieter hat die Miete auf seine Gefahr und seine Kosten dem Vermieter an dessen Wohnsitz zu übermitteln (§ 270 BGB). Überwiegend wird im Mietvertrag festgelegt, auf welche Weise und wohin die Miete zu entrichten ist. Dies gilt auch für die Zahlungsweise.

Eine Einziehungs- oder Abbuchungsermächtigung muss der Mieter nur bei entsprechender vertraglicher Vereinbarung erteilen. Ein formularmäßig vereinbartes **Abbuchungsverfahren** ist unwirksam (LG Köln, Urteil v. 7.3.1990, 10 S 532/89, WuM 1990 S. 380). Beim Abbuchungsverfahren hat nämlich der Zahlungspflichtige seiner Bank im Voraus einen Abbuchungsauftrag erteilt. Die Bank belastet dementsprechend das Konto, sodass die Kontobelastung nicht mehr rückgängig gemacht werden kann. Die Abbuchungsermächtigung muss daher zumindest eine Widerrufsmöglichkeit enthalten (vgl. LG Hamburg, Beschluss v. 14.7.1989, 74 O 139/89, WuM 1990 S. 115, 116). Hingegen kann ein **Einzugsermächtigungsverfahren** auch formularmäßig vereinbart werden (BGH, Urteil v. 10.1.1996, XII ZR 271/94, WuM 1996 S. 205). Hier ist der Zahlungspflichtige nämlich besser gestellt: Er erteilt nur dem Zahlungsempfänger (dem Vermieter) eine Einzugsermächtigung, während er gegenüber der Zahlstelle (seiner Bank) keine Erklärung über den Einzug der Forderung gegen ihn im Lastschriftverfahren abgibt. Der Zahlungspflichtige kann deshalb der Kontobelastung widersprechen und Wiedergutschrift des abgebuchten Betrags verlangen (BGH, a. a. O.). Unzulässig ist ein Ausschluss der Widerrufsmöglichkeit. Gleiches gilt für Formulierungen, die beim Mieter den Eindruck erwecken, dass ihm die Möglichkeit des Widerrufs verwehrt ist, z. B. „Der Mieter ist zur Erfüllung der Einzugsermächtigung verpflichtet" (OLG Brandenburg, Urteil v. 23.4.2004, 7 U 165/03, WuM 2004 S. 597). Dagegen kann der Vermieter auch ohne ausdrückliche Vereinbarung die Überweisung auf sein Konto verlangen. So hat das LG Köln entschieden, dass eine Formularklausel im Mietvertrag, die den Mieter verpflichtet, ein Konto zu eröffnen, eine Bankverbindung – mit Ausnahme der Postbank – zu benennen und eine Einzugsermächtigung zu erteilen, wirksam ist (LG Köln, Urteil v. 16.5.2002, 1 S 205/01, WuM 2002 S. 306). Die Überweisungskosten sind vom Mieter zu tragen.

3 Fälligkeit der Miete

Die Miete für Räume, egal ob Wohn- oder Geschäftsräume oder sonstige Räume, ist gemäß §§ 556b Abs. 1, 579 Abs. 2 BGB zu Beginn, spätestens bis zum dritten Werktag der einzelnen Zeitabschnitte zu entrichten, nach denen sie bemessen ist. Die Regelung ist insgesamt nicht zwingend, sodass abweichende Vereinbarungen möglich bleiben (z. B. bei Hotels oder Ferienwohnungen). Für Mietverhältnisse über Grundstücke gilt § 579 Abs. 1 BGB, wonach die Miete am Ende der Mietzeit zu entrichten ist. Ist die Miete nach Zeitabschnitten bemessen, so ist sie nach Ablauf der einzelnen Zeitabschnitte zu entrichten. Die Miete für ein Grundstück ist, sofern sie nicht nach kürzeren Zeitabschnitten bemessen ist, jeweils nach Ablauf eines Kalendervierteljahres am ersten Werktag des folgenden Monats zu entrichten. Auch hier sind abweichende Vereinbarungen zulässig. Siehe hierzu im Übrigen „Fälligkeit der Miete".

4 Höhe der Miete

Die **Höhe der Miete** unterliegt grundsätzlich der freien Vereinbarung der Parteien (s. aber „Kostenmiete", „Mietpreiserhöhung", „Mietwucher"). Haben die Parteien die Miete nicht weiter festgelegt, ist die ortsübliche Vergleichsmiete zu zahlen.

Bei Geschäftsräumen ist die **Mehrwertsteuer** nur dann zzgl. zur Miete zu bezahlen, wenn dies ausdrücklich vereinbart war. Eine formularmäßige Klausel, wonach Mehrwertsteuer zu bezahlen ist, ist bei individueller Vereinbarung einer Miete ohne Mehrwertsteuer unwirksam, da Letzteres vorgeht (BGH, WuM 1973 S. 677). Eine formularmäßige Klausel, wonach der Vermieter die Mehrwertsteuer nachträglich verlangen kann, wenn er für die Umsatzsteuer optiert (§ 9 UStG), ist wirksam. Die Klausel geht allerdings ins Leere, wenn der Mieter nicht umsatzsteuerpflichtig ist, weil dann Mehrwertsteuer nicht anfällt (BGH, Urteil v. 28.7.2004, NZM 2004 S. 785).

Eine Klausel, die den Vermieter berechtigt, nach Vertragsschluss die Zahlung von Mehrwertsteuer zu verlangen, ist nur dann wirksam, wenn der Mieter vorsteuerabzugsberechtigt ist (Blank/Börstinghaus, Miete, 4. Aufl., § 535 BGB Rn. 637). Bei Mietern, die zum Vorsteuerabzug nicht berechtigt sind, wie z. B. Ärzten, verstößt daher ein solcher formularmäßig vereinbarter Vorbehalt gegen § 307 BGB.

Eine formularmäßige Klausel, die den Mieter verpflichtet, die jeweilige gesetzliche Mehrwertsteuer zu zahlen, ist bei vorsteuerabzugsberechtigten Mietern zulässig. Bei einer Gesetzesänderung kann daher die Mehrwertsteuer erhöht werden. Bei nicht zum Vorsteuerabzug berechtigten Gewerberaummietern wie z. B. Ärzten stellt dagegen dieser formularmäßige Erhöhungsvorbehalt eine unangemessene Benachteiligung gemäß § 307 BGB dar und ist unwirksam (LG Magdeburg, Urteil v. 19.12.1995, 2 S 509/95, WuM 1996 S. 700; Bub, NZM 1998 S. 789, 794).

> Es empfiehlt sich, den zur Zahlung von Mehrwertsteuer verpflichteten Mieter im Mietvertrag dazu zu verpflichten, in den Mieträumen ausschließlich oder wenigstens zu 95 % (Bagatellgrenze gemäß § 148 a UStR) Umsätze zu tätigen, die den Vorsteuerabzug nicht ausschließen. Eine solche Vereinbarung soll auch formularvertraglich zulässig sein (Bub, a. a. O.). Da der Vermieter gegenüber dem Finanzamt eine Nachweispflicht hat (§ 9 Abs. 2 S. 2 UStG, vgl. auch § 148 a UStR), kann mietvertraglich vereinbart werden, dass der Mieter dem Vermieter darüber Auskunft zu erteilen und Nachweise zu erbringen hat.

Haben die Parteien vereinbart, dass der Mieter neben der Nettomiete die „jeweils gültige Mehrwertsteuer" zu zahlen hat, ist fraglich, ob der Mieter zur Zahlung der Mehrwertsteuer verpflichtet ist, wenn die Option des Vermieters zur Steuerpflicht unwirksam ist (BGH, Urteil v. 28.7.2004, XII ZR 292/02, NZM 2004 S. 785).

Eine solche Option des Vermieters zur Umsatzsteuer ist nur dann möglich, wenn der Mieter Unternehmer ist und die Mieträume für unternehmerische Zwecke nutzt. Eine solche Nutzung liegt nicht vor, wenn z. B. ein Träger der gesetzlichen Krankenversicherung als selbstverwaltete Körperschaft des öffentlichen Rechts Büroräume lediglich zu eigenen Verwaltungszwecken nutzt. Der Vermieter kann auch nicht durch Ausstellung einer unrichtigen Mehrwertsteuerrechnung eine Verpflichtung des Mieters zur Zahlung herbeiführen. Da es keine „gültige Mehrwertsteuer" für nicht steuerpflichtige Vermieterumsätze gibt und es auch nicht zur Disposition der Parteien steht, nach dem Gesetz steuerfreie Umsätze durch Vereinbarung steuerpflichtig zu machen, schuldet der Mieter in der Regel die Mehrwertsteuer nicht. Etwas anderes kann sich nur daraus ergeben, wenn sich der Mieter bei Abschluss des Vertrags bereit erklärt, den vom Vermieter verlangten Gesamtpreis zu zahlen, und zwar unabhängig davon, ob er selbst zum Vorsteuerabzug berechtigt ist und welche steuerlichen Gestaltungsmöglichkeiten der Vermieter wahrnehmen kann oder nicht. Ein Indiz hierfür ist, wenn der Mieter den vom Vermieter verlangten Endbetrag über einen längeren Zeitraum vorbehaltlos zahlt (BGH, Urteil v. 21.1.2009, XII ZR 79/07, NZM 2009 S. 237).

Hat der Vermieter vor Abschluss des Mietvertrags für die Mehrwertsteuer optiert und schuldet der **gewerbliche** Mieter vertraglich die auf die Miete entfallende Mehrwertsteuer, gilt dies im Wege ergänzender Vertragsauslegung auch für die Verpflichtung des Mieters zur Zahlung der abgerechneten Betriebskosten (OLG Düsseldorf, Urteil v. 26.10.1995, 10 U 207/94, WuM 1996 S. 211).

In Geschäftsraummietverträgen, bei denen der Vermieter zur Mehrwertsteuer nach § 9 UStG optiert hat, ist er verpflichtet, für die Mietverträge ab dem 1.1.2004 im Kopf des Mietvertrags die Steuernummer und eine fortlaufende Nummerierung der Verträge anzugeben. Verträge, die vor dem 1.1.2004 abgeschlossen wurden, müssen nicht um eine fortlaufende Nummerierung ergänzt werden.

Hierbei ist zu beachten, dass sämtliche Mietverträge eines Mietobjekts, so auch die Wohnraummietverträge für dieses Anwesen, laufend nummeriert werden müssen, sofern der Vermieter für ein Mietverhältnis des Anwesens zur mehrwertsteuerpflichtigen Vermietung optiert hat.

5 Verzug

Wenn der Mieter mit mehreren Mietzahlungen in **Verzug** ist und dann wieder leistet, kann er bestimmen, mit welcher der fälligen Mieten seine Zahlung verrechnet werden soll. Trifft er keine Bestimmung, ist die Zahlung auf die älteste Schuld anzurechnen (§ 366 Abs. 2 BGB). Eine Vereinbarung, wonach der Vermieter bestimmen kann, worauf Vorauszahlungen des Mieters anzurechnen sind (z. B. statt Miete Januar 1991 Heizkosten 1989/90), ist unwirksam (BGH, Urteil v. 20.6.1984, VIII ZR 337/82, MDR 1985 S. 50).

6 Verpflichtung zur Mietzahlung

Der Mieter wird von der Entrichtung der Miete nicht dadurch **befreit**, dass er aus einem in seiner Person liegenden Grund an der Ausübung des ihm zustehenden Gebrauchsrechts verhindert wird (§ 537 Abs. 1 S. 1 BGB). Der Vermieter muss sich jedoch den Wert der ersparten Aufwendungen sowie diejenigen Vorteile anrechnen lassen, welche er aus einer anderweitigen Verwertung erlangt (§ 537 Abs. 1 S. 2 BGB). Solange der Vermieter infolge der Überlassung des Gebrauchs an einen Dritten außerstande ist, dem Mieter den Gebrauch zu gewähren, ist der Mieter zur Entrichtung der Miete nicht verpflichtet (§ 537 Abs. 2 BGB).

Diese bedeutsame Bestimmung greift vor allem, wenn der Mieter während der Laufzeit des Mietvertrags oder vor Ablauf der gesetzlichen oder vereinbarten Kündigungsfrist auszieht. Er bleibt grundsätzlich zur Mietzahlung bis zum Ende der Mietzeit verpflichtet, ohne Rücksicht darauf, ob er den Gebrauch ausüben kann oder nicht.

Nach § 242 BGB (Grundsatz von Treu und Glauben) kann der Mieter aber unter bestimmten Umständen einen Anspruch auf **Entlassung aus dem Mietvertrag** haben (vgl. „Ersatzmieter"). Dagegen ist der Mieter zur Zahlung der Miete nicht mehr verpflichtet, wenn ihm der Gebrauch der Mietsache entzogen wird. Wenn also der Mieter vorzeitig auszieht und der Vermieter daraufhin umfassende Umbaumaßnahmen in den Räumen vornimmt, sodass der Mieter die Räume gar nicht mehr nutzen könnte, wird der Mieter von der Pflicht zur Zahlung frei. Dies gilt auch, wenn der Vermieter selbst einzieht. Die **Beweislast** für den Einzug des Vermieters hat hier der vorzeitig ausziehende Mieter (OLG Oldenburg, RE v. 10.11.1980, 5 UH 11/80, WuM 1981 S. 177).

Gleiches gilt grundsätzlich, wenn der Vermieter die Mieträume einem Dritten überlässt, auch hier wird der vorzeitig ausgezogene Mieter von seiner Mietzahlungsverpflichtung frei (§ 557 Abs. 2 BGB). Dies würde aber dazu führen, dass der Vermieter bei vorzeitigem Auszug des Mieters die Räume leer stehen lassen müsste, wenn er nur einen **Nachmieter** findet, der weniger zahlt, da der Vormieter bei Überlassung frei werden würde. Diesem Ergebnis ist das OLG Hamm in seinem RE v. 13.3.1986 (4 RE-Miet 3/85, WuM 1986 S. 201) entgegengetreten (vgl. auch ebenso BGH, Urteil v. 31.3.1993, XII ZR 198/91, DWW 1993 S. 168). Danach kann der Vermieter in diesem Fall die Mietdifferenz vom ausgezogenen Mieter verlangen, wenn er ihm mitteilt, dass er die Räume zu einer bestimmten Miete anderweitig vermieten will. Auch der Grundsatz der Schadensminderungspflicht spricht dafür, dass der Vermieter zur Weitervermietung auch zu einer geringeren Miete verpflichtet ist und nicht berechtigt ist, die Räume trotz eines Nachmieters leer stehen zu lassen (s. hierzu auch „Ersatzmieter“, Abschnitt 3 „Vorzeitiger Auszug des Mieters“).

Mieterdarlehen

Darunter ist ein Darlehen zu verstehen, das dem Vermieter vom Mieter gewährt wird und das der Vermieter durch Verrechnung mit der Miete tilgt. Hier liegt auch der Unterschied zur Mietvorauszahlung: Bei dieser wird die Miete auf einmal für die Zukunft durch Zahlung des Vorauszahlungsbetrags getilgt, beim Mieterdarlehen erst bei Fälligkeit durch die Verrechnung mit der Darlehensschuld.

Bei Beendigung des Mietvertrags vor Tilgung des Darlehens gelten die Vorschriften über die Mietvorauszahlung. Danach ist der noch nicht getilgte Betrag auf einmal zu bezahlen. Eine hiervon abweichende Vereinbarung ist bei Wohnraum unwirksam (§ 547 Abs. 2 BGB analog).

Wird für die Rückzahlung des Mieterdarlehens eine schriftliche Verrechnungsabrede getroffen, nimmt die Rechtsprechung (LG Hannover, MDR 1969 S. 845), wenn andere Abreden im Vertrag fehlen, ein befristetes Mietverhältnis an, sodass bis zum Fristablauf weder vom Vermieter noch vom Mieter ordentlich gekündigt werden kann.

Bei **öffentlich geförderten** Wohnungen ist die Vereinbarung eines Mieterdarlehens nur dann zulässig, wenn die Annahme durch die Bewilligungsstelle ausdrücklich zugelassen ist. Wird das Mieterdarlehen zur Deckung der Kosten für eine Wertverbesserung gewährt, ist sie zulässig, wenn die Bewilligungsstelle der Wertverbesserung zugestimmt hat und die Mieterleistung das Vierfache der Jahresmiete nicht übersteigt.

Mieterhöhung bei Geschäftsräumen

Die Miete für Geschäftsräume (Gleiches gilt für gewerblich genutzte unbebaute Grundstücke) kann frei vereinbart werden. Allerdings kann auch ein gewerblicher Mietvertrag wegen Sittenwidrigkeit oder Wucher (§ 138 BGB) unwirksam sein. An die vereinbarte Miete sind beide Vertragsteile für die Vertragsdauer gebunden, sofern sie sich nicht über eine Änderung der Miete einigen. Insbesondere hat der Vermieter nicht die Möglichkeit, die Miete während der Vertragsdauer einseitig zu erhöhen, sei es durch Zustimmungsverlangen, sei es durch rechtsgestaltende Erklärung.

Das gilt auch für **Betriebskostenerhöhungen**, die nur dann überwälzt werden können, wenn eine entsprechende Klausel im Mietvertrag es vorsieht. Der Weg zu einer Änderung der Miete führt bei Geschäftsräumen somit mangels besonderer Mietvereinbarungen nur über die vertragsgemäße Kündigung des Mietverhältnisses.

Nun werden Mietverträge über Geschäftsräume häufig für längere Zeit abgeschlossen. Hier werden dann in der Regel Klauseln vereinbart, die eine Mietänderung innerhalb der Vertragszeit ermöglichen. Fehlt eine entsprechende Klausel, kann eine Änderung der Miete während der Laufzeit des Vertrags gegen den Willen des Vertragspartners nicht erreicht werden. Insbesondere bewirkt das Sinken der Kaufkraft des Geldes keinen Wegfall der Geschäftsgrundlage, gibt also dem Vermieter nicht das Recht, eine Mieterhöhung zu fordern.

Solche Klauseln sollten sorgfältig formuliert werden. In einem Mietvertrag war die Klausel aufgenommen, dass bei einer bestimmten Änderung des Indexes beide Vertragsteile berechtigt sind, die Aufnahme von Verhandlungen über eine Neufestsetzung der Miete zu verlangen. Ähnliche Klauseln werden auch für den Fall der Ausübung einer Option vereinbart. Das OLG Frankfurt/M. (Urteil v. 3.12.1998, 3 U 257/97, WuM 1999 S. 31) hat entschieden, dass es sich bei dieser Klausel nicht um eine Mietanpassungsklausel, sondern um eine Mietneufestsetzungsklausel handelt.

Während bei einer Anpassung Ausgangspunkt bzw. Bezugsgröße eine Äquivalenzstörung ist, gibt es eine derartige Bezugsgröße bei einer Neufestsetzung nicht, sondern es ist so zu verfahren, als ob die Vertragsparteien erstmals in Mietverhandlungen treten. Ein mit der Neufestsetzung beauftragter Schiedsgutachter ist daher auch berechtigt, eine niedrigere als die bisher vereinbarte Miete festzusetzen.

Auch bei Schiedsgutachterklauseln ist Vorsicht angebracht. Der BGH hatte einen Fall zu entscheiden, in dem die Parteien Folgendes vereinbart hatten: „Einigen sich die Vertragsparteien nicht über die Miethöhe, so entscheidet ein ... Sachverständiger als Schiedsgutachter gemäß § 317 BGB nach billigem Ermessen ...“. Diese Klausel ist so auszulegen, dass der Sachverständige nur die für den konkreten Einzelfall vertraglich angemessene Miete, nicht aber die ortsübliche Miete für die Parteien verbindlich festlegen sollte. Eine Einigung dahin, dass eine Bestimmung der ortsüblichen Miete durch den Sachverständigen erfolgen soll, haben die Parteien gerade nicht getroffen (BGH, Urteil v. 29.1.2003, XII ZR 6/00, NZM 2003 S. 358).

Nach der Rechtsprechung des BGH erfordert bei einer Mietanpassungsklausel das Transparenzgebot eine verständliche Formulierung, die insbesondere den Anlass der Mietänderung, die Bezugsgrößen sowie den Umfang der Mietanpassung umschreibt. Folgende Klausel hat der BGH in einem Formularvertrag für wirksam gehalten: „Der Vermieter prüft nach Ablauf von jeweils 3 Jahren, erstmals zum …, ob die Miete noch ortsüblich oder sonst angemessen ist. Bei einer Änderung setzt der Vermieter den zusätzlich oder den weniger zu zahlenden Betrag nach billigem Ermessen (§ 315 BGB) fest und teilt dem Mieter die Höhe des künftig zu zahlenden Nutzungsentgelts mit.“ In der Klausel werden der Zeitpunkt und der Anlass für eine Mietanpassung hinreichend deutlich erkennbar.

Der Vermieter ist nicht nur bei einer Veränderung der ortsüblichen Miete, sondern auch dann zu einer Mietpreisanpassung berechtigt, wenn zum Prüfungszeitpunkt die gezahlte Miete keinen ausreichenden Gegenwert mehr für die Nutzung des Mietgegenstands darstellt. Dies ist z.B. der Fall, wenn das Äquivalenzverhältnis zwischen Leistung und Gegenleistung aufgrund sonstiger Veränderungen, etwa durch die allgemeine Preisentwicklung, nicht mehr gewahrt ist (BGH, Urteil v. 9.5.2012, XII ZR 79/10, NZM 2012 S. 457).

In den neuen Bundesländern galt für Mietverträge, die vor dem 3.10.1990 abgeschlossen wurden, ein eingeschränkter Kündigungsschutz bis zum Ablauf des 31.12.1995. Seitdem bestehen keine Besonderheiten mehr. Eine Mietvereinbarung über Geschäftsräume im Beitrittsgebiet, die vor dem 1.1.1991 unter Verstoß gegen die bis zum 31.12.1990 geltenden Mietpreisvorschriften getroffen wurde und insoweit nichtig war, erlangt mit Beendigung der Preisbindung nicht automatisch Wirksamkeit (so LG Hamburg, Urteil v. 21.7.1992, 316 O 156/91, WuM 1992 S. 532).

Mieterhöhung bei Wohnraum

Inhaltsübersicht

		Seite
1	**Allgemeines**	674
2	**Mieterhöhung bis zur ortsüblichen Vergleichsmiete (§ 558 BGB)**	674
2.1	Jahresfrist	674
2.2	Ortsübliche Vergleichsmiete	676
2.3	Kappungsgrenze	680
2.4	Ausschluss der Mieterhöhung	683
2.5	Form und Begründung der Mieterhöhung (§ 558 a BGB)	684
2.5.1	Mietspiegel	687
2.5.2	Mietdatenbank	692
2.5.3	Sachverständigengutachten	693
2.5.4	Vergleichbare Wohnungen	694
2.5.5	Anrechnung von Fördermitteln	697
2.6	Zustimmung und Klage	698
2.7	Gerichtliches Verfahren	701
2.8	Wirkung der Zustimmung	706
3	**Mieterhöhung nach Modernisierungsmaßnahmen (§ 559 BGB)**	707
3.1	Modernisierungsmaßnahmen	707
3.2	Ausmaß der Mieterhöhung, Aufteilung	708
3.3	Anrechnung von Drittmitteln	709
3.4	Härtefallabwägung	709
3.5	Erhaltungsmaßnahmen	711
3.6	Geltendmachung der Mieterhöhung	711
3.7	Geltendmachung der Vergleichsmiete	715
4	**Betriebskostenerhöhung (§ 560 BGB)**	715
4.1	Begriff	715
4.2	Voraussetzungen, Ausschluss	715
4.3	Umlegungsmaßstab	716
4.4	Form und Inhalt	716
4.5	Zahlungspflicht des Mieters	717
4.6	Erhöhungsvorbehalt bei Inklusivmiete	718
5	**Kapitalkostenerhöhung**	718
6	**Staffelmiete (§ 557 a BGB)**	719

7	**Indexmiete (§ 557b BGB)**	720
8	**Auswirkungen auf das Kündigungsrecht (§ 561 BGB)**	722
8.1	Sonderkündigungsrecht des Mieters (§ 561 Abs. 1 BGB)	722
8.2	Schonfrist bei Zahlungsverzug (§ 569 Abs. 3 Nr. 3 BGB)	722
9	**Textform**	723
10	**Unabdingbarkeit**	725
11	**Mieterhöhung in den neuen Bundesländern**	726

1 Allgemeines

Die Möglichkeiten einer Mieterhöhung bei Wohnraum sind in den §§ 557 bis 561 BGB geregelt. **Ausgenommen** vom sachlichen Geltungsbereich dieser Vorschriften sind preisgebundener Wohnraum; Wohnraum, der nur zu vorübergehendem Gebrauch überlassen ist; Wohnraum, der Teil der vom Vermieter selbst bewohnten Wohnung ist und den der Vermieter ganz oder überwiegend mit Einrichtungsgegenständen auszustatten hat, sofern der Wohnraum nicht zum dauernden Gebrauch für eine Familie oder Personen überlassen ist, mit denen der Mieter einen auf Dauer angelegten gemeinsamen Haushalt führt, sowie Wohnraum, der Teil eines Studenten- oder Jugendwohnheims ist und Wohnraum, den eine juristische Person des öffentlichen Rechts oder ein anerkannter privater Träger der Wohlfahrtspflege angemietet hat, um ihn Personen mit dringendem Wohnungsbedarf zu überlassen, wenn sie den Mieter bei Vertragsschluss auf die Zweckbestimmung des Wohnraums und die Ausnahme von den genannten Vorschriften hingewiesen hat (§ 549 Abs. 2 Nr. 1 bis 3, Abs. 3 BGB). **Preisgebundener** Wohnraum unterliegt den Vorschriften des WoBindG und des WoFG. Die anderen, vom Geltungsbereich dieser Vorschriften ausgenommenen Wohnraumgruppen sind frei kündbar, sodass der Vermieter einer Regelung der Miethöhe nicht bedarf. Das Gesetz über den Widerruf von Haustürgeschäften und ähnlichen Geschäften (HaustürWG) ist aufgehoben und nunmehr im BGB enthalten. Es ist auch bei Mieterhöhungen grundsätzlich anwendbar.

Während des Mietverhältnisses können die Vertragsparteien eine Erhöhung der Miete vereinbaren (§ 557 Abs. 1 BGB). Die Vertragsparteien können darüber hinaus künftige Änderungen der Miethöhe als Staffelmiete nach § 557a (s. hierzu Abschnitt 6 „Staffelmiete (§ 557a BGB)“) oder als Indexmiete nach § 557b BGB (s. hierzu Abschnitt 7 „Indexmiete (§ 557b BGB)“) vereinbaren. Im Übrigen kann der Vermieter Mieterhöhungen nur nach Maßgabe der §§ 558 bis 560 BGB verlangen, die im Folgenden erläutert werden.

2 Mieterhöhung bis zur ortsüblichen Vergleichsmiete (§ 558 BGB)

Das Gesetz sieht nicht etwa automatische Mieterhöhungen vor. Auch eine Kündigung zum Zweck der Mieterhöhung ist ausgeschlossen. Der Anspruch des Vermieters geht vielmehr dahin, dass der Mieter die **Zustimmung** zu einer Mieterhöhung erteilt. Der Anspruch ist somit auf Abgabe einer Willenserklärung gerichtet. Die Klage auf Zustimmung ist eine Leistungsklage. Unter **drei Voraussetzungen** kann der Vermieter vom Mieter die Zustimmung zu einer Mieterhöhung verlangen.

2.1 Jahresfrist

Der Vermieter kann gemäß § 558 Abs. 1 S. 1 BGB die Zustimmung zu einer Erhöhung der Miete bis zur ortsüblichen Vergleichsmiete verlangen, wenn die Miete in dem Zeitpunkt, zu dem die Erhöhung eintreten soll, seit 15 Monaten unverändert ist. Das Mieterhöhungsverlangen kann frühestens ein Jahr nach der letzten Mieterhöhung geltend gemacht werden. Dies bedeutet gegenüber der bisherigen Rechtslage lediglich eine Klarstellung. Die Rechtsprechung ist bei der bislang formulierten Jahressperrfrist wegen der sich anschließenden Überlegungsfrist des Mieters ebenfalls von einem Mindestzeitraum von 15 Monaten zwischen letzter Mieterhöhung und wirksam werdender neuer Mieterhöhung ausgegangen (vgl. BGH, RE v. 16.6.1993, VIII ARZ 2/93, NJW 1993 S. 2109).

Beispiel

Letzte Mieterhöhung zum 1.6. eines Jahres: Das nächste Mieterhöhungsverlangen ist somit im Juni des Folgejahres möglich. Hierdurch wird wiederum eine Überlegungsfrist des Mieters von 2 Monaten ausgelöst, sodass das Erhöhungsverlangen zum 1.9. dieses Jahres wirkt, also 15 Monate nach dem ersten Erhöhungsverlangen.

Erhöhungen nach den §§ 559 BGB (Mieterhöhung bei Modernisierung) bis 560 BGB (Veränderung von Betriebskosten) werden beim Lauf der Jahresfrist nicht berücksichtigt. Hat der Vermieter also aufgrund dieser Bestimmungen innerhalb des letzten Jahres die Miete rechtsgestaltend erhöht, hindert ihn das nicht, ein Zustimmungsverlangen nach § 558 BGB zu stellen.

Hierbei kommt es nicht darauf an, ob der Vermieter eine solche Modernisierungsumlage gemäß den gesetzlichen Bestimmungen durchgeführt hat oder ob sich die Parteien einvernehmlich über eine Modernisierungsumlage geeinigt haben. Entscheidend ist, dass die Mieterhöhung auf den in § 559 BGB genannten Gründen beruht. Derartige Erhöhungen bleiben bei der Berechnung der Jahresfrist nach § 558 Abs. 1 S. 2 BGB unberücksichtigt (BGH, Urteil v. 18.7.2007, VIII ZR 285/06, NZM 2007 S. 727).

In einem weiteren Urteil hat der BGH diese Rechtsprechung bestätigt und darauf hingewiesen, dass es nicht darauf ankommt, ob der Vereinbarung einer Mieterhöhung ein formell wirksames Erhöhungsverlangen gemäß § 559 BGB vorausgegangen ist. Erforderlich ist lediglich, dass der Vermieter die wegen der Modernisierung vereinbarte Mieterhöhung in dieser Höhe auch einseitig nach § 559 BGB hätte durchsetzen können (BGH, Urteil v. 9.4.2008, VIII ZR 287/06, WuM 2008 S. 355). Mit Rechtsentscheid v. 15.3.1995 hat das OLG Hamm entschieden (30 RE-Miet 3/94, WuM 1995 S. 263), dass der Vermieter von Wohnraum, der mit öffentlichen Mitteln gefördert war, für die Zeit nach dem Auslaufen der Preisbindung die Jahresfrist beachten muss, und zwar bezogen auf die letzte Erhöhung der Kostenmiete. Außer Betracht bleiben dabei Kostenmieterhöhungen, die auf den gleichen Gründen beruhen wie Mieterhöhungen nach §§ 558, 559 BGB.

Zu trennen hiervon ist die Frage, ob der Vermieter bei auslaufender Mietpreisbindung das Mieterhöhungsverlangen noch während der Preisbindung so frühzeitig stellen darf, dass die erhöhte Miete zum Ablauf der Preisbindung gilt oder ob der Vermieter das Erhöhungsverlangen erst nach Ablauf der Preisbindung stellen darf, auch wenn innerhalb der Jahresfrist keine Erhöhungen der Kostenmiete analog § 558 BGB erfolgt sind. Zu folgen ist der ersten Ansicht (vgl. RE des OLG Hamm v. 9.10.1980, 4 RE-Miet 2/80, WuM 1980 S. 262 und des KG Berlin, RE v. 29.1.1982, 8 W RE-Miet 4902/81, WuM 1982 S. 102).

Die Jahresfrist **beginnt** mit dem Vertragsbeginn oder mit der letzten wirksamen Erhöhung der Miete. Das ist der Zeitpunkt, ab welchem der Mieter die erhöhte Miete geschuldet hat. Zu beachten ist, dass der Vermieter erst **nach Ablauf** der Jahresfrist eine Mieterhöhung **verlangen** kann.

Ein vor Ablauf der Jahresfrist dem Mieter zugegangenes Erhöhungsverlangen des Vermieters ist unwirksam. Entgegen der früheren Rechtsprechung (OLG Oldenburg, RE v. 4.12.1981, 5 UH 4/81, ZMR 1983 S. 242; OLG Hamm, RE v. 30.12.1986, 30 RE-Miet 2/86, WuM 1987 S. 114) hat der BGH (Beschluss v. 16.6.1993, VIII ARZ 2/93, WuM 1993 S. 388) entschieden, dass die **Nichteinhaltung der Sperrfrist** die Unwirksamkeit des Erhöhungsverlangens zur Folge hat. Begründet wird dies mit der Schutzfunktion der Jahresfrist. Dies gilt auch für den Fall, dass ein vor Ablauf der Jahresfrist zugegangenes Erhöhungsverlangen sich auf einen Zeitpunkt nach Ablauf der Sperrfrist bezieht. Ein erneutes Erhöhungsverlangen kann daher frühestens im

Monat nach der Sperrfrist den Mietern zugestellt werden.

Ein unwirksames Erhöhungsverlangen setzt die Jahresfrist grundsätzlich nicht in Lauf. Der Vermieter kann also jederzeit ein neues, wirksames Erhöhungsverlangen stellen.

Er kann aber auch nachbessern (s.u.). Etwas anderes gilt, wenn der Mieter einem wirksamen Mieterhöhungsverlangen **teilweise zustimmt**. Hier muss der Vermieter innerhalb der Frist klagen, wenn er sein Verlangen voll durchsetzen will (vgl. Abschnitt 2.6 „Zustimmung und Klage"). Dies ist nunmehr aufgrund der Neufassung des § 558b Abs. 1, 2 durch das Mietrechtsreformgesetz gesetzlich festgelegt. Ist sich der Vermieter nicht sicher, ob ein Erhöhungsverlangen wirksam ist, kann er also jederzeit ein neues Verlangen nachschieben bzw. nachbessern. An das erste Verlangen ist er gebunden, sofern es wirksam war, bis die Klagefrist ungenutzt abgelaufen ist, oder bis das Gericht rechtskräftig die Unwirksamkeit feststellt.

Dies kann erhebliche wirtschaftliche Auswirkungen haben, wie an einem **Beispiel** erläutert werden soll.

Beispiel

Der Vermieter stellt ein unwirksames Mieterhöhungsverlangen von 750 auf 900 Euro, wobei die Ortsüblichkeit der neu verlangten Miete unterstellt wird. Der Mieter stimmt teilweise auf 800 Euro zu.

Nach richtiger Ansicht (LG Frankfurt/M., Urteil v. 17.11.1989, 2/17 S 73/89, WuM 1990 S. 224, LG Mannheim, Urteil v. 13.7.1994, 4 S 268/93, ZMR 1994 S. 516 und LG Berlin, Urteil v. 25.10.1996, 65 S 211/96, WuM 1997 S. 51) gelten in diesem Fall die allgemeinen Bestimmungen des BGB, und zwar auch § 150 Abs. 2 BGB. Das unwirksame Erhöhungsverlangen ist rechtlich ein Antrag auf Abschluss eines Änderungsvertrags, die Teilzustimmung des Mieters eine Ablehnung, verbunden mit einem neuen Antrag, den der Vermieter seinerseits ablehnen kann mit der Folge, dass die Jahresfrist nicht zu laufen beginnt und der Weg zu einem neuen Mieterhöhungsverlangen frei ist. Ist zweifelhaft, ob das erste Erhöhungsverlangen formell wirksam ist, kann der Vermieter eine weitere Erhöhungserklärung abgeben und die Klage hilfsweise hierauf stützen (LG Mannheim, a.a.O.). Der Vermieter kann auch die Mieterhöhung im gerichtlichen Verfahren nachbessern. Die Jahressperrfrist wird durch die Teilzustimmung des Mieters nicht ausgelöst (BGH, Urteil v. 7.9.2010, 95 C 305/09 WuM 2010 S. 161).

Nimmt der Vermieter das Angebot des Mieters an, kommt ein Mietabänderungsvertrag zustande mit der Folge, dass hierdurch die Jahressperrfrist ausgelöst wird. Die Annahme des Vermieters kann auch konkludent erfolgen. Dies ist der Fall, wenn der Mieter auf ein unwirksames Erhöhungsverlangen hin regelmäßig einen Teil der erhöhten Miete zahlt und der Vermieter diese Zahlungen über einen längeren Zeitraum vorbehaltlos annimmt. Nach Ansicht des LG Frankfurt/Main genügt die Annahme von zwei Zahlungen hierfür noch nicht (LG Frankfurt/M., Urteil v. 17.11.1989, 2/17 S 73/89, WuM 1990 S. 224). Nach Ansicht des LG Berlin bedeutet die bloße Duldung einer erhöhten Mietzahlung noch keine Annahmeerklärung (LG Berlin, Urteil v. 25.10.1996, 65 S 211/96, WuM 1997 S. 51).

2.2 Ortsübliche Vergleichsmiete

Die verlangte Miete darf die üblichen Entgelte, die in der Gemeinde oder in vergleichbaren Gemeinden für Wohnraum vergleichbarer Art, Größe, Ausstattung, Beschaffenheit und Lage einschließlich der energetischen Ausstattung und Beschaffenheit in den letzten **4** Jahren vereinbart oder – von Betriebskostenerhöhungen abgesehen – geändert worden sind, nicht übersteigen. Ausgenommen ist Wohnraum, bei dem die Miethöhe durch Gesetz oder im Zusammenhang mit einer Förderzusage festgelegt worden ist (§ 558 Abs. 2 BGB). Preisgebundener Wohnraum fließt daher nicht in die ortsübliche Vergleichsmiete ein. Hierzu ist nach der amtlichen Begründung neben dem klassischen ersten und zweiten Förderweg auch sozialer Wohnungsbau des dritten Förderwegs zu zählen, da in diesem Bereich die Miete üblicherweise im Rahmen einer Förderzusage unterhalb der Marktmiete festgelegt wird. Damit sind alle öffentlichen Fördertatbestände, die zur Festlegung der Miethöhe führen, bei der Ermittlung der ortsüblichen Vergleichsmiete ausgeschlossen.

Maßgeblicher Zeitpunkt für die Feststellung der ortsüblichen Vergleichsmiete ist nicht der des zeitlichen Wirksamwerdens der Erhöhung, sondern der des **Zugangs** des Erhöhungsverlangens beim Mieter (so BayObLG, RE v. 27.10.1992, RE-Miet 3/92, WuM 1992 S. 677).

Verglichen werden müssen also zwei Werte, nämlich die Ausgangsmiete und die ortsübliche Vergleichsmiete. Ausgangsmiete ist die Miete, zu deren Zahlung sich der Mieter gegenüber dem Vermieter gemäß § 535 Abs. 2 BGB verpflichtet hat. Nach § 556 Abs. 1 BGB umfasst die Miete die Grundmiete und den Betrag für Betriebskosten i. S. d. § 1 BetrKV. Hiermit ist aber keine Beschränkung auf bestimmte Arten der Miete wie Netto-, Brutto- oder Teilinklusivmiete beinhaltet. Die Parteien können daher eine Miete vereinbaren, die die Betriebskosten bis auf Heizung und Warmwasser umfasst (Bruttokaltmiete), eine Miete, die einen Teil der Betriebskosten beinhaltet (Teilinklusivmiete) oder eine Miete, die die Betriebskosten nicht mit einschließt, sondern diese gesondert ausweist (Nettomiete).

Für eine Mieterhöhung gemäß § 558 BGB ist an diese vertraglich vereinbarte Miete, auch wenn es z. B. eine Teilinklusivmiete ist, anzuknüpfen (OLG Hamm, RE v. 3.12.1992, 30 RE-Miet 4/92, DWW 1993 S. 39). Unter Miete, die gemäß § 558 BGB erhöht werden kann, ist daher nicht nur die Nettomiete ohne Betriebskosten zu verstehen, sondern die im Einzelfall vereinbarte Miete (OLG Hamm, RE v. 4.4.1984, 4 RE-Miet 2/84, WuM 1984 S. 121).

Die Wirksamkeit eines Erhöhungsverlangens hängt deshalb **nicht** davon ab, dass im Fall einer Inklusiv-, Pauschal- oder Gesamtmiete oder einer Teilpauschalmiete der Vermieter den aus Grund- oder Nettomiete von allen Nebenkosten bereinigten Mietanteil rechnerisch ermittelt und sein auf § 558 BGB gerichtetes Erhöhungsverlangen auf den so errechneten Nettomietanteil ausrichtet und begrenzt.

Unzulässig mit der Folge der Unwirksamkeit des Mieterhöhungsverlangens insgesamt ist es dagegen, wenn der Vermieter im Mieterhöhungsverlangen die **Zusammensetzung der vereinbarten Miete** ändern will, also z. B. von einer Bruttokaltmiete inkl. Betriebskosten auf eine Nettomiete zzgl. Betriebskostenvorauszahlung übergehen will (OLG Hamburg, RE v. 20.12.1982, 4 U 25/82, WuM 1983 S. 49). Ein die Zustimmung des Mieters ersetzendes Urteil würde dann nämlich einen ändernden Eingriff in die Struktur des Mietvertragsverhältnisses bedeuten (LG München I, Urteil v. 29.6.1994, 14 S 3528/94, WuM 1995 S. 113).

Hiervon ist allerdings eine Ausnahme zu machen. Haben die Parteien eine Bruttowarmmiete vereinbart, d. h. eine Miete, in der auch die Kosten für Heizung und Warmwasser enthalten sind, muss der Vermieter vor Durchführung einer Mieterhöhung die Mietstruktur durch einseitige Erklärung auf eine Bruttokaltmiete zzgl. Vorauszahlung für Heizung und Warmwasser umstellen. Die Vorschriften der Heizkostenverordnung gehen nämlich abweichenden Vereinbarungen vor, sodass hierdurch die rechtsgeschäftliche Gestaltungsfreiheit der Parteien kraft Gesetzes eingeschränkt ist. Hierbei kommt es nicht darauf an, dass eine der Vertragsparteien die verbrauchsabhängige Abrechnung verlangt (BGH, Urteil v. 19.7.2006, VIII ZR 212/05, NZM 2006 S. 652).

Zwar ist ein auf die Erhöhung einer Bruttowarmmiete gerichtetes Mieterhöhungsverlangen nicht unwirksam und damit die darauf gerichtete Klage auch nicht unzulässig (BGH, a. a. O.). Ein solches Erhöhungsverlangen ist aber unbegründet, weil der Vermieter aufgrund des Vorrangs der Heizkostenverordnung keinen vertraglichen Anspruch auf ein pauschal berechnetes Entgelt für die Heiz- und Warmwasserkosten hat. Der Vermieter hat daher den in der Miete enthaltenen Heiz- und Warmwasserkostenanteil aus der vertraglich vereinbarten Bruttowarmmiete herauszurechnen und als Vorauszahlung zu behandeln.

Ist die Wohnung zusammen mit einer **Garage** vermietet, besteht also ein einheitliches Mietverhältnis (s. „Garage"), ist Folgendes zu beachten: Die Mietstruktur darf nicht geändert werden. Ist also die Miete getrennt ausgewiesen, so bleibt es dabei. Will der Vermieter die Miete nicht nur für die Wohnung, sondern auch für die Garage erhöhen, muss er dies begründen, z. B. durch Angabe von „Vergleichsgaragen" (LG Rottweil, Urteil v. 3.4.1998, 1 S 29/97, NZM 1998 S. 432). Als „Vergleichsgaragen" kommen allerdings nur solche Garagen in Betracht, die ebenfalls zusammen mit einer Wohnung vermietet sind, nicht jedoch mit einem eigenen Vertrag vermietete Garagen (Hinz in Text- und Diktathandbuch Mietrecht, 5.1.12, Anmerkung 4). Eine separate Erhöhung nur der Miete für die Garage ist nicht zulässig (AG Köln, Urteil v. 4.12.2003, 210 C 397/03, WuM 2005 S. 254).

Unter **ortsüblicher Vergleichsmiete** versteht man allgemein die für vergleichbare Wohnungen am Markt tatsächlich durchschnittlich gezahlte Miete.

> Der Durchschnitt darf jedoch nur aus Mietentgelten, die in den letzten 4 Jahren vor dem Erhöhungsverlangen vereinbart worden sind, ermittelt werden.
>
> Es kann sich hierbei, wie sich aus dem Gesetzeswortlaut ergibt, sowohl um Neuabschlüsse als auch um während des Bestehens eines Mietverhältnisses vereinbarte Entgelte handeln. Auch eine aufgrund eines Gerichtsurteils zu zahlende Miete kann Berücksichtigung finden. Nicht zu berücksichtigen sind Betriebskostenerhöhungen, wohl aber Erhöhungen wegen baulicher Änderungen.

Bei der Ermittlung der ortsüblichen Vergleichsmiete dürfen **preisgebundene Wohnungen nicht** berücksichtigt werden. Da die Wohnungen **gemeinnütziger Wohnungsunternehmen** nicht preisgebunden sind, sollen sie berücksichtigt werden können, obwohl deren Miete in der Regel erheblich unter der Marktmiete liegt (streitig).

Sonder- oder Teilmärkte zur Ermittlung der ortsüblichen Vergleichsmiete (z. B. für Wohngemeinschaften, Studenten, Stationierungskräfte) lehnt die Rechtsprechung ab (OLG Hamm, RE v. 28.12.1982, 4 RE-Miet 5/82, WuM 1983 S. 78).

Die ortsübliche Vergleichsmiete bildet sich aus **vergleichbarem Wohnraum**. Das erste Vergleichskriterium des Gesetzes ist die **Wohnraumart**. Hier kann unterschieden werden nach Bauweise und Wohnungsstruktur (Einfamilienhaus, Mehrfamilienhaus) sowie Altbau oder Neubau. Allerdings können Neubauwohnungen und umfassend modernisierte Altbauwohnungen miteinander verglichen werden (so LG Bochum, Urteil v. 13.7.1979, 5 S 350/77, WuM 1982 S. 18).

Die **Wohnungsgröße** spielt insofern eine Rolle, als bei Wohnungen mit großer Grundfläche der auf den m^2 bezogene Mietpreis im Allgemeinen niedriger liegt als bei kleineren Wohnungen. **Appartements** z. B. weisen in der Regel die höchsten Quadratmeterpreise auf. Soweit es auf die Wohnungsgröße ankommt, spielt die Berechnung der Wohnungsfläche eine Rolle (s. „Wohnfläche"). Zunächst ist darauf abzustellen, ob die Parteien des Mietvertrags eine bestimmte Berechnungsmethode vereinbart haben. Dies wird in der Regel nicht der Fall sein. Sodann ist zu prüfen, ob sich aus den Umständen, insbesondere den Vertragsverhandlungen oder den örtlichen Gepflogenheiten eine bestimmte Berechnungsmethode entnehmen lässt. Ist dies nicht der Fall, ist der Rückgriff auf die im öffentlich geförderten Wohnungsbau geltenden Regeln zulässig (BGH, Urteil v. 24.3.2004, VIII ZR 44/03, WuM 2004 S. 337).

Das Landgericht Düsseldorf hat entschieden (Urteil v. 9.7.1991, 24 S 302/89, WM 1992 S. 695), dass ein im Kellergeschoss eines vermieteten Einfamilienhauses gelegener **Hobbyraum**, der Aufenthaltsraum im Sinne der Bauordnung ist, u. U. mit der vollen Fläche berücksichtigt werden kann. Die Vereinbarung einer Wohnfläche im Mietvertrag stellt eine Beschaffenheitsvereinbarung dar. Grundsätzlich ist also von dieser Wohnfläche auszugehen.

Die Angaben zur Wohnfläche im Erhöhungsverlangen sollten genau nachgeprüft werden. Übersteigt nämlich die im Erhöhungsverlangen angegebene Wohnfläche die tatsächliche Wohnfläche um mehr als 10 %, kann der Mieter die Rückzahlung der aufgrund der fehlerhaften Berechnung überzahlten Miete verlangen (BGH, Urteil v. 7.7.2004, VIII ZR 192/03, NZM 2004 S. 699).

Dies gilt auch bei der Überschreitung der vereinbarten Wohnfläche. Eine Abweichung bis zu 10 % hat der Vermieter hinzunehmen. Eine darüber hinausgehende Abweichung nach oben berechtigt hingegen den Vermieter bei künftigen Mieterhöhungen, von der tatsächlichen, größeren Wohnfläche auszugehen (BGH, Urteil v. 23.5.2007, VIII ZR 138/06, NJW 2007 S. 2626).

Dies gilt auch im umgekehrten Fall. Einer Mieterhöhung nach § 558 BGB ist die vereinbarte Wohnfläche auch dann zugrunde zu legen, wenn die tatsächliche Wohnfläche zum Nachteil des Mieters um nicht mehr als 10 % davon abweicht (BGH, Urteil v. 8.7.2009, VIII ZR 205/08, WuM 2009 S. 460). Die Beschaffenheitsvereinbarung der Parteien über die Wohnfläche ist bei Abweichungen nach oben oder unten innerhalb der Toleranzgrenze von 10 % für die Parteien maßgebend.

Die **Ausstattungsmerkmale** einer Wohnung spielen eine entscheidende Rolle. Bad, Zentralheizung, Lift und etwaige andere mietwertbildende Faktoren müssen im Wesentlichen übereinstimmen. Hierbei sind nur die vom Vermieter zur Verfügung gestellten Wohnungseinrichtungen zu berücksichtigen, nicht etwa jene, mit denen der Mieter die Mietsache versehen hat, es sei denn, der Vermieter hat die vom Mieter verauslagten Kosten erstattet oder die Parteien haben etwas anderes vereinbart. Für eine solche Vereinbarung genügt es aber nicht, dass sich der Mieter bei Abschluss des Mietvertrags zum Einbau der Ausstattung verpflichtet hat (BGH, Urteil v. 7.7.2010, VIII ZR 315/09, NZM 2010 S. 735, BayObLG, RE v. 24.6.1981, Allg Reg 41/81, WuM 1981 S. 208). Die **Beschaffenheit** betrifft vor allem Zahl und Zuschnitt der Räume und das Verhältnis der Fläche der Haupträume zu den Nebenräumen. Nicht hierher gehört die Frage, ob die Wohnung Mängel aufweist, die zur Mietminderung berechtigen (so OLG Stuttgart, RE v. 7.7.1981, 8 RE-Miet 1/81, NJW 1981 S. 2365). Etwas anderes gilt für unbehebbare Mängel, die den Mietwert ständig beeinflussen; sie sind durch Abschläge zu berücksichtigen. In Zeiten steigenden Umweltbewusstseins wird für die Ermittlung der Vergleichsmiete auch der energetische Zustand einer Wohnung, d.h. insbesondere die Art der Energieversorgung und die Qualität der Wärmedämmung, zunehmende Bedeutung erlangen. Durch das Mietrechtsänderungsgesetz ist dies nunmehr auch im Gesetz festgeschrieben. Bei der ortsüblichen Vergleichsmiete ist ausdrücklich auch die energetische Ausstattung und Beschaffenheit zu berücksichtigen. So hat das LG Hamburg bei einem Gebäude, bei dem die Außenwärmedämmung zu einer im Vergleich zu anderen Mietobjekten derselben Baualtersklasse erheblichen Einsparung von Heizenergie führte, eine höhere Einordnung der Wohnung in der Mietzinsspanne vorgenommen (LG Hamburg, Urteil v. 11.9.2009, 311 S 106/08, WuM 2009 S. 676).

Die **Lage** schließlich bezieht sich auf die Wohngegend.

Neu eingeführt durch das Mietrechtsänderungsgesetz ist die Berücksichtigung der **energetischen Ausstattung und Beschaffenheit**. Der energetische Zustand einer Wohnung, also insbesondere die Art der Energieversorgung und die Qualität der Wärmedämmung, erlangt zunehmende Bedeutung. Die energetischen Kriterien sollen bei der Bildung der Vergleichsmiete berücksichtigt werden, sofern sie das Marktgeschehen beeinflussen (Begründung zum Mietrechtsänderungsgesetz, S. 35).

Höchst umstritten war bisher die Frage, ob auch bei einer Unwirksamkeit der Klausel über die Abwälzung von **Schönheitsreparaturen** auf den Mieter der Vermieter berechtigt ist, im Rahmen eines Mieterhöhungsverfahrens einen entsprechenden Zuschlag auf die Miete zu verlangen. Inzwischen hat der BGH entschieden, dass ein solcher Zuschlag nicht zulässig ist (BGH, Urteil v. 9.7.2008, VIII ZR 181/07, NJW 2008 S. 2840 = WuM 2008

S. 560; BGH, Urteil v. 11.2.2009, VIII ZR 118/07, WuM 2009 S. 240). Dies gilt auch bei Fehlen oder Unwirksamkeit einer Kleinreparaturklausel.

Die Vergleichsobjekte müssen in der **Gemeinde** oder in vergleichbaren Gemeinden liegen. Nach einhelliger Auffassung sind zur Ermittlung der ortsüblichen Miete Wohnungen in der gleichen Gemeinde heranzuziehen. Nur dann kann auf vergleichbare Wohnungen in Nachbargemeinden abgestellt werden, wenn in derselben Gemeinde keine vergleichbaren Wohnungen zu finden sind und wenn die Wohnungsmärkte der beiden Gemeinden im Wesentlichen dieselben Merkmale aufweisen (OLG Stuttgart, RE v. 2.2.1982, 8 RE-Miet 4/81, WuM 1982 S. 108 = NJW 1982 S. 945).

Behebbare **Mängel** der Wohnung bleiben bei der Ermittlung der ortsüblichen Vergleichsmiete außer Betracht. Der Mieter ist hier durch die Geltendmachung der Gewährleistungsansprüche ausreichend geschützt. Zu beachten ist, dass bisher ausgeschlossene Minderungsansprüche des Mieters für den Fall der Mieterhöhung wieder aufleben, wenn der Mieter nunmehr erklärt, diese Mängel nicht mehr hinnehmen zu wollen, da durch das Erhöhungsverlangen des Vermieters das bisherige Leistungsgleichgewicht geändert wird (a. A. LG München I, Urteil v. 20.1.1999, 31 S 10557/98, NJW-RR 2000 S. 675). Der Mieter kann allerdings nicht seine Zustimmung zur Mieterhöhung von der Beseitigung von Mängeln abhängig machen. Ein diesbezügliches Zurückbehaltungsrecht besteht nicht (LG Hamburg, Urteil v. 10.10.1989, 11 S 99/89, WuM 1991 S. 593). Nach erteilter Zustimmung kann der Mieter, soweit die Voraussetzungen dafür gegeben sind, an der erhöhten Miete neben der Minderung ggf. auch ein Zurückbehaltungsrecht geltend machen (so LG Hamburg, a. a. O.).

Im Streitfall ist die ortsübliche Vergleichsmiete durch das Gericht konkret im Sinne einer Einzelvergleichsmiete festzulegen (BGH, Urteil v. 20.4.2005, VIII ZR 110/04, WuM 2005 S. 394). Diese Einzelvergleichsmiete kann ein Punktwert innerhalb der Spanne der ortsüblichen Vergleichsmiete sein, sie kann sich aber auch innerhalb einer gewissen Bandbreite bewegen, die ihrerseits innerhalb der umfassenderen, etwa durch einen Mietspiegel abgebildeten Spanne der ortsüblichen Vergleichsmiete liegt. Stellt sich die Einzelvergleichsmiete nicht als Punkt, sondern als Bandbreite dar, kann der Vermieter die Miete bis zum oberen Wert der Bandbreite anheben. Ist kein Mietspiegel vorhanden, wird das Gericht dies in der Regel durch Sachverständigengutachten feststellen (BGH, Urteil v. 29.2.2012, VIII ZR 346/10, NZM 2012 S. 339). Siehe hierzu Abschnitt 2.7 „Gerichtliches Verfahren“.

2.3 Kappungsgrenze

Die Miete darf sich innerhalb eines Zeitraums von **3 Jahren**, von Erhöhungen wegen Modernisierung oder Betriebskostenerhöhung abgesehen, nicht um mehr als **20 %** erhöhen (§ 558 Abs. 3 BGB). Die Senkung von 30 auf 20 % wurde durch das Mietrechtsreformgesetz eingeführt. Eine weitere Begrenzung ist durch das Mietrechtsänderungsgesetz eingeführt worden. Danach liegt der Prozentsatz von 20 %, wenn die ausreichende Versorgung der Bevölkerung mit Mietwohnungen zu angemessenen Bedingungen in einer Gemeinde oder einem Teil einer Gemeinde besonders gefährdet ist und diese Gebiete durch Rechtsverordnung der Landesregierungen bestimmt sind, nur noch bei **15 %**. Gemäß § 558 Abs. 3 S. 3 BGB werden die Landesregierungen ermächtigt, solche Rechtsverordnungen für diese Gebiete für die Dauer von jeweils höchstens 5 Jahren zu bestimmen. Die Obergrenze gilt auch, wenn die Miete länger als 3 Jahre nicht erhöht wurde. Daneben gilt die Beschränkung des § 558 Abs. 1 BGB, sodass eine Mieterhöhung immer nur bis zur Höhe der ortsüblichen Miete erfolgen kann.

Die Zivilgerichte haben die Wirksamkeit einer auf Grundlage des § 558 Abs. 3 S. 2 BGB erlassenen Kappungsgrenzen-Verordnung in eigener Prüfungszuständigkeit und -kompetenz zu überprüfen. Danach ist die Berliner Kappungsgrenzen-Verordnung vom 7.5.2013 wirksam (LG Berlin, Urteil v. 3.7.2014, 67 S 121/14, WuM 2014 S. 554).

Darüber hinaus wurde eine **Ausnahme** von der Anwendung der Kappungsgrenze getroffen

(§ 558 Abs. 4 BGB): Eine Begrenzung tritt nicht ein, soweit die Miete nach dem Wegfall der öffentlichen Bindung erhöht werden soll und der Mieter bis zum Wegfall der Preisbindung zur Zahlung einer Fehlbelegungsabgabe verpflichtet war. In diesem Fall kann der Vermieter die Miete nach dem Wegfall der Bindung ohne Kappungsgrenze bis zur Höhe der bisher vom Mieter bezahlten Fehlbelegungsabgabe anheben, höchstens aber bis zur ortsüblichen Vergleichsmiete. Darüber hinaus hat der Mieter dem Vermieter auf dessen Verlangen, das frühestens 4 Monate vor dem Wegfall der öffentlichen Bindung gestellt werden kann, innerhalb eines Monats über die Verpflichtung zur Ausgleichszahlung und über deren Höhe Auskunft zu erteilen.

Wurden innerhalb des für die Kappungsgrenze maßgeblichen Zeitraums von 3 Jahren Mieterhöhungen wegen baulicher Verbesserungen oder gestiegener Betriebskosten vorgenommen, bleiben sie bei der Berechnung der Kappungsgrenze, nicht aber bei der Ermittlung der ortsüblichen Vergleichsmiete außer Betracht. Dies gilt auch für einvernehmliche Mieterhöhungen aufgrund von Modernisierungen oder Betriebskostenerhöhungen, auch wenn die dafür geltenden gesetzlichen Bestimmungen (§§ 559, 560 BGB) nicht eingehalten wurden, wie der BGH entschieden hat. Danach ist nicht auf den Wortlaut des § 558 Abs. 3 BGB abzustellen, sondern auf Sinn und Zweck dieser Bestimmung. Anderenfalls wäre der Vermieter im Ergebnis dazu gezwungen, sämtliche Mieterhöhungen wegen Modernisierung auf dem förmlichen Weg und notfalls gerichtlich durchzusetzen, nur um sich die Möglichkeit einer Mietanpassung nach § 558 BGB zu erhalten. Eine einvernehmliche Regelung der Mietvertragsparteien wird nur insoweit erfasst, als es sich um die Umlegung solcher Aufwendungen handelt, die eine förmliche Mieterhöhung nach § 559 BGB rechtfertigen würden (BGH, Urteil v. 28.4.2004, VIII ZR 185/03, WuM 2004 S. 344).

Hingegen ist eine im preisgebundenen Wohnraum wegen gestiegener Kapitalkosten erklärte Mieterhöhung nach Wegfall der Preisbindung bei einem nach dem 31.8.2001 zugegangenen Mieterhöhungsverlangen in die Berechnung der Kappungsgrenze des § 558 Abs. 3 BGB einzubeziehen (BGH, Urteil v. 28.4.2004, VIII ZR 178/03, WuM 2004 S. 345).

Die Kappungsgrenze ist nach der vertraglich vereinbarten Miete zu berechnen. Ist eine Brutto- oder Inklusivmiete vereinbart, ist dies die Ausgangsmiete. Die Kappungsgrenze ist auch bei einer vereinbarten Teilinklusivmiete ausgehend von dieser und nicht ausgehend von einer errechneten Nettomiete zu berechnen (LG Hanau, Urteil v. 4.4.2003, 2 S 344/02, WuM 2003 S. 267; BGH, Urteil v. 19.11.2003, VIII ZR 160/03, WuM 2004 S. 153). Neben der Miete getrennt gezahlte Betriebskosten bleiben unberücksichtigt (LG München I, Urteil v. 31.10.1984, 14 S 10003/84, WuM 1985 S. 330 und LG Hamburg, Urteil v. 10.10.1989, 11 S 99/89, WuM 1991 S. 593).

Hierzu ein **Beispiel**.

Beispiel

Der Vermieter verlangt die Zustimmung zur Mieterhöhung ab 1.2.2015. Die Miete am 1.2.2012 betrug 600 Euro. Sie wurde ab 1.7.2013 wegen Einbau eines gefliesten Bades auf Kosten des Vermieters und gestiegener Betriebskosten durch einseitige Erklärung des Vermieters auf 680 Euro erhöht. Die ortsübliche Vergleichsmiete für die Wohnung in ihrem jetzigen Zustand beträgt 900 Euro.

Berechnung der am 1.2.2015 zu zahlenden Miete unter Berücksichtigung der Kappungsgrenze:

1. Schritt: Ermittlung der Ausgangsmiete. Maßgeblicher Zeitpunkt, von dem ab zurückzurechnen ist, ist der Fälligkeitszeitpunkt der neu verlangten Miete, nicht etwa das Datum des Erhöhungsverlangens oder der Zeitpunkt der Zustellung (OLG Celle, RE v. 31.10.1995, 2 UH 1/95, WuM 1996 S. 86), hier also der 1.2.2015. 3 Jahre zurück ergibt den 1.2.2012. Zu diesem Zeitpunkt betrug die Miete 600 Euro.

2. Schritt: Berechnung der Kappungsgrenze: 20 % von 600 Euro = 120 Euro + 600 Euro = 720 Euro.

3. Schritt: Modernisierungsumlage und Betriebskostenerhöhung sind als durchlaufende Posten zu behandeln, die bei der Ermittlung der Kappungsgrenze nicht berücksichtigt werden. Der Betrag von 80 Euro wird zu der errechneten Kappungsgrenze von 720 Euro hinzugezählt. Die Obergrenze für ein Mieterhöhungsverlangen zum 1.2.2015 liegt daher bei 800 Euro.

Etwas anderes würde gelten, wenn eine Modernisierungsumlage nicht im Dreijahreszeitraum, sondern schon vorher erfolgt wäre, in dem Beispiel also zum 1.7.2009. Hier würde dann die Ausgangsmiete zum 1.2.2012 680 Euro betragen. Erhöhungen nach den §§ 559, 560 BGB, die länger als 3 Jahre zurückliegen, sind nämlich bei der Berechnung der Kappungsgrenze aus der Ausgangsmiete nicht herauszurechnen (LG Berlin, Urteil v. 19.12.1997, 63 S 323/97, WuM 1998 S. 231).

Wichtig: Im Erhöhungsverlangen selbst darf der Modernisierungszuschlag nicht getrennt in Ansatz gebracht werden, z. B. neue Miete ab 1.2.2015 720 Euro zzgl. 80 Euro Modernisierungszuschlag wie bisher. Nur zur Bestimmung der Kappungsgrenze wird der Modernisierungszuschlag getrennt als durchlaufender Posten behandelt. Er wird nämlich ab Fälligkeit Teil der Miete und ist deshalb bei späteren Mieterhöhungen nicht mehr getrennt von der Miete in Ansatz zu bringen. Eine gegenteilige Parteivereinbarung gäbe dem Vermieter die Möglichkeit zur Mieterhöhung über den in § 558 BGB vorgesehenen Rahmen hinaus und ist deshalb gemäß § 558 Abs. 6, § 557 Abs. 4 BGB wegen Benachteiligung des Mieters unwirksam (BGH, Urteil v. 10.10.2007, VIII ZR 331/06, WuM 2007 S. 707). Gibt der Vermieter in seinem Mieterhöhungsverlangen eine unzutreffende Ausgangsmiete an, weil er die gebotene Einrechnung einer früheren Mieterhöhung in die Ausgangsmiete unterlässt, führt dies nicht zur formellen Unwirksamkeit des Mieterhöhungsverlangens und zur Unzulässigkeit einer vom Vermieter daraufhin erhobenen Zustimmungsklage; das Mieterhöhungsbegehren ist jedoch unbegründet, soweit die begehrte Miete unter Hinzurechnung der früheren Mieterhöhung die ortsübliche Vergleichsmiete übersteigt (BGH, a. a. O.).

Der Vermieter hat bei Modernisierungsmaßnahmen die Wahl, ob er eine Mieterhöhung nach § 558 BGB oder § 559 BGB durchführt. Bei einer Mieterhöhung bei Modernisierung gemäß § 559 BGB verringert sich der Erhöhungsbetrag, wenn der Vermieter Finanzierungsbeiträge vom Mieter oder von der öffentlichen Hand erhalten hat (§ 559 BGB). Um zu vermeiden, dass der Vermieter diese Kürzungen dadurch umgeht, dass er auf eine Mieterhöhung gemäß § 558 BGB ausweicht, ist in § 558 Abs. 5 BGB bestimmt, dass diese Drittmittel i. S. d. § 559 a BGB von dem Jahresbetrag, der sich bei einer Erhöhung auf die ortsübliche Vergleichsmiete ergibt, abzuziehen sind, im Fall des § 559 a Abs. 1 BGB mit 11 % des Zuschusses.

Ein **Verstoß gegen die Kappungsgrenze** hat nicht die Unwirksamkeit des Mieterhöhungsverlangens zur Folge, vielmehr reduziert sich das angestrebte Entgelt auf das zulässige Maß. Der Vermieter ist berechtigt, ein Erhöhungsverlangen vor Ablauf der Dreijahresfrist mit Wirkung zum Fristablauf zu stellen (BayObLG, RE v. 10.3.1988, RE-Miet 2/88, WuM 1988 S. 117). Die Kappungsgrenze greift, da der Gesetzestext Ausnahmen nicht vorsieht, auch dann ein, wenn bei einer mit öffentlichen Mitteln geförderten Wohnung die Preisbindung (wegen Tilgung des Darlehens) endet, von der dargestellten Ausnahme (Erhöhung bis zur Höhe der bisherigen Fehlbelegungsabgabe) abgesehen. Nach einem Rechtsentscheid des OLG Hamm vom 27.6.1990 (30 RE-Miet 1/90, WuM 1990 S. 333) sind bei der Berechnung der Ausgangsmiete für ein Mieterhöhungsverlangen nach § 558 BGB und die dort vorgesehene Kappungsgrenze die während der Preisbindung wegen Kapitalkostensteigerung vorgenommenen Mieterhöhungen nicht abzuziehen. War die Wohnung innerhalb der Dreijahresfrist noch preisgebunden, ist die Kappungsgrenze aufgrund der zuletzt bezahlten Kostenmiete zu ermitteln (LG München I, Urteil v. 19.7.1989, 14 S 6338/89, WuM 1989 S. 634).

Die Kappungsgrenze dient dem Schutz des Mieters vor zu großen Sprüngen in der Mietentwicklung. Sie ist daher **nicht anwendbar** bei freiwilligen Mieterhöhungsvereinbarungen, bei Staffelmietverträgen und im Fall einer Neuvermietung.

Im Erhöhungsverlangen muss der Vermieter die Voraussetzungen der Kappungsgrenze **nicht nachweisen**. In § 558 a BGB wird dies nicht verlangt. Es handelt sich um konkrete Tatsachen, die dem Mieter in der Regel bekannt sind. In einer Klage auf Zustimmung zur Mieterhöhung hat der Vermieter die Einhaltung der Kappungsgrenze als Zulässigkeitsvoraussetzung des Mieterhöhungsverlangens darzulegen.

2.4 Ausschluss der Mieterhöhung

Dem Vermieter steht das Recht, die Zustimmung zu einer Erhöhung der Miete zu verlangen, nicht zu, soweit und solange eine Erhöhung durch Vereinbarung ausgeschlossen ist oder der Ausschluss sich aus den Umständen ergibt (§ 557 Abs. 3 BGB).

Die frühere gesetzliche Bestimmung vor Einführung des Mietrechtsreformgesetzes enthielt in § 1 S. 3 MHG den Ausschlusstatbestand eines Mietvertrags für eine bestimmte Zeit zu einer festen Miete (Zeitmietvertrag). Hieraus wurde gefolgert, dass eine Mieterhöhung dann nicht möglich war, wenn im Mietvertrag Mietzeit und Miete ohne einen sog. Erhöhungsvorbehalt vereinbart wurden. Da diese Regelung nunmehr entfallen ist, kann die Neubestimmung dahin ausgelegt werden, dass künftig auch bei Zeitmietverträgen ohne Erhöhungsvorbehalt eine Mieterhöhung gemäß § 558 BGB möglich ist. In der amtlichen Begründung wird allerdings darauf hingewiesen, dass mit der Neufassung keine inhaltliche Änderung verbunden sein soll. Nach wie vor wird es daher streitig sein, ob allein die Vereinbarung eines Zeitmietvertrags bereits zum Mieterhöhungsausschluss führt oder ob zusätzlich die ausdrückliche Vereinbarung einer festen Miete erforderlich ist. Die amtliche Begründung des Mietrechtsreformgesetzes verweist auf die Umstände des Einzelfalls, was nicht sehr hilfreich ist. Zu beachten ist demnach weiterhin der Rechtsentscheid des OLG Stuttgart vom 31.5.1994 (8 RE-Miet 5/93, WuM 1994 S. 420). Nach Ansicht des Gerichts ist bei Vereinbarung eines Wohnraummietverhältnisses auf bestimmte Zeit der Mietvertrag mangels eines entsprechenden entgegenstehenden Hinweises nicht so auszulegen, dass sich bereits aus der festen Laufzeit des Mietverhältnisses sogleich ergibt, dass die vereinbarte Miete fest vereinbart wurde. Die Nennung einer bestimmten Miete gehört nämlich zu den wesentlichen Vertragsbestandteilen eines Mietvertrags und stellt somit nicht automatisch zugleich eine Vereinbarung einer festen, für die gesamte Mietdauer nicht änderbaren Miete dar. Der Ausschluss einer Mieterhöhung während der festen Mietzeit bedarf einer ausdrücklichen Vereinbarung der Parteien. Fehlt eine solche Vereinbarung, wird hierdurch die Mieterhöhung nicht ausgeschlossen. Dieser Rechtsentscheid ist durch die Neufassung nicht überholt und daher weiterhin zu beachten.

Einfacher ist es natürlich, diesen Streit zu umgehen und eine Erhöhungsklausel im Mietvertrag zu vereinbaren, z. B.: „Die gesetzlichen Rechte des Vermieters, nämlich Verlangen der Zustimmung zu einer Mieterhöhung (§ 558 BGB), Mieterhöhung bei Modernisierung (§ 559 BGB) und wegen Veränderung von Betriebskosten (§ 560 BGB) bleiben auch dann bestehen, wenn der Mietvertrag auf bestimmte Zeit abgeschlossen ist."

Solche Erhöhungsklauseln können auch **formularmäßig** vereinbart werden. Zulässig sind bei Wohnraum aber nur Klauseln, die klarstellen, dass auch bei einem Mietvertrag auf feste Zeit eine Mieterhöhung **zulässig ist**.

Anderer Ansicht ist das Landgericht Köln (Urteil v. 27.2.1991, 10 S 446/90, WuM 1991 S. 353). Danach steht eine solche Formularklausel im Widerspruch zu der Individualabrede hinsichtlich der Festschreibung der Vertragsdauer und damit der Miete und hat demzufolge hinter diese zurückzutreten. Dies ist unrichtig, da es sich in § 557 Abs. 3 BGB um eine bloße Ausschlussvermutung handelt, die durch die Mietanpassungsklausel widerlegt wird (so Schultz in Bub/Treier, III Rn. 307; LG Kiel, WuM 1993 S. 623). Die Individualvereinbarung bezieht sich zudem nur auf die Mietdauer, während die Vermutung des § 557 Abs. 3 BGB eine feste Mietzeit **und** eine feste Miete voraussetzt (so LG Kiel, a.a.O.). Verlängert sich der Mietvertrag nach Ablauf der Mietzeit auf unbestimmte Zeit, ist vom Ende der festen Mietzeit ab eine Erhöhung der Miete zulässig. Dies gilt auch, wenn sich der Mietvertrag nach Ablauf der festen Zeit um eine bestimmte Zeit verlängert (OLG Zweibrücken, RE v. 17.8.1981, 3 W-RE-66/81, WuM 1981 S. 273) oder wenn der Verlängerungszeitraum im Mietvertrag auf eine Zeit von mehr als einem Jahr festgesetzt ist (OLG Karlsruhe, RE v. 27.11.1995, 3 RE-Miet 1/95, WuM 1996 S. 18). Der Vermieter kann in diesem Fall das Erhöhungsverlangen bereits **während** der festen Laufzeit mit Wirkung zu deren Beendigung stellen.

Ist in einem Mietvertrag auf bestimmte Zeit eine **Gleitklausel** oder ein **Leistungsvorbehalt** enthalten, hat das, unabhängig von der Klausel, die Bedeutung, dass die Vertragsparteien eine Mieterhöhung nicht ausschließen wollen. In diesem Zusammenhang ist ein RE des OLG Koblenz von Bedeutung (RE v. 5.6.1981, 4 W-RE 248/81, WuM 1981 S. 207): Das Gericht hat entschieden, dass eine vor dem 1.1.1975 wirksam vereinbarte Wertsicherungsklausel auch insoweit unwirksam geworden ist (§ 557 Abs. 4 BGB), als sie den Mieter bei konkreter Betrachtungsweise hinsichtlich der verlangten Mieterhöhung günstigerstellt als bei einem auf § 558 BGB gestützten Erhöhungsverlangen. Etwas anderes gilt allerdings, wenn der Vereinbarung eindeutig entnommen werden kann, dass sie den Mieter begünstigen soll. Hier ist eine Mieterhöhung (§ 558 BGB) nur bis zur vertraglich vereinbarten Grenze möglich.

Eine solche **Obergrenze** zugunsten des Mieters hat das LG Berlin (Urteil v. 29.10.1991, 64 S 87/91, WuM 1992 S. 198) in folgender Vereinbarung gesehen: „Nach Ablauf des ersten Jahres werden 5 % und nach Ablauf des zweiten Jahres 10 % Mieterhöhung vereinbart", und das LG Bonn (Urteil v. 12.3.1992, 6 S 453/91, WuM 1992 S. 199) in folgender Regelung: „Der Mietzins erhöht sich hiermit vereinbart mit Beginn des fünften Mietjahres um 28 DM, mit Beginn des siebten Mietjahres um 19 DM." Die Staffelmietvereinbarung ist zwar im vorliegenden Fall unwirksam, da die erhöhte Miete betragsmäßig ausgewiesen sein muss, trotzdem kann der Vermieter eine Erhöhung über die in der unwirksamen Staffel vereinbarten Beträge nach § 558 BGB nicht durchsetzen. Die Obergrenze bilden hier die vereinbarten Staffelmietbeträge.

Umstritten ist, ob bei Gewährung eines **Baukostenzuschusses** während des Anrechnungszeitraums eine Mieterhöhung zulässig ist oder nicht. Falls während dieser Zeit die ordentliche Kündigung des Vermieters ausgeschlossen ist, neigt die Mehrheit der Rechtsprechung dazu, auch einen Ausschluss der Mieterhöhung (§ 557 Abs. 3 BGB) anzunehmen (s. auch „Mietvorauszahlungen").

Vereinbaren die Parteien bei Abschluss des Mietvertrags eine Miete, die unter der ortsüblichen Vergleichsmiete liegt, liegt hierin kein stillschweigender Verzicht auf eine Mieterhöhung vor, solange die ortsübliche Vergleichsmiete gleich bleibt. Voraussetzung für eine Mieterhöhung ist lediglich, dass die vereinbarte Miete im Zeitpunkt des Erhöhungsverlangens hinter der ortsüblichen Vergleichsmiete zurückbleibt. Eine Erhöhung der ortsüblichen Vergleichsmiete seit Vertragsschluss ist nicht erforderlich (BGH, Urteil v. 20.6.2007, VIII ZR 303/06, WuM 2007 S. 452).

Während des Zeitraums einer **gestaffelten** Miete ist eine Mieterhöhung (§§ 558 bis 559b BGB) ausgeschlossen (§ 557a Abs. 2 BGB).

2.5 Form und Begründung der Mieterhöhung (§ 558a BGB)

Der Anspruch des Vermieters, gerichtet auf die Zustimmung zu einer Mieterhöhung, ist allen Mietern gegenüber in Textform geltend zu machen und zu **begründen**. Gemäß § 126b BGB muss die Erklärung einem anderen gegenüber so abgegeben werden, dass sie in Schriftzeichen lesbar, die Person des Erklärenden angegeben und der Abschluss der Erklärung in geeigneter Weise erkennbar gemacht ist. Nach dem Sinn der Formvorschrift des § 126b BGB muss der Mieterhöhungserklärung entnommen werden können, welche natürliche Person sie in eigener Verantwortung abgegeben hat und ihr damit zuzurechnen ist. Nur dann kann der Mieter überprüfen, ob der Absender tatsächlich sein Vermieter ist oder ob die handelnde Person berechtigt ist, den tatsächlichen Vermieter zu vertreten, insbesondere also bei juristischen Personen feststellen, ob der Absender das vertretungsberechtigte Organ (Geschäftsführer, Vorstand) ist oder ob er ggf. die Möglichkeit hat, das Erhöhungsverlangen gemäß § 174 BGB zurückzuweisen (LG Hamburg, Urteil v. 15.1.2004, 333 S 82/03, NZM 2005 S. 255). Dieser Ansicht folgt der BGH nicht. Bei der von einer juristischen Person nach § 10 Abs. 1 S. 5 WoBindG abgegebenen „Erklärung mithilfe automatischer Einrichtungen" genügt die Angabe des Namens der juristischen Person; der Nennung der natürlichen Person, die die Erklärung abgefasst oder veranlasst hat, bedarf es nicht. Die Angabe der Person des Erklärenden gemäß § 126b BGB ist erforderlich, damit der Empfänger überhaupt weiß, von wem das Schreiben stammt. Für diesen Zweck reicht aber nach Ansicht des BGH bei einer maschinell oder in Textform abgegebenen Erklärung einer juristischen Person die Angabe des Namens der juristischen Person aus (BGH, Urteil v. 7.7.2010, VIII ZR 321/09, NZM 2010 S. 734). Zur Textform s. Abschnitt 9 „Textform". Die Mieterhöhung muss ferner als Urkunde eine Einheit bilden. Dies gilt aber nur für das eigentliche Erhöhungsverlangen, nicht für die beigefügte Begründung, z.B. eine Vergleichsmietenliste (KG Berlin, RE v. 22.2.1984, 8 W RE-Miet 194/84, WuM 1984 S. 101). Eine einheitliche Urkunde setzt eine feste Verbindung der Seiten z.B. durch Heftung mit Klammern voraus. Eine Ausnahme lasst das LG München I (Urteil v. 3.11.1993, 14 S 11170/93, WuM 1994 S. 335) zu, wenn der Zusammenhang der einzelnen Teile durch inhaltliche Bezugnahme im Text und gemeinsame Versendung in einem Briefumschlag hergestellt ist. Bei mehreren Mietern muss das Erhöhungsverlangen an alle gerichtet sein.

Haben mehrere Mieter gemeinsam gemietet und wird die Mieterhöhung nur gegenüber einem Mieter abgegeben und hat nur dieser allein zugestimmt, so verbleibt es für alle Mieter bei der ursprünglichen Miete, da die Erhöhungserklärung insgesamt unwirksam ist (LG Hamburg, Urteil v. 30.12.1976, 16 S 97/76, ZMR 1978 S. 311). Die Mieterhöhung muss auch allen Mietern zugestellt werden, es sei denn, im Mietvertrag ist eine auch formularmäßig mögliche Empfangsbevollmächtigung der Mieter enthalten (vgl. „Vollmacht"). Aber auch in diesem Fall muss die Mieterhöhung an alle Mieter adressiert sein. Hiervon hat die Rechtsprechung Ausnahmen zugelassen. So ist es rechtsmissbräuchlich, wenn sich ein Mieter auf die Unwirksamkeit des Erhöhungsverlangens deshalb beruft, weil es nicht auch an den mit Einverständnis des Vermieters ausgezogenen Mitmieter und Ehegatten des verbleibenden Mieters gerichtet war. Dieser nutzte die Wohnung allein und zahlte auch allein die Miete (BGH, Urteil v. 3.3.2004, VIII ZR 124/03, WuM 2004 S. 280).

Der Vermieter muss sein Erhöhungsverlangen, soll es wirksam sein, **in Textform begründen**. Dadurch soll dem Mieter die Möglichkeit geschaffen werden, sich darüber schlüssig zu werden, dem Verlangen des Vermieters zuzustimmen oder es abzulehnen. Aus dem Mieterhöhungsverlangen muss sich ergeben, auf welchen Betrag die Miete erhöht werden soll. Dazu gehören nach allgemeiner Ansicht die Angabe der Wohnfläche der Wohnung in m^2 und der neu verlangte Quadratmeterpreis. Die Wohnungsgröße muss den tatsächlichen Verhältnissen entsprechen.

Bereits unter Abschnitt 2.2 („Ortsübliche Vergleichsmiete") wurde darauf hingewiesen, dass dem Erhöhungsverlangen die tatsächliche **Wohnfläche** zugrunde zu legen ist. Gibt der Vermieter im Erhöhungsverlangen eine zu große Wohnfläche an, hat dies erhebliche Auswirkungen. Übersteigt nämlich die in einem Mieterhöhungsverlangen angegebene und der Berechnung zugrunde gelegte Wohnfläche die tatsächliche Wohnfläche, kann der Mieter unter dem Gesichtspunkt der ungerechtfertigten Bereicherung die Rückzahlung der in Folgezeit aufgrund der fehlerhaften Berechnung überzahlten Miete verlangen, wenn die Abweichung der tatsächlichen von der angegebenen Wohnfläche mehr als 10 % beträgt (BGH, Urteil v. 7.7.2004, VIII ZR 192/03, NZM 2004 S. 699); vgl. hierzu „Wohnfläche“).

Haben die Parteien allerdings eine Vereinbarung im Mietvertrag über die Wohnfläche getroffen, so ist diese Vereinbarung grundsätzlich zu beachten, solange die Toleranzgrenze von 10 % nach oben oder unten eingehalten wird (vgl. BGH, Urteil v. 8.7.2009, VIII ZR 205/08, WuM 2009 S. 460; s. hierzu auch Abschnitt 2.2 „Ortsübliche Vergleichsmiete“).

Fraglich ist, ob ein solches Erhöhungsverlangen überhaupt wirksam ist, da die Ausgangstatsachen richtig sein müssen. Geringfügige Abweichungen sind allerdings unschädlich (LG Mannheim, Urteil v. 8.1.2003, 4 S 73/02, NZM 2003 S. 393).

Jedenfalls ist der Vermieter an seine Angaben im Erhöhungsverlangen gebunden. Verlangt der Vermieter die Zustimmung zu einer Mieterhöhung auf 8 Euro pro m^2 x 100 m^2 = 800 Euro und stellt sich im Verfahren heraus, dass die Wohnung nur eine Fläche von 95 m^2 hat, so kann der Vermieter keine höhere Miete als 8 Euro pro m^2 x 95 m^2 = 760 Euro verlangen, auch wenn eine Miete von 800 Euro noch ortsüblich ist. Der Zustimmungsanspruch ist nämlich auf die im Erhöhungsverlangen gemachten Angaben begrenzt (LG München I, Urteil v. 4.2.1998, 14 S 15028/97, WuM 1998 S. 230).

Zu beachten ist, dass mit der Erhöhung keine Änderung der vertraglich vereinbarten Mietstruktur verbunden werden darf (z.B. Übergang von einer Bruttokalt- in eine Nettomiete).

Gemäß § 558 Abs. 1 S. 1 BGB kann der Vermieter die Zustimmung zu einer Mieterhöhung **verlangen**. Darunter ist eine einseitige, empfangsbedürftige Willenserklärung zu verstehen. Der Vermieter kann also die Miete nicht einseitig festsetzen. So hat der Vermieter in einem vom LG Mannheim entschiedenen Fall dem Mieter mitgeteilt, dass er die Miete zum … anpassen werde. Die Erhöhung beträgt … Euro. Dies stellt kein wirksames Erhöhungsverlangen dar. Nach Ansicht des Gerichts ist damit auch keine konkludente Erhöhungsvereinbarung zustande gekommen. Obwohl der Mieter die erhöhte Miete jahrelang bezahlt hatte, konnte er diese Beträge zurückverlangen (LG Mannheim, Urteil v. 5.4.2000, 4 S 166/99, WuM 2000 S. 308). Das Gericht hat darauf hingewiesen, dass auch bei großzügiger Interpretation die Formulierung des Vermieters nicht mehr als Antrag i.S.d. § 145 BGB verstanden werden kann. Ein Antrag kann angenommen werden, wenn der Vermieter den Mieter zur Zustimmung auffordert, ggf. auch, wenn er zum Ausdruck bringt, dass er eine Mieterhöhung wünscht oder verlangt. Es empfehlen sich eindeutige Formulierungen wie z.B. „bitte ich um Ihre Zustimmung zu einer Mieterhöhung …“.

Diese Rechtsprechung ist vom BGH bestätigt worden. In einem Mietvertrag war vereinbart, dass sich der Vermieter vorbehält, die Miete alle 2 Jahre zu überprüfen und evtl. neu festzulegen. Aufgrund dieser Vertragsbestimmung hatte der Vermieter vom Mieter mehrfach Mieterhöhungen gefordert, die vom Mieter auch jeweils bezahlt wurden. Der Mieter hat vom Vermieter die Rückzahlung der noch nicht verjährten Erhöhungsbeträge für die vergangenen Jahre verlangt. Der BGH hat der Klage stattgegeben und dies wie folgt begründet: Hat sich der Vermieter im Mietvertrag eine einseitige Neufestsetzung der Miete vorbehalten und hat er in seinem an die Mieter gerichteten Mieterhöhungsschreiben erkennbar auf der Grundlage dieser unwirksamen vertraglichen Regelung sein einseitiges Bestimmungsrecht ausüben wollen, liegt darin, vom Empfängerhorizont des Mieters ausgehend, kein Angebot zum Abschluss einer Erhöhungsvereinbarung. Schon deshalb kann in der Zahlung der erhöhten Miete vonseiten des Mieters eine stillschweigende Zustimmung zur Mieterhöhung nicht gesehen werden (BGH, Urteil v. 20.7.2005, VIII ZR 199/04, WuM 2005 S. 581).

Im Fall der **konkludenten Zustimmung** des Mieters durch **Zahlung** ist nicht entscheidend, ob das Erhöhungsverlangen des Vermieters den gesetzlichen Vorschriften entspricht oder nicht. Der Mieter kann auch einer unwirksamen Mieterhöhung zustimmen (BGH, Urteil v. 29.6.2005, VIII ZR 182/04, WuM 2005 S. 518). Entscheidend ist aus Sicht des Erklärungsempfängers, dass der Vermieter vom Mieter eine Zustimmung zur Mieterhöhung begehrt und nicht die Miete einseitig neu festsetzt.

Folgende Begründungsmittel sind vom Gesetz zugelassen.

2.5.1 Mietspiegel

Hier hat das Mietrechtsreformgesetz erhebliche Änderungen gebracht. Es unterscheidet zwischen Mietspiegel (§ 558c BGB) und qualifiziertem Mietspiegel (§ 558d BGB). Ein Mietspiegel ist eine Übersicht über die ortsübliche Vergleichsmiete, soweit die Übersicht von der Gemeinde oder von Interessenvertretern der Vermieter und der Mieter gemeinsam erstellt oder anerkannt worden ist (§ 558c Abs. 1 BGB). In der amtlichen Begründung wird darauf hingewiesen, dass sich in den letzten Jahren bei der Vermietung die Vereinbarung von Nettomieten durchgesetzt hat. Deshalb soll im Mietspiegel generell die Nettomiete ausgewiesen werden.

Mietspiegel können für das Gebiet einer Gemeinde oder mehrerer Gemeinden oder für Teile von Gemeinden erstellt werden (§ 558c Abs. 2 BGB). Neu ist die Möglichkeit von Mietspiegeln für Gemeindeteile. So können etwa Gemeinden oder Gemeindeteile, die stark im Einzugsgebiet einer größeren Gemeinde liegen und daher mit dieser zusammen einen einheitlichen Wohnungsmarkt bilden, in einen gemeinsamen Mietspiegel einbezogen werden (so die amtliche Begründung).

Nach § 558c Abs. 3 BGB sollen die Mietspiegel im Abstand von 2 Jahren aktualisiert werden. Eine Pflicht hierzu besteht jedoch nicht. Für die Fortschreibung sind keine bestimmten Methoden vorgeschrieben. Diese kann durch Stichproben unter Bezugnahme auf den Lebenshaltungskostenindex oder auf andere Indexe erfolgen.

Die Gemeinden sollen Mietspiegel erstellen, wenn hierfür ein Bedürfnis besteht und dies mit einem vertretbaren Aufwand möglich ist. Die Mietspiegel und ihre Änderungen sollen veröffentlicht werden (§ 558c Abs. 5 BGB). Eine Verpflichtung der Gemeinden besteht hierzu aber nicht.

Die Bundesregierung wird ermächtigt, durch Rechtsverordnung mit Zustimmung des Bundesrats Vorschriften über den näheren Inhalt und das Verfahren zur Aufstellung und Anpassung von Mietspiegeln zu erlassen (§ 558c Abs. 5 BGB). Eine solche Verordnung ist bisher nicht erlassen worden.

Ein **qualifizierter Mietspiegel** ist ein Mietspiegel, der nach anerkannten wissenschaftlichen Grundsätzen erstellt und von der Gemeinde oder von Interessenvertretern der Vermieter und der Mieter anerkannt worden ist (§ 558d Abs. 1 BGB). Dieser Mietspiegel unterscheidet sich gemäß der amtlichen Begründung vom einfachen Mietspiegel durch eine erhöhte Gewähr der Richtigkeit und Aktualität der Angaben zur ortsüblichen Vergleichsmiete. Deshalb können an ihn weitergehende Rechtsfolgen geknüpft werden, nämlich die Festlegung als zwingendes Begründungsmittel (§ 558a Abs. 3 BGB, hierzu unten) und die prozessuale Vermutungswirkung im gerichtlichen Mieterhöhungsrechtsstreit (§ 558d Abs. 3 BGB, s. u. Abschnitt 2.7 „Gerichtliches Verfahren"). Dieser Mietspiegel muss nach anerkannten statistischen Methoden erstellt werden, die gewährleisten, dass er ein realistisches Abbild des Wohnungsmarktes liefert. Die gesetzliche Bestimmung verzichtet auf eine Entscheidung zugunsten einer bestimmten Erstellungsmethode. Nach der amtlichen Begründung handelt es sich sowohl bei der Tabellenmethode, also einer reinen Datensammlung, oder der Regressionsmethode, einer komplizierten statistischen Umrechnung weniger repräsentativer Daten, um anerkannte Methoden. Wegen der erheblichen Rechtsfolgen muss die Anwendung wissenschaftlich anerkannter statistischer Methoden dokumentiert und auf diese Weise nachvollziehbar und überprüfbar sein.

Der qualifizierte Mietspiegel ist im Abstand von 2 Jahren der Marktentwicklung anzupassen. Dabei kann eine Stichprobe und die Entwicklung des vom Statistischen Bundesamt ermittelten Preisindexes für die Lebenshaltung aller privaten Haushalte in Deutschland zugrunde gelegt werden. Nach 4 Jahren ist der qualifizierte Mietspiegel neu zu erstellen (§ 558d Abs. 2 BGB). Hierdurch soll gewährleistet sein, dass der Mietspiegel die ortsübliche Vergleichsmiete auf dem Wohnungsmarkt zeitnah widerspiegelt.

Wenn die Vorschrift des § 558d Abs. 2 BGB eingehalten wurde, wird vermutet, dass die im qualifizierten Mietspiegel bezeichneten Entgelte die ortsübliche Vergleichsmiete wiedergeben (§ 558d Abs. 3 BGB). Diesem qualifizierten Mietspiegel kommt somit eine Vermutungswirkung im Prozess zu. Es handelt sich um eine widerlegliche Vermutung, der Beweis des Gegenteils bleibt gemäß § 292 ZPO deshalb für beide Prozessparteien zulässig (vgl. hierzu Abschnitt 2.7 „Gerichtliches Verfahren“).

Neu durch das Mietrechtsreformgesetz eingeführt ist auch die Bestimmung des § 558a Abs. 3 BGB. Enthält ein qualifizierter Mietspiegel gemäß § 558d Abs. 1 BGB, bei dem die Vorschrift des § 558d Abs. 2 BGB eingehalten ist, Angaben für die Wohnung, so hat der Vermieter in seinem Mieterhöhungsverlangen diese Angaben auch dann mitzuteilen, wenn er die Mieterhöhung auf ein anderes Begründungsmittel (Mietdatenbank, Sachverständigengutachten oder Vergleichsmieten) stützt. Dies bedeutet im Klartext, dass der Vermieter in der Mieterhöhung dem Mieter vorrechnen muss, wie hoch die Miete nach dem qualifizierten Mietspiegel ist, auch wenn er das Erhöhungsverlangen mit drei Vergleichsmieten begründet, die höher liegen. Wie das LG München I entschieden hat, muss die Mitteilung der Angaben des qualifizierten Mietspiegels für die Wohnung in dem mit Vergleichsobjekten begründeten Zustimmungsverlangen zur Mieterhöhung aus sich selbst heraus verständlich und darf nicht lückenhaft sein. Diese Mitteilung der Mietspiegelwerte gemäß § 558a Abs. 3 BGB unterliegt zwar nicht den gleichen Anforderungen wie bei einer Begründung der ortsüblichen Vergleichsmiete durch den Mietspiegel gemäß § 558a Abs. 1 Nr. 1 BGB (LG München I, Urteil v. 8.5.2002, 14 S 20654/01, WuM 2002 S. 496). Um kein Risiko einzugehen, empfiehlt es sich aber, eine vollständige Berechnung nach dem Mietspiegel beizufügen. Nachdem kein Mieter einer solchen Mieterhöhung zustimmen wird, muss der Vermieter im anschließenden Prozess die Vermutungswirkung des qualifizierten Mietspiegels widerlegen, um eine höhere Miete zu erhalten. Nachdem ein solcher qualifizierter Mietspiegel die widerlegliche Vermutung hat, dass die in ihm angegebenen Werte die ortsübliche Vergleichsmiete wiedergeben (§ 558d Abs. 3 BGB), muss der Vermieter im Prozess den Beweis dafür erbringen, dass dieser Mietspiegel die ortsübliche Vergleichsmiete für die streitbefangene Wohnung tatsächlich nicht wiedergibt. Diese Bestimmung wird daher zu höchst aufwendigen und kostenträchtigen Gerichtsverfahren führen. Unterlässt der Vermieter diese Angaben, so ist das Erhöhungsverlangen unzulässig. Der qualifizierte Mietspiegel ist daher ein zwingendes Begründungsmittel.

§ 558a Abs. 4 S. 1 BGB übernimmt die bisherige Regelung des § 2 Abs. 2 S. 2 2. HS MHRG. Danach ist es ausreichend, wenn bei einem Mietspiegel mit Spannen die verlangte Miete innerhalb der Spanne liegt. In diesem Fall, so die amtliche Begründung, bedarf es unabhängig davon, ob der Mittelwert oder ein Wert am oberen oder unteren Rand gewählt wird, keiner besonderen Begründung. Dies bedeutet allerdings nur, dass ein solches Erhöhungsverlangen formell zulässig ist. Ob die Mieterhöhung materiell begründet ist, hat das Gericht zu ermitteln, indem es die konkrete Wohnung innerhalb der Spanne einordnet. Bietet der Mietspiegel hierzu Orientierungshilfen, wird das Gericht hierauf zurückgreifen (Näheres unter 2.7 „Gerichtliches Verfahren“).

In § 558a Abs. 4 S. 2 BGB ist geregelt, wie zu verfahren ist, wenn zum Zeitpunkt der Abgabe der Mieterhöhungserklärung kein Mietspiegel besteht, der gemäß § 558c Abs. 3 BGB im Abstand von 2 Jahren fortgeschrieben wurde oder kein qualifizierter Mietspiegel besteht, der im Abstand von 2 Jahren der Mietentwicklung angepasst wurde. In diesem Fall kann der Vermieter auch einen anderen, insbesondere einen veralteten Mietspiegel oder einen Mietspiegel einer vergleichbaren Gemeinde verwenden. Verwendet der Vermieter einen alten Mietspiegel, obwohl bereits ein neuer Mietspiegel veröffentlicht wurde, ist das Mieterhöhungsverlangen nicht deshalb unwirksam. Hierbei handelt es sich um einen bloß inhaltlichen Fehler. Im gerichtlichen Verfahren ist die Miete nach dem neuen Mietspiegel zu ermitteln (BGH, Urteil v. 6.7.2011, VIII ZR 337/10, NZM 2011 S. 743).

Schließt der Mietspiegel seinen Anwendungsbereich auf bestimmte Gebäude oder Wohnungen aus, kann mit ihm ein Mieterhöhungsverlangen grundsätzlich nicht wirksam begründet werden. Der BGH hat allerdings eine Ausnahme zugelassen. Der Vermieter kann zur Begründung eines Mieterhöhungsverlangens für ein **Einfamilienhaus** auf einen Mietspiegel, der keine Angaben zu Einfamilienhäusern enthält, jedenfalls dann Bezug nehmen, wenn die geforderte Miete innerhalb der Mietpreisspanne für Wohnungen in Mehrfamilienhäusern liegt. Der BGH begründet dies damit, dass die Miete für Einfamilienhäuser im Regelfall über der Miete für Wohnungen in Mehrfamilienhäusern liegt (BGH, Urteil v. 17.9.2008, VIII ZR 58/08, WuM 2008 S. 729).

Gemäß § 558 Abs. 4 S. 2 BGB kann der Vermieter dann, wenn kein Mietspiegel für die Gemeinde vorhanden ist, in der die Wohnung liegt, auf den Mietspiegel einer Nachbargemeinde Bezug nehmen.

Der Mietspiegel einer anderen Gemeinde ist nur **vergleichbar**, wenn in den wesentlichen Faktoren Übereinstimmung besteht (LG München II, Urteil v. 14.11.1985, 8 S 1394/85, WuM 1986 S. 259). Großzügiger ist das OLG Stuttgart: Danach kann ein Mieterhöhungsverlangen auf den Mietspiegel einer Nachbargemeinde gestützt werden, wenn die Behauptung, dies sei eine vergleichbare Gemeinde, nicht offensichtlich unbegründet ist (RE v. 2.2.1982, 8 RE-Miet 4/81, WuM 1982 S. 108).

Dieser Rechtsansicht folgt der BGH (Urteil v. 16.6.2010, VIII ZR 99/09, WuM 2010 S. 505). Strittig ist allerdings, ob die Gemeinden auch räumlich aneinandergrenzen müssen. Der BGH hat darauf abgestellt, dass das Mietniveau der Gemeinden nach den Feststellungen eines Sachverständigen vergleichbar war. Zur Zulässigkeit des Erhöhungsverlangens reicht also zunächst die Behauptung des Vermieters aus, die Gemeinden seien vergleichbar.

Ist dies aber nicht der Fall, sind also die Gemeinden nicht vergleichbar, liegt kein wirksames Mieterhöhungsverlangen vor. In diesem Fall ist die Klage auf Zustimmung zur Mieterhöhung unzulässig (BGH, Urteil v. 13.11.2013, VIII ZR 413/12, WuM 2014 S. 33). Wie der BGH weiter entschieden hat, ist eine Nachbargemeinde mit etwa 4.450 Einwohnern mit einer Großstadt (Nürnberg) mit rund 500.000 Einwohnern nicht vergleichbar. Dass in ruhigeren Randgebieten Nürnbergs die Wohnqualität mit derjenigen der nahe gelegenen kleinen Gemeinde vergleichbar sein kann, ist für die Vergleichbarkeit beider Gemeinden unerheblich. Denn über die dort ortsübliche Miete gibt der für das gesamte Stadtgebiet Nürnberg erstellte Mietspiegel keine Auskünfte. Die fehlende Vergleichbarkeit kann auch nicht durch einen prozentualen Abschlag ersetzt werden.

Ein pauschaler Zuschlag auf alte oder veraltete Mietspiegel durch den Vermieter in seinem Erhöhungsverlangen ist allerdings unzulässig (OLG Stuttgart, RE v. 2.2.1981, 8 RE-Miet 4/81, WuM 1982 S. 108). Das Gericht, nicht der Vermieter, kann hingegen einen sog. Alterungszuschlag vornehmen (vgl. Abschnitt 2.7 „Gerichtliches Verfahren“).

Ein **Zuschlag** ist aber dann gerechtfertigt, wenn die Mieten des Mietspiegels Verträge betreffen, nach denen der Mieter zur Durchführung der Schönheitsreparaturen verpflichtet ist, während im Vertrag, der dem Mieterhöhungsverlangen zugrunde liegt, der Vermieter vereinbarungsgemäß diese Verpflichtung hat (OLG Koblenz, RE v. 8.11.1984, 4 W-RE 571/84, WuM 1985 S. 15). Hierbei kann auf die Werte des § 28 Abs. 3 II. BV Bezug genommen werden (so LG Frankfurt/M., Urteil v. 29.4.2003, 2-11 S 296/02, NJW-RR 2003 S. 1522).

Der BGH hat entschieden, dass der Vermieter bei der Unwirksamkeit einer Schönheitsreparaturklausel, die dem Mieter diese Verpflichtung auferlegt, keinen Zuschlag zur ortsüblichen Vergleichsmiete vom Mieter verlangen kann (BGH, Urteil v. 9.7.2008, VIII ZR 181/07, NJW 2008 S. 2840 = WuM 2008 S. 560).

Ferner ist ein Zuschlag vorzunehmen, wenn im Mietspiegel Nettomieten ausgewiesen sind, aber eine Erhöhung der Bruttomiete mit dem Mietspiegel begründet werden soll. Ein solcher Zuschlag muss vom Vermieter nachvollziehbar begründet werden (OLG Stuttgart, RE v. 13.7.1983, 8 RE-Miet 2/83, WuM 1983 S. 285). Dies erfolgt dadurch, dass der Vermieter die auf die konkrete Wohnung entfallenden Betriebskosten konkret darlegt, indem er sämtliche Betriebskosten getrennt nach dem derzeitigen Stand aufführt.

Hierzu hat der BGH entschieden, dass der Vermieter in diesem Fall die zuletzt auf die betreffende Wohnung entfallenden Betriebskosten ausweisen muss (BGH, Urteil v. 10.10.2007, VIII ZR 331/06, WuM 2007 S. 707).

Bei der Erhöhung einer Teilinklusivmiete nach § 558 BGB braucht der Vermieter im Mieterhöhungsverlangen zur Höhe der in der Miete enthaltenen Betriebskosten keine Angaben zu machen, wenn auch die von ihm beanspruchte erhöhte Teilinklusivmiete die ortsübliche Nettomiete nicht übersteigt (BGH, a. a. O.).

Für den **Berliner Mietspiegel** hat der BGH entschieden, dass die dort angegebenen Durchschnittswerte für die Betriebskosten bereits nach der Vorstellung der Mietspiegelverfasser nicht zur Ermittlung fiktiver Bruttovergleichsmieten bestimmt sind. Vielmehr sind die konkret zur Zeit des Zugangs des Erhöhungsverlangens auf die Wohnung entfallenden Betriebskosten, sofern sie den Rahmen des Üblichen nicht überschreiten, zu der im Mietspiegel ausgewiesenen Nettokaltmiete hinzuzurechnen (BGH, Urteil v. 26.10.2005, VIII ZR 41/05, NJW-RR 2006 S. 227). Ob dies auch für Mietspiegel gilt, die zur Ermittlung der Bruttokaltmiete ausschließlich auf eine **Betriebskostentabelle** verweisen, bleibt abzuwarten. Allerdings hat der BGH in einem weiteren Urteil v. 12.7.2006, VIII ZR 215/05, NZM 2006 S. 864 nochmals ausdrücklich entschieden, dass es zur schlüssigen Darlegung des Anspruchs des Vermieters auf Zustimmung zur Erhöhung einer Bruttokaltmiete, den der Vermieter mit einem Mietspiegel begründet, der Nettomieten aufweist, der Angabe der auf die Wohnung tatsächlich entfallenden Betriebskosten bedarf. Die Angabe eines statistischen Durchschnittswerts für Betriebskosten genügt demnach nicht. Zwar ist auch diese Entscheidung zum Berliner Mietspiegel ergangen. Die Entscheidung des BGH ist allerdings vom Wortlaut her eindeutig. Zu beachten ist, dass ein Erhöhungsverlangen, das nicht die tatsächlich angefallenen Betriebskosten, sondern die Betriebskosten gemäß Mietspiegel ausweist, nicht unwirksam ist mit der Folge, dass ein hierauf gestütztes Erhöhungsverlangen unzulässig ist. Die Frage, ob der angegebene Betriebskostenanteil zutreffend ist, betrifft nicht die formelle Ordnungsmäßigkeit des Erhöhungsverlangens, sondern allein dessen materielle Berechtigung. Der Vermieter hat also auf einen entsprechenden Hinweis des Gerichts hin die tatsächlich auf die Wohnung derzeit entfallenden Betriebskosten anzugeben.

Der umgekehrte Fall, dass der Mietspiegel Bruttomieten ausweist, während im Mietvertrag eine Nettomiete vereinbart ist, ist noch nicht höchstrichterlich entschieden. Das KG Berlin (Beschluss v. 25.9.1997, 8 RE-Miet 6574/97, WuM 1997 S. 608) hat den Erlass eines Rechtsentscheids abgelehnt. Fraglich ist, ob von den Werten des Mietspiegels die konkret zu zahlenden Betriebskosten im Einzelfall oder die durchschnittlichen Betriebskosten, wie sie in dem jeweiligen Mietspiegel angegeben sind, abzuziehen sind. Das KG weist darauf hin, dass die Errechnung der Nettomiete aus einem Mietspiegel, der Bruttomieten ausweist, eine Tatsachenfeststellung ist. Notfalls muss sich das Gericht, um gesicherte Ergebnisse zu erhalten, eines Sachverständigen bedienen.

Begründet der Vermieter sein Erhöhungsverlangen mithilfe des Mietspiegels, muss er diesen seinem diesbezüglichen Schreiben **nicht beifügen**, sofern dieser allgemein zugänglich ist (BGH, Urteil v. 12.12.2007, VIII ZR 110/07, WuM 2008 S. 88). Wo dies ausnahmsweise nicht der Fall ist, muss der Mietspiegel beigefügt werden. Die Veröffentlichung im Amtsblatt ist ausreichend (BGH, a. a. O.).

Es genügt auch, wenn der örtliche Mietspiegel durch die Interessenverbände der Mieter und Vermieter gegen Zahlung eines geringen Betrags (hier: 3 Euro) abgegeben und er zudem (vollständig) im Internet veröffentlicht wird (BGH, Beschluss v. 28.4.2009 VIII ZR 7/08, WuM 2009 S. 352). Diese Rechtsprechung hat der BGH bestätigt: Nimmt der Vermieter zur Begründung seines Mieterhöhungsverlangens auf einen Mietspiegel Bezug und ist dieser gegen eine geringe Schutzgebühr von jedermann bei den örtlichen Mieter- und Vermietervereinigungen erhältlich, bedarf es einer Beifügung des Mietspiegels nicht (BGH, Urteil v. 30.9.2009, VIII ZR 276/08, WuM 2009 S. 747). Weiter hat der BGH entschieden, dass es einer Beifügung des Mietspiegels dann nicht bedarf, wenn der Vermieter zur Begründung seines Mieterhöhungsverlangens auf einen Mietspiegel Bezug nimmt und dem Mieter dabei die Einsichtnahme des Mietspiegels in den Räumen seines Kundencenters am Wohnort des Mieters anbietet (BGH, Urteil v. 11.3.2009, VIII ZR 74/08, WuM 2009 S. 293).

Immer aber muss der Vermieter angeben, unter welcher Rubrik des Mietspiegels er die Wohnung des Mieters einreiht (z. B. Baualter, Größe, Ausstattung, Wohnlage). Nach dem Sinn und Zweck von § 558 a BGB soll dem Mieter die Möglichkeit der Information und der Nachprüfung gegeben werden, damit er sich anhand der ihm mitgeteilten Daten schlüssig werden kann, ob er zustimmen will oder nicht. Demgemäß muss der Vermieter bei einer Bezugnahme auf einen Mietspiegel dem Mieter die Bezugspunkte für die Einstufung im Mietspiegel nennen, die der Mieter braucht, um die Berechnung nachvollziehen zu können.

Enthält der qualifizierte Mietspiegel ein **Raster** von Feldern, in denen für Wohnungen einer bestimmten Kategorie jeweils eine bestimmte Mietspanne ausgewiesen ist, so ist im Erhöhungsverlangen nur die genaue Angabe des – nach Auffassung des Vermieters – für die Wohnung einschlägigen Mietspiegelfelds erforderlich, um den Mieter (auch) auf die im Mietspiegel für die Wohnung vorgesehene Spanne hinzuweisen (BGH, Urteil v. 12.12.2007, VIII ZR 11/07, WuM 2008 S. 88). Einer darüber hinausgehenden, ausdrücklichen Mitteilung der Spanne bedarf es dazu nicht. Dies gilt auch für den Fall, dass zwischen den Mietvertragsparteien die Einordnung der Wohnung in das Mietspiegelfeld umstritten ist. Die richtige Einordnung ist keine Frage der Wirksamkeit, sondern der materiellen Begründetheit des Mieterhöhungsverlangens. Der Mieter kann ohne Weiteres prüfen, ob die vom Vermieter vorgenommene Einordnung der Wohnung zutrifft oder nicht (BGH, Urteil v. 11.3.2009, VIII ZR 316/07, WuM 2009 S. 239). Problematisch ist dies allerdings bei Angaben des Vermieters, die der Mieter nicht anhand des Mietspiegels auf seine Richtigkeit überprüfen kann, z. B. die Baualtersangabe. An die Begründung dürfen keine überhöhten Anforderungen gestellt werden (BGH, Urteil v. 12.11.2003, VIII ZR 52/03, NZM 2004 S. 219). In formeller Hinsicht ist es ausreichend, wenn das Erhöhungsverlangen Angaben über die Tatsachen enthält, aus denen der Vermieter die Berechtigung der geforderten Mieterhöhung herleitet, und zwar in dem Umfang, wie der Mieter solche Angaben benötigt, um der Berechtigung des Erhöhungsverlangens nachgehen und diese zumindest ansatzweise überprüfen zu können (BGH, Urteil v. 12.12.2007, VIII ZR 11/07, WuM 2008 S. 88).

Ob das Erhöhungsverlangen aber auch materiell-rechtlich begründet ist, wenn der Vermieter den Oberwert der laut Mietspiegel maßgebenden Mietspanne zugrunde legt, ist Frage der Begründetheit des Erhöhungsverlangens und vom Gericht zu klären (s. hierzu Abschnitt 2.7 „Gerichtliches Verfahren“).

Der BGH hat entschieden, dass der Vermieter die Miete bis zum oberen Wert der Bandbreite der konkreten ortsüblichen Vergleichsmiete (Einzelvergleichsmiete) anheben darf, wenn die Einzelvergleichsmiete unter Heranziehung eines Sachverständigengutachtens vom Gericht ermittelt wurde (BGH, Urteil v. 21.10.2009, VIII ZR 30/09, WuM 2009

S. 746). Der Oberwert der konkreten Einzelvergleichsmiete ist allerdings nicht mit dem Oberwert der Mietspiegelspanne identisch. Die ortsübliche Vergleichsmiete liegt innerhalb dieser Spanne, aber nicht notwendig an der Obergrenze des Mietspiegels. Die Ausweisung von Mietzinsspannen im Mietspiegel würde sonst jegliche Funktion verlieren. Bei der Ermittlung der Einzelvergleichsmiete müssen in der Regel Merkmale der Wohnung vorliegen, die dazu führen, dass der obere Wert einer im qualifizierten Mietspiegel ausgewiesenen Spanne angesetzt werden darf (BGH, Urteil v. 4.5.2011, VIII ZR 227/10, WuM 2011 S. 421).

Da die Anforderungen der Gerichte jedoch unterschiedlich sind, empfehlen sich möglichst genaue Angaben. Die Übersichten, in welchen Gemeinden Mietspiegel aufgestellt wurden, sind bei den örtlichen Gemeindeverwaltungen, beim Spitzenverband der privaten Wohnungswirtschaft (Haus & Grund Deutschland, Mohrenstraße 33, 10117 Berlin) sowie bei der Verlagsgesellschaft des Deutschen Mieterbundes (Littenstraße 10, 10179 Berlin) erhältlich.

Die Auslegung eines Mietspiegels unterliegt der uneingeschränkten revisionsrechtlichen Nachprüfung durch den BGH (Urteil v. 4.5.2011, VIII ZR 227/10, WuM 2011 S. 421). So hat sich der BGH mit der Auslegung des Mietspiegels 2007 der Stadt Regensburg befasst (BGH, a. a. O.). Auch hier hat der BGH festgehalten, dass der Vermieter nicht automatisch einen Anspruch darauf hat, dass die oberen Spannen des Mietspiegels für die Erhöhung zugrunde gelegt werden. Vielmehr ist auch hier die konkrete Einzelvergleichsmiete, die ihrerseits selbst eine gewisse Bandbreite aufweist, innerhalb der vorgegebenen Spannen des Mietspiegels zu ermitteln.

Nach wie vor werden von den Gemeinden **einfache Mietspiegel**, also eine Übersicht über die ortsübliche Vergleichsmiete gemäß § 558c BGB, aufgestellt. Auch ein solcher einfacher Mietspiegel kann nach wie vor die Grundlage für die Bestimmung der ortsüblichen Vergleichsmiete sein. Ob die Indizwirkung im Einzelfall zum Nachweis ausreicht, hängt davon ab, welche Einwendungen die Parteien gegen den Erkenntniswert des Mietspiegels erheben. Trägt z. B. der Mieter keine entsprechenden Einwendungen vor, darf das Gericht auch einer auf einen einfachen Mietspiegel gestützten Mieterhöhungsklage stattgeben (BGH, Urteil v. 16.6.2010, VIII ZR 99/09, WuM 2010 S. 505).

2.5.2 Mietdatenbank

Dieses Begründungsmittel ist in § 558e BGB geregelt. Danach ist eine Mietdatenbank eine zur Ermittlung der ortsüblichen Vergleichsmiete fortlaufend geführte Sammlung von Mieten, die von der Gemeinde oder von Interessenvertretern der Vermieter und der Mieter gemeinsam geführt oder anerkannt wird und aus der Auskünfte gegeben werden, die für einzelne Wohnungen einen Schluss auf die ortsübliche Vergleichsmiete zulassen. Diese Sammlung muss also fortlaufend geführt werden. Nach der amtlichen Begründung besteht ihre Funktion darin, Angaben zu Mietvereinbarungen und Mietänderungen bereitzustellen, aus denen Erkenntnisse über ortsübliche Vergleichsmieten gewonnen werden können, diese fortlaufend zu sammeln, strukturiert aufzuarbeiten und sie auszuwerten. Damit auf die ortsübliche Vergleichsmiete geschlossen werden kann, sind bei der Auswahl von Mietdaten zur Ermittlung der Vergleichsmiete für eine bestimmte Wohnung die gesetzlichen Vorgaben zur Ermittlung der ortsüblichen Vergleichsmiete gemäß § 558 Abs. 2 BGB einzuhalten. Mit der Einführung der Mietdatenbank als Begründungsmittel soll der Entwicklung der Informationstechnik Rechnung getragen werden, die es ermöglicht, große Mengen an Daten zu speichern, zu verarbeiten und aufzubereiten. Der wesentliche Unterschied gegenüber einem Mietspiegel, der immer nur eine Momentaufnahme des Wohnungsmarkts bieten kann, liegt in der fortlaufenden Erfassung von Daten. Damit ermöglicht eine Datenbank grundsätzlich eine hohe Aktualität, weist aber geringere Repräsentativität auf.

Eine solche Datenbank existiert derzeit in nur wenigen Städten, z.B. Leipzig und Hannover. Die praktischen Auswirkungen sind also vorerst gering. Aus dem Gesetz ergibt sich insbesondere nicht, wie die Auskunft auszusehen hat und in welcher Form der Vermieter sie dem Mieter bekannt geben muss. Hier muss abgewartet werden, bis dieses Begründungsmittel ausreichend verbreitet ist und die ersten Urteile vorliegen.

2.5.3 Sachverständigengutachten

Will der Vermieter sein Erhöhungsverlangen auf ein Sachverständigengutachten stützen, muss er mit der Erstellung einen öffentlich bestellten und vereidigten Sachverständigen beauftragen. Das Mieterhöhungsverlangen kann aber auch wirksam auf das Gutachten eines Sachverständigen gestützt werden, welcher dem Vermieter durch die zuständige Handelskammer benannt worden ist, ohne von ihr öffentlich bestellt und/oder vereidigt zu sein (OLG Hamburg, RE v. 30.12.1984, 4 U 8/83, WuM 1984 S. 45).

Der Sachverständige muss nicht speziell für die Mietzinsbewertung bestellt sein, jedoch muss sein Tätigkeitsbereich diese umfassen. Das Gutachten eines Sachverständigen für Grundstücks- und Gebäudebewertung erfüllt die geforderten Voraussetzungen (so BGH, RE v. 21.4.1982, VIII ARZ 2/82, NJW 1982 S. 1701), nicht das eines solchen für das Bauhandwerk (OLG Oldenburg, RE v. 22.12.1980, 5 UH 1/80, WuM 1981 S. 55). Das Sachverständigengutachten, auf das zur Begründung eines Mieterhöhungsverlangens verwiesen wird, muss **nicht** von einem Sachverständigen erstellt sein, der von derjenigen IHK öffentlich bestellt oder vereidigt ist, in deren Bezirk die Wohnung liegt, für die die Miete erhöht werden soll (BayObLG, RE v. 23.7.1987, RE-Miet 2/87, WuM 1987 S. 312). Das Gutachten darf nicht älter als 2 Jahre sein; anderenfalls ist das Erhöhungsverlangen unwirksam (LG Berlin, Urteil v. 3.2.1998, 63 S 364/97, WuM 1998 S. 229).

Das Gutachten ist zu begründen. Es muss erkennen lassen, worauf das gewonnene Ergebnis beruht. Die Anforderungen an ein Sachverständigengutachten zur Begründung einer Mieterhöhung dürfen jedoch nicht überspannt werden. § 558a Abs. 2 BGB verlangt **nur Hinweise, nicht** aber den **Nachweis** der Richtigkeit der Angaben im Mieterhöhungsverlangen. Dies ist Sache der Begründetheit einer Klage auf Zustimmung zur Mieterhöhung.

Es reicht daher, wenn der Sachverständige in einer für den Mieter verständlichen und nachvollziehbaren Weise dargetan hat, warum die neu verlangte Miete ortsüblich ist. Ausreichend ist, wenn das Gutachten eine Aussage über die tatsächliche ortsübliche Vergleichsmiete getroffen hat und die zu beurteilende Wohnung in das örtliche Mietpreisgefüge eingeordnet wird (so BVerfG, Urteil v. 14.5.1986, 1 BvR 494/85, WuM 1986 S. 237). Grundsätzlich empfiehlt es sich, dass der Sachverständige in seinem Gutachten von dem Mietbegriff ausgeht (z.B. Nettomiete, Teilinklusivmiete), der vorliegend gegeben ist (vgl. OLG Hamm, RE v. 3.12.1992, 30 RE-Miet 4/92, WuM 1993 S. 29). Besteht ein qualifizierter Mietspiegel, muss eine Berechnung nach diesem Mietspiegel dem Erhöhungsverlangen beigefügt werden, auch wenn das Erhöhungsverlangen auf das Sachverständigengutachten gestützt wird (§ 558a Abs. 3 BGB).

Typengutachten sind zulässig. Der BGH hat entschieden, dass eine Mieterhöhung auch mit einem Sachverständigengutachten begründet werden kann, das sich nicht unmittelbar auf die Wohnung des Mieters, sondern auf andere, nach Größe und Ausstattung vergleichbare Wohnungen bezieht. Die zur Begutachtung herangezogenen Wohnungen können auch aus dem Bestand des Vermieters stammen. Im Fall der Beifügung eines Sachverständigengutachtens ist die Begründungspflicht erfüllt, wenn der Sachverständige eine Aussage über die tatsächliche ortsübliche Vergleichsmiete trifft und die zu beurteilende Wohnung in das ortsübliche Preisgefüge einordnet. Auch ein solches Typengutachten versetzt den Mieter in die Lage, der Berechtigung des Erhöhungsverlangens nachzugehen und dieses zumindest ansatzweise zu überprüfen (BGH, Urteil v. 19.5.2010, VIII ZR 122/09, NZM 2010 S. 576).

Das Gutachten muss der schriftlichen Mitteilung, die das Erhöhungsverlangen enthält, beigefügt werden, und zwar in vollem Wortlaut (OLG Braunschweig, RE v. 19.4.1982, 1 UH 1/81, WuM 1982 S. 272). Es genügt nicht, wenn der Vermieter den Mieter darauf verweist, das Gutachten bei ihm einzusehen. Der Mieter hat die Besichtigung der Wohnung durch den Sachverständigen zwecks Erstellung eines Gutachtens zu dulden. Hierbei ist auf die berechtigten Belange des Mieters Rücksicht zu nehmen. Bei schuldhafter Verweigerung der Besichtigung macht sich der Mieter gegenüber dem Vermieter u. U. schadenersatzpflichtig, wenn dem Vermieter bei einem berechtigten Erhöhungsverlangen ein Mietausfall wegen der verspäteten Geltendmachung entsteht.

Im Prozess hat das Sachverständigengutachten lediglich die Bedeutung eines Parteigutachtens. Es ist Begründungsmittel, nicht Beweismittel. Die Prozesslage ist keine andere, als wenn der Vermieter sein Erhöhungsverlangen auf Vergleichswohnungen stützt.

Die Kosten des vorprozessualen Sachverständigengutachtens treffen den Vermieter. Dieser wird bei der Wahl eines Sachverständigengutachtens als Begründungsmittel für sein Erhöhungsverlangen deshalb zweckmäßigerweise die zu erwartenden Mehreinnahmen an Miete zu den Gutachterkosten in Beziehung setzen. Freilich hat der Vermieter dann keine andere Wahl, wenn weder ein Mietspiegel vorhanden ist noch Vergleichsobjekte zu beschaffen sind.

2.5.4 Vergleichbare Wohnungen

Begründet der Vermieter seinen Anspruch durch Benennung von Vergleichsobjekten, so sind drei anzuführen. Die Vergleichsobjekte können anderen Vermietern oder dem Vermieter selbst gehören (§ 558 a Abs. 2 Nr. 4 BGB).

Der Vermieter darf alle drei zu benennenden Vergleichswohnungen oder einen Teil davon seinem eigenen Wohnungsbestand entnehmen. Die Vergleichsobjekte können auch aus einem Haus (BVerfG, Beschluss v. 12.5.1993, 1 BvR 442/93, WuM 1994 S. 139) und auch aus demselben Haus stammen, in dem der Mieter selbst wohnt.

Für das vorprozessuale Erhöhungsverlangen ist der Zeitpunkt des Zustandekommens der Mietvereinbarung der Vergleichswohnungen **ohne** Bedeutung, die Vergleichsmieten müssen also nicht innerhalb der letzten 4 Jahre zustande gekommen oder abgeändert sein. Die Miete der Vergleichswohnungen muss aber mindestens so hoch sein wie die neu verlangte Miete. Anderenfalls ist das Mieterhöhungsverlangen nur teilweise wirksam, und zwar bis zur Höhe der dritthöchsten Vergleichsmiete (OLG Karlsruhe, RE v. 15.12.1983, 9 RE-Miet 2/83, WuM 1984 S. 21).

Beispiel

Mieterhöhungsverlangen auf 6 Euro/m^2, begründet mit drei Vergleichswohnungen mit Mieten in Höhe von 7 Euro/m^2, 6,25 Euro/m^2 und 5,50 Euro/m^2: Das Erhöhungsverlangen ist also lediglich bis zu einer Miete in Höhe von 5,50 Euro/m^2 wirksam, nicht bis zum rechnerischen Durchschnitt der drei genannten Vergleichswohnungen.

Die Vergleichsobjekte müssen so bezeichnet sein, dass sie der Mieter auffinden kann. Das ist möglich, wenn Straße, Hausnummer, Stockwerk und, sofern sich in einem Stockwerk mehrere Wohnungen befinden, die Lage innerhalb des Stockwerks (rechts, links) angegeben sind. Die Angabe des Namens des Vermieters oder Mieters ist in der Regel nicht erforderlich (BGH, RE v. 20.9.1982, VIII ARZ 5/82, WuM 1982 S. 324). Hingegen sind weitere Angaben erforderlich, wenn die Wohnung durch diese Angaben nicht eindeutig identifizierbar ist. Wenn nämlich unter der Lagebezeichnung mehr als eine Wohnung aufzufinden ist, muss der Name des Mieters der Vergleichswohnung mit angegeben werden (LG München I, Urteil v. 12.6.2002, 14 S 21762/01, WuM 2002 S. 427; vgl. auch BGH, Urteil v. 18.12.2002, VIII ZR 72/02, WuM 2003 S. 149, 150).

Nach dem Rechtsentscheid des BayObLG vom 1.4.1982 (Allg Reg 68/81, WuM 1982 S. 154) ist die Angabe der Größe der Vergleichswohnung in einem Erhöhungsverlangen nur dann wesentliche Voraussetzung für die Zulässigkeit der Mieterhöhungsklage, wenn sich allein aus der Größenangabe i. V.m. dem Gesamtmietpreis der Quadratmeterpreis für die vom Vermieter bezeichneten Vergleichswohnungen errechnen lässt; Flächenabweichungen der Vergleichswohnungen mit der Wohnung des Mieters nach oben oder unten beeinträchtigen die verfahrensrechtliche Wirksamkeit der Mieterhöhungserklärung nicht (bestätigt vom OLG Schleswig, RE v. 3.10.1986, 6 RE-Miet 1/86, WuM 1987 S. 140). Dies soll nicht gelten bei Flächenabweichungen von mehr als 50 %, weil dies in der Regel mit einer Änderung des Wohnungstyps verbunden ist. Abweichungen können sich bei 1-Zimmer-Wohnungen (Appartementzuschlag) ergeben. Sie weisen nämlich in der Regel einen höheren m^2-Preis auf als Mehrzimmerwohnungen, sodass beide Wohnungstypen im Allgemeinen nicht vergleichbar sind. Es empfiehlt sich daher, die Zimmerzahl der Vergleichswohnungen anzugeben. Die Rechtsprechung lässt die Begründung eines Mieterhöhungsverlangens mit Wohnungen aus einer anderen, vergleichbaren Gemeinde nicht oder nur dann zu, wenn in der Gemeinde, in welcher die vermietete Wohnung liegt, keine Vergleichswohnungen vorhanden sind (LG München II, Urteil v. 9.4.1981, 6 S 1813/80, WuM 1982 S. 131). Falls trotz Bemühungen Vergleichsmieten aus derselben Gemeinde nicht zur Verfügung stehen, obwohl es dort solche in genügender Anzahl gibt, wird zur Ermittlung der ortsüblichen Vergleichsmiete auf ein Sachverständigengutachten verwiesen (so z. B. LG München II, Urteil v. 21.1.1993, 8 S 5849/92). Die dagegen eingelegte Verfassungsbeschwerde war erfolglos (BVerfG, Beschluss v. 14.12.1993, 1 BvR 361/93, WuM 1994 S. 136). Zwar kann es nach Ansicht des BVerfG Bedenken begegnen, wenn die Rechtsprechung so zu verstehen wäre, dass der Vermieter ein Sachverständigengutachten vorlegen müsste, auch wenn er erfolglos alle ihm zumutbaren Anstrengungen unternommen hätte, Vergleichswohnungen in derselben Gemeinde zu ermitteln. Damit können die formellen Anforderungen an ein Mieterhöhungsverlangen überspannt werden. Ein gewisser Aufwand an Zeit und Mühe kann allerdings vom Vermieter bei der Ermittlung der Vergleichsmieten verlangt werden. Wann die Zumutbarkeitsschwelle überschritten wird, ist Frage des Einzelfalls.

Die Benennung von **drei Vergleichswohnungen** dient nur der Zulässigkeit des Erhöhungsverlangens. Bei der Benennung von Vergleichswohnungen im Rahmen einer Mieterhöhung dürften daher keine überhöhten Anforderungen an die Begründungspflicht des Vermieters gestellt werden (BVerfG, Urteil v. 14.7.1981, 1 BvR 107/80, WuM 1982 S. 146). So hält es das BVerfG in seinem Beschluss v. 8.11.1988 (1 BvR 1527/87, WuM 1989 S. 62) für ausreichend, dass der Mieter Informationen über Namen des Wohnungsinhabers, Adresse, Geschoss und Quadratmeterpreis erhält. In der Mitteilung dieser Daten liegt zugleich die stillschweigende Erklärung des Vermieters, dass er die benannten Wohnungen hinsichtlich sämtlicher vom Gesetz aufgeführter Merkmale (Art, Größe, Ausstattung, Beschaffenheit und Lage) für vergleichbar hält.

Etwas anderes gilt jedoch dann, wenn die fragliche Wohnung eine so ins Auge fallende Besonderheit aufweist, dass der Mieter an der Vergleichbarkeit der benannten Wohnungen zweifeln und schriftlichen Aufschluss über das Vorhandensein dieses ganz speziellen wertbestimmenden Faktors erwarten kann, der über die Angabe von Lage und Quadratmeterpreis hinausgeht. (Im vorliegenden Fall wurde die Wohnung über einen einzigen Außenwandgasofen beheizt.) Dementsprechende inhaltliche Anforderungen an die Erhöhungserklärung sind nach Ansicht des Gerichts nicht unverhältnismäßig und verstoßen nicht gegen das Gebot zur grundrechtskonformen Auslegung und Anwendung der gesetzlichen Bestimmungen. Nach der Rechtsprechung des BGH ist an die Vergleichbarkeit der Wohnungen ein großzügiger Maßstab anzulegen. Eine Übereinstimmung oder gar „Identität" in allen wesentlichen Wohnwertmerkmalen kann nicht verlangt werden (BGH, Hinweisbeschluss v. 8.4.2014, VIII ZR 216/13, WuM 2014 S. 494). Das Erhöhungsverlangen soll den Mieter lediglich in die Lage versetzen, der Berechtigung des Mieterhöhungsverlangens nachzugehen und dieses zumindest ansatzweise nachzuvollziehen

(BGH, Urteil v. 19.5.2010, VIII ZR 122/09, NZM 2010 S. 576).

Nach wie vor stellen die Instanzgerichte jedoch teilweise höhere Anforderungen. Es sollte daher darauf geachtet werden, dass die wesentlichen Ausstattungsmerkmale der Vergleichswohnungen mit der Bezugswohnung übereinstimmen. Im Allgemeinen unterscheidet man zwischen Einfachwohnungen (ohne Bad und Zentralheizung), mittleren Wohnungen (in der Regel mit Bad, aber ohne Zentralheizung) und Komfortwohnungen (mit Bad und Zentralheizung, evtl. Lift). Bezugswohnung und Vergleichswohnungen sollten auch aus derselben Baualtersklasse stammen, wobei ein Unterschied von ca. 10 Jahren unschädlich ist (LG Düsseldorf, Urteil v. 9.6.1992, 24 S 35/92, DWW 1992 S. 284). Wenn der Ausstattungs- und Modernisierungszustand in etwa gleich ist, wird man aber auch bei verschiedenen Baualtersklassen noch von Vergleichbarkeit ausgehen können. Bestreitet der Mieter im Prozess die Vergleichbarkeit, wird teilweise gefordert, dass hierüber Beweis erhoben werden muss, bevor über die materielle Berechtigung der Mieterhöhung entschieden werden kann. Dem kann nicht zugestimmt werden. Nach Ansicht des BayObLG ist im Regelfall kein Beweis zu erheben (Beschluss v. 17.12.1984, RE-Miet 9/83, WuM 1985 S. 53). Etwas anderes kann sich nur ergeben, wenn vom Mieter das Vorhandensein der Wohnung überhaupt oder das Vorhandensein von Merkmalen bestritten wird, bei deren Wegfall eine Vergleichbarkeit zweifelsfrei nicht mehr gegeben ist. Es kommt auch nicht darauf an, ob die „Vergleichsmieter“ die Besichtigung ihrer Wohnung gestatten oder Auskünfte erteilen (OLG Schleswig, RE v. 31.10.1983, 6 RE-Miet 1/83, WuM 1984 S. 23). Ausreichend ist auch, wenn dem Mieterhöhungsverlangen eine nicht unterschriebene Liste von Vergleichswohnungen beiliegt (KG Berlin, RE v. 22.2.1984, 8 W RE-Miet 194/84, WuM 1984 S. 101).

Die Benennung von Vergleichswohnungen ist nicht auf eine bestimmte Höchstzahl beschränkt. Ein Erhöhungsverlangen ist also auch dann nicht unwirksam, wenn der Vermieter dem Mieter eine mittels elektronischer Datenverarbeitung angefertigte Aufstellung von 80 Vergleichswohnungen übermittelt (BayObLG, RE v. 25.9.1991, RE-Miet 3/91, WuM 1992 S. 52).

Ausreichend ist, wenn drei Vergleichswohnungen über der neu verlangten Miete liegen. Das Erhöhungsverlangen wird weder insgesamt noch teilweise unwirksam, wenn weitere Vergleichswohnungen unter der neu geforderten Miete liegen. Zweifel an der Ortsüblichkeit der neu verlangten Miete sind im Rahmen der materiellen Begründetheit des Erhöhungsverlangens zu klären (BGH, Urteil v. 28.3.2012, VIII ZR 79/11, NZM 2012 S. 415).

Der Vermieter kann zur Begründung Vergleichswohnungen heranziehen, deren Mietstruktur von der zu erhöhenden Wohnung abweicht (BVerfG, Beschluss v. 8.9.1993, 1 BvR 1331/92, WuM 1994 S. 137, 138). Allerdings hat er durch einfache Rechenoperationen die Vergleichbarkeit herzustellen: Bei der Begründung eines Mieterhöhungsverlangens für eine Bruttokaltmiete (inkl. Betriebskosten) mit Nettomieten hat der Vermieter zu den Nettomieten die tatsächlich anfallenden Betriebskosten hinzuzurechnen (LG Karlsruhe, Urteil v. 8.3.1985, 9 S 460/84, WuM 1985 S. 328) oder einfacher, den Betriebskostenanteil aus der bisherigen Miete herauszurechnen.

Im **umgekehrten Fall** (Erhöhung einer Nettomiete unter Hinweis auf Vergleichswohnungen mit Bruttomiete) sind entweder bei den Mieten der Vergleichswohnungen die Betriebskosten abzuziehen oder bei der Miete der zu erhöhenden Wohnung die dort anfallenden Betriebskosten hinzuzuzählen, damit Vergleichbarkeit hergestellt ist. Großzügiger ist das BVerfG (a. a. O.): Danach genügt die Angabe von Adresse, Geschoss, Stockwerkslage und Quadratmeterpreis. Die rechnerische Ermittlung einer geforderten Nettomiete ist nicht notwendig, solange dem Mieter mit den erhaltenen Angaben eine eigene Nachprüfung des Erhöhungsverlangens möglich ist. Wenn das Gericht diese Angaben nicht für ausreichend hält, muss es dem Vermieter Gelegenheit zur Ergänzung seines Sachvortrags geben.

Eine Änderung der vertraglich vereinbarten **Mietstruktur** im Erhöhungsverlangen darf der Vermieter nicht vornehmen; dies würde das Verlangen unwirksam machen.

Zu beachten ist, dass auch bei der Begründung mit Vergleichsmieten die mögliche Mieterhöhung nach dem qualifizierten Mietspiegel im Erhöhungsverlangen vorgerechnet werden muss (§ 558 a Abs. 3 BGB).

2.5.5 Anrechnung von Fördermitteln

Gemäß § 558 Abs. 5 BGB sind von dem Jahresbetrag, der sich bei einer Erhöhung auf die ortsübliche Vergleichsmiete ergäbe, Drittmittel i. S. d. § 559 a BGB abzuziehen, im Fall des § 559 a Abs. 1 BGB mit 11 % des Zuschusses. Voraussetzung ist also, dass der Vermieter eine bauliche Maßnahme durchführt, die eine Modernisierung i. S. d. § 559 Abs. 1 BGB ist oder eine andere bauliche Maßnahme aufgrund von Umständen, die er nicht zu vertreten hat, und dass weiter Zuschüsse zu dieser Baumaßnahme von der öffentlichen Hand geleistet wurden. Erhöht der Vermieter in diesem Fall die Miete nicht gemäß § 559 BGB (s. hierzu Abschnitt 3 „Mieterhöhung bei Modernisierung (§ 559 BGB)"), sondern gemäß § 558 BGB bis zur ortsüblichen Vergleichsmiete, ist Folgendes zu beachten:

Die Begründungspflicht gemäß § 558 a Abs. 1 BGB bezieht sich auch auf die Anrechnung von Kürzungsbeträgen. Ein Erhöhungsverlangen ist daher aus formellen Gründen unwirksam, wenn der Vermieter in der Begründung auf die Inanspruchnahme einer öffentlichen Förderung für die Modernisierung der Wohnung und die dadurch veranlasste Kürzung der Mieterhöhung hinweist, den Kürzungsbetrag jedoch nicht nachvollziehbar erläutert (BGH, Urteil v. 25.2.2004, VIII ZR 116/03, WuM 2004 S. 283; BGH, Urteil v. 12.5.2004, VIII ZR 234/03, WuM 2004 S. 405). Dem Mieter müssen also die abzusetzenden Kürzungsbeträge und deren Berechnungsgrundlagen bekannt gegeben werden, soweit es sich um Modernisierungsmaßnahmen handelt. Dies beurteilt sich grundsätzlich nach dem im Förderungsvertrag angegebenen Förderungszweck. Werden die Mittel als Zuschüsse zu Instandsetzungsmaßnahmen gewährt, müssen sie nicht auf die ortsübliche Vergleichsmiete angerechnet und im Erhöhungsverlangen daher auch nicht angegeben werden (BGH, Urteil v. 19.1.2011, VIII ZR 87/10, WuM 2011 S. 165).

Anzurechnen sind Zuschüsse zu Baumaßnahmen gemäß § 559 BGB (Modernisierung). Es muss sich also um solche Maßnahmen handeln, die den Vermieter auch zu einer Mieterhöhung gemäß § 559 BGB berechtigen würden. Der Vermieter hat hierbei ein Wahlrecht, d.h., er kann entweder eine Modernisierungsmieterhöhung durchführen (s. hierzu Abschnitt 3 „Mieterhöhung bei Modernisierung (§ 559 BGB)") oder eine Mieterhöhung bis zur ortsüblichen Vergleichsmiete gemäß § 558 BGB für die modernisierte Wohnung. Sinnvoll ist dies bei einem Zuschuss zur Modernisierungsmaßnahme, der bei der Mieterhöhung zu berücksichtigen ist, allerdings nicht, wie folgendes **Beispiel** zeigt (nach Schmidt-Futterer, Mietrecht, 11. Aufl., § 558 BGB Rn. 223).

> Der Modernisierungsaufwand für eine Wohnung mit 80 m^2 Größe beträgt insgesamt 30.000 Euro. Der Vermieter hat einen **Baukostenzuschuss** in Höhe von 10.000 Euro erhalten. Die ortsübliche Vergleichsmiete für die Wohnung im modernisierten Zustand beträgt 10 Euro/m^2. Der Kürzungsbetrag, den der Vermieter im Erhöhungsverlangen nachvollziehbar erläutern muss, berechnet sich wie folgt: Die ortsübliche Jahresvergleichsmiete von (12 x 80 m^2 x 10 Euro =) 9.600 Euro ist um 11 % von 10.000 Euro, also um 1.100 Euro zu kürzen. Die Obergrenze für eine Mieterhöhung beträgt demnach 9.600 Euro – 1.100 Euro = 8.500 Euro : 12 Monate, also monatlich 708,33 Euro. Eine Erhöhung ist daher nur auf monatlich 708,33 Euro möglich, wenn die zuvor gezahlte Miete niedriger war.

Werden die Kosten der Baumaßnahme ganz oder teilweise durch zinsverbilligte oder zinslose Darlehen aus öffentlichen Haushalten gefördert (Mittel der Finanzierungsinstitute des Bundes oder eines Bundeslandes fallen ebenfalls darunter, z. B. die Kreditanstalt für Wiederaufbau oder Finanzierungsinstitute der Länder), muss der hierdurch dem Vermieter gewährte Zinsvorteil bei einer Erhöhung der Miete auf die ortsübliche Vergleichsmiete berücksichtigt werden.

Beispiel

Hierzu ein Beispiel (nach Schmidt-Futterer, Mietrecht, 9. Aufl., § 558 BGB Rn. 215): Der Vermieter hat ein zinsverbilligtes Darlehen in Höhe von 20.000 Euro zu einem Zinssatz von 3 % erhalten; der übliche Zinssatz für erstrangig abgesicherte Darlehen betrug 7 %. Der Kürzungsbetrag wird wie folgt ermittelt: 7 % – 3 % = 4 %; 4 % von 20.000 Euro = 800 Euro jährlich. Die ortsübliche Vergleichsmiete macht 700 Euro monatlich aus, jährlich also 8.400 Euro. Hiervon ist der Kürzungsbetrag in Höhe von 800 Euro abzuziehen = 7.600 Euro, dies geteilt durch 12 = 633,33 Euro. Diesen Betrag kann der Vermieter bei der Mieterhöhung fordern, wenn die übrigen Voraussetzungen erfüllt sind.

Den Grundsatz, wonach Drittmittel, die von öffentlichen Haushalten für Modernisierungsmaßnahmen gewährt wurden, in einem Mieterhöhungsverlangen nur dann anzugeben sind, wenn sie bei der Berechnung der neuen (erhöhten) Miete anzurechnen sind, hat der BGH weiter bestätigt. Die Anrechnungspflicht von Drittmitteln, die von öffentlichen Haushalten für Modernisierungsmaßnahmen gewährt wurden, endet 12 Jahre nach der mittleren Bezugsfertigkeit des geförderten Objekts (BGH, Urteil v. 13.6.2012, VIII ZR 310/11, WuM 2012 S. 503).

Diese öffentlichen Fördermittel sind nicht nur im Zeitpunkt der Gewährung, sondern für einen längeren, wenn auch begrenzten Zeitraum bei einer Mieterhöhung zu berücksichtigen. Bei einer befristeten Förderung durch einen Kredit zu verbilligten Zinsen hat eine Anrechnung in dem Zeitraum zu erfolgen, in dem der Vermieter die Zinsvergünstigung tatsächlich erhält. Der Vermieter kann deshalb die Miete in diesem Zeitraum nicht gemäß § 558 BGB bis zur ortsüblichen Vergleichsmiete erhöhen, sondern nur bis zu dem Betrag, der sich nach Abzug der Zinsverbilligung von der ortsüblichen Vergleichsmiete ergibt. Begründet wird dies damit, dass bei einer Mieterhöhung auf die ortsübliche Vergleichsmiete Leistungen aus öffentlichen Haushalten in jedem Fall dem Mieter zugutekommen sollen (BGH, Urteil v. 1.4.2009, VIII ZR 179/08, WuM 2009 S. 353).

Bei einem Mieterwechsel im Fall einer Neuvermietung kommt eine Anrechnung von Drittmitteln nicht in Betracht (Schmidt-Futterer, a. a. O. Rn. 207).

2.6 Zustimmung und Klage

Dem Mieter ist eine **Überlegungsfrist** eingeräumt, innerhalb derer er sich darüber schlüssig werden kann, ob er dem Erhöhungsverlangen zustimmt. Sie beginnt mit dem Zugang des Erhöhungsverlangens und endet mit dem Ablauf des zweiten Kalendermonats, der auf den Zugang folgt (§ 558b Abs. 2 BGB).

Beispiel

Zugang 5.1.

Überlegungsfrist bis 31.3.

Der Vermieter ist nicht gehindert, eine Mieterhöhung erst mit Wirkung zu einem späteren als dem in § 558b Abs. 1 BGB bestimmten Zeitraum geltend zu machen (BGH, Urteil v. 25.9.2013, VIII ZR 280/12, WuM 2013 S. 737). Nicht geklärt ist in diesem Fall allerdings, ob sich der Zeitpunkt der Zustimmungsfrist des Mieters sowie die Klagefrist des Vermieters verschieben oder nicht.

Die Zustimmung des Mieters zur Mieterhöhung ist eine einseitige empfangsbedürftige Willenserklärung, die an **keine Form** gebunden ist. Grundsätzlich ist die Zustimmung bei einer vertraglich vereinbarten Schriftformklausel schriftlich abzugeben. Die Parteien können sich aber über das Formerfordernis hinwegsetzen (vgl. „Schriftform“, „Allgemeine Geschäftsbedingungen“). Die Schriftform aufgrund des § 550 BGB ist bei Zustimmung zu einer nicht unwesentlichen Mieterhöhung (über 5 %) bei Mietverträgen für längere Zeit als ein Jahr einzuhalten. In diesem Fall hat der Vermieter auch bei konkludenter Zustimmung durch Zahlung der erhöhten Miete (s. u.) einen Anspruch auf schriftliche Zustimmung (LG Wiesbaden, Beschluss v. 20.1.2000, 1 T 34/99, WuM 2000 S. 195).

Bereits in der einmaligen Zahlung des Mieters kann je nach den begleitenden Umständen die Annahme des Angebots des Vermieters, eine Erhöhungsvereinbarung abzuschließen, gesehen werden, wenn ein entsprechender rechtsgeschäftlicher Wille auf beiden Seiten festzustellen ist. Dabei ist darauf abzustellen, wie der Empfänger einer solchen Zahlung dies bei objektiver Betrachtungsweise auffassen konnte und durfte. So hat das LG Kiel die durch die Änderung des Dauerauftrags und Zahlung der erhöhten Miete erkennbare Verhaltensänderung des Mieters als formlose Zustimmung angesehen (Beschluss v. 26.1.1993, 1 T 140/92, WuM 1993 S. 198; so auch LG München I, Beschluss v. 14.10.2013, 14 S 20794/13, ZMR 2014 S. 460).

Teilweise wird von der Rechtsprechung eine mehrmalige, vorbehaltlose Zahlung der erhöhten Mieten verlangt (vgl. die Zusammenstellung in Schmidt/Futterer, 11. Aufl., § 558b BGB Rn. 28). Aber auch die Zahlung über einen längeren Zeitraum kann nach den Umständen des Einzelfalls nicht als Zustimmung zu werten sein, so z. B. wenn der Vermieter die erhöhte Miete ohne Einverständnis des Mieters auf dessen Konto abbucht (LG München I, Urteil v. 19.8.1994, 14 S 5662/94, WuM 1996 S. 44) oder wenn der Vermieter nicht die Zustimmung des Mieters zu einer Mieterhöhung verlangt, sondern die Miete einseitig neu festsetzt und der Mieter der irrigen Ansicht ist, zur Zahlung verpflichtet zu sein (BGH, Urteil v. 20.7.2005, VIII ZR 199/04, WuM 2005 S. 581). Zu den Fragen, die sich hierbei ergeben können, vgl. Abschnitt 3.6 „Geltendmachung der Vergleichsmiete".

Auch einem unwirksamen Zustimmungsverlangen zur Mieterhöhung kann der Mieter durch Zahlung der erhöhten Miete konkludent zustimmen (BGH, Urteil v. 29.6.2005, VIII ZR 182/04, WuM 2005 S. 518).

Keine Zustimmung liegt vor, wenn der Vermieter aufgrund einer zur bisherigen Miethöhe erteilten Abbuchungsermächtigung die erhöhte Miete monatelang einzieht, aber keine Zustimmungsklage erhebt (LG München I, Urteil v. 19.8.1994, 14 S 5662/94, WuM 1996 S. 44).

Verweigert der Mieter die Zustimmung oder gibt er keine Erklärung ab, was als Ablehnung zu werten ist, kann der Vermieter innerhalb dreier weiterer Monate ab dem Ende der Überlegungsfrist Klage auf Zustimmung erheben (§ 558b Abs. 2 BGB).

Im **Beispiel:** Ablauf der Klagefrist 30.6.

Die Klagefrist ist eine Ausschlussfrist. Eine nach Fristablauf erhobene Klage ist unzulässig. In diesem Fall muss ein neues Erhöhungsverlangen gestellt werden, wobei neue Überlegungs- und Klagefristen anlaufen.

Die Klagefrist wird durch rechtzeitige Einreichung der Klage bei Gericht gewahrt, wenn sie bald danach zugestellt wird (§ 167 ZPO). Eine vor Ablauf der Überlegungsfrist des Mieters, im Beispiel vor dem 31.3., erhobene Klage ist unzulässig. Eine **Ausnahme** besteht, wenn der Mieter die Zustimmung endgültig und bestimmt abgelehnt hat. Im Übrigen wird die verfrüht erhobene Klage zulässig, wenn die Überlegungsfrist des Mieters bis zur Zeit des letzten Verhandlungstermins abgelaufen war (KG Berlin, RE v. 12.1.1981, 8 W RE-Miet 4154/80, WuM 1981 S. 54).

Erteilt der Mieter nachträglich seine Zustimmung, was möglich ist, hat aber der Vermieter bereits Klage erhoben und ist die Klage vor Zustimmung zugestellt worden, ist der Rechtsstreit in der Hauptsache erledigt, und der Kläger muss ihn für erledigt erklären. Das Gericht entscheidet über die Kosten durch Beschluss. In § 269 Abs. 3 S. 3 ZPO ist nunmehr auch geregelt, wer die Kosten zu tragen hat, wenn das zu erledigende Ereignis, also die Zustimmung des Mieters, zwischen Einreichung und Zustellung der Klage erfolgt. Im Fall der Klagerücknahme ist zwar grundsätzlich der Kläger verpflichtet, die Kosten des Rechtsstreits zu tragen. Ist aber der Anlass zur Einreichung der Klage vor Rechtshängigkeit weggefallen und wird die Klage darauf unverzüglich zurückgenommen, so bestimmt sich die Kostentragungspflicht unter Berücksichtigung des bisherigen Sach- und Streitstands nach billigem Ermessen. Das Gericht kann in diesem Fall dem Mieter die Kosten auferlegen (LG Berlin, Urteil v. 17.3.2003, 65 T 2/03, GE 2003 S. 881).

Der Mieter kann auch **teilweise**, d.h. bis zu einem Betrag, der unter der vom Vermieter verlangten Miete liegt, zustimmen. In diesem Fall hat der Vermieter die Wahl, sich damit zufriedenzugeben oder auf Zustimmung zu einer Erhöhung der Miete auf den vollen Betrag zu klagen. Die teilweise Zustimmung hat dann allenfalls Bedeutung für den Streitwert des Prozesses.

Eine unter **Bedingung** oder unter einem **Vorbehalt** erteilte Zustimmung ist nichtig (AG Heilbronn, Urteil v. 1.8.1997, 13 C 2921, ZMR 1998 S. 171; Börstinghaus, Miethöhe-Handbuch, Kap. 7 Rn. 12). Eine solche Zustimmung ist als neues Angebot des Mieters anzusehen, auf das der Vermieter nicht eingehen muss. Der Vermieter muss hier, wenn er damit nicht einverstanden ist, innerhalb der Frist klagen.

Der Mieter kann sich gegenüber dem Anspruch des Vermieters auf Zustimmung zur Mieterhöhung nach § 558 BGB nicht auf ein Zurückbehaltungsrecht gemäß § 273 BGB wegen eines Gegenanspruchs auf Mängelbeseitigung gemäß § 536 BGB berufen (OLG Frankfurt/M., RE v. 29.7.1999, 20 RE-Miet 1/96, WuM 1999 S. 629).

Dagegen kann der Mieter auch einem unwirksamen Mieterhöhungsverlangen ganz oder teilweise zustimmen. Die Teilzustimmung ist rechtlich als Angebot auf Zustimmung zur Vertragsänderung zu werten (LG Berlin, Urteil v. 25.10.1996, 65 S 211/96, WuM 1997 S. 51). Nimmt der Vermieter an, läuft die Jahresfrist (vgl. Abschnitt 2.1 „Jahresfrist").Dies gilt nicht, wenn der Vermieter das unwirksame Verlangen im Verfahren nachbessert, da es sich weiterhin um ein einheitliches Erhöhungsverfahren handelt. Die Jahressperrfrist wird nicht ausgelöst, wohl aber eine weitere Überlegungsfrist für den Mieter von 2 Monaten (BGH, Urteil v. 20.1.2010, VIII ZR 141/09, WuM 2010, 161).

Bei mehreren Mietern müssen alle zustimmen; Formularklauseln, wonach ein Mieter mit Wirkung für alle Mieter zustimmen kann, sind unwirksam.

> Auch eine Klage ist – trotz Bevollmächtigungsklausel – gegen **alle** Mieter zu richten (KG Berlin, RE v. 5.12.1985, 8 RE-Miet 5205/85, WuM 1986 S. 106).

Wird die Zustimmungsklage nicht fristgemäß erhoben, gilt das Erhöhungsverlangen als nicht gestellt. Ein neues Erhöhungsverlangen kann jedoch jederzeit gestellt werden. Bei Teilzustimmung ist die Jahresfrist zu beachten (vgl. Abschnitt 2.1 „Jahresfrist").

Ist Klage erhoben worden, jedoch kein wirksames oder nur ein teilwirksames (vgl. BayObLG, RE v. 30.6.1989, RE-Miet 4/88, WuM 1989 S. 484) Erhöhungsverlangen vorausgegangen, kann der Vermieter das Erhöhungsverlangen im Rechtsstreit nachholen oder die Mängel beheben (§ 558b Abs. 3 S. 1 BGB). Dem Mieter steht auch in diesem Fall die Zustimmungsfrist von 2 Monaten zu, die in diesem Fall erneut ausgelöst wird.

Das Mietrechtsreformgesetz hat hier für den Vermieter eine Erleichterung gebracht. Nach der früheren Rechtslage war die nachträgliche Heilung eines unwirksamen Erhöhungsverlangens unzulässig. Nunmehr ist dem Vermieter aber auch gestattet, einzelne Mängel des Erhöhungsverlangens während des Rechtsstreits nachzubessern, z.B. die Begründung zu ergänzen, eine fehlende Unterschrift vorzunehmen oder das nicht beigefügte Gutachten eines Sachverständigen nachzureichen, so die amtliche Begründung.

Die Auswirkungen zugunsten der Vermieter werden sich gleichwohl in Grenzen halten. Prozessual stellt ein neues Erhöhungsverlangen eine Klageänderung dar, die dem Sinn des Gesetzes nach als sachdienlich anzusehen ist (§§ 263, 267 ZPO). Das Gericht ist jedoch –

jedenfalls nach bisheriger Rechtsprechung – nicht verpflichtet, den Rechtsstreit zu vertagen (§ 227 Abs. 1 S. 1 ZPO), bis die Überlegungsfrist für das neue oder nachgebesserte Erhöhungsverlangen abgelaufen ist. Entscheidet das Gericht vorher, kann es nach wie vor die Klage als unzulässig abweisen. Es bleibt abzuwarten, ob die Gerichte hier in Zukunft großzügiger verfahren werden (vgl. auch Abschnitt 2.7 „Gerichtliches Verfahren").

Ein **Nachholen** ist auch in einem prozessualen Schriftsatz, z. B. einer Klagebegründung, möglich, wenn darin eindeutig zum Ausdruck gebracht wird, dass auch eine materiell-rechtliche Erklärung abgegeben wird. Der BGH hat entschieden, dass die zur Verteidigung gegenüber einem Mieterhöhungsverlangen erteilte Prozessvollmacht auch zur Entgegennahme eines während des Verfahrens abgegebenen weiteren Mieterhöhungsverlangens ermächtigt. Der Prozessbevollmächtigte des Mieters kann also ein erneutes Erhöhungsverlangen nicht mit der Begründung zurückweisen, er sei nicht zustellungsbevollmächtigt. Ferner hat der BGH in diesem Urteil entschieden, dass § 174 BGB auf eine von einem Rechtsanwalt im Rahmen des gesetzlichen Umfangs seiner Prozessvollmacht abgegebene Erklärung keine Anwendung findet. Der Rechtsanwalt des Vermieters hatte im vorliegenden Fall das nachgeholte Erhöhungsverlangen ohne Beifügen einer Vollmacht gestellt. Dies ist nach Ansicht des BGH auch nicht erforderlich. Ein Recht des Prozessbevollmächtigten des Mieters zur Zurückweisung des Erhöhungsverlangens bestand daher nicht (BGH, Urteil v. 18.12.2002, VIII ZR 72/02, NZM 2003 S. 229). Dieses Nachschieben von Gründen setzt erneut die zweimonatige Überlegungsfrist in Lauf. Erteilt der Mieter daraufhin seine Zustimmung oder erkennt er den Klageanspruch sofort an, können die Kosten des Rechtsstreits dem Vermieter auferlegt werden.

2.7 Gerichtliches Verfahren

Maßgeblicher Zeitpunkt für die Feststellung der ortsüblichen Vergleichsmiete ist nicht der des zeitlichen Wirksamwerdens der Erhöhung, sondern der Zugang des Erhöhungsverlangens beim Mieter.

Bestreitet der Mieter die Übereinstimmung des Begehrens des Vermieters mit der ortsüblichen Vergleichsmiete, hat der Vermieter für seine Behauptung Beweis anzutreten. Ihm stehen dafür die in der Zivilprozessordnung aufgezählten Beweismittel zur Verfügung, wobei im Allgemeinen ein Mietspiegel oder ein Sachverständigengutachten in Betracht kommt. Erhebt das Gericht Beweis durch Einholen eines **Sachverständigengutachtens**, musste der Sachverständige bisher unter Hinweis auf seine Verschwiegenheitspflicht **keine konkreten Vergleichsmieten** benennen. Das OLG Karlsruhe (RE v. 20.7.1982, 3 RE-Miet 2/82, WuM 1982 S. 269) hat es für ausreichend gehalten, wenn im Sachverständigengutachten keine Vergleichsobjekte angegeben sind, sondern lediglich ausgeführt wird, dem Sachverständigen seien aufgrund seiner beruflichen Tätigkeit vergleichbare Wohnungen in ausreichender Zahl aus dem maßgeblichen örtlichen Bereich bekannt.

Dies genügt nicht. Mit Urteil v. 15.4.1994 (V ZR 286/92, NJW 1994 S. 2899) hat der BGH entschieden, dass das Gericht einem Sachverständigengutachten nicht folgen darf, das im Rahmen der Ertragswertmethode zur Verkehrswertschätzung von Grundstücken auf Vergleichsmieten (Rohertrag) abstellt, ohne die Vergleichsobjekte und Vergleichspreise zu nennen, weil sich der Gutachter insoweit für schweigepflichtig hält. Dies ist nach Ansicht des Gerichts unerheblich, da es für die Parteien des Rechtsstreits, insbesondere für die Partei, die das Gutachten benachteiligt, unumgänglich ist, dass sie die **tatsächlichen Grundlagen** kennen, an die das Gutachten anknüpft, weil sonst eine sachgerechte Stellungnahme nicht möglich ist. Insoweit hat der Anspruch der Verfahrensbeteiligten auf rechtliches Gehör Vorrang vor dem Interesse Dritter auf Geheimhaltung der sie betreffenden Daten.

Mit Beschluss v. 11.10.1994 (1 BvR 1398/93, WuM 1994 S. 661) hat das BVerfG entschieden, dass es gegen Art. 2 Abs. 1 GG i. V. m. dem Rechtsstaatsprinzip verstoßen kann, wenn ein Gutachten über die ortsübliche Vergleichsmiete zur Grundlage eines Urteils gemacht wird, obwohl weder das Gericht noch die Prozessparteien die Möglichkeit hatten, die vom Sachverständigen zugrunde gelegten Befundtatsachen zu überprüfen. Das Gericht führt hierzu aus, dass den Parteien des Rechtsstreits die Möglichkeit gegeben werden muss, an dieser Prüfung mitzuwirken und dass ihnen dazu die konkreten **Befundtatsachen**, die das Gericht durch Übernahme des Sachverständigengutachtens verwerten will, **zugänglich sein müssen**. Eine dem Rechtsstaatsprinzip genügende Urteilsgrundlage fehlt jedoch, wenn der Richter einem Sachverständigengutachten, dessen Befundtatsachen bestritten sind, ohne nähere Prüfung dieser Tatsachen folgt und sich ohne Weiteres darauf verlässt, dass die vom Sachverständigen zugrunde gelegten und nicht im Einzelnen konkretisierten tatsächlichen Feststellungen richtig sind. Deshalb kann – nicht muss – die Kenntnis der einzelnen tatsächlichen Umstände, die der Sachverständige selbst erhoben und seinem Gutachten zugrunde gelegt hat, unentbehrlich sein. In einem solchen Fall ist die Offenlegung dieser Tatsachen aus rechtsstaatlichen Gründen regelmäßig geboten. Ist der Sachverständige dazu nicht bereit, so darf sein Gutachten nicht verwertet werden.

Allerdings lässt sich **nicht generell** entscheiden, ob und inwieweit das Gericht und die Verfahrensbeteiligten die Kenntnis von Tatsachen, die ein Sachverständiger seinem Gutachten zugrunde gelegt hat, für ihre kritische Würdigung des Gutachtens tatsächlich benötigen. Die Frage muss vom Gericht unter Berücksichtigung der Umstände des Einzelfalls entschieden werden. Anhaltspunkte hierfür sind, ob der Sachverständige das Gutachten auf einzelnen konkreten Befundtatsachen aufbaut oder auf statistisch erfasstem oder allgemein zugänglichem Tatsachenmaterial bzw. aus seinem Erfahrungswissen als Sachverständiger.

Auf eine **Offenlegung von Mietpreis und Adressen** der Vergleichswohnungen oder sonstigen Angaben über deren Beschaffenheit kann danach in aller Regel nicht verzichtet werden, soweit deren Kenntnis für eine Überprüfung des Gutachtens praktisch unentbehrlich ist. Soweit eine – vollständige – Offenlegung von Tatsachen aus anerkennenswerten Gründen unterbleibt und auf eine Verwertung des Gutachtens aus überwiegenden Interessen der beweispflichtigen Partei dennoch nicht verzichtet werden kann, muss das Gericht versuchen, sich – etwa durch **Befragung** des Sachverständigen – Gewissheit zu verschaffen, in welcher Weise dieser seine Daten erhoben hat. Dies mag nach Ansicht des Gerichts im einzelnen Fall für die richterliche Überzeugungsbildung ausreichen.

Die Sachverständigen sind unter Hinweis auf ihre **Verschwiegenheitspflicht** in der Regel nicht bereit, ihre Daten offenzulegen. Die Gerichte werden daher in jedem Einzelfall zu prüfen haben, ob solche Gutachten noch ausreichend sind. So kann z.B. die Offenlegung der Vergleichsmieten in anonymisierter Form erfolgen, um eine Nachprüfung zu ermöglichen.

Nachdem die Entscheidungen, die eine vollständige Offenlegung der Befundtatsachen, die eine Identifizierung der Vergleichsobjekte ermöglicht, insbesondere von Sachverständigen unter Hinweis auf den Datenschutz kritisiert wurden, ist der BGH (Beschluss v. 21.6.1995, XII ZR 167/94, WuM 1995 S. 651) hiervon wieder abgerückt. Die Vergleichsobjekte sind dann hinreichend genau angegeben, wenn sie nach Anschrift (die jeweilige Straßenbezeichnung), individuellen Beschaffenheitsmerkmalen und Mietpreisen ohne weitergehende Individualisierung offengelegt sind. So lässt das LG München I (Urteil v. 28.2.1996, 14 S 7671/95, WuM 1996 S. 280) für die Verwertbarkeit eines im Mieterhöhungsprozess eingeholten Beweisgutachtens für die Vergleichsobjekte die Angabe des Stadtteils und der weiteren Ortsangabe „Nähe ...straße“ genügen. Auch das Bundesverfassungsgericht (Beschluss v. 16.10.1996, 1 BvR 1544/96, WuM 1996 S. 749) hat entschieden, dass seinem Beschluss v. 11.10.1994 (a.a.O.) nicht zu entnehmen ist, dass der Sachverständige stets die Vergleichswohnungen offenlegen muss, damit sein Gutachten verwertbar ist.

In einem weiteren Beschluss v. 16.7.1997 (1 BvR 860/97, WuM 1998 S. 13) hat das BVerfG die Anforderungen an die Offenlegung nochmals weiter präzisiert. Demnach ist es verfassungsrechtlich unbedenklich, dass der Sachverständige eine genaue Beschreibung der Vergleichswohnungen in Bezug auf Ausstattung und Lage vornimmt, jedoch die Namen und Anschriften der Mieter deshalb nicht angibt, weil er deren Zustimmung dazu nicht erreichen konnte. Dass er die Lage der einzelnen Vergleichswohnungen nicht weitergehend, etwa durch Angabe der Straße, erläutert hat, ist von Verfassung wegen nicht zu beanstanden, weil ansonsten in einer Kleinstadt die Identifizierung der Vergleichswohnungen unschwer möglich gewesen wäre.

> Hat das Gericht die ortsübliche Vergleichsmiete mithilfe eines Sachverständigengutachtens ermittelt, darf der Vermieter die Miete bis zum oberen Wert der Bandbreite der konkreten ortsüblichen Vergleichsmiete (Einzelvergleichsmiete) anheben, wenn der vom Gericht beauftragte Sachverständige eine Mietzinsspanne ermittelt hat. Bei der ortsüblichen Vergleichsmiete handelt es sich regelmäßig nicht um einen punktgenauen Wert. Die Vergleichsmiete bewegt sich vielmehr innerhalb einer gewissen Spanne. Hat das Gericht mithilfe eines Sachverständigengutachtens die konkrete ortsübliche Vergleichsmiete im Sinne einer Einzelvergleichsmiete ermittelt, geht es hierbei auch nicht um einen punktgenauen Wert, sondern um eine Bandbreite. Dann liegt der obere Spannenwert noch innerhalb der ortsüblichen Vergleichsmiete (BGH, Urteil v. 21.10.2009, VIII ZR 30/09, WuM 2009 S. 746).

Dies gilt jedoch nicht uneingeschränkt. Die Einzelvergleichsmiete ist nicht mit der umfassenderen Spanne sämtlicher vom Sachverständigen herangezogenen Vergleichswohnungen oder mit deren höchstem Wert gleichzusetzen. Bei einer sehr weit auseinandergehenden Streuung der Vergleichsmieten hat der Tatrichter mithilfe des Sachverständigen auf der Grundlage einer ausreichend großen repräsentativen Stichprobe vergleichbarer Wohnungen zunächst das breite Spektrum der am Markt tatsächlich gezahlten Mieten auf den engeren Bereich der Entgelte zu begrenzen, der als Spanne der ortsüblichen Vergleichsmiete anzusehen ist. Hieraus ergeben sich dann die üblichen Entgelte gemäß § 558 Abs. 2 S. 1 BGB. Für diese Eingrenzung des relevanten Mittelfeldes der Vergleichsmieten gibt es keine starren Maßstäbe (BGH, Urteil v. 29.2.2012, VIII ZR 346/10, NZM 2012 S. 339). Ein vom Gericht bestellter Gutachter muss bei der Ermittlung der Vergleichsmiete ein breites Spektrum von Vergleichswohnungen aus der Gemeinde berücksichtigen. Diese Anforderungen sind nicht erfüllt, wenn nur Vergleichswohnungen aus einer einzigen Siedlung, die im Eigentum eines Vermieters steht, einbezogen werden (BGH, Urteil v. 3.7.2013, VIII ZR 354/12, WuM 2013 S. 551). Ebenso wenig verwertbar ist ein Gutachten des vom Gericht beauftragten Sachverständigen, das sich ausschließlich auf Wohnungen aus dem Bestand des Vermieters stützt.

Zu beachten ist, dass das Gericht die oft erheblichen weiteren Kosten, die dadurch entstehen, der Partei auferlegen kann, die eine erfolglose Überprüfung beantragt hat (§ 96 ZPO).

> Die Rechtsprechung war bereits bisher überwiegend der Ansicht, dass sich das Gericht über die Beweisangebote des Vermieters hinwegsetzen und seine Entscheidung nur auf einen Mietspiegel stützen kann, auch wenn der Vermieter Beweis für die Ortsüblichkeit der verlangten Miete durch Sachverständigengutachten anbietet.

Dies gilt insbesondere bei einem qualifizierten Mietspiegel gemäß § 558 a BGB (BGH, Urteil v. 4.5.2011, VIII ZR 227/10, WuM 2011 S. 421, 423). Sind die Bestimmungen dieser Vorschrift eingehalten (s. Abschnitt 2.5 „Form und Begründung der Mieterhöhung (§ 558 a BGB)“), gilt gemäß § 558 d Abs. 3 BGB die Vermutung, dass die im qualifizierten Mietspiegel bezeichneten Entgelte die ortsübliche Vergleichsmiete wiedergeben. Hierin ist eine prozessuale Vermutungswirkung im gerichtlichen Mieterhöhungsstreit zu sehen, die nur unter den Voraussetzungen des § 292 ZPO widerlegt werden kann. Die Partei, die mit den Feststellungen des qualifizierten Mietspiegels nicht einverstanden ist, muss also die Unwahrheit der vermuteten Tatsache, also der Werte des qualifizierten Mietspiegels, beweisen. Hier muss also die sachliche, rechnerische oder statistische Unrichtigkeit des Mietspiegels voll bewiesen werden. Zu überprüfen ist insbesondere, ob die Datenermittlung den Anforderungen entspricht und die tatsächlichen Mieten wiedergibt. Es muss durch Tatsachen belegt werden, dass die Datenermittlung etc. in unzutreffender Weise erfolgt ist oder die Wohnung besondere wertbildende Eigenschaften besitzt, denen der Mietspiegel nicht Rechnung trägt. Auf die Prüfung, ob ein Mietspiegel die Anforderungen des § 558d Abs. 1 BGB erfüllt, kann im Bestreitensfall nicht schon deswegen verzichtet werden, weil der Mietspiegel von seinem Ersteller als qualifizierter Mietspiegel bezeichnet oder von der Gemeinde und/oder von den Interessenvertretern der Vermieter und der Mieter als solcher anerkannt und veröffentlicht worden ist. Von der Partei, die das Vorliegen eines qualifizierten Mietspiegels in Abrede stellt, ist allerdings zunächst zu verlangen, dass sie im Rahmen des Möglichen substanziierte Angriffe gegen den Mietspiegel vorbringt, sofern die Erstellung des Mietspiegels in allgemein zugänglichen Quellen dokumentiert ist. Allerdings muss das Gericht in Fällen eines substanziierten Bestreitens nicht immer ein aufwendiges und teures Sachverständigengutachten einholen. So können ergiebige Erläuterungen im Mietspiegel sowie ergänzend eingeholte amtliche Auskünfte, Anhörung sachverständiger Zeugen oder eigene Sachkunde des Gerichts ausreichen, um zur richterlichen Überzeugung zu kommen, dass ein qualifizierter Mietspiegel vorliegt (BGH, Urteil v. 21.11.2012, VIII ZR 46/12, WuM 2013 S. 110).

Die Darlegungs- und Beweislast für das Vorliegen eines qualifizierten Mietspiegels trägt diejenige Partei, die sich die Vermutung des § 558d Abs. 3 BGB zunutze machen will (BGH, a. a. O.).

Der BGH hat zum **Berliner Mietspiegel** Stellung genommen. Hierbei hat er die Zulässigkeit der Schätzung der ortsüblichen Vergleichsmiete durch das Gericht gemäß § 287 ZPO trotz Beweisangebot des Vermieters auf Einholung eines Sachverständigengutachtens bejaht, wenn zur Einordnung der Wohnung in die Mietspiegelspannen eines qualifizierten Mietspiegels eine Orientierungshilfe, die selbst nicht Bestandteil des Mietspiegels ist, als Schätzgrundlage zur Verfügung steht (BGH, Urteil v. 20.4.2005, VIII ZR 110/04, WuM 2005 S. 394). Hierbei reicht es nicht aus, dass sich die geforderte Miete innerhalb der Spanne des Mietspiegels bewegt. Vielmehr erfordert die Feststellung, ob die verlangte Miete die ortsübliche Miete übersteigt, im Prozess eine konkrete Feststellung der ortsüblichen Vergleichsmiete im Sinne einer Einzelvergleichsmiete. Ein Sachverständigengutachten war nicht einzuholen, da dies im vorliegenden Fall mit einem Kostenaufwand verbunden gewesen wäre, der zur Höhe der geltend gemachten Mieterhöhung außer Verhältnis stand (Erhöhung von 5,15 Euro pro m^2 auf 5,65 Euro pro m^2). Auch war der Aufwand eines Sachverständigengutachtens deshalb nicht gerechtfertigt, da zusätzlich zum qualifizierten Mietspiegel eine Orientierungshilfe für die Spanneneinordnung zur Verfügung stand. Eine Verletzung des Grundsatzes auf rechtliches Gehör ist damit nicht verbunden. Das Verfahrensgrundrecht Art. 103 Abs. 1 GG bietet keinen Schutz davor, dass Beweismittel aus Gründen des formellen oder materiellen Rechts unberücksichtigt bleiben. Die gerichtliche Verwendung eines geeigneten Mietspiegels ohne Heranziehung eines Sachverständigen ist daher verfassungsrechtlich unbedenklich (BGH, a. a. O.).

In einem weiteren Urteil zum Berliner Mietspiegel 2009 hat sich der BGH wiederum mit den Anforderungen an das Vorliegen eines qualifizierten Mietspiegels beschäftigt. Die Vermutungswirkung setzt voraus, dass der vom Tatrichter herangezogene Mietspiegel die Tatbestandsmerkmale des § 558d Abs. 1 BGB unstreitig, offenkundig oder nachweislich erfüllt. Auf eine Prüfung dieser Anforderungen kann nicht schon deswegen verzichtet werden, weil der Mietspiegel von seinem Ersteller als qualifizierter Mietspiegel bezeichnet oder von der Gemeinde und/oder von den Interessenvertretern der Vermieter und Mieter als solcher anerkannt und veröffentlicht wurde. Im Fall eines substanziierten Bestreitens der Voraussetzungen des § 558d Abs. 1 BGB ist über deren Vorliegen (soweit diese nicht offenkundig sind) nach allgemeingültigen Regeln Beweis zu erheben (BGH, Urteil v. 6.11.2013, VIII ZR 346/12, WuM 2014 S. 34).

Enthält der Mietspiegel keine Tabellen oder Orientierungshilfen zur Spanneneinordnung, muss das Gericht gleichwohl ermitteln, wie die konkrete Wohnung innerhalb der Spanne einzuordnen ist (normative Ermittlung bzw. normative Bewertung der Eingruppierung). Hierbei ist, sofern der Vermieter nicht spätestens im Prozess weitere Angaben vorgetragen hat, vom **Mittelwert** auszugehen (LG Dortmund, Urteil v. 14.1.2003, 1 S 219/02, WuM 2003 S. 297; AG Dortmund, Urteil v. 15.2.2005, 125 C 12626/04, WuM 2005 S. 254). Ein Anspruch auf Erhöhung bis zum höchsten Wert der Spanne besteht in der Regel nicht. Die Einzelvergleichsmiete bewegt sich innerhalb einer gewissen Bandbreite, die ihrerseits innerhalb der umfassenderen Mietspiegelspanne liegt (BGH, Urteil v. 4.5.2011, VIII ZR 227/10, WuM 2011 S. 421 zum Regensburger Mietspiegel).

Wie ausgeführt, haben die Gerichte allerdings bereits bisher bestehende Mietspiegel, auch einfache, nicht qualifizierte nach § 558c BGB, als Erkenntnismittel zur Ermittlung der ortsüblichen Vergleichsmiete verwendet. Dies hat der BGH gebilligt (Urteil v. 16.6.2010, VIII ZR 99/09, WuM 2010 S. 505). Dies gilt auch für den Mietspiegel einer Nachbargemeinde, wenn die Gemeinden vergleichbar sind (BGH a.a.O.).

Begründet wird dies mit dem aufgrund größeren Datenmaterials höheren Erkenntniswert des Mietspiegels (LG Köln, Urteil v. 10.12.1981, 6 S 274/81, WuM 1982 S. 77, LG Bonn, WuM 1944 S. 692). Das Gericht ist in diesem Fall auch nicht an ein Beweisangebot des Vermieters durch Einholung eines Sachverständigengutachtens gebunden (LG Hamburg, Urteil v. 27.5.1977, 11 S 51/77, WuM 1978 S. 134). Das BVerfG (Beschluss v. 20.3.1991, 1 BvR 160/91, WuM 1991 S. 523) hat entschieden, dass der Standpunkt des LG, der Berliner Mietspiegel für Altbauwohnungen von 1987 habe ausreichende Beweiskraft für die ortsübliche Vergleichsmiete, sodass die Einholung eines Sachverständigengutachtens nicht erforderlich sei, eine Verletzung der verfassungsrechtlichen Eigentumsgarantien nicht erkennen lässt.

Der Vermieter hat danach keinen Anspruch darauf, die Mieten zu verlangen, die der Markt hergibt, eine gewisse Bremswirkung durch Mietspiegel sei vom Gesetzgeber durchaus gewollt. Der Vermieter hat daher auch keinen Anspruch darauf, dass ein später, d.h. nach Wirksamkeit des Erhöhungsverlangens erstellter Mietspiegel, auch wenn er zeitnäher zum Erhöhungsverlangen liegt, zurückgerechnet wird (BVerfG, Beschluss v. 3.4.1990, 1 BvR 268/90, 1 BvR 269/90, 1 BvR 270/90, WuM 1992 S. 48).

Etwas anderes gilt allerdings für den Fall, dass der **Erhebungsstichtag** des nächsten Mietspiegels vor dem Zeitpunkt der Zustellung des Erhöhungsverlangens liegt. Entscheidend ist nämlich die ortsübliche Vergleichsmiete zum Tag des Zugangs des Mieterhöhungsverlangens. In einem solchen Fall geht die überwiegende Meinung dahin, dass das Gericht zur Ermittlung der ortsüblichen Vergleichsmiete auf den neueren Mietspiegel zurückgreifen darf. Bei der Ermittlung der ortsüblichen Vergleichsmiete ist ein Mietspiegel allerdings grundsätzlich nicht zu berücksichtigen, dessen Erhebungsstichtag **nach** dem Zeitpunkt des Zugangs des Mieterhöhungsverlangens liegt (KG Berlin, Urteil v. 12.11.2009, 8 U 106/09, WuM 2009 S. 748).

Ebenfalls höchst umstritten ist, ob das Gericht bei der Anwendung eines Mietspiegels zur Bestimmung der ortsüblichen Vergleichsmiete einen sog. **Alterungszuschlag** vornehmen kann (bejahend LG München I, Urteil v. 25.9.1991, 14 S 493/91, WuM 1992 S. 25; verneinend LG Hamburg, WuM 1982 S. 146;

LG Frankfurt/M., Urteil v. 21.7.1992, 2/11 S 553/91, WuM 1992 S. 629 sowie LG Köln, Urteil v. 26.8.1993, 1 S 45/93, WuM 1995 S. 114, das sogar einen vom Sachverständigen aufgrund statistischer Erhebungen auf Landesebene ermittelten Zuschlag auf den Mietspiegel nicht berücksichtigt hat). Dieser Streit ist nunmehr zugunsten der Vermieter durch einen Rechtsentscheid des OLG Stuttgart entschieden worden. Danach kann das Gericht in einem Mieterhöhungsrechtsstreit wegen der Steigerung der ortsüblichen Vergleichsmiete, die in der Zeit zwischen der Datenerhebung zum Mietspiegel und dem Zugang des Mieterhöhungsverlangens eingetreten ist, einen Zuschlag zu dem für die Wohnung zutreffenden Mietspiegelwert machen. Dabei kann es sich aber nicht um einen pauschalen Zuschlag handeln, z.B. im Wege der Schätzung aufgrund eines allgemeinen Preisindexes für die Lebenshaltungskosten oder eines undifferenzierten Wohnungsmietenindexes. Vielmehr ist die Steigerung der ortsüblichen Vergleichsmiete zu ermitteln, die bei vergleichbaren Wohnungen in der Gemeinde eingetreten ist. Hierzu kann sich das Gericht eines Sachverständigengutachtens und/oder der Mieten einer genügenden Zahl von Vergleichswohnungen bedienen (RE v. 15.12.1993, 8 RE-Miet 4/93, DWW 1994 S. 47 = WuM 1994 S. 58; bestätigt vom OLG Hamm mit RE v. 30.8.1996, 30 RE-Miet 1/96, WuM 1996 S. 610 auch für den Fall, wenn das Mieterhöhungsverlangen auf den Mietspiegel gestützt worden ist). Aus dem Wort „kann" liest das LG Hamburg (Urteil v. 8.8.1995, 316 S 8/95, WuM 1996 S. 45) heraus, dass das Gericht nicht dazu verpflichtet ist, einen gesonderten Zeitzuschlag auszuweisen. Vielmehr stellt der RE des OLG Stuttgart nur eine Ermächtigung im Rahmen des § 286 ZPO im Sinne eines Dürfens dar, jedoch keine weitergehende Bindung des Gerichts. Nach Ansicht des LG Hamburg kommt ein Zeitzuschlag erst dann in Betracht, wenn der Mietspiegel 1 oder 2 Jahre alt ist, zurückgerechnet vom Zeitpunkt des Erhöhungsverlangens.

Das Gericht hat zur Ermittlung den **jeweils aktuelleren Mietspiegel** anzuwenden, wenn dessen Daten im maßgeblichen Zeitpunkt des Zugangs des Erhöhungsverlangens bereits erhoben worden sind (LG Berlin, Urteil v. 3.2.2004, 65 S 126/03, GE 2004 S. 483; AG Dortmund, Urteil v. 15.2.2005, 125 C 12626/04, WuM 2005 S. 254).

2.8 Wirkung der Zustimmung

Ist die Zustimmung erteilt, sei es durch (freiwillige) Erklärung des Mieters, sei es durch rechtskräftige Verurteilung zur Zustimmung (nach § 894 ZPO gilt in diesem Fall die Zustimmungserklärung als abgegeben), schuldet der Mieter die erhöhte Miete vom Beginn des dritten Kalendermonats an, der auf den Zugang des Erhöhungsverlangens folgt.

Beispiel

Zustimmungsverlangen ging am 5.1. zu, erhöhte Miete ist ab 1.4. geschuldet. Beim Zugang am 5.1. ist somit auseinanderzuhalten: Überlegungsfrist des Mieters bis 31.3., Klagefrist vom 1.4. bis 30.6., Zahlungspflicht bei Verurteilung ab 1.4.

Die Zustimmung des Mieters zur Mieterhöhung kann auch durch schlüssiges Verhalten, insbesondere durch Zahlung der erhöhten Miete erfolgen. Teilweise wird angenommen, dass schon eine einmalige Zahlung der erhöhten Miete ausreicht, insbesondere wenn dies mit einer Änderung des Dauerauftrags seitens des Mieters verbunden ist (s. hierzu Abschnitt 2.6 „Zustimmung und Klage"). Die Rechtsprechung der Instanzgerichte ist jedoch nicht einheitlich.

Es empfiehlt sich daher, den Mieter unter Fristsetzung aufzufordern, mitzuteilen, ob aufgrund der Zahlung der erhöhten Miete dem Mieterhöhungsverlangen zugestimmt wird. Nach fruchtlosem Fristablauf sollte geklagt werden.

Wird der Mieter verurteilt, einem Erhöhungsverlangen zuzustimmen, wird seine Verpflichtung zur Zahlung der erhöhten Miete für die Zeit ab dem Beginn des dritten Kalendermonats nach dem Zugang des Erhöhungsverlangens erst mit Rechtskraft des Zustimmungsurteils fällig. Verzug mit den Erhöhungsbeträgen für die zurückliegende Zeit kann daher nicht rückwirkend eintreten, sondern erst nach Rechtskraft des Zustimmungsurteils begründet werden (BGH, Urteil v. 4.5.2005, VIII ZR 94/04, WuM 2005 S. 396). Daher können Verzugszinsen gemäß § 288 BGB (5 % über dem Basiszinssatz) aus den monatlichen Erhöhungsbeträgen erst ab Rechtskraft geltend gemacht werden.

Verbindet der Vermieter die Klage auf Zustimmung zu einer Mieterhöhung mit einer Klage auf Zahlung der erhöhten Miete, so bestehen im Berufungsverfahren gegen die Zulässigkeit der Zahlungsklage jedenfalls dann keine Bedenken mehr, wenn der Mieter in 1. Instanz verurteilt worden ist, der Mieterhöhung zuzustimmen, und diese Verurteilung vor der Berufungsverhandlung über die Zahlungsklage in Teilrechtskraft erwachsen ist (BGH, Teilversäumnis- und Endurteil v. 4.5.2005, VIII ZR 5/04, WuM 2005 S. 458). Nicht entschieden hat der BGH in diesem Urteil die Frage, ob und unter welchen Voraussetzungen der Vermieter von Wohnraum eine Klage auf Zustimmung zu einem Erhöhungsverlangen mit einer Klage auf Zahlung der erhöhten Miete verbinden kann, wenn nicht der dargelegte Sonderfall besteht. Die Instanzgerichte zeigen wenig Neigung, eine solche Klage für zulässig zu halten.

3 Mieterhöhung nach Modernisierungsmaßnahmen (§ 559 BGB)

3.1 Modernisierungsmaßnahmen

Die §§ 559 ff. BGB wurden durch das Mietrechtsänderungsgesetz mit Wirkung ab 1.5.2013 neu gefasst. Gemäß § 559 Abs. 1 BGB kann der Vermieter die jährliche Miete um 11 % der für die Wohnung aufgewendeten Kosten erhöhen, wenn er Modernisierungsmaßnahmen i. S. d. § 555b Nr. 1, 3, 4, 5 oder 6 durchgeführt hat. Keine Mieterhöhung ist also möglich bei Maßnahmen gemäß § 555b Nr. 2 BGB (Veränderungen, durch die auf sonstige Weise nicht erneuerbare Primärenergie nachhaltig eingespart oder das Klima nachhaltig geschützt wird) und § 555b Nr. 7 BGB (Schaffung neuen Wohnraums). Im Übrigen kann auf die Begriffsbestimmungen in § 555b Bezug genommen werden. Eine Mieterhöhung ist also möglich bei Maßnahmen,

- durch die in Bezug auf die Mietsache Endenergie nachhaltig eingespart wird (energetische Modernisierung, § 555b Nr. 1 BGB);
- durch die der Wasserverbrauch nachhaltig reduziert wird (§ 555b Nr. 3 BGB);
- durch die der Gebrauchswert der Mietsache nachhaltig erhöht wird (§ 555b Nr. 4 BGB);
- durch die die allgemeinen Wohnverhältnisse auf Dauer verbessert werden (§ 555b Nr. 5 BGB);
- die aufgrund von Umständen durchgeführt werden, die der Vermieter nicht zu vertreten hat, und die keine Erhaltungsmaßnahmen nach § 555 a BGB sind (§ 555 b Nr. 6 BGB).

Die Modernisierungsmaßnahmen sind also nunmehr einheitlich in § 555b BGB definiert. Auf die Begriffsbestimmungen in dieser Vorschrift kann daher Bezug genommen werden (s. „Modernisierung“, Abschnitt 2 „Modernisierungsmaßnahmen“).

Im Gegensatz zu einer Mieterhöhung nach § 558 BGB ist eine Zustimmung des Mieters nicht erforderlich. Wenn die Erklärung des Vermieters den gesetzlichen Voraussetzungen entspricht, hat sie unmittelbare vertragsändernde Wirkung. Der Vermieter muss hier im Streitfall also nicht wie bei § 558 BGB auf Abgabe einer Willenserklärung klagen, sondern direkt auf Leistung (Zahlung des nicht bezahlten Erhöhungsbetrags).

Zu § 555b Nr. 6 BGB ist noch auf Folgendes hinzuweisen: Hierunter fallen Maßnahmen aufgrund **gesetzlicher Gebote** oder **behördlicher Anordnungen,** wobei letztere freilich gesetzmäßig sein müssen. Dazu gehören beispielsweise der Anschluss an die gemeindliche Entwässerungseinrichtung oder Sicherungseinrichtung für einen Öltank. Auch die Umstellung von Stadtgas auf Erdgas ist eine nicht zu vertretende bauliche Änderung. Eine solche braucht, um das Recht des Vermieters zu einer Erhöhung der Miete auszulösen, nicht den Gebrauchswert der Mietsache zu erhöhen oder die allgemeinen Wohnverhältnisse auf Dauer zu verbessern. Die bauliche Änderung, der sich der Vermieter nicht entziehen kann, ist somit unabhängig von der Wohnwertverbesserung. Der Vermieter muss selbst **Bauherr der Maßnahme** sein, er muss also selbst im eigenen Namen den Auftrag erteilen. Dies ist nicht der Fall, wenn der Vermieter die von der Gemeinde durchgeführten Kanalarbeiten, zu deren Bezahlung er nach dem Kommunalabgabengesetz verpflichtet ist, als Modernisierung beim Mieter geltend machen will (BayObLG, RE v. 24.6.1981, Allg Reg 41/81, NJW 1981 S. 2259). Ebenfalls nicht auf den Mieter umlegbar sind Erschließungsbeitragskosten, die der Grundstückseigentümer zu bezahlen hat; auch hier tritt der Vermieter nicht als Bauherr auf (OLG Hamm, RE v. 30.5.1983, 4 RE-Miet 2/83, WuM 1983 S. 287).

Unter § 558b Nr. 1 BGB fallen insbesondere Maßnahmen zur wesentlichen Verbesserung der Wärmedämmung von Fenstern, Außentüren, Außenwänden, Dächern, Kellerdecken und obersten Geschossdecken, zur wesentlichen Verminderung des Energieverlusts und des Energieverbrauchs der zentralen Heizungs- und Warmwasseranlagen; die Änderung von Zentralheizungs- und Warmwasseranlagen innerhalb des Gebäudes für den Anschluss an die Fernwärmeversorgung, die überwiegend aus Anlagen der Kraft-Wärme-Kopplung zur Verbrennung von Müll oder zur Verwertung von Abwärme gespeist wird; die Rückgewinnung von Wärme; die Nutzung von Energie durch Wärmepumpen- und Solaranlagen. Eine Erhöhungsmöglichkeit besteht nicht nur bei der Einsparung von Heizenergie, sondern von jeder Art von Energie, also auch Maßnahmen zur Einsparung von Strom (z.B. drehzahlgeregelte Umwälzpumpen, Ventilatoren und Aufzugsmotoren sowie Energiesparlampen).

> Im Erhöhungsverlangen muss der Vermieter nicht ein bestimmtes Maß der voraussichtlich einzusparenden Heizenergie, sondern lediglich Tatsachen darlegen, aus denen sich als Folge der durchgeführten Baumaßnahmen eine dauerhafte Energieeinsparung ergibt (vgl. Abschnitt 3.5 „Geltendmachung der Mieterhöhung"). Allerdings ist die Frage der Wirtschaftlichkeit, d.h., der konkret zu erwartenden Energie- und Kosteneinsparung bei der Härtefallabwägung (s.u. Abschnitt 3.3 „Härtefallabwägung") zu klären (BGH, RE v. 10.4.2002, VIII ARZ 3/01, NZM 2002 S. 519).

3.2 Ausmaß der Mieterhöhung, Aufteilung

Die Mieterhöhung beträgt für das Jahr **11 %** der für die Wohnung aufgewendeten Kosten (§ 559 Abs. 1 BGB).

> **Beispiel**
>
> Die Miete beträgt bisher jährlich 2.400 Euro oder monatlich 200 Euro, die aufgewendeten Modernisierungskosten belaufen sich auf 3.000 Euro. Erhöhung der monatlichen Miete somit 11 % von 3.000 Euro geteilt durch 12 = 27,50 Euro; neue monatliche Miete 227,50 Euro.

Unter „jährlicher Miete" in § 559 BGB ist der zwölffache Betrag der aktuell im letzten Monat vor der Modernisierung bezahlten Miete zu verstehen (h.M.).

Nicht zu den Baukosten gehören die Finanzierungskosten des Vermieters (OLG Hamburg, RE v. 14.5.1981, 4 U 203/80, WuM 1981 S. 152).

Hingegen zählen zu den Kosten der Modernisierung auch Aufwendungen zur Wiederherstellung einer durch Bauarbeiten beschädigten Dekoration. Diese können auch dann umgelegt werden, wenn der Mieter die Arbeiten selbst durchgeführt und der Vermieter ihm die Aufwendungen erstattet hat (BHG, Urteil v. 30.3.2011, VIII ZR 173/10, WuM 2011 S. 293).

Sind die baulichen Änderungen für **mehrere Wohnungen** durchgeführt worden (z.B. Einbau einer Zentralheizung), so sind die dafür aufgewendeten Kosten vom Vermieter angemessen auf die einzelnen Wohnungen aufzuteilen (§ 559 Abs. 3 BGB). Nach den Grundsätzen der §§ 315, 316 BGB hat die **Aufteilung billigem Ermessen** zu entsprechen. Unter der

Voraussetzung, dass die bauliche Änderung allen Mietern in gleicher Weise zugutekommt (z.B. Einbau einer Zentralheizung), wird die Verteilung nach den m^2-Wohnflächen am ehesten der Billigkeit entsprechen. Ist der Nutzen für einzelne Bewohner des Hauses unterschiedlich (z.B. Lifteinbau), kann ein anderer Aufteilungsschlüssel geboten sein (z.B. Gewichtung nach Stockwerklage).

Werden die Kosten für die baulichen Änderungen ganz oder teilweise durch zinsverbilligte oder zinslose Darlehen aus öffentlichen Haushalten gedeckt, so vermindert sich der Erhöhungsbetrag um den Jahresbetrag der Zinsermäßigung, der sich für den Ursprungsbetrag des Darlehens aus dem Unterschied im Zinssatz gegenüber dem marktüblichen Zinssatz für erststellige Hypotheken zum Zeitpunkt der Beendigung der Maßnahme ergibt (§ 559a BGB).

Beispiel

Modernisierung vier gleich großer Wohnungen: Kosten 12.000 Euro; zinsverbilligtes Darlehen 6.000 Euro zu einem Zinsfuß von 4 %; Jahreszins somit 240 Euro; marktüblicher Zinssatz 7 % entspricht einem Jahreszinsbetrag von 420 Euro; Zinsersparnis somit 180 Euro; 11 % aus 12.000 Euro = 1.320 Euro; hiervon ist die Ersparnis abzuziehen mit 180 Euro, sodass 1.240 Euro verbleiben als jährliche Mieterhöhungen für die vier Wohnungen. Der Erhöhungsbetrag je Wohnung: jährlich 285 Euro oder monatlich 23,75 Euro statt 27,50 Euro.

Die Mieterhöhung um 11 % der aufgewendeten Kosten für bauliche Änderungen ist auch dann zulässig, wenn die dadurch sich ergebende Miete höher liegt als die ortsübliche Vergleichsmiete. Eine Kappungsgrenze besteht nicht.

Mieterhöhungen nach § 559 BGB sind aber nur in dem durch § 5 WirtschaftsstrafG gezogenen Rahmen zulässig (vgl. „Mietpreiserhöhung"; OLG Karlsruhe, RE v. 19.8.1983, 3 RE-Miet 3/83, WuM 1983 S. 314).

3.3 Anrechnung von Drittmitteln

Werden Zuschüsse oder Darlehen zur Deckung von laufenden Aufwendungen (Zinsen) gewährt, so verringert sich der Erhöhungsbetrag um den Jahresbetrag des Zuschusses oder des Darlehens. Ein Mieterdarlehen, eine Mietvorauszahlung oder eine von einem Dritten für den Mieter erbrachte Leistung für bauliche Änderungen steht einem Darlehen aus öffentlichen Haushalten gleich. Kann nicht festgestellt werden, in welcher Höhe Zuschüsse oder Darlehen für einzelne Wohnungen gewährt worden sind, sind sie nach dem **Verhältnis** der für die **einzelnen Wohnungen** aufgewendeten Kosten aufzuteilen. Diese Drittmittel sind auch bei späteren Mieterhöhungen auf die ortsübliche Vergleichsmiete zu berücksichtigen (vgl. Abschnitt 2.5.5. „Anrechnung von Fördermitteln").

Auch zinsverbilligte oder zinslose Darlehen aus öffentlichen Haushalten sind anzurechnen (§ 559a Abs. 2 BGB). Der Erhöhungsbetrag verringert sich um den Jahresbetrag der Zinsermäßigung. Dieser wird errechnet aus dem Unterschied zwischen dem ermäßigten Zinssatz und dem marktüblichen Zinssatz für den Ursprungsbetrag des Darlehens. Maßgebend ist der marktübliche Zinssatz für erstrangige Hypotheken zum Zeitpunkt der Beendigung der Modernisierungsmaßnahmen. Werden Zuschüsse oder Darlehen zur Deckung von laufenden Aufwendungen gewährt, so verringert sich der Erhöhungsbetrag um den Jahresbetrag des Zuschusses oder Darlehens (§ 559a Abs. 2 S. 2 bis 4 BGB).

Ein Mieterdarlehen, eine Mietvorauszahlung oder eine von einem Dritten für den Mieter erbrachte Leistung für die Modernisierungsmaßnahmen stehen einem Darlehen aus öffentlichen Haushalten gleich (§ 559a Abs. 3 BGB).

3.4 Härtefallabwägung

Das Mietrechtsänderungsgesetz hat eine Aufteilung der Härtefallabwägung eingeführt. Eine Duldungspflicht für eine Modernisierungsmaßnahme besteht nicht, wenn die Modernisierungsmaßnahme für den Mieter, seine Familie oder einen Angehörigen seines Haushalts eine

Härte bedeuten würde, die auch unter Würdigung der berechtigten Interessen sowohl des Vermieters als auch anderer Mieter in dem Gebäude sowie von Belangen der Energieeinsparung und des Klimaschutzes nicht zu rechtfertigen ist. Die zu erwartende Mieterhöhung sowie die voraussichtlichen künftigen Betriebskosten bleiben bei der Abwägung im Rahmen der Duldungspflicht außer Betracht; sie sind nur nach § 559 Abs. 4 und 5 bei einer Mieterhöhung zu berücksichtigen (§ 555d Abs. 2 BGB). Erst nach Durchführung der Maßnahmen wird also geprüft, ob aus wirtschaftlichen Gründen eine unzumutbare Härte besteht. Dies ist in § 559 Abs. 4 BGB geregelt. Danach ist die Mieterhöhung ausgeschlossen, soweit sie auch unter Berücksichtigung der voraussichtlichen künftigen Betriebskosten für den Mieter eine Härte bedeuten würde, die auch unter Würdigung der berechtigten Interessen des Vermieters nicht zu rechtfertigen ist. Hierbei sind also die Interessen anderer Mieter, Belange des Klimaschutzes und der Energieeinsparung und auch die Interessen der Familie des Mieters und der Haushaltsangehörigen nicht gesondert zu berücksichtigen (Begründung zum Mietrechtsänderungsgesetz, S. 36).

Führt der Vermieter eine energetische Modernisierung durch, die zu einer nachhaltigen Energieeinsparung führt, ist der Mieter zur Duldung verpflichtet. Voraussetzung hierfür ist nicht, dass der Mieter hiervon auch einen wirtschaftlichen Vorteil hat. Bei bestimmten Arten von Modernisierungen können sich sogar die Betriebskosten für den Mieter erhöhen (vgl. das Beispiel bei Fleindl, NZM 2012 S. 57, 60). Strittig ist, ob in solchen Fällen eine Abwägung zugunsten des Mieters erfolgen soll. Die Begründung zum Mietrechtsänderungsgesetz ist zurückhaltend. Als Maßstab für die Abwägung soll gelten, dass hohe energetische Standards grundsätzlich erwünscht sind und auch zur Mieterhöhung berechtigen sollen. Danach ist eine Grenze lediglich dort zu ziehen, wo etwa eine für das konkrete Gebäude bzw. für die Mietsache völlig ungeeignete Technik angewandt wird oder wo von einem bereits bestehenden hohen energetischen Standard ausgehend unter Aufwendung hoher Kosten nur geringfügig gesteigerte Einspareffekte erzielt werden können (a.a.O., S. 36).

Eine Härtefallabwägung findet nicht statt, wenn die Mietsache nur in einen Zustand versetzt wurde, der allgemein üblich ist, oder die Modernisierungsmaßnahme aufgrund von Umständen durchgeführt wurde, die der Vermieter nicht zu vertreten hatte (§ 559 Abs. 4 Nr. 1, 2 BGB).

Der BGH hat mit Beschluss v. 19.2.1992 (VIII ARZ 5/91, WuM 1992 S. 181) entschieden, dass die gemieteten Räume in den allgemein üblichen Zustand dann versetzt werden, wenn dieser Zustand bei der überwiegenden Mehrzahl von Mieträumen – mindestens zwei Drittel – in Gebäuden gleichen Alters innerhalb der Region angetroffen wird. Der BGH stellt also auf den tatsächlichen Istzustand von Mietwohnungen und Gebäuden in vergleichbarem Alter und innerhalb der gleichen Region ab.

Als jeweils maßgebliche Region ist das Bundesland anzusehen, in dem sich die Mietwohnung befindet. Hierfür sind ausreichende Statistiken über die Ausstattung der Wohnung vorhanden.

Nicht zu vertreten hat der Vermieter die Erfüllung sog. Nachrüstpflichten nach der Energieeinsparverordnung, insbesondere § 10 EnEV.

Nach § 559 Abs. 5 BGB sind Umstände, die eine Härte begründen, nur zu berücksichtigen, wenn sie vom Mieter nach § 555d Abs. 3 und 4 rechtzeitig mitgeteilt worden sind (vgl. „Modernisierung“, Abschnitt 4 „Duldung von Modernisierungsmaßnahmen, Ausschlussfrist“). Diese Ausschlussfrist, bei der sich der Mieter also nicht mehr auf eine unzumutbare Härte aus wirtschaftlichen Gründen berufen können soll, gilt nicht, wenn die tatsächliche Mieterhöhung die angekündigte um mehr als 10 % übersteigt. In solchen Fällen kann sich also der Mieter auch noch nachträglich auf eine wirtschaftliche Härte berufen. Dies folgt daraus, dass sich der Mieter vorher nicht auf die kommende Mieterhöhung einstellen konnte.

Gemäß § 559 Abs. 6 BGB sind zum Nachteil des Mieters hiervon abweichende Vereinbarungen unwirksam.

3.5 Erhaltungsmaßnahmen

Nicht den baulichen Änderungen zuzurechnen sind Instandsetzungen. Für sie kann **kein Mietzuschlag** gefordert werden, weil hier nicht der Gebrauchswert der Wohnung erhöht, sondern der bestimmungsmäßige Gebrauch wiederhergestellt und damit einer gesetzlichen Pflicht genügt wird (§ 535 Abs. 1 BGB). Dies gilt auch für Erneuerungen, soweit damit keine Modernisierung verbunden ist.

Häufig werden im Zuge der Modernisierung auch Instandsetzungen vorgenommen. In diesem Fall sind die Kosten in umlagefähige und nicht umlagefähige Kosten aufzuspalten.

Waren zum Zeitpunkt der Modernisierung Instandsetzungen fällig, sind die Kosten, die hierdurch dem Vermieter erwachsen wären, von den Modernisierungskosten abzuziehen. Hingegen dürfen nicht vorab fiktive Kosten abgezogen werden, die der Vermieter ohne die Modernisierung in Zukunft für Instandsetzung oder Instandhaltung voraussichtlich hätte aufwenden müssen (OLG Celle, Beschluss v. 28.10.1980, 2 UH 1/80, WuM 1981 S. 151). War z. B. bei einer Wärmedämmung der Außenanstrich der Fassade noch nicht fällig, weil die Fassade noch in gutem Zustand war, können die Kosten des Fassadenanstrichs als Modernisierungskosten mit umgelegt werden, da sie im Zuge der Modernisierung angefallen sind (vgl. hierzu Fleindl, NZM 2012 S. 57, 60).

In der Erläuterung muss der Vermieter darlegen, welche Arbeiten zur Instandsetzung gehören und welche zur Modernisierung. Dazu gehört auch, dass aus der Erläuterung hervorgehen muss, welche Kosten in welcher Höhe von den angegebenen Gesamtkosten vorab als Instandsetzungskosten abgezogen wurden. Hier hat das Mietrechtsänderungsgesetz eine Erleichterung für den Vermieter gebracht. Gemäß § 559 Abs. 2 S. 1 2. HS sind die Kosten für Erhaltungsmaßnahmen, soweit erforderlich, durch Schätzung zu ermitteln. Damit sollen überzogene Anforderungen bei der Ermittlung des Abzugs vermieden werden (Begründung zum Mietrechtsänderungsgesetz, S. 36).

Wie der BGH noch zum alten Recht entschieden hat, dürfen auch insoweit keine überhöhten formellen Anforderungen an das Begründungserfordernis gestellt werden. Es bedarf daher keiner umfassenden Vergleichsrechnung zu den hypothetischen Kosten einer bloßen Instandsetzung. Vielmehr ist es erforderlich, aber auch ausreichend, den ersparten Instandsetzungsaufwand zumindest durch Angabe einer Quote von den aufgewendeten Gesamtkosten nachvollziehbar darzulegen (BGH, Urteil v. 17.12.2014, VIII ZR 88/13, WuM 2015 S. 165).

Höhere Anforderungen stellt das LG Berlin. Auch bei der Schätzung von Erhaltungskosten gemäß § 559 Abs. 2 2. HS BGB soll es erforderlich sein, in der Erhöhungserklärung gemäß § 559b BGB die der Schätzung zugrunde liegenden Umstände mitzuteilen (LG Berlin, Urteil v. 14.8.2014, 67 S 71/14). Der sicherere Weg ist daher, die Kosten der fälligen Erhaltungsmaßnahmen konkret zu ermitteln, z. B. durch Kostenangebote.

Fallen bei der Modernisierung Kosten an, die auch bei einer Renovierung angefallen wären (sog. „Sowieso-Kosten“), z. B. für ein Gerüst, ist umstritten, ob diese Kosten bei der Modernisierung berücksichtigt werden können (vgl. Schmidt-Futterer, Mietrecht, 10. Aufl., § 559 BGB Rn. 166).

Werden als Folge der Modernisierungsmaßnahmen Reparaturen erforderlich, so sind deren Kosten dem Modernisierungsaufwand zuzurechnen. So gehören z. B. die Kosten für das Zumauern im Zuge einer Zentralheizungsinstallation aufgestemmten Mauerwerks ebenso zu den Modernisierungsaufwendungen wie die sich anschließenden Kosten für den erforderlichen Neuanstrich.

Beim Streit um die Höhe des Abzugs hat der Mieter zunächst darzulegen, welche Mängel vorhanden gewesen sind und vom Vermieter nicht berücksichtigt wurden. Der Vermieter hat dann zu beweisen, dass die umgelegten Kosten allein auf der Modernisierung beruhen (Hinz, ZMR 2012 S. 153, 158).

3.6 Geltendmachung der Mieterhöhung

Die Mieterhöhung ist dem Mieter in Textform (s. hierzu Abschnitt 9 „Textform“) zu erklären

(§ 559b Abs. 1 S. 1 BGB). Sie ist erst nach Abschluss der Arbeiten zulässig. Eine vorher abgegebene Erklärung ist unwirksam, kann aber nach Beendigung der Maßnahmen jederzeit nochmals ausgesprochen werden (OLG Hamburg, RE v. 6.10.1982, 4 U 133/82, WuM 1983 S. 13 f.). Ausreichend ist die Rechnungsstellung durch die Handwerker; auf die Bezahlung kommt es nicht an. Dann sollte aber mit der Abgabe der Erklärung nicht allzu lange gewartet werden, da sonst der Anspruch verwirkt sein kann (vgl. AG Hamburg, Urteil v. 5.2.1985, 46 C 783/84, WuM 1985 S. 366: ein Jahr nach Beendigung der Arbeiten; sowie LG Hamburg, Urteil v. 4.4.1989, 16 S 345/88, WuM 1989 S. 308: Nach 4 Jahren ist der Anspruch verwirkt). Sie ist nur wirksam, wenn in ihr die Erhöhung aufgrund der entstandenen Kosten **berechnet** und entsprechend den Voraussetzungen der §§ 559 und 559a BGB **erläutert** wird. Die Anforderungen der Gerichte an die Darlegungspflicht des Vermieters sind hier teilweise sehr hoch. Begründet wird dies damit, dass die Erläuterung die Wirksamkeitsvoraussetzung für das Erhöhungsverlangen ist. Dies soll es dem Mieter ermöglichen nachzuvollziehen, wofür und in welchem Umfang er die Mieterhöhung zahlen soll (so LG Kassel, Urteil v. 16.4.1992, 1 S 709/91, WuM 1992 S. 444).

Es ist nicht ausreichend, die einzelnen Maßnahmen mit den dazugehörigen Beträgen aus den Handwerkerrechnungen zu übernehmen. Vielmehr muss aus der Kostenaufstellung für jede Maßnahme getrennt Folgendes hervorgehen: der Gesamtaufwand, die jeweiligen Einzelposten und die darauf entfallenden Beträge, der auf die Wohnung entfallende Teilbetrag und der Verteilungsschlüssel.

Es ist daher nicht ausreichend, lediglich die einzelnen Handwerkerrechnungen mitzuteilen. Auch die Trennung zwischen Instandhaltungs- und Modernisierungsmaßnahmen ist im Einzelnen durchzuführen, pauschale Abzüge sind unzulässig. Die einzelnen Positionen sind zu erläutern. Die Wohnwertverbesserungen sind darzulegen. Auch ist anzugeben, worin die Modernisierung besteht. So muss z.B. die durch die eingebaute Toilettenspülung erzielbare Wassereinsparung dargelegt werden. Wird die Elektrosteigleitung erneuert, müssen die Leistungsmerkmale der alten und der neuen Anlage gegenübergestellt werden (LG Berlin, Urteil v. 5.11.2002, 64 S 170/02, GE 2003 S. 123).

Der BGH (Beschluss v. 10.4.2002, VIII ARZ 3/01, NZM 2002 S. 519) hat entschieden, dass die Beifügung einer Wärmebedarfsberechnung nicht erforderlich ist. Zur Begründung führt der BGH aus, dass eine nachhaltige Einsparung von Heizenergie i.S.v. § 559 BGB bereits dann vorliegt, wenn diese messbar und nicht nur vorübergehend, sondern dauerhaft ist. Ein bestimmtes Maß der voraussichtlich einzusparenden Heizenergie ist für die Erläuterung einer Mieterhöhung nach § 559 BGB nicht erforderlich. Daher kann auch keine Wärmebedarfsberechnung gefordert werden, die ein bestimmtes Maß der voraussichtlichen Energieeinsparung ausweist. Erforderlich ist somit lediglich, dass mit der Maßnahme überhaupt eine Energieeinsparung verbunden ist.

Ausreichend für eine plausible Darlegung eines Energieeinsparungseffekts der durchgeführten Maßnahmen ist deshalb jedenfalls die Angabe der alten und der neuen Wärmedurchgangskoeffizienten (k-Wert) der renovierten Außenbauteile, weil sich bei einer nennenswerten Veränderung dieser Messgrößen bei sonst gleichen Bedingungen ohne Weiteres eine Einsparung an Heizenergie ergibt. Aber auch mit einer nur gegenständlichen Beschreibung der durchgeführten Baumaßnahme (schlagwortartige Bezeichnung der Maßnahme, z.B. „Isolierglasfenster“ oder „Wärmeschutz“, Zuordnung zu den jeweiligen Positionen der Berechnung) verfügt der Mieter im Regelfall über ausreichende Anhaltspunkte, um notfalls unter – der ihm zumutbaren – Zuhilfenahme eines Fachmanns überschlägig beurteilen zu können, ob eine nachhaltige Einsparung von Heizenergie eintreten wird. Ob und in welchem Maß dies dann tatsächlich der Fall sein wird, muss im Zweifelsfall mittels eines Sachverständigengutachtens geklärt werden. Dies ist jedoch eine Frage der Begründetheit der Mieterhöhung und nicht der formellen Wirksamkeit der Mieterhöhungserklärung.

Diese Rechtsprechung hat der BGH in einem weiteren Urteil bestätigt. Danach ist es zur Erläuterung einer Mieterhöhungserklärung wegen baulicher Maßnahmen zur Einsparung von **Heizenergie** erforderlich, aber auch ausreichend, dass der Vermieter in der Mieterhöhungserklärung neben einer schlagwortartigen Bezeichnung der Maßnahme und einer Zuordnung zu den Positionen der Berechnung diejenigen Tatsachen darlegt, anhand derer überschlägig beurteilt werden kann, ob die bauliche Änderung eine nachhaltige Einsparung von Heizenergie bewirkt (BGH, Urteil v. 12.3.2003, VIII ZR 175/02, WuM 2004 S. 154).

In einer weiteren Entscheidung befasst sich der BGH mit dem Umfang der Erläuterung der Mieterhöhungserklärung bei Austausch von Holzfenstern gegen **Kunststofffenster mit Isolierverglasung** zur Erreichung eines höheren Wärmedämmwerts sowie zusätzlich eines besseren Schallschutzes. Auch hier lässt es der BGH genügen, dass dem Mieter der aufgrund der neueren Fenster erreichte höhere Wärmedämmwert sowie der bessere Schallschutz nach der Schallschutzklasse III mitgeteilt wird. Diese Erläuterungen müssen nach Ansicht des BGH nicht einmal in der Mieterhöhungserklärung enthalten sein. Es reicht aus, wenn der Vermieter hierzu auf Informationen in früheren Schreiben verweist, insbesondere also auf die Modernisierungsankündigung gemäß § 554 BGB (BGH, Versäumnisurteil v. 7.1.2004, VIII ZR 156/03, WuM 2004 S. 155). Die Instanzgerichte sind bezüglich der Möglichkeit einer Verweisung auf frühere Schreiben allerdings teilweise anderer Ansicht (z.B. LG Berlin, Urteil v. 18.12.2001, 64 S 292/01, GE 2002 S. 398). Auch hier weist der BGH nochmals darauf hin, dass in der Erhöhungserklärung nicht angegeben werden muss, in welchem Maß sich durch den Einbau der Isolierglasfenster eine Verbesserung des Verbrauchs an Heizenergie ergibt. Auch der weitergehenden Darlegung einer „Wertverbesserung" der Wohnung bedurfte es nicht. Maßnahmen zur Einsparung von Heizenergie und Wasser, die in erster Linie einer ökologischen Zielrichtung dienen, brauchen keine Verbesserung des Wohnwerts für den Mieter zu bezwecken; es reicht aus, wenn die erzielte Einsparung an Heizenergie wesentlich sowie von Dauer ist und damit der Allgemeinheit zugutekommt (BGH, a.a.O.).

In einem weiteren Urteil weist der BGH darauf hin, dass der Mieter die behauptete Einsparung von Energie nur dann nachvollziehen kann, wenn ihm erläutert wird, dass durch die Maßnahme eine Verbesserung der Wärmedämmung eintritt. Ersetzt der Vermieter vorhandene Isolierglasfenster durch neue Fenster, kann er die Miete nur dann erhöhen, wenn er in der Erläuterung der Mieterhöhung nicht nur die Beschaffenheit der neuen Fenster (etwa durch Angabe des Wärmedurchgangskoeffizienten) beschreibt, sondern auch den Zustand der alten Fenster so genau angibt, dass der Mieter einen entsprechenden Vergleich anstellen und den vom Vermieter in der Mieterhöhungserklärung aufgezeigten Energiespareffekt beurteilen kann. Dies gilt jedenfalls dann, wenn der Mieter keine weiteren Erkenntnisse über die Qualität der alten Fenster hat (BGH, Urteil v. 25.1.2006, VIII ZR 47/05, NZM 2006 S. 221).

Hier hat das Mietrechtsänderungsgesetz für den Vermieter eine Erleichterung gebracht. Gemäß § 559b Abs. 1 S. 3 BGB gilt § 555 c Abs. 2 entsprechend. Der Vermieter kann sich also zur Erläuterung der Mieterhöhung auf anerkannte Pauschalwerte berufen, z.B. beim Austausch alter gegen neue Fenster. Insbesondere kann Bezug genommen werden auf die „Bekanntmachung der Regeln zur Datenaufnahme und Datenverwendung im Wohngebäudebestand" des Bundesministeriums für Verkehr, Bau und Stadtentwicklung vom 30.7.2009. Hieraus lassen sich Wärmedurchgangskoeffizienten für bestimmte Bauteile entnehmen, geordnet nach Baualtersklassen. Hierauf kann der Vermieter also zur Erläuterung der zu erwartenden Energieeinsparung Bezug nehmen. Der Einspareffekt ergibt sich durch den Vergleich der Werte der Wärmedurchgangskoeffizienten.

Auf die Nachhaltigkeit der Maßnahme kommt es nicht mehr an. Letztlich muss es beim Mieter auch nicht zu einer finanziellen Einsparung kommen. Dies ist bei den Härtegründen ggf. zu berücksichtigen (s. o.).

Zu beachten ist allerdings, dass von den tatsächlich vom Vermieter aufgewendeten Kosten nur diejenigen ansatzfähig im Rahmen einer Mieterhöhung sind, die tatsächlich notwendig sind. Unnötige, unzweckmäßige oder überhöhte Aufwendungen können dagegen nicht angesetzt werden (BGH, Urteil v. 17.12.2008, VIII ZR 41/08, WuM 2009 S. 124). Dies folgt daraus, dass der Vermieter den Umfang und die Art und Weise der Modernisierung bestimmt, während der Mieter insoweit kein Mitspracherecht hat. Es wäre daher unbillig, dem Mieter das Risiko aufzuerlegen, auch solche Kosten mittragen zu müssen, die unnötig, unzweckmäßig oder ansonsten überhöht sind.

Auch bei einer Mieterhöhung nach § 559 BGB steht dem Mieter ein **Einsichtsrecht** in die Unterlagen zu (KG Berlin, RE v. 17.8.2000, 8 RE-Miet 6159/00, WuM 2000 S. 535).

> Der Mieter schuldet die erhöhte Miete mit Beginn des dritten Monats nach dem Zugang der Erklärung (§ 559b Abs. 2 S. 1 BGB).

Die Frist verlängert sich um 6 Monate, wenn der Vermieter dem Mieter die zu erwartende Erhöhung nicht nach den Vorschriften des § 555c BGB angekündigt hat oder wenn die tatsächliche Mieterhöhung mehr als 10 % höher ist als die mitgeteilte (§ 559b Abs. 2 S. 2 BGB).

Gemäß § 555c Abs. 1 BGB hat der Vermieter dem Mieter 3 Monate vor Beginn der Maßnahme deren Art und voraussichtlichen Umfang in wesentlichen Zügen sowie den voraussichtlichen Beginn und die voraussichtliche Dauer in Textform mitzuteilen (nähere Ausführungen hierzu s. „Modernisierung“); ferner gemäß § 555c Abs. 1 Nr. 3 BGB den Betrag der zu erwartenden Mieterhöhung, sofern eine Erhöhung nach § 559 BGB verlangt werden soll, sowie die voraussichtlichen künftigen Betriebskosten. Ein Unterlassen dieser Erklärung bedeutet nicht, dass der Vermieter keine Mieterhöhung mehr geltend machen kann, sondern nur, dass sich die Frist verschiebt.

Dies ist durch das Mietrechtsänderungsgesetz nunmehr ausdrücklich in § 559b Abs. 2 S. 2 Nr. 1 BGB klargestellt. Sowohl bei einer mangelhaften Ankündigung als auch bei einer vollständig unterlassenen Ankündigung kann der Vermieter gleichwohl eine Mieterhöhung verlangen (so schon BGH, Urteil v. 2.3.2011, VIII ZR 164/10, WuM 2011 S. 225).

Wie das KG entschieden hat, kann auch ein Erwerber, der durch Veräußerungen in das Mietverhältnis eingetreten ist, die Miete nach durchgeführter Modernisierung gemäß § 559 BGB erhöhen, auch wenn die Modernisierungsarbeiten vom Veräußerer und ehemaligen Vermieter veranlasst worden sind, wenn mit ihrer Ausführung vor Eigentumswechsel begonnen worden ist (KG Berlin, RE v. 17.7.2000, 8 RE-Miet 4110/00, WuM 2000 S. 482). Das gleiche Recht steht dem Erwerber auch dann zu, wenn die Modernisierungsarbeiten vom Veräußerer und ehemaligen Vermieter veranlasst worden sind, mit ihrer Ausführung vor Eigentumswechsel begonnen worden ist und diese nach Eintritt des Erwerbers in das Mietverhältnis abgeschlossen worden sind (KG Berlin, RE v. 17.7.2000, 8 RE-Miet 4110/00, WuM 2000 S. 482). Abzustellen ist darauf, dass derjenige Vermieter zur Geltendmachung der Modernisierungsarbeiten berechtigt ist, der zum Zeitpunkt der Fertigstellung der Arbeiten als Eigentümer im Grundbuch eingetragen ist.

Wie in Abschnitt 1 „Allgemeines“ ausgeführt, können die Parteien während des Mietverhältnisses eine Erhöhung der Miete vereinbaren (§ 557 Abs. 1 BGB). Dies gilt auch für eine Vereinbarung über eine Mieterhöhung nach einer Modernisierungsmaßnahme, wie in § 555f BGB ausdrücklich bestimmt ist. Die Vereinbarung muss aber eindeutig sein. Es dürfen keine Zweifel über die verbindliche neue Miete bestehen. Ob in der Zahlung des Mieters auf ein unwirksames Erhöhungsverlangen eine konkludente Zustimmung zu sehen ist, ist in der Rechtsprechung umstritten, aber wohl abzulehnen. Es dürfte hier am Rechtserklärungswillen des Mieters fehlen (Börstinghaus in Schmidt-Futterer § 559 BGB, a. a. O. Rn. 192 m. w. N.).

3.7 Geltendmachung der Vergleichsmiete

Der Vermieter kann statt des Mieterhöhungsverfahrens nach §§ 559 ff. BGB, also statt der Ausweisung der Modernisierungskosten und Berechnung des Erhöhungsbetrags, auch den Weg über die Zustimmung zu einer Erhöhung der Miete auf den Betrag der ortsüblichen Vergleichsmiete wählen. Sinnvoll ist das freilich nur, wenn Letztere höher liegt als die aufgrund der Modernisierungskosten errechnete erhöhte Miete.

Nicht zulässig ist es, nach Durchführung baulicher Änderungen erst auf die ortsübliche Vergleichsmiete für die modernisierte Wohnung zu gehen und anschließend die Mieterhöhung mit 11 % der aufgewendeten Baukosten durchzuführen. Dies folgt daraus, dass die Erhöhung um 11 % dieser Kosten nach § 559 BGB der Miete, die vor Durchführung der Maßnahmen galt, zuzuschlagen ist.

Hingegen kann der Vermieter die vereinbarte Miete der nicht modernisierten Wohnung, falls sie unter der ortsüblichen Vergleichsmiete liegt, über das Zustimmungsverlangen gemäß § 558 BGB auf die Vergleichsmiete der nicht modernisierten Wohnung anheben und anschließend die Miete um den Modernisierungszuschlag nach §§ 559 ff. BGB erhöhen (OLG Hamm, RE v. 30.10.1982, 4 RE-Miet 6/82, WuM 1983 S. 17).

Der Vermieter kann aber auch den Kostenaufwand für die Modernisierung einer preisfreien Mietwohnung dergestalt in ein Mieterhöhungsverfahren nach § 558 BGB einbeziehen, dass er die Anhebung der Miete auf die Vergleichsmiete nach dem Standard der durch die Modernisierung verbesserten Wohnung verlangt (so OLG Hamm, RE v. 30.12.1992, 30 RE-Miet 2/91, WuM 1993 S. 106). Wie zu verfahren ist, ist im Abschnitt 2.3 „Kappungsgrenze“ erläutert.

4 Betriebskostenerhöhung (§ 560 BGB)

4.1 Begriff

Betriebskosten sind die Kosten, die dem Eigentümer oder dem Erbbauberechtigten durch das Eigentum oder Erbbaurecht am Grundstück oder durch den bestimmungsmäßigen Gebrauch des Gebäudes, der Nebengebäude, Anlagen, Einrichtungen und des Grundstücks laufend entstehen (§ 1 BetrKV). Die Betriebskosten sind in der Betriebskostenverordnung aufgezählt. Eine ausführliche Darstellung findet sich unter „Betriebskosten“. Andere Kosten, z.B. Verwaltungskosten, dürfen nicht auf den Mieter umgelegt werden, auch wenn sie sich erhöhen (OLG Koblenz, RE v. 7.1.1986, 4 W RE 720/85, WuM 1986 S. 50).

4.2 Voraussetzungen, Ausschluss

Welche Vertragspartei die Betriebskosten zu tragen hat, ergibt sich aus dem Mietvertrag. Üblicherweise wird eine Nettomiete mit einer Vorauszahlung auf die Betriebskosten vereinbart. Über die Betriebskosten wird dann jährlich abgerechnet (s. „Abrechnung der Betriebskosten“). Ist über die Betriebskosten keine vertragliche Vereinbarung getroffen worden, sind sie in der Miete enthalten (Bruttomiete) und grundsätzlich mit ihr abgegolten. Nur bei einem am 1.9.2001 bestehenden Mietverhältnis, bei dem die Betriebskosten ganz oder teilweise in der Miete enthalten sind, besteht bei einem vertraglichen Erhöhungsvorbehalt eine Ausnahme (vgl. Abschnitt 4.6 „Erhöhungsvorbehalt bei Inklusivmiete“).

Nach der bis zum 1.9.2001 geltenden gesetzlichen Regelung (§ 4 Abs. 2 S. 1 MHG) war der Vermieter berechtigt, Erhöhungen der Betriebskosten umzulegen. Diese Erhöhungsmöglichkeit ist aufgrund des Mietrechtsreformgesetzes ausdrücklich auf Mietverträge mit einer vereinbarten Betriebskostenpauschale beschränkt (§ 560 Abs. 1 BGB). Bei einer Bruttomiete oder einer Teilinklusivmiete besteht diese Erhöhungsmöglichkeit bis auf die Ausnahmeregelung (s.o.) nicht mehr. Da gemäß § 560 Abs. 5 BGB zum Nachteil des Mieters abweichende Vereinbarungen unwirksam sind, kann sich der Vermieter aufgrund der neuen Rechtslage bei Verträgen, die nach dem 1.9.2001 abgeschlossen wurden, auch nicht auf einen Erhöhungsvorbehalt im Mietvertrag berufen. Nach der amtlichen Begründung zum Mietrechtsreformgesetz ist die Beschränkung der Erhöhungsmöglichkeit auf Verträge mit Betriebskostenpauschalen sachgerecht, da wegen der gesonderten Ausweisung der Betriebskosten für den Mieter insoweit immerhin ein Kostenelement erkennbar ist. Anders als bei der Bruttomiete kann er damit zumindest ungefähr abschätzen, welchen Kostenanteil die Betriebskosten im Verhältnis zur Grundmiete ausmachen. Bei der Bruttomiete, bei der die Betriebskosten nicht gesondert ausgewiesen sind, hat er für eine entsprechende Kostenkalkulation keinerlei Anhaltspunkte. Will der Vermieter hier wie auch bei einer Teilinklusivmiete eine Erhöhung durchführen, muss er nach der Regelung des § 558 BGB (Mieterhöhung bis zur ortsüblichen Vergleichsmiete; vgl. hierzu Abschnitt 2 „Mieterhöhung bis zur ortsüblichen Vergleichsmiete (§ 558 BGB)“) vorgehen. Dies kann dazu führen, dass der Vermieter eine Erhöhung der Betriebskosten nicht weitergeben kann, wenn die Voraussetzungen für eine Mieterhöhung nach § 558 BGB nicht vorliegen. Empfohlen wird daher die Vereinbarung einer Nettomiete zzgl. Betriebskostenvorauszahlungen.

Durch die Neufassung des § 560 Abs. 1 S. 1 2. HS BGB („soweit dies im Mietvertrag **vereinbart** ist“) ist nunmehr klargestellt, dass im Mietvertrag eine Erhöhungsmöglichkeit für diese Betriebskostenpauschale ausdrücklich vereinbart sein muss. Dies entspricht der bisherigen Rechtsprechung zu § 4 Abs. 2 MHG. In den Mietvertrag muss daher ein Erhöhungsvorbehalt aufgenommen werden, wie z.B. „Der Vermieter ist berechtigt, Erhöhungen der Betriebskosten im Fall der Vereinbarung einer Grundmiete mit Betriebskostenpauschale anteilig durch schriftliche Erklärung auf den Mieter umzulegen“.

Voraussetzung ist ferner, dass sich die Gesamtbelastung des Vermieters erhöht. In die Erklärung des Vermieters (s. Abschnitt 4.4 „Form und Inhalt“) sind daher sämtliche Betriebskostenarten aufzunehmen, die sich nach oben oder unten verändert haben. Erst wenn die Saldierung eine Mehrbelastung ergibt, kann eine Betriebskostenumlage erfolgen. Dies führt in der Praxis zu erheblichen Problemen. Denn Sinn einer Pauschale ist es gerade, dass nicht abgerechnet werden muss. Der Vermieter wird bei Abschluss eines Mietvertrags diese Pauschale daher eher großzügig kalkulieren. Will er die Betriebskosten erhöhen, muss er dies dem Mieter im Einzelnen vorrechnen und nachweisen (s.o.). Ergibt sich nun, dass die Pauschale höher ist als die tatsächlich auf die Mietsache entfallenden Betriebskosten einschließlich der Erhöhung, kann der Vermieter eine Erhöhung der Pauschale nicht verlangen.

Allerdings kann der Vermieter durch einseitige Erklärung in Textform eine verbrauchsabhängige Abrechnung aller verbrauchs- und verursachungsabhängig erfassten Betriebskosten gemäß § 556a Abs. 2 BGB einführen (s. „Abrechnung der Betriebskosten“, Abschnitt 2 „Änderung der Mietstruktur“). Diese Vorschrift findet auch dann Anwendung, wenn die Parteien bislang gar keine oder nur eine teilweise gesonderte Umlage der Betriebskosten vereinbart hatten, so z.B. bei einer Brutto- oder Teilinklusivmiete oder bei einer Betriebskostenpauschale (so die amtliche Begründung). Ob sich der Aufwand lohnt, sollte im Einzelfall genau geprüft werden.

4.3 Umlegungsmaßstab

Beim Abrechnungsmaßstab ist die Neuregelung in § 556a Abs. 1 BGB zu beachten. Haben danach die Vertragsparteien nichts anderes vereinbart, so sind die Betriebskosten vorbehaltlich anderweitiger Vorschriften nach dem Anteil der Wohnfläche umzulegen. Betriebskosten, die von einem erfassten Verbrauch oder einer erfassten Verursachung durch die Mieter abhängen, sind nach einem Maßstab umzulegen, der dem unterschiedlichen Verbrauch oder der unterschiedlichen Verursachung Rechnung trägt. Haben die Vertragsparteien einen anderen Abrechnungsmaßstab vereinbart, muss dieser billigem Ermessen entsprechen. Es besteht allerdings kein zivilrechtlicher Anspruch des Mieters auf Einbau von Geräten zur Verbrauchserfassung (z.B. Kaltwasseruhren).

4.4 Form und Inhalt

Erforderlich ist eine **Erklärung** des Vermieters in Textform (s. hierzu Abschnitt 9 „Textform“). Eine Zustimmung des Mieters ist wie auch bei § 559 BGB nicht erforderlich. Die

Erklärung des Vermieters ist nur wirksam, wenn in ihr der Grund für die Umlage bezeichnet und erläutert wird, sowie der Verteilerschlüssel und die Art der Berechnung mitgeteilt wird sowie auch der Betrag, um den sich die Miete erhöht (§ 560 Abs. 1 BGB). Zur Bezeichnung genügt z.B. die Angabe „Grundsteuererhöhung“ sowie das Verlangen eines bestimmbaren, nachprüfbar auf den einzelnen Mieter entfallenden Geldbetrags mit Angabe des Verteilungsschlüssels. Hierbei sollen die bisherigen und die neu anfallenden Betriebskosten gegenübergestellt werden, da für den Mieter der Differenzbetrag nachprüfbar und berechenbar sein muss (LG Berlin, Urteil v. 6.11.1980, 61 S 237/80, MDR 1981 S. 849). In der Rechtsprechung wird überwiegend eine Gegenüberstellung von sämtlichen bisherigen und neuen Betriebskosten verlangt, also auch der Positionen, die sich nicht geändert haben.

Als Erläuterung genügt der Hinweis auf das Datum des Bescheids oder der Rechnung unter Bezeichnung der Behörde oder der Stelle, aufgrund derer eine Betriebskostenerhöhung eintritt, zusammen mit einer stichwortartigen Erklärung, z.B. „höherer Verbrauch“, „Lohnerhöhung“, „gestiegene Gebühren“. Auf Verlangen ist dem Mieter Einsicht in die Belege zu gewähren. Bei mehreren Mietern ist die Erklärung an **alle** zu richten, sofern nicht Bevollmächtigung eines Mieters zur Empfangnahme von Willenserklärungen des Vermieters gegeben ist.

Gemäß § 560 Abs. 5 BGB ist bei Veränderungen von Betriebskosten der Grundsatz der Wirtschaftlichkeit zu beachten. Der Vermieter ist angehalten, im Rahmen eines gewissen Ermessensspielraums möglichst wirtschaftlich, d.h. mit Blick auf ein angemessenes Kosten-Nutzen-Verhältnis, vorzugehen.

4.5 Zahlungspflicht des Mieters

Der Mieter schuldet den auf ihn entfallenden Teil der Umlage mit Beginn des auf die Erklärung folgenden übernächsten Monats (§ 560 Abs. 2 S. 1 BGB). Entscheidend ist der Zugang der Erklärung beim Mieter.

Häufig erhält der Vermieter von einer Betriebskostenerhöhung oder von ihrem Ausmaß erst Kenntnis, nachdem die Erhöhung schon eingetreten ist. Für diesen Fall lässt das Gesetz eine rückwirkende Umlegung zu (§ 560 Abs. 2 S. 2 BGB). Macht der Vermieter von seinem Umlagerecht Gebrauch, so kann er den anteiligen Mehrbetrag ab dem Zeitpunkt des Eintritts der Betriebskostenerhöhung, höchstens aber ab dem Beginn des der Erklärung vorausgehenden Kalenderjahres fordern. Voraussetzung ist, dass der Vermieter die Erklärung innerhalb von 3 Monaten nach Kenntnis von der Erhöhung abgibt.

Beispiel

Gemeinde erhöht Grundsteuer ab 1.1.2000; Grundsteuerbescheid für 2000 geht dem Vermieter am 20.2.2001 zu; bis spätestens 20.5.2001 kann der Vermieter den Erhöhungsbetrag bis zum 1.1.2000 zurück umlegen.

Eine Rückforderung für einen weiter zurückliegenden Zeitraum kann der Vermieter nicht geltend machen. Ob in solchen Fällen, z.B. bei Grundsteuernachzahlungen aufgrund geänderter Messbeträge, ein Erlass gemäß § 227 AO infrage kommt, ist umstritten, aber wohl zu verneinen. Formularklauseln, die die Umlage von Mehrbelastungen oder neu eingeführten Betriebskosten rückwirkend ab dem Zeitpunkt der Entstehung der Kosten zulassen, sind unwirksam, da hierin ein Verstoß gegen den in § 560 Abs. 2 S. 2 BGB bestimmten Zeitpunkt zu sehen ist (OLG Celle, Urteil v. 29.12.1989, 2 U 200/88, WuM 1990 S. 103, 108).

Ermäßigen sich die Betriebskosten, so ist die Miete vom Zeitpunkt der Ermäßigung an entsprechend herabzusetzen (§ 560 Abs. 3 BGB). Hierbei ist entscheidend, ob sich die Betriebskosten insgesamt ermäßigt haben. Hat z.B. die Gemeinde den Grundsteuerhebesatz gesenkt, sodass eine Ermäßigung der Grundsteuer eintritt, sind aber gleichzeitig Hausmeisterkosten erhöht worden, so kommt eine Herabsetzung der Betriebskostenumlagen nur dann in Betracht, wenn die Erhöhung der Hausmeisterkosten geringer ist als die Senkung der Grundsteuer. Gegebenenfalls ist die Ermäßigung dem Mieter unverzüglich mitzuteilen. Fraglich ist, ob der Anspruch auf Ermäßigung der Pauschale nur dann besteht, wenn der Vermieter die Pauschale vorher erhöht hat. Hierfür spricht die gesetzliche Regelung, da in § 560 Abs. 1 und 2 BGB die Erhöhungsmöglichkeit und anschließend in Abs. 3 die Ermäßigung geregelt ist.

4.6 Erhöhungsvorbehalt bei Inklusivmiete

Aufgrund der bis zum 1.9.2001 geltenden Regelung in § 4 Abs. 2 MHG war der Vermieter berechtigt, Erhöhungen der Betriebskosten durch schriftliche Erklärung anteilig auf den Mieter umzulegen. Diese Erhöhungsmöglichkeit besteht für Mietverträge, die nach dem 1.9.2001 abgeschlossen werden, nicht mehr, auch wenn dies im Mietvertrag ausdrücklich vereinbart wird. Dies ergibt sich aus § 560 Abs. 5 BGB, wonach eine zum Nachteil des Mieters abweichende Vereinbarung bzgl. Veränderungen von Betriebskosten unwirksam ist.

Allerdings hat der Gesetzgeber eine wichtige Ausnahme zugelassen: Auf ein am 1.9.2001 bestehendes Mietverhältnis, bei dem die Betriebskosten ganz oder teilweise in der Miete enthalten sind, ist wegen der Erhöhung der Betriebskosten § 560 Abs. 1, 2, 5 und 6 BGB in der ab 1.9.2001 geltenden Fassung anzuwenden, soweit im Mietvertrag vereinbart ist, dass der Mieter Erhöhungen der Betriebskosten zu tragen hat; bei Ermäßigungen der Betriebskosten gilt § 560 Abs. 3 BGB entsprechend (Art. 229 § 3 Abs. 4 EGBGB). Voraussetzung ist also, dass im Mietvertrag eine Erhöhungsklausel vereinbart ist (z.B. „Der Vermieter ist berechtigt, Erhöhungen der Betriebskosten anteilig auf die Mieter umzulegen.").

Haben sich daher bei einer Inklusiv- oder Teilinklusivmiete die Betriebskosten erhöht, kann der Vermieter die Erhöhung gemäß § 560 Abs. 1 BGB analog auf die Mieter umlegen. In der Erklärung ist der Grund der Umlage zu bezeichnen und zu erläutern (vgl. Abschnitt 4.4 „Form und Inhalt"). Gemäß § 560 Abs. 2 BGB analog schuldet der Mieter den auf ihn entfallenden Teil der Umlage mit Beginn des auf die Erklärung folgenden übernächsten Monats. Auch hier ist eine rückwirkende Umlage möglich (vgl. Abschnitt 4.5 „Zahlungspflicht des Mieters"). Bei der Umlage ist der Grundsatz der Wirtschaftlichkeit zu beachten (§ 560 Abs. 5 BGB). Ermäßigen sich die Betriebskosten, nachdem der Vermieter vorher eine Erhöhung vorgenommen hat, so ist die Miete vom Zeitpunkt der Ermäßigung ab entsprechend herabzusetzen (§ 560 Abs. 3 BGB analog). Auch hier ist entscheidend, ob sich die Betriebskosten insgesamt ermäßigt haben.

Zu beachten ist, dass nur der Unterschiedsbetrag der mit der bisherigen Miete abgegoltenen Betriebskosten und der inzwischen eingetretenen Kostenerhöhung umgelegt werden darf. Auszugehen ist also vom Stand der Betriebskosten bei Beginn des Mietverhältnisses, wenn bisher keine Mieterhöhung durchgeführt wurde, bzw. dem Stand der Betriebskosten seit der letzten Mieterhöhung, da durch die im Lauf des Mietverhältnisses durchgeführten Erhöhungen auch die Steigerungen der Betriebskosten ausgeglichen wurden (KG Berlin, RE v. 5.8.1997, 8 RE-Miet 8850/96, WuM 1997 S. 540). Dies wird damit begründet, dass bei einer Bruttokaltmiete durch die auf Verlangen des Vermieters nach § 558 BGB mit Zustimmung des Mieters zustande gekommene Erhöhung alle bis zu dem Wirkungszeitpunkt der Erhöhung eingetretenen Steigerungen der Betriebskosten abgegolten sind. Es sind daher nur noch diejenigen Betriebskostensteigerungen zu berücksichtigen, die im Zeitraum nach dem Wirksamwerden der letzten Mieterhöhung nach § 558 BGB eingetreten sind. Zu empfehlen ist daher, Mieterhöhungen nach § 560 Abs. 1 BGB analog zeitlich immer vor einer Mieterhöhung nach § 558 BGB vorzunehmen.

5 Kapitalkostenerhöhung

Bisher konnte der Vermieter Erhöhungen von Kapitalkosten, die infolge einer Erhöhung des Zinssatzes aus einem dinglich gesicherten Darlehen fällig werden, gemäß § 5 MHG auf den Mieter umlegen. Durch das Mietrechtsreformgesetz ist diese Erhöhungsmöglichkeit ab 1.9.2001 entfallen. Begründet wird dies damit, dass diese Regelung zu kompliziert gewesen sei und wegen ihrer Orientierung an Kostengesichtspunkten nicht mehr in das dem Vergleichsmietensystem zugrundeliegende Bild der am Markt orientierten Miete passt.

6 Staffelmiete (§ 557a BGB)

Gemäß § 557a Abs. 1 BGB kann die Miete für bestimmte Zeiträume in unterschiedlicher Höhe schriftlich vereinbart werden; in der Vereinbarung ist die jeweilige Miete oder die jeweilige Erhöhung in einem Geldbetrag auszuweisen. Im Gegensatz zur bisherigen Regelung ist die Vereinbarung einer Staffelmiete nicht mehr auf höchstens 10 Jahre begrenzt. Eine unter der Geltung des Miethöheregelungsgesetzes ohne zeitliche Begrenzung individualvertraglich vereinbarte Staffelmiete, die die damals geltende Höchstgrenze von 10 Jahren überschritten hat, wird durch die gesetzliche Neuregelung nicht insgesamt unwirksam. Allerdings ist die Vereinbarung insoweit unwirksam, als sie über die damals zulässige Höchstdauer von 10 Jahren hinausgeht (BGH, Urteil v. 17.12.2008, VIII ZR 23/08, NZM 2009 S. 154).

Eine Staffelmietvereinbarung, in der die jeweilige Miete oder die jeweilige Erhöhung für die ersten 10 Jahre in einem Geldbetrag und erst für die nachfolgenden Jahre in einem Prozentsatz ausgewiesen ist, ist gemäß § 139 BGB nicht insgesamt unwirksam, sondern für die ersten 10 Jahre wirksam (BGH, Urteil v. 15.2.2012, VIII ZR 197/11, NZM 2012 S. 416).

Ob eine Bindung über einen längeren Zeitraum für den Vermieter sinnvoll ist, erscheint fraglich. Der Mieter hat ein Sonderkündigungsrecht (s.u.), kann sich also aus der Vereinbarung lösen, der Vermieter bleibt hingegen daran gebunden und handelt sich womöglich, wenn er die Staffeln allzu hoch ansetzt, ein Verfahren wegen Mietpreisüberhöhung ein.

Während der Laufzeit einer Staffelmiete ist eine Erhöhung nach den §§ 558 bis 559b BGB (Mieterhöhung bis zur ortsüblichen Vergleichsmiete und bei Modernisierung) ausgeschlossen (§ 557a Abs. 2 S. 2 BGB).

Die Miete muss jeweils mindestens ein Jahr unverändert bleiben. Eine Staffelmietvereinbarung ist bei einem Verstoß hiergegen auch dann vollständig und nicht nur teilweise unwirksam, wenn nur bei einer von mehreren Zeitspannen die gesetzliche Jahresfrist nicht eingehalten ist (LG Nürnberg-Fürth, Urteil v. 27.6.1997, 7 S 246/97, WuM 1997 S. 438). Ferner muss die Miete oder die jeweilige Erhöhung betragsmäßig ausgewiesen sein. Auch die Angabe von Prozentsätzen oder der Miete pro m^2 (LG Görlitz, Urteil v. 24.9.1997, 2 S 12/97, WuM 1997 S. 682) reicht nicht aus. Anzugeben ist also immer die jeweils geschuldete Miete oder die jeweilige Erhöhung.

Die Zulässigkeit von Staffelmieten umfasst sämtliche Mietverhältnisse über **nicht preisgebundenen Wohnraum**, gleichgültig, wann sie begründet worden sind und wann der Wohnraum errichtet worden ist. Zur Wirksamkeit der Staffelmiete ist eine Vereinbarung der Vertragsparteien erforderlich. Sie kann nicht von einem Teil einseitig erzwungen werden. Es besteht daher kein Anspruch des Vermieters auf Abschluss einer neuen Staffelmietvereinbarung bei Auslaufen der Staffelmietvereinbarung. Eine Mieterhöhung kann dann nur über § 558 BGB erfolgen (LG München I, Beschluss v. 2.7.1996, 14 T 10571/96, WuM 1996 S. 557).

Die Vereinbarung der Staffelmiete wird in erster Linie, aber nicht notwendigerweise bei Mietverhältnissen, die auf eine bestimmte Dauer mit oder ohne Verlängerungsklausel geschlossen werden, in Betracht kommen.

Das Kündigungsrecht des Mieters kann für höchstens 4 Jahre seit Abschluss der Staffelmietvereinbarung ausgeschlossen werden. Die Kündigung ist frühestens zum Ablauf dieses Zeitraums zulässig (§ 557a Abs. 3 BGB). Für den Beginn dieser Vierjahresfrist kommt es daher nicht auf den Abschluss des Mietvertrags, sondern auf den Abschluss der Staffelmietvereinbarung an. Dabei muss der Mieter nicht 4 Jahre mit der Kündigung warten, sondern kann bereits zum Ablauf der Vierjahresfrist kündigen.

Nach ständiger Rechtsprechung des BGH benachteiligt ein formularmäßig erklärter, einseitiger Verzicht des Mieters von Wohnraum auf sein ordentliches Kündigungsrecht den Mieter nicht unangemessen, wenn der Kündigungsausschluss zusammen mit einer nach § 557a BGB zulässigen Staffelmiete vereinbart wird und seine Dauer nicht mehr als 4 Jahre seit Abschluss der Staffelmietvereinbarung beträgt (BGH, Urteil v. 12.11.2008, VIII ZR 270/07, WuM 2009 S. 45). Zum Kündigungsverzicht s. „Kündigung", Abschnitt 1.11 „Verzicht auf das ordentliche Kündigungsrecht".

Kann der Mieter das Staffelmietverhältnis nach Ablauf von 4 Jahren nur zu einem einzigen Zeitpunkt (z.B. zum 31.1. des Jahres) kündigen, so ist die darin liegende Beschränkung des gesetzlichen Kündigungsrechts unwirksam (BGH, Urteil v. 2.6.2004, VIII ZR 316/03, NZM 2004 S. 736; s.u. Abschnitt 6 „Staffelmiete").

Der Vermieter kann die einzelnen Staffeln nicht in beliebiger Höhe vereinbaren. Vielmehr gelten auch hier die Bestimmungen des Wirtschaftsstrafgesetzes (siehe „Mietpreisüberhöhung") sowie über Mietwucher und insbesondere die ab 1.6.2015 geltenden Bestimmungen über die Mietpreisbremse (siehe dort, Abschnitt 6 „Staffelmiete, Indexmiete"). Diese Bestimmungen gelten für jede der vereinbarten Staffeln.

Die unwirksame, weil nicht den Formvorschriften entsprechende Vereinbarung einer Staffelmiete wird auch durch Zahlung der vereinbarten Staffel nicht wirksam (so LG Braunschweig, Urteil v. 15.4.1988, 6 S 430/87, WuM 1990 S. 159). Vielmehr kann der Mieter in diesem Fall sogar Rückforderungsansprüche nach Bereicherungsrecht (§ 812 BGB) haben (LG Düsseldorf, Urteil v. 2.5.1990, 24 S 452/89, DWW 1990 S. 308). Zwar kann der Vermieter in diesem Fall dann wenigstens eine Erhöhung nach § 558 BGB auf die ortsübliche Vergleichsmiete durchführen (Emmerich/Sonnenschein, Miete, 7. Aufl., § 10 MHG Rn. 28; a. A. LG Görlitz, Urteil v. 24.9.1997, 2 S 12/97, WuM 1997 S. 682). Nach oben ist eine solche Erhöhung dann aber durch die unwirksame Staffel zugunsten des Mieters beschränkt (LG Berlin, Urteil v. 29.10.1991, 64 S 87/91, WuM 1992 S. 198 und LG Bonn, Urteil v. 12.3.1992, 6 S 453/91, WuM 1992, 199; a.A.: keine Beschränkung, LG Berlin, Urteil v. 20.1.1998, 64 S 304/97, NZM 1998 S. 859 sowie Börstinghaus, NZM 1998 S. 882).

Bei preisgebundenem Wohnraum ist die Vereinbarung einer Staffelmiete nach Ansicht des OLG Hamm (RE v. 29.1.1993, 30 RE-Miet 2/92, WuM 1993 S. 108) jedenfalls dann unbedenklich, wenn die höchste Staffel die bei Vertragsschluss maßgebliche Kostenmiete nicht übersteigt. Inzwischen hat der BGH die Streitfrage entschieden, ob eine während der Preisbindung getroffene Staffelmietvereinbarung für den Zeitpunkt der Beendigung der Preisbindung mit einem Betrag über der Kostenmiete, und zwar in Höhe der ortsüblichen Vergleichsmiete, zulässig ist. Der BGH hat hiergegen keine Bedenken. Er weist darauf hin, dass die Staffelmiete nach Beendigung der Preisbindung sowohl dem Vermieter wie auch dem Mieter Planungssicherheit bietet, weil von vornherein festgelegt wird, zu welchem Zeitpunkt und in welchem Umfang die Miete steigt (BGH, Urteil v. 3.12.2003, VIII ZR 157/03, NZM 2004 S. 135).

7 Indexmiete (§ 557b BGB)

Unter den Voraussetzungen des § 557b BGB können die Parteien eine Indexmiete vereinbaren. Eine Mindestlaufzeit hierfür gibt es nicht mehr. Gemäß § 557b Abs. 1 BGB ist als Index nur noch der Preisindex für die Lebenshaltungskosten aller privaten Haushalte in Deutschland zugelassen. Dieser Index wird ab dem Basisjahr 2000 nur noch für Deutschland ohne Trennung für alte oder neue Bundesländer ausgewiesen.

Haben die Parteien als Index die Lebenshaltung eines Vier-Personen-Arbeitnehmer-Haushalts vereinbart, ist eine Regelungslücke entstanden, da dieser Index nicht mehr fortgeführt wird. Im Wege der ergänzenden Vertragsauslegung ist in diesem Fall der Verbraucherindex als von den Parteien vereinbart zu verwenden.

Während der Geltung einer Indexmiete muss die Miete, von Erhöhungen nach §§ 559 bis 560 BGB (Mieterhöhung bei Modernisierung oder Veränderungen von Betriebskosten) abgesehen, jeweils mindestens ein Jahr unverändert bleiben. Eine Erhöhung nach § 559 BGB kann nur verlangt werden, soweit der Vermieter bauliche Maßnahmen aufgrund von Umständen durchgeführt hat, die er nicht zu vertreten hat. Eine Erhöhung nach § 558 BGB (auf die ortsübliche Vergleichsmiete) ist ausgeschlossen. Die Erhöhung tritt nicht automatisch ein. Gemäß § 557b Abs. 3 BGB muss die Änderung der Miete durch Erklärung in Textform (s. hierzu Abschnitt 9 „Textform") geltend gemacht werden. Dabei sind die eingetretenen Änderungen des Preisindexes sowie die jeweilige Miete oder die Erhöhung in einem Geldbetrag anzugeben. Die geänderte Miete ist mit Beginn des übernächsten Monats nach dem Zugang der Erklärung zu entrichten. Anders als bei § 558 BGB ist ein Antrag auf Änderung vor Ablauf der Jahresfrist zulässig, wenn für die Mietänderung selbst die Jahresfrist eingehalten wird (strittig).

Beispiel

Zugang der Erklärung am 10.1. eines Jahres, Wirksamkeit der neuen Miete ab 1.3. des Jahres.

Hierbei kommt es nicht darauf an, wann im Januar die Erklärung zugegangen ist. Die nächste Erhöhung ist dann zum 1.3. des Folgejahres möglich, wenn die entsprechende Erklärung spätestens im Januar des Folgejahres zugegangen ist. In der Erklärung muss der Zeitpunkt des Wirksamwerdens nicht genannt werden. Zur Klarstellung wird dies aber empfohlen.

Im Erhöhungsverlangen sind die Indexänderung darzustellen, also der bisherige und der neue Indexstand nach Punkten, sowie die Änderung in Punkten und die daraus errechnete Änderung in Prozenten.

Die **Berechnung** erfolgt nach dem Schema:

$$\frac{\text{Neuer Indexstand} - \text{alter Indexstand}}{\text{Alter Indexstand}} \times 100 = \%$$

Zur Klarstellung empfiehlt sich die Berechnung der erhöhten Miete z.B. wie folgt: „Hierdurch erhöht sich Ihre monatliche Miete von … Euro um … Euro auf … Euro". Es ist nicht erforderlich, dass die Berechnungsgrundlagen, also die monatlich erscheinenden statistischen Berichte des Statistischen Bundes- oder Landesamts, beigefügt werden. Zur Vermeidung von Rückfragen empfiehlt sich dies jedoch durchaus. Die Berichte und die Indexstände können bei den jeweiligen Statistischen Landesämtern erfragt werden.

Die Erklärung muss von allen Vermietern unterzeichnet werden und bei einer Mehrheit von Mietern an alle Mieter gerichtet sein. Zu beachten ist, dass die Vorschrift auch bei Mietsenkungen anwendbar ist. Die Regelungen gelten insoweit sinngemäß. Entgegenstehende Vereinbarungen, z.B. die Vereinbarung eines anderen Indexes, sind unwirksam.

Als **Muster** einer Mietanpassungsvereinbarung wird folgende Formulierung vorgeschlagen:

Steigt oder fällt ab Vertragsbeginn der Preisindex für die Lebenshaltung aller privaten Haushalte in Deutschland, kann jeder Vertragsteil eine der prozentualen Indexänderung entsprechende Anpassung der Miete verlangen. Die Miete muss jedoch, von Erhöhungen nach den §§ 559 bis 560 BGB abgesehen, mindestens ein Jahr unverändert bleiben. Das Gleiche gilt, wenn und sooft nach einer Erhöhung oder Ermäßigung der Miete der Index wiederum steigt oder fällt.

Die Änderung der Miete muss durch schriftliche Erklärung geltend gemacht werden. Dabei ist die jeweils eingetretene Änderung des vereinbarten Indexes anzugeben. Die geänderte Miete ist mit Beginn des übernächsten Monats nach dem Zugang der Erklärung zu zahlen.

Während der Geltungsdauer dieser Vereinbarung kann eine Erhöhung der Miete nach

§ 559 BGB nur verlangt werden, soweit der Vermieter bauliche Änderungen aufgrund von Umständen durchgeführt hat, die er nicht zu vertreten hat. Eine Erhöhung der Miete nach § 558 BGB ist ausgeschlossen.

Auch bei der Vereinbarung einer Indexmiete gelten die Bestimmungen des Mietrechtsnovellierungsgesetzes (Mietpreisbremse), aber nur für die Ausgangsmiete (§ 557b Abs. 4 BGB), nicht für die nachfolgenden Mieterhöhungen aufgrund von Anpassungen an den Index.

8 Auswirkungen auf das Kündigungsrecht (§ 561 BGB)

8.1 Sonderkündigungsrecht des Mieters (§ 561 Abs. 1 BGB)

Macht der Vermieter eine Mieterhöhung nach den §§ 558 BGB (bis zur ortsüblichen Vergleichsmiete) oder 559 BGB (bei Modernisierung) geltend, so kann der Mieter bis zum Ablauf des zweiten Monats nach dem Zugang der Erklärung des Vermieters das Mietverhältnis außerordentlich zum Ablauf des übernächsten Monats kündigen.

Beispiel

Zustimmungsverlangen geht dem Mieter am 20.2. zu. Kündigungsmöglichkeit für den Mieter bis 30.4. Kündigt der Mieter, endet das Mietverhältnis mit dem Ablauf des 30.6.

Dieser Endtermin gilt auch dann, wenn der Mieter im Beispiel die Kündigung schon im März ausspricht. Das Mietverhältnis endet nämlich mit Ablauf des zweiten Monats ab Ende der Frist, bis zu der spätestens die Kündigung erklärt werden kann, nicht 2 Monate ab Kündigungserklärung.

Für das Kündigungsrecht genügt es, dass dem Mieter ein schriftliches Erhöhungsverlangen zugeht. Ob es formell wirksam oder materiell gerechtfertigt ist, spielt keine Rolle. Hat der Mieter die Zustimmung zur Mieterhöhung erteilt, ist die Ausübung des Sonderkündigungsrechts nicht mehr möglich. Erteilt der Mieter nur teilweise seine Zustimmung und hält der Vermieter sein darüber hinausgehendes Erhöhungsverlangen aufrecht, so steht dem Mieter das Sonderkündigungsrecht zu. Dieses Recht besteht auch, wenn der Vermieter dem Mieter den Abschluss eines neuen Mietvertrags mit einer höheren Miete vorschlägt (LG Gießen, Urteil v. 2.9.1998, 1 S 592/97, WuM 2000 S. 423). Eine Ausnahme besteht nur, wenn der Mieter nachweisbar weiß, dass das Erhöhungsverlangen unwirksam ist (LG Gießen, a.a.O.). Die Beweislast hierfür trägt der Vermieter.

Hat der Vermieter eine längere Überlegungsfrist gewährt (vgl. Abschnitt 2.6 „Zustimmung und Klage"), kann der Mieter sein Sonderkündigungsrecht bis unmittelbar vor dem Zeitpunkt des Eintritts der Mieterhöhung ausüben (BGH, Urteil v. 25.9.2013, VIII ZR 280/12, WuM 2013 S. 737).

Macht der Mieter von seinem Sonderkündigungsrecht Gebrauch, so tritt die Mieterhöhung nicht ein (§ 561 Abs. 1 S. 2 BGB). Es kann somit bei Kündigung durch den Mieter weder die ortsübliche Vergleichsmiete noch die wegen baulicher Änderungen erhöhte Miete verlangt werden. Erhöht der Vermieter die Betriebskostenpauschale gemäß § 560 Abs. 1 BGB, besteht kein Sonderkündigungsrecht des Mieters.

8.2 Schonfrist bei Zahlungsverzug (§ 569 Abs. 3 Nr. 3 BGB)

Ist der Mieter rechtskräftig zur Zahlung einer erhöhten Miete nach den §§ 558 bis 560 BGB (auf die ortsübliche Vergleichsmiete, wegen Modernisierung oder Betriebskostenerhöhung) verurteilt worden, so kann der Vermieter das Mietverhältnis wegen des Zahlungsverzugs des Mieters nicht vor Ablauf von 2 Monaten nach der rechtskräftigen Verurteilung kündigen, wenn nicht das Recht zur fristlosen Kündigung schon wegen der bisher geschuldeten Miete gegeben ist. Nach dem Gesetzeswortlaut bedarf es also auch bei einer Verurteilung zur Zustimmung nach § 558 BGB zusätzlich noch einer Zahlungsklage, bevor gekündigt werden kann. Hierbei handelt es sich jedoch um ein Redaktionsversehen. Eine Klage auf Zahlung der erhöhten Miete ist nach rechtskräftigem Abschluss des Verfahrens auf Zustimmung zur Mieterhöhung nicht erforderlich (Schmidt-

Futterer, 11. Aufl., § 569 BGB Rn. 66c; vgl. auch BGH, Urteil v. 4.5.2005, VIII ZR 94/04, WuM 2005 S. 396).

Die Kündigungssperre gilt auch dann, wenn der Mieter rechtskräftig verurteilt worden ist, einer rückwirkenden Mieterhöhung zuzustimmen (BGH, Teilversäumnis- und Endurteil v. 4.5.2005, VIII ZR 5/04, WuM 2005 S. 458). Dies bedeutet jedoch nicht, dass die Frist erst mit einem späteren Zahlungsurteil zu laufen beginnt. Der BGH hatte vielmehr den Sonderfall zu entscheiden, dass mit der Klage auf Zustimmung bereits eine Klage auf Zahlung der erhöhten Miete verbunden war (s. hierzu Abschnitt 2.8 „Wirkung der Zustimmung"). § 569 Abs. 3 Nr. 3 BGB gilt daher bei vereinbarten Mieterhöhungen nicht, wie das OLG Hamm entschieden hat: Die Regelung des § 569 Abs. 3 Nr. 3 BGB, wonach trotz der erfüllten Voraussetzungen für eine fristlose Kündigung wegen angelaufener Mieterhöhungsrückstände aus der Zeit vor Rechtskraft des Urteils eine Kündigung nicht vor Ablauf von 2 Monaten nach rechtskräftiger Verurteilung möglich ist, stellt eine Ausnahmeregelung zum Schutz des Mieters dar. Diese Ausnahmeregelung gilt nicht, d.h., § 569 Abs. 3 Nr. 3 BGB ist nicht entsprechend anwendbar, wenn Mieter und Vermieter sich in einem Prozessvergleich auf eine höhere Miete geeinigt haben (so OLG Hamm, RE v. 27.12.1991, 30 RE-Miet 5/91, WuM 1992 S. 54). Das Gericht begründet dies damit, dass der Mieter den Prozessvergleich freiwillig abschließt. Ferner hat der Mieter auch in diesem Fall den Schutz des § 569 Abs. 3 Nr. 2 BGB, wonach eine fristlose Kündigung wegen Zahlungsverzugs bis zum Ablauf von 2 Monaten nach Eintritt der Rechtshängigkeit des Räumungsanspruchs durch nachgeholte Zahlung des Mieters unwirksam wird.

Die Möglichkeit, eine nach Ablauf der Frist des § 569 Abs. 3 Nr. 3 BGB ausgesprochene fristlose Kündigung des Vermieters innerhalb der weiteren Frist des § 569 Abs. 3 Nr. 2 BGB unwirksam machen zu können, bleibt dem Mieter erhalten.

9 Textform

Durch das Gesetz zur Anpassung der Formvorschriften des Privatrechts und anderer Vorschriften an den modernen Rechtsgeschäftsverkehr vom 13.7.2001 (BGBl I S. 1542 ff.) ist § 126b BGB in das BGB neu eingefügt worden. Damit wird die Textform als „verkehrsfähige" Form in den Allgemeinen Teil des BGB eingestellt, was zu einer weiteren Erleichterung des Rechtsverkehrs führen soll. In § 126b BGB ist Folgendes bestimmt: Ist durch Gesetz Textform vorgeschrieben, so muss die Erklärung einem anderen gegenüber so abgegeben werden, dass sie in Schriftzeichen lesbar, die Person des Erklärenden angegeben und der Abschluss der Erklärung in geeigneter Weise erkennbar gemacht ist. Im Mietrecht ist die Textform anstelle der bisherigen schriftlichen Form an zahlreichen Stellen eingeführt worden, so bei § 554 Abs. 3 BGB (Duldung von Erhaltungs- und Modernisierungsmaßnahmen), § 556a Abs. 2 BGB (Abrechnungsmaßstab für Betriebskosten), § 557b Abs. 3 BGB (Änderung der Indexmiete), § 558a Abs. 1 BGB (Form und Begründung der Mieterhöhung), § 559b Abs. 1 BGB (Geltendmachung der Mieterhöhung bei Modernisierung), § 560 Abs. 1 BGB (Veränderung von Betriebskosten).

Im Unterschied zur Schriftform ist bei der Textform keine eigenhändige Unterschrift erforderlich. Ferner ist das Urkundenerfordernis und damit die Bindung an Papier entfallen. Die Erklärung muss in lesbaren Schriftzeichen abgegeben werden. Die Voraussetzung der Lesbarkeit in Schriftzeichen erfasst zunächst das traditionell beschriebene Stück Papier. Durch den Verzicht auf die eigenhändige Unterschrift kann dieses Papier formwahrend auch in Kopie oder als Fax übermittelt werden, sodass die bislang bestehende Unsicherheit im Umgang mit dem Fax als Übertragungsmedium beseitigt wird. Die Form kann also auch durch ein in Schriftzeichen lesbares Dokument erfüllt werden, ohne dass es auf Papier ausgedruckt werden muss. Dieser Anforderung ist auch dann genügt, wenn die Schriftzeichen auf einem

Bildschirm gelesen werden können. Im Fall einer nicht papiergebundenen telekommunikativen Übermittlung der in Textform vorliegenden Erklärung muss aber wie bei einem Papierdokument sichergestellt sein, dass der Empfänger die Möglichkeit zum Lesen der Erklärung hat. Beim Empfänger lesbar sind Schriftzeichen, wenn sie nach der Übermittlung, bei der sie in elektronische oder analoge Signale umgewandelt worden sind, wieder ohne Weiteres rückumwandelbar sind. Unter Schriftzeichen werden dabei im weiteren Sinne alle die Erklärung umfassenden grafischen Zeichen verstanden, insbesondere Buchstaben und Ziffern. Nicht formwahrend sind hingegen alle die Übermittlungsmedien, bei denen die Erklärung als gesprochene Mitteilung – u. U. auch digitalisiert – beim Empfänger ankommt und erst bei ihm aus der Hörbarkeit in Sichtbarkeit umgesetzt wird. Davon sind zu unterscheiden jene Fälle, in denen die Erklärung in lesbarer Form vorliegt, der Empfänger sich jedoch einer Lesehilfe bedient (z.B. bei E-Mail eines sog. Mail-Call-Dienstes).

Die erforderliche Angabe des Absenders soll sicherstellen, dass der Empfänger zuordnen kann, von wem er das Dokument erhalten hat. Genaue Vorgaben, was der Absender im Einzelnen anzugeben hat, sind nicht erforderlich, da dies nach den jeweiligen Beziehungen im Einzelfall verschieden sein kann. Zur Vermeidung von Unklarheiten sollten Name, Vorname und Adresse angegeben werden. Hierzu hat das LG Berlin entschieden, dass eine Erklärung in Textform die Person des Erklärenden nennen muss. Ein unleserlicher Schriftzug lässt keine Namen erkennen. Auch ist die Schriftform nicht beachtet, wenn die Identität des Ausstellers der Erklärung nicht erkennbar ist (LG Berlin, Urteil v. 11.8.2003, 62 S 126/03, WuM 2003 S. 568).

Da die eigenhändige Unterschrift auch die Funktion des räumlichen Abschlusses eines Textes hat, muss für die Textform wegen der entbehrlichen Unterschrift in anderer Weise das Erklärungsende und damit die Ernstlichkeit des Textes deutlich gemacht werden. Dem Erklärenden wird die dafür geeignete Kenntlichmachung überlassen. Dies wird üblicherweise durch Namensnennung, einen Zusatz wie „diese Erklärung ist nicht unterschrieben“, durch ein Faksimile, eine eingescannte Unterschrift oder ähnliche, den Abschluss kennzeichnende Weise geschehen. Dadurch wird zum Ausdruck gebracht, dass die Erklärung abgeschlossen ist.

Die papierunabhängige Übermittlung wird erhebliche Zugangsprobleme aufwerfen. Der Zugang der Willenserklärung richtet sich auch hier nach § 130 Abs. 1 BGB. Sowohl bei schriftlichen Erklärungen als auch bei Erklärungen in elektronischer Form ist eine Willenserklärung zugegangen, sobald sie derart in den Machtbereich des Empfängers gelangt, dass bei Annahme gewöhnlicher Verhältnisse damit zu rechnen ist, er könne von ihr Kenntnis erlangen (BGH, Urteil v. 3.11.1976, VIII ZR 140/75, BGHZ 67 S. 271, 275).

Was bei der elektronischen Übermittlung die gewöhnlichen Verhältnisse für die Möglichkeit der Kenntnisnahme sind, entscheidet sich hier ebenso wie bei der Übermittlung schriftlicher Willenserklärungen nach den Gepflogenheiten des Rechtsverkehrs sowie den gewöhnlichen oder ausdrücklichen Gebrauch der Vertragsparteien im Einzelfall. Die bloße Existenz einer E-Mail-Adresse bedeutet noch nicht, dass mit der Zusendung eines elektronischen rechtsgeschäftlichen Dokuments an diese Adresse nach den gewöhnlichen Umständen zu einem bestimmten Zeitpunkt mit der Kenntnisnahme gerechnet werden darf. Der Zugang kann also nicht automatisch unterstellt werden. Hier wird es darauf ankommen, wie und ob der Inhaber der E-Mail-Adresse gegenüber seinem Vertragspartner im Rechtsverkehr aufgetreten ist. Der Absender der Erklärung trägt nach allgemeinen Regeln die Beweislast für den wirksamen Zugang beim Empfänger.

Zur Vermeidung von Zugangsproblemen kann jederzeit auf die Schriftform als höherwertige Form zurückgegriffen werden. Die Schriftform erfüllt die Tatbestandsmerkmale der Textform. Bei der Schriftform ist die Erklärung eigenhändig zu unterschreiben. Die Zustellung kann in problematischen Fällen durch den Gerichtsvollzieher oder durch einen Boten erfolgen.

10 Unabdingbarkeit

Vor dem Inkrafttreten des Mietrechtsreformgesetzes galt für Mieterhöhungen bei Wohnraum das Gesetz zur Regelung zur Miethöhe. Dort war in § 10 bestimmt, dass Vereinbarungen, die zum Nachteil des Mieters von den Vorschriften der §§ 1 bis 9 abweichen, unwirksam sind. Hierbei ist es geblieben. Da die Vorschriften des MHG aber nunmehr in das BGB überführt worden sind, war es erforderlich, bei jeder einzelnen Bestimmung, die Mieterhöhungen regelt, einen entsprechenden Absatz anzuhängen. Diese Unabdingbarkeitsklausel gilt daher bei allen in den vorstehenden Abschnitten dargelegten Mieterhöhungsmöglichkeiten, und zwar auch für die Formvorschriften. Die Parteien können daher z.B. in einem Mietvertrag nicht vereinbaren, dass für die Mieterhöhung bis zur ortsüblichen Vergleichsmiete gemäß § 558 BGB z.B. die Benennung einer Vergleichsmiete genügt.

Dies gilt auch dann, wenn z.B. eine gemäß § 557 Abs. 4 BGB unwirksame Wertsicherungsklausel den Mieter im konkreten Einzelfall günstigerstellen würde als ein Mieterhöhungsverlangen nach § 558 BGB (OLG Koblenz, RE v. 5.6.1981, 4 W-RE 248/81, WuM 1981 S. 207). Entscheidend ist nach Ansicht des Gerichts eine verallgemeinernde Betrachtungsweise. Wenn die Parteien aber von vornherein eine Klausel vereinbaren, die den Mieter günstigerstellen soll, z.B., dass die Miete nur bis zu einem bestimmten Prozentsatz an die ortsübliche Vergleichsmiete angepasst werden darf, ist eine solche Klausel wirksam. Zum Vorteil des Mieters können abweichende Vereinbarungen getroffen werden. So können z.B. auch Mieterhöhungen für einen längeren Zeitraum ausgeschlossen werden. Die Unwirksamkeit von für den Mieter nachteiligen Vereinbarungen betrifft sowohl den materiellen Gehalt als auch die Verfahrensvorschriften. So kann auch nicht wirksam vereinbart werden, dass der Vermieter sein Verlangen auf Zustimmung zu einer Mieterhöhung nicht zu begründen braucht. Verstößt eine Vereinbarung gegen die gesetzlichen Bestimmungen, ist sie nichtig. Die Nichtigkeit einer Mietanpassungsklausel erfasst diese insgesamt. Der Rest des Vertrags bleibt indessen wirksam (§ 139 BGB).

Wirksam ist hingegen eine Vereinbarung, wenn der Mieter während des Bestehens des Mietverhältnisses einer Mieterhöhung um einen bestimmten Betrag zugestimmt hat (§ 557 Abs. 1 BGB). In diesem Fall braucht der Vermieter die formellen und materiellen Voraussetzungen einer Mieterhöhung nicht einzuhalten; § 5 WiStG (Mietpreisüberhöhung) und § 302a StGB (Mietwucher) gelten hier aber auch, nicht aber die Bestimmungen über die Mietpreisbremse (s. dort).

> Die Zustimmung ist außer im Fall des § 566 BGB (Mietvertrag über eine längere Zeit als ein Jahr) und im Fall der vertraglichen Formbedürftigkeit **formfrei**; aus Beweisgründen wird aber dringend zur Schriftform geraten. Denn die Beweislast hat der Vermieter.

Eine Vereinbarung löst die Wartefrist des § 558 Abs. 1 BGB aus. Kommt eine Vereinbarung nicht zustande, beginnt die Klagefrist des § 558b Abs. 2 BGB nicht zu laufen, da der Vermieter kein formelles Mieterhöhungsverlangen gemäß § 558 BGB gestellt hat. Der Vermieter ist daher jederzeit frei, beim Scheitern der Verhandlungen über eine einvernehmliche Änderung der Miete ein solches formelles Erhöhungsverlangen zu stellen.

Zu beachten ist, dass auch für solche Vereinbarungen das Widerrufsrecht bei Haustürgeschäften gilt, §§ 312 Abs. 1, 355, 356 BGB. Wenn der Vermieter den Mieter in der Wohnung aufsucht, um dort mit ihm über eine Mieterhöhung zu verhandeln, muss er seinen Vorschlag mit einer schriftlichen Widerrufsbelehrung versehen, da sonst der Mieter seine Zustimmung gemäß § 355 BGB widerrufen kann. Dies soll auch gelten, wenn die Verhandlungen in der Wohnung des Vermieters stattfinden oder sogar dann, wenn der Vermieter in einer öffentlichen Gaststätte unverabredet mit dem Mieter eine solche Änderung vereinbart (LG Wiesbaden, Urteil v. 1.7.1996, 1 S 434/95, WuM 1996 S. 698). Zum Widerrufsrecht bei

Haustürgeschäften s. auch „Mietvertrag“, Abschnitt 2.10 „Widerrufsrecht bei Haustürgeschäften“.

11 Mieterhöhung in den neuen Bundesländern

Für die neuen Bundesländer gelten keine Besonderheiten mehr. Die früheren Bestimmungen (1. und 2. Grundmietenverordnung, §§ 12 bis 17 MHG) sind sämtlich aufgehoben. Hingewiesen werden soll nur noch auf die folgenden Punkte.

> In den neuen Bundesländern sind Eheleute nach § 100 Abs. 3 S. 1 ZGB auch dann gemeinschaftlich Mieter geworden, wenn der Mietvertrag nur von einem Ehegatten abgeschlossen ist. Ein Erhöhungsverlangen ist daher immer an **beide Ehegatten** zu richten.

Das Recht, bei der Vereinbarung einer **Inklusiv- oder Bruttomiete** im Wege der Vertragsänderung vom Mieter die Umlage der Betriebskosten zu verlangen, endete für den Vermieter zum 31.12.1997 (§ 14 MHG). Hat der Vermieter eine entsprechende einseitige schriftliche Erklärung abgegeben, gilt die **Betriebskostenumlage** auch nach dem 31.12.1997 als vertragliche Vereinbarung fort (§ 14 Abs. 1 S. 2 MHG).

Mietpreisbindung → „Kostenmiete“, „Sozialwohnung“

Mietpreisbremse

Inhaltsübersicht

		Seite
1	**Zweck- und Geltungsbereich**	726
2	**Zulässige Miethöhe bei Mietbeginn, Verordnungsermächtigung**	727
3	**Berücksichtigung der Vormiete oder einer durchgeführten Modernisierung**	728
4	**Ausnahmen**	729
5	**Rechtsfolgen; Auskunft über die Miete**	729
6	**Staffelmiete, Indexmiete**	730

1 Zweck- und Geltungsbereich

Mit dem Mietrechtsnovellierungsgesetz wurde erstmals eine Begrenzung der Miethöhe bei Wiedervermietung eingeführt. Die Dämpfung des Mietanstiegs soll bei angespannten Wohnungsmärkten dazu beitragen, der direkten und indirekten Verdrängung wirtschaftlich weniger leistungsfähiger Bevölkerungsgruppen aus stark nachgefragten Wohnquartieren entgegenzuwirken. In der Begründung wird eingeräumt, dass hierdurch kein zusätzlicher Wohnraum geschaffen wird. Ob die erhofften Wirkungen eintreten, bleibt abzuwarten. Für Wohnraum zum vorübergehenden Gebrauch, für möblierten Wohnraum in der Wohnung des Vermieters, bei speziellen sozialen Angeboten für Personen mit dringendem Wohnbedarf sowie bei Studenten- und Jugendwohnheimen gelten die Bestimmungen der Mietpreisbremse nicht.

Das Gesetz zur Dämpfung des Mietanstiegs auf angespannten Wohnungsmärkten und zur Stärkung des Bestellerprinzips bei der Wohnungsvermittlung (Mietrechtsnovellierungsgesetz) vom 21.4.2015 ist am 1.6.2015 in Kraft getreten. § 556d Abs. 2 ist bereits am 28.4.2015 in Kraft getreten. Damit soll den Bundesländern ausreichend Zeit zum Erlass von Verordnungen gegeben werden, um die Gebiete mit angespannten Wohnungsmärkten ausweisen zu können.

2 Zulässige Miethöhe bei Mietbeginn, Verordnungsermächtigung

Kernpunkt des Gesetzes ist die Begrenzung der Miete bei Neuvermietung. Die Bestimmungen gelten auch bei Mischmietverhältnissen, wenn Wohnraum überwiegt, nicht aber bei gewerblichen Mietverhältnissen. Voraussetzung ist, dass ein Mietvertrag über Wohnraum abgeschlossen wird, der in einem durch Rechtsverordnung bestimmten Gebiet mit angespanntem Wohnungsmarkt liegt (§ 565d Abs. 1 BGB). Dann darf die Miete zu Beginn des Mietverhältnisses die ortsübliche Vergleichsmiete gemäß § 558 Abs. 2 BGB höchstens um 10 % übersteigen. Regelfall ist die Wiedervermietung einer Wohnung in einem Bestandsgebäude. Die Mietpreisbremse ist allerdings auch auf die erstmalige Vermietung einer Bestandswohnung nach Aufgabe der Selbstnutzung durch den Wohnungseigentümer anwendbar.

Der Vermieter muss also bei Neuvermietung die ortsübliche Vergleichsmiete ermitteln. Hierauf kann er noch 10 % aufschlagen. Besteht ein qualifizierter Mietspiegel, gilt die Vermutungswirkung, dass die im qualifizierten Mietspiegel bezeichneten Entgelte die ortsübliche Vergleichsmiete wiedergeben (§ 558d Abs. 3 BGB). Problematisch wird die Ermittlung der ortsüblichen Vergleichsmiete bei Gemeinden ohne (qualifizierten) Mietspiegel sowie bei Wohnraum, der nicht in den Anwendungsbereich des jeweiligen Mietspiegels fällt, z. B. Einfamilien- oder Reihenhäuser. Hier soll der Vermieter auf Vergleichsmietensammlungen zurückgreifen; eine Beschränkung auf Gemeinden mit Mietspiegeln ist nicht vorgesehen.

§ 565d Abs. 2 BGB enthält in Satz 1 die Ermächtigungsgrundlage für die Landesregierungen, Gebiete mit angespannten Wohnungsmärkten zu bestimmen. Dabei ist die Dauer der jeweiligen Rechtsverordnung auf höchstens 5 Jahre begrenzt. § 565d Abs. 2 S. 2 BGB gibt vor, was unter Gebieten mit angespannten Wohnungsmärkten zu verstehen ist. Danach ist die ausreichende Versorgung mit Mietwohnungen insbesondere dann besonders gefährdet, wenn

- die Mieten deutlich stärker steigen als im bundesweiten Durchschnitt,
- die durchschnittliche Mietbelastung der Haushalte den bundesweiten Durchschnitt deutlich übersteigt,
- die Wohnbevölkerung wächst, ohne dass durch Neubautätigkeit insoweit erforderlicher Wohnraum geschaffen wird, oder
- geringer Leerstand bei großer Nachfrage besteht.

Nach der amtlichen Begründung sollte eine tatsächliche statistische Erhebung stattfinden, es sei denn, zeitnah erhobenes Datenmaterial steht bereits zur Verfügung.

Streiten die Parteien über die Miethöhe und beruft sich der Mieter auf die Mietpreisbremse, kommt es darauf an, ob die Wohnung in einem Gebiet mit angespanntem Wohnungsmarkt liegt oder nicht. Das Gericht hat dies dann zu prüfen, aber nur, wenn vom Vermieter entsprechender Sachvortrag kommt, da das Gericht im Zivilprozess nicht von Amts wegen ermittelt. Der Vermieter muss also konkret darlegen und unter Beweis stellen, warum seiner Ansicht nach die Verordnung unwirksam ist. Hier dürfen die Anforderungen an den Sachvortrag nicht überspannt werden (Lehmann-Richter, WuM 2015 S. 204, 211). Kommt das Gericht zu dem Ergebnis, dass die Voraussetzungen für eine Verordnung nicht vorlagen, hat das Gericht die Kompetenz, die Gebietsverordnung als nichtig zu verwerfen. So hat das LG Berlin entschieden, dass die Zivilgerichte die Wirksamkeit einer auf Grundlage des § 558 Abs. 3 S. 2 BGB erlassenen Kappungsgrenzen-Verordnung in eigener Prüfungszuständigkeit und -kompetenz zu überprüfen haben (LG Berlin, Urteil v. 3.7.2014, 67 S 121/14, WuM 2014 S. 554).

Nach der Begründung sollen praktische Probleme bei der Ermittlung der ortsüblichen Vergleichsmiete (Fehlen eines Mietspiegels oder von Vergleichsmietdatenbanken) bei der Abwägung, ob solche Gebiete auszuweisen sind, berücksichtigt werden.

Die Rechtsverordnungen sind zu begründen. Hierdurch sollen die Entscheidungen der Landesregierungen nachvollziehbar gemacht werden. Aus der Begründung muss sich ferner ergeben, welche Maßnahmen die Landesregierung in dem durch die Rechtsverordnung jeweils bestimmten Gebiet und Zeitraum ergreifen wird, um Abhilfe zu schaffen.

3 Berücksichtigung der Vormiete oder einer durchgeführten Modernisierung

In § 556e Abs. 1 BGB ist der Bestandsschutz zugunsten des Vermieters geregelt, wenn im bisherigen Mietverhältnis eine höhere als durch die Mietpreisbremse zulässige Miete vereinbart war. Diese Miete darf auch mit dem Nachmieter vereinbart werden.

Bei der Ermittlung der Vormiete bleiben Mietminderungen unberücksichtigt. Das gilt auch für Mieterhöhungen, die mit dem vorherigen Mieter innerhalb des letzten Jahres vor Beendigung des Mietverhältnisses vereinbart wurden. Damit soll eine Umgehung der Mietpreisbremse erschwert werden, so z.B. wenn der Vermieter nach Erhalt der Kündigung dem Mieter die letzten zwei Monatsmieten erlässt, um im Gegenzug eine über der Mietpreisbremse liegende Miete zu vereinbaren.

Angenommen, der Vermieter stellt im bisherigen Mietverhältnis ein Mieterhöhungsverlangen und der Mieter stimmt nicht zu. Klagt dann der Vermieter auf Zustimmung und wird im gerichtlichen Verfahren auf Vorschlag des Gerichts ein Vergleich geschlossen, liegt eine Vereinbarung vor. Kurze Zeit später kündigt der Mieter, die Jahresfrist ist noch nicht abgelaufen. Bei der Ermittlung der Vormiete für den nachfolgenden Mieter bleibt diese vereinbarte Mieterhöhung also unberücksichtigt, soweit die vereinbarte Miete höher ist als nach § 556d Abs. 1 BGB zulässig, sie also 110 % der ortsüblichen Miete übersteigt. Auch wenn das Gericht durch Urteil entscheidet, ist § 556e Abs. 1 S. 2 BGB anwendbar. Gemäß § 894 ZPO ersetzt das Urteil die Zustimmung, es bleibt also bei einer Vereinbarung (Flatow, WuM 2015 S. 191, 199). Da der Vermieter im Zustimmungsprozess nur einen Anspruch auf die ortsübliche Miete hat, sind die praktischen Auswirkungen gering. Das Gericht müsste den Mieter zu einer Zustimmung zur Höhe von über 110 % der ortsüblichen Miete verurteilen.

Eine Modernisierungsmieterhöhung gemäß § 559 BGB fällt nicht unter den Begriff der Vereinbarung, da der Vermieter diese Mieterhöhung einseitig ausspricht. Wird sie vom Mieter akzeptiert, liegt gleichwohl keine Vereinbarung gemäß § 556e Abs. 1 S. 2 BGB vor. In diesem Fall ist die erhöhte Miete die Ausgangsmiete für den Nachmieter.

Bei mehreren Mieterwechseln im Geltungsbereich einer Verordnung ist Folgendes zu beachten: Wurde die Vormiete selbst bereits unter Verstoß gegen die §§ 556d bis f BGB gebildet, fällt sie nicht unter den Bestandsschutz.

§ 556e Abs. 2 BGB enthält Bestimmungen für den Fall, dass der Vermieter vor Vertragsschluss mit dem Nachmieter Modernisierungen vorgenommen hat, die er beim Vormieter nicht geltend gemacht hat. Dies gilt auch für kleinere Modernisierungsarbeiten während des Leerstands der Wohnung vor der Neuvermietung. In diesem Fall wird zur Ausgangsmiete (ortsübliche Vergleichsmiete zzgl. 10 %) die Modernisierung, die bisher nicht geltend gemacht worden ist, hinzugezählt. Bei der Berechnung der ortsüblichen Vergleichsmiete ist in diesem Fall allerdings vom Zustand der Wohnung ohne die Modernisierungsarbeiten, also der unrenovierten Wohnung, auszugehen. Ferner sind nur Modernisierungen zu berücksichtigen, die während der letzten 3 Jahre vor Beginn des neuen Mietverhältnisses durchgeführt wurden.

Liegen gleichzeitig die Voraussetzungen des § 556e Abs. 1 BGB (höhere Miete als ortsüblich plus 10 %) und Abs. 2 (nicht umgelegte Modernisierungen) vor, kann eine Miete nach der für den Vermieter günstigeren Vorschrift verlangt werden. Eine Kombination ist allerdings nicht zulässig.

Veräußert der Vermieter eine Wohnung, kann der Erwerber eine Miete bis zur Höhe der Vormiete vereinbaren. Er ist nicht an die geringere Miete gemäß § 556d BGB gebunden.

4 Ausnahmen

Der Wohnungsneubau oder umfassende Modernisierungen sollen durch die Dämpfung der Mieten bei Mietbeginn nicht behindert werden. § 556f BGB enthält daher zwei Ausnahmen: Die Mietpreisbremse ist nicht anzuwenden auf eine Wohnung, die nach dem 1.10.2014 erstmals genutzt und vermietet wird. Nicht unter die Ausnahme fallen Wohnungen, die erweitert werden oder deren Zuschnitt geändert wird, ebenso nicht die Aufteilung oder die Zusammenlegung von Wohnungen. Voraussetzung ist, dass es sich um die erste Vermietung nach der Errichtung der Wohnung handelt und dass die Wohnung bis zum Stichtag nicht anderweitig genutzt wurde.

> Ein Eigentümer bezieht eine neu errichtete Wohnung am 1.8.2014 und will sie zum 1.8.2015 erstmalig vermieten. Er ist an die Mietpreisbremse gebunden. Bezieht der Eigentümer die Wohnung erst am 1.11.2014, gilt die Mietpreisbremse nicht.

Auch nach umfassenden Modernisierungen gilt die Mietpreisbegrenzung für die unmittelbar anschließende Vermietung nicht. Umfassend ist nach der amtlichen Begründung eine Modernisierung dann, wenn sie einen solchen Umfang aufweist, dass eine Gleichstellung mit Neubauten gerechtfertigt erscheint. Anknüpfungspunkt ist die Regelung in § 16 Abs. 1 Nr. 4 WoFG, danach ist ein „wesentlicher Bauaufwand" Voraussetzung. Dieser liegt dann vor, wenn die Investition etwa ein Drittel des für eine vergleichbare Neubauwohnung erforderlichen Aufwands erreicht.

Als weitere Voraussetzung einer umfassenden Modernisierung muss die Wohnung auch in mehreren wesentlichen Bereichen – insbesondere Sanitär, Heizung, Fenster, Fußboden, Elektroinstallationen bzw. energetische Eigenschaften – verbessert werden. Diese Voraussetzungen werden in den wenigsten Fällen erfüllt sein.

5 Rechtsfolgen; Auskunft über die Miete

Gemäß § 556g Abs. 1 BGB sind zum Nachteil des Mieters abweichende Vereinbarungen unwirksam. Für Vereinbarungen über die Miethöhe bei Mietbeginn gilt dies nur, soweit die zulässige Miete überschritten wird. Die Miete in Höhe der ortsüblichen Vergleichsmiete zzgl. 10 % bleibt dem Vermieter also erhalten. Das gilt auch für die übrigen Bestimmungen des Mietvertrags. Die Teilunwirksamkeit bezieht sich nur auf die Überschreitung der zulässigen Miete.

Die Parteien sind im Übrigen nicht gehindert, nach Abschluss des Mietvertrags eine Einigung über die Miethöhe zu treffen, also auch einen Vergleich vor Gericht, wenn erst im laufenden Mietverhältnis Streit über die nach § 556d BGB zulässige Miethöhe entsteht.

Die zu viel gezahlte Miete ist nach den Vorschriften über die Herausgabe einer ungerechtfertigten Bereicherung herauszugeben. Hierbei kommt es nicht darauf an, ob dem Mieter bei Vertragsschluss bekannt war, dass der Vermieter eine überhöhte Miete fordert. Der Mieter ist nicht aufgrund seiner Einwilligung in die überhöhte Preisabrede an der Rückforderung gehindert.

§ 556g Abs. 2 BGB regelt, unter welchen Voraussetzungen der Mieter die überhöhte Miete zurückfordern kann. Zunächst muss der Mieter einen Verstoß gegen die gesetzlichen Bestimmungen rügen. Die Rüge muss die Tatsachen enthalten, auf denen die Beanstandung der vereinbarten Miete beruht. Es reicht nicht, wenn der Mieter dem Vermieter mitteilt, dass ihm die Miete zu hoch ist. Vielmehr muss er konkrete Umstände darlegen, warum dies so ist. Das wird darauf hinauslaufen, dass der Mieter eine Berechnung nach dem Mietspiegel, soweit vorhanden, anhand der ihm bekannten Ausstattung und Beschaffenheit der Räume erstellt. Hierbei kann man keine höheren Anforderungen an den Mieter stellen als an den Vermieter bei der Begründung seines Mieterhöhungsverlangens.

Existiert kein Mietspiegel, wird der Mieter Vergleichsmieten benennen müssen (Fleindl, WuM 2015 S. 212, 217). Ist ein Mietspiegel vorhanden, aber für die Mieträume nicht anwendbar (z. B. bei einem Reihenhaus oder Einfamilienhaus), ist fraglich, ob der Mieter gleichwohl den Mietspiegel analog anwenden kann oder nicht. Der BGH hat dem Vermieter gestattet, zur Begründung eines Mieterhöhungsverlangens für ein Einfamilienhaus auf einen Mietspiegel, der dafür keine Angaben enthält, Bezug zu nehmen, wenn sich die geforderte Miete innerhalb der Mietpreisspanne für Wohnungen in Mehrfamilienhäusern bewegt mit der Begründung, dass die Miete für Einfamilienhäuser im Regelfall über der Miete für Wohnungen in Mehrfamilienhäusern liegt (BGH, Urteil v. 17.9.2008, VIII ZR 58/08, WuM 2008 S. 729). Ob dies im umgekehrten Fall auch gilt, ist allerdings sehr zweifelhaft.

Der Rückzahlungsanspruch des Mieters gilt nicht unbeschränkt ab Beginn des Mietverhältnisses. Er bezieht sich nur auf die Mieten, die nach Zugang der Rüge des Mieters fällig geworden sind.

Gemäß § 556g Abs. 3 BGB hat der Mieter gegenüber dem Vermieter einen Auskunftsanspruch. Die Rüge des Mieters hängt allerdings nicht von der Geltendmachung dieses Auskunftsanspruchs ab. Der Mieter kann die Rüge jederzeit aufgrund der ihm bereits bekannten Tatsachen erheben.

Allerdings wird der Mieter nicht alle Tatsachen kennen, die er für die Prüfung der zulässigen Miethöhe benötigt, z.B. die Baualtersklasse des Gebäudes oder ihm nicht zugängliche Ausstattungsmerkmale. Die Auskunftspflicht des Vermieters ist auf solche Tatsachen beschränkt, über die er unschwer Auskunft geben kann und die nicht allgemein zugänglich sind. Der Vermieter ist also nicht verpflichtet, über die ihm zur Verfügung stehenden Informationen hinaus Auskünfte zu geben, etwa zur ortsüblichen Vergleichsmiete, wenn ein Mietspiegel nicht zur Verfügung steht, so die amtliche Begründung. Die Auskunftspflicht beschränkt sich auf folgende Tatsachen, soweit sie nicht allgemein zugänglich sind (nach Blank, WuM 2014 S. 641, 655):

- Die Ermittlung der zulässigen Miete bei Mietbeginn gemäß § 556d BGB
- Die Höhe der Vormiete im Fall des § 556e Abs. 1 BGB
- Die Höhe der ortsüblichen Miete zzgl. Modernisierungszuschlag im Fall des § 556e Abs. 2 BGB
- Tatsachen, aus denen hervorgeht, dass die Wohnung nach dem 1.10.2014 erstmals genutzt und vermietet wurde (§ 556f S. 1 BGB)
- Tatsachen, aus denen sich ergibt, dass die Wohnung vor der ersten Vermietung umfassend modernisiert wurde (§ 556f S. 2 BGB)

Die Rechtsprechung wird klären, wie genau (substanziiert) die Auskünfte des Vermieters sein müssen. Muss der Mieter seinerseits eine Berechnung nach dem qualifizierten Mietspiegel vorlegen oder reicht seine Behauptung aus, dass die ortsübliche Miete 12 Euro/m² beträgt? Im eigenen Interesse wird der Vermieter zur Vermeidung überflüssiger Prozesse gehalten sein, möglichst genau zu antworten. Dies gilt auch für den Nachweis über die Höhe der Vormiete. Nach der Gesetzesbegründung ist der Vermieter befugt, dem Nachmieter einen bis auf die erforderlichen Angaben geschwärzten Mietvertrag mit dem Vormieter vorzulegen.

Die qualifizierte Rüge und das Auskunftsverlangen des Mieters können ebenso wie die entsprechende Auskunft des Vermieters in Textform gemäß § 126b BGB erfolgen; dafür reichen E-Mail oder Fax aus.

6 Staffelmiete, Indexmiete

Die Bestimmungen der Mietpreisbremse sollen nicht durch Staffelmietvereinbarungen umgangen werden können. Gemäß § 557a Abs. 4 BGB gelten die Vorschriften der Mietpreisbremse auch für die Vereinbarung einer Staffelmiete, und zwar sowohl hinsichtlich der vereinbarten ersten Miete als auch für die weiteren Mietstaffeln. Die jeweils zulässige Miete muss also zum Zeitpunkt der ersten Fälligkeit der jeweiligen Staffel neu ermittelt werden. Hierbei gilt zugunsten des Vermieters ein Bestandsschutz: Die Miete wird nachträglich nicht gesenkt, wenn die ortsübliche Vergleichsmiete sinkt und unter den Wert der letzten nach der Mietpreisbremse zulässigen Staffel sinkt.

Die Ausnahmen für nach dem 1.10.2014 erstmals genutzte und vermietete sowie umfassend modernisierte Wohnungen sowie die Sonderregelungen für den Bestandsschutz in Höhe der Vormiete und die Berücksichtigung einer Modernisierung gelten auch für die Staffelmiete.

In den Übergangsvorschriften ist weiterhin bestimmt, dass die Vorschriften über die Mietpreisbremse nicht für solche Staffeln gelten, die zu einem Zeitpunkt fällig werden, zu dem die Verordnung gemäß § 556d Abs. 2 BGB nicht mehr gilt.

Auch für die Indexmiete gilt die Mietpreisbremse, allerdings nur für die Ausgangsmiete einer Indexmietvereinbarung (§ 557b Abs. 4 BGB).

Mietpreisüberhöhung

Inhaltsübersicht

Seite

1 Tätigwerden des Vermieters 731

2 Unangemessen hohes Entgelt 732

3 Geringes Angebot 732

4 Laufende Aufwendungen des Vermieters 735

5 Verschulden des Vermieters 736

6 Ahndung 736

7 Verfahren 737

8 Zivilrechtliche Folgen 737

Die Mietpreisüberhöhung (§ 5 WiStG) unterfällt dem Recht der Ordnungswidrigkeit. Danach handelt ordnungswidrig, wer vorsätzlich oder leichtfertig für die Vermietung von Räumen zum Wohnen oder damit verbundene Nebenleistungen unangemessen hohe Entgelte fordert, sich versprechen lässt oder annimmt.

Abzustellen ist darauf, ob die Räume zu Wohnzwecken überlassen werden; auf die bauordnungsrechtliche Zulässigkeit der Nutzung kommt es nicht an (z. B. Keller- oder Hobbyräume). Eine Vermietung zu **Wohnzwecken** liegt daher nicht vor, wenn ein Hauseigentümer mit einem gewerblichen Zwischenvermieter einen Mietvertrag über Räume abschließt, die dieser vereinbarungsgemäß an Endmieter zu Wohnzwecken weitervermietet. Das Merkmal „Vermietung von Räumen zum Wohnen" ist nicht erfüllt, da Vertragszweck die Weitervermietung an einen Dritten, den Endmieter ist (OLG Celle, Urteil v. 14.2.1996, 2 U 1/95, WuM 1996 S. 562; a. A. OLG Frankfurt/M., Beschluss v. 10.11.1992, 2 Ws (B) 579/92 OWiG, NJW 1993 S. 673).

1 Tätigwerden des Vermieters

Allein schon das Fordern eines unangemessen hohen Entgelts erfüllt, wenn die sonstigen Voraussetzungen vorliegen, den Tatbestand des § 5 WiStG. Dafür reicht das ernst gemeinte Verlangen aus, ein bestimmtes oder bestimmbares Entgelt erzielen zu wollen.

Ein **Fordern** kann somit u. U. auch in einem Zeitungsinserat oder in einem Maklerangebot erblickt werden. Gleiches gilt für das an den Mieter gerichtete Verlangen des Vermieters auf Zustimmung zu einer höheren Miete (freilich immer unter der Prämisse, dass die sonstigen Voraussetzungen, die das ordnungswidrige Handeln kennzeichnen, erfüllt sind) oder bei einer einvernehmlichen Einigung auf eine neue Miete (§ 557 Abs. 1 BGB; so LG Hamburg, Urteil v. 1.2.1979, 7 S 155/78, ZMR 1980 S. 86). Darunter kann auch eine Mieterhöhung nach einer Modernisierung nach § 559 BGB fallen (OLG Karlsruhe, RE v. 19.8.1983, 3 RE-Miet 3/83, WuM 1983 S. 314) oder die Vereinbarung einer Staffelmiete gemäß § 557a BGB. Hierbei kommt es nicht darauf an, ob der Vermieter die künftige Entwicklung der Mieten bei Vertragsschluss richtig oder falsch eingeschätzt hat, sondern nur darauf, ob die jeweils gültige Staffelmiete die ortsübliche Vergleichsmiete überschreitet oder nicht (LG Frankfurt/M., Urteil v. 28.1.1992, 2/11 S 219/91, WuM 1996 S. 425). So auch OLG Hamburg: Ist eine Staffelmietvereinbarung wegen eines Verstoßes gegen § 5 WiStG teilweise nichtig, führt dies nicht zum Wegfall der folgenden Staffelbeiträge. Deren Wirksamkeit ist vielmehr selbstständig im Hinblick auf die ortsübliche Vergleichsmiete im Zeitpunkt des jeweils bestimmten Anfangstermins zu bestimmen (OLG Hamburg, Beschluss v. 13.1.2000, 4 U 112/99, WuM 2000 S. 111, vgl. dazu auch Abschnitt 8 „Zivilrechtliche Folgen“).

Ein bestimmtes Mietentgelt ist versprochen mit dem Abschluss des Mietvertrags, wobei es auf die zivilrechtliche Wirksamkeit des **Versprechens** nicht ankommt. Die Annahme eines überhöhten Entgelts ist deshalb im Gesetz als Tatbestandsmerkmal aufgeführt, weil auch ohne Anforderung durch den Vermieter und ohne vertragliche Grundlage ein Entgelt entgegengenommen werden kann.

2 Unangemessen hohes Entgelt

Unangemessen hoch sind Entgelte, die infolge der Ausnutzung eines geringen Angebots an vergleichbaren Räumen die ortsübliche Vergleichsmiete (Begriff wie in § 558 Abs. 1 BGB, vgl. „Mieterhöhung bei Wohnraum“, Abschnitt 2.2 „Ortsübliche Vergleichsmiete“) um **mehr als 20 %** übersteigen (sog. Wesentlichkeitsgrenze). Zur Ermittlung der ortsüblichen Vergleichsmiete s. Abschnitt 8 „Zivilrechtliche Folgen“.

Durch das Vierte Mietrechtsänderungsgesetz (BGBl 1993 I S. 1257 ff.) ist diese Grenze, die bereits von der Rechtsprechung (OLG Stuttgart, RE v. 7.7.1981, 8 RE-Miet 1/81, WuM 1981 S. 225) auf 20 % festgesetzt war, auch im Gesetzeswortlaut so festgeschrieben worden (§ 5 Abs. 2 S. 1 WiStG).

Durch das Mietrechtsreformgesetz haben sich hierbei keine Änderungen ergeben. Vielmehr wurde die mit dem Vierten Mietrechtsänderungsgesetz eingeführte Beschränkung des Grundsatzes der Kostendeckung wieder rückgängig gemacht, sodass es hierbei zu keiner Differenzierung zwischen Alt- und Neubauten mehr kommt (s. u. Abschnitt 4 „Laufende Aufwendungen des Vermieters“).

3 Geringes Angebot

Mit der Hereinnahme des Begriffs „Geringes Angebot an vergleichbaren Räumen“ als Tatbestandsmerkmal wird auf die Lage auf dem Wohnungsmarkt abgestellt, d. h. auf das Verhältnis von Angebot und Nachfrage. Hierbei sind die jeweiligen **örtlichen** Gegebenheiten zu beachten. Bei der Beantwortung der Frage, ob der Vermieter ein geringes Angebot an vergleichbaren Räumen ausgenutzt hat, ist auf das gesamte Gebiet der Gemeinde, nicht lediglich auf den Stadtteil abzustellen, in dem sich die Mietwohnung befindet. Das Tatbestandsmerkmal des „geringen Angebots“ ist deshalb nicht erfüllt, wenn der Wohnungsmarkt für vergleichbare Wohnungen nur in dem betreffenden Stadtteilangebot angespannt, im übrigen Stadtgebiet aber entspannt ist (BGH, Urteil v. 13.4.2005, VIII ZR 44/04, WuM 2005 S. 471). Bisher ist die h. M. davon ausgegangen, dass ein geringes Angebot vorliegt, wenn das Angebot an Wohnraum der betreffenden Art die Nachfrage nicht wenigstens spürbar übersteigt. Der BGH hat allerdings darauf hingewiesen, ohne die Frage abschließend zu klären, dass nach dem allgemeinen Sprachverständnis der Begriff „gering“ im vorliegenden Zusammenhang eine relative Knappheit einer Menge oder eines Gutes bezeichnet. Dies könnte dafür sprechen, ein geringes Angebot nur dann anzunehmen, wenn es die Nachfrage nicht erreicht und es bereits dann zu verneinen, wenn Angebot und Nachfrage ausgeglichen sind (BGH, Urteil v. 13.4.2005, VIII ZR 44/04, WuM 2005 S. 471).

Indiz für ein geringes Angebot ist z.B. der Umfang der **Warteliste** beim Wohnungsamt für eine Sozialwohnung, Aufnahme in die Verordnung über die Gebiete mit gefährdeter Wohnversorgung oder Geltung der Zweckentfremdungsverordnung. Häufig wird von den Gerichten für bestimmte Teilmärkte ein geringes Angebot einfach unterstellt. Da sich der Wohnungsmarkt derzeit ändert, sollte dies jedoch ohne weitere Überprüfung nicht hingenommen werden.

Der Mieter, der in einem Zivilprozess seiner Ansicht nach überzahlte Miete gemäß § 812 BGB zurückfordert, ist für die Anspruchsvoraussetzungen darlegungs- und beweispflichtig. Beweiserleichterungen kommen nicht in Betracht (so zu Recht LG Berlin, Urteil v. 5.3.1998, 62 S 316/97, WuM 1998 S. 357). Auch die sog. Indizien, die auf ein geringes Angebot hinweisen, führen nicht zu einem Beweis des ersten Anscheins oder zu einer Beweislastumkehr. Das Gericht führt hierzu aus, dass Zweckentfremdungsverbote bzw. die Ausweisung als Gebiet mit erhöhtem Wohnbedarf keinen ausreichenden Bezug zum Einzelfall und nicht einmal einen Bezug zu bestimmten Wohnraumteilmärkten haben. Es handelt sich darüber hinaus um Instrumente mit anderer Zielrichtung. Auch ein Nachfrageüberhang an Sozialwohnungen ist wenig aussagekräftig, da hier nur ein ganz bestimmter Teilmarkt angesprochen ist. Auch eine hohe Zahl von Wohnungsnotfällen hat keine Indizwirkung zu § 5 WiStG. Hier handelt es sich nicht um einen Fall geringen Angebots, sondern um die schlechte finanzielle Situation bestimmter Bevölkerungskreise.

Für die substanziierte Darlegung sämtlicher Anspruchsvoraussetzungen des § 5 WiStG gehört auch ein Sachvortrag, dass der Vermieter dieses **geringe Angebot ausgenutzt** hat. Dem Vermieter muss bewusst sein oder er muss mindestens damit rechnen, dass er im Fall eines ausgeglichenen Wohnungsmarkts nur eine geringere Miete erzielt hätte. Am Merkmal des Ausnutzens fehlt es nach verbreiteter Auffassung, wenn der Mieter nicht deswegen die überhöhte Miete zu zahlen bereit ist, weil er aufgrund der Marktlage sonst keinen angemessenen Wohnraum finden könnte, sondern deswegen, weil es ihm darauf ankommt, gerade diese Wohnung oder eine Wohnung dieser Art oder Lage anzumieten. Der Mieter hat daher vorzutragen, welche Bemühungen er vor Anmietung der Wohnung unternommen hat, eine adäquate Wohnung zu finden und dass es ihm nicht möglich war, auf ein anderes annehmbares Mietobjekt auszuweichen (LG München I, Urteil v. 28.4.1998, 32 S 13403/97, WuM 1998 S. 360).

Dieser Ansicht folgt auch das LG Köln (Urteil v. 19.9.2002, 1 S 71/02, NZM 2003 S. 393). Der Mieter muss darlegen, wie lange er sich einen Überblick über das vorhandene Wohnungsangebot verschafft hat, welche Art von Wohnung er in welchem Bereich gesucht hat, warum er aus der bisherigen Wohnung ausgezogen ist, welche Zeit er für die Wohnungssuche zur Verfügung hatte, welche konkreten Versuche er unternommen hat, welche Vorstellungen er über Lage und Ausstattung hat, welche und wie viele Angebote ihm vorlagen und wie die Vertragsverhandlungen verlaufen sind. Will sich der Mieter also auf die Mangellage berufen, muss er die Einzelheiten seiner Wohnungssuche darlegen (so auch LG Berlin, Urteil v. 5.11.2002, 65 S 59/02, GE 2003 S. 189).

Diese Rechtsprechung ist vom BGH bestätigt worden. Danach ist das Tatbestandsmerkmal der „Ausnutzung eines geringen Angebots“ nur erfüllt, wenn die Mangellage auf dem Wohnungsmarkt für die Vereinbarung der Miete im Einzelfall ursächlich war. Dazu hat der Mieter darzulegen und ggf. zu beweisen, welche Bemühungen bei der Wohnungssuche er bisher unternommen hat, weshalb diese erfolglos geblieben sind und dass er mangels einer Ausweichmöglichkeit nunmehr auf den Abschluss eines für ihn ungünstigen Mietvertrags angewiesen war (BGH, Versäumnisurteil v. 28.1.2004, VIII ZR 190/03, WuM 2004 S. 294). Wer die geforderte Miete ohne Weiteres oder aus besonderen persönlichen Gründen zu zahlen bereit ist, wer mithin eine objektiv bestehende Ausweichmöglichkeit nicht wahrnimmt, wird nicht „ausgenutzt“ (BGH, a. a. O.). Nach diesen Grundsätzen ist auch eine Beweiserleichterung in Gestalt eines Anscheinsbeweises oder einer Vermutung zugunsten des Mieters oder gar eine Beweislastumkehr weder geboten noch gerechtfertigt (BGH, a. a. O.). Dem Mieter ist es ohne Weiteres möglich und zumutbar darzulegen, ob in seinem konkreten Fall der Vermieter die Lage auf dem Wohnungsmarkt zur Vereinbarung einer unangemessen hohen Miete ausgenutzt hat.

Ein „geringes Angebot an vergleichbaren Räumen“ liegt auch nicht vor, wenn der Mieter eine Wohnung anmietet, die zu einem Sondermarkt gehört und zu keinem Segment des allgemeinen Mietwohnungsmarkts (LG Frankfurt/M., Urteil v. 12.5.1998, 2/11 S 425/97, WuM 1998 S. 359). Im vorliegenden Fall sollte die Wohnung sieben Sondermerkmale ausweisen. Für den Teilmarkt der Luxuswohnungen wird in der Regel eine Mangellage nicht vorliegen, sodass von einem Unterangebot nicht ohne besonderen Vortrag der Mieterseite ausgegangen werden kann (LG Berlin, Urteil v. 2.12.1997, 65 S 298/97, NZM 1998 S. 572). Andere Landgerichte gehen allerdings nach wie vor wohl zu Unrecht davon aus, dass das „Ausnutzen eines geringen Angebots an vergleichbaren Räumen“ vorliegt, wenn die Gemeinde dem Zweckentfremdungsgebot unterliegt und dem Sozialklauselgesetz unterstellt worden ist (LG Mannheim, Urteil v. 28.4.1999, 4 S 129/97, WuM 1999 S. 467 sowie LG Bochum, Urteil v. 23.2.1999, 9 S 207/98, WuM 1999 S. 468).

Dies ist nicht ausreichend. Vielmehr kommt es darauf an, ob ein geringes Angebot an **vergleichbaren Räumen** besteht. Das geringe Angebot muss also nach dem Wortlaut der Vorschrift an Räumen bestehen, die mit der betreffenden Wohnung nach Art, Größe, Ausstattung, Beschaffenheit und Lage vergleichbar sind. Aus diesem Grund ist auf den entsprechenden **Teilmarkt** abzustellen, zu dem die Wohnung gehört (OLG Braunschweig, Beschluss v. 21.10.1999, 1 RE-Miet 3/99, WuM 1999 S. 684). Gibt es einen solchen Teilmarkt nicht, kann das die Gerichte nicht davon entbinden, das Merkmal der Vergleichbarkeit bei der Feststellung des geringen Angebots zu beachten (OLG Braunschweig, a. a. O.). Dies hat der BGH bestätigt (Urteil v. 25.1.2006, VIII ZR 56/04, WuM 2006 S. 161). Ob ein geringes Angebot an vergleichbaren Räumen besteht, ist jeweils für die in Betracht kommende Wohnungsgruppe festzustellen. Für eine Wohnung mit weit überdurchschnittlicher Qualität stellt deshalb der Umstand, dass sie in einem Ballungsgebiet liegt und für die betreffende Gemeinde ein Zweckentfremdungsverbot besteht, kein hinreichend aussagekräftiges Anzeichen für das Vorliegen einer Mangelsituation dar. Vielmehr hat der Mieter auch in diesem Fall darzulegen und ggf. zu beweisen, welche Bemühungen er bei der Wohnungssuche unternommen hat, weshalb diese erfolglos geblieben sind und dass er mangels einer Ausweichmöglichkeit auf den Abschluss des für ihn ungünstigen Mietvertrags angewiesen war.

Ein **geringes Angebot** an vergleichbarem Wohnraum, unter dessen Ausnutzung der Vermieter einer Wohnung ein unangemessen hohes Entgelt für die Vermietung gefordert und/oder genommen haben muss, liegt nicht nur dann vor, wenn generell, also für jedermann, ein Engpass auf dem Wohnungsmarkt für solche Wohnungen besteht (OLG Hamm, Beschluss v. 2.3.1995, 2 Ss OWi 144/95, WuM 1995 S. 323). Vielmehr wird ein geringes Angebot auch schon dann bejaht, wenn für bestimmte, nach allgemeinen Merkmalen abgrenzbare Mietergruppen infolge mangelnder Vertragsbereitschaft der Vermieter in ihrer Gesamtheit der Marktzugang verengt ist.

Bei der Berechnung der angemessenen Vergleichsmiete (§ 5 Abs. 2 S. 1 WiStG) ist nach Ansicht des Gerichts dann aber wieder auf den allgemeinen **Marktpreis**, wie er für jedermann gilt, abzustellen und nicht etwa auf von vornherein überhöhte Mieten aus dem ohnehin verknappten Wohnungsangebot für die genannten benachteiligten Mietergruppen. Insoweit, also in preismäßiger Beziehung, kann ein Teilmarkt für solche Mietergruppen mit erschwertem Marktzugang nicht anerkannt werden (RE v.

13.3.1986, 4 RE-Miet 1/85, WuM 1986 S. 206). Darüber hinaus dürfen z.B. auch bei Ausländern oder Wohngemeinschaften **keine pauschalen Zuschläge** gemacht werden.

4 Laufende Aufwendungen des Vermieters

Ist die Wesentlichkeitsgrenze von 20 % überschritten, liegt eine Mietpreiserhöhung gleichwohl nicht vor, wenn die Entgelte zur Deckung der laufenden Aufwendungen des Vermieters erforderlich sind. Der Begriff der laufenden Aufwendungen ist in § 5 WiStG nicht bestimmt. Heranzuziehen sind daher die für den sozialen Wohnungsbau entwickelten Vorschriften der II. BV, insbesondere die §§ 18 bis 20 II. BV. Hierunter fallen somit Eigen- und Fremdkapitalkosten, Betriebskosten, Kosten der Instandhaltung und -setzung, Verwaltungskosten, Abschreibung und Mietausfallwagnis (OLG Stuttgart, RE v. 30.9.1988, 8 RE-Miet 1/88, WuM 1988 S. 395 f.). Zu den einzelnen Positionen ist Folgendes auszuführen:

- **Eigenkapitalkosten:** Diese sind nicht nach dem Verkehrswert des Grundstücks und Gebäudes zum Zeitpunkt des Abschlusses des Mietvertrags zu berechnen, sondern sie werden im Fall der Herstellung des Wohnraums durch den Vermieter nach den Herstellungskosten und im Fall des entgeltlichen Erwerbs des Wohnraums durch den Vermieter nach den Erwerbskosten ermittelt (BGH, RE v. 5.4.1995, VIII ARZ 4/94, WuM 1995 S. 428). Diese Kosten sind anzusetzen in Höhe der marktüblichen Zinsen für erste Hypotheken (OLG Stuttgart, RE v. 30.9.1988, 8 RE-Miet 1/88, WuM 1988 S. 395 f.). Stichtag ist der Beginn des Mietverhältnisses (OLG Stuttgart, RE v. 8.11.1989, 8 RE-Miet 3/88, WM 1990 S. 11).
- **Fremdkapitalkosten:** Hierfür sind die tatsächlich zu zahlenden Zinsen, nicht aber die Tilgung anzusetzen.
- **Abschreibung:** 1 % der Baukosten.
- **Verwaltungs- und Instandhaltungskosten** sowie Mietausfallwagnis (s. „Kostenmiete“, Abschnitt 1.2 „Bewirtschaftungskosten“).

Beispiel

Der Kaufpreis für eine 70 m² große Wohnung in Höhe von 200.000 Euro wurde zur Hälfte aus Fremdmitteln und zur Hälfte aus Eigenmitteln bestritten. Bei Zugrundelegung eines Zinssatzes in Höhe von 9,75 % für die Fremdmittel errechnet sich eine Zinsbelastung von 11,60 Euro pro m² pro Monat (9,75 % aus 100.000 Euro geteilt durch 70 m², geteilt durch 12 Monate). Daneben sind für das aufgewendete Eigenkapital in Höhe von ebenfalls 100.000 Euro die fiktiven Eigenkapitalkosten mit dem Zinssatz für erste Hypotheken anzusetzen. Ausgehend von einem Zinssatz in Höhe von 9,25 % errechnen sich Eigenkapitalkosten in Höhe von 11,01 Euro pro m² und Monat (9,25 % aus 100.000 Euro, dieser Betrag geteilt durch 70 m², geteilt durch 12 Monate). Zusammen mit den Zinsen für die Fremdmittel errechnet sich für die laufenden Aufwendungen des Vermieters – ohne Ansatz der Bewirtschaftungskosten – bereits ein Betrag in Höhe von 22,61 Euro pro m² und Monat. Der Vermieter kann sich jedoch nicht unbeschränkt auf die laufenden Aufwendungen berufen.

Durch das Vierte Mietrechtsänderungsgesetz (BGBl 1993 I S. 1257 ff.) ergeben sich hier mit Wirkung ab 1.9.1993 Einschränkungen. Nach § 5 Abs. 2 S. 2 WiStG darf die vom Vermieter geforderte Miete nicht in einem auffälligen Missverhältnis zur ortsüblichen Vergleichsmiete stehen. Von einem auffälligen Missverhältnis ist auszugehen, wenn die Wuchergrenze erreicht ist, also 50 % über der ortsüblichen Vergleichsmiete (vgl. Sternel, III Rn. 67 m.w.N.). Auf die Höhe der laufenden Aufwendungen kommt es in diesem Fall nicht mehr an.

Aber auch bei Altbauten ist die Kostenmiete zu ermitteln. Nach bisheriger Ansicht war für die Berechnung der fiktiven Eigenkapitalkosten der Verkehrswert der Wohnung bei Beginn des Mietverhältnisses maßgebend. Dem ist der BGH mit Rechtsentscheid v. 5.4.1995 (VIII ARZ 4/94, WuM 1995 S. 428) entgegengetreten. Danach kommt es auch bei Altbauten auf die Herstellungskosten an, wenn der streitgegenständliche Wohnraum vom Vermieter hergestellt wurde, auch wenn dies mit Schwierigkeiten verbunden sein sollte. Nach Ansicht des Gerichts wird sich im Übrigen eine Feststellung der Herstellungskosten bei Altbauten aus der Vorkriegszeit regelmäßig erübrigen, da davon ausgegangen werden kann, dass sich unter Heranziehung der für den öffentlich geförderten Wohnungsbau geltenden Bestimmungen laufende Aufwendungen ergeben, die erheblich unter der Vergleichsmiete liegen. In Zukunft wird sich der Vermieter also in diesen Fällen und in Fällen des kostenfreien Erwerbs (z.B. bei einer Erbschaft oder Schenkung) nicht mehr auf die laufenden Aufwendungen berufen können.

Das OLG Stuttgart hat mit Rechtsentscheid v. 18.1.1990 (8 RE-Miet 3/89, WuM 1990 S. 102) entschieden, dass die vom gewerblichen Zwischenmieter, von dem im vorliegenden Fall die Endmieter einen Teil der Miete wegen Überhöhung zurückforderten, dem Eigentümer geschuldeten Mieten laufende Aufwendungen des Vermieters i.S.v. § 5 Abs. 1 S. 3 WiStG sind, aber nur bis zur Höhe der laufenden Aufwendungen des Eigentümers. Die Zwischenvermietung soll nämlich nicht zu einer höheren Mietverpflichtung des Endmieters führen als bei der Miete direkt vom Eigentümer.

Umstritten ist, ob ein Vermieter, der eine modernisierungsbedürftige Wohnung erworben und die Modernisierung auf eigene Kosten durchgeführt hat, die hierfür entstehenden fiktiven Eigenkapitalkosten sowie eine um den Wert der Modernisierung erhöhte Abschreibung und ein erhöhtes Umlagenausfallwagnis bei der Berechnung der laufenden Aufwendungen berücksichtigen kann. Der II. Strafsenat des KG Berlin (Beschluss v. 28.10.1991, 2 Ss 59/91 – 5 Ws (B) 100/91, WuM 1992 S. 140) hat dies abgelehnt. In einem Zivilrechtsstreit ist dem KG diese Rechtsfrage zur Entscheidung vorgelegt worden. In diesem Fall hat das KG entschieden, dass laufende Aufwendungen des Vermieters i.S.v. § 5 WiStG auch solche sind, die sich auf die Kosten einer Modernisierung beziehen, jedenfalls, wenn diese Arbeiten vor dem 31.8.1993 (Datum des Inkrafttretens der Neufassung von § 5 WiStG) abgeschlossen waren (KG Berlin, RE v. 22.1.1998, 8 RE-Miet 5543/97, WuM 1998 S. 208).

Die ortsübliche Vergleichsmiete darf um nicht mehr als 50 % überschritten werden, auch wenn die laufenden Aufwendungen höher sind, da unter diesen Umständen ein Verstoß gegen § 302 a Abs. 1 Nr. 1 StGB vorliegt (OLG Karlsruhe, RE v. 26.5.1994, 9 RE-Miet 1/93, DWW 1994 S. 283).

5 Verschulden des Vermieters

Eine Ordnungswidrigkeit liegt dann vor, wenn der Betroffene vorsätzlich oder leichtfertig gehandelt hat. **Vorsatz** ist anzunehmen, wenn dem Vermieter alle jene Merkmale bekannt sind, die den Begriff „Unangemessen hohes Entgelt“ ausmachen, **leichtfertig**, wenn er die ihm nach seinen persönlichen Kenntnissen und Fähigkeiten zuzumutende Sorgfalt bei der ihm obliegenden Feststellung des angemessenen Mietentgelts und des örtlichen Wohnungsangebots gröblich verletzt. Die Gerichte gehen davon aus, dass der Vermieter die Pflicht hat, sich über die ortsübliche Miete zu erkundigen. Die Nachfrage bei ortsansässigen Nachbarn oder Maklern reicht hierfür nicht aus. Der Vermieter muss sich vielmehr bei einer **zuständigen Stelle** über die Angemessenheit der Miete informiert haben (OLG Frankfurt/M., Beschluss v. 6.12.1995, 2 Ws [B] 724/95 OWiG, WuM 1996 S. 160).

Für den zivilrechtlichen Rückforderungsanspruch des Mieters (vgl. Abschnitt 9 „Textform“) kommt es auf das Verschulden des Vermieters nicht an; hierfür ist ausreichend, wenn der objektive Tatbestand der Mietpreisüberhöhung erfüllt ist.

6 Ahndung

Die Ordnungswidrigkeit kann mit **Geldbuße** bis zu 50.000 Euro geahndet und es dem Vermieter auferlegt werden, den Mehrerlös an das Land oder auf Antrag des Mieters an diesen abzuführen.

7 Verfahren

Die Verfolgung von Mietpreisüberhöhungen ist Sache der zuständigen Verwaltungsbehörde. Sie erlässt, wenn sie den Tatbestand als gegeben ansieht, einen **Bußgeldbescheid**, gegen den binnen einer Woche nach Zustellung schriftlich oder zur Niederschrift der Verwaltungsbehörde **Einspruch** eingelegt werden kann. Über den Einspruch entscheidet das Amtsgericht.

Im Bußgeldverfahren ist die ortsübliche Vergleichsmiete nicht allein anhand des Mietspiegels zu ermitteln. Dieser stellt nämlich nach Ansicht des KG Berlin (Beschluss v. 28.10.1991, 2 Ss 59/91 – 5 Ws (B) 100/91, WuM 1992 S. 140) keine allseits verbindlichen Miettabellen dar, aus dem im gerichtlichen Verfahren die jeweils ortsübliche Vergleichsmiete exakt errechnet werden könnte. Eine andere Funktion als die eines formellen Begründungsmittels hat ein einfacher Mietspiegel nicht. Dem qualifizierten Mietspiegel gemäß § 558d BGB kommt allerdings die Vermutungswirkung zu, dass er die ortsübliche Vergleichsmiete wiedergibt (§ 558d Abs. 3 BGB). Im Bußgeldverfahren ist es daher ausgeschlossen, die Vergleichsmiete allein anhand eines Mietspiegels zu ermitteln. Vielmehr muss die Vergleichsmiete unter Berücksichtigung aller Umstände des Einzelfalls festgestellt werden (so auch OLG Frankfurt/M., Beschluss v. 1.6.1994, 2 Ws (B) 335/94 OWiG, WuM 1994 S. 436). Im Regelfall ist die Einholung eines **Sachverständigengutachtens** erforderlich.

In zivilrechtlichen Streitigkeiten um Rückzahlung überhöhter Miete soll hingegen der Mietspiegel Anwendung finden, so z.B. das LG Berlin (Urteil v. 7.12.1995, 67 S 83/95, WuM 1996 S. 102), wonach die Berliner Mietspiegel 1992 und 1994 grundsätzlich dem prozessualen Sachverständigengutachten überlegene Erkenntnisquellen für die Ermittlung der ortsüblichen Vergleichsmiete nicht nur bei Klagen auf Zustimmung zur Mieterhöhung, sondern auch für Klagen auf Rückzahlung überhöhten Mietzinses wegen Mietpreisüberhöhung sind (ebenso LG Dortmund, Urteil v. 2.11.1994, 21 S 101/94, WuM 1997 S. 332 und LG Hamburg, Urteil v. 24.10.1997, 311 S 247/96, WuM 1998 S. 490). Das LG Hanau geht noch weiter. Wenn die Kosten eines Gutachtens für die Feststellung einer behaupteten Mietpreisüberhöhung außer Verhältnis zum Streitgegenstand stehen, soll das Gericht selbst zur Schätzung des ortsüblichen Mietzinses (§ 287 Abs. 2 ZPO) berechtigt sein (Urteil v. 14.5.1996, 2 S 312/93, NJWE-MietR 1997 S. 56).

Zurückhaltender ist zu Recht eine andere Zivilkammer des LG Berlin (Urteil v. 13.6.1995, 65 S 119/94, NJWE-MietR 1996 S. 98). Danach kann der Berliner Mietspiegel nicht zugrunde gelegt werden, da sein Grobraster den Anforderungen der Norm wegen eines Strafcharakters nicht gerecht wird, sodass ein Sachverständigengutachten einzuholen ist.

Dem Betroffenen und der Staatsanwaltschaft steht gegen ein solches Urteil die **Rechtsbeschwerde** gemäß § 79 OWiG zu, wenn die Wertgrenzen (derzeit Buße von über 250 Euro, bei Freispruch vorher Bußgeld von mehr als derzeit 600 Euro durch die Verwaltungsbehörde) überschritten sind. Sie muss innerhalb einer Woche (§ 79 Abs. 3 OWiG und § 341 StPO) nach Urteilsverkündung oder Urteilszustellung (nach schriftlichem Verfahren, das unter gewissen Voraussetzungen zulässig ist) schriftlich zu Protokoll beim Amtsgericht eingelegt werden (Anwaltszwang) und innerhalb eines Monats begründet werden. Über die Beschwerde entscheidet das OLG.

8 Zivilrechtliche Folgen

Soweit der vereinbarte Mietpreis die Wesentlichkeitsgrenze von 120 % der ortsüblichen Vergleichsmiete überschreitet, ist die Vereinbarung nichtig (§ 134 BGB). Im Zivilprozess hat der Mieter die Beweislast für seinen Rückforderungsanspruch, somit also auch für die Überschreitung der ortsüblichen Miete und für das geringe Angebot an vergleichbaren Räumen (s. o. Abschnitt 3 „Geringes Angebot“).

Die Nichtigkeit umfasst jedoch nur die unzulässige Preisvereinbarung. Im Übrigen bleibt die Wirksamkeit des Mietvertrags unberührt (BGH, RE v. 11.1.1984, VIII ARZ 13/83,

WuM 1984 S. 68). Ob der Mieter nach der Reduzierung der Miete auf die zulässige Höhe gleichwohl gemäß § 543 BGB fristlos kündigen kann, ist Frage des Einzelfalls, aber wohl eher zu verneinen (LG Berlin, Urteil v. 19.2.1998, 67 S 506/96, NZM 1999 S. 306). Demnach hat der Mieter einen **Rückforderungsanspruch** in Höhe der geleisteten Überzahlungen. Die Streitfrage, bis zu welcher Grenze die Reduzierung der überhöhten Miete vorzunehmen ist, wurde durch Rechtsentscheid des BGH geklärt. Danach kann nur derjenige Teil der Miete zurückgefordert werden, der die **Wesentlichkeitsgrenze** (ortsübliche Vergleichsmiete zzgl. 20 %) übersteigt (BGH, a.a.O.). Veränderungen in der Höhe der ortsüblichen Vergleichsmiete sind dabei zu berücksichtigen (OLG Frankfurt/M., RE v. 4.4.1985, 20 RE-Miet 3/85, WuM 1985 S. 139, bestätigt durch RE des KG Berlin v. 20.4.1995, 8 RE-Miet 242/95, WuM 1995 S. 384). Die ortsübliche Vergleichsmiete ist daher **jährlich neu zu ermitteln** (OLG Hamm, RE v. 3.3.1983, 4 RE-Miet 9/82, WuM 1983 S. 108). Steigt sie, verringert sich der Betrag, der die vereinbarte Miete um 20 % übersteigt (so auch OLG Frankfurt, a.a.O.; Veränderungen der ortsüblichen Vergleichsmiete sind daher jeweils bis zur Wesentlichkeitsgrenze zu berücksichtigen; a.A. LG Hamburg, Urteil v. 4.6.1999, 311 S 152/98, WuM 1999 S. 634, wonach kein Zuschlag von 20 % hinzuzusetzen ist, sowie LG Hamburg, Urteil v. 14.11.1996, 334 S 1/96, WuM 1997 S. 209: keine jährliche Aktualisierung, wenn Mietspiegel in nicht zu langen Zeiträumen aktualisiert werden).

Für die Beurteilung des Tatbestandsmerkmals des Ausnutzens einer Mangellage kommt es auf den Zeitpunkt des Vertragsabschlusses an. Dies gilt auch für eine Staffelmietvereinbarung. Hingegen ist bei einer solchen Vereinbarung für die Frage, wann eine wesentliche Überschreitung der ortsüblichen Miete vorliegt, auf den Zeitpunkt des jeweiligen Wirksamwerdens der einzelnen Staffeln abzustellen. Eine solche Staffelmietvereinbarung hatte das OLG Hamburg zu überprüfen. Es hatte über einen Fall zu entscheiden, in dem eine Staffelmiete vereinbart und der ab August 1992 vereinbarte Staffelbeitrag überhöht war, da er mehr als 20 % über der ortsüblichen Miete lag. Bei der letzten Staffel ab August 1996 war fraglich, ob zu diesem Zeitpunkt noch eine Mangellage vorlag. Der Mieter verlangte über den gesamten Zeitraum 1992 bis Dezember 1996 die überzahlten Mieten zurück.

Das OLG Hamburg (Beschluss v. 3.3.1999, 4 RE-Miet U 131/98, WuM 1999 S. 209) gab ihm Recht: Ist danach in einem Wohnraummietvertrag infolge der Ausnutzung eines geringen Angebots an vergleichbaren Räumen eine die ortsüblichen Entgelte um mehr als 20 % übersteigende und deshalb teilweise nichtige Mietvereinbarung getroffen worden, so endet die Teilnichtigkeit hinsichtlich künftiger Mietansprüche nicht deshalb, weil nach Vertragsabschluss der Tatbestand des geringen Angebots an vergleichbaren Räumen entfällt. Begründet wird dies damit, dass dann, wenn einmal eine Nichtigkeitsfolge eingetreten ist, das nachträgliche Entfallen der Mangellage diese nicht beseitigen kann, da die Kausalität des bei Bestehen der Mangellage getätigten Vertragsabschlusses fortwirkt (so auch OLG Frankfurt/M., RE v. 15.8.2000, 20 RE-Miet 1/99, WuM 2000 S. 535).

Das OLG Hamburg sieht keinen Widerspruch zu den zitierten Rechtsentscheiden des OLG Hamm vom 3.3.1983 und des OLG Frankfurt/M. vom 4.4.1985 sowie des KG vom 20.4.1995. Zwar betreffen diese Rechtsentscheide eine der Vorlagefrage ähnliche Fragestellung, nämlich inwieweit nachträgliche Erhöhungen der ortsüblichen Vergleichsmiete bei der Anwendung des § 5 WiStG zu berücksichtigen sind. Es meint aber, dass die zugrundeliegenden Fallgestaltungen unterschiedlich sind, was durchaus zweifelhaft ist. Dies wird in der praktischen Anwendung zu höchst unterschiedlichen Ergebnissen führen. Es wäre sinnvoll gewesen, die Rechtsfrage dem BGH vorzulegen.

Das KG hatte über den Fall zu entscheiden, dass eine bei Abschluss des Mietvertrags nicht wesentlich überhöhte Miete aufgrund einer allgemein so nicht erwarteten Entspannung auf dem Wohnungsmarkt und der damit verbundenen erheblichen Senkung des allgemeinen Mietniveaus über der Wesentlichkeitsgrenze lag. Das Gericht hat dazu ausgeführt, dass ein nachträgliches Absinken der ortsüblichen Vergleichsmiete nicht zur Unwirksamkeit einer späteren Mietstaffel nach § 134 BGB i.V.m. § 5 WiStG führt, wenn die vereinbarte Miete zu einem früheren Zeitpunkt der Höhe nach zulässig war (KG Berlin, RE v. 1.2.2001, 8 RE-Miet 10411/00, NZM 2001 S. 283).

Die Rückforderungsansprüche **verjähren** in 3 Jahren (§ 195 BGB).

Bei einer Überschreitung der ortsüblichen Vergleichsmiete um mehr als 50 % aufgrund laufender Aufwendungen des Vermieters (§ 5 Abs. 2 S. 2 WiStG) bleibt die Mietvereinbarung bis zu einer Höhe von 150 % der ortsüblichen Vergleichsmiete wirksam (OLG Hamburg, RE v. 5.8.1992, 4 U 22/92, WuM 1992 S. 527).

Mietprozess → „Gerichtliches Verfahren in Mietsachen"
Mietrückstände → „Zahlungsverzug des Mieters", „Kündigung"
Mietspiegel → „Mieterhöhung bei Wohnraum", Abschnitte 2.5.1 „Mietspiegel" und 2.6 „Zustimmung und Klage"

Mietvertrag

Inhaltsübersicht

		Seite
1	**Allgemeines**	739
1.1	Angebot und Annahme	740
1.2	Wirksamer Vertragsschluss	740
1.3	Schadenersatzansprüche	741
2	**Vertragszweck**	742
2.1	Untermietvertrag	742
2.2	Mietvorvertrag	743
2.3	Anmietrecht	743
2.4	Vormietrecht	743
2.5	Optionsrecht	743
2.6	Pachtvertrag	743
2.7	Leihe	744
2.8	Schuldrecht	744
2.9	Gemischter Vertrag	744
2.10	Widerrufsrecht bei Haustürgeschäften	745
3	**Zustandekommen**	747

1 Allgemeines

Durch den Mietvertrag wird das Rechtsverhältnis zwischen Vermieter und Mieter begründet. Hierdurch wird der Vermieter verpflichtet, dem Mieter den Gebrauch der Mietsache während der Mietzeit zu gewähren. Der Vermieter hat die Mietsache dem Mieter in einem zum vertragsmäßigen Gebrauch geeigneten Zustand zu überlassen und sie während der Mietzeit in diesem Zustand zu erhalten. Er hat auf der Mietsache ruhende Lasten zu tragen (§ 535 Abs. 1 BGB). Der Mieter ist verpflichtet, dem Vermieter die vereinbarte Miete zu entrichten (§ 535 Abs. 2 BGB).

Zur Abgrenzung Wohnraum/Geschäftsraum s. „Mischräume“ und „Geschäftsräume“, Abschnitt 5 „Wohnung als Geschäftsräume“.

1.1 Angebot und Annahme

Lediglich um eine Aufforderung zur Abgabe eines **Vertragsantrags** handelt es sich bei der Aufgabe von Zeitungsinseraten oder dem Versand von Exposés (Bub in Bub/Treier, 4. Auflage, II Rn. 753). Die Übersendung eines unterzeichneten Mietvertrags ist dagegen ein verbindlicher Antrag (BGH, Urteil v. 30.5.1962, VIII ZR 173/61, NJW 1962 S. 1388). Ist für die Annahme dieses Antrags keine Frist bestimmt (§ 148 BGB), kann der Antrag nur bis zu dem Zeitpunkt angenommen werden, in welchem der Antragende den Eingang der Antwort unter regelmäßigen Umständen erwarten darf (§ 147 Abs. 2 BGB). Diese Annahmefrist setzt sich zusammen aus der Zeit für die Übermittlung des Antrags an den Empfänger, dessen Bearbeitungs- und Überlegungszeit sowie aus der Zeit für die Übermittlung der Antwort an den Antragenden (BGH, Urteil v. 24.11.1995, V ZR 88/95, NJW 1996 S. 921). Das KG Berlin hat für jeden dieser Schritte eine Frist von zwei bis drei Arbeitstagen für ausreichend gehalten (KG Berlin, Urteil v. 22.3.1999, 23 U 8203/98, WuM 1999 S. 323; bestätigt vom KG Berlin mit weiterem Urteil v. 4.12.2000, 8 U 304/99, WuM 2000 S. 111). In Fortführung dieser Rechtsprechung hat das KG die Annahme für eine Nachtragsvereinbarung nicht mehr für rechtzeitig gehalten, wenn diese erst nach rund 6 Wochen der Gegenseite zugeht (KG Berlin, Urteil v. 25.1.2007, 8 U 129/06, GUT 2007 S. 87).

Hingegen hat das KG die Schriftform für noch gewahrt gehalten, wenn das Vertragsangebot binnen 2 bis 3 Wochen angenommen wird. Das Gericht weist darauf hin, dass bei der Bemessung der Frist zunächst die regelmäßigen Umstände, aber auch die besonderen Umstände des Einzelfalls zu berücksichtigen sind. Bei einer großen Gesellschaft kann regelmäßig nicht damit gerechnet werden, dass bedeutende Vertragsangebote innerhalb weniger Tage angenommen werden. Grundsätzlich geht nunmehr auch das KG davon aus, dass die Antwort auf das Vertragsangebot regelmäßig in einer Frist von 2 bis 3 Wochen erfolgen soll (KG Berlin, Urteil v. 5.7.2007, 8 U 182/06, NZM 2007 S. 731). Erfolgt die Annahmeerklärung verspätetet, so ist das Angebot erloschen (§ 146 BGB), sodass keine rechtliche Bindung mehr besteht. Die verspätete Annahme gilt als neuer Antrag, § 150 Abs. 1 BGB und kann von der Gegenseite – muss aber nicht – angenommen werden. Um diese rechtliche Unsicherheit zu umgehen, empfiehlt es sich, im Fall der Übersendung eines unterschriebenen Mietvertragexemplars eine ausdrückliche Frist für die Annahme zu setzen.

War der Mietvertrag nicht unterzeichnet, kommt es auf die Begleitumstände an. War wie in der Regel Schriftform vereinbart, liegt kein verbindliches Angebot vor (Bub, a.a.O. Rn. 755).

Sind sich die Parteien darüber einig, dass der Vermieter verpflichtet sein sollte, dem Mieter den Gebrauch der Wohnung zu gewähren und der Mieter jedenfalls bis zum Abschluss eines schriftlichen Mietvertrags verpflichtet sein sollte, an den Kläger monatlich 750 Euro zu zahlen, ist ein wirksamer Mietvertrag geschlossen. Die Zweifelsregelung des § 154 Abs. 2 BGB, wonach im Zweifel ein Vertrag nicht als geschlossen gilt, wenn eine Beurkundung des beabsichtigten Vertrags verabredet worden ist, greift jedenfalls dann nicht, wenn sich die Parteien auf die Essentialia geeinigt und sich über Monate hinweg entsprechend dieser vertraglichen Vereinbarung verhalten haben (KG Berlin, Urteil v. 10.3.2005, 8 U 217/04, WuM 2005 S. 336).

Ein Angebot kann auch konkludent (durch Nutzung der Räumlichkeit) angenommen werden, so für den Fall eines neuen Erweiterungsanbaus an der Wohnung (BGH, Urteil v. 2.7.2014, VIII ZR 298/13, WuM 2014 S. 546).

1.2 Wirksamer Vertragsschluss

Oft streiten die Parteien darüber, ob ein **Mietvertrag zustande gekommen** ist oder nicht, insbesondere, wenn der Mieter schon Aufwendungen auf die Mietsache gemacht (z.B. eine Einbauküche gekauft hat) oder der Vermieter andere Bewerber im Vertrauen auf die Zusage abgelehnt hat. Die Beweislast für das Zustandekommen eines Vertrags hat der, der sich darauf beruft.

Soll der Mietvertrag über eine längere Zeit als ein Jahr geschlossen werden, bedarf er gemäß § 550 Abs. 1 BGB der **Schriftform**. Wird die schriftliche Form nicht eingehalten, so gilt der Vertrag als für unbestimmte Zeit geschlossen. Bei Wohnraum ist die Kündigung jedoch frühestens zum Ablauf eines Jahres nach Überlassung des Wohnraums zulässig (§ 550 Abs. 1 S. 2 BGB). Aufgrund der Verweisungsnorm des § 578 Abs. 1 BGB gilt diese Vorschrift auch für Mietverhältnisse über Grundstücke, aufgrund der Verweisung in § 578 Abs. 2 BGB auch für Mietverhältnisse über Räume, die keine Wohnräume sind (Geschäftsräume, Garagen etc.). Der Vertrag kommt dann zustande, wenn die Parteien bei gleichzeitiger Anwesenheit eine der Schriftform entsprechende Vertragsurkunde unterzeichnen. Werden über den Vertrag mehrere gleichlautende Urkunden aufgenommen, so genügt es, wenn jede Partei die für die andere Partei bestimmte Urkunde unterzeichnet (§ 126 Abs. 2 S. 2 BGB). Die Schriftform ist bereits dann gewahrt, wenn nur eines von mehreren Vertragsexemplaren, die die Parteien hergestellt haben, im Zeitpunkt der Unterzeichnung den an die Einhaltung der Schriftform zu stellenden Anforderungen genügte (BGH, Urteil v. 30.6.1999, XII ZR 55/97, WuM 1999 S. 516). Ausreichend ist es daher, wenn nur eines von mehreren Vertragsexemplaren von beiden Vertragsparteien unterzeichnet worden ist, die andere Vertragspartei also nur ein nicht unterzeichnetes Vertragsexemplar besitzt (OLG Düsseldorf, Urteil v. 19.10.2000, 10 U 227/99, WuM 2001 S. 113).

Wird der **Vertrag unter Abwesenden** geschlossen, muss jede Vertragspartei der anderen Seite eine unterschriebene Urkunde zustellen (§ 130 BGB). Hat nur eine Vertragspartei eine gegengezeichnete Ausfertigung des Vertrags in Händen, die andere jedoch nicht, ist kein schriftlicher Vertrag zustande gekommen. Dies kann erhebliche Auswirkungen auf die Vertragszeit und die Möglichkeit der Kündigung haben. Wie das OLG Dresden (Urteil v. 24.9.1998, 7 U 937/98, ZMR 1999 S. 104) entschieden hat, muss die Vertragspartei, die sich auf einen schriftlichen Vertrag beruft, dies auch beweisen. Hierzu gehört, dass sie auch den Zugang eines unterschriebenen Vertragsexemplars bei der Gegenseite beweisen muss.

1.3 Schadenersatzansprüche

Aber auch dann, wenn ein Vertrag nicht zustande gekommen ist, können **gegenseitige Ansprüche** entstanden sein. Die Rechtsprechung hat hierzu den Begriff des Verschuldens bei Vertragsverhandlungen (in der Fachsprache: culpa in contrahendo, c. i. c.) entwickelt. Durch die Schuldrechtsmodernisierung ist dieses Rechtsinstitut nunmehr auch im BGB kodifiziert worden, und zwar in den § 311 Abs. 2, 3, § 280 Abs. 1 und § 241 Abs. 2 BGB. Die gesetzliche Regelung gibt im Wesentlichen die schon geltende Rechtslage wieder und ist abstrakt gehalten, damit das Rechtsinstitut einer Weiterentwicklung durch die Rechtsprechung und Wissenschaft zugänglich bleibt.

Gemäß § 311 Abs. 2 BGB entsteht ein Schuldverhältnis mit Pflichten nach § 241 Abs. 2 BGB auch durch

1. die Aufnahme von Vertragsverhandlungen,
2. die Anbahnung eines Vertrags, bei welcher der eine Teil im Hinblick auf eine etwaige rechtsgeschäftliche Beziehung dem anderen Teil die Möglichkeit zur Einwirkung auf seine Rechte, Rechtsgüter und Interessen gewährt oder ihm diese anvertraut, oder
3. ähnliche geschäftliche Kontakte.

In § 311 Abs. 3 BGB ist die Möglichkeit einer Haftung von Dritten geregelt, die selbst nicht Vertragspartei werden sollen.

Nehmen wir an, um das Beispiel von oben aufzugreifen, der Mieter hat sich im Vertrauen auf das Zustandekommen des Vertrags eine Einbauküche für 7.500 Euro gekauft, der Vertrag kommt jedoch nicht zustande. Grundsätzlich ist jeder Vertragsteil berechtigt, ohne weitere Begründung jederzeit die Vertragsverhandlungen abzubrechen. Nur dann, wenn ein Teil bei seinem Vertragspartner durch sein Verhalten das berechtigte Vertrauen erweckt, dass es mit Sicherheit zum Vertragsschluss kommt, wird er ersatzpflichtig, wenn er ohne triftigen Grund den Vertragsabschluss vereitelt (Reinstorf in Bub/Treier, II Rn. 197).

Gemäß § 241 Abs. 2 BGB kann nämlich das Schuldverhältnis nach seinem Inhalt jeden Teil zur Rücksicht auf die Rechte, Rechtsgüter und Interessen des anderen Teils verpflichten.

Die Rechtsfolge einer Verletzung vorvertraglicher Pflichten ergibt sich aus § 280 Abs. 1 BGB i.V.m. § 241 Abs. 2 und §§ 249 ff. BGB. Gemäß § 280 Abs. 1 BGB gilt Folgendes: Verletzt der Schuldner eine Pflicht aus dem Schuldverhältnis, so kann der Gläubiger Ersatz des hierdurch entstehenden Schadens verlangen. Die in § 280 Abs. 1 S. 2 BGB enthaltene Beweislastregel gilt für den Fall der Verletzung der in § 241 Abs. 2 BGB genannten Schutzpflichten nicht. Hier muss nämlich erst positiv festgestellt werden, welche Schutzpflichten der Schuldner verletzt hat. Die Beweislast hierfür hat der Gläubiger (Begründung zum Regierungsentwurf des Schuldrechtsmodernisierungsgesetzes, S. 309).

Nach Übergabe der Mietsache gelten die mietvertraglichen Gewährleistungsregeln (s. „Mängel").

Macht der Vermieter wider besseres Wissen bei den Vertragsverhandlungen unrichtige Angaben über die Beschaffenheit der Mietsache und kommt es deshalb zum Abschluss eines wirksamen, aber für den Vertragspartner nachteiligen Vertrags, so verpflichtet dieses Verhalten regelmäßig zum Schadenersatz nach den Grundsätzen des Verschuldens bei Vertragsverhandlungen, auch wenn es zum Abschluss des Mietvertrags und zur Übergabe der Mietsache kommt. Dies gilt jedoch nur, wenn der Vermieter **arglistig** gehandelt hat (BGH, Urteil v. 18.6.1997, XII ZR 192/95, WuM 1997 S. 617).

Der Umfang des Schadenersatzanspruchs ergibt sich aus den §§ 280 ff. BGB. Liegen die Voraussetzungen des § 280 Abs. 1 BGB vor, kann der Gläubiger den Ersatz des hierdurch entstehenden Schadens verlangen. Nach der bisherigen Rechtsprechung war bei Ansprüchen aus Verschulden bei Vertragsverhandlungen nur das sog. negative Interesse zu ersetzen, der Schuldner also so zu stellen, wie er stehen würde, wenn er nicht auf die Gültigkeit des Geschäfts vertraut hätte (Vertrauensschaden). Im Beispielsfall sind also die Kosten für den nutzlosen Kauf der Einbauküche zu ersetzen, nicht jedoch die weiteren Kosten nach Abbruch der Vertragsverhandlungen, z.B. für die Anmietung eines Ersatzobjekts (LG Mannheim, ZMR 1976 S. 243). Es bleibt abzuwarten, ob die Rechtsprechung diesen Schadensbegriff ausweiten wird oder nicht.

2 Vertragszweck

Ob ein Mietvertrag über Räume (der Mietvertrag über bewegliche Sachen soll außer Acht gelassen werden) oder ein ähnlicher Vertrag vorliegt, richtet sich nach der Vereinbarung der Parteien. Es kommt auf den Vertragszweck sowie darauf an, was die Parteien wirklich gewollt haben. Daran ändert auch eine falsche Vertragsbezeichnung nichts.

2.1 Untermietvertrag

Untermiete liegt vor, wenn der Mieter den Gebrauch der gemieteten Sache ganz oder teilweise einem Dritten gegen Entgelt überlässt. Unentgeltliche Gebrauchsüberlassung ist nicht Untermiete, weil es an einem wesentlichen Kriterium des Mietbegriffs, nämlich an der Verpflichtung zur Zahlung eines Entgelts für die Überlassung fehlt. Vermietet der Eigentümer einer Sache, z.B. einer Wohnung, diese ganz oder teilweise, so kann das nicht Untermiete sein, auch dann nicht, wenn der Eigentümer den Überlassungsvertrag als „Untermietvertrag" bezeichnet.

> Entscheidend ist der Inhalt des Vertrags, nicht seine Bezeichnung.

Der Untermietvertrag hat immer einen sog. Hauptmietvertrag zur Voraussetzung. Die Kette setzt sich zusammen aus Vermieter (in der Regel der Eigentümer oder ein sonstiger dinglicher Berechtigter, z.B. der Nießbraucher), Hauptmieter (= Untervermieter) und Untermieter.

2.2 Mietvorvertrag

Der Mietvorvertrag ist ein formloser Vertrag, durch den sich die Vertragsparteien zum künftigen Abschluss eines Mietvertrags verpflichten. Darin, nämlich in der Verpflichtung zum Abschluss eines Hauptmietvertrags, liegt der Unterschied zu bloßen Vertragsverhandlungen. Ob nicht doch schon ein (Haupt-)Mietvertrag geschlossen wurde, ist manchmal schwer zu entscheiden. Entscheidend ist, dass die Parteien schon jetzt eine Rechtsverpflichtung zum Abschluss eines Hauptmietvertrags eingehen wollen, diesem Hauptmietvertrag aber noch rechtliche oder tatsächliche Hindernisse (z. B. Räumung durch den Vormieter) entgegenstehen (so BGH, ZMR 1957 S. 82).

Näheres hierzu unter „Mietvorvertrag“.

2.3 Anmietrecht

Das Anmietrecht besteht darin, dass der Verpflichtete dem Berechtigten die Sache zur Miete anbieten muss, bevor er sie an einen anderen vermietet, wobei die näheren Bestimmungen der Miete von den Beteiligten erst dann getroffen werden, wenn der Hauptmietvertrag geschlossen wird. Der Unterschied zwischen Mietvorvertrag und Anmietrecht lässt sich am besten an einem Beispiel verdeutlichen.

Beispiel

V hat ein Ladenlokal an M vermietet. V verpflichtet sich gegenüber A, die Mietsache bei Beendigung des Mietverhältnisses mit M unter den jetzt schon in den Grundzügen festgelegten Bedingungen zu vermieten (Mietvorvertrag). V verpflichtet sich gegenüber A, die Mietsache bei Beendigung des Mietverhältnisses mit M zunächst unter noch nicht festgelegten Bedingungen dem A anzubieten (Anmietrecht).

2.4 Vormietrecht

Vormietrecht ist das analog dem Vorkaufsrecht ausgestaltete Recht eines Dritten, durch Abgabe einer entsprechenden Willenserklärung dem Verpflichteten gegenüber ein Mietverhältnis mit dem Inhalt zu begründen, wie es der Verpflichtete mit einem Dritten abgeschlossen hat (Reinstorf in Bub/Treier, II Rn. 160). Der Vermieter ist frei in der Normierung der Bedingungen des Vertrags, er muss unverzüglich dem Vormietberechtigten Abschluss und Inhalt des Vertrags mitteilen. Der Vormietberechtigte kann an dem Inhalt des Mietvertrags nichts ändern, sondern nur erklären, dass er eintritt oder nicht eintritt.

2.5 Optionsrecht

Optionsrecht, auch Verlängerungsrecht genannt, bedeutet, dass der Mieter bei Ablauf der vereinbarten Mietzeit durch einseitige Erklärung die Verlängerung der Mietzeit um einen weiteren bestimmten Zeitraum herbeiführen kann. Der bisherige Mietvertrag bleibt in vollem Umfang bestehen. Änderungen sind nur einvernehmlich oder dann möglich, wenn sie für die Ausübung der Option vereinbart waren.

2.6 Pachtvertrag

Vom Pachtvertrag unterscheidet sich der **Mietvertrag** einmal dadurch, dass nur Sachen vermietet werden können, während sich die Pacht auch auf Rechte beziehen kann. Vor allem aber ist der Verpächter verpflichtet, dem Pächter neben dem Gebrauch des verpachteten Gegenstands auch den Genuss der Früchte, soweit sie nach den Regeln einer ordnungsgemäßen Wirtschaft als Ertrag anzusehen sind, zu gewähren. Die Grenze zwischen Miete und Pacht lässt sich nicht immer scharf ziehen.

Werden Grundstücke oder Räume für einen gewerblichen oder für einen freiberuflichen Betrieb überlassen, so liegt nach der Rechtsprechung Pacht nur dann vor, wenn der Pachtgegenstand nicht nur baulich für den Betrieb geeignet, sondern auch so eingerichtet und ausgestattet ist, dass er alsbald für den Betrieb mit Gewinn benutzt werden kann.

So ist z. B. der Vertrag über die entgeltliche Überlassung einer eingerichteten Gaststätte mit Wohnung Pacht, während die Überlassung von Räumen zum Betrieb einer Anwaltskanzlei, aber auch die Überlassung eines Ladenlokals, das nicht schon für einen speziellen Geschäftszweig eingerichtet ist, Miete ist.

Siehe hierzu im Übrigen „Pachtvertrag“.

2.7 Leihe

Leihe ist die unentgeltliche Überlassung einer Sache zum Gebrauch. Wird eine Wohnung unentgeltlich zur Verfügung gestellt, gelten die Vorschriften über die Miete nicht.

Die Vorschriften über die Leihe weichen in wesentlichen Punkten von denen über die Miete ab. So haftet der Verleiher wegen Mängel der verliehenen Sache nur, wenn er den Mangel arglistig verschwiegen hat. Die Kosten der Erhaltung der verliehenen Sache hat der Entleiher zu tragen, wobei er freilich Veränderungen oder Verschlechterungen der Sache, die durch den vertragsgemäßen Gebrauch herbeigeführt werden, nicht zu vertreten hat (§ 601 BGB). Überlassung der entliehenen Sache an einen Dritten ist ohne Erlaubnis des Verleihers schlechthin ausgeschlossen. Auch die Bestimmungen über die Beendigung des Leihverhältnisses, insbesondere, wenn der Verleiher sie wünscht, sind einfacher als bei der Miete (§ 605 BGB). Ist die Dauer der Leihe weder bestimmt noch dem Zweck zu entnehmen, kann der Verleiher die Sache jederzeit zurückfordern. Selbst bei vereinbarter Leihzeit hat der Verleiher ein Kündigungsrecht, wenn er infolge eines nicht vorgesehenen Umstands der verliehenen Sache bedarf, wenn der Entleiher einen vertragswidrigen Gebrauch von der Sache macht, insbesondere unbefugt den Gebrauch einem Dritten überlässt und wenn der Entleiher stirbt. In diesem Fall kann sich somit der Erbe nicht auf die vereinbarte Leihzeit berufen.

Da **wesentliches Kriterium** der Leihe die Unentgeltlichkeit der Überlassung ist, hat die Vereinbarung eines Entgelts selbst weit unter dem Marktpreis (Gefälligkeitsmiete) zur Folge, dass die Vorschriften über die Miete Anwendung finden (BGH, Urteil v. 4.5.1970, VIII ZR 179/68, MDR 1970 S. 1004). Dies gilt z.B. auch dann, wenn der Mieter nur die Betriebs- oder nur die Heizkosten bezahlt. Entscheidend ist, ob darin eine Gegenleistung zur Raumüberlassung gesehen werden kann oder nicht. Diese Gegenleistung des Mieters muss nicht in periodisch wiederkehrenden Geldleistungen bestehen; Gegenleistung kann auch die Gebrauchsüberlassung eines Grundstücks sein (BGH, Urteil v. 20.5.1994, V ZR 292/92, WuM 1994 S. 460). Auch steht es der Annahme eines Mietvertrags nicht entgegen, wenn das Entgelt für die Gebrauchsüberlassung in einem einzigen Betrag bezahlt wird (BGH, Urteil v. 5.11.1997, VIII ZR 55/97, BGHZ 137 S. 106).

Schwierig ist die Abgrenzung zwischen einem unentgeltlichen Gestattungsvertrag einerseits und einer stillschweigenden Vertragserweiterung andererseits, so wenn z.B. dem Mieter widerruflich gestattet wird, den Garten zu nutzen. Der unentgeltliche Gestattungsvertrag kann jederzeit widerrufen werden (KG Berlin, Urteil v. 14.12.2006, 8 U 83/06, NZM 2007 S. 515). Im Einzelfall ist aber schwierig zu entscheiden, ob eine bloße Gestattung vorliegt oder ob es sich um eine stillschweigende Vertragserweiterung handelt.

2.8 Schuldrecht

Der Mietvertrag gehört dem **Recht der Schuldverhältnisse** an. Dingliche Rechte, die zur Raumnutzung berechtigen, fallen daher nicht unter den Begriff „Miete“. Das gilt insbesondere für das dingliche Wohnungsrecht nach § 1093 BGB, das als beschränkte persönliche Dienstbarkeit bestellt werden kann (vgl. „Dingliches Wohnrecht“).

2.9 Gemischter Vertrag

Beim gemischten Vertrag sind mehrere Vertragstypen in einem einheitlichen Vertragswerk miteinander verbunden, z.B. Beherbergungs- oder Altenheimvertrag. Für jede Leistung sind in der Regel die für den entsprechenden Vertragstyp geltenden Vorschriften anzuwenden; soweit sie sich widersprechen, geht es nach dem rechtlichen oder wirtschaftlichen Schwerpunkt (BGH, Urteil v. 29.10.1980, VIII ZR 326/79, NJW 1981 S. 341 f.).

2.10 Widerrufsrecht bei Haustürgeschäften

Am 1.5.1986 ist das Gesetz über den Widerruf von Haustürgeschäften und ähnlichen Geschäften (Haustürwiderrufsgesetz, HausTWG) erlassen worden. Durch die Schuldrechtsreform wurde dieses Gesetz in das BGB eingearbeitet. Diese Bestimmungen sollen den Verbraucher vor der Gefahr schützen, in bestimmten dafür typischen Situationen bei der Anbahnung und dem Abschluss von Geschäften unter Beeinträchtigung seiner rechtsgeschäftlichen Entscheidungsfreiheit überrumpelt oder sonst auf unzulässige Weise zu unüberlegten Geschäftsabschlüssen gedrängt zu werden (BGH, Urteil v. 26.3.1992, I ZR 104/90, NJW 1992 S. 1889 f.). Nach nunmehr vorherrschender Meinung sind diese Vorschriften (§§ 312 Abs. 1, 355, 356 BGB) auf den Abschluss von Mietverträgen oder Änderungsverträgen anwendbar (Bub in Bub/Treier, 3. Aufl., II 334). Dies gilt auch für Mieterhöhungen. Das OLG Koblenz hat entschieden, dass bei Bestehen eines Mietverhältnisses über Wohnraum ein Vertrag, der anlässlich eines Hausbesuchs des Vermieters beim Mieter geschlossen wird und der die Vereinbarung einer Mieterhöhung und Staffelmietzahlung zum Gegenstand hat, in den sachlichen Anwendungsbereich des damals geltenden HausTWG fällt (OLG Koblenz, RE v. 9.2.1994, 4 W-RE 456/93, DWW 1994 S. 115; vgl. auch LG Köln, Urteil v. 12.3.2009, 1 S 202/07, WuM 2009 S. 730).

Die gesetzlichen Bestimmungen finden auch bei Geschäftsraummietverhältnissen Anwendung (LG Karlsruhe, Urteil v. 6.6.2003, 4 O 181/02, DWW 2003 S. 337).

Das Widerrufsrecht bei Haustürgeschäften ist ferner anwendbar bei einem Neuabschluss eines bestehenden Wohnraummietvertrags oder bei Mietaufhebungsvereinbarungen (LG Heidelberg, Urteil v. 23.4.1993, 5 S 231/92, WuM 1993 S. 397).

Allerdings werden teilweise in der Rechtsprechung und in der Literatur Zweifel daran geäußert, ob die Bestimmungen über den Widerruf von Haustürgeschäften im Mietrecht überhaupt Anwendung finden sollen. Die typische Situation, in der ein Verbraucher überrumpelt wird, liegt in der Regel nicht vor. Der Mieter kennt seinen Vertragspartner. Darüber hinaus sieht das Gesetz ausdrücklich vor, dass sich die Vertragsparteien z.B. bei einer Mieterhöhung einvernehmlich einigen können (§ 557 Abs. 1 BGB). Jedenfalls soll ein Mietaufhebungsvertrag dann nicht widerrufen werden können, wenn sich die Räumungsverpflichtung des Mieters nicht als Entgelt für eine Verpflichtung, die der Vermieter übernommen hat, darstellt (AG Halle/Saale, Urteil v. 22.10.2009, 93 C 1842/09, WuM 2009 S. 651 mit ausführlicher Begründung).

Gemäß § 312 Abs. 1 Nr. 1 BGB gilt Folgendes: Bei einem Vertrag zwischen einem **Unternehmer** und einem **Verbraucher**, der eine entgeltliche Leistung zum Gegenstand hat und zu dessen Abschluss der Verbraucher durch mündliche Verhandlungen an seinem Arbeitsplatz oder im Bereich einer Privatwohnung (also auch in der Wohnung des Vermieters!) bestimmt worden ist, steht dem Verbraucher ein Widerrufsrecht gemäß § 355 BGB zu. Dieses Widerrufsrecht ist wie folgt geregelt: Gemäß § 355 Abs. 1 BGB ist der Verbraucher an seine auf den Abschluss des Vertrags gerichtete Willenserklärung nicht mehr gebunden, wenn er sie fristgerecht widerrufen hat. Der Widerruf muss keine Begründung enthalten und ist in Textform zu erklären; zur Fristwahrung genügt die rechtzeitige Absendung. Gemäß § 355 Abs. 2 BGB beginnt die Frist mit dem Zeitpunkt, zu dem der Verbraucher eine deutlich gestaltete Belehrung über sein Widerrufsrecht, die ihm entsprechend den Erfordernissen des eingesetzten Kommunikationsmittels seine Rechte deutlich macht, in Textform mitgeteilt worden ist, die auch Namen und Anschrift desjenigen, gegenüber dem der Widerruf zu erklären ist, und einen Hinweis auf den Fristbeginn und die Regelung des § 355 Abs. 1 S. 2 enthält. Diese Belehrung ist vom Verbraucher bei anderen als notariell beurkundeten Verträgen gesondert zu unterschreiben oder mit einer qualifizierten elektronischen Signatur zu versehen.

Ist der Vertrag schriftlich abzuschließen, so beginnt die Frist nicht zu laufen, bevor dem Verbraucher auch eine Vertragsurkunde, der schriftliche Antrag des Verbrauchers oder eine

Abschrift der Vertragsurkunde oder des Antrags zur Verfügung gestellt werden. Ist der Fristbeginn streitig, so trifft die Beweislast den Unternehmer. Gemäß § 355 Abs. 3 BGB erlischt das Widerrufsrecht spätestens 6 Monate nach Vertragsschluss. Diese Bestimmung bringt eine gewisse Rechtssicherheit, denn in dem weggefallenen § 2 HausTWG war bestimmt, dass das Widerrufsrecht des Verbrauchers im Fall unterbliebener oder nicht ordnungsgemäßer Belehrung erst einen Monat nach beiderseits vollständiger Erbringung der Leistung erlischt. Bei Dauerschuldverhältnissen wie Mietverträgen hatte dies die Folge, dass das Widerrufsrecht also bis zu einem Monat nach Beendigung des Mietverhältnisses erhalten blieb (LG Konstanz, Urteil v. 24.9.1999, 1 S 109/99 N, WuM 1999 S. 633). Diese Frist endet nunmehr, wie bereits ausgeführt, 6 Monate nach Vertragsschluss. Ein **Existenzgründer** ist kein Verbraucher (BGH, Beschluss v. 24.2.2005, III ZB 36/04, NJW 2005 S. 1273).

Gemäß § 357 Abs. 1 BGB finden auf das Widerrufsrecht die Vorschriften über den gesetzlichen Rücktritt entsprechende Anwendung. Gemäß § 346 Abs. 1 BGB sind die empfangenen Leistungen zurückzugewähren und die gezogenen Nutzungen herauszugeben. Bei Vereinbarungen einer Mieterhöhung in der Wohnung des Mieters kann der Mieter also, wenn er rechtzeitig widerruft, die gezahlten Erhöhungsbeträge zurückverlangen.

Die Überleitungsvorschrift zum Schuldrechtsmodernisierungsgesetz (Art. 229 § 5 EGBGB) ordnet in S. 1 an, dass auf Dauerschuldverhältnisse (also auch Mietverträge), die vor dem 1.1.2002 entstanden sind, das HausTWG in der bis zu diesem Tag geltenden Fassung anzuwenden ist, allerdings nur bis zum 31.12.2002. Ab 1.1.2003 ist ausschließlich das BGB in der dann geltenden Fassung anzuwenden und nicht mehr das HausTWG. Somit gilt für diese Übergangszeit noch das HausTWG. Auf folgende Besonderheiten ist hinzuweisen: Wie ausgeführt, erlischt nach § 2 HausTWG das Widerrufsrecht, falls die Belehrung des Mieters unterblieben ist, erst einen Monat nach beiderseits vollständiger Erbringung der Leistung, also in diesem Fall bis zu einem Monat nach Beendigung des Mietverhältnisses. Solange das HausTWG anwendbar ist, gilt also noch nicht die Sechsmonatsfrist des § 355 Abs. 3 BGB.

Jedoch kann das Widerrufsrecht verwirkt sein, wenn nach Vertragsschluss oder Abgabe der Zustimmungserklärung ein Jahr verstrichen ist und die bisherige Vertragslaufzeit dem Widerrufsberechtigten die von ihm eingegangene Verpflichtung hinreichend deutlich vor Augen geführt hat. Dies ist z.B. der Fall bei einer sofortigen einmaligen Mieterhöhung (OLG Braunschweig, RE v. 15.9.1999, 1 RE-Miet 2/99, WuM 1999 S. 631).

In § 6 HausTWG in der bis zum 30.9.2000 geltenden Fassung (anwendbar auf Mietverträge, die bis zu diesem Zeitpunkt abgeschlossen wurden) war bestimmt, dass das Gesetz keine Anwendung findet, wenn die andere Vertragspartei, hier also der Vermieter, nicht geschäftsmäßig handelt. Ein Hauseigentümer, der lediglich zwei Wohnungen längerfristig vermietet, handelt nicht geschäftsmäßig, sodass in einem solchen Fall das HausTWG nicht anwendbar ist (BayObLG, Beschluss v. 13.4.1993, 1Z RE-Miet 3/93, DWW 1993 S. 196). Der Begriff des geschäftsmäßigen Handelns ist nunmehr durch den Begriff **Unternehmer** in § 312 BGB ersetzt. Gemäß § 14 BGB ist ein Unternehmer eine natürliche oder juristische Person oder eine rechtsfähige Personengesellschaft, die bei Abschluss eines Rechtsgeschäfts in Ausübung ihrer gewerblichen oder selbstständigen beruflichen Tätigkeit handelt. Dieser Begriff ist weiter gefasst. Hierunter fällt auch nebenberufliche unternehmerische Tätigkeit. Auch wer als Vermieter, unabhängig von der Größe, im Wettbewerb mit anderen planmäßig Leistungen gegen Entgelt anbietet, also Wohnungen vermietet, ist Unternehmer (Palandt, 74. Aufl., § 14 Rn. 2; vgl. auch OLG Düsseldorf, Urteil v. 16.10.2003, I-10 U 46/03, WuM 2003 S. 621). Unabhängig davon, ob der Vermieter ansonsten als Arbeitnehmer tätig ist, ist er Unternehmer, wenn er Wohnungen geschäftsmäßig vermietet (LG Köln, Urteil v. 12.3.2009, 1 S 202/07, WuM 2009 S. 730).

Hingegen stellt private Vermögensverwaltung keine unternehmerische Tätigkeit dar. Hier kommt es auf die Anzahl der vom Vermieter angebotenen Wohnungen an. Unternehmerische Tätigkeit setzt eine planmäßige und auf Dauer angelegte wirtschaftliche Tätigkeit mit Teilnahme am Wettbewerb voraus (BGH, Urteil v. 23.10.2001, XI ZR 63/01, NJW 2002 S. 368).

3 Zustandekommen

Ein Mietvertrag kommt zustande, wenn die Vertragspartner sich über alle wesentlichen Punkte geeinigt haben, nämlich über Mietgegenstand, -zeit und -preis sowie über die Gebrauchsüberlassung und über solche Nebenabreden, die nach ihrem Willen regelungsbedürftig sind (BGH, ZMR 1963 S. 83).

Zum Abschluss eines Mietvertrags gehört nicht unbedingt eine Einigung über eine Miete in bestimmter Höhe. Vielmehr genügt es, wenn die Parteien sich auf eine **bestimmbare Miete** einigen, wobei die Vereinbarung einer „angemessenen" oder „ortsüblichen" Miete als Einigung über eine bestimmbare Leistungspflicht des Mieters anzusehen ist. Selbst ohne jegliche Vereinbarung über die Miete kann ein Mietvertrag zustande kommen, sofern die Parteien sich bindend über eine entgeltliche Überlassung des Gebrauchs der Mietsache einigen. In diesem Fall gilt eine angemessene oder ortsübliche Miete als vereinbart, sei es im Wege ergänzender Vertragsauslegung, sei es entsprechend §§ 612 Abs. 2, 632 Abs. 2 BGB (so BGH, Urteil v. 2.10.1991, XII ZR 88/90, WuM 1992 S. 312).

Ein Mietvertrag kann jederzeit **formfrei**, also auch mündlich geschlossen werden, wenn sich die Parteien über die aufgeführten Punkte geeinigt haben. Wollen die Parteien einen Vertrag für längere Zeit als ein Jahr abschließen, müssen sie aber die Schriftform einhalten (s. o. Abschnitt 1.2 „Wirksamer Vertragsschluss"). Auch bei Mietverträgen über Räume auf unbestimmte Zeit hat sich allgemein die Schriftform eingebürgert. Der schriftliche Mietvertrag über Räume wird allgemein bevorzugt, weil er, soweit nicht unabdingbare gesetzliche Regelungen entgegenstehen, die Rechte und Pflichten der Parteien regelt und Beweis für die einzelnen Regelungen durch Vorlage der Vertragsurkunde geführt werden kann. Wie ausgeführt ist jedoch auch ein mündlicher Mietvertrag wirksam. Für die Rechte und Pflichten der Parteien gelten dann die gesetzlichen Vorschriften.

Auch durch **konkludente (schlüssige) Handlungen** ist der Abschluss eines Mietvertrags denkbar. Dies ist z. B. der Fall, wenn der Mieter in die Räume einzieht, regelmäßig Miete bezahlt und der Vermieter die Miete vorbehaltlos entgegennimmt (OLG Düsseldorf, Urteil v. 5.11.1987, 10 U 70/87, ZMR 1988 S. 54). Es liegt an dem Vermieter, hier durch eine entsprechende Willensäußerungen klare Verhältnisse zu schaffen. Ein in der Praxis immer wieder auftretender Fall sei als Beispiel genannt:

Beispiel

Der Mieter vermietet mit Genehmigung des Vermieters unter, zieht aus, der Untermieter nutzt die gesamte Wohnung und zahlt die gesamte Miete direkt an den Vermieter, der diese ohne weitere Äußerung mehrere Monate entgegennimmt.

Hier ist ein Mietvertrag zu den bisherigen Bedingungen zustande gekommen. Um dies zu vermeiden, hätte der Vermieter dem Untermieter bei Auszug des Mieters mitteilen müssen, dass er mit ihm kein Mietverhältnis begründen wolle und Zahlungen nur als Nutzungsentschädigung entgegennehme, ferner nach Ablauf einer Räumungsfrist auf Räumung klagen werde.

Schweigen auf das Angebot zum Abschluss eines Mietvertrags ist keine Annahme. Etwas anderes gilt nur im kaufmännischen Geschäftsverkehr bei Schweigen auf ein kaufmännisches Bestätigungsschreiben.

Ein immer wieder vorkommender Fall sei noch kurz erläutert: Die **Übersendung** eines fertig ausgefüllten und **unterschriebenen Mietvertrags** durch den Vermieter ist ein verbindlicher Antrag auf Abschluss eines Mietvertrags

(BGH, Urteil v. 30.5.1962, VIII ZR 173/61, NJW 1962 S. 1388).

Ist nicht nur deklaratorische Schriftform vereinbart, genügt eine mündliche oder konkludente (durch Einzug und Mietzahlung) Annahme durch den Mieter nicht. Der Vermieter kann auf Unterschrift und Rückleitung des Vertrags bestehen und anderenfalls Räumungsklage erheben. Etwas anderes gilt, wenn der Vermieter längere Zeit ohne weitere Willensäußerung die Miete entgegengenommen hat. Dann ist durch stillschweigende Hinwegsetzung über das Schriftformerfordernis ein Mietvertrag zustande gekommen. Umstritten ist, ob in diesem Fall der Mietvertrag gemäß dem schriftlichen Angebot zustande gekommen ist (dafür Bub in Bub/Treier, II Rn. 343) oder zu den gesetzlichen Bedingungen gemäß den §§ 535 ff. BGB (so Sternel, I Rn. 214), in welchem Fall der Vermieter in der Regel wesentlich schlechtergestellt ist. Da sich die Annahme nur auf das gemachte Angebot beziehen kann, ist der ersten Meinung zuzustimmen, außer wenn der Mieter die Vertragsunterzeichnung bei seinem als Annahme zu wertenden Verhalten ausdrücklich verweigert (LG Mannheim, WuM 1969 S. 38). Zur Vermeidung dieser Probleme empfiehlt sich daher für den Vermieter, erst dann die Schlüssel zu übergeben, wenn der Mietvertrag von beiden Vertragsparteien unterzeichnet ist.

Mietvorauszahlung

Die Mietvorauszahlung ist eine Geldleistung des Mieters an den Vermieter, die auf die künftig fällig werdenden Raten der Miete angerechnet wird, wobei der Verrechnungsmodus im Einzelnen von den Vertragsparteien in freier Übereinkunft festgelegt werden kann. Der Mieter wird danach mit der Leistung der Mietvorauszahlung von der Zahlung der Miete für eine bestimmte Zeit ganz oder teilweise befreit. Sie ist im Gegensatz zum Baukostenzuschuss kein Finanzierungsbeitrag, sondern ein reines Überlassungsentgelt (so Palandt vor § 535 Anm. 112). Zur Abgrenzung vom Mieterdarlehen s. ebenfalls dort. Falls keine gegenteiligen vertraglichen Vereinbarungen getroffen wurden, liegt bis zum Ablauf der Tilgungszeit ein Mietvertrag auf bestimmte Zeit vor mit der Folge, dass während dieser Zeit die ordentliche Kündigung sowohl vom Vermieter als auch vom Mieter ausgeschlossen ist.

Dies soll dann auch grundsätzlich für eine Mieterhöhung gelten (strittig). Ob allerdings ein solcher Ausschluss vom Parteiwillen mit umfasst ist, erscheint zweifelhaft. Falls nicht konkrete Abreden im Mietvertrag entgegenstehen, ist vielmehr davon auszugehen, dass die Parteien einen so weitreichenden Ausschluss nicht mitregeln wollten (so Schultz in Bub/Treier, III Rn. 309).

Ist die Miete für eine Zeit nach der Beendigung des Mietverhältnisses im Voraus entrichtet, so hat der Vermieter den noch nicht abgewohnten Teil der Mietvorauszahlung zurückzuerstatten.

Der Umfang der Rückzahlungspflicht hängt davon ab, ob die Beendigung des Mietverhältnisses auf einen vom Vermieter zu vertretenden Umstand zurückzuführen ist oder aber auf anderen Gründen (Verschulden des Mieters, gütliche Einigung) beruht.

Hat der Vermieter den zur Beendigung des Mietverhältnisses führenden Umstand zu vertreten (z.B. Kündigung durch den Mieter wegen Nichtgewährung des vertragsmäßigen Gebrauchs), ist der zurückzuzahlende Betrag rückwirkend vom Zeitpunkt des Empfangs an **zu verzinsen** (§ 547 Abs. 1 S. 1 BGB). In allen anderen Fällen richtet sich der Umfang der Rückzahlungspflicht danach, inwieweit der Vermieter bei Beendigung des Mietverhältnisses noch bereichert ist. Hier ist der zurückzuzahlende Betrag nicht zu verzinsen, es sei denn, der Vermieter gerät mit der Rückzahlung in Verzug (dann Verzugszinsen). Abweichende Vereinbarungen zum Nachteil des Mieters sind bei Wohnraummietverhältnissen unwirksam (§ 547 Abs. 2 BGB).

Bei **öffentlich geförderten** Wohnungen ist die Vereinbarung einer Mietvorauszahlung nur unter den gleichen Voraussetzungen zulässig wie das Mieterdarlehen (s. „Mieterdarlehen“).

Mietvorvertrag

Inhaltsübersicht

	Seite
1 **Allgemeines**	749
2 **Formzwang**	749
3 **Hauptpflicht**	750

1 Allgemeines

Der Mietvorvertrag ist ein **formloser** Vertrag, durch den sich die Vertragsparteien zum künftigen Abschluss eines Mietvertrags verpflichten. Die Modalitäten des künftigen Mietvertrags müssen im Vorvertrag in den Grundzügen, aber noch nicht abschließend geregelt sein. Die endgültige Vertragsgestaltung ist dem Mietvertrag vorbehalten. Die Parteien müssen sich aber schon soweit geeinigt haben, dass Mietgegenstand, -höhe und -zeit wenigstens **bestimmbar** sind. Fehlen Abreden über Höhe und Zeit, sollen die ortsübliche Miete und ein Mietvertrag auf unbestimmte Zeit vereinbart sein. Es genügt also, wenn der Vorvertrag ein solches Maß an Bestimmtheit oder Bestimmbarkeit und Vollständigkeit enthält, dass im Streitfall der Inhalt des Vertrags richterlich festgestellt werden kann, notfalls durch eine richterliche Vertragsergänzung (so BGH, Urteil v. 20.9.1989, VIII ZR 143/88, NJW 1990 S. 1234).

> Wenn die Vertragsparteien sich rechtlich binden wollen, ist im Zweifel anzunehmen, dass sie einen (Haupt-)Mietvertrag abschließen wollen.

Ist ein solcher Vertrag mangels rechtlichen **Bindungswillen** nicht zustande gekommen, wird es auch in der Regel an der für den Vorvertrag erforderlichen Bindung fehlen. Es müssen daher besondere Gründe vorliegen, wenn die Parteien, ohne einen Hauptvertrag schließen zu wollen, sich bereits jetzt auf den Abschluss eines solchen Vertrags festlegen wollen. Dies ist z. B. der Fall, wenn im Augenblick dem Abschluss eines Hauptvertrags noch Gründe entgegenstehen, z. B. das Bauvorhaben noch nicht beendet oder ein Vormieter noch nicht ausgezogen ist. Zur Klarstellung sollten die Parteien im Vorvertrag hierauf Bezug nehmen.

Die **Kündigung** eines Vorvertrags ist zu dem Termin zulässig, zu dem der Hauptvertrag kündbar gewesen wäre, sofern er anstelle des Vorvertrags abgeschlossen worden wäre (Sternel, Mietrecht, 3. Aufl., I Rn. 224).

2 Formzwang

Nach noch herrschender Rechtsprechung unterliegt der Mietvorvertrag nicht dem für den Hauptvertrag gesetzlich vorgeschriebenen Formzwang. Allerdings könnte sich diese Rechtsprechung ändern. Das ist bedeutsam für Verträge von mehr als einjähriger Dauer, die nach §§ 550 Abs. 1, 578 Abs. 1 und 2 BGB der Schriftform bedürfen. Daraus folgt: Ist in einem nur mündlich zustande gekommenen Mietvorvertrag der Abschluss eines Mietvertrags mit mehr als einjähriger Laufzeit vorgesehen, kann jeder Teil auf Abschluss eines schriftlichen Mietvertrags klagen (BGH, ZMR 1955, 292; BGH, Urteil v. 7.3.2007, XII ZR 40/05, NZM 2007 S. 445).

Die auf einen Vorvertrag gestützte **Klage** auf Abschluss eines Mietvertrags ist auf die Verurteilung zur Abgabe einer Willenserklärung gerichtet, wobei der Inhalt dieser Willenserklärung und damit der Inhalt des abzuschließenden Hauptvertrags im Klageantrag zu bezeichnen sind. Ergibt sich, dass der Beklagte nur zum Abschluss eines Hauptvertrags mit einem vom Klageantrag abweichenden Inhalt (z.B. kürzere Laufzeit des Vertrags) verpflichtet ist, kann das Gericht ihn wegen der Bindung an die Sachanträge der Parteien hierzu nur dann verurteilen, wenn der Kläger einen entsprechenden Hilfsantrag gestellt hat. Unterlässt er dies trotz Hinweises des Gerichts, muss die Klage abgewiesen werden (so OLG Köln, Urteil v. 3.7.1991, 2 U 169/90, DWW 1992 S. 210).

3 Hauptpflicht

Hauptpflicht der Parteien aus dem Vorvertrag ist der Abschluss eines entsprechenden Hauptmietvertrags. Offene Punkte haben die Parteien einvernehmlich zu regeln. Die Verpflichtung zum Abschluss eines Hauptvertrags kann gerichtlich im Wege einer Leistungsklage – Klage auf Annahme des im Antrag vollständig vorgetragenen Hauptvertrags – (so BGH, Urteil v. 7.2.1986, V ZR 176/84, BGHZ 97 S. 147) durchgesetzt werden.

Der Mietvorvertrag gibt dem Mietinteressenten nicht das Recht, die in Aussicht genommene Mietsache in Besitz zu nehmen.

Dem auf das Fehlen eines Mietvertrags gestützten Räumungsverlangen des Eigentümers der Mietsache steht der Einwand der unzulässigen Rechtsausübung entgegen, wenn der Eigentümer aufgrund eines mit dem Besitzer abgeschlossenen Vorvertrags zum Abschluss eines zum Besitz berechtigenden Hauptvertrags (Mietvertrags) verpflichtet ist. Auch in diesem Fall kann der Eigentümer die Räumung und Herausgabe verlangen, wenn der Besitzer einen Grund dafür gesetzt hat, dass ein bereits abgeschlossener Mietvertrag gekündigt werden könnte, z.B. Verzug mit der Nutzungsentschädigung für 2 Monate (so OLG Köln, Urteil v. 8.4.1992, 2 U 90/91, WuM 1992 S. 361).

Mietwucher

Mietwucher ist eine Straftat (§ 291 StGB). Sie begeht, wer die Zwangslage, die Unerfahrenheit, den Mangel an Urteilsvermögen oder die erhebliche Willensschwäche eines anderen dadurch ausbeutet, dass er sich oder einem Dritten für die Vermietung von Räumen zum Wohnen oder damit verbundene Nebenleistungen einen Vermögensvorteil versprechen oder gewähren lässt, der in einem auffälligen Missverhältnis zu seiner Leistung steht. Ob Wohnräume vorliegen, richtet sich nach der tatsächlichen Verwendung, nicht nach den objektiven Gegebenheiten.

Als **Täter** kommt in Betracht der Vermieter, aber auch der Vermittler oder der Verwalter, soweit diese über den Abschluss von Mietverträgen selbstständige Entscheidungsbefugnis haben.

Als **Vermögensvorteil** kommen in Betracht in erster Linie die Miete, aber auch sonstige, im Zusammenhang mit der Vermietung stehende Leistungen (Baukostenzuschüsse, zinslose Darlehen, Sach- oder Dienstleistungen). Der Vermögensvorteil muss dem Vermieter versprochen oder gewährt werden. Das Fordern einer Leistung genügt nicht.

Das Missverhältnis muss **auffällig** sein.

Diese Voraussetzung wird bei Wohnraum in der Regel erfüllt sein bei einem Überschreiten der ortsüblichen Vergleichsmiete um **mehr als 50 %**, bei Gewerberaum um 100 % (Palandt, § 138 Rn. 76).

Bei **Wohnraum** wird durch die Bestimmung der ortsüblichen Vergleichsmiete (s. „Ortsübliche Vergleichsmiete“) festgestellt, ob eine Wuchermiete vorliegt. Bei **Geschäftsraummietverhältnissen** und bei Pachtverträgen war umstritten, nach welcher Berechnungsmethode festgestellt werden konnte, ob die Leistung und die Gegenleistung in einem besonders groben Missverhältnis stehen. Verschiedentlich wurde die Berechnung nach der sog. **EOP-Methode** vorgenommen. Dies ist die sog. ertragswertorientierte Pachtwertberechnung. Die Pacht oder Miete wird danach berechnet, was ein Pächter oder Mieter mit durchschnittlichen Fähigkeiten bei durchschnittlichen Anstrengungen unter normalen Umständen im konkreten Objekt erwirtschaften kann. Gegen diese Methode wird zu Recht eingewandt, dass sie im Widerspruch zur gesetzlichen Risikoverteilung bei Miet- und Pachtverträgen steht. Nunmehr hat der BGH (Urteil v. 28.4.1999, XII ZR 150/97, WuM 1999 S. 527) entschieden, dass diese Methode nicht geeignet ist zur Bewertung einer Gaststättenpacht, wie sie für die Bestimmung eines auffälligen Missverhältnisses zwischen Leistung und Gegenleistung i. S. v. § 138 Abs. 1 BGB erforderlich ist. Die Rechtsausführungen des BGH sind auch zu beachten bei der Frage, ob die Voraussetzungen von § 138 Abs. 2 BGB oder § 291 StGB vorliegen. Nach Ansicht des BGH ist bei der Ermittlung des Leistungsmissverhältnisses grundsätzlich der objektive Wert (Verkehrswert) der verglichenen Leistungen zugrunde zu legen. Bei Mietverhältnissen ist der Verkehrswert und damit die ortsübliche Marktmiete in der Regel als Vergleichsmiete, d. h. durch Vergleich mit den erzielten Mieten für andere vergleichbare Mietobjekte, festzustellen. Dem wird die EOP-Methode nicht gerecht. Sie kann daher in diesen Fällen keine Anwendung finden.

Einige OLG haben in Fällen, in denen eine zuverlässige Datenbasis für den Vergleich der zwischen den Mietvertragsparteien vereinbarten Miete mit den für andere vergleichbare Objekte bezahlten Mieten faktisch nicht herzustellen waren, auf die sog. indirekte Vergleichswertmethode abgestellt (vgl. z. B. OLG München, Urteil v. 4.9.2000, 17 U 5278/98, NZM 2000 S. 1059). Der BGH hat aber auch diese indirekte Vergleichswertmethode abgelehnt. Er hat vielmehr festgestellt, dass im Rahmen der Prüfung, ob bei einem Gaststättenpachtvertrag ein auffälliges Missverhältnis zwischen Leistung und Gegenleistung vorliegt und der Vertrag deshalb als wucherähnliches Geschäft nach § 138 Abs. 1 BGB nichtig ist, auch diese indirekte Vergleichswertmethode nicht geeignet ist, den zum Vergleich heranzuziehenden marktüblichen Pachtzins zu bestimmen (BGH, Urteil v. 13.6.2001, XII ZR 49/99, NZM 2001 S. 810). Der BGH hat diese Rechtsprechung in einem weiteren Urteil v. 10.7.2002 bekräftigt: Auch wenn eine zuverlässige Datenbasis für den Vergleich der zwischen den Parteien vereinbarten Miete mit den für vergleichbare Objekte bezahlten Mieten faktisch nicht herstellbar ist, darf die ortsübliche Vergleichsmiete unter keinen Umständen mittels der indirekten Vergleichswertmethode ermittelt werden. Vielmehr hat das Gericht einen mit der konkreten Marktsituation vertrauten Sachverständigen – z. B. einen erfahrenen Makler – beizuziehen, der die für das besondere Objekt erzielbare Miete ermittelt (BGH, Urteil v. 10.7.2002, XII ZR 314/00, NZM 2002 S. 822).

Bei gewerblichen Miet- und Nutzungsverhältnissen kann aus den objektiven Umständen (bei einer Überschreitung um 100 %) auf eine verwerfliche Gesinnung des Begünstigten geschlossen werden (BGH, a. a. O.). Im Urteil v. 13.6.2001 (a. a. O.) hat der BGH allerdings einschränkend auf Folgendes hingewiesen: Zwar ist ein Vertrag als wucherähnliches Geschäft nach § 138 Abs. 1 BGB nichtig, wenn Leistung und Gegenleistung in einem auffälligen Missverhältnis zueinander stehen und weitere sittenwidrige Umstände hinzutreten, z. B. eine verwerfliche Gesinnung des durch den Vertrag objektiv Begünstigten. Eine solche verwerfliche Gesinnung ist nicht nur dann zu bejahen, wenn der Begünstigte als der wirtschaftlich oder intellektuell Überlegene die schwächere Lage des anderen Teils bewusst zu seinem Vorteil ausgenutzt hat, sondern auch dann, wenn er sich leichtfertig der Erkenntnis verschlossen hat, dass sein Vertragspartner sich nur wegen seiner schwächeren Lage auf den ungünstigen Vertrag eingelassen hat. Ein besonders auffälliges Missverhältnis zwischen Leistung und Gegenleistung spricht für eine solche verwerfliche Gesinnung des Begünstigten. Allerdings sind diese Grundsätze nicht ohne Weiteres auf die Prüfung, ob ein gewerblicher Miet- oder Pachtvertrag als wucherähnliches Rechtsgeschäft nichtig ist, zu übertragen. Vielmehr hat der Tatrichter zu prüfen, ob Anhaltspunkte dafür bestehen, dass bei dem Abschluss des Vertrags aufgrund besonderer Umstände Bewertungsschwierigkeiten bestanden, aufgrund derer der Begünstigte das krasse Missverhältnis möglicherweise nicht erkannt haben könnte. Solche Bewertungsschwierigkeiten kommen beim Abschluss von gewerblichen Miet- und Pachtverträgen nicht nur in Ausnahmefällen vor. Deshalb ist bei gewerblichen Mietverträgen im Rahmen der Prüfung, ob aus einem auffälligen Missverhältnis auf die Nichtigkeit des Geschäfts geschlossen werden kann, regelmäßig eine tatrichterliche Würdigung erforderlich, ob das krasse Missverhältnis für den Begünstigten auch erkennbar war. Der BGH weist darauf hin, dass die Mieten für gewerbliche Räume nicht nur regional sehr unterschiedlich sind, sondern auch innerhalb derselben Stadt stark schwanken bzw. sich das Verhältnis zwischen Angebot und Nachfrage nicht selten kurzfristig verändern kann mit der Folge, dass aus einem Vermietermarkt ein Mietermarkt wird oder umgekehrt. Die erzielbaren Mieten können sich daher innerhalb kurzer Zeit erheblich verändern. Neben dem Missverhältnis zwischen Leistung und Gegenleistung müssen also weitere Umstände oder weitere Regelungen im Vertrag für eine verwerfliche Gesinnung des begünstigten Vertragspartners sprechen (BGH, Urteil v. 13.6.2001, XII ZR 49/99, NZM 2001 S. 810).

Der Täter kann sich nicht darauf berufen, dass die Miete nur in Höhe seiner eigenen laufenden Aufwendungen verlangt werde, er also gar keinen Gewinn mache (BGH, Urteil v. 8.12.1981, 1 StR 416/81, NJW 1982 S. 896).

Der Vermögensvorteil kann nur dann zu einer Bestrafung führen, wenn er unter Ausbeutung einer Zwangslage, der Unerfahrenheit oder dem Mangel an Urteilsvermögen oder der erheblichen Willensschwäche eines anderen erzielt wird.

Eine **Zwangslage** wird im Allgemeinen schon dann angenommen, wenn jemand dringend eine Wohnung benötigt und aus persönlichen und wirtschaftlichen Gründen sowie aufgrund des örtlichen Mietmarktes keine andere Wohnung anmieten konnte. **Unerfahrenheit** kann sowohl allgemein ein Mangel an Lebenserfahrung sein oder sich speziell auf den Wohnungssektor beziehen. Ein **Mangel des Urteilsvermögens** liegt auch bei Unkenntnis der Verhältnisse des örtlichen Wohnungsmarktes vor.

Der Vermieter muss die bedrängte Lage des Mieters oder seine Eigenschaften **bewusst** ausnützen. Es muss der Nachweis erbracht werden, dass der Vermieter nicht mehr die Vorteile einer bestehenden Wohnungsknappheit, sondern vor allem die speziellen Verhältnisse des Mieters ausnützen wollte. Vorsätzliches Handeln ist in jedem Fall erforderlich.

Der Täter kann mit einer Freiheitsstrafe bis zu 3 Jahren oder mit Geldstrafe, nicht jedoch mit beiden Strafen nebeneinander belegt werden. In besonders schweren Fällen ist eine Freiheitsstrafe bis zu 10 Jahren vorgesehen. Ein besonders schwerer Fall liegt in der Regel vor, wenn der Täter entweder durch die Tat einen anderen in wirtschaftliche Not bringt oder die Tat gewerbsmäßig begeht.

Zivilrechtliche **Folge** ist nicht die Nichtigkeit des gesamten Mietvertrags, sondern nur die der Mietvereinbarung, soweit sie unzulässig ist (§ 138 Abs. 2 BGB). Der Mietvertrag ist mit einer angemessenen Miete aufrechtzuerhalten (Palandt, § 138 Rn. 76). Anders als bei der Mietpreisüberhöhung nach § 5 WiStG (s. „Mietpreisüberhöhung", Abschnitt 4 „Laufende Aufwendungen des Vermieters" und Abschnitt 8 „Zivilrechtliche Folgen") hat der Mieter also einen Rückforderungsanspruch, der sich auf den gesamten, die ortsübliche Miete übersteigenden Betrag richtet (so Sternel, III Rn. 53 f.). Anders als bei Wohnraummietverhältnissen soll bei Geschäftsraummietverhältnissen im Fall eines Verstoßes gegen § 138 BGB der Vertrag nicht zu der höchstzulässigen Miete aufrechterhalten bleiben, sondern vielmehr insgesamt unwirksam sein (OLG München, Urteil v. 25.9.1998, 23 U 2624/98, ZMR 1999 S. 109; Blank in Schmidt-Futterer, nach § 535 BGB Rn. 118).

Mietzins → „Miete“

Minderung der Miete

Inhaltsübersicht

	Seite
1 **Allgemeines**	753
2 **Ausschluss, Höhe, Berechnung**	753
3 **Einzelfälle**	756

1 Allgemeines

Ist die vermietete Sache zur Zeit der Überlassung an den Mieter mit einem **Fehler** behaftet, der ihre Tauglichkeit zum vertragsmäßigen Gebrauch aufhebt oder mindert, oder entsteht im Lauf der Mietzeit ein solcher Fehler, ist der Mieter zur Mietminderung berechtigt (§ 536 Abs. 1 BGB). Das Gleiche gilt, wenn eine **zugesicherte Eigenschaft** fehlt oder wegfällt (§ 536 Abs. 2 BGB) oder wenn dem Mieter der vertragsmäßige Gebrauch der Mietsache durch das Recht eines Dritten ganz oder zum Teil entzogen wird (Rechtsmangel; § 536 Abs. 3 BGB). Das Ausmaß der Minderung richtet sich nach dem Maß der Tauglichkeit der Mietsache zum **vertragsmäßigen Gebrauch**. Ist die Tauglichkeit gänzlich aufgehoben, entfällt die Pflicht zur Mietzahlung. Eine **unerhebliche** Minderung der Tauglichkeit bleibt jedoch außer Betracht (§ 536 Abs. 1 S. 3 BGB). Die Mietminderung tritt ohne Rücksicht auf Verschulden des Vermieters ein. So kann z. B. der Mieter die Miete kürzen, wenn wegen eines nicht vorhersehbaren technischen Defekts die Zentralheizung ausfällt.

Die Mietminderung ist kein Anspruch, sondern eine kraft Gesetzes eintretende Änderung der Vertragspflicht. Sie besteht für die Dauer des Mangels. Zum Nachteil des Mieters abweichende Vereinbarungen sind bei Wohnraummietverhältnissen unwirksam (§ 536 Abs. 4 BGB). Die Miete ist, wenn ein erheblicher Mangel der Mietsache vorliegt, in dem Umfang geringer, um den der objektive Gebrauchswert der Miete gemindert ist.

Die Minderung tritt ein, ohne dass sich der Mieter darauf berufen muss. Der Mieter muss also seine Minderungsabsicht und die Höhe der Minderungsquote dem Vermieter nicht mitteilen. Er muss den Mangel nur anzeigen (s. „Mängel“, Abschnitt 7 „Während der Mietzeit auftretende Mängel; Mängelanzeige durch den Mieter“). Tritt der Mangel im Lauf eines Monats auf und hat der Mieter die Miete am Monatsbeginn in voller Höhe bezahlt, kann der Mieter im nächsten Monat in Höhe der Minderungsquote aufrechnen. Die Minderung endet mit der Beendigung der Gebrauchsbeeinträchtigung. Ein Recht zur Minderung steht dem Mieter nicht zu, solange er die Mängelbeseitigung verweigert. Nur wenn der Mieter über einen langen Zeitraum in Kenntnis des Mangels die volle Miete bezahlt, kann das Minderungsrecht verwirkt sein (s. „Verwirkung“ und „Kenntnis von Mängeln“).

Ein Irrtum des Mieters über die Höhe seiner Minderungsquote kann bei Vorliegen der sonstigen Voraussetzungen den Vermieter zur fristlosen Kündigung des Mietverhältnisses berechtigen (s. „Kündigung“, Abschnitt 3.2.1.2 „Fristlose Kündigung wegen Zahlungsverzugs (§ 543 Abs. 2 Nr. 3 BGB)“).

2 Ausschluss, Höhe, Berechnung

Das Recht des Mieters zur Minderung kann **ausgeschlossen** sein (s. hierzu „Mängel“, Abschnitt 6 „Ausnahmen“ und „Kenntnis von Mängeln“).

Durch das Mietrechtsänderungsgesetz neu eingeführt wurde § 536 Abs. 1a BGB. Danach bleibt für die Dauer von 3 Monaten eine Minderung der Tauglichkeit außer Betracht, soweit diese aufgrund einer Maßnahme eintritt, die einer energetischen Modernisierung nach § 555b Nr. 1 BGB dient. Hierdurch sollen energetische Modernisierungen erleichtert werden. Zu beachten ist, dass hiervon nur die Fälle erfasst werden, in denen die Tauglichkeit gemindert ist. Wird die Tauglichkeit zum vertragsgemäßen Gebrauch völlig aufgehoben, bleibt das Minderungsrecht erhalten, z.B. wenn die Wohnung unbewohnbar ist. Der Minderungsausschluss tritt auch dann ein, wenn zusammen mit der energetischen Modernisierung Erhaltungsmaßnahmen, z.B. Wärmedämmung der Fassade mit gleichzeitiger Erneuerung des Außenputzes, erfolgen. Problematisch ist, wenn energetische Modernisierungsmaßnahmen mit anderen Erhaltungs- oder Modernisierungsmaßnahmen vorgenommen werden. Gemäß der Begründung zum Mietrechtsänderungsgesetz (S. 25) kommt es dann darauf an, welche Beeinträchtigungen auf welche Maßnahme entfallen. Das Gericht soll die Anteile dann nach § 287 ZPO schätzen. Hierfür müssen aber ausreichende Anhaltspunkte vorliegen. Beruft sich der Vermieter auf den Minderungsausschluss, hat er die Beweislast dafür, dass die Beeinträchtigungen nicht auf einer anderen Maßnahme als einer energetischen Modernisierung beruhen. Vielfach wird hier ein Sachverständigengutachten erforderlich sein (so Hinz, ZMR 2012 S. 153, 158).

Vertraglich kann die Minderung bei Wohnraum nicht ausgeschlossen oder eingeschränkt werden (§ 536 Abs. 4 BGB). Unwirksam sind daher auch Klauseln, wonach die Minderung angezeigt oder von der Einhaltung von Fristen abhängig gemacht wird. Zur Einschränkung des Minderungsrechts bei Geschäftsräumen s. „Allgemeine Geschäftsbedingungen“.

Für die **neuen Bundesländer** gelten grundsätzlich keine Besonderheiten. Auch die allgemein dürftige Bauqualität der in der ehemaligen DDR errichteten Wohngebäude schließt eine Minderung nach Erhöhung der Grundmiete nicht aus (so KrsG Döbeln, Urteil v. 21.8.1992, C 136/92, WuM 1992 S. 535). Allerdings ist auf die Höhe der Minderung die verhältnismäßig geringe Grundmiete nicht ohne Einfluss. Der Instandhaltungsanspruch richtet sich auch nicht nach westlichen Verkehrsanschauungen an die Bauwerksqualität (so KrsG Döbeln, a.a.O.).

Im entschiedenen Fall hatten die Mieter eine Minderung von 55 % der Grundmiete vorgenommen, die sie wie folgt aufschlüsselten: feuchte Schlafzimmeraußenwand mit Schimmelbildung 25 %, blinde Doppelfenster 10 %, undichte Fenster 10 %, wilde Tauben im Dach der Wohnung 10 %.

Aus den oben angeführten Gründen ist das Gericht der Ansicht, dass aufgrund der dürftigen Bauqualität und der sehr geringen Grundmiete eine entsprechend höhere Toleranz in Ansehung der auftretenden Mängel geboten sei und hat die Minderung dann auf 5 % beschränkt.

Auch das KrsG Erfurt ist der Ansicht, dass der Mieter im Gebiet der ehemaligen DDR an die Instandhaltungspflicht des Vermieters nicht die Anforderungen stellen kann, die nach westlichen Verkehrsanschauungen an die Qualität eines Bauwerks und einzelner Bauelemente gestellt werden können. Die Höhe einer nach der Mieterhöhung erstmaligen Mietminderung ist danach zu bemessen, dass diese Systemschäden des Bauwerks als vertragsgemäß vom Mieter hinzunehmen sind (Urteil v. 5.1.1993, 1 C 352/92, WuM 1993 S. 112). In diesem Fall wurde Mietminderung für undichte, verschmutzte Fenster von 10 %, für Feuchtigkeitsschäden von 15 % und für die überdimensionierte Heizung von 10 % vom Mieter vorgenommen. Das Gericht hat die Minderung im Wege der freien Schadensschätzung auf 10 % festgesetzt. Es bleibt zu hoffen, dass die Rechtsprechung weiterhin dieser Linie folgt.

Zur Berechnung der **Höhe** der Minderung sind **Bewertungsmuster** entwickelt worden, die jedoch für den Einzelfall nicht allzu praktikabel sind. So unterscheidet Sternel (II Rn. 547 ff.) nach dem Funktionswert, der eine Aussage über die Gebrauchs- und Betriebsfähigkeit trifft, und dem Geltungswert, der sich auf die subjektiven Merkmale wie räumlich-optischer

Eindruck, Farbe etc. bezieht. Zudem werden die einzelnen Teile der Mieträume verschieden gewertet und zueinander in Beziehung gesetzt. So ist es einleuchtend, dass eine feuchte Wand in einem Kellerraum nicht zur selben Minderung berechtigt wie eine feuchte Wand im Wohnzimmer. Entscheidend ist aber auch hier die Bewertung des konkreten Einzelfalls. Die in Abschnitt 3 „Einzelfälle" aufgeführten Urteile sollen nur eine **Orientierungshilfe** bieten.

Lange Zeit war umstritten, ob die Minderung von der Brutto- oder der Nettomiete berechnet wird. Nunmehr hat der BGH (Urteil v. 6.4.2005, XII ZR 225/03, WuM 2005 S. 384) entschieden, dass Bemessungsgrundlage der Minderung nach § 536 BGB die **Bruttomiete** ist, also die Miete einschließlich aller Nebenkosten. Dabei ist unerheblich, ob die Nebenkosten als Pauschale oder Vorauszahlung geschuldet werden. Von der Mietminderung mit umfasst sind also auch z. B. die Vorauszahlungen auf Heizung und Warmwasser. Dies gilt sowohl für Wohn- als auch für Geschäftsraummietverhältnisse. Umstritten ist, wie bei einer Mietminderung nach der Bruttomiete, wenn eine Nettomiete und daneben Betriebskostenvorauszahlungen vereinbart sind, die Minderung bei der Betriebskostenabrechnung zu berücksichtigen ist (s. „Abrechnung der Betriebskosten").

Für den Fall einer Mietminderung aufgrund einer **Abweichung der Wohnfläche** von der im Mietvertrag angegebenen Fläche um mehr als 10 % hat der BGH entschieden, dass im Ergebnis hier nur die Nettomiete gemindert werden kann, da bei der Abrechnung der Betriebskosten nur die Zahlungen in der verminderten Höhe berücksichtigt werden, sodass ein evtl. Guthaben des Mieters geringer bzw. eine Nachforderung des Vermieters höher ausfällt, als wenn der Mieter die Nebenkostenvorauszahlungen in der ursprünglich vereinbarten Höhe erbracht hätte (BGH, Urteil v. 20.7.2005, VIII ZR 347/04, WuM 2005 S. 573; s. hierzu auch „Wohnfläche").

Mindert der Mieter über einen längeren Zeitraum, ohne dass der Vermieter etwas unternimmt, können die Ansprüche des Vermieters **verwirkt** sein wie in dem vom LG Hamburg (Beschluss v. 27.12.1989, 7 T 196/89, WuM 1990 S. 203) entschiedenen Fall, als der Vermieter erst 1,5 Jahre nach Mietende den Minderungsbetrag beanspruchte. Nach Ansicht des LG Hamburg gilt dies auch bei andauerndem Mietverhältnis, wenn sich der Vermieter über 2 Jahre (Urteil v. 10.7.1990, 16 S 345/89, WuM 1990 S. 498) oder fast 3 Jahre (Urteil v. 25.10.1990, 307 S 231/90, WuM 1991 S. 38) nicht gerührt hat. Zu prüfen ist hier allerdings immer, ob neben dem Zeitmoment auch das Umstandsmoment als Voraussetzung für die Verwirkung vorliegt (s. „Verwirkung").

Ist das Mietverhältnis beendet, gibt der Mieter die Mieträume aber nicht zurück, richtet sich bei der Vorenthaltung der Mieträume, deren Mietwert im Augenblick der Beendigung des Mietverhältnisses gemindert war, die Nutzungsentschädigung nach der geminderten Miete, weil dieser Betrag die im Augenblick der Beendigung des Mietverhältnisses vereinbarte Miete war (BGH, Urteil v. 21.2.1990, VIII ZR 116/89, WuM 1990 S. 246). Tritt der Mangel hingegen erstmals nach Beendigung der Mietzeit auf, kann der Mieter deshalb nicht mehr mindern, da der Vermieter nach Beendigung des Mietverhältnisses nicht mehr zur Herstellung des vertragsgemäßen Gebrauchs verpflichtet ist (Blank/Börstinghaus, Miete § 536 BGB Rn. 64).

Macht der Vermieter den Zahlungsanspruch gerichtlich geltend und beruft sich der Mieter auf einen Mangel der Mietsache und leitet hieraus eine Minderung der Miete her, so hat der Mieter für das Vorliegen der Mängel die **Beweislast**. Nach Ansicht des BGH (Urteil v. 27.2.1991, XII ZR 47/90, WuM 1991 S. 544) genügt es, wenn der Mieter nur konkrete Sachmängel darlegt, die die Tauglichkeit der Mietsache zum vertragsgemäßen Gebrauch beeinträchtigen. Hierfür genügt eine Beschreibung, aus der sich ergibt, um welche Art von Beeinträchtigungen (z. B. Partygeräusche, Musik, Lärm etc.) es geht, zu welchen Tageszeiten, über welche Zeitdauer und in welcher Frequenz diese ungefähr auftreten. Der Vorlage eines Lärmprotokolls bedarf es in solchen Fällen nicht (BGH, Urteil v. 29.2.2012, VIII ZR 155/11, NZM 2012 S. 381). Hingegen fällt das

Maß der Gebrauchsbeeinträchtigung durch den Mangel nicht in die Darlegungslast des Mieters, da die Mietminderung automatisch in dem Umfang eintritt, in dem die Gebrauchstauglichkeit herabgesetzt ist. Liegt der behauptete Mangel vor, hat das Gericht den Umfang der Gebrauchsbeeinträchtigung zu klären, woraus dann ohne Weiteres das Maß der Mietminderung folgt.

Ist streitig, wer den Mangel verursacht hat, verteilt die Rechtsprechung die Beweislast nach Verantwortungsbereichen. Der Vermieter muss darlegen und beweisen, dass die Ursache des Mangels nicht aus seinem Pflichten- und Verantwortungsbereich stammt (z. B. aufgrund Mängel der Bausubstanz), sondern aus dem Herrschafts- und Obhutsbereich des Mieters (z. B. unsachgemäße Behandlung der Mietsache, falsches Heizungs- oder Lüftungsverhalten). Hat der Vermieter diesen Beweis geführt, muss der Mieter seinerseits nachweisen, dass er den Mangel nicht zu vertreten hat.

3 Einzelfälle

Obwohl die Einzelfälle so unterschiedlich sind (s. auch „Mängel"), dass **Mietminderungstabellen** keine allzu große Aussagekraft haben, sollen **als erster Anhaltspunkt einige Entscheidungen** neuerer Zeit in alphabetischer Reihenfolge aufgeführt werden:

- Asylbewerber in der Nachbarschaft: keine Minderung, wenn keine konkrete Störung vorliegt; ein baurechtlicher Milieuschutz besteht nicht: 0 % AG Gronau, Urteil v. 13.12.1990, 4 C 430/90, WuM 1991 S. 161.
- Bad- und Duschanlage unbenutzbar: 33 % AG Köln, Urteil v. 1.4.1996, 206 C 85/95, WuM 1998 S. 690;

  Badewanne rau: 3 % LG Stuttgart, Urteil v. 13.5.1987, 13 S 347/86, WuM 1998 S. 108;

  Badewanne unbenutzbar: 18 % AG Goslar, WuM 1974 S. 53.
- Balkon unbenutzbar: 3 % LG Berlin, Urteil v. 24.6.1986, 29 S 24/86, MM 1986 S. 27.
- Baulärm: s. Lärm
- Blei-Trinkwasserleitungen bei Büro- und Lagerräumen: 15 % OLG Köln, Urteil v. 30.4.1991, 22 U 277/90, NJW 1992 S. 51.

  Ein Mangel liegt allerdings nicht vor, wenn nicht festgestellt werden kann, dass der Bleigehalt im Trinkwasser den in der Trinkwasserverordnung festgelegten Grenzwert regelmäßig übersteigt. Eine gelegentliche Überschreitung ist ungefährlich und stellt keinen Mangel dar, so jedenfalls LG Frankfurt/M., Urteil v. 4.10.1988, 2/11 S 18/88, ZMR 1990 S. 17.
- Briefkasten, fehlender: 3 % AG Hamburg, WuM 1976 S. 53.
- Dach undicht mit Folge der Feuchtigkeit in der Wohnung: 20 % AG Hamburg, Urteil v. 9.1.1979, 42 C 634/76, WuM 1979 S. 103.
- Doppelfenster unklar und undicht: 10 % AG Köln, Urteil v. 11.7.1979, 152 C 1013/78, WuM 1981 S. 283; LG Darmstadt, Urteil v. 4.4.1984, 7 S 397/83, WuM 1985 S. 22.
- Durchlauferhitzer erwärmt nicht ausreichend Wasser, sodass es in einem Mehrpersonenhaushalt nicht möglich ist, dass eine Person duscht und die andere gleichzeitig abspült oder mit warmem Wasser kocht: 3 % AG Köln, Urteil v. 9.4.2008, 220 C 152/07, n. v.
- Dusche funktioniert nicht: 17 % AG Köln, Urteil v. 28.11.1986, 221 C 85/86, WuM 1987 S. 271.
- Fenster luftdurchlässig und schlecht zu schließen im Sommer: 5 %; im Winter: 10 % AG Münster, WuM 1982 S. 254;

  Fenster undicht, Oberlichter nicht mehr zu öffnen: 5 % AG Potsdam, Urteil v. 7.4.1994, 26 C 281/93, WuM 1994 S. 376;

  Fenster alle undicht, nicht mehr richtig zu schließen: 25 % LG Hannover, Urteil v. 27.9.1978, 11 S 188/78, ZMR 1979 S. 47.
- Fernsehempfang unzulänglich: 10 % AG Berlin-Schöneberg, Urteil v. 8.12.1987, 12 C 354/87, GE 1988 S. 361.

- Feuchtigkeit

  Wenn der Kellerraum nach Regenfällen feucht ist: 5 % AG Düren, WuM 1983 S. 30;

  Feuchtigkeit im Keller: 10 % AG Bad Bramstedt, Urteil v. 20.7.1989, 5 C 44/89, WuM 1990 S. 71;

  kleine Feuchtigkeitsflecken und Risse in einer Neubauwohnung: 10 % LG Hamburg, Urteil v. 2.3.1976, 11 S 161/75, WuM 1976 S. 205;

  wenn diese sich auf den Funktionswert aller Räume auswirken: 20 % LG Hamburg, Urteil v. 1.12.1987, 16 S 122/87, WuM 1988 S. 353;

  erhebliche Feuchtigkeit und Nässe, Tropfwasser an der Decke und Durchfeuchtung des Teppichbodens: 50 % AG Leverkusen, Urteil v. 18.4.1979, 23 C 471/76, WuM 1980 S. 163;

  wenn der Aufenthalt in Küche, Wohn- und Schlafzimmer wegen ständiger Durchfeuchtung nahezu unmöglich ist: 80 % LG Berlin, Urteil v. 8.1.1991, 65 S 205/89, GE 1991 S. 625.

- Fliesen, andersfarbige im Bad: 5 % LG Kleve, Urteil v. 5.2.1991, 6 S 285/90, WuM 1991 S. 261.

- Fogging – schwarze Verfärbungen an allen Wänden der Wohnung: 40 % AG Düsseldorf, Urteil v. 23.10.2009, 30 C 10487/08, WuM 2009 S. 664.

- Formaldehydbelastung über dem Wert von 0,1 ppm: 25 % AG Bad Säckingen, Urteil v. 21.8.1992, 1 C 191/91, WuM 1996 S. 140;

  so erhöht, dass die Geruchsschwelle überschritten ist: 56 % AG Köln, Urteil v. 30.9.1986, 217 C 346/86, WuM 1987 S. 120.

- Gegensprechanlage defekt: 2 % LG Berlin, Urteil v. 16.2.1999, 64 S 356/98, NZM 2001 S. 986; 5 % AG Aachen, Urteil v. 10.8.1989, 80 C 220/89, WuM 1989 S. 509.

- Geruch

  Heizölgeruch: 15 % AG Augsburg, Urteil v. 12.10.2001, 73 C 2442/01, WuM 2002 S. 605;

  Essensgeruch ist hinzunehmen, wenn die Kochgerüche keine durchgängige, erhebliche Belastung darstellen, die das Maß des Empfindens eines normalen Durchschnittsmenschen übersteigen, LG Essen, Urteil v. 23.9.1999, 10 S 491/89, ZMR 2000 S. 302;

  Geruchsbelästigung durch Pizzeria im Nachbarhaus über Lüftungsschacht in der Wohnung: 15 % AG Köln, Urteil v. 19.9.1989, 208 C 246/89, WuM 1990 S. 338;

  Geruchsbelästigung durch Abluft vom Wäschetrockner in der Nachbarwohnung: 10 % LG Köln, Urteil v. 20.12.1989, 10 S 201/89, WuM 1990 S. 385;

  Zigarettenrauch und Essensgerüche aus anderen Wohnungen: 20 % LG Stuttgart, Urteil v. 27.5.1998, 5 S 421/97, WuM 1998 S. 724.

- Hausmusik in Zimmerlautstärke: keine Minderung bei persönlicher Überempfindlichkeit: 0 % AG Münster, Urteil v. 5.7.1991, 4 C 83/91, WuM 1991 S. 545;

  Klavierspiel mehr als 2 Stunden täglich, über Zimmerlautstärke: 20 % AG Düsseldorf, Urteil v. 28.7.1988, 20 C 79/87, DWW 1988 S. 357.

- Heizung

  Nur 15 °C in der ganzen Wohnung: 30 % LG Düsseldorf, WuM 1973 S. 187;

  nur 15 °C bis 18 °C in der Wohnung: 30 % LG München, nicht veröffentlicht;

  Heizungsausfall in den Wintermonaten: 50 % mindestens LG Bonn, WuM 1982 S. 170;

  Heizungsausfall von Dezember bis Februar: 50 % LG Kassel, Beschluss v. 24.2.1987, 1 T 17/87, WuM 1987 S. 271;

  Heizungsausfall von September bis Februar: 100 % LG Hamburg, WuM 1976 S. 10;

  Rauschen und Knacken der Heizung: 10 % AG Hamburg, Urteil v. 8.1.1987, 49 C 836/86, WuM 1987 S. 271.

- Holzschutzmittelbelastung (PCP und Lindan): 50 % LG Kiel, Urteil v. 22.6.1995, 10 S 24/95, WuM 1997 S. 674.

- Kaltwasservorlauf 3 bis 4 Minuten, Wasserverlust 30 bis 40 l bis Temperatur von 40 °C erreicht ist: 3,5 % LG Berlin, Urteil v. 2.6.2008, 67 S 26/07, MM 2008 S. 298.
- Küchenherd defekt: 5 % LG Berlin, Urteil v. 20.11.1980, 61 S 200/80, GE 1981 S. 673.
- Lärm

  Normale Lebensäußerungen von Kindern sind hinzunehmen und berechtigen nicht zur Mietminderung. Dies gilt nicht bei übermäßigem Lärm (Getobe, Getrampel, insbesondere in den Ruhezeiten): hier 10 % LG Köln, WuM 1971 S. 96;

  erheblicher nächtlicher Lärm durch Wohngemeinschaft im selben Haus: 50 % AG Braunschweig, Urteil v. 3.8.1989, 113 C 168/89 (9), WuM 1990 S. 147;

  erhebliche Störungen durch Baulärm und Bauarbeiten im Haus: 22 % LG Hannover, Urteil v. 28.5.1986, 1 S 46/86, WuM 1986 S. 311;

  besonders starker Lärm durch Dachgeschossausbau: 60 % AG Hamburg, Urteil v. 16.1.1987, 44 C 1605/86, WuM 1987 S. 272;

  sehr erhebliche Störungen durch Baulärm in der unmittelbaren Nachbarschaft: 20 % LG Göttingen, Urteil v. 15.1.1986, 5 S 60/85, WuM 1986 S. 114;

  sehr häufiges lautstarkes Feiern an den Wochenenden, auch bis spät in die Nacht: 20 % AG Lünen, Urteil v. 16.12.1987, 14 C 182/86, WuM 1988 S. 348;

  erheblicher Gaststättenlärm bis 1 Uhr nachts im selben Haus: 37 % AG Rheine, Urteil v. 30.10.1984, 14 C 420/84, WuM 1985 S. 260;

  Störungen der Nachtruhe durch Klopfgeräusche in der Zentralheizung: 17 % LG Darmstadt, Urteil v. 25.10.1978, 14 C 420/84, WuM 1980 S. 52;

  Lärmbelästigung durch defektes Garagentor der Tiefgarage: 15 % LG Hamburg, Beschluss v. 26.3.2009, 333 S 65/08, WuM 2009 S. 347;

  erheblicher Fluglärm und dem Fehlen von Isolierungen: 10 % LG Kiel, Urteil v. 8.1.1979, 1 S 144/78, WuM 1979 S. 128;

  Lärmbelästigung durch eine unter der Mietwohnung gelegenen Kinderarztpraxis: 10 % AG Bad Schwartau, Urteil v. 20.11.1975, C 291/75, WuM 1976 S. 259;

  Lärm durch angrenzenden Kindergarten: 15 bis 20 % AG Hamburg, WuM 1975 S. 209;

  Lärm durch Billard-Café im Nachbarhaus: 20 %; auch dann, wenn der Mieter dem Lärm ab 22 Uhr nur bei geöffnetem Fenster ausgesetzt ist, AG Köln, Urteil v. 17.2.1989, 201 C 581/88, WuM 1991 S. 545.
- Lift unbenutzbar: 10 % AG Berlin Charlottenburg, Urteil v. 15.12.1989, 2 C 484/89, GE 1990 S. 423.
- Mäuse und Kakerlaken in der Wohnung: 10 % AG Bonn, Urteil v. 8.2.1985, 6 C 277/84, WuM 1986 S. 113.
- Mobilsendeanlage kein Mangel, wenn die Sendeanlage die in der 26. BImSchV festgelegten Grenzwerte nicht überschreitet: 0 % LG Hamburg, Urteil v. 21.6.2007, 307 S 15/07, WuM 2007 S. 692.
- Nitratgehalt des Trinkwassers, gesundheitsgefährdend und überhöht: 10 % AG Osnabrück, Urteil v. 11.5.1987, 14 C 33/87, WuM 1989 S. 12; 25 % LG Köln, Urteil v. 10.1.1991, 6 S 143/90, ZMR 1991 S. 223.
- Perchloräthylen – 1 bis 2 mmg pro cbm Raumluft – aus einer chemischen Reinigung im Anwesen, Gesundheitsgefährdung: 50 % LG Hannover, Urteil v. 25.4.1990, 11 S 358/89, WuM 1990 S. 337.
- Rauchen gehört zum vertragsgemäßen Gebrauch der Wohnung; der Mieter kann vom Vermieter nicht verlangen, dem Nachbar das Rauchen zu untersagen oder bestimmte Lüftungszeiten vorzuschreiben, wenn die Geruchsemission nur durch das offene Fenster und nicht durch den Fußboden aufsteigt: 0 % LG Berlin, Beschluss v. 3.3.2009, 63 S 470/08, GE 2009 S. 781.
- Reinigung der Hausanlage mangelhaft, ungepflegter Zustand: 5 % AG Kiel, Urteil v. 19.9.1990, 7 C 56/90, WuM 1991 S. 343.

- Rost im Leitungswasser: 10 % AG Köln, WuM 1982 S. 226.
- Schallisolierung

  Schallisolierung mangelhaft: 10 % AG Lüdinghausen, WuM 1980 S. 52;

  bauliche Mindestanforderungen bei Schallschutz nicht erfüllt: 20 % AG Gelsenkirchen, Urteil v. 22.12.1975, 3 C 29/75, WuM 1978 S. 66;

  Trittschall, der in der unteren Wohnung übermäßig stark zu hören ist: 10 bis 15 % LG Karlsruhe, Urteil v. 8.5.1987, 9 S 394/86, DWW 1987 S. 234;

  Trittschall und normale Wohngeräusche im Altbau bei Einhaltung der Bauvorschriften zur Zeit der Errichtung des Gebäudes: 0 % AG München, Urteil v. 29.1.2004, 453 C 24551/03, NZM 2004 S. 499.
- Schimmel

  Schimmel in Wohnzimmer, Schlafzimmer und Bad: 20 % LG Osnabrück, Urteil v. 2.12.1988, 11 S 277/88, WuM 1989 S. 370;

  Schimmel- und Stockflecken nach Einbau von Kunststofffenstern: 10 % LG Göttingen, Urteil v. 7.5.1986, 5 S 106/85, WuM 1986 S. 308.
- Teppichboden

  Unschöner Gesamteindruck, Stolpergefahr: 10 % AG Gelsenkirchen, Urteil v. 17.7.1987, 3 C 187/87, WuM 1988 S. 13.
- Toilette

  Mangelhafte Spülung: 15 % AG Münster, Urteil v. 19.1.1993, 49 C 133/92, WuM 1993 S. 124.
- Trinkwasser

  Bleigehalt über dem Grenzwert: 9 % AG Hamburg, Urteil v. 23.8.1997, 1 C 1320/96, WuM 1992 S. 11;

  Rostverfärbung des Trinkwassers: 20 % AG Görlitz, Urteil v. 23.8.1991, 43 b C 2777/86, WuM 1998 S. 180;

  bräunliche Verfärbung des Trinkwassers: 10 % LG Braunschweig, Urteil v. 13.5.1988, 6 S 132/87, WuM 1990 S. 145.
- Trittschall s. Schallisolierung.
- Türklingel und Gegensprechanlage defekt: 2 % LG Berlin, Urteil v. 7.7.1992, 63 S 142/92, GE 1992 S. 1043.
- Ungeziefer

  Gelegentliches Auftauchen von Silberfischen im Bad: 0 % LG Lüneburg, Urteil v. 25.6.1998, 4 S 394/97, WuM 1998 S. 570;

  Silberfische in beträchtlicher Menge in der Wohnung: 20 % AG Lahnstein, Urteil v. 19.10.1987, 2 C 675/87, 25 C 118/01, WuM 1988 S. 55;

  erheblicher Mottenbefall: 25 % AG Bremen, Urteil v. 6.12.2001, 25 C 118/01, WuM 2002 S. 215.
- Verschmutzung der Treppenaufgänge, Flure, Eingangstüre und Fahrstuhlinnenraum in einer Hochhausanlage: 5 % AG Kiel, Urteil v. 19.9.1990, 7 C 56/90, WuM 1991 S. 343 f.
- Verunreinigungen von Hausflur, Außenanlagen und Wegen mit Abfall und Hundekot: 10 bis 15 % AG Dortmund, Urteil v. 16.10.1997, 106 C 4855/96, WuM 1998 S. 570.
- Wände

  Risse in zwei Zimmern, Putzablösungen: 2,5 % LG Berlin, Urteil v. 4.2.1993, 67 S 176/92, MM 1994 S. 140;

  Risse an den Wänden, Flecken an den Zimmerdecken und Feuchtigkeitsschäden im Wohnzimmer bei Neubauwohnung: 10 % LG Hamburg, Urteil v. 2.3.1976, 11 S 161/75, WuM 1976 S. 205;

  erhebliche Putzschäden, Durchfeuchtung: 50 % LG Berlin, Beschluss v. 28.2.1991, 64 T 19/91, GE 1991 S. 573.
- Warmwasserversorgung fällt aus: 20 % LG Berlin, Beschluss v. 4.6.1993, 64 T 69/93, GE 1993 S. 861.

  Ein Mangel liegt dagegen nicht vor, wenn das Wasser nicht mehr als 40 °C oder 43 °C warm wird: 0 % LG Hamburg, Urteil v. 13.7.1978, 7 S 66/78, WuM 1978 S. 242.

- Wohnfläche

  Abweichung von mehr als 10 % von den Angaben im Mietvertrag = Mangel, die Höhe der Minderung berechnet sich entsprechend der prozentualen Flächenabweichung: BGH, Urteil v. 24.3.2004, VIII ZR 295/03, NZM 2004 S. 453.
- Zugluft, starke: 20 % LG Kassel, Urteil v. 30.7.1987, 1 S 274/84, WuM 1988 S. 108.

Mischräume

Inhaltsübersicht

Seite

1 **Allgemeines** ... 760

2 **Wohn-/Geschäftsraum** ... 760

3 **Zuständiges Gericht** ... 761

4 **Rechtsfolgen** ... 762

1 Allgemeines

Werden **Wohnräume und Geschäftsräume zugleich** vermietet, spricht man von Mischräumen bzw. von einem Mischmietverhältnis. Dabei bezieht sich das Wort **„zugleich“** nicht auf den Zeitpunkt des Mietvertragsabschlusses, sondern auf den Zustand der gleichzeitigen Vermietung. Ein Mischmietverhältnis kann in verschiedener Form gegeben sein, z. B. Vermietung eines Ladens mit dazugehöriger Wohnung, einer Gastwirtschaft mit anschließender Wirtswohnung, einer abgeschlossenen Wohnung, die sowohl dem Wohnen als auch der Berufsausübung dient. Ein Mischmietverhältnis liegt aber auch vor, wenn in einem einheitlichen Vertrag Wohn- und Geschäftsräume, die voneinander getrennt sind, sei es im gleichen Haus, sei es in verschiedenen Häusern, vermietet sind. Dies gilt auch für die Vermietung einer Wohnung und einer Garage in einem Mietvertrag. Hier wird regelmäßig ein einheitliches Mischmietverhältnis vorliegen (OLG Düsseldorf, Urteil v. 7.12.2006, 10 U 115/06, NZM 2007 S. 799). Ausführlich s. unter „Garage“.

2 Wohn-/Geschäftsraum

Da das Mischmietverhältnis weder gesetzlich definiert noch besonderen gesetzlichen Regelungen unterworfen ist, muss es **entweder** als Wohnraum- **oder** als Geschäftsraummietverhältnis behandelt werden.

Entscheidend ist grundsätzlich der **Parteiwille**, wie er regelmäßig im Mietvertrag zum Ausdruck kommt (BGH, Urteil v. 16.4.1986, VIII ZR 60/85, ZMR 1986 S. 278).

Hierbei ist allerdings zu beachten, dass die im Mietvertrag zum Ausdruck kommende Erklärung der Mischräume als Geschäftsräume unwirksam sein kann, wenn dadurch zum Nachteil des Mieters die Anwendbarkeit der Schutzvorschriften ausgeschlossen werden soll. Entscheidend ist der wahre Vertragszweck. Schließen die Parteien zur Umgehung der Zweckentfremdungsbestimmungen oder der Wohnraumschutzgesetze einen gewerblichen Mietvertrag ab, obwohl Wohnräume vermietet werden, ist Wohnraummietrecht anzuwenden (AG München, Urteil v. 11.12.1989, 231 C 21887/89 und LG München, Urteil v. 5.9.1990, 14 S 2376/90, WuM 1991 S. 20).

So hat auch das LG Frankfurt/M. (Urteil v. 19.3.1991, 2/11 S 349/90, WuM 1992 S. 112) entschieden, dass dann, wenn der Vertrag nur zum Schein als Gewerberaummietvertrag abgeschlossen wird, Wohnraummietrecht als verdecktes Rechtsgeschäft gilt.

> Fehlt eine Vereinbarung, so kommt es darauf an, welches der **Hauptzweck des Vertrags** ist.

Liegt der Hauptzweck im Wohngebrauch, so unterliegt das Mischmietverhältnis einheitlich den Wohnraumvorschriften, liegt er im Geschäftsgebrauch, unterliegt es den Vorschriften über Geschäftsraummietverhältnisse.

> Entscheidend ist, welcher Zweck **überwiegt** (sog. Übergewichtstheorie; BGH, Urteil v. 16.4.1986, VIII ZR 60/85, ZMR 1986 S. 278).

Für die Einordnung als Wohnraummietverhältnis ist nicht die Eignung der Räume zur Wohnnutzung, sondern der vereinbarte Nutzungszweck entscheidend (BGH, Urteil v. 9.7.2014, VIII ZR 376/13, WuM 2014 S. 539, Rn. 21). Welcher Vertragszweck bei Mischmietverhältnissen im Vordergrund steht, ist durch Auslegung der getroffenen Vereinbarung zu ermitteln. Fehlen ausdrückliche Abreden der Parteien, wird man auf Indizien zurückgreifen müssen. Im Gegensatz zur früheren Rechtsprechung geht der BGH davon aus, dass der Umstand, dass die Vermietung nicht nur zu Wohnzwecken, sondern auch zur Ausübung einer gewerblichen/freiberuflichen Tätigkeit vorgenommen wird, durch die der Mieter seinen Lebensunterhalt bestreitet, keine tragfähigen Rückschlüsse auf einen im Bereich der Geschäftsraummiete liegenden Vertragsschwerpunkt zulässt (BGH, a. a. O.). Im vom BGH entschiedenen Fall wurde ein Vertragsformular mit der Überschrift „Vertrag für die Vermietung eines Hauses“ geschlossen. Eine konkrete vertragliche Vereinbarung über den gewollten Nutzungsschwerpunkt erfolgte nicht. Wichtig ist also in solchen Fällen, ein Vertragsformular zu verwenden, das sich eindeutig entweder auf Geschäftsraum oder auf Wohnraum bezieht. Wie bereits ausgeführt, ist aber der wahre, das Rechtsverhältnis prägende Vertragszweck entscheidend. Ein hiervon abweichender, im Vertrag nur vorgetäuschter Vertragszweck ist unbeachtlich (BGH, Urteil v. 16.4.1986, VIII ZR 60/85, WuM 1986 S. 274).

Als Indiz kommt die Verwendung eines auf eine der beiden Nutzungsarten zugeschnittenen Vertragsformulars in Betracht, wobei die Bezeichnung des Mietverhältnisses in der Überschrift Bedeutung gewinnen kann (BGH, Urteil v. 9.7.2014, VIII ZR 376/13, WuM 2014 S. 539, Rn. 37). Indizwirkung kann auch dem Verhältnis der für die gewerbliche/freiberufliche Nutzung vorgesehenen Flächen zu den für Wohnzwecke bestimmten Flächen zukommen (BGH, a. a. O., Rn. 38). Entsprechendes gilt für die Verteilung der Gesamtmiete auf die einzelnen Nutzungsanteile, wobei allerdings zu berücksichtigen ist, dass für Gewerberäume regelmäßig eine höhere Miete entrichtet wird. Auch die baulichen Gegebenheiten können Rückschlüsse zulassen.

Lässt sich bei dieser Einzelfallprüfung ein Überwiegen der gewerblichen Nutzung nicht feststellen, ist im Hinblick auf das Schutzbedürfnis des Mieters von der Geltung der Vorschriften der Wohnraummiete auszugehen (BGH, a. a. O.).

Für die rechtliche Einordnung eines Mischmietverhältnisses, also für die Beurteilung, welcher Vertragszweck überwiegt, ist – sofern keine Vertragsänderung erfolgt ist – ausschließlich auf den Zeitpunkt des Vertragsschlusses abzustellen (BGH, a. a. O., Rn. 50). Im vom BGH entschiedenen Fall wurde ein Vertragsformular für die Vermietung eines Hauses benutzt. Die im Mietvertrag enthaltenen Regelungen waren typisch für Wohnraummietverhältnisse (Vertragslaufzeit, Höhe der Kaution etc.). Wichtig ist also die eindeutige Vereinbarung des (überwiegenden) Vertragszwecks unter Verwendung eines entsprechenden Formulars.

3 Zuständiges Gericht

Ein Mischmietverhältnis ist in rechtlicher Hinsicht einheitlich zu beurteilen und zwingend entweder als Wohnraummietverhältnis oder als Mietverhältnis über sonstige Räume einzustufen. Dies gilt nicht nur für die materielle Rechtslage, sondern auch für das Prozessrecht, denn die sachliche Zuständigkeit der Gerichte hängt davon ab, ob es sich um einen Rechtsstreit aus einem Wohnraummietverhältnis handelt oder nicht (BGH, Urteil v. 9.7.2014, VIII ZR 376/13, WuM 2014 S. 539, Rn. 18).

Dies ergibt sich aus § 23 Nr. 2a GVG. Danach ist das Amtsgericht ohne Rücksicht auf den Wert des Streitgegenstands für Auseinandersetzungen wegen Ansprüchen aus einem Mietverhältnis über Wohnraum oder des Bestands eines solchen Mietverhältnisses zuständig; diese Zuständigkeit ist ausschließlich. Bei anderen Mietverhältnissen, also auch bei Mischmietverhältnissen, ergibt sich die sachliche Zuständigkeit aus § 23 Nr. 1 und § 71 Abs. 1 GVG. Liegt der Streitwert unter 5.000 Euro, ist das Amtsgericht zuständig; ansonsten ist das Landgericht sachlich zuständig.

Davon zu trennen ist die örtliche Zuständigkeit. Unabhängig davon, ob sachlich das Amtsgericht oder das Landgericht zuständig ist, ist bei Streitigkeiten wegen Ansprüchen aus Miet- oder Pachtverhältnissen über Räume ausschließlich das Gericht zuständig, in dessen Bezirk sich die Räume befinden (§ 29a Abs. 1 ZPO).

4 Rechtsfolgen

Ob Wohnraum- oder Geschäftsraummietrecht anzuwenden ist, hat erhebliche Auswirkungen. Ist das Recht für **Wohnraum** anzuwenden, bedarf die ordentliche Kündigung der Darlegung eines berechtigten Interesses (s. „Kündigungsschutz“). Für Mieterhöhungen gelten die §§ 557 ff. BGB. Abzustellen ist also auf die ortsübliche Vergleichsmiete für gemischt genutzte Mieträume. Ist für den Wohn- und Gewerberaumanteil eine **einheitliche Miete** vereinbart, kann zu Zwecken der Vergleichsmietenermittlung eine rechnerische Trennung vorgenommen werden. Die Anteile für Wohnung und Gewerbe müssen dann wieder addiert werden, sodass ein einheitliches Erhöhungsverlangen gestellt wird, da eine Änderung der Mietstruktur nicht möglich ist.

Kann die anteilige Miete für den gewerblichen Teil nicht oder nur unter Schwierigkeiten ermittelt werden, ist ein werterhöhender **Zuschlag** zur Wohnungsmiete für den auf die gewerbliche Nutzung fallenden Teil möglich (so Sternel, III Rn. 605b). Die Obergrenze soll in Anlehnung an § 26 Abs. 2 NMV bei 50 % liegen (Sternel, a. a. O.).

Diese Bestimmung bezieht sich allerdings auf Wohnungen, die der Preisbindung unterliegen. Der Zuschlag soll sich nach dem Grad der erhöhten Abnutzung richten (AG Hamburg-Wandsbeck, ZMR 2009 S. 377: 10 % Zuschlag zum Mittelwert des Mietspiegels bei Nutzung eines Zimmers als Kosmetikstudio).

Sind die Mietanteile getrennt ausgewiesen, ist umstritten, ob der Gewerbeanteil unabhängig von der Miete für die Wohnanteile erhöht werden kann (dafür: KG, Urteil v. 28.11.2005, 8 U 66/05, GE 2006 S. 322; dagegen, wenn es sich um ein einheitliches Mietverhältnis handelt: Schmidt-Futterer/Blank, § 558a Rn. 58).

Überwiegt der **Gewerbeanteil**, ergeben sich bei der Mieterhöhung (s. „Mieterhöhung bei Geschäftsräumen“) und Kündigung (s. „Kündigung“) keine Besonderheiten. Wird zusammen mit der Wohnung eine **Garage** vermietet, handelt es sich ebenfalls um ein Mischmietverhältnis, bei dem Wohnraum überwiegt (vgl. „Garage“).

Wenn das Geschäftsraummietrecht anzuwenden ist, soll, insofern die Rückgabe teilbar ist, für den Wohnraumanteil die Gewährung einer Räumungsfrist (§ 721 ZPO) infrage kommen (strittig, so jedenfalls Thomas-Putzo, ZPO, 34. Aufl., § 721 Anm. 1 sowie LG Hamburg, Urteil v. 3.12.1992, 334 S 88/92, WuM 1993 S. 36).

Möblierter Wohnraum

Für möblierten Wohnraum gilt eine Reihe von Vorschriften, die vom sonstigen Recht der Wohnraummiete abweichen. Von möbliertem Wohnraum spricht man, wenn der Vermieter den Mietraum ganz oder überwiegend mit Einrichtungsgegenständen auszustatten hat. Dabei ist entscheidend, ob der Vermieter nach dem Mietvertrag zur Möblierung verpflichtet ist.

Auf die tatsächliche Möblierung kommt es nicht an. Wohnraum ist auch dann als „möblierter Wohnraum“ zu behandeln, wenn der Mieter ohne Kenntnis oder gar gegen den Willen des Vermieters von diesem vertragsgemäß zur Verfügung gestellte Einrichtungsgegenstände entfernt und durch eigene ersetzt. Bei der Frage der überwiegenden Ausstattung mit Einrichtungsgegenständen ist auf die Zahl und die Bedeutung der zu einer gewöhnlichen, nicht überfüllten Einrichtung gehörenden Gegenstände abzustellen.

Gemäß § 549 Abs. 2 Nr. 2 BGB gelten die Vorschriften über die Mieterhöhung, über den Mieterschutz bei Beendigung des Mietverhältnisses sowie bei der Begründung von Wohnungseigentum nicht für Mietverhältnisse über Wohnraum, der Teil der vom Vermieter selbst bewohnten Wohnung ist und den der Vermieter überwiegend mit Einrichtungsgegenständen auszustatten hat, sofern der Wohnraum dem Mieter nicht zum dauernden Gebrauch mit seiner Familie oder mit Personen überlassen ist, mit denen er einen auf Dauer angelegten gemeinsamen Haushalt führt.

Der Begriff der **Familie** ist im Gesetz nicht definiert. Manche verstehen darunter die Gesamtheit der durch Ehe oder Verwandtschaft verbundenen Personen. Danach fällt unter den Begriff „Familie“ nicht nur das Ehepaar mit Kind, sondern auch das kinderlose Ehepaar, ferner eine alleinstehende Person mit Kind, auch wenn es nichtehelich ist, ferner Verschwägerte sowie Eltern und Geschwister des Mieters.

Durch das Mietrechtsreformgesetz ist die Fallgruppe, für die der Ausschluss von den Schutzvorschriften nicht gilt, um den auf Dauer angelegten gemeinsamen Haushalt erweitert worden. Darunter ist nach der amtlichen Begründung eine **Lebensgemeinschaft** zu verstehen, die auf Dauer angelegt ist, keine weiteren Bindungen gleicher Art zulässt und sich durch innere Bindungen auszeichnet, die ein gegenseitiges Füreinandereinstehen begründen, die über eine reine Wohn- und Wirtschaftsgemeinschaft hinausgehen. Dieser Begriff entspricht den Kriterien der bisherigen Rechtsprechung zur „eheähnlichen Gemeinschaft“. Nach dieser erweiterten Fassung kann sowohl die hetero- oder homosexuelle Partnerschaft wie auch das dauerhafte Zusammenleben alter Menschen als Alternative zum Alters- oder Pflegeheim, die ihr gegenseitiges Füreinandereinstehen z.B. durch gegenseitige Vollmachten dokumentieren, diese Kriterien erfüllen. Eingetragene Lebenspartner i.S.d. zukünftigen Lebenspartnerschaftsgesetzes sind hiervon in jedem Fall umfasst.

Der Regelfall ist die Vermietung möblierter Räume an Einzelpersonen. Handelt es sich um eine Vermietung in diesem Sinne, gelten folgende, vom allgemeinen Wohnraummietrecht abweichende Regelungen:

Auch bei den **Kündigungsfristen** hat das Mietrechtsreformgesetz für möblierten Wohnraum eine Änderung gebracht. Gemäß § 573c Abs. 3 BGB ist eine Kündigung spätestens am 15. eines Monats zum Ablauf dieses Monats zulässig. Eine zum Nachteil des Mieters hiervon abweichende Vereinbarung ist unwirksam (§ 573c Abs. 4 BGB).

Das Mietverhältnis über möblierten Wohnraum unterliegt nicht dem Kündigungsschutz.

Das Widerspruchsrecht des Mieters gegen die Kündigung ist hier ausgeschlossen; die Regelungen über die Miethöhe gemäß §§ 557 ff. BGB finden keine Anwendung. Der Vermieter kann somit nicht vom Mieter die Zustimmung zu einer Mieterhöhung verlangen, er muss vielmehr, will er eine Änderung der Miete herbeiführen, mangels Zustimmung des Mieters das Mietverhältnis kündigen.

Räumungsfrist kann dem zur Räumung verurteilten Mieter eines nicht geschützten Mietverhältnisses hingegen gewährt werden.

Modernisierung

Inhaltsübersicht

		Seite
1	**Erhaltungsmaßnahmen**	764
2	**Modernisierungsmaßnahmen**	765
2.1	Energetische Modernisierung	765
2.2	Sonstige energie- und klimaschützende Maßnahmen	765
2.3	Bauliche Veränderungen, durch die der Wasserverbrauch nachhaltig reduziert wird	766
2.4	Veränderungen, durch die der Gebrauchswert der Mietsache nachhaltig erhöht wird	766
2.5	Verbesserung der allgemeinen Wohnverhältnisse	767
2.6	Veränderungen, die der Vermieter nicht zu vertreten hat und die keine Erhaltungsmaßnahmen sind	767
2.7	Schaffung neuen Wohnraums	768
3	**Ankündigung von Modernisierungsmaßnahmen**	768
4	**Duldung von Modernisierungsmaßnahmen, Ausschlussfrist**	770
5	**Sonderkündigungsrecht**	772
6	**Modernisierungsvereinbarungen**	773
7	**Geschäftsraum**	773

1 Erhaltungsmaßnahmen

Durch das Mietrechtsänderungsgesetz wurde das Recht der Erhaltungs- und Modernisierungsmaßnahmen neu geregelt. Die Bestimmungen gelten für Modernisierungsmaßnahmen, die dem Mieter ab 1.5.2013 mitgeteilt werden. § 555a BGB regelt die Erhaltungsmaßnahmen. Maßnahmen, die zur Instandhaltung oder Instandsetzung der Mietsache erforderlich sind, hat der Mieter zu dulden (§ 555a Abs. 1). Diese Maßnahmen sind gemäß § 555a Abs. 2 dem Mieter rechtzeitig anzukündigen, es sei denn, sie sind nur mit einer unerheblichen Einwirkung auf die Mietsache verbunden oder ihre sofortige Durchführung ist zwingend erforderlich. Eine besondere Form oder Frist besteht nicht. Die Frist richtet sich nach Art, Umfang und Dauer der Arbeiten.

Aufwendungen, die der Mieter aufgrund einer Erhaltungsmaßnahme machen muss, hat der Vermieter in angemessenem Umfang zu ersetzen. Auf Verlangen hat er Vorschuss zu leisten (§ 555a Abs. 3 BGB). Dies entspricht der früheren Rechtslage.

Zum Nachteil des Mieters von § 555a Abs. 2 oder 3 abweichende Vereinbarungen sind unwirksam.

Eine Verpflichtung des Vermieters besteht nur zur Durchführung der erforderlichen Instandhaltungs- und Instandsetzungsmaßnahmen. Eine Verpflichtung zur Durchführung von Modernisierungsmaßnahmen hat der Vermieter nicht, ebenso wie der Mieter kein Recht hat, selbst bauliche Veränderungen in den Mieträumen ohne Genehmigung des Vermieters vorzunehmen (BGH, Urteil v. 14.9.2011, VIII ZR 10/11 NZM 2012, 154).

Im **öffentlich geförderten sozialen** Wohnungsbau darf eine Modernisierung nur berücksichtigt werden, wenn die Bewilligungsstelle ihr zugestimmt hat (§ 11 Abs. 7 II. BV). Im Übrigen gilt auch im öffentlich geförderten Wohnungsbau für die Duldungspflicht des

Mieters die Bestimmungen der §§ 555b ff. BGB.

Erhaltungsmaßnahmen hat der Mieter also stets zu dulden, Modernisierungsmaßnahmen nur unter den Voraussetzungen der §§ 555b ff. BGB.

Die Abgrenzung kann im Einzelfall schwierig sein. Im aufgehobenen § 3 Abs. 4 ModEnG findet sich eine Legaldefinition: Danach ist **Instandsetzung** die Behebung von baulichen Mängeln, insbesondere von Mängeln, die infolge Abnutzung, Alterung, Witterungseinflüssen oder Einwirkungen Dritter entstanden sind, durch Maßnahmen, die in den Wohnungen den zum bestimmungsgemäßen Gebrauch geeigneten Zustand wiederherstellen. Manche Maßnahmen dienen sowohl der Erhaltung als auch der Verbesserung (Austausch alter Holzfenster mit morschem Rahmen gegen neue Fenster mit höherem Schallschutz und besserer Isolierung). Die Duldungspflicht des Mieters richtet sich hier allein nach §§ 555b ff. BGB.

2 Modernisierungsmaßnahmen

2.1 Energetische Modernisierung

Neu eingeführt durch das Mietrechtsänderungsgesetz ist die energetische Modernisierung gemäß § 555b Ziff. 1 BGB. Danach sind Modernisierungsmaßnahmen bauliche Veränderungen, durch die in Bezug auf die Mietsache Endenergie nachhaltig eingespart wird.

„In Bezug auf die Mietsache" bedeutet, dass die Maßnahmen der Mietsache in irgendeiner Weise zugutekommen müssen (Hinz, ZMR 2012 S. 153, 155). Schon nach der bisherigen Rechtsprechung war es aber nicht erforderlich, dass es beim Mieter zu Kosteneinsparungen kommt.

Endenergie ist die Menge an Energie, die der Anlagentechnik eines Gebäudes (Heizungsanlage, raumlufttechnische Anlage, Warmwasserbereitungsanlage) zur Verfügung stehen muss, um die für den „Endverbraucher" (also insbesondere den Mieter) erforderliche Nutzenergie sowie die Verluste der Anlagentechnik bei der Übergabe, der Verteilung, der Speicherung und der Erzeugung im Gebäude zu decken (Begründung zum Mietrechtsänderungsgesetz, S. 27). Endenergie wird gespart, wenn zur Erbringung derselben Energiedienstleistung am Ort des Verbrauchers weniger Nutzenergie als vor der Modernisierung erforderlich ist, z.B. Wärmedämmung, Fensteraustausch oder Installation von Lüftungsanlagen mit Wärmerückgewinnung. Sie wird auch dann gespart, wenn die Nutzenergie mit größerer Effizienz zur Verfügung gestellt wird (Erneuerung des Heizkessels oder Verringerung der Wärmeverluste zwischen Heizkessel und Heizkörpern durch Wärmedämmung etc.). Energieeinsparung kann auch durch Anlagen zur Nutzung von Sonnen- oder Windenergie am Gebäude erfolgen (z.B. Erzeugung von Warmwasser mithilfe von Solarkollektoren).

2.2 Sonstige energie- und klimaschützende Maßnahmen

Modernisierungsmaßnahmen sind gemäß § 555b Nr. 2 BGB auch bauliche Veränderungen, durch die nicht erneuerbare Primärenergie nachhaltig eingespart wird. Der Begriff der Primärenergie berücksichtigt im Unterschied zur Endenergie nicht nur die an der Gebäudegrenze übergebene Energiemenge, sondern zusätzlich diejenige Energiemenge, die durch vorgelagerte Prozesse außerhalb des Gebäudes zur Gewinnung, Umwandlung und Verteilung benötigt wird (z.B. Bohrung zur Gewinnung von Erdöl, Raffinerie zu Heizöl und Transport zum Abnehmer, Verstromung des Heizöls durch Verbrennung). Nicht erneuerbare Primärenergie sind die Energieträger wie Kohle, Erdöl oder Erdgas im Gegensatz zu Biomasse und Holz oder Sonne und Wind (Begründung zum Mietrechtsänderungsgesetz, S. 28).

Auf einen Einspareffekt beim Mieter kommt es hierbei nicht an, so z.B. beim Anschluss einer mit einer Gasetagenheizung ausgestatteten Mietwohnung an das aus Anlagen der Kraft-Wärme-Kopplung gespeiste Fernwärmenetz (so schon zum alten Recht, BGH, Urteil v. 24.9.2008, VIII ZR 275/07, WuM 2008 S. 667).

Unter die Bestimmung fällt z.B. auch die Umstellung einer Heizungsanlage von einem fossilen Energieträger auf einen erneuerbaren Energieträger, etwa von einem Betrieb durch Öl oder Gas auf einen Betrieb durch Holzpellets. Auch dies führt zur Einsparung nicht erneuerbarer Primärenergie.

Ferner fallen unter § 555b Nr. 2 bauliche Veränderungen, durch die das Klima nachhaltig geschützt wird, sofern nicht bereits eine energetische Modernisierung nach Nr. 1 vorliegt. Hier erfolgt die Einsparung nicht in Bezug auf die Mietsache. Dies ist z.B. der Fall bei einer Photovoltaikanlage, die auf das Dach eines Mietshauses montiert wird und bei der der erzeugte Strom nicht der Versorgung der Mietsache dient, sondern vom Vermieter gegen Vergütung in das allgemeine Stromnetz eingespeist wird (Begründung zum Mietrechtsänderungsgesetz, S. 29).

Der Tatbestand ist offen formuliert, sodass dort auch künftige neue Techniken, die dem Klimaschutz dienen, subsumiert werden können. Zu beachten ist, dass diese Maßnahmen den Vermieter nicht zu einer Mieterhöhung nach § 559 BGB berechtigen und auch nicht zu einem Minderungsausschluss nach § 536 Abs. 1a BGB führen.

2.3 Bauliche Veränderungen, durch die der Wasserverbrauch nachhaltig reduziert wird

Diese Regelung war bereits im bisherigen Recht enthalten. Hierunter fällt jede Maßnahme, die den Wasserverbrauch mindert, insbesondere der Einbau von Wasserzählern (auch Kaltwasserzähler).

2.4 Veränderungen, durch die der Gebrauchswert der Mietsache nachhaltig erhöht wird

Im aufgehobenen § 4 Abs. 1 ModEnG findet sich eine Aufzählung:

Danach sind **bauliche Maßnahmen**, die den Gebrauchswert der Wohnung erhöhen, insbesondere Maßnahmen zur Verbesserung

1. des Zuschnitts der Wohnung,
2. der Belichtung und Belüftung,
3. des Schallschutzes,
4. der Energieversorgung, der Wasserversorgung und der Entwässerung,
5. der sanitären Einrichtungen,
6. der Beheizung und der Kochmöglichkeiten,
7. der Funktionsabläufe in Wohnungen,
8. der Sicherheit vor Diebstahl und Gewalt.

Beispiele

Folgende Beispiele aus der Rechtsprechung seien aufgeführt: Einbau eines elektrischen Türöffners (AG Schöneberg, Urteil v. 3.1.1986, 15 C 538/85, NJW 1986 S. 2059; LG München I, Urteil v. 29.7.1987, 14 S 7397/87, WuM 1989 S. 27), Badverfliesung (LG Hamburg, Urteil v. 26.4.1984, 7 S 311/83, WuM 1984 S. 217), Umstellung von Einzelöfen auf Zentralheizung (LG Hamburg, Urteil v. 6.10.1989, 11 S 125/89, WuM 1990 S. 18), Einbau eines Lifts (LG München I, Urteil v. 29.7.1987, 14 S 7397/87, WuM 1989 S. 27), Anbau eines Balkons (LG München I, a.a.O.; LG Berlin, Urteil v. 12.11.2007, 67 S 16/07, WuM 2008 S. 85; LG Wiesbaden, Beschluss v. 23.10.2002, 2 S 50/02, WuM 2003 S. 564), nicht aber der Umbau eines Balkons in einen Wintergarten (LG Berlin, Urteil v. 23.5.1997, 64 S 507/96, NZM 1998 S. 189), Anschluss an das Breitbandkabelnetz (KG Berlin, Urteil v. 27.6.1985, 8 RE-Miet 874/85, WuM 1985 S. 248), auch im Empfangsbereich des terrestrischen Digitalfernsehens (BGH, Urteil v. 20.7.2005, VIII ZR 253/04, WuM 2005 S. 576; vgl. hierzu „Kabelfernsehen“), das Anbringen einer Gemeinschaftsantenne (BGH, Urteil v. 15.5.1991, VIII ZR 38/90, WuM 1991 S. 381), die räumliche Trennung von Bad und WC (LG Berlin, Urteil v. 28.10.1991, 66 S 78/91, GE 1992 S. 39), Austausch einer Wohnungseingangstür durch eine einbruchhemmende Wohnungseingangstür (LG Köln, WuM 1983 S. 608). Der Austausch von Wasserleitungen aus Blei gegen Kupferleitungen ist nur dann eine Modernisierung, wenn er vorbeugend erfolgt, um einer potenziellen oder auch nur zukünftig mit zunehmendem Alter wahrscheinlich werdenden Belastung vorzubeugen (LG Berlin, ZMR 1992 S. 546), Einbau von Funkzählern für Heizung und Kaltwasser (BGH, Urteil v. 28.9.2011, VIII ZR 326/10, NZM 2011 S. 804).

Die Beurteilung, ob eine Umbaumaßnahme innerhalb der Wohnung, die mit einer Grundrissänderung verbunden ist, zur Verbesserung der Mietsache führt, ist aufgrund einer dem Tatrichter obliegenden Würdigung der konkreten Umstände des Einzelfalls vorzunehmen. Im entschiedenen Fall wurde Bad und WC getrennt und die bisherige Abstell- und Speisekammer in das Bad einbezogen. Hierdurch wird ein Zuschnitt erreicht, der bei neueren Wohnungen weithin dem üblichen Standard entspricht. Es liegt also eine Verbesserung vor, die vom Mieter zu dulden ist (BGH, Urteil v. 13.2.2008, VIII ZR 105/07, NZM 2008 S. 283).

In diesem Urteil hat der BGH auch darauf hingewiesen, dass der Mieter Modernisierungsmaßnahmen auch dann dulden muss, wenn sie im Fall des Verkaufs der Wohnung oder des Grundstücks schon vor der Grundbuchumschreibung von dem hierzu durch den Vermieter ermächtigten Käufer nach § 554 Abs. 3 S. 1 BGB angekündigt und durchgeführt werden (BGH, a. a. O.).

Ob eine vom Vermieter beabsichtigte Modernisierungsmaßnahme eine Verbesserung der Wohnräume darstellt, ist grundsätzlich nach dem gegenwärtigen Zustand der Wohnung einschließlich der vom Mieter vorgenommenen Verbesserungsmaßnahmen zu beurteilen. Im entschiedenen Fall hat der Mieter mit Zustimmung des Vorvermieters statt Kohleöfen eine Gasetagenheizung eingebaut. Der neue Vermieter wollte die Wohnung an die vorhandene Gaszentralheizung anschließen. Die Klage des Vermieters hatte keinen Erfolg. Unberücksichtigt bleiben hierbei lediglich etwaige vom (gegenwärtigen) Mieter vertragswidrig vorgenommene bauliche Veränderungen (BGH, Urteil v. 20.6.2012, VIII ZR 110/11, NZM 2012 S. 679). Der BGH weist darauf hin, dass hierdurch das Recht des Vermieters nicht unzulässig eingeschränkt wird. Der Mieter hat nämlich grundsätzlich keinen Anspruch darauf, dass der Vermieter ihm gestattet, selbst bauliche Veränderungen an der Wohnung mit dem Ziel einer Modernisierung oder Erhöhung des Wohnkomforts vorzunehmen (vgl. BGH, Urteil v. 14.9.2011, VIII ZR 10/11, NZM 2012 S. 154). Wenn der Vermieter die Zustimmung erteilt, kann er diese an Bedingungen knüpfen und dadurch sicherstellen, dass sich die vom Mieter vorgenommenen Maßnahmen mit dem vom Vermieter beabsichtigten Modernisierungen in Übereinstimmung bringen lassen.

2.5 Verbesserung der allgemeinen Wohnverhältnisse

Bauliche Maßnahmen, die die allgemeinen Wohnverhältnisse verbessern, sind nach dem aufgehobenen § 4 Abs. 2 ModEnG insbesondere die Anlage und der Ausbau von nicht öffentlichen **Gemeinschaftsanlagen**, wie Kinderspielplätze, Grünanlagen, Stellplätze und andere Verkehrsanlagen. Darunter fällt z. B. der Einbau eines Fahrradständers im Hof, die Anlage einer Hofbefestigung (LG Hildesheim, Urteil v. 23.2.1983, 7 S 382/82, WuM 1985 S. 340), die Installierung einer notwendigen neuen Müllbox (LG Hannover, WuM 1982 S. 83).

2.6 Veränderungen, die der Vermieter nicht zu vertreten hat und die keine Erhaltungsmaßnahmen sind

Die Regelung in § 555b Nr. 6 BGB ist durch das Mietrechtsänderungsgesetz eingeführt worden. Nach früherem Recht wurde eine Duldungspflicht für derartige Maßnahmen auf § 242 BGB gestützt. Nunmehr ist auch für solche Maßnahmen grundsätzlich eine Härtefallabwägung nach § 555d BGB durchzuführen (Begründung zum Mietrechtsänderungsgesetz, S. 29). Hierbei ist allerdings zu berücksichtigen, dass den Interessen des Vermieters in diesen Fällen in der Regel besonderes Gewicht zukommen wird. Darunter fallen bauliche Maßnahmen, die der Vermieter aufgrund einer behördlichen Anordnung oder gesetzlichen Verpflichtung durchzuführen hat.

2.7 Schaffung neuen Wohnraums

Dies ist nunmehr in § 555b Nr. 7 BGB geregelt. Hierunter fällt z. B. der Dachgeschossausbau. Diese Maßnahme rechtfertigt keine Mieterhöhung wegen Modernisierung nach § 559 Abs. 1 BGB.

3 Ankündigung von Modernisierungsmaßnahmen

Gemäß § 555c BGB hat der Vermieter dem Mieter **3 Monate vor** dem Beginn der Maßnahme deren Art sowie voraussichtlichen Umfang und Beginn und voraussichtliche Dauer, den zu erwartenden Erhöhungsbetrag der Miete **in Textform** (s. hierzu „Mieterhöhung bei Wohnraum", Abschnitt 9 „Textform") und, neu eingeführt durch das Mietrechtsänderungsgesetz, die voraussichtlichen künftigen Betriebskosten **mitzuteilen**. Ein Verstoß gegen diese Vorschrift berechtigt den Mieter ohne die Prüfung der weiteren Voraussetzungen der Modernisierung zur Verweigerung seines Einverständnisses, da die Ankündigungspflicht Fälligkeitsvoraussetzung für das Entstehen der Duldungspflicht ist (nicht aber Tatbestandsvoraussetzung; Sternel, Mietrecht aktuell, 2. Aufl., Rn. 133 f.). Die Mitteilung muss so konkret wie möglich sein, allgemeine Angaben reichen nicht aus.

Das Mietrechtsreformgesetz hat hier zwei Änderungen gebracht. Zum einen ist die Ankündigungsfrist von bisher 2 auf 3 Monate verlängert worden. Zum anderen sollen die Anforderungen an den Inhalt der Modernisierungsmitteilung des Vermieters vor dem Hintergrund der äußerst strenge Maßstäbe anlegenden Rechtsprechung durch die Verwendung des Wortes „voraussichtlich" gesenkt werden. Nach der amtlichen Begründung bezieht sich das Merkmal „voraussichtlich" damit auf Umfang, Beginn und Dauer. Damit soll insbesondere auch dem Umstand Rechnung getragen werden, dass der Vermieter zu dem vom Gesetz vorgeschriebenen Mitteilungszeitpunkt zu präziseren Angaben häufig noch gar nicht in der Lage sein wird. Dies gilt umso mehr, als die Mitteilungsfrist auf 3 Monate verlängert wird.

Die Anforderungen wurden durch das Mietrechtsänderungsgesetz weiter herabgesenkt. Gemäß § 555c Abs. 1 Nr. 1 BGB muss die Art und der voraussichtliche Umfang der Modernisierungsmaßnahmen nunmehr in **wesentlichen Zügen** angekündigt werden. Nach der amtlichen Begründung soll hierdurch nochmals verankert werden, dass an den Inhalt der Modernisierungsankündigung, insbesondere hinsichtlich Art und Umfang der Maßnahme, keine überhöhten Anforderungen gestellt werden dürfen. Dem folgt auch die bisherige höchstgerichtliche Rechtsprechung. Danach muss eine Modernisierungsankündigung nicht jede Einzelheit der beabsichtigten Maßnahmen beschreiben und nicht jede mögliche Auswirkung mitteilen. Die Ankündigung muss lediglich so konkret gefasst sein, dass sie den Informationsbedürfnissen des Mieters Rechnung trägt, das Ziel der beabsichtigten Modernisierung und die zu dessen Erreichung geplanten Maßnahmen zu erfahren, um dem Mieter darüber eine zureichende Kenntnis zu vermitteln, in welcher Weise die Wohnung durch die geplanten Maßnahmen verändert wird und wie sich diese Maßnahmen künftig auf den Mietgebrauch einschließlich etwaiger Verwendungen des Mieters auswirken werden (BGH, Urteil v. 28.9.2011, VIII ZR 242/10, NZM 2011 S. 849).

Das Mietrechtsänderungsgesetz hat für den Vermieter eine weitere Erleichterung gebracht: Gemäß § 555c Abs. 3 BGB kann der Vermieter in der Ankündigung von energetischer Modernisierung gemäß § 555b Ziff. 1 BGB und von Einsparung von Primärenergie gemäß § 555b Nr. 2 BGB insbesondere hinsichtlich der energetischen Qualität von Bauteilen auf allgemein anerkannte Pauschalwerte Bezug nehmen. Nach der Begründung zum Mietrechtsänderungsgesetz (S. 30) gehört beispielsweise die „Bekanntmachung der Regeln zur Datenaufnahme und Datenverwendung im Wohngebäudebestand" des Bundesministeriums für Verkehr, Bau und Stadtentwicklung vom 30.7.2009 hierzu. Diesem Regelwerk können Wärmedurchgangskoeffizienten für bestimmte Bauteile entnommen werden, geordnet nach Baualtersklassen. Der Vermieter kann also bei der Ankündigung auf diese pauschalierten Werte Bezug nehmen. Dies ist ein erheblicher Vorteil, da z.B. bei Austausch alter Fenster die bisherigen Werte meist nicht bekannt sind. Der Vermieter kann den Einspareffekt dann beispielsweise durch Vergleich dieses Werts mit dem Wärmedurchgangskoeffizienten des zu montierenden Bauteils darlegen, der vom Hersteller mitgeteilt wird. Auch im Mieterhöhungsverfahren kann sich der Vermieter auf diese Werte berufen (§ 559b Abs. 1 S. 3 BGB).

Unter dem Gesichtspunkt der Einsparung von Primärenergie reicht nach Ansicht des LG Hamburg für die Ankündigung der energiesparenden Maßnahmen die Mitteilung aus, dass der Anschluss an das Fernwärmenetz der Hansestadt Hamburg geplant ist. Insoweit sei die allgemeine Kenntnis zu unterstellen, dass das städtische Fernwärmenetz zum großen Teil durch Anlagen der Kraft-Wärme-Kopplung betrieben und insoweit Primärenergie eingespart wird. Zumindest hätte der Mieter diese Information unschwer durch Nachfrage bei den Elektrizitätswerken oder durch Erkundigung bei einem Sachverständigen erfahren können. Im Streitfall hatte der Vermieter noch das Gutachten eines Sachverständigen beigelegt, aus dem sich eine Energieeinsparung von bis zu 16 % ergab. Diesem Gutachten war ein Zertifikat über den Primärenergiefaktor für das Heizwassernetz beigefügt. Dies hat das Gericht für ausreichend gehalten (LG Hamburg, Urteil v. 22.8.1991, 334 S 48/91, NZM 2006 S. 536).

Gleichwohl wird nach wie vor empfohlen, dass sich der Vermieter vor dem Beginn der geplanten Modernisierungsmaßnahmen vom Mieter eine schriftliche **Zustimmungserklärung** unterschreiben lässt. Außerdem zu beachten: Der voraussichtliche Beginn und die voraussichtliche Dauer sind dem Mieter möglichst konkret anzugeben (Kalenderwoche oder Datum).

Teilweise wird gefordert, dass ein möglichst genauer Bauzeitenplan in die Erklärung mit aufzunehmen ist, aus dem Beginn und Ende der jeweiligen Einzelmaßnahmen ersichtlich sind (LG Berlin, Urteil v. 12.11.2007, 67 S 16/07, WuM 2008 S. 85 zum Anbau eines Balkons). Dies wird man nur in Ausnahmefällen verlangen können (mehrere Umbaumaßnahmen, längere Zeitdauer). Im Allgemeinen genügt es, wenn der voraussichtliche Beginn und die Dauer der Maßnahmen konkret angegeben werden. Der Ablauf der Arbeiten hinsichtlich der einzelnen Gewerke muss dann nicht näher mitgeteilt werden (KG Berlin, Urteil v. 10.5.2007, 8 U 166/06, WE 2007 S. 907 zum Einbau eines Duschbads).

Die **Mitteilungspflicht** besteht auch dann, wenn der Vermieter für den Fall der Duldung auf eine Mieterhöhung verzichtet. Teilt der Vermieter dem Mieter in einem Ankündigungsschreiben über beabsichtigte Modernisierungsmaßnahmen mit, dass infolge dieser Maßnahmen keine Erhöhung der Miete erfolgt, muss der Vermieter zusätzlich keine Angaben über eine theoretisch mögliche Mieterhöhung machen (§ 555c Abs. 1 Nr. 3 BGB). Der Vermieter ist an diese Erklärung gebunden. Er kann also nicht nachträglich gemäß § 559 BGB eine Mieterhöhung durchführen.

Auch wenn die Räume des Mieters von der Maßnahme nicht betroffen sind, besteht eine Mitteilungspflicht. Die bloße Ankündigung einer Außenmodernisierung (z.B. Anbau eines Balkons) kann eine Besitzstörung des Mieters darstellen. Ausreichend für eine Besitzstörung sind insoweit bereits nicht lediglich unerhebliche Lärm-, Geruchs- und Staubimmissionen (LG Berlin, Beschluss v. 1.3.2012, 63 T 29/13, WuM 2013 S. 225). Ein Recht des Vermieters zur Vornahme der störenden Handlung (Modernisierungsmaßnahme) besteht zumindest so lange nicht, bis der Vermieter die streitgegenständlichen Maßnahmen ordnungsgemäß gegenüber dem Mieter angekündigt hat (LG Berlin, a.a.O.).Teilt der Mieter mit, dass er diese Maßnahmen nicht dulden werde oder beantragt er gar den Erlass einer einstweiligen Verfügung, muss der Vermieter die Duldungspflicht des Mieters in einem entsprechenden gerichtlichen Verfahren klären lassen (LG Berlin, Urteil v. 22.3.1983, 61 S 345/83, WuM 1986 S. 138). Beginnt nämlich der Vermieter die Modernisierungsarbeiten in oder außerhalb der Mietwohnung ohne Duldung des Mieters, so liegt verbotene Eigenmacht vor (§ 858 BGB). Der Mieter kann sich hiergegen mit einer einstweiligen Verfügung auf Wiederherstellung des früheren Zustands wehren und die Einstellung der Arbeiten so lange verlangen, als seine Duldungspflicht nicht in einem ordentlichen Verfahren auf Duldungsklage des Vermieters hin rechtskräftig festgestellt ist. Wenn der Mieter allerdings die Durchführung der Arbeiten durch die Verweigerung des Zutritts zur Wohnung verhindern kann, wird es im Allgemeinen an einem Verfügungsgrund fehlen.

Wichtig in diesem Zusammenhang ist der Beschluss des KG Berlin vom 16.7.1992 (8 RE-Miet 3166/92, WuM 1992 S. 514). Dulden bedeutet nach Ansicht des KG lediglich, dass der Mieter sich in Kenntnis der Modernisierungsabsicht des Vermieters passiv verhält. Eine **Duldung** ist auch noch möglich, wenn der Mieter erst nach Beginn der Maßnahme vom Vorhaben des Vermieters (Außenmodernisierung, hier Lifteinbau) unterrichtet wird. Die Duldung muss bei der Außenmodernisierung nicht in einer Mitwirkungshandlung des Mieters bestehen. Kenntnis vom Modernisierungsvorhaben hat der Mieter, wenn er über die Art und den Umfang wenigstens in groben Zügen unterrichtet worden ist. Passiv verhält er sich dann, wenn er weder dem Vermieter gegenüber der ihm bekannten Modernisierungsabsicht widerspricht noch diesen an der Durchführung der Verbesserungsmaßnahme hindert (bei einer Außenmodernisierung durch gerichtliche Untersagungsverfügung).

Unabhängig davon, ob der Vermieter aufgrund der Modernisierung eine Mieterhöhung vornehmen will, hat er die voraussichtlichen künftigen Betriebskosten mitzuteilen, soweit sich die Betriebskosten durch die Modernisierungsmaßnahme ändern, beispielsweise durch den Einbau eines Fahrstuhls in das Gebäude. Dies ergibt sich aus § 555c Abs. 1 Nr. 3 BGB, eingeführt durch das Mietrechtsänderungsgesetz. Dort heißt es: „… den Betrag der zu erwartenden Mieterhöhung, sofern eine Erhöhung nach § 559 verlangt werden soll, sowie die voraussichtlichen künftigen Betriebskosten“.

Unterlässt der Vermieter diese Mitteilung, besteht kein Duldungsanspruch, so z. B., wenn der Vermieter die Wohnung an die Fernheizung anschließen will und hierdurch erstmals Betriebskosten für Heizung und Warmwasser anfallen (LG Berlin, Urteil v. 19.2.2014, 65 S 56/12, WuM 2014 S. 283).

Da über die Kosten für Heizung und Warmwasser gemäß der Heizkostenverordnung zwingend abzurechnen ist, ist beim erstmaligen Einbau einer Heizung unabhängig von der Mietstruktur zukünftig über die Heiz- und Warmwasserkosten abzurechnen. Der Vermieter kann daher für die Zukunft eine Vorauszahlung verlangen.

Eine Mitteilungspflicht des Vermieters besteht nicht bei Maßnahmen, die mit keiner oder nur mit unerheblicher Einwirkung auf die vermieteten Räume verbunden sind und zu keiner oder nur zu einer unerheblichen Erhöhung der Miete führen. Nach Ansicht des LG Berlin (Urteil v. 15.4.1986, 64 S 387/85, ZMR 1986 S. 444) ist eine Erhöhung bis zu 5 % noch unerheblich, nach Ansicht des LG Detmold (Urteil v. 7.12.1989, 1 S 34/89, WuM 1990 S. 121) eine solche von 7,5 % nicht mehr.

Gemäß § 555c Abs. 4 BGB sind zum Nachteil des Mieters abweichende Vereinbarungen unwirksam. Der Vermieter kann also nicht im Mietvertrag die Anforderungen zur Ankündigung abweichend vom Gesetz herabsetzen oder gar ausschließen. Modernisierungsvereinbarungen im Einzelfall sind zulässig (vgl. Abschnitt 6 „Modernisierungsvereinbarungen“).

4 Duldung von Modernisierungsmaßnahmen, Ausschlussfrist

Die Duldungspflicht des Mieters wurde durch das Mietrechtsänderungsgesetz neu gefasst. Hier gilt nunmehr § 555d BGB. Gemäß § 555d Abs. 1 BGB sind Modernisierungsmaßnahmen vom Mieter grundsätzlich zu dulden.

§ 555d Abs. 2 BGB enthält die bereits nach bisherigem Recht vorgeschriebene Härtefallprüfung allerdings nur, soweit sie sich auf persönliche Gründe bezieht. Wirtschaftliche Gründe (die zu erwartende Mieterhöhung) werden erst im Mieterhöhungsverfahren geprüft. Danach besteht eine Duldungspflicht nicht, wenn die Modernisierungsmaßnahme für den Mieter, seine Familie oder einen Angehörigen seines Haushalts eine Härte bedeuten würde, die auch unter Würdigung der berechtigten Interessen sowohl des Vermieters als auch anderer Mieter in dem Gebäude sowie von Belangen der Energieeinsparung und des Klimaschutzes nicht zu rechtfertigen ist. Die bislang in § 554 Abs. 2 S. 3 a.F. enthaltenen Härtegründe sind zwar nicht mehr ausdrücklich aufgeführt, aber bei der Abwägung wie bisher zu berücksichtigen:

- Alter und Gesundheit: Die vorzunehmenden Arbeiten, also deren Umfang und Intensität, unter Berücksichtigung von Alter und Gesundheitszustand des Mieters (z.B. Einbau neuer Fenster im Winter, AG Köln, WuM 1975 S. 225).
- Bauliche Folgen: Die baulichen Folgen, z.B. einschneidende Grundrissänderungen (vgl. auch BGH, Urteil v. 13.2.2008, VIII ZR 105/07, NZM 2008 S. 283: konkrete Umstände des Einzelfalls), wesentlicher Verlust an Licht und Sonne (AG Köln, Urteil v. 19.6.1979, 154 C 5087/79, WuM 1979 S. 242).
- Verwendungen: Vorausgegangene Verwendungen des Mieters, z.B. Einbau einer Etagenheizung durch den Mieter, nunmehr Einbau einer Zentralheizung im gesamten Haus durch den Vermieter. Abzustellen ist darauf, ob der Vermieter dem Einbau zugestimmt hat.

Vom gegenwärtigen Mieter vertragswidrig vorgenommene bauliche Veränderungen bleiben außer Betracht. Im Übrigen kann es bei diesen Fällen bereits an einer Verbesserung fehlen (BGH, Urteil v. 20.6.2012, VIII ZR 110/11, NZM 2012 S. 679).

Eine wichtige Änderung hat das Mietrechtsänderungsgesetz gebracht. Gemäß § 555d Abs. 2 S. 2 bleiben die zu erwartende Mieterhöhung sowie die voraussichtlichen künftigen Betriebskosten bei der Abwägung im Rahmen der Duldungspflicht außer Betracht; sie sind nur nach § 559 Abs. 4 und 5 bei einer Mieterhöhung zu berücksichtigen. Dies führt gemäß der Begründung zum Mietrechtsänderungsgesetz (S. 31) zu einer Zweiteilung der Härtefallprüfung: Wirtschaftlichen Härten wird erst bei der Mieterhöhung Rechnung getragen, während bei der Duldung der Maßnahme die sonstigen, eher personalen Härtegründe zu berücksichtigen sind. Ziel ist, dass der Vermieter insbesondere bei energetischer Modernisierung weitgehende Baufreiheit und Planungssicherheit erhält, während die wirtschaftlichen Interessen des Mieters im Rahmen des Mieterhöhungsverlangens gewahrt bleiben. Will der Vermieter nicht das Risiko eingehen, nach Durchführung der Modernisierung eine Mieterhöhung nicht verlangen zu können, bleibt ihm nach allgemeinem Prozessrecht die Möglichkeit, Feststellungsklage zu erheben, um im Streitfall vor Ausführung der Modernisierungsmaßnahme die Zulässigkeit der angekündigten Mieterhöhung notfalls gerichtlich klären zu lassen (Begründung, a.a.O.). Damit wird sich der Schwerpunkt der gerichtlichen Auseinandersetzungen auf den Streit um die Modernisierungsmieterhöhung verlagern (Fleindl, NZM 2012 S. 57, 59).

Duldet der Mieter die Modernisierung nicht, muss der Vermieter Klage erheben. Der Klageantrag auf Duldung der Modernisierung einer Mietwohnung ist hinreichend bestimmt, wenn der erstrebte Duldungserfolg sowie der Umfang der zu duldenden Arbeiten in seinen wesentlichen Umrissen und Schritten im Antrag umschrieben werden (BGH, Urteil v. 28.9.2011, VIII ZR 242/10, WuM 2011 S. 677).

Da der Mieter nur eine Duldungspflicht hat, ist er zur ausdrücklichen Zustimmung nicht verpflichtet. Anderes kann gelten, wenn der Mieter vom Vermieter schriftlich unter Beifügung einer zu unterzeichnenden Duldungserklärung gebeten wird, innerhalb einer bestimmten Frist mitzuteilen, ob der den geplanten Modernisierungsmaßnahmen zustimmt. Nach Treu und Glauben ist der Mieter verpflichtet, auf ein solches Schreiben des Vermieters zu antworten. Reagiert der Mieter nicht, obwohl der Vermieter in diesem Schreiben auch ankündigt, dass er Klage erheben wird, sofern er vom Mieter innerhalb der Frist keine oder eine negative Antwort erhält, gibt der Mieter Veranlassung zu einer vom Vermieter erhobenen Duldungsklage (KG Berlin, Beschluss v. 16.7.2009, 8 U 77/09, ZMR 2010 S. 180).

Ebenfalls neu eingeführt durch das Mietrechtsänderungsgesetz wurde die **Ausschlussfrist** gemäß § 555d Abs. 3 BGB. Danach hat der Mieter dem Vermieter Umstände, die eine Härte im Hinblick auf die Duldung oder die Mieterhöhung begründen, bis zum Ablauf des Monats, der auf den Zugang der Modernisierungsankündigung folgt, in Textform mitzuteilen. Der Lauf der Frist beginnt nur, wenn die Modernisierungsankündigung den Vorschriften des § 555c BGB entspricht. Hierbei soll für den Vermieter Rechtssicherheit geschaffen werden, insbesondere auch im Hinblick auf die Mieterhöhung. Unterlässt der Vermieter die Ankündigung oder entspricht sie nicht den gesetzlichen Anforderungen, wird bereits eine etwaige Duldungspflicht des Mieters nicht fällig; in diesen Fällen beginnt auch die Ausschlussfrist nicht zu laufen (Begründung zum Mietrechtsänderungsgesetz, S. 31).

Versäumt der Mieter diese Frist, sind die Folgen in § 555d Abs. 4 BGB geregelt. Danach sind nach Ablauf der Frist Umstände, die eine Härte im Hinblick auf die Duldung oder die Mieterhöhung begründen, nur zu berücksichtigen, wenn der Mieter ohne Verschulden an der Einhaltung der Frist gehindert war und er dem Vermieter die Umstände sowie die Gründe der Verzögerung unverzüglich in Textform mitteilt. Umstände, die eine Härte im Hinblick auf die Mieterhöhung begründen, sind nur zu berücksichtigen, wenn sie spätestens bis zum Beginn der Modernisierungsmaßnahmen mitgeteilt werden. Aus dem Gesetz ergibt sich also eine Zweiteilung: Für Härtegründe, die im persönlichen Bereich des Mieters liegen, gibt es keine feste zeitliche Grenze (Beispiel: Schwere Erkrankung des Mieters nach Beginn der Bauarbeiten). In der amtlichen Begründung zum Mietrechtsänderungsgesetz wird allerdings darauf hingewiesen, dass in diesen Fällen das Interesse des Vermieters an einer Fortsetzung der Baumaßnahmen ausgesprochen hoch zu bewerten ist (S. 32). Nur in besonderen Ausnahmefällen (ernsthafte Gefährdung von Leben oder Gesundheit) kommt ein überwiegendes Interesse des Mieters in Betracht. Wirtschaftliche Gründe sind hingegen bis zum Beginn der Modernisierungsarbeiten mitzuteilen. Andernfalls werden sie nicht berücksichtigt.

Bei der Geltung der Ausschlussfrist gibt es allerdings eine Ausnahme: Gemäß § 555c Abs. 2 BGB soll der Vermieter den Mieter in der Modernisierungsankündigung auf die Form und die Frist des Härteeinwands nach § 555d Abs. 3 S. 1 BGB hinweisen. Hat der Vermieter in der Modernisierungsankündigung diesen Hinweis nicht gemacht, so bedarf gemäß § 555d Abs. 5 BGB die Mitteilung des Mieters über die Härtegründe nach § 555d Abs. 3 S. 1 BGB nicht der dort bestimmten Form und Frist.

In § 555d Abs. 6 BGB ist geregelt, dass der Mieter wie bei Erhaltungsmaßnahmen einen Anspruch auf Ersatz notwendiger Aufwendungen gegen den Vermieter hat. Der Vermieter hat auf Verlangen Vorschuss zu leisten. Zu den Aufwendungen können auch die Kosten einer anderweitigen Unterkunft bei Unbenutzbarkeit der Räume zählen, ebenso Reinigungskosten.

Gemäß § 555d Abs. 7 sind zum Nachteil des Mieters abweichende Vereinbarungen unwirksam. Vereinbarungen im Einzelfall gemäß § 555f sind jedoch möglich.

5 Sonderkündigungsrecht

Gemäß § 555e BGB hat der Mieter bei Modernisierungsfällen ein Sonderkündigungsrecht. Nach Zugang der Modernisierungsankündigung kann der Mieter das Mietverhältnis außerordentlich zum Ablauf des übernächsten Monats kündigen. Die Kündigung muss bis zum Ablauf des Monats erfolgen, der auf den Zugang der Modernisierungsankündigung folgt. Ein solches Kündigungsrecht besteht nicht für Modernisierungsmaßnahmen, die nur mit einer unerheblichen Einwirkung auf die Mietsache verbunden sind oder nur zu einer unerheblichen Mieterhöhung führen (§ 555e Abs. 2 i. V. m. § 555c Abs. 4 BGB).

Zum Nachteil des Mieters abweichende Vereinbarungen sind unwirksam. Das Sonderkündigungsrecht kann also nicht im Mietvertrag ausgeschlossen werden.

6 Modernisierungsvereinbarungen

Gemäß § 555f BGB können die Vertragsparteien nach Abschluss des Mietvertrags aus Anlass von Erhaltungs- oder Modernisierungsmaßnahmen Vereinbarungen treffen, insbesondere über die

1. zeitliche und technische Durchführung der Maßnahmen,
2. Gewährleistungsrechte und Aufwendungsersatzansprüche des Mieters,
3. künftige Höhe der Miete.

Die Aufzählung ist beispielhaft und nicht abschließend. Entscheidend ist, dass es sich hierbei nicht um generelle Abreden, sondern um konkrete Vereinbarungen im Einzelfall handeln muss. Auch Vereinbarungen über mieterfinanzierte Modernisierungen sind möglich.

7 Geschäftsraum

Gemäß § 578 Abs. 2 S. 1 BGB gelten die Bestimmungen über die Duldung von Erhaltungs- und Modernisierungsmaßnahmen ebenso bei Mietverhältnissen über solche Räume, die keine Wohnräume sind. Dies bezieht sich auf die Erhaltungsmaßnahmen laut § 556a Abs. 1 bis 3, die Definition der Modernisierungsmaßnahmen in § 555b BGB, die Ankündigung von Modernisierungsmaßnahmen laut § 555c Abs. 1 bis 3, die Duldungspflicht nach § 555d Abs. 1 bis 5, das Sonderkündigungsrecht gemäß § 555e BGB und die Möglichkeit einer Vereinbarung gemäß § 555f BGB. Die jeweiligen Absätze, wonach zum Nachteil des Mieters abweichende Vereinbarungen unwirksam sind, gelten bei Geschäftsraummietverhältnissen nicht. Die Vorschriften über die Ankündigung von Erhaltungs- und Modernisierungsmaßnahmen sind aus diesem Grund – allerdings in Grenzen – abdingbar.

§ 559 BGB, der die Möglichkeit beinhaltet, die Kosten der Modernisierung auf den Mieter umzulegen, gilt hingegen bei **Geschäftsraum**mietverhältnissen nicht. Plant der Vermieter hier also Modernisierungen, bedarf es, wenn er eine höhere Miete fordern will, einer ausdrücklichen Vereinbarung. Eine formularmäßige Vereinbarung, wonach der Mieter Modernisierungsmaßnahmen jederzeit zu dulden hat, ist nach § 9 AGB-Gesetz unwirksam. Aber auch von § 554 BGB abweichende individuelle Vereinbarungen sind nur bis zur Grenze der §§ 138, 242 BGB zulässig. Vertragsklauseln, die den Mieter zur Duldung zwingen und ihm sämtliche Rechte abschneiden, sind daher unwirksam.

Musikausübung

Grundsätzlich darf der Mieter in seiner Mietwohnung musizieren. Einer besonderen Erlaubnis hierzu bedarf es nicht. Der Mieter hat jedoch auf die übrigen Hausbewohner Rücksicht zu nehmen. Während des Musizierens sind die Fenster geschlossen zu halten. Zur Zeit der üblichen Ruhestunden ist das Musizieren einzustellen. Das gilt in jedem Fall für die Zeit von 22 bis 8 Uhr und in der Regel auch für die Zeit zwischen 13 bis 15 Uhr.

Die Musikausübung kann im Mietvertrag (Hausordnung) näher geregelt werden. Ein formularvertraglicher Ausschluss des Musizierens ist unwirksam, zulässig ist hingegen eine formularmäßige zeitliche Einschränkung auf bis zu 2 Stunden (OLG Hamm, Beschluss v. 7.11.1985, 15 W 181/85, NJW-RR 1986 S. 500). Aber auch ein individuell ausgehandeltes uneingeschränktes Musizierverbot ist unwirksam, da es den Mieter bezüglich des Rechts auf freie Entfaltung der Persönlichkeit zu sehr einschränkt. Im Übrigen kommt es auch hier, wie so oft, auf den Einzelfall an. Entscheidend ist die Art des Instruments (keine Pauken und Trompeten), die Intensität der Ausübung und der vorhandene Schallschutz (s. hierzu auch „Lärm“).

Auch außerhalb der Ruhezeiten gilt der Grundsatz der gegenseitigen **Rücksichtnahme**.

So kann die stundenlange Wiederholung desselben Stücks durchaus eine Belästigung darstellen. Das OLG Frankfurt/M. (Beschluss v. 29.8.1984, 20 W 190/84, WuM 1984 S. 303) hat daher angenommen, dass sich die täglich zulässige Klavierspielzeit für einen Wohnungseigentümer dadurch reduzieren kann (hier auf 1 Stunde), dass mehrere Familienangehörige musizieren und die Hausordnung einen zeitlichen Rahmen von 2 Stunden festgelegt hat. Dieses im Bereich des WohnungseigentumsG gefällte Urteil kann durchaus auch zur mietrechtlichen Beurteilung von Musikausübung herangezogen werden. Auch die Entscheidung in einem Nachbarstreit zweier Doppelhauswohnungseigentümer über die Zulässigkeit von **Klavierspielen** kann analog herangezogen werden: Das BayObLG hat die zeitliche Begrenzung auf 3 Stunden täglich außerhalb der allgemeinen Ruhezeiten als einen vertretbaren Interessenausgleich gebilligt, nicht jedoch das vollständige Verbot des Klavierspielens an Sonn- und Feiertagen. Es sei auch nicht Voraussetzung für die Untersagung, dass das Klavierspielen in der Wohnung des gestörten Nachbarn deutlich zu hören sei. Es müsse aber doch einwandfrei wahrnehmbar sein, da ganz unerhebliche Beeinträchtigungen außer Betracht bleiben (BayObLG, Beschluss v. 12.10.1995, 2Z BR 55/95, WuM 1996 S. 488).

Auf eine mietvertragliche Regelung besonders zu achten ist bei **Berufsmusikern**. Wer in Kenntnis des Berufs an einen solchen vermietet, kann das Üben nicht ausschließen. Andererseits können lang dauernde Gesangs- oder Instrumentalübungen von Berufsmusikern zu einer erheblichen Störung der übrigen Hausbewohner führen und deren vertragsmäßigen Gebrauch beeinträchtigen. Entsprechende Maßnahmen, wie Schalldämpfung oder Zeiteinteilung, sind deshalb vorzusehen.

Im Übrigen dürfen auch **Radiogeräte, Plattenspieler** etc. grundsätzlich nur in Zimmerlautstärke betrieben werden, wobei allerdings die Ruhezeiten nicht beachtet werden müssen (s. „Lärm“).

Nachmieter → „Ersatzmieter“
Nachrüstpflicht, Nachbesserung → „Instandhaltung und Instandsetzung der Mieträume“
Nebenkosten → „Betriebskosten“
Nichteheliche Lebensgemeinschaft → „Eheähnliche Gemeinschaft“
Nießbrauch → „Eigentümerwechsel“

Nutzungsentschädigung

Von Nutzungsentschädigung spricht man, wenn jemand ein Grundstück oder Räume nutzt, ohne Mieter oder Pächter zu sein, und für die Nutzung ein Entgelt zu leisten hat, sei es aufgrund eines dinglichen Titels (z.B. Nutzungsentschädigung für eine Dienstbarkeit) oder ungerechtfertigter Bereicherung.

Kommt der Mieter seiner Rückgabepflicht bei Beendigung des Mietverhältnisses nicht nach, nutzt er also den bisherigen Mietgegenstand ohne vertragliche Grundlage weiter, hat er für die Dauer der Vorenthaltung Nutzungsentschädigung zu leisten (§ 546a BGB). Unterste Grenze derselben ist die Höhe der bisherigen Miete.

Vorenthalten sind die Räume dann, wenn sie der Mieter nicht zurückgibt und das Unterlassen der Herausgabe dem Willen des Vermieters widerspricht. Der BGH hatte den Fall zu entscheiden, dass ein Zwischenmieter trotz beendeten **Zwischenmietverhältnisses** die Mieträume nicht zurückgeben konnte, da sich der Endmieter zu Recht auf den Kündigungsschutz berief. Der Vermieter nahm den Zwischenvermieter auf Zahlung der Nutzungsentschädigung erfolglos in Anspruch, da der BGH davon ausging, dass die Weitervermietung im Interesse und mit dem Willen des Eigentümers erfolgt sei und daher eine Vorenthaltung nicht gegeben sei (BGH, Urteil v. 28.2.1996, XII ZR 123/93, WuM 1996 S. 413).

Wie das KG Berlin entschieden hat, setzt der Anspruch auf Nutzungsentschädigung wegen Vorenthaltung der Mietsache nach Mietvertragsbeendigung einen Wiedererlangungswillen des früheren Vermieters voraus, der bei Annahmeverzug bereits ausgeschlossen ist (KG Berlin, RE v. 19.7.2001, 8 RE-Miet 2/01, WuM 2001 S. 437). Haben die Parteien z.B. einvernehmlich einen Rückgabetermin nach Beendigung des Mietverhältnisses vereinbart, so widerspricht die bis dahin nicht erfolgte Rückgabe der Mieträume gerade nicht dem Willen des Vermieters, eine Nutzungsentschädigung für diesen Zeitraum kann also nicht verlangt werden. Hält der Vermieter dann einen solchen vereinbarten Termin nicht ein, befindet sich der Vermieter im Annahmeverzug mit der Rücknahme der Wohnung, sodass es auch insoweit am notwendigen Wiedererlangungswillen fehlt. Eine Vorenthaltung ist auch dann ausgeschlossen, wenn der frühere Mieter im Einverständnis mit dem früheren Vermieter einen Wohnungsschlüssel und damit den Mitbesitz behält, um in der Wohnung noch Arbeiten erledigen zu können (KG Berlin, a.a.O.). Dies ist z.B. dann der Fall, wenn der Mieter nach Aufforderung durch den Vermieter Schönheitsreparaturen in den Mieträumen vornimmt (OLG Hamburg, Urteil v. 6.12.1989, 4 U 26/89, WuM 1990 S. 75, 76). Ebenfalls liegt keine Vorenthaltung vor, wenn der Vermieter sein Vermieterpfandrecht ausübt (KG Berlin, Urteil v. 14.2.2005, 8 U 144/04, WuM 2005 S. 348 f.). In diesen Fällen ist der Vermieter auf Schadenersatzansprüche beschränkt (Bub/Treier/Scheuer, Handbuch der Geschäfts- und Wohnraummiete, 4. Aufl., V A Rn. 102).

Auch dann, wenn der Vermieter den Mieter nach Beendigung des Mietverhältnisses durch fristlose Kündigung im Wege der verbotenen Eigenmacht aus dem Besitz setzt, hat der Vermieter keinen Anspruch auf Nutzungsentschädigung. Ein Anspruch auf Ersatz des Kündigungsfolgeschadens kommt grundsätzlich erst ab Rückgabe der Mietsache, bzw. – im vorliegenden Fall – erst ab dem Zeitpunkt der offiziellen Besitzeinweisung durch den Gerichtsvollzieher in Betracht (KG Berlin, Beschluss v. 14.9.2009, 8 U 135/09, WuM 2009 S. 667). Im vorliegenden Fall hatte der Vermieter das

Schloss ausgetauscht und wollte dann vom Mieter den Mietausfall.

Instruktiv ist auch der vom OLG München entschiedene **Fall**: Ein Mieter kündigte am 28.2. des Jahres und bot dem Vermieter die Rückgabe des Mietobjekts an diesem Tag an. Der Vermieter nahm den Termin nicht wahr, sondern erhob Feststellungsklage auf Unwirksamkeit der Kündigung. Die Klage wurde abgewiesen, die Rückgabe erfolgte zum 19.12. des Jahres. Der Vermieter verlangte in einem weiteren Verfahren Nutzungsentschädigung für diesen Zeitraum. Auch diese Klage hatte keinen Erfolg.

Das Gericht hat darauf hingewiesen, dass der Vermieter für diesen Zeitraum keinen Rücknahmewillen hatte. Fehlt dieser erforderliche Rücknahmewillen, dann ist es sogar unschädlich, wenn der Mieter zu einer ordnungsgemäßen Rückgabe der Räume nicht in der Lage ist, weil diese noch nicht geräumt sind und geschuldete Reparaturen noch ausstehen. Ein Anspruch auf Nutzungsentschädigung besteht hier nicht, da die Mieträume nicht vorenthalten wurden (OLG München, Urteil v. 13.3.2003, 19 U 4540/02, WuM 2003 S. 279; vgl. auch BGH, Urteil v. 16.11.2005, VIII ZR 218/04, WuM 2005 S. 786, 787 unter II A1).

In letzter Zeit hatte sich die Rechtsprechung öfters mit dem Fall zu befassen, dass der Mieter vor Beendigung des Vertrags auszieht, der Vermieter zu einer geringeren Miete weitervermietete und den ursprünglichen Mieter auf die Differenz in Anspruch nahm. Hier musste sich die Rechtsprechung mit dem Einwand des Mieters auseinandersetzen, dass ihm die Nutzung der Mieträume aufgrund der Weitervermietung nicht mehr möglich sei (§ 537 Abs. 2 BGB). Die Berufung hierauf ist in der Regel aber treuwidrig, vgl. hierzu „Ersatzmieter".

Zu der Frage, inwieweit der Vermieter bei **vorzeitiger Beendigung** des Mietvertrags vom Mieter noch Nutzungsentschädigung in Höhe der bisherigen Miete verlangen kann, s. „Rückgabe der Mietsache", Abschnitt 7 „Vorzeitige Rückgabe".

Bei einem Mietverhältnis über Räume kann der bisherige Vermieter stattdessen Entschädigung in Höhe der ortsüblichen Vergleichsmiete fordern.

Näheres hierzu unter „Rückgabe der Mietsache", Abschnitt 6 „Verspätete Rückgabe".

Wie der BGH entschieden hat, kann der Vermieter, der das Mietverhältnis wegen Zahlungsverzugs gekündigt und daher Räumungsklage erhoben hat, zugleich die künftig fällig werdende Nutzungsentschädigung bis zur Herausgabe der Wohnung einklagen.

Der Klageantrag lautete, die Beklagte für die Zeit ab … bis zur Herausgabe der Wohnung zu einer monatlichen Nutzungsentschädigung in Höhe von … Euro nebst Zinsen zu verurteilen.

Das Landgericht hat die Klage noch als unzulässig abgewiesen. Der BGH hält jedenfalls bei schon eingetretener Zahlungsunfähigkeit des Mieters die Anwendung des § 259 ZPO für gerechtfertigt. Danach kann Klage auf künftige Leistung erhoben werden, wenn die Besorgnis gerechtfertigt ist, dass sich der Schuldner der rechtzeitigen Leistung entziehen werde. Dies ist nach Ansicht des BGH bei schon eingetretener Zahlungsunfähigkeit der Fall (BGH, Beschluss v. 20.11.2002, VIII ZB 66/02, WuM 2003 S. 280).

Die Nutzungsentschädigung ist nur **bis zur Rückgabe** zu zahlen (BGH, Urteil v. 5.10.2005, VIII ZR 57/05, WuM 2005 S. 771). Erfolgt die Räumung im Lauf des Monats, kann der Vermieter lediglich Schadenersatzansprüche für die Zeit nach der Räumung geltend machen. Voraussetzung dafür ist, dass ein Nachmieter zur Anmietung bereit gewesen wäre.

Nutzungsverträge → „Kündigungsschutz", Abschnitt 2.6 „Sonderregelungen auf dem Gebiet der ehemaligen DDR"

Obdachlosenunterbringung

Obdachlose können von der Behörde nicht gegen den Willen des Vermieters in leer stehende Wohnungen eingewiesen werden (Straßberger in Bub/Treier, II Rn. 959 m. w. N.). Anders liegt der Fall, wenn der bisherige Mieter durch die Zwangsräumung obdachlos werden würde. Dann ist als letztes Mittel eine **Wohnungsbeschlagnahme** zur Beseitigung akuter Obdachlosigkeit so lange zulässig, wie die Beschaffung eines Obdachs auf Kosten der Allgemeinheit objektiv unmöglich bleibt, wobei finanzielle Erwägungen unerheblich sind (VG Köln, Beschluss v. 18.12.1989, 23 L 1816/89, DWW 1990 S. 90). Soweit keine behördlichen Obdachlosenunterkünfte zur Verfügung stehen, hat die Behörde vor einer Beschlagnahme entsprechende Räume in einem Hotel, in einer Pension oder auf dem freien Wohnungsmarkt anzumieten (VG Köln, a. a. O.).

Die Beschlagnahme und die Wiedereinweisung des bisherigen Mieters darf nur für eine **begrenzte** Zeit erfolgen (höchstens 6 Monate, so VG Köln, a. a. O.; VGH Baden-Württemberg, Beschluss v. 21.5.1990, 1 S 873/90, DWW 1990 S. 215).

Nach Rechtsprechung des BayVGH kommt die Wiedereinweisung eines Obdachlosen in die vormalige Wohnung nur in schwersten Notlagen und allenfalls für 2 Monate in Betracht, wenn nicht anders abgeholfen werden kann (BayVGH, Beschluss v. 14.9.1998, 4 CS 98.2581). Im Übrigen hat die Behörde die Entscheidung der Zivilgerichte zu beachten. Ist ein Räumungsschutzantrag des Mieters trotz der Vorlage eines ärztlichen Attestes zurückgewiesen worden, kann sich die Behörde nicht durch den Erlass einer Verfügung hierüber hinwegsetzen (VG München, Beschluss v. 21.1.2009, M 22 S08.5826).

Während der Einweisung hat der Eigentümer einen **Entschädigungsanspruch** gegen die Behörde (z. B. Mietausfall, Beseitigung von Schäden etc.). Der Anspruch auf Nutzungsentschädigung gegenüber der Gemeinde besteht auch für die Zeit, in der der Eingewiesene nach Ende der Beschlagnahme noch in der Wohnung verblieben ist (BGH, Urteil v. 13.7.1995, III ZR 160/94, WuM 1995 S. 720).

Nach Ablauf der Beschlagnahmefrist ist die Behörde verpflichtet, die Wohnung an den Eigentümer herauszugeben. Diese Pflicht ist unabhängig davon, ob der Eigentümer über einen Räumungstitel verfügt (VGH Baden-Württemberg, Beschluss v. 22.2.1990, 1 S 151/90, DWW 1990 S. 122 sowie BGH, Urteil v. 13.7.1995, III ZR 160/94, WuM 1995 S. 720 m. w. N.). Kommt die Einweisungsbehörde dieser Pflicht nicht nach und bewirkt der Eigentümer die Räumung mithilfe eines privatrechtlichen Titels, kann er **Schadenersatzansprüche** (§ 839 BGB, Art. 34 GG) gegen die Behörde geltend machen (BGH, a. a. O.). Anderer Ansicht ist das OLG Köln. Danach sollen die Räumungskosten deshalb nicht erstattet werden, da sie ohnehin angefallen wären (OLG Köln, Urteil v. 16.9.1993, 7 U 83/93, NJW 1994 S. 1012). Erfolgt die Beschlagnahme durch die Obdachlosenbehörde, ohne dass es zu einer vorherigen Räumung durch den Gläubiger gekommen ist, so kann der Gläubiger nach Beendigung der Beschlagnahme aus seinem Vollstreckungstitel die Räumung betreiben, da der Titel noch nicht verbraucht ist (AG Villingen-Schwenningen, Beschluss v. 14.3.1988, 7 M 269/88, DGVZ 1989 S. 77).

Obhutspflicht des Mieters

Dem Mieter obliegt eine allgemeine Obhutspflicht. Er muss die Mietsache während der Mietzeit pfleglich behandeln und Schäden von ihr fernhalten, soweit es ihm möglich ist. Die Obhutspflicht beginnt mit der Überlassung. Bei **fortbestehendem** Mietverhältnis trifft den Mieter die Obhutspflicht auch dann, wenn er den Gebrauch der Mietsache bereits aufgegeben hat (OLG Düsseldorf, Urteil v. 19.5.1994, 10 U 138/93, WuM 1994 S. 461).

Sie umfasst nicht nur die Mieträume, sondern alle Räume des Anwesens, die dem Mieter zugänglich sind. Ein wichtiger Fall der Obhutspflicht ist die **Anzeigepflicht** bei Schäden (s. „Anzeigepflicht").

> Die **Obhutspflicht** hat der Mieter auch dann, wenn er die Räume längere Zeit nicht benutzt, z. B. verreist ist. Er hat dafür zu sorgen, dass auch in dieser Zeit die Wohnung beaufsichtigt wird. Eine **Gebrauchspflicht** des Mieters gibt es dagegen grundsätzlich nicht. Etwas anderes kann sich höchstens bei einer ausdrücklichen vertraglichen Vereinbarung, z. B. bei der Vermietung von Ladengeschäften in Einkaufszentren, ergeben.

Die Obhutspflicht umfasst auch die Verpflichtung des Mieters, die Räume regelmäßig zu säubern und zu lüften sowie ausreichend zu beheizen sowie bei Regen die Fenster zu schließen. Eine Verpflichtung zur Überprüfung des ordnungsgemäßen Zustands der Mieträume besteht allerdings nicht.

Zwar hat der Mieter Veränderungen und Verschlechterungen, die durch den vertragsmäßigen Gebrauch herbeigeführt werden, nicht zu vertreten (§ 538 BGB), jedoch haftet er für Veränderungen oder Verschlechterungen, die auf sein oder seiner **Erfüllungsgehilfen** Verschulden zurückzuführen sind. Erfüllungsgehilfen des Mieters i. d. S. sind Familienangehörige und Gäste sowie Personen, die fortlaufend Dienst- oder Arbeitsleistungen in den Mieträumen erbringen (Sekretärin, Sprechstundenhilfe, Kindermädchen etc.).

Erhöhte Sorgfalts- und Überwachungspflichten gelten beim Betrieb von Spül- und Waschmaschinen in den Mieträumen. Insbesondere darf der Mieter beim Betrieb dieser Geräte die Räume nicht längere Zeit verlassen (OLG Hamm, Urteil v. 27.3.1984, 27 U 433/83, WuM 1985 S. 253). Dies ist allerdings nicht unumstritten. Teilweise nimmt die Rechtsprechung an, dass der Mieter **moderne Haushaltsgeräte** durchaus unbeaufsichtigt betreiben darf (AG Hadamar, Urteil v. 21.12.1995, 3 C 459/94, NJWE-MietR 1997 S. 75), wonach der Mieter bei einer neu angeschafften Waschmaschine seine Verkehrssicherungspflicht nicht verletzt, wenn er bei Abwesenheit die Wasserzufuhr nicht abstellt, da bei dem heutigen Stand der Technik, so jedenfalls das Gericht, die Wahrscheinlichkeit eines Wasseraustritts als äußerst gering einzuschätzen sei. Hier kann man durchaus anderer Meinung sein (LG München I, Urteil v. 24.2.1994, 24 O 22468/93, ZMR 1994 S. 478), für den Fall einer gesteigerten Kontrollpflicht dann, wenn der Mieter eine Waschmaschine installiert hat, die keinen Bodenablauf für das Wasser hat. Jedenfalls bei der ersten Inbetriebnahme einer neuen Waschmaschine hat der Mieter den Waschvorgang ständig zu überwachen (LG Mannheim, Urteil v. 17.4.1991, 4 S 20/91, ZMR 1991 S. 441).

Auch dem Benutzer eines Fernsehgeräts kann nicht zugemutet werden, das Gerät unabhängig davon, ob es eingeschaltet ist oder nicht, ständig zu beobachten. Kommt es daher zu einer Implosion der Fernsehröhre, haftet der Mieter nur, wenn sein **Fernsehgerät** durch unsachgemäße Bedienung defekt geworden ist (LG Stendal, Urteil v. 27.5.1993, 22 S 4/93, WuM 1993 S. 597). Die Beweislast dafür hat der Vermieter. Anders ist jedoch von der Rechtsprechung der Fall beurteilt worden, wenn die Mieter ihr fünfjähriges Kind allein in der Wohnung lassen und es bei Fehlen sonstiger technischer Defekte zu einem Brand kommt. Hier ist von einer Aufsichtspflichtverletzung der Mieter auszugehen und den Mietern obliegt es darzulegen, dass sie sich pflichtgemäß verhalten haben (AG Mannheim, Urteil v. 10.6.1994, 16 C 10033/94 (3), DWW 1994 S. 253). Vor Antritt einer längeren Urlaubsreise hat sich der Mieter zu vergewissern, dass das Absperrventil der Kaltwasserleitung des **Geschirrspülers** verschlossen ist; anderenfalls verhält er sich grob fahrlässig (OLG Düsseldorf, Urteil v. 16.8.1988, 4 U 232/87, MDR 1989 S. 645).

Die Verteilung der Beweislast ist unter „Verschlechterung der Mietsache", Abschnitt 2 „Beweislast" zu finden.

Eine erhebliche Verletzung der Obhutspflicht, die zu einer Gefährdung der Mietsache führt, kann den Vermieter nach Abmahnung zur fristlosen Kündigung berechtigen (§ 543 Abs. 2 Nr. 2 BGB; s. „Kündigung", Abschnitt 3.2.1.1 „Fristlose Kündigung wegen vertragswidrigen Gebrauchs (Verletzung der Rechte des Vermieters; § 543 Abs. 2 Nr. 2 BGB)" oder zur ordentlichen Kündigung (§ 573 Abs. 2 Nr. 1 BGB; s. „Kündigungsschutz", Abschnitt 2.1 „Schuldhafte Vertragsverletzungen durch den Mieter (§ 573 Abs. 2 Nr. 1 BGB)"). So kann gekündigt werden, wenn der Mieter mehrmals Wasserschäden verursacht (AG Aachen, DWW 1974 S. 234).

Siehe hierzu auch „Feuchtigkeit in der Wohnung", „Reinigungspflicht des Mieters", „Verschlechterung der Mietsache".

Optionsrecht

Optionsrecht, auch **Verlängerungsrecht** genannt, bedeutet, dass der Mieter bei Ablauf der Mietzeit durch einseitige Erklärung die Verlängerung der Mietzeit um einen weiteren bestimmten Zeitraum herbeiführen kann. Die Option muss vertraglich vereinbart werden; soll die **Optionszeit** mehr als ein Jahr betragen, ist die Schriftform (s. „Schriftform") erforderlich.

> Macht der Mieter von seinem Recht, das als Gestaltungsrecht anzusehen ist, Gebrauch, bleibt das bisherige Mietverhältnis in vollem Umfang bestehen, lediglich mit der Änderung, dass die Mietzeit nunmehr die durch die Option herbeigeführte Zeitdauer erreicht.

Bei der Verlängerung des Mietvertrags kann keine der beiden Vertragsparteien ohne Übereinkunft mit dem anderen Teil eine Änderung der Vertragsbedingungen, insbesondere hinsichtlich der Höhe der Miete, durchsetzen, es sei denn, dass eine Änderung für den Fall der Option ausdrücklich vorbehalten ist. So war jedenfalls bisher die Meinung in der Rechtsprechung. Gestützt auf die Entscheidung des BGH v. 2.10.1991, XII ZR 88/90, NJW-RR 1992 S. 517 kommt das OLG Düsseldorf zu der Ansicht, dass dies nicht immer gilt (OLG Düsseldorf, Urteil v. 28.10.1999, 10 U 177/98, WuM 2000 S. 77). Die ergänzende Vertragsauslegung kann nämlich ergeben, dass der Mieter die Räume nur zu einer angemessenen (d.h. erhöhten) Miete weiter anmieten kann.

In einem vom OLG Hamburg (Urteil v. 2.11.1994, 4 U 228/93, NJW-RR 1997 S. 458) entschiedenen Fall hatten die Parteien im Mietvertrag vereinbart, dass die Miete nach Ablauf von 5 Jahren (bei Ausübung der Option) neu vereinbart werden sollte. Nach Ausübung der Option machte der Vermieter dem Mieter einen Vorschlag über eine neue Miete, die der Mieter nicht annahm. Im Fall einer nicht erreichten Einigung stand dem Vermieter ein **Leistungsbestimmungsrecht** (§§ 315, 316 BGB) zu, ohne dass es einer Zustimmung des Mieters bedurfte. Der Vermieter war daher berechtigt, die Miete nach billigem Ermessen festzusetzen. Bei dieser Festsetzung ist die ortsübliche Vergleichsmiete zu beachten.

Die Option muss vom Mieter **ausdrücklich erklärt** werden und dem Vermieter vor Ablauf der Mietzeit zugehen. Verlängert sich das Mietverhältnis durch die Ausübung um mehr als ein Jahr, muss für die Optionserklärung die Schriftform eingehalten werden (OLG Köln, Urteil v. 29.11.2005, 22 U 105/05, NZM 2006 S. 464; vgl. auch BGH, Urteil v. 2.5.2007, XII ZR 178/04, NZM 2007 S. 443, 444 Rn. 27). Die **Frist** für die Ausübung der Option ist regelmäßig im Mietvertrag festgelegt. Ist das nicht der Fall, muss dem sonstigen Vertragsinhalt die Erklärungsfrist durch Auslegung entnommen werden. Bei einem Mietvertrag auf feste Zeit ohne Kündigungsmöglichkeit für die Vertragsdauer kann bis zum Vertragsende optiert werden (OLG Düsseldorf, Urteil v. 12.2.1981, 10 U 141/80, MDR 1981 S. 847). Diesen Grundsatz hat das OLG Düsseldorf mit seiner Entscheidung vom 11.7.1991, 10 U 166/90, DWW 1992 S. 79 eingeschränkt. Danach ist bei interessengerechter Auslegung einer mietvertraglichen Optionsregelung in der Regel eine Ausübungsfrist vereinbart, wenn die Parteien nicht ausdrücklich von der Vereinbarung einer solchen Frist abgesehen haben. Hat nur der Optionsberechtigte eine Kündigungsfrist, muss er die Option innerhalb dieser Frist ausüben (streitig, so wie hier Reinstorf in Bub/Treier, II Rn. 216). Allgemein gilt, dass bei interessengerechter Vertragsauslegung diejenigen Frist- und Formerfordernisse, die die Parteien ansonsten für die Beendigung oder die Fortsetzung des Mietverhältnisses aufgestellt haben, auch für die Ausübung des vereinbarten Optionsrechts gelten, wenn hierüber weder eine Frist noch eine Form vereinbart ist (so OLG Düsseldorf, Urteil v. 7.11.1991, 10 U 33/91, DWW 1992 S. 80).

Eine weitere Fallgestaltung soll an einem **Beispiel** erläutert werden: Vertrag über Geschäftsräume auf 5 Jahre mit der Vereinbarung, dass er sich um jeweils ein Jahr verlängert, wenn er nicht mit einer Frist von 6 Monaten gekündigt wird; zusätzlich hat der Mieter eine Option für weitere 5 Jahre, ohne dass zur Ausübung eine Frist vereinbart wurde. Hier muss der Optionsberechtigte, also der Mieter, spätestens 6 Monate vor Vertragsende optieren. Kündigt ihm der Vermieter jedoch zum letztmöglichen Termin, kann der Mieter, wenn er unverzüglich optiert, die zehnjährige Verlängerung auch dann erreichen, wenn er die Sechsmonatsfrist nicht mehr eingehalten hat (so Reinstorf, a. a. O.).

Ist die Mietzeit abgelaufen, ist die Ausübung des Optionsrechts nicht mehr möglich. Dies gilt auch dann, wenn im Mietvertrag eine Option „nach Ablauf des Vertrags" vereinbart wurde (BGH, Urteil v. 14.7.1982, VIII ZR 196/81, NJW 1982 S. 2770).

Wie ist zu verfahren, wenn die Option erst während der Verlängerungszeit ausgeübt wird? Auch hierzu ein **Beispiel**: Der Mieter hat nach Ablauf der ersten 5 Jahre seine Option nicht ausgeübt, sodass sich das Mietverhältnis jeweils um ein Jahr verlängert hat. Nach 3 Jahren kündigt der Vermieter. Kann der Mieter jetzt noch sein Optionsrecht um weitere 5 Jahre ausüben? Dazu hat der BGH entschieden (Urteil v. 14.7.1982, VIII ZR 196/81, NJW 1982 S. 2770), dass durch Ausübung des Optionsrechts die von den Parteien vereinbarte Höchstdauer der vertraglichen Bindung nicht überschritten werden darf. Das Optionsrecht erlischt daher spätestens mit Ablauf der um die Optionszeit verlängerten ursprünglichen Vertragszeit. Es sind also von der Optionszeit von 5 Jahren die bereits verstrichenen 3 Jahre abzuziehen. Der Mieter kann also noch eine Option für 2 Jahre ausüben, sodass die ursprüngliche Höchstdauer von 10 Jahren erreicht ist.

Eine vom BGH abweichende Rechtsansicht vertritt das OLG Frankfurt/M. Danach kann bei einem befristeten Mietvertrag, auch wenn er sich nach Ablauf der festen Zeit um jeweils ein Jahr verlängert, wenn er nicht gekündigt wird, die Option nach Ablauf der Frist nicht mehr ausgeübt werden (Urteil v. 20.5.1998, 23 U 121/97, NZM 1998 S. 1006).

Dies gilt auch dann, wenn sich das ursprüngliche Mietverhältnis nicht aufgrund einer Verlängerungsklausel, sondern stillschweigend durch widerspruchslose Fortsetzung verlängert hat (strittig). Dieser Ansicht folgt das OLG Köln (Urteil v. 27.2.1996, 22 U 132/95, ZMR 1996 S. 433). Danach lebt ein im Mietvertrag vereinbartes und nicht fristgerecht ausgeübtes Optionsrecht weder durch eine Verlängerungsvereinbarung nach Ende des Mietvertrags noch durch stillschweigende Verlängerung (§ 545 BGB) wieder auf.

Ortsübliche Vergleichsmiete

Die ortsübliche Vergleichsmiete spielt vor allem bei nicht preisgebundenem Wohnraum eine bedeutende Rolle, bildet sie doch Ausgangspunkt und Maß für eine vom Vermieter angestrebte Erhöhung der Miete. Auch bei Neuvermietung ist sie zu beachten, wenn die Bestimmungen über die Mietpreisbreme (s. dort) anwendbar sind. Sie spielt ferner eine wesentliche Rolle bei der Beurteilung von Mietpreisüberschreitungen nach dem Wirtschaftsstrafrecht und beim Mietwucher nach dem Strafgesetz. Schließlich bildet die ortsübliche Vergleichsmiete die Grundlage für die Nutzungsentschädigung, wenn der Mieter die Mietsache nach Beendigung der Mietzeit nicht zurückgibt.

> Die ortsübliche Vergleichsmiete für Wohnraum wird gebildet aus den üblichen Entgelten, die in der Gemeinde oder in vergleichbaren Gemeinden für Wohnraum vergleichbarer Art und Größe, Ausstattung und Lage einschließlich der energetischen Ausstattung und Beschaffenheit in den letzten 4 Jahren vereinbart oder, von Betriebskostenerhöhungen abgesehen, geändert worden sind.

Ausgenommen ist Wohnraum, bei dem die Miethöhe durch Gesetz oder im Zusammenhang mit einer Förderzusage festgelegt worden ist (§ 558 Abs. 2 BGB). Mieten aus dem sozialen Wohnungsbau, auch solche des dritten Förderwegs, die durch eine Förderzusage unterhalb der Marktmiete festgelegt werden, werden also nicht berücksichtigt.

Geänderte Altmieten und neu vereinbarte Mieten sind in etwa bei der Ermittlung der ortsüblichen Vergleichsmiete zu gleichen Teilen zu berücksichtigen, nicht nach der statistischen Häufigkeit, da dies sonst u. U. zu einem vom Gesetzgeber nicht vorgesehenen Mietstopp führen würde. Die ortsübliche Vergleichsmiete und die aktuell zu erzielende Marktmiete bei Neuvermietung sollten daher nicht mehr als 20 % auseinanderliegen. Teilweise wird allerdings angenommen, dass von den tatsächlichen örtlichen Gegebenheiten auch beim Mischungsverhältnis auszugehen ist (BGH, Urteil v. 29.2.2012, VIII ZR 346/10, NJW 2012 S. 1351; BGH, Urteil v. 3.7.2013, VIII ZR 354/12, NJW 2013 S. 2963).

Bei der Wohnraumart spielt vor allem die Wohnungsstruktur eine Rolle (Ein-, Zwei- oder Mehrfamilienhaus). Die Wohnungsgröße spielt insofern eine Rolle, als bei Wohnungen mit großer Grundfläche der auf den m^2 bezogene Mietpreis im Allgemeinen niedriger liegt als bei kleineren Wohnungen, die in den sonstigen Vergleichsmerkmalen übereinstimmen. Appartements weisen die relativ höchsten Quadratmeterpreise auf. Bei den Ausstattungsmerkmalen ist insbesondere auf das Vorhandensein oder Nichtvorhandensein von Bad oder Dusche, Zentralheizung oder Warmwasser, Lift und WC innerhalb der Wohnung abzustellen.

Einrichtungen des Mieters, die den Wohnwert der Mietsache erhöht haben, sind bei der Ermittlung der ortsüblichen Vergleichsmiete nicht zu berücksichtigen, es sei denn, dass

1. Mieter oder Vermieter etwas anderes vereinbart haben oder
2. der Vermieter die vom Mieter verauslagten Kosten erstattet hat (BayObLG, RE v. 24.6.1981, Allg Reg 41/81, WuM 1981 S. 208; Weber/Marx, VII/S. 124).

Behebbare Mängel der Wohnung i. S. d. § 536 BGB werden dagegen bei der Ermittlung der ortsüblichen Vergleichsmiete nicht berücksichtigt. Die Beschaffenheit betrifft vor allem Zahl und Zuschnitt der Räume und das Verhältnis der Fläche der Haupträume zu den Nebenräumen.

Die Lage bezieht sich auf die Wohngegend. Die ortsübliche Vergleichsmiete stellt somit auf den objektiven Nutzungswert ab. Subjektive Momente bleiben unberücksichtigt.

Unter der ortsüblichen Vergleichsmiete versteht man eine marktorientierte modifizierte Durchschnittsmiete. Hierunter ist keine punktgenaue Einzelmiete zu verstehen, sondern vielmehr ein repräsentativer Querschnitt der üblichen Entgelte in der Gemeinde mit einer gewissen Bandbreite (Blank/Börstinghaus, Miete, 4. Aufl., § 558 Rn. 19; vgl. auch „Mieterhöhung bei Wohnraum“, Abschnitt 2.2 „Ortsübliche Vergleichsmiete“).

Pachtvertrag

Inhaltsübersicht

Seite

1 **Allgemeines** ... 783

2 **Voraussetzungen** ... 783

3 **Sonderregelungen** ... 783

1 Allgemeines

Der Pachtvertrag ist im BGB in den §§ 581 ff. geregelt. Die Pacht unterscheidet sich von der Miete wie folgt: Vermietet werden können nur Sachen, verpachtet werden aber auch Rechte, z. B. die Jagdpacht.

Der Mieter hat nur ein Recht zum Gebrauch der Mietsache, der Pächter hat das Recht, aus der Pachtsache einen **Ertrag** zu ziehen.

Werden Räume leer überlassen, liegt unabhängig von der Bezeichnung, die die Parteien gewählt haben, Miete vor, werden sie mit einer Einrichtung oder Ausstattung überlassen, die als unmittelbare Quelle für Erträge dient (BGH, NJW 1981 S. 825), handelt es sich um Pacht.

2 Voraussetzungen

Auf die Pacht finden, sofern sich aus den §§ 582 ff. BGB nichts anderes ergibt, die Vorschriften über Miete entsprechende Anwendung (§ 581 Abs. 2 BGB). Folgende Sonderregelungen sollen kurz erwähnt werden:

- Die Erhaltung des Inventars obliegt dem Pächter (§ 582 Abs. 1 BGB).
- Wenn die Pachtzeit im Vertrag nicht bestimmt ist, ist die Kündigung nur für den Schluss eines Pachtjahres zulässig; sie hat spätestens am dritten Werktag des halben Jahres zu erfolgen, mit dessen Ablauf die Pacht enden soll (§ 584 Abs. 1 BGB).
- Bei verspäteter Rückgabe der Pachtsache hat der Verpächter einen Anspruch auf Nutzungsvergütung (§ 584b BGB).
- Für Ansprüche des Verpächters auf Herausgabe und Ersatz von fehlendem Inventar gilt die sechsmonatige Verjährung (§§ 581 Abs. 2, 548 BGB).

3 Sonderregelungen

Sonderregelungen gelten für die Verpachtung von land- und forstwirtschaftlichen Grundstücken (§§ 558 bis 597 BGB), für die Pacht von Kleingärten (BundeskleingartenG) und für Apothekenpacht (§§ 9, 26, 27 ApothekenG).

Parabolantenne → „Antenne“

Personenmehrheit auf Mieterseite

Haben mehrere Personen gemeinschaftlich gemietet, können die Mieter untereinander eine Gemeinschaft (§ 741 BGB) oder eine Gesellschaft (§§ 705 ff. BGB) bilden. Bei der Wohnraummiete wird eine Gemeinschaft vorliegen. Bei Geschäftsraummiete und u. U. bei Wohngemeinschaften kann eine Gesellschaft vorliegen, wenn die Voraussetzung des § 705 BGB erfüllt wird (Zusammenhang zwischen dem Geschäftszweck und der Anmietung; so Palandt § 535 Rn. 7 BGB).

Eine solche Außengesellschaft bürgerlichen Rechts besitzt Rechtsfähigkeit, soweit sie durch ihre Teilnahme am Rechtsverkehr eigene Rechte und Pflichten begründet; sie ist in diesem Rahmen zugleich im Zivilprozess aktiv und passiv parteifähig (BGH, Urteil v.

29.1.2001, II ZR 331/00, WuM 2001 S. 134). Wegen der **persönlichen Gesellschafterhaftung** ist aber dringend zu empfehlen, neben der Gesellschaft auch die Gesellschafter persönlich zu verklagen.

> Für ihre Verpflichtungen aus dem Mietvertrag, insbesondere für die Zahlung der Miete, haften mehrere Mieter als **Gesamtschuldner**. Der Vermieter kann die volle Miete von jedem der Mieter, aber nur einmal, verlangen.

Rechtswirksame Erklärungen (z. B. Kündigungen) müssen von sämtlichen Mietern abgegeben werden. Bei einer nichtehelichen Lebensgemeinschaft, die sich auflöst, kann daher der weichende Partner das Mietverhältnis nicht, auch nicht für sich alleine, kündigen, vielmehr bleibt er Mieter – allerdings kann er von dem in der Wohnung verbleibenden Partner die Zustimmung zur Kündigung des Mietvertrags verlangen, sofern dieser nicht ein berechtigtes Interesse an der Fortsetzung des Mietverhältnisses hat (LG Hamburg, Urteil v. 12.11.1992, 332 O 338/92, WuM 1993 S. 343; OLG Köln, Beschluss v. 21.6.1999, 16 W 16/99, WuM 1999 S. 521; vgl. auch BGH, Urteil v. 16.3.2005, VIII ZR 14/04, WuM 2005 S. 341). Der Vermieter ist nicht verpflichtet, den ausgezogenen Mieter aus dem Mietverhältnis zu entlassen.

> Eine Vertragsänderung dahin, dass das Mietverhältnis nur noch mit dem in der Wohnung verbleibenden Mieter fortgesetzt wird, ist nur wirksam, wenn sie von **allen** Beteiligten getroffen wird, so jedenfalls die überwiegende Meinung; ein zwischen dem Vermieter und einem Mitmieter geschlossener Aufhebungsvertrag bedarf zu seiner Wirksamkeit der Zustimmung des in der Wohnung verbleibenden Mieters (vgl. BGH, Urteil v. 3.3.2004, VIII ZR 124/03, WuM 2004 S. 280 f.). Aus Beweisgründen wird Schriftform empfohlen.

Auch vermieterseits sind solche Erklärungen an sämtliche Mieter zu richten. Dies führt in der Praxis immer wieder zu Schwierigkeiten, insbesondere bei Kündigungen und Mieterhöhungserklärungen. Häufig ist z. B. der Fall, dass ein Mieter schon vor Jahren ausgezogen ist. Hat er dies dem Vermieter unter Angabe seiner neuen Anschrift mitgeteilt, sind ihm alle rechtsgestaltenden Erklärungen des Vermieters zuzustellen, da sie sonst unwirksam sind (vgl. etwa LG Köln, Urteil v. 14.3.1996, 1 S 193/95, WuM 1996 S. 266: Verlassen Mitmieter die Wohnung, führt das ohne entsprechende Erklärung der Vertragsparteien auch dann nicht zur Beendigung des Mietverhältnisses mit diesen Mietern, wenn der Auszug endgültig ist. Im vorliegenden Fall war eine Klage auf Zustimmung zur Mieterhöhung abgewiesen worden, da das Erhöhungsverlangen den ausgezogenen Mietern nicht zugestellt wurde). Zu beachten ist auch, dass Kündigungserklärungen gegenüber mehreren Mietern, die verschiedene Adressen haben, in einem engen **zeitlichen Zusammenhang** ausgesprochen werden müssen (OLG Düsseldorf, Urteil v. 2.7.1987, 10 U 23/87, NJW- RR 1987 S. 1369).

Etwas anderes gilt nur in eng begrenzten **Ausnahmefällen**. Das OLG Frankfurt/M. (Beschluss v. 13.12.1990, 20 RE-Miet 2/90, WuM 1991 S. 76) hatte den Fall zu beurteilen, dass nur dem in der Wohnung verbliebenen Ehegatten gekündigt wurde. Nach Ansicht des OLG kann nur bei Vorliegen besonderer Umstände eine solche Kündigung wirksam sein. Der Umstand, dass ein Ehepartner die Wohnung seit Jahren endgültig verlassen und aufgegeben hat, ohne dem Vermieter dies anzuzeigen und seine neue Anschrift mitzuteilen, kann im Einzelfall einen solchen besonderen Umstand darstellen, da es überspitzt formalistisch erscheint, auch hier an dem Erfordernis der Erklärung und des Zugangs der Kündigung gegenüber beiden Eheleuten festzuhalten. Einige Instanzgerichte sind dieser praxisgerechten Rechtsprechung inzwischen gefolgt (so LG Frankfurt/M., Urteil v. 9.7.1991, 2/11 S 281/90, WuM 1992 S. 129; LG Limburg, Urteil v. 23.9.1992, 7 S 36/92, WuM 1993 S. 47; LG Berlin, Urteil v. 30.10.1992, 64 S 167/92, ZMR 1993 S. II Nr. 8). Sind allerdings zwischen der einen Vertragspartei und nach Auszug eines Partners auf der gegenüberstehenden Seite Vereinbarungen über das Mietverhältnis ausschließlich mit dem verbleibenden Partner getroffen worden, ergibt sich hieraus, dass zwar der ausgezogene Partner nicht aus dem Mietverhältnis ausgeschieden ist, die verbleibenden Parteien aber dennoch das Mietverhältnis auf eine selbstständige, von der Mitwirkung des ausgezogenen Partners unabhängige Grundlage gestellt haben. Dies verleiht dem verbleibenden Partner eine vom ausgezogenen Partner unabhängige Rechtsposition, verwehrt es ihm aber auch andererseits, sich in späteren Rechtsstreitigkeiten darauf zu berufen, auch der ausgezogene Partner sei noch Partei des Mietverhältnisses, weswegen nur an den verbleibenden Partner gerichtete Willenserklärungen unwirksam seien (§ 242 BGB; so LG München I, Urteil v. 16.9.1992, 14 S 7279/91).

Diese Rechtsprechung hat der BGH bestätigt. Auch wenn man davon ausgeht, dass der Aufhebungsvertrag zwischen Vermieter und ausziehendem Mitmieter der Zustimmung des verbleibenden Mieters bedarf (s. o.), kann es nicht im Belieben des in der Wohnung verbleibenden Mieters stehen, durch Verweigerung der Zustimmung eine Entlassung des Mitmieters aus dem Mietverhältnis zu verhindern, wenn er kein schutzwürdiges Interesse daran hat, sich auf die Mieterstellung des Mitmieters zu berufen. Die Berufung auf diese formale Rechtsposition stellt in solchen Fällen eine unzulässige Rechtsausübung dar. Der in der Wohnung verbleibende Mieter muss sich daher bei einem **Mieterhöhungsverlangen** des Vermieters so behandeln lassen, als ob er die Zustimmung zu einer Entlassung des Mitmieters, soweit erforderlich, erteilt hat. Ein Erhöhungsverlangen kann daher wirksam an den in der Wohnung alleine verbleibenden Mieter gestellt werden (BGH, Urteil v. 3.3.2004, VIII ZR 124/03, WuM 2004 S. 280).

Diese Rechtsprechung hat der BGH auch für den Fall der **Kündigung** fortgeführt. Ein Mieter, der die Wohnung mit Einverständnis des Vermieters allein weiter nutzt und deshalb an einer Kündigung nicht mitwirkt, ist gegenüber seinen beiden Vertragspartnern – dem ausziehenden Mieter und dem Vermieter – nach Treu und Glauben verpflichtet, an einer der tatsächlichen Nutzung entsprechenden Vertragsänderung – der Fortsetzung des Mietverhältnisses mit ihm allein – mitzuwirken und dadurch der Entlassung des ausziehenden Mieters aus dem Mietverhältnis zuzustimmen. Gegen Treu und Glauben verstößt der Mieter, der einerseits das Mietverhältnis nicht gemeinsam mit dem ausziehenden Mieter kündigt, sondern die Wohnung weiter nutzt, und der andererseits seine Zustimmung zur Entlassung des Mitmieters verweigert, ohne dass dies durch schutzwürdige Interessen gerechtfertigt wäre. Ein solcher widersprüchlich handelnder Mieter muss sich gegenüber dem Vermieter so behandeln lassen, als habe er seine Zustimmung zur Entlassung des Mitmieters und zur Fortsetzung des Mietverhältnisses mit ihm allein erteilt (BGH, Urteil v. 16.3.2005, VIII ZR 14/04, WuM 2005 S. 341).

Grundsätzlich haben die Vertragsparteien die Pflicht, dafür zu sorgen, dass ihnen rechtsgeschäftliche Erklärungen zugestellt werden können.

Der ausziehende Mieter ist also verpflichtet, dem Vermieter seine neue Adresse mitzuteilen. Unterlässt er dies und kann ihm deswegen eine Erklärung nicht zugestellt werden, ist der Vermieter aufgrund seines Schadenersatzanspruchs wegen der Obliegenheitsverletzung des Mieters so zu stellen, als wäre die Erklärung rechtzeitig zugegangen (Sternel, IV Rn. 47).

Um diese Schwierigkeiten zu vermeiden, sind in Mietverträgen oft **Klauseln über den Empfang oder den Zugang von Willenserklärungen** enthalten. Diese Klauseln sind allerdings auf ihre Wirksamkeit zu überprüfen (s. „Allgemeine Geschäftsbedingungen"). Klauseln, nach denen sich mehrere Mieter gegenseitig zur Empfangnahme von Willenserklärungen des Vermieters bevollmächtigen, sind wirksam. Die Erklärung des Vermieters, die an alle Mieter gerichtet sein muss, wird hier auch dann wirksam, wenn sie nur einem Mieter zugegangen ist. Diese **Empfangsvollmacht gilt** auch für den Zugang einer Kündigung.

Eine **Widerrufs**möglichkeit muss (entgegen OLG Celle, Urteil v. 29.12.1989, 2 U 200/88, WuM 1990 S. 103) nach BGH (Beschluss v. 10.9.1997, VIII ARZ 1/97, WuM 1997 S. 599) in der Vollmachtsklausel nicht enthalten sein. Der BGH geht davon aus, dass trotz des Fehlens einer solchen Klausel gleichwohl jeder von mehreren Mietern jederzeit seine Vollmacht widerrufen kann (s. „Vollmacht").

Klauseln, in denen sich mehrere Mieter gegenseitig zur Abgabe von Willenserklärungen ohne weitere Einschränkung ermächtigen, werden von der Rechtsprechung für unwirksam gehalten, da hierdurch auch der Bestand des Mietverhältnisses (Kündigung oder Aufhebungsvertrag) betroffen ist oder Auswirkungen auf die Leistungspflicht der Vertragsparteien vorliegen (Mieterhöhung). Der Umfang der Vollmacht muss also hinreichend konkret bestimmt und eingegrenzt sein.

Von diesen Klauseln zu unterscheiden sind solche Klauseln, wonach es für die Wirksamkeit oder den Zugang einer Erklärung des Vermieters genügen soll, wenn sie gegenüber einem der Mieter abgegeben wird oder einem der Mieter zugegangen ist (Erklärungsfiktion bzw. Zugangsfiktion). Hier soll z. B. eine Mieterhöhungserklärung des Vermieters gegenüber den Mietern A und B auch dann wirksam sein, wenn sie nur an den Mieter A gerichtet ist und nur diesem zugegangen ist. Diese Klauseln sind unwirksam (§ 308 Nr. 6 BGB).

> Zur Vermeidung erheblicher formeller Probleme sollte daher der Grundsatz beachtet werden: **Von allen an alle**.

Auch für die **Rückgabe** haften mehrere Mieter als Gesamtschuldner. Die Haftung besteht bei Auszug fort (s. „Rückgabe der Mietsache", Abschnitt 4 „Wer haftet wie?").

Personenmehrheit auf Vermieterseite

Auf der Vermieterseite treten Personenmehrheiten entweder als Bruchteilsgemeinschaften oder als Gesamthandsgemeinschaft auf.

Die **Bruchteilsgemeinschaft** ist eine Interessengemeinschaft ohne Zweckgemeinschaft. Das bedeutet: Die Interessen der Teilhaber laufen infolge der Mitberechtigung am selben Gegenstand bis zu einem bestimmten Grad gleich. Ihre Zwecke können verschieden sein. Häufigster Anwendungsfall ist das Miteigentum nach Bruchteilen an Grundstücken. Der Entstehungsgrund kann verschieden sein. Entscheidend ist die Tatsache vorhandener gemeinschaftlicher Rechtszuständigkeit.

> **Beispiel**
> Beispiel für das Zustandekommen einer Bruchteilsgemeinschaft: V verkauft je einen ideellen Hälfteanteil seines Hausgrundstücks an A und B. Diese sind Miteigentümer nach Bruchteilen. Sie bilden eine Gemeinschaft (§§ 741 ff. BGB).

Eine **Gesamthandsgemeinschaft** liegt vor, wenn das Vermögen der Gemeinschaft Sondervermögen ist, das der Gemeinschaft zur gesamten Hand zusteht. Gesamthandsgemeinschaften sind die Gesellschaften (Gesellschaft des bürgerlichen Rechts wie auch Personalgesellschaften des Handelsrechts, die Offene Handelsgesellschaft und die Kommanditgesellschaft, §§ 705 ff. BGB, §§ 105, 161 HGB), der nicht rechtsfähige Verein (§ 54 BGB), die eheliche und die fortgesetzte Gütergemeinschaft (§§ 411 ff. und 1485 ff. BGB) und die Erbengemeinschaft (§§ 2032 ff. BGB).

Für die Personalgesellschaft des Handelsrechts gelten hinsichtlich der Vertretung der Gesellschafter die Sonderregelungen des Handelsgesetzbuchs.

Besonderer Sorgfalt bedarf die Einhaltung der Schriftform bei Personenmehrheiten.

Nach der Rechtsprechung des BGH (BGH, Urteil v. 29.1.2001, II ZR 331/00, WuM 2001 S. 134) besitzt die **Gesellschaft bürgerlichen**

Rechts Rechtsfähigkeit, soweit sie durch Teilnahme am Rechtsverkehr eigene Rechte und Pflichten begründet. Die Gesellschaft wird daher in der jeweiligen Zusammensetzung der Gesellschafter Vertragspartner. Dies wird durch einen Gesellschafterwechsel nicht berührt. In einem Zivilprozess ist sie daher parteifähig, kann also als Gesellschaft klagen und verklagt werden. Klagen mehrere Gesellschafter einer BGB-Gesellschaft eine Gesamthandsforderung ein, sind nicht die Gesellschafter als Kläger in der Klageschrift aufzuführen, sondern die GbR selbst ist Klägerin (OLG Düsseldorf, Urteil v. 7.7.2005, I-10 U 202/04, WuM 2005 S. 655). **Wichtig:** Kündigt eine GbR, muss die Kündigung entweder von allen Gesellschaftern ausgesprochen werden oder eine Originalvollmacht der übrigen Gesellschafter oder eine andere die Vollmacht nachweisende Urkunde vorgelegt werden. Anderenfalls kann die Gegenseite die Kündigung gemäß § 174 BGB analog zurückweisen (BGH, Urteil v. 9.11.2001, LwZR 4/01, NJW 2002 S. 1194).

Für die übrigen Gemeinschaften (Bruchteils- und Gesamthandsgemeinschaften) gilt: Stehen die Vermieter in Bruchteils- oder Gesamthandsgemeinschaft, kann das Mietverhältnis nur gegenüber allen gekündigt werden. Ist ein Vertreter bestellt, kann diesem gegenüber die Kündigung erklärt werden. Für die Vermieterkündigung stellt sich die Frage, ob die mehreren Vermieter nur gemeinschaftlich kündigen können oder ob es genügt, wenn die Mehrheit im Namen aller Vermieter kündigt. Mietvertragsabschluss und -kündigungen sind Verwaltungshandlungen, sodass hierüber durch Mehrheitsbeschluss zu entscheiden ist (§§ 745, 2038 BGB).

Nach der in Rechtsprechung und Literatur vorherrschenden Meinung hat der Mehrheitsbeschluss der Gemeinschafter auch Außenwirkung, d.h., die Mehrheit vertritt bei Verwaltungshandlungen (nicht Verfügungen) die Minderheit, sodass die Mehrheit bei Abschluss eines Mietvertrags oder bei Ausspruch einer Kündigung nicht zuvor gegen die Minderheit auf Mitwirkung bei diesen Rechtshandlungen klagen muss (BGH, Urteil v. 29.3.1971, III ZR 255/68, BGHZ 56 S. 47 ff.). Bei einer Erbengemeinschaft kann die Kündigung mehrheitlich beschlossen werden, wenn es sich um eine Maßnahme ordnungsgemäßer Verwaltung handelt (BGH, Urteil v. 11.11.2009, XII ZR 210/05, NZM 2010 S. 161).

Die Gegenmeinung hält daran fest, dass bei einer Vermietergemeinschaft die Kündigung eines Mietvertrags nur von allen Gemeinschaften ausgesprochen werden kann. Das würde bedeuten, dass vorab die Mehrheit die Minderheit auf Zustimmung zur Kündigung zu verklagen hätte und die fehlende Willenserklärung der Minderheit durch Urteil ersetzt würde.

> Für die Mietforderung der Vermietergemeinschaft gilt: Weil die Mietforderung als rechtlich unteilbare Leistung angesehen wird, kann jeder der Vermieter Zahlung der Miete an alle Vermieter fordern. Der Mieter kann nur an alle gemeinschaftlich leisten (etwa auf das Hauskonto, § 432 BGB). Der einzelne Teilhaber kann nicht einen seiner Beteiligung entsprechenden Teil der Miete verlangen (BGH, Urteil v. 29.1.1969, VIII ZR 20/67, NJW 1969 S. 839).

Soweit der Vermietergemeinschaft die Schuldnerrolle zufällt (z.B. hinsichtlich der Instandsetzungspflicht nach § 535 BGB), sind die einzelnen Teilhaber Gesamtschuldner nach §§ 420, 427 BGB.

> Hat ein Erblasser Testamentsvollstreckung angeordnet und gehört zum Nachlass ein Mietgrundstück, so ist nicht der Erbe (auch nicht eine Mehrheit von Erben) Vermieter, sondern der Testamentsvollstrecker.

Sämtliche das Mietverhältnis betreffenden Rechtshandlungen (z.B. Vertragsabschluss, Kündigung) sind von ihm vorzunehmen. Im Prozess ist der Testamentsvollstrecker Partei kraft Amtes.

Personenwechsel auf Mieterseite

Ein Personenwechsel auf Mieterseite kann aufgrund eines gesetzlichen Tatbestands eintreten oder auf rechtsgeschäftlicher Übereinkunft beruhen. Ersteres ist beim **Tod des Mieters** gegeben (s. „Tod des Mieters"). Im Fall einer **Ehescheidung** (s. „Ehescheidung" kann der Richter rechtsgestaltend eingreifen und bestimmen, dass der Mietvertrag von einem Ehegatten allein fortgesetzt wird oder, wenn nur ein Ehegatte gemietet hat, dass an dessen Stelle der andere Ehegatte in den Mietvertrag eintritt. Durch rechtsgeschäftliche Vereinbarung können die Mieterrechte unter bestimmten Voraussetzungen auf einen Dritten übertragen werden (s. „Ersatzmieter").

Die **Außengesellschaft bürgerlichen Rechts** besitzt Rechtsfähigkeit, soweit sie durch Teilnahme am Rechtsverkehr eigene Rechte und Pflichten begründet (BGH, Urteil v. 29.1.2001, II ZR 331/00, WuM 2001 S. 134). Rechtsfolge davon ist, dass danach ein Wechsel im Mitgliederbestand keinen Einfluss auf den Fortbestand der mit der Gesellschaft bestehenden Rechtsverhältnisse hat (BGH, a. a. O.). Entscheidend ist also, ob und wie die Gesellschaft nach außen auftritt, z. B. unter einem eigenen Namen. Ist für den Vermieter nicht erkennbar, dass die Mieter eine nach außen hin tätige BGB-Gesellschaft bilden, verbleibt es dabei, dass nur die einzelnen Gesellschafter Mieter sind. In diesem Fall hat auch ein Wechsel des Gesellschafterbestands (Eintritt oder Austritt von Gesellschaftern) auf das Mietverhältnis keine Einwirkungen. Vielmehr bleiben die Gesellschafter, die den Mietvertrag abgeschlossen haben, auch bei späteren Änderungen die alleinigen Mieter. Der ausscheidende Gesellschafter kann aber gegen die anderen Gesellschafter einen Anspruch auf Kündigung des Mietverhältnisses haben (OLG München, Urteil v. 14.1.1994, 21 U 4806/93, ZMR 1994 S. 217). Etwas anderes gilt nach der Rechtsprechung allerdings dann, wenn der Vermieter an eine Wohngemeinschaft vermietet (s. hierzu „Wohngemeinschaft"). Auch die Partner einer **nichtehelichen Lebensgemeinschaft** bilden in der Regel eine BGB-Gesellschaft. Beim Auszug eines Partners besteht das Mietverhältnis nach wie vor mit beiden Mietern. Der Vermieter muss nicht mit dem Mieter, der in der Wohnung bleibt, einen neuen Mietvertrag als alleiniger Mieter zu gleichen Bedingungen abschließen.

Personenwechsel auf Vermieterseite

Dies kommt in Betracht beim Tod des Vermieters oder bei der Veräußerung des Grundstücks sowie in der Zwangsversteigerung.

Beim **Tod des Vermieters** tritt an seine Stelle der Erbe (oder eine Mehrzahl) in das Mietverhältnis ein.

> Der Erbe als Gesamtrechtsnachfolger übernimmt alle Rechte und Pflichten des Erblassers aus dem Mietvertrag.

Eine Umschreibung des Mietvertrags auf den Erben ist also nicht erforderlich; ein Rechtsanspruch hierauf oder auf den Abschluss eines neuen Mietvertrags besteht nicht.

Vermietet eine aus zwei Personen bestehende **Gesellschaft bürgerlichen Rechts** und überträgt ein Gesellschafter seinen Anteil, so führt dies zu einem Eigentümer- und Vermieterwechsel (BGH, Urteil v. 18.2.1998, XII Z R 39/96, WuM 1998 S. 341).

Nach der neuen Rechtsprechung des BGH, wonach eine **Außengesellschaft bürgerlichen Rechts** Rechtsfähigkeit besitzt, soweit sie durch Teilnahme am Rechtsverkehr eigene Rechte und Pflichten begründet (s. „Personenmehrheit auf Mieterseite", „Personenwechsel auf Mieterseite"), wird dies bei einer solchen nach außen tätigen Gesellschaft, die als Vermieter tätig ist, nicht mehr gelten. Vielmehr hat in diesem Fall ein Wechsel im Mitgliederbestand keinen Einfluss auf den Fortbestand der mit der Gesellschaft bestehenden Rechtsverhältnisse, sodass dann auch kein Eigentümer- und Vermieterwechsel eintritt. Dies gilt allerdings nur, wenn die BGB-Gesellschaft im Mietvertrag erkennbar als Vermieter auftritt.

So hat das KG Berlin entschieden (RE v. 26.2.2001, 8 RE-Miet 1/01, WuM 2001 S. 230), dass formwechselnde Umwandlungen von der den Mietvertrag abschließenden KG auf eine Gesellschaft bürgerlichen Rechts und von dieser auf eine weitere Gesellschaft nicht die Identität der Gesellschaft als solcher berühren, die aus dem Mietvertrag berechtigt bleibt.

Im vorliegenden Fall ging es um eine Mietforderung der Gesellschaft gegen einen Mieter. Abgeschlossen wurde der Mietvertrag von der KG. Zwischenzeitlich erfolgten Veränderungen im Gesellschafterbestand der ursprünglichen KG und der nachfolgenden BGB-Gesellschaft. Klägerin war dann die Gesellschaft in ihrer gegenwärtigen personellen Zusammensetzung. Diese ist, wie das KG unter Bezugnahme auf das Urteil des BGH a.a.O. entschieden hat, Vermieterin der beklagten Mieter und somit berechtigt, den Mietrückstand gerichtlich geltend zu machen.

Vergleiche hierzu auch „Eigentümerwechsel“.

Pfandrecht des Vermieters

Inhaltsübersicht

Seite

1 **Allgemeines** 789

2 **Sicherung von Forderungen** 790

3 **Erlöschen des Pfandrechts** 790

4 **Verwertung** 790

5 **Pfandverkauf** 791

1 Allgemeines

Der Vermieter hat an den eingebrachten und pfändbaren Sachen des Mieters ein **gesetzliches Pfandrecht** für seine Forderungen aus dem Mietverhältnis (§ 562 BGB). Die praktische Bedeutung ist relativ gering.

Folgende Voraussetzungen müssen erfüllt sein: Die Sachen müssen eingebracht, d.h. nicht nur vorübergehend in den Mieträumen abgestellt sein. Eingebracht ist auch ein Kfz, das in der vermieteten Garage abgestellt wird.

Sie müssen im Eigentum des Mieters stehen. Dem Pfandrecht sind also Sachen der Ehefrau des Mieters nicht unterworfen, wenn diese den Mietvertrag nicht unterzeichnet hat. Dies gilt ebenso für Sachen des Untermieters (OLG Düsseldorf, Urteil v. 15.1.1987, 10 U 162/86, DWW 1987 S. 330).

Ist der Mieter z.B. beim Kauf unter Eigentumsvorbehalt nicht Eigentümer, kann nur die Anwartschaft des Mieters gepfändet werden. Einer nach Einbringung der Sachen begründeten Sicherungsübereignung geht aber das Vermieterpfandrecht vor.

Dies gilt auch für den Fall, dass der Mieter während der Mietzeit durch einen Raumsicherungsübereignungsvertrag zugunsten eines Kreditgebers über gegenwärtiges und künftiges Eigentum an einer in einem bestimmten Mietraum eingebrachten Sachgesamtheit verfügt. Das Vermieterpfandrecht erstreckt sich auch auf solche Einzelteile des Warenlagers, die erst nach der Sicherungsübereignung dem Warenbestand zugeführt werden (so BGH, Urteil v. 12.2.1992, XII ZR 7/91, DWW 1992 S. 176).

Ein Erwerber kann sich ebenfalls auf das Vermieterpfandrecht berufen, und zwar auch bezüglich solcher Gegenstände, die vor dem Eigentumserwerb, aber nach dem Beginn des ursprünglichen Mietverhältnisses in die Mieträume verbracht wurden. Eine nach Einbringung der Sachen, aber vor Eigentumserwerb erfolgte Sicherungsübereignung verhindert das Pfandrecht des Erwerbers nicht (BGH, Urteil v. 15.10.2014, VII ZR 163/12, WuM 2014 S. 733).

Unpfändbare Sachen unterliegen dem Pfandrecht nicht (§ 562 Abs. 1 S. 2 BGB). Darunter fallen Sachen, die dem persönlichen Gebrauch oder dem Haushalt dienen, soweit sie zu einer bescheidenen Lebens- und Haushaltsführung nötig sind, darunter heutzutage auch Kühlschrank, Waschmaschine und Fernsehgerät.

2 Sicherung von Forderungen

Das Pfandrecht sichert nur **Forderungen aus** dem **Mietvertrag**. Für künftige Entschädigungsforderungen und für die Miete für eine spätere Zeit als das laufende und folgende Mietjahr kann das Pfandrecht nicht geltend gemacht werden (§ 562 Abs. 2 BGB).

3 Erlöschen des Pfandrechts

Nach § 562 a BGB **erlischt** das Pfandrecht des Vermieters mit der Entfernung der Sachen von dem Grundstück, es sei denn, dass die Entfernung ohne Wissen oder unter Widerspruch des Vermieters erfolgt. Der Vermieter kann der Entfernung nicht widersprechen, wenn sie den gewöhnlichen Lebensverhältnissen entsprechend erfolgt oder wenn die zurückbleibenden Sachen zur Sicherung des Vermieters offenbar ausreichen (§ 562 a S. 2 BGB).

Durch das Mietrechtsreformgesetz befinden sich die Vorschriften über das Vermieterpfandrecht im Abschnitt über Wohnraummietverhältnisse. Die frühere Fassung in § 560 BGB enthielt den Satzteil „im regelmäßigen Betrieb des Geschäfts des Mieters", der nur auf Gewerbemiete bezogen ist. Dieser Satzteil wurde gestrichen, ohne dass damit eine inhaltliche Änderung verbunden ist. Bei der Gewerbemiete, für die die Vorschrift durch den Verweis in § 578 BGB anwendbar ist, ist dieser Gesichtspunkt nach wie vor im Rahmen der „gewöhnlichen Lebensverhältnisse" zu berücksichtigen, so die amtliche Begründung zum Mietrechtsreformgesetz.

4 Verwertung

Der Vermieter hat ein Recht zur Verwertung der Sache und kann daher vom Mieter die Herausgabe zur Versteigerung verlangen (§§ 1257, 1228 Abs. 2 BGB), und zwar auch schon vor einem Auszug des Mieters (Palandt, § 559 BGB Rn. 19). Der Vermieter darf die Entfernung der Sachen, die seinem Pfandrecht unterliegen, auch ohne Anrufen des Gerichts verhindern, soweit er berechtigt ist, der Entfernung zu widersprechen (also nicht bei der Entfernung von Sachen Dritter, von unpfändbaren Sachen oder wenn die Entfernung den gewöhnlichen Lebensverhältnissen entspricht, § 562 b Abs. 1 S. 1 BGB). Der gesetzlichen Bestimmung ist nicht zu entnehmen, wie weit das Selbsthilferecht geht („verhindern"). In der Regel wird sich daher der Vermieter darauf beschränken müssen, der Entfernung zu widersprechen. Wird mit der Entfernung fortgefahren, soll der Vermieter berechtigt sein, die weitere Entfernung durch Verschließen der Türen oder ähnliche Maßnahmen zu hindern (LG Regensburg, Urteil v. 5.8.1991, 1 O 50/91, WM 1992 S. 1678). Wenn auch dies erfolglos bleibt, kann der Vermieter dem Mieter die Sachen abnehmen (OLG München, Urteil v. 12.1.1989, 29 U 2366/88, WuM 1989 S. 128, 132).

Wenn der Mieter auszieht, darf der Vermieter diese Sachen in seinen Besitz nehmen (§ 562 b Abs. 1 S. 2 BGB). Das **Selbsthilferecht** geht hier also weiter. Dabei ist auch die Abstufung im Tätigwerden des Vermieters wie bei dem Entfernen einzelner Gegenstände zu beachten.

Es ist also immer das schonendste Mittel zu wählen, die Anwendung von Gewalt kommt nur in eng begrenzten Ausnahmefällen infrage. Es kann sich daher empfehlen, eine **einstweilige Verfügung beim AG** zu beantragen mit dem Inhalt, dem Mieter die Entfernung bestimmter Sachen zu untersagen, wenn der Mieter seinen Auszug angekündigt hat und die Entfernung aus den Mieträumen droht. An die Konkretisierung der Sachen sind im Verfügungsantrag keine übermäßigen Anforderungen zu stellen. Hier genügt es, dass der Vermieter zur Identifizierung der Sachen lediglich auf das vorherige Einbringen in die Mieträume verweist (OLG Rostock, Urteil v. 13.4.2004, 3 U 68/04, WuM 2004 S. 471 f.).

Anders ist die Rechtslage, wenn der Mieter die Sachen unerlaubt bereits aus den Mieträumen entfernt hat. Hier benötigt der Vermieter, wenn er sein Vermieterpfandrecht noch geltend machen will, einen **Herausgabetitel**. Dazu muss er die Sachen im Einzelnen bezeichnen, wobei er auf eine Auskunft des Mieters angewiesen ist. Diesen Auskunftsanspruch kann er zusammen mit dem Herausgabeanspruch im Wege der einstweiligen Verfügung mit einem **Stufenantrag** geltend machen, d.h. zunächst Antrag auf Erteilung der Auskunft und sodann Antrag auf Zurückverschaffung der Sachen in die Mieträume (OLG Rostock, a.a.O.).

Sind die Sachen ohne Wissen oder unter Widerspruch des Vermieters entfernt worden, kann er die Herausgabe zum Zweck der Zurückschaffung in das Grundstück und, wenn der Mieter ausgezogen ist, die Überlassung des Besitzes verlangen (§ 562b Abs. 2 S. 1 BGB). Das Pfandrecht **erlischt** mit dem Ablauf eines Monats, nachdem der Vermieter von der Entfernung der Sache Kenntnis erlangt hat, wenn nicht der Vermieter diesen Anspruch vorher gerichtlich geltend gemacht hat (§ 562b Abs. 2 S. 2 BGB).

Der Mieter kann die Geltendmachung des Pfandrechts des Vermieters durch **Sicherheitsleistung** abwenden; er kann jede einzelne Sache dadurch von dem Pfandrecht befreien, dass er in Höhe ihres Werts Sicherheit leistet (§ 562c BGB).

Trifft mit dem Vermieterpfandrecht ein nachträglich begründetes Pfändungspfandrecht zusammen, hat der Vermieter auch hier das Recht **auf vorzugsweise Befriedigung** aus dem Erlös (§ 805 ZPO). Bei der Geltendmachung von Mietrückständen ist dieses Recht jedoch zeitlich beschränkt (§ 562d BGB). Das Vermieterpfandrecht kann hier nur für das letzte Jahr vor der Pfändung geltend gemacht werden. Noch ältere Mietrückstände werden nicht erfasst.

5 Pfandverkauf

Das Vermieterpfandrecht gewinnt evtl. Bedeutung, wenn der Mieter unter Hinterlassung von **Mietrückständen** auszieht. Aus den Gegenständen, die der Vermieter zurückbehält, kann er sich im Wege des Pfandverkaufs befriedigen. Der **Pfandverkauf** ist dem Schuldner vorher anzudrohen.

Dabei ist der geschuldete Betrag zu bezeichnen. Der Verkauf darf nicht vor Ablauf eines Monats nach der **Androhung** durchgeführt werden. Der Verkauf des Pfands ist in der Regel im Wege der öffentlichen **Versteigerung** durch den Gerichtsvollzieher zu bewirken. Die gesetzlichen Bestimmungen hierüber finden sich in den §§ 1233 bis 1247 BGB.

Plakatieren → „Kündigung", Abschnitt 3.2.1 „Außerordentliche fristlose Kündigung aus wichtigem Grund"

Preisgebundener Wohnraum → „Sozialwohnung"

Prozesskosten

Inhaltsübersicht

Seite

1 **Vorbemerkung** ... 792

2 **Allgemeines** ... 792

3 **Anwaltskosten** ... 792

4 **Kosten des Rechtsstreits** ... 792

5 **Einzelheiten** ... 792

6 **Kosten eines Mietprozesses** ... 792

1 Vorbemerkung

Die Kosten des Mietprozesses umfassen die Gerichtskosten und, soweit die Parteien durch Rechtsanwälte vertreten werden, deren Gebühren und Auslagen. Für die Höhe der Kosten ist maßgebend einmal der Streitwert, zum anderen der Umfang der Tätigkeit. Einzelheiten sind geregelt im Gerichtskostengesetz (GKG) und im Rechtsanwaltsvergütungsgesetz (RVG).

2 Allgemeines

Mit der Erhebung der Klage fällt ein Gebührenbetrag in Höhe von drei Gerichtsgebühren an. Ihre Zahlung ist Voraussetzung dafür, dass das Verfahren in Gang kommt. Endet der Rechtsstreit durch Endurteil (also nicht durch Vergleich), bleibt es bei diesen Gebühren. Im Berufungsverfahren fallen vier Gebühren an, wenn durch Endurteil entschieden wird.

3 Anwaltskosten

Anwaltskosten entstehen, wenn der Rechtsstreit beim LG oder einer noch höheren Instanz anhängig ist, da dort Anwaltszwang herrscht. Beim AG können sich die Parteien selbst vertreten oder durch einen Rechtsanwalt vertreten lassen.

4 Kosten des Rechtsstreits

Regelmäßig hat die unterliegende Partei die gesamten Kosten des Rechtsstreits zu tragen bzw. zu erstatten (§ 91 ZPO). Hat die Klage teilweise Erfolg, sind die Kosten entsprechend zu quoteln. Besonderheiten gelten beim Räumungsprozess.

5 Einzelheiten

Wird eine Partei durch einen Rechtsanwalt vertreten, fällt eine Verfahrensgebühr (Nr. 3100 VV RVG) in Höhe von 1,3 und, falls es zu einem Termin kommt, eine Terminsgebühr (Nr. 3104 VV RVG) in Höhe von 1,2 nach der Gebührentabelle an. Unter bestimmten Voraussetzungen kann eine Terminsgebühr auch anfallen, ohne dass es zu einer mündlichen Verhandlung kommt (Entscheidung im schriftlichen Verfahren oder schriftlicher Vergleich).

Wird der Rechtsanwalt in derselben Angelegenheit für mehrere Auftraggeber tätig, erhöht sich die Verfahrensgebühr um 0,3 für jede weitere Person bis zur Obergrenze von 2,0.

Einigen sich die Parteien, entsteht im gerichtlichen Verfahren eine Einigungsgebühr nach Nr. 1003 VV RVG in Höhe von 1,0.

Im Berufungsverfahren beträgt die Verfahrensgebühr 1,6 nach Nr. 3200 VV RVG und die Terminsgebühr nach Nr. 3202 VV RVG 1,2.

6 Kosten eines Mietprozesses

An zwei Beispielen sollen die Kosten eines Mietprozesses erläutert werden.

Beispiel

Klage des Vermieters V gegen den Mieter M auf **Zustimmung zu einer Mieterhö-**

hung von monatlich 50 Euro; Streitwert nach § 41 Abs. 5 GKG 600 Euro (12-facher Unterschiedsbetrag zwischen der alten und der neuen Miete).

Gerichtskosten: Prozessgebühr 53 Euro + Gebühr für Endurteil (mit Begründung) 106 Euro = 159 Euro zzgl. Kosten eines Sachverständigen (ca. 1.200 bis 2.000 Euro), wenn er im Beweiserhebungsverfahren mit der Erstellung eines Gutachtens über die Höhe der ortsüblichen Vergleichsmiete beauftragt wurde, zzgl. gerichtlicher Schreibgebühren und Postgebühren.

Werden V und M durch einen Rechtsanwalt vertreten, fallen auf jeder Seite folgende weitere Kosten an:

1,3 Verfahrensgebühr 104 Euro + 1,2 Terminsgebühr 96 Euro + Auslagenpauschale 20 Euro = 220 Euro zzgl. MwSt. von 19 % = 261,80 Euro).

Teuer werden Mieterhöhungsverfahren also in der Regel durch Einschaltung von Sachverständigen.

Beispiel

Streitwert bei einer Räumungsklage: Jahresmiete ohne Nebenkosten, außer diese sind als Pauschale vereinbart und werden nicht gesondert abgerechnet (§ 41 Abs. 1, Abs. 2 GKG), bei einer monatlichen Nettomiete von z. B. 700 Euro, also 700 Euro x 12 = 8.400 Euro

Gerichtskosten (mit Urteil): 666 Euro

Anwaltskosten pro Partei:

1,3 Verfahrensgebühr	659,10 Euro
1,2 Terminsgebühr	608,40 Euro
Auslagenpauschale	20,00 Euro
MwSt. (19 %)	244,63 Euro
Insgesamt	1.532,13 Euro

Kostenrisiko für ein Verfahren 1. Instanz, in dem beide Parteien anwaltlich vertreten sind: 3.730,25 Euro. Hinzu kommen noch, falls der Vermieter obsiegt und die Zwangsräumung betreibt, die meist sehr erheblichen Räumungskosten.

Billig ist ein Räumungsprozess für den, der ihn verliert, nicht. Bei Miethausbesitz ist daher durchaus der Abschluss einer Rechtsschutzversicherung zu erwägen.

Räumungsfrist

Inhaltsübersicht

Seite

1 **Bei Wohnraummietverhältnis** ... 795
2 **Voraussetzungen für Bewilligung** ... 796
3 **Nutzungsentschädigung** ... 797
4 **Rechtsmittel** ... 797

1 Bei Wohnraummietverhältnis

Über die Sozialklausel der §§ 574 ff. BGB hinaus kann dem Wohnraummieter zusätzlicher Schutz durch Gewährung eines befristeten Räumungsaufschubs zuteilwerden. Diese in §§ 721, 794a ZPO geregelten Schutzmaßnahmen gelten teilweise auch für jene Mietverhältnisse, bei denen das Widerspruchsrecht gegen die Kündigung des Vermieters ausgeschlossen ist (§ 549 Abs. 2 Nr. 1 u. Nr. 2 BGB; vgl. „Kündigungsschutz", Abschnitt 2.5.3 „Kündigung von Wohnraum, der nur zum vorübergehenden Gebrauch vermietet ist (§ 549 Abs. 2 Nr. 1 BGB)" und 2.5.4 „Kündigung von Wohnraum innerhalb der Vermieterwohnung (§ 549 Abs. 2 Nr. 2 BGB)").

Räumungsfrist kann daher beantragt werden bei **Wohnraum**, der nur zum vorübergehenden Gebrauch vermietet ist und bei Wohnraum, der Teil der vom Vermieter selbst bewohnten Wohnung ist und den der Vermieter überwiegend mit Einrichtungsgegenständen auszustatten hat, sofern der Wohnraum dem Mieter nicht zum dauernden Gebrauch mit seiner Familie oder mit Personen überlassen ist, mit denen er einen auf Dauer angelegten gemeinsamen Haushalt führt.

Dagegen gilt die Möglichkeit, Räumungsfrist zu beantragen, nicht bei Wohnraum, den eine juristische Person des öffentlichen Rechts oder ein anerkannter privater Träger der Wohlfahrtspflege angemietet hat, um ihn Personen mit dringendem Wohnungsbedarf zu überlassen, wenn sie den Mieter bei Vertragsschluss auf die Zweckbestimmung des Wohnraums und die Ausnahme von den genannten Vorschriften hingewiesen hat (§ 549 Abs. 2 Nr. 3 BGB i. V. m. § 721 Abs. 7 ZPO).

Auch im Fall eines **Zeitmietvertrags** gemäß § 575 BGB kann eine Räumungsfrist nicht beantragt werden (§ 721 Abs. 7 ZPO). Endet ein Mietverhältnis über bestimmte Zeit i. S. d. § 575 BGB durch außerordentliche Kündigung, kann eine Räumungsfrist höchstens bis zum vertraglich bestimmten Zeitpunkt der Beendigung gewährt werden.

Bei allen übrigen Mietverhältnissen über Wohnraum kann daher Räumungsfrist beantragt werden. Die Räumungsfristschutzvorschriften sind auch anwendbar, wenn der Mieter gekündigt hat, oder auch, wenn das Räumungsurteil nicht auf mietrechtlichen, sondern auf anderen Bestimmungen beruht, so etwa auf dem Herausgabeanspruch des Eigentümers gegen den nicht berechtigten Besitzer nach § 985 BGB, weil beispielsweise kein gültiger Mietvertrag zustande gekommen ist. Schließlich kann Räumungsfrist eingeräumt oder Vollstreckungsschutz gewährt werden, wenn der Vermieter nach Beendigung des Hauptmietverhältnisses gegen den verbliebenen Untermieter Räumungsurteil nach § 546 Abs. 2 BGB erwirkt hat.

Auch bei einem **Mischmietverhältnis** kann eine Räumungsfrist für den Wohnteil gewährt werden, und zwar auch dann, wenn der gewerbliche Mietanteil überwiegt, sofern eine getrennte Herausgabe beider Teile möglich ist. Das ist dann der Fall, wenn der gewerblich genutzte und der zu Wohnzwecken genutzte Teil baulich und funktional selbstständig sind (so LG Hamburg, Beschluss v. 30.12.1992, 316 T 100/92, WuM 1993 S. 203).

2 Voraussetzungen für Bewilligung

In einem auf Räumung von Wohnraum lautenden Urteil kann vom Gericht **auf Antrag** oder **von Amts wegen** dem Räumungspflichtigen eine den Umständen nach angemessene **Räumungsfrist** gewährt werden. Der Antrag kann nur bis zum Schluss der mündlichen Verhandlung gestellt werden. Hat ihn das Gericht im Urteil übergangen, kann der Antragsteller Ergänzung des Urteils verlangen. Einstweilige Einstellung der Zwangsvollstreckung bis zur Entscheidung über die Gewährung einer Räumungsfrist ist möglich.

> Ist auf künftige Räumung erkannt und über eine Räumungsfrist noch nicht entschieden, kann dem Räumungsschuldner Räumungsfrist gewährt werden, wenn er spätestens 2 Wochen vor dem Tag, an dem laut Urteil zu räumen ist, einen Antrag stellt.

Wenn ein **Räumungsvergleich** geschlossen wurde, kann der Räumungspflichtige Antrag auf Bewilligung einer Räumungsfrist bis spätestens 2 Wochen vor dem Tag, an dem nach dem Vergleich zu räumen ist, stellen. Die Räumungsfrist kann auch auf Antrag verlängert oder verkürzt werden, wobei der Antrag spätestens 2 Wochen vor Ablauf der Räumungsfrist bei Gericht eingegangen sein muss. Ein Antrag auf Verkürzung einer zwischen den Parteien direkt im Räumungsvergleich vereinbarten Frist ist jedoch nicht zulässig (strittig).

> Die Räumungsfrist darf insgesamt nicht mehr als **ein Jahr** betragen. Die Jahresfrist ist zu rechnen: im Urteilsverfahren ab Rechtskraft des Urteils oder, wenn nach einem Urteil auf künftige Räumung an einem späteren Tag zu räumen ist, von diesem Tag an; bei Verfahrensbeendigung durch Vergleich ab dem Tag, an dem nach dem Vergleich zu räumen ist.

Ob eine Räumungsfrist gemäß § 721 ZPO auch bei der Vollstreckung aus anderen Räumungstiteln anzuwenden ist, ist strittig, aber wohl zu verneinen (vgl. Thomas-Putzo, § 721 ZPO Rn. 2).

Ob eine Räumungsfrist bewilligt, verlängert oder verkürzt wird, liegt im Ermessen des Gerichts. Das Gleiche gilt für das Ausmaß der Räumungsfrist. Es kommt immer auf die Lage des Einzelfalls an. Die beiderseitigen Interessen sind gegeneinander abzuwägen. Zugunsten des Räumungsgläubigers (Eigentümers/Vermieters) sind zu berücksichtigen sein Interesse am Freiwerden der Räume sowie das vertragsgemäße oder nicht vertragsgemäße Verhalten des Räumungsschuldners (Mieters). Zugunsten des Räumungspflichtigen (Mieters) sind die Umstände zu berücksichtigen, die auch geeignet sind, die Fortsetzung eines Mietverhältnisses mit Erfolg zu verlangen.

Grundsätzlich ist es aber dem Vermieter nicht zuzumuten, eine Räumungsfrist hinnehmen zu müssen, wenn nicht gewährleistet ist, dass wenigstens für die Dauer der Räumungsfrist die laufende Miete/Nutzungsentschädigung gezahlt wird (OLG Stuttgart, Beschluss v. 7.6.2006, 13 U 89/2006, DWW 2007 S. 25).

Bei **Räumungsvergleichen** sind die Voraussetzungen für die Bewilligung einer Räumungsfrist strenger zu beurteilen als bei der Verurteilung zur Räumung.

> Nur neue wesentliche Ereignisse, die nach Vergleichsabschluss eingetreten sind, können die Gewährung einer Räumungsfrist nach § 794a ZPO rechtfertigen. Dann kann allerdings das Gericht eine Räumungsfrist gewähren, deren Lauf nach Ablauf der im gerichtlichen Räumungsvergleich vereinbarten Frist mit der Höchstdauer eines Jahres beginnt, wenn neue Tatsachen nach Abschluss des Räumungsvergleichs den Schutz des Schuldners rechtfertigen (so LG Kiel, Beschluss v. 17.1.1992, 1 T 175/91, WuM 1992 S. 492).

Auf die Räumungsfrist kann der Schuldner wirksam **verzichten**. Der Verzicht hindert ihre Gewährung.

Dies gilt auch, wenn unvorhergesehene Umstände eintreten, die der Mieter auch nicht verschuldet hat (a. A. LG Aachen, Beschluss v. 5.11.2003, 5 T 197/03, WuM 2007 S. 398). Vielmehr kann das Amtsgericht keine Räumungsfrist bewilligen, wenn sich der Mieter zur Räumung verpflichtet und auf Räumungsschutz verzichtet hat. Dies gilt selbst dann, wenn nach Abschluss des Vergleichs ein Sachverhalt eintritt, den der Mieter bei Abschluss nicht vorhergesehen hat und nicht vorhersehen konnte (LG München I, Beschluss v. 26.3.2008, 14 T 4822/08, NZM 2008 S. 839).

3 Nutzungsentschädigung

Rechtlich handelt es sich bei der Gewährung einer Räumungsfrist um die Stundung der bestehenden Räumungsverpflichtung. Der Mieter kann daher die Mieträume vor Ablauf der Räumungsfrist zurückgeben mit der Folge, dass seine Zahlungspflicht bereits mit diesem Zeitpunkt und nicht erst mit dem späteren Ablauf der Räumungsfrist endet (§ 546a BGB), denn er schuldet die Nutzungsentschädigung nur für die Zeit der tatsächlichen Vorenthaltung des Besitzes (so LG Mönchengladbach, Urteil v. 15.11.1991, 2 S 23/91, DWW 1992 S. 215). Allerdings hat der Mieter die nachvertragliche Pflicht, dem Vermieter unverzüglich und so rechtzeitig den vorzeitigen Auszug mitzuteilen, dass diesem eine Neuvermietung der Wohnung noch vor Ablauf der Räumungsfrist ab dem nächstmöglichen Zeitpunkt möglich ist. Verletzt der Mieter diese Pflicht, haftet er dem Vermieter aus dem Gesichtspunkt der positiven Forderungsverletzung auf Nutzungsentschädigung (so LG Mönchengladbach, a. a. O.).

4 Rechtsmittel

Entscheidungen, welche die Gewährung, Versagung oder Bemessung einer Räumungsfrist betreffen, sind mit **sofortiger Beschwerde** anfechtbar. Die Frist beträgt 2 Wochen ab Zustellung. Eine weitere sofortige Beschwerde zum OLG ist nicht möglich (§ 567 Abs. 3 S. 1 ZPO).

Räumungsklage

Grundsätzliches ist hierzu unter „Gerichtliches Verfahren in Mietsachen" ausgeführt. Folgende Besonderheiten sollen noch erwähnt werden: Eine Klage auf künftige Räumung ist zulässig, wenn den Umständen nach die Besorgnis gerechtfertigt ist, dass der Schuldner (= Mieter) sich der rechtzeitigen Leistung entziehen werde (§ 259 ZPO). Das ist z. B. der Fall, wenn der Mieter der Kündigung widersprochen hat mit der Begründung, der vom Vermieter angegebene Kündigungsgrund liege nicht vor (OLG Karlsruhe, RE v. 10.6.1983, 9 RE-Miet 1/83, WuM 1983 S. 253). Gleiches gilt, wenn der Mieter die Kündigung für unwirksam hält und dies dem Vermieter mitteilt. Grundsätzlich ist zu beachten, dass ein Schuldner vor Fälligkeit seine Leistungsbereitschaft auch bei einer entsprechenden Anfrage des Gläubigers nicht bekunden muss, um bei einem späteren sofortigen Anerkenntnis der Kostenfolge des § 91 ZPO zu entgehen.

Etwas anderes kann allerdings gelten, wenn bei einem Geschäftsraummietverhältnis das Mietverhältnis ordentlich gekündigt wurde, die Wirksamkeit dieser Kündigung außer Streit steht und der Mieter sich auf eine vor Ablauf der Kündigungsfrist erfolgte Anfrage des Vermieters zu seinen Räumungsabsichten nicht äußert. Hat in diesem Fall der Vermieter Räumungsklage vor Ablauf des Mietverhältnisses erhoben und erkennt der Mieter im ersten Verhandlungstermin den Räumungsanspruch an, hat gleichwohl der Mieter die Kosten des Rechtsstreits zu tragen (OLG Stuttgart, Beschluss v. 7.5.1999, 5 W 16/99, WuM 1999 S. 414). Diese Grundsätze gelten allerdings nicht bei einem Wohnraummietverhältnis (Sternel, Mietrecht, 3. Aufl., V Rn. 34).

Die **Kosten** werden auch bei einem Räumungsprozess nach Obsiegen und Unterliegen verteilt. Ausnahmen hiervon finden sich in § 93b ZPO. In Abs. 1 ist Folgendes bestimmt: Wird einer Klage auf Räumung von Wohnraum mit Rücksicht darauf stattgegeben, dass ein Verlangen des Beklagten auf Fortsetzung des Mietverhältnisses aufgrund der §§ 574 bis 574b BGB wegen der berechtigten Interessen des Klägers nicht gerechtfertigt ist, kann das

Gericht die Kosten ganz oder teilweise dem Kläger auferlegen, wenn der Beklagte die Fortsetzung des Mietverhältnisses unter Angabe von Gründen verlangt hatte und der Kläger aus Gründen obsiegt, die erst nachträglich entstanden sind (§ 574 Abs. 3 BGB). Dies gilt in einem Rechtsstreit wegen Fortsetzung des Mietverhältnisses bei Abweisung der Klage entsprechend.

Gemäß § 93b Abs. 2 ZPO gilt Folgendes: Wird eine Klage auf Räumung von Wohnraum mit Rücksicht darauf abgewiesen, dass auf Verlangen des Beklagten die Fortsetzung des Mietverhältnisses aufgrund der §§ 574 bis 574b BGB bestimmt wird, kann das Gericht die Kosten ganz oder teilweise dem Beklagten auferlegen, wenn er auf Verlangen des Klägers nicht unverzüglich über die Gründe des Widerspruchs Auskunft erteilt hat. Dies gilt in einem Rechtsstreit wegen Fortsetzung des Mietverhältnisses entsprechend, wenn der Klage stattgegeben wird. Die praktischen Auswirkungen dieser Bestimmungen sind gering. Am ehesten findet noch § 93b Abs. 3 ZPO Anwendung.

Danach kann dann, wenn der Beklagte den Anspruch auf Räumung von Wohnraum sofort anerkennt, ihm jedoch eine Räumungsfrist bewilligt wird, das Gericht die Kosten ganz oder teilweise dem Kläger auferlegen, wenn der Beklagte bereits vor Erhebung der Klage unter Angabe von Gründen die Fortsetzung des Mietverhältnisses oder eine den Umständen nach angemessene Räumungsfrist vom Kläger vergeblich begehrt hatte. Nähere Einzelheiten hierzu s. „Gerichtliches Verfahren in Mietsachen".

Im **Klageantrag** ist der Mietgegenstand so genau zu bezeichnen, dass er vom Gerichtsvollzieher eindeutig festgestellt werden kann. Die Räumungsklage ist gegen alle Personen zu richten, die vollstreckungsrechtlichen Gewahrsam an den Mieträumen haben (vgl. Sternel, VI Rn. 17 und 30). Mieter und Untermieter haften als Gesamtschuldner, können also gemeinsam auf Räumung verklagt werden. Aus einem Titel nur gegen den Mieter kann der Gerichtsvollzieher nicht gegen den Untermieter räumen.

Gegen den Ehegatten, der nicht Mieter ist, ist ein Räumungstitel erforderlich (BGH, Beschluss v. 25.6.2004, IXa ZB 29/04, NZM 2004 S. 701). Einer solchen Räumungsklage gegen den nicht mietenden Ehegatten fehlt nicht das Rechtsschutzinteresse (so OLG Schleswig, RE v. 17.11.1992, 4 RE-Miet 1/92, WuM 1992 S. 674). Dies gilt auch für den Lebenspartner des Mieters, der den Mietvertrag nicht unterschrieben hat, wenn er Mitbesitz an der Wohnung hat (BGH, Beschluss v. 19.3.2008, I ZB 56/07, WuM 2008 S. 364). Gegen minderjährige Kinder ist kein Titel erforderlich (BGH, a.a.O., vgl. im Übrigen „Zwangsräumung").

Auch gegen einen Untermieter ist ein eigener Titel erforderlich. Gegen diesen kann die Räumungsvollstreckung nicht aufgrund des gegen den Hauptmieter ergangenen Titels betrieben werden (BGH, Beschluss v. 18.7.2003, IX a ZB 116/03, WuM 2003 S. 577). Dies hat dazu geführt, dass Mieter durch die Aufnahme immer neuer Untermieter die Zwangsräumung hinausschieben konnten. In solchen Fällen muss der Vermieter die Untermieter nicht mehr auf Räumung verklagen, sondern kann bei Gericht eine Räumungsverfügung beantragen (s. „Räumungsverfügung").

Nach dem Rechtsentscheid des BGH (RE v. 22.11.1995, VIII ARZ 4/95, DWW 1996 S. 250) ist der vertragliche Herausgabe- und Räumungsanspruch (§ 546 Abs. 1 BGB) nach Beendigung des mit mehreren Mietern begründeten Wohnraummietverhältnisses auch gegen denjenigen von ihnen begründet, der im Gegensatz zu den anderen den Besitz an der Wohnung endgültig aufgegeben hat. Auch ausgezogene Mieter können daher neben den noch in der Wohnung befindlichen als Gesamtschuldner auf Räumung verklagt werden.

Räumungsschutz → „Vollstreckungsschutz"

Räumungsverfügung

Bisher konnte die Räumung von Wohnraum durch einstweilige Verfügung nur wegen verbotener Eigenmacht oder bei einer konkreten Gefahr für Leib oder Leben angeordnet werden (§ 940a Abs. 1 ZPO). Durch eine einstweilige Verfügung dürfen nämlich grundsätzlich keine Maßnahmen angeordnet werden, die zur Befriedigung des Gläubigers führen.

Durch das Mietrechtsänderungsgesetz wurde diese Bestimmung erweitert. Wenn gegen den Mieter ein vollstreckbarer Räumungstitel vorliegt, darf die Räumung von Wohnraum durch einstweilige Verfügung auch gegen Personen angeordnet werden, die ohne Kenntnis des Vermieters Besitz an diesen Räumen begründet haben (§ 940a Abs. 2 ZPO), wenn gegen den Mieter ein vollstreckbarer Räumungstitel vorliegt und der Vermieter vom Besitzerwerb des Dritten erst nach dem Schluss der mündlichen Verhandlung Kenntnis erlangt hat. Anlass der Regelung ist die Rechtsprechung des BGH, wonach gegen alle in den Räumen befindlichen Besitzer ein Räumungstitel (z.B. Urteil) vorliegen muss. Anderenfalls besteht ein Vollstreckungshindernis. Dies ist von Mietern ausgenutzt worden, um durch die Aufnahme immer neuer Untermieter oder Mitbesitzer die Zwangsräumung hinauszuzögern.

Kennt der Vermieter die weiteren Bewohner, kann er sie mit auf Räumung verklagen. Maßgeblicher Zeitpunkt ist der Schluss der mündlichen Verhandlung des Räumungsprozesses gegen den Hauptmieter.

Die Unkenntnis ist in dem Antrag auf Räumungsanordnung glaubhaft zu machen. Hierbei kommt es nicht darauf an, ob der Mieter einen Anspruch auf Untervermietung gehabt hätte oder nicht. Abzustellen ist allein auf die Kenntnis des Vermieters.

Nach der Begründung des Mietrechtsänderungsgesetzes (S. 52) ist der Gerichtsvollzieher verpflichtet, den Namen der in der Wohnung angetroffenen Person festzustellen. Nennt die in der Wohnung angetroffene Person ihren Namen nicht, ist dies ein Anhaltspunkt dafür, dass die Person im arglistigen Zusammenwirken mit dem Mieter verhindern will, dass die Wohnung geräumt wird. Die Räumung darf in diesem Fall fortgesetzt werden.

Nennt die Person ihren Namen, kann der Vermieter die Räumungsverfügung beantragen (s. hierzu auch „Zwangsräumung“).

Ferner kann die Räumung von Wohnraum durch einstweilige Verfügung auch dann angeordnet werden, wenn Räumungsklage wegen Zahlungsverzugs erhoben ist und der Beklagte einer Sicherungsanordnung gemäß § 283a ZPO im Hauptsacheverfahren nicht Folge geleistet hat (§ 940a Abs. 3 ZPO). Auch diese Vorschrift ist durch das Mietrechtsänderungsgesetz neu eingeführt worden. Voraussetzung ist der Erlass einer Sicherungsanordnung (s. „Sicherungsanordnung“). Die praktischen Auswirkungen dieser Bestimmung dürften daher nicht allzu hoch sein.

In den Fällen der von 940a Abs. 2 und 3 ZPO hat das Gericht den Gegner vor Erlass einer Räumungsverfügung anzuhören. Der Antragsgegner kann gegen die einstweilige Verfügung Widerspruch einlegen und zugleich einen Antrag auf einstweilige Einstellung der Zwangsvollstreckung stellen. Durch den Widerspruch wird allerdings die Vollziehung der Räumungsverfügung nicht gehemmt. Die einstweilige Einstellung der Zwangsvollstreckung wird in der Regel nur gegen Sicherheitsleistung des Antragsgegners erfolgen.

Räumungsvergleich → „Mietaufhebungsvertrag“
Räumungsvollstreckung → „Zwangsräumung“
Rauchen → „Schönheitsreparaturen“

Rauchwarnmelder

Inhaltsübersicht

Seite

1 Begriff, Einbaupflicht 800

2 Zuständigkeit für den Einbau 800

3 Wartung 800

4 Umlagefähigkeit 801

1 Begriff, Einbaupflicht

Rauchwarnmelder haben die Aufgabe, Personen, die sich in Räumen aufhalten, durch einen akustischen Alarmton vor etwaigen Bränden zu warnen. Verwendet werden dürfen nur nach der DIN EN 14604 zertifizierte Geräte. In der DIN-Norm sind lediglich die Mindestanforderungen festgehalten. Es empfiehlt sich, hochwertigere Geräte mit Batterien mit einer Mindestlebensdauer von 10 Jahren zu verwenden.

Zuständig für die gesetzliche Regelung sind die Bundesländer, da Baurecht Ländersache ist. Derzeit sind in 13 Bundesländern Rauchwarnmelder gesetzlich vorgeschrieben. Die Verpflichtung bezieht sich meistens nicht nur auf Neubauten, sondern es besteht auch eine Nachrüstpflicht, so z.B. in Bayern bis 31.12.2017 und in Nordrhein-Westfalen bis 31.12.2016, in Baden-Württemberg musste sie schon bis 31.12.2014 erfüllt sein.

Die Rauchwarnmelder sind an der Decke anzubringen, möglichst in der Raummitte. Der Mindestabstand der Geräte zu Wänden und Raumteilen soll 50 cm nicht unterschreiten. Als Mindestvoraussetzung schreibt die DIN-Norm vor, dass in den Wohnungen Schlafräume und Kinderzimmer sowie Flure jeweils mit mindestens einem Rauchwarnmelder auszustatten sind. In Küche und Bad sollen wegen der Rauch- und Dampfentwicklung in diesen Räumen keine Rauchwarnmelder angebracht werden.

2 Zuständigkeit für den Einbau

Auch dies ist in den einzelnen Bundesländern unterschiedlich geregelt (vgl. die Übersicht in: Noack, Bayrische Hausbesitzer-Zeitung 2014, S. 527 ff.). In den meisten Bundesländern obliegt die Nachrüstpflicht dem Wohnungseigentümer, so in Baden-Württemberg, Bayern und Nordrhein-Westfalen. Sind die Eigentümer zuständig, kann die Wohnungseigentümergemeinschaft den Einbau von Rauschwarnmeldern für die Wohnungen in der Anlage beschließen (BGH, Urteil v. 8.2.2013, V ZR 238/11, WuM 2013 S. 427).

3 Wartung

Gemäß DIN 14676 müssen Rauchwarnmelder alle 12 Monate auf ihre Funktionstüchtigkeit überprüft und ggf. die Batterien gewechselt werden. Wer hierfür zuständig ist, regeln die Bauordnungen der Bundesländer unterschiedlich. In Bayern, Nordrhein-Westfalen, Baden-Württemberg und einigen anderen Bundesländern hat die Pflicht zur laufenden Überprüfung der Rauchwarnmelder vorrangig der Besitzer der Wohnung, also der Mieter. Art. 46 Abs. 4 BayBO lautet: „Die Sicherstellung der Betriebsbereitschaft obliegt den unmittelbaren Besitzern, es sei denn, der Eigentümer übernimmt diese Verpflichtung“ (vgl. Übersicht in: Noack, a.a.O.). Im Mietvertrag kann dies abweichend geregelt werden.

Angeboten werden auch Geräte mit Fernüberwachung. Eine jährliche Überprüfung vor Ort entfällt in diesem Fall. Eine Norm zu funkbasierten Rauchwarnmeldern gibt es derzeit noch nicht.

Wurde die laufende Betriebspflicht durch den Landesgesetzgeber ausschließlich dem Mieter übertragen, hat der Vermieter keine Verkehrssicherungspflicht und somit auch keine Kontrollpflicht, ob der Mieter die Wartung regelmäßig durchführt.

4 Umlagefähigkeit

Der erstmalige Einbau von Rauchwarnmeldern stellt eine Modernisierung dar. Der Mieter hat also nach entsprechender Ankündigung (s. „Modernisierung") den Einbau zu dulden. Unter den Voraussetzungen des § 559 BGB ist auch eine Modernisierungsmieterhöhung möglich. Höchst umstritten ist, ob der Mieter den Einbau dulden muss, wenn er bereits selbst Geräte eingebaut hat, die der DIN-Norm entsprechen (vgl. Wall, WuM 2013 S. 3, 17). Der BGH hat allerdings für den vom Vermieter verlangten Anschluss an die Gaszentralheizung entschieden, dass von dem gegenwärtigen Zustand der Wohnung einschließlich der vom Mieter vorgenommenen Verbesserungsmaßnahmen auszugehen ist. In solchen Fällen dürfte also ein Anspruch des Vermieters nicht bestehen.
Übernimmt der Vermieter die Wartung der Geräte, handelt es sich um sonstige Betriebskosten nach § 2 Nr. 17 BetrKV. Die Kosten für einen regelmäßig vorzunehmenden Austausch von Batterien zählen ebenfalls zu den Betriebskosten.

Nach der Rechtsprechung muss die Umlage von sonstigen Betriebskosten im Mietvertrag ausdrücklich vereinbart werden. Dies wird bezüglich der Rauchwarnmelder in der Regel nicht der Fall sein. Es empfiehlt sich daher, beim Einbau mit dem Mieter eine entsprechende Vereinbarung zu treffen. Kommt eine solche Vereinbarung nicht zustande, ist höchst strittig, ob der Vermieter die Umlage der Betriebskosten verlangen kann (vgl. Wall, a. a. O., S. 20 ff).

Mietkosten für Geräte mit Fernüberwachung wird der Vermieter nach überwiegender Meinung vom Mieter nicht verlangen können. Dies ist bei der Anmietung solcher Geräte zu beachten. Auch die Kosten des Austauschs defekter Geräte können nicht auf dem Mieter umgelegt werden.

Raumtemperatur → „Zentralheizung"

Rechtsentscheid

Das Gesetz zur Reform des Zivilprozesses vom 27.7.2001 (ZPO-RG BGBl 2001 I S. 1887 ff.) ist am 1.1.2002 in Kraft getreten. Mit diesem Gesetz sind zahlreiche Änderungen insbesondere auch des Berufungsverfahrens erfolgt (s. hierzu „Gerichtliches Verfahren in Mietsachen").

Abgeschafft wurde der Rechtsentscheid (§ 541 ZPO a.F.) und die Divergenzberufung (§ 511 a Abs. 2 ZPO a.F.). Danach konnte bisher auch dann in Streitigkeiten über Ansprüche aus einem Mietverhältnis über Wohnraum oder über den Bestand eines solchen Mietverhältnisses Berufung eingelegt werden, wenn das Amtsgericht in einer Rechtsfrage von einer Entscheidung eines OLG oder des BGH abgewichen ist und die Entscheidung auf der Abweichung beruht, und zwar unabhängig von der Berufungssumme. Nach der Neuregelung ist die Berufung nur zulässig, wenn erstens der Wert des Beschwerdegegenstands 600 Euro übersteigt oder zweitens das Gericht des ersten Rechtszugs die Berufung im Urteil zugelassen hat (§ 511 Abs. 2 ZPO). Das Gericht des ersten Rechtszugs lässt die Berufung zu, wenn erstens die Rechtssache grundsätzliche Bedeutung hat oder zweitens die Fortbildung des Rechts oder die Sicherung einer einheitlichen Rechtsprechung eine Entscheidung des Berufungsgerichts erfordert. Das Berufungsgericht ist an die Zulassung gebunden (§ 511 Abs. 4 ZPO).

Das ebenfalls geänderte Revisionsverfahren soll einen gewissen Ersatz für den weggefallenen Rechtsentscheid bieten. Danach ist gegen alle vom Berufungsgericht erlassenen Endurteile unabhängig vom Streitwert die Revision möglich. Revisionsgericht ist stets der BGH (§ 133 GVG). Auch Urteile des Landgerichts als Berufungsgericht können daher mit der Revision angegriffen werden. Die Revision ist allerdings als sog. Zulassungsrevision geregelt. Danach findet die Revision nur statt, wenn sie erstens das Berufungsgericht in dem Urteil oder zweitens das Revisionsgericht auf Beschwerde gegen die Nichtzulassung zugelassen hat (§ 543 Abs. 1 ZPO). Die Revision ist zuzulassen, wenn erstens die Rechtssache grundsätzliche Bedeutung hat oder zweitens die Fortbildung des Rechts oder die Sicherung einer einheitlichen Rechtsprechung eine Entscheidung des Revisionsgerichts erfordert. Das Revisionsgericht ist generell an die Zulassung durch das Berufungsgericht gebunden (§ 543 Abs. 2 ZPO).

Lässt das Berufungsgericht die Revision nicht zu, kann hiergegen Nichtzulassungsbeschwerde eingelegt werden (§ 544 ZPO). Die Beschwerde ist innerhalb einer Notfrist von einem Monat nach Zustellung des in vollständiger Form abgefassten Urteils, spätestens aber bis zum Ablauf von 6 Monaten nach der Verkündung des Urteils bei dem Revisionsgericht einzulegen. Mit der Beschwerdeschrift soll eine Ausfertigung oder beglaubigte Abschrift des Urteils, gegen das Revision eingelegt werden soll, vorgelegt werden. Die Beschwerde ist innerhalb von 2 Monaten nach Zustellung des in vollständiger Form abgefassten Urteils, spätestens aber bis zum Ablauf von 7 Monaten nach der Verkündung des Urteils zu begründen. In der Begründung müssen die Zulassungsgründe dargelegt werden. Über die Beschwerde entscheidet das Revisionsgericht durch Beschluss. Dieser Beschluss muss in bestimmten Fällen nicht begründet werden.

Diese Nichtzulassungsbeschwerde ist gemäß § 26 Ziff. 8 EGZPO bis zum 31.12.2011 nur dann zulässig, wenn der Wert der mit der Revision geltend zu machenden Beschwer 20.000 Euro übersteigt.

Gemäß § 566 ZPO ist die Sprungrevision vom Amtsgericht zum BGH möglich, wenn der Streitwert über 600 Euro liegt, der Gegner in die Übergehung der Berufungsinstanz einwilligt und das Revisionsgericht die Sprungrevision zulässt. Sie ist nur zuzulassen, wenn die Rechtssache grundsätzliche Bedeutung hat oder die Fortbildung des Rechts oder die Sicherung einer einheitlichen Rechtsprechung eine Entscheidung des Revisionsgerichts erfordert. Wird der Antrag auf Zulassung der Revision abgelehnt, so wird das Urteil rechtskräftig, Berufung ist also dann nicht mehr möglich.

Mit dem Wegfall der Divergenzberufung und des Rechtsentscheids ist auch die bestehende Bindungswirkung höchst- und obergerichtlicher Entscheidung aufgehoben. Amts- und Landgerichte können daher von bereits ergangenen Rechtsentscheiden abweichen. Gleichwohl bleiben die ergangenen Rechtsentscheide weiter beachtlich, da sie die Meinung der Obergerichte wiedergeben. Ob die erhoffte Vereinfachung und Beschleunigung der Verfahren durch diese Reform eintritt, ist fraglich. Manch einer wird versucht sein, durch Ausschöpfen der Rechtsmittel bis zur Nichtzulassungsbeschwerde Verfahren in die Länge zu ziehen.

Rechtsmangel → „Mängel“
Rechtsnachfolger des Mieters → „Ersatzmieter“, „Personenwechsel auf Mieterseite“
Rechtsnachfolger des Vermieters → „Personenwechsel auf Vermieterseite“

Reinigungspflicht des Mieters

Ohne ausdrückliche vertragliche Vereinbarung im Mietvertrag oder in der Hausordnung ist der Mieter nicht verpflichtet, die gemeinschaftlich benutzten Teile des Hauses zu reinigen. Die Reinigungspflicht ist gleichmäßig unter den Mietern zu verteilen. Ausnahmen können sich jedoch z. B. bei besonders starker Nutzung der gemeinsam genutzten Teile des Hauses durch einen Geschäftsbetrieb oder eine Praxis oder sonstige starke Nutzung ergeben.

Teilweise wird die Ansicht vertreten, dass der **Erdgeschossmieter** den Hauseingang zu reinigen sowie von Eis und Schnee freizuhalten hat, ferner noch die Kellertreppe zu reinigen hat und dass alle Mieter gemeinsam die Reinigung des gemeinschaftlich genutzten Dachbodens und Kellergangs sowie des Mülltonnenplatzes und des Hofs einschließlich der Zufahrten und Zugänge in angemessenem Wechsel untereinander vorzunehmen haben (so Schmidt-Futterer/Blank, Miete von A–Z, „Reinigungspflicht" I 2). Wenn jedoch nur die Reinigungspflicht ohne weitere Zusätze auf die Mieter übertragen wird, bestehen Bedenken, ob diese Verpflichtung so weit geht. Insbesondere die Überbürdung der Pflichten auf den Erdgeschossmieter dürfte sich ohne weitere Vereinbarungen nicht durchsetzen lassen. Formularrechtlich ist eine solche Vereinbarung unwirksam (§ 305c BGB).

Wenn nichts anderes vereinbart ist, hat im Übrigen jeder Mieter die Treppen zu reinigen, die vom darunter liegenden Stockwerk zu seiner Wohnung führen.

Darüber hinaus verbleibt auch im Fall der Überbürdung der Reinigungspflicht auf den Mieter beim Vermieter die **Aufsichtspflicht**.

Ist der Mieter, sei es wegen Krankheit oder Urlaub, verhindert, seiner Reinigungspflicht nachzukommen, hat er einen Ersatz zu stellen. Umstritten ist, ob dies auch dann gilt, wenn der Mieter, sei es aus Alters-, sei es aus Gesundheitsgründen, überhaupt nicht mehr in der Lage ist, seine Verpflichtungen zu erfüllen. Da der Mieter in der Lage ist, eine Ersatzperson zu beauftragen, wird man auch in diesen Fällen von einem Weiterbestehen der Verpflichtung ausgehen können (LG Düsseldorf, Urteil v. 9.9.1988, 21 S 42/88, WuM 1988 S. 400).

Wenn sich der Mieter entgegen seiner vertraglichen Verpflichtung weigert, seine Reinigungspflicht zu erfüllen, kann ihn der Vermieter darauf verklagen und aus dem Urteil bei weiterer Nichterfüllung vollstrecken (§ 887 ZPO). In dieser Vorschrift ist bestimmt, dass der Gläubiger, also der Vermieter, vom Gericht ermächtigt wird, die geschuldete Leistung auf Kosten des Schuldners (des Mieters) vornehmen zu lassen. Ferner kann der Gläubiger beantragen, den Schuldner zur Vorauszahlung der Kosten zu verurteilen, die dadurch entstehen. Problematisch ist es, wenn der Vermieter in diesem Fall eine Reinigungsfirma beauftragt und die Kosten auf den Mieter umlegen will. Der sicherere, aber auch umständlichere Weg ist eine Klage auf Änderung des Mietvertrags. Der Vermieter muss dann darlegen und beweisen, dass es aufgrund der mangelhaften Reinigung zu erheblichen Störungen kommt (AG Stuttgart, Urteil v. 14.5.2004, 33 C 6308/03, WuM 2004 S. 475). Ob einem beharrlich die Reinigungspflicht verweigernden Mieter nach Abmahnung fristlos oder ordentlich gekündigt werden kann, ist umstritten. Es wird, wie so oft, auf den Einzelfall ankommen (z.B. Weigerung trotz eines rechtskräftigen Endurteils).

Innerhalb der Wohnung hat der Mieter eine Obhutspflicht. Er muss die Wohnung mindestens so sauber halten, dass keine Gefahr von Ungezieferbefall besteht und dass es nicht zu Geruchsbelästigungen kommt.

Reklameschilder → „Außenwerbung"
Renovierung → „Schönheitsreparaturen"
Reparaturen → „Instandhaltung und Instandsetzung der Mieträume", „Kleinreparaturen"
Revisionsverfahren → „Rechtsentscheid"

Rückgabe der Mietsache

Inhaltsübersicht

Seite
1 Wann? ... 804
2 Wie? ... 804
3 Haben Mieter Zurückbehaltungsrechte? ... 807
4 Wer haftet wie? ... 807
5 Überlassung an Dritten ... 807
6 Verspätete Rückgabe ... 808
7 Vorzeitige Rückgabe ... 810

1 Wann?

Nach **Beendigung des Mietverhältnisses** hat der Mieter die Mietsache zurückzugeben (§ 546 Abs. 1 BGB). Das Mietverhältnis muss also beendet sein. Nach dem Wortlaut des Gesetzes hat der Mieter **nach** Beendigung zu räumen. Die h.M. geht gleichwohl davon aus, dass der Rückgabeanspruch des Vermieters am letzten Tag der Mietzeit fällig wird (BGH, Urteil v. 19.10.1988, VIII ZR 22/88, NJW 1989 S. 451). Fällt dieser Tag auf einen Samstag, Sonntag oder Feiertag, müssen die Räume erst am nächsten Werktag zurückgegeben werden (§ 193 BGB; OLG Hamm, Urteil v. 4.11.1980, 4 U 136/80, WuM 1981 S. 40). Bei nicht rechtzeitiger Rückgabe kommt der Mieter ohne Mahnung in Verzug (§ 284 Abs. 2 BGB).

Da der Mieter keine Gebrauchspflicht hat, kann er die Räume schon vor der Beendigung des Mietverhältnisses zurückgeben. Er ist allerdings bis zur Beendigung zur Zahlung der Miete verpflichtet (§ 537 Abs. 1 BGB). Hiervon gibt es **Ausnahmen**. So kann der Mieter berechtigt sein, einen Ersatzmieter zu stellen. Wenn die Voraussetzungen hierfür vorliegen, wird der Mieter auch vor Beendigung des Mietverhältnisses zu dem Zeitpunkt von der Mietzahlungspflicht frei, zu dem der Vermieter zumutbarerweise zum Abschluss des Mietvertrags mit dem Ersatzmieter verpflichtet gewesen wäre.

Auch wenn der Vermieter vorzeitig weitervermietet oder Arbeiten in den Mieträumen vornimmt, sodass der Mieter sie gar nicht mehr nutzen könnte, entfällt die Mietzahlungspflicht (LG Saarbrücken, Urteil v. 24.4.1978, 13 S 81/78, WuM 1979 S. 140 und LG Köln, WuM 1978 S. 84). Darauf kann sich der Mieter allerdings nicht berufen, d.h. er muss die Miete weiterzahlen, wenn er die Räume dem Nachmieter selbst zur Durchführung von Renovierungsarbeiten zur Verfügung stellt oder wenn der Vermieter dem Nachmieter die Räume hierzu auch im Interesse des Mieters unentgeltlich überlässt, wenn dadurch die Neuvermietung noch vor der vertragsgemäßen Beendigung des Mietverhältnisses möglich ist (so Sternel, Mietrecht aktuell, 3. Aufl., Rn. 508).

Nach Ansicht des Landgerichts Frankfurt/M. (Urteil v. 27.6.1989, 2/11 S 558/88, WuM 1989 S. 494) soll der Mietanspruch ferner entfallen, wenn der Mieter vor Beendigung des Mietverhältnisses auszieht, weil der Vermieter, ohne gekündigt zu haben, dringlichen Eigenbedarf geltend macht. Zur verspäteten Rückgabe s.u. Abschnitt 6 „Verspätete Rückgabe", zur vorzeitigen Rückgabe s.u. Abschnitt 7 „Vorzeitige Rückgabe".

2 Wie?

Bei Räumen wird die Räumungspflicht durch **Fortschaffen der eingebrachten Sachen** des

Mieters und **Aushändigung der Schlüssel** erfüllt.

Darunter fallen auch selbst angefertigte Schlüssel des Mieters, wenn der Vermieter dem Mieter diese Kosten ersetzt. Anderenfalls muss der Mieter diese Schlüssel, tunlichst vor Zeugen, unbrauchbar machen.

Die bloße Besitzaufgabe durch den Mieter ist keine Rückgabe, so wenn der Mieter zwar räumt, die Schlüssel aber in der Wohnung liegen lässt (OLG München, Urteil v. 17.5.1985, 21 U 4708/84, ZMR 1985 S. 298). Wenn der Vermieter aber den unmittelbaren Besitz durch die Entgegennahme der Schlüssel ergreift, z.B. wenn er die Schlüssel aus dem Briefkasten nimmt und die Wohnung aufsperrt, ist von einer Rückgabe auszugehen (OLG München, a.a.O.).

Gibt der Mieter nicht alle Schlüssel zurück, enthält er dem Vermieter die Mieträume vor und gibt sie nicht vollständig zurück (OLG Düsseldorf, Urteil v. 14.3.1995, 24 U 163/94, NJW-RR 1996 S. 209). Der Vermieter ist nicht verpflichtet, zur Entlastung des Mieters die Schlösser auszutauschen (OLG Düsseldorf, a.a.O.). Fraglich ist, ob sich dieses zu einem Geschäftsraummietverhältnis ergangene Urteil auch auf Wohnraummietverhältnisse anwenden lässt.

Anderer Ansicht ist das OLG Hamburg. Danach hängt die Erfüllung der Rückgabepflicht, wenn der Mieter nicht sämtliche Schlüssel zurückgibt, davon ab, ob und wie lange der Vermieter dadurch an der Inbesitznahme der Räume und an einer uneingeschränkten Verfügung über diese gehindert ist. Im vorliegenden Fall hatte der Mieter einen Teil der Schlüssel übersandt und erklärt, über weitere Schlüssel nicht mehr zu verfügen. Hierin sieht das Gericht einen Besitzaufgabewillen des Mieters. Der Vermieter war daher nicht nur berechtigt, sondern auch verpflichtet, die Türschlösser auf Kosten des Mieters auszuwechseln, da er hierdurch das Hindernis für eine uneingeschränkte Inbesitznahme des Mietobjekts beseitigen konnte. Verwendungsersatzansprüche stehen dem Vermieter in einem solchem Fall dann nicht mehr zu (OLG Hamburg, Urteil v. 14.8.2003, 4 U 58/01, WuM 2004 S. 471).

Erforderlich ist aber immer eine vollständige und unzweideutige Besitzaufgabe des Mieters (BGH, NJW 2001 S. 535), wobei der Vermieter hiervon Kenntnis erlangen muss. Anderenfalls hat das Mietverhältnis sein tatsächliches Ende nicht gefunden. Dass der Vermieter vorübergehend die Möglichkeit erhält, während des (auch nur mittelbaren) Besitzes des Mieters die Mieträume besichtigen zu lassen, genügt nicht. Ebenso genügt nicht, wenn der Vermieter einen rechtskräftigen Räumungstitel gegen den Mieter in Händen hält, aber noch nicht vollstreckt, obwohl er dies könnte (BGH, Urteil v. 19.11.2003, XII ZR 68/00, NZM 2004 S. 98).

Ist ein **unbebautes** Grundstück vermietet, hat der Mieter etwaige darauf errichtete Bauwerke zu beseitigen (BGH, ZMR 1966 S. 238). Die **Räume** müssen ordnungsgemäß, d.h. **besenrein**, zurückgegeben werden. Zu mehr als zur Beseitigung von grobem Schmutz und Umzugsresten ist der Mieter mangels anderer Vereinbarungen nicht verpflichtet.

Der nicht vertragsgemäße, insbesondere auch verwahrloste oder schadhafte Zustand der Mieträume berechtigt den Vermieter nicht, die Rücknahme der Mietsache abzulehnen (BGH, Urteil v. 11.5.1988, VIII ZR 96/87, BGHZ 104 S. 285, 289).

Er gerät vielmehr in Annahmeverzug. Der Mieter kann nach Androhung den Besitz aufgeben (§ 303 BGB).

Nimmt der Vermieter die Räume in nicht vertragsgemäßem Zustand zurück, verliert er seine Ansprüche nicht; ein entsprechender Vorbehalt (z.B. im Übergabeprotokoll) empfiehlt sich aber, um die Beweislastumkehr (§ 363 BGB) zu vermeiden.

Weigert sich der Vermieter, die Räume zurückzunehmen, weil sie nicht in vertragsgemäßem Zustand sind, so liegt keine Vorenthaltung des Mieters vor (OLG Düsseldorf, Urteil v. 28.5.2002, 24 U 133/01, WuM 2002 S. 494).

Der Mieter schuldet also in diesem Fall keine Nutzungsentschädigung.

Ob der Mieter zu mehr, insbesondere zur Durchführung von **Schönheitsreparaturen,** verpflichtet ist, richtet sich danach, ob eine wirksame vertragliche Vereinbarung besteht.

Grundsätzlich hat der Mieter bauliche Änderungen und **Einrichtungen** ohne Rücksicht auf die Kosten zu beseitigen und den früheren Zustand wiederherzustellen. Dies gilt auch dann, wenn der Mieter Einrichtungen vom Vormieter übernommen hat (LG Berlin, Urteil v. 19.9.1986, 64 S 111/86, MDR 1987 S. 234; OLG Hamburg, Urteil v. 13.6.1990, 4 U 118/89, ZMR 1990 S. 341).

> Hat der Vermieter dem Mieter während der Mietzeit eine entsprechende Genehmigung erteilt, kann daraus nicht grundsätzlich gefolgert werden, dass der Mieter bei Beendigung des Mietverhältnisses zur Wiederherstellung des früheren Zustands nicht verpflichtet ist.

Dies ergibt sich daraus, dass die Zustimmung des Vermieters nur während der Mietzeit gilt, um dem Mieter eine dessen Vorstellung entsprechende Nutzung zu ermöglichen (so Scheuer in Bub/Treier, V Rn. 16). Da allerdings in der Rechtsprechung teilweise andere Ansichten vertreten werden, empfiehlt es sich für den Vermieter, mit der Zustimmung zu baulichen Änderungen zugleich auf die Beseitigungspflicht hinzuweisen bzw. eine entsprechende Zusatzvereinbarung zum Mietvertrag abzuschließen.

> Eine Beseitigungspflicht des Mieters entfällt allerdings dann, wenn er gegenüber dem Vermieter vertraglich zur Durchführung von baulichen Änderungen oder zum Einbau von Einrichtungen verpflichtet war.

Dies gilt auch, wenn die Arbeiten erforderlich waren, um die Räume überhaupt vertragsgemäß nutzen zu können (LG Bochum, NJW 1967 S. 2015).

Aufgrund der Schuldrechtsreform wird nicht mehr zwischen der Verletzung einer Haupt- und einer Nebenpflicht unterschieden. Mit Schlechterfüllung werden Haupt- wie Nebenpflichtverletzungen gleichermaßen erfasst (§ 281 Abs. 1 BGB). Die frühere Unterscheidung, ob die Pflicht des Mieters zur Beseitigung von Einrichtungen eine Haupt- oder Nebenpflicht ist, ist nicht mehr relevant. Wird die geschuldete Leistung, hier also die Beseitigung von Einrichtungen, nicht rechtzeitig erbracht, verlangt der Übergang vom primären Erfüllungsanspruch zum Schadenersatzanspruch statt Leistung, dass der Gläubiger dem Schuldner zuvor eine angemessene Frist zur Leistung oder Nacherfüllung bestimmt hat und diese Frist erfolglos abgelaufen ist (§ 281 Abs. 1 BGB). Eine Ablehnungsandrohung für den Fall ergebnislosen Fristablaufs ist nicht mehr erforderlich. Nur bei ernsthafter und endgültiger Leistungsverweigerung (vgl. OLG Düsseldorf, Urteil v. 21.4.2009, 24 U 56/08, DWW 2009 S. 333) oder im Fall besonderer Umstände, die unter Abwägung der beiderseitigen Interessen die sofortige Geltendmachung des Schadenersatzanspruchs rechtfertigen (§ 281 Abs. 2 BGB), ist die Fristsetzung entbehrlich.

Seiner Rechtspflicht hat der Mieter nur dann genügt, wenn er vollständig räumt; Teilleistungen sind unzulässig und brauchen vom Vermieter nicht angenommen zu werden (§ 266 BGB).

So ist nicht vollständig geräumt, wenn der Mieter noch Möbel in den Räumen zurücklässt oder Keller oder Speicher nicht leer macht. Entscheidend ist der Aufwand, der zur Beseitigung erforderlich ist. Sind die Kosten erheblich, hat der Mieter seine Räumungspflicht nicht erfüllt und der Vermieter kann auf Räumung klagen (vgl. BGH, Urteil v. 11.5.1988, VIII ZR 96/87, NJW 1988 S. 2665; BGH, Urteil v. 5.10.1994, XII ZR 53/93, NJW 1994 S. 3232, 3234; OLG Köln, Urteil v. 14.2.1996, 11 U 219/95, DWW 1996 S. 189; OLG Düsseldorf, Urteil v. 21.1.1999, 10 U 32/98, NZM 1999 S. 1142). Ferner besteht in diesem Fall ein Anspruch des Vermieters auf Nutzungsentschädigung gemäß § 546a Abs. 1 BGB, da der Mieter die Mietsache vorenthalten hat. Dies gilt auch, wenn der Mieter Gegenstände in nicht nur unerheblichem Umfang auf dem

Grundstück zurücklässt (KG Berlin, Urteil v. 21.10.2002, 8 U 252/01, GE 2003 S. 46).

Bei Zurücklassen von wenigem Gerümpel kann der Vermieter die Rücknahme aber nicht verweigern, da er sonst in Annahmeverzug gerät (BGH, Urteil v. 11.5.1988, VIII ZR 96/87, BGHZ S. 104, 285, 289). Dies gilt auch, wenn der Vermieter die Rücknahme wegen des schlechten Zustands der Räume verweigert, da dies keine Vorenthaltung darstellt. Der Vermieter ist in diesem Fall auf seine sonstigen Ansprüche (Schadenersatz) angewiesen.

> Erfüllt der Mieter seine Rückgabepflicht nicht, kann er auf Räumung und Herausgabe verklagt werden. Gewaltsame Besitzergreifung durch den Vermieter ist nicht zulässig.

3 Haben Mieter Zurückbehaltungsrechte?

Wegen etwaiger Ansprüche gegen den Vermieter steht dem Mieter ein **Zurückbehaltungsrecht** an den Mieträumen **nicht** zu (§ 570 BGB), ausgenommen der Anspruch des Mieters beruht auf einer vorsätzlichen unerlaubten Handlung des Vermieters. Der Ausschluss des Zurückbehaltungsrechts bezieht sich auf den Rückgabeanspruch des Vermieters aus dem Mietvertrag. Die Regelung des § 570 BGB gilt nicht, wenn der Herausgabeanspruch auf andere gesetzliche Tatbestände gestützt wird, etwa auf Eigentum. Ist z.B. ein Mietvertrag wegen Anfechtung nichtig, kann dem auf Eigentum gestützten Herausgabeanspruch ein Zurückbehaltungsrecht wegen Verwendungen des nicht berechtigten Besitzers auf die Sache entgegengesetzt werden.

4 Wer haftet wie?

Mehrere Mieter haften für die Rückgabe als **Gesamtschuldner**. Grundsätzlich kommt es also nicht darauf an, ob einer von mehreren Mietern ausgezogen ist oder nicht. Der BGH hat nämlich mit einem Rechtsentscheid (22.11.1995, VIII ARZ 4/95, WuM 1996 S. 83; Weber/Marx, XV/S. 58) entschieden, dass der vertragliche Herausgabe- und Räumungsanspruch (§ 546 Abs. 1 BGB) nach Beendigung des mit mehreren Mietern begründeten Wohnraummietverhältnisses auch gegen denjenigen von ihnen begründet ist, der im Gegensatz zu den anderen Mietern den Besitz an der Wohnung endgültig aufgegeben hat.

Auch ein **Ehegatte**, der nicht Mieter geworden ist, kann bei Beendigung des Mietverhältnisses vom Vermieter auf Räumung in Anspruch genommen werden (OLG Schleswig, RE v. 17.11.1992, 4 RE-Miet 1/92, WuM 1992 S. 674).

5 Überlassung an Dritten

Hat der Mieter den Gebrauch der Mietsache einem **Dritten** (z.B. Untermieter) überlassen, kann der Vermieter die Sache unmittelbar von dem Dritten zurückfordern (§ 546 Abs. 2 BGB). Es handelt sich insoweit um ein gesetzliches Schuldverhältnis, um eine Art gesetzlicher Erweiterung des Vertragsanspruchs des Vermieters. Das Recht besteht neben dem Anspruch gegen den Mieter (Hauptmieter) auf Herausgabe. Nicht entscheidend ist, ob der Hauptmieter nach Beendigung des Mietverhältnisses ausgezogen ist. Es kommt vielmehr auf die rechtliche Beendigung des Mietverhältnisses (Hauptmietverhältnis) an. So wenig wie der Mieter hat auch der Untermieter (oder der Dritte) ein Zurückbehaltungsrecht.

> Der Anspruch des Vermieters setzt voraus, dass er den Dritten (Untermieter) vorher zur Räumung aufgefordert hat.

Hauptmieter und Dritter haften als Gesamtschuldner, können also gemeinsam auf Räumung verklagt werden (LG Hamburg, MDR 1958 S. 431). Der Dritte kann sich gegen den Vermieter nicht auf die Kündigungsschutzbestimmungen berufen. Etwas anderes gilt nur, wenn Vermieter und Mieter arglistig zulasten des Dritten zusammenwirken oder wenn der Dritte, hier also der Untermieter, bei Abschluss des Vertrags nicht wusste, dass sein Vermieter, der Hauptmieter, nicht Wohnungseigentümer war. Dieser Schutz des Untermieters ist vom BGH (Beschluss v. 20.3.1991, VIII ARZ 6/90, DWW 1991 S. 211) noch erweitert worden. Danach kann sich der auf Räumung in Anspruch genommene Untermieter auch dann auf den Einwand des Rechtsmissbrauchs berufen, wenn ihm zwar bei Abschluss des Untermietvertrags bekannt war, dass sein Vermieter nicht Eigentümer der Mietsache ist, er jedoch nicht wusste, dass er gegenüber dem Eigentümer keinen Wohnraumkündigungsschutz genießt.

Das BVerfG hat die Rechte des Endmieters, der von einem gewerblichen Zwischenmieter gemietet hat, weiter gestärkt (BVerfG, Beschluss v. 11.6.1991, 1 BvR 538/90, DWW 1991 S. 279). Hier hat der Mieter denselben Kündigungsschutz wie derjenige, der direkt vom Eigentümer mietet.

Umstritten ist, in welchen Fällen der Weitervermietung dem Endmieter ein Kündigungsschutz zustehen soll (vgl. Derleder, WuM 1991 S. 641 ff.). Für den Fall des Vereins, der in Erfüllung seines Vereinszwecks Wohnraum anmietet, den er bestimmungsgemäß an Dritte zu Wohnzwecken weitervermietet, kann sich der Endmieter jedenfalls dann nicht auf den Kündigungsschutz des sozialen Mietrechts berufen, wenn der Hauptmietvertrag vom Vermieter aus wichtigem Grund fristlos gekündigt worden ist (so OLG Hamburg, RE v. 16.4.1993, 4 U 243/92, WuM 1993 S. 249). Das Gericht führt hierzu aus, dass vergleichbare Regelungssachverhalte, die das BVerfG veranlasst habe, die Situation des Mieters eines im Interesse des Eigentümers eingeschalteten gewerblichen Zwischenvermieters mit der eines unmittelbar vom Eigentümer mietenden Mieters gleichzusetzen, im vom Gericht entschiedenen Fall nicht gegeben sind. Somit verbleibt es bei der Anwendbarkeit des § 546 Abs. 2 BGB. Entscheidend ist also, ob der Hauptmieter im Interesse des Vermieters tätig wird oder ob er mit der Untervermietung eigenen Interessen folgt. Mit einer neueren Entscheidung hat der BGH den Herausgabeanspruch aufgrund der Geltung des allgemeinen Gleichheitsgrundsatzes weiter eingeschränkt. Dies ist der Fall, wenn die Wohnung keinem besonderen Personenkreis zur Verfügung gestellt werden soll, an den der Vermieter sonst nicht vermietet hätte. Im vom BGH entschiedenen Fall war vielmehr davon auszugehen, dass der Vermieter die Wohnung zu vergleichbaren Bedingungen auch unmittelbar an die Endmieter vermietet hätte. Es war nicht anzunehmen, dass der Vermieter das Mietverhältnis mit den Endmietern ohne Einschaltung eines Zwischenmieters nicht oder nicht zu diesen Bedingungen abgeschlossen hätte (BGH, Urteil v. 30.4.2003, VIII ZR, 163/02, WuM 2003 S. 563).

6 Verspätete Rückgabe

Ist das Mietverhältnis durch Zeitablauf oder wirksame Kündigung beendet, ist der Mieter zur Rückgabe verpflichtet.

Die verspätete Rückgabe der Mietsache hat weitreichende Folgen. Zum einen kann der Vermieter für die Dauer der Vorenthaltung eine Nutzungsentschädigung in Höhe der vereinbarten Miete verlangen (§ 546a Abs. 1 BGB). Zwischen den Parteien muss also ein Mietverhältnis bestanden haben, das beendet ist. Eine **Vorenthaltung** liegt vor,

- wenn der Mieter die Räume nicht zurückgibt, obwohl er könnte, und dies dem Willen des Vermieters widerspricht, d. h., dass dieser auf der Rückgabe besteht (BGH, Urteil v. 15.2.1984, VIII ZR 213/82, NJW 1984 S. 1527). Von einem solchen Rücknahmewillen ist auch dann auszugehen, wenn dem Mieter vom Vermieter oder vom Gericht eine Räumungsfrist bewilligt wird (BGH, Urteil v. 13.10.1982, VIII ZR 197/81, NJW 1983 S. 112); auch dann, wenn der Vermieter im gerichtlichen Räumungsfristverlängerungsverfahren der Gewährung einer Räumungsfrist nicht entgegengetreten ist (Bub/Treier, V Rn. 69),
- wenn der Mieter die Räume nicht zurückgeben kann, weil er sie untervermietet hat, nicht aber bei gewerblicher Zwischenvermietung (BGH, Urteil v. 28.2.1996, XII ZR 123/93, WuM 1996 S. 413, 415),
- wenn die Mietsache teilweise nicht zurückgegeben wird (BGH, Urteil v. 11.5.1988, VIII ZR 96/87, NJW 1988 S. 2665),
- wenn die Räume ohne Schlüssel zurückgegeben werden (strittig, so LG Düsseldorf, Urteil v. 19.11.1991, 24 S 294/91, WuM 1992 S. 191; OLG Düsseldorf, Urteil v.

30.7.2002, 24 U 187/01, NZM 2003 S. 397 und KG Berlin, Urteil v. 2.7.2001, 8 U 1044/99, MDR 2002 S. 272, Rückgabe der Schlüssel an vom Vermieter nicht beauftragten Hausmeister ist nicht ausreichend; anders Sternel, Mietrecht aktuell, 3. Aufl., Rn. 1315 f., der bei Zurücklassen von Einrichtungsgegenständen oder unterbliebener Rückgabe aller Schlüssel darauf abstellt, ob daraus noch ein Besitzwillen des Mieters indiziert werden kann).

Auf ein Verschulden des Mieters kommt es hierbei nicht an. Eine Vorenthaltung liegt daher auch vor, wenn dem Mieter die Rückgabe subjektiv unmöglich ist (z.B. Untervermietung, s.o.). Keine Vorenthaltung ist dagegen bei objektiver Unmöglichkeit gegeben (völlige Zerstörung der Räume z.B. durch Brand), aber ggf. Schadenersatzansprüche.

Ferner ist die Mietsache **nicht** vorenthalten, wenn sie in mangelhaftem Zustand zurückgegeben wird, etwa ohne pflichtgemäß ausgeführte Schönheitsreparaturen. Hier hat der Vermieter gesonderte Ansprüche.

Gemäß § 546a Abs. 1 BGB kann der Vermieter bei Vorenthaltung statt der Entschädigung in Höhe der bisherigen Miete eine solche in Höhe der Miete verlangen, die für vergleichbare Räume ortsüblich ist. Der Vermieter kann also wählen zwischen der bisher vereinbarten Miete und der ortsüblichen Miete. Für diese Ersetzungsbefugnis sind die Regelungen über die Miethöhe gemäß §§ 557 ff. BGB nicht anwendbar (LG Stuttgart, Urteil v. 21.1.1987, 13 S 383/86, ZMR 1987 S. 153). Das Schreiben, in dem der Vermieter eine Nutzungsentschädigung in Höhe der ortsüblichen Vergleichsmiete fordert, muss also nicht weiter begründet werden. Auch die Kappungsgrenze ist nicht anwendbar. Falls der Mieter die erhöhte Nutzungsentschädigung nicht bezahlt und der Vermieter Klage auf Zahlung erhebt, ist er allerdings in einem Forderungsprozess für die von ihm behauptete Ortsüblichkeit beweispflichtig.

Bisher ist die Rechtsprechung davon ausgegangen, dass die Geltendmachung einer höheren Nutzungsentschädigung durch einseitige, empfangsbedürftige Willenserklärung erfolgt, die rechtsgestaltende Wirkung hat und nur für die Zukunft wirkt, der Vermieter also nicht nachträglich eine erhöhte Nutzungsentschädigung verlangen kann (z.B. LG Berlin, Urteil v. 21.9.1992, 61 S 95/92, WuM 1993 S. 351). Nun hat der BGH (Urteil v. 14.7.1999, XII ZR 215/97, NZM 1999 S. 803) gegenteilig entschieden. Wenn der Mieter nach Beendigung des Mietverhältnisses die Mieträume nicht zurückgibt, so entsteht nach Ansicht des BGH der Anspruch des Vermieters auf Zahlung einer Nutzungsentschädigung in Höhe der ortsüblichen Miete für die Zeit der Vorenthaltung nicht erst durch eine rechtsgestaltende Willenserklärung des Vermieters. Der Vermieter hat vielmehr von vornherein einen Anspruch auf Zahlung einer Nutzungsentschädigung mindestens in Höhe der vereinbarten Miete, oder, wenn die ortsübliche Miete höher ist, in Höhe der ortsüblichen Miete. Zahlt der Mieter die vereinbarte Miete weiter und ist die ortsübliche Miete höher, so tritt nur eine Teilerfüllung des Anspruchs des Vermieters auf Zahlung einer Nutzungsentschädigung ein. Der Vermieter kann also auch noch nachträglich, ohne dass er eine entsprechende Erklärung abgegeben hat, für die Zeit der Vorenthaltung seinen Anspruch geltend machen.

Diese Rechtsauffassung des BGH wird durch die Neuformulierung des § 546a Abs. 1 BGB im Mietrechtsreformgesetz gestützt. Danach kann der Vermieter für die Dauer der Vorenthaltung die vereinbarte Miete oder die Miete verlangen, die für vergleichbare Sachen ortsüblich ist. Durch diese Umformulierung kommt der Anspruch des Vermieters, auch ohne vorherige Ankündigung rückwirkend eine höhere ortsübliche Vergleichsmiete für die Zeit seit Wirksamwerden der Kündigung verlangen zu können, klar zum Ausdruck, so die amtliche Begründung. Die Regelung gilt für alle Arten von Mietverhältnissen.

Darüber hinaus kann der Vermieter gemäß § 546a Abs. 2 BGB einen weiteren Schaden geltend machen, wenn die Vorenthaltung **schuldhaft** ist. Fehlender Ersatzraum entschuldigt die verspätete Räumung nicht. Denkbar ist ein solcher Schaden z.B., wenn der Vermieter in der Lage wäre, zu einer höheren Miete zu vermieten, durch die Nichtfreimachung hieran jedoch gehindert ist. Der Schaden errechnet sich in diesem Fall aus der Differenz zwischen bisheriger Miete und jener, die bei rechtzeitiger Räumung erzielt worden wäre.

Ist Wohnraum zurückzugeben, ist der Schadenersatzanspruch des Vermieters wegen Vorenthaltung wesentlich eingeschränkt. Er kann nur geltend gemacht werden, wenn die Rückgabe infolge von Umständen unterblieben ist, die der Mieter zu vertreten hat (§ 571 Abs. 1 BGB).

Unverschuldete Vorenthaltung ist anzunehmen, wenn der Ersatzraumbeschaffung vorübergehende, übermäßige, nicht zumutbare Schwierigkeiten entgegenstehen. Der Mieter hat alles ihm Zumutbare zu unternehmen, um seine Rückgabepflicht erfüllen zu können.

Hat der Mieter einen Teil des Mietobjekts, sei es auch mit Erlaubnis des Vermieters, untervermietet, hat der Mieter sein Unvermögen zur Rückgabe, etwa weil der Untermieter nicht geräumt hat, zu vertreten. Die Unterlassung der Räumungsklage gegen den Untermieter nach Beendigung des Hauptmietverhältnisses durch den Vermieter kann freilich als mitwirkendes Verschulden gewertet werden. Nach Beendigung des **Untermietverhältnisses** steht dem Hauptmieter kein Anspruch auf Nutzungsentschädigung gemäß § 546a Abs. 1 BGB gegen den Untermieter zu, wenn auch das Hauptmietverhältnis bereits beendet ist (BGH, Urteil v. 4.10.1995, XII ZR 215/94, WuM 1996 S. 32).

Hat der Mieter die nicht rechtzeitige Rückgabe der Mietsache zu vertreten, ist dennoch der Schaden nur insoweit zu ersetzen, als die Billigkeit eine Schadloshaltung erfordert (§ 571 Abs. 1 S. 2 BGB), wobei wiederum alle Umstände des Einzelfalls zu berücksichtigen sind.

Eine volle Schadloshaltung kommt jedenfalls dann in Betracht, wenn der Mieter mit von vornherein auch ihm erkennbar aussichtslosen Argumenten sich gegen die Kündigung oder die Räumungsklage zur Wehr gesetzt oder eine Räumungsfrist beantragt hat oder wenn er aus Schikanegründen nicht zurückgibt.

Die **beschränkte** Schadenersatzpflicht entfällt zugunsten der vollen Schadloshaltung, wenn der Mieter seinerseits das Mietverhältnis gekündigt hat (§ 571 Abs. 1 S. 3 BGB). Zum Ersatz eines über das Nutzungsentgelt hinausgehenden Schadens ist der Mieter für die Zeitdauer einer ihm gewährten Räumungsfrist nicht verpflichtet (§ 571 Abs. 2 BGB). Eine Vereinbarung zum Nachteil des Wohnraummieters ist unwirksam (§ 571 Abs. 3 BGB).

Ein in der Praxis gar nicht so seltener Fall soll zum Schluss noch behandelt werden. Was ist, wenn der Mieter die Räume nicht zum Ende des Monats, sondern **im Lauf des Monats** zurückgibt? Auch diese Streitfrage wurde zwischenzeitlich vom BGH entschieden. Danach kann der Vermieter nur für die Dauer der Vorenthaltung der Mietsache als Entschädigung die vereinbarte Miete verlangen, und zwar taggenau. Für die Zeit danach, also z.B. für die restliche Zeit des Monats, wenn die Rückgabe am Zehnten des Monats erfolgt, bleibt dem Vermieter nur bei Vorliegen der entsprechenden Voraussetzungen (Nachmietinteressent, der bereit gewesen wäre, ab diesem Zeitpunkt zu mieten) die Geltendmachung eines Schadens infolge einer erst späteren Vermietung vorbehalten (§ 546a Abs. 2 BGB; BGH, Urteil v. 5.10.2005, VIII ZR 57/05, WuM 2005 S. 771).

7 Vorzeitige Rückgabe

Ob und ggf. unter welchen Umständen der Mieter zu einer Rückgabe der Mietsache vor Beendigung des Mietverhältnisses berechtigt ist, ist höchstgerichtlich noch nicht geklärt. Grundsätzlich ist der Vermieter jedenfalls zu dieser Zeit nicht verpflichtet, die Mietsache jederzeit – sozusagen „auf Zuruf" – zurückzunehmen. Verweigert sich der Vermieter in einem solchen Fall, gerät er auch dann nicht in Annahmeverzug, wenn der Mieter die Schlüssel nach dem gescheiterten Übergabeversuch in seinen eigenen Briefkasten einwirft (BGH,

Urteil v. 12.10.2011, VIII ZR 8/11, NZM 2012 S. 21).

In Zeiten des Überangebots an Wohnungen und gewerblichen Räumen wollen sich Mieter vorzeitig aus Verträgen lösen, um anderweitig billiger zu mieten. Hier stellt sich das Problem, ob und wie lange der Vermieter einen Anspruch auf Zahlung von Nutzungsentschädigung in Höhe der bisherigen Miete hat. Kündigt der Vermieter zu Recht fristlos, weil der ausgezogene Mieter die Miete für 2 Monate nicht bezahlt hat, kann der Vermieter den Mietausfall als Kündigungsfolgeschaden geltend machen. Der Schadenersatz kann bis zur Neuvermietung verlangt werden, sofern das Mietverhältnis nicht vorher durch Zeitablauf oder die Möglichkeit einer ordentlichen Kündigung hätte beendet werden können. Der Vermieter seinerseits ist verpflichtet, sich nachhaltig um eine alsbaldige anderweitige Vermietung zu bemühen. Anderenfalls trifft ihn ein **Mitverschulden** (§ 254 Abs. 2 BGB; OLG Düsseldorf, Urteil v. 7.12.1995, 10 U 26/95, ZMR 1996 S. 324).

Der Mieter hat allerdings die **Beweislast** dafür, dass der Vermieter entsprechende Bemühungen unterlassen hat. Kündigt der Vermieter nicht fristlos, kann er seinen Erfüllungsanspruch bis zum regulären Vertragsablauf (durch Zeitablauf oder die Möglichkeit einer ordentlichen Kündigung) geltend machen. Der Vermieter kann allerdings verpflichtet sein, einen Ersatzmieter zu akzeptieren. Vermietet der Vermieter zu einer geringeren Miete weiter, hat der Mieter die Mietdifferenz zu zahlen, wenn sich der Vermieter redlich bemüht hat, durch die Weitervermietung aus der vom Mieter vertragswidrig geschaffenen Situation in beiderseitigem Interesse das Beste zu machen (BGH, Urteil v. 31.3.1993, XII ZR 198/91, WuM 1993 S. 346).

Rücktritt vom Mietvertrag

Von einem wirksam zustande gekommenen Mietvertrag kann eine Partei **bis zur Überlassung** der Mietsache dann zurücktreten, wenn entweder der Rücktritt **vertraglich** vorbehalten ist oder ein gesetzlicher **Rücktrittsgrund** vorliegt (§§ 323, 324 BGB). Der letztere Fall ist z.B. gegeben, wenn der Vermieter dem Mieter den Gebrauch nicht rechtzeitig verschafft und eine ihm vom Mieter gesetzte Nachfrist mit Ablehnungsandrohung fruchtlos verstreichen lässt oder die Voraussetzung einer Anfechtung vorliegt.

Nach Überlassung der Mietsache kann das Mietverhältnis durch Kündigung beendet werden. Ein vereinbartes Rücktrittsrecht ist in ein Recht zur Ausübung der fristlosen Kündigung umzudeuten. Bei einem Mietverhältnis über Geschäftsräume ist eine Anfechtung wegen arglistiger Täuschung mit der Rückwirkung des § 142 Abs. 1 BGB möglich (BGH, Urteil v. 6.8.2008, XII ZR 67/06, MDR 2009 S. 19). Bei einem Mietverhältnis über Wohnraum kann sich der Vermieter auf eine Vereinbarung, nach der er berechtigt sein soll, nach Überlassung des Wohnraums an den Mieter vom Vertrag zurückzutreten, nicht berufen (§ 572 Abs. 1 BGB). Diese Neufassung des früheren § 570a BGB durch das Mietrechtsreformgesetz stellt klar, dass der Vertrag im Übrigen wirksam ist. Damit soll vermieden werden, dass der Vermieter durch Vereinbarung eines Rücktrittsrechts den Kündigungsschutz des Mieters umgeht. Will der Vermieter das Mietverhältnis einseitig beenden, kann er das nur, wenn die Kündigungsvoraussetzungen vorliegen.

Der Rücktritt wird durch eine entsprechende Erklärung ausgeübt. Hierdurch entsteht ein Rückgewährschuldverhältnis: empfangene Leistungen sind zurückzugewähren sowie gezogene Nutzungen herauszugeben (§ 346 Abs. 1 BGB). Das Recht, bei einem gegenseitigen Vertrag Schadenersatz zu verlangen, wird durch den Rücktritt nicht ausgeschlossen (§ 325 BGB).

Ruhestörung → „Störung des Hausfriedens“

Sammelheizung → „Zentralheizung"

Schadenersatz

In § 280 Abs. 1 BGB ist die grundsätzliche Schadenersatzpflicht wegen Pflichtverletzung geregelt. Verletzt danach der Schuldner eine Pflicht aus dem Schuldverhältnis, so kann der Gläubiger Ersatz des hierdurch entstehenden Schadens verlangen. Dies gilt nicht, wenn der Schuldner die Pflichtverletzung nicht zu vertreten hat. Es wird also nicht mehr zwischen der Verletzung einer Haupt- oder Nebenpflicht unterschieden. Liegt eine Pflichtverletzung vor, so hat der Schuldner die Beweislast dafür, dass er diese Pflichtverletzung nicht zu vertreten hat.

Schadenersatz wegen Verzögerung der Leistung kann der Gläubiger nur unter der zusätzlichen Voraussetzung des Verzugs (§ 286 BGB) verlangen (§ 280 Abs. 2 BGB) (s. hierzu „Verzug").

Schadenersatz statt Leistung (Schadenersatz wegen Nichterfüllung) kann der Gläubiger nur unter den zusätzlichen Voraussetzungen der §§ 281 bis 283 BGB verlangen (§ 280 Abs. 3 BGB). Voraussetzung hierfür ist, dass der Gläubiger dem Schuldner erfolglos eine angemessene Frist zur Leistung oder Nacherfüllung bestimmt hat (§ 281 Abs. 1 BGB).

Hierfür genügt es, wenn der Gläubiger durch das Verlangen nach sofortiger, unverzüglicher oder umgehender Leistung oder vergleichbare Formulierungen deutlich macht, dass dem Schuldner für die Erfüllung nur ein begrenzter (bestimmbarer) Zeitraum zur Verfügung steht. Der Angabe eines bestimmten Zeitraums oder eines bestimmten (End-)Termins bedarf es nicht (BGH, Urteil v. 12.8.2009, VIII ZR 254/08, WuM 2009 S. 580).

Da sich nach Überlassung der Mietsache die Rechte und Pflichten der Parteien nach den §§ 535 ff. BGB, also den speziellen mietrechtlichen Vorschriften richten, gehen diese Vorschriften, z. B. die Bestimmungen über die Gewährleistungsrechte des Mieters wegen Mängel der Mietsache, den Bestimmungen des Allgemeinen Teils des Schuldrechts vor (vgl. Bub/Treier/Kraemer, Handbuch der Geschäfts- und Wohnraummiete, 3. Aufl., III B Rn. 1326).

Schadenersatzansprüche können sowohl dem Vermieter als auch dem Mieter zustehen. Schadenersatzansprüche **des Mieters** sehen die mietrechtlichen Vorschriften des BGB in § 536a BGB vor. Ansprüche des Mieters können sich auch aus der Verletzung allgemeiner schuldrechtlicher Vorschriften ergeben, z. B. aus der Verletzung der Verkehrssicherungspflicht des Vermieters. Ein Ausschluss der Haftung in einem Formularvertrag für leicht fahrlässig verschuldete Mängel der Mietsache ist unwirksam (BGH, Beschluss v. 24.10.2001, VIII ARZ 1/01, NZM 2002 S. 116). Dies kann auch der Fall sein bei schuldhafter Verschlechterung der Mietsache oder Verletzung der Obhutspflicht.

Der Vermieter ist allerdings nicht verpflichtet, ohne besonderen Anlass eine regelmäßige Generalinspektion der Elektroleitungen und Elektrogeräte in den Wohnungen seiner Mieter vorzunehmen. Ausreichend ist es, an der Elektroinstallation auftretende Unregelmäßigkeiten oder vom Mieter angezeigte Mängel unverzüglich durch einen Fachmann abstellen zu lassen. Der Vermieter darf darauf vertrauen, dass der Mieter seiner Verpflichtung nachkommt, Mängel zu melden (BGH, Urteil v. 15.10.2008, VIII ZR 321/07, WuM 2008 S. 719).

Für einen bei Vertragsschluss bereits vorhandenen Mangel haftet der Vermieter auch ohne Verschulden. Diese Garantiehaftung kann der Vermieter auch durch Formularvertrag wirksam abbedingen (BGH, Urteil v. 3.7.2002, XII ZR 327/00, NJW 2002 S. 3232). Steht diese Klausel allerdings in einem systematischen Zusammenhang, in dem der Vertragspartner sie nicht zu erwarten braucht (im vorliegenden Fall unter der Überschrift „Aufrechnung, Zurückbehaltung"), ist der Haftungsausschluss unwirksam (BGH, Urteil v. 21.7.2010, XII ZR 189/08, NZM 2010 S. 668). War ein Bauteil der Mietsache aufgrund seiner fehlerhaften Beschaffenheit bei Vertragsschluss bereits in diesem Zeitpunkt für ihren Zweck ungeeignet und damit unzuverlässig, liegt ein anfänglicher Mangel der Mietsache vor. In diesem Fall haftet der Vermieter auch ohne Verschulden für einen erst Jahre später eintretenden Personenschaden (BGH, a. a. O.).

Führt der Mieter **Schönheitsreparaturen** bei Beendigung des Mietverhältnisses aus, obwohl die Klausel im Mietvertrag unwirksam ist, hat er einen Schadenersatzanspruch gegen den Vermieter, wenn der Vermieter schuldhaft eine unwirksame Klausel über die Durchführung von Schönheitsreparaturen verwendet hat. Dies dürfte bei älteren Verträgen aufgrund der späteren Verschärfung der Rechtsprechung in der Regel nicht der Fall sein. Allerdings hat der Mieter in solchen Fällen einen Anspruch auf Wertersatz aufgrund ungerechtfertigter Bereicherung des Vermieters. Führt der Mieter die Arbeiten selbst oder mit Verwandten oder Bekannten aus, bemisst sich der Wert nach dem, was der Mieter billigerweise neben einem Einsatz an freier Zeit als Kosten für das notwendige Material sowie als Vergütung für die Arbeitsleistung seiner Helfer aus dem Verwandten- und Bekanntenkreis aufgewendet hat oder hätte aufwenden müssen (BGH, Urteil v. 27.5.2009, VIII ZR 302/07, WuM 2009 S. 395).

Zahlt der Mieter aufgrund einer unwirksamen Schönheitsreparaturenklausel an den Vermieter einen Abgeltungsbetrag für nicht durchgeführte Schönheitsreparaturen, hat der Mieter einen Bereicherungsanspruch gegen den Vermieter. Der Bereicherungsanspruch des Mieters in Fällen der ohne Rechtsgrund ausgeführten Schönheitsreparaturen bzw. Zahlungen hierauf unterliegt der kurzen Verjährung des § 548 Abs. 2 BGB von 6 Monaten (BGH, Urteil v. 20.6.2012, VIII ZR 12/12, NZM 2012 S. 557).

Gemäß § 199 Abs. 1 BGB beginnt die Verjährungsfrist mit dem Schluss des Jahres, in dem der Anspruch entstanden ist und der Gläubiger von den den Anspruch begründenden Umständen und der Person des Schuldners Kenntnis erlangt oder ohne grobe Fahrlässigkeit erlangen müsste. Ab dem Urteil des BGH v. 23.6.2004 (NZM 2004 S. 653) bestand hinsichtlich der Unwirksamkeit von Schönheitsreparaturklauseln mit einem starren Fristenplan keine unsichere und zweifelhafte Rechtslage mehr. Auf die Kenntnis bzw. grob fahrlässige Unkenntnis des Mieters von der Klärung der Rechtslage kommt es hierbei nicht an (BGH, Hinweisbeschluss v. 31.1.2012, VIII ZR 141/11, NZM 2012 S. 380).

Schadenersatzansprüche können sich ferner aus einer unbegründeten Kündigung oder aus **vorgetäuschtem Eigenbedarf** ergeben.

Der Ausspruch einer derartigen unwirksamen Kündigung seitens des Vermieters verstößt gegen den Mietvertrag und stellt infolgedessen eine Pflichtverletzung dar, die den Vermieter, wenn er schuldhaft gehandelt hat, schadenersatzpflichtig macht (§ 280 Abs. 1 BGB). Hierfür hat der Mieter die Beweislast, also auch für das Fehlen oder den Fortfall des Selbstnutzungswunsches des Vermieters (BGH, Urteil v. 18.5.2005, VIII ZR 368/03, NJW 2005 S. 2395). Es kommt daher, wenn der Vermieter nicht oder nicht sofort in die Wohnung einzieht, zu keiner Umkehrung der Beweislast. Allerdings trifft den Vermieter eine sog. sekundäre Behauptungslast, wenn die primär darlegungsbelastete Partei, hier der Mieter, außerhalb des darzulegenden Geschehensablaufs steht und keine Kenntnis von den maßgeblichen Tatsachen besitzt, während der Vermieter zumutbar nähere Angaben machen kann. Der Vermieter muss daher substanziiert und plausibel darlegen, wieso der von ihm zunächst behauptete Eigenbedarf erst nachträglich entfallen ist, wobei durchaus strenge Anforderungen an die Darlegung der Gründe seitens des Vermieters gestellt werden dürfen (BGH, a. a. O.).

Diese Schadenersatzansprüche stehen dem Mieter auch zu, wenn die Kündigung zwar formell unwirksam war, der Vermieter den Eigenbedarf aber schlüssig dargelegt hat und der Mieter keine Veranlassung hatte, die Angaben des Vermieters in Zweifel zu ziehen. Darf der Mieter das Räumungsverlangen des Vermieters materiell für berechtigt halten, wird sein Schadenersatzanspruch auch nicht dadurch ausgeschlossen, dass er, da er meint, zum Auszug verpflichtet zu sein, sich mit dem

Vermieter auf eine einvernehmliche Beendigung des Mietverhältnisses einigt (BGH, Urteil v. 8.4.2009, VIII ZR 231/07, WuM 2009 S. 359). Ob Schadenersatzansprüche wegen vorgetäuschten Eigenbedarfs dann entfallen, wenn die Parteien die Beendigung des Mietverhältnisses im Wege des gerichtlichen Vergleichs vereinbaren, nachdem der Mieter das Vorliegen von Eigenbedarfsgründen ausdrücklich bestritten hat, ist eine Frage des Einzelfalls. Der Anspruch des Mieters kann jedenfalls dann zu verneinen sein, wenn mit einem von den Parteien geschlossenen Vergleich der Streit über die Berechtigung des bestrittenen Eigenbedarfs beigelegt wurde. Entscheidend ist die Auslegung des von den Parteien abgeschlossenen Räumungsvergleichs und die Würdigung der Umstände des Einzelfalls (BGH, Beschluss v. 7.9.2011, VIII ZR 343/10, WuM 2011 S. 634).

Die Kündigung eines Wohnraumietverhältnisses ohne Begründung, lediglich mit Angabe der Kündigungsfrist, ist unwirksam. Gleichwohl hat der Mieter nach Ansicht des BGH keinen Schadenersatzanspruch, wenn er einen Rechtsanwalt mit der Zurückweisung der Kündigung beauftragt. Die Angabe der Gründe für die Kündigung ist nämlich eine bloße Obliegenheit des Vermieters, aus deren Verletzung der Mieter keine Schadenersatzansprüche herleiten kann (BGH, Urteil v. 9.10.2010, VIII ZR 9/10, NZM 2011 S. 119). Die Entscheidung ist allerdings im Schrifttum auf starke Kritik gestoßen.

Kündigt der Mieter wegen Schimmelbefall in der Wohnung, den der Vermieter zu vertreten hat, kann der Mieter als **Kündigungsfolgeschaden** auch die Umzugskosten sowie die Mietdifferenz vom Vermieter als Schaden verlangen. Besteht ein solcher Kündigungsgrund, steht dem Schadenersatzanspruch des Mieters nicht entgegen, dass die ausgesprochene Kündigung aus formellen Gründen (Fehlen einer Vollmacht) unwirksam war (BGH, Urteil v. 3.7.2013, VIII ZR 191/12, WuM 2013 S. 538). Umstritten ist, wie lange der Mieter die Mietdifferenz als Schaden verlangen kann (LG Berlin, MM 1994 S. 176: 3 Jahre).

Schadenersatzansprüche **des Vermieters** sind im mietrechtlichen Teil des BGB nicht ausdrücklich geregelt. Lediglich in § 546a Abs. 2 BGB ist bei verspäteter Rückgabe die Geltendmachung eines weiteren Schadens nicht ausgeschlossen.

Folgende Hauptfälle sollen kurz aufgezählt werden:

- Schadenersatzansprüche wegen unterlassener **Schönheitsreparaturen**.
- Schadenersatzansprüche wegen **Beschädigung** und Verschlechterung der Mietsache.
- Schadenersatzansprüche wegen Verletzung der **Anzeigepflicht** des Mieters.
- Schadenersatzansprüche bei falschem **Wohnverhalten**.
- Haftung bei **Gebrauchsüberlassung an Dritte**: Überlässt der Mieter den Gebrauch einem Dritten, sei es mit oder ohne Erlaubnis des Vermieters, hat der Mieter ein dem Dritten bei dem Gebrauch zur Last fallendes Verschulden zu vertreten (§ 540 Abs. 2 BGB). Diese Haftung gilt auch bei vorsätzlichen Handlungen des Dritten (Untermieter), z. B. Zerstörung der Mietsache oder Unterschlagungen.
- Schadenersatzanspruch bei berechtigter **fristloser Kündigung** des Vermieters. Gemäß § 314 Abs. 1 BGB können Dauerschuldverhältnisse von jeder Vertragspartei aus wichtigem Grund ohne Einhaltung einer Kündigungsfrist gekündigt werden. Gemäß § 314 Abs. 4 BGB wird durch die Kündigung die Berechtigung, Schadenersatz zu verlangen, nicht ausgeschlossen. Hier haftet der Mieter in erster Linie auf Ersatz des Mietausfalls (BGH, Urteil v. 4.4.1984, VIII ZR 313/82, ZMR 1984 S. 345). Von diesem Anspruch werden ersparte Aufwendungen sowie diejenigen Vorteile abgezogen, welche durch eine anderweitige Verwertung (Neuvermietung) erlangt werden (§ 537 Abs. 1 S. 2 BGB). Hier hat der Vermieter auch eine Schadensminderungspflicht. Behauptet der Mieter, dass der Vermieter gegen seine Schadensminderungspflicht verstoßen hat, trifft ihn hierfür die Darlegungs- und Beweislast.

Wegen des vertragswidrigen Verhaltens des Mieters ist nämlich der Vermieter der Geschädigte i.S.d. § 254 BGB. Der Mieter muss daher alle Tatsachen vortragen und beweisen, aus denen sich ein Mitverschulden des Vermieters an der Entstehung des Zahlungsrückstands ergibt. Hat der Vermieter vorgetragen, dass und wie er sich um eine Weitervermietung bemüht hat, ist es Sache des Mieters, darzulegen und zu beweisen, dass der Vermieter entgegen seinen Behauptungen gar keine Bemühungen zur Weitervermietung unternommen hat oder Mietinteressenten trotz Eignung aus sachfremden Gründen abgelehnt hat (BGH, Urteil v. 16.2.2005, XII ZR 162/01, GuT 2005 S. 115). Im umgekehrten Fall stehen dem Mieter, wenn der Vermieter seine vertraglichen Verpflichtungen verletzt und der Mieter deshalb kündigt, ebenfalls Schadenersatzansprüche zu, z.B. Umzugs- und Maklerkosten und Mehrkosten für die neue Wohnung, insbesondere eine höhere Miete (vgl. für Gewerberäume BGH, Urteil v. 15.3.2000, XII ZR 81/97, WuM 2000 S. 598) oder Aufwendungen für die Ersatzräume (z.B. neue Vorhänge, LG Saarbrücken, Urteil v. 12.6.1989, 13 B S 123/88, WuM 1991 S. 91).

- Entschädigungsanspruch wegen verspäteter **Rückgabe** des Mietobjekts.

Schadenersatzansprüche sowohl des Vermieters als auch des Mieters unterliegen der **Verjährung** (s. „Verjährung"). Ansprüche können auch verwirkt werden (s. „Verwirkung").

Schimmel → „Feuchtigkeit in der Wohnung"

Schlüssel

Zur ordnungsgemäßen Gebrauchsgewährung als Hauptpflicht des Vermieters gehört auch die Überlassung der Schlüssel für die Haus- und Wohnungstür, sonstige verschließbare Räume und die Nebenräume, z.B. Keller.

> Der Vermieter ist ohne Einverständnis des Mieters nicht berechtigt, einen **Zweitschlüssel** für die vermieteten Räume zurückzubehalten oder anzufertigen.

In der Regel werden für die Haus- und Wohnungstür mindestens zwei Schlüssel überlassen. Benötigt der Mieter, etwa wegen der Größe seiner Familie, zusätzliche Schlüssel, darf er sie auf seine Kosten anfertigen lassen. Bei der Räumung des Mietobjekts ist der Mieter verpflichtet, sämtliche Schlüssel zurückzugeben, auch etwaige zusätzlich angefertigte. Hierfür kann der Mieter allerdings Ersatz verlangen oder, falls der Vermieter hierfür nicht zahlen will, diese Schlüssel im Beisein des Vermieters oder eines Zeugen unbrauchbar machen. Fehlende Schlüssel hat der Mieter auf seine Kosten dem Vermieter zu ersetzen.

Der Vermieter hat die Darlegungs- und Beweislast dafür, ob und wie viele Schlüssel fehlen. Im Mietvertrag oder im Übergabeprotokoll sollte daher die Zahl der Schlüssel genau festgehalten werden.

Eine **Formularklausel**, wonach der Vermieter auf Kosten des Mieters bei Schlüsselverlust neue Schlüssel anschaffen oder ein Ersatzschloss einbauen kann, ist unwirksam, da dem Mieter dadurch eine verschuldensunabhängige Haftung auferlegt wird (OLG Brandenburg, Urteil v. 12.5.2004, 7 U 165/03, WuM 2004 S. 597).

Zieht der Mieter aus, ohne die Schlüssel zurückzugeben, ist umstritten, ob der Vermieter ein neues Schloss einbauen lassen und die Kosten dafür und für die dazu gehörigen Schlüssel vom Mieter ersetzt verlangen kann. Insbesondere bei einer **zentralen Schließanlage** kann dies sehr teuer kommen. Das LG Mannheim (Urteil v. 14.10.1976, 4 S 30/76, WuM 1977 S. 121) stellt darauf ab, ob eine missbräuchliche Verwendung der verlorenen Schlüssel zu befürchten ist oder nicht. In dem vom Gericht entschiedenen Fall waren die

Schlüssel bei einer Bootsfahrt in einen Fluss gefallen, sodass der Vermieter keinen Anspruch auf ein neues Schloss hatte. Das LG Göttingen (Urteil v. 21.9.1988, 5 S 106/88, ZMR 1990 S. 145) führt hierzu aus, dass der Vermieter beim **Verlust** eines Schlüssels grundsätzlich die Kosten für den Einbau eines neuen Schlosses verlangen kann. Ergeben die Umstände des Einzelfalls, dass ein Missbrauch ausgeschlossen ist oder nur als ganz entfernte, eher theoretische Möglichkeit in Betracht kommt, kann der Vermieter nur die Kosten für die Anfertigung eines **Ersatzschlüssels** fordern. Der Mieter hat bezüglich dieser Umstände die Darlegungs- und Beweislast. Hierfür soll genügen, wenn der Mieter erklärt, der Schlüssel sei von ihm nicht mit einem Hinweis auf die Wohnung oder den Wohnungsinhaber versehen und auch nicht in unmittelbarer Nähe der betreffenden Tür verloren gegangen. Anderer Ansicht ist das AG Münster. Danach kann sich der Mieter nicht darauf berufen, dass seit Verlust des Schlüssels erhebliche Zeit vergangen ist und der Schlüssel auch nicht mit Namensschild gekennzeichnet war. Vielmehr hat der Vermieter Anspruch auf Ersatz der Kosten für neue Schlösser und Schlüssel (AG Münster, Urteil v. 17.2.2003, 48 C 2430/02, NZM 2003 S. 641).

Strengere Anforderungen sind allerdings zu stellen, wenn der betreffende Schlüssel auch den **Zutritt zu den Räumlichkeiten anderer Mieter** ermöglicht, da dann auch deren Sicherheitsinteresse gewahrt werden muss.

Kann sich der Mieter bezüglich des oder der verlorenen Schlüssel nicht entlasten, insbesondere nichts Konkretes zum Verbleib der Schlüssel vortragen, und ist eine missbräuchliche Verwendung der nicht auffindbaren Schlüssel durch Unbefugte zu befürchten, besteht grundsätzlich ein Schadenersatzanspruch des Vermieters. Dieser Schadenersatzanspruch umfasst auch die Kosten des Austauschs der Schließanlage, wenn der Vermieter oder wie im vom BGH entschiedenen Fall die Wohnungseigentümergemeinschaft die Schließanlage austauscht. Ein Kostenvoranschlag genügt hier also nicht (BGH, Urteil v. 5.3.2014, VIII ZR 205/13, WuM 2014 S. 279). Dies kann für den Vermieter die unangenehme Folge haben, dass er die Schließanlage austauscht, den Mieter auf Schadenersatz in Anspruch nimmt, der Mieter sich aber im Prozess entlasten kann, also nachweist, dass eine Missbrauchsgefahr nicht besteht. Der Vermieter kann sich überlegen, ob er den Mieter in solchen Fällen auf Herstellung des früheren Zustands gemäß § 249 Abs. 1 BGB in Anspruch nimmt, also auf Anschaffung einer neuen Schließanlage samt Einbau und Schlüssel. Gibt der Mieter oder der Untermieter bei Beendigung des Mietverhältnisses die Schlüssel nicht zurück, liegt darin eine Vorenthaltung der Mieträume (OLG Düsseldorf, Urteil v. 30.7.2002, 24 U 187/01, NZM 2003 S. 397). Solange besteht ein Anspruch auf Nutzungsentschädigung.

Siehe hierzu auch „Rückgabe der Mietsache“ und „Nutzungsentschädigung“.

Schneeräumen → „Verkehrssicherungspflicht“

Schönheitsreparaturen

Inhaltsübersicht

Seite

1	**Allgemeines**	818
2	**Umfang der Schönheitsreparaturen**	819
2.1	Tapete, Wand- und Deckenanstrich	820
2.2	Fußboden, Parkett- und Teppichboden	820
2.3	Fenster und Türen	821
2.4	Kellerräume und Balkon	822

2.5 Gesetzliche Definition in § 28 Abs. 4 II. BV 822
2.6 Vorarbeiten 823
2.7 Verschuldete Schäden 823

3 Fälligkeit der Schönheitsreparaturen 827
3.1 Fristenplan 828
3.2 Anfangs- und Endrenovierung 834
3.3 Bedarfsregelung 838
3.4 Zusammentreffen von Fristenplan und Bedarfsregelung 840

4 Qualität der Schönheitsreparaturen 840

5 Beteiligung des Mieters an den Kosten der Schönheitsreparaturen 841

6 Verzug des Mieters mit Schönheitsreparaturen während der Mietzeit 842

7 Verzug des Mieters mit Schönheitsreparaturen bei Mietende 843

8 Umbau der Mieträume nach Mietende 848

9 Sonstiges 850

1 Allgemeines

Nach der Bestimmung des § 535 S. 2 BGB ist der **Vermieter** verpflichtet, die Mietsache in einem zum vertragsgemäßen Gebrauch geeigneten Zustand zu erhalten (vgl. „Instandhaltung und Instandsetzung der Mieträume"). Abnutzungen, die lediglich durch den vertragsgemäßen Gebrauch der Mietsache eingetreten sind, hat der Mieter nicht zu vertreten (§ 538 BGB).

Von dieser **gesetzlichen** Regelung wird jedoch üblicherweise **vertraglich** abgewichen und der Mieter zur Durchführung von bestimmten Renovierungsmaßnahmen verpflichtet. Allerdings kann der Mieter nach der neuen Rechtsprechung des BGH formularvertraglich **nicht** zur Durchführung von Schönheitsreparaturen verpflichtet werden, wenn ihm zu Mietbeginn eine **unrenovierte** Wohnung überlassen wurde; es sei denn, dem Mieter wird wegen der unterlassenen Renovierung ein **angemessener Ausgleich** gewährt (BGH, Urteil v. 18.3.2015, VIII ZR 185/14). Der Umfang sowie der Zeitpunkt der Fälligkeit dieser Verpflichtung (bei Einzug, während der Mietzeit, bei Auszug) bestimmen sich ausschließlich nach den vertraglichen Vereinbarungen, da entsprechende gesetzliche Vorschriften über eine Verpflichtung des **Mieters** nicht existieren. Auch eine Verkehrssitte, aus der sich die Verpflichtung des Mieters auch ohne Vereinbarung ergeben würde, wurde von der Rechtsprechung nicht anerkannt.

> In **einzelvertraglicher** Form durch individuelles Aushandeln (vgl. „Allgemeine Geschäftsbedingungen") können die Parteien Vereinbarungen bis zur Grenze der Sittenwidrigkeit (§ 138 BGB) bzw. eines Verstoßes gegen Treu und Glauben (§ 242 BGB) treffen.

Insoweit sind die Parteien daher grundsätzlich weder in der Vereinbarung des Umfangs der Arbeiten (z. B. auch Abschleifen und Versiegelung des Parkettfußbodens) noch des Turnus (z. B. alle 2 Jahre) noch der Fälligkeit (z. B. bei Auszug) beschränkt.

Anders verhält es sich, wenn die Vereinbarung als **„Allgemeine Geschäftsbedingung"** im Sinne der §§ 305 ff. BGB zu qualifizieren ist (vgl. „Allgemeine Geschäftsbedingungen"). In diesem Fall tritt die Unwirksamkeit bereits dann ein, wenn die Regelung zu weit zulasten des Mieters von der gesetzlichen Regelung des § 535 S. 2 BGB abweicht, z. B. den Umfang der Arbeiten zu weit fasst, den Renovierungsturnus zu kurz festlegt oder eine grundsätzliche Verpflichtung zur Renovierung bei Auszug bestimmt.

Zur Frage der Wirksamkeit von **formularmäßigen** Klauseln, die den Mieter zur Durchführung von bestimmten Renovierungsmaßnahmen verpflichten, hat sich eine umfangreiche Rechtsprechung entwickelt. Nachdem jedoch Gegenstand der Verfahren regelmäßig nur eine bestimmte vorformulierte Klausel war, deren Vereinbarkeit mit dem AGB-Gesetz (seit 1.1.2002: §§ 305 ff. BGB) geprüft wurde, gibt es keine allgemeinverbindliche Formulierung für eine entsprechende Vereinbarung. Vielmehr ist anhand der Rechtsprechung **in jedem Einzelfall** die Vereinbarkeit der **konkreten** Klausel mit den §§ 305 ff. BGB zu prüfen. Nach Ansicht des LG Berlin (Urteil v. 12.11.2002, 64 S 58/02, ZMR 2003 S. 487) kann der Mieter auch bereits während des laufenden Mietverhältnisses durch eine **Feststellungsklage** prüfen lassen, ob er zur Ausführung von Schönheitsreparaturen verpflichtet ist.

Von den Instandhaltungsmaßnahmen können dem Mieter durch **Formularvertrag** alle Maßnahmen überbürdet werden, die unter den Begriff der **„Schönheitsreparaturen“** i.S.v. § 28 Abs. 4 S. 4 II. BV fallen (BGH, RE v. 1.7.1987, VIII ARZ 9/86, NJW 1987 S. 2575; Weber/Marx, VII/S. 53; BGH, RE v. 30.10.1984, VIII ARZ 1/84, DWW 1985 S. 50; Weber/Marx, IV/S. 47; OLG Karlsruhe, RE v. 1.7.1981, 9 RE-Miet 1/81, NJW 1981 S. 2823; Weber/Marx, I/S. 112; BGH, Urteil v. 30.5.1990, VIII ZR 207/89, NJW 1990 S. 2376).

Zur Übertragung der Schönheitsreparaturen auf den Mieter ist in jedem Fall eine klare und eindeutige Vereinbarung erforderlich. Ausreichend ist aber bereits die vielfach verwendete Formulierung „Schönheitsreparaturen werden vom Mieter getragen“, da sie eindeutig im Sinne einer Abwälzung der Renovierungspflicht auf dem Mieter zu verstehen ist (OLG Karlsruhe, RE v. 16.4.1992, 9 RE-Miet 2/91, WuM 1992 S. 349).

Gleiches gilt für die Klausel: „Die Kosten der Schönheitsreparaturen trägt der Mieter/Vermieter“, wenn das Wort „Vermieter“ im Mietvertrag handschriftlich durchgestrichen ist (BGH, Urteil v. 14.7.2004, VIII ZR 339/03, NJW 2004 S. 2961).

Trotz dieser Rechtsprechung ist es empfehlenswert, eine entsprechende Vereinbarung möglichst detailliert abzufassen und insbesondere auch Regelungen über den „Umfang“ (s.u. Abschnitt 2) und über die „Fälligkeit“ der Schönheitsreparaturen (s.u. Abschnitt 3) sowie über eine Verpflichtung des Mieters zur „Kostenbeteiligung“ (s.u. Abschnitt 5) aufzunehmen.

Enthält der Mietvertrag nur eine Verpflichtung des Mieters zur „besenreinen“ Rückgabe der Räume, ist der Mieter nicht zur Durchführung von Schönheitsreparaturen, sondern nur zur Beseitigung grober Verschmutzungen verpflichtet (BGH, Urteil v. 28.6.2006, VIII ZR 124/05, NJW 2006 S. 2915).

2 Umfang der Schönheitsreparaturen

Die „Schönheitsreparaturen“ umfassen nach § 28 Abs. 4 S. 3 II. BV das Tapezieren, Anstreichen oder Kalken der Wände und Decken, das Streichen der Fußböden, Heizkörper einschließlich Heizrohre, der Innentüren sowie der Fenster und der Außentüren von innen.

Die Verpflichtung zum Tapezieren, Anstreichen oder Kalken der Wände und Decken bestimmt sich im Zweifel nach der **bestehenden** Ausführung der Wände und Decken, z.B. muss eine nur mit waschfester Farbe gestrichene Wand wieder mit einer solchen Farbe gestrichen, nicht aber tapeziert werden.

Schönheitsreparaturen sind in mittlerer Art und Güte (§ 243 BGB) auszuführen (BGH, RE v. 6.7.1988, VIII ARZ 1/88, NJW 1988 S. 2790; Weber/Marx VIII/S. 28).

Der Mieter kann daher zur **fachmännischen** Durchführung der Schönheitsreparaturen verpflichtet werden. Dies schließt jedoch eine Ausführung in Eigenarbeit durch den Mieter bzw. durch von ihm beauftragte Hilfskräfte nicht aus. Eine Vereinbarung, die eine Ausführung **durch Fachhandwerker** bestimmt und dem Mieter kostensparende – fachmännische – Eigenleistungen untersagt, stellt nach der Rechtsprechung des BGH eine unangemessene Benachteiligung des Mieters dar. Daher ist eine **formularvertragliche** Klausel in einem Wohnungsmietvertrag, wonach der Mieter verpflichtet ist, die Schönheitsreparaturen „ausführen zu lassen", unwirksam, da sie bei der maßgeblichen kundenfeindlichsten Auslegung dahin verstanden werden kann, dass der Mieter unter Ausschluss einer Selbstvornahme die Arbeiten durch einen Fachhandwerker ausführen lassen muss. Eine solche Formulierung führt zur Unwirksamkeit der gesamten Klausel, sodass der Mieter zur Durchführung von Schönheitsreparaturen nicht verpflichtet ist (BGH, Urteil v. 9.6.2010, VIII ZR 294/09, WuM 2010 S. 476).

Gleiches gilt für Mietverträge über **Geschäftsräume**, da auch der Geschäftsraummieter grundsätzlich nur eine fachgerechte Ausführung in mittlerer Art und Güte (§ 243 BGB) schuldet, die er ohne Weiteres auch ohne Beauftragung eines Fachbetriebs in Eigenleistung erbringen kann und der gewerbliche Mieter insofern nicht weniger schutzbedürftig ist als ein Wohnraummieter (OLG Düsseldorf, Urteil v. 9.12.2010, 10 U 66/10, NJW 2011 S. 1011).

Auch eine **individuelle** Vereinbarung kann in Einzelfällen nichtig sein (§ 138 Abs. 1 BGB), wenn sie die Ausführung der Schönheitsreparaturen auf Kosten des Mieters durch einen **bestimmten Fachbetrieb** vorschreibt; insbesondere dann, wenn dieser in besonderer Beziehung zum Vermieter steht (vgl. LG Koblenz, Urteil v. 6.4.1992, 12 S 275/91, WuM 1992 S. 431).

2.1 Tapete, Wand- und Deckenanstrich

Das Überstreichen einer Tapete ist nur bei einer Raufasertapete und nur dann ordnungsgemäß, solange diese noch keine Beschädigung (z.B. durch Ablösung) aufweist (LG Mannheim, Urteil v. 19.8.1976, 4 S 41/76, ZMR 1977 S. 153). Der Mieter kann auch nicht einwenden, dass zur ordnungsgemäßen Vornahme der Schönheitsreparaturen das Entfernen von alten Tapeten und das Anbringen und Streichen von neuen Raufasertapeten erforderlich ist, da dies allein in seinem von ihm bei Vertragsschluss überschaubaren Risikobereich liegt (LG Mannheim, a.a.O.). Das Überstreichen von nicht dafür vorgesehenen Tapeten (z.B. bedruckten Tapeten) ist keine ordnungsgemäße Leistung (KG Berlin, GE 1981 S. 1065).

Bei **Wand- und Deckenanstrichen** erfordert die Ausführung in mittlerer Art und Güte zumindest die Verwendung einer wischfesten Farbe.

Fehlerhaft sind Schönheitsreparaturen, z.B. wenn Anstriche ungleichmäßig oder wolkig erscheinen, durch übermäßig stark aufgetragene Dispersionsfarbe die Struktur der Raufasertapete verschlämmt wird oder sich diese an mehreren Stellen von der Wand löst (LG Düsseldorf, Urteil v. 10.1.1995, 24 S 214/94, DWW 1996 S. 280).

Die Verpflichtung zur Vornahme von Schönheitsreparaturen bezieht sich auch auf die **Türen von Wand- und Einbauschränken,** wenn diese die Funktion einer Wandverkleidung haben (LG Marburg, Urteil v. 19.12.1979, 2 S 114/79, ZMR 1980 S. 180).

2.2 Fußboden, Parkett- und Teppichboden

Das Streichen von Fußböden fällt in modernen Wohnungen kaum noch an. Strittig ist daher, ob darunter nunmehr das Abschleifen und Versiegeln des **Parkettbodens** bzw. das Reinigen oder Erneuern des **Teppichbodens** zu verstehen ist. Bei einem **Gewerberaum**mietvertrag umfassen die auf den Mieter übertragenen Schönheitsreparaturen jedenfalls auch die **Grundreinigung der Teppichböden** (BGH, Urteil v. 8.10.2008, XII ZR 15/07, WuM 2009 S. 225). Schönheitsreparaturen i.S.d. gesetzlichen Definition in § 28 Abs. 4 S. 3 II. BV, die auch im Bereich der Gewerberaummiete gilt, umfassen nämlich nicht nur die Oberflächen von Wänden und Decken, sondern auch der Bodenbeläge. Der Verschönerung der Oberfläche eines Holzbodens durch Streichen entspricht bei einem Teppichboden dessen **gründliche** Reinigung (z.B. durch Shampoonieren).

Nicht ausreichend ist eine Reinigung durch Staubsaugen, die der Mieter bereits aufgrund seiner vertraglichen Sorgfalts- und Obhutspflicht ausführen muss. Haben die Parteien eines Gewerberaummietvertrags daher allgemein die Übertragung von Schönheitsreparaturen auf den Mieter vereinbart, kann der Vermieter eine Grundreinigung der Teppichböden verlangen, wenn die Böden bei Beendigung des Mietvertrags infolge vertragsgemäßer Nutzung und normaler Umwelteinflüsse durch Zeitablauf unansehnlich geworden sind (BGH, Urteil v. 8.10.2008, a.a.O.).

Bei **Wohnungs**mietverhältnissen hat das OLG Stuttgart (RE v. 19.8.1993, DWW 1993 S. 328) eine Formularklausel, die den Mieter ausdrücklich zur Reinigung der Teppichböden bei Auszug verpflichtet, nicht beanstandet.

Das **Abschleifen und Versiegeln** eines Parkettbodens zählt **nicht** zu den Schönheitsreparaturen i.S.v. § 28 Abs. 4 S. 3 II. BV. Daher ist eine Formularklausel, die den Mieter neben Malerarbeiten zum Abschleifen und Versiegeln des Parketts verpflichtet, **insgesamt** unwirksam mit der Folge, dass der Mieter überhaupt keine Schönheitsreparaturen durchführen muss (BGH, Urteil v. 13.1.2010, VIII ZR 48/09). Dies gilt auch dann, wenn eine sog. **salvatorische Klausel** vorsieht, dass die Arbeiten nur dann durchgeführt werden müssen, „sofern dies die Gesetzeslage bzw. die Rechtsprechung erlauben". Salvatorische Klauseln mit dem Inhalt „soweit gesetzlich zulässig" können nämlich in Allgemeinen Geschäftsbedingungen jedenfalls dann nicht wirksam vereinbart werden, wenn die Rechtslage nicht ernstlich zweifelhaft ist. Daran ändert auch ein Zusatz des Inhalts nichts, dass die Vertragsbedingung nach derzeitigem Stand von Gesetzgebung und Rechtsprechung nicht erlaubt ist, aber vorgreiflich für den nicht auszuschließenden Fall vereinbart wird, dass sich Gesetz oder Rechtsprechung ändern (BGH, Beschluss v. 5.3.2013, VIII ZR 137/12, NZM 2013 S. 307).

Auch die **Erneuerung** eines verschlissenen Teppichbodens zählt nicht zu den Schönheitsreparaturen (OLG Hamm, RE v. 22.3.1991, 30 RE-Miet 3/90, DWW 1991 S. 145). Zur Begründung führt das OLG Hamm u.a. aus, dass die Erneuerung eines verschlissenen Teppichbodens nicht dem Streichen anstrichfähiger Fußböden gleichzusetzen ist; vielmehr sei der Teppichboden wie auch das Parkett oder der PVC-Fußbodenbelag Teil des eigentlichen Fußbodens. Weiterhin handelt es sich bei der Erneuerung des Teppichbodens nicht um eine für Schönheitsreparaturen charakteristische malerische Ausgestaltung der Wohnräume.

Strittig ist die Rechtslage bei **gewerblichen** Mietverhältnissen. Während das OLG Düsseldorf (Urteil v. 9.2.1989, 10 U 96/88, NJW-RR 1989 S. 663) entschieden hat, dass hier die **Erneuerung** des Teppichbodens zu den Schönheitsreparaturen zählt, wird dies vom OLG Celle (Urteil v. 20.11.1996, 2 U 273/95, NZM 1998 S. 158) abgelehnt.

Unbeschadet dessen hat der Mieter **verschuldete Schäden** an den Fußbodenbelägen (z.B. Löcher, Schleifspuren von Möbeln im Parkett, Brandflecken im Teppichboden) im Wege des Schadenersatzes zu beseitigen bzw. Wertersatz zu leisten. Dies gilt nicht für **Kratzer und Scharren** im Parkett des Eingangsbereichs einer Wohnung, da es sich hierbei um eine **vertragsgemäße** Abnutzung handelt (OLG Düsseldorf, Urteil v. 16.10.2003, I-10 U 46/03, WuM 2003 S. 621).

2.3 Fenster und Türen

Bei den Fenstern zählt nur das Streichen der **Innen**seiten zu den Schönheitsreparaturen, sodass bei Doppelfenstern der innere Flügel von beiden Seiten und der äußere nur von innen gestrichen werden muss. Ebenso ist auch die **Wohnungseingangstür** nur von innen zu streichen.

Eine Klausel, die den Mieter ausdrücklich auch zur Durchführung von **Außenanstrichen** verpflichtet (z.B. Außenseite von Fenstern, Balkontür, Loggien), ist **insgesamt** unwirksam. Die bloße Streichung der Textbestandteile, mit denen der in § 28 Abs. 4 S. 3 II. BV geregelte Gegenstandsbereich von Schönheitsreparaturen (**Innen**seite von Fenstern und Türen) überschritten wird, liefe der Sache nach auf eine – nach dem Gesetz unzulässige – geltungserhaltende Reduktion hinaus (BGH, Urteil v.

18.2.2009, VIII ZR 210/08, WuM 2009 S. 286). Gleiches gilt, wenn die Formularklausel ohne Einschränkung das Streichen von Fenstern und Türen bestimmt. Daraus folgt nämlich, dass die Außenseiten nicht ausgeschlossen sind. Auch eine solche Klausel ist nach der gebotenen kundenfeindlichsten Auslegung unwirksam und kann nicht teilweise (bezüglich der Innenseiten) erhalten werden. Dies hat zur Folge, dass der Mieter überhaupt keine Schönheitsreparaturen durchführen muss (BGH, Urteile v. 13.1.2010, VIII ZR 48/09 und 10.2.2010, VIII ZR 222/09, WuM 2010 S. 231).

Dagegen geht aus einer formularvertraglichen Regelung, mit der das Streichen der Türen ohne ausdrückliche Ausnahme der Außenseite der Wohnungseingangstüren dem Mieter auferlegt wird, mit der erforderlichen Klarheit hervor, dass damit nur das Streichen der Türen im Innenbereich gemeint ist, wenn die anderen Regelungen in derselben Passage des Vertrags sich ausdrücklich nur auf Schönheitsreparaturen innerhalb der gemieteten Räume beziehen (BGH, Beschluss v. 20.3.2012, VIII ZR 192/11, WuM 2012 S. 312).

Auch der Formulierung einer Klausel, wonach „im Allgemeinen Schönheitsreparaturen in den Mieträumen in folgenden Zeitabständen erforderlich sind", ist nicht zu entnehmen, dass damit das Streichen der Fenster und Türen nur auf den Innenseiten gemeint ist (BGH, Beschluss v. 31.8.2010, VIII ZR 42/09).

Zur Vermeidung von Unklarheiten sollte bei der Formulierung der Klausel darauf geachtet werden, dass die Verpflichtung des Mieters auf das Streichen der Innenseiten beschränkt ist.

Bei **Naturholzfenstern** ist darunter auch das Lasieren mit Holzschutzfarbe zu verstehen, während Innentüren aus Naturholz meist mit Klarlack behandelt sind und keiner malermäßigen Behandlung bedürfen.

2.4 Kellerräume und Balkon

Zur Durchführung von Schönheitsreparaturen in **Kellerräumen** ist der Mieter nur bei Bestehen einer eindeutigen Regelung verpflichtet (Sternel, II Rn. 408; AG Langen, Urteil v. 6.11.1996, 2 C 138/96, WuM 1997 S. 40). Eine Regelung, die den Mieter zu Schönheitsreparaturen in **Treppenhäusern und Kellern** verpflichtet, ist jedenfalls **individualvertraglich** zulässig und wirksam (KG Berlin, Urteil v. 15.12.2008, 12 U 176/07). Gleiches gilt für das Streichen des Balkons bzw. des **Balkongeländers** (Sternel, a. a. O.).

2.5 Gesetzliche Definition in § 28 Abs. 4 II. BV

Bestimmt der Mietvertrag **ohne Benennung konkreter Maßnahmen** lediglich die Pflicht des Mieters zur Durchführung der „Schönheitsreparaturen", ist der Umfang der Verpflichtung mittels analoger Anwendung des § 28 Abs. 4 S. 4 II. BV zu ermitteln und erstreckt sich danach nur auf die in dieser Vorschrift genannten Maßnahmen (OLG Hamburg, Urteil v. 20.7.1983, 4 U 202/82, DWW 1984 S. 167; BGH, Beschluss v. 30.10.1984, a. a. O.).

Bei **preisgebundenem** Wohnraum verstößt die Erweiterung des Umfangs der Schönheitsreparaturen über die Definition in § 28 Abs. 4 S. 4 II. BV hinaus gegen § 8 Abs. 1 WoBindG. Im **frei finanzierten** Wohnungsbau ist diese Vorschrift zwar nicht anwendbar, jedoch bestehen hier gegen eine **formularmäßige Erweiterung** Bedenken im Hinblick auf § 307 BGB.

Zu weit gehende und von der obergerichtlichen Rechtsprechung aktuell nicht abgesegnete Erweiterungen des Katalogs (§ 28 Abs. 4 S. 4 II. BV) bergen die Gefahr der Unwirksamkeit der **gesamten** Klausel, weil es sich bei der Verpflichtung des Mieters zur Vornahme von Schönheitsreparaturen um eine **einheitliche** Rechtspflicht handelt, sodass bei Unwirksamkeit einzelner Bestandteile der Klausel grundsätzlich die gesamte Klausel unwirksam ist. Dies gilt unabhängig davon, ob die Verpflichtung als solche und ihre unzulässige inhaltliche Ausgestaltung in einer oder in zwei sprachlich voneinander unabhängigen Klauseln enthalten sind (BGH, Urteile v. 13.1.2010, VIII ZR 48/09 und v. 10.2.2010, VIII ZR 222/09, WuM 2010 S. 231; s. auch „Allgemeine Geschäftsbedingungen").

2.6 Vorarbeiten

> Die Verpflichtung zur Durchführung von Schönheitsreparaturen erfasst auch notwendige **Vorarbeiten,** insbesondere Schleif- und Spachtelarbeiten; so sind z.B. auch die üblichen, durch Alterung entstandenen Risse mit zu beseitigen (KG Berlin, Urteil v. 8.1.1981, a.a.O.).

Dagegen erstreckt sich die Verpflichtung nicht auf die Behebung sog. „Untergrundschäden" an Holz, Putz oder Mauerwerk und somit nicht auf Maßnahmen, die über die gewöhnlichen Malerarbeiten hinausgehen (vgl. BGH, Beschluss v. 6.7.1988, a.a.O.; LG Berlin, Urteil v. 17.2.1987, 63 S 116/86, WuM 1987 S. 147), z.B. Ausbessern großflächiger Putzschäden oder Beseitigung größerer, unüblicher Risse im Mauerwerk.

2.7 Verschuldete Schäden

Der Begriff der Schönheitsreparaturen ist weiter **einschränkend** nur auf solche Maßnahmen zu beziehen, die aufgrund **normaler** Abnutzung anfallen. Die Pflicht zur Durchführung laufender Schönheitsreparaturen bezieht sich daher grundsätzlich **nicht** auf die Behebung von Dekorationsschäden aufgrund von **Dritteinwirkungen** (z.B. Wassereintritt durch Baumängel oder aus der Nachbarwohnung, Brandschäden, vgl. BGH, Urteil v. 25.2.1987, VIII ZR 88/86, ZMR 1987 S. 257; bauliche Maßnahmen durch den Vermieter, OLG Nürnberg, Urteil v. 14.7.1992, 11 U 1242/92, WuM 1993 S. 121; Wohnungsschwärzung, sog. Fogging, LG Duisburg, Urteil v. 5.8.2003, 13 S 345/01, WuM 2003 S. 494; s. auch „Feuchtigkeit in der Wohnung").

Waren die Schönheitsreparaturen im Zeitpunkt der Dritteinwirkung jedoch bereits **fällig**, muss der Mieter die Dekorationsschäden im Zuge der ihm obliegenden Schönheitsreparaturen auf eigene Kosten beseitigen (LG Aachen, Urteil v. 16.1.1991, 7 S 338/90, WuM 1991 S. 341). Allerdings ist zunächst der Vermieter verpflichtet, zur Renovierung geeignete Flächen herzustellen. Waren die Flächen z.B. mit Raufasertapeten versehen, die ohne Weiteres gestrichen werden können, und durch den bauseitigen Schaden zerstört wurden, schuldet der Vermieter zunächst eine Neutapezierung. Der Neuanstrich ist dann Sache des Mieters (AG Pinneberg, Urteil v. 17.4.2003, 66 C 298/02, ZMR 2004 S. 199). Die Verpflichtung des Mieters, Schönheitsreparaturen durchzuführen, wird durch **Umbaumaßnahmen** des Vermieters nicht aufgehoben. Nachdem Schönheitsreparaturen nach der Rechtsprechung des BGH ein Teil der Mietzahlungspflicht sind, würde der Mieter insoweit einen ungerechtfertigten Vorteil erlangen, wenn er bei Umbaumaßnahmen von seiner Verpflichtung zur Durchführung fälliger Schönheitsreparaturen befreit würde (LG Aachen, a.a.O.; BGH, RE v. 30.10.1984, VIII ARZ 1/84, WuM 1985 S. 46; Palandt/Putzo, Anm. 4c aa) zu § 536 BGB a.F.).

Umgekehrt hat der Mieter **verschuldete** Schäden an der Mietsache (z.B. abgestoßene Ecken an Türen oder Türstöcken, beklebte Türblätter) auch dann zu beheben, wenn er vertraglich nicht zur Durchführung von Schönheitsreparaturen verpflichtet ist oder die Maßnahme nicht unter den Begriff der Schönheitsreparaturen fällt (z.B. Reinigung des Teppichbodens infolge übermäßiger Verschmutzung). Hat der Mieter während der Mietzeit die **Türen** mit Folien beklebt, die ohne Beschädigung der darunter befindlichen Farbschichten nicht abgezogen werden können, schuldet er auch dann den Neuanstrich der Türen, wenn sich diese in einem schlechten Allgemeinzustand befunden haben. In diesem Fall kann sich der Mieter **nicht** darauf berufen, dass die Türen ohnehin renovierungsbedürftig waren (LG Berlin, Urteil v. 27.10.2000, 64 S 261/00, NZM 2001 S. 1075). Gleiches gilt für die Kosten der Erneuerung der **Verfliesung**, wenn der Mieter diese beschädigt, z.B. mit Farbe überstrichen hat und nicht nachweisen kann, dass die Farbe von den Fliesen hätte entfernt werden können. Insofern ist von den Kosten der Neuverfliesung jedoch ein Abzug „neu für alt" vorzunehmen (hier 50 % bei 30 Jahren alten Fliesen; vgl. LG Köln, Urteil v. 26.3.1996, 12 S 312/95, WuM 1997 S. 41). Mangels abweichender Vereinbarungen ist der Mieter nicht gehalten, die bei

Vertragsbeginn bestehende Art der Raumgestaltung (z. B. Tapete, Anstrich mit bestimmter Farbe oder bestimmtem Farbton) beizubehalten (LG Mannheim, Urteil v. 27.11.2002, 4 S 216/01, NZM 2003 S. 511).

Rauchen in der Mietwohnung in „normalem Umfang" wird von der Rechtsprechung grundsätzlich nicht als vertragswidrig angesehen. Daher hat der Mieter die dadurch entstandenen Vergilbungen und Nikotinablagerungen **nicht verschuldet** und ist dementsprechend nicht zur Beseitigung und Renovierung der Wohnung nur bei Vorliegen einer wirksamen Vereinbarung über die Durchführung von Schönheitsreparaturen verpflichtet (BGH, Urteil v. 28.6.2006, VIII ZR 124/05, WuM 2006 S. 513).

Gleiches gilt auch dann, wenn in der Wohnung zwar übermäßig stark (**„exzessiv"**) geraucht worden ist, die Ablagerungen aber durch Ausführung von Schönheitsreparaturen, d. h. durch Malerarbeiten, beseitigt werden können (BGH, Urteil v. 5.3.2008, VIII ZR 37/07, WuM 2008 S. 213).

Können dagegen die durch das Rauchen entstandenen Verschlechterungen nicht mehr durch Ausführung von Schönheitsreparaturen, sondern nur noch durch darüber hinausgehende **Instandsetzungsarbeiten** beseitigt werden, ist der Mieter **schadenersatzpflichtig** (BGH, a. a. O.); so z. B. wenn sanitäre Anlagen, mitvermietete (Einbau)Möbel, Beschläge, Lichtschalter, Verkleidungen u. Ä. durch Nikotineinwirkung so stark verfärbt sind, dass sie nicht mehr gereinigt werden können und ersetzt werden müssen (vgl. z. B. LG Baden-Baden, Urteil v. 15.6.2001, 2 S 138/00, WuM 2001 S. 603, wonach der Mieter übermäßig starke Vergilbungen, die durch „exzessives" Rauchen entstanden sind, durch einen Neuanstrich beseitigen muss, ggf. unter Verwendung eines vorherigen Isolieranstrichs (sog. Nikotinsperre, die ein künftiges Durchschlagen der Verfärbungen verhindert). Treten z. B. nach dem ersten Anstrich an Wänden oder Decken wieder Nikotinflecken auf, muss der Mieter diese beseitigen (AG Cham, Urteil v. 11.4.2002, 1 C 0019/02, NZM 2002 S. 784).

Schadenersatzpflichtig macht sich der Mieter auch dann, wenn Teile der Mietsache aufgrund starker Nikotineinwirkung **verfärbt** sind. In diesem Fall muss der Mieter die Teile mit einem Spezialmittel reinigen bzw. die Kosten für einen Ersatz der Teile tragen, wenn die Verfärbungen durch Reinigung nicht mehr zu beseitigen sind (LG Koblenz, Urteil v. 27.10.2005, 14 S 76/05, ZMR 2006 S. 288; so auch AG Cham, a. a. O., für Verfärbungen an sanitären Anlagen).

Gleiches gilt, wenn in den Räumen nach Auszug des Mieters infolge starken Rauchens ein **erheblicher Nikotingeruch** zurückbleibt, der durch einfaches Lüften nicht beseitigt werden kann (vgl. AG Rosenheim, Urteil v. 12.4.1994, 16 C 1946/93, WuM 1995 S. 583), da anderenfalls der nachfolgende Mieter wegen dieser Geruchsbelästigung Rechte geltend machen könnte (so LG Augsburg, Urteil v. 1.2.1984, 7 S 4332/83, WuM 1986 S. 137).

Neue Entscheidungen sehen auch ein individuell vereinbartes **Rauchverbot** in der Wohnung als wirksam an. Verstößt der Mieter trotz Abmahnung gegen diese Vereinbarung, stellt dies für den Vermieter einen Grund zur ordentlichen Kündigung des Mietverhältnisses dar (AG Rastatt, Urteil v. 26.4.2005, 3 C 341/03, DWW 2005 S. 331). Ferner **haftet** der Mieter in diesem Fall für alle durch das Rauchen verursachten Verschlechterungen der Mietsache. Nachdem der BGH in seinem Urteil v. 28.6.2006 (VIII ZR 124/05, NJW 2006 S. 2915) ausgeführt hat, dass Rauchen in der Wohnung nur dann nicht vertragswidrig ist, „wenn keine wirksame, das Rauchen in der Wohnung einschränkende Vereinbarung vorliegt", kann davon ausgegangen werden, dass auch der BGH ein vertragliches Rauchverbot als **zulässig** ansieht.

Dieselben Grundsätze gelten bei Gerüchen aufgrund übermäßiger und vertragswidriger **Tierhaltung** (LG Mainz, Urteil v. 26.2.2002, 6 S 28/01, WuM 2003 S. 624).

Ferner ist der Mieter zur Leistung von Schadenersatz (gemäß §§ 535, 241 Abs. 2, § 280 Abs. 1 BGB) verpflichtet, wenn er eine in neutraler Dekoration (z. B. mit einem weißen Anstrich) übernommene Wohnung bei Mietende in einem ausgefallenen farblichen Zustand (z.B. mit rotem, gelbem oder blauem Anstrich) zurückgibt, der von vielen Mietinteressenten nicht akzeptiert wird und eine Neuvermietung der Wohnung praktisch unmöglich macht. Der Schaden des Vermieters besteht darin, dass er die für breite Mieterkreise nicht akzeptable Art der Dekoration beseitigen muss (BGH, Urteil v. 6.11.2013, VIII ZR 416/12). **Während** der Mietzeit darf der Mieter selbst bestimmen, in welchen Farben er die Räume streichen will, da in dieser Zeit seine ästhetischen Vorlieben überwiegen. Bei **Ende** der Mietzeit überwiegt dagegen das Interesse des Vermieters, die Wohnung mit einer Dekoration zurückzuerhalten, die von möglichst vielen Mietinteressenten akzeptiert wird. Dementsprechend müssen die Räume nicht unbedingt „rein" weiß, jedoch mit einem zumindest neutralen Anstrich (z.B. hellbeige, eierschalenfarben) zurückgegeben werden. Dies gilt auch dann, wenn die üblichen Renovierungsfristen noch nicht abgelaufen sind oder sich die Räume in einem eigentlich noch nicht renovierungsbedürftigen Zustand befinden (BGH, Urteil v. 6.11.2013, a.a.O.).

Bedeutung hat diese Rechtsprechung daher vor allem bei Mietverträgen, die eine (z.B. wegen starrer Renovierungsfristen) **unwirksame** Renovierungsklausel enthalten. Dann hat der Vermieter zwar keinen vertraglichen Anspruch auf Durchführung bestimmter Malerarbeiten, jedoch wie in allen anderen Fällen einer Beschädigung der Mietsache einen **gesetzlichen** Schadenersatzanspruch gegen den Mieter.

Zu den Rechtsfolgen einer wesentlichen Veränderung des äußeren Erscheinungsbildes der Wohnung durch den Mieter liegen zahlreiche mietgerichtliche Entscheidungen vor. Danach ist der Mieter z.B. auch beim Streichen der mit Klarlack behandelten Naturholzrahmen von Fenstern oder Türen mit farbigem Lack zur Tragung der Kosten für die Beseitigung der Anstriche und Herstellung des ursprünglichen Zustands verpflichtet (LG Aachen, Urteil v. 17.10.1996, 6 S 90/96, WuM 1998 S. 596; vgl. auch AG Schwandorf, Urteil v. 30.5.1988, C 52/88, DWW 1988 S. 217 sowie LG Lübeck, Urteil v. 21.11.2000, 14 S 221/00, NZM 2002 S. 485, wonach eine hellblau marmorierte Flurtapete noch keine extreme Farbgestaltung sein soll). Grundsätzlich **besteht zwar keine** Verpflichtung des Mieters, bei der Durchführung von Schönheitsreparaturen die Wohnung mit Raufasertapete oder Strukturtapete zu tapezieren und diese dann weiß oder nahezu weiß zu streichen. Der Mieter kann vielmehr auch Tapeten mit floralem Muster verwenden, wenn diese farblich unaufdringlich und vom Muster zurückhaltend gestaltet sind. Eine altrosafarbene intensiv gestaltete Mustertapete mit unterschiedlich glänzender Oberfläche entspricht allerdings keiner zurückhaltenden, dem allgemeinen Geschmack entsprechenden Gestaltung mehr (LG Berlin, Urteil v. 5.1.2007, 65 S 224/06, NZM 2007 S. 801). Auch einen Anstrich der Räume mit **grüner, roter oder blauer Farbe** muss der Mieter bei seinem Auszug unabhängig von der Wirksamkeit der Schönheitsreparaturklausel beseitigen, wenn ihm die Räume bei Beginn des Mietverhältnisses mit einem hellen neutralen Anstrich übergeben worden sind (AG Burgwedel, Urteil v. 30.9.2005, 73 C 123/05, WuM 2005 S. 771). Gleiches gilt für einen roten Volltonanstrich im Schlafzimmer (LG Frankfurt/M., Urteil v. 31.7.2007, 2-11 S 125/06, NJW-RR 2008 S. 24), für das Streichen von Türen oder Heizungsrohren in Violett oder Türkis (AG Landshut, Urteil v. 20.9.2007, 3 C 1594/07, WuM 2008 S. 625) sowie für das Streichen von Decken und Wänden in kräftigen Rot-, Orange- und Gelb-Tönen, teilweise kombiniert mit blaugrüner Farbe (AG Schöneberg, Urteil v. 24.9.2008, 103 C 30/08, GE 2009 S. 55). Auch ein terrakottafarbener Anstrich ist nicht orts- und zeitüblich (AG Schöneberg, Urteil v. 6.9.2007, 106 C 332/06); ebenso wenn die Farbe mit Schwämmen in Wischtechnik aufgebracht wurde oder sonstige ungewöhnliche Strukturen (z.B. Marmorierung) aufweist (AG Hamburg, Urteil v. 17.10.2006, 48 C 145/05, MieterJournal 2007 S. 82).

Dies gilt auch dann, wenn Schönheitsreparaturen vertraglich nicht vereinbart sind oder wegen des Zustands der Anstriche noch nicht notwendig wären (s. hierzu LG Hamburg, Urteil v. 15.10.1998, 327 S 79/98, DWW 1999 S. 152).

Der Vermieter hat nämlich vor dem Hintergrund einer beabsichtigten Weitervermietung ein berechtigtes Interesse daran, die Wohnung am **Ende des Mietverhältnisses** in einer Farbgebung zurückzuerhalten, die von möglichst vielen Mietinteressenten akzeptiert wird (BGH, Urteil v. 18.6.2008, VIII ZR 224/07, NJW 2008 S. 2499). Daher ist eine Vertragsklausel wirksam, die den Mieter verpflichtet, bei **Rückgabe** der Mietsache bestimmte farbliche Vorgaben bei der Gestaltung von **Holzteilen** (**z.B. Innentüren, Fenster**) einzuhalten.

Bei Holzteilen, die lediglich mit einer **transparenten Lackierung** (Klarlack, Lasur) versehen sind, kann bestimmt werden, dass der Mieter diese in den bei Vertragsbeginn vorgegebenen Farbtönen zurückgibt, da – anders als bei einem deckenden Farbanstrich – eine Veränderung des Farbtons entweder überhaupt nicht oder nur mit einem Eingriff in die Substanz der lackierten/lasierten Holzteile (z.B. durch Abschleifen) rückgängig gemacht werden kann. Eine Veränderung der Mieträume, die eine Substanzverletzung zur Folge hat, ist dem Mieter aber nicht gestattet.

Bei Holzteilen, die mit einem **deckenden Farbanstrich** versehen sind, kann bestimmt werden, dass sie bei Rückgabe in Weiß oder einem hellen Farbton gestrichen sein müssen. Damit hat der Mieter einen ausreichenden Entscheidungsspielraum in der Bandbreite heller Farbtöne.

Der Umstand, dass sich der Mieter schon während des laufenden Mietverhältnisses bei einem erforderlich werdenden Neuanstrich der Holzteile überlegen muss, dass er bei der falschen Farbwahl Gefahr läuft, bei seinem Auszug den Anstrich erneuern zu müssen, stellt nach Auffassung des BGH keine unangemessene Benachteiligung des Mieters dar (BGH, Urteil v. 22.10.2008, VIII ZR 283/07, WuM 2008 S. 722).

Etwas **anderes** gilt für Anstriche **während** der Mietzeit. Insofern besteht kein anerkennenswertes Interesse des Vermieters daran, dass der Mieter bereits während der laufenden Mietzeit auf andere Gestaltungen, seien sie farbig oder nicht deckend, verzichten muss. Daher ist eine Formularklausel (sog. **Farbwahlklausel**), die dem Mieter uneingeschränkt vorschreibt, die Schönheitsreparaturen „in neutralen, deckenden, hellen Farben und Tapeten" auszuführen, unwirksam (BGH, Urteil v. 18.6.2008, a.a.O.). Gleiches gilt nach Auffassung des BGH auch für eine Klausel, die den Mieter zum **„Weißen"** der Decken und Wände verpflichtet (BGH, Urteil v. 23.9.2009, VIII ZR 344/08). Entgegen der Definition im Duden, wonach unter „Weißen" ganz allgemein das Tünchen (Streichen) verstanden wird, kann nach Auffassung des BGH darin auch die Verpflichtung zum Streichen mit weißer Farbe gesehen werden, was zur Unwirksamkeit der Klausel führt (so bereits BGH, Urteil v. 18.6.2008, a.a.O.).

Diese Grundsätze gelten auch dann, wenn der Mieter die Wohnung bei Mietbeginn mit einem neuen weißen Anstrich übernommen hat. Auch in diesem Fall benachteiligt ihn eine Farbwahlklausel nur dann nicht unangemessen, wenn sie ausschließlich für den Zeitpunkt der Rückgabe gilt und dem Mieter noch einen gewissen Spielraum lässt (BGH, Urteil v. 22.2.2012, VIII ZR 205/11, WuM 2012 S. 194).

Entsprechendes gilt auch für Farbvorgaben bei **Türen und Fenstern**. Auch insofern schränkt eine Klausel, wonach Türen und Fenster „nur weiß lackiert" werden dürfen, nach Auffassung des BGH den persönlichen Lebensbereich des Mieters unangemessen ein, wenn die Klausel nach ihrem Wortlaut auch für Anstriche **während** der Mietzeit gilt. Bei einer solchen unzulässigen Farbvorgabe ist der Mieter auch nicht mehr zur Durchführung von anderen Schönheitsreparaturen verpflichtet, da es sich bei Schönheitsreparaturen um eine einheitliche Rechtspflicht handelt, die sich nicht in Einzelmaßnahmen aufspalten lässt (BGH, Urteil v. 20.1.2010, VIII ZR 50/09).

Wirksam kann eine solche Klausel jedoch sein, wenn sie die eingeschränkte Farbwahl des Mieters auf den Zeitpunkt der Rückgabe der Wohnung beschränkt (BGH, Urteil v. 18.2.2009, VIII ZR 166/08, WuM 2009 S. 224).

Allerdings muss die Klausel dem Mieter auch bezüglich des Zustands der Räume bei **Rückgabe** einen gewissen Spielraum lassen und darf ihn daher nicht auf die Farbe Weiß einengen.

Die Beschränkung auf die Farbe Weiß schränkt nach Auffassung des BGH auch insofern die Gestaltungsfreiheit des Mieters unangemessen ein. Zwar besteht ein berechtigtes Interesse des Vermieters, die Räume in einem Dekorationszustand zurückzuerhalten, der eine rasche Weitervermietung ermöglicht. Dazu müsse der Mieter aber nicht zwingend auf einen weißen Anstrich festgelegt werden, da auch eine Dekoration in anderen dezenten Farbtönen eine Weitervermietung nicht erschwert (BGH, Beschluss v. 14.12.2010, VIII ZR 198/10, WuM 2011 S. 96). Was jedoch unter „anderen dezenten Farbtönen" zu verstehen ist, hat der BGH in dieser Entscheidung offengelassen.

Behandelt der Mieter die Wände einer ihm **unrenoviert übergebenen** Wohnung mittels sog. **Lasurtechnik**, ist er nach Auffassung des LG Mannheim bei Beendigung des Mietverhältnisses selbst dann nicht zur Herstellung des ursprünglichen Zustands verpflichtet, wenn die Lasur aus Kalk- und Leimbindemitteln besteht und daher erst abgewaschen werden muss, bevor eine Überarbeitung mit Farbe oder Tapete erfolgen kann, da es der Vermieter in der Hand habe, auf eine **vertragliche Regelung** hinsichtlich der Art und Weise von Renovierungen hinzuwirken (LG Mannheim, Urteil v. 27.11.2002, 4 S 216/01, NZM 2003 S. 511). Dementsprechend hält sich nach Auffassung des LG Berlin (Beschluss v. 26.5.2005, 62 S 87/05, GE 2005 S. 867) auch das Tapezieren eines Kinderzimmers mit einer **Harry-Potter-Bordüre** noch im Rahmen des vertragsgemäßen Gebrauchs, wenn der Mieter die **unrenoviert** übergebene Wohnung renovieren musste. Gleiches gilt nach Auffassung des LG Frankfurt/M. (Urteil v. 31.7.2007, 2-11 S 125/06, NJW-RR 2008 S. 24) für das Anbringen einer Mustertapete mit Sternchen im Kinderzimmer.

3 Fälligkeit der Schönheitsreparaturen

Neben der Frage des Umfangs der auszuführenden Arbeiten richtet sich auch deren Fälligkeit ausschließlich nach den vertraglichen Vereinbarungen.

Zu unterscheiden ist grundsätzlich zwischen der Verpflichtung zur **Anfangsrenovierung** bei Beginn des Mietverhältnisses, der Verpflichtung zur Durchführung von **laufenden Schönheitsreparaturen** während der Dauer des Mietverhältnisses und der Verpflichtung zur **Endrenovierung** bei Beendigung des Mietverhältnisses.

> Bei Mietverhältnissen über **Wohn**raum kann der Mieter durch Formularmietvertrag grundsätzlich nur zur Durchführung der **laufenden** Schönheitsreparaturen verpflichtet werden, nicht aber zu einer Anfangs- oder Endrenovierung.

Eine **Formularklausel**, die den Mieter unabhängig vom Ablauf bestimmter Fristen zur **Endrenovierung** der Räume verpflichtet, ist wegen Verstoßes gegen § 307 BGB **unwirksam** (OLG Hamm, RE v. 27.2.1981, 4 RE-Miet 4/80, DWW 1981 S. 149, Weber/Marx I/S. 110; OLG Frankfurt/M., RE v. 22.9.1981, 20 RE-Miet 1/81, DWW 1981 S. 293; s. auch „Allgemeine Geschäftsbedingungen").

Dies gilt nach der neuen Rechtsprechung des BGH auch dann, wenn die Wohnung dem Mieter **in renoviertem** Zustand übergeben worden ist und der Mieter während des Mietverhältnisses **nicht** zu laufenden, d. h. **turnusmäßigen** Schönheitsreparaturen nach bestimmten Fristen verpflichtet ist. Auch eine solche **„isolierte"** Endrenovierungsklausel, wonach der Mieter die Wohnung in einem bestimmten Zustand (z. B. weiß gestrichen) zurückgeben muss, benachteiligt den Mieter nach Auffassung des BGH **unangemessen**, da er die Wohnung bei Beendigung des Mietverhältnisses auch dann renovieren müsste, wenn er dort nur kurze Zeit gewohnt hat oder erst kurz vor seinem Auszug (freiwillig) Schönheitsreparaturen vorgenommen hat, sodass bei einer Fortdauer des Mietverhältnisses für eine (erneute) Renovierung kein Bedarf bestünde (BGH, Urteil v. 12.9.2007, VIII ZR 316/06, ZMR 2008 S. 102).

Dagegen handelt es sich bei einer Klausel, wonach der Mieter verpflichtet ist, zum „Ende der Mietzeit" die „erforderlichen" Schönheitsreparaturen innerhalb der Wohnung durchzuführen, wegen der **Begrenzung** auf die **erforderlichen** Schönheitsreparaturen um **keine** unzulässige Endrenovierungsklausel, die jedenfalls bei einer renoviert überlassenen Wohnung wirksam ist (LG Hamburg, Urteil v. 17.1.2008, 307 S 107/07, ZMR 2008 S. 295). Eine solche Klausel stellt wegen der **Begrenzung** auf die **erforderlichen** Schönheitsreparaturen keine unzulässige Endrenovierungsklausel dar. Sie bestimmt lediglich anstelle der Regelfristen das Ende der Mietzeit als Zeitpunkt, zu dem der Mieter nach dem konkreten Zustand des Mietobjekts zu prüfen hat, ob Schönheitsreparaturen „erforderlich" sind oder nicht. Eine solche Regelung ist nicht „starr", sondern trägt der Vielfältigkeit möglicher Gestaltungen Rechnung (LG Hamburg, a. a. O.).

Unwirksam ist eine **formularmäßige** Vereinbarung, wonach der Mieter beim Auszug zum Entfernen der Tapeten und des Klebers an Wänden und Böden verpflichtet ist (LG Saarbrücken, Urteil v. 21.7.2000, 13 BS 65/00, NZM 2000 S. 1179).

Gleiches gilt für eine Verpflichtung des Mieters zur **Anfangs**renovierung, z. B. durch die Klausel: „Die erstmaligen Renovierungsarbeiten sind innerhalb von 3 Monaten nach Vertragsbeginn durchzuführen" (OLG Hamburg, RE v. 13.9.1991, 4 U 201/90, DWW 1991 S. 333). Diese Formularklausel benachteiligt den Mieter unangemessen, weil sie ihn entgegen den Grundsätzen der BGH-Rechtsprechung (BGH, RE v. 1.7.1987 und 6.7.1988, a. a. O.) mit Abnutzungen durch den Vormieter der Wohnung belastet (vgl. auch BGH, Beschluss v. 2.12.1992, VIII ARZ 5/92, NJW 1993 S. 532).

3.1 Fristenplan

Die **laufenden** Schönheitsreparaturen können auf den Mieter **formularvertraglich** nach Maßgabe eines (flexiblen) Fristenplans übertragen werden – nach der neuen Rechtsprechung des BGH allerdings nur dann, wenn dem Mieter zu Mietbeginn eine renovierte Wohnung überlassen wurde oder dem Mieter einer unrenovierten Wohnung ein **angemessener Ausgleich** gewährt wurde (BGH, Urteil v. 18.3.2015, VIII ZR 185/14). Ob ein vom Vermieter gezahlter Ausgleich angemessen ist, bestimmt sich nach den Umständen des Einzelfalls. Ein Nachlass im Umfang einer halben Monatsmiete ist jedenfalls dann nicht angemessen, wenn in drei von vier Zimmern Streicharbeiten vorgenommen werden müssen.

Die frühere Rechtsprechung des BGH, wonach solche Vornahmeklauseln mit flexiblen Renovierungsfristen auch bei **unrenoviert** überlassenen Wohnungen (BGH, Beschluss v. 18.11.2008, VIII ZR 73/08, WuM 2009 S. 36) und selbst dann wirksam sind, wenn die Wohnung bei Vertragsbeginn renovierungsbedürftig war und der Anspruch des Mieters auf eine Anfangsrenovierung durch den Vermieter gemäß Vertrag ausgeschlossen ist (BGH, Urteil v. 20.10.2004, VIII ZR 378/03, WuM 2005 S. 50; Bestätigung von BGH, RE v. 1.7.1987, VIII ARZ 9/86, WuM 1987 S. 306), ist daher überholt.

Der Mieter darf formularvertraglich nur zu den auf seine eigene Vertragszeit entfallenden Renovierungsleistungen verpflichtet und daher nicht mit der Beseitigung von Gebrauchsspuren seines Mietvorgängers belastet werden. Nach der früheren Rechtsprechung des BGH war dies auch bei Überlassung einer unrenovierten Wohnung dadurch sichergestellt, dass vertragliche Renovierungsfristen – mangels gegenteiliger Anhaltspunkte – immer an den Beginn des Mietverhältnisses anknüpfen und den Mieter damit nicht mit Abnutzungen seines Vorgängers belasten.

Nach der vom BGH seit dem Urteil vom 18.3.2015 vertretenen Rechtsauffassung ist dies nur gewährleistet, wenn die Wirksamkeit von Renovierungsklauseln auf **renoviert** überlassene Wohnungen beschränkt wird. Bei Überlassung einer unrenovierten Wohnung könnte eine solche Klausel – jedenfalls bei kundenfeindlichster Auslegung – dazu führen, dass der Mieter die Wohnung vorzeitig renovieren oder ggf. in einem besseren Zustand zurückgeben müsste, als er sie vom Vermieter erhalten hat. Unrenoviert oder renovierungsbedürftig ist eine Wohnung nach diesem Urteil des BGH nicht erst dann, wenn sie übermäßig stark abgenutzt oder völlig abgewohnt ist. Maßgeblich ist, ob die dem Mieter überlassene Wohnung Gebrauchsspuren aus einem vorvertraglichen Zeitraum aufweist. Insofern bleiben Abnutzungs- und Gebrauchsspuren außer Acht, die so unerheblich sind, dass sie bei lebensnaher Betrachtung nicht ins Gewicht fallen. Um vorvertragliche Abnutzungs- und Gebrauchsspuren zu beseitigen und damit eine „renovierte“ Wohnung zu übergeben, muss der Vermieter die Mieträume bei Vertragsbeginn nicht stets komplett frisch renovieren. Im Einzelfall kann die Vornahme geringer Auffrischungsarbeiten genügen.

Im Ergebnis kommt es darauf an, ob die überlassenen Mieträume den Gesamteindruck einer renovierten Wohnung vermitteln. Angesichts der Vielgestaltigkeit der Erscheinungsformen unterliegt dies einer in erster Linie dem Tatrichter vorbehaltenen Gesamtschau unter umfassender Würdigung aller für die Beurteilung des Einzelfalls maßgeblichen Umstände.

Beruft sich der Mieter auf die Unwirksamkeit der Renovierungsklausel, obliegt es ihm darzulegen und im Bestreitensfall zu beweisen, dass die Wohnung bei Mietbeginn unrenoviert oder renovierungsbedürftig war. Die Darlegungs- und Beweislast für die Gewährung einer angemessenen Ausgleichsleistung trifft dagegen den Vermieter (BGH, Urteil v. 18.3.2015, a. a. O.).

Folgende Zeiträume sind für **Renovierungsfristen** üblich und angemessen:

- 3 Jahre für Küchen, Bäder und Duschräume
- 5 Jahre für Wohn- und Schlafräume sowie für Flure, Dielen und Toiletten
- 7 Jahre für die sonstigen Räume

Für **Lackierarbeiten** an Innentüren, Fenstern und Heizkörpern sehen die Mietgerichte überwiegend einen **raumunabhängigen** Renovierungsturnus von **7 Jahren** als zulässig an.

Für das **Tapezieren** der Wände und Decken soll nach Auffassung des LG Flensburg (Urteil v. 11.2.2003, 1 S 97/02, NZM 2003 S. 433) ein jeweils doppelt so langer Zeitraum gelten.

Gegen die Fristen des Mustermietvertrags des Bundesjustizministeriums aus dem Jahr 1976 (3/5/7 Jahre) wird von einem Teil der neueren Rechtsprechung eingewendet, sie wären zu kurz und damit unwirksam, weil sich die Haltbarkeit der Dekorationsmaterialien, z. B. der Farben, seit 1976 verbessert habe. Das LG Dresden hat zu dieser Frage ein Sachverständigengutachten eingeholt. In diesem Gutachten hat der Sachverständige ausgeführt, dass sich seit 1976 zwar die Umwelt- und Gesundheitsverträglichkeit sowie die Farbvielfalt der Dekorationsmaterialien verbessert haben, nicht aber deren Haltbarkeit. Eine Verlängerung der formularvertraglichen Renovierungsfristen ist daher nicht geboten **(LG Dresden, Urteil v. 14.3.2014, 4 S 63/13, GE 2014 S. 1587)**.

In **Formularmietverträgen** dürfen die Fristen nur als **Richtlinie** genannt werden, da dem Mieter der Nachweis offen bleiben muss, dass sich die Mieträume nach Ablauf der Fristen tatsächlich noch nicht in einem renovierungsbedürftigen Zustand befinden, z. B. aufgrund längerer Abwesenheit des Mieters oder einer nur teilweisen Nutzung.

> In Formularmietverträgen muss daher deutlich zum Ausdruck kommen, dass die genannten **Fristen flexibel** sind und eine Anpassung der Renovierungsintervalle an den tatsächlichen Renovierungsbedarf möglich ist. Dies kann im Vertragstext z. B. durch Formulierungen erfolgen, wonach Schönheitsreparaturen „in der Regel“ oder „im Allgemeinen“ alle 3/5/7 Jahre auszuführen sind.

Klauseln, die nur die (zulässigen) Fristen benennen und nicht ausdrücklich auf deren Flexibilität hinweisen, enthalten nach Auffassung des BGH einen sog. **starren Fristenplan** und sind deshalb wegen unangemessener Benachteiligung des Mieters (nach § 307 Abs. 1 BGB) insgesamt unwirksam (BGH, Urteil v. 5.4.2006, VIII ZR 178/05, NJW 2006 S. 1728).

Dies gilt nicht nur für Wohnungs-, sondern auch für **gewerbliche** Mietverträge, da auch dem Gewerberaummieter der Nachweis offenbleiben muss, dass trotz Fristablaufs kein Renovierungsbedarf gegeben ist (BGH, Urteil v. 8.10.2008, XII ZR 84/06). Solche „starren“

Fristen liegen erst recht vor, wenn **zusätzliche** Formulierungen verwendet wurden, die beim Mieter den Eindruck erwecken, dass ein Spielraum hinsichtlich eines längeren Renovierungsturnus ausdrücklich ausgeschlossen ist und er die Räume **spätestens** nach Ablauf der genannten Fristen renovieren muss (z. B. durch die Formulierung, wonach Schönheitsreparaturen **„mindestens“** alle 3/5/7 Jahre auszuführen sind (BGH, Urteil v. 23.6.2004, VIII ZR 361/03, WuM 2004 S. 463 im Gegensatz zu BGH, RE v. 6.7.1988, VIII ARZ 1/88, NJW 1988 S. 2790, wonach eine solche Formulierung zulässig ist). Gleiches gilt, wenn die **Verpflichtung** des Mieters zur Durchführung der Schönheitsreparaturen und die für die **Erfüllung** maßgebenden **starren** Fristen zwar in zwei **verschiedenen** Klauseln enthalten sind, zwischen diesen Klauseln jedoch ein innerer Zusammenhang besteht und sie damit als einheitliche Regelung erscheinen (BGH, Urteil v. 22.9.2004, VIII ZR 360/03, WuM 2004 S. 660).

Unwirksam aufgrund eines **„starren“** Fristenplans ist auch folgende Klausel: „Der Mieter ist verpflichtet, die während der Dauer des Mietverhältnisses notwendig werdenden Schönheitsreparaturen ordnungsgemäß durchzuführen. Auf die üblichen Fristen wird insoweit Bezug genommen (z. B. Küchen/Bäder: 3 Jahre, Wohn- und Schlafräume: 4 bis 5 Jahre, Fenster, Türen, Heizkörper: 6 Jahre)“ (BGH, Urteile v. 5.4.2006, VIII ZR 106/05, NJW 2006 S. 2113, und VIII ZR 152/05, WuM 2006 S. 308). Nach Auffassung des BGH wird durch die Bezugnahme auf die „üblichen Fristen“ keine Einschränkung dahingehend vorgenommen, dass die Fristen lediglich für den Regelfall oder für einen „im Allgemeinen“ entstehenden Renovierungsbedarf gelten sollten. Ein verständiger durchschnittlicher Mieter sieht die Bezugnahme auf die üblichen beispielhaft genannten Fristen daher als verbindlich an. Etwas anderes ergibt sich auch nicht aus der Formulierung, wonach der Mieter die „notwendig werdenden“ Schönheitsreparaturen auszuführen habe. Daraus kann wegen der Bezugnahme auf die üblichen Fristen ein durchschnittlicher Mieter ebenfalls nicht folgern, dass er Renovierungsarbeiten nur bei Bedarf ausführen müsse (BGH, a. a. O.). Gleiches gilt für eine Klausel, wonach der Mieter die Schönheitsreparaturen „nach dem jeweiligen Grad der Abnutzung gemäß nachstehendem Fristenplan“ durchführen muss. Diese Formulierung enthält zwar im ersten Teil die Wendung „nach dem Grad der Abnutzung“. Dies betrifft jedoch lediglich den **Umfang** der Renovierungspflicht. Die weitere Formulierung „Als angemessene Zeitabstände der Schönheitsreparaturen gelten ....“ legt dagegen den Zeitpunkt der Renovierung nach dem Verständnis eines durchschnittlichen Mieters **verbindlich** fest. Ein verständiger Mieter kann die Klausel insgesamt nur dahingehend verstehen, dass er die Schönheitsreparaturen nach dem jeweiligen Grad der Abnutzung, in jedem Fall aber innerhalb der genannten Fristen durchzuführen hat. Es handelt sich daher um einen **starren** Fristenplan, der zur Unwirksamkeit der Klausel führt (LG Gießen, Urteil v. 4.7.2012, 1 S 11/12, WuM 2012 S. 604).

Um einen starren Fristenplan handelt es sich aber jedenfalls dann **nicht**, wenn der Vermieter bei einem entsprechenden Zustand der Wohnung zur Verlängerung der Fristen **verpflichtet** ist (BGH, Urteil v. 20.10.2004, VIII ZR 378/03, WuM 2005 S. 50). Gleiches gilt, wenn die Klausel in besonderen Ausnahmefällen eine Verlängerung oder Verkürzung der Fristen in das **billige Ermessen** des Vermieters stellt, da der Vermieter in diesem Fall über eine Fristverlängerung nicht nach Belieben entscheiden kann und seine Entscheidung für den Mieter nur dann verbindlich ist, wenn sie der Billigkeit (§ 315 Abs. 3 BGB) entspricht (BGH, Urteil v. 16.2.2005, VIII ZR 48/04, NZM 2005 S. 299).

Auch die in einem Wohnraummietvertrag enthaltene Klausel, wonach Schönheitsreparaturen „**in der Regel** in Küchen, Bädern und Toiletten spätestens nach 3 Jahren, in Wohnräumen, Schlafräumen, Dielen .... **spätestens** nach 5 Jahren und in sonstigen Räumlichkeiten .... spätestens nach 7 Jahren durchzuführen sind“, enthält **keinen** starren Fristenplan und ist deshalb nicht wegen unangemessener Benachteiligung des Mieters unwirksam. Die Kombination der Worte „in der Regel“ und „spätestens“ macht einen Fristenplan nämlich nicht „starr“ im Sinne der BGH-Rechtsprechung, sondern lässt, ebenso wie die Formulierung „im Allgemeinen“ (so Mustermietvertrag 1976 des BMJ), für die Beurteilung des Einzelfalls genügend Raum, um eine Anpassung der tatsächlichen Renovierungsintervalle an das objektiv Erforderliche zu ermöglichen (BGH, Urteil v. 13.7.2005, VIII ZR 351/04, NZM 2005 S. 860). Gleiches gilt für die Formulierung **„grundsätzlich“**, die auch einem juristisch nicht geschulten Mieter vermittelt, dass es sich nicht um starre Fristen handelt (AG Neustadt, Urteil v. 21.7.2006, 12 C 61/06, NZM 2007 S. 328).

Auch der Begriff **„regelmäßig“** führt zur Annahme eines **flexiblen** Fristenplans. Eine Formularklausel, wonach der Mieter die Schönheitsreparaturen während der Mietzeit „regelmäßig nach Ablauf“ bestimmter nach Art der Räume gestaffelter Fristen seit Mietbeginn oder nach Durchführung der letzten Schönheitsreparaturen ausführen muss, ist daher wirksam (BGH, Beschluss v. 20.3.2012, VIII ZR 192/11, GE 2012 S. 821 und Urteil v. 26.9.2007, VIII ZR 143/06, GE 2007 S. 1622).

Bei solchen Klauseln mit – notwendigerweise – flexiblen Fristen trifft den Mieter die **Beweislast**, dass entgegen der im Vertrag genannten Frist noch keine Renovierungsbedürftigkeit besteht. Gleiches gilt umgekehrt auch für den Vermieter, wenn er eine Verkürzung der Regelfristen in Anspruch nimmt. Dann muss er darlegen und beweisen, dass der Erhaltungszustand der Mieträume eine frühere Ausführung der Schönheitsreparaturen erfordert (OLG Düsseldorf, Urteil v. 1.10.2009, 1-10 U 58/09, GE 2009 S. 1553).

Eine formularmäßige **Verlängerung der Fristen** erscheint unbedenklich, wogegen eine **Verkürzung** zur Unwirksamkeit der gesamten Klausel führen kann (LG Berlin, Urteil v. 12.11.2002, 64 S 58/02, ZMR 2003 S. 487). Eine sog. „geltungserhaltende Reduktion“, d.h. Rückführung der Klausel auf einen zulässigen Inhalt durch Verlängerung von zu kurz bemessenen Fristen (s. „Allgemeine Geschäftsbedingungen“), wird von der Rechtsprechung abgelehnt, sodass der Mieter bei Unwirksamkeit der Klausel zu keinerlei Schönheitsreparaturen verpflichtet ist (LG Berlin, Urteil v. 29.10.1996, 64 S 268/96, WuM 1996 S. 758).

Diese Grundsätze gelten nach Auffassung des OLG Düsseldorf nicht nur für Wohnräume, sondern auch für Mietverträge über **gewerbliche** Räume, weil der Geschäftsraummieter nicht weniger schutzbedürftig sei als ein Wohnraummieter (OLG Düsseldorf, Urteile v. 4.5.2006, 10 U 174/05, NZM 2006 S. 462 und 18.1.2007, I-10 U 102/06, GuT 2007 S. 26, Revision zum BGH ist zugelassen; OLG München, Urteil v. 22.9.2006, 19 U 2964/06, MDR 2007 S. 514).

Bei **Unwirksamkeit** der vertraglichen Schönheitsreparaturklausel, z.B. wegen sog. starrer Renovierungsfristen, ist der Vermieter **nicht** berechtigt, vom Mieter einen pauschalen **Zuschlag** zur ortsüblichen Miete in Höhe von monatlich 0,71 Euro/m^2 zu verlangen.

Ein solcher Zuschlag ließe sich nach Auffassung des BGH nicht mit dem vom Gesetzgeber vorgesehenen System der Vergleichsmiete in Einklang bringen. Insoweit würden die jeweiligen Marktverhältnisse den Maßstab für die Berechtigung einer Mieterhöhung bilden. Der begehrte Zuschlag aus dem Bereich der Vorschriften des preisgebundenen Wohnungsbaus (§ 28 Abs. 4 S. 2 II. BV) orientiere sich aber an den Kosten für die Vornahme der Schönheitsreparaturen. Mit der Anerkennung eines solchen Zuschlags würde daher bei nicht preisgebundenen Mietwohnungen ein Kostenelement zur Begründung einer Mieterhöhung ohne Rücksicht darauf herangezogen werden, ob diese Kosten am Markt durchsetzbar wären (BGH, Urteile v. 9.7.2008, VIII ZR 181/07, NJW 2008 S. 2840 und 11.2.2009, VIII ZR 118/07, WuM 2009 S. 240).

Die bisherige ständige Rechtsprechung des BGH (RE v. 6.7.1988, VIII ARZ 1/88, NJW 1988 S. 2790), wonach es sich bei Übernahme der Schönheitsreparaturen durch den Mieter rechtlich und wirtschaftlich um einen Teil der Gegenleistung des Mieters handelt, die der Mieter – neben der Miete – für die Überlassung der Räume erbringt, steht nach Auffassung des

BGH dieser neuen Rechtsprechung ebenso wenig entgegen wie die damalige Begründung des BGH, dass es „jeder ökonomischen Vernunft und Erfahrung widerspräche, wollte man annehmen, dass ein Vermieter bei Vertragsschluss auf diesen Teil des Mietentgelts ersatzlos verzichten würde" (so BGH im RE v. 6.7.1988, a.a.O.). Ein Anspruch des Vermieters auf einen Mietzuschlag ergibt sich nach dieser neuen Rechtsprechung auch weder aus einer ergänzenden Vertragsauslegung nach §§ 133, 157 BGB noch aus dem Wegfall der Geschäftsgrundlage (§ 313 BGB; BGH, Urteil v. 9.7.2008, a. a. O).

Dagegen ist der Vermieter von **öffentlich gefördertem, preisgebundenem** Wohnraum (z.B. Sozialwohnungen) berechtigt, bei unwirksamer Schönheitsreparaturklausel für die von ihm nunmehr zu tragenden Schönheitsreparaturen in einer neu aufgestellten Wirtschaftlichkeitsberechnung eine zusätzliche Kostenpauschale (nach § 28 Abs. 4 II. BV) anzusetzen, da der nach § 28 Abs. 4 II. BV zulässige Zuschlag für die Kosten der Schönheitsreparaturen nur dann entfällt, wenn diese wirksam auf den Mieter übertragen wurden, nicht aber, wenn diese Übertragung gescheitert ist (BGH, Urteil v. 24.3.2010, VIII ZR 177/09, WuM 2010 S. 296). Dementsprechend kann der Vermieter von **preisgebundenem** Wohnraum die Miete im Fall einer unwirksamen Schönheitsreparaturklausel – auch **rückwirkend** – um den Zuschlag zur Kostenmiete erhöhen. Hieran ändert sich auch nichts, wenn der Mieter eine vom Vermieter nicht veranlasste Anfangsrenovierung der Wohnung durchgeführt hat (BGH, Urteil v. 12.12.2012, VIII ZR 181/12, WuM 2013 S. 174). Insofern liegt kein Verstoß gegen das Verbot geltungserhaltender Reduktion darin, dass dem Vermieter bei der Kostenmiete infolge einer unwirksamen Schönheitsreparaturklausel ein Zuschlag (nach § 28 Abs. 4 II. BV) zusteht. Die entsprechende Mieterhöhungserklärung ist auch nicht treuwidrig, wenn der Vermieter dem Mieter zuvor vergeblich die Aufrechterhaltung der Schönheitsreparaturklausel unter Streichung des zu beanstandenden Klauselteils angeboten hat. Dazu ist der Vermieter aber auch nur in besonders gelagerten **Einzelfällen** ausnahmsweise verpflichtet (BGH, Beschluss v. 31.8.2010, VIII ZR 28/10, WuM 2010 S. 750).

Nach **Beendigung** der Mietpreisbindung einer öffentlich geförderten Wohnung ist der Vermieter, der dann weiterhin zur Durchführung der Schönheitsreparaturen verpflichtet bleibt, allerdings **nicht** berechtigt, die nunmehr vom Mieter nach dem Mietspiegel geschuldete ortsübliche Miete um einen **Zuschlag** für Schönheitsreparaturen zu erhöhen. Die Verpflichtung zur Durchführung von Schönheitsreparaturen ist nach Auffassung des BGH nicht als wertbildender Faktor im Rahmen der Vergleichsmietenbildung zu berücksichtigen, da dies nicht zu den in § 558 Abs. 2 S. 1 BGB aufgezählten wohnwertbildenden Merkmalen (Art, Größe, Ausstattung, Beschaffenheit, Lage) zählt (BGH, Urteil v. 9.11.2011, VIII ZR 87/11, WuM 2012 S. 27).

Soll eine Schönheitsreparaturklausel, die wegen starrer Renovierungsfristen unwirksam ist, durch eine von den Parteien abgeschlossene Nachtragsvereinbarung **„geheilt"** werden, ist strittig, ob der **Mieter** vom Vermieter darüber **aufgeklärt** werden muss, dass die bisherige Regelung unwirksam ist und durch die vorgeschlagene neue Klausel eine neue Belastung des Mieters geschaffen werden soll (so Langenberg in Schmidt-Futterer, § 538 Rn. 204 m.w.N.). Eine Rückwirkung einer solchen Vereinbarung auf den Zeitpunkt des Vertragsabschlusses kommt nach Auffassung des LG München II (Urteil v. 4.12.2007, 12 S 3301/07, NZM 2008 S. 608) jedenfalls dann nicht in Betracht, wenn die Mietwohnung seit Mietbeginn (hier: über 12 Jahre) nicht renoviert worden ist. Unbeschadet dessen ist der Vermieter berechtigt, im Wege eines individuell vereinbarten Vergleichs zu regeln, dass der Mieter Schönheitsreparaturen ausführt. Jedoch setzt diese Individualvereinbarung voraus, dass der Mieter die Unwirksamkeit der Renovierungsklausel erkennt, aber gleichwohl zur Durchführung von Schönheitsreparaturen bereit ist, z.B. weil er hierfür eine Gegenleistung erhält (OLG Düsseldorf, Beschluss v. 6.12.2011, I-6 W 210/11, WuM 2012 S. 214).

Der Vermieter ist jedoch nicht gehindert, die Miete bis zur ortsüblichen Vergleichsmiete zu erhöhen, wenn die sonstigen allgemeinen Voraussetzungen für eine Mieterhöhung vorliegen. Insofern ist ein formal und materiell wirksames Mieterhöhungsverlangen nicht deshalb treuwidrig und stellt auch keine unzulässige Rechtsausübung oder illegitime Nötigung dar, wenn der Vermieter die erhöhte Miete nur von denjenigen Mietern verlangt, die eine nachträgliche Ergänzung des Mietvertrags um eine wirksame Schönheitsreparaturklausel abgelehnt hatten (AG Berlin, Urteil v. 26.5.2009, 7 C 3/09, GE 2009 S. 1051).

Ferner ist der Vermieter nicht gehindert, anstatt der vertraglichen Überwälzung der Schönheitsreparaturen auf den Mieter bereits im **Mietvertrag** einen angemessenen **Zuschlag** zu der Grundmiete für die vermieterseits durchzuführenden Malerarbeiten zu vereinbaren. Eine solche Vereinbarung ist auch formularvertraglich wirksam (LG München II, Urteil v. 9.11.2010, 12 S 1790/10, ZMR 2011 S. 221). Wird, wie allgemein üblich, die Verpflichtung zur Durchführung der Schönheitsreparaturen dem Mieter übertragen, stellt diese Verpflichtung rechtlich und wirtschaftlich einen Teil der Gegenleistung des Mieters für die Überlassung der Räume dar. Dies bedeutet, dass sich die Miete zusammensetzt aus der Nettomiete und den daneben von dem Mieter zu erbringenden Schönheitsreparaturen. Dementsprechend ist dieser Umstand auch in den in einem Mietspiegel ausgewiesenen Vergleichsmieten regelmäßig berücksichtigt. Der in diesem Fall für Schönheitsreparaturen kalkulierte Anteil ist dann Teil der Gesamtmiete. Dies gilt auch, wenn er gesondert aufgeführt wird (LG München II, a. a. O.; Schmidt-Futterer, Mietrecht, 9. Auflage, § 558 a Rn. 49).

Bei **gewerblichen** Mietverhältnissen können je nach der zu erwartenden Abnutzung der Räume auch wesentlich **kürzere** Renovierungsfristen vereinbart werden. So hat z. B. der BGH eine Klausel in einem Pachtvertrag über eine Gaststätte für zulässig gehalten, die den Pächter verpflichtet, das Pachtobjekt jeweils nach Ablauf von 12 Monaten durch einen autorisierten Meisterbetrieb vollständig renovieren zu lassen (BGH, Urteil v. 10.11.1982, VIII ZR 252/81, NJW 1983 S. 446).

Vor Ablauf der entsprechenden Fristen schuldet der Mieter keine Renovierungsleistungen. Bei Beendigung des Mietverhältnisses vor Ablauf der Frist muss der Mieter daher weder die Arbeiten durchführen noch sich an den Kosten beteiligen (s. u. Abschnitt 5 „Beteiligung des Mieters an den Kosten der Schönheitsreparaturen“).

Enthält der Mietvertrag **keine** entsprechende Bestimmung über die Fälligkeit der Arbeiten, z. B. lediglich die Formulierung „Die Schönheitsreparaturen werden vom Mieter getragen“ oder „Die Kosten der Schönheitsreparaturen trägt der Mieter“, sind im Wege der ergänzenden Vertragsauslegung (§§ 133, 157 BGB) die Fristen des Mustermietvertrags des Bundesministeriums der Justiz maßgeblich (BGH, Urteil v. 14.7.2004, VIII ZR 339/03, NJW 2004 S. 2961; so bereits BGH, Beschluss v. 30.10.1984; OLG Karlsruhe, RE v. 16.4.1992, a. a. O.). Dies gilt auch für Mietverträge über **Geschäfts**räume (KG Berlin, Urteil v. 29.3.2004, 8 U 286/03, ZMR 2004 S. 578).

Für **Wohn**räume gelten folgende **Renovierungsfristen**:

- für Küchen, Bäder und Duschräume 3 Jahre,
- für Wohn- und Schlafräume, Flure, Dielen und Toiletten 5 Jahre und
- für andere Nebenräume 7 Jahre.

Nach Kündigung des Mietverhältnisses hat der Mieter ein berechtigtes Interesse **(Feststellungsinteresse)** an der Klärung der Frage, ob die mietvertragliche Renovierungsklausel wirksam und er daher zur Durchführung der Schönheitsreparaturen vor seinem Auszug verpflichtet ist. Eine entsprechende Aufforderung des Mieters zur Stellungnahme darf der Vermieter daher nicht unbeantwortet lassen; anderenfalls kann der Mieter Klage auf Feststellung der Unwirksamkeit der Vertragsklausel erheben (BGH, Urteil v. 13.1.2010, VIII ZR 351/08, WuM 2010 S. 143).

Ob ein solches Feststellungsinteresse des Mieters auch schon während der Mietzeit besteht, ist strittig und wurde vom BGH noch nicht entschieden.

Jedenfalls besteht bezüglich der Verpflichtung des Vermieters zur Durchführung von Schönheitsreparaturen in der Mietwohnung aufgrund der unwirksamen Klausel kein Feststellungsinteresse des Mieters, wenn der Vermieter rechtswirksam erklärt hat, er werde vom Mieter zum Ende des Mietverhältnisses keine Schönheitsreparaturen verlangen. Der Mieter kann hinsichtlich eines evtl. Anspruchs auf Durchführung von Schönheitsreparaturen gegen den Vermieter während der Mietzeit auf eine Leistungsklage verwiesen werden (LG Berlin, Urteil v. 18.3.2010, 67 S 485/09, GE 2010 S. 621).

3.2 Anfangs- und Endrenovierung

Vereinbarungen, wonach der Mieter von **Wohn**raum nicht nur zu laufenden Schönheitsreparaturen, sondern **zusätzlich** zu einer Anfangs- oder Endrenovierung verpflichtet wird, sind **insgesamt** unwirksam. Dies gilt auch dann, wenn diese Verpflichtungen in zwei getrennten Vertragsklauseln enthalten sind. Nach Auffassung des BGH führt die Unwirksamkeit der Endrenovierungsklausel (s.o. Abschnitt 3 „Fälligkeit der Schönheitsreparaturen“) zur Nichtigkeit auch der – isoliert betrachtet – wirksamen Verpflichtung des Mieters zu turnusmäßigen Schönheitsreparaturen, da der Mieter durch den sog. Summierungseffekt unangemessen benachteiligt wird.

Beispiel

Der Mieter renoviert vertragsgemäß entsprechend dem im Mietvertrag enthaltenen Fristenplan nach 5 Jahren die Wohn- und Schlafräume. Wenn er ein halbes Jahr später auszieht, müsste er nach der **zusätzlichen** Endrenovierungsklausel **nochmals** renovieren. Darin sieht der BGH eine unangemessene Benachteiligung des Mieters.

Ferner lehnt der BGH ein Aufrechterhalten des wirksamen Teils der Regelung (Verpflichtung zu turnusmäßigen Schönheitsreparaturen) ab mit der Begründung, dass beide Regelungen wegen ihres sachlichen Zusammenhangs als zusammengehörig betrachtet werden müssen (BGH, Urteil v. 14.5.2003, VIII ZR 308/02, WuM 2003 S. 436).

Gleiches gilt für die **zusätzliche** Vereinbarung einer **Anfangs**renovierung durch den Mieter (so bereits BGH, Beschluss v. 2.12.1992, VIII ARZ 5/92, NJW 1993 S. 532); es sei denn, der Mieter erhält vom Vermieter für die Durchführung der Anfangsrenovierung einen **angemessenen Ausgleich**. Angemessen ist der Ausgleich, wenn der Zeit- und Kostenaufwand, den der Mieter zur Anfangsrenovierung der Wohnung leisten muss, in keinem Missverhältnis zu dem vom Vermieter gewährten Vorteil (z.B. Mietnachlass) steht. Dabei sind nicht die Kosten eines Malerfachbetriebs, sondern der Aufwand für die Eigenleistung des Mieters, der mit 7,50 Euro/Stunde zzgl. Material zu veranschlagen ist, zugrunde zu legen (LG Berlin, Urteil v. 2.9.2006, 67 S 65/06, ZMR 2006 S. 936).

Selbst wenn **beide** Klauseln **wirksam** sind, so z.B. wenn die zusätzliche Endrenovierungsklausel ausnahmsweise individuell ausgehandelt wurde und damit nicht der strengen Prüfung nach den §§ 305 ff. BGB unterliegt, kann wegen des für den Mieter unangemessenen Summierungseffekts eine **Unwirksamkeit** der **Gesamt**regelung eintreten (so BGH, Urteil v. 5.4.2006, VIII ZR 163/05, WuM 2006 S. 306; Urteil v. 25.6.2003, VIII ZR 335/02, WuM 2003 S. 561).

Die Unwirksamkeit der **Gesamt**regelung hat für den Vermieter die nachteilige Folge, dass der Mieter auch während der Dauer des Mietverhältnisses **keine** Schönheitsreparaturen ausführen muss.

Von einer zusätzlichen Anfangs- oder Endrenovierungsklausel muss daher **dringend abgeraten** werden.

Bezieht sich die Endrenovierungsklausel allerdings nur auf die Durchführung **bestimmter** Arbeiten (z.B. Streichen von Wänden), ist die formularvertragliche Schönheitsreparaturklausel auch nur **insoweit** unwirksam, d.h., wegen der in der Endrenovierungsklausel nicht erwähnten Arbeiten (z.B. Lackarbeiten) bleibt die Formularklausel wirksam (LG Nürnberg-Fürth, Urteil v. 22.4.2005, 7 S 12672/04, ZMR 2005 S. 622).

Unwirksam ist auch eine **formularvertragliche** Zusatzvereinbarung, wonach der Mieter (neben den laufenden Schönheitsreparaturen) beim Auszug zum Entfernen der **Tapeten** und des Klebers an Wand und Boden verpflichtet ist (BGH, Urteil v. 5.4.2006, VIII ZR 109/05, WuM 2006 S. 310; so bereits LG Saarbrücken, Urteil v. 21.7.2000, 13 B 65/00, NJW-RR 2001 S. 82).

Wirksam ist dagegen folgende Klausel: „Die Schönheitsreparaturen trägt der Mieter. Hat der Mieter die Schönheitsreparaturen übernommen, so hat er bei Ende des Mietverhältnisses alle – je nach dem Grad der Abnutzung oder Beschädigung – fälligen Arbeiten auszuführen. Bei Beendigung der Mietzeit sind die Mieträume in sauberem Zustand mit allen Schlüsseln an den Vermieter zurückzugeben" (LG Stuttgart, Beschluss v. 12.3.2007, 13 S 12/07, WuM 2007 S. 619).

Die Unwirksamkeit einer Endrenovierungsklausel kann auch **nicht** dadurch beseitigt werden, dass im **Abnahmeprotokoll** die Durchführung bestimmter Schönheitsreparaturen vereinbart wird. Bei einer solchen Vereinbarung handelt es sich weder um ein konstitutives Schuldanerkenntnis, noch um eine irgendwie „konkretisierende" Vereinbarung, die zu einer Heilung einer unwirksamen Vertragsklausel führt. Ebenso ist die Annahme einer Bestätigung (§ 141 BGB) ausgeschlossen, da eine solche Bestätigung einen Bestätigungswillen und damit das Bewusstsein von der Unverbindlichkeit des früheren Geschäfts voraussetzt (BGH, Urteil v. 5.4.2006, VIII ZR 163/05, WuM 2006 S. 306).

In einem **Übergabeprotokoll**, das in der Regel bei Übergabe der Wohnung an den Mieter angefertigt wird, soll der Mieter dagegen zur Renovierung der Wohnung bei Beendigung des Mietverhältnisses verpflichtet werden können – unabhängig davon, ob eine vertragliche Schönheitsreparaturklausel wirksam ist oder die vereinbarten Renovierungsfristen abgelaufen sind. Voraussetzung dafür ist, dass die **nach** Vertragsabschluss getroffene und in das Übergabeprotokoll aufgenommene Vereinbarung **individuell** erfolgt ist, d.h. zwischen den Parteien ausgehandelt wurde und nicht für eine mehrfache Verwendung vorgesehen ist (s. im Einzelnen „Allgemeine Geschäftsbedingungen"; so BGH, Urteil v. 14.1.2009, VIII ZR 71/08, wonach eine Individualvereinbarung folgenden Inhalts wirksam ist: „Herr X übernimmt die Wohnung in renoviertem Zustand. Er verpflichtet sich dem Vermieter gegenüber, die Wohnung ebenfalls in renoviertem Zustand zu übergeben").

An einer solchen Individualvereinbarung fehlt es nach Auffassung des LG Berlin (Urteil v. 23.2.2010, 63 S 290/09, GE 2010 S. 847) jedoch bereits dann, wenn der Vermieter mit dem Protokoll eine auch insoweit vorformulierte Vereinbarung vorlegt, ohne diese zur Disposition zu stellen.

Allerdings trägt der Mieter die **Beweislast** für diesen Umstand. Kann der Mieter den Beweis **nicht** führen, dass ein Übergabeprotokoll des Vermieters von diesem seinen Mietern grundsätzlich vorgelegt wird, ist von einer wirksamen **Individual**vereinbarung über die geschuldete renovierte Rückgabe der Mietwohnung auszugehen. Dabei rechtfertigen Behauptungen des Mieters „ins Blaue hinein" keine Beweiserhebung (LG Hannover, Urteil v. 16.10.2009, 4 S 43/07, ZMR 2011 S. 212).

Strittig war bisher, ob diese Grundsätze auch für **Geschäftsraum**mietverhältnisse gelten. Einige Gerichte vertraten die Auffassung, der Geschäftsraummieter sei weniger schutzbedürftig als der Wohnungsmieter und könne sich durch entsprechende Kalkulation seiner Einkünfte auf die Schlussrenovierung einstellen. Eine Endrenovierung könne daher vereinbart werden (so z.B. OLG Celle, Urteil v. 7.5.2003, 2 U 200/02, NZM 2003 S. 599; OLG Frankfurt/M., Urteil v. 19.9.1996, 1 U 42/95, ZMR 1997 S. 522; OLG Düsseldorf, Urteil v. NZM 1999 S. 970, 10 U 57/98, NZM

1999 S. 970, wonach die formularvertragliche Überbürdung der Verpflichtung zur Schlussrenovierung auf den Pächter in der Regel nicht zu beanstanden ist).

> Der BGH sieht dagegen keinen sachlichen Grund, im Bereich der Schönheitsreparaturen zwischen Wohnungen und Geschäftsräumen zu differenzieren und hat dementsprechend entschieden, dass auch **in Formular**verträgen über **Geschäfts**räume – wie im Wohnraummietrecht – die Kombination einer Endrenovierungsklausel mit einer solchen über turnusmäßig vorzunehmende Schönheitsreparaturen wegen des dabei auftretenden Summierungseffekts zur Unwirksamkeit **beider** Klauseln führt (BGH, Urteil v. 6.4.2005, XII ZR 308/02, NJW 2005 S. 2006).

Allerdings ist in **Geschäftsraum**mietverträgen nach einem weiteren Urteil des BGH die Vereinbarung einer Endrenovierungsverpflichtung des Mieters wirksam, wenn die Vereinbarung **individuell** erfolgt ist. Eine solche Individualabrede setzt voraus, dass der Vermieter den in seinen Allgemeinen Geschäftsbedingungen enthaltenen gesetzesfremden Kerngehalt inhaltlich ernsthaft zur Disposition stellt und dem Mieter damit einen Einfluss auf die inhaltliche Ausgestaltung der Vertragsbedingungen tatsächlich einräumt.

Dies kann z.B. dadurch erfolgen, dass der Vermieter dem Mieter im Gegenzug für die ein-gegangene Verpflichtung andere Vorteile gewährt oder ihm bei anderen vertraglichen Vereinbarungen entgegenkommt. Haben die Parteien eines gewerblichen Mietvertrags vor Vertragsabschluss intensiv über die Mietbedingungen einschließlich der in dem Vertragsentwurf vorgesehenen Renovierungspflicht des Mieters verhandelt, liegt eine ausgehandelte Klausel i.S.d. § 305 Abs. 1 S. 3 BGB vor, die als **Individual**vertrag wirksam ist (OLG Koblenz, Urteil v. 12.4.2013, 10 U 832/12, MDR 2013 S. 964).

In diesem Fall bestehen nach Auffassung des BGH bei **Geschäftsraum**mietverhältnissen grundsätzlich keine Bedenken, den Mieter individualvertraglich zur Endrenovierung, d.h. zu einer Renovierung unabhängig vom tatsächlichen Erhaltungszustand der Räume, zu verpflichten. Ihre Schranke findet eine solche Vereinbarung lediglich in den Verbotsgesetzen i.S.d. § 134 BGB, im Verbot der Sittenwidrigkeit (§ 138 BGB) und dem Grundsatz von Treu und Glauben, § 242 BGB (BGH, Urteil v. 18.3.2009, XII ZR 200/06, GE 2009 S. 647).

Eine **End**renovierung schuldet der Mieter nur, wenn er sich während der Mietzeit an die Renovierungsfristen gemäß dem Fristenplan vertragswidrig nicht gehalten hat, d.h. bei Beendigung des Mietverhältnisses die Fristen seit Übergabe der Mietsache bzw. seit den letzten durchgeführten Schönheitsreparaturen verstrichen sind (BGH, RE v. 1.7.1987, a.a.O.; Urteil v. 3.6.1998, VIII ZR 317/97, NJW 1998 S. 3114).

> Behauptet der Mieter, dass die Fristen seit Durchführung der letzten Schönheitsreparaturen noch nicht verstrichen seien, trifft ihn als Schuldner nach § 362 BGB die Beweislast für diese Behauptung (BGH, Urteil v. 3.6.1998, a.a.O.).

Daher muss der Mieter im Einzelnen vortragen und beweisen, welche Schönheitsreparaturen wann, in welchen Räumen und in welcher Art und Weise ausgeführt worden sind (vgl. LG Berlin, Urteil v. 30.5.2000, 64 S 20/00, NZM 2000 S. 862).

Die Vereinbarung, die Räume im **„bezugsfertigen bzw. bezugsgeeigneten“** Zustand zurückzugeben, beinhaltet **keine** unzulässige Verpflichtung zur **End**renovierung, da der Mieter die Räume in diesem Fall nicht vollständig renovieren muss. Eine solche Klausel führt somit nicht zu einem unzulässigen Summierungseffekt und ist daher wirksam (BGH, Urteil v. 12.3.2014, XII ZR 108/13, DWW 2014 S. 127). Bei einer solchen Regelung muss der Vermieter in die Lage versetzt werden, dem neuen Mieter die Räume in einem bezugsgeeigneten Zustand zu überlassen (so Sternel, Mietrecht, 3. Aufl. Rn. 866). Allerdings kann die Verpflichtung zur Rückgabe im „bezugsgeeigneten“ Zustand auch die Vornahme wesentlicher Renovierungsarbeiten umfassen, wenn der Mieter z.B. im Übermaß Dübel angebracht hat (OLG Düsseldorf, Urteil v. 3.3.1994, 10 U 133/93, WuM 1994 S. 323; vgl. auch BGH, NJW 1971 S. 1839). Befinden sich die Räume (auch aufgrund natürlichen Verschleißes) in einem zur Weitervermietung ungeeigneten Zustand, ist der Mieter zur Durchführung der Schönheitsreparaturen verpflichtet, unabhängig davon, wann er zuletzt renoviert hat (BGH, Urteil v. 10.7.1991, XII ZR 105/90, NJW 1991 S. 2416). Durch eine Regelung, wonach die Mieträume bei Beendigung des Mietverhältnisses in „bezugsfertigem" Zustand zurückzugeben sind, erfährt der Mieter **keine** zusätzliche Belastung, sodass eine solche Regelung wirksam ist (BGH, Urteil v. 12.3.2014, a.a.O.).

Die Unterschrift des Mieters auf dem Übergabeprotokoll, wonach Decken und Wände weiß zu streichen sind, kann ein deklaratorisches (bestätigendes) Schuldanerkenntnis darstellen, wodurch dem Mieter nachträgliche Einwendungen gegen die übernommene Verpflichtung verwehrt sind (LG Berlin, Beschluss v. 6.11.2006, a.a.O.).

Führt der Mieter vor seinem Auszug im Vertrauen auf die Wirksamkeit einer vertraglichen Klausel Schönheitsreparaturen durch, obwohl er dazu wegen der Unwirksamkeit der Klausel (z.B. wegen starrer Fristen, Endrenovierungsverpflichtung oder Übernahme einer unrenovierten Wohnung) nicht verpflichtet gewesen wäre, kommt ein **Erstattungsanspruch** des Mieters in Betracht, da er die Schönheitsreparaturen dann ohne Rechtsgrund erbracht hat und der Vermieter dementsprechend ungerechtfertigt bereichert ist (§§ 812 Abs. 1, 818 Abs. 2 BGB; BGH, Urteil v. 27.5.2009, VIII ZR 302/07, WuM 2009 S. 395).

Der **Wert** der rechtsgrundlos erbrachten Malerarbeiten bemisst sich insoweit nach dem Betrag der üblichen, hilfsweise der angemessenen Vergütung für die ausgeführten Renovierungsarbeiten. Dabei muss allerdings berücksichtigt werden, dass Mieter bei Ausführung von Schönheitsreparaturen regelmäßig von der Möglichkeit Gebrauch machen, die Arbeiten in Eigenleistung zu erledigen oder sie durch Verwandte/Bekannte erledigen lassen. In diesem Fall bemisst sich der Wert üblicherweise nach dem, was der Mieter billigerweise neben dem Einsatz an Freizeit als Kosten für das notwendige Material sowie als Vergütung für die Arbeitsleistung seiner Helfer aufgewendet hat oder hätte aufwenden müssen. Im Streitfall kann der Wert der erbrachten Leistung durch das Gericht geschätzt werden (§ 287 ZPO).

Ein darüber hinausgehender **Schadenersatzanspruch** des Mieters kommt nicht in Betracht, da dem Vermieter bei Verwendung einer unwirksamen Klausel in der Regel kein Verschuldensvorwurf gemacht werden kann. Ferner scheidet auch ein Aufwendungsersatzanspruch des Mieters aus Geschäftsführung ohne Auftrag (§§ 677 ff. BGB) aus, da ein Mieter, der aufgrund einer vermeintlichen Verpflichtung Schönheitsreparaturen vornimmt, damit kein Geschäft des Vermieters führt, sondern nur im eigenen Interesse tätig wird. Mit der Vornahme der Schönheitsreparaturen will der Mieter nämlich lediglich eine Leistung erbringen, die rechtlich und wirtschaftlich als Teil des Entgelts für die Gebrauchsüberlassung der Mieträume anzusehen ist (BGH, a.a.O.; so bereits AG München, Urteil v. 14.5.2001, 453 C 17448/00, NZM 2001 S. 1030).

Anders ist die Rechtslage, wenn der Mieter im **laufenden** Mietverhältnis Schönheitsreparaturen durchführt, zu denen nicht er, sondern der Vermieter verpflichtet wäre. In diesem Fall entsteht für den Mieter kein Bereicherungsanspruch gegen den Vermieter, weil die Schönheitsreparaturen nicht dem Vermieter, sondern ihm selbst zugutekommen (LG Berlin, Urteil v. 7.3.2014, 63 S 575/12, GE 2014 S. 872).

Erbringt ein Schuldner eine Leistung, obwohl er weiß, dass er dazu nicht verpflichtet ist, kann er das Geleistete nicht wegen ungerechtfertigter Bereicherung des Gläubigers zurückfordern (§ 814 BGB). Daher ist ein Bereicherungsanspruch des Mieters wegen Durchführung nicht geschuldeter Schönheitsreparaturen (Malerarbeiten) nach § 814 BGB ausgeschlossen, wenn der Vermieter eine (z.B. wegen starrer Fristen) unwirksame Endrenovierungsklausel verwendete, über deren Unwirksamkeit in der Tagespresse mehrfach berichtet wurde. Dies gilt auch dann, wenn der Vermieter im Rechtsirrtum die Malerarbeiten vom Mieter gefordert hat (AG München, Urteil v. 2.9.2010, 432 C 13289/10, ZMR 2013 S. 726).

Für die Verjährung von Erstattungsansprüchen des Mieters wegen Schönheitsreparaturen, die er in Unkenntnis der Unwirksamkeit einer Renovierungsklausel durchgeführt hat, gilt die kurze mietrechtliche Verjährungsfrist von **6 Monaten** des § 548 Abs. 2 BGB ab Beendigung des Mietverhältnisses (BGH, Urteil v. 4.5.2011, VIII ZR 195/10, WuM 2011 S. 363).

Dies gilt unabhängig davon, ob der Mieter in Verkennung der Unwirksamkeit der Klausel die Schönheitsreparaturen selbst durchführt oder ob er dem Vermieter einen Abgeltungsbetrag für nicht durchgeführte Schönheitsreparaturen zahlt. Sowohl die geldwerte Sachleistung des Mieters als auch der Abgeltungsbetrag dienen der Verbesserung der Mietsache und sind deshalb als Aufwendungen für die Mietsache i.S.d. § 548 Abs. 2 BGB anzusehen (BGH, Urteil v. 20.6.2012, VIII ZR 12/12).

Schließen die Parteien während eines Mietverhältnisses einen **neuen Mietvertrag** mit neuen Fristen, beginnen im Zweifel die Fristen mit Abschluss des Mietvertrags neu zu laufen (LG Stade, Urteil v. 6.1.2000, 4 S 59/99, NZM 2000 S. 1176).

In den neuen Mietvertrag sollte daher die ausdrückliche Bestimmung aufgenommen werden, dass die Fristen des alten Mietvertrags unverändert weiterlaufen.

3.3 Bedarfsregelung

Eine **formularmäßige** Klausel, die eine **Renovierungspflicht** des Mieters nicht bei Ablauf bestimmter Fristen, sondern **bei Bedarf** bestimmt, stellt ebenfalls keine unangemessene Benachteiligung des Mieters i.S.v. § 307 BGB dar; z.B. verstößt die Bestimmung, dass der Mieter „notwendig werdende Schönheitsreparaturen" durchzuführen hat, nicht gegen § 307 BGB (BayObLG, RE v. 12.5.1997, RE-Miet 1/96, WuM 1997 S. 362; so bereits OLG München, Urteil v. 28.6.1985, 21 U 4448/84, DWW 1986 S. 16). Die Klausel ist dahin zu verstehen, dass der Mieter die Schönheitsreparaturen in den Zeitabständen vorzunehmen hat, innerhalb derer nach allgemeiner Erfahrung die vermieteten Räume durch vertragsmäßigen Gebrauch renovierungsbedürftig werden. Insoweit kann auf die Fristen des Mustermietvertrags 1976 des Bundesjustizministeriums zurückgegriffen werden (BayObLG, a.a.O.; s.o. Abschnitt 3 „Fälligkeit der Schönheitsreparaturen"). Ferner besteht eine Vermutung für die **Notwendigkeit** der Schönheitsreparaturen, wenn die üblichen Fristen abgelaufen sind (LG Berlin, Urteil v. 28.11.1995, 64 S 220/95, GE 1996 S. 1373).

Auch eine Klausel, wonach der Mieter verpflichtet ist, zum „Ende der Mietzeit" die „erforderlichen" Schönheitsreparaturen innerhalb der Wohnung durchzuführen, ist jedenfalls bei einer renoviert überlassenen Wohnung wirksam (LG Hamburg, Urteil v. 17.1.2008, 307 S 107/07, ZMR 2008 S. 295). Eine solche Klausel stellt wegen der **Begrenzung** auf die **erforderlichen** Schönheitsreparaturen keine unzulässige Endrenovierungsklausel dar. Sie bestimmt lediglich anstelle der Regelfristen das Ende der Mietzeit als Zeitpunkt, zu dem der Mieter nach dem konkreten Zustand des Mietobjekts zu prüfen hat, ob Schönheitsreparaturen „erforderlich" sind oder nicht. Eine solche Regelung ist nicht „starr", sondern trägt der Vielfältigkeit möglicher Gestaltungen Rechnung (LG Hamburg, a.a.O.).

Wirksam ist auch eine Formularklausel, wonach der Mieter Schönheitsreparaturen „je nach dem Grad der Abnutzung oder Beschädigung" durchzuführen hat (OLG Celle, Beschluss v. 30.1.1996, 2 UH 1/96, ZMR 1996 S. 260; s. auch LG Duisburg, Urteil v. 25.8.1998, 23 S 59/98, NZM 1999 S. 955); ebenso eine Formularklausel, wonach der Mieter alle „je nach dem Grad der Abnutzung oder Beschädigung erforderlichen Arbeiten **unverzüglich**" auszuführen hat und die Schönheitsreparaturen im Allgemeinen in nach Art der Räume gestaffelten Zeitabständen (3, 5, 7 Jahre) erforderlich werden. Eine solche Bedarfsklausel verpflichtet den Mieter nach Auffassung des BGH nicht in unzulässiger Weise zu einer früheren als nach dem Fristenplan erforderlichen Renovierung. Aus der Sicht eines verständigen, juristisch nicht vorgebildeten Mieters ist klar, dass beide Bestandteile der Klausel in Beziehung stehen und „unverzüglich" nicht bedeutet, dass Schönheitsreparaturen vor Ablauf der festgelegten Zeitabstände (möglicherweise schon kurz nach Beginn des Mietverhältnisses) ausgeführt werden müssen (BGH, Urteil v. 9.3.2005, VIII ZR 17/04, WuM 2005 S. 243).

Eine Bedarfsregelung wäre nach dem RE des OLG Stuttgart vom 17.2.1989 (8 RE-Miet 2/88, WuM 1989 S. 121) nur dann **unwirksam**, wenn sie den Mieter zur Durchführung einer **Anfangs**renovierung verpflichten würde. Kann der Klausel eine solche Verpflichtung nicht entnommen werden, stellt die Bedarfsregelung keinen Verstoß gegen die §§ 305 ff. BGB dar (vgl. OLG Hamm, Beschluss v. 4.1.1994, 30 RE-Miet 3/93, WuM 1994 S. 188; s. auch KG Berlin, Urteil v. 10.1.2005, 8 U 17/04, DWW 2005 S. 69, wonach eine Bedarfsregelung unwirksam ist, wenn die Wohnung in **nicht renoviertem** Zustand übergeben wird **und** der Mieter zugleich zur **Anfangsrenovierung** verpflichtet ist).

Eine Klausel, die den Mieter verpflichtet, „die Schönheitsreparaturen während der Mietdauer auf eigene Kosten zu übernehmen", und ferner in einer **Fußnote** darauf hinweist, dass die Schönheitsreparaturen in den Mieträumen **„im Allgemeinen"** in bestimmten nachfolgend genannten Zeitabständen erforderlich sind, ist hinreichend transparent und stellt keine unwirksame Bedarfsklausel dar. Soweit durch den Ausdruck „im Allgemeinen" ein Auslegungsspielraum bleibt, ist dies mit Rücksicht auf die von den Lebensgewohnheiten eines Mieters abhängige Abnutzung einer Wohnung und die Schwierigkeiten einer genaueren Formulierung sachgerecht und hinnehmbar. Bestimmt die Klausel **zusätzlich**, dass der Mieter „spätestens bis **Ende** des Mietverhältnisses alle bis dahin je nach dem Grad der Abnutzung oder Beschädigung erforderlichen Arbeiten ausführen muss", handelt es sich insofern **nicht** um eine unwirksame Endrenovierungsklausel, da der Mieter in diesem Fall nur dann zur Renovierung verpflichtet ist, wenn die Renovierungsfristen abgelaufen waren, ohne dass der Mieter Arbeiten vorgenommen hatte (BGH, Urteil v. 28.4.2004, VIII ZR 230/03, WuM 2004 S. 333 zum Mustermietvertrag 1976 des Bundesjustizministeriums).

Bei einem zum Zeitpunkt der Geltung des ZGB geschlossenen Mietvertrag über eine im **ehemaligen Ostberlin** gelegene Wohnung ist der Mieter bei Beendigung des Mietverhältnisses **nicht** zur Durchführung von Schönheitsreparaturen verpflichtet, wenn der Mietvertrag **folgende Klausel** enthält: „Für die malermäßige Instandhaltung während der Dauer des Mietverhältnisses ist der Mieter verantwortlich."

Hat der Mieter **während** der Mietzeit – entgegen seiner Verpflichtung – keine oder nur unzureichende Instandhaltungsarbeiten durchgeführt, so ist er bei Beendigung des Mietverhältnisses zum **Schadenersatz** verpflichtet, wenn und soweit hierdurch Mängel an der Substanz des Wohnraums verursacht wurden oder ein erhöhter Aufwand an Arbeit, Anstrich und Kosten bei der Renovierung erforderlich wird. Der Ersatzanspruch des Vermieters erstreckt sich jedoch nur auf die insoweit notwendigen **Mehr**kosten (KG Berlin, RE v. 16.10.2000, 8 RE-Miet 7674/00, ZMR 2001 S. 27).

Ist kein Fristenplan vereinbart, wird der Anspruch des Vermieters auf Durchführung der Schönheitsreparaturen fällig, sobald aus der Sicht eines objektiven Betrachters **Renovierungsbedarf** besteht. Dies ist der Fall, wenn sich die Mietsache in einem so abgenutzten Zustand befindet, dass es aus Sicht eines objektiven Betrachters unter Berücksichtigung von Treu und Glauben und der Verkehrssitte unzumutbar ist, sie in diesem Zustand zu belassen (OLG Düsseldorf, Urteil v. 8.6.2006, 24 U 166/05, DWW 2007 S. 20). Darauf, ob bereits die Substanz der Wohnung gefährdet ist, kommt es **nicht** an (BGH, Urteil v. 6.4.2005, VIII ZR 192/04, WuM 2005 S. 383)

Die Beweislast für den Eintritt der Fälligkeit von Schönheitsreparaturen trägt nach allgemeinen Grundsätzen der Vermieter; es sei denn, dass in den Mieträumen über einen sehr langen Zeitraum (hier: 11 Jahre) unstreitig keine Schönheitsreparaturen durchgeführt wurden, da dann bereits die Lebenserfahrung für die Fälligkeit der Schönheitsreparaturen spricht (OLG Düsseldorf, a. a. O.).

3.4 Zusammentreffen von Fristenplan und Bedarfsregelung

Während die **formularvertragliche** Abwälzung der Schönheitsreparaturen auf den Mieter sowohl nach Maßgabe eines Fristenplans als auch im Wege einer Bedarfsregelung zulässig ist, kann eine **Kumulation** dieser beiden Möglichkeiten eine unangemessene Benachteiligung des Mieters darstellen (§ 307 BGB).

Nach dem OLG Stuttgart (RE v. 17.2.1989, 8 RE-Miet 2/88, DWW 1989 S. 80; Weber/Marx, IX/S. 61) ist eine Bestimmung, die den Mieter zur Durchführung der Schönheitsreparaturen bei **Bedarf** verpflichtet, wobei ein Bedarf mindestens dann als gegeben fingiert wird, wenn die in einem Fristenplan festgelegten **Zeiträume** verstrichen sind, unwirksam, wenn die gemietete Wohnung bei Beginn des Mietverhältnisses nicht renoviert und der Vermieter dazu auch nicht verpflichtet war. Nach Auffassung des OLG Stuttgart stellt diese „verschärfte“ Bedarfsregelung eine unangemessene Benachteiligung des Mieters dar, weil sie **nicht** dahin verstanden werden kann, dass eigentlich nur eine **ab Beginn laufende Fristenregelung** gewollt war.

4 Qualität der Schönheitsreparaturen

Eine ordnungsgemäße Ausführung der Schönheitsreparaturen setzt zwar nicht zwingend die Ausführung durch einen Fachbetrieb voraus; liegt aber nur dann vor, wenn die Schönheitsreparaturen fachgemäß und zumindest in **mittlerer Art und Güte** (§ 243 BGB; BGH v. 6.7.1988, a. a. O.; LG Berlin, Urteil v. 23.6.2000, 65 S 504/99, GE 2000 S. 1255) **durchgeführt wurden.**

Dies ist nach Auffassung des LG Berlin (a. a. O.) **nicht** der Fall, wenn die Arbeiten z. B. folgende **Mängel** aufweisen:

- **Fenster:** ungleichmäßiger Farbauftrag, Walzenstrukturen, Lackläufer, Tropfenbildung.
- **Türen:** unterschiedlicher Oberflächenanstrich (zum Teil seidenmatt, zum Teil glänzend).
- **Heizkörper:** nicht deckend, unterschiedlicher Glanzgrad, eingeschlossene Sand- und Staubpartikel, sandpapierähnliche Rauigkeit, fehlender Anstrich unterhalb der Rippen.
- **Wände, Decken mit Raufaser:** Streifen und Fehlstellen der Beschichtung, Tapetenablösungen, Risse, Rückstände von Pinselhaaren, wolkiger und nicht deckender Anstrich

Liegen Mängel vor, kann sich der Mieter **nicht** darauf berufen, dass der bearbeitete **Untergrund** schlecht war, da er verpflichtet ist, den Untergrund für die Durchführung der Arbeiten **hinreichend vorzubereiten**, z.B. durch Beseitigung von Altanstrichen, Farbabplatzungen, kleineren Rissen (LG Münster, Urteil v. 4.12.2003, 8 S 304/03, WuM 2005 S. 605). Dies gilt unabhängig davon, in welchem Zustand sich die Wohnung bei Beginn des Mietverhältnisses befand (LG Berlin, Urteil v. 27.10.2000, 64 S 261/00, NZM 2001 S. 1075; LG Berlin, Urteil v. 28.11.1995, 64 S 220/95, GE 1996 S. 1373).

Die **farbliche Gestaltung** der Räume muss der Mieter so auswählen, dass sie für einen möglichst großen Mietinteressentenkreis akzeptabel ist, d. h., es sind **helle und dezente** Anstriche bzw. Tapeten zu verwenden (so LG Hamburg, Urteil v. 15.10.1998, 327 S 79/98, DWW 1999 S. 152; LG Aachen, Urteil v. 17.10.1996, 6 S 90/96, WuM 1998 S. 596: akzeptabel sind Weiß und Grau). Nicht akzeptabel sind Türkis, Lila, Rot, Schwarz (LG Berlin, Urteil v. 8.11.1994, 64 S 213/94, GE 1995 S. 249), Blau, Rot, Grün, Gelb mit braunem Muster (KG Berlin, Urteil v. 9.6.2005, 8 U 211/04, NJW 2005 S. 3150).

Eine farbliche Gestaltung der Mieträume durch den Mieter, die die Neuvermietung praktisch unmöglich macht, verpflichtet den Mieter zum Schadenersatz (KG Berlin, a.a.O.).

Eine formularvertragliche Klausel, wonach der Mieter nur mit Zustimmung des Vermieters von der „bisherigen Ausführungsart“ abweichen darf, ist unklar und schränkt ferner die Gestaltungsmöglichkeiten des Mieters unangemessen ein. Sie ist daher wegen unangemessener Benachteiligung des Mieters unwirksam und „zerstört“ auch eine für sich wirksame Klausel über die Verpflichtung des Mieters zur Durchführung von Schönheitsreparaturen. Dies gilt selbst dann, wenn die Verpflichtung als solche und ihre inhaltliche Ausgestaltung in zwei verschiedenen Klauseln enthalten sind (BGH, Urteil v. 28.3.2007, VIII ZR 199/06, WuM 2007 S. 259). An dieser Beurteilung ändert sich auch nichts dadurch, dass die Klausel das Zustimmungserfordernis nur für **erhebliche** Abweichungen vorsieht. Bei der insoweit gebotenen mieterfeindlichsten Auslegung erfordert eine solche Klausel auch dann eine Zustimmung des Vermieters, wenn sich die erhebliche Abweichung nur auf einzelne Ausgestaltungen der Wohnung während der Mietzeit – etwa eine erhebliche Abweichung des Farbtons der Wände – bezieht. Ein anerkennenswertes Interesse des Vermieters für eine derartige Einschränkung des Gestaltungsfreiraums des Mieters besteht jedoch nicht (BGH, Beschluss v. 11.9.2012, VIII ZR 237/11, ZMR 2013 S. 108).

Die **unfachmännische** Renovierung der Wohnung durch den Mieter stellt eine positive Vertragsverletzung (Pflichtverletzung) dar, die einen **Schadenersatzanspruch** des Vermieters in Höhe der Kosten begründet, die zur malermäßigen Herstellung eines ordnungsgemäßen Zustands aufgewendet werden müssen (LG Berlin, Urteil v. 24.5.1994, 64 S 455/93, ZMR 1994, XIII = GE 1994 S. 1123; LG Hamburg, WuM 1986 S. 311). Als Schadenersatz kann insofern auch der Mietausfall wegen der Zeit verlangt werden, in der die Wohnung nicht weitervermietet werden konnte (LG Berlin, a.a.O.; vgl. dazu auch BGH, Urteil v. 23.11.1994, XII ZR 150/93, NJW 1995 S. 252).

Der Mieter kann durch eine **formularvertragliche** Vereinbarung **nicht** verpflichtet werden, sich die zur geschuldeten Renovierung notwendige Farbe vom Vermieter **vorgeben** zu lassen und die Farbe im **Malerfachgeschäft** zu kaufen (LG Köln, Beschluss v. 26.1.2005, 1 S 106/04, WuM 2007 S. 125).

5 Beteiligung des Mieters an den Kosten der Schönheitsreparaturen

Sogenannte **Quotenabgeltungsklauseln,** wonach der Mieter einen prozentualen, seiner Mietzeit entsprechenden Anteil an den Renovierungskosten zahlen muss, wenn er vor Ablauf der vertraglichen Renovierungsfristen auszieht und daher zur Durchführung von Schönheitsreparaturen nicht verpflichtet ist, sind nach der neuen Rechtsprechung des BGH **unwirksam**. Dies gilt unabhängig davon, ob die Wohnung dem Mieter zu Beginn des Mietverhältnisses renoviert oder unrenoviert überlassen wurde (BGH, Urteil v. 18.3.2015, VIII ZR 21/13).

Im Gegensatz zu seiner früheren Rechtsprechung, in der der BGH die Wirksamkeit solcher Klauseln mehrfach bestätigt hat (u.a. RE v. 6.7.1988, VIII ARZ 1/88 sowie Urteile v. 26.5.2004, VIII ZR 77/03, v. 6.10.2004, VIII ZR 215/03 und v. 16.6.2010, VIII ZR 280/09), sieht der BGH eine unangemessene Benachteiligung des Mieters nunmehr darin, dass der Vermieter die Renovierungsfristen aufgrund der eigenen Rechtsprechung des BGH (Urteil v. 5.4.2006, VIII ZR 178/05) flexibel gestalten muss und daher den auf den Mieter entfallenden Kostenanteil nicht mehr verlässlich ermitteln könne. Daher sei für den Mieter bei Abschluss des Mietvertrags jetzt nicht mehr klar und verständlich, welche Belastung ggf. auf ihn zukommt. Dies stelle eine unangemessene Benachteiligung des Mieters dar und führe zur Unwirksamkeit von Quotenabgeltungsklauseln (BGH, Urteil v. 18.3.2015, VIII ZR 21/13).

Eine Abgeltungsklausel, die aufgrund der neuen Rechtsprechung des BGH unwirksam ist, führt **nicht** zur Unwirksamkeit der allgemeinen Schönheitsreparaturklausel, da sie lediglich die Verpflichtung des Mieters zur Durchführung von Schönheitsreparaturen für den Fall ergänzt hat, dass die Renovierungspflicht noch nicht fällig ist. Eine Unwirksamkeit kann deswegen nicht auf eine allgemeine Schönheitsreparaturklausel „durchschlagen“ (BGH, Urteile v. 18.6.2008, VIII ZR 224/07, WuM 2008 S. 472 und v. 18.11.2008, VIII ZR 73/08, WuM 2009 S. 36).

6 Verzug des Mieters mit Schönheitsreparaturen während der Mietzeit

Kommt der Mieter während der Dauer des Mietverhältnisses seinen vertraglichen Verpflichtungen zur Durchführung der Schönheitsreparaturen nicht nach, wobei der Vermieter zur Feststellung des Zustands der Räume das Recht zur Besichtigung in angemessenen Zeitabständen hat (s. „Betreten und Besichtigen der Mieträume“), kann der Vermieter **Klage** auf Durchführung der Schönheitsreparaturen erheben.

Der Vermieter ist bei **Verzug des Mieters** mit der Durchführung der Schönheitsreparaturen auch berechtigt, vom Mieter die Zahlung eines **Vorschusses** in Höhe der erforderlichen Renovierungskosten zu fordern, ohne zuvor ein Leistungsurteil erstreiten und damit die Voraussetzungen für eine Ersatzvornahme im Wege der Zwangsvollstreckung (§ 887 ZPO) schaffen zu müssen (BGH, Urteile v. 30.5.1990, VIII ZR 207/89, NJW 1990 S. 2376 für **Geschäftsräume** und v. 6.4.2005, VIII ZR 192/04, NJW 2005 S. 1862 für **Wohn**räume).

Der Vermieter wird dadurch so gestellt, als sei eine **Ersatzvornahme** vertraglich vereinbart worden, aus der sich der Vorschussanspruch ergibt. Der Vorschussanspruch ist nach den Gründen dieses Urteils der Ausgleich dafür, dass trotz des Verzugs des Mieters mit den Schönheitsreparaturen bei einem fortbestehenden Mietverhältnis die §§ 280, 281 BGB nicht anwendbar sind, weil die Umwandlung des Erfüllungsanspruchs in einen auf Geldzahlung gerichteten Schadenersatzanspruch, in dessen Verwendung der Vermieter frei wäre, nicht dem Sinn und Zweck der Abwälzung der Schönheitsreparaturen auf den Mieter gerecht werden würde, der bei einem **fortbestehenden** Mietverhältnis ausschließlich in der tatsächlichen Erbringung der geschuldeten Leistung liegt. Es entspricht daher der Billigkeit, dem Vermieter durch Gewährung eines Vorschussanspruchs die Ausführung der Schönheitsreparaturen, auf die der Anspruch in erster Linie gerichtet ist, zu erleichtern, wenn er schon auf das ihm eigentlich zustehende Recht, nach den §§ 280, 281 BGB vorzugehen, verzichten muss (BGH, Urteile v. 30.5.1990 und 6.4.2005, a. a. O.).

Der Vermieter kann jedoch bereits **vor** Beendigung des Mietverhältnisses nach den §§ 280, 281 BGB vorgehen, wenn der Mieter das Mietverhältnis **gekündigt**, die Wohnung daraufhin zurückgegeben hat und beide Parteien bereit waren, das Mietverhältnis schnellstmöglich abzuwickeln. In diesem Fall liegt die Durchführung der Schönheitsreparaturen zumindest auch im unmittelbaren Interesse des Vermieters, der die Wohnung bald weitervermieten möchte, sodass die Gewährung eines Schadenersatzbetrags, in dessen Verwendung der Vermieter frei ist, bei einem unstreitig endenden Mietverhältnis keinen Bedenken begegnet (LG Berlin, Urteil v. 2.11.1995, 61 S 139/95, WuM 1996 S. 91; s. auch LG Berlin, Urteil v. 20.6.2002, 67 S 466/01, NZM 2004 S. 458, wonach der Vermieter bereits **vor** Beendigung des Mietverhältnisses den Mieter zur Durchführung der Schönheitsreparaturen auffordern und damit **in Verzug** setzen kann, wenn das Mietverhältnis gekündigt ist und der Mieter dem Vermieter entweder die Mieträume schon vor Beendigung des Mietverhältnisses zurückgegeben oder ihm zumindest eine Besichtigung zur Feststellung des Umfangs der erforderlichen Schönheitsreparaturen ermöglicht hat, da in diesem Fall ein Abwarten bis zur formellen Beendigung des Mietverhältnisses für beide Seiten zu einer nicht vertretbaren Verzögerung in der Abwicklung des Mietverhältnisses führen würde).

Die **Unterlassung der Schönheitsreparaturen** kann nur ausnahmsweise einen **Kündi-**

gungsgrund wegen schuldhafter Vertragsverletzung darstellen (§ 573 Abs. 2 Nr. 1 BGB), wenn der Mieter sich beharrlich und unberechtigt weigert, die erforderlichen Schönheitsreparaturen auszuführen und die Kündigung mit der Folge der Räumung der Wohnung das allein angemessene Mittel ist, um das Interesse des Vermieters zu schützen (LG Hamburg, Urteil v. 2.3.1982, 16 S 287/81, ZMR 1984 S. 90). Entsprechend den Grundsätzen von Treu und Glauben ist zu prüfen, ob dem Vermieter andere, weniger einschneidende Maßnahmen zugemutet werden können, um seine Belange zu wahren. Nach Ansicht des LG Münster (Urteil v. 30.10.1990, 8 S 363/90, WuM 1991 S. 33) rechtfertigt die in der Unterlassung fälliger Schönheitsreparaturen liegende Vertragsverletzung keine Kündigung des Mietverhältnisses, solange die Mietsache nicht gefährdet wird.

Ein Grund zur **fristlosen** Kündigung (§ 543 BGB) ist nur gegeben, wenn das Mietobjekt infolge der Vertragsverletzung des Mieters wesentlich gefährdet wird (LG Hamburg, a. a. O.). Anders ist es zu bewerten, wenn der Mieter seit mehr als 10 Jahren keine Schönheitsreparaturen durchgeführt hat und aufgrund der finanziellen Lage des Mieters bei seinem Tod nicht damit gerechnet werden kann, dass die Schönheitsreparaturen ausgeführt werden. In diesem Fall ist für die Kündigung eine **Substanzverletzung** der Wohnung **nicht** erforderlich (AG Hamburg, Urteil v. 15.11.2001, 41 B C 90/01, NZM 2002 S. 735).

7 Verzug des Mieters mit Schönheitsreparaturen bei Mietende

Hat der Mieter bei Beendigung des Mietverhältnisses **fällige** Schönheitsreparaturen nicht, nicht vollständig oder nicht fachmännisch durchgeführt, kann der Vermieter statt der Durchführung der Schönheitsreparaturen **Schadenersatz in Geld** verlangen (BGH, Beschluss v. 21.10.2008, VIII ZR 189/07, WuM 2009 S. 36).

Der Schadenersatzanspruch setzt jedoch voraus, dass der Vermieter dem Mieter eine angemessene **Frist zur Leistung oder Nacherfüllung** gesetzt hat (§§ 280, 281 BGB; d.h., dem Mieter Gelegenheit zur Nachholung von unterlassenen Schönheitsreparaturen oder zur Nachbesserung von mangelhaft ausgeführten Schönheitsreparaturen gegeben hat).

Das Schreiben, mit dem der Mieter unter Fristsetzung zur Nachholung bzw. Nachbesserung aufgefordert wird, muss zwar nicht zwingend einen **Hinweis auf die Rechtsfolgen** enthalten, die nach ergebnislosem Ablauf der gesetzten Frist eintreten werden (Schadenersatz wegen Nichterfüllung), jedoch ist ein solcher Hinweis zur Verdeutlichung der Rechtsfolgen trotzdem zu empfehlen.

Nicht ausreichend ist die Aufforderung an den Mieter, er möge sich über seine Bereitschaft zur Renovierung erklären (OLG München, Urteil v. 11.11.1994, 21 U 2262/94, ZMR 1997 S. 178).

Entgegen der Rechtsprechung des BGH (vgl. BGH, Urteil v. 7.7.1987, X ZR 23/86, NJW-RR 1988 S. 310), wonach für § 326 Abs. 1 BGB a.F. (seit 1.1.2002: §§ 280, 281 BGB) das Verlangen, die vertragliche Leistung binnen der bestimmten Frist zu bewirken, ausreichend und die genaue **Bezeichnung der Mängel** daher nicht erforderlich ist, wird von den Instanzgerichten häufig gefordert, die verlangten Arbeiten **genau zu bezeichnen** (LG Itzehoe, Urteil v. 10.12.1996, 1 S 206/96, WuM 1997 S. 175; LG Karlsruhe, Urteil v. 9.11.1990, 9 S 157/90, WuM 1991 S. 88 sowie LG Berlin, Urteil v. 31.10.1986, 64 S 216/86, ZMR 1988 S. 177, wonach die bloße Aufforderung, die „notwendigen Schönheitsreparaturen durchzuführen“, nicht ausreichend sein soll). Nach Auffassung des KG Berlin (Urteil v. 24.4.2003, 12 U 275/01, ZMR 2003 S. 676) muss sich der **Umfang** der nach Ansicht des Vermieters noch auszuführenden Arbeiten aus dem Schreiben oder zumindest aus einem Abnahmeprotokoll ergeben, auf welches das Schreiben Bezug nimmt. Gleiches gilt für **Beanstandungen**. Auch insofern muss der Vermieter **konkrete** Mängel darlegen und den beanstandeten Zustand so genau beschreiben, damit der Mieter erkennen kann, inwieweit der

Vermieter den Vertrag als nicht erfüllt ansieht. Die bloße Angabe, dass die ausgeführten Schönheitsreparaturen nicht fachgerecht seien, ist unzureichend, da dies lediglich eine Bewertung ohne Angabe der zugrunde liegenden Tatsachen darstellt (KG Berlin, Urteil v. 22.1 2007, 12 U 28/06, ZMR 2007 S. 450).

Besteht die Mietsache aus **mehreren** Räumen, muss genau angegeben werden, in welchen Räumen an welchen Stellen welche Arbeiten auszuführen sind (KG Berlin, a. a. O.). Gleiches gilt, wenn die vertragliche Renovierungsfrist nicht für alle Mieträume abgelaufen ist. Auch insofern reicht es nicht aus, wenn sich der Vermieter zur Begründung eines Schadenersatzanspruchs wegen nicht ausgeführter Schönheitsreparaturen auf ein Sachverständigengutachten beruft, das die ausführenden Arbeiten lediglich pauschal für alle Räume aufführt (z.B. „545 m^2 Wandfläche streichen“). Vielmehr muss der Vermieter eine **Zuordnung** zu den einzelnen Räumlichkeiten vornehmen (OLG Düsseldorf, Urteil v. 7.4.2005, I-10 U 191/04, ZMR 2005 S. 705).

Fordert der Vermieter mehr als die geschuldete Leistung, ist die Fristsetzung nur wirksam, wenn der Mieter die Erklärung des Vermieters als Aufforderung zur Erbringung der tatsächlich geschuldeten Renovierungsleistung verstehen musste und der Vermieter zur Abnahme dieser geringeren Leistung bereit ist (KG Berlin, a.a.O.).

Angemessen ist die Frist, wenn die Durchführung der verlangten Arbeiten innerhalb dieses Zeitraums unter normalen Umständen möglich ist. Eine zu kurz bemessene Frist macht die Aufforderung grundsätzlich nicht unwirksam, sondern setzt eine angemessene Frist in Lauf.

Die Angabe eines bestimmten Zeitraums oder eines bestimmten (End-)Termins für die Durchführung der geforderten Arbeiten ist zwar zu empfehlen, aber für die Wirksamkeit der Fristsetzung nicht erforderlich. Insofern genügt es, wenn der Vermieter durch entsprechende Formulierungen deutlich macht, dass dem Mieter für die Erfüllung nur ein begrenzter (bestimmbarer) Zeitraum zur Verfügung steht. Dementsprechend ist eine Aufforderung, die Arbeiten z.B. „unverzüglich“, „umgehend“ oder in „angemessener Frist“ auszuführen, ausreichend (BGH, Urteil v. 12.8.2009, VIII ZR 254/08, WuM 2009 S. 580).

Erfolgt die Fristsetzung durch einen Bevollmächtigten (Hausverwaltung, Rechtsanwalt, Haus- und Grundbesitzerverein), ist der Erklärung eine schriftliche **Vollmacht** im Original beizufügen. Weiterhin sollte die Zustellung aus Beweisgründen mit **Zustellungsnachweis** erfolgen (z.B. durch Einschreiben mit Rückschein; durch Boten; durch Gerichtsvollzieher).

Zwar sind die Bestimmungen der §§ 280, 281 BGB dispositiv, sodass das Erfordernis der Fristsetzung ausdrücklich oder konkludent abbedungen werden könnte, jedoch ist eine **formularmäßige Freistellung** des Vermieters von der Pflicht zur **Nachfristsetzung** wegen Verstoßes gegen die §§ 305 ff. BGB (vgl. „Allgemeine Geschäftsbedingungen“) unwirksam (s. OLG Karlsruhe, RE v. 24.8.1982, 3 RE-Miet 3/82, NJW 1982 S. 2829).

Die **Fristsetzung** ist nur dann entbehrlich, wenn der Mieter die Durchführung der Schönheitsreparaturen **ernsthaft und endgültig** verweigert oder wenn **besondere Umstände** vorliegen, die unter Abwägung der beiderseitigen Interessen die **sofortige** Geltendmachung des Schadenersatzanspruchs rechtfertigen (§ 281 Abs. 2 BGB).

Nach der Rechtsprechung des BGH (Urteil v. 10.7.1991, XII ZR 105/90, ZMR 1991 S. 420) kann eine endgültige Erfüllungsverweigerung etwa dann angenommen werden, wenn der Mieter durch sein Verhalten **vor** Vertragsbeendigung **eindeutig** zum Ausdruck bringt, dass er seinen vertraglich übernommenen Verpflichtungen nicht nachkommen wird und demgemäß das Mietobjekt bei Vertragsende räumt, ohne Schönheitsreparaturen durchgeführt zu haben. In diesem Fall entsteht spätestens mit der Rückgabe der Räume in unrenoviertem Zustand der Schadenersatzanspruch des Vermieters (OLG Düsseldorf, Urteil v. 8.6.2006, 24 U 166/05, DWW 2007 S. 20; vgl. hierzu auch LG Berlin, Urteil v. 14.5.2002, 63 S 360/01, GE 2002 S. 1199). Zieht der Mieter ohne entsprechende eindeutige Äußerungen aus, ohne Schönheitsreparaturen auszuführen, kann in diesem Verhalten eine endgültige Erfüllungsverweigerung liegen. Voraussetzung dafür ist aber grundsätzlich, dass der Vermieter dem Mieter **vor** seinem Auszug klargemacht hat, was er von ihm im Einzelnen erwartet; der Vermieter dem Mieter also konkret mitgeteilt hat, welche Arbeiten durchzuführen sind. Nicht ausreichend sind insofern pauschale Hinweise an den Mieter, z.B. dass vor Auszug „alle Schönheitsreparaturen durchgeführt werden müssen" (KG Berlin, Urteil v. 30.10.2006, 8 U 38/06, WuM 2007 S. 71).

Ferner kann in einem Auszug ohne Hinterlassen einer neuen Adresse eine endgültige Erfüllungsverweigerung nicht gesehen werden (KG Berlin, a.a.O.).

Eine endgültige Erfüllungsverweigerung liegt jedenfalls **nicht** vor, wenn der Mieter ein Vermieterschreiben erhalten hat, nach dessen Inhalt er davon ausgehen konnte, dass der Vermieter nach der vollständigen Räumung gesondert an ihn herantreten werde, wenn Schönheitsreparaturen auszuführen sein sollten (KG Berlin, Beschluss v. 9.6.2008, 12 U 183/07, MDR 2008 S. 1204).

Zur Problematik der endgültigen Erfüllungsverweigerung s. auch OLG München, Urteil v. 15.9.1995, 21 U 5231/94, ZMR 1995 S. 591; BGH, Urteil v. 15.11.1967, VIII ZR 150/65, BGHZ 49 S. 56; v. 14.7.1971, VIII ZR 28/70, NJW 1971 S. 1839; OLG Frankfurt/M., Urteil v. 19.9.1996, 1 U 42/95, ZMR 1997 S. 522; OLG München, Urteil v. 28.6.1985, 21 U 4448/84, DWW 1986 S. 16.

Besondere Umstände i.S.d. § 281 Abs. 2 BGB, die unter Abwägung der beiderseitigen Interessen die sofortige Geltendmachung des Schadenersatzanspruchs rechtfertigen, können zwar grundsätzlich auch in der Kürze der Zeit zwischen dem Zeitpunkt der Rückgabe der Mietsache und dem mit dem Nachmieter vereinbarten Einzugstermin liegen. Ein Zeitraum von 3 Wochen ist aber in jedem Fall nicht zu kurz, da grundsätzlich davon ausgegangen werden kann, dass eine 14-Tages-Frist zur Vornahme der Renovierung der kompletten Wohnung ausreichend ist (KG Berlin, a.a.O.).

Die Amts- und Landgerichte stellen erfahrungsgemäß erheblich strengere Anforderungen an eine endgültige Erfüllungsverweigerung durch den Mieter und lassen hierfür meist nur entsprechende ausdrückliche und eindeutige Willensäußerungen durch den Mieter gelten (vgl. z.B. LG Wuppertal, Urteil v. 18.4.1996, 9 S 482/95, WuM 1996 S. 614, wonach grundsätzlich selbst dann keine endgültige Erfüllungsverweigerung angenommen werden kann, wenn der Mieter bei der Wohnungsrückgabe die Unterzeichnung des Abnahmeprotokolls verweigert und eine Erklärung abgibt, welche Arbeiten er noch durchführen werde und welche nicht). Gleiches gilt, wenn der Mieter nur ausweichend reagiert oder rechtliche Zweifel an seiner Verpflichtung äußert (LG Berlin, Urteil v. 2.5.2000, 64 S 590/99, NZM 2000 S. 1178). Andererseits nimmt das LG Düsseldorf (Urteil v. 13.12.1994, 24 S 321/94, NJWE-MietR 1996 S. 29) eine ernsthafte und endgültige Erfüllungsverweigerung bereits dann an, wenn der Mieter nach langjähriger Mietzeit (hier: 6 Jahre) auszieht und keine Schönheitsreparaturen vornimmt, obwohl die Mieträume dringend instandsetzungsbedürftig sind.

> Im Streitfall obliegt der Beweis der ernsthaften und endgültigen Erfüllungsverweigerung dem Vermieter, sodass zu einem Absehen von den Formerfordernissen nur bei Vorliegen von eindeutigen schriftlichen Erklärungen des Mieters geraten werden kann und im Zweifel eine Nachfristsetzung erfolgen sollte.

Der Mieter kann die Erfüllungsverweigerung **nicht** damit begründen, der Vermieter hätte zuerst vorhandene Baumängel (z.B. größere Putz- oder Mauerrisse, verfaultes Holz) beseitigen müssen. Obwohl dies grundsätzlich Sache des Vermieters ist (vgl. hierzu LG Berlin, Urteil v. 17.2.1987, 63 S 116/86, WuM 1987 S. 147), ist der Vermieter insofern nicht vorleistungspflichtig. Dies bedeutet, dass der Mieter bei Nichtausführung der geschuldeten Schönheitsreparaturen selbst dann in Verzug kommt, wenn die vorherige Beseitigung der Baumängel aus fachlicher Sicht sinnvoll gewesen wäre (LG Berlin, Urteil v. 29.1.2002, 64 S 312/01, WuM 2002 S. 214).

Sind die Räume jedoch in einem derart **schlechten** baulichen Zustand, dass eine fachgerechte Ausführung der Schönheitsreparaturen nicht möglich wäre (z.B. abgeschlagener Putz, durchnässtes Holz) und die Aufforderung zur Durchführung daher eine unzulässige Rechtsausübung (§ 242 BGB) darstellen würde, sind die Schönheitsreparaturen **nicht fällig**. In diesem Fall muss der Vermieter erst die Mängel beheben, bevor er den Mieter auf die Verpflichtung zur Renovierung verweisen darf (KG Berlin, Urteil v. 8.12.2003, 8 U 163/03, DWW 2004 S. 56 sowie KG Berlin, Urteil v. 28.4.2008, 8 U 154/07, WuM 2008 S. 724, wonach Schönheitsreparaturen nicht fällig sind, wenn sie wegen erheblicher bauseitiger Schäden (Risse, Putzschäden) nicht fachgerecht ausgeführt werden könnten, wobei der Mieter aber nur Arbeiten im schadhaften Bereich verweigern darf).

Die **Höhe** des Schadenersatzanspruchs ist in der Regel durch Erstellung eines Kostenvoranschlags durch ein Malerfachgeschäft zu ermitteln, wobei der besichtigende Fachmann im Streitfall als Zeuge für den vorgefundenen Zustand benannt werden kann.

Die Kosten eines **Sachverständigen**, den der Vermieter mit der Feststellung des Zustands der Wohnung beauftragt, muss der Mieter im Rahmen eines bestehenden Schadenersatzanspruchs als Schadensposten erstatten. Der Vermieter muss sich zur Durchführung seiner Rechte grundsätzlich nicht aus Kostengründen auf andere, im konkreten Fall ggf. weniger geeignete Beweismittel, etwa Zeugen mit nicht zu prognostizierendem Erinnerungsvermögen oder die Vorlage von Lichtbildern, verweisen lassen (BGH, Urteil v. 26.5.2004, VIII ZR 77/03, WuM 2004 S. 466).

Ein Antrag auf **gerichtliche Beweissicherung** durch ein selbstständiges Beweisverfahren bei dem zuständigen Amtsgericht („Beweissicherung“) ist sinnvoll, wenn eine Weitervermietung die sofortige Beseitigung der Mängel erfordert (zu den Kosten des Verfahrens s. auch LG Hannover, Urteil v. 23.4.1980, 11 S 36/80, WuM 1980 S. 221).

In der Verwendung des Geldbetrags, den der Mieter im Wege des Schadenersatzes zu bezahlen hat, ist der Vermieter frei und muss ihn nicht zur Renovierung der Räume verwenden (OLG Köln, Beschluss v. 9.3.1987, 2 W 325/86, WuM 1988 S. 108; BGH, Urteil v. 30.5.1990, VIII ZR 207/89, NJW 1990 S. 2376).

Daher kann der Vermieter auch dann auf **Basis des Gutachtens** abrechnen, wenn die tatsächlichen Renovierungskosten niedriger sind (OLG Köln, Beschluss v. 9.3.1987, 2 W 325/86, ZMR 1987 S. 375).

Eine im Gutachten ausgewiesene **Umsatzsteuer** muss der Mieter jedoch nur erstatten, wenn und soweit sie **tatsächlich** angefallen, d.h. vom Vermieter bezahlt worden ist (§ 249 Abs. 2 S. 2 BGB).

Schadenersatzansprüche des Vermieters wegen Nichtausführung der Schönheitsreparaturen sind auch nicht ausgeschlossen, wenn ein Mieter von Wohnraum durch Formularmietvertrag Schönheitsreparaturen übernimmt und formularmäßig weiterhin bestimmt ist, dass der Vermieter für den Fall, dass der Mieter dieser Verpflichtung trotz schriftlicher Mahnung nicht nachkommt, die erforderlichen Nacharbeiten auf Kosten des Mieters vornehmen darf (OLG Hamm, RE v. 3.2.1983, 4 RE-Miet 7/82, DWW 1983 S. 147).

Weiterhin entfällt der Schadenersatzanspruch des Vermieters weder nach den Grundsätzen der Vorteilsausgleichung noch unter dem Gesichtspunkt einer zwischen dem Vor- und Nachmieter bestehenden Gesamtschuldnerschaft, wenn der **Nachmieter** die vom Vormieter vertragswidrig unterlassenen Schönheitsreparaturen auf eigene Kosten durchführt (OLG Hamburg, Urteil v. 20.7.1983, 4 U 202/82, DWW 1984 S. 167; BGH, Urteil v. 15.11.1967, VIII ZR 150/65, NJW 1968 S. 491).

Der Mieter haftet auf Schadenersatz nicht nur bei unterlassenen, sondern auch bei nicht ordnungsgemäß ausgeführten Schönheitsreparaturen. Zwar kann der Mieter formularvertraglich nicht verpflichtet werden, die Arbeiten von einem Fachmann durchführen zu lassen (vgl. LG Köln, Urteil v. 18.10.1990, 1 S 196/90, WuM 1991 S. 87), jedoch müssen die Arbeiten **fachmännisch** und mindestens in mittlerer Art und Güte (§ 243 BGB; vgl. auch BGH, Urteil v. 6.7.1988, a.a.O., LG Kassel, Urteil v. 20.10.1988, 1 S 393/88, WuM 1989 S. 135) ausgeführt werden. Ist dies nicht der Fall, haftet der Mieter auf Schadenersatz.

War der Mieter zur Durchführung von Schönheitsreparaturen jedoch gar nicht verpflichtet (z.B. wegen Unwirksamkeit der vertraglichen Schönheitsreparaturklausel), ist er zur Leistung von Schadenersatz nur bei Verursachung **zusätzlicher** Schäden verpflichtet (BGH, Urteil v. 18.2.2009, VIII ZR 166/08, WuM 2009 S. 224). Bei Geltendmachung des Schadenersatzanspruchs muss der Vermieter durch eine sog. **Differenzberechnung** die Höhe der Mehraufwendungen darlegen, die ihm infolge der unfachmännischen Arbeiten des Mieters entstanden sind (LG Frankfurt/M., Urteil v. 30.6.2000, 2/17 S 340/99, WuM 2000 S. 545). Verwendet der Mieter z.B. eine **Leimfarbe** für den Innenanstrich, erwächst dem Vermieter hieraus nur ein Schaden, wenn der Wohnungszustand dadurch schlechter wird als ein unrenovierter Zustand wäre (LG Köln, Beschluss v. 26.1.2005, 1 S 106/04, WuM 2007 S. 125). Der Anspruch auf Geldersatz bei nicht fachgerecht durchgeführten Schönheitsreparaturen besteht auch bei nachfolgendem **Verkauf** der Wohnung (AG Hamburg, Urteil v. 11.5.2006, 46 C 238/03, WuM 2006 S. 140).

Entstehen dem Vermieter infolge der unfachmännischen Arbeiten **keine** Mehraufwendungen, z.B. weil er ohnehin zur vorherigen Beseitigung vorliegender Baumängel (z.B. größere Putz- oder Mauerrisse, verfaultes Holz – vgl. hierzu LG Berlin, Urteil v. 17.2.1987, 63 S 116/86, WuM 1987 S. 147) verpflichtet gewesen wäre, besteht kein Schadenersatzanspruch des Vermieters, da die erforderlichen Nacharbeiten dann sowieso hätten ausgeführt werden müssen und die unfachmännischen Arbeiten des Mieters für den Schaden nicht kausal waren (LG Berlin, Urteil v. 29.1.2002, 64 S 312/01, WuM 2002 S. 214).

Hat der Mieter bei Beendigung des Mietverhältnisses vertraglich vereinbarte Schönheitsreparaturen nicht, nicht fachmännisch oder nicht vollständig durchgeführt und belässt ihm der Vermieter deshalb einen **Wohnungsschlüssel**, damit der Mieter die geforderten Schönheitsreparaturen nachholen kann, liegt ein **Vorenthalten** der Mietsache durch den Mieter und damit ein Anspruch des Vermieters auf Zahlung einer **Nutzungsentschädigung** gemäß § 546a Abs. 1 BGB **nicht** vor (KG Berlin, RE v. 19.7.2001, 8 RE-Miet 2/01, DWW 2001 S. 276 = NJW-RR 2001 S. 1452).

Gemäß § 546a Abs. 2 BGB ist jedoch die Geltendmachung eines **weiteren** Schadens nicht ausgeschlossen.

Der Vermieter kann daher als Schadenersatz den **Mietausfall** verlangen, der infolge einer verzögerten Weitervermietung entstanden ist. Jedoch gebietet die Schadensminderungspflicht des Vermieters, die Renovierung möglichst umgehend auszuführen (LG Frankfurt/M., Urteil v. 13.7.1976, 2/11 S 110/76, WuM 1977 S. 95; BGH, Urteil v. 13.1.1982, VIII ZR 186/80, WuM 1982 S. 297; vgl. dazu auch LG Berlin, Urteil v. 12.5.2000, 64 S 581/99, NZM 2000 S. 1178, wonach für die Renovierung in der Regel ein Zeitraum von 2 Monaten angemessen ist).

Nach Auffassung des BGH kann der Vermieter **Nutzungsentschädigung** nach § 546a BGB nur bis zum Tag der **Übergabe** der Wohnung verlangen. Ansprüche wegen Mietausfall nach Übergabe der Wohnung müssen daher nach **Schadenersatz**recht abgewickelt werden. Dies bedeutet, dass dem Vermieter – anders als beim Anspruch auf Nutzungsentschädigung – keine Beweiserleichterung zugutekommt, d.h. der Vermieter nach allgemeinen Regeln **darlegen** und **beweisen** muss, dass er die Räume im Fall einer vertragsgemäßen Rückgabe zu einem früheren Zeitpunkt hätte weitervermieten können, d.h. ein bestimmter Mietinteressent bereit gewesen wäre, die Räume zu einem früheren Zeitpunkt anzumieten (BGH, Urteil v. 5.10.2005, VIII ZR 57/05, WuM 2005 S. 771). Ein angespannter Wohnungsmarkt kann allerdings ein Umstand für die Annahme sein, dass eine auf den Wohnungsmarkt gelangende Mietwohnung umgehend weitervermietet werden kann. Dagegen wird der Vermieter in anderen Wohnungsmärkten regelmäßig vortragen müssen, an wen und ab wann und zu welcher Miete die streitgegenständliche Wohnung hätte vermietet werden können (BGH, Beschluss v. 13.7.2010, VIII ZR 326/09, NJW-RR 2010 S. 1521).

Eine Klage des Vermieters auf Schadenersatz wegen unterlassener Schönheitsreparaturen ist mangels Rechtsschutzbedürfnisses unzulässig, wenn bereits ein rechtskräftiges Urteil über die Verpflichtung des Mieters zur Durchführung der Schönheitsreparaturen vorliegt, aus dem der Vermieter die Vollstreckung gegen den Mieter betreiben kann (§ 887 ZPO; LG Bonn, Urteil v. 4.7.1991, 6 S 96/91, WuM 1992 S. 32).

Verweigert der Mieter trotz **rechtskräftiger Verurteilung** die Durchführung der Schönheitsreparaturen bzw. die Zahlung des dem Vermieter zugesprochenen Kostenvorschusses, kann der Vermieter das Mietverhältnis gemäß § 573 Abs. 2 Nr. 1 BGB (erhebliche Vertragsverletzung) **kündigen** (LG Berlin, Urteil v. 13.7.1999, 64 S 82/99, GE 1999 S. 1052). Strittig ist allerdings, ob die Kündigung erst dann begründet ist, wenn eine Substanzgefährdung der Mietsache vorliegt (so z. B. LG Hamburg, Urteil v. 2.3.1982, 16 S 287/81, WuM 1984 S. 85).

Unterlässt der Mieter **bei Beendigung des Mietverhältnisses** die Durchführung der vertraglich vereinbarten Schönheitsreparaturen und führt der Vermieter die Schönheitsreparaturen daraufhin selbst durch – ohne die Formalien (Frist zur Leistung oder Nacherfüllung, §§ 280, 281 BGB) zu beachten –, hat der Vermieter nach ständiger Rechtsprechung **keinen** Anspruch auf **Schadenersatz**.

Strittig ist aber, ob der Vermieter in diesem Fall **anderweitige** Ansprüche gegen den Mieter hat: Während die Amts- und Landgerichte dies überwiegend verneinen und dem Vermieter jeglichen Anspruch versagen, wird von den höheren Gerichten die Auffassung vertreten, dass dem Vermieter ein **bereicherungsrechtlicher** Anspruch aus Geschäftsführung ohne Auftrag (§§ 677, 684 BGB) zusteht, da sich der Mieter auf Kosten des Vermieters eigene Aufwendungen, zu denen er verpflichtet gewesen wäre, erspart und daher eine ungerechtfertigte Vermögensverschiebung stattgefunden hat.

Der **Umfang** der Ersatzpflicht des Mieters richtet sich insofern nach der Höhe der Aufwendungen, die **objektiv erforderlich** waren, um die Renovierungsverpflichtung des Mieters zu erfüllen (§ 818 Abs. 2 BGB; OLG Koblenz, Urteil v. 29.7.1999, 5 U 1787/98, WuM 2000 S. 22 unter Verweis auf BGH, Urteil v. 8.3.1990, III ZR 81/88, MDR 1990 S. 903; Urteil v. 3.6.1958, VIII ZR 51/57, MDR 1958 S. 686sowie Palandt, 57. Aufl., § 812 Rn. 24).

8 Umbau der Mieträume nach Mietende

Werden die Mieträume nach Beendigung des Mietverhältnisses **umgebaut**, sodass vorgenommene Schönheitsreparaturen wieder zerstört werden müssten, entfällt zwar die Pflicht zur Durchführung von Schönheitsreparaturen, jedoch wird der Mieter nicht ersatzlos befreit, da die von ihm übernommene Renovierungsverpflichtung einen **Teil des Entgelts** für die Überlassung der Mieträume darstellt. Eine ergänzende **Auslegung** der Renovierungsvereinbarung ergibt somit, dass der Mieter verpflichtet ist, dem Vermieter anstelle der Renovierung den hierzu erforderlichen **Geldbetrag** zur Verfügung zu stellen (BGH, Urteil v. 20.10.2004, VIII ZR 378/03, WuM 2005 S. 50; Bestätigung von BGH, RE v. 30.10.1984, VIII ARZ 1/84, NJW 1985 S. 480; OLG Oldenburg, RE v. 21.2.1991, 5 UH 1/91, WuM 1992 S. 229; OLG Schleswig, RE v. 17.1.1983, 6 RE-Miet 3/82, DWW 1983 S. 124). Dementsprechend kann auch die erfolgreiche Durchsetzung eines Schadenersatzanspruchs wegen unterlassener Schönheitsreparaturen gegen die Mieter nicht daran scheitern, dass die Mieträume nach ihrer Rückgabe vollständig umgebaut worden sind (OLG Düsseldorf, Urteil v. 3.3.1994, 10 U 133/93, WuM 1994 S. 323). Steht fest, dass der Mieter die Ausführung von Schönheitsreparaturen **ablehnt**, kann der Vermieter den Betrag verlangen, den er zur Ersatzvornahme (durch eine Fachfirma) hätte aufwenden müssen. Eine Reduzierung auf die Kosten, die der Mieter für eine Ausführung in Eigenleistung hätte aufwenden müssen (bzw. auf einen bestimmten Prozentanteil der von einem Handwerksmeister berechneten Leistungen neben den Materialkosten), ist in diesem Fall nicht angebracht (KG Berlin, Urteil v. 28.4.2008, 8 U 154/07, NZM 2009 S. 661).

Dies soll nach Auffassung des LG Hamburg (Urteil v. 14.6.1996, 311 S 164/95, WuM 1998 S. 663) allerdings nicht bei einem Mietverhältnis gelten, das gerade wegen umfangreicher Umbauarbeiten auf bestimmte Zeit befristet war.

Sobald der Vermieter dem Mieter die **Absicht des Umbaus** der Räume mitgeteilt hat, ist der Mieter zur Durchführung der Schönheitsreparaturen nicht mehr berechtigt und kann den Anspruch des Vermieters auf Zahlung eines Ausgleichs in Geld nicht dadurch abwenden, dass er die Durchführung der Schönheitsreparaturen in den umgebauten Räumen anbietet. Dieser Zahlungsanspruch des Vermieters besteht selbst dann, wenn der Mieter die Schönheitsreparaturen trotzdem durchführt (OLG Oldenburg, Urteil v. 14.1.2000, 13 U 66/99, ZMR 2000 S. 528).

Die **Höhe des Anspruchs** soll sich nach der Rechtsprechung danach bestimmen, ob der Mieter die Schönheitsreparaturen durch einen Fachhandwerker oder in Eigenleistung ausgeführt hätte. Bei Ausführung durch einen Fachhandwerker ist die Höhe dieser Kosten anzusetzen. Wendet der Mieter jedoch ein, er hätte die Arbeiten wesentlich kostengünstiger in **Eigenleistung** ausgeführt, muss er neben den Kosten des notwendigen Materials nur den Betrag entrichten, den er für seine bzw. die Arbeitsleistung von Bekannten oder Verwandten hätte aufwenden müssen (BGH, Urteil v. 20.10.2004, a. a. O.). Das Gericht kann den Wert der Eigenleistung des Mieters durch Schätzung ermitteln (OLG Düsseldorf, Urteil v. 17.12.1987, 10 U 103/87, ZMR 1988 S. 96). Scheidet eine Eigenleistung des Mieters aus, z. B. weil dieser verstorben ist, die Erben noch unbekannt sind und die Abwicklung des Mietverhältnisses über einen Nachlasspfleger erfolgt, der sich nicht persönlich mit der Ausführung der Schönheitsreparaturen befassen will, können die Kosten eines Malerfachbetriebs in Ansatz gebracht werden (LG Berlin, Urteil v. 23.2.2006, 67 S 409/05, GE 2006 S. 1038).

Der Ansatz der Kosten für eine Eigenleistung setzt auch voraus, dass der Mieter auch **erfüllungsbereit** ist, da nur in diesem Fall anzunehmen ist, dass der Mieter auch tatsächlich Schönheitsreparaturen in kostensparender Eigenleistung erbracht hätte. Auf die geringeren Kosten einer Eigenleistung kann sich der Mieter z. B. nicht berufen, wenn er die Wirksamkeit der vertraglichen Schönheitsreparaturklausel bestreitet und die Durchführung von Schönheitsreparaturen ablehnt (OLG Koblenz, Urteil v. 12.4.2013, 10 U 832/12, MDR 2013 S. 964). Steht daher fest, dass der Mieter die Ausführung von Schönheitsreparaturen **ablehnt**, kann der Vermieter den Betrag verlangen, den **er** zur Ersatzvornahme der Schönheitsreparaturen hätte aufwenden müssen. Dieser Anspruch ist allerdings der Höhe nach durch die Ersatzvornahmekosten begrenzt, die der Mieter ohne die Umbaumaßnahmen hätte leisten müssen; ferner ist er insoweit zu kürzen, als durch den Umbau Renovierungsaufwand entfallen ist, beispielsweise infolge einer umbaubedingten Verkleinerung der Wohnfläche (BGH, Urteil v. 20.10.2004, a. a. O.).

Sofern von dem beabsichtigten Umbau nur **einzelne Räume** der Wohnung betroffen sind und die anderen Räume durch den Umbau auch nicht wesentlich verschmutzt werden, kann eine Abgeltung nur für die betroffenen Räume verlangt werden. Bezüglich der übrigen Räume bleibt eine vertragliche Verpflichtung des Mieters zur Durchführung der Schönheitsreparaturen unberührt (LG Hannover, Urteil v. 11.11.1993, 16 S 140/93, WuM 1994 S. 428).

Der Vermieter hat jedoch nur dann anstelle des Anspruchs auf Durchführung von Schönheitsreparaturen durch den Mieter einen Ausgleichsanspruch in Geld, wenn er nach Beendigung des Mietverhältnisses die Mieträume auch **tatsächlich** umbaut. Allein die Absicht des Vermieters, nach Beendigung des Mietverhältnisses Umbaumaßnahmen in den Mieträumen durchzuführen, genügt nicht, um im Wege der ergänzenden Vertragsauslegung anstelle der vertraglichen Verpflichtung des Mieters zur Durchführung von Schönheitsreparaturen nach Beendigung des Mietverhältnisses einen Ausgleichsanspruch in Geld treten zu lassen. Verwirklicht der Vermieter seine Umbauabsicht nicht, z. B. weil er das Objekt veräußert, entfällt dieser Ausgleichsanspruch (BGH, Urteil v. 12.2.2014, XII ZR 76/13, GE 2014 S. 453). Allerdings geht bei einer Veräußerung der Anspruch auf Durchführung der Schönheitsreparaturen auf den Käufer über. Dieser kann vom Mieter Erfüllung verlangen oder, falls der Vermieter (Verkäufer) nicht zur Vornahme der Renovierungsarbeiten bereit ist, die Voraussetzungen für einen Schadenersatzanspruch gemäß § 281 BGB (Nachfristsetzung zur Durchführung der Arbeiten) schaffen. Dadurch ist gewährleistet, dass der Mieter auch bei einer Veräußerung des Mietobjekts nicht kompensationslos von der von ihm übernommenen Verpflichtung zur Vornahme der Renovierungsarbeiten befreit wird (BGH, a. a. O.).

9 Sonstiges

Einer Hausverwaltung muss die obergerichtliche Rechtsprechung zur Unwirksamkeit von bestimmten vertraglichen Renovierungsklauseln (z. B. wegen starrer Renovierungsfristen) bekannt sein. Fordert diese vom Vermieter eingesetzte Hausverwaltung den Mieter bei Mietende trotz einer unwirksamen Klausel zur Vornahme von Schönheitsreparaturen auf und beauftragt der Mieter daraufhin einen Rechtsanwalt mit der Abwehr der Ansprüche, ist der Vermieter dem Mieter zur Erstattung der Rechtsanwaltskosten verpflichtet, da ihm die Pflichtverletzung der von ihm beauftragten Hausverwaltung (§ 278 BGB, Erfüllungsgehilfe) zuzurechnen ist (KG Berlin, Urteil v. 18.5.2009, 8 U 190/08, NZM 2009 S. 616).

> Ein Hausverwalter, der für den Vermieter einen Mietvertrag abschließt und dabei ein Formular mit einer nach der Rechtsprechung des BGH **unwirksamen** Schönheitsreparaturklausel (z. B. wegen starrer Renovierungsfristen) verwendet mit der Folge, dass der Mieter nicht zur Durchführung von Schönheitsreparaturen verpflichtet ist, haftet dem Vermieter auf **Schadenersatz** (KG Berlin, Urteil v. 13.10.2006, 3 U 3/06, ZMR 2007 S. 692).

Anders ist die Rechtslage, wenn die Klausel im Zeitpunkt des Vertragsabschlusses noch wirksam war und erst später von der Rechtsprechung für unwirksam erklärt worden ist. In diesem Fall fehlt es an einem für einen Schadenersatzanspruch des Vermieters erforderlichen Verschulden des Hausverwalters.

Ist eine vertragliche Schönheitsreparaturklausel unwirksam (z. B. wegen starrer Renovierungsfristen), verlangt der Vermieter vom Mieter aber trotzdem beharrlich die Durchführung von Schönheitsreparaturen, kann der Mieter Ersatz der ihm entstandenen Kosten eines Rechtsanwalts verlangen, den er zur Abwehr der unberechtigten Ansprüche beauftragt hat. Das Verlangen vertraglich nicht geschuldeter Leistungen stellt nämlich eine Pflichtverletzung dar, gegen die sich der Mieter insbesondere dann mit anwaltlicher Hilfe wehren darf, wenn der Vermieter auch auf ausdrücklichen Hinweis zur Unwirksamkeit der Klausel nicht von seinem Verlangen abrückt. Insofern liegt nicht nur ein Austausch von Rechtsansichten vor, das die Einschaltung eines Rechtsanwalts nicht rechtfertigen würde (LG Berlin, Urteil v. 21.4.2010, 67 S 460/09, WuM 2010 S. 561).

Dagegen „berühmt" sich der Vermieter nicht eines Anspruchs auf Durchführung von Schönheitsreparaturen durch den Mieter, wenn er sich auf zweimaliges Anschreiben des Mieters zur Unwirksamkeit der vertraglichen Schönheitsreparaturklausel lediglich nicht äußert. Bloßes Schweigen stellt kein solches „Berühmen" dar, das Voraussetzung für eine Klage des Mieters auf Feststellung wäre, dass die Schönheitsreparaturklausel unwirksam ist (negative Feststellungsklage, § 256 ZPO; LG Halle, Urteil v. 22.6.2010, 2 S 40/10, GE 2010 S. 1745).

Ist der Mieter vertraglich nicht ausdrücklich zur Durchführung von „Schönheitsreparaturen", sondern z.B. zur „Renovierung" verpflichtet, kann der Umfang der durchzuführenden Arbeiten streitig sein, da es sich bei dem Begriff der Renovierung – im Gegensatz zum Begriff der Schönheitsreparaturen – nicht um einen gesetzlich definierten Begriff handelt. Nach einem Urteil des LG Nürnberg-Fürth v. 5.3.1992, 7 O 7652/91, WuM 1993 S. 121, bestätigt vom OLG Nürnberg (Urteil v. 14.7.1992, 11 U 1242/92, WuM 1993 S. 121), umfasst die Verpflichtung zur Renovierung auch die Durchführung von Malerarbeiten, da anderenfalls lediglich von einem „gebrauchsfähigen" oder „ordentlichen" Zustand zu sprechen wäre.

Ein **Verzicht des Vermieters** auf bestehende Schadenersatzansprüche kann sich schlüssig ergeben, wenn er bei der Wohnungsübergabe erklärt, die Räume befinden sich in ordnungsgemäßem Zustand, und die Schlüssel **vorbehaltlos** annimmt (vgl. auch LG Mannheim, WuM 1975 S. 118). Dagegen liegt **keine** vorbehaltlose Abnahme vor, wenn der Vermieter die Wohnung nur entgegennimmt, ohne deren Zustand zu billigen und ohne sich eine Nachbesichtigung vorzubehalten (LG Berlin, Urteil v. 12.5.2000, 64 S 581/99, NZM 2000 S. 1178).

Ferner kann allein in der Rückgabe der Kaution kein schlüssiger Verzicht gesehen werden, da von der Rückgabe der Sicherheit nicht auf einen Verzicht auf die gesicherte Forderung geschlossen werden kann (so aber LG Stuttgart, Urteil v. 20.2.1976, 5 S 212/75, WuM 1977 S. 29).

> Abgesehen davon, dass bei bestehenden Ansprüchen des Vermieters kein Anlass zur **Rückzahlung der Kaution** besteht (vgl. „Kaution"), sollte jede Handlung, aus der ein Verzicht hergeleitet werden könnte (z.B. auch die Annahme der Schlüssel), nur unter dem **ausdrücklichen Vorbehalt** aller Ansprüche erfolgen.

Ebenso kann in dem vorbehaltlosen Abschluss eines **Mietaufhebungsvertrags**, in dem sich der Mieter als Gegenleistung für den Auszug zur Zahlung einer bestimmten Abstandssumme verpflichtet, eine abschließende Regelung der Ansprüche gesehen werden, mit der Folge, dass Ansprüche des Vermieters wegen unterlassener Schönheitsreparaturen ausgeschlossen sind (LG Stuttgart, Urteil v. 27.4.1995, 16 S 289/94, WuM 1995 S. 392; LG Nürnberg-Fürth, Urteil v. 28.3.1980, 7 S 5152/79, WuM 1981 S. 159). Auch aus der **Korrespondenz** zwischen den Parteien vor Rückgabe der Mietsache kann sich eine individualvertragliche Abrede zum Zustand der Mietsache bei Rückgabe ergeben, welche die formularmäßig übernommene Verpflichtung des Mieters zur Vornahme von Schönheitsreparaturen außer Kraft setzt (OLG Köln, Urteil v. 27.1.2006, 1 U 6/05, ZMR 2006 S. 859).

> Den Parteien steht es auch frei, sich anlässlich der Wohnungsübergabe abweichend von den Bestimmungen des Mietvertrags über den **Umfang der Ansprüche** (z.B. Renovierung in einem bestimmten Umfang oder Zahlung eines bestimmten Betrags) zu einigen, wobei dies aus Beweisgründen unbedingt schriftlich erfolgen sollte.

Bei **preisgebundenem** Wohnraum ist jedoch die **preisrechtliche Grenze** des § 9 Abs. 1 WoBindG zu beachten, sodass nur solche Vereinbarungen wirksam sind, die den Mieter nicht schlechterstellen als bei bloßer Übertragung der laufenden Schönheitsreparaturen und der Abwicklung dieser Verpflichtung nach dem Gesetz (BGH, Urteil v. 21.12.1977, VIII ZR 189/76, NJW 1978 S. 1053).

> Allein durch Unterzeichnung eines Abnahmeprotokolls kommt eine entsprechende Vereinbarung nicht zustande, da das **Abnahmeprotokoll** nur den Zustand der Räume dokumentiert, jedoch nichts über das Bestehen von Ansprüchen aussagt.

Verpflichtet sich der Mieter jedoch in dem von ihm unterzeichneten Abnahmeprotokoll zur Durchführung bestimmter Arbeiten, stellt diese schriftliche Verpflichtung eine Schuldbestätigung (sog. **deklaratorisches Schuldanerkenntnis**, § 781 BGB) dar. Dies hat zur Folge, dass der Mieter mit Einwendungen, die ihm bekannt waren oder die er hätte erkennen können (z.B. dass die Malerarbeiten nicht fällig, nicht notwendig oder er zur Ausführung nicht verpflichtet gewesen wäre), im Nachhinein ausgeschlossen ist (LG Berlin, Urteil v. 18.7.2006, 64 S 119/06, GE 2006 S. 1037); s. aber auch AG Hildesheim, Beschluss v. 27.2.2009, 49 C 144/08, NZM 2009 S. 738, wonach ein deklaratorisches Schuldanerkenntnis nicht nur nichtig ist, soweit es selbst gegen die guten Sitten oder gegen das Gesetz verstößt, sondern grundsätzlich auch, soweit es sich auf ein nichtiges oder unwirksames Rechtsgeschäft (hier: unwirksame Überbürdung der Schönheitsreparaturen auf den Mieter) bezieht und bei seiner Abgabe die Nichtigkeits- oder Unwirksamkeitsgründe noch fortbestehen.

Die **Einigung der Parteien** stellt grundsätzlich ein deklaratorisches Schuldanerkenntnis dar, mit der Folge, dass die Parteien mit allen Ansprüchen ausgeschlossen sind, die sie bei Abschluss der Vereinbarung kannten oder mit denen sie rechnen konnten. Nach Ansicht des LG Mannheim (MDR 1970 S. 239) sind grundsätzlich alle Ansprüche aus später entdeckten Mängeln ausgeschlossen.

Dementsprechend kann der Vermieter gegenüber dem Mieter **keine** Ansprüche mehr wegen schlecht durchgeführter Schönheitsreparaturen geltend machen, wenn er dies in einem bei Rückgabe der Wohnung gefertigten **Abnahmeprotokoll** nicht beanstandet hat (LG Hamburg, Urteil v. 15.10.1998, 327 S 79/98, NZM 1999 S. 838).

Umgekehrt kann aber auch der Mieter nachträglich nicht mehr einwenden, die Schönheitsreparaturen seien nicht erforderlich gewesen, wenn er deren Notwendigkeit in einem Abnahmeprotokoll **anerkannt** hat. Dies gilt auch bei einem kurzfristigen Mietverhältnis von einem Jahr (LG Berlin, Beschluss v. 20.4.1999, 64 S 408/98, ZMR 1999 S. 638). Ein deklaratorisches **Schuldanerkenntnis** des Mieters kann auch vorliegen, wenn der Vermieter den Mieter unter Fristsetzung zur Durchführung von Schönheitsreparaturen auffordert und der Mieter daraufhin um eine **Fristverlängerung** zur Durchführung der nach dem Aufforderungsschreiben erforderlichen Arbeiten bittet. Der Mieter ist dann mit allen Einwendungen tatsächlicher und rechtlicher Natur ausgeschlossen, die er bei Abgabe des Anerkenntnisses hatte oder mit denen er wenigstens rechnen musste. Der Mieter kann daher auch nicht mehr einwenden, die vertragliche Schönheitsreparaturklausel sei unwirksam und er sei zur Durchführung von Schönheitsreparaturen gar nicht verpflichtet gewesen (KG Berlin, Urteil v. 6.4.2006, 8 U 99/05, WuM 2006 S. 436).

Ansprüche des Vermieters auf Durchführung von Schönheitsreparaturen sowie auf Schadenersatz wegen nicht durchgeführter Schönheitsreparaturen **verjähren** bereits nach 6 Monaten (§ 548 BGB). Zur Frage, wann die Verjährungsfrist zu laufen beginnt, s. KG Berlin, RE v. 2.12.1996, 8 RE-Miet 3802/96, WuM 1997 S. 32 sowie „Verjährung“.

Bei einem **fortbestehenden** Mietverhältnis kann der Anspruch auf Durchführung der Schönheitsreparaturen grundsätzlich **nicht verwirkt** werden (vgl. LG Berlin, Beschluss v. 15.1.2002, 65 T 104/01, NZM 2002 S. 946, wonach der Mieter auch noch 14 Jahre nach Beginn des Mietverhältnisses die Durchführung der Schönheitsreparaturen von seinem Vermieter – der in diesem Fall dazu verpflichtet war – verlangen kann). Gleiches muss umgekehrt auch für den Anspruch des Vermieters gelten.

Bei **Sozialwohnungen** können in der Wirtschaftlichkeitsberechnung die Kosten der Schönheitsreparaturen höchstens mit einem Betrag von 8,50 Euro je m^2 Wohnfläche im Jahr („Instandhaltungskostenpauschale“) angesetzt werden, wenn sie – abweichend von der üblichen Vertragsgestaltung – der **Vermieter** trägt.

Schriftform

Inhaltsübersicht

		Seite
1	**Grundsatz**	853
2	**Schriftformerfordernis**	853
2.1	Eigenhändige Unterzeichnung, § 126 Abs. 1 BGB	854
2.2	Unterschrift sämtlicher Vertragsparteien	854
2.2.1	Vertretung, Offenlegung	854
2.3	Unterschrift auf derselben Urkunde	856
2.4	Mehrere gleichlautende Urkunden (§ 126 Abs. 2 S. 2 BGB)	856
2.5	Umfang der Beurkundung	856
2.6	Auflockerungsrechtsprechung	858
2.6.1	Einzelne Blätter	858
2.6.2	Anlagen, Verbindung mit der Urkunde	858
2.6.3	Nachträge	859
3	**Formverstoß**	859
3.1	Rechtsfolgen	859
3.2	Ausschluss der Berufung auf den Formverstoß	860
4	**Vereinbarung der Schriftform**	861
5	**Schriftformklauseln**	862
6	**Einseitige Erklärung**	863
7	**Elektronische Form**	863

1 Grundsatz

Der Mietvertrag bedarf **keiner besonderen Form**, er kann sogar durch konkludente Handlung zustande kommen (s. „Mietvertrag", Abschnitt 3 „Hauptpflicht"). Entscheidend dafür sind die Überlassung einer Sache und die Entgegennahme des Entgelts für die Überlassung, ferner eine Einigung über den Zeitpunkt des Beginns. Haben die Parteien selbst keine weitere Regelung getroffen, gelten im Übrigen die gesetzlichen Vorschriften über das Mietrecht.

2 Schriftformerfordernis

Wird ein Mietvertrag über Wohnraum für längere Zeit als ein Jahr nicht in schriftlicher Form geschlossen, gilt er für unbestimmte Zeit (§ 550 Abs. 1 S. 1 BGB). Die Neufassung durch das Mietrechtsreformgesetz entspricht im Wesentlichen unverändert der bisherigen Bestimmung des § 566 BGB a. F. Durch die Verweisung in § 578 Abs. 1 und 2 BGB ist die Anwendbarkeit auf die Miete von Grundstücken und anderen Räumen sichergestellt. Zwar ist nunmehr die Schriftform für Mietverträge über mehr als ein Jahr nicht mehr zwingend vorgeschrieben. Nach der amtlichen Begründung zum Mietrechtsreformgesetz war dies entbehrlich, weil schon nach bisherigem Recht die Nichtbeachtung der vorgeschriebenen Form nicht die sonst übliche Rechtsfolge der Nichtigkeit des Rechtsgeschäfts (§ 125 BGB) auslöste, sondern nur dazu führte, dass das Mietverhältnis als auf unbestimmte Zeit geschlossen galt. Insofern ist in § 550 Abs. 1 S. 1 BGB nur der rechtlich erhebliche Tatbestand (Mietvertrag für länger als ein Jahr ohne Beachtung der Schriftform) formuliert, an den wie bisher die besondere Rechtsfolge (Geltung für unbestimmte Zeit) geknüpft ist.

Diese Vorschrift ist ihrer Natur nach nicht abdingbar (LG Berlin, Urteil v. 8.3.1991, 64 S 394/90, WuM 1991 S. 498).

Die Einhaltung der Formvorschrift ist zwingend und kann nicht von den Parteien ausgeschlossen werden. Die Frist wird vom Beginn des Mietverhältnisses an gerechnet, nicht vom Zeitpunkt des Vertragsschlusses. Eine längere Zeit als ein Jahr ist gegeben, wenn erst nach Ablauf eines Jahres gekündigt werden kann, oder wenn der Mieter durch eine einseitige Erklärung, z. B. Ausübung einer Option, das Mietverhältnis von sich aus über ein Jahr hinaus verlängern kann. Der Schriftform bedarf auch ein Vertrag auf Lebenszeit des Mieters.

Unter den Begriff „Mietvertrag" i. S. d. § 550 BGB fallen auch Untermietverträge (BGH, Urteil v. 13.1.1982, VIII ZR 225/80, WuM 1982 S. 431). Sie bedürfen daher, falls sie auf längere Zeit als ein Jahr abgeschlossen werden, ebenfalls der Schriftform.

2.1 Eigenhändige Unterzeichnung, § 126 Abs. 1 BGB

Die Anforderungen an die gesetzliche Schriftform sind in § 126 BGB geregelt. Bei einem Vertrag muss die **Unterzeichnung** der Parteien auf derselben Urkunde erfolgen. Eine Unterschrift setzt ein aus Buchstaben einer üblichen Schrift bestehendes Gebilde voraus, das nicht lesbar sein muss. Es genügt das Vorliegen eines individuellen Schriftzugs, der die Identität des Unterschreibenden ausreichend kennzeichnet (BGH, Urteil v. 15.11.2006, 4 ZR 122/05, GE 2007 S. 586). Handzeichen, die nur einen Buchstaben wiedergeben und Unterzeichnungen mit einer Buchstabenfolge, die bewusst als Namensabkürzung zu verstehen sind, reichen nicht aus (BGH, a. a. O.).

Wie das OLG Düsseldorf entschieden hat (Urteil v. 19.10.2000, 10 U 227/99, WuM 2001 S. 113), ist die Schriftform des § 126 BGB bei Vertragsschluss unter Anwesenden auch dann gewahrt, wenn nur eines von mehreren Vertragsexemplaren von beiden Vertragsparteien unterzeichnet worden ist. An der eigenhändigen Unterschrift soll es bei Zugang einer der Schriftform unterliegenden Erklärung durch **Telefax** fehlen (OLG Celle, Urteil v. 12.7.1995, 2 U 109/94, ZMR 1996 S. 26), sodass das Formerfordernis des § 550 BGB nicht eingehalten ist. Eine Telefaxübermittlung der jeweils durch den Vertragspartner unterzeichneten Vertragsurkunden erfüllt daher nicht die gesetzliche Schriftform (OLG Düsseldorf, Urteil v. 22.1.2004, 10 U 102/03, NZM 2004 S. 143).

2.2 Unterschrift sämtlicher Vertragsparteien

Bei einer **Personenmehrheit** auf einer Vertragsseite müssen sämtliche im Vertrag als Vermieter oder Mieter angeführten Personen unterschreiben.

Besondere Sorgfalt ist daher geboten, wenn auf Vermieter- oder Mieterseite Erbengemeinschaften oder BGB-Gesellschaften Vertragspartei werden sollen. Erbengemeinschaften sind nicht rechtsfähig bzw. parteifähig. Dies bedeutet, dass ein Mietvertrag, der von einem Vertreter der Erbengemeinschaft abgeschlossen wird, z. B. durch die Formulierung „Erbengemeinschaft X, vertreten durch Herrn Y", nicht mit der Erbengemeinschaft als solcher, sondern mit den einzelnen Miterben zustande gekommen ist. Ein solcher Vertrag entspricht auch nicht dem Schriftformerfordernis. Danach müssen die Vertragsparteien genau bezeichnet werden. Die Angabe „Erbengemeinschaft X" genügt nicht. Die einzelnen Miterben müssen daher namentlich benannt werden (BGH, Urteil v. 11.9.2002, XII ZR187/00, WuM 2002 S. 601). Für die Einhaltung der Schriftform ist ferner erforderlich, dass sämtliche Vertragsparteien, d. h. sämtliche Miterben, die Vertragsurkunde unterzeichnen.

2.2.1 Vertretung, Offenlegung

Unterzeichnet ein Vertreter den Mietvertrag, muss das Vertretungsverhältnis in der Urkunde durch einen das Vertretungsverhältnis anzeigenden Zusatz hinreichend deutlich zum Ausdruck kommen (BGH, a. a. O.). Anderenfalls ist, wenn die Vollmacht des Unterzeichners nicht aus objektiven, außerhalb der Urkunde liegenden Umständen hervorgeht, die Schriftform nicht eingehalten (OLG Rostock, Urteil v. 25.9.2000, 3 U 75/99, ZMR 2001 S. 29;

eingeschränkt durch BGH, Urteil v. 6.4.2005, XII ZR 132/03, NZM 2005 S. 502).

Diese Rechtsprechung hat der BGH in einem weiteren Urteil fortgeführt: Eine Gesellschaft bürgerlichen Rechts vermietete ein Geschäftshaus auf die Dauer von 10 Jahren. Im Mietvertrag sind die Vermieter als „Erwerbergemeinschaft Haus E", vertreten durch B und H, bezeichnet. Für die Vermieter unterschrieb den Vertrag lediglich H, ohne einen auf ein Vertretungsverhältnis hinweisenden Zusatz. Auch hier war die Schriftform nicht gewahrt. Offen gelassen hat der BGH, ob der Schutzzweck des § 550 BGB so weit geht, dass der Vertragsurkunde entnommen werden kann, in welcher Funktion der Vertreter gehandelt hat. Da aber dem Mietvertrag nicht zu entnehmen war, ob die dort genannten Vertreter alleinvertretungsberechtigt waren oder nicht, war von einer Gesamtvertretungsbefugnis auszugehen, d. h., beide Vertreter hätten den Vertrag unterschreiben müssen. Ein Hinweis, dass der allein unterschreibende H zugleich als Vertreter des B unterschrieben hat, fehlte dem Vertrag. Der Urkunde ist es also nicht zu entnehmen, dass sie alle erforderlichen Unterschriften enthält (BGH, Urteil v. 16.7.2003, XII ZR 65/02, NZM 2003 S. 801). Eine wichtige Einschränkung hat der BGH mit dem Urteil v. 6.4.2005, XII ZR 132/03, NZM 2005 S. 502 vorgenommen. Danach steht das Fehlen eines Vertretungszusatzes der Wahrung der Schriftform dann nicht entgegen, wenn der für eine Vertragspartei Unterschreibende diese nur vertritt und nicht selbst Vertragspartei ist oder werden soll. Damit ergibt sich aus der Unterschrift, dass er die Vertragspartei nur vertreten wollte. Eine Unterzeichnung als Vertreter ohne Vertretungsmacht steht der Schriftform aber grundsätzlich nicht entgegen, sodass es auch der Kennzeichnung der Art des Vertretungsverhältnisses nicht bedarf. Nur wenn von mehreren Vermietern oder Mietern oder von mehreren Gesellschaftern einer GbR lediglich einer unterschreibt, ist zur Wahrung der Schriftform ein Vertretungszusatz erforderlich, weil anderenfalls nicht ersichtlich wäre, ob der Unterzeichnende die Unterschrift nur für sich selbst oder aber zugleich in Vertretung der anderen leistet (s. hierzu auch „Personenmehrheit auf Mieterseite" und „Personenmehrheit auf Vermieterseite").

Auch bei einem Mietvertrag mit einer Aktiengesellschaft bleibt der BGH bei dieser Rechtsprechung. Unterschreibt von zwei gesamtvertretungsberechtigten Vorstandsmitgliedern nur ein Vorstandsmitglied ohne weiteren Vertretungszusatz, ist die Schriftform des § 550 BGB nicht gewahrt. Die Schriftform ist nur gewahrt, wenn alle Vorstandsmitglieder unterzeichnen oder eine Unterschrift den Hinweis enthält, dass das unterzeichnende Vorstandsmitglied auch die Vorstandsmitglieder vertreten will, die nicht unterzeichnet haben, etwa durch den Vermerk „i. V." (BGH, Urteil v. 4.11.2009, XII ZR 86/07, NZM 2010 S. 82). Klargestellt hat der BGH in diesem Urteil nochmals, dass Angaben darüber, woraus der Unterzeichner seine Vertretungsmacht herleitet, zur Wahrung der Schriftform nicht erforderlich sind. Ob der Vertreter Vertretungsmacht hat, ist keine Frage der Schriftform, sondern der Wirksamkeit des Vertrags. Selbst wenn der Vertreter ohne Vertretungsmacht handelt, beeinträchtigt das die Schriftform nicht. So hat der BGH entschieden, dass das Fehlen eines Vertretungszusatzes der Wahrung der Schriftform nicht entgegensteht, wenn eine Person für eine GmbH unterzeichnet (BGH, Urteil v. 6.4.2005, XII ZR 132/03, NZM 2005 S. 502).

Ist die Tatsache der Vertretung allein durch die unterzeichnende Person allerdings aufgrund anderer – auch außervertraglicher – Umstände wiederum hinreichend bestimmbar, ist ein besonderer Vertretungszusatz nicht erforderlich. Es genügt daher, wenn es im Eingang des Mietvertrags heißt, dass der Mietvertrag auf Vermieterseite von der „Grundstücksgemeinschaft N.-K., vertreten durch Herrn O. K." geschlossen ist. Durch diese Formulierung ergibt sich, dass Herr O. K. als Vertreter der Vermieterseite aufgetreten ist. Ein Vertretungszusatz bei der Unterschrift durch Herrn O. K. am Ende des Mietvertrags bedurfte es zur Wahrung der Schriftform des Vertrags dann nicht mehr (OLG Düsseldorf, Urteil v. 21.11.2013, 10 U 49/13, ZMR 2014 S. 628).

2.3 Unterschrift auf derselben Urkunde

Das OLG Hamburg hatte folgenden Fall zu entscheiden: Der Vermieter machte dem Mieter ein schriftliches Angebot zur Änderung des Mietvertrags, welches vom Vermieter unterschrieben war. Der Mieter unterschrieb auf diesem Schreiben mit dem Zusatz „mit dem Inhalt des Schreibens erklären wir uns einverstanden“. Hier war die Schriftform gewahrt. Ausreichend ist es, wenn das Angebot unterschrieben ist und die andere Seite auf **demselben Schriftstück** ihr Einverständnis erklärt und unterschreibt, ohne weitere Zusätze oder Änderungsvorschläge zu machen und dieses mit beiden Unterschriften versehene Schreiben wiederum an den Vermieter zurückschickt (OLG Hamburg, Urteil v. 22.4.1998, 4 U 116/97, WuM 2000 S. 351, bestätigt durch BGH, Beschluss v. 16.2.2000, XII ZR 162/98, WuM 2000 S. 352).

2.4 Mehrere gleichlautende Urkunden (§ 126 Abs. 2 S. 2 BGB)

Werden über den Vertrag mehrere gleichlautende Urkunden aufgenommen, genügt es, wenn jede Partei die für die andere Partei bestimmte Urkunde unterzeichnet (§ 126 Abs. 2 S. 2 BGB). Voraussetzung ist allerdings, dass die Ausfertigungen der Urkunden dem jeweils anderen Teil zugegangen sind. Ob ein Vertragspartner seinen Vertrag später verliert, spielt allerdings keine Rolle; der Vertrag ist trotzdem wirksam. Zwar lässt es, wie ausgeführt, § 126 Abs. 2 S. 2 BGB genügen, wenn über den Vertrag mehrere gleichlautende Urkunden aufgenommen werden und jede Partei die für die andere Partei bestimmte Urkunde unterzeichnet. Das setzt aber voraus, wie der BGH ausgeführt hat, dass jede der beiden Urkunden auch die zum Vertragsschluss notwendige rechtsgeschäftliche Erklärung des Vertragspartners enthält. Es genügt nicht, wenn eine der unterschriebenen Urkunden nur die Willenserklärung einer Partei enthält und sich die Willensübereinstimmung erst aus der Zusammenfassung beider Urkunden ergibt. Der BGH hatte den Fall zu entscheiden, dass die Mietvertragsparteien zwar gleichlautende Verträge unterschrieben ausgetauscht hatten, eine Partei aber in einem Begleitschreiben Änderungen vorgeschlagen und in dem Mietvertrag vermerkt hatte: „Gilt nur im Zusammenhang mit unserem Schreiben vom …“. Die Gegenseite hatte eine Kopie dieses Schreibens unterschrieben an die andere Seite zurückgesandt. Der BGH ist der Ansicht, dass die von der Vermieterin unterschriebenen Urkunden nicht die zum Vertragsschluss führende Erklärung der Mieterin, sie sei mit den Änderungswünschen der Vermieterin einverstanden, enthält. Es handelt sich insoweit um einen sog. Vertragsschluss durch Briefwechsel. Dieser erfüllt zwar die gewillkürte Schriftform (§ 127 S. 2 BGB), nicht aber die gesetzliche Schriftform (§ 126 BGB; BGH, Urteil v. 18.10.2000, XII ZR 179/98, WuM 2001 S. 112).

2.5 Umfang der Beurkundung

> Der Schriftform unterliegen sämtliche Vereinbarungen der Parteien, die nach den Vorstellungen der Vertragschließenden zum Mietvertrag gehören sollen.

Notwendiger Vertragsinhalt eines Mietvertrags, der der Schriftform unterliegt, ist die Bestimmung der Mietvertragsparteien, des Mietgegenstands, der Miete (einschließlich Betriebskosten) sowie der Mietdauer.

Wird eine Partei beim Abschluss des Mietvertrags vertreten, soll dies im Vertrag durch einen das Vertretungsverhältnis anzeigenden Zusatz deutlich zum Ausdruck gebracht werden (s.o. Abschnitt 2.2.1 „Vertretung, Offenlegung“). Die Vertretung muss hingegen nicht offengelegt werden, wenn sich die Vertretungsbefugnis aus einem öffentlichen Register, wie z.B. Handelsregister, ergibt (BGH, Urteil v. 6.4.2005, XII ZR 132/03, NZM 2005 S. 502).

Die Lage der Mietsache ist genau anzugeben, entweder durch Angabe der Anschrift oder der grundbuchmäßigen Bezeichnung der Immobilie. Dies gilt auch für die Ausstattung. Ist auf die Baubeschreibung verwiesen, diese aber dem Vertrag nicht beigefügt, gilt die Schriftform als nicht eingehalten (BGH, Urteil v. 2.11.2005, XII ZR 233/03, NZM 2006 S. 104;

BGH, Urteil v. 15.11.2006, XII ZR 92/04, NZM 2007 S. 127 für fehlenden Lageplan).

Auch die Mietdauer ist eindeutig zu regeln. Die Schriftform ist bei der Vermietung vom Reißbrett allerdings eingehalten, wenn die Mietzeit erst mit der Übergabe der Mieträume beginnen soll, da hier die Mietdauer bestimmbar ist (BGH, Urteil v. 2.11.2005, XII ZR 212/03, NZM 2006 S. 54). Unerheblich ist, ob zwischen den Parteien später Streit über den Zeitpunkt der Schlüsselfertigkeit entsteht (BGH, Urteil v. 24.2.2010, XII ZR 120/06, NZM 2010 S. 319).

Auch Vereinbarungen, die nach der Vorstellung der Parteien wesentlich für den Mietvertrag sind, sind schriftlich zu vereinbaren, z.B. Ausbauarbeiten, die der Vermieter vornimmt, oder Höhe des Zuschusses, den der Mieter hierzu leistet. Auch eine generelle, nicht auf den Einzelfall beschränkte Erlaubnis der Untervermietung gehört hierzu.

Oft wird übersehen, dass auch nachträgliche **Ergänzungen und Zusätze** dem Schriftformerfordernis unterliegen, wenn der Vertrag unter § 550 BGB fällt. Dies gilt insbesondere für Verlängerungsverträge, die eine längere Vertragszeit als ein Jahr vorsehen (vgl. BGH, WuM 1963 S. 172).

So bedarf auch der gesamte Mietvertrag der Schriftform, wenn der Vermieter für einen längeren Zeitraum als ein Jahr auf das Kündigungsrecht wegen Eigenbedarfs verzichtet (BGH, Urteil v. 4.4.2007, VIII ZR 223/06, NZM 2007 S. 399). Die Schriftform muss auch dann eingehalten werden, wenn die Parteien des Mietvertrags eine von der gesetzlich vorgesehenen Fälligkeit der Miete abweichende Regelung treffen (BGH, Urteil v. 19.9.2007, XII ZR 198/05, NZM 2008 S. 84).

Dies hat erhebliche Auswirkungen, wenn sich eine Vertragspartei später auf ihre günstige mündliche Nebenabrede beruft. Allerdings ist die Rechtsprechung der Ansicht, dass selbstständige Nebenabreden in mündlicher Form möglich sind, die nicht direkt zum Mietvertrag gehören (z.B. Mietvertrag über Geschäftsräume auf 10 Jahre, mündliche Nebenabrede über den Verkauf des Inventars).

Auch Nebenpunkte, die den Vertragstext lediglich erläutern oder veranschaulichen, unterliegen nicht der Schriftform (s.u.). So steht es der Schriftform nicht entgegen, wenn ein als Nebenraum mitvermieteter Kellerraum nicht genau bezeichnet ist. Der Mietvertrag ist dann so auszulegen, dass dem Vermieter bezüglich der Auswahl des Nebenraums ein Leistungsbestimmungsrecht nach § 315 BGB zusteht (OLG Frankfurt, Urteil v. 21.2.2007, 2 U 220/06, DWW 2007 S. 201). **Nebenabreden**, die für höchstens ein Jahr gelten sollen, können formfrei getroffen werden, z.B. Minderung für einen Zeitraum unter ein Jahr (BGH, ZMR 1969 S. 338, 340). Auch Einzelfallentscheidungen unterliegen nicht der Schriftform, z.B. Haltung eines bestimmten Tieres, Gestattung einer baulichen Änderung, Untervermietung an einen bestimmten Mieter. Zu entscheiden ist also immer zwischen genereller Regelung und Einzelfallentscheidung (Bub/Treier, 4. Auflage, II Rn. 2501).

In einem Mietvertrag war bestimmt, dass das Angebot zum Abschluss des Vertrags von der Gegenseite nur innerhalb einer bestimmten Frist angenommen werden konnte. Diese Frist wurde mündlich verlängert. Gleichwohl ist die Schriftform eingehalten. Bei der Annahmefrist und deren Einhaltung handelt es sich nicht um solche, den Vertragsinhalt bestimmende Bedingungen. Sie betreffen vielmehr allein das Zustandekommen des Vertrags und werden mit dessen Abschluss bedeutungslos. Die Schriftform ist auch dann gewahrt, wenn eine Partei das formgerechte Angebot der anderen Partei verspätet angenommen hat und ein inhaltsgleicher Vertrag sodann durch Vollzug (z.B. Übergabeprotokoll „auf der Grundlage des Mietvertrags vom …“) konkludent abgeschlossen worden ist. Die Einhaltung der äußeren Form genügt (BGH Urteil v. 24.2.2010, XII ZR 120/06, NZM 2010 S. 319).

Die Zusicherung einer Eigenschaft bedarf der Form, welche für den Mietvertrag kraft Gesetzes oder des Vertrags gilt, somit auch der Schriftform (BGH, Beschluss v. 14.2.2001, XII ZR 279/98, n.v.).

Da die **Unterzeichnung** auf derselben Urkunde erfolgen muss, ist eine Bezugnahme auf andere Schriftstücke grundsätzlich nicht zulässig. Dem Formerfordernis ist grundsätzlich nur Genüge getan, wenn die Anlagen beigefügt und mit dem Vertrag fest verbunden werden. Dies gilt auch für Zusätze und spätere Nebenabreden. Aus praktischen Gründen ist die Rechtsprechung hier aber großzügig.

2.6 Auflockerungsrechtsprechung

Die sog. **Auflockerungsrechtsprechung** des BGH umfasst drei Fallgruppen, die im Folgenden näher dargestellt werden sollen. Auf diese Rechtsprechung kommt es immer dann an, wenn sich eine Vertragspartei aus einem längerfristigen Mietvertrag lösen will mit dem Argument, dass das Schriftformerfordernis nicht eingehalten sei.

2.6.1 Einzelne Blätter

Die **erste Fallkonstellation**, über die der BGH entschieden hat, betrifft einen Mietvertrag ohne Anhang oder Zusätze, der aus 26 Paragrafen besteht, die sich auf drei einzelnen Blättern befanden. Die Blätter waren durchnummeriert. Der Vertrag war auf dem letzten Blatt unterschrieben. Der BGH führt aus, dass die Zusammengehörigkeit einer aus mehreren Blättern bestehenden Urkunde entweder durch körperliche Verbindung **oder aber** sonst in geeigneter Weise erkennbar gemacht werden muss. Hierzu genügt es, wenn sich die Einheit aus fortlaufender Paginierung, fortlaufender Nummerierung der einzelnen Bestimmungen, einheitlicher grafischer Gestaltung, inhaltlichem Zusammenhang des Textes oder vergleichbaren Merkmalen zweifelsfrei ergibt (BGH, Urteil v. 24.9.1997, XII ZR 234/95, WuM 1997 S. 667).

2.6.2 Anlagen, Verbindung mit der Urkunde

Die **zweite Fallkonstellation** betrifft Mietverträge mit Anlagen. In einer älteren Entscheidung (WuM 1964 S. 69) hatte der BGH darüber zu befinden, ob die Schriftform gewahrt ist, wenn im Mietvertrag auf nicht unterzeichnete Urkunden Bezug genommen wird. In diesem Fall hat der BGH die bloß gedankliche Verbindung nicht für ausreichend erachtet, sondern auch eine äußerliche Verbindung durch Heften, Klammern oder Anleimen gefordert.

Im Urteil v. 30.6.1999 (BGH, Urteil v. 30.6.1999, XII ZR 55/97, WuM 1999 S. 516) hatte sich der BGH mit einem Mietvertrag zu befassen, dessen eine Anlage von den Parteien nicht unterschrieben und auch nicht mit dem Vertrag fest verbunden war; darüber hinaus fehlte im Mietvertrag die Bezugnahme auf die als weitere Anlage beigefügte Hausordnung. Der BGH führt aus, dass die Schriftform erfüllt ist, wenn sich die wesentlichen Vertragsbedingungen – insbesondere Mietgegenstand, Mietzins sowie Dauer und Parteien des Mietverhältnisses – aus der Vertragsurkunde ergeben. Nur wenn die Parteien wesentliche Bestimmungen des Mietvertrags nicht in diesen selbst aufnehmen, sondern teilweise in andere Schriftstücke auslagern, sodass sich der Gesamtinhalt der mietvertraglichen Vereinbarung erst aus dem Zusammenspiel dieser verstreuten Bestimmungen ergibt, müssen sie zur Wahrung der Urkundeneinheit die Zusammengehörigkeit dieser Schriftstücke in geeigneter Weise zweifelsfrei kenntlich machen.

Im vorliegenden Fall handelt es sich jedoch nur um solche Abreden, die von nur nebensächlicher Bedeutung sind, sodass eine den Schriftformerfordernissen entsprechende Verbindung nicht notwendig war.

Diese Rechtsprechung hat der BGH mit Urteil v. 25.10.2000 weitergeführt: Im Mietvertrag war auf einen Lageplan verwiesen worden, der nicht mit dem Vertrag verbunden war und auch keine weiteren Hinweise auf die Parteien oder den Mietgegenstand enthielt. Gleichwohl war die Schriftform gewahrt, da der Plan nur eine Orientierungshilfe darstellte (BGH, Urteil v. 25.10.2000, XII ZR 133/98, NZM 2001 S. 43).

Mit Urteil v. 21.1.1999 (BGH, Urteil v. 21.1.1999, VII ZR 93/97, WuM 1999 S. 286) war der Fall zu entscheiden, dass Vertrag und Anlage körperlich nicht fest verbunden waren, jedoch alle Blätter des Mietvertrags sowie der Anlage von beiden Vertragsparteien unterschrieben waren. Ferner war im Mietvertrag auf die Anlage verwiesen. In diesem Fall ist das Schriftformerfordernis gewahrt. Aus der

Verweisung sowie der Unterschrift auf jedem Blatt ergibt sich die Einheit von Urkunde und Anlage.

Der BGH hat die Rechtsprechung weiter fortgeführt. Ausreichend ist es, wenn wesentliche, in der Anlage enthaltene Abreden, auf die im Mietvertrag Bezug genommen wird, im Mietvertrag so genau bezeichnet werden, dass eine zweifelsfreie Zuordnung möglich ist. Der BGH hatte den Fall zu entscheiden, dass sich ein Untermieter verpflichtete, sämtliche Verpflichtungen aus dem Mietvertrag, der dem Untermietvertrag als Anlage beigefügt war, als eigene Pflichten zu übernehmen und dafür zu haften. Die Schriftform war auch hier gewahrt (BGH, Urteil v. 18.12.2002, XII ZR 253/01, GuT 2003 S. 131). Nicht entschieden ist der Fall, dass in einer nicht unterschriebenen Anlage wesentliche Bestandteile des Mietvertrags geregelt werden.

2.6.3 Nachträge

Die **dritte Fallkonstellation** betrifft Mietverträge mit Nachtragsvereinbarungen. Hier ist die Rechtsprechung großzügig. In mehreren Entscheidungen hat der BGH klargestellt, dass es einer körperlich festen Verbindung zwischen Mietvertrag und Nachtrag nicht bedarf, wenn der Nachtrag in seinem Text auf den ursprünglichen Vertrag Bezug nimmt und im Nachtrag zum Ausdruck gebracht wird, es solle unter der Einbeziehung des Nachtrags bei dem verbleiben, was bereits früher formgültig niedergelegt worden sei (BGH, Urteile v. 11.11.1987, VIII ZR 326/86, WuM 1988 S. 50; v. 24.1.1990, VIII ZR 296/88, WuM 1990 S. 140; v. 29.1.1992, XII ZR 175/90, NJW-RR 1992 S. 654). Dies gilt auch für unter der Geltung des ZGB der DDR abgeschlossene Mietverträge, wenn dieser ursprünglich abgeschlossene Mietvertrag den Anforderungen des BGB an die Schriftform genügt (BGH, Urteil v. 14.4.1999, XII ZR 60/97, NZM 1999 S. 559).

Die Schriftform ist auch dann gewahrt, wenn die Parteien selbst Zweifel an der Einhaltung der Schriftform haben, weil die bisherigen Urkunden nicht verbunden sind, und dann in einem Nachtrag vereinbaren, dass sämtliche bisherigen Urkunden zusammen mit dem Nachtrag zu einer einheitlichen Urkunde verbunden und damit die Zweifel über die Schriftform beseitigt werden sollen. Dies gilt auch für den Fall, dass es zu einer solchen Verbindung der Urkunden nicht kommt. In diesem Fall sind nämlich die Mietvertragsparteien verpflichtet, an der nachträglichen Herstellung der gesetzlichen Schriftform mitzuwirken (BGH, Urteil v. 6.4.2005, XII ZR 132/03, NJW 2005 S. 2225). Voraussetzung hierfür ist allerdings, dass auch der Nachtrag von beiden Parteien unterzeichnet wird (BGH, Urteil v. 26.2.1992, XII ZR 129/90, WuM 1992 S. 316).

Ein formwirksam abgeschlossener Nachtrag, der auf den ursprünglichen Mietvertrag Bezug nimmt, heilt den Schriftformmangel des ursprünglichen Mietvertrags, sodass ein insgesamt formwirksamer Mietvertrag zustande kommt (BGH, Urteil v. 29.4.2009, XII ZR 142/07, NZM 2009 S. 515).

Dies gilt auch dann, wenn im Nachtrag nicht nur Nebenpunkte, sondern auch wesentliche Vereinbarungen getroffen werden (BGH, Urteil v. 11.11.1987, VIII ZR 326/86, WuM 1988 S. 50). Dies gilt auch, wenn sich die Parteien nach erfolgter wirksamer Kündigung auf eine Fortsetzung des Vertrags einigen. Dies stellt zwar einen Abschluss eines neuen Mietvertrags dar (BGH, Urteil v. 24.6.1998, XII ZR 195/96, BGHZ S. 139, 123), eine als Nachtrag bezeichnete Vereinbarung, die auf den gekündigten Vertrag Bezug nimmt, wahrt die Schriftform (BGH, Urteil v. 20.12.2000, XII ZR 75/98, GE 2001 S. 485).

So begrüßenswert grundsätzlich die Tendenz der Rechtsprechung ist, geschlossene Verträge zu erhalten, stellt sich doch die Frage, ob hier noch Sinn und Zweck des § 126 BGB eingehalten ist. Zu Recht weist Sternel (Mietrecht aktuell, 2. Aufl., Rn. 20) auf die Gefahr der Manipulation hin.

3 Formverstoß

3.1 Rechtsfolgen

Wird die Schriftform nicht eingehalten, so ist der Vertrag nicht unwirksam, sondern gilt als **für unbestimmte Zeit geschlossen**; die Kündigung ist jedoch frühestens zum Ablauf eines Jahres nach Überlassung des Wohnraums zulässig (§ 550 Abs. 1 BGB). Aufgrund der Verweisung in § 578 Abs. 1 und 2 BGB gilt diese Bestimmung auch für Mietverhältnisse über Grundstücke und für Mietverhältnisse über Räume, die keine Wohnräume sind. Zwar ist aufgrund der Neufassung des Mietrechtsreformgesetzes anders als bisher die Schriftform für Mietverträge über mehr als ein Jahr nicht mehr zwingend vorgeschrieben. Dies ist jedoch entbehrlich, weil schon nach bisherigem Recht die Nichtbeachtung der vorgeschriebenen Form nicht die sonst übliche Rechtsfolge der Nichtigkeit des Rechtsgeschäfts (§ 125 BGB) auslöste, sondern nur dazu führte, dass das Mietverhältnis als auf unbestimmte Zeit geschlossen galt.

In der Neufassung ist in § 550 Abs. 1 S. 1 BGB nur der rechtlich erhebliche Tatbestand (Mietvertrag für länger als ein Jahr ohne Beachtung der Schriftform) formuliert, an den wie bisher die besondere Rechtsfolge (Geltung für unbestimmte Zeit) geknüpft ist. § 550 Abs. 1 S. 2 BGB stellt gegenüber der früheren Rechtslage klar, dass der Mietvertrag frühestens zum Ablauf eines Jahres nach dem (vertraglich bestimmten) Zeitpunkt der Übergabe gekündigt werden kann. Auf den Zeitpunkt des Vertragsschlusses kommt es dagegen nicht an. Dies war bislang streitig. Bei einem Wohnraummietvertrag kann der Vermieter allerdings nur unter der weiteren Voraussetzung des § 573 BGB (berechtigtes Interesse) kündigen.

Der Mietvertrag ist also lediglich hinsichtlich der Laufzeit unwirksam (**Teilnichtigkeit**). Die übrigen Vertragsbestimmungen gelten weiter. An die Stelle der vertraglichen Kündigungsfristen treten die gesetzlichen Kündigungsfristen, bei Wohnraum § 573c BGB, bei Mietverhältnissen über Grundstücke § 580a Abs. 1 BGB, bei Mietverhältnissen über Geschäftsräume § 580a Abs. 2 BGB. Dies gilt jedenfalls dann, wenn die vertraglich vereinbarten Kündigungsfristen länger sind als die gesetzlichen Kündigungsfristen (BGH, Urteil v. 29.3.2000, XII ZR 316/97, WuM 2000 S. 607).

Auch hat der BGH bei reinen Ergänzungsverträgen, die den Inhalt des ursprünglichen Vertrags nicht ändern, die Folgen des Formverstoßes nicht auf den ursprünglichen – formgültigen – Vertrag ausgedehnt, sondern auf die jeweilige Ergänzung beschränkt (BGH, WuM 1976 S. 26 zu einer Verlängerungsvereinbarung).

3.2 Ausschluss der Berufung auf den Formverstoß

Grundsätzlich kann sich jede Mietpartei darauf berufen, dass die für einen Vertrag vorgeschriebene Schriftform nicht eingehalten ist. Eine darauf gestützte vorzeitige Kündigung ist auch nicht deshalb treuwidrig, weil der Mietvertrag zuvor anstandslos jahrelang durchgeführt worden ist (BGH, Urteil v. 5.11.2003, XII ZR 134/02, NZM 2004 S. 97). Von diesem Grundsatz hat die Rechtsprechung Ausnahmen zugelassen.

Ein solcher Ausnahmefall liegt vor, wenn eine Partei den durch eine Vertragsänderung bedingten Formmangel zur vorzeitigen Auflösung eines langjährigen Vertrags missbraucht, obwohl sie durch die Vertragsänderung begünstigt worden ist (OLG Düsseldorf, Urteil v. 5.11.2002, 24 U 21/02, DWW 2003 S. 93). Ein weiterer Ausnahmefall liegt dann vor, wenn die Parteien aus außerhalb der Urkunde liegenden Gründen zur Erfüllung der Schriftform verpflichtet sind. Dies ist dann der Fall, wenn sich die Parteien beim mündlichen Abschluss eines langjährigen Mietvertrags zu dessen schriftlicher Beurkundung verpflichtet haben. Hier können sie sich nach ständiger Rechtsprechung gegenseitig nicht den Mangel der Schriftform entgegenhalten. Eine solche Abmachung ist rechtlich möglich und auch dann formlos gültig, wenn es sich um einen mehrjährigen Vertrag handelt (OLG Düsseldorf, Urteil v. 22.1.2004, 10 U 102/03, NZM 2004 S. 143).

Eine allgemeine salvatorische Klausel (Erhalts- und Ersetzungsklausel, s.u. Abschnitt 5 „Schriftformklauseln") in einem auf längere Zeit als ein Jahr geschlossenen Mietvertrag über Gewerberäume verpflichtet die Vertragsparteien hingegen nicht zur Nachholung der nicht gewahrten Schriftform (BGH, Urteil v. 25.7.2007, XII ZR 143/05, NZM 2007 S. 730).

Die Erhaltungsklausel greift deshalb nicht, weil die fehlende Schriftform nicht zur Unwirksamkeit des Mietvertrags insgesamt führt. Dieser bleibt vielmehr bestehen. Er gilt lediglich als nicht für bestimmte, sondern für unbestimmte Zeit abgeschlossen (§ 550 S. 1 BGB). Die Ersetzungsklausel beinhaltet ebenfalls keine Verpflichtung der Vertragsparteien, die Schriftform nachzuholen.

Die Parteien vereinbaren deshalb regelmäßig **Schriftformheilungsklauseln**. In einem vom BGH entschiedenen Fall hieß es: „Die Parteien verpflichten sich, bei Nichteinhaltung der Schriftform dieses Vertrages die Schriftform nachträglich herbeizuführen sowie bei Veränderungen alles zu unternehmen, um dem Schriftformerfordernis zu genügen und vor diesem Zeitpunkt nicht wegen der mangelnden Form zu kündigen.“ Im vorliegenden Fall war die Schriftform nicht gewahrt, weil im Mietvertrag die vermietete Fläche nicht hinreichend genau bezeichnet war. Solche Heilungsklauseln binden den Grundstückserwerber nicht. Er handelt also nicht treuwidrig, wenn er den Mietvertrag mit der gesetzlichen Frist kündigt. Der Erwerber soll durch das Schriftformerfordernis davor geschützt werden, sich auf einen Mietvertrag einzulassen, dessen wirtschaftliche Bedingungen sich, etwa in Folge einer mündlich vereinbarten Mietreduzierung, anders als erwartet darstellen. Es kommt nicht darauf an, ob es sich dabei um eine Individualvereinbarung oder eine Formularklausel handelt (BGH, Urteil v. 30.4.2014, VII ZR 146/12, NZM 2014 S. 471).

Ob eine Heilungsklausel zwischen den ursprünglichen Vertragsparteien wirksam ist oder nicht, ist umstritten. Es empfiehlt sich auf alle Fälle, solche Klauseln mit der Einschränkung zu versehen, dass ein in den Vertrag nach Veräußerung der Mietsache auf Vermieterseite eintretender Dritter nicht an die vorstehende Vereinbarung gebunden ist, diesem stehen die gesetzlichen Rechte zu (vgl. auch BGH, Urteil v. 22.1.2014, VII ZR 68/10, NZM 2014 S. 239).

Haben die Parteien in einem Nachtrag vereinbart, eine feste körperliche Verbindung dieses Nachtrags mit früheren Vertragsurkunden herzustellen und erfolgt diese Verbindung nicht, ist es den Parteien gleichwohl verwehrt, sich auf einen Mangel der Schriftform zu berufen, weil sie sich gegenseitig zur Heilung verpflichtet haben (BGH, Urteil v. 6.4.2005, XII ZR 132/03, NZM 2005 S. 502, 504). Treuwidrig ist die Berufung auf die Formunwirksamkeit auch dann, wenn die Unwirksamkeit des Vertrags zu einem schlechthin untragbaren Ergebnis führen würde, z. B. bei arglistiger Täuschung über das Formerfordernis von einer Vertragsseite. Treuwidrig ist die Berufung auf den Formmangel auch, wenn die Parteien die Einhaltung der Schriftform vereinbart, dies jedoch unterlassen haben. Hier hat jede Vertragspartei einen Anspruch auf Abschluss eines schriftlichen Vertrags, der auch gerichtlich geltend gemacht werden kann.

4 Vereinbarung der Schriftform

Die Parteien können auch unabhängig vom Geltungsbereich des § 550 BGB vereinbaren, dass für den Vertrag unabhängig von der Laufzeit die **Schriftform gelten soll**.

Durch Auslegung im Einzelfall muss ermittelt werden, welche **Bedeutung die Vereinbarung der Schriftform** haben soll. Die Parteien können damit bezwecken, dass durch die schriftliche Niederlegung der Vertrag zu Beweiszwecken festgehalten wird (**deklaratorische** Schriftform). In diesem Fall wird bei Nichteinhaltung der Schriftform die Gültigkeit des Vertrags insgesamt nicht berührt, gemäß § 550 Abs. 1 S. 1 BGB kommt ein Mietvertrag auf unbestimmte Zeit zustande.

Anders liegt der Fall, wenn die Parteien vereinbaren, dass der Vertrag erst bei Einhaltung der Schriftform gültig wird (**konstitutive** Schriftform). Solange diese Form nicht eingehalten ist, ist kein Vertrag zustande gekommen. Die Mietvertragsparteien sind sich oft nicht über die Anforderungen der gesetzlichen Schriftform im Klaren. Im Zweifel ist daher davon auszugehen, dass die Vertragsparteien unter der als konstitutiv vereinbarten Schriftform diejenige Form verstehen, die anschließend verwirklicht wird, so z. B. Unterschrift unter dem Mietvertrag, auch wenn die strengen Voraussetzungen der gesetzlichen Schriftform nicht gewahrt sind (BGH, Urteil v. 16.2.2000, XII ZR 258/97, NZM 2000 S. 548; vgl. auch Blank/Börstinghaus, Miete, 4. Auflage, § 550 BGB Rn. 95).

Zur Wahrung der durch Rechtsgeschäft bestimmten schriftlichen Form genügt, soweit nicht ein anderer Wille anzunehmen ist, die telekommunikative Übermittlung und bei einem Vertrag der Briefwechsel. Wird eine solche Form gewählt, so kann nachträglich eine dem § 126 BGB entsprechende Beurkundung verlangt werden. Diese Erleichterung für die vereinbarte Schriftform ist in § 127 Abs. 2 BGB eingeführt worden.

Die Rechtsfolgen unterscheiden sich also beträchtlich. Während teilweise angenommen wird, bei Mietverträgen habe die Formvereinbarung grundsätzlich nur deklaratorische Bedeutung, ist die überwiegende Mehrheit anderer Ansicht. Hieraus folgt, dass in einem Fall der wirksamen Vereinbarung einer Schriftform die Partei, die sich darauf beruft, dass es sich lediglich um eine deklaratorische Vereinbarung handelt, dies auch beweisen muss (so Heile/Landwehr in Bub/Treier, 4. Auflage, II Rn. 2467 m.w.N.).

5 Schriftformklauseln

Haben die Parteien einen langfristigen Mietvertrag geschlossen, geht ihr Interesse dahin, auch im Hinblick auf zukünftige Änderungen die Schriftform einzuhalten. Spätere formlose Änderungen des Mietvertrags machen die Abrede über die fest vereinbarte Mietdauer gegenstandslos, weil der Vertrag dann gemäß § 550 S. 1 BGB als auf unbestimmte Zeit abgeschlossen gilt und nach § 550 S. 2 BGB mit gesetzlicher Frist gekündigt werden kann.

Die Parteien vereinbaren daher oft Klauseln, wonach nachträgliche Änderungen und Ergänzungen des Vertrags nur wirksam sind, wenn diese schriftlich getroffen werden. Ob eine solche Formularklausel wirksam ist, ist umstritten. Überwiegend wird angenommen, dass solche Klauseln wegen eines Verstoßes gemäß § 305b BGB (Vorrang individueller Vertragsabreden vor Allgemeinen Geschäftsbedingungen) gemäß § 307 BGB unwirksam sind (Blank/Börstinghaus, Miete, 4. Auflage, § 550 BGB Rn. 97). Gleiches soll auch für Klauseln gelten, wonach Änderungen und Ergänzungen schriftlich getroffen werden müssen (Blank/Börstinghaus, a.a.O. Rn. 98).

Der BGH hat dies dahingestellt sein lassen. Er hat allerdings entschieden, dass nachträgliche mündliche Individualvereinbarungen auch vor Schriftformklauseln in Formularverträgen über langfristige Geschäftsraummietverhältnisse Vorrang haben (BGH, Urteil v. 21.9.2005, XII ZR 312/02, NZM 2006 S. 59). Die Parteien können sich also jederzeit auch formlos, wenn sie sich nur einig sind, über formularvertragliche Schriftformklauseln für Vertragsänderungen hinwegsetzen. Die Folge davon ist allerdings, dass der Mietvertrag mit der gesetzlichen Kündigungsfrist kündbar ist.

Auch Bestätigungsklauseln wie „mündliche Nebenabreden bestehen nicht“ führen zu keinem anderen Ergebnis. Zwar enthält die Klausel eine Tatsachenbestätigung i.S.v. § 309 Nr. 12b BGB. Diese gibt aber lediglich die kraft Gesetz bestehende Beweislastverteilung wieder, da bei einem schriftlichen Vertrag die Vermutung besteht, dass er die Vereinbarung der Parteien vollständig und richtig wiedergibt. Die Klausel ändert daher nichts an der Rechtslage, wonach derjenige, der sich auf mündliche Vereinbarungen beruft, diese auch beweisen muss (BGH, Urteil v. 14.10.1999, III ZR 203/98, MDR 2000 S. 19).

An die Beweisführung werden von den Gerichten unterschiedliche Anforderungen gestellt. Behauptet eine Partei z.B., bereits bei Abschluss des Mietvertrags seien mündliche Nebenabreden getroffen worden, muss sie beweisen, dass sich die Parteien über den strittigen Punkt nicht bei den Vertragsverhandlungen, sondern auch noch im Zeitpunkt der Unterzeichnung des Mietvertrags einig waren, wobei die beweispflichtige Partei zusätzlich darlegen muss, warum dieser Punkt dann nicht in den schriftlichen Vertrag aufgenommen worden ist (KG Berlin, Urteil v. 27.5.2002, 8 U 2074/00, GE 2002 S. 930).

Der BGH weist auch ausdrücklich darauf hin, dass es keine Rolle spielt, ob der Vertrag infolge der mündlichen Abänderung seine Schriftform verliert und ob sich die Parteien bewusst über die Schriftformklausel hinweggesetzt haben (BGH, Urteil v. 21.9.2005, XII ZR 312/02, NZM 2006 S. 59).

Anders ist die Rechtslage bei einer individualvertraglich vereinbarten Schriftformklausel. Diese Klauseln werden überwiegend für wirksam angesehen. Dies gilt auch für sog. qualifizierte Schriftformklauseln, sofern sie individuell vereinbart sind. Dies sind Klauseln, die beinhalten, dass für Abreden über die Aufhebung der Schriftform wiederum die Schriftform einzuhalten ist, wie z. B. „Nachträgliche Änderungen und Ergänzungen dieses Vertrags sowie das Abweichen von dieser Formvorschrift bedürfen der Schriftform". Von einer solchen individuell vereinbarten qualifizierten Schriftformklausel können die Parteien durch schriftliche Vereinbarung oder durch mündliche Individualvereinbarung abweichen (OLG Düsseldorf, Urteil v. 1.6.2006, I-10 U 1/06, ZMR 2007 S. 35). Hier ist aber in der Individualvereinbarung bewusstes Abweichen von der Schriftformklausel erforderlich, weil in solchen Fällen der Vorrang der Individualvereinbarung nach § 305 BGB keine Anwendung findet, sondern die individuell vereinbarte qualifizierte Schriftformklausel erst abgeändert werden muss (BGH, Urteil v. 2.6.1976, VIII ZR 97/74, BGHZ 66 S. 378, 381). Auch hier trägt die Beweislast für derartige Individualabreden derjenige, der sich auf eine solche Abrede beruft.

Zulässig sind sog. **salvatorische Erhaltungsklauseln**, also Klauseln, wonach die Unwirksamkeit einer Klausel die Gültigkeit des Gesamtvertrags nicht berührt. Hingegen sind **Ersetzungsklauseln** gemäß § 307 Abs. 2 Nr. 1 BGB unwirksam (z. B. nichtige oder unwirksame Bestimmungen sind durch solche zu ersetzen, die den wirtschaftlich gewollten in zulässiger Weise am nächsten kommen). Beide Klauseln sind inhaltlich trennbar, auch wenn sie in einer gemeinsamen Formulierung zusammengefasst sind (BGH, Urteil v. 6.4.2005, XII ZR 132/03, NZM 2005 S. 502).

6 Einseitige Erklärung

Auch außerhalb des Vertragsabschlusses kann die Schriftform erforderlich sein. Das Gesetz schreibt verschiedentlich für **einseitige Erklärungen**, teils rechtsgestaltender Art, Schriftform vor.

> So bedarf die Kündigung eines Mietverhältnisses über Wohnraum, und zwar sowohl die des Vermieters wie auch die des Mieters, der Schriftform (§ 568 Abs. 1 BGB). Dabei macht es keinen Unterschied, ob es sich um eine ordentliche oder um eine außerordentliche Kündigung handelt. Die Nichtbeachtung der Form hat die Unwirksamkeit der Kündigung zur Folge. Dies gilt für alle Mietverhältnisse über Wohnraum, also auch solche gemäß § 549 Abs. 2 BGB. Eine schriftliche Kündigung ist daher auch bei Wohnraum, der nur zum vorübergehenden Gebrauch vermietet ist, oder Wohnraum, der Teil der vom Vermieter selbst bewohnten Wohnung ist, oder Wohnraum, den eine juristische Person des öffentlichen Rechts oder ein anerkannter privater Träger der Wohlfahrtspflege angemietet hat, um ihn Personen mit dringendem Wohnbedarf zu überlassen, erforderlich.

Bei zahlreichen mietrechtlichen Erklärungen, insbesondere Mieterhöhungen, wurde die Schriftform durch die neu eingeführte **Textform** ersetzt (s. hierzu „Mieterhöhung bei Wohnraum", Abschnitt 9 „Textform").

7 Elektronische Form

Durch das Gesetz zur Anpassung der Formvorschriften des Privatrechts und anderer Vorschriften an den modernen Rechtsgeschäftsverkehr wurde bei § 126 BGB ein neuer Abs. 3 wie folgt eingefügt: „Die schriftliche Form kann durch die elektronische Form ersetzt werden, wenn sich nicht aus dem Gesetz ein anderes ergibt." Da sich aus § 550 BGB nichts anderes ergibt, kann also auch ein Mietvertrag für längere Zeit als ein Jahr in elektronischer Form geschlossen werden. Was darunter zu verstehen ist, ist in dem ebenfalls neu eingeführten § 126 a BGB bestimmt. Soll die gesetzlich vorgeschriebene schriftliche Form durch die **elektronische Form** ersetzt werden, muss der Aussteller der Erklärung dieser seinen Namen hinzufügen und das elektronische Dokument mit einer **qualifizierten elektronischen Signatur** nach dem Signaturgesetz versehen (so § 126a Abs. 1 BGB). In Abs. 2 ist bestimmt, dass bei einem Vertrag die Parteien jeweils ein gleichlautendes Dokument in der in Abs. 1 bezeichneten Weise elektronisch signieren müssen. Voraussetzung ist also, dass die elektronische Signatur auf einem qualifizierten Zertifikat eines Diensteanbieters beruht und von einer sicheren Signaturerstellungseinheit erstellt wird (vgl. Art. 5 Abs. 1 der Richtlinie über gemeinschaftliche Rahmenbedingungen für elektronische Signaturen, abgedruckt in NJW 2000, Beilage zu Heft 36).

Nicht erfüllt ist das Erfordernis des § 126a Abs. 2 BGB, wenn jeder Vertragspartner nur seine eigene Angebots- oder Annahmeerklärung elektronisch signiert. Vielmehr müssen die Parteien zumindest ein gleichlautendes Dokument elektronisch signieren. Bei der elektronischen Form sind dem Vertragspartner das gesamte Vertragsdokument sowie die elektronische Signierung dieses Vertragsdokuments zuzusenden.

Die gesetzlich angeordnete Schriftform kann auch dadurch erfüllt werden, dass der eine Partner das Dokument nach § 126a Abs. 1 BGB in elektronischer Form signiert und der andere ein gleichlautendes Dokument in Schriftform nach § 126 Abs. 1 BGB unterzeichnet.

Die Schriftform kann nur dann durch die elektronische Form ersetzt werden, wenn beide Vertragsparteien damit einverstanden sind. Das Einverständnis kann schlüssig erklärt werden, z. B. wenn der gegenseitige Geschäftsverkehr elektronisch durchgeführt wird oder der Vertragspartner die ihm elektronisch zugegangene Erklärung als wirksam behandelt (Palandt, § 126 Rn. 6).

Selbstauskunft des Mieters

In der Regel verlangen Vermieter von den Mietinteressenten eine Selbstauskunft, etwa durch Ausfüllen eines Fragebogens über die persönlichen und wirtschaftlichen Verhältnisse des Mieters. Vor allem Hausverwaltungen, die mit der Vermietung von Wohnungen beauftragt sind, wollen sich auf diese Weise gegenüber ihren Auftraggebern absichern.

Eine **Verpflichtung** zum Ausfüllen von Fragebögen **besteht nicht**. Auf der anderen Seite besteht aber auch keine Verpflichtung zur Vermietung. Deshalb werden abverlangte Selbstauskünfte meistens erteilt, jedoch nicht immer richtig und wahrheitsgemäß. Das führt zu der Frage, welche Folgen die unrichtige Beantwortung gestellter Fragen hat, ob etwa der Vermieter den Mietvertrag anfechten oder außerordentlich kündigen kann.

Eine einheitliche Antwort kann hierzu nicht gegeben werden; es kommt in aller Regel auf den Einzelfall an. Dass einem Einmietbetrüger fristlos gekündigt werden kann, ist kaum zweifelhaft. Gibt z. B. eine Dame ihr Geburtsdatum nicht richtig an, dürfte ihr das allerdings kaum zum Nachteil gereichen. Zulässig sind Fragen, die berechtigte, billigenswerte und schutzwürdige Interessen des Vermieters betreffen (so Schmidt-Futterer/Blank, Mietrecht von A–Z, Stichwort „Selbstauskunft" in Anlehnung an die Rechtsprechung des Bundesarbeitsgerichts zu Einstellungsfragebögen der Arbeitgeber).

Zulässig ist die Frage nach dem Arbeitgeber oder dem Einkommen (LG Köln, Urteil v. 1.12.1983, 1 S 73/83, DWW 1984 S. 75) oder dem Familienstand (LG Landau, Urteil v. 22.1.1985, 1 S 226/84, WuM 1986 S. 133). Nicht zulässig ist die Frage, ob der Mieter die eidesstattliche Versicherung nach § 807 ZPO abgegeben hat, zumindest wenn sie ohne zeitliche Beschränkung erfolgt, da die Eintragung in das Schuldnerverzeichnis nach 3 Jahren gelöscht wird (§ 915a Abs. 1 ZPO), so KG Berlin

(Urteil v. 11.11.1998, KartU 387/99, MDR 1999 S. 923).

Fragen, die Rückschlüsse auf die **Bonität** des Mieters ermöglichen, sind also grundsätzlich zulässig. Dies soll auch für die Frage nach den Gründen für die Kündigung des vorangegangenen Mietverhältnisses gelten (AG Kaufbeuren, Beschluss v. 7.3.2013, 6 C 272/13, NJW-RR 2013 S. 849). Zulässig sind Fragen nach der Person und Anschrift des Vorvermieters, der Dauer des vorangegangenen Mietverhältnisses und nach der Erfüllung der dortigen mietvertraglichen Pflichten, da sie geeignet sind, sich über die Bonität und die Zuverlässigkeit des Mietinteressenten ein Bild zu machen. Diese Fragen müssen folglich wahrheitsgemäß beantwortet werden (BGH, Urteil v. 9.4.2014, VIII ZR 107/13, NZM 2014 S. 430).

Nicht jede falsche Auskunft berechtigt im Übrigen zur Anfechtung bzw. zur fristlosen Kündigung des Vertrags.

Rauchen in der Wohnung gehört zum vertragsgemäßen Gebrauch. Unrichtige Angaben berechtigen den Vermieter daher nicht zur Anfechtung des Mietvertrags, auch wenn der Mieter angegeben hat, er habe mit dem Rauchen aufgehört (LG Stuttgart, NJW-RR 1992 S. 1360).

Auch die Frage nach Tierhaltung wird überwiegend für zulässig gehalten, soweit sie sich nicht auf ungefährliche Kleintiere bezieht. Ob allerdings ein Anfechtungs- oder Kündigungsgrund besteht, wenn der Mieter sich einen Hund oder eine Katze anschafft, deren Haltung sich innerhalb des vertragsgemäßen Gebrauchs hält, erscheint sehr fraglich.

Ein solches Recht wird nur bestehen, wenn sich durch die falsche Beantwortung der Frage wesentliche Auswirkungen für den Fortbestand des Mietverhältnisses ergeben. Hierbei zieht das BVerfG die Grenzen zugunsten des Mieters recht weit. Im Beschluss v. 11.6.1991 (1 BvR 239/90, WuM 1991 S. 463) führt es aus: Das Recht auf informationelle Selbstbestimmung entfaltet seinen Rechtsgehalt auch im Privatrecht. Offenbart der wegen Geistesschwäche Entmündigte dem Vermieter nicht seine Beschränkung in der Geschäftsfähigkeit, rechtfertigt allein dieses nicht die Kündigung des Mietvertrags durch den Vermieter.

Das Landgericht Regensburg hatte den Mieter zur Räumung verurteilt, da der Vermieter ein schutzwürdiges Interesse an der Offenlegung der Entmündigung gehabt habe. Das BVerfG ist dagegen der Meinung, dass bei der Abwägung der betroffenen Belange die des Mieters vorgehen. Die Offenbarung der Entmündigung berge nämlich die Gefahr der sozialen Abstempelung und mache es dem Mietinteressenten nahezu unmöglich, Wohnraum anzumieten.

Grundsätzlich geht die Rechtsprechung allerdings davon aus, dass bewusst wahrheitswidrige Angaben über die Vermögensverhältnisse, die berechtigte Frage des Vermieters zur Solvenz des Mietinteressenten betreffen, zur fristlosen Kündigung oder Anfechtung des Mietvertrags führen können. Die fristlose Kündigung setzt jedoch dabei voraus, dass die Fortsetzung des Mietvertrags für den Vermieter im Einzelfall unzumutbar ist (LG Wuppertal, Urteil v. 17.11.1998, 16 S 149/98, WuM 1999 S. 39). In dem vom Gericht entschiedenen Fall wurde zwar die Selbstauskunft vom Mieter bewusst wahrheitswidrig abgegeben. Diese Falschauskünfte haben sich nach der Ansicht des Gerichts jedoch nicht dahingehend ausgewirkt, dass die berechtigten Interessen des Vermieters an regelmäßigen Zahlungseingängen beeinträchtigt worden wären oder in Zukunft beeinträchtigt sein könnten, da die Miete über einen Zeitraum von ca. 2 Jahren vertragsgemäß entrichtet wurde. Wenn aber der Mieter seinen vertraglichen Verpflichtungen regelmäßig nachkommt, soll kein Grund zur Anfechtung oder fristlosen Kündigung bestehen (so Sternel, I Rn. 261).

Hiergegen bestehen Bedenken. Bei einer wahrheitsgemäßen Selbstauskunft des Mieters zu Fragen, die auf die Bonität des Mieters zielen und dem Vermieter eine Risikoprognose eröffnen sollen, hätte der Vermieter den Mietvertrag eher nicht abgeschlossen, und zwar gerade wegen dieses Risikos, sodass sich durch die vertragliche Bindung allein auch bei Einhaltung der Zahlungsverpflichtungen das Risiko ausreichend verwirklicht hat (vgl. LG München I, Urteil v. 25.3.2009, 14 S 18532/08, WuM 2009 S. 348). Vom Vermieter kann nicht verlangt werden, dass ihm erst ein Schaden entsteht, den er gerade durch die Einholung einer ordnungsgemäßen Selbstauskunft von vornherein vermeiden wollte (LG München I a. a. O.).

Auch Fragen des Vermieters nach einer (teilweisen) **Pfändung des Arbeitseinkommens** sowie sonstigen Zwangsvollstreckungsmaßnahmen sind zulässig. Sowohl der Mieter als auch dessen Arbeitgeber müssen solche Fragen wahrheitsgemäß beantworten. Für den sich aus einer solchen Falschauskunft, z. B. durch eine inhaltlich unrichtige Lohnbescheinigung, ergebenden Mietausfallschaden haftet grundsätzlich auch der Arbeitgeber des Mieters (OLG Koblenz, Beschluss v. 6.5.2008, 5 U 28/08, WuM 2008 S. 471).

Fraglich ist, ob der Mieter von sich aus verpflichtet ist, auf seine mangelnde Leistungsfähigkeit hinzuweisen. Das AG Hagen (Urteil v. 5.7.1984, 13 C 414/84, WuM 1984 S. 296) hat dies bejaht und dem Vermieter ein Anfechtungsrecht nach § 119 Abs. 2 BGB zugesprochen, dessen Mieter ihm bei Abschluss des Vertrags verschwiegen hatte, dass er bereits die eidesstattliche Versicherung abgegeben hat.

Dieser Ansicht folgt auch das LG Bonn. Ist über das Vermögen eines Mietinteressenten das Insolvenzverfahren eröffnet, so ist er nach Ansicht des LG Bonn verpflichtet, vor Abschluss eines Mietvertrags den potenziellen Vermieter ungefragt darüber aufzuklären, wie auch darüber, dass das Vormietverhältnis wegen Nichtzahlung des Mietzinses gekündigt und er deshalb zur Räumung verurteilt ist (LG Bonn, Beschluss v. 16.11.2005, 6 T 312/05, 6 S 226/05, WuM 2006 S. 24). Abzustellen ist hinsichtlich der Offenbarungspflicht darauf, ob eine Lage besteht, in der der Mietzinsanspruch des neuen Vermieters als gefährdet anzusehen ist. Bei der bloßen Abgabe einer eidesstattlichen Versicherung, die etwa ein Jahr zurückliegt, ist dies in der Regel noch nicht der Fall. Dies gilt jedoch nicht für die Eröffnung eines Insolvenzverfahrens (LG Bonn, a. a. O.).

Auch das LG Gießen ist der Auffassung, dass derjenige, der in Verhandlungen über den Abschluss eines Mietvertrags tritt, dadurch seine Zahlungsfähigkeit vorspiegelt und somit verpflichtet ist, dem Vermieter seine wirtschaftlichen Schwierigkeiten von sich aus zu offenbaren, wenn die Gefahr besteht, dass er die Miete nicht zahlen kann (LG Gießen, Beschluss v. 23.3.2001, 1 S 590/00, ZMR 2001 S. 894). In diesen Fällen kann der Vermieter vor Überlassung der Mieträume den Mietvertrag anfechten, nach Überlassung die fristlose Kündigung gemäß § 543 Abs. 1 BGB aussprechen.

Entscheidend sind die Umstände des Einzelfalls. Kommt der Mieter seinen Verpflichtungen regelmäßig nach, besteht kein Grund zur Anfechtung (so Sternel, I Rn. 261). Nicht verpflichtet ist der Mieter, über seine Aufenthaltsberechtigung in Deutschland unaufgefordert oder auf Nachfrage Auskunft zu geben (so AG Wiesbaden, Urteil v. 31.7.1992, 98 C 251/92, WuM 1992 S. 597). Auch Fragen nach dem früheren Mietverhältnis sollen nicht zulässig sein (LG Braunschweig, Beschluss v. 4.6.1984, 7 S 10/84, WuM 1984 S. 297). Oft bringt aber gerade eine Rückfrage beim früheren Vermieter nähere Aufschlüsse, wenn der nicht gerade seinen Mieter „wegloben“ will. Auch eine solche Rückfrage soll – aus Datenschutzgründen – nur zulässig sein, wenn der Mietbewerber ausdrücklich damit einverstanden ist (vgl. Weichert, WuM 1993 S. 723 f.).

Zulässig ist hingegen eine Frage nach Mietschulden, da diese Frage auf die wirtschaftliche Situation des Mieters abzielt, weil durch Schulden aus früheren Mietverhältnissen die gegenwärtige Leistungsfähigkeit des Mieters beeinträchtigt sein könnte. Mitteilungspflichtig sind berechtigte und offene Mietzinsverpflichtungen des Mietinteressenten (LG Itzehoe, Urteil v. 28.3.2008, 9 S 132/07, WuM 2008 S. 281).

Auch soll der Mieter nach Ansicht des AG Hamburg nicht verpflichtet sein, gegen ihn anhängige staatsanwaltschaftliche Ermittlungsverfahren zu offenbaren oder dahin zielende Nachfragen des Vermieters wahrheitsgetreu zu beantworten (Urteil v. 7.5.1992, 49 C 88/92, WuM 1992 S. 598). Zwar ist die Zulässigkeit von Fragen nach dem persönlichen Status des Mieters zurückhaltend zu beurteilen. So sollen Fragen nach dem Beruf, Vorstrafen, Anlass für die Beendigung des letzten Mietverhältnisses unzulässig sein (Sternel, I Rn. 262). Im vorliegenden Fall hat der Vermieter aber vorgetragen, dass gegen den Mietinteressenten fünf Ermittlungsverfahren, davon zwei wegen Körperverletzung, eines wegen Hausfriedensbruch und eines wegen Bedrohung anhängig gewesen seien. Dies als richtig unterstellt, kann dem Urteil des Amtsgerichts Hamburg nicht gefolgt werden. Gerade bei der Art der Straftaten sind Auswirkungen auf den Fortbestand des Mietverhältnisses durchaus denkbar.

Wer sichergehen will, sollte sich von den Mietinteressenten eine Selbstauskunft der „Schutzgemeinschaft für das Kreditwesen“, **Schufa**, vorlegen lassen. Der Vermieter erhält von der Schufa selbst keine Auskunft, der Mieter kann aber über sich selbst jederzeit bei der regional zuständigen Schufa eine solche Auskunft einholen.

Selbsthilferecht des Mieters

Als Selbsthilferecht bezeichnet man die Befugnis des Mieters, einen Mangel der Mietsache selbst zu beseitigen und Ersatz seiner Aufwendungen zu verlangen. Dieses Recht ist dem Mieter eingeräumt, wenn der Vermieter mit der Beseitigung eines Mangels in Verzug gerät oder die umgehende Beseitigung des Mangels zur Erhaltung oder Wiederherstellung des Bestands der Mietsache notwendig ist (§ 536a Abs. 2 BGB).

Der Mieter hat den Mangel zunächst anzuzeigen (§ 536c Abs. 1 BGB). Die Mängelanzeige ist noch keine Inverzugsetzung. Kommt der Vermieter nach Empfang der Mängelanzeige seiner Instandsetzungsverpflichtung nicht nach, kann der Mieter die Mängelbeseitigung unter Fristsetzung anmahnen. Nach fruchtlosem Ablauf der Frist ist das Selbstbeseitigungsrecht gegeben. Die Kosten, die hierbei entstehen, kann der Mieter vom Vermieter ersetzt verlangen oder gegen die Miete aufrechnen. Darüber hinaus hat der Mieter gegen den Vermieter einen Anspruch auf Zahlung eines Vorschusses in Höhe der voraussichtlich zur Mängelbeseitigung erforderlichen Kosten, wie das KG Berlin entschieden hat (RE v. 29.2.1988, 8 RE-Miet 6717/87, NJW-RR 1988 S. 1039; Weber/Marx, VIII/S. 35).

Selbstständiges Beweisverfahren → „Beweissicherung“

Sicherungsanordnung

Neu eingeführt durch das Mietrechtsänderungsgesetz wurde die Sicherungsanordnung gemäß § 283 a ZPO. Wird eine Räumungsklage mit einer Zahlungsklage aus demselben Rechtsverhältnis verbunden, ordnet das Prozessgericht auf Antrag des Klägers an, dass der Beklagte wegen der Geldforderungen, die nach Rechtshängigkeit der Klage fällig geworden sind, Sicherheit zu leisten hat, soweit

1. die Klage auf diese Forderung hohe Aussicht auf Erfolg hat und
2. die Anordnung nach Abwägung der beiderseitigen Interessen zur Abwendung besonderer Nachteile für den Kläger gerechtfertigt ist. Hinsichtlich der abzuwägenden Interessen genügt deren Glaubhaftmachung.

Die Vorschrift gilt nicht nur für das Mietrecht, sondern bezieht sich auf alle wiederkehrenden Leistungen. Hauptanwendungsbereich wird jedoch die Mietzahlung sein. Hierdurch soll für den Schuldner der Anreiz, durch einen langwierigen Prozess sich seiner Zahlungspflicht zu entziehen, gemindert werden.

Die Sicherungsanordnung umfasst die Mieten, die nach Rechtshängigkeit der Klage und vor Erlass der Sicherungsanordnung fällig geworden sind. Künftig fällig werdende Mieten werden von der Sicherungsanordnung nicht umfasst.

Problematisch ist, dass die Klage hohe Aussicht auf Erfolg haben muss. Hierfür hat der Vermieter die Beweislast. In der Praxis wird daher die Sicherungsanordnung für den Vermieter keinen großen Vorteil bringen, da die Beweisführung auf die Mittel des Strengbeweises beschränkt ist. Trägt der Mieter also substanziiert Mängel an den Mieträumen vor, die der Vermieter bestreitet, muss das Gericht über das Bestehen dieser Mängel Beweis erheben, womöglich durch ein zeitraubendes Sachverständigengutachten, wodurch der gewünschte Beschleunigungs- und Sicherungseffekt für den Vermieter ins Leere geht.

Erst wenn der Vermieter die hohe Aussicht auf Erfolg nachgewiesen hat, sind die Interessen der Parteien gegeneinander abzuwägen, wofür Glaubhaftmachung ausreichend ist.

Nach der Begründung des Entwurfs ergibt sich ein besonderer Nachteil für den Kläger nicht allein aus der zu erwartenden Dauer des Verfahrens und dem Risiko der späteren Zahlungsunfähigkeit des Beklagten. Vielmehr muss der Kläger konkret dartun, welche besonderen Nachteile er über den Ausfall der Forderung hinaus zu erwarten hat. In die Interessenabwägung sind die Höhe des Zahlungsrückstands und die wirtschaftliche Bedeutung der Forderung für den Kläger einzubeziehen.

Geltend gemachte Erhöhungsbeträge (Mieterhöhung) sind generell vom sachlichen Geltungsbereich einer Sicherungsanordnung ausgeschlossen.

Die Entscheidung des Amtsgerichts ist mit der sofortigen Beschwerde anfechtbar, was zu einer weiteren Verzögerung führt.

Gemäß § 283a Abs. 2 ZPO hat der Beklagte die Sicherheitsleistung binnen einer vom Gericht zu bestimmenden Frist nachzuweisen.

In § 283a Abs. 4 ZPO ist bestimmt, dass der Kläger auf Schadenersatz verschuldensunabhängig haftet, wenn ihm nach dem Endurteil oder nach der anderweitigen Regelung ein Anspruch in Höhe der Sicherheitsleistung nicht zusteht.

Der Hauptvorteil einer Sicherheitsleistung für den Vermieter ist die Neuregelung in § 940a Abs. 3 ZPO: Ist Räumungsklage wegen Zahlungsverzug erhoben, darf die Räumung von Wohnraum durch einstweilige Verfügung auch angeordnet werden, wenn der Beklagte einer Sicherungsanordnung im Hauptsacheverfahren nicht Folge leistet.

Um den Grundsatz der Verhältnismäßigkeit zu wahren, muss das Gericht den Mieter vor Erlass der Räumungsverfügung schriftlich oder mündlich anhören. Der Mieter kann gegen die einstweilige Verfügung Widerspruch einlegen und zugleich einen Antrag auf einstweilige Einstellung der Zwangsvollstreckung gemäß § 936 ZPO i. V.m. § 924 Abs. 3 S. 2 und § 707 Abs. 1 S. 1 ZPO stellen. Durch den Widerspruch wird allerdings die Vollziehung der Räumungsverfügung nicht gehemmt. Die einstweilige Einstellung der Zwangsvollstreckung wird in der Regel nur gegen Sicherheitsleistung des Mieters erfolgen.

Hinzuweisen ist noch darauf, dass der Vermieter rückständige Mieten im Urkundenprozess geltend machen kann, um schnell einen zumindest vorläufig vollstreckbaren Titel zu erlangen (vgl. „Gerichtliches Verfahren in Mietsachen“).

Ferner ist eine Klage des Vermieters auf zukünftige Leistung der Mieten gemäß § 259 ZPO zulässig, wenn der Mieter einen Rückstand an Miete und Mietnebenkosten in einer die Bruttomiete mehrfach übersteigende Höhe hat auflaufen lassen (BGH, Urteil v. 4.5.2011, VIII ZR 146/10, NZM 2011 S. 882).

Sozialklausel

Inhaltsübersicht

Seite

1 **Vorbemerkung** 869
2 **Geltungsbereich** 869
3 **Widerspruch des Mieters** 869
4 **Härtegründe** 870
5 **Prozessverfahren** 870
6 **Zeitmietvertrag** 870
7 **Fortsetzung des Mietverhältnisses** 870
8 **Verlängerung auf unbestimmte Zeit** 870
9 **Unabdingbarkeit** 870

1 Vorbemerkung

Darunter versteht man das Recht des Wohnraummieters, der ordentlichen Kündigung des Vermieters zu widersprechen und die Fortsetzung des Mietverhältnisses zu verlangen, wenn die vertragsmäßige Beendigung des Mietverhältnisses über Wohnraum für den Mieter, seine Familie oder einen anderen Angehörigen seines Hausstands eine Härte bedeuten würde, die auch unter Berücksichtigung der berechtigten Interessen des Vermieters nicht zu rechtfertigen ist (§ 574 Abs. 1 BGB).

2 Geltungsbereich

Die Sozialklausel gilt nicht für Mietverhältnisse über

1. Wohnraum, der nur zum vorübergehenden Gebrauch vermietet ist,
2. Wohnraum, der Teil der vom Vermieter selbst bewohnten Wohnung ist und den der Vermieter überwiegend mit Einrichtungsgegenständen auszustatten hat, sofern der Wohnraum dem Mieter nicht zum dauernden Gebrauch mit seiner Familie oder mit Personen überlassen ist, mit denen er einen auf Dauer angelegten gemeinsamen Haushalt führt,
3. Wohnraum, den eine juristische Person des öffentlichen Rechts oder ein anerkannter privater Träger der Wohlfahrtspflege angemietet hat, um ihn Personen mit dringendem Wohnungsbedarf zu überlassen, wenn sie den Mieter bei Vertragsschluss auf die Zweckbestimmung des Wohnraums und die Ausnahme von den genannten Vorschriften hingewiesen hat (§ 549 Abs. 2 BGB).

Bei **Werkswohnungen** ist das Widerspruchsrecht des Mieters eingeschränkt.

3 Widerspruch des Mieters

Die Erklärung des Mieters, mit der er der Kündigung widerspricht und die Fortsetzung verlangt, bedarf der **Schriftform** (§ 574 b Abs. 1 S. 1 BGB). Eine Begründung ist nicht vorgeschrieben, auf Verlangen des Vermieters soll der Mieter jedoch über die Gründe des Widerspruchs unverzüglich Auskunft erteilen (§ 574 b Abs. 1 S. 2 BGB).

Der Vermieter soll dem Mieter, wenn er den Mietvertrag kündigt, auf die Möglichkeit des Widerspruchs sowie auf Form und Frist desselben hinweisen.

Ist das geschehen, so muss der Widerspruch spätestens 2 Monate vor Beendigung des Mietverhältnisses erklärt sein. Hat der Vermieter diese Belehrung unterlassen, kann der Mieter den Widerspruch noch im Räumungsprozess, und zwar im ersten Termin des Rechtsstreits erheben (§ 574b Abs. 2 BGB).

4 Härtegründe

Härtegründe kann es vielerlei geben. Das Gesetz nennt nur einen Fall. Danach liegt eine Härte vor, wenn angemessener Ersatzraum zu zumutbaren Bedingungen nicht beschafft werden kann. Im Übrigen kommt es auf die jeweiligen Verhältnisse des Einzelfalls an. Die vom Mieter vorgebrachten Härtegründe sind gegenüber den vom Vermieter vorgebrachten Kündigungsgründen abzuwägen (s. hierzu ausführlich „Kündigungsschutz", Abschnitt 3 „Die Sozialklausel (§ 574 BGB)").

5 Prozessverfahren

Wird in Anwendung der Sozialklausel im Prozess vor **Gericht** auf Fortsetzung des Mietverhältnisses erkannt, so entscheidet das Gericht sowohl über die Dauer der Fortsetzung als auch über die Bedingungen, nach denen es fortgesetzt wird. Ist der Wegfall der Härtegründe ungewiss, kann auch eine Fortsetzung des Mietverhältnisses auf unbestimmte Zeit infrage kommen (§ 574a Abs. 2 BGB).

6 Zeitmietvertrag

Bei Zeitmietverträgen gemäß § 575 BGB ist die Anwendung der Sozialklausel stark eingeschränkt. Grundsätzlich gilt sie aufgrund ihrer Stellung im Untergliederungspunkt „Mietverhältnisse auf unbestimmte Zeit" nicht bei Zeitmietverträgen. Eine **Ausnahme** ergibt sich nur für den Fall, dass ein Mietverhältnis, das auf bestimmte Zeit eingegangen ist, außerordentlich mit der gesetzlichen Frist vom Vermieter gekündigt wird (z.B. beim Eintrittsrecht bei Tod des Mieters, wenn in der Person des Eingetretenen ein wichtiger Grund zur Kündigung vorliegt). In diesem Fall, also bei einer außerordentlichen Kündigung mit gesetzlicher Frist, gelten die Bestimmungen der Sozialklausel entsprechend mit der Maßgabe, dass die Fortsetzung des Mietverhältnisses höchstens bis zum vertraglich bestimmten Zeitpunkt der Beendigung verlangt werden kann (§ 575a Abs. 2 BGB). Einen Anspruch auf Fortsetzung darüber hinaus hat der Mieter in diesem Fall nicht, da er sonst besser gestellt wäre als ein Mieter bei „normaler" Beendigung des Mietverhältnisses durch Zeitablauf, der sich nicht auf die Sozialklausel berufen kann.

7 Fortsetzung des Mietverhältnisses

Bei Fortsetzung des Mietverhältnisses auf bestimmte Zeit kann der Mieter eine weitere Fortsetzung aufgrund der Härteklausel nur verlangen, wenn dies durch eine wesentliche Änderung der Umstände gerechtfertigt ist oder Umstände nicht eingetreten sind, deren vorgesehener Eintritt für die Zeitdauer der Fortsetzung bestimmend war (§ 574c Abs. 1 BGB).

8 Verlängerung auf unbestimmte Zeit

Das Widerspruchsrecht des Mieters kann u.U. mehrfach nacheinander zur Anwendung gelangen. Kündigt der Vermieter ein Mietverhältnis, dessen Fortsetzung auf unbestimmte Zeit durch Urteil bestimmt worden ist, kann der Mieter der Kündigung widersprechen und vom Vermieter verlangen, das Mietverhältnis auf unbestimmte Zeit fortzusetzen. Haben sich die Umstände verändert, die für die Fortsetzung bestimmend gewesen waren, kann der Mieter eine Fortsetzung des Mietverhältnisses nur nach § 574 BGB verlangen; unerhebliche Veränderungen bleiben außer Betracht (§ 574c Abs. 2 BGB).

9 Unabdingbarkeit

Das Widerspruchsrecht des Mieters kann **nicht** durch Vertrag **eingeschränkt** oder ausgeschlossen werden.

Sozialwohnung

Inhaltsübersicht

		Seite
1	**Beginn und Ende der Eigenschaft „öffentlich gefördert“**	871
2	**Vorzeitige Rückzahlung**	872
3	**Überlassung an Wohnberechtigte**	872
4	**Durchsetzung**	873
5	**Leerstand ohne Genehmigung**	873
6	**Eigennutzung**	873
7	**Freistellung**	873
8	**Umwandlung**	874
9	**Kündigung**	874
10	**Miete**	874
11	**Fehlbelegungsabgabe**	875

Öffentlich geförderte Wohnungen (Sozialwohnungen), die nach dem 20.6.1948 bezugsfertig geworden sind, unterliegen einer Belegungs- und Preisbindung. Öffentlich gefördert sind Wohnungen, deren Bau mit öffentlichen Mitteln finanziert ist. Diese können als Darlehen oder in Form von Zuschüssen, insbesondere von Zinszuschüssen und von laufenden befristeten Aufwendungszuschüssen gewährt worden sein. Das Gesetz zur Reform des Wohnungsbaurechts v. 13.9.2001 (BGBl I S. 2376) ist sowohl hinsichtlich des bis zum 31.12.2001 geförderten Sozialwohnungsbestands als auch hinsichtlich der neuen Förderung zum 1.1.2002 in Kraft getreten.

Die bisherigen Bestimmungen, nämlich das Wohnungsbindungsgesetz, die Neubaumietenverordnung und die II. BV sind gemäß § 50 Wohnraumförderungsgesetz (WoFG) für den bisher geförderten Bestand weiter anzuwenden. Für die Miethöhe gilt daher für die Bestandswohnungen weiterhin die „Kostenmiete“ (vgl. „Kostenmiete“).

1 Beginn und Ende der Eigenschaft „öffentlich gefördert“

Eine Wohnung, für die die öffentlichen Mittel vor der Bezugsfertigkeit bewilligt worden sind, gilt von dem Zeitpunkt an als öffentlich gefördert, an dem der **Bewilligungsbescheid** dem Bauherrn zugegangen ist. Sind die öffentlichen Mittel erstmalig nach der Bezugsfertigkeit der Wohnung bewilligt worden, gilt die Wohnung, wenn der Bauherr die Bewilligung der öffentlichen Mittel vor der Bezugsfertigkeit beantragt hat, von der Bezugsfertigkeit an als öffentlich gefördert, im Übrigen vom Zugang des Bewilligungsbescheids an (§ 13 Abs. 1 WoBindG).

Bei **Widerruf** der Bewilligung gilt die Wohnung als von Anfang an nicht öffentlich gefördert. Beim Umbau von Zubehörräumen einer öffentlich geförderten Wohnung zu Wohnräumen oder Wohnungen gelten auch diese als öffentlich gefördert. Das Gleiche gilt, wenn eine öffentlich geförderte Wohnung durch weitere Wohnungen vergrößert wird (§ 14 WoBindG).

Das Ende der Eigenschaft „öffentlich gefördert“ tritt regelmäßig mit Ablauf des Kalenderjahres, in dem die öffentlichen Mittel nach Maßgabe der Tilgungsbedingungen vollständig zurückgezahlt werden, ein. Sind neben dem Darlehen Zuschüsse zur Deckung der laufenden Aufwendungen oder als Zinszuschüsse bewilligt worden, so gilt die Wohnung mindestens bis zum Ablauf des Kalenderjahres als öffentlich gefördert, in dem der Zeitraum endet, für den sich die laufenden Aufwendungen durch Gewährung der Zuschüsse vermindern. Bei Kündigung des Darlehens wegen Verstoßes des Darlehensnehmers gegen die einschlägigen Bestimmungen gilt die Wohnung als öffentlich gefördert bis zum Ablauf des Kalenderjahres, in dem das Darlehen nach Maßgabe der Tilgungsbedingungen vollständig zurückgezahlt worden wäre, längstens jedoch bis zum Ablauf des zwölften Kalenderjahres nach dem Jahr der Rückzahlung (§ 15 Abs. 1 WoBindG).

Wurden öffentliche Mittel lediglich als Zuschüsse zur Deckung der laufenden Aufwendungen oder als Zinszuschüsse bewilligt, gilt die Wohnung als öffentlich gefördert bis zum Ablauf des dritten Kalenderjahres nach dem Ende des Förderungszeitraums. Sind die öffentlichen Mittel für eine Wohnung lediglich als **Zuschuss** der für den Bau der Wohnung entstandenen Gesamtkosten bewilligt worden, gilt die Wohnung als öffentlich gefördert bis zum Ablauf des **zehnten Kalenderjahres** nach der Bezugsfertigkeit. Regelmäßig werden öffentliche Mittel für mehrere Wohnungen eines Gebäudes bewilligt. Das Ende der Eigenschaft „öffentlich gefördert“ tritt in diesem Fall erst ein, wenn das für sämtliche Wohnungen gewährte öffentliche Darlehen restlos zurückgezahlt ist oder wenn die Aufwendungs- oder Zinszuschüsse nicht mehr gezahlt werden.

2 Vorzeitige Rückzahlung

Bei vorzeitiger vollständiger Rückzahlung der öffentlichen Mittel endet die Eigenschaft „öffentlich gefördert“ mit dem Ablauf des zehnten Kalenderjahres, in dem die öffentlichen Mittel zurückgezahlt worden sind, spätestens jedoch mit dem Ablauf der normalen Tilgungszeit (§ 16 Abs. 1 WoBindG). Eine Wohnung, für deren Bau ein Darlehen aus öffentlichen Mitteln von nicht mehr als 1.550 Euro bewilligt worden ist, gilt als öffentlich gefördert bis zum Zeitpunkt der Rückzahlung (§ 16 Abs. 2 WoBindG).

Sind die für ein Eigenheim, eine Eigensiedlung oder eigengenutzte Eigentumswohnung als Darlehen bewilligten öffentlichen Mittel ohne rechtliche Verpflichtung vorzeitig zurückgezahlt oder abgelöst, gilt die Wohnung bis zum Zeitpunkt der Rückzahlung oder Ablösung, bei Rückzahlung oder Ablösung vor dem 17.6.1985 längstens bis zum 16.6.1985 als öffentlich gefördert. Eine Eigentumswohnung, die durch Umwandlung einer öffentlich geförderten Mietwohnung entstanden ist, gilt als eigengenutzt, wenn sie vom Eigentümer oder seinen Angehörigen als Berechtigte i. S. d. WoBindG selbst genutzt wird. Beginnt die Eigennutzung nach Rückzahlung oder Ablösung des öffentlichen Darlehens, gilt die Wohnung vom Beginn der Eigennutzung an nicht mehr als öffentlich gefördert (§ 16 Abs. 5 WoBindG).

3 Überlassung an Wohnberechtigte

Die Überlassung an Wohnberechtigte ist in § 4 WoBindG und § 27 WoFG geregelt. Der Verfügungsberechtigte darf die Wohnung einem Wohnungssuchenden nur dann zum Gebrauch überlassen, wenn dieser ihm vor der Überlassung eine **Wohnberechtigungsbescheinigung** übergibt und wenn die in der Bescheinigung angegebene Wohnungsgröße nicht überschritten wird (§ 4 Abs. 2 WoBindG). Ist die Wohnung für Angehörige eines bestimmten Personenkreises vorbehalten worden, darf der Berechtigte sie auf Dauer des Vorbehalts nur an einen Wohnberechtigten überlassen, der diesem Personenkreis angehört, was sich aus der Bescheinigung ergeben muss (§ 4 Abs. 3 WoBindG).

Die Wohnberechtigungsbescheinigung wird von der zuständigen Stelle erteilt. Sie ist zu erteilen, wenn die Einkommensgrenzen gemäß § 9 WoFG i. V. m. § 27 WoFG, § 5 WoBindG nicht überschritten sind. In der Bescheinigung ist die für den Wohnberechtigten angemessene Wohnungsgröße anzugeben.

> Innerhalb des berechtigten Personenkreises ist der Verfügungsberechtigte in der Mieterwahl grundsätzlich frei.

Ausnahmen ergeben sich aus einem Wohnungsbesetzungsrecht für eine Gemeinde oder für Angehörige des öffentlichen Dienstes (§ 4 Abs. 4und 5 WoBindG).

Eine **Sonderregelung** gilt für Gebiete mit erhöhtem Wohnbedarf. Hier kann durch Verordnung der Landesregierung bestimmt werden, dass die Wohnung nur einem von der zuständigen Stelle benannten Bewerber überlassen werden darf (§ 5a Abs. 1 WoBindG). Diese Stelle hat mindestens drei Bewerber zu benennen. Wenn keiner der Benannten die Wohnung nimmt, ist die Überlassung an andere Wohnberechtigte zu genehmigen. Der Vermieter hat grundsätzlich einen von der zuständigen Stelle benannten Bewerber zu akzeptieren. Nur unter ganz engen Voraussetzungen kann er einen Bewerber ablehnen, nämlich dann, wenn konkrete Anhaltspunkte dafür bestehen, dass der Bewerber nicht mietfähig ist (BayVGH, Urteil v. 23.9.1987, DWW 1988 S. 55).

Die **Mietfähigkeit** ist nicht gegeben, wenn der Bewerber zahlungsunfähig ist oder wenn Anhaltspunkte dafür bestehen, dass er seinen mietvertraglichen Verpflichtungen nicht nachkommt, z. B. wenn gegen ihn bereits vor nicht allzu langer Zeit ein Räumungsurteil wegen schwerer Störungen des Hausfriedens ergangen ist. Den Nachweis muss allerdings der Vermieter in jedem Einzelfall eines abgelehnten Bewerbers führen, was in der Praxis oft nicht möglich sein wird. Allerdings gilt auch im öffentlichen Recht der Grundsatz von Treu und Glauben. Mit diesem Grundsatz ist es nicht zu vereinbaren, wenn die zuständige Behörde einen Wohnungssuchenden benennt, der unzumutbar ist, weil er etwa nicht willens oder in der Lage ist, seine mietvertraglichen Pflichten zu erfüllen (BayVGH, a. a. O.).

Nach § 4 Abs. 6 WoBindG hat der Vermieter nach Überlassung der Wohnung eine Mitteilungspflicht und der zuständigen Stelle den ihm übergebenen Wohnberechtigungsschein vorzulegen.

4 Durchsetzung

Die **Einhaltung der Bestimmungen** des WoBindG und des WoFG kann mit Strafzinsen, Darlehenskündigungen und Bußgeldern durchgesetzt werden (§§ 33 und 52 WoFG).

5 Leerstand ohne Genehmigung

Ohne Genehmigung der zuständigen Stelle darf der Vermieter eine Wohnung nicht leer stehen lassen, wenn eine Vermietung möglich wäre (§ 27 Abs. 7 Nr. 2 WoFG). Vielmehr hat er sie auf Verlangen der zuständigen Stelle einem Wohnungssuchenden zum Gebrauch zu überlassen. Die zuständige Stelle kann diese notfalls durch Bußgelder etc. (s. Abschnitt 4 „Durchsetzung“) durchsetzen. Dies gilt auch dann, wenn die Wohnungsbindung nur noch einen kurzen Zeitraum beträgt.

6 Eigennutzung

Auch zur Eigennutzung bedarf der Verfügungsberechtigte grundsätzlich der Genehmigung durch die zuständige Stelle (§ 27 Abs. 7 Nr. 1 WoFG i. V. m § 27 Abs. 7 S. 2 WoFG). Die Genehmigung ist zu erteilen, wenn der Verfügungsberechtigte und seine Haushaltsangehörigen die Voraussetzungen für die Erteilung eines Wohnberechtigungsscheins nach § 27 Abs. 1 bis 5 WoFG erfüllen.

7 Freistellung

Die Freistellung von Belegungsbindungen richtet sich nach § 7 WoBindG i. V. m. § 30 WoFG. Grundsätzlich kann eine Wohnung nur freigestellt werden, wenn nach den wohnungswirtschaftlichen Verhältnissen ein öffentliches Interesse an der Belegungsbindung nicht mehr besteht. Nur dann kann eine Wohnung an nicht wohnberechtigte Personen überlassen werden.

§ 7 WoBindG ist durch das Gesetz zur Förderung des Wohnungsbaus vom 6.6.1994 (BGBl I S. 1184 ff.) neu gefasst und erweitert worden. Danach ist eine Freistellung auch möglich, soweit ein überwiegendes öffentliches Interesse oder ein überwiegendes berechtigtes Interesse des Verfügungsberechtigten oder eines Dritten an der Freistellung besteht, auch insoweit die Freistellung der Verhinderung oder Beseitigung einseitiger Strukturen in der Wohnungsbelegung dient oder Wohnungen mit Rücksicht auf das Bestehen von Dienstverhältnissen oder im Rahmen von genossenschaftlichen Mitgliedschaftsverhältnissen zum Gebrauch überlassen werden sollen oder der Verfügungsberechtigte der zuständigen Stelle das Besetzungsrecht für eine gleichwertige bezugsfertige oder freie Wohnung, die nicht dem WoBindG unterliegt und nicht nach dem II. WoBauG gefördert wurde, für die Dauer der Freistellung vertraglich einräumt und dieser nach den örtlichen wohnungswirtschaftlichen Verhältnissen kein überwiegendes öffentliches Interesse an den Bindungen entgegensteht.

Die Freistellung kann bedingt, befristet und unter Auflagen, insbesondere auch verbunden mit der Verpflichtung zu Ausgleichszahlungen in angemessener Höhe, erteilt werden.

Durch das Gesetz zur Reform des Wohnungsbaurechts vom 13.9.2001 (BGBl I S. 2376) sind neue Regelungen zur Freistellung von Belegungsbindungen geschaffen worden. So kann eine Freistellung auch dann erfolgen, wenn der Verfügungsberechtigte der zuständigen Stelle ein Belegungsrecht auch für Ersatzwohnungen gewährt, die bisher anders gebunden sind, §§ 7 WoBindG), 30 WoFG. Bei der Freistellung kann auch von einem Ausgleich abgesehen werden, wenn und insoweit die Freistellung in überwiegendem öffentlichen Interesse erfolgt. Ferner können gemäß §§ 7 WoBindG, 31 WoFG durch eine Vereinbarung mit der zuständigen Stelle die Belegungs- und Mietbindungen von geförderten Wohnungen auf Ersatzwohnungen des Verfügungsberechtigten übertragen werden, und zwar insbesondere dann, wenn dies der Schaffung oder Erhaltung stabiler Bewohnerstrukturen dient. Ferner können gemäß §§ 7 WoBindG, 14 WoFG Kooperationsverträge geschlossen werden, in denen Belegungs- und Mietbindungen begründet oder verlängert werden können.

8 Umwandlung

Gemäß § 32 Abs. 3 WoFG hat der Vermieter der zuständigen Stelle die Veräußerung von belegungs- oder mietgebundenen Wohnungen und die Begründung von Wohnungseigentum an solchen Wohnungen unverzüglich schriftlich mitzuteilen.

> Die **Kündigung** eines Mietverhältnisses über eine Sozialwohnung, die nach Überlassung an den Mieter in eine Eigentumswohnung umgewandelt worden ist wegen Eigenbedarfs des Erwerbers, ist während der Dauer der Sozialbindung ausgeschlossen (§ 32 Abs. 3 S. 2 WoFG).

Das bedeutet, dass der Erwerber bei vorzeitiger Rückzahlung des öffentlichen Baudarlehens grundsätzlich die zehnjährige Nachwirkungsfrist abwarten muss, bevor er kündigen kann. Diese Frist läuft parallel zur allgemeinen Kündigungssperrfrist gemäß § 577a BGB; zugunsten des Mieters gilt die jeweils längere Frist. Wurde eine umgewandelte Wohnung mit nicht mehr als 1.550 Euro gefördert, gilt für die Eigenbedarfskündigung nur die Dreijahresfrist des § 577a Abs. 1 BGB, da hier die Eigenschaft „öffentlich gefördert" zum Zeitpunkt der Rückzahlung endet (§ 16 Abs. 2 WoBindG). Diese Frist kann sich unter den Voraussetzungen des § 577a Abs. 2 BGB auf bis zu 10 Jahre verlängern.

Wird eine öffentlich geförderte Mietwohnung als Eigentumswohnung an einen Dritten verkauft, so steht dem von der Umwandlung betroffenen Mieter das Vorkaufsrecht gemäß § 577 BGB zu.

9 Kündigung

Für die Kündigung von Mietverhältnissen über preisgebundenen Wohnraum gelten die allgemeinen Vorschriften über die Kündigung von Wohnraummietverhältnissen. Kündigt der Vermieter wegen Eigenbedarfs, muss er die entsprechende Wohnberechtigung für die Wohnung haben.

10 Miete

Die Miete für öffentlich geförderten Wohnraum ist bis ins Kleinste reglementiert (Näheres s. „Kostenmiete").

11 Fehlbelegungsabgabe

Überschritt der Mieter einer Sozialwohnung während der Mietzeit mit seinem Einkommen bestimmte Grenzen, konnte er zu einer Ausgleichszahlung herangezogen werden. Die Höhe der Ausgleichszahlungen war im Gesetz über den Abbau der Fehlsubventionierung im Wohnungswesen geregelt. Durch die Föderalismusreform im Wohnungswesen sind die Bundesländer nunmehr für die Fehlbelegungsabgabe zuständig. Die meisten Bundesländer haben die Fehlbelegungsabgabe zwischenzeitlich abgeschafft. So endete z. B. in Bayern mit Ablauf des 31.12.2007 die Erhebung der Fehlbelegungsabgabe gemäß § 2 des Gesetzes zur Umsetzung der Föderalismusreform im Wohnungswesen vom 10.4.2007 (GVBl S. 267).

Spannungsklauseln

Von einer Spannungsklausel spricht man, wenn eine Verbindlichkeit in Beziehung gesetzt wird zu dem Preis oder dem Wert von Gütern oder Leistungen, die mit der vom Gläubiger zu erbringenden Leistung gleichartig sind. Spannungsklauseln spielen vor allem eine Rolle bei Ruhegeldvereinbarungen u. Ä. Ihre Bedeutung für die Mietvereinbarung ist gering. Zulässig sind sie nur bei Geschäftsraummietverhältnissen, nicht bei Wohnraummietverhältnissen. Hier könnte von einer Spannungsklausel allenfalls gesprochen werden, wenn eine zwischen den Parteien vereinbarte Miete sich jeweils der vergleichbaren Miete für Objekte gleicher Art und Lage anpassen soll. Dabei darf jedoch nicht ein Index als Vergleichsgröße gewählt werden. Wer aber soll die vergleichbare Miete für gleichartige und gleichwertige Objekte bestimmen? In aller Regel müsste dies ein Dritter (Gutachter) sein. Damit aber hätte man es mit einem Leistungsvorbehalt zu tun. Für die Praxis der Geschäftsraummiete kommen deshalb wohl nur echte und damit genehmigungspflichtige Wertsicherungsklauseln oder genehmigungsfreie Leistungsvorbehalte in Betracht.

Sperrmüll → „Betriebskosten", Abschnitt 2.8 „Die Kosten der Straßenreinigung und Müllbeseitigung (Nr. 8)"

Staffelmiete

Von Staffelmiete spricht man, wenn die Miete für bestimmte Zeiträume in unterschiedlicher Höhe vereinbart wird. Bei Geschäftsraummietverhältnissen sind die Parteien in ihrer Vereinbarung frei. Es kann sowohl die Steigerung um einen bestimmten Prozentsatz als auch um einen bestimmten Betrag vereinbart werden. Die Miete ist zu dem vertraglich vereinbarten Termin ohne weitere Zahlungsaufforderung des Vermieters fällig.

Eine Staffelmietvereinbarung liegt bereits vor, wenn sich die Miete während des vereinbarten Zeitraums lediglich einmal erhöht (BGH, Urteil v. 16.11.2005, VIII ZR 218/04, WuM 2005 S. 786, 788 unter II B 2a).

Ein Anspruch des Mieters auf Anpassung einer Staffelmiete für Gewerberaum bei unvorhergesehenem Absinken des Mietniveaus nach den Regeln des Wegfalls der Geschäftsgrundlage besteht grundsätzlich nicht, wie der BGH entschieden hat. Auch wesentliche Änderungen der Geschäftsgrundlage – so die bei Vertragsschluss vorhandene Vorstellung und Erwartung der Parteien, die marktübliche Miete werde weiter ansteigen – führen nicht zur Anpassung des Vertrags, wenn sich durch die Störung ein Risiko verwirklicht, das eine Partei zu tragen hat.

Insbesondere bei der Vereinbarung einer Staffelmiete besteht nämlich regelmäßig die nicht fernliegende Möglichkeit, dass die vereinbarte

Miete im Lauf der Mietzeit erheblich von der Entwicklung der marktüblichen Miete abweicht. Dieses typische Vertragsrisiko trägt grundsätzlich die jeweils benachteiligte Vertragspartei. Der Mieter bleibt somit auch bei einem gravierenden Absinken des allgemeinen Mietniveaus an die vertraglich vereinbarte Staffelerhöhung gebunden, es sei denn, die Parteien haben eine ausdrückliche abweichende Regelung getroffen.

Etwas anderes kann sich nur ergeben, wenn die Gleichwertigkeit von Leistung und Gegenleistung nach Vertragsschluss durch unvorhergesehene Veränderungen so schwer gestört wird, dass damit das von einer Partei normalerweise zu tragende Risiko in unzumutbarer Weise überschritten wird. Nur bei einer solchen schwerwiegenden, die Unzumutbarkeitsgrenze überschreitenden Äquivalenzstörung ist der Vertrag den veränderten Umständen anzupassen. Eine solche Anpassung kann nur in besonderen Ausnahmefällen in Betracht kommen, z.B. wenn das Festhalten am Vertrag für eine Partei existenzgefährdend wäre (BGH, Urteil v. 8.5.2002, XII ZR 8/00, NZM 2002 S. 659).

> Bei Wohnraum gilt § 557a BGB. Die Vereinbarung bedarf zu ihrer Wirksamkeit der **Schriftform**.

Die Miete muss jeweils mindestens ein Jahr unverändert bleiben und betragsmäßig ausgewiesen sein. Es kann somit nicht etwa eine prozentuale Mieterhöhung oder eine Erhöhung nach anderen Kriterien (z.B. Angemessenheit) wirksam vereinbart werden. Ferner war bisher nicht ausreichend, wenn nur die monatliche Anfangsmiete und die jährlichen Erhöhungsbeträge angegeben sind (OLG Braunschweig, RE v. 29.3.1985, 1 UH 1/85, WuM 1985 S. 213; Weber/Marx, VII/S. 161; ebenso OLG Karlsruhe, RE v. 13.11.1989, 9 RE-Miet 1/89, WuM 1990 S. 9; Weber/Marx, IX/S. 59).

Durch das Vierte Mietrechtsänderungsgesetz, beibehalten durch das Mietrechtsreformgesetz, wurde die Bestimmung dahin geändert, dass in der Vereinbarung die jeweilige Miete oder die jeweilige Erhöhung in einem Geldbetrag auszuweisen ist (§ 557a Abs. 1 2. HS BGB).

> Nach wie vor wird allerdings empfohlen, zur Vermeidung von Auslegungsproblemen und von Rechtsunsicherheiten klare Vereinbarungen zu treffen.

Während der Zeit, für die eine Staffelmiete vereinbart ist, kann nicht die Zustimmung zu einer Erhöhung der Miete auf die ortsübliche Vergleichsmiete verlangt werden. Auch wegen baulicher Änderung ist eine Mieterhöhung ausgeschlossen. Lediglich erhöhte Betriebskosten darf der Vermieter umlegen, sofern die sonstigen Voraussetzungen hierfür erfüllt sind (s. „Mieterhöhung bei Wohnraum“, Abschnitt 4 „Betriebskostenerhöhung (§ 560 BGB)“). Die Zulässigkeit von Staffelmieten bezieht sich auf sämtliche Mietverhältnisse über nicht preisgebundenen Wohnraum, gleichgültig, wann sie begründet worden sind und wann der Wohnraum errichtet worden ist. Immer aber bedarf die Staffelmiete einer Übereinkunft beider Vertragsteilnehmer. Sie kann nicht von einem Teil einseitig erzwungen werden.

> Ist die Staffelmiete bei einem Mietvertrag auf Zeit vereinbart, kann das Kündigungsrecht des Mieters höchstens für 4 Jahre seit Abschluss der Staffelmietvereinbarung ausgeschlossen werden. Die Frist beginnt also bereits mit Abschluss des Mietvertrags und der gleichzeitig vereinbarten Staffelmiete, nicht erst mit dem Bezug der Wohnung (BGH, Urteil v. 29.6.2005, VIII ZR 344/04, NZM 2005 S. 782).

Nach ständiger Rechtsprechung des BGH benachteiligt ein formularmäßig erklärter, einseitiger Verzicht des Mieters von Wohnraum auf sein ordentliches Kündigungsrecht den Mieter nicht unangemessen, wenn der Kündigungsausschluss zusammen mit einer nach § 557a BGB zulässigen Staffelmiete vereinbart wird und seine Dauer nicht mehr als 4 Jahre seit Abschluss der Staffelmietvereinbarung beträgt (BGH, Urteil v. 12.11.2008, VIII ZR 270/07, WuM 2009 S. 45).

Der Mieter soll die Möglichkeit haben, sich von einem längerfristigen Vertrag zu lösen, falls die vereinbarte Staffelmiete nicht mehr in Einklang zu bringen ist mit der allgemeinen wirtschaftlichen Entwicklung. Dabei ist nach einem RE des OLG Hamm v. 11.8.1989 (30 RE-Miet 3/88, WuM 1989 S. 485) die Kündigung unter Einhaltung der gesetzlichen Kündigungsfrist bereits zum Ablauf der Vierjahresfrist möglich.

Durch das Mietrechtsreformgesetz ist dies nunmehr ausdrücklich in § 557a Abs. 3 S. 2 BGB bestimmt. Unwirksam ist daher auch eine vertragliche Bestimmung, wonach der Mieter das Staffelmietverhältnis nach Ablauf von 4 Jahren nur zu einem einzigen Zeitpunkt (hier: 31.1.) kündigen kann (BGH, Urteil v. 2.6.2004, VIII ZR 316/03, NZM 2004 S. 736).

Eine **zeitliche Beschränkung** (bisher 10 Jahre) besteht **nicht** mehr.

Eine unter Geltung des MHG ohne zeitliche Begrenzung individualvertraglich vereinbarte Staffelmiete ist nur insoweit unwirksam, als sie über die damalige zulässige Höchstdauer von 10 Jahren hinausgeht (BGH, Urteil v. 17.12.2008, VIII ZR 23/08, WuM 2009 S. 117).

> Um das Risiko von Fehlkalkulationen zu vermeiden, sollten keine allzu langen Laufzeiten vereinbart werden, noch dazu, da der Mieter durch die Kündigungsmöglichkeit geschützt ist.

Ihre Obergrenze findet die Staffelmiete in den Vorschriften des Wirtschaftsstrafgesetzes und über den Mietwucher sowie in den Bestimmungen über die Mietpreisbremse (s. Abschnitt 6, „Mietpreisbremse“).

Auch bei **preisgebundenem** Wohnraum ist die Vereinbarung einer Staffelmiete jedenfalls dann unbedenklich, wenn die höchste Staffel die bei Vertragsschluss maßgebliche Kostenmiete nicht übersteigt (so OLG Hamm, RE v. 29.1.1993, 30 RE-Miet 2/92, WuM 1993 S. 108).

Wie der BGH entschieden hat, ist es zulässig, bereits während der Preisbindung für eine Sozialwohnung eine Staffelmiete für die Beendigung der Preisbindung in Höhe der ortsüblichen Vergleichsmiete zu vereinbaren. Der BGH weist darauf hin, dass die Staffelmiete sowohl dem Vermieter wie dem Mieter Planungssicherheit bietet, weil von vornherein festgelegt wird, zu welchem Zeitpunkt und in welchem Umfang die Miete steigt (BGH, Urteil v. 3.12.2003, VIII 157/03, NZM 2004 S. 135).

Aus der Vereinbarung einer Staffelmiete für einen bestimmten Zeitraum ergibt sich nicht, dass hierin auch ein schlüssig vereinbarter Kündigungsausschluss liegen soll. Dies folgt daraus, dass es sich bei der Staffelmiete um eine Vereinbarung über die Miete handelt, die von einer Vereinbarung über die Mietzeit zu unterscheiden ist. Dies hat der BGH mit Urteil v. 28.1.1976 (VIII ZR 263/74, WuM 1978 S. 82) für den Fall eines Geschäftsraummietverhältnisses entschieden, in dem die Parteien vereinbart hatten, dass die Miete 3 Jahre verbindlich bleiben soll.

Die erhöhte Miete sollte unverzüglich angefordert werden. Wartet der Vermieter nämlich zu lange ab und zahlt der Mieter die alte Miete weiter, kann hierin ein Verzicht auf die Rechte aus der Staffelmietvereinbarung gesehen werden; auch kann der Anspruch verwirkt sein (so LG München I, Urteil v. 17.4.2002, 14 S 17240/01, ZMR 2003 S. 431 für den Fall, dass der Vermieter 2,5 Jahre den Erhöhungsbeitrag nicht gefordert hat).

Vergleiche zu diesem Thema auch „Mieterhöhung bei Wohnraum“, Abschnitt 6 „Staffelmiete (§ 557a BGB)“.

Stillschweigende Verlängerung des Mietverhältnisses

Wenn nach dem Ablauf der Mietzeit der Gebrauch der Mietsache von dem Mieter fortgesetzt wird, so verlängert sich das Mietverhältnis auf unbestimmte Zeit, sofern nicht der

Vermieter oder der Mieter seinen entgegenstehenden Willen binnen einer Frist von 2 Wochen dem anderen Teil gegenüber erklärt (§ 545 BGB). Die Frist beginnt für den Mieter mit der Fortsetzung des Gebrauchs, für den Vermieter mit dem Zeitpunkt, in welchem er von der Fortsetzung Kenntnis erlangt. Kraft gesetzlicher Fiktion kann also eine stillschweigende Verlängerung des Mietverhältnisses eintreten. § 545 BGB ist auch im Fall einer fristlosen Kündigung anwendbar, nicht jedoch im Fall eines Räumungsvergleichs, wenn hierdurch lediglich der Zeitpunkt der Räumung vereinbart wird und die Frage der Vertragsbeendigung offen bleibt (Blank in Schmidt-Futterer, § 545 Rn. 11).

Die Vorschrift hat in der Praxis erhebliche Auswirkungen. Das hat seine Ursache darin, dass der entgegenstehende Wille erklärt werden, dem anderen Teil also eine einseitige Willenserklärung des Vertragspartners zugehen muss, und das innerhalb verhältnismäßig kurzer Frist.

Erklärung des entgegenstehenden Willens des Vermieters ist das auf Räumung gerichtete Verlangen des Vermieters.

Die Frist wird auch durch die Erhebung der Räumungsklage gewahrt. Hierbei reicht es aus, wenn die Klage vor Fristablauf eingereicht und gemäß § 167 ZPO demnächst zugestellt wird (BGH, Urteil v. 25.6.2014, VIII ZR 10/14, WuM 2014 S. 485). Im vom BGH entschiedenen Fall kündigte der Vermieter zum 31.7. eines Jahres, ohne bereits in der Kündigung den Fortsetzungswiderspruch zu erklären. Am 7.8., also innerhalb der zweiwöchigen Frist, reichte der Vermieter Klage ein, die am 22.9. zugestellt wurde. Dies genügt.

Auch schon vor Beendigung des Mietverhältnisses kann eine der Vertragsparteien wirksam die Erklärung abgeben, dass sie einer Fortsetzung des Mietverhältnisses widerspricht. Insbesondere kann dies bereits in dem Schreiben erklärt werden, mit welchem die fristlose Kündigung ausgesprochen wird, wie das OLG Hamburg in einem Rechtsentscheid v. 27.7.1981 (4 U 27/81, WuM 1981 S. 205; Weber/Marx, VII/S. 112) entschieden hat. Der vor Vertragsende abgegebene Widerspruch ist wirksam, wenn er in einem zeitlichen Zusammenhang mit dem Vertragsende abgegeben wird. Ein zeitlicher Zusammenhang muss jedenfalls dann nicht bestehen, wenn der Widerspruch zusammen mit der ordentlichen Kündigung erklärt wird. Ein solcher bereits mit der Kündigung erklärter Widerspruch gegen eine stillschweigende Vertragsfortsetzung ist wirksam (BGH, Beschluss v. 21.4.2010, VIII ZR 184/09, WuM 2010 S. 418).

Im Übrigen ist die Rechtsprechung großzügig. Der Wortlaut des Gesetzes muss nicht verwandt werden. So ist das OLG Schleswig der Meinung, dass dann, wenn der Vermieter gleichzeitig mit der fristlosen Kündigung eine Räumungsfrist gewährt, er damit einen objektiv der Fortsetzung des Mietverhältnisses entgegenstehenden Willen zum Ausdruck bringt (RE v. 23.11.1981, 6 RE-Miet 2/81, WuM 1982 S. 65; Weber/Marx, VII/ S. 113; so auch OLG München, Urteil v. 26.1.2001, 21 U 3595/94, ZMR 2001 S. 347). Gleiches soll gelten, wenn der Vermieter Zahlungen des Mieters ausdrücklich als Nutzungsentschädigung entgegennimmt. Auch in der Kündigung selbst kann u. U. schlüssig ein Widerspruch enthalten sein (BGH, Urteil v. 16.9.1987, VIII ZR 156/86, NJW-RR 1988 S. 76). Eine konkludente Widerspruchserklärung muss allerdings den Willen des Vermieters, die Fortsetzung des Vertrags abzulehnen, eindeutig ergeben. Ob das zuständige AG aber immer so wohlwollend ist, erscheint zweifelhaft. Es empfiehlt sich daher, eine ausdrückliche schriftliche Äußerung niederzulegen.

§ 545 BGB ist abdingbar, d. h., seine Rechtsfolgen können durch Vertrag ausgeschlossen werden, und zwar auch durch Formularvertrag, wie das OLG Hamm in einem RE entschieden hat (RE v. 9.12.1982, 4 RE-Miet 12/82, WuM 1983 S. 48; Weber/Marx, VII/S. 113). Folgende Formulierung führt zu einem wirksamen Ausschluss der Verlängerungsfiktion: „Setzt der Mieter den Gebrauch der Mietsache nach Ablauf der Mietzeit fort, so gilt das Mietverhältnis nicht als verlängert. § 545 BGB findet keine Anwendung." Diese Klausel ist vom

BGH für wirksam erachtet worden (BGH, Urteil v. 15.5.1991, VIII ZR 38/90, NJW 1991 S. 1750).

Allerdings wird diese Verlängerungsfiktion (§ 545 BGB) in einem Formular-Wohnungsmietvertrag durch folgende Klausel nicht wirksam abbedungen: „Wird nach Ablauf der Mietzeit der Gebrauch der Sache vom Mieter fortgesetzt, so findet § 545 BGB keine Anwendung.“ Hier fehlt es nämlich an einer wirksamen Einbeziehung (§ 305 Abs. 2 Nr. 2 BGB), wie das OLG Schleswig mit RE v. 27.3.1995 (4 RE-Miet 1/93, WuM 1996 S. 85; Weber/Marx, VI/S. 76) entschieden hat. Begründet wird dies damit, dass die Klausel nur eine Verweisung auf eine nicht abgedruckte gesetzliche Bestimmung enthält, ohne den Text dieser gesetzlichen Bestimmung anzuführen. Die Klausel muss auch die gewollte Rechtsfolge, dass sich nämlich das Mietverhältnis abweichend von § 545 BGB nicht stillschweigend verlängert, mit aufnehmen.

Setzen die Parteien allerdings das Mietverhältnis trotzdem fort, kann sich der Vermieter nicht 1,5 Jahre später auf die Formularklausel berufen. In solchen Fällen ist davon auszugehen, dass die Parteien durch konkludentes Verhalten einen Mietvertrag mit dem Inhalt des bisherigen Mietvertrags abgeschlossen haben (so AG Regensburg, Urteil v. 1.8.1990, 9 C 1799/90, WuM 1990 S. 514).

Die Nichtbeachtung des § 545 BGB hat einschneidende Folgen: Das Mietverhältnis gilt als auf unbestimmte Zeit verlängert, gleichgültig, ob der Mietvertrag auf bestimmte oder unbestimmte Zeit geschlossen war. An den bisherigen mietvertraglichen Bedingungen ändert sich nichts mit der Maßgabe, dass das Mietverhältnis den gesetzlichen Kündigungsmöglichkeiten und -fristen unterliegt.

Die Berufung einer Vertragspartei darauf, das Mietverhältnis habe sich gemäß § 545 BGB fortgesetzt, stellt grundsätzlich keinen Verstoß gegen Treu und Glauben dar. § 545 BGB soll den Eintritt eines vertragslosen Zustands verhindern. Sein Zweck besteht darin, innerhalb der kurzen Zeit von 2 Wochen Rechtsklarheit zwischen den Vertragsteilen über den Fortbestand des Vertrags zu schaffen. Die gesetzliche Fiktion tritt unabhängig vom Willen der Parteien ein. Ein individueller Rechtsmissbrauch kann daher nicht vorliegen. Ein institutioneller Rechtsmissbrauch kann nur in Ausnahmefällen vorliegen (so OLG Koblenz, Urteil v. 14.2.2002, 5 U 990/01, WuM 2002 S. 552, 555).

Störung des Hausfriedens

Jede Vertragspartei kann das Mietverhältnis aus wichtigem Grund außerordentlich fristlos kündigen (§ 543 Abs. 1 BGB). Ein wichtiger Grund liegt vor, wenn dem Kündigenden unter Berücksichtigung aller Umstände des Einzelfalls, insbesondere eines Verschuldens der Vertragsparteien, und unter Abwägung der beiderseitigen Interessen die Fortsetzung des Mietverhältnisses nicht zugemutet werden kann.

Für Wohnraummietverhältnisse gilt ergänzend § 569 Abs. 2 BGB. Danach liegt ein wichtiger Grund i. S. v. § 543 Abs. 1 BGB vor, wenn eine Vertragspartei den Hausfrieden nachhaltig stört, sodass dem Kündigenden unter Berücksichtigung aller Umstände des Einzelfalls, insbesondere eines Verschuldens der Vertragsparteien, und unter Abwägung der beiderseitigen Interessen die Fortsetzung des Mietverhältnisses bis zum Ablauf der Kündigungsfrist oder bis zur sonstigen Beendigung des Mietverhältnisses nicht zugemutet werden kann.

Ein Verstoß gegen mietvertragliche Verpflichtungen liegt zunächst vor bei **Belästigungen jeder Art**. Sie müssen freilich erheblich sein. Dazu sind zu rechnen Beleidigungen, Tätlichkeiten, falsche Anschuldigungen, fortgesetzte Streitsucht. Begeht ein Teil eine Straftat, so ist das an sich noch keine mietvertragliche Pflichtverletzung. Sie wird es aber, wenn sich die Straftat gegen Personen oder Eigentum des Vertragspartners richtet.

Die Störung des Hausfriedens hebt das Gesetz als besonderen Kündigungstatbestand hervor. Sie ist gegeben bei fortgesetztem Lärmen, aber u.U. auch bei vertragswidriger Nutzung des Mietobjekts. Für die Beurteilung der Vertragswidrigkeit liegt das Schwergewicht in Stärke und Dauer der Störung. Bagatellangelegenheiten rechtfertigen nicht die fristlose Kündigung.

Grundsätzlich muss der Störende schuldhaft gehandelt haben. Dabei hat jeder Vertragspartner für seine **Erfüllungsgehilfen** einzustehen. Erfüllungsgehilfen des Mieters in dessen Verhältnis zum Vermieter sind Familienangehörige und Gäste sowie Personen, die fortlaufend Dienste oder Arbeitsleistungen in den Mieträumen erbringen. Hierbei kann sich der Mieter nicht darauf berufen, dass er auf das Verhalten dieser Personen keinen Einfluss habe (so LG Köln, Urteil v. 24.5.1976, 1 S 250/75, ZMR 1977 S. 332). Dies war bisher praktisch einhellige Meinung in Literatur und Rechtsprechung. Das KG Berlin (Beschluss v. 15.6.2000, 16 RE-Miet 10611/99, WuM 2000 S. 481) hat zur ordentlichen Kündigung gemäß § 573 Abs. 2 Nr. 1 BGB (schuldhafte, nicht unerhebliche Verletzung der vertraglichen Pflichten des Mieters) eine andere Auffassung vertreten. Danach erfordert diese Bestimmung ein eigenes Verschulden des Mieters und schließt damit die Zurechnung des Verschuldens von Erfüllungsgehilfen nach § 278 BGB aus. Das Gericht führt zur Begründung aus, dass die Vorschrift ein eigenes Verschulden des Mieters voraussetzt. Eine (Gefährdungs-)Haftung des Mieters für Erfüllungsgehilfen entspricht nicht dem Tatbestandsmerkmal des Verschuldens. Das Gericht führt weiter aus, dass der Vermieter durch diese Rechtsmeinung nicht unzumutbar belastet wird, denn wiederholtes und damit für den Mieter erkennbares und von ihm zu unterbindendes etwaiges künftiges Fehlverhalten seines Erfüllungsgehilfen kann zur Bejahung eines eigenen Verschuldens des Mieters führen. Die Entscheidung ist praxisfremd und vermag nicht zu überzeugen. Sie ist jedoch aufgrund der Bindungswirkung von den Landgerichten zu beachten. In Zukunft wird also der Vermieter nicht nur die Störungen des Hausfriedens durch den Erfüllungsgehilfen darlegen müssen, sondern auch, dass der Mieter dieses Fehlverhalten erkannt und nicht unterbunden hat.

Die Pflichtverletzung und Störung muss für den anderen Vertragsteil unzumutbar sein. Das ist in der Regel nicht der Fall, wenn der Kündigende durch sein eigenes Verhalten die Reaktion des anderen Teils veranlasst hat.

> Das Kündigungsrecht schlägt somit nicht durch, wenn das provozierende Verhalten eines Vertragsteils Ursache für das Verhalten des anderen ist.

In **Ausnahme**fällen hat die Rechtsprechung schon bisher bei nicht verschuldetem Verhalten, das zu einer schweren Störung des Hausfriedens führt (z.B. Taten eines Geisteskranken), die fristlose Kündigung aus wichtigem Grund zugelassen (LG Mannheim, Urteil v. 18.5.1976, 4 C 84/76, NJW 1976 S. 1407). Hierfür besteht nunmehr eine ausdrückliche Rechtsgrundlage. Entscheidend ist, ob die Fortsetzung des Mietverhältnisses für die andere Vertragspartei noch **zumutbar** ist. Das Verschulden ist hier aber insoweit von Relevanz, als die Anforderungen an die Unzumutbarkeit bei nicht schuldhaftem Verhalten des Störers höher sein werden als bei einer schuldhaften Störung des Hausfriedens. Eine Unzumutbarkeit der Fortsetzung des Mietverhältnisses kann mithin im Einzelfall auch bei einer nicht schuldhaften nachhaltigen Störung des Hausfriedens gegeben sein (§§ 543 Abs. 1 S. 2, 569 Abs. 2 BGB).

> Das außerordentliche Kündigungsrecht steht gleichermaßen sowohl dem Vermieter als auch dem Mieter zu.

Schon bisher ging die Rechtsprechung davon aus, dass bei Störungen des Hausfriedens in der Regel eine Abmahnung erfolgen musste, bevor fristlos gekündigt werden konnte. Eine Ausnahme galt nur für besonders massive und schwerwiegende Vertragsverletzungen. Dies ist nun in § 543 Abs. 3 BGB ausdrücklich geregelt. Besteht der wichtige Grund in der Verletzung einer Pflicht aus dem Mietvertrag, so ist die Kündigung erst nach erfolglosem Ablauf einer zur Abhilfe bestimmten angemessenen Frist oder nach erfolgloser Abmahnung zulässig. Dies gilt nicht, wenn

- eine Frist oder Abmahnung offensichtlich keinen Erfolg verspricht oder
- die sofortige Kündigung aus besonderen Gründen unter Abwägung der beiderseitigen Interessen gerechtfertigt ist.

Darüber, ob derartige Ausnahmetatbestände tatsächlich vorliegen, kann man sich vor Gericht lange streiten.

> Es empfiehlt sich daher in der Regel, bei Störungen des Hausfriedens abzumahnen, bevor eine Kündigung ausgesprochen wird. Dies gilt insbesondere bei Störungen des Hausfriedens durch Lärmen, Störungen der Nachtruhe etc., die sich über einen längeren Zeitraum hinziehen.

Die Unzumutbarkeit wird sich hier in der Regel erst ergeben, wenn der Gestörte den anderen Vertragsteil zur Einstellung dieses Verhaltens auffordert und für den Fall der Nichteinhaltung die fristlose Kündigung androht.

Straßenreinigung → „Verkehrssicherungspflicht“
Streitwert → „Gerichtliches Verfahren in Mietsachen“
Studentenwohnheim → „Kündigungsschutz“, Abschnitt 2.5.6 „Kündigung von Wohnraum in einem Studenten- oder Jugendwohnheim (§ 549 Abs. 3 BGB)“

Tagesmutter → „Gewerbliche Nutzung von Wohnräumen"
Tankreinigung → „Betriebskosten", Abschnitt 2.4 „Die Kosten der Heizung (Nr. 4)"

Teilkündigung

Inhaltsübersicht

Seite

1 **Zulässigkeit** 883

2 **Voraussetzungen** 883

1 Zulässigkeit

Eine Teilkündigung ist **grundsätzlich unzulässig**. Dies gilt auch dann, wenn Wohn- und Geschäftsräume oder eine Wohnung zusammen mit einer **Garage** vermietet werden. Nach der sehr weitgehenden Ansicht des OLG Karlsruhe gilt Folgendes: „Vermietet der Vermieter einer Wohnung seinem Mieter später auch eine auf dem Hausgrundstück gelegene Garage, liegt darin selbst dann, wenn dies erst nach Jahren geschieht und eine ausdrückliche Einbeziehung in den bisherigen Mietvertrag nicht erfolgt, in der Regel nur eine Ergänzung des bisherigen Vertrags. Eine selbstständige Vereinbarung kommt nur zustande, sofern ein entsprechender Parteiwille hinreichend deutlich erkennbar geworden ist." (RE v. 30.3.1983, 3 RE-Miet 1/83, WuM 1983 S. 166; Weber/Marx, VII/S. 69).

Nach Ansicht des AG Frankfurt/M. (Urteil v. 26.6.1985, 33 C 1768/85 – 27, WuM 1986 S. 254) verstößt eine Formularklausel in einem Garagenmietvertrag, wonach kein rechtlicher und wirtschaftlicher Zusammenhang mit einem auch abgeschlossenen Wohnraummietvertrag besteht, nicht gegen die §§ 3, 9 AGB-Gesetz, ab 1.1.2002 § 305 bis § 310 BGB. Ein Indiz für die rechtliche Selbstständigkeit eines Garagenmietvertrags kann die Vereinbarung von Kündigungsfristen sein, die vom Hauptmietvertrag abweichen, ferner, wenn die Wohnung und die Garage auf verschiedenen Grundstücken liegen und seit Beginn des Wohnraummietverhältnisses längere Zeit verstrichen ist (BayObLG, RE v. 12.12.1990, RE-Miet 2/90, WuM 1991 S. 78).

In einem Sonderfall hat das OLG Karlsruhe allerdings eine Teilkündigung zugelassen. Mit Rechtentscheid v. 3.3.1997 (3 RE-Miet 1/97, WuM 1997 S. 202) hat es entschieden, dass dann, wenn der Vermieter von Wohnraum lediglich **Bedarf an einem Teil der Räume** hat, das Mietverhältnis nicht insgesamt wegen Eigenbedarfs gekündigt werden kann. Beeinträchtigt im Einzelfall die den Belangen des kündigenden Vermieters entsprechende Teilkündigung die Interessen des Mieters nicht oder jedenfalls nicht unzumutbar, ist eine Teilkündigung des Wohnraummietverhältnisses möglich. Ein solcher Sachverhalt kann gegeben sein, wenn sich der Wohnraumbedarf des Mieters z. B. durch Auszug der Kinder deutlich eingeschränkt hat und der vom Vermieter beanspruchte Teil der überlassenen Mieträume so von dem, dem Mieter verbleibenden Teil abgetrennt ist oder abgetrennt werden kann, dass der Mieter dort ohne Einschränkungen weiterhin wohnen kann.

2 Voraussetzungen

Teilkündigungen sind unter folgenden Voraussetzungen möglich (§ 573 b BGB): Als ein **berechtigtes Interesse** des Vermieters an der Beendigung des Mietverhältnisses ist es danach auch anzusehen, wenn der Vermieter nicht zum Wohnen bestimmte Nebenräume oder Teile eines Grundstücks dazu verwenden will,

1. Wohnraum zum Zweck der Vermietung zu schaffen oder
2. den neu zu schaffenden und den vorhandenen Wohnraum mit Nebenräumen und Grundstücksteilen auszustatten,

ferner, wenn der Vermieter die Kündigung auf diese Räume oder Grundstücksteile beschränkt. Unabhängig von der Vertragsdauer ist die Kündigung spätestens am dritten Werktag eines Kalendermonats für den Ablauf des übernächsten Monats zulässig. Der Mieter kann eine angemessene Senkung der Miete verlangen. Verzögert sich der Beginn der Bauarbeiten, kann der Mieter eine Verlängerung des Mietverhältnisses um einen entsprechenden Zeitraum verlangen. Eine zum Nachteil des Mieters abweichende Vereinbarung ist unwirksam. Bei befristeten Mietverhältnissen gilt § 573 b BGB nicht; eine Teilkündigung ist hier also nicht möglich. Im Fall der Kündigung kann sich der Mieter auf die Sozialklausel berufen.

Diese durch das **Wohnungsbau-Erleichterungsgesetz** vom 17.5.1990 in das BGB eingefügte und durch das Vierte Mietrechtsänderungsgesetz erweiterte Bestimmung soll einen Anreiz geben, innerhalb des Gebäudebestands zusätzlichen Wohnraum zu schaffen. Mit ihr ist erstmals eine Teilkündigung ausdrücklich zugelassen.

Beispiel

Die Kündigung eines zusammen mit einer Wohnung vermieteten Abstellraums im Dach- oder Speichergeschoss.

Besonderes Augenmerk muss darauf gerichtet werden, dass **alle** Vermieter eine solche Teilkündigung aussprechen.

Beispiel

Ein Mieter mietet eine Wohnung mit Speicher. Nach Überlassung an den Mieter ist Wohnungseigentum begründet worden, die Wohnung wurde an Herrn A, der Speicher zum Zwecke des späteren Ausbaus an Herrn B verkauft. Eine nur von B ausgesprochene Teilkündigung des Speichers ist unwirksam, wie das OLG Celle (Urteil v. 11.10.1995, 2 U 124/94, WuM 1996 S. 222) entschieden hat.

Vielmehr ist der Erwerber des durch Umwandlung des Mietwohnhauses in eine Wohnungseigentumsanlage begründeten Sondereigentums am Dachgeschoss gegenüber denjenigen Mietern der Eigentumswohnungen, welchen ein mietvertragliches Nutzungsrecht am Dachboden zusteht, nur gemeinschaftlich mit den Eigentümern/Vermietern der jeweiligen Eigentumswohnung zur Teilkündigung berechtigt.

Das BVerfG hat mit Beschluss v. 11.3.1992 (1 BvR 303/92, WuM 1992 S. 228) den Anwendungsbereich dieser Vorschrift erweitert: Auch wenn der Vermieter die Wohnung nicht zum Zweck der Vermietung, sondern zur Selbstnutzung ausbauen will, dafür aber die derzeit von ihm selbst bewohnte Wohnung dem Wohnungsmarkt zuführt, kann ein berechtigtes Interesse an der Kündigung von Nebenräumen auf eine entsprechende Anwendung des § 573 b BGB gestützt werden.

Telefonanschluss → „Kommunikationseinrichtungen“

Teppichboden

Wird eine Wohnung mit Teppichboden vermietet, hat der Vermieter auch insoweit eine Unterhaltspflicht. Ist der Teppichboden abgenutzt, muss der **Vermieter** ihn erneuern. Etwas anderes gilt, wenn der Teppichboden vom Mieter schuldhaft beschädigt wurde. Bei einem Schadenersatzanspruch des Vermieters in solchen Fällen kommt in der Regel ein Abzug neu für alt in Betracht, der sich nach dem Alter des Teppichbodens und der durchschnittlichen Lebensdauer (je nach Qualität ca. 10 Jahre) berechnet. Der Mieter kann einen Teppichboden auch ohne Genehmigung verlegen, da es sich hierbei nicht um eine bauliche Änderung handelt. Allerdings muss er, wenn der Vermieter darauf besteht, den Teppichboden bei Beendigung des Mietverhältnisses entfernen und den früheren Zustand wiederherstellen. Hierzu gehört auch die Beseitigung von Schäden am Untergrund, die durch das Verkleben entstanden sind (LG Mannheim, Urteil v. 3.4.1975, 4 S 27/75, WuM 1976 S. 205). Dies gilt auch dann, wenn der Vermieter mit der Verlegung des Teppichbodens einverstanden war (umstritten).

Zur Absicherung sollte der Vermieter daher im Mietvertrag oder in einer Zusatzvereinbarung den Mieter verpflichten, bei Beendigung des Mietverhältnisses auf eigene Kosten den früheren Zustand wiederherzustellen.

Aus der Übernahme der Schönheitsreparaturen folgt für den Mieter von Wohnraum keine Verpflichtung, auch den infolge **vertragsgemäßen Gebrauchs** verschlissenen Teppichboden zu erneuern (OLG Hamm, RE v. 22.3.1991, 30 RE-Miet 3/90, DWW 1991 S. 145).

In der Definition der Schönheitsreparaturen in § 28 Abs. 4 der II. BV ist das „Streichen der Fußböden" genannt. Da es kaum noch Holzdielenböden gibt, die gestrichen werden müssen, ist der Begriff der Schönheitsreparaturen so auszulegen, dass anstelle des Streichens diejenigen Maßnahmen vom Mieter ergriffen werden müssen, die für den vorhandenen Boden zu einer Auffrischung der Oberfläche führen. Der BGH hat daher für ein Geschäftsraummietverhältnis entschieden, dass der Mieter in diesem Fall auch die Verpflichtung hat, die Teppichböden gründlich zu **reinigen** (BGH, Urteil v. 8.10.2008, XII ZR 15/07, NZM 2009 S. 126). Das Urteil des BGH stützt sich nicht auf geschäftsraumspezifische Argumente, sodass es wohl auch für Wohnraummietverhältnisse gilt. Nicht geäußert hat sich allerdings der BGH hierzu, ob gründliches Staubsaugen ausreicht (so LG Görlitz, WuM 2000 S. 570) oder ob eine Reinigung mit Spezialmaschinen geschuldet ist. Siehe hierzu auch „Schönheitsreparaturen", Abschnitt 2.2 „Fußboden, Parkett- und Teppichboden".

Ist in einem **Geschäftsraum**mietvertrag vereinbart, dass der Mieter die Schönheitsreparaturen durchführt und bei Auszug den Zustand wie bei Einzug wiederherstellt, ist streitig, ob er einen bei Einzug neuen Teppichboden, der durch vertragsgemäße Abnutzung verschlissen ist, im Rahmen der Schönheitsreparaturen erneuern muss (dafür: OLG Düsseldorf, Urteil v. 9.2.1989, 10 U 96/88, WuM 1989 S. 508; a. A. unter Hinweis auf das OLG Hamm, a. a. O., OLG Stuttgart, Urteil v. 6.3.1995, 5 U 204/94, NJW-RR 1995 S. 1101 sowie OLG Celle, Urteil v. 20.11.1996, 2 U 273/95, NZM 1998 S. 158). Dies gilt allerdings nur, wenn der Vermieter den Teppichboden bezahlt hat. Einen von ihm selbst bezahlten Teppichboden muss der Mieter trotz Renovierungsklausel nicht erneuern (OLG Düsseldorf, Urteil v. 28.6.1990, 10 U 216/89, NJW-RR 1990 S. 1162).

Es empfiehlt sich daher, in Geschäftsraummietverträge entsprechende Vereinbarungen aufzunehmen.

Textform → „Mieterhöhung bei Wohnraum", Abschnitt 9 „Textform"

Thermostatventile → „Modernisierung", „Mieterhöhung bei Wohnraum", „Energieeinsparverordnung"

Tierhaltung

Inhaltsübersicht

		Seite
1	Im Mietvertrag ist über Tierhaltung nichts vereinbart	886
2	Erlaubnis des Vermieters zur Tierhaltung	886
3	Im Mietvertrag ist Tierhaltung verboten	887
4	Verwirkung des Unterlassungsanspruchs	888

Hier wird viel gestritten und die Meinungen in Literatur und Rechtsprechung gehen weit auseinander. Folgende Fallgruppen sind zu unterscheiden: Die Haltung von **Kleintieren**, z.B. Zierfischen, Wellensittichen, Meerschweinchen (AG München, Urteil v. 6.7.2004, 413 C 12648/04, WuM 2005 S. 649), kann dem Mieter nicht untersagt werden. Bei der Haltung von **Haustieren** wie Hunden und Katzen ist wie folgt zu differenzieren.

1 Im Mietvertrag ist über Tierhaltung nichts vereinbart

Hier ist allein die gesetzliche Regelung maßgebend. Teilweise wurde angenommen, dass die Haltung von Haustieren, auch von Hunden und Katzen, in Mietwohnungen zum vertragsgemäßen Gebrauch i.S.v. § 535 Abs. 1 BGB gehört. Die Gegenmeinung ist der Auffassung, dass die Haltung von Haustieren nur mit der Erlaubnis des Vermieters zulässig ist, auf die kein Anspruch besteht, deren Versagung aber im Ausnahmefall treuwidrig sein kann.

Nach einer vermittelnden Ansicht, der sich der BGH angeschlossen hat, ist die Frage der Zulässigkeit der Tierhaltung im Einzelfall unter Abwägung der beiderseitigen Interessen zu entscheiden. Diese umfassende Abwägung lässt sich nicht allgemein, sondern nur im Einzelfall vornehmen, weil die dabei zu berücksichtigenden Umstände so individuell und vielgestaltig sind, dass sich jede schematische Lösung verbietet. Zu berücksichtigen sind insbesondere Art, Größe, Verhalten und Anzahl der Tiere; Art, Größe, Zustand und Lage der Wohnung sowie des Hauses, in dem sich die Wohnung befindet; Anzahl, persönliche Verhältnisse, namentlich Alter und berechtigte Interessen der Mitbewohner und der Nachbarn; Anzahl und Art anderer Tiere im Haus, bisherige Handhabung durch den Vermieter sowie besondere Bedürfnisse des Mieters (BGH, Urteil v. 14.11.2007, VIII ZR 340/06, WuM 2008 S. 23, 25). Hier ist also, wie für den Fall, dass keine wirksame Vereinbarung vorliegt, der Einzelfall entscheidend. So hat das AG München entschieden, dass die Haltung mehrerer Hunde in einer 2,5-Zimmer-Wohnung mit 98 m^2 Wohnfläche nicht mehr dem vertragsgemäßen Mietgebrauch entspricht. Ohne eine entsprechende Regelung im Mietvertrag ist in diesem Fall lediglich die Haltung eines Hundes zulässig. Die Mieter mussten sich daher von vier der insgesamt fünf in der Wohnung gehaltenen Hunden trennen (AG München, Urteil v. 12.5.2014, 242 C 28654/13).

2 Erlaubnis des Vermieters zur Tierhaltung

Eine Vereinbarung, wonach die Tierhaltung der Erlaubnis des Vermieters bedarf, ist auch formularmäßig zulässig. Aus der Klausel muss sich aber ergeben, dass das Recht des Mieters zur Haltung von Kleintieren erlaubnisfrei ist. Ferner darf die Tierhaltung nicht von einer schriftlichen Erlaubniserteilung abhängig gemacht werden. Verstöße hiergegen führen zur Unwirksamkeit der Klausel insgesamt (Blank, NJW 2007 S. 729).

So ist eine Formularklausel, die einen Zustimmungsvorbehalt vorsieht und die Zustimmung in das „freie Ermessen“ des Vermieters stellt, unwirksam, da sie den Mieter unangemessen im Sinne des § 307 Abs. 1 BGB benachteiligt

(BGH, Hinweisbeschluss v. 25.9.2012, VIII ZR 329/11, WuM 2013 S. 220).

Die Klausel in einem formularmäßigen Wohnungsmietvertrag „Jede Tierhaltung, insbesondere von Hunden und Katzen, mit Ausnahme von Ziervögeln und Zierfischen, bedarf der Zustimmung des Vermieters" hält der Inhaltskontrolle nach § 307 Abs. 1 BGB nicht stand. Diese Klausel ist unwirksam, da eine Ausnahme vom Zustimmungserfordernis nur für Ziervögel und Zierfische besteht, nicht hingegen für andere Kleintiere wie etwa Hamster und Schildkröten (BGH, Urteil v. 14.11.2007, VIII ZR 340/06, WuM 2008 S. 23). Fehlt es an einer wirksamen Regelung der Tierhaltung im Mietvertrag aufgrund der Unwirksamkeit der Klausel, gelten die in Abschnitt 1 „Im Mietvertrag ist über Tierhaltung nichts vereinbart" dargelegten Grundsätze.

Die Tierhaltung, auch die Haltung von Hunden und Katzen, kann zum vertragsgemäßen Gebrauch der Mieträume gemäß § 535 Abs. 1 BGB gehören. Ob dies der Fall ist, erfordert eine umfassende Interessenabwägung im Einzelfall. Hierbei sind die konkret betroffenen Belange und Interessen der Mietvertragsparteien, der anderen Hausbewohner und der Nachbarn zu berücksichtigen (BGH, Urteil v. 20.3.2013, VIII ZR 168/12).

Ein **Rechtsmissbrauch** liegt vor, wenn bei anderen Mietern nicht auf dem Verbot der Tierhaltung bestanden wird und dies auf eine bloße Animosität des Vermieters gegen den Tierhalter schließen lässt (vgl. LG Hamburg, Urteil v. 25.8.1981, 16 S 92/81, MDR 1982 S. 146).

Die Tierhaltung kann zum vertragsgemäßen Gebrauch der Mietsache gehören. Der Vermieter muss für die Verweigerung stichhaltige Gründe haben (Blank, NJW 2007 S. 732 m.w.N.). Diese stichhaltigen Gründe hat der Vermieter nicht, wenn er bereits anderen Mietparteien die Haltung von Hunden oder Katzen gestattet hat.

> Übereinstimmung besteht darin, dass der **Widerruf** einer einmal erteilten Erlaubnis nur aus wichtigem Grund erfolgen darf.

Ein **wichtiger Grund** liegt vor, wenn konkrete Belästigungen durch das Tier ausgehen oder wenn wegen der besonderen Gefährlichkeit der Tierrasse Bedenken gegen eine Tierhaltung bestehen. Die Erlaubnis kann auch verweigert werden, wenn eine artgerechte Tierhaltung wegen der beengten Raumverhältnisse nicht möglich ist (AG Kassel, Urteil v. 17.10.1986, 806 C 4228/86, WuM 1987 S. 144).

3 Im Mietvertrag ist Tierhaltung verboten

Das uneingeschränkte Verbot jeglicher Tierhaltung durch Formularvertrag ist unwirksam, da dies auch die Kleintierhaltung umfassen würde (BGH, Urteil v. 20.1.1993, VIII ZR 10/92, DWW 1993 S. 74). Auch in diesem Fall gilt ausschließlich die gesetzliche Regelung (s. Abschnitt 1 „Im Mietvertrag ist über Tierhaltung nichts vereinbart").

Aber auch eine Allgemeine Geschäftsbedingung des Mieters, die das Halten von Hunden und Katzen in der Mietwohnung generell untersagt, ist gemäß § 307 Abs. 1 S. 1, Abs. 2 Nr. 1 BGB unwirksam. Sie benachteiligt den Mieter unangemessen, weil sie ihm eine Hunde- und Katzenhaltung ausnahmslos und ohne Rücksicht auf besondere Fallgestaltungen und Interessenlagen verbietet. Zugleich verstößt diese Bestimmung gegen die wesentlichen Grundgedanken der Gebrauchsgewährungspflicht des Vermieters in § 535 Abs. 1 BGB. Ob eine Tierhaltung zum vertragsgemäßen Gebrauch im Sinne dieser Vorschrift gehört, erfordert eine umfassende Interessenabwägung im Einzelfall. Eine generelle Verbotsklausel würde die Tierhaltung auch in den Fällen ausschließen, in denen der Mieter einen Anspruch darauf hat (BGH, Urteil v. 20.3.2013, VIII ZR 168/12).

Dies führt aber nicht dazu, dass der Mieter Hunde oder Katzen ohne jegliche Rücksicht auf andere halten kann. Die Unwirksamkeit der Klausel hat vielmehr zur Folge, dass die nach § 535 Abs. 1 BGB gebotene umfassende Abwägung der im Einzelfall konkret betroffenen Belange und Interessen der Vertragsparteien, der anderen Hausbewohner und der Nachbarn folgen muss (BGH, a.a.O.).

> Eine **Individualvereinbarung**, die die Haltung von Hunden und Katzen ausschließt, ist dagegen wirksam (LG Lüneburg, Urteil v. 11.11.1993, 1 S 163/93, WuM 1995 S. 704; Blank, NJW 2007 S. 732).

Eine Zustimmung zur Tierhaltung kann beispielsweise verlangt werden, wenn der Mieter auf das Tier **angewiesen** ist (z.B. Blindenhund).

Unabhängig von der Vertragsgestaltung kann der Vermieter die Haltung eines **Kampfhunds** in der Mietwohnung eines Mehrparteienhauses untersagen, wenn der Halter (= Mieter) keine Eignung hat, den Hund seiner Rasse entsprechend zu führen. Der Mieter muss zu seiner Eignung Konkretes vortragen (LG Krefeld, Urteil v. 17.7.1996, 2 S 89/96, WuM 1996 S. 533). Strenger ist das LG München I (Beschluss v. 10.9.1993, 13 T 14638/93, WuM 1993 S. 669). Danach kann der Vermieter in einer Wohnanlage die Haltung von Kampfhunden in der Wohnung unabhängig von einer Eignung des Mieters untersagen.

Der Vermieter hat in diesem Fall bei Zuwiderhandlungen einen Anspruch auf Beseitigung und Unterlassung.

Die Rechtslage ist also alles andere als klar. Bei den Amtsgerichten besteht eher eine Tendenz zur großzügigen Handhabung zugunsten des Mieters. Aufgrund des niedrigen Streitwerts sind die Verfahren oft nicht berufungsfähig (vgl. z.B. LG Hamburg, Beschluss v. 14.6.1991, 311 T 71/91, WuM 1993 S. 469: Danach ist der Rechtsstreit um die Zulässigkeit der Tierhaltung (Katze in der Mietwohnung) grundsätzlich nicht berufungsfähig, da der Wert nach § 3 ZPO auf 1.000 DM/511,29 Euro festgesetzt wurde; sowie LG Hamburg, Beschluss v. 11.5.1990, 316 T 46/90, WuM 1993 S. 477 m.w.N.).

In einer ausführlich begründeten Entscheidung hat das LG Kiel ausgeführt, dass sich die Beschwer (Berufungsstreitwert) regelmäßig nach den effektiven Kosten der zusätzlichen Abnutzung bemisst; dass Affektionsinteresse des Mieters als Hundehalter ist dabei nicht zu berücksichtigen. Die Beschwer wurde vom Gericht auf 420 DM = 214,74 Euro festgesetzt (LG Kiel, Beschluss v. 16.6.1998, 1 S 111/98, WuM 1999 S. 586). Ein höherer Streitwert kann sich allerdings dann ergeben, wenn die generalpräventive Bedeutung des Verbots der Tierhaltung für den Vermieter mit berücksichtigt wird (LG Hamburg, Urteil v. 26.7.1994, 316 S 44/94, WuM 1996 S. 532: 3.000 DM = 1.533,88 Euro).

Klagt der Mieter auf Genehmigung der Tierhaltung, ist der Berufungsstreitwert am ideellen Interesse des Mieters zu bemessen (LG Hamburg a.a.O., auch 3.000 DM = 1.533,88 Euro). Die Amtsgerichte neigen allerdings dazu, Streitwerte unter der jeweils gültigen Berufungssumme anzusetzen (vgl. Gies, NZM 2003 S. 886, 890).

> Empfohlen werden daher klare Individualvereinbarungen.

Unabhängig von der vertraglichen Gestaltung ist ein Widerruf der Tierhaltungsgestattung stets aus wichtigem Grund möglich. Dieser Anspruch ergibt sich aus allgemeinen Rechtsgrundsätzen. Er besteht insbesondere bei einer Unzumutbarkeit weiterer Tierhaltung aufgrund aufgetretener nicht unerheblicher Störungen (LG Hamburg, Urteil v. 4.3.1999, 333 S 151/98, WuM 1999 S. 453). Wo diese Grenze liegt, ist Sache des Einzelfalls. Das Amtsgericht Hamburg war der Meinung, dass die Zumutbarkeitsgrenze erst überschritten ist, wenn es bei Begegnungen mit dem Hund zu wütendem Geknurre bzw. Angstbeißen kommt. Diese Grenze war dem Landgericht zu weit gezogen. Die Mitbewohner müssen nicht erst gebissen werden. Vorliegend handelte es sich um einen Dobermann, vor dem die übrigen Bewohner des Hauses richtiggehend Angst hatten und der auch zu verschiedenen Tag- und Nachtzeiten laut bellte. Auch war der Hund im Treppenhaus nicht stets angeleint.

4 Verwirkung des Unterlassungsanspruchs

Der Unterlassungsanspruch des Vermieters (§ 541 BGB) unterliegt der **Verwirkung**. Ist dem Vermieter also mehrere Jahre bekannt, dass der Mieter ein Tier trotz einer entgegenstehenden – wirksamen – mietvertraglichen Vereinbarung hält, und unternimmt er dagegen nichts, kann er Unterlassung nicht mehr verlangen (vgl. AG Aachen, Urteil v. 13.3.1992, 81 C 459/91, WuM 1992 S. 601). Die Kenntnis des Hausmeisters oder eine über die Jahre gelegentliche beiläufige Notiznahme vom Tier durch den Prokuristen des Vermieters soll aber nicht ausreichen, um eine Gestattung der Tierhaltung oder einen Vertrauenstatbestand beim Mieter anzunehmen (AG Westerburg, Urteil v. 23.2.1990, 2 C 1213/89, WuM 1992 S. 600). Wird die unberechtigte Tierhaltung vom Vermieter abgemahnt, muss er seinen Unterlassungsanspruch zur Vermeidung der Verwirkung alsbald durchsetzen (LG Düsseldorf, Urteil v. 29.6.1993, 24 S 90/93, WuM 1993 S. 604). Mit jedem Tag, so das Gericht, wird nämlich die Bindung des Mieters an das Tier enger und die Trennung schwerer.

Tod des Mieters

Inhaltsübersicht

		Seite
1	**Mietverhältnis über Geschäftsräume oder Grundstücke**	889
2	**Mietverhältnis über Wohnräume**	889
2.1	Eintrittsrecht bei Tod des Mieters	890
2.2	Fortsetzung mit überlebenden Mietern	891
2.3	Haftung bei Eintritt oder Fortsetzung	891
2.4	Fortsetzung des Mietverhältnisses mit dem Erben; außerordentliche Kündigung	892
3	**Nachlasspflegschaft**	893

1 Mietverhältnis über Geschäftsräume oder Grundstücke

Stirbt der Mieter, tritt im Zuge der Gesamtrechtsnachfolge der Erbe in die sich aus dem Mietvertrag ergebenden Rechte und Pflichten ein. In diesem Fall ist sowohl der Erbe als auch der Vermieter gemäß § 580 BGB berechtigt, das Mietverhältnis innerhalb eines Monats, nachdem sie Kenntnis vom Tod des Mieters erlangt haben, außerordentlich mit gesetzlicher Frist zu kündigen. Im Gegensatz zur früheren Regelung wird durch das Mietrechtsreformgesetz sowohl dem Erben als auch dem Vermieter eine einmonatige Überlegungsfrist für die Kündigung eingeräumt.

Die Kündigung des Erben ist möglich, wenn er von seiner Erbeneigenschaft Kenntnis und die Erbschaft angenommen hat. Der Vermieter kann erst dann kündigen, wenn er nicht nur vom Tod des Mieters, sondern auch davon Kenntnis erlangt hat, wer Erbe des verstorbenen Mieters geworden ist.

Hat der Mieter Testamentsvollstreckung angeordnet, so ist Kündigungsberechtigter und richtiger Kündigungsempfänger der Testamentsvollstrecker.

Die Fristen, die für die Kündigung einzuhalten sind, sind in § 580a Abs. 4 BGB bestimmt. Die außerordentliche Kündigungsfrist beträgt bei einem Mietverhältnis über Grundstücke und Räume, die keine Geschäftsräume sind, 3 Monate (§ 580a Abs. 1 BGB). Bei Geschäftsräumen ist eine solche Kündigung spätestens am dritten Werktag eines Kalendervierteljahres zum Ablauf des nächsten Kalendervierteljahres zulässig (§ 580a Abs. 2 BGB).

2 Mietverhältnis über Wohnräume

Auch hier gilt das Prinzip der Gesamtrechtsnachfolge, wonach das Mietverhältnis auf den oder die Erben des Mieters übergeht. Bei Wohnraum gelten allerdings besondere Regelungen, die von diesem Prinzip abweichen. So kommt es unter bestimmten Voraussetzungen zu einer Sonderrechtsnachfolge für bestimmte

Personen in das Mietverhältnis. Findet eine Sonderrechtsnachfolge nicht statt, bleibt es bei dem allgemeinen erbrechtlichen Prinzip. Treten also eine oder mehrere der nach § 563 BGB eintrittsberechtigten Personen in das Mietverhältnis ein, schließt das die gesetzliche Erbfolge aus.

2.1 Eintrittsrecht bei Tod des Mieters

Gemäß § 563 Abs. 1 BGB tritt der Ehegatte, der mit dem Mieter einen gemeinsamen Haushalt führt, mit dem Tod des Mieters in das Mietverhältnis ein. Dasselbe gilt für den Lebenspartner (§ 563 Abs. 1 S. 2 BGB). Damit sind eingetragene Lebenspartner i. S. d. Gesetzes zur Beendigung der Diskriminierung gleichgeschlechtlicher Gemeinschaften gemeint (Lebenspartnerschaften vom 16.2.2001, BGBl I S. 266). Gemäß § 563 Abs. 2 S. 1 BGB treten Kinder, die mit dem Mieter einen gemeinsamen Haushalt führen, mit dem Tod des Mieters in das Mietverhältnis ein, wenn nicht der Ehegatte eintritt.

Gemäß § 563 Abs. 2 S. 2 BGB bleibt der Eintritt des Lebenspartners vom Eintritt der Kinder des Mieters unberührt. Die gesetzliche Regelung ist wie folgt zu verstehen: Das Eintrittsrecht der Kinder entfällt, wenn der überlebende Ehegatte des Mieters eintritt (Ehegattenprivileg). Der Eintritt des Lebenspartners bleibt aber vom Eintritt der Kinder unberührt. Haben also die Kinder des Mieters und dessen Lebenspartner gemeinsam in dem Haushalt gelebt, treten sie gemeinsam in das Mietverhältnis ein. Anders als der Ehegatte wird der Lebenspartner gegenüber den Kindern des Mieters nicht privilegiert.

In § 563 Abs. 2 S. 3 BGB ist bestimmt, dass andere Familienangehörige, die mit dem Mieter einen gemeinsamen Haushalt führen, mit dem Tod des Mieters in das Mietverhältnis eintreten, wenn nicht der Ehegatte oder der Lebenspartner eintritt. In dieser Bestimmung wird also das Eintrittsrecht anderer Familienangehöriger als der Kinder geregelt, die mit dem Mieter bislang in der Wohnung einen gemeinsamen Haushalt geführt haben. Diese treten in das Mietverhältnis ein, wenn nicht der Ehegatte oder der Lebenspartner eintritt. In diesen Fällen wird der Lebenspartner also anders als gegenüber den Kindern ebenso wie der Ehegatte durch die Einräumung eines vorrangigen Eintrittsrechts privilegiert. Gemäß § 563 Abs. 2 S. 4 BGB gilt dasselbe (d. h. das Eintrittsrecht) für Personen, die mit dem Mieter einen auf Dauer angelegten gemeinsamen Haushalt führen. Auch gegenüber diesen Personen hat der Ehegatte oder der Lebenspartner ein vorrangiges Eintrittsrecht.

Umstritten ist, wie weit der Begriff des „Familienangehörigen" zu fassen ist. Eine Definition findet sich im Gesetz nicht. Entsprechend dem Sinn der Bestimmung wird der Begriff sehr weit definiert. Darunter fallen alle Verwandten und Verschwägerten, ohne dass es auf den Grad der Verwandtschaft oder Schwägerschaft ankommt. Darüber hinaus werden auch die Pflegekinder zu den Familienangehörigen gezählt (Emmerich/Sonnenschein, Miete, 7. Aufl., § 569 a Rn. 14).

Beispiel

Eine Wohnung wird bewohnt von einem Ehepaar mit zwei Kindern. Mieter ist der Ehemann allein. Dieser stirbt. Die überlebende Ehefrau erklärt, dass sie das Mietverhältnis nicht fortsetzen will. Mieter sind nunmehr die beiden Kinder, auch wenn sie noch minderjährig sind. Das Gesetz ordnet nämlich automatisch den Eintritt in das Mietverhältnis an; einer besonderen rechtsgestaltenden Erklärung bedarf es nur für den Fall, dass der Eintritt nicht erfolgen soll (Ablehnungsrecht, s. u.).

Fraglich ist, was unter einem auf Dauer angelegten gemeinsamen Haushalt zu verstehen ist. Bloße Haushalts- oder Wohngemeinschaften gehören nicht hierzu. Da das Bestehen einer solchen engen Lebensgemeinschaft anders als Ehe und Familie nicht durch Urkunden oder andere Nachweise dokumentiert werden kann, kommt es zur Vermeidung von Rechtsmissbrauch im Interesse von Mietern und Vermietern auf objektive und nachprüfbare Kriterien an. Der BGH hat solche Kriterien zum Begriff der „nichtehelichen Lebensgemeinschaft" aufgestellt (BGH, RE v. 13.1.1993, VIII ARZ 6/92, NJW 1993 S. 999), die eine sachgerechte und nachprüfbare Abgrenzung zu anderen Formen des Zusammenlebens ermöglichen. Diese gelten daher sinngemäß auch für den Begriff des „auf Dauer angelegten gemeinsamen Haushalts". Das bedeutet, dass ein „auf Dauer angelegter gemeinsamer Haushalt" gegeben ist, wenn zwischen den Partnern eine Lebensgemeinschaft besteht,

- die auf Dauer angelegt ist,
- keine weiteren Bindungen gleicher Art zulässt und
- sich durch innere Bindungen auszeichnet, die ein gegenseitiges Füreinander-Einstehen begründen, die über eine reine Wohn- und Wirtschaftsgemeinschaft hinausgehen.

Hierfür gelten allerdings hohe Anforderungen (vgl. LG München I, Urteil v. 11.2.2004, 14 S 18177/03, NZM 2005 S. 336).

Sowohl die hetero- als auch die homosexuelle Partnerschaft wie auch das dauerhafte Zusammenleben alter Menschen als Alternative zum Alters- oder Pflegeheim, die ihr gegenseitiges Füreinander-Einstehen z. B. durch gegenseitige Vollmachten dokumentieren, können daher grundsätzlich diese Kriterien erfüllen.

Denjenigen, der sich auf sein Eintrittsrecht beruft, trifft die Darlegungs- und Beweislast für dessen Voraussetzungen. Er muss daher die zur Feststellung eines „auf Dauer angelegten gemeinsamen Haushalts" erforderlichen Informationen erteilen.

In § 563 Abs. 3 BGB ist das **Ablehnungsrecht** der eintrittsberechtigten Personen geregelt. Erklären diese innerhalb eines Monats, nachdem sie vom Tod des Mieters Kenntnis erlangt haben, dem Vermieter, dass sie das Mietverhältnis nicht fortsetzen wollen, gilt der Eintritt als nicht erfolgt. Sind mehrere Personen in das Mietverhältnis eingetreten, kann jeder die Erklärung abgeben. Für geschäftsunfähige oder in der Geschäftsfähigkeit beschränkte Personen gilt § 206 BGB entsprechend. Durch diese Verweisung wird der Fristablauf bei solchen Personen gehemmt, und zwar bis sie entweder unbeschränkt geschäftsfähig werden oder der Mangel der Vertretung aufhört.

Gemäß § 563 Abs. 4 BGB kann der Vermieter das Mietverhältnis innerhalb eines Monats, nachdem er von dem endgültigen Eintritt in das Mietverhältnis Kenntnis erlangt hat, außerordentlich mit gesetzlicher Frist kündigen, wenn in der Person des Eingetretenen ein wichtiger Grund vorliegt. Der Vermieter hat also eine Überlegungsfrist von einem Monat. Die Frist beginnt, nachdem der Vermieter Kenntnis vom Tod des Mieters und davon erlangt hat, dass der Eintritt endgültig ist (also spätestens mit Ablauf der Frist nach § 563 Abs. 3 BGB).

2.2 Fortsetzung mit überlebenden Mietern

§ 563 a BGB regelt den Fall, dass neben dem verstorbenen Mieter noch weitere Personen Mieter des Mietvertrags waren. Da sie bereits bisher Mietvertragsparteien waren, ist die Fortsetzung des Mietverhältnisses mit ihnen rechtlich selbstverständlich, denn der Tod des Mieters lässt ihre Vertragsbeziehungen zum Vermieter unberührt. Diese Sonderrechtsnachfolge verdrängt die allgemeine Erbfolge. Haben also mehrere Personen gemeinsam eine Wohnung gemietet und stirbt einer von ihnen, setzen die überlebenden Mitmieter das Mietverhältnis ohne den Erben fort (§ 563 a Abs. 1 BGB). Gemäß § 563 a Abs. 2 BGB hat der überlebende Mitmieter in diesem Fall das Recht zur außerordentlichen Kündigung mit gesetzlicher Frist (3 Monate). Dieses Kündigungsrecht können die Mitmieter lediglich gemeinsam ausüben, wie dies nach allgemeinen schuldrechtlichen Grundsätzen auch schon zu Lebzeiten des verstorbenen Mieters der Fall war. Durch den Tod eines Mitmieters tritt insofern keinerlei Änderung ein. Die überlebenden Mieter können das Mietverhältnis innerhalb eines Monats, nachdem sie vom Tod des Mieters Kenntnis erlangt haben, außerordentlich mit gesetzlicher Frist kündigen.

2.3 Haftung bei Eintritt oder Fortsetzung

In § 563 b BGB sind einzelne Rechtsfolgen im Fall eines Eintritts nach § 563 BGB oder einer Fortsetzung nach § 563 a BGB geregelt. Gemäß § 563 b Abs. 1 BGB haften diese Personen neben den Erben für die bis zum Tod des Mieters entstandenen Verbindlichkeiten als

Gesamtschuldner. Im Verhältnis zu diesen Personen haftet der Erbe allein, soweit nichts anderes bestimmt ist. Der verstorbene Mieter kann z. B. zu Lebzeiten entsprechende Vereinbarungen mit den eintritts- oder fortsetzungsberechtigten Personen oder den Erben getroffen haben.

In § 563 b Abs. 2 BGB ist bestimmt, dass dann, wenn der Mieter die Miete für einen nach seinem Tod liegenden Zeitraum im Voraus entrichtet hat, die Personen, die gemäß § 563 BGB in das Mietverhältnis eingetreten sind oder mit denen es gemäß § 563 a BGB fortgesetzt wird, verpflichtet sind, dem Erben dasjenige herauszugeben, was sie infolge der Vorausentrichtung der Miete ersparen oder auch erlangen.

Gemäß § 563 b Abs. 3 BGB kann der Vermieter, falls der verstorbene Mieter keine Sicherheit (Kaution) geleistet hat, von den Personen, die gemäß § 563 BGB in das Mietverhältnis eingetreten sind oder mit denen es gemäß § 563 a BGB fortgesetzt wird, nach Maßgabe des § 551 BGB eine Sicherheit verlangen.

2.4 Fortsetzung des Mietverhältnisses mit dem Erben; außerordentliche Kündigung

Treten beim Tod des Mieters keine Personen i. S. d. § 563 BGB in das Mietverhältnis ein oder wird es nicht mit ihnen nach § 563 a BGB fortgesetzt, wird es mit den Erben fortgesetzt. In diesem Fall ist sowohl der Erbe als auch der Vermieter berechtigt, das Mietverhältnis innerhalb eines Monats außerordentlich mit der gesetzlichen Frist zu kündigen (3 Monate), nachdem sie vom Tod des Mieters und davon Kenntnis erlangt haben, dass ein Eintritt in das Mietverhältnis oder dessen Fortsetzung nicht erfolgt sind (§ 564 BGB). Bisher bedurfte es für die außerordentliche Kündigung des Vermieters zusätzlich eines berechtigten Interesses an der Beendigung des Mietverhältnisses nach § 573 BGB. Dieses Erfordernis entfällt zukünftig, wie §§ 573d Abs. 1, 575a Abs. 1 BGB ausdrücklich bestimmen. Diese Neuregelung durch das Mietrechtsreformgesetz ist sachgerecht: Hiermit wird dem Umstand Rechnung getragen, dass die Erben, die in der Wohnung nicht ihren Lebensmittelpunkt haben, keines mietrechtlichen Schutzes bedürfen. Sowohl dem Erben als auch dem Vermieter steht eine Überlegungsfrist von einem Monat für die Ausübung des Kündigungsrechts zu.

Das Recht zur außerordentlichen Kündigung besteht auch dann, wenn ein Zeitmietvertrag abgeschlossen war.

Zwar kann sich auch der Erbe gegenüber der Kündigung des Vermieters auf den Schutz der Sozialklausel gemäß § 574 BGB berufen. Härtegründe werden aber in der Regel nicht vorliegen, da der Erbe gerade nicht in der Wohnung des verstorbenen Mieters gelebt hat. Gleichwohl kann es sich empfehlen, die Gründe für die Beendigung des Mietverhältnisses, soweit vorhanden, in der Kündigung anzugeben, damit sie im Fall des Widerspruchs des Mieters berücksichtigt werden (§ 574 Abs. 3 BGB).

Stirbt einer von mehreren Mietern, besteht ein Sonderkündigungsrecht gemäß § 564 BGB weder für den Vermieter noch für die Erben des verstorbenen Mieters (Palandt, § 564 Rn. 6).

Zu beachten ist, dass bei Erbengemeinschaften die Kündigung von allen Miterben erklärt werden bzw. an alle Miterben gerichtet werden muss.

Die Frist von einem Monat, innerhalb derer die Kündigung gemäß § 564 S. 2 BGB erklärt werden muss, beginnt für den Vermieter zu laufen, nachdem er Kenntnis von der Person des oder der Erben erhalten hat. Der Vermieter kann aber nicht abwarten, bis er mehr oder weniger zufällig von der Erbenstellung Kenntnis erhält. Vielmehr sind entsprechende eigene Bemühungen erforderlich, z. B. Nachfrage beim Nachlassgericht. Positive Kenntnis von der Erbenstellung liegt nicht schon vor, wenn der Eintrittswillige behauptet, Erbe zu sein, sondern erst mit der Auskunft des Nachlassgerichts (LG München I, Urteil v. 11.2.2004, 14 S 18177/03, NZM 2005 S. 336). Wie das OLG Hamm ausgeführt hat, muss der Vermieter alles ihm nach den Umständen Zumutbare tun, um sich Gewissheit über die Person des Erben zu verschaffen; anderenfalls verliert er sein Kündigungsrecht (OLG Hamm, Urteil v. 8.1.1981, 4 U 203/80, ZMR 1981 S. 211).

Zu beachten ist, dass sämtliche Regelungen über das Eintrittsrecht bei Tod des Mieters oder die Fortsetzung mit überlebenden Mietern unabdingbar zugunsten der Mieter bzw. der eintrittsberechtigten Personen sind. Abweichende Vereinbarungen zum Nachteil solcher Personen sind daher unwirksam.

3 Nachlasspflegschaft

Ein heute nicht seltener Fall soll abschließend noch besprochen werden: Der alleinstehende Mieter stirbt, ohne dass Erben bekannt sind, oder die Erben schlagen die Erbschaft aus. Wie kann der Vermieter hier seine vertraglichen Ansprüche, z.B. auf die Durchführung von Schönheitsreparaturen, durchsetzen und das Mietverhältnis beenden?

Die einzige – legale – Möglichkeit besteht darin, beim zuständigen Nachlassgericht die Anordnung einer Nachlasspflegschaft zu beantragen. Ein Nachlasspfleger wird vom Gericht (Amtsgericht, in dessen Bezirk der verstorbene Mieter seinen Wohnsitz hatte) eingesetzt werden, wenn der Erbe unbekannt ist und ein Bedürfnis oder eine Fürsorge für den Nachlass besteht. Gemäß § 1961 BGB kann der Vermieter die Bestellung eines Nachlasspflegers verlangen, wenn er gerichtliche Ansprüche gegen den Nachlass geltend machen will, z.B. auf Zahlung der Miete. Ist der Nachlasspfleger bestellt, kann der Vermieter ihm gegenüber kündigen oder einvernehmlich die Beendigung des Mietverhältnisses herbeiführen oder die Ansprüche auf Durchführung von Schönheitsreparaturen geltend machen.

Tod des Vermieters

Stirbt der Vermieter, wird das Mietverhältnis mit den Erben fortgesetzt. Der oder die Erben als Gesamtrechtsnachfolger übernehmen alle Rechte des Erblassers aus dem Mietvertrag; sie treten in alle Pflichten ein, die der Mietvertrag dem Vermieter auferlegt. Ein Rechtsanspruch auf den Abschluss eines neuen Mietvertrags besteht daher nicht. Weder die Erben des Vermieters noch der Mieter haben ein Recht zur außerordentlichen Kündigung. § 564 S. 2 BGB ist nicht analog anwendbar.

Trinkwasserverordnung

Inhaltsübersicht

Seite

1 Geltungsbereich ... 893

2 Prüfungs- und Informationspflichten ... 894

3 Kosten ... 894

1 Geltungsbereich

Die zwischenzeitlich mehrfach geänderte Trinkwasserverordnung betrifft alle Häuser, die über eine zentrale Warmwasserversorgungsanlage verfügen und in denen sich eine Großanlage zur Trinkwassererwärmung befindet, aus der im Rahmen einer öffentlichen oder gewerblichen Tätigkeit Trinkwasser an Verbraucher abgegeben wird. Großanlage ist eine Warmwasserinstallation mit entweder einem Kesselspeicher mit einem Volumen von über 400 Liter oder Wasserleitungen mit mehr als

3 Litern Inhalt zwischen dem Trinkwassererwärmer und der Entnahmestelle (Wasserhahn oder Dusche).

Die Vermietung stellt eine gewerbliche Tätigkeit im Sinne der Verordnung dar. Die Verordnung gilt auch für Wohnungseigentumsanlagen. Wird die Anlage ausschließlich von Selbstnutzern bewohnt, fehlt das Merkmal der gewerblichen Tätigkeit. Die Verordnung findet dann keine Anwendung. Wenn aber eine Eigentumswohnung vermietet wird, besteht die Untersuchungspflicht.

Wohnungen mit Durchlauferhitzern gelten als Kleinanlagen, die von der Trinkwasserverordnung nicht erfasst werden, ebenso Anlagen in Ein- und Zweifamilienhäusern.

2 Prüfungs- und Informationspflichten

Die ursprünglich vorgesehene Pflicht zur Bestandsanzeige für Eigentümer von Gebäuden mit Hausinstallationen mit einer Großanlage wurde zwischenzeitlich wieder aufgehoben. Weiterhin besteht aber die turnusmäßige Untersuchungspflicht auf Legionellen. Die Erstuntersuchung musste bis zum 31.12.2013 erfolgen, ab dann ist ein dreijähriger Turnus für die folgenden Trinkwasseruntersuchungen vorgegeben. Diese Untersuchungen dürfen nur durch ein staatlich zugelassenes Prüflabor vorgenommen werden. Hierzu werden an Probeentnahmestellen, die der Eigentümer einrichten muss, Wasserproben entnommen.

Das Gesundheitsamt ist zu informieren, wenn die Beprobung ergibt, dass der Grenzwert für Legionellen von 100 KBE (koloniebildende Einheiten) überschritten wird. Eine Meldepflicht für darunterliegende Befunde besteht nicht. Unabhängig davon muss grundsätzlich jedes Untersuchungsergebnis schriftlich oder auf Datenträger aufgezeichnet werden. Die Originale müssen mindestens 10 Jahre vom Vermieter bzw. Verwalter aufbewahrt werden.

Ist der Grenzwert überschritten, hat der Betreiber ohne jede weitere Aufforderung Abhilfemaßnahmen gemäß § 16 Abs. 7 Trinkwasserverordnung zu ergreifen. Er muss unter anderem die Ursachen feststellen, eine Gefährdungsanalyse vornehmen und die daraus resultierenden Maßnahmen in die Wege leiten. Ferner sind die betroffenen Mieter unverzüglich zu informieren.

Unabhängig von dieser Informationspflicht bei Überschreitung der Grenzwerte sind die Verbraucher, also die Mieter, jährlich schriftlich oder durch Aushang, z. B. am Schwarzen Brett des Hauses, auf Grundlage des Untersuchungsergebnisses über die Trinkwasserqualität zu informieren. Wird die Qualität des Trinkwassers mit einer Wasseraufbereitungsanlage verbessert, müssen die verwendeten Aufbereitungsstoffe gleichfalls jährlich durch Aushang bekannt gegeben werden. Außerdem ist der Vermieter verpflichtet, die verwendeten Aufbereitungsstoffe wöchentlich zu dokumentieren und diese Aufzeichnungen 6 Monate lang für die Verbraucher zugänglich zu halten.

3 Kosten

Bei den Aufwendungen für die Errichtung der Probeentnahmestellen handelt es sich um einmalig entstehende Kosten. Hier besteht je nach Gestaltung des Mietvertrags die Möglichkeit einer Mieterhöhung wegen Modernisierung.

Die Kosten der turnusmäßig anfallenden Untersuchungskosten sind Betriebskosten gemäß § 2 Abs. 1 Nr. 4a, Nr. 5a bzw. Nr. 6a BetrKV, sie gehören zu den Kosten zentraler Warmwasserversorgungsanlagen. Ist im Mietvertrag wirksam die Umlage der Betriebskosten vereinbart, können die Prüfkosten im Rahmen der Betriebskostenabrechnung unter der Position Warmwasserkosten in der Heizkostenabrechnung auf die Mieter abgewälzt werden.

Trittschall → „Instandhaltung und Instandsetzung der Mieträume“

Überbelegung

Eine Wohnung ist überbelegt, wenn die Zahl der Bewohner deutlich über den durch den Vertragszweck und die Größe bestimmten Rahmen der vertragsgerechten Nutzung hinausgeht (so Grapentin in Bub/Treier, IV Rn. 219). Anhaltspunkte finden sich hierzu in den gesetzlichen Bestimmungen der Länder. So ist im inzwischen aufgehobenen Bay. WohnungsaufsichtsG in Art. 6 Abs. 1 ausgeführt, dass Wohnungen nur dann überlassen und benutzt werden dürfen, wenn für jede mindestens 6 Jahre alte Person eine Wohnfläche von mindestens 10 m^2, für jede noch nicht 6 Jahre alte Person eine Wohnfläche von mindestens 6 m^2 vorhanden ist.

Überbelegung kann ein Grund zur fristlosen Kündigung sein, wenn sie trotz einer Abmahnung weiterhin vorliegt. Eine fristlose Kündigung nach § 543 BGB wegen **Überbelegung** der Wohnung setzt neben der Abmahnung eine **erhebliche**, durch die Überbelegung verursachte **Verletzung der Vermieterrechte** voraus. Diese ergibt sich entgegen der Auffassung des OLG Karlsruhe (RE v. 16.3.1987, 3 RE-Miet 1/87, DWW 1987 S. 192) jedoch **nicht** zwingend allein aus der Überbelegung. Obwohl die Gefahr einer übermäßigen Abnutzung oder Beschädigung der Wohnung mit dem Ausmaß der Überbelegung zunehmen wird, ist es nach dem BGH (RE v. 14.7.1993, VIII ARZ 1/93, WuM 1993 S. 529) nicht möglich, einen bestimmten Grad der Überbelegung zu definieren, von dem ab die Annahme zwingend ist, die Abnutzung führe ohne Weiteres zu einer erheblichen Beeinträchtigung der Vermieterinteressen und erfordere die sofortige Auflösung des Mietverhältnisses. Insoweit können Ausstattung und Zuschnitt der bewohnten Räume, vertragliche Regelungen über die Durchführung von Schönheitsreparaturen, Alter und Lebensgewohnheiten der Bewohner ebenso von Bedeutung sein wie die Zusammensetzung der übrigen Hausbewohnerschaft. Daher ist grundsätzlich anhand der **besonderen Umstände des Einzelfalls** aufgrund einer Abwägung der Interessen beider Parteien zu beurteilen, ob die Rechte des Vermieters in erheblichem Maße verletzt sind. Dieser Auffassung folgt auch das Bundesverfassungsgericht. Im Beschluss v. 18.10.1993 (1 BvR 1335/93, WuM 1994 S. 119) wird für eine fristlose Kündigung des Vermieters wegen Überbelegung neben dem vertragswidrigen Gebrauch (durch Überbelegung) weiter vorausgesetzt, dass die Vermieterrechte erheblich verletzt worden sind. Ob dies der Fall ist, ist durch Abwägung der konkreten Auswirkungen der Überbelegung auf die berechtigten Interessen des Vermieters mit den Belangen des Mieters vom Fachgericht festzustellen.

In einer Kündigung wegen Überbelegung sollten daher nicht nur die Umstände vorgetragen werden, aus denen sich die Überbelegung ergibt, sondern auch die Auswirkungen der Überbelegung auf die Vermieterrechte (z.B. Gefährdung der Wohnsubstanz).

Auch das OLG Hamm ist zurückhaltender. Es ist in einem Rechtsentscheid der Meinung, dass sich das Recht des Vermieters zu einer ordentlichen – nicht fristlosen! – Kündigung nach den jeweils umfassend zu würdigenden Umständen des Einzelfalls im Fall der Überbelegung richtet (RE v. 6.10.1982, 4 RE-Miet 13/81, WuM 1982 S. 323).

Vergleiche hierzu auch „Kündigung“, Abschnitt 3.2.1.1 „Fristlose Kündigung wegen vertragswidrigen Gebrauchs (Verletzung der Rechte des Vermieters; § 543 Abs. 2 Nr. 2 BGB)“.

Umlage von Betriebskosten → „Betriebskosten“

Umwandlung

Inhaltsübersicht

	Seite
1 **Abgeschlossenheit, Vermieterstellung**	896
2 **Kündigungssperrfrist**	896
3 **Umwandlung von Sozialwohnungen**	897

1 Abgeschlossenheit, Vermieterstellung

Von Umwandlung spricht man, wenn an Mietwohnungen nachträglich Wohnungseigentum gemäß den §§ 3, 8 WEG gebildet wird. Voraussetzung hierfür ist eine sog. **Abgeschlossenheitsbescheinigung**. Hierin bestätigt die zuständige Verwaltungsbehörde, dass die einzelnen Wohnungen in sich abgeschlossen sind.

Dabei ist der Begriff „abgeschlossen“ nicht im bauordnungsrechtlichen Sinne zu verstehen. Vielmehr kommt es allein auf die räumliche Abgrenzung der Wohnungen an. Daher liegt eine Abgeschlossenheit i. S. v. § 3 Abs. 2 S. 1 WEG auch vor, wenn die Trennwände und Trenndecken nicht den Anforderungen an Schall- und Wärmeschutz entsprechen, die das Bauordnungsrecht des jeweiligen Bundeslands aufstellt (GmS-OGB, Beschluss v. 30.6.1992, GmS-OGB 1/91, WuM 1992 S. 671). Der Gemeinsame Senat hat in den Gründen darauf hingewiesen, dass Fragen des Mieterschutzes sich nach geltendem Recht nicht auf dem Umweg über das sachenrechtlich konzipierte und nach sachenrechtlichen Grundsätzen auszulegende WEG erfüllen lassen.

Lange Zeit umstritten in der Rechtsprechung war die Frage, wer Vermieter geworden ist, wenn die Wohnung nach Überlassung an den Mieter in Wohnungseigentum umgewandelt worden ist und zusammen mit der Wohnung ein Kellerraum oder ein Tiefgaragenstellplatz vermietet ist, der nach der Teilungserklärung im Gemeinschaftseigentum aller Wohnungseigentümer steht. Der BGH (BGH, Beschluss v. 28.4.1999, VIII ARZ 1/98, WuM 1999 S. 390) hat entschieden, dass in solchen Fällen der Erwerber alleiniger Vermieter geworden ist. Dies führt zu einer erheblichen Erleichterung für den Fall einer Mieterhöhung oder Kündigung, da nicht sämtliche Eigentümer Mitmieter geworden sind und entsprechende Erklärungen daher auch nicht mit unterschreiben müssen.

2 Kündigungssperrfrist

Ist an den vermieteten Wohnräumen nach Überlassung an den Mieter Wohnungseigentum begründet und das Wohnungseigentum veräußert worden, kann sich der Erwerber auf berechtigte Interessen gemäß § 573 Abs. 2 und 3 BGB (Eigenbedarf und Verhinderung der angemessenen wirtschaftlichen Verwertung) nicht vor Ablauf von 3 Jahren seit der Veräußerung berufen (§ 577a Abs. 1 BGB). Gemeint ist die erste Veräußerung nach Umwandlung. Wie der BGH entschieden hat, ist Wohnungseigentum auch dann **nach** der Überlassung an den Mieter begründet worden, wenn der Mieter, dem gekündigt wurde, zur Zeit der Begründung des Wohnungseigentums als Angehöriger in der Wohnung lebte und mit dem Tod des damaligen Mieters kraft Gesetzes in das Mietverhältnis eingetreten ist. Der Angehörige rückt bezüglich der Wartefrist, die der Vermieter für eine Kündigung wegen Eigenbedarfs zu beachten hat, in die Rechtsposition des verstorbenen Mieters ein (BGH, Urteil v. 9.7.2003, VIII ZR 26/03, WuM 2003 S. 569). Dem Erwerber, der kündigen will, wird die in der Person seines Rechtsvorgängers abgelaufene Wartefrist angerechnet.

> Diese Frist beträgt für **Gebiete**, in denen die ausreichende Versorgung der Bevölkerung mit Mietwohnungen zu angemessenen Bedingungen besonders gefährdet ist, bis zu 10 Jahre (§ 577 a Abs. 2 S. 1 BGB).

Die bisher geltende Regelung des Sozialklauselgesetzes ist durch das Mietrechtsreformgesetz in einigen Punkten geändert worden. Im Folgenden wird hierzu die Begründung zum Gesetzesentwurf zitiert. § 577 a Abs. 2 S. 1 BGB übernimmt aus dem Sozialklauselgesetz die Obergrenze einer zehnjährigen Kündigungssperrfrist. Unverändert beibehalten wird die Beschränkung auf Gebiete mit besonders gefährdeter Wohnungsversorgung. Anders als bisher ergibt sich jedoch die konkrete Dauer der Kündigungssperrfrist nicht mehr unmittelbar aus der Ermächtigungsgrundlage. § 577 a Abs. 2 S. 1 BGB spricht lediglich von einer Dauer bis zu 10 Jahren. Damit sind die Landesregierungen nicht mehr an eine fünf- bzw. zehnjährige Kündigungssperrfrist gebunden, sondern können nach § 577 a Abs. 2 S. 2 BGB entsprechend einer von ihnen vorzunehmenden Prognose hinsichtlich der voraussichtlichen Dauer der besonderen Gefährdung eine Sperrfrist von bis zu 10 Jahren festlegen. Die Geltungsdauer der Verordnung ist auf 10 Jahre beschränkt.

Eine entsprechende Verordnung haben derzeit folgende Bundesländer erlassen: Bayern, Berlin, Hamburg, Hessen und Nordrhein-Westfalen (vgl. Fischer-Dieskau/Franke § 577 a BGB Anm. 10).

Die Kündigungssperre ist auf Fälle der Eigenbedarfs- und Verwertungskündigung beschränkt. Sie ist auf andere Kündigungsgründe i. S. v. § 573 Abs. 1 S. 1 BGB nicht analog anwendbar (BGH, Urteil v. 11.3.2009, VIII ZR 127/08, WuM 2009 S. 294).

Nach früherer Rechtsprechung fand die Kündigungssperre keine Anwendung, wenn eine Gesellschaft bürgerlichen Rechts Wohnraum erworben hatte und einzelne Gesellschafter nach der Bildung von Wohnungseigentum Eigenbedarf geltend gemacht hatten (vgl. BGH, Urteile v. 16.7.2009, VIII ZR 231/08, WuM 2009 S. 519 und v. 23.11.2011, VIII ZR 74/11, WuM 2012 S. 31). Diese Lücke im Kündigungsschutz ist durch das Mietrechtsänderungsgesetz geschlossen worden. Gemäß § 577 a Abs. 1a BGB gilt die Kündigungssperrfrist entsprechend, wenn vermieteter Wohnraum nach der Überlassung an den Mieter erstens an eine Personengesellschaft oder an mehrere Erwerber veräußert worden ist oder zweitens zugunsten einer Personengesellschaft oder mehrerer Erwerber mit einem Recht belastet worden ist, durch dessen Ausübung dem Mieter der vertragsgemäße Gebrauch entzogen wird.

Dies gilt nicht, wenn die Gesellschafter oder Erwerber derselben Familie oder demselben Haushalt angehören oder vor Überlassung des Wohnraums an den Mieter bereits Wohnungseigentum begründet wurde. Kündigungen von Personenmehrheiten werden hierdurch deutlich erschwert. Obwohl noch gar keine Umwandlung stattgefunden hat, gilt bereits die Sperrfrist. Allerdings gilt die Sperrfrist nicht doppelt, wenn die Personengesellschaft nach dem Erwerb Wohnungseigentum begründet. Gemäß § 577 a Abs. 2a BGB beginnt die Sperrfrist bereits mit der Veräußerung (s. hierzu auch „Veräußerung des Mietgrundstücks“, Abschnitt 1 „Veräußerung nach der Überlassung“ sowie „Eigenbedarf“, Abschnitt 17 „Kündigungssperrfristen“).

Bei der Umwandlung von Mietwohnungen in Eigentumswohnungen ist auch das **Vorkaufsrecht** des Mieters (s. „Vorkaufsrecht des Mieters“; § 577 BGB) zu beachten.

3 Umwandlung von Sozialwohnungen

Sondervorschriften gelten bei der Umwandlung von **Sozialwohnungen**: Der Vermieter hat die Begründung von Wohnungseigentum der zuständigen Stelle unverzüglich schriftlich mitzuteilen. Ferner besteht ein Vorkaufsrecht gemäß § 577 BGB. Dieses Vorkaufsrecht des Mieters entsteht mit dem Abschluss eines Kaufvertrags zwischen dem verfügungsberechtigten Vermieter und einem Dritten über die Mietwohnung als durch Umwandlung entstandenes oder noch zu begründendes Wohnungseigentum. Beim **Gesamtverkauf** eines öffentlich geförderten, mit Mietwohnungen bebauten Grundstücks entsteht das Recht zur Ausübung des Vorkaufsrechts nicht, es sei denn, die vom vorkaufsberechtigten Mieter bewohnte Wohnung ist als Teilobjekt des Veräußerungsvertrags so hinreichend bestimmt, dass sie i. V. m. einem Miteigentumsanteil an dem Grundstück der rechtlich selbstständige Gegenstand eines rechtsgültigen Kaufvertrags sein kann (so BayObLG, RE v. 16.4.1992, RE-Miet 4/91, WuM 1992 S. 351). Zum anderen hat der Mieter einer solchen Wohnung einen verstärkten Kündigungsschutz.

> Die **Kündigung** eines Mietverhältnisses über eine Sozialwohnung, die in eine Eigentumswohnung umgewandelt worden ist wegen Eigenbedarfs des Erwerbers, ist während der Dauer der Sozialbindung ausgeschlossen (§ 32 Abs. 3 S. 2 WoFG).

Das bedeutet, dass der Erwerber bei vorzeitiger Rückzahlung des öffentlichen Baudarlehens grundsätzlich die zehnjährige Nachwirkungsfrist abwarten muss, bevor er kündigen kann. Ausnahmen von dieser zehnjährigen Nachwirkungsfrist gelten bei sog. **Kleindarlehen** unter 1.550 Euro. Diese Wohnungen gelten als öffentlich gefördert bis zum Zeitpunkt der Rückzahlung (§ 16 Abs. 2 WoBindG). Weitere Kündigungsbeschränkungen ergeben sich aus § 577a BGB.

Unverändert geblieben ist die Regelung in § 16 Abs. 2 (Kleindarlehen unter 1.550 Euro pro Wohnung) und § 16 Abs. 5 WoBindG (selbstgenutztes Eigenheim oder Eigentumswohnung). Hier verbleibt es bei der früheren Rechtslage, d.h. Wegfall der öffentlichen Bindung zum Zeitpunkt der Rückzahlung.

Unbefugte Gebrauchsüberlassung → „Vertragswidriger Gebrauch“
Unpünktliche Mietzahlung → „Kündigung“, Abschnitt 3.2.1 „Außerordentliche fristlose Kündigung aus wichtigem Grund“

Untermiete

Inhaltsübersicht

		Seite
1	**Voraussetzung**	898
2	**Erlaubniserfordernis**	899
2.1	Umfang des Mietgebrauchs bei Wohnungen	899
2.2	Sonderkündigungsrecht, Verweigerung der Erlaubnis	900
3	**Wohnraummietverhältnis**	903
3.1	Berechtigtes Interesse	904
3.2	Zeitpunkt des Vorliegens der Gründe	904
3.3	Anspruch auf Genehmigung	905
3.4	Verweigerung der Genehmigung	906
3.5	Mieterhöhung	906
4	**Rechtsverhältnis Mieter – Untermieter**	906
5	**Rechtsverhältnis Vermieter – Untermieter**	907

1 Voraussetzung

Untermiete liegt vor, wenn der Mieter den Gebrauch der gemieteten Sache einem Dritten gegen Entgelt überlässt. Vermietet der Eigentümer einer Sache, z. B. einer Wohnung, diese ganz oder teilweise, so ist das nicht Untermiete, der Untermietvertrag hat vielmehr einen sog. **Hauptmietvertrag** zur Voraussetzung. Die Kette setzt sich zusammen aus Vermieter (in der Regel der Eigentümer), Hauptmieter (Untervermieter) und Untermieter. Für den Untermietvertrag, der keiner besonderen Form bedarf, gelten die allgemeinen Regelungen über die Miete. Das Gleiche gilt für das Verhältnis zwischen Vermieter und Mieter (Hauptmieter).

2 Erlaubniserfordernis

Grundsätzlich ist der Mieter nicht berechtigt, **ohne Erlaubnis des Vermieters** den Gebrauch der gemieteten Sache einem Dritten zu überlassen, insbesondere die Sache weiterzuvermieten. Verweigert der Vermieter die Erlaubnis, ist der Mieter zur außerordentlichen Kündigung des Mietverhältnisses unter Einhaltung der gesetzlichen Frist (bei Wohnraum 3 Monate gemäß § 573d Abs. 2 BGB, bei Geschäftsraum spätestens am dritten Werktag eines Kalendervierteljahres zum Ablauf des nächsten Kalendervierteljahres, § 580a Abs. 2 und 4 BGB) berechtigt, sofern die Verweigerung nicht darauf beruht, dass in der Person des Dritten ein wichtiger Grund vorliegt (§ 540 Abs. 1 BGB).

2.1 Umfang des Mietgebrauchs bei Wohnungen

Die früher vertretene Ansicht, dass sich § 540 Abs. 1 BGB nur auf die Überlassung zum selbstständigen Gebrauch bezieht, wurde vom OLG Hamm (RE v. 17.8.1982, 4 RE-Miet 1/82, WuM 1982 S. 318) dahin korrigiert, dass diese Gesetzesbestimmung auch dann anzuwenden ist, wenn der Mieter einen Dritten zum Mitgebrauch der Wohnung für dauernd in den Haushalt aufnimmt. Hiervon kann folglich nicht gesprochen werden, wenn der Mieter **Besuch** empfängt (auch für längere Zeit/ Grenze ca. 6 Wochen).

Der Mieter darf daher grundsätzlich Dritte nur mit Erlaubnis des Vermieters auf Dauer in die gemietete Wohnung aufnehmen, unabhängig davon, ob er ihnen einen Teil der Wohnung zum selbstständigen Gebrauch überlässt oder ob er ihnen lediglich den unselbstständigen Mitgebrauch gestattet. Nächste Familienangehörige, zum Haushalt gehörende Bedienstete oder Personen, die der Mieter zu seiner Pflege benötigt, sind jedoch keine Dritte i. S. d. § 540 Abs. 1 S. 2 BGB. Die Aufnahme solcher Personen gehört zum Mietgebrauch, eine Erlaubnis des Vermieters ist nicht erforderlich.

Umstritten ist allerdings, wo für Familienangehörige im Einzelnen die Grenze zu ziehen ist. Zum privilegierten Personenkreis gehören die Ehegatten ebenso wie die gemeinsamen Kinder. In der Regel werden hierzu auch die Stiefkinder des Mieters oder seines Ehepartners gezählt (OLG Hamm, Beschluss v. 11.4.1997, 30 RE-Miet 1/97, WuM 1997 S. 364), ebenso die Enkel (LG Wuppertal, MDR 1971 S. 49). Demgegenüber hat das BayObLG (RE v. 29.11.1983, RE-Miet 9/82, WuM 1984 S. 13) entschieden, dass es sich bei der Aufnahme des Bruders stets um eine erlaubnispflichtige Drittüberlassung handelt. Dies wird auch für den Schwager des Mieters gelten. In diesen Fällen ist also bei Wohnraum zu prüfen, ob die Voraussetzungen des § 553 Abs. 1 BGB vorliegen (s. dazu Abschnitt 3 „Wohnraummietverhältnis“).

Mit Rechtsentscheid v. 6.10.1997 (RE-Miet 2/96, NZM 1998 S. 29) hat sich das BayObLG mit der Frage auseinandergesetzt, ob die Aufnahme der Eltern des Mieters keiner Genehmigung des Vermieters bedarf, da es sich nicht um Dritte i. S. d. § 540 Abs. 1 S. 1 BGB handelt. Das Gericht führt aus, dass diese Frage einer generellen Beantwortung nicht zugänglich ist. Nach den heutigen tatsächlichen Verhältnissen wird zwar eine Wohnung in der Regel nur für die Nutzung durch eine sog. Kleinfamilie angemietet. Im vorliegenden Fall handelte es sich allerdings um ein Einfamilienhaus mit ausgebautem Dachgeschoss. Wenn konkrete mietvertragliche Vereinbarungen fehlen, kommt es daher insbesondere auf die Art und den Zuschnitt der Wohnung sowie darauf an, ob die Zahl der Personen überschritten wird, mit deren Aufnahme in die Wohnung der Vermieter bei Abschluss des Mietvertrags rechnen musste.

Auch die dauerhafte Aufnahme des **Lebensgefährten** bedarf der Erlaubnis des Vermieters. Auf die Erteilung der Erlaubnis hat der Mieter in der Regel einen Anspruch (BGH, Urteil v. 5.11.2003, VIII ZR 371/02, WuM 2003 S. 688).

2.2 Sonderkündigungsrecht, Verweigerung der Erlaubnis

Das Sonderkündigungsrecht entsteht, wenn der Mieter einen konkreten Untermieter mit Namen und Anschrift benannt hat und der Vermieter innerhalb der vom Mieter gesetzten angemessenen Frist – im entschiedenen Fall 20 Tage – keine Erklärung abgibt. Dann ist das Schweigen des Vermieters als Verweigerung der Zustimmung zu werten (OLG Köln, Urteil v. 1.9.2000, 19 U 53/00, WuM 2000 S. 597). In dem vom OLG Köln entschiedenen Fall hatte der Mieter darauf hingewiesen, dass das Schweigen des Vermieters innerhalb der gesetzten Frist als Verweigerung der Erlaubnis gewertet werden würde. Ob das Schweigen auf eine bloße Anfrage ohne Fristsetzung und ohne diesbezügliche Erklärung, das als Ablehnung gewertet werden würde, ebenso zu einem Sonderkündigungsrecht führt, ist fraglich (verneinend KG Berlin, Urteil v. 11.10.2007, 8 U 34/07, NZM 2008 S. 287). Empfohlen wird, dass der Vermieter in solchen Fällen innerhalb der Frist reagiert und, wenn nicht sämtliche Informationen vorliegen, weitere Informationen anfordert.

Dieses Recht besteht hingegen nicht, wenn der Vermieter die Erlaubnis zu einer Untervermietung auf eine Anfrage des Mieters versagt hat, in der der Mieter ohne Benennung einer konkreten Person lediglich erklärt hat, einen Untermieter suchen zu wollen, der in den gemieteten Räumen irgendein öffentlich-rechtlich zulässiges Gewerbe betreiben wolle (OLG Celle, Beschluss v. 5.3.2003, 2 W 16/03, NZM 2003 S. 396). Vielmehr muss der Mieter in Zusammenhang mit einer Anfrage zur Untervermietung im **Gewerberaum**mietverhältnis zur Person des beabsichtigten Untermieters einerseits und über dessen Bonität und die Bedingungen des Untermietvertrags andererseits äußerst weitgehende und konkrete Angaben machen, wenn der Vermieter dies verlangt (OLG Dresden, Urteil v. 29.4.2004, 16 U 237/04, DWW 2004 S. 150). Danach müssen dem Vermieter auf Nachfrage die wesentlichen Mietbedingungen des Untermietvertrags mitgeteilt werden, wie Nutzungsart, Miethöhe, Laufzeit des Vertrags, etwaige Kündigungsmöglichkeiten und die Übernahme einer bestehenden Betreiberpflicht. Die Entscheidung des OLG Dresden erging zu einer gewünschten Untervermietung im Shopping-Center (vgl. Joachim, NZM 2004 S. 892).

Diese Entscheidung wurde vom BGH in den Grundsätzen bestätigt. Jedenfalls dann, wenn der Hauptmieter eine Betriebspflicht übernommen hat, besteht ein Bedürfnis des Vermieters, die wirtschaftlichen Verhältnisse des Untermieters zu erfahren. Ob diese Auffassung für alle gewerblichen Mietverhältnisse zutrifft, kann nach Ansicht des BGH dahinstehen (BGH, Urteil v. 15.11.2006, XII ZR 92/04, NZM 2007 S. 127). In solchen Fällen (Einkaufszentrum) hat der Vermieter ein Interesse, in Erfahrung zu bringen, ob der Untermieter zu den geplanten Bedingungen das beabsichtigte Geschäft wirtschaftlich betreiben kann (BGH, a. a. O.).

Dieser Rechtsprechung folgt auch das KG Berlin. Danach müssen im Allgemeinen sowohl personenbezogene als auch vertragsbezogene Daten des Untermieters mitgeteilt werden. Hierzu gehören an personenbezogenen Daten der Name des Untermieters, dessen Anschrift und dessen Beruf, und an vertragsbezogenen Daten sind die vom Untermieter beabsichtigte Nutzungsart der Räume, die Höhe des Untermietzinses und die Laufzeit des Untermietvertrags mitzuteilen. Je nach den Umständen des Einzelfalls können weitergehende oder geringere Anforderungen an die Informationspflicht gestellt werden (KG Berlin, Urteil v. 11.10.2007, 8 U 34/07, NZM 2008 S. 287).

Der **wichtige Grund** für die Verweigerung der Erlaubnis der Gebrauchsüberlassung kann nicht beliebiger Art sein, sondern muss in der Person des Dritten liegen. Ein Grund in der Person des Dritten liegt nicht vor, wenn die aufzunehmende Person, gleich welchen Geschlechts, mit dem Mieter eine Wohngemeinschaft oder Lebensgemeinschaft begründen will.

> Als Verweigerungsgründe kommen in Betracht:
>
> - persönliche Feindschaft des Dritten mit dem Vermieter oder anderen Mietern,
> - nicht vertragsgemäßer Gebrauch der zu überlassenden Sache,
> - Änderung des Vertragszwecks,
> - Wettbewerb des Dritten mit dem Vermieter oder anderen Mietern,
> - eine Überbelegung des untervermieteten Raums.

So steht dem Mieter ein außerordentliches Kündigungsrecht dann nicht zu, wenn mit der Absicht der Untervermietung eine nicht unwesentliche Änderung des Vertragszwecks, insbesondere eine einseitige Änderung der vertraglich vereinbarten Nutzungsart verbunden ist, z.B. Einrichten einer Kleintierarztpraxis anstelle einer Zahnarztpraxis (OLG Köln, Urteil v. 12.4.1996, 20 U 166/95, NJW-RR 1997 S. 204).

Ob der Dritte oder Untermieter in der Lage ist, die Miete zu zahlen, spielt keine Rolle, weil nicht er, sondern der Mieter die Miete an den Vermieter zu zahlen und für seine **Zahlungspflicht** ohne Rücksicht darauf einzustehen hat, ob der Untermieter zahlt oder nicht.

Die Beweislast für die Behauptung, der Vermieter habe seine Zustimmung zur Untervermietung verweigert, liegt beim Mieter (OLG Koblenz, Beschluss v. 27.12.2011, 5 U 839/11, WuM 2012 S. 613).

Die Erlaubnis der Gebrauchsüberlassung kann sowohl (oft schon im Voraus) generell oder für den Einzelfall erteilt werden. Die erteilte Erlaubnis kann der Vermieter aus wichtigem Grund **widerrufen**. Hier dürften im Wesentlichen die gleichen Gründe in Betracht kommen, die für die Erlaubnisverweigerung gelten. Die Klausel in einem Formular-Mietvertrag, wonach der Vermieter seine Erlaubnis zur Untervermietung jederzeit widerrufen kann, verstößt nach der Rechtsprechung des BGH (ZMR 1987 S. 295) gegen § 307 BGB und ist daher wegen unangemessener Benachteiligung des Mieters unwirksam. Das Gericht stellt heraus, dass durch die Erlaubnis zur Untervermietung der Rahmen des vertragsgemäßen Gebrauchs der Mietsache erweitert wird. Diese Erweiterung der Nutzungsmöglichkeiten für den Mieter sei in der Regel dazu bestimmt, eine rechtliche und wirtschaftlich geeignete Grundlage für seine Dispositionen als Untervermieter zu schaffen.

Wirksam ist hingegen eine Klausel, wonach die Mieterin ohne Zustimmung der Vermieterin die Mietsache weder ganz oder teilweise untervermieten oder ihren Gebrauch Dritten in anderer Weise überlassen darf. Insbesondere darf die Mietsache nicht zu einem Zweck benutzt werden, der den Interessen der Vermieterin entgegensteht. Hier ist der Vermieter berechtigt, die Untervermietungserlaubnis zu verweigern, wenn die Untervermietung dazu führt, dass der Vermieter anderenfalls einen seiner weiteren Mieter als Untermieter an die Hauptmieterin verlieren würde (OLG Düsseldorf, Urteil v. 17.2.2005, 10 U 144/04, DWW 2005 S. 106).

Der Vorschrift des § 540 Abs. 1 S. 2 BGB kommt besondere Bedeutung bei langfristigen Verträgen zu, wenn der Mieter vorzeitig aus dem Vertrag aussteigen will, etwa wegen mangelnder Rentabilität des Geschäftsbetriebs. Ein vertraglicher Ausschluss durch Individualvereinbarung dieses Kündigungsrechts ist, abgesehen von Wohnraummietverhältnissen, grundsätzlich möglich.

> Ein **formularmäßiger Ausschluss** dieses außerordentlichen Kündigungsrechts für den Fall der Verweigerung der Untervermietungserlaubnis, ohne dass ein wichtiger Grund in der Person des Untermieters vorliegt, ist nach der überwiegenden Meinung aufgrund eines Verstoßes gegen § 307 BGB jedenfalls bei Wohnraum unwirksam (LG Hamburg, Urteil v. 19.5.1992, 316 S 320/90, WuM 1992 S. 689).

Umstritten ist, ob eine solche Formularklausel bei **gewerblichen** Mietverhältnissen zulässig ist (so Wolf-Eckert, Rn. 959) oder nicht (Sternel, II Rn. 252; IV Rn. 487). Der BGH hat in einem Urteil zum Finanzierungsleasing (BGH,

Urteil v. 9.5.1990, VIII ZR 222/89, BB 1990 S. 1296) darauf verwiesen, dass das Interesse des Vermieters von Gewerberaum nicht als unbillig anzusehen sei, die Mietsache nur dem ihm bekannten Vertragspartner zur Nutzung zu überlassen und insoweit auf Erhaltung der vertraglichen Bindung zu bestehen. Nunmehr hat allerdings der BGH (BGH, Urteil v. 24.5.1995, XII ZR 172/94, WuM 1995 S. 481) entschieden, dass der formularmäßige Ausschluss des Sonderkündigungsrechts des Mieters von Geschäftsräumen bei Verweigerung der Erlaubnis zur Untervermietung (§ 307 BGB) unwirksam ist, wenn eine Untervermietung nach der Vertragsgestaltung nicht ausgeschlossen ist, aber der Vermieter die erforderliche Erlaubnis nach Belieben verweigern kann.

Im Mietvertrag befand sich hierzu folgende Klausel: „Untervermietung oder sonstige Gebrauchsüberlassung an Dritte darf nur mit schriftlicher Einwilligung des Vermieters erfolgen. Diese Einwilligung kann widerrufen werden. Die Anwendung des § 540 Abs. 1 S. 2 BGB ist ausgeschlossen."

Der BGH führt aus, dass bereits der erste Satz der Klausel im Hinblick auf das Erfordernis, die Einwilligung schriftlich zu erteilen, und der zweite Satz im Hinblick auf die freie Widerrufbarkeit der Untermieterlaubnis einer Inhaltskontrolle nach § 307 BGB nicht standhält mit der Folge, dass an deren Stelle die gesetzliche Regelung tritt. Die Möglichkeit der Untervermietung ist hier daher mit Erlaubnis des Vermieters gegeben (§ 540 Abs. 1 S. 1 BGB).

Es ist umstritten, ob das Recht zur Untervermietung durch Formularvertrag wirksam ausgeschlossen werden kann. Im vorliegenden Fall hatte der BGH lediglich die Fallgestaltung zu beurteilen, dass eine Untervermietung nicht ausgeschlossen ist und damit eine entsprechende Erweiterung des vertragsgemäßen Gebrauchs in Betracht kommt, dass aber durch die Formularklausel letztlich in das Belieben des Vermieters gestellt wird, ob er die erforderliche Erlaubnis erteilt. Möglich dürfte aber wohl eine Individualvereinbarung sein, die zum einen die Untervermietung generell und zum anderen ebenso das Sonderkündigungsrecht (§ 540 Abs. 1 S. 2 BGB) ausschließt.

Die überwiegende Meinung in der Rechtsprechung geht jedenfalls dahin, dass ein formularmäßiges Untervermietverbot bei langfristiger Geschäftsraummiete und der damit verbundene Ausschluss des Sonderkündigungsrechts gemäß § 540 Abs. 1 S. 2 BGB gegen § 307 Abs. 2 Nr. 1 BGB verstößt (so etwa LG Bonn, Urteil v. 20.2.2002, 2 O 346/01, NZM 2003 S. 397). Bei Mietverträgen auf unbestimmte Zeit ist hingegen der Ausschluss des Rechts zur Untervermietung wirksam. Hinzuweisen ist nochmals darauf, dass sich diese Ausführungen ausschließlich auf Geschäftsraummietverhältnisse beziehen.

Das außerordentliche Kündigungsrecht des Mieters nach § 540 Abs. 1 S. 2 BGB gilt sowohl bei Wohnraum- als auch Geschäftsraummietverhältnissen. Die Ausübung eines sich aus der unberechtigten Verweigerung der Erlaubnis zur Untervermietung ergebenden Kündigungsrechts ist jedoch rechtsmissbräuchlich, wenn dem kündigenden Hauptmieter bekannt ist, dass ein Mietinteresse der benannten Untermieter nicht besteht. Im entschiedenen Fall wollten die Mieter eines Einfamilienhauses den Mietvertrag vorzeitig auflösen, weil sie ein eigenes Haus gekauft hatten. Die Suche nach Nachmietern blieb erfolglos. Die Mieter verlangten von den Vermietern, die Untervermietung für die restliche Mietlaufzeit an ein Ehepaar zu gestatten, was der Vermieter mit unzutreffenden Gründen ablehnte. Daraufhin kündigten die Mieter. Die Mieter teilten jedoch nicht mit, dass es sich bei diesem Ehepaar um die Eltern eines der Mieter handelte, wobei der Vermieter im Prozess vortrug, diese hätten nie die Absicht gehabt, einzuziehen (BGH, Urteil v. 11.11.2009, VIII ZR 294/08, WuM 2010 S. 30).

Bei unberechtigter Untervermietung hat der Vermieter keinen gesetzlichen Anspruch auf Zahlung eines **Untermietzuschlags** oder Herausgabe des von dem Mieter durch die Untervermietung erzielten Mehrerlöses (BGH, Urteil v. 13.12.1995, XII ZR 194/93, WuM 1996 S. 216).

Anders ist die Rechtslage, wenn der Mieter rechtskräftig zur Räumung verurteilt worden ist. Nach Rechtshängigkeit des Rückgabeanspruchs schuldet der Mieter im Rahmen der Herausgabe von Nutzungen nach §§ 546 Abs. 1, 292 Abs. 2, 997 Abs. 1, 99 Abs. 3 BGB auch die Auskehr eines durch Untervermietung erzielten Mehrerlöses. Dazu gehört auch eine „Entschädigung", die der Mieter von dem Untermieter als Abfindung für eine vorzeitige Beendigung des Untermietverhältnisses erhalten hat (BGH, Urteil v. 12.8.2009, XII ZR 76/08, NZM 2009 S. 701).

Eine Klausel in einem Mietvertrag, wonach der Mieter im Fall der Untervermietung die Untermiete an den Vermieter zur Sicherheit abtritt, ist mangels Bestimmtheit unwirksam, wie das OLG Hamburg (Urteil v. 10.12.1997, 4 U 98/97, WuM 1999 S. 278) entschieden hat. Das Gericht führt aus, dass auch künftige Forderungen abgetreten werden können, wobei aber klar sein muss, welche Forderungen auf den Vermieter übergehen sollen. Bei der vorliegenden vertraglichen Bestimmung war aber völlig unklar, zu welchem Zeitpunkt und in welcher Höhe der Hauptvermieter den Anspruch auf die Untermiete erwerben sollte.

3 Wohnraummietverhältnis

Für **Wohnraum** gilt § 553 BGB: Wenn für den Mieter von Wohnraum nach Abschluss des Mietvertrags ein berechtigtes Interesse besteht, einen Teil des Wohnraums einem Dritten zum Gebrauch zu überlassen, kann er vom Vermieter die Erlaubnis hierzu verlangen. Dies gilt nicht, wenn in der Person des Dritten ein wichtiger Grund vorliegt, der Wohnraum übermäßig belegt würde oder sonst dem Vermieter die Überlassung nicht zugemutet werden kann. Eine zum Nachteil des Mieters hiervon abweichende Vereinbarung ist unwirksam.

Der Mieter von Wohnraum hat keinen Anspruch auf Erteilung einer **generellen**, nicht personenbezogenen Untervermieterlaubnis (KG Berlin, RE v. 11.6.1992, 8 RE-Miet 1946/92, WuM 1992 S. 350). Das Gericht begründet dies zum einen aus dem Wortlaut des § 553 Abs. 1 BGB, zum anderen damit, dass nur dann der Anspruch des Mieters auf Erteilung der Erlaubnis geprüft werden kann, wenn dem Vermieter die Person des Dritten, der Untermieter werden soll, genannt wird. Der Anspruch ist also immer nur auf einen bestimmten Untermieter bezogen.

Hiervon abweichend können natürlich die Parteien im Einzelfall andere vertragliche Vereinbarungen treffen, insbesondere kann der Vermieter generell die Untervermietung gestatten.

Um sich aus einem langfristigen Mietverhältnis zu lösen oder eine längere Kündigungsfrist zu umgehen, bitten die Mieter den Vermieter um Genehmigung zur Untervermietung, ohne einen konkreten Untermieter zu benennen. Lehnt der Vermieter dies generell ab, soll das Sonderkündigungsrecht gemäß § 540 Abs. 1 S. 2 BGB eröffnet sein (KG Berlin, Beschluss v. 16.9.1996, 8 RE-Miet 2891/96, WuM 1996 S. 696; LG Nürnberg-Fürth, Urteil v. 16.6.1995, 7 S 1697/95, WuM 1995 S. 587; LG Hamburg, Urteil v. 3.7.1998, 311 S 8/98, NZM 1998 S. 1003; LG Köln, Urteil v. 3.12.1997, 10 S 367/97, WuM 1998 S. 154). Dem ist der BGH nicht gefolgt. Auch wenn der Vermieter die Erlaubnis von vornherein abgelehnt hat, muss der Mieter den Dritten namentlich benennen und die für eventuell erforderliche Nachforschungen notwendigen Angaben machen. Daher muss sich aus der Anfrage des Mieters zumindest auch ergeben, dass der Untermieter nur im Rahmen der vertraglich vereinbarten Nutzung der Mieträume gesucht wird (BGH, Beschluss v. 21.2.2012, VIII ZR 290/11, GE 2012 S. 825).

Schweigt der Vermieter auf die Anfrage, ist dies nicht als generelle Verweigerung der Erlaubnis zur Untervermietung anzusehen (OLG Koblenz, RE v. 30.4.2001, 4 W-RE 525/00, WuM 2001 S. 272). Ein Sonderkündigungsrecht besteht daher nicht (strittig).

Kein Sonderkündigungsrecht steht dem Mieter hingegen zu, wenn der Vermieter auf eine generelle Anfrage hin schweigt. Dies folgt daraus, dass das Gesetz dem Mieter kein generelles, die Person des Untermieters ganz in sein Belieben stellendes Recht zur Untervermietung zugesteht. Ein Mieter, der dies vom Vermieter gleichwohl verlangt, darf daher dessen Schweigen nicht dahin verstehen, dass damit die Untervermietung in jedem Fall abgelehnt wird. Der Vermieter muss sich nämlich nur mit einem solchen Zustimmungsverlangen auseinandersetzen, das den gesetzlichen Anforderungen genügt (LG Gießen, Urteil v. 28.4.1999, 1 S 53/99, WuM 1999 S. 458).

3.1 Berechtigtes Interesse

Bei der Annahme eines **berechtigten Interesses** ist die Rechtsprechung sehr großzügig; das OLG Hamm hat in einem Rechtsentscheid die Grenzen weit abgesteckt.

> Danach hat der Mieter – unbeschadet etwaiger Einwendungen des Vermieters aus dem Gesichtspunkt der Unzumutbarkeit – bereits dann ein berechtigtes Interesse an der Aufnahme Dritter, wenn er im Rahmen seiner Lebensgestaltung aus persönlichen oder wirtschaftlichen Gründen mit dem Dritten eine **auf Dauer angelegte Wohngemeinschaft** begründen will, gleichviel, ob es sich bei dem Dritten um eine Person gleichen oder anderen Geschlechts handelt (RE v. 17.8.1982, 4 RE-Miet 1/82, WuM 1982 S. 318).

Hat der BGH (RE v. 3.10.1984, VIII ARZ 2/84, WuM 1985 S. 7) früher noch die Darlegung der tatsächlichen Gründe gefordert, so ist die Rechtsprechung inzwischen großzügiger. Danach ist für die Darlegung eines berechtigten Interesses an der Aufnahme eines Dritten in die Wohnung der Wunsch des Mieters ausreichend, eine Lebensgemeinschaft zu bilden oder fortzuführen. Eine nähere Begründung ist nicht erforderlich (BGH, Urteil v. 5.11.2003, VIII ZR 371/02, WuM 2003 S. 600).

Auch aus wirtschaftlichen Gründen kann sich ein berechtigtes Interesse zur Untervermietung ergeben, so z.B. bei Auszug eines Mitmieters (s. „Wohngemeinschaft"). Umstritten ist, ob der Mieter auch bei Abwesenheit einen Anspruch auf Gestattung der Untervermietung eines Teils der Wohnung hat. Das LG Berlin (Beschluss v. 14.2.1994, 67 S 297/93, NJW-RR 1994 S. 1289) hat im Fall einer **berufsbedingten Abwesenheit** ein berechtigtes Interesse des Mieters bejaht. Dies gilt allerdings nur dann, wenn der Untermieter die Wohnung nicht insgesamt zum selbstständigen Gebrauch erhalten soll, sie also z.B. möbliert anmietet. Der bloße Wunsch, wirtschaftliche Vorteile aus der Untervermietung zu ziehen, reicht für den Anspruch auf Erteilung der Untervermietungserlaubnis allein nicht aus. Ein berechtigtes Interesse, während eines längeren Urlaubs einen Teil der Wohnung unterzuvermieten, besteht daher nicht (LG Berlin, Urteil v. 6.8.1996, 64 S 249/96, WuM 1996 S. 762).

Diese Rechtsprechung hat der BGH bestätigt. Danach setzt der Anspruch des Wohnungsmieters auf Erteilung der Erlaubnis zur Untervermietung nicht voraus, dass der Mieter in der Wohnung seinen Lebensmittelpunkt hat. In dem entschiedenen Fall hielt sich der Mieter aus beruflichen Gründen überwiegend außerhalb des Orts der angemieteten Wohnung auf. An seiner Arbeitsstelle hatte er eine weitere Wohnung angemietet. Das Gericht hat den Wunsch nach einer Entlastung von den Reise- und Wohnungskosten, die dem Mieter aus beruflichen Gründen entstehen, als berechtigtes Interesse zur Untervermietung eines Teils der Wohnung angesehen (BGH, Urteil v. 23.11.2005, VIII ZR 4/05, NZM 2006 S. 220).

Diese Rechtsprechung hat der BGH ausgeweitet. Auch ein mehrjähriger berufsbedingter Auslandsaufenthalt des Mieters kann ein berechtigtes Interesse an der Überlassung eines Teils des Wohnraums an einen Dritten begründen (BGH, Urteil v. 11.6.2014, VIII ZR 349/13, WuM 2014 S. 489). Der Mieter darf aber nur einen Teil des Wohnraums dem Dritten überlassen, nicht die ganze Wohnung. Hiervon ist regelmäßig bereits dann auszugehen, wenn der Mieter den Gewahrsam an dem Wohnraum nicht vollständig aufgibt. Hierfür genügt es, wenn er ein Zimmer einer größeren Wohnung zurückbehält, um hierin Einrichtungsgegenstände zu lagern und/oder es gelegentlich zu Übernachtungszwecken (Urlaub, kurzzeitiger Aufenthalt) zu nutzen (BGH, a.a.O.).

3.2 Zeitpunkt des Vorliegens der Gründe

Der Wunsch zur Aufnahme eines Lebensgefährten darf erst **nach** Abschluss des Mietvertrags entstanden sein. Insoweit hat der Mieter eine Darlegungspflicht sowie die Beweislast.

3.3 Anspruch auf Genehmigung

Liegen diese Voraussetzungen vor, hat der Mieter einen einklagbaren **Anspruch auf Erteilung** der Genehmigung. Damit der Vermieter allerdings überprüfen kann, ob die Voraussetzungen für diesen Anspruch vorliegen, kann er vom Mieter die Angabe von Namen, Geburtsdatum sowie der letzten Anschrift der aufzunehmenden Person verlangen (LG Berlin, Urteil v. 31.1.2002, 62 S 341/01, GE 2002 S. 668). Angaben über die Art und Weise der Lebensführung in der Gemeinschaft braucht der Mieter hingegen nicht zu machen (vgl. BGH, Urteil v. 5.11.2003, VIII ZR 371/02, WuM 2003 S. 688).

Die einmal erteilte Erlaubnis zur Untervermietung beinhaltet nicht die Erlaubnis einer tageweisen Vermietung an Touristen, sofern hierfür nicht besondere Anhaltspunkte vorliegen (BGH, Urteil v. 8.1.2014, VIII ZR 210/13, WuM 2014 S. 142). In diesem Fall ist der Vermieter zur fristlosen Kündigung nach Abmahnung berechtigt (vgl. auch LG Berlin, Beschluss v. 3.2.2015, 67 T 29/15, WuM 2015 S. 156 für die Vermietung der Wohnung über „airbnb").

Zwei in der Praxis immer wieder auftauchende Fälle sollen noch kurz behandelt werden:

Ein Mieter mietet die Wohnung an, und eine Zeit später wohnt auch noch der **Freund oder die Freundin** dort, ohne dass dem Vermieter hiervon Mitteilung gemacht wurde. Der Vermieter mahnt, nachdem er dies entdeckt hat, die unbefugte Gebrauchsüberlassung unter Fristsetzung ab (s. „Vertragswidriger Gebrauch") und kündigt nach fruchtlosem Fristablauf fristlos. Im nachfolgenden Räumungsprozess trägt der Mieter einredeweise vor, dass er nach der höchstrichterlichen Rechtsprechung einen Anspruch auf Genehmigung der Untervermietung habe und die Kündigung deshalb unwirksam sei. Der Vermieter kann kündigen, wenn der Mieter die Rechte des Vermieters in erheblichem Maß verletzt (§ 543 Abs. 2 Nr. 2 BGB). Fraglich ist, ob eine solche Erheblichkeit vorliegt, wenn der Mieter einen Anspruch auf Genehmigung der Untermiete hat. Hierüber ist aufgrund einer Interessenabwägung zu entscheiden.

Der Mieter kann also dem Räumungsanspruch des Vermieters den Einwand unzulässiger Rechtsausübung entgegenhalten, wenn die Voraussetzungen zur Erteilung der Untermieterlaubnis vorlagen, auch wenn er die Erlaubnis nicht eingeholt hat.

In dieser Richtung hat auch das BayObLG (RE v. 26.10.1990, RE-Miet 1/90, WuM 1991 S. 18) entschieden. Danach kann die vom Vermieter wegen der unerlaubten Gebrauchsüberlassung erklärte Kündigung unwirksam sein, wenn der Mieter im Zeitpunkt der Kündigung einen Anspruch auf Erteilung der Erlaubnis hat. Dieser Rechtsgedanke gilt auch für den Fall der ordentlichen Kündigung des Vermieters. Zwar liegt grundsätzlich eine Pflichtverletzung des Mieters vor, wenn er einen Untermieter ohne vorherige Anfrage aufnimmt. Eine ordentliche Kündigung gemäß § 573 Abs. 2 Nr. 1 BGB ist aber nur möglich, wenn der Mieter seine vertraglichen Pflichten schuldhaft nicht unerheblich verletzt hat. Daran soll es fehlen, wenn der Mieter einen Anspruch auf Genehmigung hat (LG Berlin, Urteil v. 10.4.2003, 67 S 383/02, GE 2003 S. 880). Entscheidend werden die konkreten Umstände des Einzelfalls sein. Hierbei kommt es auch auf die Gründe an, die den Mieter dazu veranlasst haben, einem Dritten ohne Genehmigung des Vermieters den Gebrauch der Mietsache zu überlassen; insbesondere eine bewusste Missachtung der Belange oder der Person des Vermieters kann eine Vertragsverletzung durchaus als erheblich erscheinen lassen. Hat allerdings der Mieter eine Erlaubnis zur Untervermietung vom Vermieter rechtzeitig erbeten und war der Vermieter zur Erteilung der Erlaubnis verpflichtet, ist eine auf die fehlende Erlaubnis gestützte Kündigung des Vermieters rechtsmissbräuchlich, wenn der Vermieter auf die Anfrage des Mieters nicht reagiert hat und ihm somit selbst eine Vertragsverletzung zur Last fällt (BGH, Urteil v. 2.2.2011, VIII ZR 74/10, WuM 2011 S. 169).

Der zweite Fall, der in Zeiten knappen Wohnraums immer häufiger wird, ist folgender: Der Mieter einer billigen Altbauwohnung zieht aus, behält aber **pro forma ein Zimmer** und überlässt die Wohnung Freunden oder Verwandten.

Nach dem eindeutigen Wortlaut von § 553 Abs. 1 BGB kann der Mieter von Wohnraum die Erlaubnis zur Untervermietung nur für einen Teil der Wohnung verlangen.

Die Beweislast dafür, dass der Mieter die gesamte Wohnung Dritten überlassen hat, liegt beim Vermieter, wenn der Mieter einwendet, einen Teil der Wohnung noch selbst zu nutzen.

Dies gilt auch für den Nachweis, dass der Mieter die Wohnung als Ferienwohnung weitervermietet. Zum Beweis der vom Mieter bestrittenen gewerblichen Nutzung soll das Ergebnis einer Google-Suchanfrage nicht ausreichen (LG Stuttgart, Urteil v. 20.8.2014, 4 S 2/14, WuM 2015 S. 37). Anderes wird aber gelten, wenn der Mieter selbst Anzeigen auf entsprechenden Portalen veröffentlicht.

Zwar hat das LG Berlin entschieden, dass der Rest der Wohnung für den Mieter als dessen Lebensmittelpunkt verbleiben muss (LG Berlin, Urteil v. 2.7.1981, 61 S 90/81, GE 1981 S. 909, vgl. auch Abschnitt 3.1 „Berechtigtes Interesse" sowie BGH, Urteil v. 23.11.2005, VIII ZR 4/05, NZM 2006 S. 220). Das LG Heidelberg ist jedoch der Ansicht, dass zeitweilige Abwesenheit nicht schadet (LG Heidelberg, Beschluss v. 5.6.1987, 5 S 40/87, WuM 1987 S. 316). Dies gilt auch für längere berufsbedingte Abwesenheit (vgl. Abschnitt 3.1 „Berechtigtes Interesse"). Der Nachweis der Überlassung der gesamten Wohnung stößt daher oft auf Schwierigkeiten.

3.4 Verweigerung der Genehmigung

Auch bei Wohnraum kann der Vermieter diese Genehmigung verweigern, wenn in der Person des Dritten ein **wichtiger Grund** vorliegt, der Wohnraum übermäßig belegt würde oder dem Vermieter die Überlassung nicht zugemutet werden kann. Die Tatsache, dass der Untermieter Ausländer ist, genügt zur Ablehnung nicht (vgl. LG Köln, Urteil v. 18.11.1976, 1 S 181/76, WuM 1978 S. 50).

Ein wichtiger Grund liegt dann vor, wenn konkrete, beweisbare Tatsachen dafür vorliegen, dass der Dritte den Hausfrieden stören oder das Mietobjekt übermäßig abnutzen oder schädigen wird (vgl. Sternel, II Rn. 255). Eine Kirchengemeinde oder eine sonstige kirchliche Institution kann als Vermieterin die Erlaubnis zur Aufnahme eines Lebensgefährten nicht allein deshalb als unzumutbar ablehnen, weil die nichteheliche Lebensgemeinschaft im Widerspruch zu Glauben und Lehre der Kirche steht (OLG Hamm, RE v. 23.10.1991, 30 RE-Miet 1/91, WuM 1991 S. 668).

3.5 Mieterhöhung

Der Vermieter kann die Erlaubnis davon abhängig machen, dass der **Mieter** sich mit einer Mieterhöhung **einverstanden** erklärt, wenn dem Vermieter die Überlassung nur bei einer angemessenen Erhöhung zuzumuten ist (§ 553 Abs. 2 BGB). In welcher Höhe dieser Zuschlag zu zahlen ist, regelt das Gesetz nicht. Abgegolten werden dürfen dadurch aber nur die zusätzliche Abnutzung der Wohnung und die höhere Belastung mit Betriebskosten. In der Praxis hat die Bestimmung geringe Auswirkung. Teilweise wird die Ansicht vertreten, dass der Vermieter keinen Anspruch auf einen Zuschlag hat, wenn erst mit der Untervermietung ein der Größe der Wohnung entsprechender Gebrauch eintritt. Umstritten sind die Rechtsfolgen, wenn der Mieter sich weigert, den Untermieterzuschlag zu zahlen. Der Vermieter muss entweder auf Leistung (Zahlung) oder auf Feststellung klagen, dass er zur Genehmigung der Untervermietung nur bei Zahlung eines entsprechenden Zuschlags durch den Mieter verpflichtet ist. Einen Anspruch auf Herausgabe der vom Mieter eingenommenen Untermiete hat der Vermieter nicht.

Bei **preisgebundenem** Wohnraum kann ein **Zuschlag** erhoben werden, und zwar in Höhe von 2,50 Euro monatlich bei einem Untermieter und von 5 Euro monatlich bei zwei und mehr Untermietern (§ 26 Abs. 3 NMV).

4 Rechtsverhältnis Mieter – Untermieter

Die **Rechtsverhältnisse** zwischen Mieter und Untermieter bestimmen sich nach dem abgeschlossenen Vertrag und den gesetzlichen Bestimmungen des Mietrechts. So gelten auch hier bei Wohnraum die Kündigungsschutzvorschriften und die Bestimmungen über Mieterhöhungen des BGB.

Enthält der Hauptmietvertrag keine Regelung über die Zulässigkeit einer Untervermietung und schließt der Hauptmieter einen Untermietvertrag ab, ohne zuvor die erforderliche Erlaubnis des Hauptvermieters einzuholen, beeinträchtigt das die Wirksamkeit des Untermietvertrags nicht. Erteilt der Hauptvermieter die Erlaubnis nicht und kündigt wegen unberechtigter Untervermietung den Hauptmietvertrag, muss der Untervermieter für den dann entstehenden Rechtsmangel eintreten (Palandt, BGB, § 549 Rn. 21; s. auch „Mängel").

Will der Untervermieter dieses **Haftungsrisiko** vermeiden, empfiehlt es sich, den Untermietvertrag unter dem Vorbehalt bzw. der aufschiebenden Bedingung (§ 158 Abs. 1 BGB) der Erlaubnis des Hauptvermieters abzuschließen.

5 Rechtsverhältnis Vermieter – Untermieter

Zwischen Vermieter und Untermieter bestehen keine vertraglichen Beziehungen. Auch die Zahlung der Miete durch den Untermieter an den Hauptvermieter reicht allein zur Annahme eines Vertragsschlusses nicht aus (BGH, Urteil v. 10.10.2007, XII ZR 12/07, GuT 2007 S. 378). Der Untermieter ist daher auch nicht in den Schutzbereich des Hauptmietvertrags einbezogen. Endet das Hauptmietverhältnis zwischen Vermieter und Mieter, hat der Vermieter einen direkten **Herausgabeanspruch** gegen den Untermieter (§ 546 Abs. 2 BGB). Macht der Vermieter diesen Anspruch gegen den Untermieter geltend, entfällt der Mietanspruch des Untervermieters gegen den Untermieter, wie das OLG Hamm in einem Rechtsentscheid entschieden hat, egal, ob das Untermietverhältnis noch andauert oder nicht (RE v. 26.8.1987, 30 RE-Miet 1/87, WuM 1987 S. 346). Gegen den Herausgabeanspruch des Vermieters kann sich der Untermieter nicht auf die Kündigungsschutzvorschriften berufen. Eine **Räumungsfrist** wird ihm aber zuzubilligen sein. Voraussetzung des Herausgabeanspruchs ist, dass der Untermieter vom Vermieter zur Rückgabe aufgefordert wird.

Grundsätzlich ist für die Räumungsvollstreckung gegen einen Untermieter ein gegen diesen gerichteter Vollstreckungstitel erforderlich. Gegen einen Untermieter kann die Räumungsvollstreckung nicht aufgrund des gegen den Hauptmieter ergangenen Titels betrieben werden (BGH, Beschluss v. 18.7.2003, 9a ZB 116/03, NZM 2003 S. 802). Abhilfe hat hier das Mietrechtsänderungsgesetz gebracht. Gemäß § 940a Abs. 2 ZPO kann die Räumung von Wohnraum durch einstweilige Verfügung auch gegen Personen angeordnet werden, die ohne Kenntnis des Vermieters Besitz an den Räumen begründet haben, wenn gegen den Mieter ein vollstreckbarer Räumungstitel vorliegt und der Vermieter vom Besitzerwerb des Dritten erst nach Schluss der mündlichen Verhandlung Kenntnis erlangt hat (s. „Räumungsverfügung").

Der Anspruch des Vermieters auf Herausgabe der Nutzung bestimmt sich nach den Vorschriften des Eigentümer-Besitzer-Verhältnisses gemäß §§ 987 ff. BGB. Voraussetzung für diesen Anspruch ist, dass der Besitzer erfährt, dass er zum Besitz nicht berechtigt, also bösgläubig ist (§ 990 Abs. 1 S. 2 BGB). Dies ist z.B. der Fall, wenn der Untermieter vom Vermieter unter Hinweis auf Beendigung des Hauptmietverhältnisses zur Räumung aufgefordert oder gegen ihn Räumungsklage erhoben wird. Beim Anspruch auf Nutzungen gemäß §§ 987, 990 Abs. 1 BGB kommt es darauf an, in welchem Umfang der Untermieter Besitz an den Mieträumen hatte; nur für diesen Teil können Nutzungen herausverlangt werden (BGH, Versäumnisurteil v. 14.3.2014, V ZR 218/13, WuM 2014 S. 347). Der Eigentümer kann die tatsächlich gezogenen Nutzungen verlangen, also den objektiven Mietwert der vom Untermieter innegehabten Räume.

Will der Vermieter den Anspruch auf Nutzung für die gesamten Mieträume geltend machen, kann er dies nur im Rahmen eines Schadenersatzanspruchs nach § 990 Abs. 2 und § 286 BGB. Er muss den Untermieter in diesem Fall also in Verzug setzen (BGH, a. a. O.).

Der Eigentümer kann in diesem Fall sowohl den Mieter als mittelbaren wie auch den Untermieter als unmittelbaren Besitzer auf Herausgabe von Nutzungen in Anspruch nehmen. Dann finden die Vorschriften über die Gesamtschuld entsprechende Anwendung (BGH, a.a.O.).

Kein Herausgabeanspruch besteht, wenn der Mieter, also der Untervermieter, ein **gewerblicher Zwischenmieter** ist (vgl. „Herausgabeanspruch gegen Dritte"). Der Vermieter tritt im Fall der gewerblichen Zwischenvermietung bei der Beendigung des Mietverhältnisses Zwischenmieter – Endmieter in die Rechte und Pflichten aus dem Mietverhältnis zwischen diesen ein (§ 565 BGB, eingeführt durch das Vierte Mietrechtsänderungsgesetz). Schließt der Vermieter erneut einen Mietvertrag zum Zweck der gewerblichen Weitervermietung ab, tritt der Mieter anstelle des bisherigen Vertragspartners in die Rechte und Pflichten aus dem Mietverhältnis mit dem Dritten ein. Die §§ 566a bis 566e BGB gelten entsprechend, eine zum Nachteil des Endmieters abweichende Vereinbarung ist unwirksam. Damit hat der Gesetzgeber die Vorlagen einer Entscheidung des BVerfG (BVerfG, Beschluss v. 11.6.1991, 1 BvR 538/90, WuM 1991 S. 422) erfüllt, wonach es gegen Art. 3 Abs. 1 GG verstößt, einem Mieter, der in Kenntnis der Eigentumsverhältnisse Wohnraum von einem gewerblichen Zwischenmieter und nicht unmittelbar vom Eigentümer gemietet hat, den Kündigungsschutz des sozialen Mietrechts zu versagen.

Anders sind die Fälle zu behandeln, in denen der Hauptmieter **eigene Interessen** verfolgt, z.B. Anmietung zur Weitervermietung an Angestellte, zur Erfüllung satzungsmäßiger Bestimmungen etc. In diese Richtung geht auch der Rechtsentscheid des OLG Hamburg vom 16.4.1993 (4 U 243/92, WuM 1993 S. 249). Danach kann sich ein Mieter, der von einem nicht erwerbswirtschaftlich tätigen Verein Räume zu Wohnzwecken gemietet hat und gegenüber seinem Vermieter Kündigungsschutz genießen würde, gegenüber dem Herausgabeanspruch des Hauptvermieters nach beendetem Hauptmietverhältnis nicht auf den Kündigungsschutz berufen, wenn der Eigentümer das Mietobjekt an den Verein zur Instandsetzung und Verwaltung sowie zur alleinigen und ausschließlichen Nutzung zur Vermietung überlassen hat und der Zweck sowohl des Hauptmietvertrags zwischen Eigentümer und Verein als auch der Mietverträge zwischen Verein und Endmieter die Förderung selbstbestimmten Wohnens auf gewaltfreier Basis war und der Hauptmietvertrag vor dem Hintergrund des nicht erreichten gemeinsamen Zwecks aus wichtigem Grund fristlos gekündigt worden ist. Die Frage, ob § 565 BGB direkt oder analog auch auf andere Fälle anwendbar ist, hat seitdem die Gerichte mehrmals beschäftigt. Bei der Vermietung einer Wohnung an einen gemeinnützigen Verein, der die Wohnung an eine von ihm betreute Person weitervermietet, kann sich Letztere gegenüber dem Räumungsverlangen des Eigentümers nicht auf den Kündigungsschutz des Sozialmietrechts berufen, § 565 BGB findet weder unmittelbar noch entsprechend Anwendung (BGH, Urteil v. 3.7.1996, VIII ZR 278/95, WuM 1996 S. 537; ebenso BayObLG, RE v. 28.7.1995, 1Z RE-Miet 4/94, WuM 1995 S. 638; sowie v. 30.8.1995, 1Z RE-Miet 5/94, WuM 1995 S. 642).

Anders ist die Sachlage aber, wenn sich der vermietende Eigentümer ein **Mitspracherecht** bei der Auswahl des Endmieters vorbehalten hat und wenn der Arbeitgeber als Zwischenmieter bei der Weitervermietung keine in wesentlichen Punkten von den Interessen seines Vermieters abweichenden Interessen verfolgt und der Vermieter nach dem Hauptmietvertrag wesentlichen Einfluss auf die Gestaltung des Endmietverhältnisses und die Auswahl des Endmieters nehmen kann. Hier kann sich der Endmieter gegenüber dem Herausgabeanspruch des Eigentümers auf die Kündigungsschutzvorschriften des Wohnraummietrechts berufen (BayObLG, RE v. 30.8.1994, 1Z RE-Miet 5/94, WuM 1995 S. 642, 645). Mit Urteil v. 30.4.2003 hat der BGH zu dieser Problematik Stellung genommen. Nach Ansicht des BGH kann die Frage, ob § 565 Abs. 1 S. 1 BGB auf solche Fälle analog anzuwenden ist, dahingestellt bleiben. Im Hinblick auf die oben zitierte Rechtsprechung des BVerfG (Beschluss v. 11.6.1991, 1 BvR 538/90, WuM 1991 S. 422) ist der Herausgabeanspruch des Vermieters durch den allgemeinen Gleichheitsgrundsatz (Art. 3 Abs. 1 GG) jedenfalls dahin eingeschränkt, dass sich der Mieter auf die Kündigungsschutzvorschriften des Wohnraummietrechts berufen kann, wenn die Interessenlage der an dem gestuften Mietverhältnis Beteiligten den Fällen der gewerblichen Zwischenvermietung vergleichbar ist. Dem Endmieter kann der Kündigungsschutz nur versagt werden, wenn der Vermieter das Mietverhältnis mit dem Endmieter ohne Einschaltung eines Zwischenmieters nicht oder nicht zu diesen Bedingungen abgeschlossen hätte. Dagegen besteht kein Herausgabeanspruch, wenn der Vermieter die Wohnungen zu vergleichbaren Bedingungen auch unmittelbar an den Endmieter vermietet hätte (BGH, Urteil v. 30.4.2003, VIII ZR 163/02, WuM 2003 S. 563). Siehe auch „Herausgabeanspruch gegen Dritte“.

Wenn durch die Konstruktion eines Haupt- und Untermietverhältnisses lediglich der Kündigungsschutz des Wohnraummieters umgangen werden soll, kann dem Herausgabeanspruch des Vermieters der Einwand der Rechtsmissbräuchlichkeit entgegengesetzt werden. Das Gleiche gilt bei arglistigem Zusammenwirken von Hauptvermieter und Untervermieter.

Ein Herausgabeanspruch gegen den Untermieter besteht auch dann nicht, wenn der Vermieter und Eigentümer ein Gebäude insgesamt unter Verstoß gegen das **Zweckentfremdungsverbot** gewerblich vermietet, obwohl eine Nutzung zu Wohnzwecken erfolgen müsste und der Hauptmieter seinerseits gewerblich untervermietet, der Untermieter die Räume aber als Wohnung nutzt. Dieser genießt vielmehr Mieterschutz gegenüber dem Eigentümer (BVerfG, Beschluss v. 6.8.1993, 1 BvR 596/93, WuM 1994 S. 123).

Mieter und Untermieter haften als **Gesamtschuldner** für die Rückgabe und können gemeinsam auf Räumung verklagt werden.

Urkundenprozess → „Mängel“, Abschnitt 10 „Zahlungsklage des Vermieters“, „Urkundenprozess“

Veräußerung des Mietgrundstücks

Inhaltsübersicht

Seite

1 **Veräußerung nach der Überlassung** ... 911

2 **Veräußerung vor der Überlassung** ... 913

3 **Rechtsfolgen der Veräußerung** ... 913

4 **Sicherheitsleistung** ... 914

5 **Vorausverfügungen des Vermieters** ... 915

6 **Kündigungsgründe vor Eigentumsübergang** ... 915

7 **Veräußerung von Wohnung und Nebenräumen an verschiedene Erwerber** ... 915

1 Veräußerung nach der Überlassung

Im Fall der **Veräußerung** des Grundstücks **nach der Überlassung** an den Mieter tritt der Erwerber an die Stelle des Vermieters in die sich aus dem Mietverhältnis während seines Eigentums ergebenden Rechte und Pflichten gemäß dem Grundsatz: **Kauf bricht nicht Miete** (§ 566 BGB).

Als Veräußerungsgeschäft i. S. d. Bestimmung kommen in Betracht: Kauf, Tausch, Schenkung, Vermächtnis, Einbringen in eine Gesellschaft. Erfüllt der Erwerber die Verpflichtungen nicht, so haftet der Vermieter für den vom Erwerber zu ersetzenden Schaden wie ein Bürge (§ 566 Abs. 2 BGB).

Veräußert ist das Grundstück, wenn der **Erwerber Eigentümer** geworden ist. Voraussetzung hierfür ist die Auflassung und die Eintragung des Erwerbers als Eigentümer im Grundbuch. Das obligatorische Verpflichtungsgeschäft, etwa der Kaufvertrag, führt einen Eigentumsübergang noch nicht herbei. Deshalb führt die in einem Grundstückskaufvertrag aufgenommene Bestimmung, wonach Besitz, Nutzen und Lasten an einem bestimmten Tag auf den Käufer übergehen, noch nicht zu einem Wechsel auf der Vermieterseite. Gleiches gilt für die Eintragung lediglich einer Auflassungsvormerkung. In diesen Fällen kann also der Käufer weder kündigen noch eine Mieterhöhung durchführen. Er muss abwarten, bis er als Eigentümer im Grundbuch eingetragen ist.

§ 566 BGB, der den Personenwechsel auf der Vermieterseite bei Grundstücksveräußerung regelt, greift nur ein, wenn der Vermieter zugleich Eigentümer und Veräußerer des Grundstücks ist. Somit ist die Identität zwischen Veräußerer, Vermieter und Eigentümer erforderlich. Bei fehlender Identität von Vermieter und Grundstückseigentümer schon bei Abschluss des Mietvertrags kommt bei einem späteren Eigentümerwechsel der Eintritt des Erwerbers in die Vermieterstellung nach § 566 Abs. 1 BGB nicht in Betracht, weil nicht „der Vermieter“ veräußert (BVerfG, Beschluss v. 12.9.2013, 1 BvR 744/13, WuM 2014 S. 89). Diese Identität fehlt z. B., wenn bei Miteigentum an einem Grundstück nur einer der Miteigentümer den Mietvertrag geschlossen hat, das Grundstück sodann aber von allen Miteigentümern veräußert wird, außer wenn der andere Miteigentümer der Vermietung zugestimmt hat. Hier ist § 566 BGB anwendbar (OLG Karlsruhe, RE v. 10.2.1981, 3 RE-Miet 1/81, WuM 1981 S. 179).

Für den umgekehrten Fall hat das Landgericht Waldshut-Tiengen (Urteil v. 27.8.1992, 1 S 10/92, WuM 1993 S. 56) entschieden, dass in den von Eheleuten als Vermieter vereinbarten Mietvertrag der Sohn als Erwerber des Grundstücks auch dann vollständig eintritt, wenn allein die Mutter Grundstückseigentümerin gewesen war. Zur Begründung führt das Gericht aus, dass der hier vorliegende Fall, dass eine Wohnung von mehreren Personen vermietet, aber nur eine im Grundbuch als Eigentümer eingetragen ist, vom Gesetz nicht geregelt und daher eine entsprechende Anwendung des § 566 BGB geboten ist.

Eine analoge Anwendung des § 566 BGB ist auch für folgenden Fall angenommen worden: Ein vom Vermieter und Eigentümer bevollmächtigter **Hausverwalter** schließt einen Mietvertrag in eigenem Namen ab. Der Eigentümer veräußert das Grundstück später während der Mietzeit. Da der Hausverwalter über die Verwaltertätigkeit hinaus kein eigenes Interesse an dem Zustandekommen und der Durchführung des Mietvertrags hat, ist es in solchen Fällen gerechtfertigt, den Vertrag im Zusammenhang mit § 566 BGB so zu behandeln, als hätte der Eigentümer selbst vermietet (vgl. OLG Celle, Urteil v. 19.1.2000, 2 U 111/99, ZMR 2000 S. 284; BGH, Urteil v. 22.10.2003, XII ZR 119/02, NZM 2004 S. 300 f.; Börstinghaus, NZM 2004 S. 481 f.).

Dagegen liegt eine Veräußerung mit der Folge der Anwendung von § 566 BGB vor, wenn die Miteigentümer eines Grundstücks, die auch Vermieter sind, Wohnungseigentum nach § 8 WEG bilden und ein früherer Miteigentümer von der Gemeinschaft durch Auflassung und Eintragung eine Wohnung erwirbt. Er tritt dann als Alleinvermieter in den Mietvertrag ein (vgl. BayObLG, RE v. 24.11.1981, Allg Reg 64/81, WuM 1982 S. 46).

Als Veräußerung ist auch die Übertragung von Wohnungseigentum in Erfüllung eines Vermächtnisses zu sehen (BayObLG, RE v. 29.6.2001, RE-Miet 1/01, WuM 2001 S. 390).

Der **Zuschlag** von Wohnungseigentum im Wege der Zwangsversteigerung ist als Veräußerung i.S.d. § 577a BGB anzusehen. Die in dieser Vorschrift enthaltene Einschränkung des Rechts zur Kündigung wegen Eigenbedarfs ist auch dann zu beachten, wenn das Mietverhältnis gemäß § 57a ZVG unter Einhaltung der gesetzlichen Frist gekündigt wird (RE des BayObLG v. 10.6.1992, RE-Miet 2/92, WuM 1992 S. 424). Auch in diesen Fällen gilt also die Wartefrist, während deren Lauf nicht wegen Eigenbedarfs gekündigt werden kann.

Nach Auffassung des KG Berlin (RE v. 26.3.1987, 8 RE-Miet 6750/86, WuM 1987 S. 138), bestätigt vom BGH (RE v. 6.7.1994, VIII ARZ 2/94, WuM 1994 S. 452), stellt die Begründung von Wohnungseigentum durch Vermieter gemäß § 3 oder § 8 WEG noch keine Veräußerung dar. § 566 BGB ist nur anwendbar bei Veräußerung an einen Erwerber, der bis zum Erwerb noch nicht Vermieter war (BGH, a.a.O.). Höchst umstritten war das sog. „Münchner Modell“. Eine Gesellschaft bürgerlichen Rechts erwirbt ein Mehrfamilienhaus, dann wird Wohnungseigentum gebildet und aufgeteilt an die früheren Mitgesellschafter. Hierin ist eine Veräußerung i.S.v. § 566 BGB mit der Folge anzusehen, dass der jeweilige Wohnungseigentümer mit der Grundbucheintragung in die Stellung des Vermieters dieser Wohnung eintritt (BGH, Urteil v. 23.11.2011, VIII ZR 74/11, WuM 2012 S. 31). In diesem Urteil hat der BGH allerdings auch festgestellt, dass mit der Übertragung des Wohnungseigentums von der Gesellschaft auf den einzelnen Gesellschafter kein Wechsel in der Rechtsträgerschaft eintritt, der geeignet ist, neuen, für den Mieter zuvor nicht zu befürchtenden Eigenbedarf zu schaffen. Die Kündigungssperrfrist des § 577a BGB sollte in diesen Fällen daher keine Anwendung finden (BGH a.a.O.). Diese Lücke des Kündigungsschutzes wurde durch das Mietrechtsänderungsgesetz geschlossen. Gemäß § 577a Abs. 1a BGB gilt die Kündigungssperrfrist auch dann entsprechend, wenn vermieteter Wohnraum nach der Überlassung an den Mieter erstens an eine Personengesellschaft oder an mehrere Erwerber veräußert worden ist oder zweitens zugunsten einer Personengesellschaft oder mehrerer Erwerber mit einem Recht belastet worden ist, durch dessen Ausübung dem Mieter der vertragsgemäße Gebrauch entzogen wird (z.B. bei Nießbrauch). Die Vorschrift ist nicht anzuwenden, wenn die Gesellschafter oder Erwerber derselben Familie oder demselben Haushalt angehören oder vor Überlassung des Wohnraums an den Mieter Wohnungseigentum begründet worden ist. Damit wird die Eigenbedarfskündigung bei Personenmehrheiten erheblich erschwert (vgl. Fleindl, NZM 2012 S. 57, 62 sowie ausführlich „Eigenbedarf", Abschnitt 17 „Kündigungssperrfristen").

Ob eine Veräußerung mit der Rechtsfolge des § 566 BGB vorliegt oder nicht, hat auf das Kündigungsrecht des Erwerbers erhebliche Auswirkungen: Gemäß § 577a Abs. 1 BGB kann sich nämlich der Erwerber auf berechtigte Interessen i. S. d. § 573 Abs. 2 Nr. 2 oder 3 BGB (Eigenbedarf oder Verhinderung der angemessenen wirtschaftlichen Verwertung) nicht vor Ablauf von 3 Jahren seit der Veräußerung berufen. In durch Rechtsverordnung festgelegten Gebieten mit erhöhtem Wohnbedarf kann sich diese Frist auf bis zu 10 Jahre verlängern (§ 577a Abs. 2 BGB).

Wie ausgeführt, bleibt der Veräußerer Vermieter, solange der Eigentumsübergang nicht vollzogen ist. Nur er ist in diesem Stadium zur Kündigung des Mietvertrags oder zu einer Mieterhöhung berechtigt. Die Mietforderung als solche kann allerdings schon vor dem Eigentumsübergang abgetreten werden. Ob das auch für Gestaltungsrechte wie die Kündigung gilt, ist umstritten. Die h. M. geht dahin, dass dies nicht möglich ist, da Vermieterrechte und -pflichten nur zusammen auf den Erwerber übergehen können.

Weitere Voraussetzung für den Eintritt des Erwerbers in den Mietvertrag ist die Überlassung an den Mieter, bevor der Eigentumsübergang eintritt. Der Tatbestand der Überlassung ist gegeben, wenn die Sache durch Verschaffung des unmittelbaren Besitzes an den Mieter übergeben ist, nach h. M. aber auch dann, wenn dem Mieter der Zugang zur vermieteten Sache in der Weise ermöglicht wird, dass er von ihr Gebrauch machen kann.

Nicht immer ist eine Veräußerung erforderlich, damit der Erwerber als Vermieter in den Vertrag eintritt. Auch ein rechtsgeschäftlicher Vertragsübergang auf den Erwerber ist möglich. Eine solche Vertragsübernahme ist auch konkludent möglich und kann darin liegen, dass der Ersteher einer Mietwohnung im Wege der Zwangsversteigerung nach Anzeige des Erwerbs an den Mieter auf dessen an ihn gerichtete Mängelanzeige hin Abhilfemaßnahmen einleitet und der bisherige Vermieter nach der Zwangsversteigerung nicht weiter in Erscheinung tritt, insbesondere keine Mietzahlung mehr an sich verlangt (BGH, Urteil v. 20.10.2010, VIII ZR 84/09, NZM 2010 S. 471).

2 Veräußerung vor der Überlassung

Bei **Veräußerung vor Überlassung** des Grundstücks an den Mieter gilt § 567a BGB. In diesem Fall tritt der Erwerber im Regelfall in den Mietvertrag nicht ein. Er ist nicht verpflichtet, dem Mieter den Gebrauch der Mietsache zu überlassen, hat aber andererseits auch keinen Anspruch auf die Miete. Etwas anderes gilt nur, wenn der Erwerber dem Vermieter gegenüber die Erfüllung der sich aus dem Mietvertrag ergebenden Verpflichtung übernommen hat. Dann tritt der Erwerber auch in die Rechte aus dem Mietvertrag ein.

3 Rechtsfolgen der Veräußerung

Weder der Erwerber noch der Mieter können verlangen, dass nach Eigentumsübergang ein **neuer Mietvertrag** geschlossen wird. Insbesondere können bisherige Vertragsbestimmungen nicht einseitig geändert werden. Das folgt aus dem gesetzlichen Übergang des Vertrags vom bisherigen zum neuen Eigentümer.

Rechtsfolge der Veräußerung ist also, dass der Erwerber in sämtliche durch den Mietvertrag begründeten Rechte und Pflichten eintritt. Dies führt dazu, dass der Erwerber auch z. B. Kündigungsbeschränkungen miterwirbt und daran gebunden ist, wie das OLG Karlsruhe entschieden hat (RE v. 21.1.1985, 3 RE-Miet 8/84, WuM 1985 S. 77; Weber/Marx II/S. 118).

Auch **Mängelbeseitigungsansprüche** kann der Mieter gegen den Erwerber geltend machen. Befindet sich nämlich der Vermieter dem Mieter gegenüber mit der Beseitigung eines Mangels im Verzug, so wirkt im Fall der Grundstücksübereignung die einmal eingetretene Verzugslage nach dem Eigentumsübergang in der Person des Erwerbers fort. Tritt hingegen der Schaden in diesem Fall nach dem

Eigentumsübergang ein, richten sich die Ansprüche des Mieters nicht gegen den Grundstücksveräußerer, sondern gegen den Grundstückserwerber (BGH, Urteil v. 9.2.2005, VIII ZR 22/04, DWW 2005 S. 103). Schadenersatzansprüche aufgrund eines bereits abgeschlossenen Sachverhalts gehen jedoch nicht auf den Erwerber über.

Umstritten ist, ob der Erwerber auch für den **Ersatz von Verwendungen** des Mieters haftet, die vor dem Eigentumsübergang vorgenommen wurden. Der BGH (Urteil v. 14.10.1987, VIII ZR 246/86, WuM 1988 S. 16) hat auf den Zeitpunkt der Fälligkeit der Ansprüche abgestellt: Grundsätzlich entstehen diese Ansprüche des Mieters bei Durchführung der Maßnahmen. Liegt der Zeitpunkt vor dem Eigentumsübergang, ist der Anspruch an den früheren Eigentümer zu richten. Oft vereinbaren die Parteien aber, dass erst bei Beendigung des Mietverhältnisses für die Verwendungen eine Ablöse zu zahlen ist. Falls zwischenzeitlich eine Veräußerung stattgefunden hat, richtet sich hier der Anspruch gegen den Erwerber.

So ist auch das Problem zu lösen, wer für Entschädigungsansprüche des Mieters von Wohnraum gemäß § 552 BGB einzustehen hat: Diese Ansprüche des Mieters entstehen, wenn er Einrichtungen aus den Mieträumen entfernen will und der Vermieter dies ablehnt. In diesem Fall hat der Vermieter eine angemessene Entschädigung zu zahlen. Da der Anspruch des Mieters erst fällig wird, wenn er die Wegnahme verlangt, ist derjenige zur Zahlung der Entschädigung verpflichtet, der zu diesem Zeitpunkt Eigentümer ist.

4 Sicherheitsleistung

Hat der Mieter dem Vermieter für die Miete und für die Erfüllung seiner sonstigen Verpflichtungen Sicherheit geleistet (eine **Kaution** gezahlt), so tritt der Erwerber in die dadurch begründeten Rechte ein (§ 566a S. 1 BGB). Nach altem, bis zum 1.9.2001 geltenden Recht war der Erwerber zur Rückgewähr nur verpflichtet, wenn die Sicherheit ihm ausgehändigt wurde oder wenn er dem Vermieter gegenüber die Verpflichtung zur Rückgewähr übernahm (§ 572 BGB a.F.). Diese Rechtslage gilt nur noch für Erwerbsvorgänge vor dem 1.9.2001. Für Erwerbsvorgänge nach diesem Zeitpunkt besteht die Haftung des Erwerbers für die Sicherheitsleistung unabhängig davon, ob sie ihm vom Veräußerer ausgehändigt wurde oder nicht. Hat der Mieter eine Barkaution geleistet, umfasst die Verpflichtung zur Rückgewähr auch die angefallenen Zinsen.

Der Erwerber kann vom Veräußerer die Aushändigung der Sicherheit verlangen. Letzterer kann sie zurückhalten, soweit er noch Ansprüche gegen den Mieter hat, für welche die Sicherheit haftet.

Die Veräußerung des Grundstücks und der damit verbundene Wechsel in der Vermieterstellung gibt dem Mieter kein Recht, die Sicherheit zurückzufordern. Wohl aber kann er verlangen, dass der Veräußerer sie dem Erwerber aushändigt.

Neu eingeführt durch das Mietrechtsreformgesetz wurde § 566a S. 2 BGB. Wurde dem Erwerber die Kaution ausgehändigt oder hat er dem Vermieter gegenüber die Pflicht zur Rückgewähr übernommen, ist der Vermieter weiterhin zur Rückgewähr verpflichtet, wenn der Mieter in diesem Fall die Kaution vom Erwerber nicht erlangen kann. Damit ist der Fall erfasst, dass der Erwerber die Kaution deshalb nicht zurückzahlen kann, weil er etwa zwischenzeitlich in Vermögensverfall geraten ist. In einem solchen Fall bleibt also der frühere Vermieter dem Mieter gegenüber weiterhin zur Rückerstattung verpflichtet, wie der BGH bereits entschieden hat (NJW 1999 S. 1857).

Es liegt also am früheren Vermieter, durch entsprechende Vertragsgestaltung das **Insolvenzrisiko** des Erwerbers auszuschalten (z.B. durch Vereinbarung einer Bankbürgschaft zu seinen Gunsten).

Die Forthaftung des früheren Vermieters ist subsidiär. Der Mieter muss also zunächst versuchen, den Erwerber auf Rückzahlung in Anspruch zu nehmen, solange dies nicht von vornherein aussichtslos erscheint. Erst dann haftet der frühere Vermieter (s. hierzu „Eigentümerwechsel“, Abschnitt 5.1 „Kaution“).

5 Vorausverfügungen des Vermieters

Die **Folgen** von Vorausverfügungen des Vermieters vor Veräußerung sind in § 566b BGB geregelt. Von Bedeutung ist diese Vorschrift dann, wenn der Vermieter Mietansprüche abgetreten oder verpfändet hat. Solche Verfügungen über die Miete, die auf die Zeit der Berechtigung des Erwerbers entfallen, sind insoweit wirksam, als sie sich auf die Miete für den zur Zeit des Übergangs laufenden Monat beziehen; geht das Eigentum nach dem 15. eines Monats über, so ist die Verfügung auch insoweit wirksam, als sie sich auf die Miete für den folgenden Monat bezieht.

Eine Verfügung über die Miete für einen späteren Zeitpunkt muss der Erwerber nur dann gegen sich gelten lassen, wenn er sie zur Zeit des Übergangs des Eigentums kennt.

In § 566c BGB ist geregelt, wann ein Rechtsgeschäft zwischen Mieter und Vermieter über die Miete gegenüber dem Erwerber wirksam ist. Von Bedeutung war diese Vorschrift beim Wiederaufbau kriegszerstörter Häuser unter Mitfinanzierung durch die Mieter (Mieterdarlehen, Baukostenzuschuss). Solche Rechtsgeschäfte sind dem Erwerber gegenüber wirksam, soweit sie sich nicht auf die Miete für eine spätere Zeit als den Kalendermonat beziehen, in welchem der Mieter von dem Übergang des Eigentums Kenntnis erlangt. Erlangt der Mieter die Kenntnis nach dem 15. eines Monats, so ist das Rechtsgeschäft auch insoweit wirksam, als es sich auf die Miete für den folgenden Monat bezieht.

Eine solche Vereinbarung, die nach dem Eigentumsübergang vorgenommen wurde, ist jedoch unwirksam, wenn der Mieter bei der Vereinbarung bereits von dem Übergang des Eigentums Kenntnis hatte.

Diese Bestimmungen gelten aufgrund der Verweisung in § 578 BGB auch für Mietverhältnisse über Grundstücke und sonstige Räume, die keine Wohnräume sind.

6 Kündigungsgründe vor Eigentumsübergang

Ein in der Praxis immer wieder auftauchendes, in der Rechtsprechung unterschiedlich beurteiltes Problem soll hier noch kurz behandelt werden: Kann sich der Erwerber auf **Kündigungsgründe** berufen, die **vor dem Eigentumsübergang entstanden** sind? Abzustellen ist auf den Zeitpunkt des Wirksamwerdens der Kündigung. Kündigt der Veräußerer wegen Eigenbedarfs oder wegen Verhinderung der angemessenen wirtschaftlichen Verwertung und veräußert er die Mietsache zwischenzeitlich, kann sich der Erwerber auf diese Kündigungsgründe nicht berufen.

Anders ist der Fall zu beurteilen, wenn der Mieter bereits vom Veräußerer z. B. wegen Ruhestörung oder verspäteter Zahlung abgemahnt wurde und sich diese Vertragsverletzungen nach Eigentumsübergang fortsetzen. Hier kann der Erwerber die Kündigung auch auf die früheren Vertragsverstöße des Mieters stützen, da es sich um objektive, nicht an die Person des Vermieters gebundene Verstöße handelt.

Die Rechtsprechung zu dieser Frage ist allerdings äußerst uneinheitlich. Den sichersten Weg geht der Erwerber und neue Vermieter, der abwartet, bis die Voraussetzungen einer Kündigung nach Eigentumsübergang entstanden sind.

7 Veräußerung von Wohnung und Nebenräumen an verschiedene Erwerber

Durch die Aufteilung in Wohnungseigentum kommt es immer wieder dazu, dass die mit einem einheitlichen Mietverhältnis vermietete Wohnung und **Garage** an verschiedene Eigentümer verkauft werden. Durch diese Veräußerung der Wohnung und Garage an verschiedene Erwerber wird das einheitliche Mietverhältnis nicht in mehrere Mietverhältnisse aufgespalten; vielmehr treten die Erwerber in den einheitlichen Mietvertrag ein. Ihr Verhältnis zueinander bestimmt sich nach den Regelungen über die Bruchteilsgemeinschaft (BGH, Urteil v. 28.9.2005, VIII ZR 399/03, WuM 2005 S. 790). Der Eigentümer der Wohnung und der Eigentümer der Garage bilden hinsichtlich der Rechte und Pflichten aus dem Mietvertrag eine Gemeinschaft gemäß § 741 BGB. Dieser Gemeinschaft obliegt es gemäß § 745 BGB, den gemeinschaftlichen Gegenstand ordnungsgemäß zu verwalten. Dazu gehört auch, dass die Teilhaber der Gemeinschaft einander zur gemeinschaftlichen Einziehung von Forderungen verpflichtet sind. Dies gilt nicht nur für Garagen, sondern auch für andere Nebenräume, z. B. Kellerräume.

Nur für den Fall, dass der Mieter Räume mitgemietet hat, die bei der Aufteilung **Gemeinschaftseigentum** geblieben sind, hat die Rechtsprechung aufgrund der mit der Vervielfältigung der Vermieterstellung verbundenen Probleme eine eingeschränkte Anwendung der Bestimmung des § 566 BGB für sachgerecht erachtet. Aufgrund der in einem derartigen Fall auftretenden Erschwernisse bleibt der Erwerber einer vermieteten Eigentumswohnung alleiniger Vermieter, wenn die Wohnung nach Überlassung an den Mieter in Wohnungseigentum umgewandelt worden ist und zusammen mit der Wohnung ein Kellerraum vermietet ist, der nach der Teilungserklärung im Gemeinschaftseigentum aller Wohnungseigentümer steht (BGH, Beschluss v. 28.4.1999, VIII ARZ 1/98, WuM 1999 S. 390).

Eine solche eingeschränkte Anwendung des § 566 BGB kommt allerdings nicht in Betracht, wenn es auf der Vermieterseite lediglich zu einer Verdoppelung kommt.

Verjährung

Inhaltsübersicht

	Seite
1 **Allgemeine Verjährungsfrist**	916
2 **Verjährungsfristen im Mietrecht**	916
3 **Verjährung von Ersatzansprüchen**	918
4 **Verjährung von Verwendungsersatz**	920
5 **Aufrechnung mit verjährten Forderungen**	922
6 **Hemmung und Neubeginn der Verjährung**	923
7 **Beweislast, Abdingbarkeit**	924
8 **Selbstständiges Beweisverfahren**	925
9 **Klageerhebung**	925

1 Allgemeine Verjährungsfrist

Ansprüche unterliegen der Verjährung (§ 194 Abs. 1 BGB). Nach Eintritt der Verjährung ist der Schuldner berechtigt, die Leistung zu verweigern (§ 214 Abs. 1 BGB). Dieses Recht kann er als Einrede geltend machen.

Die allgemeine **Verjährungsfrist** beträgt 3 Jahre (§ 195 BGB). Sie fängt gemäß § 199 Abs. 1 Nr. 1 BGB mit dem Schluss des Jahres an, in dem der Anspruch entstanden ist und der Gläubiger die anspruchsbegründenden Umstände kennt oder infolge grober Fahrlässigkeit nicht kennt. Im Mietrecht gelten folgende Besonderheiten:

2 Verjährungsfristen im Mietrecht

Der Anspruch des Vermieters auf Rückgabe der Mietsache verjährt in 30 Jahren (§ 197 Abs. 1 Nr. 1 BGB), ebenso ein rechtskräftig titulierter Anspruch (§ 197 Abs. 1 Nr. 3 BGB; s. hierzu aber „Verwirkung“). Der **Anspruch** des Vermieters auf Zahlung der Miete verjährt in 3 Jahren (§ 195 BGB). Die Verjährung beginnt mit dem Ende des Jahres zu laufen, in dem die einzelnen Mieten fällig geworden sind (§ 199 Abs. 1 Nr. 1 BGB). Die Verjährung beginnt also erst ab Fälligkeit eines Anspruchs zu laufen.

Ebenso verjährt der Anspruch auf Zahlung der im Mietvertrag vereinbarten Kaution nach § 195 BGB in 3 Jahren ab Fälligkeit. Nachdem die Zahlung der Kaution in der Regel im Mietvertrag vereinbart wird, wird der Anspruch mit der Inbesitznahme der Mieträume fällig, nicht erst, wenn der Vermieter die Kaution vom Mieter verlangt (LG Darmstadt, Urteil v. 7.3.2007, 4 O 529/06, NZM 2007 S. 801).

Auch der Anspruch des Vermieters auf Zahlung der Nutzungsentschädigung nach Beendigung des Mietverhältnisses gemäß § 546a BGB verjährt in 3 Jahren (BGH, Urteil v. 27.4.1977, VIII ZR 246/75, ZMR 1978 S. 16). Verlangt der Vermieter Schadenersatz wegen Mietausfall, so ist zu unterscheiden: Hat der Vermieter wegen Zahlungsverzugs fristlos gekündigt und kann er die Mieträume nicht weitervermieten, verjährt dieser Schadenersatzanspruch wegen Mietausfalls (Kündigungsfolgeschaden) in 3 Jahren (BGH, DWW 1968 S. 253). Wird hingegen wegen unterlassener Schönheitsreparaturen Ersatz eines darauf beruhenden Mietausfalls verlangt, gilt die kurze Verjährungsfrist von 6 Monaten (BGH, Urteil v. 10.7.1991, XII ZR 105/90, WuM 1991 S. 550; s. hierzu Abschnitt 3 „Verjährung von Ersatzansprüchen“).

Für **Nachzahlung**sansprüche des Vermieters von Wohnraum aufgrund von **Betriebskostenabrechnungen** hat das Mietrechtsreformgesetz eine einschneidende Änderung gebracht: Gemäß § 556 Abs. 3 S. 1 BGB ist über die Vorauszahlung für Betriebskosten **jährlich** abzurechnen. Die Abrechnung muss der Vermieter dem Mieter spätestens 12 Monate nach dem Ende der Abrechnungsperiode mitteilen (§ 556 Abs. 3 S. 2 BGB). Rechnet der Vermieter nicht fristgerecht ab, kann der Mieter auf Rechnungslegung klagen. Dieser Anspruch des Mieters verjährt in 3 Jahren.

Neu ist die **Ausschlussfrist** in § 556 Abs. 3 S. 3 BGB für Nachzahlungsansprüche des Vermieters. Nach Ablauf der Zwölfmonatsfrist ist nämlich die Geltendmachung einer Nachforderung durch den Vermieter ausgeschlossen, es sei denn, dass der Vermieter die verspätete Geltendmachung nicht zu vertreten hat. Da es auf die Mitteilung der Abrechnung ankommt, genügt zur Fristwahrung nicht die rechtzeitige Absendung der Abrechnung. Vielmehr muss sie dem Mieter noch innerhalb der Frist zugegangen sein, wobei es nicht darauf ankommt, ob der Mieter von ihr auch tatsächlich Kenntnis genommen hat.

Nach Fristablauf kann der Vermieter eine Nachzahlung nur dann noch verlangen, wenn er die Verspätung nicht zu vertreten hat, z. B. dass ein Versorgungsunternehmen die Abrechnung erst lange nach Ablauf der Abrechnungsperiode erstellt hat, sodass deshalb die Frist nicht mehr eingehalten werden kann (s. hierzu „Abrechnung der Betriebskosten“, Abschnitt 10 „Abrechnungsfristen“).

Diese Ausschlussfrist gilt **nicht** für **Rückzahlung**sansprüche des Mieters gegen den Vermieter wegen überzahlter Nebenkosten. Die Rechte des Mieters richten sich in diesem Fall nach der regelmäßigen Verjährungsfrist von 3 Jahren (s. hierzu ausführlich „Abrechnung der Betriebskosten“, Abschnitt 12 „Der Nachforderungsanspruch des Vermieters“).

Die Frist von 3 Jahren gilt auch für Ansprüche des Mieters auf Rückzahlung der wegen Mietpreisüberhöhung (§ 5 WiStG) ungerechtfertigt erlangten Miete (OLG Hamburg, RE v. 30.1.1989, 4 U 229/88, WuM 1989 S. 126).

Rechtskräftig festgestellte Ansprüche verjähren gemäß § 197 Abs. 1 Nr. 3 BGB in 30 Jahren. Hat der Vermieter z. B. einen Vollstreckungsbescheid über Mietrückstände erwirkt, in dem ausgesprochen ist, dass der Betrag in Höhe von fünf Prozentpunkten über dem Basiszinssatz zu verzinsen ist, gilt für die **Zinsen** nicht die lange Verjährungsfrist von 30 Jahren, sondern gemäß § 197 Abs. 2 BGB eine Verjährungsfrist von 3 Jahren. Der Vermieter, der sich die Zinsen sichern will, wird also spätestens alle 3 Jahre den Gerichtsvollzieher mit der Zwangsvollstreckung beauftragen. Gemäß § 212 Abs. 1 Nr. 2 BGB beginnt die Verjährung dann erneut (s. u. Abschnitt 6 „Hemmung und Neubeginn der Verjährung").

Der Beseitigungsanspruch aus § 1004 Abs. 1 S. 1 BGB entsteht mit dem Beginn der Beeinträchtigung. Der Anspruch des Vermieters auf Beseitigung einer vom Mieter an der Hausfassade ohne Genehmigung angebrachten **Parabolantenne** verjährt daher in 3 Jahren von dem Zeitpunkt an, zu dem der Vermieter mit Aussicht auf Erfolg die Beseitigung verlangen kann. Der Beseitigungsanspruch entsteht nicht immer neu. Nur dann, wenn wiederholt gleichartige Störungen abgewehrt werden sollen, die zeitlich unterbrochen auftreten, löst hier die neue Einwirkung einen neuen Anspruch aus (AG Hamburg-Altona, Urteil v. 20.1.2009, 316 C 275/08, WuM 2009 S. 410).

Hingegen ist der Anspruch des Mieters auf Mängelbeseitigung während der Mietzeit unverjährbar (BGH, Urteil v. 17.2.2010,VIII ZR 104/09).

3 Verjährung von Ersatzansprüchen

Ersatzansprüche des **Vermieters** wegen **Veränderung oder Verschlechterung** der Mietsache verjähren in 6 Monaten ab Rückgabe (§ 548 Abs. 1 BGB). Der gleichen Verjährungsfrist unterfällt auch der auf einer entsprechenden Vereinbarung im Mietvertrag beruhende Anspruch des Vermieters auf Wiederherstellung des ursprünglichen Zustands der Mietsache (BGH, Urteil v. 7.11.1979, VIII ZR 291/78, NJW 1980 S. 389).

Diese Frist gilt auch für Ansprüche des Vermieters auf Erfüllung der vom Mieter vertraglich übernommenen Instandsetzungs- und Instandhaltungspflichten und auf Schadenersatz wegen deren Nichterfüllung.

Der Sinn dieser kurzen Frist ist die schnelle abschließende Regelung aller gegenseitigen Ansprüche aus dem Mietverhältnis. Die Rechtsprechung legt daher den Geltungsbereich dieser Vorschrift weit aus. Sie gilt nicht nur für den Beseitigungsanspruch bezüglich Mietereinbauten, Schadenersatzansprüchen z. B. wegen Unterlassung einer Schönheitsreparatur, sondern auch für Ansprüche aus Verschulden bei Vertragsschluss, auch wenn es gar nicht zum Abschluss eines Mietvertrags kommt (BGH, Urteil v. 22.2.2006, XII ZR 48/03, NZM 2006 S. 509), oder für Ansprüche aus positiver Vertragsverletzung oder konkurrierende gesetzliche Ansprüche.

Im Sinne einer beschleunigten Klarstellung der Ansprüche wegen des Zustands der Mietsache bei ihrer Rückgabe verjähren in entsprechender Anwendung des § 548 BGB auch alle damit konkurrierenden Ansprüche aus demselben Sachverhalt (vgl. BGH, Urteil v. 18.9.1986, III ZR 227/84, NJW 1987 S. 188 zu Ausgleichsansprüchen nach § 22 WHG). Der Ausgleichsanspruch nach dem Bundesbodenschutzgesetz verjährt in 3 Jahren; § 24 Abs. 2 S. 3 bestimmt ausdrücklich, dass § 548 BGB (die kurze mietrechtliche Verjährung von 6 Monaten) nicht anwendbar ist.

Die kurze mietvertragliche Verjährung gilt auch dann, wenn es um von § 548 BGB erfasste Ansprüche des Vermieters gegen einen Dritten geht, der – ohne Vertragspartei zu sein – in den Schutzbereich des Mietvertrags einbezogen ist (BGH, Urteil v. 23.5.2006, VI ZR 259/04, NZM 2006 S. 624). Dies gilt für zum Hausstand gehörende Personen des Mieters, insbesondere Familienangehörige.

§ 548 BGB erfasst auch Ansprüche des Vermieters wegen Veränderung und Verschlechterungen der vermieteten Sache, die nicht auf einen Mietvertrag, sondern eine unerlaubte Handlung gestützt sind (BGH, a. a. O.). Im entschiedenen Fall hatten die zum Tatzeitpunkt 13 und 10 Jahre alten Kinder der Mieter ein neben dem Hauptgebäude befindliches Wirtschaftsgebäude angezündet. Das Gebäude brannte aus, es blieben nur einige Wandteile stehen. Hierzu hat der BGH noch entschieden, dass der Anwendung des § 548 BGB der Grad der Zerstörung des Mietobjekts jedenfalls dann nicht entgegensteht, wenn noch wieder verwendbare Reste der zurückzugebenden Sache (hier: Mauerreste) vorhanden sind; ob es sich hierbei um einen wesentlichen Gebäudeteil handelt, ist unerheblich (BGH, a. a. O.).

Auch für **Sachschäden**, die nicht an der Mietsache selbst, sondern an anderen Sachen des Vermieters (z. B. bei einem Wasserschaden in anderen Wohnungen) entstanden sind, gilt die kurze Frist. Entscheidend ist hierfür der Zusammenhang mit der Nutzung der Mietsache. Der Schaden muss aber einen hinreichenden Bezug zur Mietsache haben. Daran fehlt es, wenn die Schäden weder an der Mietsache selbst noch an anderen Sachen des Vermieters entstanden sind. Hier gilt die kurze Verjährung nicht (BGH, Urteil v. 24.11.1993, XII ZR 79/92, WuM 1994 S. 20).

Auf Schadenersatzansprüche der Wohnungseigentümergemeinschaft gegen die Mieter einer Eigentumswohnung wegen Beschädigung des Gemeinschaftseigentums (Schaden am Aufzug des Gebäudes anlässlich des Auszugs des Mieters) gilt die kurze Verjährung nicht. Hier stehen sich nicht Vermieter und Mieter, sondern die Wohnungseigentümergemeinschaft bzw. die einzelnen Eigentümer und der Mieter gegenüber, sodass die kurze Verjährungsfrist des § 548 Abs. 1 BGB weder unmittelbar noch analog anwendbar ist (BGH, Urteil v. 29.6.2011, VIII ZR 349/10, NZM 2011 S. 639).

Die Frist eines Schadenersatzanspruchs wegen Nichterfüllung von vertraglich übernommenen Instandsetzungs- und Instandhaltungsverpflichtungen beginnt mit Rückgabe der Mietsache zu laufen, ohne dass es darauf ankommt, ob der Anspruch zu diesem Zeitpunkt bereits entstanden ist. Im vom BGH entschiedenen Fall fehlte es an der gemäß § 281 Abs. 1 S. 1 BGB erforderlichen Fristsetzung. Eine wirksame Klageerhebung hemmt die Verjährung aber auch dann, wenn zum Zeitpunkt der Klageerhebung von der Sachbefugnis abgesehen noch nicht alle Anspruchsvoraussetzungen vorliegen, etwa wenn die Fristsetzung noch fehlt. Dies kann im Verfahren noch nachgeholt werden (BGH, Urteil v. 8.1.2014, XII ZR 12/13, WuM 2014 S. 140).

Die Verjährung beginnt mit der **Rückgabe der Mietsache** zu laufen, unabhängig davon, ob das Mietverhältnis beendet ist oder nicht. § 548 BGB findet grundsätzlich auch bei fortbestehendem Mietverhältnis entsprechende Anwendung (OLG Düsseldorf, Urteil v. 18.3.1993, 10 U 132/92, WuM 1993 S. 272). Der Anspruch kann also vor Beendigung des Mietverhältnisses schon verjährt sein. Hat bei einem Anspruch des Vermieters auf Schadenersatz aus Verschulden bei Vertragsschluss der potenzielle Vermieter noch den unmittelbaren Besitz an den Mieträumen, beginnt die Verjährungsfrist bereits ab dem Zeitpunkt zu laufen, an dem die Vertragsverhandlungen der Parteien ihr tatsächliches Ende gefunden haben. Das gilt auch dann, wenn zu diesem Zeitpunkt der Schaden noch nicht beziffert werden kann, da die Möglichkeit einer Feststellungsklage ausreicht, um die Verjährung zu unterbrechen (BGH, Urteil v. 22.2.2006, XII ZR 48/03, NZM 2006 S. 509).

Entscheidend ist die Rückgabe der Mietsache, sofern der Vermieter durch Inbesitznahme des Mietobjekts in die Lage versetzt wird, sich ungestört ein umfassendes Bild von Beschädigungen am Mietobjekt zu machen. Es brauchen deshalb noch nicht alle Schlüssel zurückgegeben (vgl. OLG Düsseldorf, Beschluss v. 20.9.2007, I-24 U 7/07, WuM 2008 S. 554) oder sämtliche Einrichtungsgegenstände entfernt zu sein, um die Frist anlaufen zu lassen. Wenn allerdings insbesondere größere Möbel in der Wohnung stehen, kann von einem „Zurückerhalten" noch nicht ausgegangen werden.

Die Rückgabe der Mietsache setzt grundsätzlich eine Veränderung der Besitzverhältnisse zugunsten des Vermieters voraus (BGH, Urteil v. 10.7.1991, XII ZR 105/90, WuM 1991 S. 550), der durch Ausübung der unmittelbaren Sachherrschaft in die Lage versetzt wird, sich ungestört ein umfassendes Bild von den Veränderungen und Verschlechterungen der Mietsache zu machen. Diese Voraussetzung ist nicht erfüllt, wenn der Vermieter nicht die Möglichkeit hat, das Mietobjekt seinerseits in Besitz zu nehmen, sondern nur während des Besitzes des Mieters einen von diesem gestatteten – damit aber gerade nicht „freien" – Zutritt erhält, um sich in den Mieträumen umzusehen. Vielmehr ist eine vollständige und unzweideutige Besitzaufgabe des Mieters erforderlich, ebenso die Kenntnis des Vermieters hiervon (BGH, Urteil v. 19.11.2003, XII ZR 68/00, WuM 2004 S. 21).

Gibt der Mieter die Schlüssel beim Hausmeister ab, ist von einer Kenntnis des Vermieters über die Besitzaufgabe nur auszugehen, wenn eine Berechtigung des Hausmeisters oder auch des Hausverwalters zur Entgegennahme der Schlüssel zum Zweck der Wohnungsübergabe vorgelegen hat (BGH, Urteil v. 23.10.2013, VIII ZR 402/12, WuM 2013 S. 729).

Der Vermieter hat die Mieträume also dann zurückerhalten, wenn er nach der Besitzaufgabe durch den Mieter die Möglichkeit erhält, die Räume jederzeit ungehindert betreten zu können. Die Frist beginnt daher zu laufen, wenn der Vermieter einen angebotenen Übergabetermin nicht wahrgenommen hat und er wegen eines eigenen Schlüssels und wegen des Auszugs des Mieters die Möglichkeit hat, das Mietobjekt jederzeit ungehindert zu betreten (OLG München, Urteil v. 13.3.2003, 19 U 4540/02, WuM 2003 S. 279).

Etwas anderes soll dann gelten, wenn ein **Vergleichsverfahren** bei bestehendem Mietverhältnis läuft: Hier genügt für den Beginn der Verjährungsfrist das Angebot des Vergleichsverwalters zur Mängeluntersuchung (BGH, Urteil v. 10.3.1994, IX ZR 236/93, NJW 1994 S. 1858, 1861). Begründet wird dies damit, dass die Vergleichsforderungen möglichst schnell nach Umfang und Höhe geltend gemacht werden sollen. Scheidet mit Einverständnis des Vermieters der bisherige Mieter aus dem Vertrag aus und tritt ein neuer Mieter ein, ohne dass der Vermieter die Mieträume zurückerhält, beginnt der Lauf der Verjährungsfrist mit dem Eintritt des neuen Mieters (§ 548 Abs. 1 BGB; OLG Karlsruhe, Urteil v. 9.7.1992, 9 U 292/90, WuM 1994 S. 281).

Geht ein Erfüllungsanspruch, z. B. auf Beseitigung von Einbauten oder die Durchführung von Schönheitsreparaturen, aufgrund einer Nachfristsetzung in eine Schadenersatzforderung über (§ 281 Abs. 1 BGB), gilt auch für diese Forderung die Verjährungsfrist von 6 Monaten. Aufgrund der Neuregelungen durch die Schuldrechtsreform kommt es nicht mehr darauf an, ob der Schuldner eine Haupt- oder Nebenpflicht verletzt (vgl. „Schönheitsreparaturen“). Der Lauf der Verjährung der Schadenersatzforderung beginnt erst mit der Entstehung des Anspruchs, d. h. mit dem Ende der angemessenen Frist. Vielmehr beginnt die Verjährung der Ersatzansprüche des Vermieters gemäß §§ 548 Abs. 1 S. 2, 200 S. 1 BGB auch dann mit dem Zeitpunkt, in dem er die Mietsache zurückerhält, wenn die Ansprüche, hier also der Schadenersatzanspruch wegen Nichtdurchführung der Schönheitsreparaturen, erst zu einem späteren Zeitpunkt entstehen (BGH, Urteil v. 19.1.2005, VIII ZR 114/04, WuM 2005 S. 126).

Kommt der Mieter mit der vertraglichen Verpflichtung in Verzug, die Mietsache zum Ende des Mietverhältnisses instand zu setzen, ist der Anspruch des Vermieters auf Ersatz eines Mietausfallschadens auf eine abhängige **Nebenleistung** i. S. d. § 217 BGB gerichtet. Soweit der Anspruch auf die abhängige Nebenleistung vor der Verjährung des Hauptanspruchs eingeklagt worden ist, findet § 217 BGB keine Anwendung.

Der Entscheidung lag folgender Sachverhalt zugrunde: Der Kläger vermietete sein Haus an eine Stadt X zur Unterbringung von Asylsuchenden. Nach der Rückgabe führte die Stadt nicht die vertraglich geschuldeten Instandsetzungen durch. Der Vermieter klagte innerhalb der sechsmonatigen Verjährungsfrist, aber nicht auf Durchführung der Instandsetzungen und setzte auch keine Nachfrist mit Ablehnungsandrohung, sondern klagte lediglich innerhalb der Sechsmonatsfrist den Mietausfall ein. Dieser Anspruch war nicht verjährt, auch wenn der Hauptanspruch verjährt war (BGH, Urteil v. 23.11.1994, XII ZR 150/93, WuM 1995 S. 149). Bei Beendigung eines **Zwischenmietverhältnisses** beginnt die Verjährungsfrist gemäß § 548 Abs. 1 BGB hinsichtlich der Ersatzansprüche des Vermieters gegen den Zwischenmieter mit dem Zeitpunkt, in dem der Vermieter nach § 565 Abs. 1 BGB in den Mietvertrag mit dem Endmieter eintritt (LG Hamburg, Urteil v. 12.12.1996, 334 S 76/96, WuM 1997 S. 372).

4 Verjährung von Verwendungsersatz

Auch **Ansprüche des Mieters** auf Ersatz von Aufwendungen (s. „Verwendungen“) oder auf Gestattung der Wegnahme einer Einrichtung verjähren in 6 Monaten (§ 548 Abs. 2 BGB). Die Frist beginnt mit der rechtlichen Beendigung des Mietverhältnisses, unabhängig vom Zeitpunkt der tatsächlichen Rückgabe. Das ist im Fall einer fristlosen Kündigung des Vermieters, vorausgesetzt diese ist wirksam, der Zeitpunkt der Zustellung der Kündigung (OLG Hamm, Urteil v. 19.4.1996, 33 U 63/95, WuM 1996 S. 474).

Dies gilt entsprechend für die ordentliche Kündigung oder für den Zeitpunkt, zu dem das Mietverhältnis vertragsgemäß endet.

Nach Räumung und Rückgabe des Mietbesitzes wandelt sich der Wegnahmeanspruch in einen Duldungsanspruch gemäß § 258 S. 2 BGB um. Die Verpflichtung des Vermieters, die Wegnahme der Einrichtung nach Rücknahme der Mietsache zu gestatten, endet ebenso nach 6 Monaten, ausgehend vom Zeitpunkt der rechtlichen Beendigung des Mietvertrags und nicht ab dem Zeitpunkt der Wiedererlangung des Besitzes an dem Vertragsobjekt. Mit der Verjährung der Wegnahme- und Duldungsansprüche steht dem Vermieter ein dauerndes Recht zum Besitz zu (OLG Bamberg, Urteil v. 6.6.2003, 6 U 20/03, WuM 2004 S. 20). Bei Veräußerung beginnt die Verjährungsfrist erst mit Kenntnis des Mieters von der Eintragung des Erwerbers im Grundbuch zu laufen (BGH, Urteil v. 28.5.2008, VIII ZR 133/07, NZM 2008 S. 519; s. „Eigentümerwechsel“). Auch hier ist im Interesse eines baldigen Rechtsfriedens eine weite Auslegung geboten. Darunter fallen daher auch Ansprüche des Mieters auf Ersatz solcher Aufwendungen, die nicht aufgrund mietvertraglicher Vereinbarungen, sondern z.B. aufgrund eines Auftrags vorgenommen wurden.

Auch Schadenersatzansprüche, die daraus entstehen, dass der Vermieter dem Mieter unberechtigterweise die Wegnahme von Einbauten verweigert hat, verjähren in 6 Monaten. Die Verjährung beginnt auch hier erst mit der Fälligkeit des Schadenersatzanspruchs zu laufen (vgl. OLG Hamm, Urteil v. 13.3.1981, 7 U 196/80, WuM 1986 S. 281).

Ebenfalls verjähren in 6 Monaten Ansprüche des Mieters auf Ersatz der erforderlichen Aufwendungen (§ 536a Abs. 2 BGB), wenn der Vermieter durch die Beseitigung eines Mangels in Verzug gekommen ist und der Mieter den Mangel selbst beseitigt hat.

Schadenersatzansprüche (Vermögensschaden) des Mieters (§ 536a Abs. 1 BGB; s. „Mängel“, Abschnitt 4 „Schadenersatz“) verjähren dagegen in 10 Jahren (§ 199 Abs. 3 BGB).

In 3 Jahren verjähren Rückzahlungsansprüche vorausbezahlter Miete (§ 547 BGB) und der Rückzahlungsanspruch bezüglich der Kaution. Dieser Anspruch verjährt 3 Jahre nach seiner Entstehung, d.h., nachdem es dem Vermieter zumutbar geworden ist, noch offene Ansprüche aus dem Mietverhältnis abzurechnen (OLG Düsseldorf, Beschluss v. 22.4.2005, 24 W 16/05, NZM 2005 S. 783).

Ebenso verjähren bereicherungsrechtliche Ansprüche des Mieters bei überzahlter Miete in 3 Jahren (OLG Köln, Urteil v. 8.6.1998, 16 U 92/97, WuM 1999 S. 282).

Solche Ansprüche des Mieters können z.B. entstehen bei einer Flächenabweichung der Wohnung von mehr als 10 %. Gemäß § 199 Abs. 1 Nr. 2 BGB beginnt die regelmäßige Verjährungsfrist mit dem Schluss des Jahres, in dem der Gläubiger (hier: der Mieter) von den den Anspruch begründenden Umständen und der Person des Schuldners Kenntnis erlangt oder ohne grobe Fahrlässigkeit erlangen müsste. Hierzu hat das AG Bonn (Urteil v. 18.4.2012, 203 C 55/11) entschieden, dass es für die Kenntnis des Mieters von einer Flächenabweichung nicht darauf ankommt, ob der Mieter die Wohnfläche nachrechnet oder ausmisst, sondern lediglich darauf, dass ihm die konkreten Längen, Breiten und Höhen der von ihm bewohnten Räume in tatsächlicher Hinsicht bekannt sind. Anderer Ansicht ist das LG Krefeld. Danach erlangt der Mieter Kenntnis von der Größe seiner Wohnung und damit von einer Flächenabweichung nicht schon durch das bloße Ansehen oder durch die Nutzung, sondern erst durch das Vermessen der Räume (LG Krefeld, Urteil v. 7.11.2012, 2 S 23/12, WuM 2012 S. 674).

Die dreijährige Verjährungsfrist gilt auch für den Anspruch des Mieters gegen den Vermieter auf Beseitigung von Mängeln. Ist im Mietvertrag die **Schönheitsreparaturklausel** unwirksam, hat der Mieter gegen den Vermieter einen Anspruch auf Durchführung dieser Arbeiten. Auch dieser Anspruch verjährt in 3 Jahren. Die Verjährung beginnt mit der erstmaligen Verletzung der Leistungspflicht des Vermieters durch diesen und Kenntnis des Mieters davon. Entscheidend ist, ob aus der Sicht eines objektiven Betrachters Renovierungsbedarf besteht (BGH, Urteil v. 6.4.2005, VIII ZR 192/04, WuM 2005 S. 383). Da der Mieter in der Wohnung wohnt, hat er auch Kenntnis vom objektiven Renovierungsbedarf. Nicht erheblich ist, ob er auch Kenntnis vom seinem Anspruch gegen den Vermieter aufgrund der Unwirksamkeit der Klausel hat, da gemäß § 199 Abs. 1 Nr. 2 BGB ein Rechtsirrtum unerheblich ist. Umstritten ist allerdings, ob die Verjährung erst zu laufen beginnt, wenn der Mieter den Vermieter zur Vornahme der Schönheitsreparaturen auffordert oder ob das bloße Unterlassen des Vermieters bereits die Frist in Gang setzt.

5 Aufrechnung mit verjährten Forderungen

Der BGH hatte den gar nicht so seltenen Fall zu entscheiden, dass der Mieter nach Auszug **6 Monate abgewartet** hatte und **dann seine Kaution zurückverlangte**. Dieser Anspruch des Mieters verjährt in 3 Jahren. Der Vermieter seinerseits wollte mit seinen verjährten Forderungen dagegen aufrechnen, obwohl er noch keine Kautionsabrechnung erstellt hatte. Der BGH ließ dies zu unter der Voraussetzung, dass die Schadenersatzansprüche des Vermieters innerhalb der Frist von 6 Monaten fällig geworden waren (BGH, Beschluss v. 1.7.1987, VIII ARZ 2/87, WuM 1987 S. 310).

Nach § 215 BGB ist nämlich auch die **Aufrechnung** mit einer verjährten Forderung statthaft, wenn der Anspruch in dem Zeitpunkt noch nicht verjährt war, in dem erstmals aufgerechnet werden konnte. Ein stillschweigender Ausschluss dieser Aufrechnungsmöglichkeit ergibt sich nicht aus der Kautionsabrede. Aufgerechnet werden kann daher, wenn die Voraussetzung des § 215 BGB vorliegt. Voraussetzung ist, dass der Anspruch, mit dem aufgerechnet werden soll, vor Eintritt der Verjährung dem Anspruch des Mieters auf Kautionsrückzahlung fällig gegenüberstand, also eine Aufrechnungslage bestand. Dies gilt nicht nur für Barkautionen, sondern auch dann, wenn der Mieter die Sicherheit durch Verpfändung eines Sparbuchs geleistet hat, da dies einer Barkaution gleichzusetzen ist. Somit liegt eine Gleichartigkeit der Forderungen vor (KG Berlin, Beschluss v. 8.2.2010, 20 U 167/08, GE 2010 S. 693). Dies gilt allerdings nicht, wenn im Vertrag vereinbart ist, dass die Kaution in Form einer **Bürgschaft** zu leisten ist. Hier sind sowohl der Bürge als auch der Mieter nicht gehindert, sich auf die Verjährung der durch die Bürgschaft gesicherten Ansprüche zu berufen. Dass der Vermieter gegenüber dem Anspruch auf Rückzahlung einer Barkaution auch mit verjährten Forderungen hätte aufrechnen können, rechtfertigt keine analoge Anwendung des § 215 BGB (BGH, Urteil v. 28.1.1998, XII ZR 63/96, WuM 1998 S. 224).

Eine besondere Fallgestaltung hatte das OLG Düsseldorf zu entscheiden. Danach standen dem Vermieter Schadenersatzansprüche, die im Lauf des Mietverhältnisses entstanden waren, gegen den Mieter zu. Diese Schadenersatzansprüche waren vor Beendigung des Mietverhältnisses bereits verjährt. Nach Beendigung des Mietverhältnisses wollte der Vermieter mit diesen Ansprüchen gegen den Kautionsrückzahlungsanspruch aufrechnen. Dies hat das Gericht nicht zugelassen. Der Kautionsrückzahlungsanspruch des Mieters entstand frühestens mit der Beendigung des Mietverhältnisses. Zu diesem Zeitpunkt waren die Schadenersatzansprüche jedoch bereits verjährt. § 390 S. 2 BGB lässt aber die Aufrechnung mit einer verjährten Gegenforderung nur zu, wenn die verjährte Forderung zu der Zeit, zu welcher sie gegen die andere Forderung aufgerechnet werden konnte, noch nicht verjährt war. Es fehlte daher an dem Erfordernis, dass jemals eine Aufrechnungslage zwischen beiden Forderungen bestand (OLG Düsseldorf, Urteil v. 30.10.2001, 24 U 77/01, WuM 2002 S. 495).

6 Hemmung und Neubeginn der Verjährung

Durch die Schuldrechtsreform wurde das Verjährungsrecht grundlegend geändert. Nach bisherigem Recht konnte die Verjährung in vielen Fällen unterbrochen werden. Unterbrechung bedeutet, dass die bis zur Unterbrechung abgelaufene Zeit bei der Berechnung der Verjährung unberücksichtigt bleibt und die Verjährung erst nach Beendigung der Unterbrechung zu laufen beginnt.

Der Begriff „Unterbrechung“ wurde im neuen Schuldrecht, welches ab 1.1.2002 gilt, durch den Begriff **„Neubeginn“** ersetzt. Hierdurch kommt zum Ausdruck, dass die Verjährung eben neu zu laufen beginnt. Ein solcher Neubeginn der Verjährung ist im Gesetz nur noch in § 212 BGB vorgesehen. Danach beginnt die Verjährung erneut, wenn erstens der Schuldner dem Gläubiger gegenüber den Anspruch durch Abschlagszahlung, Zinszahlung, Sicherheitsleistung oder in anderer Weise anerkennt oder zweitens eine gerichtliche oder behördliche Vollstreckungshandlung vorgenommen oder beantragt wird. Wird die Vornahme der Vollstreckungshandlung vom Gericht abgelehnt oder der Antrag zurückgenommen oder die erwirkte Vollstreckungshandlung vom Gericht aufgehoben, so gilt der erneute Beginn der Verjährung als nicht eingetreten.

Die anderen Unterbrechungstatbestände des bis 31.12.2001 geltenden Verjährungsrechts begründen nach neuem Recht nur noch eine **Hemmung** der Verjährung.

> Bei der Hemmung wird der Zeitraum, währenddessen die Verjährung gehemmt ist, nicht in die Verjährungsfrist eingerechnet. Die Verjährungsfrist beginnt also nicht neu zu laufen. Hier heißt es also aufpassen und genau rechnen, damit Forderungen nicht verjähren.

Der wichtigste Fall ist die in § 203 BGB geregelte Hemmung der Verjährung bei Verhandlungen. Schweben zwischen dem Schuldner und dem Gläubiger Verhandlungen über den Anspruch oder die den Anspruch begründenden Umstände, so ist die Verjährung gehemmt, bis der eine oder der andere Teil die Fortsetzung der Verhandlungen verweigert. Die Verjährung tritt frühestens 3 Monate nach Ende der Hemmung ein. „Verhandeln“ ist weit auszulegen. Darunter fällt jeder Meinungsaustausch über den Schaden, wenn nicht sofort erkennbar eine Ersatzpflicht abgelehnt wird. Die Verhandlungen sind beendet, wenn sie von einer Partei abgebrochen werden. Hierzu genügt es nicht, wenn die in Anspruch genommene Partei ihre Ersatzpflicht verneint. Vielmehr muss sie zugleich klar und eindeutig den Abbruch der Verhandlungen zum Ausdruck bringen (BGH, Urteil v. 30.6.1998, 6 ZR 260/97, NJW 1998 S. 2819).

Auch durch einen im Rahmen der gerichtlichen Güteverhandlung geschlossenen Widerrufsvergleich der Parteien wird die Verjährung eines von dem Vergleich erfassten Schadenersatzanspruchs gemäß § 203 S. 1 BGB bis zur Erklärung des Widerrufs gehemmt (BGH, Urteil v. 4.5.2005, VIII ZR 93/04, WuM 2005 S. 381).

In der gesetzlichen Bestimmung ist nicht geregelt, wann die Hemmung endet, wenn die Verhandlungen von beiden Seiten nicht weiter betrieben werden, also „einschlafen“. Nach der bisherigen Rechtsprechung des BGH zu § 852 Abs. 2 BGB a.F. endet die Hemmung in dem Zeitpunkt, in dem der nächste Schritt nach Treu und Glauben zu erwarten gewesen wäre (BGH, Urteil v. 7.1.1986, VI ZR 203/84, NJW 1986 S. 1337, 1338).

> Der Vermieter will Schadenersatzansprüche wegen Beschädigung der Mietsache geltend machen, die in 6 Monaten verjähren. Rückgabe der Wohnung am 15.2. Eintritt der Verjährung am 15.8. Verhandeln die Parteien vom 15.2. bis zum 15.4., so werden diese 2 Monate in den Lauf der Verjährung nicht eingerechnet. Die Verjährung tritt in diesem Beispiel am 15.10. ein.

Der zweite wichtige Fall ist die Hemmung der Verjährung durch Rechtsverfolgung gemäß § 204 BGB. Die Verjährung wird gehemmt durch Klageerhebung, Zustellung eines Mahnbescheids im Mahnverfahren, die Geltendmachung der Aufrechnung des Anspruchs im Prozess, die Zustellung der Streitverkündung, die Zustellung des Antrags auf Durchführung eines selbstständigen Beweisverfahrens (s. hierzu Abschnitt 8 „Selbstständiges Beweisverfahren"), die Anmeldung des Anspruchs im Insolvenzverfahren sowie ferner in einigen im Gesetz geregelten Sonderfällen. Für die Dauer des Verfahrens ist der Anspruch gehemmt. Gemäß § 204 Abs. 2 BGB endet die Hemmung 6 Monate nach der rechtskräftigen Entscheidung oder anderweitigen Beendigung des eingeleiteten Verfahrens. Gerät das Verfahren dadurch in Stillstand, dass die Parteien es nicht betreiben, so tritt anstelle der Beendigung des Verfahrens die letzte Verfahrenshandlung der Parteien, des Gerichts oder der sonst mit dem Verfahren befassten Stelle. Die Hemmung beginnt erneut, wenn eine der Parteien das Verfahren weiter betreibt.

Zu beachten ist allerdings, dass nach ständiger Rechtsprechung des BGH die Erhebung der Klage die Verjährung nur für Ansprüche in der Gestalt und in dem Umfang unterbricht, wie sie mit der Klage geltend gemacht werden, also nur für den streitgegenständlichen prozessualen Anspruch. So liegt in dem Übergang von einem Anspruch aus eigenem Recht zu einem solchen aus abgetretenem Recht wegen der Änderung des dazu vorgetragenen Lebenssachverhalts ein Wechsel des Streitgegenstands im Sinne einer Klageänderung nach § 263 ZPO vor, sodass die ursprüngliche Klage die Verjährung nicht gehemmt hat (BGH, Urteil v. 4.5.2005, VIII ZR 93/04,WuM 2005 S. 381 f. unter II 3).

Dies ist auch im Mahnverfahren zu berücksichtigen. Eine Hemmung durch Mahnbescheid tritt nur ein, wenn der Anspruch hinreichend individualisiert wird. Ein geltend gemachter Schaden muss nach Art der Kosten aufgegliedert sein. Nicht ausreichend ist die Bezeichnung: Anspruch aus beendetem Mietvertrag (KG Berlin, Urteil v. 16.9.2002, 8 U 62/01, GE 2002 S. 1490).

Großzügiger ist der BGH: Ihm reicht es zur Individualisierung eines Schadenersatzanspruchs des Wohnraumvermieters wegen Beschädigung sowie unzureichender Reinigung der Mietsache nach Beendigung der Mietzeit aus, wenn der Antragsteller trotz irrtümlicher Bezeichnung im Mahnbescheidsantrag zugleich auf ein vorprozessuales Anspruchsschreiben Bezug nimmt, welches dem Antragsgegner vermittelt, dass und wofür der Antragsteller Schadenersatz verlangt. Bei der Geltendmachung einer Mehrzahl von Einzelforderungen muss deren Bezeichnung im Mahnbescheid dem Schuldner ermöglichen, die Zusammensetzung des verlangten Gesamtbetrags zu erkennen. Wann diesen Anforderungen Genüge getan ist, kann nicht allgemein und abstrakt festgelegt werden, vielmehr hängen Art und Umfang der erforderlichen Angaben im Einzelfall von dem zwischen den Parteien bestehenden Rechtsverhältnis und der Art des Anspruchs ab. Die Bezugnahme auf vorprozessuale Schreiben ist zulässig. Diese Schreiben müssen dem Mahnbescheid nicht in Abschrift beigefügt werden (BGH, Urteil v. 23.1.2008, VIII ZR 46/07, NZM 2008 S. 202).

7 Beweislast, Abdingbarkeit

Derjenige, der sich auf den Eintritt der Verjährung beruft, hat dafür die Beweislast. Er muss also die tatsächlichen Voraussetzungen der Verjährung vortragen und unter Beweis stellen. Nach Eintritt der Verjährung ist der Schuldner berechtigt, die Leistung zu verweigern (§ 214 Abs. 1 BGB).

Die Parteien können aber vereinbaren, dass auf die Einrede der Verjährung verzichtet wird. Die Abdingbarkeit der Verjährung ist in § 202 BGB geregelt. Gemäß § 202 Abs. 1 BGB kann die Verjährung bei Haftung wegen Vorsatz nicht im Voraus durch Rechtsgeschäft erleichtert werden. Gemäß § 202 Abs. 2 BGB kann die Verjährung durch Rechtsgeschäft nicht über eine Verjährungsfrist von 30 Jahren ab dem gesetzlichen Verjährungsbeginn hinaus erschwert werden. Wenn die Rechtsprechung aufgrund der bisherigen Bestimmung (§ 225 BGB a. F.) davon ausging, dass ein vor Eintritt der Verjährung erklärter Verzicht nichtig war, ist ein solcher Verzicht nunmehr auch vor Eintritt der Verjährung möglich. Hierbei handelt es sich um eine einseitige, nicht formgebundene Erklärung. Durch den Verzicht wird die

Forderung nicht unverjährbar; es beginnt vielmehr eine neue Verjährungsfrist zu laufen. Zur Klarstellung empfiehlt es sich, auf die Einrede der Verjährung nur bis zu einem bestimmten Zeitpunkt zu verzichten. Da aufgrund der Neuregelungen durch die Schuldrechtsreform Verhandlungen die Verjährung hemmen, wird sich die Frage eines Verjährungsverzichts nicht mehr so oft stellen.

8 Selbstständiges Beweisverfahren

Die durch das Mietrechtsreformgesetz neu eingeführte Bestimmung des § 548 Abs. 3 BGB, wonach die Verjährung durch den Antrag eines selbstständigen Beweisverfahrens unterbrochen wird, wurde durch die Schuldrechtsreform bereits wieder aufgehoben. Ab 1.1.2002 gilt § 204 Abs. 1 Nr. 7 BGB. Danach wird die Verjährung gehemmt durch die Zustellung des Antrags auf Durchführung eines selbstständigen Beweisverfahrens. Beendet ist das Verfahren, wenn ein Sachverständiger mündlich sein Gutachten erstattet oder erläutert oder dann, wenn kein Termin stattfindet oder nicht mündlich verhandelt wird, mit Zugang des schriftlichen Gutachtens an die Parteien. Gemäß § 204 Abs. 2 BGB endet die Hemmung 6 Monate nach der Beendigung des eingeleiteten Verfahrens. Sollen die im selbstständigen Beweisverfahren festgestellten Ansprüche durchgesetzt werden, muss also innerhalb dieser Frist Klage erhoben werden, was zu einer weiteren Hemmung führt (§ 204 Abs. 1 Nr. 1 BGB). Für Mietverträge, die vor dem 1.1.2002 abgeschlossen worden sind, gilt die Übergangsregelung (Art. 229 § 5 S. 2 EGBGB), wonach die verjährungsunterbrechende Wirkung eintritt, wenn das selbstständige Beweisverfahren bis spätestens 31.12.2002 eingeleitet worden ist. Vorsichtshalber sollte aber auch die Frist nach der Hemmung (s.o.) beachtet werden, da diese Bestimmungen grundsätzlich ab 1.1.2002 gelten (Art. 229 § 6 Abs. 1 S. 1 EGBGB). Die Übergangsregelung ist allerdings die speziellere Vorschrift.

Die Hemmung bezieht sich nur auf die Ansprüche, welche vom Verfahren erfasst werden und welche das Gutachten des Sachverständigen betreffen (BGH, Urteil v. 3.12.1992, VII ZR 86/92, NJW 1993 S. 851; s. hierzu auch „Beweissicherung“).

9 Klageerhebung

Durch die Erhebung der Klage wird die Verjährung gehemmt (§ 204 Abs. 1 BGB).

> Die Hemmung gilt nur für den nach prozessualen Grundsätzen zu ermittelnden Streitgegenstand der Klage, d.h. beispielsweise für die konkret eingeklagten Monate eines Anspruchs wegen Mietausfall.

Gilt für diesen Anspruch die kurze Verjährung von 6 Monaten, da er Rechnungsposten in einem Anspruch auf Schadenersatz wegen Nichterfüllung ist (s.o. Abschnitt 2 „Verjährungsfristen im Mietrecht“), muss der Vermieter daher, will er die Verjährung auch für die künftigen zeitlich noch nicht überschaubaren Mietausfälle unterbrechen, insoweit gesonderte Feststellungsklage erheben (BGH, Urteil v. 19.11.1997, XII ZR 281/95, NZM 1998 S. 147).

Verkehrssicherungspflicht

Die **allgemeine Rechtspflicht**, im Verkehr Rücksicht auf die Gefährdung anderer zu nehmen, beruht auf dem Gedanken, dass jeder, der Gefahrenquellen schafft, die notwendigen Vorkehrungen zum Schutz Dritter zu treffen hat. Wer ein Gebäude dem Verkehr zugänglich macht, hat gegenüber denjenigen, die dort einund ausgehen, die Pflicht, vorhersehbare Gefahren und Schäden durch die dazu erforderlichen sowie zumutbaren Sicherheitsmaßnahmen abzuwenden.

Neben der allgemeinen Verkehrssicherungspflicht besteht zusätzlich eine besondere **Pflicht des Vermieters** gegenüber dem Mieter aus dem Mietvertrag, Schäden an Leib und

Leben des Mieters, die durch einen mangelhaften Zustand der Mietsache entstehen können, abzuwenden. Diese Pflicht gilt nach § 823 BGB auch gegenüber den Personen, die berechtigterweise das Grundstück betreten (Postbote, Besucher etc.).

> Welche **Vorkehrungen** im Einzelnen zu treffen sind, richtet sich danach, was nach den Maßstäben eines ordnungsgemäßen Verkehrs erforderlich und den Umständen nach zumutbar ist.

Hierbei wird hoch veranschlagt die Sorgfaltspflicht des Vermieters in Bezug auf jene Gebäudeteile, die besondere Gefahrenquellen darstellen. Dazu gehören vor allem die Zugänge zum Haus und die Treppenhäuser. Ungenügende Beleuchtung, defekte Lichtschalter mit losen Drähten, Glätte, stark abgenützte Treppen sind Beispiele für solche Gefahrenquellen.

Eine Verkehrssicherung, die jede Schädigung ausschließt, ist, worauf der BGH zu Recht hinweist, im praktischen Leben nicht erreichbar. Haftungsbegründend wird eine Gefahr erst dann, wenn sich die naheliegende Möglichkeit ergibt, dass Rechtsgüter anderer verletzt werden (BGH, Urteil v. 16.5.2006, VI ZR 189/05, NZM 2006 S. 578). Danach verstößt der Vermieter einer Wohnung nicht gegen seine Verkehrssicherungspflicht, wenn er die mit einem Glasausschnitt versehenen Zimmertüren der Wohnung, die insoweit den baurechtlichen Vorschriften entsprechen, bei einer Vermietung an eine Familie mit kleinen Kindern nicht mit Sicherheitsglas nachrüsten lässt (BGH, a. a. O.).

Entspricht hingegen eine Treppe zum Spitzboden nicht den bauordnungsrechtlichen Anforderungen, da sie zu schmal ist, und stürzt die Mieterin und verletzt sich erheblich, kann die Mieterin Schmerzensgeld und Schadenersatz vom Vermieter verlangen (OLG Dresden, Urteil v. 28.3.2006, 5 U 581/06, NZM 2006 S. 865).

> Was die Sicherung gegen **Dachlawinen** betrifft, kommt es zunächst darauf an, ob Ortsvorschriften Schneefanggitter vorschreiben. Wo das der Fall ist, bedeutet die Nichtbeachtung eine Verletzung der Verkehrssicherungspflicht.

Ansonsten trifft den Hauseigentümer grundsätzlich nicht die Pflicht, Dritte vor Dachlawinen durch spezielle Maßnahmen zu schützen. Sofern jedoch besondere Umstände vorliegen, muss der Hauseigentümer je nach Notwendigkeit einerseits und Zumutbarkeit andererseits Maßnahmen zur Verhinderung der Schneelawinen ergreifen. Als besondere Umstände sind dabei von der Rechtsprechung die allgemeine Schneelage des Ortes, die allgemeine Beschaffenheit des Gebäudes, die allgemein ortsüblichen Sicherheitsvorkehrungen, die allgemeinen örtlichen Verkehrsverhältnisse, die konkreten Schneeverhältnisse und Witterungslage sowie die konkrete Verkehrseröffnung anerkannt (OLG Dresden, Urteil v. 17.7.1996, 8 U 696/96, WuM 1997 S. 377). Sind Schneefanggitter vorhanden, darf der Verkehrssicherungspflichtige im Allgemeinen darauf vertrauen, dass der Schnee auf dem Hausdach normal abtaut. Ist jedoch erkennbar, dass der Schnee abzustürzen droht, kann sich der Grundstückseigentümer durch Aufstellen von Warntafeln oder Warnstangen entlasten.

Es ist **umstritten**, ob eine **formularvertragliche Überwälzung** der Verkehrssicherungspflicht, insbesondere der **Räum- und Streupflicht,** auf den Mieter wirksam ist. Ist die Verpflichtung des Mieters im Mietvertrag selbst enthalten oder ist die Hausordnung Bestandteil des Mietvertrags, ist eine solche Formularvereinbarung wirksam (OLG Frankfurt/M., Urteil v. 22.9.1988, 16 U 123/87, WuM 1988 S. 399; zweifelnd OLG Dresden, Beschluss v. 20.6.1996, 7 U 905/96, WuM 1996 S. 553, 555).

Wird hingegen im Mietvertrag nur auf die Hausordnung verwiesen, wird sie dem Vertrag nur als loser Bestandteil beigefügt oder ist sie auf der Rückseite des Vertrags abgedruckt, ohne dass sie unterschrieben wird, soll es sich bei dieser Verpflichtung um eine überraschende Klausel i. S. v. § 305 c Abs. 2 BGB handeln, die unwirksam ist (OLG Frankfurt/M., a. a. O.). Dies dürfte jedenfalls für die

Treppenreinigungspflicht in einem Mehrfamilienhaus nicht zutreffen, da es sich hierbei um eine typische Verpflichtung des Mieters handelt, die für diesen keineswegs überraschend ist (s. auch „Reinigungspflichten des Mieters").

> Sicherer ist es allerdings, solche Fragen **individuell** in einem **Zusatz** zum Mietvertrag zu regeln.

Auch im Fall der **Übertragung der Verkehrssicherungspflicht** auf dritte Personen bleibt diese als eigene Verpflichtung des Grundstückseigentümers, nämlich als Kontroll- und Überwachungspflicht, bestehen. Er muss die Aufsicht darüber führen, dass der Beauftragte die Sicherung ordnungsgemäß durchführt. In diesem Fall muss der Vermieter als streupflichtiger Anlieger substanziiert darlegen und beweisen, wie er dies geregelt und dass er die Erfüllung dieser Verpflichtung auch überwacht hat (OLG Köln, Urteil v. 17.11.1995, 19 U 37/95, WuM 1996 S. 226).

Das gilt auch, wenn ein Mieter diese übernommen hat. An die Überwachung der Verkehrssicherungspflicht wird von der Rechtsprechung ein strenger Maßstab angelegt. Es genügt also nicht, z.B. einen Mieter im Mietvertrag zur Übernahme der Räum- und Streupflicht zu verpflichten. Der Vermieter muss sich vielmehr in regelmäßigen Abständen überzeugen, ob der Mieter seiner Verpflichtung auch nachkommt.

Die schuldhafte Verletzung der Verkehrssicherungspflicht führt zu Schadenersatzansprüchen. Ein mitwirkendes Verschulden des Verletzten ist zu berücksichtigen. Dieses kann darin bestehen, dass der Verkehrsteilnehmer die Gefahr erkannt hat oder hätte erkennen müssen, sein Verhalten jedoch nicht darauf eingerichtet hat. So muss z.B. bei automatischer Treppenhausbeleuchtung der Treppenhausbenutzer mit dem Erlöschen des Lichts rechnen und entsprechend vorsichtig sein. Der Vermieter hat aber dafür zu sorgen, dass es einer gesunden erwachsenen Person nach Betreten des Hauses und Betätigen des Lichtschalters möglich ist, bei durchschnittlicher Gehgeschwindigkeit zwei Geschosse im Hellen zu überwinden (OLG Koblenz, Urteil v. 12.10.1995, 5 U 324/95, WuM 1997 S. 50). Leuchtet die Treppenhausbeleuchtung jedoch nur 20 Sekunden, verletzt der Hauseigentümer (Vermieter) seine Verkehrssicherungspflicht (OLG Koblenz, a.a.O.). Es muss nämlich nicht damit gerechnet werden, dass das Licht beim Durchlaufen eines Treppenhauses stets von Etage zu Etage von Neuem eingeschaltet werden muss.

> Bei Beschädigung von Kfz durch **Dachlawinen** trifft regelmäßig den Fahrzeugführer eine Mitschuld. Er darf bei starkem Schneefall oder Tauwetter sein Kfz nicht im Gefahrenbereich abstellen.

Inhalt und Umfang der winterlichen **Räum- und Streupflicht** richtet sich nach den Umständen des Einzelfalls. Hierbei zu berücksichtigen sind Art und Wichtigkeit des Verkehrswegs ebenso wie seine Gefährlichkeit und die Stärke des zu erwartenden Verkehrs. Voraussetzung für eine Räum- und Streupflicht ist eine allgemeine Glättebildung und nicht nur das Vorhandensein vereinzelter Glättestellen (BGH, Beschluss v. 26.2.2009, III ZR 225/08, WuM 2009 S. 241). Die Räum- und Streupflicht steht unter dem Vorbehalt des Zumutbaren, wobei es auch auf die Leistungsfähigkeit des Sicherungspflichtigen und auch auf die Erwartungen ankommt, die ein Verkehrsteilnehmer vernünftigerweise an den Zustand einer Verkehrseinrichtung unter Berücksichtigung ihres Zwecks stellen darf (BGH, Urteil v. 15.1.1998, III ZR 124/97, VersR 1998 S. 1373). Voraussetzung für die Räum- und Streupflicht auf öffentlichem Grund ist, dass diese Verpflichtung von den Gemeinden, die zunächst zuständig sind, wirksam auf die Anlieger übertragen wurde (durch Satzung oder Verordnung gemäß den Ländergesetzen). Als übliche Zeit, während der, wenn nötig auch mehrmals, zu räumen und zu streuen ist, kann die Zeit von 7 Uhr morgens bis 21 Uhr abends angesehen werden, in der ein ausreichend breiter Streifen auf dem Gehsteig freizuhalten ist. An Sonn- und Feiertagen soll die Räum- und Streupflicht erst um 9 Uhr beginnen (OLG

Oldenburg, Urteil v. 28.9.2001, 6 U 90/01, MDR 2002 S. 216). Der Samstag gilt nach wie vor als Werktag. Ob auch hier die Räum- und Streupflicht bereits um 7 Uhr beginnt, ist allerdings zweifelhaft (vgl. OLG Frankfurt/M., Urteil v. 26.11.2003, 21 U 38/03, NZM 2004 S. 144). Lässt sich allerdings zu einem Tageszeitpunkt, zu dem eine Räum- und Streupflicht besteht, aufgrund der konkreten Wetterlage (hier: Nachtfrost bei vorausgehender Tauwetterlage) bei sorgfältiger Voraussicht ohne Weiteres erkennen, dass es außerhalb des zeitlichen Pflichtrahmens zum Eintritt bzw. zu einer Verschärfung der Gefahrenlage kommen wird, muss so geräumt bzw. gestreut werden, dass eine Beseitigung der Gefahrenquelle zum Wiedereinsetzen der Räum- und Streupflicht gewährleistet ist (OLG Frankfurt/M., a.a.O.).

Die Streupflicht erstreckt sich auf sämtliche bestimmungsgemäßen Zuwege einer (Eigentums-)Wohnung (OLG Saarbrücken, Urteil v. 14.4.1999, 1 U 630/98-115, WuM 2000 S. 126). Der Streupflichtige ist nicht verpflichtet, sinnlose Maßnahmen durchzuführen. Bei dichtem und länger dauerndem Schneefall kann daher abgewartet werden, bis der Schneefall aufhört. Dies gilt jedoch nur dann, wenn Wetterverhältnisse herrschen, die einen früher einsetzenden Beginn der Maßnahmen zur Verkehrssicherung als unzumutbar und nutzlos erscheinen lassen (OLG Saarbrücken, a.a.O.).

Dieser Rechtsprechung folgt auch das OLG Naumburg. Hört es auf zu schneien, so setzt die Streupflicht erst nach einer angemessenen Wartezeit ein, in der der Verkehrssicherungspflichtige prüfen kann, ob der Schneefall nur vorübergehend unterbrochen oder tatsächlich beendet ist. Auch besteht eine angemessene Frist zur Erfüllung der Räum- und Streupflicht. Diese richtet sich nach den räumlichen Verhältnissen (Breite des zu räumenden Gehwegs) und der Stärke des Schneefalls. Im vom Gericht konkret entschiedenen Fall konnte vom Verkehrssicherungspflichtigen nicht erwartet werden, dass er den Gehsteig bereits eine halbe Stunde nach Beendigung des Schneetreibens geräumt hat (OLG Naumburg, Urteil v. 6.10.1999, 12 U 144/99, MDR 2000 S. 520).

Wenn allerdings tagsüber eine solche Zahl von Passanten über den gefallenen Schnee gegangen ist, dass der Schnee durch Festtreten glatt geworden ist, darf mit dem regelmäßig wiederholten Streuen nicht zugewartet werden (OLG Düsseldorf, Urteil v. 20.3.1998, 22 U 154/97, VersR 2000 S. 63).

Grundsätzlich gilt, dass der Sicherungspflichtige gehalten ist, das Streuen in angemessener Zeit zu wiederholen, wenn das Streugut seine Wirkung verloren hat. Das bedeutet aber nicht, dass er bei außergewöhnlichen Glätteverhältnissen regelmäßig von der Streupflicht befreit wäre (z.B. Minustemperaturen und Sprühregen von leichter bis mäßiger Intensität). Vielmehr erfordern gerade solche Verhältnisse besonders intensive Streumaßnahmen, und zwar auch im Hinblick auf die zeitliche Folge. Ausreichend ist, dass das Streugut die Gefahr des Ausgleitens wenigstens vermindert, mag seine abstumpfende Wirkung auch durch weitere Eisbildung abgeschwächt werden (BGH, Urteil v. 1.7.1993, III ZR 88/92, NJW 1993 S. 2802). Allerdings gilt die Räum- und Streupflicht nicht uneingeschränkt, sondern steht unter dem Vorbehalt des Zumutbaren. Dies gilt insbesondere bei Blitzeis (OLG München, Urteil v. 1.10.2009, 1 U 3243/09, NZM 2010 S. 216).

Die **Darlegungs- und Beweislast** für das Vorliegen von Umständen, die ein Streuen zwecklos machen, hat der Verkehrssicherungspflichtige. Hierzu gehören in einem Prozess auch Angaben dazu, welche Niederschlagsmengen am Schadenstag gefallen sind bzw. wie schnell es nach dem Streuen zu weiteren Eisbildungen über dem Streugut gekommen ist (OLG Saarbrücken, a.a.O.). Eine Zusammenstellung einzelner Urteile zu diesem Problemkreis ist zwei Aufsätzen von Gather in DWW 1978 S. 281 und DWW 1996 S. 350 zu entnehmen.

Kommt es zu einem Schaden, muss der Geschädigte beweisen, dass die von ihm gerügte Verletzung der Verkehrssicherungspflicht für den Schaden ursächlich war. Er muss deshalb bei einem Streit darüber, ob die zeitlichen Grenzen der Streupflicht beachtet sind, den Sachverhalt dartun, der ergibt, dass zur Zeit des Unfalls bereits oder noch eine Streupflicht bestand (BGH, Urteil v. 27.11.1984, VI ZR 49/83, NJW 1985 S. 484).

Wer nach Ablauf der mit der Streupflicht verbundenen Tageszeit durch Glätte stürzt, muss beweisen, dass sich der Unfall bei Erfüllung der Streupflicht in der vorgeschriebenen Zeit nicht ereignet hätte (BGH, Beschluss v. 11.8.2009, VI ZR 163/08, WuM 2009 S. 677).

Anders liegt der Fall jedoch, wenn der Geschädigte eine die Streupflicht auslösende Glätte und sein Stürzen infolge dieser Glätte nachgewiesen hat, der Streupflichtige aber behauptet, es hätten Umstände vorgelegen, die ein Streuen zwecklos machen. Für diese besonderen Umstände hat der Streupflichtige die Beweislast (BGH, Beschuss v. 7.6.2005, VI ZR 219/04, NZM 2005 S. 599). Nach einem Urteil des BGH (Urteil v. 14.12.1993, VI ZR 271/92, WuM 1994 S. 218) kann sich der Geschädigte auf den **Beweis des ersten Anscheins berufen**, was zu einer wesentlich einfacheren Durchsetzung der Ansprüche führt. In dem vom BGH entschiedenen Fall war ein Mieter auf der Treppe gestürzt und hatte sich verletzt. Er trug vor, die Treppe sei zur Zeit des Unfalls durch Behandlung mit Reinigungs- und Pflegemitteln extrem glatt gewesen. Kann er dies beweisen, dann wird nach den Regeln des Anscheinsbeweises vermutet, dass die auf der Verletzung der Verkehrssicherungspflicht beruhende Glätte eine Bedingung für das Ausgleiten war. Dieser Beweis des ersten Anscheins kann lediglich durch feststehende Tatsachen entkräftet werden, die die Möglichkeit eines anderen Geschehensablaufs ernsthaft in Betracht kommen lassen.

Die Anwendung des Anscheinsbeweises wurde vom BGH auch dann bejaht, wenn der Verletzte an nicht gestreuter Stelle innerhalb der zeitlichen Grenzen der Streupflicht zu Fall gekommen war (BGH, Urteil v. 4.10.1983, VI ZR 98/82, VersR 1984 S. 41). Herrschte überall Schnee- und Eisglätte, rechtfertigt die Aussage des gestürzten Fußgängers, er sei „normal" gegangen, ohne nähere Feststellung nicht den Vorwurf, ihn treffe ein hälftiges Mitverschulden. Vielmehr bleibt es aufgrund des Beweises des ersten Anscheins bei der Haftung des Hauseigentümers (OLG Köln, a. a. O.).

Dies gilt aber nur, wenn der Geschädigte innerhalb der zeitlichen Grenzen der Streupflicht zu Fall gekommen ist. Die Beweiserleichterung kann daher erst und nur dann Platz greifen, wenn zuvor festgestellt worden ist, dass das Unfallereignis in einem Zeitraum stattgefunden hat, währenddessen die Unfallstelle gestreut gewesen sein musste. Für die Bestimmung dieses Rahmens ist der Geschädigte beweispflichtig (BGH, Beschluss v. 26.2.2009, III ZR 225/08, WuM 2009 S. 241).

Verschlechterung der Mietsache

Inhaltsübersicht

Seite

1 **Haftung des Mieters** 929

2 **Beweislast** 930

3 **Abgrenzung zur Abnutzung** 931

4 **Schadenersatzanspruch des Vermieters** 933

1 Haftung des Mieters

Soweit der Mieter die Mieträume normal abnutzt und sie vertragsgemäß gebraucht, bringt ihm das keinerlei Nachteile. Er hat nämlich solche Veränderungen oder Verschlechterungen der Mietsache nicht zu vertreten (§ 538 BGB). Vielmehr hat der Vermieter die durch vertragsgemäßen Gebrauch verursachten Verschlechterungen auf seine Kosten zu beseitigen (§ 535 BGB).

Dagegen ist der Mieter schadenersatzpflichtig, wenn Schäden eintreten, die nicht auf normale Abnutzung zurückzuführen sind, sondern auf einer vorsätzlichen oder fahrlässigen Verletzung seiner **Obhutspflicht** beruhen. Diese Haftung des Mieters beschränkt sich auf Vorsatz und grobe Fahrlässigkeit, wenn der Vermieter eine **Sachversicherung** abgeschlossen hat, deren Prämien offen oder verdeckt auf den Mieter umgelegt werden und der Schaden (z. B. Brand- oder Leitungswasserschaden) entsprechend versichert ist. Dies ergibt sich daraus, dass der Versicherer bei dem Versicherten nach § 61 VVG nur bei Vorsatz und grober Fahrlässigkeit Regress nehmen kann, dieser Regressausschluss dem Mieter aber nur zugutekommen würde, wenn er mitversichert ist. Da dies in der Regel nicht der Fall ist, ist der Mieter ein sog. Dritter, bei dem der Versicherer gemäß § 67 VVG in vollem Umfang Regress nehmen kann. Der BGH hat daher zugunsten des Mieters im Wege der ergänzenden Auslegung des Versicherungsvertrags des Vermieters einen **konkludenten Regressverzicht** des Versicherers für die Fälle angenommen, in dem der Schaden durch einfache Fahrlässigkeit vom Mieter verursacht wurde (BGH, Urteil v. 3.11.2004, VIII ZR 28/04, NZM 2005 S. 100). In diesen Fällen haftet der Mieter also nur bei Vorsatz und grober Fahrlässigkeit, für deren Vorliegen der Versicherer die Beweislast hat (BGH, Urteil v. 13.12.1995, VIII ZR 41/95, NJW 1996 S. 715).

Unabhängig davon könnte der Vermieter beim Mieter gleichwohl Regress nehmen. Hierzu hat der BGH entschieden, dass aus Gründen von Treu und Glauben der Vermieter verpflichtet ist, den Gebäudeversicherer und nicht den Mieter auf Schadensausgleich in Anspruch zu nehmen, wenn ein Versicherungsfall vorliegt, ein Regress des Versicherers gegen den Mieter ausgeschlossen ist und der Vermieter nicht ausnahmsweise ein besonderes Interesse an einem Schadensausgleich durch den Mieter hat (BGH, Urteil v. 3.11.2004, VIII ZR 28/04, NZM 2005 S. 100). Im Ergebnis bleibt es also in Schadensfällen, die durch eine Sachversicherung des Vermieters abgedeckt sind, dabei, dass der Mieter nur haftet, wenn er den Schaden durch Vorsatz oder grobe Fahrlässigkeit verursacht hat. Diese Haftungserleichterung gilt für Mieter und Mitbewohner, nicht aber für bloße Besucher (OLG Hamm, Urteil v. 14.9.2000, 6 U 87/00, ZMR 2001 S. 183).

Die Pflicht, mit der Mietsache pfleglich umzugehen, beschränkt sich nicht auf die Wohnung, sondern erstreckt sich auch auf die anderen Teile des Hauses wie Hauseingang, Treppenhaus, Keller usw. Besondere Sorgfalt hat der Mieter auf die Vermeidung von **Frostschäden** zu verwenden. Neben der Schadenersatzpflicht, die bei schuldhafter Verschlechterung der Mietsache besteht, kann der Mieter auch gegenüber einem Mitmieter haftbar werden, wenn dieser infolge schuldhaften Verhaltens einen Schaden erleidet, so etwa, wenn der Mieter ein Waschbecken in seiner Wohnung überlaufen lässt, dadurch Wasser in die darunterliegende Wohnung dringt und dort Gegenstände des anderen Mieters beschädigt. Er haftet nicht nur für eigenes Verschulden, sondern auch für das seiner **Erfüllungsgehilfen**, z. B. von Gästen, Familienangehörigen oder Lieferanten.

2 Beweislast

Bei der gerichtlichen Geltendmachung von Schäden aufgrund von Verschlechterungen ist häufig die **Beweislast** für den Ausgang des Verfahrens entscheidend. Grundsätzlich muss der **Vermieter** beweisen, dass der Schaden bei Beginn des Mietverhältnisses nicht vorhanden war.

> Hier zeigt sich, dass **Übergabeprotokolle** bei Beginn des Mietverhältnisses wirklich sorgfältig ausgefüllt werden sollten. Hierdurch ändert sich die Beweislast zum Nachteil des Mieters (so Sternel, IV Rn. 613). Die Unterzeichnung eines Übergabeprotokolls bewirkt jedoch keinen Einwendungsausschluss (OLG Düsseldorf, Urteil v. 23.3.1989, 10 U 86/88, ZMR 1989 S. 300). Formularklauseln in Mietverträgen, die die pauschale Bestätigung enthalten, dass die Räume in einwandfreiem Zustand übernommen wurden, sind unwirksam (Bub/Treier/Kraemer III Rn. 920 m. w. N.).

Ferner muss der Vermieter beweisen, dass der Mieter seine Obhutspflicht verletzt und er diesen Verstoß zu vertreten hat (§§ 538, 276, 280 Abs. 1 BGB). Der Beweis einer konkreten objektiven Pflichtverletzung des Mieters kann vom Vermieter in der Regel allerdings nicht erbracht werden, da er keinen Einblick in den Mietgebrauch hat. Das OLG Karlsruhe hat daher in einem Rechtsentscheid eine Beweislastverteilung nach **Gefahrenkreisen** vorgenommen (RE v. 9.8.1984, 3 RE-Miet 6/84, WuM 1984 S. 267; Weber/Marx, VII/S. 73):

> Der Vermieter muss beweisen, dass die Schadensursache in dem Bereich gesetzt worden ist, der der unmittelbaren Obhut des Mieters unterliegt und nicht in seinem eigenen oder dem Verantwortungsbereich eines anderen Mieters des Hauses. Ist dieser Beweis erbracht, muss sich der Mieter seinerseits sowohl hinsichtlich der Verursachung als auch des Verschuldens entlasten.

Dieser Rechtsprechung ist der BGH gefolgt (Urteil v. 19.10.1995, IX ZR 82/94, NJW 1996 S. 321, 323). So ist der Mieter nicht zu einer fristlosen Kündigung berechtigt, wenn er die Störung des vertragsgemäßen Gebrauchs (Wasserschaden) selbst zu vertreten hat. Ist die Schadensursache zwischen den Vertragsparteien streitig, trägt der Vermieter die Beweislast dafür, dass sie dem Obhutsbereich des Mieters entstammt. Sind sämtliche Ursachen, die in den Obhuts- und Verantwortungsbereich des Vermieters fallen, ausgeräumt, trägt der Mieter die Beweislast dafür, dass er den Schadenseintritt nicht zu vertreten hat (BGH, Urteil v. 10.11.2004, XII ZR 71/01, WuM 2005 S. 54). Der Vermieter trägt auch die Beweislast dafür, dass die Schadensursache nicht aus dem Verhalten eines Dritten herrührt, für den der Mieter nicht haftet (BGH, Urteil v. 3.11.2004, VIII ZR 28/04, NZM 2005 S. 100).

Diese Beweislastverteilung gilt auch im Fall eines Brands (so OLG Hamm, Urteil v. 15.4.1988, 30 U 192/87, ZMR 1988 S. 300). Kann, wie so oft, nicht aufgeklärt werden, ob ein Schaden durch den Mietgebrauch des Mieters oder durch andere, außerhalb des Obhutsbereichs des Mieters liegende Umstände verursacht worden ist, trägt der Vermieter die Folgen dieser Unaufklärbarkeit; er ist insoweit beweisbelastet (BGH, Urteil v. 18.5.1994, XII ZR 188/92, WuM 1994 S. 466). Ist andererseits der Brand durch den Gebrauch der Mietsache entstanden und hat der Vermieter die Ursachen, die in seinen Obhuts- und Verantwortungsbereich fallen, ausräumen können, so trägt der Mieter die Beweislast dafür, dass er den Schadenseintritt nicht zu vertreten hat (BGH, Urteil v. 26.11.1997, XII ZR 28/96, WuM 1998 S. 96). Zur Haftungserleichterung s. Abschnitt 1 „Haftung des Mieters".

3 Abgrenzung zur Abnutzung

Die Abgrenzung zwischen normaler Abnutzung als Folge vertragsgemäßen Gebrauchs und schuldhafter Verschlechterung der Mietsache ist im Einzelnen schwierig. Auch der Verschleiß von **Armaturen**, Wasserbereitern oder Gasthermen fällt unter den vertragsgemäßen Gebrauch. Dies gilt nicht bei der Emailabsplitterung einer **Badewanne** (AG Köln, Urteil v. 7.1.1986, 210 C 305/85, WuM 1986 S. 85). Anders entschieden hat allerdings das LG Köln (Urteil v. 27.5.1983, 11 S 47/83, WuM 1985 S. 258) bei einer älteren Badewanne. Hier soll die Absplitterung noch unter vertragsgemäßen Gebrauch fallen. Auch bei baulichen Änderungen durch den Mieter ist im Einzelnen umstritten, was zum vertragsgemäßen Gebrauch gehört und was nicht. So wird der Mieter z. B. **Dübel** in der Wohnung anbringen dürfen, soweit die Grenzen der Angemessenheit und Erforderlichkeit beachtet werden. Dies ist der Fall, wenn nur die üblichen Installationsgeräte oder sonstigen Vorrichtungen wie Gardinenstangen und Lampenhalter angebracht werden (LG Göttingen, Urteil v. 12.10.1988, 5 S 106/88, WuM 1990 S. 199). Da es sich hier nicht um eine Verschlechterung handelt, kann der Vermieter auch nicht Ersatz bzw. Beseitigung verlangen (LG Mannheim, Urteil v. 31.3.1974, 12 S 96/73, WuM 1975 S. 50).

Fraglich ist, ob dies auch für das Anbohren von **Kacheln** oder **Fliesen** gelten soll, da hier oft eine Neuverfliesung erforderlich ist, weil die bisherigen Fliesen nicht mehr lieferbar sind. Das LG Göttingen hat entschieden, dass der Mieter jedenfalls dann zum Schadenersatz verpflichtet ist, wenn er Fliesen über das erforderliche und übliche Maß hinaus anbohrt. Der Vermieter kann in diesem Fall die Kosten für eine Neuverfliesung verlangen, wenn Ersatzfliesen nicht mehr beschafft werden können. Er ist nicht gehalten, eine große Zahl von solchen Fliesen vorzuhalten (Urteil v. 21.9.1988, 5 S 106/88, ZMR 1990 S. 145 f.). Wenn allerdings z.B. im Bad vermieterseits die üblichen Einrichtungsgegenstände wie Spiegel, Handtuchhalter, Hängeschrank nicht angebracht sind, wird man dem Mieter das Recht zugestehen müssen, zum Anbringen dieser Gegenstände die notwendigen Löcher zu bohren (LG Berlin, Urteil v. 10.1.2002, 61 S 124/2001, NZM 2003 S. 512). Der Mieter seinerseits wird aber darauf zu achten haben, wenn möglich nicht die Fliesen anzubohren, sondern die Verfugungen zu benutzen (Kraemer in Bub/Treier, III Rn. 948 sowie LG Berlin, a.a.O.). Teilweise wird allerdings angenommen, dass der Mieter keine Neuverfliesung schuldet, sofern er wenigstens ähnliche Ersatzstücke verwendet. Geringfügige Farb- und Materialabweichungen sind vom Vermieter hinzunehmen (LG München I, Beschluss v. 14.2.2005, 1 T 14345/04, NZM 2005 S. 912). Auch soll der Vermieter nur die Neuverfliesung der betroffenen Wand, nicht aber aller Wände verlangen können (AG Köln, Urteil v. 26.3.1996, 12 S 312/95, WuM 1997 S. 41).

Hat der Wohnungsmieter die Wandfliesen mit Farbe überstrichen, kann der Vermieter nach Vertragsbeendigung die Verfliesung erneuern und die Kosten als Schadenersatz verlangen, sofern der Mieter nicht nachweisen kann, dass die Farbe von den Fliesen hätte entfernt werden können. Bei der Erneuerung von 30 Jahre alter Verfliesung ist ein Abzug „neu für alt" in Höhe von 50 % der Kosten der Neuverfliesung angemessen (LG Köln, Urteil v. 26.3.1996, 12 S 312/95, WuM 1997 S. 41).

Dagegen muss der Mieter Schadenersatz leisten, wenn durch einen von ihm verlegten selbstklebenden **Teppichboden** bei der Entfernung der darunterliegende Bodenbelag beschädigt wird (LG Mannheim, Urteil v. 19.12.1974, 12 S 48/74, WuM 1976 S. 181). Ersatz muss er, wenn z.B. bei der Entfernung von selbstklebenden Teppichfliesen mithilfe eines Lösungsmittels der darunterliegende PVC-Bodenbelag beschädigt wurde, in Höhe der Neuverlegung leisten, sofern die Schäden anderweitig nicht zu beheben sind. Jedoch ist auch hier ein Abzug „neu für alt" zu machen (LG Mannheim, Urteil v. 3.4.1975, 4 S 27/75, WuM 1976 S. 205).

Schleift der Mieter bei der Verlegung von Teppichböden die **Zimmertüren** unten ab, kann der Vermieter beim Auszug die Verlängerung der Türblätter verlangen, soweit dies möglich ist und der frühere Zustand in etwa wiederhergestellt wird (LG Mannheim, Urteil v. 14.10.1976, 4 S 109/75, DWW 1977 S. 20 = WuM 1977 S. 96). Ist dies nicht mehr möglich, besteht u.U. ein weitergehender Schadenersatzanspruch auf neue Türen, allerdings mit dem entsprechenden Abzug „neu für alt".

Infolge vertragsgemäßen Gebrauchs verschlissene **Teppichböden** muss der Mieter nicht erneuern, auch wenn er ansonsten zur Durchführung von Schönheitsreparaturen verpflichtet ist (OLG Hamm, RE v. 22.3.1991, 30 RE-Miet 3/90, DWW 1991 S. 145); es sei denn, der Mieter verursacht Brandlöcher oder Verfärbungen auf einem noch nicht abgewohnten Teppichboden. Bei der Höhe des Anspruchs ist ein Abzug neu für alt zu machen, wobei die durchschnittliche Lebensdauer eines Teppichbodens ca. 10 Jahre beträgt, die eines **PVC-Bodens** ca. 10 bis 15 Jahre (LG Wiesbaden, Urteil v. 25.2.1991, 1 S 395/90, WuM 1991 S. 540) und ein **Parkettboden** nach ca. 15 Jahren neu zu versiegeln ist (LG Wiesbaden, a.a.O.).

Umstritten ist, ob Abdrücke von Pfennigabsätzen im **Parkett** noch unter den vertragsgemäßen Gebrauch der Mietsache fallen. Zumindest bei Wohnraum sind solche Schäden vermeidbar, sodass eine Haftung des Mieters anzunehmen ist (LG Mannheim, Urteil v. 14.6.1973, 12 S 9/72, MDR 1974 S. 319, sowie Kraemer in Bub/Treier, III Rn. 946). Bei einem gewerblichen Mietverhältnis hält sich dagegen das Begehen eines Parkettfußbodens mit Pfennigabsätzen noch im Rahmen des vertragsgemäßen Gebrauchs (OLG Karlsruhe, Urteil v. 26.9.1996, 11 U 13/96, WuM 1997 S. 211). Schäden, die mit einer solchen Nutzung verbunden sind, begründen daher keine Schadenersatzpflicht des Mieters. Der Eingangsbereich einer Wohnung unterliegt naturgemäß einer erheblichen Abnutzung, sodass Kratzer und Schmarren im Parkett vertragsimmanent und als vertragsgemäße Abnutzung zu behandeln sind, für deren Beseitigung die Mieter nicht haften (OLG Düsseldorf, Urteil v. 16.10.2003, I-10 U 46/03, WuM 2003 S. 621). Eine in einem Formularvertrag enthaltene Klausel, die das Abschleifen und Versiegeln des Parketts dem Wohnraummieter auferlegt, ist wegen unangemessener Benachteiligung und unabhängig von der vereinbarten Ausführungsfrist gemäß § 307 BGB unwirksam (OLG Düsseldorf, a. a. O.).

Rauchen in der Mietwohnung geht über den vertragsgemäßen Gebrauch hinaus und begründet eine Schadenersatzpflicht des Mieters, wenn dadurch Verschlechterungen der Wohnung verursacht werden, die sich nicht mehr durch Schönheitsreparaturen i. S. d. § 28 Abs. 4 S. 3 der II. BV beseitigen lassen, sondern darüber hinausgehende Instandsetzungsarbeiten erfordern. Das gilt unabhängig davon, ob ein Renovierungsbedarf bereits vorzeitig entsteht (BGH, Urteil v. 5.3.2008, VIII ZR 37/07, WuM 2008 S. 213).

Führt der Mieter, auch wenn er zur Durchführung von Schönheitsreparaturen noch nicht oder aufgrund der Unwirksamkeit der Klausel überhaupt nicht verpflichtet ist, **Malerarbeiten** so durch, dass die Grenzen des normalen Geschmacks überschritten werden, hat der Vermieter einen Schadenersatzanspruch gemäß § 280 Abs. 1 BGB. Dies ist der Fall, wenn der Mieter die Räume in kräftigen Farbtönen (z. B. rot, blau oder moosgrün) streicht, nicht hingegen bei Pastellfarben (KG Berlin, Teilurteil v. 9.6.2005, 8 U 211/04, NJW 2005 S. 3150).

Eine altrosafarbene intensiv gestaltete Mustertapete mit unterschiedlich glänzender Oberfläche entspricht keiner zurückhaltenden, dem allgemeinen Geschmack entsprechenden Gestaltung mehr (LG Berlin, Urteil v. 5.1.2007, 65 S 224/06, NZM 2007 S. 801). Hinzunehmen ist hingegen das Tapezieren eines Kinderzimmers mit einer Harry-Potter-Bordüre (LG Berlin, Beschluss v. 26.5.2005, 62 S 87/05, GE 2005 S. 867) oder das Anbringen einer Mustertapete mit Sternchen im Kinderzimmer (LG Frankfurt/M., Urteil v. 31.7.2007, 2/11 S 125/06, NZM 2007 S. 922 = NJW-RR 2008 S. 24).

4 Schadenersatzanspruch des Vermieters

Gemäß § 241 Abs. 2 BGB kann das Schuldverhältnis nach seinem Inhalt jeden Teil zur Rücksicht auf die Rechte, Rechtsgüter und Interessen des anderen Teils verpflichten. Auch aus der Verletzung von Nebenpflichten folgt daher ein Schadenersatzanspruch. Im Übrigen gibt § 280 Abs. 1 BGB dem Gläubiger einen Anspruch auf Schadenersatz, wenn der Schuldner eine Pflicht aus dem Schuldverhältnis verletzt. Ein Anspruch besteht nicht, wenn der Schuldner die Pflichtverletzung nicht zu vertreten hat.

Werden vertraglich vereinbarte Leistungspflichten nicht oder nicht wie geschuldet erbracht, kann der Gläubiger gemäß § 281 Abs. 1 BGB Schadenersatz statt der Leistung verlangen, wenn er dem Schuldner erfolglos eine angemessene **Frist zur Leistung** oder Nacherfüllung bestimmt hat. Hat sich der Mieter z. B. zur Durchführung von Schönheitsreparaturen oder zur Entfernung von Einbauten bei Beendigung des Mietverhältnisses verpflichtet und erfüllt er diese Verpflichtung nicht, so hat der Vermieter einen Schadenersatzanspruch, wenn er erfolglos eine Frist zur Nacherfüllung gesetzt hat, unabhängig davon, ob es sich um die Verletzung einer Haupt- oder Nebenpflicht handelt (BGH, NJW 2006 S. 687).

Für sorgfaltswidrig verursachte Schäden z. B. aufgrund Verletzung der Obhutspflicht haftet der Mieter dem Vermieter aufgrund von positiver Forderungsverletzung gemäß §§ 280 Abs. 1, 241 Abs. 2 BGB. Eine erfolglose Fristsetzung zur Nacherfüllung ist hier nicht Anspruchsvoraussetzung. Die Rechtsprechung ist allerdings nicht eindeutig, soweit möglich sollte daher eine Nachfrist gesetzt werden.

Die Abgrenzung ist schwierig. Unter § 280 Abs. 1 BGB fallen nur Schäden, die durch Pflichtverletzung endgültig entstanden sind und durch Nacherfüllung nicht ausgeglichen werden können. Die Räumung der Wohnung durch den Mieter, dessen Wohnung verwahrlost ist, ist eine vertragliche Verpflichtung des Mieters. Voraussetzung für einen Schadenersatzanspruch des Vermieters wegen der Räumungskosten ist daher, dass er den Mieter zuvor in Verzug setzt (AG Hamburg-Altona, Urteil v. 13.1.2009, 316 C 240/08 sowie LG Hamburg, Beschluss v. 24.3.2009, 316 S 12/09, WuM 2009 S. 414).

Fällig ist dieser Schadenersatzanspruch grundsätzlich mit der Schadensentstehung. Auch bei kleinen Schäden braucht sich der Vermieter nicht auf die Beendigung des Mietverhältnisses verweisen zu lassen. Die Gegenmeinung geht davon aus, dass es eines besonderen Interesses an der sofortigen Geltendmachung des Anspruchs bedarf. Geringfügige Schäden, z. B. Oberflächenbeschädigungen, sind gemäß § 242 BGB erst bei Mietende zu beseitigen (vgl. Bub/Treier/Kraemer, III Rn. 958a).

Versorgungssperre → „Zahlungsverzug des Mieters“

Verstopfung

In Mietverträgen sind oft Klauseln vereinbart, wonach alle Mieter bei einer Rohrverstopfung anteilig haften, wenn der Schadensverursacher nicht festgestellt werden kann. Diese Vertragsbestimmungen sind unwirksam (OLG Hamm, Beschluss v. 19.5.1982, 4 RE-Miet 10/81, WuM 1982 S. 201). Auch hier gelten die allgemeinen Anspruchsvoraussetzungen für einen Schadenersatzanspruch (s. „Verschlechterung der Mietsache“).

Vertragsstrafe

Die Vertragsstrafe ist eine zwischen Gläubiger und Schuldner vereinbarte Leistung, meist Geldleistung, die zu erbringen ist, wenn der Schuldner seine Verbindlichkeit nicht oder nicht in gehöriger Weise erfüllt.

Eine Vereinbarung, durch die sich der Vermieter von Wohnraum eine Vertragsstrafe versprechen lässt, ist unwirksam (§ 555 BGB), unabhängig davon, ob die Vereinbarung individuell oder durch einen Formularmietvertrag erfolgt. Dadurch soll der Mieter von Wohnraum vor zusätzlichen Belastungen geschützt werden, die ihn zur Einhaltung eines bestimmten Verhaltens gegenüber dem Vermieter durch entsprechende Nachteile anhalten sollen. So soll nach Ansicht des LG Berlin eine Vereinbarung als Vertragsstrafe unwirksam sein, in der sich der Mieter, nachdem der Vermieter auf Wunsch des Mieters einen Laminatboden verlegt hat, zu einer Mindestmietzeit von 3 Jahren sowie zur Zahlung eines Geldbetrags verpflichtet hat, wenn das Mietverhältnis auf Wunsch des Mieters vorzeitig beendet wird (LG Berlin, Beschluss v. 19.4.2007, 62 S 11/07, GE 2007 S. 1695). Wirksam ist allerdings die Vereinbarung in einem **Mietaufhebungsvertrag**, wonach der Mieter für die vorzeitige Entlassung aus dem Mietverhältnis eine Pauschale in Höhe einer Monatsmiete zu zahlen hat (LG Lübeck, Urteil v. 11.12.1984, 14 S 79/84, WuM 1985 S. 114). Hier handelt es sich um einen pauschalierten Schadenersatz.

Auch die in einem auf Wunsch des Mieters abgeschlossenen Mietaufhebungsvertrag über Wohnraum enthaltene Formularklausel, wonach für den erhöhten Verwaltungs- und Vermietungsaufwand eine Pauschalabgeltung in Höhe einer Nettomiete ohne besonderen Nachweis des Vermieters zu zahlen ist, ist wirksam (so OLG Hamburg, RE v. 17.4.1990, 4 U

222/89, WuM 1990 S. 244). Auch hier handelt es sich nicht um eine Vertragsstrafe, die dadurch gekennzeichnet ist, dass sie die Erfüllung der Hauptforderung durch einen möglichst wirksamen Druck auf den Vertragsgegner absichern soll, sondern um eine **Aufwendungsersatzpauschale**. Hiermit wird dem Mieter allerdings nicht der Nachweis abgeschnitten, dass dem Vermieter nur ein niedrigerer Aufwand als der pauschalierte entstanden ist.

Soweit entsprechende Klauseln nicht im Aufhebungsvertrag, sondern bereits im Formularmietvertrag enthalten sind, sind sie – wenn nicht besondere Umstände vorliegen – für den Mieter überraschend und damit nicht Vertragsbestandteil. Das OLG Karlsruhe hat deshalb eine Klausel, wonach bei der vorzeitigen einverständlichen Beendigung des Mietverhältnisses auf Wunsch des Mieters dieser als pauschale Abgeltung der Kosten einen Monat Kaltmiete zahlt, für unwirksam gehalten. Das OLG Karlsruhe hat ferner darauf hingewiesen, dass selbst dann, wenn die Klausel Vertragsbestandteil geworden wäre, sie gemäß § 307 Abs. 1 BGB unwirksam sei, da sie dem Mieter konkludent den Nachweis abschneidet, dass dem Vermieter infolge der vorzeitigen Beendigung des Mietverhältnisses Kosten überhaupt nicht oder nur in geringerer Höhe entstanden sind (OLG Karlsruhe, RE v. 15.2.2000, 3 RE-Miet 1/99, NZM 2000 S. 708).

Bei Mietverträgen, die **nicht** Wohnraum betreffen, kann die Vertragsstrafe für die Leistung eines jeden Vertragsteils wirksam vereinbart werden, so z. B. für den Fall nicht pünktlicher Mietzahlung oder für den Fall der Nichteinhaltung eines Wettbewerbsverbots durch den Vermieter.

Die Vertragsstrafe ist **verwirkt**, sobald der Verpflichtete in Verzug kommt. Besteht die geschuldete Leistung in einem Unterlassen, tritt die Verwirkung mit der Zuwiderhandlung ein. Bestreitet der Schuldner die Verwirkung, weil er seine Verbindlichkeit erfüllt habe, hat er die Erfüllung zu beweisen. Besteht die Leistung aus einem Unterlassen, hat der Gläubiger Zuwiderhandlung zu beweisen.

Ist die verwirkte Strafe unverhältnismäßig hoch, kann das Gericht sie angemessen herabsetzen (§ 343 BGB; vgl. dazu OLG Celle, Urteil v. 19.5.1993, 2 U 192/92, NJW-RR 1993 S. 1228 sowie BGH, Urteil v. 12.3.2003, XII ZR 18/00, GuT 2003 S. 132).

Vertragswidriger Gebrauch

Der Mieter darf die Mietsache nur zu dem vertraglich vereinbarten Zweck benutzen. Der Umfang des vertragsgemäßen Gebrauchs wird also durch den **Vertragszweck** sowie durch die Verkehrsanschauung bestimmt. Bei **Geschäftsraum**mietverhältnissen ist daher die Bestimmung des Vertragszwecks im Vertrag entscheidend.

Je allgemeiner der Vertrag gehalten ist, desto freier ist der Mieter. Es ist zu empfehlen, den Vertragszweck eindeutig festzulegen.

Ist z. B. ein Ladenlokal vermietet, darf der Mieter dort nicht eine Gaststätte oder einen Stehimbiss betreiben (OLG Düsseldorf, Beschluss v. 21.12.1992, 3 Wx 464/92, NJW-RR 1993 S. 587). Auch im Fall einer Geschäftserweiterung ist eine Interessenabwägung erforderlich.

Bei vertragswidrigem Gebrauch kann der Vermieter unter bestimmten Voraussetzungen auf Unterlassung klagen oder fristlos kündigen (§§ 541, 543 BGB).

Erste Voraussetzung ist die **Abmahnung des Mieters**. Ohne sie ist die Kündigung unwirksam. Sie muss die Vertragswidrigkeit bezeichnen. Eine allgemeine Abmahnung (z. B. „Sie haben wiederholt die Nachtruhe im Hause gestört“) genügt nicht. Weiter muss die **Vertragswidrigkeit** fortgesetzt werden.

Der vertragswidrige Gebrauch muss die Rechte des Vermieters **in erheblichem Maße** verletzen. Die Frage nach der Erheblichkeit lässt sich nur von Fall zu Fall beantworten.

Beispiel

Die Nutzung der Mietsache zu anderen als im Vertrag vorgesehenen Zwecken (gewerbliche Nutzung bei Wohnraumvermietung, Nutzung zu Wohnzwecken bei Geschäftsraummiete; a. A. bei Teilnutzung zu Wohnzwecken: OLG Köln, Urteil v. 12.7.1995, 2 U 45/95, WuM 1996 S. 270), nicht genehmigte bauliche Veränderungen, fortgesetzte Störungen durch überlautes Musizieren bei Nacht und anderes.

So hat das LG Berlin (Urteil v. 6.7.1992, 61 S 56/92, WuM 1993 S. 39) entschieden, dass der Mieter eine ihm zum Wohnen vermietete Wohnung nicht mehr vertragsgemäß nutzt, wenn er dort im Rahmen einer sog. Großpflegestelle werktäglich fünf Kinder gegen Entgelt betreut. Das LG Hamburg (Urteil v. 22.4.1982, 7 S 63/82, NJW 1982 S. 2387) hat in einem ähnlichen Fall auf die Wohnungsgröße und die Zahl der zu betreuenden Kinder abgestellt.

Nicht jede **gewerbliche Tätigkeit** in der Wohnung ist im Übrigen vertragswidrig. Wie das LG Berlin (a. a. O.) ausführt, sind auch noch solche Tätigkeiten vom Wohnzweck gedeckt, die zwar einen beruflichen Einschlag haben, nach sozialtypischer Betrachtungsweise aber ihrer Art oder ihrem Umfang nach gegenüber der Nutzung der Mieträume als Wohnung nicht ins Gewicht fallen, z. B. ein Schriftsteller, der in der Wohnung schreibt, ein Lehrer, der in der Wohnung ein Arbeitszimmer hat oder ein Student, der Nachhilfeunterricht erteilt.

Überschritten ist die vertragsgemäße Grenze des Wohngebrauchs jedoch bei regelmäßiger kommerzieller Tätigkeit, wobei wichtige Kriterien für die Einordnung nach Ansicht des LG Berlin (a. a. O.) die nach außen in Erscheinung tretenden Auswirkungen der Tätigkeit, wie etwa Publikums- und Lieferantenverkehr, sind, nicht zuletzt aber auch die Höhe des mit der Tätigkeit erzielten Gewinns.

Grundsätzlich muss der Vermieter, wie ausgeführt, geschäftliche Aktivitäten des Mieters in der Wohnung, die nach außen in Erscheinung treten, ohne entsprechende Vereinbarung nicht dulden. Der Vermieter kann jedoch nach Treu und Glauben verpflichtet sein, die Erlaubnis zur teilgewerblichen Nutzung zu erteilen, wenn es sich um eine Tätigkeit ohne Mitarbeiter und ohne ins Gewicht fallenden Kundenverkehr handelt. Hierfür trägt der Mieter die Darlegungs- und Beweislast (BGH, Urteil v. 14.7.2009, VIII ZR 165/08, NZM 2009 S. 658). Der BGH weist darauf hin, dass es entscheidend ist, ob der Mieter mit der geschäftlichen Tätigkeit nach außen in Erscheinung tritt, z. B. indem er die Wohnung als seine Geschäftsadresse angibt, dort Kunden empfängt oder Mitarbeiter beschäftigt. Bei solchen geschäftlichen Aktivitäten freiberuflicher oder gewerblicher Art, die nach außen in Erscheinung treten, liegt eine Nutzung vor, die der Vermieter grundsätzlich nicht dulden muss. Ausnahmen können bestehen bei Tätigkeiten ohne Mitarbeiter oder ohne ins Gewicht fallenden Kundenverkehr (BGH, a. a. O.).

Ein **Sonderfall** des vertragswidrigen Gebrauchs liegt vor, wenn der Mieter die vermietete Sache ganz oder teilweise unbefugt einem Dritten überlässt und ihm trotz Abmahnung den Gebrauch belässt.

Verwaltungskosten

Verwaltungskosten sind die Kosten der zur Verwaltung des Gebäudes oder der Wirtschaftseinheit erforderlichen Arbeitskräfte und Einrichtungen, die Kosten der Aufsicht sowie der Wert der vom Vermieter persönlich geleisteten Verwaltungsarbeit. Zu den Verwaltungskosten gehören auch die Kosten für die gesetzlichen oder freiwilligen Prüfungen des Jahresabschlusses und der Geschäftsführung (§ 26 Abs. 1 II. BV).

Im **frei finanzierten Wohnungsbau** sind Verwaltungskosten nicht auf den Mieter umlegbar. Das OLG Koblenz hat in einem Rechtsentscheid v. 7.1.1986 (WuM 1986 S. 50; Weber/Marx, VII/S. 155) entschieden, dass eine solche Vereinbarung unwirksam ist.

Die Vereinbarung eines festen Betrags für Verwaltungskosten ist dagegen möglich. Der Betrag rechnet zur Grundmiete; Erhöhungsklauseln sind unwirksam (OLG Karlsruhe, RE v. 6.5.1988, 9 RE-Miet 1/88, WuM 1988 S. 204).

Das LG Braunschweig hat allerdings entschieden (WuM 1996 S. 283), dass eine formularvertragliche Verpflichtung des Mieters, neben der Grundmiete und den Betriebskostenvorauszahlungen zusätzlich einen festen monatlichen Betrag für Verwaltungskosten zu zahlen, unwirksam ist.

Es empfiehlt sich daher, diese Kosten von vornherein in die Grundmiete mit einzukalkulieren.

Bei **Sozialwohnungen** können die Verwaltungskosten in der Wirtschaftlichkeitsberechnung angesetzt werden. Dies sind seit 1.1.2002 jährlich pro Wohnung 230 Euro, für Garagen und Einstellplätze 30 Euro (§ 26 II. BV), für Eigentumswohnungen 275 Euro (§ 41 Abs. 2 II. BV). Gemäß § 26 Abs. 4 II. BV haben sich diese Beträge am 1.1.2005 verändert und verändern sich seitdem jeweils am 1.1. eines jeden darauffolgenden dritten Jahres entsprechend der Steigerung des Preisindexes für die Lebenshaltungskosten aller privaten Haushalte in Deutschland.

Gemäß § 28 Abs. 2 II. BV dürfen somit als Instandhaltungskosten zum 1.1.2014 je m^2 Wohnfläche im Jahr angesetzt werden:

- Für Wohnungen, deren Bezugsfertigkeit am Ende des Kalenderjahres weniger als 22 Jahre zurückliegt, höchstens 8,62 Euro
- Für Wohnungen, deren Bezugsfertigkeit am Ende des Kalenderjahres mindestens 22 Jahre zurückliegt, höchstens 10,92 Euro
- Für Wohnungen, deren Bezugsfertigkeit am Ende des Kalenderjahres mindestens 32 Jahre zurückliegt, höchstens 13,96 Euro

Die Verwaltungskostenpauschale hat sich für Wohnungen von jährlich 264,20 Euro auf 279,23 Euro erhöht, für Garagen und Einstellplätze ist sie von 34,46 Euro auf 36,42 Euro und für Eigentumswohnungen von 315,90 Euro auf 333,87 Euro gestiegen (vgl. hierzu „Kostenmiete“).

Wesentlich größere Gestaltungsfreiheit besteht bei Abschluss von **Geschäftsraum**mietverhältnissen. Voraussetzung für die Umlage von Verwaltungskosten ist allerdings eine klare und eindeutige Vereinbarung im Mietvertrag. Dann können die Kosten der Hausverwaltung (Mietverwaltung) ebenso wie die der WEG-Verwaltung auf den Mieter umgelegt werden (OLG Nürnberg, WuM 1995 S. 308). Auch die an die Bank zu entrichtenden Kontoführungsgebühren können unter diesen Voraussetzungen auf die Mieter umgelegt werden (OLG Düsseldorf, Urteil v. 14.5.2002, 24 U 142/01, GuT 2002 S. 178).

Die Umlage der Verwaltungskosten bei Geschäftsraummietverhältnissen ist auch formularvertraglich möglich. Ist im Vertrag nur die Umlage der Verwaltungskosten ohne nähere Bestimmung vereinbart, ist strittig, welche Kosten der Mieter zu tragen hat. Das OLG Hamburg hat dazu entschieden, dass auch zur Definition des Umfangs von vertraglich umgelegten Verwaltungskosten die Bestimmung des § 26 II. BV herangezogen werden kann. Diese Vorschrift genügt nämlich dem Bestimmtheitserfordernis einer Umlegungsvereinbarung (OLG Hamburg, Urteil v. 6.2.2002, 4 U 32/00, NZM 2002 S. 388).

Im Mietvertrag sollte daher ausdrücklich auf diese Bestimmung verwiesen werden.

Das OLG Köln ist der Ansicht, dass die Einstellung der Verwaltungskosten unter „sonstige Betriebskosten" bei gewerblichen Mietverhältnissen nicht überraschend im Sinn von § 305c BGB ist, da die Umlage verkehrsüblich ist und der Mieter daher grundsätzlich mit der Umlage dieser Kosten rechnen muss (OLG Köln, Urteil v. 18.1.2008, 1 U 40/07, NZM 2008 S. 366). Dies hat der BGH bestätigt. Die Umlage von Kosten der kaufmännischen und technischen Hausverwaltung in Allgemeinen Geschäftsbedingungen eines Mietvertrags über Geschäftsräume ist weder überraschend i. S. v. § 305c BGB, noch verstößt sie gegen das Transparenzgebot gemäß § 307 Abs. 1 S. 2 BGB. Daran ändert sich auch nichts, wenn die Vorauszahlungen im Einzelfall deutlich niedriger festgelegt wurden als die später abgerechneten Kosten und die Klausel keine Bezifferung oder höhenmäßige Begrenzung der Verwaltungskosten enthält (BGH, Urteil v. 9.12.2009, XII ZR 109/08, NZM 2010 S. 123).

In einem weiteren Urteil hat der BGH bestätigt, dass die in einer Formularklausel festgelegte allgemeine Umlage von Verwaltungskosten auf den Mieter bei der Gewerbemiete nicht gegen das Transparenzgebot gemäß § 307 Abs. 1 S. 2 BGB verstößt (BGH, Urteil v. 24.2.2010, XII ZR 69/08, NZM 2010 S. 279). Hingegen ist die formularmäßig vereinbarte Klausel eines Gewerberaummietvertrags, die dem Mieter eines in einem Einkaufszentrum gelegenen Ladenlokals als Nebenkosten des Einkaufscenters zusätzlich zu den Kosten der „Verwaltung" nicht näher aufgeschlüsselte Kosten des „Center-Managements" gesondert auferlegt, intransparent und daher unwirksam (BGH, Urteil v. 3.8.2011, XII ZR 205/09, ZMR 2011 S. 946).

Verwendungen

Inhaltsübersicht

	Seite
1 **Begriff**	938
2 **Aufwendungsersatz gemäß § 536a Abs. 2 BGB**	938
3 **Sonstige Aufwendungen**	939
4 **Geschäftsraummietverhältnis**	940

1 Begriff

Verwendungen sind Maßnahmen des Mieters, die nach seinem Willen darauf gerichtet sind, den Bestand oder die Benutzung der Mieträume zu erhalten, wiederherzustellen oder zu verbessern. Durch das Mietrechtsreformgesetz wurde der bisherige Begriff „Verwendungen" durch **„Aufwendungen"** ersetzt, ohne dass dadurch eine inhaltliche Änderung eingetreten ist. Aufwendungen, die der Mieter im eigenen Interesse oder aufgrund einer vertraglichen Verpflichtung durchführt, fallen nicht darunter. Auch laufende Unterhaltskosten wie die für Wasser, Strom, Heizung und Reinigung fallen nicht unter den Verwendungsbegriff.

2 Aufwendungsersatz gemäß § 536a Abs. 2 BGB

Nach dieser Bestimmung kann der Mieter einen Mangel selbst beseitigen und Ersatz der erforderlichen Aufwendungen verlangen, wenn

- der Vermieter mit der Beseitigung des Mangels in Verzug ist oder
- die umgehende Beseitigung des Mangels zur Erhaltung oder Wiederherstellung des Bestands der Mietsache notwendig ist.

Aufgrund dieser Neuregelung durch das Mietrechtsreformgesetz sind die Abgrenzungsschwierigkeiten zum bisherigen § 547 Abs. 1 S. 1 a. F. BGB (Ersatz notwendiger Verwendungen) entfallen. Ein Anspruch des Mieters besteht also nur, wenn der Vermieter unter Fristsetzung zur Mängelbeseitigung aufgefordert wurde und nichts unternimmt oder wenn es sich um Notmaßnahmen handelt. Hierunter fallen Aufwendungen, die erforderlich sind, um die Mieträume vor der Zerstörung, dem Untergang, der Beschädigung oder dem Verlust zu bewahren oder die zur Wiederherstellung einer teilzerstörten Sache durchgeführt werden (BGH, Urteil v. 20.1.1993, VIII ZR 22/92, NJW-RR 1993 S. 522).

Von den Notmaßnahmen zu unterscheiden sind die sogenannten **Eilmaßnahmen**. Eilmaßnahmen liegen vor, wenn die sofortige Mangelbeseitigung erforderlich ist, um erhebliche Schäden von den Rechtsgütern des Mieters abzuwenden (Blank/Börstinghaus, Miete, 4. Aufl., § 536a Rn. 62). Bei solchen Eilmaßnahmen ist der Mieter aber auch verpflichtet, den Vermieter zu verständigen (strittig). Nur wenn der Mieter den Vermieter nicht erreicht hat und ein weiteres Zuwarten nicht zumutbar ist, kann der Mieter selbst tätig werden, z.B. einen Handwerker beauftragen (Schmidt-Futterer/Blank, 11. Aufl., § 536a Rn. 124). Die Rechtsprechung wendet diese Vorschriften allerdings sehr restriktiv an.

Der BGH hat ausdrücklich klargestellt, dass der Mieter vom Vermieter Aufwendungen zur Mängelbeseitigung weder nach § 539 Abs. 1 BGB noch als Schadenersatz gemäß § 536a Abs. 1 BGB ersetzt verlangen kann, wenn er den Mangel eigenmächtig beseitigt, ohne dass der Vermieter mit der Mängelbeseitigung in Verzug ist oder die umgehende Beseitigung des Mangels zur Erhaltung oder Wiederherstellung des Bestands der Mietsache notwendig ist (BGH, Urteil v. 16.1.2008, VIII ZR 222/06, NZM 2008 S. 279).

3 Sonstige Aufwendungen

Die Verpflichtung des Vermieters zum Ersatz **sonstiger** Aufwendungen bestimmt sich nach den Vorschriften über die Geschäftsführung ohne Auftrag (§ 539 Abs. 1 BGB). Hierunter fallen vor allem die sog. **nützlichen** Aufwendungen. Der Ersatzanspruch des Mieters setzt voraus, dass er den Willen hatte, mit der Aufwendung ein Geschäft des Vermieters zu führen, ferner, dass die Aufwendung dem Interesse und dem tatsächlichen oder mutmaßlichen Willen des Vermieters entsprach (§§ 677, 683 BGB). An das Vorliegen dieser Voraussetzung sind strenge Anforderungen zu stellen (BGH, Urteil v. 20.1.1993, VIII ZR 22/92, WuM 1994 S. 201). Die bloße Duldung von Maßnahmen, zu deren Untersagung der Vermieter berechtigt wäre, genügt nicht (BGH, Urteil v. 16.9.1998, XII ZR 136/96, NZM 1999 S. 19).

Ein solcher Fremdgeschäftsführerwille wird sich schwer nachweisen lassen, da der Mieter in der Regel nützliche Aufwendungen in den Mieträumen auch im eigenen Interesse vornehmen wird. Vergleiche z.B. OLG Köln, Urteil v. 23.2.1996, 19 U 126/95, WuM 1996 S. 269: An- oder Umbauten sind in der Regel sonstige Aufwendungen; der aus- oder umbauende Mieter führt in der Regel kein fremdes Geschäft (§ 677 BGB). In diesen Fällen ist der Mieter zur Durchsetzung seiner Ansprüche auf Bereicherungsansprüche verwiesen (§ 684 S. 1 i.V.m. §§ 812 ff. BGB). Hierfür ist Voraussetzung, dass durch die Aufwendungen eine Wertsteigerung der Mietsache eingetreten ist. Ein weiterer Bereicherungsanspruch kann sich aus der vorzeitigen Beendigung des Mietverhältnisses ergeben. Er bemisst sich nicht nach den Kosten der Aufwendungen, sondern nach den Vorteilen, die der Vermieter aus dem erhöhten Ertragswert der Mietsache erzielen kann (z.B. höhere Miete des Nachmieters; BGH, a.a.O.).

Bei der Bemessung des Wertersatzes für Verwendungen des Mieters auf die Mietsache kommt es auf die Erhöhung des Verkehrswerts des Gebäudes an. Ob der Verkehrswert eines bestimmten Gebäudes unter Heranziehung des Ertragswertverfahrens oder nach anderen Wertermittlungsmethoden zu bestimmen ist, ist eine Frage des Einzelfalls (BGH, Beschluss v. 16.12.2008, VIII ZR 306/06, WuM 2009 S. 113).

Diesen Bereicherungsanspruch kann der Vermieter dadurch abwenden, dass er den Mieter auffordert, die Aufwendungen wieder zu beseitigen. Weigert er sich, verliert er seinen Anspruch, da sich der Vermieter eine solche Bereicherung nicht aufdrängen lassen muss und daher auch nicht herauszugeben braucht (mit Recht Sternel, II Rn. 616). Die Aufwendungsansprüche unterliegen der Verjährung.

Die Auslegung des Mietvertrags kann ergeben, dass der Mieter Aufwendungsersatzansprüche nicht geltend machen kann. In einem Wohnraummietvertrag hatten die Parteien vereinbart, dass der Mieter die zum Gebäude gehörenden Freiflächen nach individuellen Wünschen gestalten darf. Der BGH hat darauf hingewiesen, dass es sich hierbei um Veränderungen handelt, die ausschließlich im Interesse des Mieters liegen und ist von einem stillschweigenden Einverständnis der Parteien ausgegangen, dass der Mieter hierfür keinen Aufwendungsersatz beanspruchen kann (BGH, Urteil v. 13.6.2007, VIII ZR 387/04, NZM 2007 S. 682).

4 Geschäftsraummietverhältnis

Hat sich ein Mieter von Geschäftsräumen zu bestimmten Ausbaumaßnahmen vertraglich verpflichtet, steht ihm nach Beendigung des Mietverhältnisses hinsichtlich der geschaffenen Einrichtungen weder ein Wegnahmerecht (§ 539 Abs. 2 BGB) zu, noch hat er einen Anspruch auf den Ersatz von Aufwendungen (§ 539 Abs. 1 BGB), dies unabhängig davon, ob es sich um notwendige oder nützliche Aufwendungen handelt. In diesen Fällen sind nämlich die Leistungen des Mieters im Zweifel Teil des Überlassungsentgelts (BGH, Urteil v. 8.11.1995, XII ZR 202/94, ZMR 1996 S. 122).

Wird allerdings ein solches Vertragsverhältnis vorzeitig beendet, kann nach gefestigter Rechtsprechung des BGH ein Bereicherungsanspruch des Mieters gegen den Vermieter gegeben sein, der darauf beruht, dass der Vermieter vorzeitig in den Genuss des durch die Mieterleistungen geschaffenen erhöhten Ertragswerts des Mietobjekts gelangt. Dieser Anspruch bemisst sich danach (§ 818 Abs. 2 BGB), inwieweit der Vermieter durch die Investitionen in die Lage versetzt wurde, bei einer anderweitigen Vermietung eine höhere Miete zu erzielen oder die fraglichen Leistungen gewinnbringend zu nutzen, etwa auch durch Erlangung eines Baukostenzuschusses von dem Nachmieter (BGH, a. a. O.).

Der generelle **Ausschluss von Aufwendungsersatzansprüchen** für den Fall der vorzeitigen Vertragsbeendigung kann in einer Individualvereinbarung bei Geschäftsräumen wirksam vereinbart werden (Scheuer in Bub/Treier, V Rn. 411). Der unbeschränkte Ausschluss von Aufwendungsersatzansprüchen durch **Formular**verträge ist wegen Verstoßes gegen § 9 AGB-Gesetz, ab 1.1.2002 § 307 Abs. 2, Abs. 3 BGB unwirksam (Scheuer, a. a. O. Rn. 412).

Hat der Mieter die vorzeitige Vertragsbeendigung zu vertreten, kann eine ergänzende Vertragsauslegung zu dem Ergebnis führen, dass der Vermieter dafür nicht nach Bereicherungsgrundsätzen haftet (Scheuer, a. a. O. Rn. 412a).

Verwirkung

Inhaltsübersicht

Seite

1 **Allgemeines** 941

2 **Betriebskosten** 941

3 **Staffelmiete** 941

4 **Räumung, Kündigung** 942

5 **Minderung** 943

6 **Zahlungsanspruch des Vermieters** 944

1 Allgemeines

Die Verwirkung ist eine Konkretisierung des § 242 BGB, wonach eine Leistung nur so zu bewirken ist, wie es die Grundsätze von Treu und Glauben erfordern.

Ein Anspruch oder ein Gestaltungsrecht ist verwirkt, wenn seit der Möglichkeit der Geltendmachung längere Zeit vergangen ist und besondere Umstände hinzukommen, aufgrund derer der zur Leistung Verpflichtete nicht mehr mit der verspäteten Inanspruchnahme zu rechnen braucht. Die Verwirkung setzt also ein Umstands- und ein Zeitmoment voraus (BGH, Urteil v. 14.11.2002, VII ZR 23/02, NJW 2003 S. 824).

Hierzu können keine **bestimmten Fristen** angegeben werden, da es auf die Umstände des Einzelfalls ankommt.

Im Gegensatz zur Verjährung, auf die sich der in Anspruch Genommene ausdrücklich berufen muss, ist die Verwirkung **von Amts wegen** zu berücksichtigen (BGH, Urteil v. 10.11.1965, Ib ZR 101/63, NJW 1966 S. 343, 345).

Einige Fälle aus der Rechtsprechung sind nachfolgend aufgeführt.

2 Betriebskosten

Die bisherige Rechtsprechung über die Verwirkung des Anspruchs des Vermieters gegen den Mieter auf Nachzahlung von **Nebenkosten** aus Umlageabrechnung ist durch § 556 Abs. 3 BGB, der durch das Mietrechtsreformgesetz eingeführt wurde, überholt. Danach ist über die Vorauszahlung für Betriebskosten jährlich abzurechnen. Die Abrechnung ist dem Mieter spätestens bis zum Ablauf des zwölften Monats nach Ende des Abrechnungszeitraums mitzuteilen.

Nach Ablauf dieser Frist ist die Geltendmachung einer Nachforderung durch den Vermieter ausgeschlossen, es sei denn, der Vermieter hat die verspätete Geltendmachung nicht zu vertreten. Es handelt sich hierbei also um eine **Ausschlussfrist**. Auf den Gesichtspunkt der Verwirkung kommt es nicht mehr an. Auch der Mieter hat Einwendungen gegen die Abrechnung dem Vermieter spätestens zum Ablauf des zwölften Monats nach Zugang der Abrechnung mitzuteilen. Nach Ablauf dieser Frist kann der Mieter Einwendungen nicht mehr geltend machen, es sei denn, der Mieter hat die verspätete Geltendmachung nicht zu vertreten (§ 556 Abs. 3 S. 5 und 6 BGB). Eine zum Nachteil des Mieters hiervon abweichende Vereinbarung ist unwirksam (§ 556 Abs. 4 BGB; vgl. hierzu auch „Abrechnung der Betriebskosten“).

Hat der Vermieter innerhalb der Ausschlussfrist seine Betriebskostenabrechnung erstellt, so unterliegt auch der Anspruch auf Zahlung des **Saldos** aus der Abrechnung der Verwirkung, wenn Umstände vorliegen, nach denen der Mieter darauf vertrauen durfte, dass der Vermieter die Forderung nicht mehr geltend macht. Ein solches Umstandsmoment kann nach Auffassung des LG Berlin dann gegeben sein, wenn der Vermieter seine Ansprüche erst 2,5 Jahre nach Beendigung der Auseinandersetzung zur Wirksamkeit der Abrechnung erneut geltend macht (LG Berlin, Urteil v. 16.10.2001, 64 S 158/01, NZM 2002 S. 286).

3 Staffelmiete

Auch der Anspruch auf Zahlung der Erhöhung aufgrund einer **Staffelmietvereinbarung** kann verwirken. Das LG München I hat entschieden, dass in dem Fall, dass der Vermieter den aus einer Staffelmietvereinbarung sich ergebenden Erhöhungsbetrag 2,5 Jahre lang nicht geltend macht, er konkludent auf die Rechte aus dieser Vereinbarung gegenüber dem Mieter verzichtet hat, hilfsweise hat das Landgericht noch Verwirkung angenommen (LG München I, Urteil v. 17.4.2002, 14 S 17240/01, ZMR 2003 S. 431). Hier wird wie öfters in der instanzgerichtlichen Rechtsprechung übersehen, dass aus dem bloßen Schweigen der Vertragsparteien ohne Hinzutreten weiterer Umstände nicht auf die Verwirkung geschlossen werden kann. Auch wenn die Rechte aus einer Staffelmietvereinbarung viele Jahre nicht ausgeübt werden, ohne dass dies von einer Vertragspartei angesprochen wird, kann der Vermieter sein Recht auf diese Anpassung nur dann verlieren, wenn – zusätzlich zum Zeitablauf – weitere besondere Umstände hinzutreten (so zu Recht KG Berlin, Urteil v. 2.6.2003, 12 U 320/01,

WuM 2004 S. 348). Solche Umstände können darin gesehen werden, dass bei einem Streit um die Höhe der Minderung der Vermieter eine Mietnachzahlung verlangt und der Mieter in einem Antwortschreiben den nicht erhöhten Mietzins als vollen Mietzins bezeichnet und dessen Zahlung ankündigt. Ein solches Verlangen und Akzeptieren der nicht erhöhten Miete ist dazu geeignet, einen Vertrauenstatbestand zu schaffen, sodass der Anspruch auf eine 4 Jahre lang nicht verlangte Indexmieterhöhung verwirkt ist (OLG Nürnberg, Beschluss v. 17.1.2014, 3 U 1355/13, NZM 2014 S. 794).

4 Räumung, Kündigung

Nach Ansicht des OLG Hamm (RE v. 1.10.1981, 4 RE-Miet 6/81, WuM 1981 S. 257; Weber/Marx, VII/S. 81) kann die Vollstreckung eines **Räumungsurteils**, das der Vermieter aufgrund der Kündigung des Mietverhältnisses wegen Zahlungsverzugs erwirkt hat, unzulässig sein, wenn der Vermieter mehrere Jahre aus dem Urteil nicht vollstreckt, sondern von dem Mieter, der auch nach Rechtskraft des Räumungsurteils weiterhin mit erheblichen Mietbeträgen in Rückstand geraten ist, die Zahlung von Nutzungsentschädigungen verlangt und Zahlungen entgegengenommen hat, obwohl mehrfach die Vollstreckung des Räumungsurteils für den Fall der Nichtzahlung der rückständigen Miete angedroht worden ist.

Ob dies jedoch der Fall ist, richtet sich nach Ansicht des OLG Hamm nach den jeweils umfassend zu würdigenden Umständen des Einzelfalls.

Eine etwas abweichende Ansicht vertritt hierzu das LG Mönchengladbach (Beschluss v. 2.2.1990, 2 T 44/89, DWW 1990 S. 237). Es ist der Meinung, dass auch 4 3/4 Jahre nach Ergehen eines Räumungsurteils und zwischenzeitlich mehrmaliger Rücknahme bereits eingeleiteter Zwangsvollstreckungsmaßnahmen der Vermieter berechtigt ist, die Räumung im Wege der Zwangsvollstreckung zu betreiben. Das Gericht begründet dies damit, dass der Vorwurf, der Vermieter verhalte sich insoweit rechtsmissbräuchlich, sonst dazu führen würde, dass der rücksichtsvolle Vermieter, der trotz Räumungstitel zugunsten des erneut zahlungssäumigen Schuldners nach erneutem Ausgleich der Rückstände auf die endgültige Durchführung der Zwangsvollstreckung verzichtet, gezwungen wird, künftig diese Rücksicht nicht mehr walten zu lassen und seine Rechte aus einem Räumungsurteil unnachsichtig sofort durchzusetzen, um nicht erstrittener Rechte verlustig zu gehen (vgl. auch AG Hamburg, Urteil v. 8.3.2006, 508 C 416/05, ZMR 2006 S. 783: keine generelle Verwirkung nach 2 Jahren).

Auch das **Kündigungsrecht** des Vermieters und des Mieters unterliegt der Verwirkung. Dies gilt sowohl für die ordentliche als auch für die außerordentliche und fristlose Kündigung. Eine fristlose Kündigung ist daher nach allgemeiner Ansicht alsbald nach Kenntnis vom Kündigungsgrund auszusprechen. Durch die Schuldrechtsreform ist § 314 BGB neu eingeführt worden. Diese Bestimmung regelt die Kündigung von Dauerschuldverhältnissen aus wichtigem Grund. Gemäß § 314 Abs. 3 BGB kann der Berechtigte nur innerhalb einer angemessenen Frist kündigen, nachdem er von dem Kündigungsgrund Kenntnis erlangt hat. Hierbei ist eine angemessene Überlegungsfrist zuzubilligen. Eine einheitliche feste Ausschlussfrist in Anlehnung an § 626 Abs. 2 BGB besteht nicht. Vielmehr sind die Umstände des Einzelfalls entscheidend. Will der Mieter wegen Mängeln der Mietsache, die der Vermieter trotz Fristsetzung nicht beseitigt hat, fristlos kündigen, muss er diese Kündigung etwa einen Monat nach Ablauf der dem Vermieter gesetzten Frist zur Mängelbeseitigung aussprechen, da sonst das Kündigungsrecht verwirkt ist (Saarländisches OLG, Urteil v. 23.9.1998, 1 U 969/97-185, MDR 1999 S. 86). Andere Gerichte sind allerdings großzügiger bezüglich der Überlegungsfrist (2 bis 4 Monate ab Kenntnis, vgl. Sternel, Mietrecht aktuell, X Rn. 75).

Das OLG Frankfurt/M. (Urteil v. 24.6.1991, 11 U 3/91, WuM 1991 S. 475) wendet bei einer auf Vertragsverletzungen des Mieters gestützten Kündigung die Frist des § 626 Abs. 2 BGB entsprechend an. Diese beträgt 2 Wochen ab Kenntnis des Kündigungsgrunds. Dies ist abzulehnen. Bei § 626 Abs. 2 BGB handelt es sich um eine auf das Arbeitsrecht zugeschnittene Sonderregelung und nicht um einen allgemeinen Rechtsgedanken (Schmidt-Futterer, 11. Aufl., § 543 BGB Rn. 64 unter Hinweis auf BGH, Urteil v. 27.1.1982, VIII ZR 295/80, NJW 1982 S. 2432). Es ist vielmehr auch im Interesse des Mieters, wenn der Vermieter nicht unverzüglich die fristlose Kündigung ausspricht, sondern zunächst die weitere Entwicklung abwartet. Längeres Abwarten kann allerdings als Indiz für die Zumutbarkeit der Vertragsfortsetzung gewertet werden. Für die Frage der Rechtzeitigkeit der Ausübung des Kündigungsrechts kommt es daher auf die Umstände des Einzelfalls an. Bei Vertragsverstößen wie Störungen des Hausfriedens, bei denen es auf die Dauer und die Häufigkeit der Pflichtverletzung ankommt, können auch länger zurückliegende Vertragsverstöße herangezogen werden (Schmidt-Futterer, a. a. O.). Kommt der Mieter mit der Mietzahlung vollständig in Zahlungsverzug, ist der Vermieter ebenfalls nicht verpflichtet, sofort bei einem Rückstand mit zwei Monatsmieten die fristlose Kündigung auszusprechen. In diesem Fall entsteht das Kündigungsrecht Monat für Monat neu (vgl. BGH, Urteil v. 15.6.2005, XII ZR 291/01, NZM 2005 S. 703; ebenso Schmidt-Futterer, a. a. O.).

Bei sonstigen Vertragsverstößen kann dem Vermieter allerdings ein langes Abwarten nicht angeraten werden. So ist die Rechtzeitigkeit des Kündigungsausspruchs verneint worden bei Abwarten von 6 Monaten (OLG München, Urteil v. 22.2.2001, 3 U 5169/00, DWW 2001 S. 275). Teilweise nehmen die Gerichte noch kürzere Fristen an (LG Berlin, Urteil v. 11.1.1993, 67 S 239/92, MM 1993 S. 184: 4 Monate schon zu lang).

> Zu empfehlen ist daher, möglichst bald nach Kenntnis des Kündigungsgrunds zu kündigen.

Wartet der Vermieter mit der gerichtlichen Geltendmachung des Räumungsanspruchs länger ab, kann ihm der Einwand der Verwirkung nicht entgegengehalten werden, so z. B. nach Ablauf von 9 Monaten nach der Kündigung (BGH, Urteil v. 23.9.1987, VIII ZR 265/86, WuM 1988 S. 125).

Kommen aber Umstände hinzu, aus denen sich ergibt, dass der Vermieter weiter von einem Mietverhältnis ausgeht, z. B. ein Mieterhöhungsverlangen stellt oder sonstige Handlungen vornimmt, die nur bei fortbestehendem Vertragsverhältnis einen Sinn ergeben, ist der Räumungsanspruch verwirkt (Blank/Börstinghaus, Miete, 4. Aufl., § 546 BGB Rn. 20). Die Entgegennahme von Zahlungen des Mieters allein führt allerdings nicht zur Verwirkung, auch wenn der gekündigte Mieter diese Zahlungen als „Miete“ statt richtigerweise als „Nutzungsentschädigung“ bezeichnet. Der Vermieter hat nämlich auch nach Beendigung des Mietverhältnisses Anspruch auf diese Zahlungen. Allzu lange sollte mit der Räumungsklage allerdings nicht abgewartet werden. Die Instanzgerichte sind eher geneigt, Verwirkung anzunehmen.

5 Minderung

Durch das Mietrechtsreformgesetz neu geregelt ist das Recht des Mieters zur **Minderung** bei vorbehaltloser Zahlung der Miete. Bisher ging die Rechtsprechung in analoger Anwendung des § 536b BGB davon aus, dass der Minderungsanspruch bei längerer Zahlung verwirkt. Nunmehr ist in § 536c Abs. 2 S. 2 BGB geregelt, dass dann, soweit der Vermieter infolge der Unterlassung der Anzeige des Mangels nicht Abhilfe schaffen konnte, der Mieter nicht berechtigt ist, die Miete zu mindern. Zeigt er den Mangel an, lebt das Minderungsrecht wieder auf. Nur wenn der Mieter über einen sehr langen Zeitraum hinweg die volle Miete bezahlt, kann sich der Vermieter auf Verwirkung berufen (so BGH, Urteil v. 16.7.2003, VIII ZR 274/02, WuM 2003 S. 440, 442). Ob die Rechtsprechung bei Geschäftsraummietverhältnissen geringere Anforderungen an die Verwirkung stellt, bleibt abzuwarten (vgl. BGH, Urteil v. 26.2.2003, XII ZR 66/01, NZM 2003 S. 355). Siehe hierzu auch „Kenntnis von Mängeln“.

6 Zahlungsanspruch des Vermieters

Der Zahlungsanspruch des Vermieters unterliegt nicht nur der Verjährung (s. auch „Verjährung"), er kann auch verwirken. Von den Instanzgerichten wird allerdings oft übersehen, dass die Verwirkung neben dem Zeitmoment auch ein Umstandsmoment erfordert. So hat das LG Berlin (Urteil v. 2.4.1998, 67 S 442/97, NZM 1999 S. 170) entschieden, dass ein Vermieter seinen Anspruch auf Mietzahlung dann verwirkt, wenn er die vom Mieter mit Mängeln begründete Einbehaltung eines Teils der Miete über einen längeren Zeitraum (hier: 3 Jahre) hinnimmt. Das LG München I ist der Ansicht, dass der Vermieter seinen Anspruch auf Nachzahlung von aufgrund Minderung rückständiger Mieten verwirkt, wenn er nach Aufforderung zur Zahlung der vollständigen Miete den Anspruch erst nach 8 Monaten gerichtlich geltend macht (LG München I, Urteil v. 21.3.2002, 31 S 11268/01, NZM 2002 S. 779).

Diese Rechtsprechung berücksichtigt nicht die neue Rechtsprechung des BGH zur Verwirkung der Gewährleistungsrechte des Mieters (BGH, Urteil v. 16.7.2003, VIII ZR 274/02, WuM 2003 S. 440, 442). Eine Verwirkung der Minderungsrechte des Mieters bei Zahlung trotz Kenntnis des Mangels tritt erst ein, wenn der Mieter über mehrere Jahre hinweg uneingeschränkt die Miete bezahlt hat (LG Berlin, Urteil v. 24.10.2003, 63 S 105/03, GE 2004 S. 480; AG München, Urteil v. 21.8.2003, 452 C 11234/03, WuM 2004 S. 90). Dies gilt auch für den Zahlungsanspruch des Vermieters. Zum Zeitmoment müssen auf dem Verhalten des Vermieters beruhende Umstände kommen, die das Vertrauen des Mieters rechtfertigen, der Vermieter werde seinen Mietzahlungsanspruch nicht mehr geltend machen. An einem solchen Vertrauenstatbestand fehlt es nach Auffassung des BGH dann, wenn ein Mieter ab Dezember 1998 die Miete unter Hinweis auf angebliche Mängel um 30 % mindert und der Vermieter dieser Minderung mit Schreiben vom 22.12.1998 sowie mit einem weiteren Schreiben vom 2.2.2000 widersprochen hat und dann am 14.11.2000 die Mietrückstände mit Mahnbescheid gerichtlich geltend macht. Hier ist nach Ansicht des BGH der Verwirkungstatbestand noch nicht eingetreten (BGH, Urteil v. 4.2.2004, VIII ZR 171/03, WuM 2004 S. 198). Eine vorbehaltlose Hinnahme der geleisteten Mietzahlungen des Mieters durch den Vermieter liegt nicht vor, sodass ein Vertrauenstatbestand zugunsten des Mieters nicht gegeben ist.

Der BGH hat ausdrücklich festgestellt, dass § 539 BGB a. F. nicht analog auf einen Mietzinsrückstand angewandt werden kann, der aus einer vom Vermieter über längere Zeit widerspruchslos hingenommenen Mietminderung herrührt. Ob der Vermieter mit solchen Nachforderungen ausgeschlossen ist, beurteilt sich nach den allgemeinen Voraussetzungen der Verwirkung (BGH, Urteil v. 19.10.2005, XII ZR 224/03, NZM 2006 S. 58). Der BGH weist darauf hin, dass neben dem Zeitmoment auch die weiteren Voraussetzungen der Verwirkung vorliegen müssen (Umstandsmoment). Zwischen dem Umstandsmoment und dem erforderlichen Zeitablauf besteht eine Wechselwirkung insofern, als der Zeitablauf umso kürzer sein kann, je gravierender die sonstigen Umstände sind und dass umgekehrt an diese Umstände desto geringere Anforderungen gestellt werden, je länger der abgelaufene Zeitraum ist. Ein Zeitraum von fast 3 Jahren ohne Reaktion des Vermieters erfüllt grundsätzlich das Zeitmoment. Das Umstandsmoment kann erfüllt sein, wenn der Mieter in dieser Zeit Mängel rügt, Fristen zur Beseitigung setzt und nach Fristablauf die Mängel selbst beseitigt und von der Miete abzieht, ohne dass der Vermieter reagiert (BGH, a. a. O.). Hingegen ist ein Zahlungsanspruch wegen des fehlenden Umstandsmoments nicht verwirkt, wenn der Mietrückstand nach Schlüsselübergabe mehr als 2 Jahre nicht geltend gemacht wird (LG Berlin, Urteil v. 4.5.2000, 67 S 393/99, GE 2000 S. 813). In einem anderen, vom LG Berlin entschiedenen Fall hatte der Mieter wegen Lärm- und Schmutzbelästigung aufgrund von Bauarbeiten ab März 1994 um 30 % gemindert. Die Arbeiten waren im Dezember 1994 abgeschlossen. Der Mieter minderte gleichwohl weiter. Erst mit Schreiben vom 10.8.1998 machte der Vermieter die Mietrückstände geltend und sprach zugleich die fristlose Kündigung wegen Zahlungsverzugs aus. Auch hier ist Verwirkung nicht eingetreten: Liegen unstreitig keine Anhaltspunkte für das Vorliegen von Mängeln und damit für eine Berechtigung zur Minderung vor, so wird durch das Unterlassen der Anmahnung der vertraglich geschuldeten Miete in vollem Umfang das Umstandsmoment für eine Verwirkung des restlichen Mietanspruchs des Vermieters nicht erfüllt (LG Berlin, Urteil v. 19.10.1999, 63 S 132/99, NZM 2001 S. 376).

Auch ein rechtskräftig ausgeurteilter Zahlungsanspruch wegen Mietzahlung kann verwirken. Ein solcher Titel verwirkt jedoch nicht alleine dadurch, dass der Gläubiger über einen Zeitraum von 13 Jahren keinen Vollstreckungsversuch unternimmt (BGH, Urteil v. 9.10.2013, VII ZR 59/12, NZM 2014 S. 78).

Verzug

Inhaltsübersicht

		Seite
1	**Schuldnerverzug**	945
1.1	Rechtsfolgen	946
1.2	Besonderheiten	946
1.2.1	Fristlose Kündigung	946
1.2.2	Verzug des Vermieters mit Mängelbeseitigung	947
1.2.3	Verspätete Rückgabe der Mietsache	947
2	**Gläubigerverzug**	947
2.1	Voraussetzungen	947
2.2	Rechtsfolgen	947

Sowohl der Gläubiger als auch der Schuldner einer Leistung können in Verzug kommen.

1 Schuldnerverzug

Er liegt vor, wenn der Schuldner auf eine **Mahnung** des Gläubigers hin, die nach Eintritt der Fälligkeit erfolgt, nicht leistet (§ 286 Abs. 1 BGB). Ist für die Leistung eine Zeit nach dem Kalender bestimmt, kommt der Schuldner ohne Mahnung in Verzug, wenn er nicht zu der bestimmten Zeit leistet (§ 286 Abs. 2 Nr. 1 BGB).

Ferner bedarf es einer Mahnung nicht, wenn der Leistung ein Ereignis vorauszugehen hat und eine angemessene Zeit für die Leistung in der Weise bestimmt ist, dass es sich von dem Ereignis an nach dem Kalender berechnen lässt (§ 286 Abs. 2 Nr. 2 BGB) oder wenn der Schuldner die Leistung ernsthaft und endgültig verweigert (§ 286 Abs. 2 Nr. 3 BGB) oder wenn aus besonderen Gründen unter Abwägung der beiderseitigen Interessen der sofortige Eintritt des Verzugs gerechtfertigt ist (§ 286 Abs. 2 Nr. 4 BGB).

Gemäß § 286 Abs. 3 BGB kommt der Schuldner einer Entgeltforderung spätestens in Verzug, wenn er nicht innerhalb von 30 Tagen nach Fälligkeit und Zugang einer Rechnung oder gleichwertigen Zahlungsaufstellung leistet; dies gilt gegenüber einem Schuldner, der Verbraucher ist, nur, wenn er auf diese Folgen in der Rechnung oder Zahlungsaufstellung besonders hingewiesen worden ist. Wenn der Zeitpunkt des Zugangs der Rechnung oder Zahlungsaufstellung unsicher ist, kommt der Schuldner, der nicht Verbraucher ist, spätestens 30 Tage nach Fälligkeit und Empfang der Gegenleistung in Verzug. Der Verzug bei Geldforderungen erfordert daher keine Mahnung mehr. Die Auswirkungen auf das Mietrecht sind gering. Für die laufenden **Mietzahlungen** ändert sich deshalb am Verzugseintritt gegenüber der früheren Rechtslage nichts, da es sich hierbei um wiederkehrende Geldleistungen handelt. Lediglich bei **Betriebskostenabrechnungen**, die eine Nachzahlungspflicht des Mieters ergeben, ist § 286 Abs. 3 BGB anwendbar. Der Zugang einer solchen Abrechnung löst deshalb den Lauf der 30-Tage-Frist aus. Der Mieter von Wohnraum ist gemäß § 13 BGB Verbraucher. Danach ist Verbraucher jede natürliche Person, die ein Rechtsgeschäft zu einem Zweck abschließt, der weder ihrer gewerblichen noch ihrer selbstständigen beruflichen Tätigkeit zugerechnet werden kann. In der Abrechnung ist der Mieter daher darauf hinzuweisen, dass er spätestens in Verzug kommt, wenn er nicht innerhalb von 30 Tagen nach Fälligkeit und Zugang der Rechnung die Zahlung leistet.

Darüber hinaus muss er die Verzögerung zu vertreten haben (§ 286 Abs. 4 BGB).

1.1 Rechtsfolgen

Die Rechtsfolgen des Verzugs sind in den §§ 280, 287, 288 BGB geregelt. Danach hat der Schuldner dem Gläubiger den **Verzugsschaden** zu ersetzen (§§ 280 Abs. 1, 2, 286 BGB). Bei Geldschulden stehen dem Gläubiger **Verzugszinsen** zu (§ 288 BGB). Gemäß § 288 Abs. 1 S. 2 BGB beträgt der Verzugszinssatz für das Jahr fünf Prozentpunkte über dem Basiszinssatz. Gemäß § 288 Abs. 2 BGB beträgt bei Rechtsgeschäften, an denen ein Verbraucher nicht beteiligt ist, der Zinssatz für Entgeltforderungen acht Prozentpunkte über dem Basiszinssatz. Gemäß § 288 Abs. 3 BGB kann der Gläubiger aus einem anderen Rechtsgrund höhere Zinsen verlangen. Gemäß § 288 Abs. 4 BGB ist die Geltendmachung eines weiteren Schadens nicht ausgeschlossen. Der Basiszinssatz ist in § 247 BGB bestimmt. Er beträgt gemäß § 247 Abs. 1 BGB 3,62 %. Er verändert sich zum 1.1. und 1.7. eines jeden Jahres um die Prozentpunkte, um welche die Bezugsgröße seit der letzten Veränderung des Basiszinssatzes gestiegen oder gefallen ist. Bezugsgröße ist der Zinssatz für die jüngste Hauptrefinanzierungsoperation der Europäischen Zentralbank vor dem ersten Kalendertag des betreffenden Halbjahres. Gemäß § 247 Abs. 2 BGB gibt die Deutsche Bundesbank den geltenden Basiszinssatz unverzüglich nach den in Abs. 1 S. 2 genannten Zeitpunkten im Bundesanzeiger bekannt.

Gemäß § 287 BGB hat der Schuldner während des Verzugs jede Fahrlässigkeit zu vertreten. Er haftet wegen der Leistung auch für Zufall, es sei denn, dass der Schaden auch bei rechtzeitiger Leistung eingetreten sein würde. Der Schuldner haftet daher nicht nur für die zufällige Unmöglichkeit der Leistung, sondern auch z.B. auf zufällige Beschädigungen des Leistungsgegenstands.

1.2 Besonderheiten

Diese allgemeinen Bestimmungen werden im Mietrecht durch die folgenden Besonderheiten ergänzt.

1.2.1 Fristlose Kündigung

Bei **Zahlungsverzug des Mieters** ist der Vermieter zur fristlosen Kündigung berechtigt (§ 543 Abs. 2 Nr. 3 BGB). Sie ist zulässig, wenn der Mieter entweder für zwei aufeinanderfolgende Termine mit der Entrichtung der Miete oder eines nicht unerheblichen Teils davon in Verzug ist oder in einem Zeitraum, der sich über mehr als zwei Termine erstreckt, mit der Entrichtung der Miete in Höhe eines Betrags in Verzug gekommen ist, der die Miete für 2 Monate erreicht.

Die Kündigung ist **ausgeschlossen**, wenn der Vermieter vor ihrem Zugang befriedigt wird (d.h. der Mieter zahlt). Sie wird unwirksam, wenn der Mieter sich von seiner Schuld durch Aufrechnung befreien konnte und unverzüglich nach der Kündigung die Aufrechnung erklärt.

Das Kündigungsrecht des Vermieters wegen Verzugs des Mieters mit der Mietzahlung ist bei Wohnraummietverhältnissen eingeschränkt.

> Der rückständige Teil der Miete ist nur dann als nicht unerheblich anzusehen, wenn er die Miete für einen Monat übersteigt; dies gilt jedoch nicht, wenn der Wohnraum nur zu vorübergehendem Gebrauch vermietet ist (§ 569 Abs. 3 Nr. 1 BGB).

Ferner wird die Kündigung eines Wohnraummietverhältnisses unwirksam, wenn der Vermieter nach Erhebung einer Räumungsklage binnen 2 Monate nach Eintritt der Rechtshängigkeit (Klagezustellung) hinsichtlich der fälligen Miete und der fälligen Nutzungsentschädigung befriedigt wird oder eine öffentliche Stelle (Sozialamt) sich zur Befriedigung verpflichtet. Das gilt jedoch nicht, wenn wegen der Zahlung innerhalb der Schonfrist eine Kündigung des Vermieters unwirksam geworden ist und er innerhalb eines Zeitraums von 2 Jahren erneut wegen Zahlungsverzug kündigt (§ 569 Abs. 3 Nr. 2 BGB). Bei Wohnraum ist eine von diesen Bestimmungen abweichende Vereinbarung unwirksam.

1.2.2 Verzug des Vermieters mit Mängelbeseitigung

Auch der Verzug des Vermieters mit der Mängelbeseitigung hat erhebliche Folgen: Der Mieter kann Schadenersatz geltend machen, wenn der Vermieter mit der Beseitigung eines Mangels in Verzug gerät (§ 536a Abs. 1 BGB). Verzug setzt eine auf Mängelbeseitigung gerichtete Mahnung des Mieters sowie Verschulden des Vermieters voraus. Verzug ist z.B. dann nicht gegeben, wenn die Mängelbeseitigung zwar angemahnt ist, die Handwerker den Vermieter jedoch trotz aller Bemühungen im Stich lassen. Darüber hinaus kann der Mieter in diesem Fall den Mangel selbst beseitigen und Ersatz der erforderlichen Aufwendungen vom Vermieter verlangen (§ 536a Abs. 2 BGB).

1.2.3 Verspätete Rückgabe der Mietsache

Bei verspäteter Rückgabe kann der Vermieter vom Mieter Nutzungsentschädigung und ggf. Schadenersatz verlangen (§ 546a BGB).

2 Gläubigerverzug

Der Gläubiger kommt in Verzug, wenn er die angebotene Leistung des Schuldners nicht annimmt (§ 293 BGB).

2.1 Voraussetzungen

Folgende Voraussetzungen müssen erfüllt sein (§§ 293 bis 299 BGB): Der Schuldner muss zur Leistung berechtigt, bereit und im Stande sein. Er muss dem Gläubiger die Leistung anbieten. Weiterhin muss der Gläubiger die Leistung nicht annehmen.

2.2 Rechtsfolgen

Rechtsfolgen ergeben sich aus den §§ 300 bis 304 BGB. Sie sollen am wichtigsten Fall des Annahmeverzugs kurz erläutert werden:

Die Parteien vereinbaren einen bestimmten Termin für den Beginn des Mietverhältnisses, zu dem die Räume übergeben werden. Der Mieter erscheint nicht. Da es eine Rechtspflicht des Mieters zur Abnahme, anders als z.B. im Kaufrecht, nicht gibt, der Mieter die Abnahme also nicht schuldet, kommt er nicht in Schuldnerverzug, sondern nur in Gläubigerverzug (= Abnahmeverzug). Der Vermieter kann also keinen Verzugsschaden ersetzt verlangen. Er hat nur einen Anspruch auf Ersatz der erforderlichen Mehraufwendungen (§ 303 BGB). Darunter fällt aber nicht der persönliche Zeit- und Arbeitsaufwand. Zur Zahlung der Miete ab dem vereinbarten Beginn ist der Mieter allerdings auch in diesem Fall verpflichtet (§ 537 BGB).

Wenn der Mieter die Erfüllung des Mietvertrags jedoch ernsthaft und endgültig verweigert, kann der Vermieter wegen dieser Vertragsverletzung vom Vertrag zurücktreten.

> Da der BGH (WuM 1968 S. 161) der Ansicht ist, dass Rücktritt dann ausgeschlossen ist, wenn ein wichtiger Grund zur fristlosen Kündigung vorliegt, empfiehlt es sich in diesen Fällen, sowohl zurückzutreten als auch fristlos zu kündigen.

Vollmacht

Vollmacht ist eine durch Rechtsgeschäft (die sog. Bevollmächtigung) erteilte Vertretungsmacht (§ 166 Abs. 2 BGB). Eine Willenserklärung, die jemand innerhalb der ihm zustehenden Vertretungsmacht im Namen des Vertretenen abgibt, wirkt unmittelbar für und gegen den, den er vertritt (Vertretenen; § 164 Abs. 1 BGB).

Die **Übertragung** der Vollmacht ist grundsätzlich **formfrei.** Allerdings ist § 174 BGB zu beachten. Danach ist ein einseitiges Rechtsgeschäft, das ein **Bevollmächtigter** einem anderen gegenüber vornimmt, unwirksam, wenn der Bevollmächtigte eine **Vollmachtsurkunde nicht vorlegt** und der andere das Rechtsgeschäft aus diesem Grund **unverzüglich** zurückweist. Die Zurückweisung ist ausgeschlossen, wenn der Vollmachtgeber den anderen von der Bevollmächtigung in Kenntnis gesetzt hatte.

Dies gilt nicht nur für den Ausspruch von Kündigungen, sondern auch für Mieterhöhungsverlangen. So hat das OLG Hamm entschieden, dass das von einem Bevollmächtigten des Vermieters schriftlich vorgebrachte Mieterhöhungsverlangen unwirksam ist, wenn der Bevollmächtigte eine Vollmachtsurkunde nicht vorlegt und der Mieter aus diesem Grund das Erhöhungsbegehren unverzüglich zurückweist (RE v. 28.5.1982, 4 RE-Miet 11/81, WuM 1982 S. 205; Weber/Marx, VII/S. 132). Wie das OLG München (Urteil v. 12.7.1996, 21 U 4334/95, ZMR 1996 S. 557) entschieden hat, kann die Kündigung eines Mietvertrags durch einen Rechtsanwalt nicht wirksam zurückgewiesen werden (§ 174 BGB), wenn dieser den Kündigenden in mehreren Mietstreitigkeiten vertritt. Die Prozessvollmacht beinhaltet nämlich auch die Befugnis zur Abgabe solcher sachlich-rechtlichen Willenserklärungen, die im Zusammenhang mit der Prozessführung abzugeben sind. Hierher gehört auch die Kündigung.

Wie der BGH entschieden hat, ermächtigt die einem Rechtsanwalt zur Verteidigung gegenüber einem Mieterhöhungsverlangen erteilte Prozessvollmacht diesen auch zur Entgegennahme eines während des Verfahrens abgegebenen weiteren Mieterhöhungsverlangens. Der anwaltliche Vertreter des Mieters kann sich also nicht darauf berufen, zur Entgegennahme der Mieterhöhung nicht bevollmächtigt gewesen zu sein. Er kann dieses erneute Erhöhungsverlangen auch nicht unter Hinweis auf die fehlende Vorlage einer Vollmacht seitens des Rechtsanwalts des Vermieters zurückweisen. § 174 BGB findet nämlich auf eine von einem Rechtsanwalt im Rahmen des gesetzlichen Umfangs seiner Prozessvollmacht abgegebenen Erklärung keine Anwendung (BGH, Urteil v. 18.2.2002, VIII ZR 72/02, NZM 2003 S. 229).

Oft wird übersehen, dass die **Vollmachtsurkunde im Original** vorgelegt werden muss (§ 172 Abs. 1 BGB); die Vorlage einer beglaubigten Abschrift genügt nicht (BGH, Urteil v. 4.2.1981, VIII ZR 313/79, NJW 1981 S. 1210).

„Unverzüglich“ heißt: ohne schuldhaftes Zögern (§ 121 Abs. 1 BGB). Eine angemessene Überlegungsfrist ist zuzubilligen.

> Ein Zeitraum von 3 Wochen ist nach Ansicht des LG München nicht mehr angemessen (Urteil v. 17.10.1984, 14 S 13444/83, n.v.). Die Zurückweisung des Rechtsgeschäfts ist nach Ansicht dieses Gerichts nur dann als unverzüglich anzusehen, wenn dies binnen weniger Tage erfolgt, da die Feststellung, dass eine Urkunde fehlt, ohne Schwierigkeiten zu treffen ist.

Wird der Vermieter bei Abschluss des Mietvertrags von einem **Hausverwalter** vertreten und ist dies auch entsprechend zum Ausdruck gebracht (z.B. Herr A, vertreten durch die Hausverwaltung B), kann die Hausverwaltung die zu ihrem Geschäftsbereich gehörenden Willenserklärungen abgeben, ohne hierzu jeweils eine Vollmachtsurkunde vorlegen zu müssen. Hierzu gehören jedenfalls Mieterhöhungen. Es genügt daher, wenn sich die Vertretung des Vermieters durch einen Bevollmächtigten (Hausverwaltung) aus den Umständen ergibt; einer ausdrücklichen Offenlegung der Vertretung und namentlichen Benennung des Vermieters bedarf es nicht (BGH, Urteil v. 2.4.2014, VIII ZR 231/13, WuM 2014 S. 340). Nach der Ansicht des KG Berlin (Urteil v. 11.7.1983, 12 U 506/83, WM 1984 S. 254) soll auch dann, wenn ein Hausverwalter einen Mietvertrag abschließt, ohne den Vermieter namentlich zu benennen, der Hauseigentümer direkt verpflichtet, also Vermieter werden. Anders ist der Fall, wenn der Hausverwalter im Mietvertrag nicht zum Ausdruck bringt, dass er für einen anderen handelt, also sich selbst ohne weiteren Zusatz als Vermieter bezeichnet. Hier wird der Hausverwalter selbst Vermieter (§ 164 Abs. 2 BGB).

Wird der **Vertreter** tätig, **ohne dass er bevollmächtigt ist**, ist das entsprechende Rechtsgeschäft zunächst schwebend unwirksam (§ 177 BGB). Es kommt nun auf den Vertretenen an, was aus dem Rechtsgeschäft wird. Genehmigt er es, wird es rückwirkend wirksam (§ 184 Abs. 2 BGB). Genehmigt er es nicht, hat der Gegner die Wahl, ob er vom vollmachtlosen Vertreter Schadenersatz oder Erfüllung verlangt (§ 179 BGB). Hat ein Vertreter ohne Vollmacht einen Mietvertrag abgeschlossen, bleibt es beim Schadenersatz, da ihm eine Durchführung des Mietvertrags subjektiv unmöglich ist.

Oft ist in einem Mietvertrag vereinbart, dass sich die Mieter **gegenseitig zur Entgegennahme** rechtsgeschäftlicher Erklärungen bevollmächtigen. Hierzu hat das OLG Schleswig in einem Rechtsentscheid v. 22.3.1983 (6 RE-Miet 4/82, WuM 1983 S. 130; Weber/Marx, VII/S. 138) entschieden, dass ein Mieterhöhungsverlangen gegenüber allen Mitmietern rechtswirksam geltend gemacht ist, wenn das schriftliche Erhöhungsverlangen für alle Mieter bestimmt ist, aber nur einem Mieter zugegangen ist, der zur Empfangnahme von Willenserklärungen des Vermieters bevollmächtigt ist. Das Erhöhungsverlangen muss also an **alle** Mieter gerichtet sein, anderenfalls ist es trotz Bevollmächtigungsklausel unwirksam (LG Darmstadt, Urteil v. 22.8.1996, 6 S 25/96, WuM 1996 S. 708).

Eine derartige **Empfangsvollmacht** ist in der Vertragsklausel „Für die Wirksamkeit einer Erklärung des Vermieters genügt es, wenn sie gegenüber einem der Mieter abgegeben wird" enthalten.

Nach Ansicht des Gerichts ist auch eine in einem Formularmietvertrag enthaltene Klausel gleichen Inhalts wirksam. Teilweise wurde in der Rechtsprechung (OLG Celle, Urteil v. 29.12.1989, 2 U 200/88, WuM 1990 S. 103) angenommen, diese Klauseln müssten eine Widerrufsmöglichkeit gegenüber dem Vermieter enthalten. Dem ist der BGH (Beschluss v. 10.9.1997, 8 ARZ 1/97, WuM 1997 S. 599) entgegengetreten. Eine ausdrückliche Regelung des Widerrufs muss in der Klausel nicht enthalten sein. Trotz des Fehlens einer solchen Klausel kann gleichwohl jeder von mehreren Mietern jederzeit seine Vollmacht widerrufen. Eine solche Klausel ist auch für die Entgegennahme von Kündigungen wirksam. Im Endergebnis hat der BGH eine **Klausel** folgenden Inhalts für zulässig erachtet:

„Erklärungen, deren Wirkung die Mieter berührt, müssen von oder gegenüber allen Mietern abgegeben werden. Die Mieter bevollmächtigen sich jedoch gegenseitig zur Entgegennahme solcher Erklärungen. Diese Vollmacht gilt auch für die Entgegennahme von Kündigungen, jedoch nicht für Mietaufhebungsverträge."

In den Gründen hat der BGH allerdings darauf hingewiesen, dass ein Schreiben eines ausgezogenen Mieters, in dem er seine neue Anschrift mitteilt, als stillschweigend erklärter Widerruf der erteilten Vollmacht gewertet werden kann. Die Mitteilung der neuen Anschrift kann daher als Aufforderung verstanden werden, der Vermieter möge Erklärungen, die das Mietverhältnis betreffen, nunmehr an die neue Adresse senden, weil mit einer Empfangsvollmacht für die übrig gebliebenen Mitmieter kein Einverständnis mehr besteht. Dies ist in solchen Fällen zu beachten.

Sehr viel strenger werden von der Rechtsprechung Klauseln beurteilt, in denen sich die Mieter gegenseitig zur Abgabe von Willenserklärungen ermächtigen.

Soweit solche Klauseln **formularmäßig** vereinbart werden, werden sie überwiegend als unwirksam angesehen (OLG Frankfurt/M., Urteil v. 19.12.1991, 6 U 108/90, NJW-RR 1992 S. 396, 400).

In Kaufverträgen wird oft vereinbart, dass der Käufer bevollmächtigt ist, ab Abschluss des Kaufvertrags oder Eintragung der Auflassungsvormerkung bis zum Eigentumsvollzug im Grundbuch den Mietern gegenüber sämtliche mietrechtlichen Erklärungen abzugeben und ggf. im eigenen Namen entsprechende Prozesse zu führen. Hierbei handelt es sich um eine **Ermächtigung** des Käufers, entsprechende Erklärungen im eigenen Namen gegenüber dem Mieter abzugeben. Die Rechtsprechung hat dies für die Kündigung von Geschäftsraummietverhältnissen (BGH, Urteil v. 11.9.2002, VII ZR 187/00, NJW 2002 S. 3389), für eine Modernisierungsankündigung (BGH, Urteil v. 13.02.2008, VIII ZR 105/07, WuM 2008 S. 219) sowie für eine Mieterhöhung bei Wohnraum anerkannt. Danach kann der Käufer einer vermieteten Wohnung vom Verkäufer ermächtigt werden, schon vor der Eigentumsumschreibung im Grundbuch und dem damit verbundenen Eintritt in die Vermieterstellung im eigenen Namen ein Mieterhöhungsverlangen gemäß § 558 a BGB zu stellen. Die Wirksamkeit des Mieterhöhungsverlangens hängt nicht davon ab, dass die Ermächtigung offengelegt wurde (BGH, Urteil v. 19.3.2014, VIII ZR 203/13, WuM 2014 S. 286).

Vollstreckungsschutz

Inhaltsübersicht

Seite

1 Räumungsunfähigkeit wegen Krankheit 950

2 Umzug in Ersatzwohnung 951

3 Suizidgefahr 951

Auf **Antrag des Schuldners** kann das Gericht eine Maßnahme der Zwangsvollstreckung, also auch die Zwangsräumung, ganz oder teilweise aufheben, untersagen oder einstweilen einstellen, wenn sie unter voller Würdigung des Schutzbedürfnisses des Gläubigers wegen ganz besonderer Umstände eine Härte bedeutet, die mit den guten Sitten nicht vereinbar ist (§ 765 a Abs. 1 S. 1 ZPO). In Räumungssachen ist der Antrag spätestens 2 Wochen vor dem festgesetzten Räumungstermin zu stellen, es sei denn, die Gründe, auf denen der Antrag beruht, sind erst nach diesem Zeitpunkt entstanden oder der Schuldner war ohne sein Verschulden an einer rechtzeitigen Antragstellung gehindert (§ 765 a Abs. 2 ZPO). Schon die Gesetzesfassung weist darauf hin, dass die Vollstreckungsschutzbestimmung nur in ganz besonderen **Ausnahmefällen** greifen kann.

Insbesondere bei der Vollstreckung von Räumungsurteilen spielt diese Vorschrift eine erhebliche Rolle. Der Schuldner versucht, mit einem Vollstreckungsschutzantrag (§ 765 a ZPO) den bereits anberaumten Zwangsräumungstermin durch den Gerichtsvollzieher hinauszuschieben. Zwei Hauptfälle haben sich in der Praxis herausgebildet.

1 Räumungsunfähigkeit wegen Krankheit

Hier wird der Schuldner in seinem Antrag zumindest ein ärztliches Attest vorlegen müssen. Gegebenenfalls wird in einem solchen Fall eine amtsärztliche Untersuchung notwendig sein. Dies gilt auch dann, wenn der Schuldner vorträgt, dass er wegen der Zwangsräumung schwere gesundheitliche Nachteile zu befürchten habe.

2 Umzug in Ersatzwohnung

Ferner kann Vollstreckungsschutz gewährt werden, wenn der Schuldner unter Vorlage eines Mietvertrags nachweisen kann, dass er demnächst in eine **Ersatzwohnung** umziehen wird, da ein doppelter Umzug innerhalb kurzer Zeit dem Schuldner nicht zuzumuten ist.

Da diese Anträge oft im letzten Augenblick gestellt werden, kommt den **einstweiligen Anordnungen** auf die vorläufige Einstellung der Zwangsvollstreckung (Zwangsräumung) erhebliche Bedeutung zu.

Diese einstweiligen Anordnungen sind in Analogie zu den §§ 766 Abs. 1 S. 2, 732 Abs. 2 ZPO zulässig. Zu beachten ist, dass das Gericht auf Antrag jeder Partei diese einstweiligen Anordnungen bis zur Endentscheidung bei Veränderungen des Sachverhalts aufheben oder abändern kann. Mit der sofortigen Beschwerde sind diese einstweiligen Anordnungen nur sehr beschränkt anfechtbar, nämlich nur dann, wenn die gesetzlichen Voraussetzungen für den Erlass eines solchen Beschlusses zu Unrecht bejaht oder verneint werden.

Die **Kosten des Verfahrens** fallen dem Schuldner zur Last (§ 788 ZPO).

Für die Anwendung des Vollstreckungsschutzes ist es gleichgültig, aus welchem Schuldtitel die Vollstreckung betrieben wird, jedoch kann Vollstreckungsschutz immer nur in besonderen Ausnahmefällen gewährt werden. Bei der Prüfung der Voraussetzungen für die Gewährung von Vollstreckungsschutz ist ein strenger Maßstab anzulegen. Die Belange des Räumungsgläubigers sind voll zu würdigen.

3 Suizidgefahr

Allerdings ist auch die Einwirkung der Grundrechte, nämlich Art. 2 GG, auf das Vollstreckungsschutzverfahren zu beachten. Mit Beschluss v. 3.10.1979 (1 BvR 614/79, WuM 1980 S. 27) hat das BVerfG auf den verfassungsrechtlichen Grundsatz der **Verhältnismäßigkeit** hingewiesen. Dies kann in besonders gelagerten Einzelfällen dazu führen, dass zur Vermeidung unzulässiger Grundrechtsbeeinträchtigungen eines Schuldners die Vollstreckung aus einem rechtskräftigen Titel für einen längeren Zeitraum einzustellen ist. Die Vollstreckungsgerichte haben daher insbesondere dem Vorbringen des Schuldners, ihm würde bei der Zwangsräumung eine ernsthafte Gesundheitsgefährdung bis hin zum Selbstmord drohen, sorgfältig nachzugehen, insbesondere durch Einholung amtsärztlicher Gutachten. Dies kann soweit gehen, wie das BVerfG mit Beschluss v. 15.1.1992 (1 BvR 1466/91, WuM 1993 S. 239) entschieden hat, dass Vollstreckungsschutz in einem sehr engen Kreis von Ausnahmefällen ohne zeitliche Begrenzung zu gewähren ist.

Ein solcher Ausnahmefall lag vor bei einem Räumungsschuldner im Alter von 99 Jahren, der 38 Jahre in der Wohnung gelebt hatte und aufgrund einer Eigenbedarfskündigung zur Räumung verurteilt wurde. Das Amtsgericht hatte die Zwangsvollstreckung auf unbestimmte Zeit ausgesetzt; das Landgericht nur auf bestimmte Zeit (5 Monate) und darauf hingewiesen, dass die Bewilligung einer zeitlich uneingeschränkten Räumungsfrist nicht interessengerecht sei, da es sich um die Vollstreckung eines rechtskräftigen Titels handle. Dem ist das Bundesverfassungsgericht entgegengetreten: Die Einstellung der Zwangsvollstreckung auf unbestimmte Zeit ist in einem solchen Fall wegen der konkreten Gefahr, dass der Räumungsschuldner wegen seines hohen Alters und des langjährigen Mietverhältnisses in einer neuen Umgebung seine Autonomie verlieren und bald zum Pflegefall werden kann, sowie wegen Suizidgefahr verfassungsrechtlich geboten (BVerfG, Beschluss v. 8.9.1997, 1 BvR 1147/97, NZM 1998 S. 21). Die Frage, ob eine Zwangsräumung zum Selbstmord des Schuldners führen kann, muss unabhängig davon beantwortet werden, ob die Suizidalität auf einer – psychischen oder sonstigen – Erkrankung oder auf anderen persönlichkeitsbedingten Ursachen beruht (BVerfG, Beschluss v. 16.8.2001, 1 BvR 1002/01, WuM 2001 S. 482).

In einem weiteren Beschluss hat das Bundesverfassungsgericht diese Grundsätze nochmals wiederholt. Eine unter Beachtung dieser Grundsätze vorgenommene Würdigung aller Umstände kann in besonders gelagerten Einzelfällen dazu führen, dass die Vollstreckung für einen längeren Zeitraum und – in absoluten Ausnahmefällen – auf unbestimmte Zeit einzustellen ist. Hierbei hat das Gericht abzuwägen, ob die der Zwangsvollstreckung entgegenstehenden, unmittelbar der Erhaltung von Leben und Gesundheit dienenden Interessen des Schuldners im konkreten Fall ersichtlich schwerer wiegen als die Belange, deren Wahrung die Vollstreckungsmaßnahme dienen soll. Beweisangeboten des Schuldners, ihm drohten schwerwiegende Gesundheitsbeeinträchtigungen, ist deshalb besonders sorgfältig nachzugehen. Insbesondere muss das Gericht feststellen, ob aufgrund einer Maßnahme der Zwangsvollstreckung ernsthaft mit einem Suizid des Schuldners zu rechnen ist. Die damit einhergehende Prognoseentscheidung hat das Gericht mit Tatsachen zu untermauern (BVerfG, Beschluss v. 25.2.2014, 2 BvR 2457/13, WuM 2014 S. 478).

Diesem sehr weitgehenden Schuldnerschutz in der Zwangsvollstreckung, der zu einer erheblichen Beeinträchtigung der Gläubigerinteressen führen kann, ist das OLG Köln (Beschluss v. 20.9.1989, 2 W 157/89, NJW-RR 1990 S. 590) entgegengetreten. Danach ist die Einstellung einer Räumungsvollstreckung wegen einer mit den guten Sitten nicht zu vereinbarenden Härte aus Gründen einer Gesundheitsgefährdung nur möglich, wenn eine konkrete Gesundheitsgefahr festgestellt ist, deren Eintritt mit hinreichender Wahrscheinlichkeit anhand objektiver, feststellbarer Merkmale nachgewiesen werden muss. An die Konkretisierung der behaupteten Lebens- oder Gesundheitsgefahr sind strenge Anforderungen zu stellen. Dem Gericht muss also in einem ärztlichen Attest dargelegt werden, aufgrund welcher Umstände welche konkreten körperlichen Folgen mit welchem Grad an Wahrscheinlichkeit zu erwarten sind. Entsprechendes gilt für die Feststellung einer Suizidgefahr. Allgemein gehaltene ärztliche Atteste, in denen lediglich festgestellt wird, dass dem Schuldner die Räumung aus Gesundheitsgründen nicht zugemutet werden kann oder dass ein Aufschub aus Gesundheitsgründen erfolgen muss, sind daher nicht ausreichend.

Auch der Gläubiger kann sich auf die Grundrechte berufen. Das durch die Grundrechte auf Schutz des Eigentums und auf effektiven Rechtsschutz geschützte Interesse des Gläubigers der Räumungsvollstreckung verbietet nach Ansicht des BGH die dauerhafte Einstellung der Räumungsvollstreckung ohne Befristung. Die staatliche Aufgabe, das Leben des Schuldners zu schützen, kann nicht auf unbegrenzte Zeit durch ein Vollstreckungsverbot gelöst werden. Eine Einstellung ist daher zu befristen und mit Auflagen zu versehen, die das Ziel haben, die Gesundheit des Schuldners wiederherzustellen. Dies gilt auch dann, wenn die Aussichten auf eine Besserstellung des Gesundheitszustands des Schuldners gering sind. Im Interesse des Gläubigers ist dem Schuldner zuzumuten, auf die Verbesserung seines Gesundheitszustands hinzuwirken und den Stand seiner Behandlung dem Vollstreckungsgericht nachzuweisen (BGH, Beschluss v. 9.10.2013, I ZB 15/13, WuM 2014 S. 290).

Bestehen Hinweise für eine akute Suizidgefährdung, hat das Gericht dem nachzugehen und die Zwangsvollstreckung einstweilen einzustellen. Dies gilt auch für den Fall, dass der mit der Fortsetzung des Verfahrens verbundenen Gefahr der Selbsttötung des Schuldners nur durch dessen dauerhafte Unterbringung entgegengewirkt werden könnte (BGH, Beschluss v. 6.12.2007, V ZB 67/07, NZM 2008 S. 142). In diesem Fall ist die Vollstreckung auf Zeit einzustellen. Grundsätzlich haben die Gerichte aber zu prüfen, ob der Gefahr der Selbsttötung nicht auch auf andere Weise als durch Einstellung der Zwangsvollstreckung wirksam begegnet werden kann (BGH, Beschluss v. 14.6.2007, V ZB 28/07, NZM 2007 S. 658). Dies können ambulante psychiatrische und psychotherapeutische Maßnahmen sein oder auch eine Unterbringung des Schuldners in einer psychiatrischen Einrichtung. In diesem Fall hat das Vollstreckungsgericht abzuwarten, bis die Unterbringung durch die zuständigen Behörden und Gerichte angeordnet und durchgeführt worden sind (BGH, Beschluss v. 24.11.2005, V ZB 24/05, NZM 2006 S. 158 sowie BGH, Beschluss v. 14.6.2007, V ZB 28/07, NZM 2007 S. 658).

Grundsätzlich ist zu berücksichtigen, dass sich in diesen Fällen auch der Gläubiger auf Grundrechte berufen kann. Ist sein Räumungstitel nicht durchsetzbar, wird sein Grundrecht auf Schutz seines Eigentums und auf effektiven Rechtsschutz beeinträchtigt. Dem Gläubiger dürfen hier keine Aufgaben überbürdet werden, die nach dem Sozialstaatsprinzip dem Staat und damit der Allgemeinheit obliegen. Vom Schuldner kann hierbei erwartet werden, dass er alles ihm Zumutbare unternimmt, um Gefahren für Leben und Gesundheit möglichst auszuschließen (BGH, Beschluss v. 22.11.2007, I ZB 104/06, NZM 2008 S. 163).

Das Vollstreckungsgericht darf die Prüfung hierbei allerdings nicht auf eine akute Lebensgefahr während des Räumungsvorgangs beschränken. In die Beurteilung mit einzubeziehen sind bei einem hochbetagten Schuldner ebenso schwerwiegende gesundheitliche Risiken, die aus einem Wechsel der gewohnten Umgebung resultieren (BGH, Beschluss v. 13.8.2009, I ZB 11/09, NZM 2009 S. 816).

Zuständig für die Gewährung von Vollstreckungsschutz ist das Vollstreckungsgericht, gegen dessen Entscheidung binnen 2 Wochen nach Zugang Erinnerung eingelegt werden kann. Wird nicht abgeholfen, ist die **Erinnerung** als sofortige Beschwerde dem LG vorzulegen.

Auf den Vollstreckungsschutz kann nicht wirksam verzichtet werden.

Vorkaufsrecht des Mieters

In § 577 BGB ist ein Vorkaufsrecht des Mieters normiert. Der Mieter ist dann zum Vorkauf berechtigt, wenn die vermieteten Wohnräume, an denen nach der Überlassung an die Mieter **Wohnungseigentum** begründet worden ist oder begründet werden soll, an einen Dritten verkauft werden. Dies gilt nicht, wenn der Vermieter die Wohnräume an einen Angehörigen seines Haushalts oder an einen Familienangehörigen verkauft. Auf das Vorkaufsrecht finden die für das vertragliche Vorkaufsrecht geltenden Bestimmungen (§§ 463 ff. BGB) Anwendung. Kein Verkauf liegt vor, wenn mehrere Miteigentümer ein Grundstück in Wohnungseigentum aufteilen und das Sondereigentum anschließend einzelnen Miteigentümern übertragen.

Das Vorkaufsrecht steht auch den Mietern einer öffentlich geförderten Wohnung im Fall der Umwandlung zu.

Die Mitteilung des Verkäufers oder des Dritten über den Inhalt des Kaufvertrags ist mit einer Unterrichtung des Mieters über sein Vorkaufsrecht zu verbinden (§ 577 Abs. 2 BGB). Das Vorkaufsrecht geht auf diejenigen über, die in das Mietverhältnis nach § 563 Abs. 1 oder 2 BGB eintreten, wenn der Mieter stirbt (§ 577 Abs. 4 BGB). Eine zum Nachteil des Mieters abweichende Vereinbarung ist unwirksam (§ 577 Abs. 5 BGB).

Auch für diese gesetzlichen Vorkaufsrechte gelten die Bestimmungen des schuldrechtlichen Vorkaufsrechts (§§ 463 ff. BGB), soweit nichts anderes bestimmt ist. Danach gilt Folgendes: Das Vorkaufsrecht kann ausgeübt werden, sobald der Verpflichtete mit einem Dritten einen Kaufvertrag geschlossen hat (§ 463 BGB).

Gemäß § 471 BGB ist das Vorkaufsrecht ausgeschlossen, wenn der Verkauf im Wege der Zwangsvollstreckung oder durch den Insolvenzverwalter oder im Wege der Zwangsversteigerung erfolgt. Das Vorkaufsrecht besteht nur für die erste rechtsgeschäftliche Veräußerung. Nach Ansicht des BGH (Urteil v. 14.4.1999, VIII ZR 384/97, GE 1999 S. 768) besteht daher in Fällen, in denen die erste Veräußerung im Wege der Zwangsversteigerung erfolgt, für die nachfolgende rechtsgeschäftliche Veräußerung kein Vorkaufsrecht des Mieters. Diese Entscheidung hat der BGH mit einem weiteren Urteil (v. 29.3.2006, VIII ZR 250/05, NZM 2006 S. 505) bestätigt und in einer weiteren Entscheidung ausgeführt, dass die Entstehung des Vorkaufsrechts auch dann ausgeschlossen ist, wenn der Vermieter an einen Familienangehörigen verkauft hat, § 577 Abs. 1 S. 2 BGB (BGH, Urteil v. 22.6.2007, V ZR 269/06, NZM 2007 S. 640).

Wie der BGH entschieden hat, entsteht das Vorkaufsrecht des Mieters bei dem Verkauf eines mit einem Mehrfamilienhaus bebauten ungeteilten Grundstücks im Grundsatz nur dann, wenn sich der Veräußerer vertraglich zur Durchführung der Aufteilung gemäß § 8 WEG verpflichtet und ferner die von dem Vorkaufsrecht erfasste zukünftige Wohnungseigentumseinheit in dem Vertrag bereits hinreichend bestimmt oder diese zumindest bestimmbar ist. Das Vorkaufsrecht entsteht in der Regel nicht, wenn erst die Erwerber Wohnungseigentum begründen sollten, und zwar auch dann nicht, wenn sie beabsichtigen, die neu geschaffenen Einheiten jeweils selbst zu nutzen („Erwerbermodell"; BGH, Urteil v. 22.11.2013, V ZR 96/12, WuM 2014 S. 98).

Verschenkt der Vermieter die Wohnung an einen Familienangehörigen und veräußert dieser die Wohnung, entsteht das Vorkaufsrecht des Mieters, da es sich bei einem späteren Verkauf an einen Dritten aufgrund der Schenkung nicht um einen das Entstehen eines Vorkaufsrechts hindernden Zweitverkauf handelt.

§ 577 BGB findet entsprechende Anwendung für den Fall einer Realteilung eines mit zu Wohnzwecken vermieteten Einfamilienhäusern bebauten Grundstücks (BGH, Urteil v. 28.5.2008, VIII ZR 126/07, WuM 2008 S. 415). Steht die Wohnung unter Zwangsverwaltung und übt der Mieter sein Vorkaufsrecht aus, so richtet sich sein Eigentumsverschaffungsanspruch gegen den Vermieter, der einen Kaufvertrag mit einem Dritten geschlossen hat, und nicht gegen den Zwangsverwalter. Dem Mieter steht in diesem Fall auch kein Zurückbehaltungsrecht gegen den Zwangsverwalter mit der Mietzahlung zu (BGH, Urteil v. 17.12.2008, VIII ZR 13/08, WuM 2009 S. 127).

Das Vorkaufsrecht wird durch Erklärung gegenüber dem Verpflichteten, also dem Verkäufer, ausgeübt (§ 464 Abs. 1 BGB). Gemäß § 577 Abs. 3 BGB ist hierzu eine schriftliche Erklärung erforderlich. Mit der Ausübung des Vorkaufsrechts kommt der Kauf zwischen dem Berechtigten und dem Verpflichteten unter den Bestimmungen zustande, welche der Verpflichtete mit dem Dritten vereinbart hat. Der Verpflichtete, also der Verkäufer, hat dem Vorkaufsberechtigten, hier dem Mieter, den Inhalt des mit dem Dritten geschlossenen Vertrags unverzüglich mitzuteilen (§ 469 Abs. 1 BGB). Zur Erfüllung der Mitteilungspflicht muss der Verkäufer dem Mieter den richtigen und vollständigen Inhalt des Vertrags zur Kenntnis bringen. Erforderlich ist deshalb insbesondere eine erschöpfende Information des Mieters über die mit dem Drittkäufer vereinbarte Gegenleistung. Diese Pflicht ist verletzt, wenn dem Mieter der Vertrag unrichtig oder unvollständig zur Kenntnis gebracht wird. Im Fall einer solchen Pflichtverletzung spricht eine Vermutung für „aufklärungsrichtiges" Verhalten des Mieters (BGH, Urteil v. 17.1.2003, V ZR 137/02, WuM 2003 S. 281).

In einem Paketverkauf mehrerer Wohnungen hatten die Vertragsparteien den Kaufpreis einer Wohnung besonders hoch festgesetzt, um den Mieter von der Ausübung des Vorkaufsrechts abzuhalten. Gleichwohl haben die Mieter ihr Vorkaufsrecht fristgerecht ausgeübt. Der Kaufvertrag ist somit zustande gekommen mit Ausnahme des überhöhten Kaufpreises. Insoweit war die Vereinbarung sittenwidrig, wie der BGH (Urteil v. 15.6.2005, VIII ZR 271/04, WuM 2005 S. 660) festgestellt hat. Die Käufer wurden als Eigentümer eingetragen, die Mieter machten als Schadenersatz den Unterschied zwischen dem tatsächlichen Wert der Wohnung und dem überhöhten Kaufpreis geltend. Der Schadenersatzanspruch war begründet, da dem Verkäufer aufgrund der Weiterveräußerung die Erfüllung des Vorkaufsrechts unmöglich war. Der Schaden der Mieter liegt in der Differenz zwischen dem Verkehrswert der Wohnung und dem im Rahmen des erfolgten Verkaufs tatsächlich auf die Wohnung entfallenden anteiligen Kaufpreises (BGH, a. a. O.).

Die Mitteilung des Verpflichteten kann durch die Mitteilung des Dritten ersetzt werden. Die Frist zur Ausübung beträgt im Fall des § 570b BGB **2 Monate** ab Empfang der vollständigen und richtigen Mitteilung (§ 469 Abs. 1 und Abs. 2 BGB).

Die Ausübung dieses Rechts unterliegt nicht dem Formgebot des § 313 BGB (OLG Düsseldorf, Urteil v. 29.6.1998, 9 U 267/97, WuM 1998 S. 668 sowie BGH, Urteil v. 7.6.2000, VIII ZR 268/99, WuM 2000 S. 486). Die Erklärung bedarf daher nicht der notariellen Form, wohl aber der **Schriftform** (§ 577 Abs. 3 BGB). Preisvergünstigungen beim Paketverkauf mehrerer Wohnungen gelten auch für Mieter, die ihr Vorkaufsrecht nur bezüglich einer Wohnung ausüben (OLG Düsseldorf, a. a. O.).

Erfährt der Mieter infolge einer Verletzung der Mitteilungspflicht von seinem Vorkaufsrecht erst, nachdem der Kaufvertrag mit einem Dritten bereits abgewickelt wurde, kann der Mieter vom Verkäufer unmittelbar Ersatz eines sogenannten Erfüllungsschadens, d. h. der Differenz zwischen dem Verkehrswert der Wohnung und dem mit dem Dritten vereinbarten (niedrigeren) Kaufpreis, verlangen (BGH, Urteil v. 21.1.2015, VIII ZR 51/14, WuM 2015 S. 240). Dies gilt auch dann, wenn der Mieter sein Vorkaufsrecht nach Kenntniserlangung nicht ausgeübt hat.

Bei Gesamtverkauf eines **öffentlich geförderten**, mit Mietwohnungen bebauten Grundstücks entsteht das Recht zur Ausübung des Vorkaufsrechts nicht, es sei denn, die vom vorkaufsberechtigten Mieter bewohnte Wohnung ist als Teilobjekt des Veräußerungsvertrags so hinreichend bestimmt, dass sie i. V. m. einem Miteigentumsanteil an dem Grundstück der rechtlich selbstständige Gegenstand eines rechtsgültigen Kaufvertrags sein kann (so BayObLG, RE v. 16.4.1992, RE-Miet 4/91, WuM 1992 S. 351).

Vormietrecht

Inhaltsübersicht

	Seite
1 **Begriff**	955
2 **Mietvorvertrag**	955
3 **Voraussetzungen**	955
4 **Schadenersatzpflicht**	956
5 **Schriftform**	956

1 Begriff

Vormietrecht ist das analog dem Vorkaufsrecht ausgestaltete Recht eines Dritten, durch Abgabe einer entsprechenden Willenserklärung dem Verpflichteten gegenüber ein Mietverhältnis mit dem Inhalt zu begründen, wie es der Verpflichtete mit einem Dritten abgeschlossen hat (so Reinstorf in Bub/Treier, II Rn. 160).

2 Mietvorvertrag

Beim Vormietrecht ist der **Vermieter** also **nicht gebunden**. Er ist frei, ob er einen Mietvertrag abschließen will. Entschließt er sich dazu, kommt der Mietvertrag, wenn der Berechtigte sein Vormietrecht ausübt, dann aber mit diesem zustande. Im Gegensatz dazu begründet ein **Mietvorvertrag** (s. „Mietvorvertrag") die einklagbare Verpflichtung der Parteien zum Abschluss eines Mietvertrags. Bei der Option (s. „Optionsrecht") hat es dagegen der Begünstigte in der Hand, ob es durch Ausübung der Option zu einer Verlängerung des Mietverhältnisses kommt.

3 Voraussetzungen

Voraussetzung für die Ausübung des Vormietrechts ist, dass mit einem Dritten ein Mietvertrag abgeschlossen wird. Auf die Bestimmungen dieses Vertrags hat der Vormietberechtigte keinen Einfluss; er kann nur entweder sein Vormietrecht ausüben oder nicht. Etwas anderes gilt nur, wenn der Vormietverpflichtete und der Dritte arglistig zusammenwirken, um den Vormietberechtigten von der Ausübung seines Rechts abzuhalten (z.B. durch Vereinbarung einer unrealistisch hohen Miete).

4 Schadenersatzpflicht

Der **Verpflichtete,** in der Regel der Vermieter, muss sich im Vertrag mit dem Dritten für den Fall der Ausübung des Vormietrechts absichern, da er sonst diesem gegenüber schadenersatzpflichtig ist. Dies erfolgt in der Regel durch einen ausdrücklichen Hinweis auf das Vormietrecht, zusammen mit einem Rücktrittsrecht oder der Vereinbarung einer auflösenden Bedingung.

5 Schriftform

Sowohl die Vereinbarung eines Vormietrechts als auch die Ausübung dieses Rechts sind **formlos gültig** (strittig). Für den Mietvertrag gilt aber § 550 Abs. 1 BGB (Schriftform; s. „Schriftform"), wenn die Vertragszeit mehr als ein Jahr beträgt.

> Die Frist zur Ausübung des Vormietrechts beginnt mit der Mitteilung des Verpflichteten, dass der Vormietfall eingetreten ist, sowie mit der Mitteilung des Inhalts des abgeschlossenen Mietvertrags; 2 Monate nach der Mitteilung endet sie (§ 469 BGB entsprechend).

Wartungskosten

Unter den Begriff der Wartung fallen die in regelmäßigen Abständen durchgeführten Arbeiten zur Prüfung der Betriebsbereitschaft und Betriebssicherheit. Dazu zählen Pflege, Reinigung und Einstellung der Anlage, ggf. der Austausch kleinerer Verschleißteile. Als Wartungsarbeiten sind daher anzusehen z.B. das Nachfüllen von Flüssigkeiten, Schmieren und Einfetten von beweglichen Teilen, Reinigen von Einzelteilen, Austausch und Reinigen von Filter, Düsen etc., Beseitigen von Schmutzpartikeln oder Ablagerungen sowie die Entkalkung (Wall, WuM 1998 S. 528).

Bei Wohnraummietverhältnissen ist die Umlage von Wartungskosten auf den Mieter unproblematisch, soweit die Wartungskosten im Betriebskostenkatalog ausdrücklich aufgeführt sind (z.B. Reinigung und Wartung von Etagenheizung, Reinigung und Wartung von Warmwassergeräten, Kosten der Bedienung, Überwachung und Pflege der zentralen Heizungsanlage) (s. hierzu ausführlich „Betriebskosten").

Im Einzelnen umstritten ist, inwieweit die Kosten der Wartung von bestimmten Anlagen, die in der Betriebskostenverordnung nicht ausdrücklich aufgeführt sind, als „sonstige Betriebskosten" auf den Mieter umgelegt werden können. Hinzuweisen ist darauf, dass der Kostengegenstand im Mietvertrag genauer bezeichnet werden muss. Die pauschale Bezeichnung „sonstige Betriebskosten" genügt zur Umlage weiterer Wartungskosten nicht.

Nach der Rechtsprechung (z.B. LG Berlin, Urteil v. 17.10.2000, 64 S 257/00, NZM 2002 S. 65) sind umlegbar die Wartungskosten für Feuerlöschgeräte, z.B. für das Prüfen oder Erneuern des Lösch- oder Druckmittels in regelmäßigen Abständen, ferner die Kosten der Wartung der elektrischen Anlage, der Lüftungsanlage, der Pumpen, von Müllschluckern, Blitzableitern und Brandmeldeanlagen.

Zu trennen von dem Problem, ob bestimmte Wartungskosten im Rahmen der Betriebskostenabrechnung umgelegt werden können, ist die Zulässigkeit von **Wartungsklauseln**. Hierunter zu verstehen sind Bestimmungen im Mietvertrag, die den Mieter verpflichten, bestimmte vom Vermieter angeschaffte Einrichtungen, z.B. Etagenheizungen oder Boiler, auf seine Kosten warten zu lassen. Sogenannte **Vornahmeklauseln** (Beispiel: „Der Mieter ist verpflichtet, einmal jährlich die Gastherme zu warten.") sind unwirksam (BGH, Urteil v. 15.5.1991, VIII ZR 38/90, NJW 1991 S. 1750).

Soweit der Mieter aufgrund einer solchen Klausel Wartungsarbeiten, die zu den Betriebskosten zählen, auf seine Kosten durchführt, hat er gegen den Vermieter einen Anspruch auf Erstattung dieser Kosten gemäß den Grundsätzen der ungerechtfertigten Bereicherung. Da es sich aber um Betriebskosten handelt, die grundsätzlich auf den Mieter umlegbar sind, wird hierzu die Meinung vertreten, dass diesem Anspruch die Grundsätze von Treu und Glauben entgegenstehen (Langenberg in Schmidt-Futterer, 10. Aufl., § 538 Rn. 55).

Kostenklauseln sind auch ohne Höchstbegrenzung zulässig (BGH, Urteil v. 7.11.2012, VIII ZR 119/12, WuM 2013 S. 31), wenn es sich um Betriebskosten handelt, die auf den Mieter umgelegt werden können. Voraussetzung dabei ist aber, dass sie in der Betriebskostenverordnung ausdrücklich aufgeführt sind oder dass es sich um Wartungskosten handelt, die sonstige Betriebskosten sind (vgl. auch AG Siegburg, Urteil v. 30.11.2000, 4 C 746/99, WuM 2001 S. 245). Anderenfalls gelten auch für Wartungsklauseln die gleichen Einschränkungen wie für Kleinreparaturklauseln (s. „Kleinreparaturen").

Bei Geschäftsraummietverhältnissen kann der Mieter zum Abschluss von Wartungsverträgen auch formularmäßig verpflichtet werden, solange ihm die Wartungsfirma nicht vorgeschrieben wird. Die Behebung von Mängeln bleibt jedoch, soweit nicht anders vereinbart, Sache des Vermieters (OLG Frankfurt/M., BB 1979 S. 1372).

Wäschewaschen in der Mietwohnung

Sofern im Mietvertrag nichts anderes vereinbart ist, darf der Mieter sog. **Kleinwäsche**, nicht aber Großwäsche, in der Wohnung waschen und trocknen. Trockenautomaten dürfen nur bei ordnungsgemäßer Ablüftungsvorrichtung aufgestellt werden (vgl. AG Mülheim, Urteil v. 5.10.1979, 19 C 493/79, WuM 1981 S. 12). Zuwiderhandlungen stellen einen vertragswidrigen Gebrauch der Mietsache dar.

Der Vermieter kann nach fruchtloser Abmahnung auf Unterlassung klagen. Bei fortgesetzter Zuwiderhandlung kann der Vermieter das Mietverhältnis fristlos kündigen.

Keinen vertragswidrigen Gebrauch der Mietsache stellt die Benutzung einer **Waschmaschine** in der Wohnung dar, wenn sie in der Küche oder im Bad des Mieters aufgestellt wird.

Der Mieter kann auch dann eine eigene Waschmaschine in der Wohnung installieren, wenn sich im Keller des Anwesens eine Waschanlage befindet (vgl. LG Karlsruhe, Urteil v. 17.1.1968, 1 S 137/67, WuM 1968 S. 107). Das AG Solingen (Urteil v. 27.4.1981, 13 C 606/80, WuM 1982 S. 142) ist dagegen der Meinung, dass der Mieter bei einer ausdrücklichen vertraglichen Vereinbarung seine Waschmaschine nur in der Waschküche installieren darf.

Für Schäden, die durch die Benutzung einer Waschmaschine in der Mietwohnung entstehen, haftet der Mieter. Hierbei sind erhöhte Sorgfaltspflichten zu beachten.

Weitervermietung → „Herausgabeanspruch gegen Dritte“

Werkswohnungen

Inhaltsübersicht

		Seite
1	**Begriff**	958
2	**Werksmietwohnung**	958
3	**Sonderkündigungsrecht des Vermieters**	959
4	**Kündigung einer nicht funktionsgebundenen Werkswohnung**	960
5	**Kündigung von funktionsgebundenem Wohnraum**	960
6	**Widerspruchsrecht des Mieters**	961
7	**Werksdienstwohnung**	961

1 Begriff

Unter einer Werkswohnung wird Wohnraum verstanden, der im Hinblick auf ein Arbeitsverhältnis einem Arbeitnehmer überlassen ist. Das BGB unterscheidet zwischen Wohnraum, der mit Rücksicht auf das Bestehen eines Dienstverhältnisses vermietet ist, und Wohnraum, der im Rahmen eines Dienstverhältnisses überlassen ist. In der juristischen Literatur wird allgemein die erste Gruppe als Werks**miet**wohnung, die zweite als Werks**dienst**wohnung bezeichnet.

2 Werksmietwohnung

Das **wesentliche Kriterium** einer Werksmietwohnung besteht darin, dass neben dem Arbeitsvertrag ein selbstständiger Mietvertrag geschlossen ist. Bilden jedoch ein Hausmeisterdienstvertrag und ein Mietvertrag über eine Hausmeisterdienstwohnung ausdrücklich ein einheitliches Rechtsverhältnis, bei dem keiner der Verträge ohne den jeweils anderen Bestand haben soll, und ist die Überlassung der Wohnung Teil der dem Hausmeister zustehenden vertraglichen Gegenleistung für seine Dienste, handelt es sich um eine Werkdienstwohnung im Sinne des § 576b BGB (ArbG Nürnberg, Urteil v. 11.10.2012, 9 Ca 663/12, WuM 2013 S. 239). Im Mietvertrag war vereinbart: „Die Wohnung ist eine Dienstwohnung. Das Mietverhältnis endet in jedem Fall mit der Beendigung des Dienstverhältnisses. Der Dienstvertrag vom … gilt als wesentlicher Bestandteil des Mietvertrages." Im Dienstvertrag war vereinbart: „Mietvertrag und Hausmeisterdienstvertrag bilden ein einheitliches Rechtsverhältnis. Die Beendigung des einen Vertrages hat auch die Auflösung des anderen Vertrages zur Folge." Wie das Gericht weiter entschieden hat, ist in einem solchen Fall aufgrund der arbeitsrechtlichen Prägung des Vertrags eine Mieterhöhung gemäß § 557 ff. BGB nicht möglich. Solche Formulierungen sind also bei Vertragsabschluss zu vermeiden.

Arbeitgeber kann sowohl der Vermieter als auch ein Dritter sein. Letzteres ist insbesondere bei den sog. **werkgeförderten Wohnungen** der Fall. Ein Arbeitgeber schließt mit dem Verfügungsberechtigten einen in der Regel mit einem Finanzierungsbeitrag verbundenen Vertrag, wonach dem Arbeitgeber ein Belegungsrecht an den Wohnungen des Verfügungsberechtigten sowie ein Bestimmungsrecht für die Mietbedingungen zusteht. Dieser **Werkförderungsvertrag** ist kein Mietvertrag, sondern es handelt sich um einen Darlehensvertrag mit werkvertraglichen Elementen. Der Verfügungsberechtigte vermietet zu den vereinbarten Bedingungen an den Betriebsangehörigen.

3 Sonderkündigungsrecht des Vermieters

Ist Wohnraum mit Rücksicht auf das Bestehen eines Arbeitsverhältnisses vermietet, hat der Vermieter ein **Sonderkündigungsrecht**. Voraussetzung ist allerdings, dass das Mietverhältnis auf unbestimmte Zeit eingegangen ist oder als auf unbestimmte Zeit verlängert gilt. Das Sonderkündigungsrecht besteht nicht, wenn der Mietvertrag auf bestimmte Zeit geschlossen ist und eine Verlängerung nicht oder nur auf bestimmte Zeit eintritt.

In diesen Fällen ist es möglich und auch empfehlenswert, einen **Zeitmietvertrag** (§ 575 Abs. 1 Nr. 3 BGB) abzuschließen (s. „Zeitmietvertrag").

Arbeitsvertrag und Mietvertrag müssen nicht gleichzeitig geschlossen sein. Wohl aber muss der geschlossene oder zu schließende Arbeitsvertrag Beweggrund, wenn auch nicht der einzige Grund, für den Abschluss des Mietvertrags sein. Das Sonderkündigungsrecht gilt nach Beendigung des Arbeitsverhältnisses. Hierbei kommt es auf die rechtlich wirksame Beendigung an, nicht auf die tatsächliche Arbeitseinstellung. Solange es besteht, kommt nur eine ordentliche Kündigung nach den allgemeinen, für Wohnraummietverhältnisse gültigen Vorschriften in Betracht. Teilweise wird sogar angenommen, dass während der Laufzeit des Arbeitsverhältnisses eine ordentliche Kündigung überhaupt ausgeschlossen ist.

Der Mietvertrag muss **gesondert** gekündigt werden, nicht zusammen mit der Kündigung des Arbeitsvertrags. Die Kündigung des Mietvertrags muss nach der Beendigung des Arbeitsvertrags zugehen, kann aber noch während dessen Laufzeit ausgesprochen werden.

Beispiel

Beendigung des Arbeitsverhältnisses zum 31.1. des Jahres, Kündigung der Werkmietwohnung mit Datum 31.1., Zugang aber erst am 1.2. des Jahres. Eine vor Beendigung des Arbeitsverhältnisses zugegangene Kündigung der Wohnung ist nicht unwirksam. Das Mietverhältnis endet in diesem Fall zum nächst zulässigen Termin, d.h. nach Ablauf der Fristen für die ordentliche Kündigung gemäß § 573c BGB (Blank in Schmidt-Futterer, 11. Aufl., § 576 Rn. 4).

Teilweise wird die Meinung vertreten, dass sich die Wirksamkeit der Kündigung nach dem Sachstand zur Zeit ihres Ausspruchs

(d. h. zum Datum der Kündigungserklärung), nicht erst des Zugangs beim Mieter richtet (Sternel, Mietrecht aktuell, 4. Aufl., Rn. XII 122).

Die Gegenmeinung (Blank in Schmidt-Futterer, 11. Aufl., § 543 Rn. 125) verweist auf § 130 Abs. 1 S. 1 BGB. Der sicherere Weg ist also (wie im Beispiel oben): Beendigung des Arbeitsverhältnisses zum 31.1. des Jahres, Kündigung der Wohnung mit Datum 1.2. und Zustellung am 1.2. des Jahres.

4 Kündigung einer nicht funktionsgebundenen Werkswohnung

Bei **nicht funktionsgebundenen** Werkswohnungen ist die Kündigung des Vermieters spätestens am dritten Werktag eines Kalendermonats für den Ablauf des übernächsten Monats zulässig, wenn der Wohnraum weniger als 10 Jahre überlassen war und für einen anderen zur Dienstleistung Verpflichteten benötigt wird (§ 576 Abs. 1 Nr. 1 BGB). Nichts geändert hat sich an der Regelung, dass dann, wenn der Wohnraum mehr als 10 Jahre überlassen war, ein Sonderkündigungsrecht nicht mehr besteht. Es gelten dann die allgemeinen Vorschriften (Kündigung nur aus berechtigtem Interesse).

Die Sonderkündigung setzt weiter einen **Betriebsbedarf** voraus. Dafür reicht es aus, dass ein anderer Arbeitnehmer in der herauszugebenden Wohnung untergebracht werden soll, der nicht Nachfolger des Auszuscheidenden zu sein braucht. Die Kündigung ist zu begründen. Hierbei genügt lediglich der Hinweis, dass die Wohnung dringend für die Unterbringung eines aktiv Bediensteten benötigt wird, nicht (OLG Stuttgart, RE v. 22.11.1985, 8 RE-Miet 1/85, ZMR 1986 S. 236). Die näheren Umstände sind daher darzulegen. Bezüglich der Darlegungspflicht in der Kündigung kommt die Rechtsprechung allerdings dem Vermieter entgegen: Führt der Vermieter eine Bewerberliste seiner Mitarbeiter, die eine neue Wohnung suchen, braucht ein konkreter Mitarbeiter im Kündigungsschreiben nicht genannt werden (LG München I, Urteil v. 6.12.1989, 14 S 14920/89, WuM 1990 S. 153).

Die in § 75 Abs. 2 Nr. 2 BPersVG und in § 87 Abs. 1 Nr. 9 BetrVG geforderte **Zustimmung** des Personal- und Betriebsrats zur Kündigung von Wohnräumen ist Wirksamkeitsvoraussetzung für die Kündigung nur bis zur rechtswirksamen Auflösung des Dienst- oder Arbeitsverhältnisses (OLG Frankfurt/M., RE v. 14.8.1992, 20 RE-Miet 1/92, WuM 1992 S. 525).

Das Sonderkündigungsrecht muss nicht zum ersten zulässigen Termin ausgeübt werden, weil die Voraussetzungen auch noch später eintreten können. Allerdings kann dann Verwirkung eingewandt werden, wenn längere Zeit zugewartet wurde (so LG Aachen, Urteil v. 25.11.1983, 5 S 337/83, WuM 1985 S. 149). In der Regel wird also zu fordern sein, dass zwischen der Beendigung des Arbeitsverhältnisses und dem Ausspruch der Kündigung der Werkswohnung ein enger zeitlicher Zusammenhang bestehen muss (Sternel, Mietrecht aktuell, 4. Aufl., Rn. XI, 421 sowie LG Bochum, Beschluss v. 8.4.1992, 9 T 14/92, WuM 1992 S. 438).

5 Kündigung von funktionsgebundenem Wohnraum

Von **funktionsgebundenem Wohnraum** spricht man, wenn das Arbeitsverhältnis seiner Art nach die Überlassung des Wohnraums, der in unmittelbarer Beziehung oder Nähe zur Stätte der Arbeitsleistung steht, erfordert hat. Hierunter fallen u. a. Wohnungen für Hausmeister, Hausverwalter, Wachpersonen. Hier ist die Kündigung des Vermieters spätestens am dritten Werktag eines Kalendermonats für den Ablauf dieses Monats zulässig (§ 576 Abs. 1 Nr. 2 BGB). Voraussetzung ist, dass der Wohnraum für einen anderen zur Dienstleistung Verpflichteten benötigt wird. Meist wird dies der Nachfolger des Ausgeschiedenen sein.

Das **Sonderkündigungsrecht** bei funktionsgebundenen Wohnungen hängt nicht von der Dauer der Überlassungszeit ab.

Die **kurze Kündigungsfrist** bei funktionsgebundenen Wohnungen hat der Gesetzgeber aus wohl erwogenen Gründen eingeführt. So soll z.B. ein Hausmeister nicht seine Arbeit niederlegen, die Wohnung aber blockieren können, wenn sie der Vermieter einem neuen Hausmeister zur Verfügung stellen will. Auch hier muss in den Kündigungsgründen ein konkreter betrieblicher Bedarf vorgetragen werden (vgl. LG Itzehoe, Beschluss v. 10.3.1982, 1 T 110/81, WuM 1985 S. 152). Auch hier dürfen jedoch die Anforderungen nicht überspannt werden. In der Kündigung muss der neue Hausmeister nicht namentlich genannt werden (LG Berlin, Urteil v. 17.12.1991, 64 S 283/91, ZMR 1992 S. 346). Dies ist praxisgerecht, da in der Regel ein neuer Hausmeister erst zur Verfügung steht, wenn konkret absehbar ist, wann er auch die Hausmeisterwohnung beziehen kann.

6 Widerspruchsrecht des Mieters

Das Widerspruchsrecht des Mieters gegen die Kündigung mit abgekürzter Frist ist eingeschränkt.

Bei nicht funktionsgebundenen Werkswohnungen ist der Widerspruch an sich zulässig, jedoch sind bei der Interessenabwägung auch die Belange des Dienstberechtigten zu berücksichtigen (§ 576a Abs. 1 BGB). Das ist vor allem von Bedeutung, wenn Vermieter und Arbeitgeber nicht personengleich sind. Hier ist das betriebliche Interesse des Arbeitgebers von besonderem Gewicht.

Hat der Vermieter den Mieter nicht rechtzeitig vor Ablauf der Widerspruchsfrist über sein Recht belehrt, kann der Mieter den Widerspruch noch im ersten Termin des Räumungsrechtsstreits erklären.

Schlechthin ausgeschlossen ist das Widerspruchsrecht des Mieters bei funktionsgebundenen Werkswohnungen (§ 576a Abs. 2 Nr. 1 BGB). Es entfällt ferner, wenn der Mieter das Arbeitsverhältnis gelöst hat, ohne dass ihm vom Arbeitgeber gesetzlich begründeter Anlass gegeben war, oder der Mieter durch sein Verhalten dem Arbeitgeber gesetzlich begründeten Anlass zur Auflösung des Arbeitsverhältnisses gegeben hat, z.B. bei erheblicher Störung des Betriebsfriedens (§ 576a Abs. 2 Nr. 2 BGB).

7 Werksdienstwohnung

Im Unterschied zu Werksmietwohnungen besteht bei Werksdienstwohnungen neben dem Arbeitsvertrag **kein gesonderter Mietvertrag**. In aller Regel ist die Wohnraumüberlassung ein Teil der Vergütung für die Arbeitsleistung. Es handelt sich um einen gemischten Vertrag, auf den je nach Sachlage die arbeitsrechtlichen oder die mietrechtlichen Vorschriften Anwendung finden (Sternel, IV Rn. 268; a.A. BAG, Urteil v. 15.12.1992, 1 AZR 308/92, WuM 1993 S. 353). Das BAG hat entschieden, dass auch bei Vorliegen einer gesonderten Vertragsvereinbarung ein selbstständiges Mietverhältnis durch die Überlassung einer Werksdienstwohnung als Bestandteil arbeitsvertraglicher Vereinbarung ausgeschlossen ist. Die Bestimmungen über Mieterhöhungen (§§ 557 ff. BGB) finden keine entsprechende Anwendung. Dem Arbeitgeber vorbehaltene einseitige Vertragsänderungen unterliegen mindestens einer Überprüfung der Einhaltung der Grundsätze billigen Ermessens. Das Nutzungsentgelt wird daher nicht nach den Bestimmungen des BGB neu festgesetzt. Im Anschluss an die Beendigung des Arbeitsverhältnisses sind die Interessen des Arbeitnehmers als Wohnungsnehmer weiter gewahrt, von wo ab die Bestimmungen des BGB anwendbar sind. Für die Dauer des Arbeitsverhältnisses kann die Wohnung nicht gekündigt werden (LG Frankfurt/M., ZMR 1967 S. 201).

Endet das Arbeitsverhältnis, gelten hinsichtlich des an sich weiterlaufenden Mietverhältnisses die Vorschriften über Mietverhältnisse, also z.B. auch über funktionsgebundene Werksmietwohnungen, entsprechend, sofern der zur Dienstleistung Verpflichtete den Wohnraum überwiegend mit Einrichtungsgegenständen ausgestattet hat oder in dem Wohnraum mit seiner Familie oder Personen lebt, mit denen er einen auf Dauer angelegten gemeinsamen Haushalt führt (§ 576b Abs. 1 BGB). Gilt Wohnraummietrecht nicht, etwa weil der Vermieter die Werksdienstwohnung möbliert und an eine Einzelperson überlassen hat, ist die Wohnraumüberlassung vom Bestehen des Arbeitsverhältnisses abhängig. Mit seiner Beendigung verliert er demnach das Recht zur Wohnungsnutzung.

Während der Dauer des Arbeitsverhältnisses sind die Arbeitsgerichte auch für Klagen, die die Wohnungsnutzung betreffen, zuständig (BAG, Beschluss v. 2.11.1999, 5 AZB 18/99, ZMR 2000 S. 361). Nach Beendigung des Arbeitsverhältnisses besteht die ausschließliche Zuständigkeit des örtlichen Amtsgerichts (Blank in Schmidt-Futterer, 11. Aufl., vor § 576 Rn. 12 m. w. N.).

Wertsicherungsklauseln

Inhaltsübersicht

		Seite
1	**Mietanpassung bei Geschäftsraummietverhältnis**	962
2	**Arten der Wertsicherung**	963
2.1	Gleitklausel	963
2.2	Genehmigung von Währungsklauseln	963
2.3	Voraussetzungen der Gleitklausel	964
2.4	Verwirkung des Erhöhungsanspruchs	965
2.5	Unwirksamkeit der Klausel	965
2.6	Vertragsumstellung auf neuen Preisindex	966

1 Mietanpassung bei Geschäftsraummietverhältnis

Die **Miete** für Geschäftsräume kann frei vereinbart werden (s. aber „Mietwucher"). An die vereinbarte Miete sind jedoch dann beide Vertragsteile für die Vertragsdauer gebunden, sofern sie sich nicht über eine Änderung der Miete einigen. Insbesondere hat der Vermieter bei Geschäftsräumen nicht die Möglichkeit, die Miete während der Vertragsdauer einseitig zu erhöhen. Dies gilt auch bei langjährigen Verträgen. Der Vermieter trägt in diesen Fällen das Risiko der Geldentwertung.

Eine Anpassung an die veränderten Verhältnisse hat die Rechtsprechung nur in eng begrenzten **Ausnahmefällen** zugelassen, und zwar nach den Grundsätzen über den Wegfall der Geschäftsgrundlage. Selbst wenn ein in 15 Jahren eingetretener Kaufkraftschwund der Währung um 2/3 eingetreten ist, berechtigt dies den Vermieter nicht zur Anpassung der Miete (Wolf/Eckert, 10. Aufl., Rn. 500).

Ausnahmsweise eine Anpassung hat die Rechtsprechung zugelassen, wenn das Festhalten am Vertrag mit Recht und Gerechtigkeit unvereinbar wäre, sowie dann, wenn die Mietverträge aus einem langfristigen Vertrag nachgewiesenermaßen der Versorgung des Vermieters dienen sollen (BGH, Urteil v. 28.5.1973, II ZR 58/71, BGHZ 61 S. 31). Wann ein solches, nicht hinzunehmendes Missverhältnis besteht, ist zweifelhaft. Wolf/Eckert (a. a. O.) weisen auf die Rechtsprechung des BGH zum Erbbaurecht hin, die bei einer Steigerung des Lebenshaltungskostenindexes in der Zeit von 1939 bis 1975 um 222,12 % und einer Steigerung des Bruttoverdienstes der Arbeiter um 875 % oder einem Kaufkraftschwund von mehr als 60 % davon ausgegangen ist, dass das bei Vertragsschluss zugrunde gelegte Verhältnis von Leistung und Gegenleistung so stark gestört ist, dass ein Rechtsanspruch auf eine Anpassung auch ohne Vereinbarung einer Wertsicherungsklausel besteht.

Diese Rechtsprechung des BGH zur Anpassung des Erbbauzinses betraf Laufzeiten von mehr als 30 Jahren. Wenn der Mietvertrag nicht für die Lebenszeit des Vermieters oder des Mieters geschlossen worden war, konnte jede Vertragspartei nach Ablauf von 30 Jahren nach Überlassung der Mietsache das Mietverhältnis außerordentlich mit gesetzlicher Frist kündigen, wenn der Vertrag auf längere Zeit geschlossen worden war (§ 544 BGB). Im Mietrecht wird eine solche Anpassung daher der absolute Ausnahmefall bleiben.

Dies gilt auch im umgekehrten Fall, wenn also der Mieter vorträgt, die ortsübliche Miete sei um mehr als 60 % gesunken (BGH, Urteile v. 8.5.2002, XII ZR 8/00, NZM 2002 S. 659 und v. 27.10.2004, XII ZR 175/02, NZM 2005 S. 63).

Das gilt auch für **Betriebskosten**erhöhungen, die nur dann überwälzt werden können, wenn eine entsprechende Klausel im Mietvertrag dies vorsieht. Der Weg zu einer Änderung der Miete führt bei Geschäftsräumen somit mangels besonderer Vereinbarungen nur über die vertragsgemäße Kündigung. Insbesondere bei Mietverträgen über längere Zeit haben die Vertragsparteien ein Interesse daran, Klauseln zu vereinbaren, die eine Mietänderung innerhalb der Vertragszeit ermöglichen.

2 Arten der Wertsicherung

Die zuverlässigste und am wenigsten zu Streit Anlass gebende Art der Sicherung einer angemessenen Miete bei langfristigen Verträgen ist die Aufnahme einer Wertsicherungsklausel in den Mietvertrag. Hierunter sind Vereinbarungen zu verstehen, die die Höhe einer Geldschuld (hier: Miete oder Pacht) von dem Preis oder der Menge anderer Güter oder Leistungen abhängig machen. Es ist zu unterscheiden zwischen genehmigungsbedürftigen **Gleitklauseln** und genehmigungsfreien **Leistungsvorbehalten** (z.B. BGH, Urteil v. 25.1.1967, VIII ZR 206/64, NJW 1967 S. 830). Der Unterschied zwischen den beiden Arten von Wertsicherungsklauseln besteht darin, dass bei den Gleitklauseln die Höhe der geschuldeten Geldleistung unmittelbar von den Änderungen der Bezugsgröße abhängt und jede Veränderung der vorgesehenen Bezugsgröße zugleich und unbedingt (automatisch) auch zu einer entsprechenden Änderung der gesicherten Geldschuld führen muss, während bei dem Leistungsvorbehalt die Klausel nur dahin wirkt, dass die Höhe der Gegenleistung zunächst unbestimmt, jedoch bestimmbar bleibt. Im Folgenden wird nur die automatisch wirkende Gleitklausel behandelt.

Die übrigen Wertsicherungsklauseln finden sich unter „Leistungsvorbehalt“ und „Spannungsklauseln“.

2.1 Gleitklausel

§ 3 S. 2 Währungsgesetz, der für Gleitklauseln ein Verbot mit Erlaubnisvorbehalt enthielt, wurde durch das am 1.1.1999 in Kraft getretene EURO-Einführungsgesetz (BGBl 1998 I S. 1242) aufgehoben. Die Genehmigungspflicht von Indexklauseln wurde – in abgewandelter Form – in das Preisangabengesetz übernommen. Am 14.9.2007 ist das neue Gesetz über das Verbot der Verwendung von Preisklauseln bei der Bestimmung von Geldschulden (PrKG) in Kraft getreten (BGBl 2007 I S. 2246), das die Regelungen des Preisangaben- und Preisklauselgesetzes und der Preisklauselverordnung ersetzt.

Gemäß § 9 PrKG gelten die bisher erteilten Genehmigungen fort. Wertsicherungsklauseln, die bis zum Inkrafttreten des Preisklauselgesetzes am 14.9.2007 weder genehmigungsfrei noch genehmigt waren und für die bis dahin keine Genehmigung beantragt worden war, wurden durch das Inkrafttreten des Preisklauselgesetzes mit Wirkung für die Zukunft auflösend bedingt wirksam (BGH, Urteil v. 13.11.2013, VII ZR 142/12, NZM 2014 S. 34). Dem lag folgender Fall zugrunde: Die Parteien vereinbarten im Jahr 1999 einen Pachtvertrag mit einer zunächst genehmigungsfrei wirksamen Wertsicherungsklausel. 2001 vereinbarten die Parteien mündlich die Zahlung von (erheblichen) Betriebskosten. Damit war die Schriftform nicht mehr gewahrt und die Wertsicherungsklausel unwirksam. Da aber auch auf diese Klausel das Preisklauselgesetz anzuwenden ist, wurde die Klausel mit Inkrafttreten des Gesetzes am 14.9.2007 auflösend bedingt wirksam (s. auch 2.5 „Unwirksamkeit der Klausel“).

2.2 Genehmigung von Währungsklauseln

Für gewerbliche Miet- und für Pachtverträge verbleibt es bei den bisherigen Bestimmungen.

Für Wohnraummietverträge gilt ausschließlich § 557b BGB (s. „Mieterhöhung bei Wohnraum“, Abschnitt 7 „Indexmiete (§ 557b BGB)“).

Gleitklauseln gelten als genehmigt, wenn sie folgende Voraussetzungen einhalten:

1. Der Vermieter muss für mindestens 10 Jahre auf das Recht zur ordentlichen Kündigung verzichten oder der Mieter das Recht haben, die Vertragsdauer auf mindestens 10 Jahre zu verlängern.
2. Der Mietvertrag muss wahlweise eine von drei zulässigen Bezugsgrößen verwenden: entweder den vom Statistischen Bundesamt oder einem Statistischen Landesamt ermittelten Preisindex für die Gesamtlebenshaltungskosten oder einen vom Statistischen Amt der Europäischen Gemeinschaft ermittelten Verbraucherindex (§ 3 Abs. 1 Nr. 1e PrKG).

Zu erheblichen Problemen kommt es, wenn der Mietvertrag das Schriftformerfordernis nicht erfüllt (s. „Schriftform“). In diesem Fall ist das Mietverhältnis ordentlich kündbar. Es fehlt somit an einer Voraussetzung für die Genehmigungsfiktion, nämlich der zehnjährigen Dauer des Mietverhältnisses. In einem während der Geltung des Preisangaben- und Preisklauselgesetzes entschiedenen Fall ging das OLG Rostock davon aus, dass die Genehmigung einer automatischen Wertsicherungsklausel nicht fingiert wird, wenn die von den Parteien erstrebte langfristige Bindung des Mietvertrags wegen Verfehlens der gesetzlichen Schriftform scheitert (OLG Rostock, Urteil v. 10.1.2005, 3 U 61/04, NZM 2005 S. 506). Seit dem Inkrafttreten des Preisklauselgesetzes am 14.9.2007 richtet sich die Wirksamkeit von Klauseln, die nach früherem Recht nicht genehmigt waren bzw. deren Genehmigung noch nicht beantragt worden war, nach diesem Gesetz. Alle Preisklauseln, deren schwebende Unwirksamkeit sich bis zum 13.9.2007 aus dem Genehmigungserfordernis nach § 2 Abs. 2 Preisangaben- und Preisklauselgesetz i. V. m. § 3 Preisklauselverordnung ergab, können seit dem 14.9.2007 nicht mehr durch ein Genehmigungsverfahren, sondern nur noch nach den Vorschriften des Preisklauselgesetzes Wirksamkeit erlangen. Nach § 8 PrKG tritt die Unwirksamkeit einer Preisklausel erst zum Zeitpunkt des rechtskräftig festgestellten Verstoßes gegen dieses Gesetz ein, soweit nicht eine frühere Unwirksamkeit vereinbart ist. Die Rechtswirkungen der Preisklausel bleiben bis zum Zeitpunkt der Unwirksamkeit unberührt. Damit gelten Preisklauseln abweichend von der früheren Rechtslage, auch wenn das Schriftformerfordernis nicht erfüllt ist, als auflösend bedingt wirksam (BGH, Urteil v. 13.11.2013, VII ZR 142/12, NZM 2014 S. 34).

2.3 Voraussetzungen der Gleitklausel

Eine Gleitklausel liegt vor, wenn die Klausel ohne jedes weitere Zutun der Vertragspartner selbsttätig zu einer Anpassung an alle Veränderungen der Vergleichs- oder Bezugsgröße, d. h. des Wertmessers, führt. Das Entscheidende liegt in der Automatik. Eine Zahlungsaufforderung des Vermieters ist nicht nötig. Für die Miete bedeutet das: Sie ändert sich im gleichen Verhältnis wie die Bezugsgröße.

Manchmal übersehen beide Vertragsparteien, dass sich die Miete aufgrund einer Indexänderung bereits erhöht hat. Der Anspruch des Vermieters auf Zahlung ist hier jedoch, wenn nicht noch weitere Umstandsmomente hinzutreten, in der Regel nicht verwirkt, da beide Vertragsparteien sich über die Entwicklung des Indexes auf dem Laufenden halten können und der Mieter dadurch in die Lage versetzt ist, geeignete Rücklagen zu bilden. Eine Ausnahme gilt nur bei Klauseln, die vertraglich so ausgestaltet sind, dass die Erhöhung erst nach einer besonderen Erklärung des Vermieters fällig ist. Diese Erklärung ist dann eine materielle Anspruchsvoraussetzung, d. h., erst nach Zugang dieser Erklärung hat der Vermieter einen Anspruch auf die erhöhte Miete (BGH, Urteil v. 2.5.1979, VIII ZR 125/78, MDR 1979 S. 930).

In dem vom BGH entschiedenen Fall hatten die Parteien zur Gleitklausel zusätzlich vereinbart: „Eine besondere Aufforderung des Vermieters oder des Mieters, eine veränderte Miete zu zahlen, ist erforderlich.“ Der Vermieter verlangte die Mieterhöhung auch für eine Zeit, die vor Abgabe des Erhöhungsverlangens lag, da die Voraussetzungen nach der Klausel erfüllt waren. Dies hat der BGH aber abgelehnt. Solche zusätzlichen Voraussetzungen sollten daher nicht in Gleitklauseln aufgenommen werden.

2.4 Verwirkung des Erhöhungsanspruchs

In bestimmten Ausnahmefällen kann der Anspruch auf die Erhöhung verwirkt sein. In einem Fall, den das OLG Düsseldorf zu entscheiden hatte (OLG Düsseldorf, Urteil v. 23.10.1997, 10 U 47/97, MDR 1998 S. 274), hatte der Vermieter die Mieterhöhungen immer umgehend bei Eintritt der Indexänderung geltend gemacht, war dann aber bei der letzten Änderung mehr als ein Jahr untätig geblieben. Hier konnte der Mieter nach Ansicht des Gerichts darauf vertrauen, dass der Vermieter sich auch zukünftig so verhält, sodass sowohl das Zeit- als auch das Umstandsmoment (s. „Verwirkung") erfüllt waren.

2.5 Unwirksamkeit der Klausel

Das nach früherem Recht vorgesehene Genehmigungsverfahren entfällt ersatzlos. Die Parteien können also keine Genehmigung mehr beim Bundesamt für Wirtschaft beantragen. Vielmehr gilt § 8 PrKG: „Die Unwirksamkeit der Preisklausel tritt zum Zeitpunkt des rechtskräftig festgestellten Verstoßes gegen dieses Gesetz ein, soweit nicht eine frühere Unwirksamkeit vereinbart ist. Die Rechtswirksamkeit der Preisklausel bleibt bis zum Zeitpunkt der Unwirksamkeit unberührt." Dies hat zur Folge, dass die Parteien eine unwirksame Klausel vereinbaren können, der Mieter zur Zahlung verpflichtet ist und erst nach rechtskräftigem Urteil, dass die Klausel unwirksam ist, nicht mehr die aufgrund der Klausel erhöhte Miete zahlen muss. Für die Vergangenheit stehen ihm keine Rückforderungsansprüche zu. Stellt der Vermieter in einem Formularvertrag eine gegen die §§ 1 bis 7 PrKG verstoßende Preisklausel, soll darin eine gegen § 307 Abs. 1 S. 1 BGB verstoßende unangemessene Benachteiligung des Vertragspartners zu sehen sein, mit der Folge, dass die Klausel von Anfang an unwirksam ist (Gerber, NZM 2008 S. 152, 154). Dies hätte allerdings zur Folge, dass bei einem langfristigen Mietverhältnis eine Mietanpassung nicht mehr möglich wäre. Das steht im Widerspruch zur früheren Rechtsprechung des BGH zu unwirksamen Klauseln.

Haben die Parteien eine nach früherem Recht nicht genehmigungsfähige Klausel vereinbart, waren sie nach bisheriger Rechtsprechung verpflichtet, rückwirkend eine genehmigungsfähige oder, wenn das nicht möglich ist, eine genehmigungsfreie Klausel zu vereinbaren (BGH, Urteil v. 25.1.1967, VIII ZR 206/64, NJW 1967 S. 830). Die Rechtsprechung des BGH war bemüht, die Unwirksamkeitsfolge bei genehmigungsbedürftigen, aber nicht genehmigungsfähigen Klauseln möglichst zu vermeiden, um zu verhindern, dass aus Anlass einer nicht genehmigungsfähigen Gleitklausel der ganze Vertrag „gekippt" wird, obwohl hierfür oft andere Gründe maßgeblich sind (so Wolf/Eckert, Rn. 165). Oft wird es daher möglich sein, im Wege der ergänzenden Vertragsauslegung die unwirksame Klausel durch eine ihr in der Wirkung gleichkommende genehmigungsbedürftige oder auch genehmigungsfreie Klausel zu ersetzen, die die gegenseitigen Belange wahrt und wirksam ist (so BGH, Urteil v. 6.12.1978, VIII ZR 282/77, NJW 1979 S. 2250; v. 30.10.1974, VIII ZR 69/73, NJW 1975 S. 44). Diese Klausel gilt dann als von Anfang an vereinbart.

Auszugehen ist davon, wie die Parteien den Vertrag gestaltet hätten, wäre ihnen die von ihnen nicht in Rechnung gestellte Unwirksamkeit der vereinbarten Klausel bewusst gewesen. Unter Berücksichtigung des objektiven Vertragszwecks kann dann davon ausgegangen werden, dass die Parteien eine andere, wirksame Klausel gewählt hätten, die die beiderseitigen Belange wahrt. Selbst in einem Fall, in dem der Vermieter erklärt hat, er hätte die Räume lieber nicht vermietet, wenn er gewusst hätte, dass die vereinbarte Klausel genehmigungsbedürftig, aber nicht genehmigungsfähig sei, hat der BGH (BGH, Urteil v 2.2.1983, VIII ZR 13/82, WM 1983 S. 364) entschieden, dass der Vermieter nach Treu und Glauben verpflichtet sei, sich auf eine wirksame Klausel einzulassen und sich nicht auf die Unwirksamkeit des gesamten Vertrags berufen könne.

Beispiel

Beispiel für eine Gleitklausel für Verträge mit mindestens zehnjähriger Dauer: Falls und sobald der Verbraucherpreisindex für Deutschland ab Vertragsbeginn um mindestens 5 % steigt oder fällt, so steigt oder fällt die Miete im gleichen Verhältnis. Das Gleiche gilt, wenn, sobald und sooft nach einer Erhöhung oder Ermäßigung der Miete der Index wiederum um mindestens 5 % steigt oder fällt.

2.6 Vertragsumstellung auf neuen Preisindex

Seit 1.1.2003 werden vom Statistischen Bundesamt die bisherigen Preisindizes nicht weitergeführt. Seit diesem Datum ist nur noch der Preisindex für die Lebenshaltung aller privaten Haushalte in Deutschland (Verbraucherpreisindex für Deutschland = VPI) verfügbar. In älteren bestehenden Geschäftsraummietverhältnissen ist auf andere, nicht mehr weitergeführte Indizes Bezug genommen. Diese Gleitklauseln werden jedoch hierdurch nicht unwirksam, wie oben ausgeführt. Nach ständiger Rechtsprechung des BGH ist die unwirksame Klausel durch eine wirksame Klausel zu ergänzen (BGH, Urteil v. 6.12.1978, VIII ZR 282/77, NJW 1979 S. 2250; Urteil v. 18.10.1985, V ZR 144/84, NJW 1986 S. 932). Der Vermieter hat also gegenüber dem Mieter einen Anspruch auf Mitwirkung.

Ist im Mietvertrag bereits der Fall, dass der benutzte Index wegfällt, ausdrücklich geregelt, so ist die Anpassung in der im Vertrag vorgesehenen Weise vorzunehmen.

Haben die Parteien keine Vereinbarung getroffen, entsteht aufgrund des Wegfalls des bisherigen Lebenshaltungsindexes eine Regelungslücke, die im Wege der ergänzenden Vertragsauslegung zu schließen ist. Danach ist auf den allgemeinen Verbraucherpreisindex abzustellen. Hätten die Vertragsparteien den Fall bedacht, dass der von ihnen in Bezug genommene und auf einen bestimmten Haushaltstyp (Vier-Personen-Arbeitnehmer-Haushalt mit mittlerem Einkommen) zugeschnittene Lebenshaltungsindex nicht fortgeschrieben wird, wohl aber der für die Lebenshaltung aller privaten Haushalte in Deutschland geltende Index (jetzt: „Verbraucherpreisindex“), so hätten die Parteien diesen Index als Maßstab für künftige Anpassungen der Miete vereinbart (BGH, Urteil v. 4.3.2009, XII ZR 141/07, ZMR 2009 S. 591). Einer ausdrücklichen Zustimmung des Mieters bedarf es in einem solchen Fall nicht. Ein Nachtrag zum Mietvertrag muss daher also nicht geschlossen werden.

Jedenfalls, wenn der der Anpassung zugrunde liegende Zeitraum ab dem 1.1.2000 beginnt, entspricht es dem Interesse der Vertragsparteien, für die automatische Anpassung der Miethöhe auf den allgemeinen Verbraucherpreisindex bereits ab dem Basisjahr 2000 abzustellen (BGH, Urteil v. 7.11.2012, XII ZR 41/11, WuM 2013 S. 32).

Es empfiehlt sich, den Mieter anzuschreiben und ihn darauf hinzuweisen, dass der bisherige Index nicht mehr weitergeführt wird und Erhöhungen nach dem neuen Index berechnet werden. Bei befristeten Mietverträgen ist ferner darauf zu achten, dass ein Nachtrag, so er denn erstellt werden soll, den Anforderungen der Schriftform entspricht (s. „Schriftform“).

Widerspricht der Mieter einer Fortführung der Gleitklausel mit dem neuen Index im Wege der ergänzenden Vertragsauslegung bzw. weigert er sich, eine Änderungsvereinbarung zu unterschreiben, muss der Vermieter mit einer Klage nicht bis zur nächsten Mieterhöhung warten. Vielmehr hat er ein entsprechendes Feststellungsinteresse und kann daher Feststellungsklage erheben.

Dringend abgeraten wird von der Verwendung von Punkteklauseln. Punkteklauseln müssen auf das jeweils neue Basisjahr umbasiert werden. Dies ist nicht unproblematisch. So gibt es für die Umbasierung vom Basisjahr 2000 = 100 auf 2005 = 100 keine Stellungnahme des Statistischen Bundesamts (vgl. im Einzelnen Schultz, NZM 2008 S. 425, 428).

Bei der Verwendung von Prozenteklauseln stellen sich diese Probleme nicht. Hier ist allerdings Folgendes zu beachten: Der Verbraucherpreisindex wird alle 5 Jahre auf ein neues

Basisjahr umgestellt. Die Angabe eines Basisjahres in der Indexvereinbarung ist nicht erforderlich. Die Umstellung von der bisherigen Basis 2000 auf das Basisjahr 2005 erfolgte am 29.2.2008. Die in der Zeit ab Januar 2005 bis Dezember 2007 aufgrund der alten Basis 2000 = 100 veröffentlichten Indizes waren nur vorläufig und sind mit der Veröffentlichung der neuen Indexzahlen ungültig geworden. Dies gilt dann ebenso ab Januar 2010 bis zur Veröffentlichung der neuen Indexreihe. Mieterhöhungen, die in diesem Zeitraum durchgeführt werden, müssten eigentlich korrigiert werden. Die Unterschiede sind allerdings gering. Zu überlegen ist, ob hier eine ergänzende Vertragsklausel vereinbart wird, wonach Mietänderungen, die bis zur Veröffentlichung aufgrund der vorläufigen Zahlen eingetreten sind, in diesem Umfang auch wirksam bleiben, so z.B. (nach Schultz, a.a.O.): „Werden die Indexzahlen früherer Basisjahre anlässlich der Umstellung des Index auf ein neues Basisjahr nachträglich zurückgezogen, werden bereits eingetretene Mietänderungen nicht angepasst. Für künftige Mietänderungen gelten die neu veröffentlichten Indexzahlen."

Bei Wohnraum sind solche Klauseln eingeschränkt möglich (vgl. „Mieterhöhung bei Wohnraum", Abschnitt 7 „Indexmiete (§ 557b BGB)"). Siehe hierzu auch „Leistungsvorbehalt".

Wettbewerbsschutz

Inhaltsübersicht

	Seite
1 **Allgemeines**	967
2 **Haupt- und Nebenartikel**	967
3 **Freie Berufe**	968
4 **Formularklausel**	968
5 **Rechtsfolgen**	968

1 Allgemeines

Bei Vermietung von Geschäftsräumen spielt die Frage, ob und inwieweit der Vermieter verpflichtet ist, **Wettbewerb** von seinem Geschäftsraummieter fernzuhalten, eine bedeutende Rolle. Wenn auch ein grundsätzliches Recht auf Fernhaltung jeglichen Wettbewerbs dem Mieter im Allgemeinen nicht zugestanden wird, ist der Vermieter, sofern im Mietvertrag der geschäftliche Gebrauchszweck hervorgehoben ist, dennoch verpflichtet, die Vermietung anderer Räume in demselben Gebäude an Wettbewerbsunternehmen zu unterlassen. Das gilt auch dann, wenn im Mietvertrag eine Konkurrenzklausel nicht vereinbart ist.

Die Pflicht, Wettbewerb fernzuhalten, setzt freilich die genaue Bezeichnung des gewerblichen Zweckes der Anmietung voraus.

2 Haupt- und Nebenartikel

Der Wettbewerbsschutz beschränkt sich auf den **Vertrieb von Hauptartikeln**; Überschneidungen in Nebenartikeln müssen in Kauf genommen werden. Dabei werden als Hauptartikel diejenigen Waren bezeichnet, die den Zweck des Geschäfts bestimmen und ihm das eigentümliche Gepräge geben. Angesichts der Vielfaltigkeit unseres Geschäftslebens lässt sich eine scharfe Grenzlinie nicht ziehen, zumal die Führung von zusätzlichen Artikeln in den letzten Jahren immer mehr um sich gegriffen hat.

> **Beispiele**
> Verkauf von Semmeln in einer Metzgerei = Nebenartikel; Apotheke und Drogerie, Café und Eisdiele = stets Überschneidung in Hauptartikeln.

Allerdings kann die Auslegung einer vertraglichen **Konkurrenzschutzklausel** durchaus ergeben, dass sich der Konkurrenzschutz auch auf Nebenartikel beziehen soll (BGH, Urteil v. 3.7.1985, VIII ZR 128/84, MDR 1986 S. 46). Hierzu können formularvertragliche Vereinbarungen getroffen werden. Die Formularklausel: „Der Mieter verpflichtet sich, keine Waren zu führen, die bereits in einem anderen Geschäftslokal des Hauses geführt werden. Auch darf der Mieter kein bereits im Haus befindliches Gewerbe ausüben“ verstößt nicht gegen § 307 Abs. 2, Abs. 3 BGB (OLG Celle, Urteil v. 13.5.1992, 2 U 99/91, WuM 1992 S. 538). Dies gelte selbst bei einer Ausdehnung auf sich überschneidende Nebenartikel.

Eine derart umfassende Regelung, die in gleicher Weise Haupt- und Nebenartikel betrifft, ist bei Vermietungen innerhalb eines Einkaufszentrums, in dem sich leicht Angebotsüberschneidungen ergeben können, sachgerecht. Dies hat zur Folge, dass ein Supermarkt nicht berechtigt ist, das Angebot eines im selben Einkaufszentrum befindlichen Fachgeschäfts ganz oder zu einem erheblichen Teil mit abzudecken, auch wenn diese Artikel für den Supermarkt nur 1 % des Umsatzes umfassen. Für das Fachgeschäft tritt nämlich eine Konkurrenzsituation ein, die durch Konkurrenzschutzklauseln gerade vermieden werden sollen. Im Sinne einer sachgerechten Auslegung der Konkurrenzschutzklausel ist daher nicht auf das breit gefächerte Warenangebot des Supermarkts, sondern auf Überschneidungen der dort geführten Artikel mit denen des Einzelhandelsgeschäfts abzustellen.

3 Freie Berufe

Für freie Berufe gilt der Konkurrenzschutz ebenfalls. Eine Besonderheit besteht für große **Geschäftshäuser**, die von vornherein zur Unterbringung gleichartiger Berufszweige vorgesehen sind (z.B. Ärztehaus; mehrere Anwaltspraxen). Hier ist davon auszugehen, dass der Mieter in Kenntnis einer bestehenden Wettbewerbssituation anmietet und daher keinen Konkurrenzschutz beanspruchen kann (BGH, Urteil v. 7.7.1976, I ZR 85/75, ZMR 1977 S. 23).

Der Konkurrenzschutz muss ferner gewährt werden bei einer Praxis in einem reinen Wohnhaus (LG Düsseldorf, Entscheidung v. 26.3.1963, 12 S 392/62, NJW 1963 S. 1678) oder wenn die Praxis auch von sog. Laufkundschaft lebt. Zwischen Gewerbetreibenden und Freiberuflern besteht kein wesentlicher Unterschied, daher stellt die Vermietung an eine gleichartige Arztpraxis für den Erstmieter eine vertragswidrige Gebrauchsbehinderung dar (BGH, Urteil v. 7.12.1977, VIII ZR 101/76, NJW 1978 S. 585).

4 Formularklausel

Eine **formularmäßige Klausel**, wonach Konkurrenzschutz nicht gewährt wird, ist zulässig, z.B. bei der Anmietung einer Zahnarztpraxis (kein Verstoß gegen § 307 Abs. 2, Abs. 3 BGB; OLG Hamburg, Urteil v. 17.12.1986, 4 U 237/85, ZMR 1987 S. 94). Wenn der Wettbewerber ein völlig gleiches Warensortiment anbietet, soll im formularmäßigen Ausschluss des Konkurrenzschutzes eine unangemessene Benachteiligung des Mieters liegen (OLG Düsseldorf, Urteil v. 11.6.1992, 10 U 165/91, DWW 1992 S. 368). Hier wird zu differenzieren sein: In einem Einkaufszentrum sind in der Regel mehrere Betriebe der gleichen Fachrichtung vorhanden, beispielsweise Textilgeschäfte oder Restaurants; anders kann die Rechtslage in einem Ärztehaus sein, in dem verschiedene Fachärzte praktizieren.

5 Rechtsfolgen

Der Erstmieter, dessen Rechte verletzt sind, kann vom Vermieter die Beseitigung der Störung durch den Konkurrenten verlangen, auch im Wege der einstweiligen Verfügung gegen den Vermieter, dem konkurrierenden Mieter die Aufnahme des Geschäftsbetriebs zu untersagen (OLG Hamm, Urteil v. 19.4.1991, 30 U 56/91, NJW-RR 1991 S. 1483). Ob der Vermieter hierzu rechtlich in der Lage ist oder nicht, steht dem Anspruch nicht entgegen (vgl. BGH, Urteil v. 9.10.1974, VIII ZR 113/72, WuM 1975 S. 163). Zur Durchsetzung des Anspruchs hat er ein Zurückbehaltungsrecht (§ 320 BGB). Nach erfolglosem Abhilfeverlangen kann der Erstmieter fristlos kündigen (§ 543 Abs. 2 Nr. 1 BGB).

Darüber hinaus stellt die vertragswidrige Vermietung an einen Wettbewerber einen Mangel der Mietsache dar, sodass der Mieter den Mietzins mindern und ggf. Schadenersatz verlangen kann (§§ 536, 536a BGB). Hierbei spielt es keine Rolle, ob der Konkurrenzschutz vertraglich vereinbart war oder vertragsimmanent zu gewähren ist (BGH, Urteil v. 10.10.2012, XII ZR 117/10).

Widerspruch des Mieters gegen die Kündigung

Inhaltsübersicht

Seite

1 Voraussetzungen 969

2 Ausschluss 969

3 Die Erklärung 970

4 Ablehnungsrecht des Vermieters 970

1 Voraussetzungen

Das **Widerspruchsrecht** des Mieters gegen die ordentliche Kündigung des Vermieters wurde durch das Gesetz über den Abbau der Wohnungszwangswirtschaft und über ein soziales Miet- und Wohnrecht vom 23.6.1960 (BGBl I S. 389) als § 556a in das BGB eingefügt. Die Bestimmung ist inhaltlich unverändert als § 574 BGB in das Mietrechtsreformgesetz übernommen worden. Danach kann der Mieter der Kündigung eines Mietverhältnisses über Wohnraum widersprechen und vom Vermieter die Fortsetzung des Mietverhältnisses verlangen, wenn die vertragsmäßige Beendigung des Mietverhältnisses für den Mieter, seine Familie oder einen anderen Angehörigen seines Haushalts (z. B. Lebenspartner, Pflegekinder oder Kinder des Lebenspartners) eine Härte bedeuten würde, die auch unter Würdigung der berechtigten Interessen des Vermieters nicht zu rechtfertigen ist.

Das Widerspruchsrecht besteht auch dann, wenn die Kündigung des Vermieters wegen dessen berechtigten Interesses wirksam ist. Die vom Mieter geltend gemachten **Härtegründe** und die **berechtigten Interessen** des Vermieters sind gegeneinander abzuwägen. Es ist deshalb durchaus möglich, dass ein Vermieter trotz nachgewiesenen berechtigten Interesses an der Beendigung des Mietverhältnisses das Mietobjekt nicht zurückerhält (s. hierzu ausführlich „Sozialklausel“).

2 Ausschluss

Das **Widerspruchsrecht** des Mieters kann von Gesetzes wegen **ausgeschlossen** sein. Das ist der Fall bei Wohnraum, der nur zu vorübergehendem Gebrauch überlassen ist (§ 549 Abs. 2 Nr. 1 BGB).

Gleiches gilt für möblierten Wohnraum, der Teil der vom Vermieter selbst bewohnten Wohnung ist und den der Vermieter überwiegend mit Einrichtungsgegenständen auszustatten hat, sofern der Wohnraum dem Mieter nicht zum dauernden Gebrauch mit seiner Familie oder mit Personen überlassen ist, mit denen er einen auf Dauer angelegten gemeinsamen Haushalt führt (§ 549 Abs. 2 Nr. 2

BGB), sowie bei Wohnraum, den eine juristische Person des öffentlichen Rechts oder ein anerkannter privater Träger der Wohlfahrtspflege angemietet hat, um ihn Personen mit dringendem Wohnbedarf zu überlassen, wenn sie den Vermieter bei Vertragsschluss auf die Zweckbestimmung des Wohnraums und die Ausnahme von den genannten Vorschriften hingewiesen hat (§ 549 Abs. 2 Nr. 3 BGB).

Der Anwendungsbereich der Vorschrift ist auf Mietverhältnisse auf unbestimmte Zeit beschränkt. Bei **Zeitmietverträgen** besteht grundsätzlich kein Widerspruchsrecht. Lediglich für die außerordentliche Kündigung mit gesetzlicher Frist eines noch laufenden Zeitmietvertrags findet das Widerspruchsrecht eingeschränkt Anwendung (§ 575a Abs. 2 BGB). Der Mieter kann hier Fortsetzung des Mietverhältnisses höchstens bis zum vertraglich bestimmten Zeitpunkt der Beendigung verlangen. Das Widerspruchsrecht besteht auch bei der außerordentlichen Kündigung mit gesetzlicher Frist (BGH, Urteil v. 25.3.1982, III ZR 198/80, NJW 1982 S. 1696).

Die Fortsetzung des Mietverhältnisses kann der Mieter nicht verlangen, wenn er selbst das Mietverhältnis gekündigt hat.

Das Widerspruchsrecht ist ferner ausgeschlossen, wenn ein Grund vorliegt, aus dem der Vermieter zur außerordentlichen, fristlosen Kündigung berechtigt ist.

Bei Werkswohnungen unterliegt das Widerspruchsrecht gewissen Einschränkungen (s. „Werkswohnungen").

3 Die Erklärung

Die Erklärung des Mieters, mit der er der Kündigung widerspricht und die Fortsetzung des Mietverhältnisses verlangt, bedarf der **schriftlichen Form** (§ 574b Abs. 1 S. 1 BGB). Die Erklärung muss von dem oder den Mietern oder einem bevollmächtigten Vertreter unterzeichnet sein. Nach Ansicht des OLG Karlsruhe ist ein telegrafisch eingelegter Widerspruch unwirksam (DWW 1983 S. 278).

Die Worte „Widerspruch" und „Fortsetzung" braucht die Erklärung nicht zu enthalten, jedoch muss der auf Fortsetzung des Mietverhältnisses gerichtete Wille des Mieters aus seiner Erklärung erkennbar hervorgehen.

Die **Begründung** des Widerspruchs ist nicht zwingend vorgeschrieben. Jedoch soll der Mieter auf Verlangen über die Gründe des Widerspruchs unverzüglich Auskunft erteilen (§ 574b Abs. 1 S. 2 BGB). Unterlässt er dies, können ihm im Räumungsprozess, falls die Klage des Vermieters wegen des Widerspruchs abgewiesen oder der Vermieter zur Fortsetzung des Mietverhältnisses verurteilt wird, die Prozesskosten ganz oder teilweise auferlegt werden (§ 93b ZPO).

4 Ablehnungsrecht des Vermieters

Der Vermieter kann die **Fortsetzung des Mietverhältnisses** ohne Rücksicht auf die sachliche Begründetheit des Widerspruchs ablehnen, wenn der Mieter den Widerspruch nicht spätestens 2 Monate vor der Beendigung des Mietverhältnisses dem Vermieter gegenüber erklärt hat (§ 574b Abs. 2 S. 1 BGB). Das gilt **jedoch** nur, wenn der Vermieter in seinem Kündigungsschreiben den Mieter auf die Form und Frist des Widerspruchs rechtzeitig hingewiesen hat. Es reicht aus, wenn im Kündigungsschreiben der Wortlaut der §§ 574 bis 574b BGB vollständig wiedergegeben wird (so LG Rottweil, Beschluss v. 21.2.1980, 1 T 13/80, MDR 1980 S. 671).

Der Hinweis ist rechtzeitig erteilt, wenn er beim Mieter so eingeht, dass dieser noch in der Lage ist, nach einer angemessenen Überlegungszeit den Widerspruch rechtzeitig abzufassen und dem Vermieter zuzuleiten.

Wurde der Mieter über dieses Recht nicht belehrt, kann er den Widerspruch noch im ersten Termin des Räumungsrechtsstreits erklären (§ 574b Abs. 2 S. 2 BGB).

Ausführliche Erläuterungen, wann eine unzumutbare Härte vorliegt, finden sich unter „Kündigungsschutz", Abschnitt 3 „Die Sozialklausel (§ 574 BGB)" und „Sozialklausel".

Wirtschaftlichkeitsberechnung → „Kostenmiete“

Wohnfläche

Inhaltsübersicht

Seite

1 Öffentlich geförderter Wohnraum 971

2 Frei finanzierter Wohnraum 971

3 Flächenangaben im Mietvertrag 974

1 Öffentlich geförderter Wohnraum

Bei öffentlich geförderten Wohnungen und bei solchen, die steuerbegünstigt sind oder dem Gemeinnützigkeitsrecht unterliegen (§ 82 II. WoBauG), wird die Wohnfläche nach der Wohnflächenverordnung (WoFlV) ermittelt. Dies gilt auch für die Berechnung der Wohnfläche, nach der sich bestimmt, ob bei der Ermittlung der für die Höhe des Nutzungswerts der Wohnung im eigenen Haus (§ 21 Abs. 2 EStG) maßgeblichen Rohmiete die Marktmiete oder – wegen Überschreitens der 350-m^2-Grenze – die Kostenmiete anzusetzen ist.

In § 2 WoFlV sind die Grundflächen definiert, die zur Wohnfläche gehören. Danach gehören zur Wohnfläche auch die Grundflächen von Wintergärten, Schwimmbädern und ähnlichen, nach allen Seiten geschlossenen Räumen sowie Balkonen, Loggien, Dachgärten und Terrassen, nicht jedoch Kellerräume, Abstellräume und Kellerzusatzräume außerhalb der Wohnung, Waschküchen, Bodenräume, Trockenräume, Heizungsräume und Garagen. Als Wintergarten wird ein Raum verstanden, der in der Regel zum Halten und Aufstellen von Pflanzen bestimmt ist. Üblicherweise ist er mit großen Fenstern versehen. Ist der Raum hingegen überwiegend verglast und mit ausreichender Beheizung und Dämmung versehen, so wird man hier in der Regel von einem Wohnraum ausgehen, auch wenn der Raum als Wintergarten bezeichnet oder genutzt wird. Hobbyräume sind in dieser Auflistung nicht enthalten. Sie sind jedoch ebenfalls mit einzubeziehen, da sie einen nach allen Seiten geschlossenen Raum darstellen.

Die Grundfläche ist gemäß § 3 WoFlV nach den lichten Maßen zwischen den Bauteilen zu ermitteln (zu Einzelheiten s. Noack/Westner, Betriebskostenabrechnung und Wohnflächenverordnung, Haufe 2004). Wie bisher sind gemäß § 4 WoFlV die Grundflächen von Räumen und Raumteilen mit einer lichten Höhe von mindestens 2 m vollständig, von mindestens 1 m und weniger als 2 m zur Hälfte und unter 1 m nicht anzurechnen (Wohnflächenermittlung bei Dachschrägen). Gemäß § 4 Nr. 3 WoFlV sind die Grundflächen von unbeheizten Wintergärten, Schwimmbädern sowie ähnlichen, nach allen Seiten geschlossenen Räumen (also auch Hobbyräumen, s. o.) zur Hälfte und nach Nr. 4 von Balkonen, Loggien, Dachgärten und Terrassen in der Regel zu einem Viertel, höchstens jedoch zur Hälfte anzurechnen. Eine Abweichung von der Regelanrechnung kann nur erfolgen, wenn besondere Umstände des Einzelfalls dies rechtfertigen.

§ 5 WoFlV enthält eine Überleitungsvorschrift: Ist die Wohnfläche bis zum 31.12.2003 nach der II. BV ermittelt worden, so bleibt es dabei. Soweit nach dem 31.12.2003 bauliche Änderungen an dem Wohnraum vorgenommen werden, die eine Neuberechnung der Wohnfläche erforderlich machen, sind die Vorschriften der WoFlV anzuwenden.

2 Frei finanzierter Wohnraum

Die WoFlV ist aufgrund der Ermächtigungsnorm in § 19 Abs. 1 WoFG erlassen worden. Sie gilt daher unmittelbar nur im Anwendungsbereich des WoFG. § 556 Abs. 1 BGB verweist für den Umfang der Betriebskosten auf die nach § 19 Abs. 2 S. 2 WoFG erlassene Betriebskostenverordnung. Ein solcher Verweis fehlt in § 556a Abs. 1 BGB. Dort ist nicht bestimmt, wie die Wohnfläche zu berechnen ist. Dem Begriff Wohnfläche kommt im frei finanzierten Wohnungsbau erhebliche Bedeutung zu, so bei der Abrechnung der Betriebskosten, der Ermittlung der ortsüblichen Vergleichsmiete oder im Verfahren nach Mietpreisüberhöhung. Gleichwohl wird wohl in Zukunft die WoFlV entsprechend angewendet werden (Palandt/Weidenkaff, § 556a Rn. 5). Allerdings wird auch die Meinung vertreten, dass die aufgehobene DIN-Norm 283 nach wie vor zur Berechnung der Wohnfläche anwendbar ist (Langenberg, NZM 2003 S. 177, 179). Der BGH geht von folgenden Grundsätzen aus: Zunächst ist darauf abzustellen, ob die Parteien des Mietvertrags eine bestimmte Berechnungsmethode vereinbart haben. Dies wird in der Regel nicht der Fall sein. Sodann ist zu prüfen, ob sich aus den Umständen, insbesondere den Vertragsverhandlungen oder den örtlichen Gepflogenheiten, eine bestimmte Berechnungsmethode entnehmen lässt. Ist dies nicht der Fall, ist der Rückgriff auf die im öffentlich geförderten Wohnungsbau geltenden Regeln zulässig (BGH, Urteil v. 24.3.2004, VIII ZR 44/03, WuM 2004 S. 337). In diesem Fall ist die Wohnfläche nach den für den preisgebundenen Wohnraum im Zeitpunkt des Abschlusses des Mietvertrags maßgeblichen Bestimmungen zu ermitteln (BGH, Urteil v. 22.4.2009, VIII ZR 86/08, WuM 2009 S. 344). Sind hiernach für die Flächenermittlung die Bestimmungen der II. BV maßgeblich (bei Vertragsschluss bis zum 31.12.2003), können Grundflächen von Balkonen, Loggien, Dachgärten und gedeckten Freisitzen unabhängig von ihrer Lage, Ausrichtung und Nutzbarkeit bis zur Hälfte angerechnet werden (BGH, a. a. O.).

Bei einem Einfamilienhaus mit Garten ist die Wohnfläche ebenfalls nach diesen Grundsätzen zu ermitteln, bei Mietverträgen, die vor Inkrafttreten der Wohnflächenverordnung abgeschlossen worden sind, demgemäß nach den Vorschriften der II. BV (BGH, Urteil v. 28.10.2009, VIII ZR 164/08, WuM 2009 S. 733).

Haben die Parteien vereinbart, dass die Wohnfläche nach den §§ 42 ff. der II. BV zu berechnen ist, so kann die Maßgeblichkeit dieser Bestimmung für die Wohnflächenermittlung nicht mit der Begründung verneint werden, derartige Gebäude (vorliegend ein älteres Fachwerkhaus) mit niedriger Deckenhöhe und freiliegenden Deckenbalken habe die II. BV nicht im Blick gehabt. Abzüge bestimmter Flächenanteile der Decke wegen Unterschreitung der lichten Raumhöhe von 2 m sind daher gerechtfertigt (BGH, Urteil v. 8.7.2009, VIII ZR 218/08, WuM 2009 S. 514). Eine Sitzecke auf dem Hof neben einer Garage ist kein Freisitz i. S. d. § 44 Abs. 2 der II. BV. Nach dieser Vorschrift sind nur solche Flächen als Freisitz anzusehen, die einem angrenzenden Wohnraum zugeordnet sind (BGH, a. a. O.).

Wie ausgeführt, kommt nach der Rechtsprechung des BGH einer Vereinbarung der Parteien darüber, welche Flächen in die Berechnung der Wohnfläche einzubeziehen sind, Vorrang zu. Bei der Vermietung eines Einfamilienhauses mit ausgebautem Dachgeschoss ist davon auszugehen, dass diese ausgebauten Räume den Mietern als Wohnraum vermietet worden sind. Diese Räume sind deshalb – unabhängig davon, ob sie bei einer Flächenermittlung nach den Bestimmungen der II. BV als Wohnraum anzurechnen sind – bei der Ermittlung der tatsächlichen Wohnfläche zu berücksichtigen (BGH, Urteil v. 16.9.2009, VIII ZR 275/08, WuM 2009 S. 661, bestätigt vom BGH, Urteil v. 16.12.2009, VIII ZR 39/09).

Dies gilt auch für **Souterrain-Räume** einer Wohnung. Sind sich die Parteien darüber einig, auch die Räume im Untergeschoss zu Wohnzwecken zur Verfügung zu stellen und zu nutzen, dann haben die Parteien auch zwangsläufig Einigkeit darüber erzielt, dass die zu Wohnzwecken vermietete und in dieser Weise genutzte Fläche, also die „Wohnfläche“, unter Einbeziehung des Kellergeschosses zu ermitteln ist. Hierbei kommt es nicht darauf an, ob dieser Nutzung öffentlich-rechtliche Gründe entgegenstehen. Eine etwaige Baurechtswidrigkeit bleibt damit ohne Bedeutung für eine auf eine Flächenabweichung gestützte Mangelhaftigkeit des Mietobjekts. Im Übrigen ist ein gewährleistungspflichtiger Mangel bei Verstößen gegen das öffentliche Baurecht regelmäßig erst dann anzunehmen, wenn die Baurechtsbehörde die Nutzung untersagt (BGH, Beschluss v. 29.9.2009, VIII ZR 242/08, WuM 2009 S. 662).

Für den Raum Stuttgart (BGH, Urteil v. 11.7.1997, V ZR 246/96, WuM 1997 S. 625) und für den Raum München (LG München I, Urteil v. 16.11.2005, 14 S 5926/05, WuM 2006 S. 91) soll eine regionale Übung zur Berechnung der Wohnfläche gemäß der DIN 283 bestehen.

Eine andere Kammer des LG München I geht allerdings davon aus, dass eine solche Übung nicht besteht und wendet die Wohnflächenverordnung an (vgl. BGH, Urteil v. 23.5.2007, VIII ZR 231/06, WuM 2007 S. 441). Wurde der Mietvertrag vor dem 1.1.2004 abgeschlossen, ist die Wohnfläche in diesen Fällen nach den Bestimmungen der bis zum 31.12.2003 anwendbaren II. BV zu berechnen, da die WoFlV erst zum 1.1.2004 in Kraft getreten ist. Die praktischen Auswirkungen sind gering.

Für **Balkone** gilt Folgendes: Diese sind nunmehr sowohl nach der WoFlV als auch nach der DIN-Norm 283 in der Regel mit einem Viertel der Grundfläche anzusetzen. Streitpunkte werden Dachgärten und Dachterrassen sein, die nach den Bestimmungen in der Regel mit einem Viertel der Grundfläche anzusetzen sind. Hier wird die Rechtsprechung im Einzelfall korrigierend eingreifen (z.B. Penthousewohnung mit 60 m^2 Wohnfläche und 200 m^2 Dachterrasse). Zwar ist eine Dachterrasse kein Dachgarten i.S.d. § 2 Abs. 2 Nr. 2 WoFlV. Als Dachgarten ist eine auf dem obersten Geschoss liegende Freifläche zu verstehen, die ganz oder teilweise gärtnerisch gestaltet ist. Da jedoch die neue Regelung in § 2 WoFlV nunmehr auch die Grundfläche von Terrassen in die Wohnflächenermittlung einbezieht, muss auch die Grundfläche einer Dachterrasse von dieser Regelung profitieren. Es gibt keine sachlichen Unterschiedskriterien, warum nur ebenerdige Terrassen bei der Berechnung zu berücksichtigen sind, Dachterrassen dagegen nicht (so zu Recht Noack/Westner, Betriebskostenabrechnung und Wohnflächenverordnung, S. 110).

Sollen die Bestimmungen der WoFlV mittelbar auch für freifinanzierten Wohnraum angewendet werden, so gilt dies auch für die Überleitungsvorschrift in § 5 WoFlV. Danach bleibt es bei der bisherigen Wohnfläche, soweit diese bis zum 31.12.2003 nach der II. BV berechnet worden ist. Wie ausgeführt, ist die WoFlV nur dann anzuwenden, wenn bauliche Änderungen vorgenommen werden, die eine Neuberechnung erforderlich machen. Das ist der Fall bei Erweiterungs- und Ausbaumaßnahmen. Für freifinanzierten Wohnraum wird dies ebenfalls zu gelten haben, auch wenn die Wohnfläche nicht nach der II. BV, sondern nach der DIN 283 berechnet worden ist. Eine Neuberechnung ist also nicht erforderlich, und zwar auch nicht bei Neuvermietung (so Sternel, Aktuelle Entwicklung im Mietrecht, Seminarveranstaltung am 20.11.2003 in München, Vorlesungsskriptum n.v.). Ist allerdings die Wohnfläche, sei es zum Zweck der Durchführung einer Mieterhöhung, sei es zum Zweck der Betriebskostenabrechnung, neu zu ermitteln, ist die WoFlV anzuwenden.

Ein weiterer Streitpunkt ist die Anrechnung von **Hobbyräumen**. Hier hat die Rechtsprechung bisher angenommen (z.B. LG Düsseldorf, Urteil v. 9.7.1991, 24 S 302/89, WuM 1992 S. 695), dass ein im Kellergeschoss gelegener Hobbyraum, der voll als Wohnraum nutzbar ist, bei der Wohnfläche voll angerechnet werden kann. Dies hat der BGH für einen Hobbyraum bestätigt, der vom Mieter als Schlafzimmer genutzt wurde. Danach ist ein beheizbarer Hobbyraum, der innerhalb der Wohnung liegt, wie ein Wohnraum ausgestattet ist und als Wohnraum genutzt wird, voll bei der Wohnfläche anzurechnen (BGH, Urteil v. 23.5.2007, VIII ZR 231/06, WuM 2007 S. 441). **Terrassen** können nunmehr ebenfalls nach der WoFlV, unabhängig davon, ob es sich um gedeckte, d.h. vor fremden Blicken geschützte Freifläche handelt (so die DIN 283), mit einem Viertel der Grundfläche, maximal zur Hälfte (§ 4 Nr. 4 WoFlV) angerechnet werden. Auch hier wird die Rechtsprechung in Einzelfällen korrigierend eingreifen.

Eine Terrasse setzt einen ebenerdigen Platz voraus, der ausschließlich einem angrenzenden Wohnraum zugeordnet ist. Dieser Platz muss mit einem festen Bodenbelag versehen und zum Aufstellen von Tischen und Stühlen geeignet sein. Eine Fläche, auf der lediglich Bruchsandsteinplatten mit unterschiedlichen Maßen lose verlegt und nicht fest verfugt sind und deren Fugen unterschiedliche Abstände von 2 bis 5 cm aufweisen, sodass Gras und Unkraut darin wächst, genügt daher nicht den Anforderungen an eine Terrasse und kann somit nicht zur Wohnfläche gerechnet werden (LG Landau, Urteil v. 21.10.2014, 1 S 67/14, WuM 2014 S. 740).

3 Flächenangaben im Mietvertrag

Ist die Wohnfläche im Mietvertrag vereinbart, gilt diese bis zum Nachweis der Unrichtigkeit. Die Angabe einer exakten Fläche im Mietvertrag stellt eine Beschaffenheitsvereinbarung dar (BGH, Urteil v. 28.9.2005, VIII ZR 101/04, WuM 2005 S. 712). Dies gilt nicht für den Fall, dass der Vermieter in einer Zeitungsanzeige eine Wohnfläche mit „ca. 90 m^2" angibt und später auch die Betriebskosten mit dieser Fläche abrechnet, im schriftlichen Mietvertrag aber über die Wohnfläche nichts vereinbart ist. Ist die Wohnfläche geringer, hat der Mieter in diesem Fall keine Ansprüche, da keine Beschaffenheitsvereinbarung vorliegt (LG Mannheim, Urteil v. 8.11.2006, 4 S 96/06, DWW 2007 S. 21, vgl. dazu Börstinghaus, WuM 2007 S. 561). Eine Bestätigung liegt ebenfalls nicht vor, wenn der Vermieter dem Mieter eine Bescheinigung zur Beantragung von Wohngeld ausfüllt und dort eine zu große Wohnfläche angibt (LG Dortmund, Urteil v. 5.6.2007, 1 S 96/06, WuM 2007 S. 503). In einem Sonderfall hat der BGH gegenteilig entschieden. Im Mietvertrag war kein Feld für die Angabe von Wohnflächen vorhanden. In der Zeitungsannonce der mit der Vermittlung beauftragten Maklerin war jedoch ebenso wie in einer vor Vertragsabschluss überreichten „Wohnflächenberechnung" die Wohnfläche enthalten. Hier ist der BGH von einer stillschweigenden Vereinbarung über die Wohnfläche der Mietwohnung ausgegangen (BGH, Urteil v. 23.6.2010, VIII ZR 256/09, NZM 2010 S. 614).

Ebenfalls keine Beschaffenheitsvereinbarung hinsichtlich der Wohnfläche liegt vor, wenn ein Wohnraummietvertrag zwar eine Wohnflächenangabe enthält, diese Angabe jedoch mit der Einschränkung versehen ist, dass sie nicht zur Festlegung des Mietgegenstands dient. In einem Formularvertrag hieß es u. a.: „Die Wohnung im DG (…), bestehend aus zwei Zimmern (…) zur Benutzung als Wohnraum, deren Größe ca. … beträgt. Diese Angabe dient wegen möglicher Messfehler nicht zur Festlegung des Mietgegenstands. Der räumliche Umfang der gemieteten Sache ergibt sich vielmehr aus der Anzahl der vermieteten Räume." Der räumliche Umfang der gemieteten Sache ergibt sich hier aus der Anzahl der gemieteten Räume, nicht aus der Fläche (BGH, Urteil v. 10.11.2010, VIII ZR 306/09, NZM 2011 S. 70).

Lange Zeit war umstritten, ob unrichtige Angaben der Wohnfläche im Mietvertrag bei einer Abweichung nach unten als Zusicherung oder als **Mangel** der Mietsache zu werten sind. Hierzu hat der BGH entschieden, dass dann, wenn eine gemietete Wohnung eine Wohnfläche aufweist, die mehr als 10 % unter der im Mietvertrag angegebenen Fläche liegt, ein Mangel der Mietsache vorliegt, der den Mieter zur Minderung berechtigt. Einer zusätzlichen Darlegung des Mieters, dass infolge der Flächendifferenz die Tauglichkeit der Wohnung zum vertragsgemäßen Gebrauch gemindert ist, bedarf es in diesem Fall nicht (BGH, Urteil v. 24.3.2004, VIII ZR 295/03, WuM 2004 S. 336). Dies gilt auch, wenn die Wohnfläche im Mietvertrag mit einer „ca. … m^2" angegeben ist (BGH, Urteil v. 24.3.2004, VIII ZR 133/03, WuM 2004 S. 268).

Auch bei einem vermieteten Einfamilienhaus mit Garten stellt eine Wohnflächenabweichung einen zur Minderung berechtigenden Mangel dar, wenn die tatsächliche Wohnfläche von der vereinbarten Wohnfläche um mehr als 10 % nach unten abweicht. Eine Anhebung dieses Grenzwerts wegen der mitvermieteten Gartenfläche kommt nicht in Betracht (BGH, Urteil v. 28.10.2009, VIII ZR 164/08, WuM 2009 S. 733).

Die Minderung bemisst sich nach der prozentualen Flächenabweichung. Die **Wesentlichkeitsgrenze von 10 %** wird dabei nicht herausgerechnet. Liegt also die Abweichung über 10 %, geht sie vollständig in die Berechnung der Mietminderung ein.

Auch für die Abrechnung der Betriebskosten wendet der BGH diese Grundsätze an. Weicht die im Mietvertrag vereinbarte Wohnfläche von der tatsächlichen Wohnfläche ab, so ist der Abrechnung von Betriebskosten die vereinbarte Wohnfläche zugrunde zu legen, wenn die Abweichung nicht mehr als 10 % beträgt (BGH, Urteil v. 31.10.2007, VIII ZR 261/06, WuM 2007 S. 700).

Diese Rechtsprechung gilt auch für **Geschäftsraummietverhältnisse** (BGH, Urteil v. 4.5.2005, XII ZR 254/01, NZM 2005 S. 500). Eine Einschränkung ist allerdings bei einer Unterschreitung der Flächen von Nebenräumen (hier: Kellerräumen) zu machen. Hier darf die Minderung nicht pauschal nach dem prozentualen Anteil der fehlenden Fläche berechnet werden. Vielmehr ist der geringere Gebrauchswert dieser Räume in Rechnung zu stellen (BGH, Urteil v. 18.7.2012, XII ZR 97/09, WuM 2012 S. 550). Vergleiche hierzu auch „Mängel“, Abschnitt 2 „Fehlen einer zugesicherten Eigenschaft“).

Haben die Parteien bei Geschäftsraummietverhältnissen im Mietvertrag keine Berechnungsmethode zur Festlegung der Flächenberechnung bestimmt, muss sich der Mieter regelmäßig damit abfinden, dass der Vermieter ihm die Mietfläche durch eine zulässige und mögliche Berechnung nachweist, z.B. gemäß DIN 277. Die Grundsätze der Wohnflächenberechnung nach § 43 f. der II. BV sind nicht einschlägig (OLG Düsseldorf, Beschluss v. 17.11.2011, 24 U 56/11, DWW 2012 S. 212).

Verwenden die Parteien in einem formularmäßigen Mietvertrag über Wohnraum den Begriff „Mietraumfläche“, so ist hierunter nicht die Grundfläche (ohne Abzug von Schrägen) zu verstehen. Vielmehr ist auch in diesem Fall die Wohnfläche gemäß §§ 42 bis 44 der II. BV zu ermitteln, das bedeutet mit einem entsprechenden Abzug von Schrägen (BGH, Urteil v. 21.10.2009, VIII ZR 244/08, WuM 2010 S. 27).

Die Grundsätze zur Wohnflächenabweichung wendet der BGH ebenso an, wenn im Mietvertrag eine bestimmte Wohnfläche nicht aufgeführt ist, aber die in einem Mieterhöhungsverlangen angegebene und der Berechnung zugrunde gelegte Wohnfläche die tatsächliche Wohnfläche um mehr als 10 % übersteigt. Auch in diesem Fall kann der Mieter unter dem Gesichtspunkt der ungerechtfertigten Bereicherung die Rückzahlung der in der Folgezeit aufgrund der fehlerhaften Berechnung überzahlten Miete verlangen (BGH, Urteil v. 7.7.2004, VIII ZR 192/03, WuM 2004 S. 485). Dies gilt unabhängig davon, ob das Erhöhungsverlangen, dem der Mieter zugestimmt hat, formell wirksam oder unwirksam ist.

Weicht hingegen die tatsächlich vorhandene Wohnfläche von der vertraglich vereinbarten Wohnfläche um mehr als 10 % nach oben ab, dann ist der Vermieter berechtigt, bei künftigen Mieterhöhungen von der tatsächlichen, größeren Wohnfläche auszugehen (BGH, Urteil v. 23.5.2007, VIII ZR 138/06, NJW 2007 S. 2626). Liegt die Abweichung unter 10 %, ist die im Mietvertrag vereinbarte Wohnfläche zugrunde zu legen (BGH, Urteil v. 8.7.2009, VIII ZR 205/08, NZM 2009 S. 613).

Strittig ist noch, ob dem Mieter ein Minderungsrecht dann zusteht, wenn die **Flächenabweichung unter 10 %** liegt (verneinend LG Berlin, GE 2003 S. 190). Teilweise wird angenommen, dass ein Mangel dann vorliegt, wenn der Mieter zusätzlich darlegen und beweisen kann, dass die Tauglichkeit der Räume durch die Flächendifferenz nicht bloß unerheblich gemindert ist (KG Berlin, Beschluss v. 15.8.2005, 8 U 81/05, WuM 2005 S. 713). Nachdem der BGH die Grenze auf 10 % festgelegt hat, dürfte bei Abweichungen unter diesem Prozentsatz in der Regel nur eine unerhebliche Beeinträchtigung des Mietverhältnisses vorliegen (vgl. hierzu auch „Mieterhöhung bei Wohnraum“, Abschnitt 2.2 „Ortsübliche Vergleichsmiete“ und 2.5 „Form und Begründung der Mieterhöhung (§ 558a BGB)“).

Der Anspruch des Mieters auf Rückzahlung der überzahlten Miete unterliegt der Verjährung. Die Verjährungsfrist beträgt 3 Jahre. Gemäß § 199 Abs. 1 Nr. 2 BGB beginnt die Verjährung am Ende des Jahres, in dem der Mieter Kenntnis von den den Anspruch begründenden Umständen erlangt hat. Dies bedeutet Kenntnis der Wohnungsgröße, nicht Kenntnis davon, dass ein Recht zur Minderung besteht (BGH, Urteil v. 29.6.2011, VIII ZR 30/10, NZM 2011 S. 627; vgl. für die Zahlung einer überhöhten Kaution BGH, Urteil v. 1.6.2011, VIII ZR 91/10, NZM 2011 S. 625). Bei lang dauernden Mietverhältnissen können also solche Rückzahlungsforderungen des Mieters durchaus verjährt sein (strittig, vgl. Börstinghaus, NJW 2011 S. 3545). So wird in der Rechtsprechung teilweise angenommen, dass der Mieter Kenntnis im Sinne des § 199 BGB bzw. § 536 BGB von der Größe seiner Wohnung und damit von der Flächenabweichung nicht schon durch bloßes Ansehen oder bloße Nutzung erlangt, sondern durch Vermessen der Räume (LG Krefeld, Urteil v. 7.11.2012, 2 S 23/12, WuM 2012 S. 674). Dieser Rechtsansicht folgt auch das LG München I (Urteil v. 19.12.2013, 31 S 6768/13, WuM 2014 S. 135).

Diese für die Minderung aufgestellten Grundsätze für die Erheblichkeit der Beeinträchtigung des vertragsgemäßen Gebrauchs bei Flächenabweichungen von mehr als 10 % können auch für die **Kündigung** gemäß § 543 Abs. 2 Nr. 1 BGB herangezogen werden (BGH, a.a.O.). Da der Vermieter bei einer Abweichung der tatsächlichen von der vereinbarten Wohnfläche einer bereits errichteten Wohnung regelmäßig keine Abhilfe schaffen kann, ist eine Abmahnung oder Fristsetzung zur Mängelbeseitigung entbehrlich. War dem Mieter der Mangel (die geringere Größe) bei Abschluss des Mietvertrags weder bekannt noch infolge grober Fahrlässigkeit unbekannt, kann der Mieter aus wichtigem Grund kündigen. Er muss nicht weiter darlegen, warum ihm die Fortsetzung des Mietverhältnisses nicht zumutbar ist. Bei den in § 543 Abs. 2 S. 1 Nr. 1 bis Nr. 3 BGB aufgeführten Kündigungsgründen handelt es sich um gesetzlich typisierte Fälle der Unzumutbarkeit. Lediglich aufgrund besonderer Umstände des Einzelfalls kann das Kündigungsrecht verwirkt sein, so wenn der Mieter bei Mietbeginn oder danach erkennt, dass die tatsächliche Wohnfläche die im Mietvertrag angegebene um mehr als 10 % unterschreitet, ohne dies zeitnah zum Anlass für eine fristlose Kündigung zu nehmen (BGH, Urteil v. 29.4.2009, VIII ZR 142/08, WuM 2009 S. 349).

Ähnlich liegt der Fall, wenn die Mieträume nicht nach einer Besichtigung, sondern vor deren Errichtung angemietet werden. Bei dieser Sachlage dienen die Angaben zur Lage, Größe etc. nicht nur der Beschreibung, sondern der Festlegung dessen, was vom Vermieter vertraglich geschuldet wird. In solchen Fällen sind die Angaben im Mietvertrag bzw. in den Plänen als **Eigenschaftszusicherungen** anzusehen (OLG Hamm, Urteil v. 1.10.1997, 33 U 37/97, NZM 1998 S. 77). Dann können auch Abweichungen unter 10 % zu einem Fehler der Mietsache führen.

Wohngemeinschaft

Von Wohngemeinschaft spricht man, wenn sich mehrere Personen zusammentun, um eine Wohnung gemeinsam zu mieten. Alle Mitglieder der Gemeinschaft sind dann Mieter. Diese sind untereinander als Mitglieder einer BGB-Gesellschaft regelmäßig verbunden. Den Mitgliedern steht ein Kündigungsrecht (§ 723 BGB) untereinander zu; bei wirksamer Kündigung kann ein Gesellschafter die Zustimmung zur Kündigung des Mietverhältnisses gegenüber dem Vermieter verlangen (KG Berlin, Beschluss v. 30.3.1992, 2 W 1331/92, WuM 1992 S. 323). Keine Wohngemeinschaft besteht, wenn nur eine Person als Hauptmieter anmietet und dann untervermieten will (s. „Untermiete“).

Hauptstreitpunkt bei der Vermietung an eine Wohngemeinschaft ist der **Wechsel von Mietern**. Dies kann dazu führen, dass nach einiger Zeit die ursprünglichen Mieter verschwunden sind und der Vermieter zu seiner Überraschung völlig andere Personen vorfindet.

Unproblematisch ist es, wenn im Mietvertrag ausdrücklich eine **Nachfolgeklausel** vereinbart ist. Wenn jedoch eine solche Vereinbarung fehlt, sind die Ansichten in der Rechtsprechung geteilt.

Dem Vertragszweck bei der Vermietung an eine Wohngemeinschaft entspricht es, dass aus der Wohngemeinschaft ausscheidende Mieter die Vertragsentlassung verlangen und die verbleibenden Mieter den Eintritt neuer Mitmieter vom Vermieter fordern können. So führt das LG Hamburg (Urteil v. 10.8.1995, 334 S 38/95, WuM 1995 S. 697) aus, dass bei der Vermietung an eine Wohngemeinschaft auf Mieterseite auch ohne eine ausdrückliche Regelung im Mietvertrag das Recht besteht, dass ein Mitglied ausscheidet und ein neues Mitglied in den Vertrag eintritt, wobei der Vermieter berechtigt ist, dem Eintritt eines neuen Mieters zu widersprechen, wenn dieser für ihn nicht zumutbar ist. Eine solche Auslegung ist aus verfassungsrechtlicher Sicht nicht zu beanstanden (BVerfG, Beschluss v. 28.1.1993, 1 BvR 1750/92, WuM 1993 S. 104). Das LG Hamburg (Urteil v. 20.10.1983, 7 S 148/83, WuM 1985 S. 82) macht in einer früheren Entscheidung einen Mieterwechsel von der vorherigen Zustimmung des Vermieters abhängig, und zwar auch dann, wenn gegen die Mietnachfolger keine begründeten Einwendungen erhoben werden können. Allerdings gesteht das Gericht für den Fall der Verweigerung der Zustimmung den Mietern einen Anspruch auf Genehmigung der Untervermietung (§ 553 BGB) zu. Der Vermieter muss sich aber nicht damit abfinden, wenn ein Mieterwechsel stattfindet, ohne dass er gefragt wird. Vielmehr besteht für die Mieter eine Anzeigepflicht (LG München I, Urteil v. 24.6.1981, 31 S 694/81, WuM 1982 S. 189). Der Einzug eines Nachfolgers vor Zustimmung zerstört die Vertrauensgrundlage, sodass der Vermieter von dem neu eingezogenen Bewohner Räumung verlangen kann (§ 985 BGB; LG Göttingen, Beschluss v. 5.3.1993, 5 T 29/93, WuM 1993 S. 341).

Auch das LG Lübeck (Urteil v. 5.6.1984, 14 S 135/84, WuM 1985 S. 83) besteht auf dem einverständlichen Mitwirken des Vermieters beim Wechsel von Hauptmietern. Dieser Ansicht ist auch im Fall einer Wohngemeinschaft zu folgen, da anderenfalls die Vertragsfreiheit des Vermieters unzumutbar eingeschränkt wird. Wie das LG Köln (Urteil v. 20.6.1991, 1 S 28/91, WuM 1991 S. 483) zu Recht ausführt, besteht über die in § 565 BGB und §§ 563 ff. BGB geregelten Fälle hinaus für den Vermieter kein Kontrahierungszwang, sodass er nicht verpflichtet ist, für den Fall, dass einer von mehreren Mietern ausgewechselt werden soll, seine Zustimmung zu erteilen. Rechtlich gesehen stellt dieses Auswechseln eine Schuldübernahme im Sinne der §§ 414, 415 BGB dar. Das setzt voraus, dass der Vermieter entweder Vertragspartner des Übernahmevertrags sein muss oder wenigstens in die Übernahme als Vertrag zwischen dem alten und dem neuen Schuldner einwilligt. Dazu kann jedoch der Vermieter (so LG Köln, a.a.O.), nicht gezwungen werden. Die Belange der verbleibenden Mieter sind dadurch ausreichend geschützt, dass sie bei Auszug eines Mitglieds der Wohngemeinschaft zur Untervermietung an Dritte berechtigt sind. Ein berechtigtes Interesse hierzu ist auch dann anzunehmen, wenn nur an zwei Personen vermietet wurde, damit der verbleibende Mitmieter weiterhin in einer Wohngemeinschaft leben kann (LG Hamburg, Urteil v. 9.4.1992, 307 S 363/91, WuM 1992 S. 432).

Die neuere Rechtsprechung und Literatur folgt dieser Rechtsansicht allerdings nicht. Danach gilt Folgendes: Ergibt sich aus den Umständen des Vertragsschlusses, dass der Vermieter zu diesem Zeitpunkt wusste, dass er nicht einen Vertrag mit mehreren Einzelmietern, sondern mit einer Wohngemeinschaft schließt, besteht bei Mietereigenschaft aller Mitglieder ein Anspruch gegen den Vermieter, einer Auswechselung von Mietern zuzustimmen, d.h. der Entlassung eines ausscheidenden und der Aufnahme eines neuen Mitglieds. Die Mieter müssen hierfür auch kein berechtigtes Interesse darlegen, da dem Vermieter von vornherein klar sein muss, dass die Gemeinschaft aufgrund möglicher Wohnsitzwechsel oder aus anderen Gründen nicht auf Dauer angelegt ist (LG Berlin, Beschluss v. 19.4.2013, 65 S 377/12, Grundeigentum 2013 S. 1067). Im entschiedenen Fall haben die neu eintretenden Mieter Gehaltsabrechnungen und Kopien der Personalausweise übersandt. Dies reichte nach Ansicht des Gerichts aus.

Kündigen können nur alle Mieter gemeinsam, so wie auch nur allen Mietern gegenüber gekündigt oder eine Mieterhöhung ausgesprochen werden kann (s. auch „Personenmehrheit auf Mieterseite").

Entlässt der Vermieter ein Mitglied der Wohngemeinschaft aus dem Mietvertrag, ist es grundsätzlich erforderlich, dass die übrigen Mieter zustimmen. Wird also eine entsprechende Vereinbarung geschlossen, sollte der Vermieter darauf achten, dass die Vereinbarung auch von den in der Wohnung bleibenden Mietern unterschrieben wird. Anderenfalls kann die Entlassungsvereinbarung als Abrede dahin gesehen werden, dass der ausgezogene Mieter nicht mehr auf Erfüllung in Anspruch genommen wird (LG Berlin, Urteil v. 6.6.1994, 67 S 55/94, WuM 1995 S. 105). Der ausgezogene Mieter hat gegenüber den verbleibenden Mietern einen Anspruch auf Freistellung von Mietforderungen des Vermieters (OLG Düsseldorf, Urteil v. 24.10.1997, 22 U 43/97, WuM 1998 S. 413).

Wohnrecht → „Dingliches Wohnrecht"

Wohnungsabnahmeprotokoll

Bei Beendigung des Mietverhältnisses vereinbaren die Parteien oft die gemeinsame Besichtigung der Wohnung und erstellen hierüber ein Protokoll. Eine gesetzliche Verpflichtung hierzu gibt es jedoch nicht. Es genügt, wenn der Mieter dem Vermieter die Schlüssel übergibt und der Vermieter sich anschließend vom Zustand der Wohnung ein Bild macht und dem Mieter mitteilt, dass er sich seine Rechte (z. B. auf Schadenersatz) ausdrücklich vorbehält. Eine rügelose Annahme („alles in Ordnung") kann zum Verlust der Ansprüche führen.

Ein vom Vermieter und vom Mieter unterschriebenes Abnahmeprotokoll kann weitreichende Wirkungen haben. Wird dem Mieter ausdrücklich bescheinigt, dass er die Wohnung mangelfrei zurückgegeben hat, ist darin ein deklaratorisches Schuldanerkenntnis zu sehen. Entdeckt der Vermieter später doch noch Schäden, kann er sie nicht mehr geltend machen.

Umgekehrt kann sich der Mieter in einem solchen Abnahmeprotokoll verpflichten, unabhängig von dem, was er nach dem Mietvertrag leisten müsste, bestimmte Schäden zu beseitigen oder Renovierungsmaßnahmen durchzuführen. Durch ein solches konstitutives Schuldanerkenntnis wird eine vom Mietvertrag rechtlich selbstständige Leistungspflicht des Mieters begründet. Die Rechtsprechung ist aber bei der Annahme solcher selbstständiger Leistungsverpflichtungen zurückhaltend. Falls im Abnahmeprotokoll nur der Zustand der Wohnung festgehalten wird, bedeutet dies seitens des Mieters kein Anerkenntnis einer Leistungsverpflichtung (LG Aachen, Urteil v. 4.3.1981, 3 S 416/80, WuM 1981 S. 163). Vielmehr kann der Mieter z. B. immer noch einwenden, die Mängel seien schon bei Mietbeginn vorhanden gewesen.

Andererseits soll der Vermieter in einem solchen Fall weitere Schäden anmelden können, wenn der Mieter diese unstreitig verschuldet hat (AG Köln, Urteil v. 7.1.1986, 210 C 305/85, WuM 1986 S. 85). Ob allerdings alle AG dieser Rechtsprechung folgen, erscheint zweifelhaft. Vielmehr besteht eher die Tendenz, zulasten des Vermieters das Abnahmeprotokoll als abschließend anzusehen. Vor Unterzeichnung eines solchen ist daher Vorsicht und sorgfältige Prüfung geboten.

Wohnungsbeschlagnahme → „Obdachlosenunterbringung"
Wohnungsbrand → „Verschlechterung der Mietsache"
Wuchermiete → „Mietwucher"

Zahlungsverzug des Mieters

Die **Miete** besteht aus wiederkehrenden Leistungen des Mieters. Für sie ist eine bestimmte Zeit nach dem Kalender maßgebend. Aufgrund des Mietrechtsreformgesetzes ist die Miete bei **Wohnraum** zu Beginn, spätestens bis zum dritten Werktag der einzelnen Zeitabschnitte zu entrichten, nach denen sie bemessen ist (§ 556b Abs. 1 BGB). Da die Miete üblicherweise monatsweise bezahlt wird, ist sie am dritten Werktag eines Monats im Voraus fällig. Bei der Berechnung der Zahlungsfrist ist der Samstag nicht als Werktag mitzuzählen (BGH, Urteil v. 13.7.2010; VIII ZR 129/09, VIII ZR 291/09, WuM 2010 S. 495). Diese Bestimmung gilt für Mietverhältnisse über **sonstige Räume** aufgrund der Verweisungsnorm in § 579 Abs. 2 BGB entsprechend.

Für Mietverhältnisse über **Grundstücke** gilt § 579 Abs. 1 BGB. Danach ist die Miete am Ende der Mietzeit zu entrichten. Ist die Miete nach Zeitabschnitten bemessen, ist sie nach Ablauf der einzelnen Zeitabschnitte zu entrichten. Die Miete für ein Grundstück ist, sofern sie nicht nach kürzeren Zeitabschnitten bemessen ist, jeweils nach Ablauf eines Kalendervierteljahres am ersten Werktag des folgenden Monats zu entrichten. Diese Vorschrift ist, wie auch die Bestimmung des § 556b Abs. 1 BGB, abdingbar. Auch bei Grundstücken kann also vereinbart werden, dass die Miete im Voraus bezahlt werden muss.

> Aufgrund der Übergangsvorschriften im Mietrechtsreformgesetz ist auf ein am 1.9.2001 bestehendes Mietverhältnis hinsichtlich der Fälligkeit § 551 BGB in der bis zum 1.9.2001 geltenden Fassung anzuwenden (Art. 229 § 3 Abs. 1 Nr. 7 EGBGB).

Nach § 551 Abs. 1 BGB a.F. ist die Miete am Ende der Mietzeit bzw., wenn die Miete nach Zeitabschnitten bemessen ist, nach dem Ablauf der einzelnen Zeitabschnitte zu entrichten, bei monatsweiser Zahlung also jeweils am Ende des Monats. In Mietverträgen zum bisherigen Recht war jedoch zulässigerweise formularvertraglich eine andere Fälligkeit (in der Regel am dritten Werktag eines Monats im Voraus) vereinbart. Bei Wohnraummietverträgen kann eine solche Abänderung der Fälligkeit nach bisherigem Recht dann unwirksam sein, wenn in weiteren Klauseln ein Aufrechnungsverbot enthalten ist (BGH, RE v. 26.10.1994, VIII ARZ 3/94, NJW 1995 S. 254; vgl. auch BGH, Urteil v. 14.11.2007, VIII ZR 337/06, WuM 2008 S. 152). Bei der Prüfung der Frage, ob ein Zahlungsverzug des Mieters besteht, ist also bei Verträgen, die vor dem 1.9.2001 abgeschlossen wurden, weiterhin zu prüfen, ob eine Vorfälligkeitsklausel wirksam vereinbart wurde. Dies hat der BGH nunmehr ausdrücklich festgestellt. An die Stelle der formularmäßig vereinbarten Mietvorauszahlungsklausel eines am 1.9.2001 bereits bestehenden Mietvertrags, die wegen einer unzulässigen Beschränkung des Mietminderungsrechts unwirksam ist, ist – auch für die Zeit nach dem 1.1.2003 – die Fälligkeitsbestimmung des § 551 BGB a.F. getreten. Hier ist also die Miete erst am Ende des Monats fällig (BGH, Urteil v. 4.2.2009, VIII ZR 66/08, WuM 2009 S. 228).

Keine unangemessene Benachteiligung des Mieters stellt die Klausel in Altverträgen dar, wonach die Aufrechnung einen Monat zuvor anzukündigen ist. In solchen Altverträgen ist also die Vorfälligkeitsregel wirksam (BGH, Urteil v. 14.9.2011, VIII ZR 301/10, NZM 2012 S. 22).

Der Mieter kommt, wenn er nicht termingerecht zahlt, ohne Mahnung in Verzug (§ 286 Abs. 2 Nr. 1 BGB). Die fristlose Kündigung des Mietvertrags wegen Zahlungsverzugs bedarf daher grundsätzlich keiner vorherigen Fristsetzung oder Abmahnung (BGH, Urteil v. 11.3.2009, VIII ZR 115/08, WuM 2009 S. 231). Daran ändert auch der Umstand nichts, dass der Vermieter einen sich aufbauenden Mietrückstand nicht sofort zum Anlass einer fristlosen Kündigung nimmt. Eine in diesem Fall ohne Abmahnung erfolgte Kündigung ist grundsätzlich nicht treuwidrig (BGH a.a.O.). Wenn der Vermieter allerdings über einen längeren Zeitraum nicht tätig wird, kann sich je nach den Umständen des Einzelfalls eine Abmahnung durchaus empfehlen. Bei verspäteter Zahlung gerät der Mieter freilich nur dann in Verzug, wenn er diesen Umstand zu vertreten hat. Das ist z. B. nicht der Fall bei ungebührlich verzögerter Bankgutschrift.

Der Mieter verletzt seine Verpflichtung zur pünktlichen Mietzahlung auch dann nicht schuldhaft i. S. v. § 543 BGB, wenn und soweit er zur Bezahlung der Kosten der Unterkunft auf Sozialhilfe angewiesen ist und Zahlungen allein aufgrund eines Verschuldens des Sozialamts nicht fristgerecht beim Vermieter eingehen (KG Berlin, RE v. 11.12.1997, 8 RE-Miet 1354/96, WuM 1998 S. 85). Das Jobcenter (Sozialamt), das für einen hilfsbedürftigen Wohnungsmieter die Kosten der Unterkunft in der Weise übernimmt, dass es die Miete direkt an den Vermieter überweist, ist nicht Erfüllungsgehilfe des Mieters. Der Vermieter kann also nicht kündigen, wenn das Sozialamt die Miete trotz Abmahnung jeweils einige Tage verspätet zahlt (BGH, Urteil v. 21.10.2009, VIII ZR 64/09, WuM 2009 S. 736).

Seine Zahlungsfähigkeit hat jedoch der Mieter immer zu vertreten. Für die Zeit des Verzugs kann der Vermieter Verzugszinsen verlangen. Die Geltendmachung eines weitergehenden Schadens ist nicht ausgeschlossen.

Da es sich bei der Miete um eine Schickschuld handelt, reicht für die Rechtzeitigkeit der Zahlung der **Abgang** (die Absendung) vom Erfüllungsort, also vom Wohnsitz des Mieters aus (§ 269 BGB). Allerdings sind hier vom Gesetz abweichende Vereinbarungen möglich. In der Regel wird vereinbart, dass der Mietzins am Fälligkeitstag beim Vermieter eingegangen bzw. seinem Konto gutgeschrieben sein muss.

In Rechtsprechung und Literatur sind die Meinungen geteilt, ob bei Zahlungsverzug in Formularverträgen pauschalierte **Mahnkosten** verlangt werden können (dafür, wenn nicht mehr als 2,50 Euro angesetzt werden: von Brunn in Bub/Treier, III Rn. 122; dagegen, wenn mehr als 5 Euro pro Mahnung gezahlt werden sollen: AG Darmstadt, Urteil v. 3.12.1986, 31 C 3279/86, WuM 1988 S. 109).

Teilweise wird angenommen, dass solche Vereinbarungen eine bei Wohnraummietverhältnissen unzulässige Vereinbarung einer Vertragsstrafe gemäß § 555 BGB darstellen und deshalb unwirksam sind (Kossmann, Handbuch der Wohnraummiete, 6. Aufl., § 76 Rn. 4).

Zahlt der Mieter nicht vertragsgerecht, kann der Vermieter **Zahlungsklage** erheben. Lässt der Mieter einen Rückstand an Miete und Nebenkosten in einer die Bruttomiete mehrfach übersteigenden Höhe auflaufen, kann der Vermieter Klage auch auf künftige Leistung erheben (§ 259 ZPO; BGH, Urteil v. 4.5.2011, VIII ZR 146/10).

> Die schwerwiegendste **Folge des Verzugs** mit der Mietzahlung ist die fristlose Kündigung des Mietverhältnisses (§ 543 Abs. 2 Nr. 3 BGB). Sie ist zulässig, wenn der Mieter entweder für zwei aufeinanderfolgende Termine mit der Entrichtung der Miete oder eines nicht unerheblichen Teils davon in Verzug ist oder in einem Zeitraum, der sich über mehr als zwei Termine erstreckt, mit der Entrichtung der Miete in Höhe eines Betrags in Verzug gekommen ist, der die Miete für 2 Monate erreicht.

Die Kündigung ist **ausgeschlossen**, wenn der Vermieter vor ihrem Zugang befriedigt wird. Sie wird unwirksam, wenn sich der Mieter von seiner Schuld durch Aufrechnung befreien konnte und unverzüglich nach der Kündigung die Aufrechnung erklärt.

Das Kündigungsrecht des Vermieters wegen Verzugs des Mieters mit der Mietzahlung ist bei Wohnraummietverhältnissen eingeschränkt. Der rückständige Teil der Miete ist nur dann als nicht unerheblich anzusehen, wenn er die **Miete für einen Monat übersteigt**; dies gilt jedoch nicht, wenn Wohnraum nur zu vorübergehendem Gebrauch vermietet ist (§ 569 Abs. 3 Nr. 1 BGB).

Ferner wird die Kündigung eines Wohnraummietverhältnisses unwirksam, wenn der Vermieter nach Erhebung der Räumungsklage binnen 2 Monate nach Eintritt der Rechtshängigkeit (Klagezustellung) hinsichtlich der fälligen

Miete und der fälligen Nutzungsentschädigung befriedigt wird oder eine öffentliche Stelle (Sozialamt) sich zur **Befriedigung** verpflichtet (§ 569 Abs. 3 Nr. 2 BGB). Entscheidend ist der Zugang beim Vermieter. Es genügt nicht, dass die Erklärung innerhalb der Frist abgegeben wird oder sie dem Mieter oder dem mit dem Räumungsrechtsstreit befassten Gericht zugeht (BayObLG, RE v. 7.9.1994, 1Z RE-Miet 1/94, NJW 1995 S. 338).

Dies gilt jedoch nicht, wenn wegen Zahlung innerhalb der Schonfrist eine Kündigung des Vermieters unwirksam geworden ist und dem Mieter innerhalb eines Zeitraums von 2 Jahren erneut wegen Zahlungsverzugs gekündigt wird. Kündigt der Vermieter in einem solchen Fall nicht fristlos, sondern ordentlich (§ 573 Abs. 2 Nr. 1 BGB), soll der Mieter diese Kündigung durch nachträgliche Zahlung innerhalb der Schonfrist nicht unwirksam machen können (OLG Stuttgart, RE v. 28.8.1991, 8 RE-Miet 2/91, WuM 1991 S. 526 sowie OLG Karlsruhe, RE v. 19.8.1992, 3 RE-Miet 1/92, WuM 1992 S. 517). Auch eine analoge Anwendung der Vorschrift des § 569 Abs. 3 Nr. 2 BGB scheidet aus; der Mieter ist dadurch ausreichend geschützt, dass § 573 Abs. 2 Nr. 1 BGB eine schuldhafte erhebliche Vertragsverletzung voraussetzt, deren Vorliegen in jedem Einzelfall geprüft werden muss. Hierbei ist auch die nachträgliche Zahlung zu berücksichtigen (BGH, Urteil v. 16.2.2005, VIII ZR 6/04, WuM 2005 S. 250).

Bei Wohnraummietverhältnissen ist eine zum Nachteil des Mieters von der gesetzlichen Regelung der Verzugsfolgen abweichende Vereinbarung unwirksam. Gemäß § 569 Abs. 4 BGB ist der zur Kündigung führende wichtige Grund in dem Kündigungsschreiben anzugeben. Der Begründungszwang wurde durch das Mietrechtsreformgesetz eingeführt mit der Begründung, dass schon eine ordentliche Kündigung vom Vermieter begründet werden muss. Dies soll umso mehr bei einer fristlosen Kündigung gelten. An diese **Begründung** dürfen jedoch keine zu hohen oder übertrieben formalistischen Anforderungen gestellt werden. Hierdurch soll lediglich sichergestellt werden, dass der Mieter erkennen kann, welcher Umstand zur fristlosen Kündigung geführt hat.

Umstritten ist, ob die Angabe eines **Saldos** auf einem Kontenblatt ausreicht. Nach Ansicht des LG Hamburg kann ein Kontoauszug genügen, soweit aus ihm ersichtlich wird, welche unterlassenen Zahlungen, nämlich Mietrückstände oder Rückstände aus Betriebskostenabrechnungen, ihm zugrunde liegen und der Mieter danach beurteilen kann, welche Zahlung er erbringen muss, um die fristlose Kündigung innerhalb der Schonfrist unwirksam zu machen (LG Hamburg, Urteil v. 8.7.2003, 316 S 43/03, WuM 2003 S. 504). Teilweise wird allerdings angenommen, dass die Übersendung eines Mietkontoauszugs nicht ausreichend ist. Vielmehr muss der Vermieter in der Kündigung substanziiert angeben, in welchen Monaten und mit welchen Beträgen der Mieter in Rückstand geraten ist. Dies kann allerdings bei Mietern, die ohne Angabe einer Zweckbestimmung unregelmäßig zahlen, zu erheblichen Schwierigkeiten führen. Das AG Dortmund hat daher ausgeführt, dass eine falsche Verrechnung von Zahlungen des Mieters unerheblich ist, soweit die Tatsachen richtig mitgeteilt wurden und auch bei richtiger Verrechnung ein Kündigungsgrund bestanden hätte (AG Dortmund, Beschluss v. 31.3.2003, 125 C 11799/02, WuM 2003 S. 273). Der BGH hat hierzu entschieden, dass bei klarer und einfacher Sachlage die Angabe des Gesamtbetrags der rückständigen Miete ausreichend ist (BGH, Beschluss v. 22.12.2003, VIII ZB 94/03, WuM 2004 S. 97).

Diese Rechtsprechung hat der BGH ausgeweitet. So genügt es zur formellen Wirksamkeit einer auf Mietzahlungsverzug gestützten Kündigung des Vermieters, dass der Mieter anhand der Begründung des Kündigungsschreibens erkennen kann, von welchem Mietrückstand der Vermieter ausgeht, und dass er diesen Rückstand als gesetzlichen Grund für die fristlose Kündigung wegen Zahlungsverzugs heranzieht. Darüber hinausgehende Angaben sind auch dann nicht erforderlich, wenn es sich nicht um eine klare und einfache Sachlage handelt. Ausreichend ist, wenn der Vermieter dem Mieter nachvollziehbar mitteilt, welche konkret dargestellten Zahlungsrückstände er seiner Kündigung zugrunde legt. Nicht erforderlich ist die Angabe, welche Zahlungen oder Teilzahlungen geleistet und wie diese Zahlungen auf die jeweiligen Monate verrechnet wurden. Ausreichend sind also die aus der Sicht des Vermieters monatsbezogen aufgelisteten Rückstände bei der Kaltmiete und den Nebenkostenvorauszahlungen sowie daran anschließend die jeweils summenmäßig aufaddierten Gesamtrückstände. Darüber hinausgehende Angaben sind nicht erforderlich (BGH, Urteil v. 12.5.2010, VIII ZR 96/09, NZM 2010 S. 548).

Auch ständige unpünktliche Zahlungen des Mieters können zur fristlosen Kündigung berechtigen. Entscheidend ist, ob dem Vermieter die Fortsetzung des Mietverhältnisses zuzumuten ist (§ 543 Abs. 1 BGB). Hierbei kommt es auf das Ausmaß und den Grund der Unpünktlichkeit an.

Voraussetzung ist allerdings, dass der Vermieter diese unpünktliche Zahlungsweise abmahnt, so jedenfalls bei der fristlosen Kündigung. Bei einer ordentlichen Kündigung wegen **Zahlungsunpünktlichkeit** ist es eine Frage des Einzelfalls, ob eine Abmahnung erforderlich ist (so OLG Oldenburg, RE v. 18.7.1991, 5 UH 2/91, WuM 1991 S. 467). Die **Abmahnung** muss eine Kündigungsandrohung für den Fall weiterer unpünktlicher Zahlung enthalten (LG Hamburg, Urteil v. 15.1.1991, 316 S 251/90, WuM 1991 S. 345). Zahlt nun der Mieter nach der Abmahnung weiterhin in einem zusammenhängenden Zeitraum die Miete mit erheblicher Verspätung, ist eine fristlose Kündigung (§ 543 Abs. 1 BGB) möglich.

Das LG München I (Urteil v. 22.2.1991, 14 S 20241/90, WuM 1991 S. 346) sieht Verspätungen von mehr als einer Woche als erheblich an. Das LG München I geht davon aus, dass nach sechsmaliger, erheblich verspäteter Zahlung nach Abmahnung der Vermieter zur fristlosen Kündigung berechtigt ist (§ 543 BGB). Andere Landgerichte stellen teilweise erheblich höhere Anforderungen (LG Köln, Urteil v. 12.7.1991, 12 S 106/91, WuM 1991 S. 485).

Teilweise haben die Gerichte einen Kündigungsgrund erst dann angenommen, wenn der Mieter nach der Abmahnung noch dreimal verspätet zahlt, wobei Zahlungsverzögerungen vor der Abmahnung nicht zu berücksichtigen seien.

Dieser Rechtsprechung ist der BGH entgegengetreten. Gehen der Abmahnung wiederholt Zahlungsverzögerungen über einen längeren Zeitraum voraus, so kann ein wichtiger Grund i. S. v. § 543 Abs. 1 BGB bereits dann vorliegen, wenn nach der Abmahnung noch einmal die Miete nicht pünktlich eingegangen ist (BGH, Urteil v. 11.1.2006, VIII ZR 364/04, NZM 2006 S. 338). Die ständige verspätete Mietzahlung hat der Mieter allerdings nicht zu vertreten, wenn eine staatliche Stelle die Miete direkt an den Vermieter zahlt und trotz Abmahnung des Vermieters jeweils verspätet bezahlt. Das etwaige Verschulden des Jobcenters (Sozialamt) muss sich der Mieter nicht anrechnen lassen (BGH, Urteil v. 21.10.2009, VIII ZR 64/09, WuM 2009 S. 736).

Höchst umstritten ist, ob und wann der Vermieter bei Zahlungsverzug eine Versorgungssperre durchsetzen kann. In mehreren Entscheidungen hat das KG Berlin bei Geschäftsraummietverhältnissen bei Zahlungsverzug eine Versorgungssperre für zulässig gehalten (KG Berlin, Urteil v. 17.12.1998, 8 U 7247/98, GE 2004 S. 622; v. 8.7.2004, 12 W 21/04, NZM 2005 S. 65; v. 6.9.2007, 8 U 49/07, GE 2007 S. 1316). Teilweise wird darauf abgestellt, dass eine solche Versorgungssperre erst nach Ausspruch der fristlosen Kündigung zulässig sein soll. Zwischenzeitlich liegt auch ein Urteil des BGH zur gewerblichen Miete vor. Danach ist der Vermieter nach Beendigung des Mietverhältnisses gegenüber dem die Mieträume weiter nutzenden Mieter zur Gebrauchsüberlassung und damit auch zur Fortsetzung vertraglich übernommener Versorgungsleistungen (hier: Belieferung mit Heizenergie) grundsätzlich nicht mehr verpflichtet. Auch aus Treu und Glauben folgt eine nachvertragliche Verpflichtung des Vermieters von Gewerberäumen zur Fortsetzung von Versorgungsleistungen jedenfalls dann nicht, wenn der Mieter sich mit Miete und Nutzungsentschädigung im Zahlungsverzug befindet und dem Vermieter mangels eines Entgelts für seine Leistungen ein stetig wachsender Schaden droht. Eine solche Einstellung oder Unterbrechung der Versorgung mit Heizenergie durch den Vermieter ist auch keine Besitzstörung gemäß §§ 858, 862 BGB hinsichtlich der Mieträume (BGH, Urteil v. 6.5.2009, XII ZR 137/07, NZM 2009 S. 482). Ob diese Rechtsprechung auch bei Wohnraummietverhältnissen anwendbar ist, ist im Einzelnen höchst umstritten.

Grundsätzlich hat der Mieter die Kosten einer Kündigung als Verzugsschaden zu tragen. Dies gilt nicht in einfach gelagerten Fällen, bei denen mit rechtlichen oder tatsächlichen Schwierigkeiten nicht zu rechnen ist. Zur sofortigen Einschaltung eines Rechtsanwalts bedarf es zusätzlicher Voraussetzungen in der Person des Geschädigten, wie etwa eines Mangels an geschäftlicher Gewandtheit oder einer Verhinderung zur Wahrnehmung seiner Rechte. Insbesondere Großvermieter können in Routinefällen die Anwaltskosten nicht verlangen (BGH, Hinweisbeschluss v. 31.1.2012, VIII ZR 277/11, NZM 2012 S. 607).

Zeitmietvertrag

Inhaltsübersicht

	Seite
1 Allgemeines, Kündigungsausschlussvereinbarung	985
2 Zeitmietvertrag nach geltendem Recht	987
3 Einfacher Zeitmietvertrag nach altem Recht	989

1 Allgemeines, Kündigungsausschlussvereinbarung

Mietverträge können auf **unbestimmte oder bestimmte Zeit** abgeschlossen werden. Letzteres liegt vor, wenn der Tag der Beendigung kalendermäßig bestimmt oder bestimmbar ist. Ein Mietverhältnis, das auf bestimmte Zeit eingegangen ist, endet mit dem Ablauf dieser Zeit, sofern es nicht

- in den gesetzlich zugelassenen Fällen außerordentlich gekündigt oder
- verlängert wird (§ 542 Abs. 2 BGB).

Eine außerordentliche (befristete oder fristlose) Kündigung ist dagegen möglich. Ein auf bestimmte Zeit abgeschlossenes Mietverhältnis mit Verlängerungsklausel endet nur dann, wenn eine der Vertragsparteien eine entsprechende Erklärung abgibt.

> Einer **Kündigung** bedarf es daher nicht. Eine ordentliche Kündigung ist – im Gegensatz zur fristlosen – während der Laufzeit des Vertrags ausgeschlossen (BGH, Beschluss v. 16.9.2008, VIII ZR 112/08, WuM 2009 S. 48).

Ändern die Parteien während der Laufzeit des Vertrags seinen Endtermin, liegt ebenfalls ein Zeitmietvertrag vor wie bei befristeter Verlängerung des Mietvertrags durch richterlichen Gestaltungsakt. Hat der Mieter ein **Optionsrecht** (s. „Optionsrecht“), d. h., kann er Verlängerung des Vertrags auf eine bestimmte Zeit verlangen, handelt es sich ebenfalls um einen Zeitmietvertrag. Sieht der Mietvertrag eine bestimmte Mietzeit vor mit der Maßgabe, dass sich das Mietverhältnis mangels Kündigung verlängert, ohne dass ein Endtermin nach der Verlängerung genannt ist, handelt es sich nicht um einen befristeten Mietvertrag. Eine Kündigung ist frühestens zum Ende der bestimmten Zeit möglich. Ist in einem Mietverhältnis über gewerbliche Räume hinsichtlich der Mietzeit eine ausdrückliche Regelung nicht enthalten, bezüglich der Miete aber vereinbart, dass diese für einen bestimmten Zeitraum verbindlich bleiben soll, liegt gleichwohl kein Zeitmietvertrag vor (BGH, Urteil v. 28.1.1976, VIII ZR 263/74, WuM 1978 S. 82).

Diese Rechtslage gilt nach wie vor bei Mietverhältnissen über Geschäftsräume und Grundstücke. Bei Mietverhältnissen über **Wohnraum** hat das Mietrechtsreformgesetz einschneidende Änderungen gebracht, die im Folgenden dargestellt werden. Dieses neue Recht gilt aber nur für Mietverhältnisse, die ab dem 1.9.2001 abgeschlossen wurden. Für ein am 1.9.2001 bereits bestehendes Mietverhältnis auf bestimmte Zeit sind § 564c i. V.m. § 564b sowie die §§ 556a bis 556c, 556a Abs. 1 und § 570 BGB in der bis zu diesem Zeitpunkt geltenden Fassung anzuwenden (Art. 229 § 3 Abs. 3 EGBGB). Im Anschluss an die Darstellung des neuen Rechts wird daher nochmals auf die bisherige Rechtslage eingegangen.

Sowohl der Vermieter als auch der Mieter von Wohnraum können ein Interesse daran haben, dass das Mietverhältnis bestimmte Zeit andauert. Der Vermieter will sich nicht in kurzer Zeit wieder einen neuen Mieter suchen müssen, der Mieter will eine Sicherheit, dass er für eine gewisse Zeit nicht mit einer Eigenbedarfskündigung zu rechnen braucht. Ab dem 1.9.2001 ist ein einfacher Zeitmietvertrag jedoch nicht mehr möglich (s. Abschnitt 3 „Einfacher Zeitmietvertrag nach altem Recht"). Das Interesse an einer längerfristigen Bindung kann jedoch dadurch erreicht werden, dass die Parteien einen unbefristeten Mietvertrag schließen und für einen vertraglich festgelegten Zeitraum das ordentliche Kündigungsrecht beiderseits ausschließen (**Kündigungsausschlussvereinbarungen**).

Solche Vereinbarungen sind zulässig, und zwar auch dann, wenn nur der Mieter für eine bestimmte Zeit auf sein gesetzliches Kündigungsrecht verzichtet. Dies gilt allerdings nicht unbeschränkt. Durch einen einseitigen, befristeten Kündigungsausschluss im Formularmietvertrag wird der Wohnungsmieter dann unangemessen benachteiligt, wenn kein Staffelmietvertrag oder wirksamer Zeitmietvertrag vereinbart ist oder für den Mieter kein ausgleichender Vorteil gewährt wird (BGH, Urteil v. 19.11.2008, VIII ZR 30/08, WuM 2009 S. 47). Ebenso unwirksam ist ein formularmäßig vereinbarter zweijähriger Kündigungsverzicht in einem Mietvertrag über ein von einem Studenten an seinem Studienort angemietetes Zimmer. Gerade Studenten haben ausbildungsbedingt ein gesteigertes Interesse an der Wahrung ihrer Flexibilität (BGH, Urteil v. 15.7.2009, VIII ZR 307/08, WuM 2009 S. 587). Individualvertraglich kann hingegen ein einseitiger Kündigungsverzicht des Mieters auch dann vereinbart werden, wenn kein ausgleichender Vorteil gewährt wird (BGH, Urteil v. 22.12.2003, VIII ZR 81/03, NJW 2004 S. 1448).

Der BGH (a.a.O.) hat darauf hingewiesen, dass kein Verstoß gegen § 573c Abs. 4 BGB vorliegt, da durch den vereinbarten Kündigungsverzicht die einzuhaltenden Kündigungsfristen nicht verändert werden. Auch aus der Entstehungsgeschichte des Mietrechtsreformgesetzes spricht nichts für ein Verbot von Kündigungsausschlussvereinbarungen. Der Gesetzgeber wollte den bisherigen Rechtszustand nicht ändern. Bei Vereinbarung eines Kündigungsverzichts schließt sich nach Ablauf des festgelegten Zeitraums lediglich die nunmehr dreimonatige Kündigungsfrist des Mieters an.

Auch der Schutzzweck des § 573c Abs. 1 und 4 gebietet nicht, die Zulässigkeit eines Kündigungsverzichts einzuschränken. Die finanziellen Folgen für den Mieter im Fall einer vorzeitigen Aufgabe der Mietwohnung können im Regelfall durch die Stellung eines Ersatzmieters abgemildert werden (BGH, Urteil v. 22.12.2003, VIII ZR 81/03, NJW 2004 S. 1448).

Allerdings ist zu beachten, dass ein – auch beiderseitiger – formularmäßiger Kündigungsverzicht wegen unangemessener Benachteiligung des Mieters in der Regel unwirksam ist, wenn seine Dauer mehr als 4 Jahre beträgt (BGH, Urteil v. 6.4.2005, VIII ZR 27/04, DWW 2005 S. 194; s. hierzu ausführlich „Kündigung", Abschnitt 1.12 „Verzicht auf das ordentliche Kündigungsrecht"). Unwirksam ist daher auch eine Formulierung, wonach der Mieter erst nach Ablauf von 4 Jahren kündigen kann, d.h., der Mieter an den Mietvertrag 4 Jahre zzgl. seiner gesetzlichen Kündigungsfrist gebunden bleibt. Die Vereinbarung ist in diesem Fall insgesamt unwirksam mit der Folge, dass der Mieter mit der gesetzlichen Kündigungsfrist von 3 Monaten kündigen kann.

2 Zeitmietvertrag nach geltendem Recht

Der bisherige einfache Zeitmietvertrag des § 564c Abs. 1 BGB a.F. mit Verlängerungsoption und Geltung der Sozialklausel ist entfallen. Ein Zeitmietvertrag kann daher seit 1.9.2001 grundsätzlich nur unter bestimmten Voraussetzungen, d.h. nur bei Vorliegen eines der im Gesetz genannten Befristungsgründe, in zulässiger Weise abgeschlossen werden. Die bisherige Befristung auf nicht mehr als 5 Jahre ist weggefallen. Die Zeitmietverträge können daher im Gegensatz zur bisherigen Regelung für jede beliebige Zeitdauer abgeschlossen werden. Schließen die Parteien einen Mietvertrag auf bestimmte Zeit ab, ohne dass einer der in § 575 BGB genannten Befristungsgründe vorliegt, gilt das Mietverhältnis als auf unbestimmte Zeit abgeschlossen (§ 575 Abs. 1 Nr. 3 S. 2 BGB). Fraglich ist, ob ein einfacher Zeitmietvertrag, der nach dem 1.9.2001 geschlossen wurde, in einen Vertrag mit befristetem Kündigungsausschluss umgedeutet werden kann. Der BGH hat dies bisher offen gelassen (BGH, Urteil v. 14.6.2006, VIII ZR 257/04, WuM 2006 S. 445). Eine Umdeutung kommt höchstens dann infrage, wenn sich die Parteien nach der objektiven Interessenlage für eine gewisse Zeit an den Vertrag binden wollten und aufgrund von Rechtsunkenntnis einen einfachen Zeitmietvertrag abgeschlossen haben. Wollten die Parteien jedoch aufgrund des Interesses des Vermieters einen qualifizierten Zeitmietvertrag abschließen, ist dies aber nicht gelungen, weil sie die Voraussetzungen dieser Vorschrift in materieller oder formeller Hinsicht nicht beachtet haben, kommt eine Umdeutung nicht in Betracht. In diesem Fall gilt das Mietverhältnis als auf unbestimmte Zeit geschlossen (AG Augsburg, Urteil v. 4.8.2004, 16 C 2510/04, WuM 2004 S. 541; vgl. auch Hinz, WuM 2004 S. 129 sowie LG Nürnberg, Urteil v. 24.6.2005, 7 S 1557/05, WuM 2005 S. 789).

Folgende **Befristungsgründe** sind vom Gesetz zugelassen:

Wenn der Vermieter nach Ablauf der Mietzeit die Räume als Wohnung für sich, seine Familienangehörigen oder Angehörige seines Haushalts nutzen will (§ 575 Abs. 1 Nr. 1 BGB). Diese Bestimmung entspricht inhaltlich der früheren Bestimmung in § 564c Abs. 2 Nr. 2a BGB. Der Personenkreis bleibt mit dem bisherigen identisch. Wer darunter zu verstehen ist, ist unter „Eigenbedarf", Abschnitt 2 „Begünstigter Personenkreis" eingehend geschildert. Die Mitteilung des Vermieters über seine geplante Verwendungsabsicht muss einen konkreten Lebenssachverhalt darlegen, der eine Unterscheidung von anderen Interessen und eine spätere Überprüfung ermöglicht. Die Wiedergabe des Gesetzeswortlauts genügt nicht. Es empfehlen sich daher möglichst konkrete Angaben, insbesondere Name, Vorname und Verwandtschaftsverhältnis.

Etwas anderes wird bei erst noch einzustellenden Haushaltsangehörigen oder Pflegekräften gelten. Der Name braucht nicht angegeben zu werden, wohl aber die Funktion und die Tätigkeit dieser Personen.

Zulässig ist die Angabe mehrerer Bedarfspersonen, z.B. „für meinen Sohn Anton oder meine Tochter Berta". Dies gilt auch für Personen, die nicht aus der gleichen Personengruppe stammen, also z.B. „für meinen Sohn Anton Meier oder meine Eltern Karl und Elisabeth Meier." Auf den Auskunftsanspruch des Mieters hin ist allerdings dann die Bedarfsperson konkret zu benennen.

Der zweite zulässige Befristungsgrund liegt vor, wenn der Vermieter nach Ablauf der Mietzeit in zulässiger Weise die **Räume beseitigen** oder so wesentlich **verändern** oder **instand setzen** will, dass die Maßnahmen durch eine Fortsetzung des Mietverhältnisses erheblich erschwert würden (§ 575 Abs. 1 Nr. 2 BGB). Diese Vorschrift entspricht der alten Fassung in § 564c Abs. 2 Nr. 2b BGB. Die Angaben über den Umfang der baulichen Änderung müssen so konkret sein, dass der Mieter nachprüfen kann, ob die tatbestandsmäßigen Voraussetzungen erfüllt sind. Hierbei kommt es nicht darauf an, ob der Mieter zur Duldung gemäß § 554 Abs. 2 BGB verpflichtet wäre. Abstrakte Angaben wie „grundlegender Umbau der Wohnung“ reichen nicht aus. Die Baumaßnahmen müssen so genau bezeichnet werden, dass das Ausmaß der vorzunehmenden Arbeiten hinsichtlich Art und Dauer der Störung vom Mieter beurteilt werden kann. Die Angabe im Mietvertrag, dass das bestehende Gebäude abgerissen und durch einen Neubau ersetzt werden soll, ist ausreichend. Das genaue Abrissdatum oder die genau geplante Baumaßnahme muss nicht angegeben werden (BGH, Urteil v. 18.4.2007, VIII ZR 182/06, WuM 2007 S. 319, 321).

Der dritte und letzte Befristungsgrund liegt vor, wenn der Vermieter nach Ablauf der Mietzeit die Räume an einen zur Dienstleistung Verpflichteten vermieten will (§ 575 Abs. 1 Nr. 3 BGB). Diese Bestimmung entspricht § 564c Abs. 2 S. 1 Nr. 2c BGB a.F. mit der Änderung, dass die **Werkswohnung** auch an einen nicht Werksangehörigen dann befristet vermietet werden kann, wenn sie jedenfalls nach Fristablauf wieder an einen Werksangehörigen vermietet werden soll. So können Räume, die an sich Werkswohnungen sind, zur Vermeidung von unnötigen Leerständen zwischenzeitlich anderweitig vermietet werden, wenn zurzeit kein Interesse eines zur Dienstleistung Verpflichteten besteht.

Dem Mieter müssen bei Vertragsschluss die Gründe für die Befristung **schriftlich** mitgeteilt werden (§ 575 Abs. 1 S. 1 2. HS BGB). Dies war auch schon nach der alten Fassung Voraussetzung für einen qualifizierten Zeitvertrag. Der Mieter soll wissen, aus welchem Grund der Mietvertrag zu dem vereinbarten Zeitpunkt enden soll. Hierfür genügt es nicht, dass der Vermieter lediglich auf den Gesetzeswortlaut Bezug nimmt oder ihn bloß formelhaft wiederholt. Vielmehr muss der Vermieter einen konkreten Lebenssachverhalt darlegen, der eine Unterscheidung von anderen Interessen und eine spätere Überprüfung ermöglicht.

Gemäß § 575 Abs. 2 BGB kann der Mieter vom Vermieter frühestens 4 Monate vor Ablauf der Befristung verlangen, dass dieser ihm binnen eines Monats **mitteilt**, ob der Befristungsgrund noch besteht. Erfolgt die Mitteilung später, kann der Mieter eine Verlängerung des Mietverhältnisses um den Zeitraum der Verspätung verlangen. Der Mieter hat also einen Auskunftsanspruch, den er frühestens 4 Monate vor Ablauf der Mietzeit geltend machen kann, gerichtet darauf, ob der Befristungsgrund noch besteht. Eine Mitteilungspflicht des Vermieters nach § 564c Abs. 2 S. 2 BGB a.F. besteht daher nicht mehr. Begründet wird dies damit, dass der Mieter nur dann, wenn er überhaupt ein Interesse hat, über das vereinbarte Mietende hinaus in der Wohnung zu verbleiben, wird wissen wollen, ob der Vermieter an der Befristung festhalten möchte oder nicht. In diesem Fall ist es ihm auch zuzumuten, sich in seinem Interesse an den Vermieter zu wenden. Äußert sich der Vermieter bis zum Mietende gar nicht, kann der Mieter in der Wohnung bleiben. Es gilt dann die allgemeine Regelung des § 545 BGB zur stillschweigenden Verlängerung eines Mietverhältnisses.

Tritt der Grund der Befristung erst später ein, kann der Mieter eine Verlängerung des Mietverhältnisses um einen entsprechenden Zeitraum verlangen. Entfällt der Grund, kann der Mieter eine Verlängerung auf unbestimmte Zeit verlangen. Dies führt aber nicht zur Unwirksamkeit der Befristung (BGH, a. a. O.). Die **Beweislast** für den Eintritt des Befristungsgrunds und die Dauer der Verzögerung trifft den Vermieter (§ 575 Abs. 3 BGB). Der Vermieter hat also die Beweislast für den Eintritt des Befristungsgrunds und die Dauer der Verzögerung.

Ein **Wechsel** des Befristungsgrunds ist nicht zulässig. Ausgeschlossen ist allerdings nicht die Veränderung des Sachverhalts bei ansonsten gleichbleibendem Befristungsgrund. Es stellt nämlich keinen Wechsel des Befristungsgrunds dar, wenn der gleichbleibende Befristungsgrund lediglich durch einen geänderten Sachverhalt erfüllt wird, z. B. weil anstelle der Tochter nun der Sohn des Vermieters die Wohnung nutzen will oder der Vermieter statt dem bisher geplanten wesentlichen Umbau eine allerdings ebenfalls wesentliche Instandsetzung durchführen will (so die amtliche Begründung zur Mietrechtsreform).

Die Unwirksamkeit einer vereinbarten Befristung führt grundsätzlich dazu, dass der Mietvertrag als auf unbestimmte Zeit abgeschlossen gilt. Dies führt zu einer Vertragslücke, die durch ergänzende Vertragsauslegung dahingehend zu schließen ist, dass anstelle der unwirksamen Befristung für deren Dauer ein beiderseitiger Kündigungsverzicht gilt (BGH, Urteil v. 10.7.2013, VIII ZR 388/12, WuM 2013 S. 617). Im entschiedenen Fall hatten die Parteien Folgendes vereinbart: „Das Mietverhältnis ist auf Verlangen des Mieters auf bestimmte Zeit abgeschlossen. Es beginnt am 1.11.2004 und endet am 31.10.2011.“ Unter Berufung auf die Unwirksamkeit dieses Zeitmietvertrags wollte der Vermieter während der vereinbarten Mietzeit kündigen. Dem ist der BGH entgegengetreten.

In einem weiteren Urteil hat der BGH diese Rechtsprechung bestätigt. Der Zeitmietvertrag war ohne Angabe eines Befristungsgrunds abgeschlossen worden (BGH, Urteil v. 11.12.2013, VIII ZR 235/12, WuM 2014 S. 148). Eine ordentliche Kündigung ist unter diesen Umständen frühestens zum Ablauf der (unwirksam) vereinbarten Mietzeit möglich.

Von den die Zulässigkeit des Abschlusses eines Zeitmietvertrags einschränkenden Voraussetzungen des § 575 BGB sind solche Mietverhältnisse **ausgenommen**, die ohnehin keinen Bestandsschutz genießen. Dies ist in § 549 Abs. 2 und 3 BGB klargestellt. Für die darin genannten Mietverhältnisse (vgl. die ausführliche Darstellung unter „Kündigungsschutz“, Abschnitt 2.5.3 „Kündigung von Wohnraum, der nur zum vorübergehenden Gebrauch vermietet ist (§ 549 Abs. 2 Nr. 1 BGB)“ bis 2.5.5 „Kündigung von Wohnraum zur Überlassung an Personen mit dringendem Wohnungsbedarf (§ 549 Abs. 2 Nr. 3 BGB)“) gilt § 575 BGB nicht. In diesen Fällen bleibt es wie bisher dabei, dass Zeitmietverträge uneingeschränkt zulässig sind.

Auch Zeitmietverträge können **außerordentlich** mit der gesetzlichen Frist **gekündigt werden** (§ 575a Abs. 1 BGB). Eine solche außerordentliche Kündigung mit gesetzlicher Frist ist an einigen Stellen im Gesetz zugelassen (vgl. z. B. §§ 541 Abs. 1 S. 2, 544, 563 Abs. 4, 563a Abs. 2, 564 BGB). Der Vermieter kann auch bei der außerordentlichen Kündigung mit gesetzlicher Frist grundsätzlich nur dann kündigen, wenn er ein **berechtigtes Interesse** an der Kündigung hat, es sei denn, es handelt sich um ein Mietverhältnis über eine Wohnung in einem vom Vermieter selbst bewohnten Zweifamilienhaus (§ 573a BGB).

Von diesem Grundsatz ist die Kündigung des Vermieters gegenüber dem **Erben** nach § 564 S. 2 BGB ausgenommen. Hat der Erbe seinen Lebensmittelpunkt nicht in der Wohnung des verstorbenen Mieters, ist er in Bezug auf einen Wohnungsverlust nicht schutzbedürftig.

Die **Sozialklausel** der §§ 574 bis 574c BGB (s. „Sozialklausel“) gilt entsprechend mit der Maßgabe, dass die Fortsetzung des Mietverhältnisses höchstens bis zum vertraglich bestimmten Zeitpunkt der Beendigung verlangt werden kann (§ 575a Abs. 2 BGB). Gleiches gilt auch für die Möglichkeit gerichtlichen Räumungsschutzes (§§ 721 Abs. 7, 794a Abs. 5 ZPO). Dies ergibt sich daraus, dass der Mieter nur für den vertraglich bestimmten Zeitraum Bestandsschutz genießt, aber nicht darüber hinaus.

Die Kündigung ist spätestens am dritten Werktag eines Kalendermonats zum Ablauf des übernächsten Monats zulässig, bei Wohnraum nach § 549 Abs. 2 Nr. 2 BGB spätestens am 15. des Monats zum Ablauf dieses Monats (§ 575a Abs. 3 BGB).

3 Einfacher Zeitmietvertrag nach altem Recht

In vor dem 1.9.2001 geschlossenen Verträgen finden sich oft Klauseln wie: „Das Mietverhältnis wird für die Dauer von 3 Jahren abgeschlossen. Es verlängert sich jeweils um ein Jahr, falls es nicht gekündigt wird“. Fraglich ist, ob in diesen Fällen die Verlängerung, soweit sie nach dem 1.9.2001 eintritt, wirksam ist oder nicht, ob sich also diese Verträge automatisch in ein Mietverhältnis auf unbestimmte Zeit gemäß § 575 Abs. 1 S. 2 BGB umwandeln. Dies ist nicht der Fall. § 575 Abs. 1 S. 2

BGB ist nicht einschlägig, da das Mietverhältnis durch Kündigung beendet werden kann. Allerdings liegt ein Verstoß gegen § 573c Abs. 4 BGB vor, da der Kündigungstermin abweichend vom Gesetz geregelt wird. Da aber nach der Übergangsvorschrift in Art. 229 § 3 Abs. 10 EGBGB bestimmt ist, dass vertragliche Vereinbarungen, die vor dem 1.9.2001 abgeschlossen wurden und nach altem Recht gültig waren, weiterhin gültig sein sollen, ist von der Wirksamkeit der vertraglichen Bestimmung auszugehen (BGH, Urteil v. 6.4.2005, VIII ZR 155/04, NZM 2005 S. 417). Ist also in einem solchen Mietvertrag vereinbart, dass sich das Mietverhältnis nach Ablauf der Festmietzeit um jeweils ein Jahr verlängert, wenn es nicht gekündigt wird, so ist eine Kündigung nur zu diesem Termin möglich.

Dies hat der BGH in einer weiteren Entscheidung bestätigt (BGH, Urteil v. 20.6.2007, VIII ZR 257/06, NZM 2007 S. 728). Auf einen solchen Mietvertrag bleibt altes Recht auch dann anwendbar, wenn ein neuer Mieter in den bestehenden Mietvertrag aufgenommen wird, da der bisherige Mietvertrag weitergeführt werden soll (BGH, Urteil v. 7.2.2007, VIII ZR 145/06, WuM 2007 S. 202).

In einem vor Inkrafttreten des Mietrechtsreformgesetzes abgeschlossenen, ursprünglich 5 Jahre befristeten Mietvertrag hält auch eine formularmäßige Verlängerungsklausel wie folgt der Inhaltskontrolle stand: „Wird das Mietverhältnis nicht auf den als Endtermin vorgesehenen Tag unter Einhaltung der gesetzlichen Kündigungsfrist gekündigt, so verlängert es sich jedes Mal um 5 Jahre“ (BGH, Urteil v. 23.6.2010, VIII ZR 230/09, NZM 2010 S. 693).

Zentralheizung

Befindet sich im Anwesen eine Zentralheizung, ist der Vermieter verpflichtet, sie während der üblichen Heizperiode in Betrieb zu nehmen. Der Mieter seinerseits ist verpflichtet, die Heizleistung des Vermieters anzunehmen. Um welche Zeiten es sich hierbei handelt, ist gesetzlich nicht geregelt. Finden sich im Mietvertrag keine Vereinbarungen hierüber, wird als Heizperiode die Zeit vom 1.10. bis zum 30.4. angesehen, teilweise auch schon vom 15.9. bis zum 15.5.

Ob und unter welchen Voraussetzungen der Vermieter außerhalb dieser Zeit zur Inbetriebnahme der Heizung verpflichtet ist, ist im Einzelnen umstritten. Entscheidend sind die Dauer der **Kälteperiode** und der **Aufwand der Inbetriebnahme** der Heizung. Fallen die Heizkosten nur bei den Mietern an, die eine Beheizung wünschen, und ist diese ohne großen Aufwand möglich, muss geheizt werden.

Schwieriger ist es, wenn ein Teil der Mieter die Beheizung verlangt, ein anderer Teil sie ablehnt und die Kosten teils nach Verbrauch, teils nach Wohnfläche ermittelt werden. Das AG Hamburg hält es für zulässig, wenn der Vermieter sich an die Mehrheitsentscheidung hält (AG Hamburg, Urteil v. 7.9.1978, 29 C 203/78, ZMR 1981 S. 330), das AG Köln stellt auf die objektiven Gegebenheiten ab (AG Köln, Beschluss v. 29.11.1984, 206 C 351/84, WuM 1986 S. 136). Danach soll eine Heizpflicht bestehen, wenn die Raumtemperatur einen Tag unter 20 °C bleibt und mit einer Besserung in den nächsten 1 bis 2 Tagen nicht zu rechnen ist.

Dem ist insbesondere im Hinblick auf sparsamen Umgang mit Heizenergie nicht zuzustimmen. Eine Heizpflicht ist erst bei dreitägiger Unterschreitung der Raumtemperatur von 20 °C anzunehmen (Sternel, II Rn. 64). Eine Heizpflicht des Vermieters wird ferner dann angenommen, wenn die Innentemperatur bei geschlossenen Fenstern ohne Zusatzheizung auf unter 17 °C abfällt und mit einer Erwärmung für die nächsten Stunden nicht zu rechnen ist (Kraemer in Bub-Treier, III Rn. 1307). Im Temperaturbereich zwischen 17 und 20 °C ist dem Mieter zuzumuten, für kurze Zeit eine elektrische Zusatzheizung zu benutzen (Kraemer, a. a. O.).

Ein formularmäßiger Ausschluss der Beheizung im Sommer ist wirksam (LG Hamburg, Urteil v. 5.6.1987, 11 S 130/86, WuM 1988 S. 151).

In der Rechtsprechung finden sich verschiedene Ansichten darüber, welche **Mindesttemperatur** erreicht werden muss. Im Allgemeinen wird eine Mindesttemperatur von 20 °C von 7 Uhr morgens bis um 23 Uhr abends für ausreichend gehalten (OLG München, WuM 1959 S. 74; LG Köln, Urteil v. 17.5.1977, 12 S 35/76, WuM 1980 S. 17; LG Hamburg, Urteil v. 6.3.1979, 16 O 100/78, WuM 1980 S. 126). Dies gilt auch für Büroräume (OLG München, Urteil v. 20.11.2000, 5 U 2889/00, NZM 2001 S. 382). Teilweise wird je nach Zimmer differenziert, z. B. Wohn- und Schlafzimmer sowie Küchen 20 °C, Bäder und Duschen 22 °C, Flure 17 °C (Kraemer in Bub-Treier, III Rn. 1306). Hiervon geht auch die DIN-Norm 4701 aus. Eine **Absenkung** in der Nachtzeit auf 17 bis 18 °C wird allgemein für zulässig gehalten. Es bestehen erhebliche Bedenken, ob in einem Mietvertrag eine geringere Temperatur wirksam vereinbart werden kann.

Wie das OLG Düsseldorf entschieden hat (OLG Düsseldorf, Urteil v. 25.10.2001, 10 U 122/00, NZM 2001 S. 1125), kann der Mieter von Geschäftsräumen nicht deshalb fristlos kündigen, weil die Raumtemperatur an 2 Tagen außerhalb der Heizperiode unter 20 °C gelegen hat. Eine Innentemperatur von mehr als 35 °C über mehrere Monate in einem normalen Sommer berechtigt hingegen zur fristlosen Kündigung.

Siehe auch „Betriebskosten“, „Heizkostenverordnung“, „Minderung der Miete“.

Zerstörung des Gebäudes → „Instandhaltung und Instandsetzung der Mieträume“

Zurückbehaltungsrecht des Mieters an der Miete → „Mängel“, Abschnitt 8 „Erfüllungsanspruch und Zurückbehaltungsrecht des Mieters“

Zuständigkeit → „Gerichtliches Verfahren in Mietsachen“

Zwangsräumung

Inhaltsübersicht

Seite

1 Titel 991

2 Räumungsvollstreckung gemäß § 885 ZPO 992

3 Räumungsvollstreckung gemäß § 885 a ZPO 993

4 Kosten 994

1 Titel

Die Zwangsräumung kommt in Betracht, wenn sich der Mieter entweder in einem Prozessvergleich oder einem Vergleich vor einer von der Landesjustizverwaltung eingerichteten oder anerkannten Gütestelle zur Räumung des Mietobjekts verpflichtet (§ 794 Abs. 1 Nr. 1 ZPO) oder das Gericht den Mieter zur Räumung verurteilt hat und der Mieter seiner Räumungspflicht nicht nachkommt. Bei **Geschäftsraummietverhältnissen** kann die Zwangsräumung aus einer Urkunde, die von einem deutschen Gericht oder von einem deutschen Notar innerhalb der Grenzen seiner Amtsbefugnisse in der vorgeschriebenen Form aufgenommen ist, betrieben werden (§ 794 Abs. 1 Nr. 5 ZPO).

Die Zwangsräumung setzt also einen vollstreckbaren Räumungstitel voraus. Die eigenmächtige Räumung der Wohnung durch den Vermieter mithilfe von Schlüsseldienst und

Spedition kann zu erheblichen Schadenersatzansprüchen des Mieters führen, insbesondere bei eigenmächtiger Entsorgung von in der Wohnung befindlichen Gegenständen des Mieters. Darüber hinaus können Schmerzensgeldansprüche des Mieters in Betracht kommen (BGH, Urteil v. 14.7.2010, VIII ZR 45/09).

Nach ständiger Rechtsprechung des BGH ist gegen jeden Mitbesitzer ein Räumungstitel erforderlich. Dies gilt für den Ehegatten des Mieters, der den Mietvertrag nicht unterschrieben hat, ebenso wie für den nichtehelichen Lebensgefährten des Mieters oder für einen Untermieter. Auf die Kenntnis des Vermieters hiervon kommt es nach der Rechtsprechung des BGH nicht an. Danach konnte ein Mieter durch Aufnahme immer neuer Mitbewohner oder neuer Untermieter die Zwangsräumung im Ergebnis unmöglich machen. Hier hat das Mietrechtsänderungsgesetz Abhilfe gebracht. Gemäß § 940 a Abs. 2 ZPO darf die Räumung von Wohnraum durch einstweilige Verfügung auch gegen Personen angeordnet werden, die ohne Kenntnis des Vermieters Besitz an diesen Räumen begründet haben, wenn gegen den Mieter ein vollstreckbarer Räumungstitel vorliegt. Die Unkenntnis ist im Antrag auf Räumungsanordnung glaubhaft zu machen. Dabei kommt es nicht darauf an, ob der Vermieter der Besitzbegründung durch Dritte hätte zustimmen müssen, z. B. im Fall, dass der Mieter die Untervermietung eines Teils der Wohnung verlangen kann (s. „Räumungsverfügung“).

Der Gerichtsvollzieher ist verpflichtet, die Namen der in der Wohnung angetroffenen Personen festzustellen, um deren Identität zu prüfen und damit zu verhindern, dass gegen die falsche Person vollstreckt wird. Nennt die in der Wohnung angetroffene Person ihren Namen nicht, besteht ein Anhaltspunkt, dass hier in Zusammenwirken mit dem Mieter die Räumung verhindert werden soll. In diesem Fall darf die Räumung vom Gerichtsvollzieher fortgesetzt werden (so die Begründung zum Mietrechtsänderungsgesetz).

Die Vorlage eines Untermietvertrags durch einen Dritten ist zwar ein gewisses Indiz für die Besitzüberlassung. Gleichwohl hat der Gerichtsvollzieher, bevor er das Verfahren einstellt, zu prüfen, ob der Untermieter überhaupt tatsächlichen Besitz ausübt, denn nur dann kann sich die Frage des Besitzrechts stellen. Es kommt also auf die tatsächlichen Verhältnisse vor Ort an (AG Berlin-Charlottenburg, Beschluss v. 7.4.2014, 32 M 8042/14, NJW-RR 2014 S. 1359).

Minderjährige Kinder haben keinen eigenen Mitbesitz. Für die Räumungsvollstreckung reicht ein Vollstreckungstitel gegen die Eltern aus. Die Besitzverhältnisse an der Wohnung ändern sich im Regelfall auch nicht, wenn die Kinder nach Erreichen der Volljährigkeit mit ihren Eltern weiter zusammenleben. Haben die volljährigen Kinder keinen Mitbesitz an der Wohnung erlangt, reicht auch hier der Titel gegen die Eltern (BGH, Beschluss v. 19.3.2008, I ZB 56/07, NZM 2008 S. 400).

Empfohlen wird jedenfalls, vor der Räumungsklage beim Mieter anzufragen, ob und welche Personen er in die Wohnung aufgenommen hat.

2 Räumungsvollstreckung gemäß § 885 ZPO

Zuständig für die Durchführung der Zwangsräumung ist ausschließlich der **Gerichtsvollzieher**. Er wird tätig, wenn er unter Vorlage des Vollstreckungstitels (Urteil, Prozessvergleich) vom Räumungsgläubiger einen Auftrag erhält. Der Gerichtsvollzieher droht dem räumungspflichtigen Mieter die Zwangsräumung an und führt sie, regelmäßig nach Eingang des beim Räumungsgläubiger angeforderten Kostenvorschusses, durch.

Für die Durchführung gelten die § 180 f. GVGA. Gemäß § 180 Nr. 2 Abs. 2 S. 4 GVGA sollen zwischen der Räumungsmitteilung des Gerichtsvollziehers und dem Räumungstermin 3 Wochen liegen. Der Termin kann vom Gerichtsvollzieher schon vor Ablauf einer Räumungsfrist gemäß § 721 ZPO bestimmt werden.

Die Vollstreckung geschieht in der Weise, dass der Gerichtsvollzieher den Räumungspflichtigen aus dem Besitz setzt und den Gläubiger in den Besitz einweist. Gemäß § 885 Abs. 2 ZPO werden bewegliche Sachen, die nicht Gegenstand der Zwangsvollstreckung sind, vom Gerichtsvollzieher weggeschafft und dem Schuldner oder, wenn dieser abwesend ist, einem Bevollmächtigten des Schuldners oder einem erwachsenen Familienangehörigen, einer in der Familie beschäftigten Person oder einem erwachsenen ständigen Mitbewohner übergeben oder zur Verfügung gestellt. Die Besitzeinweisung erfolgt durch Übergabe der Schlüssel oder Auswechseln der Schlösser, wenn der Schuldner die Schlüssel nicht oder nicht alle zurückgibt.

Ist weder der Schuldner noch eine der bezeichneten Personen anwesend oder wird die Entgegennahme verweigert, hat der Gerichtsvollzieher die in den Räumen befindlichen beweglichen Sachen auf Kosten des Schuldners in die Pfandkammer zu schaffen oder anderweitig in Verwahrung zu bringen. Bewegliche Sachen, an deren Aufbewahrung offensichtlich kein Interesse besteht (Müll, Unrat), sollen unverzüglich vernichtet werden.

Dies gilt nicht für wertlose oder im derzeitigen Zustand nicht (mehr) gebrauchsfähige Sachen, deren weitere Verwendung durch den Schuldner nicht von vornherein ausgeschlossen werden kann. Diese Sachen sind im Zweifel in Verwahrung zu nehmen, es sei denn, es bestehen konkrete Anhaltspunkte dafür, dass der Schuldner sie nicht mehr behalten will (Begründung zum Mietrechtsänderungsgesetz, S. 46). Vom Vollstreckungsauftrag nicht umfasst ist die aufwendige und kostenintensive Entsorgung von sehr großen Mengen Müll oder von Altlasten (a. a. O.). Dies gilt auch für Zubehör gemäß § 97 BGB. Hier muss der Vermieter noch seinen Beseitigungsanspruch in einer gesonderten Klage geltend machen. Kein Zubehör, also vom Gerichtsvollzieher zu räumen, ist eine aus Serienteilen zusammengesetzte Einbauküche.

Gemäß § 885 Abs. 4 ZPO veräußert der Gerichtsvollzieher die Sachen und hinterlegt den Erlös, wenn der Schuldner die Sachen nicht binnen einer Frist von einem Monat nach Räumung abfordert. Dies gilt auch dann, wenn der Schuldner sich zwar innerhalb der Frist meldet, aber nicht binnen einer Frist von 2 Monaten nach der Räumung die Kosten bezahlt. Sachen, die nicht verwertet werden können, sollen vernichtet werden.

Gemäß § 885 Abs. 5 ZPO sind unpfändbare Sachen und solche Sachen, bei denen ein Verwertungserlös nicht zu erwarten ist, auf Verlangen des Schuldners jederzeit ohne Weiteres herauszugeben. Die Veräußerung hat unter entsprechender Anwendung der Vorschriften über die Pfandverwertung zu erfolgen.

Die Kosten einer solchen Zwangsräumung samt Einlagerung sind erheblich. Teilweise wird von den Gerichtsvollziehern ein Vorschuss von 2.000 Euro pro Zimmer kalkuliert. Der Vorschuss wird vom Gläubiger angefordert; wird er nicht fristgerecht gezahlt, wird der Auftrag nicht ausgeführt.

3 Räumungsvollstreckung gemäß § 885 a ZPO

Hier hat der Gesetzgeber Abhilfe geschaffen. Durch das Mietrechtsänderungsgesetz wurde die nach der Rechtsprechung des BGH zulässige sog. „Berliner Räumung“ in § 885 a ZPO kodifiziert. Danach wird der Vollstreckungsauftrag auf die Besitzverschaffung an den Räumen beschränkt. Damit entfallen die hohen Kosten der Wegschaffung der eingebrachten Gegenstände des Schuldners. In § 885 a Abs. 2 ZPO ist geregelt, wie der Gerichtsvollzieher hierbei vorzugehen hat. Im Räumungsprotokoll hat der Gerichtsvollzieher die frei ersichtlichen beweglichen Sachen zu dokumentieren, wobei er auch Bildaufnahmen in elektronischer Form herstellen kann. Dies dient dazu, Streit zwischen den Parteien über Bestand und Zustand der Möbel etc. zu erleichtern. Das Protokoll des Gerichtsvollziehers ist nämlich eine öffentliche Urkunde nach § 415 ZPO und begründet den vollen Beweis seines Inhalts.

Gemäß § 885 a Abs. 3 ZPO kann der Gläubiger bewegliche Sachen, die nicht Gegenstand der Zwangsvollstreckung sind, jederzeit wegschaffen. Dann hat er sie zu verwahren. Bewegliche Sachen, an deren Aufbewahrung offensichtlich kein Interesse besteht (Müll und Unrat), kann er jederzeit vernichten. Für diese Maßnahmen hat der Gläubiger nur Vorsatz und grobe Fahrlässigkeit zu vertreten. Der Vermieter kann also die Möbel selbst aus der Wohnung entfernen und woanders (etwa in einem Keller oder in privaten Lagerräumen) lagern, um die Wohnung schnell wieder vermieten zu können.

In § 885a Abs. 4 ZPO ist das weitere Verfahren zur Aufbewahrung und Liquidierung der vorgefundenen beweglichen Sachen geregelt. Fordert der Schuldner die Sachen beim Gläubiger nicht binnen einer Frist von einem Monat nach der Einweisung des Gläubigers in den Besitz ab, kann der Gläubiger die Sachen verwerten. Die Verwertung hat in entsprechender Anwendung der Vorschriften über die Hinterlegung, Versteigerung und den Verkauf gemäß den §§ 372 ff. BGB zu erfolgen. Da die Gegenstände häufig nicht hinterlegungsfähig sind, wird vorrangig eine öffentliche Versteigerung durch den Gerichtsvollzieher oder eine sonst dazu befugte Person nach § 383 BGB in Betracht kommen. Eine Androhung der Versteigerung ist nicht erforderlich.

Sachen, die nicht verwertet werden können, können, müssen aber nicht vernichtet werden. Diese Vorschrift ermöglicht es dem Gerichtsvollzieher, von der Vernichtung persönlicher Papiere wie Familienurkunden, Zeugnisse, oder Geschäftsunterlagen abzusehen. Ein vorheriger erfolgloser Verwertungsversuch ist nicht erforderlich.

Gemäß 885a Abs. 5 ZPO sind unpfändbare Sachen und solche Sachen, bei denen ein Verwertungserlös nicht zu erwarten ist, auf Verlangen des Schuldners jederzeit ohne Weiteres herauszugeben.

Gemäß § 885a Abs. 6 ZPO weist der Gerichtsvollzieher den Gläubiger und den Schuldner mit der Mitteilung des Räumungstermins auf die Vorschriften über die ordnungsgemäße Sonderung, Verwahrung und Liquidierung hin. Die anfallenden Kosten sind Kosten der Zwangsvollstreckung und fallen gemäß § 788 Abs. 1 S. 1 ZPO dem Schuldner zur Last. Ein eigener Vollstreckungstitel ist daher nicht erforderlich. Die Kosten können unmittelbar beim Schuldner als Kosten der Zwangsvollstreckung beigetrieben werden.

Leistet der Räumungspflichtige **Widerstand** gegen die Zwangsräumung, darf der Gerichtsvollzieher Gewalt anwenden und zu diesem Zweck polizeiliche Unterstützung anfordern. Von sich aus aufschieben darf der Gerichtsvollzieher im Allgemeinen nicht. Nur in ganz besonderen Fällen können die Voraussetzungen für einen – zulässigen – **Aufschub** erfüllt sein, etwa wenn die Zwangsräumung das Leben des oder der zur Räumung Verpflichteten unmittelbar gefährden würde.

Der Schuldner seinerseits kann Anträge gemäß § 765a ZPO auf Einstellung der Zwangsvollstreckung stellen, s. hierzu ausführlich das Stichwort „Vollstreckungsschutz“.

4 Kosten

Die Kosten der Zwangsräumung fallen, soweit sie **notwendig** waren, dem **Schuldner** zur Last (§ 788 ZPO). Dies sind zum einen die Kosten der unmittelbaren Zwangsräumung, zum anderen die Kosten der Verwahrung und des Transports des Räumungsguts. Allerdings haftet der Gläubiger neben dem Schuldner für diese gesamten Kosten, auch für die Einlagerungs- und Vernichtungskosten.

Die dem Gläubiger entstandenen Kosten sind zusammen mit der Vollstreckung beizutreiben. Der Gerichtsvollzieher berechnet die Kosten und prüft ihre Notwendigkeit. Die Kosten können auch nach Beendigung der Räumung beigetrieben werden. Eine besondere Kostenfestsetzung ist nicht erforderlich, kann jedoch erfolgen. Dann ist der **Kostenfestsetzungsbeschluss** der Vollstreckungstitel.

Siehe hierzu auch „Räumungsklage“, „Rückgabe der Mietsache“ und „Verwirkung“ (für den Fall, dass längere Zeit aus dem Titel nicht vollstreckt wurde).

Zwangsversteigerung

Wird das Mietgrundstück zwangsversteigert, tritt mit der Erteilung des Zuschlags der Ersteher in die Rechte und Pflichten aus dem Mietvertrag ein. Der **Ersteher** des Grundstücks ist, sofern nicht Wohnräume Gegenstand des Mietvertrags sind, berechtigt, das Mietverhältnis unter Einhaltung der gesetzlichen Frist zu kündigen, wobei die Kündigung jedoch nur für den erstmöglichen Termin zulässig ist. Das **Kündigungsrecht** des Erstehers ist eingeschränkt, wenn zur Schaffung des Mietraums Finanzierungsbeiträge geleistet worden sind. Ist Wohnraum Gegenstand des Mietvertrags, kann nach überwiegender Meinung der Ersteher das Mietverhältnis, wenn es dem Kündigungsschutz unterliegt, nur bei Vorliegen eines berechtigten Interesses (§ 573 BGB) kündigen.

Der **Zuschlag** ist als Veräußerung anzusehen, Kündigungssperrfristen sind daher auch dann zu beachten, wenn das Mietverhältnis unter Einhaltung der gesetzlichen Frist gekündigt wird (§ 57a ZVG; BayObLG, RE v. 10.6.1992, RE-Miet 2/92, WuM 1992 S. 424).

Zwangsverwaltung

Der Zwangsverwalter wird vom Gericht eingesetzt. Dies ist der Fall, wenn Gläubiger des Vermieters die Mieteinnahmen zur Befriedigung von Forderungen beschlagnahmen lassen. Für die Dauer der **Beschlagnahme** tritt der Zwangsverwalter in die Mietverträge ein (§ 152 ZVG). Dies hat zur Folge, dass ihm alle Rechte aus dem Mietvertrag zustehen und auch der Mieter etwaige Ansprüche gegen den Zwangsverwalter richten muss.

Zweckentfremdung

Inhaltsübersicht

Seite

1 **Geltungsbereich** ... 996

2 **Voraussetzungen** ... 996

3 **Begriff** ... 996
3.1 Vermietbarkeit „zu angemessenen Bedingungen“ ... 996
3.2 Nutzungsänderung von Wohnraum ... 997
3.3 Umwandlung von Wohnraum ... 997

4 **Anspruch auf Erlaubnis** ... 998
4.1 Erteilung der Erlaubnis ... 998
4.2 Befristung, Bedingung, Auflagen ... 999
4.2.1 Befristung ... 999
4.2.2 Bedingung ... 999
4.2.3 Auflage ... 999

5 **Zuständigkeit** ... 1000

6 **Ordnungswidrigkeit** ... 1000

7 **Kündigungsrecht** ... 1000

1 Geltungsbereich

Sozialwohnungen dürfen ohne Genehmigung der Wohnungsbehörde nicht zu anderen als Wohnzwecken verwendet werden (§ 27 Abs. 7 Nr. 3 WoFG).

Bei frei **finanzierten Wohnungen** hat sich die Zuständigkeit geändert. Mit der Änderung des Grundgesetzes vom 1.9.2006 haben nunmehr die Länder die ausschließliche Gesetzgebungskompetenz für den Bereich des Zweckentfremdungsrechts übertragen bekommen. Die Ermächtigungsgrundlage in Art. 6 § 1 Abs. 1 des Gesetzes zur Verbesserung des Mietrechts vom 4.11.1971 (BGBl I S. 1754) ist entfallen. Verschiedene Bundesländer haben von dieser Kompetenz zwischenzeitlich Gebrauch gemacht, so z. B. Bayern mit dem Gesetz über das Verbot der Zweckentfremdung von Wohnraum mit Wirkung ab 1.7.2008. Aufgrund dieses Gesetzes haben Gemeinden mit Wohnraummangel die Möglichkeit erhalten, für ihr Gebiet durch Erlass einer eigenen Satzung das Verbot der Zweckentfremdung von Wohnraum festzulegen.

Nicht unter das Verbot fallen Wohnungen, die zu einer Zeit vor Inkrafttreten der aufgrund der früheren Rechtsgrundlage erlassenen Verordnung ununterbrochen zu anderen als Wohnzwecken genutzt wurden. Die materielle Beweislast hierfür trägt der Vermieter. Der Nachweis kann geführt werden durch Vorlage der Mietverträge, Bestätigungen von Mietern o. Ä.

2 Voraussetzungen

Der Ermächtigungsnorm des Art. 6 des Gesetzes zur Verbesserung des Mietrechts vom 4.11.1971 konnte nicht entnommen werden, welche Voraussetzungen im Einzelnen vorliegen müssen, um von einer **Gefährdung der Wohnraumversorgung** i. S. d. Gesetzes ausgehen zu können. Sie müssen daher durch Auslegung gefunden werden.

Das BVerfG hat in seinem Urteil v. 4.2.1975 (2 BvL 5/74, NJW 1975 S. 727) folgenden Grundsatz herausgestellt: **„Ausreichende Versorgung“** bedeutet ein annehmbares Gleichgewicht von Angebot und Nachfrage, nicht aber ein preisdrückendes Überangebot; sie bedeutet ferner nicht ein Angebot von Wohnungen besonders gehobener oder besonders einfacher Größe und Ausstattung, sondern von Wohnungen, wie sie dem allgemeinen, für Wohnungen der entsprechenden Gegend und Lage anzutreffenden Standard entsprechen. **„Angemessene Bedingungen“** bedeutet nicht außergewöhnlich niedrige Mieten, sondern Mieten, die für Wohnungen der entsprechenden Art von einem durchschnittlich verdienenden Arbeitnehmerhaushalt allgemein tatsächlich aufgebracht werden.

3 Begriff

Zweckentfremdung liegt vor, wenn Wohnraum anderen als Wohnzwecken zugeführt wird. Der Wohnraum muss subjektiv bestimmt und objektiv geeignet sein, auf Dauer bewohnt zu werden (BVerwG, Urteil v. 18.5.1977, VIII C 44.76, NJW 1977 S. 2280). Räume sind nämlich nicht (mehr) Wohnräume i. S. d. Zweckentfremdungsverbots, wenn sie etwa aus bebauungs- oder bauordnungsrechtlichen Gründen nicht mehr bewohnt werden dürfen, wenn sie wegen vorhandener Mängel oder Missstände zumutbar nicht mehr bewohnt werden können oder wenn sie sich aus anderen Gründen zu angemessenen Bedingungen als Wohnraum nicht (mehr) vermieten lassen (BayObLG, Beschluss v. 24.1.1995, 3 ObOWi 2/95, DWW 1995 S. 110).

3.1 Vermietbarkeit „zu angemessenen Bedingungen“

Eine Vermietbarkeit „zu **angemessenen Bedingungen**“ ist nicht bereits dann zu verneinen, wenn für eine Wohnung besonderer Größe (im entschiedenen Fall 190 m^2) oder besonderen Zuschnitts die Miete auf dem Markt deutlich stärker abgesunken ist als für „Normalwohnungen“. Die Grenze zur **Unvermietbarkeit** wird jedoch unterschritten, wenn eine Vermietung nur noch zu einer Miete möglich wäre, die außerhalb jeder Wirtschaftlichkeit läge (OVG Nordrhein-Westfalen, Urteil v. 11.3.1993, 14 A 1476/88, DWW 1995 S. 20). Nach Ansicht des Gerichts bleibt die Möglichkeit der Aufteilung einer Großwohnung in zwei oder mehrere kleinere Wohnungen bei der Beurteilung der Vermietbarkeit außer Betracht. Auch die Möglichkeit einer Vermietung an eine Wohngemeinschaft ist grundsätzlich keine Vermietbarkeit zu angemessenen Bedingungen. Diese sind grundsätzlich dann gegeben, wenn die vereinbarte oder in Betracht zu ziehende Miete der ortsüblichen Vergleichsmiete entspricht.

3.2 Nutzungsänderung von Wohnraum

Auch ist die **Nutzungsänderung** von Wohnraum, der dem allgemeinen Wohnungsmarkt nicht zur Verfügung steht, keine Zweckentfremdung (VG Köln, Urteil v. 16.9.1993, 16 K 838/93, WuM 1994 S. 488). Im entschiedenen Fall handelte es sich um eine nur von einem Betriebsleiter oder -eigentümer zu nutzende Betriebswohnung in einem Gewerbegebiet. **Abbruchreifer** Wohnraum fällt daher nicht unter das Zweckentfremdungsverbot. Etwas anderes gilt allerdings dann, wenn der Verfügungsberechtigte diesen Zustand absichtlich herbeiführt, eine Wohnung also absichtlich unbewohnbar macht. Hierin liegt eine Zweckentfremdung (OVG Berlin, Urteil v. 14.1.1983, 2 B 89.82, WuM 1983 S. 172).

Im Übrigen kann sich der Verfügungsberechtigte auf den schlechten Zustand des Wohnraums dann nicht berufen, wenn dieser mit einem vertretbaren und objektiv zumutbaren Modernisierungs- und Renovierungsaufwand wiederhergestellt werden kann (BVerwG, Urteil v. 10.5.1985, 8 C 35/83, ZMR 1985 S. 423). Ein **zumutbarer Aufwand** liegt nicht mehr vor, wenn die aufzuwendenden finanziellen Mittel (einschließlich der Nebenkosten) nicht innerhalb eines Zeitraums von 10 Jahren durch entsprechende Erträge ausgeglichen werden können oder die Kosten des Abbruchs zzgl. der Neuerrichtung eines vergleichbaren Gebäudes erreichen (BVerwG, Urteil v. 20.8.1986, 8 C 16/84, ZMR 1987 S. 70).

Als Aufgabe des Wohnzwecks ist es nach dem Gesetz auch anzusehen, wenn Wohnraum zum Zweck einer dauernden **Fremdenbeherbergung**, insbesondere einer gewerblichen Zimmervermietung oder der Errichtung von Schlafstellen verwendet werden soll.

3.3 Umwandlung von Wohnraum

Keine Zweckentfremdung war nach der früheren Rechtsprechung:

- die Umwandlung eines Wohnraums in einen Nebenraum, insbesondere einen Baderaum;
- wenn Wohnraum, der nach dem 31.5.1990 unter wesentlichem Bauaufwand aus anderen als Wohnzwecken dienenden Räumen geschaffen wurde, zu anderen als Wohnzwecken vermietet wird.

Den klassischen Fall der Zweckentfremdung bildet die Umwandlung von **Wohnraum in Geschäftsraum**. Hier wird der Wohnraum anderen als Wohnzwecken zugeführt. Werden bauliche Veränderungen vorgenommen, durch die der bisherige Wohngebrauch ausgeschlossen wird, ist das noch keine „Zuführung“ zu anderen als Wohnzwecken. Noch weniger kann von einem „Zuführen“ gesprochen werden, wenn der Verfügungsberechtigte Wohnraum leer stehen lässt.

Während das BayObLG mit überzeugender Begründung das **Leerstehenlassen** von Wohnraum nicht der Zweckentfremdung zuordnet und darin keine Zuwiderhandlung gegen das Verbot erblickt (BayObLG, Beschluss v. 16.12.1974, RReg 4 St 563/74 OWi, BayVBl 1975 S. 247 = DWW 1975 S. 67) und der BayVerwGH den **Abbruch** eines Gebäudes gleichfalls nicht als Zweckentfremdung ansieht (BayVerwGH, Urteil v. 30.3.1976, 399 VIII 73, BayVBl 1976, 400 = NJW 1977 S. 315), nehmen das BVerfG (BVerfG, Urteil v. 4.2.1975, 2 BvL 5/74, NJW 1975 S. 727) und das BVerwG (BVerwG, Urteil v. 18.5.1977, VIII C 44.76, BayVBl 1977 S. 607) den entgegengesetzten Standpunkt ein. Für Verwaltungsstreitverfahren, die Genehmigungen der Zweckentfremdung von Wohnraum betreffen, muss deshalb davon ausgegangen werden, dass der Abbruch und das dauernde Leerstehenlassen von Wohnraum dem Zweckentfremdungsverbot unterliegen. Erforderlich ist, dass der Wohnraum auf Dauer einer vorhandenen Nachfrage entzogen werden soll; dies ist nicht der Fall, wenn der Verfügungsberechtigte trotz objektiven Leerstands beabsichtigt, den Wohnraum selbst zu nutzen (potenzieller Eigenbedarf; OLG Karlsruhe, Beschluss v. 28.2.1996, 2 Ss 22/95, WuM 1996 S. 565).

Das Zweckentfremdungsverbot greift nur dann ein, wenn Wohnraum **ausschließlich** zu anderen als Wohnzwecken verwendet oder überlassen wird. Darauf, ob beim Zusammentreffen mehrerer Arten der Benutzung eines Raums die eine oder die andere überwiegt, kommt es nicht an. Bloßes gelegentliches Übernachten in zu gewerblichen Zwecken ausgestatteten Räumen stellt allerdings keine Nutzung zu Wohnzwecken mehr dar (BayObLG, Beschluss v. 25.5.1994, 3 ObOWi 44/94, DWW 1994 S. 252).

Für den **Abbruch** eines Gebäudes bedeutet das, dass neben der baulichen Abbruchgenehmigung zusätzlich eine Zweckentfremdungsgenehmigung erforderlich ist. Das **Zusammenlegen von Wohnräumen** innerhalb eines Hauses, auch von zwei Wohnungen in eine gemeinsame Wohnung, stellt keine Zweckentfremdung dar (BVerfG, Beschluss v. 7.4.1992, 1 BvR 1772/91, WuM 1992 S. 416).

4 Anspruch auf Erlaubnis

Die Ländergesetze werden ein Verbot mit Erlaubnisvorbehalt beinhalten. Somit ist von dem Grundsatz auszugehen, dass in den in Betracht kommenden Gemeinden der Bestand an Wohnraum erhalten werden soll.

4.1 Erteilung der Erlaubnis

Die Erteilung der Erlaubnis der Zweckentfremdung richtet sich im Übrigen nach den allgemeinen verwaltungsrechtlichen Grundsätzen. Die Erlaubnis ist dann zu erteilen, wenn dem öffentlichen Interesse an der Erhaltung des Wohnungsbestands überwiegend anderweitige Interessen gegenüberstehen, was unter Beachtung des Verhältnismäßigkeitsgebots und des Übermaßverbots zu messen ist. Sowohl vorrangige öffentliche Belange als auch schutzwürdige Interessen des Verfügungsberechtigten können die Erlaubnis rechtfertigen. Ein überwiegendes **öffentliches Interesse** an der Zweckentfremdung kann gegeben sein, wenn andere nicht durchführbare städtebauliche Maßnahmen erforderlich sind, oder wenn sonstige, im öffentlichen Interesse stehende Einrichtungen errichtet werden sollen.

Die Genehmigung ist auch dann zu erteilen, wenn ein überwiegendes berechtigtes Interesse des Verfügungsberechtigten oder eines Dritten an der Zweckentfremdung besteht. Dies kann der Fall sein bei **Existenzgefährdung**, wenn die Zweckentfremdung nicht genehmigt wird. Hier legt die Rechtsprechung einen strengen Maßstab an: Für eine Existenzgefährdung als Folge des Zweckentfremdungsverbots muss aufgrund einer umfassenden Würdigung der Verhältnisse des Einzelfalls eine so überwiegende Wahrscheinlichkeit bestehen, dass ernstliche Zweifel an einem solchen Kausalverlauf auszuschließen sind (BVerwG, Urteil v. 22.4.1994, 8 C 29/92, WuM 1994 S. 615). Ist der Betroffene finanziell in der Lage, Ersatzwohnraum zu schaffen, kann er keine Ausnahme vom Zweckentfremdungsverbot wegen Existenzgefährdung verlangen, denn auf diese Weise kann er einen Anspruch auf die uneingeschränkte Erteilung der Zweckentfremdungsgenehmigung begründen (BVerwG, a.a.O.).

Eine Existenzgefährdung liegt nicht vor bei **Spekulationsgeschäften** oder wenn durch die Zweckentfremdung die Existenz erst gegründet werden soll.

Ein überwiegendes berechtigtes Interesse kann auch dann begründet sein, wenn **Ersatzwohnraum** angeboten wird. Nach einem Urteil des BVerwG (BVerwG, Urteil v. 12.3.1982, 8 C 23/80, NJW 1982 S. 2269) müssen hierfür sechs Voraussetzungen erfüllt sein:

- Der Ersatzraum muss erstens im Gebiet der Gemeinde geschaffen werden, wo die Zweckentfremdung vorgenommen werden soll.
- Der Ersatzraum muss zweitens in zeitlichem Zusammenhang mit der Zweckentfremdung geschaffen werden oder geschaffen worden sein, da sonst die Gefahr besteht, dass mit dem Neubau von Wohnungen generell und auf Vorrat Ansprüche auf die Genehmigung von Zweckentfremdung begründet werden könnten.

- In der Verfügungsberechtigung muss drittens über den Wohnraum, der zweckentfremdet werden soll, und über den Ersatzraum Übereinstimmung bestehen.
- Der neu geschaffene Raum darf viertens nicht kleiner sein als der zweckentfremdete Raum und muss ihm auch im Standard in etwa entsprechen.
- Der bisherige Standard darf aber fünftens durch den angebotenen Ersatzbau nicht über ein bestimmtes, im Einzelfall festzulegendes Maß hinaus überschritten werden.
- Der Ersatzraum muss sechstens dem allgemeinen Wohnungsmarkt so zur Verfügung stehen, wie vorher der zweckentfremdete Wohnraum zur Verfügung stand.

Aus dieser Bedingung haben die Genehmigungsbehörden das Recht abgeleitet, zu verlangen, dass der Ersatzwohnraum zu derselben Miete vermietet werden muss, wie der abgebrochene Wohnraum. Dem ist das BVerwG entgegengetreten (Urteil v. 17.10.1997, 8 C 18/96, NZM 1998 S. 45). Es hat entschieden, dass einer Zweckentfremdungsgenehmigung für den **Abbruch veralteten Wohnraums**, an dessen Stelle neuer gleichwertiger Ersatzwohnraum errichtet werden soll, nicht die Auflage beigefügt werden darf, der Mietpreis für den neu zu schaffenden Ersatzwohnraum dürfe die ortsübliche Vergleichsmiete nicht übersteigen. Das BVerwG führt weiter aus, dass dem Erfordernis neu geschaffenen gleichwertigen Ersatzwohnraums auch dann genügt ist, wenn der vom Zweckentfremdungsverbot belastete Eigentümer den Abriss seines Wohngebäudes mit veralteten Mietwohnungen durch einen Neubau mit **Eigentumswohnungen** ausgleicht. Hierbei ist es unerheblich, ob er diese Eigentumswohnungen verkaufen will und die Käufer diese Wohnungen vermieten oder selbst beziehen wollen. Dass der Eigentümer dem Markt statt der durch Abriss beseitigten Mietwohnungen nunmehr Eigentumswohnungen anbietet, stellt die Gleichwertigkeit nicht infrage.

Einzelheiten hierzu finden sich in den Ländergesetzen.

4.2 Befristung, Bedingung, Auflagen

4.2.1 Befristung

Die Genehmigung kann **befristet,** bedingt oder unter Auflagen erteilt werden.

4.2.2 Bedingung

Als Bedingung wird häufig die **Beschaffung angemessenen Ersatzwohnraums** zu zumutbaren Bedingungen festgelegt, sofern die Zweckentfremdung die Aufgabe der Wohnung durch die bisherigen Mieter notwendig macht. Nach Ansicht des BVerwG (BVerwG, Urteil v. 22.4.1994, 8 C 29/92, WuM 1994 S. 615) darf die Genehmigung jedoch nicht mit einer Nebenbestimmung des Inhalts versehen werden, dass der betroffene Mieter vom Verfügungsberechtigten zuvor anderweitig angemessen untergebracht wird. Die Aufnahme einer solchen **„Mieterschutzklausel"** in eine Zweckentfremdungsgenehmigung ist unzulässig. Die Bestimmungen über die Zweckentfremdung dienen nicht dem Mieterschutz.

4.2.3 Auflage

Als Auflage kann die Zahlung eines **Ausgleichsbetrags** verlangt werden. Die Zahlung soll den eingetretenen Nachteil für die Wohnraumversorgung ausgleichen; sie kann bei Neuschaffung gleichwertigen Ersatzwohnraums nicht verlangt werden (BVerfG, Beschluss v. 2.12.1980, 1 BvR 436/78, 1 BvR 437/78, DWW 1981 S. 45; BVerwG, Urteil v. 17.10.1997, 8 C 18/96, NZM 1998 S. 45, 46). Hierzu führt das BVerwG aus, dass es im pflichtgemäßen Ermessen der Behörde steht, eine Genehmigung, die sie nach der gegebenen Sachlage rechtsfehlerfrei versagen dürfte, stattdessen unter Beifügung von Nebenbestimmungen zu erteilen. Für eine Auflage ist aber dann kein Raum, wenn und soweit es an einem Grund zur Versagung der uneingeschränkten Genehmigung fehlt. Berührt eine Zweckentfremdung von Wohnraum die durch ihr generelles Verbot geschützte allgemeine Wohnversorgung nicht, muss eine uneingeschränkte Genehmigung erteilt werden. Dies gilt auch im Fall eines Abbruchs eines veralteten Wohngebäudes, wenn der durch den Abriss eintretende Wohnraumverlust durch neu geschaffenen gleichwertigen Ersatzwohnraum ausgeglichen wird. In diesem Fall darf der Zweckentfremdungsgenehmigung keine diese einschränkende Nebenbestimmung hinzugefügt werden (BVerwG, a. a. O.).

Auch wenn die Genehmigung und die Auflage aufgrund einer einheitlichen Ermessensentscheidung ergangen sind, ist die **Auflage** selbstständig anfechtbar (BVerwG, Urteil v. 12.3.1982, 8 C 23/80, BVerwGE 65 S. 139, 140 ff.).

Die Rechtmäßigkeit einer solchen Auflage setzt aber voraus, dass die Genehmigung der Zweckentfremdung von Wohnraum nach der objektiven Rechtslage überhaupt ergehen konnte und durfte (OVG Nordrhein-Westfalen, Urteil v. 11.3.1993, 14 A 1476/88, DWW 1995 S. 20). Dies ist nicht der Fall, wenn ein Genehmigungserfordernis nicht besteht, z. B. weil es sich bei der streitigen Wohnung nicht mehr um Wohnraum i. S. d. Zweckentfremdungsverordnung handelt.

Für den Fall, dass die Auflage aufgehoben wird, ist jedoch die Behörde grundsätzlich zum **Widerruf** der gewährten Begünstigung berechtigt (§ 49 Abs. 2 Nr. 2 VwVfG; Hessischer VGH, Urteil v. 28.8.1991, 4 UE 1392/88, DWW 1992 S. 88), aber nur dann, wenn überhaupt ein Genehmigungserfordernis bestand. Selbst dann ist aber die Hinzufügung einer Zahlungsauflage rechtswidrig, wenn auf dem Teilwohnungsmarkt (z. B. für Großwohnungen) keine Nachfrage oder ein Überangebot besteht und deshalb die Zweckentfremdung einer solchen Wohnung die Versorgung der Bevölkerung von Wohnraum zu angemessenen Bedingungen nicht zu beeinträchtigen vermag (OVG Nordrhein-Westfalen, a. a. O.).

5 Zuständigkeit

Über die Zweckentfremdungsgenehmigung entscheidet jeweils die **Kreisverwaltungsbehörde** (kreisfreie Städte, Landkreise). Die Versagung der Erlaubnis kann mit den Rechtsmitteln der Verwaltungsgerichtsordnung angefochten werden.

Wird der Abbruch eines Gebäudes beantragt, ist zweigleisig zu verfahren. Der Antragsteller bedarf sowohl der bauaufsichtlichen Abbruchgenehmigung als auch der Zweckentfremdungsgenehmigung. Beide Verfahren sind selbstständig und voneinander grundsätzlich getrennt abzuwickeln; sie sind durch selbstständig anfechtbare Bescheide abzuschließen.

6 Ordnungswidrigkeit

Ordnungswidrig handelt, wer ohne die erforderliche Genehmigung Wohnraum für andere als Wohnzwecke verwendet oder überlässt.

7 Kündigungsrecht

Zum Kündigungsrecht des Vermieters von Wohnraum im Zusammenhang mit Problemen der Zweckentfremdung ist Folgendes auszuführen:

Eine Kündigung ist dann möglich (§ 573 Abs. 2 Nr. 3 BGB), wenn der Vermieter durch die Fortsetzung des Mietverhältnisses an einer **angemessenen wirtschaftlichen Verwertung** des Grundstücks gehindert ist und dadurch erhebliche Nachteile erleiden würde (s. auch „Kündigung"). Dies kann z. B. gegeben sein, wenn ein altes, baufälliges Haus abgebrochen werden soll, um einem größeren Neubau Platz zu machen. Zu beachten ist hier, dass nach einem Rechtsentscheid des OLG Hamburg v. 25.3.1981 (OLG Hamburg, RE v. 25.3.1981, 4 U 201/80, NJW 1981 S. 2308) zur Wirksamkeit der Kündigung erforderlich ist, dass eine Zweckentfremdungsgenehmigung zur Zeit des Ausspruchs der Kündigung vorliegt und der Vermieter im Kündigungsschreiben vorträgt, dass die Genehmigung erteilt ist.

> Eine **nachträglich** erteilte Zweckentfremdungsgenehmigung heilt die vorher ausgesprochene Kündigung nicht (AG München, Urteil v. 18.11.2013, 483 C 9569/13, ZMR 2014 S. 583).

Anderer Ansicht ist das LG Mannheim. Das Gericht stellt auf den Zweck des Begründungserfordernisses des § 573 Abs. 3 S. 1 BGB ab. Danach ist es nicht erforderlich, dass der Vermieter dem Mieter mitteilt, wieweit seine Planungen bereits gediehen sind, insbesondere ob bereits baurechtliche oder sonstige erforderliche öffentlich-rechtliche Genehmigungen beantragt wurden oder sogar vorliegen. Hierauf bezieht sich das Begründungserfordernis nicht. Es ist also nicht erforderlich, dass die Zweckentfremdungsgenehmigung bereits erteilt ist und dieser Umstand in der Kündigungserklärung erwähnt wird (LG Mannheim, Urteil v. 16.1.2004, 4 S 100/03, WuM 2004 S. 99). Die Wirksamkeit einer solchen Kündigung hängt auch nicht davon ab, ob bereits baurechtliche oder sonstige erforderliche öffentlich-rechtliche Genehmigungen beantragt wurden oder vorliegen (LG Mannheim, a. a. O.).

Mit Beschluss v. 10.11.1993 (XII ZR 1/92, DWW 1994 S. 246) hat der BGH entschieden, dass das **Zweckentfremdungsverbot kein Verbotsgesetz** (i. S. v. § 134 BGB) ist, das zur Nichtigkeit von Mietverträgen führt, die ohne Genehmigung abgeschlossen worden sind. Vermietet also der Vermieter Wohnraum zu gewerblichen Zwecken ohne die erforderliche Genehmigung, ist der Mietvertrag trotzdem wirksam. Begründet wird dies damit, dass das Zweckentfremdungsverbot sich nur gegen die faktische Beseitigung oder Vereitelung von Wohngebrauch richtet, nicht aber gegen die privatrechtliche Vertragsfreiheit. Allerdings kann ein Mangel der Mietsache vorliegen (s. „Mängel“, Abschnitt 1 „Fehlerbegriff“). Solange die Behörde die Nutzung der Räume duldet, kann sich der Mieter nicht auf den Mangel berufen (OLG Köln, Beschluss v. 10.11.1997, 19 W 48/97, WuM 1998 S. 152). Erst bei konkreten Anordnungen besteht ein Minderungsrecht, da die rechtliche Ungewissheit die Interessen des Mieters beeinträchtigt (BGH, Urteil v. 20.1.1971, VIII ZR 167/69, NJW 1971 S. 555). In diesem Fall kann der Mieter auch fristlos kündigen, da ihm der vertragsgemäße Gebrauch nicht gewährt wurde (§ 543 Abs. 2 Nr. 1 BGB).

Im Fall der Untersagung der Nutzung wird der Mieter auch Schadenersatzansprüche wegen Nichterfüllung (§§ 536, 536a BGB) haben (vgl. LG Mannheim, Urteil v. 14.12.1977, 4 S 115/77, MDR 1978 S. 406).

Zwischenablesung → „Heizkostenverordnung“
Zwischenmieter → „Herausgabeanspruch gegen Dritte“
Zwischenumzug → „Kündigungsschutz“, Abschnitt 3 „Die Sozialklausel (§ 574 BGB)“